国家社会科学基金特别委托项目，项目编号：10@zh027，
项目名称："革命根据地法律文献整理与研究"
本书得到中国人民大学科学研究基金项目"革命根据地法律文献整理与研究"
（批准号：15XNQ063）支持

革命根据地法律文献选辑

（第三辑）

抗日战争—解放战争时期老解放区的法律文献
（1937—1949）

第一卷
总 纲

张希坡 编著

中国人民大学出版社
·北 京·

中共中央指示：

在人民新的法律还没有系统地发布以前，应该以共产党的政策以及人民政府与人民解放军所已发布的各种纲领、法律、命令、条例、决议作依据。目前在人民的法律还不完备的情况下，司法机关的办事原则，应该是：有纲领、法律、命令、条例、决议规定者，从纲领、法律、命令、条例、决议之规定；无纲领、法律、命令、条例、决议规定者，从新民主主义的政策。

1949 年 2 月《中共中央关于废除国民党的〈六法全书〉和确定解放区的司法原则的指示》

华北人民政府训令：

人民的法律，已经有了解放区人民相当长期的统治经验，有的已经研究好，写在人民政府、人民解放军发布的各种纲领、法律、条例、命令、决议等规定里，有的正在创造。……用全副精神来学习马列主义——毛泽东思想的国家观法律观，学习新民主主义的政策、纲领、法律、命令、条例、决议，来搜集与研究人民自己的统治经验，制作出新的较完备的法律来。

1949 年 4 月 1 日《华北人民政府为废除国民党的六法全书及一切反动法律的训令》

董必武：

大家知道，在过去国内革命战争的各个时期，各个革命根据地，在党的统一领导下，制定了许多代表人民意志和符合革命利益的政策法令。尽管它们在形式上较为简单，而且不可避免地带有地方性，但是它们有力地保障和促进了革命事业的发展。不仅如此，它们并且是我们现在人民民主法制的萌芽。

1956年9月19日，董必武在中国共产党第八次全国代表大会上的发言：《进一步加强人民民主法制　保障社会主义建设事业》。转引自《董必武法学文集》，北京，法律出版社，2001，第340页。

人民政法工作和军事工作、经济工作、文教工作一样，在党中央和毛主席的领导下，从民主革命到社会主义革命，逐步积累起丰富的经验，形成了自己的优良传统。这就是服从党的领导、贯彻群众路线、结合生产劳动、为党和国家的中心工作服务。这十分鲜明地概括了我们人民政法工作的优良传统。

1959年5月16日，董必武在全国公安、检察、司法先进工作者大会的讲话《实事求是地总结经验，把政法工作做得更好》。转引自《董必武法学文集》，北京，法律出版社，2001，第423～424页。

胡锦涛：

中国共产党从成立之日起就以实现人民当家作主为己任。以毛泽东同志为主要代表的中国共产党人，创造性地把马克思主义国家学说同中国具体实际结合起来，在带领人民为推翻三座大山而浴血奋战的同时，对建立新型人民民主政权及其组织形式进行了长期探索和实践。从第一次国内革命战争时期的罢工工人代表大会和农民协会到第二次国内革命战争时期的工农兵代表苏维埃，从抗日战争时期的参议会到解放战争后期和建国初期各地普遍召开的各界人民代表会议，都是我们党为实现人民民主而进行的探索和创造。我们党深刻总结中国近代政治发展的历程和建立新型人民民主政权的实践，得出了一个重要结论，这就是：新民主主义革命胜利后建立的政权，只能是工人阶级领导的、以工农联盟为基础的人民民主专政；同这一国体相适应的政权组织形式，只能是民主集中制的人民代表大会制度。

2004年9月15日胡锦涛在首都各界纪念全国人民代表大会成立50周年大会上的讲话（2004年9月16日《光明日报》，新华社北京9月15日电）

习近平：

历史是最好的教科书。学习党史、国史，是坚持和发展中国特色社会主义、把党和国家各项事业继续推向前进的必修课。这门功课不仅必修，而且必须修好。

2013年6月25日，习近平在中共中央政治局第七次集体学习时的讲话（2013年6月27日《光明日报》，新华社北京6月26日电）

深入开展中国人民抗日战争研究，必须坚持正确历史观、加强规划和力量整合、加强史料收集和整理、加强舆论宣传工作，让历史说话，用史实发言，着力研究和深入阐释中国人民抗日战争的伟大意义、中国人民抗日战争在世界反法西斯战争中的重要地位、中国共产党的中流砥柱作用是中国人民抗日战争胜利的关键等重大问题。……要坚持用唯物史观来认识和记述历史，把历史结论建立在翔实准确的史料支撑和深入细致的研究分析的基础之上。要坚持正确方向、把握正确导向……按照“总体研究要深、专题研究要细”的原则，制定中长期规划和具体工作方案，确定研究重点和主攻方向……推出高水准的权威专著和通俗读物。

2015年7月30日，习近平在中共中央政治局就中国人民抗日战争的回顾和思考进行第二十五次集体学习时的讲话（2015年8月1日《光明日报》，新华社北京7月31日电）

编者说明

一、革命根据地的法律文献，堪称“红色法律经典”

所谓“红色法律经典”（简称“红色法经”），是指中国共产党在新民主主义革命时期，领导人民在革命根据地内，由革命政权所制定的反帝反封建的人民民主专政的法律文献。

所谓“经典”，按《辞海》的解释，是指“一定时代、一定阶级认为最重要的、有指导作用的著作”。《汉语大词典》的解释是：“旧指作为典范的儒家载籍”，或者具有权威性的著作。以现代文学艺术作品为例，有许多被公认为“红色经典”之作，如反映土地改革的小说和电影，有周立波的《暴风骤雨》和丁玲的《太阳照在桑干河上》；反映解放区婚姻制度改革的作品就更多，如《刘巧儿》《小二黑结婚》和《李二嫂改嫁》；等等。这些文艺作品早已家喻户晓，受到人们的普遍欢迎。可是，这些文艺作品所反映的法律母体，一般人却不太了解。这正是本课题所要研究的对象，也就是本“选辑”所要收集的重要内容。大家知道，《暴风骤雨》和《太阳照在桑干河上》所描写的是解放战争时期轰轰烈烈的土地改革运动，而指导那场土改运动的纲领性的法律文献，是 1947 年 10 月在西柏坡召开的全国土地会议上研究制定的《中国土地法大纲》。该大纲明确规定，“废除封建性及半封建性剥削的土地制度，实现耕者有其田的土地制度”。这是中国共产党领导的新民主主义革命的三大经济纲领的重要组成部分，因此，《中国土地法大纲》堪称土地立法的“红色经典”。同样，上述反映解放区婚姻制度改革的文艺作品，无一不是各个历史时期婚姻法规的写照。例如《刘巧儿》的故事，是发生在 1943 年陕甘宁边区的真人真事，它所反映的追求婚姻自由、反对包办、买卖婚姻的主题思想，是以 1939 年制定的《陕甘宁边区婚姻条例》为依据的。《小二黑结婚》发生在抗日战争时期的华北抗日根据地，它所反映的婚姻自主、自由恋爱的思想，是 1942 年的《晋冀鲁豫边区婚姻条例》和 1943 年的《晋察冀边区婚姻条例》的主题思想。《李二嫂改嫁》则发生在解放战争时期的山东解放区，它所诠释的寡妇再婚的政策，是 1945 年 3 月《山东省婚姻暂行条例》所规定的“寡妇有再嫁与否之自由，任何人不得干涉”。因此，上述婚姻立法，即成为革命根据地“红色法律”的经典之作。

但是，革命根据地的土地改革法，不是只有一个《中国土地法大纲》，而是还有它产生、发展的过程。中国共产党成立后，在领导农民运动时，早就提出“耕地农有”的口号，并开始实行减租减息。在第一次国共合作时期，中国共产党与孙中山共同研究，确定采取“二五减租”的政策，并提出“耕者有其田”的口号。到第二次国内革命战争时期，在红色革命根据地，先后制定了《井冈山土地法》和《中华苏维埃共和国土地法》，指导苏区农民实行彻底的土地改革。抗日战争时期，根据抗日民族统一战线的方针，在各抗日根据地内，分别颁布了若干《减租减息条例》，全面推行减租减息政策。到解放战争时期，各解放区依照《中国土地法大纲》，实现了“耕者有其田”的制度。这便为全国解放后制定《中华人民共和国土地改革法》、在新区开展土地改革运动，积累了丰富的经验。同样，革命根据地的婚姻立法也有个逐步发展的过程：在中国共产党成立后制定的政纲、决议中，以及工农运动制定的规约、条令中，确立了新民主主义婚姻制度的四项原则，即男女平等，婚姻自由，一夫一妻，保护妇女、儿童和老人；以后在《中华苏维埃共和国婚姻法》以及各解放区制定的《婚姻条例》中，作了具体规定。上述法律文献在本“选辑”中，都可查到具体条文。

其他方面的法律法规也是如此。比如反映劳动立法的文艺作品，有第一次大革命时期中国工人阶级为反抗军阀压迫、争取建立工会组织而发动的“安源路矿工人大罢工”和京汉铁路工人“二七大罢工”，以及香港和广州工人举行的反帝爱国斗争——“省港大罢工”，这些都是以中国共产党在1922年制定的《劳动法案大纲》作为指导纲领的。第二次国内革命战争时期颁布了《中华苏维埃共和国劳动法》，之后在各抗日根据地内，陆续制定了各地区的《劳动保护条例》，这些都可在本“选辑”中窥见其发展、演变的进程。

综上所述，不难看出，既然大量的反映反帝反封建斗争的影视诗歌被称作主旋律的“红色经典”，那么指导这些文艺作品的法律母体，理所当然更应属于“红色法律经典”。本丛书就是从几十年来收集的大量法律文献中，经过考察、校订，选出具有代表性的法律文献，编成《革命根据地法律文献选辑》，供国内外专家及广大读者学习、研究中国近现代史及中国法制史，了解我国现行法律制度的发展、沿革的过程，总结历史经验。

但应指出，这里所说的“红色法律经典”，主要是指那些具有历史价值并具有代表性的法律文献。现在收入本“选辑”的，并非都是经典之作，有些规约、条令是临时性的、地区性的应急之作；有些规定还带有时代的局限性，因受主、客观条件的影响，某些规定是不正确的，需要客观地、全面地进行分析研究。之所以收集进来，是为了说明革命根据地的法制建设工作与其他工作一样，有一个从无到有、由小到大、从萌芽雏形到逐步成熟完善的发展过程。因此，它们统称为“红色法律资源”，都属于“红色法律文化遗产”的范畴。

本丛书内容涉及范围很广，包括以下各个部门法的历史文献：宪法施政纲领、选举法、政权组织法、民政、外事、军事、财政金融税收、经济管理（工农商贸合作社及知识产权）、文化教育与卫生、土地法、劳动法、婚姻与继承、刑事法规、监察与公安检察、司法审判及狱政，等等。

二、革命根据地的人民民主法制史的上限始于何时?

现在在一般教材和史料汇编中，对于人民民主法制史的上限，多是从 1927 年苏维埃红色政权创立开始。诚然，1927 年秋收起义后在农村根据地建立的苏维埃政权，的确奠定了人民民主法制的坚实基础。但是，这仅仅是“流”，而不是“源”。大量的历史事实证明，我国人民民主法制，应以中国共产党的成立和第一次国内革命战争时期建立的广东革命根据地作为起点。中国共产党成立后，明确提出驱除国际帝国主义、打倒封建军阀、建立“真正民主共和国”的政治纲领，并陆续制定了有关人民民主法制的若干基本原则。为了实现上述反帝反封建的政治纲领，中国共产党积极领导开展了三方面的斗争，即工人运动、农民运动以及同孙中山领导的中国国民党进行合作，共同开创了广东革命根据地。在工人运动中，制定了最早的工会条例和劳动立法。在农民运动中，实行减租减息，制定《农民协会章程》，并以农民协会作为临时的基层政权，待条件具备时建立普选的乡村自治委员会，实行民主集中制的县政府委员会制度。特别是在工农运动的实践中，创建了我国人民代表大会制度的三株珍贵“萌芽”——省港罢工工人代表大会、各级（主要是省级）农民代表大会以及上海工人第三次武装起义中建立的上海市民代表大会。同时在中国共产党的政纲宣言和工农运动产生的规约、条令中，提出了婚姻制度改革的立法原则，确立男女平等的财产权和继承权；在刑事立法方面，提出“反革命罪”的概念，制定《反革命罪条例》、《惩治土豪劣绅条例》和《惩治贪污条例》，建立了新型的革命法庭；改革司法制度，并在工农革命组织中成立了最早的人民调解机构；等等。这一切都可以从本“选辑”中得到充分证实。

三、《革命根据地法律文献选辑》的体系结构

全书共分为 4 辑。

第一辑为“中国共产党成立后与第一次国内革命战争时期的法律文献（1921—1927)”。

第二辑为“第二次国内革命战争时期中华苏维埃共和国的法律文献（1927—1937)”。

第三辑为“抗日战争—解放战争时期老解放区的法律文献（1937—1949)”。

第四辑为“解放战争时期新解放区的法律文献（1945—1949)”。

在每一辑中，根据其实际情况及史料的多少，有的分为上下卷（如中央苏区)，有的分列多卷本（如抗日根据地)。

革命的前辈在政权与法制建设方面所遗留的这些丰富史料，不仅为法制史学的研究创造了有利条件，而且对于政治史、经济史、文化史以及各个部门法史都有极重要的研究价值。期望大家能对这些史料进行深入、系统的探讨，相信不久的将来，定会有高水平的论著不断问世。

六十多年来，先后参加本“选辑”史料汇集工作的有以下同志：常风、毛天祜、梁秀如、郝正宇、关子健、胡大展、雷晟生、范明辛等。其中大部分现已作古，仅以本书的出版，告慰他（她）们的在天之灵。

多年来，在收集与研究革命根据地法律文献的过程中，得到有关单位与专家的指导和帮助，特借本“选辑”出版之机，再次表示衷心感谢！本“选辑”存在的缺点、错误，欢迎各位专家与广大读者批评指正。

先后应邀参加本课题组的成员有：马小红、赵晓耕、侯欣一、丁相顺、高仰光、黄东海、陈和平、段俊杰等。其中，黄东海、陈和平、段俊杰参加了部分文稿的校订及其他辅助工作。此外，还有一个十多人的“家庭总后备队”，祖孙三代齐上阵，从早期的手抄复写和手工打字，到后期的电脑打字、校对、改错、图书借阅、网上购书、文献拍照、图表复制，以及各种事务性工作，都为本“选辑”的出版作出一定贡献。

编　者

2016 年 10 月

第三辑说明

1931年“九一八事变”揭开了中国人民抗日战争及世界反法西斯战争的序幕。

日本军国主义妄图吞并中国的阴谋由来已久。早在1894年（甲午年）日本就发动侵华的“甲午战争”，1895年迫使清政府签订了中日《马关条约》，窃取了中国的固有领土台湾全岛及澎湖列岛诸岛屿。1904年竟然在中国境内爆发日俄战争。日本侵略者强占了中国原被沙皇俄国占据的辽宁旅顺、大连地区和南满铁路（长春至大连）。1919年日本军国主义在旅顺口设立了“关东军司令部”，这是日本军队侵略中国的大本营；并在南满铁路沿线驻兵。1927年日本首相田中义一在密奏天皇的《对华政策纲要》（即所谓“田中奏折”）中宣称“欲征服中国，必先征服满蒙；欲征服世界，必先征服中国”。以后日本军国主义即按此计划先后发动了1931年的“九一八事变”、1937年的“七七卢沟桥事变”和1941年的“太平洋战争”。

1931年9月，日本关东军在南满铁路沈阳北郊柳条沟自行炸毁一段铁轨，反诬中国军队破坏铁路，以此为借口，突然于9月18日晚，向沈阳北大营的中国军队发起进攻，19日占领了沈阳全城，此即“九一八事变”。由于蒋介石的不抵抗政策，至1932年日军的铁蹄踏遍东北辽吉黑三省，不久日本又侵占了热河省，接着便在我国东北四省建立起傀儡政权“满洲国”。

日本发动“九一八事变”，激起了全国人民的抗日怒潮，特别是东北军民纷纷组成“抗日义勇军”“抗日救国军”，直接反击日寇。

中国共产党在“九一八事变”后，于1931年9月20日发布《中国共产党为日本帝国主义强暴占领东三省事件宣言》，接着又于同年9月22日通过《中共中央关于日本帝国主义强占满洲事变的决议》。中华苏维埃共和国临时中央政府于1937年4月15日发布《关于动员对日宣战的训令》，4月25日发布《中华苏维埃共和国临时中央政府对日宣战通电》。特别是中国工农红军经过长征到达陕北后，于1935年12月25日召开中共中央政治局瓦窑堡会议，通过了《中共中央关于目前政治形势与党的任务的决议》，于1936年9月

17日通过了《中共中央关于救亡运动的新形势与民主共和国的决议》。

与此同时，中华苏维埃人民共和国中央政府、中国人民抗日红军革命军事委员会于1936年6月1日联合发出布告，宣布《抗日救国政纲》20条，提出“全国工农商学兵团结起来抗日救国!”“全国人民武装起来，一致对日作战!”“停止内战，不分红军、白军一致抗日!”“成立国防政府和抗日联军!”等口号。

中国共产党为了加强对东北抗日军民的领导，向东北地区派出许多骨干力量，逐步把分散在各地的抗日武装联合起来。在中共满洲省委的领导下，先后建立了东北人民革命军一至六个军。至1936年在黑龙江省汤原县举行东北抗日联合军政扩大会议，决定建立东北抗日联合军总司令部（简称“东北抗联”）。以杨靖宇为第一路军总司令兼政治委员，周保中为第二路军总指挥，李兆麟为第三路军总指挥。以后又陆续扩展到十几个军。这支由共产党所领导的抗日联军，在极端艰苦的条件下，在白山黑水之间坚持战斗，直至1945年抗战胜利，开辟了世界最早的、为时最长的反法西斯东方战场，做出了中国人民的卓越贡献。

以上“九一八事变”后的相关文献，已收录在第二辑中。1937年“七七事变”之后的文献，则收录在本辑即第三辑中。

1937年“七七事变”，日本军国主义大举向中国内地进攻，妄想以武力吞并全中国，全国人民奋起抗战，从此中国革命进入全面的抗日战争时期。中国共产党根据抗日民族统一战线的总方针，同国民党当局实现了第二次国共合作。中共中央于1937年9月6日决定将中华苏维埃共和国中央临时政府西北办事处更名为陕甘宁边区政府。陕甘宁边区及其首府延安，就成为中共中央、中央军事委员会所在地，也是全国人民革命斗争的指导中心。

1937年8月25日，中央军委发布命令，将中国工农红军改编为国民革命军第八路军（9月改称第十八集团军），下辖一一五师、一二〇师、一二九师。八路军改编后，除陕甘宁边区留守兵团外，遵照中央军委指示，立即开赴华北抗日前线，在日寇占领地区开展游击战争，解放了广大的地区和人民，逐步创立了华北各抗日根据地。同年10月2日，中共中央决定将活动在长江南北八省的红军游击队，改编为国民革命军新编第四军，下辖四个支队，开赴华中抗日前线，参加对日作战，逐步开辟了华中各抗日根据地。1938年年底，又将活动在广东东江和海南岛两地的红色游击队，改编为“广东东江人民抗日游击队”和“琼崖人民抗日游击独立纵队”，创建了华南抗日根据地。

经过多年的艰苦奋战，抗日根据地北起内蒙古，南至海南岛，包括19个省（辽宁、热河、察哈尔、绥远、陕西、甘肃、宁夏、山西、河北、河南、山东、江苏、浙江、安徽、江西、湖北、湖南、广东、福建等）的一部或大部，共建立了19个抗日根据地。除陕甘宁边区是由原来的老苏区转化而来者外，其他18个抗日根据地都是在敌人占领的地区建立起来的，故称敌后抗日根据地。其分布情况是：

华北地区：晋察冀、冀热辽、晋绥、晋冀豫、冀鲁豫、山东等6个抗日根据地。

华中地区：苏北、苏中、苏南（苏浙皖）、淮北、淮南、皖中（皖江）、浙东、鄂豫皖、湘鄂赣、河南等10个抗日根据地。

华南地区：广东东江、琼崖2个抗日根据地。

在各抗日根据地里，先后建立起各级抗日民主政权。有的称边区政府（如晋冀鲁豫边区政府），有的称边区行政委员会（如晋察冀边区行政委员会），有的称省政府（如山东省政府），有的称行政公署（如淮南行政公署等）。

到抗战胜利时，抗日根据地共有行政公署 22 个，专员公署 90 个，县政府 635 个；拥有人口 9 550 万，正规军 91 万，民兵 220 万，这些成为打败日本军国主义的中坚力量，也为新中国的建立奠定了坚实的战略基地。

抗日战争时期，由于全面贯彻抗日民族统一战线的战略方针，在根据地里没有建立全国性的人民革命政权，所以各抗日民主政权之间互无隶属关系，而是在中共中央和各边区中央分局或党委的统一政策方针的指导下，因地制宜地设置地方政权组织，分别制定了大量的地区性的法律条令，领导各地人民进行根据地的各项建设事业。

基于上述原因，首先将中共中央的方针政策以及带有全局性的文献史料，列为第一卷“总纲”，作为各边区政府立法工作的指导方针，然后选出 6 个地区的法律文献作为典型代表。本辑共分下列 7 卷：

第一卷　总纲

第二卷　陕甘宁边区

第三卷　晋绥边区

第四卷　晋察冀边区

第五卷　晋冀鲁豫边区

第六卷　山东省

第七卷　华中区

原计划是将第三辑定为抗日战争时期（1937—1945），第四辑为解放战争时期（1945—1949）。鉴于解放战争时期有些老区的法律文献不多，单独作为一卷，显得前后不均衡，不如将各根据地的法律文献前后连贯起来，能比较清晰地展现其发展脉络。因此，特将第三辑改为“抗日战争—解放战争时期老解放区的法律文献（1937—1949）”。第四辑改为“解放战争时期新解放区的法律文献（1945—1949）”，涵盖如华北解放区、东北解放区、内蒙古自治区以及新解放的大城市（以北平、天津、南京、上海为代表）等。

至于每卷的序列，根据实际情况采用不同的方式。如内容较多者，先按部门法分类，然后再以年代为序；内容较少者，即不分类别，只以年代先后为序。

附表一：地支代月表

一月：子	二月：丑	三月：寅	四月：卯	五月：辰
六月：巳	七月：午	八月：未	九月：申	十月：酉
十一月：戌	十二月：亥			

附表二：韵目代日表

一日：东、先	二日：冬、萧	三日：江、肴
四日：支、豪	五日：微、歌	六日：鱼、麻
七日：虞、阳	八日：齐、庚	九日：佳、青
十日：灰、蒸	十一日：真、尤	十二日：文、侵
十三日：元、覃	十四日：寒、盐	十五日：删、咸
十六日：铣、谏	十七日：篠、霰	十八日：巧、啸
十九日：皓、效	二十日：哿、号	二十一日：马、箇
二十二日：养、祃	二十三日：梗、漾	二十四日：迥、敬
二十五日：有、径	二十六日：寝、宥	二十七日：感、沁
二十八日：俭、勘	二十九日：豏、艳	三 十 日：陷
三十一日：世		

附表三：地支代时表

子时：二十三时——翌晨一时
丑时：一时——三时
寅时：三时——五时
卯时：五时——七时
辰时：七时——九时
巳时：九时——十一时
午时：十一时——十三时
未时：十三时——十五时
申时：十五时——十七时
酉时：十七时——十九时
戌时：十九时——二十一时
亥时：二十一时——二十三时

凡　例

一、本选辑是以各个历史时期中国共产党的方针政策为指导的，以各政权机关制定的法律法规为主体。同时为了使读者具体了解某一法律文献制定的历史背景及立法宗旨，特以“附件”的形式，适当选入一些有关的社论或署名文章作为解说；为了使读者了解各个历史时期政策、法律的实施情况及经验教训，选入若干政府工作报告和专门工作总结，以供研究参考。

二、本选辑的史料来源很广，有政府公报、政策法令汇编、史料选集，以及报纸杂志等，也有少量油印件和手抄本。为了核查方便，在每个文件之后，皆注明其史料来源（早期手抄本例外），并尽可能找到多种不同版本相互校正（一般有两件以上，最多的有十件，如《中华苏维埃共和国宪法大纲》）。发现各种版本互有歧异者，在脚注中加以说明。每卷皆附有参考书目录。

三、原件有标题者，一般保留原标题，个别由编者酌加改动。原件无标题或标题较为简略者（如“布告”“通知”等），则由编者根据内容酌拟副标题，以便检索。另有部分篇目在脚注中加以题注，简介有关情况，或作必要考释。

四、各种法律文献的制定时间，在标题下者，一律采用公历；在原件正文中者，注明“民国××年”“中华苏维埃共和国×年”；以干支纪年者，一般未作改动。采用电报代日韵目者，在脚注中写明日期。

五、原件有明显错讹文字或文字用法不符合现代用法者，径行改正，或以（ ）订正；有字迹不清者，以□标明；有脱漏者，以 [ ] 补正或以“……”标明。原有注文者，标明“原注”。

六、所引原件补充或说明性文字用〔 〕标明。

目　录

上

下

上

1. 中国共产党为日军进攻卢沟桥通电

1937年7月8日

全国各报馆，各团体，各军队中国国民党，国民政府，军事委员会，暨全国同胞们!

本月七日夜十时，日本在卢沟桥，向中国驻军冯治安部队进攻，要求冯部退至长辛店，因冯部不允，发生冲突，现双方尚在对战中。

不管日寇在卢沟桥这一挑战行动的结局，即将扩大成为大规模的侵略战争，或者造成外交压迫的条件，以期导入于将来的侵略战争，平津与华北被日寇武装侵略的危险，是极端严重了。这一危险形势告诉我们：过去日本帝国主义对华“新认识”“新政策”的空谈，不过是准备对于中国新进攻的烟幕。中国共产党早已向全国同胞指明了这一点，现在烟幕揭开了。日本帝国主义武力侵占平津与华北的危险，已经放在每一个中国人的面前。

全中国的同胞们！平津危急！华北危急！中华民族危急！只有全民族实行抗战，才是我们的出路！我们要求立刻给进攻的日军以坚决的反攻，并立刻准备应付新的大事变。全国上下应该立即放弃任何与日寇和平苟安的希望与估计。

全国同胞们！我们应该赞扬与拥护冯治安部的英勇抗战！我们应该赞扬与拥护华北当局与国土共存亡的宣言！我们要求宋哲元将军立刻动员全部廿九军，开赴前线应战，我们要求南京中央政府立刻切实援助廿九军，并立即开放全国民众爱国运动，发扬抗战的民气，立即动员全国海陆空军，准备应战，立即肃清潜藏在中国境内的汉奸卖国贼分子，及一切日寇侦探，巩固后方。我们要求全国人民，用全力援助神圣的抗日自卫战争！我们的口号是：

武装保卫平津，保卫华北!

不让日本帝国主义占领中国寸土!

为保卫国土流最后一滴血!

全中国同胞，政府，与军队，团结起来，筑成民族统一战线的坚固长城，抵抗日寇的侵掠!

国共两党亲密合作抵抗日寇的新进攻!

驱逐日寇出中国!

中国共产党中央委员会

选自《中共中央文件选集》(10)，中共中央党校出版社1985年版，第277～278页。

互校版本：《晋绥根据地资料选编》，第三集，中共吕梁地委党史资料征集办公室1984年编印，第1～2页。原注：“摘自《解放》第一卷第十期”。

2. 中央关于卢沟桥事变后华北工作方针问题给北方局的指示

1937年7月8日

北方局诸同志：

卢沟桥战争有扩大可能，不管日方将扩大为大规模战争，或将暂时取外交压迫形式，我党在平津在华北，应立即开始执行下列方针：

甲、坚决保卫平津，保卫华北，提出：“不让日本帝国主义侵占中国寸土”“为保卫国土流最后一滴血”等口号，动员全体爱国军队，全体爱国国民，抵抗日本帝国的进攻，在各地用宣言、传单、标语及群众会议，进行宣传与组织的动员。

乙、立即与政府当局及各界领袖协商执行上述方针之具体办法，迅速组成坚固的统一战线，对付当前的重大事变。

丙、立即在平绥平津以东地区，开始着手组织抗日义勇军，准备进行艰苦的游击战争，在平汉线、津浦线亦应准备组织义勇军，注意与各界爱国分子合作。

丁、进行坚决的反汉奸斗争。

中央书记处

选自《中共中央文件选集》(10)，中共中央党校出版社1985年版，第279页。

3. 中国共产党为公布国共合作宣言

1937年7月4日起草，同年7月15日由中共中央交付国民党，
9月22日国民党中央发表

解放报记者以共产党中央最近由南京中央社广播发表之宣言，影响中国时局甚为广大，特请共产党中央负责人发表意见如下：

“关于国共两党联合救国之伟大事业，已在九月二十二日经过中央通讯社所发表的中国共产党宣言及九月二十三日该社继续发表的蒋介石氏的谈话，建立起必要的基础了。

蒋氏的谈话，指出了团结救国的深切意义，发出了与全国国民彻底更始的诺言，承认了共产党在全国的合法地位，这是值得赞许的。但是在蒋氏谈话中尚没有抛弃国民党自大主义的精神，尚没有能坦白地承认国民党过去十年来在民族危机中自己所应负的责任，不免遗憾！共产党的宣言及蒋氏的谈话，宣布了中国抗日民族统一战线的成功。今后的问题，是如何实行民主政治，改善人民生活，启发全国人民的抗日运动，用以极大地增强抗日战争的力量。这个宣言是一个公布国共合作的宣言，本应早日发表，还是在七月四日起草，七月十五日就交付国民党了的，可是推迟了两个多月才发表，然而宣言的基本精神是没有损失的，这个宣言不但将成为两党团结的方针，而且将成为全国人民大团结的根本方

针。中华民族之复兴，日本帝国主义之打倒，将于今后的两党团结与全国团结得到其基础。”

宣言全文如下：

亲爱的同胞们！

中国共产党中央委员会谨以极大的热忱向我全国父老兄弟诸姑姊妹宣言，当此国难极端严重民族生命存亡绝续之时，我们为着挽救祖国的危亡，在和平统一团结御侮的基础上，已经与中国国民党获得了谅解，而共赴国难了，这对于我们伟大的中华民族前途有着怎样重大的意义啊！因为大家都知道，在民族生命危急万状的现在，只有我们民族内部的团结，才能战胜日本帝国主义的侵略。现在民族团结的基础已经定下了，我们民族独立自由解放的前提也已创设了，中共中央特为我们民族的光明灿烂的前途庆贺。

不过我们知道，要把这个民族的光辉前途，变为实现独立自由幸福的新中国，仍需要全国同胞，每一个热血的黄帝子孙，坚韧不拔地努力奋斗。中国共产党愿当此时机，向全国同胞提出我们奋斗之总的目标，这就是：

（一）争取中华民族之独立自由与解放。首先须切实地迅速地准备与发动民族革命抗战，以收复失地和恢复领土主权之完整。

（二）实现民权政治，召开国民大会，以制定宪法与规定救国方针。

（三）实现中国人民之幸福与愉快的生活。首先须切实救济灾荒，安定民生，发展国防经济，解除人民痛苦与改善人民生活。

凡此诸项，均为中国的急需，以此悬为奋斗之鹄的，我们相信必然获得全国同胞之热烈的赞助。中共愿在这个总纲领的目标下，与全国同胞手携手地一致努力。

中共深切知道，在实现这个崇高目标的前进路上，须要克服许多的障碍和困难，首先将遇到日本帝国主义的阻碍和破坏。为着取消敌人的阴谋之借口，为着解除一切善意的怀疑者之误会，中国共产党中央委员会有披沥自己对于民族解放事业的赤忱之必要。因此，中共中央再郑重向全国宣言：

（一）孙中山先生的三民主义为中国今日之必需，本党愿为其彻底的实现而奋斗。

（二）取消一切推翻国民党政权的暴动政策及赤化运动，停止以暴力没收地主土地的政策。

（三）取消现在的苏维埃政府，实行民权政治，以期全国政权之统一。

（四）取消红军名义及番号，改编为国民革命军，受国民政府军事委员会之统辖，并待命出动，担任抗日前线之职责。

亲爱的同胞们！本党这种光明磊落、大公无私与委曲求全的态度，早已向全国同胞在言论行动上明白表示出来，并且已获得同胞们的赞许。现在为求得与国民党的精诚团结，巩固全国的和平统一，实行抗日的民族革命战争，我们准备把这些诺言中在形式上尚未实行的部分，如苏区取消、红军改编等，立即实行，以便用统一团结的全国力量，抵抗外敌的侵略。

寇深矣！势亟矣！同胞们，起来，一致地团结啊！我们伟大悠久的中华民族是不可屈服的。起来，为巩固民族的团结而奋斗，为推翻日本帝国主义的压迫而奋斗，胜利是属于中华民族的。

抗日战争胜利万岁！

独立自由幸福的新中国万岁！

中国共产党中央委员会

选自《周恩来选集》上卷，人民出版社1980年版，第76～78页。但无上述解放报记者的说明，而有以下脚注："这是为中共中央起草的宣言。此宣言起草于一九三七年七月四日，七月十五日由中共中央交付国民党，至九月二十二日国民党中央社才发表。"

互校版本：《中共党史教学参考资料》抗日战争时期（上），中国人民大学中共党史系资料室1980年编印，第3～5页。原注："原载《解放周刊》第一卷第十八期，一九三七年十月二日出版"。

4. 中央关于南方各游击区域工作的指示

1937年8月1日

根据目前统一战线开展与抗日战争将要开始的形势，各游击区域为着实行党的新政策，开展统一战线工作，保存与扩大革命的支持点的目的，应该依据下列原则，配合当地实际情况，灵活地全面地改变自己的一切工作。

（一）政权问题。争取地方政权实行普选的民主制度。进行的步骤是：（1）已建立苏维埃政权的地方，取消苏维埃的制度，采取国民党现有的政权组织形式，用普选的方法选举保甲长、分区长；保障政权实际上仍在党的领导之下。（2）凡游击区域没有旧政权的，同样建立现有国民党式的政权，有旧政权的则力争旧政权的民主化，争取党的领导。（3）邻近游击区域周围的国民党区域，我们必须利用一切旧关系打进旧政权中，去充当保甲长或区长及职员等等，尽量实施一切有利于人民的事业，如实现民主、改善民生等。

（二）土地问题。停止没收地主土地财产，注意改善群众的日常生活，领导群众的日常斗争，争取与团结群众在党的周围。（1）尽可能利用一切合法的斗争方式，求得群众生活的改善（如增加工人雇农的工资、改良待遇、减租、减息、减税）。（2）利用国民党旧有的组织，如农村复兴会与合作社等等，到里面去工作，在真正为群众谋利益的过程中去取得领导。没有这类组织的地方，组织这类合法的组织。这类工作，也应该完全利用合法的形式。（3）在已没收分配土地的地方，注意保障群众已得的土地革命利益。豪绅地主至多只能与一般人民得到同等的利益。（4）已被移民的地方，应该用各种方法争取移民回家，设法解决其土地耕具房屋等问题。

（三）武装问题。在保存与巩固革命武装，保障党的绝对领导的原则之下，（1）较大的红色部队，可与国民党的附近驻军或地方政权进行谈判，改变番号与编制以取得合法地位，但必须严防对方瓦解与消灭我们的阴谋诡计与包围袭击。（2）改变番号与编制后，部队中可成立队长与副队长，政治处主任及总支部书记的党的秘密委员会，领导部队中一切工作。党的工作与政治工作均须改变以适合于新的情况。（3）脱离生产的小的地方性的游击队、游击小组，原则上可一律变为民团，以取得合法地位，不可能时，仍可非法存在。（4）赤少队取消，有计划有组织地改变或混编在当地壮丁队民团中去起作用。（5）未与国民党政府及当地驻军确实谈判好以前，则我们的一切武装部队，可以自动改变番号，用抗日义勇军、抗日游击队名义，根据党的新政策，进行独立的活动，继续开展统一战线的工作，以灵活的游击行动，去发动与组织人民，建立党的秘密组织，捉杀汉奸，扩大党的新政策的影响。但在取得与国民党驻军停战谈判机会后，即当用大力量，利用时机，进行整顿与训练，并掩护当地群众工作。用一切方法提高部队每个战斗员的政治水平及坚定的意识，防止一切收买利诱分化的阴谋。（6）关于部队给养问题，在未与对方谈判好以前，我们可采取由富有者募捐的方式募集钱粮。只有确实是汉奸的财产，才采取没收的办法。

（四）群众工作问题。（1）在顺利的条件下，原有苏区及游击区域已有的群众组织，应保持其存在与巩固。加强群众组织的民主化与党的领导，改善群众的工作方式与方法，使之成为团结广大群众的组织。纠正党内代替包办群众团体和改变群众团体为第二党的倾向。（2）在顺利的条件下，如果革命的群众团体还不能公开地存在时，党应当根据当地的实际环境，利用一切合法的可能与组织形式去进行组织群众的运动。（3）在改善群众的日常生活，争取人民的权利，动员人民参加抗日的民族革命等群众运动与群众斗争中，党必须及时注意防止与纠正左倾关门主义与盲动主义以及右倾的尾巴主义与失掉阶级立场的投降主义的错误。党时时刻刻应当注意能去团结与领导千千万万的广大群众参加到抗日的民族统一战线中来，这是领导群众的基本方针。（4）必须有计划地去开展四周国民党区域的群众工作。

（五）对国民革命军工作。现在我们对于国民革命军工作的方针一般的不是瓦解它，而是采取争取其官兵共同抗日的方针。（1）站在抗日的民族统一战线的立场上，向官兵宣传解释我党的主张，首先是以和平统一团结御侮的主张，去争取停止内战互不侵犯，以至进行和平谈判，成立协定。（2）利用一切机会去接近下级的官佐士兵，提高官兵政治的民族的觉悟与抗日情绪，建立党的秘密组织，从部队的日常生活出发，逐渐地进行改善士兵生活，改良部队的纪律组织与教育。（3）但在它们继续向我们进攻时，我们仍应坚持自卫的游击战争。

对于民团，一般的要同样采取以上的方针。但顽固的反动的民团与土匪的坚持与我们作对者，争取不可能时，可以以政治瓦解与军事进攻消灭之。在我们和当地驻军与政权谈判好时，可同他们共同解决之。

（六）关于党的组织与工作。（1）普遍建立党的秘密组织。无论是苏区、游击区，党的组织必须全部变为秘密的组织。不必公开的干部与党员，不应在群众中以共产党员的面目出头。对于党要注意秘密工作的教育和执行。对于在政权中工作的党员或左派分子，决不要他们直接作党与群众工作，仅能作群众工作的掩护者，只能在他的地位上作他自己可能作的工作，如政权的民主化，以及经过政权力量减少人民的压迫与剥削等等。（2）必须改变党的领导方式与工作方法，首先要把党的工作与其他政权的、武装的、群众的工作方式分别清楚，不能混淆，不能代替包办。要真正建立党团工作，一切工作经过“党团”。党不应直接干涉其他组织的独立工作。不仅政权中，群众团体中应当广泛实行民主制度，即党内在可能条件下，亦应发展党的民主，实行集体的讨论与党的领导机关的选举。（3）有组织有计划地以马克思列宁主义重新训练党的干部与党员，了解党的新政策。要有计划地有系统地举办党校与训练班。

（七）解释工作的重要。必须在党内外解释，在建立民族统一战线中上述这种改变的必要。但同时应该指出，同国民党求得和平妥协，需要我们长期忍耐的工作与不屈不挠的艰苦斗争。在没有和平以前，一面要进行坚决的自卫战，一面又要坚持统一战线的工作求得和平。在和平之后，我们的任务不但不减轻，而且更为加重了。我们仍应保持过去十年来艰苦卓绝的革命传统，在新的条件下为执行党的路线而奋斗。

选自《中共党史教学参考资料》抗日战争时期（上），中国人民大学中共党史系资料室 1980 年编印，第 26～29 页。原注："原载《六大以来》（上）"。

互校版本：《中共中央文件选集》（10），中共中央党校出版社 1985 年版，第 298～301 页。

5. 中国共产党抗日救国十大纲领
——为动员一切力量，争取抗战胜利而斗争

1937 年 8 月 25 日①

（一）打倒日本帝国主义：

对日绝交，驱逐日本官吏，逮捕日本侦探，没收日本帝国主义在华财产，否认对日债务，废除与日本签订的条约，收回一切日本租界。

为保卫华北和沿海各地而血战到底。

为收复平津和东北而血战到底。

驱逐日本帝国主义出中国。

反对任何的动摇妥协。

（二）全国军事的总动员：

动员全国海陆空军，实行全国抗战。

反对单纯防御的消极的作战方针，采取独立自主的积极的作战方针。

建立经常的国防会议，讨论和决定国防计划和作战方针。

武装人民，发展抗日的游击战争，配合主力军作战。

改革军队的政治工作，使指挥员和战斗员团结一致。

军队和人民团结一致，发扬军队的积极性。

援助东北抗日联军，破坏敌人的后方。

实现一切抗战军队的平等待遇。

建立全国各地军区，动员全民族参战，以便逐步从雇佣兵役制转变为义务兵役制。

（三）全国人民的总动员：

全国人民除汉奸外，都有抗日救国的言论、出版、集会、结社和武装抗敌的自由。

废除一切束缚人民爱国运动的旧法令，颁布革命的新法令。

---

① "人大党史版""西南函授版"为"8 月 25 日"，"党校中央文件版"印作"8 月 15 日"。

释放一切爱国的革命的政治犯，开放党禁。

全中国人民动员起来，武装起来，参加抗战，实行有力出力，有钱出钱，有枪出枪，有知识出知识。

动员蒙民、回民及其他少数民族，在民族自决和自治的原则下，共同抗日。

（四）改革政治机构：

召集真正人民代表的国民大会，通过真正的民主宪法，决定抗日救国方针，选举国防政府。

国防政府必须吸收各党各派和人民团体的革命分子，驱逐亲日分子。

国防政府采取民主集中制，它是民主的，又是集中的。

国防政府执行抗日救国的革命政策。

实行地方自治，铲除贪官污吏，建立廉洁政府。

（五）抗日的外交政策：

在不丧失领土主权的范围内，和一切反对日本侵略主义的国家订立反侵略的同盟及抗日的军事互助协定。

拥护国际①和平阵线，反对德日意侵略阵线。

联合朝鲜和日本国内的工农人民反对日本帝国主义。

（六）战时的财政经济政策：

财政政策以有钱出钱和没收汉奸财产作抗日经费为原则。经济政策是：整顿和扩大国防生产，发展农村经济，保证战时生产品的自给。提倡国货，改良土产。禁绝日货，取缔奸商，反对投机操纵。

（七）改良人民生活：

改良工人、职员、教员和抗日军人的待遇。

优待抗日军人的家属。

废除苛捐杂税。

减租减息。

救济失业。

调节粮食。

赈济灾荒。

（八）抗日的教育政策：

改变教育的旧制度、旧课程，实行以抗日救国为目标的新制度、新课程。②

实施普及的义务的免费的教育方案，提高人民民族觉悟的程度。

实行全国学生的武装训练。

（九）肃清汉奸卖国贼亲日派，巩固后方。

（十）抗日的民族团结：

在国共两党合作的基础上，建立全国各党各派各界各军的抗日民族统一战线，领导抗

---

① “西南函授版”“人大党史版”漏掉“国际”二字。

② “党校中央文件版”漏掉下列两项计 37 个字。

日战争，精诚团结，共赴国难。

中国共产党中央委员会

选自《中共中央文件选集》(10)，中共中央党校出版社1985年版，第316～318页。简称“党校中央文件版”。

互校版本：

1.《中共党史教学参考资料》抗日战争时期（上），中国人民大学中共党史系资料室1979年编印，第42～47页。原注：“原载《解放周刊》第一卷第十五期，一九三七年九月六日出版”。简称“人大党史版”。

2.《中国新民主主义革命时期法制建设资料选编》第一册，西南政法学院函授部1982年2月编印，第5～7页。原注：“选自胡华主编《中国新民主主义革命史参考资料》”。简称“西南函授版”。

6. 中央革命军事委员会关于红军改编为国民革命军第八路军的命令

1937年8月25日

南京已经开始对日抗战，国共两党合作初步成功。为着实现共产党中央给国民党三中全会红军改名之保证，使红军成为抗日民族战争的模范，推动这一抗战，成为全民族的抗日革命战争，以争取最后的彻底胜利。特依据与国民党及南京政府谈判结果，宣布红军改名为国民革命军第八路军。

将前敌总指挥部改为第八路军总指挥部，以朱德为总指挥，彭德怀为副总指挥，叶剑英为参谋长，左权为副参谋长。总政治部为第八路军政治部，以任弼时为主任，邓小平为副主任。第一军团、十五军团及七十四师合编为陆军一一五师。以林彪为该师师长，聂荣臻为副师长，周昆为参谋长，罗荣桓为该师政训处主任，萧华为副主任。二方面军、二十八军、二十七军等部，合编为陆军第一百二十师。以贺龙为师长，萧克为副师长，周士第为参谋长，关向应为政训处主任，甘泗淇为副主任。第四方面军及二十七军、二十九军、三十军等部，改编为第一百二十九师。以刘伯承为师长，徐向前为副师长，倪志亮为参谋长，张浩为政训处主任，宋任穷为副主任。以上之改编后人员委任照前总命令行之。各师改编为国民革命军后，必须加强党的领导，保持和发挥十年斗争的光荣传统，坚决执行党中央与军委会的命令，保证红军在改编后应完成共产党的党军，为党的路线及政策而斗争，完成中国革命之伟大使命。

中央革命军事委员会主席　毛泽东
副主席　朱　德
周恩来

选自《中共中央文件选集》(10)，中共中央党校出版社1985年版，第323～324页。

7. 中央关于共产党参加政府问题的决定草案

1937年9月25日

（一）今天抗战的形势，急需要有一个全民族的抗日民族统一战线的政府，才能有利于领导抗日民族革命战争，战胜日本帝国主义。共产党准备参加这样的政府，即直接公开担负政府的行政责任，并在其中起积极作用。然而今天还没有这样的政府。今天有的，还是国民党一党专政的政府。

（二）只有将国民党一党专政的政府转变为全民的统一战线的政府的时候，即在今天的国民党政府（甲）接受本党所提抗日救国十大纲领的基本内容，依据此内容，发布施政纲领时；（乙）在实际行动上已经开始表示实现这一纲领的诚意和努力，并在这方面获得相当成绩时；（丙）容许共产党组织的合法存在，保证共产党动员群众、组织群众和教育群众的自由时，中共才能去参加。

（三）在党中央没有决定参加中央政府以前，共产党员一般地不得参加地方政府，并不得参加中央的及地方的一切附属于政府行政机关的各种行政会议及委员会。因为这种参加，徒然模糊共产党人的面目，延长国民党的独裁统治，对于推动统一的民主政府的建立，是有害无利的。

（四）但在特殊地区的地方政府如战区的地方政府中，由于旧的统治者已不能照旧统治，基本上愿意实行共产党的主张，共产党已经取得了公开活动的自由，并且由于当前的紧急形势，使共产党的参加在人民和政府看来，均已成为必要，共产党可以去参加。在日寇占领区域，共产党更应公开成为抗日统一战线政权的组织者。

（五）共产党在没有公开参政以前，参加全国国民大会之类的商讨民主宪法和救国方针的代议机关，在原则上是许可的。因此，共产党应力争自己的党员当选到大会中去，利用国民大会的讲台，宣传共产党的主张，用以达到动员人民和组织人民在共产党周围，推动统一的民主政府的建立。

（六）共产党中央及地方党部和国民党中央及地方党部，在一定的共同纲领并在完全平等的原则之下，可以组织统一战线的组织，如各种联合委员会（例如国民革命同盟会、群众运动委员会、战地动员委员会等）；共产党应该经过和国民党的这种共同行动，以达到国共两党的合作。

（七）在红军改名为国民革命军，红色政权机关改为特区政府之后，它们的代表可以拿自己已经取得的合法地位，参加到一切有利于抗日救国的军事的和群众的机关中去。

（八）在原有红军中及一切游击队中，共产党绝对独立领导之保持，是完全必要的；共产党员不许可在这个问题上发生任何原则上的动摇。

中央书记处

选自《中共中央文件选集》(10)，中共中央党校出版社1985年版，第333～334页。

8. 中共中央书记处关于要求国民党解决陕甘宁特区问题的指示

1937 年 9 月 27 日

伯渠同志并告博、叶、周、朱、彭、任、聂、贺、关、刘、张①：

下列要求国民党解决陕甘宁特别区问题，早已向南京提出，拖延半年之久尚未解决。请再提交蒋鼎文先生转蒋介石先生，速为解决定发表，保障红军在前线安心杀敌。

甲、承认特区的民选制度，特区政府经人民选出可以由南京加委。

乙、加委林伯渠、张国焘、秦邦宪、董必武、徐特立、谢觉哉、郭洪涛、马明芳、高岗九人为特区政府委员，以林伯渠为行政长官、张国焘为副长官（坚决拒绝丁惟分，因为，他是最先提倡反共及反共最坚决之一人。全苏区人民誓不承认）。

丙、设民政、建设、教育、农工、财政五厅（反对设处）及保安司令部。

丁、特区范围包括宜川、鄜县、洛川、淳化、栒邑、正宁、宁县、合水、庆阳、西峰镇、镇原、预旺、环县、盐池、定边、安边②、靖边、横山南中部、安边③（包括瓦窑堡）、米脂、绥德、清涧、葭县、吴堡、神府苏区、延川、延长在内。

戊、特区经费每月十五万元，另善后遣散费六十万元。

己、保安师编九千五百人。

以上六项是最低限度，必须要求国民党全部同意者。否则我们将受到全党责备。因此不能不坚持。

上电请伯渠原文抄送蒋鼎文。

中央书记处

九月二十七日

选自《陕甘宁边区抗日民主根据地》文献卷·上，中共党史资料出版社 1990 年版，第 285～286 页。

原注：“本文按中央档案馆保存的电报抄写稿刊印。标题是本书编者加的。”

9. 中国共产党中央委员会对于召集临时国民大会的提议

1937 年 11 月 1 日

【一】抗战已进入紧急的转变关头。为坚持抗战，争取抗战最后胜利，本党特向中国

① 原注：指林伯渠、博古、叶剑英、周恩来、朱德、彭德怀、任弼时、聂荣臻、贺龙、关向应、刘伯承、张浩。

② 原注：安边原为县制，后撤销。

③ 原注：此处安边为安定之误。安定即今子长。

国民党中央、国民政府提议，立刻召集临时国民大会，以实现下列的紧急任务。

（甲）决定具体的国防纲领（希望采取本党提出的抗日救国十大纲领），及保证实施的具体办法。

（乙）通过民主的宪法大纲，及保证实施的具体办法。

（丙）选举政府机关。

【二】为完成上述三大任务，本党所提议召集的临时国民大会，必须是：

（甲）真正代表民意的机关，而不是少数人包办的机关。

（乙）国家的最高权力机关，而不是政府的咨询机关。

【三】本党根据于孙中山先生历次所提召集国民大会的主张，与目前紧急情况，认为必须由下列团体的代表来组织临时国民大会：

（甲）前后方的抗日军队。

（乙）一切抗日救亡的民主团体。

（丙）工会、农会、学生会、文化教育团体、商会、实业团体。

（丁）各抗日救亡的政党。

这类代表的数量，应依照一定的比例，由各团体自己选出。代表总数以便利于切实地迅速地进行工作为原则，对汉奸亲日派则绝对排斥。

【四】本党认为临时国民大会的召集，实为目前转移时局的主要关键。希望中国国民党中央委员会与国民政府各同志以民族国家利益为重，一致赞成本党主张，促其实现，不胜幸甚。

中国共产党中央委员会

选自《中共中央文件选集》(10)，中共中央党校出版社 1985 年版，第 368～369 页。

10. 目前的时局和方针
——毛泽东在陕北公学开学典礼会上的讲演[①]

1937 年 11 月 1 日

同志们：

你们要求我讲时局问题，趁着你们开学的机会，我就来讲一讲这个问题。这个问题是与你们有密切联系的，因为学习的人、教育的人都是为着一个目的，这就是挽救民族与社会危机。

现在的形势是很紧张的。上海第二道防线失守。晋东敌人已经突破了娘子关，要与晋北之敌配合，向太原前进。目前有两个问题提出在我们面前，就是：（一）再打还是不再打？（二）怎么样打？

现在的战争形势，中国显然不顺利。这是由于过去只是片面的抗战，不是全面的抗

① 副标题是编者参照其他版本所加。

战。现在外面有好多人说现在已是全面的抗战，这是不对的。因为在地域上说是全面，在成分上说只是一面，还有广大的群众并没有发动到抗战中来，只是军队和政府来干而已，所以遭受了许多失败。在这种情形下，有一种新的危险在增长着，汉奸与亲日派乘机抬头，"战必败""唯武器论"这一套，一定会跟着活动。他们的结论是：中国打不过，只有投降。民族投降主义是目前新的危险。

我们必须认识，过去我们的抗战是有着不可抹煞的成绩的，这些成绩是什么呢？（一）中国的抗战是百年来未有的，它的性质是革命的。（二）在抗战中中国国内即比较团结了。（三）在军事上虽然遭受许多失败，但给了日寇以相当严重的打击。（四）取得了国际间的同情。（五）这最重要的，就是在战争中取得了深刻的教训，片面的抗战是不能取得胜利的。

我们决不要因现在的局面而悲观，我们完全赞成蒋介石先生在十月九日的演说，坚决打到底，一直打到最后一个人一根枪还要再打，这就是共产党"为保卫祖国流最后一滴血"的意思，是对目前时局的根本方针。

一定要再打，但怎么样打呢？在军事上要学第八路军的打法，就是要活打，不要死打。过去只是挨敌人的打，所以必须改变一个打法。我们去打敌人，最主要的是执行共产党所提出的抗日救国十大纲领，动员四万万五千万中国人参加抗战，组织他们，武装他们。这是一个最伟大的力量，只有这个力量，中国才能打胜仗。全国一定要学习八路军的样子，真正地做到军民一致，官兵一致，用改造军队精神、加强军队中的政治工作去达到目的，只有这样，才能挽回目前严重的局势。这就是执行再打方针的正确办法。有了以上的方针与办法这两个方面，我们就一定能战胜日本帝国主义。

我们要造就大批的民族革命干部，他们是有革命理论的，他们是富于牺牲精神的，他们是革命的先锋队。只有依靠成千成万的好干部，革命的方针与办法才能执行，全面的全民族的革命战争才能出现于中国，才能最后战胜敌人。

选自《毛泽东文集》第二卷，人民出版社 1983 年版，第 62～64 页。

互校版本：《中共中央文件选集》(10)，中共中央党校出版社 1985 年版，第 370～371 页。原注："发表于一九三七年十一月四日出版的《新中华报》第四〇一期"。

11. 毛泽东：关于八路军应积极参加特区大会选举问题的指示

1937 年 11 月 13 日毛泽东致各军政首长及政治机关

各级首长，各级政治机关：

陕甘宁特区大会，在动员特区广大人民及其武装部队，积极参加抗战、保卫特区的任务之下，定于明年一月五日在延安开幕。当此抗战紧急、中华民族生死存亡关头，特区政府在中央的领导下，首先在西北广大地区，实施抗战和普选的民主政治，作全国民主政治之先导。特区的大会开幕将更进一步推动全国的民主力量，围绕在特区政府的周围，在活的榜样之下，为实现全国的民主制度而努力，为救亡图存而抗战到底。特区民主政治的实施，在巩固和开展全国统一战线的基础上，这是国共合作迅速走上新的阶段的推力。因此特区大会的开幕，实有全国性政治意义。我第八路军是抗战序列中的重要支柱，是共产党直接领导的武装力量，必积极地热烈地参加特区大会的选举，在选举运动中必须与抗战任务紧密联系起来，目前应以一切力量支持华北的游击战争，为全国与保卫特区而奋斗，以英勇战斗与政治工作的模范去影响一切友军，达到改造国民党、改造国民政府、改造军队，最后战胜日寇的目的。在战争进行特区大会代表的选举，选举办法及时间另告。

毛泽东

选自《中共中央文件选集》(10)，中共中央党校出版社1985年版，第379～380页。

12. 中央关于发动游击战争建立根据地和党的工作问题给山东省委的指示

1938年1月15日

山东省委：

济南失守后，日寇继续南下，津浦线济南徐州间有完全被日寇占领之可能，因此山东广大地区有沦为被日寇占领区域之危险。

目前省委工作的布置，应注意即使山东完全变为日寇占领区域，还能使我们的党坚持在山东发动群众，组织游击战争，保存党的力量，坚持地与日寇进行长期的斗争。因此，省委的工作，应着重下列几点：

（甲）应以发动游击战争与建立游击区的根据地为中心。根据最近中央新的决定（参看洛甫的文章《巩固国共合作争取抗战胜利》，及中央的宣言），重新布置工作与重新教育干部，成为顺利地进行游击战争与建立游击区域的基本条件。从省委十二月二十一日的报告中，已经看到你们已注意这个问题，这是非常之好的。对于发动游击战争，我们还有下列的提议：（一）创立在党领导下可靠的基干游击队。必须动员好的干部党员到这种游击队内去。（二）游击战争必须密切与群众联系，才能生存和发展。（三）游击战争必须正确地实行抗日统一战线的政策，才能达到抗日的整个任务。（四）山东为土匪最多的地区，必须对土匪有正确的政策。我们对土匪总的方针，应当是争取他们抗日，当土匪还是抗日时，我们不应去削弱或瓦解他们的部队，应当帮助他们的发展，巩固他们的部队，并逐渐地帮助他们改善与群众的关系，与他们采取共同行动去反对日寇。当土匪为日寇所利用时，我们也不应当去积极反对他们，而应当使他们中立，即是他们一方面去敷衍日寇，而又与我们保持善意的中立。（五）对于当地旧政权和专员县长等，当他仍旧在该地继续抗日，应当与他们合作，共同行动；当旧政权退出的区域，抗敌后援会可起政权的作用，但不必组织其他名义的政权。（六）估计山东地区广大，日寇虽然暂时占领中心城市和交通要道，但无法占领一切地区，因此，在开始的一个时期以内，坚持在山东的游击战争是完全可能的。（七）同时估计到山东大部是平原，交通比较便利，因此当游击队受到敌人的压迫时，应当非常机动地采取有进有退、流动游击的办法，不使游击队受到不必要的损失。当大的游击队（如连以上）不能在某个区域内活动时，他应当按照情况向新的地区转移和发展，应当留下小的游击队（如班排）继续坚持斗争。（八）最重要的，应当估计山东游击战争是比较长期性的，因此，必须准备长期艰苦斗争。因此在党的工作上、群众工作上、游击战争上都必须采取积蓄力量、保存力量的方针，即是“赚钱就来，失本不干”。

（乙）党的工作应当适应山东被占领的环境和游击战争的任务来布置工作。因此：（一）把党的组织和党员分成两部分，一部分在当地不能立足以及准备动员到游击队内去工作的干部和党员，应当参加到游击队内去；另一部分是准备在日寇已占领或将占领的区域内，坚持党与群众的工作，须严格地保持秘密条件下党的工作原则，利用一切合法的可能进行工作。（二）省委工作的中心应当放在鲁中区，开始依靠新泰、莱芜、泰安、邹县的工作基础，努力向东发展，尤以莒县、蒙阴等广大地区为重心。因此，我们提议省委应在鲁中区较为适宜，万一在徐州被占的情况下，省委应以苏鲁边广大地区为活动范围。（三）在目前民族革命的高潮中，应当大量地吸收积极的工农成分和革命的学生入党，但同时必须严密党的组织，不使一个奸细和投机分子混入党内。（四）对于出狱和恢复关系的党员，应重新考查。（五）应当与各个区域建立经常的秘密交通关系。

在山东被占后，省委的工作将进到一个较困难的时期，应当抱定在山东坚持长期的艰苦斗争，即使在与中央的关系断绝后，也应根据抗日民族统一战线的方针，独立地进行工作，依靠中国正规军队收复山东不是短期内的事。因此省委应当在保存力量、积蓄力量的原则下，发展群众运动和游击战争，坚持在山东与日寇作斗争。

中共中央

选自《中共中央文件选集》(10)，中共中央党校出版社 1985 年版，第 423～425 页。

13. 对新四军进行游击战的指示

1938 年 5 月 4 日毛泽东同志致项英同志

项英同志：

在敌后进行游击战争虽有困难，敌情方面虽较严重，但只要有广大群众活动地区，充分注意指挥的机动灵活，也会能够克服这种困难，这是河北及山东方面的游击战争已经证明了的。在侦察部队出去若干天之后，主力就可准备跟进，在广德、苏州、镇江、南京、芜湖五区之间广大地区创造根据地，发动民众的抗日斗争，组织民众武装，发展新的游击队，是完全有希望的。在茅山根据地大体建立起来之后，还应准备分兵一部进入苏州、镇江、吴淞三角地区去，再分一部分渡江进入江北地区。在一定条件下，平原也是能发展游击战争的。条件与内战时候，很大不同。当然，无论何时，应有谨慎的态度，具体的作战

行动应在具体的情况许可之下，这是不能忽视的。（下略）

选自《中共中央文件选集》(10)，中共中央党校出版社 1985 年版，第 510 页。

互校版本：《中共党史教学参考资料》抗日战争时期（上），中国人民大学中共党史系资料室 1980 年编印，第 212 页。原注："原载《中共党史教学参考资料》第二批，中共中央宣传部一九五七年编印"。

14. 中央关于建立大青山游击根据地及党的政策的指示

1938 年 6 月 24 日毛泽东、王稼祥、杨尚昆、贺龙、关向应致周士第、甘泗淇、李井泉①

周、甘转李井泉：

（一）大青山北靠外蒙，敌正重视，察热游击战争尚未开展，又形孤立，欲在那里建立冀察晋型式的根据地，在今天则不可能，但坚持长期游击战争建立游击根据地，完全可能，而且是中心任务。

（二）故那里一切政策应以长期游击战争性质为出发点：

甲、组织伪军反正应避免过早不必要的零散爆发，惟须估计到反正情绪不可抑制时或已爆发以及军事上必要时，则毅然行之。但一般的工作，应适应长期性这原则。

乙、反正前后应使其意识到物质条件的困难与斗争的艰苦性。反正后一般的应争取属于八路军指挥的名义，在斗争过程中改造或改编之，最好争取它靠近晋西北或晋察冀边区，但不勉强为人作嫁，反增以后困难。

丙、对大股土匪或半土匪性质的自发抗日武装，应采取上层联络与影响推动和帮助它进步。勿造成对立，以增加我们游击队和地方工作的困难。对零星土匪则可消灭之，仍须对之以礼貌，勿乱杀人。

丁、对于静漪之自卫军，估计到与傅的关系，应采取上层联络以及帮助推动它进步，不采取分化瓦解的方针。

（三）绥远问题，须处处照顾到与傅作义的统一战线，对绥远当地上层统一战线与对伪政权等策略，应不违背长期游击战争这一特点。

（四）另一基本任务是：团结蒙汉人民联合抗日，以我们正确的少数民族政策来改变中国过去传统的错误政策，我们做成模范来推动影响国民党，首先是傅作义的转变。

甲、估计蒙民的民族意识，蒙民对王公的信仰，对德王仍应采取争取的策略，继续执行要求德王回头抗日的口号。

乙、对蒙人要求收回汉人侵占的土地，应使汉人出相当代价立约收买或作租佃纳租，

---

① "中央文件版"原注：原件无月份，从内容判断，当在 1938 年 6 月。"大青山资料版"原注："1938 年 11 月 20 日"，并说明"此电文的月份为编者考订"。

地方政府应依具体情况分别公正处理，以团结蒙汉联合抗日为原则。

丁①、尊重蒙民风俗习惯、宗教，并发扬其文化，勿侵犯蒙民利益，特别是收买马匹，必须切实教育部队。

戊、吸收蒙人中知识分子，培养蒙民干部，做蒙民工作。

（五）须向②绥察边与铁路以南发展与工作，多繁殖地方游击队，培养地方干部与群众的领袖。

毛、王、杨、贺、关

选自《中共中央文件选集》（10），中共中央党校出版社 1985 年版，第 554～555 页。简称“中央文件版”。

互校版本：《大青山抗日游击根据地资料选编》，内蒙古人民出版社 1986 年版，第 8～9 页。简称“大青山资料版”。

15. 中央关于晋察冀边区货币政策的指示

1938 年 8 月 17 日毛泽东、洛甫、王稼祥、刘少奇
致聂荣臻、彭真并朱德、彭德怀

聂、彭，并告朱、彭：

边区货币政策应根据以下原则：

（一）边区应有比较稳定的货币，以备同日寇作持久的斗争。

（二）边区的纸币数目，不应超过边区市场上的需要数量。这里应该估计到边区之扩大和缩小之可能。

（三）边区的纸币应有准备金。第一货物，特别是工业品。第二伪币。第三法币。

（四）日寇占领城市及铁路线，我据有农村。边区工业品之来源是日寇占领地，边区农业产品之出卖地，亦在日寇占领区域。因此边区应有适当的对外贸易政策，以作货币政策之后盾。

（五）边区军费浩大，财政货币政策应着眼于将来军费之来源。

（六）在抗战最后胜利之前，法币一定继续跌价，法币有逐渐在华北灭迹之可能。杂币更会跌落，伪币亦会有一定程度的跌落。边区纸币如数量过多，亦会跌落。问题中心在于边区纸币应维持不低于伪币之比价。

我们提议下列具体办法：

甲、发行一定数量的边区纸币（此数量由你们考虑决定电告我们），收买法币，保留一部分法币，大部分购买工业品，用一部分法币兑换伪币。

乙、对于杂钞应设各种方法，使其流到边区以外去。

---

① “中央文件版”原注：原件缺丙项。“大青山资料版”印作甲、乙、丙、丁四项，丙、丁的内容与“中央文件版”丁、戊相同。

② “中央文件版”为“须向绥察边……”。“大青山资料版”标作“德□向……”，并注明“原文不清”。

丙、有无可能送一部分杂币至总部及一二〇师带一部分法币来延安，请考虑电复。

丁、扩大边区纸币的印刷。因将来印刷一定比现在更困难。上述各项请考虑研究。待彭真来延时，再详细讨论决定。

毛、洛、王、胡

选自《中共中央文件选集》(10)，中共中央党校出版社 1985 年版，第 564～565 页。

16. 中央关于目前晋冀豫党与八路军的任务的指示

1938 年 8 月 24 日洛甫、毛泽东、刘少奇致朱瑞等

朱瑞同志并致朱、彭、尚昆、刘、徐、邓①、唐天际：

摆在冀晋豫全区面前的中心任务，是以最快的速度创造冀晋豫边区成为坚持抗战的巩固根据地，因此你处党与八路军的任务是：

（一）建立完全在党领导下的有战斗力的若干游击兵团（如荣臻同志的游击支队）及地方游击队。

（二）广泛组织不脱离生产的自卫军，并使他们担任侦察、警戒、放哨、坚壁清野等。

（三）争取改造友军，特别是准备永久留华北打游击的友军，成为坚强进步的抗日军。

（四）逐渐改造政权机关，使之成为广泛人民阶层的抗日民主政权，但同时是国民党政权，各级动员委员会吸收真正人民团体及武装部队代表参加，使之成为实际的各级政府委员会，逐渐洗刷机关中的腐败分子，尤其是汉奸动摇分子。

（五）逐渐求得军事政治的统一指挥与领导，采取必要过渡办法，以准备将来召集冀晋豫边区政府代表大会，成立边区临时政府。

（六）在统一战线方针下，坚决执行动员武装群众及肃清汉奸的政策。

（七）设法召集全边区或若干县联合的群众团体的代表会议，以动员群众参战及建立真正有广大群众的团体在抗日的大前提下，依照阎②之法令解除人民一些痛苦，满足人民一些迫切要求。

（八）大大发展党，建立与健全各级党的领导机关，办一两个较大的学校，训练政治、军事、群众团体及政府的干部，党办训练班。

（九）你准备留在冀晋豫边区负总责，如聂荣臻同志在冀察晋。

洛甫、毛泽东、胡服

选自《中共中央文件选集》(10)，中共中央党校出版社 1985 年版，第 567～568 页。

---

① 原注：姓名全称是朱德、彭德怀、杨尚昆、刘伯承、徐向前、邓小平。

② 指阎锡山。

17. 中央关于严格建立财政经济制度的决定

1939 年 6 月 5 日

财政经济日益困难，除积极加紧生产以谋自给外，目前特别要注意认真地严格地建立财政经济的制度，发扬艰苦作风厉行节省，以便坚持抗战，坚持长期艰苦斗争，因此，中央书记处有如下的决定：

【一】严格统一收支（甲）各机关部队的收入，不得于未报解中财经部以前，自行开支。（乙）所有公营企业，应按党政军系统统一领导，集中营业，所有盈余，概须报告中财经部，确定支配办法，不得自由支配，并将资金及营业状况于六月内确切报告中央。

【二】严格建立预决算制度（甲）照中财经部通知第四号规定认真执行，每月开支预算必须负责在节省原则下切实估计，一次提出经中财经部切实审核发给，如经中财经部批准之预算有不同意时，必须经中央书记处的审查批准，中财经部始能作第二次的修改。（乙）任何机关部队必须照批准之预算限度内开支，如有浪费或超过情事，概不批准。（丙）预决算及一切应缴单据必须按规定期限送交中财经部，如不按时送出者，停止发给经费。

【三】建立会计审计制（甲）由中财经部建立会计处与审计处，并有检查审核各机关学校部队的会计账目及开支情况之权。（乙）各机关部队学校关于会计审计方面有不明了及应实行改革之处，得随时分别询问中财经部会计处及审计处。

【四】为着调剂财政困难必须厉行节省（甲）从六月份起一概暂停建筑，已经在五月份批准建筑者亦需节省，限期结束。（乙）七月份，照前方规定各机关部队学校津贴一律发给一元，有特殊津贴者必须经过中财经部之批准。（丙）从六月份起各种特别临时办公等费，要尽量减少，一切日常用品要想各种办法节省，以简单朴素为原则。（丁）各机关学校部队的油印刊物须分别经中宣部或总政治部批准后，始能出版，否则一律停止刊印。（戊）各机关部队学校除自己节省伙食举行会餐外，不得互相请客（外客来宾招待除外）。平时开会不得招待酒菜香烟。

以上各项党政军民学各部门务须切实执行并责成中财经部随时督促检查。各部门资材限于六月底以前进行一次总清理，报告中财经部。

中央书记处

选自《中共中央文件选集》（11），中共中央党校出版社 1985 年版，第 70～71 页。

18. 中央关于边区[①]与扩军问题同国民党的谈判条件给南方局的指示（节录“丙、边区问题”）

1940 年 1 月 11 日

（上略）

丙、边区问题：

（一）坚持二十三县，少一县不行。

（二）可将淳化、栒邑、正宁、宁县、镇原五县划出。如此则二十三县范围如下：

（A）甘肃三县：庆阳、合水、环县。

（B）宁夏一县：盐池。

（C）陕西十九县：鄜县、甘泉、肤施、安塞、安定、延安、延川、清涧、绥德、米脂、吴堡、葭县、神木、府谷、榆林、横山、保安、靖边、定边。

（三）但原有关中苏区，即淳化、栒邑、宁县各一部分，仍须在边区范围内，否则当地民众决不同意。

（四）二十三县境内实行边区民主制度，彼方原有行政机关地方武装一律撤销。

（五）撤销以破坏边区为目的之一切特务机关，但党部不在内。

（六）边区名称为：“陕甘宁边区”。

（七）边区政府委员会，由边区参议会选举，国府加委不得委别人。

（八）主席林伯渠。

（九）边区行政经费，每月津贴二十万元。

（十）撤销咸榆公路及陇海铁路上一切阻拦制度，以后不得扣留与阻拦来往人员。

（十一）马师撤退洛川以南，其他包围之军队一概撤退，恢复八月前现状，我方亦不再调兵来边区。

（下略）

中央书记处

选自《中共中央文件选集》（11），中共中央党校出版社 1985 年版，第 248～249 页。

19. 中央关于抗日民主政权的阶级实质问题的指示

1940 年 2 月 1 日[②]

北方局并转各分局、各师、区党委：

关于敌后我们领导的政权“在政策上是统一战线的，而在其阶级实质上应该是工农小

---

① 此处指陕甘宁边区。

② 原注：年代是编者判定的。

资产阶级的政权”问题，我们意见如下：

一、我们领导的政权是抗日民主政权，是几个革命阶级联合的政权，是一切赞成抗日又赞成民主的人们的革命的专政，对于反抗日反民主的反动分子、反共分子、投降分子，当然是除外的。

二、抗日民主政权在其阶级成分上，工农小资产阶级是主要的，然而应当吸收进步的中产阶级分子及进步士绅加入，拒绝他们参加政权，对我们对抗日都是不利的。

三、抗日民主政权假若看作是工农小资产阶级的专政，这是不利于我们去麻痹地主资产阶级的，可是这种麻痹是绝对必要的。

四、因此抗日民主政权应当在政策上和阶级实质上，都是抗日统一战线的政权，即一切拥护抗日统一战线、不投降、不反共、不倒退的人都应当吸收其代表加入政权，但绝不是大地主大资本家工农小资产阶级的联合政权，而是以工农小资产阶级为主，同时又不拒绝进步的中产阶级分子及进步绅士参加的政权，这样形式与内容便是一致的。而国民党政权则是大资产阶级与地主联合的政权，工农小资产阶级、中产阶级都是除外的。

五、所以“工农小资产阶级政权”这个口号在现时不适当，因为这个口号对于党的抗日民族统一战线的路线不适合，当党的政治路线没有变更以前，我们不宜提这个口号。以上各点，请将讨论结果电告。

中央书记处

选自《中共中央文件选集》(11)，中共中央党校出版社 1985 年版，第 283～284 页。

20. 延安各界宪政促进会对于国民大会代表选举法之修正案

1940 年 2 月 20 日

民国二十五年五月十四日，国民政府公布之国民大会代表选举法，迄今已四年之久。在这期间，爆发了中国历史上空前未有之抗日民族自卫战争，全国各阶级各党派及无党无派之广大人士，均英勇参战，坚持将及三年，已奠定最后胜利的基础。因此，今日中国的环境，国内各阶级各政党的关系，以及军事、政治、经济的变化，都非四年前所可比拟。因而四年前所公布之选举法，自应有适合于中国今日新环境，所需要的修正。本会特提出具体之修正案如下：

（一）选举法第二条，规定除当然代表外并由国民政府指定代表二百四十名。

我们主张废止当然代表及由国民政府指定之代表。所有大会代表，完全经由国民以民主办法选出，以便能真正代表民意，使国民大会成为真正代表民意的机关。

（二）选举法第三条，中华民国人民满二十岁，经公民宣誓者，有选举国民大会代表之权。

我们主张废止宣誓。凡年满十八岁之中国人民，不分阶级、党派、财产、职业、文化、宗教、性别、民族，一律有选举与被选举之平等权利。

（三）选举法第四条，我们主张修改为有左列情事之一者，不得有选举与被选举权。

（1）通敌卖国者。

（2）刑事犯（政治犯不算）经法院判决有罪褫夺公权尚未恢复者。

（3）有重大精神病经医生证明经公众承认者。

（4）吸食鸦片或其他代用品者。

（四）选举法第十一条，关于各选举区候选人，由乡长、镇长、坊长推选之规定。

我们主张，不论区域选举、职业选举、特种选举，都由选民自己举行选民大会，选出推选人，由推选人自己举行大会，推出候选人，再由选民大会由候选人中选出代表。各抗日党派有权提出候选人参加竞选，其人数比例按目前各党派之情况确定之。

妇女被选为推选人或候选人，应与男子有平等权利。

（五）选举法第十五条，参加选举之职业团体，以在本法公布前依法成立者为限。

我们主张参加选举之职业团体，以在选举法修正公布前实际成立并真正拥有群众者为限，不必问其备案手续是否完毕。

失业工人团体，应与在业工人团体有参加选举之同等资格。小学教员团体选出之代表，应当于大学教授之五倍，中学教员之三倍。

自由职业团体应增加自然科学、社会科学、哲学、历史科学、文艺、妇女、青年、新闻记者等团体单位。

（六）选举法第二十五条，规定东北四省国民大会代表候选人由国民政府指定。

我们主张东北四省国民大会代表候选人，由东北各救亡团体、东北抗日联军、东北在关内抗日军队、东北名流学者会商共同提出。

（七）陕甘宁边区、冀察晋边区及其他各抗日民主区，应选出下列名额与种类之代表。

（1）区域选举每县各一人。

（2）职业选举每一区域商会二名，工会三名，农会五名，妇女团体五名，青年团体四名，学生三名，医药师科学家工程师联合选一名，小学教员三名，新闻记者一名。

（八）特种选举内，我们主张增加下列之规定：

（1）沦陷区有我国政权的地方，举行一般选举（区域和职业）。

（2）沦陷区没有我国政权的地方，得进行秘密选举。

（3）沦陷区人士所组织之抗日救亡团体（妇女青年团体在内），无论其活动范围在沦陷区或大后方，每一单位应有选出代表之权。

（九）我们主张修改选举法第四章第四节军队选举之一切条文（例如曾在国民革命军服务五年以上，著有勋绩，或曾在军事教育机关毕业，学行俱优者等资格的规定）。

我们主张凡参加抗日的部队，不论正规军或游击队，不论官长与士兵，皆有选举与被选举权。

抗战以来，全国军队既增加一倍以上，其代表人数亦应照军队比例增加。

官长应与士兵分别选举，各由自己的选民大会选出推选人，由推选人推出候选人，再由选民大会于候选人中选出代表。士兵代表人数，至少应为官长代表之三倍。

（十）选举法第五章，关于选举监督，由各该区最高行政长官出任之规定。

我们主张，选举事务所应由各该地政府及当地各党派各群众团体宪政团体各派代表合组之选举委员会组成之，其监督由代表互推。

（十一）我们主张在选举法中明白规定各抗日党派、团体、军队和个人均享有言论、出版、集会、结社之政治自由，以保证他们参加竞选的权利。

（十二）我们主张，此次国民大会之代表，应完全根据修正后之新选举法，由人民选出。根据民国二十五年五月旧选举法所选出之代表一律无效。

选自《中共中央文件选集》(11)，中共中央党校出版社 1985 年版，第 320～323 页。

21. 延安各界宪政促进会对于国民大会组织法修正案

1940 年 2 月 20 日

（一）关于国民大会的职权，我们主张应规定如下：

一、制定宪法，决定宪法实施日期并执行宪法；

二、确定内政、外交总方针与国民经济原则；

三、选举政府，监督政府并罢免政府人员；

四、产生经常驻会机关（中央国民委员会及其常务委员会）；

五、创制与复决法律，批准通行全国之法令与命令。

（二）组织法第三条所规定之当然代表，我们主张修正为得列席国民大会。

（三）组织法第十一条国民大会于会期完毕任务终了。

我们主张，国民大会由选举法修正案所选出之代表组织之，并由本届大会行使宪法所赋予之职权，大会闭会期间由常驻委员会行使职权。

（四）我们主张，国民大会代表任期为二年，每年举行大会一次，第一次大会以后，由常务委员会决定召集之，有必要时，得召集临时大会。

选自《中共中央文件选集》(11)，中共中央党校出版社 1985 年版，第 324 页。

22. 中央关于开展抗日民主地区的国民教育的指示

1940 年 3 月 18 日

（一）开展抗日民主地区的国民教育，是当前深入动员群众参加与坚持抗战，培养革命知识分子与干部的重要环节。各地党的领导机关及其宣传教育部，必须认真地把这一工作当做他们的中心任务之一，坚决反对党内历来对于这一工作的轻视与忽视的态度，及认为战地不能注意与发展国民教育的观点。特别党的宣传教育工作者，应该认真地打破过去宣传教育工作的狭窄的圈子而走进这个广大的活动领域中去。

（二）国民教育一般的可分为学校教育与社会教育。在学校教育方面，举其大者，必须：

1. 尽可能地恢复与重新建立各地小学校，达到每村有一个初级小学校，每乡（或每编村）有一个中心小学或模范初级小学，每个中心区有一个两级小学或完全小学，以建立广泛的小学网。

2. 大批地吸收与鼓励青年知识分子或旧知识分子，尤其是过去的小学教员，担任小学教员的工作，开办各种小学教师训练班或讲习所，给他们以必要的训练。必须计划在几个中心地区设立师范学校，大批地培养小学教员，并注意女教员的培养。

3. 用说服解释方法及政府法令的强制力量，大量地动员学龄儿童入学，同时设法克服学龄儿童不能入学的实际困难。一切革命者家属的儿童，应首先入学起模范作用。

4. 为了提高各地文化、政治、专门知识的水平，为了造成中级与高级的知识分子，为了吸收现在尚散伏在乡村中的游离知识分子或半知识分子，某些县区内公立中学校的设立，仍然是必要的。这种中学校的一切设施，应相当正规化。

5. 为了吸收青年妇女进学校，同时估计到中国旧社会中封建思想的存在，应在某些地区设立女子两级小学或女子高等小学、女子师范及女子中学，但同时应该提倡男女同学，一切学校均应吸收女子入学。

（三）在社会教育方面，举其大者，必须：

1. 在各村各乡小学校内或小学校外，建立民革室、救亡室、俱乐部一类的文化教育活动的中心。开办各种民众学校、夜校、识字班（女子可同男子分开，上课应在白天），组织各种识字组、大众黑板、读报、演讲、娱乐体育、壁报、戏剧等一切适合于民众需要及为民众所喜欢参加的活动。小学教员即应成为该乡该村社教的主持者，他的小学校中的优秀分子即可成为他的助手（即小先生制）。该乡该村的共产党员首先应参加这个工作，成为其中的积极分子，并经过他以团结与教育群众。

2. 各级党部、政府、部队、学校、民众团体都应负责在其机关附近办理民革室、救亡室、俱乐部一类的组织及民众学校等，吸收机关周围的群众参加，以帮助社教的发展，并应指定专人负责。

3. 在自卫军内进行有系统的、有计划的社教工作。这是最便利于进行社教活动的场所。

4. 大大发展农村中的戏剧、歌咏运动。但应注意于戏剧、歌咏的通俗化、大众化、民族化、地方化，特别注意于利用旧形式，改造旧形式。

5. 在每县内的中心市镇设立民众教育馆，使之成为推广社教的模范。

（四）应该确定国民教育的基本内容为新民主主义的教育，这即是以马列主义的理论与方法为出发点的关于民族民主革命的教育与科学的教育。

（五）为了加强党对国民教育的领导，党的宣传教育部内应该有国民教育科。它应该经过政府的教育厅或科及其他国民教育的社团去领导国民教育。党委与宣传教育部应经常检查、讨论、督促、帮助并总结教学等经验。

（六）为了推动国民教育的进行，在上级政府的教育厅或科下可有专门的“督学”之类去分区负责巡视学校教育。可有社教督导团或巡回教育团之类去负责推广社会教育。党与政府应经过他们去了解下面具体情况，总结经验，并经常给各地以实际的帮助。

（七）上级政府的教育厅或部下应有专门人与机关负责编辑、审查、出版、发行各种国民教育的教科书、教材、参考材料，并力求其完备与统一。

（八）各种报纸、杂志，应经常披露国民教育的消息与材料，并加以指导与帮助。可能时，应专办推广国民教育的刊物与报纸。通俗的大众读物，今天特别需要。

（九）应经常召集各种关于国民教育的会议，讨论各种问题，吸收一切同国民教育有关的团体与工作者参加。

（十）应组织各种帮助国民教育的社会团体，如小学教育联合会、社教促进会或国民教育研究会等。各种文化团体，如文化协会、戏剧协会等，应以帮助国民教育为它们的主要任务之一。

（十一）政府应提高用于国民教育方面的经费的比例，尽可能实行免费教育，对贫苦学生还应给以必要的书籍与纸笔等日用品。

（十二）要提高小学教员及社教工作者在社会上的地位，关心他们的学习与生活，并给其中的优秀分子以各种的奖励，反对任何轻视他们的不正确观点。对于在其他政党不良影响下的小学教员，应积极争取之。党员的小学教员，一般可兼任支部的宣传干事及政府教育委员会主任等工作。

（十三）党应决心动员一批党员知识分子终身从事于国民教育的事业，把这种事业当做一个党员的光荣任务。

（十四）青年救国会及其领导下的儿童团，其最主要任务之一，即为文化教育方面的活动。他们应该成为党与政府在国民教育方面的第一个助手。他们的会员的最大多数应积极参加国民教育的活动，在学校中，在社教中，成为成年、青年、儿童的模范。

（十五）在国民教育工作方面，共产党应力求同有正义感的名流学者公正士绅实行统一战线。这在争取全国中间力量同情我们上，有极重大的意义。

选自《中共中央文件选集》(11)，中共中央党校出版社 1985 年版，第 353～356 页。

互校版本：《中共党史教学参考资料》抗日战争时期（中），中国人民大学中共党史系资料室 1997 年编印，第 52～55 页。原注：“原载《六大以来》(下)”。

23. 关于回回民族问题的提纲

1940 年 4 月中央西北工作委员会拟定，基本上经中央书记处批准

一、回回民族的特征

现在居住于西北之甘、宁、青、陕与西南之云、贵、川以及散布全国各省之数百万回回的来源，历史上曾有波斯大食人之后与回纥回鹘之后的两种说法。根据现有材料的研究，我们认为前一种说法较为可信。波斯大食人，在唐宋时代已来到中国贸易，而在元时则随同征服中国的蒙古军大量地移入中国，逐渐形成为中国境内的一个民族。同时它又可能有一部分信回教的回纥回鹘人与汉人混杂在内，这个民族曾经过多次反对异民族压迫的斗争，得以生存发展于今日，是富于斗争精神的一个民族。

回回民族现在还没有发展成为近代的民族，仅仅开始进入这个发展过程，它是半殖民地半封建中国的少数民族。

现在的回回民族，它的内部经济、政治、文化各方面有如次的特征：

（一）经济上具有西北地区一般的农业经济的各种特征，但封建的剥削更为厉害。由于封建势力厉行劳役、征发、强捐、勒派等非经济的残酷剥削，致使农村经济激剧地破产，农民生活激剧地恶化，人口大批死亡与逐年激减，农村中的阶级对立日益尖锐，主要的是农民与封建剥削阶级的对立；但这种内部的对立，因为被回汉民族的对立阻碍着，不能展开。

（二）回族在元时，虽是被统治的民族，但在政治上曾享有相当隆高的仅次于蒙古人的政治地位。但在元亡后，回族的政治地位日益丧失，逐渐转入完全的被压迫民族的境地，而以满清一代回回所受的压迫为最甚。直至辛亥起义，回回军人始乘机获得甘、宁、青的政权，保持了宁、青两省政权至于今日，并有相当庞大的军队。这种半封建的上层建筑是由全回族血的奋斗所建立所维护，同时它又与回族下层对立着。

（三）伊斯兰教对回回民族，不只是简单的宗教信仰。伊斯兰教原是兴起于反对异族侵略与内部压迫的环境中，它富有反抗的精神，教义中还包含着社会的、文化教育的以至政治的制度之规约。回回民族由于自己的历史环境至今牢固地保持着伊斯兰教的传统。伊斯兰教成了回回民族社会生活的组成部分，与团结奋斗的神圣旗帜；但另一方面，它又成了回族文化发展与民族觉醒、阶级觉醒的障碍，回族内部与外部的黑暗势力就利用它来作巩固自己地位的工具。

（四）回族“汉化”程度相当的深，这一方面由于受了汉族这个比较进步民族的影响，另一方面则由于大汉族主义的野蛮的压迫。前者是自然的过程，后者是人工的强迫。因此“汉化”的加深，固然提高了回族，同时又加强了回族对汉族的民族仇恨。

（五）回族处在汉族压迫之下，但在它自己统治的区域内，它又是其他民族如汉人、番人、蒙古人、萨拉人的压迫者；特别是青海的番人，为着抵抗这种压迫，经常举行武装的反抗。

二、国民党政府的大汉族主义政策及其影响

对回回民族大汉族主义的猖獗，始于满清一代。满清统治者尽力挑拨回汉间的斗争，借以维持自己日趋没落的统治，同时又利用大汉族主义的刽子手，对回族实行历史上空前无比的野蛮政策：对“叛回”实行血洗，对“降回”则实行分散，剥夺其迁徙居住的自由，这是回回民族人口衰落与住地分散的主要的历史原因。所以满清统治是中国各民族的最黑暗的牢狱。

辛亥起义后，高举“五族共和”的旗帜，但实际上并未作到各民族平等。国民党第一次代表大会“对内民族平等”的宣言，至今只是一张空头支票。

回族已经汉化，回族就是回教徒，回族不是一个民族，因此回族所需要的不是民族平等，而是教育，是要用教育来解除回族的宗教迷信，来提高回族的知识文化：这就是大汉族主义的理论与政策。但这只是国民党对回族政策的表面，还不是它的实质。国民党政府对待回族，没有在政治上、经济上、文化教育上实行民族平等的原则，没有减轻过去北洋军阀当权时代的压迫、剥削，同时还尽量地维持回族内部一切落后的和黑暗的势力，利用

回族的上层封建分子以巩固对整个回族的统治。

同时另一方面，伴着大汉族主义而来的，在回族内部也有狭隘的回族主义的思想。不论大汉族主义或回族主义，主要的虽是在回汉两族上层统治阶级的利益的基础上形成的，但在回汉两族广大的下层民众中间，也仍然存在着的。

抗战以来，国民党政府虽然企图团结回族抗日，也做些表面上的宣传号召，但对于自己一贯的大汉族主义政策基本上没有什么改变；一方面却在回族中尽力进行“防共”“反共”的挑拨，甚至是防共先于抗日。

因此，抗战以来，回汉间民族的不信任和民族的仇恨，不但没有消灭，也没有减少。回族上层不信任国民党，但同时也还惧怕共产党。

三、日本帝国主义的阴谋

日本帝国主义为了它灭亡中国的目的，久已穿着提倡回教的伪装，捧出“大回回国”的旗帜，在回族间进行挑拨分立的活动。化装回教徒的日本奸细，从民国三年即已深入甘、宁、青各地。抗战以后虽然把它的公开的特务机关驱走了，但是没有根绝它的奸细的活动，也没有斩断某些回族上层分子和它的联系。一部分汉奸、回奸和不明大义的阿訇正在为了它进行“大回教主义”“回民自治，成立回回国”“抗战是为了汉人，为了蒋委员长”“日本是你们的保护者”“日本帮助你们‘防共’”等等宣传。许多汉奸、托派、回奸利用回汉仇恨，利用国民党“防共”政策，在回族的上层和下层进行破坏抗日、投降日本的阴谋活动。而日寇在西北地区以外，在平津、在山东、在河南、在上海、在香港更是有声有色地进行各种形式、各种名义的回教组织（如回教总会等等）和宣扬回教的活动，并极力争取回教中有威望者的阿訇教主，以及开办训练班等等。

日本帝国主义的主要的政策，是利用回汉民族矛盾与“防共”为挑拨回族的口实，而以回教与“回回国”为团结回族的旗帜。日本的挑拨政策，在回族中特别是在其上层分子中，已有相当严重的影响。

四、回族问题的严重性

回族，由于它的历史、它的力量和它的居住地区，它在抗战中处于很重要的地位。回族问题是抗日战争中重要问题之一。但是由于它的落后，由于它的上层的黑暗，与地方民族主义的倾向，特别是由于大汉族主义压迫和日本帝国主义挑拨的影响，使得回族问题在抗日民族战争中成了非常严重的问题。

回族问题的严重性表现在：

（一）某些回族上层对国民党冷淡拒绝，对共产党惧怕和“防共”，而对抗战则摇摆和消极，在日本继续进攻和中国抗战不利情形之下，有投降日本的极大可能性。

（二）回族中抗日救亡运动根本没有展开，少数先进青年没有力量，一部分回族民众甚至认为：“日本人来了也不过这样坏！”因此，在抗战问题上，没有下层推动上层的力量。

因此，今天的回族问题，是回族站在日本方面还是站在抗战方面的问题。这个严重的问题，迫切地提在我们的面前了！

五、争取回族的政策

回族问题的重要性，并不取消争取回族的可能，我们能够争取回族青年知识分子和下层是无疑问的。在一部分地区中，回族民众对八路军有良好的影响。在先进青年中，完全接受我党的主张。即使上层，也还有可能，因为他们还在摇摆中。他们所以“防共”，其原因之一是受了日本和国民党武断宣传的影响，同时他们不能阻止回族下层对我们逐渐地认识和信任。我们一定要争取，要努力地争取，多方地争取，不但要争取下层，并且要注意争取上层。

问题的关键在于我们有正确的政策，使回族认识并相信我们的政策，减少以至消灭他们对我们的成见（有的是朴素的成见）；在于改变国民党政府大汉族主义的立场及其企图利用回族反共的错误，同时克服回族中狭隘的回族主义的倾向，这是团结回汉两族共同抗日的先决条件。

摆在回族的面前，有三个基本矛盾：回日矛盾，回汉间民族矛盾，回族内部民主力量（主要是农民）与封建残余势力的阶级矛盾。因此，回族解放的历史任务，是打倒日本帝国主义，消灭国内民族不平等，消灭封建残余。但这三个历史任务的解决与整个中国革命的发展和胜利不可分离，今天回族的命运，也和整个中华民族的命运一样，只有从彻底抗日的斗争中，才能争取一切其他方面的解放。因此今天回族的首要任务，也和整个中华民族一样，是抗日，而且不能不是抗日，但问题的严重性在于回族的主观认识上还没有把抗日提到第一位，实际还压在第三位。这首先而且主要的是被回汉矛盾掩盖着，同时回族内部的阶级矛盾也是阻碍回日矛盾发展的原因，虽然这是次要的原因。

由此回族政策的出发点是争取回族成为坚决抗日的力量，而要达到这个目的，首先必须依据民族平等的原则去解消回汉矛盾，同时要给回族广大民众以最低限度的民主权利，并适当地改善他们的生活。

我党历次重要会议均有对国内少数民族问题的指示，党的六中全会对团结国内少数民族参加抗日的政策，更有基本方针的指示。依据回回民族的特点和现势，应当把六中全会的精神具体化为下列的纲领：

（一）启发并提高全回回民族坚决抗日的认识和信心。为此目的，必须：

1. 在回族中广泛地进行抗日的宣传解释工作；

2. 在回族中广泛地揭露日本帝国主义及其走狗汉奸、回奸与反共分子挑拨回汉恶感、制造反共谣言、破坏抗日团结的一切阴谋诡计；

3. 坚决反对任何对日妥协投降的企图。

（二）回族在政治上应与汉族享有平等的权利。为此目的，必须：

1. 在共同抗日的原则下，允许回族有管理自己事务之权；

2. 中央政府及甘肃省政府应有适当数目的回人参加为委员和行政工作人员，内地各省回汉杂居的县、市、区地方政权机关，同样应有适当数目的回人参加；

3. 国民参政会应增加适当数目的回人参政员；凡有回民聚居的地方，其省、市、县参议会，应有适当数目的回人参议员；

4. 凡回汉杂居的地方，当地政府应设置由当地回族人员组成的委员会，作为省、县、市政府的一个部门，管理和回族有关的事务，调节回汉间的关系。

（三）尊重回族人民信奉宗教的自由，尊重他们的风俗习惯，发扬回教的美德，提倡抗日回教保护清真寺，反对和禁止任何侮蔑与轻视回教的言论行动。

（四）帮助回族强大抗日武装部队，以充实国防力量。为此目的，必须：

1. 回族军队享有与其他国民革命军同等待遇的权利；

2. 改善兵役制度；

3. 提高官兵抗战建国的政治认识；

4. 扶助民众抗日武装。

（五）帮助回族改善人民生活，激发回族人民抗战热忱与生产热忱。为此目的，必须：

1. 政府拨款救济农村，抚恤流亡；

2. 废除苛捐杂税、无偿摊派及无偿劳役等有害民生的弊政；

3. 颁布减租、减息及取缔奸商垄断的法令；

4. 没收回奸财产，分给贫民；

5. 使“天课”实惠贫民；

6. 改善公务人员的待遇。

（六）实施抗战教育，发扬回族固有的优良文化传统，培植抗战建国的回族人才。为此目的，必须：

1. 普遍实施国民教育，并设立各级学校；

2. 全国重要学校，应广招回族青年入学，设立回民班次，并有适合于回人生活习惯的设备；

3. 设立阿訇训练班，提高阿訇的文化政治水平，使为抗战的文化教育服务；

4. 回族有自己选择语言、文字的权利；

5. 回族青年，有自己选择学校的权利。

（七）开放民主，保证回族人民有抗战建国的言论、出版、集会、结社之自由，并组织各种民众团体，拥护政府抗战。

（八）扶助并发展回族农业手工业生产，设立工厂，开发矿山，发展交通运输，举办实利回民的生产消费合作事业与信用借贷。

（九）回族有居住迁徙的自由，应撤销不准回族居住某些城镇和地区的禁令。

（十）改善回、汉、番、蒙、萨拉各民族间的关系，巩固抗日团结。为此目的，必须：

1. 从上而下地彻底根绝大汉族主义的传统，并教育回汉杂居地方的汉族人民，以平等亲爱的精神对待回族人民；

2. 在回族执政的地方，回族军政当局必须依据民族平等的原则，在政治、经济、文化各方面给予当地其他各民族如汉人、番人、蒙人、萨拉人等以平等权利，调剂各民族间的关系，尊重他们的风俗习惯、语言文字，并教育当地回族人民以平等亲爱的精神对待这些民族，克服狭隘的回族主义的偏向。

（十一）回回民族与汉族及蒙、藏、番各民族在平等原则之下共同联合抗日，并实现建立统一的三民主义的新共和国的目的。

六、党的工作方针

抗战以来，党在回族中的工作，没有获得应有的成绩。估计到回族问题的严重性，党必须采取更坚决更切实的步骤来开辟这方面的工作。

估计到目前回族问题的形势及我们工作的状况，认为党在回族工作方面，须采取如下的方针和步骤：

（一）要展开我们的宣传工作，以扩大党在回族中的政治影响，打消日寇的欺骗并战胜国民党大汉族主义与“防共”的错误政策，在思想上团结回族到坚决抗战的阵地上来。

（二）必须重视回教并把回教变成为团结回族抗日的旗帜，这是一个非常重要的策略问题。在取得回族信任，在对抗日本的欺骗与国民党“防共”的挑拨（国民党在回族中散布共产党“毁灭宗教”“共妻”等谣言）上，都非常重要。

（三）极力亲近和团结回族的上层到抗战方面来。在回族中下层则进行长期的深入的工作。

（四）对于回族被日寇欺骗和劫持下的回族团体以及教主阿訇等，仍以争取为原则，采取说服批评的态度，不采取正面打击的态度。

（五）最重要的问题之一，便是搜集训练回族干部和适宜于回族工作的汉族干部。

选自《中共中央文件选集》(11)，中共中央党校出版社 1985 年版，第 386～395 页。

24. 总政治部对于新四军政治工作的指示

1940 年 5 月 6 日

我们根据中央五月四日对新四军的指示，看了新四军政治部的少数比较旧的材料之后，对新四军政治工作有以下意见：

（一）我军的政治工作，是根据共产党的理论、纲领、策略和口号。因此，军队中政治工作，仍旧是共产党的党的工作，并不因统一战线的环境和战区的指挥关系而有所改变。因此，政治工作必须在政治上、理论上、组织上、工作内容与方法上，保持共产党的独立性。一切迁就国民党，迁就军队指挥的上下系统，而丧失或减弱我党独立性的办法，是有害的。

（二）在鼓动宣传教育工作中，我们应当依照共产党的基本理论与目前策略路线出发，必须把阶级教育与民族解放教育正确地适当地联系起来。在目前特别着重说明投降妥协的危险，以及反对这种危险的斗争的必要，说明资产阶级在中国革命中的两重性与动摇妥协性。不应把国民党首领的演说宣言编成讲话材料，这种方法是不妥当的。

（三）在组织方面，红军时代的政治工作条例基本上现在仍旧适用。你们起草的政治工作条例是不妥当的。我们必须保证共产党对军队的领导。一切减弱党的领导作用的企图办法，都应该坚决拒绝之。对战区政治部的反动命令，绝对不应服从，因为国民党的政治工作，完全是反共的特务工作。

（四）在居民中的工作，亦应当根据党的政策去进行宣传和组织工作，中央指示已提及，兹不赘述。

（五）总之，政治工作是共产党党的工作，我们应公开说明我军的政治工作这种特殊性，对抗战是有利的、必需的。我们不能向落后的看齐，而应当是落后的向进步的看齐。八路军、新四军中之有共产党与其工作，正如其他军队中之有国民党及其工作一样，所以我们政治工作的原则、内容、口号与方法都是光明正大的、有理由的。因此，我们政治工作不应当有对外对内两套，不能对外迁就国民党，对内说共产党私话。我们的立场是公开的、理直气壮的。以上请讨论，并电复结果。

选自《中共中央文件选集》(11)，中共中央党校出版社1985年版，第399～400页。

25. 中央关于在敌后地区没收大汉奸土地财产问题的指示

1940年7月31日

（一）罪大恶极的大汉奸的土地财产，经当地群众的真正要求可以没收，但须经当地政权之正式判定并出布告。在判定书中，以抗战建国纲领及中央法令中的条文为根据。

（二）但这种没收，仅仅应对付个别的罪恶昭著的大汉奸。因此，对每一次的没收，必须事前经过慎重的考虑，绝不应没收一切汉奸的土地财产，绝不应把没收汉奸土地财产变成普遍的没收土地与分配土地的运动。

（三）对一切反共顽固分子，不论其罪恶如何重大，不论其勾结日寇有何证据，在他们未公开投敌当汉奸前，均不应没收其土地财产。在反共顽固分子公开当汉奸以后，也只能没收其中最坏最大者的土地财产，而不应没收一切当了汉奸的反共顽固分子的土地财产。

（四）为争取伪军反正抗日，所以一切伪军官长的土地概不没收。如伪军军官全家逃亡，其土地可由政府暂时代管，不宣布没收。其土地可由政府以低租租给农民，俟其反正时即退还其土地财产。

（五）对于全家逃亡敌占区的普通汉奸或普通地主之土地财产不应宣布没收，而应由政府暂时代管，以低租租给农民，俟其返回重新抗日时，即退还其土地财产。

（六）抗日军队及政权经费之来源，主要的依靠税收、公债及救国公粮。新区域则依靠募捐及合理负担。应反对以打汉奸作为财政主要出路，反对在敌占区任意没收和罚款等之错误办法。

（七）已被没收之土地财产，由当地民主政权机关处理，或政府出租给农民，但只收轻微租税或由政府分配给受了日寇汉奸摧残的贫苦农民。

（八）没收某个大汉奸的土地财产的具体决定权，属于特委以上、旅以上、专员以上的党、政、军机关，并且须共同商决并报告上级。特委以下、旅以下、专员以下的机关，概无没收土地财产之决定权。

中央书记处

选自《中共中央文件选集》(11)，中共中央党校出版社1985年版，第439～440页。

互校版本：《中共党史教学参考资料》抗日战争时期（中），中国人民大学中共党史系资料室1979年编印，第124～125页。原注："原载《六大以来》(上)"。

26. 关于抗战中蒙古民族问题提纲

1940年7月中央西北工作委员会拟定，基本上经中央书记处批准

一 蒙古民族的特征

“蒙古”是蒙古民族的称呼，而蒙古民族历来居住及游牧所及的地方亦称蒙古。

根据历史材料的推断，蒙古民族是包括若干种族的一个民族。它的来源，有以下四种说法：一、室韦契丹种；二、突厥种；三、突厥种与东胡种的混合种；四、鞑靼种。这四种说法究竟何者正确，一时还难断定，但成吉思汗曾自称为突厥人。

满清以后，蒙古民族被分为外蒙古、内蒙古（包括黑龙江、辽宁、热河、察哈尔、绥远各盟旗）、宁夏蒙古（又称西套蒙古）、青海蒙古、新疆蒙古等地区，全部人口约一百七八十万人。但外蒙古已获得解放，现在的蒙古民族问题，乃是内蒙古及宁、青、新蒙古问题，故本提纲以下所指的蒙古民族问题，不包含外蒙古在内（外蒙古人口约八十万至九十万人）。

蒙古民族发展的历史、经济、政治、宗教等各方面有如下的特征：

（一）蒙古民族在历史上曾经一度是强悍善战的民族，这个民族十二世纪初至十三世纪中，在成吉思汗、窝阔台、忽必烈等统率之下，曾经建立过地跨欧亚二洲的蒙古大帝国。但在蒙古大帝国崩溃后（十三世纪中至十五世纪末），蒙古民族就日渐衰落，满清以后，终至转为长期受异族压迫与帝国主义侵略的落后民族。

（二）蒙古社会经济发展的具体历史尚待更深刻的研究，但蒙古民族是长期从事游牧经济的民族。在蒙古经济发展过程中，由于异族长期压迫与帝国主义侵略，一方面使蒙古经济的发展受到了严重的阻碍；另一方面又使蒙古经济发生变化，形成极端复杂与不平衡的状态。现在，蒙古经济是殖民地（日本统治区）与半殖民地（中国统治区）的经济，有些区域（如绥远之伊乌两盟，宁、青、新各盟旗，及东三盟某些盟旗），还是纯畜牧或以畜牧为主的经济，但有些区域（如绥远之土默特旗及察、热、东三盟某些盟旗），则已进入纯农业或以农业为主的经济，而在日寇殖民地化的政策下，东三盟更开始有了一些微弱的工业。蒙古的畜牧经济大多是在偏僻荒凉的沙漠地带，而其农业经济则多在蒙汉杂居地带，并与汉族地主或农民在经济上密切结合着；因此，这些地区蒙人由畜牧经济进入农业经济的过程与其汉化的过程联系着。

在上述经济基础上，形成蒙古社会内部阶级结构的两种不同的形式。在畜牧或以畜牧为主的区域，主要的是上层王公贵族阶级与下层广大牧人即平民阶级的对立。王公贵族阶级乃是一个血统，内部有许多复杂的等级，他是统治与剥削阶级；而广大牧人平民阶级，则是社会经济的生产者，他们向王公贵族交纳一定数量的贡赋，并须担负一切徭役与供应，他们是被统治、被剥削阶级。喇嘛在基本上是属于王公贵族阶级的一个阶层，但下层喇嘛则多来自牧人，而与牧人平民阶级有密切联系。此外还有一部分过去社会残余的奴隶（黑徒、黑人），他们是属于被统治被剥削的牧人平民阶级的。在纯农业或以农业为主的区域，由于经济条件的变动，使阶级结构与关系也发生了变化。在由畜牧经济转入农业经济

的基础上，一方面王公贵族阶级表现破产和没落，或转为地主、商人及个别资本家，而附属于王公贵族阶级的喇嘛与奴隶，也随着王公贵族的没落而没落；另一方面牧人平民阶级也逐渐过渡为农民以及个别商业经营者。同时由于蒙古农业经济与汉人的结合（或者是蒙人土地与汉人耕种，或者是蒙人把土地租与汉族地主，而由汉族农民耕种），又使蒙古农业经济中的阶级关系，成为一种特殊的形式：这就是民族关系上，是汉商、地主、高利贷者压迫剥削蒙人；而在阶级关系上，则有蒙人地主贵族剥削汉人农民的现象。当然，两者比较起来，仍以汉商、地主、高利贷者对蒙人的压迫剥削为主。帝国主义侵略与异民族压迫更使蒙古社会内部的阶级分化不甚显明。

（三）蒙古民族在政治上现在是非独立和不统一的，是帝国主义或异民族的附庸。在日寇统治区内，东三盟的四个兴安分省乃是伪满洲国的一个组成部分，而察绥伪蒙古联合自治政府，又是日寇御用的傀儡政权。在这些区域，日寇是蒙古民族最高的统治者。在中国政府统治区内，蒙古民族则仍受着大汉族主义或其他异民族的压迫，在政治上很少权利和独立性。蒙古民族现在保存着的盟旗制度，是一种很落后的统治，不论在政治上、军事上及文化上，都表现它的软弱无力，因而不能不成为帝国主义与异民族统治压迫的附属物。蒙古民族在政治上的此种附属性与其经济上的落后性是密切联系着的。

（四）蒙古民族于元时信奉喇嘛教，满清政府曾利用喇嘛教来毒害蒙古民族。当时满清政府极力提倡喇嘛教，建立寺院，尊重活佛，优待喇嘛，赐与特权，使蒙古民族迷信喇嘛达于极点，喇嘛在蒙古人口中达到百分之二十五至三十的惊人数目，遂影响蒙古人口锐减、性病激增、生产停滞、民族意识消沉等种种严重恶果。现在，喇嘛在经济上进步的农业区域虽已日渐减少，但在落后的游牧区域，仍占有很大数量，成为蒙古民族经济发展与政治文化提高的严重障碍。

由于上述种种原因，就使蒙古民族今日存在着缺乏朝气与堕落腐败的现象，使蒙古民族上下层都对自己民族前途没有信心，感觉没有力量和出路，充分表现出颓废软弱与依赖性。这种情形，又说明蒙古民族的解放须要有外部革命力量的援助；蒙古民族解放运动的胜利，必须与中国革命结合起来才有可能。

二　日本帝国主义对蒙古民族的侵略与伪蒙古联合自治政府

“欲征服中国，必先征服满蒙”，乃是日寇大陆政策的重要部分。

日寇对蒙古民族的侵略，实自一九〇四年日俄战争后开始，而于一九一七年帝俄崩溃后，取得了侵略蒙古的独占地位。

日寇在九一八事变前对蒙古民族的侵略，一般地采取隐蔽的政治阴谋活动方针，如一九一九年经过谢米诺夫煽惑外蒙的“独立”等。而在九一八事变后，则采取公开的军事占领与隐蔽的政治阴谋同时并进的政策，如日寇之占领东三盟，同时诱惑察、绥蒙古各盟旗发动所谓高度自治运动；又利用内蒙自治运动中某些上层王公（如德王等）对大汉族主义者的不满，而实现其进一步的侵略计划，这就是一九三五年占领察北六县，一九三六年策动德王、李守信等成立伪蒙古军政府，并发动侵绥战争。七七事变及日寇进占平绥线后，乃在日寇操纵下产生了伪蒙古联合自治政府。从此，内蒙除伊克昭盟外，尽为日寇所有。同时，对未沦陷区的蒙古，更加紧进行其挑拨离间的政治阴谋活动。

日寇对蒙古民族的侵略政策，主要的是利用过去大汉族主义对蒙古民族压迫所造成的蒙汉成见，实行“抑汉扬蒙”政策来挑拨蒙人对汉人的仇恨，提出“帮助蒙古独立自治”“民族协和”“日蒙联合”“共存共荣”“收复蒙地”“共同防共”等口号，优容上层王公，并施小惠于下层蒙人，组织傀儡的伪蒙古政府，同时在这一切欺骗政策上加以军事的威胁与监督，以各种政治上的羁縻政策骗取蒙人的信任，达到其“以蒙治蒙”与长久统治绥察的目的。

伪蒙古联合自治政府有如下的特征：

（一）是日寇长期孕育与一手造成的傀儡政权，与“满洲国”无丝毫差别。参加伪政府的王公，无丝毫权力，而日本顾问则是最高的权威者。

（二）民国以来大汉族主义对蒙古民族的压迫，也推使一部分蒙古上层王公（如德王）投入日寇的怀抱，他们是带着对大汉族主义极度仇恨与不满的情绪而与日寇接近的。但伪蒙政府各派王公是不一致的，可分三派：一、坚决投敌，长期为日寇豢养的蒙奸（如×××等）；二、幻想利用日寇帮助来脱离大汉族主义压迫而强大自己的上层王公（如××等）；三、被日寇威胁参加的上层王公。因此他们之间存在着矛盾。

（三）伪蒙政府与日寇之间也有矛盾，这在目前日寇极力使伪政府傀儡化，并妨害到蒙古上层王公与下层人民利益的条件下日渐显明。

（四）伪蒙政府与广大蒙人之间，开始生长着矛盾，原来广大蒙人对伪政府所抱之幻想，已逐渐为日寇对蒙人的拉兵、抽税、烧房、奸淫，与伪政府丝毫不能给蒙人办事的具体事实所揭破，广大蒙人对伪政府感到失望，一部分蒙人对伪政府心怀不满。

因此，日寇及伪蒙政府的统治是不巩固的。

三　国民党大汉族主义政策在蒙古民族中的影响

国民党继承了满清政府与北洋军阀时代的对蒙政策，对蒙古民族继续实行大汉族主义的压迫。

大汉族主义者在蒙古地方实行殖民、屯垦、建省、设治，其结果，就是使广大蒙人从那些原来已经保存不多而较肥沃优良的地方，被排挤到更荒凉的沙漠地带，更加陷入极端落后与黑暗痛苦的生活。

大汉族主义者极力培植蒙古的黑暗势力，并维持其统治与剥削，利用并经过它们实行对蒙古民族财富宝藏的掠夺，使广大蒙人长期在黑暗的专制统治下，没有任何民主权利。

大汉族主义者从来不曾善意地帮助蒙古民族建立自己的学校和文化教育机关，他们极力抑制蒙古文化的发展，使蒙古人民长期处于文盲与愚昧状态。

大汉族主义者极力阻止与压迫蒙古民族一切进步的解放斗争，他们利用蒙古的反动力量来打击进步的革命力量，几乎完全窒息了蒙古民族自救更生的积极性，并在蒙古民族中培植深刻的不信任与对民族前途悲观失望没有出路的心理。

大汉族主义政策实行的结果，造成了广大蒙人对汉族深刻的仇恨与成见。由于这种仇恨与成见，又造成某些地方蒙人压迫汉人的现象。大汉族主义者激起了某些蒙古人中狭隘的地方民族主义倾向，使蒙汉矛盾加深；另一方面就是帮助了日寇对蒙古民族的侵略，使蒙古民族不自觉地陷入日寇的陷阱。

抗战以来，国民党只在表面上进行了一些对蒙古上层的羁縻、拉拢与敷衍应付的工作，并没有改变大汉族主义的实质。大汉族主义者的政府和军队，在未沦陷区对蒙人有加无已的骚扰和压迫，使广大蒙人怨声载道，而在沦陷区，更公开提出“抗日灭蒙”的口号，引起广大蒙人的仇恨与反抗。同时，大汉族主义者及顽固分子，又在蒙古民族中实行“防共”“反共”的政策，极力推使蒙古上层王公“防共”“反共”，压迫与破坏共产党八路军在蒙古民族中的抗日工作；甚至勾结日寇以打击我党与八路军。

国民党对蒙古民族继续大汉族主义压迫与实行“防共”“反共”的结果，就阻止了蒙古人民抗日的觉醒，同时使蒙古民族与汉族及其他民族的抗日团结，不能达到应有的程度；而另一方面，恰恰又是便利了日寇对蒙古民族的欺骗与愚弄。

四　蒙古民族对抗战的态度

蒙古民族是中华民族的一部分，它直接受日寇统治、压迫、侵略，并且它居住于中日战争极关重要之战略地带，是中国抗战必须争取的力量，所以蒙古民族在抗战中处于非常重要的地位。

但蒙古民族对抗战的态度如何呢？

（一）沦陷区蒙古民族对抗战的态度，在抗战开始时是完全漠视与愚昧的。其原因，就是由于日寇的欺骗与统治，伪蒙政府在蒙人中的麻痹作用，以及大汉族主义压迫所激起的广大蒙人对汉族仇恨与成见所致。他们当时既然对日寇有很大幻想，又把伪蒙政权看做是蒙人的政府，因而他们漠视甚至反对在他们看来“只是为了汉人利益的战争”。彼时蒙古上下层的亲日倾向相当浓厚。但现在这种情形开始有了变化：一方面，由于日寇对蒙古统治、压迫与剥削的实际经验，使蒙人开始逐渐认识它的真面目；另一方面，则是由于中国抗战之坚持与八路军进入沦陷区蒙古地带活动，给了蒙人以很大刺激和影响，使沦陷区蒙古上层对抗战态度开始有了分化：一、除开长期与日寇勾结甘心附逆的王公，仍坚决站在日寇方面而反对中国抗战外，原来企图利用日寇来强大自己的王公，现因对日寇失望而消极悲观，对中日战争开始表现动摇；二、受日寇威胁压迫而心怀不满的王公，他们开始有了同情中国抗战的心理，这种分化必将继续下去；三、在广大下层蒙人中对日寇伪政权的失望与不满情绪也在开始增长起来，在这种情绪的增长中，生长着对抗战的同情心理，并有一部分先进的蒙人对于抗战已有了认识和希望，他们团结在八路军的周围，开始了抗日运动。

（二）未沦陷区蒙古民族对抗战的态度，虽然经过国民党极力的羁縻、拉拢并在军事上加以监督，表面看来，情形似乎比沦陷区好些，但实际不然。由于日寇及伪政权在未沦陷区蒙人中的活动及其影响，大汉族主义的继续压迫，以及日寇与国民党顽固分子在他们中“防共”“反共”阴谋活动，致使未沦陷区广大蒙人对抗战的认识仍然模糊，抗日的觉悟与信心异常不够，使他们对抗战实际上还是采取冷淡观望与应付的态度。未沦陷区蒙古上层中，虽然也有对抗日较有认识的王公，他们赞助抗战，同时接近我党，但这是极少数，而大部分王公是对抗战抱着“汉强随汉”“日强随日”的两面态度。他们对抗战在表面上不能不表示赞成，而实际上是中立的，甚至还有与日寇暗中勾结而准备机会一到即投降日本的。至于远后方蒙古对抗战的态度，由于他们远离战区及其他各种原因，还看不到有什么反映，大致是不闻不问的状况。

由此可知，不论沦陷区或未沦陷区蒙古民族对抗战的态度，基本上还是动摇的与中立的，就是说，他们坚决降日的虽然不是多数，而坚决抗日的也还是少数，他们今天的最大部分对抗战抱着观望的中立态度，所以采取两面政策。这就是现在蒙古民族对抗战态度的基本特点。

蒙古民族站在中国抗战方面，还是站在日寇方面？这就是现在蒙古民族问题的中心，同时也就是抗战中的严重问题之一。

五　团结蒙古民族抗日的可能条件与基本政策

团结蒙古民族坚决走上抗日的道路，不但是必要的，而且是可能的。可能性在于：一、日寇是蒙古民族最大的敌人，日寇及其傀儡政府在蒙人中的欺骗与蒙人对它的幻想，在开始减低；二、中国坚持抗战与日寇日益困难，对蒙古民族开始有了某种影响，特别是共产党八路军陕甘宁边区在蒙古人中的政治影响更为扩大；三、外蒙古人民共和国的存在与发展，对内蒙抗日的解放运动将会有更大的作用与影响；四、蒙古民族本身已开始有了一部分抗日的先进分子，而广大蒙人的抗日觉醒也在开始增长，同时蒙古上层王公中，除了少数坚决降日的外，大多数都还是可以争取的。

但要把这种可能变为现实，必须抗战的党、政、军、民，首先是我党、八路军和陕甘宁边区，协同蒙古内部的抗日分子，进行最大的和不断的努力，而其中心关键即在对蒙古民族实行正确的民族政策，并予以实力的扶助与推动。

党对蒙古民族的政策，基本的根据是以下三点：

（一）团结蒙古民族抗日并反对伪政府，组织蒙古民族成为一个坚强的抗战力量。

（二）肃清大汉族主义压迫政策，实行蒙古民族在国内政治上的完全平等。

（三）在抗战过程中，实现蒙古民族一切必要与可能的民主改革与民生改善，以提高蒙古各阶层人民抗日积极性。

具体说来，对蒙古民族应采取以下的政策：

（一）唤醒并提高蒙古民族坚决抗日的认识和信心，一致奋起推翻日寇的统治，及其傀儡伪蒙疆自治政府、伪满洲国政府，收复已失蒙古地方，把日寇从蒙古地方及中国境内驱逐出去。为此目的，必须：

1. 在蒙古民族中广泛地进行抗日的宣传解释工作。

2. 在蒙古民族中，广泛地揭露日本帝国主义及其走狗汉奸、蒙奸所制造的傀儡政府的实质，揭露“日蒙民族协和”和“日本帮助扶植蒙古民族自治独立”以及“反共”“和平”、挑拨蒙汉恶感等一切阴谋诡计。

3. 争取伪蒙古军反正，争取被日寇欺骗威胁参加伪蒙政府的王公，反对甘心附逆出卖民族国家的蒙奸。

（二）蒙古民族在政治上应与汉族享有平等的权利。为此目的，必须：

1. 在敌后方，蒙古民族有权组织各盟、部、旗、群的抗日政权，并成立统一的蒙古地方政府，建立抗日的根据地。

2. 蒙古民族有管理自己事务之权，各省、县不得干涉各盟旗政府管辖区域一切政治、经济、文化职权的行使。

3. 在蒙古地方设县、治局，必须在蒙人自愿与自主的原则下，反对大汉族主义的强迫设施。原来蒙古地方已设县与治局者，应有蒙人参加，一切税收应有定额，并划作蒙古民族政治、经济、文化、教育的费用。

4. 取消或调整各级管理蒙古事务的骈枝机关，而设立由蒙人组成的中央管理蒙古事务的委员会。中央政府及绥、宁、青等省政府，应有适当数目之蒙人参加为委员和行政工作人员。各省有蒙人杂居的市、县、区地方政权机关，同样应有适当数目之蒙人参加。

5. 国民参政会应增加蒙人参政员。同时蒙古地方应组织国民参议会，绥、宁、青、新各省国民参议会及凡有蒙古民族居住的市、县参议会，也应参加适当数目之蒙人参议员。

6. 凡蒙古民族与其他各民族杂居的地方，当地政府应设置由当地蒙古民族人员组成的委员会，作为市、县政府的一个部门，管理和他们有关的事务，调节蒙汉关系。

（三）开放民主，保证蒙古人民有抗战建国的言论、出版、集会、结社之自由，并组织牧人、农民、军人、学生、喇嘛……各种团体参加抗日。

（四）尊重蒙古民族的风俗、习惯、宗教、语言、文字，保障喇嘛庙，提倡与鼓动青年喇嘛参加生产，反对与禁止任何侮蔑与轻视蒙古民族之言论与行动。

（五）帮助蒙古民族改善与提高其人民生活，激发蒙古人民抗战热忱与生产热忱，为此目的，必须：

1. 政府拨款救济牧人，抚恤流亡。

2. 禁止强迫侵占蒙人牧场与土地，在蒙人自愿与自主的原则下，实行垦荒，帮助蒙人以适当的、低额的价格赎回抵押的土地，汉商地主所租蒙古土地不愿交赎者，应缴纳适当的地租。

3. 废除一切苛捐、杂税、派捐、派款、征收马匹及无偿徭役，减轻水草税。

4. 禁止高利贷及贱买贵卖，调剂蒙人日常需用的农产品、工艺品。

5. 切实执行防疫、防灾，设立免费医院、轮回医院等。

（六）帮助蒙古的抗日军队，组织与强大抗日武装部队，充实国防力量。发扬蒙人骑术的特长，展开并坚持敌占区的游击战争，为此目的，必须：

1. 蒙古民族抗日军队享有与其他国民革命军同等待遇的权利。

2. 改善兵役制度。

3. 提高官兵抗日自卫的政治认识。

4. 帮助蒙古实施各盟旗人丁及寺庙喇嘛的军事训练，扶助民众抗日武装。

（七）实施抗战教育，发扬蒙古民族固有的优良文化与光荣的革命传统，培植抗战建国的人才，为此目的，必须：

1. 普遍实施国民抗日教育，并设立各级完全免费的学校。

2. 全国各重要学校应广招蒙民青年完全免费入学、设立蒙民班次，并有适合于蒙人生活习惯的设备。

3. 设立喇嘛训练班，提高喇嘛的政治文化水平，使其为抗战的文化教育服务。

4. 蒙古民族的文化教育用蒙古语文，同时蒙古人民自己有选择语文的权利。

5. 蒙古青年有自己选择学校的权利。

（八）扶助蒙古人民改进畜牧生产，发展农业、手工业，开办毛织皮革工厂，发展交通运输，举办实利蒙民的生产消费合作事业与信用借款，发展与提高蒙古民族的经济生活。

（九）改善蒙、回、藏、汉、维吾尔各民族间的关系，巩固抗日团结，为此目的，必须：

1. 从上而下地彻底肃清大汉族主义的传统与狭隘的民族观点，并教育蒙、汉、回……各族杂居地方的各族人民以平等亲爱的精神对待蒙族人民。

2. 在蒙古地方，蒙古军、政当局也必须依据民族平等的原则对待各民族人民，以平等权利调剂各民族间的关系，尊重它们的风俗、习惯、宗教、语言、文字，并教育当地蒙民以一律平等亲爱的精神对待这些民族。

3. 蒙古民族与汉、回、藏、维吾尔国内各民族在平等原则之下共同抗日，并实现建立统一联合的三民主义的新共和国。

选自《中共中央文件选集》(11)，中共中央党校出版社1985年版，第441～453页。

27. 中央关于保育工作的通知

1940年8月20日

适当地解决保育儿童问题，可以使工作人员安心于革命工作，同时也是共产党员应负的责任，因此特别规定保育儿童的办法如下：

（一）在党内进行教育工作，解释应该爱护母亲与保育儿童，批评与纠正少数同志中对这一问题的轻视与漠不关心的态度，首先在延安由中央妇委协同中央组织部召集有关的男女干部会议，讨论延安机关学校在职在学人员中关于保育儿童的工作。

（二）各机关学校不准将原有的孕妇或带有小孩的女同志任意推却，而应该给以适当的处置。

（三）增加保育经费。自十月份起重新规定如下：

甲、生产费三十五元（保证生产前一个［月］预发），小产发休养费十五元。

乙、产母于产前休息期间发休养费十元。

丙、婴儿在一岁前每月养育费十元，一岁半至五岁如自己养育者，亦发休养育费十元（自愿请老百姓抚养者亦同）。

丁、儿童衣服费按成人衣服费减半发给（每次发衣服时由中财部临时规定统一发给）。

戊、以上各费不得移作别用，并决定凡有工资者及边区县级以上干部家中分得土地者一律减半发给。

（四）产母休养时间规定产前休息一个月，产后休息一个半月，但身体有病者得医生批准酌量增加之。

（五）托儿所之设立：凡婴儿在一岁脱奶以前，须由其生母喂奶与养育（特殊情形者例外），并由各机关学校设立托儿所（按母亲所在地为标准），其详细办法另定之。凡有三个婴儿以上之单位，须由行政上负责设置必需之窑洞，并设法雇人帮助其母亲洗衣杂物等，使母亲仍能附带工作。三个婴孩以下之机关学校，由其母亲自己抚养。

（六）尊重边区政府法令，禁止私自打胎（有特殊情形者，经医院产科专门医生及本机关学校行政负责人之批准得打胎）。

（七）边区政府及各县政府须设保育科（同级妇联派人参加工作），区乡的保育工作由该同级妇联工作同志兼任，经常指导与帮助民众中的保育工作。

中央号召全体党员积极起来，注意保育儿童的工作，并希望女同志热烈响应中央的号召，积极参加保育工作。

中央书记处

选自《中共中央文件选集》(11)，中共中央党校出版社1985年版，第470～471页。

28. 中央社会部关于锄奸政策与锄奸工作的指示

1940年9月1日

关于锄奸工作，中央已有原则指示，本部根据这些指示与我党锄奸工作现状，认为对于锄奸政策与锄奸工作有使之明确化与具体化之必要。

（一）要加强保卫工作，须有正确的锄奸政策；要巩固党的组织，必须彻底地肃清内奸。因此，一方面要反对对敌人内奸政策的麻木不仁现象，又一方面要反对乱捉乱杀乱打乱罚的左倾观象。

（二）为了正确地进行锄奸工作，以加强反奸细斗争，首先要坚持下列的锄奸政策：

1. 必须根据党的统一战线方针。认清日寇是主要敌人，反对锄奸工作的一般化。因此不可笼统地把日探与国特混为一谈，也不可把国特普通情报人员与特务破坏分子混为一谈，不应把顽固分子都当作汉奸敌探，不应将一切国民党员绅士都当做特务人员，更不应将中间派当做顽固分子。应当经常记得党的策略方针是：“联合多数”“打击少数”。

2. 必须根据党的民主政治方针。真正地提高革命警惕性，反对锄奸工作的扩大化。因此要反对无证据无法律的乱捕乱杀，反对严刑逼供，虐待犯人。要以革命的法治精神，客观的慎重态度，依靠侦察，根据证据，废止刑讯，依靠政治。应经常记好这个原则：“不放过一个敌探，不错办一个好人”。

3. 必须根据党的六中全会的锄奸方针。采用灵活的策略去反对敌人，反对锄奸工作的简单化。因此对敌人应各个击破，分别处理，打击主力，争取协［胁］从。对主要干探严加处置，对协［胁］从小卒准其自新，争取动摇分子潜伏敌内，感化无知乡愚，减少敌人。应经常记得这个原则：“不放过一个敌人，不制造一个敌人”。

4. 必须根据党巩固组织的方针。反对对敌人内奸政策无警觉性，应将肃清内奸视为全党的战斗任务与巩固组织的重要尺度。因此必须认清目前日寇国特正以内奸政策为中心工作，国民党中央统计调查局对我党我军的领导机关正进行着内线突击，因此党的锄奸工作，须以“厉行肃清内奸”为主要任务。同时在反奸细斗争中，要防止造成党内恐慌，不相信党的与非党的干部。应经常记得这个原则：“不放过一个内奸，不冤枉一个同志”。

（三）执行上面的各项政策时，必须广泛地进行反奸细斗争的教育，进行各种具体工作，建立各种正规制度，培养大批“德才兼备”“奉公守法”的忠实干部。没有这些具体工作，正确的锄奸政策便不能实施。

（四）关于具体工作另有指示。

选自《中共中央文件选集》(11)，中共中央党校出版社 1985 年版，第 479～480 页。

互校版本：《中共党史教学参考资料》抗日战争时期（中），中国人民大学中共党史系资料室 1979 年编印，第 140～141 页。原注："原载《中共党史教学参考资料》第二批，中共中央宣传部一九五七年编印"。

29. 中央关于统一累进税问题给冀察晋的指示

1940 年 9 月 18 日

累进税乃是应向我区内一切人民征收的税则。特别是在民族统一战线的政策下，虽然捐税应由富有者比较多担负一些，但要富有者完全担负或负担过重，这亦是不好的。

累进税则应照顾极贫苦之工农，规定对最低限度的收入者予以应有的免征，但免征者不应超过人口百分之十到二十，以使百分之八十到九十人口，即绝对多数人口，其中包含中农贫农基本群众均须予适当的负担。

在一定条件下征税应无例外，如目前为着发展与调剂公私商业，因之对公私商业均应征以一定的税额之税金，但如实行商业之累进税，有时则又应例外，实行免税或减税，例如对抗属及退伍残废军人等之优待。

冀察晋对工人免税行之已久，如果对其他阶层人民无大的反感，如果乐捐所得，不比征税相差过大，则不必改变，否则须经过工人自己动员要求政府，酌予改变。

最后关于村一级的收入与开支，应当统筹统支，否则增加人民负担，增加开支浪费。在战时的中央苏区与和平时的陕甘宁边区，村财政均是统筹统支的。此点请你们详细考虑，并讨论实行方法。

选自《中共中央文件选集》(11)，中共中央党校出版社 1985 年版，第 492 页。

30. 中央关于建立与巩固华中根据地的指示

1940 年 11 月 1 日

中原局、华中新四军、八路军各负责同志，东南局并山东分局、一一五师、一二九师、冀南及北方局：

根据华北抗日根据地之建立与巩固的经验，特向你们提供关于建立与巩固华中新根据地的下列意见，望研究实行：

（一）根据地之建立，政权问题有第一等重要意义。过去华北有些地方是忽视了政权工作，迟迟未建立民主政权，另外很多地方对政权成分采取了过左的办法，违反了统一战线的政权原则。因此，华中应注意这些经验，一开始便实行三三制政权，把原来的大地主阶级的旧政权改造成为几个革命阶级抗日民主的统一战线政权，防止过左过右的错误，以免缩小抗日民主政权的社会基础。其具体表现应在各级民意机关（参议会）及高级行政机关（如苏北行政主任公署）与各县政府，必须尽力吸收进步分子与中间分子参加。同时，要注意保持党所领导的工农小资产阶级在政权中的优势，要注意在区村级的区长村长一定要是党员与进步分子，才能真正保障基本群众利益，防止地主阶级的操纵。要教育干部党员与群众学会议会斗争的方式与民主作风，善于在民主斗争中的形式、政府仲裁的形式下来保护基本群众的利益与实现党的政策，而不让别人感觉仍同国民党一样的“一党专政”。在根据地民主政权已经建立起来的地区，要教育干部党员、部队、群众团体尊重与拥护这个政权，不可破坏政府威信与法令。

（二）根据地各种政策应以统一战线原则为标准，发动基本工农群众的积极性为轴心。因此，减租减息提高工农群众的政治权利是必要的，反对只照顾统一战线，而完全不触犯旧日的地主阶级统治秩序的右倾错误；同时，应注意防止过左的倾向，把减租减息合理负担变成土地革命，或消灭地主富农的错误，以及过分强调改善工人生活，而使工商业关门，生产缩小，甚至引起工农对立的错误，应承认地主、富农、雇主、商人的财产权及公民权，不能随便地没收逮捕处罚（真正的汉奸除外）。在目前的革命阶段上，还不是消灭阶级，取消剥削，而是限制剥削，给阶级关系以适当的有利于抗日的调整。特别要注意在发动广大群众反韩德勤顽固势力及反旧日大地主阶级专政的斗争中，要防止农民的报复性与下级干部小资产阶级的疯狂性，容易走得过左。要避免发生如晋西北、冀南、鲁西等区域，在反顽固斗争中走到“无地主不顽固，无顽固不汉奸”乱打乱杀乱没收，把地主都逼往敌区、顽区，与我尖锐对立的现象。不要乱打汉奸，不要没收逃亡地主的土地（只能由政府代管交农民代耕），并要善于经过顽军的家属去争取顽军，要有正确的锄奸政策。

（三）关于财政经济，应注意一开始便作长期打算，节省人力物力，注意培养积蓄认真地爱护根据地，反对临时性的抓一把的办法，要有比较固定的经常的政策。严格建立各级预决算制度，实行统筹统支，实行统一的累进税制，设立银行，开展合作运动，发展工农业生产，发展对外贸易，反对贪污浪费。严格规定动员人力、牲口的办法，禁止各部分随便自由募捐筹款，禁止一切浪费人力物力破坏生产的动员。对商人政策要正确，根据地内商业应有自由，对敌区的商业应有一定限度的统制。对于各种负担，应按照有力出力有钱出钱的原则，但根据地居民百分之八十以上的人口均应负担，不可把负担完全放在富有者身上，尤其是在我军刚占领新区域时，不应向老百姓要的东西过多，而应同时实行许多善政，以使老百姓了解旧政权与新政权之区别。

（四）地方武装对根据地之巩固特别重要，应注意其建立与培养，要防止正规军把地方游击队完全吃光的现象，要使各县都成立独立团营的地方武装，并普遍地把自卫队组织起来。要注意培养地方武装的干部与帮助地方武装的武器。要建立军区与建立正规的经常的经过基干自卫队地方游击队去补充正规军的制度。

（五）党的组织固应发展数量，但不可为了数量而降低质量，而实行突击等办法，否则因为当权党的关系，坏分子及投机分子，容易混进党内破坏党的政策，于党有害无益。对党员社会成分的比例，应有正确的政策，华北各地中农把持党政民机关，以致有碍于党的政策之实行之现象，是值得注意的。军队党对于新区域的地方党负有极大的帮助责任，要善于去团结地方干部，培养地方干部，提高地方干部的能力与威信，使能独立领导当地的工作，严格防止随便撤换地方干部，打击地方干部，尽用外来干部代替地方干部的现象。

（六）军队之纪律在新区域应特别严格，以收复民心，绝不应乱罚款、乱捉人。

（七）大规模地开办各种训练班与扩大联大分校，尽量吸收青年学生和知识分子，很好地爱护他们，培养他们来参加根据地各方面的工作，反对不注意争取知识分子与不信任非党干部的狭隘倾向。

（八）友军联络工作在今天华中环境占着非常重要的地位，要充分发扬历次苏北友军工作成功的经验，时时都要注意利用矛盾，争取多数，反对少数，勿使自己陷于孤立，时时信使四出去广泛进行交朋友工作。要优待顽军的俘虏与家属，要善待顽军反正的部队（不可随便撤换原有干部与改编），要照顾能够同情我或对我中立的友军的利益，要在反顽斗争中尽力扩大我们的抗日政治影响和把握着有理有利有节的原则，便能破坏顽固派正在继续发动组织一切友军向我围攻的企图。

中央书记处

选自《中共中央文件选集》(11)，中共中央党校出版社 1985 年版，第 530～533 页。

31. 中央关于各抗日根据地劳动政策的初步指示

1940 年 12 月 3 日

（一）我们认为各根据地采取在政治、经济、文化各方面改善工人阶级的生活地位，并广泛地发动工人阶级参加抗战的政策是正确的，对于组织工人的工作是有成绩的。但对于劳动政策的执行，曾发生过左的倾向。例如：

（甲）提出不适合于根据地现时条件的过高要求，如过高增加工资，改善待遇条件过多，如要雇主供给衣服鞋袜，要同雇主吃同等伙食，工人参加会议除工资照给外，还要雇主供给饭钱，要求分得百分之四十红利，及监督审查盈利数目，过高规定伤亡恤金，及强调实行八小时工作制等。

（乙）实行不正确的斗争方式，如工会决定要求条件即强迫雇主实行，甚至实行联合请愿示威与罢工的尖锐斗争形式，强迫雇主雇用失业工人等。

（丙）不尊重政府法令，如自由打汉奸，没收汉奸财产分配给失业工人，甚至工会代替政府直接处理汉奸案件。结果造成工农对立，工人与雇主严重对抗，以致吓走地主、商人，妨碍根据地工农商业的发展。

（二）根据地的劳动政策，应当以支持长期抗战、争取抗战胜利为原则，否则既不能保存工人已得利益，更不能彻底解放工人阶级，因此工人阶级眼前利益必须服从于永久的全部利益。因此劳动政策应根据下列原则：

（甲）对根据地的工人阶级，应力求在政治、经济、文化各方面予以可能的改善，以便动员工人阶级积极领导和参加抗战。另一方面，又要避免与各阶级尖锐对抗的斗争，而要协调各阶级关系，以便争取各阶级共同抗战，因此照顾工人利益同时又要照顾统一战线各阶级利益。工人单方面决定之条件，不应强迫雇主执行；但另一方面要防止借口统一战线各阶级利益而牺牲工人阶级利益。

（乙）工会是巩固政府的杠杆，工人必须是政府的重要群众基础。同样政府是保护工人及抗日各阶级人民的，因此工会应当尊重政府法令及法律程序，劳资纠纷应尊重政府及劳资三方的仲裁。

（丙）工人待遇的改善，工资的增加，工时的规定，必须以发展抗日根据地之工农商业，增加抗战生产，适合战时需要为原则，否则即有碍于根据地之坚持与巩固，也就违反了工人阶级的根本利益。

（丁）改善工人生活，必须估计到在持久的战争中根据地人民的生活日益艰苦，国民经济生活一般已降低，根据地工人生活想改善得比战前更好是不可能的。

（三）因此工会工作方向应当是：

（甲）在政治上动员工人参战，一切为着巩固抗日政权，争取抗战胜利，动员工人到八路军游击队去参战，发扬劳动热忱，积极地参加根据地的一切建设工作。

（乙）应当使工人成为统一战线的模范，成为团结根据地人民的中心。对于阶级关系应适当调剂，而不是与各阶级的尖锐对抗。因此必须纠正自由没收汉奸及强迫雇主雇用工人和实行自己一切要求的办法。

（丙）必须组织城市及乡村工人到工会中来，使工会成为有广大工人群众基础和广泛民主的团体，才能使工会成为工人阶级的坚强组织。

（丁）必须以马列主义来教育工人，特别是工人干部，首先使他们打破行会主义的思想，使他们认识工人阶级只有经济斗争是不能获得最后解放的真理。必须提高文化，消灭文盲，使工会成为工人阶级的学校，把教育工人看作是经常的重要工作。

（四）解决目前一些具体问题的原则：

（甲）手工业、农业、店员工人目前绝不宜实行八小时工作制，公营工业及合作社等除已规定之八小时工作制外，应经过工会发动工人做两小时义务工（现在陕甘宁边区实行此制度）。

（乙）对失业工人及其家属应尽可能组织到各种生产部门如工厂及合作社中去，到各种军事政治学校及军队游击队中去，才能解决。

（丙）农业、手工业、店员工资，应以现在生活水准能够维持生活为原则，以当地政府颁布的劳动法令为根据订立合同，不宜有过高和过苛的要求，并且工资以不高于公营工厂工资待遇的总和为原则，否则将影响到生产及技术的发展，但已增加之工资待遇不能以命令取消之。

（丁）公营工业工人除工资外，一般待遇必须注意不能超过当地生活水准，一般需要照可能范围，工人伤亡抚恤不能超过抗日阵亡将士之抚恤，否则将影响于部队。

（五）劳动政策的过左倾向必须纠正，否则不仅影响到根据地工农商业的发展，而且会造成阶级的尖锐对抗、工农对立。但是进行纠正这种错误倾向时应注意：

（甲）纠正过左的倾向时，应经过当地工会的动员说服，根据具体情况重新商订合同，不能简单地命令取消工人已得之利益。否则会脱离基本群众，引起群众对我不满；并要防止雇主乘机反攻。至于从未增加过工资的工人，应依上述原则改善其生活待遇，防止纠正过左而产生右的倾向。其实上述左的倾向是带有右的实质的，因为他以简单的打汉奸及强迫雇用的办法去解决失业工人问题，用强迫雇主履行自己条件来代替耐心去了解和恰当地改善工人生活。

（乙）上述倾向的产生显然是受过去苏维埃时代的劳动政策与狭隘的行会主义思想所影响，尤其受过去在国民党区域工人与政府资本家尖锐对立的斗争方式所影响，因此在纠正上述倾向时，必须先在党内外从上而下地作深入解释教育工作，首先是教育干部。

（丙）忽视职工运动的地区，必须依照本指示加强起来，以免重复上述错误。

你们接到本指示后，望切实检查讨论后，将你们意见电告中央。

中央书记处

选自《中共中央文件选集》(11)，中共中央党校出版社 1985 年版，第 556～559 页。

互校版本：《中共党史教学参考资料》抗日战争时期（中），中国人民大学中共党史系资料室 1979 年编印，第 193～196 页。原注："原载《六大以来》(上)"。

32. 中央关于华中各项政策的指示

1940 年 12 月 13 日

中原局并告北方局、山东分局、东南局、南方局、南委：

（一）苏北组织政权机关及民意机关时，应坚决实行三三制，共产党只占三分之一，在开始时还可少于三分之一，网罗各党各派无党无派一切不积极反共之领袖人物参加，其中应有国民党中派及左派，韩国钧等民族资产阶级及开明地主均应该参加，也可容许少数右派代表，真正组织各党各派各界各军的联合政权，力避我们包办。这对于全国是有大影响的。

（二）劳动政策力避过左，目前只作轻微改良，例如十四小时工作日者减至十三小时或十二小时，不要实行八小时制。保证资本家能赚钱。

（三）土地政策应实行部分的减租减息以争取基本农民群众，但不要减得太多，不要因减息而使农民借不到债，不要因清算旧债而没收地主土地，同时应规定农民有交租交息之义务，保证地主有土地所有权，富农的经营原则上不变动，要向党内及农民说明，目前不是实行土地革命的时期，避免华北方面曾经发生过的过左错误。

（四）同意胡服对税收办法的意见，在无更好办法之时暂时照旧法征税，惟苛杂应酌量减轻。

（五）锄奸政策以镇压众人皆恶之少数最反动分子为原则，极力避免多杀人。除政府外各机关团体不得自由捕人罚人。

（六）经济政策是尽量发展工业农业生产与商业流通，力避破坏生产与商业，号召上海资本家到苏北办实业。

（七）文化教育政策只去掉买办大资产阶级的文化专制主义，容许民族资产阶级的自由主义思想存在，容许自由主义的文化人及教育家办报办学。

（八）总之目前你们的政策只去掉买办大资产阶级及封建大地主的专制主义及作初步的民生改良，一方面保证工农小资产阶级人权政权财权及言论集会结社之自由，另方面也应保证除汉奸以外一切资本家地主的人权政权财权及言论集会结社之自由，只要不武装暴动，任何党派阶层有活动之自由，应容许国民党之存在，应组织进步的国民党。

（九）整个华中都应执行上述方针（当然华北亦如此）。

（十）你们如何具体执行各项政策，望随时电告。

中央书记处

选自《中共中央文件选集》(11)，中共中央党校出版社 1985 年版，第 560～561 页。

33. 审计制度示范

1940 年中央财政部起草

第一条　边区政府最高审计机关为审计处，综掌边区政府及所属各机关财务之审计。

第二条　审计处之职权如下：

一、监督边区一级及所属各级预算之执行。

二、核定边区一级及所属各级收支命令。

三、审核边区一级及所属各级预算与决算。

四、稽查边区一级及所属各级收支上之不法或不忠于职务之行为。

第三条　审计处设四科，根据前条分掌下列事务。

一、第一科，掌理文书、会计、处务及不属于其他各科事务。

二、第二科，掌理边府及所属各机关之事前审计。

三、第三科，掌理边府及所属各机关之事后审计。

四、第四科，掌理边府及所属各机关之稽查事务。

第四条　于（设）处长一人，承边区政府主席之命，并对边参会负责．综理并监督全处及所属审计事项，必要时得设副处长一人。

第五条　设秘书主任一人，秘书若干人，承处长之命，掌理处务及会议记录。

第六条　各科设科长一人，科员若干人，分掌各该科审计事务。

第七条　关于处理审计稽查重要事务及调度重要审计人员，须以审核会议之决议行之。审核会议以审计处处长、秘书主任及各科科长组成之。

第八条　边区各机关及其所属机关财务之审计由审计处办理，其在各县市地方者，凡规定应送审计处审核者不（亦）同。

第九条　分区及边区政府所属各机关需要设立审计员者，均由审计处委派，但对于县或有特殊情形之机关，得由审计机关通知其送审，仍应每年派员就地为抽查之审计。

第十条　审计机关为行使职权，向各机关查阅簿籍凭证，或其他文件，或检查财物时，各该应管人员不得隐匿或拒绝，遇有疑问并应为详实之答复。

第十一条　审计机关为行使职权，于必要时得派员持介绍信向负责之公私团体或个人查询或调阅簿籍凭证，或其他文件，各该负责人不得隐匿或拒绝，遇有疑问并应作详实之答复。

第十二条　审计机关行使前两条之职权，遇必要时得临时封锁各项有关簿籍凭证或其他文件，并得提取全部或一部。

第十三条　审计人员发觉各机关人员有财务上之不法或不忠于职务之行为，应报告该主管审计机关通知各机关首长处分之。

第十四条　审计机关或审计人员在行使审计职权遇必要时，得知照司法或警察机关协助之。

第十五条　遇有应负赔偿之责任者，审计机关应通知该机关首长限期返缴。

第十六条　凡机关首长犯有财务上不法情事时，审计机关应通知其上级机关执行处分。

第十七条　对于审计机关通知处分之案件，各机关有逼压或处分不当情事，审计机关应查催或质询之，各该机关应为负责之答复。

第十八条　审计机关或审计人员对于各机关显然不当之支出，虽未超越预算，亦得事前拒签或事后驳复之。

第十九条　关于审计之各种章则及书表格式由审计处定之。

第二十条　审计处应将每会计年度审计之结果编制审计报告书，并就应行改进之事项附具意见，呈报边区政府。

第二十一条　财政厅编就总概算书后，应送审计处审核，审计处得依据审核结果缮写意见书，呈请边府委员会议。

第二十二条　各机关应于预算开始执行前，将核定之分配预算缮写三份，送审计机关审核发还，如与法定预算不符者审计机关应纠正之。

第二十三条　财政机关发放各项经费之支出书，应送审计机关核签，非经审签后公库不得付款或转账。

第二十四条　各机关收支凭证，应连其他证件送交驻在各机关之审计人员核签，非经核签不得收付款项，但未驻有审计人员者不在此限。

第二十五条　审计机关或审计人员核签支付书收据凭证发现与预算或其他有关审计法令不符时，应拒绝之。

第二十六条　审计机关或审计人员对于支付书或收支凭证核签与否，应从速决定，不得影响行政工作，除有不得已之事由外，自收受之日起最长不得逾三日。

第二十七条　驻有审计人员之机关，应将各项日报、旬报、月报按期送该审计人员查核，该审计人员对于各项簿籍得随时检查，并与一切凭证及现金财物等核对。

第二十八条　未驻有审计人员之机关，其收支凭证，因特殊情形准预送有审计机关，除就旬报月报查核外，得定期派员赴各机关审核或抽查其有关之簿籍凭证及案卷。

第二十九条　驻在或派赴各机关之审计人员，应将审计结果向该管审计机关报告，解决完后分别分给核准通知或审核通知于各该机关。

第三十条　经审计机关通知送审之机关，于造送各项会计报告时，应将有关之原始凭证及其他附属表格一并送审。

第三十一条　各机关之年度决算应送审计机关审核，审计机关应为符合者发给核准书。

第三十二条　主管公库机关代理公库之银行应将每日库款收支详具报告，逐日送该审计机关或驻公库之审核人员查检。

第三十三条　主管公库机关应按月编造库款收支月报，并于年底终了时编造库款收支年报各三份，于每月终了五日内及年度终了十天内分别送该管审计机关查核。

第三十四条　经理公债财物或特种基金之机关，应按月编造动态月报，并于年度终了时编造年报，分别依限送该审计机关审核。

第三十五条　各级政府编制之年度终决算应送审计机关审定，审计机关审定后，应加具审查报告，由审计处汇核呈送边区政府。

第三十六条　审计机关对于各机关之一切收支现金票据证券得随时检查之。

第三十七条　审计机关对于各机关之财物得随时盘查，如遇水火盗难或其他意外事故，各机关所管之现金单据证券与会计档案及其他重要公有财物应分别解决，缴公库或移地保管，倘因疏忽致有遗失损坏者，该机关首长及主管人员应负赔偿之责。

第三十八条　各机关营缮工程及购置或复卖各种财物之验收应通知审计机关派员监视，其不合法定手续或与责约章则不符者，监视员应纠正之。

第三十九条　经营债券机关，于债券抽签偿还及销毁得归之债券时，应通知审计机关派员监视。

第四十条　审计机关对于各机关有关财务之行政事项，得调查之，认为有不当者，得随时提出意见于各机关。

第四十一条　审计机关对于受公款补助之私人或团体应行审计事务应同样处理之。

选自《中国革命根据地审计史料汇编》，中国审计学会审计署审计科研所编，北京工业大学出版社1990年版，第3～5页。

△毛泽东：论政策

1940年12月25日

（见《毛泽东选集》第二卷，人民出版社1991年版，第762～770页。）

34. 中央关于皖南事变的指示

1941年1月18日

（一）皖南新四军军部及主力八千余人于本月四日起，开始遵照党中央向国民党让步的决定，服从蒋介石命令，向江北移动，不料国民党当局早有“聚歼”计划，我军行至泾县之茂林即为国民党军队七个师重重包围，激战七昼夜，全部覆没。这是抗战以来国共两党间，也是抗日民族统一战线内部空前的严重事变，应该引起全党及全国人民的注意。国民党现已公开宣布新四军“叛变”，叶挺交军法审判。国民党这一政治步骤，表示他自己已在准备着与我党破裂，这是“七七”抗战以来国民党第一次重大政治变化的表现。

（二）国民党这一表现的原因是：

第一，亲日派何应钦及CC系陈立夫等经过反共，准备投降的阴谋活动。

第二，顽固派头子及英美派代表，由于英美集团与德意日集团间矛盾之扩大与英美拉拢中国之积极，及日本在中国的进攻行动受到了英美的牵制等原因，他们的气焰大为高涨，认为此乃向我党进攻以巩固其统治的有利时机。皖南事变即是三国同盟以来国民党内亲日派、英美派同谋的一连串反共事变的继续发展。

（三）皖南事变及国民党的公开处理，在全国人民及全世界公正人士前面，暴露着国民党破坏抗战破坏团结的真面目，暴露着他们的阴险毒辣、没有信义、没有道德，它将使国民党的威信大受损失，同时揭破其关于统一军令政令之宣传的全部虚伪性。因此，皖南事变同时造成了我们在政治上给国民党亲日派、英美派向我们的进攻以有力回击的有利条件。新四军是积极抗日的，北移是服从命令的，现在得着的是被消灭，被宣布为“叛变”与被交军法审判。一切理由都在我们方面。

（四）为了反对国民党的进攻，中央特决定：

甲、在各抗日根据地内经过刊物、报纸、会议、群众大会，对于国民党亲日派、顽固派同谋歼灭皖南新四军的行动，提出严重抗议，并到处提出下列口号：

（1）立刻释放叶军长，释放一切被俘将士，抚恤伤亡，惩办祸首！

（2）立刻停止华中二十万大军前进剿共，反对内战，中国人不打中国人，前线国军同八路军、新四军团结起来，枪口一致对日！

（3）立刻停止陕甘宁边区周围的碉堡线，把一万万元的碉堡建筑费，用到国防建设上去，用到改善人民生活上去！

（4）取消一党专政，改革政治机构，实行民主政治，召集真正代表民意的国民大会。释放张学良、杨虎城、马寅初以及一切抗日救国的政治犯。保障言论、集会、出版的自由！

（5）坚持抗战，坚持团结，坚持进步，驱逐亲日派头子何应钦、陈立夫！

乙、在宣传鼓动工作中应无情地揭破国民党当局自抗战以来，对人民、对革命分子则肆意压迫与屠杀，对日寇、汉奸则消极应付与宽容，有功者罚，有罪者赏等一切倒行逆施的黑暗的反动的方面；指出只有改革政治机构，实行民主，才能使抗战坚持到最后胜利。

丙、八路军、新四军在政治上、军事上应充分提高警觉性和作战的充分准备。

丁、在大后方应经过各种不使党的组织遭受破坏的、侧面的、间接的方式去动员舆论与群众，特别抓住物价高涨去提高人民的不满情绪到要求驱逐亲日派、改组国民政府、实行民主抗日的水平。

选自《中共中央文件选集》(11)，中共中央党校出版社1985年版，第582～584页。

35. 新四军将领就职通电

1941 年 1 月 23 日

全国各友军公鉴：

奉中国共产党中央革命军事委员会号日①命令开：任命陈毅为国民革命军新编第四军代理军长，张云逸为副军长，刘少奇为政治委员，赖传珠为参谋长，邓子恢为政治部主任，等因，奉此，遵即宣誓就职。当此寇氛弥漫秦桧横行之际，毅等誓遵三民主义，服从总理遗嘱，与万恶敌人日本帝国主义及其走狗中国亲日派奋斗到底。惟望全国袍泽，共矢抗日之忠诚，勿为奸邪所蒙蔽，拒绝内战，一致对敌，民族国家之前途，实深利赖。特电奉闻，敬候明教。

国民革命军新编第四军代理军长　陈　毅
副　军　长　张云逸
政 治 委 员　刘少奇
参　谋　长　赖传珠
政治部主任　邓子恢
叩　漾②

选自《中共中央文件选集》(11)，中共中央党校出版社 1985 年版，第 592 页。

36. 中央革命军事委员会命令——颁布军政委员会条例

1941 年 2 月 7 日于延安

兹颁布八路军、新四军之军政委员会的条例，望各级遵照执行。

（一）游击战争的环境与部队的分散行动，要求一定限度的集体领导与一定限度的集中指挥。

（二）为此目的，在军、师、旅、团及纵队、支队、军区、分区等级成立军政委员会（以前军队与地方党政合组的军政委员会，一律改名为军政党委员会，以资区别），作为每级的集体领导机关。

（三）各级军政委员会，由司令员、政委、政治主任、参谋长等主要负责人组成之。人数不超过五人至七人，由每级提出名单，经上级决定之。军政委员会的主席，一般的由政委担任。

---

① 按电报代日韵目，“号日”为 20 日。

② 按电报代日韵目，“漾”为 23 日。

（四）军政委员会为执行上级指示，决定该部大政方针，布置工作及检讨工作的计划机关。凡关系本部的军、政、党、后勤等等一切工作，均可讨论决定。但军政委员会并非执行机关，其决定应交各部门执行之。例如关于军事工作的决定，应交司令部执行，关于政治工作的决定，应交政治部执行等。军政委员会，只应讨论比较重大问题。把一切琐碎细小问题提交军政委员会讨论，是错误的。

（五）军政委员会，应批准干部之升任与调动，但关于党员的处分与入党批准等等事宜，仍由党务委员会决定。

（六）军政委员会的决定，不用军政委员会名义下达，而应根据决定之性质，分别由司令机关、政治机关用命令下达之。下级对上级报告，也不用军政委员会名义，由各部门分别地向上级报告。

（七）军政委员会在讨论问题时，如遇争论不能解决，应呈报上级决定之。关于紧急问题，司令员与政委仍有独断专行之权，但应将各种不同意见报告上级。

（八）各级军政委员会，每月至少开会一次，至多两次，不得无故不召集开会。

（九）应向干部解说军政委员会之设立，是为适应游击战争的分散环境，以收集体领导，团结干部之效能。但军队仍是集中的组织，上级司令员、政委及各部之命令，下级应绝对执行，下级军政委员会无权讨论拒绝命令之执行，即同级各部门亦应执行首长之命令。认为一切均应经过军政委员会的虚伪的民主情绪是错误的，应当防止与纠正。军政委员会之设立，并不减弱个人负责制。

（十）本条例解说及修改之权，属于中央军委。

（十一）本条例经中央书记处批准。

选自《中共中央文件选集》(11)，中共中央党校出版社 1985 年版，第 606～607 页。

互校版本：《中共党史教学参考资料》，抗日战争时期（中），中国人民大学中共党史系资料室 1979 年编印，第 237～238 页。原注：“原载一九四一年二月十三日《新中华报》”。

37. 中共中央关于党员参加经济和技术工作的决定

1941 年 5 月 1 日

（一）向全党解释，各种经济工作和技术工作是革命工作中不可缺少的部分，是具体的革命工作。应纠正某些党的组织和党员对革命工作抽象的狭隘的了解，以至轻视经济工作和技术工作，认为这些工作没有严重政治意义的错误观点。

（二）解释学习理论与参加实际工作都是每个党员不可或缺的责任。但在革命运动中，尤其领导着军队和政权的党，共产党员决不能离开各类实际工作去“专做”理论工作（虽然可以与应该有一小部分人专门从事理论的研究），同时也决不能单单埋头实际工作而完全不学习理论。因此借口学习理论而不愿参加实际工作，或仅仅埋头实际工作而不在工作中抽暇学习理论的倾向，都必须纠正。

（三）每个党员必须无条件地服从党对他的工作分配，纠正某些党员不愿参加经济和技术工作及分配工作时讨价还价的现象。

（四）一切在经济和技术部门中服务的党员，必须向非党的和党的专门家学习。他们的责任是诚心诚意地学习和熟练于自己的技术，使各部门建设工作获得发展，同时并使每个党员获得在社会上独立生活所必需的技能。

（五）党必须加强对经济和技术部门工作中党员与非党员的领导，照顾他们的政治进步，并在各方面帮助他们。

中央书记处

选自江苏省财政厅、江苏省档案馆、财政经济史编写组合编：《华中抗日根据地财政经济史料选编》第一卷，档案出版社1984年版，第10页。原注："按《六大以来》刊印"。

互校版本：

1.《陕甘宁革命根据地史料选辑》第二辑，甘肃人民出版社1983年版，第178页。

2.《中共党史教学参考资料》抗日战争时期（中），中国人民大学中共党史系资料室1979年编印，第267～268页。原注："原载一九四一年五月八日《新中华报》第二二八号"。

38. 李富春对抗日根据地财政经济政策的意见①

1941年5月10日

决定抗日根据地财政经济政策的第一个根据就是要使政策的实行能够适合当前中国抗战建国的目的，即是建立新民主主义的新中国的目的。

新民主主义的新中国社会，是以新民主主义的经济作基础的，所谓新民主主义的经济，决不是"少数人所得而私"让少数人操纵国民生计的经济，而是以平均地权，节制资本作骨干的，各革命阶级的经济联盟，新民主主义经济的集中表现，就是新民主主义的政治。在今天的中国说，新民主主义的经济，就是抗日民族统一战线的经济，它是抗日的，反对帝国主义的，要求民族经济的独立自主的，又是几个抗日阶级联合的，统一战线的经济。要求各抗日阶级在经济上"有福同享，有祸同当"。

中国是经济落后的国家，特别在日寇的野蛮侵略下，国民经济遭受巨大的损害。操纵国民生计的大银行、大工厂、大商业，不是被日本帝国主义所掠夺，便被少数买办式的大资产阶级所独占；真正独立自主的民族经济的基础，还很薄弱，不依属帝国主义的民族资本的力量，还很软弱，因此抗日民族统一战线的经济政策，应当是以政治上的民主主义与经济上的自由主义相配合，照顾各阶级的经济利益，调解各阶级的利害关系，改善人民大众的生活，以便发展独立自主的民族资本主义，同时以改良的政策，逐渐限制地主阶级与

① 李富春时任中共中央财政经济部部长，关于财政经济政策的论述，对各根据地具有重要指导意义。

买办阶级的半殖民地半封建的剥削，推动其走向民族的民主的经济道路，以革命的手段，没收甘作汉奸的大地主大资本家的财产，作为民族国家的财政经济的来源之一，以这样的政策，去逐渐地做到“节制资本”“平均地权”。

决定抗日根据地的财政经济政策的第二个根据，就是要使政策的实施，适合粉碎敌人的经济侵略的政策，树立长期抗战的经济基础。

日本帝国主义正以其野蛮的经济侵略，配合其军事的政治的残酷进攻，以便达到其灭亡全中国，使中国变为日本帝国主义的殖民地的目的。因此，其对中国的经济侵略政策，基本是殖民地化中国的政策。四年来，对中国经济的野蛮的掠夺、破坏，甚至开发东北华北，拓殖华中华南，无非是想达到其“以战养战”而至中日“满”的经济一体。同时不断地以经济诱降、经济封锁与军事进攻相配合，其目的也无非是想威迫利诱中国的大资产阶级，破坏抗日民族统一战线，以达到殖民地化中国的目的。

日本帝国主义的财政经济政策的实施，是异常狠毒的。正如“水银泻地，无孔不入”。日寇利用其占有中国的大城市与交通要道的便利条件，无论在工业农业商业上、金融货币上，以至税收上，无不是以野蛮的原始的掠夺与独占政策，摧毁民族经济，奴役中国人民，使中国国民经济，遭受大的摧残，使中国在抗战中的财政经济，遭受巨大的困难，因此我们的财政经济政策，必须适合于与日寇作艰苦的经济斗争，必须能在经济战线的各方面打击日寇，克服困难保护自己发展自己，以求生存。

抗日战争是长期的持久的战争，要从经济上保障军事的需要，与军事的胜利。因此，我们的政策不能不是战时的政策，但又不能不是从长期着眼统盘筹划的政策，以便在战争中建立能够支持长期战争的自力更生的经济基础。

这样双重的严重任务，必须实行民主，动员全民族的力量，发扬各抗日阶层全体人民的人力物力财力智力，才能完成。任何限制与损害人民力量，只顾少数特权阶级利益的设施，任何姑息或助长日寇经济侵略的政策，都只能引导中华民族走到奴隶的道路。

以上两个根据，不仅是决定抗日根据地的财政经济政策的原则，而且是决定全国财政经济的规律，全国的任何地区如果在财政经济的实施上违反了这样的规律，是无法战胜日本帝国主义的，抗战建国的胜利，是不可能实现的。但是决定敌后抗日根据地的财经政策时，还必须配合敌后抗日根据地的特点。敌后抗日根据地所处的政治的军事的经济的社会的环境，对于完成财政经济的严重任务，有其特别困难与特别有利的条件，这是我们必须深切予以注意的。

首先，必须认识敌后抗日根据地是处于日寇的重重包围封锁之中，处于与敌人犬牙交错的残酷战争环境中，敌人的一切军事行动，及其一切政治的经济的措施，都即时地影响到根据地之内。在经济上，是经常处于敌人的竞争、封锁、破坏，以至毁灭扫荡的威胁中，是与大后方隔绝，与其他抗日根据地隔断，与城市隔离，完全处于孤军作战、独立支持的状况。在这样的环境下，首先是增加了我们的困难，为要长期坚持敌后的抗战，不能不更警惕的、更细密的、更灵活具体的，一方面与敌人作多样的经济斗争，一方面不能不以爱护与巩固根据地，作为财政经济设施的出发点，注意在经济战线上巩固统一战线的社会基础。但是又必须认识在这样环境中，革命的战争改造了一切，改变了旧有的半殖民地半封建的经济关系，改变了城市与乡村的联系，便利了我们向着发展独立自主的民族经济的道路前进，更要求我们向着自力更生之途迈进。

其次，必须认识敌后抗日根据地是完全处于农村的环境中是要以农村来包围与战胜城市。农村是根据地的基本阵地，农民是根据地的主要社会基础，农业是根据地已有的基本产业，而地大物博人口众多的条件，也在农村。因此，在抗日根据地内的民族经济，就是以农业为本的经济，因此发展农业生产，繁荣农村经济，改善农民生活，调剂农村各阶级的经济关系，使地大物博人口众多的自然条件，转变为坚持抗战的革命的社会生产力，是抗日根据地财政经济政策的第一等任务，是发展整个经济的先决条件，也就是农村能够自足自给，包围城市，孤立城市，以至配合全国，最后战胜城市的基础。

再次，抗日根据地已经建立了新民主主义的政权，在政治上各抗日阶层的人民，均获得了抗日民主自由的权利，人民的文化水准与民族觉醒提高了，在经济上，实行了必要的改革，限制了半殖民地半封建的剥削，历来受压榨的农民经济，获得自由发展的前途，开辟了民族资本发展的道路，造成了抗日根据地发展新国民经济的前提，具备了实行新的战时的财政经济任务的有利条件。

最后，还应当认识敌后各抗日根据地原来的政治经济的发展是不平衡的，各有其不同的地理环境、经济基础、政治条件与战争状况，而且各个根据地建立的时间与发展的程度，也有不同敌我力量的对比，也有差异，因此财政经济政策的实施，不能不在遵守一般的原则之下，注意于特殊的具体的实际运用。

综合上述的根据，抗日根据地的财政经济政策，是一种新的战时的政策；即是抗日的、民族统一战线的、自由主义的经济政策。这种政策的目的一方面保障各阶层人民，摆脱半殖民地半封建的束缚，能独立自由地发展；一方面团结全民族的经济力量，与敌人作坚决的经济斗争，求得自足自给，保障持久抗战的物资需要。这就是抗战建国不可分离的基本环节。依此目的来决定政策的具体内容与具体任务。

政策第一个任务就是要坚决艰苦地与敌人作持久的经济斗争。这种持久的经济斗争，基本上是要组织与动员全民族各阶级人民的力量，独立自主地奋斗到底，同时要善于利用敌人内部的矛盾，与争取一切可能的外援，增强自己的战斗力，这样的经济战争，是配合军事的、政治的战争，从两方面展开的。一方面是要进攻敌人，与敌人企图殖民地化中国的毒计，敌人的“经济开发”与“以战养战”的政策作斗争。用一切军事的政治的经济的力量去阻碍、削弱、破坏敌人在沦陷区一切的经济上财政上的设施与经营。发展广大群众的游击战争，破坏敌人的交通，袭毁敌人的企业，截击敌人的资财，耗费敌人的军需，特别应当去加强敌占区的工作，不仅要注意争取团结敌占区的人民，在物资上给抗战帮助，削弱敌人在广大人民中的经济的财政的信用；而且应当深入到敌后的占领区去，利用敌人财政经济上的弱点与矛盾，利用敌人的以战养战，去建立抗战的经济据点，特别在目前全国及各抗日根据地的困难日增的情况下更有必要。另一方面为要保护自己，坚决地同敌人的经济封锁、经济掠夺与破坏作斗争，在全国，特别处在敌后的抗日根据地，应当有一套有系统的具体办法对付敌人，实行经济的反封锁，实行对外贸易的统一与对内贸易自由的原则，以便抵制敌人的倾销与封锁，实行新的货币金融政策、保护法币，抵制伪钞，以便同敌人作货币斗争，实行武装人民、发展人民大众的游击战争，实行坚壁清野，保护春耕夏收，在财经的实施上，要发挥充分的机动性、灵活性，要随时适应新的环境，利用新的条件，建立游击性的生产制度（如能随军行动的小型工厂与随军行动的生产军）与流动性的交换方式（如流动性的合作社与常常易地的市集），以便抵制敌人的掠夺、破坏及所谓“毁灭扫荡”，严厉地对付经济汉奸，严格地防止与纠正违背正确经济政策而有利敌人的行为，以便更好地巩固自己，肃清敌人的破坏活动。

政策的第二个任务，要保障支持长期战争的经济需要，一切物资人力的筹备与供给，首先要适合军事的要求，保障前线的胜利。因此战时的经济政策，一方面不能不要求抗日各阶层人民在不损害其基本利益之下，大家为着民族的生存节衣缩食，忍受一时的、局部的牺牲，争取经济发展的保障；另方面抗日的政府与军队必须从全局着眼，从长期打算，在不妨碍战争全局的原则下，尽可能调剂节省与培植人力物力财力，要极力纠正只顾眼前的便利、只看到局部的利益、只顾到一时的方便，而损害全局、损害将来的狭窄观点。因此一切不切实要的建设与任何浪费浮支，都是与支持长期战争的利益相违的。要善于从旧有的财政经济基础上，采取逐渐改良的步骤，培养与生长能够支持长期战争的自力更生的经济基础，因此徒知破坏旧的财政的经济的力量与结构，不知道改良而利用之，这只是招致更多困难的办法，是不合乎战时的需要与统一战线的政策的。

为求达到这样的任务，政府的领导，必须加强财政经济部门的工作，尽可能避免盲目摸索的过程，尽可能少采取临时的局部的粗枝大叶的办法，要有力求迅速正规化、统一化、经常化的全盘远大计划与制度，要有精密的具体的贯彻到底的组织工作，要克服把财政经济工作，视为单纯技术的供给的没有严重政治意义的工作错误观点，要克服离开整个计划与统一领导的各自为政的现象。

为要支持长期战争与敌人进行残酷的经济斗争，政策的第三个任务，就是要能改善人民的生活。在经济战线上，如果没有这一条，要想动员全民族的人力物力财力是不可能的，要建立新民主主义的经济，也是不可能的。抗战以来，由于战争的破坏与消耗，人民对国家的负担，是加重了，人民的生活是比战前降低了。因此，政府必须在适当的条件下满足人民适当的要求，改善人民旧有的经济束缚与压榨，改善旧有的各阶级间的经济关系。因此必须改良旧有的租赋，免除苛捐杂税，改善租佃关系，实行减租减息与低利借贷，改善劳资关系，改良工人待遇，特别应积极奖励合作事业，提倡生产运动，帮助贫苦的劳动人民的生活改善经济发展，在完成此任务时，须一面反对忽视人民生活改善的倾向，一面纠正不适当的、不合乎当地情况的过分要求，过与不及都足以阻碍经济的应有发展的！

政策的第四个任务，就是必须贯彻统一战线的政策，奖励与保护民族资本主义的发展。经济落后的中国，在长期抗战中的中国，只有政治上的民主主义与经济上的自由主义充分配合，才能支持长期战争，建立新民主主义的经济基础，因此抗日根据地的工农商业必须以私人经营为中心，除了为着集中力量，与日寇作经济斗争，需要有统一的步骤与调剂的办法外；除了为着加速经济的发展，有某些统一计划的推动力量外，任何妨害私人经营自由的垄断统制的设施，是应当反对的。政府的责任在改善租税，发展交通，稳定市场，爱惜民力，奖励工农商业的投资，提倡生产的发展，保护经营的自由，促进民族资本的发展。政府及军队出资经营的企业，其作用是一方面与私人经营取得密切联系，更加刺激与推动私人经营的发展；一方面是解决一部分战争的物资需要，减轻人民的负担，便利于苏息民力，因此任何公营的工农商业，决不是垄断统制的与民争利的，只是整个国民经济的一部分。

承认私有财产与财权，是抗日的民族统一战线经济的基础，除了罪大恶极的、甘心附逆的汉奸，其本人财产应予没收外，一切抗日的地主、士绅、工商业家，不论其本人是否居住根据地内，抗日民主的政府，必须切实保护其财产与财权，不得任意侵犯。抗日民族统一战线的经济政策，在调剂各阶级关系的原则上，其具体表现：第一是在租佃关系上，一方面要减租减息，一方面要还租还息。第二是在劳资关系上，一方面要改善工人生活待遇，一方面要遵守劳动纪律。第三是在财政税收制度上，规定钱多者多负担，钱少者少负担，无钱者不负担，不将负担完全放在富有者身上。第四在企业上，一方面保护与扶助私人资本的发展，一方面则积极建设公营事业，提倡合作事业，使之与私人企业相互为用。第五在商业政策上，对外贸易务求调剂，对内贸易务求自由。

第五个任务是在于根据各个不同地区、不同条件，注意特殊的实际运用。平原地带与山岳地带应有不同而应有相互的配合。物博人多的地带，与物少人稀的地带，应有不同，而应有相互的辅助。工业较发展的地带，与完全农业的地带，应有不同，而应有相互的平衡发展与相互的调剂。在游击区与巩固根据地应有不同的具体政策，游击区应尽可能避免过分的消耗破坏，根据地应力求正规化。在战争某时相当和平，与战争某时相当紧张应有不同的具体政策，和平时准备战争紧张时期的到来，扫荡中准备扫荡后的迅速恢复。落后地区与先进地区应有不同，在工作上，先进的应帮助落后的，在物资上，落后的应调剂先进的。当前特别重要的是打破敌人对各个根据地的隔绝孤立，在财政经济上，争取各个根据地互相联系，互相帮助，以至能集合力量互相发展，才能克服各个抗日根据地日益加重的困难，而有利于抗战的坚持与经济的发展，消除各个抗日根据地在经济上与不照应孤军作战的特点。

这样新的战时的财政经济政策，是适合抗战建国的需要、适合中国政治经济发展的必然规律的，是真正代表全民族的利益的，故它不仅应为各抗日根据地所运用，而且为全国所需要。

国民党几年来所实行的所谓统制经济政策是同我们所主张与实行的政策完全相反的，所谓统制政策是以政治上的专制主义与经济上的垄断主义相配合的产儿，是以极少数特权阶级的利益作基础的。这不仅不能开辟中国独立自主的经济发展的道路，而完全是违反中国政治经济发展的历史道路的。它不仅不能解除中国经济上的半殖民地半封建的束缚，而且相反的，正是以军事的封建的统治形式，企图去保守与加深已要没落的半殖民地半封建的统治桎梏，阻碍民族资本的发展。它不仅不能代表全民族的利益，而相反的，只是保护极少数买办性的大资本家大地主的利益，而压迫工农小资产阶级与民族资本家。它不仅不能改善人民生活，而完全相反的是要否认阶级斗争，增加田赋，增加消费税，实行日常用品的专卖等等来加重工农剥削，恶化人民生活。它不仅不能与日本帝国主义作经济斗争，而相反的是放纵日本帝国主义的经济侵略，它不仅不能解决抗战时的财政经济困难，相反的是日益增加财政经济的困难。国民党所采取的经济政策，正是国民党倒退的具体表现之一。

因此抗日根据地的民主政府所施行的财政经济政策，就增加了它的全国的历史的重要意义。不仅在基本方面要同日本帝国主义奴役中国的殖民地政策作艰苦的斗争，而且为着推动全国进步，引导全国向着抗战建国的胜利大道前进，还需与国民党的倒退的统制政策作斗争。因此各抗日根据地要与其他政策的贯彻相配合，认真地正确地实行新的财政经济政策，用实际的成果与模范，昭示全民族，团结全民族，从艰苦的斗争过程中，争取抗战建国的最后胜利。

选自江苏省财政厅、江苏省档案馆、财政经济史编写组合编：《华中抗日根据地财政经济史料选编》第一卷，档案出版社 1984 年版，第 11～19 页。原注：“按《共产党人》刊印”。

39. 中央关于出版《解放日报》等问题的通知

1941 年 5 月 15 日

五月十六日起，将延安《新中华报》《今日新闻》合并，出版《解放日报》。新华通讯社事业，亦加改进，统归一个委员会管理。一切党的政策，将经过《解放日报》与新华社向全国宣达。《解放日报》的社论，将由中央同志及重要干部执笔。各地应注意接收延安的广播，重要文章除报纸刊物上转载外，应作为党内学校内机关部队内的讨论与教育材料，并推广收报机，使各地都能接收，以广宣传，是为至要。

选自《中共中央文件选集》(11)，中共中央党校出版社 1985 年版，第 658 页。

40. 附［报刊评论］：论抗日根据地的社会性质

1941 年 5 月 24 日《解放日报》社论

在将近四年的抗日战争烽火中，经过浴血的搏斗，八路军、新四军在共产党领导之下，在华北华中创造了许多抗日根据地。不管日寇是怎样残酷地反复“扫荡”，不管反共派、顽固派是怎样的恣意破坏，这些根据地今天仍然是雄立在敌后广大国土之上，在严重的锤炼中，日益巩固起来。

这些抗日根据地，是敌寇的心腹大患。它拖住着敌人的兵力，束缚着敌伪的活动，团结着广大的人民，新生着反攻的力量，使敌后成前线，粉碎了日本帝国主义企图确实掌握占领区的迷梦。很明白的：没有华北华中这些大块根据地的建立来配合正面的抗战，要取得今天这种使日寇的泥脚愈陷愈深的战局，是不可能的。

为着动员一切有生力量，坚持敌后的长期抗战，在这些根据地上，都曾经和正在进行各种巩固根据地的建设工作。无论政治、经济、文化方面，都获得了不少的成绩，对于民族、国家有极伟大的贡献。

在政治方面：在这些根据地内，实现了最广泛的民主，全体抗日人民（除少数汉奸卖国贼外），都获得了政治上的自由，都享有人权、政权、财权以及言论、出版、集会、结社等的充分自由。各级政权机构，都经过了人民的民主选举，建立了真正的民意机关（村代表会与各级参议会)。在各级政权中真正执行了“三三制”，共产党员只占三分之一（不少的地区还少于三分之一)。这种政权，是全体抗日人民（地主、资本家、工人、农民等）的联合政权。它是团结一致对抗敌伪的专政。

在经济方面：在这些根据地内，实现了减租减息，取消了苛捐杂税，实行了合理的、累进的新税制。人民生活获得了初步的改善，大大刺激了人民的生产热忱，在政府奖励与保护之下，私营和公营的工商业都有大的发展，农业生产也有相当的提高（如开荒、水利、春耕、秋耕、夏耕运动等)，这就使得根据地的经济，展开了资本主义自由发展的种种便利，向着新民主主义的经济大道迈进。

在文化方面：普遍开展了学校教育与社会教育，实行了免费的义务教育制度，举办了各种短期训练班，组织了午校、夜校、补习班、识字班等社会教育事业，人民的知识与文化水平已有空前的提高，增强了人民的民族自尊心与自信心。

各个抗日根据地上，一切政策的基本出发点，是抗日民族统一战线，即是说，为着团结一切赞成抗日与民主的人民，由地主资本家到工农群众，共同支持长期抗战。

这些政策，在目前中国的情形下，是最革命的政策，只有这样才能战胜日本帝国主义，使中国革命走向胜利。

总之，华北华中的各个抗日根据地，在政治上说来，它是一切赞成抗日与民主的人民的统一战线政治。在经济上说来，它是基本上排除了半殖民地因素与半封建因素的经济。在文化上说来，它是人民大众反帝反封建的文化。因此，无论从哪一方面看，在政治经济文化各方面说来，这些抗日根据地，都已经是新民主主义的社会性质了。

诚然，华北华中各抗日根据地，在创立的时间上说，有先有后；在工作成绩上说，有好有坏；在政策执行上，也还有差别，因而巩固的程度，也就不同，但就总的方面说来，我们还是应该承认，都是新民主主义的性质。为什么呢？因为在各个抗日根据地内，都已经改变了大地主大资产阶级一党专政的形势，而实现了统一战线的抗日民主政权。这一个基本之点改变了，因此，社会性质也就随之而有了改变。

所以，三三制的统一战线政权，便是新民主主义的主要标志。只有掌握到这一基本论点，才能正确地去了解华北华中各个抗日根据地。

在这种意义上，如果以这一基本标志去考察各抗日根据地，那么，只是实行了减租减息的华北华中各抗日根据地，与曾经实行了彻底的土地革命的陕甘宁边区，都同样是新民主主义的社会。

选自《中共党史教学参考资料》抗日战争时期（中），中国人民大学中共党史系资料室1992年编印，第284～286页。原注：“原载一九四一年五月二十四日《解放日报》”。

41. 附［报刊评论］：切实保障人民权利

1941年5月26日《解放日报》

从来的革命运动都是人民争取民主的伟大运动，革命与反革命的分野，只在于要不要民众，给不给民众以民主自由。对于英勇斗争中的中国，民主始终是团结与进步的基础，因为离开了民主就不能团结全国人民起来战胜日本帝国主义，没有民主也就没有新民主主义在中国的胜利。而民主与不民主的尺度，主要地要看人民的人权、政权、财权及其他自由权利是不是得到切实的保障，不做到这点，根本就谈不到民主。

这是为什么边区施政纲领明确地规定："保证一切抗日人民（地主、资本家、农民、工人等）的人权、政权、财权及言论、出版、集会、结社、信仰、居住、迁徙之自由权"，责成当选为行政人员的共产党员应坚决执行之，并指出"人民则有用无论何种方式控告任何公务人员非法行为之权利"。可以想象得到，在帝国主义借战争的掩护把人民从多年斗争中获得的民主权利剥削殆尽的时候，在中国大资产阶级实行高压政策以致人民的人命、财产、自由没有一点保障的时候，在陕甘宁边区从过去的民主传统向新民主主义的路程前进的时候，这样的尊重民主自由与保证它的彻底实现，是具有怎样伟大的意义。

中国共产党一向是忠实于它对人民的诺言的，一向是言行一致的，因此它的纲领中的每一条文与每一句话，都是兑现的。我们决不空谈保障人权，而是要尊重人类崇高的感情与向上发展的愿望，对犯过错误而愿走向光明的分子采取宽大的态度，禁止不经过法定手续来逮捕、审问、处罚任何人，反对把人拖到卑鄙无耻的道路上去，用这些事实来使得人权得到充分保证。我们决不空谈保障政权，而是真心诚意地要人民起来参加政权的管理，承认各抗日党派的合法地位，提高民意机关的职权与威信，建立普遍直接平等无记名的投票选举制，并实行三三制，保证民意机关与行政机关中的人员有三分之二为党外人士充任。我们决不空谈保障财权，而是要在实际行动中做到保护私有财产，奖励私人企业，严禁随意动员征发，实行合理的统一累进税收制度，维护农民从过去土地革命中获得的利益，保证佃农债户向地主与债主交租交息，使得一切抗日人民都能安居乐业。这样就不只是给人民带来了美丽的希望，还真正地要他们享受到新民主主义的果实。

对于言论、出版、集会、结社、信仰、居住、迁徙之自由权，边区过去早已注意保护，今后仍当循此前进。只要是抗日的有利于中华民族解放事业的言论与出版物，无论是出自任何抗日党派与团体个人，都有发表与出版的自由，政府还给予使用会场与印刷机器的便利条件。在这里，不会有思想的统制，我们鼓励自由研究，尊重少数民族的宗教信仰，欢迎边区境外愿做抗战工作人士来此开办学校，设立出版机关，组织文化团体，并且给予必要的帮助。人民不仅有集会结社的自由，还有武装自己的权利，我们不怕人民的组织与活动，只怕他们不能积极动员起来。我们要保障的居住与迁徙的自由不是消极的，因此我们帮助外来移民解决他们各种困难，保护因革命行动被迫来到边区居住的人民，救济流亡学生与灾民难民使得他们不仅能够自由地生活，还可以幸福地生活。只有这样，才真正地保障了人民的自由权利。让全国人民看到我们高举起来的民主旗帜，是飘扬着多么鲜明的色彩！

仅仅政府明令保障人民的民主自由是不够的，公务人员知道要保障人民的民主自由还是不够的，必须人民自己珍贵这种只有在抗日民主根据地的边区才能获得的权利，要求它在边区得到切实的保障，并把它推到全国的范围里去。

当广大的人民掌握到民主自由的权利时，它不仅成为物质的力量，还将成为不可战胜的力量。

选自《中国新民主主义革命时期法制建设资料选编》第一册，西南政法学院函授部1982年编印，第64～66页。原注："摘自一九四一年五月二十六日《解放日报》"。简称"西南函授版"。

42. 附［报刊评论］：决定锄奸政策的出发点

1941年10月21日《解放日报》社论

决定敌后抗日根据地的锄奸政策，其出发点，应根据下面三个主要问题：

首先，要认清抗日根据地是处在敌后长期抗日战争的环境，在残酷战争中，正是日探奸细向我们积极进攻的时机。日本是一个惯用侦探间谍的帝国主义，他的特务工作，是侵华战争的先遣队伍。他有庞大的间谍机关，有复杂的汉奸团体，有傀儡政权等特务工具，有在华侦探活动六十余年的历史。抗战以来，日本帝国主义运用公开的与隐蔽的侦探奸细，在各地收买汉奸，建立傀儡政权，进行诱降，挑拨反共战争，在前方则瓦解抗日部队，在大后方则窃取国家机密，其各种破坏行为，予中国抗战团结事业以重大的损害；而对共产党、八路军、新四军在敌后所建立的抗日根据地，更是他们进行破坏的中心目标。

另一方面，我们根据地是处在敌人包围的环境，在这些区域内，有许多敌人据点，其边境与敌占区是犬牙交错的。各抗日根据地在敌人的包围与不断的残酷"扫荡"中，尚不巩固，党政军民的组织，还不免有奸细混入，反奸细斗争还未深入，敌探奸细及有些完全起着汉奸作用的亲日反共特务分子的危害，曾使我们遭受许多损失。几年来各抗日根据地所发现的各种方式的阴谋、暗害、刺杀、放毒的事件，各地所破获的各种面目的侦探奸细，必须引起我们今后更加警惕，没有艰苦的锄奸工作，敌人决不会自动地放下武器。

因此，我们锄奸政策的出发点，首先必须根据这些客观环境，清楚认识这些敌人的特务工作之危害作用，对于一切可能的阴谋破坏，必须严加警惕。没有这种认识，我们便会轻视敌人，麻木不仁，遭受敌探奸细的破坏与袭击。

其次，应正确地估计我们敌后抗日根据地，是经过了长期战争和无数胜利建立起来的。共产党与八路军将沦陷区广大人民从亡国奴的命运中解放出来，使一切抗日人民获得了民主自由，建立了民众自己的抗日政权，这种政权是与广大人民血肉相关，为广大人民所热烈拥护的。

在这些区域里，有八路军、新四军有觉悟的抗日军队，有地方的抗日的民众武装。这些军队，不是压迫人民的武装，而是人民自己的武装，并且是在共产党坚强的领导之下的。

在这些区域里，有广大民众的抗日团体，一切工人、农民、青年、妇女，都参加了抗日组织，受到了抗日锄奸的教育。

在这些区域里，有强大的共产党的组织，有忠于国家民族，忠于党与阶级的优秀干部，有坚定的政治方针和党的正确领导，这是巩固抗日根据地的决定因素。

因此，我们锄奸政策的出发点，同时必须正确地估计到这些主观条件，相信自己的力量，相信自己的干部，相信广大群众，认识敌探奸细只是少数的民族败类，我们整个的政权，整个的武装，绝大多数的干部和群众，绝对不会成为敌人的组织与敌人的奸细。没有这种认识，我们便会夸大敌人的力量，不相信自己的组织，惊慌失措，中了敌人借刀杀人之计。

第三，应认清目前党的政策，是抗日民族统一战线的政策，是联合各抗日党派、各阶层及一切不愿投降的人们共同抗日的政策。各抗日根据地的政权形式，是新民主主义的形式，是抗日统一战线的形式，按“三三制”的原则组成的。因此，锄奸政策，就必须根据党的抗日民族统一战线的政策，适合“三三制”政权的施政方针，过去内战时代工农民主专政下的锄奸政策，在现在各抗日革命阶级联合的民主专政的政权下，是不能适用的。

因此，我们锄奸政策的出发点，更必须根据党在今天的路线，适合政权的新的形式，认识保障全体抗日人民的民主权利和身体自由，便是减少敌探奸细的社会基础。没有这种认识，我们就会制造敌人，到处树敌，将那些中间分子动摇分子驱逐到敌人营垒中去。

根据上面三方面的说明，就应该认识敌后抗日根据地的锄奸政策，必须是适合于抗日民族统一战线的方针，同时又是适合于巩固抗日根据地的任务；必须是镇压敌探与保障人权的统一。这就是说，一方面，必须坚决镇压少数敌探奸细，要不放过一个敌探，不漏过一个奸细，非此不能保卫根据地，非此不能巩固抗日的革命势力和党的组织。另一方面，必须坚决保障全体抗日人民的民主权利，不要错办一个好人，不要冤枉一个好人，非此不能瓦解敌人，非此不能得到民众的拥护。

总之，在不放松敌人，不夸大敌人的原则下，把镇压少数敌探汉奸的活动，和保障全体抗日人民的民主权利统一起来，是我们决定敌后抗日根据地锄奸政策的基本原则，二者是不能分离的，任何一方面的偏差和忽略，都会使锄奸政策发生极大的错误。

选自《中共中央文件选集》(11)，中共中央党校出版社 1985 年版，第 750～752 页。

互校版本：《中共党史教学参考资料》抗日战争时期（中），中国人民大学中共党史系资料室 1979 年编印，第 396～398 页。

△毛泽东：《在陕甘宁边区参议会的演说》

1941 年 11 月 6 日

（见《毛泽东选集》第三卷，人民出版社 1991 年版，第 807～810 页。）

43. 中共中央财政经济部关于法币贬值各根据地应采取的对策的指示

1942 年 1 月 5 日

自从太平洋战争爆发以后，上海与香港均成死港，据闻国民党早有准备放弃维持上海香港法币之说，就目前趋势观之，似已迫成事实。查上海法币流通量约有八九十万万元，其中除一小部分小工商业者手中外，大部分是操之于大官僚大资本家手中，向以投机外汇为主要出路，今外汇市场内移，沪港黑市渐告消灭，此项法币向后方逃避是很有可能的，如此，则法币在大后方的流通量势将倍增，其购买力亦将因之而愈益下降。

重庆国民政府今年预算总额为二七〇万万元，收入计：税收五五万万元（其中包括田赋二〇万万元，盐税一〇万万元，专卖税二〇万万元，直接税二·五万万元，关税二·五万万元），公债二四万万元，粮食库券二〇万万元，美国借款四〇万万元，共约一三九万万元，财政赤字在一三〇万万元以上。赤字的弥补，主要是依靠增发通货，法币发行量原已达二〇〇余万万元，如再继续大量发行，其购买力必严重下降，反过来会使财政赤字更加扩大，故传闻国民党有发行新货币之说。在国民政府财政经济困难日益严重，太平洋战争初期将继续对日有利，沦陷区法币内流的情况下，发行新货币也是有可能的，但不管如何，印刷机将开足马力，加速动转，法币的购买力将继续下降，则毫无可疑。

法币购买力严重下降，对于各根据地的金融与物价或轻或重可能遭受到以下的损失及影响：（一）在流通与贮蓄法币的地区将遭受法币跌价的损失及影响物价高涨。（二）已经停止法币流通的地区，而边币信用尚欠巩固或与法币联系较密切者，边币的购买力可能受法币跌价之影响而随之下降，物价亦必上涨。（三）在以上两种情况下，边币信用将随法币的跌落而受到影响。（四）敌人可能以大批法币用各种手段向我根据地抛出，吸收我资源，捣乱我金融，同时敌人为了应付战争，在敌占区可能实行通货膨胀政策，今后伪币的购买力也必然日趋下降，这对于我们边币也会发生同样的影响。

为此，各根据地不能不预为防范，以避免或减轻上述可能遭受的损失及影响。今后各根据地在金融上总的方针应当是：（一）建立独立的与统一的金融制度，以维护根据地的资源，财政上应努力发展私人经济特别是农业，以其税收收入来解决财政问题，不要依靠发行钞票为主要来源；（二）对外贸易应实行相当管理，要尽量作到以货易货，有计划地管理主要贸易，以剩余生产品，换进缺少的或不足的必需品；（三）要向着自给自足的路上发展。然各根据地的具体条件与环境是不相同的，目前可能遭受的损失及影响，当然也不会一样，因之，我们的对策不能不依靠各种不同的情况分别如下：

一、华北各根据地——如晋察冀、晋冀鲁豫等处，在政治上经济上都具有比较巩固的基础，边币的信用相当高，法币的信用反而逐渐下降，法币不但在境内不能流通，并且也极少贮蓄，在对外支付上，由于完全处于敌后方，贸易的对象是敌占区，可使边币与伪币暗中联系，采取以货易货办法进行之，完全不用法币是没有问题的（晋东南与晋察冀边区已这样做了，并无问题发生）。不过在这些地区内，可能发生的问题是敌人可能用政治上的宣传、经济上的利诱，特别是配合军事扫荡以大量法币（战前华北保有法币约六万万到八万万元）向我根据地特别是不大巩固的区域驱入，吸收我资源，扰乱我金融，我们的对策，除了与法币断绝联系外，并应（一）在经济上实行必要的反封锁，发展生产，利用代替品（如晋东南以核桃油代替煤油，以火镰代替火柴），减少输入；（二）在政治上宣传法币跌价的必然性，并在各主要地区附近压低其价格，以边币换吸一部分，乘机使边币流通范围向外扩展；（三）如法币已经挤入我区时，应相机贬值收回，以免侵犯我边币之流通，吸收进来的法币，一部分设法于最短期内迅速送××，一部分通过私商抛出境外，换回货物。

二、华中各根据地——如鄂豫、苏北等地，军事变动性很大，政权基础不甚稳固，因而，我们在经济上对敌很难作到严密而有效的反封锁，在金融制度上又都未建立起来，对内对外法币还是主要的流通工具，我们所发行的流通券，还是一种临时性的货币，为数很小，信用又在法币之下，因此，在这些地区内，想停用法币或与法币断绝联系以及阻止敌占区法币的流入，目前是办不到的，只能从减轻法币跌价所给予的损失方面想办法：（一）急速成立银行、发行边币，并可允许成立钱庄发行地方辅币；（二）以边币或地方辅币吸收境内法币以扩大边币或地方辅币流通范围；（三）在相当巩固的一定区域，有可能时动员党政军民、公营商店、合作社，将所得之法币随时随地交给贸易局向境外换回货物，不得再用于境内，更不应囤积，以减少法币在境内停留所遭受的损失。

选自《中共中央文件选集》(12)，中共中央党校出版社 1985 年版，第 3～5 页。

44. 中共中央关于抗日根据地土地政策的决定

1942 年 1 月 28 日中央政治局通过

抗战以来，我党在各抗日根据地实行的土地政策，是抗日民族统一战线的土地政策，也就是一方面减租减息，一方面交租交息的土地政策。这一政策，在各根据地实行以后，曾经获得了广大群众的拥护，团结了各阶层的人民，支持了敌后的抗战。凡在比较普遍比较认真比较彻底地实行了减租减息，同时又保障交租交息的地方，当地群众参加抗日斗争与民主建设的积极性就比较高，而且能够保持工作的经常状态，安定社会的生活秩序，那里的根据地就比较巩固。但是这一政策，在许多根据地内还没有普遍地认真地彻底地实行。在有些根据地内，还只在一部分地方实行了减租减息，而在另一部分地方，或则还只把减租减息当作一种宣传口号，既未发布法令，更未动手实行；或则虽已由政府发布了法令，形式上减了租息，实际并未认真去做，发生了明减暗不减的现象。在这些地方，群众的积极性不能发扬，也就不能真正将群众组织起来，造成热烈抗日的基础。在这些地方，抗日根据地就无法巩固，经不起敌人的扫荡，变成软弱无力的地区。但是在另外若干地方，则又犯了某些左的错误，虽然这种错误只发生在一部分地方，并且经过中央指示后已经大体上纠正了，但是还有引起各地同志加以注意之必要。当此抗战进入更加艰苦的时期，要求各根据地更加发动广大群众的抗日与生产的积极性，更加团结一切抗日阶层来坚持敌后的长期斗争。中央在详细研究各地经验之后，特将我党土地政策作一总结的决定。另有关于执行土地政策的具体办法，作为附件，随此决定一并发下，以供各地采用。务望各地同志加以研究，认真执行。

（一）承认农民（雇农包括在内）是抗日与生产的基本力量。故党的政策是扶助农民，减轻地主的封建剥削，实行减租减息，保证农民的人权、政权、地权、财权，借以改善农民的生活，提高农民抗日的与生产的积极性。

（二）承认地主的大多数是有抗日要求的，一部分开明绅士并是赞成民主改革的。故党的政策仅是扶助农民减轻封建剥削，而不是消灭封建剥削，更不是打击赞成民主改革的开明绅士。故于实行减租减息之后，又须实行交租交息，于保障农民的人权、政权、地权、财权之后，又须保障地主的人权、政权、地权、财权，借以联合地主阶级一致抗日。只是对于绝对坚决不愿改悔的汉奸分子，才采取消灭其封建剥削的政策。

（三）承认资本主义生产方式是中国现时比较进步的生产方式，而资产阶级、特别是小资产阶级与民族资产阶级，是中国现时比较进步的社会成分与政治力量。① 富农的生产方式是带有资本主义性质的，富农是农村中的资产阶级，是抗日与生产的一个不可缺少的力量。小资产阶级、民族资产阶级与富农，不但有抗日要求，而且有民主要求。故党的政策，不是削弱资本主义与资产阶级，不是削弱富农阶级与富农生产，而是在适当地改善工人生活条件之下，同时奖励资本主义生产与联合资产阶级，奖励富农生产与联合富农。但富农有其一部分封建性质的剥削，为中农贫农所不满，故在农村中实行减租减息时，对富农的租息也须照减。在对富农减租减息后，同时须实行交租交息，并保障富农的人权、政权、地权、财权。一部分用资本主义方式经营土地的地主（所谓经营地主），其待遇与富农同。

（四）上述三条基本原则，是我党抗日民族统一战线及其土地政策的出发点。四年以来的经验证明，只有坚持这些原则，才能巩固抗日民族统一战线，才能正确地处理土地问题，才能联合全民支持民族抗战，而使日寇完全陷于孤立。一切过左过右的偏向，都是不能达到这个目的的。

（五）在农村统一战线中，地主与农民间的矛盾，例如地主反对或妨碍农民关于民主民生的要求等，必须按照上述原则作适当的处理。双方的合理要求必须满足，但双方都应服从于整个民族抗战的利益。在处理农村纠纷中，党与政府的工作人员，不是站在农民或地主的某一方面，而是根据上述基本原则，采取调节双方利益的方针。

（六）三三制政权，就是调节各抗日阶级内部关系的合理的政治形式。这一制度，必须在参议会系统中与政府系统中坚决地认真地普遍地实行。认为这一制度不过是一种敷衍党外人士的办法的那种观点，是不正确的。

（七）政府法令应有两方面的规定，不应畸轻畸重。一方面，要规定地主应该普遍地减租减息，不得抗不实行。另一方面，又要规定农民有交租交息的义务，不得抗不缴纳。一方面要规定地主的土地所有权与财产所有权仍属于地主，地主依法有对自己土地出卖、出典、抵押，及作其他处置之权。另一方面，又要规定当地主作这些处置之时，必须顾及农民的生活。一切有关土地及债务的契约的缔结，须依双方自愿，契约期满，任何一方有解约之自由。

（八）抗日经费，除赤贫者外，一切阶级的人民均须按照累进的原则向政府交纳，不得畸轻畸重，不得抗拒不交。

（九）减租减息实行之后，给予了提高农业生产的必要的前提，而农业生产是抗日根据地的主要的生产，党与政府的工作人员必须用最大力量推动发展之。政府应举行大量的农业贷款，以解决农民借贷的困难。

---

① “社科法制版”在“进步的生产方式”与“进步的社会成分”之间漏掉 34 字。

（十）农救会的任务．在减租减息之前，主要的是协助政府实行减租减息的法令。在减租减息之后，主要的是协助政府调解农村纠纷与发展农业生产，而不是以自己的决定代替政府的法令，不是以农救会代替政府。在调解农村纠纷的任务上，应取仲裁的方式，而不是专断的方式。在发展农业生产的任务上，应动员所有农救会员起模范的领导的作用。

（十一）既然减租减息与保障农民的人权、政权、地权、财权，是我党土地政策的第一个方面，既然各根据地内尚有许多地方并未普遍地认真地彻底地实行减租减息，而其原因，不是地主抗不实行，就是党与政府的工作人员采取漠不关心与官僚主义的态度。因此，各根据地内党与政府的工作人员，必须对自己工作加以严格的检查，派员下乡分途巡视各地实行的程度，加以周密的调查研究，全盘地总结各地经验，发扬正确实行的例子，批评官僚主义的例子。须知发布口号发布法令与实行口号实行法令之间，是常常存在着很大的距离的，如不严惩官僚主义，反对右倾观点，就无法使口号法令见之实行。

（十二）既然交租交息与保障地主的人权、政权、地权、财权，是我党土地政策的第二个方面，既然各根据地内曾经发生过忽现这一方面的左倾错误，而其原因，不是农民不了解我党的土地政策，就是党与政府的工作人员也不了解或不完全了解我党的政策。为着防止今后重复这种错误，就必须在党内在农民群众中明确地解释党的政策，使他们明白现在我党的抗日民族统一战线的土地政策，是与内战时期的土地政策有根本区别的，使他们不限制于眼前的狭隘的利益，而应把眼前利益与将来利益联系起来，把局部利益与全民族利益联系起来。必须劝告农民，在实行减租减息与保障农民的人权、政权、地权．财权之后，同时实行交租交息与保障地主的人权、政权、地权、财权。正如在减租减息与保障人权、政权，地权、财权的问题上，必须劝告地主不应该限制于眼前的狭隘的利益，而要顾及将来与全民族的利益，是一样的。

选自《陕甘宁革命根据地史料选辑》第二辑，甘肃人民出版社 1983 年版，第 368～372 页。

互校版本：

1.《中共中央文件选编》(12)，中共中央党校出版社 1986 年版，第 10～14 页。

2.《中国新民主主义革命时期根据地法制文献选编》第四卷，中国社会科学出版社 1984 年版，第 182～186 页。原注：“选自一九四二年二月六日《解放日报》”。简称“社科法制版”。

45. 中共中央关于抗日根据地土地政策决定的附件（一）（二）（三）

1942 年 1 月 28 日中央政治局通过

由于各根据地情况不同及在一根据地内情况亦有不同者，故关于解决土地问题的具体办法，不能统一施行整齐划一的制度。中央在关于土地政策决定内规定了统一施行的原则，而在本附件内则根据此种原则提出具体办法，以供各地采用。本附件内所列各项，凡与各地情况相合者，均应坚决执行之。其有不合情况而须变通办理者，各地得加以变通，惟须将变通之点报告中央，并取得中央之批准。

（附件一：）关于地租及佃权问题

（一）一切尚未实行减租的地区，其租额以减低原租额百分之二十五（二五减租）为原则，即照抗战前租额减低百分之二十五，不论公地、私地、佃租地、伙种地，也不论钱租制、物租制、活租制、定租制，均适用之。各种不同形式的伙种地，不宜一律规定为依地主所得不超过十分之四，或十分之六，应依业佃双方所出劳动力、牛力、农具、肥料、种子及食粮之多寡，按原来租额比例，减低百分之二十五。在游击区及敌占点线附近，可比二五减租还少一点，只减二成、一成五或一成，以能相当发动农民抗日的积极性及团结各阶层抗战为目标。

（二）地租一律于产物收获后交纳，出租人不得向承租人预收地租，并不得索取额外报酬。

（三）定租（铁租），因天灾人祸，其收成之全部或大部被毁时，得停付或减付地租。

（四）多年欠租，应予免交。

（五）公粮公款，按累进原则，由业佃双方负担。土地税，由土地所有者负担之。

（六）地租原约定以货币支付者，因纸币变价而发生争议时，政府应召集业佃双方协议调解，并得将货币地租之一部或全部，改为实物地租。

（七）如设有调租委员会等调解机关的地方，须有农民、地主、政府三方代表参加，但政府有最后决定权。

（八）在租佃契约上及习惯上有永佃权者，应保留之。无永佃权者，不应强迫规定。但可奖励双方订立较长期的契约，例如五年以上，俾农民得安心发展生产。

（九）无永佃权之地及契约期满之地，出租人有依约处置之自由，包括转让、出典、出卖、自耕，及雇人耕种等项在内。但在抗战期间，地主收地，应顾及农民生活，并须于收获前三个月通知承佃人，原承佃人太穷苦者，应由政府召集双方加以调剂，或延长佃期，或只返佃一部。

（十）出租人于契约期满，招人承佃或出典出卖时，原承租人依同等条件有承典承买之优先权。

（十一）出租人出卖有永佃权或契约期限未满之地，原承佃人有继续佃耕之权。非原约期满，新主不得另佃他人。

（十二）承租人在二年内无故不耕，或力能付租而故意不付者，出租人有收回土地之权。

（附件二：）关于债务问题

（一）减息，是对于抗战前成立的借贷关系，为适应债务人的要求，并为团结债权人一致抗日起见，而实行的一个必要政策，应以一分半为计息标准。如付息超过原本一倍者，停利还本，超过原来二倍者，本利停付。至于抗战后的息额，应以当地社会经济关系，听任民间自行处理，政府不应规定过低息额，致使借贷停滞，不利民生。

（二）债权人不得因减息而解除借贷契约，债务人亦不得在减息后拒不交息，债权人有依法诉追债务之权。

（三）凡抗战后新成立的借贷关系，债务人到期不能付息还本，债权人有依约处理抵押品之权。如有争议，由政府判处。同一抵押品而担保数债权者，其卖得之价格，按各债权契约先后，依次并比例清偿之。抵押品如为土地（押地），照此办理。

（四）凡典地尚未转成买卖关系者，出典人随时可用原典价依约赎回土地，不得用抽地换约的办法。如已转成买卖关系者，不得赎回。因纸币跌价而在赎回典地时所生之争议，由政府调处之。

（五）凡抗战后成立的借贷关系，因天灾人祸及其他不可抗拒之原因，债务人无力履行债约时，得请求政府调处，酌量减息或免息还本。

（六）因纸币跌价，债务人用纸币还债而生之争议，由政府适当调处之。

（附件三：）关于若干特殊土地的处理问题

（一）凡罪大恶极之汉奸的土地，应予没收，归政府管理，租给农民耕种，以示惩罚。其家属如未参加此种汉奸活动，或其情节较轻者，不在此例。

（二）被迫汉奸的土地不应没收，以示宽大，争取其悔过自新。无人管理者，由政府代管，租给农民耕种，俟其回来抗日，即发还之。

（三）凡逃亡地主，不论其逃至何处，其土地不得没收。无人管理者，由政府代管，招人耕种，并保存其应得地租，代交田赋公粮。原主回家时，将其土地及应得地租一并发还之。

（四）凡没有税过契或没有纳过税的黑地，不许没收，而限期责令业主税契纳粮。如逾期仍不税契不纳粮时，由政府给予相当的处罚。

（五）族地、社地，由本族本社人员组织管理委员会管理之，以其收入作为本族、本社或本地公益事业之用。

（六）学地留作教育经费，由政府或本地人员组织教育基金管理委员会管理之。

（七）宗教土地（基督教、佛教、回教、道教及其他教派的土地），均不变动。

（八）公荒，由政府分配给抗属、难民、贫农开垦，并归其所有。在一定期限内，免除或减少其税收。

（九）私荒，不论生荒熟荒，应先仅业主开垦。如业主无力开垦任其荒芜的，政府得招人员开垦，并在一定期限内，免除或减少其租税。土地所有权仍属于原主，但开垦者有永佃权。

选自《陕甘宁革命根据地史料选辑》第二辑，甘肃人民出版社 1983 年版，第 373～376 页。

互校版本：《中共中央文件选集》（12），中共中央党校出版社 1986 年版，第 14～18 页。

46. 中共中央关于如何执行土地政策决定的指示

1942 年 2 月 4 日

（一）一月二十八日中央政治局所通过的关于抗日根据地土地政策的决定及其三个附

件，是综合五年来各地经验而得的结论。它的基本精神是先要能够把广大农民群众发动起来，如果群众不能起来，则一切无从说起。在群众真正发动起来后，又要让地主能够生存下去。所以在经济上只是削弱（但一定要削弱）封建势力，而不是消灭封建势力，对富农则是削弱其封建部分而奖励其资本主义部分。在经济上，目前我党的政策，以奖励资本主义生产为主，但同时保存地主的若干权利，可以说是一个七分资本、三分封建的政策。在政权上则实行“三三制”，使地主、资产阶级觉得还有前途。所有这些都是为着拆散地主、资产阶级与敌人及顽固派的联合，争取地主、资产阶级的大多数站在抗日民主政权方面，而不跑到敌人与顽固派方面去，跑去了的，也可以争取回来。

（二）联合地主抗日是我党的战略方针。但在实行这个战略方针时，必须采取先打后拉，一打一拉，打中有拉，拉中有打的策略方针，当广大群众还未发动起来的时候，一般地主阶级是坚决反对减租减息与民主政治的。在这种时候，我们必须积极帮助群众打击地主的反动，摧毁地主阶级在农村中的反动统治，确立群众力量的优势，才能使地主阶级感觉除了服从我们的政策便不能保持他们的利益，便无其他出路。在这种广大群众的热烈斗争中，不可避免地要发生一些过左行动，而这些过左行动，如果真正是最广大群众自愿自觉的行动，而不是少数人脱离群众蛮干的（这是绝对不许可的原则问题），则不但无害，而且有益，因为可以达到削弱封建发动群众之目的。在这种时候，畏首畏尾，束缚群众手足就是右倾错误。这是策略斗争的第一阶段（打的阶段），但是这个阶段应被联合抗日的战略方针所限制，不能拖得过长，不能听其自然发展下去，以致迫使地主阶级跑到敌顽方面，坚决反对我们，或跑去了也不愿回来，妨害抗日战争与根据地的巩固。因此党的策略，不是在事先限制这些过左行动不发生，以致妨害群众之充分发动与充分起来，而是在群众已经充分发动充分起来之后，能够及时地说服群众，纠正过左行动，给予地主以交租交息及政治上的三三制，保障地主的人权、政权、地权、财权，使其感恩怀德，愿与我们合作，达到团结抗战之战略目的，这就是策略斗争的第二阶段（拉的阶段）。在策略斗争的第一阶段中，也不是一切打倒，而是争取一部分倾向我们的地主（打中有拉），中立（麻痹）一部分动摇不定的地主，集中火力打击一部分最顽固的地主（但与内战时期打击地主的内容与形式都不相同）。在策略斗争的第二阶段中，我们必须极力表示宽大，认真实行“三三制”与交租交息，认真保障地主的人权、政权、地权、财权，公开批评自己内部的宗派主义（关门主义），纠正过火行动。在这种时候，如不着重说服党员，说服农民，争取地主，就不能拆散地主与敌顽的联合，就有使我党与农民陷于孤立，以致失败的危险。但在纠正过火行动与作自我批评中，必须同时注意到保护干部与群众的积极性、热烈情绪或热气，须知我们正确地批评过火行动与宗派主义，绝不是向这种热气泼冷水，以致造成干部消极、群众失望、地主反攻的局面。在正常的斗争过程中，应该有一个酝酿斗争的准备阶段，在这个阶段中，地主还是优势，农民还正在准备斗争，如果把这个作为第一阶段，则实行斗争（打）为第二阶段，团结抗日（拉）为第三阶段。在晋察冀区域，除了雁北及平西两区尚未普遍与彻底按照党的政策解决土地问题以外，其他基本区域是都经过了酝酿、斗争、团结这样三个阶段的，这是最正常的策略模范，在其他若干根据地中，也有这种模范。所有这些，都是为着执行联合抗日这个战略方针的总过程中，应该极力注意的策略阶段。

（三）各地过去在执行土地政策中所发生的过左错误，大体已经纠正。在今天，一切为广大群众所拥护，而地主又已不生严重争议的事件，应作为已经解决，不再变动，维持良好的抗日秩序。但对“三三制”之没有彻底实行及地主、农民间尚有重大争议的事件仍须着重纠正错误。

（四）目前严重的问题，是有许多地区并没有认真实行发动群众向地主的斗争，党员与群众的热气，都未发动与组织起来，这是严重的右倾错误。这种错误，不但在较差的根据地中，是严重存在着，就是在最好的根据地中，亦有一部分区域尚未实行减租减息与发动群众斗争。因此，目前应当强调反对这种右倾，要求一切没有实行减租减息，没有发动群众热情的地区，在广大农民群众自愿自觉，而不是少数人包办蛮干的基础之上，迅速实行减租减息，迅速把群众热情发动起来。各地党部必须检查这一问题，对此问题如果某些人采取漠不关心与官僚主义的态度，就须向他指明加以纠正。

（五）在农民已经充分发动彻底执行了减租减息，经过了打的阶段，因而进入了拉的阶段的地区，由于我们开展自我批评，纠正过火行动，彻底实行“三三制”与保障地主的人权、政权、地权、财权，地主阶级必然要抓住新政策之有利于己的方面，加以扩大，和农民作斗争。由于今天根据地内部在此阶段（拉的阶段）内，各阶级的争议只能采取民主的合法的说理的方式去进行，而文化落后的农民群众甚至区、村干部，遂容易被老奸巨猾的地主所欺骗，或被地主收买操纵区村政权，或被地主打击而不敢回击。因此必须教育县、区、村三级干部，学会与地主作合法斗争的本领，熟悉政府的法令，熟悉拉中有打的策略，以便对付某些奸猾地主的无理进攻，同时须防止被收买。

（六）减租是减今后的，不是减过去的，减息则是减过去的，不是减今后的，大体上以抗战前后为界限。在减租问题上，第一，应当允许农民清算旧账（包括算公账与私账），以此作为发动群众的手段。到了群众已经充分发动，才把双方争论加以调停，使归平允。第二，抗战以后，是借不到钱的问题，不是限制息额的问题。各根据地，都未认清这个道理，强制规定今天息额不得超过一分或一分半，这是害自己的政策。今后应该听任农村自由处理，不应规定息额。目前农村只要有借贷，即使利息是三分、四分，明知其属于高利贷性质，亦于农民有济急之益，同时政府每年的建设费中，应以百分之七十至八十投于农村，作为对农民的低利贷款（包括合作社贷款在内），以发展各根据地的基本的农业经济，而只以百分之二十至三十投于公营工商业及私人商业。须知发展农业不但是农民的利益，而且就是扩大政府税收的最大与最可靠的来源，就是解决财政问题基本政策。

（七）中央关于抗日根据地土地政策决定及其三个附件，都已公开发表，各地应即公布广为宣传，认真实行。这是我党在新民主主义革命阶段的长期的土地政策，不但今天必须实行，而且还有很长时期要实行的。至于本指示，则是专门对党内的，不得公开发表，每一根据地内，应利用会议党校及文电使党的基本干部懂得中央的战略与策略方针，然后经过他们，使下级干部懂得，使这种具体的策略教育确实收到成效。

中　央

选自《中共中央文件选集》(12)，中共中央党校出版社1985年版，第19～23页。

47. 中共中央财政经济部关于法币问题的指示[①]
——各根据地可采取的对策

1942年2月5日

自太平洋战争爆发以后，上海、香港均已成为死港，国民党拟放弃维持沪、港法弊之传说，已自成为事实。目前上海存有法币八九万万元，其中除一小部分在小工商业手中外，大部分是操之于大官僚大资本家手中，而操之于大官僚大资本家手中者，素以投机外汇为出路，但外汇市场内之沪港汇市渐告消灭，此项法币向后方拥挤将是可能的，法币在大后方的流通量势将倍增，其购买力势将日逾下降无疑。因此，将国民政府今后预算总额为二百七〇万万元，收入计税收五五万万元（计田赋二〇万万，盐税一〇万万，牙卖税二〇万万，直接税二万五千万，关税二万五千万），公债二〇万万，粮食库券二〇万万，美国贷款四〇万万，共约一三五万万元，财政赤字达一百三〇万万元以上，赤字弥补主要是依靠增发通货一途。法币发行额原已达二百万万元，如再继续大量发行，其购买力日逾下降无疑，因此将会使财政赤字更加扩大。据传闻国民党有发行新货币之说，在国民党政府财政经济困难日益严重，太平洋战争继续对日有利，沦陷区法币内流的情况下，发行新货币，是很有可能的，但不管如何印刷□□□□□□□□□□法币价格继续下降已是确定之势。法币购买力严重下降，对于我们各根据地的金融影响或轻或重，可能遭受以下的损失及影响：

甲、在流通与储蓄法币的地区将遭受法币跌价的损失，及影响物价高涨。

乙、没有法币流通的地区，则法币信用，将更巩固，但与法币联系较密切者其购买力可能受法币跌价之影响而随之下降，物价亦仍上涨。

丙、在以上两种情况下，边币的信用将随法币的跌落大受影响。

丁、敌人可能以大量法币用各种手段，向我各根据地抛出. 吸收我资源，扰乱我金融，目前敌人为了应付战争在敌占区□□□□可能实行通货膨胀政策，伪币购买力也必然日趋下降，对我边币也可能发生同样影响。为此，各根据地不能不预作防患，以避免或减轻上述可能遭受的损失及影响，今后各根据地在金融方面总的方针应当是：

（1）建立独立与统一的金融制度，以维持根据地资源，财政上应努力发展私人经济，特别是农业，以其税收收入来解决财政问题，不专靠发行为主要来源。

（2）对外贸易应实行相当统制，尽量做到以物易物，有计划地管理主要贸易，以剩余生产品换进所缺少的或不足的必需品。

（3）要向自给自足的路上发展，虽然各根据地的具体条件与环境各不相同，可能遭受的损失及影响当然也不会一样，因此我们的对策不能不依据各种不同的情况分别拟定如下：

A. 华北各根据地如晋察冀、晋冀鲁豫等处在政治上经济上都有较巩固的基础，边币

① 副标题系原编者所拟。

的信用相当高，法币的信用逐渐下降，法币□□在境内不能流通并且也极少积蓄，在对外支付上由于完全处于敌后方，贸易的对象是敌占区，还将可能与伪币暗中联系，采取以货易货办法进行，完全不用法币没有问题（晋东南与晋察冀边区已这样作过并无问题）。不过，在这些地区可能发生的问题是敌人可能用政治上的宣传，经济上的利诱，特别是配合军事扫荡以大量法币（战前华北保有法币约六万万到八万万元）向我根据地特别不大巩固的地区驱入，吸收我物资，扰乱我金融，我的对策除了与法币断绝联系外并应：

B. 在经济上实行必要的反封锁，发展生产，利用代用品（如晋东南今年以核桃代煤油，以火铁代洋火）减少入口。

C. 在政治上宣传法币跌价的必然性，并在各主要地区附近压低其价格，以边币换吸一部分，乘机使边币向外扩展。

D. 如法币已挤入我区时，应相机低价值收回，以免侵犯我边币流通范围，但收进来的法币一部分应设法于最短期内速送回中央，一部分通过私商抛出境外换回货物。华中各根据地如鄂豫边、苏北等这些根据地军事变动性很大，政权基础不甚稳固，因之我们在经济上对敌人很难作到严密而有效的反封锁，在金融制度上又都未建立起来，对内、对外法币还是主要的流通工具。我们所发行的流通券还是一个临时性的，而且数量很少，信用又在法币之下，因此在这些地区内想驱逐法币、与法币割断联系以及防止敌占区法币的流入，目前是办不到的，只好用减轻法币跌价所给予的损失方面想办法。

①急速成立银行或钱庄发行边币或辅币。

②以边币或地方辅币收买境内法币，扩大边币或地方辅币所流动的范围。

③在已相当巩固的一定区域，可能时动员党政军及群众团体公［工］商合作社将所得之法币集中交给贸易局，由贸易局到境外，迅速换取货物，再不得再留于境内，为以减少法币在境内停留所遭受的损失，更不应存积法币。

选自江苏省财政厅、江苏省档案馆、财政经济史编写组合编：《华中抗日根据地财政经济史料选编》第一卷，档案出版社1984年版，第27～29页。

48. 中共中央关于春耕运动的指示

1942年2月28日

春节到了，计划春耕是各抗日根据地当前最中心最重大且关系全局的任务，各地对于今年春耕虽有所布置，兹为引起同志注意起见，特指示如下几点：

一、根据地的经济建设基本重心，应当放在发展工业农业生产方面，这样才能解决财政经济的预算，保证全体军民的粮食，及各种生产需要品（如衣服纸张油墨的原料等），才能改善群众生活，与粉碎敌人对我经济上的封锁破坏，而坚持根据地的斗争，今年工业生产能否胜利地完成，全看春耕运动是否做得好，全看各地方及政府的工作人员能否在目前抓紧这一中心工作，造成广大群众的生产热潮，有计划地有组织地动员所有党政军民的力量，除作战外都集中力量，为完成这一任务而奋斗。

二、除麦子外必须在各地下种以前，就将一切的春耕准备工作完全做好，包括政治动员及实际帮助群众解决一切春耕中的具体困难问题（如种子肥料者与耕牛粮食缺乏者，必须设法调剂之，对抗属缺乏劳动力者，实行代耕或劳动互助），必须正确解决主佃间劳资间的关系，使双方都肯于提高生产热情，对于修水沟消灭旱荒，凿荒地改良种子，改善耕种技术，增加产量，发展工业，种植一定数量之供全体军民需要的麻棉花等，应有具体计划，必须把妇女老幼及一切可能人员都动员到生产战线上去，必须使广大群众在春耕中的生产积极性提高到非常之高，必须把春耕各种准备工作做好，才能保证春耕任务之完成。要使这工作做得好，党与政府决不是定出计划发布命令，就算完结，必须动员所有得力干部全到下面去切实检查与具体帮助，才能保证春耕运动的伟大收效。

三、在春耕农忙时期，必须将群众的支差动员及开会，尽可能发动一切人力物力财力到春耕战线上去。

四、政府今年的建设经费必须以百分之七十到八十以上用作借贷（包括合作社贷款在内），只有农民生产之扩大，才能改善人民生活，也才能增加政府的财政收入，陕甘宁边区为了生产建设决心以数百万元归入私人农业，就为这一目的。

五、各机关各部队在不妨害执行自己之主要任务下，必须积极参加生产，各单位应订立自己全年生产计划，主要放在农业及手工业的生产，自足制度，就是除政府供给粮食衣服及一部分伙食费及办公费外，各单位须自己解决一半的伙食费办公费，为达此目的政府须对各单位交给必要的资本，敌后根据地有许多地方不可能执行这一制度，但若干地方仍然可能的应号召全体党员在生产上努力，而不仅限于在节约方面。

尽可能做到生产本单位几个月或者全年足够的菜蔬，及一部分粮食，没有耕地者，可向人民借种或买种；并应尽可能动员一部分人力、牲口，帮助群众春耕，增进军民关系。

六、陕甘宁边区应尽量实行半统筹统支，半自给，发扬春耕运动中的模范作用，各机关各部队的干部和士兵应努力在生产中起模范作用，帮助群众耕种和采用竞赛奖励等方法，完成广大群众在春耕运动中的热潮，完成今年各根据地扩大农业生产的计划。

七、必须估计到敌人可能来扰乱破坏我们的春耕工作，因此应当根据各地区不同的敌人，有计划地准备武装保护春耕，并克服敌人所加给我们的各种困难。

中央书记处

选自江苏省财政厅、江苏省档案馆、财政经济史编写组合编：《华中抗日根据地财政经济史料选编》第一卷，档案出版社 1984 年版，第 34～35 页。原注：“按一九四二年三月十八日《淮海报》刊印”。

49. 中共中央对晋东南抗日根据地职工运动的指示

1942 年 4 月 24 日

北方局转晋东南党委：

党委工委报告，已收到，内容很好。希望以后根据中央调查研究决定，深入调查各种具体情况，经常报告，以便向你们提供意见。在报告中证明职工会工作有了很大进步，并向深入工作方面发展；但另一方面，尚有许多弱点，主要表现在对抗日根据地的基本特点（战争，农村，新民主主义政权）认识不足，因而对劳动政策了解不深刻，工作缺乏中心和经常性，党政军民关系有些不正常，所以职工会工作还不够深入巩固。望工委考虑下列意见，改进职工会工作：

一、关于工资问题

敌占区高于我区的工资额，是因为敌占点线平原交通便利，工业品来源较易，而某些农产品价格则较我区高，因此一般生活水准亦较我区高。我区经济落后，且不断受敌破坏掠夺封锁。因而，相对的名义工资必然高于我区，此种现象，敌我形势未根本改变前是很难彻底转变的，就在平常状态农村工资也低于城市工资的，因此，我们不能采取提高工资与敌竞争劳动力的政策。在我工作不深入，党政军民关系不正常，敌人高价吸收工人下，部分劳动力的外流是必然会发生的。我们只有深入群众工作，团结职工，提高政治教育，适当改善工人生活与社会地位，改善党政军民关系，从政治上来对抗敌人的奴役政策与引诱政策。

由于战时的破坏，根据地生产缩小，而需要则增加，因此在根据地内把战前生活与现在比较作为改善工人生活标准是不妥当的。目前改善工人生活，只能依据战争环境及各地生产及生活水准之不同，来规定工资。农村成年工人，一般以维持本人生活外，还能养活一个人为原则。因此规定各地同等的工资是不可能的。

公营工厂工人工资如果把各种优待价值算入工资之内，则实际工资并不比农村工人低得多少。至于某些公营工厂工资稍低于农村工人工资的原因，是由于公营工厂的生产主要不是为了营业获利，而是为了战争的需要，加上抗战经费的困难，在长期战争环境中，此种现象是很难免的。因此，职工在军事工业及公营工厂中工作，是一种抗战义务性的光荣劳动，党的支部和工会应在这一方面作深入的解释工作，加强政治教育，提高职工政治认识与技能，改善其社会地位，协同党政军改进工厂管理方法，发扬民主，调剂职工关系，在可能范围内改善物质生活，来团结职工安定工人生活。减少工资问题的纠纷，最好采用物品本位的工资制，为了提高生产效率，仍以计件制为宜。

二、农村劳资关系问题

农村雇主不愿雇用工会积极分子，多找小山沟出来的落后农民，或少年工人的现象，除某些雇主抱有恐惧工人斗争心理之外，同时由于工会会员中积极分子，各种会议活动时间过多，耽误生产，甚至恃势凌人，要求过高，此种观象若不改正，不仅雇主不雇工会会员及积极分子，而且将降低农村生产，妨害工人团结，养成工人惰性，造成工人失业，工会脱离群众等危险。雇工积极分子所提出的“多种，早锄，多收好抗日”的口号及生产互助小组，应广泛宣传与实行，才能发展生产，改善工人生活，协调劳资关系。对于企图利用我们政策的改正，而向工人进攻的雇主（如多分配雇工负担等），应根据具体事实，进行调解，必要时请求政府仲裁。总之，我们必须从劳资双方均能获益为原则，去适当改善工人生活，照顾各阶层利益的观点出发，坚决克服狭隘的行会利益的思想。

三、关于工时问题

一切公私工厂作坊必须依据中央的指示，实行十小时工作制，至于雇工手艺工人亦只能按原来的生产习惯，酌量减少一二小时，工会开会及开短期训练班，应于例假休息时间举行，不能占用生产时间，还须遵守劳动纪律，及劳动合同，以便发展生产，维持劳资双方友好关系，保障团结抗战。

四、职工负担与支差问题

应执行政府各阶级公平负担的政策，但因职工没有副产，其免征点可以在保证维持职工生活条件下，可提交当地参议会讨论，以减轻某些生活特别困难之职工的负担。因雇工劳动既已出卖给雇主，其支差应属于雇主方面，但战争动员，则一切职工，应一律执行。

五、职工会的组织形式

主观地把产业城市的组织形式机械地搬到农村来，如你们在地方总工会下成立各业总工会（产业的、矿工的），一县之内成立矿工会，产业工会，直属各业总工会的领导，显然是不适当的（至于某些县份矿工集中较多者则仍可成立矿工产业工会）。因为地区辽阔多山的农村中，工人稀少已不易领导，再加组织上的分离，不管在组织上深入工作上，都是不利的。农村中的零散矿工与雇工羊工，应统一于县工会之内，直属于总工会领导，否则不仅浪费人力金钱，而且会使工会成为形式主义，脱离实际，障碍深入工作。工委应提交各业总工会的代表大会，向群众解释清楚，改变上述组织形式，把工作交由总工会执行，各业干部则参加总工会的领导。

至于按行政系统组织的产业联合组织（如后勤军工行署等），为适合党政工的配合，仍可以保存，直属总工会。此种组织的改变，不是削弱产业工人工作，而是加强总工会对产业工会矿工工会的领导。

六、职工会的主要工作任务

职工会应以提高劳动热忱，严守劳动纪律，提高职工技术，保证生产，适当改善工人生活。党政工会必须协同进行政治、文化、技术教育，根据工人具体特点，决定这三种教育的分量，使生产与学习适当地配合起来，以安定和提高工人的生产情绪。

工会教育工作，及日常活动应注意时间的节制与工人兴趣，除工厂煤矿，必须单独进行工作外，一般应集中于村镇：民革室、民众学校及各救①共同活动，调剂各救关系，纠正借口在加强无产阶级领导口号之下，工会工作突出和骄傲现象。工会会议至多一月举行一次，内容着重抗战工作，劳动政策的检讨，鼓励学习发展生产，教育的中心则以学习技术识字为主。

工人武装组织，均应集中于武委会领导。工会应积极参加武委会工作，工会内不应单独成立武装部及单独之部队。

工会工作应尽量发挥民主，在组织与领导上，必须反对共产党员包办的现象。在各级工会领导机关，应实行共产党员与一般工人之比例只占三分之一的“三三制”，尽量吸收不脱离生产的工人积极分子参加各级领导机关，使群众与领导机关的联系更加密切。

为实行精兵简政方针，节省人力物力，工会应尽量培养不脱离生产的干部，向减少职业干部方向发展，职业干部应以少而精为原则。

严格建立在职干部学习制度，学习内容政治方面以党的政策、政府法令、职运历史策

---

① 指“各种救国会”。

略及实际调查的研究为中心。日常教育应以提高生产技术及文化水平与科学知识为主。一般干部训练，工会不必单独办训练班，必要时可在党校及其他学校设立职干班，其教育内容，亦应以上列科目为原则。

某些工会组织与军政民关系不甚融洽的现象，工会应自主地力求改善，克服狭隘的偏见，凡不能直接解决的问题，可会商召集适当的联席会议解决之，这是今天晋东南职工会急待解决的问题。

选自《中共中央文件选集》(12)，中共中央党校出版社 1985 年版，第 66～70 页。

互校版本：《中共党史教学参考资料》抗日战争时期（中），中国人民大学中共党史系资料室 1979 年编印，第 436～440 页。

50. 军委关于成立陕甘宁晋绥联防军司令部的决定

1942 年 5 月 13 日

前总、新四军、各师、各旅、各纵队、联防司令部：

（一）为了统一晋西北与陕甘宁两个区域的军事指挥，决定在延安设立陕甘宁晋绥联防军司令部，以统一两个地区的作战行动与建军工作。

（二）决定以贺龙为联防军司令员，徐向前为副司令员兼参谋长，关向应为政治委员（关在休养，高岗为代政委），林枫为副政委。

（三）联防司令部直辖下列各兵团：1. 一二〇师。2. 留守兵团。3. 晋西北新军。4. 三五九旅。5. 陕甘宁边区保安部队。6. 炮兵团。

（四）凡直属联防司令部指挥的各兵团，从五月二十一日起，即与联防司令部直接发生关系并接受其命令。

（五）华中华北各战略区，望与联防司令部相互通报，确保联络。

军　　委

选自《中共中央文件选集》(12)，中共中央党校出版社 1985 年版，第 75 页。

51. 中共中央军事委员会通令（成立晋西北陕甘宁联防司令部）

1942 年 6 月 10 日

根据六月四日中共中央政治局决议：为着更切实地克服困难，战胜日本帝国主义起见，前已决定建立晋西北边区及陕甘宁边区两区域的联防司令部，以贺龙同志为司令员，徐向前同志为副司令员，关向应同志为政治委员，高岗同志为代理政治委员，林枫同志为副政治委员。兹特决定给予联防司令部以下列三项职权：

一、统一两区域的军事指挥及军事建设；

二、统一两区域的财政经济建设；

三、统一两区域的党政军民关系。

为了执行第二项职权，并成立财政经济委员会，以林伯渠、贺龙、李鼎铭、续范亭、高岗、林枫、陈正人、牛荫冠、南汉宸、白如冰、徐向前、肖劲光、叶季壮、王震、王世泰、高自立、朱理治、霍维德、李六如等十九同志组织之，以林伯渠同志、贺龙同志分任正副主任，下设财政经济办事处，以贺龙同志为主任。等因，兹特将中央决议通令各部队、机关、学校同志们知悉，望各遵照为要！

主　席　毛泽东
副主席　朱　德
王稼祥
参谋长　叶剑英
中华民国三十一年六月十日

选自《陕甘宁边区抗日民主根据地》文献卷·上，中共党史资料出版社 1990 年版，第 243～244 页。原注："本文按陕西省档案馆保存的油印件刊印。"

52. 中共中央关于统一抗日根据地党的领导及调整各组织间关系的决定（节录）

1942 年 9 月 1 日中共中央政治局通过

（一）至（四）略

（五）政权系统（参议会及政府）是权力机关，他们的法令带有强制的性质。党委与政权系统的关系，必须明确规定。党委包办政权系统工作、党政不分的现象与政权系统中党员干部不遵守党委决定、违反党纪的行为，都必须纠正。为了实行"三三制"，党对政权系统的领导，应该是原则的、政策的、大政方针的领导，而不是事事干涉，代替包办。下级党委无权改变或不执行上级参议会及政府的决定与法令，党的机关及党员应该成为执行参议会及政府法令的模范。党应进行政治工作以提高参议会及政府的威信，党的干部与党员违反参议会及政府法令时，党的组织应给以严厉的处分。党对参议会及政府工作的领导，只能经过自己的党员和党团，党委及党的机关无权直接命令参议会及政府机关。党团必须服从同级党委；但党团的工作作风必须刷新，不是强制党外人士服从，而是经过自己的说服与政治工作。在党团万一没有说服参议会及政府的大多数因而党团意见未被参议会及政府通过时，必须少数服从多数，不得违反民主集中制的原则。但是假如党团同志因为自己的意见与同级党委有分歧因而不坚决执行党委的决定，这是党团同志违反党纪的行为，应当受到指斥与处分。党必须派遣得力的干部到参议会及政府中工作，一切忽视政权工作，把干部堆在党的机关中的现象，必须纠正。在实行"三三制"时，党员在政权系统中的数量减少，但在政权系统中工作的党员质量必须大大提高。在政权系统中工作的党员和干部，必须服从党委与党团的决议、决定与纪律，不得利用自己的地位自由行动。在这里，应特别提出，党对“三三制”政权之领导的实现、有赖于政权系统中党员干部之言论行动的一致及其对党的决定的绝对服从，所以严整政权系统中党员及党员干部的党纪是有严重意义的。党委在调动政权系统中的党员时要慎重，还必须经过党员实行向政权机关辞职的手续。政府、军队的关系必须改善；军队中应进行拥护政府的教育；政府应保证军队的给养及运输；军队的首长应被选为政府委员及参议员。军队应成为尊重政权执行法令的模范，军人的违法行动，军事机关必须严格处分。军人除以公民及政府委员、参议员资格对参议会及政府发表意见外，一切军人及军事机关无权干涉参议会及政府的内部工作。但军队政治机关，必须尽可能地帮助政府工作。

（六）民众团体是民众自己的自愿组织的团体，党、政府、军队不应直接干涉民众团体内部的生活。党对民众团体的领导，经过自己的党员及党团。但党民不分、包办、清一色的现象，必须纠正。民众团体的各级委员会委员须尽可能有半数以上的非党员。民众团体中的党团问题与政府中党团同。政府应尊重民众团体的独立性，给民众团体以必要的帮助，要求民众团体执行政府的法令。民众团体应依法向政府请求登记，取得合法地位。如民众团体违反政府法令时，政府可加以处分、甚至解散，此外一律不干涉民众团体的生活与工作。民众团体应号召民众，拥护政府和军队，帮助抗战动员工作。但民众团体并非政权机关，不得代替政府行政及对人民执行逮捕、审讯、判决等事宜。军队与民众团体应相互帮助，但不应相互干涉。

（下略）

选自《中共中央文件选集》(12)，中共中央党校出版社 1986 年版，第 124～129 页。

互校版本：《中共党史教学参考资料》抗日战争时期（中），中国人民大学中共党史系资料室 1979 年编印，第 485～487 页。

53. 中共中央关于宽大政策的解释

1942 年 11 月 6 日

各抗日根据地发布的施政纲领或其他文件，曾宣布：对敌人、汉奸及其他一切破坏分子等，在被俘被捕后，除绝对坚决不愿改悔者外，一律施行宽大政策，予以自新之路。这里是提示①了镇压与宽大两个政策，并非片面的只有一个宽大政策。对于绝对坚决不愿改悔者，是除外于宽大政策的，这就是镇压政策。这样同时提示②的两个政策，是完全正确的，必须坚决实行的。但各地有些同志只作片面的了解，这是错误的，必须纠正。对于一切破坏民族利益的分子，必须采取坚决镇压的政策。凡属破坏抗日政府、抗日军队、抗日人民、抗日政党的利益者，都是破坏民族利益的分子。对于此类破坏分子如不采取坚决镇压政策，即无异帮助敌人。对于此类分子，采取放任态度，并谬托于宽大政策，是完全不正确的，是脱离群众的。凡在此类分子的行为上已经证明是坚决破坏民族利益者，即应依

①② “中央文件版”“党史资料版”两处皆为“提示”，“社科法制版”皆印作“提出”。

法严惩，绝对不应放任。只有那些真正表示改悔者，才应采取宽大政策。而对于一切曾有破坏行为、但是真正表示改悔、确有证据者，我们则必须采取宽大政策。在实施时，又必须区别首要分子与胁从分子。在首要分子中，真正表示改悔者，也是可能的，也是有过的。但在胁从分子中，真正表示改悔的可能性最大，过去经验证明也最多。根据此种情形，我们在惩治破坏分子时，主要的应是惩治那些首要分子，其次才是惩治那些胁从分子。同时，我们的宽大政策，主要的是施于胁从分子，其次才是施于首要分子。总之，以表示真心改悔与否为决定政策的标准。

各地党政军领导机关应根据本件作明确正当的解释，并根据此种解释去实事求是地有分别地实行镇压政策与宽大政策。而镇压与宽大应同时注意，不可缺一①。

选自《中国新民主主义革命时期根据地法制文献选编》第三卷，中国社会科学出版社1981年版，第54～55页。原注："选自晋冀鲁豫边区冀鲁豫行署《法令汇编》上册，一九四四年版"。简称"社科法律版"。

互校版本：

1.《中共中央文件选集》(12)，中共中央党校出版社1986年版，第149～150页。简称"中央文件版"。

2.《中共党史教学参考资料》抗日战争时期（中），中国人民大学中共党史系资料室1979年编印，第491～492页，原注："原载《中共党史教学参考资料》第二批，中共中央宣传部一九五七年编印。"简称"党史资料版"。

54. 中共中央对晋察冀参议会发表宣言的指示

1943年1月11日

晋察冀分局"北局"：

甲、二十九年发布之施政纲领，在群众中有很大影响，并且直至现在还是适用的。目前不但不应发布和旧纲领并无多大区别的新纲领，而且不应对旧纲领条文有所修改，致影响旧纲领在群众中的威信。此次参议会可发一宣言，此宣言由参议会中共产党员发起，邀党外人士联署向参议会提出通过然后发表。宣言中拥护二十九年之施政纲领，同时对二十九年纲领中未包括之事项加以叙述。

乙、你们所提新纲领草案中，有些提得不适当的地方，指出如下：

一、目前晋察冀边区形势的特点，是边区极大部分地区日益游击化，根据地日益缩小，处境日益困难，而严重的困难则还在今后，因此除说明有利形势外，应将此点补充进去。而对基本根据地区与已经变为游击区之地区，我们的政策应有不同的提法。

二、应着重提出调整边区各阶级关系，以巩固边区党政军民及各阶层间的团结。

① "中央文件版""党史资料版"印作"镇压与宽大是必须同时注意，不可缺一的"，"社科法制版"印作"不可偏倚的。"

三、应着重提出认真实行精兵简政政策，以便渡过黎明前的黑暗，克服困难，准备反攻，军民公私，必须积极协力发展生产，发展贸易，以开财源，以裕民生。

四、在冀中冀东等广大的游击区中，不仅汉奸之依照法定手续处理，严格的法制制度之建立，财政税收之严格统一与正规化等，均难实行，即对于敌伪政权、敌伪组织及敌伪之各种设施，必要时亦不得不采取两面政策应付，因此虽应对之分别进行瓦解、分化、争取、打击或相机抵制，却难一律摧毁或坚决反对，在纲领中应同时照顾这些情况。

五、在环境日益困难，游击区日益扩大的条件下，应争取先机，积极缩编，健全游击队，加强民兵组织和训练，并由政府和主力军尽量供给民兵以武器弹药，方能广泛开展群众游击战争，以配合主力及游击队打击敌人的蚕食政策与扫荡，以达缩小敌区扩大或保持我区之目的，不必提出实施志愿义务兵役制问题，因实际上今天很困难实行，反可给敌利用来欺骗群众。

六、在目前边区斗争条件下，不仅要教育民众尊敬爱护与帮助军队，更应教育部队爱护尊敬并帮助老百姓，使军民同心同德，共赴国难，这点在今后极端困难的环境下，有重要意义。

七、有些过高而难实现的办法不应提出，如允许战后实行薪俸制及减轻人民负担等，这在将来是无把握的。

八、关于保障人权中之逮捕拘讯处罚问题，在今天敌后斗争形势下，除第六条所规定者外，应加上在敌人扫荡时及游击区等特殊情形之下，经政府授权者不在此例的意思。

丙、以上所指各点，在你们起草参议会宣言时望加以注意。

中央书记处

选自《中共中央文件选集》(12)，中共中央党校出版社 1986 年版，第 172～173 页。

55. 中共中央关于庆祝中美中英间废除不平等条约的决定

1943 年 1 月 25 日

最近中美中英签订了废除不平等条约的协定，美英放弃了在华的特权。我们应当庆祝不平等条约的废除，各地党部凡在战争环境许可下，均于旧历元旦前后召开军民庆祝大会，庆祝中美中英间新的关系与新的团结，坚定军民抗战信心，号召军民为驱逐日寇，完成中国独立解放而斗争到底。一切共产党员，均须循此目标前进。并向全国人民说明下列各点：

（一）中国近百年的历史是中国逐步丧失独立沦为半殖民地殖民地的历史，同时又是中国人民为民族独立解放而英勇斗争的历史。一方面是帝国主义的侵略与残暴，中国民族中败类自西太后、袁世凯、北洋军阀、不抵抗主义者、直到汪精卫等等卖国求荣的无耻；另一方面是中国人民的觉醒、反抗与解放斗争，自鸦片战争、太平天国、义和团、辛亥革命、五四运动、大革命、红军运动直至现在的民族大抗战。一方面是荒淫无耻，一方面是庄严的斗争。

（二）中国殖民地化过程与民族解放过程的斗争，到了“七七”抗战以后，已进入到决定胜负与决定中国最后命运的阶段。百年来中国人民独立解放的斗争涌出了领导这个斗争的国民党与共产党。“七七”抗战的发动，民族统一战线的形成，国共合作的坚持，全国军民的卓绝奋斗，国际反法西斯联合阵线的形成，英美苏（苏联还远在十月革命后即发表声明书，声明废弃帝俄与中国签订的一切不平等条约，后又签订孙文越飞协定，更于一九二四年正式签订条约，完全取消中俄间不平等条约，完全放弃沙皇俄国在中国取得的特权）对中国抗战的同情与援助，使中国的国际地位提高了，使中英美间不平等条约得到废除。

（三）中国今后命运是要在抗日战争的烽火中得到决定。抗战已五年有半，今后困难尚多，我们必须坚持抗战，克服困难，巩固国内团结，反对民族败类——汪精卫及其他无耻汉奸，揭露日汪间一切奴役中国、出卖中国的协定，打走日本帝国主义，收复一切失地，不如此，中国的独立解放便无法实现，中美中英间不平等条约之废除也还是一纸空文。

（四）中国要变成独立的国家，要变成与世界列强列于平等地位与平等关系的国家，不仅有赖于对日战争的胜利，而且有赖于战后国家之建设。我党中央在去年“七七”宣言中已指出战后中国应当是一个什么样的中国。尤其重要的是历史的事实证明了：当国内团结、国共合作时，中国是充满着光明与希望的，当分裂内战时人家便来欺负，国必自侮，而后人侮之，上一次国共合作，曾经收复了汉口、九江租界，这一次国共合作，又取消了不平等条约。战后新中国的建设，是保证中国独立解放的重要关键。

（五）中国共产党自诞生后，便投入了民族解放斗争的最前线。孙中山先生受俄国十月革命的影响，改变革命方法，采取发动群众的路线，实行与共产党合作，改组国民党，提出打倒帝国主义，废除不平等条约的口号。共产党在大革命时代始终尽了急先锋的作用，后虽不幸破裂，被迫退入农村，继续民族解放的斗争，但自“九一八”后，共产党又不断提议，组织民族统一战线与恢复国共合作，特别是“七七”抗战后，国共两党实行合作，举国一致在蒋委员长领导之下，发动伟大的抵抗日本帝国主义侵略的自卫战争。在抗日战争中，共产党及其所领导的八路军新四军始终是站在最前线的地位，担任最艰苦的职务，转战敌后五年有半，抗击在华日军恰好一半，前仆后继，未尝稍懈。共产党不仅是为抗战胜利而坚决斗争，并且还要在战后独立、自由、民主、与国际列强列于平等地位之新中国的建设工作中，同样也站在最前线。

选自《中共中央文件选集》(12)，中共中央党校出版社1985年版，第176～178页。

56. 附［报刊评论］：中国共产党与废除不平等条约

1943年2月4日《解放日报》社论

延安各界正开盛大的群众大会庆祝不平等条约的废除。在前线与后方各地，日内均将召开同样的大会。全国人民对于我伟大民族之获得国际地位的平等，正在兴奋热烈地进行庆祝。本报愿乘此机会，一述中国共产党与废约运动。

“中国近百年的历史是逐步丧失独立沦为半殖民地的历史，同时又是中国人民为民族独立解放而英勇奋斗的历史。”在这一历史时期中，大体上又可以划分为两个阶段，前一阶段为帝国主义者残暴侵略，中国腐朽统治者卖国求荣，中国国际地位日益下降的阶段，后一阶段为中国人民民族觉悟生长、民族团结增强、民族解放斗争如火如荼发展的阶段。这种划分是大体上的，因为在前一阶段中，也曾有过平英团、太平天国、义和团、辛亥前夜的护路斗争等等民众的反抗运动，而后一阶段中，亦曾有过“九一八”后汪精卫的不抵抗主义与投降主义。然而基本上是可以作这种划分的，因为前一阶段中虽然有民众反抗运动，但这种运动是自发的、民族觉悟程度不高的、组织散漫的、目标不清楚的、屡仆屡起的斗争，只有在后一阶段上，中国人民才清楚地认识了帝国主义加于中华民族的桎梏，才有高度的民族自觉，才有鲜明的打倒帝国主义的口号，才有强有力的领导人民斗争的政党，及全民族的团结奋斗，以致能够进行神圣的抗战和取得目前废约的成功。后一阶段上虽曾有人如汪精卫之流和我们民族死敌日本帝国主义者，谈和平、谈共荣、讲妥协、签条约，可是民众义愤终于焚毁了这些纸张，爆发了伟大神圣的祖国战争。这两个阶段的分水岭是一九二一年——中国共产党之诞生。中国共产党，是认清中国所处的半殖民地地位及提出推翻国际帝国主义压迫及废除不平等条约的第一个政党。当在中国尚有许多人士迷信“威尔逊宣言”和期待“列强援助”之时，中国共产党在其第一个政治宣言——一九二二年七月第二次全国大会宣言上，以“帝国主义宰割下之中国”为题，而分析了“帝国主义列强历来侵略中国的进程”，暴露了“世界资本主义榨取中国的本相”，指明了“帝国主义列强在这八十年侵略中国时期之内，中国已事实上变成了他们的殖民地了，中国人民是倒悬于他们欲壑无底的巨吻中间”，提出了“推翻国际帝国主义的压迫，达到中华民族完全独立”的战斗口号。并于同年六月第一次对时局宣言中提出：“改正协定关税制，取消列强在华各种治外特权，清偿铁路债款，完全收回管理”之要求，此乃废除不平等条约这一口号之嚆矢。为达到这一目的，中国共产党曾大声疾呼倡导民族民主的联合战线，两年之后这一联合战线结成了，共产党员加入了国民党，国民党改组于广州，其第一次全国代表大会通过了新的政纲，其中有一条是：“一切不平等条约，如外人租借地、领事裁判权、外人管理关税以及外人在中国境内行使一切政治的权力侵害中国主权者，皆当取消，重订双方平等互尊主权之条约”。这时候，中国共产党所提出之口号已成为民族民主联合战线的口号、全国人民的口号。自此以还，民族斗争日益澎湃，由“五卅”而省港罢工、而北伐、而占领武汉、而收回汉口租界。不幸中途变生，功败垂成。此后十余年中，中国共产党始终坚持着推翻帝国主义统治争取民族独立解放的光辉旗帜。当汪精卫之流窃据要津，高唱“不抵抗主义”，“一面抵抗、一面交涉”及签定屈辱条约时，中国共产党却坚持地领导民族解放斗争，宣传、组织和实行以民族革命战争抵抗日本帝国主义侵略的口号；此后，中国共产党又为抗日民族统一战线之结成奔走呼号，乃于卢沟桥事变之后，在蒋委员长领导之下，发动了全国抗战，恢复了国共合作，五年以来坚持不屈，用能屡挫暴寇，使中国一跃为世界四强之一，而获得了今日不平等条约之废除与平等新约之签订。

从这历史的回顾中，我们可以看到：

（一）中国共产党是中华民族解放的急先锋，它是推翻帝国主义在华统治、废除不平等条约的首倡者，是这一主张始终不屈的坚持者，是抗日民族统一战线的创议者，是抗日战争中站在最前线的英勇战士。而共产党之能够首先认清中国的半殖民地的屈辱地位，提出争取民族独立解放之正确的口号、方向、道路、方法，乃是因为它是马列主义的政党，它掌握了集几千年人类思想大成的理论与方法。正是马列主义帮助中国共产党去了解周围环境，判明祖国所处的危急状况，认识奋斗的方向，提出战斗的口号。正是马列主义帮助中国共产党发扬中国人民反抗外敌的光荣传统，走出狭隘的排满口号，抛弃“列强援助”的幻想，而走上广泛地坚决地反对帝国主义争取民族独立的斗争。马列主义及掌握马列主义的中国共产党乃是中华民族解放斗争的灯塔。

（二）中国共产党不仅是废除不平等条约的口号的倡导者，而且是争取这一口号实现、争取民族独立解放实现的主要方法——民族统一战线的倡议者。中国共产党早就看到，只有全民族团结一致的斗争，才能求得中华民族之自由平等。历史事实证明了中国共产党远见之正确，大革命时代与抗战时代，不论对内对外都是中华民族近百年史上最光明最充满希望的时代。目前废约之成功，将来抗战之胜利，均唯民族统一战线与国共合作是赖！

（三）虽然如此，在今日废约成功之时，中国共产党却并不为此自炫。它深知在这事业上，政党倡导之力固然不可湮没，然而这小成功，总的说来，是全国人民努力奋斗的结果。人民，唯有人民，乃是这一光荣史诗的作者。政党只是人民的一部分，它的领导只是把人民的公意“集中起来”为口号、纲领，又“坚持下去”为广大人民的伟大运动。任何政党只有在能够与人民一起正确反映与集中人民的要求而又不折不挠坚持这个要求，才能成为运动的胜利的领导者，反之，就会成为可怜的失败者、历史的丑角。所以，若问：这是谁的成功？我们将毫不迟疑地回答：这首先是中华民族广大人民的成功。我们衷心地崇拜我们伟大人民的力量的雄伟，而要更深入民众，加强与民众的联系，正确反映民众的要求和坚持民众的要求。人民——这是中华民族求得自由平等的力量的源泉和保证。

（四）正如我们在中共中央二十五日决定中所看到的，中国共产党，一方面，热烈庆祝废约之成功，另一方面，却强调争取抗战胜利之重要。废约和平等新约之订立，固然是中华民族独立解放斗争中的一个重大成功，可是，这还不是民族解放的彻底实现……因为必须“打走日本帝国主义，收复一切失地，不如此，中国的独立解放便无法实现，中美中英间不平等条约之废除还是一纸空文”（中共中央决定）。现在日本帝国主义者蹂躏着我们的大好山河，不击败它，不把它赶出中国境外，则一切平等条约的规定，便不能实现。胜利——抗日战争的胜利是当前的急务。在欢欣庆祝之中，我们应更“坚定军民抗战的信心，号召军民驱逐日寇，为完成中国独立解放而斗争到底！”我们已经有了中美中英间废除不平等条约的成功，我们还需战胜日寇的民族战争的胜利，我们需要胜利，我们一定能够胜利。全国军民，全国同胞，为抗战胜利而努力呵！为彻底实现民族的独立解放而奋斗呵！

选自《中共中央文件选集》(12)，中共中央党校出版社1985年版，第179～183页。

互校版本：《中共党史教学参考资料》抗日战争时期（下），中国人民大学中共党史系资料室1979年编印，第8～12页。

57. 中共中央关于目前各抗日根据地职工运动的决定

1943年5月1日

中华民族的抗日战争已进入第六个周年，战争的残酷与困难，随着接近胜利而增加，为了克服困难和适应日益残酷斗争的环境，因此中央和毛泽东同志指出：战争、生产、教育为今年的中心任务。各地职工会应根据上述任务以整风精神来检查过去工作及布置今后工作。

在六年的抗日战争中，陕甘宁边区及各个抗日根据地，由于新民主主义政权的建立，工人阶级不仅获得了政治自由，而且获得了参加政权的管理，虽然处于残酷的斗争的环境中，在敌寇烧杀破坏之下，经济生活仍获得了改善，政治文化亦有了进一步的提高，职业有了保障，因此提高了工人阶级配合八路军、新四军与敌作战的决心，发扬了生产的劳动热情，赵占魁运动正在陕甘宁、晋东南、晋西北等各抗日根据地继续开展，于是帮助了抗日政府与军队，解决了某些物质供给的困难和促进了国民经济的发展，工作是有成绩的。

然而在职工运动中仍存在着不少错误和缺点。在公营工厂中由于没有充分了解我们工厂的性质，因而不能掌握完成生产计划，作为自己的中心任务；对反革命分子在工业建设上的阴谋破坏，对于贪污浪费，未能进行坚决的斗争，反而采取自由主义态度（如陕甘宁边区）；公营工厂行政管理人员对轻视职工会的错误态度，未能及时克服；生产计划及管理制度，没有建立在工人群众基础之上，于是影响到工人对于自己工厂的爱护和关心。不懂得我们采取一切必要办法改善工人生活之目的是为着进一步地发扬工人劳动热情和创造精神，我们不是仅仅照顾工人眼前利益，同时要照顾抗日各阶级及整个抗战利益，因此不少职工会工作干部犯着经济主义的错误思想。在工作作风上，不深入群众，不了解具体情况，存在着形式主义与官僚主义及在教育工作上的教条主义。这是我们在各根据地今天职工运动中的主要错误和缺点。

为了克服上述错误和缺点，职工运动应根据下述方针进行工作。公营工厂是为革命而服务的，他的目的是为供给抗日政府及其军队之需要，并促进国民经济的发展。因此，职工运动的重心应当放在公营工厂，在那里职工会应当同工厂行政一致为完成生产任务而斗争。为此必须：

（1）在一切公营工厂中，发动职工反对贪污浪费及一切暗害分子损害工厂行为的斗争。工人阶级应当在实践中证明，他的确把工厂当作自己的家庭一样爱护，随时随地注意破坏分子的行动及贪污浪费，损坏工具原料，盗窃资料，破坏生产计划及劳动纪律等行为之发生，并与这种破坏行为作有系统的斗争。

（2）在公营工厂中，应组织一些生产积极、政治觉悟程度较高的工人，学习赵占魁的劳动态度及爱护工厂的精神，以便普遍地开展赵占魁运动，使公营工厂生产标准及其质量提高，成本减低，并在生产比赛运动中教育工人阶级，提高他们的政治认识和阶级觉悟，经过参加赵占魁运动的积极分子，去团结和提高全体职工生产情绪，使全厂生产情绪，使全厂生产标准比平时提高一步，并坚持下去。

（3）各地总工会或抗联的工人部，应分别检查各级职工会在工作作风上的主观主义，组织上的形式主义，和不了解具体情况、不深入群众的官僚主义，对于这种恶劣作风，应予以彻底纠正，引导职工会干部学习实事求是、深入群众的作风。

（4）为了适应战时生产，应坚决实行十小时工作制（如冬天时间短可利用夏秋时间长来调剂）及半月一次的大礼拜日（即十五天作一礼拜日）。对于足以妨碍劳动政策、障碍国民经济发展的狭隘行会主义、经济主义思想，如只顾工人眼前狭隘利益，不管工厂本身是否可能解决的一些过分要求，应给以适当批评和纠正。

（5）为了使工人阶级战斗决心的提高与劳动热情之发扬，应当注意改善工人政治地位及其经济文化生活。对于工人疾病及家庭困难应尽可能地为他解决，并经常关心其政治文化的提高。

（6）对于农业、手工业、店员工人，应根据各地政府施政纲领（如陕甘宁“五一”纲领，晋察冀“双十”纲领）规定劳动政策，依照物价之变动，注意劳动合同之修正，一方面注意雇主对于劳动合同义务之履行，同时应保证工人遵守工作时间及工作质量。总之以巩固统一战线团结各阶层共同抗战为原则。

（7）工人教育应当是为了提高生产，因此必须教育工人懂得我们工厂的性质，及建立新的劳动态度的重要，提倡生产技术的学习，教他们学习与生产环境及生活有关的文字。一切与生产及职工生活脱节的教条主义教育，应当废止。至于农村工人，主要是在工余之暇，参加地方一般群众的识字组织。

（8）为实行群众运动领导的一元化，工农青妇应联合组织民众抗敌联合会（陕甘宁、晋察冀已实行），其内部组织仍保存其独立分工，以便研究工农青妇某种特殊要求。至于农村工会已由于农村经济之变化，过去许多工人已变成农民，因此，过于零散的工人可编入一般民众组织之内，工人集中的乡村则可单独成立小组，没有工人的工会，应当取消。

（9）为适合政府及军队之需要，政府所规定之义务劳动及战争动员，如农村工人交救国公粮、义务工役及战争之直接动员等，为了民族和阶级解放，职工会应当发动工人积极参加。

（10）应当进行调查研究所在工厂的生产计划、生产组织、管理情况、工人生活及劳动情绪，以便具体指导生产管理及保证任务之完成。在农业、手工业、店员中，实行一区一乡一市一镇甚至一店铺一作坊的调查研究工作，以便了解农业、手工业、店员工人的变化及其劳动生活情况，同时了解雇主对工人态度及其营业盈亏状况，以便改善对农业、手工业工人工作之领导。

这就是各个抗日根据地职工运动的基本方针和基本工作任务。各地应根据这个方针及当地具体情况，来检查和布置自己的工作。

选自《中共中央文件选集》（12），中共中央党校出版社1985年版，第189～192页。

58. 中共中央关于审查干部的决定

1943年8月15日

特务之多，原不足怪。在德意日法西斯国家及其附属国与占领地，欺骗与强迫千百万青年加入法西斯组织，并为其服务。中国买办封建的法西斯化的国民党，虽有抵抗外国法西斯侵略的作用，但从一九二七年以来就是反共反人民的，设立了庞大的特务系统。抗战期间，虽则一面利用共产党抗日，但是一面又极力反共，欺骗与强迫广大青年加入其组织，并将其中一部分变为职业特务，从事于反共破坏活动。日本法西斯则利用中国人作特务，其数量亦是很多的。故特务是一个世界性群众性的问题，不认识此点，就不能采取正确方针。

这一次我党在整风中审查干部，并准备进一步审查一切人员，不称为肃反，不采取将一切特务分子及可疑分子均交保卫机关处理的方针，而采取首长负责，自己动手，领导骨干与广大群众相结合，一般号召与个别指导相结合，调查研究，分清是非轻重，争取失足者，培养干部，教育群众的方针，就是因为这是一个群众性的问题。离开了机关学校部队工厂农村的广大群众及其各级联系群众的强有力的干部，就无法最妥善地最彻底地解决这个重要问题。

上述首长负责的整个方针，是和内战时期曾经在许多地方犯过的错误的肃反方针根本对立的。这个错误方针，简单地说来，就是逼供信三字。审讯人对特务分子及可疑分子采取肉刑、变相肉刑及其他威逼办法；然后被审人随意乱供，诬陷好人；然后审讯人及负责人不加思索地相信这种绝对不可靠的供词，乱捉乱打乱杀。这是完全主观主义的方针与方法。抗战时期，山东湖西地方的错误肃反事件，也是重复这种方针与方法的结果。这种错误思想的余毒，在许多干部中，特别是在保卫工作干部中，至今还是严重地保存着；只有采取上述首长负责的整个方针，才有充分可能肃清这种主观主义的错误思想，而使这次审查干部乃至审查一切人员，达到最妥善最彻底之目的。

首长负责，就是将大多数有问题的人留在各机关学校部队，信任与责成当地各级行政首长负责审查（但若干被坏人掌握的部门不在此例，对于这些部门，必须首先改造领导）。延安是分普通、反省、保卫三种机关进行这个工作的。对于有问题的人，责成普通机关即各党政军民学机关自己处理的约占百分之八十；送反省机关，例如西北公学、行政学院处理的约占百分之十；送保卫机关，例如社会部、保安处、军法处处理（逮捕审讯）的约占百分之十。三者在整个审查过程中又互相交流，某些人由普通机关送入反省及保卫机关，某些人在反省与审查清楚并表示改悔之后，又由反省及保卫机关送回普通机关。凡在普通机关及反省机关的特务分子及嫌疑分子，大多数均照常在原来的工作岗位及学习岗位上，仅为保障机密、防止破坏及自杀，才将某些人移动工作，或加以监视。各机关学校均严密地组织自己的自卫军，在一定时期内实行戒严，除可靠人员携带通行证得互相出入外，一切有问题的人都暂时禁止个人外出自由，只许随大众集体行动。

自己动手，就是从当地最高负责同志至各伙食单位的首长，均须亲身参加审查干部的大会、小会、劝说、询问及研究，以便收集经验，指导运动。空口指挥，坐着不动的官僚主义态度，是错误的。

领导骨干与广大群众相结合，就是从每一伙食单位的全体人员中，以最可靠的一个行政首长为中心，围绕他组织几个小核心，再围绕着小核心组织十几人乃至几十人的中核心、大核心，围绕着这些核心乃是广大的群众。大多数有问题的人，均须经过核心组的谈话与群众的质问、劝说、斗争及开展热烈的坦白运动。各级核心即是各级学习委员会及支部委员会与小组长，这些人须是完全可靠的，而且是从整风及审查干部过程中逐渐地形成起来的。

一般号召与个别指导相结合，就是各级领导人员，除在当时当地一般地提出审查任务并推动大家去做之外，还必须选择个别单位，集中力量，给予突破，才能取得经验，造出范例，推动其余。然后再对所有各单位一个一个地给以具体的总结与指示，经常不断，耐烦耐劳，审查工作才能彻底收效，不犯错误，或少犯错误。

调查研究，就是调查与研究每一个人的历史，找出其矛盾，发现其问题。每一单位，须由领导核心根据所有人员平日的言行，经过慎重考虑，拟定两种名单，一种是估计无问题的，一种是估计有问题的，经过上级在慎重考虑后的批准，然后对于有问题的一个一个地，予以实事求是的调查研究，禁止主观主义的逼供信方法。

分清是非轻重，就是用调查研究方法，第一分清其是不是两条心的特务，或叛徒，或隐瞒自己参加过其他党派的人们，决不可把半条心的人（共产党员，但有非无产思想及犯错误者）与两条心的人混为一谈；第二分清其犯罪的轻重，或者是情节很轻的普通分子（占多数），或者是情节较重的中等分子，或者是情节很重的头等分子（后二者占少数）。不可以为凡被提出的一定都是特务，或都是重要特务。每一个被提出的人，虽被提出或被逮捕，但他究竟是不是特务及是轻是重，全靠我们用调查研究方法，搜集材料，加以分析，才能清楚，这就是分清是非、分清轻重的任务。如果是被冤枉了的或被弄错了的，必须予以平反，逮捕的宣布无罪释放，未逮捕的宣布最后结论，恢复其名誉。在审查运动中，一定会有过左的行动发生，一定会犯逼供信错误（个人的逼供信与群众的逼供信），一定会有以非为是、以轻为重的情形发生，领导者必须精密注意，适时纠正。对于过左偏向，纠正太早与纠正太迟都不好，太早则无的放矢，妨碍运动的开展，太迟则造成错误，损伤元气；故以精密注意，适时纠正为原则。

争取失足者，就是对于一切大小特务、叛徒、或被日本被国民党一时利用的普通分子（占多数），原则上一律采取争取政策，即宽大政策。延安审查出二千多人（其中有一部分人被弄错了或被冤枉了，准备在最后清查时给予平反），至今未杀一人。其罪大恶极、反复无常、绝对坚决、不愿改悔者，自应处以极刑，但这种人是极少数的。前方及边境地区环境特殊，或对某些个别分子有早日镇压的必要，但总方针应是毫不动摇地、千方百计地、耐心地、热情地争取他们。在大会小会及个别谈话中，向他们说明，世界法西斯末日已到，国民党腐败黑暗，决无前途，共产党则光明正大，前途无限，从思想上瓦解他们。延安经验证明，绝大多数这类分子是能够被我们争取转变为一条心的，许多人转变得很好。整风的任务就是将半条心的人们转变为一条心，审查干部的任务就是将两条心的人们转变为一条心。日本及国民党很久以来就采取争取与软化共产党员为其服务的反革命方针，很少杀人。我党必须采取争取大部至全部特务分子为我们服务的方针，否则我们就是失败的。不要有怕特务跑掉的恐惧心理。当然不是故意放纵，让其跑掉，但是不可因怕跑掉而主张多杀。在某种情形下，宁可让他们跑掉，亦不可多杀人，跑掉是比杀掉为有利的。只有少捉不杀，或少捉少杀，才可保证最后不犯错误。留得人在，虽有冤枉，可以平反（确实冤枉的必须平反，绝无犹疑余地）。多捉多杀，则一定会犯不可挽救的错误。

培养干部，就是应该从一切参加审查及被审查的人员中，培养出百分之十至百分之二十的人学会调查、研究、侦查、讯问、审查等一全套的理论与技术。例如延安三万党政军，一万老百姓，应该培养出四千至八千人善于这一套。从一九四三年四月起至八月止，延安头一期参加审查工作的一万干部及数千杂务人员中，已经培养出二千多个这样的人。只有这样，才能打破保卫工作神秘化的观点，才使特务不容易再侵入，才为将来准备了大批的锄奸干部，肃清、争取并改造许多的特务破坏分子。在培养干部的任务中，应该包括党员与特务两部分人在内，就是说，不仅要注意培养共产党员（这当然是主要的），而且要着重注意，将反革命特务分子转变为革命的锄奸干部，愈是大特务转变过来就愈有用处。这个政策，日本及国民党也是很早就采取了，用以对付共产党，并且收到了成效。延安几个月来已经争取一大批特务分子很好地转变过来为我党服务，便利了我们的清查工作。

教育群众，就是在此次审查干部以及进一步审查一切人员中，一定要发动广大群众与核心骨干一起进行。这样不但培养了干部，而且使群众有了充分的经验，积极性发扬了，眼睛打开了，觉悟性提高了，党才真正巩固了。如果没有群众的发动、参加、受锻炼与提高觉悟，党的真正巩固是不可能的。脱离群众，少数人冷冷清清地审查干部，也一定是达不到目的的。我党过去在审查干部问题上所犯极端恶劣的形式主义的错误，其根本原因就是在组织问题上的右倾观点与审查干部时的脱离群众。为了培养干部与教育群众，一般地上级不可代替下级，此地不可代替彼地。例如中央局或区党委，如果代替下级审查一切有问题的人，一则全部代替是不可能的，二则即使可能（例如代替下级审查大部分干部），也会使地委、县委、区委及区乡村支部袖手旁观，毫无审查干部、审查党员、审查其他坏人、肃清反动分子的经验，并使有问题的人脱离当地群众，脱离工作岗位，而不易审查清楚。从沦陷区调人来根据地审查是必要的，在根据地内抽调一部分人集中审查（例如进党校、抗大、或开整风班）也是必要的；但一般地代替下级、代替他处，则是错误的。为了防止下级发生偏向，上级事前应作充分的思想准备与组织准备，并派人下去帮助，调人上来研究，密切注意，毫不放松，就可以解决偏向的问题。

以上指出了主要的方针与经验，希望各地同志研究采用，并依据你们的具体环境，创造你们自己的经验。

根据各地材料，各地整风须延长至一九四四年，审查干部可在整风中掺杂着进行。凡发现了特务活动并且有了思想准备与组织准备的地方，就可动手审查他们。先从一部分重要机关开始，取得经验，并巩固这些机关，然后逐渐推广于其他部门及其他地方，决不可普遍地同时进行。在那些还没有思想准备与组织准备的地方，在领导机关掌握在坏人手里的部门或地方，便决不可轻易发动审查干部，这类地方，仍然应该着重整风或改造领导，准备审查干部的必要条件。

选自《中共中央文件选集》(12)，中共中央党校出版社1985年版，第329～334页。

59. 关于在反特斗争中坚持少捉少杀及少捉不杀方针的指示

1943年12月27日毛泽东、康生致华中局等电

华中局并转一、二、三、四师，山东分局，五师：

反特务斗争必须坚持少捉少杀及少捉不杀方针，才能保证彻底肃清特务及虽有弄错及

诬陷（可能有大部被弄错，可能有一部被诬陷），亦留有最后挽救之余地。所谓少捉，即除直接危害抗日之军事间谍及汉奸现行犯外，对一切特务嫌疑分子，为着弄清线索而逮捕者不得超过嫌疑分子总数百分之五，此点须通知下级注意以免逮捕过多难于处理。所谓少杀及不杀，即除直接危害抗日的军事间谍得经县以上机关批准处以死刑及汉奸现行犯而有武装拒捕行为者得就地格杀外，一切特务分子虽已证据确实亦应不杀一人，争取转变为我所用。此即一个不杀大部不捉方针。应通知下级对于证据确实的特务分子一九四四年一年之内不许杀害一人，延安陕甘宁边区及晋西北今年反特务运动中清出大批特务没有杀一人，故虽有许多被弄错的、被诬陷的、因党内错误被误认为特务的、仅有党派问题但未作坏事亦被认为特务的，均得在复查过程中加以平反。此种经验，值得注意。关于直接危害抗日的军事间谍及汉奸现行犯之处理，有太行军区命令一件，发供你们参考。

毛泽东　康生

亥感

选自《中共中央文件选集》(14)，中共中央党校出版社 1992 年版，第 140～141 页。

60. 朱德：展开拥政爱民运动[①]

1944 年 1 月 1 日

一九四四年反法西斯战争与过去任何时期不同。在西欧，苏英美盟国已决定要从东南西三面进攻德国；最后击败法西斯德国的计划，将迅速实现。一九四三年西方反法西斯战争由防御转入了进攻。除了红军攻势的伟大胜利，英美军在北非胜利及进攻意大利以外，最重要的是莫斯科会议及德黑兰会议，这两个会议决定了迅速结束战争的计划，一九四四年将成为实现这个东西双方共同进攻计划、最后战败希特勒的一年。不仅如此，莫斯科及德黑兰会议，英美苏三盟国关于奥国、意大利的宣言及三国宣言，确定了世界发展的新方向，战后的世界必然是一个民主的世界。各国反动派的反苏阴谋，他们把旧世界的面貌丝毫不变地重演于战后的企图，他们分裂盟国团结的各种努力，都遭遇了粉碎的打击，这是苏英美中人民和全世界民主势力的空前伟大胜利。

在东方，日本帝国主义在一九四三年已转入守势，美国在南太平洋上渐取积极行动。开罗会议以后，美英海空军以较过去更积极的行动削弱日本，日本帝国主义的厄运将日形严重。

一九四四年的国际形势对于中国抗战，比起往年是更加有利了。但在达到最后打倒日本帝国主义之前，我们中国和东方各民族，还要经过一段困难的途程。因此中国人民必须更加强自己的战斗的团结，来克服困难，争取胜利。

---

① 原注：这是朱德一九四四年一月一日在延安干部晚会上的讲演。按一九四四年一月四日《解放日报》刊印。

六年半来八路军新四军进行了英勇的抗日战争，打了百分之五十八的在华敌军及全部的伪军，这种战绩是大家看见的。六年半来，华北华中敌后人民，在敌人频繁的“扫荡”“蚕食”与三光政策的长期破坏下，不仅节衣缩食，保证了军队的供给，而且组织广大民兵，学会打仗的本领，英勇不屈地配合了八路军新四军共同坚持了敌后抗战。而陕甘宁边区人民则努力生产，供应了后方机关部队学校的需要，共同保卫了八路军新四军的后方。在庆祝新年之际，我们首先念念不忘的，就是这些忠勇为国、艰苦奋斗的广大人民，我们应当普遍地展开热烈的运动，来慰劳敌后及边区人民，慰劳敌后各根据地政府及边区政府。没有这广大人民与各地政府对我们部队的爱护，我们的抗战是无法坚持到今天的。在一九四四年，希望我们全党全军在党中央及毛主席的领导之下，更加团结一致，更好地打击敌人，更好地发展生产，更好地团结群众，以争取更大的胜利。

全世界反法西斯战争形势极为有利，中国抗战形势也更加光明了。为了克服困难迎接胜利，就必须紧紧地依靠老百姓，使拿枪的和不拿枪的打成一片，进一步结合起来，因此在今天一切根据地上，更认真的、仔细的、彻底的争取和团结广大的人民群众，实具有特殊重要的意义。一切根据地的党和军队，必须把拥政爱民运动当作一件十分重要的任务。只有好好完成这个任务，发展生产和战胜敌人，才能更有办法。

我们的军队已学好了打仗，现在又学会了生产，敌后部队也正在学会生产。如果再把做群众工作的本事学得更好，与群众打成一片，我们的部队便真正“无敌于天下”，便一定能够最后战胜日寇。

我们的八路军新四军是共产党领导的军队、革命的军队、人民的军队。它是从中国人民大众中生长出来，又为了人民与民族的生存和利益、为了反对日本帝国主义的侵略而奋斗的。十六年来我们军队一贯忠心耿耿，为了人民的利益而牺牲流血。它今天在全中国，也是一支最好的军队。我们的绝大部分干部与战士，为了人民与民族的利益，十余年未曾放下过枪，未曾停止过战斗，他们奋不顾身，坚持奋斗。这样的军队，是古今中外所罕见的。

但是，我们军队里面一部分同志忘掉了过去的优良传统，犯了一些军阀主义的毛病。这种毛病的主要表现在于不尊重党的领导、不尊重政府的法令、和人民关系不好、脱离群众的现象的滋长。这是一种严重的毛病，必须改正。

在边区，一年来经过高干会与军政干部会，又经过拥政爱民运动，这种倾向已是根本上克服下去了，还有些残余，今年要继续克服下去。华北华中各根据地上也有这种毛病，那里的党和军队也开始注意了克服这种毛病，进行了拥政爱民运动。拥政爱民运动是全部队人员的思想教育与政治工作的重要项目。过去一年经过教育、反省、批评、斗争和实际执行的结果，普遍加深了部队的群众观点，使党政军民之间的关系呈现着新的气象。综合起来，有下列几点：

（一）拥政爱民教育：以边区部队为例，不论干部、战士、伙伕、马伕，都普遍参加了。各部队召开了干部会、军人大会，进行了上课、讨论，互相批评，并联系实际，进行反省，检讨自己和政府人民的关系还有什么缺陷。经过这样的拥政爱民教育，部队思想上有了很大的进步。爱惜人民，尊重政府的观点普遍加深了。当然还有一小部分人对于拥政爱民，在思想上还未真正弄通，需要以后更大的努力。

（二）节省民力与帮助人民生产：军队有强大的劳动力，有严密的组织，不仅可以自己生产，而且有力量帮助人民生产。发展军队自己的生产和帮助人民的生产，成为拥政爱民的主要工作。

A. 军队本身生产减轻人民负担——留守兵团共开荒地二十万六千亩，收粮食三万一千石。如三五九旅已经做到全部自给，其他部队也做到粮食部分自给，和菜蔬肉食及各种费用的全部自给。以一个连为例：三五九旅七团二连是个模范连，他们去年种地一千七百二十五亩，收细粮四百四十三石，洋芋三万斤，菜四万三千八百二十斤，干草二十三万斤，砍柴二十四万斤，捻羊毛四百四十斤，运盐赚钱二十余万元，自置生产工具一千三百五十九件，这是相当巨大的一个数目。

B. 自己运粮运草——许多部队的粮草去年都是全部或大部自己运。三五九旅动员指战员自己背粮，一次背了三百石粮食，节省了人民三千个畜工，一千个人工，和十一万元路费。留直各单位的粮食大部分由自己运的，据去年上半年统计，由老百姓代运的只占百分之十二，自运的占百分之八十八。计算起来，少动员大车三千二百余辆，节省人民运费四百五十余万元。

C. 以劳动力帮助人民生产——例如去年三五九旅全部平均每人帮了群众三个义务工。在春耕、秋收、锄草、割麦期间，各部队也都帮助了人民。再以三五九旅的模范连为例：春耕时帮人民挖熟地三十亩，开荒五十亩，锄草二百三十亩，秋收也帮了不少工。各部队在帮工中一般做得还好。一般做到了：一、不吃群众一碗饭；二、粮食自己背，菜蔬自己运；三、工作切实迅速——不踏坏一根苗，不留一根草；四、爱护群众的工具。

在前线上的部队，也尽力帮助群众锄草、割麦，九旅每连都帮锄了几十亩，老百姓说："你们真是好队伍，当官的也是好官，希望你们长住在这里不要走。"

此外，如退还土地、安置移民、保护庄禾、变工生产，也都是帮助群众生产中实行的办法。

（三）保护生产，救济灾荒：在华北华中各根据地上，我们的部队每天都在打仗，但为了减轻人民负担，一年来也实行了一些生产运动，做到部分地解决部队吃粮、减轻了人民负担。

去年华北部分地区（如太行、冀南等地），由于敌人的掠夺、烧杀、修筑公路堡垒，再加上天旱，造成了百年来最严重的荒年. 那里的八路军便普遍展开了领导人民克服灾荒的斗争。例如太行八路军欧团在去年夏季，实行了节食、种菜、采集野菜、拾野果，来救济灾民和自足自给。仅在八月份的十天内，在战斗情况下，补种了二百亩菜地，采野菜二万斤，拾野果五十石，节约粮食二千余斤。八路军总部的同志，则发起取消夜餐粮，救济附近灾民。

晋察冀的部队，帮助群众割草压肥，并实行了捐款节食，救济灾胞，很多人拿出十几个月的津贴，有的并且拿出平常的积蓄。他们说："这就是解决咱们这里的困难。"

日寇为了断绝根据地人民的生计，除了扫荡烧杀破坏之外，还普遍在华北华中实行了破坏春耕秋收和大规模的抢粮运动。于是我八路军新四军部队便展开了保护群众春耕秋收，打击抢粮的运动。部队在前面打击敌人，群众在后边抢收抢打粮食。

（四）军民联欢，清理旧案：A. 各地部队在旧历年关举行了军民联欢，如拜年、聚餐、演戏、联欢会等，使老百姓非常感动。B. 进行了清理旧案。首先经过部队自己的纪律检查以及座谈会和调查团的清查，随即普遍地赔偿和送还东西。调防走了的，也派人回原驻地去偿还。老百姓欢天喜地地说："做梦也想不到天下有这样好的军队。"

因为军队帮助了人民，进一步地整饬了纪律，人民便表现了对军队的无限的爱护、帮助。军民之间，真正表现了同生死、共患难的关系。去年边区的劳军运动规模之大，是空前未有的。劳军运动之后，各地都还经常慰劳军队。在边境情况紧急时，人民自动送柴送菜，妇女们连夜替军队做鞋子，炒干粮。部队因任务调走了，人民自动地组织起来替军队锄草。部队调防了，老百姓都来挽留，群众有送几十里远的，还依依不舍，希望以后回来。这种拥军的热情，是普遍的群众性的。到去年生产展览会和劳动英雄大会时，群众看到军队努力生产减轻人民负担的伟大成绩，更提高了拥军热情，劳动英雄们一致表示要更好地领导拥军工作，延安市民们即掀起了捐款捐肉劳军的热潮。老百姓纷纷称赞这次拥政爱民教育的成功，他们说："上面领导抓得紧，八路军上下一致，真有办法。"

综上所述，一年来我们边区部队在军民关系军政关系上有了很大进步。但是我们不应该自满，还要继续自我批评，继续求进步。如毛主席所说："我们脸上有灰尘，就要天天洗脸，地上有灰尘，就要天天扫地，因为我们是处在日本帝国主义与反动势力层层包围之中，我们是处在散漫的小资产阶级的包围之中，极端恶浊的官僚主义与军阀主义灰尘天天都大批向我们脸上扑来，因此决不能一见成绩就自满起来，应该抑制自满，时时批判自己的缺点，好像为了清洁、为了去掉灰尘，天天要洗脸，天天要扫地一样。"

新四军政治部及太行区党委及其他根据地，最近已纷纷发布指示，进行拥政爱民运动。新四军重申了三大纪律八项注意，其他各地也订了许多办法。这是很好的。我们应当认真实行去年十月一号中央关于拥政爱民工作的规定：

A. 今天在敌后，我们的军队与人民同甘共苦，血肉相关，一般地说，军民关系是团结一致的，但是某些地区还未充分注意与实行拥政爱民运动。因此，今年各地八路军新四军部队，应当在内部进行深入的拥政爱民教育，使部队中一切人员了解：我们的部队是人民的军队；脱离了人民，我们的军队便无法存在，抗日便要失败。应当反复说明这个道理，使群众观点深植于每个人的头脑中。

B. 其次，要竭力想一切办法来节省民力，解决人民的困难，尽力发展部队的生产，减轻人民负担。在敌后的部队，由于战争环境，虽不能像陕甘宁边区部队做到全部自给，但也要尽量做到自给一部。目前太行区已在这方面得到成绩，其他区域应向它看齐。部队并应尽力减少动员，减少妨碍人民生产的事。

C. 要使拥政爱民成为全军的运动。按照各地情况，创造新的办法，来发动战斗员之间、指挥员之间、各种人员、各个部门、班排连营……单位的竞赛，并及时总结经验。

D. 战斗、生产、团结群众，是今年各部队的三大主要任务。应把团结群众、拥政爱民工作的好坏，订为检查工作、考核成绩的标准之一，而一切都是为了战胜敌人。希望各根据地党与军队的领导机关，充分注意这项任务，负起责任，认真贯彻下去。

拥政爱民这件大事，全党全军都要负责，但主要要靠军队。军政民关系如搞不好，一般的也要军队负主要责任。因为军队是我党在人民中的一支大旗，人民把八路军新四军看做是党的代表，我们军队人员的一举一动，均发生很重要的影响。的确，过去的红军、今天的八路军新四军，不是单纯打仗的军队，我们是中国人民的宣传者、组织者和领导者。在军队中的同志应当具有最坚强的党性。因为这些同志们受党的教育较多，文化水平较高，又经过长期斗争，经验和锻炼都较多。如果事情未办好，军队的责任重于地方。相信军队中的同志们一定能担负起这一光荣任务，做出辉煌的成绩。

我们军队我们党之所以不可战胜，便因为我们不掩饰自己的缺点和错误，我们一贯善于进行批评和自我批评，善于从错误中来教育和训练干部，善于及时改正自己的错误，不因成功而自满、自傲。我们相信今年一年，我们全党全军一定能进一步发扬优点、克服缺点，更好地学会团结群众的本领。依靠这种团结，我们便能够战胜一切困难，达到抗战的最后胜利！

选自《陕甘宁边区抗日民主根据地》文献卷·上，中共党史资料出版社 1990 年版，第 258～264 页。

61. 中央书记处关于对坦白分子进行甄别工作给邓小平、饶漱石、林枫、程子华的指示

1944 年 1 月 24 日

小平、漱石、林枫、子华四同志：

（一）对于坦白分子之处理，首先要进行调查研究，分清是非轻重，绝不要将所有坦白了的人，都认为是特务分子，因为在坦白运动中，固然有少数重要特务分子，常常用假坦白的手段来欺骗我们，我们必须警惕。但又有很多坦白分子，按其性质，并不是特务问题，他们或因问题复杂，一时难弄清楚，或因惧怕镇压，或逼于群众压力，或由于逼供信的错误，或由于特务的诬陷，而暂时承认自己是特务分子。这种事实，在延安是很多的。如果我们不加分析区别，笼统地将所有坦白分子，都主观肯定为特务分子，就会犯严重错误。

（二）根据延安初步经验，已坦白的人大致可分为六类：

第一类是职业特务。他们是加入了特务组织，进行过特务活动，保持着特务联系，以特务工作为职业的。但这类职业特务是极少数，仅占全体坦白分子百分之十左右。其中又有自觉与被逼、首要与胁从之别。

第二类是变节分子。其中有的破坏过党的组织，捉过人、杀过人的；有的是自首后写过反共文件的；有的被敌人短促突击，接受了敌人的任务，但回来没有实行，但也没有向党报告的。这一类人在坦白分子中也是少数。

第三类是党派问题。他们是加入过国民党、三青团、公道团或其他党派，其中许多人加入我党后，没有向党报告，但还不是特务分子。这类人占颇大数目。

第四类是被特务利用和蒙蔽的分子。其中有的是在敌人红旗政策下不自觉地被特务利用；有的因为半条心作了特务的工具。

第五类是党内错误。如假造历史，虚报党令，与坏人来往，泄露秘密，包庇亲友，欺

骗组织，政治错误及贪污腐化等等，在坦白运动中，被人怀疑，甚至被误认为特务。

第六类是被特务诬害或在审查时完全弄错的人，这类人虽然是少数，但确是有的，甚至在已逮捕的人中也还有的。

以上六类是根据延安坦白分子的情况，作一个初步的分析。其准确性，尚待今后甄别工作来证实。但职业特务是极少数。有党派问题的分子、被欺骗蒙蔽的分子及仅属党内错误的分子三类占绝大多数，这种估计大致合乎事实，这些人在分清是非后，均应平反，取消特务帽子，而按其情况作出适当结论。因此你们可以将这六类分析，当作一个方法，去细心分析你们那里的人，遇有不是特务而被误认为是特务者，必须在复查过程中，加以平反。要教育同志认清：从党内清除特务固然是成绩；从坦白分子中，将弄错了的人平反，同样是成绩，而且是完全必要的。但这种平反，不是在反特务斗争正在高潮之时，而是在高潮过去，特务已经清出之后。由领导同志先向高级干部解释明白，对于所有坦白分子进行复查，根据复查结果而加以平反。

（三）在反特斗争中要注意保护好人，防止特务诬害。这里要注意：不要将所有或多数新知识分子都认为是特务分子或嫌疑分子，延安许多机关，在初步复查工作中，已证明新知识分子大部分是好的，其中有政治问题的（轻重不等）只占百分之二十左右，这个经验值得注意。在反特务斗争中，要注意保护知识分子。

（四）关于坦白分子的党籍问题，为了顺利地开展坦白运动，目前不要宣布停止，即对于那些杀过我们人的和假坦白的人，暂时也不明白宣布，但你们绝不要通过甚么正式决议和文件。中央局及分局的负责同志也不要肯定地担保党籍，因这个问题目前还不到解决的时期。对于不愿真正坦白的分子，主要的是依靠调查研究搜集证据与宽大政策感化教育相结合的方法，促其觉悟，一般的不要采取逮捕的办法，因为如果我们没有确实材料与真凭实据，即使逮捕了也不能解决问题。

中央书记处
子敬

选自《中共中央文件选集》(14)，中共中央党校出版社 1992 年版，第 157～160 页。

62. 中共中央转发《西北局关于减租的指示》

1944 年 2 月 8 日

各级党委：

兹将西北局对各地减租指示发给你们参考，其中所述原则各地均适用，望据以检查你们的减租斗争。

中共中央

西北局关于减租的指示原文如下：

据最近各地报导，减租运动已在各未经分配土地区域广泛展开。党政已发动群众起来，向某些顽固地主进行斗争，以贯彻减租。在此情况下，各地党应注意如下数点：

（一）应抓紧已彻底进行减租地区的典型例子，向所有应当实行减租而未贯彻的地区的农民进行广泛深入的宣传，并于春耕前，一律普遍彻底减租。

（二）凡已发动群众起来彻底减租的地区，应即注意对地主的团结。在彻底实行减租后，对地主一般的不是继续斗争，而是注意团结他们，稳定他们，使他们不但不离开我们，且不得不靠近我们。

（三）在减租斗争中，应防止对地主采取过左的政策，如不看具体对象，一律退回三四年长收的租子，及对地主过多的罚款等。甚至个别地方已发生要求没收地主的土地。这些都是不对的。如已发生，应适当纠正（但不能损害群众积极性），如未发生，应预先防止，使减租斗争正确地顺利地开展下去。

（四）各地目前应即全面地检查一次减租进行情形，并具体定出春耕前贯彻减租的计划，同时报告西北局。

选自《中共中央文件选集》(12)，中共中央党校出版社1985年版，第423～424页。

63. 中共中央关于在新区彻底实行减租减息在老区发展生产运动给华中局的指示

1944年5月31日

华中局：

华中来延干部据称：去冬睢邳铜地区即已开始了反恶霸的群众运动，如算旧账、昭雪几十年的冤案等。最近新华社华中分社又报导淮北行署发动的反贪污斗争，其内容包括公款、公地、公物、公粮及吞没大众的钱、物、抢粮等，期限从民国元年算起，并要以分半给息，土地则以每年收益计算偿还，本人死后，儿子负责等。上述的问题，如作为个别的案件，发动群众经由政府或法院依具体情况公允处理，要犯主给苦主以适当的赔偿，要吞没者吐出一部分，只要不超过可能，达到双方关系的调整和正气的伸张，则这些措施是有意义的，应该审慎去分别办理，但如作为普遍的群众运动，而党与政府公开号召，且加以组织和领导，则其弊害甚大，如淮北真在进行此种反恶霸、算贪污积年旧账的群众斗争，那是可以引起不良结果的，应该加以纠正。

华中各地为了发动与争取基本群众，或使群众运动更深入，其方针应该是：在新区彻底实行减租减息，在老区发展生产运动。就是说，从减租减息到发展生产的群众运动方针，应正确地彻底执行，不宜用其他办法去代替，反恶霸和算旧账，只能限于个别的顽固家伙，期限亦不能那样长，亦不能采取减租减息那样普遍的群众运动方式。华中几年的减租运动，均获得很大成绩，目前宜以生产运动号召各阶级参加，一面更能提高和保护基本群众的利益，一面也更能使中上层阶级认识我党的建设能力，缓和农民与地主的阶级矛盾，而不是无限度地对他们进攻，并真心保护其合法权益。特别华中各老区在几年的紧张的群众运动之后，在策略上不宜继续紧张下去，普遍的反恶霸算旧账，必致造成过分震动，某些方面人人自危，给予特工和二流子等以活动机会，甚至“逼上梁山”，破坏根据地的抗日秩序，而妨害大规模的生产运动，并影响各阶级间的抗日团结。请你们考虑此电后，转告淮北，按实况加以纠正，并告知各区党委查照。

中　　央

选自《中共中央文件选集》(12)，中共中央党校出版社 1985 年版，第 490～491 页。

64. 中共中央关于以统一累进税代替合理负担问题给饶漱石、张云逸、曾山的指示

1944 年 5 月 31 日

饶、张、曾：

三十日据陈毅同志报告：

华中过去几年来实行征收公粮的合理负担制度，比较把负担重点放在中上层阶级方面，于一九四二年加征田赋亦复如此，同时几年来货检税收入甚大，这些办法在初期均是必要的，而且是适合当时情况的，依靠它保证了抗战经费之供应无缺。由于贫苦工农无负担或负担少，也有助于工农生活之改善，这些均对根据地之创立和巩固，起了积极作用。

近年来，由于华中根据地群众斗争业已深入，根据地内部阶级关系呈露着新的变化，如贫农中农不断上升，中小地主降落或转移和出卖其土地等，雇农贫农无负担或负担很少，实际上有许多已提到富裕阶段。另一方面，某些中农和富农及中小地主负担较重，许多大地主负担比重反而是很少，同时货检税是一种间接税制度，商家获利极巨而负担特少。你们应考虑这些新情况，去适当改订华中的财税政策。

根据华北及陕甘宁边区的经验，以统一累进税制代替合理负担制度，则可收得下列效果：一，使负担面扩大，负担量减轻，于财政收入总额并无妨害；二，征税比较公允，可以刺激根据地的生产向前发展；三，按富力逐步累进，使根据地每一公民，均负担一定的不过量的纳税义务（免征者除外），不致有畸轻畸重之弊，这样，可相当调整根据地各阶级关系，特别对中间势力的争取有极大意义；四，统累税办得好，才算根本扫除了旧时代的苛捐杂税遗迹，而扩大新民主主义的政治影响，你们应考虑在华中实施统累税的具体办法。

这一工作有两方面：第一，在农业累进税方面，其繁难处在于土地调查和登记；第二，商业累进税方面，其繁难处在于富力计算，如资产利润的估计；此外便是免征点、累进率和最高点的适当规定。这些均应经过极其仔细的调查研究。一般说来，在华中党与群众工作有基础的地方，只要领导得法，上述困难是可以顺畅解决的。你们可在今年秋季开始在几个中心县区试行，取得经验，事前并不发动讨论，征求人民的意见，以便明年能比较普遍实施，你们可向北方局要参考材料，延安亦可供给你们一些。

中　　央

选自《中共中央文件选集》(12)，中共中央党校出版社 1985 年版，第 492～493 页。

65. 中共中央关于城市工作的指示

1944 年 6 月 5 日

（一）不占领大城市与交通要道，不能驱逐日寇出中国。不争取在日寇压迫下的千百万劳动群众与市民群众，瓦解伪军伪组织，并准备武装起义，不能配合军队由农村占领大城市与交通要道。过去人们以为从大城市交通要道驱逐日寇的任务，似乎只有国民党才能胜任，现在必须改变这种观点，要认为只有依靠我党才能胜任，主要依靠我党才能胜利。依靠国民党是无望的，国民党已腐化达到极点，河南数十万国民党军队不战而溃，或一触即溃就是证明。仅在没有我党强大军队与强大根据地的地方，我党才不能负此责任。

（二）因此各局各区委必须把城市工作与根据地工作作为自己同样重要的两大任务，而负起准备夺取所属一切大中小城市与交通要道的责任来。日寇现在为着救死而正在向中国正面战场大举进攻，日寇正处在没落过程中，西方反希特勒斗争不久可望获胜，太平洋反攻日寇今后必有开展。这一切给予我党以良好条件，一方面发展与巩固根据地，依据现有基础建设比现在强大得多的军队与地方工作；另方面争取城市及交通要道的千百万群众，瓦解与争取伪军伪警，准备武装起义，一俟时机成熟，就可使二者相互结合，里应外合地进攻日寇，占领大城市与交通要道。里应外合的思想是我党从大城市驱逐敌人的根本思想。

（三）各局各区委必须把争取敌占一切大中小城市与交通要道及准备群众武装起义这种工作做好，极应改变我们过去不注重或不大注重城市工作与交通要道工作的观点，唤起全党注重此项工作，认真地与细心地总结经验，研究办法，组织机关，配备干部，进行工作，以期在今年下半年及明年上半年就能收获显著成绩。准备群众，在世界大事变到来、在时机成熟时，夺取在有我强大军队与强大根据地附近的一切敌占城市与交通要道。

（四）要实现这个伟大任务，必须解决下列诸项具体问题：

第一、关于思想：要进行教育，使广大干部完全了解由我党领导里应外合地占领广大城市与交通要道，以便最后驱逐日寇的可能性、必然性与重要性，没有此种思想教育是不能动员全党行动的。又要使干部了解在目前去进行城市与交通要道的工作，比过去有完全新的目标，在以前进行这种工作，只是为了保存组织，度过黑暗或是为了获取情报与购买物资，现在则是为了争取千百万群众，争取伪军，实行准备武装起义，夺取城市与交通要道，一切努力与工作都是为了联系这个目标，并服从这个目标。只要使干部了解在目前为了这样的目标去进行城市与交通要道的工作是切合时宜的。目前世界反法西斯战争与中国抗战均已确切接近完全胜利，国民党的极端腐败与我党我军在广大敌后战场的胜利坚持，全国人民对国民党更加失望，而对我党我军则抱着无限希望，敌占区广大群众的革命高潮今后必然要极趋迅速高涨，目前去进行这一工作比以前有更宽广的社会条件与群众条件，因此在以前曾经正确的不提出准备武装起义夺取大城市的任务，而在现在就必须提出。现在如果不提出，则我们一定要犯一个大错误或在将来反攻时，逼使我们在没有准备或准备不足的情况下在进行争夺大城市与交通要道的斗争，使我军将来进攻城市时没有充分与必要的内应，以及在夺取城市后不能迅速发动群众建立城市的革命秩序与掌握城市。又要使我们干部了解为了夺取城市与交通要道的武装起义的准备工作，是一种长期艰苦而伟大的准备工作，根据中国特殊条件，城市武装起义常常只有在响应城外进攻军队的条件下，即在里应外合条件下才有胜利可能（例如一九二七年上海起义）而没有城外军事行动配合的单纯城市起义是难得胜利的，因此在准备城市武装起义工作中应该反对急躁病，反对轻率的举行武装起义，反对在没有城外我军配合条件下单独的或者过早的发动起义，必须要有长时期和极端复杂忍耐的工作，决不是粗枝大叶的急躁工作所能济事。又要使干部了解我们进行城市工作的方针和一般策略是无法秘密的，是应该向全党传达的，但是在城市与敌占区的具体工作计划及具体组织工作则应完全秘密，应在党内进行关于秘密工作的教育，每个党员及干部只应知道他们所必须知道的事，不应知道他们所不能够和不应该知道的事。

第二、关于计划与组织：各局各区委应依自己所属地区的一切大中小城市及铁路公路与伪军伪警的具体情况拟定一个具体计划。例如：如何分工负责，如何组织机关，如何配备干部与训练干部等，应该以每一个城市（大的中等的或小的）每一段铁路公路，每一个伪军军队与伪警组织中工作对象都组织一个有能力的工作委员会去进行工作，大城市与大部队还可组织几个委员会分头分区去工作，此种委员会不做根据地工作，专门负责组织与指导各该城市要道与伪军中的工作，此种委员会目前可设在根据地内或游击区内，如有安全条件，则设在城市内。各局各区党委对所属大城市中等城市及重要铁路应委托在自己直接指挥下的工作委员会去工作，各敌占县城及小城市则在各地委或县委指导下组织委员会去工作，对于经常调动的伪军中的每一个军或师应在适当党委指导下成立一个委员会去工作；但是同时这种工作还应动员全党全军一切组织分头与具体地去进行，从支部到中央局各级组织，只要他对城市与交通要道及伪军伪警有办法去进行工作者，均应直接派人去工作，暂时不必统一关系，亦不必交代，如各种关系在工作中群众中碰头时，则应彼此关照协助，不应彼此争夺和抱怨。这种工作应由各级党委负责领导，但为管理方便起见，在各局及区委之下可成立城市工作部门，这种部门除指导和组织城市与交通要道秘密工作外，还应该指导敌占区城市与交通要道附近的小型便衣游击队，借此给城市工作以便利，这种部门应住在根据地比较隐蔽的地方，不要与根据地党政军混在一块。

第三、关于工作方向：由于我们的工作目标是反对民族敌人，大局有利于我，城市与交通要道周围有我党强大军队与根据地，这种工作将有很大开展的客观条件。在敌占城市与交通要道的人民除开极少数死心汉奸与顽军反共分子外，大多数人是能够参加或同情各种各样抗日工作的。因此我们在城市与交通要道的一切群众中各界人民中都要进行广泛的妥善的工作，在伪军伪警中，在工人苦力中，在伪政界伪经济界伪文化界中以及在青年学生儿童妇女中，甚至各种秘密结社与民众组织中都要进行工作，但应将主要注意力放在争取数十万伪军伪警和争取数百万工人苦力的工作上，因为他们是武装起义的主要力量，而这点正是各级党以前所注意不够的。我们在工人苦力中的活动与组织，应与上层统一战线的活动分开进行，而上层活动一般应是为了掩护与协助下层群众中的活动。我们的活动不应与国民党组织发生任何关系，我们应在群众中揭破国民党人的反动腐败无能和只顾少数人利益，不顾民族利益，肃清大城市群众中对国民党的任何幻想。过去我们在大城市为情报及经济工作而建立的组织关系仍应进行情报与经济工作，只在可能情况下去进行一些上层活动与群众工作。为了广泛造成根据地与城市（特别是大城市）和要道的交通联系，并为准备夺取城市和要道的军事出发地，应在城市四围与交通要道两侧的人民中进行充分的工作，根据地游击战争应采取各种妥善的办法向城市四周与交通要道两侧逐渐逼近，在那里建立隐蔽的游击区。此种城市与交通要道工作的进行，同时可动员城市与交通要道中的大批工人与革命知识分子出城到外参加游击战争，其中若干人准备在起义时派回指导起义的武装斗争，以便里应外合占领城市与交通要道。重说一次，里应外合的思想是我党夺取城市与交通要道的根本思想，要从这点出发去部署一切力量，布置一切工作。

第四、关于工作方法：到城市与交通要道工作的方法应从总结工作经验中取得，并应在以后的工作中不断去总结经验，将群众中创造的各种好方法普遍化。但应指出党在内战时期在城市与交通要道的工作方法，一般是错误的、是不能采用的，应该批判这种错误，以免重复；而在抗战以来各根据地在其附近敌占区与某些小城市进行了极有成效的合法斗争与非法斗争相配合的工作，在某些大城市也有许多好的工作，在这些工作中其方法一般是正确的，如果将我们在敌占区与小城市的工作经验加以适当改造，就可移用于大城市中等城市与交通要道，各地应用心研究适合某一个地点、某一种群众当时环境中合法与非法相配合的斗争形式，在敌占区党和抗日团体的组织只能秘密进行，因此应该注意训练隐蔽，严防特务分子混入，但各种普通群众组织与群众活动就应该公开利用一切可能的合法形式去进行，例如利用已有各种伪组织（新民会自卫团等），或成立各种灰色社会团体或建立纯粹的但与群众有密切联系的社会职业机关与职业活动（茶馆、饭店、店房等），甚至利用工厂、工房、学校、店铺，在为了共同欺骗与应付敌人汉奸保护中国人的口号下，成立其中所有人员各种无定形的联盟，亦是一种很好的组织形式。我们看到根据地附近的村中，全村以联盟共同欺骗与应付敌人汉奸的严密组织和分工，这种办法应该运用到城市某些工厂工房学校店铺中去，应从保护群众的切身利益出发，把群众联合起来，例如减轻负担，免除骚扰、隐藏物资，以及增加工资，改善待遇等，均可以成为群众联合行动的出发点，而敌对我新政策的欺骗做诈，则大可成为我们和群众利用的合法口号。其次，八路军新四军在敌占区各阶层人民中的极高威信，亦可成为我们城市工作中有利资本，许多人以听到我军消息与我发生某种联系，取得我军某种证件为荣耀者，我们应该利用这种情形去促进人民的团结，但这在敌占区是非法的。应该十分隐蔽地有限度地去利用。在目前城市和交通要道的一切非法活动与非法斗争以不妨碍和破坏我们的合法组织和合法斗争的限度，这个与根据地附近游击区中的合法与非法联系的斗争是有些区别的，在游击区中的合法斗争常常是为了掩护非法游击区的活动和存在，而在城市与交通要道则相反，非法斗争常常应该服从合法斗争。在敌占区的宣传工作，亦应采取许多合法形式去进行，利用各种合法的报纸，刊物和书籍，并利用各种合法口号去进行各种非法宣传，也是应该进行的，但应切实考虑其方法，在目前口头宣传是主要的，甚至可用散布流言的方法。散发非法的传单，书籍，报纸，应有送寄谨慎的组织。总之，在城市工作的工作方法上，应反对两种偏向，一是粗心大意，不负责任，大叫大喊，乱撞乱冲的冒险主义方法；一是根本不动，单纯隐蔽，不去联系群众与进行群众工作的尾巴主义方法。正确的方法是在一切可能的与合法的范围内去联系与团结广大的群众，去提高群众的觉悟性、组织性，而使精干的秘密活动隐蔽在广大群众之中，隐蔽在群众的合法活动之中。而在举行起义以前，一切组织形式与斗争形式，均应避免定形的与系统的形式，推动各种不定形的与分散的方式，以期多得胜利，减少损害。

第五、关于干部：必须有大批的干部去进行城市与交通要道的工作，现有在城市工作的干部及过去在城市工作过的老干部，设法配备，使他们仍担负这种工作，但使用他们吸收新经验，并在新方针下用新方法去工作；其次数年来在各根据地附近敌占区的两面斗争中，已经锻炼出广大而善于进行合法斗争的党与非党干部，其中许多人是有善于应付敌人欺骗敌人进行合法斗争的丰富知识的，有的甚至超过我们内战时期城市工作的老干部，其中许多人是能够到城市工人苦力及其他各种职业中立足的，应该很好地训练、培养与使用这些干部，只要这些人有办法到大城市中等城市及交通要道立足并能进行工作，应在根据地抽调一些出来加以尽量训练派出工作，无论是知识分子工人农民及其他各种职业者或党与非党干部均可，而这种干部现在各根据地是很多的。数十万人到上海及杭州满州各城市谋生，因此应从这些人中寻找与训练出各种各样的城市工作干部，此外在伪军俘获中亦可训练一些干部放回去，根据地士绅到城市居住者，亦可给以某种任务和名义到城市活动，就是根据地中因有某种政治嫌疑而不易弄清楚者，亦可派他们到敌占城市进行某种独立活动来考察他，而在各种干部中要特别注意培养各城各路的当地干部，外地干部应把自己当作当地干部的引路者与保育者，在根据地中还可以找到原来在城市及交通要道生产与居住过的干部，加以训练派回去，总之我们应该放手使用各种各样的干部去进行各种各样的工作，并使各种人各种工作都分开进行，不混杂在一起，多头的与分路的去做，但同时又必须保持党的秘密组织之精干、纯洁与可靠，在一切大中小城市及铁路公路上建立起党的无数可靠据点，作为伟大城市工作的领导骨干，形成党的领导骨干与广大人民群众相结合的局面，此外在根据地中各级党政军民的负责干部，均应切实研究与学习城市工作，研究城市的武装起义及里应外合的斗争艺术，研究建立城市革命秩序，掌握城市及大的工商业作为将来夺取与管理大城市和交通要道的准备。

第六、关于经费：必须有大批经费去进行城市与交通要道的工作，只要不引起干部的浪费及城市工作人员的雇佣观念，一切必须的经费是应该充分付给的，每个根据地各种组织为了进行城市与交通要道工作的必须开支，应准其报销，在各根据地预算中应准备一笔充足的城市工作经费，发给资本到城市与交通要道做生意，以其盈利充作工作经费的办法也是可以采用的。

（五）上述各项具体问题的意见应由各局各区委依据当地情况加以切实研究灵活运用到实际工作中去，并在以后工作中加以充分发挥，只有这些具体问题完全解决，才能使城市与交通要道工作获得显著成绩，走向武装起义的目的地。

选自江苏省财政厅、江苏省档案馆、财政经济史编写组合编：《华中抗日根据地财政经济史料选编》第三卷，档案出版社 1986 年版，第 2～8 页。原注："按一九四四年十二月《新区工作文集》（一）刊印"。

互校版本：《中共中央文件选集》(12)，中共中央党校出版社 1986 年版，第 494～501 页。

66. 中央书记处关于审干反奸工作给晋察冀分局的指示

1944 年 11 月 26 日

晋察冀分局：

鉴于内战时期的肃反教训，抗战初期某些地区乱捉乱杀的错误，鉴于去年延安抢救运动时，在实行正确路线中，发生的过火行动，因此各地对于审干反奸工作，要采取谨慎态度。澜涛来此，知分局同志能掌握此种方针，这是很好的。目前工作情况如何？望你们将成绩缺点经验教训电告我们。

为使正确方针能够继续坚持下去，不致在运动开展中发生毛病，特将下列问题提起你们注意。

（一）分局应速将九条方针的条文，中央今年几次反奸指示，西北局高干会反奸报告，中央社会部审讯条例等文件，多多印发给各地区、各机关、各部队、各学校的干部和党员，配合冀察晋抗战初期的反奸教训及这次工作中的经验，进行广泛深刻的教育，使党员干部搞通思想，掌稳政策，这是一切工作的前提。这种宣传教育工作，应耐心经常地进行，采取整风的方法研究文件，以民主的方法吸取群众的意见，以批评与自我批评的方法检讨工作，务使九条方针的每一条都能深入到群众中，贯彻到实际工作中去。只有这样才能保证不犯错误或少犯错误。九条方针中，最主要的是调查研究、分清是非轻重两条。两条中又以调查研究为最中心关键。凡无调查研究或虽有而是表面的非真凭实据的，一概不能误认为特务，此点须使一切干部充分认识清楚。

（二）在党校和分局、军区、行署各机关中审查干部，更要特别慎重，不要将反对公开的国民党特务（如郝胜符之流）的方法，使用于党内审查干部，也不要将反对公开的国民党党部的方法，使用于三三制政权中的非党人士。因此，党校及各机关的审干及反奸工作，不要采取单纯的反特务斗争的方式（这样很容易产生简单化的毛病），而应采取整风学习、自我反省、坦白运动的党内方式。行政人员训练班，不要发展为反省机关（这样很容易产生扩大化的毛病），而应成为一种整风学习的教育组织。一切机关、部队、学校和地区，不要将审干反奸与坦白运动分离起来，而应将坦白运动当作审干反奸的主要形式，以党内整风反省的姿态，达到坦白生活、道德、工作、思想、政治、党派、变节、特务等各种党内党外问题。分局务将这个方针继续贯彻下去，对于一切简单化扩大化的倾向，须随时注意。

（三）在坦白运动中，应提倡说老实话，宣传“是则是非则非”的口号，发扬实事求是的精神，纠正干部中强迫坦白、指名坦白、过火要求、不坦白特务不过瘾的“左”倾情绪，同时反对坦白者哗众取宠、混编乱造、夸大其词。对逼供信偏向，及时注意，即便个别现象也不要轻易放松。对于坦白了特务和变节的分子，如果我们没有真凭实据，不要加以深追，以免造成对立僵局，有碍争取，或中敌人诬陷同志的奸计，混乱了自己的队伍。对一时审查不清的重大嫌疑分子，不要急于求得解决，以免逼供信错误，可以有意识地放松一时期，或暂时按他所讲的作一结论，然后继续进行调查研究，秘密侦查，这样如系好人则便于团结，如系坏人则便于麻痹。对于一切坦白材料和口供，决不可轻信，必须用周密的调查研究具体分析的方法，分清其中有真有假有冤枉有夸大各种不同的性质。因此，一切被审查的人，无论他坦白党内党外问题，均应进行甄别工作，分清是非轻重，这是审干反奸一个最重要的关节。你们已经进行过坦白运动的机关学校及进行过反国特群众运动的地方，是否已经开始。

（四）经常检查和警惕有无肉刑与变相肉刑、车轮战、打骂、捆吊、污辱等等犯法行为发生，实现逮捕人犯必须经过上级批准，并不得超过嫌疑分子百分之三的制度。根据具体情况订立反奸纪律，在群众中公布。

（五）随时防止和纠正老的工农干部对新的知识分子的宗派主义与报复情绪，正确估计新知识分子绝大多数是好的，特务只是极少数，不要将他们的思想问题与特务问题混为一谈，这个问题，特别是在军队更要极端严重地注意，许多知识分子，从抗战以来，在军队中在战斗的环境内出生入死多年，当审查他们时，绝不要忘掉这个重要根据。对他们的方针是既要详细审查，又须关心爱护，二者必须统一。①

中央书记处

十一月廿六日

根据中央档案原件刊印

选自《中共中央文件选集》(14)，中共中央党校出版社 1992 年版，第 400～403 页。

67. 附［工作报告］：中国解放区工人在战斗中

1945 年 1 月解放区工会代表邓发出席世界工会代表大会时所用的材料

原编者按：“中国解放区工人在战斗中”是 1945 年邓发同志代表解放区工会出席世界工会代表大会（1945 年 9 月 25 日至 10 月 9 日在巴黎举行）时所使用的材料。原稿已不完全，但从保存下来的部分中仍可看出当时解放区工运的基本情况。

一　八十余万工人有了自己的组织

在中国共产党领导下的八路军、新四军所建立起来的华北、华中等各抗日民主解放区中，工人们都得到了组织工会的自由。根据一九四四年以前不完整的统计，中国解放区中之职工会会员，共在八十万人以上。

陕甘宁边区在抗战之前已组织了总工会，直属陕甘宁边区各界抗敌联合会领导，为该会一重要的组成部分。边区总工会在全国为合法团体，与中国劳动协会有关系，其执委廖似光，就是中国劳动协会的委员。边区总工会的执委共有四十九人，候补委员七人，常委七人。现任主任崔田夫，副主任萧彩峰，皆为边区雇工出身。它现拥有会员群众共达六万余人，其中包括边区公营工厂及私营工厂的各业职工凡一万余人。见下表。

① 原注：此指示，同时发给山东、太行、冀鲁豫、湖北、华中、晋西北等处。

陕甘宁区总工会产业工会会员人数统计表

业别	公营工厂职工会会员人数	私营工厂职工会会员人数	合计人数	附注
矿冶业	1 360	1 352	2 712	
机械工具业	973	408	1 381	民营人数主要指铁匠工人
化学业	594	346	940	包括肥皂、皮革及瓷窑工人
纺织业	1 624	809	2 488	
被服业	662	282	944	包括制鞋工人
造纸业	334	150	484	
印刷业	297		297	
木工业	290	142	432	
火柴业	40		40	
面粉业		196	196	
榨油业		287	237	
盐工		1 959	1 959	
其他		483	483	包括毯坊、毛口袋、绳铺、钉掌铺、蒸笼铺作坊
总计	6 174	6 864	12 538	

另有交通运输工人约三千人及城乡工人（包括农村雇工、农村手工业者、城市店员、城市手工业者）凡四万五千四百余人，加上公司工厂一二、五三八人，合计五七、九三八人。① 在一九四二年时，城乡工人的各级工会组织计有，分区工会四个、县工会三十个、区工会六十一个、乡工会一、一一二个、炭工工会二十三个、盐工工会七个及运输工会六个。这几年来，由于经济的蓬勃发展，同时根据多年经验证明，在分散的农村中，工人分散，数目不大，单独在分散农村建立工会工作感到许多困难，因此，现在这一类城乡工人的工会会员，已全部加入合作社或变工队、札工队组织，归各级抗联会领导。故在农村中系统的工会组织，已经取消，而在民营、公营工厂及煤矿、盐场、运输工人中，则仍有自己独立的工会组织。

在晋察冀边区，于一九三七年就成立“工人抗日救国总会”，主任为王文兴，拥有会员群众达二三四、六七三人。在北岳区有县工会二十二个，村工会一、〇七八个，工厂工会八个，会员共有一〇四、八〇六人，在冀中区有县工会二十一个，区工会九十个，村工会二、一六九个，会员共有一二九、八六七人。

在晋冀鲁豫边区，于一九三九年就成立了“晋东南总工会”，主任为杨珏。现有农业分工会三十八个，各县设农村工会支部。如在武乡县有农业工会支部一五八个，小组六六七个。在煤铁生产集中的地区，如武乡、襄垣、辽县、和顺、太南区、太岳区、磁县等处，则各设矿业工会，各矿场设矿工工会支部，产业总工会下有九十二个工厂支部。全边区的工会会员共有一二四、〇〇八人。

① 原注：原稿为“五七，九三八人”可能是抄写错了。下表在下面的“中国解放区职工会会员人数统计表”中，陕甘宁的会员人数是“六〇、九五六人”。

晋绥边区的总工会于一九四〇年成立，主任为王永和。其下设六个中心区工会，包括二十个县工会，煤矿和磁业工会共二十二个，产业工会五个。全边区工会会员共有一六、八〇三人。

山东总工会在一九三八年五月就成立了，主任为张天民。现在该会会员分布在山东各解放区者，计有一四四、三六九人之众。胶东区有五五、八七六人，鲁中区有六三、一五一人，鲁南区有四、三〇三人，清河区有二一、〇三九人。

在华中，苏北、苏中、苏南、淮北、淮南、皖中、鄂豫皖、[浙东]等八个解放区中，有组织的工人不下二十万人（苏北沿海的盐业工人及苏中五、六、七月中的渔业工人计约三十五万人，未计在内）。

以上各解放区职工会会员人数统计如下：

中国解放区职工会会员人数统计表

职工会名称	会员人数	附注
陕甘宁边区总工会	60 956	
晋察冀边区工人抗日救国总会	234 673	
晋冀鲁豫边区晋东南总工会	124 008	
晋绥边区总工会	16 803	
山东总工会	144 369	
苏北、苏中、苏南、淮北、淮南、皖中、鄂豫皖、浙东八个区总工会	200 000	渔业及盐业35万工人在外
合计	780 809	

在晋察冀、晋冀鲁豫、晋绥、山东及华中各解放区的总工会，也与陕甘宁边区的总工会一样，直属于各该地区的总的群众组织——各界抗敌救国联合会领导。因为这些解放区大都分散在敌后，地区辽阔、交通不便，又因战争频繁的关系，所以各解放区的工人，向无全国统一联合性的组织。这些职工会员的成分，亦因为解放区现在所处的环境，绝大部分是生产力很落后的农村，很少工业都市，所以农业工人占最多数，约占全体职工会员的百分之五十五；农村手艺工人次之，约占百分之二十五；产业工人主要是公营工业部分，只占百分之十五，其他各业如渔业、盐业等工人约占百分之五。

在如此分散、辽阔的中国解放区中的工人，在各乡村、各城镇凡有工人之处，皆能有此自下而上的、广泛普遍的职工会组织，不能不是世界民主运动中的一种新奇而可贵的现象！

二　战斗在反对日本法西斯的最前线

华北等各抗日民主解放区中的工人，当抗战初期，他们把自己所担负的交通运输、工业生产尽到了最后责任，镇静地退出城市交通线以后，曾纷纷建立自己的武装，组织游击队，在发动民众抗击日本法西斯的进攻上，起了他们先锋的作用。工人武装抗战的发展，是随着敌人向我进攻的时间与方向而发展起来的。如敌人侵占正太路的娘子关时，正太路的铁路工人、阳泉煤矿工人，随时就拿起枪来，在正太路沿线打游击。以后正太铁工、阳泉矿工、榆次纱厂工人等三个游击队合组为榆太游击支队，建立了许多战绩，曾因为捉火车头的故事，取得了农民及八路军的很大信仰。当敌人侵占太原时，太原的工人武装自卫队，便立即在交城、文水、汾阳一带，榆次、太谷、祁县的工人游击队，在同蒲路东一带与敌人周旋，把敌人拖住，使得八路军便于建立晋东南太行山的抗日民主解放区。同蒲路铁工自卫队，在敌占临汾时，即在该路东南起了袭扰敌人及进行了有名的锄奸护路运动。以后他们经常在晋东南与敌人作战，转战于中条山及芮城一带，并曾收复过芮城。他们经常使敌人的火车出轨、曾以七个队员击退敌人十三辆汽车。他们原来是在无衣无食、极端困难的环境中产生出来的。胶济路及淄博的工人，曾炸毁敌人的博山总电厂，烧毁淄川的洪山煤矿，给日寇以很大的损失，单资本一项来说，就有百余万元。平汉铁路工人游击队，也是只由二十几个赤手空拳的铁路工人搞起来的，后来他们发展成为四队，配合军队作战。有二次他们仅有十个工人，就把从方顺桥到保定的火车头破坏了两个，造成敌人运输很大的困难。六河沟煤矿工人的抗日武装斗争，当磁县国民党委任的旧县长因日本人的进攻而逃跑了的时候，他们在彭城就领导民众建立了华北解放区的第一个抗日民主县政权。此外如津浦、道清等铁路的工人，也分别成立铁路破坏队及游击队。青岛纱厂工人则成立劳山支队。井陉、烈山等矿工亦成立有矿工游击队。山东沿海渔民则组织海上游击队。再如榆社工人游击队、平定工人游击队、翼城工人自卫队、平陆县码头工人自卫队、襄垣县工人游击队、胶东工人武装队、涞源游击队等等。在抗战初期，单是在华北这些具有相当规模及战斗力的工人游击队，就有二十六个之多。在抗战过程中，这些工人武装部队多已壮大起来，或编为正规军，如太原工人武装自卫队，现已成为八路军“工卫旅”，是一支坚强的主力军，活跃于太原与晋西一带，有的则继续与敌作战。

至于解放区中不脱离生产的雇工、矿工、交通运输和工厂工人，则大部分参加游击小组或参加自卫军、民兵，或单独成立工人基干队。他们有的虽名为“游击小组”，可是参加的人数则是从几十人到几百人不等。他们经常配合正规军袭扰敌人，或担任放哨、锄奸、通讯、侦察、运输、担架、救护等工作。例如唐县工人的游击小组，他们常常发动四五百人至七八百人，破坏敌人的汽车路与有防御工事的要岭。灵山矿工模范自卫队，在敌人任何一次“扫荡”中都有他们参加，他们动员了人力、物力、财力，帮助解放区中的抗日政府及军队，坚持敌后的残酷战斗。根据一九四〇年六个月不完全的统计，他们总共破坏交通六十六次，动员的总人数有三二、〇四〇人，担架运输共九三〇人。他们在部队战斗的前后，进行慰劳工作，经常在火线上送子弹、救护伤兵，并与部队一道冲锋。在一九四〇年百团大战时，八路军攻入井陉煤矿，技术工人参加破坏机器锅炉，正太铁路工人参加破坏铁桥铁轨，造成了震动全国的空前胜利。

工人们不仅衷心地拥护他们自己的军队——八路军、新四军，从各方面设法帮助他们，配合作战，而且积极踊跃地参加到八路军、新四军中来。抗战初期在华北仅就不完全统计，工人有组织的参加八路军的就有一八、七八〇余人。当八路军从辽县派了一个小的支队到磁县时，磁县及六河沟的煤矿工人，就爆发了一个参加八路军的怒潮，只有半个月，便有三千以上的工人参加八路军，其中发生许多兄弟朋友相约而来参加八路军打鬼子的佳话。同蒲路工人全数不过八千到一万，他们有组织地参加八路军及山西新军抗日的，就有二千人以上。在华中各解放区的工人，除参加民兵、市镇自卫队、模范班等抗日武装工作外，亦同样积极踊跃地参加到新四军中来；该军某旅数千战士及连、营干部，全都皆是大城市工人，具有最坚强的战斗力量。苏南在一九四一年扩军时，工人成分几乎占了一半；江南津浦路东一区扩军中的工人成分占到百分之八十，都是从上海一带来的机器、码头、纱厂工人。至于城市手工业工人、农村雇工等自动参加八路军、新四军的更不计其数，而且他们还是一股继续不断地、有组织地补充抗日军队的源泉。

根据以上部分的事实，我们可以看到，中国解放区中八十万有组织的工人，是如何英勇、紧张、艰苦地战斗在为反对日本法西斯的最前线了。

三　在生产战斗中亦如在火线上一样

中国解放区中的工人，为了保证战争的供给，和保证解放区内人民日常生活的需要，他们亦如在火线上一样奋不顾身地，用尽自己一切力量与才智，为抗日民主政府及军队所计划的工业生产任务而战斗着。在抗战七年来的过程中，在这一方面，更辉煌地表现出他们惊人的成绩。

陕甘宁边区在一九三七年以前，原来是毫无工业基础，在中国是一块素来有名的“地瘠民贫”的山丘地带。抗战以来，它的四面又处在日本法西斯和中国国民党顽固派的封锁包围之中，外援既被断绝，内部又缺少必需的原料、工具和技术人才。但是六七年来，在中国共产党及人民选举的民主政府领导之下，在那样艰难的环境中，边区的工业由开始的一两个小工厂、几十个不熟练的工人，慢慢一步步地奋斗到现在，已发展到一万多职工，建设起较具规模的大小工厂七八十个了，全靠这些工人们的血汗与智慧，高度热爱抗日民主解放区的情怀，把这从来经济落后的边区，逐渐一变而为富裕的地方了。陕甘宁边区现在不仅有了纺织、造纸、印刷、皮革、被服、肥皂、制药及煤炭等日用必需品的工业，而且有了炼铁、造玻璃、造酸、火柴以及造子弹、手榴弹、炮弹、掷弹筒以至步枪等军械的工厂。他们便是这样从无到有，由小到大，逐渐摆脱了过去工业品完全仰给外来的情况，而向工业品全面自给的目标迈进着。

在华北、华中等各敌后解放区中的工人，近数年来，也一步一步地建立了自己的工业基础。在晋绥边区，一九四二年时就有了修械、化学、纺织、造纸及煤铁等三十一个工厂。在山东解放区，有淄博、台儿庄等地之煤，金岭镇之铁，胶东之金，皆闻名全国。在一九四二年时，单淄博、莱芜一带的手工业工厂，即有百余家之多。还有许多解放区中的工厂，是由工人自己创造起来、自己管理的：如晋察冀北岳区最大的“工营煤矿”，就是总工会投资，由过去唐山开滦煤矿的老矿工老孙一手创办起来，并由他管理至今。抗战初期，磁县国民党军队退却时，在工人领袖田珍的领导之下，工人们尽量把机器、原料搬到抗日解放区来，帮助晋冀豫解放区的八路军成立了一个小型兵工厂。去年秋天，晋绥解放区的劳动英雄刘清荣，还发动了十个工人组织了一个专造地雷、手榴弹的合作工厂，即大家集股，合作经营，在短短两三个月内，该厂即扩大了一倍；随着各厂亦广泛地掀起合作经营的运动，到去年十一月，已经合作起来的计有铁厂十六个，煤窑九个，其他矿厂八个。在华中的苏北、苏中、苏南、淮北、淮南、皖中、鄂豫皖及浙东等八个解放区，亦皆各有独立的兵工厂，自己翻造子弹、炸弹、地雷、刺刀、修械等军需供给，此外尚有被服、造纸、碾米、榨油、电厂、猪行、肉松厂、茧行、酒行、米行、棉行、船夫、渔业、盐业及铁路等当地的公营及民间私营工业。

中国解放区中之经济，处在敌人的重重封锁包围、“扫荡”“清乡”的残酷战争之中，又加上原来是异常落后的农村环境，不但能战胜了那许多困难，而且在不断扩大与发展着，是与这八十余万有组织的工人的努力与创造分不开的。

工人们在敌后解放区中是怎样进行生产的呢？他们的生产，是与战斗随时随地地结合着的，因为他们时刻都有遭受敌人袭击消灭的危险。他们是在一手操纵着机器，一手执着武器在生产的。他们平日在进行生产时，工人武装自卫队就派人轮流放哨警戒，一当战争迫近工厂时，他们就首先把机器、工具、原料转移到另一地区，继续生产，或是把它们埋藏起来，带着小型机器，在战地中进行工作；或是举起刀枪来进行冲锋肉搏的战斗，配合军队，抗击与袭扰敌人。工人们自己的口号是："生产中是积极的工人，战斗中是模范的战士"。敌人来袭击，则进行游击，打退敌人，又开始生产，所以他们被解放区中的人民称为"生产游击队"。晋东南新华日报的印刷工人们，就这样常在火线上随着战斗的军队，印刷报纸，冀鲁豫兵工厂的工人不止一次地参加了反"扫荡"战斗，使敌人几次来袭的企图都落了空；当工厂一度被敌人侵占时，工人们便缠绕在工厂的周围，不断地袭扰敌人，一直把敌人赶走为止，又立刻恢复被敌摧毁的建筑，进行生产。一九四二年五月反"扫荡"中，太行被服厂的一个工人被敌俘去，一直到死也未说出工厂埋藏机器的地方。工人们像这样为了保卫工厂而英勇斗争至流血牺牲的故事，是数不胜数的。

现在各解放区的工人，在生产战线上正广泛地开展着一种"新劳动者运动"，这就是一九四二年首先在陕甘宁边区工厂中开展起来的改造工人劳动态度、提高生产效率的"赵占魁运动"。赵占魁是边区工人中的特种劳动英雄，他不仅个人在生产中积极、有创造，而且具有大公无私、舍己为群、埋头苦干、始终如一的精神，因此边区工人公认他为自己的旗帜，都向他看齐。赵占魁运动的开始，虽然是由少数先进职工参加，根据自己生产能力的最大可能，订出个人计划，由厂方及工会合组的"赵占魁运动委员会"领导，督促检查计划之执行，然后影响与推动全厂职工都自觉地来参加运动，为完成与超过全厂总的任务而分别订出各部门、各个人的计划，去努力奋斗；所以这种运动经过一年多的发展，到现在已逐渐成为一种群众性的运动了，在各个工业部门都产生了好多像赵占魁一样的劳动英雄。这个运动所收到的显著成绩，是在职工中建立了新的劳动态度，因而大大地把边区工业向前推进了一步。在一年多运动的发展过程中，各厂产量平均皆增加百分之三十至百分之五十，有的厂竟增加到百分之一百二十至百分之一百五十。有许多工厂的工人还自动地做义务工，如工艺实习厂的工人在去年二月份的义务工时，就有三千七百小时之多。他们觉得为反对日本法西斯而多做一些工作，是应该的。

晋绥解放区的工厂工人，也相继开展了他们的张秋凤运动。张秋凤本人一天生产二百二十个手榴弹，别人只能生产一百二十个。在他的影响下，全晋绥边区的生产量皆提高到百分之五十至百分之九十。冀鲁豫解放区开展了甄荣典的新劳动者运动以后，以一九四二年底各厂平均生产指数为一〇〇，则一九四三年六月的平均指数为一六〇，最高指数为二〇五。被服厂的工人说："我们是革命工人，一切为了前线！"他们全体自动每天增加义务工一小时，直到抗战胜利时为止。晋察冀与山东各解放区也开展了赵占魁运动，在一九四三年五月大竞赛中，晋察冀印刷厂的五十个人的工作由十九个人便完成了。山东各纺织厂的平均产量增加到百分之五十五以上；有些工厂的工人自动开夜工，厂方阻止还是偷着干，因此工会不得不提出来："大家要遵守劳动纪律，不准早到迟退，更不准自动开夜工"。冀鲁豫总工会也向工人提出爱护身体的号召。像这种普遍高涨的生产热情，在解放区工厂工人中，已经是一种很平常的现象。

在新劳动者运动中，工人们有技术不保守，肯积极耐心地传教徒弟、在技术上及文化上的互相学习，在工人中已成为一种很流行的美德，因此工人们皆能很快地掌握技术。如晋察冀北岳区的工厂学徒，限规定是一年半方可学会的技术，但是他们三个月就学会了。还有很多的工人把自己的特殊技能及发明奉献给工厂，自动地为工厂节省原料，克服困难。他们完全以新的态度对待反对日本法西斯的生产劳动，把生产看作是战斗，把工厂看作是工人自己的家庭。

四　他们在战斗中获得了光明的出路

在中国广大的抗日民主解放区中，已实行了新民主主义政治，千百年来被封建势力压迫下的广大农民和工人，今天他们都得到了解放，不仅可以自由组织工会，而且可以参加“三三制”政权；充分地享受一个民主国家公民的应有权利。在陕甘宁边区参议会，有工人参议员二十三名，其中七名是工厂直接选出的。陕甘宁边区有统计的二十一个县政府委员二〇九名中，有雇农工人八名；在一、九五五个县参议员中，农业工人有六十五名，手艺工人三十二名；在延安等十九个县的乡政府委员五、三七〇人中，农业工人有三八二名，手艺工人一〇一名；又延安等十四个县的乡参议员一三、九二八人中，农业工人一、一八二名，手艺工人三七四名；六二〇个乡长中，农业工人三十二名，手艺工人六名。

在晋察冀解放区，阜平等七县的村、区、县选举结果，工人当选为村主席和秘书者，占百分之六，各委员会主任占百分之八，区主任和秘书占百分之五，区长占百分之三，县参议员占百分之四。

在晋冀鲁豫边区，黎城县十个区中，有工人出身的区长两名；一〇五个村长中工人占十二名；阳寿县有工人出身的科长、公安局长各一人；辽县有工人区长一人，村长十三人。在晋绥解放区参议会中，有工人参议员五名。在华中各解放区中的县、区、专区各级参议会中的工人参议员百分之二十一三十。

工人参议员的产生，是完全自下而上的民主选举的。选举期中停工的工资由厂方照给。选举由职工会主持，首先由大家选举“参选委员会”，然后编小组，登记选民，提候选代表，讨论提案，最后开选民大会选出正式出席工人参选代表大会的代表及参议员候选人。各竞选人除在大会上介绍自己的履历外，还要报告他的政治主张。如晋绥解放区的总工会主任王永和在一九四二年五月间竞选时的主张是：“一、彻底实行中共提出的三三制政权，调整劳资关系，纠正资方对工人不合理的超经济的剥削，使资方有利可图，工人有饭吃饱，工人要自觉遵守劳动纪律；二、适当改善工人生活，保障工人利益，开展生产建设事业，吸收与优待技术工人，培养大批学徒，三、肃清浪费现象……”工人们便这样在自己选出的参议会里，热烈地讨论着竞选人的演说与主张，并且互相交换与讨论着各种提案，最后再选出自己认为可靠的人来，参加办理整个解放区的国家大事。正如该区工卫旅修械所的一个老工人所说：“以前做工往往因一点小事厂方动不动罚坐禁闭，或者经常失业饿肚，甚至抛弃生命，工人没有说话的自由；但今天不同了，我们实行了民主政治，工人也是新政权的主人，我们能像亲兄弟一般在一块轰轰烈烈地开会，心里又实在感到说不出的愉快！……”

在解放区中，许多能干的工人都当了工厂的厂长。因为他们是工人出身的，所以他们也最懂得工人，也最善于管理工厂。在陕甘宁边区这样工人当厂长的例子便有很多，如：中央印刷厂的厂长祝志澄，他原来是一个很老的上海产业工人；新华化学厂的厂长金直夫，是一九三八年才来边区的法国华侨工人；实验工厂厂长王保林，是河南豫丰纱厂的工人。他们不仅很有条理地管理着工厂，使生产一天天向上发展，而且与工人生活打成一片，自己也参加生产劳动。各厂职工会主任皆参加厂务会议，工人完全有权力提出自己对工厂管理的意见。

解放区中工人的生活，都获得了合理的适当解决。民主政府的法令上规定着：一个熟练工人的工资，除供给本人衣食外，尚能维持一个人到一个半人的生活。比如在华北、华中各地，工人一般的工资皆比以前要增加一倍到一倍半以上。各个解放区的民主政府，皆实行了一方面要照顾工人及雇主的利益，一方面又照顾整个经济发展的增资减租政策，因此农村雇工们的生活待遇较前改善了，而生产情绪也随之提高。如武乡雇工在战前每人平均种地二十亩，打十八石粮，现在能种三十亩，打二十七石粮，增加百分之四十五。据山东博兴县一三〇个村的统计，内有二、〇九九个雇工得到增资，平均每人得二三斗粮食。淮北边区增加工资的雇工有二八、四二二人，计增加粮食二五、六七六石。减租退租已在百分之七十五的地区进行，受益佃户达四六、三三二户，减租粮食四万余石。根据该区二届农民代表大会十个县的调查，雇工因增加工资及政府春荒贷款，已普遍上升为贫农。泗南县半城区莲花村四年来农村经济上升中，全村一〇四户，雇农兼贫农六户，均已上升，合计买牛一头，地三十四亩，不欠账，还做小生意。皖中临江六洲乡六洲保有居民百余家，三年中雇农十分之四上升为贫农。晋冀鲁豫解放区左权县的工人，原有四十五户，在一九四二年上升为贫农者有二十六户，上升为中农者有十九户。在陕甘宁边区的雇工工资，全年可得小米四石四斗。该区在土地革命时分得土地的农村雇工，其生活更加提高，现在已有不少上升到富裕中农及富农的地位了。同时，在农村有农会保护工人的利益，实行与雇主订立劳动合同，使雇主〔工〕生活更有保障，而且一般地皆实行实物工资，不因战时的货币波动而影响工人生活。

减租增资以后，工人的生产情绪提高，劳资双方的关系也很顺利地调整了。晋察冀完县一家雇主到秋收时，一亩地比别家要多收一倍，因此一般雇主说："政府、工会是公平的，也照顾到咱们。这么办，增资咱也痛快。"一般雇工也高兴地表示："我们增加了工资，就得好好给主家干活，打鬼子是大家的事，我们雇工要和主家好好相处。"

矿工生活一般也改善了，过去窑主得六，工人得四，且有种种额外剥削；现在多采雇主四，工人六，或对半分，各种无理的额外剥削，如要工人负担的灯油费，为窑主做额外的杂工等，都被废除了。矿工们的生产积极性也提高了。如在陕甘宁边区的煤矿工人，过去每月下井最多不过十八次，现在一般都下井二十次，而每人产量较前增加了百分之二十。又晋冀鲁豫武乡矿工，每天每人增加生产九十斤。

工厂工人一般计时工资的，采用津贴和实物混合工资制，即由工厂供给工人的伙食、衣服、鞋袜、毛巾、肥皂等日用品外，并按工人技术的高低，产量多少，质量好坏，而给以八升至四斗的津贴。计件工资者，则生产得多，工资就多得。陕甘宁边区的纺织工人、每月最高能拿到一石五斗小米工资，一般也在八斗至一石二斗之间。近年该区各工厂都提倡副业生产，工人在业余时间与工厂合作，进行种菜和瓜果，或进行手工业生产，除以百分之十至百分之五十归工厂外，其余为工人自得；同时又鼓励工人储蓄，吸收游资投在合作社。（下缺——原编者）

选自中华全国总工会中国职工运动史研究室编：《中国工会历史文献》(4)，工人出版社 1959 年版，第 35～48 页。

△关于若干历史问题的决议

1945 年 4 月 20 日中国共产党第六届中央委员会扩大的第七次全体会议通过

见《毛泽东选集》第三卷，人民出版社 1991 年版，第 952～999 页，附录。

68. 为独立与民主而战
——准备成立中国解放区职工联合会

1945 年 2 月 7 日　解放日报社论

中国共产党诞生不久即领导了平汉铁路工人高举着："为民主而战！为自由而战!"的旗帜，引导中国工人阶级公开出现于中国政治舞台，进行了英勇的斗争，而且斗争的发展几乎波及全国主要铁路工人。而曹、吴军阀却在帝国主义唆使之下，对于为民主自由而战的先进战士实行屠杀镇压，因此而发生了"二七"惨案。这个永垂史册的革命纪念日，到今年已经二十三周年了。虽然时光消逝得如此迅速但烈士们以自己的鲜血所染红了的旗帜，为中国人民所呼叫出的口号，现在总算在中国很大一块土地上实现了。在陕甘宁边区、华北、华中、华南各抗日根据地的解放区内，职工们与一切被解放了的人民一样，已获得了集会、结社、言论、出版的自由，完全摆脱了从外国人及内部反动派所加于他们身上的枷锁。在这里不仅组织了八十万有组织的职工在各职工会周围，昔日手无寸铁的工人，但自抗战至今，由平汉、正太、胶济、津浦、同蒲、港九等铁路，及平津、京沪、太原、济南等各大小城市，唐山、淄博、阳泉、焦作等各个矿场职工所组织的抗日武装游击队，转战数年已成为强大的武装队伍，已成为各解放区主力军的组成部分。同时职工们在新民主主义政权里，在各级政府机关中都有了自己的代表参加政权管理。他们已成为这个政府的主人翁之一。为了巩固已得利益，最后战胜日寇，他们在生产战线上则奋不顾身地劳动，逐渐恢复被敌人摧毁了的工业继续生产，在各地展开了赵占魁、甄荣典、张秋凤等劳动英雄劳动，使各解放区一切工业生产超过平时产量百分之五十到二百，担负起生产物资，支持长期抗战及为反攻准备力量的重任。因而职工生活亦获得了改善，而且一切职工妻儿子女生活都有了保障。

大后方职工们，虽然在国民党统治之下，没有民主自由，受到各种压迫限制，而且遭遇到由于国民党之军事无能、节节败退所造成的逃亡流浪的悲惨生活，但他们并不气馁，依然继续奋斗，仍在忍受着一切痛苦而为抗战生产。在敌后的职工们，则在敌人极度的恐怖统治下坚持着正义的斗争。这就是中国职工承继“二七”光荣斗争传统的表现，这一切都足以告慰于“二七”牺牲的烈士们的。

然而我们不能因此而满足，因为胜利虽已在望，日、德法西斯已走到了死亡的边缘，但他并未完全垮台，尚有余力顽抗正义之师。尤其是日本法西斯依然占领着我们大块土地和中心城市，无数同胞仍受其凌辱，因此反法西斯斗争的胜利仍须我们最后努力。所以在全世界职工运动面前提出了鲜明的斗争纲领——努力生产物资，支援反法西斯胜利事业，加速共同敌人的死亡！同时为了奠定今后世界和平基础而力谋世界职工的大团结。这次伦敦召开之英美苏职工世界大会，就是为着实行这一方针的具体表现。各解放区职工会为了向全世界表示自己的愿望，曾经准备派出代表同中国劳动协会（国民党区域的工会）代表合组代表团前往出席伦敦世界职工大会，但国民党政府并未允许我们的请求，不发给我们代表的出国护照，目的是想将解放区的职工同全国及全世界职工运动隔离起来。这不是一件“小事”，这恰恰说明：国民党政府固执一党专政，贯彻其法西斯军令政令之又一表现而已。同时又证明了国民党政府对中共及各抗日党派与全国进步人士所提出建立民主联合政府，废除一党专政，仍毫无诚意。如此下去，不但障碍了人民抗日力量的发扬，损害人民的抗日积极性，而且延缓了日本法西斯死亡的时间，影响整个反法西斯胜利的来临，拖长人民痛苦过程和牺牲的加重。所以我们说国民党所有这些措施是违背全世界反法西斯斗争志愿的。

问题是很清楚的。中国职工除在陕甘宁边区及敌后解放区之外，依然是没有民主和自由的，争取抗战胜利与实行人民民主是不可分的。但是我们千万不要幻想民主自由会唾手可得，民主自由的获得是决定于力量和斗争决心的，但目前中国职工在全国总工会被国民党解散之后，在全国来说，仍无统一的全国性组织，为了促进这个组织，各解放区的职工会应首先联合起来，成立各解放区职工联合组织——中国解放区职工联合会。这样，可使各个解放区职工的一切经验交流。例如：如何发扬劳动热忱、组织劳动英雄运动等以便更有效地生产战争物质，支援解放军；如何组织职工游击队进行战争，以便更有效地打击日本法西斯；如何进行工业的恢复和建设，以便使落后的工业技术提高一步；如何获得劳资双方团结，以便更有效地使资本同劳力结合起来，有效地生产物资；如何开展敌占城市交通中的工作，以便有效地实行毛主席的号召——组织地下军等。同时又可以从自己的联合中来促进中国职工的大团结，以一致的行动来反对国民党一党专政的各种反动措施，反对国民党对全国职工组织的人工分割，争取民主自由，并力促民主联合政府的建立，更有效地更迅速地把日寇打出中国去！我们为了向全世界职工表示：中国职工是愿意同世界职工一样团结起来的，我们应竭尽全力联合各解放区以至全国职工力量来冲破国民党专制统治把中国工人同世界职工隔离开来的墙壁。争取与世界职工运动取得联系，以便与全世界职工兄弟团结起来，并要求全世界职工对于我们解放区职工的经济援助和医药的救济；以便更有效地消灭共同敌人——日、德法西斯。因此各解放区全体职工们应考虑如何实行这种联合步骤，将来并设法邀请大后方、敌占区职工及世界职工大会代表来参加解放区职工联合大会。

为了加速法西斯的死亡，目前各解放区职工们，应当加紧生产，积极参加反对敌人的武装斗争。在大后方的职工们，应当采取一切可能形式团结自己，积极参加各种促进民主运动的斗争，采取一切适合于你们环境的方法，把目前你们对于解放区的军民同情运动开展起来。在敌人沦陷区城市交通及被敌人拉去强迫劳动的职工们，应当认识敌人的黑暗统治将要被胜利之光明所代替了，赶快学习巴黎地下军的经验，准备自己武装，学习起义的艺术，积蓄自己的力量，准备迎接光明的到来吧！让我们同全中国人民团结一致，建立一个崭新的民族独立、民主自由的新中国吧！

全中国的职工们，让我们高举“二七”为民主而战！为自由而战的旗帜前进吧！用我们的实际行动来纪念“二七”吧！

选自《中国工会历史文献》(4)，工人出版社1959年版，第49～52页。

69. 陕甘宁边区总工会关于发起成立中国解放区职工联合会的决定（附回电）

1945年2月10日

一、总工会常务委员会研究了解放日报纪念“二七”二十三周年“为独立与自由而战准备成立中国解放区职工联合会”的社论以后，一致认为各解放区的职工会联合起来，可以交流各解放区职工对敌斗争、发展生产等一切经验；可以促进全国职工和全国人民的团结，争取民主自由，力促民主联合政府的建立，更有效更迅速地驱逐日寇；也便于和全世界职工团结起来，更有效地消灭日、德法西斯。因此，完全赞成并决定发起成立各解放区职工联合组织——中国解放区职工联合会。①

二、致电各解放区职工会，邀请他们推派代表在延安组织中国解放区职工联合会大会筹备会，商讨与筹备联合会的成立事宜。

三、陕甘宁边区各工厂工会和各业各地方工会，应组织职工讨论解放日报“二七”社论和本决定，并联系检查和改进自己工会的工作，总结各种经验，例如：如何发扬劳动热忱，提高生产技术和效率，组织赵占魁运动；如何进行职工教育，提高职工政治文化水平；如何组织职工节约储蓄，建立家务，改善生活；如何改善工作作风，加强职工团结；如何调节劳资关系；如何组织工人参加战争动员等等。发挥优点，改正缺点，务求达到发扬民主，亲密团结，提高政治认识，增强劳动热忱，把工作向前推进一步的目的。并在讨论中提出和汇集对于成立中国解放区职工联合会的意见。

（1945年2月15日《解放日报》）

陕甘宁边区总工会致各解放区工会电

1945年2月10日

各解放区职工会：

本会完全赞成解放日报“二七”社论的意见，特决定发起成立中国解放区职工联合

---

① 原注：各解放区工会的代表于1945年4月22日在延安开会，成立了解放区职工联合会筹备委员会。

会，并提议在延安组织筹备会，商讨与筹备成立联合会事宜，如蒙赞助，推派代表参加筹备会为荷。

（1945年2月15日《解放日报》）

晋察冀边区总工会的复电（摘要）

1945年2月16日

“……成立各解放区职工联合会组织，足以交流经验，以进一步开展对敌斗争与发展工业生产。我们须要以这个联合组织促进全国职工的大团结，这样才能更加有效地反对国民党一党专政，促进民主联合政府的实现，争取反对日本法西斯战争的早日胜利。”

（1945年2月26日《解放日报》）

山东省总工会的复电

1945年2月20日

陕甘宁边区总工会：

看到二月十日你们的提议，我们非常兴奋。我们完全拥护解放日报纪念“二七”社论的精神，及边区总工会“关于发起成立中国解放区职工联合会的决定”，以及在延安成立筹备会的提议，并推选代表前去参加。为了以实际行动预祝中国解放区职工联合会的成立，除号召山东解放区全体职工亲密团结，努力生产，积极参加一切对敌斗争，更加扩大山东解放区外，并与全国工友和全国人民一致，为建设民主的联合政府及联合统帅部而奋斗！

（1945年3月3日《解放日报》）

（下略）

选自《中国工会历史文献》(4)，工人出版社1959年版，第53～55页。

70. 中国解放区人民代表会议筹备委员会通电

1945年7月13日

全解放区的同胞们！全中国的同胞们！

中国解放区人民代表会议的筹备，自六月二十一日陕甘宁边区政府委员会与参议会常驻委员会发起以来，迅速得到华北、华中、华南各解放区与解放区各人民团体的热烈响应，在短短的二十二天里，各方选出参加筹备工作的代表已达一百二十九人。被选担任筹备工作的同人鉴于解放区人民对于这个代表会议的迫切期望，已于今日（七月十三日）在延安集会，宣告中国解放区人民代表会议筹备委员会的正式成立，并选出周恩来、林伯渠、续范亭、邢肇棠、李鼎铭、谢觉哉、刘少白、杨秀林、成仿吾、郭任之、郭子化、李澄之、沈其震、古大存、何思敬、杨尚昆、潘汉年、蔡畅、邓发、丁玲、张宗麟、柳湜、乌兰夫、李延禄、周泽昭等二十五人为常务委员。

在筹备委员会的成立会上，通过关于中国解放区人民代表会议选举事项的决议，决定中国解放区人民代表会议于中华民国三十四年十一月在延安举行，希望各地各团体选出的代表统于十一月十二日以前到达延安。为使这个代表会议尽可能反映最广泛的中国人民的意旨起见，筹委会又决定：代表会议的代表，除极大部分由各解放区依地域选出外，解放区各种性质的人民团体，如工人团体、农民团体、妇女团体、青年团体、文化团体、宗教团体等，都有权选出一定数量的代表；此外，筹委会并热诚欢迎中国的各党派，东北、华北、华中、华南沦陷区的人民团体，国民党统治区的人民团体，中国各少数民族的人民团体，南洋及其他海外各地的华侨团体，都能选出自己的代表来参加这个关系中国前途的会议。

全解放区的同胞！全中国的同胞！中国解放区人民代表会议的使命，如我们所已再三宣布的，就是：统一各解放区的行动，加强各解放区的抗日工作，援助国民党统治区人民的抗日民主运动，援助沦陷区人民的地下军运动，促进全国人民的团结与全国联合政府的成立。随着解放区与同盟国对日战争的进展，随着中国人民争取中国民主事业的进展，上述的这些重大的使命，是一天比一天更加重大了。我们坚信，解放区人民代表会议的召集，将为中国的最后胜利与全国民主开辟广大的道路。解放区人民代表会议，将是一个加强抗战、配合盟国、准备对日反攻的大会，将是一个加强团结制止分裂与内战的大会，将是一个促成国民党一党专政之迅速结束与民主的联合政府之迅速产生的大会。我们要求全解放区的人民与全中国的人民一致起来协助、监督和指导我们的工作，迅速地慎重地选出自己的代表，以便使这个伟大的会议得以如期召集，并获得伟大的胜利！

选自《中共中央文件选集》(13)，中共中央党校出版社1985年版，第101～102页。

71. 关于中国解放区人民代表会议选举事项的决议草案

1945年7月13日中国解放区人民代表会议筹备委员会全体会议通过

一、为适应目前时局迫切需要迅速召开中国解放区人民代表会议，以便讨论统一各解放区的行动，加强各解放区的抗日工作，援助国民党统治区人民的抗日民主运动，援助沦陷区人民的地下军运动，促进全国人民的团结与联合政府的成立起见，中国解放区人民代表会议定于中华民国三十四年十一月在延安举行，各地各团体选出之代表统限十一月十二日以前到达延安。

二、中国解放区人民代表会议的代表名额，为适应战争环境、交通困难及备荒节约起见，定为四百名左右。

三、中国解放区人民代表会议的代表名额，依地区人口、团体及政治、交通等条件，大致分配如下：

（一）陕甘宁解放区四十五人（内有延安市十人）；

（二）晋绥解放区三十三人；

（三）晋察冀解放区五十人；

（四）晋冀鲁豫解放区五十五人；

（五）山东解放区四十七人；

（六）华中东部各解放区三十七人；

（七）河南解放区五人；

（八）鄂豫皖解放区十人；

（九）湘鄂赣解放区五人；

（十）华南解放区六人；

（十一）少数民族十人；

（十二）华侨团体十人；

（十三）沦陷区地下抗日团体十人；

（十四）国民党统治区人民团体十人；

（十五）中国共产党五人；

（十六）中国国民党五人；

（十七）其他民主党派五人；

（十八）八路军总部五人；

（十九）新四军军部五人；

（二十）其他抗日军队五人；

（廿一）中国解放区职工联合会五人；

（廿二）中国解放区农民团体五人；

（廿三）中国解放区青年联合会五人；

（廿四）中国解放区妇女联合会五人；

（廿五）中国解放区文化团体五人；

（廿六）中国解放区工商业团体五人；

（廿七）中国解放区合作社团体五人；

（廿八）中国解放区自由职业团体五人；

（廿九）中国解放区新闻记者联合会五人；

（三十）中国解放区中小学教职员联合会五人；

（卅一）中国解放区各大学五人；

（卅二）中国解放区宗教团体五人；

（卅三）东北救亡团体五人；

以上共四百二十八人。

四、中国解放区人民代表会议的代表成分，应依抗日民族统一战线及民族平等原则，使十八岁以上不分职业、性别、信仰之工、农、兵、学、商、绅各方面代表人物均能推选。

五、中国解放区人民代表会议代表资格，应是：（一）抗战有功；（二）在群众中有威信、社会上有声望；（三）有奋斗历史；或（四）有工作经验的代表人物。

六、中国解放区人民代表会议的代表产生方法，应实行复选或推选。复选法以县为初选单位，由县参议会选出一定数目的代表，然后集合于专员区或行政区或边区举行复选。推选法以专员区或行政区或边区为推选单位，由该选举区政、党、军、民各最高机关选出同等数目的代表，开联合选举会推选。在选举中，任何民主政党团体或个人均有权提出代表的候选名单或几个团体的联合候选名单，实行竞选。不论初选、复选或推选，均应实行无记名投票。何地应实行复选，何地应实行推选，并在何时选举，由各解放区政府及参议会根据当地具体情况自定之。各政党各军队各团体的直接代表，由其本组织自选之，或几个同性质团体联合选举之。如各地团体所选之代表有缺额时，得推选之。

七、中国解放区人民代表会议的选举事务，应由解放区人民代表会议筹备委员会担任之。各解放区的选举事务，即由各解放区政府委员会及参议会常驻委员会联合办理之。

选自《中国新民主主义革命时期法制建设资料选编》第二册，西南政法学院函授部1982年编印，第162～164页。原注："《解放日报》1945年7月15日"。

72. 周恩来：《关于中国解放区人民代表会议选举事项的决议》草案的说明

1945年7月13日

各位筹备委员同志！各位列席同志！各位旁听同志！

在中国解放区人民代表会议筹备委员会的小组长联席会议上，通过了一个《关于中国解放区人民代表会议选举事项的决议》草案，今天提到筹备委员会全体会议上来讨论。我们筹备会的主要工作，就是为着要执行中国解放区人民代表会议的选举以及其他应该筹备的事项，尤其是因为要求得迅速召开人民代表会议，所以选举的筹备比其他事项的筹备，更重要，更急迫。因此，在这次筹备委员会的全体会议上，希望能批准这个草案，好公布到各解放区，公布到全国，来进行选举，以加速代表会议的召开。我现在就将这个草案中间的重要点，加以说明。

这个草案共分七项：

第一项是关于中国解放区人民代表会议的性质和会议的日期。

自从毛主席在中国共产党第七次代表大会上提议和号召迅速召开中国解放区人民代表会议以来，各个解放区人民都给了热烈的响应和拥护。因此，陕甘宁边区政府和参议会就发起这个筹备的事情，在不到一个月的工夫，已经得到了各个解放区各个团体的一致赞成，并派出了他们的筹备委员。这说明毛主席的号召和提议，是深得人心、极合时宜的。我们可以说，今天筹备委员会的成立，不仅代表了各解放区人民的公意，而且也适合国内外抗日民主人士的迫切要求。

我们看，八年以后抗战，在中国共产党、八路军、新四军、一切抗日民主分子、一切抗日部队和广大人民的同心协力之下，到今天来说，已经收复了沦陷的广大领土，解放了九千九百八十多万的人口，建立了十九个大块的解放区，发展了近百万的人民军队，组织了二百多万民兵。依靠着这些力量，我们今天抗击着百分之五十六的日本侵略部队和百分之九十五的伪军，八年来杀伤了和俘虏了敌军有五十三万多，伪军九十二万多。我们拿敌人的武器，武装了自己，八年当中缴获了步枪四十六万多支，轻重机关枪八千多挺，炮一千多门。我们已经收复了七十多个城市。在广大的土地上，我们建立了民选的县政府七百零九个，专员公署一百零四个，边区政府四个，行政公署廿四个。

中国解放区的军民取得了这样大的胜利和成绩，比起国民党统治区从东北退到西南，丧失了土地二百七十九万多方公里，抛弃了中国人民二万万六千多万的成绩说来，真是一个最明显不过的对照了。可是，八年来，我们解放区的人民、政府、军队不断地要求国民党政府承认和援助这些解放区的人民军队和民选的地方政府，国民党政府对它们不但不予承认和援助，并且还不断地加以进攻和封锁。现在进攻边区和八路军、新四军、华南抗日纵队的国民党军队，已经达到了九十四万多人，这个数目超过以前任何时期的数目，如果要比起国民党现存军队的数目，确已超过半数。现在封锁各解放区的情况比从前更变本加厉，去年六月间国民党政府还有一次允许过中外记者到边区来参观，但是从这次以后，任何记者都不能进解放区了。最近，国民党军事特务机关更利用美国的援助、训练和技术合作，派遣大批的中美特务部队（就是别动队），窜入敌后，不是去打敌人，而是来进行破坏解放区和八路军、新四军的阴谋活动。

中国解放区处在这样内外夹攻左右无援的情况下，我们靠什么来支持呢？我们完全依靠了人民的力量，自力更生，一直奋斗到现在。我们敢说，没有解放区及其人民军队的力量，就没有今天中国的抗战局面，也没有明天的反攻胜利；没有解放区及其人民政权的建立，就不会有今天中国民主运动的高潮，也不会有明天联合政府的建立。

但是我们也承认解放区还有他的缺点和弱点。这就是由于我们处在长期的抗日游击战争的环境，各个解放区还是被分割着，还不是一个连成一片版图完整的解放区，各个解放区的行动还没有完全统一，各个解放区的工作还没有很好地交换经验，加强力量。尤其是着眼于对日反攻的准备，对大后方民主运动的援助和对于全国联合政府的促成，我们更急需使中国各个解放区的力量联合起来，行动统一起来，工作加强起来，具体的办法就是要实现毛主席的号召，迅速地召开中国解放区人民代表会议。在毛主席的号召与提议中，他已经为中国解放区人民代表会议，规定了这样的任务：统一各解放区的行动，加强各解放区的抗日工作，援助国民党统治区人民的抗日民主运动，援助沦陷区人民的地下军运动，促进全国人民的团结和联合政府的成立。由此任务，就规定了这个代表会议的性质。我们根据今天的实际可能，所以提议中国解放区人民代表会议应该是今年十一月在延安举行，各个地方、各个团体的代表要能够在十一月十二日以前到达延安，以便这个会议能够如期开成。我们相信，这个会议开成之后，定能满足国内外抗日民主人士的渴望，形成中国解放区人民的联合组织，以弥补刚才所说的缺陷，而开展新的胜利的局面。

第二项是关于中国解放区人民代表会议代表的名额。

因为这将是解放区人民代表会议，它要能代表各解放区人民的公意。以交换和总结抗战八年的经验，定出今后的行动方针，所以我们提议代表名额应该有一个足够的数目。但是另一方面，又要估计到战争环境还不可能有太多的代表来到延安，尤其是因为交通困难，要通过层层封锁和长途路程，加上今年各解放区都遇到或多或少的灾荒，所以人数亦不宜太多，故我们提议是四百名左右。因为这样的数目，既可以顾到上面所说的种种困难，又可以足够地代表各解放区的民意。根据一亿万人口计算，差不多二十五万人中间就有一个代表。并且这样的数目，也可以便于集合起来，实行民主讨论，共同拟定大计。

第三项是关于中国解放区人民代表会议的名额分配。

根据第二项规定四百名左右的名额，我们提出一个大致的分配数目。这个大致的分配数目是以地区的代表为主，团体的代表为辅。因为这是解放区人民代表会议，所以极大多数的代表，应该从各地区选出。但是我们今天因为时间和战争分割的关系，更因为各项团体在抗日战争表现的成绩，所以又加上团体的代表，就是说，加上党派、军队、人民团体的代表，来补助它的不足。从草案上，我们可以看出，地区的代表占主要数目。我们将十九个解放区分成十个大选举区：陕甘宁解放区，晋绥解放区，晋冀察解放区（包括晋察冀、冀热辽两个解放区），晋冀鲁豫解放区（包括晋冀豫、冀鲁豫两个解放区），山东解放区，华中东部解放区（这里面包括七个解放区：苏北、苏中、苏南、淮北、淮南、皖中、浙东），华南解放区（包括广东、琼崖两解放区），湘鄂赣解放区，鄂豫皖解放区，河南解放区。这十个选举区的代表是二百九十三人，约占代表全数的十分之七。在这个地区代表里头，我们又照顾到政治、人口、交通等条件，比如说，陕甘宁边区，它的人口虽少，但它是中国各个解放区的出发地，也可说是首席解放区，而延安市又是今天中国各解放区的政治中心。所以我们提议陕甘宁边区应有四十五名代表，内中有十人应从延安市选出。比如华北四个大选举区，除晋绥解放区因无交通困难可以比例较高外，其他均依照人口的多寡，比例规定。像华中华南解放区，因为交通困难，又加以敌人和国民党军队的层层封锁，代表的数目便相当减少。还有，像湘鄂赣、河南两个解放区，是在去年敌人进攻和国民党溃退以后沦陷的，然后又经过那个地区的人民配合八路军、新四军的部队解放出来的新地区，虽然今天还是不巩固的游击区，但我们为了尊重新的解放区，也规定了相当数目的代表。

对于团体为辅的代表名额，也有几点要说明，首先，我们这个解放区人民代表会议是以解放区的人民代表为主的，但我们不是只限于解放区而已，所以我们欢迎解放区以外的人民代表来参加这个会议，赞助解放区的工作，以扩大解放区。我们欢迎今天还沦陷在敌人手里或尚在国民党统治下的少数民族，像蒙回等少数民族，能有代表参加这个会议；我们欢迎今天还在敌人摧残之下的海外华侨或是他们在国内的团体，能有代表参加这个会议；我们欢迎沦陷区，今天在敌人占领下的大城市，能有地下抗日团体的代表参加这个会议；我们欢迎今天在国民党统治区的人民团体，能有代表参加这个会议。其次，我们规定各抗日党派均得直接选派代表参加这个会议。今天中国共产党已成为全国广大人民所仰望的重心，共产党的中央委员会应该有代表参加会议。同时，对于国民党，对于其他民主党派，不论在国民党统治区，更不用说在解放区，我们都欢迎他们能派代表来参加。又其次，关于军队，我们不仅规定成为中国解放区人民武装主力的八路军、新四军有它们直接选派的代表，我们也欢迎解放区的其他抗日军队，以至国民党统治区的抗日部队，也能派代表来参加。再其次，关于人民团体，我们规定各种人民团体：工、农、青年、妇女、文化等团体，中小学教职员团体，工商业家团体，自由职业团体，新闻记者团体，解放区的各大学都有代表参加。还有，我们规定解放区的宗教团体，只要是赞助抗日事业、民主事业的宗教团体，不论任何宗教，如天主教、基督教、回教以及其他宗教等都有权利派出它的代表参加会议。最后，我们规定东北的流亡团体，可以直接派出他的代表参加会议。东北四省在国民党当局不抵抗主义断送之下，已经沦陷了十四个年头了。几十万的东北流亡人士散布在全中国流离失所，衣食无着。尤其是西安事变及张学良将军被无理囚禁以后，东北军被国民党当局编散了，削弱了，到今天大部份已经被消灭了。东北的青年从关外跑到关内，都愿为抗战效力，但得不到国民党当局的爱护，反而用特务加以摧残。对这些流亡惨状，我们解放区的人民、政府、军队是极其同情的。在我们解放区内，不仅东北流亡人士有自己的团体，东北青年受到照顾和工作，并且还树有东北的抗战旗帜，山东有万毅将军的部队，山西河北有吕正操将军的部队，这都是将来收复东北的先锋，他们是有责任把中国解放区扩大到长白山至鸭绿江边去的。

这是一个大致的分配，我们希望筹委会全体会议将伸缩之权交给将来的常委会，以便于进行选举的筹备工作。

第四项是关于中国解放区人民代表会议的代表成分。

从代表成分的规定上，可看出解放区人民代表会议的特质。人民代表会议代表的成分应该是依照抗日民族统一战线和民族平等的原则，规定凡是在十八岁以上，不分职业、不分性别、不分信仰的各界代表人物都可当选。这就是说，不论工人成分、农民成分、军人成分（包含指挥员、战斗员、军队的各项工作人员），不论工商界，自由职业界，不论文化教育界，科学界，学生界，或是公务人员，不论是绅士，我们都希望能有他们的代表人物当选，使在十一月要开的人民代表会议上，真正能代表中国解放区及其他区域的各阶层、各党派、各军队以及各种职业的团体。这样的会议，我们相信，将会是真正的人民代表会议。

第五项是关于中国解放区人民代表会议的代表资格。

我们规定要有这样资格的代表人物当选：首先是有奋斗历史的，在被选代表里头，要有真正在抗战中，在革命中，在各种建设中有奋斗历史的人当选，这是以增加人民代表会议的影响和成就。其次，要有在群众中有威信的，如像各解放区所涌现出来的人民公认的战斗英雄、劳动英雄、模范工作者当选，这足以多多反映群众中各方面的意见，并加强会议的影响。第三，要有在社会上有声望的人士当选，因为他们可代表某些方面，能把那些方面的意见集中到会议上来。第四，要有有工作经验的，抗战八年，不论在军事、在政治、在经济、在文化等各方面，我们都有极丰富的工作经验，如能有其中的代表人物当选，会议中便很易于交换经验，总结经验。

第六项是关于中国解放区人民代表会议的选举方法。

在目前条件下，我们采用两种最适当的方法：

第一种复选的方法，是由各县参议会选出初选代表，然后把这些初选代表集中到一个地方，或者是专员区，或者是行政区，或者是边区，来开复选会，选出人民代表会议的代表。这种复选法是有它普选基础的，因为各县参议会是由人民选举产生的，而现在更有些边区正在进行新的普选，比如晋绥、晋察冀、山东这三个解放区，都正在进行县参议员和边区参议员的普选。

第二种推选的方法是以边区为单位，或者以行政区为单位，或者以专员区为单位，集合这个地区同级的政府、参议会、党派、军队、人民团体的同等的数目的代表，开联合选举会，选出人民代表会议的代表。所有这些团体都是有群众基础的，政府和参议会原来就是人民代表选出的，党派是有它广大群众基础的，拿中国共产党来说，就有一百二十万党员，军队有近一百万正规军，二百多万民兵，人民团体如工、农、青、妇、文化等等差不多有上千万人的组织。这就是说，这些团体的联合选举，是有它广大的，不是几千几万而是几百万几千万的群众基础的。

在复选会和推选会上，各个政党，各个人民团体，或者初选代表或团体代表的个人，都有权提出人民代表会议代表的候举名单，或分别提出名单，实行竞选，或由各方协商，根据抗日民族统一战线的各党各派无党无派人士合作的三三制的原则，提出联合的候选名单，实行选举。在选举中，不论初选复选，或者推选，都实行无记名投票。这一切选举方法，说明我们的选举是平等的是自由无拘束的。

拿我们解放区的人民代表会议所要进行的这种选举和国民党今天在大后方所要进行的伪国民大会来对比，那真是一个明显的真伪的对照。因为那个伪国民大会，原来是在十年前内战时期，由国民党一手包办的，而绝对不是由人民选举的，也绝无任何群众基础。国民党当局如果承认取消那个遗臭万年的伪国民大会还罢，如果硬不取消，那不仅会更加深分裂发动内战，并且必然会宣告它自己的破产。如果它还要伪装一番，搞一点新花样，硬要冒充全国国民大会，我们只须问他：在沦陷区，有一万万六千万人口，你是不管的，在解放区的一万万人口，你是不要的，剩下来的大后方人口已经占了全国的少数，而且又没有民主选举权利，那么，你要搞的国民大会无论如何变法，无论如何投合外国反动分子之所好，也终归是假的，这不仅解放区人民坚决反对，就是国民党统治区及沦陷区的人也同样要反对的。

最后，第七项是关于中国解放区人民代表会议的选举筹备。

选举筹备有两个部分：一部分是总的，一部分是地方的。总的就是中国解放区人民代表会议筹备委员会关于各解放区各团体选举事务的指导，我们提议全体会议应委托常务委员会来进行他的日常工作。地方的选举的筹备和进行，即由各个地区政府委员会和参议会常驻委员会联合会办理。

以上就是关于决议草案的全部说明。

我们相信，这个关于选举事项的决议，今天如果通过，明日就能付诸实施，那末，各地方各团体的代表就一定能够如期选出，如期集合到延安来开一个盛大的中国解放区人民代表会议，负起自己应负的责任，而不使全中国人民失望。到那时，对于这个人民会议忌恨、畏惧、叫嚣反对的奇怪现象的，将是我们的敌人和国内外一切反动分子，而对之拥护、赞助、庆祝、欢呼的将是全中国的人民和世界上一切爱好和平与进步的人士。

选自《中国新民主主义革命时期法制建设资料选编》第二册，西南政法学院函授部1982年编印，第164～173页。原注：“《解放日报》1945年7月16日”。

73. 延安总部命令（第七号）——实施紧急军事管制

1945年8月11日18时

当我解放区抗日部队进入敌伪侵占之城镇要塞后，我命令各部队司令员负责实施下列紧急军事管制：

一、规定管制区域，指定警戒部队，委任卫戍司令，负责实施军事戒严。

二、划出安置俘虏及日本居留民区域，实施军事管制。

三、登记及逮捕战争罪犯及卖国奸贼。

四、控制一切军事性质的机关、仓库、工厂、学校、兵营及要塞，严禁自由出入。

五、控制一切轮船、火车、军用汽车、水陆码头及邮政、电话、电报、无线电机关，实施严格军事检查。

六、控制一切军用和商用的飞机场及其仓库，派兵驻守，严行保护。

七、维持秩序，保护居民，严防反动破坏分子及残留敌探汉奸进行破坏活动。如有发现，应行军事制裁。

八、居民中如有抗日武装组织，应令其报告人数武器，归该地区卫戍司令指挥。

九、通告居民不得藏匿敌伪分子及散枪武器，一经发现，应予严惩。

十、管制粮食、煤炭及水电，严禁奸商囤积操纵。

总司令　朱德

选自《中共中央文件选集》(13)，中共中央党校出版社1985年版，第122页。

74. 中国解放区抗日军总司令朱德：命令冈村宁次投降[①]

1945年8月15日

南京冈村宁次[②]将军：

一、日本政府已正式接受波茨坦宣言[③]条款宣布投降。

二、你应下令你所指挥下的一切部队，停止一切军事行动，听候中国解放区八路军、新四军及华南抗日纵队的命令，向我方投降，除被国民党政府的军队所包围的部分外。

三、关于投降事宜：在华北的日军，应由你命令下村定将军派出代表至八路军阜平地区，接受聂荣臻将军的命令；在华东的日军，应由你直接派出代表至新四军军部所在地天长地区，接受陈毅将军的命令；在鄂豫两省的日军，应由你命令在武汉的代表至新四军第五师大悟山地区，接受李先念将军的命令；在广东的日军，应由你指定在广州的代表至华南抗日纵队东莞地区，接受曾生将军的命令。

四、所有在华北、华东、华中及华南之日军（被国民党军队包围的日军在外），应暂时保存一切武器、资材，静候我军受降，不得接受八路军、新四军及华南抗日纵队以外之命令。

---

① 原注：这个命令在1945年8月16日延安《解放日报》发表。

② 原注：冈村宁次（一八八四—一九六六），一九四五年八月日本投降时是日本侵略军中国派遣军总司令官，在延安公布的日本战犯名单中被列为首要战犯。解放战争期间曾充当蒋介石的秘密军事顾问。一九四九年一月被国民党政府宣判“无罪”，释放回国。

③ 原注：一九四五年七月十七日至八月二日，苏、美、英三国在德国波茨坦举行会议。会议期间，中、美、英三国于七月二十六日发表促令日本无条件投降的公告，称为波茨坦宣言。八月八日苏联宣布加入该公告。

五、所有华北、华东之飞机、舰船，应即停留原地；但沿黄海、渤海之中国海岸的舰船，应分别集中于连云港、青岛、威海卫、天津。

六、一切物资设备，不得破坏。

七、你及你所指挥的在华北、华东、华中及华南的日军指挥官，对执行上述命令应负绝对的责任。

中国解放区抗日军总司令
朱　德

选自《朱德选集》，人民出版社1983年版，第185～186页，第425页注。

75. 中共中央对目前时局宣言

1945年8月25日

全国同胞们！

由于日本的投降，我全民族八年来所坚持的神圣的抗日战争，已经胜利地结束了！全世界反法西斯战争也胜利结束了！在全中国与全世界，一个新的时期，和平建设的时期，已经来临了！

中国共产党认为在这个新的历史时期中，我全民族面前的重大任务是：巩固国内团结，保证国内和平，实现民主，改善民生，以便在和平民主团结的基础上，实现全国的统一，建设独立自由与富强的新中国，并协同英、美、苏及一切盟邦巩固国际间的持久和平。

全国同胞们！对日战争的胜利结束，最后扑灭了法西斯的暴政、奴役与侵略，在全人类面前展开了和平发展的前途，这是英、美、苏、中四大同盟国共同努力的结果，这是我国全体军民共同努力的结果。我们相信，我全国同胞必能以自己表现在抗日战争中的英勇奋斗、不屈不挠的精神，转而用之于伟大的建国事业中。中国解放区的一万万人民，在抗日战争中付出了最大的努力与牺牲，为中外所公认，在今后的和平建设时期中，也应继续作为全国民主建设的模范与和平团结的中坚，而尽其伟大的任务。

但是，在为独立、自由与富强的新中国而斗争的道路上，不是没有阻碍、没有困难、没有荆棘的。日本帝国主义侵略者，还没有执行波茨坦宣言，还没有放弃使其侵略的军国主义死灰复燃的企图，他们还在放肆地施行挑拨、分裂与奴役中国的阴谋。他们在中国的走狗们——中国的吉斯林们，正奉行其日本主子的指示，摇身一变，取得保护色彩，以图继续挑拨内战、破坏团结、阻挠民主，他们的这种企图并没有遇到打击，他们的罪行并没有受到惩处。相反，他们还受到了鼓励，愈益横行无忌。因此，中国吉斯林们及其他反动分子们的各种危险活动，重大地威胁着中国的和平、民主、团结。中国人民必须严重警戒与击破敌人的阴谋。

中国共产党认为在目前必须要求国民政府立即实施若干紧急措施，以奠定今后和平建设的基础，这些紧急措施是：

（一）承认中国解放区的民选政府和抗日军队，撤退包围与进攻解放区的军队，以便立即实现和平，避免内战。

（二）划定八路军、新四军及华南抗日纵队接受日军投降的地区，并给与他们以参加处置日本的一切工作的权利，以昭公允。

（三）严惩汉奸，解散伪军。

（四）公平合理地整编军队，办理复员，救济难胞，减轻赋税，以苏民困。

（五）承认各党派合法地位，取消一切妨碍人民集会结社言论出版自由的法令，取消特务机关，释放爱国政治犯。

（六）立即召开各党派和无党派代表人物的会议，商讨抗战结束后的各项重大问题，制定民主的施政纲领，结束训政，成立举国一致的民主的联合政府，并筹备自由无拘束的普选的国民大会。

中国共产党声明，我们愿意与中国国民党及其他民主党派，努力求得协议，以期各项紧急问题得到迅速的解决，并长期团结一致，彻底实现孙中山先生的三民主义。

同胞们！抗战胜利了！新的和平建设时期开始了！我们必须坚持和平、民主、团结，为独立、自由与富强的新中国而奋斗！

中国共产党中央委员会

选自《中共中央文件选集》(13)，中共中央党校出版社1985年版，第135～137页。

76. 附：日本无条件投降书

1945年9月2日

我们谨奉日皇、日本政府与其帝国大本营的命令，并代表日皇，日本政府与其帝国大本营，接受美中英三国政府元首七月二十六日在波茨坦宣布的，及以后由苏联附署的公告各条款。以下称四大强国为同盟国。

我们兹宣布日本帝国大本营及在日本控制下驻扎各地的日本武装部队，向同盟国无条件投降。

我们兹命令驻扎各地的一切日本武装部队及日本人民，即刻停止战事，保存一切舰艇、飞机、资源、军事及非军事的财产，免受损失，并服从同盟国最高统帅，或在他指导下日本政府各机关所要求的一切需要。

我们兹命令日本帝国大本营即刻下令日本的一切武装部队及不论驻在何地的日本控制下的武装部队的指挥官，他们自己及他们所率的武装部队，无条件投降。

我们兹命令一切民政的、军事的与海军的官员，服从与实行盟国最高统帅认为实践这一投降所适当的一切宣言、命令与指令，以及盟国最高统帅及在他授权下所颁布的一切宣言、命令与指令，并训令上述一切官员留在他们现有职位，除非由盟国最高统帅或在他授权下特别解除职务者外，继续执行非战斗的职责。

我们兹承担日皇、日本政府及其继承者忠实实行波茨坦公告的各项条文，并颁布盟国最高统帅所需要的任何命令及采取盟国最高统帅所需要的任何行动，或者实行盟国代表为实行波茨坦公告的任何其他指令。

我们兹命令日本帝国政府及日本帝国大本营，即刻解放在日本控制下的一切盟国军事俘虏及被拘禁的公民，并给予他们保卫、照料，维持并供给运抵指定地点的运输工具。

日皇与日本政府统治国家的权力，将服从盟国最高统帅，盟国最高统帅将采取他们认为实行这些投降条款所需要的一切步骤。

选自《晋察冀抗日根据地史料选编》下册，河北人民出版社1983年版，第515～516页。（未注明史料来源）

附：抗战历史回顾①

77. 林伯渠：由苏维埃到民主共和制度

1937年5月31日

一、绪言

苏维埃过去的正确性与其所起的作用

半殖民地半封建的中国，在一九二七年大革命失败后，资产阶级退出革命，投靠帝国主义与封建势力，变为人民的敌人，在这一环境中，中国无产阶级及其政党中国共产党，领导农民小资产阶级，为坚决执行资产阶级民主革命任务，十年来苏维埃的奋斗是保持了革命的传统。当全国转入反动统治时期，帝国主义的压迫剥削、特别是日本帝国主义强盗的侵略，只有在苏维埃区域是被推翻了。全国封建势力继续抬头，封建剥削有加无已，也只有苏区地主土地被没收了，分给农民，真正的实行了“耕者有其田”，封建势力扫荡殆尽。进行认真地改善人民生活，工人获得劳动立法的保证，实行八小时工作制。全国人民被剥夺了一切民主权利，而在苏区的广大人民却能享受一切民主权利。无论在闽广苏区、鄂豫皖苏区、湘鄂西苏区、湘鄂赣苏区、浙西苏区、闽浙赣苏区、川陕苏区，以及陕北苏区，虽然星散在中国各部，但其执行的任务，是充分证明了他是继承了辛亥革命、黄花岗七十二烈士、二七罢工、省港罢工、五四运动、五卅运动、上海起义、南昌起义、广州起义，中国革命历史的传统。他的身上寄托着中华民族悠久伟大的过去及光明灿烂的未来。

---

① 在学习党中央的方针政策之后，再阅读陕甘宁边区政府负责同志的历史回顾，这便为以下深入研究陕甘宁边区的法制建设，奠定下坚定的理论与历史基础。

苏维埃转变的根据

由于中日矛盾成为主要矛盾，国内矛盾降到次要与服从地位，客观环境的要求，必须改变国内二个政权对立的状态，以使团结一致，共同赴敌。根据这一原则，在现阶段，变更苏维埃制度，使抗日民族统一战线，得着新的基础，并以这一让步去兑换全国所需要的和平民主与抗战，这是完全正确的。

苏维埃在现阶段所起的作用

十年来苏维埃的奋斗，在全国群众面前指出了苏维埃红军是继承了过去中国民族革命的传统。证实了他有资格成为民族统一战线的巩固阵地，他是抗日的先锋与坚强的核心，他能服从于民族利益，本着共产党的抗日主张，为实现中华民主共和国而斗争到底，没有过去，就没有今天。

由苏维埃到民主共和国是革命的前进，不是取消一切

工农兵代表苏维埃制度是最民主的。他最能吸收广大工农群众到政治生活中来，管理自己的政权，发挥自己的创造性，为独立自由幸福的新中华而奋斗。在十年来的国内战争中，苏维埃在战争动员上，如扩大红军运动、粮食动员、经济建设公债动员，在土地斗争中，如查田运动、春耕、夏耕、秋收、冬耕运动，在苏维埃建设上，如经济建设、文化建设、选举运动，都发动了千百万劳苦群众参加到各个战线上来，胜利地完成了光荣的任务。由于其只在一部分地区的胜利，我们拿这胜利去兑换全中国全民族的民主时，我们准备在民主共和国过程中，用立法的手段及别的适当方法，去解决农民土地问题。在保卫中国大前提下，来解决一切阶级矛盾。在全国范围说来，是革命的向前开展。现在苏区中的基本任务，是在于转变与创造特区成为抗日的及民主政治的模范地区，那么我们苏区的全盘工作，必须总结苏维埃运动的成绩与教训，根据国内和平与实现普选民主制度的环境，而有新的转变与发扬。忽视苏维埃优秀的成绩，而认（为）取消苏维埃制度即取消一切是不正确的。

二、新民主制度与选举

我们苏区现在要转变为国民政府的特区，从工农兵代表会议制度转到普选的民主共和制度，从更高的民主转到在全中国将要实现的适应于抗战的民主制度。这一新的民主制度应有它的特点。

新民主制度的特点

（一）实现真正的民主的选举制度及议会政治。特区及县设立议会、区及乡设立区及乡代表会议。

（二）各级议会议员的产生，均按照平等直接无记名投票方法选举，议员应对各该选举区的选民负责。这种各级议会议员的直接选举与苏维埃多层的宝塔式的选举不同，因为只有如此才适合各阶级联盟的民主制度，适合于各党各派及全体人民的要求。

（三）议会议员的选举，不仅按区域按生产单位选举，且应有各该级政府所属抗日武装部队直接选出的议员代表。

（四）各级行政长官（乡长、区长、县长、边区主席）由议会及代表会议选举，对议会要负完全责任。

特区实现新民主的方向

（一）边区在全国范围内，首先实现普选民主制度，设立议会。

（二）立即改变行政机构，使之适应于抗战的需要，使之合理化，使之有工作能力而保持苏维埃的工作作风。

（三）重新划分行政区域，使行政机关更接近地方人民。

（四）保证工农劳苦群众在革命斗争中所获得的利益，如已分配的土地，不能退还地主，八小时工作制不能取消等。

（五）保证抗日武装力量之政治的坚决，成分之纯洁，及组织的灵活，并发展之。

（六）保证人民一切民主权利，同时加强保安工作，严镇人民公敌汉奸。

三、行政机构的整理

转变到民主共和制度之政权机关组织形式，必须加以整理，并加强其工作能力。因此苏维埃政权形式有改变的必要。根据陕甘宁边区的特殊情形，苏维埃政府转为边区政府时，边区政府下设立秘书处、建设厅、农工厅、教育厅、财政厅、民政厅、保安司令、法院、审计处，边区政府组织主席团，各厅组织委员会，厅长为当然主任。县设县长、区设区长、乡设乡长，乡长下设各种委员会。边区政府的特点与其贡献于全国各省的宝贵经验：

（一）为改善人民生活，保障人民权利，特设农工厅。人民的要求，经过这一组织，可以充分反映到政府，在阶级利益服从于民族利益的原则下，能适当地解决一切阶级间之矛盾，一一见诸实施。

（二）法院的审判独立，但隶属在主席团之下，不采取司法与行政并立的制度。

（三）保安司令为维持治安之负责机关，他对于人民公敌、汉奸、奸细，能予以充分的注意与之作无情的斗争，而绝对保证人民应享受之一切民主权利。

（四）乡政府为吸收广大群众参加工作，可按工作组织各种委员会，苏维埃过去的经验告诉我们，这是人民直接参加政府工作的最好组织形式，应充分保存并发展起来。

这一行政机构，与各群众组织（如：工会、农民委员会、青年救国会、妇女代表会）及一切抗日团体，取得密切的联系，使这些组织成为政府最重要的支柱与依靠，成为人民政权的轮带。因此各级政府机关，应保持过去良好的制度，发挥这一机构的特长，各级机关必须进行下列工作制度：

（一）集体办公制度；

（二）集体领导个人负责制度；

（三）工作检查与工作报告制度；

（四）依据工作计划，严格执行预计算制度。

只有如此才能使这一行政机构成为有机的合理化的组织，有能力而能适应客观需要的政权组织。

四、转向民主政治的主要工作

使苏区变为抗日模范区，我们的工作从何开始呢？

（一）开展广泛的民主选举运动。

依照陕甘宁边区选举条例，进行各级政府的改选，并建立各级议会和区乡代表会议。

以民主制度的转变，更提高群众的政治积极性，以高度的政治和组织工作，来完成这一任务。为此必须进行广大的政治宣传解释，向群众说明为挽救中国的危亡，安置民族统一战线之坚固的基础，而转变到民主共和制度去之必要意义和实质，与人民的敌人汉奸、托洛斯基派等每一武断煽惑与捣乱行为作揭发与严厉反对的斗争。按期进行一切选举的准备工作，按期检查进行程度。

（二）限期肃清土匪。

在苏区自革命以后，土匪是没有了。但在新的局面之下，被革命所推翻的豪绅地主回家来了，反革命组织在民主制度下，更多机会活动了，这些反动势力的企图复活与武装的破坏是不会停止的，因此肃清土匪是进行转变各种工作中之主要的一环。我们必须认识苏区内的土匪的社会基础是：

一、过去被推翻的豪绅地主；

二、过去被解除武装的民团土匪；

三、封建势力下产生的反动组织如个别哥老会等；

四、苏区以外的反动势力汉奸亲日派。

因此现在对土匪，我们应该采取消灭政策，加强地方武装与群众团体的组织与领导，从根本上去消灭他。

（三）文化建设

文化教育工作在新的条件下，带着极端重大作用与意义，必须大大的以百分之五十的力量去进行文化建设。采取适当的办法，实施以民族解放和民主政治为民众教育中心内容的普及教育。根据群众的文化教育建设方案，必须进行下列事项：

一、发动群众普遍组织识字促进会和识字组。

二、设立夜校，在人口比较集中地方设立补习学校。

三、按区开办冬学。

四、在人口稀少的地方办巡回训练班，进行巡回的短期训练。

五、根据具体情形恢复与创办小学校。

六、健全各级教育行政机关的组织，建立巡视登记报告制度。

（四）经济建设

在改善人民生活与巩固国防的目标下，适应特区经济发展的具体环境，我们进行经济建设时，应把握着坚强的信心。有些同志以为陕甘宁地区贫瘠，人口稀少，经济落后，加以战争破坏等，一时经济难于发展。但在抗日前进阵地的陕甘宁：（一）是当前民族团结，对日抗战的全国人士注目地。（二）他有十年来苏维埃建设之丰富经验与坚强干部，以及特区内广大忍苦耐劳具有强大组织力与高度政治觉悟的人民。（三）他有共产党正确坚强的领导。这些政治上的优越条件和具有广大土地与石油、盐、煤、铁、牲畜、皮毛、药材等的丰富出产，只要有正确的领导，与生产战线上良好的组织工作，特区的经济建设是有充分发展的可能。因此我们必须根据特区经济建设方案，开展广泛的经济建设运动。

一、在农业方面要领导春耕与夏耕运动，以恢复与改善农村经济，改善人民生活。

二、开办水利，以利农耕，改良土地。

三、在工业上注意发展石油、盐、煤、铁等主要生产，保护手工业。

四、在商品流通上，广泛发展合作运动，注意皮毛药材出口，相当提高农产品价格，以刺激农民，提高农业生产。

五、修筑道路，以便解决运输困难。

六、积极领导经济建设运动，扩大加强各种劳动组织，吸收妇女到经济建设上来。

五、工作方式与工作方法的转变

为着实现目前新的伟大任务，边区政府的工作更加合理化与活跃化，必须要求政府工作人员充分进行民主的工作方式与工作方法。要达到这一点：

（一）首先要认识环境。现在是从战争转入了和平。如对这一估计不足，那么我们就无法转变一切工作。如果说过去的工作中心是动员一切力量进行打仗，口号是“一切服从于战争”，那么现在是迅速准备充实快要到来的抗日战争的力量，一切带着国防的性质，工作中心已转到国防建设方面来了。如果说，过去工作多带着流动的性质，常采取突击的方式，那么现在则更固定些，计划应有经常性。过去的工作单纯些，现在却更复杂了，因此处理问题要有原则的了解。

（二）在民主集中制的基础上实行工作民主化，其方法：

甲、各级政府应该更加注意集体的领导，在严密分工与个人负责制上，一切工作应有集体讨论与决定。

乙、实行工作检查制度，按期检查工作，按期向上级及群众报告，这可以使工作计划不打折扣，而能全部实现。

丙、实现合署办公；工作人员的紧缩与集体办公，这可以增加学习的机会与提高工作效率。

（三）建立启发下级组织与群众积极性与创造性的领导，因此不能采取抑制与束缚下级组织及干涉一切的领导，而要有充分的工作批评的自由与工作报告的制度。

（四）在复杂的环境中，要有分别的具体的灵活的，带作战性的领导方式，要反对不顾具体情形一般地公式化的领导方式。

从苏维埃到民主共和国，我们已付了相当的代价。十年来流血的斗争，造下了今日的和平局面。在巩固国内和平迅速准备对日抗战的过程中，还有许多的困难，还须要付与相当的代价。为取得中华民族解放与自由，我们不仅要了解群众的困难，倾听群众的意见，同时也要给他们以正确的解释，及时地解决问题。在中国共产党领导之下，我们是能够把胜利的前途变为胜利的现实的。

选自《陕甘宁边区参议会》资料选辑，中共中央党校科研办公室1985年编印，第48～55页。原注：“载《解放》第五期，一九三七年五月三十一日出版”。

78. 谢觉哉：陕甘宁边区政府的组织与建设

1937年6月

《新中华报》编者按：这个材料准备在以后各期连续发表，专门供给各地干部及群众的教育用的，希各地同志们注意。

第一讲　为什么要有边区的建立

边区的疆域

边区的四至，不是依据山川的天然疆界，也不是说已是国家的边境，而且也不能有严格的划界。只是事实上已有了这特殊情形的边区。它的四至：北靠长城，南抵渭河，东起黄河，西至灵武、金积，纵横均及千里，原属陕西、甘肃的北部，宁夏的东部。现分为陕北省、陕甘宁省和关中特区、神府特区，神府与陕北尚未连系。

附边区略图（略）

边区人口未全统计，大概有一百五六十万左右。农业因水利未修，耕种粗放，产不多，可是每人种地很多，丰收一年可以吃两年以上。药材为出口大宗。矿产出名的有延长的石油，花马池的盐，煤到处皆产。边区经济，大有发展的余地。

现在边区共有五十个县，许多是新划的。

边区的特点

一、边区建立苏维埃有了六七年，封建势力根本肃清。

二、人民已得完全的民主。

三、土地分配了，苛捐杂税取消了，人民生活逐渐改善。

四、人民因实行管理政权，政治情绪很高。

五、是全国最富于抗日准备的地方，且已站在抗日的前线。

为什么要有边区的组织

一、中华民族的解放和民生的改善，需要抗敌，需要民主。苏维埃为着这个目的，奋斗了十年。其抗日的准备与民主的训练，可以做全国的模范。

二、中国大得很，百分之九十九以上的地方，尚没有民主，封建残余的势力，非常猖獗。假如把这不足百分之一的已解放了的苏区，混在他们的组织里，那末，纵不像江西苏区、鄂豫皖苏区、通南巴苏区等被残杀，而发生的民主嫩芽，也必像受到霜雪一样：萎败下去。反之，有个边区组织，独立地表现它的成绩，那必然成为全国解放的模范，为全国先进群众所向往。全国的解放也就不远了。

对怀疑者的解释

怀疑的人有两种：一是苏区的人，他们说："只有苏维埃才能救中国。我们为苏维埃血战了十五年，我们不能把红旗子取下！"我们的答复："对的，但现在为要救世打日本，国内必须统一，要把两个政权对立的状态取消。这是一方面。另一方面，苏维埃名义虽然取消，苏维埃的好办法，仍然存在。土地分配了，不还原；民主制度继续发展，红军游击队的武装仍在工农大众的手里。而且要把这些办法推广到全中国。"去换过一种武器（不是用枪炮）推广到全中国去，那不比屈促在小小苏区，老是打不出湖，好得多么？

一是苏区外的人，他们说："既已和平统一，为什么不把所占区域归还建制，而要成立边区呢？是不是共产党也学军阀一样，要弄个地盘呢？"我们的答复：不是，绝对不是。共产党是最进步的政党，他要解放全中国全世界，他的力量倚靠革命的阶级和先进的群众。若说共产党也学割据军阀的样，那只暴露其无识。至于为什么要设立边区呢？那正如上面所说的，已得解放的地区，应继续发展，不应拉它后退。而且在落后的边区里，做出抗日和民主的榜样来，给那班说“中国无力抗日”“中国民众落后”的话的人，以事实上的回答，也是最好不过的事。到将来真正民主共和国成立，非边区也和边区一样时，那末，区划也许应该改变。

第二讲　边区政府和苏维埃不同的地方

上面说，苏区改为边区，苏维埃好的办法和实质依然存在。但是不是名义上改变，内容上还是一样？不是的，内容有很多不同，且有些原则的不同：

第一，政权的性质——由工农民主改为一般民主。苏维埃是工农民主，工人、农民及和工人、农民差不远的小资产阶级，有选举权和被选举权，地主、富农、资本家，一切专靠剥削为生的人，没有选举权和被选举权。政权机关和劳动者连系在一起，真正是劳动阶级管理，为劳动阶级做事。全世界除苏联外，尚只有中国苏区做到这样。

现在改为一般的民主，那就是说，除工农小资产阶级外，地主、富农、资本家也有选举权和被选举权了，只要他不是汉奸、卖国贼。里面办事，采取资产阶级及民主的方法，自然比工农民主要呆板得多。问题就在这里，这不是“开倒车”么？我们说，是一种让步，但不是“开倒车”，而是向前进。小小的苏区虽然实现了更高的民主而全国广大地区连一点民主的影子都没有。现与国民党约：苏区里面，允许地主、富农、资本家有选举权和被选举权；国民党所辖区域，也允许工农大众参加政权。像走路一样，前面的站住一步，落伍的赶将上来，不要彼此“相背而驰”。我们在小小苏区让点步，而在全国取得胜利，这不是前进是什么？这是一。

二、在苏区里让步也是有限度的，苏区和红军问题上共产党领导的保持，是让步的限度，超过这限度是不许可的。

三、假如国民党不这样做怎么办？我们说：国民党已经答应，实行宪政。工农向他要民主，总不好意思公然拒绝。过去他说苏维埃跑得太远，不合国情，赶不上（当然全国人民对苏维埃的认识还差）。现在苏维埃改边区，实行国民党所允诺的民主政治，做个样子给他看，给全国民众看，必然的，大家会开步跑赶上，谁也不能骗住或骇住他。

四、边区里面封建势力已经打倒，工农已有了政治的觉悟和经验，今后虽允许地主、富农、资本家参加选举，但他要恢复从前的势力，已不可能。这就是说我们可以尽量到全国去和封建势力斗争，而在边区里却用不着忧虑。——当然我们仍需警觉，需要做许多工作，去克服他们复活的企图。

第二，政权的形式——由苏维埃形式改为议会形式。苏维埃组织像宝塔一样，一层层选上去——选民选出乡代表，乡代表选出区代表，区代表选出县代表，县代表选出省代表，省代表选出全苏代表。这是一方面。

…………①

有几点与国民政府现行制度稍异的，须得说明如下：

现行制度没有农工厅，但改善群众生活，实际就是改善工农大众的生活。工农生活得不到保障，也就无从发扬国力，抗日救亡。边区特设农工厅，有它的重大意义。将来全国

---

① 原注：本文从《新中华报》第三百六十六期（一九三七年六月十六日出版）开始连载，因为缺《新中华报》第三百六十七期，此处脱稿，故缺第二讲的后一部分和第三讲的前半部分。

也是要设立的。农工厅的长官须是工农所爱戴的工农出身的分子。

现行制度法院和行政对立的，边区法院仍隶属于主席团之下，因为时局进展，审判常须受政治的指导。与其设特别法庭或戒严法来调济，不若使法院在主席团领导下保持其独立，这于保障人权较为有利。

议会的组织

一、各级议会都是由选民直接选举，上面已说过。

二、各级议会改选与开会时期：乡代表会每六个月改选一次，每一个月召集一次会；区议会每九个月改选一次，每两个月召集一次会；县议会每一年改选一次，每六个月召集一次会；边区议会每两年改选一次，每一年召集一次会。各级长官改选时期与各级议会同。

三、县议会、边区议会闭会时设常驻议员代行议会职权。

议会和政府的关系

打个比方：议会是人民直接选的，是主人；政府是议会选的，是佣人。主人对佣人有监督指挥的权利，佣人应接受主人的监督和指挥。边区议会及行政组织纲要规定各级议会职权：

一、选举行政长官。

二、批准预算（预算以一年为一会计年度，审计处只审查计算）。

三、编制或批准各项建设计划（边区政府虽是全国中央政府之一部分，但又是地方自治政府，主要的任务是建设）。

四、决定征收各项地方性的捐税及发行地方公债（办事要钱，钱的来源须由主人——议会自己决定，佣人——政府不得自由征取）。

五、议决边区内的单行法律。

六、召回所选出的行政长官（比如县长是县议会选的，如发现该县长不好，县议会可以把他撤回来另选过一个。同样，选民选的议员，如认为不好，也可以把他撤回来，改选一个）。

七、下级议会议决案不得与上级议会议决案冲突。

注：四、五两项是专门属于边区议会的。

又纲要上规定："各级政府直接向各级议会负责"。正像佣人应对主人负责一样，他要到议会做工作报告，接受议会的质问和批评。这里不是说各级政府可不对上级政府负责，上级政府是上级议会选出的，下级议会不得有与上级议会不同的议决，那么下级政府对上级政府负责，与他对同级议会的负责并不矛盾。

政府的权力

照上面说：政府权力似乎小了，其实不然。只有这样的政府，权力才是无限大。因为它集中了广大民众的力量，为广大民众所支持。比如说，它的武装是民众的武装，训练有素，一声令下，要上边境抗敌，马上就四面八方来了。又如要把盐池到西峰的汽车路修好，便利运盐，民众都晓得是利益之所在，动员方法和经费支配都很清楚，一声喊就可以完成，试问那些独裁的官僚政府能这样吗？

政府与人民的关系

苏区已经把旧时代的政权机关全部推翻，重新建设，找不出旧政权时代的官僚影子了。如果说旧时代下层民众与上层政权结构是两截的话，那末现在的边区民众与政权结构已融合在一起。这种改革今后更应发扬起来，其保证：一、如上所述，选举和议会的彻底民主。二、广大不脱离生产的民众参加政权（后面再说）。三、废去佣兵制，民众直接武装。四、政府工作人员的俸给不得超过边区熟练劳动者的所得。苏维埃是这样，边区政府也是这样。五、边区群众文化的政治的水平提高与生活改善。

第三讲　边区政府工作纲领

民主建立

因为边区成立过苏维埃，有更高的民主基础：

一、群众用自己的血夺来的政权，比一般所谓政权开放下的群众，情绪完全两样。

二、官僚习气已铲除，群众和政权机关的接触是赤裸裸的。

三、群众组织发达，没有人不参加其特殊利益的团体。工人有自己的组织，农民有自己的组织，商人也有自己的组织，小孩入儿童团，青年入青年救国会，妇女入妇女代表会。这些团体也是整个民主的有力支柱，因为这些团体的本身是极民主的。

四、市乡苏维埃民主制度的特点如下：1. 市乡代表的任务。苏维埃组织法第十三条规定，“市乡代表的任务：一方面是代表选举他们的选民到苏维埃去工作，传达选民意见及选民所要进行的工作；另一方面是将上级苏维埃所要进行的工作，经过市乡苏维埃讨论之后传达到群众中去，领导各代表所在范围内的居民坚决执行……”这样，使居民与政府完全连结起来。2. 市乡代表主任制。为着使各村各街道的工作进行便利，在几个代表中选一代表主任。3. 固定代表制。苏维埃组织法第十五条规定，“为着代表与居民的密切联系，便于吸收居民意见及领导工作，应依照代表与居民住所接近，将全体居民适当地分配于各个代表的领导之下（人数以二十人为准，但因居所的便利，可以多一点或少一点），使各个代表对于其一定范围内的领导下的居民发生固定联系”。这办法好得很。代表对他所代表的居民的家产、意见、情绪、能力、困难，无不了然。居民有什么都找他解决问题，听他指挥。4. 吸收广大群众参加工作。苏维埃组织法第十六条规定，市乡苏维埃之下设立各种经常的或临时的委员会：扩大红军委员会、优待红军委员会、慰劳红军委员会、赤色戒严委员会、防空防毒委员会、义务劳动委员会、失业救济委员会、贫民委员会、房屋委员会、户口委员会、工业研究委员会、农业研究委员会、国有财产委员会、教育委员会、卫生委员会、桥路委员会、粮食委员会、备荒委员会、森林委员会、水利委员会、牧畜委员会、开荒委员会、选举委员会、武装委员会等。这些委员会的办法是苏区里一些模范乡的群众创造出来的。他们用这方法，发展了群众的力量，提高了群众的情绪，得到了意外的成绩。看起来好像麻烦，但农民是实际主义者，有某事项才组织某项委员会，事做完了，委员会就停止，并不感到麻烦。这是一。第二，各委员会都有乡代表参加，为委员会主任，经常参加乡的会议，在乡主席的领导下，配合着进行工作。第三，委员会多，参加的人就多，尤有活动能力的男女，都在做工作，像千百条血管连结在群众里面。

五、选民有随时召回被选人的权利。召回权在乡一级多已实行。

上面这些是现代一般的民主国家所没有的。边区却已经有了。所以，说边区建设民主不容易，固然不对；说边区民主只限于一般的民主自由，其认识也是不够的。边区居民已不能以此为满足了。

自然，一般的民主（如言论、集会、结社、罢工等自由）、各级议会、政府选举的民主，政府工作方式的民主（如会议制、集体领导、个人负责等），都应该做得很好。但这些民主做得很好的保证，在于我们保存并发扬上面所讲的这些高度的民主基础。

过去，边区周围有一道人为的墙，这边极民主，那边极不民主，现在这道墙快拆完了，民主洪流将冲决而出，首当其冲的是下层地方行政——联保制度（我们不反对联保名义，只要保长民选，有民选的保甲代表会）。上面来的风吹折枯枝，且下面发的水连根拔去。这就是我们民主模范的特色，我们可能且必须向这样的前途迈进。

经济建设

群众没有饭吃，没有衣穿，而说这是模范区，固然是笑话。到处闹饥荒，饿死人，一面却整顿市面，不许行人打赤膊，随地小便，说国家已现代化了，同样也是羞死人。边区的经济建设，应脚踏实地，在一定期内做出预期的成绩。

第一，我们有经济建设的优越条件：

一、高利重租苛捐杂税，一切足以妨碍生产的封建制，已根本铲除——从前三边地方平均每人每年捐税在二十元以上，清、绥、安定一带，一垧地正赋收五角，附加却加到十元，利息普遍到百分之三十到百分之一百，这是农村破产的重要原因。现在都取消了。以后捐税须经议会议决才能征收，利息现已规定不得超过百分之十五。

二、农民都分得了土地，生产热情增高——今年仅据陕北七个县的报告，垦荒三万七千余垧，达原有耕地的七分之一。妇女生产学习组、劳动互助社、犁牛互助，到处都在组织。这还是初停战时的现象。

三、有广大未开垦的土地，足资牧畜的草原，能开浚的水利，待开发的矿产。

第二，目前经济建设的方针：

一、西北农村破产，怕比任何一省都厉害，现第一步是逐渐恢复原状，但同时应在力所能及之内，采取新的设置和技术。

二、为着经济进步增速，而又不违反争非资本主义前途的原则，现时经济的组织，应该是：1. 合作社的经济——合作社是抵抗私人资本的群众经济组织，它是过渡到非资本主义前途的桥梁。2. 小商品的经济——因受帝国主义经济侵略，大部小商品生产者破产了。应给以特殊保护（如低利贷本、保障销场等），使其恢复并发展。3. 私人资本主义的经济——边区是营业极自由的地方，没有苛捐杂税，没有外货压迫，而石油业、煤铁业、盐业、皮毛业、牧场、农场、水利，都大有发展的可能。我们欢迎资本家投资，并保证保障其能得利。4. 国家资本主义的经济——国家应以极大力量来办理私人所不易举办的事，农业、工业、矿业甚至商业，都可以部分地国营。

第三，在边区内讲，经济建设已成为现在的重要一环，建设厅（即现在的国民经济部）应即着手制定具体的计划，大体的内容应如下：

一、农业：大量垦荒——新荒老荒不知道有若干，除发动现有农民开垦外，地主豪绅回家的，外籍士兵愿在此落业的。外籍逃荒来的皆给以足够土地，一经垦熟，即永为所有。实行农贷——缺乏种子、耕牛、农具的，政府借款把他，或代为购买，其集股开渠凿井办农场的，政府除低利贷款外，还须派专门人员去帮助。开办农校及模范农场——办农业学校一所，学理论与实习并重，凡暂时在边区不能实行的缓教，农校应与农民联为一气，并接受老农的经验，设模范农场一所或两所，农场做的，要使农民能够马上仿行，并帮助他们仿行。开水利——边区有很多能灌溉的地方，费几百元钱即可溉田数百垧至千余垧，在目前大部须由政府来办。粮食储备——边区虽常遭荒旱，但地广人稀，收一年可食两年。近代因打仗，储粮吃空了。今后粮食生产必多，一面固应运些出口，但同时充实义仓，鼓励群众储粮，准备将来抗战，仍是必要的。此外如改良农具，边区农具比东南落后，在不能机械化时，应仿照东南匠人制造较进步的农具。施肥也同样应仿效东南的方法，使由粗放耕种渐进到集约耕种。

二、牧畜：改良畜种——过去农民无力择种，就是边区内较好的种，也听其自然。今后不仅在边区选种，且应购入国外的良种。精制皮毛——开公司，用较新科学方法硝皮、洗毛，提高皮毛价值。繁殖畜产——这几年畜产数量，减少很多，今后应保护母羊，改良畜舍。扑灭畜病——各区乡订立畜产增加的比赛。

三、植林：避免荒旱，调节气候，供给器用，都需植林。边区不是不宜植林，而是砍伐太多，又不栽种。今后每年冬春之间，应举行植树运动，设立苗圃。同时边区到处有煤，燃料应取给于煤，不许砍树（居民无力开煤窑的，政府贷与资本）。

四、矿业：全国闻名的延长石油，我们拾了以前资本家丢下的机器，费很少的钱，出产也还不错。花马池的盐，稍加人工，即成精盐。煤矿、铁矿、银矿蕴藏不少。我们欢迎资本家来投资，大量开发。

五、工业：首先帮助手工业恢复生产，其次购进简单的机器，如织布机、纺纱机、硝皮洗毛机等。

六、合作社：边区的合作社，过去起了很大作用，今后更应发展它的功能。其改进方法：（一）合作社须独立营业；（二）实行社内民主；（三）设生产合作社或消费合作社附设生产部门；（四）加强各级合作社指导委员会的领导；（五）加强贸易局对合作社营业的帮助；（六）银行对合作社的低利贷金。

七、国营商业：过去贸易局主要是保障部队和机关的供给，今后贸易局的任务在调济盈虚，刺激生产，抑制商人的操纵。因此贸易局应有远大眼光，有整个计划，在各经济中心，如定边、西峰、延安……建立起在商业上的领导作用。当然我们并不垄断，相反的，对商人仍采取保育政策。

八、修路：通绥德、定边的汽车路须早完成，其他道途须尽可能做到能行大车。

为达到上述目的，边区政府：一、欢迎国内资本家及华侨资本家投资，给以优益的条件；二、欢迎技术人才，尽可能给以优待。

文化建设

国民党肖淑宇先生到过湘经“匪区”。在他给国民党中央的报告上说：“匪区教育虽浅，确已普及；所有祠庙都变成了列宁小学，校长是农民，教员是知识分子，教员很尽职。”又说，“中国教育普及讲了几十年，越讲越不普及，大家说是师资和财力缺乏所致，难道‘匪区’师资财力比我们多吗？这点我们应该自愧。”可惜得很！肖先生尚没有看见“匪区”的干部教育，假如看见的话，不知要“愧”到怎样？究竟苏区教育怎样办的？抽象地说：“群众自己起来要求自己所需要的教育，同时群众自己起来教育自己。”具体地说：一个村吧，儿童团集会、讨论、唱歌、游戏，互相督促上学校，竞赛；妇女会、少先队、青年团互相督促加入夜校、半日校、识字组，办学的是他们，教书的也是他们。学了就教，学了就用，困难时树枝、土块可以当笔；紧急时，前面行人背着字，后面行人学着写。江西苏区的教育就是这样普及的。干部教育大部是从工作过程中进行的，而出学校去工作，做一时工作又进学校，也是常事。卫生学校、通讯学校等技术教育，一些不大识字的青年，学几个月、年把居然成了好的医生或报务员，这是出人意料的，然而确是事实。今后边区的教育是要扩大这种精神。

一、一切教育的中心是抗敌救亡，即国难教育；

二、教育与生活合一；

三、依靠大众在生活过程上要求教育的热忱，教育方式不限于学校；

四、实行儿童免费教育（包括幼稚园在内）；

五、中等以上学校，供给衣食，并给津贴，所谓学费不是学生缴把学校，而是学校发把学生，使凡须学习的及已就职的，而仍需深造的，都能就学；

六、文化出版完全自由，并给以物质的帮助；

七、完全文盲的，先教新文字，逐渐改革中国的文字工具。

军事建设

同样是继续苏维埃军事建设的精神：

一、废除佣兵制，武力成为民众的武力；

二、农民组织自卫军、工人组织纠察队、青年组织少年先锋队，各置备新式或旧式武器，时常训练；

三、组织航空化学协会，发展摩托教育；

四、普及体育运动，使居民都具有能够抗敌的健强身体；

五、依靠民众自卫力量彻底消灭反动土匪。

财政建设

边区是受协省份最贫瘠的地区，但我们相信，最近期内，可以做到财政完全自给。其办法：

收入方面：一、国营企业（矿、工、商、水利等）的收入，将占重要部分或大部分；二、实行统一的累进税，富的多出，贫的少出或不出；三、群众自由报效。

支出方面：一、减少消费的支出，增加建设的支出、二、不采取旧社会上下悬距的俸给制；三、财政统一，尽可能节省，严格执行审计制度。

我们以前是这样办的，以后还是这样办。

薪给制度

“升官”与“发财”相连是中国政权机关腐化的根源。列宁说：政府人员的最高薪给，不能超过一个工人：理由是政府人员并不需要比工人还多的长期训练。中国有句古话：“禄足以代其耕”“休官的叫归田”。做官的和耕田的，只是一时事业的变换。苏区的代耕队替士兵、工作人员的家里种地，就是这个意思。将武装部队仍应保存这个办法，其他人员如给薪时，薪额只能“以代其耕”为限，即最高不得超过边区里一个熟练工人。

这办法的好处：一、能够保持朴素耐劳的传统作风；二、给工作人员生活以确定保障。许多从前过过或现在仍在过着旧时代俸给生活的，都说这办法好，衣食虽然坏一点，但谁也无生活的顾虑，安心地做他的工作。

农工问题

苏维埃颁布的劳动法，雇农条例规定了八小时工作制、劳动合同、集体合同、最低工资等，依然有效。另一方面，社会保险（工人失业、疾病死亡等救济）、社会救济（老弱残废、凶灾、贫穷等救济，因革命被难者的救济，即现在互济会的事业）、租息的限制（息已有了规定，租还没有，既已允许田地出租，又不再没收地主土地，租额必须有个限制，像过去陕北的“打伙子”“捧子”“保租”，陕甘宁的“调分子”“招伙子”“死租”“租牛”等封建办法，不能允许再存在），均须把它做得很好。

司法制度

一、田土、婚姻、钱债、斗殴等诉讼，边区已不大有。因为这些诉讼的社会基础，发生了根本变化，反革命案及被反革命利用的土匪案，将占司法上的重要地位。

二、充分采取感化主义，不采取报复主义，但为着保护革命利益，对顽强的反革命分子仍允许采取严厉办法。

三、行三级两审制，初审机关判决后，被告即不声明不服，也须送给上级审判机关审查以昭慎重，死刑则必须经过最高审判机关核准，才能执行。

四、审判独立，但仍在边区主席团的领导之下，使审判能适合于当时政治的环境。

五、改善感化院的设备，从生活上教育上给罪犯身心上以根本的改造。

妇女问题

边区妇女在财产上、政治上、职业上、婚姻上已得到解放了。但因生理的习惯制，彻底解放还未可能，因此妇女代表会、妇女救国会等特殊组织，应使之发展，托儿所、公共食堂还待组织。民政厅内应设专做妇女工作的科，保护妇女的利益。

少数民族问题

过去统治者对于少数民族问题，铸成大错，只看见现在蒙古民族的衰弱，勾引日寇，德王企图建立傀儡蒙古国。回民呢？同治光绪年甘西北回汉大惨斗，至今还是一片荒凉。数年前甘回暴动，死人好几万，这种大汉族主义的办法，没有一点好处，结果只有便利敌人，同归于尽。红军自到陕甘与蒙回接触，坚持民族自决主张，并诱导帮助他们自决，使他们有自己的武装和自己的政权组织，从前仇恨的，现在异常亲爱起来，能独立而后能有联合，有自由而后能讲平等，边区组织纲要上规定：少数民族，蒙回有自由组织政府及自由加入或退出边区政府之权。边区议会内设少数民族委员会，保护少数民族特殊利益。这个政策的实施是解决全国将近二千万少数民族问题的根本，我们须予以绝大的注意。

工作方式与方法

工作方式与工作方法：

一、首先认识环境，现在从战争转入和平，如果说过去中心工作是动员一切力量进行打仗，一切建设是为着打仗，那末，现在是迅速准备快要到来的抗日战争的力量。工作中心转到国防建设上来，过去的工作多带着流动性、突击性，现在则因固定了些，计划应有经常性，处理问题都要有远见及原则的了解。

二、发扬民主集中的工作作风：甲、各级政府应更加注意集体领导，在严密分工与个人负责制上，一切工作应有集体讨论与决定。乙、实行工作检查制度，按期检查工作，按期向上级及群众作报告。丙、实行合署办公，提高工作效率及增加工作人员学习的机会。

三、建设要启发下级组织与群众的积极性和创造性的领导。

四、要有分别的具体的灵活的领导，反对不顾具体情形，一般的公式化的领导方式。

参考材料：《苏维埃土地法》《苏维埃劳动法》《苏维埃婚姻法》《地方苏维埃组织条例》《陕甘宁边区议会及行政组织纲要》《陕甘宁边区选举条例》《陕甘宁边区经济建设计划草案》《陕甘宁边区教育原则和方案》

选自《陕甘宁边区参议会》资料选辑，中共中央党校科研办公室1985年编印，第56～71页。原注："载《新中华报》一九三七年六月十六、二十三、二十六、二十九日第四版"。

79. 李维汉[①]：陕甘宁边区政府工作回顾[②]

1986年

一、毛泽东的嘱咐

以延安为中心的陕甘宁边区，是中央红军长征的落脚点，又是抗日战争的出发点，党中央指挥全国革命的大本营，全国政治上最进步的区域。但存在两方面的情况，一是国民党顽固派方面，他们把陕甘宁边区看作眼中钉，时刻妄图拔掉它。一九四〇年前，尚有国民党县政府、县党部和电报局、邮政局等通讯机关设在边区，还设有榆林地方部队常驻机关，从事反共反边区间谍破坏工作。这些机关因其破坏活动被我揭露撤离后，国民党又不断向边区秘密派遣特务，并在洛川、西峰镇、榆林三处设立反共据点，伺机进袭，从政治、经济、文化上封锁边区。二是我们自己方面，边区地广人稀，经济落后，文化闭塞，人畜死亡率很高。全区共辖二十七个县、市，包括陕西、甘肃、宁夏的延安（县、市）、甘泉、富县、延长、延川、安定（子长）、安塞、保安（志丹）、固临、绥德、清涧、米脂、佳县、吴堡、新宁（宁县）、新正（正宁）、赤水（旬邑）、淳耀（淳化、耀县各一部分）、庆阳、合水、环县、华池、靖边、定边、盐池、吴旗等地。人口仅一百五十万。因此，经济建设和文化建设的任务是十分艰巨的。

我在中央研究院的整风学习告一段落，确定调往陕甘宁边区政府工作时，枣园打来一个电话，说毛泽东找我谈话。我到了毛泽东那里，他和我谈了很长时间，主要谈边区政府的工作。他说：今后边区政府的工作，第一，要讲团结，全边区要团结在以高岗为首的西北局周围，边区政府内部要团结在以林伯渠为首的政府党组周围；第二，要精兵简政，做到五句话：精简，节约，统一，效能，反对官僚主义；第三，要发展生产，主要是农业生产，也要搞好工业生产（他知道边区已经有火柴、毛织等工业和七百个工人，沈鸿还带进一些机器来，很高兴）；第四，要搞好文化教育工作，边区文化教育太落后，文盲多，巫

---

① 李维汉，1942年9月—1946年4月，任陕甘宁边区政府秘书长兼政策研究室主任。

② 原注：本文原载李维汉《回忆与研究》（下），中共党史资料出版社出版（一九八六年四月）。文内的注释是原有的。本书编者对个别史实、时间、人名、数字有订正。

神多，迷信多，文化教育要抓紧发展；第五，要搞好“三三制”政权，此事，陕甘宁边区一定要带头搞好。我离开时，他送到窑洞外，特别叮咛说：“罗迈，延安好比英国的伦敦。”我体会这句话的意思是说，伦敦是英国的首都，它的政策影响着英国的众多的殖民地。我们当时也有很多根据地，根据地当然不是殖民地，但需要一个“首都”作为政策中心，则是一样的。毛泽东是要求陕甘宁边区在执行党的政策中带个头，自觉承担试验、推广、完善政策的任务。期望殷切，鼓舞极大。毛泽东的这次谈话，我向西北局报告过，也在边区政府党组传达讨论过。

从一九四二年九月十二日到职至一九四六年四月十九日离开，我在边区政府一共工作了三年零七个月。我的职务是边区政府秘书长兼政策研究室主任，李景林是副秘书长兼审判委员会秘书长，以后常黎夫来了，他先是秘书处长，以后是副秘书长兼政策研究室副主任。我主要协助以林伯渠为首的党组做一些会议组织工作和政策研究工作。这样的人事安排，就使我有可能花更多的力量去做上述的工作，对我的帮助是很大的。政策研究室的同志们在协助组织大会和研究政策工作中，经常深入实际，联系群众，调查研究，了解情况，反映问题，总结经验，也付出了辛勤劳动。这几年边区政府的工作安排及其方针政策，就是根据毛泽东的上述原则要求和指导思想，在党中央和西北局的领导下进行的。

政府工作的面很广，这里着重回忆毛泽东嘱咐的四个方面工作，即：精兵简政，政权建设，经济工作，文教工作，另外再谈谈土地改革、接待中外记者团和一个政治运动：审干和“抢救”。

二、精兵简政

毛泽东在一九四二年九月七日为延安《解放日报》写的社论《一个极其重要的政策》中说：“党中央提出的精兵简政的政策，是一个极其重要的政策。”我在同年同月临来陕甘宁边区政府前，他找我谈话嘱咐我转达边区政府的第一件事，也是精兵简政。我回忆在边区政府的工作，就从精兵简政开始。

（一）严重困难

一九四〇年和一九四一年，是各个抗日根据地遭遇空前物质困难的时期，正如毛泽东说过的：“我们曾经弄到几乎没有衣穿，没有油吃，没有纸，没有药，战士没有鞋袜，工作人员在冬天没有被盖。国民党用停发经费和经济封锁来对待我们，企图把我们困死，我们的困难真是大极了。”陕甘宁边区的财政收支由于下列三个原因，也发生了很大问题：第一，脱产人员猛增。一九三七年陕甘宁边区成立时，党政军脱产人员仅一万四千人，一九三八年亦仅一万六千人。一九三九年后，主要是一九四〇年和一九四一年，国民党发动两次反共磨擦，用重兵包围边区，并伺机大举进攻。我们被迫从前线陆续调回军队，保卫边区。边区脱产人员（主要是军队）即从一九三九年起直线上升，计：一九三九年四万九千人，一九四〇年六万一千人，一九四一年七万三千人。人员猛增，支出随之大幅度增长。第二，财政收入锐减。陕甘宁边区的财政收入存在一个很大弱点，就是依赖外援。外援（包括海外华侨的捐款、国内民主人士和抗日团体的捐助，以及国民党给八路军的军饷等）在边区财政收入中所占的比例极大，据统计，外援所占的比重：一九三八年为百分之五十一点六，一九三九年为百分之八十五点七九，一九四〇年为百分之七十四点七。一九四〇年十月起国民党停发八路军军饷，同时实行断邮，外援也大部断绝。第三，人民负担加重。中央曾经规定，党政军脱产人员不能超过人口总数的百分之三，但当时实际已达百分之五点四，势必增加人民负担。以人民的公粮负担为例：一九三七年征收公粮一万四千石（一石为三百斤），占边区粮食总产量的百分之一点二八，每人平均负担仅一升，是很轻的。以后逐年增加，一九三八年一万五千石，一九三九年六万石，一九四〇年十万石，一九四一年激增至二十万石。这个二十万石说明了什么问题呢？第一，它说明公粮已占总产量的百分之十三点八，比一九三七年只占百分之一点二八，增加了十多倍。第二，它说明每人平均负担已达一斗四升，比一九三七年只负担一升，也增加了十多倍。人民负担确实重了，党内外反应强烈，党中央、西北局极为关怀。一九四一年九月至十一月，西北局曾派宣传部长李卓然率柯华、秦川、石峻、魏啸天、吴文遴等，在固临县调查了三个区，写了一个《固临调查》材料，也证实了这一情况。正是由于脱产人员猛增，财政收入锐减，人民负担加重，就使我们的财政发生了严重困难。这是一个物质方面的困难，毛泽东说："我们必须克服这个困难，我们的重要的办法之一就是精兵简政。"

（二）采用建议

精兵简政，是李鼎铭等人提出来的。一九四一年十一、二月间，陕甘宁边区召开第二届参议会，李鼎铭等十一人提出一个有关财政问题的提案，建议："政府应彻底计划经济，实行精兵简政主义，避免入不敷出经济紊乱之现象。"这个提案经参议会讨论通过，"交政府速办"。毛泽东看到后，批示："这个办法很好，恰恰是改造我们的机关主义、官僚主义、形式主义的对症药"。党中央讨论了这个问题，并于一九四一年十二月十三日向各抗日根据地发出精兵简政、发展经济的指示，普遍推行。以后毛泽东还说过，"'精兵简政'这一条意见，就是党外人士李鼎铭先生提出来的；他提得好，对人民有好处，我们就采用了。"

（三）第一、第二次精简

陕甘宁边区政府为了执行第二届参议会关于精兵简政的"速办"决议，在参议会闭会不久，一九四一年十二月四日就发出了《为实行精兵简政给各县的指示信》，同年十二月中旬就拟定了整编方案，开始了第一次精简。三个月后，至一九四二年四月，整编工作基本结束，裁减了骈枝机构百余处，缩减了工作人员数千名，这是收获。但由于缺乏经验，对精简工作的必要性的认识也不足，所以思想提高不多，工作改进不大。

一九四二年六月三十日，陕甘宁边区政府第二十六次政务会议讨论通过《陕甘宁边区政府系统第二次精兵简政方案》，开始了第二次精简。这次精简的重点是建立边区政府本身的工作制度，如实行合署办公制度；政务与事务适当分工，使领导人有可能多抓政务；加强下级，提高县政府职权等。边区政府各个单位根据这一重点分别进行了内部的整编工作，调整机构，精简人员，改革制度。八月初实行合署办公。这次精简工作主要是建立和健全制度。上级机关也精简了一些人员，但又都充实了基层组织，实际精简不多。

（四）第三次精简

一九四二年九月，第二次精简已经结束，正在根据党中央《关于统一抗日根据地党的领导及调整各组织间关系的决定》进行第三次精简的准备工作。我参加了第三次精简。

1. 准备工作。第三次精简酝酿很久，准备充分。主要做了如下工作：

第一，总结经验。一九四二年九月中旬，对前两次精简进行了认真的检查，内容包括：经过精简后，机构设置是否合适，人员配备有无余缺，职责分工是否明确，行政、用人和总务工作有无制度、是否完整，干部使用、领导作风、目前工作存在什么问题等。这次检查实际是总结第一、二次精简工作，动员第三次精简工作。我虽然未曾参加第一、二次精简工作，但从这一检查中大体了解了它们的成绩、经验和问题，为参加第三次精简工作做了思想准备和组织准备。

第二，统一认识。一九四二年九月下旬，我们专门召集分区专员，延安、安塞、甘泉等县县长，以及其他一部分县、区、乡干部，举行简政座谈会，研究专员公署①以下各级政府的简政问题。这次座谈会以整风精神进行讨论，使大家对于各级政府的职能有了一致的认识，普遍认为提高政府工作效能的关键在于加强乡政权，简政工作必须以加强乡政权为重点。通过这次座谈会，明确了第三次精简必须注意的一些问题，为深入进行精简打下了思想基础。

第三，准备文件。一九四二年九月十九日至一九四三年一月十四日，西北局召开高干会，简政整政问题是重点讨论问题之一。根据政府党组的指示，在多次集体酝酿的基础上，我负责起草了《陕甘宁边区简政实施纲要》和林伯渠准备在高干会上作的关于《简政整政问题》的报告。一九四二年十一月四日林伯渠在高干会上作了《简政整政问题》的报告，并把《陕甘宁边区简政实施纲要》提交大会讨论，获得通过。

第四，听取指示。准备工作的最重要一步，是直接听取毛泽东的指示。一九四二年十二月，毛泽东在西北局高干会上作了《经济问题与财政问题》的著名报告，提出了“发展经济，保障供给”的经济工作和财政工作的总方针，也提出了“精兵简政”工作。他说：“这次陕甘宁边区高级干部会议以后，我们就要实行‘精兵简政’。这一次精兵简政，必须是严格的、彻底的、普遍的，而不是敷衍的、不痛不痒的、局部的。在这次精兵简政中，必须达到精简、统一、效能、节约和反对官僚主义五项目的。”这是对过去精简工作的批评，也是对今后精简工作的期望。我直接听到了这些指示，极大地提高了对精简工作的意义、目的和要求的认识，在自己的头脑里完成了一次重大的思想武装。

2. 贯彻执行。第一、第二次的精兵简政只在政府系统进行。第三次精兵简政根据毛泽东提出必须是“普遍的”而不是“局部的”的要求，在党中央系统、西北局系统和军队系统也进行了。一九四三年三月二十日，党中央召开政治局扩大会议，讨论精兵简政，对中央机构的人员也进行了精简，为延安其他党政军机关的精简工作，做出了榜样。

陕甘宁边区政府进行第三次精简工作的基本纲领，就是《陕甘宁边区简政实施纲要》。它经一九四二年十二月边区政府委员会第三次会议讨论通过，一九四三年三月三日边区政府主席、副主席明令公布，下达执行。其主要内容和贯彻执行情况如下：

第一，主要内容。这个《纲要》根据边区整风中揭露的问题和总结第一、二次精简工作的经验，本着实事求是的整风精神，从目的、任务、机构、人员、制度、作风等各个方面，提出了十一个问题。其中主要是：一、指出了这次精兵简政的目的，是要使政权工作做到精简、统一、效能、节约和反对官僚主义五项要求。要减去一些不急要的政务，全力

---

① 原编者注：陕甘宁边区的政制为边区、县、乡三级，专员公署为边区政府的派出机关。区公署为县政府的派出机关。

搞好生产、教育两项急要和首要任务；要减去一些不急需的机构和人员，把政府系统人员由现有的一万一千五百人减至七千五百人，即减去百分之三十五弱。二、重新划分和审定边区政府及其各个工作部门、各分区代表机关、各县、乡政权机关的职权和业务。规定“边区政府是边区政权的首脑部”，基本任务是“掌握政策，掌握干部”；“县政府是边区各级政权的枢纽”，基本任务是“组织人民经济和健全乡政权”；“乡政权是边区政权的基层组织”，“第一个重要任务”是“发展农村生产”。三、要求改善领导作风。首先改善高级机关的领导作风，要善于掌握政策，即会出主意，会指导实行。《纲要》强调指出：“这次简政工作涉及了政策问题，制度问题，业务问题，机构问题，干部问题，民主集中制问题，领导作风问题，以及拥军问题，三三制问题等等”，就是说，“简政工作是一序列的组织问题，又是一序列的思想问题”，“必须从组织上贯彻，又从思想上贯彻”。因之，一方面，要同整风学习结合，用整风精神进行简政；又方面，要同检查工作结合，政务人员要作思想检查，政府系统要作工作检查，用思想指导行动，用行动贯彻思想。要求一九四三年上半年完成这次精简任务。

第二，组织实施。这是一项十分细致的组织工作，首先是一项十分细致的思想工作。工作人员担心列入编外，不光荣；领导人员担心减少人，难办事。思想问题一大堆。因此决定召开一些干部会议，我和民政厅长刘景范一道，先是召开边区政府各厅处院的负责人会议，做领导机关的思想工作；再是召开各专员、县长联席会议，做中层干部的思想工作。在这些会议中，先组织学习毛泽东在边区高干会上所作《经济问题与财政问题》报告，讨论《陕甘宁边区简政实施纲要》，研究实施简政的措施和加强生产、教育工作的途径。经过这样的学习、讨论和研究，大家的认识有所提高，决心和信心也就大了。

在此基础上，边区政府颁布了一系列有关的组织措施和条例，如《政纪总则》《县政府组织暂行条例》《乡政府组织暂行条例》《各级政府干部管理暂行通则》《各级政府干部奖惩暂行条例》《区以上政务人员公约》《简编方案》等，为简政规定了具体目标、任务和要求。

这就是说，我们做了一些思想工作，又做了一些组织工作。

第三，效果。第三次简政工作经过一年的努力，到一九四四年初检查，已经获得了预期的结果，即基本上达到了精简、统一、效能、节约和反对官僚主义五个方面的目的。

精简。业务上，做到了生产第一，其中又以农业为第一位；教育第二，其中又以干部教育为第一位（具体情况将在本篇的《自力更生，建设边区》和《文化教育》两章介绍）。边区政府各部门和下级政府一般已能抓住业务中心，开展业务工作。机构上，全部按简编方案执行。各厅处院的内部机构，裁减了四分之一，边区政府直属机关从三十五个减至二十二个，专署及县府的内部机构从八九个减至四五个等，消除了头重脚轻的积弊。人员上，边府各厅处院及县附属机关的人员，都已按计划精简，办公厅、民政厅、财政厅、建设厅、教育厅和物资局等六个单位从原有四百六十九人减至二百七十九人，精简百分之四十强。干部调配上，从下级提拔了一部分干部到专署和边府工作，如边府就调入了五个县长当处长，也选派了一些得力干部去加强区乡政权，如延安县就有十个县级干部调区，二十个区级干部调乡，选送一百五十多个高、中级干部去干部学校培养提高。初步实现了精简上级，加强下级和生产单位的方针。

统一。政治上，政策、法令、命令、指示已基本统一，“政出多门”的现象少了。组织上，加强了“一元化”。各厅、处、院、局在具体业务上可与下级相应业务机构直接联系，重大任务的部署则一律通过各专署、县政府负责人进行。人事任免上，基本上已统一于民政机构，改正了各自为政、自由任免的现象。

效能。由于坚持了统一领导，反对了“各自为政”的现象，精简了机构和人员，加强了下级，使工作效能有很大提高。尤其一些行政和企业机构，工作有明确指标，效能的提高更为显著，如文书科三个人做了过去十三个人的工作。边区通讯站一至四月每月平均投递一万六千六百六十一件，五至十一月激增至每月平均投递三万零七十八件，提高效率百分之八十以上。在政府经营的工业中，效能提高的程度更为惊人。

节约。民力的动员减少了，如延安一九四一年动员民力六万多个，一九四二年只动员二万八千多个，减少一倍多。绥德一九四一年动员民力七万五千多个，一九四二年只九百个，简直说不上什么比例了。一个重要原因，是军队自力更生，自运粮草，不再动员民力，这样就极大地减轻了人民的负担。机关、部队、学校节约粮食、燃料、日用品的成绩也很突出。三五九旅用洋芋和南瓜部分代替粮食，做到了粮食全部自给。被服厂、纺织厂、振华造纸厂等工厂由于精打细算，节省了大量布匹、棉纱、木材等生产用原材料，对经济建设贡献很大。

反对官僚主义。在过去一年中，在反对官僚主义、改善领导作风上，也有进步。我们许多领导干部为贯彻《陕甘宁边区简政实施纲要》，在精简机构和人员、建立统一领导的制度和纪律、调整干部等方面，都做了许多具体工作，如一九四二年工厂会议开得好，转变了对工业的领导；具体帮助农业劳动英雄订一年生产计划，对边区按户计划及生产竞赛起了号召和推动作用；边区政府对于专员公署的日常指导，也减少了命令方式，增加了民主协商。边区政府以下各级政府的领导作风，也有改进，主要表现在对生产的领导具体了，大家能够自己动手去组织变工队、订农户计划、修水利、组织运输队、改造二流子、改造合作社、改良植棉等。总之，从上到下“官僚”少了，人民勤务员多了。这是最得人心的转变。

从以上简单叙述中可以看出，这次精简工作是有成绩的。说明从边区政府到各专署、县、乡政权确实做到了从思想上贯彻，从组织上贯彻，思想工作和组织工作都是做得很好的。

3. 第三次精简工作存在两个主要问题。

第一，有不足，也有过头。这是指第三次精简工作本身说的。有不足，如家属等未妥善处理，使不属正式编制而继续吃公粮的，仅边区一级还有一千余人。浪费现象也还比较严重。也有过头，即有过分集中的倾向，如对小学，部分地采取合并的办法，助长了不适合农村环境的“集中办小学”的缺点，对社会教育也如此，强调社会教育集中办，有的一个区才办一个冬学。机械地执行政府系统新定七千五百人的编制，削弱了某些必要的正常的业务活动。

第二，走回头路。精简后好了一阵，随后又恢复了老样子。这是指第三次精简工作过后的变化说的。第三次精简工作以后，有些单位在组织、机构、制度、人员、作风等各个方面，始终坚持精简成果，甚至续有提高。但也有些单位时过境迁，又走回头路，比如，机构又有增设，人员又有膨胀，制度又有废弛，统一又有削弱，效能又有下降，浪费又有抬头。尤其严重的是，在领导作风方面，官僚主义的残余显然大量存在，并有滋长趋势。

（五）经验

经过三次精简，至少获得三条经验。

1. 只有精兵简政，才能集中力量于急要和首要任务。当时的急要和首要任务，第一是生产，第二是教育。由于多次进行精简，才终于集中力量发展了生产和加强了教育。可见，凡事要有中心，工作要分缓急。如果缓急不分，百端俱举，必然急也变缓，一事无成，一端也举不起来。

2. 精兵简政是临时工作，又是经常工作。所谓临时工作，就是按照一定的精简计划要求在一定时间内完成的工作，有时间性。所谓经常工作，就是要把精简精神在日常工作中贯彻始终，无时间性。我们必须不使一次精简后，时过境迁，死灰复燃。如果一次精简后就一曝十寒，肯定会把精简成果丧失殆尽的。过去的精简情况说明了这一点，全国解放后的多次精简情况也说明了这一点。

3. 精兵简政是组织工作，又是思想工作。要改革体制、整顿机构、精简人员、健全制度等，一句话，要在组织上贯彻，首先要在思想上贯彻。要做好思想工作，打通人们的思想，提高人们的认识，引导人们不是被动应付，而是自觉执行。如果组织工作没有思想工作做保证，组织工作就会失去灵魂，不能持久，也无法巩固。

三、审干和“抢救”

我参加了陕甘宁边区政府系统的整风运动，但已近尾声。一九四三年二、三月间，根据西北局决定，我组织总结了这一运动，大体上没有毛病，从略。这里着重谈审干和“抢救”。

一九四二年十二月十六日，康生在西北局高干会上作了关于锄奸问题的报告，夸大敌情，批判干部在对敌斗争中的自由主义态度，并提出了开展反奸细斗争的任务。此后不久，边区政府就有少数单位（如边区银行等）开始审干。一九四三年四月一日夜，康生亲自圈定名单，指令边区政府保安处开始逮捕所谓“特务”“叛徒”“反革命”嫌疑分子。四月三日，党中央发出《关于继续开展整风运动的决定》，提出整风的目标除“纠正干部中的非无产阶级思想”外，还要“肃清党内暗藏的反革命分子”。边区政府机关的审干工作，就是在这种情况下，于四月中旬全面展开的。

（一）“之”字路

边区政府系统的审干和“抢救失足者”运动，都是由边区政府系统总学习委员会领导的。总学委的负责人是林伯渠、谢觉哉，我是总学委委员，主持日常工作，实际负主要责任。运动的安排同延安地区总的步调基本一致。我个人参加领导这一运动走了一段“之”字路：谨慎——急躁——复谨慎。最初是谨慎的，我知道苏区搞肃反扩大化的危害；以后来了一个“抢救”运动，张克勤现身说法，我也就急躁起来，搞“抢救”运动了，开了三次“抢救”大会；在最后一次“抢救”大会后，才又恢复理智，退了下来。

我走“之”字路的大致情况如下：

1. 比较谨慎。从一九四三年四月中旬全面展开审干工作至五月二十二日在边府大礼堂召开坦白大会，在这一个多月时间内，我是比较谨慎的，步骤也是比较稳妥的，从学习文件、检查工作、思想反省到历史审查，循序渐进，未发生大的偏差。在审干过程中，始终强调多调查研究、个别座谈和漫谈以了解情况，明辨是非。如对保育院的“车轮战”和银行、法院等个别机关的过火现象，都及时做了纠正。在我直接指导的单位中，有同志被揭发参加过国民党的学生军训并加入了三青团，有同志被揭发是国民党的骨干分子等，我都亲自过问了他们的问题，要求做到一条：注意历史情况，进行具体分析。查证结果，前一揭发是张冠李戴，把她姐姐的同学的事放在她身上了，后一揭发是小题大做，把一个集体参加国民党的普通国民党员说成了国民党骨干。这样的事例可能还有，说明此时头脑是比较冷静的。

2. 逐渐急躁。早在一九四二年十一月，康生就用“逼、供、信”办法，强迫原甘肃地下党员、西北公学（中央社会部办的）学员张克勤承认是“特务”，进而制造了甘肃地下党是“红旗党”（这是康生对白区地下党的诬陷，意指地下党外红内白，表面是共产党，实际是国民党）的假案。一九四三年五月中旬的一天，康生亲自在大砭沟八路军大礼堂主持召开以各单位审干核心小组成员为主的干部大会，令张克勤以“坦白典型”面目，作“坦白”动员报告。此后，康生令张克勤到处作报告，以“感召失足者坦白”。在这种“坦白”气氛中，五月二十二日，边府大礼堂也召开了坦白大会。形式上，个人自觉反省与集体帮助相结合；似乎是审干的一种好办法，容易取得“成绩”。事实上，“逼、供、信”开始抬头，调查研究退居次要地位，是一种摇摆的表现。七月十五日康生进一步加大压力，作了《抢救失足者》的煽动性报告，宣布经过三个月“抢救”，已有四百五十人向党坦白悔过。“号召未坦白的人赶快坦白，不要放松一秒钟的时间”，“要在此地就下决心，在这里或者回去立即坦白自己的问题”。警告“不愿坦白的人们，宽大是有一定限度的，这点要严重注意”。剑拔弩张，形势咄咄逼人。在此以前，七月一日，毛泽东已经写信给康生，明确提出“防奸工作的两条路线：正确路线是，首长负责，自己动手，领导骨干与广大群众相结合，一般号召与个别指导相结合，调查研究，分清是非轻重，争取失足者，培养干部，教育群众（即审干九条方针）；错误路线是，‘逼、供、信’。我们应该执行正确路线，反对错误路线。”康生所作《抢救失足者》的报告，是阳奉阴违，直接对抗毛泽东指示的。但由于康生当时在党内的地位，使他的报告带上了极大的权威性。此后，延安党政军民学各机关就纷纷召开“抢救”大会，出现“抢救”高潮。

边区政府系统也同样，在康生报告的第二天，七月十六日召开“抢救”大会，就不要实事求是，不要调查研究了。在短短十多天中，开了三次大会。第一次，以“坦白”号召“坦白”。同中央机关和军队系统一样，边区政府也把张克勤请来作“坦白”报告，要他现身说法，劝说别人“坦白”。这叫作思想发动。第二次，欢迎和劝说。劝说“回头是岸”，欢迎上台“坦白”。气氛极为紧张。大会以后的若干日日夜夜里，我自己也头脑发热，参加了几次具体的“抢救”工作。如文书科的一个女同志，在“抢救”她的时候，满头大汗，紧张极了。研究室有一个同志，×校领导人打来电话，说他是“CC 分子”，“抢救”了一个晚上，形式是和平的，实际也是“逼、供、信”。教育厅有一个同志，因档案内有“CC”嫌疑材料，也“抢救”了他。财政厅有一个同志，是中央社会部通知我，说他是“叛徒”，要我把他送到保安处。我说保安处要找你谈话，他老老实实地去了。后来的甄别证明，他们都是一条心为党工作的好党员，但却把他们当作“两条心”① “抢救”了。这时“逼、供、信”已十分明显和突出，我开始有所怀疑，有所警惕，但还没有决心停止。第三次，控告。这次是我当主席，由边区银行行长黄亚光控告一个工作人员。场内群情激愤，如果有人提议处以死刑，也是一定会得到拥护通过的。我一看形势不对，只好立即宣布逮捕送保安处了事。台下还高喊：“捆起来，捆紧点！”这样一来，我清醒了。原来还有五个被控告的，我与主席团商量，停了。会后，我请各厅负责人留下商量，我说，“抢救”大会已经搞得黑白难分，人人自危，不能再搞了。大家同意，就决定再也不搞“抢救”大会了。

3. 复归谨慎。那时，康生等在中央机关许多单位搞出了所谓“红旗党”，说甘肃、四川、河南、湖南、湖北、云南、贵州、浙江、陕西等十多个省的地下党都是“红旗党”。边区个别机关也开始在搞，高等法院就追王怀安是四川“红旗党”派来的。适值周恩来回延安，这些党组织都是他领导的，我问他是怎么回事。他说正在清理，没有这回事。所以我们就没有追下去。

一九四三年八月十五日，党中央鉴于“抢救”运动中所发生的偏向和恶果，正式做出了《关于审查干部的决定》，公开阐明了毛泽东提出的审干工作包括“一个不杀，大部不抓”的九条方针，尖锐地批判了“逼、供、信”的错误方针。并发出一系列关于甄别工作的指示，甄别所有案子。

根据中央的指示，边区政府机关成立了甄别工作委员会，帅孟奇任主任，周扬、王子宜参加，工作人员有刘泽西（民政厅）、李育英（高等法院）、华子扬（政策研究室）等。此时，不少地区和单位还在召开“坦白大会”“全县人民控诉国特和日特罪行大会”“各界民众控诉国特罪行大会”等，因之，我再三交代帅孟奇、刘泽西说：“你们必须坚持调查研究的原则，不采取任何逼迫性的方式，不开任何斗争性的大会，不要受外来影响，调查研究是驳不倒的。”以后他们正是这样做的，特别是帅孟奇，她严格掌握政策，赤诚对待同志，坚持一个人只作一个结论，不留“尾巴”，并同本人见面。因之，一般说，甄别工作是做得比较好、比较快、比较令人满意的。

边区政府机关共有工作人员三四百人，受“抢救”的百余人，比例是很大的，其中约二三十人嫌疑较大，送往保安处；五十余人有一般嫌疑，送往行政学院（临时审查机关），个别送中央党校第三部。甄别工作从一九四三年十二月开始，到了一九四四年四、五月，机关和行政学院的甄别工作就都基本结束了，多数是无问题错“抢”的，有些是党内问题，有些是一般党派问题。也有少数人的政治性问题因受当时条件限制，无从查证，拖到一九四五年初仍然做不出否定或肯定结论，经逐级请示，最后毛泽东说：现在东北快解放了，需要大批干部，让他们到前线自己去做结论吧。是共产党人，一定留在共产党内，是国民党人，让他跑到国民党去，怕什么呀！这样一来，受过“抢救”的人就全部甄别解放了。

---

① 原编者注“一条心”“两条心”是审干期间的用语。“一条心”意指一心为党工作的好党员。“两条心”意指特务、叛徒或隐瞒自己参加过其他党派的人们。同时还有“半条心”的说法，意指共产党员但有非无产阶级思想及犯错误者。

（二）摘帽道歉

康生夸大敌情，诳报军情，对毛泽东提出的审干九条方针和严禁“逼、供、信”指示，又阳奉阴违，拒不执行，一手制造了“抢救”运动和大量的冤、假、错案。康生的这个责任是无论如何也推卸不了的。但事实上，我从来没有听到过他在何时何地作过何种检查。真正在全党承担责任作出检查的，还是毛泽东。他在陕甘宁边区行政学院当着大家的面，公开承认“抢救”运动搞错了，说：“我向大家赔个不是”“一人向隅，满座为之不欢”，并向大家鞠了一个躬。他又在一九四五年七大前夕，在中央大礼堂的一次有中央机关和边区系统干部参加的大会上，公开向被“抢救”错了的同志道歉，并且要求各单位对在什么场合因“抢救”戴错了帽子的，要在原场合取下来。

遵照毛泽东对全党的指示，一九四五年十月九日，我也召集边区政府干部大会，在会上揭露了自己在审干工作中走“之”字路的全部过程，检讨了“抢救”运动的错误，向受委屈的同志道歉赔不是，当场取下了错误戴上的帽子，说明“抢救”错误下面同志无责任，由上面负责，由我负责。我也提出彼此不要背包袱，我说：“像毛主席所说的，让我们共同当作经验教训来学吧！”

以后，我还个别地向有关同志赔礼道歉。一九四六年我去晋西北时，曾经请参加土改的同志带口信给一个同志：在一九四三年“抢救大会”上把他逮捕送保安处是错误的，我对他不住，向他道歉。一九八一年初，我又曾经托人征求一个同志对我在一九四三年错误地“抢救”他这件事的意见，并表示了歉意。

（三）经验教训

唯一重要的教训是野心家、阴谋家、两面派康生窃取了党的保卫机关的领导权。一九三七年，康生把苏联错误的肃反经验带回国来，用他的两面派手法，窃取了中央社会部的领导权，把它变成可以生杀予夺的权威机关，并且变成披着层层面纱的神秘机关，以掩盖他的真面目。在平时，他任意指定某一机关学校送干部去受审查，经我手的前后就有三个同志，一个去后杳无音信，两个是释放了。但三个同志的所谓“问题”和审查情况从来没有同我谈过。

延安审干是整风的继续，但实际上是两个本质不同的阶段。整风是毛泽东亲自领导的真正的马克思主义教育运动。审干则是康生企图制造一场错误肃反，肆行“逼、供、信”的“抢救”运动，并准备杀人。在党校曾召开公审大会，判决一个护士长的死刑，在延安市曾召开群众大会，要处决四个人，都被毛泽东知道制止了，并立即提出“一个不杀，大部不抓”的方针，免除了一次严重的错误。康生行为的性质不是一般的错误，而是严重的罪恶。但由于他所窃据的权位，人们把“抢救运动”当作中央的指令，普遍推行。这笔罪恶账只能记在康生等人的身上。我们的经验教训是：一、一定要注意防奸除奸。延安有特务，现在也还会有特务，混进来的，变过去的；二、一定要保持领导班子的纯洁，防止野心家、阴谋家、两面派窃取领导权，三、一定要调查研究，独立思考，实事求是，避免迷信和盲从，正确地执行肃反政策。

四、政权建设

七七事变以前，蒋介石对于我们党中央提出的和平、民主、抗战三项要求，被迫接受了和平、抗战两项，却拒绝实行民主政治。我们党为了贯彻抗日民族统一战线政策，团结各阶层人民和各党派无党派人士共同抗日，推进全国的政治民主化，加速抗日战争的最后胜利，主动在陕甘宁边区建立了团结一切抗日阶层的民主政权。一九四〇年三月六日，党中央发出关于抗日根据地的政权问题的党内指示，进一步提出了在各抗日根据地建立“三三制”政权（即在人员分配上，共产党员占三分之一，非党的左派进步分子占三分之一，中间派占三分之一）的任务，明确规定：“这种政权，是一切赞成抗日又赞成民主的人们的政权，是几个革命阶级联合起来对于汉奸和反动派的民主专政。”陕甘宁边区执行了中央的指示，在党中央和西北局的直接领导下，基本上完成了这个建设抗日民主政权的光荣任务。

（一）普选

陕甘宁边区的“三三制”政权，是统一战线的、民主的政权。边区、县、乡三级参议会都是人民直接无记名选举产生，三级政府由参议会选举产生。定期普选，是陕甘宁边区民主政权的首要特点。从一九三七年以来进行了三次普选：第一次是一九三七年，第二次是一九四一年，这两次选举时我还没有调到边区政府，没有参加；第三次是一九四五年，这一次我参加了。主要谈谈这一次普选。

1. 学习和实践。一九四五年边区第三次普选，是边区人民的一件大事，边区政府党组讨论过多次，作了充分的准备。在七月二十五日党组会上，我对这次选举的环境、目的、方法、重点以及亟待进行的准备工作，提出了自己的意见。接着，为了弄懂马列主义在代议制或代表制问题上的理论，我专门学习了列宁的《国家与革命》一书。列宁引用的马克思有关巴黎公社的论点，和列宁自己的论点，对我都有很大启发。此时各分区都已选择个别乡进行试点，以便积累经验，逐步推广。我也在八月六日至九月九日共花三十四天时间，参加了一个乡的选举试点，这就是延安市新市乡的选举试点。我亲自参加了实践，接触了群众，取得了第一手材料，增加了感性知识，发言权就多了。我在这次试点中有两条突出体会：第一，“三三制”的作用主要反映在边区、县两级政权机构上，边区、县两级政权机构要强调实行“三三制”，乡级则不必机械地实行“三三制”，只照顾党和非党联盟就可以了。因为乡参议会实质就是乡人民代表会（一九四五年十月十四日，边区参议会常驻会、边区政府正式联合通知：乡参议会改为人民代表会），乡村的人民主要是农民和其他劳动人民，农民由地主代表，于理不通，于情不合。当时有人不同意我的意见，说：“‘三三制’就是党和非党联盟，罗迈把‘三三制’同‘党和非党联盟’两者对立起来了。”我说：这话不对，“三三制”不是一般意义上的党和非党联盟，而是在我党占优势的情况下各革命阶级包括中间派在内的抗日联盟；解放区主要在农村，这就是包括开明绅士，即一部分拥护抗日和民主的地主在内的联盟；但在乡政权不宜吸收许多地主阶级的代表参加，而应由农民自己选择他们所信任的能不损害他们的根本利益的人参加，防止硬拉“开明绅士”凑数，脱离农民群众，束缚他们的手足，这就是实事求是。第二，选举运动也包含着阶级斗争，在新市乡具体表现为店员、学徒和老板的斗争，小商人和大商人的斗争，农村中则是农民和地主的斗争。这观点现在已经过时，当时则是正确的。以上两点体会，未公开宣传，我曾建议给各级党组织发一指示，供他们参考。

新市乡试点回来，我写了一个试点笔记，题名《新市乡乡选工作初步经验》。一九四五年十月，选举工作全面铺开，新市乡试点经验基本上为选举委员会所接受，在全边区获得推广。

2. 三个特点。这次普选，是在日本投降，抗战胜利，普天同庆的情况下进行的，群众的政治热情十分高涨；从一九四五年十月半开始至一九四六年三月结束，历时四月余，既检查了工作，又选举了代表，取得了圆满成功。这次普选有三个特点：

第一，实现了普遍、直接、平等、自由的选举原则。普遍：根据全边区三十八个选举单位的统计，参加选举的人数占全部选民的百分之八十二点五，有的则达百分之九十六。除汉奸和刑事犯外，凡是年满十八岁以上的各族人民，都享受了选举权和被选举权。直接：采用选民所能接受的各种选举办法，如识字的用选票，识字不多和不识字的用画圈、画杠、画点、投豆等方法，按选民各自的具体情况，直接参加了选举。平等：一人一票，没有所谓财产多少、文化高低和民族差别等的限制。自由：谁要选谁就选谁，谁也不能控制谁。

第二，彻底的“三三制”。共产党限制自己的候选人，并为各阶层、各党派和无党派提出候选人。自己选多了，就主动退出。李鼎铭说：“所有这些情形，都是我亲自见到的，也是大家亲自见到的。所以国内外有个别人说边区政权是共产党把持包办，我想是很可笑的。”

第三，在选举中检查政府工作。这次选举，我们特别强调了这一点，目的是发现问题，以便改进；识别人才，以便改选。检查工作是改选人员的基础。在选举中，人民放手检查政府工作，揭发了大量有关兴利除弊的实际问题，大部分获得了解决；又自由选择和认真讨论了候选人，选举了数千个为人民信任的各级代表。

（二）政权结构

陕甘宁边区的政权结构，是特定历史条件下的产物。这个特定历史条件，就是极端分散的农村环境和战争环境。因之，和现代的政权结构比较，不免有缺点，但在当时是符合实际情况的，是正确的。

1. 三个组成部分。当时的全部政权结构，由三个部分组成。

第一，民意机关（人民代表机关）。设边区、县、乡三级参议会。边区参议会根据一九四五年第三次选举结果，共有议员一百七十人。其阶级成分，包括边区社会的广泛阶层，计有工人六，贫农十八，中农六十九，富农二十六，商人九，地主三十四等。其党派关系，有共产党员六十一人，占百分之三十五点九；国民党员十九人，占百分之十一点二；无党派人士八十九人，占百分之五十二。有回族三人，蒙古族三人，天主教徒三人，妇女七人。它是边区政权的最高权力机关，有通过《施政纲领》、确定施政方针，选举、罢免政府人员，创制及复决边区的单行法规，监督政府工作及决定一切重要问题的权力。边区参议会闭会期间，设常驻会，由议员中选出常驻议员十二人组成。这十二人是：议长高岗，副议长谢觉哉、安文钦，常驻议员习仲勋、刘培基、曹力如、高愉庭、房文礼、霍仲年、蔡丰、谷莲舫、杜洪源，其中共产党员四人，占三分之一，非党左派进步分子和中间分子八人，占三分之二。这就是说，在人民代表机关中，我们党忠实地执行了自己的“三三制”政策。

第二，政府机关。设边区、县、乡三级政府委员会。边区政府委员会在一九四六年第三届边区参议会上选举十九人组成。这十九人是：主席林伯渠、副主席李鼎铭、刘景范，政府委员贺连城、马济川、毕光斗、王世泰、霍维德、王子宜、霍祝三、唐洪澄、霍子乐、刘文卿、阿拉并巴音（蒙）、杨正甲、蔡登霄（回）、李仲仁、魏民选、靳体元。其中共产党员六人，占三分之一弱，非党左派进步分子和中间分子十三人，占三分之二强。这就是说，在政府机关中，党同样忠实地执行了自己的“三三制”政策。

第三，司法机关。边区设高等法院，分区设高等法院分庭，县设审判员，后改为县法院。根据一九四三年四月二十五日颁布的《陕甘宁边区政纪总则草案》规定：“司法机关为政权工作的一部分，应受政府统一领导，边区审判委员会及高等法院，受边区政府领导，各下级司法机关，受各该级政府领导。”一九四一年十一月第二届边区参议会选举雷经天为高等法院院长，一九四六年四月第三届边区参议会选举马锡五为高等法院院长。

2. 三个争论问题。在这一政权结构上，曾有过激烈的争论，主要是三个问题：

第一个问题，社会各阶级在“三三制”政权中的地位问题，或叫“国体”问题。有的同志主张“三民”主义：民有（人民的政权）、民治（人民管理的政权）、民享（为人民的政权），实质即所谓“纯粹的无阶级差别的民权”。这实际是资产阶级专政的政权，因为“纯粹的无阶级差别的民权”在世界上是从来未曾有过的。而我则坚持毛泽东所指出的无产阶级领导下的人民大众的反帝反封建的民主政权。边区的“三三制”在阶级关系上是工、农、贫苦小资产阶级、民族资产阶级（边区为数极少）和开明地主的合作，在政治上则主要是革命民主派和中间分子的合作。因为共产党代表工人、农民和贫苦小资产阶级，所以关键在于共产党怎样领导中间分子。把“三三制”看作各阶级的制约关系，也是不对的。

第二个问题，政权构成的形式问题，或叫“政体”问题。有的同志主张议、行并列，“县与边区两级参议会与政府并列，与一般民主制度国家相同”。“立法，司法、行政三权鼎立，也不能说是多元论”。我则主张边区的政权构成应是立法、司法、行政统一的一元化的民主集中制，议、行并列的参议会制应改为符合民主集中制的人民代表会制，只有这样才能适用于边区，便利于人民。立法、司法、行政是政权的三种职能，但决不能三权鼎立。三权鼎立就是三元论，在我们边区是完全不适用的。

还有第三个问题，“最高权力机关”问题。我曾经有一种错误的看法，并把它反映到了一九四三年四月二十五日颁布的《陕甘宁边区政纪总则草案》中。这就是所谓“边区参议会是边区最高权力机关，在边区参议会闭会期间，边区政府是边区最高权力机关”的说法。一九四五年一月十三日，有同志在个别谈话中批评这种观点“为世界各国所没有，满清末年的宪法才如此，国民党才企图如此，莫索里尼、希特勒才如此”。我当时就承认我的上述看法“有毛病”，并把它改为“在边区参议会闭会期间，边区政府委员会是边区最高行政机关”。

（三）领导权

在“三三制”政权中，我们必须不是以党员数量和强制办法，而是以党的正确政策和党员的模范工作，去团结和争取党外人士尤其中间分子，既要使他们愿意接受我们的建议，保证党的领导权，又要使他们有职有权，发挥他们的积极作用，二者是不可分离的。一般说，三分之一的非党左派进步分子容易接受党的政策领导，主要是三分之一的中间分子，即民族资产阶级和开明绅士，其代表人物有李鼎铭（边区政府副主席）、贺连城（边区政府委员会委员，教育厅副厅长）、霍子乐（边区政府委员会委员，建设厅副厅长）、安文钦（边区参议会副议长）等。由于一，阶级利益和历史关系，他们和党存在一定距离；二，汉奸、特务、反革命按其“利用三三制，破坏三三制”的方针，经常挑拨离间，如造谣说“安副议长被罚款五十万元，李副主席被撤职”等。我们用两方面事实揭露了敌人的阴谋，表达了我们的诚意，巩固和发展了“三三制”政权。第一，政治上，我们坚决贯彻了“三三制”统一战线政权的政治基础即《陕甘宁边区政府施政纲领》。边区政府几年来的工作完全说明了这一点。第二，组织上，我们坚决保证了参加政权工作的党外人士的职权，务使他们有职有权，有充分机会行使他们的法定职权。在这个问题上，林伯渠做了许多工作，我和李景林、常黎夫也做了不少工作。我们的做法是：

1. 民主合作。一九四一年十一月二十一日，毛泽东在第二届边区参议会上说过：“我们一定要学会打开大门和党外人士实行民主合作的方法，我们一定要学会善于同别人商量问题。”我们执行了这个指示。

在一个时期内，我们和这些中间人士的关系，一度搞得不十分好，把李鼎铭当客人待，形式上客客气气；事实上对他的职权并不尊重。而他对是否有职有权，则非常重视。我在任秘书长以后大约半年时间内，就在若干情况上发现了他的消极和不满态度。其一，他在政务会议上，不论是否当会议主席，总是很少发言。有时林伯渠问：“李鼎老有什么意见?”他总答复：“俺没意见。”其二，有时政府行文，他不划行。其三，他同柳湜、贺连城、霍子乐等非党人士之间，和同共产党员负责人之间，亲疏不同。这三种情况，都表示党内外关系不好。我将这些情况同林伯渠讲了，林伯渠也有所感觉。经商量之后，林伯渠同意我采取下述方式去同李鼎铭开门见山、开诚布公地谈谈。某个晚上，我就专去会见李鼎铭，我说：“鼎老，我这秘书长不能当了，我要辞职了。”他问：“为什么?”我说：“好多事情，副主席不吭气，我这秘书长怎么当?!”我这样一说，把他头脑里积蓄已久的意见挑动了。他打起精神，与我谈了很久很久。他说：“我原本不愿出来做事的，是受到毛主席在参议会上的演说的感动才出来的，在党外人士有职有权的鼓励下出来的。任职后，政府开会要我主持时，只临时给我一个条子，什么都不跟我谈，我怎么办? 政府下达命令、指示，要我划行，有的内容事先我一点也不知道，怎么办? 现在同级把我当客人，下级把我当傀儡。党上有包办，政府不能决定政策。我这个副主席也不想干了。”我完全意识到，他确实把心里话说了。回来我就和林伯渠商量，也报告了党组。我说，党组当今应该尊重党外人士的职权，设法打破这种不正常局面。党组随即商定了几个改进措施：一、要各厅、处、院轮流向政府主席、副主席和参议会副议长汇报工作，我也参加；二、每次政务会议前，由有关单位的党员领导人向他汇报会议内容和可能出现的问题，取得他的同意才开会，不同意便缓期开会，进行协商；三、某些不需要经过政务会议通过，而要由副主席副署下达的文件，必须由主管负责人先向他说明内容，取得同意，然后办理划行手续；四、平日多接近，多谈心，多交换意见。一句话，要同党外人士民主相处。这样做，李鼎铭很高兴，态度完全变了。不作客人，而作主人了。不讲“你们党上”，而讲“我们团体”了。有一次财政厅长南汉宸汇报边币发行数量时，他马上以主人翁的姿态关照说：“这要绝对保密，不要让其他的人也知道。”多大的变化呀！以后中外记者团来延安，一个英国记者要求同李鼎铭副主席谈话，我们给他配备了翻译，就让他自己找去了。

他在谈话间问李鼎铭："你是不是有职有权？"李鼎铭爽朗地笑着回答说："我有职有权。"这位英国记者事后对我说："李鼎铭副主席真正有职有权，他在回答我的问题时，面笑心也笑了。"安文钦本来是比较右的，但他在外国记者面前，也为边区说话，痛骂国民党。后来向毛泽东汇报时，我说这些党外人士同中外记者谈话，都有一个"边区立场"，这是一个很好的局面。毛泽东听了很高兴，说延安的"三三制"搞得好。

一九四五年一月，边区政府动员检查工作。我采取个别谈心或二三人座谈方式，征求和听取几个主要党外人士的意见。在此期间，我和李鼎铭有过多次谈心，和贺连城、霍子乐等也有过多次谈心。他们的意见，有正确的，确属我们工作中的缺点；有不正确的，有的是成见，有的是误会。当时我感到他们提的意见有两点值得我们认真对待，其一，认为党外人士有职无权。李鼎铭曾经有过这种意见，已如前述。霍子乐、柳湜也有这种意见。霍说："高厅长未病时，计划、指示由他自己搞好，就可拿出来。他病了，我们搞的就得酝酿酝酿。我们难说话，说话就可能对立起来。"柳说："我的命令，下面总是推延不执行，大概是要等支部内商量。"其二，认为非党员受歧视。柳湜说："共产党员对党外人士歧视，看不起他们。"贺连城说："主客之分不对，党外人士以客人自居，视党人为主人，不对。党人以主人自居，视党外人士为客人，也不对。这鸿沟之存在，共产党人要负主要责任。""绥米来的知识分子，民政厅分配工作要他们填志愿表，但填教育的，派去工厂；填工厂的，派去搞教育。有个青年跑去质问：'你们党员提要求，都解决了，非党员为什么不解决？'回答的同志说：'你为啥不加入组织'？"其他还有对保安工作的意见。林伯渠知道了对他们说，大家的事，要大家负责才能办好。无论对什么事，有什么意见，都可以说也应该说。发生争论，也是民主政治中的健康现象。以后希望常谈心，可以会上谈，更可以个别谈。大家表示同意。

一九四五年一月二十九日、三十日，林伯渠和我先是向西北局，然后向毛泽东、朱德和任弼时汇报了边区政府检查工作中党外人士的意见。西北局同意李鼎铭等所提意见是好意的估计，同意他们提出的很多意见是很好的。毛泽东赞成我们和人谈心的方法，他说："议论和批评对我们总是有帮助的。说党包办，总是有原因的，我们要研究解决。凡是对的意见，我们都要研究解决。"

2. 生活照顾。党外人士、尤其中间人士，有不同的生活习惯，我们给了适当照顾。李鼎铭最初住在山沟的一个土窑洞里（防空），进出不便，没有引起注意。记得是常黎夫发现了这一情况，我们就注意了。以后在林伯渠和我住的那排土窑洞下面，为他新砌了石窑洞，这是陕北的"钢筋混凝土大厦"，请他搬到新居，他表示满意。李鼎铭有些特殊的生活嗜好，但与政治无关，我们一概不加干涉，对此他是感激的。对其他在职的党外民主人士的生活，我们也在可能范围内给了必要的照顾。

3. 适当让步。开明绅士毕竟是地主阶级分化出来的爱国民主人士，他们不可能不关心地主阶级的利益，为他们说话。为了巩固和发展统一战线，在有些问题上就需要作适当的让步，我们正是这样做的。记得我到职不久，一次开边区政府委员会会议讨论西北局提出的土地条例，我在会上作了说明，但李鼎铭对其中的一条不同意，因之不签发有关文件。最后由西北局书记高岗亲自到他家里，听了意见，让了步，才解决问题，同意签发。

当时绥德警备区包括绥德、葭县等地未经土改、经常发生农民和地主的土地纠纷事件。边区政府有一个审判委员会，林主席、李副主席分任正、副委员长，李景林为秘书长。审判委员会除按边区司法三级三审裁判制度担任第三级终审职责外，还专门研究和裁决绥、葭地区农民和地主之间的纠纷问题。有些案件裁决结果，有农民吃亏的。我见到毛泽东谈起此事，他说：和地主阶级的代表人物合作，有些事情让点步是难免的。你们可以这样做：如果农民吃了亏，可由边区政府给农民作相应的补偿，使农民不吃亏。就是说，这吃亏由政府承担，地主和农民双方就都照顾了。

4. 必要的斗争。我们对党外人士主要是对中间派需要作适当让步，让步是为了团结；又需要作必要的斗争，斗争也是为了团结。一九四五年三月五日，李鼎铭副主席主持一次政务会议，讨论奖励投资条例。其中有一条说："投资开垦公荒者，其土地使用权属于投资者。"李鼎铭主张把"土地使用权"改为"土地所有权"，即改为"其土地所有权属于投资者"。说不如此人家就不来。我说开荒有两种，一种是耕者有其田，现在就是这样做的；一种是大量投资开垦，须预防土地过分集中。因土地私有是允许的，但是过分集中则是违反新民主主义的。贺连城同意防止过分集中，但主张有限制地承认所有权。这是一个原则问题，经过反复讨论，未能取得一致意见。我和民政厅长刘景范商量，原则要坚持，但方式要灵活，建议暂时取消这一条，留待以后继续研究。林伯渠同意，李鼎铭也同意，就取消了这一条。这是一次小小的斗争。

我们对边区"三三制"统一战线政权中的中间分子，经常注意了这些问题，进行了团结工作，主要团结了如李鼎铭、安文钦、霍子乐、贺连城、刘绍庭、刘文卿、王德菴、张喆卿、霍仲年、刘杰三、蔡幼轩、李元桢、张敬斋、丁子文、高寿凯（高愉庭）、李建侯、马醒民、马阁臣、姬伯雄、艾秉卿、高诚斋、马润之、赵亚农、霍敬堂、白宝珊、乔松山、杜嗣尧、曹旋夫、周志歧、任逢华、毕光斗等人，确实极大地巩固了党的领导权，也取得了对敌斗争的主动权，对国民党统治区，尤其对边区周围的榆林、陇东、西安等地区产生了极大的影响。正是正确执行了党的统一战线政策和实行"三三制"民主政权，他们的爱国心、正义感和主人翁感情，也大大地激发出来了。一九四六年四月二日第三届边区参议会开幕会上，他们的表现完全证明了这一点。在这次会议上，安文钦、刘文卿、高愉庭等地主出身的六十岁以上的老人，莫不怀着热爱边区和痛恨国民党顽固派的心情，慷慨陈词，感人肺腑。我当时深切地感受到，这是我们党的联合政府政策的大成功！

（四）作风问题

作风问题是党的建设，也是政权建设的根本问题之一。党的三大作风，理论和实践相结合的作风，同人民群众紧密联系的作风以及批评与自我批评的作风，是党中央和毛泽东多年来在延安培育出来的优良传统。但这一传统的形成是经过了一个艰苦的过程的。全党是这样，边区政权系统也是这样。

一九四二年冬边区高干会提出了转变作风的任务，要求从适合于战争环境的动员作风转变到适合于建设环境的新的创造性的作风。经过一九四三、一九四四两年的实践，有所改进，仍有问题。

1. 问题在区乡，责任在上级。政权机关作风的好坏，直接地从区乡干部同群众的关系中表现出来。群众要求区乡干部的标准，大致有四条：公道、腿勤（积极）、平和、有办法。我们大多数区乡干部是从苏维埃红军运动中成长起来的，前两条无问题，老实、朴素、肯干；问题在后两条，缺平和、少办法。在执行上级任务的时候，容易发生“生硬”“瞪眼睛”“要态度”的毛病，也就是命令主义的毛病。在接受群众的要求的时候，容易发生“拖拉”“不顶事”的毛病，也就是官僚主义的毛病。他们遇事大多依靠命令、摊派。不仅上级要东西依靠强迫命令、摊派要上来，甚至上级给东西也依靠命令、摊派给下去，以至有时把好事也办成了不得人心的事。因之，在很长的一段时间内，群众对他们不满，一些党外人士也认为“上面都好，下面走了样”，“下面歪嘴子和尚念歪了经”，把一切工作的缺陷和错误统统推在区乡干部身上。事实上，问题在区乡，责任在上级。据我当时分析，上级本身存在主观主义、命令主义和官僚主义的毛病。这种毛病的表现是：第一，布置工作倾盆大雨。只知道往下交任务，不讲政策，不问情况，不看对象，不给措施，不教办法。而且求之很高，操之很急。这种命令主义的领导，怎能要求下级不搞命令主义呢？区乡干部对此是很有意见的，他们说：“乡下工作多，生产任务重，上面笔杆子摇一摇，我们就得一阵跑。跑一天回来，还得自己做饭。”“误工，得罪人，上下批评，左右为难。”这是实情。第二，对待下级的困难麻木不仁。不知道农村特点，不倾听群众呼声，不照顾干部困难。区乡干部的困难是很多的，一是山村环境，交通十分不便。二是干部农民出身，文化低，能力弱，很难独立掌握政策法令。部分地区还不适当地要求他们生产自给，生活负担很大。三是内战时期的战争动员作风一般未作必要改变。在这种主观客观都有困难的情况下，亟需上级加以支持和帮助，要多作典型调查，开会推广。要多到地方开会，就地面对面地解决问题，少发文件。要想方设法帮助区乡干部，训练和提高他们。但上级对此体会不深，支持不够，帮助不力。这也是作风问题。这说明区乡干部的作风问题，实质上反映了我们上级机关的作风问题，反映了我们整个政权机关的作风问题。

2. 党直接领导解决作风问题。基于上述认识，我们在区乡干部的作风问题上，同各种片面的指责进行了多年的争论，为绝大多数区乡干部的本质辩护。党中央和西北局也极为关怀，并直接过问和领导了这个问题的解决。

一九四四年十二月，我在向刘少奇汇报党外人士对区乡干部的意见时，他说：“下面同志拉稀，说明上级领导有问题。”一九四五年一月七日，高岗、林伯渠、贾拓夫、刘景范和我在毛泽东处谈劳模大会总结问题，刘少奇也在座。毛泽东说：热过头了（意指冲昏头脑），要泼点冷水（头脑冷下来）。毛泽东和刘少奇一致指出：上级指示行不通的，打个招呼，顶回来，才是真正对革命负责。党的根本宗旨是为人民服务，对人民负责。上级指示不可生硬。一九四五年一月十日毛泽东在陕甘宁边区劳模大会上还说过，我们的思想要适合于目前我们所处的农村环境，从这一点出发，我们的工作效果就决不是很慢，反而是很快的。“不是采取强迫命令、欲速不达的方针，而是采取耐心说服、典型示范的方针”。毛泽东、刘少奇的这些指示，对我们解决边区政权作风问题，是一个极关重要的政策指导。

一九四五年一月五日至八日，西北局高干会也专门讨论了作风问题，认为区乡干部的作风问题，主要是思想方法问题，缺乏文化也是一个原因。主要责任在上级，上级的关键问题在于不了解农村和农民：地广人稀、个体经济、劳动力不足、文化落后。不善于根据这些实际情况采取相应措施：组织起来；发展群众教育文化卫生事业；要特别强调自愿原则，不能性急等。这个问题在一部分领导干部中，包括我自己在内，一直没有完全解决。

究其原因，一是由于对实际情况及其变化缺乏了解，二是由于对一九四二年高干会后的工作成绩产生了骄傲情绪。所以，要解决区乡干部的作风问题，首先要解决领导机关和领导干部的作风问题。西北局高干会深入地讨论了这个问题，并在会上开展了严肃的批评和自我批评。这样就为边区一级领导机关和领导干部解决作风问题打下了思想基础。边区一级领导机关和领导干部改正了自己作风上的毛病，就会给下级作出榜样，启发和帮助下级改变作风。

上级作风要改，下级作风也要改。一九四四年七月边区参议会常驻会和边区政府委员会联席会议时，霍祝三参议员（党外进步分子）等提出了一个训练区乡干部的建议。毛泽东知道了，很高兴，打来电话说，可以一年训练一次。西北局在作风问题座谈会后，就根据霍祝三参议员的提议和毛泽东的指示，在一九四四年冬至一九四五年初办了一期区乡干部训练班，对多数区乡干部进行了一次如何正确地为人民服务，从立场、观点、方法上改进服务工作的训练，收到了很好的效果。林伯渠在边区第三届参议会政府工作报告中提出，今后要每年进行一次与乡选结合起来的乡村干部冬训。乡村干部训练从此成了制度。

一九四五年冬至一九四六年初第三次普选，群众检查政府工作，实际又是对区乡干部的一次群众性的冬训，使区乡干部受到比头一年冬训更为深刻的教育。他们经过群众的批评和帮助，多数有很大提高，开始学习和群众商量办事，命令主义少了，民主作风多了。

3. 边区政府的工作和作风检查。一九四五年一月初，西北局高干会讨论作风问题后，边区政府也多次讨论作风问题，并立即进行了一次工作和作风检查。检查的内容，一是业务，二是作风。从业务检查到作风，又从作风检查到业务。作风检查包括：实事求是还是主观主义；群众路线还是官僚主义；五湖四海还是宗派主义；民主集中制还是自由主义等。我进行了自我检查，也参加了办公厅的检查和整个政府机关的检查。

第一，自我检查。自从认识到区乡干部的作风问题上级要负主要责任以来，在一九四四年末的一些日子里，我详细反省了自己一九四二年九月调来边区政府到一九四四年末这两年多时间内的工作。在这段时间内，我主要是帮助政府研究了一些政策问题，我认识到：《陕甘宁边区简政实施纲要》虽无大错误，但有过分集中向倾向，执行中也同样，“抢救运动”中犯了“左”倾毛病；一九四四年一月《边区政府一年工作总结》写得不够好，在根据毛泽东提议搞一个长期建设规划时，犯了机械执行、脱离实际的毛病；在开文教大会期间，我尤其深刻地感到对下面实际了解太少，以及在实际工作中存在的命令主义、形式主义的严重性和上面责任的重大等。对这些工作虽属初步检查，已经充分说明我们边区政府（我自己在内）的领导作风是存在问题的。因此，在一九四五年元旦的日记中，我作了如下的记载：“关键在于进一步改造作风，立下下面几条：一、严格地实事求是，从人民、从实际、从农村出发考虑问题。二、多作酝酿，善于等待。三、冷静的头脑，热情的态度。四、从坏处着想，从好处争取。五、正确的坚持下去，错误的立刻改正，关键在于检查，自我批评，时刻防止背包袱。”

第二，办公厅检查。在一月十七日办公厅全体人员大会上，我讲了这次检查的必要性、目的、内容等，并对自己的缺点进行了初步的检查。我认为主要缺点是在某些问题上还有主观主义，民主不足，急躁，生硬。要求大家批评。一月二十五日前后，我多次参加研究室检查作风的座谈会。研究室的同志普遍进行了自我批评，也有相互的批评。对我，同意我的检查，也补充提出了一些批评意见，对他们关心，指导，帮助少。研究室的作风，肯钻研，有朝气，有干劲，反映了青年的优点。缺点是一部分同志经验不足，有骄气，需要帮助。过去我对他们确实既少表扬，也少批评，帮助不够，以后开始注意。二月二十八日，我同常黎夫交换意见，他认为：一、政府作风各有各的一套，需要分别谈通，才好工作；二、各厅领导互不商量问题，对工作十分不利，须设法解决。我同林伯渠商量后，遂于三月一日邀请刘景范、南汉宸、李景林、常黎夫、王恩惠诸同志座谈机关作风和制度问题，确定：一、各厅分科集体办公，主席、厅长每日办公第一小时碰头，商办紧要事项；二、成立行政处，实际即政治处，以利机关政治工作。对加强政府内部的集体领导，加强政治工作，改进机关作风，发挥了积极作用。

第三，整个政府工作作风检查。二月二十八日政务会议决定要我总结这次检查，因此我用了不少时间，作调查，听汇报，看材料，对这次检查作了小结。经过这次检查，以后又经过第三次普选中的群众大检查，在政权作风上明确了很多问题，也提出了改进措施。(1) 问题的实质是群众观点问题。我们现在处在相对和平的建设环境，我们的作风问题，基本上就是怎样领导建设问题。我们的建设工作主要是为农村为农民的建设工作，这主要的是要靠农民的自觉性和积极性。因之我们的作风问题，归根到底就是同农民群众的关系问题。我们要实现“组织起来”的建设道路，就需要帮助农民将习惯势力得到改造。如何帮助农民改造自己的习惯势力？是从农村的实际出发，按群众的需要与自愿，逐步引导他们前进，还是强求速成，要群众超速前进？这就是我们作风中存在的实质问题。(2) 主要毛病是犯了急性病。在执行政策的方式方法上，或不按自愿原则办事，交替出现命令主义和自由主义，忽“左”忽右。或不按实际情况办事，搞大而全，如提过高口号“耕三余一，两年完成”①；要求组织大变工队，把百分之五十以上的劳动力组织到变工队；组织大运输队，强求一揽子合作社、一揽子英雄、一揽子学校等。这些都与边区政府的贪大、求全、急躁的领导思想有关。一九四四年一月六日林伯渠在边区政府委员会第四次会议上所作《边区政府一年工作总结》中提出的新任务，不少就有贪大、求全、急躁的缺点。这些新任务不是少数人匆促定的，不是少数人的缺点，而是经过十多天的酝酿讨论集体定的，是胜利声中产生的一股社会思潮，犯了急性病。(3) 改进办法：领导人员“下乡挖根子”。就是说，加强调查研究。过去也谈调查研究，也派出过多次调查小组或调查人员，但主要领导人员很少参加，以致领导体会不深，调查收效不大。上述观点林伯渠在向第三届边区参议会所作政府工作报告《今后三年的建设任务》中，又作了详细的论述。林伯渠说：“为胜利地实现建设任务，政府人员应该经常努力加强作为人民勤务员的民主作风与实事求是的科学态度”，林伯渠还说：“我请求各级人民的代表经常密切地督促行政干部和其他公务人员，督促和帮助我们成为名实相符的人民勤务员。”

（五）司法工作

雷经天担任高等法院院长七年，一九四五年三月他要调到南方去，林伯渠约他谈话，

① 原编者注：“耕三余一”是当时边区的劳动模范提出的口号，意思是种三年庄稼，要存下够吃一年的余粮，即种三年，可以吃四年。提出“耕三余一，两年完成”实际上变成了“耕二余一”，要求过高了，脱离了当时边区农村的实际。

我也参加了。林伯渠说，过去政府对法院关心不够，每年讨论司法工作最多一次，法院成了一个独立的山头，做好做坏凭自己；这两年抓得紧，有方向，帮助很大，但缺少经常检查。他还说自觉性差的人容易产生自流现象。我说，经常检查少，这是事实，我是秘书长，有责任。我对司法工作缺乏研究，经验也不足，因职务关系，有时也过问，时断时续，有正确的，有糊涂的。作为历史经验，我在这里也记上一笔，这只能代表边区司法工作的一斑，不能代表边区司法工作的全貌。但从一斑看全貌，在一些领导思想和具体做法中，是可以看出边区司法工作的基本趋向的。

1. 任务。司法工作，是边区“三三制”政权结构的一个有机组成部分，它的主要任务，一是保护一切抗日人民的人权、政权、财权，这是大量的；二是打击一切汉奸、反革命和破坏分子，这类人为数不多。因之，对一般犯罪分子采取教育为主、惩办为辅的方针。他们除自由受到限制外，同样看书、读报、开会、劳动、学文化、练技能。因之，许多服刑期满的罪犯，以后都变成了有一定觉悟、有一技之长的公民。

2. 领导体制。由于当时处在战时和极端分散的农村环境，司法工作不是很正规的，也可以说存在着很大的盲目性。法官判案的根据是政策、法律、民情，事实上主要是政策和民情，法律很不完备。与此相适应，司法工作的领导体制存在两个特点：第一，由高等法院全面负责审判、检察和司法行政三种职能。本来，高等法院仅行使审判职能，兼管司法行政。一九四四年，李鼎铭副主席多次提出建立检察制度，这意见无疑是正确的。曾经设想由边区参议会常驻会代行检察职能，行不通。最后决定在高等法院内设检察处（专区分庭和县司法处设检察员），作为公诉机关。司法工作的三种职能就全部集中到了高等法院。第二，高等法院对边区参议会负责，日常工作则由边区政府直接领导，实质就是置司法于行政领导之下。这同现在实行的制度是不同的。一九四五年十二月二十八日，西北局讨论司法工作，同意了这种司法体制。这是过渡时期的权宜之计，是适合边区的战时和农村环境的，但是也确实遇到了不少困难。一九四六年二月十三日，林伯渠、李鼎铭、习仲勋集会讨论召开第三届边区参议会的准备工作时，我提出一些意见，其中有一条就是关于加强司法工作问题，我说：“今后应该适当强调并逐步实行法治。为此，立制施令，必须慎重，以期制立令行；又必须培养守法观念，辅以赏罚。因我们长期同国内外敌人进行非法斗争，许多人缺乏守法观念，因此缺乏守法习惯，对此必须有所转变。”同年四月，林伯渠在第三届边区参议会上所作的政府工作报告中，就把“健全法律与制度”作为今后的第二个重要任务提出来，加强了对司法工作的领导。

3. “调解”问题。陕甘宁边区陇东分区专员、第三届边区参议会上被选举为边区高等法院院长的马锡五在其司法工作实践中，创造了一种审判方式，即深入实际，调查研究，调解纠纷，教育群众，受到群众普遍欢迎。以后群众就把这种方式称为“马锡五审判方式”，把马锡五本人称为“马青天”。我赞成这种做法，也到高等法院亲自实验过，效果很好。因此提出一个“调解为主，审判为辅”的审判方针，经过党中央和西北局同意，也经边区政府委员会讨论同意，推广施行。一九四三年六月十一日颁布的《陕甘宁边区民刑事件调解条例》贯彻了这一精神，规定“凡民事一切纠纷均应力行调解，凡刑事除了下列各罪（列举了内乱、外患、汉奸、故意杀人，盗匪、破坏社会秩序、贪污渎职、妨碍选举等二十三种罪行）不许调解外，其他各罪均得调解。”林伯渠在一九四四年一月六日边区政府委员会第四次会议上所作的一年政府工作总结中，进一步明确提出，要“提倡并普及依双方自愿为原则的民间调解，以减少人民诉讼到极小限度。民事一般进行调解，刑事除汉奸反革命破坏罪行外，大部分也可适用调解。”有同志不同意这个方针，认为它不符合司法正规化的要求。但经过一九四四、一九四五两年的反复实践结果，民事纠纷调解十分成功。各个地区在一九四五年十二月司法会议上汇报，民间纠纷处理办法有三种：民间调解，区乡处理，法庭审判。多数是区乡处理。区乡处理是调解和审判兼而有之，也就是“调解为主，审判为辅”。因此，司法会议作出结论，今后民间纠纷（包括一般性刑事案件）应实行民主审判（调查研究，陪审，联系群众，保证被告有充分辩护的机会等），改善区乡处理（不打骂，不强迫），提倡民间调解。我认为，这是当时环境中边区司法工作的一个创造。

4. 捕人问题。在抗战时期，由于抗战环境和工作上的缺点，除司法机关和公安机关外，其他机关、部队、学校等也有任意捕人行为，这是违反人权、侵犯司法机关职权的严重问题。我受边区政府委员会委托，曾于一九四六年二月草拟政府指令，责成各专员按级口头传达至所属政府（尤其区乡政府）、机关、学校，也咨请联防司令部政治部：第一，要求党政军民学各界切实保障一切抗日人民（包括工人、农民，也包括地主、资本家等）的人权、财权及言论、出版、集会、结社、信仰、居住、迁徙之自由权。除司法机关及公安机关依法执行其职务外，任何机关、部队、团体不得逮捕、审问或处罚任何人。而人民则有用任何方式控告任何公务人员非法行为的权利。第二，司法机关或公安机关捕人，需有充分证据。民事不得捕人。第三，公安机关除违警事件得依违警条例自行处理外，其他人犯必须于被拘二十四小时内移送司法机关审理。第四，司法机关及公安机关以外的人员逮捕现行犯时，须于捕获后立即移送司法机关或公安机关依法处理。第五，军民间的纠纷或诉讼，必须经由司法机关审理，部队可派员陪审，不得自行处理。这些规定下达执行后，情况有好转，滥捕问题基本上得到了纠正。

（六）小结

抗日战争时期边区“三三制”政权建设，是我们党在这一历史时期政权建设的一个创造，也是以后在全国范围内实行新民主主义政治的一个试点。“三三制”是联合政府的一种形式，实质是新民主主义革命时期工人阶级（经过共产党）领导的工农联盟为基础的新民主主义政权的形式。“我们的同志必须懂得一条真理：共产党员和党外人员相比较，无论何时都是占少数”，“对于一切愿意同我们合作以及可能同我们合作的人，我们只有同他们合作的义务，绝无排斥他们的权利”。建国以后党中央一再强调共产党和各民主党派“长期共存，互相监督”，道理就在这里。从这一点说，陕甘宁边区“三三制”统一战线政权的实践，为我们提供了一定的经验。

五、自力更生，建设边区

（一）自力更生，克服困难

一九四一年和一九四二年是抗日战争期间陕甘宁边区财政经济最困难的时期。在一九四二年十二月西北局高干会上，毛泽东作了《经济问题与财政问题》的著名报告，号召全党努力领导人民发展农业生产和其他生产事业，组织机关、学校、部队尽可能实行生产自给，同时号召“精兵简政”。我们正是实行这些政策，终于克服了当时财政经济的严重困难，坚持了抗日战争和自卫战争到最后胜利。

《经济问题与财政问题》的第一章是《关于过去工作的基本总结》，回顾了五年以来党实行“发展经济，保障供给”的正确方针的情况和经验。我是在一九四二年九月带着毛泽东“要发展生产”的嘱咐来到陕甘宁边区政府工作的，十二月又直接聆听了《经济问题与财政问题》的报告，受益很大。此后边区政府领导边区人民的生产和机关、学校、部队自给生产，就是按此方针进行的。因此，我现在回忆陕甘宁边区的生产运动，就按毛泽东在上述报告中曾经提出的历史总结，对边区几年来的经济困难和生产情况作一回顾。

一、一九三九年困难露头，党中央号召“自己动手”“自力更生”。一九三九年二月二日，党中央召开生产动员大会。毛泽东、洛甫、陈云、李富春，以及各机关代表七百多人出席了会议。毛泽东代表党中央发出了“自己动手”“自力更生”的号召。他说，“饿死呢？解散呢？还是自己动手呢？饿死是没有一个人赞成的，解散也是没有一个人赞成的，还是自己动手吧！”

当时，抗战中的严重经济困难，在陕甘宁边区刚刚露头。武汉失守以后，已经明显地看出，依靠国民政府的财政支援和国内外友好人士的资助越来越不行了。因为在财政供应上存在着严重的威胁，所以，毛泽东发出了“自己动手”“自力更生”的号召。这是一个英明的决策，科学的预见。这个思想同毛泽东在统一战线中坚持独立自主原则和党的领导权是一致的，是政治上军事上的独立自主原则在经济工作中的具体实施。

在这个动员会上，李富春代表总生产委员会作报告，就开展机关、部队、学校生产运动的目的、意义、生产计划及其实施办法，作了详细的说明，提出一九三九年生产运动的具体目标是以发展农业生产为主，同时，帮助人民发展手工业，如纺纱织布，整理和发展群众合作事业，并统筹发展生产合作事业。要求全边区实现增产粮食百分之二十，主要措施是开荒六十万亩和改良耕作技术。规定机关、部队、学校生产运动的具体任务是：边区政府系统（包括保安部队）生产粮食一万五千石（每石三百斤），军事系统（包括八路军留守部队以及所属学校）生产粮食二万五千石，中央直属机关（包括中央所属学校）生产粮食一千石，并动员所有机关部队学校大量种菜，从七月份起自给一部分，适当减少菜金。

在这次生产动员大会以后，机关、部队、学校的生产迅速开展起来了。党中央的领导同志毛泽东、洛甫、陈云、李富春等也都参加了生产劳动。

三月十七日，中共中央财政经济部（部长李富春）发出关于生产突击的通知，规定三月二十日至四月五日，各机关、学校、部队每天下午一律停止学习和工作，发动全体人员有组织有计划地进行开荒种地突击。这次生产突击，机关部队学校共开荒五万四千多亩。许多单位还在延安市区以外建立了生产基地——农场。

在党中央开展生产运动的号召下，到八月底，全边区共开荒一百零五万五千八百三十四亩，其中中央直属机关学校开荒二万七千二百二十八亩、八路军后方留守部队二万三千三百一十四亩、陕甘宁边区一级（包括延安市政府及所属学校）二万一千七百九十七亩、边区各县县级机关及县以下机关六万四千四百零九亩、边区各县群众九十一万九千零八十六亩。开荒总数超过原定六十万亩的百分之七十五。涌现了大批劳动英雄。

一九三九年的生产运动以农业为主。秋后，机关、部队、学校共收获粗粮一万四千石，细粮九千五百七十二石（每石以三百五十斤计）。尚有部分县未统计在内，改善了机关部队学校的生活。其中，尤以八路军留守兵团和保安部队最好。他们不仅实现了蔬菜自给、肉食自给，而且还有能力为战士每人增发一套单衣，又发了毛衣、毛袜、毛鞋等用品。

这一年的生产运动，促进了大家对生产运动的认识，改善了大家的生活。得到了“自己动手”的好处。

二、一九四〇年劳动力减少，农业生产缩小。一九四〇年的生产任务，是要求中央和边区一级的机关、学校自给两个月粮食；边区一级以下的机关自给三个月粮食；留守部队因为战斗任务紧张，自给一个半月粮食，保安部队则自给两个半月。除保证最低限度的粮食自给以外，发展生产的主要目的是改善各机关自己的生活。

这一年生产劳动的组织有所改善。一九三九年规定人人参加生产劳动，从党中央毛泽东、朱德起到每一个干部、战士都进行生产。一九四〇年规定女同志和体弱的同志不参加重体力劳动；五十岁以上的老同志和十五岁以下的小同志免除生产劳动；工业部门、医院、休养所、保育院、小学教员不参加粮食生产，主要从事蔬菜生产；较远地区的生产，组织专业生产队伍进行。

劳动组织上的改变，使生产运动能持续地进行，并把生产技术水平提到更高的程度，这是很好的。但是由于劳动组织的改变，劳动力减少很多，许多开垦出来的荒地无法下种，一些单位就采取与群众伙种的办法，有的将一部分耕地给了老百姓。所以，一九四〇年农业生产不但没有发展，而且缩小了，结果，全年只收获细粮三千石。除部队以外，机关学校的粮食自给比例没有达到。

粮食生产虽然进展不大，合作社、商业活动却有发展，喂猪养羊数也有增加。一些单位的生活改善很快，出现了某些追求利润从事商业活动的偏向。

三、一九四二年是边区最困难的一年。机关、部队、学校的物质生活遇到了极大的困难，个别单位因为粮食一时供应不上，一天只能喝两顿稀的。为了保证军队和政府机关的需要，一九四一年实征公粮二十万零一千六百七十石，比一九四〇年增加一倍以上，平均每人负担一斗四升（合四十二斤）。部分群众因此产生了不满情绪，说：“救国公粮任务太重，群众要饿肚子了。”“共产党的经是好经，让歪嘴和尚给念歪了。”负担过重伤害了群众的生产积极性，也损害了党和群众的关系，以致发生了所谓“雷公打死毛泽东”的故事。

事情是这样的，就在这一年的八月间，边区政府在小礼堂召开县长联席会议，讨论征粮问题，并研究减轻群众负担过重的问题。那天正值雷阵雨天气，雷击礼堂，一根柱子折了，坐在柱旁的一个县政府干部不幸触电致死。有一个对负担不满的农民便说，老天爷不开眼，雷打死县干部，为什么不打死毛泽东?! 这就是当时在延安盛传的“雷公打死毛泽东”的故事。有的主张清查那个农民，有的认为是气头上的话，不必追究。毛泽东知道以后，说：“群众的意见反映了我们工作上有毛病，有些问题需要我们去解决。要允许人家讲话，讲错了也不要紧。人家说救国公粮太重，这是实际情况，一九四〇年以来人民的负担是加重了。人家说共产党的经是好经，让歪嘴和尚念歪了，说明他是拥护共产党的，但对我们的工作和作风有意见。”这件事反映了毛泽东的高度的民主精神，也转变了一部分同志的思想和作风，促使党中央和毛泽东进一步下决心去解决边区一百三十万群众的“救民私粮”问题。

四、一九四一、一九四二年为了克服困难，采取一些重要的政策措施。从一九四一年起，党中央在抓机关、部队、学校生产运动的同时，更加强调边区群众的生产运动，把重点转到群众生产上来，并且提出了实现边区经济自给自足的政策。为此，陕甘宁边区党委曾在一九四〇年十二月三日召开了经济自给动员大会。毛泽东、朱德、洛甫等和陕甘宁边区的领导同志，以及群众一千多人参加了大会。会上，林伯渠作了动员报告，阐明了边区经济自给的意义和实现边区经济自给的条件，提出了一九四一年边区经济自给的计划。会上，毛泽东、朱德等讲了话。毛泽东在讲话中指出，经济建设的任务是适应现在的环境而提出的。我们今天进行经济建设，也要懂得这个道理，孤家寡人是什么也干不成的。朱德的讲话提出了建立革命家务的主张。他说：“我们的家今天要自己来当了。要把家当得好，我们就不能把这个责任单单放在做经济工作的同志身上。今天的动员大会就是要大家都来注意自己家里的事情。”后来朱德还专门为此写过一篇署名文章，题目就叫《建设革命家务》，发表在一九四三年五月一日的延安《解放日报》上。

在这次动员大会以后，党中央和边区政府先后采取了一系列有力的措施，以促进生产，克服困难。这些措施，主要的有：

第一，刷新领导生产业务的组织。先后成立了中央直属财政经济处（邓洁负责，后改为中央事务管理局）、军委系统后勤经济建设处（叶季壮负责）、边区财政经济处（曹力如负责），各分区县亦成立了生产委员会，以进一步加强对于生产运动的领导。

第二，进行思想教育，纠正轻视经济工作和技术工作的错误观点。一九四一年四月二十七日，党中央作出《关于党员参加经济和技术工作的决定》，阐明了党对经济和技术工作的根本观点。那个决定说，“各种经济工作技术工作是革命工作中不可缺少的部分，是具体的革命工作。应纠正某些党的组织和党员对革命工作抽象的狭隘的了解，以至轻视经济工作和技术工作，认为这些工作没有严重政治意义的错误观点。”在这个决定以前，一些党组织和党员，对经济工作和技术工作存在着不正确的看法，认为只有党务、军队和政府的工作才是革命工作，经济工作和技术工作不是革命工作。少数党员甚至不愿做经济工作和技术工作。这个决定扭转了一些党组织和党员的这种错误看法。决定还要求：“每个党员必须无条件地服从党对于他的工作分配，纠正某些党员不参加经济和技术工作及分配工作时讨价还价的现象”。“一切在经济和技术部门中服务的党员，必须向非党的和党的专门家学习。他们的责任是诚心诚意地学习和熟练于自己的技术，使各部门建设工作获得发展，同时并使每个党员获得在社会上独立生活所必需的技能。”决定还要求党的组织“必须加强对经济和技术部门工作中党员与非党员的领导，照顾他们的政治进步，并在各方面帮助他们”。

第三，农业上，提倡吴满有方向。吴满有是横山人，一九二八年逃难到延安柳林区二乡，难以为生。一九三五年五月遇上革命，分得六十垧荒地，开始了新的生活。他连年开荒，改良农作，把六十垧荒地变成了熟地，获得好收成。由于他的辛勤劳动，成了劳动致富的富农。所以他说：“我是受过革命好处的人。”他带头交公粮，出负担。自己是抗属，不但不要优待，而且担任优抗主任，优待别的抗属。延安《解放日报》记者发现了他，报道了他的模范事迹。一九四二年四月三十日延安《解放日报》发表了题为《边区农民向吴满有看齐》的社论，号召边区的农民向他看齐。随即，边区政府主席林伯渠、副主席李鼎铭特通令各分区专员、县长，要他们“广为宣传，号召每个农民，向吴满有学习，向吴满有看齐，抓紧雨后开荒播种的好机会，利用最近一个月的春耕时间，以全力推动春耕运动，组织开荒突击、生产竞赛，更进一步提高人民生产热忱，创造更多的吴满有!”后来，学习吴满有成了边区农民的一个运动，对于提高边区农民的觉悟，发展边区的农业生产起了很大的促进作用。（吴满有本人，以后入了党，当了干部，一九四七年三月被胡宗南部俘虏后丧失了立场，那是另一回事。——原编者注）

第四，工业上，开展赵占魁运动。赵占魁是山西定襄县人，先后在太原、同蒲路做工二十多年，一九三八年九月由安吴青训班转道到延安，入抗大职工队学习，同年十二月入党，一九三九年七月入农具工厂当翻砂工人，不久调任翻砂股股长。他在平凡的工作中，犹如泉水滴石一般地做出了不平凡的业绩，成为边区工人中的模范。延安《解放日报》一九四二年九月十一日发表了《向模范工人赵占魁学习》的社论，号召边区工人向赵占魁学习。随后边区总工会发出通知，号召开展学习赵占魁运动。通知要求通过这一运动达到提高工人政治觉悟，稳定生产情绪，激发劳动热忱，提高生产质量的目的。通知还指出，在这一运动中必然会涌现出大批像赵占魁一样的模范工人，要求各厂应详细订出评判标准和奖励办法，发扬好的，批评坏的，以推动这一运动的发展。赵占魁运动就是边区工人个个争当模范工人的运动，边区总工会根据赵占魁的工作作风提出的模范工人的标准，现在看来仍有现实意义。这些标准就是：一、爱护工厂，严守纪律；二、积极工作，始终如一；三、数量最多，质量最好；四、爱惜工具，节省资料；五、吃苦在前，享受在后；六、努力学习，帮助别人；七、克己奉公，团结群众。

赵占魁运动的总目的是推动生产，教育工人。后来成了改造工人劳动态度，推动生产发展的群众运动，有力地促进了边区的工业生产。

第五，发展盐业。盐是边区的一个极大的富源。盐对于边区物价的稳定，出入口贸易的平衡有重要的作用。盐既是边区相当大的一部分群众和军队赖以维持生活或补助生活的来源，同时又是边区财政的重要来源。在一九四一、一九四二年的严重困难时期，盐是用以交换外货、平衡出入的主要产品。

边区政府对发展盐业，一直十分注意。一九四〇年秋季开始，采取了督运政策，发动群众制盐、运盐，外销换取边区所需要的货物。计划一九四一年产盐和运盐七十万驮（每驮一百五十斤），实际外销就有二十九万九千余驮，创造了边区历史上外销盐的最高纪录，对边区的财政是一个极大的支持。

一九四一年九月十四日、十五日在延安《解放日报》上发表的高克林写的《鲁忠才长征记》就是反映当时发展盐业的一个具体记录。毛泽东当时十分重视，亲自为《鲁忠才长征记》作了序，说，“这是一个用简洁文字反映实际情况的报告，高克林同志写的，值得大家学习。现在必须把那些‘下笔千言、离题万里’的作风扫掉，把那些‘夸夸其谈’扫掉，把那些主观主义、形式主义扫掉。高克林同志的这篇调查报告是在一个晚上开了三个人的调查会之后写出的，他的调查会开得很好，他的报告也写得很好。我们需要的是这类东西，而不是那些千篇一律的‘夸夸其谈’，而不是那些党八股。”毛泽东的这个序表扬了高克林的调查研究作风，把它作为发展盐业的一个范例，以后又收入了《经济问题与财政问题》一书中。

第六，实行优待移民、难民政策。边区政府实行接纳安置移民、难民的政策，为边区发展农业生产创造了有利条件。边区在开展生产运动以来，增加了一百三十五万亩耕地，一个重要的原因是地多人少的区域大批地吸收了移民、难民，增加了劳动力。

就整个边区来说，除绥德分区的绥德、米脂，陇东分区的庆阳等少数地区人多地少外，多数地区都是人少地多，如延属分区的延安、鄜（富）县、甘泉，陇东分区的华池、合水等县，土地荒芜很多，需要开发，是开荒生产的好地方。

边区政府在一九四〇年三月就公布了关于优待移民、难民的决定，一九四一年连续两次发出布告，一九四二年又颁布了优待移民、难民的条例。在这些决定和条例中规定优待移民、难民的内容有：1. 移民、难民开公荒可以取得土地所有权；垦私荒则三年不交租；2. 移民、难民三年不交公粮，并减轻其他负担，第一年完全免去义务劳动；3. 政府尽力帮助移民、难民解决吃住困难，借贷或调剂耕牛、农具、种子等；4. 移民有选举权，可以自己建立移民聚居处，自选乡长、行政村主任，自己管理自己的事务。

由于边区政府实行优待移民、难民的政策，边区以外的难民纷纷到边区来安家；边区内绥德、米脂等地的群众也不断南下到延属地区来安置。据统计：一九四一年边区安置移民、难民七千八百五十五户（移民占绝大部分），共二万零七百四十人；一九四二年安置五千零五十六户（绝大部分为移民），共一万二千四百三十二人。这些移民、难民是大生产运动中的一支劳动大军，在边区的开荒运动中作用很大。在移民、难民中劳动力占三分之一。如果以每人开荒二十亩计，上万个劳动力可开荒二十多万亩。

由于边区政府对移民、难民的优待、帮助和边区生产运动的发展，所以来边区的移民、难民的经济很快发展起来，生活得到改善。一般在一年以后就解决了吃粮问题，两三年以后就可以自己种庄稼独立经营了。

第七，军队实行屯田政策。军队实行屯田是朱德倡导的。他从前线回延安后，非常关心部队的生产，主张以部队强壮众多的劳动力，投入到生产运动中去，以减轻人民的负担，密切军民关系，同时帮助边区的建设，也改善部队本身的生活。一九四一年春，朱德亲自去南泥湾察看，并且决定三五九旅到南泥湾实行屯田。一是为了防止胡宗南的进攻，南泥湾是保卫延安的南大门，军事上的地位重要，在那里屯田对战备有利；二是因为南泥湾土地肥沃，还有较为充足的水源，适宜于农作，是实行屯田的理想地方。三五九旅的指战员开到南泥湾后，就开荒种地，进行生产运动，口号是“一把镢头一支枪，生产自给保卫党中央”。三五九旅从旅长王震到每一个战士、勤务员、炊事员，无一例外地参加生产，开荒种地。第一年开荒一万一千多亩，第二年又开荒二万六千多亩，第三年种地十万亩。生产运动取得了很大的成绩，不但做到完全自给，而且交公粮一万石。在一九四二年的中共中央西北局高干会上，王震受到了大会的表扬。毛泽东在发给王震的奖状上题词：“有创造性”。

三五九旅在生产上除屯田外，还发展多种经营，如创办大光纺织厂、大光肥皂厂，产品自用有余，还在市场上出售；搞运输，陕北交通不便，三五九旅建立了一支拥有六百头驮骡的运输队，运盐运货，在绥德、三边、延安之间沿途设立了十多个骡马店；以及开设商店等。

在南泥湾政策（即屯田政策）的影响下，边区的部队基本上采取了屯田政策，先后出现了槐树庄、金盆湾、大凤川、小凤川、二家川、豹子川、清泉镇、郭家湾、关门子、田家湾、柳林、葫芦河等地的屯垦区。三八五旅在合水、东华池开荒，也很有成绩。

第八，提倡和推广植棉。棉花和棉布是边区自给自足中的主要问题之一。边区生产棉花很少，棉布都是从边区以外输入的。边区一百五十万人口，按每人每年需要二斤棉花（包括织布）计，就需要三百万斤。一九三九年起各方面都感到了棉花的需要，边区政府开始提倡植棉，但只种三千七百六十七亩。一九四〇年增至一万五千一百七十七亩，产量低，收获量不大。经政府大力提倡，推广植棉技术，解决棉籽等的具体困难，以及奖励政策（例如植棉三年不交公粮，奖励植棉劳动英雄等），一九四一年植棉有了较大的发展，棉田达三万九千零八十七亩。一九四二年又发展到九万四千四百零五亩，棉花的收获量达到边区需要量的一半。

第九，实行减租减息，发动了未土改区农民的生产积极性。边区在土地问题上存在着两种根本不同的情况：一是已经分配了土地的地区，如延属分区的大部分，绥德、三边、陇东、关中分区的小部分，共计土地九百余万亩。二是未经分配土地的地区，如绥德、三边、陇东、关中分区的大部分，延属分区的小部分，共计地主土地五十余万亩。这两种地区的阶级状况也完全不同。减租减息只在未经分配土地的地区进行。

边区的减租减息运动，大致经过三个阶段：第一阶段从一九三七年至一九四〇年，主要是宣传时期，一般的都未实行。原因有两方面：从客观上讲，这些地区如延安、甘泉、富县、庆阳、合水、绥德、米脂等，还存在着双重政权，有国民党的县政府，也有我们的“县政府”（公开名义是抗敌后援会或农会），是所谓“统战区”。当时国民党绥德警备区的何绍南就公开反对减租，所以不利于我们贯彻减租减息政策。从主观上讲，部分同志的右倾思想，怕因减租得罪了地主，妨碍统一战线，不敢实行减租减息。第二阶段是一九四〇年至一九四一年。因为国民党委派的县政府经常制造磨擦，派遣特务，刺探军情，破坏边区，在忍无可忍的情况下，一九四〇年我们赶跑了顽固派，结束了边区部分地区的双重政权局面，边区在行政上得到了完全的统一。减租运动客观上的困难消除了。但是，在根据“三三制”政策精神进行边区参议会选举的情况下，有些人又忘记了减租减息这一中心工作。虽然部分地区开始实行减租减息，但是没有发动群众，而是采取行政命令的办法，或者用恩赐的办法，同时，地主则采取各种手段和办法进行抵抗，结果成效不大。第三阶段是一九四三年以后。减租减息真正开始，是在一九四二年冬和一九四三年春。

一九四二年一月，中共中央作出了《关于抗日根据地土地政策的决定》明确地规定了减租减息政策。十月，中共中央西北局发出了《关于彻底实行减租的指示》。指示说，“减租必须普遍地达到各地减租法令的规定的程度，必须用政府权力，特别是群众坚决的态度打破地主对抗减租所实行的一切投机取巧的办法，在政府统一的租佃条例未颁行前，各地可临时制定保护农民佃权及禁止地主一切投机取巧的行为的办法，严申政府减租法令，并使这些法令成为农民进行减租斗争的合法武器。”中央西北局并为此特制定了一个《关于减租实施的补充办法》作为附件下发，参照实行。西北局的指示还强调：“要保证减租的彻底实行，不能单凭政府减租法令的公布，还必须采取发动群众的方针”，并且“由群众组织的力量来保证之”。这时，减租采取了群众斗争的方式，有的组织了农会，有的组织了减租会，来领导群众进行减租斗争。在群众斗争的同时，在地主中还推动开明分子出面倡导减租，以维护政府法令，推动减租的进行。在这方面，李鼎铭起了很好的作用。在这一阶段中，党要求农民在地主按照法令减租之后，也按照法定额（即实行二五减租）交租。

在减租过程中有一个十分重要的问题，这就是保障佃权。在减租斗争中，一部分不明大义的地主，借故以撤佃来威胁农民减租，同时，一部分佃农也担心地主撤佃。他们说，“今年减租，明年没地种。”“减租倒好，没地种事大。”有的干脆说，“不敢减，减了租就不叫咱种地了。”为此，边区政府于一九四二年十二月二十九日颁布了《陕甘宁边区土地租佃条例（草案）》，以确保减租政策的彻底实行。在这个土地租佃条例公布后，李鼎铭发表了很好的谈话，他说：“我以为这个条例的颁布，对于政府解决土地问题及贯彻减租交租政策，将有很大作用，希望全边区的先进士绅与开明地主能够竭诚拥护这个条例，尊重政府法令，认真实行减租并尊重农民佃权；各地广大农民亦应于减租之后依法交租并尊重地主地权，造成边区内各阶层的亲密团结，以发展生产，准备反攻，争取抗战的最后胜利。”因为减租减息政策的顺利进行，极大地调动了未土改地区农民的生产积极性。

（二）建设边区，丰衣足食

如前所述，毛泽东在《经济问题与财政问题》的报告中，提出了“发展经济，保障供给”的财政工作的总方针和公私关系上的“公私兼顾”的原则，阐明了今后在发展各项生产事业中的基本政策，规定了生产和教育为今后两大中心任务。他说：“在目前陕甘宁边区的条件下，大多数人做工作，讲革命，除了经济和教育两件工作以外，究竟还有什么工作值得称为中心工作，或者所谓第一位的工作的呢？究竟还有什么工作更革命的呢？不错，其他工作是有的，而且还有许多，但是中心的或第一位的工作，就目前边区条件说来，就大多数同志说来，确确实实地就是经济工作与教育工作，其他工作都是围绕着这两项工作而有其意义。”毛泽东的这一指导思想，我们在《陕甘宁边区简政实施纲要》中把它完整地反映了出来，规定了“第一是发展生产”“第二是教育”的建设方针。陕甘宁边区的大生产运动，就在西北局高干会和毛泽东的伟大号召下蓬勃开展起来了。

1. 进行生产总动员，号召为实现“丰衣足食”而斗争。中共中央在一九四三年一月八日召开的中央、军委直属各机关学校生产负责同志的会上，李富春代表中央作了题为《丰衣足食，为改善物质生活而斗争》的报告，传达了党中央关于一九四三年达到“丰衣足食”的号召，说，“毛主席号召全边区在今年达到‘丰衣足食’的目的。”这次会议讨论了一九四三年生产的方针问题。会议认为，在全边区要实现“丰衣足食”，对机关学校来说当然更要做到“丰衣足食”。会议要求各机关把生产作为中心任务之一，立即组织临时生产委员会，总结一九四二年生产工作的经验，并根据各该机关人数及劳动力的比例，制订一九四三年的生产计划，以及生产的各种措施。这次会议以后，中共中央和军委的机关学校开始制订“丰衣足食”的生产计划。

随后，边区系统各单位也开始总结一九四二年的生产经验，制订一九四三年“丰衣足食”的生产计划。

在中央、军委直属机关和边区系统制订生产计划的基础上，于一九四三年三月四日，在八路军大礼堂召开了延安各机关、部队、学校生产总动员大会。朱德、贺龙、林伯渠、徐向前等和劳动英雄，以及各机关单位的代表一千五百多人出席了大会。李富春作动员报告，阐明了一九四三年生产运动的目的、意义和方针，规定了一九四三年机关生产的总任务。一九四三年中央、军委、留守兵团直属机关和边区等系统（不包括部队）生产的总任务为：一亿六千二百四十二万一千元（边币），其中计划种地三万零二百亩，预计收获粮食三千八百七十四石，蔬菜九百万零二千斤；喂猪三千七百四十三头，养羊三千六百五十四头，鸡鸭八千五百只；办煤矿、纺织厂、木工厂、铁工厂、纸厂、豆腐坊、粉坊、马掌铺、酱园、榨油坊、酒坊等九十五个。计划要求机关生产的自给程度比去年增加一倍。李富春在报告中还谈到了一九四三年机关生产与以往不同的六个特点：第一，生产的计划性加强了。各单位都制订了详细的生产计划，并经逐级慎重审查批准。第二，一九四三年的生产建立在广泛的群众性的基础上，实行集体生产与个人生产的结合。第三，掌握了以农业为主的方针，靠自己的劳动，建立生产的基础和积累财富，逐步建立起集体的家务。第四，有了以往的生产经验，开始掌握了生产的规律，改进了生产技术，第五，不只是一般地补助经费上的不足，而是更积极地为“丰衣足食”而斗争。第六，思想上对生产有了新的认识，自觉性提高了，大家起来动手，一定能够实现“丰衣足食”。

朱德讲了话。他在讲话中指出：“贪污、腐化、浪费是生产运动的敌人。在生产中不许有一个败家子、二流子。”他继一九四〇年十二月三日在陕甘宁边区党委召开的经济自给动员大会上提出建立革命家务以来，第二次提出建立革命家务。他说，“我们一方面艰苦的劳动，一方面改善物质的和精神的生活，革命的家务是一定可以发展起来的。”林伯渠在讲话中针对一度曾把商业作为机关自给运动主要方向的偏向，着重指出农业生产的重要性。

会上，还奖励了六十六位机关生产中涌现出来的劳动英雄。

这次生产总动员标志着边区为实现“丰衣足食”而斗争的生产运动的新阶段。

配合生产运动的新阶段，文艺、报纸等宣传工作搞得很生动活泼，十分出色。《生产大合唱》《南泥湾》等歌曲，《兄妹开荒》《十二把镰刀》《二流子变英雄》等戏剧，在延安和全边区巡回演出，激励着千万群众的生产积极性，在大生产运动中发挥了巨大的动员、鼓舞和教育的作用。

2. 开展生产大竞赛。生产大竞赛是一九四三年全边区为实现“丰衣足食”而斗争中出现的一个新事物，是安塞县劳动英雄杨朝臣和延安县劳动英雄吴满有共同发动起来的。

一九四三年二月二十四日，安塞县劳动英雄、模范退伍军人杨朝臣写信给延安县劳动英雄吴满有，倡议开展生产竞赛。杨朝臣在信中说：“我的一切条件不如你，可是我愿意拿你我的不同条件来和你竞赛，并且请你我的区、县长作见证人，请高、霍厅长作评判员，你说好不好？第一，今年开荒五垧，要把草、树连根拔掉，并且要掏一尺多深。第二，粪要沤得好，翻两三次，每垧地上粪十袋。第三，锄草四次，培土要好到苗秆不倒。第四，牲口保证不生病，菜要种得好，粮食要比去年每垧多收一斗。第五，和民众关系一定要好，要帮助群众解决困难。第六，我是受移民优待的，三年不交公粮，但我能够做的公益事，要热心参加。我是一个共产党员，是八路军的退伍军人，你是边区农民的劳动英雄，我很赞成你的光荣，所以咱们就竞赛吧，挑战吧！”

吴满有在收到杨朝臣的挑战书以后，积极赞同，于二月二十八日复信杨朝臣表示应战。吴满有在信中除完全同意杨朝臣提出的六个竞赛条件，并给以补充以外，特别提出开展庄与庄之间的劳动竞赛，建设“劳动英雄庄”。吴满有在复信中说：“我想，只是在你我两个人身上比较，对于革命，固然很好，但为了扩大这个竞赛运动，我们要在群众身上来比较。现在我庄已成立生产互助小组，我已被选做组长，我们已经商量好，一定要使全庄子里的男女老少，都把他们的力量用在生产上，并且用互相帮助，互相调剂的方法，组织变工，给贫苦村民调剂口粮、籽种和农具，发挥大家的生产力量，也只有使大家的生产发展起来，才是真正响应毛主席发展生产的号召。所以，我也向你提出两条：第一，就是不仅你和我两人要竞赛，而且要首先把你我两个庄子的生产搞好，我提议根据两庄的劳动力和牛犋来竞赛，看谁个庄子打的粮食多？争取‘劳动英雄庄’的光荣名号。第二，边区的劳动英雄不止你和我两个人，各县都有，还有我们的军队这两年的生产成绩特别大，他们一定有更多的劳动英雄。所以，我主张把这个生产竞赛运动，扩大到全边区的军队、群众中去。我想你一定是赞成的。”

朱德在得到杨朝臣、吴满有开展生产竞赛的消息以后，非常重视。他立即电令边区所有部队积极响应吴满有生产大竞赛的号召，朱德在电令中特别强调，要认真发现部队中的劳动英雄，以作竞赛劳动中的骨干力量，并由此而广泛地展开群众性的劳动竞赛，电文说，“八路健儿都是劳动人民的子弟，他们来自工厂，来自农村，对于生产和劳动，都是最积极的，像吴满有这样的劳动英雄一定很多。”电令还强调生产竞赛，增加粮食的重大意义，说，“这个道理很明显，多产一粒粮食，就是多增加一份抗日的力量。”贺龙也连夜打电话给南泥湾驻军，令他们迅速接受吴满有的友谊挑战。

三月三日，中共中央西北局向各地党委发出通知，要求各地党委去切实推广和领导这一生产大竞赛。通知说，“这是从党员发动的群众中的创作，各地党应特别注意这一运动，把它推广起来，切实的去组织和领导，提高和巩固群众的生产积极性，仿照延安刘秉温变工队办法组织劳动互助，发扬群众生产的组织性。生产竞赛，劳动互助，是推动春耕、增产粮食、组织群众、教育群众最重要的事情。”

接着边区政府主席林伯渠、副主席李鼎铭联名发出指示。指示要求各分区县市将生产竞赛运动推广到群众中去。

一个劳动英雄与劳动英雄之间、庄与庄之间、军队与民众之间、军队与军队之间的生产竞赛和劳动互助运动迅速在边区掀起，发展到边区的各个角落。

这个生产竞赛开展是健康的，推动了边区群众劳动互助的发展，有力地促进了生产运动的发展。正是这个生产大竞赛促使边区劳动英雄大批地出现，劳动英雄和模范工作者辈出。

3．一九四三年边区的两大盛会。为了检阅一九四三年大生产运动的丰硕成果，表彰大生产运动中涌现出来的劳动英雄，边区政府于一九四三年十一月二十六日至十二月十六日在延安同时举行了两大盛会：陕甘宁边区第三届生产展览会和第一届劳动英雄大会。这两大盛会是在西北局直接领导之下，由党、政、军三结合组织实行具体领导：贾拓夫代表西北局，高自立和我代表边区政府，邓发代表中央职工运动委员会。

这次生产展览会是空前的，规模是很大的。大会展览品分为两大部分：一为总展：陈列边区各种生产事业总的情景，其中有各种极为详尽的统计图表，最能说明问题也最有教育意义。一为分展：其中有中央直属机关、军委直属机关、留守兵团直属机关和边区系统的机关生产展览部，有绥德、延属、关中、陇东、三边分区等的展览部。展览会有近百个展室，长约半里地，共有展品六千五百九十六件，图表和照片一千九百八十七张。整个展览会是边区"丰衣足食"的缩影。它表明，经过边区群众和机关部队学校同志的共同努力，尤其是一九四三年大生产运动的飞跃发展，边区人民初步实现了党中央提出的"丰衣足食"的号召。

展览会告诉我们：第一，由于全边区一九四三年开荒九十七万六千二百二十四亩，使边区的耕地面积达到一千三百三十八万余亩，粮食总产量达到一百八十四万余石，比一九四二年增产十六万石（细粮），其中因开荒增产的粮食十四万五千石，因改良耕作技术而增产一万五千石。全边区年消耗粮食约为一百六十二万石，出现了有二十二万石余粮的局面。这就是说，边区广大群众基本上做到了"足食"，而部分群众开始有了余粮。

第二，由于一九四三年植棉十五万零二百八十七亩（比一九四〇年的一万五千一百七十七亩，扩大近十倍），收棉花一百七十三万斤，达到边区棉花需要量的一半以上。一九四三年一至九月已产布一万五千八百四十大匹（比一九四〇年产布三千零八大匹，增长近五倍），棉布的自给率已达百分之七十三。

第三，一九四三年一至九月产盐四十七万驮（每驮一百五十斤），估计年产盐可达六十万驮，比一九四二年的二十七万驮增产一倍以上。盐是边区用来进行外贸的主要物资，对边区说，盐就是粮和布。

第四，六畜兴旺，也是"丰衣足食"的一个侧面。据统计：牛由一九四〇年的十九万三千二百八十三头增加到一九四三年的二十二万零七百八十一头；驴由一九四〇年的十二万五千零五十四头增加到十六万七千六百九十一头；羊由一九四〇年的一百七十二万五千零三十七头增加到二百零三万三千二百七十一头。

第五，随着边区经济的发展，合作社事业也迅速提高，一九四三年边区有合作社二百五十五处，股金约一亿五千万元。

第六，展览会还充分体现了一九四三年生产运动的群众性，生产领导上的组织性和计划性，劳动组织上的由分散到互助合作的方向，以及公私兼顾、军民合作的特点。展览会表明，一九四三年是边区生产大发展的一年。为数年后进行的自卫战争，打下了坚实的物质基础。它以充分的事实说明，党的新民主主义的经济政策是完全正确的。

这一经济的辉煌成就，是边区千百万劳动群众共同努力的结果，大批劳动英雄和模范工作者在这里起了积极的带头作用、骨干作用和桥梁作用。

召开劳动英雄大会，就是为了表彰他们对边区新民主主义建设的巨大贡献。

陕甘宁边区第一届劳动英雄大会，有著名的农业劳动英雄吴满有、刘玉厚、张振财、贺保元、杨步浩、郝树才，工业劳动英雄赵占魁，部队劳动英雄李位，机关劳动英雄黄立德，合作社劳动英雄刘建章，劳动英雄、模范党员申长林，移民劳动英雄冯云鹏，妇女劳动英雄郭凤英、张芝兰等一百八十五名劳动英雄出席。

这样的劳动英雄大会在边区的历史上还是第一次。在旧社会被认为是"下等人"的劳动人民，现在成了新社会的"状元"，受人尊敬。大会会场的布置说明了这一点，有十几位劳动英雄的肖像，同毛泽东、朱德等领导同志的肖像挂在主席台上。

两大盛会揭幕时，有近三万人参加。延安附近三十里内外来的群众也在千人以上。朱德、贺龙、高岗、林伯渠、李鼎铭以及晋绥行署主任续范亭等参加了大会。会上，林伯渠代表边区政府作了报告，详述了一九四三年边区“丰衣足食”的情况。他说，在边区“这样一个战争环境又是比较穷困的地区，人民和军队今年居然能做到丰衣足食，这是边区人民和八路军力量的表现”。

会上，朱德、贺龙、续范亭等讲了话。续范亭说：“我五十岁了，第一次才看见这样的事情。”接着他对劳动英雄表示衷心的祝贺，并且以幽默的语言，严正驳斥了把共产党人描绘成“三头六臂”的怪物。他说：“是的，共产党人是有三头六臂的。三头就是‘枪’头、‘锄’头和‘笔’头，六臂就是‘两只手’能打仗，‘两只手’能生产，另外‘两只手’能写文章，能学习，能抓汉奸特务分子。这样的三头六臂，对老百姓是好的，对中国是好的。”他的这种说法，是当时我们在延安一面打仗，一面生产，一面学习的一个生动的写照。

毛泽东没有出席这两大盛会的开幕式，但他非常关心这两大盛会。一九四三年十一月二十九日下午，他把全体劳动英雄请到杨家岭中央大礼堂，同朱德、刘少奇、周恩来等一起接见并宴请了劳动英雄，作了著名的《组织起来》的讲话。十二月九日，毛泽东参观了生产展览会，又专门找了吴满有、申长林、刘生海、孙万福、冯云鹏、高仲和、张振财、石明德、李位、刘玉厚等十七位劳动英雄座谈了生产经验。毛泽东与冯云鹏、安兆甲谈移民问题，与张振财、李长清、梁显荣、刘玉厚谈变工札工的问题，与田荣贵谈合作社问题，与李位谈部队生产问题，与张清益谈义仓问题等，一直从下午谈到深夜才结束。

大会期间，劳动英雄们互相交流了经验，热烈地讨论了毛泽东“组织起来”的号召，制订了“组织起来”搞互助合作的计划，提出了一九四四年进一步“丰衣足食”的生产任务和具体计划。

大会给予劳动英雄和模范工作者以优厚的奖励，有二十五名劳动英雄获特等奖，各得奖金三万元；三十四名劳动英雄获甲等奖，各得奖金两万元；八名获乙等奖，各得奖金一万元。所有参加大会的劳动英雄由边区政府发给奖状及由毛泽东、朱德、高岗、贺龙，林伯渠、李鼎铭等的亲笔题词。在大会上，还奖励了五个模范村：淳耀的白塬村（劳动英雄石明德所在村）、延安的吴家枣园（劳动英雄吴满有所在村）、绥德的郝家桥（劳动英雄刘玉厚所在村）、华池的城壕村（劳动英雄张振财所在村）、定边的贺家园（劳动英雄贺保元所在村），各奖耕牛一头。

大会最后通过了《陕甘宁边区第一届劳动英雄代表大会宣言》，总结了大会的盛况，要求全边区农民、工人、战士，机关干部，学校学生进一步发展生产，以便充实物质力量，准备消灭日寇和对付反动派的袭击，取得对敌斗争的最后胜利。宣言最后要求实行毛泽东“组织起来”的号召，做到：

第一，普遍发展变工、札工。向淳耀的白塬村、延安的吴家枣园和安塞的马家沟学习。

第二，实行移民政策，增加新的劳动力。全边区要向赤水的冯云鹏、延安的马丕恩学习。

第三，一九四四年要把边区的全部二流子改造好，一面由政府督促，一面由群众劝说。全边区的二流子都要向吴旗的刘生海学习。他过去是个二流子，没吃没穿，婆姨也离开了他。自从一九四一年转变以后，努力生产，到现在有九个牲口，打粮二十多石，成了边区的劳动英雄出席了这次大会。

第四，发动能劳动的妇女参加农业生产。全边区的劳动妇女都要向米脂的郭凤英学习。她和男人一样，既能种庄稼，又会纺纱。

第五，多开荒地，深耕细作，增修水利，发展副业。全边区的老百姓都要向延安的吴满有学习。他一九四三年一家开荒三十二垧（每垧三亩），多打四十石粮。

第六，多种棉花，发动妇女纺织。多种棉花要向吴堡的刘秉仁学习。他种的一亩棉花产净花四十四斤，并推动全村每户种一亩棉花。纺纱要向刘（桂英）老太婆学习。她除了自己纺纱，还组织了一百八十个妇女纺纱。

第七，办好合作社。全边区的合作社都要向延安的刘建章学习。他办的南区合作社，发展成为消费、生产、运输、信用的综合合作社，给老百姓谋了几千万元钱的利益。

第八，组织运输队，多运盐出口。全边区的运输队都要向延安的刘永祥学习。他在南区合作社的帮助下，利用公盐代金，组织了七百多头牲口的公私合作的运输，运盐一万八千驮。不但方便了群众运盐，而且凡出公盐代金的还可以有许多红利。

第九，一面努力发展生产，一面还要节约粮食，储存粮食，多种洋芋。

第十，号召部队、机关、学校，加紧生产，部队要向张治国、李位、胡青山、郝树才、武生华学习，从半自给做到全自给。工厂要向赵占魁、袁生华、李凤莲学习。机关学校要向黄立德、佟玉新学习。

4. 一九四四年底至一九四五年初边区的两大盛会。一九四三年底召开的边区劳动英雄大会充分显示了劳动英雄运动在大生产运动中的重大作用。为了进一步推动生产运动，边区政府在一九四四年把劳动英雄运动推广到一切部门，边区的群众和机关、部队、学校，人人都可以争当劳动英雄和模范工作者。一九四四年劳模运动的特点，第一，运动全面开展。劳动英雄及模范工作者运动，从农村、工厂、机关、部队的生产运动推广到了文化、政治、军事及其他各项建设事业。第二，英雄大量产生。七十二行，行行有英雄、有模范。第三，由个人到集体。劳动英雄带动了一个村、一个单位，出现模范村，模范班、排、连，以及机关团体中的模范单位。第四，劳动英雄与模范工作者是选举产生的，具有更广泛的群众性，受到更多的群众的尊敬和拥护，在群众中的带头作用、骨干作用和桥梁作用更大。第五，劳动英雄和模范工作者的标准更高了。第六，领导更加自觉了。经过几年劳模运动的实践，领导干部领导劳模运动积累了经验，提高了自觉性。

为了总结劳模运动和边区生产运动的经验，陕甘宁边区在一九四四年十二月二十二日至一九四五年一月十四日，召开了“劳动英雄与模范工作者大会”，当时，大家都叫它“群英会”。有四百七十六位劳动英雄和模范工作者出席了大会。

在群英会开幕那天，延安十分热闹。开幕式在参议会大礼堂举行。会场上，张灯结彩，劳动英雄披红戴花。林伯渠致开幕词，他首先指出一年来劳动英雄与模范工作者运动的新发展，以及他们在新民主主义建设中的积极作用。林伯渠强调劳动英雄要时时抑制自满，互相学习，交流经验，发扬优点，克服缺点，开展批评与自我批评，力求进步，以期完成边区新民主主义建设的新任务。朱德出席了开幕式，讲了话。他说：几年来，我们靠着“血和汗”，坚持抗战，建设边区，获得举世的称道。对于这一奇迹，劳动英雄、战斗英雄和模范工作者起了决定作用。

这次群英会的重点是交流经验。会议以农业、工业、运输合作、纺织、部队、机关学校、财政、金融贸易、司法、保安、文教及其他等十一个组，分别进行经验交流和典型介绍。在分组交流经验的基础上，选举和评比产生边区劳动英雄和模范工作者的等第，共评选了特等劳动英雄和模范工作者七十四名，甲等劳动英雄和模范工作者二百名，乙等劳动英雄和模范工作者一百八十九名，以及模范村、模范连队和模范单位团体十四个，并给予奖励。

在会议期间，毛泽东于一九四五年一月十日向全体劳动英雄和模范工作者作了题为《必须学会做经济工作》的报告。毛泽东在报告中称赞劳动英雄和模范工作者起了三种作用，即带头作用、骨干作用和桥梁作用（这三大作用是在群英会中反映出来的，我们向毛泽东汇报时提到了，他称许这些提法很好），鼓励他们戒骄戒躁，争取更大的进步。毛泽东在讲话中提出了在两三年内完全学会经济工作的任务，强调“我们边区和整个解放区，还要有两年至三年工夫，才能学会全部的经济工作。我们到了粮食和工业品全部或大部自种自造自给并有盈余的日子，就是我们全部学会在农村中如何做经济工作的日子。将来从城市赶跑敌人，我们也会做新的经济工作了。中国靠我们来建设，我们必须努力学习。”

大会最后由边区政府民政厅长刘景范作总结：《更加推广劳动英雄和模范工作者的运动》。说明边区劳模运动的历史和现状，劳模运动的作用，以及今后的方针等问题。

大会于一九四五年一月十四日闭幕。在闭幕式上，李鼎铭致闭幕词。彭德怀、陈毅，刘伯承、聂荣臻、吴玉章等讲了话。他们在讲话中都强调了边区劳模运动对全国，尤其对敌后抗日根据地的作用。彭德怀说：“你们和全体人民把陕甘宁边区贫穷的山谷建设成富庶的边区，创造了许多模范的事迹。八路军和新四军有这样边区作为立脚点和出发点，所以能够在敌后坚持抗战，愈战愈强，在华北开辟了三十倍于边区的人口及在全国开辟了六十倍于边区人口的抗日民主根据地。同时由于边区的带头作用，我们在敌后开展了生产和战斗结合的劳模运动，军民吃饱穿暖，大大提高了我们的战斗力。”聂荣臻也说，陕甘宁边区不仅是抗日的出发点，并且是建设新民主主义中国的出发点。

在群英会召开的同时，“陕甘宁边区建设展览会”于一九四四年十二月二十五日正式开幕。这次展览会与以前的工农业生产展览会不同，增加了边区军事、政治建设的内容。展览分四大部分：第一部分：军事，包括练兵习武、民兵训练、军队文教工作、医药卫生、官兵关系、拥政爱民、军事工业、生产、供给和战利品等，在八路军大礼堂展出。第二部分：经济建设，包括农业、公营工业、民间纺织和工业、运输业、合作事业、机关生产、财政、贸易、金融等。第三部分：民主建设，包括民政、吴满有模范乡、保安工作，司法工作等。第四部分：文化教育，包括医药卫生、反对巫神运动、民办小学、国民教育、文艺、报纸等。展览会反映了一年来边区财政经济、民政司法、文化教育、保安等方面所取得的巨大成绩。一直到一九四五年一月十五日闭幕，参观展览会群众达三万余人次。

5. 开始进入“丰衣足食”境地。经过全边区群众的努力和机关部队学校大生产运动的继续开展，边区一九四四年的自给自足经济有了更进一步的发展，“丰衣足食”的程度又有提高。总计全边区增产细粮二十余万石，机关部队学校生产细粮十万石。因此，除了边区群众和机关部队学校的消费，尚可节余二十八万石，连同以前几年的结余，边区积存的余粮在七十万石以上（实际不止此数）。这一年边区植棉三十万亩，收棉花三百万斤，可以织布一百五十万匹（三八布），自给率达到三分之二。工业方面，生产的日用品如毛巾、肥皂、火柴、纸张、陶瓷、纸烟等已经自给或者大部分自给，延长石油生产也有恢复和长进，军事工业也得到了很大的发展，除了生产步枪、子弹以外，又陆续生产出掷弹筒、炮弹等武器。对于边区的工业发展，边区劳动英雄、模范工程师沈鸿起了极大的作用。沈鸿是学徒出身，经过自己的刻苦钻研，终于成了一个工业家。一九三八年自带十台机床到延安参加革命。他到延安以前，边区除延长的煤油厂有少数几台机器以外，其他地区没有现代化的机器。他到延安以后，又亲自设计、制造了许多设备，配备了边区的许多工厂，帮助了边区工业的发展。延安中央印刷厂的油墨机、造纸厂的造纸机、制药厂的压片机、煤油厂的炼油设备，以及边区其他工厂的许多机器，主要都是经过他的设计，直接或间接地从他带来的十台机床上生产出来的。更重要的是他还帮助了八路军后方修械所，并亲自设计、制造了掷弹筒、炮弹等前方急需的武器、装备。

具体说，边区人民的生活水平和机关部队学校的供给标准，都有了很大的提高。林伯渠在陕甘宁边区参议会第二届第二次会议的报告中充分反映了这一情况，他说：“坚持从经济到财政的发展路线之结果，人民的收入大大增加了，部队和机关学校也逐渐建立了家务，但政府取之于民的部分，却相对地减少了，以至绝对地减少了。例如公粮，去年十八万石，今年减至十六万石，其他税收也有减轻。因此，军民生活一年一年地更加改善了。”

农民方面，以清涧辛家沟村为例，全村共二十六户，一九四一年收获量为二百零九石六斗二升，消费量为一百四十二石四斗二升，负担为二十四石七斗，占收获量的百分之十一点七六，收支相抵，盈余四十二石五斗。一九四三年收获量为二百八十五石六斗九升；消费量为一百八十四石三斗，较一九四一年增加百分之二十七点二，生活上升；负担为十九石九斗八升，占收获量的百分之六点九九，负担下降；收支相抵，盈余八十一石八斗一升。

工人方面，城市手工业工人实际工资比战前提高百分之一百四十九点八至四百；公营企业工人的实际工资则提高百分之五十八点七至八十四，但公营企业工人的医药、文化和娱乐等费、劳动保险和社会保险统由公家负责。

部队方面，战士的衣食两项供给标准，如以一九三九年为一百，则一九四三年已提高至百分之一百二十五点五，一九四四年当续有提高。

一般公务人员和学生方面，以今年（一九四四年）为例，单就衣食两项实物供给标准，平均为小米六石以上，其他如办公、文娱、书报、医药等费，概由公家供给，病员、产妇、婴孩等更有特殊待遇。公务人员家庭有土地而无劳动力者，为之代耕；全无产业者，帮助其家属从事生产或给以适当工作，其子女的抚养教育费用，亦由公家供给。

值得指出的，去年以来，工厂人员合作社，部队人员合作社，机关和学校人员合作社，普遍成立，便利个人储蓄，并为个人建立了家务，已有相当成绩。

可以说，边区军民生活已开始进入丰衣足食境地。

一九四五年边区受了特大旱灾，农业歉收，粮食作物减产。为了照顾部分地区的歉收，一九四五年的公粮又从一九四四年的十六万石减到十二万石。因此，人民的生活仍然有所改善。

这时，边区农村的情景已经大变样了。不仅人民的生活有所改善，而且农村的阶级状况也有了变化，最突出的一点是从前雇农和贫农是农村的主要群众，这时变成了以中农和富裕中农为主要群众；从前乞丐到处可见，这时已经绝迹。这种情况反映了边区建设已经进入了一个更新的阶段——全面建设边区。

6．小结。

以上事实说明，在边区生产运动中，党中央、西北局和边区政府抓“两点论”抓得好。第一，抓“两个环子”。这就是毛泽东所说的：“一九四二和一九四三两年先后开始的带普遍性的整风运动和生产运动，曾经分别地在精神生活方面和物质生活方面起了和正在起着决定性的作用。这两个环子，如果不在适当的时机抓住它们，我们就无法抓住整个的革命链条，而我们的斗争也就不能继续前进。”我们党抓住了整风运动，使我们党在思想上、政治上、组织上达到了空前的团结和统一，大踏步地稳步地前进了。同样，我们党抓住了生产运动，达到了“丰衣足食”，我们又活跃了，我们又生气勃勃了。可见，同时抓整风和生产两大运动，精神和物质两个领域，这在历史上是极端重要的，在现在也是极端重要的。第二，抓统一战线。在政治上要抓统一战线，在经济工作上也要抓统一战线。陕甘宁边区在政治上贯彻统一战线政策是有成绩的，在经济工作上贯彻统一战线政策也是有成绩的。劳动英雄中间，就包括了各阶层的人，如工业方面的沈鸿，他现在已经是革命干部了，但他在未来边区以前曾经是一个拥有生产工具的工业家；农业方面的吴满有，是劳动致富的富农；延安市商会会长王克温就是一个商业资本家，在国民党对边区实行经济封锁以后，我们的对外贸易，有许多是通过他办的。又如，我们在发展公营商业的同时，私营商业的发展也很快，延安市一九三六年仅有各种私营商店一百二十三家，到一九四三年即达四百七十三家。第三，抓两股力量。一是抓民也抓军，军民齐奋战。在大生产运动中，我们打破了当兵“吃粮”，“脱产”革命的旧习惯，使机关、部队、学校的“脱产”人员一律变成不脱产人员，又工作（打仗），又生产，同广大人民群众共同组成劳动大军。不仅有利于生产，而且有助于改善军民关系，增强劳动观念，加强纪律性，对人民群众的生产也起了促进作用。二是抓兵也抓“官”，官兵一致。司令员和战斗员，领导和群众，同吃，同住，同劳动。这同样不仅有利于生产，而且有助于改善官兵和上下级关系。三是抓公也抓私，公私兼顾。参加机关生产，这是为公；进行个人副业生产，这是为私。个人副业生产发展了，个人自给比例增大了，需要公家供给的比例就缩小了。这是符合当时实际需要的。

六、文化教育

发展文化教育事业，是一九四二年九月毛泽东当面嘱咐要求边区政府抓紧进行的四项任务之一。边区政府一九四三年确定：“目前政府工作必须集中力量于急要和首要的任务，第一是发展生产”，“第二是教育”，把发展文化教育事业列入重要议事日程。边区政府的教育工作由教育厅主管，我因在来边区政府工作之前曾经作过几年教育工作（主要是干部教育），并且教育厅厅长柳湜当时是以救国会代表的身份参加边区工作的，副厅长贺连城也是党外人士，边区政府党组便要我多帮助他们工作。我主要是协助他们做了一些政策研究工作和某些会议的组织协调工作，因此对教育工作接触较多，感受也较深，现将我对边区文化教育发展概况和各项方针实施情况简要记述如下。

（一）历史发展概况

要了解陕甘宁边区政府执行文化教育政策的情况，首先必须了解陕甘宁边区在旧社会的经济文化教育状况。陕甘宁边区在旧社会经济文化十分落后，地主阶级对农民的残酷剥削和压迫，使分散的落后的农村经济长期处于停滞状态，社会分工和商品生产都很不发达，基本上是自给自足的自然经济。荒山遍野，地广人稀，农业粗放，交通不便，农民终日劳动难得温饱。反映在文化教育上，就是封建、文盲、迷信和不卫生。知识分子缺乏，文盲高达百分之九十九；学校教育，除城镇外，在分散的农村，方圆几十里找不到一所学校，穷人子弟入学无门；文化设施很缺，人民十分缺乏文化生活；卫生条件极差，缺医少药，人畜死亡率很高，婴儿死亡率达百分之六十，成人达百分之三；全区巫神多达二千余人，招摇撞骗，为害甚烈。人民不仅备受封建的经济压迫，而且吃尽了文盲、迷信、不卫生的苦头，人民的健康和生命得不到保障。

一九三七年九月陕甘宁边区政府正式成立后，在扫除文盲、破除迷信、改变不卫生情况等方面，作了很多工作，很有成绩。但从数字增长和社会效果对比看，还是很不够的。小学数量有增加，但失学儿童仍在四分之三以上。文盲数量有减少，但仍高达百分之九十三至九十五。人畜死亡率也很高。客观原因是经济发展不足，群众的物质生活问题未解决，文化生活问题也很难解决。但主观上也存在着一些缺点和错误，表现在：

第一，政治上有某种程度的右倾，这是抗战初期统一战线工作中右倾错误的一种表现。在教育内容上强调抗日，这是对的，但忽视了民主；强调团结，这也是对的，但忽视了必要的斗争。当时发生过这样一件事：教育厅口试鲁迅师范的毕业生："顽固分子来了怎么办?"问了几个，都答"退让"。又问"他们再进攻怎么办?"答："还是退让。"问到第三次，他们无法回答了。只有一个长征过来的毕业生挥拳高呼："打!"这件事曾引起边区党组织的注意，并在一九三九年边区党第二次代表大会上特别指出过。但在以后的教育领导工作中仍未引起足够重视，如绥德分区的教育在一九四〇年新政权建立后，政府与一些开明教育家作了许多工作，但直到一九四一、一九四二年对何绍南反动统治时期的旧教育，仍然未能有计划地进行改造，许多地区的小学教育仍被顽固分子把持，他们仍以各种敌视人民、敌视边区、敌视共产党的反动思想继续毒化青年。

第二，学校教育搞旧型正规化，对边区落后的经济、文化状况和地广人稀的特点注意不够，未能及时解决教育和实际结合、适应分散的农村、为边区服务的问题。当时干部教育（培养边区的知识分子）是提高边区一切工作包括教育工作的决定因素，长期未被重视。国民教育也不顾边区具体情况，先是不切实际地普遍推行普及教育、义务教育，后又走到另一个极端，提出了所谓"减少数量提高质量"的口号。边区人民在一九三八、一九三九年生活还很困难，首要任务是恢复民力，发展生产，推广义务教育则为时过早，但一九四〇年《陕甘宁边区实施义务教育暂行办法》反而把要求又提高了一步，提出要逐步普及义务教育，学龄儿童（八岁到十四岁）都要按规定入学，否则予以处罚。这是主观主义、命令主义和形式主义的规定，当然行不通。后来在边区召开的教育科长会议上，又决定重质不重量，精简和合并学校，每县宁可取消十个普小，一定要办好一个集中的完小；每个学校不满二三十人不能开办；年限、班级、开学、放假等制度必须“整齐划一”。在这种错误思想的指导下，小学由一九四〇年的一千三百四十一所减至一九四二年的七百二十三所，减少百分之四十六，学生也减少了一万余人，将近减少三分之一。这是忽视了边区生产落后、村庄分散、交通不便、劳动力缺乏等特点，抄袭旧的一套教育体制所造成的恶果。

此外，社会教育、文艺工作也存在一些问题。社会教育流于形式，文艺工作侈谈提高，忽视普及，以外边进来的知识分子为主要对象，忽视人民群众需要。民间文艺仍是封建的旧的东西占统治地位。特别严重的是，对大批人畜死亡现象，迄未给予应有的重视。

上述这些问题都是亟待解决的问题。我到边区政府后，全党正在开展整风运动，西北局又召开了高干会，为我们纠正教育工作中的缺点错误指明了方向。我们在党中央和西北局的直接领导下，仔细分析了边区教育中存在的问题，主要是旧型正规化问题。开展了批评和自我批评，纠正了缺点错误，进行了教育改革，整掉了旧型正规化，实质就是整掉了主观主义、命令主义和形式主义。教学内容和教学方法逐步做到了与群众需要相结合，与边区实际相结合，真正为边区人民大众服务，边区教育出现了向着新的方向改革的大好局面，这是整风的重大成果。一九四四年十月陕甘宁边区文教大会，总结了边区教育工作正反两个方面的经验，特别是总结了一九四三年整风以来教育改革的新鲜经验，提出了今后发展文教工作的方针和政策，明确了文化教育在整个革命事业中的地位和作用，收获是很大的。尤其是毛泽东在会上的讲演，对边区文教工作作了高度的理论概括，为今后进一步发展文化教育事业指明了前进的方向。

以上是历史发展概况。下面想就边区小学教育、中等教育、社会教育、文艺工作等方面分别作些具体说明，也对边区文教大会作一专门介绍。

（二）小学教育

边区政府成立后，即注意了教育建设，历年均有发展。一九三七年春全边区仅有小学校三百二十所，学生五千六百人（不包括绥德警备区）。一九四〇年春增至一千三百四十一所，学生四万一千多人，学校数和学生数分别增长了三倍多和六倍多。整风运动批判了教条主义的错误倾向，促进了教育事业朝着按照群众需要的方向改革。一九四四年后，各地陆续出现了一种新事物，即民办学校，发展到五百余处，这是教育改革的良好开端。民办学校形式多样，各有特色，创造了很多的好经验。主要有：

延安市杨家湾小学。这种类型的小学，特点是民办公助，是在农民积极分子倡议下，由政府领导和帮助办起来的。陶端予是这所小学的教员，是当时杨家岭中央机关到北效乡做居民工作，应农民之请派下去的。教员到了村里，便帮助群众修理纺车，与群众建立感情，学校办起来后，经常进行家访，家长、教员、学生连成一片，群众的意见成了教员工作的依据，群众的反映就是教员检查自己工作的尺度；在与群众密切联系中，吸取了人民丰富的语言和生活的滋润，编成教材，进行教学。学校设有语文、算术、卫生、常识、习字等课程，教语文，学写便条；教算术，学心算、珠算和记账；教生产知识，同时培养劳动观念，紧密结合家庭和生产实际。教学中，不光学文化，还要养成儿童民主与遵守纪律的习惯；提倡讲礼貌、团结友爱，讲究卫生，尊重父母、家庭和睦的道德风尚；教育儿童懂道理，服从道理而不是服从个人。学校还开展成人教育，推动全村卫生运动，使杨家湾成为全边区最好的模范村。

米脂高家沟民众学校。这种类型学校的特点，是农民自动起来办学校。高家沟的农民说："咱们这辈子不识字，是睁眼瞎子，可不能再让子孙受害了。"于是便立下这个学校，推举全村唯一识字较多的高怀山当教员，自办，自管，自教。经过群众讨论，课目有识字、算术、读报、写仿（习字）、唱歌或游戏等，按新编课本教，教员也自编一些辅助教材，注重应用文和珠算的教学。农忙放假，平时鼓励学生参加家庭劳动，做到学习、生产两不误。学制分全日班、半日班，还有拦羊娃的早班，无固定年限，能写会算就毕业。学校同时也是本村文化建设的中心，成立了变工队员读报识字组，妇女纺织识字组，并与村、乡政府配合，开展卫生运动和文化活动。

米脂杨家沟学校。这是一种穷人翻了身，迫切要求文化的"一揽子"形式的村学，特点是以成人教育为主，和生产密切结合。教育对象主要是成年男女，也包括儿童。教学内容按群众和生产需要规定，全体学生都不脱离生产，教学时间也根据生产时间不同，分为早、中、晚三班进行。

巡回学校。在教育改革中，志丹县七区一乡，从改造旧轮学（即轮回教学）中，吸取其合理部分，创办了一所巡回学校。这个乡共六个小村，比较大的如红石峁等四个村子，每村才六七户人家，最大的也只十二户，相隔都在三五里路，地区分散，农民生产负担很重，每个儿童也要拦羊三四十只。要办学，一个村办"供不起"（经费），一个乡集中办又"误不起"（时间）。他们就共同请了一个教员，选定这四个较大村子作为基本巡回教学范围，定名为巡回学校，每天轮教两个村子，每隔一天就可轮到一次。每村都有简易的校舍，有桌凳、黑板等校具。学校有校董会，每村选一人任校董，协助教员管理学生，教员轮到哪个村子时，他就把学生集合在一起，平时则督促儿童复习。儿童不离本村，就地上学，不误生产。"误不起""供不起"的问题解决了。志丹其他乡及靖边、吴旗一些较偏僻的乡村，也创办了这样的巡回学校或轮学，同样得到群众的拥护。

教育改革，民办小学带了头，做出了榜样。一九四三年特别是一九四四年以后，公办小学和完全小学，也在逐步地进行改革。我们一方面号召各地继续试办民办小学，一方面推广了吴旗县赵老沟小学教员刘保堂结合实际和群众需要办学的经验。许多小学教员经过整风，批评了旧型正规化的思想，开始认识到，不结合边区实际，不懂得农民的要求，办教育是没有出路的。他们向民办小学学习，向刘保堂学习，在课程设置上，增加了农村迫切需要的教材，增教应用文和珠算，增教生产知识和卫生知识，向着新的方向转变，迈出了可喜的一步。同时，我们还抓了私塾的改造。边区文化落后，私塾仍占相当数量，陇东分区就有一百五十处，他们多半教些封建迷信的东西，改造是必要的。我们推广了陇东贾其昌私塾改造的经验，促进私塾按照政府的教育方针办，向着新式的村学转变。农民对小学的改革是欢迎的，有的要求办得好的中心小学、普通小学继续公办，有的因为需要或有的小学办得不好，则改为民办，使学校更能按照群众的意愿办。但是小学教育的改革，仍然存在一些问题，一部分小学教员习惯于过去旧的一套，只知道政府办，不知道根据群众意志由群众决定学校的形式与内容；在另一部分学校中，则又过分强调生产劳动，过多地参加社会活动，忽视了知识的教学。这两种倾向，在继续改革的过程中，都是要注意解决的。

小学教育改革的情况说明，群众本来蕴藏着办学的积极性，但被旧型正规化束缚住了。经过整风和大生产运动，这种积极性迸发出来了，他们要求创办学校，改革学校。这种改革，也只是开始，它将随着边区经济、文化的发展而逐步提高。在当时的情况下，小学教育的改革具有如下一些特点：

第一，读书与抗日、建设相结合，教育和政治、生产劳动相结合。这是抗战时期教育改革的基本原则。边区小学是传授儿童文化科学知识的阵地，同时又是宣传抗日和党的政策，推动农村建设的重要环节，教员在这方面起了很大作用。当时边区多数教员工作勤奋，生活刻苦，政治觉悟较高，他们不仅教儿童读书，开展成人教育，开展卫生运动，使乡村小学成为农村文化建设的中心；而且还指导学生各种抗日救亡活动和生产建设活动，发挥了教育为抗战为生产服务的作用。

第二，学校的设置和组织形式，因时因地因人制宜，贯彻群众需要与自愿的原则。既有适应农村分散的特点和农民生产生活需要的各种形式的民办小学，又有适合县城和集镇的中心、普小和完全小学。经济文化的落后和发展不平衡，不仅偏僻的乡村与城镇有差异，就是县城的完全小学，因地区不同，要求也各异。绥德、米脂的完小毕业生多希望升学，而延长和环县的毕业生则多参加工作，所以课程设置和毕业年限也不必强求一律，而应因地因人有所侧重。

第三，坚持群众路线，学校与群众配合。边区政府重视教育事业，教育经费占支出的七分之一。但由于实施免费教育，学生入学不交学费和杂费，而且要创办更多的新学校，所以经费仍有困难。这就要发扬艰苦奋斗的精神，因陋就简，发动群众自己维持学校用费，来解决这个困难。群众了解儿童教育、社会教育和救亡活动的重要，自愿担负起维持学校经费的任务。政府则着重在政策、教材、培养教员等问题上加强领导。这样我们在边区经济落后、物资困难的条件下，仍然把教育事业扩大到穷乡僻壤，使教育事业得到发展。民办公助方针为人民所拥护，深深地扎根于群众之中。

一九四五年二月二十六日，我在保小（保育院小学、即过去的干部子弟学校、是唯一直属教育厅的小学）、抗小、延属干小、完小等四校的教员训练班上，曾经根据了解的情况，讲过以下四个问题，这是我个人对当时边区小学教育的意见：

（1）干部子弟学校教育方针应该是健康、文化与人生观三者并重。前一代人的弱点是文化落后，身体不强，后一代人将是建设人才，应把身体搞好，文化搞好。前一代人有为人民当勤务员的传统，后一代人必须继承与发扬这种传统，切不可沾染新贵族思想。

（2）教育态度应该是一切为了学生——未来的人民勤务员。用作人民勤务员的精神去教育他们，先作学生，后作先生。要坚持真理，又要善于说服。以说服方法和集体生活，培养孩子们的纪律观点。要从正确方面启发学生，也要从错误方面教育学生。要在教育方面培养一种纯正的实事求是与联系群众的作风。

（3）加强教员的修养和学习。一是思想作风修养，要放下包袱，打开脑筋，用民主方法争取别人的帮助，从实践中破旧立新。二是政治和政策学习，上级要给予帮助。三是业务学习，要从实践到理论，做什么，学什么。此外，教员的政治待遇与物质待遇，应该适当解决。

（4）要克服学校教育领导工作中存在的作风问题，即官僚主义问题。领导部门要了解下面的意见和要求，解决实际问题。

在训练班上，学员们对领导上的官僚主义作风，意见比较多，为此，我曾给教育厅的负责同志写过信，又同他们谈过话，建议他们亲自去教育训练班主持些日子，以便提高学员的信心，建立领导的威信，解决实际存在的问题。

（三）中等教育

边区的中等教育，是一个从无到有，探索前进、逐步成熟的过程，大致可分为三个时期。

边区在一九三七年前，没有一所中等学校。一九三七年三月成立鲁迅师范，一九三八年成立边区中学，这是边区中等学校的初创时期。时间虽短，但在教育实施上却带有初创时期的许多特点和创造。教学内容为了适应当时抗战的需要，一般是政治重于文化或政治文化并重。学制也是按实际需要，灵活掌握，有的半年毕业，也有的一二个月毕业。学生随到随考随编班，如果工作急需，也可以随时调出。学生入学不受严格限制，初期很多是部队机关的勤务人员、退伍红军、红军家属、残废军人等。文化程度高的设中学班或师范班，低的设预备班，都属训练班性质。学生要参加社会活动，作群众工作，并适当参加生产劳动。

这个时期的中等教育，虽然在教学组织、内容、制度、方法上还有很多缺点，但它打破了过去只有富人子弟才能入学的阶级界限，的确是一种新教育的雏形。由于当时具体条件的限制（国民教育刚刚开始发展，完全小学只有一二个），还不可能把培养边区知识分子当作主要目的，但是因为接受了内战时期革命队伍艰苦奋斗的优良传统和作风，所以培养出来的学生在当时边区文教工作中依然起了很好的作用。

一九四〇年是边区中等学校在数量上大发展的一年，学校由两所增加到了七所，就是：边区师范（一九三九年八月由鲁迅师范和边区中学合并而成）、三边师范、关中师范、陇东中学、绥德师范、米脂中学、边区医药学校。一九四一年后又发展为十所，即增加了鄜县师范、新文字干部学校、边区职业学校（一九四〇年创办边区农校，一九四一年创办边区职业学校，一九四二年将两校合并成职校）。这十所中等学校，有普通中学二所，占百分之二十；师范中学五所，占百分之五十；中等专业学校三所，占百分之三十。中等教育这个结构的比例，在文教建设的初期，是大体上符合边区经济发展和社会分工的需要的。师范学校占的比例最大，这反映了边区对培养知识分子和发展文教事业的迫切需要。当时中等学校的学制，确定为两年到四年。后来边区的青年学生逐渐占了多数，开始提出了为边区培养小学教师和新知识分子的任务。文化教育内容的比重大大增加了。边区师范、三边师范、绥德师范还附设了行政人员训练班（地干班），这是一个新的发展和改革，正符合边区要提高现任干部文化水平的需要。但是在执行过程中，也发生了两种偏向：有些学校对旧学校遗留的教学内容、方法、作风的改造不够，存在着不切合边区实际需要的所谓“正规化”倾向，学了一些不急需或用处不多的东西。又有些学校提出抽象的政治和思想要求，用教条主义、形式主义的方法盲目地给学生讲许多政治和社会科学概念，学生学不了，也减少了文化教育的时间。这同样是脱离边区实际需要的。

一九四三年的整风，针对上述偏向，即旧的教育思想和新的教条主义倾向，进行了检查和批判，实现了重大的改革。首先，明确规定了中等学校带有干部学校的性质，并增设地干班，使边区中等教育与边区建设实际需要进一步结合。其次，为此目的，削减了不急需的课程，增加了当时有实际需要的课程。再次，确定了政治教育、思想教育的原则，是在学生的实际活动中培养他们的革命观点、群众观点与劳动观点，而不是只讲抽象的理论。通过这些改革，边区中等教育出现了新气象，不再把自己的任务限制在只是培养小学教师与一般中学生的圈子里，而是扩大到了同时培养边区建设所需的各种干部和人才。因此在中学班、师范班以外，增设了地干班或其他实际需要的班次。这样一来，进校学生增加了，学生热爱边区及为人民服务的热情大大提高了，不愿去偏僻的农村工作的愿意去了。

中等教育的这一次重大改革，也有缺点。规定课程教学大纲是好事，但有些规定得太广泛、太复杂，以致教员教不了，学生学不了。注意教学与边区实际相结合也是好事，但有些把实际理解得太狭隘，忽视了一些必需的知识的学习。还存在着教条主义的残余。

一九四六年一月十四日至二月十二日，在边区政府领导下，在延安召开了边区中学教育会议，对从一九四三年以来的整风和改革的成果，进行了认真的检查和总结。这次会议在边区中等教育的发展史上，是有重大意义的。除三所中等专业学校未参加外，七个中学校长、教导主任、地干班主任及教员代表等共三十余人参加了会议。主要讨论了中等教育的方针、学制、课程、教材、教学法、地干班、思想教育、组织与领导等问题。

边区中等学校教育的总任务，是有计划地培养边区知识分子，提高现任区、乡干部的文化水平。根据这一总任务，会议进一步明确了中等学校的方针，应是与边区实际结合，学以致用，培养未来干部和提高现有干部（包括小学教师），即具有为人民服务精神并有一定文化水平的干部。教学内容必须以文化教育为主，文化教育又必须以语文为主。

二月七日，我受边区政府主席的委托，听取了教育厅长柳湜的汇报，并看了边区政府政策研究室同志的书面汇报，经过共同商议，获得了如下一致的意见：

"今后中等教育需要有点计划。边区迫切需要知识分子和工农干部知识化，否则边区建设很难前进。"

"'地干班'，应成为工农干部取得语文工具的场所，因此应予扩大，并确定轮训计划，强制执行。"

"'普通班'，应照顾临时、一般和将来的需要，而以一般需要为主。所谓临时需要，指目前过渡期间的紧急需要（接替外来干部），可指定若干班次为之。一般需要，是指初级知识分子和小学师资，保证三年毕业。这两种，均以搞好语文，达到清顺为主。将来需要，是开办若干高级中学班，不仅语文要流畅，并须掌握普通科学知识。"

边区的中等教育，一向重视思想教育，但长期存在两种偏向，一是简单化，企图用"斗争会""反省"、群众压力和组织手段等办法，解决细致、复杂的思想问题。二是急性病，企图入校一年就克服学生的家庭观念，并完全做到大公无私。会议批评和纠正了这些偏向，认为思想教育中的简单化和急性病，不符合青年思想的发展规律，也不符合对青年应以启发、诱导与培养为主的训导原则，因之是错误的。会议明确了思想教育应是新民主主义的、人民大众的，确立为人民大众服务的观点；日常生活中的思想指导，应该通过民主、自由讨论的方式，坚决纠正强迫、斗争等方式。

关于政治课设置，政治课小组曾发生过激烈争论，以后基本上取得了一致的意见。认为各学校的政治课教学各有长短，今后应当取长补短，根据实际需要，决定课程设置。并研究了课程的具体内容为：社会科学一般常识、边区史地、国民党与共产党、三民主义与共产主义、边区政策、工作方法、时事教育等。

（四）社会教育

边区社会教育主要对象是农民，是成年农民（包括失学儿童）不脱产的教育。边区农民不但从人力、物力上支援抗日战争，而且是边区经济建设和文化建设的直接承担者。社会教育是国民教育的一个组成部分，是党领导农民进行革命斗争的重要一环。抗日战争和发展生产不但要求办好小学和中学，培养知识分子，而且要求农民群众逐步消灭文盲，破除迷信，讲究卫生，提高政治觉悟，加强农村的文化建设，把陕甘宁边区建设成为抗日民主的模范根据地。

经过教育改革，边区的社会教育，贯彻了毛泽东提出的按照群众的需要和自愿的原则。基本方针是民办公助，主要靠群众觉悟，自己动手，政府除加强领导外，并在干部。课本、部分经费等方面，予以必要帮助。

边区的社会教育，从边区实际出发，创造了适合边区情况的成人和失学儿童教育的多种形式，主要有读报识字组、夜校、半日校、冬学和民教馆。其中又以各种类型的识字组和冬学最受群众欢迎。

读报识字组是扫盲运动中最经常最普遍的一种群众教育形式，它最能发挥“民教民”的作用，又识字，又学时事政治，又可结合生产。当时边区还没有广播的条件，通过读报识字，“农民不出门，能知天下事”，扩大了农民的眼界。这对提高农民文化和政治觉悟，移风易俗，促进生产，都起了很大的作用。如听了《边区群众报》批评有的变工队管理不善，有名无实，就联系自己的情况检查；听了报上植棉技术、防治病虫害，就在自己的地里照着做；报上登载了医治牲畜疾病，讲究卫生，反对巫神，破除迷信等，各地读报识字组就进行讨论和实行等。当时的读报识字组最受群众欢迎的有四种类型：一种是以生产组织建立起来的读报识字组，它主要依靠劳动英雄或变工队负责人领导，组织村学教员、学生、政府干部当教员，实行民教民的办法，能者为师，互教互学，子教母，夫妻互教，识字多的教识字少的，像淳耀县白塬村识字组就是这种类型的代表。一种是以小学校为中心的读报识字组，这种类型的识字组主要是靠“小先生”开展工作，它也是民教民的一种形式。在边区经过一九四四年的教育改革，各种类型的民办小学和公办小学，“小先生制”得到较普遍的推广。“小先生制”既适用于分散的农村，也适用于小城镇，既可按小组活动，也可深入到家庭对妇女儿童进行教学，方式灵活多样，不误生产，送上门去。当时绥德实验小学执行的“小先生制”，在扫除文盲中发挥了作用。还有一种是民教馆领导的识字职业教育，定边民教馆办的七个妇女职业学校，学生不脱离生产。一面识字，一面学编织等手艺，很受群众欢迎。第四种是任逢华识字班。任逢华是中师毕业生，在旧社会当了二十年小学教员，退职回家后，先在吴堡创办了一个识字班，五年内从二十一人发展到一千七百零一人，从一个村庄发展到八十五个村庄，从吴堡发展到绥德。他给农民送字，经常一天跑几十里，风雨无阻。有一次他要给二十里路远的一个村庄送字，天下了三寸厚的大雪，当时老百姓以为他不会来了，但他天不明就从家里动身，到得村来，大家还没有起床，他就站在大门口等着，学生打开大门看到这种情景，无不感动不已。“雪里送字”，传为美谈。所以，他在边区文教大会上受到奖励，被誉为“民间教育家”。

各种类型的读报识字组，在一九四三年至一九四四年发展较快，最高时达五六万人，但在部分识字组中仍有强迫命令的事情发生。一九四四年总结了经验，指出了这种缺点，又出现了放任自流的现象。尽管如此，农民的识字教育已经开始走出一条路子来了，成绩是很大的。

特别值得重视的是冬学。冬学是群众创造的有历史传统的一种成人和失学儿童教育的组织形式，陕北地方党组织曾利用冬学进行革命宣传活动和文化活动。边区政府及时总结了这个经验，从一九三七年开始就得到推广。一九四三年以后，人民生活得到改善，对文化生活的要求也提高了，一九四四年共办了三千四百七十所冬学，入学的农民达五万余人。延安各单位派下去支援办冬学的就有一千余人，数量和质量都比往年提高了。这一年举办的冬学，在边区政府发出的卫生第一，消灭婴儿百分之六十的死亡率的号召下，各地创办了一批以妇婴卫生为主要内容的妇女卫生冬学。延安大学派了一批学生到陇东分区帮助办冬学，在镇源刘家城办了一所妇女卫生冬学，教员从调查入手，弄清楚了妇女临产，习惯用破瓷片断脐带，婴儿得破伤风死亡的情况。教员就抓住群众这个最迫切的问题，进行卫生教育，用新旧对比的办法，使群众接受了新法接生，为民造了福。各地举办的卫生冬学，也收到同样的效果。这是教育改革的一个新创造，把扫盲和普及科学卫生知识结合起来。这一年的冬学，从读、写、算，到群众迫切需要的卫生知识都成了教学的主要内容。一冬三个月的学习，有的学会了写信，能读《边区群众报》；有的学会了珠算，能记账；特别是在冬学里进行妇婴卫生的教育，使冬学的发展往前推进了一步，成绩是显著的。这些成绩的获得，首先是坚持了自愿与需要的原则。群众眼看人畜死亡的严重，迫切要求在发展生产的同时，发展医药卫生，发展文化教育，做到人财两旺。边区文教工作者抓住了群众的切身利害，启发群众起来向愚昧作斗争。其次是认真贯彻了民办公助的原则。群众自己办，政府在人力、物力上给予必要的帮助。把过去以乡为单位改为以村为单位办。但发展不平衡，还有一部分冬学重复了过去命令主义的错误，强迫招生，集中办学，这一部分冬学，群众反对，教学效果也差。

一九四五年十月上旬，我受命修改当年办冬学的指示信，研究了前一年办冬学的经验和问题。我们分析了群众对冬学的思想顾虑，是男怕误工，女怕误活，妨碍生产；怕当公家人，减少劳动力；怕老婆离婚；怕天冷、路远、孩子往返不便；怕心杂、意乱，识不下；觉得一辈子不识字也过来了，识字顶啥用等。在指示信中，第一，要求针对不同思想，具体进行工作。第二，重申了需要与自愿原则，要具体发动，不搞命令主义；要分散经营，不搞集中办学；要因人施教，不搞硬性灌输。第三，强调了民办公助方针。主要靠群众自己动手，政府予以适当帮助。“形式是民办公助，精神是需要与自愿”。第四，肯定了前一年冬学的一个好经验，即以妇婴卫生为主的妇女冬学，要求卫生机关参加，积极推广。第五，阐述了争取和团结农村旧知识分子的重要性，要求尊重和争取他们参加办冬学。这一指示信对当年冬学工作的开展，起了很好的指导作用。

（五）文艺工作

1. 中国文艺协会。旧社会边区的教育事业落后，文化事业更落后。一九三六年十一月，才由丁玲等主持成立陕北根据地第一个文艺团体——中国文艺协会，毛泽东誉为“苏维埃运动的创举”。中国文艺协会成立后，就沿着发扬苏维埃的工农大众文艺和民族革命战争的抗日文艺方向，积极开展活动。曾经发起“苏区一日”“长征记”等征文，收获不小。先后创办《红色中华副刊》《苏区文艺》《解放周刊》《新中华副刊》等刊物，发表过不少文艺作品。“人民抗日剧社”“锄头剧社”演出过《亡国恨》《放下你的鞭子》等十四五个剧目。“平凡”“中央”和“战号”三个剧团还联合演出了《阿Q正传》，文化活动开始活跃。

2. 陕甘宁边区文化协会。一九三七年七七事变后，丁玲等又组织西北战地服务团奔赴山西前线参加战斗，上海各地一些文艺界骨干力量来到延安，文艺队伍又扩大了。一九三七年十一月新成立了陕甘宁边区文化协会，先后由艾思奇、周扬、丁玲、柯仲平等主持工作。一九四〇年春，举行了第一次文化协会代表大会，选举吴玉章为主任，艾思奇、丁玲为副主任。文化协会成立后，开展过街头诗运动和诗歌朗诵等活动，组织过文学顾问委员会、民众剧团、文艺小组、世界语小组等，为群众文艺提供了活跃的阵地。其中一九三八年夏成立的先后由柯仲平、马健翎领导的民众剧团，几年内足迹遍及二十四县（边区共辖二十九县。边区的行政区划时有变动，所辖县市亦因此而有变动），观众达二百万人次，成绩卓著。文协和八路军总政治部共同组织过五个抗战文艺工作组，各组组员有卞之琳、吴伯箫、鲁藜、刘白羽、周而复等，先后派赴晋冀鲁豫和晋察冀等敌后抗日根据地，进行抗战文艺宣传工作，收获很大。

边区文协还创办了大众读物社，由周文、胡绩伟、胡采、赵守一、林今朋等负责。该社出版了《边区群众报》，曾受到毛泽东的表扬，一直出版到全国解放后。还出版了大众读物丛书，出版刊物《大众习作》，很受中小学的欢迎。

3. 中华全国文艺界抗敌协会延安分会。一九四〇年，在我党的影响和支持下，重庆成立了中华全国文艺界抗敌协会，延安相应成立了中华全国文艺界抗敌协会延安分会（简称文抗）。相继组织过文学顾问委员会和文艺小组工作委员会，创办过文艺学园，出版过“谷雨”和《文艺月报》，又成立了文化俱乐部，萧三任主任，创办了“作家之家”。在学术研究方面，成立了鲁迅研究会、青年文艺习作会。各种街头黑板报不断兴起，成立了诗刊社并出版了《诗刊》，群众性的文艺活动如秧歌等更是遍地开花，搞得热火朝天。

延安整风之前，在知识分子中关于文艺为什么人服务的问题并不明确，思想比较混乱，存在着侈谈提高、忽视普及、脱离实际、脱离群众需要的现象。一九四〇年一月，毛泽东发表了《新民主主义论》，提出了民族的、科学的、大众的文化即新民主主义的文化。一九四二年五月，召开文艺座谈会，毛泽东在会上讲了话，即著名的《在延安文艺座谈会上的讲话》，明确了文艺工作的两个根本问题即为群众的问题和如何为群众的问题。与此同时，又在全党开展了整风运动，文化工作中的教条主义和脱离群众的倾向得到克服。接着，一九四三年发动了全区大生产运动，大大地改善了工农群众和部队、机关、学校的战士、干部、学生的生活，达到了“丰衣足食”。这样就为文化运动的大规模开展奠定了思想基础和物质基础，边区的工艺工作就空前活跃起来了。我们亲眼看到群众性秧歌活动和戏剧活动的极大发展，文艺工作呈现一派大好形势。在创作方面，产生了许多新的作品如《兄妹开荒》《夫妻识字》《十二把镰刀》《血泪仇》等，在演出方面，“鲁艺”和中央党校等组织的秧歌队，由于结合了抗战和人民群众生产生活的需要，群众称之为“斗争秧歌”。文协、民众剧团和延安各文艺团体纷纷下乡，到群众中生活、工作和演出，为贯彻党的革命文艺路线贡献力量，博得广大群众的普遍拥护和热情欢迎。这是毛泽东指出的文艺为工农大众服务的方向的可喜实践。

（六）文教大会

一九四四年十月十一日至十一月十六日，西北局、边区政府和边区文协联合召开了陕甘宁边区文化教育大会，总结了一九四二年整风运动和一九四三年生产运动以来文教工作的经验，表扬了各条战线群众创造的文教工作的典型，奖励了一批文教工作的模范，明确了继续发展文教工作的方针，提出了今后五至七年内文教工作的目标。这是边区文教工作的一次检阅、评比和总结。意义重大，影响深远。

党中央和毛泽东对这次文教大会是十分重视的。早在一九四四年四月上旬，毛泽东就召集中央宣传部、西北局宣传部、边区政府的负责同志和陕甘宁边区五个分区的地委书记的座谈会。我和李卓然、董纯才等参加了这次会议。会上，毛泽东反复阐明了文教工作的重大意义。他说，一九四三年一年把经济搞好了，但文化问题还未提到议事日程上来。有些宣传部门不知如何干法，只会搞军事、政治，不会搞经济、文化，这不行。接着毛泽东又进一步就文化教育与政治、军事、生产的关系作了论述。他说，过去军事政治第一是对的，要打垮阻碍经济文化发展的东西，才能搞经济文化。军事政治是推翻阻碍生产力发展的力量，目的在发展经济文化。他又说，文化反映政治经济，反过来又影响政治经济。孔夫子办学校，目的是宣传封建秩序。资本主义没有文化建设不成。我们建设抗日根据地，没有文化也不行。军队需要文化，才能战胜旧军队。战士没有文化，不可能提高战斗力。如果不发展文化，经济发展会受阻碍。最后，毛泽东说，现在就要开始准备，今年冬天要展开讨论文化教育问题。文化教育中有四个问题，就是：报纸，学校，艺术，卫生。

毛泽东的讲话成了边区教育改革的指导思想，也是召开文教大会的指导思想。

西北局为了具体实现毛泽东的讲话精神，四月十五日约集五个分区的地委书记及延安各有关负责同志开座谈会，讨论边区文教建设，并就报纸、教育、卫生、文艺等方面的工作，作出了决定。四月二十三日边区政府发出《关于提倡研究范例及试行民办小学的指示信》，对试办民办小学和小学改革作出了具体的安排。这样，在党中央、西北局的领导下，边区文教大会的准备工作就全面展开了。

在毛泽东召开座谈会以后，我受边区政府委托，参加了文教大会的筹备工作和组织工作。六月十七日，西北局宣传部，边区政府教育厅，边区文协举行联席会议，推选罗迈、徐特立、乔木，李卓然、柳湜、周扬、萧向荣、赵伯平、赵毅敏、柯仲平、蒋南翔、吴文遴等二十五人组成大会筹备委员会，并选我为筹委会主任。二十五日召开第一次筹委会，推选罗迈、李卓然、柳湜、萧向荣、赵伯平五人为筹委会常委，处理筹备大会的日常工作。二十八日召开了第二次筹委会，组成了五个文教工作组，分别到延安、绥德、关中、陇东、三边等五个分区调查研究文教工作的典型范例。各组负责人是：陇东组蒋南翔，关中组柯仲平，绥德组柳湜，三边组吴文遴，延属组赵毅敏。当时边区政府常黎夫、李之钦、张健、孙伟、翟定一，鲁迅艺术学院刘安波，《边区群众报》胡绩伟等参加了各组的工作。七月六日赵毅敏率领中宣部文教工作组到达延属专署，十二日分别下到安塞、子长、延川、志丹等县，其他各组也于七月中旬以前到达分区，调查历时两个月，于九月上中旬先后返回延安。这次调查，为大会准备了各类典型和总结经验的材料，是整风后文教工作纠正教条主义，贯彻理论联系实际，实事求是，一切从实际出发的学风的实际行动。

大会于十月十一日开幕，会场两边贴着两张巨大的条幅。右边一幅写着：要战胜日本帝国主义，必须要武装部队与文化部队的结合；左边一幅写着：文教工作与生产结合起来。充分体现了毛泽东关于文教事业的地位和作用的战略思想。这次大会，出席代表共四百五十余人，有在实践中涌现出来的工人、农民、士兵的文教工作者，有知名学者、诗人、作家、画家、医生，有蒙、回等少数民族和宗教团体的文教代表，旧知识界人士、热心文化建设的绅商，还有帮助边区文教建设的国际友人等。

毛泽东、朱德对大会十分重视，在会议期间，先后作了重要讲话，在政治上、政策上指导了大会的胜利进行。

朱德在开幕式上讲话，他说，文化教育工作取得了巨大成就，这是毛主席在文艺座谈会上的讲话的积极成果。文教工作对于争取抗战胜利有极大作用，希望大家时刻要求进步。朱德的讲话鼓舞了到会代表，增强了大家的荣誉感和责任心。

毛泽东在十月三十日向大会作了题为《文化工作中的统一战线》的讲演，第一，明确了文教工作在整个革命事业中的地位和作用。他说："我们的工作首先是战争，其次是生产，其次是文化。没有文化的军队是愚蠢的军队，而愚蠢的军队是不能战胜敌人的。"第二，阐明了统一战线的重要性。他说：要同文盲、迷信和不卫生的习惯作斗争，"不能不有广泛的统一战线。而在陕甘宁边区这样人口稀少、交通不便、原有文化水平很低的地方，加上战争期间，这种统一战线就尤其要广泛。""我们的任务是联合一切可用的旧知识分子，旧艺人，旧医生，而帮助、感化和改造他们。为了改造，先要团结"。第三，强调了为人民服务，群众路线的重要性。他说："文化工作者必须有为人民服务的高度的热忱，必须联系群众，而不要脱离群众。要联系群众，就要按照群众的需要和自愿"。"这里是两条原则：一条是群众的实际上的需要，而不是我们脑子里头幻想出来的需要；一条是群众的自愿，由群众自己下决心，而不是由我们代替群众下决心。"毛泽东的讲演，解决了边区文教工作中的几个要害问题，为边区文教工作的发展指明了前进的道路和正确的方法。

会议期间，吴玉章、徐特立等也参加了会议并讲了话。

大会对教育、卫生、文艺、报纸等工作进行了讨论，作出了结论，并拟定了各项决议草案。

关于教育工作。大会回顾了边区教育发展的历史，讨论了当前及今后的教育工作。十月三十日我在会上作了一次发言，谈了我对于边区教育发展三个时期的看法：第一个时期是内战时期，比较粗糙和简单，但把教育的权力从敌人转到人民手中，人民在教育上翻了身，教育的内容和当时人民政治上和生活上的需要相结合，所以方针是正确的。第二个时期是抗战初期，学校的数量和规模都有发展，但受旧型正规化指导思想的影响，存在一些严重缺点，实际效果受到限制。第三个时期是一九四三年以后，这是贯彻新教育方针时期，教育工作开始了新局面。这个发言获得大会教育组的一致同意。

十一月十五日，教育厅长柳湜作教育工作总结，提出三点意见：第一，认真培养边区知识分子，同时提高现任干部的文化水平。第二，开展群众教育，要适应农村环境和当前群众的迫切需要。第三，要加强对民办公助学校的领导。

关于医药卫生工作。大会热烈讨论了这个问题，尤其对中西医合作问题讨论得很好。会前，有些地方已经成立了中西医合作的组织“医药研究会”，会上，中西医双方互相学习，态度诚恳，很多中医当场公开秘方，介绍经验，体现了中西医合作的良好气氛。十一月一日中央财政部长李富春作了一次发言，强调指出：第一，边区当前存在“财旺（已做到‘丰衣足食’）人不旺（疫病流行、人畜死亡率仍高）”的严重情况，群众医疗卫生问题亟待解决。第二，边区医生应为工农兵服务，成为解决医疗卫生问题的“救星”，批评了某些医务人员的所谓“自由职业者”的态度。第三，新民主主义卫生事业应针对两个方面进行，一是群众方面，要提高群众的文化水平，改造他们的不卫生习惯；二是医药卫生工作和医务人员方面，要普及和提高结合，中医和西医合作。十一月十二日民政厅长刘景范向大会提出了发展医药卫生抢救人畜的四项任务：第一，开展群众卫生运动；第二，贯彻文教统一战线；第三，改造巫神；第四，改造牲畜管理。这次文教大会对发展边区医药卫生事业起了很大的促进作用。

关于艺术工作。大会经过讨论，对群众文艺运动的方针等问题取得了一致意见。十一月十二日周扬向大会作了总结，明确了以下三个问题：第一，要有计划地发展和普及群众新文艺运动，要求文艺工作者深入工农兵群众，也发动工农兵群众自己动手，创造表现群众生活的新艺术，各尽所能，自由发展。第二，要发展文艺统一战线，改造旧秧歌、旧戏，改造和团结旧艺人。第三，党政机关要加强领导，提高文艺工作者的政治和生活待遇，发挥他们的创作积极性。

关于报纸工作。大会讨论了大众黑板报、读报组和工农通讯等问题。十一月十五日，西北局宣传部长李卓然对讨论情况作了总结。他在充分肯定了前段的工作成绩后，要求各级党组织普遍在识字组、变工队、合作社、运输队、妇纺组和夜校组织读报，在市镇及人口较为集中的大村庄创办黑板报和大力发展工农通讯，使每一个读报组，每块黑板报，每一篇工农通讯，均能起教育干部、群众与推动各种工作的作用。

十一月十六日，大会胜利闭幕。在闭幕会上，大会筹委会委员胡乔木主持通过了各项决议，包括：教育、卫生、艺术、报纸工作决议，部队及工厂、机关、学校文教工作各项决议，加强荣誉军人学校的文教工作决议，并通过了确认邹韬奋为模范革命出版工作者的提议。值得强调指出的，是《关于培养知识分子与普及群众教育的决议》。这个决议指出了由于战争形势与边区建设的发展，在边区培养知识分子和扫除文盲的极大重要性。决议指出，培养大量的边区知识分子，是边区的头等任务之一。要达到这个目的，须经过提高在职工农干部的文化和培养与工农相结合的新的知识分子两个方法。教育内容应从边区实际需要出发，继续纠正脱离实际脱离群众的恶习。我们所要培养的知识分子，应该不仅具有为人民服务的满腔热忱与实际技能，并且具有一定水平的现代科学知识。决议接着提出在目前边区情况下群众教育的中心任务是扫除广大成人与失学儿童的文盲，提高其文化与政治觉悟。群众迫切要求学会读、写、算能力，应以成为群众生活中最大问题的生产与卫生两项知识，构成群众学习读、写、算的主要内容。群众教育的形式，应适合边区环境。小学应以民办公助的村学为主要形式，推行“小先生制”，要组织校外识字组，在冬季组织冬学。决议并对实现上述任务所需教育干部和教材问题的解决作了切实的规定。这个决议，总结了边区教育工作的正反两方面的经验和教训，问题集中，方向明确，指导意义是很大的。

我受边区政府委托，作了大会总结，题目是《发展大规模的群众文教运动》。其中关于文化统一战线问题是按照毛泽东讲话精神结合边区实际谈的。此外，还谈了两个问题。第一，边区群众文教工作当前的任务，是开展卫生、教育、报纸、文艺的大规模群众运动。在继续发展生产的基础上，要求在十年之内，消灭原来占成人百分之三、婴儿百分之六十的不正常的死亡率，消灭男子四十岁与女子三十五岁以下的文盲，使大家能读能写，健康愉快，享有文化生活，从而有充分能力向前发展政治经济，因此应该重视文教工作，动员一切可以动员的力量一致奋斗。第二，要为边区培养大量的足够的本地知识分子，这是边区今后一切工作的关键，更是开展文教工作的关键。我们的干部教育除学习必要的政治、文化、科学知识与专门技能外，应该着重学习边区建设，学习边区的经济政策和文化政策，尤其注意新的人生观的培养，使每个干部具有为人民大众服务的无限热情和向人民大众学习的真正决心。这是知识分子与工农兵结合的决定关键，又是业务成功的决定关键。我们应该充分重视和信任革命知识分子，他们是边区的宝贵财产。党和政府对他们应给予政治上的指导、照顾和学习的机会，应关心其物质生活、家庭生活，解决其工作上的需要，鼓励他们努力前进。

最后由边区政府主席林伯渠致闭幕词。他刚从重庆赶回来，兴奋地说：这是陕甘宁边区第一次文教大会，是新民主主义社会建设中的一件重大工作。在全国来说，这样的大会，从来没有开过，现在也只能在边区开，有这样一个边区，中国便有前途。他勉励全体代表为中国的新文化运动继续努力，做出更大成绩！

边区文教大会以后，各分区也都召开了文教大会。

一九四六年四月我离开边区政府，在此以前，一九四六年四月十三日，我在与习仲勋、林伯渠和李鼎铭座谈边区参议会的准备工作时，对今后边区文教工作提出过如下建议："边区建设前进的速度，文化将有决定影响，今后应当适当地强调国民教育，尤其要认真解决培养知识分子及消灭干部文盲的中学教育的建设"。这是我在边区文教工作中长期坚持的主张，也是我在离开边区前向负责同志提出的建议。

七、土地改革

彻底改变土地制度，解决土地问题，实现"耕者有其田"，这是中国新民主主义革命的一项基本任务，必须完成。采取什么政策解决这一问题，则因时而异，几经变化。我党在新民主主义革命过程中解决土地问题，经历了三个时期，采取过三种政策。这就是十年内战时期，采取暴力没收地主土地的政策；抗日战争时期，采取减租减息政策；解放战争时期，采取多种方式没收地主土地的政策。此问题当时是一个中外瞩目、影响深远的大问题。由于我党策略运用灵活，既坚持原则，又因时制宜，不仅得到了亿万农民的衷心拥护，也得到了多数民主人士的同情和支持，进行得十分顺利。现根据历史发展的真实情况，对陕甘宁边区的土地问题解决过程作一综合回忆。三个时期，三种政策都谈，重点谈抗日战争时期的减租减息政策和解放战争时期的多种方式的土地改革政策。

（一）十年内战时期

进行土地革命，实行用暴力没收地主土地分配给农民的政策。这一政策是在一九二七年蒋介石集团背信弃义叛变革命，血腥镇压工农群众之后采取的。一九二七年“八七”会议把没收地主土地作为尔后革命总方针之一规定下来，并在赤色根据地开始实行。一九二八年七月党的六大正式确定了这一政策，即“没收一切地主阶级的土地，耕地归农”。当时，陕甘革命根据地同样执行了这一政策。以后陕甘宁边区政府成立，共辖二十七个县，其中就有十几个县，即延安直属分区的大部分，三边、陇东、绥德和关中分区的一部分，已经进行过土地革命，打倒了封建势力，消灭了封建剥削制度，剥夺了地主在农村中的政治经济特权，基本上做到了“耕者有其田”。在这部分地区，农民土地问题获得基本解决。

（二）抗日战争时期

实行减租减息政策。这就是毛泽东所说的这样一种情况：“在抗日战争时期，为着同国民党建立抗日统一战线和团结当时尚能反对日本帝国主义的人们起见，我党主动地把抗日以前的没收地主土地分配给农民的政策，改变为减租减息的政策。”一九三六年十二月西安事变和平解决以后，我党即于一九三七年二月致电国民党三中全会，为着表示团结御侮之诚意，向他们提出了四项保证，其中一项就是“停止没收地主土地之政策，坚决执行抗日民族统一战线之共同纲领”。一九四〇年十二月二十五日毛泽东为中共中央写的“论政策”的党内指示中，进一步明确了“关于土地问题”的政策，即“一方面，应该规定地主实行减租减息，方能发动基本农民群众的抗日积极性”，“另一方面，要规定农民交租交息，土地所有权和财产所有权仍属于地主”。陕甘宁边区经过土地革命解决了土地问题的十几个县不复存在减租减息问题。但还有十来个县如延安直属分区的小部分，陇东、绥德分区的大部分，三边、关中分区的一部分，约占边区一半人口的地区，没有进行过土地革命，封建剥削制度依然存在，地主在农村中的政治经济特权未经触动，他们对农民的经济剥削和政治压迫，仍然是农村亟待解决的主要问题。因之，在这些地区，陕甘宁边区政府领导农民执行了减租减息政策。现将历史情况和执行过程简述如下。

1. 残酷剥削。这些地区的土地，大部分集中在地主手里。以同宜耀县为例，全县仅有耕地六万余亩，地主即占四万二千九百余亩，达百分之七十强。土地的这种高度集中充分说明了农民受地租剥削的普遍性和残酷性。绥德是一个人多地少的地区，租额更高，最高达全部收获量的百分之四五十，即劳和不劳，各得其半。由于陕北地处黄土高原，气候干旱，自然灾害多，歉收荒年多，佃户经常交不足租子。一旦出现欠租现象，就会背上几辈子还不清的欠租重担，农民生活陷入极度困境。在租佃关系上，还有一种极不正常的状况，即许多佃户租种的土地，实际是他们自己的土地。过去因为生活困难，出卖或典给了地主。虽说“典地千年活”，随时都可以赎回来，但多数农民无此力量，典地实际也成了卖地，只好向地主租种原属自己的土地，祖祖辈辈挨穷受剥削。说明地主对农民的剥削是残酷的，要发动农民的生产和抗战积极性，减租减息，势在必行。

2. 顾虑重重。但是，要彻底执行减租减息政策，并非易事。边区的减租减息是从一九三七年开始的，到一九四二年为止，整整搞了五六年，进行了宣传，公布了条例，动用了一切行政手段，结果或明减暗不减，或减也很不彻底。强制推行，收效甚微。其中一九三七年至一九四〇年主要是政治原因。当时这些地区叫“统战区”，存在双重政权，国民党委派县长，主持政务，我们只有驻军和群众团体，因之群众有顾虑。一九四〇年至一九四二年主要是经济原因。当时国民党县长已经撤走，结束了双重政权的局面，许多农民迫切要求减租，但仍裹足不前，顾虑重重，一个重要问题是佃权无保障。他们说；“今年减租是好事，但如果明年没地种咋办?”明明想减而出现明减暗不减的现象，大都就是在地主威胁抽地、倒佃的情况下发生的。

3. 减租高潮。一九四二年冬至一九四三年，终于出现了群众减租运动的高潮。党和政府为此做了一系列工作，制订政策，组织群众。一九四二年二月中共中央公布了《关于抗日根据地土地政策的决定》，中共中央西北局和边区政府随即作出了贯彻执行的办法，并且成立了由刘景范负责、崔田夫、张邦英、高长久、李景林等参加组成的土地问题专门委员会，集中研究边区土地问题，处理边区土地纠纷。同年十月，召开西北局高干会纠正了一部分干部对地主只讲团结不敢斗争的倾向，提高了干部的政策思想。十二月，边区政府又颁布了《陕甘宁边区土地租佃条例草案》，明确规定出租人和承租人均应按本条例所规定的减租率和减租额收租和交租，不得多收，不得少交。尤其明确规定了出租人不得任意收回租地。除此之外，有些地区还创造了一种发动群众进行减租斗争的方法。这就是说，佃权有了保障，斗争有了方向，佃农敢于面对面地同地主进行减租斗争，减租高潮起来了。

减租高潮的主要标志是：第一，有了群众基础。广大群众，主要是佃户真正发动起来了，他们成了开展减租斗争的主力军。第二，有了领导组织。佃户组成了减租会或减租小组或农会，由这些组织具体领导减租工作。第三，有了周密部署。斗争包括三个步骤：清账、退租、换约。首先是清账，就是清算一九三九、四〇年以前减租条例已公布，未执行，从而多交了的租额的账目；然后是退租，就是根据清算结果，确定应退数量，由地主将多收租子如数退回佃户；最后是换约保佃，巩固减租成果。有条不紊，成绩显著。

4. 农民获益。经过减租斗争，用佃户自己的话说，他们获得了“半翻身”。经济和政治地位都有很大提高。经济上，一是当年不仅少交大量租子，而且收回大量退租，获得实际收益。据陇东地区庆阳、合水、镇原三个县十七个乡在一九四二年七、八两月减租统计：共有佃户四百三十二户，承租土地二万二千五百余亩。经过减租，免去一九三九年以前欠租四百零五石，退回一九四二年以前多收租子七十一石，本年减租二百八十二石，合计纯收益达七百数十石。在当时对一般佃户说，无疑是一笔很大的收入。这不是个别事例，而是减租后的普遍现象。二是土地所有权发生部分转移，有一部分土地逐步从地主手里转移到了农民手里。如庆阳高迎区就有六户佃农靠减租等收入，从地主那里换得了二百亩土地，其中有四户成了自耕农；米脂民权区也有一些佃农在一九四一至四四年期间，同样用减租等收入买地一百三十三垧，使七户贫农上升为中农。这样的事例也是很多的。政治上，经过减租斗争，不仅削弱了地主经济，而且打垮了地主对乡村的政治统治。减租会和农会获得了实际统治权，农民确实扬眉吐气了。

5. 地主动向。在减租减息中和减租减息后，地主有各种不同表现。在减租减息中，有三类地主，三种表现。第一种，表现好，积极拥护政府减租政策，自动实行减租。如李鼎铭副主席的兄弟李风雄，他是米脂桃镇区地主，表现很好，就邀请他参加减租检查会，对减租起了积极促进作用。又如绥德辛店区地主王随合，过去也是苦出身，减租法令下达后，积极响应，说：“我知道穷人的困苦。八路军在前方拿命在拼，我们为啥不出公粮，不好好执行减租法令?”当时我们对这类地主的言行，在报上予以公布表扬，称之为“自动”减租，给了充分的肯定。第二种，表现坏，公开或不公开抵制减租政策，破坏减租运动。抵制和破坏的手段很多，如抽地“自种”（“自种”是借口，实际是改租），假典假卖，改变租佃形式，丈地加租，变相加租，明减暗不减等等。对这类地主，一般采用群众开会斗争方式。在群众会上，选定一二个表现特坏的地主，进行有效的斗争。这样一来，“杀一儆百”，局面就打开了。第三种，表现不好不坏，一般对减租不公开抵制，也不积极响应，抱观望态度。这类地主居多数。对这类地主，我们大多采取主佃双方座谈，进行说理斗争的方式。经过这样的斗争，一般都能按条例规定进行减租。

在减租减息后，地主经济发生了很大的变化，主要是有一部分地主改变了自己的经营方向。他们出典或出卖土地，改营工商业和合作事业。如米脂、绥德等县就有十八家地主，在一九四二至一九四四年三年中共出典或出卖土地八百六十八垧，占他们原占有土地数的百分之二十，将全部所得作为资本投入了工商业或合作事业，他们经营工商业或合作事业的收益，占了他们经济总收入的一半。这种经营方向的改变，使地主经济逐步发展成了资本主义经济，极大地削弱了封建制度的基础。

因此，一九四四年六月中外记者团访问延安向我们提出土地政策问题时，我就是这样回答他们的：“我们现在的土地政策是减租减息和交租交息，我们执行这个政策已经得到很好效果。地主在减租以后，有的已经开始自己劳动，有的雇人劳动，有的转办工厂、合作社，改变了他们的经济地位。政府鼓励这种改变。这些经验说明，在民主政府领导下，土地问题是可以和平解决的”。

（三）解放战争时期

进行土地改革，实行用各种方式没收地主阶级的土地分配给农民的政策。这就是毛泽东所说的这样一种情况：“日本投降以后，农民迫切地要求土地，我们就及时地作出决定，改变土地政策，由减租减息改为没收地主阶级的土地分配给农民”。

为此目的，党和边区政府根据不同情况，先后采取过三种不同方式的土地改革，帮助农民获得土地。

1. 进一步减租查租，部分地达到“耕者有其田”。一九四六年五月四日中共中央发布《关于清算减租及土地问题的指示》（简称“五四”指示）强调指出：“必须明确认识解决解放区的土地问题是我党目前最基本的历史任务，是目前一切工作的最基本的环节。必须以最大的决心和努力，放手发动与领导目前的群众运动来完成这一历史任务。”“党应坚决拥护群众从反奸、清算、减租、减息、退租、退息等的斗争中，从地主手中获得土地，实现耕者有其田。”方法是：“（甲）没收分配大汉奸土地。（乙）减租之后，地主自愿出卖土地，而佃农则以优先权买得此种土地。（丙）由于在减租后保障了农民的佃权，地主乃自愿给农民七成或八成的土地，求得抽回二成或三成的土地自耕。（丁）在清算租息，清算霸占、清算负担及其他无理剥削中，地主出卖土地给农民来清偿负欠。农民用以上各种方式取得土地，且大多数取得地主书写的土地契约，这样就基本上解决了农村土地问题，而和内战时期在解决土地问题时所采用的方式大不相同。”

根据中央“五四”指示精神，陕甘宁边区政府于同年七月二十一日发出《关于减租和查租的指示》，要求在减租已较彻底的绥德和关中一带，应以复查和保佃为主；在减租尚不彻底不普遍的陇东庆（阳）、合（水）、镇（原）一带，应以减租、退租、勾欠、换约、保佃为主；在安边除切实依照租佃条例进行退租、勾欠、换约、保佃达到彻底减租外，同时应根据其具体情况适当照顾各阶层利益。非法倒动的土地，仍应退还农民耕种，假典假卖，抬高租额，骗取陈租等行为，应受到法律的制裁并补偿农民的损失，消灭明减暗不减现象，揭露招摇撞骗，愚弄农民的手段。贯彻减租政策并研究妥善办法，逐步达到耕者有其田。随后，边区政府派出了三个工作组，分赴陇东、绥德、三边分区的各县进行查租保佃工作。

在减租查租中，群众起来斗争并清算了一些大恶霸，如庆阳“八大家”地主之一的王铨，经过清算斗争，应退租一千四百五十三石，折地五百十九亩，分给了农民。镇原县孟坝区在清算大恶霸李某时，也索回土地千余亩。总计庆阳、镇原、合水三县二千二百四十家佃户，几年来从地主手里收回过去多交的租子折合土地共五万五千九百余亩。

在减租查租高潮中，也有一些开明士绅自动提出向政府献地，如安旗庭先生代表其母及弟安子文、安志文（都是我党干部）自动献出山地十垧，水地三垧，窑三孔。安文钦（边区参议会副议长）献地三百垧。刘文卿（抗战胜利后新解放的安边县县长）是一个小地主，也把多余的土地献给了政府，并号召全县地主献地。在他的号召下，全县的地主献地达两万余亩。

经过上述清算恶霸、减租减息、退租退息和开明士绅的自愿献地等活动，边区未经分配土地的一些县，平均已有约百分之五十的土地转入了农民手中。说明彻底解决边区土地问题的条件已经接近成熟。

2. 征购地主土地给农民。一九四六年十月三十日至十一月五日，第三届边区政府委员会召开第二次会议，着重讨论了征购地主超额土地问题并作出了决定，接着边区政府土地委员会制订了《征购地主土地条例》（草案），于一九四六年十二月公布试行。条例规定：“在未经土地改革区域，发行土地公债，征购地主超过应留数量的土地，分配给无地或少地之农民，以达到耕者有其田之目的”，“富农耕种之土地，不得征购”。这是一种“和平土改”的尝试。

为了取得经验，普遍推广，中共中央西北局、陕甘宁边区政府从一九四六年十一月至一九四七年一、二月，组织了三个征购土地工作团，分赴绥德新店区一乡、庆阳高迎区王家塬乡，米脂杨家沟进行试点。

绥德新店区一乡征购土地试点工作，从十一月二十五日开始，进行了十天左右。首先是宣传解释土地公债条例，然后组织征购委员会，以乡农会为主，村代表和公正人（非征购户和非承购户）参加组成，弄清土地情况，评定土地等级和地价；评议成分，确定征购户和承购户及征购和承购数量。征购结果，以该乡贺家石村为例，全村六十一户无地或少地的农民，用十九石八斗米买了四百二十四垧地（内有典地一百四十一垧半）。七户地主共五十七人留地二百七十二垧半，每人留地四点八垧，多是近地好地，照顾多了。

庆阳高迎区王家塬乡的试点工作，是由西北局组织部长马文瑞率领工作团进行的。从十二月二十四日开始，历时十七天结束。其步骤是：第一，调查研究，宣传政策；第二，召开大会，发动群众，讨论征购，控诉恶霸；第三，根据实际情况，确定征地和分地原则；第四，换约，丈地，定界，给地主发公债，给农民发土地证；第五，在此基础上，健全村政权，推行乡自治。

米脂杨家沟的试点工作，在政府工作团的帮助下，从一九四七年一月开始，二月结束，起步比较晚些，但同样获得很好效果。杨家沟是陕北有名的“地主窝”，全乡七十七户地主，占有土地四万四千八百五十四垧。经过几年来的减租运动和开明地主的自动献地，已有百分之四十一的土地转入农民手中，但是全乡还有二百九十二户无地或少地的农民。征购结果，全乡从六十三户地主手中征购了二万零八百八十一亩土地，全部分给了无地或少地的农民。杨家沟附近七个区的二千余农民还在杨家沟联合召开了诉苦斗争大会，控诉杨家沟地主集团的罪行，推倒了他们的“功名碑”，建立了自己的“翻身碑”，上书：“二月十五日，八路军领导人民翻身纪念碑”。会上一致通过二月十五日为“翻身节”，并写信给毛主席，报告他们的翻身经过，感谢毛主席、共产党、八路军领导他们翻了身。

根据绥德新店区一乡、庆阳高迎区王家塬乡的试点经验，边区政府在一九四七年一月下旬召开了专员、县长联席会议，边区政府副主席刘景范总结了这些经验。他强调：第一，要完成征购土地的任务，必须自下而上地发动群众；第二，在承购土地中，必须使贫苦农民能够普遍获得土地，并做到在数量和质量上大体平均；第三，彻底解决农民的土地问题，是推动一切工作的关键。

试点证明，由政府发行土地公债，向地主征购土地分配给农民，这样一种用和平方式进行土地改革，解决土地问题，是可能的。但必须具备一个条件，就是要有可能实行和平改革的环境。

3. 彻底改革土地制度。一九四七年初征购土地试点工作尚未完全结束，陕甘宁边区的和平环境就被国民党反动派破坏了。他们集中了二十三万多兵力，大举进犯边区，并于一九四七年三月十九日悍然占领了延安。和平环境变成了战争环境，“和平土改”的道路也就被堵死了。为了广泛动员群众，最后战胜敌人，彻底改革土地制度就成了当务之急。所以，毛泽东在一九四七年十二月二十五日中央杨家沟会议的报告中向全党明确指出：“全党必须明白，土地制度的彻底改革，是现阶段中国革命的一项基本任务。如果我们能够普遍地彻底地解决土地问题，我们就获得了足以战胜一切敌人的最基本的条件。”因此，在解决土地问题上，我们就开始了彻底改革土地制度的阶段，在各个解放区进行了普遍的彻底的土地改革运动，规模十分巨大，真正发动了农民群众，打击了地主阶级。但在有些地区，也发生了一些“左”的偏向。

我于一九四六年十一月因蒋介石已经发动全国性内战，国共和谈破裂，乃奉命随周恩来从南京回延安。我在延安干部会上听过康生的报告，总结他们在晋西北某地进行土改工作的经验，这个经验当时给我印象最深的，是他说的“对地主实行扫地出门”。这是毛泽东曾经严厉批评过的过左政策。一九四七年三月撤出延安，我直接到了晋西北。在路上，见到某些圩场的商店全都关了门。我把从国民党统治区撤回来的干部派去参加土改，我自己没有参加土改，但参观了驻地的土改。我看到土改工作队把地主仰放在地上推磨，逼供“地财”所在，强迫挖“浮财”。后来知道，晋西北土改有“左”倾，主要是：一是错划阶级成分，把某些并无封建剥削或只有轻微剥削的劳动人民错划入地富圈子，扩大了打击面；二是侵犯了地富所有的工商业和打击了一般工商业；三是发生了一些过火做法如挖“浮财”“扫地出门”等。但这些“左”倾做法，党中央很快发现并切实纠正了。主要是一九四七年十二月，毛泽东在中央杨家沟会议上作了《目前形势和我们的任务》的报告，随即派任弼时召集西北中央局和晋绥分局负责同志在晋西北三交镇召开会议（我参加了会议），对土改政策作了检查并作出了正确的决议。当时政策上的“左”倾在各解放区或多或少都有发生。一九四八年一月十八日毛泽东为中共中央起草的《关于目前党的政策中的几个重要问题》的党内指示和以后陆续发出的好些党内指示，反复阐明了党的正确的土改政策，指出必须避免对中农、中小工商业者、知识分子采取任何冒险政策，照顾开明绅士，区别地主和富农，区别新富农和旧富农，区别地主的大、中、小和恶霸、非恶霸，严禁乱杀，不应过分强调斗“地财”等，这样就对各解放区在实践中已经发生或可能发生的“左”的偏向作了纠正和防止。

这时，边区政府林伯渠主席等也到了晋西北三交以西地区暂住，我专程看望了他。以后李鼎铭从临县（晋西北党政领导机关驻地）看望刘少白回来，路过三交，我也专程看望了他。他表示赞成中国土地法大纲和土地改革。他后来回到边区政府，主持会议通过了土地法令。不幸在杨家沟会议之前逝世，中央决定隆重举行追悼，并电唁他的家属。这位从地主阶级分化出来的开明绅士的代表，对边区的政权建设和土地改革，是有相当贡献的。

八、接待中外记者参观团

一九四四年五月至十月，陕甘宁边区接待了一个中外记者参观团，这是我国土地革命时期至抗日战争时期在同国际友好人士交往中，继斯诺、斯沫特莱等来访之后的第一个规模最大的中外记者参观团。

一九四四年二月，在重庆的十名外国记者联名写信给蒋介石，要求到延安参观、访问。四月十日，在国共两党谈判前夕，国民党中央宣传部长梁寒操被迫表示同意，同时批准了一部分中国记者的要求，组成“中外记者西北参观团”，实际上是解放区参观团。

这个参观团有六名外国记者：史坦因（美联社、《曼彻斯特导报》《基督教科学箴言报》）、爱泼斯坦（美国《时代》杂志、《纽约时报》《同盟劳工新闻》）、福尔曼（合众社、伦敦《泰晤士报》）、武道（路透社、《多兰多明星周刊》《巴尔的摩太阳报》）、夏南汗神甫（美国《天主教信号杂志》《中国通讯》）、普金科（塔斯社），和九名中国记者：孔昭恺（《大公报》）、张文伯（《中央日报》）、谢爽秋（《扫荡报》）、周本渊（《国民公报》）、赵炳烺（《时事新报》）、赵超构（《新民报》）、金东平（《商务日报》）、徐兆镛（中央社）、杨嘉勇（中央社）。另有两名正副领队：谢保樵、邓友德，四名国民党中央宣传部工作人员：魏景蒙、陶启湘、张湖生、杨西崐。

中外记者参观团于一九四四年五月三十日进入陕甘宁边区，先在固临、延长参观访问，后到南泥湾，在王震陪同下参观了三五九旅的军事训练和生产建设。六月九日抵达延安，由十八集团军参谋长叶剑英、第二战区副司令长官部秘书长杨尚昆、边区政府民政厅长刘景范等设宴洗尘。第二天，叶剑英代表第二战区副司令朱德在王家坪设宴欢迎。

一九四四年六月十二日，毛泽东接见了中外记者参观团，并设宴招待。席间，毛泽东畅谈了国内外局势，对欧洲第二战场的开辟表示庆祝，重申了我党在处理国共两党关系中的一贯政策，批评了国民党及其政府对各党派和人民的不民主制度。在回答记者的问题时，毛泽东又强调了民主与统一的关系，指出：“政治需要统一，但是只有建立在言论、出版、集会、结社的自由与民主选举政府的基础上面，才是有力的政治。统一在军事上尤为需要，但是军事的统一，亦应建筑在民主基础上，在军官与士兵之间，军队与人民之间，各部分军队互相之间，如果没有一种民主生活、民主关系，这种军队是不能统一作战的。”

毛泽东在同记者的交谈中，解释了我党的共产主义世界观与新民主主义制度的关系。他说：“没有共产主义的思想方法，我们就无法指导目前我们社会革命的民主阶段。而没有政治上的新民主主义的制度，我们也无法将我们共产主义的哲学，正确的运用到中国的实际上面。”当美联社记者史坦因问毛泽东：“你以什么权利在这里指导政府和军队”时，毛泽东答：“靠人民的信任，靠当前在我们新民主主义的各政府之下的八千六百万人民的信任。”

以后，十八集团军参谋长叶剑英应中外记者的要求，在王家坪向他们介绍了敌后战场的抗战概况。他以大量的事实说明了八路军、新四军、华南游击队和敌后抗日民主根据地的抗战业绩，有力地驳斥了国民党的所谓八路军、新四军“游而不击”“破坏抗战、危害国家”的诬蔑。

延安文化界也举行过招待中外记者的集会，出席的有吴玉章、周扬、范文澜、丁玲、艾青、柯仲平、周立波、吴伯箫、陈家康等数十人，介绍了延安文化协会的一般情况。

一九四四年六月二十六日起至七月上旬，陕甘宁边区政府接待了中外记者参观团。当时，边区政府主席林伯渠去重庆同国民党谈判，我作为边区政府秘书长主持了接待工作。接待的原则是“敞开大门”，让他们自由参观访问，并由有关部门分别介绍情况，讲解政策，回答问题。记者们在延安参观访问了很多工厂、机关、学校，如《解放日报》社、新华社和中央印刷厂，并就新闻业务问题进行了座谈。又参观了被服厂、兵工厂、难民工厂、皮革厂、振华纸厂、光华农场、国际和平医院、中央医院、中央总卫生处门诊部、医科大学、日本工农学校等。为了使中外记者能够更自由地提出各自感兴趣的问题，同时也为了语言上的方便，接待工作是分别进行的。方法是首先由他们书面提出问题，然后由有关部门按问题作情况介绍，并发给书面材料，同时回答记者们临时提出的问题。

六月二十六日，第一次接谈是进行综合介绍。首先由我介绍了陕甘宁边区的历史演变和现实情况。说明红军时代开创的陕甘宁边区，在抗日民族统一战线形成以后，改变为陕甘宁特区，以后又改变为陕甘宁边区，经国民政府行政院第三三三次会议通过，予以正式承认，但后来他们违背诺言，不断封锁和侵袭边区。也简单地介绍了边区的政治、经济、军事、文化的现状。并当场发给他们《陕甘宁边区建设简述》书面材料（附件一）。这个材料是我起草，并经毛泽东、周恩来审阅同意的。最后，我就记者们临时提出的问题作了答复（附件二）。

会上，边区政府副主席李鼎铭向记者作了《关于边区总政策的报告》。他说：我们总的政策只有一个，就是抗战，一切都是为了抗战。在这个总政策下面，边区做了四件事：第一，抗战。尽管中央政府对边区施加种种压力，进行骚扰和破坏，但并不因此放弃抗战。第二，团结。在抗战中间，边区政府一贯坚持团结。第三，民主。主张不分阶级、党派，不分宗教信仰，男女平等，民族平等。第四，生产。由于中央政府停发军饷，同时为了减轻人民负担，坚持抗战，边区党政军自己动手，开荒织布，发展生产。外国记者对李鼎铭的讲话很感兴趣，并提出要同他就党外人士在政府工作中是否有职有权的问题进行座谈。通过他们与李鼎铭进行自由座谈后，说李鼎铭是“有职有权的”，“他对我们的谈话是真心实意的，皮笑肉也笑了”。

以后的接谈，是由各有关主管部门分别向中外记者介绍边区的政治、经济、文化各方面情况。主要是：边区参议会副议长谢觉哉介绍了边区的民主政治，即边区的选举制度和选举方式；边区政府民政厅厅长刘景范介绍了边区的行政机构；财政厅厅长南汉宸介绍了边区的财政收支、税收、人民负担和工作人员的供给制度等问题；建设厅厅长高自立介绍了边区的劳动政策和合作政策；建设厅副厅长霍子乐介绍了边区的工业、农业和私营工业的政策；教育厅厅长柳湜介绍了边区的教育制度和施教方针；边区贸易局经理叶季壮和边区银行行长黄亚光分别介绍了边区的贸易活动和边币的发行、银行的金融等问题。他们的情况介绍以及回答各种问题，基本上满足了记者们的要求。

七月十二日，参观团的全体中国记者和外国记者夏南汗神甫离开延安返重庆。八月中旬，外国记者史坦因、爱泼斯坦、福尔曼、武道、普金科和国民党中央宣传部的张湖生离开延安，到边区的绥德等地参观访问。八月二十二日在绥德由专员袁任远、副专员杨和亭主持，专门同绥德的士绅安文钦、刘绍庭、刘杰三、张喆卿、王德菴、丁子文、张敬斋、王文卿，以及霍子乐等进行座谈。有记者问过去的一个国民党员，他是否国民党员，他答：过去是，现在没有关系，对国民党印象不好。问过去的一个国民党军官，他对国民党的看法，他答：国民党不民主，政策不转变，前途暗淡。问过去国民党的又一个军官，对原驻扎在绥德地区国民党部队的看法，他答：天天找八路军磨擦，暗杀八路军公务人员等。这些回答，说明这些开明士绅明辨是非，有正义感。晚间文艺晚会上为记者们演出《打碉堡》等节目，反映演得好。

八月三十日，记者团东渡黄河进入晋西北根据地。通过敌马坊驻点封锁线时，适值我八路军攻克该地，遂参观了作战现场，并询问了敌伪俘虏。九月中旬，进入晋西北军区八分区，参观了分区医院和兵工厂等，实地观察了我军和地方游击队夜袭敌战略据点——汾阳。这次夜袭中，炸毁了汾阳大营盘电灯公司，火烧了汾阳火车站、飞机场和火柴公司，火光冲天。战斗后，爱泼斯坦向指战员要了一面缴获的日本战旗，并请指战员在旗帜上题词。福尔曼到处给指战员拍照留念。在祝捷大会上，福尔曼说：“过去有人告诉我们说，八路军不打仗，没有伤兵，没有俘虏，人民害怕八路军，恨八路军。今天这些谣言已被事实揭穿了。我们看到了八路军在英勇作战，人民热爱八路军。”他们离开时，用汉语向欢送的群众齐声高呼：“八路军、游击队、民兵、老百姓万岁！”

十月下旬，中外记者由晋西北回到延安后不久，就相率离开延安返回重庆。爱泼斯坦在晋西北军区八分区的欢迎会上曾经说过：“我们在陕甘宁边区、晋绥边区住了几个月，看到了敌后的军队与人民在怎样艰苦英勇地工作与战斗，怎样牺牲自己的生命，为自己的祖国，为世界人类和平而斗争。我们的责任是将所知道的告诉全世界人民。”他们回去后实现了自己的诺言，向全中国和全世界说了公道话，延安及解放区的许多消息很快地就传播了出去。比如一九四四年七月一日，在毛泽东接见中外记者参观团之后不到二十天，英国伦敦《泰晤士报》就刊载了毛泽东对中外记者团的谈话。八月三日，美国旧金山电台在《美国之呼声》的广播中，广播了美国著名报纸《纽约时报》《纽约论坛报》《基督教警世报》上由驻延安记者发出的通讯，称赞陕甘宁边区的军民，并报道八路军不依赖政府，自己生产自给，在中国军队中给养最好；八路军办的医院效率高，能克服各种困难，但是由于国民党对边区的封锁，八路军很难从外面得到药品；在共产党领导的地区，已经广泛地实行了民主等。八月三十一日，旧金山电台，再次广播驻延安记者的通讯，报道陕甘宁边区的建设情况，并说："在延安的人们是愉快的，他们深信他们的事业是正确的。"他们在返回重庆以后，写了更多的文章和小册子，如史坦因等的《毛泽东印象记》。他们中间的一些人，如爱泼斯坦、史坦因等，后来成了中国人民的好朋友。

外国记者对解放区的友好访问及其报道，使国民党当局大为恼火，把进入解放区的大门再次堵上了。这就是毛泽东在七大政治报告中所指出的；"在国民党统治区，在国外，由于国民政府的封锁政策，很多人蒙住了眼睛。在一九四四年中外新闻记者参观团来到中国解放区以前，那里的许多人对于解放区几乎是什么也不知道的。国民党政府非常害怕解放区的真实情况泄露出去，所以在一九四四年的一次新闻记者团回去之后，立即将大门堵上，不许一个新闻记者再来解放区。"但实际上，"堵门"政策已经不行了，以后解放区日益扩大，"堵门"政策遭到了完全的失败。

选自《陕甘宁边区抗日民主根据地》回忆录卷，中共党史资料出版社 1990 年版，第 1～102 页。

80. 刘景范：回顾陕甘宁边区政府工作

1990 年

一九三七年九月六日，陕甘宁边区政府在延安诞生了。陕甘宁边区的党和政府在毛泽东为首的中共中央直接领导下，组织和领导陕甘宁边区全体军民为打倒日本帝国主义，建立独立、自由、民主、繁荣、富强的新中国进行了艰苦卓绝的斗争。在军事、政治、经济、文化各条战线上，取得了一系列重大的胜利。为新中国奠定了第一块基石。

我从陕甘宁边区政府成立时起到一九四九年十月的十二年中，一直在陕甘宁边区政府工作。先后担任过边区政府建设厅长、民政厅长、副主席、代主席，经历了抗日战争和解放战争的两个时期。这里，我着重回顾的是抗日战争时期陕甘宁边区的政府工作。

甲、全面动员，一致抗战，剿匪锄奸，保卫边区

一、全面抗战动员

抗日战争爆发以后，党中央号召动员一切力量为争取抗战胜利而斗争。陕甘宁边区率先进行了全面的抗日动员。首先在群众中进行了广泛深入的抗日宣传工作，激发广大群众抗日救国的热情和决心，教育群众明瞭抗日救国的道路和前途，懂得自己应尽的责任，同时进行了具体的组织工作。把全体人民组织到抗日斗争的行列里来。

为了加强抗战动员工作，边区政府组织了战时动员委员会。开始由谭生彬任主任，我到民政厅工作以后，战时动员委员会改为边区抗战动员委员会，我任主任，谭生彬任副主任，委员有王首道、叶季壮、莫文骅、唐洪澄、吕振球、高长久等。在抗日战争时期，做了以下各项工作：

（1）动员群众参军。

中央红军到达陕北以后，曾进行过几次扩大红军的动员。有几千青年参加了红军。抗战以来，在一九三七年、一九三八年两年中，又动员了八千多名青年参加了八路军和边区的保安部队。一九四〇年春，原计划动员三千五百名青年参军，结果有五千多名青年报名参军，总计先后动员了三万多名边区青年参军。有些地区参军的人数占到总人口的百分之十。

（2）动员人力、物力、畜力，支援前线。

一九三七年十一月晋南形势紧张。边区沿黄河各县，在七天之内就动员了一万多头牲口，组成运输队到山西帮助运送军需物资。一九三八年三月至一九三九年十二月，日军向边区的河防阵地发动了二十三次进攻，尤以一九三九年六月的进攻规模最大。当时，日军出动两个师团进至山西汾阳、离石地区，兵分两路，一路有一万多人，进占军渡，以炮火轰击边区的宋家川、枣林坪等地；一路有一万五千多人，占领了黄河东岸的孟津、碛口等地；还有两千多人，占领了延长对岸的马头关等山头阵地。均企图强渡黄河，进犯边区。我八路军留守兵团和地方部队在群众的支援下，坚守阵地，与敌军隔河激战三昼夜。我河东八路军也猛烈地袭击敌之侧背，破坏其交通运输线，终于击退敌军，使敌军未能跨越河防一步。从一九三八年十月至十二月的三个月中，边区动员了整营整营的自卫军协同作战部队修筑千里河堤的工事，为保卫河防作出了重要贡献。

（3）组织和训练自卫军。

一九三七年，边区政府和边区保安司令部颁发了自卫军组织条例。规定：凡边区的劳动公民，年龄在十八岁以上四十五岁以下身体健康者，不分男女，都有加入抗日自卫军的光荣权利，实行武装保卫国家。从那时起，整编扩大和训练自卫军便成为全边区的一项重要工作。到一九三九年底，参加自卫军的人数达二十二万四千余人，其中有基干自卫军三万人，自上而下地建立了指挥系统。村设班和排，乡设连，区设营，县设保安大队，统归边区保安司令部指挥。另外，还有总人数达二万八千余人的少年先锋队。每年利用冬闲，对自卫军，特别是基干自卫军进行一次冬季训练。训练的内容有梭镖刺杀、投弹、布雷、射击、盘查放哨以及侦察敌情等。自卫军的主要任务是帮助正规兵团维护治安、转运粮食和伤员，必要时，配合部队作战。他们对保卫和巩固边区起了重要的作用。

（4）慰劳前方战士。

为了提高前方战士的抗战情绪，使他们亲切地感觉到自己是人民的子弟兵，为全国人民利益而战斗；同时使后方的群众认识到帮助前方战士是自己应尽的义务，因此我们广泛发动群众，慰劳前方战士。一九三七年为前方募送了毛袜和手套十万双。一九三八年募送了四万双军鞋。

（5）优待抗属，提高抗属的社会地位。

边区直接参加前后方抗战工作的，按户数计，有二万户左右，边区政府颁布的《关于优待抗日军人家属条例》规定：抗日军人家属，凡有土地而劳力不足，又不能维持普通生活者，均酌量为之半代耕或辅助代耕，凡土地少而又全无劳动力，无法谋生者，则为之全代耕；凡无资产无土地无劳动力，或尽其力尚不足维持生活者，由地方政府拨给公地代耕，并酌情救济之。边区政府还颁发了义务耕田队的组织条例。该条例规定，边区农民均有无报酬地为抗属耕地的义务。以固临、神府为例，一九三九年固临县为抗属代耕土地三万九千九百六十三亩，神府代耕一万多亩。据子长县（原安定）南区的统计，农村每个劳动力须为抗属耕种土地十一亩，年需一个月的义务劳动时间。

边区政府规定，贫苦的抗日军人家属免纳救国公粮和其他负担；在公营商店和合作社购买物品时，可享受优惠照顾；在承借、承租公有土地、房屋和向银行贷款时有优先权；在公共卫生机关看病时，可免费照顾。许多抗属积极鼓励自己在部队的亲人，努力杀敌立功，自己也积极参加生产和各项抗日活动，成为抗日家属的模范，得到政府的奖励和人民的尊敬。

（6）抚恤残废军人。

边区政府规定，因革命致残者，按残废程度发给抚恤费。一等残废每年发抚恤金三十元，二等残废每年二十元，三等残废每年十二元，临时残废一次抚恤十元。边区在一九三七年、一九三八年两年中，抚恤残废军人六千多人，到抗战胜利前夕，增至一万多人。政府对残废军人除了发放抚恤金以外，还积极组织他们进行力所能及的生产，以增加收入，改善生活。

在抗日战争时期，在边区受优待的残废军人和年老退伍军人共一万五千多人，受优待的抗日军人家属九万多人。

（7）创办抗日军人家属学校。

为了提高抗日军人家属的政治文化水平，培养他们成为抗日运动的骨干，边区政府曾创办抗日军人家属学校，先后吸收学员三万多人。学习的内容除政治时事外，重点是文化学习，一些原来不识字的抗日军人家属，经过学习，能够写信给自己在前方的亲人，对前方的战士以很大的鼓舞。

（8）安置友军抗属。

边区政府优待抗日军人家属，包括优待友军（当时我们对一般国民党军队的称呼）的家属。凡是在边区境内的友军家属，边区人民同样给予优待和照顾。此外，边区政府还安置了从边区以外逃难来边区的友军家属。例如，一九三八年，来到延安的友军抗日军人家属达一千多人，边区政府把他们分别安置在延安县的各个区乡，给他们解决口粮、土地和种子等问题，并且发动当地农民为他们代耕。

（9）开展拥军优抗和拥政爱民活动。

为了密切军政关系和军民关系，纠正曾经出现过的政府和群众对军队爱护和帮助不够，军队对政府和群众尊重和支持不够等现象。一九四三年春节期间，边区开展了大规模的“拥军优抗”运动，同时，边区的军队也开展了“拥政爱民”运动，双方各自检讨自己的缺点。互相进行慰问。边区政府主席林伯渠亲自率慰问团到南泥湾慰问三五九旅的指战员。全边区的各机关、学校、团体和群众代表，也到附近部队的驻地进行慰问。此后，每逢春节，边区都开展“拥军优抗”和“拥政爱民”活动。这个传统至今仍然保持下来。

二、剿匪锄奸

在抗日战争以前，边区原有土著土匪基本上已经被消灭，地方上反对革命的分子，早经驱除。但是，自从抗日战争爆发，红军改编为八路军开赴前线后，由日寇汉奸、国民党特务和反动地主、恶霸组织起来的四十多股武装土匪，四千多人，有枪两千余支，曾经猖獗一时。这些股匪有三边的张廷芝，环县的赵老五，甘泉的李钦武等。他们除了一般的打家劫舍杀人掳掠以外，还劫夺我军用车辆，枪杀我抗日军人家属、退役军人、爱国志士、政府工作人员，抢掠合作社，破坏交通，策动少数保安队哗变，甚至宣扬日寇的“王道乐土”。其目的是破坏边区，破坏抗战。因此，剿匪锄奸工作，就成为巩固边区、建设边区，坚持长期抗战的一项紧迫的任务。

从一九三七年至一九三八年的两年中，边区八路军留守兵团在保安部队和自卫军的配合下，基本消灭了大小四十多股武装土匪，毙伤和俘虏千余人，缴枪一千多支，其余逃窜到边区以外。

我们动员广大群众参加锄奸运动，在每个乡设立锄奸委员会，每个村建立锄奸小组，每个锄奸小组有十个以上人员。全边区有千个以上的锄奸委员会，九千多个锄奸小组，十万以上的锄奸人员。在一九三七年和一九三八年的两年中，破获敌特汉奸案一百多起。其中较为重要的有：进行秘密侦探案九起，利用宗教团体进行汉奸活动案二起，组织匪徒枪杀人民案四起，化装农民进行汉奸活动案五起，策反抗日战士拖枪逃跑案五起，另外，破获土匪案一百五十多起，瓦解股匪，争取匪众一百多人，缴获枪支一百多（不包括上述部队剿匪的成绩）。此外，还检举了一些豪绅地主及捣乱分子的破坏活动，没收烟土七千多两，破获伪钞案二十多起。至此，边区匪患基本肃清，社会秩序安定，人民安居乐业，更加积极地参加抗战活动。

三、制止反共磨擦

在陕甘宁边区政府成立初期，边区境内还有一个“统战区”的问题。“统战区”，是“西安事变”以后逐渐形成的。“西安事变”发生时，我党为了争取“西安事变”的和平解决，应张学良和杨虎城的邀请，派周恩来等同志去西安，协助张、杨同蒋介石进行谈判，同时，派彭德怀率领红军，开赴三原、淳化、旬邑、正宁等地，策应东北军和十七路军，对抗何应钦向西安的进攻。红军在南下时，征得张学良、杨虎城的同意，进入东北军和十七路军的部分防地。一九三六年十二月十八日红军进入延安。我军进入这些地区后，执行抗日民族统一战线政策，停止土地革命和建立苏维埃政权，并保存了国民党政权。这些地区就成为边区最初的统一战线区。一九三八年春，河防吃紧，国民政府成立了绥德警备区（包括绥德、米脂、佳县、吴堡、清涧五县，这些地区的大部分农村原是苏区，政权仍在我们手中），委派何绍南为专员，八路军一部分留守部队到绥德警备区驻防，陈奇涵为司令员。这样，绥、米、佳、吴、清五县也成了统一战线区。

上述统一战线区的根本特点是存在着两重政权，即国民党的政权和我党领导的政权（有的地方名义上叫“抗日救国会”等）。抗战开始以后，“统战区”中的一些国民党官员，不顾团结抗日的大局，多次制造“反共”事件和“磨擦”活动。他们唆使和支持地主势力进行复辟活动，一些原来苏维埃地区的区、乡政权被地主势力所颠覆，并迫使农民退还已经分配了的土地、房屋，重新向农民索要已经废除了的债款。国民党委派的安定、旬邑县县长和富县国民党党部书记长等反共顽固分子，制造种种事端，破坏团结抗战，甚至绑架我抗日民主政府的县长，枪杀我八路军的伤残人员，进攻驻防的八路军。

为了保护人民的利益，打击国民党破坏边区的活动。毛泽东亲自起草了《陕甘宁边区政府》第八路军后方留守处布告（见《毛泽东选集》第二卷），于一九三八年五月十五日发布。布告严正指出："近查边区境内，竟有不顾大局之徒，利用各种方式，或强迫农民交还已经分得的土地房屋，或强迫欠户交还已经废除的债务，或强迫人民改变已经建立的民主制度，或破坏已经建立的军事、经济、文化和民众团体的组织。甚至充当暗探，联络土匪，煽动部队哗变，实行测绘地图，秘密调查情况，公开进行反对边区政府的宣传。上述种种行为，显系违反团结抗日的基本原则，违反边区人民的公意，企图制造内部纠纷，破坏统一战线，破坏人民利益，破坏边区政府的威信，增加抗日动员的困难。察其原因，不外有少数顽固分子，不顾民族国家利益，恣意妄为。甚有为日寇所利用，假借名义，作为掩护其阴谋活动的工具。"布告中明令规定了四条应该保护、禁止、取缔、严惩的事项，要求"全边区军民人等一律遵照，不得违背。倘有不法之徒，胆敢阴谋捣乱，本府本处言出法随"。这个布告，对于打击敌人，保卫边区起了重大作用。我在这个布告发布之后，曾到志丹县（原保安）进行了一个多月的查处工作。查处了几宗地主反攻倒算的事件，斗争金汤区豪绅地主孙相奎就是其中的一个。孙相奎原是一个大地主，有地二千多垧，土地革命时逃跑了。边区政府成立以后，他又回到了老家，按照边区政府的规定，当地的政府分给他六十垧土地和居住的房屋。一九三八年，边区进行土地登记，孙相奎因为识几个字，当上了金汤区的土地登记委员。在土地登记工作中，他竟把已经分配给农民的一千九百多垧土地，登记在自己名下，并向农民算旧账。群众告到县政府，我亲自处理了这件事。我们在发动群众斗争孙相奎以后，撤销了他的土地登记委员职务，重新收回他向农民夺去的土地，罚他苦役一年，但不剥夺他的公民权，也不收回他应得的同农民一样多的土地和房屋。这样做，既保护了农民的利益，又体现了我们党的统一战线政策。

一九三九年九月，党中央调一二〇师三五九旅回边区，驻绥德警备区。绥德专员何绍南竟诬蔑三五九旅是"溃军"，并不准群众把住房借给三五九旅的战士住，禁止群众卖粮给部队，妄图以此撵走三五九旅。三五九旅在王震旅长的领导下，同何绍南作了坚决的斗争，揭露了何绍南制造"磨擦"、侵吞账款、危害百姓的种种罪行。何绍南带领一部分人畏罪潜逃，我们立即登报"通缉"，并由陕甘宁边区政府主席林伯渠和八路军后方留守处主任肖劲光，于一九四〇年二月中旬致电国民党最高当局，要求惩办"犯官"何绍南，并报请委任王震为绥德地区行政督察专员。同时，边区政府和八路军后方留守处又致电西安天水行营，要求撤走在边区境内十三个县（旬邑、淳化、肤施、延长、延川、清涧、吴堡、绥德、米脂、佳县、安定、富县、甘泉）的国民党的政权机关，并申明：如不自动撤走，边区"有权护送出境"。我们随之在上述各县先后成立了抗日民主政府，结束了边区境内的双重政权的局面，边区在行政上得到了统一，各项政策得到了有效的实施。

乙、加强新民主主义的政权建设

陕甘宁边区的政权机构，是按边区、县、乡三级设置的。另外设专员公署作为边区政府的派出机关，设区公署作为县政府的派出机关。乡政府下有行政村和自然村。各级政权组织的基本组织原则是民主集中制。

陕甘宁边区参议会是边区的最高权力机关，它同国民党召开的国民参政会和各省参议会，是有根本区别的。国民党召开的参政会和各省参议会只是一个咨询机关，参政员和省参议员都是由国民党选定的。边区参议会是由边区人民选举产生的，是具有人民代表大会性质的权力机关。它的职权是：选举或罢免边区政府的主席、副主席、委员及高等法院的院长；监察及弹劾边区各级政府的政务人员；批准关于民政、财政、经济建设、文化教育、地方军事等各项计划；通过及审查边区政府的预决算；决定征收、废除或增减地方捐税，发行地方公债；审议和决定议员的各项提案，以及其他应兴应革事宜等。

边区参议会选举议长、副议长主持全会工作，并选举包括议长、副议长在内的常驻议员组成参议会常驻委员会。常驻会在参议会闭会期间，有权监督政府执行参议会的决议案，听取工作报告，提出询问和建议，出席政府委员会议以及召集临时参议会等。

边区参议会选出的边区政府主席、副主席和委员组成政府委员会，负责全边区的政务，并向参议会负责和报告工作。边区政府委员会在参议会闭会期间，是最高行政机关。

边区政府派出自己的代表机关——行政督察专员公署，按照边区政府的命令和指示，指导和监督所辖各县政务及边区政府驻在分区的附属机关。行政督察专员公署设专员、副专员，下设若干行政科室。

县级政权是推行边区各项任务的枢纽，县参议会是县的最高权力机关。县参议员由全县人民直接选举产生。县参议会的性质、职权与边区参议会大体一致。县参议会选举县长、副县长和县政府委员，组成县政府委员会，它是县参议会闭会期间决定政务的机关。县政府下设秘书、民政、财务、建设、教育、粮食、保安等科室，以及司法处、保安大队等机构。县派出自己的代表机关——区公署，协助县政府指导所属各乡的政权工作。区公署设区长一人，区助理员若干人和自卫军营长，组成区公署，在区长的领导下进行工作。

乡政权是边区的基层政权组织。乡参议会为乡的最高权力机关，在乡参议会休会期间，乡政府委员会为乡政权最高机关。在乡一级实行议行合一的民主制度，乡参议员（后改为人民代表）由选民直接选举产生，乡参议会不设议长和常驻会，只在开会时推选三人组成主席团（乡长为当然主席团成员）主持会议。乡参议会选举乡长、乡政府委员组成乡政府委员会，执行全乡任务，并对上级政府和乡参议会负责及报告工作。乡政府下设人民仲裁、锄奸保卫、卫生教育、妇女儿童、生产建设、优待救济等组织和自卫军连长，在乡长的领导下进行工作。乡政府除乡长、文书为脱产或半脱产干部外，其他成员均不脱离生产。

乡政府下设行政村，设主任一人，辖若干个自然村；自然村设村长一人，均由村民直接选举产生。均不脱产。

以上，就是陕甘宁边区的政权体系和政权组织。边区的各项抗战动员和建设工作，都是在中国共产党的领导下，通过这套政权体系去进行的。从一九三九年到一九四六年，边区召开了三届参议会，民主政治制度日臻完善。

一、边区第一届参议会

一九三七年十二月，边区经过选举产生了五百多名边区议会议员。由于战争环境和其他原因，边区议会未能及时召开。一九三八年七月，首届国民参政会在武汉召开，并制定了省、市参议会的组织条例。为了抗日民族统一战线的需要，边区政府于一九三八年十一月决定将陕甘宁边区议会改为陕甘宁边区参议会，所选的边区议员改为边区参议员，并决定在一九三九年一月召开边区第一届参议会。因为会议延期，原先选出的议员因战争环境的变化和抗日工作的需要，一部分边区议员已经离开边区到前线去了，无法出席会议。边区政府决定召开各县议员复选会，由原选议员出席会议，互推原议员的百分之五十出席边区参议会。考虑到选举产生的边区参议员，几乎是“清一色”的共产党员和工农进步分子，边区政府特聘了十二名民主人士为边区参议员。

一九三九年一月十七日至二月四日，陕甘宁边区第一届参议会在延安召开。到会参议员一百四十六名（其中有边区政府聘请的十名）。毛泽东、洛甫等出席了开幕式，并作了讲演。这次会议的议程有三项：

第一，听取边区政府主席林伯渠的政府工作报告。林伯渠在报告中，阐述了目前的抗战形势和边区所处的环境，说明边区在抗战中的重要性；总结了边区政府成立两年来在保卫边区和全国的抗战中所作的工作；提出了边区政府在抗战新阶段中的任务。林伯渠强调指出：“边区今后工作的总方针，就是团结边区全体人民，坚持巩固和扩大抗日民族统一战线，坚持持久抗战，保卫边区，保卫西北，保卫全中国，为争取抗战最后胜利，实现三民主义新中国而奋斗。”会议还听取了边区政府各厅、处，以及高等法院的工作报告。经过热烈讨论，大会一致通过了政府工作报告。

第二，讨论并通过《陕甘宁边区抗战时期施政纲领》及其他单行法规。

《陕甘宁边区抗战时期施政纲领》是由中国共产党陕甘宁边区委员会提出的。它是中国共产党为之奋斗的革命三民主义在陕甘宁边区的具体实施。纲领规定在边区实行“坚持巩固与扩大抗日民族统一战线，团结全边区人民与党派，动员一切人力、物力、财力、智力，为保卫边区、保卫西北、保卫中国、收复一切失地而战”的彻底的民族主义；“发扬民主政治，采用直接、普遍、平等、不记名的选举制，健全民主集中制的政治机构，增强人民之自给能力”的彻底的民权主义；“确定私人财产所有权，保护边区人民由土地改革所得之利益”，“增加农业生产”，“发展手工业及其他可能开办之工业”，“发展商业”，以改善人民生活的彻底的民生主义。大会经过讨论，一致通过了这个纲领，作为“边区一切工作之准绳”。

大会还通过了《陕甘宁边区政府组织条例》《陕甘宁边区选举条例》《陕甘宁边区各级参议会组织条例》《陕甘宁边区高等法院组织条例》和《陕甘宁边区土地条例》等，确立了边区抗日民主政治的基本法规。

大会还讨论和通过了十二件重要提案。其中有：根绝汉奸、土匪，扩大地方武装案，统一战线动员案，发展国防经济案，工作人员参加生产运动案，发展国防教育、提高大众文化案，优待抗日军人家属案，提高妇女政治经济地位案等。这些提案，会后都由边区政府执行了。

第三，选举边区参议会和边区政府领导人员。

大会第一日，首先选举参议会正副议长，高岗当选为议长，张邦英为副议长。大会的最后一天，进行边区政府委员和参议会常驻参议员的选举。林伯渠当选为边区政府主席，高自立为副主席，林伯渠、雷经天、周兴、王世泰、高自立、周扬、曹力如、刘景范、阎红彦、霍维德、马锡五、王兆相、贺晋年、李子厚、乔钟灵为边区政府委员。选举雷经天为边区高等法院院长。选举高岗、张邦英、毛齐华、崔田夫、陈伯达、周长安、路志亮（女）、王观澜、高述先为边区参议会常驻参议员。

二月六日，边区政府委员会召开第一次会议，决定高自立兼民政厅厅长；曹力如任边区政府秘书长兼审计处主任；周扬任教育厅厅长；刘景范任建设厅厅长，朱开铨为副厅长；张慕尧任财政厅代理厅长，艾楚南为副厅长；高岗兼保安司令，王世泰、周兴为副司令；周兴兼任保安处处长。边区第一届民选政府于是日正式成立。以后在人事上稍有变动。一九三九年六月，边区政府委员会决定曹菊如接替张慕尧任财政厅代理厅长，十二月又决定南汉宸任财政厅厅长，霍维德任副厅长。一九四〇年十月，决定由谢觉哉接替曹力如任边区政府秘书长，高自立兼任建设厅厅长，我改任民政厅厅长。

边区第一届参议会的召开，具有重大的意义和深远的影响。它奠定了边区抗日民主政治的基础，保证和推动了边区政治、经济、文化教育等各项事业的发展，并且为各敌后抗日民主根据地，以至全国实行民主政治树立了榜样。这届参议会的不足之处是：政权机关领导成员中没有选进有代表性的非党人士。

二、边区第二届参议会

一九四〇年一月，毛泽东发表了著名的《新民主主义论》，它是我党在整个新民主主义革命时期的基本理论和基本纲领。同年三月，毛泽东为中央起草的《抗日根据地的政权问题》中指出："在抗日时期，我们所建立的政权的性质，是民族统一战线的。这种政权，是一切赞成抗日又赞成民主的人们的政权，是几个革命阶级联合起来对于汉奸和反动派的民主专政。""在绥德、富县、陇东等地建立新的政权，也具有严重的意义，必须依照上述原则进行，力避过右和过左的倾向。"同时指出，"根据抗日民族统一战线政权的原则，在人员分配上，应规定为共产党员占三分之一，非党的左派进步分子三分之一，不左不右的中间派占三分之一。""必须使党外进步分子占三分之一，因为他们联系着广大的小资产阶级群众。""给中间派以三分之一的位置，目的在于争取中等资产阶级和开明绅士。"

根据党中央的指示，边区政府从一九四〇年二月，在国民党政权机关从绥德等县撤走以后，在这些县相继召开了临时参议会，建立抗日民主政权。因为来不及进行民主选举，县的参议员是由政府聘请的。其中非党人士超过三分之二以上。这是边区实施"三三制"的开始。

一九四一年一月，边区开始筹备召开第二届参议会，全面实施"三三制"的政权建设。为此，中共陕甘宁边区中央局（后改为中共中央西北局）起草了《陕甘宁边区施政纲领》，经党中央和毛泽东研究修改后，于一九四一年五月一日发布，这就是著名的"五一施政纲领"。施政纲领正式发布前，四月二十八日毛泽东在给任弼时和边区中央局的信中说："施政纲领的最后修正稿，附上二份，请在边区刊物上发表，并印多张广为散布于边区境内及外。支部书记以上，班长以上，乡主席以上之干部，须使之人手一张，识字少者当作识字课本读，并张贴于通衢。《群众报》上，须为之逐条加以通俗解释。"这个纲领的基本精神，就是"团结、抗日、救中国"。其具体内容包括：边区境内各社会阶级、抗日党派，共同团结抗日；坚持与边区境外之友党友军团结抗日；提高边区武装部队的战斗力和做好优抗工作；实行"三三制"，共产党员同非党人士团结合作；保障人民的民主和自由；改进司法制度，厉行廉洁政治；发展工农业生产，实行减租减息，改善劳资关系，实行合理的税收制度；普及国民教育，发展文化事业，保障人民的健康；男女平等，保护妇女儿童；坚持民族平等；保障外侨和外国人的利益；给社会游民以公民平等的权利；优待敌伪俘虏，等等。这个纲领是新民主主义政治、经济、文化的具体化。

为了做好边区第二届参议会的参议员选举，成立了边区选举委员会，领导边区各级政府的选举事宜。我被边区政府任命为选举委员会主任，成员有张邦英、高朗山、白茜、高长久、吕振球、李景林、乔钟灵、马肖云、吴汉章、周长安、师储杰、莫文骅等。实际工作由民政厅主管。选举委员会的任务是制定宣传计划，负责选举的宣传和疑难问题的解答，管理有关选举的各项事宜，保证选举工作的正常进行。选举结束后，机构撤销。

选举工作分三个阶段进行：

第一阶段，进行宣传动员和选举准备工作。

从一九四一年一月开始，进行民主选举的宣传教育工作。重新公布了《陕甘宁边区选举条例》，逐条地进行通俗解释。由边区和县两级分别举办选举训练班，培训选举工作干部。边区政府先后派出九个工作团协助进行选举训练工作，一共培养了八千七百多名选举工作干部。

在党提出“三三制”原则以后，引起各界人士的关切，选举工作的宣传，就转向以贯彻实行“三三制”为重点。当时许多人对这个问题认识不清，甚至怀疑，尤其是经过土改的原苏区的干部和群众思想不通。他们说：“咱们流血牺牲闹革命，打土豪、分田地，建立的政权，现在又让他们来参加，来管我们，敢保不吃亏上当?!”“不要他们该有多省心，何必自找麻烦。”“为什么要那么多的地主、士绅，‘三分之一’呀！”一部分未经土地革命地区的农民害怕地主参了政，自己更没有翻身的希望。在一些干部、党员中间，思想也不通，有的认为“三三制”是“三分天下”，担心实行“三三制”会削弱共产党的领导。一些地主和开明士绅，一面称赞“三三制”表现了“共产党的宽宏大量”，“从前不要咱们这号人了，今天又能参加政权”，“尔今事情真不同了，咱们也有公民权，同别人平等了”；一面又怀疑“三三制”的选举，是“摆样子”“作摆设”。而多数的中间分子则持观望等待的态度。针对这些思想情绪，选举委员会做了大量工作。我们对地主、士绅说：“现在实行民族统一战线，要团结一切抗日的阶级和阶层，共同打倒日本帝国主义，挽救中国的危亡。只要赞成抗日，赞成民主的，我们一律采取团结的方针。”我们对干部和群众说：“大敌当前，只有团结一切愿意抗日的阶级与阶层，形成广泛的抗日民族统一战线，才能战胜日本帝国主义，建设新中国。”“共产党员虽然只占三分之一，但有很高的威信，一定能够也必须保证在政权组织中的领导地位。”“共产党员在全体人民中间毕竟占少数，我们一定要学会同党外人士合作共事的本领。”思想通了，选举工作就能比较顺利地展开。

在这个阶段中，边区选举委员会派出了一个工作组到延安裴庄乡进行选举试点。裴庄乡的选举从二月三日成立乡选举委员会开始，到三月十日乡参议会召开，历时一个多月。试点取得了两方面的经验：第一，在乡一级贯彻“三三制”的具体经验。裴庄乡共选出乡参议员二十五名（其中有妇女三名），候补参议员七名（其中有妇女二名）。从阶级成分看，贫农三名，中农十三名，富农六名，士绅一名，地主二名。其中有共产党员九名，占三分之一强，如加上候补参议员，则共产党员占四分之一。基本上符合“三三制”原则。第二，在选举过程中发动群众给乡政府的工作提意见，检查政府工作。这样做的目的，首先是发现问题，以便改进政府工作；其次是识别人才，以便改选。在乡参议会上提出提案三十二起。这对于改进乡政府的工作很有帮助。这些经验对于其他地区的乡选也有一定的指导意义。

第二阶段，县、乡两级参议员的选举和参议会的召开。

边区政府原定六、七两月进行县、乡两级的选举，后因七月是边区夏收大忙季节，故延期到九月进行。九月底，各县和乡（市）的选举基本结束，并召开了县、乡两级参议会。

乡是边区政权的基层组织，边区政府的一切政策和任务，都要经过乡政府去执行和完成。乡的选举搞好了，县和边区的选举就有了坚实的基础。

在乡选中，根据裴庄乡的经验，普遍开展了检查乡政府工作。乡政府必须向选民报告工作，由选民评议，提出批评、建议和提案，交乡参议会讨论并决定。通过对政府工作的检查，识别干部的好坏，决定对干部的任免。这个措施充分发扬了民主，促进了干部更好地为群众服务，是一个很成功的经验。经过对政府工作的检查，一般的情况是：不称职的干部大部分落选，一大批新干部被选了出来。据统计，改选以后，新旧干部（包括乡政府委员）大体上各占一半。例如，延安县原来的乡政府委员当选的一百三十三名，新选的一百八十五名；绥德分区五县的统计，落选的乡干部有一千多人。当然，落选的干部不都是不好的干部，而是许多地方因为实行“三三制”，党员名额有限自动退出的。

边区政府委员会于一九四一年十月十三日召开会议对乡选工作做了初步总结。这次乡选中，边区一千五百四十九个乡，共选出乡议员三万多名。会议认为：这次乡选取得了很大的成绩。第一，普遍实行了“三三制”，边区内各党各派各阶级阶层的团结得到进一步的加强。第二，人民敢于大胆地批评政府的工作，发扬了民主，增强了当家作主的责任感。第三，洗刷了一些不好的干部，改进和加强了基层政权的工作。第四，密切了人民与政府的关系。第五，教育了干部和群众，懂得了民主政治的意义，学会了掌握和运用民主，参加政权管理。第六，进一步团结了少数民族。但也有不少缺点，主要的是：一些干部对民主选举不够重视，工作马马虎虎，在实行“三三制”中走形式，硬凑数，致使一些不良分子混入政权，把持基层政权。从这件事中，使我们认识到，在基层政权组织中实行“三三制”，不能机械地凑数，必须从农村的实际出发，酌情变通，防止地主豪绅、不良分子混进政权组织中来。乡长和文书两个重要岗位，一定要掌握在共产党员和进步分子手中。故在一九四二年又举行过一次乡级选举，对上述缺点作了补救。

有了乡选的基础，县参议员的选举就比较容易了，重点是提出候选人名单，在群众中进行酝酿。候选人酝酿成熟了，选举工作就做了一半，正式选举也就好办了。县参议会参议员的选举，基本上符合“三三制”原则。但是，县参议员是直接选举，情况复杂，选民投票以后，不能再重新选，所以有的县参议员中共产党员较多。例如，延安市五十四名议员，共产党员占了大多数，因为，延安市的参议员包括机关、学校和团体，他们的代表中共产党员多。延安县的参议员七十六名，基本上符合“三三制”，从阶级成分上说，中农、贫农四十八名，开明士绅、富农、商人二十五名，为了使参议员在成分上更符合“三三制”原则，延安县政府还聘请了六名士绅为县参议员。有的县，如盐池还考虑选举了少数民族的参议员。

县级选举中的关键是开好县参议会。首先要做好开会的准备工作，一是准备好政府工作报告，二是参议员搜集群众意见，作好提案准备。最后进行选举时，既要充分发扬民主，又要贯彻“三三制”原则。在县政府委员和县参议会常驻会成员的选举中，绝大部分县实现了“三三制”，个别县，也有共产党员不足三分之一的，也有几个县共产党员仍占绝对多数。

第三阶段，边区参议员的选举和第二届参议会的召开。

边区参议员的选举工作从六月开始准备。在“五一施政纲领”公布以后，各县即按照施政纲领的精神，提出符合“三三制”原则的候选人名单。七月，西北局同边区政府经过研究讨论，批准和补充了各县提出的名单。九月二十四日，西北局正式发出通知，对于确定候选人作出了三点原则规定：一、候选人必须根据党的统一战线政策与“三三制”原则来确定；二、对于我党所提出的候选人，应向群众解释其履历，使群众了解和拥护；三、凡属当地提出的党与非党候选人，如有不当者，在不增加党员人数的情况下，可酌量变动。

九、十月间正式选举。由于有些党员干部，对“三三制”认识不足，工作不深不细，加以群众对某些非党候选人不满意，故选举结果，非党候选人尤其开明士绅落选的甚多。在选出的二百四十二名边区参议员（包括候补参议员）中，共产党员占了多数。因为边区参议员是选民直接选举的，不能随便更换，所以，西北局和边区政府共同决定，聘请四十六名非党人士（主要是开明士绅）为边区参议员，使边区参议员的成分基本上符合“三三制”的原则。在边区参议员的总数中，虽然党员仍占百分之五十，但各地区的情况不一。在老根据地，有代表性的地主、士绅较少，共产党员当选的自然就多。而在新区，如绥德选出的二十二名边区参议员中，共产党员只有七名，国民党员却有八名；佳县的十六名边区参议员中，共产党员只有四名，占四分之一，国民党员也有四名，也占四分之一，加上开明士绅，所占的比例更大。在这次选举中，有一批开明士绅当了边区参议员，如米脂的士绅李鼎铭、贺连城，绥德的地主士绅安文钦、霍子乐等。在当选的边区参议员中，有少数民族人士马生福阿訇（回族）、鲜维俊（回族）、那素滴勒盖（蒙古族）等六名。还有国际友人申健（日本）、武亭（朝鲜）、阿里阿罕（印尼）、巴素华（印度）等。这样，边区参议员具有广泛的代表性，体现了党的政策，也符合边区的实际情况。

边区第二届参议会于一九四一年十一月六日至二十一日在延安新建的参议会大礼堂隆重举行。到会的参议员二百零九名（其中有十六名候补参议员）。大会开幕那天，毛泽东、朱德等中央领导同志参加了会议。晋西北行署主任续范亭和晋察冀，晋冀豫、胶东、鲁西、华中、苏北等敌后抗日根据地也派出代表出席了会议。国民党军事委员会驻十八集团军的高级联络参谋陈宏漠、周励武、郭亚生等也出席了会议的开幕典礼。

毛泽东在开幕典礼上作了重要讲话。他指出：“参议会的目的，只有一个，就是打倒日本帝国主义，建设新民主主义的中国。”“国事是国家的公事，不是一党一派的私事。因此，共产党员只有对党外人士实行合作的义务，而无排斥别人，垄断一切的权利。共产党是为民族、为人民谋利益的政党，它本身绝无私利可图，它应该受人民的监督，而不应该违背人民的意志。”毛泽东号召参议员中的共产党员要克服自己的关门主义和宗派主义，倾听人民的意见，同党外人士实行民主合作。他要求党外人士帮助共产党克服关门主义和宗派主义的毛病，共同把国事真正办好。毛泽东的讲话，在参议员中引起极大的反响，受到高度的赞扬，成为这次大会的指导思想。

大会的第二日，选举边区参议会正副议长、大会主席团和通过大会的议事日程。高岗当选为议长，李鼎铭、谢觉哉当选为副议长。李鼎铭在当选副议长后，发表了很好的讲话。他说："我今年六十一岁了，本来没有能力，加之衰病交加，十余年不出家门，纵然有点思想，也是闭门造车，不能出门合辙。今天大家选举我，我觉得惭愧得很。但是，既蒙选举，自当勉尽绵力。"又说："我是一个无党无派的人，无党无派中也有几等。一等是中立不移的，一等是倾右的，一等是倾左的。我本来倾右，觉得共产党的社会主义不对，转念我又想我们常常笑人盲从，我说社会主义不对，究竟从何处说起？于是我找到几种社会主义的书，加以研究，才知道社会主义是天公地道的主义。在现在世界，无论何国，非实行社会主义不可。中国今日强敌压境，资源薄弱，要实行社会主义，困难殊多，但当这生死存亡的时候，必须努力进行，不过这种努力要有一个路线。我站在无党无派的地位，一方面对共产党进几句忠言，一方面奉劝我们无党无派、各党各派的人，大家都向一条大路前进。"李鼎铭最后讲了两点意见："第一，就是团结二字。昨天大会开会时，诸位对这团结，再三再四的致意，但是诸位先生指示的团结，究竟怎样做法呢？我想，最好不要责备别人，先从自己做起。第二，是经济问题，所有抗战建国的工作，都离不开经济，我们处在资源薄弱的地方，又加以连年灾荒，经济的困难，达于极点。但是，无论如何困难，我们抗战建国的事不能不做。因为处在生死存亡的时候，人人都应该毁家纾难，把中国救下来再说别的。"李鼎铭的讲话，也受到大家的一致赞同。

边区政府主席林伯渠向大会作了政府工作报告。报告总结了边区第一届参议会以来，边区政府实施第一届参议会制定的施政纲领所取得的成绩和存在的问题，提出了今后的中心工作和方针。经过讨论，大家一致通过了政府工作报告，并作出关于政府工作报告的总决议。

这届大会的中心内容之一是讨论和决定是否接受中国共产党提出的《陕甘宁边区施政纲领》（这个纲领是 5 月 1 日公布的，故又称《五一施政纲领》）。中共中央西北局书记高岗向大会作了《关于五一施政纲领的解释》的报告，提请大会采纳。这个纲领是总结中国共产党二十多年斗争经验的基础上制定的。实施这个纲领的基本方法，就是共产党提出的"三三制"，就是大家都来参加政权工作，不是一意孤行，把持包办。全体参议员一致通过了这个纲领，并作出决议，指出："该纲领不但适合于边区的需要，而且完全符合于中国的国情，是唯一正确的边区施政方针，也是团结抗战以救中国的良策。"

大会还通过了《陕甘宁边区保障人权财权条例》《陕甘宁边区行政督察专员公署组织暂行条例》《陕甘宁边区县政府组织暂行条例》《陕甘宁边区各级参议会组织条例》《陕甘宁边区各级参议会选举条例》等九项单行法规。

大会一致通过一九四二年度边区财政概算。在讨论财政概算时，李鼎铭等十一位参议员提出，"政府应计划经济，实行精兵简政主义，避免入不敷出，经济紊乱之现象"案，这一提案受到大会的重视，以一百六十五票的绝对多数通过，并"交政府速办"。这就是后来实行精兵简政之由来。

大会收到有关军事、政治、经济，文化、教育、卫生、妇女、儿童方面的提案三百九十九件，均经分组审查，提出审议意见，由大会以全体或多数票通过，交由政府分别执行。

大会最后进行边区政府领导人员的选举。林伯渠当选为边区政府主席，李鼎铭当选为副主席。依法，李鼎铭担任边区政府副主席以后不能同时担任边区参议会副议长职务。大会免去李鼎铭的边区参议会副议长职务，补选安文钦为边区参议会副议长。大会选举高自立、南汉宸、肖劲光、贺连城、刘景范、马明方、柳湜、霍子乐、那素滴勒盖（蒙古族）、毕光斗、肖筱梅、高步范、杨正甲、马生福（回族）、高崇珊、徐特立等十六人为边区政府委员会委员。边区政府正副主席为边区政府委员会当然委员，并为政府委员会的主席、副主席。故政府委员共十八名，其中有共产党员七名，超过“三三制”的规定，徐特立当即申请退出。经大会同意，依次由非党人士白文焕递补。大会选举雷经天为最高法院院长。

边区第二届参议会的胜利召开，为“三三制”的政权奠定了坚实的基础，使边区新民主主义政权建设发展到一个新的阶段。

第二届边区政府的机构设置和领导人员如下：

秘书长：周文（一九四二年九月起秘书长李维汉，副秘书长李景林后常黎夫）；

民政厅：刘景范任厅长，唐洪澄任副厅长；

财政厅：南汉宸任厅长，霍维德任副厅长；

建设厅：高自立任厅长，霍子乐任副厅长，

教育厅：柳湜任厅长，贺连城任副厅长；

保安处：周兴任处长；

保安司令部：司令员高岗，副司令员王世泰。

此外，边区政府还设立了下列直属机构：

民族事务委员会。主任委员赵通儒。委员谢觉哉、那素滴勒盖（蒙古族）、刘景范、马生福（回族）。专管少数民族工作事宜。

法制室。主任委员张曙时，委员鲁佛民、李木庵。执掌边区的法律研究、草拟、修正等事宜。

禁烟督察处。霍维德兼处长。执行边区境内鸦片及鸦片代用品的查禁事宜。

文化工作委员会。主任委员吴玉章，委员有林伯渠、李鼎铭、徐特立、丁玲、贺连城、柳湜、李丹生、周扬、肖军、丁浩川、艾思奇、罗烽、欧阳山、李卓然、江丰、马济川、高长虹、何思敬、周文、柯仲平、吕骥、舒群、塞克、艾青等二十七人。[①] 领导边区新民主主义的文化运动，统一管理边区的文化团体。

审判委员会和司法委员会。主任委员林伯渠，委员李鼎铭、刘景范、贺连城、毕光斗。受理不服高等法院判决的刑事、民事上诉案，行政诉讼、死刑复核及法令解释等。

从第二届边区参议会到第三届边区参议会的五年多的时间里，边区政府根据“五一施政纲领”，进行了大量的工作，克服了重重困难，取得了很大的成绩。特别是从一九四二年和一九四三年先后开始的带有普遍性的整风运动和生产运动，曾经在精神生活方面和物质生活方面起了决定性作用，为抗日战争以至解放战争的胜利打下了牢固的思想和物质基础。初步形成了边区新民主主义的政治体制、经济结构和文教网络，人民开始过上了“丰衣足食”的生活。这里我想着重提一下，在大生产运动中涌现出的成千上万的劳动英雄和模范工作者在政权建设中的作用。他们在群众中起着带头作用和骨干作用，在政府和群众

① 名单为 25 人。

中起着桥梁作用。边区政府十分重视劳动英雄和模范工作者，吸收他们参加各级政府，尤其是乡政府的工作，给基层政权灌注了新鲜血液，补充了新的骨干，增强了基层政权的活力，把新民主主义的政权建设推进了一大步。当时曾涌现出许多由劳动英雄带头的模范乡、模范村，如延安的吴家枣园（劳动英雄吴满有所在村）、绥德的郝家桥乡（劳动英雄刘玉厚所在乡）、淳耀的白塬村（劳动英雄石明德所在村）、华池的城壕村（劳动英雄张振财所在村）和定边的贺家园（劳动英雄贺保元所在村）等。

三、边区第三届参议会

边区第三届三级参议会的选举，从一九四五年十月开始，至一九四六年三月结束。一九四五年十月十四日，边区参议会常驻会和边区政府联合发出通知，正式改乡参议会为乡人民代表会。由人民选举人民代表，召开乡人民代表会，选举乡政府委员会。

参加第三届边区参议员选举的选民平均占百分之八十二点五，有些地区达到百分之九十以上。共选出边区参议员一百七十名。正式参议员一百三十五名，候补参议员三十五名，其中上届连选连任的五十七名，新当选的一百一十三名。从党派关系上说，共产党员六十一名，占百分之三十五点九；国民党员十九名，占百分之十一点二；救国会一名；无党无派（包括进步分子和开明士绅）八十九名，占百分之五十二点四。就阶级成分说，地主三十四名，富农二十六名，中农六十九名，贫农十八名，工业资本家三名，中小商人九名，工人六名，城市小资产阶级三名，城市贫民二名。边区参议员中有少数民族六名，妇女七名，天主教徒三名。边区参议员的构成充分体现了共产党与非党人士、各阶级、各民族的大联盟。

边区第三届参议会于一九四六年四月二日至二十七日在延安召开。出席会议的参议员一百三十九名（其中候补参议员二十一名）。

这次大会是在抗日战争胜利以后召开的，是一次民主团结的大会。这次大会的中心议题是：争取和平与民主，把边区建设成新民主主义的模范民主自治区。

大会开幕典礼在隆重、和谐、欢腾的气氛中进行。副议长谢觉哉致开幕词后，朱德代表中共中央向大会致贺词。他称赞了边区在八年抗战和建设中作出的伟大贡献，希望把边区建设成和平民主新中国的更光明的灯塔，更坚强的堡垒。副议长安文钦在讲话中评议这次边区参议会“真正是普遍的、平等的、直接的、自由无拘束的，秘密不记名投票的选举。”“是真正的民主，彻底的民主!”八十一岁的老人高愉庭参议员说：“前年二届二次大会闭幕时。曾说过‘别时容易见时难’。自以为活不久了。可是今天又和大家见面，真是高兴极了。”“只要还活着一天，我愿意追随众位议员之后，为中国和平民主事业奋斗一天!”

大会的第二日选举三届参议会的正副议长。首先由各议员小组酝酿候选人。然后采取无记名投票方式，进行选举。当大会主席团宣布各议员小组提出的九名候选人名单时，参议员习仲勋当即郑重声明：“候选人中共产党员已超出三三制名额，本人提请大会准予退出。”选举结果，高岗当选为议长，谢觉哉、安文钦当选为副议长。

大会从第三日至第十四日，进行政府各项工作报告，质询及讨论。林伯渠作了题为《边区建设新阶段》的报告，李鼎铭作了关于选举工作的报告，霍维德作了财政工作的报告，霍子乐作了今后三年经济建设计划的报告，贺连成作了今后三年文教建设方案的报告，我作了复员方案草案的报告。阎揆要、贾拓夫、王子宜、周兴、唐洪澄等就军事、财经、减租减息、司法、保安及干部问题作了重要发言。

在讨论政府各项工作中，无论在大会或小组会，大家都进行了认真、热烈的讨论。有五十九位参议员（占百分之四十二点四）在大会上发言，小组会上则人人都有发言。发言中，赞扬了政府工作的成绩，同时也直言不讳地批评了政府在工作中的缺点和错误。例如，指出一些县在选举运动中没有认真发动群众检查政府工作，在区、乡干部，以至高级领导机关的工作作风中存在着强迫命令、形式主义或自由放任等官僚主义的毛病；上级政府对区乡干部的困难了解和帮助、教育做得很不够；某些地区减租工作搞得不彻底；税务缉私工作中存在着乱没收的现象；保护森林、禁止缠足，虽然历次参议会都有决定，但做得很不深入，等等。参议员们能够“知无不言，言无不尽”，政府领导人员能够虚心倾听意见，做到“有则改之，无则加勉”，使会议开得生动活泼，充分发扬了民主精神。农民参议员刘德富说，“我们这些农民还能批评政府的干部，真是开天辟地没有见过的事。”

当议事日程进入审查提案阶段，议员们更加紧张而活跃地准备提案。此次大会共收到提案一百五十九件，分别按政治、财经、文教、特种四组审查。在审查过程中，关于小学学制、婚姻条例等问题，一直由小组争论到大会，十分热烈，为历次大会所没有。提案中有“收回久欠账债”“分田不均、重新调查分配登记”两案。因与边区现行政策不符，被大会否决。

四月二十五日、二十六日，进行参议会常驻会和政府委员会等的选举。林伯渠连任边区政府主席，李鼎铭和刘景范为副主席。马济川、贺连城、霍维德、毕光斗、王子宜、王世泰、霍子乐、唐洪澄、霍祝三、刘文卿、阿拉并巴音（蒙古族）、杨正甲、蔡登霄（回族）、李仲仁、魏民选、靳体元为政府委员。连同三位正副主席，边区政府委员共十九名。习仲勋、刘培基、曹力如、高愉庭、房文礼、霍仲年、蔡丰、谷莲舫、杜洪源为边区参议会常驻议员，加上三位正副议长，共十二名。会议选举马锡五为边区高等法院院长。在政府委员和常驻议员中，共产党员都只占三分之一。

四月二十七日，大会圆满结束，副议长安文钦致闭幕词，强调“我们坚决反对法西斯特务分子破坏中国的和平民主事业，边区人民要和全国人民团结一致，不达最后胜利，决不退让”。大会来宾贺龙（陕甘宁晋绥联防军司令员）、黎玉（山东省政府主席）、薄一波（晋冀鲁豫参议会议长）、邓子恢（华中军区政委）在会上讲了话。贺龙特别强调，要更加加强边区的自卫力量。林伯渠最后号召“陕甘宁边区一百六十万人民要成为一个融洽和睦的大家庭。要更进一步团结起来，为实现全国和平民主而奋斗”。

这届边区政府各厅处负责人员是：

秘书长王子宜（后王达成），副秘书长常黎夫；

民政厅：厅长刘景范兼（后王子宜），副厅长唐洪澄（后章夷白）；

财政厅：厅长霍维德，副厅长黄静波；

教育厅：厅长贺连城，副厅长赵伯平（后江隆基）；

建设厅：厅长霍子乐，副厅长惠中权；

边区银行：行长黄亚光；

保安处：处长周兴，副处长刘秉温、赵苍璧、李启明；

保安司令部：司令员王世泰，副司令员阎揆要。

第三届民选政府成立以后，蒋介石发动了全面内战，胡宗南。调集军队准备向边区进攻，边区随即转入战争状态，第三届边区参议会通过的三年边区建设计划被迫中断。

四、精兵简政

精兵简政是边区第二届参议会通过的一个重要议案。毛泽东看了这个提案后批示：“这个办法很好。恰恰是我们的机关主义、官僚主义、形式主义的对症药。”一九四二年九月，毛泽东在为《解放日报》写的社论中指出，精兵简政是“一个极其重要的政策”。同年十二月，毛泽东在西北局高级干部会议上，又进一步指出：“这一次精兵简政，必须是严格的、彻底的、普遍的，而不是敷衍的、不痛不痒的、局部的。在这次精简中，必须达到精兵简政、统一、效能、节约和反官僚主义五项目的”。边区政府从一九四一年二届参议会闭会后先后进行了三次精简。第一次精简从一九四一年十二月开始到一九四二年结束。这次精简，侧重于减少机构和缩减人员，精简结果，裁减并机构百余处，缩减人员一千五百九十八名，占边区级机关原有人数的百分之二十四。第二次精简从一九四二年七月开始，九月结束。这次精简，主要是建立边区政府的工作制度，实行合署办公，政务与事务适当分工，加强下级，提高县政府的职能等。这两次精简，虽然有相当大的成绩，但尚未达到精兵简政的全部目的。

一九四二年十二月十三日，边区政府委员会第三次会议通过了《陕甘宁边区简政实施纲要》，并于一九四三年三月明令公布，开始了边区政府的第三次简政。

《陕甘宁边区简政实施纲要》是由边区政府秘书长李维汉主持起草的。内容详实，切合边区的实际，后来我们把它作为政府工作人员的整风学习文件。

这次精简工作经过一年的努力，基本上实现了简政实施纲要上规定的目标、任务和要求：

首先边区各级政府都做到了生产第一，重点抓了农业生产。从一九四二年开展的大生产运动，党政军民学，大家齐动手，取得了众所周知的丰硕成果，粮食基本上达到耕三余一或耕二余一，棉花和日用工业品也有较大的增长，实现了自给和半自给。同时，都做到了教育第二，而又以干部教育为重点。一九四三年和一九四四年，干部教育也取得了可喜的成绩。除了加强在职干部学习以外，有一千五百多名干部到中央党校、西北党校和各种干部学校学习。民政厅办了县长训练班，边区师范、绥德师范、三边师范都增设了行政人员训练班（地干班），训练了大批的行政干部。从一九四三年开始，每年冬季各县办区、乡干部训练班，参加学习的有两千人左右。

第二，政府机构作了调整，人员作了精简。边区政府各厅处的内部机构裁减了四分之一。边区政府本身原有五百五十二人，整编为四百一十六人；各厅、处的附属机关原有一千一百四十人，整编为九百一十一人，各分区专员公署，原有一百零一人，因为增设延属、三边两个分区，总人数增加到一百四十八人，但原有专员公署的人数减少了。各县原有一千一百八十八人，整编为七百九十一人。边区共有二百一十三个区公署，原有一千二百五十人，整编为九百五十五人。区以上各级政府机关精简总人数为一千零十人，占原有总人数的百分之二十三点八。边区共有一千二百七十个乡，每个乡都增设了文书一人，调派一千多名青年知识分子参加乡政府工作，既加强了乡政权，又锻炼了青年知识分子。他们中的大多数后来成了各条战线的领导骨干。一部分干部由上往下移，如延安县的十名县级干部调区工作，二十名区级干部调乡工作。初步实现了精简上层，充实下层的方针。

第三，加强了统一性。基本上实现了政策、法令、命令和指示的统一执行、干部的统一管理，“政出多门”的现象、本位主义的现象大为减少。

第四，提高了工作效能。许多单位过去由几个人做的工作，整编以后一个人就承担了。

第五，节约也取得了成绩。由于机关、部队人员减少，一九四四年节约粮食一万五千石，民力的节约尤为显著。如延安县一九四一年动员民力六万多个，一九四二年只动员了二万八千多个，减少一半多；绥德县一九四二年动员民力七万五千多个，一九四二年少动员了九百个。

第六，反对官僚主义的斗争有了进展。许多领导干部深入群众，深入基层，深入实际，调查研究，了解民情，改进了领导作风，改善了干部关系、军民关系、军政关系。

在这次“精兵简政”中，我曾担任简政委员会主任，做了一些具体工作。我深深地体会到：“精兵简政”是改善和加强政权工作的一个十分重要的内容，是一项经常要做的工作。确实是我们的机关主义、官僚主义、形式主义的对症药。过去需要，现在更需要。我们的历次精简中，有一个大缺点，就是经验不能推广，成绩不能巩固，特别是在形势发展，情况好起来的时候，故病重犯又走回头路。“庙”也多了，“神”也多了，机关主义、官僚主义、政出多门等现象也多了，给革命和建设带来很大的祸害。这是一个值得记取的教训。回想当年在延安工作和学习的同志，吃的是小米，缺肉少菜；穿的粗布衣服，单衣一年一套，棉衣三年一套；住的是自己打的土窑洞，只有一床、一桌、一凳；出门下乡靠两条腿，餐风宿露，艰苦备尝；工作之余，还要自己动手种地种菜，纺纱线。还有一定的上缴任务。然而大家充满革命的乐观主义，一心一意扑在工作上，不顾个人身家性命、荣辱利害和安危得失。这是什么精神？这就是延安精神，共产主义精神。我们的政权建设，没有这样一大批不谋私利、一心为公、一心为人民的人，是不能成功的。

丙、全力支援解放战争，解放大西北

一九四六年六月，国民党反动派以进攻中原解放区为起点，发动了反革命的全面内战，七月，胡宗南调集十个整编旅约十二万人，结集到边区南边，部署进攻边区。由于中原解放军在李先念、郑位三、王震等率领下，主动转移，分头进行突围，转战于鄂、豫、陕、甘边界，胡宗南部奉调赴陕南堵截中原解放军，打乱了他们进攻边区的部署。

王震率领的三五九旅突围到陕南后，奉命返回陕甘宁边区。为了迎接三五九旅，边区部队于八月下旬发动迎接三五九旅战役。八月二十三日突破敌人防线，打进国民党统治区，于二十九日在陇东屯子镇与三五九旅会师。在边区部队的接应下。三五九旅于八月底回到边区。我代表边区政府前往庆阳驿马关迎接。九月中旬，三五九旅在王震率领下回到延安，毛泽东等中央领导同志接见他们。随后，三五九旅离开陕甘宁边区去晋西北吕梁根据地休整。

十月，胡宗南在西安召开军事会议再次部署进攻陕甘宁边区。十一月九日，胡宗南在洛川、宜川结集了十个整编旅，企图偷袭延安。这时，结集在边区周围的国民党军队还有边区西面的马鸿逵、马鸿宾、马步芳部和北面的邓宝珊、左协中部，总兵力号称三十万。

实际有二十多万人，企图从南北西三面合击陕甘宁边区。党中央调动吕梁山的部队和太岳解放区的部队发动了晋南战役，迫使蒋介石调动胡宗南部去支援阎锡山，再次打乱了胡宗南进攻边区的部署。但是，边区周围的战争空气已呈紧张状态。

十一月十一日，中共中央召开干部动员大会，朱德、彭德怀、刘少奇、杨尚昆参加大会，并讲了话，号召一致动员起来，保卫边区，保卫延安。十三日，边区政府也召开干部动员大会，林伯渠、习仲勋、李鼎铭和我都在会上讲了话，号召全边区行动起来，保卫边区，保卫延安，保卫党中央，保卫毛主席。

十一月十四日，边区政府成立“总动员委员会”，任命我为主任，贾拓夫、方仲如为副主任。下设：动员部，王子宜负责；粮草被服部，范子文负责；医药救护部，苏井观负责；后方勤务部，方仲如负责；秘书处，常黎夫负责。稍后又设立“坚壁清野”部，惠中权负责。延安开始进行疏散和“坚壁清野”。

十一月中旬，毛泽东、周恩来、任弼时找林伯渠和我谈话。毛泽东说，蒋介石突袭延安，挽救不了他灭亡的前途，也无损于人民解放战争的胜利。党中央“不准备死守延安”，除了让出延安，也要准备让出一些县城和大道，我们还是占农村，党中央仍留在陕北。他指示要我们做好疏散工作，首先是粮食和老弱病残要很快疏散，这些都要向群众说清楚。

边区经过大生产运动，实现了“丰衣足食”，边区政府在延安集中了不少粮食。我们首先动员群众把延安的粮食疏散到离延安几十里、上百里以外的农村去。到年底，延安共疏散三千四百四十三万斤粮食，各县城的粮食也进行了疏散。同时，把延安存放的棉花、布疋、纸张和其他物资也进行了疏散。棉花疏散到安塞、子长、志丹的农村，布和纸张（油光纸）疏散到晋绥边区。

十一月下旬开始疏散人口，当时延安的群众都不愿意离开延安，不相信国民党能占领延安，疏散工作不容易做。所以，这次疏散的主要是“公家人”及其家属。边区的东部，隔黄河就是晋绥边区，比较安全，人口向东疏散到紧靠黄河的几个县，情况紧急时，再过黄河。一九四七年初，情况再次紧张，疏散工作一再抓紧，先后共疏散老弱病残和妇女、儿童六千六百八十四人。

十一月二十一日，边区政府发出“坚壁清野”的命令，延安及延安周围的群众也开始实行“坚壁清野”。

在此期间，边区军民同入侵的国民党军队作战一百六十五次，毙伤一千零六十七人，俘虏一千四百六十九人。九、十月间，榆林国民党二十二军八十六师，进犯我佳县古木区、米脂海会寺等地区，我边区部队发动了榆横战役，打退了敌人。国民党陕北保安总指挥部副总指挥胡景铎率五千余人起义，我军先后解放了无定河以南五千平方公里的土地，约十二万人口，成立榆横政务委员会，辅镇川、横山两县。

一九四七年一、二月，胡宗南发动对关中、陇东分区的进攻，先后侵占旬邑、庆阳、合水等地，形势更趋紧张。

为了进一步加强战备，边区政府在一月十五日至二十三日召开专员、县长联席会议，中共中央西北局书记习仲勋在会上作了动员。要求大家对蒋介石、胡宗南进攻边区和延安保持高度的警惕，一切工作要做长期打算。会议着重讨论了三个问题：战争动员（包括疏散工作）、土地改革和生产运动。会议提出边区政府在一九四七年的四大工作任务，即彻底实行土地改革，发展生产，做好拥军优属工作，深入战争动员。要求各县都要做好疏散工作，县城周围及大道两旁，都要实行“坚壁清野”。各级政府工作人员，都要坚守岗位，不准离开自己的地区。撤离时，必须走在群众后头，并保持同边区政府的联系，随时准备接受各种任务。三月初，胡宗南主力集中于宜川地区准备进攻延安。三月八日，延安各界万余人举行“保卫边区、保卫延安、保卫党中央、保卫毛主席动员大会”。参加大会的，除了中央和边区的机关、学校、团体、军队的人员以外，还有延安四五十里内外各乡的农民、自卫军数千人。林伯渠主持会议。朱德、彭德怀、周恩来等都讲了话，一致号召边区军民团结起来、行动起来，粉碎蒋介石胡宗南的进攻，保卫边区，保卫延安，保卫毛主席！

三月十一日起，蒋介石、胡宗南不断派飞机轰炸延安。十三日多达二十五架次。十四日以后，分头对富县、甘泉、金盘湾等地发动进攻。延安实行紧急疏散。

国民党飞机的炸弹给我们作了“动员”，群众很快实行疏散和“坚壁清野”，让敌人来了没有吃的。

为了适应战争的需要，加强对迁移至后方的党政机关和学校的统一领导和管理，边区政府成立了后方办事处，主任马锡五，委员史唯然、习仲棋、高登榜。办公地点在安塞真武洞，组织撤离工作。边区政府从十三日开始，逐步撤离延安，主要负责人仍坚持岗位。

三月十四日晚，毛泽东在接见守卫延安的教导旅、新四旅干部时说：“延安永远是我们的。少则一年，多则两年，我们还要回来的。”

三月十六日，毛泽东以中共中央军委主席的名义发布《关于保卫延安的命令》，我军在南泥湾一线阻击胡宗南的进攻。

同日，中共中央军委决定，以陕甘宁晋绥的第一纵队（三五八旅）、第二纵队（三五九旅）、第三纵队（许光达旅）、第四纵队（警备第一旅、第三旅和新编骑兵第六师）、第六纵队（新编第四旅、教导旅）组成西北野战军，由彭德怀任司令员兼政治委员，习仲勋任副政治委员。同时，中共中央决定，彭德怀为中共中央西北局第一书记，贺龙为第二书记，习仲勋为第三书记。

毛泽东、周恩来在即将撤离延安时，找我谈话，要我任西北野战军后勤司令。毛泽东说：延安的疏散工作做得很好。以后野战部队转战边区，后勤工作仍然要靠边区政府，你要全力以赴做好后勤工作，中央决定由你担任西北野战军后勤司令。我说：后勤工作由联防军后勤部做就行了。毛泽东说：光靠联防军后勤部不行。今后的战争是长期的、全面的，后勤工作变得更重要了，只有动员全边区人民才能完成，所以决定由你来做西北野战军的后勤工作。你是边区政府副主席，更有利于调动边区的力量。就这样，我接受了这个任务。

三月十八日晚上，彭德怀、习仲勋和我，住在王家坪。第二天，天未亮，部队撤离以后，我们最后离开。在晨曦中，我们登上了清凉山，用望远镜可以看见胡宗南的部队，从十里堡接近延安。我们翻过清凉山，过桥儿沟后沟，再翻一条梁，到达丰富川。

当胡宗南占领延安时，延安是一座空城，无一群众，除了窑洞以外，什么也没有。我们撤离时，有几垛杂草，来不及运走，也把它烧掉了。

三月二十日，西北野战军指挥机关在丰富川正式组成：张文舟为参谋长、王政柱为副参谋长；甘泗淇为政治部主任，徐立清为副主任；我为后勤司令部司令兼政委，方仲如为副司令（联司后勤部长），万成章任参谋长，王士英任秘书长。

后勤司令部下设：供给部，负责弹药、粮食、衣服等的供应，部长黄静波（边区政府财政厅副厅长），副部长杨林；卫生部，负责前线救护和医治伤病员，有四个野战医院和一个后方医院，部长先为曲正（边区政府民政厅卫生处处长），后为靳来川；兵站部，负责军事运输和通讯工作，部长刘海滨（边区保安处副处长），后为赵玉文（志丹县县长）；经济部，负责没收敌产、兑换货币等，部长吴锡智，副部长薛宏福；政治部主任孙君一。另外，后勤司令部有一支三十多人的骑兵警卫队，全是青壮小伙子。没有现代化的通讯工具，送情报、下达命令、传递消息，全靠他们。他们人熟地熟，能克服困难，任务完成得很好。后勤司令部共有三百多人，在战争期间，一直随军行动，进行战前准备、战地服务和战后的善后工作。

胡宗南的大军侵占延安以后，害怕我军袭击，不敢分散活动，总是以集团的方式行动，像擀面一样，一来就是一大片，而且都是沿大道行动。西北野战军当时只有二万五千多人，在党中央、毛泽东的领导下，在彭德怀的指挥下，采取了“蘑菇”战术，等待时机消灭敌人。三月二十五日，在青化砭打了一个伏击战，消灭了敌整编三十一旅旅部和一个团，共歼敌二千九百多人，取得了序战胜利。四月十四日，在羊马河伏击成功，全歼敌整编十五师一三五旅，共四千七百余人。五月二日，我军乘敌人主力北进之机，对蟠龙的驻敌发起攻击。经过三天激战，全歼敌整编第一师一六七旅旅部及一个团，共六千七百余人，其中生俘旅长以下五千七百多人。蟠龙是胡宗南的一个重要补给兵站，缴获了大批弹药、武器和面粉一万二千袋，军衣四万套。

这三次战斗中的后勤工作，没有多大困难。战争开始不久，粮食富足，随便到边区什么地方，动员几十石粮食不困难。伤员也不多，青化砭一仗，只有一百多人伤亡。蟠龙战斗缴获的东西，大部分分给了部队，剩下的一部分，我们从从容容地运走了。

八月上旬，西北野战军围攻榆林。蒋介石于八月七日飞到延安，命令胡宗南在志丹、安塞地区的十个半旅六万三千多人迅速北上支援榆林，并要整编三十六师轻装捷径，星夜兼程，驰援榆林。八月十二日，三十六师接近榆林城郊，敌人的其他部队也陆续来援。我军主力主动撤出战斗，集结榆林东南、沙家店以北地区隐蔽待敌。

但情况出于我们的意料之外，敌人来得很快，整编三十六师十三日入榆林，第二天就掉头南下，十五日敌主力在绥德会合，除一部分守备绥德以外，五个整编旅统归二十九军军长刘戡指挥，十六日由义合镇地区向佳县方向推进。

在佳县乌龙铺，有我们的一个比较大的医院，伤员较多。这个医院，本来是我们的一个后方医院，但在围攻榆林时，又变成了前线的野战医院。由于敌人迅速到来，情况万分紧急，医院需要立即转移。正值毛泽东、周恩来、任弼时等于八月十六日进入佳县地区。周恩来在乌龙铺视察工作，亲自指挥了医院的撤离工作。我们动员大批担架，连夜把重伤员转移到晋西北去。

敌整编三十六师师长钟松自持援榆林有功，骄傲异常，远离主力，孤军冒进。十七日三十六师一部向沙家店以东的乌龙铺前进。西北野战军司令部决定集中优势兵力在沙家店地区歼灭三十六师。十八日，西北野战军三纵队一部与三十六师一部在乌龙铺以北地区接触，展开战斗。因天降大雨，山洪暴发，部队行动不便，未能全歼该敌。

八月十九日，毛泽东到佳县前东原村西北野战军总指挥部，参加总指挥部的军事会议，进行作战部署。彭德怀、张宗逊、张文舟、王震和我都参加了会议。毛泽东说，撤离榆林是正确的，围城的目的是要打援，一定要在沙家店把敌人消灭。毛泽东还问我吃粮是否有困难。我表示，困难可以克服。我们动员米脂、镇川等地的几千名民工和上千头毛驴，冒着敌机的轰炸，把附近各地粮站的粮食，迅速集中到沙家店一带。沙家店地区的群众，把自己埋藏在地里的粮食挖出来，把庄稼地里未熟的南瓜摘下来，供给部队。许多群众把尚未完全成熟的谷子，一穗一穗的剪下来，连夜炒干磨碎，给部队送去，保证了部队的供应。

八月二十日，西北野战军在沙家店地区与敌三十六师激战一天。全歼三十六师一二三旅，共毙伤俘六千余人。我们也付出了很大代价。运送伤员和打扫战场的任务也十分严重，许多重伤员，一站接一站地送到晋西北地区去。

沙家店战役是我军由防御转入反攻的开始，是收复延安，解放大西北的开始。沙家店战役以后，敌军全线溃退，我军立即进行追击。先后进行了关庄、岔口、清涧、黄龙战役。至一九四七年底，共计歼敌七万余人。西北野战军则由二万五千多人发展到七万五千多人，地方部队发展到三万四千多人，合计十一万余人，敌我力量的对比发生了有利于我的重大变化。一九四八年三月的瓦子街战役，是西北野战军转入外线进攻的开始，此役歼敌三万人，击毙整编二十九军军长刘戡。四月二十二日，延安收复。从放弃延安到收复延安，历时一年另一个月，完全证实了毛泽东的预言。

在这一年的作战中，边区全体人民在“保卫党中央、保卫毛主席”“一切为了战争，一切为了前线”的口号下，进行了英勇的斗争，甚至连边区的每头毛驴也都为战争立了战功，这真是一场人民战争，使敌人陷于灭顶之灾的汪洋大海之中。

从战争开始到延安光复，边区有两万多青年参加主力部队和、地方兵团，有一万多青壮年参加游击队，三万四千多人参加各分区的地方武装。这些地方武装和游击队同敌人作战三千零六十四次。歼敌一万四千多人，有力地配合了野战军主力的作战。

边区广大群众组成随军担架六千六百三十三付（两月一换），临时担架一万五千五百八十二付，随军运输牲口五千五百四十头。每个劳动力和畜力，平均为战争服务两个月。

边区人民为前线部队提供了二百四十万石（七千八百八十万斤）粮食，军草一亿多斤，军鞋十五万双。从晋绥边区背回救灾粮六百万斤。

边区原本缺医少药，战时更为严重，医护人员也很少。我们把知行中学（原边区中学）、子长中学、米脂中学和绥德师范的一千三百多名学生，稍加训练，担任野战医院和后方医院的护士，绝大多数都干得很好。

一九四八年二月，我军进入国民党统治区作战。那里的群众十分欢迎解放军。每经一地群众都出来欢迎我们。给我们送茶送水，还有各种吃的。我们的运输队过黄陵时，天下大雨，路不好走，滑倒两头驮骡，驮的银元和西药全撒了，从山顶一直撒到山脚下，群众帮我们拣回来，居然一点不少。四月五日，赵寿山、甘泗淇和我，同关中地委的同志一起谒黄帝陵，许多群众也都参加了。

部队初到新区，后勤工作出现了两大困难：一是筹粮，二是边币不能用，买不到东西。当时部队有很大的发展，需要的粮食数目极大。除了缴获敌军的粮食和当地动员的粮食外，彭总叫我去晋南弄粮食。晋南行署支援我们五百万斤粮食，解决了我们的大问题。

进入新区以后，边币还没有取得群众的信任，不能使用。国民党的“金圆券”已经贬值，像一张废纸，我们不能使用它。为了解决这个问题，在我们打出边区时，后方给了野战军二十驮的黄金和银元，大约够发三个月的军饷。我们想了一个办法，不是直接用黄金和银元买各种军需用品，而是在新区各地设立边币兑换所，把我们带去的黄金、银元往柜台上一摆，用边币来兑取。开始有不少人来兑取，不久就没有人来兑取了。因为群众感到边币确实可以兑取黄金、银元，边币就很快地占领了市场，代替了“金圆券”，我们的困难也就解决了。

从一九四八年四月十二日开始，我军发动了西府、陇东战役，歼敌二万一千多人，缴获了大量的装备、弹药和军需物资，摧毁了国民党在西北的军事供应基地。十月，发动了苏北战役，歼敌二万五千多人，粉碎了胡宗南的重点防御。

在我军完全进入外线作战以后，军需物资、粮食衣物，大多数取之于敌，同时，也得到了新区人民的大力支援。例如，在一九四九年五月至八月的四个月中，新区群众出粮一亿八千二百万斤、食油三十五万斤、食盐八十一万斤、军鞋五十万双。同时，有七十五万群众参加了支前工作，组织了运输大队，有大车二万七千多辆，牲畜数万头，随军担架一万多付。对解放大西北作出了重大贡献。

选自《陕甘宁边区抗日民主根据地》回忆录卷，中共党史资料出版社 1990 年版，第 129～166 页。

81. 陕甘宁边区抗日民主根据地概述

1990 年《陕甘宁边区抗日民主根据地》编辑组

一、陕甘宁边区的形成

陕甘宁边区地处祖国的西北黄土高原，山峦连绵，沟壑纵横，雨量稀少，灾荒频仍，交通不便，地瘠民贫，经济文化十分落后。在旧社会，由于军阀野蛮掠夺，官府衙吏横征暴敛，地主豪绅残酷剥削，民生凋敝，人民陷于水深火热之中。大革命时期，中国共产党领导人民群众进行了轰轰烈烈的反对帝国主义，反对军阀，反对地主豪绅的斗争。大革命失败后，中国共产党的工作重点逐渐转入农村，开展武装斗争。陕北、陕甘的党的组织经过长期艰苦曲折的斗争。组织起红二十六军、红二十七军两支红军，创立了陕北、陕甘边两块革命根据地。一九三五年二月，中共西北工作委员会和西北军事委员会建立，实现了两个苏区党组织和两支红军的统一领导，粉碎了敌人六个师对西北苏区的第二次“围剿”，解放了安定（现子长）、延长、延川、安塞、保安（现志丹）、靖边等六个县的县城，两个苏区连成一片，面积达三万平方公里，人口九十万，发展和巩固了二十多个县级苏维埃政权，红军扩大到五千多人，游击队发展到四千多人。在创造西北红军和西北革命根据地的过程中，刘志丹、谢子长是两位杰出的领导人。

一九三五年九月，红二十六军、二十七军与由陕南转战到达陕北的红二十五军会合，编为红十五军团，徐海东任军团长，程子华任政治委员，刘志丹任副军团长兼参谋长。在崂山战役和榆林桥战役中，红十五军团歼灭国民党东北军两个师的大部。正当第三次反"围剿"斗争的紧要关头，苏区内发生了严重的错误肃反，刘志丹等一批创建西北红军和西北根据地的老干部被捕。革命形势出现严重危机。

一九三五年十月，中共中央率领红一方面军到达陕甘边的吴起镇。中央到达陕北后，立即下令纠正苏区内正在进行的错误肃反。十一月，在毛泽东、周恩来、彭德怀的指挥下，一方面军和红十五军团联合作战，取得直罗镇战役的重大胜利，使西北根据地转危为安，"给党中央把全国革命大本营放在西北的任务，举行了一个奠基礼。"①

一九三六年二月，红军渡黄河东征。五月，红军东征回师之后又挥戈西进，解放了甘肃、宁夏边境的部分地区，形成了陕甘宁边区的区域范围。

一九三七年三月，苏区改为特区，不久，改名为陕甘宁边区。九月，经蒋介石指定和国民政府行政院第三三三次会议通过，将延安、延川、延长、绥德、米脂、葭县（现佳县）、清涧、吴堡、神木、府谷、安定、安塞、靖边、定边、保安、甘泉、鄜县（现富县）、淳化、正宁、宁县、庆阳、合水、镇原、环县、栒邑（现旬邑）、盐池等二十六县，划为八路军募补区，归陕甘宁边区政府辖治。

一九三九年冬至一九四〇年春，国民党军队先后夺去镇原、宁县、正宁、栒邑、淳化等五座县城、六个区、四十三个乡。边区政府随即新建了新宁、新正，淳耀、赤水、固临等五县。一九四四年底，陕甘宁边区的区域面积为九万八千九百六十平方公里，人口约一百五十万。共辖有一市、三十县，划分为五个分区，即：

延属分区，辖：延安、甘泉、鄜县、志丹、安塞、子长、延川、延长、固临等九县和延安市，人口约四十万。

绥德分区，辖：绥德、米脂、清涧、吴堡、葭县、子洲、神府等七县，人口约五十六万二千。

关中分区，辖：淳耀、赤水、新正、新宁等四县，人口约十二万一千。

陇东分区，辖：庆阳、合水、环县、镇原、曲子、华池等六县，人口约二十六万二千。

三边分区，辖：定边、盐池、靖边、吴旗等四县，人口约十五万五千。

二、陕甘宁边区的根本特点和历史地位

陕甘宁边区是中共中央到达陕北后，在西北革命根据地的基础上，扩大、巩固和建设起来的，是中国工农红军长征胜利的落足点，是伟大抗日战争的出发点。

陕甘宁边区从一九三五年十月到一九四八年三月的十三年中，是中国共产党中央的所在地，全国革命的指挥中心，是抗日战争中八路军、新四军和解放战争中人民解放军的总后方，是中国人民革命斗争胜利的摇篮，在中国革命历史上占有特殊重要的地位。

以毛泽东为首的中共中央在延安和陕甘宁边区召开了一系列重要的会议。如一九三五年十二月在瓦窑堡召开的中央政治局会议；一九三七年五月在延安召开的全国党代表会议；同年八月在洛川召开的中央政治局扩大会议；一九三八年九月底到十一月初在延安召

① 原注：引自毛泽东：《论反对日本帝国主义的策略》，《毛泽东选集》第一卷145页。

开的扩大的六届六中全会；一九四五年四月在延安举行的六届七中全会、第七次全国代表大会；一九四七年十二月在米脂杨家沟召开的中央会议等等。中共中央在陕甘宁边区制定了决定中国命运的政治路线、组织路线和一系列方针政策，指引中国革命克服重重艰难险阻，胜利地实现了国共第二次合作和抗击日本侵略者的历史转折，胜利地完成了抗日战争和解放战争的伟大历史任务。

马克思主义的理论与中国革命实践相结合的毛泽东思想，是在延安时期全面形成的。正如邓小平所说："延安时期那一段，可以说是毛泽东思想比较完整地形成起来的一段。毛泽东思想中关于新民主主义革命的理论，包括党的建设的理论和处理党内关系的原则，在延安整风前后，都比较完整地形成了。"① 毛泽东思想是中国共产党人集体智慧的结晶，它体现在这一时期中共中央的重要决议文件，毛泽东和党中央其他领导人发表的大量关于政治、军事、经济、哲学、党的建设、文化教育等方面的著作、讲话中，它哺育了全党，教育了广大干部和群众。毛泽东思想过去是现在是今后也仍是中国革命和建设事业不断胜利前进的指南。

中国共产党领导的工农革命武装力量——红军，改编为国民革命军第八路军，是从陕甘宁边区出发到敌后抗日战场的。八路军和新四军在中共中央正确领导下，浴血奋战，打击、歼灭敌军，不断壮大自己，在抗日战争期间，抗击了百分之六十四的日军和百分之九十五的伪军，开辟了十八块敌后根据地。日本投降之后，蒋介石发动大规模的内战，中国人民解放军经过三年英勇奋战，最终打败了蒋介石的八百万大军，取得了全国革命的胜利，立下了不朽的功勋。

陕甘宁边区是培养革命干部的重要基地，延安被誉为革命圣地，革命的大熔炉。抗日战争时期，成千上万的进步人士、革命青年和爱国侨胞，不畏艰难险阻，不远千里万里从四面八方来到延安寻求真理，献身民族解放事业。为了适应抗战需要，中共中央在延安创办了各类干部学校二十多所，培养干部四万多人。他们学习了马列主义、毛泽东思想和党的路线方针政策，学习了革命战争的战略策略和党的优良作风，提高了觉悟，改造了思想，精神面貌焕然一新，成为各条战线上的生力军和骨干力量，在抗日战争、解放战争以及以后的社会主义革命和建设中，做出了重要贡献。

延安是马克思列宁主义的传播中心。在中共中央的指导下，曾经出版过相当数量和有很大影响的书刊报纸。据不完全统计，抗日时期在延安出版马列著作五十多种，报刊三十多种，对传播马列主义、毛泽东思想和宣传中国共产党的路线、方针、政策，教育人民，团结人民，鼓舞人民，坚持抗战，赢得最后胜利，起了重要的作用。

伟大的整风运动和大生产运动，是中共中央从延安首先发起，总结了成功经验，然后在各抗日根据地推行的。前者是解决马克思主义和非马克思主义思想之间的矛盾，后者是解决抗战物质需要和财政经济困难之间的矛盾。毛泽东指出："一九四二和一九四三两年先后开始的带普遍性的整风运动和生产运动，曾经分别地在精神生活方面和物质生活方面起了和正在起着决定性的作用。这两个环子，如果不在适当的时机抓住它们，我们就无法

---

① 原注：引自邓小平：《对起草〈关于建国以来党的若干历史问题的决议〉的意见》，《邓小平文选》256页。

抓住整个的革命链条，而我们的斗争也就不能继续前进。”① “让我们进一步地、普遍地去推广这两大运动，以为其他各项战斗任务的基础。果能如此，那末，中国人民的彻底解放，就有把握了。”② 历史的实践完全证明了毛泽东的这个正确论断。

在中共中央的直接领导下，陕甘宁边区党政组织和全体军民，尽了最大的努力，把陕甘宁边区建设成为全国的模范抗日根据地，新民主主义建设的示范区。中共中央通过在陕甘宁边区的实践，及时总结经验，指导全党工作和敌后各抗日根据地的工作。陕甘宁边区的一切重大活动牵动着全国的神经，代表着中国的方向，全国进步人士无不对陕甘宁边区寄以厚望。陕甘宁边区不仅在国内而且在国际上也产生了重大影响。一九三六年，美国记者埃·斯诺到陕北苏区和红军战地考察采访，写出著名的《西行漫记》一书，向全世界人民如实地报道了中国共产党领导的中国革命根据地的真相，展示了中国的光明未来和希望的所在。抗日战争时期，艾·史沫特莱、贝特兰、哈·福尔曼、伊·爱泼斯坦等一批批外国记者先后到陕甘宁边区访问，他们回国后大都对陕甘宁边区作了客观、友好的报道。加拿大医生白求恩、印度医生柯棣华等率领的援华医疗队，先后不远千万里来到延安，并奔赴抗日前线工作。他们不仅对中国的抗日战争作出了贡献，也扩大和增进了世界反法西斯人民之间的战斗友谊。在延安成立了东方各民族反法西斯大同盟、在华日人反战同盟延安支部和华北联合会、日本工农学校、朝鲜革命军政学校，越共领袖阮爱国（胡志明）、日共领袖冈野进（野坂参三），国际学联代表柯尔曼、雅德、傅洛德、雷克难等，到延安切磋国际反法西斯的问题，都是具有国际影响和意义的。南洋华侨领袖陈嘉庚等亲赴延安参观访问，对边区和八路军在精神上和物质上都给予了很大的鼓励和支援，在国际上特别是在国外侨胞中影响很大。一九四四年，美军派出观察组驻延安，实地观察了中国共产党领导八路军、新四军和人民群众抗日斗争的情况，对美国当时对华政策有一定的影响。

三、陕甘宁边区的政权由苏维埃制到民主共和制

一九三一年，日本帝国主义发动了“九·一八”事变，一九三五年又发动了“华北事变”，妄图吞并全中国。由此引起中国国内外矛盾的重大变化，中日矛盾成为主要矛盾，国内矛盾降到次要和服从的地位。

一九三五年十二月十七日至二十五日，中共中央在瓦窑堡召开了政治局会议，分析了当时的形势，通过了《中共中央关于目前政治形势与党的任务决议》，确定了抗日民族统一战线的策略路线。会后，毛泽东在党的活动分子会上作了《论反对日本帝国主义的策略》的报告，明确提出，党的基本任务就是建立广泛的抗日民族统一战线。为了贯彻执行会议的决议，中共中央采取了一系列重大的政策措施，开展了广泛的政治活动。包括：第一，调整阶级关系，实行政策转变。如一九三五年十二月六日发布了《中央关于改变对富农政策的决定》，一九三六年七月二十二日发出关于《土地政策新的改变》，调整对地主富农的政策。一九三七年三月以后，停止没收地主的土地，恢复资本家、富农、地主的公民权。第二，争取东北军、西北军首先停止内战，联合抗日。一九三六年一月二十五日，毛泽东、周恩来、彭德怀等红军领导人联名发出《致东北军全体将士书》，呼吁停止内战联

① 原注：引自毛泽东：《论军队生产自给，兼论整风和生产两大运动的重要性》，《毛泽东选集》第三卷 1108 页。
② 原注：引自毛泽东：《论军队生产自给，兼论整风和生产两大运动的重要性》，《毛泽东选集》第三卷 1109 页。

合抗日。二月，中共中央派李克农先后同东北军六十七军军长王以哲和张学良会谈。四月九日，中共中央派周恩来在延安与张学良会谈，达成了联合抗日的协议。九月二十二日，毛泽东与张学良签署《抗日救国协定》。一九三五年十二月，汪锋持毛泽东、彭德怀致杨虎城的信和毛泽东分别致杜斌丞、邓宝珊的信，赴西安与杨、杜会晤，同时南汉宸介绍王世英赴西安与杨虎城会晤。一九三六年八月二十六日，张文彬持毛泽东分别写给杨虎城和杜斌丞的信抵达西安，九月六日与杨虎城达成抗日合作口头协定。至此，抗日民族统一战线实际上首先在西北实现。第三，改"抗日反蒋"为"逼蒋抗日"。中共中央一九三六年九月一日向全党发出《关于逼蒋抗日问题的指示》，指出逼蒋介石抗日是"我们的总方针"。

一九三六年十二月十二日西安事变发生后，中共中央决定和平解决西安事变的方针，并派周恩来、秦邦宪（博古）、叶剑英到西安与各方商谈，终于迫使蒋介石接受了停止内战，联共抗日等条件，为国共两党重新合作建立了一个必要的前提。一九三七年二月十日，中共中央电告国民党五届三中全会。提出停止内战，一致对外等五项要求和停止武力推翻国民党政府的方针等四项保证，促使国民党于二月二十一日通过停止"剿共"内战决议。七月十七日，中国共产党代表周恩来、秦邦宪、林伯渠同国民党代表蒋介石、邵力子、张冲在庐山进行谈判，最后达成协议：红军改编为国民革命军第八路军，陕甘宁边区作为国民政府行政院的一个直辖行政区域。九月二十二日国民党中央通讯社发表了《中共中央为公布国共合作宣言》，次日蒋介石发表了"团结御侮"的谈话，实际上承认了中国共产党和陕甘宁边区的合法地位。至此，第二次国共合作正式实现，抗日民族统一战线在全国形成。

随着形势任务的变化，陕甘宁边区的政权由苏维埃制转变为民主共和制。中共中央到达陕北后，于一九三五年十一月中旬成立了中华苏维埃共和国临时中央政府西北办事处，将西北革命根据地划分为陕甘、陕北两个省和神府特区，统一归于西北办事处领导之下。西北办事处是西北苏区的最高政权机构，同时也是苏维埃中央政府的办事机构。办事处设主席团，秦邦宪任主席。一九三七年二月二十四日，中共中央政治局常委决定由林伯渠主持西北办事处的工作，开始筹建陕甘宁边区政府，进行"更名""改制"。所谓"更名"，就是将西北办事处改为陕甘宁边区政府；所谓"改制"，就是将工农民主制即苏维埃制，改为普选的不分阶级的民主共和制。五月，《陕甘宁边区选举条例》和《陕甘宁边区议会及行政组织纲要》公布，从七月开始，举行了乡、县选举，改选了乡、县两级政府，至十二月全边区共选举产生边区议会议员五百多名，但由于战争环境及其他原因未能及时举行边区议会的会议。

一九三七年九月六日，陕甘宁边区政府宣告成立。林伯渠、张国焘、秦邦宪、董必武、徐特立、谢觉哉、郭洪涛、马明方、高岗等九人为边区政府主席团委员，林伯渠为主席，张国焘为副主席。从此，陕甘宁边区的革命斗争进入一个新的历史时期。

四、中国共产党在陕甘宁边区领导机构的变革和党的建设

中共中央初到陕北时，撤销了中共陕甘晋省委，成立了中共陕北省委和陕甘省委，在关中、三边、神府成立了三个特委，在伊克昭盟成立了工委。一九三六年五月，中央又成立了中共陕甘宁省委。一九三七年二月，中共中央决定设立中共陕甘宁边区委员会。五

月，中共陕甘宁边区第一次代表大会选举高岗、林伯渠、吴亮平、马明方、李富春、周兴、李建贞、郭洪涛、王达成、习仲勋、自治民、刘长胜、崔田民、张秀山、刘景范、崔田夫、李维汉为边区党委执委，罗梓铭、蔡畅、马锡五、王世泰、张邦英、马丕勋为候补执委，第一次执委会议选举郭洪涛为书记。在边区党委成立前后，中共中央撤销了中共陕甘宁、陕北、陕甘省委，边区各地的党组织统一由边区党委领导。一九三八年四月，中共中央决定高岗接替郭洪涛任中共陕甘宁边区委员会书记。一九三九年十二月，中共陕甘宁边区第二次代表大会选举产生了新的边区党委，书记高岗，副书记王观澜。一九四〇年九月，中共中央决定将边区党委改为边区中央局，书记高岗，副书记谢觉哉。一九四一年五月，中共中央决定将西北工作委员会与边区中央局合并，成立中共西北中央局，书记高岗，委员林伯渠、谢觉哉、肖劲光、陈正人、王世泰、张邦英，候补委员贾拓夫、李卓然。一九四三年一月，中共中央批准高岗、林伯渠、贺龙、陈正人、贾拓夫为西北中央局常委。一九四四年三月，中共中央政治局决定陈云任西北中央局委员。一九四五年十月以后，高岗调往东北，习仲勋任西北中央局书记。陕甘宁边区党委及以后的边区中央局、西北中央局，在中共中央的直接领导下，贯彻执行了党的路线、方针和政策，加强了党的建设，有力地推动了边区各项工作的不断发展。

一九三七年和一九三九年的两次边区党代表大会和一九四二年开始的整风运动，对于加强边区党的建设具有重大意义和深远影响。

一九三七年五月二日至十四日，有苏区、白区和红军代表参加的中国共产党全国代表会议在延安召开。张闻天作了题为《中国共产党苏区代表会议的任务》的开幕词，指出“巩固我们的党现在成为一切工作的核心”。毛泽东作了《中国共产党在抗日时期的任务》的政治报告和《为争取千百万群众进入抗日民族统一战线而斗争》的结论。毛泽东在结论中论述了党的建设的三个重要问题，即干部问题、党内民主问题和全党团结问题，指出：“指导伟大的革命，要有伟大的党，要有许多最好的干部。”“这些干部和领袖懂得马克思列宁主义，有政治远见，有工作能力，富于牺牲精神，能独立解决问题，在困难中不动摇，忠心耿耿地为民族、为阶级、为党而工作。”“要党有力量，依靠实行党的民主集中制去发动全党的积极性”。“团结全党像钢铁一样”，“这种团结是当前民族和民主革命的最重要的基础”①。秦邦宪作了《关于苏区党的组织问题》的报告，指出：为了适应新形势新任务的需要，党必须提高政治工作和组织工作的水平，改革工作方法和组织形式。这次大会，指明了党的政治路线、组织路线和政治工作、组织工作的方针任务。五月十五日，出席全国代表会议的苏区代表，举行了中共陕甘宁边区第一次代表大会。

这次代表大会召开时，边区已有党员三万二千四百一十八名。在会后的两年内，根据《中共中央关于发展党员的决议》，全边区的党员发展到四万六千二百二十七名（军队中的党员未计在内），比一九三七年增长百分之四十。党的基层组织普遍建立和健全起来，加强了对党员的政治教育、文化教育特别是党的纪律教育，强调个人服从组织，少数服从多数，下级服从上级，全党服从中央的准则。同时，中共中央制定了各级组织的工作法规，以统一各级领导机关的行动。

---

① 原注：引自毛泽东：《为争取千百万群众进入抗日民族统一战线而斗争》，《毛泽东选集》第一卷 267 至 268 页。

一九三九年十一月十三日至十二月十七日，中共陕甘宁边区第二次代表大会在安塞县徐家沟举行。出席这次大会的代表一百七十名。毛泽东向大会作了政治报告，分析了当前国内外形势，向边区党组织提出了“提高自己，帮助全国”的任务，号召把陕甘宁边区建设成为全国的抗日民主模范区。高岗作了《关于抗战新阶段中陕甘宁边区的任务》的报告。陈云作了《关于干部队伍建设的几个问题》的报告。大会的决议特别强调指出，提高党员尤其是干部的马列主义水平，是提高党的战斗力和巩固党的关键，并规定了党内政治思想教育和文化教育的具体要求和方法，号召全党开展一个学习竞赛。大会还发出《告边区全体党员书》和《告全边区民众书》，号召全边区的共产党员团结广大群众，以充分的毅力和信心贯彻执行大会的各项决议。

这次大会之前，一九三九年八月二十五日，中共中央政治局作出《关于巩固党的决定》。这次大会之后的两年内，主要进行党员的审查和教育工作。党员的文化水平、政治理论水平，得到了提高，成长了一批老干部，提拔了一批新干部，增强了党的队伍的素质。党的组织也更加纯洁，更加巩固了。

一九四二年开始的整风运动是一次普遍的马克思主义教育运动，是党的建设上的一个伟大的创举。一九四二年四月三日，中共中央宣传部发布了《关于在延安讨论中央决定及毛泽东同志整顿三风报告的决定》。在中共中央总学习委员会领导下，成立了边区一级总学习委员会，下设党、政、军三个分学习委员会，统一领导边区的整风运动。四月十四日，中共西北中央局对整风学习作出具体部署。四月二十一日，任弼时在边区级机关干部大会上作了关于整风学习问题的报告。会后，全边区从上而下陆续掀起整风学习的热潮，边区系统的一万二千多名各级干部和各类干部学校师生参加了整风学习。大家认真学习整风文件，对照检查自己的思想、工作和历史，开展互相帮助和互相批评，提高了觉悟，增强了党性。通过这次整风学习，较好地解决了各级领导机关、广大干部和党员进一步掌握马克思主义的理论与中国革命的实践统一这个基本方向问题。彻底清算了王明左倾错误路线，发展了理论联系实际，密切联系群众和自我批评的三大作风，确立了“惩前毖后、治病救人”，“既要弄清思想，又要团结同志”的正确处理党内关系的原则。收获是极大的。

一九四二年十月十九日至一九四三年一月十四日，中共西北中央局召开了边区高级干部会议，党、政、军、民各方面的重要负责干部三百多人参加会议。这是在中共中央直接领导下进行的一次整风会议，毛泽东在会上作了《经济问题与财政问题》的报告。会议集中讨论了三个问题：第一，是中央到陕北前，边区党的历史经验教训问题。经过热烈的讨论，严肃的批评和自我批评，提高了觉悟，清算了左倾错误路线对西北革命造成的危害。第二，是检查了抗战以来边区党内在思想上、组织上以及实际工作中的某些偏向，特别是某些干部闹独立性，地方工作中某些干部的官僚主义和军队中某些干部的军阀主义等不良倾向，从组织上、思想上、政策上，加强了党的统一领导。第三，是边区的任务问题。会议检查和纠正了某些干部在建设边区工作中的“百端并举”“样样是中心”等不切实际、不正确的思想，确定生产和教育是边区建设的两大任务，而以生产为第一。这次大会有力地推动了边区整风运动的深入发展，对于边区工作起了巨大的促进作用。

一九四三年四月三日，中共中央作出《关于继续开展整风运动的决定》。决定提出，在整风学习后期进行审干运动和群众性的反特斗争。康生利用整风审干之机，发起“抢救失足者”运动。七月十五日，康生作了《抢救失足者》的报告，强调“清除内奸，这是我们目前急不可缓的任务”。报告前后，边区各机关各地区掀起了“抢救失足者运动”，大搞逼、供、信的过火斗争，混淆敌我界限，造成许多冤假错案，伤害了不少干部。毛泽东发现这一错误后，立即指示停止“抢救失足者运动”，随后对受害人员进行甄别平反，赔礼道歉，使整风运动得以继续健康发展。一九四四年中共中央组织高级干部学习《两条路线》和《六大以来》两个文献集，进一步总结了党的历史上的经验教训。一九四五年四月二十日举行的中共中央六届七中全会讨论通过了《关于若干历史问题的决议》，为党的第七次全国代表大会的胜利召开，和取得抗日战争、解放战争的伟大胜利，奠定了思想政治基础。

五、坚持抗战，剿匪除奸，保卫边区，巩固边区

组织和加强抗战武装力量。国共合作实现以后，陕甘宁边区一度处于和平环境。但随着时局的发展，形势不断发生变化。太原失守后，日军逼近黄河东岸，威胁边区安全；国民党反动派不断制造磨擦事件，边区境内和边界土匪猖獗，骚乱社会秩序，破坏团结抗日。为了坚持抗战，保卫边区，中共中央加强了边区的武装力量。将留驻边区的部分八路军主力，组成留守兵团，由肖劲光任司令员，曹里怀任参谋长，莫文骅任政治部主任；并设立绥德米脂葭县吴堡清涧警备区司令部、延川延长河防司令部。将地方兵团，组成保安司令部，由高岗任司令员，周兴为副司令员，谭希林为参谋长。加强民兵建设，组织边区人民抗日自卫军。这三部分武装力量，形成边区军民三结合的武装体系，担负着保卫河防、肃清匪患，制止反共磨擦、保卫边区的重要任务。

进行抗战动员，保卫河防。抗日战争爆发后，中共中央号召动员一切力量，为争取抗战胜利而斗争。一九三七年十一月十五日，中共陕甘宁边区委员会给各级党委发出指示信，提出要把边区变成抗战运动的模范，要求党的一切支部成为抗战动员的核心，要求各个群众组织把抗战动员作为自己的中心工作。一九三八年三月三日，边区党委和边区政府联合发出《告民众书》，提出：全边区人民应该武装起来，开展广泛的民众游击战争；努力帮助政府军队做好各项后勤工作；一切群众团体都要组织自己的力量，保证抗战工作之顺利进行。边区人民热烈响应党和政府的号召，积极参加抗战动员工作。一九三七年、一九三八年、一九四〇年三年内，边区动员一万三千多名青壮年参军，加上抗战前夕参军的人数，总计达三万余人。一九三七年、一九三八年组织二十二万人参加自卫军（三万多人是基干民兵），二万八千多名少年参加少年先锋队配合部队保卫边区。一九三七年十一月晋南吃紧，边区沿河各县在七天内动员一万多头牲口组成运输队到山西帮助军队运输物资，支援战争。边区人民为前线募送毛袜、手套十万双。一九三八年三月至一九三九年底，日军向边区河防发动二十三次进攻，规模最大的一次是在一九三九年五月，敌以一万五千人的兵力，先后占领军渡、孟津、碛口一带，炮击沿河的宋家川、枣林坪，并用飞机轰炸延安及沿河各县，边区河防部队坚守阵地，在宋家川方向，与日军昼夜隔河激战；边区动员各地自卫军整营出动，在隆冬寒月里，协助部队修好千里河堤工事，配合部队阻击敌人。在此期间，边区河防部队与日军大小战斗七十八次，在晋西北人民和军队的配合下，终于打退了日军的进攻，使敌人未能跨我河防一步。

抗日战争期间，边区安置了一万一千五百多名伤病退伍军人，优待军烈属十万人，其

中，为之代耕的一万七千多人，代耕土地十五万亩。抗日战争时期边区脱产人员较多，最多时达十万人。仅粮食一项，每年就需要十多万石。一九三七年至一九四五年八年中，边区人民缴纳救国公粮九十八万三千石。在地瘠民贫、只有一百五十万人口的陕甘宁边区，供给这样多的粮食，是很不容易的。边区人民积极生产，节衣缩食，尽最大的努力，保证了抗战的需要。

剿匪锄奸。一九三七年八路军主力开赴前线后，边区境内外的四十多股土匪（四千多人），乘机在边区境内进行破坏活动。他们抢劫人民和合作社的财物，杀害抗属和伤残人员，破坏交通要道，掠夺军用车辆，甚至袭击基层党政机关，妄图破坏边区民主政权。边区军队在民兵配合下，采取以武力进剿为主，政治瓦解为辅的方针，彻底歼灭了股匪。同时，边区群众组织了九千多个锄奸小组，十万人参加，两年内破获敌特汉奸案一百多起、土匪案一百五十多起，消除了隐患。边区社会秩序安定，人民安居乐业。

制止反共磨擦。从抗战开始到武汉失守之前，国民党抗战比较积极，国共两党的合作关系也较正常。抗战进入相持阶段，国民党顽固派消极抗战，积极反共、反人民。他们散发反共文件，制造反共事件，破坏团结抗日。一九三九年五月以后，国民党在边区周围修筑了五道封锁线，包围边区的部队多达二十多万人。一九四〇年春，国民党军队袭击占领了边区的镇原等五座县城及一些区乡，先后在边区周围制造了一百二十四起反共磨擦事件，包括六十三次武装进攻。同时，国民党反动派还在边区境内大肆进行破坏活动。国民党政府委派“反共专家”何绍南为绥德行政区督察专员，并在绥德、米脂、葭县、吴堡、清涧等十三个县继续委派县长。这些地方大都是原来的苏区，在内战期间县城被国民党军队占领，但是农村大都仍属边区。为组织人民一致抗日，边区政府理所当然地在上述十三县内也建立了县、区、乡抗日民主政权。而何绍南等人却不顾团结抗日大局，公然进行反对边区政府的活动，诬蔑、攻击驻防的八路军，指使反动地主豪绅进行反攻倒算，有的国民党县长甚至绑架民主政权县长，枪杀民主政权的干部和伤残退伍军人。针对这种情况，一九三八年五月十五日，毛泽东亲自起草了《陕甘宁边区政府、第八路军后方留守处布告》，严正指出：“当此抗战紧张期间，凡在边区境内从事阴谋破坏，或肆意捣乱，或勾引煽惑，或暗探军情的分子，准许人民告发。证据确实者，准许就地逮捕。一经讯实，一律严惩不贷。”① 一九三九年七月七日，中共中央发表《为抗战两周年纪念对时局宣言》，提出“坚持抗战，反对投降；坚持团结，反对分裂；坚持进步，反对倒退”的口号。一九四〇年三月十一日，毛泽东在延安党的高级干部会议上作了《目前抗日统一战线中的策略问题》的报告，提出“发展进步势力，争取中间势力，孤立顽固势力”的策略方针，并提出同顽固派进行斗争的三条原则。第一，自卫原则，人不犯我，我不犯人，人若犯我，我必犯人；第二，胜利原则，不斗则已，斗则必胜；第三，休战原则，斗争到一定阶段，适可而止。这三条原则，总起来一句话，就是有理、有利、有节。边区的党、政、军、民坚持执行了这些原则，对敢于进犯破坏边区的顽固派，坚决予以还击。一九四〇年二月中旬，边区政府主席林伯渠、八路军后方留守处主任肖劲光联名致电国民党最高当局，要求惩办贪赃枉法、破坏团结、擅离职守、贻误河防的“犯官”何绍南，并报请委任王震为绥德行

① 原注：引自《毛泽东选集》第二卷392至393页。

政区督察专员；三月十九日，又致电国民党天水行营主任，要求撤走国民党在边区境内十三个县的县长。指出国共两党合作已三年之久，一县之内竟有“双县长”，政令不一，滋事扰民，古今中外，无此怪事。国民党政府在强大舆论的压力下，被迫将委任的县长先后撤走。边区政府立即在上述十三个县建立了普选的民主政权。至此，结束了边区境内双重政权并存的局面。边区得到统一和巩固。

一九四三年七月，国民党反动派撤退河防大军准备分九路闪击陕甘宁边区，夺取延安。朱德当即致电蒋介石、胡宗南呼吁团结抗日，避免内战。七月九日，延安召开了三万人参加的紧急动员大会，号召边区人民紧急动员起来，制止内战，保卫边区。各抗日根据地也纷纷集会，通电全国，反对内战，保卫边区。由于中共中央的坚强领导，边区人民的充分准备，各抗日根据地的有力声援和全国人民反对破坏团结抗日的强烈呼声，迫使蒋介石进攻边区的计划未能得逞。

从一九四五年七月十五日开始至八月八日，国民党军队向边区的关中分区爷台山地区多次发起进攻，并一度占领爷台山。边区军民奋起反击，于八月十一日将进犯的国民党军队全部赶出边区，取得爷台山保卫战的胜利。

六、陕甘宁边区的新民主主义建设

陕甘宁边区在坚持抗战的同时，大力进行了新民主主义建设。

一九四〇年一月，毛泽东发表了著名的《新民主主义论》，系统完整地阐明了新民主主义革命的基本理论和基本纲领及新民主主义的政治、经济、文化的基本内容。在这个理论的指引下，在中共中央的直接领导下，陕甘宁边区的新民主主义建设走上胜利发展的道路，取得了巨大的成就和有益的经验。

政权建设

毛泽东说：“判断一个地方的社会性质是不是新民主主义的，主要地是以那里的政权是否有人民大众的代表参加以及是否有共产党的领导为原则。因此，共产党领导的统一战线政权，便是新民主主义社会的主要标志。”① 陕甘宁边区的政权完全体现了这一原则。具体组织形式是“三三制”政权。即在人员分配上，规定共产党员占三分之一，非党的左派进步分子占三分之一，不左不右的中间派占三分之一。

陕甘宁边区的政权结构是：（一）参议会，实质上属人民代表大会性质，是最高权力机关。分边区、县、乡三级，参议员由人民直接选举。（二）政府机关，设边区、县、乡三级，主要领导人由同级参议会选举产生。专员公署和区公署，分别为边区政府和县政府的派出机关。（三）司法机关，边区设高等法院，专区设高等法院的分院，县设县法院。边区和县的法院院长，由边区和县参议会选举产生。陕甘宁边区在一九三七年、一九四一年、一九四五年进行了三次不分阶级、不分党派、不分宗教信仰、男女平等，民族平等的普遍、直接、自由的选举。

一九三九年一月，在延安召开了边区第一届参议会，到会参议员一百四十五名。林伯渠作了政府工作报告。大会通过了《陕甘宁边区抗战时期施政纲领》，作为“边区一切工作之准绳”。这个纲领是中国共产党为之奋斗的革命的民主主义即新民主主义在陕甘宁边

---

① 原注：引自毛泽东：《关于打退第二次反共高潮的总结》，《毛泽东选集》第二卷 785 页。

区的具体实施。会议选举高岗为边区参议会议长、张邦英为副议长，林伯渠为边区政府主席、高自立为副主席，雷经天为边区高等法院院长。这次参议会开得很成功，奠定了边区民主政治基础。这次参议会还没有实行“三三制”，边区政府聘请了十二名开明绅士为特邀参议员。

一九四一年十一月，在延安召开了边区第二届参议会第一次会议。这次会议的显著特点是实行了中共中央提出的抗日民主政权的“三三制”原则。毛泽东在会上发表了演说，指出：“国事是国家的公事，不是一党一派的私事。因此，共产党员只有对党外人士实行民主合作的义务，而无排斥别人、垄断一切的权利”①。林伯渠作了政府工作报告。大会接受并通过了中共边区中央局一九四一年五月一日公布、经过全边区人民广泛讨论的《陕甘宁边区施政纲领》，责成边区政府领导各级政府和全区人民群众切实执行。这个施政纲领更完整地规定了政治、经济、文化方面的二十一项内容，是新民主主义纲领在陕甘宁边区的进一步具体化。大会选举高岗为边区参议会议长，谢觉哉、安文钦（开明绅士）为副议长，林伯渠为边区政府主席、李鼎铭（开明绅士）为副主席，雷经天为边区高等法院院长。在选举的十八位政府委员中，共产党员七名，超过三分之一，徐特立即申请退出由非党人士白文焕递补。这次参议会审议通过了非党人士李鼎铭等提出的“精兵简政”的重要议案，大会决议“交政府速办”。一九四一年至一九四三年，边区政府连续进行三次精简，初步达到了精简、统一、效能、节约和反对官僚主义五项目的。这是政权建设中的一项重大改革。一九四四年十二月，边区第二届参议会举行了第二次会议。林伯渠作了题为《边区民主政治的新阶段》的政府工作报告。毛泽东发表了题为《一九四五年的任务》的演说，指出一九四五年的唯一任务是打倒日本侵略者。

一九四六年四月，在延安召开了边区第三届参议会，到会参议员一百七十名，共产党员六十一名，占三分之一稍强。这届参议会是在抗日战争胜利后，蒋介石在国民党六届二中全会上公开鼓吹破坏国共双方在一九四六年一月十日签署的“停战协定”，阴谋进攻解放区的时候召开的。会议的中心议题是揭露内战阴谋，争取国内和平、民主。林伯渠作了题为《边区建设的新阶段》的政府工作报告。朱德到会发表演说，指出“中国的反动派还是不愿意中国人民享受民主，他们正在寻找各种名义来推翻政治协商会议的决议，来继续保持独裁，来继续进攻已经得到民主权利的人民，因此我们必须继续提高警惕性”，“与全国人民一起来粉碎反动派的阴谋，推进全国的民主事业和建设事业”。大会选举高岗为参议会议长，谢觉哉、安文钦为副议长，林伯渠为边区政府主席，李鼎铭、刘景范为副主席，马锡五为边区高等法院院长。在十九位政府委员中，共产党员六名，占三分之一弱。

在新民主主义的政权建设中，最重要的是要让非共产党人士有职有权有责，不如此，就失去了“三三制”的意义。边区的各级党组织和政府在这方面做了卓有成效的工作，如召开民主人士座谈会广泛征求意见，要求共产党员领导干部和民主人士领导干部之间保持个人之间的联系，促膝谈心交换意见，要求共产党员和干部尊重民主人士的领导等。这样就充分发挥了李鼎铭等民主人士的积极作用。

陕甘宁边区在新民主主义政权建设中，一贯重视实行民族平等政策。在边区的三届参

① 原注：引自毛泽东：《在陕甘宁边区参议会的演说》，《毛泽东选集》第三卷811页。

议会参议员选举中，少数民族的参议员名额按人口的比例高于汉族。边区参议会的议员中，少数民族议员六名。中共中央设立中央西北工作委员会负责西北地区的少数民族工作，西北工委于一九四〇年拟定《关于回回民族问题的提纲》和《关于抗战中蒙古民族问题提纲》，并派出考察团到少数民族地区进行考察。西北工委与陕甘宁边区中央局合并成立西北中央局后，西北局成立了少数民族工作委员会，边区政府成立了民族事务委员会，负责回族和蒙族区域自治工作，帮助少数民族发展民族经济和文化，教育干部和群众尊重宗教信仰和少数民族的风俗习惯。边区政府还成立了民族学院，培养少数民族干部。

经济建设

陕甘宁边区是分散的农村环境，经济建设以农业第一，工业第二，商业第三。抗战以来，边区的经济建设经过三个阶段。一九三七年九月至一九三九年为休养民力阶段。在这个阶段由于有国民党政府发给军饷和外来援助，边区政府取之于民是很少的，一九三七年和一九三八年两年共征收公粮二万九千余石，一九三九年也只征收五万余石。大大休养了民力，农业生产迅速得到恢复和发展，人民生活得到初步改善。一九四〇年至一九四二年是边区战胜严重困难的阶段。一九四〇年十一月后，国民党政府不仅停发了军饷，而且对边区实行经济封锁，断绝了外援，一切军需民用都要自给自足。从一九四一年到一九四二年，人民负担大大加重了。边区经济处于极端困难的境地。毛泽东说："我们曾经弄到几乎没有衣穿，没有油吃，没有纸，没有菜，战士没有鞋袜，工作人员在冬天没有被盖。""我们的困难真是大极了。"① 面对这种情况，中共中央和毛泽东发出"自力更生"的伟大号召，要求全体军民"自己动手，克服困难，渡过难关，支持战争"，要求边区军队和机关、学校一律参加生产，并迅速建起自给性的公营经济。一九四〇年到一九四二年三年中，军队和机关、学校靠自己动手获得的收入占了经费支出的部分或大部分，有的还做到自给有余，上缴公粮。终于度过了最困难的时期。一九四二年十二月，毛泽东在边区高级干部会议上作了《经济问题与财政问题》的报告，总结了几年来生产运动的成就和经验，批判了那种离开发展经济而单纯在财政收支问题上打圈子的错误思想，和那种不注意动员人民帮助人民发展生产而只注意向人民要粮要钱的错误作风，提出"发展经济，保障供给"的财政经济工作总方针和一系列重大政策。一九四三年一月，中共中央和毛泽东又提出为争取"丰衣足食"而斗争的号召。在整风运动取得巨大成绩的思想基础上，边区经济建设进入以争取丰衣足食为目标的新阶段。全边区广大人民群众和部队、机关、学校一切男女劳动力，组成浩浩荡荡的劳动大军，展开轰轰烈烈的大生产运动，取得了巨大成绩。截止一九四四年底，农业方面，军民开垦荒地二百万亩，耕地面积增加到一千四百四十三万亩，粮食总产量较一九三七年增长百分之七十，棉花种植面积由一九三七年的三万九千亩，增加到三十一万亩，增长近七倍，总产量三百多万斤，自给率达到百分之五十以上。工业方面：由无到有，由少到多，先后建立起纺织、被服、陶瓷、玻璃、肥皂、火柴、造纸、印刷、煤矿、石油、化工、炼铸、盐业、机器制造和兵工等大小工厂一百二十多个，职工达一万二千人。私营工业也有很大发展，各种工厂、作坊多达一千四百多家，职工四千五百多人。棉布自给率达到百分之七十三，其他日用品工业也实现了自给或半自给。随

① 原注：引自毛泽东：《抗日时期的经济问题和财政问题》，《毛泽东选集》第三卷893至894页。

着工农业生产的发展，公私营商业也繁荣起来。延安市的私营商业，一九三七年只有一百二十多家，一九四三年增至四百七十三家，各类合作社也有很大发展。

边区的部队基本上实现了生产自给。创造了“当兵不脱产，经费靠自给”的中外奇迹。边区的机关、学校从一九四三年起，经费自给部分占全年财政总支出的百分之六十四，这也是历史上从来没有的。公粮也逐年减少，一九四一年征收公粮二十万石，一九四二年降至十六万石，一九四三年为十八万四千石，一九四四年为十六万石，一九四五年为十二万四千石。农村阶级关系也发生了重大变化。从前，贫农、雇农是农村主要群众，这时大多已上升为中农。手工业工人的实际工资比战前提高一至三倍，公营企业的工人工资提高百分之六十至八十，机关、部队、学校的供给标准也有了提高。一九四〇年、一九四一年那种极端困难的情况，已经一去不复返了，陕甘宁边区确实初步实现了丰衣足食，形成以农业为主体的私有经济（包括私营工商业）、公营经济、合作社经济三种经济成分共同发展的新民主主义经济体系。

陕甘宁边区的新民主主义经济建设所以能够取得如此巨大的成绩，主要是在中共中央直接领导下，边区各级党政机关和各级干部，贯彻执行了中共中央关于发展财政经济的总方针和西北局关于生产第一的建设方针以及一系列配套的政策措施，充分发动群众，依靠群众，组织群众，发扬群众的首创精神，团结一致，艰苦奋斗的结果。这个时期所采取和实施的主要措施是：

（一）加强对生产运动的组织领导。边区政府成立了财政经济处，各专区、县成立了生产委员会，实行了首长负责、自己动手，领导骨干和广大群众相结合，一般号召和个别指导相结合的领导方法。各级领导机关组织大批干部，深入基层，深入群众，进行广泛深入的动员工作。从中央到地方以至每个单位、每个工作人员，每个农户都制定和落实切实可行的生产计划，使生产运动成为广大人民和干部的自觉的行动。

（二）组织机关、学校、部队一切人员参加生产。毛泽东、朱德、周恩来等中共中央领导人都亲自种地、种菜、养猪、纺线，为全党树立了榜样。干部参加生产，不仅减轻了人民负担，而且提高了思想，锻炼了本领，带动了群众，密切了同人民群众的联系。意义是很大的。

（三）开垦荒田。陕甘宁边区除绥德分区各县和陇东分区庆阳等县人多地少以外，其余各县大都人少地多，有许多荒地可供开垦。边区政府除动员当地农民增开荒地外，一九四一年到一九四五年，边区还安置移民、难民十万余人，组成一支新的劳动大军。边区政府规定：移难民开公荒可取得所有权，开私荒三年不交租。无论公荒私荒，三年不缴纳公粮。同时认真帮助移、难民生产和生活上的困难，极大地调动了移民、难民的生产积极性。五年来，老户、新户共开垦荒地三百多万亩（不包括机关、部队开荒数），成为边区增产粮食的重要措施之一。

（四）军队屯田。一九四〇年五月，朱德提出军队屯田政策。一九四一年，三五九旅开进南泥湾垦区。他们是战斗队，也是生产队。他们提出的口号是：“一把镢头一支枪，努力生产，保卫党中央。”从旅长王震到每一个战士，都无一例外地投入紧张的生产运动中去。第一年开垦一万一千多亩，第二年开垦二万六千多亩，第三年开垦十万亩。不但做到粮食自给，还上缴公粮一万石。广大指战员以辛勤的劳动，把南泥湾创造成为“陕北江南”，“南泥湾，好地方，到处是庄稼、遍地是牛羊”的响亮歌声，传遍边区的各个角落，极大地鼓舞了人民群众的生产热情。边区部队基本上都实行了屯田政策，一九四三年边区部队生产的粮食达七万石（折细粮），占当年边区增产粮食的三分之一。

（五）组织起来。全边区共有农业劳动力六十三万多个，其中，全劳动力三十三万个。一九四二年，约有百分之二十五的男劳动力，组织到以个体经济为基础，以自愿为原则的各种形式的互助合作组织中来（如变工队、札工队、唐将班子等）。一九四三年，半数左右的劳动力参加了各种劳动互助组织。有效地调剂了劳力畜力，显著地提高了劳动生产率。一九四三年，全边区有十五万妇女参加了纺织组，纺纱一百六十多万斤；五万多妇女参加了织布组，织土布十一万四千五百多疋。有一部分妇女打破了“好女不下地”的旧习，参加了农业生产。米脂县的妇女农业劳动模范郭凤英，成为全边区妇女参加农业生产的标兵。

（六）奖励劳动模范，开展劳动竞赛。在农业战线上，开展了学习吴满有运动。吴满有是延安柳林二乡农民，他连年开荒，把六十垧（每垧三亩）荒地变成熟地，改良农作，增产粮食，他还带头多缴公粮，拥军优属，扶贫济困，成为农民劳动致富的榜样。一九四二年五月，边区政府号召农民向吴满有学习，向吴满有看齐。在工业战线上，开展学习赵占魁运动。赵占魁是农具厂翻砂工人。他积极工作，始终如一，爱护工厂，严守纪律，爱护工具，节约原料，吃苦在先，享受在后，努力学习，帮助别人。一九四二年十月，边区总工会号召工人向赵占魁学习。后来向吴满有看齐、向赵占魁学习，成为农业、工业战线上的群众性运动。全边区在农业、工业和其他战线上涌现出成千上万的劳动模范，他们在生产上和工作上起了很重要的带头作用、骨干作用和桥梁作用，成为推动大生产的核心力量。一九四三年，劳动英雄杨朝臣、吴满有提出劳动竞赛的倡议，朱德、贺龙立即指示在部队推广，西北中央局也发出通知要求各地认真推广。从而掀起了个人与个人，村与村以至乡与乡之间的竞赛热潮。一九四三年十一月二十六日至十二月十六日，在延安同时举行了劳动英雄大会和农业展览会，毛泽东在中共中央招待劳模会上作了《组织起来》的报告。一九四四年十二月二十二日至一九四五年一月十四日，延安又举行了劳动英雄和模范工作者大会和边区全面建设展览会，毛泽东在劳模大会上作了《必须学会做经济工作》的报告。通过这几次盛会，检阅了大生产运动的成果，交流了经验，奖励了劳模，有力地推动了全边区生产运动向纵深发展。

（七）改造二流子。所谓“二流子”，指的是那种抽大烟、赌博、游手好闲、不务正业的人。全边区有二流子六千五百多人。他们人数虽然不多，却是社会上和生产中的一个消极因素。在大生产运动中，各地通过教育和强制生产等办法，使绝大多数二流子成为自食其力的劳动者，有的还成长为劳动模范。改造二流子对于改良社会风气，安定社会秩序，提高群众的思想觉悟，促进生产的发展，都起了积极的作用。

（八）发展合作社经济。合作社是由群众集股金办起来的集体经济。它对沟通城乡物资交流、支援工农业生产、方便群众购销、活跃市场、稳定物价起了重要的作用。边区政府对发展合作社给予大力支援、帮助和指导。一九四三年全边区有各类合作社（消费、信用、运输、手工业、综合等）二百六十个，股金一亿五千万元（边区货币），一九四四年增加到六百三十四个，股金达七亿三千万元。延安南区刘建章办的综合性合作社办得最好，深受群众的欢迎，成为全边区合作社的旗帜。

（九）发展公有经济，主要是发展公营工业。一九三八年以前，边区日用工业品几乎统靠外间输入，一九三八年开始注重建设公营自给工业。一九四三年至一九四四年两年，公营企业有了突飞猛进的发展。一九四四年全边区公营工业发展到一百二十三个，成为边区经济建设的一个重要的组成部分，对于解决军需民用，推动和刺激边区国民经济的发展起了重要的作用。由于边区工业分散于农村环境中，工业生产基本上是手工业和半机器生产，分别由十一个系统管理，技术落后，管理混乱。针对这种情况，中共中央和西北中央局决定，实行集中领导、分散的经营政策，并号召一切工业、技术人员回到工业战线上去，努力改善管理，改进技术，提高产量和质量。边区公营工业有了进一步的发展和提高，并培养了大批工业干部和技术工人，对建国以后的经济建设，起了重要作用。

（十）加强财政贸易金融工作。边区财政贸易金融工作的主要任务是保证抗战需要，促进生产的发展，平衡财政收支，稳定市场。一九四一年边区政府授权财政厅发布了一系列条例和章程，保证边区货币的顺利流通。一九四一年三月，边区政府确定新民主主义的税收原则，即在照顾人民生活的前提下，适当增加税收，保证抗战需要。人民的纳税负担，既要普遍，又要合理。从一九四三年起，改征收公粮为征收农业税，并实行统一累进税制。由于人民生产收入增加，农业税的负担面达到总农户的百分之七十到八十。一九四三年前后，边区政府发放了农贷三千多万元，帮助缺乏资金的农户发展生产。同时对私营工业也予以资金帮助（或用贷款，或用投资），促其发展。边区的贸易工作以出口食盐、皮毛、药材为主，换回必需的物资，并将公营商业的商业网与民众的消费合作社密切联系起来，形成边区内外的流通网络。

（十一）彻底实行减租减息。边区半数人口以上的地区，在抗战以前，已经实行了土地改革。未经土地改革的地区则实行减租减息。一九四二年以前减租减息停留在一般宣传上面。一九四二年十月中共西北中央局发出《关于彻底实行减租的指示》。从一九四二年冬开始，未经土地改革的地区，广泛发动群众，实行了彻底的减租减息，减轻了封建剥削，提高了农民的政治觉悟，调动了农民的生产积极性。

在进行上述工作中，也曾出现过某些形式主义和命令主义的偏向。但一经发现，即坚决纠正，所以整个生产运动的发展是健康的。在大生产运动中，广大群众意气风发，斗志昂扬，涌现出不少新鲜事物，谱写出许多壮丽的篇章。在改造自然、增加物质财富的同时，还深刻地改变了人们的精神面貌。尤为重要的是，在毛泽东倡导下，形成了以“自力更生，艰苦奋斗”为主要内容的延安精神，对中国革命和建设产生了巨大而深远的影响。

文教建设

在国民党统治时期，陕甘宁边区的文化教育事业十分落后，文盲高达百分之九十以上。除城镇外，农村连小学都很少，农民子弟入学无门。文化设施和卫生条件很差，缺医少药，疫病流行，人民群众生活十分困苦。

陕甘宁边区政府非常重视文化教育事业，特别是在一九四二年的中共西北中央局召开的边区高干会议上，决定把生产与教育列为边区的两大任务后，边区的文化建设事业更加蓬勃地发展起来。

（一）大办干部学校。抗战以来，中共中央把创办干部学校当做教育工作的头等大事来抓。一九三九年六月十日，毛泽东在延安高级干部会议的讲话中谈到干部教育问题时说：两年来，在党中央直接领导下，建立了抗日军政大学、陕北公学、党校、马列学院、鲁迅艺术学院、青训班、女子大学、工人学校、卫生学校、通讯学校、组织干部训练班、行政人员训练班、鲁迅师范等十七所干部学校，这是一个很大的成绩，今后仍应继续这个方针。后来，延安又成立了医科大学、自然科学院、民族学院、行政学院等。一九四一年九月，陕北公学、女子大学、泽东青年干部学校合并成立延安大学，一九四三年四月，鲁迅文艺学院、自然科学院、新文字干部学校、民族学院并入延大，一九四四年四月，行政学院并入延大，直属边区政府领导。此外，中共陕甘宁边区委员会及后来的边区中央局、西北中央局均办有党校，分期分批培训边区的县、区干部。党校以马列主义和党的路线方针政策为主要内容，以学用一致、言行一致为教学方针，先后培训干部三千七百多名。大大提高了边区干部的文化政治素质。一九四二年以后，又在边区师范、三边师范、绥德师范附设行政人员训练班（地干班），培训行政干部四百多名。一九四三年开始，每年冬季各县举办区、乡干部训练班，主要是学习党的政策，总结交流工作经验，每年参加训练的约二千人，有效地提高了干部的素质和理论政策水平。

（二）加强在职干部教育。毛泽东在一九三九年五月二十日召开的干部教育大会上，号召在职干部在百忙中以“挤”的办法获得学习时间，以“钻”的方法求得对问题的了解和深入。一九四〇年一月三日，中共中央发出《关于干部学习的指示》，规定“全党干部都应当学习和研究马列主义的理论及其在中国的具体运用”。一九四二年二月二十八日，中共中央发出《关于在职干部教育的决定》，特别强调指出：“在目前条件下，干部教育工作，在全部教育工作中的比重，应该是第一位的，而在职干部教育工作在全部干部教育工作中的比重，又应该是第一位的。”

陕甘宁边区各级党组织和各级政府贯彻执行了中共中央的指示，在干部中进行了广泛的动员和具体的部署。边区一级机关，按干部文化程度，分甲、乙、丙三类组织学习组，分别规定学习的课程，包括文化、马列主义、党的建设等内容，并规定每天上午七时至九时半为学习时间。各分区、各县也按自己的实际情况，有领导有计划地组织在职干部学习，并且从上到下形成制度，坚持在职干部的学习制度对于提高干部文化、理论水平起了重要作用，并带动边区各项文化教育事业的发展。

（三）办好中学、小学校和冬学、夜校、识字班，提高群众的文化水平。毛泽东在《新民主主义论》中指出：“民族的科学的大众的文化，就是人民大众反帝反封建的文化，就是新民主主义的文化，就是中华民族的新文化。”① 边区党和政府，按照这个方针，进行了大量的工作。

小学教育。一九四〇年同一九三七年相比较，全边区初小增长七倍半，五年制小学增长三倍，在校学生增长六倍多达四万一千人。以后逐年增加，一九四四年以后还办起民办小学五百余所。中等学校从无到有，到一九四二年边区已有中等学校十所，其中普通中学二所、师范学校五所、中等专业学校三所，在校学生二千多人。冬校、夜校、读书班、读报组等的主要对象是成年农民，以扫盲为目的。一九四四年办起三千四百七十所冬学，入

---

① 原注：《毛泽东选集》第二卷 702 页。

学农民达五万人，各类读报组、识字班几乎村村都有，最高时达五六万人。不论中小学教育和成年教育，教学内容都与抗战、生产紧密结合，将提高文化和政治教育融为一体。

（四）新闻出版工作。抗战期间，延安和边区各地出版马列著作五十多种，报刊三十多种。《解放日报》《边区群众报》是中共中央和西北中央局的机关报，各分区也都出版发行报纸，有的县也办了报纸。边区级报刊的工农通讯员达一千一百多人。群众还自办大众黑板报，广泛宣传党的政策和新人新事。

（五）卫生工作。延安建立了四所医院，各分区、县也办有卫生院、卫生社、医药社等医疗机构。提倡中西医结合，中西药并用。宣传普及科学知识，培训接生员，推广新法接生，动员群众同封建迷信和不讲卫生的习惯作斗争，增强人民体质。

（六）文艺工作。抗战期间，边区集结了来自五湖四海的大批文化人，形成了一支相当大的文艺队伍。文艺社团和文艺期刊，像雨后春笋应运而生。影响较大的有抗战剧团、西北战地服务团、民众剧团、西北文工团、鲁艺实验剧团、延安电影团、青年艺术剧院、延安平剧研究院以及鲁艺、边艺、部艺出版的《文艺突击》《文艺战线》《文艺月报》《大众文艺》《部队文艺》《新诗歌》等刊物。一九四二年五月，毛泽东在延安文艺座谈会上的讲话，详细阐述了文艺为什么人服务和如何服务的问题，指明了文艺工作的方向。五月三十日，毛泽东在鲁迅艺术学院检查整风学习并作了重要讲话。他号召大家走出“小鲁艺”，到“大鲁艺”中去，长期地无条件地全心全意地到工农兵群众中去，到火热的群众斗争中去。此后，广大文艺工作者、文化工作者纷纷走向农村，走向工厂，奔赴前线部队，思想创作获得双丰收。他们向工农兵学习，为工农兵群众演唱，创造新文艺，改造旧文艺，教育和鼓舞广大人民更加积极地为抗战和建设事业的胜利而斗争，文艺工作者自身也得到了改造和提高。延安和边区其他各地的文艺工作者演出大量群众喜闻乐见的戏剧、诗歌、音乐，如《兄妹开荒》《十二把镰刀》《血泪仇》《白毛女》《小二黑结婚》《南泥湾》《三打祝家庄》《黄河大合唱》等风靡全边区，迅速传播到其他抗日根据地，有些歌曲、剧戏如《兄妹开荒》《黄河大合唱》等在全国也有很大的影响。尤其是新秧歌变成了群众性的文艺活动，对全国包括国民党统治区新文化运动的发展，也有所促进。

在边区的新民主主义文教建设中涌现出一大批先进教师、医生、通讯员、文艺工作者。为了表彰先进，总结经验，进一步推动工作，中共西北中央局和边区政府会同边区文联于一九四四年十月十一日至十一月十六日联合召开了陕甘宁边区文教大会。毛泽东作了《文化工作中的统一战线》的讲话，他说：“我们的任务是联合一切可用的旧知识分子、旧艺人、旧医生，而帮助、感化和改造他们。为了改造，先要团结。”[①] 这是边区群众文教运动的政策总结，为进一步建设民族的科学的大众的新民主主义文化，指出了前进的途径。

上述边区的新民主主义的政权建设、经济建设、文教建设综合起来，就构成了陕甘宁边区新民主主义建设的宏图，为新中国的建设安放了第一块基石。

七、迎接抗日战争的胜利，保卫人民的胜利果实

一九四五年四月二十三日至六月十一日，中国共产党第七次全国代表大会在延安举

① 原注：《毛泽东选集》第三卷 1010 页。

行。毛泽东向大会致开幕词和闭幕词，作了《论联合政府》的政治报告。他在闭幕词中指出，这次大会决定了党的路线，“这就是放手发动群众，壮大人民力量，在我党的领导下，打败日本侵略者，解放全国人民，建立一个新民主主义的中国”①。一九四五年八月十四日，日本正式宣布投降。中国人民的抗日战争取得了最后胜利。八月十四日、二十日、二十三日，蒋介石三次电邀毛泽东到重庆进行和平谈判。中共中央为了尽一切可能争取和平与民主，派毛泽东、周恩来、王若飞于八月二十八日到重庆和国民党进行谈判，经过四十三天的谈判，达成和平协议即《双十协议》。但蒋介石集团置国家民族利益于不顾，背信弃义，撕毁《双十协定》，悍然于一九四六年六月开始，发动全面的大规模的内战，从此，中国革命又进入一个新的历史转折时期——解放战争时期。一九四七年二月一日，毛泽东在为中共中央起草的《迎接中国革命的新高潮》党内指示中指出：“中国时局将要发展到一个新的阶段。这个新的阶段，即是全国范围的反帝反封建斗争发展到新的人民大革命的阶段。”② 一九四七年三月，国民党出动兵力达二十三万之多，向陕甘宁边区大举进攻。当时边区的西北野战兵团只有两万多人，在彭德怀等指挥下，同边区人民紧密团结，奋起抗击。中共中央和毛泽东决定采取机动灵活的战略战术方针，主动撤出延安以至放弃边区的所有县城，扩大敌人弱点，精心捕捉于我有利之战机，各个击破，歼灭敌之有生力量。毛泽东四月十五日在给西北野战兵团的《关于西北战场的作战方针》的电报中指出：“我之方针是继续过去办法”，“这种办法叫‘蘑菇’战术，将敌磨得精疲力竭，然后消灭之”③。转战一年，经青化砭、羊马河、蟠龙、榆林、沙家店、清涧、宜川、瓦子街等战役，歼灭敌军共计十余万；西北野战军由两万多人发展到十一万人（野战军七万人，地方兵团四万人）。一九四八年四月，敌全军败退，狼狈撤离延安，逃出边区。西北野战军胜利地转入进攻，肩负起解放大西北的光荣任务。在此期间，毛泽东和周恩来、任弼时等中共中央领导人和人民解放军总部一直留在陕甘宁边区，继续领导全国各个战场的解放战争，直接指挥西北战场的人民解放战争。这是对陕甘宁边区军民的极大鼓舞，也大大地增强了陕甘宁边区以及全国各解放区军民的战斗意志和胜利信心。中共中央和毛泽东等中央负责同志的正确领导和亲切关怀是陕甘宁边区解放战争取得胜利的根本保证，也是整个解放战争取得胜利和全国人民获得解放的根本保证。在一年多时间内，陕甘宁边区有两万多青壮年参加主力部队和地方兵团，一万多青壮年参加游击队，三万四千多人参加各分区地方武装，组成随军担架六千六多百付、临时担架一万五千五百多付，随军运输牲口五千五百头，供应前线部队粮食七千八百八十万斤、军草一亿多斤、军鞋十五万双，培训一千五百多名中学生担任野战医院和后方医院的护士。边区人民在人力和物力上对解放战争作出了巨大的贡献。

一九五〇年一月，西北军政委员会成立，陕甘宁边区政府撤销。从中共中央到达西北苏区至陕甘宁边区撤销，历时十四年三个月，胜利地完成了它的历史任务。陕甘宁边区的广大干部和人民群众在中共中央和毛泽东领导下，坚持和发扬了延安革命精神，上下一

① 原注：《毛泽东选集》第三卷 1101 页。
② 原注：《毛泽东选集》第四卷 1209 页。
③ 原注：《毛泽东选集》第四卷 1221 页。

心，团结一致，自力更生，艰苦奋斗，不怕困难，不怕牺牲，全力支援抗日战争和解放战争，为中国人民的解放事业，做出伟大的贡献，在中国革命史上谱写出光辉的篇章。毛泽东在一九四九年十月二十六日致延安和陕甘宁边区人民的复电中说："延安和陕甘宁边区，从一九三六年到一九四八年，曾经是中共中央的所在地，曾经是中国人民解放斗争的总后方。延安和陕甘宁边区的人民对于全国人民是有伟大贡献的。我庆祝延安和陕甘宁边区的人民继续团结一致，迅速恢复战争的创伤，发展经济建设和文化建设。我并且希望，全国一切革命工作人员永远保持过去十余年间在延安和陕甘宁边区的工作人员中所具有的艰苦奋斗的作风。"① 我们将永远牢记毛泽东的勉励和教导，同全国人民一道，继承和发扬延安精神，在建设有中国特色的社会主义四化大业中，做出新的成绩，争取更大的胜利。

选自《陕甘宁边区抗日民主根据地》文献卷·上，中共党史资料出版社 1990 年版，第 1～32 页。

82. 吴良珂：回忆林伯渠、李维汉、谢觉哉在陕甘宁边区时的优良作风

1990 年

一九四三年初，我由延安中央研究院调到陕甘宁边区政府，至一九四八年十二月随林老离开陕甘宁边区政府，前后近六年。在这一时期，我一直在边区政府任政策研究室研究员，秘书处主任等职，在林伯渠、李维汉、谢觉哉等领导同志的亲切关怀和直接领导下，参加一些政策研究和秘书行政工作。我所住的窑洞紧靠林老、李老的窑洞，和谢老所在边区参议会驻地也不远，同他们朝夕相处，接触很多。当时政府机关领导和被领导之间都不以职称相称，而以"同志"相称，同工作，同学习，同劳动，同生活，同娱乐，同甘共苦，没有上下隔阂，充满战斗情谊，所以关系是十分密切的。他们长征到达陕北后，先后参加陕甘宁边区政权工作，对陕甘宁边区的政权建设包括作风建设作出了重大贡献。我对他们的领导工作和领导作风，耳闻目睹，体会很深。他们是我的直接领导和启蒙老师，对我的言传身教，终生难忘。

下面我想用一些具体事实对他们的领导工作和领导作风作简要回顾。

林伯渠的领导作风

（一）全心全意为边区人民服务。林老德高望重，最受边区人民爱戴，他也最爱边区人民。他说："边区政府各厅处院的工作以什么为对象？就是以边区一百五十万人民为对象，了解他们的生产和生活情况，为他们并依靠他们做好事。真理的标准是革命的实践，这个实践就是帮助人民把事情办好。"林老自己正是这样做的。

他年事已高，但始终坚持下农村调查。一九四二年冬西北局高干会提出改变作风后，他立即亲自率领工作团去甘泉、富县一带进行农村调查。过去各县区农村雇农多，都设置

① 原注：引自毛泽东：《永远保持艰苦奋斗的作风》，《毛泽东选集》第五卷 12 页。

专职工会干部。这次调查发现雇农已经不多，没有再普遍设置工会干部的必要，于是就请各有关部门研究，撤销了这一级工会干部，从而精简了基层脱产人员。一九四三年三月，为了贯彻边区政府委员会第三次会议关于集中力量发展农业生产的决定，他又到志丹、安塞两县农村进行调查，了解农民的生产和生活情况，听取他们对政府的意见和要求，并同他们讨论开荒、种植、制订家庭生产计划等问题，对群众的鼓舞很大。大家说："边区政府主席下来帮助我们订生产计划，我们还能不好好生产吗?"回来后他写了《农村十日》调查记，说："这次农村小住十日，内容丰富，需要虚心学习。"

在调查过程中，林老经常说："领导人如何了解情况，要用两个工具，一个是要用'望远镜'远望全局，同时要用'显微镜'观察问题，这样我们就有可能把情况了解得又广又深，解决问题就有把握了。"林老正是用这种方法进行调查，所以能深入掌握情况，准确解决问题。

为边区人民服务是林老领导工作的根本宗旨，平时如此，战时也如此。一九四七年陕北自卫战争中，边区政府机关临时转移至雷家沟暂住，适值该地正在土改，林老就经常同土改工作组同志座谈，听取他们的汇报，要求他们紧紧依靠贫下中农，团结中农，搞好工作。少数贫下中农分得地主浮财后曾经出现大吃大喝现象，林老知道了，立即要求工作组同志到群众中去做工作，把群众情绪引导到生产上来，全村很快掀起了积肥深耕的生产热潮。分到浮财的贫下中农还集资到外地买回十余头耕牛，为来年扩大生产打下了重要物质基础。

（二）亲如战友，水乳交融。林老说过："我们作事如同作战，每人都有一个岗位，职务不同，都是战友关系，要水乳交融，互不脱节。"林老在执行党的统战政策和干部政策、知识分子政策中充分贯彻了这种精神。

毛泽东曾经表扬延安的三三制搞得好，林老是有功的。他写过文章称颂三三制政权是"伟大的创造"，对当时参加边区政府和边区参议会工作的非党人士李鼎铭、安文钦等都十分尊重，经常亲自向他们讲解政策，征求意见。有一个时期李鼎铭有误解，认为自己在政府中只是一个"摆设"，积极性受到影响。他就和李维汉分别找李鼎铭谈心，沟通思想，并采取一些有效措施，解决和改进实际工作中存在的问题，使误会得以解除，积极性大为提高。边区参议会副议长安文钦是开明地主，他在土改中被分配了土地房产，"扫地出门"。这是违反土改政策也违反统战政策的过"左"行为，林老向毛泽东作了汇报，认为不妥，回来就亲自重作处理，退还了一部分房产，并向他赔礼道歉。这事不仅使安文钦十分感动，也使各阶层人士感到满意，认为共产党讲信义，重交情。维护了党的统一战线政策的一贯性，也坚持了党的土改政策的严肃性。

林老知人善任，尤其十分注意对知识分子的培养和任用。有关部门曾经准备调秘书处一个知识分子干部去任副县长，征求林老意见。林老说：根据这个干部的德才，可以任县长，不必经副职过渡。但机关工作需要他，暂以不调为宜。此事虽未办成，已经足以说明林老对干部了解最深，使用最当。

林老平易近人，平等待人，经常把党的温暖送给每个人。一九四三年审干中，边区政府有几个干部被送到党校三部学习审查，林老亲自写信给他们，还专门去看望他们，要他们丢掉思想包袱，实事求是，安心学习，有什么说什么，没有的不要乱说，以免使问题复杂化。这是对这些同志的高度信任和热情关怀，如春雨育苗，感人肺腑。

一九四六年下半年，西北局和边区政府为了准备进行土地公债试点工作，先派了一个工作组去陇东专区蹲点调查。我和研究室张建三等同志参加了这个工作组。以后张建三去镇原路过边境时不幸遇上国民党顽固军，惨遭杀害。当我们回来向林老汇报时，他十分难过，默默地流着眼泪说："这些在对敌斗争中光荣牺牲的同志，我们要按照毛主席指示的办法纪念他"。并当场要我们把张建三的模范事迹写成书面材料送《解放日报》发表，以便表达我们对死难者的悼念。他这种崇高的阶级感情，使我们在场的同志很受感动。

他每次从重庆同国民党谈判回来，总要拄着拐杖挨户看望大家，询问工作和学习情况。有时带回一些书籍和文具，也要分送一些给大家。还经常节约自己微薄的生活费购买一些生活用品，送给有困难的同志和有孩子的妈妈。情深意切，令人难忘。

（三）以身作则，严格遵守党的组织纪律。林老当时是中央政治局委员，但他在陕甘宁边区一贯以普通党员的身份出现，从不自视特殊。他不仅十分尊重西北局的领导，也十分尊重所在党支部的领导。

一九四二年底，西北局高干会讨论了统一党的领导问题。会后他立即主持召开边区政府党团会贯彻高干会精神，检查了党团与西北局的关系，认为党团某些成员在有些问题上有闹独立性的倾向，在有些政策执行上有自由主义的毛病等等，并认真进行了批评和自我批评。说明他对西北局的决定和指示，令行禁止，最为坚决，使到会全体党团成员和有关人员受到了一次深刻的纪律教育。

林老公务繁忙，但坚持参加党的小组会，和大家一起过组织生活。有事不能参加时，也必然向党小组长请假。在延安光复不久的一个晚上，秘书室党的小组会开会，林老不仅参加了会议，而且还给大家讲了毛主席在陕北自卫战争中号召大家学习《社会发展史》的道理。林老说："社会发展史说明人类社会历史的发展有它的客观规律。我们一定能打败蒋介石，解放全中国，这也是历史的必然。"当时内战正在激烈进行，林老从社会发展史的角度展望中国革命的前途，高瞻远瞩，给了同志们深刻的启示和教育。

（四）生产节约，涓滴归公。一九四三年一月十九日，西北局和边区政府联合召开机关生产动员大会，林老在讲话中要求各级领导带头参加机关生产。他自己首先带头参加了生产，制订了个人生产节约计划：要在农业生产上完成细粮二石任务交粮食局，收集废纸交建设厅，不吸外来纸烟，不要公家供给棉衣、衬衣、鞋袜、毛巾、肥皂等生活用品。并作诗自励："待客开水不装烟，领得衣被用三年，淡巴菰一亩公粮交，糖萝卜二分私费赡。施肥锄草自动手，整旧如新不花钱。"有一个时期军马缺草，动员干部每人割草一百斤作为生产任务。林老年过花甲，大家劝他不要参加，他还是拿着镰刀绳索同大家一起上了山。他的个人生产节约计划在实践中得到了完全的贯彻，衣食住用都很简朴，谢绝任何照顾。他住的是两孔旧土窑，总务部门曾经为他砌了三孔石窑，他坚决不住，只好改作办公室和会议室。

（五）事无巨细，亲自动手。林老经常把一般人心目中的"小事"也当大事办。他对以边区政府名义发出的公文都要认真审核修改。有一次秘书处同志送一份公文给他，他认真审阅修改后说：起草文件不仅要准确地说明任务和要求，而且用字造句也要准确，每一个字和词只能有一种解释，不然就会产生不同的理解，造成工作的失误。

林老床边放着一个旧的小皮箱，是装机要文件用的。干部给他送去的文件，如果当时没有时间看，或者看过一遍需要留下再看，他就随手锁进小皮箱里，从不随意放在桌上，草率从事。

（六）严于律己，虚怀若谷。林老说过："我们应在作风上有个检讨：我们还有毛病。"他对自己十分严格，经常进行自我批评。一九四二年他在甘泉、富县调查时，曾经对富县县委书记谢怀德说过："富县的工作有成绩，也有缺点，群众工作基础比甘泉差一些。"这本来算不得什么批评，但一九四七年谢怀德来雷家沟看望他时，他一见面就作自我批评，说："一九四二年我对你们的批评错了。事实证明富县干部在这次战争初期百分之九十坚持下来了。我要向你们道歉，也请你代我向群众、干部和秦力生同志（当时任富县县长）讲清楚，就说我的批评不符合事实。"使谢怀德极为感动。

一九四五年一月，林老在西北局高干会上检查说："我们有主观主义和官僚主义。必须丢掉一切不合乎实际、不合乎群众要求的东西，使我们的工作做得更好一些。"

一九四七年土改初期，为了研究和部署边区土改，曾经开过一次义合会议。在这次会议上，林老针对当时有些解放区提出的过"左"口号，正确地指出陕甘宁边区很多地方是经过土地革命的老区，不能把其他解放区的口号硬搬过来。这次会议有过一些"左"的偏向，他是毫无责任的。但他在一九四八年调往中央工作离开边区时，却检讨自己在义合会议上斗争性差，没有坚持党的原则。充分表现了他虚怀若谷、严于律己的高贵品质。

李维汉的领导作风

（一）实事求是，严格把关。一九四五年十月九日，李维汉同志在他的《关于一九四三年政府机关审干的检讨》中说："我走了一段之字路，从比较谨慎到急躁，又回到比较谨慎。"在检讨中，他承担了逼供信错误的全部责任。他说："我是边区政府总学委的一员，并在实际上负主要责任，所以边区政府各机关所发生的错误，首先是我的责任。我向所有受委屈的同志认错"。这是一个极其严格的自我批评。事实怎样呢？我在审干期间兼任边区政府总学委秘书，直接协助他工作，对他领导审干工作的情况，知之甚多。当时在康生的疯狂煽动下，李维汉领导机关审干还是比较稳的。他参加"抢救"，与其说是"加温"，不如说是"灭火"，而且时间很短，纠正也快。保安处主要领导人对此极为不满，曾经和他进行过激烈争论，甚至对他说出这样的话来："老实说，我们对你也是怀疑的。"说着就在桌上画了一个大"？"号。可以想见，当时他的处境何等困难！但他还是当机立断，迅速纠正了"逼供信"，夺回了主动权。这一情况他很少向人说过。我们在他身边工作的人是看得很清楚的。下面举一些"案例"来加以说明。

在抢救运动前，有人揭发研究室一个女同志参加过国民党军训并加入三青团。李维汉根据她的日常表现，对这一揭发表示怀疑，要求有关部门彻查。查证结果，原来是揭发者把这个女同志的姐姐的同学的事移植到了她的头上。张冠李戴，误差有多大？也有人揭发参议会常驻会一个女同志是国民党的骨干分子。也是李维汉对这一揭发表示怀疑，要求彻查。查证结果，这个女同志只是集体参加过国民党的一个挂名党员，根本不是什么骨干分子。而骨干分子和挂名党员是有本质区别的。

在抢救运动中，有人揭发研究室一个同志是 CC 分子，研究室干部就连夜"抢救"。李维汉亲临"战场"，但只观"战"，不参"战"。大家提出一些问题，那个同志都答复了，宣布暂时休战。以后还要再“抢救”，被李维汉同志劝阻了，他说：“大家提出的问题都答复了，还抢救什么呢？放一放再说吧！”把这个同志保了下来。核查证实，这是一个好同志，又避免了一次逼供信。教育厅也有一个同志被揭发有CC嫌疑，李维汉作为这个单位审干工作的领导人，找他谈过话，我参加了这次谈话。他们平心静气地问，平心静气地答，不追不逼，合情合理，根本不是“抢救”，而是谈心。所有这些做法无疑都是正确的，但他在以后的检讨中就从来没有谈起过这些正确的做法。

与此同时，他还注意纠正了保育院的“车轮战”法，高等法院的特“左”的做法等。高等法院曾经认为，“外来知识分子干部百分之九十以上有问题”，是“左”得出奇的。

应该认为，边区政府在审干和抢救中，正是由于李维汉等的实事求是和严格把关，才查清了很多问题，避免了一些冤案。

（二）从严要求，亲切关怀。李维汉在工作上对干部的要求非常严格，他指导干部起草重要文件，事先都有原则意见。写成后他就自己动手修改。如果缺乏修改基础，就自己动手重写，口头上虽然未予批评，事实上重写就是批评，也是示范。也有口头批评的时候，比如有一次他要干部起草一个公文，这个干部把“屡次”写成“历次”，他把它改了过来，并批评说：“对待任何工作都不能粗枝大叶，不能有一字之差。有时一字之差也会误事的。”大家对这些批评心悦诚服，愉快接受。一九四四年冬天的一个中午，他拿了一个条例稿交文书科缮印，要他们中午不休息，蜡纸刻好一张就送给他一张，由他自己校对。全部刻好校对完毕，他又亲自送回文书科说：“这个文件刻得好，应该表扬。只是掉了两个字！”他的这种赏罚分明、一丝不苟的精神，不仅帮助干部提高业务，而且帮助干部改进作风，对干部是很大的教育。

在生活上，他最能同干部打成一片，逢年过节都要和大家共叙家常，进行文娱活动。在生产劳动中，他也经常和大家在一起，或上山割草，或下坡种菜，欢声笑语，亲密无间。他十分关心干部的饮食起居和身体健康。一九四三年二月有一天张健偶患感冒，发烧，不能起床。中午十二点钟，李维汉叫警卫员送来了一碗大米饭。当时一般都吃小米饭，大米饭是很珍贵的。但问题不在于送来一碗大米饭，而在于送来了领导的关怀和爱护。张健被感动得哭了。李维汉怎么知道他病了呢？原来是警卫员发现张健没有去食堂吃饭，就在窑洞外从窗户缝隙往里望，看到他躺在床上，便向李维汉作了汇报。这当然只是一件小事，但从这件小事中可以看出李维汉同志对干部的关心是无微不至的。

（三）团结党外人士，保护区乡干部。李维汉在一九四五年一月检查政府机关作风过程中，经常同党外人士座谈听取意见。一月二十四日晚，他和副秘书长常黎夫一起邀请柳湜、霍子乐、贺连城等党外人士座谈。霍、贺就简政、地主负担、土地政策、婚姻、税务、公安、干部分配、知识分子政策、党内外关系等问题，对我们有关组织提了很多意见。他们说，党内外有鸿沟，“我看这鸿沟之存在，共产党人应负主要责任”。李维汉和常黎夫虚心听取他们的意见，气氛很活跃。最后，李维汉说：“大家的事要大家负责才能办好。提意见，甚至有争论，不是坏现象，而是民主政治中的正常现象。希望以后有意见就提。今晚这样的座谈，一个月可以举行一次。”大家表示赞成。一月二十六日晚，他又和李鼎铭谈话。李对西北局在政府系统的用人行政上“没有事先商量”、保安处“特殊化”等方面表示不满，提了一些意见。以后李维汉把这几位党外人士的意见向西北局和党中央毛泽东、朱德、任弼时等领导同志作了汇报，西北局和党中央领导都很重视，毛泽东说：“党外人士意见对的，我们都要切实解决。”

当时，有些党外人士说：“下面歪嘴子和尚把经念歪了。”指责区乡干部作风不好，执行政策“走了样”。李维汉根据客观调查材料分析区乡干部的本质、问题和原因，认为区乡干部的本质多数是好的，作风确有一些缺点，问题在区乡，责任在上级，主要在边区政府。所以区乡干部的作风问题要解决，领导机关尤其边区政府的作风问题首先要解决。这样就为基层干部说了公道话，也改变了党外人士对区乡干部的认识。一九四五年元旦他说：“对区乡干部估计的分歧，我们在边区政府内部同党外人士争论了三年，为绝大多数区乡干部的本质辩护，是正确的。”这件事说明，李维汉不是把党外人士看作客人，而是看作自己人，有团结，有争论，争论也是为了团结。

（四）深入基层，总结经验。李维汉说：“首长应该下乡，挖根子，照镜子。挖根子可以减少盲目性，照镜子可以加深自我批评。”他自己就是这样做的。作为政府秘书长，他的政务和政策研究任务都很重，但他还是千方百计地挤出时间到基层去作调查研究。南区合作社是一个有组织群众生产、信贷、供销、运输等多种经验的完整典型，一九四四年他亲自下去也派人下去调查了这个合作社的经营经验，以后边区政府推广了这一经验。一九四五年边区进行第三次普选，他为了取得第一手材料，从八月六日至九月九日整整花了三十四天时间到延安市新市乡蹲点，参加选举试点工作。他每天早出晚归，从未间断。在蹲点中不断发现问题，总结经验，最后写出了一个总结材料《新市乡乡选经验及其他》。这个经验为边区选举委员会所接受，也把它推广到了全边区，对边区的乡选起了指导作用。

（五）高度负责，自己动手。李维汉说：“别人写的东西不能代替我自己的思想，我自己的思想只有我自己才能表达。”这是他的工作特点之一。他的身边有秘书，他十分信任秘书，但从不依赖秘书，一切重大问题皆由自己处理，重要政策自己研究，重要公文也自己撰写。比如一九四三年的《陕甘宁边区简政实施纲要》，一九四四年的《陕甘宁边区建设简述》，一九四五年的《边区政府关于今年冬学的指示》，以及给党中央、西北局的许多重要报告，边区政府主席、副主席的重要演讲等，都是他亲自起草的。他拟稿后就在“拟稿”栏内签名，以示负责。这种首长负责、亲自动手的作风，贯串在他的全部工作中，对干部的影响是很大的。

（六）公开检查，从不自满。一九四五年一月二十九日，毛泽东曾经当面表扬李维汉，说：“你在边区政府这几年的工作是有成绩的。”但他从不自满，相反，他始终严于责己，经常进行公开的自我批评。

一九四四年十二月，他系统地检查了自己从一九四二年九月十二日调到边区政府以来的全部工作，说：“四二年九月到四三年一月，整理《简政实施纲要》，没有大错误，但有过分集中的倾向。”“在‘抢救’运动中，同样犯了‘左’倾错误，后些日子已警惕到并予以极大注意。十二月（四三年）至一月（四四年）为林主席准备边区政府委员会上的报告，经过十多天的酝酿，现在看来，仍有缺点：‘耕三余一，两年完成’等提法，是犯了急性病。”“九月至十一月半，听取文教工作组汇报，组织召开文教大会，这时我深刻地感到对下面实际情况了解太少。强迫命令主义、形式主义在实际工作中的严重，上面负有很大责任。”等等。

一九四五年一月，他也在西北局高干会上作了自我批评。

同年一月二十五日，他参加研究室作风座谈会，检查说："我们领导上有一个重要的弱点，在这次作风检查中彻底暴露了出来，这就是对干部只交任务，缺乏具体指导，工作中又缺乏检查，这仍然是命令主义作风。对他们的教育少，政治上和生活上的关心都不够，这又是官僚主义作风。"

就在这个月内，他又专门检查了自己的"骄傲"思想，说："这几年经手的总结和大会，也有骄傲的因素在内。虽非表现个人，但个人在此起了作用。几年来边区建设的发展，是其重要客观原因之一。胜利冲昏头脑，不觉自满起来"。"必须打倒骄傲！"

一九四五年十二月十九日，他在领导学习《若干历史问题的决议》中，向有关单位的全体党员作了一个内容十分丰富的辅导报告，长达六个小时，详细讲解了我们党从成立时起至抗战爆发前的全部历史发展过程，及其关键时刻和关键问题。对自己在历史上有过的失误，做了一次全面深刻的检查。这次学习辅导报告，实际是一堂生动的党课，他不仅用党的斗争历史教育了大家，而且用一个老党员勇于解剖自己，对党的事业的赤胆忠心感染了大家。

谢觉哉的领导作风

（一）人民公仆本色。谢老一生勤奋，甘为人民公仆，这是大家一致的评价。一九四二年二月，他健康状况不好，中央决定他休息。六月二十一日他去枣园休养，此后二三年内就一直在半休息状态中。实际上他仍然带病工作，一天也没有真正休息过。他要参加很多例会，如政府党团会、政务会议、政府委员会、参议会常驻会等，还要参加很多临时会，如西北局高干会、杨家岭学习会、边区劳模会、延属县长联席会等，一个接一个，甚至一天几个，有请必到，从不缺席。许多会议还要他讲话，如枣园机关请他在"七一"纪念会上讲话，他就为党员讲了话，题目《此心光光地》，要求他们做到"心上没有毛"，即没有个人主义等不良思想倾向。他为中学教师讲《念书与教书》，为机关干部讲解时事，为延安大学生讲授宪法等。他还要写文件和文章。如写《县参议会怎样工作》《乡市参议会怎样工作》《关于参议会的经常工作》《边区、县参议会常驻会的工作》等，用以指导各级参议会工作。一九四二年为了配合整风运动，他在《解放日报》特辟《一得书》专栏，连续撰文宣传学习整风文件的意义和方法，尖锐批判王明的主观主义、教条主义、宗派主义。他还要参加司法工作，如出席司法小组会，与审判委员会一起审查死刑案件，检查审理民、刑事案件并整理民事案卷材料，参加高等法院推事、审判员联席会并讲话等。他还要研究问题，"献计献策"。如为了帮助克服经济困难，他曾经用很大精力研究食盐外运问题，写出了一篇长达数万言的专题报告送给毛主席、党中央作决策参考，受到党中央的重视。他还要参加接待外宾，如接待中外记者团等活动。这里只是记了一些流水账，并且很不完全，但已经可以看出，参加这样频繁的党内外活动，对一个因病休养的老人来说，需要多少时间，多少心血！这就是谢老的革命献身精神，人民公仆本色。

（二）团结非党，接受"托孤"。在建设三三制政权中，谢老广泛团结党外人士，和他们不仅公交甚密，而且私交也甚密。尤其和边区参议员李丹生朝夕相处，情同手足。一九四五年初，李丹生病危，把两个不满十岁的女儿叫到病榻前，紧紧握住谢老的手，说："她俩是我的女儿，也是您的女儿，我死后就交托给您了！"谢老含泪答道："您放心吧！

她们会长大成人的。”此后谢老及其夫人王定国把她们视同亲生，抚养成人，其中大女儿一直在他们身边，直到大学毕业，成家立业。这不是一件仅仅反映个人关系的“托孤”小事，而是代表着我们党和非党人士战斗友谊的政治大事，影响十分深远。

（三）以诚待人，平等相处。谢老民主作风好，对党和非党群众都一视同仁，平等相处。如一九四三年六月黄亚光父亲逝世，谢老即去信慰问，唁曰“为党珍重，移小孝作大孝”。一九四五年上半年解放区扩大，很多干部奉调南下，谢老一一赠诗留念。如诗赠康云、徐明、吴杰民南征：“云龙风虎战旗开，曾上昆仑学遭回，岭海荡平新政立，应容我啖荔枝来。”所有这些赠诗，情真义切，感人至深。他不仅对一般同志表示关心，甚至对当时被认为是“失足者”的青年也表示关心。一九四三年抢救运动中，他说过：“我对于某些失足青年怜过于恨。处在反动环境中，生死判诸俄顷，革命与反革命的界限又甚模糊，于是乎就失足了。应该把他们抢救过来！”抢救运动是一件历史错案，但在当时紧张气氛中谢老对所谓“失足”青年表示理解和同情，要求尽力挽救他们，这种治病救人期望青年走上正路的用心，也是十分感人的。

（四）实现生产节约，减少政府开支。一九四三年大生产运动中，谢老也订了个人生产节约计划：“1. 建议总务处设公马，我的两匹马加入，估计一年内有十个月可供公家生产用。2. 每月十盒待客烟不要。3. 衣服、鞋子、被单不领。4. 种地一分，种植西红柿二十株，茄子二十株，秋白菜一百颗。5. 晒腌小菜一百斤。”这个计划年终超额完成。他的夫人王定国一九四三年从种菜、养猪、鸡、鸭等副业生产收入中拿出十分之二交公、拥军，其余补助家用，扩大了自给比例，缩小了供给比例，节约了政府财政开支。

（五）文风端正，群众欢迎。谢老的群众观点强，他讲话，写文章，很注意对象特点，因人而异。这也是谢老群众路线的一种表现。如一九四三年九月他代政府起草一份节约备荒布告，针对边区群众文化低的弱点，写成了如下形式（摘要）：“边区地势高亢，丰收并不经常。各种胜利准备，粮食是第一桩。必须早为筹划，备战并且备荒。第一禁粮出境，违者没收其粮。第二禁止浪费，不准蒸酒熬糖。第三普遍储蓄，好好修理窖仓。责成各级政府，储粮禁粮有方。事关抗战大计，其各遵守勿忘！”这个布告写得多么生动活泼，通俗易懂。群众看到或听到这个布告，都是抬手叫好，认真执行的。

（六）《六十自讼》。谢老在整风期间说过：“通过这次大整风，我要来个‘总检讨’。”一九四三年五月一日，他终于写出了这个“总检讨”，这就是《六十自讼》。他回顾了自己“由一个自由民主派的人走到无产阶级革命”所经历的道路，对自己“没有出色的建树”作恳切的检讨，说：“革命要求我贡献一切，要求我尽一切可能，而我贡献的却太渺小。”“我之自愧，是说未尽到我的可能，因循、软弱、自足的暗影，摒除未尽。”也提出了今后的打算，说：“行年六十，应该设法弥补五十九年以前的缺点，能够对党有较多的贡献。这就是我今后的打算。”谢老有一个写诗明志的习惯，他为《六十自讼》也写了一首诗：“匆匆六十年，华发压双肩。未肯容颜老，猷争竞象鲜。外色形豹变，内蕴旨蝉联。沙与金俱下，荣兼愧未蠲。”自责不自馁，充分体现了一个老共产党员的精神风貌。

以上回顾了我亲身感受的林伯渠、李维汉、谢觉哉在陕甘宁边区政权建设中优良作风的点滴情况。一九四二年党中央发动著名的整风运动，一九四三年又发动大生产运动，从思想教育和劳动锻炼两个方面提高了人们的思想素质和政治觉悟，在延安逐渐培育和形成了一种以艰苦奋斗、自力更生、实事求是、联系群众、自我批评为基本内容的彻底革命精神——延安精神。林伯渠、李维汉、谢觉哉以身作则、完全彻底地贯彻的正是这种延安精神，并在整个机关中普及了这种精神。

陕甘宁边区政府机关作风的进步，是党中央和西北局正确领导的结果，也和林伯渠、李维汉、谢觉哉的身体力行、言教身教有直接关系。他们影响和教育机关干部在作风上发挥了四个特点，我身历其境、体会很深，这就是：一，调查成风。包括蹲点调查、驻会调查、专题调查、挂职下放调查等，方式很多，时间不限，深入了解情况，发现问题，总结经验，为边区政府的正确领导提供客观依据。二，真诚服务。工作没有上下班，无分昼和夜，什么时候有工作，就什么时候干，而且争先恐后抢着干，干劲十足，通宵达旦，习以为常。为什么？真诚为人民服务。三，团结友爱。机关职工行政职务有不同，政治地位都一样，是一个名副其实的革命大家庭。在战争时期，工作、学习、生产都紧张，生活也艰苦，但大家同甘共苦，融洽无间，团结友爱，体现了阶级情谊。四，永不自满。一九四二年以来，边区政府差不多每年都要检查和整顿作风：一九四二年整风整了主观主义、宗派主义、党八股。下半年检查工作，组织第三次简政，初步纠正了百废俱举、各自为政、旧型正规化、官僚主义等恶习，要求从老一套的动员工作作风转变到建设工作作风上来。一九四三年下半年和一九四四年七月参议会常驻会和政府委员会联席会都提过作风问题。一九四五年一月检查边区政府机关作风，六、七月又检查边区政府整个系统作风，十月区乡政府工作人员和人民群众共同检查工作，整顿作风，等等。说明边区政府的工作作风是一个永不自满，永远不断检查、整顿和完善的过程。这也正是林伯渠、李维汉、谢觉哉同志经常深刻检查自己所产生的社会效果。他们的优良作风，在边区政府已经深入人心，开花结果。

选自《陕甘宁边区抗日民主根据地》回忆录卷，中共党史资料出版社 1990 年版，第 485～499 页。

下

1. 中国解放区职工联合会纲领（草案）

1945 年 9 月

一、扩大与巩固解放区职工组织，促进全国职工运动团结与统一，共同争取国内和平团结与民主，力促民主联合政府的实现。

二、要求政府严惩汉奸卖国贼及一切战争罪犯，解散伪军，没收敌人及大汉奸一切财产。

三、动员职工恢复战后经济生活与生产事业，要求紧急救济失业职工，迅速办理复员，并改善职工生活待遇。

四、援助全国各地职工民主运动，争取集会、结社、言论、出版的自由权利，一切汉奸工贼必须严惩，一切汉奸御用工会应即解散，重新建立民主职工会。

五、动员解放区职工积极参加恢复和扩大解放区工业建设，并欢迎外地职工到解放区参加建设工作。

六、拥护解放区民主政府与军队，积极参加政权建设，实行拥政优抗。

七、提高解放区职工劳动热忱，组织劳动竞赛，奖励劳动英雄，提高生产效率和质量。

八、实行公私兼顾（在公营工业）、劳资兼顾（在私营工业）、调节劳资关系的政策，共谋达到发展工业生产的目的。

九、保护职工利益，实行八小时至十小时工作，实行多劳多得，同工同酬原则，规定职工最低工资额，发展职工合作事业，帮助职工建立家务。

十、保障女工生产前后一个半月的休假，工资照发。

十一、保护青工，改变陈旧的学徒制度，应根据学徒学习掌握技术的进度来提升工人，并在学徒期间保障其生活。

十二、发展职工政治、技术、文化教育，提高职工政治觉悟，帮助职工掌握和改善技术，消灭文盲，实行职工子弟免费教育。

十三、建立必要的职工社会保险，职工伤病实行免费治疗。

十四、与世界职工组织取得密切联系，共谋根绝法西斯残余，建立持久的世界和平。

选自《中国工会历史文献》(5)，工人出版社 1959 年版，第 4～5 页。

2. 中央关于各战略区货币流通问题的指示

1945 年 10 月 4 日

华中局并致山东分局并告各中央局与分局：

（一）最近各战略区部队有较大的调动，有甲地区部队须调到乙地区或须经过乙地区进到丙地区者，因各战略区域票币不统一，致发生货币流通上的许多困难，须加以适当处理。华中有些部队奉命开山东，为该部队到达山东后所使用之货币问题，华中局曾来电建议：准由华中另印一批北海票或准许华中票在山东通用。我们认为：由华中另印一批北海票则票版不一，且紊乱了北海票的发行计划，故不妥当，至于华中票在山东通用，我们认为不得不用时亦应有所限制，否则将使市场陷于混乱。

（二）我们提议：当甲地区部队到乙地区或经乙地区进到丙地区时，即由乙地区和丙地区的军区或行政财政机关事前准备粮食和必须的经费，当部队进入本地区时，即发给进入之部队备用，或者当甲地区部队到达乙地和丙地区时，由当地银行兑换所负责，根据部队的实际需要量，将甲地区票按一定的比值，兑换成本地区票，甲地区票不在乙或丙地区市面上流通。

（三）万一乙或丙地区票因流通区域扩大，筹码不足，不能完成此项兑换任务，可由双方事前商妥，甲地区票在乙或丙地区之最高流通量和两种票币的比价，然后由乙或丙地区政府通令，暂准按一定的比值通用，但在一定时期后，由乙或丙地区银行负责加以清理，以免敌伪国特奸商进行货币投机。

书　记　处

选自《中共中央文件选集》(13)，中共中央党校出版社 1985 年版，第 159～160 页。

3. 中央关于建立东北长期永久根据地给东北局的指示

1945 年 12 月 21 日

东北局：

亥齐亥删电悉。同意你们的部署。但请你们注意东北长期永久根据地之建立。即在通化、延吉、宁安，东宁、密山、穆棱、佳木斯、嫩江、黑河、洮南、开鲁等地区，必须派必要的老部队和干部去开辟工作，建立后方，建立工业，组织与训练军队，开办学校，以便能够源源供给前线，有如汉高祖之汉中。只有这一计划的成功，我在东北的斗争才能立于不败之地，并能迟早争取胜利。望即指定部队和负责干部并规定办法去进行这些地区的工作，作长期打算。目前你们部队和干部集中在南满长春路附近工作是对的，因为顽军未到，我尚可在这些地区抓一把，但必须同时加强长春路两边深远后方的工作，建立巩固的根据地，准备在平原情况严重时有巩固的后方可以进退回旋，否则是危险的。如我在锦州在第一线被击破后，即因无巩固后方而不得不陷于混乱。将来我之主力如不能在长春路附近消灭敌人，而必须诱敌深入来消灭敌人时，则我现在必须在深远后方去开展工作，准备战场。这点你们现在必须看到，并根据这点来部署你们现在的工作、干部和部队。你们部队和干部应该更高度地分散到内地去建立工作。看到现在，还要看到将来，看到顺利的情况，还要看到困难的情况。你们应抓住现在有利的时机以发展力量，同时建立巩固的后方根据地以准备将来。国民党军队大批到达东北后对于你们的困难，应充分估计到。

中　　央

亥马

附一：

东北局关于新作战部署向中央的报告

1945 年 12 月 8 日

林陈高吕李[①]并报中央：

我们独占东北目前已不可能，沿长春路各大城市等为国民党所接收，我在北宁线作战因主力初到已不可能阻止国民党军队沿北宁路之前进。因此，我们同顽军的斗争应有长期的准备。同时为了解决目前主力没有后方与扩大的阵地作依托之困难，以及加强新编兵团之作战指挥能力起见，为了使军区有力之基干部队，及县区武装，使我们既可迅速创造根据地，又有机动之野战兵团起见，我们必须迅速适当地配制力量，把主力与各新成立之兵团合并指挥单位，组成野战兵团，并成立军区基于兵团及县的武装，划分地区，统一建设施政，创造扩大的阵地，以造成我军与顽军战和之有利条件，已成为目前紧急措施。因此提出以下之部署：

（一）以黄克诚师与李运昌部合并指挥单位，担负山海关至锦州大凌河以西沿北宁线之作战，并由李、黄负责另组成一地方性之基干兵团，以共同创造辽热边根据地。

（二）暂以梁、罗、杨[②]三师组成一纵队，与李、黄均直接归林指挥，以吕、李组成之后方为后方，担负由大凌河以东至奉天沿北宁线之作战，并协助创造辽西根据地，此一部队将留作为作战重点转移之机动力量。

（三）邓克明旅，赵承金旅，与二十四旅直属于吕、李指挥，除参加沿北宁线作战外，首先集中力量解决新民、彰武、法库之土匪并担负掩护根据地工作之开展。

（四）最近登陆之罗舜初部（约一万四千人），将布置于沈阳以南，辽阳以西地区（包括辽阳、鞍山），与程、曾、唐[③]部合并指挥单位，担负沈阳东北铁岭、清源线以南，沈阳以南、辽河以东广大地区，形成三面包围沈阳之局面，创造以奉安线为基线控制大块山区及中小城市之根据地，保安三旅即作为该区域之地方基干兵团。

（五）万毅部与聂、张[④]部合并，三五九旅与周保中部合并，除留相当数量建立地方基干外，组成两个纵队（至少五个旅），统归高、陈指挥，并适当布置开展东北满之根据地（包括吉林）。

（六）肖华部（包括吴克华部）就现划定地区创造安东省大块山区根据地，并以适当的力量控制安东至普兰店之线确保各海口外，应加强海城至营口线之机动作战力量，准备向北及其东北之机动作战。

（七）北满、西满各军区之划分，地方部队之组成及作战重点之确立，请高、陈、吕、李合并具体部署并电告我。

---

① 原注：林陈高吕李，指林彪、陈云、高岗、吕正操、李富春。
② 原注：梁罗杨，指梁兴初、罗华生、杨国夫。
③ 原注：程曾唐，指程世才、曾克林、唐凯。
④ 原注：聂张，指聂鹤亭、张秀山。

（八）各军区必须以大力建设地方武装，并得从各野战兵团中抽出个别连队作骨干，在没有野战兵团之新开辟或偏僻地方，军区一级尤其必须设法培养出地方基干兵团，以肃清当地之成股的反动武装。

（九）以上之部署请中央指示，并望林、高、陈、吕、李提出意见，以便立即实施。

东北局

八日

附二：

东北局关于目前东北的形势与部署的指示*

1945年12月15日

林吕李（转陶铸）、高陈（转洛）、周张万周刘朱姜郭朱吴程唐曾舜初肖江吴彭克诚、运昌、陈光（转梁、杨、罗、邓）并报中央：

（一）由于微妙复杂的国际关系，由于苏联受有条约之限制，由于我们尚有许多缺点，目前我党已无独占东北之可能，当前任务，只是力求争取我在东北之一定地位，力争我在东北之优势，并准备明春的大规模作战。

（二）国民党已进入北宁线，将从苏联手中接受长春沿线之城市，首先是沈阳、长春，并在这些地区取得合法地位时，群众盲目的正统观念，必愈明显，散在各地之反动武装，必纷起响应，由于东北人民错觉幻想，所造成的国民党之声势，那时当可达其最高峰。但国民党之弱点与困难颇多，在外交上，苏联依据中苏条约之权力，断不允许东北成为美蒋反苏之根据地，顽军在旅顺、大连之活动（可能还有对长春路之使用）受条约之限制；兵力不足，接济不及；同时我军在长春路四侧，已获得先机之阵地，敌顽将相当陷于孤军深入之境地；加以国民党之反动本质，与东北人民利害矛盾，并将组合万恶宪警、汉奸、特务，大肆敲榨、勒索，大抓壮丁，如在锦州地区，群众的要求，必一个也不能解决，铁一般的事实，将迅速打破东北人民对国民党之幻想，国民党之政治影响，必从此日益下降。

（三）近三月中，我在东北之工作是有成绩的。发展了部队，发展了力量，取得了若干有利之阵地。但以干部及主力到达较迟，且不敷分配，各种工作，顾此失彼，山海关到锦州线之作战，我未能阻止顽军之前进；迄今老部队还多未补充休整，新部队或尚未整训出战力，甚至尚未整理，很不巩固；群众才在部分地区开始发动，根据地与战场才开始创造，军队纪律不好，与群众联系尚浅，派出干部尚未生根（多半于十一月下旬方到达工作岗位），而各地大批反动土匪，尚未肃清，以及东北人民盲目的浓厚的正统观念等，都成为我之缺点与困难。在山海关锦州一线，我们仅避免了被迫的作战，始终未能转入主动的有效的打击国民党之前进，以我现有之力量与阵地，纵然在苏军退走之际，仍不可能与国民党进入东北之部队进行决战。自然以国民党已到之力量，亦难与我决战。同时还必须顾计到，我新组成之部队，及老部队之新成分，不仅混有大批动摇投机分子，并混有不少的奸细（国民党有计划地采取红旗政策，他们称之为挖底政策），当国民党进入长春线时，一有机会，纷纷逃亡，或有组织地叛变，不但我之政治影响将因此遂受损失，已有之部队发生相当之减员与缩小。因为我在东北是暴发户，力量阵地并不巩固，这必须作充分估计（同时亦应估计经过此一度自然淘汰与考验后，我之力量将逐渐巩固发展并精干起来）。

（四）目前我们为了争取我在东北之一定地位，以至优势，主要力量应放在控制沿长春线两侧庞大地区（包括中小城市及次要交通联结点），建设根据地，加紧肃清土匪，放手发动群众，组织地方武装，并使主力求得休整与新军合编，以充实主力，巩固新军，准备于明春争取大规模的作战。目前对于沿长春路大城市城内的争夺作战，基本上应该放弃，但对个别大城市如哈尔滨或齐齐哈尔，如果国民党兵力不大，兵力不够分配，我军可能夺取的情况下，我们应不放过时机以适当兵力争取控制之。对沿长春路两侧及沈阳以南之次要城市，工业燃料产地，与总的动力供给地，我应争取控制之。

（五）西满、东南满（旅大蒋顽不能进兵），为我与国民党夺取东北之主要战略与依托，如为国民党所控制，我军退出，东满、北满亦将偏促一隅，处境将极端困难。北满、东满，乃我与国民党进行长期斗争所不可缺少之根据地，如被国民党控制，则西满特别是东南满将陷于孤立。另一方面，东北之交通已相当发展，经济人口已相当集中（不如欧美各国，但远较关内各省为高），如果主要铁道与大城市为国民党所有，次要铁道与中小城市为我所有，则双方优劣之势，尚待争夺。如果次要铁道与中等城市也为国民党所控制，则我将完全丧失优势，处境必甚困难。

（六）只有：

（甲）应以大部主力配置于西满、东南满外，还须抽调部分主力增强东满、北满，除现有之十八团、黄仁海部、三支队、万毅纵队及已开动之余旅外，应再由西满抽调二个或三个团兼程赶去。

（乙）一师、三师应留作策应西满或东南满作战之机动力〈量〉。

（丙）万毅部仍集中吉林附近，及时力争并控制吉林，并协同周保中造成对长春之威胁。

（丁）三师、程、曾、唐所部，仍在现地不动，控制辽阳抚顺两点，以分散性的小部队向沈阳进逼。

（戊）北满部队应集中相当力量，相机争夺哈尔滨或齐齐哈尔。

（己）西满部队应力争控制辽源、洮南，以便控制西满之广大地区。

（庚）散在各地之反动土匪，不仅为发动群众创造根据地之莫大障碍，且为顽敌之有力别动队，务须用尽一切方法迅速肃清之，以孤立顽军。

（辛）不稳之部队，应迅速作适当处置，应切实保证已有武器能完全掌握，而不至丧失资敌。

（壬）各主力兵团，除执行上述部署外，应接洽以一团或一旅为单位，参加做发动群众工作，并求得休整自己。

东北局

亥删

选自《中共中央文件选集》(15)，中共中央党校出版社 1995 年版，第 504～511 页。原注：“根据中央档案原件刊印”。

4. 中央关于内蒙工作方针给晋察冀中央局的指示

1945年10月23日

晋察冀中央局并晋绥分局：

九月二十九日电悉。

（一）在目前我党控制热、察，发展东北，取得华北优势的方针下，内蒙在战略上具有极重要的地位，适当地解决内蒙民族问题，不仅关系内蒙民族本身的解放，而且能够建立我党我军巩固的后方及和苏、蒙军取得直接联系的有利地位。

（二）对内蒙的基本方针，在目前是实行区域自治。首先从各旗开始，争取时间，放手发动与组织蒙人的地方自治运动，建立自治政府（在乌盟、锡盟等纯粹蒙古区域可以自治政府的形式出现，在绥东、察南等蒙汉杂居地带，则以蒙汉联合政府的形式出现），准备建立内蒙自治筹委会的组织，统一各盟旗自治运动的领导，党内亦应有统一领导与政策。

（三）我党对内蒙的各种政策，必须适时而慎重。应首先了解外蒙对内蒙的态度，过去日本及国党如何统治内蒙及其恶果，以及目前内蒙各阶层的动态，才能具体确定。现仅就一般情况提出以下意见，借供参考。

1. 在广大各阶层蒙人中揭发历史上国党及日本欺骗与统治内蒙的罪行，消除蒙人对国党的幻想。

2. 对德王、李守信一派，应采打击、分化与孤立政策。德王已去重庆，应迅速消灭其影响，防止将来国党利用其活动。对过去反德王及不与德王合作的上层分子，应积极争取他们参加自治政府，使我们打击的对象缩小到最少限度。对蒙古伪军，亦应与其他伪军不同处理，除最反动者，应武力解决外，一般的应采宽大政策，对其愿意转变者，即可改编，逐渐改造。

3. 各盟旗自治政府，目前可进行以下工作，如颁布简明纲领，建立地方武装，提拔与培养当地蒙古干部，检举蒙奸，举办有利蒙民的各种文化、经济及社会公益等建设事业。

4. 我军必须保持良好纪律，尊重蒙人风俗习惯，绝不随意夺取蒙人的财物、牛、羊和触犯蒙人的禁忌。应由乌兰夫同志负责拟定我军进入蒙区及对蒙人的纪律及必须注意的事项数则，以资遵守。扶植蒙人的进步力量，一切处置蒙奸、没收主要蒙奸财物等工作，须发动蒙人自己进行。

（四）统一西蒙领导，暂规定大的方针由中央决定，实际工作由晋察冀中央局及晋绥分局分别自行处理，而以乌兰夫同志和两个中局联系，以筹划共同的行动方针及统一步骤。至于蒙古干部应统一由乌兰夫分配，每一地区要有一个主要干部，并且绥蒙可派一批干部去察蒙工作。

（五）西蒙情况望随时电告中央。晋察冀、晋绥及冀热辽均应指定专人负责研究内蒙问题，提供具体意见。

书　记　处

选自《中共中央文件选集》(13)，中共中央党校出版社1985年版，第184～185页。

5. 和平建国纲领草案

1946 年 1 月 16 日中国共产党代表团在政治协商会议上提出

（一）总　则

中国国民政府鉴于抗日战争业已结束，和平建设新阶段应即开始，为此特邀集各抗日党派代表与社会贤达，举行政治协商会议，共商国是，兹经一致同意：

（甲）确认国内各民主党派，应实行长期合作，坚决避免内战，国内任何政治的、民族的纠纷，均应以政治方法寻求解决。

（乙）以和平民主团结统一为基础，在蒋主席领导下，迅速结束训政，实施宪政，彻底实行三民主义，建设独立自由和富强的新中国。

（丙）蒋主席所倡导之“政治民主化”“军队国家化”及党派平等合法，为达到和平建国必由之途径。

（二）人民权利

（甲）政府应保障国内人民享受一切民主国家在平时应享受之思想、信仰、言论、出版、集会、结社、通讯、居住、迁移、营业、罢工、游行、示威及免于贫苦、免于恐怖等自由。

（乙）承认男女平等及各党派的平等合法地位。

（丙）现行法令有与上述两项原则抵触者，应分别予以废止或修正。

（丁）严禁司法和警察以外的机关有拘捕并审讯和处罚人民之权。

（戊）所有侵害人民权利的一切特务机构，应即解散，并立即无条件释放汉奸以外之一切政治犯。

（己）立即无保留地废除一切新闻、出版、戏剧、电影及邮电等检查制度。

（庚）一切政府机关与军政人员，凡有侵犯上述人民自由之行为者，应予处罚。

（三）中央机构

在结束训政筹备宪政之过渡期：

（甲）必须立即扩大现有的国民政府的基础，改组为能够容纳全国各抗日民主党派及无党无派人士参加的、举国一致的、临时的、联合的国民政府。

（乙）各党派、无党派民主分子，应广泛参加组织政府的一切部门，多数党在政府主要职位中所占的名额不得超过三分之一。

（丙）改组后的政府，应脱离国民党的直接领导，任何一党经费不得由国库开支。

（丁）政府所发布的一切命令，应经由会议通过及主管机关签署。

（戊）改组后的政府施政方针，应以本纲领为根据。

（四）国民大会

（甲）改组后的国民政府，应负责协同政治协商会议，商定中国民主宪法草案及国民大会选举法、组织法，并立即根据新的选举法实行选举。

（乙）确定在本年内召开有各党派参加的、自由的、普选的国民大会，制定宪法，并依据宪法成立正式的、民主的、联合的国民政府。

（五）地方自治

（甲）积极推行地方自治，废除现行保甲制度，实行由下而上的普选，成立自省以下各级地方民选政府。

（乙）中央与地方之权限，采均权主义，省得自订省宪，各地得采取因地制宜的措施。

（丙）全国各地凡已实行普选的地方政府，应承认其为合法，并定期实行普选。

（丁）未能立刻完成普选的省区省政府，应由各党派及无党派民主人士协商，先成立地方性的、临时的民主政府。

（戊）收复区的各级地方政府，应与当地各抗日党派及无党派民主人士协商，先成立临时的、民主联合的省、市、县政府，再筹备经过自由普选产生正式的省、市、县政府，在少数民族区域，应承认各民族的平等地位及其自治权。

（六）军事改革

（甲）改组军事委员会及其一切附属机关，使之成为各抗日党派及无党派代表人士共同领导的机构。

（乙）承认一切抗日军队均为国军，公平合理地分期整编全国军队，缩减军额至最低限度，划定军区，厉行平等待遇，确定公正的人事、征补、供给与后勤制度。

（丙）根据军队属于人民之武力的原则，以民主精神教育军队，并以军民关系为军队奖惩之第一个标准，以彻底纠正军队属于任何个人或派系之现象。

（丁）裁兵后，地方治安主要的由地方保安队及不脱离生产之人民自卫队维持之。

（戊）确定今后国家军费预算不得超过预算总额百分之二十五。

（己）一切伪军无论已否加委，均应拟具妥慎办法定期解散。

（庚）在华日军尚未缴械者，应限期缴械，并限期遣送回日。

（七）复员善后

（甲）政府应迅速确定切实而有效之善后复员计划，保证退伍官兵得到职业，妥善照顾残废军人及抗战军人家属与遗族之生活。

（乙）对收复区难民之救济，疫疠之扑灭，币价、物价之稳定，敌产、逆产之合理处置，接收人员侵占、贪污之严格制裁，敌寇破坏公私财产损失之调查，附逆汉奸之检举与审判，善后救济总署运华物资之合理分配等，政府应定切实计划，迅谋实施，并依靠广大人民团体之帮助与监督，以促其成。

（丙）切实帮助义民、难民还乡，给予交通上之便利和优待。

（丁）在交通上应迅速修复铁路、公路及车辆、船只，全国交通事业通应脱离军事管理，完完全全为和平事业服务。

（戊）切实执行停止兵役差役、停免田赋一年之法令，一切变相之征兵征赋行为，均应严禁。

（八）财政经济改革

（甲）确定预算决算制度，并平衡收支，取消苛杂，改革税制，收缩通货，稳定币制，国家支出之最大部分，应保证用于经济建设、文化事业。

（乙）为促进中国工业化，定期召开全国经济会议，吸收对发展经建有关之各方面代表人士参加，决定经建方针，规定计划，废止现行统制政策，实行经济民主与企业自由，确立国营与民营之种类，取消国营工业之特殊待遇，扶助民间工业，给予大量贷款、轻税及购买原料与运销之便利。但中国经济应走上公营私营及合作经营共同发展的道路，以反对国内官僚资本，并防止外国独占资本之操纵国民生计，严禁官吏利用其权势地位，从事投机垄断，逃税走私，私用公款与非法使用交通工具的活动。

（丙）实行农业改革，扶助农民组织，推行全国减租，适当地保证佃权并保证交租，严禁高利盘剥，国家银行应扩大农贷数量，对贫苦农民给予低利贷款，供给农具、耕牛及种子，发展合作事业，开垦荒地，建设水利。

（丁）实行劳动法，改善工人生活，救济失业工人。

（九）文化教育改革

（甲）废除党化教育，保障教学自由。

（乙）大学采取教授治校制度，不受校外不合理之干涉。

（丙）普及城乡小学教育，扶助民办学校，推广社会教育，有计划地消灭文盲，提倡卫生，改造中等教育，加强职业训练，扩充师范教育，并根据民主与科学精神，改革各级教学内容。

（丁）在中央与地方预算中，充分增加文化教育经费，并由国家补助民办学校及一切文化教育团体，奖励科学研究、艺术活动及出版事业。

（戊）保障教职员及科学工作者生活，并救济贫苦学生与失学青年。

（己）改组国家宣传机关及一切国营之报纸、通讯社、广播及戏剧、电影事业，为全国人民服务，不为少数人所垄断统治。

（十）国际和平及保侨

（甲）为维持国际和平及安全，彻底肃清法西斯军国主义及其残余，并制止未来侵略起见，遵守大西洋宪章、莫斯科宣言、开罗宣言及联合国宪章及波茨坦四国宣言，努力国际合作，与美、苏、英、法及一切民主国家敦睦邦交，遵守条约信义，务使中国不成为产生或扩大国际冲突的因素。

（乙）在不妨碍民族独立条件下，极力发展中外经济与文化的合作，并保护外国人民在华合法利益、生命财产之安全。

（丙）通过对日管制机构，严惩一切日本战争罪犯，镇压日本帝国主义分子，并鼓励日本人民民主运动之发展，以防止日本法西斯军国主义之残余势力之再起。

（丁）外交部及驻外使节，应积极保护华侨利益，解除华侨痛苦，给华侨回国以往返之便利，华侨回国后，中央及地方政府应予以生活上之帮助。

周恩来　董必武　王若飞　叶剑英
吴玉章　陆定一　邓颖超

选自《中共中央文件选集》（13），中共中央党校出版社1985年版，第288～294页。

互校版本：《中共党史教学参考资料》解放战争时期（上），中国人民大学中共党史系资料室1980年编印，第86～91页。

6. 附：和平建国纲领

1946年1月31日政治协商会议第十次会议全体一致通过

国民政府鉴于抗日战争业已结束，和平建设应即开始，为邀集各党派代表与社会贤达举行政治协商会议、共商国是，以期迅速结束训政，开始宪政，特制定本纲领以为宪政实施前施政之准绳，并邀集各党派人士暨社会贤达参加政府，本于国家之需要与人民要求，协力一心，共图贯彻，纲领如左：

壹、总则

（一）遵奉三民主义为建国之最高指导原则。

（二）全国力量在蒋主席领导之下，团结一致，建设统一自由民主之新中国。

（三）确认蒋主席所倡导之“政治民主化”“军队国家化”及党派平等合法，为达到和平建国必由之途径。

（四）用政治方法解决政治纠纷，以保持国家之和平发展。

贰、人民权利

（一）确保人民享有身体、思想、宗教、信仰、言论、出版、集会、结社、居住、迁徙、通讯之自由，现行法令有与以上原则抵触者，应分别予以修正或废止之。

（二）严禁司法及警察以外任何机关或个人，有拘捕、审讯及处罚人民之行为，犯者应予惩处，政府已公布之提审法，应迅速明令施行。

（三）保证妇女在政治上、社会上、教育上、经济上地位之平等。

叁、政治

（一）当前国家设施，应顾及全国各地方、各阶层、各职业人民之正当利益，保持其平衡发展。

（二）增进行政效能，应整饬各级行政机构，统一并划清权责，取消一切骈枝机关，简化行政手续，实行分层负责。

（三）建设健全之文官制度，保障称职人员，用人不分派别，以能力、资历为标准，禁止兼职及私人援引。

（四）确保司法权之统一与独立，不受政治干涉，充实法院人员，提高其待遇与地位，简化诉讼程序，改良监狱。

（五）厉行监察制度，严惩贪污，便利人民自由告发。

（六）积极进行地方自治，实行由下而上之普选，迅速普遍成立省、县（市）参议会，并实行县长民选。边疆少数民族所在之省、县，应以各该民族人口之比例，确定其实行选举之省、县参议员名额。

（七）自治县政府，对于其辖区内之国家行政，应在中央监督指挥之下执行之。

（八）中央与地方之权限，采均权主义，各地得采取因地制宜之措施，但省、县所颁之法规，不得与中央法令相抵触。

肆、军事

（一）军队属于国家，军人责任在于卫国爱民，确保军队编制之统一与军令之统一。

（二）军队建制应适合国防需要，依民主政制与国情改革军制，实行军党分立，军民分治，改进军事教育，充实装备，健全人事、经理制度，以建设现代化之国军。

（三）改善征兵制度，公平普遍实施，并保留一部分募兵制度，加以改善，俾符合高度装备军队之需要。

（四）全国军队应按照整军计划切实缩编。

（五）筹备编余及退役官兵之复业与就业，保障残废官兵之生活，抚恤阵亡将士之遗族。

（六）限期遣送投降日军回国，对于伪军之解散，游杂部队之清理，应妥订办法，迅速实施。

伍、外交

（一）遵守大西洋宪章、开罗会议宣言、莫斯科四国宣言及联合国宪章，积极参加联合国组织，以确保世界和平。

（二）根据波茨坦宣言，肃清日本在中国之残余势力，并与同盟国共谋日本问题之解决，防止日本法西斯军国主义势力之再起，以保障东亚之安全。

（三）与美、苏、英、法及其他民主国敦睦邦交，遵守条约信义，并致力于经济文化之合作，以共策世界之繁荣与进步。

（四）本平等互惠之原则，迅速与有关各国订立通商条约，并改善侨胞之地位。

陆、经济及财政

（一）遵照国父实业计划，制定经济建设计划，欢迎国际资本与技术之合作。

（二）第一期经济建设原则，应予彻底实施，凡有独占性之企业及私人资力所不能举办者，划归国营。其他企业一概奖助人民经营之。本此原则，对于现行设施加以检讨与改进。

（三）为促进中国工业化，由政府定期召开全国经济会议，邀集对发展经济建设有关之各方面社会人士，吸收民间意见，以决定政府之措施。

（四）防止官僚资本之发展，并严禁官吏利用其权势地位，从事于投机、垄断、逃税、走私、挪用公款与非法使用交通工具。

（五）积极筹划增修铁路、公路，建设港湾，兴修水利及其他工程，并资助住宅、学校、医院及其他公共机关之建筑。

（六）实行减租减息，保护佃权，保证交租，扩大农贷，严禁高利盘剥，以改善农民生活，并实行土地法，以期达到“耕者有其田”之目的。

（七）厉行荒山造林植草，保持水土，发展畜牧，整顿并发展农村合作组织，加强农事试验研究工作，利用现代设备及方法，治蝗除虫以扶助人民之生产。

（八）实行劳动法，改善劳动条件，试行劳工分红制，举办失业工人及残废保险，切实保护童工女工，并广设工人学校，提高工人文化水准。

（九）迅速制订工业会法，使经营工业者得有单独之组织，并本劳资协调精神，将有关工厂管理法规，加以检讨与改进。

（十）财政公开，厉行预算决算制度，紧缩支出，平衡收支，划分中央与地方财政，收缩通货，稳定币制，并公布内外债之募集及用途，由民意机关监督之。

（十一）改革税制，根绝苛杂与非法摊派，归并征收机构，简化稽征手续，以资产及收入定累进税则，并厉行国家银行专业办法，扶助工农事业之发展。

（十二）征用逃避及冻结之资产，以平衡预算。

柒、教育及文化

（一）保障学术自由，不以宗教信仰政治思想干涉学校行政。

（二）积极奖进科学研究，鼓励艺术创作，以提高国家文化之水准。

（三）普及国民教育与社会教育，积极扫除文盲，扩充职业教育，以增进人民之职业能力，充实师范教育，以培养国民教育之师资，并根据民主与科学精神，改革各级教学内容。

（四）在国家预算中，增加教育及文化事业经费之比率，合理提高各级学校教师之待遇及其养老年金，资助贫苦青年就学与升学，设立科学研究文艺创作之奖金。

（五）奖励私立学校及民间文化事业，并补助其经费。

（六）奖励儿童保育事业，普及公共卫生设备，并积极提倡国民体育，以增进国民健康。

（七）废止战时实施之新闻、出版、电影、戏剧、邮电检查办法，扶助出版、报纸、通讯社、戏剧、电影事业之发展，一切国营新闻机关与文化事业，均确定为全国人民服务。

捌、善后救济

（一）迅速恢复收复区之社会秩序，彻底解除人民在沦陷时期所受之压迫与痛苦，制止收复区物价之高涨，严惩接收人员之贪污行为。

（二）迅速修复铁路、公路，恢复内河沿海航业，协助因抗战而迁徙之人民还乡，如有必要时，并为其安顿住所与职业。

（三）妥善运用联合国善后救济物资，以赈济战灾，分配医药，以防治疾疫，供给种子、肥料以恢复农耕，由民意机关与人民团体协同主管机关推进其工作。

（四）迅速整理收复区之工厂矿场，保障原有产权继续开工，使失业工人恢复工作，并谋敌产逆产之合理处置，使后方对抗战有贡献之厂家参与经营。

（五）迅速治理黄河，并修筑其他因战事而破坏及失修之水利。

（六）政府停止兵役及豁免田赋一年之法令，应由各级政府切实执行，严禁变相征发之行为。

玖、侨务

（一）对海外各地受敌人摧残而失业之侨胞，应协助其复业，并对其居留国内之眷属生活，予以救济。

（二）协助归侨返回原地，便利其复产复业。

（三）恢复并协助海外各地侨胞之教育、文化事业并奖助侨胞子女回国就学。

附　记

（一）凡收复区有争执之地方政府，暂维现状，俟国民政府改组后，依施政纲领政治一项第六、第七、第八三条之规定解决之。

（二）地方参议会、律师公会及人民团体代表，会同组织人民自由保障委员会，经费由政府补助之。

（三）关于公民宣誓及公职候选人之考试，应依民主国家之通例，即予改订。

（四）行政院所设之最高经济委员会，应参加民间经济专家及有经验之企业家为该会之委员，共策进行。

（五）建议政府撤销硝磺管制。

（六）查明在抗战期间由下游迁至后方之工厂，因战事结束停工失业之工人，其遣散费用由政府酌量补助。

（七）在战时于兵乱中有所贡献各工厂，政府应继续收购其成品，并尽量收购其器材。

（八）修正出版法，将非常时期报纸、杂志、通讯登记管制办法，管理收复区报纸、通讯社、杂志、电影、广播事业暂行办法，戏剧电影检查办法，邮电检查办法等，予以废止，并分别减轻电影、戏剧音乐之娱乐捐与印花税。

选自《中共中央文件选集》(13)，中共中央党校出版社1985年版，第294～300页。

互校版本：《中共党史教学参考资料》解放战争时期（上），中国人民大学中共党史系资料室1980年编印，第107～113页。

7. 中共中央关于土地问题的指示[①]

1946年5月4日

根据各地区最近来延安的同志报告，在山西、河北、山东、华中各解放区，有极广大的群众运动。在反奸、清算、减租、减息斗争中，直接从地主手中取得土地，实现“耕者有其田”，群众热情极高。在群众运动深入的地方，基本上解决了或正在解决土地问题。有些地方，运动的结果，甚至实现了“平均土地”，所有的人（地主在内）都得了三亩土地。

另一方面，一部分汉奸、豪绅、恶霸、地主逃跑到城市中，则大骂解放区的群众运动。有些中间人士则发生怀疑。党内亦有少数人感觉群众运动过火。

在此种情况下，我党不能没有坚定的方针，不能不坚决拥护广大群众这种直接实行土地改革的行动，并加以有计划的领导，使各解放区的土地改革，依据群众运动发展的规模和程度，迅速求其实现。

各地党委在广大群众运动面前，不要害怕普遍地变更解放区的土地关系，不要害怕农民获得大量土地和地主丧失土地，不要害怕消灭农村中的封建剥削，不要害怕地主的叫骂

① 《刘少奇选集》注：抗日战争胜利后，从反奸清算，减租减息为内容的群众运动广泛深入地开展，农民群众迫切要求获得土地。中共中央决定把减租减息政策改为没收地主土地分配给农民的政策。本文系刘少奇为中央起草的党内文件，通常称“五四指示”。

和诬蔑，也不要害怕中间派暂时的不满和动摇。相反，要坚决拥护农民一切正当的主张和正义的行动，批准农民获得和正在获得土地。对于汉奸、豪绅、地主的叫骂应当给以驳斥，对于中间派的怀疑应当给以解释，对于党内的不正确的观点，应当给以教育。

各地党委必须明确认识，解决解放区的土地问题是我党目前最基本的历史任务，是目前一切工作的最基本的环节。必须以最大的决心和努力，放手发动与领导群众来完成这一历史任务，并依据下列各项原则，给当前的群众运动以正确的指导。

（一）在广大群众要求下，我党应坚决拥护群众在反奸、清算、减租、减息、退租、退息等斗争中，从地主手中获得土地，实现“耕者有其田”。

（二）坚决用一切方法吸收中农参加运动，并使其获得利益，决不可侵犯中农土地。凡中农土地被侵犯者，应设法退还或赔偿。整个运动必须取得全体中农的真正同情或满意，包括富裕中农在内。

（三）一般不变动富农的土地。如在清算、退租、土地改革时期，由于广大群众的要求，不能不有所侵犯时，亦不要打击得太重。应使富农和地主有所区别，对富农应着重减租而保存其自耕部分。如果打击富农太重，将影响中农发生动摇，并将影响解放区的生产。

（四）对于抗日军人及抗日干部的家属之属于豪绅地主成分者，对于在抗日期间，无论在解放区或在国民党区，与我们合作而不反共的开明绅士及其他人等，在运动中应谨慎处理，适当照顾，一般应采取调解仲裁方式。一方面，说服他们不应该拒绝群众的合理要求，自动采取开明态度；另方面，应教育农民念及这些人抗日有功，或是抗属，给他们多留下一些土地，及替他们保留面子。

（五）对于中小地主的生活应给以相当照顾，对待中小地主的态度应与对待大地主、豪绅、恶霸的态度有所区别，应多采取调解仲裁方式解决他们与农民的纠纷。

（六）集中注意于向汉奸、豪绅、恶霸作坚决的斗争，使他们完全孤立，并拿出土地来。但仍应给他们留下维持生活所必需的土地，即给他们饭吃。对于汉奸、豪绅、恶霸所利用的走狗之属于中农、贫农及其他贫苦出身者，应采取争取分化政策，促其坦白反悔，不要侵犯其土地。在其坦白反悔后，须给以应得利益。

（七）除罪大恶极的汉奸分子的矿山、工厂、商店应当没收外，凡富农及地主开设的商店、作坊、工厂、矿山，不要侵犯，应予以保全，以免影响工商业的发展。不可将农村中解决土地问题、反对封建地主阶级的办法，同样地用来反对工商业资产阶级。我们对待封建地主阶级与对待工商业资产阶级是有原则区别的。有些地方将农村中清算封建地主的办法，错误地运用到城市中来清算工厂商店，应立即停止，否则，即将引起重大恶果。

（八）除罪大恶极的汉奸分子及人民公敌为当地广大人民群众要求处死者，应当赞成群众要求，经过法庭审判，正式判处死刑外，一般应施行宽大政策，不要杀人或打死人，也不要多捉人，以减少反动派方面的借口，不使群众陷于孤立。反奸清算是必需的，但不要牵连太广，引起群众恐慌，给反动派以进攻的借口。

（九）对一切可能团结的知识分子，必须极力争取，给以学习与工作机会。对开明绅士及其他党外人士，或城市中的自由资产阶级分子，只要他们赞成我们的民主纲领，不管他们还有多少毛病，或对于目前的土地改革表示怀疑与不满，均应当继续和他们合作，一个也不要抛弃，以巩固反对封建独裁争取和平民主的统一战线。对于逃亡的地主及其他人等，应让其回家，并给以生活出路。即使其中有些人回家目的在于扰乱解放区，亦以让其回家置于群众监督之下为有利。如此，可以减少城市中反对群众的力量。

（十）群众尚未发动起来解决土地问题的地区，应迅速发动，务必在今年年底以前全部或大部获得解决，不要拖到明年。但在进行斗争时，必须完全执行群众路线，酝酿成熟，真正发动群众，由群众自己动手来解决土地问题，绝对禁止使用违反群众路线的命令主义、包办代替及恩赐等办法。

（十一）解决土地问题的方式，群众已创造了多种多样。例如：

（甲）没收和分配大汉奸土地。

（乙）减租之后，地主自愿出卖土地，佃农以优先权买得此种土地。

（丙）由于在减租后保障了农民的佃权，地主乃自愿给农民七成或八成土地，求得抽回三成或二成土地自耕。

（丁）在清算租息、清算霸占、清算负担及其他无理剥削中，地主出卖土地给农民来清偿负欠。

农民用以上各种方式取得土地，且大多数取得地主书写的土地契约。这样就基本上解决了农村土地问题，而和在内战时期解决土地问题所采取的方式大不相同。使用上述种种方式来解决土地问题，使农民站在合法和有理地位，各地可以根据不同对象，分别采用。

（十二）在运动中所获得的果实，必须公平合理地分配给贫苦的烈士遗族、抗日战士、抗日干部及其家属和无地及少地的农民。在农民已经公平合理得到土地之后，应巩固其所有权，发扬其生产热忱，使其勤勉节俭，兴家立业，发财致富，以便发展解放区生产。在解决土地问题后，凡由于自己勤勉节俭，善于经营，因而发财致富者，均应保障其财产不受侵犯。因此，不可无底止地清算和斗争，妨害农民的生产兴趣。对于一部分有游惰情绪的人及二流子，应加以教育，使他们从事生产，改良生活。

（十三）在运动中及土地问题解决后，应注意巩固与发展农会和民兵组织，发展党的组织，培养提拔干部，改造区乡政权，并教育群众为保卫已得的土地和民主政权而斗争，为国家民主化而斗争。

（十四）凡我之政权不巩固，容易受到摧残的边沿地区，一般不要发动群众起来要求土地，就是减租减息亦应谨慎办理，不能和中心区一样，以免造成红白对立及受到摧残。但在情况许可的地区，又当别论。

（十五）各地党委应当放手发动与领导解放区的群众运动，依照上述各项原则，坚决地去解决土地问题。只要能遵守上列各项原则，保持农村中百分之九十以上人口和我们党在一道（农村中雇农、贫农、中农、手工工人及其他贫民共计约占百分之九十二，地主、富农约占百分之八），保持反封建的广泛统一战线，我们就不会犯冒险主义的错误。如果我们能够在一万万数千万人口的解放区解决了土地问题，就会大大巩固解放区，并大大推动全国人民走向国家民主化；但是，如果我们不能遵守上述各项原则给运动以正确的指导，如果侵犯中农土地或打击富农太重，或不给应该照顾的人们以必要的照顾，那会使农村群众发生分裂，因而就不能保持百分之九十以上人口和我们党一道，就要使贫农、雇农和我们党陷于孤立，就要增加豪绅、地主和城市反动派的力量，就要使群众的土地改革运动受到极大的阻碍，这对于群众是很不利的。因此，必须说服群众和干部遵守上述各项原则，对于群众方为有利。

（十六）因此，各地必须召开干部会议，总结经验，讨论中央指示，向一切党的干部印发并解释中央指示，根据当地具体情况，确定实施中央指示的计划；调动大批干部，加以短期训练，派到新区去进行这一工作。同时向党外人士作必要与适当的解释，指出解决土地问题是百分之九十以上人民群众的正当要求，合乎孙中山主张与政协决议，而且对各色人等及地主富农有相当照顾，因此应当赞助农民的要求。同时各地应当教育干部，特别是区乡干部，发挥共产党员为人民服务的精神，不要利用自己的领导地位取得过多的利益，以免引起群众不满，转向同干部作斗争。如果此种斗争已经发生，则应劝告干部采取公平态度解决问题，以免脱离群众。

（十七）几年来，各地正确执行了一九四二年中央土地政策的决定，发动了广大群众运动，支持了抗日战争。由于目前清算减租运动的发展和深入，实际上不能不依照广大群众的要求，对土地政策作重要的改变，但不是全部改变，因为并没有全部废止减租政策。

（十八）党内在土地问题上发生的右的与左的偏向，各地应根据本指示，以充分的热情与善意进行教育，加以纠正，以便领导广大群众为完成土地改革、巩固解放区而奋斗。

选自《刘少奇选集》上卷，人民出版社1981年版，第377～383页。

互校版本：《中国新民主主义革命时期根据地法制文献选编》第四卷，中国社会科学出版社1984年版，第417～422页。

8. 中央关于召开华北财经会议的指示

1947年1月3日

滕薄、刘邓、陈粟、张黎、张邓、贺李、聂刘①：

冀察晋中央局提议召集华北财经会议电转告各区。此提议甚好，召集这种会议甚为必要。由于空前自卫战争的巨大消耗，已使一切解放区的财经情况陷入困境，必须以极大决心和努力动员全体军民一致奋斗，并统一各区步调，利用各区一切财经条件和资源，及实行各区大公无私的互相调济，完全克服本位主义，才能长期支持战争。中央认为应立即召集此项会议，但地点应在邯郸，并由邯郸中央局负责筹备和召集，以邯郸中央局为中心在

① 原注：滕薄，指滕代远、薄一波。当时滕任晋冀鲁豫军区第一副司令员，薄任第一副政治委员。

刘邓，指刘伯承、邓小平。当时刘任晋冀鲁豫军区司令员兼晋冀鲁豫野战军司令员，邓任晋冀鲁豫军区政治委员兼晋冀鲁豫野战军政治委员。

陈粟，指陈毅、粟裕。当时陈任新四军军长兼山东军区司令员、山东野战军司令员兼政治委员，粟任华中军区副司令员兼华中野战军司令员。

张黎，指张云逸、黎玉。当时张任新四军第一副军长兼山东军区第一副司令员，黎任新四军兼山东军区副政治委员。

张邓，指张鼎丞、邓子恢。当时张任华中军区司令员，邓任政治委员。

贺李，指贺龙、李井泉。当时贺兼任晋绥军区司令员，李任政治委员。

聂刘，指聂荣臻、刘澜涛。当时聂任晋察冀军区司令员兼政治委员，刘任副政治委员。

会议中组织主席团统一领导会议。会议的议程，应为交换各区财经工作经验，讨论各区货物交流及货币、税收、资源互相帮助、对国民党进行统一的财经斗争等项，并可由各区派人成立永久的华北财经情报和指导机关。参加会议者，各中央局、各区党委、各军区的财经供给机关最好都有负责代表。会议日期由邯郸中央局根据筹备情况电商各中央局决定。

中　　央
子江

选自《中共中央文件选集》(16)，中共中央党校出版社 1992 年版，第 376～377 页。原注："根据中央档案原件刊印"。

9. 中共中央关于陕甘宁边区若干地方试办土地公债经验的通报

1947 年 2 月 8 日

各中央局、各区党委：

（甲）最近在陕甘宁边区若干地方试办土地公债结果，证明这是彻底解决土地问题——最后取消封建土地关系与更多满足无地少地农民土地要求的最好办法之一。初步的经验如下：

一、由政府颁布法令以公债征购地主土地的办法，如与群众的诉苦清算运动相结合，决不会减弱群众运动，相反，大大加强群众运动，使群众的清算更加站在合法地位，使群众感觉有政府法令的保证而更敢于斗争，使地主感觉更非拿出全部余额土地不可。公债征购本身是一个发动群众的口号，只有在把它变成简单买卖关系时，才不能发动群众。

二、公债征购可以使地主把余额土地完全拿出，交给农民。因仅用清算、献地等办法，常不能把地主余额土地算完、献完，或献出坏地保留好地等。还有些农民也感觉某些清算的理由不充足，除清算、献地等办法外，如再采用公债征购办法，则地主无法保留多余土地，且可使农民避免某些理由不充足的清算，使自己得到的土地更有合法的保证。在经验中证明许多地主宁愿献地，写献约，而不愿得公债卖地，写卖约。因地主感觉如写了卖约，以后再无借口收回土地。

三、有些抗日地主、开明士绅的土地不便清算者，可以公债征购。对于外国教堂、外国侨民的土地，及其他某些公地如用公债合法征购比用清算办法更可避免一些外交纠纷。

四、在必须取得某些个别富农的土地以分配给农民时，用公债购买的办法比用清算的办法使富农比较容易接受一些。

五、在土地改革时期，地价大跌，故以公债征购土地的市价很低，公债本息偿还时期又规定很长，故我们政府与群众完全能负担得起，很为群众所欢迎。我们最初认为无力负担偿还公债本息的想法，是不合实际的。

六、公债对于地主的生活亦有若干帮助，地主希望以公债缴纳逐年的公粮。

七、边区公债条例传到北平时，很得中外记者赞许，认为共产党的土地政策已经有所变更，故土地公债的办法可使我们的土地改革增加一般的合法地位，减少中间派资产阶级的反对。

（乙）根据以上各项，用公债征购土地分给农民的办法，很可在各解放区采用，只要与诉苦、清算配合起来，不把它看作一种单纯的买卖关系，是只有好处而无害处的。因为不是以公债征购的办法去代替清算、献地等办法，而是在采用清算、献地等办法之外，再增加一个征购的办法，多一个办法总比少一个办法要好。在陕甘宁边区也和各解放区一样，发动群众清算是解决土地问题的主要办法（这是由下而上的），但如果再加一个由上而下的由政府颁布法令以公债征购土地的办法来配合，就更能发动群众，更能使土地问题迅速彻底而完全地解决。

中　央

选自《中共中央文件选集》(13)，中共中央党校出版社 1985 年版，第 590～591 页。

10. 中共关于内蒙古自治问题的指示

1947 年 3 月 23 日

东北局转西满分局并转云泽①同志、热河分局、晋察冀中央局、晋绥分局、西北局：

关于内蒙自治诸问题，我们有以下意见：

（一）内蒙成立统一的民族自治政府问题，我们原主张先从各地区民族自治政府的成立入手，以影响尚未解放的西蒙人民，一时不忙成立联合的自治政府。惟内蒙人民代表大会既已召开，且东蒙及热察蒙民久已要求成立统一的自治政府，我们不应再加劝阻。故原则上，我们同意就在这次代表大会，产生内蒙统一的民族自治政府，但必须注意：一、在宣言上必须提到西蒙大部分盟旗因在蒋介石统治下尚未解放，故不光有人民选举的代表参加，大会希望和欢迎下次大会能有那些地区的民选代表参加；二、在纲领序言上要指出这是根据现有经验提出和通过的，等到各地区经验增加，新的盟旗加入，纲领仍要吸收新的意见加以增改的；三、在政府组织中，要为西蒙代表留出位置，以吸引之。为慎重计，这次选出的政府仍可称临时自治政府，以期待西蒙盟旗之加入。

（二）自治政府纲领问题，依目前经验只能通过一个较简要而带原则性的纲领，许多具体条文还是让各地区自治政府自己去规定，等到取得经验之后，再综合而成为新的条文，准备增加到下次大会的纲领中去。且各盟旗情形也不完全一致，在纲领中也要顾到。与中共关系不要在纲领中规定。纲领草案，我们尚未收到。

（三）内蒙自治区与各解放区关系问题，须根据两个原则解决：一个以地区划分，即是完全盟旗的地方成立各地区的民族自治政府；蒙汉杂居，汉人占少数的地方，即隶属民

① 原注：云泽，即乌兰夫。

族自治政府，但这些地方政府中须有汉人代表；蒙汉杂居，汉人居多数的地方，仍隶属解放区政府，但这些地方政府中须组织蒙民委员会，处理蒙民事务，举例如察哈尔，锡盟[1]及各旗地应属于察哈尔蒙民自治政府，察哈尔各县治应属于察省政府，惟中间蒙汉杂居地应依具体情况划分之。第二个原则以地区联系，即是各地区内蒙民族自治政府应与各解放区政府发生横的联系，以便进行战争。联系方法，在政权方面，应于解放区（或省）政府中设立内蒙民族委员会，内有其所关联的内蒙民族自治政府代表参加（如察哈尔内蒙民族自治政府即派代表参加察省政府内蒙民族委员会），以便一方面管理该区（或省）的蒙民事务，另方面即负责与上述民族自治政府发生联系。在军队方面，各自治政府下应建立独立的蒙民武装队伍，在军政上由内蒙民族自治政府统一编制管理，但在指挥作战上，应统一于各人民解放军的军区，军区司令部中应有内蒙人民武装部处理之。在党的方面，各中央局、分局、区党委中，应有同志一人（最好内蒙同志）负责领导上述工作。

（四）内蒙人民革命党及内蒙自治运动联合会问题，如果内蒙人民中积极分子主张解散内蒙自治运动联合会而组织内蒙人民革命党，我们应予以赞助，并以中共分子加入成为领导核心，如果时机尚未成熟，亦不妨暂时保存内蒙自运会，作为向西蒙活动的人民团体。

（五）内蒙共产党及内蒙分局问题，内蒙人民中进步分子，应多多吸收加入中共，并给以党的教育，准备到相当人数后，宣布成立内蒙共产党。目前内蒙党的领导机关，可成立内蒙工作委员会，即以云泽同志为书记，受东北局或西满分局领导（由东北局决定），云泽同时加入东北局或西满分局为委员。

（六）内蒙民族自治政府与中国的关系问题，在大会宣言中应确定内蒙自治政府非独立政府，它承认内蒙民族自治区仍属中国版图，并愿为中国真正民主联合政府之一部分，它所反对的为蒋介石国民党独裁政府及其所制定的取消民族自治权利的伪宪与其卖国内战反动的政策。

以上六点，你们有何意见，仍望电告。

中　央
寅漾

选自《中共中央文件选集》(16)，中共中央党校出版社1992年版，第429～432页。原注："根据中央档案原件刊印"。

11. 中共对薄一波关于华北财经会议情况报告的批示

1947年5月4日

一波同志并财经会议各同志，并告各首长：

卯有第十八号报告电已收到。

---

① 原注：锡盟，即锡林郭勒盟。

（一）同意你们产生一个正式决定，确定各区财经共同方针和各种政策，今后各区银行发行权，各区脱离生产人数比例、人民负担标准、各区贫富间的调剂等，可由中国解放区财经办事处在中央领导之下去统一计划和规定。

（二）由财经办事处直接管理几种统税和专卖收益来调剂贫富区域为好，还是只由财办处统一筹划指定富足区域来协助贫弱区域为便利，这两种方式尚望你们再加考虑提出意见。

（三）决议文字和调剂办法望电告。董老①不久可到你处，如来得及，最好待他到达后才作最后决定。各战略区应派办事处代表（副主任），人选尚未得各区电告，你们也可考虑应有哪些人参加才便于今后工作，并电告我们及各区，以便作最后决定交由你们通过。

中　央

五月四日

根据中央档案原件刊印

附：薄一波关于华北财经会议情况向中央的报告

1947 年 4 月 25 日

中央：

一、财经会议已进入最后阶段，准备产生一个决定，已经起出草来。从保证长期战争供给及土地改革与解放区的生产建设方向出发，基本上要争取独立自主，完全不依靠，而且是与美蒋斗争的经济体系。根据十年来的经验，提出财政、经济各种不同政策，如财政、华北人民负担政策、整理村财政、财务行政、开源、节流、贸易、税收、金融、货币等均有详细规定，正在讨论中。

二、大家根据逐次长期战争供给的观点，拟建议将银行发行、各区脱离生产人数、人民负担标准及可以调剂贫富的几种统税、专卖收益归中央，以便中央斟酌各区财经情况适时给以指导，又能机动调剂贫富，如补助晋绥、陕北或其他临时开支。

三、各区相互关系亦进入解决阶段，办法：自行提出困难和要求，由大会研讨解决办法，如晋绥、陕北提出七十万匹布，一百五十万斤棉花，大家认为这小的很，由太行北岳完全负担起来，用货换或干脆帮助均可。

中央对此有何指示，请示。

薄一波

卯有

选自《中共中央文件选集》(16)，中共中央党校出版社 1992 年版，第 444～446 页。原注：“根据中央档案原件刊印”。

① 原注：董老，即董必武。当时任华北财经办事处主任。

12. 中央批准华北财经会议决议及对各地财经工作的指示

1947年10月24日

晋冀鲁豫中央局，晋察冀中央局，华东局，晋绥分局二，西北局，刘、邓，中原局，陈、粟，陈、谢，彭①，并告中工委，中后委，东北局：

（一）中央审查《华北财政经济会议决议草案》和研究该次会议中各种报告材料之后，认为这次财经会议总结了华北各解放区财经工作经验，并正确地提出和解决了今后财经工作的方针与政策。中央批准华北财经会议决议，并且已经成立了华北财经办事处机构，统一领导华北各解放区的财经工作。

（二）中央在批准这一决议时，认为必须指出过去各解放区对于“发展经济，保障供给”的方针，还缺乏深刻的认识，重财政轻经济的现象尚相当普遍地存在（晋冀鲁豫的情形要好一些），因此，许多地方对于发展农业（包括副业）和手工业生产，组织劳动互助，发展合作事业，提倡解放区缺少但有可能自己出产和推广的各种生产（如植棉种蓝……）等，尚缺乏认真的坚持的贯彻到底的精神。财经机关在贸易、金融、财政等政策上，对于如何保护和扶助解放区内国民经济的发展也就缺少注意，或者是注意得不够，这就不可能使解放区达到经济上独立自主并进一步改善人民生活的目的。这种情形必须引起全党的注意并努力加以改进。在土地改革完成地区的党、政和农会、工会，除开支援前线工作之外（要注意节用民力），应全力去组织群众的生产运动，达到增产粮食、棉花、颜料、布匹、火柴、纸张、肥皂、纸烟及其他日用必需品，以满足人民的需要，并增强对外斗争的力量。这里要坚决反对认为生产缓不济急、利润太小、不能解决财政的观点，必须认清只有增加解放区内部的财富，才是积极开辟财源、保障长期战争需要的根本环节。财政金融贸易机关，在执行政策上，应当把扶助和保护国民经济的发展当作自己最基本的任务。

（三）财经会议对各种财经政策都作了具体的决定，这些决定应即坚决实行。各级党委和财经机关应当讨论、传达财经会议决议（参考该会议中的综合报告及各区报告中许多很好的经验），配合当地情形，具体检讨和布置今后的工作。明年的农业生产运动，今冬就当计划和着手进行。

中　央
西敬

选自《中共中央文件选集》(16)，中共中央党校出版社1992年版，第564～565页。原注：“根据中央档案原件刊印”。

---

① 原注：刘邓，指刘伯承、邓小平，陈粟，指陈毅、粟裕。陈谢，指陈赓、谢富治。彭，即彭德怀。

13. 附：华北财政经济会议决议

1947年6月5日

中央指示我党目前的任务是：动员一切力量，全力准备反攻。这个反攻是长期的，中间还可能发生某些曲折，不论在军事和经济方面，都要长期打算。因此，目前财政经济工作的首要任务，就是保障长期战争的军需供给。抗战期间，我各解放区在财政工作上即存在有：必须大量养兵，必须保障部队生活的一定水准和必须照顾人民负担能力三个基本矛盾。自卫战争爆发后，又增加了分散的落后的小农业和小手工业生产、交通不便与比较近代化的大兵团作战间的矛盾。这一系列的矛盾，必须适当解决，始能支持长期战争。

人民负担能力在八年抗战、一年自卫战争后，究有多大，能支持多久？为了支持长期自卫战争，争取最后胜利，最低限度究需养兵多少，始能继续作战？一个士兵的生活标准，究应有多高始能维持？会议根据各解放区的材料研究结果，认为：人民负担能力，可能占其生产量的百分之十五至二十；养兵需要而且可能达到人口的百分之一到一点五；一个兵的生活水平，每年约需小米十六石左右；这个比率，一般不能变动。其次，应估计到在长期战争中，我解放区某些部分可能暂时沦陷，并受严重摧残，某些地区还可能遭遇灾荒以及黄河泛滥。反攻开始后，我必须支付更多的人力、物力。凡此种种，均会加重我之困难，必须有计划地努力克服这些困难。

过去我各解放区财经建设已有相当基础，人民生产发展，已积蓄了相当多的力量，可以支持长期战争。土地改革后几千万翻身农民，热烈发展生产，支援战争，这又是我财经工作的有利条件。只要军民团结，各解放区团结，共同斗争，一定能克服困难，赢得胜利。会议研究过去经验，目前情况，专作如下决定：

（一）经济建设必须奖励土货，抵制美蒋货，加强对敌经济斗争，实行保护政策。独立自主发展经济，争取自给自足。为着提高生产力，应当改造分散的、落后的、个体经济的生产方式，奖励互助合作，组织变工组和合作社，扶助群众生产，发展农村副业。土地改革后，更须帮助农民组织起来，生产发家，发放大量贷款，帮助贫苦农民解决缺乏生产资金的困难，调剂耕畜农具，保证生产品的销路。公营经济应当扶助私营经济和合作社经济，公私兼顾，照顾群众利益，照顾社会经济发展。私营资本主义经济应使之得到发展的机会，保障其营业和赢利的自由。

（二）目前财政工作的首要任务，是集中一切力量，保障战争供给。只要保证了部队的必要供给（衣服、粮食、菜金、弹药、医药、通讯器材及炮兵、工兵的建设费用）及必要的生产建设费用，就算是完成了财政任务。其他工作可不办的不办，可缓办的缓办，降低生活待遇，提倡艰苦奋斗。反对“仁政”观点，也反对铺张门面百废俱兴，以至无限度地加重人民负担。必须拿出已有积蓄，放手使用力量，又必须作长期打算，要从发展经济中去保障战争供给。财政工作不能仅从几百万脱离生产人员的生计出发，而必须从一万万九千万人民的生计出发，民富即国富，这是我们与国民党不同之点。

（三）实行精兵简政，首先精简地方机关人员，充实部队。在战争期间，部队可占脱离生产总人数的四分之三，地方占四分之一。军费开支可占财政开支总数的百分之八十五，地方费占百分之十五。部队要精简后方机关人员，充实前方，保证野战队要占部队总人数的二分之一到三分之二（能集中起来机动作战的）。地方机关和军队后方机关，实行精简，提高工作效率。

提倡科学的精确的合理计算，细心审核预算决算，核实人数，消灭虚报重领等浪费现象，严格财粮制度，反对漠视制度一切机动处理的有害观点。供给标准，部队高于地方，前方高于后方，野战军高于地方军。后方应特别提倡艰苦奋斗，一切为了前线，向农民生活看齐，切戒继承地主或蹈袭资产阶级的生活。

（四）开源。取之于民者：应改进公粮、税收工作，增加财政收入。必须改善粮食的征收、保管、运输、调剂工作，反对重财轻粮。负担政策，应扩大征收面，减少累进率，照顾农民生活，不要伤害农民生产情绪，税收工作与对敌经济斗争，管理贸易和奖励生产相结合，做到既保证财政收入，又刺激经济发展。

取之于己者：机关部队生产，应以农业、手工业和运输为主。反对投机贸易，取消机关部队的商店，归工商管理局统一经营。过去有些机关部队，积累了相当大的资产，应鼓励其捐输归公，支援前线，以减轻人民负担。

取之于敌者：战争缴获物资归公，除武器弹药由部队自己管理（多余部分仍应互相调剂）外，其他如粮食、布棉、金银、货币等，均应交公作为财政收入，严禁私自扣留和破坏行为。出击部队，就地取粮，实现“我们的后方是在前线”的口号。

（五）整理村财政。目前村财政无制度，浪费惊人，必须加以整理，整理村财政，节约开支，应成为村干部为人民立功内容之一。整理办法，最好由政府统一规定，收支标准，由村民民主评议，经区公所核准，自筹自支，并按期结算账目，送上级审查公布。村财政负担，要求做到每人每年不超过小米六斤。整理公产、公款投资合作生产，以其收益，补助村财政。

（六）调整战勤：由于几年来参军参战农村劳动力已感缺乏，自卫战争开始后，战勤更加频繁，且有严重浪费现象，如不能尽量节省民力，必致影响生产，因此，要求战斗部队精确计算，科学使用民力，做到平时不超过三兵一伕，战时不超过一兵一伕。支用民伕应有严格制度，除抬送伤病员和运输粮食、弹药等战争必须者外，其他当严厉禁止。战勤负担面，要力求扩大，做到公平合理。改善民兵、民伕的管理工作，建立战勤组织制度，使战勤与生产相结合，与劳动互助、优抗代耕、大变工，实行按期计工算账办法，要统筹计划，实行村区县大调剂，全区大调剂。

（七）贸易和金融货币工作，应为发展生产服务。贸易工作的主要任务是对外争取有利交换，对内调剂供求，扶助生产发展。为此，必须管理对外贸易，奖励土产输出，限制外货输入（奢侈品消耗品，及妨害我生产发展者应禁止输入），争取出入口平衡或出超。必须改善交通运输工作，组织群众运输。金融货币工作的主要任务，是要平稳物价，保护人民财富，促进生产发展。为此，必须建立独立自主的本币市场，排挤蒋币，摆脱蒋币涨落对我的影响，必须调节本币发行数量，掌握重要物资，防止物价波动。

为促进群众生产顺利发展，还应采用各种方法来便利土产运销，调剂农村信用。在合作社发展的地区，应即贷款发展运销和信用合作社，组织合作社的联合运销。银行和贸易公司，必须扶助这些合作事业，使之健全发展。

（八）由于交通运输困难，出击部队的粮食等供给，主要依靠战争缴获和就地筹措，不应单靠后方补给。新解放区人民（尤其地主富商），也须担负战争供给，反对“仁政”观点，反对抓一把的做法。蒋政府的公产和汉奸恶霸财产的接收没收，须有纪律有组织地进行，避免破坏及浪费。有步骤地发行本币，收兑和排挤蒋币。新解放区的奢侈品消耗品不得没收或补税，应当加以登记管理。逐渐改造市场，使为人民及生产服务。为着保证部队供给，管理、接收、没收资财，掌握金融货币，贸易工作，应当组织财经工作队随军行动，掌握政策指导工作，避免混乱现象。

（九）组织领导。鉴于各解放区多已连成一片，人民物资交流，军队机动作战，和贫富区适当调剂，均要求我华北财政经济做到适当的集中统一。同时又鉴于各区财经工作发展不平衡，交通不便等关系，在集中统一下，又应有很大的机动处理权。会议本此原则，一致要求在中央直接领导下，成立统一的财经机关，调整各地贸易关系，统一各区经济政策和对敌经济斗争，调剂贫富有无，平衡各地人民负担，统一规定各地供给标准，统一计划掌握各地货币发行，稳定各种货币兑换比率，并在这些基础上，逐渐达到各解放区财经工作的进一步的统一，其他具体工作则完全由各地机动处理。

各解放区间的货币贸易关系，应即进行适当调整，便利人民物资交流，使我对敌经济斗争力量加强，步调一致。会议决定，邻区物资交流，应与内地贸易采取同样政策（通过敌人封锁时，须有适当措施以免走私偷税），进口出口采用一道税制，邻区已征税的不再重征，各区货币应互相支持，便利兑换，帮助邻区采购必须外货，推销剩余土产，互相调剂，减少对蒋占区的依赖。

今后财政经济工作，必将更加繁重和困难，它将成为爱国自卫战争能否长久支持，赢得最后胜利的重要关键。建议各级党委亲自掌握财经工作，动员全党全军及群众力量，共同努力渡过目前严重困难，并把我们的财经工作提高一步。

选自《中共中央文件选集》(16)，中共中央党校出版社 1992 年版，第 564～571 页。原注：“根据中央档案原件刊印”。

14. 中共中央工委关于禁止毁坏古书、古迹的指示

1947 年 7 月 10 日

各中央局、分局并报中央：

据最近所得报告，有些地方在土地改革时，所清出的地主家庭书籍、字画、碑帖、古董受很大损失，当成废纸贱卖。五台的古庙古物，也破坏得很厉害。这是中国文化上的损失，请即通知各级党委及军队中各级首长对于现有书籍及古物，如已分散的，应当尽可能设法收集凑拢。还没有分散的，务必指定专人妥当管理，或暂就原地保存，或在必要与方便时，集中在一定适当地方保管，准备将来集中到或地方适当的图书馆，绝对不要任意破坏，或出卖。古庙古迹亦必须保存，禁止拆毁。已开始破坏的必须停止，将来统一处理。

各地方党对此事，应在各级组织，特别对于支部、民兵及农民群众的解释工作。

中央工委

选自《中共中央文件选集》(13)，中共中央党校出版社 1985 年版，第 662 页。

15. 中共中央关于彻底平分土地问题给中央工委的复示

1947 年 9 月 6 日

中央工委：

九月五日电悉。平分土地利益极多，办法简单，群众拥护，外界亦很难找出理由反对此种公平办法，中农大多数获得利益，少数分出部分土地，但同时得了其他利益（政治及一般经济利益）可以补偿，因此土地会议应该采取彻底平分土地的方针，将农村中全部土地、山林、水利，平地以乡为单位，山地以村为单位，除少数重要反动分子本身外，不分男女老少，在数量上（抽多补少）、质量上（抽肥补瘦）平均分配。不但土地、山林、水利平均分配，而且要将地主富农两阶级多余的粮食、耕牛、农具、房屋及其他财富拿出来适当地分配给农民中缺乏这些东西的人们，地主富农所得的土地财产不超过也不低于农民所得。大规模的森林及水利工程不能分配者由政府管理。此外，同意即由土地会议通过土地法大纲，作为向各解放区政府的建议。同时，起草一个党内决议，由中央公布。

中　　央

选自《中共中央文件选集》(13)，中共中央党校出版社 1985 年版，第 705 页。

16. 附：中央工委关于彻底平分土地的原则向中央的请示

1947 年 9 月 5 日

中央：

土地会议已进入结束阶段，四五天内即可闭幕。讨论原集中在党内问题及农民组织与民主问题，因新华社论提出彻底平分土地，便又集中到土地政策问题上来。多数意见赞成彻底平分，认为办法简单，进行迅速，地主从党内、党外进行抵抗可能减少，坏干部钻空子、怠工、多占果实的可能亦减少。而缺点就是除一般要削弱富农外，还可能从约占人口百分之五的上中农那里抽出或换平一部土地。得利者在老区亦仍占百分之五十到六十，不动者占百分之二十到三十，仍可团结百分之八十以上的农民，因系彻底平分，中农的不安与动摇反而减少，故大家认为利多害少。因此，决定普遍实行彻底平分，由土地会议通过一个公开的土地法大纲，而各解放区政府提议，同时通过一个党内决议，以总结一年来土改经验，并提出执行政策的方法，及整党、组织农民与进行农村民主运动及生产运动的方法等。土地法大纲及决议草案，待通过整理后，即电中央批准并发出。上述各项，特别关于彻底平分土地的原则，是否妥当？望即复示。

中央工委

选自《中共中央文件选集》(13)，中共中央党校出版社1985年版，第706页。

17. 刘少奇：在全国土地会议上的结论①

1947年9月13日

全国土地会议开了将近两个月。在会议上，各解放区同志就土地改革情况作了报告，交流了经验，提出今后进行土地改革的意见，并进行了反复讨论。同志们发扬自我批评精神，实事求是，不夸张，不抹煞，有功不骄，有过不隐，好就是好，坏就是坏。这样的精神和态度是好的。因此就能平心静气。发现真理，发现错误，坚持真理，纠正错误。

土地会议有个发展过程。在开始的阶段，一些观点、论点、看法和政策有缺点，甚至有错误，后来修改了。可见大会是实事求是的，也看到我们这些人，包括我在内，是会有错误的。开始有错误，后来改了，这就对了。领导人不可能是十全十美的，要求领导人把一切问题都解决，是不可能的。占着领导地位的人（我们大家大小都是领导干部）自己应如此想：我说的话、决定的政策，应力求完满，缺点少，不犯错误。但事实却往往相反，运动发展过程证明总不是那样完满，原来的决定总会需要修改，甚至有根本的错误。下面工作的同志，要求上面的领导指示都是正确的，这当作一般要求是可以的，但世界上没有一个十全十美的领导者，古今中外都没有。领导者主观上要求不犯错误，结果也往往会有错误的。不怕有错误，只要能发现错误，寻找原因，迅速修正错误就好了。大会开得好，错误发现了，修正了，真理也发现了。我们准备坚持真理，随时修正错误，这是毛主席的口号。今后要继续去发现我们的错误。《土地法大纲》等文件还可能有错误，要准备去发现，准备由历史来证明、来作结论。现在我来作会议的结论，是否对，也要由历史来证明。

一

“五四指示”后，一年多来各解放区都进行了伟大的土地改革运动，发动了广大群众。一般讲，运动得到很大成绩，但大部分地区不彻底，即使比较彻底的地方也还有若干毛病。土地改革不彻底的原因有以下三个：（1）指导土地改革的政策不彻底；（2）党内不纯；（3）官僚主义的领导。

首先分析第一个原因，即指导土地改革的政策不彻底。我们党解决土地问题已有几十年的历史。经过十年内战，我们对土地革命有了经验。抗日战争开始后，将没收地主土地改为减租减息。这个改变，在领导机关讲是完全自觉的，是在一贯坚定的土地政策之下自觉地让步。到情况发生变化，让步的条件和原因发生变化时，又由减租减息转变为“耕者

---

① 原注：一九四七年三月中共中央决定，以刘少奇为书记，组织中央工作委员会，进入晋察冀解放区，主持中央委托的工作。一九四七年七月十七日至九月十三日，刘少奇在河北省平山县西柏坡村主持召开全国土地会议并作了报告。这是在会议上所作结论的节录。

有其田”。这就是去年的“五四指示”。“五四指示”是很大的一个转变，这个转变是正确的，但是转变得还不彻底。由减租减息到现在这次会议决定平分土地，中间经过一个“五四指示”。从“五四指示”以来，时间是一年零三个月。一年多的经验证明，一定要有像今天这样的彻底平分土地政策，才能彻底解决农民土地问题。

“五四指示”是由减租减息到彻底平分土地的过渡政策，有其历史的来龙去脉。从“五四指示”当时的情况和环境条件来看，要求中央制定一个彻底平分土地的政策是不可能的。因为当时全国要和平，你要平分土地，蒋介石打起来，老百姓就会说，打内战就是因为你共产党要彻底平分土地。当时广大群众还没有觉悟到和平不可能，还不了解与蒋介石、美国和不了。假如只根据我们共产党的了解，认为与蒋介石和不可能，与美国和不可能，因而就决定不和的政策，那就会脱离广大群众。为了既不脱离全国广大群众，又能满足解放区群众要求，二者都照顾，使和平与土地改革结合起来，结果就产生了“五四指示”。这不算错误，应当如此决定。今天情形不同了，全国人民认为与蒋介石和不可能了，我们党提出打倒蒋介石的口号，进行人民解放战争。现在党与群众的思想准备成熟了，形势也成熟了，提出彻底平分土地是适时的，不迟也不早。

第二，党内不纯。这是土地改革不彻底带基本性质的原因。党内不纯在一年土地改革中更加证明、更加暴露了。可以这样说，党内不纯的情况不改变，即便政策彻底也不行，不只是不能完成土地改革任务，也不能进行战争，还会使党走向灭亡。党内组织上、思想上不纯，上一次报告讲过。党内小资产阶级自发性的弥漫，自由主义，宗派主义，组织上混乱等，都是党内不纯。地主富农混进来，党内阶级路线、阶级观点模糊，就使得土地改革不能彻底。

第三，官僚主义。从现象上来讲，最严重、妨碍群众最大的，就是那种“雷厉风行”强迫命令的官僚主义。还有一种就是“饱食终日，无所用心”的官僚主义，连孔夫子都反对，我们还能不反对么？那种“雷厉风行”强迫命令的官僚主义，不发动群众，不启发群众，不等待群众觉悟，而站在群众头上，命令群众，这是不允许的。为“完成任务”而强迫命令是错误的，不能鼓励，不能批准，不能撑腰。愈奖励愈来强迫命令，愈是“完成任务”，那就不得了。官僚主义是地主阶级、剥削阶级的思想反映到无产阶级的政党里来，一些党员受了影响。还有，无产阶级、劳动群众的觉悟和文化程度不够，使那些官僚主义者能利用群众的弱点，钻空子来整群众。所以，领导机关要小心，不要看见形式上完成任务就奖励，那样可能上大当，奖励了官僚主义。奖励官僚主义的人，也是官僚主义。今后不仅要看是否完成任务，还必须考查是怎样完成任务的。官僚主义与党内不纯是相联系的，党内不纯则官僚主义更厉害。有些官僚主义者，是以国民党的方式来统治群众。工农分子搞官僚主义，是受了地主富农的影响，要教育批评，必要时要处分，处分也是为了教育。要发扬民主，订立一套民主制度，便利群众去监督，保证群众有很多机会、用各种形式来反对官僚主义。

二

会议上通过的《土地法大纲》，代表着今天土地政策的基本和主要部分。《土地法大纲》还要经中央修改、批准后再发给你们，可先根据此草案去准备。从草案来看，政策已彻底了。依靠贫雇农团结中农的路线，在实行彻底平分的方针下也不变，还是这个路线。

彻底平分土地一定要团结中农，不仅不可以少注意，而且更要注意。一部分中农虽然抽出土地，但大部分中农得到土地。就是对抽出土地的富裕中农也要设法团结他们，必要时可设法在别的方面予以补偿，比如在政治待遇方面或分些别的东西给他们。为了使他们不受地主富农影响来反对我们，群众所采用的抽地方式要好些。个别中农不愿意抽，就不要强迫去抽。如果有的中农坚决反对平分土地，甚至与地主富农搞在一起，那自然要进行必要的斗争，但斗争还是为了团结中农。

《土地法大纲》在政策上没有规定区别对待，但实行中可以有所区别。如对不同的地主、地主与富农、旧富农与新富农等，在实际执行中还是区别一下好。对大地主、恶霸可斗得凶一些，对于那些愿意投降的中、小地主就轻一些。不过，要在基本上不牺牲群众利益或保护群众利益之下，在执行平分土地政策之下来区别，不能因为区别和照顾而牺牲群众基本利益或不实行平分。区别，基本上是根据群众意见。利用矛盾，争取多数，反对少数，在满足贫雇农要求的方针下，分化敌人营垒。应该有此斗争策略。

关于打乱平分问题。一般讲，党与政府不要大宣传打乱平分，一定要照《土地法大纲》宣传，不许宣传其他东西。打乱平分，虽然有它的好处，但阻力太大，为了减少阻力，还是用抽多补少，抽肥补瘦的办法好。

对地主，一定要使他低头屈服，要监视管制起来。对不屈服的、顽固反抗的，可暂时不分给本人土地，但一经屈服就要分给。如地主坚持顽抗、反革命时，一定要严格镇压。有的富农反对彻底平分政策，甚至不比地主弱。中国富农有许多方面比地主本事还多一些，要知道，地主很难争取到中农反对革命，而富农接近中农，影响中农的可能性较地主为大。所以，对富农要特加注意。在做法上、政策上对富农与地主要有些区别，以便不使他们与地主一道反对革命；如果他们反对革命，就要镇压。

《土地法大纲》经中央批准后，要与群众直接见面。各地订的细则如有与《土地法大纲》抵触的，以《土地法大纲》为依据。平分土地要组织群众、发动群众自己去搞。最可怕的是群众还没有发动，还没有与地主撕破脸，仅仅由几个干部包办。苏维埃时期的经验，彻底平分土地一定要组织队伍，发动贫农、雇农组织农会，群众觉悟了才行。不去组织队伍，不提高群众觉悟，是不能分好的，就是分了也不巩固。

政策上有个问题要提一下，就是工商业问题。工商业肯定要保护。有的工商业者有土地可以分，其他不动；有些地主有工商业，工商业部分不动；有的地主把东西转移到铺子里，可以命令退出。特别是城市里，一切工厂商店，一律不动，让它去经营。

三

上面讲了一年来土地改革不彻底的原因有三个。今天，政策不彻底这一条解决了，今后只有两个问题，即党内不纯和官僚主义。有了彻底的政策，有了贯彻政策的纯洁的党组织，又有了好办法，不是官僚主义的而是群众路线的，土地改革就一定能进行到底。所以，整编队伍就成了首要关键。队伍有两个，一个是党的队伍，一个是群众队伍，而决定的一环首先是党的队伍，即群众的参谋部。党搞好了，其次是群众队伍，群众队伍的整编决定于发动群众。整编队伍的方法，上次报告中已详细讲了，还是“思想打通，组织整顿，纪律制裁”。对混进党内的地主、富农、阶级异己分子和蜕化分子要清洗；对小资产阶级思想和自由主义要进行思想斗争。党内思想斗争以反右为主，防止左倾。特别是在贯彻平分土地政策的情况下，左倾情绪在党内、群众中有很大的基础。这就是流氓小资产阶级的狂热性、投机性；有的地主富农出身的党员干部怕别人说右，故意搞“左”；党内还流传着一种“左”比右好的观点。有犯左倾错误的环境与条件，再加上土地分配方法简便，容易使我们犯左倾错误。必须搞好正面宣传：如何整党，如何斗争，如何分配，怎样搞就对，怎样搞就错。思想上必须提倡为人民做长工，要提得响亮。鲁迅先生说：“俯首甘为孺子牛”。我们的干部、共产党员要甘心给老百姓做牛马，凡不愿意给老百姓当长工、当牛马的可以退党。退党有自由，入党没有自由。如果有的党员站在人民头上胡作乱为而不受到打击，领导机关熟视无睹，不设法整顿，领导也有问题，要批评，要改正。同时，党内要表扬好的、为人民当长工的。要把表扬与批评结合起来。没有功而表扬，则是丑表功。我们是有功则表，无功则不表，有过则批评，无过不批评。有些地方单表扬是不对的。整党也要有批评有表扬。整党分为两步，一是由上而下思想打通，组织整顿，纪律制裁，目的是去掉障碍，去掉障碍才能彻底实现土地改革；土地改革之后，由下而上地整上来，这是巩固党，扩大战果，在毛泽东思想基础上，把党的经常制度、正确作风建立起来，使党的面貌焕然一新。

整党中，对犯错误的同志一方面要严格，不放任，不搞自由主义；另一方面对愿意改正错误、愿意学习的同志要热情帮助，要给他们以工作和学习的机会，还要照顾他们的生活。要把严格与热情结合起来，放任与冷酷都要不得。“不教而诛”是不对的，要教育才行。没有讲清楚，不处分；教育了，纪律说清楚了，再犯错误就要处分。处分第一次轻一些，二次三次重一些。该处分的必须处分，否则就失去了党的严肃性。要把讲清楚以前与讲清楚以后区别开来，这是领导机关的责任。

整党中要注意清查反革命分子。我们这样大的党，一定会有混进来的国民党特务，但为数不多。对特务案子处理要慎重，凡特务案子一律不准许在下面处理，要送到保卫机关审查清理。土地改革中对反革命案子的处理也要慎重。组织人民法庭，我们没有经验，大家可以去创造。

四

一般来讲，干部在执行群众路线上（考虑问题、解决问题、决定政策、执行政策）都进了一步，但是还没有彻底解决。

群众观点是革命观点、革命精神，它与无产阶级的立场、对人民的情感都有联系。没有这些，就不会有彻底的群众路线。要相信群众有创造力，能创造一切，群众是聪明的。不相信这些，就没有群众观点，就不会有群众路线。

有人以为要群众路线，就不要领导了，这种理解很简单、很庸俗。一切领导，包括军事、政治、经济、文化的领导都要有群众观点，走群众路线。所谓走群众路线，就是领导者走群众路线。问题是领导决定政策、考虑问题、决定办法时，要有群众观点，要走群众路线。人民群众的利益高于一切，把党的利益与群众利益对立起来是错误的。

我们的群众路线即马列主义的阶级路线。所以，只有坚持马列主义、无产阶级立场，才有彻底的群众路线。党性不纯的人不可能走群众路线。

群众路线是党的根本路线。离开群众路线，党的政治、组织，军事及其他一切就不可能有正确路线。决定政策要有群众观点、群众路线，执行政策也要有群众观点、群众路线。一切政策的决定、修改和执行，口号的提出与转变，都必须有群众观点，走群众路线。测量政策的正确与否，要以最大多数人民的最大利益为标准。比如，十年内战时期没收地主土地的政策，到抗日战争时期转变为减租减息政策，是从群众利益出发决定的。“五四指示”也是从群众利益出发决定的。今天彻底平分土地，对解放区群众有利，对自卫战争有利，即对全国人民有利。

决定政策的方法，是从群众中来，政策决定后，要拿到群众中去宣传解释，拿到群众中去执行。对的，就有群众拥护，错的，就没有群众拥护。群众反对的、不拥护的，就有问题。我们的政策，唯一目的是为了群众利益。政策要群众自己去执行，但我们先锋队要领导，不要包办代替。群众没起来，去代替群众，是不对的。群众发动起来了，必须有领导，对群众中的错误意见，要说服教育。不是说，不要包办代替就什么也不做了，尾巴主义、自发论也要不得。

五

方针政策应根据不同地区的情况贯彻执行。这次会议决定的政策，可以全部适用于比较巩固的解放区。在特殊地区、游击区、战区和新区，可以特殊一些，务使适合于当地的环境，不能机械执行。

青年团问题，由中央决定后就着手去办。头一步要选择和训练一批青年干部。在土改中把青年团下层组织形成起来，选择积极分子加以训练。中央局、区党委要选择一批有群众工作作风的、虚心的、能接近群众而没有官僚主义毛病的青年干部去做青年团工作。

妇女工作要重视。妇女工作是党的和群众工作的重要的一部分，必须注意去做。经验证明，单靠女同志把妇女工作做好是不可能的，应当由全党来做。土地改革中要进行妇女工作，根据妇女觉悟程度决定政策，采取办法。妇女婚姻自由的主张，我们共产党应该拥护，现在慢点讲可以，但不能不赞成。婚姻自由是妇女的基本权利之一。贫雇农一起来之后，不只是打倒地主的神权、财权、地权，还要打倒夫权，这是今天妇女解放的一个条件。

生产问题。董老讲了，我赞成。同志们在土改中，要调查土地情况，村财政要整理好，其他负担方面也要搞好，但主要是组织互助，把生产力从封建束缚下解放出来。

军队问题。土地改革后群众有了新气象，党有了新气象，军队也应有新气象。在部队中要给翻身农民撑腰，要反对军阀主义和官僚主义。军队必须参加土地改革，军队有很多人，有很大力量。军队里边有许多好作风，地方要学习。军民关系搞好就是增加了战胜蒋介石的力量，军队打了胜仗，也增加了地方力量。

最后讲几句。实行这样的彻底平分土地的政策，整顿党，整顿作风，直接的目的是为了广大农民的利益，为了把土地改革这一基本任务完成。解决土地问题是直接关系到几百万几千万人的问题，就全中国来说，是几万万人的问题。这直接是农民的利益，同时也是全民族的利益，是中国人民最大的最长远的利益，是中国革命的基本任务。只有发动群众，彻底进行土地改革，把党整纯洁，才能战胜蒋介石。我们解放区有一万万五千万人口，蒋管区有三万万多人口，比我们多，但蒋介石那里农民没有翻身，在反对他，在他的脚下安了“磙子”。我们这里农民翻了身，我们脚跟站得更稳了。这样，就将使我们与蒋介石在力量对比上发生根本的变化。他那里有三万万人，但没有人拥护他，还反对他；我们有一万万五千万人，群众自动参军参战，人力、财力、物力是无穷的。晋冀鲁豫那里，刘、邓带走五个纵队，又组织五个开走了，现在又在组织五个，几十万人参军。负担问题也是一样，农民翻了身，生产提高，从前出三斗公粮还嫌重，现在出六斗也愿意。只要一万万五千万人翻身，我们的力量就比蒋介石大，后备力量就比他大得多。晋冀鲁豫现在仅有七百万人彻底翻身，即有那么大的力量，我们今后搞他七千万或两个七千万，力量是不可限量的呀！中央苏区过去只有二百多万人口，几个县的土地改革搞彻底了，支持了多年战争，抵住了蒋介石，直到现在还在那里搞。土地改革搞彻底，群众发动好，力量是无穷尽的。几个县搞好就有那么大的力量，我们搞他三百个、成千个县，农民都起来革命，蒋介石有什么办法？天王老子也没有办法。解放区搞好了，蒋管区群众也要起来。解决力量对比关系，就要实行土地改革。蒋介石靠美国，我们是靠老百姓。但靠老百姓要有两个条件：第一个就是反对地主，平分土地；第二个就是民主，不准许站在人民头上屙屎撒尿。这两个条件我们可以做到，做不到就不像个共产党的样子。实行土地改革是争取爱国自卫战争胜利最基本的一环，有决定意义的一环，我们有信心能做好。大体上半年可以完成一个大概，以后再仔细搞。我们党内虽然有些不好的现象，要洗刷、批评，但多数同志是好的、忠实于人民的，因而一定能够胜利完成土地改革，一定能够战胜蒋介石。最后胜利是属于我们的！

选自《刘少奇选集》（上卷），人民出版社1981年版，第384～395页。

18. 中国共产党中央委员会关于公布中国土地法大纲的决议

1947年10月10日

中国的土地制度极不合理。就一般情况来说，占乡村人口不到百分之十的地主富农，占有约百分之七十至八十的土地，残酷地剥削农民。而占乡村人口百分之九十以上的雇农、贫农、中农及其他人民，却总共只有约百分之二十至三十的土地，终年劳动，不得温饱。这种严重情况，是我们民族被侵略、被压迫、穷困及落后的根源，是我们国家民主化、工业化、独立、统一及富强的基本障碍。为了改变这种情况，必须根据农民的要求，消灭封建性及半封建性剥削的土地制度，实行耕者有其田的制度。二十年以来，特别是最近两年以来，中国农民在中国共产党领导之下，实行土地改革，已有巨大的成绩及丰富的经验。今年九月，中国共产党召集了全国土地会议，在这个会议上，详细地研究了中国土地制度的情况，土地改革的经验，制定了中国土地法大纲，作为向各地民主政府、各地农民大会、农民代表会及其委员会的建议。中国共产党中央委员会完全同意这个土地法大纲，并予以公布。希望各地民主政府、各地农民大会、农民代表会及其委员会，对于这个建议，加以讨论及采纳，并订出适合于当地情况的具体办法，展开及贯彻全国的土地改革运动，完成中国革命的基本任务。

选自《中共中央文件选集》（13），中共中央党校出版社1985年版，第722页。

19. 中国土地法大纲

1947年9月13日中国共产党全国土地会议通过

第一条　废除封建性及半封建性剥削的土地制度，实行耕者有其田的土地制度。

第二条　废除一切地主的土地所有权。

第三条　废除一切祠堂、庙宇、寺院，学校、机关及团体的土地所有权。

第四条　废除一切乡村中在土地制度改革以前的债务。（中共中央注：本条所称应予废除之债务，系指土地改革前劳动人民所欠地主富农高利贷者的高利贷债务。）

第五条　乡村农民大会及其选出的委员会，乡村无地少地的农民所组织的贫农团大会及其选出的委员会，区、县、省等级农民代表大会及其选出的委员会为改革土地制度的合法执行机关。

第六条　除本法第九条乙项所规定者外，乡村中一切地主的土地及公地，由乡村农会接收，连同乡村中其他一切土地，按乡村全部人口，不分男女老幼，统一平均分配，在土地数量上抽多补少，质量上抽肥补瘦，使全乡村人民均获得同等的土地，并归各人所有。（中共中央注：在平分土地时应注意中农的意见，如果中农不同意，则应向中农让步，并容许中农保有比较一般贫农所得土地的平均水平为高的上地量。在老区半老区平分土地时，应按照一九四八年二月二十二日中央关于在老区半老区进行土地改革工作与整党工作的指示进行。）

第七条　土地分配，以乡或等于乡的行政村为单位，但区或县农会得在各乡或等于乡的各行政村之间作某些必要的调剂。在地广人稀地区，为便于耕种起见，得以乡以下的较小单位分配土地。

第八条　乡村农会接收地主的牲畜、农具、房屋、粮食及其他财产，并征收富农的上述财产的多余部分，分给缺乏这些财产的农民及其他贫民，并分给地主同样的一份。分给个人的财产归本人所有，使全乡村人民均获得适当的生产资料及生活资料。

第九条　若干特殊的土地及财产之处理办法，规定如下：

（甲）山林、水利、芦苇地、果园、池塘、荒地及其他可分土地，按普通土地的标准分配之。

（乙）大森林、大水利工程、大矿山、大牧场、大荒地及湖沼等，归政府管理。

（丙）名胜古迹，应妥为保护。被接收的有历史价值或学术价值的特殊的图书、古物、美术品等，应开具清单，呈交各地高级政府处理。

（丁）军火武器及满足农民需要后余下的大宗货币、资财、粮食等物，应开具清单，呈交各地高级政府处理。

第十条　土地分配中的若干特殊问题之处理办法，规定如下：

（甲）只有一口或两口人的贫苦农民，得由乡村农民大会酌量分给等于两口或三口人的土地。

（乙）一般的乡村工人、自由职业者及其家庭，分给与农民同样的土地，但其职业足以经常维持生活费用之全部或大部者，不分土地，或分给部分土地，由乡村农民大会及其委员会酌量处理。

（丙）家居乡村的一切人民解放军、民主政府及人民团体的人员，其本人及其家庭，分给与农民同样的土地及财产。

（丁）地主及其家庭，分给与农民同样的土地及财产。

（戊）家居乡村的国民党军队官兵、国民党政府官员、国民党党员及敌方其他人员，其家庭分给与农民同样的土地及财产。

（己）汉奸、卖国贼及内战罪犯，其本人不得分给土地及财产。其家庭在乡村、未参与犯罪行为，并愿自己耕种者，分给与农民同样的土地及财产。

第十一条　分配给人民的土地，由政府发给土地所有证，并承认其自由经营、买卖及在特定条件下出租的权利。土地制度改革以前的土地契约及债约，一律缴销。

第十二条　保护工商业者的财产及其合法的营业，不受侵犯。

第十三条　为贯彻土地改革的实施，对于一切违抗或破坏本法的罪犯，应组织人民法庭予以审判及处分。人民法庭由农民大会或农民代表会所选举及由政府所委派的人员组成之。

第十四条　在土地制度改革期间，为保持土地改革的秩序及保护人民的财富，应由乡村农民大会或其委员会指定人员，经过一定手续，采取必要措施，负责接收、登记、清理及保管一切转移的土地及财产，防止破坏、损失、浪费及舞弊。农会应禁止任何人为着妨碍公平分配之目的而任意宰杀牲畜，砍伐树木，破坏农具、水利、建筑物、农作物或其他物品，及进行偷窃、强占、私下赠送、隐瞒、埋藏、分散、贩卖这些物品的行为。违者应受人民法庭的审判及处分。

第十五条　为保证土地改革中一切措施符合于绝大多数人民的利益及意志，政府负责切实保障人民的民主权利，保障农民及其代表有全权得在各种会议上自由批评及弹劾各方各级的一切干部，有全权得在各种相当会议上自由撤换及选举政府及农民团体中的一切干部。侵犯上述人民民主权利者，应受人民法庭的审判及处分。

第十六条　在本法公布以前土地业已平均分配的地区，如农民不要求重分时，可不重分。

选自《中共中央文件选集》(13)，中共中央党校出版社 1985 年版，第 723～726 页。

互校版本：

1.《中国新民主主义革命时期根据地法制文献选编》第四卷，中国社会科学出版社 1984 年版，第 423～426 页。原注："选自《东北行政导报》第一卷第六期"。

2.《中国新民主主义革命时期法制建设资料选编》第三册，西南政法学院函授部 1982 年编印，第 133～136 页。

20. 中国人民解放军口号

1947年10月10日

中国人民解放军总部关于颁布解放军口号的训令

1947年10月10日

中国人民解放军各级军政首长同志们：

现在我们发布中国人民解放军口号六十七条。你们接到后，应即发给全军指挥员、战斗员，逐条讲解牢记，认真实行。同时，在你们所到之处，你们应当将这些口号，向全国人民，向蒋党蒋军被欺骗被胁从的人们，普遍地书写、张贴、印发、宣讲，务使他们完全了解，万众一心，打倒蒋介石，建立新中国。

中国人民解放军总部

中国人民解放军口号

（一）打倒蒋介石，建立新中国！

（二）打倒背叛政协决议的蒋介石！

（三）打倒破坏停战协定的蒋介石！

（四）打倒内战祸首蒋介石！

（五）打倒独裁者蒋介石！

（六）打倒反革命蒋介石！

（七）打倒屠杀人民的蒋介石！

（八）打倒欺骗人民的蒋介石！

（九）打倒摧残人权的蒋介石！

（十）打倒横征暴敛的蒋介石！

（十一）打倒美帝国主义走狗蒋介石！

（十二）打倒蒋介石才有和平！

（十三）打倒蒋介石才有饭吃！

（十四）打倒蒋介石才有民主！

（十五）打倒蒋介石才有独立！

（十六）坚决彻底干净全部消灭蒋介石进犯军！

（十七）审判战争罪犯，赔偿人民损失！

（十八）解散特务机关，拿办杀人凶手！

（十九）打倒四大家族，没收官僚资本！

（二十）打倒贪官污吏！

（二十一）打倒土豪劣绅！

（二十二）工农兵学商联合起来，组织反蒋统一战线！

（二十三）各人民团体、各民主党派联合起来，成立民主联合政府！

（二十四）知识分子与人民结合起来，为人民服务！

（二十五）人民有言论、出版、集会、结社自由！
（二十六）取消苛捐杂税！
（二十七）保护民族工商业！
（二十八）改善职工生活！
（二十九）开仓济贫！
（三十）农民分土地，耕者有其田！
（三十一）平分土地，废除旧债！
（三十二）国民党士兵分田废债！
（三十三）人人有地种！（或：人人有田耕！）
（三十四）人人有饭吃！
（三十五）人人有衣穿！
（三十六）人人有屋住！
（三十七）人人有工作！
（三十八）人人有书读！
（三十九）男女平等！
（四十）民族平等！
（四十一）宗教自由！
（四十二）保护华侨！
（四十三）保护外侨！
（四十四）美军退出中国去！
（四十五）否认卖国外交，废除中美商约！
（四十六）不许日本侵略势力复活！
（四十七）中美人民联合起来，反对美帝国主义侵略中国！
（四十八）东方各民族联合起来，反抗帝国主义侵略！
（四十九）联合世界上以平等待我之民族，共同奋斗！
（五十）毛泽东是中国的救星！
（五十一）共产党代表全国人民，蒋介石代表贪污土劣！
（五十二）解放军是人民的军队！
（五十三）穷人要翻身，加入解放军！
（五十四）实行三大纪律八项注意！
（五十五）不拿人民一针一线！
（五十六）爱护解放军伤兵，优待解放军家属！
（五十七）解放区是全国人民的总后方！
（五十八）解放区贯彻土地改革，厉行生产节约，支援前线！
（五十九）蒋区人民武装起来，抗丁抗粮，分田废债！
（六十）国民党员们，脱离孙中山叛徒蒋介石！
（六十一）蒋军官兵们，不要替贪污土劣打仗！
（六十二）欢迎蒋军官兵加入解放军！

（六十三）坏人悔过自新，准许将功赎罪！

（六十四）蒋介石必亡，共产党必兴！

（六十五）打到南京去，活捉蒋介石！

（六十六）中国人民解放军万岁！

（六十七）中华民族解放万岁！

选自《中共中央文件选集》(13)，中共中央党校出版社1985年版，第728～730页。

△中国人民解放军宣言

1947年10月10日

（见《毛泽东选集》第四卷，人民出版社1991年版，第1235～1240页。）

△中国人民解放军总部关于重行颁布三大纪律八项注意的训令

1947年10月10日

（见《毛泽东选集》第四卷，人民出版社1991年版，第1241页。）

21. 中央批准华北财经会议决议及对各地财经工作的指示

1947年10月24日

晋冀鲁豫中央局，晋察冀中央局，华东局，晋绥分局，西北局，刘、邓，中原局，陈、粟，陈、谢，彭①，并告中央工委，中央后委，东北局：

（一）中央审查《华北财政经济会议决议草案》和研究该次会议中各种报告材料之后，认为这次财经会议总结了华北各解放区财经工作经验，并正确地提出和解决了今后财经工作的方针与政策。中央批准华北财经会议决议，并且已经成立了华北财经办事处机构，统一领导华北各解放区的财经工作。

（二）中央在批准这一决议时，认为必须指出过去各解放区对于“发展经济，保障供给”的方针，还缺乏深刻的认识，重财政轻经济的现象尚相当普遍地存在（晋冀鲁豫的情形要好一些），因此，许多地方对于发展农业（包括副业）和手工业生产，组织劳动互助，发展合作事业，提倡解放区缺少但有可能自己出产和推广的各种生产（如植棉、种

① 原注：姓名全称是：刘伯承、邓小平、陈毅、粟裕、陈赓、谢富治、彭德怀。

蓝……）等，尚缺乏认真的坚持的贯彻到底的精神。财经机关在贸易、金融、财政等政策上，对于如何保护和扶助解放区内国民经济的发展也就缺少注意，或者是注意得不够，这就不可能使解放区达到经济上独立自主并进一步改善人民生活的目的。这种情形必须引起全党的注意并努力加以改进。在土地改革完成地区的党、政和农会、工会，除开支援前线工作之外（要注意节用民力），应全力去组织群众的生产运动，达到增产粮食、棉花、颜料、布匹、火柴、纸张、肥皂、纸烟及其他日用必需品，以满足人民的需要，并增强对外斗争的力量。这里要坚决反对认为生产缓不济急、利润太小、不能解决财政的观点，必须认清只有增加解放区内部的财富，才是积极开辟财源、保障长期战争需要的根本环节。财政金融贸易机关，在执行政策上，应当把扶助和保护国民经济的发展当作自己最基本的任务。

（三）财经会议对各种财经政策都作了具体的决定，这些决定应即坚决实行。各级党委和财经机关应当讨论、传达财经会议决议（参考该会议中的综合报告及各区报告中许多很好的经验），配合当地情形，具体检讨和布置今后的工作。明年的农业生产运动，今冬就当计划和着手进行。

中　央

选自《中共中央文件选集》(13)，中共中央党校出版社 1985 年版，第 734～735 页。

22. 中央批转中央工委关于政权形式问题给冀东区党委的指示

1947 年 11 月 12 日

各中央局、分局，刘邓、陈粟、陈谢、彭张、邓张、许谭①、中后委，中工委：

在实行土地改革，彻底消灭封建剥削制度斗争中，[政权组织形式]② 必须随着采取必须的改变。关于这些问题，中工委曾对冀东党委有一原则指示，特转告如后，各地可参照本地具体情况，采择试行，并随时将所得经验电告我们。

（一）目前解放区各级政权形式，应采取从下至上的代表会议制度，其名称或称农民代表会，或称人民代表会均可。（一般以称人民代表会议为妥。中央注）但在土改中，被打倒的地主富农及其他反动分子，均不应有选举及被选举权。（新式富农应除外。中央注）望在土地改革中，应将解放区政权，改组为人民代表会政权，在没有工业区及大城市的解放区，实际上主要是（在区村则完全是）农民代表政权，故各级农会成立后，应使农会委员会（或主席团）成为各级代表会的常驻机关，应将代表会的工作，当作自己的主要工作。为了加强工人、雇农及人民的先进分子，在各级代表会的领导下，规定工厂、机关、

① 原注：姓名全称是：刘伯承、邓小平、陈毅、粟裕、陈赓、谢富治、彭德怀、张宗逊、邓子恢、张鼎丞、许世友、谭震林。

② 本书编者注：怀疑此处漏掉“政权组织形式”等字。

军队、学校得派较多的代表数目，党应将最好的干部，经过人民出于自愿的委派到代表会去工作。应从思想上使这种代表会制度，与各种办事机关的委员制分别清楚。这种代表会制最便群众去直接掌握与监督政权，反对官僚主义，最不利于官僚主义者，站在人民头上作威作福，故我们应在积极发动起来的群众中，去放手建立创造与试验这种制度，注意收集经验，以便将来能正式规定解放区的政权制度。

（二）各级农民代表会，或人民代表会，为各级政府最高权力机关，一切权力应集中于代表会，而不应集中于委员会或群众大会。因为群众大会不能实行有系统的权力，而由委员会集中权力，则易成一般官僚机关。由各级代表会委派各级政府委员会及其他办事机关，在代表会的决议与指令之下进行工作，各级政府委员会所进行的一切工作，也均在代表会通过或批准。村长、区长、县长等名称可照旧，余改称主任委员，区村公所，改称区村政府。

（三）各级代表会代表，县以下由区、村人民直接选举（亦可说由人民直接委派），县以上由区、县代表会间接选举。各工厂各机关各部队，亦应派代表到相当的代表会，代表任期以一年为宜。各级代表会应经常集会，村（即乡）每十天或半月一次，区与县每月一次，省或边区每年二次三次或四次。每次会期，区村半天至一天，县省或边区会议十余天或一月、二月，有事时召集特别会议。各级代表会由各级农会主任当议长（或称主席），并由他召集开会。

（四）各级政府机关，应向代表会报告自己的一切工作，并请求审查和批准。代表会对于政府的行政、立法、司法、监察及武装等一切事项，均有权决议或否决之，各政府机关须完全遵守并执行代表会决议。

（五）代表会代表不称职者，得随时由选民撤回另派。各级政府委员会不称职者，得由代表会全部或个别撤换，审核。

中　央

选自《中共中央文件选集》(13)，中共中央党校出版社 1985 年版，第 763～765 页。

23. 中央工委关于政权制度及城市工作给东北局的指示

1947 年 11 月 28 日

东北局：

（一）阅悉关于北满书记联席会议的通知，同意你们的各项办法。关于土地法大纲的补充，还须在平分过程中不断由各省加以修正和补充，不要规定过多的统一办法。

（二）关于东北的政权制度，请你们研究工委九月二十六日给冀东电（中央十一月十二日转各局），在一切群众业已充分发动的乡村和城市：由下而上建立各级人民代表会，并使之成为各级政府的最高权力机关。这种人民代表会的整个系统，应在反对地主、平分土地的过程中，充分发扬群众民主，禁止任何人侵犯人民民主权利及反对一切机关和新老干部的官僚化等等斗争中确实建立起来。首先成立县区人民代表会，然后召集省与全东北人民代表会，并须经常开会，由各级代表会的主席团自行召集，由各级政府向代表会作报告并提出各种议案，使代表会真正成为解决各种重要问题的权力机关（例如大革命时的省港罢工工人代表会），并实行少数服从多数、下级服从上级，上级政府委员会及代表会有权改变下级代表会的决议及解散下级代表会重新选举召集之。只有这种代表会系统确实建立起来，才能使各级政府充分反映群众意见，密切联系群众，并巩固各种纪律和制度。望在实际斗争中大胆试验这种制度。

（三）在城市工作中望加强工会工作及培养工人干部的工作。东北局及各地负责人应经常到工厂中及工人大会、工人代表会去作报告和讲演，使我们各种政策和工作能首先取得工人群众的拥护和帮助。

中央工委

选自《中共中央文件选集》(13)，中共中央党校出版社1985年版，第766～767页。

24. 中共中央关于宣发《怎样分析阶级》等两文件的指示

1947年11月29日

（一）一九三三年苏维埃中央政府颁发之《怎样分析阶级》及《关于土地斗争中一些问题的决定》两个文件，其中地主不分田，富农分坏田等项政策是过左的错误政策，但关于阶级成分的规定（即两项文件的主要部分）则是基本上正确的。现将该两文件之错误部分及与阶级分析无关部分删去，经新华总社电告，当作你们的参考文件。望你们根据各地具体情况，参考此项文件，提出关于阶级成分分析的明确意见电告，然后由中央制定统一的正式文件，公开发表。

（二）你们规定阶级成分时，应召集有经验与有正确观点的同志开会，经过正式讨论通过，并将有争论之点告知。

（三）为着征求下级意见，请你们将两项参考文件印发各级党委、政府、农会及土改工作团，引起他们讨论，并要求他们提出意见。

（四）此两项文件原是一九三三年为纠正在阶级分析问题上的过左观点而制定者，那时，凡在土地斗争尚未深入的地方，发生右倾观点，不敢放手发动群众深入土地斗争；凡在土地斗争已经深入的地方，则发生左倾观点，给许多中农甚至贫农胡乱带上地主富农等项帽子，损害群众利益。以上两类错误均须纠正，而这两个文件则主要是为纠正左倾错误而发。目前正当各解放区开展与深入土地斗争之时，土地会议之召集，土地法大纲之颁布，给了右倾观点以严重打击，这是完全必须的。但随着斗争之深入，左倾现象势将发生。此项文件发至各地，决不应成为妨碍群众斗争的借口，而应在放手发动农民群众彻底平分土地的坚决斗争中，适当地纠正业已发生与业已妨碍群众利益的过左行动，以利团结雇农、贫农，坚决保护中农，这是确定不移的政策，正确地执行土地法大纲，消灭封建、半封建制度。

选自中央档案馆编：《解放战争时期土地改革文件选编》，中共中央党校出版社1981年版，第90～91页。

25. 中央工委关于阶级分析问题的指示

1947年12月31日

东北局，冀热辽分局，华东局，华东工委，阜平，晋绥分局，邯郸局，刘、邓，陈、粟，冀中，并报中央抄西北局：

一、根据晋绥与晋察冀最近土改材料，虽在许多地区群众尚未充分发动，但在若干群众业已发动地区，在划分阶级，首先在确定地主、富农斗争对象上，有下列左倾错误发生：

甲、划阶级的标准有好几条，政治态度和思想也列为标准之一，如曾是国民党员或对新政权态度不好，或是贪污干部，欺压群众，就被提升成分，订成地主、富农。

乙、追历史，查三代，其本人在新政权建立前数年，虽已从事主要劳动，并一直劳动到现在，但只要其老辈是地主或本人早先曾过地主生活，就抓住他的封建根子不放，仍订为地主（或称为破产地主、下坡地主）。

丙、把有劳动之家作为无劳动，主要劳动作为附带劳动，因而把富农订成地主。如将自己劳动并雇两个长工者订为地主，理由是自己劳动只占三分之一。也有的将富裕中农（如靠自己劳动只雇一放牛娃或放羊娃者）订成富农。

丁、确定谁是地主、富农，有的仅由贫农团通过，或少数人决定，而不由全体农民讨论通过。

二、我们领导土改的干部，对于上述错误，不去教育说服农民改正，反跟着农民走，拥护农民这种错误，而自诩为群众路线，其实这是放弃领导，是尾巴主义，与我们的群众路线毫无相同之点。

三、上述错误，如不及时防止和纠正，将妨碍土改之进行，并使将来难于纠正。望各地党委立即检查本地土改工作，如已发生上述错误，应立即纠正、补救，如尚未发生应早加防止，不要使这种错误发展。

四、划分阶级应只有一个标准，即占有生产手段（在农村中主要是土地）与否，占有多少及与占有关系相连带的生产关系（剥削关系）。如再提出其他标准都是错误的。追历史只能追到当地新政权建立以前三年、五年，而不要追到太远或追几代。例如，在当地新政权建立前三年中是地主，即订地主成分，是农民，即订农民成分。望根据新华总社广播的苏维埃政府《关于土地斗争中一些问题的决定》及《怎样分析阶级》两文件去办理，并将这两个文件立即印发给一切土改工作干部详加讨论，并根据中央指示，立即提出修改及补充这两个文件的意见速告中央，以便中央能迅速规定分析阶级的统一标准和办法。

五、确定谁是地主、富农，必须首先在贫农委员会及贫农团大会讨论通过，经工作团或上级审查同意，再由本村农民大会讨论通过，方可确定。而决不应由少数人决定或有任何强迫包办。

中央工委

选自《中共中央文件选集》(13)，中共中央党校出版社1985年版，第773～774页。

26. 任弼时：土地改革中的几个问题[①]

1948 年 1 月 12 日

我想讲的是土地改革中的几个问题。这是几个重要问题，但不是土地改革的全般问题。各解放区的土地改革运动，都获得很大的成绩，在广大解放区内掀起了热烈的群众运动，已经或正在彻底消灭中国存在几千年的封建半封建剥削制度，使千千万万的中国农民翻了身。这是中国历史上最伟大的人民运动，也是我们今天战争能够胜利发展的基础，是帝国主义和中国国民党反动派所最为惧怕的。去年九月土地会议，全般地讨论了土地改革问题，并作出许多重要决定。中央根据土地会议的结果，颁发了《中国土地法大纲》，建议各解放区政府施行。土地法大纲的公布，清楚而明确地在全国人民面前指出我党土地政策的方向和办法。对于这个方向和办法，我们应该坚决拥护。任何对于土地改革的动摇、畏缩、旁观甚至妨碍，都是不能容许的。但是，土地改革工作是一项繁重复杂的工作，我们为了拥护土地改革，为了彻底实现土地改革的目的，除了提出土地法大纲之外，还必须对于农民实际运动中所发生的各种问题，给以正确的具体的解决。我现在根据中央最近的决定[②]，讲讲在这一伟大运动中所发生的、必须引起全党注意的下列几个问题。

一　根据什么标准来划分农村阶级

中央最近重新发出了一九三三年的两个文件，《怎样分析农村阶级》和《关于土地斗争中一些问题的决定》，给各地作为划分农村阶级的参考文件。这虽是一九三三年的文件，但今天一般还是适用的，其中关于地主、富农、中农、贫农、雇农等都有明确的规定。中央所以发出这两个文件，是因为有些地方在定阶级成分时发生了错误，没有掌握定阶级成分的正确标准，把许多人的成分定错了，弄得敌我界限没分清楚。毛主席告诉我们要画清界线，分清敌我，孤立敌人，分化敌人，不要孤立了自己。如果许多人定错了成分，那就搞乱了自己的阵营，这样做的危险性是很大的。我现在举一个晋绥的材料来说明这种危险性的严重。据晋绥分局上月讲到纠正兴县蔡家崖行政村定成分中的错误时说：全蔡家崖行政村（缺岔儿上自然村）共五百五十二户，评定为地主富农的有一百二十四户，占总户数百分之二十二点四六。据一般的估计，在旧政权下，农村中平均地主占总户数约为百分之三，富农约为百分之五，合计地主富农共约占百分之八的户数，百分之十的人数。老解放区内，很多地主及旧富农已经变化，变为其他成分，地主富农的户数应该少于百分之八，而蔡家崖地主富农的户数则比百分之八还要多出将近两倍。后来分局按照一九三三年《怎样分析农村阶级》及《关于土地斗争中一些问题的决定》两个文件的原则，经过农民代表委员会重新评定的结果，认为一百二十四户中，可将破产及下坡地主十一户，生产富农二

---

① 原注：这是任弼时在西北野战军前线委员会扩大会议上的讲话。

② 原注：1947 年 12 月 25 日至 28 日，中共中央在山西米脂县杨家沟召集会议（通称十二月会议），讨论通过了毛泽东作的《目前形势和我们的任务》的报告，还详细讨论了当时党内的倾向问题以及土地改革和群众运动中的几个具体政策问题。任弼时根据这次会议的精神作了这个讲话。

十户，共三十一户改订为富裕中农或中农。这样则地主富农可减为九十三户，占全户数百分之十六点八四。后又把时间的标准从一九三七年缩短到一九四〇年来评定，则全蔡家崖（连岔儿上共五百七十九户）地主富农可降为七十一户，还占总户数百分之十二点二六。如果按地主劳动五年，富农停止剥削三年者均以农民成分计算，则地主富农的户数应当还要少些。

兴县蔡家崖算是当地地主富农比较集中的地方。该县多数乡村地主富农没有蔡家崖这样多。可是蔡家崖的经验，却给我们一个重要的教训，就是我们必须按照实际情形去划分阶级，进行土改，决不可将本来不是地主富农的人们人为地划成地主富农，错误地扩大打击面，打乱革命阵线，帮助敌人，孤立自己。这是一个极端重大的问题，必须引起全党同志的注意。

兴县蔡家崖从事土改工作的同志们怎样划错了成分呢？据称：三十一户下降的原因，可分为以下几种：

（一）因其祖父、父亲剥削过人，本人在一九三六年以前，即建立抗日民主政权的前一年，剥削已很少，或已不剥削者，错算了十五户。

（二）本人早年享受过地主富农生活，抗战以前（后半辈）自己劳动即未剥削人，或剥削很轻微者，错算了五户。

（三）本人勤苦劳动，只有轻微剥削，而“铺摊”大（财产多），这样算错者七户。

（四）本人早年很穷，过继或被卖给地主富农为儿子，自己劳动为主，剥削很少或不剥削人者，错算了三户。

（五）因孤儿寡妇无劳动力，中间一段雇过人，父亲是农民，本人长大也是农民，就是说因偶然丧失了劳动力而雇佣长工遂错算者一户。

（六）此外，过去定成分中对经济状况剥削关系很难确定者，往往以其政治态度决定其成分的升降。

总起来看，在蔡家崖和晋绥其他许多地方，过去是以剥削、历史、生活及政治态度等这样许多项目来作为定成分的标准的。除剥削一项以外，拿其他几项作为定阶级的标准都是错误的。这样只在一个蔡家崖行政村，就定错了五十多户，约有三百左右的人口，被我们算到敌人阵营里面去了，这不是孤立了敌人而是孤立了自己，把自己队伍里面的人，送到敌人方面去，是多么严重的错误！

农民对于这许多人定错成分表示什么态度呢？分局的同志说：农民代表委员会上讨论时，各委员均赞同一九三三年《怎样分析阶级》的划分成分法，但他们怕纠正。有的说，早有贫雇农觉得把阶级敌人搞多了，但不敢说，怕别人说是包庇地主富农。多数委员说，有些所谓生产富农本来是中农，勉强定成富农，他们不当兵了，对咱们不利。又说，剥削少的生产富农定成中农，可使中农大胆生产，对生产有好处。由此可见，农民对大批人错定成地主富农，是不满意的。认为这就树敌太多，自己力量减弱，妨碍生产发展。这是很正确的看法。

这里必须指出，我提出兴县蔡家崖划错阶级成分的问题，只是当作一个例子来说，在晋绥其他乡村，在华北、华东、华中、东北及西北的陕甘宁边区，如像蔡家崖那样定错阶级成分的，或者差不多那样的，肯定地说必定不少。一切解放区的领导同志们，及所有从事土地改革工作的同志们，均必须严肃地检查这个划成分的问题，公开地明确地更改自己所犯的错误。哪怕只是划错了一个人，也必须改正。

像蔡家崖那样定阶级成分的标准是错误的。那么，究竟什么才是定成分的正确标准呢？这是我们必须首先要弄清楚的。划分阶级成分的标准只有一个，就是依据人们对于生产资料的关系的不同，来确定各种不同的阶级。由于对生产资料占有与否，占有多少，占有什么，如何使用，而产生的各种不同的剥削被剥削关系，就是划分阶级的唯一标准。生产资料是什么？工业中的生产资料就是工厂、机器、原料和其他资本。农业中的生产资料，就是土地、耕畜、农具、家屋等。由于对土地、耕畜、农具、家屋等生产资料占有与否，占有多少，占有什么，如何使用（自耕、雇工或出租）而产生的各种不同的剥削被剥削关系，就是划分农村阶级的唯一标准。

根据上述这一标准，就很容易区别农村中的各种阶级成分。农村中的主要阶级成分一般可划分如下：

（一）占有多量土地，自己不劳动，专靠剥削农民地租，或兼放高利贷不劳而获的，就是地主。

（二）占有多量的土地、耕畜、农具，自己参加主要劳动，同时剥削农民的雇佣劳动的，就是富农。中国的旧式富农，带着浓厚的封建性，多兼放高利贷和出租一部分土地。他们一方面自己劳动，接近于农民；另方面又有封建的或半封建的剥削，接近于地主。

（三）占有土地、耕畜、农具，自己劳动，不剥削其他农民，或只有轻微剥削的，就是中农。

（四）占有少量土地、农具等，自己劳动，同时又出卖一部分劳动力的，就是贫农。

（五）不占有土地、耕畜、农具，出卖自己劳动力的，就是雇农。

农村主要阶级成分，一般就应当是这样划分的。但出租土地或雇用长工的人，是否一律按地主富农处理而无例外？例外也是有的。如孤、寡、残、疾，丧失了劳动力，这些人的小块土地，是可以允许出租的。还有如医生、小学教员、工人，他们家里有少量土地，因自己从事其他职业，而不能兼顾耕种，虽出租其土地或雇人耕种，仅够维持其生活者，也不能算为地主或富农。此外，还有一些复杂的情形，需要详细规定，这里说的只是一种最标本的情形。

富农与中农如何区别，是一个要十分慎重处理的问题。一般说，中农不剥削别人，但只有轻微的或偶然的剥削，仍应认为中农。在这个问题上，中央最近决定采取比一九三三年更宽大些的政策，即有轻微剥削（如雇人看牛或拦羊，请零工、月工，甚至雇个把长工，或有少数土地出租，或放少量的债），而这种剥削收入不超过其总收入百分之二十五（四分之一）者，仍算为中农，或富裕中农，这比一九三三年规定这种剥削收入不超过其总收入百分之十五的限度，是更宽一些了。剥削部分超过百分之二十五而且连续三年者，才算富农。

新区在建立民主政权以前一年，地主富农即已破产下降为中农或贫农者，即应承认其为中农或贫农的成分。一年就决定改变成分，是因为他们是受国民党统治压榨而逼着下降的。但是由农民上升为地主或富农者，即原来长年贫苦勤劳积累致富者，就须上升三年以后，才算为地主或富农。

老解放区的地主富农，在民主政权下因合理负担，减租减息，清算斗争，或其他原因而下降，凡地主自己从事农业劳动，不再剥削别人，连续有五年者，应改变其成分，评定为农民（按实际情况定为中农、贫农或雇农）。富农已连续三年取消其剥削者，亦应改为农民成分。但是这些地主富农仍保有许多封建财产者，则仍应交出其多余的财产，分给贫苦农民。地主富农改变了成分之后，是否可以加入农会、贫农团，则应由农会和贫农团加以审查，分别决定之。

在一九三三年的《关于土地斗争中一些问题的决定》中讲："红军战士中地主富农出身的分子，在他们坚决为工农利益作战的条件下，不论指挥员、战斗员，本人及家属，都有分配土地之权"，"但近来有些地方，只问社会出身，不问政治表现，把地主富农出身而坚决为工农利益作战的红军战士已经分得的土地，重新没收，这是错误的"。这是一九三三年对于红军中的地主富农出身的指战员的处理。现在，被允许参加人民解放军的少数地主和富农，他们脱离家庭，受过革命教育，经过战斗考验，如果在战斗中坚决勇敢，又并无包庇地主富农，破坏土地改革的行为者，也应改变其成分，享受一般革命军人的待遇。因为他们是参加流血的斗争，其年限应比在地方上缩短些。在军队中，合乎上述条件的地主富农及其他剥削者入伍满两年，地主富农及其他剥削者家庭出身的知识分子入伍满一年者，即可改为革命军人的成分。这些人本人及其家属分得的土地财产不能少于一般农民（也不要比农民多）。阵亡、残废或退役者，均应分别按革命军人烈士、荣誉战士或退役军人看待。但在战争中表现动摇或犯有其他罪行者，在土改中表现反对或破坏者，哪怕参军很久仍应坚决加以洗刷。

地主劳动五年，富农不剥削三年，即可改变成分，是否有危险呢？我看是没有危险的。因为他们的土地财产（富农的是征收其多余财产，不是全部财产）已经平分了，又有这许多年的劳动，是可以把人加以改造的。在改变成分以前，解放区的地主富农，在此深入土改斗争时期除个别被允许者外，一般以暂时停止其兵役权为妥。至于参加担架队与其他支援前线工作，则仍应分配给他们做。

二　应该坚固地团结全体中农

消灭封建阶级，是一个很残酷的斗争，我们必须依靠贫雇农为骨干，满足贫雇农要求，并坚固地团结全体中农，才能把事情做好。俄共（布）第八次代表大会（一九一九年）上特别强调团结中农的重要，指出对中农要"细心体贴"；并且说把富农与中农混淆起来，是"违反共产主义的一切基本原则"。把问题提到这样严重，是因为侵犯中农利益，必使中农动摇，甚至可以被地主富农利用，而使贫雇农陷于孤立。如果这样，革命就会要失败。

中农在旧政权下，约占人口百分之二十。在老解放区，一般占了百分之五十上下。在彻底平分土地以后，则农村中绝大多数人都成了中农，只有少数人不是中农了。在过去打日本时，中农出力出钱不少。他们打日本是有功劳的。在现在打蒋介石时，也靠他们出很大部分人力和粮食。现在我们的解放军中有百分之三十到四十是中农。如果我们破坏了中农的利益，甚至与他们对立起来，那就要使我们在战争中失败。在新民主主义经济建设中，由个体经济到集体合作经济的发展过程中，主要是依靠新老中农。他们有丰富的生产经验，是值得贫雇农学习的。他们的生产工具也比较完备，可以给贫雇农以帮助。在将来，中农还可以同我们一道走进社会主义。因此，中农是我们的永久同盟者。

但据我们知道，在许多土地改革运动发动起来的地方，在一切解放区，却发生了侵犯中农利益，排斥中农的“左”的倾向。这种倾向，表现在下列问题上：

首先就是定错了一些中农的成分。比如前面说的蔡家崖一个行政村内，就有五十多家中农和富裕中农（甚至还有一些贫农）被错定为所谓生产富农或破产地主。许多地方被错定了成分的，其财产也被没收了，有些连人也被打过。

其次表现为办事不要中农参加。中农怀疑还要不要他们了。除土地已经平分的老区以外，贫雇农团结起来，组织贫农团，作为领导土改运动的骨干，那是必要的，但有些地方走到贫雇农包办一切，那就错误了。例如在选举的农民代表会的代表或委员会的委员里面，只有贫雇农，没有中农参加。许多重要问题的决定，例如决定成分、分果实、分配负担等的会议，不让中农参加，那就使中农感觉自己的命运完全操纵在贫雇农手里，表示非常不安。

再则在负担上不照顾中农，特别加重中农负担。有些地方发现了分派公粮时只由贫雇农小组商量决定，因为土改后地主富农无力负担，就把应分派给地主富农的公粮负担都派在中农头上，甚至送公粮也多派在中农头上。这样做法，也是必然要引起中农反对的。

此外，在分配果实时，有完全不分给中农的。因此使中农感觉斗争时候要他们参加，误了很多工，而在分果实时就无中农的份。甚至连开分配果实的会，也不让中农参加。

上面这些侵犯中农利益、不照顾中农、排斥中农的倾向是非常危险的，是一种反马列主义的极端的“左”倾冒险主义倾向。应该引起全党来注意，必须坚决纠正这种错误倾向，不然就会使自己陷于孤立，使革命趋于失败。

贫雇农与中农之间存在一些分歧，但这是可以解决的。中农在旧社会中一般是受剥削和压迫的。他们在反对帝国主义、打倒蒋介石、消灭封建制度和要求政治民主等根本问题上，具备一切条件，与贫雇农一道在共产党领导下共同奋斗。他们之中的分歧，主要就在于贫雇农不满意中农在斗争地主富农时表示不够坚决，有时动摇犹豫。中农的这种软弱性确是存在的，但只要实行毛主席指示的领导原则，即坚决领导中农向封建阶级作斗争并取得胜利，同时不损害中农利益和给中农以政治教育，那就可以领导中农一致斗争的。其次在平分土地时，富裕中农可能不愿分出其一部分土地。平分土地是消灭封建制度的最彻底、最好的办法。在平分土地中，中农的绝大部分是不分进也不分出，只有少数富裕中农可能要拿出一点土地（其浮财则一点也不能动），下中农还可分进一些土地，但在实行平分土地时，必须和中农商量取得其同意，如果在动富裕中农的一部分土地，而他们自己表示反对时，那就应当向他们让步，不动他们的土地。在分配果实时，应向贫雇农说明：拿出一部分分给中农，以照顾团结。总之，要在各种问题上注意团结全体中农，要懂得团结农村中百分之九十的人口，是我们消灭封建和取得战争胜利的基本条件。无论如何，只应该把打击面放在真正的封建剥削阶级的范围以内，绝对不许可超出这个范围。在人民解放军所到的原先是国民党统治的地方，打击面还要缩小些。在那里，首先只打击大地主、豪绅、恶霸、地主武装、保甲制度和特务分子，依照战争胜利与根据地巩固的情况，依照群众的觉悟程度与组织程度，逐步地发展到消灭全部封建制度。

要团结全体中农，首先要做到不侵犯中农利益，不要定错中农的成分。已经定错的，必须重定。要向他们说明过去是因为没有学会分析阶级弄错了的。如果已经没收了东西的要尽可能退还；已经分用了的，则应在没收地主果实中抽一部分补偿他们。若中农有多余的粮食而贫雇农迫切需要者，可算做借粮。如果出于中农自愿捐出一些粮食救济灾荒，那自然是好的。

其次，办事一定要吸收中农参加。在农民代表会的代表中，农会委员中，要有中农参加，使中农确实享受政治上的权利。在贫雇农占多数的地方，在农民代表及农会委员会中，中农大约可占到三分之一的比例数，贫雇农占三分之二。在中农占绝大多数的老解放区（其中许多是由贫雇农上升的新中农），中农所占的比例就应该增高。大约贫雇农占三分之一，中农占三分之二。各级政权机构中均应有中农参加。各种问题，如定成分、分配负担、分配土地财物等，贫农团（或贫农小组）可以先加讨论，但最后必须在包括全体农民在内的农会上通过才能施行。而且开会时要很好地尊重中农意见，中农的好的意见应当采纳，如果中农有不正确的意见，应作耐心的说服，或给以适当批评，但批评甚至在某些特殊情况下必要的斗争，仍是为着团结全体中农这个根本方针的。

再次，负担必须做到公平合理。例如公粮负担、支援前线以及其他种种人力、财力的动员等，绝对不能因为地主富农不能负担就通通加在中农身上。这是中农最害怕的，也是不正确的。对贫雇农在负担上适当照顾是必要的，但也不能与中农相差太远，而且一切负担的分配，最后应在包括全体农民在内的农会上讨论通过。

只要成分不定错，不侵犯中农利益，吸收中农参加工作，负担又公平，平日对中农又能加以体贴，经常给以教育，那一定能把全体中农很好地团结起来。这样，就是合乎共产主义的原则。领导机关要经常注意，时时刻刻加以检查，如发现有侵犯中农利益，排斥中农的倾向，就必须坚决加以纠正。这种纠正必须是公开的纠正，必须使一切人都知道，应当在报纸上发表。

三　对地主富农斗争的方法

在经济上把地主当作一个阶级来消灭，这是一件不容易的事，是一场恶战。地主阶级在政治上被打倒以后，在经济上尽量设法保存力量，时时刻刻企图复辟。地主富农想尽办法钻到政府和党里面来，把自己女儿嫁给干部，收买狗腿子和坏干部、坏党员。你说要组织贫农团及农会进行土改，他们也可以组织一些假贫农团、假农会，实行假没收、假分配，也开大会“斗地主富农”，用这些办法，达到保存土地财产的目的。所以，贯彻土地改革，是需要很细致的很艺术的领导，要真正把群众发动起来才能把封建阶级消灭，绝不能用简单而性急的方法去进行。晋绥和陕甘宁两区，想在今年春耕前把全部老区、半老区的土改工作做好，这是不容易办到的。若能在两年至三年内把整个区域的土改工作做得彻底，而且把党和政府也改造好，建立起新的民主作风来，那就很好了。

消灭地主阶级，消灭封建制度，主要是没收地主阶级的土地、粮食、耕畜、农具等财产，及征收富农多余部分的财产分给农民，而其中最基本的是分配土地。不要在搞地财上耽误很多时间，不要将没收地主的浮财堆了很久不去分配，以致妨碍分配土地这一主要环节，如像现在有些地方做的那样。在交通发达工商业发展的地方，地主把现款投资于工商业比之埋在地下为有利。所以一九三三年时江西等地搞土地革命，并没有把搞地财看得很重要。在交通不便经济比较落后的地方，地财可能要多些，若能用适当办法不搞死人命能搞出地财来，那在帮助农民解决耕牛、农具、种子困难上有很大好处。但不要钻在搞地财里面，而延搁了浮财与土地的分配，以致妨碍群众的生产。地财可以慢慢地去搞，同时也不能单靠搞地财来解决农民的困难。政府应举行农贷，帮助农民解决分地后的困难。消灭封建剥削制度是为着解放对农村生产力的束缚，使农业经济有大发展的机会，所以土地平分后要号召农民勤劳生产，改良农业技术，发展互助合作运动，求得农民自己生活上的改善，求得民主政府与人民解放军有足够的公粮以利于战胜反动派，并求得日益增多的当作商品出卖的粮食及原料，使城市人民与工业获得足够的农业产品。

现在许多地方斗争地主富农的方法是不适当的。对富农和地主用一样的方法去斗，甚至要打死一些人，对地主甚至对富农一律用扫地出门的办法等。打下地主的威风是必要的，但并不要对每个地主富农用一样的方法去斗。首先对富农与对地主的斗争应有区别。《中国土地法大纲》上规定废除地主阶级的土地所有权，没收地主的牲畜、农具、房产及其他财产。对富农除土地一同平分外，只是征收上述财产的多余部分，即征收其多于一般中农的财产，并非全部没收。把富农如同地主一样去斗，不但是混淆了上述区别，更重要的是可能引起中农的恐惧与动摇。因为中农是介乎富农与贫农之间的阶层，在没有其他更好的发展道路的时候，他们总想发展到富农的地位。如果过火地打击了富农，是可以引起中农惧怕的。因此，我们必须把地主与富农分别开来。

以后对富农只能采取征收其多余财产的办法，不能没收其全部财产、房屋，更不应用扫地出门的办法去对付一般富农。搞富农地财也不能如搞地主地财一样，因富农自己是参加劳动的，他的积蓄的一部分是自己劳动的果实。

对地主斗争的方法也应分别地主的大、中、小，地主的恶霸与非恶霸。对大地主及恶霸斗得严厉些，借以警告其他地主，使其他地主懂得土改是大势所趋，不能抗拒而拿出他的土地财产，或是用谈判方式使他们将土地财产交出来。拿出土地财产来的就不一定拿到大会上去斗，只要他屈服，低了头，服从了政府和土地法就可以。

我们对地主的阶级剥削制度是采取消灭政策，但对地主个人则不是采取消灭政策。对一切地主除少数汉奸及内战罪犯经法庭审判定罪者外，均应按土地法大纲分给不比农民多也不比农民少的土地财产，强迫他们劳动，改造他们。因为地主在参加劳动后，是不小的一批生产力，我们不应当抛弃这批生产力。还因为如果我们不分给以必要的土地财产，他们就会去抢、去偷、去讨饭，弄得社会不安，农民反受损失。即使是犯罪分子，只要其犯罪程度未至经法庭判决枪毙者，亦必须分给一份必要的土地财产，社会秩序才能安定。我们共产党领导的革命所以优于一切历史上的革命，就是因为只有我们才能采取最为公平合理的政策，最大限度地发展社会的生产力，达到人人有衣穿，人人有饭吃，人人有屋住，人人有事做，人人有书读之目的，而不使任何一个人得不到生活的满足。我们这样做，首先是使劳动人民得到满足，其次也使地主分子得到生活出路。若地主保有工商业而足够维持生活者，自然可以不分地给他。若工商业太小不足维持生活者，还需分给一部分土地。

对新式富农和旧式富农的处理，又应有所区别。有些贫苦农民，在过去民主政权下劳动生产上升为新富农，在此平分土地时期，应照富裕中农待遇，其土地在平分时应取得本人同意，方能抽动其按照一般中农水平的多余部分，如果本人不同意，则不应抽动。因为这种新式富农的生产是在民主政府帮助下发展起来的，若现在又打击这种富农，就会引起中农动摇。这种富农的存在对我们并无害处，而且在将来一个时期内还会发展的。过去我们鼓励这种富农，例如吴满有，那样的人们，发展其生产，对于稳定中农，刺激中农的生产热情，起了很大的作用。我们今后的政策，还是应当如此。

四　对工商业政策

对工商业不要采取冒险政策。各地已发生有破坏工商业的现象。例如陕北神木地区的高家堡，当被我军收复时，连小商贩也没收了。这是一种自杀政策。《中国土地法大纲》上规定："保护工商业者的财产及其合法的营业，不受侵犯。"一般工商业是应当受到保护的，就是地主富农所经营的工商业，也不应当没收，同样是应当受到民主政府的保护。不要以为这些工商业是地主富农所投资而加以歧视，这是不对的，而应当看到这些工商业的存在，有益于今天的社会经济。党的政策是仅仅没收官僚资本与真正大恶霸、反革命分子的工商业归国家或人民所有，并且确定这些应当没收的工商业，凡是为国民经济所需要者，必须使之能够继续营业，不得停闭，更不得破坏和任意分散。这些政策不仅适用于原有解放区，也适用于将来解放的新区域。你们不久就要打出去，必须严格遵守这种政策，绝对不能重复如像高家堡一类的错误。那么地主在过去减租减息时期将土地变卖而投资工商业者，现在是否可以没收呢？不可以的。我们过去和现在都是保护和鼓励这些工商业，因为这样对于繁荣中国的经济是有利的，是需要的。在斗地主地财时，必须规定不许地主破坏已有的工商业，否则要受处罚。

毛主席说："由于中国经济的落后性，广大的上层小资产阶级和中等资产阶级所代表的资本主义经济，即使革命在全国胜利以后，在一个长时期内，还是必须允许它们存在；并且按照国民经济的分工，还需要它们中一切有益于国民经济的部分有一个发展；它们在整个国民经济中，还是不可缺少的一部分。"① 我们要把毛主席这篇道理，向工人、农民和士兵群众解释清楚，使他们懂得为何要有工商业，教育一切劳动人民懂得局部的暂时的利益要服从整个的长远的利益。譬如地主开座煤窑，农民从目前局部利益出发，是可以举手拥护没收分配的，因为将煤窑的工具和物资大家分到一份可以暂时解决自己的问题。如果我们批准这样做，形式上看来是走群众路线，实质上是犯了尾巴主义的错误。在这种情形下，我们要说服农民懂得煤窑完整存在的利益，分散了就会把煤窑弄垮，结果自己也会无煤烧，这就妨碍了解放区的经济发展。

我们说解放区经济要独立自主，我们不能做殖民地的殖民地。只有经济上不依靠别人，军事上政治上才会有力量。我们要经济上能独立自主，就要使公营的、私营的、人民合作经营的手工业、工业，以及农村的农业，都有一个发展，生产人民与军队大量的必需品和粮食，使我们对外贸易能保持平衡，以至出超，不去买蒋区的货物和美国货。

有了工业农业生产品，就需要有商业，例如公私商店、消费合作社等作为桥梁，使生产者能卖出他们所生产的商品，使消费者能够得到这些商品。经过这样的流转，才能使工农业进行再生产与扩大的再生产。现在解放区内政府的贸易公司还没有力量普设商店（现在许多机关部队所设的公营商店，往往为着解决本单位困难，没有负起应有的任务，甚至有违反政策的现象发生），合作社也发展得不普遍而且往往办得不好。因此，私商的存在

---

① 见毛泽东：《目前形势和我们的任务》，载《毛泽东选集》第四卷，人民出版社1991年版，第1254～1255页。

是需要的。商人当然有剥削，商人的商业行为本身不生产任何价值，他们或者是分享资本家一部分利润，或者是直接对生产者消费者实行剥削；有时囤积居奇，作投机事业，为害更大。但问题不是要去破坏商业，而是要去领导商业。要能掌握整个商业的发展，要商人为我们所用，而不要我们为商人所用。这种政策对于人民固然是有利的，对于正当商人也是有利的。至于小商小贩，大部分是贫苦的，他们的生活只相当于贫农、中农或富裕中农，更不应该去打击他们。如在陕北高家堡所发生的破坏商业的情形，是绝对错误的，那里的商业搞垮了，老百姓买卖东西就要到榆林、神木或镇川堡，那就很不方便。因此，我们对工商业，应采保护和领导的政策，绝对不能破坏，破坏是一种自杀政策。对工商业必须收税，但必须订出恰当的税率，不要收得太重。这种税率，以不致影响他们的经营与发展为原则。否则，就会犯错误。

五　知识分子和开明绅士问题

知识分子中，有许多是地主富农家庭出身的，我们应采取什么政策呢？

我们对于学生、教员、教授和一般知识分子，必须避免采取任何冒险政策。对于知识分子如何看法？教授、教员、科学家、工程师、艺术家等，他们大多是地主、富农、资本家家庭出身，可是他们自己干的事业，是一种脑力劳动。对于这些脑力劳动者，民主政权应采取保护他们的政策，并且应当尽量争取他们为人民共和国服务。

这些知识分子、自由职业者是有知识和专门技能的，一般都靠自己的知识和技能谋生活。在国民党统治之下，他们中的绝大多数是过着经济上很困难，政治上很不自由的生活，其中还有不少的失业者。至于在科学上创造发明的机会，更是少极了。他们中也有极小部分人，是坚决跟反动派跑的。但是极大部分人看到了蒋介石和美帝国主义的种种腐败反动，而对国民党统治和美帝国主义侵略表示不满，对于日益发展的革命运动抱着某种程度的同情，或持中立的态度，这些人是可能争取的。如果我们在政治上和思想上好好引导他们，给以适当的教育和改造，他们的知识和技能是可以为着新民主主义的中华人民共和国国家服务的。

至于学生，从国民党城市近几年的学生运动及我们整顿"三风"审查干部的经验来看，绝大部分学生是不满蒋介石反动独裁统治，要求民主的。去年一年的三次大的学生运动，是我们正在农村中实行土改的时期爆发的。许多倾向革命的学生，包括若干地主、富农家庭出身的学生，他们并不反对改革土地制度，积极地为民主而斗争，因为他们逐渐认识到土地改革是他们所要求的民主的一个基本部分。其他的许多学生，因为看到了革命发展，天下将是共产党领导的，中华人民共和国将在全国建立的这种大势，也可能接受进步思想，逐渐转到民主方面来，而反对美国帝国主义及蒋介石的统治。在广大的学生群众中，反革命特务分子是有的，但他们只是绝对的少数。学校中的三青团员，也并不是个个都坚决反革命。其中只有一部分，或者只是一个极小的部分，是不可救药的反动分子，专门反对革命，破坏学生运动。因此我们对学生和知识分子应帮助他们进步，吸引他们参加反帝争民主的斗争。

我们正在建立一个新民主主义国家，解放区内已有一万万六千万人口，还在继续发展。三五年内，革命就可能在全国胜利了。我们要建设一个新民主主义国家，就必须要有知识。例如建立一个医院，要设内科、外科、妇科、小儿科、牙科等，就要有许多医生、医助、护士。这些人才，要经多年学习和实际工作锻炼，才能培养出来。例如要修一条铁路，必须有工程师和其他的技术专门家，还要有大批段长、站长等。又如被战争破坏了的铁路，将来要迅速建设，还要建设新的铁路（现在解放区后方就已经在建设），靠我们军队的工兵连当然是修建不起来的。又如土地改革后要提高农业生产力，我们就需要许多农业专家，来改良种子、肥料、工具和水利。我们办兵工厂和其他工厂，就需要许多工程师、专门家。开商店、搞贸易，需要很多会计。办学校，要教员。这一大批技师、专门家、科学家、教员等等，都不是一天可以培养出来的，要有专门的学校来培养，多年才能毕业。我们目前还没有如此多的有知识的专家，我们必须放手争取和使用中国原有知识分子专家来替人民办事。我们一面使用这批知识分子，一面教育和改造他们，纠正他们中许多人轻视人民脱离群众的习气。他们的大多数是有建设热情的，在新民主主义的伟大建设事业中，其中大多数一定是会进步的。

现在农村中还有许多地主富农家庭出身的知识分子没事做，我们也要想办法来争取和改造他们。只要他们表示愿意服从民主政府法令，特别是土地法，不反对共产党的政策，愿为人民服务，不进行破坏活动，如有违法行为甘受政府法律制裁，我们就可以让他们出来工作。可办各种训练班，训练技术和政治，慢慢改造他们，然后分配他们以适当工作。但不要一下用在紧要的岗位上，而且要经常提高警惕性，防止他们中有些坏分子的破坏。经过长期考验过的，才可放在重要岗位上工作。

我们要防止因为消灭封建制度而排斥一切与封建制度有联系的知识分子。那对人民的事业是有害的。同时，更要注意培养工农出身的知识分子，要使翻身的工人农民得到知识，并将他们中的优秀分子或他们的子弟培养成知识分子，培养他们负担建设任务。如果只利用旧的，而不着重去注意培养工农知识分子，那就会要犯错误。

在抗日时期，减租减息，实行“三三制”，有一批开明士绅，例如李鼎铭等，参加了政府和参议会，这是完全正确与必要的，对全国起了很好的作用。怀疑这种成功是错误的。现在打倒蒋介石，实行土改，是否这些开明人士就不要了呢？不应该。他们过去同我们一道打日本，现在又和我们一道打蒋介石，他们和我们共过患难，对这些人要采取慎重态度。地是要分的，但不要去斗。他们有错误，可以给以批评，不要去打。只有那种错拉了进来，恶迹很多，真是为人民所痛恨的恶霸分子，才应交给人民法庭当作恶霸去处理。过去有功绩，现在又赞成土改、赞成打倒蒋介石的，还可以继续办事。李鼎铭死了，如果未死的话，还是可以继续工作。你们假如出到大关中，消灭了胡宗南，成立民主政府，就应当请类似杜斌丞这类人参加。杜斌丞是民主同盟的人，是一个民主分子，他被胡宗南杀死了，但是类如杜斌丞这样的人还是有的。有这样的人参加民主政府，使民主政府成为共产党领导的各革命阶级的代表人物联合组成的政府，而不是共产党一党包办的政府，这样对于团结中国百分之九十以上的老百姓一道奋斗是有利益的。

六　打人杀人问题

共产党是坚决反对乱打乱杀与对犯罪者采用肉刑的。乱打乱杀与使用肉刑，是封建社会的产物。封建主对待农奴，军阀对待士兵，才是乱打乱杀与使用肉刑的。一百多年以前，欧美资产阶级举行革命的时候，他们就提出保障人权、废除肉刑的口号。资产阶级尚且提出这种口号，我们是共产主义者，是新民主主义者，我们领导的革命比资产阶级领导的革命不知要高明多少倍，我们当然应当反对乱打乱杀，反对肉刑。为什么把打人杀人的问题当作严重的问题提出来呢？就是因为在土改运动中，发生有不少打人和逼死人的事实，更由于党内不纯，地主、富农、投机分子和流氓分子利用机会捣乱，就造成了乱打人、打死人、逼死人的现象。有些罪不该死的人，被打死杀死了。这值得引起我们的严重注意。

我们反对乱杀人，并不是说一个人也不能杀。那些真正罪大恶极的大反革命分子，大恶霸分子，国人皆曰可杀的这类分子，经过人民法庭判处死刑，并经过一定政府机关（县级或分区一级或更高的政府所组织的委员会）批准，执行枪决，并公布其罪状（杀人必须公布罪状，不得秘密杀人），那是完全必要的，不如此不能建立革命秩序。但是不能随便加人罪名而去处人以死罪。须知多杀人是不能解决任何问题的。我们的任务是解决问题，解决如何消灭帝国主义、封建主义和官僚资本主义的压迫和剥削，将中国建设成为独立的强盛的人民民主共和国这样的问题。除了在战争中在火线上必不可免地要杀死许多敌人以外，多杀了人，杀错了人，不但不能解决问题，而且可能推延问题的解决，甚至可能引导革命遭到暂时的失败。这是因为多杀人必然要失去人民群众的同情，遭受很多人反对。因此那种主张多杀人、乱杀人的意见是完全错误的，是直接违反马列主义的原则和中国共产党的路线的，必须给以毫不容情的反对。地主富农在中国农村中占人口约百分之十，全体人数约在三千万以上，他们在封建半封建的中国旧社会中，是完全依靠或大部分依靠封建剥削过生活。当着这种封建剥削制度彻底废除之后，分给他们以如同农民一样的土地和财产，使其依靠自己劳动来生活，那他们就可以逐渐被改造为替社会创造财富的、对社会有利益的力量。如果任意杀害许多并不是坚决破坏战争和土地改革的地主富农，这不仅会失去群众同情，孤立自己，而且还损失了国家的劳动力，使社会上要少生产一部分财富。如果被杀害者的家属因为缺乏劳动力不能生活时，还要增加社会上的负担。

打人，我们也是要反对的。在群众运动中，出于群众的真正义愤，而去打了一下压迫他们为他们所极端痛恨的人，共产党人不应当禁止和拦阻，而应当对于群众的义愤表示同情，否则我们就会脱离群众。但是共产党人，民主政府的工作人员，不应当组织打人。我们必须在适当时机向群众说明，应有远见地去改造已经缴械投降了的地主和旧式富农；我们是把地主当作一个阶级来消灭，并不是要消灭地主个人。对于缴出了土地财产的地主，应当要他们劳动，把地主和旧式富农当作国家的劳动力看待。同时，强迫他们在劳动中去改造自己。只有把他们都改造成为劳动者，那才算是把封建阶级的遗迹也消灭了，才是我们工作最大的成功。

农村中犯错误的干部和党员，由群众参加党的会议加以审查，是一个很好的方法。在审查时，有时也有挨打的事。我们的地方工作干部中很多是艰苦奋斗，为人民所忠诚拥护的，因此能够领导人民，坚持长期的抗日战争和自卫战争，进行各种经济的政治的民主改革。但其中也有不少人做了许多对不起群众的事。他们在做这些事时，有些是为急于完成上级给他的任务，但是方法不好而发生的。例如催粮草、派担架，时间很紧，又没有学会民主作风，他们就用强迫命令的方法，打骂了群众，得罪了群众。这样的事不能完全由下面地方工作干部负责，上面领导机关交给任务太多，时间规定太急，平时对民主作风的教育太少，也有责任。但有些事，例如多分果实、假公济私、贪污腐化、横行霸道等，那是完全违背领导机关历次指示的，那是要干部本人负责的。上级如果也有责任，就是没有立即发觉、制止、处分或根本撤销其工作。但这些区别群众常常并不容易分得清楚。在群众审查大会上，过去被打过被欺压过的群众，很容易走到用打的方法作为报复的情形。因此，我们要向群众解释清楚，或者在开审查大会之前，就先向积极分子说明白，对被审查的干部，准许群众放手批评指责，但不准动手打人。同时，也向被审查的干部说明，要向群众好好承认错误，并保证以后不许报复，违者由政府用法律制裁。在审查会上，要准许被审查者有充分说理之权，不准说理是不民主的。无论在农村中，在城市中，在军队中，在机关和学校中，在任何审查党员或干部的会议上，被审查者都有申述理由的权利，这种民主作风决不可少。

除此以外，还要允许群众对被审查干部有直接撤职或建议撤职之权。对其中最坏的有犯法行为的干部，群众有权向人民法庭控告。我们说服群众不能打人，但如不给群众这些权利，他们就不敢批评了。总之，在审查干部党员和斗争个别群众中的坏分子时，应采取尽量用口批评说理、不准动手打人的方针。这样规定，群众敢于批评，被审查者也有申诉的机会，就可以达到建立民主作风的目的。

选自《任弼时选集》，人民出版社 1987 年版，第 413～437 页。

互校版本：《政策汇编》（上编），中共中央政策研究室 1949 年 3 月编辑，第二野战军政治部 1949 年 9 月翻印，第 23～50 页。

27. 中央关于边区政权性质给邯郸局的指示

1948 年 1 月 16 日

邯郸局并告中工委，新华总社：

新华社晋冀鲁豫十三日电讯中，有在边区农代大会成立前政务会议应尊重农代筹委会的意见和依据贫农、雇农、工人的要求改进工作等语。其中不但没有小资产阶级、中等资产阶级，连中农、独立工商业者、自由职业者及脑力劳动的知识分子也没有提到。像晋冀鲁豫这样大范围的政权机关不应只是代表农民的，它是应当代表一切劳动群众（工人、农民、独立工商业者、自由职业者及脑力劳动的知识分子）及中产阶级（小资产阶级、中等资产阶级、开明绅士）的，而以劳动群众为主体。因此，边区最高政权机关是边区人民代表大会及其选出的政府，而不是农民代表大会及其选出的政府。尽管现在各解放区是农民占绝大多数，但是必须顾到工人及其他各阶层民众，在农民中则必须顾到中农。此项新闻不知你们是否事先看过或事后有所检讨。根据此项新闻，至少我们的新华社及报纸的工作人员，对于毛主席十二月二十五日报告并未研究，以至对于这些同志的过左的不正确的观点，并未纠正。望你们根据此电检查新华社的工作，并将结果电告。

中　央

选自《中共中央文件选集》(14)，中共中央党校出版社 1987 年版，第 6 页。

28. 毛泽东批转《朱德关于军事民主及职工待遇问题给中央的信》

1948年1月31日

中工委，阜平局，杨、罗、杨，东北局，热河，南满，华东局（转许、谭，华中工委），华东工委，邯郸局，中原局，刘台（野后）陈、粟，陈、谢①：

朱总司令十二月十日信中提出了两个重要问题。第一个问题，是用民主讨论方式，发动士兵群众，在作战前，作战中，作战后讨论如何攻克敌阵，歼灭敌人，完成战斗任务。特别是在作战中，放手发动连队支部，班排小组，反复讨论，如何攻克敌阵，收效极大。陕北攻克蟠龙整一师一六七旅阵地的经验，也是如此。当时有一个团打了几天，上面认为无法打了，下令撤退。但连队认为可打，不肯撤。连队战士分组讨论，找出了办法，继续打，结果获得胜利。陕北将此种情形，叫做军事民主，而将诉苦运动，三查，三整，叫做政治民主与经济民主。这些军队中的民主生活，有益无害，一切部队均应实行。第二个问题，是工厂中商店中工人店员职员的生活条件，不可过高。我党工商业政策的任务，是发展生产，繁荣经济，公私兼顾，劳资两利。如果我党不善于领导工人阶级，执行这一任务，提出了过高的劳动条件，重复过去历史上犯过的错误，致使生产降低，经济衰落，公私不能兼顾，劳资不能两利，就是极大的失败。这件事，必须引起全党注意，决不可只看见眼前的片面的所谓劳动者福利，而忘记了工人阶级的远大利益。此事，中央早已发了指示。但在许多地方并未引起注意，许多中央局分局未能据此发出指示，未能向工会工作同志及工人群众进行正确的解释，迁就党内与工人群众中的孤立的片面的狭隘的思想，仍然执行历史上使我党遭受过严重挫折的错误方针。各地中央局以下各级党委，必须以严正态度对待此项问题，立即改正党内在此项问题上存在着的错误思想与错误政策。

毛泽东

选自《中共中央文件选集》(14)，中共中央党校出版社1987年版，第12～13页。

互校版本：《毛泽东文集》第五卷，人民出版社1996年版，第46～47页。标题是《转发朱德给中共中央信的批语》，原注："根据中央档案馆保存的原件刊印"。

29. 中共中央关于保护工商业问题的指示

1948年2月

一、关于各地工商业政策上的错误，除朱德同志来信及中工委二月来电所反映者外，

① 原注：姓名全称是：杨得志、罗瑞卿、杨成武、许世友、谭震林、陈毅、粟裕，陈赓、谢富治。附注：朱德关于军事民主及职工待遇问题给中央的信（一九四七年十二月十日），见《朱德选集》《给党中央和毛泽东同志的一封信》。

又接康生同志自渤海来信称：“此间对城市工作与工商业，过去均持毁灭政策。羊角沟的工商业，由于去年六、七月完全用农村斗争方法，全部没收分配，几已全部垮台，盐产大大缩小，羊角沟已成死城，很难恢复。现已下令禁止在一切城市及大镇进行土地改革，并不准没收和分配任何工商业，并派人到沧州、德州、羊角沟等城市调查，研究补救办法，以安定人心，发展生产”等语。我们估计，华北、东北各地类此事件必定不少。晋绥之严重破坏工商业的现象是从领导上发生的，现正在纠正中。各地发现此类事件，必须从领导方针和领导方法两方面去检讨。

二、在领导方针上，没有预先防止将农村中斗争地富、消灭封建的办法错误地应用于城市，未将消灭地富之封建剥削与保护地富经营之工商业严格区别，未将发展生产、繁荣经济、公私兼顾、劳资两利的正确方针与片面的、狭隘的、实际上破坏工商业的、妨碍工人与人民革命事业持久的、所谓拥护工人福利的救济方针严格区别，更未使这种区别成为党内公认的风气，也未引导工人与政府及私人资本家合作组织生产管理委员会，尽一切努力去节省成本，增加生产、便利推销，尽力以达公私兼顾、劳资两利、支持战争的目的。反而是引导工人追求片面的眼前利益，盲目地将工人及自己一同引入绝路。还有带有毁灭性的工商业税收政策。所有这些，都是由于全部、大部或一部没有掌握方针而犯了错误。应由中央局会议讨论，明确提出此问题加以分析检讨，然后发出正确方针与党内指示和政府法令。

三、在领导方法上，方针决定了，指示发出后，中央局、分局必须与区党委、地委或自己派出的工作团，以电报、电话、车骑通信、口头谈话等方法密切联系，并利用报纸作为自己组织与领导工作的极重要的工具。以便随时掌握运动进程，交流经验，纠正错误，以免等数月、半年以至一年后，才开总结会，算总账，总的纠正。这样损失太大。随时纠正，损失较少。当时羊角沟事件应由景晓村领导之渤海区党委负责（当时华东战争极紧张，华东局正全力应付战争），但在通常情况下，各中央局与下面的联系似不够密切，明确划清许做不许做之事情的界限，随时提醒下面使之少犯错误的工作做得不够。这都是领导方法问题。

四、对工商业左倾冒险的政策，已至极端危险与不能忍受的程度。在战争、整党、土地改革、工商业与杀人五个问题中，任何一个问题犯了原则的错误，不加改正，我们就会失败。必须全面掌握正确政策，并随时纠正下面的错误，勿等乱子闹大再算总账。中工委此次召集的邯郸、五台、华东各局的负责同志会议，除讨论组织问题外，必须讨论政策问题，尤其是工商业政策问题。

五、政策是革命政党一切实际行动的出发点，并表现于行动的过程及归宿。一个革命政党的任何行动都是实行政策，不是实行正确的政策，就是实行错误的政策，不是自觉地，就是盲目地实行某种政策。所谓经验，就是实行的过程和归宿。政策必须在人民实践中、也就是经验才能证明其正确与否及正确与错误的程度。但是人们的实践，特别是革命政党与革命群众的实践，没有不和这种或那种政策联系的。因此，在每一行动之前，必须向党员及群众讲明我们按情况规定的政策。否则，党员与群众就会脱离我们政策的领导而盲目行动，执行错误的政策。

附　朱总司令去年十二月给毛主席信的摘录

（上略）工人运动过去走错了路，张家口时代，工人发双薪：工人工资以养活四口人为准，余毒一直留到现在。工资过高，成品又坏，成本又高，工业品与农产品的剪刀差越来越远。河间有一新式面粉厂，工人工资每月六七百斤小米；工人吃小灶，生活富饶，我曾指出现处战时，大家勉强生活，拼命工作，工人是革命领导阶级，而只顾改良自己生活，不顾战争，不顾大家，以致公私工厂关门，工人失业。这简直是自杀政策。该地工会负责同志声称可以改正。工人也知道最高工资一般不得超过月薪二百斤，工业才能发展，工人才不致失业。石家庄发失业工人救济米，每天每人五斤，当即予以纠正。

（毛主席注：不是公私兼顾，不是劳资两利，而是提出过高的劳动条件，重复过去历史上犯过的错误，致使生产降低，经济衰落，就是极大的失败。决不可只看见目前片面的所谓劳动者的福利，而忘记了工人阶级的远大利益。关于此点，中央早有指示，但在许多地方并未引起注意，许多中央局、分局未能据此向工会同志及工人群众进行正确的解释，反而迁就党内与工人群众中的孤立片面狭隘的思想，仍然执行历史上使我党遭受严重挫折的错误方针。自中央局以下，各级党委，必须以严正态度对待此项问题，立即改正党内在这一方面的错误思想与错误政策。）

选自中央政策研究室编：《政策汇编》（下编），第二野战军政治部 1949 年 9 月翻印，第 6～9 页。

30. 中央关于修改经营地主与富农界限的规定给东北局的指示

1948 年 2 月 6 日

东北局并中工委：

东北局划分阶级文件中，规定经营地主与富农界限为：全家主要人员（十八岁至五十岁男子）全部参加主要劳动，或全家收入百分之五十以上靠自己劳动者，为富农；全家主要人员一部参加主要劳动，全家收入百分之五十以上靠剥削者，为经营地主。又规定富农、小富农、富裕中农界限为：全家剥削收入等于雇用半个劳动（能耕种二垧地）到一个劳动（特殊情形下一个半劳动）者，为小富农；剥削更大者为富农；剥削更小者为富裕中农。在这两个规定下，据东北局一月二十七日电，北满地主富农约占农村人口百分之二十三至二十五。因此发生打击面过大的问题。我们认为东北经营地主与富农虽较其他地方多，但上述这两个规定都须重行考虑，并根据一九三三年规定原则与东北特殊情况，提议作如下修改，请研究答复：

（一）在全家是一个经济单位，并以农业为主要收入的条件下，在其占有土地等项生产资料超过普通中农水平，其剥削收入超过其总收入四分之一以上的条件下，凡普通家庭（二十口以下）有一个人参加主要劳动，每年满四个月者，即为富农，不满四个月者，即为经营地主。凡大家庭（二十口以上）主要人员四分之一以上参加主要劳动每年满四个月者，即为富农，不满主要人员四分之一者，即为经营地主。例如某家主要人员四十口，有十人参加主要劳动者，即为富农，不满十人者即为经营地主。

（二）如全家不是一个经济单位，则应以各人独立的生活方法分别订各人的成分，例如做教员的即认为自由职业者。如全家以工商业为主要收入，则应认为工商业者或工商业者兼地主。如占有土地等项生产资料不超过普通中农水平，则不认为地主或富农。其剥削收入不超过其总收入四分之一者，则认为富裕中农或普通中农。

（三）富农中农的界限定为剥削收入是否超过四分之一，这在计算上要增加一些麻烦（计算方法请你们实地研究并告我们，农民一般是可以估计的），但比较合理，因自己劳动收入如达百分之七十五以上，还要认为剥削阶级是太勉强了。例如二十口之家，全家劳动，只雇一两个长工，大概即只算中农。人口特别多的家庭这样要占些便宜，但亦无大害，还可用税收和其他方法去调剂。东北将地主富农及其大中小恶霸、非恶霸分别对待是正确的，富农一般应只分其多余之土地财产，至东北现称的小富农则似应根据占有条件与剥削条件改列富裕中农。

（四）照以上标准则地主富农人口可以减少，究竟减少多少，则望研究电告，并望将东北各地城乡人口比率亦电告。

（五）东北大家庭多，此事对发展生产的利弊各如何，亦请研究电告。小家庭对各人生产积极性虽可提高，但许多地方农民因逃避负担把家庭愈分愈细，减少可公用的财富，增加可节省的开支，使许多富农、中农迅速降为贫农，对生产发生不利影响，故望注意。

中　央

选自《中共中央文件选集》(14)，中共中央党校出版社 1987 年版，第 17～18 页。

31. 中央关于《哈尔滨市战时暂行劳动法》草案中的错误给东北局的指示

1948 年 2 月 6 日

东北局并中工委：

一、哈尔滨市战时暂行劳动法草案收到。此件仅对劳动者福利加以详细规定，其中有些是只顾片面利益并且是难于实行的，而对于和厂方合作、积极奋斗、发展生产、繁荣经济、公私兼顾、劳资两利的责任和劳动态度，则没有提到或提的很不够。从这点来看，文件的起草者，不但对于一九三八年六中全会以来中央历次指示没有领会或完全置之不理，而且对于一九四七年十二月二十五日毛主席时局任务报告中所强调指出的方针亦没有领会或完全置之不理。你们对此项草案不加可否，原样向中央提出亦有未合。

二、此件对公私企业未作原则区别，亦是原则性的错误。全党应认清解放区公营企业中工人与厂方的关系，解放区私营企业中劳资关系，蒋管区民营中小企业中劳资关系与官僚资本、帝国主义资本企业中的劳资关系，乃是四个性质上各有不同的关系。对于它们，工人阶级及其政党必须分别采取不同态度。解放区公营企业中，从厂长到工人都是同一阶级，其中没有剥削，共产党必须唤起工人觉悟到这是自己与人民的事业，应与厂方通力合作，在战时更应节衣缩食，加紧生产，牺牲目前与局部的某些次要利益以换取长远与全体的根本利益。解放区有益国民经济的私营企业（包括暂时允许存在的外资企业），在接受人民民主政府领导的条件下，即在不作非法操纵，过分剥削及其他破坏性活动的条件下，虽仍剥削劳动者的剩余劳动，但大体上亦是为人民与国家服务的，其一定的发展是于工人阶级、劳动人民及新民主国家有利的，故与不受人民领导的蒋管区私营企业不同，与完全反对人民的官僚资本更不同。

三、为了重行起草劳动法，东北局与哈市市委应召集公私企业中的工会代表、厂方代表开几次会，共同研究，根据实际可能，提出既照顾工人利益也照顾全体人民利益与资本家利益，既规定工人权利，也规定工人对生产的劳动态度，既为工人所接受，也为政府与资本家所接受的新草案，并提出与此相配合的工厂法（其中亦须区别公营私营两种），电告中央批准，然后在工人代表大会上通过，然后由市政府批准公布。总使在公布以前须得公、私、劳、资各方均认为切实可行，一经实行即可达到发展生产、繁荣经济、公私兼顾、劳资两利之目的。为了通力合作，提高效率，实现成本低、产量多、质量精、推销畅，公营企业应成立厂长负责制的厂方与工人的共同委员会。私营企业与资方了解并同意，亦可考虑成立此项组织。如各方均同意，则此项组织即可规定在劳动法工厂法中。此种合作方针是完全正当的，我们不但要向解放区工人与资本家公开宣传，而且要向全国工人与受蒋美压迫的资本家公开宣传。

四、东北公私工厂目前实情望简告。

中　　央

选自《中共中央文件选集》(14)，中共中央党校出版社 1987 年版，第 19～20 页。

32. 中央关于对待在华外国人的政策的指示

1948 年 2 月 7 日

中工委、各中央局、分局、各前委：

在我军胜利进攻中，不仅新占领了广大农村和一批县城市镇，而且可能占领一些中等的甚至大的城市（如石家庄）。在原有的解放区，我们已经遇到一些外国侨民，和他们设立的教堂、学校、医院等。在新占领区和城市中，我们还会遇到更多的外国侨民和他们设立的教堂、学校、医院、育婴堂、养老院等，以至外资开办的工厂、矿山、商店等，甚至设有外国领事馆及外国银行者。我们目前对于这些外国侨民所办的经济、文化、宗教等机关，不论其是否属于帝国主义性质，一般地还不采取排除或没收的政策。对于外国侨民及其国家代表机关，一般地应采取保护政策。除非他们妨害我国家主权，破坏我民主政府和军事行动决不容许者外，只要他们承认遵守我民主政府及人民解放军的法令条例，即容许他们继续居留于我解放区，进行业务或其他正当活动，并受我民主政府之保护。具体政策暂定如下，望即遵照施行。

一、凡遇有外人设立的教堂，及所办之学校、医院、育婴堂、养老院等，我军到后，均不得加以没收和破坏。并允许他们在遵守我解放军及民主政府法令，不作敌探和破坏活动时，可以继续进行各自的业务。如外人或被外人委托的负责人逃走者，则由政府代管其财产。但可允许原举办人回来接办。如这些机关在农村中购置或霸占土地者，其土地应按土地法规定交给农会处理。但其机关范围内之不大的园地，仍应留给该机关所有，其机关所有之财产，非附属于土地者，不得没收。

二、凡遇有外人投资设立并主持之私营工厂、矿山或其他企业，我军到后，暂不加以没收，亦不许加以破坏，并可与之商定继续营业的临时合同，规定在服从民主政府法令与在一定的劳动条件之下继续营业。如原主逃走，则由政府接收经营之。但在接收时，不得加以分散或损坏，以便能继续开办。如原主回来时，视情况，得与之订立公私合办的合同，或仍按前述规定，交回其自办。凡外人开设之商店，不进行破坏活动，并服从民主政府法令者，均可允许其继续营业，并受民主政府保护，如店主逃走，并关闭其商店者，则由政府负责保存，限原主或其委托负责人，于一定期间内，回来恢复，逾期不回，即由政府接收经营。不论公营、私营工商业中之外人股份，一律承认其股权有效。

三、凡遇有外国银行，或其代办所，不管其是否由于两国条约有互惠规定和特许，一般地应先停止其营业，并审查其业务情况。如认为在某种范围的规定内，确有令其继续营业之需要，亦须经中央批准，并与之订立临时营业合同后，方得许其重行营业。至对其财产，不论重行开张与否，一律不得没收或破坏。

四、凡遇有外国领事馆之处，且其领事或馆员，在我军到后，仍留原地未动者，对其馆址及人员，应加以保护，对其财物文件，不得没收和损坏，也不得随便进去施行检查。但应向各该领事馆领事人员宣布，不得进行干涉中国内政与帮助国民党军部的任何破坏活动，如被我发现有破坏民主政府及人民解放军的证据时，得进行领事馆内及人身之检查。如其破坏行为已被证实时，得按情节轻重，分别处置。必要时，得驱逐其犯罪人员出境，直至封闭其全领事馆。领事馆在我国内战争期间，不得我军总部许可，不许设立无线电台。如有违犯，以破坏行为论罪。各该领事馆，不论其本国政府已否承认我民主政府及人民解放军，如为保护各该国侨民利益向我进行交涉时，我概以外交代表视之，并接受其所委托之代理人员或代表，如该领事馆人员须撤退回国，或转至国民党区域，并得我同意者，应使之安全撤走。如我军到达时，各该领事馆人员均已离去，或经我同意而离去者，各该领事馆之馆址，及其内部财物、文件等，均不得加以损坏或分散，并须负责保管。

五、我军到达之处，遇有外国侨民，经检查确有该国之护照，且有正当职业者，应允许其居留，或经过该处，但应加以登记。并向之声明，必须服从我民主政府之法律，有犯法行为时，应受我民主政府法庭之审判。平时对他们的行动自由和生命财产，应加保护，不得随便侵犯与逮捕。如发现他们从事间谍活动，或特务破坏行为时，即加以扣留，交由军区或前线高级司令部治罪。如其犯法属于普通性质应由我民主政府普通法庭依法办理。但不管属于哪种性质，如被判为死罪，必须得中央批准，方得执行，在前线作战中被俘之外国参战人员，不论国际［籍］职别，一律以俘虏待遇。如需释放，得经外交手续处理之。

六、我各级政府及人民解放军，须教育人民和战士，对于一般外侨应取友好态度，同时应提高警觉，从言论和行动上鉴别外侨中某些帝国主义分子，注意他们有无阴谋破坏行动，特别是公安保卫机关，应在这方面多负责任，当某些外国传教士进行特务破坏活动时，我们除将其扣留治罪外，应搜集充分证据，公布中外，以明其罪，但必须将其罪行与合法的宗教活动区别开，即犯罪的传教士，须治罪，或驱逐出境，教堂则不必封闭，并许可其另派人来主持，以免外国人民误会我解放区政府是排斥宗教。对其他职业的外国侨民，有犯法行为而并未牵连其整个职业机关时，亦应采此同样态度。惟各国外交人员，特别是领事及其领事馆机关，如主持或参加破坏我民主政府和人民解放军的活动时，则其职务机关，却须对其罪行负直接的连带责任。以上各项是军事时期民主中央政府尚未成立及尚未由民主中央政府颁布对待在华外国人的法令以前的临时办法。

各地应将执行情形和已有经验，以及将来遇到的问题，随时电告中央，以便将来能够规定完善的政策与办法。

选自《中共中央文件选集》(14)，中共中央党校出版社 1987 年版，第 23～26 页。

33. 附：坚持职工运动的正确路线反对“左”倾冒险主义——纪念“二七”二十五周年

1948 年 2 月 7 日新华社社论

中国工人阶级第一次伟大的反对帝国主义走狗军阀的罢工运动——京汉铁路（即平汉铁路）大罢工，到现在已经整整的二十五年了。二十五年来，中国工人阶级与中国人民年年纪念二月七日这个意义重大的日子，因为京汉铁路大罢工，显示了中国工人阶级的政治觉悟和组织性，显示了工人阶级是中国人民的先进阶级、最革命的阶级。

二十五年过去了，“二七”烈士施洋、林祥谦等同志所遗下的事业将要完成，帝国主义与封建势力将要在全中国被扫除，工人阶级、农民、小资产阶级、中等资产阶级、知识分子与其他爱国分子的民主政权，已经在一万万六千万人口的解放区中建立起来，并将要在全国建立起来，“二七”烈士的光荣业迹是永垂不朽的。

京汉铁路大罢工，在我国革命的职工运动历史中，是光荣的一页。现在的情况是：我国的一部分大城市、铁路、矿山已经解放了，更多的大城市、铁路、矿山将被解放；另一方面，各解放区首先是东北解放区，工业和铁路的建设，已在积极进行，此种建设在今后必须更大规模地进行。因此，解放区职工运动将被提到更加重要的地位，职工运动的方针是否正确，对于革命战争的发展和新民主主义建设的发展，必然发生较之以往更加巨大的影响。我们愿趁着纪念“二七”二十五周年的机会，对于解放区职工运动的方针加以说明。

解放区的革命的职工运动与蒋管区的革命的职工运动，有同一的总目标；这个总目标就是争取工人阶级和一切被压迫人民的民主解放，建立新民主主义的中国。但是在同一的总目标之下，革命的职工运动在两个不同地区的具体方针则是不同的，在许多方面甚至是截然相反的。这是因为在这两个不同的地区里，工人在政治上、社会上的地位和在企业中的地位是不同的，在许多方面是截然相反的。

在蒋管区，工人在社会上是最低微的奴隶，他们的劳动是替帝国主义和官僚资本生产利润，他们的生命被帝国主义与国民党看得像蚂蚁一样不值钱，他们没有人权和自由。在这样悲惨的环境中，工人阶级必须为了活命而作救死求生的斗争，并且为了解放自己与解放一切被压迫的人民起见，必须为推翻帝国主义与大地主大资产阶级的国家政权而斗争，如像“二七”的罢工斗争一样。但是，在解放区，工人的政治社会地位是根本改变和截然不同了。工人，与农民、小资产阶级、中等资产阶级、知识分子和其他爱国分子一样，都做了国家和社会的主人翁，工人阶级被一切人民特别尊敬，因为它是先进的阶级，最革命的阶级。在这样的环境中，工人阶级必须拥护自己与人民的民主政府，为争取革命战争的胜利，为新民主主义社会的建设，起先锋带头的领导作用与模范作用。

工人在企业中的地位，也是不同的。在蒋管区，有官僚资本的企业和民族资本的企业。在官僚资本的企业中，工人的地位是官僚资本家的奴隶，他们救死求生的斗争，常常与反抗统治者的压迫联结起来。在民族资本的企业中，他们受到资本家的剥削，同时又与民族资本家一同受到官僚资本、蒋介石匪帮政府与帝国主义的压迫。他们一方面为了生活，须向资本家提出改善生活的要求；另一方面为了反抗官僚资本及统治者的压迫，又应与民族资本家联合起来，进行共同斗争。在解放区，情形就截然不同了。在解放区的公营企业与合作社经营的企业中，企业的主人是解放了的人民组织起来的政权与合作社，因而在这些企业中的工人，本身就是企业的主人，这里没有剥削者与被剥削者；没有压迫者与被压迫者，因而没有而且不可能有所谓“资方”与“劳方”的对立，所谓 “企业主”与“非企业主”的对立。在解放区的私营企业中，工人有两重地位：一是被剥削者的地位，“劳方”的地位；一是社会主人翁的地位，国家政权的领导者的地位。因为是被剥削者，工人在自己的日常利益上与私人资本家有矛盾，但因为又是社会的主人翁，国家政权的领导者，工人便应该为了自己的长远的利益，忍受一定限度的剥削，使这些私人企业能够进行生产，并适当的发展生产，以繁荣解放区的经济，支援前线的胜利，并使新民主主义的社会因生产力的大大提高，而逐步地有依据地发展到将来的社会主义社会的方向去。应当知道，新民主主义社会与社会主义社会不同之点，就是在新民主主义社会里，私人资本的企业在生产中还是不可缺少的成分，破坏这部分企业对于工人阶级和全体人民及其国家政权是非常不利的。正因为如此，工人应当坚决反对那些进行怠工、进行关厂、进行破坏的私人资本家，同时对于愿意继续生产下去的私人资本家，则应当与之共同工作，发展生产，繁荣解放区的经济，并在这个基础上一方面确实保证工人的适当生活；另一方面保证私人资本家的适当利润。这种劳资关系，与在蒋管区所应进行的劳资斗争，是截然不同的。

从以上的基本分析里就可以看到，在蒋管区与解放区，工人在社会上的地位和在企业中的地位是怎样的截然不同。从此就可以明白：解放区的革命的职工运动的方针，为什么要与蒋管区的革命的职工运动的方针截然不同。

在蒋管区职工运动的方针，是用一切方法来保障工人不至于饿死，和用一切方法来推翻反动政府。在解放区革命的职工运动就没有这些任务了，因为在解放区，工人没有饥饿的威胁，反动政府早已推翻。在解放区，革命的职工运动的方针，因此应当彻底改变；改变到耐心地说服工人来实行毛主席所说的“发展生产、繁荣经济、公私兼顾、劳资两利”的经济政策。

应当向工人说明：振兴工业，是争取战争胜利的最首要的任务，也是建设新民主主义社会的最首要的任务，而破坏或降低生产，是危害解放区的、危害战争胜利的、危害新民主主义社会的建设的，其可怕的程度与蒋介石匪帮的“三光政策”是一样的。

应当向工人说明：解放区的工业生产，不是由别人负责而是由工人阶级及其先锋队中国共产党负责的。解放区的农民，对农业生产，交大量的公粮，服繁重的战争勤务，是尽力负责的，工人应当把工业生产的责任，同样负担起来。公营企业与合作社经营的企业里，工人对于生产要担负完完全全的责任；而且在私营企业里，工人对生产也负了大部分责任。虽然私人资本家也要负责。

应当向工人说明：工人所以受到解放区人民的尊敬，不是为了别的原因，仅是为了工人阶级在人民中是先进的阶级，最革命的阶级。工人应该以自己对革命的无限忠诚与伟大贡献来做人民的榜样，领导人民前进。为了争取革命战争的胜利与新民主主义建设的成功，工人应该吃得苦，做得多，应该学习许多模范工人如赵占魁同志等的榜样，在战争的情况下，不是做八小时工作，而是做十小时工作，其他劳动条件亦不可定得太高，不可违背经济情况所许可的限度，不可违背“发展生产、繁荣经济、公私兼顾、劳资两利”的总原则。

应当领导工人去学习管理生产，在公营企业与合作社经营的企业中，在厂长的领导下，组织工厂管理委员会，吸收工人代表参加，讨论如何减低成本，提高生产的数量和质量，如何解决与改善由购进原料、制造成品到推销成品过程中的各种复杂问题。这种管理方法亦应在私人企业中说服私人资本家试办，在私人企业的管理委员会中，除了讨论上述问题外，并可规定私人资本家一定的利润和工人的一定的待遇，以实现劳资两利。

毛主席在《目前形势和我们的任务》中指出：“对于小资产阶级及中等资产阶级经济成分采取过左的错误的政策，如像我们党在一九三一至一九三四年期间所犯过的那样（过高的劳动条件，过高的所得税率，在土地改革中侵犯工商业者，不以发展生产、繁荣经济、公私兼顾、劳资两利为目标，而以近视的片面的所谓劳动者福利为目标），是绝对不许重复的。这些错误如果重犯，必然要损害劳动群众的利益及新民主主义国家的利益。”毛主席这个指示，对于解放区职工运动是非常重要的，职工运动的领导者们，绝对不许可以近视的片面的所谓劳动者福利为目标，提出过高的劳动条件。解放区职工运动的方针，应当严格地符合于新民主主义的经济政策，这就是发展生产、繁荣经济、公私兼顾、劳资两利。一切与此符合的应该发展，一切与此违背的应当改正过来。

必须指出：直到现在，中国共产党内还有不少的党员，不少的干部，不少的工会工作人员，甚至有不少的担负高级领导地位的领导人员，并不了解党的工业政策与职工运动的路线，他们只看见树木，不看见森林，他们只知道片面的狭隘的近视的所谓“工人利益”，而不能稍微看远一点，他们忘记了一九三一至一九三四年时期内实行过的那种“左”倾冒险主义的工业政策与职工运动路线，曾经给予工人阶级劳动人民与革命政府以何等重大的损害，他们完全不研究一九三七年以来十一年内中共中央历次发布的正确的工业政策与职工运动方针，他们固执地抵抗党的路线。许多党的地方领导机关，在长时期内甚至没有正式讨论与宣传解释过中央的路线，以至于使得工运工作同志，完全不了解中央的路线，他们竟达到如此麻木不仁的地步，这种情况再也不能继续下去了。党的一切地方领导机关，必须严肃地讨论中央的路线及全部工业政策与工运方针，坚决地纠正一切危害工人阶级劳动人民及革命政府的“左”倾冒险主义的思想、政策与办法，迅速地使工业建设与工人运动走入正轨。只有这样，我们才能聚积一切力量，打倒帝国主义与国民党反动统治，解放中华民族与中国人民，建立新民主主义的中国。

选自《中共中央文件选集》(14)，中共中央党校出版社 1987 年版，第 29～34 页。

互校版本：

1. 中共中央政策研究室编辑：《政策汇编》上编，第二野战军政治部 1949 年 9 月翻印，第 51～57 页。

2.《中共党史教学参考资料》解放战争时期（下），中国人民大学中共党史系资料室 1980 年编印，第 90～101 页。

34. 中共中央关于土地改革中各社会阶级的划分及其待遇的规定（草案）

1948 年 2 月 15 日

（一九四八年二月十五日中共中央的草案，发给中工委，各中央局，中央分局，限收到四星期内召集会议，逐条讨论，向中央提出意见。此项草案不得下达。）

第一章　中国的社会经济形态

人们为着要生活，就要生产生活资料，例如粮食、衣服、房屋、燃料、器具等。人们为着要生产生活资料，就要有生产资料，例如土地、原料、牲畜、工具、工场等。生产者和生产资料结合起来，就是社会的生产力。

人们为着要进行生产，就必须在生产过程中彼此发生一定的相互关系，否则就无法进行生产。因为人们的生产从来就是社会的生产，不能孤立地进行生产。这种人们在社会生产过程中的相互关系，就是社会的生产关系，就是人们对于生产资料的所有关系（为着通俗起见，所有关系，在本文件中称为占有关系）。这种生产关系，在法律上表现为财产的所有权关系。

社会的生产力和社会的生产关系相结合，就是社会的生产方式。社会的生产方式是一切社会制度政治制度和精神生活的基础。

在社会生产力的历史发展的某一个阶段中，人们对于生产资料的占有关系，人们的生产关系，就开始由社会一切人们的共同占有关系，发展成为一部分人们的私人占有关系。少数人占有大量的生产资料，多数人丧失或只占有很少的生产资料。这样，后一种人的绝大部分就被迫为前一种人劳动，把自己劳动的结果交给前一种人，并向前一种人领取少量的报酬，作为自己的生活来源。这就是说，后一种人受前一种人的剥削，而前一种人则依靠大量地剥削后一种人作为自己的生活来源。后一种人中间的一部分，因为占有足以维持生活的生产资料，是以进行独立劳动作为自己的生活来源的，但是他们仍然不能逃脱前一种人在某种程度上的剥削。这样，人们就分裂成为不同的阶级，分裂成为剥削阶级和被剥削阶级。由于生产力的发展，首先是由于生产工具的发展，例如由石头工具发展到简单的金属手工工具，再发展到较精的金属手工工具，再发展到复杂的机器工具，人们对于生产资料的所有关系，人们的生产关系，就发生变化。由于生产力和生产关系发生变化，剥削阶级对于被剥削阶级施行剥削的方法也就发生变化。

社会分裂成为许多阶级，这样的社会，叫做阶级社会。这样的阶级社会，既区别于人类历史上分裂为阶级以前的原始的共产主义社会，又区别于阶级被消灭以后的新的共产主义社会。这后一种社会，现在已经在苏联存在和发展。全世界一切人类社会现在正向着苏联所走的道路前进，阶级社会的历史快要完结。人类历史上的阶级社会，大体上分为奴隶社会，封建社会和资本主义社会三个阶段。中国的社会发展的历史，也是如此。只是因为外部和内部的原因，中国没有也不可能发展到完全的资本主义的社会。

中国的社会经济形态，还在一百多年以前（一八四〇年中英鸦片战争时期），就开始由古代的独立的封建的社会经济形态，逐步地改变为半殖民地的半封建的社会经济形态，即是说，半独立的半资本主义的社会经济形态。在目前整个中国社会经济中，一方面，存在着外国帝国主义的经济，本国封建主义的经济，官僚资本主义的经济和自由资本主义的经济，这些就是旧中国的社会经济形态。另一方面，存在着新式的国家经济，被解放了的农民和小生产者的经济和在新民主国家指导下的私人资本主义经济，这些就是新中国的社会经济形态。就生产技术而论，中国存在着大规模的机器生产事业，中小规模的机器生产事业和以家族为单位的手执简单工具以从事生产的各种小生产事业。旧中国的半殖民地半封建的经济形态，在鸦片战争以来的长时期内，占据优势。这种优势，现在正在被新中国的新民主主义的经济形态所迅速地代替着。

马克思说："人们在自己生活的社会生产中，彼此发生一定的必然的不依赖他们本身意志为转移的关系，即生产关系。这些生产关系，是适合于他们的物质生产力的一定的发展阶段的。这些生产关系的总和，就组成社会的经济结构，即现实的基础，而法律的及政治的上层建筑物，就是在这个基础上树立起来的。同时，一定的社会意识形式，是和这个基础相适合的。物质生活的生产方式，决定着一般社会生活的、政治生活的、精神生活的过程。不是人们的意识决定人们的存在，而是相反，正是人们的社会存在决定人们的意识。社会的物质生产力发展到一定阶段时，就和现存的生产关系，或者说，就和所有权关系（所有权关系不过是现存生产关系的法律上的表现而已）发生矛盾。而生产力，在此以前，是在这些关系的内部发展了的。于是这些关系，就由生产力的发展形式，变成生产力的枷锁。那时，社会革命的时代就到来了。随着经济基础的变更，在整个庞大的上层建筑物中，也就或多或少地、迅速地发生大变革。"

中国现阶段的人民民主革命的任务，就是要改变旧的社会经济形态，旧的生产关系以及树立在其上面的一切社会的、政治的、精神的旧的建筑物，建立新的社会经济形态，新的生产关系以及树立在其上面的一切社会的、政治的、精神的新的建筑物。我们的基本任务，就是如此。

第二章　中国目前的阶级关系和人民民主革命

第一节　中国目前所有的主要阶级如下：（甲）无产阶级。例如新民主国家企业中的劳动者，资本家经营的机器工业、手工业、农业和商业中的雇佣劳动者，他们都不占有私有的生产资料。但是新民主国家企业中的劳动者，按其原来状况，是无产阶级，但是按其现在状况，他们却经过了他们和其他劳动人民所共同支配的新民主国家，已经集体地占有国家企业中的生产资料，就是说，已经与其原来状况发生了根本的变化。新民主国家企业中的劳动者已经是不被剥削的人们；他们所生产的用于扩大再生产和为全体人民谋利益的属于剩余价值的部分，不能认为被剥削。资本家的雇佣劳动者，则受资本家所剥削。（乙）农民。农民都占有少量的生产资料，或者耕种地主的土地，或者耕种自己的土地。在中国土地制度改革以前，大多数农民都耕种地主的土地；在中国土地制度改革彻底完成以后，所有农民都耕种自己的土地。农民中间占有的生产资料不足维持生活，因而必须出卖部分劳动力的，叫做贫农，贫农是农村中的半无产阶级。农民中间占有的生产资料足以维持生活，因而不必出卖劳动力的，叫做中农。在中国土地制度改革以前，贫农占农民的大多数；在中国土地制度改革彻底完成以后，中农占农民的大多数。在中国土地制度改革以前，农民都受地主和其他剥削阶级所直接地或间接地剥削；只有在新民主国家实现土地制度的改革以后方才免除这种剥削。（丙）农民以外的独立劳动者。例如手工业劳动者、自由职业者、小商贩，他们都占有少量的生产资料，以自己的独立劳动为生。他们受帝国主义者、地主、官僚资本家和其他剥削阶级所直接地或间接地剥削。（丁）自由资产阶级。这就是民族资本家和新式富农。他们占有较多的生产资料，以自由资本主义的方法剥削雇佣劳动者。在反动的国家政权下，他们受帝国主义者、地主和官僚资本家所压迫、损害或限制。（戊）地主阶级、官僚资产阶级和旧式富农。他们占有最多的生产资料，直接地或间接地与帝国主义相结合，以封建的、买办的、垄断的方法剥削劳动人民，并压迫、损害或限制自由资产阶级。

第二节　无产阶级、农民、独立劳动者，以及一切受人剥削的人们，共占全国人口约百分之九十，其中农民则占全国人口的百分之七十至八十。所有这些劳动人民，在反动的国家政权下，除受经济上的剥削外，还受政治上的压迫。他们是中华民族的主体，是中国人民民主革命的基本力量。其中，以无产阶级和半无产阶级（贫农）为人民民主革命和新民主国家政权的领导阶级，而无产阶级则是主要的领导阶级。无产阶级、农民及其他劳动人民的任务，是联合自由资产阶级，以人民民主革命的方法推翻帝国主义、封建主义和官僚资本主义的剥削和压迫，建立中华人民共和国。中国无产阶级、农民和其他劳动人民，有长期的革命斗争的经验。这种革命斗争经验的集中表现，就是中国共产党的革命和建设新国家的伟大的领导能力。

第三节　自由资产阶级是一个软弱的动摇的阶级。但是因为他们受帝国主义、封建主义和官僚资本主义所压迫、损害或限制（这种压迫、损害或限制远较劳动人民所受者为轻），所以在反对帝国主义、封建主义和官僚资本主义的人民民主革命时期内，他们可以参加这种革命，或者保守中立。在革命胜利以后的经济建设中，他们也可以参加这种建设。只要中国尚未进到社会主义社会，他们是可以与无产阶级和劳动人民一道前进的。因此，中华人民共和国的国家政权中，应当允许自由资产阶级及其政治团体派遣他们的代表参加工作。但是，他们中间有为数不多的一部分人，即自由资产阶级的右翼分子，是依附帝国主义、封建主义和官僚资本主义，反对人民民主革命的；中国人民对于这部分人的反动行为，必须予以警戒和揭露。但是这种政治上的警戒和揭露，应当与经济上的消灭严格地区别开来。中国人民民主革命所应当和必须消灭的是帝国主义、封建主义和官僚资本主义，而不是自由资本主义。

第四节　地主阶级、官僚资产阶级和旧式富农，人数很少，却占有全国生产资料的最大部分。其中，地主阶级和旧式富农，虽然各地有多有少，但是按照一般情况，大约只占乡村人数百分之十、户数百分之八左右，而他们占有的土地，则达全部可耕土地的百分之七十至八十之多。以蒋介石、宋子文、孔祥熙、陈立夫为首的官僚资产阶级，即中国的大资产阶级，人数更少，但是他们所占有的生产资料，极为巨大，以致垄断了全国的经济命脉。仅就蒋、宋、孔、陈四大家族占有的财富而论，其价值，即达一百万万至二百万万美元之多。所有这些封建的、买办的反动阶级，建立以蒋介石为首的反动的腐朽的国家，以及代表这个国家的反动的腐朽的政府。这个反动政府，对外出卖民族利益，和帝国主义首先是美国帝国主义订立各种不利于中国民族与中国人民的政治的和经济的反动条约，使帝国主义首先是美国帝国主义在中国取得政治的和经济的特权，因此这个政府就变成了帝国主义尤其是美国帝国主义的走狗。在对内方面，这个政府压迫人民，举行反革命战争，企图消灭人民民主势力。全国一切生产力，除了已经获得解放的地区以外，均被这些反动阶级所控制的反动的、退步的、落后的生产关系所束缚，日趋衰败，不能发展。而生产力本身的要求，则是用革命方法解除这种旧有生产关系的束缚，推翻这种旧有生产关系，建立新的生产关系，建立新民主主义的生产关系，因而使全国一切积极的生产力获得向上发展的可能，替未来的更进步的更能自由地发展生产力的社会主义社会准备条件。这个生产关系变革的内容，就是废除帝国主义者在中国所强占的特权，废除地主阶级及旧式富农的封建的土地所有权，废除官僚资产阶级的私人垄断的资本所有权。

但是，在阶级社会中，一切生产关系，都是被阶级的国家权力所保护的。什么样的生产关系，就被什么样的阶级的国家权力所保护，而所谓国家权力，首先就是军队的武力。人们如果要推翻旧的生产关系，建立新的生产关系，人们就或早或迟地要推翻旧的国家权力，建立新的国家权力。中国人民如果要消灭帝国主义的封建的和买办的生产关系，完成民族独立，实行土地改革，没收官僚资本，建立新民主主义的生产关系，借以发展中国的生产力，他们就必须推翻外国帝国主义、本国地主阶级、官僚资产阶级及旧式富农所结合在一起的反动的腐朽的国家权力，首先就必须消灭一切反动军队。中国人民，中国共产党和中国人民解放军现在所从事的伟大的、神圣的、正义的革命战争，正是为着这个目的。而这个革命战争，现在正是日益接近于全国的胜利。

第三章　划分阶级的标准

第一节　既然不同的社会阶级，是由于人们在生产资料的占有关系中，就是说在生产关系中的不同的状况所形成的，那么，当着我们观察和划分社会阶级的时候，就应当以人们对于生产资料的占有关系，以人们的生产关系为唯一的标准。

所谓人们对于生产资料的占有关系，所谓人们的生产关系，就是说人们对于生产资料的占有状况如何以及由此产生的人们对于所占有的生产资料的使用状况如何。所谓人们对于生产资料的占有状况如何，就是说人们对于生产资料的占有与否，占有多少和占有什么（例如地主占有土地，资本家占有资本，独立劳动者占有手工工具）。所谓人们对于所占有的生产资料的使用状况如何，就是说人们是以自己占有的生产资料，由自己亲身劳动以进行生产，或者是以自己占有的生产资料，利用那些丧失生产资料或者缺乏生产资料的人们的劳动力以进行生产，从而剥削那些人们的劳动的结果，以及用什么方法（例如封建主义的方法，资本主义的方法）剥削人们劳动的结果。

第二节　既然不同的社会阶级是由于人们在生产资料的占有关系中，在生产关系中的不同的状况所形成的，而所谓人们在生产资料的占有关系中，在生产关系中的不同的状况，就是人们对于生产资料的不同的占有状况以及由此产生的不同的使用状况，那么，当着我们观察和划分社会阶级的时候，就不应当忘记这些状况。对于那些虽然占有较多的生产资料，但是占有者自己直接使用这些生产资料，即以自己的劳动进行生产，以为自己生活的全部或主要来源，对于他人没有剥削或者只有轻微剥削的人们，例如中农或富裕中农，就应当将他们列入劳动阶级，而不应当将他们列入剥削阶级。同样，对于那些虽然自己不从事劳动，依靠他人劳动为生，但是占有生产资料很少的人们，例如因为丧失或缺乏劳动力而出租土地的贫民，也就应当将他们列入劳动阶级，或者照劳动阶级待遇，而不应当将他们列入剥削阶级。

第三节　人们在生产资料的占有关系中的各种不同的状况，是由于不同的数量决定的，例如人们占有生产资料的分量，在人们生活来源中劳动收入和剥削收入的相对分量，劳动生活的时间和剥削生活的时间等。这些数量的变化，到了一定的限度，就发展成为质量的变化，并常常继续发展到显著的、一眼就可以看清楚的状况，使我们容易据以作出关于各社会阶级或阶层的各项原则性（一般性）的规定。但是，在实际的社会阶级关系中，这种数量变为质量的限度，即各阶级之间的界限，尤其是在同一阶级的各阶层之间的界限，却常常是不甚显著和不甚固定的，因而使得我们的工作人员在其实际从事划分社会阶级并决定社会阶级成分时，容易作出错误的决定，或者将剥削者认为劳动者，或者将劳动者认为剥削者。因此，在本文件中，除了依据显著的、一眼就可以看清楚的关于各社会阶级和阶层在生产关系中的不同的状况，作出各项原则性（一般性）的规定以外，还在各阶级或各阶层之间，依据可能和需要，规定一般的数量的界限。在这些数量的界限中，劳动收入或剥削收入的相对分量的界限，劳动生活或剥削生活的时间的界限，都是可能并需要作出统一的数字的规定。至于各阶级和各阶层占有生产资料的分量的界限，则不可能也不需要作出统一的数字的规定。一般地说，在人们兼有两种性质相异的生活方法时，其阶级成分应当按照其主要生活来源即百分之五十以上的收入的性质来决定。

一般地说，连续剥削者生活满三年，应即成立剥削者成分。连续劳动者生活满一年，应即成立劳动者成分。但在当地民主政府成立后，被打击的封建剥削者转变为劳动者，则应当经过较长的时间，才能取得劳动者成分。

但是这里面还有其他的复杂的情形，因此在本文件的各有关项目下，还分别作出了各种具体的规定。

第四章　通过阶级成分的方法

第一节　为了在土地改革中正确地划分阶级，并决定各部分人们的阶级成分，区或区以上的共产党和民主政府的关于土地改革工作的领导人员，应当帮助乡村行政干部，乡村贫农团和农会的积极分子，根据划分阶级的标准，亲到几个村庄调查几种家庭的具体状况，判定他们的阶级成分，作为实例，进行普遍的宣传，使人们学会正确地划分阶级和决定阶级成分的方法，以利于开展改革土地制度的斗争。如果遇有疑难事项，应当向上级工作人员请示，并和上级工作人员一道，共同研究并判定当地的阶级成分。

第二节　共产党和民主政府的领导人员，农民团体的积极分子们所判定的阶级成分，还不能当做决定。阶级成分的决定，一般应采取自报公议、三榜定案的方法。其程序是先由村中一切家庭提出自己的阶级成分，经过本村贫农团全体会议逐一讨论，通过，并公布。没有贫农团的地方，则经过农会小组会议分组讨论，通过，并公布。然后，再经本村农会全体会议逐一讨论，通过，并公布。然后再经本村村民大会逐一讨论，通过，并公布。然后，报告乡政府或等于乡的村政府审查批准，作为定案。这就是所谓自报公议、三榜定案的方法。在各种会议的讨论中，应按完全民主的和毫无强迫的精神，允许任何人自由发表不同的意见，互相争论和提出证据。如有争论不能解决时，即应进行调查，再开会讨论，直至大多数通过为止。

第三节　经过上述程序决定阶级成分以后，本人或他人仍然认为决定错误表示不服时，应当允许他们向人民法庭提出控诉。在人民法庭经过调查断为确属错误时，即应改正错误的决定，重新作出正确的决定。对于因为错误地决定成分而受了损失的人们，应当尽可能退还或设法抵补其损失。

第五章　家庭成分和本人成分

第一节　一个家庭中的人员，无论男女老少，凡有独立收入作为本人全部或主要生活来源者，无论这种人员与其他人员是否分居，或是否有补助性的经济联系，这种人员的成分，应按本人的生活方法来决定。

一个家庭中，凡数人各有收入，但是互相没有独立性，而将这些收入作为该家庭共同的收入并进行共同的消费者，这种人员的成分，应按该家庭共同收入的主要部分（占全收入百分之五十以上）的性质如何来决定。

一个家庭中，凡没有收入，或只有少数收入，其生活全部依靠或主要地依靠其他人员供养者，这种人员的成分，一般应按其供养者或主要供养者的成分来决定。这种人如果有部分的收入，也应计入其供养者或主要供养者的收入项下。

第二节　剥削阶级（地主、富农、资本家）家庭中的某些人员，虽然没有独立收入，形式上也受家庭供养，但是因为各种缘故，处于显著地被剥削的地位满一年者，例如某些童养媳，某些提前招入的女婿，某些前妻或前夫所生的子女，某些孤儿或寡妇，关系极端恶劣的子、女、妻、妾、弟、妹、父、母和某些寄食的亲戚，被家庭中某个或某些主要人员在实际上把他们当作雇工、农奴或奴隶使用，使他们从事劳动，受到剥削和虐待满一年者，其成分应认为被剥削者。

第三节　无论男女，因为婚姻或其他缘故，例如过继、收养、被送、被卖、被弃、被逐、自动脱离以及在同一家庭的不同经济单位之间的人员转移等，其由劳动者家庭转入剥削者家庭、在十六岁以前者，其成分是劳动者。其在十六岁或十六岁以后，与剥削者享受同等生活满三年者，应成立剥削者成分。其在十六岁或十六岁以后仍过劳动生活者，其成分仍是劳动者。其由剥削者家庭转入劳动者家庭，在十六岁以前者，其成分定为劳动者。其在十六岁或十六岁以后，如果在当地民主政权成立以前，与劳动者过同等生活满一年者，应成立劳动者成分；如果在当地民主政权成立以后，与劳动者过同等生活满三年者，应成立劳动者成分。其仍过剥削生活者，其成分仍是剥削者。

第六章　地主

第一节　地主是占有较多、较好的土地，自己不从事农业劳动，以向农民（佃户）出租土地、收取地租作为其全部或主要生活来源的人们。凡合于上述条件，并连续这种生活满三年者，即成立地主成分。

第二节　不以出租农业土地，而以出租城市地产或房屋，作为其全部或主要生活来源者，不属于本文件所称地主范围以内。

第三节　如果人们的其他条件与地主相同，但是其家中有一人参加主要农业劳动（耕种、锄草、收割等）每年满三分之一时间（四个月）者，则一般不应认为地主，而应认为旧式富农。如果人们的家庭人口在二十人以上，有家中全劳动力（十八岁至五十岁的男子）三分之一以上参加主要农业劳动，每年满三分之一时间者，应认为旧式富农。否则，除参加主要农业劳动每年满三分之一时间的人员本人认为旧式富农以外，家中其余人员仍认为地主。

第四节　如果人们的其他条件与地主相同，但是其占有状况（土地和其他财产）不超过一般中农者，则不应认为地主。其参加主要农业劳动，合于上述规定者，应按其占有状况认为中农或其他农民成分。有其他职业者，按其职业决定成分。没有一定职业，或丧失劳动力者，认为贫民。能劳动而不从事劳动，或从事不正当职业者，认为游民。

第五节　如果人们的其他条件与地主相同，但是因为其家庭的主要人员死亡，或者因为受了其他不应有和不可抗的打击，以致其生产资料长期不能完全使用（实际上不能完全占有），因此生活困难，不及一般中农，并连续三年以上者，亦得适用上述原则，不应认为地主，而应按其情况认为其他成分。

第六节　本人在法律上并不占有大量土地（即没有法律上的大量的土地所有权），但是以帮助地主收租管家为生，其地位为地主的助手而非仆役者；或以转租大量公地或地主土地给农民，收取大量地租为生者；或以管理公地名义，大量剥削农民为生者；或在乡村中假借政治权力，以贪污、强占等项方法取得生活来源者；所有这些人们，在劳动状况和其他生活状况同于地主的条件下，均以地主论。

上述人员的情况与本章第三、第四、第五各节相合者，适用各该节的规定。

第七节　地主破产（即丧失全部或大部土地）以后，不从事正当职业，依靠其过去积蓄，亲友接济，或各种不正当方法为生，在其劳动状况和其他生活状况同于地主的条件下，以地主论。

上述人员的情况与本章第三、第四、第五各节相合者，适用各该节的规定。

第八节　地主的地租收入，既不是本人劳动的产物，也不是本人投资于生产的产物，完全是本人的封建的土地所有权的产物。这种地租不但包含农民（佃户）的全部剩余劳动，即维持农民起码生活以外的劳动，而且经常包含农民的一部分必要劳动，即维持农民起码生活所必需的劳动。地主是完全脱离生产过程的社会寄生虫，他们对于土地及其他生产资料的这种封建所有制，和由此而来的地主对于农民人身的不完全的所有制，即地主对于农民的封建特权（反映在政治上，即是国民党反动政府不承认全国人民有完全的人权），早已成为中国农业生产和工业生产的基本障碍。因此，为了发展中国的生产力，对于整个地主阶级（当作代表一种占有关系即一种生产关系的阶级来说，而不是当作地主各个个人来说），必须加以彻底的消灭。

第九节　地主的全部土地财产，除合于本章第十节、第十一节和第十四至第二十六各节所规定者按照各该节规定的办法处理以外，均应由农会没收分配，并分给地主以与农民平均所有的土地财产相等的一份，使其能以自己劳动为生，不使他们因无必要的生产资料流为盗贼或游民，反于社会秩序及国民经济发生不利的影响。

第十节　地主财产之在城市者，应由农会与县或市政府会同决定处理办法。地主财产之不属于本县者，应由有关政府会同决定处理办法。

第十一节　地主的一切重大的罪恶行为，应由农民予以充分的揭露。地主中的重要的汉奸和内战罪犯，应由民主政府逮捕判罪，其本人不得分给土地、财产。地主中犯有反革命行为的反革命分子，犯有破坏土地改革行为的破坏分子，犯有贪污行为的贪污分子和犯有恶霸行为的恶霸分子，应由人民法庭审判，依其情节轻重，决定如何处分和是否分给土地、财产。上述各项犯罪分子的家属，非因参与犯罪经有关法庭判决者，照普通地主待遇。

第十二节　地主大都兼放高利贷。人们之以高利贷为主要生活来源者，叫做高利贷者。乡村中的高利贷者，按地主待遇。

第十三节　地主也有兼雇工人（雇农）耕种一部分土地的。地主之以雇工经营土地为其全部或主要生活来源，而其雇工条件带着严重的封建奴役性质者，叫做旧式经营地主。旧式经营地主的收入不是地租，而是雇农的正副生产物在扣除雇农的工资、吃粮及雇农在生产中所消费的其他成本（种子、肥料、耕畜饲料、农具及其他设备的修补等）以后的剩余价值。在这一点上，旧式经营地主比普通地主带有某种进步性，即带有某种资本主义性。但是第一，旧式经营地主的土地所有权与普通地主同样是封建的，同样妨碍着中国生产力的自由发展；第二，因此，旧式经营地主对于雇工也与普通地主对于佃户享有同样的有时甚至更野蛮的封建特权，同样束缚着生产者（生产力的首要部分）的积极性；第三，又因此，旧式经营地主一般地与普通地主同样是一个反动的阶级，他们在政治上与普通地主同样代表着封建主义，在经济上也同样进行着土地以外的其他封建剥削，并与帝国主义相联系。因为这些，所以就整个说来，旧式经营地主基本上仍然是地主阶级的一部分，一般应当按地主待遇。但是，旧式经营地主家庭中某些参加主要农业劳动每年满三分之一时间的个别人员本人，则应当认为旧式富农。旧式经营地主与旧式富农的区别，依本章第三节的规定。

第十四节　如果人们的其他条件与旧式经营地主相同，而其所经营的土地之全部或四分之三以上，并非自有而系租入者，这样的经营者既不占有大量土地，又不以地租为主要生活来源，则经营者虽不参加主要农业劳动，亦不应认为旧式经营地主，而应按本文件第七章所述的旧式富农待遇。

第十五节　地主之以雇工经营土地为其全部或主要生活来源，而其雇工条件属于资本主义的自由劳动性质者，叫做新式经营地主。新式经营地主是资本主义化的地主，即是地主兼农业资本家。新式经营地主的土地所有权是封建性的，对于这种土地，仍然应当按照对于地主的土地那样，予以没收和分配。新式经营地主的财产则带着资本主义性质，应当予以保护，并允许新式经营地主用这种财产来租入和经营国家或农民的土地，即允许他们由地主兼农业资本家转变为完全的农业资本家。如果新式经营地主的财产为本人所不需要，而为农民所需要，则应由当地政府与农会会同决定适当办法，予以征购。

第十六节　如果人们的其他条件与新式经营地主相同，而其所经营的土地之全部或四分之三以上并非自有而系租入者，则不应认为经营地主，而应认为农业资本家，其待遇见本文件第八章。

第十七节　不论是新式经营地主或是旧式经营地主，如果是用机器耕作，或是用其他重要科学方法从事农业改良的重要试验者，他们的土地、财产都应由当地政府会同农会决定适当处理方法，不得由农会单独决定处理。

第十八节　地主也有兼工商业资本家的。地主的一切工商业及其与工商业相连的一切土地、财产，应受保护，不在没收分配之列。其不与工商业相连的一切土地、财产，则应全部没收分配。

第十九节　如果人们的其他条件与地主相同，而以资本家方法经营工商业，作为其主要生活来源者，应认为资本家。这种资本家的不与地主土地相连的土地、财产，不在没收分配之列。但其与地主土地相连的土地、财产，则应全部没收分配。

第二十节　地主兼官僚资本家者以及地主之犯有本章第十一节所列各项重要罪行，经有关法庭判决其工商业应予没收者，其全部土地、财产，包括工商业在内，均应没收。但其工商业不由农会处理，而由政府处理。其工商业规模甚小，并在乡村营业者，应由区政府处理。其工商业规模较大者，应依情况，分别由县、市、省或中央政府处理。这些工商业，凡属有益于国民经济者，无论决定交由政府接管，或人民接管，均须保持其继续营业，不得分散或破坏。

第二十一节　地主在城市中出租地产或房屋者，其城市中的地产或房屋，不由农会处理，而分别由县、市、省或中央政府决定处理办法。地主以在城市中出租地产或房屋为其主要生活来源者，其在乡村中的土地、财产应全部没收分配。

第二十二节　地主的工商业或其他被保存的财产足以维持其生活者，不得再分给土地、财产。

第二十三节　地主也有兼任手工业劳动，兼任小商贩，兼任自由职业，或兼任其他劳动业务的。地主的一切这些劳动及其一切不与地主土地相连的土地、财产，应受保护，不在没收分配之列。但其与地主土地相连的土地、财产，应全部接收分配。

第二十四节　如果人们的其他条件与地主相同，而以各种非农业劳动为其主要生活来源者，应认为各种劳动者。他们的土地、财产的处理办法，依本文件第十二章第五节的规定。

第二十五节　如果人们的其他条件与地主相同，而有专门重要智能，其劳动收入占其总收入四分之一以上者，即可不认为地主，而认为各种劳动者。他们的土地、财产的处理办法，依本文件第十二章第五节的规定。

第二十六节　地主中的若干个别分子，反对蒋介石反动统治和美国帝国主义侵略，赞成土地改革，并以积极行动赞助人民革命事业，例如在蒋介石统治下参加秘密革命活动，在民主政权下担任政府或人民革命团体的工作者，叫做开明绅士。开明绅士所有与地主土地相连的土地、财产，在取得本人同意之后予以征收分配。其不与地主土地相连的土地、财产，应受保护。其能力与品格适合于在民主政权下担任工作者，应给予适当的工作。

第二十七节　地主在当地民主政权成立以前已经转入劳动或其他成分满一年者，或在当地民主政权成立以后已经转入劳动或其他成分满五年者，应依其转变后的情况，改变其成分及待遇。

第七章　旧式富农

第一节　旧式富农是占有较多较好的土地、耕畜、农具及其他生产资料，自己参加主要农业劳动，但是经常依靠以半封建方法剥削雇工，或其他封建剥削的收入，作为其主要或重要生活来源，而其封建性剥削的收入，超过其纯收入的二分之一，在一般条件下，亦即超过其总收入的四分之一的人们。凡合于上述条件，并连续这种生活三年以上者，即成立旧式富农成分。

第二节　所谓剥削收入，在雇工（包括雇佣农业中的雇农和工业中的工人）关系上，是指雇工正副生产物在扣除雇工的工资、吃粮和雇工在生产过程中所消费的其他成本以后的剩余价值。在出租土地的关系上，是指地租。在债权关系上，是指利息。在商业关系上，是指商业收入在扣除成本之后的利润。如果剥削者同时是佃户或债户，则其剥削收入应扣除其缴付地主的地租或缴付债主的利息。在这些剥削收入中，地租、高利贷利息和封建式雇工所产生的剩余价值，算作封建剥削收入；工商业收入、普通利息和普通雇工所产生的剩余价值，算作资本主义剥削收入。凡不产生剩余价值的雇工劳动的生产物（例如农忙时某些以等价交换所雇短工的生产物），及合于本文件第十二、第十三、第十四、第十七、第二十三各章所说的手工业收入，小商贩收入，普通职员收入，极轻微的利息收入，都不得算作剥削收入。

第三节　所谓纯收入，对于独立劳动者，是指本人劳动的正副生产物在扣除各项必要消费以后的盈余，即本人剩余劳动的生产物，相当于雇工所生产的剩余价值；对于雇佣劳动者和职员，是指本人所得的工资和薪水（包括各种实物工资如吃粮等）；对于佃户是指佃户纯收入在扣除缴付地主的地租以后的剩余部分；对于债户是指债户纯收入在扣除缴付债主利息以后的剩余部分；对于剥削者是指本章第二节所说的各项剥削收入。富农是剥削者兼独立劳动者，其纯收入应为剥削收入加上本人劳动盈余的总和；佃富农是剥削者兼独立劳动者兼佃户，其纯收入应为剥削收入加上本人劳动盈余减去地租所得的结果。

第四节　所谓总收入，对于农、工、商业者是指农、工、商业在扣除成本以前的全部收入；对于纯粹的地主、债主和雇佣劳动者，其总收入即是其纯收入。富农在同时兼有上述某几种身份时，其总收入应为上述某几种总收入的总和。佃富农的总收入则应自此项总和中减去地租。

第五节　因为富农是剥削者兼独立劳动者，所以富农与其他不属于剥削阶级的独立劳动者首先是与中农（特别是富裕中农）之间，必须有明确的界限。这个界限即是：富农的纯收入的二分之一（百分之五十）以上为剥削收入，中农（包括富裕中农）及其他独立劳动者的纯收入的二分之一（百分之五十）以上或至少二分之一为劳动收入。

第六节　因为纯收入的计算比较复杂，所以为便利计，改用总收入计算。

中国的农业纯收入，大约相当于农业总收入的三分之一，即农业总收入为三份，其中二份属于成本，一份属于盈余。假定某一不雇工的农民除本人的农业总收入外尚有剥削收入，例如地租、债利或商业利润等，而此项剥削收入适与劳动纯收入相等，则这个农民的农业总收入为三份，剥削收入为一份，其剥削收入即为其全部总收入的四分之一。因为这个农民的剥削收入与其劳动纯收入相等，即不超过其全部纯收入的二分之一，所以这个农民的成分应认为劳动者（中农），而不应认为剥削者（富农）。

又假定这个农民的剥削收入不在农业总收入以外，而在农业总收入以内，即雇佣雇工而剥削其剩余劳动。假定农民的劳动力和雇工的劳动力各为相等的一份，两人的剩余劳动量亦各为相等的一份，即各为这个农民的农业总收入的六分之一。那么，这个雇工所产生的剩余价值即应为这个农民的农业总收入的六分之一。但通常为便利计，在计算此项剥削收入时，即由雇工生产物（总收入六分之三）中扣除农民成本（总收入六分之二）时，往往只扣除其工资、吃粮（可变资本部分），而并不扣除其所消费的种子、肥料、耕畜饲料、农具及其他设备的修补等（不变资本部分）。这两部分成本通常约为三与一之比，因此通常计算时所扣除的成本，就一变而为总收入的四分之一，因此所算出的剥削收入亦一变而为总收入的四分之一。这样的计算虽不精确，但却有一种便利，使一个农民的剥削收入是否超过其总收入四分之一成了富农与中农的一般界限。如果农民付给雇工的工资、吃粮足以维持雇工的生活，那么只要农民的劳动力与雇工的劳动力在数量和质量上相等，其剥削收入即为其纯收入的二分之一，在上述计算下亦即其总收入的四分之一。换句话说，如果这个农民另无其他剥削，则这个农民的成分应认为中农，不认为富农。反之，如果这个农民尚有其他剥削，或其雇工的劳动力在数量上和质量上超过自己的劳动力，或其所付给雇工的工资、吃粮不足维持雇工的生活，从而显然增加了剩余价值的分量，则应认为富农，不认为中农。

第七节　农民的剥削收入的计算，除上述两种情况外，还有两种比较复杂的情况，即第一，有些农民既剥削雇工又有其他剥削，而两项剥削收入均不超过其总收入四分之一，在计算时容易发生困难。第二，有些农民占有土地较一般农民平均所有者为多，因此在其总收入中实际含有封建土地所有权的收入，其性质等于地主的地租；占有土地愈多，则此种变相的地租收入亦愈多。这种收入在计算时容易发生困难。为便利计，这里作一般规定如下：

（甲）雇主的劳动力少于雇工的劳动力者，无论有无其他剥削均为富农。

（乙）雇主与雇工的劳动力为一比一者，如果没有其他剥削收入者为中农，否则为富农。

（丙）雇主的劳动力多于雇工的劳动力一倍或不足一倍者，如果其他剥削收入不超过其总收入八分之一者为中农，否则为富农。

（丁）雇主的劳动力多于雇工的劳动力一倍以上者，如果其他剥削收入不及其总收入四分之一者为中农，否则为富农。

（戊）农民的其他剥削收入等于其总收入四分之一者，不雇工者为中农，雇工者为富农。

（己）如果农民所占有的土地超过一般农民平均所有一倍或一倍以上二倍以下，则上述的剥削的限度应一律降低二分之一。

（庚）如果农民所占有的土地超过一般农民平均所有二倍或二倍以上，则其剥削的分量虽不及上述限度的二分之一，仍应认为富农，而不认为中农。但其确实毫无剥削者，则仍应认为中农，而不认为富农。

（辛）佃农的总收入和剥削收入因须扣除地租，而地租所占佃农全部总收入的地位则不能一般地确定，故本节的规定不适用于佃农。佃农的剥削收入（扣除地租）不超过其纯收入（扣除地租）二分之一或总收入（扣除地租）四分之一者为中农，否则为富农。

第八节　全部或四分之三以上的土地不是自有而是租入的佃农，在其剥削收入依第七节辛项规定合于富农条件时，除非其剥削是以转租土地或放高利贷为主，应认为旧式富农以外，否则均应认为新式富农。因为这种富农除上述特殊情形外，既然只占有资本，而没有封建的土地所有权，这就决定了其剥削的性质，基本上是资本主义性的，而不是封建性的。

第九节　如果人们的其他条件与旧式富农相同，但是其占有状况（土地和其他生产资料）不超过中农者，则不应认为旧式富农，而应根据本文件第六章第四节的规定，按其情况分别认为其他成分。

第十节　如果人们的其他条件与旧式富农相同，但是因为缺少劳动力，以致生产资料长期不能完全使用（实际上不能完全占有），因此生活困难，不及一般中农，并连续三年以上者，则不应认为旧式富农，而应按其情况认为中农或其他农民成分。

第十一节　旧式富农在自己参加农业劳动，和常常采用雇工方法经营农业生产这两点上，比地主有其进步性。在废除封建剥削以后，旧式富农可能转变为新式富农，其生产是有益于国民经济的。因此对于旧式富农的待遇，应与地主有所区别。但是一般旧式富农的土地所有权是封建性的，其对于雇工的剥削和束缚也有封建性，并且多兼营其他地主方法的剥削事业例如出租土地、放高利贷等，许多旧式富农甚至并不雇工，而只以出租土地、放高利贷等作为其主要生活来源。因此，旧式富农一般地在经济上和政治上与地主阶级相联系，并常常成为地主阶级统治乡村的重要助手。

第十二节　旧式富农所占有的超过一般中农平均所有的多余土地、财产，应由农会征收分配，但应保留其原有等于一般中农平均所有的土地、财产。在农民要求平分全部土地时，富农超过一般农民平均所有的土地应予平分，但应保留其原有等于一般农民平均所有的土地，并保留其原有等于一般中农平均所有的财产。

第十三节　旧式富农财产之在城市者，旧式富农之犯有各种重要罪行者，旧式富农之用机器或其他重要科学方法耕种者，旧式富农之兼营工商业者，旧式富农之兼在城市中出租地产、房屋者，旧式富农之兼营手工业劳动、小商贩业和自由职业者，旧式富农之有专门重要智能者，旧式富农之属于开明绅士者，按本文件第六章第十、第十一、第十七至第二十六各节规定的原则处理。但各该节规定中没收与地主土地相连的一切土地、财产，则均应改为征收与旧式富农土地相连的多余土地、财产。

第十四节　旧式富农在当地民主政权成立以前已经转变为其他成分满一年者，或在当地民主政权成立以后已经转变为其他成分满三年者，应依其转变后的情况，改变其成分及待遇。

第八章　新式富农

第一节　新式富农是租入或占有较多较好的土地，占有耕畜、农具及其他生产资料，自己参加农业劳动，但经常依靠以资本主义方法剥削雇工，或其他资本主义剥削的收入，作为其生活来源的主要或重要部分的人们。新式富农中其土地之全部或四分之三以上不是自有而是租入的，叫做佃富农。凡合于上述条件，并连续这种生活三年以上者，即成立新式富农成分。这里所说的其他资本主义剥削，是指用资本家方法兼营工商业或投资于他人所经营的工商业，或以通常的资本主义式的利息放债，以及本文件第十五章所说的普通资本家的其他各种剥削。

第二节　本文件第七章第五至第十各节的规定，适用于新式富农。

第三节　旧中国的新式富农因其生产方法带着进步的性质，其待遇应与旧式富农有所区别，在平分原则下，其所占有的超过一般中农平均所有的多余土地、财产（不是自有而是租入的多余土地包括在内）除合于本章第四、第六两节的规定，应按各该节的规定处理以外，其多余土地部分应由农会征收分配，但应保留其原有或原耕的等于一般中农平均所有的土地，其多余财产部分应予保护，并允许其租入和经营国家的或农民的土地。其多余财产为本人所不需要而为农民所需要者，在取得本人同意之后，由当地政府与农会会同决定适当办法，予以征购。

第四节　在当地民主政权成立以后，原属中农、贫农、雇农或其他贫苦成分的农民，因为民主政府所实行的减租、清算、分配土地及其他扶助农民的政策，得到土地及其他正当利益，勤俭致富，在一九四七年中国土地法大纲颁布以前即已成为新式富农者，在平分土地期间，应按富裕中农待遇，在一般情况下，其多余的土地不得本人同意，不应抽出分配，其多余的财产应予保护。

第五节　如果人们的其他条件与佃富农相同（其土地之全部或四分之三以上不是自有而是租入的），但是自己不参加农业劳动者，应认为农业资本家。农业资本家除属于官僚资本家者应按本文件第十五章的规定处理外，其待遇适用本章第三节的规定。

第六节　新式富农及农业资本家之用机器耕作，或用其他重要科学方法以从事农业改良者，按本文件第六章第十六节的规定处理。

第九章　中农

第一节　中农是占有较富农为少较贫农为多的土地（也有一部或全部土地不是自有而是租入的）、耕畜、农具及其他生产资料，自己从事农业劳动，或兼营其他独立劳动的副业，作为其全部或主要生活来源的人们。中农对他人一般没有剥削，或者只有偶然的或轻微的剥削。中农一般不出卖劳动力，或者只抽出多余的劳动力替他人作临时的短工，或者抽出多余的半劳动力替他人作非重要性质的长工，例如学徒、牧童等。凡合于上述条件，并连续这种生活满一年者，即成立中农成分。

第二节　中农与富农的界限，见本文件第七章第五、第六、第七各节的规定。生活富裕，而剥削收入不超过该项规定的中农，叫做富裕中农。富裕中农是中农的一部分，应受保护。富裕中农所有的超过一般农民平均所有的土地在一般情况下，不得本人同意，不应抽出分配。其多余财产，保留不动。

第三节　如果人们的其他条件与中农相同，其占有的（或租入的）土地虽然较少，但是因为占有其他非农业的生产资料借以经营副业，其副业收入可以补农业收入的不足，因而其收支大约可以相抵者，仍应认为中农，不应认为贫农。

第四节　如果人们的其他条件与中农相同，但是因为缺乏劳动力，或者受了不应有和不可抗的打击，以致其生产资料长期不能完全使用（实际上不能完全占有），因而其生活相等于贫农，并连续一年以上者，不应认为中农，而应认为贫农。

第五节　中农在土地改革以前是农民中仅次于贫农的重要阶层。在土地改革彻底完成以后，中农占农民的大多数，也即是占全国人口比较最多数的主要阶层。在土地改革中，中农的土地、财产不足者，应补至农民平均所有的水平。中农的土地有多余者，在一般情况下，只有在取得本人同意之后方可抽出分配。如果本人不同意，则应保留不动。中农的财产有多余者，一概保留不动。

第六节　中农在农会代表会和农会委员会中，在各级政权机关（各级人民代表会议及政府）中，应占相当的数量。民主政府对于中农的经济发展，应予保护和帮助，并领导他们和其他农民在自愿基础上实行劳动互助和其他各种合作事业。在税收和其他负担上，应取公平合理的原则，不使中农负担特别加重。

第七节　共产党应当经常注意提高中农的政治觉悟，以便使全体中农都能与无产阶级和其他劳动人民巩固地团结在一起。

在农民的内部关系中，一般地说，在贫农、雇农人口占多数并居于领导地位的时候，应该提醒贫农、雇农注意照顾中农的利益。而在中农人口占多数并居于领导地位的时候，则应该提醒中农注意照顾贫农、雇农的利益。

第十章　贫农

第一节　贫农是或者没有土地，或者只有很少的土地，有少数农具，但不一定有耕畜，而以租入的或自有而兼租入的或全部自有但是不足的土地从事农业劳动作为其主要生活来源的人们。贫农一般入不敷出，因此要被迫出卖一部分劳动力，或兼营其他艰苦的副业，并要负债。凡合于上述条件，并连续这种生活满一年者，即成立贫农成分。

第二节　乡村中不属于农民或其他阶层的贫民，其原为农民者，为便利计，认为是贫农。

第三节　在土地改革以前，贫农占农村人口的大多数，也即是占全国人口比较最多数的主要阶层。贫农的经济地位是半无产阶级。除无产阶级以外，在全民族中贫农是最受痛苦和最要求革命翻身的人们。土地改革的首要任务，就是为了满足贫农对于土地和其他生产资料的要求。

第四节　在土地改革时期，贫农应和雇农一道组成贫农团，在农会中和各级人民代表会议中担负积极领导的责任。贫农团一方面，应当善于坚决彻底消灭封建、半封建的剥削制度，解决广大贫农、雇农和其他无地少地农民的困难；另一方面，应当善于团结中农和新式富农，保护工商业者，并使地主和旧式富农转变为生产的劳动者，以便从各方面迅速发展生产。

第五节　民主政府应当负责帮助全体贫农的上升，必须领导贫农及其他农民在自愿基础上实行劳动互助和其他合作事业。共产党应当经常注意提高贫农和贫农出身的农民的政治觉悟，使他们能够经常成为乡村中的良好领导者。

第十一章　雇农

第一节　雇农是无产阶级的一部分。雇农完全没有土地、耕畜和农具，或者只有极小的一部分。雇农是以向富农、地主或其他乡村人们长期地（长工）或零碎地（短工）出卖劳动力，从事农业雇佣劳动，为其全部或主要生活来源的人们。凡合于上述条件，并连续这种生活满一年者，即成立雇农成分。

第二节　乡村中原为农民的贫民，以出卖劳动力为主要生活来源，但农业劳动只占其小部者，为便利计，应认为是雇农。

第三节　雇农是农村中最受痛苦而有革命翻身的强烈要求的人们。雇农在土地改革中，一般要求分得土地和其他农业生产资料，因此必须像满足贫农一样地满足雇农的要求。雇农许多是单人，生产中困难甚多，应当给予更多的照顾。

第四节　对于不要求土地而继续从事雇佣劳动的雇农和在土地改革以后新发生的雇农，共产党和民主政府必须注意帮助他们改善其生活。但是雇佣关系中的劳动条件，不应超过当地经济情况所许可的范围。如果超过这种范围，以致无人愿雇，反将使雇农失业，使农业衰落，则是错误的政策。

第五节　要求土地的雇农，应当参加农会，并在其中与贫农合作，组成贫农团，共同负起领导的责任。不要求土地的雇农和土地改革后的新雇农，也可以参加贫农团及农会。但如人数很多，则可组织单独的雇农工会。共产党应当注意经常教育雇农和雇农出身的农民，使他们积极参加乡村中政治生活与经济生活的领导工作。

第十二章　手工业劳动者

第一节　手工业劳动者（或称手工业者）是占有少量的工具，或者还占有少量的原料、小的作坊或店铺，以从事独立的手工业劳动，作为其全部或主要生活来源的人们。一部分手工业劳动者，例如纺纱织布的、榨油的、做豆腐的、开小饭铺的人们以及制造成品的木匠、铁匠、皮匠等，他们自己生产商品，直接卖给消费者或卖给商人。另一部分手工业劳动者，例如自有车、船、马的车夫，船夫，脚夫，理发匠，骟马匠，补锅匠，不制造成品的木匠、铁匠、皮匠等，因为他们劳动的对象属于消费者，故直接以自己的劳动满足消费者的需要。凡合于上述条件，并继续这种生活满一年者，即成立手工业劳动者成分。

第二节　手工业劳动者一般不雇佣工人。其有本人参加主要劳动，同时又招收少数学习性质或助手性质的学徒，或工人，或店员，但仍以本人的手工业劳动为主要生活来源者，仍应认为手工业劳动者。如果人们的其他条件与手工业劳动者相同，但是招收多数学徒、工人或店员，以这些学徒、工人或店员作为其生产业务中的主体，本人只有附带劳动，或只居于监督管理地位者，则应认为手工业资本家。

第三节　手工业劳动者一般不受雇于手工业资本家。如果自己不占有所需要的生产资料，而受雇于占有该项生产资料的手工业资本家、包工头或独立的手工业劳动者，例如手工纺织厂所雇的纺织工人，脚行所雇的脚夫，理发店所雇的理发工人，包工头所招的建筑工人，独立手工业劳动者所招的学徒等，被雇者向雇主领取工资，作为主要生活来源者，则应认为是工人。

第四节　手工业劳动者是劳动人民的一个重要部分，其利益，在土地改革中和新民主国家中，应受到坚决的保护。

第五节　乡村中的贫苦手工业劳动者，其手工业收入不足维持生活，需要一部分土地或其他财产者，应分给一部分土地或其他财产。其原有一部分土地，因无力耕种而出租，或雇工耕种，赖以维持生活者，仍应允许其在适当的地租或工资条件下继续保有，不予征收分配。手工业劳动者之因手工业收入，生活富裕者，其财产一概不得侵犯，但也不应再分给土地或其他财产。手工业劳动者兼地主、富农的成分，见第六章第二十三至第二十五节和第七章第十三节之规定。

第六节　手工业劳动者的劳动，凡属有益国民经济者，均应积极帮助其推广改进。其雇佣学徒、工人、店员，而待遇恶劣者，应予以必要和可能的改善。

第十三章　自由职业者

第一节　自由职业者，是独立的脑力劳动者，其性质一般地类似手工业劳动者。一部分自由职业者，自己生产商品，如著作家、艺术家等。另一部分自由职业者，因为其劳动对象是消费者，直接以自己的劳动满足消费者的需要，如医生、律师等。凡合于上述条件，并连续这种生活满一年者，即成立自由职业者成分。

第二节　自由职业者，因为执行业务的必要，而雇佣一两个助手或仆役时，不应认为剥削行为。

第三节　某些自由职业者，虽为资本家所雇佣，或为国家所任用，如报社的记者，书店的编辑，电影厂的演员和导演，私立和国立学校的教师，私营和国营企业中的工程师，国家研究机关中的学者等，因为其劳动条件比工人或普通职员较带独立性，故仍可认为自由职业者。但是新民主国家所任用的脑力劳动者，则不应认为自由职业者，而应认为革命职员。

第四节　自由职业者的利益，在土地改革中和新民主国家中，应受到坚决的保护。

第五节　自由职业者的家庭一般占有或多或少的土地和其他生产资料，但一般不作为本人的主要生活来源。少数自由职业者，则自己同时是地主、富农或资本家。自由职业者与土地的关系，适用第十二章第五节规定的原则。自由职业者兼地主、富农的成分，见第六章第二十三至第二十五节和第七章第十三节的规定。自由职业者兼资本家的成分，适用第六章第二十三至第二十五节所规定的原则。

第六节　中国的自由职业者，一般地与其他劳动人民一道受到帝国主义、封建势力和官僚资本的压迫。自由职业者的上层，在政治上，常常倾向于自由资产阶级。自由职业者的中下层，一般地能同情人民民主革命，或者在革命与反革命斗争时期保持中立地位。自由职业者的左翼，主要是其中从事于文化工作的一部分，在无产阶级的影响之下，在近三十年的中国发展了左翼文化运动，对于中国人民革命斗争和马克思主义思想的传布，是有贡献的。自由职业者由于其生活方法的影响，一般地带有重视自己个人，轻视劳动群众的缺点。自由职业者的极少数，即其右翼分子，则站在反革命方面。自由职业者的智能，是建设新中国所不可缺少的一部分力量，必须细心地团结他们的绝大多数为人民共和国服务。和这同时，必须针对他们的缺点和错误思想给以逐步的和适当的改造。

第十四章　小商贩

第一节　小商贩是或者占有小量资本，例如货币资本、运输工具、店铺等，或者不占有资本（以赊欠、挑担子、摆摊子等项方法进行营业），也不雇佣店员、运输人员、推销员等，向商业资本家或小生产者购入商品，向消费者出卖，自己从事商品流通过程中的劳动，例如采购、运输、售卖等，作为其主要生活来源的人们。小商贩有时取得小量利润，有时完全得不到利润，有时还要以其他方法补助才能维持生活，甚至要负债。连续小商贩生活满一年者，即成立小商贩成分。

第二节　只为商人担任运输，自己并不贩卖者，不应认为小商贩，而应按照其与商人的关系，分别认为手工业劳动者，或商人的雇员。

第三节　只对商品作简单的加工，其主要劳动属于商品流通范围，而其他条件同于小商贩者，例如卖花生、瓜子、卤肉、馄饨等简单食品的人们，不应认为手工业劳动者，而应认为小商贩。

第四节　小商贩因为资本很少，甚至没有，其能担任流通的商品数量和地域，都很小，而所受商业资本家和其他剥削阶级的剥削却是很多，其利润一般很少，甚至没有，所以，一般不需要也不可能雇佣店员、运输人员、推销员等。商业资本家，因为资本大，其能担任流通的商品的数量很多，流通的地域很广，其剥削条件多，因而其利润多，他们一般有需要也有可能雇佣多数店员、运输人员、推销员等。因此，在一般情况下，是否雇佣店员、运输人员、推销员等，可以作为区别小商贩和商业资本家的标志。

但是如果其他条件同于小商贩，因为人手不够，只雇一两个学徒或店员者，仍应认为小商贩。如果其他条件同于商业资本家，因为家庭人手多，不需要雇人，或者因为并不从事商品流通过程中的必要实际工作，仅从事于买办、转账、高利贷、囤积、投机等完全寄生性的剥削，也不需要雇人者，则仍应认为商业资本家。

第五节　对于运输商人，开过载行、骡马店及旅馆的商人，开堆栈的商人，开牙行的，开荐头行的人们，以及从事其他有关商业活动或类似商业活动的人们，在划分其成分，判断其属于小商贩一类或属于商业资本家一类时，一般都可以适用本章规定的原则。

第六节　小商贩的利益，在土地改革中和新民主国家中，应受到坚决的保护。

第七节　小商贩与土地的关系，适用第十二章第五节规定的原则。小商贩兼地主、富农的成分，见第六章第二十三至第二十五节和第七章第十三节的规定。

第八节　小商贩的主要地位，是独立劳动者和被剥削者。在多数情形下，类似于商业中的雇佣劳动者。其中许多人，还只是一种贫民。只有极少数，才能成为剥削者。他们的商业劳动，虽然不增加任何国民财富（如果不加以调节，有时还可能产生某些不利于国民经济的影响），但在一定范围内，在真正沟通同一区域或不同区域的生产者和消费者相互需要的范围内，他们的劳动，却是整个生产过程所需要的。在新民主国家的国营商店、国营运输业和人民消费合作事业没有充分发展以前，在民主政权指导下的小商贩，对于整个经济建设的发展，仍有一定重要性的贡献。

第十五章　资本家和官僚资本家

第一节　资本家是占有较多的或大量的生产资料，直接地或间接地利用商品生产，剥削劳动者的剩余劳动，取得各种形态的利润或利息的人们。因为对于生产过程的关系不同，主要地可分为工业资本家、商业资本家、银行资本家等类。因为资本的积累和使用方法不同，对于帝国主义、封建主义和整个国民经济的关系不同，从而资本的数量也不同，对于上述各类资本家又可分为官僚资本家和普通资本家两类。官僚资本家，在资本数量上是极大的资本家，对外是买办资本家，对内是垄断资本家。普通资本家，在资本数量上一般是中型和小型的资本家，也有少数大资本家，对外一般是民族资本家，对内一般是自由资本家。连续官僚资本家生活满一年者，即成立官僚资本家成分。连续普通资本家生活满三年者，即成立普通资本家成分。

第二节　工厂、商店、银行中不占有资本的普通职员，股份公司的小股东，银行的小存户，以及各种追随着资本家和资本家制度，进行各种附属活动，但不占有资本，或只占有少量资本，经常不能取得利润，或只能取得少量利润的人们，其主要地位，属于被剥削者，故均不应认为资本家，或官僚资本家。

第三节　普通工业资本家占有机器、工厂、原料、货币资本等，雇佣工人劳动，生产商品，剥削工人的剩余劳动。手工业资本家，农业资本家及新式富农，性质上是这种资本家的一部分。这种资本家，特别是机器工业资本家，乃是资本主义生产方式的基本构成者。

第四节　普通工业资本家的生产方式，虽然也是剥削劳动者的，但是这种生产方式的发展，依靠于商品生产和扩大再生产（不是自给自足经济），依靠于自由劳动力（不是附属于地主及其土地的农民），而商品的扩大再生产的迅速发展，和自由劳动力的迅速发展，又依靠于机器工业（不是手工业）。所以工业资本家的生产方式，在中国目前和将来的一定阶段上，有其进步的作用。他们与帝国主义、封建主义联系较少，并受到帝国主义、封建主义和官僚资本主义的压迫、损害或限制。因此，虽然这种资本家对于工人有许多应当减轻或废除的剥削和压迫，虽然他们在反帝、反封建、反官僚资本的斗争中有显著的应当警惕的软弱性和动摇性，他们的右翼还站在反革命方面，但是整个地说来，他们的多数却能够对人民民主革命运动保持中立，在某种条件下和在某种程度上，甚至还能够参加这种革命运动。因为这些，这种资本家的财产和营业，应当受到坚决的保护，而不允许加以侵犯和破坏。在新民主国家中，应当使这种资本家在新民主国家经济的领导下从事有益于国民经济的生产活动，根据公私兼顾、劳资两利的方针，达到发展生产、繁荣经济的目的。

第五节　普通商业资本家占有货币资本和商店，或者还占有堆栈和运输工具。他们雇佣店员、运输人员、推销员等，贩卖大量商品，从中剥削生产者和消费者。这种资本家因为自己不进行生产，所以不能构成任何生产方式，而以不同的地位存在于进行着不同程度的商品生产的阶级社会中。

第六节　中国的普通商业资本家，因为中国是处在几种不同的生产方式同时存在的过渡期间，所以他们既有其附属于自由资本主义的生产方式的一面，也有其附属于帝国主义、封建主义和官僚资本主义，因而妨碍着自由资本主义的生产方式的一面。参加于发展民族生产事业而对于帝国主义、封建主义和官僚资本主义有妨碍的商业资本家，其地位类似于普通工业资本家，新民主国家对待他们的政策，也和对待普通工业资本家的政策一样。其他的商业资本家，例如从事于买办，高利贷和投机事业的商业资本家，在帝国主义、封建主义和官僚资本主义的统治被推翻以后，其地位将必然地发生重大的变化。新民主国家应当禁止他们的非法活动，并且要求他们在新民主国家经济的领导下从事有益于国民经济的正当活动。一切从事正当活动的商业资本家的合法财产和合法营业，都应当受到坚决的保护，而不允许加以侵犯和破坏。

第七节　银行资本家占有货币资本和各种证券（包括债券、股票等），常常还占有作为资本的地产、企业、商品等，向工商业资本家和其他生产者或消费者进行资本的买卖，以利息的形式间接或直接剥削劳动者。银行资本家的资本，叫做借贷资本。虽然资本主义国家的银行资本，特别是银行资本与产业资本相结合而形成的金融资本（亦称财政资本），是在资本主义生产方法的基础上发展起来的，是一种特殊性质的借贷资本，但是借贷资本本身，与商业资本一样，也不能构成任何生产方式，也是以不同的地位存在于不同的阶级社会中。

第八节　中国的许多银行资本家或金融资本家，虽然也是与资本主义的生产方式同时发生的，但是其发展却不表示资本主义生产方式的发展，而恰恰表示了资本主义生产方式的不发展。许多银行资本家是与帝国主义、封建主义相结合的，而官僚资本主义的经济基础，正是建立在这种与帝国主义、封建主义相结合的银行资本上面。他们不但是完全寄生的资本家，而且还利用为帝国主义作买办，利用金融投机和其他各种投机，利用高利贷等方法，对于民族生产过程产生积极的破坏作用。他们与资本主义以前的借贷资本家即高利贷者，并无本质上的不同。因为这样，新民主国家对于一切在国民经济中起着破坏作用的银行资本，这主要的是属于官僚资产阶级的银行资本，必须没收，加以改造，使其为新民主主义的国民经济服务。对于其他的银行资本，则不在没收之列。新民主国家对于一切从事于发展民族生产事业，愿意在新民主国家经济的领导下，从事有益于国民经济的正当活动的银行资本家，应当予以保护。

第九节　官僚资本家是利用官僚特权，掠夺并积累大量资本，或者由官僚个人或某些官僚集团用私人的名义经营或控制，或者利用属于官僚的国家机关由某些官僚集团用国家的名义经营或控制，在经济上从而在政治上代表着帝国主义和封建主义的利益，并从而对于国民经济占有垄断地位的人们。官僚资本家的主体是金融资本家。他们的性质是帝国主义金融资本在中国的代办，是中国封建主义在其与帝国主义相结合以后的变种。因此，他们在剥削方法上虽然在封建主义的基础上加进了资本主义，但是在生产方法上，就整个来说，却是与旧式的地主阶级同样是资本主义发展的基本障碍，而且因为他们是帝国主义和封建主义统治中国的主要代表，即中国反革命的主要领袖，所以还是这个发展的主要障碍。

第十节　官僚资本家阶级，当作一个阶级，必须像地主阶级一样地予以消灭。官僚资本家的土地、财产，必须全部没收，其属于地主部分的土地、财产应当分配给农民，其属于工商业部分及其他部分的土地、财产应当由新民主国家接收。官僚资本家的领袖，就是汉奸、内战罪犯和反革命的领袖，必须追寻他们到天涯海角，务使其归案法办。但是对于官僚资本家中犯罪较轻、愿意悔过的分子，以及官僚资本家的没有参与犯罪的家属，则应当按照具体情况，分别对待。

第十六章　工人

第一节　工人是一般不占有土地、工具或其他生产资料，以向资本家或其他雇工生产者出卖劳动力，或在新民主国家企业中劳动，取得工资，作为其全部或主要生活来源的人们。凡合于上述条件，并连续这种生活满一年者，即成立工人成分。

第二节　生产中的各种工人，例如产业工人、手工业工人、雇农、店员等，是工人阶级的基本部分，而在大机器工业中从事集体劳动的产业工人，则是工人阶级中的最进步者。此外，国家机关、公共团体和个人为行政或消费的目的所雇佣或任用的集体劳动者或单独劳动者，也应当认为工人阶级的一部分。

第三节　工人阶级是中国最进步的和受痛苦最深的阶级，因此是中国人民革命的主要领导者。工人在土地改革中和新民主国家中，应当积极负起领导的责任。

第四节　工人一般没有土地，也不需要土地。其占有土地，或因特殊情形需要土地，并得农会同意者，适用第十二章第五节的规定。

第五节　新民主国家必须保证一切公私企业中的工人获得生活的改善，反对或忽视这种改善是错误的。但是这种生活的改善，不应当超出经济情况所许可的范围，不应当违背发展生产、繁荣经济、公私兼顾、劳资两利的总原则。

第六节　在新民主国家企业中，工人处于不受剥削的主人的地位，应当与企业中的领导者（同样是工人阶级的一分子）通力合作，为人民及其国家发展生产，为战争的胜利和国家的建设而奋斗。

第七节　在新民主国家的私营企业中，工人一方面还要受一定的剥削；另一方面，又已处于国家主人的地位。因此，工人应当与资本家根据发展生产、劳资两利的原则共同进行生产，以便一方面使工人生活获得相当的改善，另一方面使资本家获得相当的利润，并团结起来共同为战争的胜利和国家的建设而奋斗。

第八节　在反革命统治下的旧中国，对于民族的、自由的中小资本家，工人一方面，应当首先保护自己的利益，反对过度的剥削和压迫，适当地改善劳动条件。另一方面，应当唤起资本家与工人携手，以便共同反对帝国主义、封建主义和官僚资本的压迫。对于官僚资本家和帝国主义者，主要是美国帝国主义者，工人应当进行坚决的但不是冒险主义的斗争，以便有效地配合人民解放军的革命战争和农民的土地改革，获得最后的胜利。

第九节　共产党应该经常教育工人群众，使他们充分了解并积极参加国家的和地方的（首先是城市的）政治生活，并积极增进自己与其他劳动人民的联系。

第十七章　职员和革命职员

第一节　职员是在企业中，在国家政权系统中，在人民团体中，被雇佣或任用，从事脑力劳动，取得薪水，作为其全部或主要生活来源的人们。合于上述条件，并连续这种生活满一年者，即成立职员成分。

第二节　旧中国的职员，有各种不同的情况。他们一般是知识分子，其中许多人的家庭占有或多或少的生产资料，但是一般不作为本人的生活来源。所有下级职员和一部分中级职员，与工人的地位相近，在许多企业中，作为工人阶级的一部分而加入职工会。另一部分中级职员和一部分高级职员，与自由职业者的地位相近。另一部分高级职员和所有最高级的职员，则是地主、资本家、官僚资本家或官僚自己。在土地改革中和新民主国家中，应当按照他们的不同情况，给以不同的待遇，不可把一般职员（工人或劳动者的一部分）与地主、资本家、官僚资本家或官僚相混淆。

第三节　在蒋介石统治的国家机关中，特别是那些被特务组织所控制的机关，例如国民党党部等。有一部分职员，是站在反革命方面的。但是，罪恶最大和反动最坚决的人们则占少数。民主政权对待这些人员的基本原则，就是首恶者必办，胁从者不问，立功者受奖。

第四节　在新民主国家机关和人民革命团体中工作，并以这种工作为职业的全体人员，无论其分工如何，都叫做革命职员。革命职员一般都是工人阶级和劳动人民的一部分。属于无产与半无产阶级政党共产党的革命职员，是无产阶级和劳动人民的最觉悟的一部分。

第五节　劳动者出身的革命职员，在其担任工作以后即可取得革命职员成分。剥削者出身或剥削者家庭出身的革命职员，在其担任工作满二年以后，即可取得革命职员成分，但其本人出身或家庭出身则不因此改变。其在革命工作中建立殊勋者，或因公牺牲者，得由上级机关提前改变成分。凡革命职员因过失被撤销一切革命工作者，其革命职员成分，即同时取消。

第六节　凡不脱离家庭经济生活而担任革命工作者，其成分不变更。

第七节　革命职员，必须忠实服从所属国家机关或人民革命团体的一切纪律和决定，无条件地反对帝国主义和封建主义，拥护土地改革，积极参加消灭封建制度，没收官僚资本，建立新民主国家的人民革命斗争。

第八节　在土地改革和其他人民革命斗争中，革命职员之由地主、富农或其他剥削阶级出身，违犯革命纪律，包庇地主、富农、官僚资本家，反对和妨害土地改革或其他人民革命斗争，利用地位侵占人民利益者，应依据情况，分别予以批评、警告、降职、撤职、清洗、开除共产党员党籍，交付人民法庭审判，或其他必要和适当的处分。其曾经表示某些动摇，但是经过教育以后愿意服从土地改革法令和其他革命法令，服从革命纪律，继续革命工作者，则应当继续予以教育，并分配适当工作。其革命立场坚定，工作忠实积极者，则应受到鼓励，并使其继续工作，而不应因其家庭出身，予以打击或歧视。

第九节　革命职员的直系家属，即其父、母、妻、子、女，及十六岁以前的弟妹，在革命职员担任工作的时间内，无论其属何成分，都按照革命职员家属待遇。如果革命职员脱离了家庭经济生活，而其家庭在乡村以农业为生者，在分配土地时，一般应将本人计入家庭人口。但是如果在同一家庭中这种人员在二人以上，或其家属并不需要多分土地者，则应酌量处理。

第十节　革命职员家属生活极端困难，查明属实者，得由当地政府酌量采取对待革命军人家属办法，设法予以帮助。革命职员家属能够维持生活者，则不得要求这种帮助。革命职员家属因为没有或缺少劳动力而出租或雇工耕种土地者，不得认为剥削行为。

第十八章　军人和革命军人

第一节　军人是军队及其他武装组织的组成分子。军队的性质，因其所属国家政权的阶级性质而不同。

第二节　在中国反革命的军队、团队、警察、宪兵等武装组织中，其高级和中级指挥人员的阶级成分，一般地属于大中地主阶级，或地主兼官僚资产阶级，他们的任务，就是保卫地主阶级和官僚资产阶级的特权。这些武装组织的下级军官（连排长及某些军佐），许多是小地主和旧式富农出身的人们，一部分是劳动人民出身的人们。这些武装组织的士兵，则一般的是穿军服的农民。这些士兵和一部分下级军官、军佐，在被人民解放军俘虏并加以教育之后，一般能够加入人民解放军对于反革命军队作战。

第三节　对于中国反革命的军队、团队、警察、宪兵等一切武装组织，人民解放军必须用革命战争的方法将其彻底消灭。革命战争中，凡停止抵抗并放下武器者，按照正确的俘虏政策待遇，不得加以杀害或侮辱。凡举行起义加入人民解放军者，或从事秘密革命活动，有助于人民解放军者，应受到奖励，民主政府和人民解放军对待反革命武装组织的原则，亦是首恶者必办，胁从者不问，立功者受奖。

第四节　在人民解放军中的指挥员，战斗员和其他工作人员，无论其分工如何，一律叫做革命军人。所有革命军人，都是工人阶级和劳动人民的一部分。

第五节　人民解放军的成分，百分之九十以上必须是工人，农民、手工业劳动者、贫民及劳动人民家庭出身的知识分子。剥削者家庭出身的知识分子，在其真心拥护共产党领导的人民民主革命，经证明属实的条件下，可以允许其参加军队。剥削者本人在一九四七年中国土地法大纲颁布以前参加军队者，依其在战争中的表现如何决定留队或离队；在一九四七年中国土地法大纲颁布以后，原则上不许参加军队，只有其中个别觉悟分子，在其真心拥护共产党领导的人民民主革命，经证明属实的条件下，方可允许其参加军队。

第六节　劳动者出身的革命军人，入伍后即可取得革命军人成分。

第七节　剥削者家庭出身的知识分子被允许参加军队者，入伍满一年始可取得革命军人成分。剥削者本人被允许参加军队者，入伍满二年始可取得革命军人成分。其在作战中建立殊勋者，或牺牲者，得由其上级政治机关提前改变其成分。所有这些人们，在其取得革命军人成分以后，其家庭出身不因此改变。

第八节　任何革命军人，不论其家庭出身如何，其有因过失被开除军籍者，其革命军人的成分即同时取消。

第九节　革命军人必须忠实服从上级一切命令，无条件地反对帝国主义和封建主义，积极参加推翻帝国主义，消灭封建制度，没收官僚资本，建立中华人民共和国的人民革命斗争。

第十节　在土地改革及其他人民革命斗争中，由剥削者家庭出身而被允许参加军队的革命军人，其与第十七章第八节所说各种情况相合者，适用该章该节的规定。

第十一节　革命军人的直系家属，在革命军人入伍后，无论其属何成分，均按照革命军人家属待遇。革命军人家属在乡村以农业为生者，无论本人存亡，在分配土地时，应将本人计入家庭人口，分得和农民同样的土地财产。其家属生活极端困难，查明属实者，应由当地政府设法予以帮助。其因没有或缺少劳动力而出租或雇工耕种土地者，不得认为剥削行为。

第十二节　革命军人退伍时，如果不能回到其已留给土地财产的家庭，应当另行分给土地、财产，或助其获得其他生活方法。为适应这种需要，各地在平分土地时，得酌量保留一部分土地由政府保管。革命军人因受伤残废而退伍者，除依退伍后的生活情况确定其成分外，同时得终身保持革命军人的称号。

第十三节　原属反革命军队的军人加入人民解放军者，同样适用本章第四至第十二各节的规定。

第十四节　不脱离家庭经济生活的游击队员或民兵，在作战中建立殊勋者，或牺牲者，亦得给予革命军人的称号和荣誉。牺牲的游击队员或民兵的家属，亦可酌量适用本章第十一节的规定。

第十九章　学生

第一节　在学校中受教育的人们，叫做学生。旧中国的学生，尤其是中等以上学校的学生，多数是剥削阶级的子女，但是他们一般没有直接剥削过劳动者，他们在毕业后又多数从事脑力劳动的职业（自由职业者、职员等），因此，对于剥削者家庭出身的学生，一般不应按剥削者待遇。但是劳动者家庭出身的学生，则应认为劳动者。

第二节　在中国经济政治实际状况的教育下，在人民革命运动的影响下，学生愈来愈多地成为劳动人民的同情者和人民革命运动的参加者。其他的学生，一般地也能在革命与反革命斗争时期保持中立地位。学生中只有极少数是站在反革命方面。学生是人民民主革命队伍中的知识分子的主要来源。参加人民民主革命队伍的知识分子，叫做革命知识分子。而革命知识分子则是人民民主革命事业和人民共和国建设事业所不可缺少的力量。因此，必须细心地团结学生的绝大多数为人民共和国服务。

第三节　在民主政府下，学生的成分已有改变。民主政府必须注意教育劳动者及其子女，并在这种教育中有计划地培养劳动人民的知识分子，这些是首要的任务，忽视这种任务是错误的。但在同时，在情况许可下，对于现在正受教育的地主、富农、资本家的子女，则一般不应排斥，而应加紧对于他们的革命改造的教育，使他们经过这种教育以后，能够为人民共和国服务。他们在土地改革和其他人民斗争中，与第十七章第八节所说各种情况相合者，适用该章该节的规定。

第二十章　贫民

第一节　劳动者丧失职业，或没有固定职业，生活贫苦，连续三年以上者，叫做贫民。

第二节　失业不满三年的劳动者，以失业以前的成分论。

第三节　本人从来是劳动者，因为丧失或缺乏劳动力，或因受了其他不应有和不可抗的打击，被迫依靠他人的劳动作为全部或主要的生活来源，例如依靠亲友接济、社会救济、出租土地房屋、放债、雇工劳动、商业利润等，作为全部或主要的生活来源，连续三年以上，而其生活状况不超过乡村中一般中农的水平，或城市中一般中级职员的水平者，认为贫民。

第四节　本人从来不是劳动者，其他条件与第三节相同，而其生活状况不及乡村中一般中农的水平，或城市中一般中级职员的水平者，认为贫民。

第五节　如果人们的其他条件与第三节或第四节相同，而其生活状况超过各该节所说的水平者，依其剥削方法认为各种剥削者。

第六节　为便利计，对于一切生活贫苦而其阶级成分不易判断的人们，认为贫民。

第七节　为便利计，对于一切生活贫苦，其阶级成分虽易判断，但无须专列一类的人们，认为贫民。例如穷塾师、穷说书人、穷的旧戏剧职业者及其他艺人，按其生活方法应列为自由职业者，但在没有这种必要的时候，即可列为贫民。

第八节　贫民与游民的区别，见本文件第二十一章第一至第三各节的规定。

第九节　对于一切属于劳动者的贫民，如第一节和第三节所说的，应该认为劳动阶级的一部分。对于不属于劳动者的贫民，如第四节所说的，应该认为是阶级社会制度的产物，对他们予以适当的教育改造，而不应按照剥削阶级待遇。

第十节　对于乡村中一切能耕种而缺少土地的贫民，在土地改革中应一律分给土地，使其从事农业劳动。对于不能耕种，但能从事其他劳动的贫民，以及城市中一切能劳动的贫民，亦应采取各种办法，吸收他们到生产中来。其完全丧失劳动力，绝对不能劳动者，则应暂时允许其依靠各种不劳动的收入，或采取其他可能的办法，使其能维持生活。

第二十一章　游民

第一节　不占有，或只占有少量的生产资料，不从事劳动，或不以劳动作为主要生活来源，而以偷盗、抢劫、欺骗、敲诈、乞食、贩卖违禁品、赌博、卖淫、开设烟馆、赌场、妓院等不正当方法作为其主要生活来源，并连续三年以上者，叫做游民。

第二节　仅有不正当习惯者，例如懒惰、浪费、嫖过、赌过、吸过鸦片的人们，不应认为游民。仅以不正当方法为暂时（未连续三年）或附带（不满纯收入二分之一）的生活来源者，也不应认为游民，而应按其经常的和主要的生活来源，决定其成分。

第三节　原属劳动者，完全因为被迫而成为游民的人们，例如因逃难成为乞丐，因被拐卖成为娼妓，本人积极要求脱离游民生活、恢复劳动生活者，虽以不正当方法作为主要生活来源，并连续三年以上，亦不应认为游民，而应分别情况，认为劳动者或贫民。

第四节　对于一般游民，应取教育政策，并强迫其生产。

第五节　乡村中的游民，在分配土地时，应先给予在政府及农会监督之下的使用权，暂时不给予所有权，以防其出卖。

第六节　游民之有重大犯罪行为者，应由人民法庭审判，并决定处理办法。

第七节　对于成分不属于游民，但有游民行为的人们，亦应加强教育，改变其游民行为。

第八节　游民转入劳动，以劳动为全部或四分之三以上的生活来源，不犯重大罪行，普通分子满三年后，特殊分子（例如首领分子、犯过重大罪行者，属于剥削阶级者）满五年后，即可改变其成分。

第二十二章　宗教职业者

第一节　凡以宗教或迷信为职业，作为其全部或主要的生活来源，并连续这种生活满三年者，叫做宗教职业者，成立宗教职业者成分。宗教职业者在停止其宗教职业，而以劳动或其他生活方法为主要生活来源满二年者，即可改变其成分。

第二节　宗教职业者为人民群众所不积极支持，并有危害人民的行为，因而为民主政府所禁止者，民主政府应给以教育，并强迫其转入劳动。其在乡村需要土地者，应分给土地，同时禁止其继续欺骗及危害人民。

第三节　宗教职业者之为一部分群众（教徒或其他信仰者）所积极支持，并因此为民主政府所允许者，其合法的宗教活动应受到保护。对于外国传教士，亦适用此项规定。

第四节　乡村中合法的宗教职业者之生活极端困难，查明属实者，在当地群众同意下，得酌量分给一部分土地、财产。对于外国传教士，不适用此项规定。

第五节　无论何种宗教职业者，如果他们利用宗教作掩护而进行反革命活动者，按反革命罪处理。但与反革命罪犯无关的宗教职业者，不受牵涉。

第六节　祠堂、庙宇、寺观、教堂等所占有的耕地，应由农会接收分配。但附属于祠堂、庙宇、寺观、教堂等的不大的园地，不在接收分配之列。

第二十三章　各阶级的债务

第一节　在土地改革中，对于各种债务，应该区别其属于什么阶级和什么性质，分别处理。凡是属于封建阶级和属于封建性质的债权，以废除为原则；凡是不属于封建阶级或不属于封建性质的债权，以不废除为原则。

第二节　地主、旧式富农和高利贷者的债权，一律废除。但在属于地主、旧式富农及高利贷者的工商业中，一切不属于高利贷的债权，例如货账等，不在废除之列。

第三节　地主、旧式富农和高利贷者所欠劳动者的债务，例如所欠的工资等，应由接收地主、旧式富农和高利贷者的土地、财产的组织（农会或政府）决定偿还办法。地主、旧式富农和高利贷者所欠其他剥削者的债务，应由接收地主、旧式富农及高利贷者的土地、财产的组织决定偿还与否或偿还多少。

第四节　官僚资本家的一切债权债务，由民主政府决定处理办法。

第五节　犯罪分子的债权债务，由审判该犯罪分子的法庭决定处理办法。

第六节　除地主、旧式富农、高利贷者、官僚资本家的债权和由法庭判决废除的犯罪分子的债权，应予废除外，其他债权人的债权，叫做普通债权人的债权。凡普通债权人的债权，其利息超过当地生产事业中的通常利润，而属于当地民主政府所禁止的高利者，应认为封建性的剥削。其利息超过当地银行中的存款利息，但不超过当地生产事业中的通常利润，而为当地民主政府所允许者，应认为资本主义性的剥削。其利息不超过当地银行中的存款利息者，叫做低利贷款，为了鼓励此种低利贷款，为权宜计，不认为剥削。

第七节　普通债权人的封建性高利债权，凡在当地民主政府建立以前所成立者，无论债务人已付息多少，一律废除。

第八节　普通债权人的封建性高利债权，凡在当地民主政府建立以后所成立者，一律实行减息。

第九节　减息办法如下：债务人付息未及原本一倍者，今后付息，应以年利一分半为标准。债务人付息已及原本一倍至二倍以下者，今后应停止付息，只还原本。债务人付息已及原本二倍至二倍以上者，今后该项债权作废。

第十节　普通债权人的资本主义性利息的债权，凡在当地民主政府建立以前所成立者，其利息超过年利一分半，或债务人付息已及原本一倍至二倍以下，或付息已及原本二倍至二倍以上者，应依第九节各项规定分别处理。其利息不超过年利一分半，而债务人付息亦未及原本一倍者，其债权照旧生效。

第十一节　普通债权人的资本主义性利息的债权，凡在当地民主政府建立以后所成立者，其债权照旧生效。

第十二节　普通债权人的低利贷款和无利贷款，其债权一律照旧生效。

第十三节　民主政府应负责保护普通债权人的一切合法债权，即其不违反本章第七节至第十二节规定的一切债权，以免贷款者不敢依法贷款，反于借款人和整个社会生产事业不利。

第十四节　普通债权人的债权，在依本章第七节至第十二节规定处理时，如因债务人和债权人的任何一方生活极端困难，因而发生不能自行解决的争执者，无论债务人或债权人，均有权申请民主政府调解。民主政府对于任何一方的申请，必须接受，并必须根据本章原则和双方实际情况，进行公正的调解，不得拒绝调解或偏袒任何一方。

第十五节　本章所说的利率，在币值不稳定期间，以实物价格为计算标准，不以货币价格为计算标准。

第十六节　民主政府及其所属银行和企业的贷款，以及民主政权下的人民信用合作社的贷款，不在本章所说债权的范围以内。

第二十四章　关于犯罪分子的处理

第一节　凡称反革命分子，是指有重大反革命行为，例如积极地为外国侵略者和人民敌人担任残害人民的重要工作，积极地并严重地破坏民主政权，积极地并严重地破坏人民解放战争，查有实据者。

第二节　乡村中及城市中普通反革命分子，应由人民法庭审判处理。其情节重大者，应由民主政府的检察机关调查后送交高级司法机关处理。其属于特务性质者，应由检察机关调查后送交适当的高级司法机关处理。

第三节　反革命分子所造成的人民生命财产的损失，应尽可能由反革命分子予以赔偿。

第四节　反革命分子由劳动阶级出身者，一般地应较由剥削阶级出身者从轻处理。

第五节　凡反革命分子过去曾经作恶，以后悔过，长期停止作恶，查有实据者，叫做悔过分子。悔过分子无论其属何成分，均应从轻处理，但其过去作恶事实应向政府和人民坦白报告，不得隐瞒。

第六节　悔过分子悔过后积极为人民立功者，无论其属何成分，均准予将功折罪。

第七节　反革命分子所受的处罚已经完毕，或因其将功折罪而被有关政府宣告为无罪，以后未再犯反革命行为者，不再称为反革命分子。

第八节　只有轻微的偶然的反革命行为者，应予批评或惩戒，使其悔过或坦白，不称为反革命分子。

第九节　凡被反革命分子胁迫参加反革命工作者，例如反革命武装组织中的普通人员和被反革命组织所雇佣或征调的各种员工夫役，叫做胁从分子。胁从分子，无论其属何成分，不得认为反革命分子。

第十节　反革命分子的家属未参与反革命行为者，无论其属何成分，不得认为反革命分子。

第十一节　凡称土地改革中的破坏分子，是指积极地并严重地破坏土地改革，查有实据者。

第十二节　本章第二至第十各节所规定的原则，亦适用于土地改革中的破坏分子。这种破坏分子，非另有第一节所说的反革命行为，不称为反革命分子。

第十三节　凡称贪污分子，是指以贪污起家，或有重大贪污行为，或有经常的屡戒不改的贪污行为，查有实据者。

第十四节　本章第二至第十各节所规定的原则，亦适用于贪污分子。贪污分子非另有第一节所说的反革命行为，不称为反革命分子。

第十五节　凡称恶霸分子，是指经常利用权力、威势或暴力，造成人民生命、财产的损失，例如曾经逞凶杀人，或殴伤许多人，曾经奸占妇女，或强奸许多妇女，曾经强占大块土地，或强占许多财产，曾经徇私舞弊，以致逼死人命，或使许多人贫穷破产，查有实据者。

第十六节　本章第二至第十各节所规定的原则，亦适用于恶霸分子。恶霸分子非另有第一节所说的反革命行为，不称为反革命分子。

第十七节　凡从本村本区逃亡出外的逃亡分子，应分别他们犯罪与否和犯罪轻重，而决定不同的处理办法。逃亡分子中犯有第一节所说的反革命行为，查有实据者，称为反革命分子，按照第二至第十各节的规定处理。逃亡分子中未参与犯罪行为者，均不得认为反革命分子或其他犯罪分子。后一种逃亡分子应分得的土地财产，应予保留，并规定适当期间，令其归来领取。过期不归者，得另行分配。

第十八节　人民对于反革命分子、破坏土地改革分子、贪污分子和恶霸分子，均有检举、揭露、送交人民法庭和要求惩戒赔偿的权利。

第十九节　混入在民主政府，人民解放军、人民团体和中国共产党等组织内的破坏分子、贪污分子和恶霸分子，应由各该组织的负责人员，召集本组织的人员开会，并邀请有关群众参加，实行审查、批评、惩戒或清洗。参加这种会议的人员及群众，每人均有对于这些分子的检举、揭露、要求惩戒、赔偿和建议调职、降职、撤职、开除党籍或军籍的权利。这些分子中其有经过这种会议证明犯有重要罪行，合于本章第十一、第十三、第十五各节的规定者，应送交相当的法庭处理。

第二十节　民主政府，人民团体和中国共产党组织内，如果混入了反革命分子，应由检察机关调查后送适当的司法机关处理。混入人民解放军的反革命分子，送交相当的军事法庭处理。

第二十一节　人民除战斗和紧急情况（例如罪犯施行凶杀时）以外，不得直接处死任何罪犯，以防止滥杀。

第二十五章　人民法庭

第一节　人民法庭依照中国土地法大纲第十三、第十四和第十五条的规定及本文件各项有关的规定，成立其组织和执行其职责。人民法庭的基本任务，是用司法方法保障中国土地法大纲和本文件的各项有关规定的全部正确实施。

第二节　人民法庭以设于县或市以下的区一级为原则。人口多的区，每区设一个。人口少的区，联合几个区共设一个。为便于人民的运用，人民法庭得在区以下的各乡村，设置联络员若干人，并派出巡回法庭到乡村去工作。

第三节　人民法庭在乡村者，由一个或几个区的农会选出审判员若干人，在城市者，由工会及其他人民团体选出审判员若干人，由县或市政府委派审判员若干人，共同组织之。审判员互推一人为审判长，掌管人民法庭的日常工作。人民法庭的一切判决，采多数表决制。

第四节　人民法庭的直接上级机关为县或市政府。在人民法庭未成立前，人民法庭的职责，由县或市司法机关行使。

第五节　人民法庭在审讯和判决时，应邀请有关群众或其代表列席，并给予发言权。人民法庭在审讯工作中应尽量在有关群众中进行调查研究，其判断和判决应尽量取得有关群众的同意和了解。

第六节　人民法庭应允许被告有充分辩护之权。

第七节　人民法庭的审讯和判决，必须遵守下列条件：（甲）禁止肉刑；（乙）重证据不重口供；（丙）不得指名问供。

第八节　人民法庭有权判决被告死刑、徒刑、罚役、罚款，赔偿、当众悔过，或宣告被告无罪。

第九节　被告不服人民法庭的判决时，得向县或市政府司法机关提出控诉。又不服，得向上级司法机关提出控诉。

第十节　在革命战争和土地改革时期，凡死刑及二年以上徒刑之判决，应由人民法庭审判长呈报县或市政府司法机关，经县或市政府委员会会议审核，决定批准或否决，由县长或市长令行之。在反革命的武装组织已经消灭，土地改革任务已经大体完成，革命秩序已经大体建立，当地民主政权已经在连成一片的多数县内达到巩固地位之地区，死刑的核准权属于高于县或市一级或高于县或市两级的政府。

第十一节　人民法庭的判决书，应由人民法庭的审判长和审判员共同签名公布。

选自中央档案馆编：《解放战争时期土地改革文件选编》，中共中央党校出版社1981年版，第172～227页。

35. 中共中央关于讨论土地改革中各社会阶级的划分及其待遇的规定草案的通知

1948年2月16日

中工委、邯郸局、华东局、华东工委、阜平局、东北局、西北局、晋绥分局、中后委、法委并告中原局及各野战局委：

本日起经新华社电台拍发中央关于土地改革中各社会阶级的划分及其待遇的规定的草案给你们（西北局、晋绥分局、中后委、法委四处用人送达），共二十五章二万余字，你们收到后请召集会议逐章或分为几部分加以讨论，提出内容及文字的修改意见，在三月十六日以前电告我们。我们将根据你们的意见加以必要的修改，然后公开发表。此项文件的目的，是在纠正党内广泛地存在着的关于在观察及划分阶级问题上的非马克思主义的思想及补足在土改中缺乏对各阶级、阶层人民的具体明确政策的缺点。我们认为单有土地法大纲及其他党的若干指示文件而无这样一个完备的文件，很难使我们的工作人员不犯或少犯错误。我们既要彻底消灭帝国主义、封建主义与官僚资本主义，又要在这个伟大斗争中不要因为划错与斗错阶级成分及采取错误政策，而打乱自己阵线，增加敌人力量，使自己陷于孤立。不要忘记，在一九二七年至一九三五年而特别是一九三一年至三五年时期，我党曾经因为政策过左，陷于孤立，处于极端危险的地位，而在我党与国民党破裂时期，党内主要的危险倾向，曾经是现在仍然可能是左倾冒险主义，如果我们现在不严重地注意到这一点，我们就将在政治上犯错误。你们讨论这个文件草案的会议，应当包括政府、军区及民众团体的若干负责同志，使你们对于这个文件草案的讨论，成为有中央局一级多数负责同志参加的讨论，大家负有责任，使这个文件成为一个尽可能正确与切实可行的文件，在中央发表之后，各地能够步骤一致地而不是参差不齐地见于实施，为着便于讨论，会议人数亦不可过多，大约以十至十五个负责同志到会为适宜，望斟酌办理。中原局及各野战前委，因其环境不可能讨论此项草案故未发给他们。

选自《中共中央文件选集》(14)，中共中央党校出版社 1987 年版，第 35～36 页。

互校版本：中央档案馆编：《解放战争时期土地改革文件选编》，中共中央党校出版社 1981 年版，第 228～229 页。

36. 中共中央关于借贷问题的指示

1948 年 2 月 29 日

二月十九日报告悉。

（一）你处高利贷如确已实际消灭，乃是一件大事，但不知你处及各解放区农村中城市中民间贷款现行利率如何？又银行贷款利率如何？均望各局、各分局报告。

（二）封建阶级的债权既已消灭，现在的任务就是鼓励和保护各种普通借贷，以达贷者敢贷，借者有借之目的。在这种地区，废债的宣传和行动均应在原则上停止。

（三）土地法大纲第四条废除乡村中一切旧债应解释为废除乡村中一切封建的旧债，其实施办法请考虑中央所发各阶级的划分及待遇草案第二十三章，并提出意见。其中减息以分半为标准及利率以实物计算等项，是否妥当，均待研究。

（四）凡不属封建高利贷的债权，原则上以承认为宜，故三年前老账在法律上亦不必宣布废除，如借者不肯还，贷者亦认为只好算了，则可听其自然废除。

附：邯郸局关于借贷问题的请示报告

（一九四八年二月十九日）

中央：

二月十一日指示收到后，与各区党委研究结果，证明自抗战以来，经过减租、减息、反奸清算与填平补齐等运动，我区封建性高利贷债务实际上早已废除，一般农民不是苦于高利贷，而是苦于借不到钱。现在解放区存在的债务，只有民主政府与合作社贷款（包括信用合作社、小型合作社与互助组贷款），工商业往来账、买卖账、工资账，我们认为这些债务，均不应废除，因这些债务并非封建性高利贷剥削，而是起流通金融与发展生产的作用，但如该工商业往来账与买卖欠账确系三年前（一九四八年元月一日起往上算三年）之老账，按实际情形应废除之。至于农民相互间友谊借贷，可由农民自行解决，不在废除之列。当否，请示。

邯郸局

选自中央档案馆编：《解放战争时期土地改革文件选编》，中共中央党校出版社 1981 年版，第 259～260 页。

37. 中央工委关于召开全国各解放区工人代表大会的指示

1948年3月5日

五台局、邯郸局、华东局、晋绥分局、中央转西北局：

一、六月十日全国各解放区工会代表大会将在哈尔滨举行，准备成立解放区统一的工会联合会，并选出派赴比利时参加世界二次工代大会之代表。将来之解放区工联，将进一步团结蒋管区之进步工会代表，走向成立全国统一的工会组织而形成以我党为领导的统一的工会运动，解放区工联代表刘宁一已回到哈尔滨。

二、此次工代大会，对全解放区工会运动之政策纲领及组织具有重大意义，即对蒋管区工人运动亦具有重大意义，在国际上亦有影响，因此各中央局、各地方党委应十分重视此次工代大会，在党内深刻讨论工运方针，将中央关于哈尔滨劳动法草案指示电，新华社克服“左”倾冒险主义（二七）社论，毛主席十二月二十五日报告中有关工运，发展生产，繁荣经济，公私兼顾，劳资两利总方针，联系各区工运之实际情况特点，确定各地区工作方针，工作部署，干部配备，并以此为起点开始重视职工运动。并责成各中央局今后定期向中央及工委提出工运报告。

三、本届工代会重要议程，据东北局来电，计有：目前时局与解放区职工会任务，劳动法草案，社会保险条例草案，工农团结问题，工会章程，告全国工人书，对国际工人宣言，选举工联执委与出席世界大会代表等，由李立三同志负责主持。各中央局须派遣具有工运经验，现时仍担负工会任务之得力干部五人到十人出席大会，代表中最好包括各解放区之军工、铁路、矿山、交通、邮政等重要企业与石家庄、长治、邢台、临清等中等城市工会代表，乡村工会最好亦有人出席。

四、陕北、晋绥、晋冀鲁豫代表团须于四月十日前集中石家庄总工会然后出发赴东北。华东、华中代表团如能经由渤海水路经大连入东北最佳，否则亦须于四月十日前集合石家庄总工会一同出发，旅费各区自备。

五、各代表团必须携带各区有关工运之工会刊物书报材料以及可资国际宣传之图片、书报、照片、统计等，材料应搜集如下各项：

（一）在重工业军工企业中提高工人战时生产积极性之组织经验。

（二）中小城市中工运（劳资两利、公私兼顾、繁荣生产）与工会参加人民代表会之经验。

（三）土改与生产中，乡村工人及手工业工人之工作经验。

（四）大城市，如石家庄、烟台、张家口等工会运动之经验与总结。

（五）各地区劳动纲领之初步意见。

中　工　委

选自《中共中央文件选集》（14），中共中央党校出版社1987年版，第54～55页。

38. 中央关于解放区工人代表大会代表名额及议题的指示

1948 年 3 月 6 日

中工委，东北局，华东局，邯郸局，阜平局，西北局，晋绥分局：

一、中国解放区工人代表大会，决定于本年六月十日在哈尔滨举行。工联筹备会召开大会的宣言，即将经新华社广播发出。筹备会的政治组织工作，可由刘宁一以筹备会主任名义，邀请有关人员组织一个委员会负责进行，人选由东北局决定；在宁一赴欧期间，选一代理主任。筹备会技术工作即委托哈市总工会代办。

二、工大会代表人数，不超过二百人。关内各解放区定五十三人，内分华东十五人，太行十五人，五台八人，石家庄五人，晋绥陕甘宁十人。东北（热河、冀东含）一百人，由东北局分配。准备蒋管区二个人，中国劳协十人，但不宣布。工联筹备会原来委员约十人左右。

三、关内各地工人代表，在战争期间，不可能开全区工代会选举，只能分由各区工会执委会及主要工厂、矿山、铁路等职工中选出。石家庄如可能，即开全市工代会选举。东北如何产生，由东北局自定，但最好能有几个蒋占城市中工人代表。各区代表成分，必须包括各区工会负责人，公家主要企业中的职工代表（要有工人，厂长或政委，技师，但不必同一厂），乡村工会中私人企业中或手工业工人中工人代表及劳动英雄，女工、青工等；至如何分配与产生，由各局自定，经工会宣布。关内各区代表动身日期、路线、旅费及应准备的问题和材料，统照中工委三月五日电办理。

四、工大会议题，目前不忙作具体规定。时局任务（分解放区，蒋管区及国际三方面），内外宣言，选举执委及出席世界大会代表是必不可少的，而全国性的劳动法、社会保险条例及工会章程，在目前战争时期与全国工业中心多未解放的条件下，很难产生出既完备而又普遍适用的东西。因此，在总的方面，不如准备一个解放区战时劳动纲领或条例，包括新民主经济方针，工人劳动态度，战时生产责任，公私企业中工人地位，工人参加生产管理与厂务委员会，劳动条件，劳动合同，工会组织，工人福利，工人教育，社会保险，劳动竞赛，工人团结等较合适用，但每项亦只能是荦荦大端，有些且要带伸缩性，使这些原则能应用在各地，并根据当地情形使之具体化。地方上，如哈尔滨、石家庄等城市，便可根据这些原则，先产生地方性的劳动法与社会保险条例，取得经验，再谋推广。这项问题的较详细意见，待与李颉伯同志谈好，由他经中工委讨论后电告东北局及筹委会。但东北局不要等待，应依此方针，指导筹委会党组即从事准备工作。

五、各地进行情形，望告。

中　　央

选自《中共中央文件选集》（14），中共中央党校出版社 1987 年版，第 56～57 页。

39. 毛泽东同志对山西崞县土地改革代表会议情况报告的批示

1948年3月12日[1]

这是山西崞县的一篇通讯，在这个通讯中说明了那里的群众斗争业已展开，群众对于分配土地业已完全酝酿成熟，在一个农民的代表会议上完成了平分土地的一切准备，那里对于划分阶级成分，曾经划错了许多人，但是已经公开地明确地经过群众代表的讨论，决定改正。对于不给地主以必要的生活出路，不将地主富农加以区别，侵犯中农利益等项错误观点作了批判。总之，在这篇通讯中所描述的两个区的农民代表会议上所表现的路线，是完全正确的。在作者写这篇通讯时，崞县还没有实行分配土地，因此，这个经验还不完全。我们希望在当地实行改正划分阶级中的错误（这是一件大事），实行平分土地以及组织生产，改造政权等项工作完成以后，再有一篇描述整个过程的通讯。关于如何在农村中进行整党工作，我们有了晋察冀区平山县的典型经验（这是刘少奇同志总结的）。关于如何在老区调剂土地而不是平分土地（因为那里已经平分了）的工作，我们有了陕甘宁区绥德县黄家川的典型经验，现在又有了晋绥区崞县这样一个平分土地的经验（虽然不完全）。这三个经验，值得印成一个小册子，发给每个乡村的工作干部。这种叙述典型经验的小册子，比我们领导机关发出的决议案和指示文件，要生动丰富得多，能够使缺乏经验的同志们得到下手的方法，能够有力地击破在党内严重地存在着反马列主义的命令主义和尾巴主义。各中央局、中央分局及前委的领导同志们，在对自己领导的各项重要工作发出决议或指示之后，应当注意收集和传播经过选译的典型性经验，使自己领导的群众运动按照正确的路线向前发展。现在是成千万的人民群众依照党所指出的方向向着封建的买办的反动制度展开进攻的时候，领导者的责任，就是不但指出斗争的方向，规定斗争的任务，而且必须总结具体的经验，向群众迅速传播这些经验，使正确的获得推广，错误的不致重犯。

毛泽东

一九四八年三月十二日

40. 附：谭政文同志关于山西崞县召开土地改革工作代表会议情况的报告

1948年2月8日

李政委并分局：

兹将崞县一区与城区最近召开的第二届联合区代表会议的情况，报告如下：

---

[1] 本文收入《毛泽东文集》第五卷时所作的注释是：“这是中共中央晋绥分局社会部部长谭政文一九四八年二月八日关于山西崞县召开土地改革代表会议情况给晋绥分局书记李井泉的报告。毛泽东在为这个报告写按语时，将标题改为《山西崞县是怎样进行土地改革的》。此文和按语一起发表在一九四八年三月二十四日《人民日报》。”

大会于一月二十七日开始，共五天，到两个区三十二个行政村，代表一百八十四名，其中中农成分四十九名。会议主要解决改正错订成分，平分土地，检查斗争与分配，健全与巩固组织等问题。

第一届会议，是在十一月下旬紧急备战声中召开的，会议本身轰轰烈烈，解决了土改与对敌斗争结合问题，及斗地主与分配其他一般果实等主要问题。会后，不仅三天至七天内成立了区游击队及整理了基干和民兵，加强了侦察、情报、岗哨、戒严、除奸等工作，并掀起了轰轰烈烈的群众运动，各村卷入了斗地主及进行其他一般果实的分配，迄今两个月。这两个月中，农村面貌一新，地主被打得灰溜溜，并且向农民交出了底财，贫雇农以主人翁姿态在农村中掌权，并且组织了贫农团，以此为骨干团结了中农，在斗争与分配中，继续审查了代表，并进一步锻炼坚强和纯洁了农民队伍。除少数几个落后村庄，如上申村、上大林、下连狄、任家沟（均自然村）等村外，其余大部分村庄贫雇农已在农村中初步形成核心力量，各村真正群众领袖已从斗争中涌现，一区的黄老二、城区的苏立根（均为雇农），已为两个区的群众所爱戴，均被选为区农代会主席兼代区政府主席。黄老二率领了区代会常驻委员四人到各村巡回检查工作已将一月，六十六岁的老雇工，今天比年轻人还愉快活泼，到处嚷着："砸碎酱罐子（意指蒋），捣烂盐钵子（意指阎），打倒蒋介石、阎锡山，穷人大翻身！"并且由于走到各处有他穷亲戚、穷朋友，便于了解情况、处理问题，他走到那里，便把领导机关带到那里，各村代表与群众远地走来找他解决问题。工作团干部也在此时抽走，两个区共留下七个人，作为巡视员，帮助农民解决问题及协助代表工作。

现在这一次代表会议，是在各村群众要求立即平分土地准备今年大生产的情况下召开，故时机极为适宜，兹将所解决的问题分述如下：

首先解决关于错订成分的问题。

一、自接到分局关于改正错订成分及团结中农等指示后，全县作了整个布置，并作坚决彻底改正。此次会议初步检查，一区与城区三十三个村子（自然村），富农错订地主者共四十三户，中农错订富农者一百零六户，中农错订地主者二十六户（下大林村），中农错订所谓"下降地主"者共五户（下大林村），其他错订为破产地主者五十一户（前报告未将下大林村统计在内，故数字不准，现更正如上）。根据十九个村的调查结果，斗争面一般在百分之十左右（以上是大会的初步检查，除个别特殊的村子外，我们估计与实际情况相差不会太远），改正办法：领导上首先强调提出，在改正成分中，不仅要在各村真正改正被错订的成分并团结中农，而且要通过改正成分提高代表与农民的思想觉悟，从改正成分中使农民（特别是中农）对我党的政策更好地了解。先在区代会上搞通代表思想，然后在土地分配中采用群众路线的领导方法配合进行；即采用搞通代表及贫雇农思想，再搞通全体农民思想，然后说服被错订者使其心悦诚服，最后才正式宣布改正。其步骤：大胆、公开，正确解释过去错了的原因，特别是改正以后对咱农民的好处，改正的原则，改正时应注意的事项等，使党的政策真正为群众领会贯通，并且群众自觉自愿地自己起来改正。我曾亲自在就近的一个错订成分最多最严重村庄作了试验，经过这种步骤与领导方法还较成功，虽然这村比一般村突出严重，但真正群众思想搞通之后，改正无大问题。

二、根据上述精神，此次代表会议关于改正成分问题的讨论是这样进行的：首先，为了与群众在一起学习改正错误，以便更好地了解代表对改正成分的各种思想、态度与看法，故代表集中以后，事先不提什么问题，即在各支点小组会上念《怎样分析阶级》小册子，代表的各种的思想、态度、看法，让他们尽情暴露以后（因为代表的思想、态度、看法，反映了农村中群众，特别是贫雇农的思想、态度、看法）再发动争论咯吵（开始酝酿的意思）领导上逐渐启发引导：主要精神与问题搞明确后，最后领导上解决。开始，对参加各支点小组的工作干部，只要把文件正确与代表讲，代表的各种反映，用原话毫不遗漏地记回来汇报，不强调要他们作更多解释。

三、会议具体发展过程是这样：在把《怎样分析阶级》小册子在各小组普遍念了以后，代表情绪极度紧张，有的睡不着，有的甚至说梦话，表现了各种复杂的思想、态度与看法。开始，在"错"与"改错"这问题上争论，如有的说："订时咱贫雇农都在场，一家一家都讨论过，一点也没错，扣起的都是地主、富农，没有把咱中农扣起！""戴的帽子正嵌（合适的意思），那一样也在格格里！"有的说有错，有的说没错，甚至同一个村的代表也有争论。一个代表说："咱村就有错！"另一代表说："咱村就没错！"争论很激烈。有的表现抗拒说："这本本是南方的，咱这地方不能干，一个地方一个样，咱这地方就是由咱！"但，普遍一致的是对阶级敌人极为警惕，如说："蒋介石阎锡山还没打倒，拿出这本本来，地主、富农钻空子，咱这工作不能干了！"有的说："这本本是咱们的，他们就拿不去，看不到！"对这本本（指《怎样分析阶级》小册子）极重视，说："回去可不敢弄了！"有的表现埋怨，如说："前一次代表会叫从羊群里赶狼，这会儿又要叫改正；大闺女背斗子，没背住人家，把自己背上了！""这本本早发两个月还用闹这?!"有的要推卸责任说："这不能怪咱代表的错，也不能怪工作团，上面本本来的迟了"，"这是贫雇农眼红，见肥就咬，就订得多了！"有的怕，如说："人家（指中农被错订的）知道咱们闹错了，把咱们的门也要打烂哩！""这书不敢露，地主、富农可会说理，咱们这一伙说不过人家！""叫订错的破产地主知道了，要和咱'恼火'哩！"也有不同意的："不怕他和咱'恼火'，他要'恼火'，咱一鞭把他吆喝回去，对他说：'订你破产不亏情，你总吃过剥削饭！'"有的代表埋头考虑，想得很细，提出说"这本本还得添上几条条！"总的看，在念了文件以后，代表思想表现很混乱，有的说有错，有的说没错，有的埋怨，有的抗拒，有的推责任，有的怕报复，接着就反复咯吵，领导上并启发引导，从农民的切身利益出发，使农民真正体会改正成分对全体农民有利，初步搞通代表思想，大家认为总有订错的，并愿意改正，如说："按实际说，是有订错了的"，"按政策，按公心，应该改过来，将心比心，把自己人订错了，不应该?""把自己人不应该送到狼群里去。"但思想里仍有顾虑，不愿直截了当去改正，不愿说"软话"（公开承认错误），想用转弯抹角的办法逐渐改正。如说："错就错了，咱也不要给他们说，成分也不马上给他们变，没吃了咱救济他，派差少派些，分地时照顾他，不知不觉就把他变了！"主要原因是：（一）不愿低头怕丢面子。如说："咱办了几个月工作还落个错名!？让人家说：'看那些人，一定是下大林开会，训了一顿，训过来了，给咱改成分呀！'"或说："咱回去，不要张罗这问题，一回就张罗，太不给代表张脸了！"（二）怕地富钻空子与错订者报复。如说："一说改，这家也要改，那家也要改；你改了这家，不改那家，他还要说你包庇哩！""说是错了，人家要发动咱呀！"（三）但最主要的是怕退东西，特别是东西已经分配的地方，说："粮食吃了，衣服穿了，白洋交贸易局了，怎往回退？”“东西已经分了，吃进肚里去不能往回吐啦！”“咱们给他说服赔罪，说是穷人冻得不行；衣服还不往出拿？”或说：“成分给他一改正，不退东西也就欢喜不尽了。”“东西无论如何不能退，不然，穷人还能翻个什么身？”“在以后分配中照顾吧，这遍不要退了，反正他们到现在还是比咱强！”又经过相互争论咯吵，领导上经过参加各组的工作干部诱导启发，并支持了正确意见，进一步念了分局所发的关于阶级分析的补充草案，并引导代表具体研究分析各村到底订错几家，代表在念文件后，一下摸不清错到什么地步，经检查后发现问题并不像原来所想的严重，代表们的思想情绪，即有显著变化。如说：“前两天可发愁哩！作错以后，再学好，才能把工作办好，谁还能没错咧！怎好的人也有一点差错！”代表们特别重视中农问题，也觉得最难办。他们说：“富农错订地主的不怕，错订破产也不怕，为首是把中农错订富农，把自己赶到狼群里去，又拿了人家东西，这最难办！”“改正成分为首是中农问题，自己人闹了自己人，这得好好去作！”有的说“人家中农有说话权利，这最难办！”有的说：“如今有了本本，有了老师傅了，好办！可见毛主席最爱咱劳动人！”在读分局补充草案时，代表说：“这越念越好办了！”念到草案第二项第四个问题时（即关于地主转化其他成分，一如有底财，须向群众交出，经群众讨论通过，才能承认其转化的成分）。有的代表说：“我思谋的那几条也闹上去了”。研究到责任问题时，工作团向大家承认错误，说明过去订成分由于我们思想不明确，所以订错了一些。代表们说：“这也不能单怪工作团，咱代表们也有责任。贫雇农也有，大家都有责任。”代表们特别强调“错是大家的，错不是几个人的错；改，也要大家改，不能几个人去改”。更强调在改正中不能追究个人责任，说某某成分是谁提的，让坏人钻空子，“咱们都闹成一块”，大家便接着咯吵改正办法，意见是：代表回去后，配合平分土地，“复查成分”实际进行改正。先在代表讨论“机明”再在贫雇农小组、贫农团研究到底错了几家，大家意见，“闹到一块”时再在农会中讨论，通过后，个别提出大会宣布。大家又提出了在改正中，第一，要咱们农民更加团结，大家都要负责，不要个人买好，防止坏人钻空子。第二，要改正真正错订了的，不要“该下的不下，不该下的乱下，出了大糊糊！”要作到既不要冤枉人，把成分提高，乱戴帽子，把羊赶到狼群里去，把自己人当敌人打；又不要把真正的地富降下来，弄得将狼混进羊群里来，咬了我们的羊，使敌人占了便宜咱群众翻不了身。第三，咱们代表要铁面无私，认真负责，有的村庄订得不彻底，有包庇，遗漏了地富，这次改正中也要“改”出来，不要惜情顾面，反过来又闹不彻底。

代表们对各种被错订者又咯吵下了办法：

（一）富农错订为地主的，代表们说：“好好给他强调劳动，劳动是好东西，怎也不要离开劳动，”对他说：“因为你过去劳动，我们看你和地主不同，我们是消灭封建剥削；你有封建剥削，所以要消灭你的封建剥削，这是对的；不过把你定高了些，因为你劳动，我们才给你下成分；以后你要好好劳动，跟上农民走”。大家意见：已经分配了的房子，可另由其他地主住处，拨出较好的让他住，贫雇农不必再拨出来。其他，照顾他够吃就行了。多余的粮食已分配了，不必再退；因今年年景不好，可作为对贫雇农粮食的调剂。（注：应退给口粮种子，使其能够生产。）

（二）错订破产地主的，代表们说：“强调过去剥削过人，有的吃过剥削饭，有的踢弄了光景。”对他说：“现在我们农民念计你劳动，改你的成分，以后要好好劳动，和咱一条心，不要上了真正地主富农的当。”

（三）错订中农为富农的，代表们说：“这就要紧了！要好好向他赔不是。”对他说“咱们是一家人，这么一件翻天覆地的大事，免不了有错；一时疏忽，出了些岔子，自己人好办，大家原谅!”就吸收他参加农会，并退还东西。

以上各种问题，代表们在小组酝酿成熟后，即由领导上集中代表们的意见，把上述他们想出的正确的办法，经过系统化，并予以提高，在大会上向大家作了报告。因为是集中了大家的意见，并且主要问题已在小组里搞明确。故代表听了说：“都是按咱小组里的谱子说的。”

（四）错订成分的原因：主要是由于我们及干部思想不明确。第一，翻三代盘历史，将一些已真正转化为农民的订为地主或破产地主。第二，按铺摊摊，将一些富裕中农订为富农。第三，将一些有一商业关系的中农订富农。第四，个别地方将一些失去劳动力的鳏、寡、孤、独不得已而出租土地的错订成地主，个别村庄，由于干部思想不纯，“左比右好”，“宁左毋右”，怕说“包庇地主，立场不稳”等情绪，故问题较严重。在一区有两个这样的村子：一是罗夫作的下大林五百余户的村子定出地主富农一百来户。此次改正，发现中农错订富农的四十四户，中农错订地主者二十六户，中农错订“下降地主”者五户，贫农订破产地主者八户，富农订地主者十户，共错订九十三户。一是郭子秀作的定风庄，二百六十户的村庄，订地富六十四户（因罗为地主成分自己怕犯错误。郭为地方干部，在三查中受到批评），但这样的村庄，在一区仅这两个，是特别严重突出的。另外一种较普遍现象是工作干部把定成分标准四条平列起来去作，不去根据具体情况很好分析研究，并对群众意见也倾听不够，因而犯了错误，个别村如下大林代表检讨时说：“只记住一句话，‘不能包庇地主’！有些订的不对的也看出来些，按他个人劳动也没太剥削过人，光景也不太强，当时，一来是闹不机明，二来怕人说包庇地主、富农，所以就不敢吭气!”由此可以看出：一方面在左的情绪中，代表与群众没有勇气提出来；另一方面反映了该村工作干部在订成分中走群众路线与倾听群众意见是不够的。

第二，关于平分土地问题。

关于平分土地。由于春耕在即，平川节令早。故群众于斗地主后，急要求分地，以免误生产。原第一期发动的十二个村（七个行政村）于上月一先行召开了一个联合代表会议，问题吵出很多。此次会议，即将原十二个村的代表，划编到各支点小组中去。讨论前，先读：“土地法大纲”“告农民书”的平分土地的分配原则部分，后读报纸一月廿四日“关于最近分配土地中的几个问题”的社论，后各组自由咯吵，提出问题，大家解决。吵了两天两夜，事实证明：只要群众真正掌握了党的政策，自己就能够把问题解决得很好。最后领导上集中了各组所提出的所解决的问题，经过系统提高，向大家作了报告。

大家所提出及解决问题如下：

第一类：关于土地分配的计人口及其他等问题。

一、恶霸地主与恶霸富农的分地问题：大家提出，按“告农民书”规定其本人不能分给土地与财产，但又提出其家属是否应该分地？一般分一份还是分一份赖地？最后大家意见：其本人与其家属还是应该区别，如果家属并未犯罪作恶，可按一般地主富农待遇。至于确定其为“恶霸”须经全行政村农民大会讨论通过，至于一般地主富农的土地分配，大家意见是：要使“富农能生产，地主能生活”。

二、一般地主富农的分地问题：原群众普遍意见都是恩赐他小部分赖地，数量也不足维持生活。他们说：“让狗入的也受受咱农民的苦处，叫他们掏烂沙地去！”读了报纸社论后，给代表们思想上解决了问题。他们说：“对着哩，要够他吃的。不然，他们偷咱们，要的吃，还得剥削咱们。”“他要没活法，狗急跳墙，闹得村子里不安，对咱们还是个不利！”

三、二流子问题：大家说：“不要随便给人家戴二流子帽子！一戴上，人家败兴了，闹生产就会不起劲。”对真正二流子，一定要照“告农民书”上面说的不给地权。但大家说：“一定要好好改造，把他组织到劳动中去，强制他戒大烟，提高他成家立业的信心，慢慢使他走上正路。真正改造以后，再经群众讨论通过，才给地权。”

四、去年阎匪侵袭时，被敌强迫抓去的农民，其本人应该分地；自愿投敌的本人不分，其家属仍按一般农民分地。

五、代表们提出：农村中有少数人为了逃避兵役，本人躲藏不见，给不给分地问题，大家说：“这是因为脑筋不开，”要好好给他家里教育，限日期把他本人叫回，才给分地，如万一不回，把他应分的一份地，交农会暂为保管，本人回村后，再正式分给；如确已参加解放军或党、政、民机关，取得证明后，即给予分地。代表们并提出：有些人为躲避兵役，从这村躲藏到别村，应在平分土地中加以整顿，否则，既无生产，又减少抗勤力量。

六、解放军军人，家中已无亲属者，代表们认为，其本人实在部队，应分得一份地由农会代为经营管理，每年所得，除应交公粮外由农会交其本人或代为保管，其本人年老、残废或复员时，可作为成家立业的基础。代表们认为：这样作不仅可以提高其本人更坚决地为人民作战，而且可以直接巩固部队。

七、讨论“土地法大纲”第十条第五项关于国民党官兵分地问题时，代表们提出：“阎顽军队中的下级士兵，在平分土地时应动员他家属写信叫回，如在分地时回来，其本人也给一份地。”代表们说：“这是为了‘消化’阎锡山军队，比十万兵打他还厉害！”

八、日寇占领期间，因负担繁重，使不少中贫成分被迫逃往大同与绥远等处，其主要人或全家均已逃亡在外，大家一致意见，此种情况，应该分得土地，争取他们回家生产，壮大解放区力量（有的已捎信要求回家）。

九、计人口中，提到未娶妇媳，未嫁闺女，已怀孕未生的小孩如何分地等问题，大家意见：分地时媳妇尚未娶过者不分，未嫁的闺女应分，未生的小孩也不分，总之，按分地时实有人口计算。

十、讨论鳏、寡、孤、独问题时有的代表提出：“有的人家，有几个儿子，已分家，留下一个老汉或老婆单独生活，是否能按鳏寡待遇？”大家意见：这样情况，不能称作鳏寡，应按普通一口人分地。又有一种鳏寡情况本人年老，并无亲生女儿，但有本家“近门”。大家意见：在分地时，应与其本家“近门”说明，如他负责赡养老人，该老人就不按鳏寡待遇分地，老人死后，该一分地即归赡养人所有。如其本家“近门”不愿负责，即按鳏寡待遇分地，老人死后，地归农会。

第二类：土地分配中可能引起的纠纷。

十一、有几种情况可能引起纠纷，大家提出了以下的一些问题：

（一）地主富农在其他村买下的土地（如南阳店地主，在定风庄有三四顷土地，南阳店群众要求分配，定风庄群众有意见）。

（二）其他村买下本村的地或租种本村的地（如上阳武买了东野庄的地，东野庄租种了下默都的地）。

（三）主要是“外册地”问题。所谓“外册地”，是水地村的特殊情况，如东野庄买了后沙城的地，地属东野庄，但仍用后沙城的水；在旧社会一切摊派，纳粮仍属后沙城，故对东野庄说：这部分土地称为“外册地”、不属“本册地”（或称“外槽地、本槽地”）。

上述问题的解决办法，大家的意见是：

（一）隔村买地，地在哪村就归哪村（因两村距离远，探不上）。

（二）邻村的“外册地”关系，解决原则有三：一、地多地肥村，照顾地少地瘦村；二、地靠哪村就归哪村，但距离较近的村，如耕种便利时，也可以插花种；三、地的四边靠哪村就归哪村（如该地的四边均为不封村地，该地即属不封村）。但主要的是第二点，必须以天下农民一家人的精神，以富照顾穷，多照顾少，肥照顾瘦的原则解决。

（三）上述可能引起的纠纷，如属同一行政村，就由行政村委员会统一解决；如属不同行政村，可由当事行政村组织临时联合代表会共同解决，或经区代会常委会解决。

第三类：对中农土地的抽补问题。

十二、中农土地不够者补足，土地长余应抽出一部分的中农，大家认为不能抽好地过多，不然，“人家就不和咱们一条路线上站了！”并且应以说服自愿为主，劝他说：“多贪揽不如少作务，你有底垫，作务更细些，收成差不多，负担也减轻了。”有的农民主张抽富裕中农的麦子地，大家不同意。

第四类：联合分配问题。

十三、一定坚持以行政村为单位联合分配，大家说：“要拿起天下农民一家人的精神办事，瘦肥多少大家照顾；代表带头、大公无私，不要尽说自己本村地少、地赖、产量低。”

（1）水旱地互相调剂，但水力暂不动，决定“水跟地走”的原则。按：崞县一区有阳武河，共灌溉十八村，旧日因争夺水利常出人命，相传曾由北京朝廷派大员调处规定，各村立有石碑，但极不公。如有些村地少，每月使水两日，有些地多仅只每月使水一日，此次平分土地，使水吃亏的村庄要求改变这种不合理情况，（有的村地少水有余，有的村地多水不足）。但因时间紧迫，对水利问题，一时无法仓促合理变动，故确定“水跟地”的办法，如贾陀与上大林为一个行政村，贾陀地多水少，上大林地少水多，两村距离仅三五里，贾陀愿意拨出多余土地，但要求上大林分水；上大林宁愿保持原有水量，不要贾陀的地。大家讨论结果，决定水暂不动，两村水旱平均分配。如贾陀农民分到上大林水地，水却跟被分的地去。

（2）组织行政村丈地，评议、分配委员会，联合统一分配（水地村大多距离三五里相挨。如距离较远，没法调剂时，可移民）。

第五类：丈地与评等级（评产量）。

十四、水地土贵“寸土必争”，土地产量又悬殊极大，每亩有从一斗至石数之差，故对丈地与评等级极为重视，认为是平分土地能否公平合理的关键。现各村已开始丈地（有地已丈二遍）如大牛堡，连续丈了三次，先用“步弓”、后“天竿（竹竿)”，再用绳索，三次对比，最后规定准数。下默都用绳索丈地，每天检查绳子一次，因第一天是新绳，第二天就长三二寸。绳头挂红布作记号，防止偷换。并规定本人不能用绳子丈自己地，防止紧松作弊。事先并各自登记地亩，在地旁插木牌标明数字，以便参考。

评等级，因川地产量悬殊，大家意见按通产分等。有几种情况：少数村庄如阳武等，全为水地，等级易评；大部分村庄水旱夹杂，须分别评等；靠边坡村庄地分几类：水、平、坡、山，评等级时更为复杂。大家意见：平川水地按地亩分配，因地质悬殊感到困难，故主张按产量分地，不按地亩分配，领导上为使丈地确实，互不隐瞒，强调提出复查，责成各丈地小组长及代表对所丈量之一段地负责，规定盖章或按手印，以示负责，并以便复查时发现问题追究责任。

第六类：平分土地必须成为群众运动。

十五、大家讨论认为分地人人关心，要把所有群众发运起来。

（一）代表回去，先开代表会，再开贫农团会，再开农民大会，把所有的人都动员起来；组织起来；丈地的丈地、评等的评等、计口的计口；人人参加；分头下手；代表领导组长，组长领导组员，“一级赶一级、越赶越紧”。

（二）主要靠思想动员，把大家发动起来，春耕在即，抓紧分配土地，既要分得快、不误春耕；又要分得好，公平合理，“地是命根子”，“分得好坏，万年福害”，只有大家起来丈地，评等计口，大家讨论分配，才能丈好、评好、计好，最后分好。

（三）规定纪律，定好制度。纪律要大家自己定自己遵守。分配土地期间，为大家服务也即为自己服务。开会要到，有事要请假，各种工作要认真，开会不到，不负责任的人，要受到大家批评。

关于纪律问题，这次代表们极强调，他们说：“现在有少数贫雇农成了爷爷啦！一说开会，中农们倒欢迎来了，他们就不来。批评他，就在背后说：咱是贫雇农，看能把我怎!?”代表们说：“纪律原是为少数‘奸猾’人，但对贫雇农还是要多响雷少下雨。”领导上也指出应主要的加强教育，提高觉悟。

第七类：其他。

十六、已有村庄丈地时将渠、圪埏、地道等除丈，平川原有“一亩种八分”之说，应该统一，实事求是，按实际土地面积丈量。

十七、城区代表提出：城关附近之飞机场，去年已种上，是否可分？后又扯到铁路路基，火车站站基等。大家最后决定：凡飞机场，铁路，火车站等，将来我们还要建设，一律不分。飞机场可调剂耕种，但地权归公。

十八、各村土质极劣，产量极低之烂沙荒地，不在平分地之内。

十九、要求政府制发土地证。此问题，原十二村开代表会时，代表们提出：在平分土地后，应该废除旧“红契”，发给新土地证。但单是废除地富的旧“红契”拟或连同全体农民的一齐废除？引起争论，最后决定，回去与群众商量。下默都代表回村后，在农民大会上指出，中贫农一致主张全部废除，理由是：一、旧“红契”老顽固，不是咱们的东西，在旧社会里咱们农民为它受过千灾万难，应打倒。二、平分土地后，地与契已不相符合，“不投了”。三、即使地不动？实丈的地数与旧契也将不符，“不准了”。因此，大家同意，旧“红契”一律打倒，由政府制发咱们的新土地证。

二十、代表提出：有不少古坟古墓，有占土地十几亩到几十亩的。大家意见：这些古坟大多属于地主的，在平分土地时经群众讨论平坟分配。我们提出头年不纳公粮。

第三，整顿组织（改造政权）健全与巩固组织问题。

代表们用了一天一夜时间咯吵了组织问题。从发动群众，普遍选举代表以后，农村中旧的机构已被农民一脚踢开，村政权实际上已为代表会所代替，旧村干部，有的被撤职审查，有的被暂搁一边。一切权力归到了代表会。农民们说：“行政村成了空机关了！”村代表从天亮忙到深夜，代表会、农民团、农民大会等各种大会不断进行，除领导斗争与分配外，还需处理行政与群众的一些日常事务。自从打倒地主以来，农民中民主空气极高，但却发现一种小偏向：即代表们凡有事都要请示“掌柜”（即群众），有时为一小事开了一个农民大会，虽因平川集中，往往一个行政村即一村，但终究浪费群众精力。代表们说：“瞎汉办事可难哩！”要求整顿组织，讨论以下几个问题：

一、健全代表会进行分工：自斗争以来，各村代表会均采“一锅粥”办法，遇事大家商量大家作。好处是大家动手，大家负责，坏处是乱，“头绪不清”。这次大家意见是：由代表中产生代表委员会。处理日常事务，每村九人到十一人，正副主任一律改为正副主席，代表们说：“毛主席领导咱农民是最高主席，咱们是在毛主席领导下的小主席！”代表委员会兼行政村委员会，村公所名称一律取消，改为村政府，代表委员会正副主席兼村政府正副主席。

讨论到村主席问题，开始代表们感到“穷人当家”，困难很多：一、“通天瞎捧”，办不了事。二、上怕犯了政策，下怕得罪群众。三、最主要的是家里困难，没柴没水（不少代表一直忙了三四个月，连柴也顾不上打）。经过长期咯吵，搞通了思想，觉悟到咱穷人翻身，千年难遇！群众费了多少心事选举了咱，刚上了阵，就泄了气，这是不对的。最后说：“只要我们一不贪污，二不自私，公心为群众服务，也不怕犯政策，也不怕得罪人！”又说：“咱瞎汉管天下，眼瞎心不瞎！请上个书记，借用上两只眼。”可见摧毁旧机构，农民当权，有不少困难，但只要坚决撑腰，提高了思想觉悟后，他们会坚强地排除万难自己起来当权的。因为这是农民民主问题，农民要求民定，特别是低层贫雇农，他们在旧社会长期痛苦的经历中，很容易体会到当权的重要。他们说：“咱们闹了一场，初翻了身，现在不干了，这是为甚？”显然，农民觉悟以后，不仅要求获得经济果实，而且要求获得政治果实。

其次，关于米津贴问题。旧制：每行政村规定三人至五人脱离生产，每月津贴米四十五斤，这次讨论有种意见：一、正副主席、书记三人脱离或半脱离生产，领米津贴。二、正副主席、书记、民兵队长三人领米津贴。三、领三个人的津贴，根据具体情况，补助五六个人。但最后确定：因现正平分土地，代表和群众一样都参加运动，人人工作，目前不需领津贴，待土地分配完毕后再开始领。

二、更进一步整编队伍，纯洁贫雇农内部，建立及巩固农会，在平分土地中健全与巩固一切组织。各村贫农团已于斗争前后先后建立，并初步在农村中形成骨干力量。贫雇农与农民代表均经一再审查，一般说是纯洁的，个别村子尚不够纯洁（如前述上申村等村）。

大家讨论说：在平分土地中，谁好谁赖都要露出来。要巩固扩大贫农团，并要团结中农把农会搞好。有些村中农成分代表，在讨论到农会问题时说："这些就对了，以前你们干巴巴就两圪塔骨头，把农会成立起，有骨头也有肉了。"讨论时，北贾支点代表提出：要成立农会，先要作个"帽子"，即先要订出参加条件。咯吵结果，订出四条：一、拥护穷人翻身，拥护毛主席、共产党。二、要分出里外，不在外面乱"反映"，不能两条心。三、忠实可靠，和咱农民一条心。四、要好好劳动，真正二流子不要。又定出纪律四条：一、积极工作。二、开会到会。三、不能说坏话破坏农会。四、不准和地主勾搭。成立办法：先在代表会讨论，把条件、纪律研究后，将全体农民"滤一滤"，看谁能参加，打个底底，然后开贫农会，再开农民大会，把成立农会的道理向大家说"机明"，发动大家自动报名；再经贫农团与大会一个个审查，把纪律与条件同时宣布，看他能不能接受，然后才允许正式参加。

大家说："平分土地中，谁的骨头都能看清！"谁公正，谁自私，谁积极热心，谁各管自己，都会显露明白。因此，这又是教育群众，提高群众的关键。应该大大发扬大公无私，天下农民一家人的思想，克服自私，村本位等各种有害于平分土地的落后思想。这次会议，领导与代表均强调"公心"问题。代表们说："不管你丈地，评等闹得怎嵌（合适的意思），短个'公心'提甚球也不顶！""甚不甚公心为第一！"

在平分土地中，不仅要整顿组织，而且要提高农民思想，要使平分土地与斗地主一样，成为广大群众性的运动，在运动的每一个细节中，工作干部不仅要向农民学习（不学习无法领导农民，也无法使工作前进及胜利完成平分任务），而且要随时随地教育农民，提高农民的政治、思想、阶级觉悟。

第四，会议的领导方法与缺点。

这次会议，更明确地采取了群众路线的领导方法，自始至终坚持了"从群众中来到群众中去"的领导方针，即向群众学习同时又教育提高群众。因而，会议本身，也是一种很好的学习，更体会到只有坚决相信群众，相信群众的无限创造能力，坚决依靠群众自己起来解决自己的问题，才有真正的群众路线。总括地看，这次会议，工作干部的任务只要下面几个：一、忠实正确宣传党的政策。二、善于启发诱导发挥群众创造智慧。三、善于发现及支持群众的正确意见。四、必须善于与群众中部分人某些问题上所表现的落后意识作教育和作适当的斗争。为群众的正确意见撑腰，才能团结与提高群众。五、最后集中群众意见，经系统条理予以提高后，再回到群众中去。

这次会议，便是采用上述方法进行的。无论关于改正错订成分，平分土地，健全与巩固组织均如此。比如研究平分土地问题，先由工作干部正确讲解了三个文件，然后分支点咯吵。由各村代表提出问题，大家讨论解决。会议极为活泼自由，每夜支点会议就像一窝蜂房，吵成一屋。一个问题提出后，大家咯吵，直到问题明确，中间定有争论。如："外册地"问题，争论很多，各持一见，其中并引起联合分配问题，牵涉到水利问题。相持不下时，领导上提出"根据天下农民一家人的思想：是地瘦的照顾地肥的呢？还是地肥的照顾地瘦的呢？地多村照顾地少村呢？还是地少村照顾地多村呢？"提醒了大家，把问题解决了。有时便将各支点所提出与解决的各种问题集中，向大家作了报告，大家说："这下才算机明了！"

这次会议，现在看起来，主要问题解决较明确细致。缺点是内容过多。又讨论了公粮工作与支援前线等问题，农民记不住，临走时，都要求抄个单单。他们说：“一起头，就记起头尾来了。”

以上是此次会议的主要情况。每个村的具体材料，因县大，干部少（现一区与城区只留七人），每个干部负责四五个行政村，在反映材料上确有情况。干部水准低，总结能力又差，这是个问题。以上做法是否对？希望给予指示。

此致

布礼！

谭政文　二月八日

选自《晋绥根据地资料选编》第四集，中共吕梁地委党史资料征集办公室1984年编印，第271～292页。

41. 中央关于应吸收技术人员参加企业管理委员会给华东局的指示

1948年4月26日

华东局并告谭震林同志：

四月一日震林同志关于淄、博、周、张城市政策电甚好。请转发华东局所属各区党委、各市委、华中工委及陈、粟、韦、陈参考。但有一点请你们注意，即该电在说到企业的正式管理委员会时，只说由经理、工会代表组织管理委员会，没有提到工程师、技师及有经验的职员。须知单是经理及工人代表是不够的，必须有工程师、技师及职员参加管理委员会。这个委员会应当是厂长负责制下面的管理委员会。在任何企业中，除厂长和经理必须被重视外，还必须重视有知识有经验的工程师、技师及职员。必要时，不惜付出高薪。即使是国民党人，只要有可能也要利用。这一点，请同时转告各地。这一点，我们在过去亦没有说清楚，故在这里补充说明。

中　央

选自《中共中央文件选集》(14)，中共中央党校出版社1987年版，第110页。

42. 中共中央发布纪念“五一”节口号

1948年4月30日①

中国共产党中央委员会发布一九四八年“五一”劳动节口号如下：

一、今年的“五一”劳动节，是中国人民走向全国胜利的日子。向中国人民的解放者

① “人大党史资料版”标题是：“‘五一’劳动节口号——中国共产党中央委员会一九四八年四月三十日发布”。

中国人民解放军全体将士致敬！庆祝各路人民解放军的伟大胜利！

二、今年的“五一”劳动节，是中国人民死敌蒋介石走向灭亡的日子，蒋介石做伪总统，就是他快要上断头台的预兆。打到南京去，活捉伪总统蒋介石！

三、今年的“五一”劳动节，是中国劳动人民和一切被压迫人民的觉悟空前成熟的日子。庆祝全解放区和全国工人阶级的团结！庆祝全解放区和全国农民的土地改革工作的胜利和开展！庆祝全国青年和全国知识分子争自由运动的前进！

四、全国劳动人民团结起来，联合全国知识分子、自由资产阶级、各民主党派、社会贤达和其他爱国分子，巩固与扩大反对帝国主义、反对封建主义、反对官僚资本主义的统一战线，为着打倒蒋介石建立新中国而共同奋斗。

五、各民主党派、各人民团体、各社会贤达迅速召开政治协商会议，讨论并实现召集人民代表大会，成立民主联合政府！

六、一切为着前线的胜利。解放区的职工，拿更多更好的枪炮弹药和其他军用品供给前线！解放区的后方工作人员，更好地组织支援前线的工作！

七、向解放区努力生产军火的职工致敬！向解放区努力恢复工矿交通的职工致敬！向解放区努力改进技术的工程师、技师致敬！向解放区一切努力后方勤务工作和后方机关工作的人员致敬！向解放区一切工业部门和后方勤务部门的劳动英雄、人民功臣、模范工作者致敬！

八、解放区的职工和经济工作者，坚定不移地贯彻发展生产、繁荣经济、公私兼顾、劳资两利的工运政策和工业政策！

九、解放区的职工，为增加工业品的产量、提高工业品的质量、减低工业品的成本而奋斗！拿更多更好的人民必需品供给市场！

十、解放区的职工，发扬新的劳动态度，爱护工具，节省原料，遵守劳动纪律，反对一切怠惰、浪费和破坏行为，学习技术，提高生产效率！

十一、解放区的职工，加强工人阶级的内部团结，加强工人与技术人员的团结，建立尊师爱徒的师徒关系！

十二、解放区私营企业中的职工，与资本家建立劳资两利的合理关系，为共同发展国民经济而努力！

十三、解放区的职工会与民主政府合作，保障职工适当的生活水平，举办职工福利事业，克服职工的生活困难。

十四、解放区和蒋管区的职工联合起来，建立全国工人的统一组织，为全国工人阶级的解放而奋斗。

十五、向蒋管区为生存和自由而英勇奋斗的职工致敬！欢迎蒋管区的职工到解放区来参加工业建设！

十六、蒋管区的职工，用行动来援助解放军，不要替蒋介石匪徒制造和运输军用品！在解放军占领城市的时候，自动维持城市秩序，保护公私企业，不许蒋介石匪徒破坏！

十七、蒋管区的职工，联合被压迫的民族工商业者，打倒官僚资本家的统治，反对美帝国主义者的侵略！

十八、全国工人阶级和全国人民团结起来，反对美帝国主义者干涉中国内政，侵犯中国主权，反对美帝国主义者扶植日本侵略势力的复活！

十九、中国工人阶级和各国工人阶级团结起来，反对美帝国主义者压迫亚洲、欧洲和美洲的民族解放运动、民主运动和职工运动！

二十、向援助中国人民解放战争和援助中国职工运动的世界各国工人阶级致敬！向拒运拒卸美帝国主义和其他帝国主义援蒋物资的各国工人阶级致敬！向并肩反抗美帝国主义侵略的各国工人阶级和各国人民致敬！

二十一、中国劳动人民和一切被压迫人民的团结万岁！

二十二、中国人民解放战争的胜利万岁！

二十三、中华民族解放万岁！

选自《中共中央文件选集》(14)，中共中央党校出版社 1987 年版，第 111～113 页。

互校版本：《中共党史教学参考资料》解放战争时期（下），中国人民大学中共党史系资料室 1980 年编印，第 159～161 页。原注："原载解放社编《目前形势和我们的任务》(标准本)"。简称"人大党史资料版"。

43. 中国共产党中央委员会关于一九三三年两个文件的决定

1948 年 5 月 25 日

一九三三年的两个文件：(一)《怎样分析阶级》，(二)《关于土地斗争中一些问题的决定》，都是当时民主中央政府为着纠正在土地改革工作中所发生的偏向，并为正确地解决土地问题而发的文件。这两个文件，曾于一九四七年十二月以参考文件的方式发给各解放区的各级党委。现在我们决定将这两个文件作为正式文件，重新发给各级党委应用。这两个文件中，只有一小部分现时已不适用，现在将这一部分删去；其余全部是在现在的土地改革工作中基本上适用的。其中，有些部分现在作了一点修改，或者加上了"中共中央注"的字样。这两个文件中没有讲到的问题及关于富农和中农分界的问题，则应以中央发表的其他文件及任弼时同志在一九四八年一月十二日所作《土地改革中的几个问题》的讲演中所说者为准。

△附一：怎样分析阶级

1933 年 10 月

（见《毛泽东选集》第一卷，人民出版社 1991 年版，第 127～129 页。）

44. 附二：关于土地斗争中一些问题的决定

1933年

在分田与查田的斗争中，发生了许多实际问题。这些问题，或者是以前的文件没有规定，或者是规定不明悉，或者是政府工作人员解释不正确，以致执行上发生错误。人民委员会为了正确地发展土地斗争，纠正及防止这些问题上的错误起见，除了批准《怎样分析阶级》（关于分析地主、富农、中农、贫农、工人的各项原则）外，特作下面的决定：

（一）劳动与附带劳动

在普通情形下，全家有一人每年有三分之一时间从事主要劳动，叫做有劳动。全家有一人每年从事主要劳动的时间不满三分之一，或每年虽有三分之一时间从事劳动，但非主要的劳动，均叫做附带劳动。

（说明）这里应注意：（1）富农自己劳动；地主自己不劳动，或只有附带劳动。故劳动是区别富农与地主的主要标准。

（2）规定全家中劳动的标准人数为一人。如全家有数人，其中有一人劳动，这家即算有劳动。有些人以为要有二人甚至全家参加劳动，才算这家有劳动，这是不对的。

（3）规定劳动的标准时间为一年的三分之一，即四个月。以从事主要劳动满四个月与不满四个月作为劳动与附带劳动的分界（即富农与地主的分界）。有些人把有半年时间从事主要劳动的还算做附带劳动，这是不对的。

（4）所谓从事主要劳动，是指从事生产上主要工作部门的劳动，如犁地、莳田、割禾及其他生产上之重要劳动事项。但不限在农业生产方面，如砍柴、挑担、运输、纺织、行医、教书及做其他重要劳动工作，都是主要劳动。

（5）所谓非主要劳动，是指各种辅助劳动，在生产中仅占次要地位者，如帮助耘草，帮助种菜，照顾耕牛等。

（6）劳动既是区别富农与地主的主要标准，因此对于那种只雇长工耕种，没有其他地租债利等剥削，自己负指挥生产之责，但不亲身从事主要劳动者，仍照地主待遇。

（7）构成地主成分的时间标准，以革命政权建立时为起点，向上推算，连续过地主生活满三年者，即构成地主成分。

分田与查田运动中对于劳动与附带劳动的问题，发生许多错误，或以有劳动当做只有附带劳动，把他判为地主，或以只有附带劳动当做有劳动，把他判为富农，都是因为过去对地主与富农的分界没有明确标准的缘故。依照上述规定，可以免去这种错误。

但上面的规定，是指“普通情形”而言。在特别情形下，须有不同的处置。这里有两方面的情形：第一方面，是大地主而家中有人参加生产者。例如有人剥削地租债利的数量很大，如收租百担以上，或放债大洋千元以上，而家中人口不多，消费不大，则虽这家有人每年从事四个月以上的主要劳动，仍是地主，不是富农。但如人口甚多，消费甚大，则虽有百担租或千元债，只要有人从事主要劳动，仍不是地主，而是富农。第二方面，是拿剥削情形说是地主，但拿生活情形说则不能照地主待遇者。例如有人过去是富农或中农，但到革命前数年，因死亡或疾病等原因，突然丧失劳动力，不得不把土地全部出租或雇人耕种，因此全家过地主生活。如果把这种人当地主待遇，是不妥当的，应照本人原来成分待遇。又如有人名义上还是地主，但土地权实际已属别人，剥削收入极少，甚至生活比农民不如，而本人已有附带劳动者，此种人可照农民待遇。

上述这些特别情形，分田及查田运动中有些地方把它忽视了，这也是不对的。

（在有些大家庭中，人口超过十五口者，则全家有劳动力的人员中，应有三分之一的人员每年有三分之一时间从事主要的劳动，才算这家有劳动。——中共中央注）

（二）富裕中农

富裕中农是中农的一部分，生活状况在普通中农以上，一般对别人有轻微的剥削。其剥削收入的分量，以不超过其全家一年总收入的百分之十五为限度。

在某些情形下，剥削收入虽超过全家一年总收入百分之十五，但不超过百分之三十，而群众不加反对者，仍以富裕中农论。

在民主政权下，富裕中农的利益应与一般中农得到同等保护。

（说明）这里应注意：（1）富裕中农是中农的一部分。富裕中农与其他中农不同的地方，在于富裕中农的生活状况在普通中农以上，一般对于别人有轻微剥削，其他中农则一般无剥削。

（2）富裕中农与富农不同的地方，在于富裕中农一年剥削收入的分量，不超过其全家一年总收入百分之十五，富农则超过百分之十五。这种界限的设置是实际区分阶级成分时所需要的。

（3）所谓富裕中农的轻微剥削，是指雇牧童，或请短工，或请月工，或有少数钱放债，或收少数典租，或收少数学租，或有少数土地出租等。但所有这些剥削，在其全家生活来源上，不占着重要成分，即不超过其总收入的百分之十五。而其全家主要生活来源，是依靠自己的劳动。

（4）在接近革命政权建立的时期内，虽曾有过与富农在同等时间内的剥削分量相同的剥削，但不超过二年者，仍以富裕中农论。

（5）在某些情形下，剥削收入虽超过全家总收入百分之十五，但不超过百分之三十，群众不加反对者，仍为富裕中农。这里所谓“某些情形”，是指剥削分量虽超过百分之十五，但家庭人口多，劳力少，生活并不丰富，更有遭遇水旱灾荒，或逢疾病死丧，反而转向困难者。在这些情形下，剥削分量不超过百分之三十者，不能认为富农，而应认为中农。如没有这些情形，则剥削收入超过总收入百分之十五者即为富农，不应认为富裕中农。这些情形的正确判断，依靠于当地群众的公意。

富裕中农在农村中占着相当的数量。分田及查田运动中，许多地方把他们当做富农处置，这是不正确的。各地发生的侵犯中农事件，多半是侵犯了这种富裕中农，应该即刻改正。

（举例）（1）全家六人吃饭，二人劳动。有田五十担（收实谷三十五担），时价每担四元，共值百四十元，完全自耕。有房五间，牛一只。有塘一口，出息大洋十二元。杂粮生产及养猪年收约一百元。放生谷三担，利加五（年收一担半），值六元，收了四年。放债大洋一百元（合小洋一千八百毛），利加二五，年收二十五元，放了五年。判断：此家靠自己劳动为主要生活来源，自己生产占二百五十元以上。对别人有债利剥削，但年收利息只有三十一元，在总收入百分之十五以下，全家开销后有剩余，生活颇好，但因剥削分量不大，故算富裕中农，不是富农。

（2）全家五人吃饭，一个半人劳动。有田二十五担，收实谷十七担。借来田七十五担，收实谷四十二担，交租二十五担，交了十年。杂粮生产及养猪年收五十元，雇牧童一个，雇了三年。放债大洋六十元，利加三，年收十八元，放了四年，有房五间，牛一只。有木梓山一块，年摘木桃三十担。判断：此家生活主要靠自己劳动，每年剥削人家极少，不过二十余元（雇牧童与放债合计），而受人剥削地租二十五担之多，全家开销所余无几，只能算普通的中农，还不是富裕的中农。

（本条所说富裕中农与富农的分界，应依任弼时同志在《土地改革中的几个问题》中所宣布者，改为“有轻微剥削，而这种剥削收入不超过其总收入百分之二十五者，仍算为中农或富裕中农。”——中共中央注）

（三）富农的剥削时间与剥削分量

从新政权建立时间向上推算，在连续三年之内，除自己参加生产以外，还依靠剥削为其全家生活来源之一部或大部，其剥削分量超过其全家一年总收入的百分之十五者，叫做富农。在某些情形之下，剥削分量虽超过总收入百分之十五，但不超过百分之三十，而群众不加反对者，仍不是富农，而是富裕中农。

（说明）这里应该注意的是：（1）以革命政权建立时为计算剥削时间的起点，而不应把其他任何时间作为计算剥削时间的起点。有些人算陈账，拿了中间空隔了的很早年代的剥削作为决定阶级成分的根据，这是不对的。

（2）以连续三年的剥削作为构成富农成分的标准时间。如果剥削时间不满三年或虽有三年而是中间空隔了的（不相连续的），虽其剥削分量与富农在同等时间的剥削分量相同，仍以富裕中农论。

（3）剥削的分量必须是超过了全家一年总收入的百分之十五才能构成富农成分，如果剥削分量在总收入百分之十五以下，虽有三年或三年以上的连续性，也不能构成富农成分，而仍是富裕中农成分。

（4）所谓全家一年总收入，是指自己生产部分与剥削他人部分的合计，例如某家全家一年自己生产部分四百元，剥削他人部分二百元，合计五百元，即是总收入。因为剥削部分占总收入百分之二十，故是富农。

（5）“某些情形”是指家庭人口多、劳力少，因此生活并不丰富，或因天灾人祸反而转向困难者。在这种情形下，剥削分量虽超过百分之十五，但不超过百分之三十，群众不加反对者，仍以富裕中农论。这里群众的意见是十分重要的，这种情形的考量也是要十分仔细的。不应把富裕中农弄做富农，引起中农群众不满意。但同时也不应把富农当做富裕中农，引起贫农群众不满意。所以，应有仔细的考量，要取得群众的同意。分田及查田运动中，对于这个时间与分量的问题，闹出许多纠纷，这是因为过去对于富农与富裕中农的分别没有明确的标准，或把富裕中农当做富农处理，或把富农当做富裕中农处置，因而时常发生错误。现在规定两者的分界，可以免除这种弊病。

（举例）（1）全家十一人吃饭，二人劳动。自己有田百六十担，收实谷百二十担（值四百八十元）。有茶山二块，每年出息大洋三十元。有塘一口，每年出息大洋十五元。杂粮生产及养猪等每年约值百五十元。经常雇长工一个，雇了七年，到革命时止，每年剥削剩余劳动约值六十元。放债大洋二百五十元，利加三，年收七十五元，放了五年，到革命时止。判断：此家自己劳动，但雇长工，又放债不少，剥削收入超过全家总收入百分之十五，人口虽多，但开销后余钱不少，故是富农。

（2）全家三人吃饭，一人从事主要劳动四个月。有田六十担，自耕三十担，收实谷十八担。出租田三十担，收租谷十二担，收了五年。经常每年请短工二十天。有牛一只，每年可收牛税谷二担。放债大洋一百二十元，利加三，年收三十六元，放了三年。判断：此家剥削收入超过自己生产，但因有一人从事四个月主要劳动，故是富农。

（本条所说富农与富裕中农的分界，应依任弼时同志在《土地改革中的几个问题》中所宣布者，改为“有轻微剥削，而这种剥削收入不超过其总收入百分之二十五者，仍算为中农或富裕中农。”——中共中央注）

（四）反动富农

在革命前，尤其在革命后，有重大反革命行为的富农，叫做反动富农。对于反动富农，应该没收他本人及其家属中参加了这种反革命行为的人的土地财产。

对于反动资本家，适用上述的原则。

（说明）这里应该注意：（1）必须是“有重大反革命行为”的富农，才叫做反动富农。例如当革命时，领导民团屠杀工农，对革命政府顽强抵抗，特别是革命后还在领导别人组织反革命团体机关，或个别进行重大反革命活动，如暗杀，当敌人侦探，自动替白军带路，逃往白区帮助国民党，积极地坚决地破坏分田或查田运动与经济建设等。其他富农中，虽有反革命行为，但不是领导的或重要行为者，均不得没收其土地财产。

（2）反动富农家属之中，只没收参加了这种重大反革命行为的分子的土地财产，其他分子的土地财产则不没收。

（3）以找生活为目的而暂时跑去白区的，不是反动富农，不应按反动富农待遇。

（4）对于反动资本家之定义与处置，完全适用以上之规定。

过去许多地方，把没有重大反革命行为的富农分子的土地财产没收了，并且一家中把没有参加反革命行为的富农分子的土地财产，也没收了，这是错误的。这种错误的一个来源，是在江西没收分配土地条例的第三条：“凡加入反革命组织的富农，全家没收。”这里不分首领与附从，不分参加者与未参加者。关于家属问题，虽在这一条的后半指出了：“其家属未加入反革命组织，又无反革命行为，并与其家中反革命分子脱离关系，当地群众不反对者，得发还其土地”，但前既全家没收，后才发还一部，仍非正当办法。因此这一条应照现在规定改正。又过去有些地方扩大反动资本家的范围，没收了一些不应没收的商店，这也是不对的。

（举例）一家九人吃饭，一人劳动，又一人附带劳动。有田百六十担，自耕八十担，收实谷五十六担。出租田八十担，收租三十担，收了十年。有山五块，每年出息大洋七十元。经常雇长工一人。欠债大洋四百二十五元，利加二五，欠了三年。放债大洋三百八十元，利加三，放了五年。有一人当靖卫团连长，当了两年，与赤卫军作战五回。又有人加入 AB 团一年，但不是重要分子，无积极活动。家里其他各人无明显反动行为。判断：此家成分是富农。有一人做了重大反革命工作，此人是反动富农，应没收家产。其他各人不应没收。另一人虽加入 AB 团，不是重要分子，又无积极活动，也不应没收。

（本条的规定，同样适用于地主及其他人民成分中的犯罪分子。——中共中央注）

（五）富农应有的土地房屋耕牛农具

凡确定为富农应有的土地房屋耕牛农具等，在遵守政府法令下，富农自己有处置之权，他人不得妨碍。

（说明）（1）近来有些地方发生工农贫民拿自己的土地房屋耕牛农具，调换富农应有的土地房屋耕牛农具，甚至有调换衣服肥料事情，这是不对的。

（2）土地问题正确解决以后，富农分得之田，已经改良，变成好田，他人不得再去调换。富农添置之耕牛，农具，房屋，虽有多余，亦不得再行没收，或调换。

（本条的规定，同样适用于地主。——中共中央注）

（六）破产地主

在革命前，地主已经全部或最大部分失掉了他在土地财产上的剥削，但仍不从事劳动，依靠欺骗掠夺或亲友接济等为主要生活来源，而其生活状况超过普通中农者，叫做破产地主。破产地主仍然是地主阶级的一部分。

但地主破产后，依靠自己劳动为生活来源之一部，其部分达到其一年生活费用三分之一者，得照富农成分待遇。

（说明）（1）有些人把部分破产的地主叫做破产地主，这是不对的。因为这种地主，还有一部分产业，依以剥削，这不过剥削收入的分量有改变罢了。

（2）有些人把破产后已经从事主要劳动满一年的，叫做破产地主，这更是不对的。因为地主破产后，从事主要劳动已满一年（指革命前），他已经由地主变为工人或贫民或农民了。

（3）有些人把地主破产后，已经从事一部分劳动者，仍照地主待遇，这是不对的。因为若其劳动已达到维持全家一年生活三分之一者，这种人已经应该给予以富农待遇了。

（七）贫民

工人、农民外，一切依靠自己劳动为生活者，或大部分依靠自己劳动生活者，或依靠少数资本，自己经营，以取得生活费者，只要是生活贫苦的，均叫做贫民。乡村及小城镇贫民分子失业者，应分配土地。

（说明）（1）贫民在城市中占着相当的大数量；在乡村及小市镇上亦有一部分。贫民的职业，是很复杂的，有些贫民的职业，常依季候更换，而不能固定。贫民的生活是很困难的，其收入常不够支出。

（2）工人、农民外，如独立生产者、自由职业者、小贩、不雇用店员的小本经商者及其他一切劳动分子，只要是生活贫苦的，均属于贫民范围之内。所谓独立生产者，是指各种自做自卖的小工业生产者。这种小工业生产者，有时雇用辅助劳动力，但主要依靠于自己的劳动。所谓自由职业者，是指一切不剥削他人的医生、教员、律师、新闻记者、著作家、艺术家等。这种自由职业者，为了执行自己业务，有时雇用助手或雇工助理家务劳动，这种雇工行为，不算入剥削者范围之内。

（八）知识分子

知识分子不应该看做一种阶级成分。知识分子的阶级出身依其家庭成分决定，其本人的阶级成分依本人取得主要生活来源的方法决定。

一切地主资产阶级出身的知识分子，在服从民主政府法令的条件下，应该充分使用他们为民主政府服务，同时教育他们克服其地主的、资产阶级的和小资产阶级的错误思想。

知识分子在他们从事非剥削别人的工作，如当教员、当编辑员、当新闻记者、当事务员、当著作家、艺术家等的时候，是一种使用脑力的劳动者。此种脑力劳动者，应受到民主政府法律的保护。

（说明）（1）近来有些地方，排除知识分子，这是不对的。吸收地主资产阶级出身而愿为民主政府服务的知识分子参加工作，是有利于人民革命事业的政策。在他们为民主政府服务的期间，应设法解决他们的生活问题。

（2）知识分子的阶级出身，依其家庭成分决定，例如家庭属于地主的，是地主出身，家庭属于中农的是中农出身等。知识分子本人的阶级成分，依本人取得主要生活来源的方法决定，例如本人当地主的是地主，本人当资本家的是资本家，本人当自由职业者的是自由职业者，本人当职员的是职员，本人当军人的是军人等。知识分子依靠家庭供给主要生活来源者，其本人成分亦依其家庭成分决定。把知识分子看做一种单独的成分是不对的，把劳动人民子弟在学校读过书的分子（所谓“毕业生”）当做一种坏的成分更是不对的。

（3）把当教员当医生等工作看做不是劳动，这也是不对的。

（九）游民无产者

在紧靠革命政权建立前，工人、农民及其他民众，被地主资产阶级压迫剥削，因而失其职业和土地，连续依靠不正当方法为主要生活来源满三年者，叫做游民无产者（习惯上叫做流氓）。

民主政府对于游民无产者的政策，是争取其群众，反对其依附剥削阶级、积极参加反革命的分子。关于争取一般游民无产者群众的主要办法，是使他们回到生产上来，分配土地和工作；但分配土地，须在乡村居住，并须自己能耕种者。

（说明）（1）所谓依靠不正当方法为主要生活来源，是指从事偷盗、抢劫、欺骗、乞食、赌博、或卖淫等项不正当职业。有些人对于在职或半失业，而兼从事一部分不正当职业（非主要生活来源）的分子，概叫做流氓，这是不对的。甚至把工农贫民中过去染有不良习惯，如嫖、赌、吸鸦片的人，都叫做流氓，这更是不对的。

（2）有些地方，对于积极参加反革命的游民无产者领袖分子（所谓流氓头），不加惩办，反而分田给他，这是不对的。有些地方，对于一般游民无产者分子，又拒绝其分田的要求，这也是不对的。

（十）宗教职业者

凡在紧靠革命前，以牧师、神父、和尚、道士、斋公、看地、算命、占卦等宗教迷信的职业，为主要生活来源满三年者，叫做宗教职业者。

（十一）红军战士中地主富农出身的分子与土地

红军战士中地主富农出身的分子，在他们坚决为工农利益作战的条件下，不论指挥员、战斗员，本人及家属都有分配土地之权。

（说明）（1）优待红军条例第一条，“凡红军战士家在民主政府区域内的，本人及家属，均应与当地贫苦农民一般的平分土地、房屋、山林、水池”。这里本已包括一切红军战士在内。但近来有些地方，只问社会出身，不问政治表现，把地主富农出身而坚决为工农利益作战的红军战士，已经分得的土地，重新没收，这是错误的。

（2）所谓“红军战士家属”，是指父、母、妻、子、女及十六岁以下的弟妹，其他的人不得享此权利。

（十二）工人的家庭是富农或地主者

工人的家庭是富农或地主者，工人本人及其妻子，依工人成分不变更。家中其他的人，照地主或富农成分处理。

（说明）（1）地主或富农家中，在紧靠革命前，有人出卖劳动力已满一年者，应承认其为工人成分。本人及其妻子照工人成分待遇。家中其他人，照地主富农成分处理，不得享受工人权利。家中如尚有其他成分，依其成分处理。例如，一家有人在乡村，靠收租放债为主要生活来源已满三年，此人是地主；有人依靠出卖劳力为主要生活来源已满一年，此人是工人；又有人在城镇开自做自卖的小工业，依为主要生活来源已满一年，此人是独立生产者；各依其在一定时间内生活来源的性质，而决定其成分，又各依其成分，而决定其在民主政府法律下的待遇。

（2）农村工人、独立生产者、小学教员、医生等人中，兼有小块土地，因乡村不够维持生活，出外谋生，而将其小块土地出租，并非依为主要生活来源者，应照一般农民分配土地，不能当地主看待。

（十三）地主、富农、资本家与工人、农民、贫民相互结婚后的阶级成分

（1）地主、富农、资本家与工人、农民、贫民相互结婚后的阶级成分，依照结婚在革命前后的分别，依照原来阶级成分的分别，并依照结婚后生活情形的分别，而决定其成分。

（2）凡在革命前结婚的：地主、富农、资本家女子嫁与工农贫民，从事劳动依为主要生活来源满一年者，承认其为工人、农民或贫民成分。不从事劳动，及从事劳动不满一年者，依原来成分不变更。工、农、贫民女子嫁与地主或富农或资本家，过同等生活满五年者，才能承认其为地主或富农或资本家成分。如生活不与地主、富农、资本家同等，而与工农贫民同等（即靠自己劳动为主要生活来源），或过同等生活不满五年者，依原来成分不变更。

（3）凡在革命后结婚的：工农贫民女子嫁与地主、富农、资本家，其原来成分不变更。地主、富农、资本家女子，嫁与工人、农民、贫民，须从事劳动，依为主要生活来源满五年者，承认其为工人或农民或贫民成分。如不从事劳动，及从事劳动不满五年者，依原来成分不变更。

（4）无论何时，与何种成分结婚，所生子女的成分与父同。

（5）革命前，工农贫民以女子卖与地主、富农、资本家者，及工农贫民与地主、富农、资本家相互以女招郎者，其出卖子女，及招来郎婿的成分待遇，适用上述（1）至（4）条之规定。

（6）革命前，工农贫民与地主、富农、资本家，相互以子过继者，不问过继时之年龄如何，从满十岁起，工农贫民之子过继与地主、富农、资本家，与其过继父母过同等生活，满五年者，其成分同于过继父母。如生活不与过继父母同等，而与生身父母同等者，依原来成分不变更。地主、富农、资本家之子，过继于工农贫民，与过继父母过同等生活满三年者，其成分同于过继父母。如生活不与过继父母同等，而与生身父母同等者，依原来成分不变更。

（说明）这里所谓劳动，包括家务劳动在内。

（本条（3）项关于在革命后工农贫民女子嫁与地主、富农、资本家依原来成分不变更的规定，在现在适用时，对于嫁与地主、富农者，应将在革命后解释为在土地改革后；对于嫁与资本家者，则仍应按本条（2）项规定处理。——中共中央注）

（十四）地主、富农兼工商业者

（1）地主兼工商业者，其土地及其与土地相连的房屋、财产没收。其工商业及与工商业相连的，店铺、住房、财产等不没收。

（2）富农兼工商业者，其土地及与土地相连的房屋、财产，照富农成分处理。其工商业及与工商业相连的店铺、住房、财产，照工商业者处理。

（十五）管公堂

管公堂是一种剥削行为，但应分别地主、富农、资本家管公堂与工、农、贫民管公堂的不同。

（说明）管理各种祠、庙、会、社的土地财产，叫做管公堂。管公堂无疑是封建剥削的一种，特别是地主阶级及富农，借着公堂集中大量土地、财产，成为封建剥削的主要方式之一，凡属这种为少数人把持操纵，有大量封建剥削收入的公堂，管理公堂的行为，当然是构成管理者阶级成分的一个因素。但有些小公堂，为工农贫民群众轮流管理，剥削数量极小，则不能作为构成管理者阶级成分的一个因素。有些人以为只要管过公堂的，都是地主、富农或资本家，这是不对的。

（十六）一部分工作人员的生活问题

在民主政权机关及其他革命组织中的工作人员，未分配土地而生活特别困难者，本人及家属，可分给相当土地，或以其他方法解决其困难。

（说明）已分配土地的一般政府工作人员的生活，中央政府已有命令解决（即发动群众耕种其土地），这里只说未分土地的人员。所谓家属是指父、母、妻、子、女及十六岁以下的弟妹。

（十七）公共事业田

新区分配土地，及老区检查出来的土地重新分配时，应酌量留出为了桥梁的修理、渡船、茶亭等公共事业而使用的土地。

（说明）桥梁的修理，渡船的修理与船工的工资，茶亭的修理与茶水的设置，这些公共事业的费用，均经按照需要程度，由当地区乡政府决定，酌量留出一部分土地，发动群众耕种。

（十八）债务问题

（1）在革命前，凡地主、富农，以金钱或物品贷付与工农贫民者，除店铺货账外，本利一概取消。凡工农贫民，以金钱或物品，存放于地主、富农者，应予归还。

（2）依靠高利贷剥削，为全家主要生活来源，其生活状况超过普通中农者，叫做高利贷者。高利贷者，照地主成分处理。

（3）在革命后的债务，凡不违背中国民主中央政府颁布之暂行借贷条例者，均应归还。

（说明）（1）一切过去及现在的国民党统治区域，不论城市、乡村，债务中最大多数都是高利贷剥削。但不是依靠高利贷为其全家主要生活来源的，不能叫做高利贷者，应各以其成分处理。以为凡有高利贷剥削的都是“高利贷者”，这是不对的。

（2）一面放债，一面欠债的，应将其“欠人”，“人欠”互相抵消，看其剩余部分的性质与程度，再与本人其他剥削关系总合起来，决定其成分。

（3）店铺货账必须归还的理由，是为了不使商业受到损失，并且货账一般不在高利债务范围之内。

（4）工农贫民互相间的债务，应如何处理，由借贷双方自己决定。双方不能决定者，由当地民主政府决定。

选自《中共中央文件选集》(14)，中共中央党校出版社 1987 年版，第 136～153 页。

互校版本：《中共党史教学参考资料》解放战争时期（下），中国人民大学中共党史系资料室 1980 年编印，第 166～183 页。原注：“原载解放社编《目前形势和我们的任务》(标准本)”。

45. 中共中央关于发布人权地权财权保障条例及号召地主回家布告等问题给东北局的指示

1948 年 5 月 26 日

人权、地权、财权保障条例及号召地主回家布告均悉。你们为什么要发布这些文件，目的何在？你处情况如何，是否仍有普遍随意捕人、杀人及使用肉刑等事？又逃亡地主究有多少，逃往何处，他们不回家，是否严重妨害生产和秩序？又发出这些文件是否有伤群众情绪，相对助长反动分子气焰？是否可不一般地提言论、出版、集会、结社等自由及保障人权、地权、财权号召地主回家等口号，而只禁止随便捕人、随便处罚，规定捕人及审判的手续，保障一切人民（包括地主、富农在内）在土地改革中所分得的土地、财产及以后劳动经营所得的财产不受侵犯，并保障官僚资本以外的工商业及外侨的合法营业传教自由。除犯有严重罪行及罪大恶极的恶霸分子外，保障一切逃亡地主回家后不加追究，并分配其维持生活所需的土地、房屋、工具等，即可安定秩序、人心，使其从事生产。

选自中央档案馆编：《解放战争时期土地改革文件选编》，中共中央党校出版社 1981 年版，第 345 页。

46. 中央关于三三制仍应执行的指示

1948年5月31日

华北局，东北局，华东局，西北局，中原局，晋绥分局，冀察热辽分局并告各前委：

中央去年二月一日指示[1]三三制仍应执行，废除三三制的意见是错误的，但自去年"二·一"至今的一年多时间内很多解放区不得中央同意，擅自修改这一指示，从政治上及组织上打击三三制党外人士，其中除少数是有罪应得者外，大多数的打击是过左的错误行动。而各地对于此项重大问题，事前既不向中央请示，至今亦很少甚至没有向中央反映情况，兹特责成各局于电到后半月至一月内，将当地地委一级，区党委一级，中央局或分局一级，共三级的党外知名人士列一总名单，注明简历现状及我党对他的待遇意见，电告中央。和此项名单调查报告之同时，由各中央局，中央分局及工作委员会（如华中工委）负责将自己对统一战线三三制及党外人士问题对中央作一总结报告。是为至要。

中　央

辰世

选自《中共中央文件选集》(17)，中共中央党校出版社1992年版，第187～188页。原注："根据中央档案原件刊印"。

47. 军委批转东北野战军入城纪律守则

1948年6月4日

各军区各野战兵团首长：

各地颁发的入城纪律守则，都大同小异，东北林、罗、谭辰有颁发八条入城守则，比较扼要，对内外注意事项都包括在内，各地可参考采用。兹将原件列后：

兹颁发入城纪律守则八条，望指挥员，政治工作人员，后勤工作人员，战斗员，及所有入城工作的人员，一体遵行。入城纪律守则：

（一）保护城市人民的生命财产

（二）保护工厂商店，禁止拆毁机件，搬取物资，或私自没收强购。

（三）保护学校、医院、科学文化机关及城市公共设备，名胜古迹和建筑物。

（四）看管敌人的仓库、物资及其他财产，实行缴获归公，不争夺、不破坏、不自由动用、不打埋伏、听候和服从上级分配。

（五）对守法的教堂、寺院及外国侨民，不得干涉和侵犯。

---

① 原注：中央去年二月一日指示，指1947年2月1日中央政治局通过的《中央关于目前形势与任务的指示》，见《毛泽东选集》第四卷《迎接中国革命的新高潮》。

（六）实行讲话和气，买卖公平，借物归还这，损坏赔偿。

（七）服从卫戍机关的纪律和规则，遵守公共秩序，不入妓院，不滋扰人民，不无故鸣枪。

（八）爱护人民解放军的名誉，人人守纪律，人人作宣传，言行一致。

军委

巳支

选自《中共中央文件选集》(17)，中共中央党校出版社1992年版，第200～201页。原注："根据中央档案原件刊印"。

48. 中央宣传部关于新收复城市大学教育方针的指示

1948年7月13日

东北局宣传部并告各局、各分局宣传部：

二十一日电悉。

一、华北大学为北方大学与联合大学合并而成，其方针是吸收蒋管区大量大中学生经过短期训练为解放区培养各方面的建设干部，现准备分设三个部及一个研究部。第一部是四个月至六个月的政治训练速成班，一切学生（主要是平津及南方来的和一部分解放区内招收的初中毕业程度以上的知识分子）都须经过该部毕业后，最大部分分配工作以应急需，少数转入其他两部。第二部为教育学院，对已做过中学教员或在大学与师范读过数年者，加以补习使具有够用的师资，期间预定半年至一年。第三部为文艺学院，待现有一部分学生毕业后，拟专办短期训练班，训练现有之各剧队文工团等。研究部为储备研究人才并吸收学生中有研究能力者为研究员、学员，准备将来正规大学的师资。依可能与需要先办四个研究室，范文澜兼主持历史研究室；艾思奇主持哲学研究室；何思敬主持国际法研究室；沙可夫主持文艺研究室。其他专门学院均改归政府各部直辖，便于就近实习。原北方大学农学院办兽医制糖造林有成绩即划归政府农业部管；工学院训练炼焦、炼铁、机械、土木、通信等项人才亦有成绩即划归企业部管；财政系即划归财政部办财政专门学校；医学院则早已划归卫生部管。这样该大学主要任务就在于使原有的知识分子经过此种训练能为我用，我们的目的是要把全国几十万大、中学生争取其中多数能先后经过我们政治训练，再在工作中去锻炼。我们目前在各地所办的大学都应具备此旨。

二、收复城市后对于原有大学的方针应是维持原校加以必要与可能的改良。现在我们所到之处大学还很少，中学很多，据中原消息，该地原有中学都停办了，这是一个损失，其原因是由于我们没有明确方针，现在必须宣布我们对原有大学、中学的方针，就是维持原校加以改良。维持原校的好处是学校可以很快办起来，不致过久中断，高级知识分子可以安心，便于争取，这些高级知识分子是国家的重要财富之一。再则我们自己办教育的力量还不够，与其采用急进而冒险的政策，不如采取稳扎稳打的政策，先维持然后慢慢改进。改良的办法很多，但必须是必要的与可能的，这方面我们尚无实际经验。

三、依照二十一日电所述情形，我们认为东北大学亦可采用与华北大学同样方针，建议东北局应给东北大学以任务，多办短期政治训练班，大批训练东北已有的知识青年及旧知识分子，长白师范原有教职员凡仍在者应给予原薪原职，使之继续供职，凡逃走者应设法聘回供职，只有极反动的分子（与普通国民党党团员区别）与破坏分子（与仅有不满情绪者区别）除外，并依照具体情况给该校以可能与必要的改良，这对于争取沈阳、长春等地的高级知识分子是很重要的。以上意见请你们考虑后将你们的意见电告。

四、东北科学院创办后情形与经验如何，望详细电告。东北原有中等学校的情形如何？有多少继续开办，多少停办了？原因何在，经验如何？亦请电告。

中宣部

选自《中共中央文件选集》(14)，中共中央党校出版社1987年版，第214～215页。

49. 中共中央关于地主、富农选举权问题的指示

1948年7月19日

在选举条例中不必规定地主、旧富农有无选举权、被选举权的条文，只规定不及法定年龄者、有神经病者，经军法、法院或人民法庭判决剥夺公民权者及有反革命行为经政府缉办有案者，皆无选举权即可。对于农村中反动的地主、旧富农可经法庭判决剥夺公民权若干年（但也不必判得太多、太久），其他地富为数不多，即算他们参加选举也无多大危险（自然要注意党的领导）。公开在条例中规定剥夺地富选举权条文，对全国可能发生不好影响。

附：东北局关于地主、富农选举权问题的请示报告

（1948年7月17日）

中央：

东北将于八月间试验村选，关于地主、富农的选举权，应在条例中如何规定。去年中央曾通知地主、旧富农没有选举权与被选举权，不要公开宣布，但在选举条例中，如不规定，又不便实行。可否根据弼时同志的报告，地主劳动不满五年者，旧富农劳动不满三年者，没有选举权与被选权，但在地主、旧富农中分化出来的开明人士（具体条件另行规定）除外，请指示。

东北局

选自中央档案馆编：《解放战争时期土地改革文件选编》，中共中央党校出版社1981年版，第388～389页。

50. 附：关于农业社会主义的问答

1948年7月27日新华社信箱

问：毛主席四月一日在晋绥干部会议的讲话中说："现在农村中流行的一种破坏工商业，在分配土地的问题上主张绝对平均主义的思想，是一种农业社会主义的思想。这种思想的性质是反动的，落后的，倒退的，我们应当批判这种思想。"农业社会主义思想是一种什么思想？它为什么是反动的？

答：毛主席在这里所说的农业社会主义思想，是指在小农经济基础上产生出来的一种平均主义思想。抱有这种思想的人们，企图用小农经济的标准，来认识和改造全世界，以为把整个社会经济都改造为划一的"平均的"小农经济，就是实行社会主义，而可以避免资本主义的发展。过去历史上代表小生产者的原始社会主义的空想家或实行家，例如帝俄时代的民粹派和中国的太平天国的人们，大都是抱有这一类思想的。

以小农经济为基础的平均主义思想，在一定的历史条件下，带有革命的与反动的两重性质。

从农民平分封建阶级的土地财产这方面来说，这是革命的方面，正确的方面。因为封建的土地财产关系，以封建主义的方法束缚农民，剥削农民，阻碍社会生产力的发展；农民平分了封建阶级的土地财产，就是把封建的土地财产变成农业直接生产者——农民的土地财产，使广大农民获得改善生产条件的基础，提高他们的生产积极性，并为工业的迅速发展创造了一定的条件。这是一种伟大的最彻底地扫除封建制度遗迹的革命运动。因为农民的反封建的平均主义有这种革命性，所以我们共产党赞成并帮助农民实行了平分地主及封建性富农的土地财产。但农民的平均主义，仅仅在平分封建的土地财产上，有其革命性，我们也仅仅在这种时候才去赞成并帮助农民们实行这种平均主义。除开这种场合以外，农民的平均主义，我们都是不能赞成和实行的。而且农民这种平分封建土地财产的革命，其性质，也只是反对封建主义的资产阶级性质的民主革命，而并不是反对资本主义的社会主义性质的革命。如果把农民平分封建土地财产的革命，误解为是实行社会主义或共产主义，那也是完全错误的和极端有害的。

以小农经济为基础的平均主义的反动方面、错误方面，就是它在主观上梦想超越这个反封建主义的界限，不愿限制在平分封建与半封建的土地财产的范围以内，并且还要平分社会上其他一切阶级、农民一切阶层（例如中农和新式富农）和其他一切人等的土地财产，还要平分工商业，并把这种一切平分称为"共产"，或称为"社会主义"。这就是一种绝对平均主义，这就是反动的、落后的、倒退的。因为这样平均的结果，不独是要破坏封建的土地财产关系，而且要破坏非封建的即自由资本主义的财产关系，就是要平均主义地破坏工商业及一部分中农和新式富农的土地和财产，因而也要打击广大工业和农业生产者的向上积极性。这样，就不独不能提高社会生产力，而且必然要使社会生产力大大降低和后退。因为这种绝对平均主义主观地希望把那在工业上和农业上已发展了的、和正在发展（这种发展在目前阶段是资本主义性质的）的社会经济，还原为封建时代那种孤立的小农式的社会经济，把那已发展了的和正在发展的工业，以及建立在工业与农业的发展基础之上的商业，还原为自给自足的自然经济。这是违反社会历史的发展、违反社会生产力的发展，而使之后退的。所以这种想法和这种做法，乃是反动的、落后的、倒退的。

平分封建半封建的土地财产的土地改革，并不是实现社会主义，并不是“共产”。因为土地改革只是废除了封建阶级的私有财产，没有废除资本主义的私有财产，并在客观上还为资本主义的广大发展扫清道路。因为在土地改革之后，农村中的经济竞争，不可避免地会有新的发展，并使农民之间不可避免地会有新的阶级分化，而绝不能永远保持平均的小农经济。农民在分得土地后，是作为小的私有主而存在的，他们的生产条件不可能完全相等，尤其不可能保持不变。有些农民，因为生产条件比较有利，又努力生产，善于经营，他们的经济就可能发展，而逐渐地富裕起来，其中有小部分就有可能进行剥削，而成为新的富农。而另外有些农民，因为生产条件比较不利，或者不努力生产，或者不善于经营，或者遇到某些不可抗拒的打击，他们的经济就不能发展，而逐渐地穷困下来，其中有一部分就不能不受人剥削而变为新的贫农或雇农。这种竞争与新的阶级分化，即在新民主主义的社会里，也是不可避免的，而且是被允许的，不是可怕的。因为在一定的历史条件之下，只有允许这种竞争，才能发动广大农民的生产积极性，把农业经济广大地发展起来；所以这种私有经济基础上的竞争，有其一定的进步性。抱有农业社会主义思想的人们，看不见土地改革后这种可能的社会变化，看不见这种商品经济与资本主义发展的规律在新民主主义社会中仍将存在，而以为可以在反封建的土地改革中及土地改革后，就能够造成全体农民在经济上与生活上的平等或划一，否认或者反对这种竞争和分化，结果就是阻碍生产力的发展，而成为一种反动的空想。

上述那种竞争和分化，如果是在旧资本主义的社会环境中，那可以因为自由竞争与资本主义垄断的无限制的发展，而一直分化下去，以至大多数农民在土地改革中，所得的利益，化为乌有，例如很久以前法国与美国在土地改革后的农民那样。在那里，土地改革是由资产阶级及资产阶级政党领导的，不是由无产阶级及无产阶级政党领导的，所以，在土地改革后发展了资本主义的社会制度。其结果，农村和城市都有激烈的无限制的阶级分化，一方面造成了垄断全国财富的少数大富翁；另一方面，把大多数人民变成极端贫困，变成了大资本的奴隶。所以仅仅实行土地改革，如果不同时实行在无产阶级及其政党领导之下的一系列的新民主主义的经济政策，并在最后实行社会主义的制度，大多数农民的解放还是不可能的，大多数农民的贫困和破产，还是不可避免的。然而，在我们中国今天的土地改革，不会走到那种结果，因为中国今天的土地改革是在无产阶级及其领袖共产党领导之下实现的，并且已经实行以后还要系统地实行新民主主义的经济政策，所以大多数农民在土地改革中所得的一切，只要自己努力生产与善于经营，就有可能发展起来，就有可能不至重新丧失自己的土地财产而穷困下来。因为在新民主主义的国家内，自由竞争与阶级分化虽是仍然存在，但不是没有限制的，如资本主义各国所已有过的那样。毛泽东同志在其《新民主主义论》中早已指出，由于中国经济的落后性，我们的新民主主义经济还必须容许“不能操纵国民生计”的资本主义生产的存在和发展，在农村中则须容许新式富农的存在和发展；同时，决不能让少数资本家少数地主“操纵国民生计”，绝不能建立欧美式的资本主义社会，更不能恢复旧的半封建社会。我们经过毛泽东同志指出的这种道路，一方面，要在共产党与新民主主义政府的领导之下，根据农民自愿（不是强迫命令和矫揉造作）与等价（出劳动多的得多，出劳动少的得少）的两个原则，采取那种为农民群众认为有利与合理、能为群众自然而然地接受的一定步骤与各种可能形式，以发展农村中在个体经济基础上（私有财产基础上）的变工合作（在变工合作运动中，同样地要发展竞争与竞赛）；另方面，要经过我们新民主主义政府对于广大农民生产给以财政投资及经济和技术的援助，这样就使大多数努力生产的农民在从封建的压迫解放出来之后，可能保持中农的地位，避免因受垄断资本家的压迫而重新陷于破产，并且会使他们的生活步步向上。同时，我们的工业则可以利用农村因发展变工合作及提高技术而过剩出来的广大劳动力，获得广大的工业后备军。这种工业后备军，也就会和欧美资本主义国家那种因资本压迫、而破产出来或被排挤出来、并更成为资本自由掠夺的对象的工业后备军，有所区别。我们在土地改革后，一定要走上毛泽东同志所指出的这种新民主主义的道路，而决不能走资本主义国家的道路。无产阶级的领导，保证我们走这样道路。但是，必须知道：要达到这种新民主主义的合理结果，决不是没有困难，没有斗争的，而是一定会有困难，一定会要进行必要的斗争，因为还有不少的资本家和富农要走旧资本主义的道路；因此，一定要依靠共产党的正确而坚强的领导与广大人民群众的积极努力，才可能步步克服旧资本主义的抵抗及可能遇到的各种困难。

然而，即使如上所说，在新民主主义的国家内，土地改革后农民中一定程度的阶级分化，仍然是不可避免的，农业上绝对平均主义的发展，仍然是不可能的。

中国工人阶级领导农民与其他人民，进行土地改革，发展新民主主义经济，这是农民解放的第一步。中国工人阶级领导农民与其他人民，经过另一个阶段的历史斗争，实现社会主义，这是农民解放的第二步。社会主义不是依靠小生产可以建设起来的，而是必须依靠社会化的大生产，首先是工业的大生产来从事建设。只有社会主义才可能消灭一切的贫困，才可能最后来解放农民，才可能使阶级逐步归于消灭。但我们要达到社会主义，实现社会主义的工业和农业，必须经过新民主主义经济一个时期的发展，在新民主主义社会中大量地发展公私近代化工业，制造大批供给农民使用的农业机器，并因此将农民的个体经济逐步地转变为集体农场经济之后，才有可能。没有工业的大量发展，没有大量的成千成万的农业机器供给农民使用，并使农民有可能团结于集体农场之中，而要实行社会主义的农业，那只能是反动的幻想。带有农业社会主义思想的人们，想在孤立的单个小生产经济的基础上，采取绝对平均主义的办法，采企图实现社会主义，就正是这样一种反动的幻想。其结果，决不是什么社会主义的农业，而将是社会生产力的破坏与倒退。当然，即使在社会主义社会，也不能使所有的人在生活上的完全划一，也和农业社会主义者的反动观点完全不同。在社会主义社会（即共产主义的第一阶段）所能实现的原则，乃是“各尽所能，各取所值”。在劳动中生产得更多更好的工人与农民，他们取得的报酬就必定较多，而生产得较差的，所得的报酬就一定较少。社会主义社会决不容许不劳而食，也决不容许偷懒的人与积极劳动的人取得同样的报酬与享受同样的待遇。

只有经过长期的社会主义经济的高度的发展，并使共产主义的制度得以建立起来之后，就是在建立了“各尽所能，各取所需”的社会制度之后，社会上一切人们生活上的平等，才可能实现。

我们马克思主义者把历史看成是生产发展的历史，是生产人民的历史。重复地说，平分封建的土地财产是从发展生产力这一个基本点出发的，是为的把不事生产的、寄生的、腐朽的、反动的封建阶级所占的生产条件交给直接生产者，是为的彻底破坏封建的生产关系，建立新民主主义的生产关系，以利社会生产力的广大的发展，而绝不是为分配而分配。在土地改革中分得一定分量的土地财产的贫农与雇农，此后必须努力生产，改善生产，进行生产的竞赛，即依靠自己以及群众间变工互助的劳动，以提高自己的经济情况，决不能还等待什么分配又分配，或只寄托希望于民主政府的救济又救济。必须知道，如果不努力生产，广大的发展生产力，即使按照农业社会主义的反动空想，采取冒险办法，而把社会上一切阶级一切阶层的土地财产按绝对平均的方法分配了，那也是没有多少东西可以长期吃用的。所得的结果，一定仍然是大家的一场贫困。所以，一切共产党员必须巩固自己关于发展生产的观点，而在土地改革中的一定场合以及土地改革之后，必须特别对于贫农和雇农，认真地进行发展生产的教育，同时也对于中农及其他人们进行发展生产的教育，并继续实行对于提高生产的必要奖励。特别在土地改革之后，进行提高生产的教育，与进行生产互助组织，以保障大多数农民都能生产发家，都能过富裕生活，乃是共产党员在农村中的根本任务。必须用这些提高生产的教育和发展生产的活动，以扫除农业社会主义的空想，并由此得以顺利地完成其他为当前革命所必需的工作。

选自《中共中央文件选集》(14)，中共中央党校出版社 1987 年版，第 236～242 页。

互校版本：

1. 中共中央政策研究室编辑：《政策汇编》下编，第二野战军政治部 1949 年 9 月翻印，第 80～88 页。

2.《中共党史教学参考资料》解放战争时期（下），中国人民大学中共党史系资料室 1980 年编印，第 229～235 页。原注：“原载解放社《目前形势和我们的任务》(标准本)”。

51. 中央关于新解放城市中对脱党、自首、叛变分子的处理的指示

1948 年 7 月 27 日

谭①并告各中央局、分局及各前委：

篠电悉。关于新解放城市中，对脱党分子、自首分子、叛变分子的处理，应按具体情况，分别解决。

（一）凡党员过去自由脱党，确未做任何反党活动，现在愿参加工作者，可分给以适当的工作，但不应马上接收其重新入党，更不能恢复其党籍，经过相当时期考察，而本人提出入党要求时，才可考虑重新入党问题。

（二）凡党员过去系个别向敌方自首，并未进一步有危害党及革命之行为者，现在来

① 谭，指谭震林。

找我们时，在原则上可允许其参加解放区的一般生产建设和群众工作，只有经过长期工作考验，证明其真正忠实于无产阶级事业，而且本人坚决要求重新入党时，才能考虑重新入党问题。

（三）凡党员曾经叛党但系普通叛变分子，即对党危害不大的分子，要他们在自己的社会职业上安分守己，努力参加生产支前工作，给以戴罪立功的机会。对个别罪大恶极的重要叛变分子，在必要时，由社会部或公安机关扣押分别处理之，但须经区党委或以上机关的批准。

（四）对分配工作的脱党分子，自首分子，最好先集中在军政学校或训练班学习，在学习中加以考察教育，使其在思想打通的基础，向党坦白，这更便利于党对他们的了解和使用。在使用这类分子时，要经常提高警惕，防止奸特分子混入，绝不可因使用自首叛变分子而有所麻痹。

中　　央

午感

选自《中共中央文件选集》(17)，中共中央党校出版社 1992 年版，第 267～268 页。原注："根据中央档案原件刊印"。

52. 中央批转华北《金融贸易会议综合报告》

1948 年 8 月 6 日

华北、华东、西北中央局，晋绥分局并转各政府党团和各财办，并告东北局，热河分局，中原局，豫皖苏分局：

中央批准今年五月华北金融贸易会议上所通过之《金融贸易会议综合报告》。望华北、华东、西北各地党、财办及一切财经机关即遵照该报告所提之金融贸易工作方针和各项具体政策努力实行。该综合报告，将由中财部印成密件发给有关各方。现中央将该报告摘要先经新华总社台以密电转发各局，作为党内文件传阅。

中　　央

八月六日

选自《中共中央文件选集》(17)，中共中央党校出版社 1992 年版，第 279 页。原注："根据中央档案原件刊印"。

53. 附：华北《金融贸易会议综合报告》

1948 年 5 月

第一部分　目前金融贸易工作的基本任务

去年邯郸会议以来，随着战争形势日益好转，和后方工作进步，我华北各解放区的金融贸易工作也有显著进步。这首先表现在对政策方针上有了较明确的认识；纠正了过去若干错误倾向。我们的经济阵地逐渐巩固，对敌经济斗争渐从被动转入主动。在发展生产上虽因战争紧张，灾荒和土地改革的某些错误而受了若干损失，但我们仍生产了军民生活和作战部分必需的物资，发挥本身固有的力量来支持空前大规模的人民解放战争。其次，我华北各解放区的金融贸易工作，已经渐从各自为政走向统一。我们已经建立了财经工作的统一领导机关，取消了各区间的关税壁垒，调整了各区间的货币关系，且在部分地区开始了军用器材采购和食盐运销的统一管理。这一切，都是邯郸会议以来所获得的显著成绩。但与一年来战争的胜利相比较，我们金融贸易工作的开展，还追不上客观形势对我们的要求。为着赶上客观形势，迎接新的胜利，我们的金融贸易工作也应提高一步，作出进一步的措施。

此次金融贸易会议检讨一年来的工作，研究今后努力方向，认为有几个问题是值得引起我们的特别注意的。

第一，由于人民解放军的胜利进攻，华北各解放区已经有比较稳定的区域。为着建设华北，支援前线，我们已有可能和必要，来进行更加有计划的生产建设。今后我们的中心工作，一个是发展生产，一个是支援战争；而有无力量支援战争，又基本上决定于生产的发展程度。所以华北各解放区除有部分地区仍在进行战争外，一般地区应以发展生产作为一切工作的中心；我们的各种政策（如土地改革中的满足雇贫农的要求，照顾中农和新式富农，及保护工商业等）都是为着发展生产。我们的金融贸易工作应为生产服务，并与生产工作密切结合起来。生产是一切经济活动的基础，从生产的发展中产生交换，更从交换的发展中产生货币。所以贸易和金融工作是在生产的一定发展阶段之上产生，是从属于生产并为生产服务的。贸易和金融工作如果脱离生产需要，就会变成投机冒险行为。反之，我们的生产建设如果没有与之相适应的贸易和金融工作，亦不能顺利发展。

今后我们的经济建设应当提高一步，不但要发展农业，而且要发展工业；不但要建设乡村，而且要建设城市。社会经济的进一步的发展，也要求着我们贸易和金融工作的进一步的发展。在广大的农村中，我们应当利用合作社等形式，来建立一套完整的农村供销机构和信用机构，促进我们分散的、落后的农业生产，逐渐向着集体化、科学化的方向发展。在城市中，由于商品经济集中发展，贸易和金融工作更占重要地位。我们同样必须建立一套完整的城市贸易工作（成为广大农村的供求调剂的枢纽）、城市金融工作，来发展轻重工业，扶助群众生产，把我们的工业生产提高一步。我们已经有了相当数量的煤铁生产和重要工业原料（如棉花等），且有若干机器和动力已能为我掌握；我们老解放区极大部分地区已经完成了土地改革，互助合作组织已开始发展，这一切，可以成为我们提高工业和农业生产的有利条件；贸易工作和金融工作的方针，应同样为此奋斗。

第二，石家庄解放后，华北各解放区大体上已连成一片。各区间的经济联系日益繁密，我们已有可能和必要从分散的地方经济，逐渐发展走向统一的国民经济。过去因被敌人分割封锁，使我们的经济建设不得不分成若干地区，独立自主争取地方性的自足自给。现在情况变化，各种分割状态已经成为经济发展中的严重障碍。狭隘的地方经济只适宜于分散的、落后的、自足自给的农业经济。商品经济逐渐发展，必然就要求着市场的扩大和统一，如撤销内地关税壁垒、统一货币制度等，都是经济发展中的迫切要求。过去由于敌我地区犬牙交错，为着加强对敌经济斗争，不得不实施严格的市场管理。现在情况变化，这一切束缚内地贸易自由和营业自由的措施，如不及时修改，要想促进生产是很困难的。我们必须适应新的情况，建立一套适合人民需要和经济发展需要的新的制度。同时，必须加强领导的统一性、集中性，反对各自为政和无组织、无纪律、无政府状态。

去年邯郸会议以后，我们经济上的统一工作已经得到了初步成功。但我们仅仅撤销了各区间的关税壁垒（互不统制，互不征税），而未做到各区物资的有计划的调剂。各区货币只做到了相互支持，而未做到自由流通，统一发行，这使各区间的物资交流仍然遇到严重困难。在对敌经济斗争上，我们也只有比较一致的政策方针，而无统一的组织领导，致使斗争步调不能完全一致，有些地区甚至互相抵触。我们的经济建设，如就地方范围的某些生产部门来讲，已有了初步的计划性，但就全国（或全华北）范围来讲，则仍然是无计划状态。这些现象，今天已无理由任其继续存在，必须迅速完成进一步的统一。在会议中，晋察冀和晋冀鲁豫两区已经开始合并，两区货币已按固定比价自由流通，两区的银行和贸易公司也已开始合并，彻底消灭过去的各自为政现象。山东和西北由于紧张战争，立即合并尚有困难，应当采取适合于目前情况和经济发展要求的过渡办法，并作完全统一的准备。

第三，要准备长期的、艰苦的战争，同时又要准备迎接胜利。一年来的胜利进攻，使蒋介石的反动统治日益临近崩溃，在其经济方面也有岌岌不可终日之势。但依靠美帝国主义的撑腰，这种摇摇欲坠的统治还有可能维持一个时期，胜利的到来还可能有一段困难的路程。如何保证战争供给，这不单纯是一个财政问题，我们的金融贸易工作也要负担这个重大责任。山东和西北应当迅速恢复生产，医治战争创伤，晋察冀和晋冀鲁豫更要加紧建设，提高生产，准备充分的力量去支援人民解放战争。我们不应盲目乐观，以为今后我们的财政经济工作不会有严重的困难，当然悲观失望，或对克服困难丧失信心，那就更错。我们认识财经工作中的困难，同时就要想法去克服它。过去许多困难我们都克服了，今后发展中的困难，只要我们努力，我们一定是能够克服的。

另一方面，我们又应准备迎接胜利。今后我们的人民解放战争将要获得更大的胜利。跟着解放区的不断扩大，广大乡村和许多城市的陆续解放，我们的金融贸易工作必须快步前进，来接管这许多新解放的乡村和城市，把新民主主义的、人民大众的金融贸易工作，在新解放区迅速建立起来。我们首先在思想上应作各种必要的准备，免得手忙脚乱。准备长期的艰苦的战争与准备迎接胜利，两者都应有充分的考虑。

此次金融贸易会议我们报告了各地区的工作经验，讨论并解决工作中的许多具体问题。现在把我们讨论结果中的较重要部分，特别是有关政策方针的部分整理出来，成为这个综合报告。还有若干决定，将陆续整理出来，经领导机关批准后发表。

第二部分　关于金融工作

一　货币政策

目前我们的货币制度，由于战争环境，还存在着两大缺点：一个是不稳定，一个是不统一。由于不稳定和不统一，使我们在生产过程中，特别是在物资交换和货币流转过程中，免不掉受种种损失，这样就妨碍了我们国民经济的发展。为着发展生产，繁荣经济，便利各地区的物资交流，避免交换中的不应有的损失，我们必须使我们的货币相当稳定，并把各地区的货币统一起来。

假使其他条件（如战争情况，本币流通范围，以及生产发展程度，货币流通速度等）不变，那末币值和物价的高低，便主要决定于货币发行数量。所以我们货币政策的中心关键之一，便是调节发行数量，使我们的物价保持相当的稳定。货币发行应当首先保证生产建设，其次保证战争供给。我们必须掌握着“发展经济保障供给”的基本方针。尽可能减少财政透支，使我们的发行主要用于生产建设。但在这样大规模的人民解放战争中，财政收支是很难做到完全平衡的，战争继续下去，这种情况只能希望稍稍改善，决不能根本改变，而且还有更加困难的可能。所以我们只能要求减少财政透支，而不应当不顾战争需要，要求完全避免财政透支。应当根据具体情况，来适当解决发展生产与保障战争供给间的矛盾，并尽量避免货币的膨胀。

这样看来，发行政策是个很复杂的问题。要照顾到战争，照顾到生产，还要照顾到物价的平稳。保障战争供给要求增加发行，投资生产建设要求增加发行，但发行过多，便会引起物价高涨，使战争供给和生产建设均遇到很大困难。(1) 战争供给是必须保障的，但应尽可能多依靠人民的直接负担，少依靠货币发行（这是一种间接负担，同样落在人民身上)；但在今天这样紧张的战争情况下，亦不可能不发行若干货币来暂时解决困难。(2) 生产建设也是必须保障的，我们可以增发若干货币来作生产投资。但生产投资同样要有一定限制，必须节约资金；并尽可能多吸收社会游资，少依靠货币发行。(3) 调节发行数量，保持物价平稳，是我们发展生产和保障战争供给之一重要保证，必须尽可能朝这方向努力；但单纯紧缩通货而不想法发展生产，保障战争供给，同样也是不正确的。这就必须要有通盘考虑，才能使各方面有关的问题，不至在解决时发生偏差。

怎样保持币值和物价的稳定，在今天的情况下，是主要决定于战争，和由此引起的本币流通范围的变化，及财政收支状况的变化。我们金融贸易工作所应努力的是，在战争的胜利进展中，迅速扩大本币流通范围；并在一定范围以内调节本币发行数量，以保持物价的相当平稳。如因紧张战争不能阻止物价上升，那亦应当使它平稳上升，避免剧烈波动。战争是集中的、突击的，如果发行货币直接供给战争，那就必然会引起物价的剧烈波动。这就要求我们的发行工作，要有一定的计划性，选择适当的时机，和适当的地区，避免集中的突击的发行，掌握分散的经常的发行方针。发行工作要与贸易工作结合，要与财政的征收和开支结合。这就是说，我们要通过贸易来有计划地发行货币和回笼货币，调节市场上的货币流通数量；财政的征收和开支也要与贸易相结合，不要在征收中骤然紧缩货币，更不要在开支中把大量货币直接投入市场，用这些方法，便可以保持币值和物价的相对稳定。

其次，如何逐渐统一各地区的货币，这也是这次会议所必须解决的问题。货币的统一不单纯是一个技术问题，它与财政的统一有着密切关系。如果财政不统一而首先统一货币，那末某一地区在其财政困难时候，如果增发货币，则可能把一部分负担转嫁到其他地区人民的身上，引起邻区间的许多纠纷。如果取消其货币的发行权，在战时又不容易应付紧急需要。现在晋察冀和晋冀鲁豫财政上已完全统一，银行和贸易公司也准备合并，因而货币的统一发行和自由流通已无任何困难，此次会议决定两区货币即按十与一之比价（接近于统一流通前的自然比价）自由流通，逐渐整理。山东和西北因为财政尚未统一，货币的固定比价和统一流通尚有困难。但亦应使比价相当稳定，尽可能地避免波动，并争取早日实现华北各解放区货币的完全统一。

统一货币的方针已经确定了，我们现在需要研究的是统一的步骤。由于战争环境，交通困难，财政工作在领导上还没有完全统一，所以货币统一亦不应当操之过急。晋察冀和晋冀鲁豫的统一的步骤，是首先宣布两种货币的固定比价，自由流通，并使其中一种停止发行。接着将是在两种旧货币中收回一种，而使另一种在两个地区统一流通。山东和两北目前还是稳定比价，实行有计划的调剂。我们准备于东两两边境上，设立两区银行的联合办事处，来掌握货币比价，并用有计划的物资调拨及财政调拨，来平衡两地区间物资交换和货币兑换数量，以保持比价相当稳定。并准备于一年以内，完成华北各解放区货币的统一工作。

华北各解放区货币的统一，仍没有把我们的货币问题完全解决。货币问题的完全解决，还有待于人民解放战争的完全胜利。这时我们还应当作进一步的措施，使我们货币的币值完全稳定，并在全国范围以内统一发行，自由流通。至于具体办法，要等将来根据具体情况才能决定，现在应作思想上的准备，并作一些必要的准备工作。

二　货币斗争

货币斗争的主要任务，是跟着战争形势的发展而努力扩大本币的阵地（流通范围），压编蒋币的阵地，并适应对外贸易的需要而调剂蒋币外汇。掌握蒋币比价。用这些办法来巩固本币，打击蒋币，以保护人民财富，保证生产发展。所以货币斗争有阵地的斗争，和比价的斗争（外汇管理）。现在战争胜利开展，解放区日益扩大，蒋币显已濒于崩溃，这是我们货币斗争的很有利的条件。但如主观上不重视货币斗争，则我们的工作将远落于客观形势的后面。如某些新解放区不能及时驱逐蒋币建立本币市场，某些地区在蒋币狂跌时不能迅速提高本币比价，拥积大量外汇。这些松懈现象，使我们政府和人民受到巨大的损失。

关于阵地斗争，比价斗争和外汇管理的具体办法，邯郸会议已经作了简单明确的总结，此次会议各地又有较详细的报告，大体上已能掌握正确方针。这单需要特别指出的是，货币斗争必须与贸易斗争密切结合，才能取得胜利，而且才有重大意义。阵地斗争不但是为驱逐蒋币，而且是为争夺物资，即以无用的蒋币去换回有用的物资。因此不论采取收兑办法，或者采取排挤办法，都要通过贸易换回物资，便利群众推出蒋币换回物资，而不是使蒋币自解放区暗地里逃亡到敌区。在阵地斗争中，贸易工作应当支持货币斗争。必须供给群众日常生活所必需的粮煤布棉油盐等类物资（包括缴获的和从内地调剂的），来平抑本币物价，使群众乐于使用本币。即在蒋军局部进攻而作暂时的阵地转移时，抛售物资支持本币，对于巩固本币阵地亦证明有巨大效果。

在外汇管理（包括比价斗争）中，货币斗争更应当为贸易斗争服务，按照进口出口的需要来适当掌握比价，吞吐外汇，在贸易入超时应设法吸收外汇（例如采用结汇办法及限制外汇供给），保证军用器材的采购；在贸易出超时不应过多积存外汇，致受跌价损失，外汇牌价一般应按敌我区的物价比较，和外汇供求状况来决定；但应随时随地照顾到军用器材的采购，和山果土产的输出。反之，贸易斗争亦应支持货币斗争，在外汇供不应求时候，增加输出吸收蒋币；在外汇积存过多时候，帮助银行迅速推出蒋币，换回有用物资。

总之货币斗争与贸易斗争是应当互相支持的，而在基本上则要求货币斗争服从贸易斗争。

为着加强对敌经济斗争，外汇管理必须统一领导。这所谓统一领导，一方面是指要由高级的领导机关来统一掌握牌价（但应予地方以一定的机动权），计划外汇的统一调制。另一方面是指要有地方性的统一领导，如设立出入口委员会或出入口管理局来统一掌握货币斗争，贸易斗争，以至进出口税等。在战争的情况下，边沿地区变化频繁，地方性的统一领导比较更为重要。但必须服从上级领导机关所决定的政策方针，以及斗争计划。上级领导机关亦应密切注视边沿地区的对敌经济斗争，予以及时的必要的指示，助其解决困难。

三　信贷工作

信贷工作是银行的重要任务之一，也是促进群众生产发展工作之一重要构成部分。现在我们的信贷工作，还存在着几个很严重的问题，第一个是我们的农业贷款名义上是为着发展生产，但在实际执行中，往往变质作为救济贫苦人民的款项，更坏的是被挪用或为一部分经手人所中饱。过去农业贷款，是由政府拨付，如何分发，如何收回，也大多由地方党政机关来规定，银行仅负付款、收款和记账的责任。地方党政机关在分配贷款的时候，也往往把贷款作为救灾、优抗、发动群众（用贷款去鼓励群众）等的工具，而把发展生产放在次要地位。且因政府每年发放贷款，遂使农民和地方党政人员（包括银行工作人员在内）认为贷款等于救济款，可以不收回，或在收回时候可以不必保持原本。政府对于新解放的城市和某灾区，为着解决人民生活上的严重困难，发放一批救济粮款是应当的，但必须与生产贷款明确分开。救济粮款可以不收回，贷款则必须收回，还要保持原本，俾能继续周转。一切贷款必须遵守这个原则，才能避免像过去一样的贷款的损失。

为着避免上述缺点，今后银行必须有一定数量的资金用作生产贷款。在生产贷款资金中划分比例，一部分用作农业贷款，一部分用作工商业贷款。银行所发放的农业贷款应按生产需要和主观力量来有计划地重点发放，反对平均分配。首先选择农业生产急切需要帮助的地区贷放，渐向其他地区转移。反对主观主义的突击发放，应当按照群众生产需要，随借随还。这种贷款的借还办法应由银行征求群众意见自己规定，盈亏亦由银行自己负责。为使贷款保证用于生产，可以发放各种生产资具；如贷出农具或肥料，约定收回多少粮食；贷出棉花，约定收回多少土布；或者组织打井班子帮助群众打井，分期收回粮食。这类办法，目前可作典型试验，有把握时即迅速推广。银行的农业贷款通过信用合作社或生产推进社是可以的，但必须向银行负责。总的目标是使银行这项贷款，真能促进农业生产，银行自身能考核其贷款在农业中所起的作用多大，不像从前发放农贷只是账上记了一笔就算完事。政府发放农贷如专组一农贷机构，银行农业放款应和农贷机构适当地配合，进行提高农村生产工作。政府如将贷款交银行发放，要银行另组一农贷机构，银行就更便利处理其农业放款。

第二个是过去我们的生产贷款单纯依靠货币发行，而未想办法去吸收社会游资，组织民间的相互借贷。现在我们乡村中还缺乏一个完整的信用机构，来普遍地、经常地扶助分散的农业和手工业生产。单靠银行和银行所发贷款，是解决不了群众生产中一切困难的。我们银行工作同志应当多做艰苦的工作，指导群众怎样利用自己的游资，来解决群众缺乏生产资金的困难，而不完全仰赖政府。如想出各种办法来奖励群众间的相互借贷，发展银行存放业务，尤其是帮助群众组织信用合作和其他合作事业（一切办得好的生产供销合作，也同样能帮助群众解决缺乏生产资金的困难）。从某些地区农村合作事业的发展来看，吸收社会游资来扶助群众生产，不是没有可能，而是没有予以足够的注意。至于群众间的相互借贷以及银行存放业务，只要我们彻底改正减息政策执行中的错误，适当解决利息问题，也有逐渐恢复，逐渐发展的可能。

为着建立一个完整的乡村信贷机构，除银行多设贷款所，或者专设农贷机构，来掌握贷款工作外，还必须普遍发展生产、供销、信用合作，发展兼营这三种业务的、农副业结合的综合性合作社。银行贷款所或农贷机构不可能在乡村普遍建立起来，不可能与每一用款农户直接联系；只有通过群众的合作社，才能与分散的群众生产相结合，才能做到随借随还，才能使贷款与供销相结合，解决群众生产中的各种困难。晋冀鲁豫发展群众信用合作已有初步成绩，他们用“股存结合”（到期按股分红，不到期就提取则按存款付息）等类办法来吸收群众的存款；除货币外还奖励以实物或劳力（为合作社作生产劳动）变钱存入合作社，利用这些资金来作群众生产贷款，这些经验可供各地参考。晋察冀试办生产推进社来结合信贷工作和供销工作，扶助合作事业，这三位一体的领导方式，也有研究和试验的价值。

第三个是由于物价不断上涨，存放利息很难适当规定。因此如何计算贷款本息，便是一个困难问题。过去我们限制贷款利息，结果使群众借贷几乎完全停止，这对生产发展是非常不利的。应当认识今天老解放区一般群众所要求的，不是限制利息，而是奖励借贷。银行贷款也应适当提高利息，或者改用实物计算。过去我们的银行贷款在物价高涨中，即使全部收回，如按实物计算仍是亏损很大。我们的银行工作人员和地方工作人员在信贷工作中，相当普遍地存在着亏本主义思想，以为只要群众得利，银行应当亏本，把这当做“群众观点”！这样政府虽然年年增发大量货币用作生产贷款，但我们贷款的总额如按实物计算，不但不能年年增加，反而年年减少。显然这不是正确的群众观点，而是错误的恩赐观点，正确的群众观点应当帮助群众依靠自己的生产劳动来发家致富，决不是浪费了政府的资金（也就是全体人民的血汗），来保证少数人民的不劳而获。

我们的生产贷款同样必须掌握着“公私兼顾，劳资两利”的原则；否则银行年年亏累，不能发展信贷业务，群众间的相互借贷更不能活泼通融。在目前物价平稳上升的情况下，银行除适当提高利息外，还应当采用各种办法，来使我们的贷款在收回时候，按照实物计算，可以不致亏本，甚至还有可能获得若干利息。这里我们必须防止单纯盈利，不顾群众利益的观点随之发生。如果物价剧烈上涨，贷款很难完全保本，则可以暂时争取少亏本，逐渐争取不亏本，最后做到公私两利。为达上述目的，我们可以试验“实物借贷”（如贷粮还粮，或贷农具还粮食等），“贷款折实”（贷出货币折成实物计算）等类办法；合作社除“贷实”“折实”外，还可以采取“劳资分红”（如贷款经营运销或采购，所得利益资本劳力二八分红）等类办法。这些办法在开始实行时，估计是会受到地方工作人员，甚至部分群众的反对的；我们不应害怕，而应耐心解释，使他们真正懂得“公私兼顾，劳资两利”的正确原则，及在信贷工作中的具体实施。

四　城市金融工作

城市是商品经济集中发展的地区，这里金融工作对于工商业的发展有其更为重要的作用。现在新解放的城市日益增多，城市金融工作应当逐渐引起重视，成为我们银行的重要任务之一。为着开展城市金融工作，有几个政策上的问题是必须明确解决的。

第一个问题是银行在贷款扶助工商业和群众生产发展中，究应当以何者为主，何者为次，如何决定轻重先后？一般来讲，我们的银行贷款应以发展生产为其主要任务，要从发展生产中去保障广大城市人民的生活；不应单纯为着解决城市贫民生活困难而去发放贷款。因此在城市中，我们的银行应当：

1. 首先扶助各种工业生产，今后我们的生产建设，应把发展工业提高到与发展农业同等重要的地位。在各种工业中，除军工生产外，应当首先发展纺织、造纸、火柴等类争取生产自给的工业，和煤铁生产、工具农具制造等发展生产所必需的工业，且应研究有无发展前途。对于这些急需发展且可能发展的工业，不但应当贷款扶助，且应帮助它们解决采购原料和推销成品等类困难。

2. 商业本身不能生产财富，创造价值，所以商业贷款应当次于工业贷款。但商业的发展，对于农工业的发展也有重要作用；因此我们的银行也必须予以必要的扶助。凡有利于国民经济发展，及能帮助人民解决生产中和生活上的困难的商业，银行也应贷款扶助。但时期可以短一点，利息应当比工业贷款稍高，一般可以采用透支贴现等类方式。

3. 对私营银钱业一般的不贷款，它们应当依靠其自己的资金，并吸收社会游资来经营金融业务。机关闲散资金不应存入私营银号，而应存入国家银行。但真正调剂社会金融，确有利于国民经济发展的私营银号，亦应给以透支和贴现等方便。

4. 扶助群众生产也是城市金融工作中的一个重要任务。现在我们大多数的城市缺乏发展工业的必要条件，商业发展亦有一定限度，大多数的城市人民还必须依靠小手工业等来维持生活。在这样的城市中，银行力量首先是用来扶助手工业作坊和家庭手工业，从发展群众生产中来保障广大城市人民的生活。

5. 对于公私企业，银行可以而且应当给以不同程度的帮助。公营商店负担着调剂供求，平稳物价等重要任务，它与单纯为着营利的私营商店（它们为着追求利润结果有时也起着调剂供求，平稳物价的作用）是有重大区别，银行应当大力帮助。

第二个问题是如何掌握利息政策？这是调整和发展借贷关系中的一个中心问题。在物价高涨中，利息高低不应机械限制，一般应以不超过工商业的平均利润率为标准。如果全年物价上涨一倍，那末月息八分仅能勉强保本；这样的利息，是不应当当作高利贷看待的。目前为着发展银行的存放业务，可以适当提高存放利息；银号的存放利息可以暂时采取放任态度，不必过分干涉。到将来真正产生高利贷行为时，再来纠正并不困难。银行的工业贷款尤其是群众生产贷款可以酌量降低利息，但应保证实物保本，尽可能地争取公私两利；商业贷款一般应当争取公私两利，即在保本以外还应当有相当利息，但应低于一般工商业的平均利润，使债务人亦有利可图。在物价剧烈上涨时候，要求公私两利（实物计算）是会有困难的。这时应按公私兼顾原则，来适当解决利息问题。

第三个问题是对于私营的银钱业究应采取什么政策？过去我们对这问题没有明确方针，以致左右摇摆。有一时期曾经采取扶助和放任的态度，不但银行给以大量的贷款和透支，各机关生产亦以大量资金存入私营银行银号，使它们有可能利用这大量的公家资金去投机囤积，助长物价波动。在纠正这偏向时，有些地区又把私营银行银号当作高利事业来取缔，或者不保障它们的债权，这样又把私营银行银号一锤打垮。我们认为这两种态度，同样都是不正确的。应当承认私营银行银号的存放业务，能够调剂社会资金（吸收游资投入工商业中），对于私营工商的发展有其积极作用，在这方面应予保护。但如它们越出业务范围，利用存款来投机囤积，助长物价波动，则对经济发展有害无利。我们必须加强对私营银钱业的管理，扶助其有利于国民经济的一面，限制其不利于国民经济的一面，取缔私营银钱业的投机囤积行为。

第三部分　关于贸易工作

一 物价政策

去年蒋区物价剧烈上涨，今春上涨更猛。我区晋察冀和晋冀鲁豫去年物价比较平稳（全年上涨了二三倍），山东和西北由于敌人疯狂进攻，上涨较速，现亦逐渐平稳。整个来讲，我区的物价已显然比蒋区平稳；而且蒋区物价上涨愈来愈快，我区则愈来愈慢。这种有利形势，主要是战争胜利，和财政赤字减少所造成。而我金融贸易工作同志的调节货币发行，调剂物资供求，亦有重大贡献。今后物价的更加平稳，仍然主要决定于战争和财政收支状况，以及货币发行数量。在我金融贸易工作方面，亦应更加努力，用各种办法来保持物价的相当平稳。且应认识我们平稳物价是为发展生产，同时亦为保障战争供给；因此，在物价的掌握中，应注意下列各点：

1. 发展生产和保障战争供给都要求物价的相当平稳；但今天由于战争环境，我们还不能把物价完全稳定下来。我们贸易工作所应努力争取的是，在物价的缓缓上升中避免波动，并尽可能减少上升的程度。物价的平稳上升如不超过一定限度（全年一倍），则对生产无大损害。但如发生过大波动，则我生产将受重大打击。因此必须掌握相当数量的重要物资，有计划的吞吐调剂，调节货币流通数量，以保持物价的相当平稳。掌握物价应当根据货币发行计划，及物资供求状况，不要不管货币发行数量及物资供求强压货价。否则劳而无功，反将引起物价更剧烈的波动。如果增发货币仅系临时透支，可经财政征收迅速回笼，这可以采取适当的措施，来避免物价的不必要的波动。

2. 农业生产是有季节性的，各地区的产销状况亦不平衡。所以调剂供求，平稳物价之一重要关键，是掌握产销季节，和各地物资流动的规律，来实行有计划的调剂。季节性的物价涨落，可以依靠有计划的调剂（秋收以后发行货币吸收物资，春季抛售物资回笼货币），来使之尽量减小。地域性的物价差额，则应当照顾到运输的需要，而予以适当的调节。差额过大，对生产者与消费者均不利，差额过小则将妨碍产销地区的自然调剂，致使供求失去平衡，可能引起物价更剧烈的波动。

3. 为着保护生产者和消费者的双方利益，应当掌握各种商品价格间的适当比例，尤其要掌握粮价和棉价与布价间的比例，以保证一定的生产收益，及保持适当的生活水平。粮价涨落对人民生活（尤其工人店员）影响最大，对于农业生产亦有重大影响。棉价纱价布价的变化，会影响纺工织工的收益，及纺织手工业的发展，且亦影响人民生活。其他如盐价的掌握，应照顾到产盐、运盐、吃盐人民各方面的利益，不应只照顾某一方面。

4. 依照经济建设方针，来适当提高或降低某几种商品的价格，以指导生产发展的方向，使之合于我们经济建设的要求。凡我们奖励生产的物品，应适当提高价格，保证生产者能获得比较多的收益（亦不应当过分提高，否则生产者有可能依靠政府保护，而不努力减省成本，提高质量产量）。为着奖励某些不能自给的工业品的生产，可以限制输入，使其价格自然提高。

5. 依照对敌经济斗争的需要来掌握物价。输出应当争取高价，但不要因此妨碍剩余土产品的推销。输入应当争收低价，但不要因此妨碍军用必需品的采购。这样来达到有利于我的交换。

其次来讲如何掌握物价。根据各地经验，掌握物价主要依靠供求调剂，这就需要掌握几种重要物资（主要是粮食，其次是布棉，更次是油盐等），在有决定意义的若干中心市场上（往往某一市场对于某种物资的价格涨落具有决定意义），按照供求状况吞吐物资，保持物价平稳，或使有计划地涨落。调剂供求不能单纯依靠政府力量，尤应组织群众性的运输调剂。贸易机关掌握物价必须适应供求状况，利用市场自然规律。如果主观主义地强抑物价（如在缺粮季节过分压低粮价，缺棉地区过分压低棉价），则将妨碍物资的自然调剂，引起物价更剧烈的波动。但亦不应放任物价自然涨落，而放松了自己调剂供求，平稳物价的重要任务。领导机关必须了解全面情况，作出各种物资的统盘调剂计划，并估计物价涨落的一般趋势，予各地方贸易机关以具体的指导和帮助，不应当把掌握物价的责任完全交给地方贸易机关。

二　对外贸易

对外贸易的主要任务，是推销各种剩余土产；采购各种军用器材，重要生产资具和一部分民用的必需品，争取有利交换。所谓有利交换，不但要高价输出，低价输入；尤其要以我们所不需要（或不甚需要）的物资，去交换我们所很需要的物资。根据各地经验，对外贸易必须努力争取出超；出超才能争取贸易中的主动地位；有了主动地位才能获得有利交换。所以我们对外贸易必须奖励输出，限制输入。邯郸会议以来由于我们掌握“奖出限入”的方针，使若干地区从入超转为出超，从被动地位转为局部主动，因而能完成了巨大的军用器材采购任务。今后军用器材采购任务将更巨大，还要采购一部分普通工业器材，以便从事生产建设。如何推销剩余土产，也对生产发展和人民生活有着重大关系。我们必须更明确地掌握奖出限入方针，完成我们所负担的重大任务。

奖出限入必须根据敌我需要程度，而定出一定的尺度来。输出物资中间，粮食和棉花是敌我均需要的，必须严密掌握。粮食主要供给自己军民需要，如果有剩余首先调剂邻区；再有多余才能特许输出，换回军用器材。棉花在我冀南、冀中、渤海等地均有大量剩余，除调剂胶东、鲁中、晋西北等地外，可以掌握输出，换回军用器材。现在华北敌区棉花饥荒特别严重，棉花是我对外贸易最有力的斗争武器，一般山果土产皮毛药材等类需要奖励输出，轻税免税，取消各种不必要的限制（如结汇等），如果输出困难，必要时可设法贴补。贴补的办法是“热货带冷货”（以输出棉花粮食等的较高利润来贴补），“进口贴出口”（以输入有限度的茶叶红白糖等的较高利润来贴补），应当把推销山果土产等作为我们的重要任务之一，认识它是扶助农村副业生产，增加农民副业收入，和争取贸易出超之一重要工作。

输入物资亦应分别处理，首先保证战争所必需的军用器材的采购，其次采购发展生产所必需的工业器材，更次则可酌量输入一些人民的日用必需品。至于奢侈品和消耗品，则应当禁止输入，节衣缩食用于支持战争和生产建设。现在敌人对军用品的采购限制很严，而对非必需品则采取廉价倾销的政策，愈是非必需品利润愈高。如果我们稍稍放宽尺度，这些非必需品便像潮水一样涌入，浪费外汇妨碍军用必需品的采购。就是群众日常生活所必需的物资，如果可能自己生产，也应咬紧牙关严格限制。只有限制输入，才能更迅速地刺激生产发展。但在山果土产等输出困难时候，亦可特许换回少数茶叶红白糖等；目的是在奖励出口，而非放宽进口尺度。

为着加强对敌经济斗争，我们的对外贸易必须步调一致；即必须有统一的税则税率，共同的进口出口计划，并在一定范围内的统一领导。关于统一的税则税率和共同的进出口计划，此次会议已经提出具体意见，在征求中央局财办同意后即可执行。关于统一领导，此次会议亦已决定，在天津、济南等地外围，分别成立出入口管理委员会，在中财经部领导下吸收各地代表参加，其任务为掌握出入口的政策方针，商讨出入口的共同斗争计划，调解各地区间关于出入口的纠纷。各地区亦各自成立出入口管理委员会或出入口管理局，来统一领导各该地区的对敌经济斗争（包括对外贸易，外汇管理，及出入口税等）。为着统一军用器材的采购工作，除在天津外围已成立统一的采购公司外，并拟在胶东增设统一的采购委员会，受中财经部及华东财办的双重领导，商讨采购计划，分配采购物资，使今后巨大采购任务的完成，得到更有力的保证。

三　内地贸易

内地贸易的主要任务有三：一、为调剂供求，平稳物价；二、为组织各地区的物资交换，使各解放区结合而成一个整体；三、为保障供销，扶助生产发展。关于调剂供求，平稳物价，前面物价政策中已详谈了，现在只谈二、三两个任务。

首先来谈组织各地区的物资交换。晋察冀和晋冀鲁豫由于组织合并，货币统一，估计今后已无多大困难。但山东和西北的货币尚未统一，还有许多困难，需要设法解决。山东所产海盐可以供给邻区，西北所缺布棉要靠邻区供给；这是关系于军民生活的重大问题，必须保证。现在海盐已经专设盐业公司，组织产销，掌握盐价。西北所需布棉一部分靠财政调拨，一部分由贸易公司经营，此外则由人民自由调剂。这两项交易有一个共同的困难，就是缺乏回货。这种贸易上的差额，造成了货币比价的不正常的现象，即提高了北海币对边币和冀钞的比价，也提高了边币冀钞对西北农币的比价。比价的提高会阻碍海盐和布棉的运销，或提高销售地区的价格，致使消费者多受一重损失。贸易机关必须设法供给回货，减少贸易差额，并作统盘调拨（如此次所签订的三地区的物资交换协定），来调整各地区的货币比价。

各区物资交换的另一困难，是交通运输问题。西北运输困难更多。贸易机关应与交通机关配合，改善交通运输条件，但在今天主要还是依靠群众运输。所以如何掌握各地区的物价差额，保证运输者的应得利益，借以奖励群众运输，以及如何在交通要道上增设骡马店、草料站和组织群众性的运输合作，也是组织各区物资交换中的一件重要工作。

其次来谈保障供销，扶助生产发展；这也是我贸易机关之一重要任务，过去在这一方面注意还很不够。“调剂供求，平稳物价”固然也是为着扶助生产发展，但只掌握几个中心市场，掌握几种重要物资，还不能与群众生产密切结合。在农业生产中各种耕畜和农具的补充，在工业生产中各种工具和原料的供给，以及各种农产品和工业品的销售，是有许多困难的，贸易机关必须帮助他们解决。但这许多具体问题的解决，单纯依靠贸易公司亦有困难。贸易公司的设置太不普遍，不可能与各地群众直接联系，更不可能解决这样复杂的供销问题。解决这个困难的适当办法，也就是普遍发展群众性的生产合作及供销合作，通过合作社去满足群众生产中的各种复杂要求。

关于组织供销运输合作，各地均已积累了若干经验。贸易公司应与这些合作组织密切结合，用大力来扶助合作事业的发展。山东曾经在生产推进社的领导下，召开许多合作社的联合运销会议，商讨联合运销的各种具体办法，并共同组织“联合运销处”和“联合运销站”，便利各合作社推销各地区的土产和特产。这样的联合组织，对于群众性的供销运输事业的发展，证明是有相当效果的。我们应把发展信用合作，与发展供销运输合作，当作群众生产工作中的重要构成部分。我们的银行和贸易公司只有通过这些合作组织，才可能与分散的群众生产密切结合，帮助他们解决生产中的各种具体困难。

四　私营工商业

新民主主义经济的指导方针是“发展生产、繁荣经济、公私兼顾、劳资两利”。为着建设新民主主义经济，我们除发展国家经济和合作社经济外，同时还必须允许一切有利于国民经济的私营工商业的存在和发展。为此我们必须保护工商业者的财产所有权，经营自由权，及正当的营业利润；必须撤销各解放区之间的关税壁垒，统一各解放区货币，取消内地物资交流中的各种不必要的限制。这一切便商利民的措施，均有利于私营工商业的发展。但仅仅有了这些措施还是不够，根据各地经验，在这一方面我们还须注意下列几个问题：

第一个是要在土地改革中慎重处理有关工商业的问题，坚决保护工商业的财产使其不受侵犯。地主和旧式富农除没收其封建剥削的财产外，他们兼营的工商业及在工商业的投资，同样应受保护。他们所有的带技术性的生产工具应当保留，不能没收分配。工商业者之间的借贷，农民与工商业者之间的赊买赊卖均不废除。没收罪大恶极的恶霸和其他反革命分子的工商业财产，应由政府处理，其有益于国民经济者，无论决定交由政府接管，或人民接管，均须保持其继续营业，不得分散或破坏。

第二个是要改善新解放城市的接收工作。没收官僚资本应有明确界限，且应当由高级党政机关决定。所有蒋政府的财产及四大家族的财产，一律由我政府派员，责令原负责人妥为看管，登记交代。失业工人和城市贫民生活确实困难者，应由政府酌予救济，勿让他们自己动手分配公私资财，最好的办法是迅速恢复生产和组织生产，严禁破坏、偷盗、抢掠。应当教育部队和我接收干部，认识解放了的城市已归我们所有，一切财产均系革命资财，应当十分爱护。如有破坏损失，将使我们在建设中遇到巨大的困难。

第三个是慎重处理私营工商业中的劳资关系，这是发展私营工商业的一个中心关键。根据我们调查，除少数大工厂外，一般作坊和商店的工资制度非常复杂，分红制度相当普遍，而且各业有各业的工资和分红办法，学徒制度也是普遍存在。这些制度在未慎重研究以前，应当任其保留，酌量调整（如研究能否缩短学徒年限和酌量改善待遇等）。应按劳资两利原则来调整劳资关系，提高工人店员生产和工作的积极性，并用各种办法解决他们生活上的困难。新解放区也不应马上提出增加工资，应当是恢复生产，在恢复生产中来调整劳资关系。

第四个是适当规定工商业税及其征收办法，应使一般工商业者纳税以后仍然有利可图。在币值下落物价上涨的情况下，按货币来计算工商业的盈利数额，作为征收标准，是可能会使工商业者名赚实亏的，在我决定税款数额时，应注意这点。至于征收办法，各地经验可由政府规定税款总额，征求工商业者意见，然后通过各业民主讨论，自报公议，来决定各户应摊的税款。这系过渡办法，实行起来颇受工商业者欢迎。

第五个是组织能得工商业者信任的商会或工商联合会。商会应当是工商业资本家和独立工商业者的组织（但公营企业代表应参加进去以便争取党在商会中的领导地位）；同时又是政府与工商业者之间的桥梁。它向政府反映工商业者的意见，和各种要求，并把政府的政策法令传达下去，协助政府具体执行。店员应当另组店员工会，不应当把商会变成包括劳资两方面的统一战线组织。商会应以企业为单位，按行业组织起来；不应当使它变成以个人为单位的群众团体。

最后应当调整公营企业与私营企业间的关系。公营经济处于国民经济中的领导地位，它应扶助一切有益于国民经济的私营经济，扶助群众生产促其向前发展。一切有独占性质，及规模巨大为私人所无力经营的企业，可由国家经营，蒋政府和四大家族的官僚资本应由民主政府接收经营，其他企业则应容许私人自由经营。货币发行和各种专卖统销事业，是由政府授权国家银行和公营贸易机关来负责经营，除由政府授权者外，不应享受特殊权利。机关生产应与私营经济处于同等地位，不应要求任何特议。公营经济在扶助私营经济（包括群众生产）时，应当坚持公私两利的原则；但对损害群众利益的投机事业，则可给以经济上的压力，促其转向正当营业。

选自《中共中央文件选集》(17)，中共中央党校出版社1992年版，第280～303页。原注：“根据一九四八年八月中央财政经济部印的《金融贸易会议综合报告》刊印”。

54. 中共中央关于工资问题给东北局的指示

1948年8月

战时工资应低于平时，同时职工应有的生活水平必须保证，技术管理能力的差别亦必须适当规定等级，予以待遇上的区分。不如此。则无法持续生产与鼓励生产。因此：

一、最低工资应保证维持连本人在内的两个人的生活。

二、实行交叉累进的等级工资制。

三、规定不同企业各种职工的一般工资的最高额。

在实施这三个原则时，应照顾到战时生活降低的要求和战时物价的波动，使战时工资制度和工资标准问题，能得到合理的解决。既可避免平均主义的错误，又不致违反战时要求，而职工最低生活也能得到保障。具体实施这三个原则的办法如下：

甲、所谓战时最低工资，保证维持连本人在内的两个人生活，是指职工本人应按当地当时一个劳动力的必要的生活费用（衣食住及必要消费），计算被养人，最低也不能少于维持一个人生活的最低水平。因此，一般两个人的生活可按职工一个半人或一又三分之二人的生活标准计算。学徒不包括在领最低工资者之内，否则是不合理的，因为初期的学徒只需管饭。职工工资必须与学徒待遇区别开，方不致犯平均主义错误，一般职工的最低生活水平也才有保障。

乙、交叉累进，虽然等级愈高跃进愈大，最低工资与最高工资的距离亦较长；但因照顾到战时各级距离应定得较战前为短，各种企业各种职工的一般最高工资，亦应定得较战前为低。故整个战时工资标准不会太高、等级距离也不会太长。以石门铁路为例，过去小工与高等技工之比，常为一比十八，今则为一比四左右，技工最高工资仅合六百斤粮。而且，就全部职工言，中等工资以上者，究属极少数，因其有特殊能力与技术而获得优越工资，不致影响一般工资跟着提高，相反的，还能鼓励职工在能力上和技术上的进步，以利发展生产；否则技术和管理能力不被重视，生产的浪费和损失，反而更大。

丙、我们实行战时的实物配给或生活补贴，首先须照顾职工的最低生活水平，而工资较高的职工，生活必需的开支在其工资中所占的比例，必然随其工资的增高而递减。因此在实行生活必需品的配给时，对工资较高的职工，其配给不可能依其工资的比例而递增。如果，对最低工资的职工，给以应得工资百分之七十的实物配给，那么，对最高工资的职工就只能给以少于应得工资百分之七十的实物配给。这种配给标准，在形式上高级职工虽是依工资比例递减，但所得实物总还是一级较一级为多，不过其实物增加的比例数远较其工资等级比例数为小。而其不享受配给部分的工资，因战时物价波动，币值是贬低了。因此。工资等级的实际距离也就较形式上的距离要短。这是战时必不可免的现象。还有福利救济，对工资较低的贫苦职工，也将首先救济，而工资较高的职工所需的救济定会少些。

丁、不同企业不应规定同一的工资标准。如果各种不同企业规定同一的工资标准，并将技工与非技工混在一起，就很难与各种企业生产及各种职工实际劳动的复杂状况相适应。

工资不应过分提高，亦不应该过分压低。这是重要的原则，处理的妥当与否，将极大影响工业的生产力，望经常注意研究，多与各种工人、技师、工程师商量，并向他们及私营企业的管理制度学习，采用其一切合理的对于发展生产力有益的东西，这是很重要的。

选自中共中央政策研究室编：《政策汇编》下编，第二野战军政治部 1949 年 9 月翻印，第 119～121 页。

55. 毛泽东关于召开新政协复各民主党派电

1948 年 8 月 1 日

李济深、何香凝、沈钧儒、章伯钧、马叙伦、王绍鏊、陈其尤、彭泽民、李章达、蔡廷锴、谭平山、郭沫若诸先生，并转香港各民主党派、各人民团体及无党派民主人士公鉴：

五月五日电示，因交通阻隔，今始奉悉。诸先生赞同敝党五月一日关于召开新的政治协商会议、讨论并实现召集人民代表大会、建立民主联合政府一项主张，并热心促其实现，极为钦佩。现在革命形势日益开展，一切民主力量亟宜加强团结，共同奋斗，以期早日消灭中国反动势力，制止美帝国主义的侵略，建立独立、自由、富强和统一的中华人民民主共和国。为此目的，实有召集各民主党派、各人民团体及无党派民主人士的代表们共同协商的必要。关于召集此项会议的时机、地点、何人召集、参加会议者的范围以及会议应讨论的问题等项，希望诸先生及全国各界民主人士共同研讨，并以卓见见示，曷胜感荷。谨电奉复，即祈谅察。

中国共产党中央委员会主席　毛泽东

选自《中共中央文件选集》(14)，中共中央党校出版社1987年版，第259页。

互校版本：《中共党史教学参考资料》解放战争时期（下），中国人民大学中共党史系资料室1980年编印，第261页。原注："原载一九四八年八月五日《东北日报》"，标题为"给各民主党派和民主人士的复电"。

56. 关于中国职工运动当前任务的决议

1948年8月中国第六次全国劳动大会通过

第一章　中国职工运动的总任务

第一节

在第二次世界大战结束以后，由于美国帝国主义代替日本帝国主义对中国实行横暴侵略，和国民党反动政府实行内战、独裁与卖国的政策，已经把全国人民陷入长期战争的痛苦之中；而中国的工人阶级，除开在解放区者业已得到民主解放以外，其所受的压迫和痛苦，则又最为严重。在这种情形下，全国人民，除开团结一致，坚决推翻国民党的反动统治，取消美国帝国主义在中国的特权，并从而建立各民主阶级联合的新民主主义的政权而外，就不能有任何其他的出路。而中国的工人阶级，如果不尽一切努力去完成现在反对美帝和国民党反动政府的新民主主义的革命，就不能使它自己目前所处的悲惨状况有所改善。因此，彻底推翻帝国主义及其走狗在中国的统治，建立新民主主义的人民共和国，乃是改善工人阶级及其他民主阶级人民目前状况的总前提，乃是工人阶级及其他民主阶级人民当前的最高利益与最高任务。在这个伟大斗争中，中国的工人阶级应该而且必须站在最前列，并使自己成为各民主阶级人民革命的领导者，只有中国的工人阶级在目前新民主主义革命的伟大斗争中极其紧张的年头，自己完全团结一致，并充分表现了自己的革命能力和自我牺牲的奋斗精神，因而对于这个革命给以决定的贡献，成为人民公认的毫无愧色的领袖时，工人阶级才能保持和巩固在这个革命中所取得的胜利，并在这种胜利的基础上，去希望和准备较远的社会主义的前途。而社会主义则是能够彻底解放工人阶级和一切劳动人民的。

第二节

由于中国共产党和毛泽东同志英明而正确的领导，由于中国人民解放军的英勇善战，由于解放区全体人民及国民党统治区广大人民群众不顾牺牲的努力和奋斗，已经使中国人民的革命战争取得了极其伟大的胜利。人民解放军在两年空前规模和空前激烈的战争中，已经消灭蒋介石的反动军队二百六十余万，连同在抗日时期被解放者在内共解放了一万万六千八百万人民。人民解放军不独是完全打退了美国援助的国民党反动政府向解放区的进攻，而且掌握了战争的主动权，向国民党统治区举行了强大的进攻，使敌人完全处于被动，使国民党反动政府的统治走到了摇摇欲坠和土崩瓦解的边缘。在这种形势下，为着保存美国帝国主义及其走狗国民党反动政府在中国的统治，为着保存现有的反动军队及地盘，获得喘息时间，休整补充，以利再战，并消灭人民解放军及中国一切民主力量之目的，美国帝国主义者正在准备策动和组织一个欺骗中国人民的“和平”阴谋，策动某些反动的军人、政客以及所谓中间派的右翼分子准备发动虚伪的和平运动，甚至不惜在表面上去掉蒋介石，以表示他们求“和平”的“诚意”。目前中国工人阶级的首要任务，就是要尽一切的努力，紧密地团结全国人民，在各方面坚决地支援人民解放军，尽可能迅速地在全国范围内战胜美国帝国主义及其走狗国民党反动政府，解放全中国的人民，统一全中国。当着美帝国主义者及其走狗们发动虚伪的和平阴谋时，必须向人民揭露其欺骗性，击破任何假和平运动，将其转变为争取真和平的运动。本届劳动大会完全相信：经过中国工人阶级与全国人民团结一致的努力和人民解放军的继续奋战，这一个伟大目标的实现，已经是不很远了。

第三节

大会在听了中共中央东北局代表报告之后，完全同意中共中央在目前革命中所采取的总路线和各种政策。这就是说：中国目前阶段的革命，是无产阶级领导的、人民大众的、反对帝国主义、封建主义和官僚资本主义的新民主主义的革命。这就是说：中国工人阶级必须首先团结自己，并团结农民、独立劳动者、自由职业者、知识分子、自由资产阶级及开明士绅，建立反对美国帝国主义及其走狗国民党反动政府的民族统一战线，建立所有各民主阶级联合专政的人民民主共和国。这就是说：中国各民主党派、各人民团体及无党派的民主人士，应在适当时机召开没有反动派参加的反对美国帝国主义及其走狗国民党反动政府的革命的政治协商会议，讨论并实现召集人民代表大会，组织民主联合政府，支援人民解放战争，揭破敌人和平阴谋，争取战争的最后胜利，争取全国人民的真正的永久的和平。这就是说：在农村中实行土地改革，平分地主阶级与封建性富农的土地，在城市中没收官僚资本，保护民族工商业，并实行发展生产、繁荣经济、公私兼顾、劳资两利的政策。大会号召全国一切职工及职工团体积极参加共产党所提议的这些革命活动、革命组织、革命政权和革命政策，并遵照上述路线和主张去进行工作。

第二章　关于国民党统治区职工运动的任务

第一节

为了实现上述目的，在国民党统治区的职工运动，应比以往任何时期都要更加善于联系群众，聚积力量，扩大队伍，以便迎接人民解放军的到来。同时，应尽一切可能，谨慎地支援和参加国民党统治区一切人民群众的革命运动，对蒋介石的军火制造与军事运输，给以可能的阻碍。

第二节

国民党统治区职工们的生活状况及其所受压迫，比以往任何时期都更加悲惨和黑暗，这就逼得职工们不能不经常进行救死求生的斗争。应该有更加坚固和更加广泛的团结，并在策略上有高度的灵活性，才能使这种斗争获得更多的效果，使自己的生活得到更多一点出路。这是国民党统治区一切革命职工组织所必须讲求的。国民党统治区职工们在进行这种斗争时，必须用不同的态度对待官僚资本家与民族资本家。因为国民党统治区的民族工商业，大多数也是处于帝国主义与官僚资本的压迫、损害或限制的情况之下，职工们首先应该主动地去联合这些受压迫、损害或限制的民族资本家，使他们和工人阶级一道共同反对帝国主义与官僚资本，保护这些民族工商业；然后，要求这些资本家适当地改善职工生活待遇，以达到劳资两利的目的。而在官僚资本及帝国主义特别是美帝国主义资本的企业中，则不应采取这种态度，因为官僚资本与美帝国主义资本，就是美帝及国民党赖以侵略中国和实行独裁内战政策的重要工具。职工们在这些企业中为改善自己生活的斗争常常和反抗统治者压迫的斗争联系起来。

第三节

由于解放区的工商业正在发展和扩大中，国民党统治区的职工们和革命的职工团体应该派遣适当的熟练人员到解放区来参加新式工商业的建设。同时，国民党统治区职工们和革命职工团体应该十分注意保护一切公私企业的机器和设备，反对破坏、迁移和分散这些机器与设备，因为在不久的将来，一切官僚资本的企业都要转入人民手中，而原属民族工商业家所有者，则将继续为他们所有。特别在人民解放军到来时，职工们应当尽力保护一切公私企业及其工厂、机器和物资不受破坏和损毁，并应联合各界人民，监视反革命分子，维持社会秩序，以待新的秩序之建立。

第四节

国民党统治区职工们在进行上述各种活动时，应十分注意方式和方法的适当，注意保护自己的团体和领袖，适当处理职工内部的关系，严防敌人的挑拨与离间。

第三章　关于解放区职工运动的任务

第一节

在解放区的职工运动，则是在一种完全新的条件之下进行。在这里，工人阶级已经在反对帝国主义、封建主义和官僚资本主义的斗争中，获得了解放，并已成为国家政权的领导阶级。在这里，已经没有官僚资本，但有新的国家企业与合作社企业的资本，这些企业是属于全体人民或部分人民所有，也是属于工人阶级所有；在这些企业中，没有劳资对抗，只有公私关系，职工们已经是企业的主人。在这里，工业和农业的发展，是直接加强人民革命战争与改善人民生活的物质基础，首先是改善职工生活的物质基础。在这里，私人企业中仍然有劳资对抗，职工们仍然处于被剥削地位，但职工们既是在政治上、社会上和国家政权中居于领导的主人的地位，就保障了职工们可以不致受到压迫和过分剥削，而一切有益于国民生计的私人资本生产事业的存在和发展，就加强了整个解放区的经济，因而也就有益于工人阶级。由于解放区这一切新的条件，所以解放区的职工运动，就应该在完全新的方针和政策之下来进行。

第二节

首先，解放区的职工们必须很好地组织起来，并很好地进行学习，提高自己的觉悟，完全理解中国目前的形势及解放区上述一切新的条件，以便很有组织地很自觉地去积极参加新民主主义的国家政权、军队、经济、文化各方面的建设工作，并选派自己优秀的代表到国家的各种领导机关去，在这些机关中和各民主阶级的代表联合一致进行作工，并坚持无产阶级的、代表全体人民长远利益的方针和政策，反对各种自私自利的错误的方针和政策。

第三节

发展解放区工业生产的任务，已被提到空前重要的地位，这是解放区职工们特别重要的任务。必须发展解放区的工业，才能保证革命战争的最后胜利；才能满足土地改革后农民的要求，特别是农业技术改进的要求；才能逐渐改善职工及其他劳动人民的生活。解放区工业，亦即新民主主义的工业，它的发展前途是无限的。因为这里有被解放了的广大的劳动力，有通力合作的人民大众，有解放了的商品市场，有丰富的资源，而人民解放军又将要解放更多的城市、工厂和机器，并逐步地将各解放区连成一片。这些发展工业的重要条件，都在逐日增多和增强。尤其重要的，是毛泽东同志提出了“发展生产、繁荣经济、公私兼顾、劳资两利”的经济建设的总方针，这个方针正指引着我们的工业日益走上健全和广大发展的道路。由于解放区的工人阶级不但在政治上社会上居于主人地位，而且在国家政权中，首先在国家企业中，是居于领导地位，因此，解放区职工们就应当以领导阶级地位担负起发展工业的责任，就应当以主人翁的新的劳动态度对待自己所参加的劳动。在国营和公营企业中，职工既有权利参加工厂的管理，便有责任积极劳动，完成以至超过国家所要求于他们的生产任务。合作社企业中的职工地位和责任，也大体与这相同。在私人企业中的职工亦有责任完成资方的生产计划，遵守劳资双方所订立的契约，遵守政府保护私人工商业的政策，但同时有权利要求资方履行劳资两利原则，督促资方执行政府法令。这就是解放区的职工们在发展工业中所应采取的基本方针和基本态度。

第四节

为使解放区的工业能够健全地发展，以下各项问题必须系统地加以解决：

第一项：关于工业的计划性，这是今天需要提出并且可能解决的问题。首先从基本解放区做起，从国营、公营企业做起，经过调查研究，通盘筹划。使军火工业、重工业、轻工业之间的比重，机器调剂、厂址选择、动力分配、技术提高之间的关系，原料来源、成品推销、资金周转之间的结合，工业、农业、金融、贸易、交通各部门之间的合作，各工厂、企业之间的配合，都应有适当的计划，同时照顾到对合营、私营企业的调剂作用与领导作用。这种地方性和局部性的计划经济，在今天，能够发展社会生产力，特别是工业生产力，适应战争需要；对将来，则能够为逐步实现的全国性和全面性的计划经济取得经验和创造若干前提条件。必须肃清公营企业中某些缺乏计划、缺乏领导的无政府状态，使一切公营企业都能在统一领导统一计划之下进行生产，然后才能对私营与合营的企业实行有计划的领导与调剂。

第二项：国营、公营企业必须切实改善经营和管理工作，才能达到原料足、成本低、质量好、数量多、销路广的目的。这个任务的解决，主要在于贯彻企业化原则和实行管理民主化。为了贯彻企业化原则，就要制定周密的生产计划，实行从原料、生产到推销的全过程中的经济核算制度；就要以经营能力、劳动技术及尽忠职责为用人标准，推行考工制度，保证合理的劳动条件，做到机构合理，职工精干，各称其职；就要实行严格的个人负责制度，劳动纪律与赏罚制度，实行劳动检查与成品检验，做到人尽其责，功过分明，赏罚适当。为了实行管理民主化，需要在各企业各工厂中建立统一领导的工厂或企业管理委员会，由经理或厂长、工程师及生产中其他负责人和工会在工人职员大会上所选出的代表（相当于其他委员的数量）组成之。工厂或企业管理委员会在上级国家企业机关领导之下为工厂或企业中的统一领导机关，由经理或厂长任主席，讨论并决定有关工厂或企业管理和生产中的各种问题。在工厂或企业管理委员会多数通过的决议，如经理或厂长认为与该厂或该企业利益抵触或与上级指示不合时，经理或厂长有停止执行之权，并报告上级，请求指示；如工厂管理委员会多数委员认为：经理或厂长的这种措施不适合或对其报告有异议时，亦可将自己的意见同时报告上级，一并请求指示，但在未得上级指示前，应执行经理或厂长的决定；如工厂管理委员会少数委员对多数通过的决议有不同意见时，亦可将自己的意见报告上级。在有紧急问题不及等待管理委员会开会时，经理或厂长有权处理之，但事后须将经过报告管理委员会，请求追认。此外，在五百人以上的大工厂还可由各部门职工（包括学徒）代表组成工厂代表会议，在工厂管理委员会领导之下，传达和讨论工厂决定、生产计划与经验的总结，以便更多地吸收群众建议与批评。现在业已在许多工厂中通行的生产小组会议，亦应发挥其应有作用。只有经过这些集中领导下的民主形式和民主方法，才能培养职工管理能力，发挥厂内批评与自我批评，克服官僚主义作风，提高职工的责任感、劳动积极性与纪律自觉性，并发展正确的劳动竞赛和劳动英雄运动。

在私人企业和工厂中，实行管理的民主化，实行工厂或企业管理委员会制与工厂职工代表会议制，对于保证劳资协力提高生产，保证劳资两利、公私兼顾及保证国家工商业政策和法令的执行，都有极大好处，应说服资本家并在资本家同意之下采用这种制度。私人企业和工厂中如组织工厂或企业管理委员会，厂长或经理有最后决定权。如职工代表认为该厂厂长或经理的决定与国民生计或劳资两利的方针有抵触时，职工代表得将不同的意见提交政府机关与劳动局请求仲裁。

第三项：目前在工业中的技术干部很不够，管理干部更感缺乏，对于这个工业骨干问题必须有切实的解决办法。应从现任干部中提拔优秀分子逐步升级，帮助一切现任干部提高其智能。在工厂较多的地方，则开办职工学校。在工业以外的许多工作岗位上，有不少职工出身、或受过工业专门教育、或有过工业管理经历的干部，应征调一批来参加工业管理工作。对新解放企业中愿意继续服务的旧管理人员和技术人员，除查有证据的破坏分子外，必须尽量任用，必须很好地团结他们并帮助他们改变旧的劳动态度和管理方法，尤其是对待工人的态度。对自动来解放区服务的工业人才，应一律欢迎，使他们参加适当工作。此外，还须征调有相当文化水平的普通知识分子到工厂中学习管理工作。在学生、师资和设备等条件相当具备的地方，开办工业专门学校，以训练新的工业干部，也是很必要的。

第四项：由于目前空前规模的战争环境，解放区农民们大量地出兵、出粮、出战勤，公教人员则坚持辛勤不懈的工作，解放区职工们更应当吃得苦，做得多。对于工时、工资、劳动保护和福利事业等，应当自觉地避免超过战时经济条件所许可的过高的要求。关于劳动时间，我们主张工厂工人一般实行八小时至十小时制度。对特殊企业或特殊情况，经当地政府批准，得延长或缩短之。但除战争紧急需要外，每日劳动时间连加工在内，最高不得超过十二小时。加工连续不得超过四天，全月不得超过四十八小时。农业工人、手艺工人及店员的劳动时间，可以按照习惯行之。

第五项：关于工资的规定，必须保障任何普通职工的最低生活水准，即职工最低工资，连本人在内要够维持两个人的生活；同时，又必须保障职工的劳动热忱及技术的进步，而采取等级工资制及计时、计件工资制。但战时物价不可避免地会有波动，为保障职工最低生活水准，最低工资不能不因物价高涨而增加，而等级工资则因战时经济条件所限制却不能照此比例增加；因此，在规定战时工资时，不能不照顾这两者间的关联，并相当缩小等级工资各级间的距离。本此原则，我们主张依下列规定来调整职工的工资：

第一点：工厂工人的工资，应采取交叉累进的等级制度。在此制度内，依据职工在生产过程中的分工与技术程度，规定等级，等数不限于三等，级数宜多，同级工资仍保留若干差别。评议工资时，对管理人员和技术人员，依其职责能力及学识经验；对工匠，依其技术；对熟练工人，依其熟练程度；对单纯体力劳动者，依其劳动程度；同时，照顾他们的工龄。应由各解放区地方政府，在工会同意之下与同种企业规定相对统一的工资标准，但不可对不同企业规定同一工资标准。再由各工厂根据政府颁布的工资标准，评议每个职工的具体工资（可在工厂或企业管理委员会之下组织工资评议委员会）。学徒待遇，不应列入工资系统，学徒亦不应参加工资评议。合理工资制度实行之后，个别有特殊技能的职工，需要给予特别优待者，须经高级管理机关批准。现时工资制度中存在着的过高或过低的偏向，本质上是一种平均主义。平均主义的发生，是受了供给制度及其他错误思想的影响。平均主义的实质，则在于不了解上述工资原则和等级制度的必要性和重要性，而或多或少地将被养人口，生活好坏，家庭出身，政治积极性，工人高于职员，学徒当作普通工人，不熟练工人当了学徒等等，作为评定工资的根据，并将各种工资等级排成非交叉、非累进、等级少、最高最低相距甚近的单一梯形，甚至对各种不同企业规定同一工资标准。这种平均主义，严重地妨害了职工的生产积极性，尤其是努力提高技术的积极性，必须迅速纠正之。

第二点：工资形式，计时或计件及其运用，应依劳动具体情况决定。计件制有刺激生产作用，应当推行；但在成品标准和成品检验方面还没有确切把握时，不可冒昧采用，同时还要防止原料浪费，工具损坏及损坏健康的过度劳动。

第三点：在物价波动太大而工资调整发生困难的地方，还可采用职工生活补贴的办法，来调剂这种困难。生活补贴虽也应分为若干等级，但其差额不宜太大。

第四点：工资计算应以几种必需品实物为工资计算基础（例如华北之“饻”，华北之“分”）。采用货币和实物混合的支付形式。为了进一步保证职工的实际工资，应采用新的实物配给制度。这可在国营、公营工厂中试行，取得经验后，再加以推广。

第五点：农业工人、手艺工人及店员的工资制度，得从其习惯，但要以必需品实物为计算基础，并在支付时保证实际工资与名义工资一致。

第六点：国营、公营工厂，除工资外，还可采用定时奖金办法，由政府规定或批准之。作坊、商店、私人企业中的分红、馈赠及其他奖赏习惯，凡对提高职工劳动积极性及技术进步有益者，均须予以保存，并须普及于全体职工。

第六项：关于女工、青工、童工、学徒，应实行下列各点规定：

第一点：男、女、青、童工，同工同酬。

第二点：女工产前产后共休息四十五天；小产在三个月以内，共休息十五天；三个月以外，共休息三十天，均照给工资。

第三点：禁用童工、女工的产业，及禁止女工、童工作夜工的劳动，由各解放区地方政府以法律定之。妨害身体发育的劳动，不得使用未满十四岁的童工。

第四点：学徒最高学习期限，不得超过三年。学徒待遇，依其进度，逐步增加，最低够吃，最高除够吃够穿外给予相当津贴。师徒关系，应严守尊师爱徒原则；学徒必须尽心学习、努力生产，师傅不得虐待徒弟，尤须尽心传授技术。

第七项：关于劳动保护和职工福利事业，因在中国从无基础，又处在战争时期，我们要来办理全国有系统的社会保险，还有困难，暂时依下列各点办理：

第一点：尽可能改善工厂健康设备和安全设备，政府定期派人检查。

第二点：伤害、疾病、老残等等的医疗、津贴、抚恤，暂由工厂负责办理，或由工厂和工会共同负责办理，其办法由政府规定或批准，并监督实行。在工厂集中的城市或条件具备的地方，可以创办劳动的社会保险。

第三点：职工福利事业（文教、合作及贫困的救济等），由工厂和工会共同负责或分别负责办理。

第四点：以上办法适用于工厂职工，其他非工厂职工劳动保护和福利事业，由工会参照固有习惯与业主协定之。

第五点：失业救济，主要为帮助就业，组织生产，由政府负责办理。

第八项：国营、公营企业中的劳动竞赛和劳动英雄运动，对发展生产起了积极作用，今后仍要提倡这种运动，并给以正确领导，使之成为以减低成本、提高生产质量、增加生产数量为目标的功利主义，成为互相学习、帮助少数、带动多数的集体英雄主义；而对那种粗制滥造的形式主义和脱离群众的个人锦标主义的倾向，则须加以坚决地纠正。在采用了工厂或企业管理委员会和职工代表会议制度的私人工厂和工业中，劳动竞赛劳动英雄运动，也可以推行。

第九项：劳动契约与劳动争议，应依下列各点办理：

第一点：劳动须有契约，并尽可能采用集体契约形式，以便双方履行。集体契约包括劳动条件、职工之任用、解雇与奖罚、劳动保护与职工福利、厂规要点等内容。

第二点：劳动争议的处理方法，为协商、调解及仲裁，仲裁为最后程序，仲裁不服得向法院上诉。

第三点：各解放区地方政府，须颁布集体契约条例及劳动争议处理办法，并须设立掌管有关劳动问题的部门。

第五节

在解放区工会工作的任务，是在发展生产、繁荣经济、公私兼顾、劳资两利的总方针下，团结全体职工，积极劳动，遵守纪律，保护职工的日常利益，教育职工提高他们的文化水平，尤其是提高他们的技术能力和业务水平。在国营、公营、合营企业中，发挥管理能力；在私营企业中，实现监督作用；在个体劳动中，促进技术改良和生产合作。高级的工会机关，有责任协助政府的劳动立法，并采取具体办法，以保证前节各项规定的合理实施。一切依法取得职工成分的男女职工，均有加入工会的权利；但会员征收，必须本自愿原则。工会不仅为会员服务，而且同样要为非会员服务，吸收他们参加活动，方能实际上代表全体职工，争取所有职工加入工会。工会内部须有充分的真正能集中群众意见的民主生活，须有切实的真正能够解决群众需要的经常工作，并须彻底整顿现在工会工作中的官僚主义作风和形式主义作风，做到工会名副其实地成为职工自己的组织。

第四章　关于恢复全国总工会

为了保障这个决议的实行，保障中国工人阶级在目前大革命中能够到处充分发挥其应有的先锋队的作用，必须成立中国工人阶级的统一的全国组织，以便在迅速发展的革命运动中能够经常指导各地职工群众的行动。为此，大会决定恢复第一次大革命时期的中华全国总工会，并训令全国总工会新的执行委员会：继续第一次大革命时期全国总工会的革命传统，在当前新的时期和新的条件之下，迅速组织全国的职工群众，并和全国各民主党派、各人民团体、各少数民族联合一致，为迅速推翻美帝国主义及其走狗国民党反动政府在中国的统治，为建立统一的新民主主义的人民民主共和国而奋斗到底。

选自《中共中央文件选集》(14)，中共中央党校出版社 1987 年版，第 296～309 页。

互校版本：

1. 中华全国总工会中国职工运动史研究室编：《中国历次全国劳动大会文献》，工人出版社 1957 年版，第 402～413 页。

2. 中共中央政策研究室 1949 年 3 月编辑：《政策汇编》上编，第二野战军政治部 1949 年 9 月翻印，第 133～149 页。

57. 中华全国总工会章程

1948 年 8 月中国第六次全国劳动大会通过

第一章　总　纲

第一条　本会定名为中华全国总工会。

第二条　本会宗旨为团结全国职工，保护职工利益，争取中国工人阶级的解放，联合全国一切被压迫人民争取中国人民的解放，联合叠世界工人为保卫世界和平与民主而奋斗。

第二章　会　员

第三条　本会以团体会员为基础，中国境内之职工团体，凡赞成本会章程者，不分产业工会，职业工会，地方工会均得加入本会为会员；凡同一产业职业之职工已有全国性之组织者，或在一特别市，一省与一边区之各种职工，已联合组成为地方性之组织者，均由该组织直接加入本会为会员，如无总组织之各单独工人团体，要求直接参加入本会为会员者，须经本会之特许。

第四条　凡在各种企业及机关学校中工作以劳动收入为主要生活来源并依法取得职工成分之体力劳动者与脑力劳动者，不分民族、性别、宗教信仰，赞成本会章程自愿入会者，均得加入本会所属之各种工会为会员。

第五条　本会团体会员及本会所属各种工会之个人会员，其入会与退会，均依自愿原则，既入会后，必须遵守本会章程。

第六条　本会会员之权利如下：

甲、对于本会一切主张及设施有权据本会宗旨进行讨论，建议和批评之权。

乙、有在会内选举与被选举之权。

丙、有享受本会所举办之各种文化教育及两利事业之优先权。

第七条　本会会员之义务如下：

甲、有遵守本会宗旨章程，及执行本会一切决议之义务。

乙、有向本会经常报告团体会务及个人工作之义务。

丙、有向本会按期缴纳会费之义务。

第三章　组　织

第八条　本会之组织原则为民主集中制，即少数服从多数，下级服从上级，本会所属各工会服从本会一切决议和指导。

第九条　全国职工代表大会为本会最高权力机关，共职权与召集方法如下：

甲、全国职工代表大会之职权，为决定和修改章程，决定职工运动之方针，审资本会执行委员会之报告，选举执行委员会。

乙、全国职工代表大会每二年举行一次，由执行委员会召集之，过有特殊情况或有代表本会所属工会会员总数三分之一以上的工会之要求时，执行委员会得决定提前或延期召集之。

丙、出席全国职工代表大会之代表额数及选举方法，由执行委员会规定之。

丁、全国职工代表大会，必须有代表本会所属各工会会员总数二分之一以上的代表出席时，方为有效。

第十条　由全国职工代表大会选举执行委员及候补执行委员若干人，组织本会执行委员会，在代表大会闭幕期间为本会最高权力机关，执行委员会全体会议每半年举行一次，由常务委员会召集之，但须有半数以上执行委员之出席方为有效；如有特殊情况，或有三分之一以上之执行委员请求时，得提前或延期召集之。

第十一条　由执行委员会选举主席一人副主席若干人领导会务。

第十二条　由正副主席及执行委员会选举之常务委员若干人组织常务委员会对执行委员会负责驻会办理一切会务。

第十三条　本会设秘书长一人，经常务委员会选任在正副主席领导下处理本会日常行政。

第十四条　本会得分设下列各部处会：

甲、组织部：管理本会所属各工会之组织事项，并帮助各地无工会组织之职工群众组织工会。

乙、文教部：管理宣传文化教育工作，并指导各工会之文教方针。

丙、生产部：指导解放区职工会，参加工厂企业管理，实行劳动竞赛与劳动英雄运动，研究工资问题，生产计划，技术经验及其他有关生产之工作。

丁、劳动保护部：管理并指导劳动保险事宜，审查劳动契约及各工会之福利工作，并协助政府进行工厂内卫生及安全设备之检查。

戊、青工部：管理并指导各级工会之有关青工、童工工作。

己、女工部：管理并指导各级工会之有关女工工作。

庚、国际联络部：管理本会对外宣传，及与国际职工组织和各国职工组织之联络工作。

辛、秘书处：管理总务、文书、会计等工作。

壬、私营企业委员会：管理私营企业中之职工运动工作。

癸、国民党统治区工作委员会：研究和指导有关国民党统治区职工运动之工作。

第十五条　各部设部长一人，秘书处设处长一人，各委员会设主任一人，必要时均得设副职由常务委员兼任，或由常务委员会另行选任之。各部处会得设干事若干人，由常务委员会委任之。

第十六条　本会为工作便利起见，得于相当地点设立办事处，各办事处设主任一人，办事员若干人由常务委员会决定之。

第十七条　执行委员会认为必要时，得设立各种特别委员会。

第四章　经　费

第十八条　本会所属各工会应按其所收会费百分之三十，缴纳本会为经常费，每三个月缴纳一次，如有特别困难时，得经常务委员会批准减免。

第十九条　本会所属各工会之会员须按月缴纳所得工资百分之一为会费。

第五章　附　则

第二十条　本章程经全国职工代表大会通过并公布之。

第二一条　本章程如有不适合时，由全国职工代表大会通过修改之。

第二二条　本章程之解释权属于本会执行委员会。

选自中华全国总工会中国职工运动史研究室编：《中国历次全国劳动大会文献》，工人出版社 1957 年版，第 421～424 页。

互校版本：中共中央政策研究室编辑：《政策汇编》下编，第二野战军政治部 1949 年 9 月翻印，第 113～118 页。

58. 关于职工运动当前任务决议案中几个问题的说明

1948 年 9 月中华全国总工会执行委员会

（一）劳　动　时　间

1. 劳动时间，为职工进入工作场所之后，到离开工作场所以前之实际工作时间。凡职工之学习（上课）、上下班走路、在厂外吃饭休息的时间，均不应作劳动时间计算。何种会议得在工作时间以内召开照发工资，应遵照当地政府之规定实行。

2. 决议规定有特殊需要可将劳动时间延长，但最多不得超过十二小时，并不得在十二小时以外加工。延长劳动时间的企业，以下列两项为限：

子，小企业一时无法将劳动时间缩短为十小时者；

丑，昼夜不停劳动的企业，原已实行两班制者，因所需要的劳动强度不高，而暂无必要改变或因一时困难无法改为三班制者。

3. 劳动时间因特殊需要而缩短者，系指有些工业特别影响健康，如产生有毒气体的工作及过于紧张的劳动等。

4. 关于全年应有的实际工作日，新决议未做具体规定，因为各地各企业的情况不同，在战争时期一时难做统一规定。现在解放区的情况是：全年放假过多，实际工作日过少，因此暂做下列原则的规定：

子，全年工作日数不应过少，但职工必须有一定的休息日期，故在一般企业，均应争取全年工作日须在三百天以上。全年五十二个星期，由各企业自行调剂，规定实行大礼拜制者，全年可以规定若干事假，不扣工资；实行小礼拜制者，不扣工资的事假则不应规定过多，或规定事假必须扣除工资。至于新区大企业（如铁路）中的休假习惯，一时难以做到三百天以上者，可暂维持原状，待研究后再决定。

丑，关于年节及纪念假期，亦应尽量减少，不应每逢纪念即放假，而职工中的旧习惯又必须照顾。全年应有假期可由各地区职工总会根据这一原则，提出意见，请各解放区政府具体规定；俟全国胜利后，再作统一规定。

（二）工　　资

1. 普通工人的最低工资，连本人在内应养活两个人，本人生活，按当时当地维持一个劳动力的必要生活费用（包括衣、食、住及必要消费）计算；被养人生活，一般应低于本人生活，但最低不得少于维持一个人生活的最低水平。在不满二十人的私人企业中，职工学徒的最低工资，一般应以本人全年的实际收入（如分红、年节馈赠及其他实物待遇等）计算。

2. 交叉累进的等级工资制，就是说等级排列是交叉的，等级间的差额是累进的。

子，为什么等级排列是交叉的？因为各种企业（如棉织业、机器业、制造业……等）之中，各种职工（如技术工人、熟练工人、技术人员、管理人员等）的劳动性质不同，所以规定工资等级的标准因之而异，或按技术高低、或按责任轻重、或按熟练程度、或按强度大小……既然按照各种不同标准分别规定等级，那么各种企业各种职工的工资等级，必然排列成为上下交叉的形式，而不可能混在一起排列成一个单一的等级序列。假如：某种企业的普通工人最低工资是一〇〇，最高工资是一八〇；熟练工人最低工资是一二〇，最高工资是二五〇，技术工最低工资是一五〇，最高工资是三五〇，这样就彼此成为交叉。同时每种职工（如普通工、熟练工、技术工等）又根据技能、职责、资历等等条件，在本身中分成几等几级，等与等、级与级之间，也是采取这种交叉式的排列，即是一等一级工人的最低工资可以低于一等二级的最高工资，一等三级的最高工资可以高于一等二级的最低工资。因此如将所有各种企业各种职工工资等级，合并列成图表，必然形成极错综的上下交叉的形式，这种等级排列的办法即为交叉等级制；反之，如果一等三级工人的工资是一五〇至二一〇，一等二级是二一〇至二八〇，一等一级是二八〇至三五〇，或者普通工人工资是一〇〇至一五〇，熟练工人工资是一五〇至二二〇，技术工人工资是二二〇至三五〇，这就都成为单一梯形的等级制，而不是交叉的等级制了。

丑，为什么等级的差额是累进的？因为不论何种职工，他的技能学识已达到一定的程度以后，如再求提高，就必须付出更大的努力。因此，比较合理的工资制度，应是等级愈低，等级间的距离愈短（差额小）；等级愈高，则等级间的距离随之补长（差额大），这才能鼓励职工力求进步。譬如：某种工人的工资可分为十三级，假设其第十三级为一〇〇分，以上每进一级增加五分，至第八级以上，改为每级增加八分；自第四级以上，就为每级增加十二分，直到最高一级为二〇〇分，这就是累进的等级制。反之，如果每级距离相等，按级累进，即是等差的等级制，而不是累进的等级制了。

这种交叉的累进的工资等级制，是根据多劳多得的原则，适合各种企业各种职工实际的劳动情况，一般的具有特殊技能的职工，均可列入合理的等级解决。如果再有个别具有极特殊技能的职工无法进级者，经过上级政府批准，可以往最高等级之外享受特殊优待，但是此种情形极少，并非每一企业都有。这种工资制度的实行，将使具有各种技术与生产管理经验能力之职工得到合理之待遇，可避免过去工资中的平均主义现象，并大大鼓励职工的学习。除了生产经营规模甚小，生产过程十分简单、职工种类不多的小企业，还不具有施行的条件以外，一般较大规模的企业工厂，都应实行这种工资制度，对于发展生产是有利的。

3. 决议中所谓“等数不限于三等，级数宜多”，系指过去有些工厂企业只简单采用三等九级而订。对新企业规模巨大、职工种类较多的企业，等级之分，宜多宜细。如过去平汉铁路工人，一共分为二十八级；技术工人中分甲、乙、丙三等，每等中又分八至十三级，职员中的管理人员与医务人员计分四等三十八级，在技术人员中则分为五等二十级；在各类、各等、各级的职工之间，又采用前述交叉累进的等级办法，值得参考。

4. 职员包括技术人员、管理人员、医务人员，均为企业中的脑力劳动者。旧社会普通职员的工资等级，一般是合理的；只有一部分高级职员享受官僚待遇，其中有的本人就是官僚，则是不合理的，需要加以改革。我们对职员工资，既不能如旧社会所提倡“劳心者治人”，对职员待遇一般皆较工人优厚，亦不应随便压低至一般工人工资标准之下。企业行政管理的技能，与某些专门业务的技能（如会计、检验等等），也应视为技术，不可列为一般待遇。职员的最低薪资，一般应稍高于一个简单体力劳力的最低工资，因为职员在就业以前必须具有相当的文化能力，与一个简单体力劳动者显然不得相比。因为工作需要提升工人为职员者，原则上应按所负职务应有的工资等级待遇，但若低于其原来的工资待遇时，应按原来工资待遇发给，若非本人自愿，不得降低。在新解放区国营企业中，对一切职工原有的工资等级，原则上应该承认，暂时不得打乱。如职工工资系按战前工资等级加生活补贴并依生活指数随时调整者，原则上亦应照旧不变，只将法币依比价折成本币支付。其中不合理处，只有在研究清楚后，经过群众民主评议，由工厂管理委员会及企业管理机关慎重决定，再逐步调整改进。

5. 现在解放区各地所实行的以实物为计算基础的工资形式，对于保障工人的实际工资有其效果。但缺点是每发一次工资，必有大量通货在同一时间侵入市场，刺激物价猛涨。故工资虽以实物为计算基础，亦难充分保证职工应有之实际收入，造成商人渔利，职工及国家均受损失。因此，决议提出新的配给制度。一般的所谓配给制度，就是由于商品缺乏国家管理商品，限制消费，保证供给的一种办法，以免职工从商人手中高价地去购买商品。我们解放区已行之多年的供给制，也带有这种配给制的性质，但不等于配给制。决议提出在国营工厂中实行新的配给制度，不是我们所实行的供给制，这种新的配给制度，现在尚无经验，有的意见由国家办供给商店，或由国家供给合作社以职工所需要的各种物资，如米、面、煤、布及其他工业品等，职工可以按国家规定的低廉的价格去购买其所需要的各种物品，以免受市场物价波动的影响，为此，即可将工资与物价同时冻结。在一定时期，供给商店及合作社的物价上涨一次，工资也以同样比例上涨一次。由此，可以避免商人对职工消费的剥削，保证职工的工资可以廉价地购买到社会上所缺少的或高价的物品。同时又便于国家在发工资时将通货回笼，避免每次发工资时对市场的刺激。此种办法，可先试验后再推行。

（三）劳 动 保 护

1. 决议所指劳动保护，包含三方面的问题：（1）劳动保障；（2）职工福利；（3）工厂安全卫生。关于新解放区城市之失业问题及在业职工因战争所受生活上之困难，在一定时期内，由政府按一般社会问题处理，不在决议所谓劳动保护范围之列。

2. 关于国营、公营企业的劳动保护问题，有三种意见：其一，将劳动保险与职工福利事业合而为一处理，即凡属职工之伤亡、残废、疾病、老弱及贫寒家属的救济等项，均由工厂每月按工资的总额拨出若干份作为劳动保险基金，交由工厂与工会等各方面共同组织的职工福利委员会统筹解决（正在这种意见中，另有主张职工应出本人工资的百分之零点五者）。其二，将劳动保险与职工福利分开，关于劳动保险问题，战时很难作为社会上的统一专门设施，即凡职工伤亡、残废、疾病、老弱等问题，由国家立法，由各企业单位在厂规及集体合同中解决，另由工厂拨出工资总额的百分之二点五，职工缴纳本人工资的百分之零点五，作为职工福利基金，解决职工生活中凡厂规与集体合同中所不能解决的问题（诸如职工生育补助、家属疾病、死亡、灾害的救济，及家庭人口过多者的部分津贴等项）。其三，是将劳动保险分为两部分：职工伤亡、疾病时的工资和医药费由工厂直接支付，而职工伤亡、老残、疾病、生育的抚恤、救济、补助金等，则由工厂每月按工资总数支出百分之三，职工缴纳本人工资千分之五，作为保险基金，由工会与工厂共同组织委员会，按照政府颁布之劳动条例办理，并由政府监督实行；此外，再由工厂每月按工资总数拨出百分之一点五，交工会办理职工文化教育事业。上述三种办法，各地可择其适合当地条件者试办之，而在工业比较集中的城市，则可按第一种办法逐步试行，并可将保险基金交政府劳动局统筹办理。

3. 对私营企业的劳动保护问题，决议未做具体规定。兹提下列办法，以供参考。雇用二十人以上之企业，一般可参照公营企业原则办理，但在政府有专门保险机关的地区，雇用二十人以上之私人企业主及其职工，亦须按规定缴纳保险金。其与公营企业之比例，可以一样，不必另有区别。雇用二十人以下之企业，原则上从其习惯。私营企业中的劳动保护问题，不论企业规模大小，其中具体问题均由劳资协议规定，除政府法合规定者外，不可强与公营企业的办法一样。

4. 学徒：（1）经过一定年限，学习技术，而成为技术工人者为学徒。现在华北有些军火工厂将许多操作简单机械、从事一种专门劳动的熟练工人也当作学徒（此种“学徒”占到职工人数的百分之七十至百分之八十以上），因此经常感到学徒待遇过低，结果造成学徒待遇高，而一般普通工人、熟练工人（均被称为“学徒”者）的待遇过低之平均主义现象，应该纠正。各种单纯劳动的熟练工人，虽然也需经一定时期的学习和训练，但这种时期一般很短，此种学习的工人可以称为养成工，而不要称为学徒。

（2）学徒待遇不宜过高，因为学徒的主要目的在学习技术，而不在取得报酬。学徒初期因刚从家庭出来，且带有随身被服，故只管本人吃饭，中期可以补充被服，后期则必须足够维持本人生活。并可按学习程度给予相当津贴。学徒待遇过高，企业主将不愿招收学徒，而我们现在又无力量开办大批职业学校，结果技术工人难以培养，对发展工业是不利的。

（3）学徒年限，根据中国社会习惯，一般不得超过三年。年限长短，应以所学技术的繁简难易而定。在公营企业中，进步特快的学徒，经过一定形式的考验，学习年限可以缩短，提前升为工人。

（4）对学徒的虐待、体罚，必须取消。在小规模的私营企业中，工作与生活的分工不严密，学徒对师傅在生活上一般惯有的勤务，不应强调反对。在新解放区，更不应提“学徒翻身”的口号，以免师徒对立，影响技术的学习。

中华全国总工会执行委员会

1948 年 9 月

选自中华全国总工会中国职工运动史研究室编：《中国历次全国劳动大会文献》，工人出版社 1957 年版，第 413～419 页。

59. 中共中央社会部关于东北城市公安工作经验通报

1948 年 8 月 4 日

兹将在我军进驻哈尔滨市后对公安保卫，清除敌特，肃清盗匪，建立革命秩序的经验，介绍如下，供参考：

（一）因为城市人口集中，社会阶层复杂，必须健全公安行政管理，通过市政设施，及有组织的群众，切实掌握户口、旅馆、交通、邮电、公共娱乐场所、社会文化事业、宗教封建迷信团体，使社会秩序有条不紊，这是治安工作的基础。有了健全的公安行政管理，就可缩小敌特活动的范围，减少盗匪蠢动的机会，便于集中力量消灭敌特奸细，清除盗匪，安定革命秩序。

（二）镇压敌特奸细，应加强专门侦察工作，善于以毒攻毒，利用敌人去消灭敌人。大城市人口集中，情况复杂，便于敌特潜伏活动，但亦便于我们伸入敌内进行内线侦察，我们应尽力培植内线，渗入敌人核心组织，掌握敌人心脏，控制敌人活动。在建立内线时，最初可采取多头并进，一经成功，即须采用精干政策，控制其全部。如多头管理反而容易暴露。对内线掌握，除政治的和经济的以外，技术上也要掌握，以电台控制敌之电台（但须得当地最高机关批准，且我技术上必须确有把握控制），是最好的办法。及时破获对我最有危害的敌人，但破案时，又须注意留根，以便继续发现敌人，扩大侦察线索，以达一网打尽、彻底消灭敌人之目的。

（三）城市锄奸的群众路线，不能盲目地依靠群众行动，乱开斗争会及用散漫的群众行动管理公安和进行锄奸，不能过高估计城市群众觉悟程度，和在公安锄奸方面所起的作用，必须以专门机关为主，取得群众的配合与协助，在工会、街政权、公民小组及各种群众组织中，以党的力量为核心，联系积极分子，建立工作，教育群众自觉遵守秩序，从日常生活工作中发现坏人，防止坏人，并使锄奸与党的每个时期的中心任务结合起来，有效地限制敌特活动。利用可以利用的力量，建立公安锄奸的广大阵地。

（四）不能用农村的观点来管理城市，农村是个体的，分散的，生活方式上简单朴素。城市是集中的，复杂的，生活方式是多样性的。因此，对城市管理必须要有国家政权的思想，掌握城市特点，重视革命法治。单纯地依靠群众，不要革命法治，是错误的。单纯的警察行政，与锄奸工作分开，以及抄袭旧警察的管理办法，也是错误的。脱离公开合法，脱离群众的神秘锄奸观点，更是错误的。坚决克服这些错误观点，才能正确地建立城市公安工作。

（五）大城市中公安机关的组织形式，必须采取按行政区划街道、人口，系统地建立由上而下的总局、分局、分驻所，以至实行民警制的管理，并按城市的复杂分工，如侦察、执法、公安、行政、司法、外侨、消防等等。在城市党委、政府统一领导下，实行高度的集中，垂直的指挥。一方面，要反对在城市以群众团体代替公安执法机关。另一方面，要纠正分散紊乱多头的指挥领导。

（六）认真实行革命法治，城市公安工作是保护人民居住、生活、职业、营业的自由及生命财产的安全，限制和清除反革命分子及坏人的破坏活动。必须以革命法治教育人民及我们机关部队人员，养成守法精神。凡逮捕、没收、罚款等等，必须由公安司法机关负责，并有正式手续。严禁一般机关部队团体随便捕人、没收罚款、包庇走私、投机倒把、及任何违法行为，以免混乱秩序，破坏工商业，给坏人可乘之机，引起广大群众的不满，破坏党的政策和政权的威信。

（七）进城之初，各机关部队往往乘混乱时期，乱抓物资，投机走私，嫖娼、聚赌，破坏政策，败坏军纪，这种现象非一般卫戍部队所能限制，必须选拔得力干部和精干部队，组织专门的执法机关，建立执法工作，统一于公安机关领导，施以专门教育，专司执法勤务。根据哈市经验，执法部队起了很大作用，工作收到显著效果，是城市治安不可缺少的组成部分。

（八）户口问题是管理城市的重要环节之一，因城市集中而又复杂，良莠难分，坏人到处活动，毫无限制，无有户口、门牌，搬来搬去，不但在治安方面有很大困难，就是邮政、电话、电灯、自来水等管理，亦无法进行。同时建立户口管理制度，弄清人数户数，阶级成分，掌握户口动向，不但利于公安，而且对于战勤负担，国民教育，发展生产，配给粮食，组织群众，都有帮助。

（九）哈市经验证明，改造游民、流氓、小偷以及赌博和吸吗啡大烟分子，加以强制教育，给以改造，组织他们参加生产，是巩固治安、安定社会秩序的重要条件之一。哈市设立之游民教养院，收效很大。

（十）整顿市容，管理交通，不仅对城市观瞻，而且有关人民生命及财产的安全。交通秩序紊乱，必然发生交通肇事、破坏、撞伤人、轧死人等事情。哈市交通屡次肇事，大部是因我机关部队的汽车不遵守交通规则所致，给群众影响很坏。因此在城市要有交通规则，要设立足够数量的交通警察，来维持交通秩序。

选自中共中央政策研究室编辑：《政策汇编》下编，第二野战军政治部1949年9月翻印，第122～125页。

60. 中共中央对中原局减租减息纲领草案的修改意见

1948年8月16日

减租减息纲领草案已收阅，我们有如下的意见：

一、第一条中“准备土地改革”字样，可以删去。第一条可改为：“为适应新解放区农民目前的需要，改善农民生活，发展农业生产，争取人民解放战争迅速胜利，特制定减租减息纲领。”

二、不必另提“三一减租”，仍以沿用“二五减租”为好。因为“二五减租”已有其历史的习惯性，至于对削弱封建而言，证之于抗日时期的经验，无论“三一”也好，“二五”也好，单靠减租，收效并不很大，特别是对较大之地主，还必须与合理负担和群众发动以后的退租清债运动相结合，才能严重地打击以至于发展到大体消灭封建剥削的土地制度。因此，将“二五减租”改为“三一减租”，意义不大。

三、边缘区游击区中，只有我占优势的部分，才可实行系统的减租，并可较“二五”还少减一点。至于敌我争夺极不稳定的或敌占优势的边缘区、游击区，则不应急于实行系统的社会改革（这点并不要在纲领上规定，而是在执行时应加注意）。

四、第二条乙项所规定之可酌情少减租或不减租之“少量出租土地”，应有明白的限制，即以“不超过当地中农占有土地的平均数为限”。并在“自由职业者”和“革命军人家属”前各加“贫苦的”三字。

五、第二条戊项，可改为：“地租一律于产物收获后交纳，禁止预收地租，并不得索取其他一切劳力或财物的额外报酬。”“多年欠租，一概免交”可另列一条。“取消押金”亦另列一条，并应规定“凡已收之押金应一律退还农民并应按缴押金时之物价折算”。

六、第二条庚项应改为：“减租后，须确实保障佃权，契约上、习惯上有永佃权者，继续有效，无永佃权者应奖励业、佃双方订立较长期（例如五年以上）的契约，俾农民得安心发展生产。在契约有效期间，地主不得收回土地自耕、转租、出典或出卖；契约期满后，地主招人承租及出典出卖时，原佃有承租承典承买之优先权；如系收回自耕或雇人耕种，亦应照顾原佃生活，延长佃期，或只退佃一部。”

七、应增加一条，规定：“农民协会是办理减租减息事宜的合法机关，农村中一切地租、高利贷债息问题，均由政府会同农民协会办理之，而最后决定权属于政府。”

八、此外，有些文字不清之处，如第二条已项，强买典当农民之土地与豪强霸占之土地，最好分两项写。因为对前者的处理办法，一般应是原价赎回，而后者则应无代价归还农民。写在一起，执行起来容易混淆不清；而且不仅地主的自种土地应如此处理，旧式富农如此得来之土地，亦应如此处理。第三条甲项“收回押地”，应明白写明“其抵押债务之土地应即归还农民”。第四条甲丙两项，应明白写出“地主、旧式富农被分配之土地”和“地主、旧式富农被分配之浮财”，而不要写“凡已分配之土地”和“凡已分配之浮财”；甲项中“地主不得倒退”亦应改为“地主、旧式富农不得倒退”。同条戊项“凡没收地主之工商业”，亦应改为“凡没收地主、旧式富农之工商业”。第五条乙项从“并代交公粮负担”起以下应改为：“由政府扣除其应纳之公粮负担，其余部分由政府代为保管，俟地主归来后，连同其土地之地权一并发还之。”另有些错字，如第二条丁项中“副业产物”应改为“副产物”；同条巳项“强买、额买、典当农民之土地”，“额买”二字不知何意，是否有错字、掉字？

九、减租减息运动中策略方面应注意之点，可参酌四二年中央关于执行土地政策决定的策略的指示，并根据你处当前实际情况及中央最近关于新区策略的指示，加以补充，做出决定施行。你处如无该指示，盼告，以便再发给你们。

十、此纲领草案修改好后，望再经新华社发来。

61. 附：中原局减租减息纲领①

1948 年 10 月 8 日

（一）为适应新解放区农民目前的需要，改善农民生活，发展农业生产，争取人民解放战争迅速胜利，特制定减租减息纲领。

（二）减租：

甲、所有地主、旧式富农及一切公田、学田、祠堂、庙宇、教会所租之土地，不论任何租佃形式，一律实行“二五减租”，即按原租额减去二成半。各地政府得根据此原则及当地具体情形规定实行办法。

乙、城市工人、贫苦的自由职业者及贫苦的革命军人家属与鳏、寡、孤、独等，因缺乏劳动力而出租之少量土地（不超过当地中农占有土地的平均数），可由政府及农会协议酌情少减或不减。

丙、租地之一切副产物，原全归农民者，一律照旧。原业、佃分益者，按原成“二五”减。原全归业主者，随粮按成分配。

丁、地租一律于产物收获后交纳，禁止预收地租，尤不得索取其他一切劳力或财物的额外剥削。

戊、陈年欠租一概免交。

己、所有押租、押金，一律取消。凡已收之押租、押金，应一律退还农民。退还时，应按交纳时之物价折算。

庚、农民与农民间（指贫农、中农间，包括富裕中农在内）之租佃关系，本团结互助

---

① 原注：此件是根据中央批示修改过的正式文件。

原则，由双方协议，经过农会处理之。

辛、减租后应确实保障佃权。契约上、习惯上有永佃权者，继续有效。无永佃权者，应奖励业佃双方订立较长期（例如五年以上）的契约，使佃农得安心发展生产。在契约有效期间，地主不得收回土地自耕、转租、出典或出卖。契约期满后，地主招人承租及出典、出卖时，原佃有承租、承典、承买之优先权。如地主及旧式富农为生活计，须收回土地自耕或雇人耕种者，亦应照顾原佃生活，延长佃期或只退佃一部。

壬、减租后，政府与农会可根据自愿原则，适当地调剂佃权，使耕地太少之贫苦农民，增加一部分佃耕地，借以维生。

癸、减租后应抽旧约，双方另立新约，地主按约减租，佃户按约交租。如因不可抗拒之灾害（战争、水灾、风灾、旱灾、虫灾等）而致歉收者，应酌情减免。

（三）清债减息：

甲、过去农民向地主、旧式富农所借旧债，一律按月利分半计算清偿。其多年债款，应照下列原则清理之：利倍本（即借本百元已还息达一百元者）停息还本；利二倍于本（即借本百元已还利息达二百元者）本息停付。旧债清偿后，其抵押债务之土地应即交还农民。但在民主政府成立前，已成立买卖关系者不动。

乙、农民与农民间（指贫农、中农间，包括富裕中农在内）债务，由农民自行处理之。

丙、凡以农产物先行定价之买卖贷款（即放青苗、实质是高利贷），其先定之价无效，应照交货时市价扣算，另行分半补息。

丁、凡货物买卖及工商业往来账项，由人民自行处理，一概不在清理之列。

戊、今后借贷利息，由双方自由约定，政府不限定利率，使农民能自由借贷济急。

（四）已分配土地、浮财之处理：

甲、地主、旧式富农已被分配之土地，一律不得倒算，违者应受处罚。但应保证地主、旧式富农分得与农民同等之土地，不足者设法补足之。

乙、农民已分得土地后，如农民与原业地主或旧式富农双方确系自愿改为租佃关系者，经双方向政府登记后得改变之。

丙、地主或旧式富农已被分配之浮财，一律不得倒算，违犯应受处罚。

丁、凡农民（包括富裕中农在内）土地、财物被错分者，应劝分得户自动退还。无法偿还时，另外设法弥补之。

戊、凡没收地主、旧式富农及工商业者之工商业，应设法退还或另行设法弥补之。

（五）若干特殊土地问题之处理：

甲、凡地主及旧式富农，利用农民危急之际，贱价强买典当农民之土地，得由农民请求政府查明后，按原价收回。

乙、凡豪绅、恶霸恃强霸占农民之土地，经农民告发。农会证明，政府调查属实者，得由农民无代价收回。

丙、凡确系反革命罪犯，由专员公署以上政府机关依法判处，其本人之土地应依法没收者，得没收分配给无地、少地农民所有。其家属未参加罪恶活动者，应保留各人应得之部分。

丁、凡逃亡地主或旧式富农之土地，得由其亲朋代管。无人承管者，由政府代管。原佃户依法减租后，向政府交租。政府扣除其应交负担外，代管其所余部分。俟地主归来后，连其土地一并发还之。

戊、族地、社地、公地、学田，应由本族、本社、本村、本地区人员组织管理委员会管理之，其收入除依法缴负担外，应经公议充作公益事业之用。

己、宗教团体所属土地，均不变动。如无人经营时，可按逃亡地主土地处理办法处理之。

（六）农民协会为办理减租减息事宜的合法机关。农村中一切地租、高利贷债息及调整土地等问题，均由政府会同农民协会处理之。最后决定权属于政府。

（七）本纲领适用于农村，不适用于城市。

选自中央档案馆编：《解放战争时期土地改革文件选编》，中共中央党校出版社 1981 年版，第 410～415 页。

62. 中共中央关于各中央局、分局、军区、军委分会及前委会向中央请示报告制度的决议

中共中央政治局 1948 年 9 月会议通过

为适应目前革命形势发展的需要，保证全党全军所执行的各种政策的完全统一及军事计划的完满实施，克服目前党内军内存在着的某些严重的无纪律状态或无政府状态起见，关于各项工作中何者决定权属于中央，何者必须事前请示中央并得到中央批准后才能付诸实行，何者必须事后报告中央备审，特作如下之规定：

（子）总的方面：

（一）决定并公布（在党内或党外）党的总路线与总的政策方针，及在党的总路线与总的政策方针下决定并公布（在党内或党外）全国性的各种具体政策和方针。例如：军队建设、作战及其与外界关系的各项军事政策；减租减息或分配土地的土地政策；发展生产、繁荣经济、公私兼顾、劳资两利的解放区的经济政策与工运政策；由中国共产党领导的以工农联盟为基础的人民民主专政的国家和政权的建设政策；为人民服务的文化教育政策；首恶者必办，胁从者不问，立功者受奖，严禁多捕滥捕、乱打乱杀及肉刑逼供的司法政策；宽待释放与争取改造俘虏官兵的处俘政策；对国民党政府机关、经济机关、官办企业的处理方针；对国民党统治区学校与文化机关的处理方针；对国民党三青团及其他反动党派和特务机关之处理方针等。

（二）决定并公布（在党内或党外）全国各解放区（老区或新区）党政军及民运工作的基本方针和任务，国民党统治区党与群众工作的基本方针和任务，少数民族与海外华侨工作及国际活动的基本方针和任务。

（三）各解放区党政军的组织系统的建立事项。

（四）在党政军中有关统一施行的各种重要条例法规的决定，例如各级人民代表会议

及各级政府的组织法规、劳动法规、刑事民事法规、土地法规、征税法规、婚姻条例、政治工作条例、军队的等级制度、士兵委员会条例、党委会工作条例等。

（五）涉及两区或两区以上的事项。

（六）各解放区全年的工作任务、方针和计划，及各项重要工作的单独计划。

（七）召开全区全军的党的代表大会、代表会议，或重要的干部会议，及全区人民代表大会所应取的方针。

（八）十万以上人口的城市中的重要设施和全盘工作计划。

以上一至五项的决定权，完全属于中央。但各地得向中央提出建议。六至八项的决定权仍归地方，但必须事先请示中央，经中央批准后，才能公布和执行。

本条各项规定，对于政治、军事，经济、文化、党务各方面工作，一般都是适用的。下面再就各方面的特殊问题，分别规定。

（丑）关于政治方面的：

（一）对于时局及对于全国性问题公布党的态度方针的发言和文告。

（二）我党与全国性的民主党派、人民团体及无党派民主人士建立合作，及向他们提出有关全国性的政治活动的意见及其他交涉事项。

（三）全国性的战争罪犯及反革命罪犯的处理。

（四）对外国的外交通商关系的建立，关于外侨、外商与外人经营的学校、教堂、医院、慈善和救济机关及其他涉外事项的处理方针（具体执行可委托地方办理，但必须事先请示中央）和外事工作人员之派遣。

（五）国际活动事项的处理及其人员的派遣。

（六）省级以上的人民代表会议及政府组成中我党与他党及非党候选名单的配备。

（七）对具有犯罪行为的少数民族首领、社会名流、大中工商业家及省级以上民主政府中的党外人士的处理。

（八）对国民党省市（中央直属市，下同）政府、省市党部及其他反动党派的省市级以上主要负责人之处理。对国民党军统站长以上，中统省市室主任以上的重要特务分子及重大特务案件的处理。

以上一至五项的决定权，完全属于中央，但各地得提出建议。六至八项的决定权，仍归地方，但必须事先请示中央，得到中央批准后，各地始得执行。

（寅）关于军事方面的：

（一）战略方针及战略计划。

（二）野战军或兵团的作战计划。

（三）军区及野战军或兵团的整训计划。

（四）师以上军队的编组，野战军和兵团的组成及一、二级军区的划分。

（五）军制的建立军事教育方针的决定。

（六）地方动员、扩兵、补俘的计划，及后备兵制度的建立。

（七）机要通信制度的统一规定，特种情报机构的建立及调度。

（八）后勤系统的建立，兵工生产计划的确定，重要兵工原料及技术人员的调剂，弹药基数的规定，军械收集和保管制度的确立，各种重要军工器材和弹药的统一分配，整个供给计划的审核、批准和调剂，运输兵站线的建设及各大军区之间的配合、调节和指挥。

（九）一、二级军区的工作计划。

（十）扩兵数目、及后备兵补充计划的批准。

（十一）师（旅）及师（旅）级以上干部的任免。

（十二）作战中对我技术上不能修复的重要桥梁及其交通设备的破坏，重要矿山、工厂的破坏，及重要大工厂的迁移。

（十三）部队在新区作战中筹粮筹款的原则及办法，部队攻占大中城市后军事管制时期的各种设施。

（十四）处俘工作中对敌军将级军官、敌方专员以上官员及其他特殊人物的处理与释放。

（十五）我军归俘的审查、训练及处理。

（十六）全般的与特殊的政治工作计划。

以上一至八项，决定权属于中央军委，但各地各军区野战军或兵团得向中央军委提出建议。九至十六项，由各军区、野战军或兵团提建议，请示中央军委批准执行。

（卯）关于经济方面：

（一）全国各解放区适用的经济、财政、金融、贸易政策的制定。

（二）各大解放区之间的财政调剂，货币贸易关系的调整，纸币的发行，白银、白洋等硬币的用途和分配。

（三）对外贸易（包括对外国和对国民党统治区在内）的方针及统一管理。

（四）全国性工矿企业的兴办。

（五）全区脱离生产人员的数量与人口数量的比例，全年财政预算及供给标准的提高或降低。

（六）货币发行计划（包括发行数量，用途分配和准备情形）。

（七）税收政策，农业税、工业税、商业税、盐税（包括食盐管理办法）及进口税的征收条例，对其他解放区货物来往的限制和管理办法。

（八）工资政策，公营企业的，民营企业的和合作社的工资制度和标准，乡村工资制度和标准。

（九）区内铁路及重要工矿的恢复及建设计划，重要公路及河道的修筑疏浚的计划。

以上，一至四项的决定权完全属于中央，但各地仍得提出建议。五至九项，由各地事先请示中央批准后，决定执行，或由中央征询各地意见后做出决定。

（辰）关于文教宣传方面的：

（一）在党内或党外发表带有全党性质的文章、讲演和谈话。

（二）对民主党派的全国性的报纸杂志之处理。

（三）对国民党和其他反动党派的全国性的报纸、杂志、广播台及其他一切全国性的文化机关事业之处理。

（四）全区文教事业出版计划，对专科以上学校以及著名的文化学术机关和历史文物之处理。

（五）编印中央负责同志的著作（即使是曾经发表过的）及有关党史与红军历史的

书籍。

（六）各区直属的党校、大学的教育方针和计划。

（七）各区办理党报的方针和计划。

（八）各区办理干部教育和国民教育的方针和计划。

（九）关于电影戏剧及其他艺术事业的管理方针。

以上，除第一项决定权完全属于中央外；其余各项，由各地事先请示中央批准后，决定执行。

各地党报必须无条件地宣传中央的路线和政策，并不得在宣传中将中央和受中央委托执行中央的路线、政策和任务的机关（即各中央局、分局、军委分会和前委会）处于平列的地位。相反的，必须公开向党内外声明：各受中央委托的机关，是执行中央的路线政策和任务的。各中央局、分局、军委分会及前委会，在发出自己的决议、指示、命令和训令时，亦必须注意到此点，不得将自己和中央处于平列的地位，甚或向党内军内将自己造成高出中央的影响。至于在对外及对内的宣传中，将任何党员个人与党及党的中央处于平列的地位，造成个人高出于党及党的中央的影响，则更是不允许的。

（巳）关于党务方面的：

（一）中央局、分局、军委分会和前委会的组成，与委员的任免，决定权完全属于中央。

（二）区党委或省委委员、地委书记、行署正副主任及其以上的干部之任免和涉及党籍的处分。

（三）区党委或省委委员以上干部，对有关政策和策略性质的原则性的不同意见和争论，以及对于这些不同意见和争论的处理（地委级以下干部之重要不同意见包括在内）。

（四）整顿地方党组织所采取的一般方针和办法。

（五）有关建党原则制度机构等问题，凡党章上没有原则规定者，或虽有原则规定，但因情况特殊，必须变通办理者。

（六）全区的职工、农民、青年、妇女等群众运动的方针和计划。

（七）建立青年团的工作计划和步骤。

以上二至七项，必须事先向中央请示，经中央批准后，始得决定执行。

（午）以上各条中，凡属决定权完全属于中央的事项，中央已有决定指示者，各地必须严格遵守，正确执行。在执行中遇有困难及特殊情形，或有不同意见时，均可向中央说明理由，提出意见，等候中央批示，但不允许擅自修改。中央尚未作出决定指示者，各地有权向中央建议，并得根据本区情况和经验，向中央提出处理的方案，拟出决议或条例的草案，请求中央决定公布，或由中央批准，用地方名义发表。除以上各条所规定应由中央决定及须经过中央批准后方能实行之各事项外，其他各事项，各中央局、分局及军委分会、前委会有自己决定实行之权。如将来在工作中发现其中仍有若干事项须经中央决定或批准者，中央以后再行决定，通告执行。各级党委对中央发布之决定、指示及条例等，得定出在本地执行的具体计划及实施细则等，这些具体计划和实施细则，以及各地决定举办之事项，重要者应将全文或其中要点报告中央备审。

（未）上述各条所列举之各种事项，其已在执行中者，除业已呈报中央者外，一律须将决议指示或条例命令等、补行呈报中央备审。

（申）除中央业已规定由各中央局分局书记及军区野战军兵团首长，每两月份向中央主席和军委主席作一次政策性的综合报告及军委和其他部委所规定之各种报告制度外，子、丑、寅、卯、辰、巳各条所列各种事项的实施情况、结果及经验，亦必须随时报告中央。关于各地重要工业生产和消耗的情形。应有月终报告。农业生产及消费的情形，应有一年一度或二度的报告。各部委及各大解放区的政府党组书记，人民团体党组书记对工作的专门报告，除别有规定者，照原规定实行外，半年亦不得少于一次。至于解放区内五万人口以上的城市中各种较重要的设施；县委书记，地委委员，团级干部配备；省（区党委及中央局直辖市）级和大军区级的报纸；党内刊物及有关政策性原则性的决议、指示、命令、条例和重要的党外刊物、宣传品文章和答问等，均应在事后以书面或材料的形式送达中央阅看。地委以下的材料，亦应有系统地有连续性地选摘若干典型材料，一并送来。下级向各中央局分局及军委分会前委会所做的政策及策略性的报告，重要者亦应电报中央（文长者可摘要），以便中央能及时研究这些材料。

此外，各中央局分局军委分会及前委会，现已实行向中央随时报告请示者，仍照过去一样不变动。但有若干纯粹技术性的不重要的事项可酌量减少，以便更能集中精力于政策性原则性的问题。

（酉）以上各条规定，在巩固区是完全可以执行而必须严格遵守的；遇有特种原因或一时困难，可申明理由，经中央批准后可暂时变通某几项规定，或减免推迟某几种报告。至于在战区，尚未巩固的地区以及在军事行动中，客观上确有困难，或遇有紧急情况，不得不权宜处理者，可变通办理，但事后必须请求中央追认；某些问题中央已有原则决定者，可照中央决定的原则办理，事后呈报中央备审；但如中央对该问题尚无原则决定，而又非迫不及待必须立即解决者，仍必须事先请示中央，得中央批准后，始得执行，总之，应在客观许可的范围内，力求贯彻上述各条的规定。

（戌）上述各条规定之各种请示报告事项以及需送中央备审之文件材料等，时间紧迫者，由电报拍来，机密性者用内台（文长者可摘告要点和疑难之点），一般可用新华社电台，字数在五六千以上，时间性不很紧迫者，关内各地应尽量用书面送达，为此各地与中央的交通应力求改进，而保证这一制度之顺畅施行。凡用书面送达请求中央批准或答复处理之文件及报告，必须具备正规手续，并送交中央秘书长亲收，以便处理，而不要混在其他一般材料内。

（亥）如何写报告？如何请示？除两月一次的综合性报告，遵照中央及军委子虞（一月七日）电继续执行外，还须注意以下几点：

（一）无论是各种工作报告，或专门问题的报告，在写法上，均须遵照子虞（一月七日）电所指示的要点，即着重于说明政策之执行及经验之总结，而不是平铺直叙地叙述过程；要能说明工作动态，发现工作中所产生的问题和倾向，及其症结之所在与解决之方法；报告中述及的具体材料，必须是经过证实及分析整理者，而不是把下面繁琐冗长的原料，甚至不确实的数字，简单地加在一起；写报告的态度，必须是实事求是，知之为知之，不知为不知的老实态度，切忌敷衍塞责，使报告流为形式；报告的文字，务求简明扼要，切忌长篇大论而又不能说明问题。各项工作的报告，各种专门问题的报告，必须是各部委员的负责人亲自起草，并经书记审阅。

（二）提出问题、拟议或决定、计划、条例等草案，向中央请示时，必须说明情况，及发布这种文件的目的（如果有争论或疑难之点尤须说明），以供中央考虑时之依据。关于干部配备，提请中央批准或呈报备审时，必须将该员简历包括年龄、籍贯、性别、家庭出身、工作简历、本人成分，简明扼要的鉴定等项一并报告。过去已经呈报者，不必再报。

最后，各中央局、分局、军区、军委分会及前委会应根据上述的精神和原则，具体规定区党委省委和军党委以至县委和师（旅）团向上级请示与报告的制度，以便在全党全军克服某些严重地存在着的无纪律无政府状态，达到全党全军在方针上、政策上、行动上的完全一致，团结全国人民，迅速驱逐美帝国主义侵略势力出中国，打倒国民党的反动统治，建立统一的民主的人民共和国。

选自中共中央政策研究室编：《政策汇编》下编，第二野战军政治部 1949 年 9 月翻印，第 128～139 页。

互校版本：《中共中央文件选集》(14)，中共中央党校出版社 1987 年版，第 344～353 页。

63. 附：正确执行劳资两利方针

1948 年 9 月 21 日新华社短评

今天本社所广播的关于哈尔滨市劳资关系的消息中，反映解放区各地在普遍推行“发展生产，繁荣经济，公私兼顾，劳资两利”的正确政策并获得显著成效的生产建设运动当中，尚有部分私营工商业主曲解政府政策，任意侵犯工人学徒正当权利和侵犯人民政府利益的违法行为。这个情况在其他解放区也有发现，值得提起注意。

“劳资两利”，是新民主主义的人民政府处理劳资关系的基本方针。所谓“两利”就是说，为达到“发展生产，繁荣经济”的目的，必须同时兼顾劳资双方的利益，而不能只顾劳资任何一方面不顾对方的利益。过去许多地方，会经错误地过分强调了工人一方面的暂时利益，忽视了资方利益，致使资方无利可图，甚至错误地搬用农村反封建斗争的方法来对付普通资本家，这些错误行动的间接或直接结果，不但损害了普通资本家，而且更严重地损害了工人本身。这种“左”的错误的偏向，近来各地都已纠正或正在纠正中，只要它继续存在，也还要继续纠正。但是，同样重要的，就是必须反对与防止另一种偏向，即是片面地强调资方利益，纵容资方违法犯纪，侵犯工人的法定权利而不加干涉，以至牺牲工人方面的基本利益。这也是违背了劳资两利的基本方针。

解放区新民主政府，在过去、现在乃至将来革命在全国胜利以后的一个长时期内，与坚决执行消灭官僚资本主义政策同时，是允许一般资本主义经济的存在，是保护一切有益于国民经济的私营工商业的。但必须指出，新民主政府所允许和保护的，只是一切有益于国民经济的资本主义工商业，只是其合法的营业。如果其中有破坏国民经济的成分，有违反法令的行为，自然不在被允许与保护之列，而应受到禁止与法律上适当的制裁。承认自由资产阶级在新民主主义的经济和政治组织中占一定的位置，并不等于取消或放松国家企业的经济领导和无产阶级的政治领导，或者把资本家的地位不适当地抬高到工人，农民之上，压迫工人农民。保护工商业主合法的正当的利益，并不是说因此就应该去无原则地帮助其不利于国民经济的经营，就可以不注意保障工人应享有的各种权利。

因此，在处理劳资关系问题上，各地党政领导机关，必须正确执行“劳资两利”的方针，反对“左”的和右的两种偏向。既要保障工人利益，又要适当地照顾资方利益；既要在经济上政治上适当地保护自由资产阶级，但当他们有违反人民及其政府利益的错误行为时，又必须进行适当的斗争，才能保证国家和社会的政治与经济循着有利于全体人民的正确方向顺利发展。凡是存在着“左”倾错误的地方，应说服工人照顾长远的利益纠正这种错误，在发生资本家违反政策法令情事的地方，则应劝导或命令资方遵守政策法令。对于少数不服劝导明知故犯或阳奉阴违的分子，则应由政府及有关方面分别轻重依法予以有效的处置。但是同时又须注意，不要由此而又重复左的错误，对于一切有益国民经济的中小资本家的合法营业，不采取坚决保护的方针而采取打击破坏的方针。一切有关的领导机关，应随时随地注意防止上述任何一种偏向的发生，保证“发展生产，繁荣经济，公私兼顾，劳资两利”的政策的正确执行。但是，如果在社会上不进行这样两方面的斗争，如果在党政机关中不进行这样反左与反右的两条战线斗争，那就不能保证这个政策的正确执行，就不能发展新民主主义的经济，就或者要犯农业社会主义的错误，或者要犯资本主义路线的错误。这是一切共产党员和革命干部必须了解的。

选自中共中央政策研究室编：《政策汇编》下编，第二野战军政治部1949年9月翻印，第149～151页。

64. 中央关于由新华社答复划阶级成分中诸问题的通知

1948年9月29日

东北局、热河分局、西北局、晋绥分局、并告华北局、华东局、中原局、豫皖苏分局、华中工委（华东转）：

东北九月十八日、热河九月七日、西北九月二十五日、晋绥九月二十一日电均悉。所询关于划阶级中的诸问题，除剥削分量、剥削时间、富农与富裕中农的界限等，已详新华社八月三十一日广播外，其余问题亦将于最近期间由新华社广播答复。

中　央

附一：新华社信箱：确定地主富农成分时计算剥削年限与剥削分量的标准

1948年8月31日

问：我们在审订成分中，遇到两个问题不能解决，一个是地主、富农的剥削年限问题，一个是富农的剥削分量问题。关于前一问题，一九三三年文件中规定以革命政权建立时为起点，向上推算，凡连续过地主、富农生活满三年者即构成地主、富农成分，而任弼时同志报告中则规定在老解放区内，民主政权建立后，地主劳动连续满五年、富农不剥削连续满三年者即可改变成分。关于后一问题，一九三三年文件中规定“其剥削分量超过其全家一年总收入的百分之十五者，叫做富农”。而任弼时同志报告中，则规定其剥削收入要超过其总收入百分之二十五者才算富农。以上两个问题，在老解放区究应依从哪个文件？又富农的剥削分量，怎样具体计算？是否应从其总收入中扣除雇工的伙食、工资？

答：关于“究应依从哪个文件”的问题，今年中央重新公布一九三三年两个文件时，并发表了《关于一九三三年的两个文件的决定》，印在两个文件前面，其中即曾明白指出：“这两个文件中没有讲到的问题及关于富农和中农分界的问题，则应以中央发表的其他文件及任弼时同志在一九四八年一月十二日所作《土地改革中的几个问题》的讲演中所说者为准。”加上这样补充以后的一九三三年文件，就是划分阶级的正确标准。

关于剥削年限问题。一九三三年的决定，规定以革命政权成立时为起点，向上推算，连续三年做为划分阶级的时间标准，这是确定某人在革命政权成立时是否地主或富农成分的时间标准；弼时同志报告中说，在民主政权下地主劳动五年、富农取消剥削三年者改变其成分，这是根据三三年决定，当革命政权建立时，原是地主富农，但在民主政权下，由于我党历年来合理负担、减租减息等政策之执行或其他原因而下降为农民，地主满五年，富农满三年者，即应改变其成分。这两个规定并无矛盾，三三年决定规定的为构成成分的年限，弼时同志报告中规定的是改变成分的年限，后者正是前者的补充。假定革命政权成立于一九三八年初，某人在一九三五、三六、三七三年，连续过地主生活或每年的剥削收入均超过其总收入百分之二十五（三三年规定的百分之十五，照弼时同志报告改为二十五），则此人已构成地主或富农成分；但如此人自一九三八年以后，无论从何年起自己从事劳动，不再剥削别人已满五年者，即应由地主改为农民；或此人原为旧式富农，如取消其剥削已满三年者，即应由富农改为农民。

关于剥削分量问题。应一律依照弼时同志的报告，以百分之二十五为富农与富裕中农的界限。至于对雇用雇农的农民主剥削分量的计算方法，则是从雇农的生产物中扣除工资和食粮（其余不扣）看其盈余是否超过此雇主的总收入的百分之二十五，如超过则为富农，不超过或刚好等于则为富裕中农。假定某农民自己劳动，也雇人劳动，全年总收入是一百石，假定雇农的生产物是六十石，雇农的工资、伙食合三十石，从六十石中减少三十石，尚余三十石，超过其总收入一百石的百分之二十五，此农民应定为富农。如上例，总收入为一百石，若雇农生产物为五十石，雇农的工资、伙食合二十五石或比二十五石还多，从五十石中减去二十五石或二十五石多，尚余二十五石或不到二十五石，仅占其总收入一百石的百分之二十五或不足二十五，此农民应定为富裕中农。

附二：新华社信箱：在什么条件下允许出租土地？

1948 年 10 月 15 日

问：土地法大纲第十一条允许分得土地的人“在特定条件下出租”。这里所说的“特定条件”是指什么条件？

答：这里所说的特定条件是指出租者和租额两方面的条件。第一，对于一般分得土地的人应当不允许其出租，但是例如分得土地的人是孤寡废疾，或者是革命军人、革命职员的缺乏劳动力的家属等，那么就应当允许其出租。第二，对于这种出租者的土地应当由当地政府规定适当的租额，使出租者或承租者双方的利益都得到保障。

选自《中共中央文件选集》(14)，中共中央党校出版社 1987 年版，第 330～333 页。

65. 中共中央关于地主旧富农选举权与被选举权问题的指示

1948 年 10 月 16 日

关于地主旧富农分子的选举权与被选举权问题，应作如下的认识和处理：

（一）新民主主义革命的基本任务，是实行土地改革，彻底消灭封建。而土地改革的直接斗争对象，就是地主与旧式富农。因此，在土地改革过程中，实际上暂时剥夺地主旧富农的政治权利，是完全应该和必要的。

（二）但是在土地改革业已完成，封建制度业已彻底消灭的地区，就应该在无产阶级领导的以工农联盟为基础的人民民主专政的前提下，对那些封建经济基础已被消灭，而又遵守政府法令的一般地主及旧富农分子，原则上确定恢复其公民权（包括选举权与被选举权）。至于其中确有积极破坏土地改革，或通敌或有其他反革命罪行者，应一律由人民法庭或其他适当之司法机关依法判决，有期限地褫夺其公民权。

（三）恢复一般守法地主及旧富农分子公民权的目的，是为了团结多数，发展生产。支持战争，孤立敌人，以加速战争胜利的到来；并不是说我们可以根本放弃或停止对封建残余的一切斗争与警惕，把刚被消灭了封建剥削的地主、旧富农分子与劳动人民不加分别地一样看待；更不是说，无产阶级政党在乡村中依靠贫雇农做为领导土地改革的骨干也不应该，土地改革的成果也可动摇，地主富农思想在党内也可容许其存在或复辟了。决不如此。相反地，恢复守法的地主及旧富农分子的公民权后，更需要克服党内的不纯，提高党内的纯洁性，加强贫雇农、新中农在乡村中的骨干作用，以巩固土地改革之果实，并在土地改革后的新条件下团结各阶层人民积极生产；把原来的地主富农分子改造为劳动人民，而对其中少数分子的破坏与反攻，则更应该提高警惕，要严防他们在取得公民权后，利用农民思想中的弱点，利用他们与农民之间的族姓友邻等关系，利用我们工作中的某些缺点错误，挑拨农民间的关系，篡夺乡村的下层政权，窃取农民的斗争果实，继续压迫农民。这种危险性在恢复地主及旧富农分子的公民权后是一般存在的，越是土地改革中群众发动不充分，支部不纯未彻底克服，贫雇农、新中农骨干未充分形成的地方，这种危险性就越严重。但是，只要我们党能够很好地整顿自己并能在群众中进行很好的工作，这种危险性是能避免或能克服的。因此，还是应该恢复一般守法地主及旧富农分子的公民权，并在恢复他们的公民权之前，应进行一定的准备工作，在恢复他们的公民权之后，仍应对他们的复辟企图提高警惕性。特别在选举运动中，我们党应该在群众中进行很好的工作，使群众团结在党的周围，选举党所提出的正当的候选人，而不选举地主旧富农分子到政府机关中去。

（四）在实行恢复一般守法地主及旧富农分子的公民权时，必须是有准备有步骤地，根据各区各村的具体情况，逐渐实施，切不要无准备无计划地普遍宣布。同时，因为过去在土地改革过程中，暂时剥夺地富的公民权时，并未公开宣布，现在也用不着统一公开宣布。至于实施的条件，应当是：当地土地改革已经完成，土地改革所遗留下的问题已经基本上解决，雇贫中农的团结基本上已无问题，党已经过整顿，新老干部关系基本上已经团结。有了这些条件，人民代表会议选举时，就可恢复守法地主及旧富农分子的选举权与被选举权，否则，应先完成这些工作，而后再恢复之。

（五）其次在实施的具体步骤上，首先必须在党内、在农民内部进行充分教育，使之了解这种措施，主要地是为了人民群众自己，而不是为了地主富农分子，是为了有利于革命，而不是为了有利于反革命。现在所改变的是斗争形式，并不是斗争实质。使雇贫农与中农自觉地团结起来，采用又斗争又团结的策略，把地主及旧富农分子领导到发展生产的轨道上来。切不要对农民和党员采用命令主义的方法，采用简单行政的手段，不管党员与农民群众的意见如何，而简单地贸然恢复地富分子的公民权；切不要用一种右的观点，束缚农民的手足，使农民丧失对地主旧富农分子斗争的思想武器，致长地富分子之威风，堕农民之志气。给予守法的地主及旧富农分子以选举权及被选举权，并不是说党与群众团体都应接收地主及旧富农分子为党员或会员。党与群众团体仍应拒绝接收他们为党员或会员。

（六）在恢复守法地主及旧富农分子的公民权后。我们党与劳动人民将与他们进行和平的合法斗争。这种斗争，不仅在选举中有，在政府的日常工作中也有；不仅在基层政权组织中有，在县以上的政府中也有；不仅今天有，在今后的一定年代内还会有；特别是在选举中和在人民代表会议及政府中，与资产阶级的斗争，还会更加增多而激烈起来。自然，这一种斗争与土地改革中对地富的斗争在形式上有所不同，与一般所谓的“国会斗争”在力量对比上也完全不同，但我们党和劳动人民必须学会并善于使用这种斗争方式，战胜他们。

选自中共中央政策研究室编：《政策汇编》下编，第二野战军政治部 1949 年 9 月翻印，第 163～166 页。

66. 中共中央关于不拟设立区人民代表会及不取消农会组织给东北局的指示

1948 年 10 月 18 日

东北局：

西冬电①悉。

（一）关于区级人民代表会问题，经验证明，在土地改革过程中，区代表会的作用很

① 指 10 月 2 日来电。

大，成功的经验也不少，因此是必要的。但在土改结束后的民主建政中，为求得政权的层次减少，使政府更接近人民，拟不设区代表会，以区政府为县政府派出的代理机关。你处县区村人民代表会选举条例，已收到。华北局也已拟出村县市人民代表会议的选举条例，目前正由华北局召集各区党委派来的干部，组成一专门委员会审议中，约一星期后可将审议后的草案送来中央。中央拟参酌他们的草案后再答复你们。

（二）土改完成，村人民代表会议成立之后，农会的作用自然减少，农会优秀干部应到政府及合作社去工作，但也不应马上取消农会，而且在今后工作中需要通过农会者仍应通过农会；特别在民主建政人民代表会选举中，对一般的守法的地主旧富农分子，原则上应恢复其公民权，农会更有其重要作用，且人民代表会议政权一时还不能组织好或不巩固，乡村中的各种工作和经常制度尚未确实建立起来，故农会暂时还不应取消。至将来是否应该取消，待研究将来乡村中的情况后再来决定。

中　央

选自《中共中央移驻西柏坡前后》，中共党史出版社1998年版，第427～428页。原注："按中央档案电报打字稿刊印"。

附：东北局关于人民代表会议建立后区村农会组织可否取消的请示

1948年10月2日

中央：

今年冬季，在东北将普遍地进行县、区、村三级的建政选举。人民代表会议建立之后，农村工作将主要的经过政权实现，那时区村农会的工作，亦大都转移到政权。因此经过民主运动的建政后，区村农会的工作与作用，即可由政权代替（生产方面尚有合作社互助小组），是否在基本区可以不再存在农会这一组织。这样一方面可以加强政权干部的质量，增强政权的作用；一方面也可使农村中的组织比较简单，更适合农村情况。不知这一意见是否对，以及华北的经验如何，请指示。

东北局

冬

选自《中共中央移驻西柏坡前后》，中共党史出版社1998年版，第428页。原注："按中央档案电报原稿刊印"。

67. 中共中央对私营银钱业的政策决定

1948年10月30日

目前对私营银钱业暂准存在，但应严格管理。私营银钱业，无发行货币权，不准买卖金银外汇，不准经营投机贸易，只准经营存款、放款、贴现、内地汇兑等正当业务。

规定银行及银号之最低资金，即准备金，并以一部贮存国家银行。国家对私营银钱业一般不贷款。规定机关部队以其资金存入国家银行，不准存入私人银钱号。规定国家检查私营银钱业的会计账目，并严格收税。各地可据此拟定具体办法，送中央审查批准施行。

选自中共中央政策研究室编：《政策汇编》下编，第二野战军政治部 1949 年 9 月翻印，第 169 页。

68. 中共中央对东北局在高干会上关于政权建设发言提纲的修改意见

1948 年 10 月 30 日

发来《政权建设发言提纲》我们同意。下列各点应加修改：

（一）原稿第二段第三小节："自由资产阶级是人民大众的一部分，但不是主体，也不是决定革命性质的"，"性质的" 三字后，应加 "力量" 二字。

（二）同段第五小节："在基本群众与资产阶级之间，自然还有矛盾与斗争" 一句后，应加 "在新民主主义的革命彻底胜利以后，在土地改革完成以后，无产阶级与资产阶级的矛盾，即成为中国社会的主要矛盾。这种矛盾，在今后社会发展中，将逐渐明显和激烈起来" 一句。

（三）同段第六小节："乡村里的村区政权，基本上是农民政权" 一句中，"农民政权" 四字前应加 "在无产阶级领导下的" 九字。

（四）同段第九小节："三三制政策基本不变" 一句，应删去。同小节内 "不是勉强凑数" 一句，应改为 "但不要勉强凑数"。

（五）同段第十小节："总之这个政权必须是以劳动群众为主体" 一句，下加 "即以工农联盟为基础" 一句，下接 "在无产阶级及其领袖共产党领导下……"。

（六）第三段第二小节："这种政权最好的组织形式是人民代表会议" 一句中，"人民代表会议" 前加 "各级" 二字。"人民代表会议" 后加 "这是" 二字，下接 "完全新的……"。

（七）同段第三小节开始 "人民代表会议" 六字前加 "各级" 二字。同小节末尾 "各级人民代表会议及村政府之下的各种委员会与公民小组是政府密切联系群众的组织形式" 一句，应删去。

（八）同段第四小节开始 "人民代表会议" 六字前，应加 "各级" 二字。

（九）同段第五小节："各级人民代表会议为各级政权的最高权力机关" 一句，应改为 "各级人民代表会议及其所选出的各级政府委员会为各级政权的权力机关"。同小节内 "各级人民代表会议及各级政府委员会的组织原则为民主集中制，一切重要问题取决于代表会" 一句，应改为："各级人民代表会议及其所选出的各级政府委员会的组织原则为民主集中制，一切重要问题取决于代表会议"。"各级人民代表会议主席即兼各级政府委员会主席”一句应删去。

（十）同段第六小节开始：“人民代表会议便于群众的直接掌握与监督政权”一句，应改为“人民代表会议的政权形式便于人民群众去直接掌握与监督政权”。

（十一）第三段“关于开展民主运动中的一些问题”，其中第二个问题内“宣传代表会是群众自己管理自己生活的政府”一句中“代表会”三字应改为“人民代表会议政府”八字。同段第三个问题末尾一句“逐渐富裕起来”，应改为“使他们逐渐富裕起来”。同段第五个问题开始“各级代表会议应该讨论生产问题”一句中“各级”二字后，“代表会议”四字前，应加“人民”二字。同段第六个问题中括弧内“在他们参加劳动满三年与五年”一句中之“与”字应改为“或”字。

（十二）第四段“关于组织机构与干部问题”，其中第一个问题内，讲到党政民的供给要统一时，应在该小节末尾“交通站、警卫队等”七字后，加“但同时党的机关的经济开支，应准备逐渐独立，以便将来完全分开”一句。又“各级政府应积极进行农业生产与厉行节约，以减轻国家负担”一句中，在“各级政府”四字后“应积极”三字前，加“机关为了自己工作人员的消费”十三字，“农业生产”后之“与”字可删去。

（十三）同段第二个问题应改为“党与政府的关系，在实行民主以后，必须加强党对政府的领导。党是工人阶级的阶级组织的最高形式。在政府中及一切群众组织中工作的共产党员，均须一律服从党的领导，不得违抗，必须实行党的领导一元化；但是党的领导一元化不是个人包办，个人解决重要问题，而是重要问题的解决应由党委会议民主决定。政府及群众团体工作中的重大问题，应由政府的及群众团体的党组提交党委会讨论，民主决定。政府的及群众团体的党组则应保证党委决定在政府及群众团体中实现。但党委不得直接命令政府及群众团体，不得在行政上干涉政府及群众团体的工作，只能指挥自己在政府及群众团体中的党组去实现自己的领导。同时，党还要在组织上保证政府政策法令的执行，下级党委对上级政府的决定指示，应该号召自己的党员、干部和群众加以支持，不得反对或对之消极怠工，并应使党员成为遵守政府政策法令的模范。”

（十四）同段第五个问题“干部问题”中“县长应为仅次于县委书记的干部”一句，应改为“县长应为该县最好的干部，或与县委书记有同等能力的干部”。

（十五）原稿第二段末尾，讲到“在明年春耕以前在基本地区完成县、区、村三级人民代表会议和政府委员会的选举”，关于这一问题，我们在十月十八日对你们十月二日报告的答复中曾告你们“拟不设区代表会”，但此并非定论，可按你们在本发言提纲中的计划试行。

（十六）此外，原稿末尾“就必须依靠党的领导”一句中，在“领导”之前应加“正确”二字。

附：东北局关于政权建设发言提纲（略）

选自中央档案馆编：《解放战争时期土地改革文件选编》，中共中央党校出版社 1981 年版，第 442～445 页。

69. 中国人民解放军总部关于惩处战争罪犯的命令

1948 年 11 月 1 日

我人民解放军自转入进攻以来，所向无敌，全国胜利，屈指可期，国民党反动派懔于覆没的命运，近更绝灭人性，施放毒气，屠杀人民，破坏建筑，毁灭物资，作垂死的兽性的破坏。我全军上下，除应更加努力，采取一切有效办法，保护国家与人民之生命财产，使之免遭国民党军队溃败被歼时之破坏与损失外，应对此种战争罪犯彻底追究，严予惩处。为此，特根据我军一九四七年双十节宣言之精神，宣布如下命令：

一、凡国民党军官及其党部、政府各级官吏，命令其部属，实行下列各项罪恶行为之一，而证据确凿者，均应加以逮捕，并以战犯论罪：

（一）屠杀人民，抢掠人民财物或拆毁焚烧人民房屋者；

（二）施放毒气者；

（三）杀害俘虏者；

（四）破坏武器弹药者；

（五）破坏通讯器材，烧毁一切文电案卷者；

（六）毁坏粮食、被服、仓库及其他军用器材者；

（七）毁坏市政水电设备、工厂建筑及各种机器者；

（八）毁坏海陆空交通工具及其设备者；

（九）毁坏银行金库者；

（十）毁坏文化古迹者；

（十一）毁坏一切公共资材及建筑物者；

（十二）空袭轰炸已解放之人民城市者。

二、凡带头执行以上各项罪恶行为之一者，亦应依法惩办。

三、凡采取有效办法，因而使人民的生命财产，及一切属于本军的战利品及城市建设获得安全或免于破坏者，均给予应得之奖励。

我各地人民解放军应切实执行此项命令。

我军对待国民党反动派党政军人员的政策是："首恶者必办，胁从者不问，立功者受奖"。上述战争罪犯应属于首恶者一类，必须追寻他们至天涯海角，务使归案法办，不容漏网，切切此令。

中国人民解放军总司令　朱　德

副总司令　彭德怀

选自《中共中央文件选集》(14)，中共中央党校出版社 1987 年版，第 380～381 页。

互校版本：《中国新民主主义革命时期法制建设资料选编》第二册，西南政法学院函授部 1982 年编印，第 297～298 页。

70. 中共中央关于军事管制问题的指示

1948 年 11 月 15 日

（一）我们认为在新收复的大城市中进行军事管制，时间不能太短，不要以为军事管制的时间愈短愈好，取消得愈早愈好，而必须看我们进行军事管制的各项目的和任务是否达到，来决定军事管制的时期。

（二）我们认为在军事管制期间，应达到以下几项目的：甲、完全肃清一切残余的敌人和散兵游勇以及任何进行武装抵抗的分子。乙、接收一切公共机关。产业和物资，并加以管制和监督。丙、恢复并维持经常的秩序，消灭一切混乱现象。丁、收缴一切隐藏在民间的反动分子的武装及其他违禁物品。戊、解散国民党、三青团、民社党、青年党及南京政府系统下的一切反动党派和团体，并收缴其各种反动证件，登记其各级负责人员，对登记后的少数反动分子实行管制（每日或每星期须向指定的机关报告其行动）。己、逮捕那些应该逮捕的战犯及罪大恶极的反动分子，没收那些应该没收的官僚资本。庚、建立系统的革命政权机关，建立革命的警察、法庭、监狱，建立物资及生产的管制机关与监督机关，建立临时的各界代表会。辛、在各种工人职员中，在青年学生中，进行切实的宣传组织工作，在可靠的基础上（注意不要被暗藏的特务分子及流氓投机分子所操纵）建立工会，学生会及青年团等，作为城市革命政权可靠的群众基础。壬、整理共产党在城市中的秘密组织，并建立党的组织。

（三）必须在上述各项工作以及其他若干工作做好以后，才能依靠城市中的党和人民政府及群众团体进行统治，取消军事管制委员会，其时间，在大城市中约须三个月至六个月，甚至更长，在小城市中约须几个星期或二三个月。时期太短，是不能做好这些事的。

（四）在军事管制时期，一般应实行戒严，但戒严的目的是限制一切反动分子及破坏分子的行动自由，保障一切革命分子及革命群众的行动自由，绝不要因为戒严而妨害一切革命工作的进行。戒严也只在必要时临时断绝交通，或临时在夜间断绝交通，而不要经常断绝交通或进行封锁。

（五）十万以上人口的大城市取消军事管制须先得中央批准。

选自《中共中央文件选集》(14)，中共中央党校出版社 1987 年版，第 425～426 页。

互校版本：

1. 中共中央政策研究室编：《政策汇编》上编，第二野战军政治部 1949 年 9 月翻印，第 172～173 页。

2.《中国新民主主义革命时期法制建设资料选编》第一册，西南政法学院函授部 1982 年编印，第 219～220 页。原注："中国人民解放军政治学院《中共党史参考资料》第十一册"。

71. 中共中央关于新解放城市中组织各界代表会的指示

1948 年 11 月 30 日

据石家庄、洛阳、济南等城市解放后的经验，我在这些城市的工作中的中心弱点，是与广大群众联系不够，虽然我已掌握了政权，但还没找到与广大群众联系的最适当的组织形式和工作方法。我派往这些城市的工作干部愈多，就使城市工作机关堆积的干部愈多，也就愈加阻塞我在城市的领导机关与广大群众的联系和接触，各领导机关每日所接触的所传达的都是在外面派来的这些干部中打圈子，他们所反映的情况，又常常主观得很，与人民生活中的实际和群众中的真正舆论相距甚远. 有些城市，如石家庄，领导机关一去，也想先将群众组织起来，成为人民政权的支柱和党的耳目，但执行的时候，却毫无准备而冒失地召开工厂的职工大会，城市贫民大会，马上成立各厂工会和街道的贫民组织。结果被国民党特务钻进来。另一种组织形式，就是在城市刚解放后，我们为建立革命秩序，维持人民治安，需要召开各界或各业座谈会，报告我们的政策并征询大家的意见，但这是临时性质，不能解决经常与群众联系的问题。有的城市，已成立临时参议会，但这一组织形式，容易给人以国民党统治时代召开过的参议会的不良印象，而在成分上，因是聘请作参议，很容易偏重旧社会的上层分子，在职权上，因为是咨议机关，对群众的联系也就不会密切。因此，为纠正上述这些缺点，便于联系群众，特规定成立各界代表会的办法如下：

一、在城市解放后实行军管制的初期，应以各界代表会为党和政权的领导机关联系群众的最好组织形式。当城市初解放后，即使党在该城市原来有党的组织和群众工作，但究因是地下党的关系，不可能有广大群众的联系，故不仅正式的人民代表会议一时不易召开，即成立人民团体，例如工会、学生会、青年团、妇女联合会等，也须根据我们原来工作的有无、好坏，分别先后进行，不能一下组织好。而各界代表会，则可根据我们在该城市原有的或可能动员的力量，由军事管制委员会及临时市政府出面首先邀请若干人为各界代表，组成各界代表会，成为军管会和临时市人民政府在军管初期传达政策，联系群众的协议机关。

二、各界代表会的人数不拘，但每个代表应具有团体的代表性，如各工厂、各学校、各机关、各卫戍部队，大者各出一二人，小者共出一二人，各革命团体，如秘密的工会、学生会和妇女、青年组织，各民主党派（如在未解放前受反动压迫的各党派），均可出代表一二人，旧有的商会或其他有代表性的团体如非反动者，亦可容许其出一二人，这些代表，均为聘请，并须在我军入境前后，经过调查研究，方能确定人选，其中应以劳动人民及革命知识分子占多数，但必须尽可能地多请原与群众有密切联系的代表，切忌尽请一些从外边派去工作的干部。如查明某人系属反动分子，即使有某一为我承认之合法团体推荐，亦可拒绝，如已聘请亦得撤销。在某些团体或商店，作坊和贫民的街道组织尚未组成或尚未健全的时候，可以暂缓聘请其中的人为代表。在各人民团体，首先是工会、学生会的组织，已经健全起来的时候，他们的代表可以经过各工厂、各学校、各机关的群众大会推选，然后加以聘请，以增强其代表性。

三、各界代表会的职权，是由军管会和临时市人民政府赋予的。军管会和市人民政府的各项政策及一切市政设施，均可向各界代表会征询意见，并经过其讨论和建议，再由军管会和市政府作出最后决定，付诸实施。各界代表会并可向军管会及市人民政府提出各项市政建议。在实施过程中，各界代表须负责向其所代表的机关、团体、学校、工厂、部队、街道组织的群众报告和解释这些政策和实施的内容，并向各界代表会反映群众的意见。在必要时，军管会和市人民政府亦得派代表直接向上述各单位的群众大会做报告。在各界代表会开会时，得军管会和市人民政府的允许，可邀请有代表出席的团体单位派人旁听，以观察其代表是否尽职。

四、各界代表会的开会日期，在城市初解放时，应根据需要酌量多开，在开会时，军管会和市政府须有负责人出席参加领导。

五、各界代表会可选出主席副主席，并组织秘书处以执行日常事务。各界代表会为市人民代表会议召开以前的临时政府的协议机关，故无对政府约束之权。但我们如能运用得好，则我党的一切决议和主张，均可经过他们的协助，吸收广大人民的意见，取得广大人民拥护，并保持军管会和市临时人民政府与群众的密切联系，使我们能够听到群众的呼声，探知群众的要求，并取得群众的协助来解决各项困难问题，例如解决煤粮缺乏问题及煤粮配给办法等，均可经各界代表会讨论来获得解决。因此，我在各单位的党的组织和工作人员应力争取得群众信用，使党能经过军管会和市人民政府聘请我们同志为代表，并从而培养将来当选为人民代表会议代表的条件，使党在群众中能树立起坚强的领导作用。

六、各城市解放后：人民代表会议何时召开，须视军管期间，我党各项政策实施效果及人民群众组织情况而定，但最主要地还要看我们运用各界代表会这一组织形式的成效如何。考验我们能否管理好城市的决定力量是党的政策掌握了群众，也就是说群众拥护了党的政策。要使这一决定力量形成，党所领导的人民代表会议是我们的组织武器，而各界代表会则可看做是人民代表会议的雏形。自然配合这一组织形式联系群众、传达党的政策、反映群众意见的，尚有党所领导的工会、青年团、学生会等人民团体与党的报纸和广播及其在群众中的通讯员等等，但最直接而又最广泛的，还是这一人民代表会议及其前身——各界代表会的政权和半政权的组织形式，望各地根据这一规定善为运用，并创造出新的经验，随时电告中央。

选自《中国新民主主义革命时期法制建设资料选编》第一册，西南政法学院函授部1982年2月编印，第220～224页。

选自《中共中央文件选集》(14)，中共中央党校出版社1987年版，第431～434页。

互校版本：

1. 中共中央政策研究室编：《政策汇编》上编，第二野战军政治部1949年9月翻印，第190～194页。

2.《中国新民主主义革命时期法制建设资料选编》第一册，西南政法学院函授部1982年2月编印，第220～224页。原注：“中国人民解放军政治学院《中共党史参考资料》第十一册”。

72. 中共中央关于新区农村政权问题给中原局电

1948 年 12 月 2 日

新区在减租减息阶段，一方面，由于群众尚未充分发动，如果在县、区、乡即吸收开明士绅参加成立人民代表会议，就会模糊农民的阶级意识，妨碍农民反封建斗争的发展；另一方面，群众斗争又尚未进入彻底消灭封建的阶段，如果剥夺地主与旧富农之选举与被选举权，则又不安。因此，在新区暂不成立县、区、乡三级人民代表会议。应先自上而下地委派县、区、乡三级行政人员，先组织农民协会，并由农民协会及其所召集之农民代表会议实际上起人民代表会议的作用，作为政权的群众基础。及至群众业已发动起来，农民协会已真正成为农民群众的组织，工人、学生、青年、妇女等群众团体业已相继组织起来，即可成立临时人民代表会议。在城市中，则首先成立各界代表会，作为市政府的群众基础。待工会、近郊农会及青年、学生、妇女等团体组织好后，再成立市临时人民代表会议。

选自中共中央政策研究室编：《政策汇编》上编，第二野战军政治部 1949 年 9 月翻印，第 198 页。

73. 中央关于处理矿产与城市地房产的政策问题给中原局的指示

1948 年 12 月 11 日

中原局：

二十六日电悉。

一、我们对于矿业及城市房产地产的处理，应视这些企业原属何人所有而定，如矿产原属国营或真是官僚资本所有，则应接收或没收为人民政府所有；如属私人资本所经营，或其中包含有私人股份者，则应留给私人经营和承认私人股份，并督促他们继续营业，适当的改善工人待遇，其中规模较大，将来应收为国有者，待以后再行处理。

二、关于城市中的地产，中央尚未决定处理办法，暂时亦不忙决定，目前除公地及官僚资本与被法庭判决之战犯的地产房产应予接收及没收，由市政府管理外，其他私人地产房产均不应没收，应承认其所有权，由市政府征收一定之地产税及房产税。

三、中央决定不要将很多国有财产划为党产，将来党的经费另想办法解决。

中　　央

选自《中共中央文件选集》(14)，中共中央党校出版社 1987 年版，第 439 页。

74. 中央关于中央法律委员会任务与组织的决定

1948年12月12日中央书记处会议通过

各中央局、中央分局，各前委、工委：

一、中央法律委员会为在中央书记处领导之下，协助中央研究与处理有关全国立法和司法问题之工作机关。

二、中央法律委员会在立法问题方面之任务为：遵照中央指示，草拟有关全国性之法律大纲或条文；遵照中央指示或依其他机关提议，协助其他机关草拟或审查专门性之法律或法令；协助中央书记处审查各地送来之法律草案。在司法方面之任务为：厘定司法制度与法院组织纲要；拟定司法人员训练计划；编译法律书籍材料；以及总结司法工作经验。

三、中央法律委员会由委员九人组织之，以王明、谢觉哉、张曙时、李木庵、陈瑾昆、何思敬、郭任之、杨绍萱、孟庆树九同志为委员，并以王明同志为中央法律委员会主任。

四、为进行经常工作，在中央法律委员会下设立研究室与编译室。

选自《中共中央文件选集》(14)，中共中央党校出版社1987年版，第440页。

75. 中央对东北局关于县区村人民代表会议组织条例与选举条例的修改意见

1948年12月18日

东北局：

东北行政委员会亥佳电①已阅悉。关于办理县、区、村正式人民代表会议与人民政府委员会之选举问题，中央已另电通知，延迟至明年秋后举行，根据你处的条件，我们认为，亦以推迟一年办理为好，而不必忙于明年一月赶办普选。至于你们所拟订之县、区、村人民代表会议组织条例与选举条例，其中以下几点加以修改后，即可作为草案选择若干县试办。

一、县区村政府一律称为人民政府，县区村人民代表会议及人民政府都不要称“最高权力机关”而称为“权力机关”，并须将“议决执行上级交办之重要事项”列为县区村人民代表会议及人民政府的职权之一。

二、有许多旧民主制度的规定，如组织条例第三章第十六条关于“提请复议权”之规定，第十七、十八两条关于“代表人身保障”的规定等，均可删去。

三、县区人民代表会议议长不要兼县区政府主席，村可兼任，但一般也以不兼为好。

---

① 指12月9日来电。

县、区、村政府主席应分别由县区村人民政府委员会委员互推之。而不要由人民代表会议直接选举，这样，一方面符合民主集中制的原则，另一方面主席如有调动时，由该级人民政府委员会另行互选，手续方便得多。

四、县、区、村政府各部门的组织机构不必订在条例中，因为县、区、村政府之组织机构变动可能很大，列入条例，反多束缚。

五、选举条例第八条，限制地方部队、工厂、矿山、学校及机关的代表名额不得超过代表总名额八分之一的规定，是不妥当的，相反，应规定工厂、矿山、学校、机关的选举，须给以优待，如区域选举每三百人选一代表，工厂、矿山、学校、机关特种选举每一百五十人即可选一代表。

六、选举条例第四章关于竞选之规定，可以删去，尤其不要在选举中搞竞选运动。

七、第十九条第三项剥夺公权的规定，应改由县司法机关判决施行。

以上意见，望加考虑修改后试行，再根据试行经验加以修改，以便明年秋后进行普选时颁发实行。至于华北起草的两条例，因其中尚有几点未做最后决定，待审定后再转发你们参考。

中　央
亥　巧①

选自《中共中央移驻西柏坡前后》，中共党史出版社1998年版，第431～432页。原注："按中央档案电报打字稿刊印"。

76. 附一：东北解放区县区村各级政府组织条例（草案）

1948年9月23日

第一章　总　则

第一条：依据建立新民主主义政权之精神，及东北实际情况制定本条例。

第二条：县、区、村皆为政权之一级，村政权为基层组织。各级政权均依民主集中制原则组织之。

第二章　行政区划

第三条：县根据人口、面积、政治、经济、交通等情况分为四等，每县可领导五个至十五个区。

特等县四十万人口以上；

甲等县二十万人口以上；

乙等县十万人口以上；

丙等县十万人口以下。

第四条：区按照不同情形分为两种：

---

① 指12月18日。

一、农村区：下分若干村，每区可领导十村至二十个村，各村距区政府所在地一般以不超过三十里为宜。

二、城市：县政府所在之城市设城区，区下分若干街，每街以四百户左右为宜。

第五条：村为便于深入工作，充分发扬民主，按照下列条件划分之：

（一）交通联系方便，可以若干自然屯合组为一行政村。

（二）各屯距村政府所在地一般在五里左右为宜。

（三）每村以二百户至五百户为宜。五百户以上之大屯，或距他村太远不足二百户之屯，均可单划为一行政村。

第六条：镇分两种：交通便利，工商业较多，人口在两万以上者为特等市镇（人口在四万以上者为县或市，其组织另定），其组织与城区同，直接受县府领导，区政府所在地则由区领导；其他普通镇，其组织与村同，直接受区政府领导。

第七条：工人区、产业工人集中居住区域（包括工人家属在内），超过其他各业居民半数以上者得成立工人村（街）、工人区，或单独成立工人村（街）、工人区，其领导关系与其他区、村（街）同。

第八条：民族自治区，各少数民族集中居住，超过该村、该区、该县人口半数以上者，得成立民族自治村，民族自治区，民族自治县。

第三章　人民代表会议

第九条：县、区、村各级人员代表会议，为各级政权之最高权力机关，由选民用普遍平等直接无记名投票法选举之代表组织之。

第十条：县代表任期二年，区村代表均任期一年，连选得连任。

第十一条：各级人民代表会议职权如下：

（一）选举与罢免同级政府之行政委员。

（二）制定县地方法规，及区村公约。

（三）审查财政收支及预决算。

（四）检查同级政府工作，及对代表会议决议之执行。

（五）决定其他行政应兴应革事项。

第十二条：各级代表会议设正副主席各一人，由代表用无记名投票法选举之。

第十三条：县代表会议每半年开会一次，区代表会议三个月开会一次。村代表会议每月开会一次。有下列情形之一者得召开临时会：

（一）县代表五分之一提议，区代表四分之一提议，村代表三分之一提议者。

（二）县人民十分之一提议，区人民五分之一提议，村人民三分之一提议者。

（三）经同级行政委员会决议者。

（四）经上级政府指示者。

第十四条：各级代表会非有过半数之代表出席不得开会；非有出席代表过半数之通过不得成立决议。

第十五条：各级代表会不得作与上级政府法令抵触之决议；抵触时服从上级政府之法令。

第十六条：代表会之决议案政府认为不便执行时，政府得详具理由送请代表会议复议，复议后仍持原议时，政府应即执行。

第十七条：代表在开会期间，在会议上所发之言论，对外不负责任。

第十八条：各级代表除现行犯外，非经代表会许可，不得逮捕或拘禁。

第十九条：各级代表违法失职时，得由其选民或代表会议罢免之，有候补者依次递补，无候补者另选之。

第四章　县政府

第二十条：县设县政府，由人民代表会议选举县政府行政委员九人至十三人组成县政府行政委员会（简称县府委员会）。该委员会对上级政府及县人民代表会议负责，在代表会闭会期间，为全县行政最高权力机关。县人民代表会议正副主席为行政委员会当然正副主席，并呈请省政府转呈东北行政委员会批准，其余委员可兼任县府各科长、局长。

第二十一条：县行政委员会对上级政府、县人民代表会议负责，领导县政，县主席对外代表县政府，一切政令公文均以主席名义行之；有副职者连署之。

第二十二条：县府委员任期二年，必要时得延长，连选得连任，主席调动时，得补选，不能补选时得由省委任代理，并呈请东北行政委员会批准。

第二十三条：县行政委员会之职权如左：

（一）执行上级政府之政令、决议、指示及交办事项；

（二）执行县人民代表会议之决议；

（三）颁布县地方法规各项细则；

（四）监督所属机关执行任务，依权任免、调动、奖惩所属行政人员；

（五）其他县政应兴应革事宜。

第二十四条：县府可设下列部门推行工作，但应本精简原则及实际工作需要，并减少或合并部门。

（一）秘书室：掌管报告、会议记录、撰拟文件、典守印信、会计、总务、文书、收发、通讯、联络及其他不属于各科事项。

（二）民政科：掌管政权组织建设，行政区划、选举、人事、行政、劳动福利、卫生保健、婚姻、抚恤、优属、荣军、救济、民族、宗教、风俗、社团调查登记指导及其他有关民政事项。

（三）财政科：掌管财务行政，审计预决算、税收、公产整理保管及其他有关财政事项。

（四）粮政科：掌握粮食征收，运转保管及其他有关粮食事项。

（五）教育科：掌管学校教育社会教育、宣传工作及其他有关文化教育事项。

（六）农业科：掌管农业生产、地政、水利、水产、畜产、林政及其他有关农业事项。

（七）工商科：掌管工商登记、管理贸易合作事业及其他有关工商业事项。

（八）人民武装科：掌管民兵、自卫队、防匪自卫、战争动员，战争勤务及公路等项。

（九）人民法院：掌管民刑案件、犯人管理教育、生产等事项。

（十）公安局：掌管维持社会秩序、缉捕盗匪、锄奸、检举反革命分子、执法、禁赌、禁毒、管理户口户籍及其他有关公安事项。

第二十五条：秘书室设秘书一人，科员办事员若干人；各科局各设科长、局长一人

（必要时可设副职）、科员、办事员若干人。

第二十六条：秘书、科长、局长由县主席遴选，呈请省政府核准委任之，其余人员由县主席委任之，呈报省府。

第二十七条：县行政委员会由县府委员组织之，非行政委员之科长、局长得列席会议。处理日常政务可召开县政务会议，由主席、秘书及各科长、局长组织之。

第二十八条：县政府为加强某种工作，可组织专门工作委员会，由有关科长、局长及邀请当地军政首长及群众团体负责人参加。

第二十九条：县政府为布置检查工作，得召集区村干部会议。

第三十条：县政府对设在该县之上级政府所属该县范围内的事业专管机关及各种事业部门，有监督指导之权。

第三十一条：县政府经费应造具预决算，经省政府核准支销。

第三十二条：县政府之印信由东北行政委员会颁发之。

第五章　区政府

第三十三条：区设区政府，由区人民代表会议选举区政府行政委员七人至十一人组织区政府委员会。该委员会对上级政府及区人民代表会负责，在区代表会议闭会期间为全区行政最高权力机关。区人民代表会正副主席为区行政委员会当然正副主席，呈请县府转呈省政府批准，其余委员可兼任助理员。

第三十四条：主席对外代表区政府，一切公文均以主席名义行之。

第三十五条：区行政委员任期一年，必要时得延长，连选得连任。区主席调动，另行补选；不能补选时得由县府委任代理，并呈请省政府备案。

第三十六条：区行政委员会之职权如左：

一、执行上级政府交办事项；

二、执行区人民代表会议之决议；

三、公布区公约；

四、监督所属行政人员执行任务；

五、其他应兴应革事项。

第三十七条：区政府设秘书、民政助理、教育助理、财粮助理、生产助理、工商助理、人民武装助理、公安助理，其任务均与县各科局同，民政助理并负责调解群众纠纷。

第三十八条：非区委员兼任之区助理，可由区主席遴选呈请县府核准加委。

第三十九条：区行政会议由区行政委员组织之，非区行政委员之助理员可列席会议，必要时可邀请其他有关团体机关之负责人参加。

第四十条：区政府为布置检查工作，得召集村干部会议。

第四十一条：区政府之经费应造具预决算经县府核准支销。

第四十二条：区政府之印信由东北行政委员会制定样式，由省府制发之。

第六章　村政府（镇、街政府）

第四十三条：村设村政府，由村人民代表会议选举村行政委员七人至十一人组成村政委员会①，在村代表会议闭会期间，为村行政最高权力机关。村代表会正副主席为村政府委员会之当然正副主席，由区政府转请县政府批准。

第四十四条：村政委员任期一年，连选得连任。

第四十五条：村正副主席对外代表本村；对村人民代表会议与村行政委员会负责领导村政。

第四十六条：村政府之任务：

（一）执行上级政府交办事项。

（二）执行村人民代表会议决议事项。

（三）公布村公约。

（四）其他村政应兴应革事项。

第四十七条：村政委员分工掌管事项如左：

（一）民政委员：掌管选举、拥军、荣军、优属、抚恤、救济、义仓、婚姻、劳动福利、卫生、保健等事项。并可根据需要在民政委员之下设义仓委员会。

（二）文教委员：掌管学校社会教育及村民文化娱乐事项。

（三）财粮委员：掌管财粮收支、保管事项。

（四）生产委员：掌管土地、生产合作事项。

（五）人民武装委员：掌管民兵、自卫队、防匪自卫、战争动员、战争勤务、护路、护林及保护一切公产等事项。

（六）调解委员：掌管调解民间纠纷等事项。

（七）公安委员：掌管锄奸、户口户籍、维持治安、禁赌禁毒等事项。

（八）设文书一人，由村主席聘任，经区政府审查批准，保管表册及缮写等事项开会时当记录。

第四十八条：村政府为便于行政领导，在村下可划分为若干屯民组，每组二十户至五十户，组设组长一人，由组内人民代表互选之，二组以上的自然屯，由屯内人民代表互选代表主任一人。

第四十九条：村政府每半月召开村政会议一次，全体村政委员出席，必要时可邀请各团体负责人参加，并得召开临时会议。

第五十条：主席应向上级政府及村人民代表会议定期报告工作。

第五十一条：村政府脱离生产人员定为二人，城区内街政府脱离生产人员定为一人，其他村街干部均为义务职。

第五十二条：村经费应按月造报预决算、经区政府审核，县政府报销，并向群众公布。

第五十三条：村政府之印信，由东北行政委员会规定样式，由县政府制发之。

第七章　附　则

第五十四条：本条例如有未尽事宜，得由东北行政委员会修改之。

第五十五条：本条例解释权属于东北行政委员会。

---

① 原注："村政委员会"似为"村行政委员会"或"村政府委员会"之误。

第五十六条：本条例自公布之日施行。

77. 附二：东北解放区县、区、村人民代表选举条例（草案）

1948年9月20日

第一章　总　则

第一条：本条例根据东北解放区县、区、村政权组织条例制定之。

第二条：县、区、村人民代表会议之代表，均由选民按普选平等直接无记名投票法选举之。

第二章　选举权与被选举权

第三条：凡年满十八岁以上之中国公民，不分性别、民族、宗教、信仰、教育程度、居住年限、社会职业及财产状况，经选举委员会登记依法审查合格后，均有选举权与被选举权。

第四条：有下列情形之一者，无选举权与被选权。

一、不及法定年龄者。

二、患精神病者。

三、经军事法庭司法机关和人民法庭判决剥夺公民权者。

四、有反革命行为及民主政府缉办在案者。

第五条：凡外国人在东北解放区境内已入中国国籍者，其公民资格均适用于第三条、第四条之规定。

第三章　选举区及选举名额

第六条：县、区、村选举区之划分：

一、县人民代表以区为单位选举之。

二、区人民代表以村为单位选举之。

三、村人民代表以村公民小组为单位选举之，每小组以十五人至四十人组合之。

第七条：县、区、村人民代表名额之规定：

一、特等县：一百六十名。

二、甲等县：一百四十名。

三、乙等县：一百二十名。

四、丙等县：一百名。

五、区：四十名至六十名。

六、村：每一公民小组选代表一人。

前项县、区人民代表以各选举单位公民比例分选之，少数民族之代表名额，可依公民比例酌情增加。

第八条：地方部队、群众团体、工厂、矿山、学校及其他机关，依单位大小得单独或归并划为选举单位，其代表名额最多不超过总代表八分之一。

第四章　候选人与竞选

第九条：县、区、村人民代表之选举，地方部队、群众团体、工厂、矿山、学校及其他机关或一般公民自由联合，均得提出候选人经选举委员会依法审查合格后，得自由参加竞选。

第十条：公民自由联合县、区选举须有公民四十人以上始得联合提出候选人。村可由公民小组提出候选人。

第五章　当选、候补及改选

第十一条：县、区、村人民代表均以票多者为当选，次多者为候补，村不设候补人，在每一选举单位内，候补人不得超过当选人十分之一。

第十二条：县、区、村代表因死亡或其他原因去职时，由候补人依次递补，村可另补选之。

第十三条：县人民代表每二年改选一次，区、村人民代表每一年改选一次，连选得连任。

第十四条：县、区、村人民代表选举中，如有贿选舞弊胁迫破坏等情，经举发证实者，其选举结果宣布无效，违法者并交政府依法处理。

第六章　选举委员会

第十五条：县、区、村人民代表之选举事务，由各级选举委员会办理之，其组织如左：

一、县人民代表选举委员会，由县级机关、地方部队、民主党派及群众团体、学校及民主人士之代表九人至十三人组织之。

二、区人民代表选举委员会，由区级机关、民主党派、群众团体之代表五人至七人组织之。

三、村人民代表选举委员会由村级机关及群众团体的代表或村民大会选举之代表五人至七人组织之。

第十六条：各选举委员会，设主任、秘书各一人，下设总务、宣传、选举三股。

第十七条：地方部队、群众团体、工厂、矿山、学校及其他机关按选举委员会制定之选举单位成立选举委员会。

第十八条：各级人民代表选举委员会之职权与任务如左：

一、进行各级选举之宣传动员。

二、办理公民登记。

三、依法审查公民资格。

四、召开选举会议。

五、监督选举。

六、检查选举违法事项。

七、其他有关选举事项。

第十九条：确定公民资格之手续，应以下列程序进行之：

一、村选举委员会应根据本条例第三条、第四条之规定，负责审查全村公民资格之同时，提出有公民权者与无公民权者之名单。

二、由村（街）选举委员会召开村（街）民大会，审查讨论通过前项名单，并呈交区政府批准，向全村（街）公布之。

三、经群众检举须剥夺公民权者，由区政府审查，呈请县政府批准后实行之。

四、人民对于公民资格之审查有检举权与申诉权。

第二十条：各级选举与经费，由县选举委员会造具预决算，呈请省政府批准支销。

第七章　附　则

第二十一条：本条例修改解释权，属于东北行政委员会。

第二十二条：本条例由东北行政委员会公布实行之。

选自《中共中央移驻西柏坡前后》，中共党史出版社 1998 年版，第 432～441 页。原注：“按中央档案电报原稿刊印”。

78. 中共中央关于县、村人民代表会议的指示

1948 年 12 月 20 日

在一九四七年冬的土地改革中，各地已有许多县、区、村建立了临时性的人民代表会议或农民代表会议，并获得许多宝贵的成绩和经验，如晋绥之崞县和华北之平山。这些临时性的人民代表会议之代表，大多是由各村群众大会直接选派出来，大村每村一人，小村数村合选一人，随时可以撤换。这种代表确实具有充分的群众性，会议也开得很活泼，讨论和解决了许多重要的问题，在土地改革中确实起了不少的作用，如崞县一区代表会议对那样复杂的政策问题也解决得很好。因此，凡在土地改革中已建立了这种临时性的人民代表会议或农民代表会议并获有成绩的地方，不要以为土地改革结束而把它搁置起来，必须继续保持并加以改进和发展，必须把扩军、战勤、负担、生产等重要工作都拿到代表会议去讨论和决定，而不要只由几个人去决定，仍旧回到过去那种包办代替的方式，以便经常联系人民，吸取更多的经验，使人民代表会议不仅善于解决土地斗争中的各种问题，而且在扩军、战勤、负担、生产等经常工作中也同样有其积极的作用。至今尚未建立起这种临时性的人民代表会议的地方，亦应按照上述的经验，把它建立起来。经验证明，人民代表会议的政权，乃是新民主主义政权的最好形式。各地党的领导机关必须予以最大的注意，研究其中的经验，以便能在经常工作中把它确实地建立起来，在报纸上亦须经常总结和报导其经验。但正规地选举县、村两级的（或县、区、村三级的）人民代表会议，在一九四八年冬和一九四九年春还不宜普遍办理，让临时性的人民代表会议再继续工作一年，是有好处的。而各解放区在一九四八年冬和一九四九年春可选择若干县试办这种正规的选举，以便取得经验，在一九四九年秋后普遍实行。

选自《中共中央文件选集》(14)，中共中央党校出版社 1987 年版，第 450～451 页。

互校版本：中共中央政策研究室编：《政策汇编》上编，第二野战军政治部 1949 年 9 月翻印，第 199～200 页。

79. 中央关于城市公共房产问题的决定

1948 年 12 月 20 日

在解放的城市中，由于对公共房产的管理与分配尚未规定出详细的办法，曾发生了许多不应有的问题。例如，许多机关、团体和部队，在城市中占领与争夺公共房屋和家具，或一个小机关占据极大极多的房屋，任意糟蹋毁坏，不负任何责任；许多干部擅自在城市的公共房屋中设立私人的公馆，取用家具，或以家具赠人，搬入乡村；另有许多公共房屋在机关搬走后，不将房屋交代适当机关接收或看守，或随便移走家具和水电设备，让许多公共房产被游民破坏，无人负责看管。这些现象的发生，不独严重地损害国家和人民的财产，且在人民中种下极不好的印象，严重地妨害了工作的进行，妨害了党内的团结，并引起了若干干部的生活腐化。为了切实防止并消灭这些现象，中央特作处理城市公共房产的各项规定如下：

一、在一切有许多公共房产的城市中，由驻在该城市中的最高党委拟定名单，经过军事管制委员会，或当地政府及军事机关，任命该城市的公共房产管理委员会，并在此委员会之下，设立公共房产管理处，统一管理与分配该城市中的一切公共房屋，不许有任何例外。一切公共房屋，连同房屋中的家具、设备、衣被、草木等在内，不论有无机关或个人居住或已否分配，一律由房产管理委员会接收和保管，并进行登记，造具清册，成为国家财产，不许有任何例外。这种接收工作，并须尽速完成。任何机关、团体或个人，均不得私自占用民房，非经特许并不得私自租借民房。

二、公共房产管理委员会接收所有公共房产后，即拟定房产分配计划，按照驻在该城的所有公共机关、团体、工厂、学校的实际需要，将所有房产包括家具、衣被及其他设备在内，一律重新作一次统一的合理的分配，以免多少好坏不均、浪费房屋及其他不合理现象。这种分配计划，由该城最高党委批准，并召集有关各部门的工作人员大会说明后，由军事管制委员会或政府及军事机关首长以命令执行之，各机关团体不得擅自霸占或争夺。但在重新分配公共房产时，一般地应使原有机关、学校、工厂仍分配以原有房产，使其在原处工作，以利人民来往和工作进行。

三、一切在巩固城市中办公的机关，必须设立集中的办公室，实行集中办公制度，建立办公规则，按时上班下班，非经准许，不许迟到早退（外出办公，属于办公时间内）。某些机关因业务需要，应建立夜间值班制度，设立值班员。除申明理由，经当地最高机关批准者外，不准任何人在自己家中办公。这种办公室应依党的、政府的、军队的、群众团体的、财经部门的各种系统，分别建立。

四、所有在城市中工作的党、政、军、民各系统的工作人员，在房屋具备的条件下，须分别设立寄宿舍，集中居住。除其家庭原在本城市并有充足理由经本机关负责首长批准者外，不得离开寄宿舍居住。任何负责的党员，除其家庭原在本城有其自己的房屋居住外，不得在城市的公共房屋中设立私人的公馆。如有个别党员及非党干部须在城市的公共房屋中设立个人公馆者，须经中央及中央代表机关特许。各机关的办公处和寄宿舍，在有敌机威胁的城市中，须注意防空设备。

五、依照上述各项，将城市公共房产统一调整分配后所空出的许多公共房屋，由管理委员会计划分别作为公共场所、文教机关、工农群众的招待所等，并可酌量出租一部分房屋给市民。对原有的公共场所、学校、古迹名胜应予保护，不得破坏。除非有十分的或暂时的必要，不要无代价地分配房屋给贫民居住。但在某些已有工人免费寄宿舍的城市中，仍应允许其免费居住。

六、所有公共机关和个人被允许居住公共房屋及以公共房屋办公者，均须向房产管理处付出必要的房租，作为修理房屋与水电设备，添制家具及管理人员的经费与建造新房之用。否则，公共房屋将永远无人负责管理和修理，而迅速毁坏。房租应分为几等，公共机关公共场所所需用的房屋及工人贫民租住的房屋，租金应该从轻。增加房租时，须经市政府之批准。如有公共机关在过去因修理公共房屋和水电设备及添置家具所用之经费，允许作为租金折算。

七、制定公共机关和个人租住公共房屋必须遵守之章程，以及破坏这些章程之处罚办法，在章程内应规定承租、退租之手续，房租缴纳之办法，损失与破坏之赔偿，管理人员的职责与职权等。这种章程由政府颁布，并须由承租人签字保障实行，不实行者，房产管理处得向人民法院控诉。

八、公共房产管理委员会，一般应属市政府管辖（在实行上述各项时，可暂时直接归军事管制委员会或驻在该城之最高政府管辖）。管理委员会所收得之房租，除作为经过其所属之上级机关所批准的自己开销及修理、添制等项经费外，应解交市政府。在规模较大的公共房屋中，应设立管理室，由住于该房屋中的机关负责组成，受房产管理处管辖。在一个胡同或弄堂内，应设看守人，由房产管理处指派，经常负责检查及看守公共房产。

九、上述各项应由各中央局，分局转令各城市党委办理，并由市政府制订法令公布施行之。在解放已久的城市，市政府应即设立公共房产管理委员会及管理处，将所有公共房产，不论已否分配，统应进行一次全面调查，并依据上述规定，实行接管和重新分配。在新解放的城市中，由军管会制订临时办法施行，并设立各机关和团体临时的办公处和寄宿舍，迅速建立公共房产管理机关去接收和管理一切公共房产。不论解放已久或新解放的城市，均严格地禁止一切霸占、争夺、移走、拆毁公共房产、家具、设备的行为。上述各项办法的实行，不独可以保护城市中大量的国家财产，最大的好处，还在维持我党和党外工作人员在城市中的秩序，及防止城市工作人员的腐化与官僚主义化。

十、除公共房产问题外，对所有准备长期在城市中工作的人员，应适当地改变原来在乡村工作中的若干待遇，按照城市的条件，重新规定城市工作人员的待遇。例如：私人的马匹与马夫应该取消；私人勤务员亦可取消，在办公室与寄宿舍改用公共勤务员。除部队外现行的警卫员制度，应一律取消。除对办公室与寄宿舍应组织适当的警卫外，对于高级负责干部的保卫，应采用适合于城市环境的办法。设立公共的交通工具，及发给某些工作人员以必要的交通费，并须发给工作人员若干必要的津贴。所有汽车必须统一地合理地分配，禁止任何私人霸占汽车。工作人员的伙食、制服、娱乐、洗澡、理发等，均应统一地加以规定和组织，并酌量组织托儿所。必须适当地统一地规定与组织一切工作人员的生活，才能免除城市工作人员各种散漫的现象，及不适合城市工作的各种生活样式，保持工作人员饱满的工作情绪。一切城市工作人员中，不能容许有不守纪律及贪污和腐化的现象，如有不守纪律及贪污和腐化的行为，必须立即加以处理，令其离开城市工作。但在节俭的水准上适当地规定城市工作人员的生活是完全必要的。

中　央

选自《中共中央文件选集》(14)，中共中央党校出版社 1987 年版，第 461～465 页。

互校版本：中共中央政策研究室编：《政策汇编》上编，第二野战军政治部 1949 年 9 月翻印，第 211～215 页。

80. 中央为平津前线司令部起草的入城布告

1948 年 12 月 21 日

林罗刘，肖陈，程彭黄，彭聂叶，黄①（华北转）并告华北局：

兹发去平津入城布告底稿，望即如拟付印，并即开始在平津市郊张贴。杨罗耿、杨李两兵团付印时，可将平津前线司令部改为平张前线司令部，解放平津两市，改为解放张家口，其他凡有平津字样，均改为平张或张家口，余均可通用，下面署名亦用林罗。

中　央

布告底稿全文如下：

中国人民解放军平津前线司令部布告：约法八章

本军奉命歼灭国民党匪军，解放北平、天津、唐山、张家口诸城市。兹特宣布约法八章，愿与我全体人民共同遵守。

（一）保护各城市全体人民的生命财产。望我全体人民严守秩序，各安生业。如有反革命分子或其他破坏分子乘机捣乱、抢劫、破坏者，一经查出，定予严办。

（二）保护民族工商业。凡属私人经营之工厂、商店、银行、仓库等，一律保护，不受侵犯，望各业员工照常生产，各行商店照常营业。

（三）没收官僚资本。凡属国民党反动政府经营的工厂、商店、银行、仓库、铁路、邮政、电报、电灯、电话、自来水等，均由民主政府接管，如有一部分私人资本经调查属实者，当承认其所有权。所有在官僚资本企业中供职之人员，在民主政府接管前，均需照旧供职，并负责保护资财、机器、图表、账册、档案等，听候清点和接管。保护有功者奖，怠工破坏者罚，其愿继续服务者，在民主政府接管后，准予量才录用。

（四）保护学校、医院、文化教育机关、体育场所，及其他一切公共建筑，凡原在学校、医院、文化教育卫生机关，及其他社会公益机关供职的人员，均望照常供职，本军一律保护，不受侵犯。

---

① 原注：姓名全称是：林彪、罗荣桓、刘亚楼、肖劲光、陈伯钧、程子华、彭明治、黄志勇、彭真、聂荣臻、叶剑英、黄敬。

（五）除首要的战争罪犯及罪大恶极的反革命分子外，凡属国民党省、市、县各级政府机关的官员、警察人员、区镇乡保甲人员，凡不持枪抵抗、不阴谋破坏者，本军一律不加俘虏或逮捕，并责成上述人员各安职守，服从本军及民主政府的命令，负责保护各机关资财、档案等，听候接收处理。这些人员中，凡有一技之长，而无反动行为或严重劣迹者，民主政府准予分别录用，如有乘机破坏、偷盗、舞弊、携带公款、公物、档案潜逃，或拒不交代者，定予依法惩办。

（六）为确保城市治安，安定社会秩序，一切散兵游勇均应向当地本军部队及警备司令部公安局投诚报到。凡自动投诚报到，并将所有武器交出者，概不追究；其迟不报到及隐藏武器者，即予逮捕查究，决不姑宽；窝藏不报者，亦须受应得的处分。

（七）保护外国侨民生命财产的安全。一切外国侨民，必须遵守本军及民主政府的法令，不得进行间谍活动，不得有反对中国革命事业的行为，不得隐匿战争罪犯、反革命分子及其他罪犯；否则，当受本军及民主政府的法律制裁。

（八）无论在本军进城以前和进城以后，城内一切市民及各界人士，均须共同负责，维持全城秩序，免遭破坏。凡保护有功者奖，阴谋破坏者罚。

本军纪律严明，公买公卖，不取民间一针一线，望我全体人民一律安居乐业，切勿轻信谣言，自相惊扰。切切此布！

中国人民解放军平津前线司令部
司 令 员　　林　彪
政治委员　　罗荣桓

选自《中共中央文件选集》(14)，中共中央党校出版社 1987 年版，第 468～470 页。

互校版本：中共中央政策研究室编：《政策汇编》上编，第二野战军政治部 1949 年 9 月翻印，第 218～220 页。(无中央电文)

说明：1949 年 4 月 25 日发布的《中国人民解放军布告——宣布约法八章》与此略有修改。参见《毛泽东选集》第四卷，人民出版社 1991 年版，第 1457～1459 页：《中国人民解放军宣言》。

81. 陕北权威人士论战犯名单问题

1948 年 12 月 25 日

〔新华社陕北二十五日电〕此间各界人士谈论战争罪犯的名单问题。某权威人士称：全部战争罪犯名单有待于全国各界根据实际情形提出。但全国闻名的头等战争罪犯，例如蒋介石、李宗仁、陈诚、白崇禧、何应钦、顾祝同、陈果夫、陈立夫、孔祥熙、宋子文、张群、翁文灏、孙科、吴铁城、王云五、戴传贤、吴鼎昌、熊式辉、张厉生、朱家骅、王世杰、顾维钧、宋美龄、吴国桢、刘峙、程潜、薛岳、卫立煌、余汉谋、胡宗南、傅作义、阎锡山、周至柔、王叔铭、桂永清、杜聿明、汤恩伯、孙立人、马鸿逵、马步芳、陶希圣、曾琦、张君劢等人，则是罪大恶极，国人皆曰可杀者。应当列入头等战犯名单的人，自然不止次数，这应由各地身受战祸的人民酌情提出。人民解放军为首先有权利提出此项名单者。例如国民党第十二兵团司令黄维在作战中施放毒气，即已充分地构成了战犯资格。全国各民主党派，各人民团体皆有权讨论和提出战犯名单。

选自《中共中央文件选集》(14)，中共中央党校出版社 1987 年版，第 475 页。

82. 附：十四条军管会入城纪律

1948 年 12 月 28 日

一、入城机关、部队人员必须佩带符号，或持有证件，并遵守政策、纪律与规则。

二、入城军人须注意军风纪律，服装整齐，注意礼节。

三、通行时靠右边走，不准在市内乘车驱驰，汽车速度每小时不得超过 40 里，慎勿发生意外。

四、不准在街上吃东西，不准随意大小便，维持公共卫生。

五、不准私入民宅，不拿人民一针一线，必须公平交易，遵守群众纪律。

六、战斗结束后不准无故鸣枪。

七、无事不得擅自出游，外出时必须请假，不准外宿。

八、乘坐火车、公共汽车或电车时，必须遵守乘车规则，听从指挥，不准扒车跳车，免出危险。

九、服从纠察队、警察及路警等之正当指挥，不得违犯其规章。

十、居住房舍内的陈设家具等，不得私自搬动。

十一、注意组织防控，严格遵守防控规则与纪律。

十二、保护自来水、电灯、电话、民教馆、图书馆、文物古迹等公共财产与社会公益机关，不得损坏或搬运其设备，或妨害其工作。

十三、任何人员均有协助警备部队和公安机关举发破坏分子、特务分子的责任，在非紧急情况下（如抢劫、放火、杀人等），不得直接逮捕。

十四、人人要宣传共产党及人民政府的政策法令。

选自《北京晚报》2011 年 7 月 29 日“江山·迹”特刊，第 11 页。

83. 中央关于新解放城市对旧保甲人员的处理办法的通知

1949 年 1 月 3 日

林罗，聂彭叶，黄①，并告各中央局，分局，前委：

---

① 林罗，指林彪、罗荣桓。聂彭叶，指聂荣臻、彭真、叶剑英。黄，指黄敬。

根据过去晋冀鲁豫在新解放区对伪保甲人员处理的经验及此次济南的经验，我们建议：平津及其他大城市解放后，对保甲人员可采取如下办法：

（一）少数有重大罪恶行为，人人痛恨的保甲人员，应予逮捕法办。但对一般保甲长在短时期内，仍须暂行利用，使之有助于社会治安之维持。

（二）由我们委派的市区政府工作人员，分区召集原有的全区保长除罪大恶极者外到区听训，首先指出保甲制度是国民党反动统治的基层机构，必须废除，保长是国民党反动政府指派的，是国民党反动派统治人民压榨人民的工具和帮凶，应该受人民的审查，有罪者应受惩处。现在人民解放军及民主政府宽大为怀，给他们一个自新的机会，责令他们在下列几件事上立功自赎：

（甲）检举潜藏该保的散兵游勇、特务分子；

（乙）呈报散落该保的武器弹药及其他军用品，以及该保居民私有的枪支弹药（无论在国民党统治时曾否领有枪照，均包括在内）；

（丙）报告并看管设在该保的一切公共房产、机关、学校、工厂及其他一切公共财产，使之不受破坏。如有破坏及抢劫偷盗情事，应即尽力设法制止，并报告市区政府；

（丁）注意各户特别是旅馆、客店的来往人员，如发现可疑分子，应立即报告区政府。

并严正告诉他们：对上列各项，如有知情不报，甚至身为窝主者，当严予惩处。但栽赃诬告，陷害好人者，亦应受反坐之处分。此外，还须指出他们今后必须低首下心，为人民服务，以求取得人民之宽赦，绝不准许借人民解放军及民主政府招牌，招摇撞骗，作威作福，否则，一经查觉，再不宽贷。最后，饬令他们依据上述内容联名具结，保证切实遵行。如有狡猾的保长，不愿接受上述命令，借辞推诿脱身者，一概不准。

（三）经过上述手续后，再分区召开群众大会，务求家家户户有人到会，着令保甲人员全体到场站立一旁，去掉他们昔日的威风，当场将第二项全部内容详细复述，将他们所具之联名切结，当场公布，使群众完全了解我们的意图，并号召群众监督他们。如发现他们继续欺压人民，或有其他不法行为，准予随时公开或密函向军管会、警备司令部、市和区的民主政府控告举发，查明属实，定予严惩。

（四）这种做法，是为了暂时利用保甲人员，而且是在民主政府的严密控制与广大群众的监督之下，暂行利用他们，这绝不是承认他们在民主政权系统中的合法地位。如济南五区派工作人员下去工作，还要给保长写介绍信，经过保长进行工作，那是错误的。

（五）以上办法，望你们试行，以便取得经验，便于推广。

中　央

子江

选自《中共中央文件选集》(18)，中共中央党校出版社 1992 年版，第 8～10 页。原注："根据中央档案原件刊印"。

84. 中共中央关于新解放城市职工薪资问题的指示

1949年1月10日

（一）新解放城市中关于职工与留用的公教人员的工资薪水问题，是一个非常复杂的问题，也是全国性的问题，不能草率地制定新的工资标准。而且，目前的形势又不允许我们召开带全国性的会议来通盘解决这一问题。我们过去在农村环境中因袭供给制而草率规定的那一套工厂工人工资制度和标准，又不能搬用于城市，因为城市生活水平较高，房租水电等等都要出钱，不能按乡村生活水平来订城市工人的工资。因此，凡留任原职的职工和公教人员，只有暂时一律照旧支薪，即按解放前最近三个月内每月所得实际工资的平均数领薪。只有在个别地方，三个月的平均数仍嫌太高或太低，才可稍为削减或增高。只有职工绝大多数公认的个别不合理者，例如某些人本无技术，也无管理经验，仅因人事关系而工资特高者，才需按实际情况加以改变。至于工资以外的旧有的各项待遇，则应首先加以区别。在国民党统治时，对于因战时物价波动而临时采取的补贴办法，非正常制度所有的规定，而在我规定工资、计算工人实际所得时，又已计算在内者，则不应再额外发给，而应向工人详细解释，把账算给工人听，使工人放弃这种额外要求；但对于某些在企业中实行多年的劳动保险制度与奖励制度，例如年关花红、例假、抚恤金等，则不应取消，并应按往年一样发给。如确有财政困难，不能发给时，则应向职工说明实际情况，取得工人真正自觉地同意之后，可以暂时部分欠发。

（二）照前条办法实行后，可能发生甲地与乙地之同一行业、同等技术的工人，而工资不同，其悬殊过大者，可在实行中逐渐加以调整。至于铁路工人，因其本身具有超区域性，如各段工资不同，碍难实行。据华东财办称：中原铁路工人工资较之济南铁路工人工资高达二倍半，两路工人在徐州会面，就不好办。这种问题应由华东、中原并加上华北三方面各派专人及铁路工人的代表协商调整之。此会议由华北财办负责召集，并参照东北铁路职工的工资待遇情况，提出具体方案，经中央批准实行。

（三）设在老解放区农村中的工厂，其工资待遇制度与新解放城市中职工的工资待遇制度不同，而且一般是前者较后者为低，如必须加以调整时，则应更多地改变我们过去老解放区的规定，而不要改变城市工人的工资待遇，不要使之与设在乡村中的工厂工人的工资看齐。

（四）原来是供给制待遇的一些干部，到新解放的城市工作，也不必急于改行薪水制。凡是供给制待遇的干部，可以集中居住于若干公共宿舍，与薪水制的职员一样按时到机关办公。但其一切生活供给则以公共宿舍为单位，照旧实行供给制，否则，不是使机关和住宅分不开，就是弄得到处是“小公馆”，对干部教育管理也是不利的。

选自中共中央政策研究室编辑：《政策汇编》上编，第二野战军政治部1949年9月翻印，第246～248页。

85. 毛主席关于时局的声明

1949年1月14日

自一九四六年七月，南京国民党反动政府在美国帝国主义者的帮助之下，违背人民意志，撕毁停战协议和政治协商会议的决议，发动全国规模的反革命的国内战争以来，已经两年半了。在这两年半的战争中，南京国民党反动政府违背民意，召集了伪国民大会，颁布了伪宪法，选举了伪总统，颁布了所谓“动员戡乱”的伪令，出卖了大批的国家权利给美国政府，从美国政府获得了数十亿美元的外债，勾引了美国政府的海军和空军占据中国的领土、领海、领空，和美国政府订立了大批的卖国条约，接受美国军事顾问团参加中国的内战，从美国政府获得了大批的飞机、坦克、重炮、轻炮、机关枪、步枪、炮弹、子弹及其他军用物资，以为屠杀中国人民的武器。南京国民党反动政府在上述各项反动的卖国的内政外交基本政策的基础上，指挥它的数百万军队，向着中国人民解放区和中国人民解放军举行了残酷的进攻。所有华东、中原、华北、西北、东北各人民解放区无一不受到国民党军队的蹂躏。解放区的中心城市延安、张家口、淮阴、菏泽、大名、临沂、烟台，承德、四平、长春，吉林、安东等地，均曾被匪军占领。匪军所至，杀戮人民、奸淫妇女、焚毁村庄、掠夺财物，无所不用其极。南京国民党反动政府的统治区域，则压迫工农兵学商各界广大人民群众出粮、出税、出力，敲骨吸髓，以供其所谓“戡乱剿匪”之用。南京国民党反动政府取消人民的一切自由权利，压迫一切民主党派及人民团体使其丧失合法地位；压迫青年学生们的反内战、反饥饿、反迫害、反美国干涉中国内政及扶植日本侵略势力等项正义的运动；滥发伪法币及伪金圆券破坏人民的经济生活，使广大人民陷于破产的地位；用各种搜刮的方法，使国家最大的财富集中于蒋宋孔陈四大家族为首的官僚资本系统。总之，南京国民党反动政府，在其反动的卖国的内政外交基本政策的基础之上所举行的国内战争，业已陷全国人民于水深火热之中，南京国民党反动政府决不能逃脱自己应负的全部责任。同国民党相反，中国共产党自从日本投降以后，即尽一切努力向国民党政府要求防止及停止国内战争，实行国内和平。中国共产党根据此种方针，坚持地奋斗，在全国人民的赞助之下，首先获得了一九四五年十月国共两党会谈纪要的签订。在一九四六年一月，又签订了国共两党的停战协议，并与各民主党派协作，在政治协商会议上迫使国民党签订了共同的决议。自此以后，中国共产党即和各民主党派各人民团体一道为维护这些协定和决议而奋斗。但是可惜，所有这些维护国内和平及人民民主权利的行为，均不被国民党反动政府所尊重。相反地，被认为是软弱的表现，不值一顾。国民党反动政府认为人民可欺，认为停战协议和政治协商会议的决议可以随意撕毁，认为人民解放军不值一击，认为他们的数百万军队可以横行全国，认为美国政府对于他们的援助是力大无穷的。以此种种，国民党反动政府就敢于违背全国人民的意志，发动了反革命战争。在此种情况下，中国共产党不得不坚决地起来反对国民党政府的反动政策，为着保卫国家的独立和人民的民主权利而奋斗。自一九四六年七月起，中国共产党领导了英勇的人民解放军抵抗了国民党反动政府的四百三十万军队的进攻，然后又使自己转入了反攻，从而收复了解放区的一切失地，并解放了石家庄、洛阳、济南、郑州、开封、沈阳、徐州、唐山诸大城市。中国人民解放军克服了无比的困难，壮大了自己，以美国政府送给国民党政府的大批武器装备了自己。在两年半的过程中，歼灭了国民党反动政府的主要军事力量及一切精锐师团。现在，人民解放军无论在数量上、士气上和装备上均优于国民党反动政府的残余军事力量。至此，中国人民才开始吐了一口气。现在，情况已非常明显，只要人民解放军向着残余的国民党军再作若干次重大的攻击，全部国民党反动统治机构即将土崩瓦解，归于消灭。现在，国民党反动政府发动内战的政策，业已自食其果：众叛亲离，已至不能维持的境地。在此种形势下，为着保持国民党政府的残余力量，取得喘息时间，然后卷土重来，扑灭革命力量之目的，中国第一名战争罪犯国民党匪帮首领南京政府伪大总统蒋介石，于今年一月一日，提出了愿意与中国共产党进行和平谈判的建议。中国共产党认为这个建议是虚伪的。这是因为蒋介石在他的建议中提出了保存伪宪法、伪法统及反动军队等项为全国人民所不能同意的条件，以为和平谈判的基础。这是继续战争的条件，不是和平的条件。旬日以来，全国人民业已显示了自己的意志。人民渴望早日获得和平，但是不赞成战争罪犯们的所谓和平，不赞成他们的反动条件。在此种民意基础之上，中国共产党声明：虽然中国人民解放军具有充足力量和充足理由，确有把握在不要很久的时间之内，全部消灭国民党反动政府的残余军事力量，但是为了迅速结束战争，实现真正的和平，减少人民的痛苦，中国共产党愿意与南京国民党反动政府及其他任何国民党地方政府与军事集团，在下列条件的基础之上进行和平谈判。这些条件是：（一）惩办战争罪犯；（二）废除伪宪法；（三）废除伪法统；（四）依据民主原则改编一切反动军队；（五）没收官僚资本；（六）改革土地制度；（七）废除卖国条约；（八）召开没有反动分子参加的政治协商会议，成立民主联合政府，接收南京国民党反动政府及其所属各级政府的一切权力。中国共产党认为，上述各项条件反映了全国人民的公意，只有在上述各项条件之下所建立的和平，才是真正的民主的和平。如果南京国民党反动政府中的人们，愿意实现真正的民主的和平，而不是虚伪的反动的和平，那么，他们就应当放弃其反动的条件，承认中国共产党提出的八个条件，以为双方从事和平谈判的基础。否则，就证明他们的所谓和平，不过是一个骗局。我们希望全国人民，各民主党派，各人民团体，大家起来争取真正的民主的和平，反对虚伪的反动的和平。南京国民党政府系统中的爱国人士，亦应当赞成这样的和平建议。中国人民解放军全体指挥员战斗员同志注意：在南京国民党反动政府接受并实现真正的民主的和平以前，你们丝毫也不应当松懈你们的战斗努力。对于任何敢于反抗的反动派，必须坚决彻底干净全部地歼灭之。

中国共产党中央委员会　主席　毛泽东

1949 年 1 月 14 日

选自中共中央政策研究室编辑：《政策汇编》上编，第二野战军政治部 1949 年 9 月翻印，第 249～253 页。

互校版本：《毛泽东选集》第四卷，人民出版社 1991 年版，第 1386～1390 页。标题为：“中共中央毛泽东主席关于时局的声明”。

86. 中共中央关于接收官僚资本企业的指示

1949 年 1 月 15 日

天津市委并告北平市委并各中央局、分局、前委：

一、天津解放后，你们派人去接收官僚资本企业，必须严格地注意到不要打乱企业组织的原来的机构。对于接收来的工厂、矿山、铁路、邮政、电报及银行等，如果原来的厂长、矿长、局长及工程师和其他职员中没有逃跑并愿意继续服务者，只要不是破坏分子，应令其担负原来职务，继续工作，军管会只派军事代表去监督其工作，而不应派人去代替他们当厂长、局长、监工等。如果某个企业的主要负责人逃跑，即从本企业职工中提拔适当的人员代理。除非是无法提拔或我们派去的人完全是该企业的内行，能够无困难地管理该企业，才任命他们直接负责该企业的管理。对于企业中的各种组织及制度，亦应照旧保持，不应任意改革及宣布废除，旧的实际工资标准和等级及实行多年的奖励制度、劳动保险制度等，亦应照旧，不得取消或任意改订。旧制度中有一部分须要加以改良者，亦须等到详细研究后，才能提出更合理的改订办法，绝不是草率拟定办法或用老解放区企业中的制度去硬套所能改善的。只有如此，我们的接收人员才能保持主动，否则，他们将立即陷于被动。

二、我们派到各企业中的军事代表（即接收人员），对于大企业除派一个负责的总代表外，并可在各工作部门（十分必要时可在各车间）、各站、各段派遣代表，受总代表之指挥，并可设立监督部或政治部。这种军事代表的任务应是：

甲、保障上级命令的实行；

乙、保障生产的进行或恢复；

丙、防止破坏或怠工，清查反动分子；

丁、防止偷盗、贪污及浪费；

戊、对职工进行政治教育与宣传，从职工中挑选干部；

己、协助职工组织工会及消费合作社等；

庚、了解企业中的情况，学习管理生产。

军事代表为了完成上述各项任务，应有权力监督企业中的一切活动，了解企业中的一切情形，要适当的人员向自己作报告，并在一切命令及指示上签字。生产的进行如有不好或发生破坏怠工等事，即应查明实情，追究责任，将进行破坏或怠工有据的分子，送交人民法庭。企业中共产党的支部及党员，应受军事代表领导，协助军事代表完善地完成上述各项任务。这就是说：军事代表不直接去管理生产，只监督原来的人员去管理生产，保障生产能照旧进行。这是比较轻而易举的。

三、对于国民党反动统治的政治机构，如国民党的军队、警察、法庭、监狱及其各级政府机构，是应该彻底加以破坏的，而不能加以利用。我们必须重新建立新的政治机构来进行统治，在旧的政治机关服务的人员亦只能在经过改造后分别地加以任用，而不能不经改造地全套地加以任用。否则，就要犯原则的错误。但是对于旧的统治阶级所组织的企业机构、生产机构，在打倒旧的主人换成新的主人之后，则不应加以破坏，而应加以保持，然后依照革命阶级科学准备的水准逐渐地加以改良即可。这是马克思列宁多次说过了的，是完全正确的，我们应照这样来做。有些地方的接收人员彻底打乱了原来的企业机构，是错误的，妨害了生产的，不应再犯这种错误。

选自《中共中央文件选集》(14)，中共中央党校出版社 1987 年版，第 497～499 页。

87. 军委关于各野战军番号改按序数排列的指示

1949 年 1 月 15 日

各军区、各野战军：

估计今年战争的发展，去年戌东电规定各野战军冠以军区地名已不适合，兹决定改为按番号顺序排列如下：西北野战军改为第一野战军，中原野战军改为第二野战军，华东野战军改为第三野战军，东北野战军改为第四野战军。请各区各军即照此电在整训期间公布施行。

军委
子删

选自《中共中央文件选集》(18)，中共中央党校出版社 1992 年版，第 34 页。原注："根据中央档案原件刊印"。

88. 中央关于解释八项和平条件的指示

1949 年 1 月 15 日

东北局并告各局，各前委：

我方提出之八个和平条件是针对蒋方五个条件的。蒋方有宪法法统军队三条，我方亦有此三条。蒋提保持国家独立，我提废除卖国条约。蒋提保持自由生活方式及维持最低生活为一条，我则分提没收官僚资本、改革土地制度两条。此外，我方的第一条（惩办战犯）及第八条（政协、联府、接收）是严正战争责任与不承认南京政权继续存在，双方的条件都是对方不能接受的，战争必须打到底。故与新年献词毫无矛盾，而给人民解放军及国民党区域被压迫人民一个打击国民党的武器，揭露国民党所提和平建议的虚伪性及反动性，望向党内干部及民主人士妥为解释。

中　央
子删

选自《中共中央文件选集》(18)，中共中央党校出版社 1992 年版，第 30 页。原注："根据中央档案原件刊印"。

89. 军委关于准备攻占北平力求避免破坏故宫等文化古迹的指示

1949 年 1 月 16 日

林罗聂①：

（一）删日及铣晨各电谅达。关于应付傅方谈判，再补充两点意见：

（甲）傅方要求军队出城，不要开得太远及各部驻地不要过于分散，这是惧怕缴械的表示。我们意见第一步你们可以答应他们这样做，使他们放心出城。地点似可指定通县、香河、三河区域。第二步再照你们所拟办法将彼军分散插驻我军各纵之间，实行整编。第二步办法现在不要过早提出。

（乙）关于补给，第一期由傅方负责，我方协助。第二期由我方负责，傅方协助。第三期全由我方负责。以上甲乙两项及删日铣晨所提各项意见，如果你们认为有不妥当之处，望电告。

（二）积极准备攻城。此次攻城，必须做出精密计划，力求避免破坏故宫、大学及其他著名而有重大价值的文化古迹。你们务必使各纵首长明了，并确守这一点。让敌人去占据这些文化机关，但是我们不要攻击它，我们将其他广大城区占领之后，对于占据这些文化机关的敌人再用谈判及瓦解的方法使其缴械。即使占领北平延长许多时间，也要耐心地这样做，为此你们对于城区各部分要有精密的调查，要使每一部队的首长完全明了，哪些地方可以攻击，哪些地方不能攻击，绘图立说，人手一份，当做一项纪律去执行。为此，你们必须召集各攻城部队的首长开会，给以精确的指示。为此，你们指挥所要和每一个攻城部队均有准确的电话联系。战斗中每一个进展均须放在你们的指挥和监督之下。

（三）望将天津工业及文化机关受损失的情况查明电告。

军委

十六日十八时

选自《中共中央文件选集》(18)，中共中央党校出版社 1992 年版，第 35～36 页。原注："根据中央档案原件刊印"。

90. 中共中央关于外交工作的指示

1949 年 1 月 19 日

一、目前我们与任何外国尚无正式的国家的外交关系。许多帝国主义国家的政府，尤其是美帝国主义政府，是帮助国民党反动政府反对中国人民解放事业的，因此，我们不能

① 原注：林罗聂，指林彪、罗荣桓、聂荣臻。

承认这些国家现在派在中国的代表为正式的外交人员，实为理所当然。我们采取这种态度，可使我们在外交上立于主动地位，不受过去任何屈辱的外交传统所束缚。在原则上，帝国主义在华的特权必须取消，中华民族的独立解放必须实现，这种立场是坚定不移的。但是，在执行的步骤上，则应按问题的性质及情况，分别处理。凡问题对于中国人民有利而又可能解决者，应提出解决，其尚不可能解决者，则应暂缓解决。凡问题对于中国人民无害或无大害者，即使易于解决，也不必忙于去解决。凡问题尚未研究清楚或解决的时机尚未成熟者，更不可急于去解决。总之，在外交工作方面，我们对于原则性与灵活性应掌握得很恰当，方能站稳立场，灵活机动。

二、具体政策，目前暂行规定下列各项：

1. 外交关系。凡属被国民党政府所承认的资本主义国家的大使馆、公使馆、领事馆及其所属的外交机关和外交人员，在人民共和国和这些国家建立正式外交关系以前，我们一概不予承认，只把他们当作外国侨民待遇，但应予以切实保护。对于这些国家的武官，应与外交人员同样看待。但对美国武官，因其直接援助国民党打内战，则应派兵监视，不得给以自由。对于苏联及新民主国家的领使馆及其所属的外交机关和人员，因为他们的外交政策是与资本主义国家的外交政策在根本上不同的，故我们对待他们的态度亦应根本上不同于资本主义国家。但因人民国家，现在和它们尚和其他外国一样没有建立正式外交关系，故我们现在和它们的在华外交机关之间，亦只作非正式的外交来往，其所属武官同。

2. 外资关系。我们对于一切资本主义国家政府的和私人的在华经济特权、工商企业和投资，均不给以正式的法律的承认，但在目前也不要忙于去作有关禁止、收回或没收的表示，只对其于人民经济生活危害最大者，例如金融投机以及于国家主权侵害最大者，例如内河航行等，发出立即禁止的命令。其他如外国银行，不要忙于令其停业，而应先令其报告资本、账目和业务，以凭核办。保险公司尤其是海运保险公司，更不要忙于去处理。

3. 对外贸易关系。对于资本主义国家不要忙于去建立和恢复一般的贸易关系，尤其不要忙于去订立一般的贸易合同，只在对我有利而又急需者，可与这些国家进行临时的个别的地方性的出入口贸易。天津一向出口的盐、碱、煤及其他土产，均可准此原则办理。

4. 海关税收。在我未重订海关税则以前，凡为我所允许的出入口贸易，除特许者外，应照旧章征收关税。海关机构亦应全部接收，派人管理，其中职员除反动破坏分子外，均可留用。外资在华应纳之税，在未改订税则以前，亦应照旧缴纳，不得停止。塘沽及其他港口，应实施船舶检查，未经许可，不得出入。

5. 外国传教士。已在我解放地区者，容许其继续居住，执行业务，新来者暂不批准。

6. 外国人办的学校。已办之私立外国学校，暂许其维持现状。但其校长必须为中国人，其学校经费必须报告其来源，其课程必须照其他学校的规章同一办理。新请成立者，不予批准。其专为在华外国儿童主办的外国小学校，许其存在，但亦须报告备案。

7. 外国人办的医院。已办者许其继续，但须受我监督、检查。新办者未得批准，不许开设。

8. 外国人办的报纸、刊物、通信社及外国记者。已出版之外国报纸、刊物，暂置不理，但须令其送全年报刊呈请登记，经过一个时期调查并得中央批准后，一般地不予登记，停止出版。特殊的，或暂不干涉，或转为华人出面主办。外国通信社一律不准发稿，更不得私设收发电台，塔斯社、电通社，应另订合同，由新华社代收代发。外国记者凡未经许可入境或留在被解放城市者，概不承认其为新闻记者，不给以任何采访和发报之权，只予以外国侨民待遇。

9. 外国人办的文化机关。已办者经一个时期调查后，视情况并得中央批准，或派员监督或实行改组，或派人接收。新来接洽者暂置不理。

10. 外国人办的救济机关。其属于帝国主义政府者，如经济合作总署等应不予承认，拒绝接收其援助和救济。其属于国际合作团体者，须视其有无损害我国家主权及我人民团体的独立自主之处，方能决定接收其援助和救济与否。尤其是对于美英等国的团体或个人救济，更须识别其背景，有反动阴谋者拒绝之，有进步作用者欢迎之。对外国救济事务一律表示欢迎的态度，是错误的。

11. 外国雇员。对一切非政权机构的外国雇员，从顾问到一般技术人员，原则上我们不承认其原有机关的合同，但在需要与并无危险性的职位上，可以容留某些外国雇员继续其工作。其需解雇者，可酌给若干遣散费。

12. 外国人入境。在战争尚在进行期间，外国人入境要求，除特许者外，概行停止批准。

13. 上述各项外国侨民，在我解放区内，必须服从我人民政府法令，不得进行任何阴谋破坏和间谍活动，一经发觉，定予严惩，或即驱逐出境。上述各项外国侨民，非经特许，不得携带武器，装制收发电台，原有武器或电台者，应即呈缴当地公安机关（即公安局）封存，待其本人出境时领回。各国外交人员的随身武器，可容许携带，其电台则应交出封存。

14. 所有外国侨民均应遵照当地公安机关的限期，携带本人像片亲往指定机关（即公安局外国侨民管理科）登记，并呈验护照，如属合法，概予保护。

15. 最后也是最重要的一项，不允许任何外国及联合国干涉中国内政。因为中国是独立国家，中国境内之事，应由中国人民及人民的政府自己解决。如有外国人提到外国政府调解中国内战等事，应完全拒绝之。

三、外事组织，目前可暂行规定如下机构：

1. 各城市，凡有外国侨民居住的地方，其公安局内应设外国侨民管理科，专管外国侨民的居住、来往和职业的登记、询问和检查及护照之签发；如发现外国侨民中有护照不符，身份不合及违法破坏等行为者，该外国侨民管理科即有权呈准公安局按法惩办，或将其驱逐出境。

2. 在规定的城市市政府内，应设外国侨民事务处，专管外国侨民所经营的业务（如工厂、企业、银行、公司、商店、学校、医院、教会、团体、报纸、刊物、通信社等）的登记、审查和批复。如其问题性质属于一般的批准立案、核准请求或给予批驳者，小则经市政府行文，大则须经解放区政府行文；如其问题、性质属于工厂生产订货、出入口贸易乃至银行借贷或其他专门业务者，则应介绍给各主管机关接洽，而在内部则均应报告中央或中央局核准。

3. 在规定的城市军事管制委员会内设一外交问题研究组，由市委负责同志一人参加领导，吸收市政府外国侨民事务处及公安局外国侨民管理科负责同志参加，共同研讨有关外国侨民及外交问题的各种情况，并搜集各项材料，负责向中央及中央局作定期报告，并提出应请示的问题和意见。

4. 东北、华北两大解放区应于政府内设外国侨民管理事务处，并兼一个市的外国侨民事务处（如东北兼沈阳，华北兼北平，华东、西北、中原可暂不设），以取得经验，指导各地。

5. 在目前，哈尔滨、沈阳、北平、天津、济南五个市的市政府内应成立外国侨民事务处及公安局内的外国侨民管理科，其负责人选，须报告中央批准。其他各市，如有外国侨民在百人以上者，应由中央局经调查清楚后报告中央核准成立上述机构并决定人选，其在百人以下者，只在公安局内设外国侨民管理科，并代管侨民业务。

选自《中共中央文件选集》(14)，中共中央党校出版社1987年版，第514～518页。

91. 中共中央书记处关于接管平津国民党司法机关的建议

1949年1月21日

国民党司法机关为其镇压人民的反革命的国家机构的直接组成部分之一。当人民解放城市时，须立即将国民党司法机关全部接管，并建立新民主主义国家的司法机关，以执行镇压反革命活动和保护人民利益的任务。

（一）接管对象

北平：河北高等法院及检察处，北平地方法院及检察处，北平特种刑事法庭，北平地方法院看守所，第一、第二模范监狱，反省院，其他。

天津：河北高等法院天津分院及检察处，天津地方法院及检察处、监狱、看守所，天津特种刑事法庭，其他。

（二）接管组织

在北平、天津两军管会下各设一司法机关接管小组，由华北人民政府司法部和人民法院商派得力干部任组长（现已派王斐然同志为北平负责人），其他则于派往平、津接收人员中选择一部分人员充任之（有法律知识或司法经验与否并不重要），受平、津军管会之领导。军管会应拨相当数量的武装，交给司法机关接管小组，以为保护接收工作之用。

（三）接管方法

军管会命令各司法机关原有人员负责保持原状，对于房屋、器具、财产、档案、书籍等项，不得毁坏、搬走、隐藏；一切人犯不得私自发落，听候军管会派人前来接管。军管会司法机关接管小组即派员到各司法机关照下列办法实行接管：

一、人员之接管和处理

各司法机关负责人员，如为首要反革命分子或劣迹昭著、为人民痛恨者，应即予看管，听候审理。无反革命行为或严重劣迹者，不加逮捕。其余检验吏、录事、书记官、法医等技术人员，均可于接管后，听候甄别录用。

二、档案之接管和处理

一切档案文书，由原保管人照单检交。接管人照单接管后，即令原管人负责保管，不得损坏遗失。

三、人犯之接管和处理

甲、拘押在特种刑事法庭、监狱、反省院及其他处所之革命分子，立即欢迎其出狱，并请其推举若干人参加清理案犯及接管工作。

乙、国民党包庇未办之汉奸犯和国民党内部倾轧被押之特务犯，不得释放，听候依法审理。

丙、被国民党勒丁、勒粮、勒款被押的，触犯国民党禁令被押的，犯普通轻微刑事案的，以及为民事而被押的，均应立即查明释放。

丁、重大刑事案犯（如杀人案、强盗案……等）仍宜拘禁，听候审查处理。

四、房屋、器材、图书、财物等之接管。

甲、房屋：接收后即派人守卫，禁止闲杂人出入。

乙、器具图书：由原管人造册逐件点交，有搬迁、隐藏、破坏的，应即查究。

丙、财物：

1. 属于诉讼人所有之保证金、拍卖金等。

2. 属于法院收入之罚金、讼费等。

3. 法院或检察官扣押之赃物或证物等。

4. 其他财产。

以上都要法院书记官长分别造册点交，不得隐匿少报。

（四）接管后之必要处置

一、立即委任各司法机关负责人（即法院院长、审判员、检察员、书记官长等）。此项人员可于出狱之共产党员或其他革命分子中选用，只要政治坚强有工作能力即可，是否学过法律，无大关系。

二、原推事、检察官、书记官长等一律停止原来职务，因这些人在思想上充满了反革命、反人民的法律观念，即封建阶级和官僚垄断资产阶级以武力强制执行的关于经济制度、社会生活和国家秩序观念形态，在行为上专门充当镇压革命运动和惩处敲诈劳动人民的直接工具。在打碎旧的反动的国家机构时，这部分人必须去掉（其中非反革命分子和非劣迹昭著分子，如欲参加人民民主国家之司法工作，必须经过思想改造和作风改造方可甄别录用）。同时，执达吏、法警等专门以压迫和敲诈人民为生者，须立即收缴其武装，加以遣散。

三、宣布国民党政府一切法律无效，禁止在任何刑事民事案件中，援引任何国民党法律。法院一切审判，均依据军管会公布之法令及人民政府之政策处理。

四、对留职录用之司法机关技术人员，应即进行宣传解释，告以无产阶级为领导的、工农联盟为主体的人民民主专政国家之司法政策和保护帝国主义、封建地主、买办、军阀、官僚特权的国民党专政之司法政策的根本区别，并定出和宣布新民主主义司法工作人员的简明守则，以肃清旧司法机关危害劳动人民之积弊，树立新司法机关为人民服务之作风。

（注：北平、天津两市委对于此项建议的执行情形，望于实施后一个月内做出第一次报告，以便取得经验，推广各地。）

选自《中共中央文件选集》(14)，中共中央党校出版社 1987 年版，第 525～528 页。

互校版本：中共中央政策研究室编辑：《政策汇编》下编，第二野战军政治部 1949 年 9 月翻印，第 291～294 页。

92. 中共中央关于国民党、三青团及特务机关的处理办法的决定

1949 年 1 月 27 日

（一）我军占领的城市，在其秩序安定以前，不要忙于宣布对于国民党、三青团及特务机关的处理办法。这种急忙宣布处理，是盲目的、没有效力的，易使敌人隐藏，和使自己陷于被动。在社会秩序已经安定，我们对城市情况已经大体明了，那就必须着手有准备地有系统地处理这些反动组织。

（二）一般的处理办法，首先应由军事管制委员会或市政府出布告，明白宣布：中国国民党，三民主义青年团（当地如有中国青年党、民主社会党或其他反共、反人民、反民主的党派团体的组织与活动应一并列入）均为反动组织。宣布中国国民党党员通讯局（原名国民党中央党部调查统计局）及其所属的一切组织，伪中央政府国防部保密局（原名军事委员会调查统计局）及其所属的一切组织，伪中央政府国防部第二厅及其所属的一切组织（当地如有其他与“中统”“军统”性质相同的一切残害人民的特务组织亦一并列入），均为反动特务组织。所有这些反动党派、团体及特务机关的组织和机关，应一律解散封闭，并没收其所有的公产、档案，严禁其继续进行任何活动。

（三）饬令上述一切反动党派团体的各级委员会（从最下层的区分部起）的每一个委员及特务组织的每一个特务工作人员，向市政府或军事管制委员会所指定之专管机关（或公安局）进行登记。办理登记时，对于特务工作人员及在反动党派团体的各级委员会组织中的人员，均应加以审查，详细登记，并由专管机关或县市一级的公安局掌握之。

（四）对于反动党派团体的普通党员和团员，则均免予履行登记手续。如果我们一定要一切国民党三青团的普通党员团员一律登记，则纷扰太大，易于引起恐慌，故以不登记为有利。但是必须规定各反动党派团体的最下一层委员会之负责人员，在办理登记时，将所属组织内的每个党员团员或会员的全部名单交出，不得有意隐瞒，如发现故意隐瞒者，得处分之。交出之名单，必须将每人姓名、年龄、籍贯、性别、现在职业及住址载明。受委托之专管机关，对于名单中认为情节可疑或有犯罪嫌疑须特别考察的分子，必须分别加以侦察，并按其犯罪行为轻重分别加以处理。我们有了党员团员的名单，对其组织情况已全部明了，对其中的坏分子可以随时处分，故免予登记并无危险。

（五）一切反动党派团体的各级委员会的委员和特务组织中的每一个特务工作人员的登记表，须包括下列各项内容：

甲、姓名、性别、年龄、籍贯、住址、职业、学历、社会经历、以后通讯处；

乙、家庭经济状况和家属的情形；

丙、加入反动组织的经过（包括时间、地点、介绍人、所属组织、所负职务等）；

丁、他所知道的反动组织的情况和关系人；

戊、申明退出各该反动组织，并在以后永远不进行反对人民政府及人民解放军的活动，如再发现有反革命活动，甘受民主政府的任何处分。此件应由本人签名盖章。

（六）上述人员履行登记手续时，必须将其所有之下列各项物件及其所了解的反动组织的关系，一一呈缴并报告明白：

甲、党证、团证、会证、特务证件、徽章、符号及其他一切反动证件；

乙、秘密文件、宣传品等；

丙、机关清册、档案和资材；

丁、武器弹药，无线电通讯器材、密码及其他违禁品等；

戊、他所知道的反动组织的关系人；

己、由他掌管的反动组织的财产、器具及物资。

（七）在登记中，对于反动党派团体中负有重要职务的人员以及重要特务工作者，除要他们依法履行登记手续外，仍须在一定时期内停止其公民权，并对他们加以管制，责令其依登记机关所规定的日期（每日、每三日或每星期，可视不同的对象分别规定之）向一定的机关报告其本人的行动，以便进行考察。

（八）应该宣布，凡属上述应该依法登记的反动党派团体的人员及特务工作人员，如有拒绝登记，或有破坏登记行为，或藏匿与毁坏武器、电台及重要证件、文件、档案，或履行登记手续后继续进行反革命活动者，均将受到法律的制裁。对于继续进行反动活动者应一律予以处罚或逮捕外，对于逾期不登记的分子，如果太多，自不要一律逮捕，然而他们既已违反了人民政府与军管会登记的命令，就已使自己处于非法地位，政府认为有必要时，可随时将其逮捕法办。并且必须逮捕少数拒绝登记的顽固分子，轻者拘留十二日，令其登记后释放，重者科罚金若干或罚苦工若干天释放，如此即可使其他反动组织内应登记的人员来登记。对拒绝登记的顽固分子，完全不加逮捕或处罚，是不对的。

（九）凡属上述反动党派团体的人员及特务工作人员，如迅速自动投案者，自动缴出武器、电台或重要文件、档案者，真实报告其所知之反动秘密组织及潜伏分子因而破获者，以及对登记清查工作有特殊贡献者，得酌情减免其应得之罪刑或给以奖励。

（十）上列各条，望各地根据当地的具体情况，拟定当地适用的条例和实施细则，公布实行。

选自《中共中央文件选集》(14)，中共中央党校出版社 1987 年版，第 540～543 页。

互校版本：中共中央政策研究室编辑：《政策汇编》上编，第二野战军政治部 1949 年 9 月翻印，第 259～263 页。

93. 中央关于南北通船、通航、通邮等政策的指示

1949年2月15日

彭叶①，并告总前委，天津市委，华北局，并发各局，各前委：

丑文电悉。为了（一）恢复南北商业联系，发展生产；（二）使南方各大城市资产阶级了解我党政策措施，便利我们在占领南方各大城市时孤立国民党，顺利地接收管理和发展各大城市的生产；（三）使轮船、飞机、邮政、电报从国民党手中转入我们手中等项目的，我们对于不论何种轮船业，民航公司（中航央航），都应当允许其先在平津秦皇岛恢复通航。北平电讯局未停，天津电讯局亦应准备恢复通电。平津与南方邮务交通，亦应恢复。银行、钱庄、邮局及商家的汇兑，亦应恢复。在通船、通航、通邮、通电、通汇之后，我们的检查，不可过严。对付特务，主要应从群众工作和内线工作方面去取得成绩，而不要从限制交通通讯方面去求成绩。京沪汉等地的国民党必然会利用我们恢复交通通讯派遣一些特务来平津，并互相联络。但平津方面增加了一些特务，京沪汉方面即减少了一些特务，特务总数并不因此增加。而京沪汉诸地几个月之后即是属于我们的。因此，你们对于南北通船、通航、通邮、通电、通汇诸事，应当看作一件大事去做，而不应当采取消极态度。此次南京代表团回去，对我影响极好。现在上海代表团又来了。将来武汉长沙亦可能派代表团来。这些代表团都是资产阶级及绅士们的代表，其中有些是国民党人。他们处在国民党灭亡在即我军即将占领全国的形势下，不得不向我们找出路。这是有利于我们发展的现象。故应好好地应付这些代表团。并由总前委及董薄彭叶②共同负责研讨并提出对于南北通船、通航、通邮、通电、通汇诸事的具体办法报告我们批准，以便与上海代表及魏文瀚金山等解决问题。

中　央

删亥

选自《中共中央文件选集》(18)，中共中央党校出版社1992年版，第131～132页。原注：“根据中央档案原件刊印”。

94. 中共中央关于对外贸易的决定

1949年2月16日

华北局，天津、北平市委，林罗③并告各中央局、分局：

天津市委二月四日电悉。

---

① 原注：彭叶，指彭真、叶剑英。

② 原注：董薄彭叶，指董必武、薄一波、彭真、叶剑英。

③ 原注：姓名全称是：林彪、罗荣桓。

由于天津及其他重要海口的解放，许多外国的商业机关和国民党地区的商业机关要求和我们进行贸易，而我们为了迅速恢复与发展新中国的国民经济，亦需要进行这种贸易，因此，我们应该立即开始进行新中国的对外贸易。目前我们与世界上任何外国尚未建立正式的外交关系，在未建立这种外交关系以前的对外贸易，自然只是一种临时性质的贸易关系。但这种临时性质的贸易关系，在对我有利及严格保持我国家主权独立并由政府严格管制等原则的条件下，是可以而且应该允许的。为此，中央特作如下各项决定：

（一）向华北人民政府提议：立即在天津设立对外贸易局，统一管理华北一切对外贸易事宜。在山东及其他地区是否需要设立对外贸易局，应根据情况在中央批准后设立。

（二）对外贸易应由国家经营和管制。在目前国家尚不能经营的某些贸易，以及由私人经营无害或害处不大的某些贸易，应该在国家管制之下允许私人经营。所有私人经营出口及进口贸易者，除开照章报关纳税外，须事先将出口或进口货物的种类数量等报告对外贸易局，并经对外贸易局审查批准发给许可证，方得进口或出口。在本条以法律形式公布后，所有未经对外贸易局许可之货物，均不得进口或出口，私自出口或进口者，以走私论处。

（三）为了进行对外贸易，应该允许那些愿意和新中国进行贸易并愿意遵守人民政府法令的外国的商业机关派遣代表或指定其代理人来和我方接洽，并允许这些代表在指定的地点设立办事处。至于外国政府派来之商务代表，暂时还不应接待。国民党目前统治地区的商业机关向我派遣之代表，亦应加以接洽。

（四）所有由外国商业机关派来之代表，暂时经由地方政府外侨事务处证明介绍，归对外贸易局接洽。在审查这些代表的可靠性之后，对外贸易局即可与这些代表分别讨论双方的货物交换及有关贸易的各项事宜，并了解各国和我进行贸易的范围、种类、数量和条件等，然后根据我们自己的可能和需要，在比较有利的条件下，分别地订立货物交换的合同。这种合同在签字之前，一律须经中央批准。所有在新中国境内的公共机关及私人机关须从外国购买货物或向外国出卖货物者，均须报告对外贸易局，或由对外贸易局代为接洽，或由对外贸易局介绍他们与外国代表接洽。但一切公私机关与外国商业机关订立之贸易合同，均须经过对外贸易局之批准，方能认为有效。

（五）在可能与必要的条件下，对外贸易局得向外国派遣商务代表并在外国设立商务机关。新中国的公私商业机关须向外国派遣代表者，须经对外贸易局之允许和推荐，由地方政府签发出国护照。

（六）对外贸易局在了解对外贸易有关的各方面的情况以后，须制定适当的对外贸易的政策和计划，送交中央审查批准。在这种政策和计划上，应该确定：1. 允许进口，高税进口及禁止进口之货物的项目；2. 允许出口，高税出口及禁止出口之货物的项目；3. 出口和进口货物之临时税率表；4. 根据出口与进口之可能和需要，向国内生产机关和贸易机关提出要求和建议；5. 根据出口进口和外汇的情况及国内经济上的需要，提出出口和进口的计划，并决定和那些国家的商业机关进行那些贸易的计划。

（七）为了进行对外贸易，必须宣布中外船只进口，沿海沿江中外船只停泊及其卸货装货的办法，码头租借使用的办法，海关报关纳税及检查的办法，管理外汇及结汇的办法，以及违反这些办法和走私漏税的处罚办法等。对外贸易局必须立即研究过去的这些办法并准备加以修改或改订，由人民政府宣布。并须立即研究过去出口和进口货物的税率表，准备加以改订后宣布。在人民政府尚未宣布这些办法前，过去的办法可以暂时沿用。

（八）为了进行对外贸易，应和某些通商的外国口岸，建立邮电关系。华北局应即研究过去与外国通邮通电的办法，在可能条件下建立这种邮电关系。对于外国商务人员的入境和出境及在新中国境内有关地区进行业务活动的临时办法，华北人民政府外国侨民事务管理处亦须从速制订和宣布。

（九）为了进行对外贸易所需之外汇，规定汇率及进行结汇、押汇和买卖外汇等业务，应由国家银行经理。其他银行不得经营外汇及买卖外汇。对外贸易局应即研究过去管理外汇的办法加以修改，由人民政府宣布新的外汇管理办法。

（十）进口货物在国内市场上推销时，须遵守人民政府之法令。私人进口之货物，对外贸易局有优先购买之权。对外贸易局对出口，商人及任何公私机关在国内市场上收买出口货物时，应加以密切注意，以便在适当的时机予以可能的和必要的指导和限制，以便保护与发展国内的生产。

（十一）为了争取出口，发展经济，各地政府必须立即注意提高某些重要物资的生产。例如棉花、大豆、煤、盐、花生、烟叶、蚕丝、猪鬃、皮毛及某些可以出口的手工业品和工业品。各地对外贸易局及内地贸易局、银行、合作社等，必须在春季发放贷款时，用足以刺激这些物资生产的适当的比价，和向农民及生产者预购这些物资，以便能够提高这些物资的生产，并便利在收获时的收集，作为自己工业的原料，或争取出口。

（十二）在目前经天津及秦皇岛等海口对国民党目前统治地区的贸易，亦得依照上述各项规定在对外贸易局管理之下进行。

（十三）华北局及天津、北平两市委对于这个指示的意见及执行办法，望即电告。平津两市外事机关应集中注意研究对外贸易有关的各种问题。

中　　央

选自《中共中央文件选集》(14)，中共中央党校出版社1987年版，第560～563页。

95. 中共中央关于废除国民党六法全书和确定解放区司法原则的指示①（档案电报原件）②

1949年2月22日③

各中央局、分局、前委并转政府党组④：

① 说明：中共中央的这一指示，现有两种版本，一种是中共中央党校出版社出版的《中共中央文件选集》，是根据中央档案电报原件刊印，简称“中共中央文件版”；另一种是选自《人民司法建设学习文件》，简称“司法学习文件版”。两者内容基本相同，后者作为通用本，在文字上有些修饰。现将两种版本分别刊出，并将其不同点，在脚注中加以说明。

② “司法学习文件版”标题为《中共中央关于废除国民党的六法全书与确定解放区的司法原则的指示》（加两个“的”字，将“和”改为“与”）。

③ “中共中央文件版”的时间为“1949年2月22日”，与最后的电报代码“丑养”相呼应；“司法学习文件版”改为“1949年2月”。

④ “司法学习文件版”删掉收文单位。

（一）对国民党六法全书的认识，在我们好些司法干部中是错误的，或是①模糊的。不仅有些学过旧法律的人把它奉为神圣，强调它在解放区也能适用②，甚至在较负责的政权干部中，也有人认为六法全书有些是合乎广大人民利益的，只有一部分而不是基本上是不合乎广大人民利益的。东北印行的“怎样建设司法工作”中所提到的对六法全书的各种观点不过是一部分明显的例证。

（二）法律是统治阶级公开以武装强制执行的所谓国家意识形态。法律和国家一样，只是保护一定统治阶级利益的工具。国民党的六法全书和一般资产阶级法律一样，以掩盖阶级本质的形式出现，但是在③实际上既然没有超阶级的国家，当然也不能有超阶级的法律。六法全书同一般的资产阶级法律一样，以所谓人人在法律方面一律平等的面貌出现，但是实际上在统治阶级与被统治阶级之间、剥削阶级与被剥削阶级之间、有产者与无产者之间、债权人与债务人之间没有真正共同的利害，因而也不能有真正平等的法权。因此国民党全部法律只能是保护地主与买办官僚资产阶级反动统治的工具，是镇压与束缚广大人民群众的武器。正因为如此，所以蒋介石在元旦救死求和的哀鸣中，还要求保留伪宪法、伪法统，也就是要求保留国民党的六法全书依然④继续有效。因此，六法全书绝不能是蒋管区与解放区均能适用的法律。

（三）任何反动法律——国民党六法全书也是一样——不能不多少包括某些所谓保护全体人民利益的条款，这正和国家本身一样恰是阶级斗争不可调和的产物和⑤表现，即反动统治阶级为保障其基本的阶级利益（财产与政权）的安全起见，不能不在法律的某些条文中一方面照顾一下它的同盟者或它试图争取的同盟者的某些部分利益，企图以此来巩固其阶级统治；另一方面不能不敷衍一下它的根本敌人——劳动人民，企图以此来缓和反对它的阶级斗争。因此不能因国民党的六法全书有某些似是而非的所谓保护全体人民利益的条款，便把它看作只是一部分而不是在基本上不合乎广大人民利益的法律，而应把它看作是基本上不合乎人民利益的法律。

（四）我们在抗日时期，在各根据地曾经个别地利用过国民党法律中有利于人民的条款⑥来保护或实现人民的利益。在反动统治下，我们也常常利用反动法律中个别有利于群众的条款⑦来保护与争取群众的利益，并向群众揭露反动法律的本质上的反动性。无疑的，这样做是正确的。但不能把我们这种一时的策略上的行动解释为我们在基本上承认国民党的反动法律，或者认为在新民主主义政权下能够在基本上采用国民党的反动的旧的法律。

（五）在无产阶级领导的工农联盟为主体的人民民主专政的政权下，国民党的六法全书应该废除，人民的司法工作不能再以国民党的六法全书为依据，而应该以人民的新的法

---

① “司法学习文件版”删掉“或是”2字。
② “司法学习文件版”将“适用”改为“运用”。
③ “司法学习文件版”删掉“在”字。
④ “司法学习文件版”删掉“依然”2字。
⑤ “司法学习文件版”将“和”改为“的”。
⑥ “司法学习文件版”将“条款”改作“条文”。
⑦ “司法学习文件版”将“条款”改作“条文”。

律作依据。在人民新的法律还没有系统地发布以前，应该以共产党政策以及人民政府与人民解放军所已发布的各种纲领、法律、条例、决议作依据。在目前①人民的法律还不完备的情况下，司法机关的办事原则应该是：有纲领、法律、命令、条例、决议规定者，从纲领、法律、命令、条例、决议之规定；无纲领、法律、命令、条例、决议规定者，从新民主主义的政策。同时司法机关应该经常以蔑视和批判国民党六法全书及②其他一切反动的法律、法令的精神，以蔑视和批判欧美日本资本主义国家一切反人民法律、法令的精神，以学习和掌握马列主义——毛泽东思想的国家观、法律观及新民主主义的政策、纲领、法律、命令、条例、决议的办法来教育和改造司法干部。只有这样做，才能使我们的司法工作真正成为人民民主政权工作的有机构成部分；只有这样做，才能提高我们司法干部的理论知识、政策知识与法律知识的水平和工作能力；只有这样做，才能彻底粉碎那些学过旧法律而食古不化的人的错误的和有害的思想，使他们丢下旧包袱，放下臭架子，甘当小学生，重新从马列主义——毛泽东思想及我们的政策、纲领、命令、条例、决议学起，把自己改造成为新民主主义政权下的人民的司法干部；只有这样做他们才能够为人民服务，才能够和我们的新的③革命司法干部和衷共济，消除所谓新旧司法干部不团结和旧司法人员炫耀国民党的六法全书和自高自大的恶劣现象。

（六）请你们和司法干部及政府干部讨论④我们这些意见，并将讨论结果电告。⑤

中　　央

丑养⑥

选自中央档案馆编：《中共中央文件选集》(14)，中共中央党校出版社 1987 年版，第 572～574 页。最后未署名，也未注明史料来源。简称“中央文件第一版”。

互校版本：中央档案馆编：《中共中央文件选集》(18)，中共中央党校出版社 1992 年 10 月修订出版，第 150～153 页。原注：“根据中央档案原件刊印”，并署名“中央　丑养”。简称：“中央文件修订版”。

96. 中共中央关于废除国民党的六法全书与确定解放区的司法原则的指示（公布通用版）

1949 年 2 月

（一）对国民党六法全书的认识，在我们好些司法干部中是错误的、模糊的。不仅有

① “中共中央文件版”为“在目前”，“司法学习文件版”为“目前在”。

② “中共中央文件版”为“批判国民党六法全书及”，“司法学习文件版”为“批判六法全书及国民党”。

③ “中共中央文件版”为“才能够和我们的新的革命司法干部”，“司法学习文件版”改为“才能与我们的革命司法干部”。

④ “中共中央文件版”为“请你们和司法干部及政府干部讨论”，“司法学习文件版”改为“请你们与政府及司法干部讨论”。

⑤ “中共中央文件版”为“将讨论结果电告”，“司法学习文件版”改为“把讨论结果报告我们”。

⑥ “中共中央文件版”落款为“中央　丑养”，“司法学习文件版”则无。

些学过旧法律的人把它奉为神圣，强调它在解放区也能运用，甚至在较负责的政权干部中，也有人认为六法全书有些是合乎广大人民利益的，只有一部分而不是基本上是不合乎广大人民利益的。东北印行的“怎样建设司法工作”中所提到的对六法全书的各种观点不过是一部分明显的例证。

（二）法律是统治阶级公开①以武装强制执行的所谓国家意识形态。法律和国家一样，只是保护一定统治阶级利益的工具。国民党的六法全书和一般资产阶级法律一样，以掩盖阶级本质的形式出现，但是实际上既然没有超阶级的国家，当然也不能有超阶级的法律。六法全书同一般的资产阶级法律一样，以所谓人人在法律方面一律平等的面貌出现，但是实际上在统治阶级与被统治阶级之间、剥削阶级与被剥削阶级之间、有产者与无产者之间、债权人与债务人之间没有真正共同的利害，因而也不能有真正平等的法权。因此国民党全部法律只能是保护地主与买办官僚资产阶级反动统治的工具，是镇压与束缚广大人民群众的武器。正因为如此，所以蒋介石在元旦救死求和的哀鸣中，还要求保留伪宪法、伪法统，也就是要求保留国民党的六法全书继续有效。因此，六法全书绝不能是蒋管区与解放区均能适用的法律。

（三）任何反动法律——国民党六法全书也是一样——不能不多少包括某些所谓保护全体人民利益的条款，这正和国家本身一样恰是阶级斗争不可调和的产物的表现，即反动统治阶级为保障其基本的阶级利益（财产与政权）的安全起见，不能不在法律的某些条文中一方面照顾一下它的同盟者或它试图争取的同盟者的某些部分利益，企图以此来巩固其阶级统治；另一方面不能不敷衍一下它的根本敌人——劳动人民，企图以此来缓和反对它的阶级斗争。因此不能因国民党的六法全书有某些似是而非的所谓保护全体人民利益的条款，便把它看作只是一部分而不是在基本上不合乎广大人民利益的法律，而应把它看作是基本上不合乎人民利益的法律。

（四）我们在抗日时期，在各根据地曾经个别地利用过国民党法律中有利于人民的条文来保护或实现人民的利益。在反动统治下，我们也常常利用反动法律中个别有利于群众的条文来保护与争取群众的利益，并向群众揭露反动法律的本质上的反动性。无疑的，这样做是正确的。但不能把我们这种一时的策略上的行动解释为我们在基本上承认国民党的反动法律，或者认为在新民主主义政权下能够在基本上采用国民党的反动的旧的法律。

（五）在无产阶级领导的工农联盟为主体的人民民主专政的政权下，国民党的六法全书应该废除，人民的司法工作不能再以国民党的六法全书为依据，而应该以人民的新的法律作依据。在人民新的法律还没有系统地发布以前，应该以共产党政策以及人民政府与人民解放军所已发布的各种纲领、法律、条例、决议作依据。目前在人民的法律还不完备的情况下，司法机关的办事原则应该是：有纲领、法律、命令、条例、决议规定者，从纲领、法律、命令、条例、决议之规定；无纲领、法律、命令、条例、决议规定者，从新民主主义的政策。同时司法机关应该经常以蔑视和批判六法全书及国民党其他一切反动的法律、法令的精神，以蔑视和批判欧美日本资本主义国家一切反人民法律、法令的精神，以

① “司法学习文件版”增加“公开”2字。

学习和掌握马列主义——毛泽东思想的国家观、法律观及新民主主义的政策、纲领、法律、命令、条例、决议的办法来教育和改造司法干部。只有这样做才能使我们的司法工作真正成为人民民主政权工作的有机构成部分；只有这样做才能提高我们司法干部的理论知识、政策知识与法律知识的水平和工作能力；只有这样做才能彻底粉碎那些学过旧法律而食古不化的人的错误的和有害的思想，使他们丢下旧包袱，放下臭架子，甘当小学生，重新从马列主义——毛泽东思想及我们的政策、纲领、命令、条例，决议学起，把自己改造成为新民主主义政权下的人民的司法干部；只有这样做他们才能够为人民服务，才能与我们的革命司法干部和衷共济，消除所谓新旧司法干部不团结和旧司法人员炫耀国民党的六法全书和自高自大的恶劣现象。

（六）请你们与政府及司法干部讨论我们这些意见，并把讨论结果报告我们。

选自中共中央政策研究室编辑：《政策汇编》下编，第二野战军政治部 1949 年 9 月翻印，第 299～302 页。未注明文件出处。

互校版本：

1. 中共中央政策研究室编辑：《政策汇编》下编，中共中央山东分局印，未注明文件出处及编印年月。

2.《中华人民共和国法院组织诉讼程序参考资料》第一辑，中国人民大学刑法民法教研室 1953 年编印，第 1～5 页。原注："选自《人民司法建设学习文件》"。

3.《中国新民主主义革命时期根据地法制文献选编》第一卷，中国社会科学出版社 1981 年版，第 85～87 页。原注："选自《人民司法建设学习文件》"。

4.《中国新民主主义革命时期法制建设资料选编》第一册，西南政法学院函授部 1982 年编印，第 68～71 页。原注："《人民司法建设学习文件》"。

5.《国家与法的理论学习资料》，中国人民大学法律系国家与法权理论教研室理论小组、资料室 1982 年编印，第 1～3 页。未注明文件出处。

以上未注明出处者，与《人民司法建设学习文件》相同。

97. 附：关于废除伪法统

1949 年新华社陕北 3 月 14 日电《新华社答读者问》

问：国民党政府所说的"法统"是甚么意思？中国共产党毛泽东主席在一月十四日的对时局声明中为甚么提出"废除伪法统"作为实现和平的条件之一？

答：国民党政府的所谓"法统"，是指国民党统治权力在法律上的来源而言。国民党反动派欺骗人民说：他们的反人民的统治是"合法"的"正统"。他们欺骗人民说：国民党的统治权力，是根据一九四七年元旦国民党政府颁布的"宪法"，这个"宪法"，是根据一九四六年十一月国民党政府召开的"国民大会"，这个"国民大会"，是根据一九三一年六月国民党政府公布施行的"训政时期约法"；如是等等，并向上追溯而一直至于国民党的成立。国民党匪帮首领、第一号战犯蒋介石在今年元旦的求和文告中，提出了"只要法统不致中断”作为“和平”的条件之一，其意思就是要求人民承认国民党的反革命统治为正统，要求人民承认国民党政府的“合法”地位，因而不去破坏这个反革命统治，借此保存国民党的反革命的势力和反革命的统治制度。国民党匪帮及其匪首蒋介石的这种荒谬要求是人民所绝对不能允许的，旧统治阶级及其辩护者常常散布一种欺骗，似乎先有一定的法统，一定的宪法和法律的传统，然后才根据这种传统的宪法和法律而产生某种国家政权。这种欺骗是与历史的真相完全不符的。历史的真相是：任何法统，任何宪法和法律，在阶级社会中只能由一定的阶级在阶级斗争中来创造，在取得国家政权以后来创造，借以有系统地表现这种国家政权的性质，表现一定历史时期中阶级与阶级的关系，这种关系的基础乃是生产关系即对于生产资料的占有关系。任何国家政权都是一定的占有主要生产资料的阶级，或阶级的联盟用暴力来对于其他阶级施行有系统的专政，借以保护这一个或几个阶级的利益，并镇压被统治阶级的反抗的机关。有了什么样性质的国家政权，才有什么样的宪法和法律系统，才有什么样的法统。被统治阶级必须用暴力推翻旧的统治阶级的暴力，才能夺取国家政权。因此，革命的阶级必须废除反革命统治阶级的反革命法统，从新建立自己的革命法统。国民党政府的所谓法统的真实内容是什么呢？它自称其法统上承辛亥革命后的南京临时政府和一九二五年至一九二七年的广州和武汉政府。事实上，辛亥革命后的南京临时政府是一部分资产阶级和一部分地主阶级联合的带有旧民主主义色彩的专政；但是这个政权只存在了一个多月，就被封建军阀袁世凯所夺取。一九二五年至一九二七年广州和武汉的政府是无产阶级在不同程度上参加了的，小资产阶级，资产阶级以及一部分地主阶级联合的，带有不同程度的新民主主义色彩的专政；但是这个政权由于一九二七年四月至七月以蒋介石、汪精卫为首的国民党举行了血腥的政变以后，就被推翻了。国民党反动派背叛了革命，背叛了孙中山和他在一九二四年中国国民党第一次全国代表大会时订定的革命的三民主义，屠杀了人民，投靠了帝国主义，而建立了大地主大资产阶级对于全国人民的恐怖的反革命专政。这个反革命专政是如此孤立以至蒋介石的所谓“法统”继承的每个关节，都不得不用阴谋的政变、恐怖、贿买、伪造等方法来实行，因此，不但人民大众从来不承认他的所谓法统，就连自由资产阶级和国民党内的某些人也不愿意加以承认。蒋介石集团所继承的，实质上是曾国藩、袁世凯等封建买办阶级对外出卖祖国对内残害人民的反革命传统。而自太平天国以来，经过辛亥革命以至一九二五年至一九二七年大革命的不完全的革命传统，则已由在一九二七年以后继续坚持革命的中国共产党所继承和发扬光大。中国人民在中国共产党的领导之下，不但继承了过去的不完全的革命传统，而且正在用完全新式的革命斗争建立着自己的完全革命的新传统，也就是革命的法统。蒋介石集团因为要坚持的保存其反革命的权力而反抗革命的权力，所以不承认革命的法统而坚持其反革命的法统。毛主席一月十四日对时局的声明，提出了“废除伪法统”作为八项和平条件的第三条件，这就直截了当地粉碎了国民党匪帮和匪首蒋介石企图保存反革命势力的阴谋。毛主席代表全国人民公意所宣布的这个条件的实质，就是要求彻底地推翻了国民党的卖国独裁的反革命统治。这就是说，在国民党反动政府统治下制订和建立的一切法律、典章、政治制度、政治机构、政治权力等均归无效，人民完全不能承认它们。中国人民在彻底推翻国民党反革命统治的基础上，即将建立独立、统一、民主、富强的人民民主的新中国，即中华人民民主共和国。这个人民民主政权代表全国绝大多数人民，包括工人、农民、独立劳动者、手工业者、知识分子、自由资产阶级和开明士绅。什么是这个人民民主政权的权力来源呢？它不是根据任何先前存在的宪法和法律系统，不是根据任何先前存在的法统，它是无产阶级领导的、人民大众的（以工农联盟为基础的）、反帝反封建反官僚资本的大革命胜利的结果。

（新华社陕北三月十四日电）

选自《中国新民主主义革命时期法制建设资料选编》第一册，西南政法学院函授部 1982 年 2 月编印，第 71～74 页。原注："选自 1949 年中国政法大学《司法业务参考材料》"。

98. 中国共产党第七届中央委员会第二次全体会议决议

1949 年 3 月 13 日

中国共产党第七届中央委员会第二次全体会议根据毛泽东同志的报告，认为自党的第七次全国代表大会以来，中央的领导是正确的；并通过如下的决议：

（一）辽沈、淮海、平津三战役以后，国民党军的主力已被消灭。国民党军的作战部队仅仅剩下一百多万人，分布在新疆到台湾的广大的地区内和漫长的战线上。今后解决这一百多万国民党军的方式，不外天津、北平、绥远三种。用战斗去解决敌人，例如解决天津的敌人那样，仍然是我们首先必须注意和必须准备的。人民解放军的全体指挥员、战斗员绝对不可以稍微松懈自己的战斗意志，任何松懈战斗意志的思想和轻敌的思想，都是错误的。按照北平方式解决问题的可能性是增加了，这就是迫使敌军用和平方法迅速地彻底地按照人民解放军的制度改编为人民解放军。这是一种斗争方式，是一种不流血的斗争方式，并不是不用斗争可以解决问题的。绥远方式，是有意地保存一部分国民党反动军队，让其原封不动，或者大体上不动，就是说向这一部分军队作暂时的让步，以利于争取这部分军队在政治上站在我们方面，或者保守中立，以便我们集中力量首先解决国民党残余力量中的主要部分，在一个相当的时间之后（例如在几个月，半年，或者一年之后），再去按照人民解放军制度将这部分军队改编为吴化文、曾泽生式的人民解放军。

（二）人民解放军永远是一个战斗队。就是在全国胜利以后，在国内没有消灭阶级和世界上存在着帝国主义制度的历史时期内，我们的军队还是一个战斗队。对于这一点不能有任何的误解和动摇。人民解放军又是一个工作队，特别是在南方各地用北平方式或绥远方式解决问题的时候是这样。随着战斗的逐步地减少，工作队的作用就增加了。有一种可能的情况，即在不要很久的时间之内，将要使人民解放军全部地转化为工作队，这种情况我们必须估计到。现在准备随军南下的五万三千个干部，对于不久将要被我们占领的极其广大的新地区来说，是很不够用的，我们必须准备把二百一十万野战军全部地化为工作队。这样，干部就够用了，广大地区的工作就可以展开了。我们必须把二百一十万野战军看成一个巨大的干部学校。

（三）从一九二七年到现在，我们的工作重点是在乡村，在乡村聚集力量，用乡村包围城市，然后取得城市。采取这样一种工作方式的时期现在已经完结。从现在起，开始了由城市到乡村并由城市领导乡村的时期。党的工作重心由乡村移到了城市。在南方各地，人民解放军将是先占城市，后占乡村。城乡必须兼顾，必须使城市工作和乡村工作、使工人和农民、使工业和农业紧密地联系起来。决不可以丢掉乡村，仅顾城市，如果这样想，那是完全错误的。但是党的工作重心必须放在城市。必须用极大的努力去学会管理城市和建设城市。必须学会在城市中和帝国主义者、国民党、资产阶级作政治斗争、经济斗争、文化斗争和外交斗争。既要学会和他们做公开的斗争，又要学会和他们做隐蔽的斗争。如果我们不去注意这些问题，不去学会和这些人们做这些斗争，并在斗争中取得胜利，我们就不能维持政权，我们就会站不住脚，我们就会失败。在拿枪的敌人被消灭以后，不拿枪的敌人依然存在，他们必然地要和我们作拼死的斗争，我们决不可以轻视这些敌人。如果我们现在不去这样地提出问题和认识问题，我们就要犯极大的错误。

（四）在城市斗争中，我们依靠谁呢？有些糊涂的同志认为不是依靠工人阶级，而是依靠贫民群众。有些更糊涂的同志认为是依靠资产阶级。在发展工业的方向上，有些糊涂的同志认为主要地不是帮助国营企业的发展，而是帮助私营企业的发展；或者反过来，认为只要注意国营企业就够了，私营企业是无足轻重的了。我们必须批判这些糊涂思想。我们必须全心全意地依靠工人阶级，团结其他劳动群众，争取知识分子，争取尽可能多的能够和我们合作的自由资产阶级及其代表人物站在我们方面，或者使他们保守中立，以便和帝国主义者、国民党、官僚资产阶级作坚决的斗争，一步一步地去战胜这些敌人；同时即开始着手建设我们的事业，一步一步地学会管理城市，恢复和发展城市中的生产事业。关于恢复和发展生产的问题，必须确定：第一是国营企业的生产，第二是私营企业的生产，第三是手工业生产。从我们接管城市的第一天起，我们的眼睛就要向着这个城市的生产事业的恢复和发展。务须避免盲目地乱抓乱碰，把中心任务忘记了，以至于占领一个城市好几个月，生产建设的工作还没有上轨道，甚至许多工业陷于停顿状态，引起工人失业，工人生活降低，不满意共产党；这种状态是完全不能容许的。为了这一点，我们的同志必须用全力去学习生产的技术和管理生产的方法，必须去学习和生产有密切联系的商业工作、银行工作及其他工作。只有将城市的生产工作恢复起来和发展起来了，将消费的城市变成生产的城市了，人民政权才能巩固起来。城市中其他的工作，例如党的组织工作、政权机关的建设工作、工会的工作、各种民众团体的工作、文化教育方面的工作、肃反工作、通讯社报纸广播电台的工作，都是围绕着生产建设这一个中心工作并为这个中心工作而服务的。如果我们在生产工作上无知，不能很快地学会生产工作，不能使生产事业尽可能迅速地恢复和发展，获得确实的成绩，首先使工人生活有所改善，并使一般人民的生活有所改善，那就必然地会使我们不能维持政权，我们就会站不住脚，我们就会要失败。

（五）南方和北方的情况是不同的，党的工作任务也就必须有所区别。南方现时还是被国民党统治的区域。在这里，党和人民解放军的任务是在城市和乡村中消灭国民党的反动武装力量，建立党的组织，建立政权，建立工会、农会及其他民众团体，建立人民武装力量，发动民众，肃清国民党残余势力，恢复和发展生产事业。在乡村中，则是首先有步骤地展开反对土匪和反对恶霸即反对地主阶级当权派的斗争，完成减租的准备工作，以便在人民解放军到达那个地区大约一年或者两年以后，就能实现减租的任务，造成分配土地的先决条件；同时必须注意尽可能地维持农业生产的现有水平不使降低。北方则除个别地区外，是完全另外一种情况。在这里，已经推翻了国民党的统治，建立了人民的统治，并且根本上解决了土地问题。党在这里的中心任务是动员一切力量恢复和发展生产事业，将这看作是一切工作的重点所在；同时必须恢复和发展文化教育事业，肃清残余的反动力量，巩固整个北方，支援人民解放军。

（六）我们已经进行了广大的经济建设工作，党的经济政策已经在实际工作中实施，并且收到了显著的成效。但是在为什么应当采取这样的经济政策而不应当采取别样的经济政策这个问题上，在理论和原则性的问题上，党内是存在着许多糊涂思想的。这个问题应当怎样来回答呢？我们认为应当这样地来回答。中国的工业和农业在国民经济中的比重，就全国范围来说，大约是工业占百分之十左右，农业占百分之九十左右。这是帝国主义制度和封建制度压迫中国的结果，这是旧中国表现为半殖民地和半封建社会的经济形态，这是在中国革命的时期内及在革命胜利以后一个相当长的时期内一切问题的基本出发点。从这一点出发，产生了我党一系列的战略上、策略上和政策上的问题。对于这些问题的进一步的明确的认识和解决，是我党当前的重要任务。这就是说，第一，中国已经有大约百分之十左右的现代性的工业经济，这是进步的，这是和古代不同的。由于这一点，中国已经有了新的阶级和新的政党——无产阶级和资产阶级，无产阶级政党和资产阶级政党。中国无产阶级及其政党——中国共产党，因为它们受到几重敌人的压迫，锻炼了它们，使它们具有了领导中国人民革命的资格。谁要是忽视或轻视这一点，谁就要犯右倾机会主义的错误。第二，中国尚有大约百分之九十左右的分散的个体的农业经济和手工业经济，这是落后的，这是和古代没有多大区别的，我们尚有百分之九十左右的经济生活停留在古代。古代有封建的土地所有制，现在被我们废除了，或者即将被废除，在这点上，我们已经或者即将区别于古代，取得了或者即将取得使我们的农业和手工业逐步地向着现代化发展的可能性；但是，在今天，在今后一个相当长的时期内，我们的农业和手工业，就其基本形态说来，还是和还将是分散的和个体的，即是说，和古代近似的。谁要是忽视或轻视这一点，谁就要犯“左”倾机会主义的错误。第三，中国的现代性工业虽然还只占国民经济总生产量的百分之十左右，但是它却极为集中，最大量的和最主要的资本是集中在帝国主义者及其走狗中国官僚资产阶级的手里。没收这些资本归无产阶级领导的人民共和国所有，就使人民共和国握有国家的经济命脉，成为整个国民经济的领导成分。这一部分经济，是社会主义性质的经济，不是资本主义性质的经济。谁要是忽视或轻视了这一点，谁就要犯右倾机会主义的错误。第四，中国的私人资本主义经济，占了现代性工业经济中的第二位，它是一个不可忽视的力量。中国的自由资产阶级及其代表人物，由于他们受了帝国主义、封建主义和官僚资本主义的压迫或限制，在人民民主革命斗争中常常采取参加或者保守中立的立场。由于这些，并由于中国经济现在还处于落后状态，在革命胜利以后一个相当长的时期内还需要尽可能地利用城乡私人资本主义的积极性，以利于国民经济的向前发展。一切不是于国民经济有害而是于国民经济有利的城乡资本主义成分，都应容许其存在及发展。国内的自由竞争和自由贸易，不但是不可避免的，而且是经济上必要的。但是中国资本主义的存在及发展，自由竞争和自由贸易的存在及发展，不是如同资本主义国家那样不受限制、任其泛滥的，也不是如同东欧各新民主主义国家那样被限制和缩小得非常大，而是中国型的。它将从几个方面被限制——在活动范围方面，在税收政策方面，在市场价格方面，在劳动条件方面，都是要依各地、各业及各个时期的具体情况而采取恰如其分的有伸缩性的限制政策的，孙中山的节制资本的口号，我们依然必须用和用得着。但是为了整个国民经济的利益，为了无产阶级和劳动人民现在和将来的利益，决不可以对私人资本主义经济限制得太大太死，必须容许它们在人民共和国的经济政策和经济计划的轨道内有存在和发展的余地。对于私人资本主义采取限制政策，是必然要受到资产阶级在各种程度和各种方式上的反抗的，特别是私人企业中的大企业主，即大资本家。限制和反限制，将是新民主主义国家内部阶级斗争的主要形式。如果认为我们现在不要限制资本主义，认为可以抛弃“节制资本”的口号，这是完全错误的，这就是右倾机会主义的观点。但是反过来，如果认为应当对私人资本限制得太大太死，或者认为简直可以很快地消灭私人资本，很快地进入无产阶级专政的社会主义社会，这也是完全错误的，这就是“左”倾机会主义或冒险主义的观点。第五，占国民经济总量百分之九十的分散的个体的农业经济和手工业经济，是可能和必须谨慎地、逐步地而又积极地引导它们向着现代化和集体化的方向发展的，任其自流的观点是错误的。必须组织中央、省、县、区、乡的生产的、消费的和信用的合作社和合作社的领导机关。这种合作社是以私有制为基础的在无产阶级领导的国家政权管理之下的劳动人民群众的集体经济组织。中国人民的文化落后和没有合作社传统，使得我们的合作社运动的推广和发展大感困难；但是可以组织，必须组织，必须推广和发展。单有国营经济而没有合作社经济，我们就不可能领导劳动人民的个体经济逐步地走向集体化，就不可能由新民主主义国家发展到将来的社会主义国家，就不可能巩固无产阶级在国家政权中的领导权。谁要是忽视或轻视这一点，谁也就要犯绝大的错误。国营经济是社会主义性质的，合作社经济是半社会主义性质的，加上私人资本主义经济，加上个体经济，加上国家和私人合作的国家资本主义经济，这就是人民共和国的几种主要的经济形态，这就是新民主主义的经济形态。第六，人民共和国的国民经济的恢复和发展，没有对外贸易的统制政策是不可能的。从中国境内肃清了帝国主义、封建主义、官僚资本主义和国民党的统治（这是帝国主义、封建主义和官僚资本主义三者的集中表现），还没有完全地解决中国独立自主的问题，只有待经济上获得了广大的发展，由落后的农业国变成了先进的工业国，经济上完全不依赖外国了，经济上完全独立了，才算最后地解决了这个问题。而欲达此目的，没有对外贸易的统制是不可能的。中国革命在全国胜利以后，中国尚存在着两种基本的矛盾。第一种是国内的，即无产阶级与资产阶级的矛盾。第二种是国外的，即中国与帝国主义国家的矛盾。因为这样，无产阶级领导的人民共和国的国家制度，在人民民主革命胜利以后，不是可以削弱，而是必须强化。对内的节制资本和对外的统制贸易，是这个国家在经济斗争中的两个基本政策。谁要是忽视或轻视这一点，谁就将要犯绝大的错误。第七，中国的经济遗产是落后的，但是中国人民是勇敢而勤劳的，中国人民革命的胜利和人民共和国的建立，中国共产党的领导权，加上世界各国无产阶级的援助，其中主要的是苏联的援助，中国经济建设的速度将不是很慢而可能是相当地快的，中国的兴盛是可以计日程功的。对于，中国经济复兴的悲观论点，没有任何的根据。

（七）旧中国是一个被帝国主义制度所控制的半殖民地国家。中国人民民主革命的彻底的反帝国主义的性质，使得帝国主义者极为仇视这个革命，竭尽全力地帮助国民党，因而激起了中国人民对于帝国主义者的深刻的愤怒，并使帝国主义者丧失了自己在中国人民中的最后一点威信。同时，整个帝国主义制度在第二次世界大战以后是大大地削弱了，以苏联为首的世界反帝国主义战线的力量是空前地增长了。所有这些情形，使得我们可以采取和应当采取有步骤地彻底地摧毁帝国主义在中国的控制权的方针。帝国主义者的这种控制权，表现在政治、经济和文化等方面。在国民党军队被消灭，国民党政府被打倒的每一个城市和每一个地方，帝国主义者的政治上的控制权即随之被打倒，其经济上和文化上的控制权也被大大地削弱。但是帝国主义者直接经营的经济事业和文化事业依然存在，被国民党承认的外交人员和新闻记者依然存在。对于这些，我们必须分别先后缓急，给以正当的解决。

（八）召集政治协商会议和成立民主联合政府的一切条件，均已成熟。一切民主党派、人民团体和无党派民主人士均站在我们方面。上海及长江流域的资产阶级，正在和我们拉关系。南北通航通邮业已开始。陷于四分五裂的国民党，业已脱离了一切群众。我们正在准备和南京反动政府及其他反动的地方政府和军事集团进行谈判。我们既然允许谈判，就要准备在谈判成功以后许多麻烦事情的到来，就要准备一副清醒的头脑去对付对方采用孙行者钻进铁扇公主肚子里兴妖作怪的政策。只要我们精神上有了充分的准备，我们就可以战胜任何兴妖作怪的孙行者。不论是全面的和平谈判，或者局部的和平谈判，我们都应当这样去准备。我们不应当怕麻烦、图清静而不去接受这些谈判，我们也不应当糊里糊涂地去接受这些谈判。我们的原则性必须是坚定的，我们也要有为了实现原则性的一切许可的和必需的灵活性。

（九）无产阶级领导的以工农联盟为基础的人民民主专政，要求我们党去认真地团结全体工人阶级、全体农民阶级和广大的革命知识分子，这些是这个专政的领导力量和基础力量，没有这种团结，这个专政就不能巩固。同时也要求我们党去团结尽可能多的能够和我们合作的小资产阶级和自由资产阶级的代表人物，它们的知识分子和政治派别，以便在革命时期使反革命势力陷于孤立，彻底地打倒国内的反革命势力和帝国主义势力；在革命胜利以后，迅速地恢复和发展生产，对付国外的帝国主义，使中国稳步地由农业国转变为工业国，由新民主主义国家转变为社会主义国家。因为这样，我党和党外民主人士长期合作的政策，必须在全党思想上和工作上确定下来。我们必须把党外大多数民主人士看成自己的干部一样，和他们诚恳地坦白地商量和解决那些必须商量和解决的问题，给他们工作做，使他们在工作岗位上有职有权，使他们在工作上做出成绩来。从团结他们出发，对他们的错误和缺点给以认真的和适当的批评或斗争，达到团结他们之目的。对他们的错误或缺点采取迁就态度，是不对的。对他们采取关门态度或敷衍态度，也是不对的。每一个大城市和每一个中等城市，每一个战略性区域和每一个省，均应培养一批能够和我们合作的有威信的党外民主人士。我们党内，从土地革命战争时期的关门主义作风所养成的对待党外民主人士的不正确态度，在抗日时期并没有完全克服，在一九四七年各根据地土地改革高潮时期又曾爆发过。这种态度只会使我党陷于孤立，使人民民主专政不能巩固，使敌人获得同盟者。现在中国第一次在我党领导之下的政治协商会议即将召开，民主联合政府即将成立，革命即将在全国胜利，全党对于这个问题必须有认真的检讨和正确的认识，必须反对右的迁就主义和“左”的关门主义或敷衍主义两种倾向，而采取完全正确的态度。

（十）我们很快就要在全国胜利了。这个胜利将冲破帝国主义的东方战线，具有伟大的国际意义。夺取这个胜利，已经是不要很久的时间和不要花费很大的气力了；巩固这个胜利，则是需要很久的时间和要花费很大的气力的事情。资产阶级怀疑我们的建设能力。帝国主义者估计我们终究会要向他们讨乞才能活下去。因为胜利，党内的骄傲情绪，以功臣自居的情绪，停顿起来不求进步的情绪，贪图享乐不愿再过艰苦生活的情绪，可能生长。因为胜利，人民感谢我们，资产阶级也会出来捧场。敌人是不能征服我们的，这点已经得到证明了。资产阶级的捧场则可能征服我们队伍中的意志薄弱者。可能有这样一些共产党人，他们是不曾被拿枪的敌人征服过的，他们在这些敌人面前不愧英雄的称号；但是经不起人们用糖衣裹着的炮弹的攻击，他们在糖弹面前要打败仗。我们必须预防这种情况。夺取全国胜利，这只是万里长征走完了第一步。如果这一步也值得骄傲，那是比较渺小的，更值得骄傲的还在后头。中国的革命是伟大的，但是革命以后的路程更长，工作更伟大，更艰苦。这一点现在就必须向党内讲明白，务必使同志们继续地保持谦虚、谨慎、不骄、不躁的作风，务必使同志们继续地保持艰苦奋斗的作风。我们有批评和自我批评这个马列主义的武器。我们能够去掉不良作风，保持优良作风。我们能够学会我们原来不懂的东西。我们不但善于破坏一个旧世界，我们还将善于建设一个新世界。中国人民不但可以不要向帝国主义者讨乞也能活下去，而且还将活得比帝国主义国家要好些。

选自《中共中央文件选集》(14)，中共中央党校出版社 1987 年版，第 587～597 页。

99. 中国共产党第七届中央委员会第二次全体会议关于军旗的决议

1949 年 3 月 13 日

中国人民解放军的军旗应为红地，加五角星，加“八一”二字。

选自《中共中央文件选集》(18)，中共中央党校出版社 1992 年版，第 171 页。原注：“根据中央档案原件刊印”。

100. 中共中央关于财政经济工作及后方勤务工作中若干问题的决定

1949 年 3 月 20 日

各中央局、各中央分局、各前委、平、津两市委、华中工委：

一、在走向全国胜利的过渡期中，由于中国地方广大，经济落后，农业与手工业生产尚占百分之九十左右，近代工业生产仅占百分之十左右，又由于革命发展的不平衡，战区与非战区，新区与老区，解放区与国民党统治区有很大的区别，而中心环节是人民解放军不久即会将战争引向长江以南，但尚须有两年至三年时间，才能占领全中国。因此，在中央领导之下的区域制，在相当一个长时期内仍然成为必要。关于财政经济工作及后方勤务工作的统一问题，应该是在分区经营的基础之上，在可能与必须的条件下，有重点地、有步骤地走向统一。对于新区的领导机关，应该给予较大的机动权。

二、我二百一十万野战军前进，其供给负担大致区分为：东北、中原合力供给东北野战军；西北全力及华北的主要部分供给西北野战军及华北各兵团；华东全力供给华东、中原两野战军，不足时，经过中央从华北、东北调剂。在各区分担发生困难或需要协助时，报告中央，由中央设法调剂，或协助其解决困难。

三、中央掌握除东北以外的人民银行货币发行权。东北的货币发行计划须经中央批准。东北以外各解放区得发行小额的人民银行票，或发行地方货币，作为人民银行票的辅币，其发行计划亦须经中央批准。

四、中央暂以华北人民银行为中国人民银行的总行，各地方银行兼为中国人民银行的分行，但各地方银行仍归各解放区自己领导，进行原来业务。

五、国民党反动政府的央、中、交、农四行和合作金库及其一切产业，经各地军事管制委员会接收后，原则上应交由中国人民银行负责接管，暂时得委托我各地军管会代管。其他国民党统治区的地方政府银行及官僚资本银行，均归我各地方银行接管。

六、各解放区的财政收支概算，均须送交中央审核，但对新区初期不作严格要求，老区则应逐步走上正规制度。老区财政制度完全建立后，县以下的地方收支，应由各解放区根据中央财政政策自行审核。

七、各老区的关税、盐税、统税，应有步骤地分别由中央统一管理。各老区应划分中央税与省税，并从华北开始试办。各老区的农业税则及其他税目、税率，应报告中央，以便于必要时进行调整。新区税收，应由各解放区根据中央规定方针，自行实施，待秩序安定后，再送中央审核。

八、对外贸易应由中央有重点地先在华北实施统一管理。目前对国民党统治区的贸易，亦属此类性质。各解放区尚在管理对外贸易时，应将其对外贸易计划及较大的合同报告中央，并须使制度与税率等逐渐走向一致。

九、解放区内各区间的贸易，一般地暂由各区自行协商解决。但重要的或大批的贸易协定，必须呈报中央备案。各解放区如向邻区采购大批物资，必须通过当地贸易机关。若干重要物资如粮食、煤炭、棉花、盐、木材及重要金属矿物等，中央有权实行调剂。

十、工业方面，中央准备先从华北接管几宗大的国营企业开始；一般的国营企业，仍暂归各解放区地方经营，其生产计划，应报告中央。

十一、交通事业方面，各解放区首先必须保证中央批准的铁路修复计划的全部实施。各区铁路总局或铁路管理局，除在行政业务上受军委铁道部直接管辖及在经费上实行统筹分担外，在政治上，及在铁道部已划定在本区范围内的业务计划上，仍应受各有关的解放区党委会的领导及政府的指导，保证铁道的畅通。

十二、邮政、电信、航空、海运在原则上应由中央统一管理，但在实施过程中，应根据当前具体情况分别逐步解决。某些机构，特别在新区，可以在一定时期内暂交地方管理。公路不论国道省道，目前均应归地方管理，并须保证畅通。

十三、兵工、通信、卫生器材的生产计划，一般地应由各老区领导机关提出，军委核准，再归各老区负责实施。在目前形势下，去年十二月军工、后勤、卫生会议所规定的各项生产计划，从今年第二季起应予削减若干，由各中央局军区审核后报告军委批准。各种生产成品，应由军委划定范围，或规定种类数目，责成各区依照计划或命令，供给前线或地方需要。

十四、新区的兵工、军需及交通卫生器材的生产机关，经各地军管会接收后，应交由各有关军区后勤部门接管，报告军委，并提出生产计划。

十五、汽油、机油以分区自行供应和交换为原则，但东北除供给东北野战军外，如有余量，应交中央调剂。华东除交换外，西北除生产外，如尚不足，可由中央设法补助。

十六、各野战军在新区及城市缴获的军用物资，于接收后，除必须补充其本身者外，应将其重要部分报告军委，以便调剂。

十七、为保证实施上述各项业务，中央及地方必须迅速解决下述各项组织问题：

1. 中央应即成立财政经济委员会，首先与华北财政经济委员会应合并，并加入东北、华东、西北、华中各区财政经济工作负责人为委员，依靠华北政府各部及其直辖的各省市，进行业务。

2. 各解放区财政经济委员会或办事处，除华北外，均仍照旧执行其原来业务，并依上述各项规定与中央实行分权分工。中央一切命令，必须经过各区财委会。

3. 军委后方勤务部应成为后方勤务的司令机关，一切业务除少数外，均经过各大军区的后勤机关及兵工生产部门负责实施。

4. 各解放区与全局有关的财政经济及后方勤务的工作计划，统应依照上述各项规定，或送中央军委批准，或向中央军委报告备案。中央军委的一切计划，亦应于最后决定前，先行征求各区中央局、军区、各野战军，或各区政府财经部门的同意，然后公布实施。

5. 各解放区政府的财经部门，及各军区各野战军的后勤部门，有责任向中央财政经济委员会及其所属各部与军委后勤机关、卫生机关，供给各项报告和材料。中央财政经济委员会及其所属各部，与军委后勤机关、卫生机关，亦得向各区有关部门发给在中央批准的计划范围内的各项指示。如遇有争执，或指示行不通时，得经过各区中央局、军区或野战军直接报告中央军委，请求解决。

选自《中共中央文件选集》(14)，中共中央党校出版社1987年版，第609～612页。

101. 中共中央关于对北平各机关旧职员处理原则的指示

1949年3月22日

北平市委并华北局、天津市委：

三月三日关于处理旧职员电悉。你们对于这一问题的处理，必须首先区别国民党的企业机关与政治机关的不同性质，而采取不同的办法。

（一）对于企业机关的旧职员，在原封不动地接收以后，一俟生产恢复，秩序安定，就要着手进行一些必要的改革。在人事上的改革就是要设法清除那些坚决的反动分子，劣迹昭著为大多数群众所反对的分子及没有能力、依仗亲朋势力在企业中领取干薪的分子。另有一些人技术不高，工作能力不大，但因接近国民党负责人而占驻高级位置，领取高薪，则应降低其位置和薪水。再有一些人技术较高，能力较好，但因与国民党负责人不合而位置和薪水显明地降低，则应适当地提高其位置和薪水。又，这种情形在工人中亦有不少存在，亦应如此处理。只有如此处理后，才能使企业内部安定和团结，进行生产。因此，在企业中实行原职原薪，不是绝对的，一有可能，群众条件一经成熟，就必须进行这种改革。此外，一般职员亦有许多旧思想和旧作风须要改造。但在进行上述改革之前，必须准备好充分的群众条件，必须先在群众中宣传，提高群众觉悟，组织群众的审查和评议，取得绝大多数职工群众的赞成和拥护，但又要避免群众中的报复和私人挟嫌等，不使这种改革走入歧途或过分。这是你们现在就必须立即准备和着手来作的，在做法中又应有适当的步骤，不可冒昧从事。企业中的旧职员一般都应受训（政治训练），训练班可由本企业开办，亦可由企业高级机关或由市政府开办，把那些应该洗刷的人员首先调离本企业，到训练班受训，然后根据训练后的情形或者开除或者分派另外工作。其余一般受训职员则仍回本企业工作。以上是初步改造企业中旧职员必须进行的若干步骤。

（二）对于国民党行政、司法、军事、警察等机关的旧职员，则须要采取另外的改造办法，也可以采取更急进的办法。因为除掉少数市政上公用机关、卫生机关等等外，我们一般地不依靠他们来进行工作，更不依靠他们原来的机构，而要加以打乱，不打乱是错误的。因此，你们对于这些旧职员除少数必须留用者外，原则上应一般地集中训练，有些年老或资格太高，不能进普通训练班者，则组织特别训练班。一部分可送人民革命大学或华大军大，但对这些人的训练班须由华北政府或市政府特别创办，不宜进华大军大或人民大学。训练后除必要者可回本机关工作外，一般可用人员亦不应回到原来机关工作，而应根据我们工作的需要分派其他机关或其他地方工作；或平、津、唐、张几个城市对调任用或派到江南去；或派到各县去工作，以便分散他们；暂时用不了的人员，则令他们候差，等候任用，在候差期间发给必须的生活费。对反动分子、劣迹昭著者及其他无能的不可用的人员，则开除之。在我们的企业中是实行薪水制，但在我们的行政、司法、军事、警察等机关除警察须特定待遇标准外，则还不能实行薪水制，还必须实行供给制若干时。故对旧职员加入我们行政、司法、军事、警察机关工作者，原则上只能和我们工作人员同等待遇，即实行供给制。对他们的待遇，超过我们的工作人员的标准，是不妥的。但在实行供给制后，对他们的家属确实困难者，原则上按我们家属标准待遇，给以津贴，家有积蓄，不要津贴者，则可不给或少给津贴。但有特殊技术人员，原有高薪，又为我们必须任用者，则须给以高薪，继续任用。你们决不可向这些旧职员提出原职原薪的口号，过去和现在照原薪发给一月或二月薪水，是可以作的，但向他们提出原职原薪的口号，则在过去、现在和将来都是错误的。对于旧政府机关的职员的处理，须要与企业机关的职员从原则上区别开来，你们三月三日来电所提办法没有这种区别，是不妥的。估计依照上述办法来处理旧政府机关的职员是会有反抗和不满的，你们应该预有准备，并须使自己所采取的步骤力求适当，但对这种反抗和不满，不应害怕，而必须坚持这样去作。又估计依照上述作法，会有一大批旧职员不愿在我们政府机关工作，但除开十分不愿工作不愿受训者外，我们应采取留用一切有用人员的态度，决不可轻率地把他们开除赶走了事，而应细心地和他们讨论如何改造思想作风为人民服务及解决他们家庭困难的办法，以便能争取大批旧职员为我们政府工作。上述两类办法，望你们加以考虑。如有困难或新的意见，望即电告。如认为可行，望即根据以上原则拟定具体办法，由华北政府及市政府实施。并同意由徐冰、刘仁、戎子和组织专门委员会来处理。

中　央

选自《中共中央文件选集》(14)，中共中央党校出版社1987年版，第615～617页。

102. 中国人民革命军事委员会铁路军运暂行条例

1949年4月10日实施

第一章　总　则

第一条　铁路为国家企业，又为人民解放战争机构的组成部分。本条例之目的在于既保证铁路军事运输之顺畅，又保证合理使用铁路运输而不浪费铁路运输力。

第二条　军事运输为铁路的第一等任务。在军运计划上，铁道部无条件地执行中国人民革命军事委员会（以下简称军委会）之命令，保证军运之安全，迅速与便利。

第三条　军事运输必须强调统一性与纪律性。各级部队必须严格遵守军委会铁道部奉命制定的军运计划与铁路的既定规章和制度。各级部队必须保证在车辆使用上满员满装，快装快卸。除军委会批准的适应前方作战之军运及经各一级军区各野战军及其后勤部首长亲自审定的特殊紧急军运外，不得要求紧急军运或专车运送。

第四条　人民铁路逐渐步入正轨。过去免费优待等办法即予废除。今后一切运输，包括军事运输在内一律收费。

第二章　军运定义

第五条　军委会直属各机关，各野战军，各兵团司令部，各军，各军区，各军分区，各独立团以上之武装部队，以调防，补给，作战，军工，军需，军械，军医为目的之运输方为军运。至于部队以工农业生产或交换物资为目的所需之运输，地方党政机关所需之运输，县以下地方武装，市镇公安人员之调动及其物资供给品所需之运输，均不属军运范围。

第三章　军运办理上之区分

第六条　依军委会及其野战军司令部之紧急调防作战计划所需大批（一次一列车以上）军事运输，由野战军或一级军区司令部向军委会铁道部直接提出，共同筹划。此项运输计划，由司令部与铁道部分别按系统通知有关行政单位。各该行政单位收到通知书或电报后，即照计划向指定之铁路总局，管理局，分局，车站接洽办理，未收到共同通知书，或共同电报之前，不得迳自交涉车辆，以免配车重复，贻误运输，或使运输计划不能实现。

（注）车站接到铁路军运共同通知书或电报时，必须慎密保管之，待持军运证人（请求运送部队及军用品者）到达后，即按章办理一切手续。

第七条　凡属根据军委会各野战军各一级军区司令部之紧急调防作战计划直接大量补充前线之民工与物资供给品，如武器，弹药，粮秣，柴草，被服，装具，交通，通讯，军医所用之器材及日用品，均由司令部与铁道部依第六条办法办理之。

第八条　由前方向后方运送之伤员，民工，俘虏，以及缴获品，统由司令部驻在机关，或办事处，或指定之代理机关，向铁路总局，管理局，分局，车站交涉车辆，此项车辆应优先配给，优先挂运。

第九条　后方维持治安部队，前方作战部队之调动与物质供给品之运输，伤员之输送转院，及一切送往前方之慰劳品之运输，由一级军区及野战军后勤部与其各地办事处，向当地铁路总局，管理局，分局，车站交涉配车，此项运输应优先配车优先运送。

第十条　军工，军械，军需，卫生部门之后方运输，制定每月运输计划，各部门均须严格按计划执行。以上部门指定之办事处或代办机关，可按计划向当地铁路总局，管理局，分局，车站交涉配车。除武器，弹药可要求优先配车，优先运送外，其他物品，原料，机器均按军运托运顺序号码配车运送。

第十一条　除第六，七，八，九，十各条以外之临时之零星整车军运，虽不在正常计划运输之内，路局仍可接受办理运输。但各军事机关应尽可能争取有计划的军运，减少零星运输。

第十二条　第六，七，八，九，十，十一各条之运输其运费杂费均以军运支票支付。军运支票由军委会后勤部统一印制发交各区财政经济办事处具领，各区财政经济办事处依照预定的军事运输费按期拨交军区及野战军后勤部，以便于在军运拨车前交付路局，运费及杂费，铁道部于每月月终将军运支票汇交军委会后勤部查问后，送请中央财政经济委员会照数拨款，中央财政经济委员会转向各区清算归垫。

第十三条　铁路对于一切军运，应与一般商运有所区别，单独建立托运顺序号码，优先配车，优先挂运，不收快运加价。

第四章　托运承运手续

第十四条　前章第六、十两条所指之军运，统由军委会铁道部发给共同通知书（或以电报指示各总局，管理局办理）：前章第八、九两条之军运，托运机关部队应用正式公函，加盖关防，及负责人员之私章，交付铁路总局，管理局或分局，即由各该局或分局发给军运证，托运部队即凭证交付运费杂费（军运支票）向车站要车，唯装车搭乘之前另有车站换发军用货票。军用货票共分四联：甲联由托运部队盖章后，连同军运证由路局系统，寄交管理局审计科，作为月终向军委会后勤部清理运费时之副据，乙联交由使用部队，按军队系统寄交运费负担部门，作为报销单据，丙联作为车站及列车办理运送手续之货票通知书、最后由到达站寄交所管局财务处审计科存查，丁联由发站连同托运单寄交所管局运输处军运科存查。为了保持军运秘密，办理军运证车站，不保留任何货票存根及军运证。

第十五条　前章第十、十一两条之军运，托运单位应填为军运托运单，径向各站站长托运，各站站长收到此项军运托运单后，除按第十三条之规定接收托运及收缴运费杂费（军用支票）外，并向总局，管理局或分局要求配车，其他一切手续及使用之货票，与普通货运相同，包括检查货物，及鉴定货物等级在内。

第五章　军运运费计算机使用办法

第十六条　客车每辆以一百二十人为定员，棚车改修之客车以八十人为定员，棚车以六十人为定员，不论实际乘车人数，是否超过或不及车辆定员数目，统按车辆定员数目以半价计算运费，即为核定之运费。

卫生车亦按上记所定各该定员数目计算运费。

第十七条　以军运证或军用货票运送之军货，不论货物等级，不论实重（但最重不能超过货车标记载重量百分之十）每用货车一辆即按货车标记载重量，运价如十级分等时则按七级品运价计算运费（参看第六，七，八，九等条）运价如五级分等时，则按四级品运价计算运费，对运价杂费尾数按客货运规则所定分别处理之。

第十八条　以普通货票运送之军货，统按一般现行货运规程之规定，分等，计重，计费（参看第十，十一条）。

第十九条　除径送前方或径由前方送回，或供给部队之武器弹药外，不得与其他军货混装一车，如必须混装时，不适用军运证或军运货票统按普通货物计算，不得按武器弹药计算。

第二十条　军运发生之杂费，如调车费，延期费，装卸费，囤存费，变更费等统按一般货运规程普通费率计算，并须以军运支票现付，杂费率尾数之处理及起码额数等，概按一般货物规定核收之。

第六章　伤员运送

第二十一条　同一发站，同一到达站，铁路一次承运伤员达十个货车，或五个客车，且当时适无适当列车挂运时，应特开专车专送之，但此项专车不应拒绝铁路加挂其他车辆，如少于上开辆数时，铁路需利用最捷便之列车，优先挂送之。

第二十二条　加挂伤员车列车或专车，除旅客列车或混合列车外，均须改为现时刻运转，列为最上级列车，以减少伤员之痛苦，俾得提早到后方治疗。

第二十三条　任何伤员车，均应由军队卫生机关派人负责护送，不得诿责铁路。所有不派护送人员，或护送人员不向车站办理报到手续者，铁路得拒绝拨车。

第二十四条　伤员车之装置及备品，由铁道部与军委会后勤部设计及筹备之，其费用由后勤部负担，平时由铁路负责保管，使用时由车长点交伤员车卫生机关护送负责人，到达到站再由该护送负责人点交车长。双方授受均以书面签章为凭，如有遗失损失损坏，按授受情形，分别负赔偿之责。

第二十五条　使用货车代用之伤员车，在冬季输送伤员时，采暖燃料每百公里（停站时分在内）暂定为木炭二·五公斤煤三十公斤，不足百公里之尾数，按比例折算，十公里以下零数，四舍五入之。

燃料发站准备，由卫生机关护送负责人向车站请领，负责装车，并由该领收者，签证交给车站，每月月底汇总清算，由各一级军区后勤部偿还铁道部。

第七章　军人及民工乘运办法

第二十六条　除另定外，军装整齐并持有部队正式护照之指战员，得凭护照向车站购买军人半价票，乘坐军用车，车上，车站上铁路人员验票时，应将护照及半价票同时交验。

列车上挂有军用车，（此等军人半票车应是一般客车不能以货车代替）持半价票之军人不得与旅客混坐。如与旅客混坐于旅客车上时，应与旅客同样补购全票，以维整齐严肃之纪律。

如军用车满员时，应遵守铁路负责人员的指定，一部集中乘坐于其他客车。在旅客拥挤时，如军用车有空席时，须按车长的请求，准许旅客在军用车内乘坐。军人如乘坐旅客快车亦按半价收费。

为减少军政机关团县级以上干部长途夜间乘车疲劳，特在旅客列车上（混合列车无）增挂卧车一辆，团县级以上干部可买卧铺票对号入铺。省主席及军长以上的负责干部使用包车时一律按半价付现款。

第二十七条　便装军人，军人家属，以及非军队系统而着军服之党政工作人员，不得购买半价票。如冒用时，一经查出，照章补票。

第二十八条　新兵有带队人员，及持有县以上之正式护照，证明确系入伍者，得持一级军区公函向铁路总局，管理局，分局按照团体半价交纳车费（军运支票）取得乘车证，方准乘车。

第二十九条　随部队活动或直接参战之民工，零星由前方遣回者，须持野战军以上机关之护照，并持有签发护照机关之正式介绍信（介绍信上须记明人数及发站到站）得凭护照及介绍信购得半价乘车券，方准乘车。

第八章　特别指定事项

第三十条　军运货物之装卸，以部队自理为原则，但依第三十二条所定而办理的零担军运货物，或部队要求铁路代为装或卸之货物，应在军运证或军运托运单上记明后，铁路得代为装或卸。

前项所定铁路代为装或卸车时，须按货物运送规则所定核收现款的货物证或卸费。军运货物之装或卸时间，规定为四小时，如超过所定装或卸时间时，按货物运送规则所定，核收现款的货车延期费。（按：各种货物装卸时间更具体的规定及累进地征收延期费的规定，另行公布。）

第三十一条　一切军运，必须由托运部队押运，对弹药类，武器类，贵重品，危险品的押运人，每车不得超过五名，其他军货，每车不得超过三名，零担军货每批为一名。

超过前项所定的押运人数时，须按货规所定核收押运人费。押运应乘坐所押之货车中。对零担办理的军货及弹药类装载适当的车辆中时，押运人员亦不得离开所押物品。

第三十二条　军运以整车为原则，不办理零担军运，但如遇军运需要载运物品不足一个车辆时，得经军以上的后勤司令部负责人函请路局运输，路局接到上项函件后，仍应接受办理运输，在不妨碍军品的警卫及其安全时双方可共同商讨配载其他物品以免浪费运输力。

第三十三条　各使用军运车辆机关，须按月作运费预算，向其直属上级请领支票簿及有限额之运拨款额，各单位各部队如发行空头支票，或以支票作不正当之使用者，除由该单位经常费中扣除之外，并以违法论罪。

第三十四条　军委会后勤部发行军运支票时，应与军委会铁道部约定使用办法，如发现支票不正当使用时，为使用者方面内部问题，不得因任何理由，拒绝向军委会铁道部依期兑现，如系使用者与路局串通舞弊时则由军委会后勤部与铁道部共同负责处理之。

第三十五条　军队各级机关及铁路各级机关应严格执行铁路规章及本条例，此后在军运上双方发生争执，不得以不熟悉铁路规章或本条例为借口，要求推卸责任。

第三十六条　军运货物装卸车时，除军械，弹药及部队外，其余军运路局可派员抽查，抽查人员应有本部发给之证明书，凭此证明书，可进行检查，各托运部队不得违抗。抽查结果，如发现品名，性质，数量等与原货票记载不符时，须按货物运送规则所定处理，并对于不能作一批运送之货物而作一批时，得分批依章办理之。

第三十七条　对弹药类之装卸，部队必须依军委会铁道部所定火药类运送规则第九条装卸规定的事项办理之。（在此规则尚未发到各局火药类运送规则尚未统一前，暂按各局规则办理之）

第九章　纪　律

第三十八条　铁路人员应守之纪律：

一、铁路人员，必需热心办理军运，认清军运工作为其本身之神圣职责，对于托运部队应详细解释铁路规章，及本条例之手续。恳切帮助解决部队运输上之困难，不得迟延刁难，凡其本身应该或有权解决之问题，不得向其他部门或上级推脱，致造成贻误，如发生意外事件时铁路人员应尽力帮助押运人员保护与营救。

二、对已有合法手续之军运托运人，铁路人员不得使其作格外之烦琐连络，尤不得以铁路本身应办之手续，委托托运人代办。

三、必须保守军运秘密，任何铁路员工，不得泄露军运秘密，宣布军运方向，或军运内容。

四、伤员车，武器弹药车，危险品车，不得溜放，及重挂。

凡违反以上之规定者，一经查实，统由军委会铁道部视情节之轻重，从严处分，直至送交司法机关依法判处。

第三十九条　军队方面应守之纪律：

一、不得强迫开车停车，强迫挂车，拒绝挂车，强迫调车，拒绝调车。

二、不准擅自占用车辆，或拒绝卸车。

三、不准强迫改变行车时间，行车次序。

四、不准强行占用铁路专用电话或擅自挂线妨碍铁路通信。

五、不准操纵机车，动转客货车上之制动器，连络器，车站信号及道岔。

六、不准违反铁路规章及本条例，拒绝运费及杂费，不准以军运支票向路局兑现及不正当的使用军运支票。

七、不得擅自扣留、污辱、打骂铁路员工。

凡违反以上各条，主管部队，应严格裁判，直至扣押，逮捕，送交军法机关依军法判处。

第十章　附　则

第四十条　本条例之解释及修改权，属于中国人民革命军事委员会。

第四十一条　本条例自民国三十八年四月十日起，本委员会管区之铁路及部队一体执行，所有各军区各级司令部颁布之。

选自《南京市政策法令汇编》，西南服务团办公室 1949 年 9 月编印，第 193～203 页。

103. 军委会铁道部颁布军运条例补充办法

1949 年 4 月 10 日实施

一、一切军运除按军运暂行条例（以下简称军例）办法外，按本补充办法办理之。

二、依军例第五条规定军委会直属各机关，系指中国人民解放军系统之部队机关而言，至于党政机关及地方武装部队，均不属军运范围。

三、依军例第八、九条规定如因特殊情况不能到军运证填发处所请领军运证明，可由托运部队向车站提出公函，经管理局长（军运科）承认，事后补发军运证。

四、按军例第十二、十四条规定发生之运杂费，托运部队须在发送前交付车站。

五、依军例第十四条所规定中联由发站连同托运单寄交所管局军运科一项，系包括共同通知书在内，军运托运单省略之。

六、依军例第十六条规定中所指客车，系包括各等客车均以所定定员按三等票价半价计算运费，附挂于旅客快车车上时，亦按半价核收快车费。

七、依军例第十九条末尾不得按武器弹药计算一句，系指不得按武器弹药优先配车优先挂运。

八、依军例第二十条规定加停留客车时，须按铁路客运规则核收停留费。

九、依军例六、七、八、九各条运送所发生之杂费，应填用杂费收据，并与一般使用者分别使用另册，凡因第六、七、八、九条填发之杂费收据其存根页与报告页一并寄交所管局检查科（审计科）。

十、军运运价杂费如发生补收或退还时，则在有关票据上注明补收或退还额，由铁道部处理之。

十一、各次旅客及混合列车由总局长或管理局长在组成中指定军用车供军人乘坐。

十二、依军例第二十六条所定各项按左列办理：

（一）客运车长或列车长发现军人持半价票与旅客混乘于普通旅客车上时，应令其移坐于军用车内，军人如不同意时，即将原半价票收回，补收全价客票的票价差额，发行特种补充票；如为快车时要补收快车费的差额。

（二）军人购半价时，可发售普通单程客票，不用更改票价，在斜线处剪断，将“军”字留在甲页上。补充客票时，填写实收票价，在甲乙两页上加盖或记入“军”字，由剪断线剪断，将甲页交付之。

（三）军人乘坐快车购买车票时，原印快车费不用涂改，在斜线处剪断，将“军”费留在甲页上交付之。

在列车上发售车内快车费时，可在特种补充票上号码下部空白处填写“军”字。

（四）省主席及军长以上负责干部使用包车时，须根据介绍信呈请管理局长（军运科）承认，发行包车客票，填写承认号码及实收票价，加盖“军”字介绍信。连同包车客票报告页寄交所管检查科（审计科）。

十三、依军例第二十七条规定须照章补票时，应将原客票收回，补收全价客票的票价差额及补票手续费（不收罚款发行特种补充票）。

十四、依军例第二十八条规定管理局分局接到公函时，经审核承认后，介绍至车站办理乘车手续，乘车站接到路局指示后，即填发团体客票，按团体票价半价收费，并将承认函件连同团体票报告页寄交检查科（审计科）。非管理局分局所在站接到此项公函时，应请求管理局分局承认后办理之。

十五、对军例第二十九条规定之民工，应发行特种补充票，加盖“军”字介绍信随同报告页寄交检查科（审计科）。

十六、依前各项购得之客票，如托运行李时，与一般旅客同样办理之。

十七、依军例第三十条规定之装卸费，必须以现款缴纳之，延期费部队无现款缴纳时，可按二十条规定以军运支票办理之。

十八、依军例第三十七条所定须依军委铁道部火药类运送规则第九条所规定办理一项，在该规则尚未发到前，暂按各局现行规则办理。

十九、依军例第十、十一条之军运所使用之货票与一般使用者分别使用另册。

二十、运价杂费收纳支票时，须与有关单据记入“军支”略称及号码，其支票随同报告页送交所管局检查科（审计科）。

二十一、军运支票之使用范围限于按军例第六、七、八、九、十、十一、十六、二十八、三十二条运送之军运运杂费（装卸费除外）可使用军运支票，其他一律须缴纳现款。

二十二、本办法未规定事项，按客货运规则及补则办理之。

选自《南京市政策法令汇编》，西南服务团办公室1949年9月编印，第204～207页。

104. 国内和平协定最后修正案

1949年4月15日

（新华社北平电）经过半个月谈判，四月十五日由中共代表团提交南京政府代表团，四月二十一日被南京政府所拒绝的国内和平协定最后修正案，全文如下：

中华民国三十五年，南京国民政府在美国政府帮助之下，违背人民意志，破坏停战协定及政治协商会议的决议，在反对中国共产党的名义之下，向中国人民及中国人民解放军发动全国规模的国内战争。此项战争，至今已达两年又九个半月之久。全国人民，因此蒙受了极大的灾难，国家财力、物力遭受了极大的损失，国家主权亦遭受了新的损害。全国人民，对于南京国民政府违背孙中山先生的革命三民主义的立场，违背孙中山先生的联俄、联共及扶助农工等项正确的政策，以及违背孙中山先生的革命的临终遗嘱，历来表示不满。全国人民对于南京国民政府发动此次空前规模的国内战争以及由此而采取的政治、军事、财政、经济、文化、外交等项错误的政策及措施，尤其表示反对。南京国民政府在全国人民中业已完全丧失信任。而在此次国内战争中，南京国民政府的军队，业已为中国共产党所领导、为中国人民革命军事委员会所指挥的人民解放军所战败。基于上述情况，南京国民政府曾于中华民国三十八年一月一日向中国共产党提议举行停止国内战争恢复和平状态的谈判。中国共产党曾于同年一月十四日发表声明，同意南京国民政府上项提议，并提议以惩办战争罪犯，废除伪宪法，废除伪法统，依据民主原则改编一切反动军队，没收官僚资本，实行土地改革，废除卖国条约，召集没有反动分子参加的新的政治协商会议成立民主联合政府接收南京国民党反动政府及其所属各级政府的一切权力等八项条件为双方举行和平谈判的基础，此八项基础条件已为南京国民政府所同意。因此，中国共产党方面和南京国民政府方面派遣自己的代表团，授以举行谈判和签订协定的全权。双方代表于北平集会，首先确认南京国民政府应对于此次国内战争及其各项错误政策担负全部责任，并同意成立本协定。

第一条

第一款　为着分清是非，判明责任，中国共产党代表团与南京国民政府代表团双方（以下简称双方）确认，对于发动及执行此次国内战争应负责任的南京国民政府方面的战争罪犯，原则上必须予以惩办，但得依照下列情形分别处理：

第一项　一切战犯，不问何人，如能认清是非，翻然悔悟，出于真心实意，确有事实表现，因而有利于中国人民解放事业之推进，有利于用和平方法解决国内问题者，准予取消战犯罪名，给以宽大待遇。

第二项　一切战犯，不问何人，凡属怙恶不悛，阻碍人民解放事业之推进，不利于用和平方法解决国内问题，或竟策动叛乱者，应予从严惩办。其率队叛乱者，应由中国人民革命军事委员会负责予以讨平。

第二款　双方确认，南京国民政府于中华民国三十八年一月二十六日将日本侵华战争罪犯冈村宁次大将宣告无罪释放，复于同年一月三十一日允许其他日本战犯二百六十名送还日本等项处置，是错误的。此项日本战犯，一俟中国民主联合政府即代表全中国人民的新的中央政府成立，即应从新处理。

第二条

第三款　双方确认，南京国民政府于中华民国三十五年十一月召开的“国民代表大会”所通过的《中华民国宪法》，应予废除。

第四款　《中华民国宪法》废除后，中国国家及人民所当遵循的根本法，应依新的政治协商会议及民主联合政府的决议处理之。

第三条

第五款　双方确认，南京国民政府的一切法统，应予废除。

第六款　在人民解放军到达和接收的地区及在民主联合政府成立以后，应即建立人民的民主的法统，并废止一切反动法令。

第四条

第七款　双方确认，南京国民政府所属的一切武装力量（一切陆军、海军、空军、宪兵部队、交通警察部队、地方部队，一切军事机关、学校、工厂及后方勤务机构等），均应依照民主原则实行改编为人民解放军。在国内和平协定签字之后，应立即成立一个全国性的整编委员会，负责此项改编工作。整编委员会委员为七人至九人，由人民革命军事委员会派出四人至五人，南京国民政府派出三人至四人，以人民革命军事委员会派出之委员一人为主任，南京国民政府派出之委员一人为副主任。在人民解放军到达和接收的地区，得依需要，设立区域性的整编委员会分会。此项分会双方人数的比例及主任副主任的分担，同于全国性的整编委员会。海军及空军的改编，应各设一个整编委员会。人民解放军向南京国民政府现时所辖地区开进和接收的一切事宜，由中国人民革命军事委员会以命令规定之。人民解放军开进时，南京国民政府所属武装部队不得抵抗。

第八款　双方同意每一区域的改编计划，分为两个阶段进行。

第一项　第一阶段，为集中整理阶段。

第一点：凡南京国民政府所属的一切武装部队（陆军、海军、空军、宪兵、交通警察总队及地方部队等）均应集中整理。整理原则，应由整编委员会根据各区实况，在人民解放军到达和接收的地区，按照其原番号，原编制，原人数，命令其分区，分期，开赴指定地点，集中整理。

第二点：南京国民政府所属一切武装部队，在其驻在的大小城市，交通要道，河流海港及乡村，当人民解放军尚未到达和接收前，应负责维持当地秩序，防止任何破坏事件发生。

第三点：在上述地区，当人民解放军到达和接收时，南京国民政府所属武装部队，应根据整编委员会及其分会的命令，实行和平移交，开赴指定地点。在开赴指定地点的行进中及到达后，南京国民政府所属武装部队应严格遵守纪律，不得破坏地方秩序。

第四点：在南京国民政府所属武装部队遵照整编委员会及其分会的命令离开原驻地时，原在当地驻守的地方警察或保安部队不得撤走，并应负责维持地方治安，接受人民解放军的指挥和命令。

第五点：南京国民政府所属一切武装部队，在开动与集中期间，其粮秣被服及其他军需供给，统由整编委员会及其分会和地方政府负责解决。

第六点：南京国民政府所属一切军事机关（从国防部直到联合后方勤务总司令部所属的机关、学校、工厂仓库等），一切军事设备（军港、要塞、空军基地等）及一切军用物资，应由整编委员会及其分会根据各区实况，命令其分区分期移交给人民解放军及其各地军事管制委员会接收。

第二项　第二阶段，为分区改编阶段。

第一点：南京国民政府所属陆军部队（步兵部队、骑兵部队、特种兵部队、宪兵部队、交通警察部队及地方部队），在分区分期开赴指定地点集中整理后，整编委员会应根据各区实况，制出分区改编计划，定期实施。改编原则，应依照人民解放军的民主制度和正规编制，将经过集中整理的上述全部陆军部队编成人民解放军的正规部队。其士兵中老弱残废，经查验属实，确须退伍，并自愿退伍者，其官佐中自愿退役或转业者，均由整编委员会及其分会负责处理，给以回家的便利和生活的安置，务使各得其所，不至生活无着，发生不良行为。

第二点：南京国民政府所属海军、空军，在分区分期开赴指定地点集中整理后，即按原番号，原编制，原人数，由海军、空军整编委员会依照人民解放军的民主制度，加以改编。

第三点：南京国民政府所属一切武装部队，在改编为人民解放军后，应严格遵守人民解放军的三大纪律，八项注意，忠实执行人民解放军的军事政治制度，不得违犯。

第四点：在改编后，退伍官兵应尊重当地人民政府，遵守人民政府法令。地方人民政府及当地人民，亦应对退伍官兵给以照顾，不得歧视。

第九款　南京国民政府所属一切武装力量，于国内和平协定签字之后，不得再行征募兵员。对其所有武器、弹药及一切装备，一切军事机关设备及一切军用物资，均须负责保护，不得有任何破坏、藏匿、转移或出卖的行为。

第十款　在国内和平协定签字之后，南京国民政府所属任何武装力量，如有对改编计划抗不执行者，南京国民政府应协助人民解放军强制执行，以保证改编计划的彻底实施。

第五条

第十一款　双方同意，凡属南京国民政府统治时期依仗政治特权及豪门势力而获得或侵占的官僚资本企业（包括银行、工厂、矿山、船舶、公司、商店等）及财产，应没收为国家所有。

第十二款　在人民解放军尚未到达和接收的地区，南京国民政府应负责监督第十一款所述官僚资本的企业和财产不许逃匿，或破坏，或转移户头，暗中出卖。其已经迁移者，应命其就地冻结，不许继续迁移，或逃往国外，或加以破坏。官僚资本的企业及财产在国外者，应宣布为国家所有。

第十三款　在人民解放军已经到达和接收的地区，第十一款所指的官僚资本企业和财产，即应由当地的军事管制委员会或民主联合政府委任的机构实行没收。其中，如有私人股份，应加清理，经证实确为私人股份并非由官僚资本暗中转移者，应予承认，并许其有留股或退股之自由。

第十四款　凡官僚资本属于南京国民政府统治时期以前及属于南京国民政府统治时期而为不大的企业且与国计民生无害者，不予没收。但其中若干人物，由于犯罪行为，例如罪大恶极的反动分子而为人民告发并审查属实者，仍应没收其企业及财产。

第十五款　在人民解放军尚未到达和接收的城市，南京国民政府所属的省、市、县政府应负责保护当地的人民民主力量及其活动，不得压抑或破坏。

第六条

第十六款　双方确认，全中国农村中的封建的土地所有权制度，应有步骤地实行改革。在人民解放军到达后，一般地先行减租减息，后行分配土地。

第十七款　在人民解放军尚未到达和接收的地区，南京国民政府所属的地方政府应负责保护农民群众的组织及其活动，不得压抑或破坏。

第七条

第十八款　双方同意，在南京国民政府统治时期所订立的一切外交条约、协定及其他公开的或秘密的外交文件及档案，均应由南京国民政府交给民主联合政府，并由民主联合政府予以审查。其中，凡对于中国人民及国家不利，尤其是有出卖国家权利的性质者，应分别情形，予以废除，或修改，或重订。

第八条

第十九款　双方同意，在国内和平协定签字之后，民主联合政府成立之前，南京国民政府及其院、部、会等项机构，应暂行使职权，但必须与中国人民革命军事委员会协商处理，并协助人民解放军办理各地的接收和移交事项。待民主联合政府成立之后，南京国民政府即向民主联合政府移交，并宣告自己的结束。

第二十款　南京国民政府及其各级地方政府与其所属一切机构举行移交时，人民解放军、各地人民政府及中国民主联合政府必须注意吸收其工作人员中一切爱国分子及有用人才，给以民主教育，并任用于适当的工作岗位，不使流离失所。

第二十一款　南京国民政府及其所属各省、市、县地方政府，在人民解放军尚未到达和接收以前，应负责维持当地治安，保管及保护一切政府机关、国家企业（包括银行、工厂、矿山、铁路、邮电、飞机、船舶、公司、仓库及一切交通设备等）及各种属于国家的动产不动产，不许有任何破坏、损失、迁移、藏匿或出卖。其已经迁移或藏匿的图书档案，古物珍宝，金银外钞及一切产业资财，均应立即冻结，听候接收。其已经送往外国或原在外国者，应由南京国民政府负责收回或保管，准备交代。

第二十二款　在人民解放军已经到达和接收的地区，即应经由当地的军事管制委员会及地方人民政府或联合政府委任的机构，接收地方的一切权力及国家产业财富。

第二十三款　在南京国民政府代表团签字于国内和平协定并由南京国民政府付诸实施后，中国共产党代表团愿意负责向新的政治协商会议的筹备委员会提议南京国民政府得派遣爱国分子若干人为代表，出席新的政治协商会议；在取得新的政治协商会议筹备委员会批准后，南京国民政府的代表即可出席新的政治协商会议。

第二十四款　在南京国民政府业已派遣代表出席新的政治协商会议以后，中国共产党方面愿意负责向新的政治协商会议提议：在民主联合政府中应包括南京国民政府方面的若干爱国分子，以利合作。

双方代表团声明：为着中国人民的解放和中华民族的独立自由，为着早日结束战争，恢复和平，以利在全国范围内开始生产建设的伟大工作，使国家和人民稳步地进入富强康乐之境，我们特负责签订本协定，希望全国人民团结一致，为完满地实现本协定而奋斗。本协定于签字后立即生效。

选自《毛泽东选集》第四卷，人民出版社 1991 年版，第 1451～1456 页之注释（1）全文刊载“国内和平协定（最后修正案）”。

互校版本：《中共中央文件选集》(14)，中共中央党校出版社 1987 年版，第 623～632 页。

105. 中国人民解放军布告——宣布约法八章

1949 年 4 月 25 日

中国人民解放军布告：国民党反动派业已拒绝接受和平条件，坚持其反民族反人民的罪恶的战争立场。全国人民希望人民解放军迅速消灭国民党反动派。我们已命令人民解放军奋勇前进，消灭一切敢于抵抗的国民党反动军队，逮捕一切怙恶不悛的战争罪犯，解放全国人民，保卫中国领土主权的独立与完整，实现全国人民所渴望的真正的和平与民主的统一。人民解放军所到之处，深望各界人民予以协助。兹特宣布约法八章。愿与我全体人民共同遵守之。

（一）保护全体人民的生命财产。各界人民，不分阶级信仰和职业，均望保持秩序，采取和人民解放军合作的态度，人民解放军则采取和各界人民合作的态度。如有反革命分子或其他破坏分子乘机捣乱，抢劫或破坏者，定予严办。

（二）保护民族工商农牧业。凡属私人经营的工厂、商店、银行、仓库、船舶、码头、农场、牧场等，一律保护，不受侵犯。希望各业员工照常生产，各行商店照常营业。

（三）没收官僚资本。凡属国民党反动政府及大官僚分子所经营的工厂、商店、银行、仓库、船舶、码头、铁路、邮政、电报、电灯、电话、自来水及农场、牧场等均由人民政府接管，其中如有民族工商农牧业家私人股份经调查属实者，均承认其所有权。所有在官僚资本企业中供职的人员，在人民政府接管以前，均须照旧供职，并负责保护资财、机器、图表、账册、档案等，听候清点和接管。保护有功者奖，怠工破坏者罚。凡愿继续服务者，在人民政府接管后，准予量才录用，不使流离失所。

（四）保护一切公私学校、医院、文化教育机关、体育场所，及其他一切公益事业。凡在这些机关供职的人员，均望照常供职，人民解放军一律保护，不受侵犯。

（五）除怙恶不悛的战争罪犯及罪大恶极的反革命分子外，凡属国民党中央、省、市、县各级政府的大小官员，国大代表，立法监察委员，参议员，警察人员，区镇乡保甲人员，凡不持枪抵抗、不阴谋破坏者，人民解放军及人民政府一律不加俘虏，不加逮捕，不加侮辱。责成上述人员各安职守，服从人民解放军及人民政府的命令，负责保护各机关资财、档案等，听候接收处理。这些人员中，凡有一技之长而无严重的反动行为或严重的劣迹者，人民政府准予分别录用。如有乘机破坏、偷盗、舞弊、携带公款、公物、档案潜逃，或拒不交代者，则须予以惩办。

（六）为着确保城乡治安、安定社会秩序之目的，一切散兵游勇均应向当地人民解放军或人民政府投诚报到。凡自动投诚报到，并将所有武器交出者，概不追究。其有抗不报到或隐藏武器者，即予逮捕查究。窝藏不报者，亦须受相当的处分。

（七）农民中的封建的土地所有权制度是不合理的，应当废除。但是废除这种制度必须是有准备和有步骤的。一般地说来，应当先行减租减息，后行分配土地，并且需要人民解放军到达和工作一个相当长的时期之后，方才谈得到认真的解决土地问题。农民群众应当组织起来，协助人民解放军进行各项初步的改革工作；同时努力耕种，使现有的农业生产水平不致降低，然后逐步加以提高，借以改善农民生活，并供给城市人民以商品粮食。城市的土地房屋不能和农村土地问题一样处理。

（八）保护外国侨民生命财产的安全。希望一切外国侨民各安生业，保持秩序。一切外国侨民，必须遵守人民解放军及人民政府的法令，不得进行间谍活动，不得有反对中国民族独立事业及人民解放事业的行为，不得包庇中国战争罪犯、反革命分子及其他罪犯；否则，当受人民解放军及人民政府的法律制裁。

人民解放军纪律严明，公买公卖，不许妄取民间一针一线。希望我全体人民，一律安居乐业，切勿轻信谣言，自相惊扰。切切此布。

中国人民革命军事委员会主席　毛泽东

中国人民解放军总司令　朱　德

选自中国人民大学国家和法权历史教研室编辑：《中国国家和法权历史参考资料》（第三次国内革命战争时期解放区的政策法令选集），中国人民大学出版社1958年版，第1～3页。原注："选自《中国人民解放战争军事文集》第四集，第69～71页"。

106. 中央对华东局关于接管江南城市指示草案的批示

1949年4月25日

华东局并告各局：

（一）卯江关于接管江南城市指示草案，中央同意，望即发布。

（二）根据平、津经验，军管会能很好地接收城市及工厂和资财，但军管会不能经营企业和工厂。故军管会在接收后，应迅速将企业、工厂和物资，分别交给各适当的负责的机关管理和经营。例如将市政工业及其他若干工商业交市政府管理经营，其他工商业则组织若干公司来负责经营，否则很难开工营业，即使勉强开工，亦难长期维持。

（三）根据平、津经验，新解放的城市照旧收税是完全可能和必要的。但旧的收税人员，因在群众中种下很大的恶感，群众不信任。故由旧人员去收税，普遍遭到群众的反对和抵制，后来委任我军人员任税收局长，并由我军人员带领旧人员去收税，发给我人民政府税收局的收条，人民才踊跃交税。这一经验，望记取。

（四）城市解放后，许多房客不交房租，房东亦不敢收房租，因此人心长期不安。军管会与人民政府，对此不应缄默，长期不表示态度，应正式宣布除官僚资本之房屋应予没收外，一切私人房屋的所有权应予保障，房客应继续交纳房租，租金多少应由房客与房东议定。有纠纷者应由政府或人民法庭调解仲裁解决之。

（五）城市解放后，常有许多自发的工人斗争。有些工人、店员，在老板恐慌情绪下，分了店铺和作坊。我们有些区委和支部，亦任意处理劳资纠纷。因此，在城市中常造成若干劳资斗争中的无政府状态，破坏我们的政策。故在城市解放后，应重新发表新华社的"二七"社论①及其他若干关于工人运动的文章，并须规定每个城市的劳资问题及公营工厂中工人与管理机关的争执问题，均须一律经过市总工会及市政府劳动局审查和处理。军管会及党的市委则须派得力人去指导总工会及劳动局的工作，使其能有效率地解决一切劳资问题及公营工厂中工人要求问题。同时并须告诫各支部和区委及其他机关，不要不经请示任意处理劳资问题。

---

① "二七"社论，指1948年2月7日新华社社论：《坚持职工运动的正确路线　反对"左"倾冒险主义——纪念"二七"二十五周年》。

（六）国民党的官僚资本企业中，大多有大批冗员及官僚制度，例如工厂中的警卫科、厂警等，工人、职员十分不满，要求迅速改革。而这些人员和机构，也可以迅速改革。故在确定工厂管理关系后，应即发动工人迅速改革这些制度，以利生产。

中　央
卯有

选自《中共中央文件选集》(18)，中共中央党校出版社1992年版，第235～237页。

107. 附：华东局关于接管江南城市指示草案的请示报告

1949年4月1日

中央：

下列指示草案请审查修改，以便下达。

华东局
卯江

华东局关于接管江南城市的指示（草案）

1949年4月1日

我军渡江南进，江南各城市即将解放，特根据中央各种指示的原则，与各地接管城市的经验，拟定下列接管江南城市的指示。

一、对新收复的人口在五万以上的城市或工业区，均应实行一个时期的军事管理制度。在占领城市初期，应指定攻城部队直接最高指挥机关军政负责同志，与地方党政若干负责人，组织该城市的军事管制委员会。军管会为该城市最高权力机关，凡入城部队及党政军民机关，与各接管工作人员，均须接受军管会的统一指挥。军管会的基本任务为：镇压反革命分子之活动，肃清反动武装的残余势力，恢复并建立革命秩序，保护人民生命财产及一切正当的权利，建立革命政权，保证城市政策的正确的执行，与有秩序地进行各种接管工作，协助工人职员，青年学生，及其他劳动群众组织起来，作为城市革命政权可靠的群众基础。在上述基本任务大体完成，城市秩序安定，一切市政机关建立并经过上级之批准以后，始得取消军管制。

二、在军管会领导下，可委任市长，并成立市政府。凡我党我军既定之各项政策，应以市政府名义公布；凡带紧急性、临时性或试验性的处置，则可以军管会的命令行之。在进入城市，实行接管之前，应多方收集该城有关材料（事先应特别注意收集该城地图及电话簿），调查该城一切机关、工厂、仓库的具体情况及位置，并针对该城的实际情况，来建立接收组织和配备干部，以便入城后，有计划地有步骤地实行各按系统整套接收。在军管会下要有足够的经过专门训练的，纪律良好的，有相当城市知识的专门警备部队和公安武装，以便看守工厂、仓库、机关、公共建筑物和巡逻街道，防止特务破坏，与市民偷窃（同时各接收系统亦应各自配备看管工厂、仓库之专门部队）。各部接收工作人员应随同部队迅速入城，并事先准备好工作需要的运输工具与食粮之供给。对城市人民的粮食与煤炭的供给，亦须预作必要的准备。军管会入城后，应首先注意恢复电力供给（使一切市政工业能够继续工作），迅速解决金融物价问题（使商人敢于开市做生意），迅速恢复交通秩序（可利用旧有警察徒手站岗、维持交通），迅速接管各公营企业，与公共机关，注意防火消防工作与城市卫生工作。对一切接管之工厂，应按原职原薪立即复工，这是保护工厂，安定人心，解决工人生活的基本环节。我们对一切新收复的城市，必须做到接收得好和管理得好，并必须"从我们接管城市的第一天起，我们的眼睛就要向着这个城市的生产事业的恢复和发展。"（二中全会决议）

三、城市秩序的好坏，首先决定于入城部队的纪律好坏，特别决定于部队干部与接收干部能否忠实执行城市政策与能否严格遵守入城纪律。因此一切部队从军、政、后勤干部直到战士，一切接管机关从党、政、军、民、财经、文教干部直到勤杂人员，在入城前，必须普遍地、反复地、深入地进行党的城市政策的教育，及入城纪律的教育与接管城市的经验教育。一切部队干部及接收人员必须坚决遵守下列入城守则：

第一，一切机关、部队、公营企业人员、采购人员、民兵、民工，凡未持有军管会所发之通行证或佩带军管会特许之证章者，一律禁止出入市区及工厂区。严厉处罚一切破坏秩序，损坏公物及盗窃国家财产的分子。

第二，一切接收人员与入城工作人员，必须严格遵守"三大纪律八项注意"，坚决执行人民解放军总部及华东军区所颁布的一切命令法规，严禁无纪律无政府现象。

第三，入城部队只有保护城市工商业之责，无没收处理之权。除易于爆炸和燃烧的物资，如炸药、弹药、汽油等，应迅速疏散出城，并呈报军管会统一处理外，严禁搬运机器、物资和器材，严禁擅拆车轮〔辆〕及零件。

第四，除敌方武装散匪及其他持枪抵抗的人员应加俘虏，及重要特务、间谍与破坏分子和重要战犯应加速捕外，严禁乱打人乱抓人的现象。

第五，任何部队有收集散在战场上的弹药、武器，其他军用品及军用物资之责，但无单独处理之权，必须开列清单呈报军管会转报华东军区统一处理。严禁各部队后勤供给人员离开本身职务，投机取巧，乱抓物资或抢购物资。

第六，一切入城的机关及部队，必须遵照军管会所指定的房屋居住，服从公共房屋管理处的管理与分配，并教育一切人员爱护公物及使用室内外一切新式设备与卫生设备的办法。严禁擅移器具设备及盗窃破坏国家财产，所有部队、机关一律不准驻在工厂、医院、学校和教堂。

第七，在战斗结束后，除需要维持城市秩序一定数量的部队外，其他部队一律撤出城外，并在撤出前必须将任务移交清楚。一切驻在城市部队应制定适合城市生活的制度和规则。一切机关及部队人员不许在市内无故鸣枪，如需军事演习和练习射击，必须得到军管会的批准，并须到军管会所指定的郊外地点演习。

第八，一切机关及部队人员应实行公平交易，不得强买强卖。所有部队人员及公务人员乘坐公共汽车或进入公共游戏场所，必须照规买票。所有汽车及其他车辆入城，必须遵守交通规则并服从交通警察之指挥。

第九，一切机关及部队人员应保持艰苦朴素作风，不准私受馈赠、私取公物，反对贪污腐化堕落行为。

第十，厉行奖罚制度，对遵守纪律、遵守城市政策有功者，应给予精神的和物质的奖励，对违反纪律、违反城市政策者，必须彻底追究，并依情节轻重依法处理。

四、我军进入城市，“必须全心全意地依靠工人阶级，团结其他劳动群众，争取知识分子，争取尽可能多的能够同我们合作的民族资产阶级分子及其代表人物站在我们方面，或者使他们保守中立，以便向帝国主义者、国民党、官僚资产阶级作坚决的斗争，一步一步地去战胜这些敌人”①。同时当我军进入江南初期，必须集中力量消灭敌人及对各城市进行系统的接管工作，而尚不能有系统的全面的社会改革。因此我们在接管江南各城市时，应采取按照系统整套接收，调查研究逐渐改造的方针，以便力求主动，避免被动，并必须实行以下各项政策：

第一，对一切官僚资本的企业及其他各种公共企业，如工厂、矿山、铁路、邮电、轮船、银行、电灯、电话、自来水、商店、仓库等等，必须一律接管。我们在接管官僚资本企业与公共企业时，应采取自上而下、按照系统、原封不动、整套接收的办法。同时必须严格的注意到不要打乱企业组织的原来机构。在接收阶段，三〔一〕方面应责成该企业各原有机关的主要负责人负责办理移交手续；另一方面可以分别召集该企业各部工人会议或工人代表会议，宣传政策，发动工人群众配合。如果仅有自上而下按照系统的接收，而无自下而上工人、职员的审查和检举相配合，是接收不好的。对于接管来的企业的原有人员（包括厂长、局长、监工、工程师及其他职员），除个别破坏分子必须逮捕处分外，应一律留用，并令其继续担任原来职务。军管会只派军事代表去监督其生产，而不应干涉或代替其职务。如某个企业的主要负责人逃跑或原有负责人劣迹昭著，非撤换不可者，亦应从本企业中提拔适当的人员代理（如第一级负责人不在，可委第二或第三级负责人代理）。对企业中的各种组织及制度应照旧保持，不应任意改变或废除。对旧的实际工资标准或等级及其实行多年的奖励制度亦应暂时照旧，不得取消或任意改订。旧制度中有须要加以改良者，旧人员中有须要加以调整者，均需在情况了解后再作必要与适当的处理。

第二，对私人经营的企业（如工厂、公司、商店、仓库、货栈等等）及一切民族工商业的财产，应一律保护不受侵犯。私人工商业中如有股东不明或部分股东确为重要战犯或为官僚资本者，应一律暂缓处理，但先行登记加以监督，防止转移资金货物。对私营企业应坚持“公私兼顾，劳资两利”的方针；一方面要教育说服工人不要提出过高的劳动条件，致使生产降低，经济衰落，工人失业，另一方面要严重警惕资本家故意消极怠工或借故降低工人的实际工资及其他待遇。如劳资间有纠纷时，可由军管会召集双方调解或仲裁之。必须防止对〔将〕农村中斗争地富消灭封建的办法错误的应用到城市，同时对故意消极怠工的资本家应给以必要的适当的处罚。

第三，对国民党、三青团、青年党、民社党，及特务机关等反动组织，应由军管会或

① 此处引文，按《在中国共产党第七届中央委员会第二次全体会议上的报告》（见《毛泽东选集》第四卷）校订。

市政府出布告，宣布解散，并没收其所有的公产、档案，严禁其继续进行任何活动。具体办法应遵照中央关于国民党、三青团及特务机关的处理办法处理之。对国民党政权机关人员及军事后方机关人员，除首要战犯及罪大恶极的反革命分子必须逮捕法办外，凡不持枪抵抗，不阴谋破坏者，一律不加俘虏或逮捕，并责成其负责保护各机关资材、档案等，听候接收处理。这些人员中，凡有一技之长而无显著反动行为或严重劣迹者，须经过集中训练审查改造后，可以分别录用。江南各大［大］城市解放后，对保甲人员可暂时利用，使之有助于社会治安的维持。其办法可按照中央关于暂时利用旧保甲长的通知具体处理。

第四，对学校与文化教育机关（如大学，中学、小学、图书馆、博物馆、科学试验室、体育场所等等），应采取严格的保护政策。要迅速派人到各学校宣布方针，并与他们开会具体商定维持的办法。对原有学校（除国民党党校、军事学校外）一概采取维持原状，逐渐改良的方针。例如：开始在课程方面，应取消其反动的。政治课程、公民读本，其余暂时照旧。例如：在教职员方面，除去掉极少数的反动分子外，其余应一概采取继续工作。

第五，应建立各界代表会，作为军管会和市政府，在军管时期传达政策、联系群众的会议机关。各界代表会的组织和职责，应遵照中央关于成立各界代表会的指示原则进行。

第六，我军进入江南应确定人民银行所发行的人民票为本币。对伪币金圆券应采取排挤方针，辅之以限额收兑。人民票与金圆券的比值及限额收兑的具体办法，应视当时情况规定之。

第七，我军进入上海南京等大城市，应迅速出报纸及开始播音，以广泛宣传我党政策及政府法令、布告等。但一般标语口号必须事先请示中央批准，始可张贴。对国民党、三青团及其他反动派的报纸、刊物和〈通〉讯社，应一律没收接管。对个人私人名义经营而有确实反动政治背景的反共反人民的报纸、刊物、通讯社等，也可以没收接管。其反动政治背景一时无法弄清者，则应经过调查及法庭判决加以处理。对进步的和中间性的民营报纸、刊物、通讯社，可依法登记，在民主政府指导下进行营业。对敌方政府、军队及党部管理之电台，应全部接收。对大城市广播电台及广播人员的政策，应遵照中央指示的原则办理。

第八，对国民党监狱在押人犯，须经过审查分别处理。对革命分子应立即欢迎其出狱。对重大刑事案犯，如盗匪犯、杀人犯等仍宜拘禁，听候处理。对国民党的司法机关的接管，应照中央关于接管平津司法机关指示原则办理。

第九，对新收复城市的旧有各种税收，原则上应该一律暂时照旧征收。除少数苛捐杂税（如防共捐、戡乱税等）应即停止征收外，对一般旧有税收税率及税则，应待调查研究后再行改革。在我税收干部缺乏条件下，除对个别为人民所痛恨的旧税务人员应加处分外，对一般旧税务人员亦可暂时利用，以便逐渐训练改造或待将来再行调换。

第十，必须组织公共房产管理委员会，并在此委员会下设立公共房产管理处，统一管理与分配城市中一切公共房屋，不许任何例外。一切公共房屋连同房屋中的家具、设备、衣被、草木等在内，不论有无机关或个人居住和已否分配，一律归房产管理委员会接收和保管，并进行登记，造具清册，成为国家财产。对各城市公共房屋的具体处理办法，应遵照中央关于城市中公共房产问题决定的规定。对私人房屋暂采一律照旧缴纳房租的办法，以后房租亦应暂由房客与房东协议规定之。

第十一，凡属被国民党政府所承认的资本主义国家的大使馆、公使馆、领事馆及其所属的外交机关和外交人员，在人民共和国家和这些国家建立正式外交关系以前，我们一般不予承认，只把他们当作外国侨民待遇，但应予以切实保护。对教堂及一般外侨亦应采取保护方针，如外侨有犯罪行为，应依法处理，但除现行犯外，必须先报华东军区，重要者则必须转呈中央批准，始得逮捕与执行。对外人所办文化教〈育〉机关及其他事业的处理，均须遵照中央外交工作指示原则执行，且必须严格遵守请示报告制度。

四月一日

选自《中共中央文件选集》(18)，中共中央党校出版社1992年版，第237～245页。原注："根据中央档案原件刊印"。

108. 中共中央关于入城部队遵守城市纪律的指示

1949年5月16日

进入江南各省诸城市时，一切入城部队和接管城市的人员，须仿照我军进入平、津的榜样，切实遵守人民解放军三大纪律、八项注意、约法八章与入城守则，严格保护一切原封不动，以等候接受。力戒进入锦、沈时的不守纪律、乱抓物资等不良现象；兹根据中央军委有关城市政策各项指示，规定下列各项，作为我军进入城市必须遵守的纪律，盼各部在所属指战员中事先进行教育，入城后须切实执行。

一、凡市内卫戍机关军风纪、交通规则、娱乐场所规则及公众卫生等，军队人员必须共同遵守，并服从当地军事管制委员会、警备司令部及公安局之指挥，不得借口隶属关系不同，而有丝毫违抗。

二、保护城市人民生命、财产不许侵犯，除现行犯外（例如抢劫、放火、行凶等），各机关不得擅自捕人。

三、保护外侨（包括领事馆）不加侮辱，凡遵守人民政府法令与安分守己之外国侨民，一律予以保护并尊重其人格，以礼貌待之；其有违法或破坏行为者，报告上级及军事管制委员会处理，不得自行处理，一切有关外侨事务不论大小，均由最高机关办理，各部无权处理。没有命令，不得进入外侨住宅，不准住外侨的房屋或教堂、学校，对外侨与外侨住宅无命令时，不得施行室内检查与人身检查。

四、我军各部人员，不得接见中外新闻记者，对新闻记者发表谈话。

五、军人进入戏院、电影院、理发店、澡堂看戏、看电影、理发、洗澡及进入公共娱乐场所游览，及乘坐电车、公共汽车者，均须照章买票，照章付钱，不得要求免票或半票付钱。

六、不经上级许可，不得接收人民的慰劳，对各阶层人士给军队个别人员送礼和被邀请吃饭赴宴者，尤需除绝。

七、军队在城市特别在大城市、中等城市驻扎时不得借住或租住民房，免引起城市居民的不便和不利，而应驻扎在兵营、公共机关、庙宇、祠堂、公所、会馆等公共房屋建筑，其家具设备（电灯、自来水、玻璃窗、抽水马桶等）必须爱护，不得移走、拆毁与破坏。

八、军队之骡马大车不得入城，必须入城者，可在将所运物资、弹药、粮食等装卸后，即应出城，在城郊外择地关喂，禁止在市区内关喂，禁止在市内树上拴牲口，以保护树木不让牲口啃树，必须驻城市的应以师或团为单位，在市外组织马厂喂养。

九、不准乱放枪，如需举行军事演习或试枪者，须经警备司令部批准，事先通知在城郊空旷地举行。

十、组织营房的文娱活动，不准上街乱跑，严格执行请假制度。

十一、整顿军容，提倡礼节。

十二、部队担任警戒，对职务须认真执行，但对群众态度须好，不可横蛮无礼貌。

选自《中共中央移驻西柏坡前后》，中共党史出版社1998年版，第442～443页。

109. 中共中央军委对进入我内河、港口的外国军舰、中外轮船处理原则的指示

1949年5月20日

粟裕、张震，并告总前委、刘伯承、张际春、李达：

十九日、二十日两电均悉。

一、黄浦江是中国内河，任何外国军舰不许进入。有敢进入并自由行动者，均得攻击之；有向我发炮者必须还击，直至击沉击伤或驱逐出境为止。

二、但如有外国军舰在上海停泊未动，并未向我军开炮者，则不要射击。

三、中国及外国轮船为敌军装载军队及物资出入黄浦江者，亦应攻击之。

四、中国及外国轮船在上海停泊未动者，或得我方同意开行者，准其停泊或开行，并予以保护。

五、为了对付外国军舰的干涉，你们应有充分的精神准备与实力准备，即要将外国干涉者的武装力量歼灭或驱逐之。如感兵力或炮火不足，应速从他处抽调补足。

六、二十日电说有二舰挂外国旗，请查明系挂何国旗，以便公布。嗣后凡关外舰事件，应将详情查明具报。

军　　委

选自《中共中央文件选集》(14)，中共中央党校出版社1987年版，第653页。

110. 中共中央关于妇女的土地所有权问题的指示

1949年6月6日

关于妇女土地所有权的问题，必须首先在法律上与实际上承认男女农民有同等权利，

并保障其所有权。这是全国土地会议和土地法大纲上所肯定的原则和政策。任何人，任何地区不能对此有所修改或动摇其执行。但在具体处理方法上，应根据当地情况，采取双方协议和多种多样的，即根据原则性与灵活性相结合的办法具体处理之。“带地”仅是解决问题的方法之一，而不是唯一的办法。

报告中有“农民极不安心，不知何时会失掉妻子、土地、财产”等字样，“失掉”二字意味着土地、财产均属男人所有，因而也即否定了妇女同样有土地、财产所有权的原则。这须引起你们注意，并希你们在农民和干部中进行教育与说服的工作。

选自中央档案馆编：《解放战争时期土地改革文件选编》，中共中央党校出版社1981年版，第531页。

△毛泽东：《论人民民主专政》

1949年6月30日

（见《毛泽东选集》第四卷，人民出版社1991年版，第1468～1482页。）

111. 中共中央关于私营企业中劳资纠纷问题的指示

1949年7月5日

各中央局、分局并转各市委，省委，区党委：

现在各地解决私营企业中劳资争议的办法，非常混乱。没有设立专管机关，没有规定一定的手续。甚至城市中的每个区委，街区政府，每个工作组，每个下层工会组织，都可以自由解决劳资纠纷；或者完全放任自流，让每个工厂作坊商店的职工，与每个企业主直接解决。以至互相影响，此落彼起，纠纷日益增多。这种处理劳资纠纷中的无政府状态，是造成解决这个在目前具有头等政治意义的重大问题中发生各种偏向，特别是“左”倾冒险主义偏向的主要原因之一。结果，不仅使资本家害怕、消极，而且在工人群众中也发生不满，形成目前恢复发展生产中的重大障碍。因此，各地党委，特别是各大城市市委，必须迅速采取办法，纠正这一危险的现象。中央有下列提议：

一、一切有关劳资纠纷问题，均须集中到市一级机关，即市劳动局、市总工会、市工商局来统一解决。禁止区委、区街政府、下级工会组织，处理任何劳资纠纷。宣布解决劳资纠纷的口头的与书面的契约，必须经市劳动局批准备案后，方为有效。为此，必须将各区的得力干部，集中到市总工会与市劳动局，来进行工作。必须由市委书记，副书记或常委，来担任总工会主席与劳动局长。

二、有许多城市，至今尚未建立劳动局，一切劳资纠纷，都由工会来调解处理，这是严重的错误。工会是工人阶级的群众组织，只能代表工人说话，决不能站在劳资之间或劳资之上来调解、仲裁劳资纠纷。否则，必然使工会脱离群众，模糊群众对工会的认识。现在有些地方（如济南）的工人说："哪里有工会，哪里的工人就倒霉"。这就是由于工会不是站在工人组织地位代表工人说话，而是站在政府地位去处理劳资纠纷，并强制工人减低他们的要求所造成的结果。如果工人提出过高要求时，工会是应当说服工人减低这些要求的。但是应当站在工人阶级的立场，说明这些过高要求对于工人群众，实际上有害无利。在与工人群众商妥了这些要求之后，即应当代表工人，向资本家交涉和协商。无法达到协议时，即提请劳动局，以调解仲裁的办法来解决。工会代表，无论在协商时，或调解仲裁会议上，均应代表工人说话，而不应站在中间立场或政府立场说话。因此，各大城市，必须迅速设立有得力干部主持的劳动局，作为调解仲裁劳资争议的唯一机关。并正式规定解决劳资争议的手续为：

甲、劳资双方直接协商（即工会代表工人和资本家或和资本家组织的同业公会协商）；

乙、市劳动局调解仲裁；

丙、仲裁不服时得向法庭起诉。法庭判决，为最后程序，双方必须服从。

三、解决劳资纠纷的方式，应以订立集体合同为主。在现代化的企业中，可以由每个工厂企业的工会组织，直接与本企业的资本家谈判订立（如在同一城市中，有几个同一性质的工厂企业，而资本家又有联合组织者，最好还是由产业工会与资本家的组织订立而不个别订立，以免高低不齐互相影响）。在旧式的小企业商店作坊中，必须由同一行业工人店员组成的工会与本行业资本家组成的同业公会订立。因为在同一城市中，同一行业，都有大致相同的习惯或行规，因而工人的劳动条件，也就有基本相同的共同点。这种办法，可以做到使同一行业包括的许多企业、作坊或店铺所发生的问题，在一个集体合同当中得到基本解决。这样，才能使零碎分散的作坊、店铺中的劳资纠纷，做到有条理、有组织地解决，而且比较容易做到合理恰当，防止过左过右的偏差。如果不这样办，而让每个小企业作坊店铺的劳资纠纷都单独解决，必然造成混乱现象，难于掌握。以至互相影响，此落彼起，愈解决纠纷愈多，而不可避免地要发生各种偏向。

以上几点，望各地根据具体情况，斟酌试办。并将试办之经验，随时报告我们。

选自《中共中央文件选集》(14)，中共中央党校出版社 1987 年版，第 671～673 页。

中华全国总工会关于处理劳资关系问题的三个文件

1949 年 7 月全国工会工作会议上通过

112. 一、关于劳资关系暂行处理办法

第一条　为了贯彻"发展生产，繁荣经济，公私兼顾，劳资两利"的经济政策与劳动政策，特制定本办法。

第二条　本办法适用一切私营工商企业。

第三条　私营企业主（以下简称资方）与被雇用之工人、职员、店员、学徒及杂务人员（以下简称劳方）之间的关系，凡属本办法未规定者，得由劳资双方协议，签订集体合同或劳动契约规定之。但集体合同或劳动契约不得与本办法之内容相抵触。

附注：集体合同系为规定劳资双方之权利义务的一定时间的书面合同，在同一行业之劳资双方，可订立同一行业或产业之总的集体合同，在一个工厂企业中的劳资双方亦可订立单独的集体合同。劳动契约为规定某一工厂企业中之一部分劳动者或某一个劳动者与资方之具体劳动条件的契约。

第四条　劳方有参加工会及一切政治及社会活动之自由与权利，资方不得限制。劳方有受雇解约之自由，资方不得强迫劳方受雇。劳方如中途辞职，在集体合同与劳动契约上有规定者，依规定办理；无规定者，须于辞职前五天通知资方。

第五条　各工商企业之管理规则及工作场所之工作规则，由资方拟定经工会同意送请人民政府劳动局备案后，劳方须切实遵行。如有违反上述规则者，资方有按规则中之规定给以处分或解雇之权。各工商企业之管理规则及工作场所之工作规则，不得与人民政府颁布之法令及劳资双方签订之集体合同相抵触。

第六条　资方为了生产或工作上的需要，有雇用与解雇工人及职员之权。资方解雇工人及职员，在集体合同及劳动契约上有规定者，按规定办理；无规定者，须于解雇前十日通知劳方并酌给劳方若干遣散费。遣散费之数额应按工厂企业之营业情况与职工在本企业工作时间之长短而定，最低不得少于半个月的实际工资，最高不得超过三个月的实际工资。但季节工人、临时工人及因工人、职员的过失而解雇者，不在此例。

第七条　工会认为资方对工人、职员之处分与解雇不合理，有向资方提出抗议之权。如资方不接受抗议，得依本办法第二十七条解决劳资争议手续处理之。

第八条　所有工厂、商店已开工复业者，须努力经营，未开工复业或未完全开工复业者，须力求开工复业；如因不可克服的困难而不能开工复业或须歇业转业者，须向人民政府申请批准。

第九条　在解放后，资方复业招雇职工时，曾因参加革命政治活动而被解雇之职工应首先复工，其他在解放前六个月内被辞退之原有职工，应尽先录用或逐渐补用，但因过失被解雇者不在此例。

第十条　资方招用原有职工时，须采用书面通知和登报通告的办法。原有职工须于接到书面通知十日内（未接到书面通知者，自登报之日起半个月内）报到并按期到厂工作，否则作弃权论。资方在原有职工不足复工之需要时，得另招新职工。但在资方并未添用新职工时，原有职工一般不得提出强行复工的要求。

第十一条　资方已得政府批准而停工歇业时，如无力偿还所欠职工之工资与解雇费或其他债务者，须报告劳动局，由劳动局召集劳资双方协商合理办法处理之。资方所有之房屋、机器、原料、家具等，均不得径交劳方或工会处理，劳方及工会亦不得自行接收和分配上述财产。

第十二条　职工每日劳动时间以八小时至十小时为原则。如因生产需要或有害职工身体健康之生产部门，得由劳资双方协议增加或缩短。但职工工作时间之延长，每日最高不得超过十二小时。手艺工人、店员、学徒及一般杂务人员的劳动时间及休假，原则上均照旧例。但工作时间过长，影响职工身体健康者，应酌予缩短。

第十三条　年节及纪念日假期，人民政府已有规定者依规定，无规定者依习惯。休息日及事假，暂时均照各个企业的旧例办理。如有不合理者，在劳资双方订立集体合同时，由双方协议在合同中规定之。

第十四条　劳方参加工会开会及其他娱乐教育活动，均不得占用生产时间。工厂中的工会组织负责干部如有必要占用生产时间，须取得资方同意，但平均每月不得超过两个工作日，工资照发。如职工根据市政府，军管会、市总工会之指示，被选为人民代表或团体代表参加会议者，在参加会议期间之工资，由召集会议之机关或团体发给。

第十五条　在新解放的城市，资方须保持职工在解放前三个月之实际工资平均水平，不得降低。同时在目前凡属生产或营业不发达及利润低微之企业，一般亦不应增加实际工资。如解放前工资过低或过高者，得由劳资双方在订立集体合同时协商酌量增加或减少之，但须经当地人民政府劳动局之批准，方为有效。

附注：本办法所称之实际工资，系包括资方所给予之伙食补贴及其他待遇在内，用实物计算出来之职工总收入。

第十六条　工资发给以每月两次为宜。

第十七条　为保障职工实际工资免受物价变动影响起见，须由当地人民政府统一公布以物价指数，或以数种实物价格为计算工资的标准。

第十八条　在规定之工作时间以外的加工工资，应高于平时每小时之工资额。

第十九条　凡男女职工有同等技术、做同等工作、效力相同者，应得同等之报酬。

第二十条　各企业原有供给职工膳宿及分配馈送与其他奖励等习惯者，均得维持旧例。如有不合理者，由劳资双方协商在集体合同中修改之。

第二十一条　学徒与养成工之津贴及其他待遇，一般按旧有规定，其过于恶劣者，应有适当之改善，由劳资双方在集体合同中规定之。

第二十二条　学徒与养成工与技术业务知识传授人（即师傅）间，应严守尊师爱徒原则，学艺者须尽心学习，努力生产，传授者须尽心传授，禁止打骂虐待。

第二十三条　女工及女职员生育前后休息时期及对乳儿的哺乳时间，旧有规定者，照原规定办理。如尚无规定或规定过少者，应规定生育前后休息共四十五天。小产：怀孕在三个月以内者，休息十五天，怀孕在三个月以上者，休息三十天，工资照给。乳儿哺乳每四小时哺乳一次，每次十五分钟至二十五分钟。

第二十四条　各企业已有之职工福利设施，一般照旧，未举办者得由资方斟酌经济力量逐渐举办。凡职工因进行工作而致受伤或死亡者，在医疗期间，应由资方照发工资并担负其医药费，凡职工因工受伤而致残废或死亡者，资方应给以一定之恤金，其数额由劳资双方协议在集体合同中规定之。职工病假期中的待遇及职工因病死亡之抚恤费，照各企业旧有之规定办理，如原来没有此项规定或规定过低者，得由劳资双方协议在集体合同中规定之。

第二十五条　劳资双方订立集体合同时，应由各行各业订立总的集体合同，各个企业工厂可根据总集体合同订立单独之集体合同。总集体合同由各业劳方之工会代表（在工会未成立时由该业职工代表会议选出之代表）与由资方之同业公会会员所选出之代表，在自愿平等之基础上协议签定之。此项总集体合同须经人民政府劳动局批准。所有该业参加签订集体合同之劳资双方，均应遵照执行。在总合同签订之后，该行业之各个企业劳资之间可根据总合同订立单独的集体合同，如有特殊问题在总集体合同中未包括者，可在该企业中之单独集体合同中作补充之规定，但此项补充规定不得与总集体合同之内容相抵触，并须经该行业的工会组织及同业公会之同意。订立集体合同之详细办法由劳动局另行规定之。

第二十六条　各企业职工如未订立集体合同或在集体合同之外向资方提出要求者，应事先经由该业工会与市总工会审查。并由该业工会与市总工会派人会同该业之职工代表向资方或资方之同业公会交涉，以平等协商方法订立协定，由劳资双方共同遵守之。

第二十七条　在某一企业之劳资双方发生争议无法取得一致意见时，应由劳资双方请求该业工会与同业公会派出之代表会同双方当事人共同协商解决之。如仍无法取得一致意见时，任何一方得请求当地人民政府劳动局调解之。调解无效得由劳动局组织仲裁委员会仲裁之。在协商调解仲裁未成立前，双方均？应维持生产原状，一资方不得有关厂，停资，停伙及其他减低待遇之处置，劳方也应照常生产与遵守劳动纪律。劳资双方之任何一方对劳动局仲裁不服时，得依司法程序向法院提出控诉，由法院判处之。在法院未判决之前，双方均应遵照劳动局仲裁之决定办理。

第二十八条　劳资争议均应按上条规定之手续解决，任何一方均不得向对方采取人身侮辱等之强迫行为。

第二十九条　本办法之解释权与修改权，在军管时期属军事管制委员会；军管时期结束，属人民政府。

第三十条　本办法自公布之日起施行。

113. 二、关于私营工商企业劳资双方订立集体合同的暂行办法

第一条　为了正确处理劳资关系，解决劳资争议，应由各行各业，劳资双方所组织之团体，根据平等自愿协商原则，签订集体合同，明确规定劳资双方之权利义务及劳动条件，以发挥职，工劳动热忱与资方对生产经营之积极性，实现“发展生产，劳资两利”之目的。

第二条　各行各业之劳资集体合同，系以规定劳资关系为目的之一定时间的书面合同，其主要内容包括下列各项：

（一）雇用与解雇手续。

（二）规定厂规、铺规的手续及内容。

（三）工资。

（四）工作时间及假期。

（五）女工、童工问题。

（六）有关劳动保护与职工福利问题等。

第三条　订立劳资集体合同，应依下列原则及手续进行之。

一、劳资双方讨论签订集体合同应采取如下步骤：

甲、由各行各业劳资双方所组织之团体，各自召开全体会议或代表会议，选举委员会拟定各自之集体合同草案。

乙、由劳资双方各自推选能代表全体利益的同等数量之代表，根据双方自行拟定之合同方案，在平等自愿的基础上采取民主协商方法，逐条研究，取得协议。在协商时应邀请当地人民政府之劳动局派员参加。

丙、获得初步协议后，由劳资双方各自召集全体会议或代表会议讨论修改，再将修改意见提交双方代表讨论协商，再次取得协议。

丁、双方代表为向各自所代表之全体负责起见，复将二次协议交由劳资双方各自召开之全体会议或代表会议讨论通过，然后由双方代表签字申请劳动局批准施行。

二、集体合同公布时，须载明签订地点，时间，双方团体名称、代表姓名，有效期限（即自某年某月某日起至某年某月某日止）。

第四条　集体合同签订并经当地人民政府之劳动局批准后，在有效期间内适用于订立该合同之各产业行业，双方全体人员均须一律遵守执行。

第五条　合同有效期满后，如双方仍愿继续执行者，得由双方推举代表签订合同延期协定，申请劳动局备案后延长有效期限。在合同有效期内，劳资双方之任何一方，因特殊理由提出修改或废止意见时，得由双方推举代表协商解决之。如不能达到一致意见，得申请劳动局调解或仲裁解决之。

第六条　在某一行业或产业之总的集体合同订立后，各该行业或产业之工厂、商店，可签订本企业单独的集体合同。但此项集体合同之内容不得与该行业总的集体合同相抵触，并须取得各该工会与同业公会之同意。

第七条　各工厂，商店劳资双方单独订立之集体合同，有下列情—况之一者，得宣告废止：

甲、合同有效期满者。

乙、工厂、商店因遭受不可抗拒之灾害而停办者。

丙、经政府批准转业或缩小生产者。

第八条　本办法自公布之日起施行。

第九条　本办法解释及修改之权，军管时期属当地之军管会，军管时期结束，属当地之人民政府劳动局。

114. 三、劳动争议解决程序的暂行规定

第一条　为明确规定解决劳动争议手续，以贯彻公私兼顾，劳资两利，发展生产，繁荣经济之方针，特制定本规定。

第二条　一切公营、私营企业及合作社经营的企业中之劳动争议，均按照本规定之程序处理之。

第三条　本规定所指劳动争议之范围如下：

甲、关于职工劳动条件事项（如工资，工时，生活待遇等）。

乙、关于职工之任用、解雇及奖罚事项。

丙、关于劳动保险事项。

丁、关于企业内部工作规则事项。

戊、关于集体合同、劳动契约及其他一切涉及劳动争议事项。

第四条　确定人民政府劳动局为调解、仲裁一切劳动争议之机关。

第五条　一切企业中之职工及其工会，公营企业主管人，私营企业主及所组织之同业公会，如有争议不决之事项，或任何一方认为对方有违反集体合同、劳动契约及其他不合理行为，而不能由双方协商解决时，均有按照本规定向劳动局进行申诉之权。

第六条　劳动争议解决之第一步骤为双方协商，第二步骤为劳动局之调解，第三步骤为劳动局组织的仲裁委员会之仲裁。

甲、公营企业与合作社经营的企业内之劳动争议，如不能在本企业内协商解决，由各该企业之上级工会与上级企业主管机关协商解决之。再不能解决时，得提请与该上级工会及上级企业主管机关相当之人民政府劳动局调解或仲裁之。

乙、私营企业内之劳资争议，首先由该企业之工会组织与业主双方自行协商解决之。如不能解决时，得由该行业之工会组织及同业公会派出代表参加协商解决之。如协商仍不能成立，可申请劳动局调解或仲裁解决之。

第七条　一切企业内劳动争议协商之成立，须由双方代表签订协定，并须申请所在地之劳动局备案。

第八条　一切企业内之劳动争议提请劳动局解决时，须填写申请书。劳动局可组织争议之调查调解委员会进行调查与调解，调解如成立，由双方代表签具调解书备案；调解不能成立，由劳动局组织仲裁委员会仲裁之。仲裁委员会之决定，由担任该委员会主席之劳动局代表签署，经劳动局长批准后，通知争议双方执行。

第九条　协商、调解、仲裁既已成立，双方均须遵守，不得违反。如有一方违反者，对方可直接向劳动局申诉。

第十条　无论公营、私营及合作社经营企业中之劳动争议，经劳动局仲裁后，如当事人之一方仍不服时，须于五日内通知劳动局并向人民法院提出控诉，请求判决，否则仲裁决定则具有法律效力。

第十一条　劳动争议发生后，在协商、调解、仲裁过程中，双方均应维持生产原状，厂方不得有关厂、停资、停伙及其他减低待遇之处置，劳方亦应照常生产与遵守劳动纪律。经劳动局仲裁后，即使有一方表示不服，要求提请法院处理，在法院未判决前，双方仍应遵照仲裁决定办理。

第十二条　劳动局在处理一切争议时，有对争议双方及其代表机关传讯之权力。当事人凡接到劳动局之传讯通知后，须按时到达指定地点听候询讯，不得违反。如当事人确不能出席时，可指定代理人，但须经劳动局之承认，方准出席。

第十三条　劳动局在调解、仲裁争议过程中，发现争议双方之任何一方有违法行为时，得移送人民法院处理。

第十四条　本规定自公布之日起有效，其解释权与修改权属人民政府。

选自《中国新民主主义革命时期根据地法制文献选编》第四卷，中国社会科学出版社1984年版，第775～786页。原注："选自《苏南法令汇编》第一辑"。

115. 附［报刊评论］：解决劳资纠纷的正确途径——论北平国药业劳资集体合同

1949年8月2日《人民日报》社论

经过两个半月的酝酿、讨论、起草、协议和最后修正，北平市国药业劳资集体合同已由劳动局批准公布了。这是北平市解放后第一个劳资集体合同，是北平市工人和资本家，在人民民主政权之下，根据新民主主义的经济政策，建立正确的劳资关系的一个良好的开始。

解放前，北平市国药业很多工人，曾经长期被迫忍受资方种种超经济的剥削和封建性管理的压迫。国药业工资除食宿由资方供给外，一般按照买卖流水提成，解放前有的低至百分之十，而有些资方还千方百计地从这样低的提成数里克扣工资，连资方一家人的开销，甚至柜上买佛供的耗费，都从工资提成数里扣除，使有些工人辛劳一个月还挣不到二十斤小米。同时，有很多工人的人权竟遭受无理的摧残，一进药铺就被迫改名或换姓，打骂交加，偶或提出任何合理要求，则横遭高压，在国民党反动统治时期，有的工人因为酝酿成立工会，被资方说成"通八路"而抓到伪警察局去。由于上述原因，北平解放后，国药业工人反抗情绪非常高涨，提出了许多要求，其中有许多是合理的，应该的；但也有些是不合理的，不应该的，而有的资本家自己心虚，又不了解政策，对于工人要求，不管合理不合理，通通接受。结果工资提成有的从百分之十突然增至百分之四十以上，以致无利可图，甚至亏本，而工资低的工人则仍要求向高的看齐，劳资纠纷此落彼起；同时在业务范围内，有些资方指挥不了工人，有的工人过分干涉行政。因此资本家不愿积极生产，使国药业的生产与营业遭受很大影响，对于劳资双方，都极为不利。

我们认为，工人和资本家，虽有根本矛盾，但在今天的条件下，却也有团结合作的基础。这个基础就是"发展生产，劳资两利"，只有本着这个精神，劳资间在现阶段的正确关系才有可能建立。国药业劳资集体合同，就是掌握了这个精神的。统观全部合同，较之解放前，工资提成从百分之十至二十增至百分之二十到三十，工人的休假制度从不确定到确定为每月四天，每天工作时间也稍为短了一些，而固定为十一小时至十三小时（解放前有多至十五小时的），这都是对工人有利的，也是提高工人的劳动情绪所必需的；同时对于资方合理利润和业务管理的指挥权，一样地也给予了承认和保障。这就是劳资两利，也就是发展生产所必须的前提。

合同中关于工资的规定，除由资方供给起码的食宿外，全部按流水提成，使工人生活和资方营业的好坏发生非常密切的关联，容易麻痹工人的阶级觉悟，并使工人生活动荡不安。这种办法将使同等技术或技术相差不多的工人出卖同等劳力的，结果所得工资会相差到三倍乃至四倍之多，这是不会合理的；有些规模较小，营业较差的药铺工人，因此要求采取固定工资是有理由的。但因顾及国药业的习惯，又因现在有利国计民生的工商业还很不发展，为了使资方有一定的利润可图，以便大力发展生产，所以暂时只好这样做。但在将来工商业获得一定程度的发展时，就应该废除这种提成的工资制度，而采取固定工资制度。

有些解放后工资提成提高到百分之三十以上的工人，可能会对现在的合同不满，因为按合同规定的收入比例是减少。我们认为工资过高，对工人暂时虽有好处，但却可能使资方无利可图乃至亏本，生产不能发展，店铺可以倒闭，因而也使工人生活不可能进一步改善，甚至可能遭受失业的威胁。但如资方自愿给予高于百分之三十以上的工资，自愿少赚钱或不赚钱，我们也不反对。

经验证明：在合同协商过程中，放手让工人和资本家都能充分提出自己的要求和意见，是正确的，必须的。应该承认：在国药业劳资集体合同开始订拟时，有些工会同志对这一点的认识是不够的，他们担心资方会像过去一样顽固地追求着单利政策，更担心工人会提出太高的要求，结果工人的要求不能很好地反映出来，引起工人不满，走了一些弯路。由于这一缺点得到及时的纠正，使工人和资本家都能进行充分的酝酿和讨论，而且都能通过职工代表会议和资本家的同业公会充分提出自己的要求和意见，并在平等基础上，反复辩驳协商：有些地方工人让了步，有些地方资本家让了步，终于使合同获得双方都能满意的结果。我们欢迎用这种平等自愿协商的方式来解决劳资纠纷；我们赞成工人向资本家提出要求，资本家也可向工人提出要求，工人可向资本家进行合法斗争，资本家也可向工人进行合法斗争。但其目的都应该为了发展生产。如果资本家不这样做，而采取消极抵抗，如光卖不买，暗抽资本等等办法，则是违法的，是要受到制裁的。

今天合同既经公布施行，我们希望劳资双方都能严格遵守，任何一方面不得片面违背而使对方蒙受损失。但这并不是说任何补充和修改都是不许可的，由于这是全体国药业劳资的集体合同，各药铺必须有更具体的规定，才好执行。不过这些具体规定不能违背总的精神。如果有个别地方需要修改的话，只要劳资双方同意并经劳动局批准，也是可以的。

资本家希望把劳动纪律具体地在合同中规定出来，对工人限制太多，工人不赞成，我们也认为不必要，因为这是属于业务管理范围的，现在，改由资方在合同之外另行拟定铺规，经工会同意和劳动局批准，作为合同的附件公布施行，应该是双方都能接受的一个办法。

今天国药业劳资关系，已因集体合同的公布而获得初步的正确的解决，并因此为国药业的顺利发展提供了一个有利的条件。今后的主要问题就是如何扩大生产，打开销路，以进一步发展业务，改善劳资地位。我们期待着国药业的劳资双方都能勇敢的朝着这一目标前进。

北平市其他私营行业，有的正在酝酿和草拟集体合同，有的则尚无此准备，我们希望都能像国药业一样，迅速地拟定集体合同，解决劳资纠纷，以便集中全力，为恢复与发展北平市的生产而奋斗。

选自《中国工会历史文献》(5)，工人出版社1959年版，第275～278页。原注：“录自1949年8月2日《人民日报》”。

116. 毛泽东对华北人民革命大学第一期教育经验总结的批语

1949年8月5日

各中央局，中央分局，各野战军前委的同志们：

现在将华北人民革命大学负责人刘澜涛、胡锡奎二同志写的该校对于一万二千新学生短期班的教育经验的总结转发给你们，请你们注意这种经验。假如你们同意的话，请将这个文件转发给你们所属学校的负责同志，并在党内刊物上发表，以资传播和仿效。我认为这个总结里所说的方针和方法是正确的。文件本身也是写得好的。

毛泽东

一九四九年八月五日

117. 附：华北人民革命大学第一期教育情况及其主要的经验教训

1949年7月26日

（一）平津解放后，遵照中央与华北局指示，采取大量招收（只要有一定的文化水平，差不多是来者不拒）与严肃改造知识分子的方针，先后入学者达一万二千余人。成分很复杂，根据九千学生的统计，学生占百分之四十三，公教人员占百分之三十四，军宪警占百分之十二，工人占百分之四，农民占百分之一，商人占百分之四，其他占百分之二。全校学生的文化程度，大学生及高小生均占百分之十左右，中学生占百分之八十左右。青年（廿五岁以下的）占百分之六十五左右，妇女占百分之二十左右。

经过入学注册，主要是深入学习后的自动坦白，以及同学检举、市内党政保卫机关的通知，先后发现全校学生中参加过国民党、三青团及曾任职警察、宪兵、专业特务破坏分子、叛徒、杀人凶犯及国民党党政军高级干部等合计约达两千五百人，其中绝大多数系一般党团分子，特务系统工作者是少数（约百人左右）。自动缴出手枪三十二支（已收到二十三支），因之，革大虽然最基本的是无产阶级与非无产阶级思想斗争的场合，但同时革命与反革命的斗争，亦是很复杂剧烈的。

一般学生与公教人员入学时的政治态度，多为保守的中间分子状态，极少数是进步的（四部两千四百学生中只有十一个党员、六个团员），一部分是落后与反动的。入学动机很不纯，一部八个班的统计，要求进步的占百分之十三点八，追求个人目的占百分之六十一点五，糊里糊涂的占百分之十七，别有企图的占百分之七，其他各部情况大体相同。以上就是本校学生的基本情况。

（二）经过三个月的思想教育（一部分入学较早的将近四个月，一部分入学较晚的不到两个月），成效很大，思想动态已起了基本变化，极大部分已经根本上确定了革命的人生观，改变了过去中间大两头小的情况。现在靠拢我们的进步分子约占百分之八十到百分之八十五左右，落后的与反动的约占百分之十五左右（反动的是极少数的），学生已经是一边倒，不是进步就是落后或坚持反动，中间状态基本上已不存在，而落后分子甚至反动分子，现在亦还在不断分化中，其结果，大多数学生的政治面貌，大体上是弄清楚了（但仍有小部分死角未突开，也有伪装进步、假造历史隐藏着的）。青年团员的发展已超过四千人，共产党员发展了二百人。学校宣布提前毕业后，百分之八十五以上的学生表示服从组织分配工作，到工作岗位上去学习与锻炼，始终保持着饱满的革命热情。

（三）基于学生情况的特点与上级的启示，我们采取了以历史唯物主义为中心，结合学生的思想实际，为本校基本教育方针，把学校作为“思想战场”或“政治工场”来办事。故应以系统地进行马列主义最基本的理论与思想教育为中心。既反对脱离思想实际的空洞的教条主义的教育，也反对零碎的片断的忽视理论学习的经验主义的教育；把理论学习作为改造思想的武器，把改造思想作为理论教育的直接目的，两者要密切结合，有步骤、有计划、有重点的实施。课程以少而精为原则，总的以历史唯物主义为中心，其中又以三个问题为主题，即劳动创造世界、阶级斗争和国家学说，配合中国革命基本问题及政治形势、国际主义、党史党纲党章等学习。在系统地进行了以上教育之后，绝大多数学生陈旧的脑筋即已基本打开，改变了看问题的立场观点和方法，一步一步地靠拢了我们。经验证明：在如此短促的时间内要改造成分与思想都极为复杂的旧知识分子，必须把一切教育力量集中起来，环绕改造思想的中心任务。而改造思想的基本关键，就在于确立革命的人生观。不要分散力量，不要忙于去讲政策（政策教育最好放在工作部门中去讲），或平列许多政治课程，以免面面俱到、先后倒置、失去中心、多走弯路。

为了更有效地进行思想改造，除以理论教育与思想实际相结合来启发学生内在的思想斗争，从根本上摧毁地主资产阶级的人生观和世界观外，我们还着重了劳动的实际的锻炼与教育，由干部带头，全体学生一律参加劳动，种菜、掏井、挖水沟、打扫楼院及厕所，并参加帮厨、修桥等劳动。利用“五一”劳动节，进行了尊重劳动人民的教育。从此掀起了普遍的劳动热潮，改变了知识分子轻视劳动与对劳动人民的自高自大的错误观点，转而积极从事劳动，并开始了解劳动人民的可贵。大多数学生实际体念到劳动创造世界是科学的真理，无论对青年学生或公教人员，印象均极深刻，而工人更受到极大的感动。每上一次劳动课，就引起了他们的诉苦，进一步提高了阶级觉悟。经验证明；实际的劳动教育，在一切改造知识分子的学校、训练班中，都有设立的必要。这一点在教育方针上必须加以明确的规定。

（四）讲授是重要的教学方式。在讲授方法上，我校差不多完全是采用上大课形式，经常是七八千甚至一万多人听讲，分班讲授几乎没有过。在革命大学这样性质——以政治与思想教育为唯一中心的学校，共有一万二千多学生这校〔样〕大的学校，而训练时间又只是三个月的情况，讲大课可以说是唯一适宜的形式。因为第一，全校共有五十多班，要同时请很多在理论上、政治上均有修养的负责同志和教员逐班讲授，事实上是办不到的；第二，由某些在理论上、政治上修养较好的少数负责同志或教员逐班轮授，在他们的时间上也是不允许的；第三，在上述两种办法行不通时，如不采取上大课办法，就只好由一些普通同志分班讲授，这在教学效果上说，显然是相差很多的。上大课，就可以解决这个好教员少而学生太多的矛盾。但是上大课也有它的缺陷，由于听讲人数太多，时间较长，特别是学生的程度的参差不齐，必然会产生接受程度的差异。为了补救这种缺陷，我们又普遍运用了助教与班联课即数班联合讲授的办法。这些助教就是马列学院的学生及本校各部门的工作人员和教员。这些助教的任务，就是根据上大课时所讲的内容，在班联课中向学生做进一步的解释、说明，帮助学生领会讲授内容。大课讲授和班联课助教的讲授相结合，就是我校讲授的基本办法。

但只靠教员由上而下的讲授显然是不够的，还必须依靠学生自己的学习组织，组织与推动学习。也就是说，必须与群众路线相结合。讲好是重要的，但还须着重地注意组织大多数同学，启发其积极性，提高其觉悟。只注意讲授，忽视学生群众的自觉活动是不对的，但在组织学生的学习活动时，也不要把眼光注视到几个少数人，更不要只啃硬骨头，这样做也是不对的。经验证明：只要大多数同学觉悟、进步、团结起来了，就能带起落后，孤立反动分子。不要只看到几个少数反动分子，就把全班全组看成漆黑一团，不相信群众，不敢放手发动群众进行思想斗争，甚至害怕群众斗争，认为越斗争，少数人的问题越不好搞。就是因为这种不相信群众力量的错误观点，造成了个别死角长期不能突破。在群众初步发动的基础上，应适时的组织学习代表会和代表小组，这是使领导与广大群众相结合的、经常联系群众的最好的方式。凡是学代会组织起来的地方，同学们的情况反映就很及时，帮助领导上分析处理问题，可以防止小组长的独断专行，可以不断地发现与培养骨干。这种学习代表会可由班到部以至全校统统组织起来，效果甚好。广大的年青妇女，都应当适时的组织起来（学校成立了女生指导委员会）。这些先进青年和妇女，一旦觉悟与组织起来，他们在学习与工作中就能起很大作用。这次理论测验与思想总结中，充分地发挥了青年团与妇女的积极推动作用。

学习一个段落即举行一次测验，采取民主评卷办法，由教务处统一出题，发统一的标准答案，以小组为单位，挑选中等典型试卷，作为评定的标准；实行自报公议、分析批评，然后再打分数（但反对争分数），同学们都认为公平满意。这是最生动最活泼的群众自己教育自己的一种办法，也是群众路线最集中的一种表现。这次搞思想总结，也是采取这种群众路线的办法来进行的。

（五）提倡忠诚老实、实事求是、言行一致、表里一致。从每周生活检讨会开始，进行批评与自我批评。同学们逐渐善于使用这个武器，由日常生活的检讨提高到思想原则水平。过去同学们隐瞒历史成分和罪恶行为，在自我检讨过程中，逐渐自动坦白了，放下包袱。这次我们举行了半个月的理论测验与思想总结。实际上是整风的一个新形式。我们的经验是：在学完马列主义的基本理论后，需要来一次思想的清算运动，对于反动的落后的思想，作一番更深刻更切实的批评、揭发与清除，以便进一步地巩固已得成绩。思想的清算，必须遵守下列原则：一、理论测验与思想检查的实际相结合，二、自觉自愿，不追不逼；三、友爱互助，实事求是，分析批评；四、提高多数，带动少数。基本上以小组为单位，进行民主评定。结果大多数人放下了包袱（主要的是思想问题、党派问题，只有少数是特务与严重的政治问题）。相当普遍的得到了改造与提高，剩下少数的垃圾堆，也就便于清理了。这一个经验，也证明过去整风审干的方针是正确的。只要采取严肃的方针，实事求是的态度与自觉自愿的方法，辅之以互助友爱、分析批评，在运动中及时提出防“左”，就不致犯错误。在这次运动中，也曾有过个别“左”的倾向，已随时加以纠正了；也有极个别的同学，在群众思想运动的高潮中胆战心惊，开小差，装病，吃不下饭睡不着觉的。这些情况，有的是很难避免的。还有假装要跳水寻死的，这些现象是个别的，也值得我们加以检讨。

（六）此次一万二千多学生，其中绝大部分能够在短期内得到改造与提高，是由于中央与华北局有明确的教育方针，我们有过去整风审干整党的经验，与许多负责同志（如薄一波、董必武，彭真、安子文、黄敬、冯文彬、艾思奇、杨献珍诸同志）亲自上课及全校党员、干部刻苦的努力所造成，而全国胜利的发展，也是一个重要原因。但正确的教育方针与主观的努力仍是收效最大最快的决定的条件。我校干部理论水平不高，也缺少教育经验，但其中多数是长期作党的工作的，经过整风审干整党，有一定的思想基础和纯正朴素的工作作风，与群众生活能打成一片，能贯彻党的思想领导，因而在学生中威信很高，这在改造旧的知识分子中也是重要的经验。

（七）开始我们曾计划选择一批专门人才、大学教授、中学教员等加以比较长期的培养，成立一个高级班（一百六十余人）。这些人文化水平高是其长处，但社会经验复杂，思想比较落后，接受马列主义的理论与思想比较困难。且其中绝大部分是失业分子，有许多伪造历史，要两面派手腕，个别搞特务活动，故在学习中不易展开思想斗争，进步很慢。在这次思想总结与鉴定后，班里还不断地发现了他们的政治问题。这证明单纯的按文化技术观点分班的办法是有毛病的。正确的方针，应当把文化水平较高的知识分子（他们思想多不纯洁，有复杂的社会经验）分别编入文化较低、思想纯正的青年学生知识分子占优势班内，进行改造，这样的效果是会比较好一些。或者是将这一批有专门技术的与文化水平较高的学生，给以较长期的教育，其结果也会更好一些。这也是我们所得到的一点教训。

刘澜涛　胡锡奎

一九四九年七月二十六日

选自《中共中央文件选集》(18)，中共中央党校出版社 1992 年版，第 406～413 页。原注：“根据中央档案原件刊印”。

118. 附［报刊评论］：肃清特务土匪，巩固革命秩序

1949 年 8 月 6 日新华社社论

外国帝国主义及其走狗国民党反动派反对中国人民的重要阴谋之一，是繁殖土匪武装，进行反革命骚动，扰乱社会秩序，阻塞城乡交通，牵制人民解放军的胜利南进，并破

坏人民民主新中国的建设事业。阎匪锡山的所谓“战时施政方针”，提出要“实行军政配合，加强省县职权，发展民众武装，进行敌后游击，贯彻总体战”。这里所谓“民众武装”，便是政治土匪；所谓“敌后游击”，便是对人民祖国进行骚扰破坏；所谓“军政配合”“贯彻总体战”，便是要使这种特务性的土匪武装与残留的地方反动政权、反动势力勾结起来，以政治欺骗和武装捣乱相结合的办法，来进行祸国殃民的罪谋。在这种阴谋策划下，国民党匪帮对于已解放的地区，便派遣和预置特务匪徒，勾结当地反革命的恶霸地主，收罗被击溃的散兵残匪，利用封建迷信团体，胁迫落后群众，举行武装暴动；而在尚未解放的地区，则正在动员一切卖国奸贼、军阀官僚和其他社会渣滓，并依仗政治权力，组织所谓“反共自卫救国军”之类的土匪武装，准备待机反抗人民解放军。美国帝国主义者对于这种特务土匪武装寄予极大的希望，给予金钱和军火的接济。中外反动派妄图凭借这种土匪武装，进行垂死挣扎，并准备使之与外国干涉者武装互相勾结，图谋复辟。中外反动派的这个如意算盘无疑的是要破产的。中国人民和人民解放军既然能够歼灭美帝国主义全力支助下的五百七十万国民党匪军，推翻二十二年的国民党反动统治，当然不难彻底肃清中外反动派的残余势力——特务土匪武装，巩固人民祖国的革命秩序。然而，由于这种政治土匪与地方反动势力相结合，而且有着外国干涉者的援助，所以他们便特别猖獗，特别凶残，已经并将继续给予祖国人民以极其重大的危害。如果我们因为主力前线的胜利，而骄傲自大，麻木不仁，轻视这一重要的武装敌人，对于它们的破坏性和危害性认识不足，认为这辈小丑不值介意，听其自由发展和活动，那末我们将会犯重大的错误！许多地方的领导机关和工作人员因为抱着一种盲目的太平观念，丧失阶级警觉，没有注意及时扑灭土匪，以致使党和人民遭受许多不应有的损失，难道还不足以教育我们吗？

现在，许多新解放区的广大人民，在饱受日本帝国主义和国民党匪帮十二年的残酷剥削和兵燹之灾以后，迫切地要求社会秩序的安定，城乡贸易的畅通，经济生活的恢复正常，以便迅速治好战争破坏的创伤，重整自己的家业。但美帝国主义和国民党反动派有计划地制造的特务土匪的骚扰作乱，烧杀淫掠，却使人民的要求无法实现。在人民解放军消灭或击溃国民党匪军，解放广大的城市和乡村以后，如果许多地方实际上仍为特务土匪和反动势力所控制，则人民政府的政策法令无法推行，旧的反动政权不能改造，人民的负担很难减轻和公平，救灾治水等急要之举也受到阻碍，一切革命工作无法展开，城乡关系不能沟通，人民币不能占领广大的市场，经济生活无法恢复，城市将被孤立，农村将被窒息。因此，在解脱国民党暴政的压迫之后，特务土匪便是人民当前最主要的和最可恶的敌人；而肃清土匪，安定民生，则成为各阶层人民共同的迫切要求。因此，发动大批干部和革命的工人、学生下乡，配合人民解放军的武装力量，动员广大农民，肃清土匪特务，推翻反革命恶霸分子的统治，安定秩序，发展生产，并进而有系统地有步骤地进行各种社会改革，便必然应该成为一个时期的中心任务。许多地方的经验都告诉我们：凡是新解放地区，起初必须有一个相当长的时期，集中全力进行剿匪反恶霸斗争，摧毁国民党反动统治势力，才能打开局面，站稳脚跟。这几乎已经成为斗争发展必经的过程，谁要是不及时地抓紧这二环节，便难免要走弯路，而且终究要回过头来重新做起。

要求剿匪收到功效，第一，必须抓紧时机，建立统一领导，有计划地配备力量，确实掌握情况，展开全面的而又有重点的清剿，不怕疲劳，不畏艰苦，长途奔袭，连续追歼，务期一网打尽，斩草除根。在刚才新解放的地区，我解放大军锋势所向，国民党匪帮望风溃逃，往往有许多匪军散兵游勇、地方反动团队、敌伪政权人员、反革命特务分子流窜四方，如果不加扑灭，很快便会散而复聚，与地方反动封建势力结合，盘踞作乱。因此，应该乘敌昏迷混乱、立足未定的时候，及早进行清剿，彻底消灭残匪势力，以免养痈遗患。在一切实行剿匪的地区，必须做到肃清潜匪，收尽匪枪，捕尽匪首，瓦解匪众，摧毁匪特指挥机关，解散土匪特务所利用的会门，打倒通匪窝匪的反动恶霸。剿匪不要打击溃战，而要打歼灭战。如果因情况关系已经打了击溃战，就应继续追歼兜捕，把它消灭干净。剿匪不能仅仅以收缴土匪的人枪数字为考核成绩的唯一或主要标准；而应该做到彻底肃清匪患，摧毁国民党反动统治势力——在乡村里是反动的恶霸地主，在政治上初步地发动群众。因此，剿匪斗争不只是军事行动，而且应该又是政治斗争和群众运动。剿匪必须城乡结合，全面展开，而又有重点地进行，以免土匪特务利用空隙，流窜城市与乡村之间，这县与那县之间，潜形匿迹，此起彼伏，而我们则可首先彻底肃清一块地区作为依托，稳步前进，而又能四处张网捕捉。

第二，必须发动群众，争取一切社会力量，组织剿匪反恶霸的统一战线，使这个斗争成为轰轰烈烈的群众运动。担任剿匪任务的武装部队，必须进行短期的政治和政策教育，确立为民除害、为民服务的决心，学会党的基本政策，成为顽强的战斗队而又是能干的工作队。而与武装部队一同下乡工作的党政干部和群众团体工作人员及革命的工人、学生，则除了学习政治和政策以外，还必须了解一些普通的军事知识，人各武装，人皆为兵。这两支力量汇合起来，就能组织强大的武装工作队，一面展开猛烈的军事活动，坚决地主动地清剿土匪，掩护群众工作；一面发动群众，进行反匪反恶霸斗争，摧毁反革命统治势力，建立人民民主政权，动员群众力量支援剿匪的军事行动。在组织剿匪反恶霸斗争中，又必须与当时当地群众其他迫切要求结合，注意为群众兴利除弊。例如，目前许多新解放区，都必须注意救灾治水，整顿战争勤务，反对旧乡保长摊派不公，减轻人民负担，帮助群众秋收生产，和厉行节约，反对贪污浪费等等。必须切实关心和解决关系群众切身生活利益的问题，并在进行这些工作之中，教育和引导群众认识只有肃清土匪，打倒反动势力，他们在政治上和经济上的地位才能得到进一步的改善。这样，广大的人民群众都参加剿匪反恶霸斗争，报告匪情，检举特务，瓦解匪众，这一斗争便容易收到成效。

第三，必须军政结合，剿抚兼施，确实掌握“首恶必办，胁从不问，立功受奖”的原则，打击和瓦解土匪，最后达到消灭土匪的目的。对付武装的土匪特务，一定要采取主动的军事行动，予以沉重打击，显示出我们的力量，才能迫使敌人瓦解和投降。但与军事行动同时，必须展开政治攻势。首先，在广大人民群众中宣传目前人民解放战争的形势，指出土匪对于国家和人民的祸害，充当土匪毫无出路，若不及早回头，必致身败名裂，说明人民政府处理土匪问题的政策。同时，通过各种社会关系，特别是自新土匪和土匪家属，利用各种形式，对土匪进行瓦解争取工作。对于土匪分子，必须区分首从，采取宽大与镇压结合的办法。对于作恶多端、死不改悔分子，予以坚决镇压；但对那些作恶不多的胁从分子，应予自新机会，而对那些立功自赎的分子，则可予以宽大待遇。决不可实行片面的无原则的宽大，致使敌人误认我们软弱可欺，助长土匪凶焰。也决不可实行片面的无原则的镇压，以致不但不能瓦解匪众、孤立首恶，甚至反而促成敌人内部团结，与人民坚决对抗。所谓镇压，也决不是一律格杀勿论。凡是条件具备的地方，都应建立法庭、监狱，以便按照罪恶大小，分别判处徒刑、苦役，惟罪大恶极者才予处决。无论宽大或镇压，都应尽可能地召开群众大会。至少也要布告示众，用以教育群众，瓦解敌人。

选自《中共中央文件选集》(14)，中共中央党校出版社1987年版，第685～689页。

119. 中央转发江西省委关于禁止乱打人乱捕人的指示

1949年8月10日

华东局，西南局，华南分局，西北局，一二三野：

兹将华中局转发江西省委关于禁止乱打人乱捕人的指示转发给你们，望转饬所属注意为要。

中　央

未灰

附：华中局转发江西省委关于禁止乱打人乱捕人的指示

1949年8月6日

各省委并报中央：

江西关于打人捕人问题给各地补充指示甚好，特转去供参考。乱打乱捕系无政府状态，会割断党与群众初步联系，各地皆应注意纠正和防止，应将禁止乱打乱捕定为新区工作干部必须遵守的纪律之一，务须与其他纪律一并进行反复教育，使人人知晓，一体遵行。

华中局

未鱼

原电如下：

华中局午艳电转发你们，望重视此一经验，各方贯彻执行。南昌分区在最近以前借粮工作中也曾发生打人，吊人，随便捕人，甚至用太阳晒人，手枪威胁人等方法，有用刑的行为，并且发现某县委宣传部长亲自打人，引起群众说："不怕解放军，只怕某胖子"的害怕情绪，这值得严重注意的偏向。这种乱打人，乱捕人，用刑等错误行为，虽然是个别现象，但在刚解放的新区发生尤其危险，必然会造成群众的疑惧，失掉群众同情，给反革命以得机造谣破坏的机会，对我是很不利的，必然要增加发动群众的困难。望各地要严密注意检查，如发现此种现象与偏向，务须及时切实纠正，并教育全体干部。在已经发生此类错误的地方，除教育干部坚决改正外，还须在群众中适当地进行自我批评，指出共产党是主张根据群众意见惩办首恶的反动分子，并号召人民坚决服从与执行人民民主政府的法令。但我们是坚决反对乱打人，乱捕人，乱用刑，审讯犯人也是坚决反对乱打人的，这是违犯了共产党的政策的。过去发生上述某些现象，只是个别同志由于教育不够所产生的，对被错打者，错捕者应适当道歉。同时也必须注意与防止、揭露反革命恶霸匪特的乘机造谣破坏。以后必须严禁我任何工作人员打人，用刑，乱捕人，并以此作为每一个同志必须遵守的纪律。如有违反命令，应当根据情况予以处分。以后捕人除敌人侦探与杀人犯外，须有县委以上机关批准（重大的特务案件破获，须经省委批准），或可以代表县委的工作团批准（即县委指定有权逮犯人的工作团）。捕人机关应限于公安、司法与部队分区以上政治机关，其余一律不得乱逮捕人。处决人犯必须是罪大恶极之反动首要分子，并须经地委最后批准，并报省委备案，望各地坚决贯彻此一规定。

江西省委

七月

选自《中共中央文件选集》(18)，中共中央党校出版社 1992 年版，第 417～419 页。原注："根据中央档案原件刊印"。

120. 中共中央关于新区农村土地改革工作给华中局的指示

1949 年 8 月 10 日

华中局并告各局各野：

八月六日电及转来河南省委八月一日电均悉。

我们同意以中间不动两头平的政策，作为解决河南土地问题的基点，对中农土地完全不动，而不要照土地法大纲上关于中农土地的规定。在中央人民政府成立后，土地法大纲须要有所修改。除上述一点外，在南方及其他新区实行改革土地制度时，必须在某些政策上（例如不要使地富扫地出门等）及工作方法上（例如要开区乡农民代表会议等）改正过去在北方土改中做得不好的地方。而且各级党的领导机关必须完全掌握全部农村运动的领导，绝不许再有过去那样无政府无纪律的状态出现。除河南等若干地方外，最广大的新区今年及明年的全年都不是实行分配土地的时期，而是准备分配土地的时期。但就在此准备期间各中央局、中央分局及省委、区党委，必须完全掌握农村工作的领导职务，千万不要放松此种职务，一切重大决定，均须事先报告中央，获得批准然后实行。

选自《中共中央文件选集》(14)，中共中央党校出版社 1987 年版，第 691 页。

121. 毛主席在北平各界代表会议上的讲话

1949 年 8 月 13 日

在八月十三日下午的北平各界代表会议上，中国共产党毛泽东主席发表了简短的讲演。毛主席在讲话中庆祝各界代表会议的成功，希望全国各城市都能迅速召集同样的会议，加强政府与人民的联系，协助政府进行各项建设工作，克服困难，并从而为召集普选的人民代表大会作准备条件。毛主席说，一俟条件成熟，现在方式的各界人民代表会议即可执行人民代表大会的职权，成为全市的最高权力机关，选举市政府。以北平的情况来说，大约几个月后就可以这样做了。这样做的利益很多，希望代表们加紧准备。毛主席号召全北平的人民，除了国民党反动派的残余及其潜伏的特务分子以外，一致团结起来，为克服困难，建设人民的首都而奋斗。

选自中国人民大学国家和法权历史教研室编辑：《中国国家和法权历史参考资料》（第三次国内革命战争时期解放区的政策法令选集），中国人民大学出版社 1958 年版，第 19 页。原注："选自 1949 年 8 月 14 日《人民日报》"。

122. 中共中央关于三万以上人口的城市及各县一律召开各界人民代表会议的指示

1949 年 8 月 26 日

华东局并告各中央局、各野战军前委：

八月二十四日电悉。（一）你们过去对城市召开各界人民代表会议一项重大问题，没有发出指示，自己亦未在上海执行，故对此事处于被动地位，并因此使城市工作受了相当大的损失。现在你们已在上海开了一次各界代表会议，收到了良好效果，并已于八月二十四日给所属发了指示，你们因此就在此项问题上恢复了主动权。中央看了，极为高兴。除将你们电报转知各局各野外，现在请你们严催所属三万人口以上的城市，务于九月份一律开一次各界人民代表会议，并一律将开会情形在报纸上公开发表，在广播台上公开广播。不许可有不开的，不许可不公开发表和不做口语广播。借此以使所属三万人口以上城市的党的组织和各界人民代表亲密结合，经过他们去团结各界人民，克服困难，恢复和发展生产，并克服党的领导机关中的许多人只相信少数人的党内干部会议不相信人民代表会议的官僚主义作风。以后一切三万人以上的城市至少每月开各界人民代表会议一次，每次一天至多二天就够，每次讨论和决定的问题有一个或二个就够。

（二）各县要开全县各界人民代表会议，其办法照中央最近致华中局并告各中央局的电报办理，要各省委、区党委、地委负责领导办理，一改过去长期不开各界人民代表会议的不良作风。此项全县各界人民会议，不论新区老区一律举行。新区在占领两三星期后即可举行，无须待乡村农会建立然后举行。举行此项会议的一个重要目的即是经过此种会议去发动农民群众。

（三）上述两项，请东北局、华北局、山东分局、西北局、华中局、华南分局，一律遵照办理。各野前委注意研究和协助。

选自《中共中央文件选集》(14)，中共中央党校出版社1987年版，第700～701页。

123. 中共中央关于全国工会工作会议后各地工会工作问题的指示

1949年8月26日

各中央局、分局并转各省、市委，并告各野战军前委：

全国工会工作会议，已于本月十六日闭幕，参加会议的代表，均已动身回返各地。此次会议，估计一年来工会工作是有成绩的；但还有不少的缺点。根据一年来各地摸索出来的经验，规定了如何实现第六次劳动大会所决定的工人运动方针和任务之具体方法。规定了工人阶级在自己领导的政权下，进行工会工作的各种策略，以纠正以前在敌人统治下秘密工会工作方式，和农村工作方式，与农村斗争方式的残余。规定了全国各级工会的组织系统，和一些制度规章，以纠正目前工会组织问题上各搞一套，无所适从的混乱状态。规定了在公营企业中建立工厂管理委员会的具体方法和组织条例，作为解决纠缠不清的党、政、工关系的主要办法。规定了在私营企业中以劳资双方订立集体合同为解决劳资纠纷，实现劳资两利的基本环节，以工会代表工人与资本家交涉谈判，及劳动局调解仲裁，为解决劳资争议的唯一合理方式和步骤，以纠正现在劳资关系中提出实际损害工人阶级利益的过高要求，与损害人民政权威信的不正确的斗争方式。为适应全国解放的胜利形势与今后政权建设和经济建设的艰巨工作，会议提出了在今后一年左右，把全国工人阶级，首先是产业工人，在基本上组织起来的任务。各地应首先注意组织各省重要城市中的工人，然后推广到次要的市镇。至于农村分散的手工业工人和雇农，在目前，暂不进行组织，以免分散力量。为此，就必须：各地城市党委，认清建立工会，把广大工人群众组织起来，是搞好政权建设，和经济建设的基本环节，而用自己的主要注意力和主要干部去加强工会工作。会议号召全国工人提高自己的阶级觉悟，以国家主人的责任心，发扬新的劳动态度，努力发展生产，以吃苦在先，享乐在后的精神，为全国人民的模范，抛弃片面福利观点，厉行节约运动，以克服目前由全国胜利过渡到建设时期，与帝国主义作进一步的斗争，争取中国经济上的独立自主所遇到的各种经济上的困难。会议通过的各种文件，俟中央审查批准后，即可发出。各地代表回转本地后，各级党委，可先召集当地工会工作会议（须有各重要城市党委负责同志参加），传达此次会议精神及各项决定的原则。并根据这些原则，检查和总结过去工会工作的经验教训，重新布置工作，使今后工会工作能适应着新的形势之需要，而迅速的开展起来。

选自《中共中央文件选集》(14)，中共中央党校出版社1987年版，第702～703页。

124. 中央关于改革律师制度的指示

1949年9月2日

上海市委并告华东局，各中央局及分局：

市委关于处理旧律师问题电收到。我们对律师问题有下列意见：

（一）旧律师不能继续执行业务的原因是：

（甲）他们所学所用的反动的六法全书已经明令废除；

（乙）随着整个国民党国家制度及司法制度的腐化堕落，中国旧律师制度已形成为欧美资本主义的敲诈习气加上中国封建时代的讼棍作风之混合体，因而旧律师中贪污腐化者多，廉洁奉公者少；

（丙）人民法院实行为人民服务的诉讼程序及审判方法，使绝大多数当事人感觉到无出资雇用私律师的必要。

（二）资本主义国家及国民党统治时代均采用私律师为主公设辩护人为辅的制度，私律师主要的是为帝国主义、地主阶级及其他有产阶级服务的工具；他们的所谓公设辩护人名义上是为请不起私律师的穷苦当事人或找不到私律师的政治犯、刑事犯而设，实际上他们不仅是骗人的幌子，而且很多时候是害人的媒介。在人民民主专政的新中国，我们拟采取公律师为主私律师为辅的律师制度；即在司法行政机关的领导和组织下，在各级人民法院——首先是大中城市的人民法院及高级的人民法院中设置适当数量的公律师，为广大人民的诉讼与非讼事件服务；同时，允许某些经过司法行政机关审查合格发给营业执照的律师去执行私律师的业务，以供某些愿意和能够出资的人雇用。但这些律师的业务活动及收费数目等均须遵守司法行政机关之规定。

（三）除作恶多端、贪污腐化、声名狼藉或反革命分子须加以处分或着令改业外，所有旧律师愿在人民民主国家继续执行律师业务者，须一律重新进人民政府所办之政法学校或司法训练班或新法学研究机关受训，以便学习马列主义、毛泽东思想的新的社会观、国家观与法律观，学习人民民主专政为人民服务的政策法令及司法制度与司法作风；同时，对国民党的和一切欧美日本的反动的旧的社会观、国家观与法律观，进行彻底的批判；对旧的反人民的司法制度与司法作风，进行系统的清算。受训期满经司法行政机关审查合格者，发给允许执行律师业务的执照。任何不愿受训以改造自己思想与作风的旧律师，均不得执行公律师或私律师的业务。

（四）为培养新法学干部及改造旧司法人员，中央已在北平设立政法大学及新法学研究院；惟因物质条件限制，每期不能招收很多人员。请考虑可否在南京、上海等地设立改造旧［旧］司法人员及培养新法学干部的司法训练班或政法学校等？你们对此问题有何意见？请即电告。

中　央

申冬

选自《中共中央文件选集》(18)，中共中央党校出版社1992年版，第438～440页。原注："根据中央档案原件刊印"。

125. 中共中央关于人民代表大会同各界人民代表会议的区别给东北局的指示

1949年9月23日

九月十五日电悉。

（一）你们来电所提问题，有些提得不妥。在方解放的城市，可用指定和邀请的办法召开各界代表会，等到城市人民团体已经组织起来或原来就有组织的地方，各界人民代表会议的代表就主要是由各人民团体直接或间接选举的，与有无名义上的军管会无关。各界人民代表会议与人民代表会议之间，也不应再行划分什么区别。但人民代表会议与人民代表大会之间，在职权上与代表选举方法上则应有区别；人民代表大会是全权的，其代表主要应由人民直接选举或由下级人民代表大会间接选举，而不是由各人民团体选举。因在东北还没有经验，目前还不宜普遍召开全权的人民代表大会，还是暂时召开几次人民代表会议，逐渐扩大代表会议的权力，待有了经验之后，再召开普选的全权的人民代表大会。

（二）上级人民政府对下级人民代表会议或人民代表大会的决议，有废除、修改或令其停止执行的权力。而不要规定一律须经上级政府批准。下级人民代表会议或人民代表大会选举之人民政府，须由上级人民政府加委。

选自《中共中央文件选集》（14），中共中央党校出版社1987年版，第714页。

中国人民政治协商会议第一届全体会议通过的重要文献

126. 中华人民共和国中央人民政府组织法

1949年9月27日中国人民政治协商会议第一届全体会议通过

第一章　总纲

第一条　中华人民共和国是工人阶级领导的，以工农联盟为基础的，团结各民主阶级和国内各民族的人民民主专政的国家。

第二条　中华人民共和国政府是基于民主集中原则的人民代表大会制的政府。

第三条　在普选的全国人民代表大会召开前，由中国人民政治协商会议的全体会议执行全国人民代表大会的职权，制定中华人民共和国中央人民政府组织法，选举中华人民共和国中央人民政府委员会，并付之以行使国家权力的职权。

第四条　中央人民政府委员会对外代表中华人民共和国，对内领导国家政权。

第五条　中央人民政府委员会组织政务院，以为国家政务的最高执行机关；组织人民革命军事委员会，以为国家军事的最高统辖机关；组织最高人民法院及最高人民检察署，以为国家的最高审判机关及检察机关。

第二章　中央人民政府委员会

第六条　中央人民政府委员会，由中国人民政治协商会议的全体会议选举中央人民政府主席一人，副主席六人，委员五十六人，并由中央人民政府委员会互选秘书长一人组成之。

第七条　中央人民政府委员会，依据中国人民政治协商会议全体会议制定的共同纲领，行使下列的职权：

一、制定并解释国家的法律，颁布法令，并监督其执行。

二、规定国家的施政方针。

三、废除或修改政务院与国家的法律、法令相抵触的决议和命令。

四、批准或废除或修改中华人民共和国与外国订立的条约和协定。

五、处理战争及和平问题。

六、批准或修改国家的预算和决算。

七、颁布国家的大赦令和特赦令。

八、制定并颁发国家的勋章、奖章，制定并授予国家的荣誉称号。

九、任免下列各项政府人员：

甲、任免政务院的总理、副总理，政务委员和秘书长、副秘书长，各委员会的主任委员、副主任委员、委员，各部的部长、副部长，科学院的院长、副院长，各署的署长、副署长及银行的行长、副行长。

乙、依据政务院的提议，任免或批准任免各大行政区和各省市人民政府的主席、副主席和主要的行政人员。

丙、任免驻外国的大使、公使和全权代表。

丁、任免人民革命军事委员会的主席、副主席、委员，人民解放军的总司令、副总司令，总参谋长、副参谋长，总政治部主任和副主任。

戊、任免最高人民法院的院长、副院长和委员，最高人民检察署的检察长、副检察长和委员。

十、筹备并召开全国人民代表大会。

第八条　中央人民政府主席，主持中央人民政府委员会的会议，并领导中央人民政府委员会的工作。

第九条　中央人民政府副主席和秘书长，协助主席执行职务。

第十条　中央人民政府委员会的会议，两个月举行一次，由主席负责召集。主席根据需要，或有三分之一以上的中央人民政府委员的请求，或政务院的请求，得提前或延期召开会议。中央人民政府委员会的会议，须有委员过半数的出席始得开会，须有出席委员过半数的同意始得通过决议。

第十一条　中央人民政府委员会设办公厅，并根据需要，得设其他附属工作机构。

第十二条　中央人民政府委员会的组织条例，由中央人民政府委员会制定之。

第三章　政务院

第十三条　政务院由中央人民政府委员会任命总理一人，副总理若干人，秘书长一人，政务委员若干人组成之。政务委员得兼任各委员会的主任委员和各部的部长。

第十四条　政务院对中央人民政府委员会负责，并报告工作。在中央人民政府委员会休会期间，对中央人民政府的主席负责，并报告工作。

第十五条　政务院根据并为执行中国人民政治协商会议共同纲领、国家的法律、法令和中央人民政府委员会规定的施政方针，行使下列职权：

一、颁发决议和命令，并审查其执行。

二、废除或修改各委、部、会、院、署、行和各级政府与国家的法律、法令和政务院的决议、命令相抵触的决议和命令。

三、向中央人民政府委员会提出议案。

四、联系、统一并指导各委、部、会、院、署、行及所属其他机关的相互关系，内部组织和一般工作。

五、领导全国各地方人民政府的工作。

六、任免或批准任免第七条第九款乙项规定以外的各县市以上的主要行政人员。

第十六条　政务院总理主持政务院全院事宜。政务院副总理和秘书长协助总理执行职务。

第十七条　政务院的政务会议，每周举行一次，由总理负责召集。总理根据需要，或有三分之一以上的政务委员的请求，得提前或延期召开会议。政务院的会议，须有政务委员过半数的出席始得开会，须有出席政务委员过半数的同意始得通过决议。政务院的决议和命令，以总理单独签署行之，或由总理签署外并由有关各委、部、会、院、署、行的首长副署行之。

第十八条　政务院设政治法律委员会、财政经济委员会、文化教育委员会、人民监察委员会和下列各部、会、院、署、行，主持各该部门的国家行政事宜：

内务部；

外交部；

情报总署；

公安部；

财政部；

人民银行；

贸易部；

海关总署；

重工业部；

燃料工业部；

纺织工业部；

食品工业部；

轻工业部（不属上述四部门之工业）；

铁道部；

邮电部；

交通部；

农业部；

林垦部；

水利部；

劳动部；

文化部；

教育部；

科学院；

新闻总署；

出版总署；

卫生部；

司法部；

法制委员会；

民族事务委员会；

华侨事务委员会。

政治法律委员会指导内务部、公安部、司法部、法制委员会和民族事务委员会的工作。

财政经济委员会指导财政部、贸易部、重工业部、燃料工业部、纺织工业部、食品工业部、轻工业部、铁道部、邮电部、交通部、农业部、林垦部、水利部、劳动部、人民银行和海关总署的工作。

文化教育委员会指导文化部、教育部、卫生部、科学院、新闻总署和出版总署的工作。

为进行工作，各负指导责任的委员会得对其所属各部、会、院、署、行和下级机关，颁发决议和命令，并审查其执行。

人民监察委员会负责监察政府机关和公务人员是否履行其职责。

第十九条　各部、会、院、署、行，在自己的权限内，得颁发决议和命令，并审查其执行。

第二十条　政务院设秘书厅，办理日常事务，并管理文书档案和印铸等事宜。

第二十一条　政务院及各委、部、会、院、署、行、厅的组织条例，由中央人民政府委员会制定或批准之。

第二十二条　各委、部、会、院、署、行、厅，于必要时，得由中央人民政府委员会决议增加、减少，或合并之。

第四章　人民革命军事委员会

第二十三条　人民革命军事委员会统一管辖并指挥全国人民解放军和其他人民武装力量。

第二十四条　人民革命军事委员会设主席一人，副主席若干人，委员若干人。

第二十五条　人民革命军事委员会的组织及其管理和指挥系统，由中央人民政府委员会制定之。

第五章　最高人民法院及最高人民检察署

第二十六条　最高人民法院为全国最高审判机关，并负责领导和监督全国各级审判机关的审判工作。

第二十七条　最高人民法院设院长一人，副院长若干人，委员若干人。

第二十八条　最高人民检察署对政府机关、公务人员和全国国民之严格遵守法律，负最高的检察责任。

第二十九条　最高人民检察署设检察长一人，副检察长若干人，委员若干人。

第三十条　最高人民法院及最高人民检察署的组织条例，由中央人民政府委员会制定之。

第六章　本组织法的修改权及解释权

第三十一条　本组织法的修改权，属于中国人民政治协商会议的全体会议；在全体会议闭会期间属于中央人民政府委员会。本组织法的解释权，属于中央人民政府委员会。

选自《中共中央文件选集》(14)，中共中央党校出版社 1987 年版，第 717～724 页。

127. 中国人民政治协商会议组织法

1949 年 9 月 27 日中国人民政治协商会议第一届全体会议通过

第一章　总则

第一条　中国人民政治协商会议（以下简称中国人民政协）为全中国人民民主统一战线的组织，旨在经过各民主党派及人民团体的团结，去团结全中国各民主阶级、各民族，共同努力，实行新民主主义，反对帝国主义、封建主义及官僚资本主义，推翻国民党的反动统治，肃清公开的及暗藏的反革命残余力量，医治战争创伤，恢复并发展人民的经济事业及文化教育事业，巩固国防，并联合世界上以平等待我之民族及国家，以建立及巩固由工人阶级领导的以工农联盟为基础的人民民主专政的独立、民主、和平、统一及富强的中华人民共和国。

第二章　参加单位及代表

第二条　凡赞成本组织法第一条之规定的民主党派及人民团体，经中国人民政协全国委员会协商同意，得参加中国人民政协；个人经中国人民政协全国委员会协议邀请者，亦得参加中国人民政协的全体会议，并得被选为全国委员会委员。

第三条　每届中国人民政协全体会议的参加单位、名额及代表人选，由上届中国人民政协全国委员会协商定之，但第一届由中国人民政协筹备会议商定之。

第四条　凡经中国人民政协全体会议及全国委员会通过的决议，各参加单位及代表均有信守及实行的义务。凡参加中国人民政协的民主党派或人民团体，对全体会议及全国委员会所通过的决议如有不同意时，除根据少数服从多数的民主原则负责遵行不得违反外，其有不同意见得保留之，以待下届会议提出讨论；如对重要决议根本不同意时，有声请退出中国人民政协的自由。

第五条　中国人民政协的参加单位或代表或全国委员会委员，如有违反中国人民政协的组织法、共同纲领或重要决议而情节严重者，得由中国人民政协全体会议或全国委员会视其情节严重的程度，分别予以警告，撤换代表，撤销委员资格或撤销参加单位等处分。由全国委员会所给予的处分，如被处分者不服，得向下届全体会议提出申诉。

第三章　全体会议

第六条　中国人民政协全体会议，每三年开会一次，由全国委员会召集之。全国委员会认为有必要时，得提前或延期召集之。但第一届由中国人民政协筹备会召集之。

第七条　中国人民政协全体会议的职权如左：

一、制定或修改中国人民政治协商会议组织法；

二、制定或修改由参加中国人民政协的各民主党派及人民团体共同遵守的新民主主义的纲领即中国人民政治协商会议共同纲领；

三、在普选的全国人民代表大会召开以前，执行全国人民代表大会的职权：

甲、制定或修改中华人民共和国中央人民政府组织法；

乙、选举中华人民共和国中央人民政府委员会，并付之以行使国家权力的职权；

丙、就有关全国人民民主革命事业或国家建设事业的根本大计或重要措施，向中华人民共和国中央人民政府委员会提出决议案；

四、在普选的全国人民代表大会召开以后，就有关国家建设事业的根本大计或重要措施，向全国人民代表大会或中央人民政府委员会提出建议案；

五、选举中国人民政协全国委员会。

第八条　中国人民政协全体会议，须有参加代表过半数的出席，始得开会；须有出席代表过半数的同意，始得通过决议。

第九条　中国人民政协全体会议设主席团，由全体会议选举之。主席团名额，由每届全体会议临时规定之。

第十条　中国人民政协全体会议设秘书长一人，由全体会议选举之。设副秘书长若干人，由主席团选任之。在秘书长及副秘书长之下，设秘书处。

第十一条　中国人民政协全体会议得设各种委员会，其组织办法另定之。

第十二条　中国人民政协全体会议议事规则，由主席团制定之。

第四章　全国委员会

第十三条　在中国人民政协全体会议闭幕后，设立全国委员会。其职权如左：

一、保证实行中国人民政协全体会议及全国委员会的决议；

二、协商并提出对中华人民共和国中央人民政府的建议案；

三、协助政府动员人民参加人民民主革命及国家建设的工作；

四、协商并提出参加中国人民政协的各单位在全国人民代表大会代表选举中的联合候选名单；

五、协商并决定下届中国人民政协全体会议的参加单位、名额及代表人选，并召集之；

六、指导地方民主统一战线的工作；

七、协商并处理其他有关中国人民政协内部合作的事宜。

第十四条　中国人民政协全国委员会的委员及候补委员，由中国人民政协全体会议选举之；其名额由每届全体会议临时规定之。

中国人民政协全国委员会每半年开会一次，由全国委员会常务委员会召集之。常务委员会认为有必要时，得提前或延期召集之。

第十五条　中国人民政协全国委员会互选常务委员若干人，主席一人，副主席若干人，组织常务委员会主持会务。

第十六条　中国人民政协全国委员会设秘书长一人，由全国委员会选举之。设副秘书长若干人，由全国委员会常务委员会选任之。在秘书长及副秘书长之下，设秘书处。

第十七条　中国人民政协全国委员会的工作条例，由全国委员会常务委员会制定之。

第五章　地方委员会

第十八条　在中心城市、重要地区及省会，经中国人民政协全国委员会决议，得设立中国人民政协地方委员会，为该地方各民主党派及人民团体的协商并保证实行决议的机关。

第十九条　中国人民政协地方委员会的组织条例，由中国人民政协全国委员会制定或批准之。

第六章　附则

第二十条　本组织法经中国人民政协全体会议通过后施行。

选自《中共中央文件选集》(14)，中共中央党校出版社1987年版，第725～729页。

128. 关于中华人民共和国国都、纪年、国歌、国旗的决议

1949年9月27日中国人民政治协商会议第一届全体会议通过

一、全体一致通过：中华人民共和国的国都定于北平。自即日起，改名北平为北京。

二、全体一致通过：中华人民共和国的纪年采用公元。今年为一九四九年。

三、全体一致通过：在中华人民共和国的国歌未正式制定前，以义勇军进行曲为国歌。

四、全体一致通过：中华人民共和国的国旗为红地五星旗，象征中国革命人民大团结。

选自《中共中央文件选集》(14)，中共中央党校出版社1987年版，第730页。

129. 中国人民政治协商会议共同纲领

1949年9月29日中国人民政治协商会议第一届全体会议通过

序　言

中国人民解放战争和人民革命的伟大胜利，已使帝国主义、封建主义和官僚资本主义

在中国的统治时代宣告结束。中国人民由被压迫的地位变成为新社会新国家的主人，而以人民民主专政的共和国代替那封建买办法西斯专政的国民党反动统治。中国人民民主专政是中国工人阶级、农民阶级、小资产阶级、民族资产阶级及其他爱国民主分子的人民民主统一战线的政权，而以工农联盟为基础，以工人阶级为领导。由中国共产党、各民主党派、各人民团体、各地区、人民解放军、各少数民族、国外华侨及其他爱国民主分子的代表们所组成的中国人民政治协商会议，就是人民民主统一战线的组织形式。中国人民政治协商会议代表全国人民的意志，宣告中华人民共和国的成立，组织人民自己的中央政府。中国人民政治协商会议一致同意以新民主主义即人民民主主义为中华人民共和国建国的政治基础，并制定以下的共同纲领，凡参加人民政治协商会议的各单位、各级人民政府和全国人民均应共同遵守。

第一章　总纲

第一条　中华人民共和国为新民主主义即人民民主主义的国家，实行工人阶级领导的、以工农联盟为基础的、团结各民主阶级和国内各民族的人民民主专政，反对帝国主义、封建主义和官僚资本主义，为中国的独立、民主、和平、统一和富强而奋斗。

第二条　中华人民共和国中央人民政府必须负责将人民解放战争进行到底，解放中国全部领土，完成统一中国的事业。

第三条　中华人民共和国必须取消帝国主义国家在中国的一切特权，没收官僚资本归人民的国家所有，有步骤地将封建半封建的土地所有制改变为农民的土地所有制，保护国家的公共财产和合作社的财产，保护工人、农民、小资产阶级和民族资产阶级的经济利益及其私有财产，发展新民主主义的人民经济，稳步地变农业国为工业国。

第四条　中华人民共和国人民依法有选举权和被选举权。

第五条　中华人民共和国人民有思想、言论、出版、集会、结社、通讯、人身、居住、迁徙、宗教信仰及示威游行的自由权。

第六条　中华人民共和国废除束缚妇女的封建制度。妇女在政治的、经济的、文化教育的、社会的生活各方面，均有与男子平等的权利。实行男女婚姻自由。

第七条　中华人民共和国必须镇压一切反革命活动，严厉惩罚一切勾结帝国主义、背叛祖国、反对人民民主事业的国民党反革命战争罪犯和其他怙恶不悛的反革命首要分子。对于一般的反动分子、封建地主、官僚资本家，在解除其武装、消灭其特殊势力后，仍须依法在必要时期内剥夺他们的政治权利，但同时给以生活出路，并强迫他们在劳动中改造自己，成为新人。假如他们继续进行反革命活动，必须予以严厉的制裁。

第八条　中华人民共和国国民均有保卫祖国、遵守法律、遵守劳动纪律、爱护公共财产、应征公役兵役和缴纳赋税的义务。

第九条　中华人民共和国境内各民族，均有平等的权利和义务。

第十条　中华人民共和国的武装力量，即人民解放军、人民公安部队和人民警察，是属于人民的武力。其任务为保卫中国的独立和领土主权的完整，保卫中国人民的革命成果和一切合法权益。中华人民共和国中央人民政府应努力巩固和加强人民武装力量，使其能够有效地执行自己的任务。

第十一条　中华人民共和国联合世界上一切爱好和平、自由的国家和人民，首先是联合苏联、各人民民主国家和各被压迫民族，站在国际和平民主阵营方面，共同反对帝国主义侵略，以保障世界的持久和平。

第二章　政权机关

第十二条　中华人民共和国的国家政权属于人民。人民行使国家政权的机关为各级人民代表大会和各级人民政府。各级人民代表大会由人民用普选方法产生之。

各级人民代表大会选举各级人民政府。各级人民代表大会闭会期间，各级人民政府为行使各级政权的机关。

国家最高政权机关为全国人民代表大会。全国人民代表大会闭会期间，中央人民政府为行使国家政权的最高机关。

第十三条　中国人民政治协商会议为人民民主统一战线的组织形式。其组织成分，应包含有工人阶级、农民阶级、革命军人、知识分子、小资产阶级、民族资产阶级、少数民族、国外华侨及其他爱国民主分子的代表。

在普选的全国人民代表大会召开以前，由中国人民政治协商会议的全体会议执行全国人民代表大会的职权，制定中华人民共和国中央人民政府组织法，选举中华人民共和国中央人民政府委员会，并付之以行使国家权力的职权。

在普选的全国人民代表大会召开以后，中国人民政治协商会议得就有关国家建设事业的根本大计及其他重要措施，向全国人民代表大会或中央人民政府提出建议案。

第十四条　凡人民解放军初解放的地方，应一律实施军事管制，取消国民党反动政权机关，由中央人民政府或前线军政机关委任人员组织军事管制委员会和地方人民政府，领导人民建立革命秩序，镇压反革命活动，并在条件许可时召集各界人民代表会议。

在普选的地方人民代表大会召开以前，由地方各界人民代表会议逐步地代行人民代表大会的职权。

军事管制时间的长短，由中央人民政府依据各地的军事政治情况决定之。

凡在军事行动已经完全结束、土地改革已经彻底实现、各界人民已有充分组织的地方，即应实行普选，召开地方的人民代表大会。

第十五条　各级政权机关一律实行民主集中制。其主要原则为：人民代表大会向人民负责并报告工作。人民政府委员会向人民代表大会负责并报告工作。在人民代表大会和人民政府委员会内，实行少数服从多数的制度。各下级人民政府均由上级人民政府加委并服从上级人民政府。全国各地方人民政府均服从中央人民政府。

第十六条　中央人民政府与地方人民政府间职权的划分，应按照各项事务的性质，由中央人民政府委员会以法令加以规定，使之既利于国家统一，又利于因地制宜。

第十七条　废除国民党反动政府一切压迫人民的法律、法令和司法制度，制定保护人民的法律、法令，建立人民司法制度。

第十八条　中华人民共和国的一切国家机关，必须厉行廉洁的、朴素的、为人民服务的革命工作作风，严惩贪污，禁止浪费，反对脱离人民群众的官僚主义作风。

第十九条　在县市以上的各级人民政府内，设人民监察机关，以监督各级国家机关和各种公务人员是否履行其职责，并纠举其中之违法失职的机关和人员。

人民和人民团体有权向人民监察机关或人民司法机关控告任何国家机关和任何公务人

员的违法失职行为。

第三章　军事制度

第二十条　中华人民共和国建立统一的军队，即人民解放军和人民公安部队，受中央人民政府人民革命军事委员会统率，实行统一的指挥，统一的制度，统一的编制，统一的纪律。

第二十一条　人民解放军和人民公安部队根据官兵一致、军民一致的原则，建立政治工作制度，以革命精神和爱国精神教育部队的指挥员和战斗员。

第二十二条　中华人民共和国应加强现代化的陆军，并建设空军和海军，以巩固国防。

第二十三条　中华人民共和国实行民兵制度，保卫地方秩序，建立国家动员基础，并准备在适当时机实行义务兵役制。

第二十四条　中华人民共和国的军队在和平时期，在不妨碍军事任务的条件下，应有计划地参加农业和工业的生产，帮助国家的建设工作。

第二十五条　革命烈士和革命军人的家属，其生活困难者应受国家和社会的优待。参加革命战争的残废军人和退伍军人，应由人民政府给以适当安置，使能谋生立业。

第四章　经济政策

第二十六条　中华人民共和国经济建设的根本方针，是以公私兼顾、劳资两利、城乡互助、内外交流的政策，达到发展生产、繁荣经济之目的。国家应在经营范围、原料供给、销售市场、劳动条件、技术设备、财政政策、金融政策等方面，调剂国营经济、合作社经济、农民和手工业者的个体经济、私人资本主义经济和国家资本主义经济，使各种社会经济成分在国营经济领导之下，分工合作，各得其所，以促进整个社会经济的发展。

第二十七条　土地改革为发展生产力和国家工业化的必要条件。凡已实行土地改革的地区，必须保护农民已得土地的所有权。凡尚未实行土地改革的地区，必须发动农民群众，建立农民团体，经过清除土匪恶霸、减租减息和分配土地等项步骤，实现耕者有其田。

第二十八条　国营经济为社会主义性质的经济。凡属有关国家经济命脉和足以操纵国民生计的事业，均应由国家统一经营。凡属国有的资源和企业，均为全体人民的公共财产，为人民共和国发展生产、繁荣经济的主要物质基础和整个社会经济的领导力量。

第二十九条　合作社经济为半社会主义性质的经济，为整个人民经济的一个重要组成部分。人民政府应扶助其发展，并给以优待。

第三十条　凡有利于国计民生的私营经济事业，人民政府应鼓励其经营的积极性，并扶助其发展。

第三十一条　国家资本与私人资本合作的经济为国家资本主义性质的经济。在必要和可能的条件下，应鼓励私人资本向国家资本主义方向发展，例如为国家企业加工，或与国家合营，或用租借形式经营国家的企业，开发国家的富源等。

第三十二条　在国家经营的企业中，目前时期应实行工人参加生产管理的制度，即建立在厂长领导之下的工厂管理委员会。私人经营的企业，为实现劳资两利的原则，应由工会代表工人职员与资方订立集体合同。公私企业目前一般应实行八小时至十小时的工作制，特殊情况得斟酌办理。人民政府应按照各地各业情况规定最低工资。逐步实行劳动保险制度。保护青工女工的特殊利益。实行工矿检查制度，以改进工矿的安全和卫生设备。

第三十三条　中央人民政府应争取早日制定恢复和发展全国公私经济各主要部门的总计划，规定中央和地方在经济建设上分工合作的范围，统一调剂中央各经济部门和地方各经济部门的相互联系。中央各经济部门和地方各经济部门在中央人民政府统一领导之下各自发挥其创造性和积极性。

第三十四条　关于农林渔牧业：在一切已彻底实现土地改革的地区，人民政府应组织农民及一切可以从事农业的劳动力以发展农业生产及其副业为中心任务，并应引导农民逐步地按照自愿和互利的原则，组织各种形式的劳动互助和生产合作。在新解放区，土地改革工作的每一步骤均应与恢复和发展农业生产相结合。人民政府应根据国家计划和人民生活的需要，争取于短时期内恢复并超过战前粮食、工业原料和外销物资的生产水平，应注意兴修水利，防洪防旱，恢复和发展畜力，增加肥料，改良农具和种子，防止病虫害，救济灾荒，并有计划地移民开垦。

保护森林，并有计划地发展林业。

保护沿海渔场，发展水产业。

保护和发展畜牧业，防止兽疫。

第三十五条　关于工业：应以有计划有步骤地恢复和发展重工业为重点，例如矿业、钢铁业、动力工业、机器制造业、电器工业和主要化学工业等，以创立国家工业化的基础。同时，应恢复和增加纺织业及其他有利于国计民生的轻工业的生产，以供应人民日常消费的需要。

第三十六条　关于交通：必须迅速恢复并逐步增建铁路和公路，疏浚河流，推广水运，改善并发展邮政和电信事业，有计划有步骤地建造各种交通工具和创办民用航空。

第三十七条　关于商业：保护一切合法的公私贸易。实行对外贸易的管制，并采用保护贸易政策。在国家统一的经济计划内实行国内贸易的自由，但对于扰乱市场的投机商业必须严格取缔。国营贸易机关应负调剂供求、稳定物价和扶助人民合作事业的责任。人民政府应采取必要的办法，鼓励人民储蓄，便利侨汇，引导社会游资及无益于国计民生的商业资本投入工业及其他生产事业。

第三十八条　关于合作社：鼓励和扶助广大劳动人民根据自愿原则，发展合作事业。在城镇中和乡村中组织供销合作社、消费合作社、信用合作社、生产合作社和运输合作社，在工厂、机关和学校中应尽先组织消费合作社。

第三十九条　关于金融：金融事业应受国家严格管理。货币发行权属于国家。禁止外币在国内流通。外汇、外币和金银的买卖，应由国家银行经理。依法营业的私人金融事业，应受国家的监督和指导。凡进行金融投机飞破坏国家金融事业者，应受严厉制裁。

第四十条　关于财政：建立国家预算决算制度，划分中央和地方的财政范围，厉行精简节约，逐步平衡财政收支，积累国家生产资金。

国家的税收政策，应以保障革命战争的供给、照顾生产的恢复和发展及国家建设的需要为原则，简化税制，实行合理负担。

第五章　文化教育政策

第四十一条　中华人民共和国的文化教育为新民主主义的，即民族的、科学的、大众的文化教育。人民政府的文化教育工作，应以提高人民文化水平、培养国家建设人才、肃清封建的、买办的、法西斯主义的思想、发展为人民服务的思想为主要任务。

第四十二条　提倡爱祖国、爱人民、爱劳动、爱科学、爱护公共财物为中华人民共和国全体国民的公德。

第四十三条　努力发展自然科学，以服务于工业农业和国防的建设。奖励科学的发现和发明，普及科学知识。

第四十四条　提倡用科学的历史观点，研究和解释历史、经济、政治、文化及国际事务。奖励优秀的社会科学著作。

第四十五条　提倡文学艺术为人民服务，启发人民的政治觉悟，鼓励人民的劳动热情。奖励优秀的文学艺术作品。发展人民的戏剧电影事业。

第四十六条　中华人民共和国的教育方法为理论与实际一致。人民政府应有计划有步骤地改革旧的教育制度、教育内容和教学法。

第四十七条　有计划有步骤地实行普及教育，加强中等教育和高等教育，注重技术教育，加强劳动者的业余教育和在职干部教育，给青年知识分子和旧知识分子以革命的政治教育，以应革命工作和国家建设工作的广泛需要。

第四十八条　提倡国民体育。推广卫生医药事业，并注意保护母亲、婴儿和儿童的健康。

第四十九条　保护报道真实新闻的自由。禁止利用新闻以进行诽谤，破坏国家人民的利益和煽动世界战争。发展人民广播事业。发展人民出版事业，并注重出版有益于人民的通俗书报。

第六章　民族政策

第五十条　中华人民共和国境内各民族一律平等，实行团结互助，反对帝国主义和各民族内部的人民公敌，使中华人民共和国成为各民族友爱合作的大家庭。反对大民族主义和狭隘民族主义，禁止民族间的歧视、压迫和分裂各民族团结的行为。

第五十一条　各少数民族聚居的地区，应实行民族的区域自治，按照民族聚居的人口多少和区域大小，分别建立各种民族自治机关。凡各民族杂居的地方及民族自治区内，各民族在当地政权机关中均应有相当名额的代表。

第五十二条　中华人民共和国境内各少数民族，均有按照统一的国家军事制度，参加人民解放军及组织地方人民公安部队的权利。

第五十三条　各少数民族均有发展其语言文字、保持或改革其风俗习惯及宗教信仰的自由。人民政府应帮助各少数民族的人民大众发展其政治、经济、文化、教育的建设事业。

第七章　外交政策

第五十四条　中华人民共和国外交政策的原则，为保障本国独立、自由和领土主权的完整，拥护国际的持久和平和各国人民间的友好合作，反对帝国主义的侵略政策和战争政策。

第五十五条　对于国民党政府与外国政府所订立的各项条约和协定，中华人民共和国中央人民政府应加以审查，按其内容，分别予以承认，或废除，或修改、或重订。

第五十六条　凡与国民党反动派断绝关系、并对中华人民共和国采取友好态度的外国政府，中华人民共和国中央人民政府可在平等、互利及互相尊重领土主权的基础上，与之谈判，建立外交关系。

第五十七条　中华人民共和国可在平等和互利的基础上，与各外国的政府和人民恢复并发展通商贸易关系。

第五十八条　中华人民共和国中央人民政府应尽力保护国外华侨的正当权益。

第五十九条　中华人民共和国人民政府保护守法的外国侨民。

第六十条　中华人民共和国对于外国人民因拥护人民利益参加和平民主斗争受其本国政府压迫而避难于中国境内者，应予以居留权。

选自《中共中央文件选集》(14)，中共中央党校出版社 1987 年版，第 731～743 页。

参考书目

1.《毛泽东选集》第三卷、第四卷，人民出版社 1991 年版

2.《毛泽东文集》第二卷、第五卷，人民出版社 1983 年版

3.《周恩来选集》上卷，人民出版社 1980 年版

4.《刘少奇选集》上卷，人民出版社 1981 年版

5.《任弼时选集》，人民出版社 1987 年版

6.《中共中央文件选集》(10) ～ (14)，中共中央党校出版社 1985～1987 年版

7.《中共党史教学参考资料》(二)(三)，人民出版社 1979 版

8.《中共党史教学参考资料》抗日战争时期(上)(中)(下)，中国人民大学中共党史系资料室 1980 年编印

9.《中共党史教学参考资料》解放战争时期(上)(下)，中国人民大学中共党史系资料室 1981 年编印

10.《陕甘宁革命根据地史料选辑》第一辑、第二辑、第三辑，甘肃人民出版社 1981～1983 年出版

11.《中国新民主主义革命时期根据地法制文献选编》第一卷至第四卷，中国社会科学出版社 1981～1984 年版

12. 中华全国总工会中国职工运动史研究室编:《中国历次全国劳动大会文献》，工人出版社 1957 年版

13.《中共中央移驻西柏坡前后》，中共党史出版社 1998 年版

14.《中国新民主主义革命时期法制资料选编》第一册、第二册，西南政法学院函授部 1982 年编印

15. 中国人民大学国家与法权历史教研室编:《中国国家和法权历史参考资料》(第三次国内革命战争时期解放区的政策法令选集)，中国人民大学出版社 1958 年版

国家社会科学基金特别委托项目，项目编号：10@zh027，
项目名称："革命根据地法律文献整理与研究"

本书得到中国人民大学科学研究基金项目"革命根据地法律文献整理与研究"
（批准号：15XNQ063）支持

革命根据地法律文献选辑

（第三辑）

抗日战争—解放战争时期老解放区的法律文献
（1937—1949）

第二卷

陕甘宁边区（下）

张希坡 编著

中国人民大学出版社

·北 京·

陕甘宁边区（下）说明

1945年抗日战争胜利后，陕甘宁边区开展了普选建政运动。1946年4月2日召开了陕甘宁边区第三届参议会第一次大会，林伯渠主席向大会作了题为《边区建设的新阶段》的政府工作报告；大会通过了《陕甘宁边区宪法原则》《陕甘宁边区复员方案》《陕甘宁边区一九四六到一九四八年建设计划方案》及其他单行法规条例；大会选举19名边区政府委员，林伯渠连选为边区政府主席，李鼎铭、刘景范为副主席；选举马锡五为边区高等法院院长。

1946年，国民党反动派撕毁政治协商会议达成的协议，发动全面内战，大举向解放区进攻。1947年3月，陕甘宁边区政府机关撤出延安。同年10月在山西兴县由中共西北局主持召开陕甘宁、晋绥两边区财经工作会议，确定贺龙为西北财经办事处主任，统一领导两边区的财经工作。边区政府先后于山西兴县与陕北绥德等地办公。1948年4月，西北解放军收复延安，5月边区政府机关返回延安。1949年2月，边区参议会常驻议员、边区政府委员与晋绥行署代表举行联席会议，决定将晋绥行政公署划分为晋南、晋西北两个行署，统归陕甘宁边区政府领导，增补政府委员，扩大政府行政机构。

1949年5月20日，西安解放，6月14日，边区政府机关迁入西安市办公，以后随着解放战争向西北地区的迅速发展，先后成立了陕西、甘肃、宁夏、青海等省政府，至1950年1月19日，西北军政委员会在西安成立，陕甘宁边区政府因完成自身任务而胜利结束。

目　录

第二卷　陕甘宁边区（下）

第二卷

陕甘宁边区（下）

一、宪法
——施政纲领

1. 陕甘宁边区宪法原则

1946年4月23日陕甘宁边区第三届参议会第一次大会通过

一、政权组织

（一）边区、县、乡人民代表会议（参议会）为人民管理政权机关。

（二）人民普遍直接平等无记名选举各级代表，各级代表会选举政府人员。

（三）各级政府对各级代表会负责，各级代表对选举人负责。

（四）乡代表会即直接执行政务机关。

（五）人民对各级政权有检查、告发及随时建议之权，每届选举时则为大检查。

（六）各级代表会每届大会应检查上届大会决议执行的情况。

（七）各级政府人员，违反人民的决议，或忽于职务者，应受到代表会议的斥责或罢免，乡村则由人民直接罢免之。

（八）各级人民代表会议（参议会）：乡一年改选一次，县二年改选一次，边区三年改选一次。

（九）边区各少数民族，在居住集中地区，得划成民族区，组织民族自治政权，在不与省宪抵触原则下，得订立自治法规。

二、人民权利

（一）人民为行使政治上各项自由权利，应受到政府的诱导与物质帮助。

（二）人民有免于经济上偏枯与贫困的权利。保证方法为减租减息与交租交息，改善工人生活与提高劳动效率，大量发展经济建设，救济灾荒，扶养老弱贫困……等。

（三）人民有免于愚昧及不健康的权利。保证方法为免费的国民教育，免费的高等教育，优等生受到优待，普施为人民服务的社会教育，发展卫生教育与医药设备。

（四）人民有武装自卫的权利。办法为自卫军，民兵等。

（五）边区人民不分民族，一律平等。

（六）妇女除有与男子平等权利外，还应照顾妇女之特殊利益。

三、司　法

（一）各级司法机关独立行使职权，除服从法律外，不受任何干涉。

（二）除司法机关、公安机关依法执行职务外，任何机关、团体不得有逮捕审讯的行为。

（三）人民有不论用任何方法控告失职的任何公务人员之权。

（四）对犯法人采用感化主义。

四、经　济

（一）应保障耕者有其田，劳动者有职业，企业者有发展的机会。

（二）用公营、合作、私营三种方式，组织所有的人力、资力①，为促进繁荣、消灭贫穷而斗争。

（三）欢迎外来投资，保障其合理利润。

（四）设立职业学校，创造技术人才。

（五）有计划地发展农工矿各种实业。

五、文　化

（一）普及并提高一般人民之文化水准，从速消灭文盲，减少疾病与死亡现象。

（二）保障学术自由，致力科学发展。②

以上规定，均不宜太烦琐。

选自《陕甘宁边区第三届参议会第一次大会汇刊》，第三届参议会常驻会1946年编印，第76～79页。简称“1946年原版”。全文共5章26项。

互校版本：

1.《中国国家与法权历史参考资料》（第三次国内革命战争时期解放区的政策法令选集），中国人民大学国家与法权历史教研室编辑，中国人民大学1958年版，第3～5页。简称“人大法权史版”。

2.《中国新民主主义革命时期根据地法制文献选编》第一卷，中国社会科学出版社1981年版，第59～61页。原注：“选自《陕甘宁边区第三届参议会第一次大会汇刊》，一九四六年版”。简称“社科法制版”。

3.《陕甘宁革命根据地史料选辑》第三辑，甘肃人民出版社1983年版，第130～132

---

① “甘肃史料版”将“资力”印作“物力”。

② “人大法权史版”“西南函授版”“西南法制史版”“北大宪法版”与“人大宪法版”皆漏掉第五章“文化”中的第二项。全文只有25项。

页。简称“甘肃史料版”。

4.《宪法资料选编》第二辑，北京大学出版社1982年版，第192～194页。原注：“转自《陕甘宁边区法令汇编》”。简称“北大宪法版”。

5.《中国宪法参考资料选编》，中国人民大学出版社1990年版，第248～250页。原注：“转自《陕甘宁边区法令汇编》”。简称“人大宪法版”。

6.《中国新民主主义革命时期法制建设资料选编》第一册，西南政法学院函授部1982年编印，第29～31页。简称“西南函授版”。

7.《中国法制史参考资料汇编》第三辑，西南政法学院法制史教研室1982年12月编印，第361～363页，简称“西南法制史版”。

8.《陕甘宁边区法律法规汇编》，三秦出版社2010年版，第18～19页。

9.《陕甘宁边区政府文件选编》第十辑，档案出版社1991年版，第42～44页，原注：“《解放日报》1946年4月29日”。

2. 中华民国陕甘宁边区自治宪法草案（修正稿）

1946年10月28日①

第一章　总　纲

第一条　陕甘宁边区为中华民国地方自治最高单位之一。

第二条　陕甘宁边区政府为地方自治之民主联合政府。

第三条　陕甘宁边区政府设于延安。

第二章　人民之权利义务

第四条　陕甘宁边区人民，不分民族、阶级、党派、宗教及团体，在政治上，法律上一律平等。

第五条　陕甘宁边区人民，有身体、思想、信仰、居住、迁徙、言论、出版、集会、结社、通讯、示威、游行等之自由。

第六条　陕甘宁边区人民，有获得土地之权利。其保证为已实行土地改革区域，分得土地之人民，保有其分得土地之所有权，未实行土地改革区域，实行减租保佃及依法征购地主超额之土地，分配于无地或地少之人民。

凡分得土地后，若将土地所有权转让他人者，不得再向政府作获得土地之要求。

第七条　陕甘宁边区人民，有获得工作之权利。其保证为继续发展生产，使已经有之乞丐与失业现象不再发生。

第八条　在陕甘宁边区内，人民享有一切正当营业之自由。

第九条　陕甘宁边区人民，有服公职之权利。不因民族、阶级、党派或性别等关系有所歧视。

---

① 本宪法草案系根据《陕甘宁边区宪法原则》拟制的属于地方自治的宪法草案，后因全国局势急剧变化，未能完成立法程序。“1946年10月28日”是完成草案定稿的时间。该草案讨论情况，详见《谢觉哉日记》相关记载。

保护公职人员之物质生活及文化生活，其因年老、疾病或家庭负担重者，加给津贴，服务年久退休者，给退休年金。

服军职之人员，适用上项规定。

廉洁、奉公、守法，负责完成任务，适时检查与改进业务，全心全意为人民服务，为一切文武公职人员应尽之义务与责任。

第十条　陕甘宁边区人民，因天灾人祸，老幼残废及其他无法维持生活者，有获得救济之权利。其保证为社会救济事业与政府救济事业之发展。

革命将士之遗族，有受生活保障与优待之权利。

外来之难民、移民，乞丐等，一律帮助其获得生业。

第十一条　陕甘宁边区人民，有受教育之权利。其保证为普设各种学校，免收学费，并给贫寒学生以生活费用，并在不妨碍生产或职务之条件下，实施广泛的文化教育与业务教育。

第十二条　陕甘宁边区人民，为保护民主自由，有组织自卫武装之权利。

第十三条　妇女在政治、法律、文化及社会生活各方面，均与男子平等。婚姻自由，实行一夫一妻制，养育子女多者，有获得政府津贴之权利。

第十四条　一切为伸张正义与争取自由，而遭受迫害之本国或外国人民，来边区者，均有受庇护之权利。

第十五条　中华民国将来之民主宪法所规定之人民权利义务，陕甘宁边区均充分实现之。

第十六条　本宪法所列举及未列举之人民自由权利，均受宪法之保障，不得以法律或命令侵犯之。

凡侵犯人民自由与权利者，受法律之制裁。

第三章　陕甘宁边区政府

第十七条　陕甘宁边区政府，由边区议会、边区行政委员会及边区司法机关构成之。

第一节　边区议会

第十八条　陕甘宁边区议会，为陕甘宁边区之立法机关及监察机关，对陕甘宁边区人民负责。其职权如下：

一、议决边区各项基本政策及法规，并监督其执行；

二、选举罢免边区行政委员会之委员、主席、副主席及边区高等法院之正副院长；

三、议决对行政委员会提出之各厅、处、部主管人员及高等检察长之名单同意案；

四、检查边区行政委员会、高等法院及边区公营企业之工作，议决对行政委员会，正副主席，各厅、处、部主管人员，高等法院正副院长，高等检察长及公营企业主管人员之弹劾案；

五、议决对边区行政委员会委员，正副主席，各厅、处、部主管人员之不信任案；

六、议决边区人民武装及公安事项；

七、议决边区经济建设计划；

八、议决边区财政预算、审核决算；

九、议决边区税收及其他收入；

十、议决发行地方公债及发放贷款；

十一、议决边区文化教育及卫生计划；

十二、议决人民请愿事项；

十三、议决有关边区地方自治之其他重要事项。

第十九条　议会选举议长一人，副议长若干人。

从议员中按每县一人及少数民族二人选举常务委员，在议会休会期间组织常务委员会。正副议长为当然委员。

议长、副议长，常务委员失职时，由大会议处之。

第二十条　议会得设各种专门委员会。各种专门委员会得对有关之任何机关或个人提出调查及检查之事项。该机关及个人必须负责提供该委员会所要求之一切文件及材料，或应召出席该委员会会议，接受调查及征询。

第二十一条　议会常务委员会在议会休会期间之职责如下：

一、处理议会委办有关法案及监察之事项；

二、接受人民之诉愿；

三、派代表列席行政委员会会议；

四、向行政委员会及其所属各部门提出建议与质询；

五、督导各种专门委员会之工作；

六、依法召集边区议会。

第二十二条　议会对于边区行政委员会委员，正副主席，各厅、处、部主管人员之弹劾案或不信任案，及对高等法院正副院长及高等检察长之弹劾案，均须有议员十人以上之联署，始得提出，经出席议员三分之二之同意，始得决议。

弹劾案成立后，依法追究被弹劾者之责任。被决议不信任之人员，即须辞职。

第二十三条　议会决议案移送行政委员会，如行政委员会有异议，得提交议会复议，议会复议如仍维持原案时，行政委员会即须执行，否则辞职。

第二十四条　议会每三年改选一次，每年开会一次，但经常务委员会之决议、行政委员会之提议或全体议员五分之一之请求，得召开临时会。

议会每次开会会期，由当时具体情况决定之。

第二十五条　每届议会任期已满时，应于期满前之二月以内改选，如因特殊情况不能按期改选时，得由议会常务委员会议决延长之。

议会任期已满，新届议会未选出常务委员会时，前届常务委员会继续行使其职权。

第二十六条　议员在议会内之言论，对外不负责任。

议员除现行犯外，非经议会或常务委员会许可，不得逮捕，议员为现行犯被捕时，行政委员会即须将理由报告议会。

第二十七条　议会之组织，以法律定之。

第二节　边区行政委员会

第二十八条　陕甘宁边区行政委员会，为陕甘宁边区之行政领导执行机关，对陕甘宁边区议会负责，由主席一人，副主席若干人，委员若干人组织之。

陕甘宁边区行政委员会之委员中，任何政党之党员，不得超过三分之一。

第二十九条　行政委员会，下设民政厅、财政厅、建设厅、教育厅、公安处、保安司令部、审计处、民族事务处等，分别掌管该部门之工作。

第三十条　下列各项须依行政委员会决议行之：

一、关于执行中央政府委办及陕甘宁边区议会决议之事项；

二、关于批准所属各厅、处、部之工作计划事项；

三、关于经济建设计划事项；

四、关于文化教育卫生计划事项；

五、关于编制预算决算事项；

六、关于税收事项；

七、关于筹划公营事业事项；

八、关于选举事务事项；

九、关于组织与指挥地方武装及公安事项；

十、关于边区政府直属机关科长以上人员及公营事业主管人员之任免及奖惩事项；

十一、关于干部教育与考核事项；

十二、关于对议会之工作报告及提案事项；

十三、关于公产之保管及处理事项；

十四、关于其他应行讨论之事项。

第三十一条　行政委员会主席职权如下：

一、对内对外代表陕甘宁边区政府；

二、签发议会议决之法案，领导执行行政委员会之决议，颁发布告、命令，并检查其执行；

主席签发法案，颁发布告、命令时，由副主席及有关厅、处、部之主管人员副署之；

三、召集行政委员会会议，开会时为主席；

四、处理日常政务。

主席处理日常政务时，由副主席辅助之。

主席因公外出，或因故不能执行职务时，由副主席代理之。

第三十二条　行政委员会在执行政策或拟定政策时，得召集各种会议——如工厂代表会、劳动英雄会、模范工作者会、社会贤达座谈会及财经、文教、卫生、司法、人民武装等各种专门业务会议，邀请各有关人士参加，以听取人民之意见。

无论何人得用任何方式向政府各部门及其工作人员提出批评及意见。

第三十三条　陕甘宁边区得划分地区设立专员公署，代表行政委员会督察所属各县政府之工作。

第三十四条　行政委员会及所属各厅、处、部之组织，以法律定之。

第三节　边区司法机关

第三十五条　陕甘宁边区高等法院，由院长一人、副院长一人及法官若干人组织之。

第三十六条　法官独立审判，只服从法律，不受任何机关、部队、党派、团体或个人之干涉。其任免由法律保障之。

第三十七条　法院审判案件，依法公开，实行人民陪审制度。民事及轻微刑事，得由

人民调解之。

人民诉讼，无论口头或书面均得为之，并免除诉讼费。

第三十八条　边区高等检察长，对边区所有各级公职人员以及边区公民是否遵守法律，实行检察权。

各级检察机关，仅属于边区高等检察长管辖，独立行使其职权，不受任何干涉。

第三十九条　监狱采取教育主义，并授犯人以生活技能。

第四十条　高等法院及高等检察机关之组织，以法律定之。

第四章　县乡民主自治

第四十一条　县政府由县议会、县行政委员会及县司法机关构成之。

县议会为县之立法机关及监察机关，对县人民负责。

县行政委员会为县之行政领导执行机关，由县议会选举县长一人（设副县长之县，副县长亦由议会选举）及行政委员若干人组织之，对县议会负责。

县行政委员会之委员中，任何政党之党员，不得超过三分之一。

县地方法院院长，由县议会选举之。本宪法第三章第三十六条、第三十七条之规定，县地方法院适用之。

第四十二条　县自治法由县议会制定之，但不得与边区宪法相抵触。县议会在不违反边区法令之下，得制定单行法规。

第四十三条　乡为地方自治之基础，得制定乡自治公约。

乡代表会即为乡政府，由乡长及乡代表组织之，乡长由乡民直接选举或由乡代表会选举之。

村（或行政小组）选出之乡代表会代表①，即为各村（或行政小组）之行政负责人。

第四十四条　县乡政府之预算决算，须提出于县议会或乡代表会通过与批准。自治经费不足之乡或县，请求上级政府补助之。

第四十五条　等于县之市（如延安市）及边区政府直辖区（如垦区）适用县之规定。等于区或乡之市（如绥德市、延市新市乡）适用乡之规定。

第四十六条　县得划分地区，设立区公署，辅助县政府推进所属各乡之自治事宜。

第五章　少数民族

第四十七条　聚居于边区境内一定区域之少数民族，设立民族自治区，其区域相当于县者，适用县自治之规定，相当于乡者，适用乡自治之规定。

第四十八条　少数民族有权使用其民族语言、文字，保持其信仰、风俗，及办理其民族文化教育与人民自卫事业。为促进少数民族经济与文化之发展，各级政府应予以必要之帮助。

第四十九条　少数民族得单独进行民族选举，并可减低其居民人数比额及扩大其选举单位，使其能选出参加各级议会之代表。少数民族应有代表参加边区行政委员会。

第六章　选举制度

第五十条　边区议会议员，县议会议员、乡代表会代表，均由人民依普遍、平等、直

---

①　“档案文件版”“三秦法律法规版”将“代表”印作“代数”。

接、秘密、无记名投票之方法选举之。

凡被选举人如不称职，其选民得以多数之决定罢免之。

第五十一条　凡居住边区境内之人民，年满十八岁者，不分民族、阶级、性别、宗教、党派、职业、财产及文化程度之差别，均有选举权和被选举权，惟经法院判决褫夺公权及神经病者除外。

第五十二条　每届选举时，各级行政机关应向人民作工作报告，听任人民检查其工作，接受人民之批评和建议。

各级议会或乡代表会开会前，各级议员及乡代表应向其选民征求对议会或乡代表会之提案与对行政及司法机关之意见，议会或乡代表会休会时，各级议员及乡代表应向其选民报告工作。

第五十三条　现有不识字公民之投票，得以当地人民公认为合于自由表达其选举意志之方法行之。凡因公认之事实不能赴投票场所者，以当地人民信任之方法，就其住所投票。

第五十四条　在各级选举中，各民主党派，民众团体及任何选民，均有单独或联合提出竞选纲领及其候选人名单实行竞选之自由。竞选及选举之自由，不受任何干涉。凡在竞选及选举中以威胁、利诱、舞弊等行为，取得选票或破坏选举者，除所得选票作废外，一切参与非法活动之人，均须依法治罪。

第五十五条　依据本章规定，由边区议会制定选举法。

第七章　经济与财政

第五十六条　边区经济与财政之方针在发展生产与保障供给。私人经济、合作经济、公营经济，皆为法律所保障。公营经济为供应政府与人民之部分需要，并协助私人经济与合作经济之发展。

公营经济实行民主管理，并受人民监督。

第五十七条　贯彻土地改革，组织农业（劳动与技术）合作，提高农业技术，发放低利农贷，推广植棉、造林、水利、发展畜牧、垦殖、以增加食品及原料之生产，保障人民丰衣足食之生活。

第五十八条　发展手工业及机器工业，提高工业技术，开发煤、铁、油、盐等资源，改进交通建设，达到普通用品自给，并使边区逐渐工业化。

第五十九条　实行自由贸易，取缔垄断投机，调节进出贸易，扶助人民经济之发展。

第六十条　发展信用合作，禁止高利盘剥，保障正当债权。

边区银行之主要职责，在扶助农工商业之发展。

第六十一条　实行劳动保护法。劳资协议订立生产计划，提高劳动生产率，适当的改善劳工生活，保障资方之合理利润。

保障外来投资之安全，奖励地主投资经营工、农、商业。

第六十二条　奖励劳动英雄及模范工作者，改造二流子使之参加生产，厉行节约，禁止浪费，奖励储蓄。

机关部队人员在公私兼顾原则下，进行合作生产，以培养劳动观念，减轻人民负担，改善本身生活。

第六十三条　财政公开，厉行预算决算制、会计制、金库制、审计制、严惩贪污，实行合理税则，贫苦人民免税。

第八章　文化教育与卫生

第六十四条　边区文化教育之一切设施，均依民族、民主、科学、大众之原则，以普及与提高边区人民之文化水准与职业技能，并培养各种建设人才。

第六十五条　普及初级教育，扩充中等教育，使基本国民教育逐渐提高至中学毕业程度。基本国民教育各级学校之教学内容，均与生产及社会相结合。推广职业教育，充实师范教育。

第六十六条　本学以致用之原则，改进并提高边区之高等教育。凡有相当学历或实际经验者，均予以受高等教育及研究之机会。

第六十七条　推广社会教育与补习教育，开展识字运动，组织各种文化活动，以扫除文盲与愚昧现象，使失学之青年、成年受到最低限度之国民教育。

第六十八条　改进环境卫生，预防疾病传染，推广医药设备，发展体育运动，以增进人民健康，增加人口繁殖。

第六十九条　尊重科学、技术、文学与艺术人才，奖励一切科学之发明与发见（现）及优秀之文艺创作，保护一切有关历史文化之古迹与古物。

第九章　宪法之施行修正及解释

第七十条　本宪法经过边区议会出席议员三分之二赞成通过，由边区行政委员会公布，即发生效力。

第七十一条　本宪法有边区议会议员六分之一，或三县以上县议会提议修正时，经过出席议员三分之二赞成，即得修正。

第七十二条　本宪法解释之权，属于边区议会，议会休会期间，属于议会所授权之议会常务委员会。

选自《陕甘宁边区政府文件选编》第十一辑，档案出版社 1991 年版，第 249～258 页。简称“档案文件版”，全文 9 章 72 条。

互校版本：

《陕甘宁边区法律法规汇编》，三秦出版社 2010 年版，第 20～25 页。简称“三秦法律法规版”，全文共 9 章 72 条。

编者注：本宪法草案，是依据 1946 年 4 月通过的《陕甘宁边区宪法原则》起草的。据《谢觉哉日记》1946 年 10 月 11 日记载：“边宪草经过六次修改，前天把草案送西北局。”并在日记中全文抄录宪草 9 章 74 条。①

现将谢觉哉日记中与本宪草有关的记载，摘录如下，供研究参考：1946 年 10 月 28 日记载：“西北局对宪法为最后修正。”② 即 9 章 72 条版。1947 年 10 月 24 日记载：“二十日偕王明同志来中央请求对宪法及法委会后工作的指示。”10 月 30 日记载：“二十八日偕王

---

① 《谢觉哉日记》下卷，北京，人民出版社 1984 年版，第 999～1009 页。

② 同上书，第 1022 页。

明同志往白云山谒毛泽东，夜谈颇久。毛主席要我们参加下月召集的会议。”①

1947年11月18日，毛泽东在《给陈瑾昆的信》中称：“兄及诸同志对于宪草惨淡经营，不胜佩慰。惟发表时机尚不成熟，内容亦宜从长斟酌，以工农民主专政为基本原则（即拙著《新民主主义论》及《论联合政府》中所指之基本原则），详由王谢二同志面达。”② 在同年12月，毛泽东《在杨家沟中共中央扩大会议上的讲话》中又说：“关于宪法，近期内不会颁布，过早颁布也是不利的，但目前应该着手研究。”③

3. 陕甘宁边区政府命令（不承认中美通商航海条约）④

1947年1月15日

各级政府、各旅团司令部、各机关学校：

蒋介石和美国政府于三十五年十一月四日在南京签订的中美通商航海条约，出卖了全中国的领土主权和中华民族的生存权利，其范围之广，条件之苛，远超过了过去袁世凯与日本侵略者所订的二十一条，如任其实行，则我国非至亡国灭种不可。为此，本府特决定：（一）接受一月十日延安各界声援全国学生爱国运动与政协周年纪念大会建议，规定十一月四日为国耻纪念日。各级政府、各旅团司令部，各机关学校，自本命令到达之日起，悬半旗三天，以后每年十一月四日均悬半旗一天，并举行集会，纪念国耻，直至该约废除为止。（二）组织宣传队，以通俗方式，继续向人民揭露蒋记政府所订卖国条约的内容及其罪恶，誓死不承认这一条约。（三）号召全边区人民与各解放区及全国同胞共同奋斗，为彻底废除这一卖国条约与洗雪新国耻而奋斗，不达目的，绝不罢休！望各一体遵行。

此令！

选自《陕甘宁革命根据地史料选辑》第三辑，甘肃人民出版社1983年版，第219页。

4. 陕甘宁边区政府紧急动员令

1947年3月23日

陕甘宁边区全体人民们、战士们、工作人员们！

敌蒋胡兽军于进犯关中、陇东之后，又孤注一掷于三月十三日全力向延安猛犯，我军坚决抗击，七日内杀伤敌人五千，达成掩护机关和人民安全转移之任务，撤出延安。

我军采取机智的战略方针，撤出延安，诱敌深入，拖疲分散其兵力，各个击破，彻底

---

① 《谢觉哉日记》下卷，北京，人民出版社1984年版，第1165～1166页。

② 《毛泽东文集》第四卷，北京，人民出版社1996年版，第320页。

③ 同上书，第335页。

④ 副标题是编者所加。

歼灭之。从此，我全体军民，要把全边区变为军营，同心协力，牺牲奋斗，争取最后胜利，以达保卫边区发展西北之目的。

事实证明，残暴的敌人，决心要破坏边区民主建设，攫取人民已得的土地，摧残民主自由的生活，在关中，在陇东，在富、甘等地，凡是兽军到过的地方，烧掠奸杀，比之日寇还要厉害，仅西华池一地市民被杀者二百余人，庆阳城内，老幼妇女，遭其蹂躏，无一幸免，兽军盘据（踞），牛羊鸡犬，宰杀一空，粮食财物，罗掘无余，兽军退时，焚毁门窗灶具，十室十空，拉走壮年男子，充当炮灰，残暴罪行，毫无人性。在那些遭灾的地方，会看到父老们揩着未干的血泪，会听到姊妹们喊出惨痛的悲号，一个个咬牙切齿，誓将报此血海深仇，不达消灭敌人的目的绝不罢休。

起来，全边区的人民，紧急动员起来，为我们的父老兄弟姊妹们复仇！为我们自己的土地、自由、生命、财产而奋斗！要热烈拥护人民解放军，勇敢的参加担架运输，供应粮草，挑水，送饭、洗补衣服、带路送信、救护伤兵，想尽办法帮助军队，歼灭敌人，敌军到前，要真正搞好坚壁清野，埋藏粮食，掩盖水井，赶走牲畜，使敌人到处扑空，无法生存。不论战区与非战区，都要组织一切劳动力，及时抢耕抢种，为保证长期自卫战争的物资供给而努力生产，随时提高警惕，严防并镇压坏人敌探及反革命分子的造谣与破坏行为。

英勇的民兵游击队员们，拿起刀枪、矛子、手榴弹、地雷，广泛开展游击战争，放哨盘查，捉拿敌探逃兵，消灭小股敌人，保护父母老人婆姨娃娃，保护粮食牛羊财产，用袭击、困扰、破路、牵制等办法配合主力作战，使敌人陷入游击战争的火海之中，寸步难行。

英勇的西北人民解放军全体指战员，以你们为人民忠挚坚贞的精神和熟练的战斗技巧，在英明的指挥下，诱敌深入，歼敌致胜，相信在不久的将来，必有不断的辉煌战绩，以至最后歼灭敌人。

各级工作人员们，在由和平建设转入严重战争的情况下，是考验和锻炼你们的最好机会，决勿悲观失望与惊慌失措，应更加坚定沉着，积极的动员起来，改变一切不适合于战争的生活习惯与工作作风，深入群众，组织与领导群众，进行武装斗争，战时生产，土地改革各项紧急重要工作，发扬艰苦奋斗，不屈不挠，英勇牺牲的精神，克服一切困难，坚持工作岗位，胜利完成任务。

同胞们！同志们！我们的自卫战争完全是正义的，而蒋介石的进攻边区是失掉人心完全孤立的，陕甘宁边区有极其有利的地形，有久经革命锻炼的人民，有百战百胜的人民解放军，又有各解放区军民和全国人民的支援与同情，因之胜利必然是我们的。但蒋系胡军，倾巢出犯，且有美帝国主义助虐帮凶。因此，战争必然是艰苦的长期的，我们必须下定决心，准备长期自力作战，消灭敌人，争取最后胜利。看吧！边区沟壑纵横的黄土层，将是蒋胡贼军的葬埋之地。

起来，英勇的起来为保卫边区发展西北而奋斗！

选自《陕甘宁革命根据地史料选辑》第三辑，甘肃人民出版社 1983 年版，第 227～229 页。

二、选举法规

1. 陕甘宁边区各级选举委员会组织规程

1945年8月27日

第一章　总　则

第一条　本规程依据边区各级参议会选举条例第八条制定之。

第二条　各级选举委员会受同级政府之领导，为领导本届选举工作之机关。边区选举委员会领导边区各级选举事宜。县（或等于县的市）选举委员会领导该县（市）各级选举事宜。乡（等于乡或等于区的市）选举委员会领导该乡（市）选举事宜。

第二章　职　务

第三条　选举委员会职务如下：（一）规划执行选举工作计划。（二）掌理选举之宣传及疑难解答事宜。（三）登记、审查选民、公布选民名单，主持选举大会之进行，并办理选举工作中之一切组织事宜。（四）执行选举条例第十七条所规定事项。（五）检举以威胁、利诱妨害选举之行为。（六）选举办毕后，应向同级政府造具报告书，报告选举工作经过。

第三章　组　织

第四条　各级选举委员会的组织如下：（一）边区选举委员会委员九人至十三人，由边区政府聘请之，并互推一人为主任。（二）县（市）选举委员会委员七人至十一人，由县（市）政府呈请边区政府聘任之，并互推一人为主任。（三）乡（市）选举委员会委员

五人至九人，由乡（市）政府呈请县（市）政府聘任之，并互推一人为主任。各级选举委员会于必要时可设副主任一人。

第五条　边区及县级选举委员会的委员由边区政府及各级政府聘请各群众团体，各抗日党派代表及当地公正人士组成之，乡（市）选举委员会的委员由乡参议会或乡政府委员会提出之，各级委员均以在该地工作或居住人民为适宜。

第六条　进行单独选举的边区保卫团、警卫团驻军及工厂、学校得依下列规定单独组织选举委员会，办理本部门的选举事宜：边区保卫团，警备区驻军，抗日军政大学之选举委员会，由边区后方留守兵团政治部提出委员人选七人至十一人，呈请边区政府聘请组织之。并互推一人为主任。延大、党校、医大等学校之选举委员会由各该校部联合提出委员人选七人至十一人，呈请边区政府聘任组织之，并互推一人为主任。五十人以上各产业工厂之选举委员会由各该主管机关联合提出委员人选七人至十一人，呈请边区政府聘任组织之，并互推一人为主任。

第七条　有少数民族参加选举的地区，选举委员会得有少数民族人员参加。少数民族进行单独选举之地区得设立少数民族选举委员会，由少数民族中提出委员人选五人至九人，依照第四条，呈请上级政府聘任组织之。

第八条　各级选举委员会，于必要时，得酌用秘书干事若干人，分别处理选举工作各项事宜。

第九条　边区及县级选举委员会的印信，由同级政府制发之，乡选委会之印信，由县政府制发之。

第四章　任期及经费

第十条　各级选举委员会于每次选举开始前成立，选举完毕 向同级政府或参议会报告工作后结束。并交还选举委员会之印信。

第十一条　乡、县级选举经费，由各该县选举委员会负责筹划审核开支。如地方经费供给不足时，由各该会造具预算，报请边区选举委员会审核并由财政厅酌予补助。

第五章　附　则

第十二条　本规程如有未尽事宜，由边区选举委员会提出，经边区政府修改之。

第十三条　本规程自边区政府公布日施行。

选自《陕甘宁革命根据地史料选辑》第三辑，甘肃人民出版社 1983 年版，第 5～7 页。

互校版本：《陕甘宁边区政府文件选编》第九辑，档案出版社 1990 年版，第 248～250 页。

2. 陕甘宁边区政府关于今年选举工作的训令

1945 年 9 月 6 日

各专员、县、市长、区长、乡长：

边区政府根据边区参议会二届二次大会的决议，决定于今年十月十五日至十二月底的时间举行乡、县、边区三级政权的改选。

自一九三七年抗日民族统一战线正式形成之后，边区即依据新民主主义亦即革命三民主义的政治原则，在普遍、平等，直接与不记名投票选举的基础之上，建立了各抗日民主阶级合作的地方联合政府，复于一九四一年改选时实行三三制政策，更加巩固了各阶层人民致力于战胜日寇与建设边区的民主团结。整个抗战时期，因有此民选的能够团结全边区抗日人民的联合政府，尽其力以为人民服务，使我们胜利的保卫了边区，建设了边区，并光荣的履行了作为解放区军民总后方与总根据地所应负的历史任务。特别近几年来，由于生产运动的积极发展，人民生活获得进一步的改善，人民的财富开始有了积余，而人民的觉悟性和组织性更表现出空前的高涨。劳动英雄和模范工作者成百的涌出，更为边区的政治、军事、经济、文化的各种建设提供了新的力量和新的人才。

现在抗日战争已经胜利的结束，新的历史时期已经到来，全国人民已经进入为和平、民主、团结奋斗的时期。在过去的历史时期中，如前所述，边区人民已经为抗日事业付与了应尽的力量，为民主联合政府建立了初步的楷模，在今后，在新的历史时期中，我们更要全心全力的继续提高边区的建设，在政治、经济、军事、文化的各方面建设上作出更好榜样，有力的参加和推动为全国的和平、民主、团结而奋斗的事业。

上述边区建设的新的成就，边区人民的新的任务，就是即将举行的选举运动的政治出发点。为使新的选举所产生的三三制联合政府能够更加密切的联系人民，服务于人民，以胜利的履行其历史任务，必须：

一、坚持不分阶级、党派、民族、性别、信仰的，不受财产与文化程度限制的，普遍、平等、直接、无记名投票的选举原则。

二、发动人民彻底检查政府工作，检查各种政策的正确性及其执行的程度，检查政务人员的工作作风，展开批评与自我批评，真正做到“知无不言，言无不尽，言者无罪，闻者足戒，有则改之，无则加勉”，一方面使人民能够更好的识别人材（才），选择为他们所能信任与需要选举的人物，以达加强各级政权的目的，另方面，使人民能够更多的熟悉政府工作（特别是当前紧要的生产与备荒的工作），提出问题，发表意见，以为今后改进工作的基础。“人民动手来彻底的检查政府工作，展开批评与自我批评，这是今年选举运动的主要步骤，亦即办好选举的关键”，必须认真进行，并必须在检查工作完毕之时方开始进行选举。

三、在选举中，任何公民，任何抗日党派与民众团体，有依选举条例提出候选人的权利，有为自己或他人实行竞选的权利，但任何操纵行为必须制止，以保证人民选举投票的完全自由。

四、各级政府须即依据“陕甘宁边区各级选举委员会组织规程”成立选举委员会，在各级政府领导之下进行各种准备工作：（1）关于选举条例及本训令的宣传解释；（2）研究选举经验、尤应研究已经进行的各地试选中关于检查工作的经验；（3）关于调查、登记选民等技术工作的准备。

选自《陕甘宁革命根据地史料选辑》第三辑，甘肃人民出版社 1983 年版，第 8～10 页。

互校版本：

1.《中国新民主主义革命时期根据地法制文献选编》第一卷，中国社会科学出版社1981年版，第399～401页。原注："选自《陕甘宁边区重要政策法令汇编》一九四九年版"。

2.《陕甘宁边区政府文件选编》第九辑，档案出版社1990年版，第254～256页。

3. 陕甘宁边区政府选举委员会关于今年乡选工作致各专员县市长的信

1945年10月5日

各专员、县市长：

关于边区今年举行的乡、县、边区三级政权的改选工作，边区政府已于九月六日发有训令。现在根据几个乡的试选经验，就乡选工作向你们提出如下的意见。至县、边区两级选举的若干问题，将另行写信给你们。

一、选举方针

边区政府训令所指示的关于今年选举运动的基本方针，是在继续三三制政策的精神下，发扬民主，团结人民，放手发动群众，检查政府工作和人员；教育干部，整顿作风，改进工作，自由选举，选举好人；健全民主制度，加强地方自治，而放手发动群众，彻底检查政府工作和人员，尤是选举工作做好的主要关键。

这个方针，是从人民大众出发，为人民大众服务，又经过人民大众的群众路线。它的正确性已在这次几个乡的试选经验中获得充分的证明，在今年三级政权改选运动中，必须坚持和贯彻这个方针。

乡选是三级选举的基础，因为政府同人民的关系首先是在区、乡政权直接地表现出来。群众检查政府工作和人员首先是直接地检查区、乡政府的工作和人员，而发动群众首先依靠区、乡干部去发动。所以选举方针的贯彻，关键在于乡选，要在乡选中放手地和充分地发动群众检查政府工作和人员。检查工作做得好，选举就能办得好，而乡选办得好，上级选举也就能办得好。我们这个信，就是给你们着重地介绍乡选试选中一些成功的经验。

二、检查工作

"放手发动群众，检查政府工作和人员"，就是要大多数人民自己动手来检查政府的工作和人员。检查的目的是为要发现问题，给以适当的解决，并求得经验，使工作能更好地向前推进，又是为要识别人员，整顿作风，选举好人，使政府能够更好地联系群众。因此，彻底的检查工作和人员，既能奠定改进工作的基础，又能奠定选举好人的基础，是整个选举过程中的重要关键和中心步骤。

要能使群众大胆地自己动手检查政府的工作和人员，首先要干部能放手去启发群众，这就必须在干部中进行充分的思想准备，使干部认识到放手发动群众检查工作的重要性，打破"怕民主""怕放手"的错误观点，敢于放手让人民批评政府的工作，敢于在人民面

前承认自己的错误与缺点，不怕人民指责自己，一心一意做到人民对政府“知无不言，言无不尽”，干部对人民“言者无罪，闻者足戒”，把埋藏在工作和作风中一切错误和缺点，毫无隐瞒地暴露出来，并努力加以改正，才能使我们的工作更加推向前进。这是一方面。另一方面，群众还有许多不肯或不敢讲的话，其主要的心理是怕“不顶事”和“怕惹人”。这种心理，是旧时专制政治的结果，革命以后，由于民主政治的发扬，已大为减少，但又由于我们工作与作风上存有缺点，还未能完全消除，这是我们放手检查工作时在群众方面所存在的障碍，是必须打开的一关。因此，要使工作检查彻底，必须做到使群众能“有啥说啥”。这样（一）首先要乡村干部利用一切接触群众的机会（如开会、工作报告、漫谈、访问等），进行诚恳地自我检讨与批评，启发群众说出心里的意见，对群众所提意见，无论对与不对，都不能耍态度，“红脸粗脖子”地反驳他，说得对的，应该诚恳地加以接受，不对的，则要诚恳又和气地根据事实加以解释。（二）其次要注意发现问题，并立刻设法解决问题。群众是现实主义者，他们不相信讲话，而是相信自己亲身体验到的事实的。因此，凡遇群众所提的问题，特别同他们切身利益有关的问题，只要当时能够解决的，不管问题之新旧、大小，都要即时地设法解决。解决的方法，最好由大家讨论，民主解决，解决不了的，则分别提交上级政府或有关机关，请求予以解决或答复。

展开批评与自我批评，发现问题与解决问题，两者都是检查工作的主要方法，应该尽量经过这些方法，以达到彻底深入检查工作之目的。

在开始发动群众检查工作时，不必限制于检查某一种或某几种工作，应该采取群众“有啥讲啥”的原则，讲出他们最关切的事物；这样容易发动起来。但在群众发动起来之后，则可看情形引导群众比较集中地注意于当地最主要的问题上去；这样，收效会更大。在今年选举期间，正遇秋征，两项工作应当如何划分和配合，各地领导机关应当事先加以研究和准备。

开会商量问题共同决定，是民主方式之一。但大会与开会太多，使群众误工很多，又变成群众的负担，“国民党税多，八路军会多”，引起群众的厌烦。加以会议如果准备的（得）不好，不能解决问题，将更使群众不满，会议召集困难。在今年选举工作中，应该采用“少、小、精”的原则，即会议要开得少开得小开得精，以个别访问、家庭会议、随便拉话、分村开会、轮批开会等方法，以代替大会与多开会。每次会议，又必须有充分的准备，在会议上要达到一定的目的，解决某些问题。

乡政府向乡民报告工作，其作用是使居民们明白政府为人民做了些什么事，有什么成绩、困难和缺点，以便求得人民对政府工作的批评和检查。但根据几个乡的试选经验，这种报告很不易做好。群众所关心的问题：不是全年全乡做了些什么事的一般报告，而是他们当前的切身事情是怎样做的，应该怎样做。因此，不必规定乡长一定要向居民做报告，如果报告，则应以行政村或自然村为单位，其内容则为该村居民当前与切身的一些问题，由乡长、村主任或村长报告均可，而以能引起群众热烈讨论为目的。

三、选举代表

“自由选举、选举好人”，就是要广大人民自动和自觉地选举能为自己服务的代表，替自己办事，这是贯彻选举方针的具体表现。边区经过几次选举教育和政治经济文化的发展，人民的觉悟程度和积极性已日益提高，加以经过我们放手发动群众彻底检查工作之

后，他们会认真的选举自己的代表，由这次几个乡的试选经验，证明了大多数选民能够在自由选举情况下选出来好人。

为了适合分散的农村环境，并便于实行直接负责的代表制（下面详说），选举单位应以自然村为宜，太小的自然村可以数村联合选举。

乡代表的候选人，应由选民们自由提出，因为乡里邻居，彼此都很熟悉。正式候选人名额，应该预先规定，一般以不超过正式代表名额二倍为宜，多了时，选举票数会过分地分散。但在候选人提出之后，必须由各该单位选民加以酝酿讨论，然后表决选出正式的候选人。这样，经过自由提出，民主讨论，集中表决决定步骤，能使选民认真而周详地识别人材（才），对选举好人有更好的把握。讨论候选人是一个很重要的事情，必须重视并做好。正式候选人名单表决之后，仍须尽可能在选民中经过酝酿讨论，使选民对人选胸有成竹的时候再行投票选举。此外应采取轮流开会投票（照门照店等离不开人，可轮着去），挨户背箱子，送上门补票等办法，以达到百分之八十以上选民能够参加选举。

四、开代表会

代表会是检查工作、选举代表两个阶段的综合与提高，是将群众意见集中起来，开会讨论决议后再坚持下去。代表会上主要要做好讨论工作和选举乡长两件大事。这两件事要做得好，都要拿检查工作选举代表过程中所发现的问题和意见做基础，才能使代表会充分的反映人民的需要。因此，（一）乡政府的工作报告要有充分准备，报告的内容要少讲一般情况和干燥的数目字，应讲些当前切要的工作及与群众所提意见有关的问题，同时提出政府对这些问题处理的态度和办法，以供代表会讨论。（二）应将检查工作中决定提交代表会的意见及各代表提案，分类整理，并可与乡长报告合并讨论，将应兴应革的事件做出决定交由乡政府执行。（三）根据检查工作和人员的结果，由代表提出乡长候选人，讨论酝酿，选出能够领导全乡居民执行大会决定的乡长来。

五、宣传鼓动

今年选举运动，也就是提高人民教育干部的运动，全部选举过程都是宣传教育过程。因此，宣传鼓动工作应掌握选举方针并针对选举运动的进程，向干部和群众讲清楚道理，使他们能够正确了解并积极参加这个运动，不可把宣传鼓动工作只看做是准备阶段的工作。

其次，宣传鼓动工作必须是实事求是的工作，必须根据当时当地情况，群众了解程度，具体实际的例子，才能使群众懂得，易于接受。宣传鼓动的内容，要密切反映各个阶段的具体情况，每一宣传鼓动都要根据某一具体的目的，适合实际，才能收到一定的效果。

根据边区农村环境与干部情况，宣传鼓动方式应以口头为主。这种方式可以随时随地进行，并且容易为群众所接受。但文字的艺术的方式（黑板报、秧歌、画报等）在可能条件下，亦应尽量利用，不应忽视它们的作用。

六、改乡议会为乡人民代表会制

乡（市）政权是人民的直接政权，它的立法与行政合一，更能发挥乡村自治能力。一九四一年边区参议会决定乡（市）政权采取“议行合一制”，议员直接由人民选举，直接向

人民负责，是完全适当的。但在行政制度上仍然另设行政村主任与自然村长，负其行政之实际责任。这样，乡参议员只管议事，不管执行，仍然是议行并立。现在边区参议会常驻会和边区政府已决定改乡议会制为乡人民代表会制，以纠正这个缺点。代表会制是乡人民直接选举能对他们直接负责的代表，组成代表会，为乡政权的最高权力机关。各代表即是由人民直接选举并对人民直接负责，因之，他们一方面代表一定的居民意见集中到代表会，另一方面又将代表会的决议在他们所代表的居民中执行。每个代表由一定范围的选民选出，又管理一定范围的居民。

边区政府正在依据此种改变修正乡政权组织条例草案，以为此次乡选之根据，将来发布之时，希作详细研究。

七、加强选举工作的领导

今年选举运动，实质上是政府人员同广大群众结合一起的自下而上的整顿政风的运动，是几年来政权工作中整风运动的继续和发展。这个运动的开展，对于改进工作和作风，对于提高边区各种建设将有决定的意义，各级政府必须加强对此运动的组织领导，特别要加强其思想领导。

在组织方面，要使各级选举委员会真正成为有能力的工作机关，要派出得力而有威信的干部参加领导。除此，还应抽出为群众所信仰的干部去到乡上帮助选举工作，特别是帮助发动群众的工作。县市长和区长必须把选举工作当作中心工作，负责地指导与检查，切不可把它交给选举委员会就不管。

在思想领导方面，各县市长必须在选举之前，召集区乡干部及所有参加选举工作的人员，开办一星期至十天的训练班，检查县、区、乡的作风，展开批评与自我批评，同时对选举工作的方针和方法作深刻的研究。在检讨作风时应找出区、乡或县府工作上的具体典型来启发干部的思想（如十月一日解放报上“从一个指示看到一些问题”一文中所揭露的不良作风，不止在某几个领导机关存在，在这次训练班上应注意发现这类问题），进行彻底检讨。使各级干部在思想上对选举方针与方法有很好的认识，而且对揭发自己的缺点亦有思想上的充分准备，这是贯彻方针最主要的关键。“干部决定一切”各县应特别注意。

关于乡选方面，要给你们写的话，就此完了，请你们根据当地具体情况加以研究。伟大的选举运动已经到来，希望你们能够顺利地实现边区政府的选举方针。

选自《陕甘宁革命根据地史料选辑》第三辑，甘肃人民出版社 1983 年版，第 12～18 页。

互校版本：

1.《陕甘宁边区政府文件选编》第九辑，档案出版社 1990 年版，第 258～264 页。

2.《中国新民主主义革命时期根据地法制文献选编》第一卷，中国社会科学出版社 1981 年版，第 401～409 页。原注：“选自《陕甘宁边区重要政策法令汇编》一九四九年版”。

4. 附［报刊评论］：要在全国人民面前做出更好的榜样——陕甘宁边区选举运动开始

1945年10月15日《解放日报》社论

陕甘宁边区的选举运动即将开始。在抗战胜利结束以后，全国进入和平建设的新时期之际，陕甘宁边区是第一个进行自下而上的普选的地区。边区这次普选，对于全国政治的民主化和地方自治的推行，将会提供许多宝贵的经验。因此，这次普选不仅是边区人民的一件大事，而且对于全国民主运动与和平建设，也有极重大的意义。

在抗战的过程中，边区人民彻底实行了三民主义，充分享受了言论、出版、集会、结社、信仰等各种民主自由，建立了民选的地方性的联合政府。在一九三八年和一九四一年，边区曾进行了两次选举运动，实行了普遍、直接、平等、不记名的投票，一切公民，不分阶级、党派、性别、民族和信仰，不受文化程度和财产的限制，都有选举和被选举权。一九四一年选举运动中，在中国共产党倡导之下，更彻底实现了三三制，使共产党员和其他党派、无党无派人士的合作更加亲密，各阶层人民的团结更加巩固，真正实现了孙中山先生的“天下为公”的理想。在选举运动中，边区老百姓流传着这样的民谣：“青青的天，白白的云，选举不分各阶层，男女穷苦齐平等，自己来管自己事，不许任何人来欺压我们”，“选举票，认清楚，认清好人与坏人”。这说明了在边区选举运动中，绝对找不出旧政权下面暴力压迫、金钱收买、包办操纵、圈定指派的现象。边区的新民主主义政权和人民有血肉不可分离的关系，它是经过人民毫无拘束的普选，推举了自己所爱戴的代表而组成的。这是它和旧政权根本不同的一个特点。

正因为边区的新民主主义政权是从人民中间生长出来的，所以它的各级领导人和干部能够艰苦奋斗、不辞劳瘁，甘当人民的勤务员，特别是区乡间的干部，栉风沐雨，终日奔走，以完成人民所给予的任务。他们所朝夕谋虑的，就是怎样使老百姓过更好的日子，怎样使老百姓的生产组织得更好，怎样使老百姓的财富更能增加，怎样使老百姓的文化更能普及提高，怎样使老百姓的自卫力量更能加强……。这样真心诚意为人民办事的政权，在中国历史上是从来没有见过的。在旧社会里面，政府高居于人民头上，只知道向人民横征暴敛，要粮要丁；旧社会的官吏，愈是贪赃枉法，愈是残害人民，他的官职也就愈大，这种悖谬的现象，在我们边区也是绝对找不到的。新民主主义政权的绝大多数干部时时刻刻为人民利益设想，为人民利益服务，这是新民主主义政权和旧政权根本不同的又一特点。

边区人民在新民主主义即革命的三民主义的事业上，已经有了辉煌的成就。但是，能不能说我们的新民主主义政权已经十全十美，毫无缺点呢？不能，我们决不能自满于已得的成绩，我们要看清楚我们还有不少缺点，需要长期努力，加以克服。由于旧社会还留下来的耍私情、摆架子，强迫命令、官僚主义等传统陋习的影响和侵袭，我们部分干部或多或少地犯了脱离群众的毛病。我们还应当警惕，在我们的政权机构中，还可能混进了个别为非作恶，与人民敌对的坏人。因此在这次选举运动中，应当认真地进行批评和自我批评。新民主主义的政府，毫不害怕人民批评它的缺点，因为人民就是它的主人翁。不仅如

此，新民主主义的政府衷心欢迎和虚心倾听人民的批评和建议，因为它坚信在人民伟大力量的监督和帮助之下，自己的缺点一定可以克服，部分干部作风上的毛病一定可以纠正，个别不可救药的坏分子，一定可以从政权机构中清洗出去，而代之以忠实于人民利益、能为人民服务的人物。只有倾听人民的意见，并按照人民的意见办事，才能使我们的政权机构更加健全，才能使我们的行政效率更加提高，才能使我们的政权和人民结合得更加密切。为了准备这次选举运动，边区政府及其选举委员会曾发布指示，郑重号召放手发动全边区人民彻底检查政府工作和人员，这样对人民忠心负责、坦白无私的作（做）法，是旧政权所万万做不到的。正因为旧政权的主宰者，不是人民而是少数压迫人民、剥削人民的特权者，所以它害怕人民的呼声，犹如鸱枭怕见太阳一样，所以它不得不千方百计压抑和摧残人民的言论自由，来掩盖自己的反人民的意图和行为。这又是新民主主义政权和旧政权根本不同的另一特点。

全边区的公民们，热烈响应政府的号召来参加选举运动吧！充分地运用自己的主人翁权利，更好地学会“自己来管自己事”的本领。认真检查政府的工作和人员，细心考虑我们今后的工作，真正做到知无不言，言无不尽，然后选举为人民所信仰、能为人民办事的代表，以便把边区建设事业更向前推进一步。过去两次普选，我们做得有成绩，这一次普选，我们一定要做得更好。要知道全中国同胞都非常欣羡我们的民主自由的生活，我们要在他们前面做出更好的榜样。对于有兴趣了解边区民主政治的其它地区各党派、各界人士，我们边区人民热忱欢迎他们惠然到来，考查我们的普选，并给我们以教益。

全边区各级干部，要坚决执行放手发扬民主的方针，更加坚定我们的群众观点，大胆地诚恳地鼓励人民检查我们的工作，向人民进行实事求是的自我批评，更加信赖人民的无限创造力和丰富智慧，把这次选举运动当作自己向群众学习的最好机会，更虚心地倾听人民的批评，把人民的意见当做自己的镜子，努力洗掉脸上的灰尘，改进自己的作风。我们为人民做了许多工作，这是我们人民公仆分内的事情。但是当群众对我们提出批评的时候，我们有责任严格地检查自己的工作，认真地改正自己的缺点或错误。我们不应当把群众的批评看成一种“委屈”、或者“丢人的事”，而应当看作群众对自己的宝贵帮助。我们应当深刻地认识，群众能够毫无保留地说出他们心里的话，正是我们新民主主义政权的光荣。最近几个乡的试选经验证明了群众对自己的干部是爱护的，不管我们有多少缺点，只要勇敢地接受群众的正确批评，群众就会更加爱护我们。最后我们号召边区所有共产党员，在这次选举运动中，要更好地和一切民主分子进行合作，并在倾听群众意见和自我批评上做大家的模范。

选自《陕甘宁革命根据地史料选辑》第三辑，甘肃人民出版社 1983 年版，第 32～33 页。原注：“民国三十四年十月十五日《解放日报》社论”。

5. 陕甘宁边区政府选举委员会关于边县两级政权改选的指示

1945 年 10 月 27 日

各专员、县市长：

关于今年改选问题，前信已有说明，该信所提出的基本方针与主要的方式方法，同样

适用于边、县两级参议员的选举，望基于做好乡选的基础上，更进一步把边、县两级选举做好。兹再谈几个有关边、县选举的问题。

一、各县应选出的县参议员数目，由各县按照选举条例分配各乡，至边区参议员的数目，按照选举条例各县比额如下：

县　别	正式参议员	候补参议员	备考
延安市	三	一	
延安县	四	一	
延长县	三	一	
延川县	四	一	
固临县	二	一	
子长县	四	一	
甘泉县	二	一	
富　县	三	一	
安塞县	三	一	
志丹县	三	一	
延属分区垦区	一		
绥德县	八	二	
清涧县	四	一	
吴保县	三	一	
米脂县	五	二	
葭　县	六	二	
子洲县	七	二	
曲子县	四	一	
庆阳县	四	一	
合水县	三	一	
镇原县	三	一	包括一名回民议员在内
环　县	三	一	
华池县	二	一	
赤水县	三	一	
淳耀县	三	一	

新正县	二	一	
新宁县	三	一	包括一名回民议员在内
关中分区中心区	一		
定边县	三	一	
吴旗县	三	一	
盐池县	二	一	
靖边县	四	一	
定边县回民议员	一		
三边分区蒙民议员	二		

以上共正式边区参议员一百二十一人，候补三十四人。

二、边、县两级改选时间，在本年十二月底前与乡选同时完成，至提出讨论与表决候选名单进行投票选举等工作，在选好三级参议员与代表之目的下，可按当地具体情形，分别进行。

今年三级政权同时改选，工作是复杂而细密的工作，具体的领导是具有决定意义的，望对于边、县、乡三级选举周密规划，很好配合，具体布置进行。

三、为了更加发扬民主进行自由选举，边、县两级候选名单，规定除由各政党群众团体提出外，边区参议员有选民廿人联署，县市参议员有选民十人联署即可提出一人。这种提法，会能提出更多优秀人材（才），但可能提出的候选人比规定的候选人超过很多，不便选举。如发生此种情形时，必须按照选举单位（县或乡）将所提名单集中后，发给选民，经过介绍酝酿，用表决方式选出正式候选名单。正式候选名单，应以选举单位初选的结果得票最多者（正式议员的两倍）当选。如此再将正式候选名单发给选民，经过介绍酝酿，使选民心目中有了把握时，再进行投票选举，选出正式参议员。这样经过初选复选，结果会更好的。

选举边区参议员以县为单位，县市参议员以乡为单位，即候选比额与计算选票按上述单位进行，但开会投票等仍以自然村进行为宜。

有关选举各较大问题，望按照已经公布过的文件进行，在进行中，应由边区实际情况与人民利益出发，大胆的创造更适合于放手发动群众的方式方法，求得选举方针之完全贯彻。

此致

敬礼!

边区政府选举委员会主任刘景范

选自《陕甘宁革命根据地史料选辑》第三辑，甘肃人民出版社 1983 年版，第 40～43 页。

互校版本：《陕甘宁边区政府文件选编》第九辑，陕西省档案馆、陕西省社会科学院合编，档案出版社 1990 年版，第 278～281 页。

6. 附［报刊评论］：把边区选举运动再推进一步

1945年12月5日《解放日报》社论

陕甘宁边区的普选运动已开始一个多月了。这次选举运动充分表现边区人民真正认识自己主人翁的地位。经过几年来新民主主义的生活锻炼，边区人民的政治觉悟是更加提高了。他们踊跃参加选举：许多地方选民到会都在百分之八十以上，有些地方竟超出了百分之九十，不少六七十岁的老翁和老太婆，翻山越岭，不避风雨，赶去投票。他们认真的检查政府的工作，并在检查工作的过程中，识别了人材（才），经过群众的鉴别，个别贪污腐化，欺压群众的分子遭到了群众的揭发而落选，一部分工作作风有缺点的干部受到群众认真的和善意的批评，许多工作努力、作风优良的干部受到群众的衷心赞扬，大批的在群众中生长起来的有威信的新人物被选进政权中工作。从已经揭晓的某些乡的选举结果看来，经过这次选举，乡政权和人民的联系更加密切了，新选出来的人民代表，多已在实际工作中表现他们是真正为群众办事的人。

这次选举运动获得了显著的初步的成绩，证明了边区政府所指示的放手发动群众、检查政府工作和人员、教育干部、整顿作风、改进工作的方针，是完全正确的。许多地方真正实行了这个方针，干部诚恳地向群众进行自我批评，耐心启发群众批评和检查政府工作，虚心听取群众意见，并对群众所提出的正确意见，尽可能地给以适当的解决，因而消除了部分群众中存在的“怕报复”或“批评不顶事”的顾忌，因而大大发扬了群众的主人翁的感觉和参选的积极性。但是，从各地选举报道中，我们也可以看出部分地方的选举运动还存在不少弱点，其中最主要的，就是对于上述基本方针还没有很好的贯彻。

有个别地方的干部，还没有很好掌握这次选举运动的基本方针，甚至认为群众不会提出什么好意见；认为群众“说不出个条条”，有的认为受群众的批评是丢人的事，认为批评是“败信”、反省是“倒灶”，因而这些地方的选举工作，不是先在群众中进行充分的宣传和酝酿，从而发动群众检查和批评政府工作，在检查工作的基础上使群众识别人材（才）进行选举，而是只用简单的方式，进行改选人员，事先既没有对群众进行很好的宣传解释，没有发动群众检查政府工作，选举时对每个候选人也没发动群众慎重地加以讨论，因而群众的参选热情不高，甚至一部分选民放弃了投票权，因而使此次选举工作流于形式。

有个别地方的干部，把发动群众批评和检查工作，只当作简单的“任务”来完成，或者认为只是一种“风气”。因而他们不敢大胆的放手发动群众，甚至当群众刚开始起来检查和批评政府工作的时候，他们便认为这种批评已经“过火”，因此阻碍了选举运动更深入的开展。

有些地方，虽然他们执行了放手发动群众检查政府工作的方针，他们能够大胆的发动群众起来讲话，但因为干部们以为群众讲了话，一切问题就都解决了，而没有注意如何把群众意见很好地集中起来，以致检查工作进行的（得）不深刻，往往只限于一些表面的零

碎问题的讨论，而没有进一步引导群众对当地群众中最主要、最迫切的问题进行讨论；只限于对过去工作的“算账”，而没有进一步引导群众根据自己的切身利益，对今后当地应兴应革的事情加以研究。因此，虽然费了很大的力气发动群众批评，但对今后工作的改进帮助不多。

还有些地方，因为今冬工作较多，干部们没有把选举工作当做一切工作的一个重要环节。他们甚至认为选举工作妨碍其他工作的进行，因而便想采取“突击”的办法把选举工作很快的“完成”，然后好进行其它工作。

我们建议各级领导机关，特别是县级领导机关，认真的检查过去一个时期的选举工作，以便吸取经验，发扬优点，克服缺点，把我们的选举运动再推进一步。

要使选举运动再推进一步，其中心关键在于认真贯彻边府所指示的选举运动的基本方针，要多用选举中的具体例子教育干部，使其充分认识发动群众检查工作的重要，使他们懂得只有通过群众的检查和讨论，才能使我们的工作改进，而在检查工作中群众对干部所提出的批评，不是干部的“败信”，相反地，干部如能虚心接受群众的批评和意见，他们和群众的关系就会更加密切，他们在群众中的威信就会更加提高（许多试选中的例子可以充分证明）；而且应该特别指出，目前选举运动表现的某些弱点，是发动群众批评和检查政府工作做的不够，是有些群众还没有把他们的意见讲出来，而不是什么群众的批评已经“过火”。还有，领导上不仅要号召下级干部向群众进行自我批评，而且应当以身作则，检查自己的领导作风。

要使选举运动再推进一步，必须更加加强对选举工作的领导。在选举运动中，用各种方法发动群众检查和批评政府工作，提倡群众“知无不言，言无不尽”，提倡群众“有啥说啥”，这是对的。但当群众已经发动起来之后，领导上还应当更好地分析群众的意见，引导大家把注意力集中在当地大多数群众最主要，最迫切需要解决的问题上层开讨论。同时要把群众从清算过去工作，引导到研讨今后当地应兴应革的事宜。

要使选举运动再推进一步，各级领导机关和全体干部还必须把主要的力量用来领导选举工作。固然今冬工作很多，干部很忙，但只要把选举工作当成目前各项工作的一个重要环节，在选举运动中检查工作，在选举运动中发扬群众的积极性和自觉性，在选举运动中更加亲密政府和人民的关系，那末（么）其它各项重要工作，如冬季生产工作、训练自卫军工作等，也就好推动了。选举工作不仅不会妨碍其它工作，相反地，为了使今后各种工作更好开展，更应该加强选举工作。

最后希望各县根据选举开始前举办训练班的经验及本县具体情况，着手准备选举结束后干部冬训班的工作，以使这次冬训班真正达到西北局“关于区乡干部冬训指示”中所指出的“把本届选举工作经验、模范的例子、区乡工作中的主要缺点及如何改正的办法作为教育大家的材料，发动研究讨论，并根据各县实际情形具体讨论和布置一九四六年区乡的主要工作与生产任务。”

选自《陕甘宁革命根据地史料选辑》第三辑，甘肃人民出版社1983年版，第48～51页。原注：“三十四年十二月五日《解放日报》社论”。

7. 边区人民的伟大胜利——李鼎铭副主席在第三届边区参议会第一次大会上的选举工作报告

1946 年 4 月 6 日

各位参议员，各位来宾：

林主席的政府工作报告总结了抗战八年来，尤其二届边区参议会四年来的政府工作，把成绩缺点和经验教训讲得很详细，又进一步提出建设边区的方针和任务，并强调改进工作作风，请求大会讨论。我完全同意这个报告。我希望各位参议员多多检讨，多多批评，多多提意见。我们是各个地方的人民选举出来的，他们把他们的要求寄托在我们身上，我们就要满足他们的要求，就要看到什么说什么。

林主席的报告里提到了最近一次的选举，这次选举是边区人民的一个伟大行动，我现在就专门来谈谈这件事。

去年日本投降，正是我们布置选举的时候。我们的选举，关系是很大的。中国共产党领导下的解放区有十八、九个，我们陕甘宁边区是很小的一个，人口只有一百五十万，但却是最老的一个，又是中共中央所在地，其它各个解放区常常把陕甘宁边区当作榜样来看。大后方看共产党领导下的区域，最注意的是陕甘宁边区，民主人士看样子要看陕甘宁边区，反动分子造谣言最多的也是陕甘宁边区。所以我们的选举对全国的意义很大。所以大家都很慎重，开始先在各分区找二、三个乡试选，然后才普遍进行。结果大家是看到的，很有成效，人民发扬了民主，检查了政府工作，选出了他们要选的人，为我们陕甘宁边区今后的建设工作奠下了新的基础，又给全国民主运动以重大影响，所以我说这次选举运动，是陕甘宁边区人民的伟大胜利。

自从民国二十七年以来，边区人民进行过好几次选举运动，三级同时选举也经历了三次。说到民主选举，人们常把边区同英美老牌民主比较，我想比较一下也好，看看究竟有什么不同。的确，在民主和选举问题上，他们是我们的先生，他们有许多年历史。然而“青出于蓝而胜于蓝”，我们学下他们的，却超过了他们。他们不是完全搞直接选举，我们却是直接的，如乡、县、边区人民代表（参议员）都是由人民直接选举的。他们更不是完全、普遍的和平等的，英、美两国一向都有民族、人种的限制，对其它民族、人种总不能一视同仁。还有社会地位、财产状况的限制，甚至如英国，一个人有几处财产，就有几个选举权，就能投几票。每个竞选人还要给选举事务机关缴一百五十镑押金，在美国，则大半数的州规定选举和竞选资格，要以缴纳一定税款为标准，还有居住年限的限制，如在美国，它本来是块新大陆，全靠移民移来，但不是所有移民都有选举权与被选举权的，众议员要居住七年以上才有被选举权，参议员要居住九年以上才有被选举权。还有文化程度的限制，要能读能写的才能选举和被选。我们有什么限制呢？我们限制汉奸卖国贼，限制经过司法机关判了罪剥夺了公民权的，限制神经病患者，如疯、痴、癫、狂，此外，什么限制也没有了。凡是十八岁以上的汉人、回回、蒙人，不论男女，都有选举权和被选举权，毫无限制。

如此看来，我们是完全做到了普遍、直接、平等、自由等选举原则，他们只是部分做到，不普遍不直接不平等不自由的地方还很多。这是边区选举制度的第一个重要特点。

这次的选举和过去一样，把这种特点完全反映出来了。比如一百七十位边区参议员里头，有工人六，贫农十八，中农六十九，富农二十六，商人九，地主三十四，其它八，其中回回三个，蒙古人三个，妇女七个。这无疑地反映了边区内部的社会关系和民族关系，社会关系上各阶层是完全平等的，民族关系上汉族与少数民族是完全平等的。

再么各级议会里头农民代表占相对多数，有的占绝对多数。为什么呢？因为全国农民占百分之八十以上，我们这个地方更占到百分之九十以上，在这种情况中，农民代表自然就多了，这是极其合理的。但这种合理的结果，如果没有选举制度上的这一特点，是不可能产生的。

边区选举制度的第二个重要特点就是三三制。共产党方面限制自己的候选人，并且反转来替各党各派、无党无派提出候选人，替各阶层提出候选人，为他们竞选，外头那得有这种情形，人家是自己竞选还来不及呢。这一个特点，在民国三十年二届参议会时就完全实现了。在二届大会里，原决定政府委员选十八人，按三三制能选共产党员六人，因为是自由选举，结果多选出了一个，他们就定要退出一个，又补选了一个无党无派的人。各县常驻委员会和政府委员会选举中，也有共产党员超过三分之一的，呈报上来后，就叫他们超过的统统退出来，另外补选其它党派或无党派人士。这届选举结果，共产党在绝对多数的乡代表里头不够三分之一，在县和边区议会里三分之一，有的地方稍多于三分之一，因为是地方人民直接选举的，不可能退回去，但在县常驻会与县政府委员会里头，就一律只有三分之一。所有这些情形，都是我亲自见到的，也是大家亲自见到的，所以还有中外个别分子说边区政权是共产党把持包办，我想是很可笑的。我想要找把持包办，只能到中外独裁主义者那里去找。我们这个地方，却是建立了大家有职有权的民主联合政府。

还有第三个重要特点，就是在选举中检查政府工作。这次选举，我们比以前任何一次更强调检查工作是办好选举的关键。政府工作人员不仅向人民报告工作就完了，还要自我批评，自己说出自从被选举以来做过的种种事情中有什么缺点，人民不仅听取工作人员的报告，并且可以亲自动手检查政府工作，发现问题。开始，好多地方的老百姓不肯说话，第一怕得罪人，第二怕不顶事，我们政府工作人员就保证不会报复，一定生效，因此如延安、富县、延川、志丹、曲子、合水、镇原、新正、新宁、赤水、吴旗等县，经过这样的检查后，就发现了二万一千多个问题，并且随发现随解决。据我知道，现在已经解决的已过一万七千多个，大概在总数里占百分之八十以上。其余没有解决的，都是因为乡上不能解决，交到县上解决，有的在县上也不能解决，如负担、税收、婚姻、尤其牵涉到上级领导作风等，这些没有解决的问题，在这次大会上或大会后，都要迅速设法解决。

检查工作就发现了很多问题，就着手解决，在这里头我们取得了经验教训，知道人民对什么事情满意，对什么事情不满意，看出今后应该努力的方向是什么。所以这次选举为改进工作奠下了基础，许多乡代表会就是在这个基础上进行并获得良好结果的。

在检查过程中，不仅发现了问题，同时又识别了人员。对政府工作人员，某某好，某某不好，过去只是议论，经过检查后，人民就认清了谁真是好的，谁真是不好的，因为要选举好人，就要认识好人，检查工作就为认识好人打下了基础。老百姓都说：这次选举是

头瓜里选头瓜，好人里挑好人。这样好人纷纷选出来了。如根据延安市、安塞、固临、延川等地的调查，全部二千七百六十三个乡代表中，绝大多数是在群众中有广泛信仰，威信很好的。县和边区的参议员也是如此，就已有的材料看，全是选的公正人和先进分子。我们在选举前提出放手检查工作是办好选举的关键，当时还没有实践证明，选举后，咋证明这个方针确实是正确的。

这些特点是从哪里来的呢？是从新民主主义来的。新民主主义是孙中山先生的革命三民主义，是照顾各阶层利益的，无论是地主、资本家，工人，农民都要照顾。孙先生的三民主义，我们都实行了，我们为了民族的生存，前仆后继，再接再厉，八路军、新四军在前方坚持抗战没有一天松懈过，我们在后方为他们照顾家属，安置伤残人员，培养干部，整训部队等。我们的人民自己管理政权，发挥着各种自由权利。还有，大家都是从民间来的，看看人民的生活怎样了，近年来我虽然在政府里，但是也见到些反映，农民从生产从减租减息中确实改善了生活。而且一天一天的改善，走向普遍的丰衣足食。

人民生活改善了，政治积极性就更加提高了，加上上述的选举制度，人民就把选举运动认定是自己的事，不是旁人的事。所以从检查工作到选举代表的三个月过程里头，就连许多还不到十八岁，还没有选举权的少年与儿童，也做了不少与选举有关的事情。至于选民就绝大部分卷入了浪潮，他们有什么说什么，自由酝酿着候选人，没有因亲戚朋友要私情的；在选举代表时，如志丹、子长、曲子、环县等地区，就有百分之八十七的选民投了票，就是百个选民中有八十七个投了票，这只是平均数，最高的是百分之九十六，就是百个选民中有九十六个投了票。他们从自己的经验中证明坏人可以去掉，不要怕；好人会有缺点的，但好人的缺点确实是在诚心诚意地改进。所以他们就大胆地批评坏人，不给他投豆子，善意的批评好人的短处和赞扬他的长处，仍然选举了他，又新选出许多新的好人。因此乡代表会也就活跃了，如延安县李家渠乡代表会在第一次开会时就通过了三个提案，一个是在一条要路上修座桥，一个是要立个市场，一个是要建立治安小组。这些提案在乡政府领导下很快就实现了。选举办法好的例子很多，要都举出来不胜其繁。再举一个米脂民丰区三乡的例子，那个乡这次选举非常之好，起初工作人员情绪有些不高，为什么？这就是在抗战中我们有照顾不到处，对区乡干部生活就有些照顾不到，他们要工作，也要生活，要当公家人，又要管家庭，有这些困难，他们的情绪就不高。三乡解决了些他们的困难，他们的情绪就提高了。在群众里头，群众有什么就说什么，人民酝酿候选人，也没有亲戚朋友要私情的，选举了公正的人，投票的占百分之九十二，其余少数因病或因事不得来。并且还贯彻三三制，在二十四个代表中，共产党员占八个——三分之一，在代表会上讨论，解决了许多问题，如变工队过去有很大的组织，不适合分散的农村，现在大小、时候都按需要；乡政府机构、制度也要改进，这些都适合一般人民的要求。这样的例子还很多。经过选举运动，人民的自治积极性大大提高了。

因为有这些特点，所有乡干部也更加提高了自己的上进心自信心和工作积极性。过去我们的乡村干部是有缺点的，有些事要做，他们拖着不做，或者硬做，要命令，随便捆绑人处罚人的事情也是有的。这次选举，他们也从自己的经验中证明群众的眼睛是公正的，群众合在一块，并没有偏三向四，营私舞弊，或存心报复，他们了解了只有他们自我批评是诚恳的，并且能接受群众正确的批评，群众才会拥护他们，而且一定拥护他们，而这样

的人，是批评不倒的。这样他们就有进步了，我举一个例子，比如延安李家渠乡长卜清旺，这个人本质上是个好人，但是群众对他有些不满意，觉得他态度有些不好，而且懒于下乡。可是经过这次选举运动的教育，他改正了，确实改正了，有一天，李家渠集市，他解决了十多件案子，一概是平平和和解决的，没有发过一点脾气，这是他的态度改正了。并在选举后经常下乡，布置秋翻地，冬学等。还有个自卫军排长，他也是对群众态度不好，在李家渠吃了人家的东西不给钱，大概是浪里浪当的这号人，自从选举中大家批评他以后，也改正了，欠下人家的钱统统开销了。从这里可以看出，我们有些村乡干部在经过和接受了群众的批评后不再要人督促，自己能主动找工作做，把“拖”，“不顶事”没了，并且能和群众商量着做，把“硬”，“命令主义”也多半取消了。

世上有一些人，犯了很多错误，做了很多坏事，人家指出来了，还说人家不对，还要坚持坏下去。我因此想起过去的一些专制皇帝来了，他的错误，是没有人敢批评的。有些皇帝实在做得一塌糊涂，弄得人民起来了。有些大臣看开了，提出来要他下个罪己诏，征求直言，他就下了个罪己诏，说：“一切事都是我的过，大家看见我有什么不对处，尽管说出来。”但他说是这样说，改却一定不改的。但现在中国有某些人，不仅不改，连说也不许人家说了，在顽固性方面真是比专制皇帝胜了一筹。

从这些群众和干部的新情况中可以看到，我们这次选举运动是发扬了高度的民主，因此获得了很好的结果。

但是应该指出一点，还有个别地方的选举办得不大好，预先发动时就一般化，不按具体情况来，思想酝酿很不够。乡政府工作报告，县上发给他一个格式，他就照样填上点事实，了了草草报告几句完事，有的则是本“流水账”。也有这样的现象，就是忽视检查工作，他们说：“选举就是选举，检查工作干什么？”所以不发动群众，群众也就不积极，问题也就很少，不是存在的少，而是群众不肯说，选举工作就搞得冷冷清清。也有这样的现象，就是怕麻烦，在开会时，随便提出几个人，问大家同意不同意，民主没有发扬起来，谁会说不同意！于是马马虎虎进行了选举，有的还是丈夫代婆姨投的票。所以这些毛病，都是从一个原因里发生的，就是干部的思想没有搞通，群众没有发动起来，因此群众仍然是消极的，干部仍然是模模糊糊的，连自己工作中有些什么缺点也还找不到。曾经存在过这些毛病的地区，领导上应该想另外有效的办法把它补救过来。

还应该指出一点，我前面说群众的自治积极性提高了，干部的工作作风改进了，但这些都还不普遍、不巩固。所以林主席在报告中着重提出加强乡村自治，改进工作作风，他说的很明白。他的这些主张，我都是极端同意的。

这次选举不止是给区乡干部上了一课，并且给政府的上级机关上级工作人员也上了一课。你看各处的代表会都很清楚的指出上级领导有急性病，本来不是骤然能够办到的事，偏要赶着办；并且还有求之过高的毛病，本来人民的觉悟程度和地方上的人力物力还不可能，偏要勉强叫办；并且还有官僚主义，工作只是布置，只是发号施令，不顾这个工作布置下去是做好做坏，没有检查。因为领导上有这些毛病，所以下面发生很多偏向，领导上要自我批评，不能仅责备下面。

这次选举启示了我们，所有问题的根子绝大部分是在农村里头。大家想一想，我们政府工作人员做事为的是什么？为的是人民，在咱边区，尤其为的是农民。所以领导正确或

不正确，好或坏，要照镜子在哪里照，就要在农村和农民中照，他们要兴的利兴了，要除的弊除了，这就是领导的（得）好，要不然，哪怕你表面说得怎么好，也是领导得不好。还有村乡干部是不是真正在替人民兴利除弊，或者他们里头还有乱没收老百姓的东西，乱罚人，要态度，要私情等情形，也都要从村乡才能发现出来。因此我想，政府上级机关的人员要有计划的下乡。坐在机关里，门儿闭着想，想不出来的。只有到乡上去照，才能照见那里还有些灰尘，赶快把它洗掉，也只有到乡上去挖，才能发现问题的关键在哪里，马上解决它。这样，下情了解了，领导的正确性了解了，工作检查了，问题就解决了，并且由此取得了经验，作为领导和推动全局的根据。这是医治今天我们政府领导人员的毛病的良方。

检查要和奖惩联系起来，没奖惩，检查不生效。三一年县长联席会议上我曾讲过，有个别贪污腐化，欺负人民的人没有受到处罚，有许多埋头苦干，爱护人民，尊重人权和财权的人员，没受到奖励。我们上级为了推进工作，处罚一个人，可使全体警惕，奖励一个人，可使全体兴奋。所以今后应把奖惩的事执行起来。

诸位参议员都是从人民中来的，这就是人民的镜子呀！各地各级政府的好坏，是瞒不过诸位的，因之，我希望诸位把意见多多的讲出来。民国三十年我进了政府，有一次回家，看出上下有点隔膜，下面的工作上面有不甚了解的地方，所以当时我想应该有什么办法使下情能够经常反映上来。我想最能反映民情和下情的是参议员，诸位受人民的委托，反映民情和下情是责无旁贷的，是最适当不过的了。诸位是人民的代表，也就是政府工作的监督人，希望经常监督政府改正各种缺点。我想，只要确实为人民兴利除弊，那一切工作的缺点是可以克服的。因为我们的缺点是同成绩分不开的，是成绩里头的缺点，是在真正为群众服务这个主义下的缺点，这样的缺点是一定会克服的。

现在我们大体上说来，环境是改变了。停战协定、政治协商会议决议和全国整军协定奠下了全国和平、民主的基础。但是有些反动分子正在继续挑衅，因为他们在八年抗战中混水摸鱼，发的国难财很多，所以他们还想继续混水摸鱼，所以他们就想推翻这个和平、民主的基础，想乱，想打内战，想挑起第三次世界大战。但我们中国人民是受不住了，我想全世界人民也受不住了。我希望全国爱好和平民主的人士大家团结起来，反对这种自私自利的，祸国殃民的大阴谋，为和平民主奋斗到底。我今年六十六岁了，本来没有什么力量奋斗了，但是诸位参议员为民主奋斗的热情鼓舞了我，我愿意追随在诸位之后，追随在全国社会贤达之后，为和平民主的新中国奋斗下去。

选自《陕甘宁边区第三届参议会第一次大会汇刊》，1946 年第三届参议会常驻会编印，第 46～59 页。

互校版本：

1.《陕甘宁革命根据地史料选辑》，第三辑，甘肃人民出版社 1983 年版，第 98～107 页。

2.《陕甘宁边区政府文件选编》第十辑，档案出版社 1990 年版，第 30～39 页。

8. 陕甘宁边区政府指示——关于进行县乡人民代表会及县乡两级政府选举

1948 年 10 月 31 日

各专员、县（市）长：

边区政府根据十月十九日边区参议会常驻议员及边府委员联席会议的决议，于今冬在经过土地改革的地区进行县、乡人民代表及县、乡两级政府的选举，除颁布选举暂行办法外，特再指示如下：

一、选举的方针

两年来的解放战争及土改运动，对于边区的整个工作和全体工作人员是一个总考验。其中县、乡两级政权工作人员及县参议员的变迁最大。一方面，旧的人员，部分经不起考验，归于淘汰，部分在战争中表现了艰苦奋斗的优良品质，但因形势开展，调动工作的很多，致使县、乡两级人民代表机关的组织及民主制度极不健全；另一方面，在群众中涌现了大批新的忠于人民事业的积极分子，尚未分配在一定工作岗位上去，而今天人民解放战争正胜利迈进，我们肩负的战争任务正日益加重。为适应此种情况，必须调整干部，以加强领导，发展生产，支援前线，因之从（重）新选举县、乡人民代表会以代替县参议会及改组乡人民代表会，并由县、乡人民代表会选举县、乡政府，就成为目前的一项重要任务。这是具有重大政治意义的。选举本身就是而且应是充分发扬民主的群众运动，应从此进一步提高人民的政治认识，广泛发动鉴别与教育干部，检查与改进政府工作。因之只有采取正确领导下放手发动群众，发扬高度民主的方针才能使选举工作达到完满的成功。

经验证明，乡选是选举的基础。因此，在乡选中尤应启发群众，充分使用人民的权利，深刻认识人民的义务，而能自觉负责地选出政治坚定、工作积极、作风民主、办事公道、重视生产、生活朴素的人物来作为乡代表和乡政府委员。

二、选举的步骤

今冬至明春间；农村的工作是很繁重的，选举工作实须与其他各种工作有机联系，密切配合进行。凡进行土地登记、整党之地区干部力量较强，必须于明年春耕前同时完成选举工作。地区较小、人口集中、干部力量较强之地区，虽春耕前不能进行土地登记、整党，仍应进行选举，并尽可能于春耕前完成。地区太大、人口分散、干部不足之地区，选举工作（特别是县级选举）可推迟至春耕以后。边缘游击区条件困难者，暂不进行选举。根据当地情况，各县可选择一，二选举区试办，取得指导全县的经验。

三、组织与领导

为了专责办理选举工作，县、乡两级均须成立选举委员会。县选举委员会由县政府在当地群众团体及公正人士中，遴选七人至九人，经边府批准聘任组成之，并互推一人为主任（必要时可增设干事若干人。主任及委员须呈报边府）。乡选举委员会，由乡政府在当地农会及为群众所信仰的干部中遴选七人至九人，呈请县府聘任组成之，并互推一人为主任。县、乡选举委员会在同级政府领导下，为本届选举工作的领导机关，其工作职务

如下：

（一）拟订执行选举工作的计划，县选举委员会须负责划定县选的选举区并规定各区应选之县人民代表的人数。

（二）掌理选举之宣传及疑难解答事项。

（三）登记、审查选民，公布选民名单，主持选举大会之进行。

（四）检举制止以威胁利诱妨害选举之行为。

（五）造具选举预决算并审核开支。

（六）执行暂行办法第十、第十一条规定之事项。

（七）选举完毕后，向同级政府造具报告书，报告选举工作的经过。

（八）借同级政府的印信并注明借用字样。

在有少数民族参加选举的地区，选举委员会得有少数民族人员参加，在少数民族单独进行选举的地区，成立少数民族选举委员会。

县、乡政府对于选举工作的领导，一方面指导与检查所属选举委员会的工作，另方面必须统盘规划，研究掌握选举方针和方法，派出得力干部参加选举领导。区级干部在当地选举区及乡选工作中尤应起积极领导作用。县、乡两级政府必须帮助县、乡人民代表会议的召开，负责准备政府工作报告，充分的进行自我检讨，倾听群众对政府工作的意见，正确的意见必须诚恳接受并在工作中实行。

四、关于选举暂行办法及有关选举问题的解释

（一）县人民代表的选举各县应按地域及人口分布情形，划分若干选举区进行选举。比如某县有人口五万按条例规定应选代表四十二人，如划分七个选举区时，每一选举区应选正式代表七人。①

（二）候补代表，应按县人民代表的总数的五分之一分配。各选举区应选代表数每足五人，得由选民选举候补代表一人，其应选代表不及五人之选区，可与邻区合并计算，但仍以票数较多者为候补代表，不另单行选举。

（三）为了更加发扬民主，县、乡两级候选名单，规定由群众团体提出外，县代表有选民二十人联署，乡代表有选民十人赞同即可提出一人。县、乡两级候选人以不超过应选人数的三倍为原则，若提出的人数超过三倍时，应先进行表决选出正式候选人后，再选举代表，以免票数分散影响一部分好的候选人不能当选。但正式候选人之表决，选举委员会应向选民详细介绍，进行充分酝酿，使选民对全部候选人有清楚了解，才能保障正式候选人选举得当。农村极端分散之地区，过去选举中的轮流投票背箱子送上门补票等办法仍须采用。

（四）选举暂行办法第十五条中的“法定人数”系指第八条第一款中的“五百人”及第九条第一款中的“二万人”而言。

（五）乡选后的乡政府委员会，由委员五人组成之，其分工为乡长、副乡长、民政、治安、文教建设等委员，副乡长可兼任某一委员。

各县选举工作，须有典型乡的报告，以反映实际情况、问题及经验，各阶层群众的反

① 原文如此。应是七个选举区，每个选举区应选正式代表六人，或者六个选举区每个选举区应选代表七人。

映等具体问题和定期的专门报告，以反映一县选举工作的全貌。此外，工作进行中发现问题亦应随时报告。兹将选民登记表式及统计表式发下，可即翻印使用、登记表保存乡政府备查，统计表于选举完毕后呈报边府为要。

主席　林伯渠

副主席　杨明轩　刘景范

选自《陕甘宁边区政府文件选编》政府文件选编第十二辑，档案出版社 1991 年版，第 252～255 页。

9. 陕甘宁边区县、乡人民代表会及县、乡政府委员会选举暂行办法①

1949 年 2 月 16 日

第一章　总　则

第一条　为发扬民主，加强县、乡政权，提高工作效率，进行选举县、乡人民代表会及县、乡政府而制定本办法。

第二条　凡经过土地改革的区域，均应依照本办法进行县、乡选举。

第三条　凡居住边区境内之人民，年满十八岁，不分阶级、民族、职业、性别、宗教，除有下列情形之一者外，皆有选举权及被选举权。

（一）有破坏边区行为，经政府缉办在案者；

（二）依法褫夺公权尚未复权者；

（三）有神经病者。

第四条　县、乡人民代表，由选民用平等、不记名投票方式、直接选举之。

第五条　县、乡人民代表之选举，由县、乡选举委员会办理，选举委员会之组织另定之。

第六条　县长、乡长及县、乡政府委员，由县、乡人民代表会选举之。

第二章　选举区域及代表人数比例

第七条　乡人民代表之选举，以行政村为选举区，县人民代表之选举，由县选举委员会划分若干选举区进行之。

第八条　乡人民代表选举名额如下：

（一）不满五百人之乡，选举代表十五人；

（二）五百人以上之乡，每增居民一百人，增选代表一人。

第九条　县人民代表选举名额如下：

（一）不满二万人之县，选举代表三十人；

---

① “档案文件版”第十二辑第 235～238 页，与第十三辑第 71～74 页所印“选举办法”内容雷同。前者注明 1948 年 10 月 19 日通过，10 月 26 日公布，后者为 1949 年 2 月 16 日公布。前者在文字上有几处错误，故选印后者。

（二）二万人以上之县，每增居民二千五百人，增选代表一人。

第十条　县、乡选举之居民人数，如超过第八、第九两条第二款所定比例二分之一者（即乡超过五十人，县超过一千二百五十人），得增选代表一人。如不足二分之一者，不得增选。

第十一条　县人民代表，得按各选举区之当选人数，选出五分之一的候补代表。如该选举区之代表不足五人时，亦得选出候补代表一人，均以得票次多者当选。候补代表得出席会议，有发言权，无表决权。乡不设候补代表。

第十二条　警察、学校、工厂、机关、分区、县警卫队、游击队，均参加所在地之区域选举，与一般同。但属于边区级的警卫部队、地方部队及野战部队等，均不参加所在地之县、乡选举。

第十三条　少数民族之选举：

（一）已达第八、第九两条法定人数者，得依第八、第九两条之规定比额，单独进行民族选举。

（二）不足前款规定，但已达县、乡选举法定人数五分之一（即乡满一百人，县满四千人）以上者，如参加县、乡区域选举未能选出该少数民族代表时，可单独进行民族选举，选出代表一人，参加县、乡代表会。

（三）不足（二）款规定居民人数者，参加区域选举，与一般居民同。

（四）（一）、（二）两款规定之少数民族之选举，得以县、乡代表会之区域为选举单位，不受第七条所定选举区限制。

第三章　任期、改选及会议

第十四条　县、乡人民代表、县长、乡长、县，乡政府委员之任期，县为三年，乡为一年，均得连选连任。

第十五条　县、乡人民代表，如在任期内，遇有不称职者，得由各该级选举法令人数十分之一以上的选民提议，经由该选举区投票罢免之。

第十六条　县长、乡长及县、乡政府委员，如在任期内，遇有不称职者，得由各该级人民代表会罢免，并另行补选，呈请上级政府加委。

如系因过撤职、或调动离职者，上级政府得随时委派适当代理人员，并须于该级人民代表会开会时提出追认或进行改选。

第十七条　县、乡人民代表会应按定期改选，如遇有特殊情形不能按期改选时，县须经边区政府批准，乡须经县政府批准，始得延长改选时期。

第十八条　县人民代表会之会期，为一年一次；乡为三个月一次。遇必要时，得由各该级政府委员会决定，代表会主席出通知召开临时会议。

第十九条　县政府由各委员组成委员会，正、副县长为当然委员及委员会主席，决定执行有关县政之重要事项。另设政务会议（秘书、科长及各委员会主任等组成），经常讨论推行政务，必要时得召集扩大的政府委员会或区长联席会议。

第二十条　乡政府由各委员组成委员会，正、副乡长为当然委员及委员会主席。各委员经县政府批准后，得兼任村长、自卫军连长、治安主任，文书等职务。任以上职务者如非乡政府委员，得列席乡政府委员会议。乡政府得根据工作需要，在乡政府委员会下，组

织各种委员会，如遇重大动员工作时，可召开乡人民代表会议，或扩大的乡政府委员会。

第四章　选举经费

第二十一条　县、乡两级人民代表会选举经费，以县为单位，造具预算，呈报边区政府核准支付之。

第五章　附　则

第二十二条　本办法经边区参议会常驻会及边区政府委员会联席会议通过，由边区政府公布施行之。

第二十三条　本办法解释之权，属于边区政府。

选自《陕甘宁边区政府文件选编》第十三辑，档案出版社 1991 年版，第 71～74 页。简称“档案文件版”。

互校版本：《陕甘宁边区法律法规汇编》，三秦出版社 2010 年版，第 57～58 页。

三、政权组织

1. 陕甘宁边区参议会驻会委员会陕甘宁边区政府联合通知（对各级参议会组织条例选举条例的三项修正[①]）

1945年10月14日

各县参议会驻会委员会、各专员、县，市长：

兹决定对边区各级参议会组织条例及各级参议会选举条例，作如下三项修正，特先行通知，望即转知各级选委会在此次改选中执行：

一、为了更加发扬民主，加强乡村自治，改乡市参议会为乡（市）人民代表会。代表会各代表一方面代表居民意见商决本乡（市）应兴应革事项及选举与罢免乡（市）长等立法职权，另方面又代表乡（市）政府领导所属选举单位居民，推行各种建设等行政事宜。各自然村代表执行村长职务，各行政村代表可互推代表主任一人，协助乡长执行行政村主任职务，不另设自然村长及行政村主任。

二、为便于人民选举自己所熟悉的人为代表，并便于代表领导居民推行工作，乡市选举区域，一般改为以自然村为单位。人口过少村庄，得与附近村庄联合选举代表，人口多的村庄，可按规定比额，选举一个以上代表，代表与领导所属选举单位居民。

三、为贯彻自由选举方针，各级代表、议员候选名单，除得由各民主党派团体提出

① 副标题系编者所加。

外，乡（市）代表之候选人，选民均有提出之权力，取消十人联署的规定，县议员之候选人，有选民十人以上联合提出一人，边区议员之候选人有选民二十人以上联合选出一人，取消原选举条例第二十条规定“各级增选议员之法定人数十分之一以上选民联署”之限制。

边区参议会常驻委员会议长　高　岗
副议长　安文钦　谢觉哉
边区政府主席　林伯渠
副主席　李鼎铭

选自《陕甘宁革命根据地史料选辑》第三辑，甘肃人民出版社 1983 年版，第 30～31 页。

互校版本：《陕甘宁边区政府文件选编》第九辑，档案出版社 1990 年版，第 269～270 页。

2. 朱总司令在陕甘宁边区第三届参议会开幕会上的演说

1946 年 4 月 3 日

各位参议员先生：

陕甘宁边区第三届参议会大会今天开幕，我代表中国共产党中央，敬祝大会的成功。

边区参议会已经存在了八年，在全国由参议会选举政府，决定施政方针，边区是第一个。边区参议会已经有了三届的历史，一届比一届有进步。在过去两届参议会和参议会所选出的政府努力之下，边区进行了大规模的战争动员，尽了八路军新四军总后方的任务，贯彻了民主政治，首先实行了三三制，实行了减租减息和大规模的生产运动，得到了伟大的成绩。这一届的参议会，将在新的条件下发扬已有的成绩，提出新的任务，同时对现在工作中还存在的缺点进行检讨，使边区更向前大大的进一步。

这一届参议会开会的时候与过去有很大的不同。第一，中国打日本已经打赢了，抗战已经结束了。第二，中国内部已经成立了停战协定，产生了政治协商会议的各项决议，决定了整军方案。这两种新的情况使边区的工作要有许多新的布置，而第三届参议会大会的任务正是要研究和决定这些新的布置。陕甘宁边区现在是要进入一个更伟大的建设时期。虽然在抗战八年中，陕甘宁边区始终是处于后方的地位，但是建设工作不能不着重于战争动员的需要。现在抗战结束了，国内和平也实现了，边区目前首要的问题，就是彻底实行政治协商会议的一切决议，就是加紧完成复员，就是致力于和平建设。只要国内的和平不致被人破坏，我想边区政府边区人民是一定专心致志朝着这个方向前进的。我相信各位参议员先生对于这些问题，一定已经准备了很好的意见，经过这次大会，一定会订出许多很好的办法，使边区的复员工作迅速的顺利的完成，人民的负担可以减轻，农业和工业的生产以及教育卫生等文化事业可以得到更大更快的发展。

边区的建设事业主要当然依靠边区各阶层人民的团结奋斗，自力更生，这是毫无疑问的，并且是已经得到巨大成绩的。为了加速边区建设的发展，我们还需要更多吸收边区外面的人才和资本。过去因为国内政治情势的险恶，边区受到反动派严重的封锁和破坏，使得外面许多愿意来参加边区建设事业的人不能达到他们的愿望。现在停战协定规定恢复交通，平毁封锁线，取消一切交通的障碍，我们希望国民党方面迅速予以确切的执行，以便各方人士的来往。我们共产党人历来是主张各党各派无党无派的人士共同建设解放区的，各解放区实行三三制的意义也正在此，今后我们一定继续抱着十分的热忱来与一切民主党派民主人士合作。当然，如果假借名义到解放区来实行仇视民主危害民主的破坏活动，解放区的人民和政府是不会允许的，全国人民也是不会允许的。

陕甘宁边区在抗战八年中特别是近几年的努力，已经得到中外人士的一致赞美，政治协商会议的决议，政治协商会议通过的和平建国纲领，更证明了陕甘宁边区一贯的奋斗方向是正确的，是应该普及于全国的。在新的形势之下，边区的进步一定更大更快。但是也与过去一样，我们面前一定有严重的困难，内部的困难与外部的困难。中国的反动派还是不愿意中国人民享受民主，他们正在寻找各种名义来推翻政治协商会议的决议，来继续保持独裁，来继续进攻已经得到民主权利的人民，因此我们必须继续提高警惕性。但是中国人民是有信心的，陕甘宁边区的人民是有信心的，我们有信心一定能够克服任何困难。我们已经经历过各种艰苦的曲折的斗争，我们已经战胜了日本帝国主义及其中国走狗的八年联合进攻，而我们是愈来愈壮大了。陕甘宁边区的人民，在新的参议会的领导之下，一定能够团结一致，使边区的复员工作迅速完成，和平建设迅速发展，把边区建设成为和平民主新中国的更光明的灯塔，更坚强的堡垒，并且与全国人民一起来粉碎反动派的阴谋，推进全国的民主事业和建设事业。

选自《陕甘宁革命根据地史料选辑》第三辑，甘肃人民出版社 1983 年版，第 75～77 页。

3. 边区建设的新阶段——陕甘宁边区政府主席林伯渠在第三届边区参议会第一次大会上的政府工作报告

1946 年 4 月 4 日

各位参议员，边区人民的代表！边区第三届参议会第一次大会开幕于抗日战争已经胜利结束，边区开始进入新的建设阶段的时候，将要检讨前一阶段中抗战建设的情况，决定新阶段中进一步建设边区的任务。按照这个方向，我代表边区政府委员会向大会提出工作报告，请求代表们的检讨和指示。

（一）抗战建设的概况

抗战阶段中，边区处在相对和平的后方环境，是八路军、新四军的总后方，各解放区指导中心的所在地。但虽是后方，内外情况却十分严重，以言内部，人口稀少，仅百五十万，经济文化落后，又经过内战破坏；以言外部，敌人与我隔河对峙，屡次进攻，国民党

数十万大军的包围、进攻、封锁，加以特务破坏，企图消灭我们。因此，虽不是战区，却肩负着十分重大的历史任务，曾必须进行严重的防卫，以保卫边区，保卫解放区的指导中心，曾必须有效地恢复和发展经济以至文化，以改善人民生活，以支持抗敌自卫事业，以帮助前方训练干部，整训部队，以及安置伤病员，曾必须保证一度多至总人口百分之八的军政人员的供给。

这也就是说，为人民公仆的政府机关，必须按照人民的需要与参议会的指示，在政治、军事、经济和文化的各个方面进行复杂而严重的工作，以克服内外环境的困难，完成边区人民的历史任务。现在我就来报告本届政府在边区二届参议会历次大会的方针和决议下做了些什么工作，有些什么成绩和缺点。为便利与明瞭（了）边区抗战建设的全部过程，我将联系到二届参议会以前的情况来说。

在军事建设方面，我们坚持着练兵、生产与巩固军民团结的三大任务。

关于部队的训练。民国二十六年八路军主力开赴华北前线后，边区只剩下数量很小的留守部队和保安部队，建制很不统一，并带有浓厚的游击主义倾向。经过补充、整理与训练，逐渐成为劲旅。二十七年剿灭了有外部反动派作为背景的四十八股土匪，整个抗战期间，击退日本敌人的多次进攻，使之不能越过河防一步，又击退反动派无数次的进攻，尤其二十八年与三十四年来自南线的两次大举进攻。但全军更有计划与更切实的训练，则在二届参议会期间。三二年开始了每年一次的大规模冬训，一次比一次进步。训练内容上，第一次以技术为主，获得成绩，例如步枪射击，人数命中从百分之七六・九提高到百分之九四・六，弹数命中从百分之七一・四提高到百分之八五・五，又如投弹，及格人数从百分之三二・六提高到百分之九四・八。第二次以后，技术与战术并进，战术上逐步提高了勇猛、机动、顽强、速决等近战战术的特性，技术上逐步提高了射击、刺杀、投弹等精确熟练的程度，而在制式教练上则逐步养成了迅速、一致、准确与雄壮气魄的军人姿态。训练质量的提高，与训练方法的改进有密切关系。三二年以后，采取了官教兵，兵教官，官教官，兵教兵的群众路线，因此兴起了全军上下一致的练兵热情与练兵创造性，涌出了许多练兵英雄与学习模范，成为练兵运动的骨干。

部队本身而外，又帮助十五万普通自卫军，尤其三万基干自卫军的训练。三二年起，每年冬季一次，着重于梭标刺杀，投手榴弹，安地雷，打枪，盘查放哨与侦察敌人的实际训练，同样获得许多成绩，帮助正规兵团维持治安，转运粮秣和伤员，以至有力地配合作战。

关于部队生产。二七年秋即已开始，当时因为给养不足，以种菜、开磨坊等办法补充物质生活。二八年鉴于国内反动逆流高涨，正式提出生产自给的任务，以农业为主，全年开荒二五，一三六亩。二九年经营打盐、挖甘草、工业、商业等，自给了一个半月的粮食，并解决部分的装备补充。三〇年专门抽调六个营扣盐，又开荒一四，七九四亩，自给了经常费、被服费和伙食费总数的百分之五十四。但更有计划的全军上下一致的大规模生产运动，则在二届参议会期间的三二年以后。以三三年为例：谷物种植八十三万亩，产粮九万余石，收草二千一百余万斤，其他副业如手工、畜牧等收获亦值粮不下二十余万石。这样就达到了两个目的，一是人民负担减轻，不但伙食办公和装备用费达到部分或大部自给，粮草也达到部分或大部自给。二是部队生活由此相当改善，如以二八年国民政府停发

医药时期的生活水平为一〇〇，三〇年停发全部经费时期曾降至八四·二，三二年即复提高到一二五·五。以后还继续有提高。在部队生产中，我们采取的基本办法是首长负责，官兵齐动手。因此有非常高涨的劳动热情，有非常丰富的劳动创造性，因此涌出了许多的劳动英雄与突击手，成为生产运动中的骨干。

关于部队进行拥政爱民，政府和人民则进行拥军优抗。由于八路军是人民军队的基本特点，由于人民的高度觉悟性，边区军民一向是团结得很好的。但在三〇、三一年间，因为边区正处于最艰难的情况中，军民关系曾经发生了一些不正常的现象。二届参议会期间，三二年春，双方提出拥爱运动，并确定每年旧历年节为拥爱月。双方各自反省与批评自己，在思想上认识并在实际上改正自己的缺点与错误，在精神上和物质上实行互让互勉互助。抗战期间，人民除义务帮助军事勤务以及配合作战外，优待抗属近九万人，安置退伍残废亦万余人，三三年以后更开始帮助抗属与退伍残废军人建立家务。军队除生产自给与帮助训练民兵外，复深入帮助群众各方面生活，如三三年帮助免费治病三万四千余人，药费五千四百余万元，组织农村医疗队十二次，帮助建立卫生模范村十个，帮助打扫卫生费工二千二百余个，挖井费工六百余个；帮助办学校八所，夜校三所，演剧百余次，电影百余次，帮助锄草、收秋、推磨、修水利费人工七万四千六百余个，牛工二千二百余个，帮助开荒七千七百五十亩，赠送工具七百九十二件，粮七十石，柴炭三万九千余斤，菜万斤等等。这样就达到了一个目的，即军民关系空前巩固起来。

军事建设是有成绩的，因此胜利地完成了保卫边区的任务。但仍然有缺点，主要在军民关系方面，某些政府机关和人民对优待抗属和帮助退伍残废军人，有疏忽情形，甚至有不公平现象；某些军队人员对人民有不尊重现象，甚至有爬在人民头上的行为。

经济建设方面，坚持发展生产，以改善人民生活，支持长期抗战的方针。

抗战前，由于内战的破坏，生产下降，耕地面积缩小至八，四三一，〇〇六亩，副业如植棉、纺织等大部停顿；牧畜业只剩牛驴十余万头，羊四、五十万只；工商业衰落，食盐运销停顿，公营工业除不到百人的修械所、被服厂外，一无所有。民国二十六、七年，政府实行休养民力政策，二六年只征公粮万四千石，二七年万六千石。二八年正式号召军民发展生产，造成运动。至三一年，农业如耕地面积恢复至一二，四八六，九三七亩，植棉恢复至九四，四〇五亩，牛驴繁殖至三六四，七〇二头，羊一，八〇二，〇九七只。工业如民间手工业，已开始发达，绥德一地即有手拉织布机达六、七百架。公营工厂发展至六十二个，职工三，九九一人。公私合计已能年产土布十万大匹，造纸六千九百余令，并扩大范围至制药、肥皂、制革、石油等。食盐产销年达二十余万驮。二届参议会期间，三一年冬，强调了从发展经济解决财政的路线，并继续贯彻了大会通过的精兵简政政策，编余人员转入生产，政府方面则集中力量于发展经济的首要任务。三二年遂开展了军民齐动手的大生产运动，国民经济更全面转入发展阶段。农业上，截至去年，耕地面积扩大至一五，二〇五，五五三亩，较战前增长百分之七九·四，植棉扩大至三十五万亩，较三二年增长百分之二七〇·六，牛驴繁殖至四〇三、九二〇头，较战前增长百分之二、三百，羊一，九五四，七五六只，较战前增长百分之三百左右。工业上，截至去年日本投降前，重工业与化学工业能炼铁、炼油、修造机器、配制军需品、制造三酸、玻璃和陶瓷；轻工业能年产布十五万大匹以上，造纸一至二万令，并创立火柴厂。全部职工增至万余人。民间

纺织业已有纺妇十五万人以上，织妇四，五万人，各种织布机二，三万架。与战前比较，大部是从无到有。合作社单位与社员数量比战前有两倍的发展，业务亦由战前仅属消费扩充至兼有生产、医药、运输等。金融、贸易方面，边区银行以极大力量支持财政周转与军民生产，贸易公司组织年达三十万驮以上的食盐运销以及大量土产如皮毛、清油、药材等的外销，因此，虽在极端严重的封锁下，仍然及时换进了必需品，保证了供给，内部则城镇市场繁荣，如延安市在三五年仅各种商店一二三家，至三二年即达四七三家，同时各地集市亦逐渐恢复与建立起来，如几年来仅关中分区即新增七处。机关、部队方面则实现了部分自给，如食粮在三一年还全部取之于民，三二年以后开始自给一部分，百分之十五，三十以至四十不等。

因此，人民收入逐年增加了，以产粮为例，三十年实收百六十三万余石，三一年百六十八万余石，三二年百八十四万余石，三三年约二百万石，三四年因天旱，有些地方歉收，产量当受影响。但人民的负担却逐年减轻了，以救国公粮为例，三十年征收二十万石，三一年十六万石，三二年十八万石，三三年十六万石，三四年为照顾部分歉收情况，减为十二万石。

因此，人民的物质生活不但没有降低，反而比以前普遍改善了，并且部分地达到了丰衣足食，从前贫农与雇农为主要角色的农村变成了中农与富裕中农为主要角色的农村。从前乞丐到处可见，现在早已绝迹了。

边区经济是怎样发展起来的？在促进发展上，我们做了些什么？我们的缺点在哪里？

一、实行减租政策，使农民有再生产以至扩大再生产的可能。二届参议会前开始进行，二届参议会期间，三一年冬更颁布租佃条例，已比较普遍地实行。因此使农民生产积极性提高，如绥德郝家桥，三二年即由此增产粮食六十九石七斗四升，使地主的合法利益亦获得保证，并促进他们转向从事经济事业的兴趣，如绥、米一带已有一些地主或投资办工厂，或加入合作社。缺点在于有些地方还没有贯彻，发生明减暗不减的现象，有些地方还没有订定新约，发生佃权缺乏合法保证的现象。

二、实行各种奖励政策，如：(1) 优待移民，三年不交公粮外，并解决其实际困难，因此仅三十年至三三年四年内，即在多荒地区增加新户二万八千三百余户，八万五千八百余人。今年仅建厅本身即拟在南泥湾等地安置七百户。(2) 推广植棉，棉地三年不交公粮外，并经常给以技术的指导，如如何打卡等。(3) 鼓励兴修水利，如水漫地、水窖、水井等，由旱地变成水地的增产部分，三年免交公粮，因此使水地增加，如全边区二九年为二三，五五八亩，三三年达四一，一〇九亩，以后亦续有增加。(4) 鼓励开荒，以自力开垦的公荒，给与地权，因此仅三十年至三三年，仅人民开荒即达二，六四五，〇二六亩，大大扩展了耕地面积。(5) 鼓励二流子转变，帮助订生产计划与适当解决生产困难，因此如最有成绩的三二年，全边区原有二流子六千四百余人，转变者达三千三百余人。(6) 用贷款和投资扶助公私农工业和合作事业的发展，仅三三、三四两年即由边区银行贷款和投资总数达二百七十五万万元，经由建设厅和边区银行发放农贷，三一年三百六十一万元，三二年二千七百八十万元，三三年一万万元，三四年五万九千九百万元，今年已经放出者二万六千四百万元。缺点主要有两个，一是执行政府优待法令的确切性不足，如有些移民区的老户与村乡干部“欢迎”三年未满的移民交公粮，又如有些区乡政府甚至县政府不及时

发放或收回农贷，甚至有挪用情形等。二是工作的坚持性不足，如帮助二流子改造，三二、三三年用很大力量，有很大成绩，三四年即普遍放松，使部分顽固二流子逐渐恢复原态。

三、实行各种合作政策，即以私有财产为基础并按照自愿原则联合起来的农合、工合与消费合作等。农业合作是劳动互助性质的变工、扎工和唐将班子等，藉此组织了一部分劳动力和生产资料，劳动效力因此提高，劳动创造性因此有发挥，换言之，就是生产力因此发展了一步。各种形式的消费合作，在自由入股退股的原则下，集合了一部分余资，藉以供给必需品，推销土产，扶助农业、手工业生产。城镇上三几个人的手工合作，为数颇多，群众性的工业合作社则为数不多，但在工业战线上，在公营、私营、合营并进的方针下，还有政府同私人资本间的合作，公营同私营间的合作，厂方同工人间的合作，都发生了很好的效果。在群众合作运动中，曾有过违反自愿原则的很严重的命令主义与强迫行为，以致一部分变工队与合作社同群众脱节，或者垮了台，或者徒具形式。这种毛病至今没有完全纠正过来，值得严重注意！

四、奖励劳动英雄政策。在生产运动和合作运动中，出现了以吴满有、赵占魁、张治国等为代表的劳动英雄，他们表现了生产的积极性、组织性和创造性，在群众中起着带头、骨干和桥梁作用。但也有缺点，有些选择和奖励得不适当，以致降低了群众对劳动运动的信仰，又有些使用和要求得不适当，以致一部分英雄感到很为难。

这就是边区经济建设的概况。赖此，改善了人民生活，支持了抗战需要，并在一定限度上援助了前方。赖此，有可能克服因去年天灾歉收造成的部分春荒，有可能克服日寇投降后全国经济恐慌给予边区的影响。

文化建设方面，干部教育第一，逐渐开始了大规模的群众文化运动。

抗战前，由于游击战争的环境，文化的内容和形式都是比较粗糙的，但因为转入了人民手中，所以就能为人民服务，健壮蓬勃，富有朝气。抗战初期，外来知识分子大批参加，增加了新的力量，建立并充实了普通中学和师范学校各一所，发展小学校至一百二十所，但对边区人地生疏，发生了主观努力和客观要求脱节的现象。干部教育未被重视，而强调国民教育。国民教育在二八年提出普及教育口号，二九年更强调义务教育，结果命令主义和形式主义普遍发生。医药卫生方面，对群众中不卫生的习惯与可怕的死亡率，没有引起必要的注意。艺术方面，以知识分子为主要对象，忽视大众需要，虽有民众剧团等下乡，但未被重视。二届参议会期间，经过文教思想改造运动之后，领导人员中确定了干部教育第一的方针，确定了大众文化的观点。经过大规模生产运动之后，人民方面发生了提高文化生活的需要，要求除财旺外，人也旺，文化也旺。因此，一方面，干部教育的规模有了改变，中等学校七所均为干部教育服务，历年毕业学生三千余人，目前在籍学生亦达二千八百余人，延大与医校也逐渐成为吸收边区子弟与训练边区建设人员为主的高级学校。在职干部教育，坚持每日两小时学习制，三一年前亦曾发生从书本出发的毛病，三二年后转而联系实际了。又方面，三三年后开始了大规模群众文教运动，群众卫生开始引起注意，民间艺术开始趋于活跃，尤其以村学为主要形式的儿童教育，以冬学与读报识字组为主要形式的成年补习教育，开始大量出现并部分巩固起来，为群众信仰的文教英雄与文教模范，也曾相继出现，并获得部分的巩固。普小发展至二百九十五所，民小一千零三十

八所，共学生二万九千五百余人；完小六十二所，学生三千余人。

在文化工作中，三二年前，我们的办法有错误，工作有缺点，已如前述。三二年尤其三三年后有进步，进步的原因在哪里？

一、实行公私合作，鼓励自由竞争，自由办教育事业，医药事业和其他文化事业，政府给以必要的帮助，如帮助教员以至帮助经费。前一时期主要是从上而下的贯注，后一时期就转到上下合作，大大发扬了人民的主动性。

二、实行新旧合作，鼓励新文化下乡，如医疗机关与部队内的西医下乡，秧歌队如鲁艺、西北文工团等下乡，文艺作家如丁玲，艾青、欧阳山、柯仲平、马健翎、张庚等下乡，大批知识分子下乡等，他们是人民的学生，也是人们的先生，又帮助与提高旧文化，如中医、旧知识分子、旧艺人，私学，旧秧歌与旧剧等，利用一切可能利用的力量。

文化工作中现在存在着的基本毛病或基本问题，就是重量不重质的倾向。如学校教育，学生国文程度太低，妨碍了就业学生的工作效率，尤其如群众教育，三三年大规模发展中，由于这种倾向作怪，有许多村学和读报识字组等，没有能够在群众中生根，经不起风吹雨打，就垮了下来。

这就是边区文化建设的概况。赖此，边区文化生活开始有了改善，赖此，提高了一部分工农干部的文化水平，培养了一部分边区的中等知识分子，为进一步建设边区打下了初步基础。值得提到的，在边区物力和人力支持之下，八年抗战期间，为其他解放区训练了四万个以上的政治、军事干部，及成千的文化和技术干部。

以上，抗战第一的军事建设，农业第一的经济建设，干部教育第一的文化建设。边区人民由此赢得了保卫边区的胜利，赢得了物质生活以至文化生活的改善，赢得了援助前方的光荣，不仅战胜了历史同难，而且完成了历史任务。

边区人民赢得胜利的根本原因是什么？我以为就是民主政治，就是由于边区人民在政治上获得了彻底解放，一方面创造了为自己服务的政权，又方面享有充分的自由权利。

民国二十七年，确立并实行了普遍、直接、平等、不记名投票的自由选举制度。次年一月即召开第一届边区参议会，通过了“陕甘宁边区抗战时期施政纲领”。三十年在这个制度的基础之上，进行了第二次普选，实行了共产党人不超过三分之一的三三制。同年十一月召开第二届边区参议会第一次大会，通过了有名的“陕甘宁边区施政纲领”。由此创造了自下而上的民主联合政府，在共同纲领之下，团结边区各阶层各民族人民以从事政治、军事、经济和文化的建设，为着一个目的，即为着打倒日本法西斯奋斗。去年日本投降后，我们迅速开始了第三次普选。在选举中，人民放手并彻底检查政府工作，发现了成万个有关兴利除弊的实际问题，并经大部解决或在继续解决，又自由选择并彻底讨论候选人，发现并选举了数千个为人民信任的各级代表。

边区人民创造了自己的民主政权，也就享受着充分的自由权利。自由召开村民会，市民会，以及用会议形式解决互相间的纠纷等；自由组织工会、农会、商会和学术团体等，自由出版黑板报、群众报，发表任何意见以至批评政府工作与人员等，自由信仰宗教、建立教堂、清真寺等，自由组织自卫军以维持家乡秩序，并免受外来的恐怖；自由发展经济以免贫困，并保障私有财产之不受侵犯；自由成立读报识字组、村学等以免愚昧，并享有平等的教育权；自由选举并依法律手续罢免其代表，检查政府工作，控告以至越级控告失

职的政府人员。至如少数民族公民，除与一般男女公民同样享有上述一切自由权利外，更可以建立少数民族自治区，如三边、关中的回民乡与城川蒙民自治区等，设立本民族文化机关，如伊斯兰小学、蒙回民族学院等，保持本民族的宗教信仰、言语、风俗习惯等。所有这一切自由权利，在上述军事、经济、文化建设中都充分表现出来，成为军事民主、经济民主和文化民主。由此可以看到，政府不但从法律上保障了人民的自由权利，而且在实际生活上，在物力和人力上帮助了人民自由权力（利）的发挥与发展。

诚如朱总司令在大会开幕典礼时称赞的，边区是第一个实行民主政治的地区，是真正实行革命三民主义亦即新民主主义的地区，在抗战期间，如毛主席抗战前夜的期望，把边区建设成了抗日民主模范根据地。

这就说明了，为什么如某某先生在开幕典礼时指出的，在边区老百姓总是欢天喜地，在国民党区域，老百姓总是皱眼愁眉。

最后，在报告了边区抗战建设概况，而主要地报告了抗战建设中的收获以后，我必须着重地指出一部分政府工作与一部分政府人员中存在着的几个主要毛病。第一，就是为人民勤务员的民主作风不足，有些人员眼睛向上，不愿向下，熟悉自上而下，不会自下而上，习于命令群众，不善于启发群众，甚至爬在人民头上，官僚架子十足。第二，就是实事求是的科学态度不足。有的领导机关和领导人员不了解下层情况，以感想代替实际，好高骛远，不愿脚踏实地，有些人员追求数量，忽视质量，爱好表面，轻视内容，习于粗枝大叶，疏于精雕细刻等等。第三，就是遵守法令的精神不足。有些公务人员和军队人员从片面利益或错误观点出发，不尊重法律，甚至有破坏法纪的情形，如任意捆绑或处罚老百姓，乱没收老百姓的东西等。所有上述种种毛病，在不同程度上，是相当一部分人员身上的东西。或者由于以身作则的精神不够，或者由于批评与教育不足，纠正不力，赏罚不严，我都负有重大责任。我代表全体政府人员请求大会对政府工作和政府人员的缺点，给予严格的揭发与批评。

（二）今后三年的建设任务

边区政府委员会在过去工作的基础上，根据边区人民的需要，已经草拟并将即向大会提出从本届到下届边区参议会期间的三年工作计划，请求审查与批准。我现在只就这个计划的主要任务和主要办法，提供一些简单的说明。如果这个计划能获大会的通过，则在全国和平不被破坏，民主得到实现的条件下，我们就将坚持地执行下去，向着经济繁荣，文化普及，民主生活更加发展的目标前进。

经济为本

继续发展经济，是一切建设的根本。

全国经济建设中，农业第一。我们的目标：一、增产粮食，争取三年内达到普遍足食，并年年有备荒余粮；二、增产棉花，争取三年内达到棉田四十万亩，每亩平均产量十斤；三、发展畜牧业，尤应切实有计划地发展养羊业，使产大量皮毛；四、因地制宜地发展各种有利的副产，如油类、果树、蚕桑、蜂蜜、糖萝卜、烟叶、线麻、苜蓿、药材、山货等，以活跃农村经济，避免“谷贱伤农”现象。

发展农业的关键在于发展农业生产力，提高和巩固农民生产情绪，因此建议：一、继续推行各种自愿的农业合作运动，从具体需要出发，从小型着手，切实纠正强迫组织，以

实例说服农民，使农业劳动力逐渐达到大部分组织起来；二、努力改进农作法与农业技术，加强试验农场，推广良种，研究和改良工具，着重多耕多锄、施粪积肥、防治病害虫、改进植棉打卡、兴修水利、植树护林等，以提高农业生产率；三、研究改良畜种，特别是羊种，改良牲畜尤其羊子的饲养管理，加强羊牛的防疫治病等，使牲畜尤其羊子得以繁殖；四、坚持移民政策，贯彻优待移民法令，改进移民方法，各地政府应有计划地组织与安置移民，建、厅应逐步利用机关部队遗留的土地窑洞等有计划地建设移民新村，以便扩大劳动力与耕地面积；五、坚持改造二流子政策，帮助组织并抓紧检查其生产情况，看恶习深浅决定给以更多的强制或给以更多的教育，切实纠正时紧时松的工作方法；六、实行复员，废止抗战义务动员，逐步减轻民负，节约民力；七、有步骤地推行农业累进税，并在实践中巩固长处，修改短处，以稳定农民生产情绪；八、彻查减租交租情形，贯彻减租交租法令，重订（没有重订过的）租佃契约，以稳定东佃合法关系；九、今年春荒在部分地区颇为严重，尤宜亟谋救济，使不妨碍生产。

其次发展工业，增加工业必需品生产，并使农业生产工具获得若干改良，我们的任务：一、继续发展家庭纺织业，经过广大农妇，把边产棉花变成边产布匹。二、巩固某些有利与有前途的主要公营企业，如石油厂，争取一、二年后年能产原油五万至十万桶；如毛纺织厂，争取二、三年后能年制二十五万斤毛的成品和五万张皮的成品；如火柴厂，争取超过现有四倍以上的产量；如肥皂厂，争取年产四十万条。三、一般公营企业的性质由供给性改为营业性，仍以手工业为主，但尽可能争取机器装备，并建设机器修理制造厂。四、继续支持有利可图的私营或合营企业，如纺织、丝织、陶瓷、漂染、造纸、制革、制葡萄糖等，以及制造日用品或便利出口的农业副产品。

发展工业的关键在于资本与技术。因此建议：一、在资本方面，继续帮助民间游资转入有利可图的私营或合营企业，尤应尽可能争取边区外面的资本到边区来从事有利可图的工业建设，他们可以单独经营或与政府合作经营，都给以法律的保障与可能的协助。二、在技术方面，继续发扬职工的创造性与技术人员的积极性，求得改进，同时尽可能争取边区外面的各种科学技术人员到边区来参加工业建设，他们来后，都给以必要的优待。

合作社的总方向是供给必需品，推销土产与扶助生产，但每个合作社的具体业务，则须根据群众需要与本身力量确定之，并继续克服单纯追逐红利的倾向。现有三类合作社，一种是经济和群众都有相当基础，应即确定中心业务，在继续巩固基础下逐步发展；二类是业务为客观所需要，但经营不好，因之群众基础不多，应首先调整干部，改进经营方法，确立信用，扩大群众基础，还有第三类合作社，经济濒于垮台，群众中已失信仰，应即号召社员彻底清理、决定存在或解散，并向他们承认错误。

金融贸易事业，将配合和协助整个经济建设的发展。贸易部门应扩大土产经营，以现有资金百分之六十为之；扶助公私工业的发展，以现有资金百分之四十为之；并在上述经营方针下扶助合作事业。金融方面力谋逐步稳定，使物价亦能渐趋平稳。

机关部队的自给生产，是解放区的创造，不仅有助于人民负担与财政负担的减轻，而且是消灭官僚架子的有效办法，必须继续坚持。目前抗日战争虽告结束，财政仍极支绌，此项生产尤宜加紧，不可放松。

关于发展经济的主要任务与办法，大概就是这些。

文化重要

其次，继续发展文化，是一切建设的重要条件。

全部文化建设中，由于边区本身知识分子的缺乏，以及日本投降后很多外来干部与本地干部的离去，干部教育仍应居于第一等的重要地位。我们的任务：一、在职干部教育，在职干部中文化过低者，继续以提高文化为主，已有相当文化者，以深造建设工作的理论与实际为主，并着重做什么学什么。二、在学干部教育：

（1）关于大学教育：确定延大负责培养本地较高级的知识分子与提高边区现任的中级干部；争取各班系在三年内培养各种建设干部三百人，高中毕业生二百人。（2）关于中学教育：确定各中等学校负责培养边区中级知识分子与提高现任区乡干部的文化，办好现有地干班，普通班和师范班，努力提高其质量，争取在三年内普通班与师范班毕业学生一千五百名，地干班毕业学生一千名。

关于普及国民文化，我们的任务：一、各完小及公立普小应从提高师资，按时供给课本，克服学生流动现象等方面着手，以提高其教育质量，争取三年内培养完小高级毕业生二千六百人。二、民办村学仍在需要与自愿原则下继续推广，但今年应以巩固为主，不求扩大。三、社教以消灭文盲与不卫生为中心。各地小学、民教馆、文工团以及读报识字组等应起据点与桥梁作用。每年冬季各县应认真地有计划地开办冬学与夜校，求实效不求形式。四、教育厅应在本年内完成小学教材的编印，并计划出版教员参考书与儿童读物等。

根据代表们的反映，各地死亡率仍极严重，国民卫生，尤其妇婴卫生，更须严重注意。因此，我们的任务：一、广泛地推行预防疾病瘟疫的卫生宣传教育，尤其是妇婴卫生教育，逐步普及医药常识，及时进行防疫运动。二、尽可能推广医药组织与加强治疗工作，加强边区及各分区医院的治疗设备，争取三年内在多数县份有一个卫生所或医疗队。三、责成西北医专训练能在边区长期服务的医生、助产与兽医人员。争取三年内培养初级医生二百四十名，助产人员与护士四百名，继续中医训练班，训练与提高中医一百名。四、在乡村自治和各级行政机构中开始建立经常工作，使群众活动与行政指导结合起来。五、今年春瘟严重，尤宜亟谋防治，派遣医疗队下乡。

逐渐破除迷信。在缠足盛行地区如关中、陇东等地，以禁令和教育停止幼女缠足，鼓励青年妇女放足。

发展文化的基础在于发展经济，但重要条件则是干部和经费。关于文化干部，拟在中等以上学校中培养相当数量的人才，并提高现任干部的质量，加强高小教育，解决部分村学教员，继续公私合作与新旧合作，使才尽其用；为中等以上学校争取外来干部；使师资充足；适当提高文教干部的地位与待遇，使久安其位，积累经验，充实和健全各级教育行政机构，使经常工作有坚强领导。关于文教经费，建议群众文化经费依靠群众自己的力量，清理原有学田学产及地方公共财产，作为当地国民教育基金；政府为中等以上学校保证确定经费，并在可能范围内拨给国民教育补助费。

关于发展文化的主要任务和办法，大概就是这些。

继续发扬政治民主

再次，在发展经济和文化的基础上，继续发扬人民的政治民主！

头一个重要任务，是加强乡村自治。由于几年来生产运动的发展与文教运动的开始，

已在群众生活中为乡村自治培植了充分条件，如人民物质生活改善，由此引起了政治积极性新的高涨，经济、文化与公益事业中合作互助的推广，由此把散漫的农村社会开始组织起来了，农村劳动英雄与积极分子的出现，由此增加了新的骨干等。由于去年的选举运动，又在乡政权机构和人员成分中为乡村自治造成了有利条件，如以自然村为基础的代表制，几千个新的积极分子选进村乡政权等。今后亟宜巩固和发挥这些条件，以便逐步加强乡村中的生产活动，文教活动，卫生活动，公益活动，社会秩序，卫生和治安工作，改造二流子，以及调解纠纷，团结邻里等。主要注意：一、以自然村为基础，从村民最关切的事情着手，做出成绩，逐步推广，不要贪多，也不要强求各村一个样子。二、以自然村为基础，发现培养和巩固村的核心。三、改进乡政府的工作方式，具体帮助村主任、村代表进行工作，实际解决问题，去掉简单命令的习惯。四、从乡村公产及人民乐意的办法中，筹集一定的自治经费。五、上级领导必须符合加强乡村自治的精神。关键在于县，县政府必须与乡政府保持经常密切的联系。区公署只是县政府助理机关，协助县政府检查和帮助村乡工作，不宜当作一级政权使用。六、继续每年一次与乡选结合起来的乡村干部冬训。

第二个重要任务，是健全法律与制度，加强公务人员奉公守法的观点与习惯。一、边区人民已经到了应有自己的“省宪”以代替三十年通过的边区施政纲领的时候了。提议大会责成本届参议会常驻委员会限期完成起草工作，经人民讨论后，提交下届大会通过之。二、依据边区情况和已有的经验，制定或修正各种必要的单行法规；逐渐促进法律的完整性和固定性。三、健全司法机关和检察机关，司法机关对法律负责，进行独立审判，不受任何地方行政的干涉；检察机关执行检察人民和公务人员违法行为之职权。四、依民主集中制原则与新的建设环境，改进某些行政制度，如财务、税收、人事、奖惩、公安等，尤其财务、税收制度必须自上而下地统一起来。五、在公务人员中进行深切的奉公守法教育，做到以身作则，如有犯法行为，必须依法办理，不容有任何徇私偏袒。

关于继续发扬政治民主的主要任务和办法，大概就是这些。

为顺利地执行建设任务，当前急切的工作就是复员。最近二月内，即须完成第一步计划，即复员三分之一。为此，我请求大会讨论和批准复员计划，并号召复员人员响应之。政府将从物质上资助复员人员，使他们有起码的生活与生产条件。县以下各级政府应负责安置他们，经常密切地关照他们。我希望所有复员人员了解，复员是为了适应新的环境以便集中力量于建设，为了加强生产战线，使生产获得生力军，为了加强工作效率，使裁撤与缩减不必要的机构后，工作可以灵便，为了减轻人民负担，使人民获得新的休养机会。我希望所有复员人员愉快地接受复员命令，回到农村，积极生产，建立家务，参加乡村自治，成为模范，保持永久的光荣！

为胜利地实现建设任务，政府人员应该经常努力加强为人民勤务员的民主作风与实事求是的科学态度。我们所处为农村环境，我们的建设工作主要是在农村人民，其中主要是农民大众的建设工作，政府工作的上下左右关系归根到底是同农村人民主要同农民大众的关系，因此要求我们了解和掌握边区农村现时还在极端分散的落后的个体经济的这种根本特点，要求我们了解和掌握边区农民在政治上已获得解放，在经济上和文化上亦有飞跃进步，但要克服旧社会遗留下来的经济文化落后所反映的保守性，还需要长期的努力。又要求我们了解和掌握边区不同农村的不同特点，从当时当地的具体情况出发，从人民大众今

天的需要和觉悟程度出发，因时因地制宜，逐步前进，痛切纠正官僚主义，命令主义以至爬在人民头上的恶劣习气。无论上级和下级，需要将战争动员工作的方式和方法改变过来，逐步地养成精雕细刻的习惯，需要力戒急燥（躁）骄傲情绪，力行谨慎谦虚精神。需要言行一致，不尚空谈，因此如去年普选中提出来的问题尚未解决者，以及我们大会提出来的问题，都须负责迅速确切解决之。我请求各级人民的代表经常密切地督促行政干部和其他公务人员，督促和帮助我们成为名实相符的人民勤务员。

为胜利地实现建设任务，还必须有一个重要条件，就是全国和平要有确切的保障，就是要有全国的政治民主化以保障全国的永久和平，但是我请求大会注意，到今天为止，反动派仍在公开地和秘密地进行推翻停战协定和整军协定，扩大内战，进行推翻政治协商会决议，坚持专制独裁。我建议大会向全国人民和一切民主人士表示，我们将同他们一起，共同反对这种反动勾当，为中国的和平民主奋斗到底。我更建议大会代表边区人民请求蒋主席立即撤消（销）对边区的包围与封锁，平毁碉堡线，取消特务机关，恢复贸易自由与人员来往的自由，并保证以后不再发生侵袭边区的事情，请求蒋主席实践政治协商会议的一切决议与和平建国纲领，实行政协会议关于宪法原则的决定，以实现国家民主化的诺言。

最后，我请求大会，请求全体代表们号召全边区军民与公务人员积极行动起来，为实现进一步建设边区的任务奋斗。

选自《陕甘宁边区第三届参议会第一次大会汇刊》，参议会常驻会 1946 年编印，第 18～45 页。

互校版本：《陕甘宁革命根据地史料选辑》第三辑，甘肃人民出版社 1983 年版，第 78～97 页。

4. 陕甘宁边区第三届参议会第一次大会关于政府工作报告的决议

1946 年 4 月 26 日

大会一致同意林伯渠主席关于政府工作的报告。大会十分欣慰政府忠实执行了上届参议会的重要决议，尤其是边区施政纲领。此一纲领体现了并发展了孙中山先生的三民主义，故能团结边区各阶级，各抗日党派，各民族，发挥一切力量，保卫边区配合各解放区与全国人民，最后击败日寇，并于经济落后困难重重的边区艰苦缔造，逐渐在政治、经济、文化各方面建设起来，创造了中国历史所未曾有的奇迹。如人民的广泛平等的民主权利，各阶层民主联合的三三制政权，政府为人民选举并受人民监督检查；减租减息与交租交息，组织起来，大家动手的大生产运动；日趋上升的人民经济生活，教育的改革与干部的学习热潮，文化下乡，为人民服务；部队机关生产自给，减轻人民负担；民拥军，军爱民，军民团结，共同抗击敌人；官教兵、兵教官，官兵一致，提高战斗技术等等，凡此都是为边区人民所衷心拥护，亦为全国人民所赞叹所响（想）往。虽然获得了上述伟大的成绩，

但在执行中还有缺点，因此大会特再提出，边区仍当遵循此一方向继续前进，努力勿懈。

抗战时期边区是抗日民主的模范地区，抗战结束后应进一步加强建设，使边区成为经济繁荣、文化普及、民主生活更加发展的模范自治省区，以推进全国民主，巩固永久和平。大会完全同意林主席在报告中提出的今后三年的建设任务，并批准边区政府提出的三年经济文教建设方案及复员方案和财政预算案。特号召边区人民努力奋斗，求其实现。

大会更着重指明，继续发展经济为一切建设的根本，为边区今后的首要任务，而在发展经济中，目前最感切要者为：（一）如何把边区现在的生产技术提高一步。应一面推广民间已有的良好生产技术，一面研究与利用近代科学方法把现有生产技术逐渐提高，以达农工业生产计划中增产与发展的目的。（二）如何继续把劳动力组织起来，即按实际需要，从小型入手，继续推行边区已有的变工扎工组织和各种生产的、消费的、运输的、信用的合作。这是一件极其细密和困难的工作，但不经过这条道路，边区经济是无法进一步和普遍向前发展的。（三）如何把现有脱离生产人员减少到必需限度，以逐步减轻人民负担，并安置复员人员回家就业，以增强生产力量。政府与人民双方都要切实妥善帮助复员人员。同时，继续坚持部队机关的自给生产。从（重）新厘定合理的税收制度，并逐渐改战时救国公粮为农业累进税，提高人民生产的积极性。（四）如何培养各种建设人才为今后边区各项建设之用。目前边区各中等学校和延大的教育，即应注意及此，使其能适应今后边区建设的环境与需要。同时疾病与死亡仍是边区人民的严重问题，急应号召人民普遍注意卫生，并扩大医药组织，加强疗治工作，和疾病死亡作斗争。此外尤其重要的是如何使各级政府人员进一步学会掌握政策，联系群众，善于组织领导人民经济政治生活，继续发扬民主，发动广大人民随时检查政府工作与监督政府人员，并经常实行逐级检查制度，使政府领导与人民需要相结合，成为一切计划实现的关键。去年大选中，广泛发扬民主，由下而上检查政府工作，收效极大，但对人民所提问题，必须一一切实解决，同时还应有经常有系统的自上而下的具体检查，上级政府必须经常下到农村，具体指导下级干部，了解其困难，发现其问题，帮助其改正缺点，做出榜样。抗战时期中适合战争环境的简单动员作风，已不再适用，必须代之以调查研究缜密筹划逐步实行逐渐推广的细密的工作方法，才能适应新时期的建设。

本届大会对各参议员的提案与政府工作报告和计划，经过热烈讨论，获得一致决议，各参议员对政府工作尤多率直诚恳的批评，此足证明边区各阶层人民的团结在经过八年艰苦抗战与民主建设的路程后有了长足的进步，而这种团结曾经是我们赢得胜利的保证。大会号召全边区人民继续发扬团结精神，为赢得全国和平民主的完全实现而奋斗。目前国内反动派阴谋破坏停战、政协、整军三大协定，正在扩大内战，边区仍处在大军包围中，添修碉堡，封锁更严，边区人民的和平民主生活时时受到严重的威胁，因此大会特再号召边区人民提高警惕，加强军事保安工作和人民自卫力量，坚决保卫边区人民的和平与建设。

选自《陕甘宁边区第三届参议会第一次大会汇刊》，参议会常驻会 1946 年编印，第 60～63 页。

互校版本：《陕甘宁边区政府文件选编》第十辑，档案出版社 1991 年版，第 49～51 页。

5. 陕甘宁边区政府命令——令各级政府严禁妇女缠足及改革丧事礼俗提倡简素并改造阴阳

1946 年 5 月 17 日

各专员、各县（市）长；

边区三届参议会第一次大会通过之提案中有原提案政法组第十一案严禁妇女缠足案，第十九案为重申严禁志丹妇女缠足案及文教组第三案为改革丧事礼俗提倡简素并改造阴阳案，第二十八案为提高文化改良习俗礼节案等四件，查边区部分地区缠足恶习，仍很严重，对于妇女之健康及参加生产劳动妨害至巨。希于接令之后，依照提案十一案、十九案中提出之办法，根据各地具体情况确实办理，务期达到严格禁止缠足。至改革丧事礼俗，改造阴阳各节，各县除依当地具体情形拟定办法提倡执行外，并应特别注重宣传解释，使人民能够自觉的逐渐改革，不得求之过急，采用强迫命令方式。兹将参议会交来上述四项提案原文随令附发，务希查照认真执行为要！

此令！

主席　林伯渠

副主席　李鼎铭　刘景范

选自《陕甘宁边区政府文件选编》第十辑，档案出版社 1991 年版，第 54 页。

附：陕甘宁边区第三届参议会第一次大会通过的四项提案

1946 年 4 月

（一）政法组　第十一案　严禁妇女缠足案

理由：放足运动在边区推行获得成绩，但个别分区如延属、陇东、三边、关中一部分县份仍未彻底执行，近年来在农村缠足之现象还存在，这样继续下去，不仅妨碍妇女身体健康，而且障碍妇女生产，因此必须严禁妇女缠足。

办法：

1. 主要宣传教育使老百姓深刻了解缠足之害。

2. 政府重申禁令，布告缠足尚严重的地区不准缠足。凡十五岁以下的妇女一律不准缠足，已缠了的，也要放开。十五岁至二十五岁缠足妇女以宣传说服等方式促之放足。

3. 各级政府指令行政工作人员须切实执行禁令。

4. 各地在缠足现象严重地区成立放足委员会，吸收有关方面人员参加，推行放足运动，督促检查。

5. 各参议员和劳英、模范工作者和群众积极分子，首先响应执行，在缠足严重地区，应抓住中心，突破一点，推广全面。

6. 各级在职女干部配合行政，执行禁令。

提案人：唐洪澄　李合邦　刘生枝　马济川　马锡五　杨文明　白　茜　田绍锡　李景膺　高　峰　杜瑞兰　杨俊五　吴志澜　李发增　杨芝芳　李凤莲　吴生秀　白云亭

骆志亮　崔田夫　谢怀德　白宜彩　吴满有　张　翎　冯文江　康保民　折碧莲　李世发　刘孝信

（二）政法组　第十九案　为重申严禁志丹妇女缠足案理由：前几年政府宣传禁止妇女缠足，已有成绩，但近年来对放足工作注意较差，尚有部分妇女又给女孩子缠起足来，不但响了本人的身体健康和劳动，同时会影响到后代子孙的身体健康，此种恶习必须严禁。

办法：

1. 深入普遍的宣传缠足的害处和不缠的好处。

2. 政府明令禁止妇女缠足，凡十五岁以下的妇女，一律不许缠足，已缠者必须放开，十五岁至二十五岁之缠足妇女，以宣传说服斗争等方式，使他（她）放开。

提案人　薛本义　刘培基　曹力如

审查意见：通过，拟交政府办理。

大会以一〇二票大多数照审查意见通过。

（三）文教组　第三案　为改革丧事礼俗，提倡简素并改造阴阳案

理由：

1. 三边近几年来，群众深感丧事浪费财力和时间。人死了，丧埋阴阳推延日期，有的不敢丧埋，有明记暗记之说，或在家内放过几天，有关群众卫生，并且时间越长赚钱越多，有十万以上边洋，贫的丧埋不起，富的也受困难。

2. 修房窑洞，建筑一切，均请阴阳择日期，如在这期间内，家中人有疾病的，就说动土不对，或造谣神鬼的事。总之在三边的群众中间，一举一动，群众都要请示阴阳，有时候人有疾病，也要请阴阳禳送，所以有误人的生命，有误群众生产。

3. 巫神和阴阳合作，欺骗群众的钱。在四四年文教会前后，稍问过巫神阴阳欺骗群众的合作，很有成效，在四五年又不理，现在又活跃起来。

办法：

1. 先从青年阴阳着手改造，在区乡开座谈会，内容以教育为主，并将迷信的事实逐渐说明，使阴阳第一步不迷信，人死下争取越快丧埋越好。

2. 简素：孝布只是孝子孝孙家庭人，女婿女儿外甥同是半孝布（自备），其余同是纸花。纪念时争取时间短促。

3. 阴阳丧埋也要付工资（超不过工人工资两倍至三倍，以日子计算），各级政府将此事应列为工作之一。

提案人：李尔直　齐德庵　靳体元　杨正喜　蔺士耀　赵炳日　蔡　丰

（四）文教组　第二十八案　为提高文化改良习俗礼节案

理由：农村妇女缠足穿耳现象，尚属普遍，民间冠婚丧嫁礼节，备极奢侈，实由于乡村文化落后，人民知识不丰，应有改革之必要。

办法：

一、加强深入宣教工作；

二、具体规定婚丧礼节；

三、定出法令给以必要的限制和禁止。

提案人　白宜彩　康保民　高敦泉　李世发　刘孝信

审查意见：

（一）两案合并审查；

（二）同意提倡简素改革婚丧礼俗，由乡政府根据当地情况，商同当地进步分子妥当办理，在执行中干部应起带头作用，加强宣传解释，政府不予强迫；

（三）同意原案先从青年阴阳着手改造逐渐推行的意见，提倡不用阴阳；

（四）关于革除妇女缠足穿耳的恶习，同意原提案第二十八案一、三项之意见。

大会以八十九票通过原审查意见。

选自《陕甘宁边区政府文件选编》第十辑，档案出版社1991年版，第55～57页。

6. 陕甘宁边区政府关于改进工作报告制度的指示

1946年8月11日

各专员、各县、市长：

一、过去各地的工作报告，大概可分为以下几种形式：（一）一揽子性的，半年或一年的工作总结报告。这种报告虽较多，但内容多半很空洞，同时经过专署寄来，时间很迟，边府不易及时了解下情。（二）关于每一项重要工作或每一个运动的总结报告（如春耕减租卫生防旱备荒等），但过去各县的这种报告做得很少，更不普遍。（三）用信件或电报不拘形式的及时报告，每一阶段中心工作执行的具体情况和经验，这种报告各县做得更差。今后我们希望各县首先将本年的工作计划送来，然后着重在执行每项中心工作过程中，必须经常不拘形式地用便信或电报真实地及时反映实际工作情况及新的工作方法和经验。其次在每一项工作进行到一个阶段或结束时，要有总结报告，这是很重要的，应切实执行。

二、报告的内容必须真实地写出每项工作（尤其着重每一时期的中心工作）做的过程和结果，做的方法和得到的经验，存在的问题和解决的办法，最好是一般报告还要配合一些生动的典型材料，不许有丝毫的虚伪，过去各地关于灾情和收成方面的许多报告随便夸大或隐瞒，是一种非常不好的毛病，必须严格纠正。

三、写报告的态度必须是严肃的、认真的，每项报告负责同志必须参加研究，细密审阅，然后寄发，过去有许多寄到边府的报告，数目字先后不一致，有的甚至全部数目字空白着，足证其责任心是很不够的。至于报告中词句和缮写的潦草马虎，更是普遍的现象，往往使人对于报告的内容看不清楚，这种不好的态度，均须切实注意改正。

选自《陕甘宁革命根据地史料选辑》，第三辑，甘肃人民出版社1983年版，第154～155页。

互校版本：《陕甘宁边区政府文件选编》第十辑，档案出版社1991年版，第209～210页。标题为“为密切边区和县的工作关系并建立工作报告制度由”，1940年8月5日，内容大同小异。

7. 陕甘宁边区政府工作报告——边区政府主席林伯渠在第三届政府委员会第二次会议上的报告

1946年10月29日

一、半年工作概况

第三届边区参议会第一次大会闭幕后，边区政府接受了大会的决议提案和三年建设计划方案，曾提出今年下半年五项中心工作，并责成各有关部门拟订了半年工作计划。曾因时局的不断演变，工作重点不能不时有转移。有些工作正在进行中，尚未作出全面的总结，所以我的报告只能就这几项工作的一般情况，作一初步的检讨。

（一）根据参议会通过的复员方案，为履行政协决议，整军原则是增加生产力量，今年的头一件大事就是实行复员。原计划第一期复员军政人员一万一千六百人。虽环境迅速变化，复员工作经常遭受外力的阻碍，如家在蒋管区人员的复员因遭受蒋军扣押无法进行，但正式复员者亦已五千六百余人，即完成原计划百分之四十八。

政府对复员人员，在复员之初，进行了政治的说服和经济的扶助，如给予他们的生产补助费、路费、服装费等，即达边币廿三万万元之巨，解决了他们安家的困难；在复员之后，进行了适当的安置，因之除老弱残废丧失劳动力者给予必要的救济外，大多已经就业，甘泉、富县、垦区、邮临张村驿等地八百五十五个复员人员中，从事农业的六百七十四人，商业的一百五十人，手工业的一人，半农半商的廿八人，尚未就业的仅二人，开辟了他们建家的道路。

他们散布各地，就不仅加强了生产战线，而且加强了一般工作，安塞魏仁义领导组织拓家坝子变工队，并帮助其改变村风，延安县刘振禄，时局吃紧后，立即自动担任基层自卫军教导员，这些范例是不胜枚举的。

因为复员了大批人员，也就精简了很多机构，如边府托儿所合并于第一保育院，干部休养所合并于学生疗养院，以及边府各厅部院和专署的调整和紧缩，并部分加强了下层的基础。

现在主要的缺点是有些地区的政府对复员人员的联系和教育不足，以致个别未起积极的作用，组织和领导不足，以致未能发挥集体力量等，必须尽可能在短期内纠正之。

（二）根据参议会通过的建设方案，为进一步发展边区的生产和巩固边区的经济，我们曾进行了如下工作：

农业方面，一般的农作法等有所改进，如过去不注意锄麦的关中、陇东等地，今年也已大部开始。改良土质方面，在绥德发现修梯田等以保持水土的办法，是今后边区提高产量的主要办法之一。在防灾害方面，今夏秋推广用土炮防雹和试用柴火防霜冻各地均有成绩，而今年农业生产最大成绩是春耕时解决由于去年歉收造成的普遍春荒，去冬我们已预见今年春荒的必不可免，因之曾提醒各分区及早注意和预防，果然，春耕开始时，仅子长、延长、延川、延安、志丹等五县即有六万一千余人无粮吃，仅安塞五个区即有五百多头牛无草吃。不解决这一问题，即不能顺利发动春耕运动。政府除及时发下救济粮四千

石，并号召义仓和合作社和公营商店借出粮一万零五百余石外，主要组织了广大群众的自筹和互济。曾有少数群众怕存粮公开后加重负担与以往借出有不能要回来的情形，政府都给了切实的保证，干部、劳动英雄和积极分子并起着带头作用，因而开展了广泛的互济运动。据不完全统计，共互济粮一万二千余石，草一百三十余万斤，自挖野草二百二十余万斤。群众的生产情绪就空前的高涨起来。

其次，在春耕、夏耘、夏收等整个生产过程中，在劳动力的组织方面，较过去有显著进步，特别表现在：一、是劳动力的组织较为普遍和广泛，据不完全的统计，各县劳动力短期或长期参加过变扎工等劳动组织的，最高如延安县曾达全部劳动力百分之六十二，最低如固临亦达百分之二十三，即半劳动力的妇女小孩，亦大量的参加了变工。二、是一般的已克服了有名无实的大变工队的毛病，按照需要自愿的组织了各种小型的变工，做到了可大可小，可聚可散，象（像）绥德王家坪实行主要庄稼的按期变工，效率更大。这样就弥补了劳动力不足的缺陷，并保证了不违农时。

再其次，在今年的组织领导生产中，一般干部的工作方式有普遍的转变。他们大多已能深入农村，如解决春荒中，许多干部以身作则，首先将自己的余粮拿出来推动群众互相调剂。组织劳动力中亲自参加劳动组织，实行具体领导，从专员、县长以及区乡干部，很多是这样的：已能大量培养村核心分子，并通过他们进行工作，如定边县今年生产中的所谓二百卅一条根，即是在各乡村中培养了各项工作中的二百卅一个核心分子，绥德王家坷建立了九个人的核心组织，创造了自治模范村；已能利用报纸，从报上吸取经验推动生产，如志丹县。

结果是很明显的，因为有着上述的主观努力，更配合今年的雨水充足，全边区夏田已收细粮八十五万余石，秋田估计能收细粮九十万石以上，总计不下一百八十万石，和去年一百二十万石比较，增产六十万石，即增产去年的百分之五十，食的问题可望解决。全边区共植棉三十五万一千余亩，足苗二十六万五千余亩，估计收花二百万斤左右，穿的问题可望部分解决。

工业方面：公营工业在日本投降后，曾经受到很大波折，虽成立了工业局以统一领导，一般仍长期处在搬家、合并，恢复与修工房和职工调动等不正常状态中。为停止这一状态，我们首先确定了生产方向，讨论了具体计划，进行了资金、采购、运输等各方面的调整，以稳定大家对边区工业的认识和确定努力的目标。同时及时调整了人力，如内部调剂干部，向外聘请技师，难民工厂组织附近群众络纱，使工厂生产和群众副业结合，兵工厂组织大批家属从事轻便工作，使工厂生产和家属生产结合等，调整了物力，如采购油厂打井和抽油器材，火柴厂造氯酸钾器材，以及其他各厂的部分器材等。结果是很明显的，三月份即已开始恢复了秩序，一月至八月的生产计划就获得了胜利的完成以至超过。在数量上，如以全年计划为一〇〇，某兵工厂九月份已提前三月完成全年任务，石油厂已完成八六，难民纺织厂已完成九二·四，火柴厂已完成九五·九四，都超过了计划，振华总厂已完成七〇·七，振华全厂已完成六〇·三，都完成了计划。在质量上，肥皂和报纸，都维持着原有的标准，火柴已根根管用，汽油比过去好些，兵工生产保持原有程度。

民间纺织业在日寇投降后，也曾经受到很大波折，但现在不仅已经全部恢复，且大大往前发展了。如延川全县一万余妇女中，参加纺织者已达八千余人，占总数百分之八十。

已纺纱六万二千余斤，织布十万余丈，除足供全县用布外，尚能部分出售。绥德分区更有进展。边区银行一万万八千万元纺织贷款的发放，和贸易公司二十六万斤纺织棉花的供给，是起了相当促进作用的。

现在主要的缺点在农业方面，是各级主管机关尚未能真正主动的根据各地不同情况给以不同指导，根据各地不同需要给以不同帮助，在有些时候有些工作就陷于一般和被动，在工业方面，是没有把发展民营企业和推广民间纺织业及手工业等作为一个重要工作，对此有放松领导现象，值得今后严重注意的。

（三）根据参议会关于“实行调剂土地”和“贯彻土地租佃条例”等提案，七月间我们再次发出贯彻减租、进行查租的指示，并派出三个工作组分赴绥德、陇东、安边等地帮助工作，减租和查租就在各地初步展开了。

首先是未经分配土地区域。绥德分区过去减租比较彻底，但这次发现个别地区如葭县车会区某些村竟有七年来迄未减租的事实。保佃工作做得不够。土地虽经逐渐转移，但无地的佃农还不能完全得到土地。陇东减租最不彻底，以致象（像）合水唐子光等恶霸仍能欺压群众，横行不法。这就是说，过去我们在发动群众上是做得极其不够的。

八月间，合水减租训练班下乡试验减租，发动了当地群众，一百零九个受唐子光压榨的农民，才说出了他们的苦处，一致要求“赔偿我们的牛羊”或“还回我的地”。安边农民在政府协助下，七月间也收回了被三边天主教堂强占之长三百六十里，宽七十二里的大块土地，洗刷了四十六年前的国耻，估计一万三千农民即可分得每人三十五亩的耕地。为庆祝这件大事，九月间并召开了群众大会，大家说：“现在实行孙中山先生耕者有其田的时候终于到来了。”这就是说，农民对土地的要求是非常迫切的。

同时在此期间，绥德、三边等地的开明士绅和新十一旅军官，曾自动献地给政府并要求分配给无地或少地的农民。如绥德分区的安副议长、张哲卿先生、蔡幼轩先生、白联娥先生等，和新十一旅的李友竹团长、高昆山副团长、冯世光营长。共计绥德献地八千六百余垧，三边献地一万一千三百余垧，给了各该当地解决土地问题时极可称赞的帮助。

其次是已经分配土地地区，地权纠纷仍很严重，如延安县归地主张登云非法收回土地，经群众公决，把收回的土地及几年的租子全部退回农民。

这一问题上曾经存在的主要缺点，在前未分土地地区，是有些地区对减租工作进行的不彻底，保佃工作注意不够。在后已分土地地区，是农民迫切地要求确定部分发生纠纷土地的地权，但领导上未能及时的进行研究和分别的合理解决。最近召开一科长联席会议才开始了这一工作，并获得了解决办法。

（四）根据参议会批准的财政预算案显示①，我们的财政赤字曾是相当庞大的；由于七月以后边区环境的紧张，为了准备战争，开支更大，而我们又始终坚持不多加重人民负担，故赤字随之扩大，因此如何消灭赤字就成了财政工作的主要任务，除召开二科长会议，总结了三年来地方财政工作，积极整顿地方财政外，我们曾进行了如下工作：

首先一方面，加强和加重机关部队的自给生产和自给任务，如自给马草半年，停发三个月经费等，根据最近调查，蔬菜大部已能自给，伙食办公等费仅延安十六个机关的统

① “档案文件版”为“显示”，“甘肃史料版”印作“指示”。

计，已自给百分之四十七；另方面，降低工作人员的供给标准百分之三十一，每人每日减少粮食二两，这就是说，我们解决财政困难是由每个小公以至每一人员从生产节约中共同负责的。

其次，改进税收：边区和地方的税收已有明确划分，陕晋之间的税收，已经统一，缉私曾经整理，一方面杜绝走私，又方面严禁滥缉，重新制订了各种税收条例。农业累进税原拟普遍推行，因准备战争的影响，只能坚持延安、绥德等地的复查。征收公粮十六万三千石，与去年公粮征收额十二万石比较，增加百分之二十五，与去年公粮征收额和收获量的比例比较，去年公粮占收获量百分之十，今年占百分之九·〇五，减少百分之〇·九五，这就是说，我们解决财政困难，同时是照顾人民生计的。

现在主要的缺点是部分由于财政分散经营，发生铺张浪费的现象，制度上亦发生不一致，不完全的地方，甚至一县一制度，或者说是在某些方面无制度现象，这都是必须很快的解决，这次在二科长会上对此已研究出具体办法。

（五）根据参议会关于“加强军事保安工作和人民自卫力量”的决议，以及以后由于国民党反动派继续扩大内战，边区受到战争威胁，尤其从七月开始，被迫进入战备状态的情况，我们曾进行了如下工作：

为加强战斗部队的质量，曾进行了正规军的冬夏两季训练，大大提高了作战技术，并相当充实了地方武装力量。结果如十月间，榆林二十二军驻兴隆寺、旧寨、打火店、安崖底等部，曾先后分兵进犯葭县和米脂边境，我被迫自卫，有力量将其击溃。

另方面，我们又积极整理训练了民兵和自卫军。据最近统计，普通自卫军已达××万余人（缺陇东分区和安边）基于自卫军×万余人（缺安边），群众性的练武运动，已在各地展开。分区、县多已开办过爆炸训练班，如关中各县学员，大都学会装埋地雷，造黑色炸药，以及制造雷管拉火线等技术，子洲并发明用子弹头制造雷管，埋飞雷等技术。绥德分区的基干自卫军组织了轮战队，以便随时配合正规军作战，三边分区的基干自卫军正掀起献枪和献金购枪的热潮，他们不论在南线北线的自卫反击中，都曾很好地配合作战。尤其如关中民兵，他们热爱着正规军，他们炸毁碉堡、送饭到火线上、抬运伤兵、帮助放云梯到边界敌军封锁碉堡，甚至和战士抢着爬云梯；正规军也热爱着他们，如作战时战士为民兵挖好工事，有一次一颗手榴弹落在几个民兵的近旁，一战士立即推开民兵，用自己的脚踏住手榴弹，以炸伤自己的代价挽救了民兵的生命。这就是说，我边区主力兵曾是有高度战斗力，民兵自卫军是有高度积极性和英勇精神的，我军民互爱，军民合作的力量是无穷的。

但我们的力量不仅在于内部的增强，还在于外部的配合，这就是半年内边区周围高树勋运动的展开，如八月间，驻栒邑陕保六团三大队在董策丞队长率领之下，起义开入边区，零星一班一排的起义还有数起，最近先有葭县边境二十二军之梅连长率全连官兵起义，后有驻横山之陕北保安副指挥胡景铎将军率保九团全团及二十二军八六师与十一旅一部五千余人起义，并经解放横山、波罗、镇川堡、石湾镇、武家坡、响水堡等地。这就是说，蒋介石部队内一部分要求独立、民主、和平的官兵不为独夫卖命而毅然趋向人民的行动，是与日俱增的。

为配合正面的自卫斗争，我们还积极整理了治安工作。蒋介石特务机关这一时期，曾

日益猖獗地进行了对边区的破坏。最近数月内，经我破获的特务便衣的活动，达一百三十四件之多，如蒋军一战区长官部派出的特务刘自鑫，计划利用反动豪绅地主组织反共武装，并企图拉拢旧土匪待机暴动；经我剿灭的政治土匪，达一百零九人之多，如临镇边境捕获七十四人，三边捕获张廷芝部三人。这些成绩除治安机关的努力外，主要依靠了群众的力量。退伍复员人员如垦区部分地区，张村驿和盐池等地的开始组织起来，在加强治安工作上也起了积极的作用。

现在主要的缺点是我们宣传教育不足，使部分干部和群众对新形势的严重性没有足够的认识，是民兵自卫军的劳武结合未臻完善，是部分领导机关在执行反奸政策时有过分宽容特务破坏分子的倾向等，必须用大力尽速纠正之。

（六）在其他一般工作上，也获得了相当的效果。如教育方面，为提高中、小学师资，我们曾向蒋管区聘请了三十来个中学教员、在各中学增设师范班，和召开小学教员暑期座谈会，为纪念中国人民教育家陶行知先生并集中研究其学说，将延安中学改为行知中学等。司法方面，为减免群众讼累，我们曾派遣法官下乡组织巡回法庭，就地审理，使三分之二的积案获得圆满的解决；为增加农村劳力，曾在春耕开始时，清查监所，提前释放二百多名已经改造而有良好表现的人犯等。公路修筑方面，为辅助经济建设，他们曾先后完成富延、延绥、延宋等路及延市马路，并保障补助各县修路等。在一般工作作风上，也获得了相当的改善，最明显的表现于各级干部到群众生产的领导上，已如前述。此外如边区领导方面，部分已开始注意本身业务的钻研，和正确的运用调查研究解决问题的方法，边区以下的领导，部分已开始注意村乡自治，大量培养乡村领导核心，并发现了象（像）绥德王家坪那样已有相当自治能力的模范乡村，使工作真正生根。所有这些收获都是极其宝贵，但应该承认，是极其不够的，尤其在工作作风好的作风还未普遍到所有区乡，另外却存在有部分脱离群众的现象，应引起非常的警惕，并加以及时的纠正。

半年工作的一般情况就是如此。

二、新形势和新任务

现在形势有了急剧的变化。

在第三届边区参议会第一次大会之后，我们鉴于全国停战，政协、整军等协议的订立，曾希望从此进入和平民主新阶段，但又鉴于国民党反动派已经在公开或秘密的进行推翻三项协定和正在扩大内战，因此亦曾指出和平民主仍受到严重的威胁。果然，继四月东北大内战后，蒋介石在美帝国主义分子的积极支持下，为继续其独裁统治，就公开撕毁和平谈判的假面具。以其全部兵力的百分之八十五，先后疯狂的发动了全国大内战。这样，所有和平民主的协议，是被蒋介石一手推翻了，我们和平民主的希望，是被蒋介石全部颠覆了。事实教育了边区人民，只有彻底粉碎了蒋介石的进攻，才能获得真正的和平民主。

在这一全面内战的情况下，在边区周围，七月中旬，蒋军胡宗南亦即召开营以上军官会议，积极进行进攻边区的布置，八月，蒋机轰炸延安，蒋介石代言人公然宣布将对延安采取“自由行动”。果然，九月开始，蒋军的进犯行为，就在各地广泛发动起来。在北线，二十二军中的亲蒋分子曾分路进犯。蒋胡又不断派机侵入我绥米一带滥施扫射；在西北线，傅作义曾下令东乌审攻夺西乌审，二十二军并派二五七团一个营赴东乌审助战。在南线，蒋军胡部亦已多次出扰，并大批收买流氓、惯匪，地痞、恶霸等组织所谓“反共游击

队”“难民回乡团”等小股反动武装，不时骚扰，这样，我们陕甘宁边区同样被迫进入战时状态了。

这就是说，全边区军民紧急动员起来，全力全面保卫边区的时候到来了。

国民党反动派的全面军事进攻，激起了各解放区全体军民的全面抵抗。在过去将近四个月中，进犯蒋军虽然侵占了承德、淮阴、张家口等若干城市，但它却付出了极大代价，被歼已有三十几个团旅之众。同时，由于战线愈长，蒋军兵力亦愈分散，士气亦愈不振，而遭受歼灭打击的机会也必然愈多。再加上他在政治上经济上的矛盾无法克服和势如燎原的人民武装起义，而全世界亦正处在进步的时候，既（即）便有美国帝国主义的阴谋助虐，也是不能挽救其必败之命运的。过去的事实和今后的趋势，蒋败我胜是确定无疑的了。因此，目前边区虽然处于蒋军进攻的严重情况下，我们是有充分信心和决心，争取自卫战争的胜利，也一定能够胜利的。因为我们有毛主席的英明领导，有百六十万人民经过锻炼的伟大力量，有和人民血肉相联的正规部队、地方兵团和自卫军，有有利的地理条件，有其他解放区尤其邻近边区解放区的配合，有全国人民尤其邻近边区人民的声援；但我们要有充分的准备，不应有丝毫骄傲自大和盲目乐观的情绪，因为我们是从长期相对和平环境中骤然转入战时状态，这决不是容易的事，因此不论在思想方面、军事方面，经济财政方面、工作机构、制度和作风方面等，都要有准备。因此我们今后唯一中心任务，就是积极动员一切人力物力，准备粉碎蒋介石的进攻，为达此目的：

（一）就需要全边区军民加强和巩固自卫武装力量。为此，第一，就要更进一步的加紧训练正规部队，以便随时歼灭敌人，开展群众性的参军运动，动员广大青年随时源源不断的到军队里去，加紧训练地方兵团、民兵和自卫军，精通游击战和爆炸技术，开展群众性的爆炸运动和神枪手运动，同时整理和加强后方勤务组织，以便有效地配合正规军作战。第二，就要加强边境戒备力量，积极的改进和健全劳武结合，提高群众政治警觉性，严防暗藏奸细的破坏，打击武装特务的袭扰，整顿内部社会秩序，严密农村和市镇的治安制度，做好坚壁清野工作，以便有效地配合正面作战。第三，就要适当的改进拥民优军工作，克服过去优军工作中负担和享受上不公平合理的现象，继续保证贫苦军属普通水平的生活，并认真帮助其建立家务，以便巩固部队，稳定和提高战士的战斗情绪。

（二）就需要全边区军民加强和巩固自卫物质力量。为此，第一，就要更加努力生产，以增加自卫物资。农业方面，应按不同地区的实际需要，或以增产粮食为主，或以增产棉花为主，或二者并重，应吸取以往的经验，积极组织今冬的生产和准备明年的生产，应估计因战争发生引起劳力不足和耕地面积缩小的情况，更加紧组织起来，更广泛动员所有人力参加生产，更精密实行劳武结合的生产方法，更细致提高农业技术，特别是改良土质和事先预防各种灾害。工业方面，应加强军工生产，以供战时需要，坚持纺织、造纸、火柴等工厂。应发展以家庭为单位的自纺自织，大力开展自种自纺自织自穿运动，以解决穿衣的问题。合作社应彻底转向农村，保证农村在战争封锁下的交换并以发展纺织调剂春耕中的粮食困难等为主要业务，发展农村各种小型合作。第二，就要更加厉行节约，以积蓄自卫物资，机关方面，应坚持机关生产，消灭浪费，厉行节约，精简后方机构，从上而下和从下而上的检举铺张浪费和降低生活标准。群众方面，应同样消灭浪费、实行勤俭，改革婚丧习俗，开展节衣缩食运动。第三，就要更加严密财粮制度，调整金融贸易以稳定后

方，供应前线，应确定在边区统一领导下，地方财政自治的方针，以加强战时易被分割的情况下地方财政的独立性、主动性和责任心，应建立各种适合战时的财粮制度，严密粮食的收获保管和分配，保证战时粮食供给，应调整税收，改进缉私，应即时制定战时动员法令，合理调整人力畜力物力的负担，应加强对敌经济斗争，继续设法输出边产并争取必要的物资进口，坚决维护边币市场，并禁止法币流通。

（三）就需要贯彻“耕者有其田”政策以增强内部团结，巩固人民自卫意志。因为解决土地问题不仅是为明年的生产奠定基础，而是团结内部发动群众保卫边区的中心关键，所以在土地已分地区，应迅速解决土地所有权中所存在的各种问题，如旧地主非法收回土地或霸占已分与农民的土地，并继续收租的行为，给移难民所开已经三年荒地的地权，过去登记时以多报少土地的处理，以及公荒的处理，以便巩固人民的既得利益，提高人民的生产情绪。在土地未分地区，为了迅速适当满足无地或少地农民的土地要求，应普遍进行查租和贯彻减租保佃，并试行土地公债，征购地主超额土地，在现耕基础上调剂给无地和少地农民，以达到耕者有其田。欢迎开明人士的自动献地，但绝不强迫。对实属罪大恶极确为群众痛恨的恶霸可以进行清算，但绝对不得乱找对象，进行清算。战争不仅不应作为延缓贯彻土地改革这一工作的藉口，相反，正因为战争必然到来，这一工作就更需要用大力立即进行。

战争是会很快到来的，所以我们的工作机构制度以至作风等，必须加以迅速的改造和转变，必须缩小和减少后方以及上层的机构和人员，加强前方，充实县、区、乡政权，提高村乡自治能力，使战争发生地区，可能被分割的情况下，各个地区各个部门都可以独立作战，必须取消一些不适合战时需要的制度，确立一些适合战时需要的制度，尤其必须大胆检讨并及时改变各级干部的作风，为适应战时情况，一切干部都应准备随时随地背起包袱跟上群众走，发扬民主精神，和群众真正的打成一片，发扬艰苦作风，坚决反对强迫命令的官僚架子，同时提倡服从命令，即时完成任务的雷厉风行的作风，消灭疲踏拖延等腐朽现象，应有调查研究的习惯，消灭不钻研问题不具体领导的敷衍行为，应将革命精神和实际精神更好地结合起来。

战争必然是残酷的和持久的，但只要我们有准备，就是说，有坚强的武装力量，充足的物质力量，严密的内部团结，就是说，兵精、粮足、人和，战争胜利必然是我们的。

选自《陕甘宁革命根据地史料选辑》第三辑，甘肃人民出版社 1983 年版，第 169～182 页。简称“甘肃史料版”。

互校版本：《陕甘宁边区政府文件选编》第十辑，档案出版社 1991 年版，第 269～280 页。简称“档案文件版”。原注：“一九四六年十一月十三、十四日《解放日报》”。

8. 陕甘宁边区第二次政府委员会决议（草案）

1946 年 12 月

本会一致同意林主席关于政府工作的报告。

自四月间边区三届一次参议会闭会之后，国内局势，急剧变化。蒋介石勾结美帝国主义，出卖国家民族利益，撕毁停战、政协、整军决议，坚持专制独裁，发动全面内战。目前陕甘宁边区正处于严重的内战威胁下。根据形势的变化，本会一致认为，动员一切力量准备粉碎蒋军对边区的进攻，为目前边区紧迫的战争任务。只有胜利的完成这一任务，才能保证第三届第一次会议通过的各项建设计划的实现，才能完成“坚决保卫边区人民的和平与建设”的任务。

本会对于敌我情况的估计，认为蒋军在美帝国主义积极援助下，虽有较好的武器，但因战线扩大，兵力不足，后方空虚，及军心厌战，民心反对，经济危急等致命的弱点，使其孤注一掷的进攻边区，是有很大的困难和冒险性的。我们边区有久经斗争锻炼的人民和人民军队八路军，有充分的粮食和物质基础，有有利的地理条件，有各解放区的支援和配合，有蒋管区广大人民的同情，特别有中共中央和毛主席的亲切指导，我们有充分的信心，战争胜利必然是我们的。但我们绝不骄傲，绝不轻敌，而且更要格外警惕，坚决克服干部和人民中的和平幻想，确实纠正工作中脱离群众的现象，边区的一百六十万人民要更加亲密的团结起来，共同担负保卫边区的责任。

本着一切为了自卫战争的原则，本会着重指出当前边区的几项中心工作为：

第一，加紧练兵，提高军事技术，与各种战术。加强军队的政治教育，并改善拥军优抗工作，使军队和人民完全打成一片。掀起热烈的参军参战运动，保证部队兵员与后勤供给能有不断补充。加紧民兵动员，实行劳武结合，并加强训练，熟悉爆炸技术，大量制造地雷，为民兵最主要的工作。根据各地具体情况，组织游击队、轮战队、神枪手、爆炸手，准备随时行动，打击敌人。防止暗藏奸细与特务的袭扰破坏。严密掌管粮草，保证战时供给，认真实行坚壁清野，围困敌人，绝不使边区粮草物资被敌利用和破坏。

第二，彻底改革土地，实现耕者有其田。这一工作是发动群众积极参军参战发展生产的中心一环，也是一切备战工作的枢纽。本会一致同意李副主席发言中提出在土地未改革区域以贯彻减租并采用土地公债征购地主超额土地的方法，以消灭封建剥削，实现耕者有其田。在经过土地改革的区域，亦应根据各地具体情况，进行土地整理登记，给予无地和少地农民以登记公地，调解农民相互间的纠纷，确定地权。并争取在今冬和明年春耕前完成这一工作。

第三，为了准备战争，加紧生产是有特别重大意义的，边区的生产方针，仍应以增产粮食和植棉为中心，并尽量提倡扶助农村家庭纺织业之发展，逐渐达到完全自纺自织的目的。为此，各级政府必须根据战争情况具体组织劳动力与深入农村领导生产。

号召边区人民节食缩衣，储蓄物资，支持长期自卫战争。

第四，为使各项工作迅速彻底执行，干部作风必须适应战争环境，厉行艰苦紧张的作风，反对疲踏拖延现象，干部要随时准备背着包袱到农村去，和群众一起工作，坚持游击战争，坚持农村工作，在任何情况下，使我们的政令在广大的农村畅行无阻。发扬民主精神，严格纠正官僚主义倾向，打破政府或干部和群众间存在的一切隔阂。提倡钻研精神，及深入具体的领导作风，纠正“风一阵雨一阵”的不经常不实际的冷热病。以上作风的改变，对于战争的胜败是有决定作用的，各级政府和每个干部，务须切实进行检讨，彻底纠正过来。

此处本会关于改善拥军优军工作，建立战时财政制度及教育、金融、贸易等方面的工作，皆应围绕战争的需要，根据民财教各厅提出之各项原则，拟定具体办法，切实执行。

选自《陕甘宁革命根据地史料选辑》第三辑，甘肃人民出版社 1983 年版，第 207～209 页。

9. 陕甘宁边区政府关于各县改组领导机构以适合战时需要的命令

1947 年 11 月 14 日

各县县长：

边区情况日益紧张，为适应战时工作需要，上级政府之组织机构，应即实行精简，加强区乡工作，务使领导机构精干机动，适于领导紧张的战时工作。命令到达之日，望即根据具体情况迅速配备。延安已成立边区总动员委员会，统一计划领导人力畜力粮草等动员工作。主任为边区政府刘景范副主席，嗣后该会一切通知务希切确遵照执行。

此令！

主席　林伯渠

副主席　李鼎铭　刘景范

选自《陕甘宁革命根据地史料选辑》第三辑，甘肃人民出版社 1983 年版，第 254 页。

10. 革命战争中一年来的政府工作——林伯渠主席在 1948 年 2 月 27 日边区常驻议员、政府委员扩大联席会议上的报告

1948 年 2 月 27 日

一、军民艰苦奋斗战胜敌人

在边区人民革命战争已经取得伟大胜利，我军由防御转入进攻、由内线作战转入外线作战的今天，来开这个会议，是有重大意义的。大家记得，日本投降之后，全国人民，渴望和平，我陕甘宁边区的人民，也深望从此进入新的和平建设，所以在三十五年四月的边区三届一次参议会上，曾通过了三年的经济、文化等建设方案。可是毫无信义的蒋介石，在美帝国主义的积极援助之下，全部推翻停战协定、政协决议、发动了全面内战，将深重的灾难压在喘息未定之中国人民的身上。当陕甘宁边区也受到内战的严重威胁之际，为着粉碎蒋胡匪帮的进攻，我们在三十五年十一月召开了第二次政府委员会议作出决议，着重指出：加强练兵、实行土改、加紧生产、改变作风为当时的中心工作。边府即本决议原则分别督促进行，各有成绩。但为时未久，边区人民就听到了敌人的炮声。胡匪主力于进犯

关中陇东后，又于去年三月十三日倾巢侵犯延安，宁青三马①和榆林邓左②，也相继驱使匪部窜入边区。从此，边区人民由十年的和平生活转入到全面战争，全体军民为消灭蒋胡匪军解放大西北一致英勇奋战，展开了西北革命史上可歌可泣的光辉一页。

一年来，在重大的转变和考验中，我勇敢善战的西北人民解放军，与久经革命锻炼的边区人民，亲密团结，在毛主席的正确领导下，在彭副总司令的英明指挥下，利用边区的物资基础和有利地形，配合各解放区的军事胜利和晋绥边区的有力支援，以机智英勇和艰苦卓绝的战斗，粉碎了蒋胡等匪帮的疯狂进犯，保卫了陕甘宁边区。其伟大胜利的辉煌战绩和光荣事业以及地方兵团、民兵，游击队的扩大与胜利，王副司令员将另作专门报告，我不再详细叙述。现在，我野战兵团，经过两个多月的政治军事训练后，已转入外线作战，利用蒋管区的人力物力，达到彻底消灭蒋胡等匪帮，解放大西北之目的。可以预言，在最近的将来，就可以听到伟大胜利的捷音到来。

军事上的胜利，不仅保卫了边区人民的民主政权，而且扩大了新区，使新区人民政权日益巩固和发展。当蒋胡等匪军猖狂的时候，兽蹄几乎踏遍边区各县，可是从沙家店一役之后，敌我形势即起了基本变化。现在蒋胡等匪军仅困守延安、甘泉、富县、庆阳、合水、镇原、盐池、定边等孤城和一些狭窄地带，面临着溃逃与被歼的命运。广大地区均在我手，并先后收复边区境内的县城二十三座。解放隶于晋绥的神木、府谷。新建立的黄龙分区，辖黄龙、宜川、中部、洛川、宜君、韩城、郃阳、澄城八个县的人民政权。在扩大的关中分区，新建立的有栒邑县政府和邠县、三原、中宜的民主县政委员会。

一年来，在一切为着前线胜利的意志下，我们号召边区全体人民，动员组织起来，积极支援前线，主要进行了以下工作：

一、就人力方面来说，去年，边区各地青年壮丁热烈参军入伍，新的力量大批涌入主力部队，使野战兵团更与当地群众密切联系，地武游击队发展到三倍以上。在参军动员中，由于边区人民有高度的政治觉悟和充分的仇敌心理，在干部带头、民主讨论、宣传教育、解决困难、慰劳欢送等群众路线的工作方法和群众热情的鼓舞下，使扩军任务胜利完成。其中父子参军、弟兄争先、母亲送儿、妻子送郎等生动事实不胜枚举。安塞县长贺兴旺、志丹县长赵玉文、三边专署政务秘书仇克嶷等同志的踊跃参军，对当地干部群众的鼓舞和新兵的教育训练都起了很大作用。而群众在优秀干部带领下，组织游击队奋勇杀敌的光辉例子亦不少。如受过边府奖励之石秀山、王瑞臣、高善祥、樊志杰和以勇敢善战出名的田启元、光荣牺牲的孙立生诸同志所领导的游击队，便是这样。吴满有、刘玉厚、杨步浩等的参军，更表现了边区劳动英雄的本色。

边区人民对于战时勤务同样尽了最大的努力。据不完全统计，自去年三月至今年一月，动员随军担架六千六百三十三付，临时担架一万五千五百八十二付，随军运输牲口五千四百四十头，在服务战勤中，很多担架队在火线上、转移中，在与战地群众接触的时候，表现了英勇勤劳、热爱伤病员、团结互助的精神。例如新宁二区胡兴周、米脂桃镇区十七岁的青年刘启仁，都是冒险抢救伤员的模范。子洲马蹄沟区刘福昌领导的担架队和志

① 原注：指马鸿逵、马步芳、马鸿宾。
② 原注：指邓宝珊、左协中。

丹参加蟠龙战役的担架队，不仅尽了最好的担架之责，而且尽了最好的护士之责。前者出发陇东时，利用休息间隙，给战地群众背柴割麦，深得战地群众称赞，真正体现了“民爱民”“边区人民是一家”的精神。

二、就物力方面来说，去年虽在遭受胡匪严重蹂躏，生产降低的情况下，我边区人民认识到军需供给对于战争取胜的重要，不惜缩食度日均踊跃缴纳公粮公草，保障了部队的给养。在绥米，为支援北线作战，许多群众将刚刚割下来的谷子、高粱、不分昼夜赶打、赶碾、赶送前线。在延长、延川为了我军收复该两县城及围歼清涧敌人的需要，群众送粮，也同样积极踊跃。如延川永胜区广大川的群众，粮食已被匪军抢光，就抢收高粱、玉米，在炕上烤干后送给军队。去年，经过人民缝制的军鞋五十八万四千余双，其中二十三万四千余双付以棉花半斤或小布四尺的代价，另十八万双付以棉花一斤或小布八尺的代价，其余十多万双都是纯粹义务性质的，这些军鞋的缝制，是边区妇女在战争中的重大贡献。

边区人民在支援前线中，救护伤员、运输物资、缴纳粮草、鞋、拥军、优军，真是不分男女老幼，不怕千辛万苦，与军队亲如家人，爱如兄弟。所以彭副总司令说：“边区的劳动人民，是我看到政治上最觉悟最有认识的人民!”同样，从人民群众中生长与巩固起来的军队，与人民亲密团结的生动事实，也是可歌可泣，罄竹难书，边区军民之伟大的革命友爱，这个雄伟力量的结合，就战胜了任何困难和任何敌人。

三、就其它战时工作来说，在由和平建设进入全面战争的情况下，首先要加强的是组织与壮大地［方］武［装］游击队和不脱离生产的民兵。这项工作各地都有成就，而关中分区的游击战争更为出色。因为它是广大群众积极参加和支援的游击战争，曾四次粉碎蒋胡匪军的大“清剿”，使关中的局势为之一新。其次，是战时生产，由于匪军破坏、动员频繁，劳力不足、交换几近停滞等原因，使去年生产受到严重影响。农业方面，耕地面积由前年的一千五百万亩减为一千一百万亩，粮食生产由前年的一百八十万石减为九十一万石。工业方面，只公营工厂的损失，就有百分之五十以上。但政府和人民努力不懈，如提倡抢种抢收，劳武结合，劳勤结合，扶助灾区生产以力求保护农业；如组织民间纺织，进行小规模生产，配合军事胜利重开某些工厂，以力求恢复工业。其次是战时教育，中等学校，为服务战争与适应战争，曾将年幼体弱的学生疏散回家，将行知中学与子长中学、绥德师范与米脂中学分别进行合并，将有工作能力的学生一千三百余人，分配调至战时工作岗位。去年十一月，又将五个中等学校，规定由各分区直接领导，成为各分区培养干部的学校。国民教育，暑期中于绥德分区各县曾举行小学教师座谈会，检查了战时教育和教员思想。冬季以后，因匪军窜扰，粮食困难，曾令各县小学提前放假，小学教员分送延大学习或参加战时其它工作，以保存与锻炼教育干部。在服务战争中，行知中学所组织的医院，深得伤病员的爱戴；子长第二完小校长杨鸿章参加了游击队，使教育与人民武装相结合；子洲峨卯蓉民小教员刘保堂敌来保卫家乡，敌去教娃娃识字，是战时教育的模范。社会教育，许多文工团、剧团，或则奔赴前线为战士服务，或则出演后方教育群众。而延安大学，于培养和提高各种人材（才）以适应解放大西北的任务需要下，联系战争土改，使教育与实际结合，均有成效。其次是与晋绥边区实行财经统一，将两个边区的贸易公司合并统称西北贸易公司，银行合并统称西北农民银行。这样，完成了金融贸易行政组织的统

一，扩大了对外贸易的联系，加强了经济战线上的对敌斗争，更有力的支持了长期的革命战争。此外河东在人力物力的供献，军用被服的制造，伤病员的疗养等，均给前线作战以有力支援。最后，是整编和节约。关于整编，曾进行了两次人员的精简，以此来加强支前，减轻民负。又曾从边府系统各单位起进行工作检查，逐渐推行，以此来教育干部、转变作风、改进工作、提高效率。同时规定战勤动员办法以节民力，降低生活标准，以省开支，实行了战时节约。

战时工作，还有许多，如抚恤、邮政、保安、司法等，都是随着战争形势的进展，依据战争的需要进行与改进工作，不另一一详细提出。

战争中的工作还是有缺点的和有错误的。战争爆发前，我们虽曾提出：要十分警惕，随时准备进入战争，但因受十年相对和平环境的影响，人民和干部的教育与认识不足，以致战争初期曾一度发生过混乱现象。表现在：一、群众纪律的不好；二、转移中的物资损失；三、某些干部不负责任的渎职现象与脱离群众的严重倾向，但这些缺点和错误，随着前线的胜利，后方的整顿，已逐渐纠正克服了。

二、恢复经济 解放大西北的任务

回顾一年来，革命战争的胜利，为迎接发展大西北的光荣任务，特就今后最紧要的中心工作，提出下列意见：

（一）努力生产救灾恢复边区建设

目前边区，在经过蒋胡匪军蹂躏之后，遭受了空前的破坏，据不完全统计：边区人民被敌拉走和杀害的居民在四千人以上，粮食、牲畜、窖房、农具、家具及被服的损失甚巨。去年边区内损害青苗五十万亩，荒芜耕地三百六十余万亩。加上曾因匪军窜扰及旱、涝、雹、霜等天灾，使耕种失时，误锄误收，使粮食减低了产量和质量。以致边区目前有四十万以上的人民陷于饥饿之中。而大兵之后，必有凶年。葭县、子长的某些地区已发生瘟疫。胡祸必灭，人定胜天。因此努力救灾、防疫、发展生产，以恢复边区建设，就成为边区当前最重要最紧急的任务。

第一，关于生产救灾。边区党政，早已注意及此。去年冬，边府建设厅曾组织了生产救灾委员会，惠中权副厅长亲赴其他解放区运粮。各兄弟解放区都以极大的关怀帮助我们，晋冀鲁豫已慨助我陕甘宁晋绥边区细粮二十万石，晋察冀亦慨助棉花一百万斤及布八十万匹，不久即可运一批来。另从陇东、志丹及晋绥已运到一批粮食至灾区，实行调剂。生产救灾的方针办法，边府、西北局早有决定及指示（春耕指示见二月十四日本报一版，救灾决定见一月二十三日本报一版），边府当督促各级政府，切实实行。绥德专署现在召开会议，研讨解决此项问题。在葭县已发生瘟疫的地方，已派医疗队前往该地。生产、救灾、防疫，是当前的急务，边府另有方案提出，请大家讨论。

第二，关于保护与发展工商业的政策。发展生产、繁荣经济、公私兼顾、劳资两利，这个总目标，必须严格遵守，以提倡与扶植民间的工商业。如贷款投资、共同经营、帮助改进技术、推销产品、帮助组织起来等，在土改中坚决不侵犯工商业者的财产及其合法的营业。不能片面强调劳动者的福利，而应使资本家有利可图，使工人生活有所保障。不能规定过高的税率，边府已决定今年度免征营业税。保护和发展工商的政策是确定了的，并保证贯彻下去，以恢复和繁荣边区市场。此外，还应注意公营经济与合作经济。为此，

一、规定金融物价。二、进行为群众所拥护的合作社，开展农村贸易。三、逐渐恢复石油、农具、化学、火柴等公营工厂，使与民间工商业取得联系，便于解决原料，推销产品。四、开发交通运输，发展民间运输业，和发展民间纺织业。

第三，在恢复和发展生产基础上，恢复和提高边区教育。为此，必须依据可能条件恢复小学教育。吸收一切愿意为人民服务的知识分子，分别送入分区干部学校或延大学习，扩大培养人材（才）。

（二）结合土地改革提高农村民主运动

土地改革是取得战争胜利的基本因素，而乡村政权建设在我们边区须使它达到应有高度。所以贯彻土改政策，发扬农村民主，进而健全乡村政权，也是今后的重要工作。对此，西北局习书记将有重要讲话，我只把这个问题提出来。

（三）加强支前工作及地方武装

为配合我军大进攻的形势，必须：一、动员一切可能动员的人力物力支援前线。要健全战勤工作的组织领导，力求避免一切可能发生的浪费，反对一切脱离群众的强迫方式，细密的布置动员，负责督促检查，真正做到按时供给前线的需要。同时，改进后方医院、抚恤、优军等工作，使前方战士毫无家庭顾虑，全心全意奋勇杀敌。二、壮大与提高地方武装，加强游击队与民兵组织，积极开展对敌斗争。在今后大规模战争，已转入蒋管区内进行的情况下，各地方兵团、游击队民兵，更应提高纪律和作战技术，肃清敌人残留据点，严防边境敌人进袭，恢复老区，扩大新区，策应主力，使大军出击更为有利。

现在国内外的形势对我们是极其有利的，第二次世界大战以后，以苏联为首的人民的民主的革命力量已日益增大，雄厚无敌，以美帝国主义为首的反人民反民主的反革命力量，却日益衰落，危机严重。依靠美帝国主义的帮助，妄想消灭中国人民革命力量的蒋介石匪帮，在军事上已由进攻被迫转入防御，在政治上已完全丧失民心；在经济上面临着崩溃的危机。他们的反革命车轮，已走向了覆灭的道路；而中国共产党领导下的中国革命，依靠人民力量，团结各革命阶级，真正的扩大了民族统一战线，在军事、政治、经济各方面，都已取得空前伟大的胜利，并推进自己的革命车轮，走向全国胜利的道路。今后，不是蒋介石活下去中国人民活不下去了。在中国，没有“第三条道路”可走，有这种幻想的人们，应该到了梦醒的时候了。伟大的中国只有在人民领袖毛泽东同志的旗帜下走向最后胜利，只有走他所指示的新民主主义的道路。这条道路就是依靠人民大众反帝反封建的翻身运动与各革命阶级的团结。曙光已在前面，任何反动力量，都不能阻止我们前进。我号召政府工作人员，努力为人民服务，正确的执行政策，在已获胜利的基础上，克服困难、奋勇迈进、恢复边区、彻底消灭蒋胡匪帮、迎接解放大西北，解放全中国伟大胜利的早日到来。

选自《陕甘宁革命根据地史料选辑》第三辑，甘肃人民出版社1983年版，第266～274页。

互校版本：《陕甘宁边区政府文件选编》第十二辑，档案出版社1991年版，第49～56页。

11. 陕甘宁边区政府关于厉行工作报告制度的指示

1948年8月17日

各专员、县（市）长；

（一）近来各专署、县在反映情况与报告工作方面，已有改进。七月份曾作情况反映或工作总结性报告者除各专署外，已有安塞、吴堡、新宁、黄龙，米脂、子长、志丹、绥德、葭、环、子洲、延川、华池、临镇、延市、宜川、洛川、白水等县府，尤以安塞、吴堡、新宁、黄龙、米脂等县反映较多较速。但一般说，报告未能及时，也不经常，有部分县迄未认识向上级反映情况与报告工作应是本身经常的义务与任务之一，仅仅偶然想到，偶一为之，或在问题一暴露，恶果已产生的情况下被迫为之，表现了严重的无纪律状态或无政府状态。

（二）现在的报告大部分存在如下缺点，一、情况不全面。或仅有孤立现象，看不出一般情况，或仅有模糊概况，看不到生动事实。效果究属好坏，无从判断。二、问题不明确。对发现的缺点、错误、问题，只有笼统的叙述，不追根究底，弄清是非责任，分析前因后果，提出确实办法，予以合理解决。三、计划不具体。有的与已做的工作缺乏联系。成了割断历史的孤立一套；有的问题很多，没有中心。看不到力量配备，也看不到实施方法。因之很多报告长篇大论，确（却）未能说明问题。希望各级政府根据以上各点，检讨你们已往的报告，求得改进。

（三）现西北革命形势日益开展，政权日益扩大，工作日益复杂，为及时掌握真实情况，正确指导政策执行，特就有关工作报告的事项，新规定如下办法：

甲、各专署、各县政府临时发生或发现新的重要问题，应随时立即电告或函告本府。

乙、专员、县长每两个月须亲自给主席写书面报告一次，着重于这一时期工作中的基本经验及政策的执行，指出所发生的问题和偏向，说明症结所在，领导上对此的认识及解决办法。而不是平铺直叙讲过程。每次报告应着重写当时当地的几个重要问题，及对边区工作的建议和对上级的意见。而不是不分主次，样样都写。其材料必须经过酝酿和分析，具体的说明问题。这一制度，一律于九月份开始实行。

丙、每件工作终了时，应作较全面的总结报告，此项报告须经详细讨论后写出。报告内容不仅有生动具体的真实情况，并且应将工作运动中所发生的问题和处理办法及主要经验教训写出，力求简明扼要，切忌空洞冗长。

丁、各专署、各县发给各下级政府带政策性及经验交流性的命令、指示等重要文件，应同时检送政府一份。

希接此指示，详加讨论，认真执行。有何意见，随时报告本府。

选自《陕甘宁革命根据地史料选辑》第三辑，甘肃人民出版社1983年版，第293～294页。

互校版本：《陕甘宁边区政府文件选编》第十二辑，档案出版社1991年版，第161～162页。

12. 刘景范代主席在边区参议会常驻议员、政府委员暨晋绥代表联席会议上关于一年来政府工作的报告①

1949年2月9日

各位常驻议员、政府委员，晋绥代表、各位同志：

去年二月边区常驻议会，政府委员会联席会议后，至今已经一年了。一年来，全国形势和西北形势起了根本的变化。英勇无比的中国人民解放军，在两年半中，歼敌四百三十余万，消灭了国民党反动卖国政府的主要军事力量及一切精锐师团。整个东北已全部解放，华北、华东、中原除少数孤立据点外，亦已全部解放，全国胜利，为期不远。我西北战场虽然曾处于十分困难的环境，但我们在中共中央毛主席及西北局的正确领导下，由于西北人民解放军，在彭副总司令直接指挥下，全体将士英勇善战，与陕甘宁晋绥人民艰苦奋斗，热烈支援，以及全国各战场胜利配合和华北等兄弟解放区的帮助，得以打败敌人，克服灾荒，胜利前进。两年来歼敌三十余万，光复了延安，基本上恢复了陕甘宁边区，并解放了黄龙、晋南、绥东等广大新区。现在西北解放区，人口达七百五十余万，辖一百零三个县、市。我军已日益壮大坚强。胡马匪帮完全陷于孤立，在我军继续的胜利进攻下，敌人必将全部被歼。全西北解放亦已为期不远。现在，全国广大人民群众大批大批的脱离国民党统治的影响及控制，站到革命方面来，国民党反动派已面临土崩瓦解的绝境。但他们在美帝国主义的策动下，正进行虚伪的和平活动，企图取得喘息时间，再整旗鼓，卷土重来。有高度觉悟的中国人民，在中国共产党领导下已完全识破其阴谋诡计，一致热诚拥护毛主席一月十四日关于时局的声明，并为贯彻八项和平条件，彻底、干净消灭国民党残余反动军队及摧毁其一切反动统治组织，求得全国人民彻底解放，实现人民的真正和平而奋斗到底。这就是目前全国和西北的基本形势。

对此，贺司令员关于目前形势和任务的报告，已讲得很详细。我的报告即着重说明在此发展形势下，一年来政府所进行的各项工作及其完成的程度，并提出今后任务，请大家讨论。因为陕甘宁、晋绥两个边区，在支援西北解放战争的共同任务下，许多工作是不可分开的，事实上，两年来，在贺司令员领导下，已经统一起来，因此，报告亦将包括晋绥在内。

一、一年来政府工作的基本总结

过去一年的政府工作是有很大成绩的，基本上完成了去年联席会议所决定的支援前线，生产救灾，积极恢复边区，巩固新区等重大任务。

大家知道，一九四七年前陕甘宁边区，仅有一百五十万人口。十年内处于相对和平环境，在生产建设方面有很大成绩，但一旦转入战争环境，各种工作不能很快适应紧张繁重的战争需要。虽有晋绥二百五十万人民协力支援，但因他们经过八年抗日战争，人力物力亦很困难，而当时进犯我边区的胡马等匪军，数达我军十倍以上，且多年反共准备及优良

① 这一标题，参照了“甘肃史料版”与“档案文件版”，内容也互作补充，日期按“档案文件版”。

的美械装备，侵入边区后，曾经我军不断英勇抗击、阻歼，但因蒋匪进行其所谓“重点进攻”，而我则采取诱敌深入，在运动中歼敌有生力量、不重一城一地得失的战略方针，故一时匪焰猖狂，兽蹄遍及边区各县，所到之处，奸淫掳掠，毫无人性，杀人放火，罪恶滔天。据不完全统计，陕甘宁边区人民损失粮食、衣物等达细粮二百一十余万石，农具三十余万件，牛、马、驴、骡六万余头，猪、羊、鸡等数不胜计；被杀害群众四千余人；所有农村纺织、运输以及合作事业，几乎全部停顿；所有公营企业及各种经济、文化建设，多遭破坏；曾有三百六十多万亩土地，因敌扰害而荒芜，五十万亩青苗被毁；普遍田禾未能及时耕种，加以部分地区灾荒严重，农产减少共有二百余万市石（较一九四六年减少一半），致使数达四十余万人民，陷于饥饿疾病状态。晋绥人民，除遭阎、付等匪军扰害外，一九四七年亦有四十六万人口的地区，因遭天灾而收成极少或毫无收成，一百九十万人口的地区普遍歉收。凡此种种，曾使我们处于十分困难的境地。但经我全体军民艰苦奋斗，克服了种种困难，并在各方面获得了重大胜利和不少成绩。

在支援前线方面：我们曾经用最大力量，进行了全面动员。总计一年来动员与组织了×××名青壮年参加主力军与地方兵团，×××名逃亡战士归队，××××地方部队编为正规军者计有两个纵队部，六个步兵旅，一个骑兵旅，两个步兵团，各边沿区积极展开游击战争，牵制困扰敌人，并在战争中普遍得到了发展与巩固，据不完全统计，动员参战民工达三千五百余万个，畜工一千二百三十万个，车工五十万个（每一车工，有一车，二人，三畜），某些战区及沿大路地区，每个劳、畜力平均服务在两月以上，（给烈军属代耕、修路等，尚未计入）。动员广大妇女群众，参加缝制被服、军鞋看护伤病员等工作，仅做军鞋一项，即这一百二十万双。全年征收公粮米、麦二百四十万余市石，公草一亿二十余万斤。实行财政统筹统支，努力生产，厉行节约，在困难的条件下，保证了前方军费，被服、弹药等供给，总数约占陕甘宁、晋绥财政支出的百分之八十以上。注意了改进优待烈、军属工作，仅陕甘宁边区烈、军属七万五千七百余户，三十四万多人中，即有八万多人受到代耕或柴、粮帮助，部分已逐渐建立家务，走向生产自给。安置荣军七千多人。各后方医院不断注意改进治疗工作，大量制造医药，特别制造了破伤风血清，使后方医院接收的重伤员死亡率减少至百分之二点五。此外，随着战争的发展，曾抽派二千多名干部随军服务，以加强支前与新区工作。这些任务的完成，是保障军事胜利的基本条件之一。在完成上述任务中，曾获得了不少经验，创造了许多模范事迹，如在参军运动中，采取思想与政治动员，发动群众，民主讨论，并号召干部、共产党员带头等方法，比过去有很大改进。晋绥许多地区群众，在干部党员带头影响下，翻身农民纷纷自动报名，到处出现了母送子，妻送夫，兄弟争先入伍等生动事例。在战勤工作中，用发动群众，民主讨论，合理负担，计工算账，解决家庭困难，民主管理，干部带头，积极分子作核心，以及加强政治教育，注意照顾其生活，表扬立功等方法，大大提高了群众的认识和积极性。如子洲、洛川、兴县等地的担架运输人员，在火线上抢运伤员，物资，奋不顾身，光荣完成任务。在发展游击战争中，坚决执行了依靠群众，团结与组织群众的方针，如西府宁泰游击队，由于积极打击敌人，保护群众利益，注重群众工作，获得群众热烈拥护，曾突破敌人的不断“围剿”，并迅速壮大自己。多数地区注意生产与战勤结合，男子参战出征，组织妇女生产。广大人民在严重灾荒下，宁愿自己忍饥受饿，节衣缩食，供应前方。军民协

力，终于赢得战争胜利前进。

与支援前线的同时，进行了巨大的生产救灾工作。去年一月中共中央西北局即明确指示："动员一切力量和灾荒作斗争，是当前最严重最紧急的任务，与支援战争，土地改革同等重要。在灾荒地区，则是救灾第一。"同时明确规定了生产救灾的方针，以组织与发挥群众力量，进行生产，团结互助，自救救人为主，辅之以政府协助救济。

在此方针下，普遍进行了思想与政治动员，号召并组织一切可能生产的力量到生产战线中来。春耕前即停止了土改，迅速纠正土改工作中的一些偏向，宣布了鼓励生产发家，劳动致富的政策。利用农闲，根据不同地区情况，责成各地贸易公司、银行，工合、合作社，协助各级政府，大力组织各种副业生产，如纺织、运输、熬硝、制磺等。号召群众合作互助，并发放贷款三百亿元，贷花一百余万斤，扶助各种副业生产之进行。仅据陕甘宁边区统计，由各种副业生产收入换进的粮食达二十三万余市石，部分解决了春耕中的口粮、种籽问题，使大量耕地面积得以恢复。普遍组织群众多种瓜菜早粮，广泛号召群众变工互助，发动妇女参加农业生产，切实解决生产中的各种困难。仅陕甘宁边区不完全统计，经政府调剂农具达三万余件，种籽七千多市石，约有百分之三十左右的劳畜力参加变工，近半数青壮年妇女上山生产，使大部土地及时下种，奠定了战胜灾荒的根本基础。为急救灾民食粮，普遍发动群众互济互助，并号召将土改中得到的粮食财物，用于救灾。计陕甘宁边区群众互济粮食达五万市石，土改财物用于救灾的二万五千余市石（已经分配的衣物、粮食、银钱共计），晋绥土改中获得粮食廿万市石，银洋二百廿万元，银子十二万七千两，金子五百余两，大部分用于救灾。同时号召机关部队厉行节约，缩减开支，减低生活标准，以减轻人民负担。后方机关部队共捐助灾民粮食一万市石，衣物九千余件，前方部队虽在繁重紧张的战争任务下，仍不辞劳苦，自己磨面，省粮救灾。许多伤病员亦无不节衣缩食，救济灾民，高度的表现了军民的友爱团结。各地贸易公司用平粜、贷放等方法，帮助解决粮食达十九万市石。东北曾捐助巨款，华东曾发起运动救济边区灾荒，特别是太岳兄弟解放区的政府和人民曾经尽了很大努力，冒寒风大雪，跋涉千里，为陕甘宁边区灾民运送粮食九万三千四百余石。对此，边区人民特深致感激。此外，曾组织四万三千多灾民，移到陇东、延属、晋绥等非灾区，多数已由当地政府、群众适当安置，从事生产。与救灾同时，进行扑灭疾病工作。当时，仅陕甘宁部分灾区即有十余万群众染患疾病，政府除动员各地中西医参加治疗外，并先后派十二个医疗队下乡抢治，遏止了疫病蔓延。

这些工作的结果，就基本上渡过了灾荒，使陕甘宁，晋绥八十六万灾民得庆更生，从而使支前工作得以顺利进行，各种建设亦获得了恢复与发展的条件，同时又进一步提高与加强了边区人民的政治认识与互相团结。

在恢复与发展生产方面：陕甘宁老区的农业，已恢复至四六年的百分之七十。耕畜在战争中减少百分之三十，刻已恢复至百分之八十。羊畜，战争中减少百分之五十七，刻约恢复到百分之六十。棉花恢复百分之五十左右。晋西北去年丰收，耕地面积和产量较四六年尚有增加。黄龙晋南新区的农业生产亦大部恢复。总计，陕甘宁、晋绥，现有耕地五千余万亩，去年产粮约达一千四百余万市石，产棉约二千五百万斤，公营企业中的军事工业有很大发展，总产量达四七年的百分之二百五十。其他工业，因遭敌人破坏甚大，尚未全

部恢复。陕甘宁方面，煤油、火柴、肥皂、造纸、农具等厂，已初步恢复，产量逐渐达四六年水平。晋南、临汾解放后，在改进技术发扬工人积极性与创造性的方针下，迅速恢复电力、自来水、纺织、面粉等厂的生产，成绩良好。民间工业中，陕甘宁老区的纺织，约恢复至四六年的百分之六十左右。小盐、造纸，已基本恢复。煤、皮毛等，约达四六年的百分之五十上下。熬硝略有发展。晋绥老区的硝、硫磺、铁矿业，皆较四六年发展。山阴盐产，超过了抗日战争前的水平。煤产大部恢复至四六年水平。纺织，因华北布匹输入，有些缩小。商业与内部市场，经政府免除四八年营业税，及贸易公司，银行稳定金融、掌握物价、调剂供需、推销土产等方针下，亦在逐渐恢复中。交通运输大部恢复，主要的公路，均初步修建通车。合作社在数量上达四六年的一半以上，在生产救灾中，起了不少作用。战争以来并出现了如王贺有、稍园梁等适合分散农村经济，由群众自愿组合，为群众所欢迎的小型合作社，值得推广。

在文教方面：新老区教育均已部分恢复。计小学恢复六千九百卅余处，学生卅一万二千余人，中学、师范廿七处，学生八千余人；另有延安大学，军政大学，工业、财经、艺术、行政等专科学校，学生约三千余人。此外，各地设有干部学校十余处，学员约三千人，新区学校，在我争取、团结、改造知识分子的方针下，成绩很大，已有五千多知识分子，参加了学习及各项建设工作。社会教育主要是办冬学、黑板报、识字组，恢复民教馆等工作，并注意了旧剧团的改造和新戏团的培养与提高。

在公安方面：除在恢复区与解放区积极恢复与建立地方公安组织及必要的治安制度外，并慎重地根据“首恶者必办，胁从者不问，立功者受奖”的方针，进行了处理敌伪分子的工作，从而教育了广大群众及其本人。此外，协同地方部队，瓦解肃清歼灭土匪，争取逃亡分子，并查获若干暗藏的特务破坏分子，使社会秩序很快恢复安定。司法工作，主要是健全机构，和建立必要的制度，加强犯人管理，并采“法官下乡，就地审判”方法，处理民刑案件。

在少数民族工作方面，一年来亦有相当成绩。帮助建立与扩大了伊盟支队，回民游击队等武装，并帮助解放了伊盟准格尔旗十余万人口，建立了十个达庆（等于区）的蒙民自治政府。

特别应该提出的是，陕甘宁、晋绥老区半老区，基本上完成了土地改革的历史任务，封建剥削已被最后肃清，广大贫苦农民分得了土地，生产力的束缚已被解放，新的生产关系已经建立或正在建立，从而使支援前线，恢复与发展各种建设，有了巩固的基础。在土地改革运动中，充分发动了农村劳动群众，普遍建立农会，晋绥并普遍建立村区人民代表会及其一委员会，这是一种很好的民主政权形式。运动中绝大部分干部，受到教育和锻炼，并培养了大批干部和积极分子。去年秋冬以来，多数地区实行确定地权、登记土地的工作，并结合进行乡选，以发扬民主，加强团结，提高乡村政权的工作效率，进一步领导生产与支前工作获得很大成绩。一年来各地并比较认真地组织干部学习，注意干部的培养和提高，收效颇大。

与恢复老区的同时，初步发动了新区群众，摧毁了保甲机构，建立了民主政权，肃清了反动武装，安定了社会秩序。实行了合理负担政策，完成了重大支前任务；并使经济建设及文化教育事业得到部分恢复，目前正在普遍深入发动群众，进行减租减息，整顿政权

等工作。

以上，就是一年来工作中的主要收获。

获得这些成绩的主要原因，是由于中共中央毛主席、西北局、晋绥分局的正确领导，西北人民解放军英勇歼敌，胜利前进，广大群众经过土改与战争锻炼及长期教育，提高了觉悟，在支援前线，生产救灾等工作中团结一致，艰苦奋斗，表现了高度的积极性和创造性，发挥了伟大的力量，以及陕甘宁、晋绥两边区的统一和各级干部积极努力执行任务的结果。此外，全国各战场的胜利配合，以及华北东北等兄弟解放区的帮助，对我们的战胜敌人与克服灾荒，亦有重大作用。

但必须指出：我们在进行各项工作中，还有许多缺点甚至错误。如在支前工作中，供应往往不能及时适应前方的需要，且有很大的浪费人力物力的现象；生产救灾工作中，某些地区有事前漠视灾情，待灾情发展至严重程度，就惊慌失措，有的则采取单纯救济，放松生产与救灾结合及组织群众互助互济的根本方面，甚至有积压或挪用赈粮，徇私舞弊等情况发生，对防疫工作，注意不够，致使一些人病饿而死，产生这些缺点甚至错误的主要原因是：

一、各级政府的领导工作中，还缺乏高度的统一和自觉的纪律性，组织上还有无政府无纪律倾向，没有完全把过去那种分散的单纯的游击主义习气去掉，因之还不能完全适应日益发展的形势和繁重的工作需要。

二、许多领导干部在思想上还未能完全克服经验主义的倾向，习惯于“老一套”，往往喜欢按狭隘的片面的经验办事，而不注意时间、地点、条件等情况的变化。不善于全盘分析总结工作，不善于发现新问题，接受新经验及时解决问题。工作往往陷于被动，缺乏朝气。因此不仅影响政令之贯彻，且十分有害于今后新情况下各种工作之开展。

三、各级干部中，尚有很多人存在着某种程度的官僚主义作风，不能深入群众，密切联系群众，不能按多数群众的意见解决问题，强迫命令，粗枝大叶等脱离群众的现象，仍相当严重。对上级的指示命令，还未能完全严肃认真的研究、执行；甚至疲踏懒散，敷衍了事，对于工作的进展，危害很大。

上述缺点、错误及其产生的根源，未能迅速纠正、克服，是由于多数干部理论水平很低，政策观点不足所致。而领导上，对他们的帮助和教育工作做的很不够，则应负主要责任。今后必须切实注意改进。

二、一九四九年的工作任务

根据毛主席“军队向前进，生产长一寸，加强纪律性”的指示，今后一年，我们的基本任务是全力支援前线，加紧领导生产，继续提高行政纪律，坚决消灭蒋、胡、阎、马匪军，争取大西北的早日解放。在此总任务下，根据目前胜利发展的形势，陕甘宁、晋西北和晋南绝大部分地区已获得巩固安定的环境，各解放区已完全连成一片，老区半老区已完成土改，新区群众已初步发动等条件，提出今后政权工作任务为；

第一，继续动员人力物力、财力，更有力的支援前线。为此，必须继续壮大和巩固部队，在可能扩兵的地区，争取今年完成扩兵××的任务，并认真进行归队工作。为完成这一重大任务，首先必须进行广泛的政治动员，讲清全国即将胜利的形势和任务，继续发扬解放区群众英勇奋斗的精神，积极参战，把革命进行到底。反对因胜利而松懈战斗努力的

现象以及和平享乐、苟且偷安的思想。以此打通干部与群众思想，造成参军归队的热潮，并吸收过去的经验，如干部带头，民主讨论，具体解决烈、军属的困难等办法推进工作。严格纠正敷衍塞责，徇私包庇等对革命不负责任的态度。认真的发动群众，展开群众性的参军与反逃亡运动，以巩固部队，加强战斗力量。贯彻执行“保障战争需要，公平合理，照顾生产的战勤动员原则”。新区实行劳财共负，老区实行按劳负担同时须照顾贫苦的战勤负担政策，并用统一计算，劳勤结合的战勤动员办法，做到公平合理。后方大量军需品的经常转运，可开始试办并逐渐实行由兵站出资雇用，或组织合作运输，按站包运等办法，沿大路伤病员及物资的转运，实行由全县或全区群众合理负担，或采取组织公用牲口专运等办法求得妥善解决。认真推广模范担架队、运输队的经验，发动群众，确实解决随军民工家庭的生活与生产中的困难，使之安心服务。各地战勤动员中，必须十分爱护民力，避免浪费，做到战勤动员与生产很好的结合。贯彻执行优待烈、军属条例及抚恤条例，坚持加强政治教育，并帮助建立家务，生产自给的方针。对于贫苦烈、军属，应发动群众，逐户研究讨论，予以包耕，帮工或物资帮助，并于春耕前评定，保证施行。切实加强荣军的教养安置工作，增设荣军学校，及时组织出院之荣军参加工作或适当安置。统一规定抚恤待遇标准，并切实执行。

为了保证战时供给，必须进一步加强财政工作，大力开源节流，组织后方机关生产，贯彻统筹统支的原则，克服地方主义与本位主义的倾向，认真执行审计、会计及粮食支付保管等制度。注意培养财政干部，克服财政困难，以保障战争供给。各种公路交通，亦必须经常注意修复与保证，以利支前运输。

第二，为了进一步加强支前力量，适当的改善人民生活，奠定民主建设的物质基础，必须响应毛主席“生产长一寸”的号召。加紧恢复与发展生产，并注意救灾防荒；这是争取胜利最基本最重要的一项任务。应该根据目前的环境、条件，注意全部与局部，城市与农村，农业品与工业品之联系；使一切生产计划，能够切合实际需要，并适应发展前途。在领导上，应该把发展农业生产与发展工业，摆在同等重要的地位。但又应根据各地不同的具体情况，而有不同的重心，使各种生产从现有基础上提高一步。在农业生产方面，务须努力增产粮食，四九年求达每亩平均增产细粮二市升，全边区增产一百万市石。同时要注意工业原料，棉、麻等之发展。特别应注意扩大与提高棉花的产量。对于西北国民经济中重要组成部分之牧畜业，应尽量予以保护与发展。对国民经济有益之农村副业，如纺织、运输、家畜、养蜂、养蚕以及采药材等，亦应奖励发展。为达此目的，就要坚决贯彻有关发展生产的政策：（一）继续确定地权，保障土改后各阶级的财产私有权不受侵犯，并允许其土地自由买卖与典当。（二）贯彻执行土改后按通常产量比例征收农业税的负担政策。贯彻执行合理公平的战勤负担政策。（三）实行奖励生产发家，劳动致富的政策，制定奖励生产的办法，认真注意改造二流子，并奖励妇女参加农业生产。（四）发放生产货款，扶助贫苦农民发展生产。但贷款的方针，必须是放给劳动人民，为解决生产资料，创造生产条件，以达与国计民生有益之目的。同时注意有计划、有重点，有借有还。反对平均分配，及恩赐救济观点。（五）按照自愿结合，等价交换，计划领导民主监督的原则，认真组织农村人民的合作互助，这是把农村中个体经济引向集体经济的基本道路，是农业经济发展的方向。转向劳动的旧地主、富农，亦可参加农民的合作互助。在目前农村人

力、畜力、生产资料缺乏的情况下，这种合作互助就更加需要。（六）提倡农民间非高利贷的自由借贷，利息由双方自行商定。允许雇佣劳动的继续存在，允许特定条件下的租佃关系。厉行节约，反对浪费。（七）有计划的，有条件的进行移民，贯彻执行优待移难民的条例。（八）保护牲畜，奖励繁殖，禁止宰杀能够生育的耕牛。

执行正确的政策，还必须有切合实际的具体办法。增产的主要办法是：（一）精耕细作，主要为改良农作法，多耕多锄，保持水土，改良土质，积肥沤粪，改良品种，防治害虫及其他灾害等。（二）大量恢复与兴修小块水地，并有计划的兴修大型水利。（三）适当的恢复与扩大耕地面积。发展畜牧的办法，主要依靠组织繁殖，并在可能条件下争取购入一部分。各地应注意奖励民间"拉公子"、成立配种站，扶助与提高兽医工作，并在可能的条件下适当的培养与改良牧场。各地贸易机关亦应切实帮助组织皮毛等出口。在封建束缚已经解除，农民生产情绪已经提高的条件下，只要干部努力，加强领导，是完全有足够条件完成上述任务的。

在工业方面：公营工业中的军事工业，由军事部门管理，继续加以发展，以保证战争的需要。其他工业应视环境、条件、供需等情况，有计划的发展，进一步实现企业化。加强培养与领导工业干部，并注意资源调查。对于民间工业，必须有计划、有远见的加以领导，使今天的需要与明天的发展结合起来，克服盲目与自流现象。一切有发展条件与前途为国计民生所必需的工业，都必须采取保护与奖励的方针。一般商品性的手工业生产，其有条件与发展前途者，应领导其不断改良技术，提高质量。其无发展条件者，应适当的领导改业或转为农村家庭副业，一切副业性的手工业生产，则应普遍领导与扶助其发展，以富裕国民经济。一般手工业作坊，应配合农业生产之发展和需要，加以领导、扶助。其他工矿业，如盐、煤、磺、碱等，应视资源与需要，加以发展。

合作事业，必须认真确实加以领导与发展。以建立国家经济对于小生产者的联系与领导，减少商人对于农民的中间剥削。尽可能的供给农民所需的各种生产资料和生活资料，公道的收买和推销农民生产品，以提高农业生产力和发展各种农村副业。这种合作社，必须是群众自愿组织的，适应于各地不同情况与不同需要。必须防止包办代替、强迫命令，并纠正自流放任的偏向。

目前各地必须立即动员干部和群众，展开生产运动，严格纠正某些干部，把领导生产当作"软任务"而放弃领导，或不重视领导的思想。各级政府负责领导工作的干部，必须至少拿出一半以上的时间，去组织与指导生产事业。广泛深入的在群众中进行动员，打破群众对于发展生产的一切顾虑，制定切实的生产计划，具体帮助群众解决生产中的困难，把一切可能生产的力量，组织到生产大军中来。展开生产竞赛，在讲求实际不务虚名的原则下，推广劳模运动。很好的总结与学习历年生产中的经验，好的加以推广，错误的不再重犯。在灾荒尚未解除地区，采取去年生产救灾的方针与办法，充分利用其经验，加紧生产，战胜灾荒。同时注意把生产工作与支前工作很好的配合。其它，乡选与土地登记，评定产量等工作，在不违农时的条件下，配合进行。

第三，在土地问题尚未解决的新区，应贯彻以反封建为主的发动群众的方针。必须普遍深入的进行减租减息、反恶霸、反特务、反不公等及社会改革的斗争。注意减租后的保佃，并适当的将公地、庙地调剂给无地少地的农民。在具备土地改革条件的地区，并可逐

步进行土改。但必须防止急性冒险的毛病，把群众目前利益与长远利益结合起来。目前新区敌伪政权虽被摧毁，民主政权虽已建立，但政权中仍有不少坏分子混入，应在发动群众过程中，加以改造。在这些工作的基础上，整顿战勤，合理负担，不违农时，领导与组织群众恢复与发展生产。并筹划召开县临时人民代表会，成立临时县人民政府委员会，以造成更有力的支援战争与民主建设的基础。

第四，由于形势的胜利发展，必须积极准备进入新解放区，特别是新解放的大中城市的接管工作。为此，必须准备大批各种工作干部，切实办好各级干部学校，有计划的进行并做好在职干部的教育工作，提高其政治觉悟与政策观点，有组织的研究新区特别是各种城市政策，了解熟悉国民党统治区特别是西北各大城市的一切情形。使他们能熟悉情况，掌握政策，分配在各种工作岗位上做好工作。同时，应筹划各项接收工作的具体办法，以便进入新解放的城市后，顺利进行工作。

第五，努力恢复与发展文教事业，大量争取与培养知识分子，为人民的解放事业服务，以适应当前的革命形势和革命任务的需要。为此，就要进一步恢复与整顿老区学校，改造与发展新区学校。暂定学制：小学为四二制，初中为三年，高中以上专科学校，视干部需要情况，适当缩短年限。注意解决师资问题，改造师范教育，积极解决课本问题，纠正干部中忽视教育工作的思想。加强社会教育，以反对封建残余及防疫卫生为主要内容。必须教育群众，提高觉悟，消除旧社会遗留下来的一切重男轻女、缠足、早婚、买卖婚姻等封建习惯，破除迷信观点，广泛进行防疫卫生宣传，并配合生产运动，开展农村清洁卫生运动。一切农村工作者，都必须把反封建残余与防疫当作经常的重要任务。所有机关学校，均须注意领导群众卫生防疫工作，并尽量吸收民间中西医务人员，参加这一运动，以减少人民疾病死亡。

第六，加强保卫工作。坚决和一切暗藏的和公开的反革命分子进行斗争。特别防止敌人垂危时的一切暗害破坏行为。进一步改进司法工作，研究司法经验，加强培养司法干部，健全司法组织，提倡法官下乡，就地审判，并与民间调解结合起来，同时研究制定必要的地方性法律。

第七，民族问题在西北是一个很重要的问题，今后必须适应迅速发展的形势，注重加强这一工作的研究和领导。坚持各民族一律平等，承认各民族的自治自决权，从各方面帮助少数民族求得解放与发展。

第八，整顿与健全各级政权，今秋在老区半老区进行民主改选，成立各级人民代表会议及政府委员会。在改选中，必须认真发扬民主检查工作，罢免不称职的坏干部，选出一批密切联系群众的积极分子参加政府工作，提高工作效率。

为保证上述各项任务的完成，就必须进一步加强领导，加强统一性和纪律性，贯彻执行"从群众中来，到群众中去"的领导方法和工作方法，充分发扬民主精神，展开批评与自我批评，经常深入地检查各种工作执行的情形，随时加以具体切实的指导，并按期总结工作经验，建立严格的报告制度，坚决纠正干部中那些严重危害工作的经验主义的思想方法，官僚主义作风，以及无政府无纪律倾向。为达此目的，就必须认真组织县级以上的在职干部学习马列主义理论与毛泽东的思想方法，提高理论水平，克服经验主义，同时注意一般在职干部的政治教育与文化教育，以不断提高政治觉悟和政策观点与文化水平。各级

领导者，必须把组织学习，加强干部教育，摆在领导工作的首要地位，一切干部必须把学习文化、理论、政策，以及业务知识等当作不可缺少的一项重要任务去执行。只有如此，我们才能有把握的完成日益加重的任务。

选自《陕甘宁革命根据地史料选辑》第三辑，甘肃人民出版社 1983 年版，第 327～342 页。简称“甘肃史料版”。

互校版本：《陕甘宁边区政府文件选编》第十三辑，档案出版社 1991 年版，第 45～68 页。简称“档案文件版”。

13. 陕甘宁边区政府通令——关于加强边区政府组织机构人事配备及统一领导陕甘宁晋绥边区

1949 年 2 月 21 日

各行署主任、各专员、县（市）长：

兹将二月八日陕甘宁边区参议会常驻议员、陕甘宁边区政府委员暨晋绥边区代表联席会议关于接受晋绥行署暨临参会常驻会的请求，将晋绥划分为晋南、晋西北两个行署，归陕甘宁边区政府领导，并增补政府委员，扩大政府行政机构，加强人事配备案之决议通令如下；

一、主席林伯渠因事暂离边区，在离职期间，决［议］由副主席刘景范代行主席职务。

二、陕甘宁晋绥边区行政管理统一后，名称仍为陕甘宁边区政府。原晋绥边区行政公署撤销，分设晋西北、晋南两个行政公署，直接归陕甘宁边区政府领导。各行政公署组织机构，其属于行政性质者，统一设置：（一）秘书处，（二）民政处，（三）财政处，（四）教育处，（五）农业处（晋西北设建设处，不设公营企业处和交通处，在建设处下分别设科），（六）公营企业处，（七）交通处，（八）公安处，（九）卫生处，（十）工商处，（十一）人民法院（冠以地区名称）。并任命赵秉彝为晋西北行政公署主任，秦仲芳、乔钟灵为副主任；武新宇为晋南行署主任，霍维德为副主任。

三、边区政府委员原有林伯渠、刘景范、杨明轩、王世泰、王子宜、霍维德、贺连城、霍子乐、唐洪澄、马济川、霍祝三、阿拉并巴音（蒙族）、蔡登霄（回族）、李仲仁、魏民选、靳体元等十六人，大会一致决议补选王维舟、贾拓夫、武新宇、周兴、王达成、白如冰、赵秉彝、黄亚光、江隆基、惠中权、高士一、任谦，蒋崇璟、苏资琛、喻杰十五人为政府委员，共三十一人。

四、边府下设八厅、一处、一行、四个委员会。八厅为民政厅、财政厅、教育厅、农业厅（原建设厅改）、公安厅（原保安处改），新设工商厅、交通厅、公营企业厅、秘书处，中国人民银行西北区行（原西北农民银行改）；委员会为西北财经分会，少数民族事务委员会、抚恤委员会、人民监察委员会，并改边区高等法院为边区人民法院。各厅、

处、院长、务会主任、秘书长、银行经理及委员人选业经大会通过，除分别任命或聘请到职视事外，兹附发各厅处院行会负责人名单一份。

五、前秘书长王子宜、财政厅副厅长范子文、黄静波、兼西北农民银行行长喻杰、副行长刘卓甫、监委史唯然均予免职。

六、晋西北行政公署、晋南行政公署及各厅、处、院之印信，统一由边区政府刻制另令颁发。

特此通令，希即查照，为要！

此令。

主席　林伯渠
代主席　刘景范
副主席　杨明轩

附：各厅、处、院、行、会负责人名单表

职　别	姓　名
主　席	林伯渠
代主席	刘景范
副主席	杨明轩
秘书长	王达成
副秘书长	常黎夫
民政厅厅长	王子宜
副厅长	章夷白
财政厅厅长	白如冰
副厅长	刘墉如
教育厅厅长	贺连城
第一副厅长	江隆基
第二副厅长	赵仲池
农业厅厅长	霍子乐
第一副厅长	惠中权
第二副厅长	丁仲文
公安厅厅长	周　兴
第一副厅长	赵苍壁
第二副厅长	李启明
工商厅厅长	喻　杰
第一副厅长	史唯然
第二副厅长	刘卓甫
公营企业厅厅长	蒋崇璟
第一副厅长	吴生秀
第二副厅长	陈志远
交通厅厅长	高士一

副厅长	高登榜
中国人民银行西北区行	
经理	黄亚光
第一副经理	王　磊
第二副经理	张定藩
陕甘宁边区人民法院	
院长	马锡五
副院长	乔松山
西北财经分会	
主　任	贺　龙
副主任	贾拓夫
委　员	习仲勋　刘景范　陈希云　白如冰 喻　杰　黄亚光　蒋崇璟　惠中权 高士一　范子文
人民监察委员会	
主　任	刘景范
委　员	马文瑞　王子宜　马锡五 谭生彬　赵苍璧　房文礼
少数民族事务委员会	
主　任	杨明轩
委　员	旗海田（蒙族） 赵　成（蒙族） 杨静仁（回族） 蔡登霄（回族） 天　保（藏族）
抚恤委员会	
主　任	王子宜
副主任	刘耀三
委　员	张经武　谭生彬　贺彪

选自《陕甘宁边区政府文件选编》第十三辑，档案出版社 1991 年版，第 95～98 页。

14. 陕甘宁边区各级政府机关刊发印信暂行办法

1949 年 3 月 18 日

为了逐步统一印信并与华北解放区求得一致，特制定本边区各级政府机关印信之刊发与使用暂行办法如下：

一、种类：印信共分下列五种：

（一）印：县级以上之政权组织（包括人民代表会及政府）及带有永久性之行政机关用印。

（二）关防：县级以上之非永久性或不属于行政范围之机关用关防。

（三）钤记：县属各机关（包括区公署）用钤记。

（四）小章：县级以上政府机关首长用小章。

（五）图记：村（乡）街政府用图记。

二、使用：印、关防、钤记、图记皆于正式行文时用之，小章于对下行文、颁发奖状时用之，上行文及平行文须盖机关首长之名章，各机关之长戳、便戳等本规程不作规定，但一般只限于用介绍、请柬、查询、咨商等事项之笺函。

三、字体：所有印、关防、小章一律用阳文小篆。钤记、图记、名章一律用阳文楷字。

四、格式：印信之尺度、格式、文辞另定之。

五、为适应工作需要，经陕甘宁边区政府特殊核准之机关或部门，得仿照陕甘宁边区政府印信式样，刊制专用印信（如优抚证书专用之印、税票专用之印等），但需在印边用阴文楷字标明之。

六、颁发范围，县府以上政府机关之印、章，由陕甘宁边区政府铸发，并暂规定，陕甘宁边区政府各厅、处、院、行、会、各直属机关、各行署、直辖市及陕甘宁各专署，县印信由边府刊发。晋南、晋西北行署所辖专署、县（市）、（包括专署直辖市）政府及行署和边府直辖市各直属机关之印信，由行署或市府刊发，县属各机关钤记，均暂由各直辖专署刊发。村（乡）街政府图记，由县（市）政府刊发（长戳，便章，采用逐级颁发制）。其有垂直系统之专管机关（如税局、银行……）之印信，由其主管上级机关刊发。

七、印信采用逐级转发制。启用时，应将启用日期并拓具印模执［报］[①] 请上级机关，逐级转呈原刊发机关备案。

八、印信之颁发，悉以正式公文行之。特殊情况下例外。

九、缴销旧印，须截角呈送主管上级机关转缴原刊机关销毁。

十、其有特殊情形，经陕甘宁边区政府批准者，不受以上各条之限制。

十一、凡查有私刻机关印信者，不论送刻及承刻者，均应依法论处。

十二、本规程自公布之日起施行。

选自《陕甘宁边区政府文件选编》第十三辑，档案出版社 1991 年版，第 135～136 页。简称“档案文件版”。

互校版本：《陕甘宁边区法律法规汇编》，三秦出版社 2010 年版，第 147 页。简称“三秦法律法规版”。

---

① “三秦法律版”“档案文件版”皆印作“执”，应为“报”。

15. 陕甘宁边区政府暂行组织规程

1949年4月9日陕甘宁边区参议会常驻议员会
政府委员会联席会议通过，同年4月18日边区政府公布①

为适应迅速发展的革命形势，集中力量支援前线，争取大西北的早日解放，二月间陕甘宁边区参议会常驻议员、边区政府委员及晋绥边区代表联席会议，决议接受晋绥行署及临参会常驻会的请求，划晋绥为晋南、晋西北两个行署，归陕甘宁边区政府统一领导，业增补政府委员，扩大政府组织机构，基此决议兹制定本组织规程。

第一条　陕甘宁边区政府，为陕甘宁及晋南晋西北之最高行政机关。设主席一人副主席二人。

第二条　陕甘宁边区政府设政府委员会，由委员三十一人组成之。主席副主席均在内。

第三条　陕甘宁边区政府，对于全区行政得宣布施政方针，颁发命令、业制定实施条例及规程。

第四条　陕甘宁边区政府行使有关下列事项之职权，须由陕甘宁边区政府委员会决议行之：一、关于施政方针之决定实施，法令条例及规程之审定通过事项。二、关于全区生产建设、财政设施、金融贸易、文化教育、公安、司法之方针计划等事项。三、决定全区人力、物力、财力的负担政策及支前动员事项。四、全区各级人民代表大会之选举事项。五、行政区划及各级人民政府组织设施事项。六、陕甘宁边区政府秘书长、厅长、银行经理、行署主任、委员会主任及其副职之任免事项。七、全区预算决算事项。八、关于全区人民武装之组织事项。九、其他重大事项。

第五条　陕甘宁边区政府委员会决议案之发布，以主席副主席名义行之。

第六条　陕甘宁边区政府主席之职权如下：一、召集陕甘宁边区政府委员会并为主席。二、领导督促并检查各级人民政府执行边区政府委员会之决议。三、处理边区政府日常政务及紧急事项，但属于边区政府委员会决议之事项者须提请追认。四、任免边区政府科长以上，已设行署区专员以上及未设行署区县长以上之干部。五、对外代表陕甘宁边区政府。

第七条　陕甘宁边区政府副主席协助主席执行前条职务，主席因故不能执行前条职务时，由副主席代行其职务。

第八条　陕甘宁边区政府设下列厅、行、处、会在主席领导下分掌各该主管事项：一、民政厅　二、教育厅　三、财政厅　四、工商厅　五、农业厅　六、公营企业厅　七、交通厅　八、公安厅　九、西北农民银行　十、秘书处　十一、边区财政经济委员会　十二、边区人民监察委员会　十三、边区少数民族事务委员会。

第九条　边区政府设秘书长一人，各厅设厅长一人，西北农民银行设经理一人，各会设主任一人，综理各该厅、行、处、会主管之事项。各厅、行、处、会得因工作之需要设

① 此公布日期系根据“档案文件版”所刊边区政府“通字第25号”通令。

置副职，协助办理各该厅、行、处、会主管之事项。正副秘书长、正副厅长、银行正副经理、各会主任，由主席提交陕甘宁边区政府委员会通过任命之。

第十条　各厅、行、处、会得视工作繁简设置处、局、科、室、股分工办事，并得视工作需要，经边区政府委员会会议或政务会议通过设置各种专门委员会与直属的专管机关，主管一定事项。

第十一条　民政厅掌管下列事项：

一、关于地方政权组织建设事项。

二、关于行政区划事项。

三、关于市政建设事项。

四、关于选举事项。

五、关于户籍人口之调查登记事项。

六、关于干部之管理、培养、保健、考核、奖惩统一筹划及提请任免或任免事项。

七、关于动员参军归队事项。

八、关于战勤动员及调剂事项。

九、关于烈、军、工属、荣退军人之优待抚恤及拥军事项。

十、有关土地改革、减租减息及土地清丈登记、确定产权、调解土地、房屋、债务纠纷、租赁关系等事项。

十一、关于社会救济事项。

十二、关于卫生行政事宜医药及民众医药卫生之指导管理事项。

十三、关于婚姻制度及礼俗改革事项。

十四、关于儿童保育事项。

十五、关于实施禁政（禁烟、毒、赌）事项。

十六、关于人民团体之登记事项。

十七、关于宗教信仰事项。

十八、其他有关民政事项。

第十二条　教育厅掌管下列事项：

一、关于管理各级学校事项。

二、关于管理社会教育事项。

三、关于图书教材之编审事项。

四、关于文化教育及学术团体之指导与奖进事项。

五、关于出版物及电影戏剧等事业之指导、审查登记事项。

六、关于有历史文化价值之古物、纪念陵园、名胜古迹、图书馆、博物馆、人民体育事业之筹划管理与保护事项。

七、其他有关文化教育事项。

第十三条　财政厅掌管下列事项：

一、关于人民负担之研究调整事项。

二、关于各种税收之征收管理事项。

三、关于编制预算决算事项。

四、关于预算范围内之预算决算审核事项。

五、关于有关财政之军需代办事项。

六、关于财务制度之建立与执行检查事项。

七、关于金库粮库实物库之收支管理事项。

八、关于公产管理事项。

九、其他有关财政事项。

第十四条　工商厅掌管下列事项：

一、关于公营贸易事项。

二、关于扶助合作社之发展事项。

三、关于私营工矿商业之计划、管理、调查统计，检查督导及技术发明与优良出品之奖励事项。

四、关于公营、私营工矿商业及合作社营业登记管理及商标注册事项。

五、关于出口贸易管理及对敌经济斗争事项。

六、关于内地贸易，集市之管理及交易所之指导事项。

七、关于稳定物价事项。

八、关于劳资东伙关系及劳动保护具体设施事项。

九、关于度量衡之制造检定监察统一事项。

十、关于工商团体之指导事项。

十一、其他有关工商业事项。

第十五条　农业厅掌管下列事项：

一、关于农业之计划奖进及有关政策之研究事项。

二、关于开展人民生产运动之指导事项。

三、关于组织农村劳动互助农村合作事业之指导奖进事项。

四、关于改良耕地开垦荒地事项。

五、关于兴修农田水利保持水土及防止有关农田水害事项。

六、关于农具肥料种籽之改进推广事项。

七、关于防除农业病虫灾害事项。

八、关于牲畜繁殖保护之指导管理事项。

九、关于植树造林之指导管理事项。

十、关于农业展览及农业技术发明创造之奖进事项。

十一、关于奖进农村副业事项。

十二、关于农贷计划之提出及检查事项。

十三、关于农业经济之调查改进事项。

十四、关于农业团体之指导事项。

十五、其他有关农业事项。

第十六条　工营企业厅掌管下列事项：

一、关于公营工矿业之统一计划管理事项。

二、关于地方公营工矿业之指导管理事项。

三、关于公营工矿业职工之培养与教育事项。

四、关于全区工矿业资源调查开采事项。

五、关于公营工矿业产品之登记，试验、设备改进奖励事项。

六、关于硝磺管理事项。

七、关于公营工矿业职工福利与劳动保护具体设施事项。

八、其他有关公营企业之事项。

第十七条　交通厅掌管下列事项：

一、关于铁路、公路、邮电、航路之筹建与管理事项。

二、关于公营运输业之筹设与管理事项。

三、关于指导与扶助私营运输业事项。

四、关于道路、航路、车船制造之检查改进事项。

五、关于护路养路事项。

六、关于交通团体之指导事项。

七、关于交通部门职工福利及培养教育事项。

八、其他有关交通事项。

第十八条　公安厅掌管下列事项：

一、关于奸细特务盗匪及其他危害国家人民利益的破坏分子之防范，侦缉，及检察起诉事项。

二、关于人民除奸之组织教育事项。

三、关于清查户口安定社会秩序及机关保卫事项。

四、关于边沿区接敌区之通行管理与出入境检验等事项。

五、关于各级公安机关业务指导事项。

六、关于警卫部队之管理教育事项。

七、关于违警事件之管理事项。

八、其他有关公安事项。

第十九条　西北农民银行掌管下列事项：

一、兼理中国人民银行西北区行业务事项。

二、关于农工商矿业合作社及企业投资贷款事项。

三、关于金融之调剂稳定事项。

四、关于代理边区政府金库事项。

五、关于代理边区政府总会计事项。

六、关于私人银钱业及其他信用事业之管理事项。

七、关于外汇及生金银管理事项。

八、关于存款储蓄、放款、汇兑、金银买卖及其他银行业务事项。

九、其他有关金融行政事项。

第二十条　秘书长承主席之命处理交办事项业领导秘书处。具体掌管下列事项：

一、关于政府委员会议及政务会议之准备与记录事项。

二、关于调查研究及统计事项。

三、关于工作报告及政报编纂事项。

四、关于图书资料档案之保管事项。

五、关于文件之撰拟保管缮印校对及收发事项。

六、关于印信电报等机要之掌管事项。

七、关于边区政府对外宣传报道事项。

八、关于机关通讯联络事项。

九、关于交际联络及招待事项。

十、关于边区政府之会计庶务生产卫生警卫等事项。

十一、其他不属于各厅、行、会主管之事项。

第二十一条　财政经济委员会掌管下列事项：

一、关于本区财政经济方针政策之拟议事项。

二、关于本区财政经济设施之综合计划事项。

三、其他有关重大财政设施之研讨事项。

第二十二条　人民监察委员会掌管下列事项：

一、检查、检举并拟议处分各级行政人员、司法人员、公营企业人员之违法失职，贪污浪费，违反政策，侵犯群众利益等行为。

二、接受人民及公务人员对各级行政人员、司法人员，及公营企业人员之控诉及举发并拟议处置办法。

三、其他有关肃整政风事项。

第二十三条　少数民族事务委员会掌管下列事项：

一、关于西北少数民族问题之研究及方针政策之拟议事项。

二、关于边区境内蒙回各民族自治区之政治经济文化教育卫生等项建设之研究拟议计划事项。

三、关于边区蒙回各民族团体之指导事项。

四、其他有关少数民族事务之事项。

第二十四条　为执行边区政府委员会之决议，解决各部门有关问题，陕甘宁边区政府设政务会议，由主席、副主席、秘书长、各厅长、西北区行经理，及各会主任组织之，必要时各部门副职亦可出席。政务会议讨论事项主席有最后决定权。

第二十五条　各厅、行、处、会相互间如遇有争执之工作问题时，得提请主席交政务会议解决之。

第二十六条　各厅、行、处、会对其主管业务之具体执行事项，有监督指导下级政府执行之责，并得发布命令和指示。

第二十七条　各厅、行、处、会就各该主管事项对于下级政府之命令或处分认为有违背法令或逾越权限者，得呈请主席或提请政府委员会或政务会议议决，停止或撤销之。

第二十八条　陕甘宁边区人民法院对于重大案件之审理，如主席认为必要时，得提请政务会议决议设特别法庭审理之，边区人民法院判处之死刑案件须经主席核准批交法院执行之。

第二十九条　人民监察委员会为行使职权，得向有关机关进行调查，各该有关机关必

须接受检查，提供必要之材料。

第三十条　人民监察委员会有关处分之决议须交法院审批者，得提请法院审理之。须交行政机关执行者，得提请主席批交各有关行政机关处理之。

第三十一条　人民监察委员会提请陕甘宁边区人民法院审理之案件，法院应予受理，法院关于此项案件之审理结果，应函告陕甘宁边区人民监察委员会，人民法院对于人民监察委员会提请审理之案件，如有不同意见，人民监察委员会应予说明，如遇疑难争执，会呈主席解决之。

第三十二条　边区政府办事通则，各部门组织规程工作细则均另定之。

第三十三条　本规程经边区参议会常驻议员会及边区政府委员会联席会议通过，由陕甘宁边区政府公布施行。

选自《陕甘宁革命根据地史料选辑》第三辑，甘肃人民出版社 1983 年版，第 351～360 页。

互校版本：

1.《陕甘宁边区政府文件选编》第十三辑，档案出版社 1991 年版，第 242～249 页。

2.《中国新民主主义革命时期根据地法制文献选编》第二卷，中国社会科学出版社 1981 年版，第 460～470 页。

3.《陕甘宁边区法律法规汇编》，三秦出版社 2010 年版，第 33～37 页。

16. 陕甘宁边区政府办事通则

1949 年 4 月 18 日公布

第一章　总则

第一条　为健全工作制度，提高工作效率，特依据本府组织规程第三十二条之规定制定本通则。

第二章　行文

第二条　凡属下列性质之文电，均以主席名义行之：

（一）关于政策方针的指示、通令及重要计划的决定与变更。

（二）关于本府各种政策、法令，条例、规章、布告的颁布。

（三）关于干部之任免奖惩（依干部任免奖惩条例处理之）。

（四）关于死刑之核定。

（五）关于各厅、处、院、行，会之间有关的重要具体工作执行事项。

（六）关于对外文告。

（七）其他代表本府之证明文件。

上属各项行文，由各主管部门撰稿后，连同有关原文附件，经各该部门负责人核签，或与有关部门负责人会签后，统经秘书长核呈主席审核签发。行文种类暂分：命令、通令、指示、决定、通报、状、批答、布告、函、电、通知等十一种。

第三条　凡属下列性质之文电，得以各主管部门名义行之：

（一）关于既定政策方针及重要计划的具体执行事项。

（二）关于业务问题指导事项。

（三）关于各部门日常政务对内之通知通报事务。

（四）关于所属一般干部之工作派遣。

（五）关于对内之证明文件。

上述各项行文，由各主管部门科室撰稿后，经各主管部门负责人审核签发。其属于会衔行文，由会衔部门负责人会签之。但有关政策方针及重要计划的决定和指示等，应先请示主席，并于行文时经主席核阅后行之。行文种类暂分：签呈、命令、指示信、通报、状、批答、函、电、通知九种。

第四条　各部门所有呈送主席核办审阅之一般公文、报告、材料等，须送交秘书处，（亲收函件例外），下级政府及其他机关寄送本府之公文、报告、材料，均由秘书处统一登记拆阅，凡属各主管机关业务范围内者，由秘书处径交各该主管机关核办，如须会同其他部门办理者，由该主管部门会商之。其不属于各厅、处、院、会者，由秘书处拟办。

第三章　会议

第五条　在边区政府委员会闭会期间发生的重大问题，及有关各部门的重要工作事项，得提交本府政务会议讨论。政务会议每月举行一次，（必要时得召集临时会议）由主席或副主席召集之。

第六条　各厅、处、行务会议，每两星期举行一次，由各厅、处、行负责人及科长或相当于科长以上之干部组织之。各科室得于一定时间举行科室会议，会议之决议，应由各该部门负责人负责核定并执行之。

第七条　各部门因工作需要，经主席批准，得召集各种联席会议，（如一科长联席会议）并可单独或联合组织有关部门召开讨论研究专门工作问题之会议。

第四章　报告制度

第八条　各厅、处、院、行、会每两月（逢单）向主席作书面综合报告一次。凡属当前主要工作或有关事务专门材料，由各主管部门适时进行总结，或作附件，随时呈送主席审阅，报告中如有必须答复或要求解决之问题，由主席即时批答或提交会议讨论处理。

第九条　各厅、处、行务或联席会议及专门工作问题研究讨论会的记录，应分别于会后五日至十日内，摘要整理送呈主席核阅。政府委员会及政务会讨论决定事项，由秘书处于会后五日内整理印发各厅、处、院及有关机关。有关各主管机关应办之决议事项决定，可径行办理，不另行文。

呈送之报告内容，力求充实，问题力求扼要，文字力求简明。

第五章　机要

第十条　各部门机要文电、报告、材料之收发、撰拟、缮写、摘记、保管，及印信掌握等事宜，由各部门机要秘书或指定专人掌管。凡属机要文件，发文机关必须在文件封面注明“亲收”或“密”字等字样，交由收文机关机要秘书办理，关于机要文电之处理办法由秘书处制订之。

第十一条　各部门工作人员对承办事宜及未经核准之会议决议，有保密之责，非经主

席核准或政务会议决议，不得以单独部队或个人名义对外发表谈话及文告。其属于政策性的对外通讯报道事宜，统一交由秘书长呈主席核准后发布之。

第六章　档案

第十二条　凡由各主管机关承办，以主席名义行文之稿本附件，均由秘书处归档。凡以各主管部门名义行文之文稿材料。由各主管管部门归档。

第十三条　归档、调卷办法由秘书处制订之。

第七章　政报与统计

第十四条　为交流经验，改进工作，凡有关政策方针、条例法规以及经主席核准公布之报告文件、会议记录、工作总结、研究材料以及各种行文等，均得于边区政报及边政通讯或群众日报上发表之。各解放区有参考价值之文件，得转载之。凡经注明不另行文者，其效力与行文同。

第十五条　各厅、处、院、会及专门业务部门经主席或政务会批准，得举办与各该主管机关业务有关之通讯刊物。

第十六条　凡属一般基本情况数字统计，由秘书处召集有关部门研究统计，综合编制。其属于各主管部门业务材料统计，由各主管部门自行编制，随时检送秘书处一份，呈主席审阅。凡各部门一般情况的普遍调查统计表格，应统一经由秘书处审核印发。

第八章　办公制度

第十七条　本府各部门办公时间。规定每日八小时，（星期日休息）。在办公时间内，不得擅离职守。如负责人因公外出时，须指定专人负责处理接洽事宜。各部门可建立工作日记制度，以便检查督促。假日应采取值班或值日制。各部门工作人员，在规定办公时间以外，如遇有紧要公务或遇有群众来府接洽事宜，均应随时处理。

第十八条　各部门处理日常政务及承办公文电报，应随时检查办理，不得稽延积压，如有稽延，应分别向主席各主管部门负责人申明原因。

第十九条　为加强各部门之间工作联系，迅速处理相互有关之问题和事件，规定每礼拜举行集体办公一次，由主席主持，各部门正付厅、处、院长须有一人亲自参加。

第二十条　本府各部门均依边区政府组织规程规定之执掌事项建立主管制度，其他部门如遇有关事宜，须事先与主管部门会商处理之。

第二十一条　保护并坚持两小时学习制，遵守作息时间。

第二十二条　本府所有工作人员之请假，均须由各主管上级批准。工作调动时，必须办清接交手续，由各级主管负责人监交。同时作出工作鉴定。

第二十三条　本府工作人员每一年进行一次工作考核，由厅、处、院、会、负责分别进行，鉴定表应送民厅备查。

第二十四条　本通则经政务会议通过及主席核准施行。

选自《陕甘宁革命根据地史料选辑》第三辑，甘肃人民出版社1983年版，第361～366页。

互校版本：

1.《陕甘宁边区政府文件选编》第十三辑，档案出版社1991年版，第250～254页。

2.《陕甘宁边区法律法规汇编》，三秦出版社2010年版，第143～145页。

17. 陕甘宁边区政府关于健全报告和请示制度的指示

1949年4月

各行署主任、各专员、县（市）长：

一、去年十一月本府发出《关于九、十两月份报告制度的检查给各专员、县（市）长的指示》以来，各地对报告制度的执行，较前已有若干改进，除个别如韩城、甘泉等县，五月来未作一次综合报告外，一般已初步建立了报告制度，各级领导干部对此一制度的重要性，已有了比较明确的认识，部分如晋南、晋西北行署、陇东、延属专署，并联系此一制度的检查，进行了反无政府、无纪律状态的检讨，揭发了不少违反政策的严重现象，事前不请示，事后不报告的现象已逐渐减少，某些领导干部已认识或感觉到经验主义思想方法的危害，并逐渐注意改造。在此期间，我们收到各地比较重要的报告共计二百九十四件。根据这些报告内容，大体可分为下列几个类型：甲、少部分如陇东专署、华池、安塞，子长、绥德、米脂等县，报告较经常，且能较及时地写出当前一项或几项主要工作的进度、办法和结果，使上级看到他们寄来的若干次报告后，能够大体了解其各种重要工作的动态和全貌，这些地区是认真执行了报告制度，有计划地向上级经常反映了工作情况。其中极少数如陇东征收农业税总结，并能初步掌握分析、研究和总结问题的方法。另一少部分如延属专署、子洲、安边等县关于土地登记、评产、对敌斗争等的一些典型材料，写的较好，能及时总结出某项工作的症结问题和解决问题的办法及其工作经验。使上级能够及时了解一些真实情况或某些工作的主要问题及经验，对于指导推动工作有不少帮助。以上是比较好的类型，但只占全数报告中的一少部分。乙、多数报告的内容，仍是罗列现象。其中一些虽有实际材料，但普遍缺乏分析研究，缺乏对政策执行的检讨，有的一些抽象的结论，缺乏具体材料，有的企图以个别孤立的事例，说明全面情况；有些带政策性的请示，缺乏具体情况的说明和自己对问题的意见。这类报告，虽然数量不少，（如绥德专署、清涧、葭县、淳耀、新正、赤水、邠县、延川、横山等县）但仍不能使上级了解其工作的真实情况，予以指导和帮助；许多空洞冗长的报告，看后实在无法致答。这一类是我们目前报告中存在的较大量的现象，也是我们必须改进的主要对象。丙、少部分如关中、黄龙专署、富县、郃阳、宜君、宜川、洛川、白水等县政府的报告制度尚未建立起来，存在着偶一为之的应付现象。产生这些问题的原因，主要由于各级负责同志对报告缺乏认真研究，存在着怕麻烦的思想。此外领导方面，对下级报告的重视和具体指导检查及帮助不够，也是报告不能更好提高的一个重要原因。目前各级政府在报告制度方面已露出一种懈怠倾向，如不加以提高，就会有流于形式的危险，必须严格提出注意防止。

二、为此，目前报告制度，必须坚持与提高并重，避免松懈或流于形式，彻底肃清无政府无纪律状态，以保证政令贯彻，行动统一。上述甲类，报告经常，内容较好的地区，应力戒自满，不断努力提高，以求改进工作。乙类尚未跳出罗列现象的圈子的多数地区，

更须努力学习，根据本府历次指示写报告的要点，在每次写报告时加以深刻细密的研究讨论，分析这个报告是否说明了所报告的某项或某几项工作的动态、问题、偏向及症结所在，并提出解决问题的意见和办法，是否说明了执行政策的情况及工作经验，反复研讨，再三修改，以求改进并逐渐提高。至于那些报告制度尚未建立的地区，必须切实改正漠视此一制度的无政府无纪律倾向，深刻加以检讨，作出具体改进的决议，切实执行并报告本府。

三、为适应日益发展的革命形势和工作需要，从（重）新规定报告与请示制度如下：

甲、报告必须遵守以下规定。

（一）晋南、晋西北与陕北行署主任及陕甘宁未设行署之各专员，每两月（逢单）须向主席作综合报告一次；今后陕甘宁各县长每两月之综合书面报告，直寄各该专署不径寄本府，但各行署及各直属专署应将各专员与各县长比较有内容的报告，随时检送本府一份。晋南、晋西北行署所属各专员、县（市）长之综合书面报告制度，由各该行署自行规定，如各专员、县（市）长报告中有较好的或有参考价值之材料，得随时检送本府一份。本府对各行署所属之各级政府及各直属专署所属各县之报告，一概不径作答复，如发现问题，必须指出时，经行署或专署转达之。

（二）综合报告应着重写各种政策执行的具体情况、问题及经验，每次着重说明两三个重要问题，全文至多不超过五千字，如问题过多，可分几次写或当附件同时寄来。凡工作具体问题如经费、干部及业务上发生的困难和问题，应随时备文商请解决，不要罗列在综合报告之内。

（三）凡有关本府各厅、处、院、行、会业务范围内之一般请示、报告材料、工作总结、文件等，可径寄各主管机关，如农业生产寄农业厅，战勤、干部等问题寄民政厅等。不属于各厅，处、院、行、会者，则直寄主席。

（四）除规定之综合报告外，凡行署及专署（陕甘宁）下行之重要指示、命令、文件及各种重要工作之总结材料等，得同时检送本府一份。各项工作进展情形及重大问题，可随时便函或电告本府。

乙、下列问题，必须事先请示本府批准，方可执行。

（一）有关政策方针及各项重大工作之计划和决定。

（二）本府颁发的条例，因不适于当地具体情况，需加修改者。（应提出具体情况、意见、呈报本府）

（三）各行署依本府条例精神，制定之单行条例。

（四）扩军事项。

（五）公粮负担数目与税率之增减事项。

（六）地方款之征收事项。

（七）贷粮贷款的增加与减少事项。

（八）属于本府任免之干部事项。

（九）与其他解放区之经济协定。

（十）重大工厂之建设与中等以上学校之开办。

四、各级领导机关对所属下级政府之报告，必须采取严肃负责态度，及时研究处理，

好的予以鼓励，有价值的介绍各地参考，内容差的应指出缺点并告以改进的方法，耐心帮助提高，要求不可过高过急，并应每隔两三月将下级在这期间的所有报告加以综合研究，颁发指示，鼓励好的批评坏的，并指出努力改进的方向，帮助其进行检讨，藉以逐渐改进提高。

各地接到此一指示后，应即进行讨论，切实执行。报告制度尚未建立及做得差的地区，更应联系过去执行报告请示制度的检查，进行深刻的检讨，并将结果报告本府。

选自《陕甘宁革命根据地史料选辑》第三辑，甘肃人民出版社1983年版，第367～370页。

互校版本：《陕甘宁边区政府文件选编》第十三辑，档案出版社1991年版，第299～302页。其公布日期为“一九四九年五月五日”。

18. 陕甘宁边区新解放区城市召开各界代表会办法

1949年8月19日

一、为了团结新解放区城市的各阶层人民，加强民主建设，发扬民主精神，全力支援解放战争，特制定本办法。

二、凡人口在三万以上，且已建立军事管理委员会（以下简称军管会）及人民政府之城市，均应依照本办法召集之。其名称定为“某某县（市）各界代表会”，由军管会和人民政府联合出面召集之。如无军管会之县市，由人民政府出面召集之。

三、各界代表会为军管会和人民政府领导下的协议机关。其职权为协助政府推行各项政策，反映群众意见，建议新城市的建设，但无约束政府之权力。

四、代表名额，各县市根据地区人口、机关团体等实际情况，自行决定。

五、代表产生方法，以聘请为原则，已有组织之团体，如工会、学生会、青年会、妇联等由各该团体民主选出名单，经军管会和人民政府审查聘请，其无组织之农民、革命知识分子、产业界人士、民主人士及少数民族等，由军管会和人民政府直接聘请之。代表总额中劳动人民及革命知识分子应占多数。

代表范围应力求广泛，各单位应出名额及比例，各县市须具体规定之。

六、凡代表中如出现反动分子，即应撤销其代表资格，另行聘请补足之。

七、凡已聘定之代表，在开代表会前，应发动其在本单位或本地区广泛征询群众意见，以增强其代表性。

八、各界代表开会时，选出七人至十五人组成主席团，主持会议，执行如下职务：

1. 讨论执行军管会和人民政府交办事项；
2. 听取讨论军管会和人民政府的工作报告及实施办法；
3. 向军管会和人民政府反映群众的意见和要求；
4. 建议本城市应兴应革事项。

九、各界代表会应选出正副主席三人至五人，正副秘书长二人，成立秘书处以执行日

常事务。

十、各界代表会之会期，城市［每］月一次，必要时可召开临时会议。

十一、各界代表会召开前，应成立代表会筹备会，筹备委员七人至十五人，并推定主任一人，其任务为代表之审查与聘请，大会时间地点之规定，大会期间代表之招待与登记，经费的收支等。

十二、各界代表会经费由各主管机关编造预算，呈报边府审核批发。

十三、本办法自公布之日起施行，其解释权属于边区政府。

选自《陕甘宁边区政府文件选编》第十四辑，档案出版社1991年版，第24～25页。

互校版本：《陕甘宁边区法律法规汇编》，三秦出版社2010年版，第61页。

19. 迎接西北军政委员会成立边府决定加紧准备

1949年12月8日

本月二日中央人民政府正式宣布成立西北军政委员会，并任命委员名单后，陕甘宁边区政府为迎接西北军政委员会的成立及鉴于西北现已全部解放，今年春节应发动群众热烈拥军事宜，本月六日召开迁至西安后第十二次政务会议，作出决议如下：

（一）中央人民政府已正式宣布成立西北军政委员会，并公布了委员名单，这是西北历史上的一件大事。

为迎接西北军政委员会成立，决定各厅、处、院、会、行应立即开始进行各项准备工作，并作出总结报告，提出关于军政委员会内部及各省政府组织机构、人员编制、干部配备，初步方案以及其准备交待事项，统于本月十日前完成。

（二）西北已全部解放，本年拥军工作，应更好的（地）进行。为此，决定由各省、行署、专署及早准备这一工作，于今年旧历年前后，展开全区群众性的、比以往任何一年都热烈的劳军运动。除了对于军队慰劳外，同时对于烈、军属通过各种形式，给予精神上、物质上的慰劳。配合这一工作，必须做好优待工作，认真解决烈、军属的困难。老区应该彻底检查优待工作的执行情形，严格纠正优待工作中存在的各种偏向；新区在旧历年前要有计划的（地）解决烈军工属的困难，帮助其建立家务。其具体办法，边府另行指示。

（三）西北人民解放军进军西南时，遗留了不少荣誉军人，但因原边区荣誉军人教养院人数过多无法收容，因此，决定另成立荣誉军人教养院第二院，进行收容，任命白雪山任该院院长。不久即可正式开办。

选自《陕甘宁边区政府文件选编》第十四辑，档案出版社1991年版，第460～461页。

原注：“原载1949年12月8日《群众日报》”。

20. 陕甘宁边区政府副主席杨明轩关于陕甘宁边区政府的工作报告①

1950 年 1 月召开的西北军政委员会第一次委员会上所作

主席、副主席、各位委员、各位同志：

西北五省业已全部解放，为适应和平建设的新形势和新任务，西北军政委员会奉中央人民政府命令，宣告成立。现在我在此提出陕甘宁边区政府的工作报告，供诸位委员商榷今后施政方针和建设计划的参考，并请给予批评指正。

陕甘宁边区是全国历史最久的解放区，远在一九二七年大革命失败后，就由中共党员刘志丹、高岗、谢子长等同志为首，领导边区广大人民，发动游击战争，进行反帝反封建的斗争中创立起来。一九三五年，毛主席和中共中央率领主力红军，北上抗日，经二万五千里长征，落足于此。从此，这个地区就成为全国抗日战争领导中心的所在地，成为中国人民解放斗争的总后方。十数年来，边区军民在毛主席和中共中央领导下，艰难缔造革命根据地，建立了人民民主政权，并在支援与争取抗日战争以及解放西北战争事业中获有伟大成就，完成了它的历史任务。凡此，均已详载历来文献中，我们近已摘其重要者，整理汇编，印发各委员参考，故不再详述。我的报告，着重说明一九四九年的政府工作。

一九四九年是变化最大，发展最快的一年。陕甘宁边区政府为了适应新的发展形势并争取胜利迅速到来，在二月间曾举行边区参议会常驻议员会，边区政府委员会暨晋绥代表联席会议，接受晋绥行署及晋绥临时参议会的提议，将晋绥行政区划为晋西北、晋南两个行署，归边区政府直接领导，以便进一步集中力量支援前线，同时决议成立陕北行署，以加强老区工作的领导，使边府集中力量，把工作重点放在新区，积极准备大量干部随着军事发展进行支前接管工作。事实证明，这样部署，是完全必要和正确的。在继续动员人力物力，支援前线，消灭胡马匪军，争取最后完成解放大西北的总任务下，并根据新老区不同情况，确定不同的工作方针：老区以恢复与发展生产医治战争创伤为中心，新区以接管、剿匪、反霸为中心；半老区（黄龙分区）积极准备条件，争取在一九四九年内完成土地改革。西安解放后，我们又根据西北的实际情况，接受中共中央西北局的指示，提出在做好城市接管工作后，把工作重心应放在农村，发动群众进行剿匪反霸，及其他民主改革。同时兼顾城市，以逐渐由削弱到消灭封建剥削制度，建立进一步发展城市的基础。半年来的工作中证明这一方针是完全正确的。

现在我把一年来的几项主要工作简单报告如下：

关于支援前线消灭敌军

我西北战区的人民解放军在毛主席正确领导和朱、彭总副司令英明指挥下，英勇奋战，胜利前进。五月解放西安，七月与华北兵团会师，挥戈西向。迅即解放甘肃、宁夏、青海，新疆于九月间和平解决，十二月解放陕南，完成西北解放战争大业。总计一年来共

---

① 原注：这是在西北军政委员会第一次委员会（1950 年 1 月 19 日至 27 日在西安举行）上所作的报告。

歼敌军十六万，连起义投诚军共二十五万余人，连前共歼五十五万余人。我西北广大人民在支援大军前进中，出了巨大力量，基本上完成了光荣伟大的支前任务。仅就关中、陕北、晋南及甘肃平凉、陇东两分区统计，本年动员民工即达四四、六一二、五四〇个，畜工达一千三百余万个，大车十二万辆。西北各省本年征收粮食达一千一百九十二万四千市石一合十二亿市斤（包括晋南晋西北在内。部分已供作军需食用，部分正入仓或征收中）。财政方面赖中共中央尽力调拨补助，及西北军民厉行节约，紧缩行政开支，加强税收等努力，克服了财政经济上的种种困难，并将财政收入主要用于支援战争，总计一年来供给部队军鞋三百六十三万余双，被服二百五十余万件（套），以及其他如弹药、经费等，共达财政总支出百分之八十左右，基本保证了各项军费供给。各地并积极组织群众帮助军属解决生产生活中的一些问题。普遍热烈的进行拥军运动，鼓舞与保证了战争的胜利前进。各项负担系按不同地区情况，分别采取不同政策。如战勤负担上，在已经土改地区实行按劳负担，照顾贫苦；新解放区实行劳财共负的政策。并为适应战争发展多确定在离战线较远的地方和各城市，采取收战勤费，雇用长脚服勤代替直接动员民工的办法，以节省民力，便利生产。征粮政策上，老区实行按通产扣除定额免征点后，以一定比例征收农业税；新区实行按实产累进征粮的政策。为保证部队供给，在新解放地区初期曾实行了按各阶层收入多寡，以不同比例预借粮秣，以后在征粮中长退短补的办法。在税收上，实行了废除反动性的苛捐杂税，其他暂时沿用国民党旧税法，逐步求得改革的方针。事实证明，这些政策基本上是正确的，但在执行中，新区某些地方初期曾发生过“抓大头”或“平均摊派”的错误，在工作过程中并发生过乱动员乱支用等不遵守制度及供应不能及时等浪费现象，经过多次指示，已逐渐纠正过来，但个别现象仍然存在。

西北人民不仅完成了支援解放西北的任务，并且协助解放西南。此次支援向西南进军部队的民工即达一万七千余名，担架八百四十付（副），驮骡四千六百余头，许多群众都自动报名参加，情绪十分热烈。

关于老区恢复生产与发展生产工作

据陕北行署报告，一九四九年耕地已恢复至战前水平，粮食产量因遭虫、旱、雹灾，只达战前百分之八十四，一般地完成了去年计划每亩增产细粮二市升的任务。为完成这一计划，他们特别注意了农民的互助组合运动与合作事业的组织与领导。据统计全区三十七万劳力中，约有百分之四十参加互助组合，夏收夏耘中，并达百分之六十，部分劳动互助组织如绥德王家坪等，走向农业与副业、供销、借贷相结合的互助组合，各种生产供销合作社亦渐恢复与发展，社数较一九四八年增加百分之三十五，小型合作社增加百分之八十八。同时注意扶助贫苦农民解决生产生活中的困难，有重点的发放农贷一千一百二十五万元，救灾粮食二万一千四百市石，兴修了织女、定惠两渠水利，一九五〇年可灌溉两万亩。耕畜较一九四八年增加百分之十四，羊子增加了百分之三〡。手工业和副业亦大部恢复。蒋胡匪帮所造成老区人民的严重灾荒饥饿状态已基本上克服了，但战争创伤的恢复相差还远，今后必须继续努力，我们对这一与全国解放战争有重大贡献的地区，亦应在各方面多予帮助，以期迅速恢复战争创伤，并逐渐求得发展。

为了便于领导工作，晋西北行署于太原解放后，商得华北人民政府的同意，划归山西省人民政府管辖，晋南行政区亦于年前正式划归山西省管辖，因此，我对这两区的工作即

不详作报告。

关于新区接管工作

西北各省除新疆系用和平方式解决，汉中解放不久，接管工作进行较迟外，其他各城市的接管工作基本上已经完成。大中城市组织军管会实行军事管制，负责进行接管工作；一般小城市均有县人民政府负责接管。接管工作系按照不同对象和性质采取不同方针分别进行的。

对于国民党反动政府所属的企业，官僚资本企业及一切公用事业，采取一般不打乱原来机构自上而下整套接管的方针进行接管，同时恢复生产和业务。所有接管的企业虽在生产资料资金不足等困难条件下，赖全体工人和职员积极努力与人民政府的大力扶助指导，均于解放后不久很快复工，西安等地解放较早，各厂矿的生产一般已达解放前水平，部分并有超过（人民电厂超过百分之二四三），各种公用事业如铁路、电厂、电讯、邮政、水利等亦皆能迅速修复开工复业，特别是交通方面，由于广大员工和群众的积极努力，克服了重重困难，在短期内即修复了被敌人严重破坏的陇海、西潼、西宝、咸同铁路，并配合铁道兵团，完成修复陇海路潼关至大营一段，组织各地群众积极修复各公路干线，迅速通车。对于支援战争，建立城市秩序和恢复生产，均有很大作用。目前普遍存在的问题，是如何进一步做好下列工作，以提高生产和工作效能：甲、有计划有重点的进行生产，从工业生产发展的整个过程（原料、制造、销售）详作研究制定计划。乙、实行民主管理，工厂和生产的一切情形应当告诉工人，生产计划经工厂管理委员会讨论通过后由大家负责组织全厂员工团结一致，为实现这个计划而斗争，并适当地运用批评与自我批评，发扬民主精神。丙、加强职工教育，提高政治觉悟，发挥职工积极性和创造性。丁、根据生产状况，适当调整与解决工人工薪问题，并举办供应社以期保障工人实际工资。戊、建立制度改进业务。这些问题在西安十月间召开的工联会上曾讨论过并有决议，但现在还做得很不够，必须继续努力贯彻执行。对于中小私营企业我们采取保护政策，本劳资两利方针处理了一些劳资纠纷事件，颁布了“处理劳资纠纷暂行办法”，制定“订立集体合同办法”，但实际工作做得很不够，一般的了解帮助和领导也差，今后须注意改进。

对于文教部门采取保护政策，各公立学校，在接管后除少数按具体情况加以调整合并外，其余一律开学复课，明令取消某些反动的课程和制度，一般课程暂时照旧，逐渐进行改革。各私立学校实行审查登记，除个别平日反动有据予以停闭或接管外，一般准予登记复课，并加强领导帮助改进。统计各省接管了公立专科以上学校九处（原十二处，接管后将西安省立医专、商专、师专并入西大）学生近五千余名，中学校共约二百八十余处，学生七〇，〇〇〇余名，小学校共约二万余所，学生约五〇〇，〇〇〇余名，均已先后开课。在政府领导下，逐步进行改造，学生的思想亦经过短期的政治学习，参加社会宣传活动及数月之教育，已有显著进步，解放较早的地区，如西安、兰州等地均注意了教师思想的改造及新的教学内容和方法的研究。关中各地在暑期分别召开中小学教师座谈会，参加者五千余人（占关中中小学教师五分之一），收效很大。秋季开学以来，各校都有一些新的改变，教员们“混日子”的思想减少了，过去长期存在“师生对立”的情况改变了，逐渐领会与树立了为人民服务的思想。冬季以来，并指示各地兴办冬学，开展社教工作。目前各级教育方面迫切需要深刻研究，逐渐改进解决的主要问题是：甲、健全各级教育行政

机构，加强教育工作领导。乙、继续改造师生思想。丙、根据需要明确规定各种学校的教育方针、教程、学则及课程标准和组织机构制度等。丁、适当调整解决教育经费及教员薪资问题。

对于其他文化机关如报社、通讯社、书店、印刷所等，其属于国民党反动派公营的，一律接收，属于私营的，除反动劣迹昭著者外，其余皆准登记复业。

对于国民党反动政府和军警司法行政机构，实行彻底打破而代之以人民的民主政治机构和制度，本实行人民民主专政的方针，首先自上而下迅速建立县以上各级人民民主政权，并根据毛主席的指示：在三万以上人口的城市和各县都先后召开各界人民代表会议，广泛联系各民族、各阶层，协助政府扩大政策法令之宣传与贯彻执行。这是人民代表大会未成立前人民政权的基本形式，也是推行政府当前重要工作极其重要的组织形式。陕西新区各县市在十月、十一月间都已召开了一次到两三次这样的会议，甘、宁、青等省各县市有的已开过，有的正在陆续召开或准备召开。各地代表会一般存在的缺点是：甲、领导方面准备不充分，不能明确提出问题，充分发扬民主，认真讨论。乙、不善于在每次会中抓紧解决群众目前迫切关心和要求的问题，存在着长篇大论的工作报告，及包罗万象、空洞冗长的计划和提案等形式主义。丙、代表会后代表们向群众传达和推行决议的工作做得不够。政府和代表们的联系也不够。也有少数地区的干部对代表会的重要意义认识不够，如认为是完成上级任务，是“旧议会的形式组织”，是临时性的协商机关等。因而有盲目开会或奉命例行开会现象，收效很少。乡村政权由于解放初期干部不足，群众尚未发动起来，因之在宣布废除保甲制度后，曾暂时利用保甲人员中无重大恶迹者，在人民政府领导与群众监督下，执行一定的任务，逐渐在群众运动中进行改造。现在解放较久的地区，如关中等地的乡村政权基本上已经掌握到人民手里，但其中仍有少数不纯正的分子混入，他们保持着国民党保甲人员的恶劣作风。包庇徇私，贪污腐化，随便打人、捆人、罚人的现象仍然发生。这在新区是很难避免的，必须要在今后不断的群众运动中，经过考验、教育、改造或清洗淘汰。至于有些人看见能写会道的旧保甲人员垮台了，没文化、不认识字的农民当政了，就觉得奇怪，甚至不满意，说长道短，轻视乡村的工农干部。我们必须告诉这些人说：他们的观点和立场弄错了，这些劳动人民出身的干部有劳动观点多有代表广大劳苦群众利益和为他们服务的本质和立场。有了这些基本条件，只要是广大劳动人民所拥护的，他们就会当家替人民办事。他们和那些压迫苛诈剥削人民的保甲人员是有本质上区别的。当然这些刚从群众中生长起来的新干部也有许多缺点：如文化低、经验少、办事方法少等，有些甚至有狭隘、报复、徇私、骄傲、急躁等毛病。这些就要领导方面多加教育具体指导，不断地提高他们。必要时举办训练班，轮流训练乡村干部，以逐渐改进他们的思想作风，提高工作能力。

进入新区后，迅即废除了伪法律伪组织清理旧案，建立了人民法院与人民的司法制度，安定社会，实行了便利人民的审判方式，注意加强调解人民纠纷，简便手续，解决问题，人民满意。对于旧司法人员除作恶多端声名狼藉者或反革命特务分子外，一般采取争取与改造方针，按不同的对象经开座谈会、训练班、新法学研究会等方式，予以马列主义与毛泽东思想的国家观、法律观，新民主主义政策法令及为人民服务的司法制度的教育，并分别予以适当工作，并在实际工作中注意培养新的司法工作人员。

对于旧有人员的处理安置是接管工作中的一个重要的问题。西北各省对这一问题曾采取了比较谨慎负责的态度，除少数劣迹昭著，为大多数群众反对者，予以裁撤，对自愿退休转业的予以帮助遣散外，其余凡有一技之长者都吸收在西北军政大学和西北人民大学学习，或经短期学习留用下来。西安解放后，胡马匪帮曾一度妄想反扑，致当时一部分旧公务人员抱观望态度未向人民政府报到闲散在家，同时在西安解放初期某些部门也发生强劝转业遣散的偏向，造成有三千多旧人员失业。经发现后，很快即遵照毛主席“三人的饭五人匀着吃”的原则重新登记，分批集训后分别给予工作。目前还须注意的问题就是要认真加强教育和帮助这些留用人员，并放手大胆使用他们，这方面过去我们也是做的很不够的。

建立革命秩序，巩固社会治安是保证接管工作进行的基本条件。各省已接管之各大中城市，经过收容散兵游勇，登记清理敌伪党团特各种人员，逮捕首要特务分子，镇压匪首，收缴非法武装，并逐步发动与组织群众进行清匪肃特工作。一般在解放后两个月内，基本上安定了社会秩序，对于国民党之特务组织及反革命破坏分子已给予严重打击。解放较早的城市如西安、兰州等地的治安基本走上了轨道，重大的抢劫破坏事件已很少发生。这只说明我们过去这方面是有成绩的，但绝不是说敌特潜伏的力量和破坏活动已肃清了。事实证明，不仅隐蔽的特务尚未肃清，新的敌特分子还有偷混进来的，并有混入我政权内部进行阴谋破坏活动。这是敌人作垂死挣扎的必然和仅有的伎俩。因此必须纠正干部思想上的麻痹轻敌思想，认识和特务作斗争是我们今后的一个长期的斗争任务，绝不能丝毫忽视和松懈。

新解放城市的金融贸易工作，是保障进行接管恢复生产安定人民生活的首要条件。西北各大中城市于接管中，迅即建立了各级金融贸易机构。经过注意组织城乡物资交流，配合全国各地掌握物价，调整与配售物资，禁用银洋，取缔银洋贩子，举办生产贷款，畅通汇兑，折实存款，恢复税收，推广人民币流通等措施，基本上克服了困难，平服了几次金融物价大波动。但由于全国财政赤字增大，钞票发行较多，加之投机奸商破坏分子从中捣乱，以及财经主管部门和人员因为经验不足，工作中也有缺点，未能事先掌握得好，以致在物价剧烈波动中，使人民受到很大的损失。西北特别由于经济力量弱，交通不便，更增加了这一工作的困难，但人民认识了这是胜利发展中的困难，人民忍受了这种困难，并决心协助政府克服这种困难。今后我们必须进一步加强和改进这方面的工作。

西北的民族问题，是一个重要问题。由于过去在国民党反动派大民族主义统治下，曾造成各民族间很深的隔阂矛盾。因此，我们在进入新区后，就特别注意各民族的团结，注意兼顾各民族的利益，尽力调解消除互相间的纠纷，尊重各民族的风俗习惯，保护其宗教信仰的自由；通过各民族间的进步人士和知识分子多用教育方法，逐渐消除各民族间的狭隘民族主义，并纠正大民族主义思想。有些地方，如西宁，并召开各民族联谊会，确定了有关各民族共同利益的一些决议，收效良好。当然这仅是工作的开始，今后尚须继续努力，团结各民族在中华人民共和国的大家庭内，亲密友爱合作。

关于新区农村工作

新区农村工作总的方针是发动广大农民群众及一切乡村人民，进行民主改革消灭封建剥削制度，以发展农业生产，为进一步发展工业生产准备条件。这一点是肯［坚］定不移

的，但要完成这一任务，必须经过一定的时间和工作过程，目前新区广大群众的觉悟程度、组织力量以及干部条件和领导力量都不足。因此，我们采取了谨慎态度稳步前进，确定所有新区农村的第一步工作，都以剿匪为中心，肃清反动残余武装，把社会秩序安定下来，联系有重点的发动群众进行反对恶霸，即反对地主阶级当权派的斗争。逐渐普遍展开并实行减租、保佃、清理农民旧日欠地主富农和高利贷者的债务。解放较早的地区，多依此方针进行多已获有很大成绩。在敌后艰苦斗争建立起来的陕南解放区，两年来消灭敌匪五万余人，建立并加强了地方武装。群众运动已相当普遍发展，并在四十万人口地区进行了土改，对支援大军解放全陕南有很大贡献。关中地区解放迄今消灭的股匪据不完全统计，已达四万五千余人，大股土匪已基本肃清，在剿匪中，并扩大地方武装至二万四千余人。现在正进行清剿潜伏散匪并有重点的进行反霸减租，已有近百个乡开展反霸运动，广大农民已开始抬起头来，地主恶霸的气焰，遭受重大打击，地方治安日益巩固。在解放略迟的甘肃、宁夏、青海多数地区，则正在进行剿灭股匪的斗争，迄今已消灭万余人。我们清剿土匪的基本方针是“军政结合、剿抚兼施”严厉镇压继续顽抗分子，争取教育改造胁从分子。依此方针进行的效果就大，违背这个方针的，就会走许多弯路，甚至出许多乱子（如甘肃临夏等地）。减租工作也只是在解放较早干部条件较好的地区开始实行，由县政府根据具体情况，拟定减租办法，一般按二五减租，并注意保佃，禁止额外剥削。在剿匪反霸工作中存在的缺点主要是：部分地区对于发动群众工作做得不够，对群众革命情绪估计不足，产生单纯军事清剿思想，或无分别地对待俘匪恶霸，放松教育改造安置工作。某些地方在剿匪和反霸运动中，领导上忽视群众纪律，发生打人捆人甚至逼死人命等现象，今后必须严加纠正。关于实行土地改革，消灭封建剥削的时间问题，还有一些人不明白，我们必须向他们解释清楚：土改一定要在剿匪、反霸、减租胜利的基础上，群众条件与干部力量成熟时才能实行。否则就会犯主观主义，搞不好甚至搞出乱子。其次农村中的一个重要问题就是组织农民的问题。解放较早关中地区多数农村已经组织起农会，据咸阳、三原、渭南不完全统计，参加农会的农民，已达数十万人，关中多数县、区、乡并召开过农民代表大会，这是广泛联系农民，推动农村群众运动的一个最好的组织形式，也是一种新工作方法。并为农村改革的一个合法执行机关，在人民代表大会未成立前，代行区乡人民代表大会职权。比如长安的农民代表会开会时，讨论了如何反霸、如何减租问题，并议定了减租清债办法。闭会后代表将决议传达下去，农民运动很快就蓬勃展开。其他各地都应很好接受这一经验，推动组织农民工作。

在新区农村还做了一件重大的工作就是生产救灾运动，本年雨灾很重，关中地区有六十万亩土地. 被水淹没，粮食减产六百余万石，棉花减产四十余万市担，灾民达十万余人。各地政府曾以积极负责态度，本“生产自救”“互济互助”方针，发动节约募捐，移民垦殖及时进行救济安置。领导人民挖渠排水，抢种抢收，组织副业生产，并动员各级干部助民生产，开展救灾运动，使灾情未致扩大，大部灾民得获初步安置。由此提高了群众的政治认识，加强了群众的团结。目前亟应注意的是若干地区的灾荒尚未完全克服，有些地区的灾荒还很严重，各地必须注意加强冬季生产，并做好生产的准备工作。

总的来说：一年来我们的各项工作基本上是成功的。这是由于毛主席和中共中央以及西北局正确政策的领导，各地认真执行了他们的政策，全体指战员工作人员的英勇奋斗，

后方支前工作的努力，战区和解放区人民的拥护，以及各解放区胜利的配合所获得的成果，特别是毛主席的正确领导，是取得迅速胜利的决定因素。但工作中的缺点仍然很多，尚须今后努力改进。陕甘宁边区各级政府和干部经过了长期斗争的锻炼，特别在中共中央和毛主席多年培养教育之下，他们具有丰富的斗争经验和艰苦朴素的工作作风，一般的政治觉悟和政策观点都相当清楚。因此，我们相信今后在中央人民政府毛主席和西北军政委员会领导下，西北的工作一定会做得更好，新西北的前途是光辉灿烂的。但是我们同时必须看到西北的困难条件：如经济落后，交通困难，老干部数量很少（不足十分之一），且因长期处在艰苦斗争情况和分散的农村工作环境中，一般理论文化水平较低，对于新的工作情况和业务还不熟悉，部分人还存在着经验主义的思想方法，不能适应新的工作需要。多数新干部虽具有革命热情，但缺乏实际工作的锻炼，缺乏马列主义的思想及新民主主义的政策和工作作风的教育。因此，我们对于干部学习就必须格外注意，老干部在文化理论政策上不断提高，新干部首先应加强思想教育，树立并坚定其为人民服务的思想和唯物主义的观点。只要我们虚心学习，只要我们团结一致，只要我们继续坚［艰］苦奋斗，我们一定能胜利的完成新的历史任务。

因为有些地区解放较晚，来的报告较少，因而我的报告很不完善，希望从各省来的委员补充。

谨祝军政委员会第一次全体委员会议的胜利成功！并祝各委员健康！

选自《陕甘宁边区政府文件选编》第十四辑，档案出版社 1991 年版，陕西省档案馆、陕西省社会科学院合编，第 466～477 页。原注：“原载《西北军政委员会第一次会议汇刊》”。

四、民政法规

1. 一九四六年移民计划及实施办法

1945 年

明年的移民除掉自己在南路有关系能自找去处的零星移民，仍旧依靠到达地方政府按照过去办法予以安置与优待外，拟由建设厅就部队走后所留下的土地窑洞划定移民区并派员协助当地政府直接予以安置。

一、安置移民的区域——据初步调查在甘泉计有清泉沟、傅村川、洛河川三处，有已开过的土地十六万余亩，窑洞千余孔，在延安有南泥湾金盆湾两处，有已开过的土地十万余亩，窑洞一千余孔，均适于安置移民，明年即拟在甘泉与延安分设两个移民区，专供移难民之安置。

二、初步安置的户数——依照现有土地数量，即安置五千户亦有条件，但明年拟先就靠近大川及老户近的村庄安置一千户，约四千人（一千个劳动力，三千个眷属），预计延安安置六百户，甘泉安置四百户，以后逐年扩大，使上列地区变为富足的农村。

三、移民的对象——移民的地区主要为绥区各县及子长，为了达到增加生产及调剂人口的真正目的，移住移民区的移民对象，以带有家眷的务实农民为主，懒汉及二流子概不安置，即单个的好劳动力亦只有在下列条件下才做（作）为移民安置：

（一）与有家眷的移民有亲戚近邻关系，朋伙从事生产者。

（二）三个劳力以上的结合朋伙一起从事生产者。

（三）在移民中有一户能担保其为务实农民者。

四、移民的发动——拟采用下列办法：

（一）主要由移民区（如绥区各县及子长）地方政府负责发动与组织移民南下。

（二）延属安置移民区所属政府须发动组织移民区原有的老移民回原籍发动招引。

（三）建设厅选派绥米等地干部回原籍发动招引。

（四）以边区政府名义发布布告，布告内容着重说明迁移及安置的办法。

五、移民的迁移：

（一）移民下来时的路费公家不发，由移民自己设法解决，万分困难者，由当地政府发动亲戚近邻予以互助。

（二）必要时建设厅择重要地点设立招待站，协助路过移民解决住宿及生活上的困难。

（三）移民可由区乡政府直接介绍至移民区，不必另发移民证。

（四）移民迁移时，除掉自带衣被外，并须自带农具和锅灶，以减少安置上的困难。

六、移民的安置与优待：

（一）移民在移民区域内可自行决定住处，亦可先期下来查看地方。

（二）土地窑洞由公家供给。

（三）在生产时期中所缺的粮食由公家借给，预计须供给六个月，大人每人供给粗粮（糜谷）一石，小孩每人供给粗粮五斗。

（四）为了解决生产中其他困难（种籽、农具以及生活上的部分补助），准备在移民区发放一部分移民贷款。

（五）移民之有家眷者，受下列优待：

1. 对于所分得使用之土地窑洞，当时即有所有权，五年后并可自行处理，进行典卖，在五年以内如愿离开移民区，或自己不使用时，则只能仍旧交公。

2. 所借吃粮可一次或两次领足。

3. 借粮分两年偿还，不计利息。

（六）无家眷的单个劳力的移民，只受下列优待：

1. 对于所分得使用的土地窑洞，最初只有使用权，无所有权，但如能继续住宿五年以上，则亦可取得所有权和典卖权。

2. 所吃借粮，按月分次领取。

3. 借粮秋后全部归还，利息一成，即吃一斗，秋后还一斗一升。

（七）为了保护移民健康，在移民区由公家设立医疗组织，专为移民治病。

七、移民区的领导

（一）移民的安置工作主要仍由移民区当地政府负责。

（二）建设厅派员长驻移民区协助当地区乡政府专办移民工作，受县政府领导，并与建设厅取得直接联系。

（三）粮食的借出，农贷的发放，由建设厅所派人员协同当地政府经管，并以四联收据分存乡、区、县政府及建设厅各一份。

八、人员与经费

（一）共需配备行政干部六人，一人主管，五人分别派赴五个移民区，医药干部四人，

一西医，一中医，二助手。

（二）经费概算

1. 粗粮三千石，大人二千人，每人一石，小孩二千人，每人五斗。

2. 移民贷款四千万边币，内一千万做（作）为医药及办公等费。

选自《陕甘宁边区政府文件选编》第九辑，档案出版社1990年版，第335～337页。
互校版本：《陕甘宁边区法律法规汇编》，三秦出版社2010年版，第197～198页。

2. 陕甘宁边区政府关于认真处理人民控告干部案件的命令

1945年10月1日

各专员县长：

今年以来，各地人民直接向本府控告干部的案件增多，这表现出一部分政府人员同人民的关系上确实存在着一些问题，而人民敢于向政府控告，则是好的现象。本府接到此种控告书之后，随即分交各该级主管政府调查处理，并嘱将处理结果，呈报本府查核。半年来，有部分案件已经处理，但仍有不少案件积压在各级政府，虽经一再函催，终未解决，这种作风，实与发扬边区民主精神有妨碍。兹特向你们郑重申明，以后凡遇此种控告，不论是由本府交办的或人民直接呈诉的，你们必须认真负责的、实事求是的切实查明，公平处理，切不可敷衍了事，更不可有偏袒政务人员的行为，办理经过，必须详细报告我们。对于至今积压未办之案件，希即切实清理，勿再拖延为要。

此令！

主席　林伯渠
副主席　李鼎铭

选自《陕甘宁革命根据地史料选辑》第三辑，甘肃人民出版社1983年版，第11页。
互校版本：《陕甘宁边区政府文件选编》第九辑，档案出版社1990年版，第257～258页。

3. 西北局关于区乡干部冬训指示

1945年10月7日

去年区乡干部的冬训，由于与检讨区乡工作相结合，且实行了首长负责与切实的自我批评，故收效很大，但其缺点则是对某些已经暴露了的重要毛病，没有详细分析其产生的原因及提出以后如何改正的办法。今年各县区乡干部的冬训，均应发扬去冬的优点，避免其缺点，且与今冬的选举运动配合进行，就是要在发动群众检查政府工作及选举政府人员的实际过程中来教育与提高区乡干部，使他们在事前对本届选举的方针、任务有较明确的

了解，在检查工作及选举当中又有充分的自我批评精神与群众观点，这就是今年区乡干部冬训的直接目的，为此，我们特有如下的提议：

（一）在选举运动开始时（十月份）各县均应以县为单位，召开区乡干部会议（区书、区长、支书、乡长尽可能全到，县级干部亦应尽量参加），会议应由县委书记或县长主持，时间以一个星期为限，会议主要内容，是传达与讨论边府及西北局关于本届选举的指示，特别着重说明放手发动群众检查政府工作及虚心接受群众批评的必要，县级主要负责同志，应以身作则的在他们面前检讨自己的缺点、错误，使他们懂得：虚心的接受群众批评，坦白的承认自己的缺点错误，并实际的改正这些缺点错误，乃是每个革命战士对党、对群众、对革命事业的负责态度，使他们相信：在群众面前承认缺点错误，不但不会降低干部的信仰，相反的会加强群众对干部的信任，同时，还要估计到在民主批评发动之后，群众中的批评可能有些是过火的或不正确的，甚至可能有个别的人企图乘机报复或打击区乡干部，但这些都不要害怕，而要教育区乡干部在群众面前善于忍受，事后又善于作冷静的分析，区别善意批评与恶意攻击来教育群众，认识真理。总之，只要区乡干部对本届选举的方针、任务有明确的了解，又能放手发动与组织群众的积极性，则选举运动中的一切工作就会进行得好。

（二）区乡干部会议结束后，县级主要干部就应分别到区乡去，并负责指导所属区乡干部参加选举工作，主要责任在于发动群众彻底检查政府工作及选举群众中最有信仰且能为群众办事的人到政府机关中来，党的领导机关，应在这些实际工作的过程中，收集群众意见，发现好坏例子，总结工作经验。

（三）在选举运动结束后至明年春耕开始前，再以县为单位召集短期的区乡干部会议，把本届选举工作经验、模范的例子，区乡工作中的主要缺点及如何改正的办法作为教育大家的材料，发动大家研究讨论，并根据各县实际情形具体讨论和布置一九四六年区乡的主要工作与生产任务。

上述提议的基本精神，就是要把区乡干部冬训与选举运动实际结合起来，望即依此精神讨论执行。

选自《陕甘宁革命根据地史料选辑》第三辑，甘肃人民出版社 1983 年版，第 28～29 页。

4. 陕甘宁边区救济分会组织暂行条例

1945 年 10 月 26 日

第一条　根据中国解放区临时救济委员会组织及工作暂行条例第四条第一款之规定成立陕甘宁边区救济分会。

第二条　本会任务规定如下：

一、调查报导边区被敌侵扰、杀害、抢劫、轰炸、破坏以及水、旱、虫、雹、霜等灾荒所造成的一切军民伤亡损失，和需求的各种情形，汇报总会。

二、协助政府筹划进行因上项造成的一切军民所受的灾害、伤亡、残废、失业、难民、儿童保育、医药卫生、抚恤、赔偿、建设等善后事宜。

三、募集接受保管分配运送审核各种救济的款项物品，并聘请接受分配各种救济工作的技术人员。

四、指导各分区救济支会工作的进行。

第三条　本会由边区党政军民各机关团体代表会议中选出委员十一至十三人组成之，并由委员中互推主任副主任各一人主持本会日常会务，会内设秘书主任一人，秘书若干人，分掌调查、报导、救济、联络、医药卫生、会计等事宜。

第四条　各分区设救济支会，各县（市）由各该县（市）政府第一科办理，必要时得设救济组，其暂行条例由各分区县（市）依照当地具体情形得另订之，呈请本会备案。

第五条　本会每月举行例会一次，必要时得由主任召集临时会议决定重要会务审查预决算并检查会务之进行。

第六条　本会及支会小组所需的公费，应请求各级政府筹助，不得支用救济款项，各项救济账目均按期公布。

第七条　本条例经本会通过呈请陕甘宁边区政府批准后实行，并报总会备查。如有未尽事宜，由本会会议修改之，并依上项手续分别办理。

选自《陕甘宁边区政府文件选编》第九辑，档案出版社 1990 年版，第 418～419 页。

互校版本：《陕甘宁边区法律法规汇编》，三秦出版社 2010 年版，第 131 页。

5. 陕甘宁边区查缉毒品暂行办法草案

1945 年

第一条　为禁止毒品流毒边区，特制定本办法。

第二条　在边区政府之下，成立边区毒品查缉委员会，各分区成立查缉分会，负责办理全边区毒品查缉事宜。上项委员会由边区政府遴派五人为委员，就中一人为主任委员，一人为副主任委员。

各级毒品查缉委员会下设办公室，办理日常事宜，设办事员一人至四人。

各级毒品查缉委员会下设毒品查缉队，在查缉委员会主任、副主任指挥下，负责所辖区域查缉工作。其人员武器、马匹之编制，得按情况酌定之。

第三条　晋绥与陕甘宁两区毒品之查缉，以黄河为界，互不超越，各分区查缉，原则上亦只限于本分区范围内，若贩运者被查缉队追踪逃入其他分区区域时，原查缉队可跟踪追迹，直至没收，但应将贩运人及毒品带至没收地区查缉委员会处理，所得奖金应归原查缉人，若在没收地区有当地查缉队协助时，其奖金应分得之。

第四条　凡查缉人员执行任务时，须以查缉证为凭：

（一）普通查缉证：由边区查缉委员会制定，编列号码，加盖印鉴发给各分会，加盖分会印鉴后，通用于各该分区。

（二）特别查缉证：由边区查缉委员会制定，编列号码，加盖边区政府及边区查缉委员会印鉴，通用于全边区。

第五条 陕甘宁边区所在地之机关、团体、部队及个人，在本法定范围内，均有协助查缉委员会之义务；凡一切公私商店及其他营业性之机关，如遇有偷运或贩卖毒品嫌疑者，得依第六条之规定，施行检查。上项商店及机关，不得拒绝检查，否则以违抗禁令论处。

第六条 查缉手续规定如下：

（一）凡查缉人员执行检查职务时，须出示边区查缉委员会印发之查缉证为凭。否则，被检查人有权拒绝检查。

（二）对商店或住户施行检查时，须事先取得所在地政府机关批准，并派员协助，特殊情况则可先行检查，事后立即报告。

（三）查缉队或查缉员查获毒品时，必须连人带货，一同扣留，于一定时间内交所属查缉委员会处理。

（四）一切查缉人员不得滥用权力，挟嫌诬陷及其他舞弊徇私，违者依法重处。

第七条 没收与处理：

（一）查缉委员会查获之毒品，一律执行没收，犯法人则送司法机关究办。

（二）各县查获之毒品，交分区查缉委员会没收；各分区汇集各县所交毒品，定期解送边区查缉委员会。

第八条 协助查缉：

（一）各机关、部队、团体及群众，对于毒品有密报之权。经密报而查获之毒品，得依情形酌予金钱上之奖励。未经查缉委员会委托者，只有密报权，不得擅自进行检查。

（二）各部队、机关，如认为有委托代查之必要时，可由查缉委员会发给检查证，允许其在某口岸或市镇范围内建立代查关系，但须遵照本办法第六、七条之规定。

第九条 关于查缉人员之查缉守则，及查缉人员与密报人员之奖励办法，另文规定。

选自《陕甘宁革命根据地工商税收史料选编》第五册（1944—1945年），陕甘宁革命根据地工商税史编写组、陕西省档案馆编印，陕西人民出版社1987年版，第564～566页。

6. 陕甘宁边区查缉毒品办法

1946年2月22日

第一条 日寇投降后，以前敌占区的鸦片、料面、吗啡等毒品潜入边区，遗［贻］害人民。为杜绝其潜入起见，特组织专门查缉机关，并制定本查缉办法。

第二条 在边区政府下设立查缉委员会，由边区政府委任之，各分区设立查缉分会，由边区查缉委员会呈请边区政府委任之。

在查缉委员会和查缉分会之下，得设必要的办事人员及查缉队。

第三条　前条查缉机关和查缉队之职务，限于查缉鸦片、料面、吗啡等毒品的贩运事件。关于这类毒品之禁吃事宜及其他违禁品之查缉，均不在其权限之内。

第四条　晋绥与陕甘宁两边区的查缉事宜，以黄河为界，互不超越。

各分区查缉，原则上以本分区为限；如遇毒贩被查缉队追踪逃入其他分区时，该查缉队得一面关照当地政府，一面跟踪追缉直至没收。但应将毒贩及毒品带至缉获地区查缉分会处理之。

第五条　凡查缉队和查缉员，须发给查缉证为凭。此项查缉证由边区查缉委员会制定，编列号码，加盖印钤后发给之。其发给各分区查缉队者，并加盖各该分区查缉分会之印钤。

第六条　无论公私商店及军民人等，如有贩卖毒品行为，得依本办法第七条之规定施行检查，被检查者不得借口拒绝，否则以违抗禁令论处。

第七条　查缉规则：

一、凡查缉队和查缉员执行职务时，须出示本办法第五条所规定的查缉证为据，否则被检查人得拒绝检查。

二、对商店或住户施行检查时，须事先取得当地政府同意并派员协助之。

三、查缉队和查缉员查获毒品贩卖时，必须连人带货一同扣留，迅即送交查缉分会或查缉委员会处理，不得任意逗留。

四、一切查缉人员不得滥用权力，挟嫌诬陷，不得任意侮辱被检查人，或其他舞弊徇私行为，违者依法重处。

第八条　没收与处理

一、查缉委员会或查缉分会对查获之毒品，一律没收，对毒贩则送司法机关法办。

二、各分区范围内查获之毒品，由各该分区查缉分会没收，各分会定期解送查缉委员会，查缉委员会则定期呈报边区政府派员监视销毁之。

第九条　除查缉队外，因特殊需要，查缉委员会得指定一定的公安机关或税务缉私机关兼理所在地之贩卖毒品查缉事宜，但此项指定之权仅属于查缉委员会，并须慎重选择，切实登记，发给本办法第五条所规定的查缉证。被指定之机关和人员，则限于在所在地执行职务，并须严格遵守本办法第七条之规定。

第十条　凡查缉队人员或被指定之查缉人员有违法行为时，被查缉者有依法律手续向当地司法机关控告之权，查缉分会或查缉委员会则须尊重司法机关之处理。

第十一条　除查缉队和被指定之查缉人员外，任何部队机关团体及军民人等，概无查缉权，如有擅自查缉者，以违法论。

第十二条　本办法自公布之日施行。如有未尽事宜，由查缉委员会呈请边区政府补充或修改之。

选自《陕甘宁边区政府文件选编》第十辑，档案出版社 1991 年版，第 8～10 页。

互校版本：《陕甘宁边区法律法规汇编》，三秦出版社 2010 年版，第 517 页。

7. 陕甘宁边区复员方案

1946 年 4 月 23 日第三届参议会第一次大会全体通过

（一）为什么要复员

在已经过去的抗战时期，边区虽然处于相对的和平状态，但因为是八路军、新四军的总后方与各解放区指导中心的所在地，任务重大，与强敌隔河对峙，受数十万国民党反动派军队三面包围，环境复杂。为支持抗战，防卫国民党的进攻以保卫边区，必须有足够数量的工作人员和军队，必须有适应上述任务的机构和制度，必须进行广泛的人力物力的动员，正因为我们这样做了，所以发展了军事、政治、经济、文化，不仅保卫了边区，并且完成了抗日民主模范根据地的历史任务。

现在抗日战争已经胜利结束，政治协商会议已获初步成功，在全国和平民主不被破坏的条件下，我们边区即将进入一个建设的新时期。因此这个时期，我们的任务：在更进一步发展国民经济，发展国民文化，发展与巩固国民自治能力。根据这一环境与这些任务，同时根据全国整军方案所确定的原则，我们就必须适当地改变机构、制度等组织形式，必须重新部署人力物力，必须进行广泛的复员。这样做，一方面就可以增加农村劳动力，而这些劳动力是直接间接受过军事训练的，是经历过有组织的集体生活的，因之不但加强了生产战线，而且必然加强了群众文化战线，加强了人民自治基础，因之，也就有可能更合理的调整在职人员，加强下级，加强事业机关，加强工作效率，另方面，就可以减少脱离生产人员，从而就可以积蓄财力，减轻人民负担，以便人民获得休养生息的机会，发展经济与文化建设事业。因此这次复员必须保证复员人员百分之百的就业。

（二）如何进行复员

复员的第一步计划，是六月一日以前，裁减现有脱离生产人员总额的三分之一。边区政府系统与地方部队，现在脱离生产人员总额，共计三万五千人，拟复员一万一千六百人。

一、关于地方部队的复员

部队系统复员的原则，应是合并指挥单位，各地保安团与边区保卫团，按需要适当合并。专署警卫队合并于所在地之县警卫队。复员服役多年的老战士与家庭缺乏劳动力的战士，适当安置因战斗而残废的官兵，做到复员后，仍能担负保卫边区维持地方治安的任务。因此，边区各地的保安团与保卫团和各县专署警卫队共二万人中，即拟复员六千六百人，占原额百分之三十三（具体编制另定）。

二、关于政府系统的复员

政府系统应该尽先复员能马上直接参加生产和家庭急需劳动力的某些地方干部和事务人员。合并托儿所、保育院、招待所、休养所、卫生所、门诊部、税务机关等，紧缩边区政府、专署、区公署，加强县政府、乡政府，并改变专署组织机构，做到复员之后，使领导加强，机构精干，工作效能提高，足以完成各级政府的任务。

这样政府系统现有人员共计一万五千人，复员五千人，占原数百分之三十三强（学校

系统不在内）。

这样地方部队与边区政府系统，总计现有三万五千人，编留二万三千四百人，复员一万一千六百人，复员人员占百分之三十三点一强。

（三）复员人员如何处理

应给以思想上的教育，精神上的鼓励，使他们了解，过去为了革命的需要，脱离生产，参加部队和机关服务，是光荣的行为，现在又是为了革命的需要，脱离部队或机关，回到生产岗位，加强边区民主建设，同样是光荣的行为。使他们了解，过去他们在机关或部队内埋头工作为人民服务，是光荣的行为，现在回到农村回到城镇，回到各个生产战线或文化战线，成为积极分子或不脱离生产的干部，成为团结群众，改进乡村工作的核心，同样是光荣的行为。因此，各机关部队均应首长负责，亲自动手，自行个别的调查研究，具体的酝酿、讨论，耐心的说服教育，并在各部队各级政府，应设立复员委员会，拟订复员的具体计划与执行的步骤方法等慎重从事，真正做到复员人员乐于就业，各得其所，发挥其应有的作用，在群众方面就必须认识他们创造边区、保卫边区、保卫国家民族，都是为了人民利益，现在参加各地的经济和文化建设，也是为了人民的利益，因此必须欢迎他们、慰问他们、尊重他们。

应该给以适当的安置与物质的照顾，各复员的领导机关应按各人的身体与技能条件，予以适当的安置，使复员人员各得其所，同时在物质上，政府应发给单衣一套，单鞋一双，按革命经历与功绩，身体强弱，家庭经济状况，复员地区之不同，发给七斗至十三斗小米的生产补助金，按路途远近发给足够的路费，妇女、病员与老弱、残废得酌情拨用牲口，如因公丧失劳动力的老弱残废，应给予适当时期或长时期的代耕（重残废全部丧失劳动力者，由政府供养，或送入军人荣誉学校）。如此等等，目的在于保证其起码的生产与生活条件，帮助其建立家务。复员后得享受如下的优待：家在边区或复员在边区务农无土地者，政府酌量拨给公地；无公地地区在不违背租佃条例的原则下，有租种土地之优先权，凡政府发放生产贷款时，有贷款之优先权，务农，三年免纳农业税，经商，三年免纳商业税，此外政府尤应发动群众具体的帮助他们解决各种困难（工具、籽种等）。如此等等，目的在于巩固其生产与生活条件，帮助其建立家务，对一般人员的处理办法，大概就是如此。

同时在复员者本身方面，也应该了解自己是一个革命者，并受过长期的革命锻炼，因此，更应联系群众，团结群众，遵守自己政府的法令政策，下定决心，自己努力生产，建立家务，成为模范的公民，决不可自高自大，胡作乱为，与事事依靠政府。

另外，还有在职人员的家属，家中有办法的，应动员其回家治理家务，实行工作人员一年一次的短期回家探亲制度，家中确实没有办法的，应组织其生产自给。视其具体情况，发给津贴和补助金，有工作能力的女干部成为家属者，应设法安置其小孩，使能继续工作。为此，同样须在干部与家属中进行细致的解释说服，以免影响工作人员情绪，因而妨碍工作。

（四）复员后如何提高工作效率

复员后，干部减少，如何提高工作效率？

首先，进一步的健全各级政府的行政制度，今后区公署，专署根据其督察与助理的性

质应适当缩小组织，改变工作方式，因此，边区政府应注重加强各县工作，县府除带原则性的政策等问题，必须请示边府外，县有权处理本县一切应兴应革事宜，研究和执行边府的政策、法令、指示、具体领导与帮助各个乡村的各种建设事业，乡政权为自治的基层组织，尤应给以更多的帮助与加强。

这样做到：

边区政府确能深入了解各县情况，掌握与督促各种政策的执行，其各个工作部门与附属机关，能掌握业务政策与熟悉业务情况，并领导业务之发展。

专署则根据新的环境，能代表边府督察各所属县行政，帮助县政府掌握与执行边府的政策法令，并经常调查研究反映下情于边府，以加强边府之领导。

县政府能实际做到领导乡村自治和人民经济，文化建设的中心领导机关。

区公署，确能助理县政府，了解督促检查并帮助乡政府的工作。

尤其乡政权为边区政府的基层组织，人民经济、文化的发展，自治能力的提高，各种政策法令的实际贯彻，都决定于乡政权的领导效能。去年选举中建立了乡代表制，改善了乡村政权机构，今后更应加强乡长与乡文书，使他们确能具体帮助乡代表工作，以完成乡村自治的任务。为此必须在这次复员中，对各级政府机关中的干部进行调整，使边府与专署的干部少而精，县府的干部健全，区署与乡上的干部加强，各级政府应本此原则适当的配备。

其次，应改变、改善或从（重）新研究建立一套适合和平民主建设的各种制度，如用人制度、财政税收制度、经济教育制度、司法与社会制度、救济制度等。在用人制度方面，过去统一管理，获得很大成绩，但也有毛病，一方面是边府专管干部的机关，陷于日常事务，形成“包”与“拖”的现象，另方面是各机关放任不管，形成单纯“送”与“要”的现象。大规模的复员后，在职干部应确定“统一领导，分工管理”的方针。民政厅主要在于掌握整个的干部政策，制定统一的管理制度和干部工作计划，负责主要干部的配备、使用、培养，教育等，各机关各县在统一干部政策制度与计划下，负责进行所属干部的登记、审查、任免、培养、教育、待遇、保健等日常工作，并须首长负责，纠正过去首长不关心干部工作的现象。在财务税收制度方面，严格执行预决算制，建立合理的税收制度，停止一切募捐摊派，逐渐改供给制为薪金制，首先在部分人员中（如技术人员、学校教职员、杂务人员等）试行。在供给制下提倡公家按一定标准保证供给，私人在这个标准内可自由处理以便逐步过渡到薪金制度。大部分工厂改供给性为营业性，职工均实行薪金（工资）制，政府停止供给，机关、部队的生产自给制度，在不妨碍工作与学习的条件下，仍须继续坚持（边区军政人员复员处理办法另订）。总之，许多制度应该继续研究制订。

这样不致（至）于因复员而影响减弱我们的工作。反而由于复员的结果，更提高了各级政府的工作能力与行政效率，更加强了边区和平民主的各项建设，使之成为和平建设时期的模范。

选自《陕甘宁边区第三届参议会第一次大会汇刊》，1946 年第三届参议会常驻会编印，第 86～88 页。

互校版本：《陕甘宁革命根据地史料选辑》第三辑，甘肃人民出版社 1983 年版，第 124～129 页。

8. 陕甘宁边区政府家属待遇暂行办法

1946年8月2日

一、凡政府各部门编整内之工作人员的妻子，其本人不参加工作者，尽可能的动员回家，如有特殊情形不能回家者，一般方针是帮助其从事生产，建立家务，做到自给。

二、凡属下列情形之一者，完全自给之：

（一）家属在边区内有代耕或家庭富裕能自给者。

（二）家在边区外，有经济来源，力能自给者。

（三）无代耕，无接济，但有自给条件，与自给能力者。

三、不能回家的家属，力不能自给须要补贴者，在未达到自给的过渡期间，按其具体情况，决定补贴标准如下：

（一）家在边区，无代耕且贫困，因病或带小孩致不能生产自给者，未参加过工作或参加过但不到二年的，每月补贴小米五升。参加过工作在二年以上的，每月小米一斗。

（二）家在边区外，无接济来源，因病或带小孩致不能生产自给者，未参加过工作，或参加过但不到二年的，每月补贴小米一斗。参加过工作在二年以上者的，每月小米一斗，边洋二万元。如系长征来的家属，每年可发棉花二斤。

（三）各厅处首长家属，照大灶干部标准全部供给。

四、议长、常驻议员、主席、党外厅长的家属一切生活费用，行政处编造预算，由财厅供给之。

五、原未补贴者，及今后各单位在职干部家属未经秘书长批准搬住政府者，一切生活问题概不负责。

六、本办法从公布之日起实行之。

选自《陕甘宁边区政府文件选编》第十辑，档案出版社1991年版，第208～209页。

互校版本：《陕甘宁边区法律法规汇编》，三秦出版社2010年版，第451页。

9. 陕甘宁边区政府关于拥军月的工作指示

1947年1月6日

数年来，边区人民与政府，已把拥护军队当成了一项光荣的义务，每年度的拥军月也成了边区的一项优良传统。今年正当蒋胡反动派不断向边区进攻的时候，边区人民准备迎接快要到来的一九四七年的拥军月，必须使边区军民更加高度团结，同心协力，消灭敌人，争取自卫战争的胜利。为此，本府对四七年拥军月工作，有如下之指示：

一、造成群众性的热烈运动。向边区每个老百姓讲述一年来边区人民的军队屡次击退敌人进攻的英勇事迹与转战南北的艰苦作风，认清边区人民的安乐生活，是军队拿血肉换

来的，没有军队就没有边区。每个边区的人民都应以无限的热忱感谢与爱护自己的军队。拥军月中，在接近驻军的地区，应采用拜年、慰问、闹秧歌，开军民联欢大会等各种方式，掀起热烈的拥军运动，距离军队远的地方，应依县或区推举代表组织慰劳团，有组织的分别去前线和伤兵医院劳军。为把工作作好，各专署可事前与当地军事领导机关商量，周密计划，按照部队分布情形，领导各县具体布置，进行慰劳，务必做到边区所有部队，均感受到慰劳的热情鼓舞。

二、深刻检讨军民关系。凡有驻军的地区，应普遍召开军政民座谈会，征求军队对政府和人民的意见，人民和政府应着重检讨自己是否关心照顾积极帮助军队解决了困难问题，战时动员工作（如担架运输、粮草供给等）是否积极主动按期完成。进行诚挚的批评与自我批评，即时纠正工作中存在的缺点，并订出以后帮助军队的具体办法。

三、深入检查拥军工作。为贯彻政府新的拥军办法，各级政府必须在各乡各村召开大小型的干部、群众、军属、退伍残废军人等的座谈会，展开对过去优待工作的检讨，发现问题随时解决。奖励积极生产建立家务的模范军属，教育个别不过光景的军属，并不断帮助其改变。广泛解释新的优待方针，使整个优待工作由消极的全面供给改变为积极的帮助军属参加生产，建立家务。

选自《陕甘宁革命根据地史料选辑》第三辑，甘肃人民出版社 1983 年版，第 213～214 页。

10. 陕甘宁边区政府命令——公布《陕甘宁边区优待革命军人家属及革命工作人员家属办法草案》

1947 年 2 月 3 日

各级政府、各旅团司令部、各机关学校：

兹制定《陕甘宁边区优待革命军人家属及革命工作人员家属办法草案》，随令公布施行。此令！

主席　林伯渠

副主席　李鼎铭　刘景范

《陕甘宁边区优待革命军人家属及革命工作人员家属办法草案》

第一章　优待范围

第一条　凡边区境内之革命军人家属（简称军属）及革命工作人员家属（简称工属），均得享受本办法之优待。

（说明）本条所称革命军人，以直接参加革命正规军、地方警备部队及脱离家庭生产之游击队为限。所称革命工作人员，以脱离家庭生产为限。

第二条　革命牺牲之烈士家属（简称烈属）及革命军人因作战残废或年老丧失劳动力而退伍者，除照章抚恤外，并得享受本办法之优待。

第三条　本办法所称军、工属，以革命军、工人员之配偶，并与革命军、工人员在一

个家庭经济单位之直系亲属（父母、子女及依其为生之祖父母及未成年之弟妹）为限。

第二章　优待种类

第四条　凡军、工属，边区人民均应尊重与爱护。

第五条　贫苦军、工属，应帮助其进行生产，建立家务，达到自给自足。在家务未建立之前，必须依其具体情形，分别给以帮粮、代耕、帮工、雇工、帮柴等方法优待之。

第六条　贫苦军、工属，除享受帮粮、代耕等优待外，并得享受下列各项之优待：

（一）公有土地、房屋、器具、物品、分给、借用、租赁、售卖与私人时，军、工属得优先承领、承借、承租、承买、但以自种、自住、自用为限。

（二）军、工属子弟，得优先享受贫苦学生之救济金，并在小学内免费供给书籍文具。

（三）军、工属得享受政府各种贷款及社会救济之优先权。

第三章　优待粮、柴之范围与标准

第七条　下列军、工属应享受人民优待之粮、柴：

（一）失去主要劳动力（如仅有女人，小孩）又无土地或资财，无法维持普通生活者，给以最高优待。

如完全丧失劳动力者（如老弱残废完全不能动作）应予特别照顾。

（二）缺少劳动力、土地或资财，其收入不足以维持普通生活者，酌予部分之粮、柴优待。

第八条　下列军、工属，不得享受人民优待之粮、柴：

（一）已实行薪金制和工资制的邮政职工、工厂职工、学校教职员及机关杂务人员等。

（二）合作社及机关生产人员。

（三）有劳动力、土地或资财，其收入足以维持普通生活者。

（说明）本条第（二）项人员之家属，生活困难者，可由该生产部门帮助解决。但帮助之物资，不得高于各该地工属优待之标准。

第九条　优待粮、柴之标准：

（一）最高优待应以相当于当地一般普通人民生活所需之三分之二的数量为标准。其不足部分，由军、工属自行生产解决之。（边区各县最高优待标准，详表附后）

（二）部分优待，以其资产收入尚不足前项规定之最高优待标准者，补助其不足之部分。

（说明）凡地租、房租、牛租、放账、农业、商贩以及其他资财等应计算在其收入之内，但纺织等副业及妇女自种地之收入，不得计算在内。

（三）凡工属之优待粮，应一律低于军属之百分之十。

第四章　优待负担

第十条　优待负担，以财劳共负为原则。

第十一条　军、工属较多地区，优待粮、柴以县为单位筹收，粮按财富负担，柴按劳力负担。

（说明）在普通生活以上之军、工属亦得出优待负担。

第十二条　军、工属较少地区，以乡为单位采取代耕，帮工等方式优待之。

第十三条　优待负担较重地区，应自上而下在其他负担上予以照顾。

第五章　登记与审查

第十四条　由边区政府制发革命军人证明书（简称军证）及革命工作人员证明书（简称工证），分发各军政机关，负责登记，并寄给军、工人员家属，凭证向当地政府取得军、工属之身份。

（说明）革命军人证明书，在战争时期暂缓颁发，革命工作人员证明书，由边府民政厅分发，进行登记工作，必要时可分别委托各厅、处、院、会、行、专署、县府负责登记。

第十五条　由民政厅制订军、工属登记表式样，责成各县登记之（式样附后）。

第十六条　军、工属登记以乡为单位，乡政府应依下列规定进行登记：

（一）执有军、工证明书者（在军证未颁发之前，应调查确实，予以登记）。

（二）经调查确实在其他解放区服务之军、工人员家属。

（三）经调查确实之革命烈士家属。

（四）执有证明文件（退伍证或复员证）之退伍军人，如将证明文件遗失者，经调查确实后登记之。

第十七条　各乡登记完竣后，应交由乡代表会逐户进行审查，提出应否优待粮、柴与优待标准之意见，呈请县政府批准实行。

第十八条　每三年彻底审查登记一次，依其家庭经济状况，重新审订优待标准。

第六章　其　他

第十九条　优待粮之收发应依下列规定行之：

（一）实行收发三联单据，建立会计制度，并定期公布优［待］粮收发数字（拥军月或开县、乡参议会时）。

（二）优待粮应以一次发给，便于军、工属调剂使用，建立家务，但遇游惰不务正业者，则按季发给，余粮应寄存附近仓库或妥实农户保管之。

第二十条　优待转移与停止：

（一）军、工属之优待粮、柴，在本县之内不得转移，实行“优待不出乡”。

（二）军、工属由甲县转移乙县时，须先取得乙县之同意或上级政府之批准之证件，甲县方得发给转移之介绍信（写明是否受粮、柴等优待及其标准，已优待多少），乙县始予登记审定优待。

（三）有下列情形之一者，停止优待：

（甲）军、工人员已革除军籍和政籍者。

（乙）军、工人员无证明文件而脱离部队及机关者，及确实证明其逃亡者。

（丙）军、工属已转移他县者。

第二十一条　检查与奖惩：

（一）优待军、工属工作，必须定期进行检查总结（每年至少一次），并分别予以奖惩。

（二）军、工［属］能自尊、自重、自觉的帮助部队巩固与政府工作或积极生产建立家务者，及干部群众尊爱军属并具体帮助建立家务著有成绩者，均得分别给以精神或物质之奖励。

（三）干部中如有轻视优军工作，假公济私及贪污优待粮等情事者，须分别依法惩办，

对优待工作不力之群众及游惰浪费优待粮之军、工属，得召开群众会批评，或个别教育纠正之。

第七章　附　则

第二十二条　本办法由边区政府公布施行。

第二十三条　本办法公布之后，民国三十二年一月公布之陕甘宁边区优待抗日军人家属条例即行作废。

附：军政机关干部家属待遇办法

第一条　军政机关干部家属不得带住机关，带住机关者，必须具备下列条件之一，并经本机关审查确实，呈请主管机关批准。

（一）无家可归者；

（二）结婚年久无子，且常年因工作不能回家者；

（三）有特殊情况者。

（说明）本条例所称之主管机关，边区一级，政府系统归民政厅，联防系统归联司政治部。分区一级，政府系统归专署，军事系统归分区政治部。县区级归县政府。

第二条　本县籍县区级干部，其家属一律不得带住机关。自行带出者，实行"优待不出乡"，其优待物质应由自行调剂或在本乡取用，群众和政府概不负运送之责。

第三条　外县籍县区级干部，其家属带住机关者，应依第一条之规定办理。如生活困难，以各该地工属之优待标准优待之。

第四条　分区级以上军政机关之干部家属，带住机关者，应依第一条之规定办理，其生活困难者可按下列规定待遇之：

（一）干部之父母，因年老丧失劳动力不能生产者，按一般干部生活标准待遇。

（二）干部之妻子，除自己进行生产外，每年补助小米三斗至六斗。遇特别困难时（如患重病不能生产或初学生产，收入过少，不能维持生活者），得酌情予以临时之补助。

（三）干部之小孩，按财政厅规定之标准待遇。

本条除临时补助由本机关生产解决外，其余一切待遇均由财政厅供给。

（附表略）

选自《陕甘宁边区政府文件选编》第十一辑，档案出版社 1991 年版，第 97～102 页。
互校版本：《陕甘宁边区法律法规汇编》，三秦出版社 2010 年版，第 452～455 页。

11. 陕甘宁边区政府关于发动群众对敌斗争及注意对干部教育奖惩的电令

1947 年 4 月 28 日

各专员，各县长：

（一）敌军所到之处，烧杀奸淫，残暴罪行，甚于日寇，我收复之区，已十室十空，

民不聊生。各地政府应即注意收集敌之暴行事实，写成材料，广为宣传。收复区应立刻派员考察抚慰，并用调剂、借贷、救济等办法，解决粮食、牲口、籽种等困难，使人民即时进行生产，并在仇敌情绪之上普遍发动参加民众武装，坚决对敌斗争。

（二）此次战争，对所有干部是总的考验。各级领导机关，应随时注意对动摇、退怯、逃跑、失职及蜕化分子，予以严厉批评，分别教育惩办，以至撤换。在斗争中表现坚定勇敢的干部，应予以表扬奖励，适当提升。

上列两项，希确实进行，并将实际情况，随时报告。

选自《陕甘宁革命根据地史料选辑》第三辑，甘肃人民出版社 1983 年版，第 233 页。

互校版本：《陕甘宁边区政府文件选编》第十一辑，档案出版社 1991 年版，第 143～144 页。

12. 陕甘宁边区政府关于战勤工作的指示

1947 年 4 月 28 日

各级政府、各机关、部队、学校：

敌胡宗南打进边区后，到处扑空，疲于奔命。我人民解放军主动的进行战斗，英勇杀敌，青化砭歼敌三十一旅于前，羊马河歼敌一三五旅于后，两次战斗，给敌军以重大打击，奠定了彻底粉碎胡军的基础。但检讨一月以来，我各地配合战争的后勤动员，尚存在着严重的缺点，很多地方由于战勤动员工作不好，增加了我军歼敌的很多困难。追究原因，主要是：

（一）部分干部怯懦退缩，不能给群众撑腰出主意，敌来跑在前，敌去回在后，使群众失掉领导，于是谣言纷起，人心惶惶，造成某些地区严重的混乱状态。另一方面，我部分机关和部队人员，在转移运动中违犯群众纪律，非法强拉民夫牲畜，乱用民间食物，浪费人力和畜力和物资，个别人员甚至打骂群众，引起群众对我们不满和对立，以致有些地区敌人未到，群众即逃避一空，造成战争动员以及前后方工作空前未有之严重困难现象。（二）由于我们工作中存在着命令主义，对群众缺乏政治教育，群众中的困难问题不去了解，不能给以具体解决，担架运输人员，用强迫命令的方式去动员，家庭的困难和生产问题，不给以适当处理，队员的政治教育，生活管理又漠不关心。因此担架运输人员不能及时的供给前线，动员起来又不断发生逃跑等现象。为纠正上述严重缺点，争取自卫战争胜利，各级政府应立即深入进行检查各该地的动员工作，找出毛病根源，力求改进。

一、对于脱离群众，退怯逃跑的干部，应发动群众展开严重斗争，分别教育惩处以至撤换，改选勇敢积极分子接任工作，同时发现坚决勇敢、积极负责、在工作中表现特别好的干部，亦应即时予以表扬奖励。今后各地必须坚持区乡干部不脱离本区本乡的原则，敌来应和群众一起坚持工作、一起转移，我军到时要领导人民拥护军队，用尽一切办法组织群众、帮助军队带路、救护伤病员、筹备粮草、组织担架运输、挑水送饭、洗补衣服等工作，以减少军队疲劳，提高杀敌勇气，战胜敌人。

二、严格整饬群众纪律。战时民力畜力之义务动员，只限于有关战争必需之枪械、弹药、粮草、被服、胜利品及伤病员等事项，此外一概不准动员（机关如有特殊需要，须经边府、专署或县府之批准代雇），一切动员均须经过政府办理，无论任何机关部队均不得向人民直接进行动员。今后倘有不遵守此项法令，擅自动员或违犯群众纪律之行为者，群众有拒绝与控告之权，各级政府和机关部队及干部均有干涉与制止之责。如有携带武器实行威胁者，应予解除武装，解送当地政府或原部队严格惩办。绥德分区党政军组织纪律检查队到各地实行巡视检查的办法很好，必要时各地亦可采用，以期边区军民关系，更加亲密团结。

三、动员担架运输时应向群众解释清楚，讲明服务时间，由政府派人率领管理，随军行动；出发群众家庭柴水及春耕等问题，必须用互助变工代耕等办法妥为料理。担架交部队后，政治机关应指定专人领导进行政治工作，特别照顾其吃饭睡觉及安全掩护，逐渐提高其政治认识及服务战争的情绪和胆量。对于中途逃回之担架运输人员，应经过群众斗争，予以说服教育，随时归队服务，绝不可马虎过去，亦不可迁就落后分子，影响整个动员工作。

四、经常教育群众（特别是时事教育），提高其斗争情绪与胜利信心，并使群众了解我军集中优势兵力消灭敌人有生力量的战略意义和运动战的特点，纠正群众希望分兵驻防的错误想法。每乡每村组织警戒线，盘查放哨，实行村与村、区与区互相联防，互通情报，随时揭破谣言，稳定人心。讨论如何保护老小妇女避敌办法，估计敌人将有可能到来时，干部应主动领导进行疏散。驻防部队移动时，在不妨碍军事秘密范围内，应向乡上干部和群众说明，如系撤退，亦应通知地方，进行各种必要的准备工作。军队撤走后，民兵应经常监视与侦察附近敌人行动，若遇敌人进犯，应尽力阻击，掩护群众撤退。只要真正和群众密切结合，把群众组织起来，群众的恐慌乱跑及抱怨政府和干部的现象，自然可以消除。

以上各项务望切实执行。各分区各县并应将执行情形随时报告本府。

选自《陕甘宁革命根据地史料选辑》第三辑，甘肃人民出版社 1983 年版，第 234～236 页。

互校版本：《陕甘宁边区政府文件选编》第十一辑，档案出版社 1991 年版，第 144～146 页。

13. 陕甘宁边区政府参军动员令

1947 年 5 月 27 日

边区各级政府、全体干部和全体人民们：

自从卖国贼蒋介石命令胡宗南调大兵侵入边区以来，我边区人民即由和平民主的幸福生活沦于空前的灾难和痛苦之中。贼军所到之处，粮食财帛抢光，壮丁、牲口拉光，鸡犬牛羊杀光，门窗用具烧光，锅盆碗盏砸光，老妇幼女竟遭蹂躏，看家老头、襁褓婴孩，也

遭虐杀，残暴凶狠，禽兽不如，害得我们妻离子散，家破人亡，田园荒芜，满目凄凉，血海似的冤仇，真是无底无边，人人切齿，敌忾同仇。蒋胡卖国贼妄想利用美帝国主义的帮助，拿洋枪洋炮消灭边区的军队，用法西斯强盗的血腥手段征服边区的人民，但是两个月来边区爱国自卫战争的胜利证明，蒋胡卖国贼的妄想是永世不能达到的，边区军队不仅未被消灭，反而愈战愈强，边区人民不仅未被征服，反而更加激起了申冤报仇的怒潮，在自卫战争中表现愈斗愈勇。两月之内，我西北人民解放军三战三捷，痛歼敌军主力三个旅，各地民兵均普遍组织起来踊跃斗争，保卫家乡，使狂妄的贼军凶焰顿挫，士气日衰，以致边区战局和全国战局迅速改观。现在我军已掌握主动，每战必胜；敌则陷于被动，进退维谷，活象（像）釜底游魂。我们最后胜利的基础，毫无疑问的已经奠定了，随着边区和各解放区的不断胜利，蒋管区各阶层各界人民反①饥饿、反独裁、反内战运动的高潮日益增长，加上蒋介石恶政府不可挽救的军事、政治、经济危机日益深刻，已经注定了蒋军必败，我军必胜。虽然敌人兵力还很强大，不可忽视，但只要边区军民更加团结，更加坚决的斗争起来，每一个人都为支援前线贡献出一切人力物力，抱着破釜沉舟的气概，发扬牺牲奋斗的精神，人人勇敢，个个英雄，依靠我边区一百六十万军民自己的力量，是完全有把握将进犯边区的蒋胡野兽军队彻底消灭的。

为了彻底消灭胡宗南，收复延安和一切失地，并进而解放大西北，当前最重要的任务就是立即扩大西北人民解放军的力量。为此本府决定：自今年六月至九月底四个月中，全边区动员二万六千人参军。同志们！同胞们！在今天这样紧要的关头，参军是我们每一个人的光荣任务，是我们为被难的父母、兄弟、姊妹、妻子们报仇雪恨的最好机会，也是保卫自己家庭、生命、牛羊，土地的首要办法。只有我们的游击队、地方兵团和野战兵团愈扩大，则胡宗南兽军被我们消灭的时间就会愈快，边区人民所受战争灾难和痛苦的时间就会愈加缩短，大西北的同胞也就会愈快的摆脱豺狼统治，获得解放。

同志们！同胞们！这一次的参军运动，一定要在咱们全边区造成普遍热潮，一定要造成广大群众自觉自愿的复仇自卫运动。不是强逼命令，畏缩不前，而是争先恐后，勇往直前。各级政府必须十分认真领导这一工作，各级干部中，凡属身体强壮，适合军队工作而又能离开地方工作者，均须以身作则踊跃参军。全边区的人民，无论男女老幼，都要高度发扬英雄气概，鼓起参军拥军的热情，将咱们边区最优秀、最坚强的青年、壮年（一般的以年龄在十七岁至三十岁，身体强壮者为标准，干部参军年龄不限）动员到游击队中去，到地方兵团中去，到野战兵团中去，但不应让一个地痞流氓土匪及反革命分子混进人民解放军的光荣行列。对于新战士的家庭困难和生活困难，一定要和自己家里事情一样亲切关心，并认真负责的去帮助具体解决，使他们毫无后顾之忧。对于上队的新战士们，应该举行热烈的慰劳欢送，鼓舞他们奋勇杀敌的热情。无论干部或群众，凡在这次参军工作中表现积极，成绩优良的，均应分别奖赏，如有徇私枉法或捣乱破坏行为，定予严格惩办。

同志们！同胞们！立即热烈紧张的动员起来，为胜利地完成扩大西北人民解放军二万六千人的光荣任务而奋斗，为加速彻底消灭胡宗南、收复延安及一切失地、解放大西北而奋斗！

---

① “甘肃史料版”漏一“反”字。

此令！

选自《陕甘宁革命根据地史料选辑》第三辑，甘肃人民出版社 1983 年版，第 241～243 页。简称“甘肃史料版”。

互校版本：《陕甘宁边区政府文件选编》第十一辑，档案出版社 1991 年版，第 162～164 页。

14. 陕甘宁边区政府关于粉碎敌军“清剿”的指示

1947 年 6 月 21 日

各级政府：

敌军此次向志丹等地“清剿”，不仅到处烧杀抢奸，并把搜寻到的老百姓，不论男妇老幼，掳往延安，企图彻底摧毁我根据地，使我军失去生存条件，我们如能及早揭破这种阴谋，组织群众进行反清剿，本可避免损失，但由于我各级政府对人民负责不够，未能及早认真总结敌军破坏暴行的教训，提出具体办法，组织领导群众进行反清剿斗争，以致此次敌到之处，人民遭受损失仍极严重。各级政府和干部，必须以严肃沉痛的态度，深刻检讨自己的缺点和错误，记取经验教训，领导群众，坚决打击并粉碎敌军“清剿”。

已遭受敌军“清剿”蹂躏的地区，各级政府应即分派干部深入农村，召集群众回家，殷切慰问，号召互助互救，进行调剂，解决每家迫切困难问题，立即恢复生产，调剂籽种，赶种糜子，乔（荞）麦，组织割麦藏麦。对敌军暴行进行调查登记与宣传解释，纠正群众中的悲观心理，激发复仇情绪，把悲痛变成力量，全体人民组织起来进行反清剿斗争。无论敌军已到或未到地区，均应立即普遍建立民兵组织，严密分工，加强侦察敌情，盘查敌探及村与村、乡与乡间的了（瞭）望哨和联络哨，大量发展游击队，经常袭击敌人并牵制敌军“清剿”时之行进，掩护群众转移。研究经验，根据敌情，在“清剿”时预先指定干部或群众信任爱戴的积极分子，领导组织老弱妇孺有计划的转移，壮年男子除随妇孺转移者外，其余最好随游击队行动，防止被敌捕获。坚壁工作均应重新检查，根据新的经验，另行慎密埋藏，不论公私物资，不得敷衍塞责。今后如因不负责任而造成之物资损失，当地政府及保管人员应受行政处分。敌军“清剿”撤退后的地区，并应即时检查坏分子，镇压反革命，进行审查干部，改造乡村政权，进一步提高群众认识，一心一意为战争服务，掀起参军热潮，坚决支援前线，以加速胜利的到来。

各级政府接此指示后，应即认真讨论，根据具体情况布置工作，并将工作情形随时报告本府。安塞、志丹、靖边等遭受敌军“清剿”地区，尤须将敌军暴行调查登记材料及经验教训之总结迅速整理寄来，以资介绍各地参考。

选自《陕甘宁革命根据地史料选辑》第三辑，甘肃人民出版社 1983 年版，第 244～245 页。

互校版本：《陕甘宁边区政府文件选编》第十一辑，档案出版社 1991 年版，第 170～171 页。

15. 陕甘宁边区政府命令
——公布《战时勤务动员暂行办法》

1947年7月10日

各专员，县（市）长：

兹制定《陕甘宁边区战时勤务动员暂行办法》公布之。仰各地接到之后，慎密研讨，确实执行，并将执行中之疑难问题与好的经验随时迅速报告本府，俾资研究改进，以期保证支援自卫战争的供应。

此令！

主席　林伯渠

副主席　李鼎铭　刘景范

陕甘宁边区战时勤务动员暂行办法

第一章　总　则

第一条　为了保证爱国自卫战争的供应，有计划的动员组织和使用民力，合理负担，节省民力，尽量避免耽误生产，支持长期战争，争取最后胜利，特制定本办法。

第二条　凡直接参加前方随军的担架民夫和运输牲畜均称为前方勤务，又称定期随军担架队或运输队。凡在后方转运伤病员、荣誉军人、破砦［寨］、修路、转运弹药粮秣等均称后方勤务。站岗放哨、短途送信、带路及动员妇女炒干粮、做军鞋、拆洗伤兵衣服等均称为村内勤务。

第三条　凡边区人民年在十六岁以上，五十五岁以下身无残疾的男子，均有服战时前后方勤务的义务。凡能驮七十斤以上之牲畜及能载运之车辆船只，均按本办法服勤务。但随军运输牲口以能驮百斤以上的方为合格。

甲、十七岁至四十五岁的壮丁，不论前后方勤务或村内勤务，均须按班支应。

乙、十六岁及四十六岁至五十五岁者出后方勤务和村内勤务，不出前方勤务。

丙、凡能劳动的男女老少，皆有服村内勤务的义务。

第四条　战勤减免的条件：

甲、贫苦小贩、脚户及农村中的贫穷小户，可经村民大会决议酌量减免或免除其服勤务。

乙、脱离生产的工作人员，本人免服勤务，不脱离生产的乡村干部，一般的应照平常人服勤务，但在工作繁忙时得经村民大会决议酌量减轻或免除其本人应负担的勤务。

丙、脱离生产的游击队员，本人免服勤务（中心区可依具体情况决定），不脱离生产的游击小组，一律照平常人服勤务。

丁、高小以上学校的教职员、学生，在授课期间，本人免服勤务，必要时可组织帮助村内战勤工作或带领担架队随军工作。

戊、有供给任务的公营工厂的职员和工人，本人免服勤务，公营商店除原机关部队派去之干部本人免服勤务外，其他人员均须担任勤务。为照顾其业务，在其服务时间先后上

酌情调整配备或准其雇人替工。

己、壮丁确实有病及家中有婚丧大事者，可依本村群众意见准予免除或以后补服勤务。

第二章　动员和组织

第五条　县、区、乡政府应派员深入农村，广泛进行思想动员，用群众自己酝酿讨论的方式，使每个人都懂得为自卫战争服务的道理，互相鼓励，踊跃参战。预先编组，随调随到，出发之前讲清任务，说明服务期间，准备鞋袜干粮，安置家事生产，干部带领勇往直前，争先立功，完成任务。

第六条　分区、县、区、乡、村皆须有专人负责管理人力的批拨、分配、调剂、统计，建立人畜力负担账簿。

第七条　县、区、乡、村要把十六岁以上五十五岁以下和十七岁以上四十五岁以下男子，及能驮七十斤以上和一百斤以上的牲畜统一登记，分别组织，以备调用。

第八条　各地应以行政村或自然村为单位，将合格的男子分别编组，每十人设一付担架。担架出动时以每付五人为一组，三个至五个组为一小队，三个至五个小队为一中队，五个中队为一大队。组设组长一人，小中大队各设队长，指导员各一人。组长及各级队长由队员选举，指导员由县，区，乡主要负责人或派得力干部担任之。

第九条　动员出发之运输队组织，以牲口十头为一班，三班为一小队，三小队为一中队，三中队为一大队，带队干部同前条担架配备。赶脚民夫一般规定一人赶牲口两头。每大队最好配备兽医一人，准备药材，随队服务。

第三章　调遣使用

第十条　凡大批人力畜力之动员，不论前后方勤务均由边区政府民政厅或前线动员委员会以命令行之。

第十一条　定期担架随军服务，从到达部队之日算起，以三个月为期，使用于前线转运伤兵到野战医院，一般不作后方转运之用。临时担架使用于野战医院到后方医院或后方医院之间伤兵的转运，规定之任务完成后即应复员，必要时可作随军之用，但时间以一次战役终了为限，不得留作长期随军之用。

第十二条　定期运输服务时间与定期担架同，用作随军或归兵站支配运输。临时运输用作短期转运，一次任务完成即应复员，不得连续扣留使用。

第十三条　调遣人畜力之手续规定：

甲、定期随军担架民夫和运输牲畜，由民政厅或前线动员委员会统筹计划，划分地区、分配数目，拨给一定的部队或一定运输线的兵站，直接与指定地区的政府（一般为县政府）接洽，协同调用，按期替换，并保证规定的人畜力经常满员，直至奉命截止时为止。

乙、临时担架民夫和运输牲畜，由民政厅或前线动委会按需要决定调用区域、人畜数目、服务时间后，介绍部队或兵站向指定地的政府接洽调用之。

丙、凡设有兵站的地区，一切有关军事方面的人畜力调用，统一由兵站向政府接洽办理。无兵站地区，部队方可直接向政府接洽调用。

丁、凡因特殊情况急需调用之人畜力，须有团或独立营（或单独行动之连）以上机关

首长签名盖章的介绍信，经当地政府批准调用之。调用后须即逐级报告民政厅，以便统计，注意调剂。

第十四条　一般动员均须持有政府制印之“动员证”（民政厅或动委会专电布置者例外），向指定的地方政府接洽动员。民厅制发的动员证适用于边区各地，专署及县府制发之动员证只适用于该分区、该县之范围。

第十五条　临时调用民夫带路不用“动员证”。调用条件：

甲、一个团或单独行动之营、连每次调用带路人不得超过二人。

乙、后方机关及下乡工作人员不准调用民夫带路。

丙、带路范围只限于带路人之本乡或其熟悉之路程。

第十六条　凡下列情形，一律不准使用民夫牲畜：

甲、机关部队学校的一切生产事业，皆禁止使用民力，遇必要时可通过政府批准代雇。

乙、机关部队学校过往人员之代步、背行李、驮东西、接送眷属、机关搬家、挑水、拾柴、推磨、做饭等事，一律不准使用民力（正在战斗及不能行走的伤病员，荣誉军人例外）。

丙、后方机关部队需用之粮草一律自运，不准使用民力，但部队作战前后短期休整期间例外。

第十七条　凡不按动员手续私向县、区、乡动员或不应使用而强行动员者，政府与群众均有权拒绝之。倘强迫索要，得报告上级机关按情节轻重依纪律惩处之。

第十八条　部队机关应对民夫多加爱护。对随军服务民夫的食宿、患病、安全等方面尤须注意照顾，并随时给以教育，讲解时事，提高其政治认识。

第四章　民夫和牲畜的供给

第十九条　凡调用服务之担架民夫和运输牲畜，不论定期或临时，一律自带三天或到达使用部队期间所需之粮食草料。到达使用部队后，即由部队按下列标准统一供给：

甲、民夫生活标准与战士同。完成任务回家途中，只给粮食，不发菜金。

乙、牲口草料标准与机关牲口供给标准同。

第二十条　定期随军民夫须自备鞋子和衣服。十分贫苦者由村乡设法调剂解决之。

第五章　计工算帐（账）

第二十一条　为战争服务是边区每个人民应尽的义务。必须以乡或行政村为单位，按照财劳共负与劳勤结合的原则，全乡或全村合理负担，实行全村算账，全村变工。

（注）财劳共负、劳勤结合的原则，另有专例说明。

第二十二条　随军定期担架民夫出发后，家中农活应由村中及时变工代耕代锄，不得有误农时，荒芜庄稼。

第二十三条　计工标准规定：

甲、战勤工、代耕工（系指为服务战勤的民夫家庭代耕而言）统一计算。

乙、随军服务之定期担架民夫，由到达使用部队时起至完成任务时止，每人每天均按一个半工计算，往返途中每人每天仍按一个工计算。后方勤务每人每天均按一个工计算。村内勤务不计工。

丙、不脱离生产的民兵游击小组，其因公出差误工在一天以上的，每人每天按一个工计算。

丁、参加运输之畜力，在服务期间，一律每头每天按一个工计算。大车运输一天按几个工计算，由各地自定之。跟牲畜的人应按其出差性质同样计工。随军运输人员每人每天按一个半工计算。

第二十四条　随军定期服务的民夫，必须携带由政府制发的"人民战勤服务证"（表式附后），服务期满时由使用部队填写应填各栏，签盖公章后带回，凭证记账。短期和临时服务时，由乡或行政村统一制发工票，服勤务一天发一工票，月终凭票记工算账。欠工以还工为原则，必要时以工折价，工价由各县规定之。

第二十五条　各级政府须按月将动员情形及实有服勤务的民夫牲畜数目逐级报告民政厅，以便统计，给予调剂。

第二十六条　出差次序实行按组按班轮流，以出差最少的先出。后方勤务不顶前方勤务（随军定期勤务）。

第六章　奖惩与抚恤

第二十七条　民夫每次服勤务终了，必须实行检查，由群众评功过，论奖惩，以提高其为自卫战争服务的自觉性和积极性。

第二十八条　奖励办法：

甲、大会表扬、登报表扬、记功劳簿。

乙、颁给奖章奖旗。

丙、选举模范（其政治地位与劳模同）。

丁、物质奖励。

第二十九条　惩罚办法：

甲、开会批评、斗争、记过。

乙、罚工。

丙、造谣惑众，组织与鼓动逃跑者，送政府法办。

第三十条　民夫在服勤务中因公伤亡，经使用部队证明者，应与战士伤亡同等抚恤。

第七章　附　则

第三十一条　本办法自边区政府公布之日起有效。

第三十二条　本办法公布施行后，凡边区过去颁布有关民力动员条例与本办法相抵触者，概依本办法执行之。

第三十三条　本办法如有未尽事宜，由边区政府命令修改之。

选自《陕甘宁边区政府文件选编》第十一辑，档案出版社 1991 年版，第 181～188 页。

互校版本：《陕甘宁边区法律法规汇编》，三秦出版社 2010 年版，第 158～161 页。

16. 陕甘宁边区政府关于收容遭受蒋胡匪灾难童的通知

1948年3月12日

各专员、县（市）长：

根据边区参议会常驻议员、边区政府委员扩大联席会议关于筹设难童收容机关使遭受蒋胡匪灾的难童得以教养成人的决议案，本府民政厅已着手筹设收容机关。现将收容机关名称，收容名额及收容办法等规定于后，希各灾区立即依据进行审查收容，有组织的护送前往，以资统一教养，培植成人，将来为人民服务。

一、名称：收容机关定名为“陕甘宁边区难童教养院”。

二、收容儿童的名额：难童院暂定收容三百名儿童，将来须要增加时再行规定。兹依各分区灾区范围之大小，规定各分区接收的数目于下，至各县的具体数目，由各专署研究分配。（一）绥德分区暂定不超过一百五十名，（二）延属分区暂定不超过一百名，（三）靖边县暂定不超过五十名，（四）其他分区灾情较轻，对于孤儿难童可采取就地发动群众收容安置的办法解决。

三、收容儿童的条件：边区难童教养院因系初创，人员不足，设备简陋，目前只能收容六岁以上至十二岁的儿童，并须具备下列条件之一（六岁以下的孤儿难童应采取就地发动群众收容安置的办法解决之）：（一）父母亡故致无人抚养之孤儿，（二）父母逃荒出走致被遗弃之难童，（三）烈士之子女及军工属之子女确因无人抚养无法生活者，（四）蒋管区流离失所之孤儿难童逃入边区者。

四、集中接收时间：自三月二十日至四月二十日为集中接收时间，各县收容之孤儿难童，一般的都送临时收容所接转，逾期者须直送难童院接收（地点另行通知）。

五、收容的方法及手续：（一）绥德专署应在绥德、延属专署应在延川设立临时收容所，专门负责审查接收该分区各县送去之孤儿难童，每集中到十个至十五个即可编为一个小组，派人护送至难童院接收。临时收容所于集中接收时间过后，即行撤销。（二）各县政府负责在所辖灾区调查登记符合难童收容条件之儿童，详造表册，妥送各分区临时收容所接收转送。

六、临时收容转送难童的经费：（一）临时收容所的经费开支（限于收转儿童所需的伙食路费），统由专署向财厅造具预算请领，决算报销。（二）各县政府收转儿童时所开支的费用（伙食路费）直送难童院者由难童院偿付，决算报销，送临时收容所者，由临时收容所偿付，专署统一报销。

特此通知。

选自《陕甘宁革命根据地史料选辑》第三辑，甘肃人民出版社1983年版，第280～281页。

互校版本：《陕甘宁边区政府文件选编》第十二辑，档案出版社1991年版，第64～66页。

17. 陕甘宁边区优待革命军人、烈士家属条例（草案）

1948年10月27日

第一章　总　则

第一条　凡在边区境内居住之革命军人家属（简称军属），均依本条例优待之。

第二条　凡因革命牺牲之烈士家属（简称烈属），及因革命致成残废，或对革命有功因年老丧失劳动力而退休之人员，除照章抚恤外，并得享受本条例之优待。

说明：本条例所称革命军人，以直接参加人民解放军（主力军、地方军）、警卫队、游击队、警察以及军事勤务部门脱离生产之人员（支取薪金者例外）而言；所称烈士，以因作战牺牲，或因公捐躯者言；所称家属，以革命军人或烈士之配偶，及与本人在同一家庭经济单位之直系亲属（父、母、子、女，及依其为主之祖父母，及未成年之弟妹）而言。

第三条　优待军烈属，应以加强军烈属的政治教育，提高其政治觉悟和社会地位，并组织与扶助其进行生产达到自给为主。部分情形特殊者，分别予以物质帮助。

第二章　优待办法

第四条　军烈属得享受下列之优待：

一、享受人民之尊重、爱护、鼓励、安慰。如庆功、贺喜、送光荣匾、年节慰问、疾病照顾、丧葬吊唁、以及群众娱乐集会时坐前排等。

二、其子女得依边府干部子弟入学规定，优先入学，并得优先享受国民小学内贫苦学生之各种补助。

三、在土地改革中，有分得土地及财物之优先权。

四、公有土地、房屋、器具、物品等之分给、出借、出租、出售时，得优先承领、承借、承租，承买，但以自种、自住、自用为限。

五、在公营贸易部门低价出售物品时，有优先购买权，但以自用为限。

六、政府低利贷款时，合于贷款规定者，有优先借贷权。

七、患病时得享受公共卫生机关之免费治疗。

第五条　对于贫苦军烈属，首先应解决其生产中的具体困难，帮助其进行生产，建立家务，达到自给自足。

第六条　在贫苦军烈属家务尚未建立或无法建立家务者，应按其具体情况分别给予下列之物质帮助，以维持其相当于当地一般普通人民生活之标准。

一、有劳力无土地牲畜，或只有部分劳力畜力而无土地者，可适当调剂给土地或介绍其承租、承伙他人土地、并帮助其进行生产。

二、有土地而劳力畜力不足者，应组织群众分别帮助其不足之人工或畜工。

三、有土地而无劳力畜力无其他营业收入者，应组织群众包耕其一定数量之土地，由包耕人按照该土地评定之常年产量，定期交粮、交柴，该土地之实产量如有长余概归包耕人所有，不足时由包耕人补足。

四、采用上述各项办法，其收入仍不足维持普通生活者，应帮助部分粮食。

五、土地、劳力、畜力全无，又不能进行其他营业者（老弱残病等特殊情形），应按当地一般普通人民生活所需标准帮助其粮食或柴炭。

第七条　凡对军烈属之劳力帮助，应与战勤负担统一计算分配，期达公平合理。帮粮应以县为单位，随农业税及商业税征收之，但须事先呈请边区政府批准。

第八条　对于军烈属之物质帮助，应每年定期检查评议一次，由军烈属自报，群众评定，区乡政府审查，呈报县政府批准后施行。

第九条　革命军人家中如有土地财产，无人经营时，乡政府应负责经营代管，俟其本人或其家属归来后全部交还。

第三章　登记审查

第十条　军烈属须有军人所在部队团以上政治机关或县以上政府之证明，并向所在乡政府登记后，始得享受优待。但因战争关系或地理条件限制，一时无法取得部队证明书，经当地政府调查属实者，亦得享受优待。

第十一条　军烈属移居时，如移住本县境内者：须取得县政府之批准介绍，移居在本分区内其他各县者，须取得专署之批准介绍；移居其他分区者，须取得边区政府之批准介绍，方可在移入地区凭证取得优待，并即通知其原住区停止物质帮助。

第十二条　有下列情事者，得分别停止优待：

一、军人被开除军籍或叛变投敌者，停止优待其家属。

二、军烈属因犯罪被褫夺公权者，停止其本人应享受之优待。

第四章　附　则

第十三条　军烈属有下列情事者，应分别予以奖励或处分：

一、军烈属应受物质帮助，而自动谢绝，积极生产，建立家务，达到自给者，应予精神或物质奖励。

二、军烈属中如有游惰、浪费、不事生产，或染有不良嗜好者，应严加管教。

第十四条　有下列情事者，应分别予以奖励或处罚：

一、干部或群众执行优待工作积极负责及有显著成绩者，应予以精神或物质奖励。

二、干部轻视优待工作，或假公济私从中贪污者，及群众对优军任务执行不力或有抗拒行为者，应酌情分别予以处分。

第十五条　确定每年旧历十二月初一日起至次年正月十五日止为拥军月。在此期间，政府应发动群众进行下列工作：

一、慰问当地或附近医院之伤病员、部队及军烈属，并给前方战士写慰问信。

二、县、区、乡政府须具体检查一年中的优待工作，并分别奖励军烈属模范和优军模范。

三、计划改进优待工作。

第十六条　本条例自公布之日施行。

选自《陕甘宁革命根据地史料选辑》第三辑，甘肃人民出版社 1983 年版，第 300～304 页。

互校版本：

1.《陕甘宁边区政府文件选编》第十二辑，档案出版社1991年版，第240～243页。

2.《陕甘宁边区法律法规汇编》，三秦出版社2010年版，第456～457页。

18. 陕甘宁边区革命工作人员家属生活困难处理暂行办法

1948年10月27日

第一条 革命工作人员家属（简称工属）。以直接参加革命工作、脱离生产之工作人员的父、母、妻、子及依其为生的祖父母、未成年之弟妹为限，应努力生产自给，维持生活。一般不予物质帮助。

第二条 工属生活确实无法维持者。得适用“陕甘宁边区优待革命军人烈士家属条例”第六条之规定，酌予物质帮助。但物质帮助之程度，应低于同样军烈属之帮助标准。

第三条 贫苦工属取得物质帮助时，必须经过下列手续：

一、取得工作人员本机关之正式证明，及同级政府介绍，并向当地乡政府进行登记。

二、物质帮助之程度，由当地群众民主评议，呈上级政府批准（如工作人员在外县工作者呈区公署，在本县境内工作者呈县政府）。

三、移居他处时，如移在本县境内者，须经县政府之批准介绍，移在本分区其他各县者，须经专署之批准介绍，移居其他分区者，须经边区政府之批准介绍，方可凭证在移入区取得帮助，并即通知其原住区停止物质帮助。

第四条 随机关之干部家属，凡家在边区，且有生产条件者，须回家生产；如家在敌区或其他解放区无法归家，生活确实无法维持者，依下列规定处理：

一、能参加工作者，尽量吸收其参加工作。

二、不能参加工作，随干部在县级机关者，一律安置农村；随干部在分区级以上机关者，尽可能安置农村；其确实不能安置农村者，小孩之生活费由公家供给，大人之粮食，由本机关依其生产自给能力，呈请大公酌予补助一部或全部。

三、机关干部参军或远调后，其原随机关之家属，可集中组织家属队，进行学习与生产。家属小孩及大人之待遇与第二项同。

第五条 领取薪金或工资之工作人员，其家属不得取得本办法之物质帮助。

第六条 本办法自公布之日施行。

选自《陕甘宁边区政府文件选编》第十二辑，档案出版社1991年版，第243～244页。

互校版本：《陕甘宁边区法律法规汇编》，三秦出版社2010年版，第458页。

19. 陕甘宁边区抚恤革命烈士、荣誉军人及优待革命年老人员条例

1948 年 11 月 11 日

各专员、县（市）长：

兹经本府第十七次政务会议通过《陕甘宁边区抚恤革命烈士、荣誉军人及优待革命年老人员条例》，随令颁发，仰即转饬所属一体遵照执行。

此令。

主　席　林伯渠

副主席　杨明轩　刘景范

陕甘宁边区抚恤革命烈士、荣誉军人及优待革命年老人员条例

第一条　凡革命烈士、荣誉军人（简称荣军）及年老之革命军工人员（简称革命年老人员），悉依本条例抚恤、表扬、优待之。

说明：本条例所称之烈士，系指作战牺牲或因公捐躯者言；所称荣军，系指作战负伤，或因公致成残废者言；所称革命年老人员，系指年满五十岁之军工人员，积极工作十年以上者言。

第二条　对于烈士之表扬，得依其革命历史、职务、功绩分别采取下列办法：

一、每年清明节，组织群众慰问烈属，并由县政府或区公署筹划举行追悼死难烈士纪念会，宣传烈士生前英勇事迹，教育群众。

二、由边区抚恤委员会规定或制发烈士纪念匾额或纪念证，由当地政府带领群众送给烈士家属。

三、经边区政府批准建立集体或个人纪念塔、碑、坊、馆、陵墓或编纂纪念册、传记等，以表彰其勋绩。由边府决定以烈士姓名为学校或地方名称，以资纪念。

第三条　烈士遗体搬运回籍者，除发给运送人员路费外，沿途各地政府应负责动员牲口转运，并妥予照料。安葬时当地村乡政府应组织群众致祭。

烈士家境贫寒者，得由原籍县政府按照规定发给埋葬补助费。

第四条　烈属均得经过如下手续，由政府发给一次抚恤金。

一、烈士属于军事系统者，由军分区及旅以上之政治部介绍其姓名、职务、生平事迹，报告边区政府转令原籍县（市）政府照章抚恤之。

二、烈士属于地方系统者，由专署呈请边区政府审查，通知原籍县（市）政府照章抚恤之。

三、未得以上机关之通知，而确知其已经牺牲者，由区公署呈报县政府查明属实后，按照本条二项手续办理。

第五条　荣军须经军事医院或部队团以上、地方县以上之卫生机关按残废等级标准，检查确定残废等级，并向边区抚恤委员会取得“革命荣誉军人证”后，得按年分别

享受抚恤。

第六条　设立荣誉军人教养院，接收因残废而暂时不能重回部队或参加其他工作之荣军，给以一定时期的休养和学习，其因残废过重，永久不能工作或生产者得养老之。

第七条　荣军之残废等级，每年均须检查一次。残疾改变者，应改变其等级，残疾消失者，应收回其残废证，换发“革命荣誉军人纪念证”。革命荣誉军人纪念证由边区政府制发。

第八条　年老人员由团以上之部队或县以上之机关正式申请，经边府核准发给“革命年老人员优待证”后，得按年享受革命年老人员优待。

第九条　荣军及年老人员退休者，得另发给生产安家补助费。

名称	烈士抚恤金（一次发给）	烈士埋葬补助费（一次发给）	搬灵人员路费（每人每日）	荣军抚恤金（每年）				革命年老人员优待金（每年）	荣军及老年退休生产补助金（一次发给）			
				特等	一等	二等	三等		参加革命一年至二年者	每增加一年增发	最高限度	对革命有特殊贡献或参加革命已满十五年以上之老年人员
标准（米）	三百斤	一百八十斤	二斤	一百八十斤	一百二十斤	六十斤	三十斤	六十斤	九十斤	三十斤	三百斤	除以上列标准外发给可再酌情加发

第十条　退休荣军及革命年老人员，应免除其本人之战勤负担。

第十一条　边区之抚恤工作，统由陕甘宁边区抚恤委员会办理之。抚恤委员会之组织章程、办事细则以及残废等级标准另定之。

第十二条　本条例所列之抚恤金、埋葬补助费、生产安家补助费等标准，均按陕甘宁边区政府之规定施行。

第十三条　凡因参战牺牲或负伤之民兵、担架运输人员，悉依本条例抚恤或表扬之。

第十四条　本条例自陕甘宁边区政府公布之日施行。

选自《陕甘宁边区政府文件选编》第十二辑，档案出版社1991年版，第274～277页。
互校版本：《陕甘宁边区法律法规汇编》，三秦出版社2010年版，第459～460页。

20. 陕甘宁边区政府关于救济春荒的指示

1949年3月19日

各行署主任、各专员、县（市）长：

一、去年，陕甘宁晋绥边区因遭匪祸天灾所造成的严重灾荒，一般地区业已基本渡

过，并打下了进一步恢复与发展生产的基础。但部分地区，灾荒尚未解除，榆、横、神、府，及绥、延某些地区灾情尤重，总计有二十万人口处于相当严重的灾荒威胁中，目前生活已难维持，进行生产困难更多，接近敌区的若干村乡还在经常遭受敌人的破坏抢劫中。因此，各地对于救济灾荒工作，应予十分重视，在一般地区均应切实注意扶助贫苦群众解决生产中的困难问题，在灾重地区，更应把生产救灾工作作为当前紧急的重要任务。

二、过去一年各地救灾工作的经验证明，只有发动与组织群众进行各种生产，依靠群众力量，团结互助自救救人为主，辅之以政府有重点的适时进行救济，是唯一正确的方针。一切离开这个方针，忽视或不重视领导生产，不认真组织与发挥群众力量，采取依靠政府的单纯救济观点以及麻痹等待态度，就必然发生严重错误，招致不该有的损失。我们必须严正接受去年某些地区的沉痛教训与充分吸取救灾工作的经验，坚持生产救灾方针，提倡节约防荒，广泛深入的发动与组织群众，根据不同地区的情况，进行各种农业手工业副业生产与运输事业多方面地组织农村合作互助，提倡私人借贷，保证有借有还，加强政策宣传，打破群众顾虑，以活跃农村中的互助借贷的关系，切实解决生产中各种困难问题，如靖边县用发动干部带头、群众互助，及政府贷款的办法，组织三千五百户群众运盐，一月半中得利一千五百四十余石小米，葭县城关二乡利用农村公产及接受地主财物，组织河运、纺织、运输及其他手工业生产，得利米四十四石，解决百分之六十三灾民春耕生产中的吃粮问题，许多地区组织变工互助，妇女上山，及时抢种土地，并大量采集野菜，种植各种早粮及瓜菜，奠定了救灾的根本基础。各地一切农村组织，农村工作者，各合作社，及贸易公司应成为这些工作的具体的领导者与组织者。在绥德、榆林分区的重灾区，各级政府尤应有计划地组织一些有劳力而缺乏其他生产条件并确愿出外生产的群众，迁住延安、延长、志丹、安塞、富、甘等地广人稀地区进行生产。上述地区的各级政府，应认真发动当地群众安置移民，并帮助与解决其生产中各种困难，严格纠正某些干部和群众对移民采取冷淡的态度，与排挤的狭隘思想。政府并应有计划的给移民筹拨部分粮食以辅助群众互助之不足。晋西北重灾区如需移民时应由行署及专署指定适当地点，安置生产，必须争取做到不饿死人，并打下灾区进一步恢复与发展生产的基础。

三、为辅助解决灾民的生产与生活资料，政府特决定拨粮一万石，分配下列各地：

晋西北：四千石。榆林分区：三千石（内榆林一千二百石，神木一千石，府谷八百石）。绥德分区：（包括横山、镇川在内）二千石。延属分区：九百石（内安置移民五百石，永坪、羊马河、蟠龙灾区四百石）。

此项救济粮，应以部分用于救济缺乏生产条件之老幼残疾者，大部应用于组织生产上面，有重点的结合生产适时发放，或以工代赈，切实防止平均分配或积压挪用等现象发生，并须注意主要发给确实困难勤劳生产的贫苦人民，对于懒惰的人必须加以严格管教，使之从事生产。发放赈粮时，必须经群众民主讨论，具体决定办法，坚决克服干部中恩赐观点及包办代替，徇私舞弊等情事。

四、为保证这个工作的顺利完成，各地政府应立即根据本指示的精神及当地具体情况深刻讨论，切实进行，严格纠正那些对人民生命不负责任的官僚主义思想作风，以及经验主义的工作方法。今年我们在各方面的条件都比去年好的多，只要真正把干部思想搞通，

很好的把群众发动与组织到一切生产战线上去，战胜灾荒是完全有把握的。

各地工作进行情形，希随时报告本府。

选自《陕甘宁革命根据地史料选辑》第三辑，甘肃人民出版社 1983 年版，第 345～347 页。

互校版本：《陕甘宁边区政府文件选编》第十三辑，档案出版社 1990 年版，第 142～144 页。

21. 陕甘宁边区革命烈士荣誉军工人员及年老之革命军工人员抚恤优待条例

1949 年 5 月 20 日

第一条　凡革命烈士、荣誉军人（简称荣军）、荣誉工作人员（简称荣工）及年老之革命军工人员（简称年老人员），悉依本条例褒扬、抚恤、优待之。

（说明）本条例所称之烈士，系指作战牺牲或因公牺牲、或被敌残害者言；所称荣军、荣工，系指作战负伤或因公致成残废者言；所称革命年老人员，系指年满五十岁之军工人员连续工作达十年者言。

第二条　对于烈士得以其革命历史、职务与功绩，分别采取下列办法褒扬之。

一、每年清明节定为烈士纪念节，由县政府或区乡政府筹划举行追悼死难烈士纪念会，并宣传烈士生前英勇事迹，教育群众，届时并应发动组织群众慰问烈属。

二、由边区政府制颁烈士纪念证。

三、经边区政府批准，得举行公葬或建立集体、个人纪念塔、碑、坊、馆、陵或编纂纪念册、传记等，以表彰其勋绩。

第三条　烈属经下列部队或机关之证明，得由原籍县政府或就近之抚恤机关一次发给其抚恤金。

一、属于军事系统之烈士，须取得军分区或师以上政治部之证明文件。

二、属于地方系统之烈士，须取得县以上政府之证明文件。

三、未取得以一、二两款之证明文件，而确知其已经牺牲者，由区公署呈报县政府审核，给予抚恤。

第四条　根据荣军、荣工之残废等级，由边区政府分别颁发“革命荣誉军人证”或“革命荣誉工作人员证”，并按年发给荣誉金或抚恤金。

（说明）参加工作或在校学习者，得享受荣誉金，退休者得享受其抚恤金。

第五条　对于因残废而暂时不能重回部队或参加其他工作之荣军或荣工，得设立荣誉军人教养院（简称荣院）或荣誉军人教养队（简称荣誉队），给以一定时间的休养和学习。如残废过重，永久不能恢复参加工作或生产者，得养老终身。

第六条　荣军、荣工之残废状况，每年检查一次，如残废有所改变，则改变其等级。如消失者应换发由边区政府制定之“革命荣誉纪念证”。

第七条　年老人员由团以上之政治部或县以上之机关正式申请，经边区政府核准颁发“革命年老人员优待证”后，得享受年老人员之优待。

第八条　荣军、荣工及年老人员退休者，发给一次生产安家补助费。

第九条　退休之年老人员及荣军或荣工，得按战勤条例享受减免战勤负担之待遇。

第十条　凡民兵民工因参战牺牲，或负伤致成残废者，由边区政府分别颁发“民兵民工光荣牺牲纪念证”或“民兵民工荣誉证”，并分别享受抚恤。

第十一条　抚恤工作，由边区各级抚恤委员会办理之，其组织规程另订之。

第十二条　本条例所列之荣誉金、抚恤金、优待金、生产安家补助费、埋葬补助费等及残废等级之标准均另订之。

第十三条　本条例自陕甘宁边区政府公布之日施行。前颁《陕甘宁边区抚恤革命烈士、荣誉军人及优待革命年老人员条例》即行作废。

选自《陕甘宁边区政府文件选编》第十三辑，档案出版社 1991 年版，第 359～401 页。

互校版本：《陕甘宁边区法律法规汇编》，三秦出版社 2010 年版，第 461 页。

22. 陕甘宁边区政府通知——关于节约救灾生产、加强支前工作

1948 年 6 月 7 日

各专员、县（市）长：
各机关、部队、学校：

边区经蒋胡马匪军一年余的侵扰和普遍的灾荒，人民生活十分困难。绥德分区各县饿肿者已达万人，因饿而病死者五百余人，同时爱国自卫战争日益扩展，边区人民支援前线的任务愈加重大。因之在最近一月多内，即在夏收前一月多内，如何集中一切力量抢救灾民以恢复和发展生产，如何在恢复和发展生产基础上巩固和加强支前，是目前紧急战斗①任务。延安的光复，并不标志这一切任务的减轻，而是标志我们责任的加重。必须使全体人员在思想上认识清楚，自觉的保持和发扬艰苦作风，积极发动生产，厉行节约。严格批评和纠正脱离群众和平享乐思想及铺张浪费行为。为此决定：

一、号召各机关、后方留守部队、学校立即广泛动员和组织节约救灾运动，停止一切不急需的修建和购置（急需修建的，亦宜组织本机关人员自力解决），节约各种开支，尤应有计划地节约粮食（最好做到在本月内每人每日节约小米一两），救济灾民，本月内停止一切娱乐晚会（包括演戏、跳舞），同心协力渡此难关。

二、各机关、后方留守部队、学校应加强农、工、作坊、运输等生产事业，保证机关人员生活供给。停止经营一切商业。曾经或仍在经营的一切商店及其资财，应自觉移交大

① “甘肃史料版”将“战斗”误作“战争”。

公统一管理。此项管理工作在延安暂有财政厅负责，在各分区暂由贸易分公司负责。

上述决定，务希在所有工作人员中展开讨论，并确实具体执行。

选自《陕甘宁革命根据地史料选辑》第三辑，甘肃人民出版社1983年版，第285～286页。简称“甘肃史料版”。

互校版本：

1.《陕甘宁边区政府文件选编》第十二辑，档案出版社1991年版，第114～115页。副标题为“关于节约救灾，发展生产，加强支前工作”。

2.《陕甘宁革命根据地史料选辑》第三辑，甘肃人民出版社1983年版，第385～386页。

23. 陕甘宁边区人民战时服勤暂行办法

1949年7月22日颁发①

第一章 总 则

第一条 为保证革命战争之供应，本公平合理使用民力，及照顾发展生产之原则制定本办法。

第二条 凡边区可服战勤之人力畜力、车辆、船只，皆有服战勤之义务。

第三条 战时服勤范围以下列五类为限。

一、随军参战勤务，凡常备及临时随军担架、运输、押俘、配合作战、打扫战场、战地修破道路、工事等属之。

二、战地临时勤务，凡在紧急战争情况下，战地临时征用之担架、运输及其他勤务属之。

三、后方转运勤务，凡接战区及后方转运军火武器、兵工、卫生、通讯器材、粮秣、被服、医院、兵站、转运站之粮草柴炭等属之。

四、村内勤务，凡给烈、军、工属之包耕、帮工，及为部队磨面、碾米，过往军政人员之招待、站岗、送信、带路、修路、架桥等属之。

五、妇女勤务，缝制军鞋、军被、军衣及为军队或伤病员拆洗缝补被服等属之。

第二章 负担办法

第四条 农村战勤负担，依人力畜力、财富评定每户之服勤能力（简称勤力），采取统一计算以勤工或勤米负担之。其负担原则按照不同地区规定如下：

一、凡土地改革已完成地区，按劳（人、畜力）负担，照顾贫苦。

二、凡未完成土改地区，按劳财共负。

第五条 人力、畜力、财富，分别以下列标准，由村民会民主评定勤力。

一、人力评勤：男子年在十八岁以上四十五岁以下者，定为一个勤力，十六岁、十七

① “法律法规版”标明“1949年7月22日颁发”。

岁及四十六岁以上至五十岁以下者，定为半个勤力。

二、畜力评勤：四岁以上之驴子，定一个勤力，三岁以上之骡子定二个勤力，四岁以上之骆驼定二个勤力，驮马与骡子同，非驮马与驴同，驮牛、拉车牛及耕牛之评勤标准，由各专署依据实际情况规定，呈报行署或边区政府批准。

船只、车辆不计勤力，驾船拉车之人，依（一）（二）两款规定标准分别评定勤力。

三、财富评勤：未经土改地区之地主、富农家庭，其人畜力除依前（一）（二）两款评定勤力外，并依其经济情况，经民主评定财富勤力，其财富评勤标准，由各专署研究规定，呈报行署或边区政府批准后施行。

第六条　城市工、商业者及其他居民以下列规定以勤工或勤米负担战勤（新解放城市人民服勤办法另订）：

一、凡经营工业者（包括工人在内），自由职业者，其本人每月出勤米四市斤。

二、凡经营商业者，其本人每月出勤米八市斤。

前（一）（二）两款工、商人中，如系工厂或商店招用之工、徒，其有薪金收入者，由本人负担，无薪金收入者，由厂主或店主负担。

三、其他城市居民，男子依第五条（一）款评定勤力，每个勤力每月出勤工一个，或出勤米四市斤。

第七条　兼营工商农业者，如以农业为主，依第四，五条之规定负担，如以工商业为主，则依第六条之规定负担，一户分住两地（非在本区或本乡）者，以两户论，如出外经营工商业无固定地址者在原住地负担。

第八条　妇女除符合第六条（一）（二）两款者按规定减半出勤米外，一般妇女单独评定勤力，按勤力负担妇女勤务，怀孕期经民主评议，酌情照顾。

第九条　凡具有下列情形之一者，得减免其战勤负担：

一、农村及城市劳动人民，生活确实特别贫苦者，经民主评议得酌情减免其家庭战勤负担。

二、三等残废及一般军政退休人员，在初退休之一年内，免除战勤负担。

三、不脱离生产之乡村干部，如沿大道之村长、村主任、农会主任等，工作繁忙误工很多者，经民主评议得减免其本人战勤负担一部或全部。

四、烈、军、工属家庭，每负责赡养革命烈士、军人、工作人员本人之直系亲属二人者，减免其家庭半个勤力。赡养四人者减免一个勤力，余类推。

五、农村乡镇之医生（中、西、兽医），其本人免负担战勤，但有随服勤民工担任医疗工作之义务，如服务时间较长，政府得适当补助其家庭生活。

六、应服战勤之人或畜力临时患病在十五天以上者，本月免除负担战勤。

七、母畜产前产后两个月内，免除负担战勤。产后第二月至第四个月内不负长勤。

第十条　有下列情形之一者，免除其本身之战勤负担：

一、脱离生产之党政军民工作人员，退休之一、二等残废及年老人员。

二、各级学校教职员，学生及高小以上学校编制内之工作人员。

三、身体残废，无力服勤之人、畜。

四、军需工厂及直接供给军需原料厂、坊之职工人员。

五、国营企业及经政府批准之合作社中非雇用之人员。

六、女工及十五岁以下之童工。

七、政府供给之职业剧团人员。

八、经县级以上政府审查凡有利社会建设之手工业，机器工业，医生所带之学徒，年龄在十八岁以下者。

九、经县级以上政府登记合格之专门配种之公畜及其经营者本人。

第三章　服勤计工算账

第十一条　各种战勤记工标准如下：

一、常备随军服勤之人、畜记工标准：

甲、民工：自拨交部队之日起至离部队之日止，每日计工一个半，途中往返每日计工一个。

乙、牲畜：自拨交部队之日起至离开部队之日止，毛驴和牛每日计工一个半，骡子每日计两个半，骆驼每日计工三个半，拉车之驾辕牲口，每日另外各加半个工，途中往返毛驴和牛每日计工一个，骡子每日计工两个，骆驼每日计工三个。大车每辆除按牲口计工外，每三日多计工一个。

二、战地临时服勤及后方转运勤务之人、畜计工标准：

甲、民工：战地临时服勤一日，或后方转运伤员，往返路程够六十里，均计人工一个。

乙、牲畜，战地临时服勤一日，或转运伤病员一人往返路程够六十里均计畜工一个，转运能计重量之物资时，凡载重十斤往返路程够六十里即计工一分，十分合畜工一个，但驮炮弹因弹箱固定不能按重量计分时，以每头牲口每日行程计工，驴牛行程六十里计工一个，骡子行程六十里计工两个，骆驼行程六十里计工三个，大车计工与（一）款（二）项同。

三、村内勤务之人畜，按完成任务之程度计工，其折合办法由村民民主评定之（如推二斗麦为一工，耕一垧地为二工等）。

第十二条　服勤之人工、畜工，依第十一条规定计工，以乡（或相等于乡的街、村政府）以下的行政单位为计账单位，定期结算统计。

一、勤工一律登记于政府制定之“拨派民力分户账”内，按各户勤力计算负担，如实服勤工超过勤力应负担数者，由短工者还工，或以评定之工价补偿之。随军常备担架运输勤工，每期结算一次。一般勤工，每月结算一次。

二、妇女勤务，可以（一）款计账单位单独计工算账，每月或每季结算一次。

三、各村每月须将本村实有勤力，实出勤工及结算情况于次月五日前填于“战勤月报表”内，报告乡政府，乡、区于同月初十日前逐级汇报县府，县府于同月十五日前，汇报专署或行署，专署或行署每三个月向边府民政厅报告一次。

第四章　调遣使用

第十三条　所有边区境内之战勤动员，由边区政府民政厅统一办理，各行署，专署、县、区、乡政府分别接受各上级政府规定之任务进行动员。

第十四条　为使调用民畜力之合理，边区政府民政厅，行署民政处，各专署、县府及区乡政府，应经常掌握各该辖区内之人力畜力等负担能力之统计，以便合理分配任务，适当调剂负担。

第十五条　随军常备担架、运输以六个月为限（往返时间除外），在后方地区动员。临时随军担架、运输以完成一个战役任务为限，在接近战区动员。均由野战军后勤司令部拟定计划呈请边区政府以命令动员之。以上担架、运输队之民工以年龄在二十岁以上四十岁以下之壮年男子为合格，牲口以能驮运百斤以上且能连续驮运者为合格。

第十六条　战地临时紧急动员，以完成指定任务为限。在战区就地动员，由野战军政治部或军、师政治机关审查批准，出具证明文件，通知所在地专署或县府协同动员之。在政权尚未建立之新解放区，由军以上政治部派员携带证明文件直接动员，但事后须逐级报告野政转知边府民政厅。

第十七条　后方转运勤务以完成指定任务为限，由军运部按月或季拟制动用民力计划，提请边府民政厅批准统一动员之，如遇紧急情况必须就地动员者，由各地军运办事处或其他使用机关，填具“用勤证”，直接向当地专署或县府动员之，事后报告民厅。各军区或军分区军事机关，如需要动员转运勤务，得由政治部审查填具“用勤证”经同级政府批准动员之。沿运输线之零星转运，可由兵站或招待转运站，在指定范围内，向乡以上政府就地动员或雇用，并按月逐级转报民厅。邻接之同级政府及招待转运站可凭“转运证”，互相转勤，不得推诿或拒绝。

第十八条　凡不按规定手续向县、区、乡动员或不应动员而强行动员或任务完成无故扣留不放者，政府与人民均有权拒绝，倘有强迫索要或抓夫拉差行为，得报告上级机关按情节轻重，依纪律惩处之。

第十九条　征用勤工之机关部队，应经常注意对民工之爱护、教育、加强政治工作，提高其政治觉悟及工作积极性，并适当照顾其食宿病患和安全。

第二十条　妇女缝制军服军鞋之勤务，由政府规定任务，动员担负之。

第二十一条　城市勤米依第六条之规定，由市（边府或行署之直属市，以下同此）、县政府征收。农村为调剂负担，经专署提出计划报请行署或边府批准亦得征收勤米。

第二十二条　勤米征收后，由各该市、县政府之粮食仓库代为保存。勤米之开支以市政府、行署以命令行之。收支预算于每季初，决算于每季终，呈报边府民政厅审核。

第五章　组织领导

第二十三条　各级政府在进行战勤动员时，必须充分进行思想政治动员，讲清任务，说明期限，及应带装备，并须依照第二章至第三章之规定经民主评议，做到负担公平合理，确实解决出征民工的家庭生活困难。

第二十四条　常备随军参战民工在县集中后，应分别进行下列工作：

一、严重检验质量，不合格者限期换补，合格者发给“服勤证”。

二、进行三天至五天的短期训练，发扬民主，竞赛立功，订定纪律，以启发提高其政治觉悟。

三、按地区编制为大，中、分队及班，并派县长级干部担任大队长，区长级任中队长，乡长级任队长。班长由民工自选，并选择积极分子，组织领导骨干。

四、发动群众慰劳欢送并通知沿途招待鼓励。

第二十五条　常备随军民工出发后，应发动群众和民工家属写信慰问鼓励，民工在前方立功者，应组织庆功贺喜，发现民工有逃回者，立即运员其归队。

第二十六条　民工每次服勤终了，必须开群众会评定功过，选举模范，好的分别予以大会表扬，登报表扬、记功、颁发奖章、物质奖励等办法奖励之，坏的分别予以批评斗争、记过，甚至送司法机关法办。

第二十七条　常备随军担架、运输之供给，由家到县集中期间，由各户自备，集中后至部队接收期，由县按野战军标准供给，向财厅报销，部队接收后，由部队供给，任务完成回家路费，亦由部队发给。后方转运人畜供给，集中前由各户自备，服务期间按财厅规定标准，由使用机关发给。

第二十八条　服勤民工在服勤期间之伤病治疗由各使用部队机关负责，因公残废或牺牲者，按边区抚恤条例抚恤之。

第二十九条　服勤之牲口，车辆，在服勤期间，确由不可抗拒之 原因而损坏或死亡，并有部队证明手续者，得经村民评定，赔偿价值，呈经县府审查批准，在战勤米中开支之，如无勤米时，可由地方费中开支报销。

第三十条　过往军人、伤病员、荣军之招待，除设有转运站、招待站地区外，凡军人过往较多地区之村乡，可实行招待员制，城市托客饭店代办，酌量免除其战勤负担，招待所收之粮，草粟（票），各级仓库须随时予以兑换，不足数由区乡政府审查属实，可于战勤米内补助或以区乡为单位合理负担之。

第六章　附　则

第三十一条　各行署可根据本办法原则，按照当地实际情形，制定具体执行办法，但须呈经边区政府批准之。

第三十二条　本办法自公布之日施行。

第三十三条　本办法如有未尽事宜，由边区政府修改之。

第三十四条　本办法施行后，前颁《边区战时勤务动员暂行办法》，即行作废，各行署、专署、县过去颁发单行办法与本办法抵触者，一概作废。

选自《陕甘宁革命根据地史料选辑》第三辑，甘肃人民出版社 1983 年版，第 527～536 页。

互校版本：《陕甘宁边区法律法规汇编》，三秦出版社 2010 年版，第 162～165 页。简称“法律法规版”。

24. 陕甘宁边区人民团体登记办法

1949 年 10 月 31 日公布

第一条　为保障人民集会结社自由，取缔反革命分子的集会结社自由，特制定本办法。

第二条　凡已成立或拟成立各种人民团体，均须依照本办法申请登记，经审查合格，发给登记证后，方为合法存在之人民团体，并享受法律之保障。

第三条　各种人民团体之登记机关规定如下：

（一）属于全区性之人民团体，向边区政府民政厅申请登记。

（二）属于省（市）性之人民团体，向省（市）人民政府民政厅（处、局）申请登记。

（三）属于县（市）及县（市）以下性质之人民团体，向县（市）人民政府申请登记。

第四条　凡已成立之人民团体申请登记时，须填写申请书，并呈附其组织章程及会员名单，申请书内容主要包括下列各项：

（一）团体名称、宗旨、地址、事业概况及历史。

（二）主要负责人的姓名、所住、过去和现在的职业、政治主张、政治经历及其与各党派团体之关系。

（三）各级负责人姓名、简历及会员人数。

（四）经济来源与经济状况。

第五条　拟成立之人民团体，须于筹备期间，填写申请书，经审查合格发给登记证后，始得正式成立。申请书内须填写所筹备团体之名称、宗旨、经济来源及主要发起人的姓名、住址、过去和现在的职业、政治主张、政治经历及其与各党派团体之关系，成立后，须即填写前条规定之申请书，并呈报其组织章程及会员名单。以上四、五两条所指申请登记之人民团体，凡有总团体者，其分团体申请登记时，应书明其与总团体之关系，并呈验其总团体已经人民政府合法登记之证明文件。

第六条　本办法四、五两条所规定之申请书内容，须详实填写。在领到登记证后，如有重要变动，亦须随时呈报主管登记机关备查；如有隐瞒虚报或不报者，一经察觉，得撤销其登记证，并得视其情节轻重，依法予以查办。

第七条　凡取得登记证之人民团体，均须遵守人民政府法令，受所属人民政府之指导，并不得有违反人民民主事业之活动，违者撤销其登记证，并依法予以惩处。

第八条　在敌伪统治时期已成立之社会团体，未向人民政府办理合法登记，经批准发给登记证前，一律停止活动，已经人民政府发给登记证后，敌伪政府发给之一切证件及戳记一律作废。

第九条　人民政府发给之登记证，不得出让或转借，若某团体自行解散时，须向主管登记机关注销。

第十条　本办法自公布之日起施行，解释权属于陕甘宁边区政府。

选自《陕甘宁革命根据地史料选辑》第三辑，甘肃人民出版社1983年版，第491～493页。

互校版本：

1.《陕甘宁边区政府文件选编》第十四辑，档案出版社1991年版，第233～234页。

2.《陕甘宁边区法律法规汇编》，三秦出版社2010年版，第62页。

25. 陕甘宁边区政府命令——为清理战勤工作

1949年11月26日

事由：为命令清理战勤工作由。

各省政府主席、行署主任、直辖市长、专员、县（市）长：

我第一野战军在解放甘、宁、青、新之后，即将南进，配合兄弟部队解放汉中和四川，因之动员广大人民继续支援前线，仍然是各级政府今冬明春的重要任务，绝不许有丝毫松懈，必须继续努力，保证做好战勤动员工作，支援我军迅速完成解放汉中，解放四川的任务，以资集中全力转入生产和文化建设事业。为此，同时必须很好的清理并总结以往战勤动员工作，适当调整战勤负担中某些不合理不公平现象，安抚救济伤亡民工，对支前有功者，分别予以嘉奖，有过者，予以教育批评，并酌情补偿群众战勤中的损失，以促进与提高群众生产热情。兹特规定如下办法，希即遵照执行。

一、关于调整负担

甲、凡新解放地区，自解放以来之战勤负担，应在发动群众基础上，一律以乡为单位，依《陕甘宁边区人民战时服勤条例》之规定，按户登记过去实服勤工，计算出应服勤工后，以长还短补，进行清理。其中关于地主富农之财富勤力，已规定标准并公认合理者，即依所评勤力负担战勤，其未规定标准或标准不恰当者，暂按本年负担公粮额附加征工，可否按每负担公粮一市石，地主附加一个半至三个勤工，富农附加一个至两个勤工，各地应依公粮负担轻重及全乡战勤负担之实际情形民主评定之。

乙、还工分“折价还工”与“以工还工”两种，家境较好户之欠工，以折价还工为主，工价以不低于当地当时最低工价为原则，家境贫苦户之欠工，可采以工还工办法，由村民民主评定之。

丙、在调整负担时，对于隐瞒年龄、牲畜、雇工及虚报勤工者，须教育其自知错误，并经村民会议重新正确评定，加以调整。其系落后干部及旧保甲人员故意舞弊者，则经群众进行教育清洗之。

丁、老解放区因经过多次调整，故不必进行一般调整，个别地区未经调整，负担悬殊很大者，得依战勤条例，进行个别调整。（如新收复地区及黄龙部分地区，已经土改者，依按劳负担，照顾贫苦原则清理，未经土改者依劳财共负原则清理。）

二、关于安抚伤亡

甲、民工在服勤中牺牲者，应依边区抚恤条例发给遗属恤金，其家属要求搬运遗体回籍者，应发给路费、葬埋费并介绍当地及沿途政府帮助寻找和动员民力搬运，运回安葬时，应派干部组织当地群众举行追悼。遗属确属贫苦无依为生者，得适用烈军属优待办法，给以具体帮助。

乙、民工在服勤中残废者，应依抚恤条例发给抚恤金，其因重残废不能劳动生产且家中确实贫苦无法为生者，亦得适用烈军属优待办法，分别给以具体帮助；其在服勤中伤病尚未痊愈者，经过县以上政府之批准介绍，得送公立医院医疗，或发给部分医疗费，使其在家疗养。

对于民兵伤亡之安抚，得参照上两项之规定办理之。

三、关于奖评民工

甲、各县对历次复员回来的民工，应有计划有领导有准备的召开村民大会，进行奖评，分明赏罚，其有功绩者，除给予口头表扬外，并依功绩大小，由县政府审核，分别给予登报表扬、传令嘉奖或物质奖励，其有特殊功绩者，并报请上级适当奖励，其有中途逃亡或犯过失者，依照情节大小，分别予以口头批评、当众教育或适当处罚。

乙、民工在服勤期间，如因当地照顾不周，生产受损失，影响其生活者，在调整负担时，应予适当照顾，对照顾民工家庭生产尽职者，分别奖评。

四、关于赔偿损失

甲、人民在服勤中，损失的牲畜车辆，其未经清偿者，得进行清理补赔工作。

乙、凡具有使用部队或损失地点区以上政府之确实证明文件或服勤民工三人以上之证明，确系因服勤损失牲畜、车辆者，得根据损失户家庭经济情况，分别办理；其损失致严重影响家庭生产与生活者，赔偿全部；其损失对家庭生产与生活有相当影响者酌赔一部或大部；其损失影响不大者，可酌量赔偿或在负担方面酌情照顾，并应恳切解释。

丙、所需赔偿或补偿数量，须经由村民会根据原牲口体质、口齿、车辆器材之质料，依战勤条例之规定，民主评定，连同损失地点，损失情况（包括损失程度，原因）证明文件，呈报县政府切实审核转呈专署批准。

丁、赔偿物资，应先尽部队送给民工队之牲口或当地原属公有尚未处理之牲口车辆，及拆除工事中原主认领后之剩余器材折价拨付。其不足之数，如系历次战役之零星损失，可在各县地方粮款内开支，呈经专署报销，如系某一个战役的大宗损失，应由专署汇总决算连同详细清册，呈报边府民政厅审查后再行处理。

戊、我军修筑工事（不包括敌人修筑的工事）借用之民间器材，于任务完成后，首应拆除工事，交群众认领，原物归还，其材料损毁程度仍可改作他用者，酌量赔偿其损失之一部，其损毁程度已至不堪应用及原物遗失无法归还者，参照（二）项所订赔偿牲口车辆的原则酌情处理之。

己、损失之牲口车辆，如有下列情形之一者，一般不予赔偿，个别的酌量补偿。

1. 被雇用服勤者，一般不赔，如严重影响其家庭生产与生活者，酌补偿三分之一至二分之一。

2. 非在服勤期间病毙被俘者不赔。

3. 民工逃跑抛弃牲口、车辆而致损失，其属于本主者不赔，其属于别人者，由逃跑民工负责寻获或赔偿一部，但逃跑民工无力赔偿或失主因之严重影响家庭与生活者，由公家酌予补偿一部。

4. 在服勤中，牲口及车辆之损失，如系民工自己过失所致者，不予赔偿，如因之严重影响家庭生产与生活者，酌予救济一部。

以上各项，望于令到之日，立即召开适当会议详加研讨，根据各地具体情况，订定不同的工作重点及实施细则，利用冬闲季节结合中心工作办理，务于本年内将调整负担及初步清理总结战勤工作情形报告民政厅。明年三月前，写成全面总结，寄报本府为要！

此令。

选自《陕甘宁革命根据地史料选辑》第三辑，甘肃人民出版社1983年版，第513～517页。

互校版本：《陕甘宁边区政府文件选编》第十四辑，档案出版社1991年版，第310～313页。

五、军事法规

1. 陕甘宁边区政府指示信
（为增加自卫力量拥军节约的指示）

1946年9月19日

事由：为增加自卫力量，实行补充地方部队，保卫秋收及拥军节约的指示。

各专员，各县（市）长：

自从国民党反动派决心大打内战以来，边区即处在严重的战争威胁情况之下，七月中旬，反共军进攻边区的计划，虽因我五师入陕暂时停止，但边区遭受侵犯的危险，不但未曾减轻，而且随着其他解放区战事的扩大和战争的长期性，日益严重起来。因此，加强自卫力量，粉碎反动派的进攻，更有力的保卫边区，已是全边区军民当前的首要任务。兹特指出以下各项工作，务希即时讨论布置，切实执行，并将执行情况随时报告边府。

一、教育干部及群众，认清当前局势，提高警惕。今后对各种建设工作，虽然仍是应当努力进行，但必须使它与战争的准备，有很好的配合，要一切服从战争，作全面的长期的打算，要克服某些干部中间存在的骄傲、麻痹、松懈和脱离群众的倾向，要深入的动员群众，加紧民兵和自卫军的训练，以增强自卫的力量和必胜的信心。

二、为了充实边区地方部队的力量，特决定补充战士六千二百人。计绥德分区二千人，延属分区一千五百人，陇东分区一千五百人，三边分区一千二百人，关中分区数目自定。补充办法，对复员在乡和应该归队的战士，除老弱残废外，一律动员上队。同时在各

地基干自卫军及民兵中抽组地方部队。这项工作，务须于十一月底以前完成。但动员时，又须慎重从事，力避强迫。各地可依具体情况，研究具体办法，深入宣传解释激发群众武装起来保卫家乡的热情，打破他们的恐慌心理，防止不安的现象，并对这些新战士，应加紧训练。至于新战士的粮食、装备及经费，由各分区司令部造具预算，送联防后勤部核发。

三、目前秋收已到，为了保证人民辛勤劳苦的生产成果，防止反动派抢掠破坏，必须组织所有劳动力，实行劳武结合，武装保卫秋收。各地自卫军应当学习富县自卫军在今年夏耘夏收时，荷锄持镰，也带枪带手榴弹，进行锄草和收割庄稼的办法，实行快收快运，快打快藏。在与生产结合的条件下，学埋地雷，练习武艺，配合驻军，随时准备给进犯者以打击。

四、为了帮助军队解决物质困难，还应进行拥军劳军。因此又决定全边区慰劳军鞋八万双。计绥德分区二万五千双，延属分区二万五千五百双，陇东分区一万零五百双，三边分区八千五百双，关中分区八千双，延安市二千五百双，布置这项工作时，须向群众说明：给战士做好鞋，是慰劳军队的一件重要工作，是边区妇女的一项光荣任务，鞋子做起，要一双结在一起，纠正过去因为乱致使战士不能穿的毛病。军鞋须要于十二月底以前完成，由县府收集送交分区司令部，延属延市可直接送交联司，各机关学校亦应重视这次做鞋拥军的意义，格外重大，要踊跃响应号召，自动进行。

至于各村对于补充战士和军鞋任务的分配，可由分区按不同条件和过去的经验具体研究规定，并使其合理，按时完成。

五、为了能够长期的支持战争，克服物质困难，还须力行节约。因此，各级政府和他（它）所属的机关学校，应首先提倡节俭朴素和廉洁作风，严厉反对贪污腐化和铺张浪费。根据过去的经验，作战部队的蔬菜供给，也是一件重要的事情。因此，凡是种菜较多的机关学校，均须适时的把蔬菜晒好藏好，以备将来需要，如当地驻军现在就缺菜吃，则应送菜慰劳。其次还须将节约推广到群众中去，使老百姓也注意一针一线、一米一菜的节省，注意改革嫁娶殡丧等事的浪费之风。此外边府已决定今年各机关学校的木炭、马草一律不发，棉衣补给也只限于去冬真正未领的人员，希各严格遵守。

选自《陕甘宁革命根据地史料选辑》第三辑，甘肃人民出版社 1983 年版，第 160～162 页。

2. 陕甘宁边区联防军政治部关于拥政爱民月的指示

1947 年 1 月 15 日

几年来，边区部队由于有计划的进行了拥爱工作，因而，在部队生产，减轻人民负担，帮助群众提高文化，实施卫生医疗，帮助生产以及训练民兵等方面，都有了很大成绩，而在驻防与行军中间，违犯群众纪律的事也大大减少了。这都说明了拥爱运动对加强群众观点，转变作风，是起了重大作用的。

但在自卫战争环境与部队供给困难的情况下，以及某些干部存在着本位与宗派观点，因而造成破坏政府法令，违犯群众纪律的情形，甚至打骂群众等严重现象，而在动员群众中亦曾发生不爱惜民力的事情。这种脱离群众的现象，虽然不是普遍存在，但却是一个严重的问题。

际此陕甘宁边区处于自卫战争状态中，全边区党政军民团结一致，是保卫边区粉碎蒋胡进攻，争取自卫战争的胜利的关键，因此今年拥爱运动要比任何一年做得更好，各级干部要下最大决心做到三大纪律、八项注意与拥爱十项公约，确实做到困难情况下，不侵犯群众利益，遵守政府各种法令。并把群众工作成为每个连队的制度。为达此目的，今年拥爱月应进行如下工作：

（一）加强思想教育。首先应深入动员，造成拥爱热潮，由首长负责，做有关拥爱工作的报告，带头反省检讨，配合报纸戏剧等以拥爱运动为中心内容，收集南北线战斗中群众及政府热烈配合军队作战，及各地年关劳军运动等具体事实广泛宣传，改变某些指战员对边区政府及群众的错误观点，年关后应抽出一定时间，进行军政民关系检讨，开展自我批评，选举并表扬拥爱模范。进行这些教育时，应特别重视打通干部思想及营业人员，事务人员的思想。

（二）应将有关军政民一些旧案纠纷问题，包括解决未彻底与悬而未决的，认真加以解决，各部应与驻地有关之党政群众开座谈会，虚心征求他们对军队意见。对党政群众的缺点，要以原谅态度，对自己缺点要以严肃的精神，来处理军民关系，消除一切隔阂。

（三）协助政府推行当前备战动员的各种法令政策，解决土地问题，各部队耕余的土地应响应政府号召，无代价的交当地政府分配给群众。

（四）在旧历年节时应与附近政府及群众进行联欢，向政府及群众拜年，开座谈会以加强团结。

各旅接到此指示后，应具体布置进行，并将执行情形报告本部。

选自《陕甘宁革命根据地史料选辑》第三辑，甘肃人民出版社1983年版，第220～221页。

3. 陕甘宁边区政府关于嘉奖各地民兵英雄的命令

1947年2月11日

各专员、各县市长、各地民兵和全体指战员同志们：

在近几个月来保卫家乡的自卫战争中，我陕甘宁边区涌现出许多杰出的民兵英雄：有模范指挥者，有神枪手，有投弹能手，有救护模范，有锄奸英雄。他们都表现了超人的才能和高度的积极性。

如关中分区新宁一区四乡以指挥三十人的少数力量突破了蒋军二百余人重重包围而坚决保卫了王郎坡的民兵模范连长赵思泰与排长巩守信，指挥一区三乡民兵击退顽军卅五次

进犯，毙敌四名，伤敌五名，平毁堡垒一座而坚决保卫了贾义川的民兵队长李生金与杨富珍；十枪命中八敌及单枪攻敌堡垒而两枪命中两敌的神枪手刘治全与路进礼；在敌人密集火力下连上战场抢救伤兵数名的胡振德与刘永成；绥德分区子洲县抢上云梯缴敌步枪六支的张玉文；机智捉拿敌探一名、缴枪一支的邢大道；在枪林弹雨中两度冲上近敌阵地挖筑战壕二十七个、而助军击退敌人的李树林等五人；以六刀砍死敌兵一名，活捉一名，缴枪两支，而使我方战士四名解围脱险的张占义与杜世宽，首创地雷二十余种而推动全分区民兵制造地雷四万余枚，从而开展了群众爆炸运动的米脂银城市民兵营长杜修成；米脂龙镇连夺敌堡两座缴枪七支的艾克让、高守贵，艾高儿等；富县交道区抗击顽军三百余人，连投手榴弹八个、把敌人投来的三个手榴弹反投出去击伤敌十数名、及击毙反共队长郭玉堂而英勇保卫了督河村的罗锦廷等十二民兵，一枪各命中敌人一名的罗传治与任喜招，以单枪抗敌一排达四小时，阻止了敌人的进攻，并在一月内冒险战敌五次的杨秃子；亲自修枪十二支，捉敌逃兵一名、特务三人的民兵排长刘进财，皆功绩卓著。为了标志（表彰）无数次的英勇自卫战斗中各民兵英雄的功绩，除通令嘉奖外，并须分别授予奖章和枪弹。为了卓越的自卫战斗行动，我们特向所有的民兵英雄们致敬。在坚决保卫家乡的自卫战争中光荣牺牲了的民兵英雄们永垂不朽！全边区的人民团结起来，坚决消灭蒋胡进犯军！

选自《陕甘宁革命根据地史料选辑》第三辑，甘肃人民出版社 1983 年版，第 222～223 页。

4. 陕甘宁边区潜逃战士归队条例

1949 年 9 月 27 日

第一条　为充实人民武装力量，巩固革命部队，特制定本条例。

第二条　西北军区政治部统一掌管全军区归队工作，二级军区政治部或军分区政治部、各县政府递受西北军区政治部之指挥，督导所属区乡政府负责各该区内归队事宜。

县武装科承县长之命直接管理归队事宜，区、乡、村各级在区、乡、村长领导下，由优军委员会与优军小组兼办，不专设归队组织。

第三条　凡曾参加人民解放军、保安警卫部队、游击队、警察及军事勤务部门之人员，不论属何职位，于一九四七年一月一日以后潜逃回家者，均依本条例动员其归队。

上项人员请假回家而无原部队证明手续者，以潜逃论。

第四条　各级政府或其他地方机关团体，对潜逃或逾假不归人员，不得擅自分配工作或包庇隐藏，违者以渎职论处。

已经分配工作或有包庇隐藏情事者，除查明责任酌情予以处分外，对于潜逃人员仍须严加教育，立即遣送归队。

第五条　动员归队以潜逃或逾假未归本人为限，严禁强拉他人代替。

第六条　有下列情形之一者，不得令其归队。

一、因残废、患慢性病或年老，部队准予退休并有书面证明者；

二、经部队洗刷或开除军籍并有证明者；

三、因年老或体格不合，经部队检查遣送回籍并有证明者；

四、一九四六年十二月三十一日以前潜逃或逾假未归者。

第七条　有下列情形之一者，免予归队，但须由村民会民主讨论通过，呈经县政府批准，给予免役证，方为合法。

一、确系独子者；

二、年令（龄）未及十八岁或已逾四十五岁，不合服军役年龄者。

三、在家负责赡养直系亲属四口人以上再无劳力，生活特别困难者；

四、身体残废或患慢性病，经医生检验证明，确系不能在部队服务者。

上项人员如系连级以上干部，须经县政府转呈军分区政治部或西北军区政治部批准。

第八条　有下列情形之一者，应暂缓归队，但情形消失后，须保证立即归队。

一、本人患病未愈者；

二、家有婚丧大事者。

第九条　各部队如发现本部有潜逃或逾假未归人员，应即详细开列姓名、年龄、职别、籍贯、住址，直接通知该管军分区政治部转饬当地县政府，负责动员归队。

各级地方政府如发现所辖区内有潜逃或逾假未归人员，应不待通知，立即负责动员归队。如潜逃或逾假未归人员又转逃他处时，并应详细开具姓名、年龄、部别、籍贯、逃亡地址及其社会关系，通知逃往所在地县政府，所在地县政府即应负责动员归队，不得推诿。

第十条　各级政府对潜逃或逾假未归人员，应采用各种办法，适当解决家庭困难，并进行深入的政治思想动员，造成群众性的反逃跑运动，使其自愿归队，严禁捕捉、欺骗、捆绑、威胁等恶劣行为。

第十一条　各县集中归队人员，在十人以上者，设归队战士收容所收容之，不足十人者，在警卫队内临时收容，并于五日内造具名册送交军分区政治部，由军分区政治部专设补训营收容、管理、训练之。

第十二条　在接送归队战士中，各地政府应组织群众欢迎、欢送、慰劳。并由首长访问讲话，鼓励其归队热情，在临时收容及定期训练期间，并应贯彻思想教育，继续启发或提高其政治觉悟，巩固其归队情绪。

第十三条　各县、各军分区政治部于接到归队人员后，应首先依本条例第五、六、七、八各条逐一审查，如有不符上述规定者，立即分别处理。并检查归队战士家庭困难，已否妥当解决，如未解决，应负责保证，令所属区乡切实解决。

第十四条　各县对军分区政治部，军分区政治部对二级军区政治部或西北军区政治部，须定期报告归队工作情况，由二级军区政治部或西北军区政治部通知各部队定期到各军分区政治部接收，或通知军分区政治部送交各部队。如归队战士原部驻扎本分区或本县境内者，可由军分区政治部或县政府造册径交原部接收。但须呈报上级军区政治部备案。

送交归队战士时，应将归队战士姓名、年龄、籍贯、原部队番号、任职、离队原因、

日期及表现情况，一并造册送交接收部队，以便衔接教育。

第十五条　地方军政机关及其工作人员，对归队工作奉行得力并获得显著成绩，或奉行不力、纵容包庇、从中舞弊者，得分别呈报边区政府及西北军区政治部给予表扬奖励或处分。

第十六条　归队战士之伙食，按地方军标准供给，各县归队所需经费得于送交战士时造具决算，向军分区政治部请领，军分区政治部统一决算，向二级军区或西北军区后勤部报销。

第十七条　本条例自陕甘宁边区政府及西北军区司令部公布之日施行。

选自《陕甘宁边区政府文件选编》第十四辑，档案出版社 1991 年版，第 122～125 页。

互校版本：《陕甘宁边区法律法规汇编》，三秦出版社 2010 年版，第 166～167 页。

六、财金税法

1. 陕甘宁晋绥边区修改货物税条例的说明

1946年4月7日

（一）修改的理由：

（1）日寇投降，和平逐渐实现，为使货物畅流，藉以繁荣市场，便利经济建设起见，现行之货物税税率及货物税条例，多不适合今天边区的需要，如继续下去，则有碍边区的繁荣和建设。

（2）陕甘宁边区与晋绥边区之税务，向为两个税收系统独自为政，互不联系。两边区之间的货物来往，均各收出入境税，因同一货物而上数次出入境税者常有之，致碍货物交流，影响经济甚巨。为此，特将两边区税务统一，按一个条例，一个税率表征收，以消除两边区间之关税壁垒现象，以利两区的经济建设。此点，已与晋绥区商得同意。

（二）修改要点：

（1）根据以上理由，把两边区在税务上看成一个整体，两边区之间（黄河岸上）不收任何出入境税，撤销两岸税务机关。凡外区入境应税货物，在一方已纳入境税者，他方不再收入境税，即可自由运销。

（2）两边区产品运往友区销售之有税货物，只要在任何一区照章纳出境税一次后，即可自由经过两边区出境销售，不再纳税。其他如两区产品，在两区内销售或货物转运之税务手续，亦照此原则办理。

（3）现行之过境税，不仅收不到税，而且对外影响不好。本条例修改时即统一于入境税，不管入境或过境销售，只纳一次入境税，即可自由运销或出境，不再征任何税费。

（4）为使货物畅流，并消除各地乱没收之扰民现象，特将过去禁止入境之货物，准予开禁征税入境（毒品仍禁进）。

（5）降低各种货物税率，现行税率有高至50%，一般的为30%—20%，40%。新税率除入境迷信品为40%，纸烟为30%外。其他税率为百分之25、20、10、5，布匹类税率降为10%。

附：货物税条例草案

货物税率表

货物税条例施行细则

选自《陕甘宁革命根据地工商税收史料选编》第六册（1946—1947年），陕甘宁革命根据地工商税史编写组、陕西省档案馆编印，陕西人民出版社1987年版，第91～92页。

2. 陕甘宁与晋绥边区货物税暂行条例草案

1946年9月7日

第一章　总　则

第一条　本条例为加强两边区财政经济之联系以发展经济及繁荣贸易，特依据和平建国纲领财政经济类第十一条之规定，及两边区之实际情况制定之。

第二条　本条例以货物为征收对象，凡陕甘宁边区与晋绥边区应税货物，均由两边区税务机关，按照本条例一次征收之（应税货物表附后）。

第三条　凡应税货物除经边区政府或行署批准减免者外，不论公私商贩，均须照章征纳货物税。

第四条　凡进出口货物及过境物资之一切管理事宜，统由各级税务机关办理。其管理办法，两边区得根据需要，统一制定或分别制定之。如应税货物，在一个边区有暂时停止出入境之必要时，经决定后得通知对方。

第五条　凡有关税务及违禁物资之查缉事宜，统归各地税务机关办理，其他任何部队、机关，团体或个人，均不得随便检查或没收。

第六条　本条例自施行之日起，黄河沿岸两边区之税务机关，即行撤消（销），必要时两边区税务机关，得分派人员进行河岸之检验工作。

第七条　本条例中之“出境”“入境”，系对两边区以外之地区而言，两边区之间不得有“出境”“入境”之别。条例所载“境内”等字样，系指两边区境内。

第二章　税　则

第八条　应纳税货物，悉依下列规定办理：

（一）凡运进或邮寄边区之应税货物，不论在境内销售，或运往边区以外销售者，均须依照甲种货物税税率表征收之。税率表见附表（一）。

（二）凡边产之应税货物，运出边区销售者，悉依乙种货物税税率表征收之。税率表见附表（二）。

（三）凡边区之应税货物，在边区境内销售者，悉依丙种货物税税率表征收之。税率表见附表（三）。

第九条 凡进出边区（指两边区）之应税货物，在此方或彼方已纳出入境税，并有税票及查验手续者，即可自由运销，彼方或此方不得再征税费。

第十条 凡两边区出境之有税货物，均须于起运地报验纳税，如在中途销售者，概不退税。

第十一条 凡两边区之边产应税货物，在两区境内运销时，如具有一方之纳税手续时，他方不得再征税费。

第十二条 凡两区产品在境内销售之无税货物，或免税运销之货物，如出境有税时，在中途改运出境者，任何一方均可按乙种应税货物办理。

第十三条 除本条例所列应税货物外，边区政府或行署，认为有征税之必要时，得会同商定后，双方公布行之。

第十四条 凡应税货物，系活动税率者，两区最高税务机关，得根据需要，在其最高与最低税率之间自由升降，税率有差额，亦不得补退。

第十五条 凡本条例附表所列应税货物，征收时均依从价征收，必要时得从量征收之。

第十六条 应从价征税之货物，由各分区估价委员会，根据该区当时商情估定纳税价格，通知该区税务机关遵照执行。

第十七条 凡经边区政府或行署批准免税或减税货物，运销时须领取该区最高税务机关之正式证明文件，并具备查验手续后，方得通行。

第十八条 因误多征税款，经报告查明属实者，货主得凭票向原收款机关照章退还误征或多征之税款。

第三章 报税与查验手续

第十九条 （一）边产应税货物，运销边区境内外者，均须在起运时，向当地或附近之税务机关，报请查验及办理纳税手续。

（二）入境之应税货物，必须在入境之第一税务机关报验纳税，如超越第一税务机关，经查获后，以偷税论处。

（三）已税货物不论在中途或到达落货地点销售时，须先向当地或附近税务机关请开包查验、贴花、盖章后，方可出售。

（四）改装转运之货物，均须报请当地或附近之税务机关查验、贴证、盖章，并割取转分运证后，始得起运。

（五）晋绥区边产边销之应税货物，如备有晋绥区税务机关之边产边销证及查验手续者，即可自由运销。

第二十条 邮寄之应税货物，不论入境、出境，收件人或投寄人，须报请税务机关查验纳税后，方得领取货物或投邮寄递。

第二十一条 凡贩运应税货物，因故延误，不能依税票限期，到达落货地时，运货人

须于税票未过期前，报请沿途税务机关批明运行，或到达落货地，票已过期者，须先行具保售货，经声明属实者，方得销保。

第二十二条　两边区之税票、花证、章记及使用办法，可分别制用，并得通行于两边区。

第四章　奖　惩

第二十三条　（一）凡商贩有违犯左列各项者，得依其应税货物之性质，分别处罚之。

（甲）违犯本条例第二章第三章之各项规定之一者。

（乙）涂改税票花证或有重用情事者。

（丙）货票不符无正当理由与证明者。

（丁）有票无花证或查验戳记手续者。

（戊）用其他方法偷税者。

（二）运销货物，如系必需品，有违犯第一项各款规定之一者，除照章补税外，并按应税额处以半倍之罚金，但货数在起征点一倍以下者免罚。

（三）运销货物如系半必需品时，有违犯第一项各款之一者，除照章补税外，得按应税额处以一倍以下之罚金，货数未超起征点时免罚。

第二十四条　如有伪造税票、花证、戳记，除将该案货物没收外，人送司法机关究办。暴力抗税，拒绝检查，涉及刑事范围者，送交司法机关惩办之。

第二十五条　凡经报告因而查获之偷税货物及违禁物资，均得酌情给以奖金，其办法另定。

第二十六条　凡税务人员有违章收税或勒索，以贪污沦罪，人人有权自由控诉。

第五章　附　则

第二十七条　本条例施行细则另订。

第二十八条　本条例由边区政府、晋绥行署公布施行之日起，陕甘宁与晋绥边区前颁行之单行货物税条例及施行细则，即行作废。

选自《陕甘宁革命根据地工商税收史料选编》第六册（1946—1947 年），陕甘宁革命根据地工商税史编写组、陕西省档案馆编印，陕西人民出版社 1987 年版，第 147～151 页。

互校版本：《解放战争时期陕甘宁边区财政经济史资料选编》下册，陕甘宁边区财政经济史编写组、陕西省财政厅科学研究所、陕西省档案馆合编，三秦出版社 1989 年版，第 340～344 页。

3. 陕甘宁与晋绥边区货物税暂行条例施行细则草案

1946 年 9 月 7 日

第一条　本细则依据陕甘宁与晋绥边区货物税暂行条例第二十七条规定制定之。

第二条　凡有关货物税征收事宜，陕甘宁与晋绥两边区之税务机关，均须按照陕晋两边区货物税条例及施行细则办理。

第三条　凡应税货物，不论入境、出境、边产边销、成［或］境内转运，有一方之纳税凭证及查验手续者，即可通行两区，他方不得再征税费。

第四条　凡从两边区经过之应税货物，如已按甲种货物税率征税者，不论在两边区内外销售，均不得再征税费。

禁止内销之物资，经过两边区的地区时，得按物资管理办法之规定办理之。

第五条　凡进入两边区之应税货物，如已纳税入境，再欲运往两边区以外之地区销售时，任何一方不得再征出境税。

第六条　两边区产品，在境内运销无税，或税率低于该产品出境税者，如运往边区外销售时，均须依照出境税税率纳税或补税后，方得运行，税率相等者不再补税。

第七条　凡应税货物在两边区流通时，如有发生偷税情事者，任何一区之税务机关，均可按偷漏私货办理。

第八条　凡需要请求减税或免税者，须先将货物名称、数量、用途及经过路线，备文呈请边府或行署批准，并领到税务总局之减税或免税文件，经路经之第一税务机关查验，货数相符者，妥帖验证后，始得运行。

第九条　凡物资管理统归税务机关办理：

（一）物资管理办法，两边区得根据需要，统一制定或分别制定。

（二）如物资管理之范围方法，两区有差别者，凡此方物资欲运销他方时，此方税务机关应按照他方物资管理办法执行。

（三）财政厅或财政处，必要时得根据需要，指令某种应税货物，暂时停止其出入境，但此类措施经一方决定后，即需电告他方，按第二项规定执行。

第十条　除货物税条例，及附表列应税货物外，如有新设之必要时，得经双方商决公布后，始得执行。

第十一条　活动税率之制用程序：

（一）应税货物如系活动税率者，其最高与最低税率之间的税率升降，由该区最高税务机关掌理之。

（二）第一项规定，税率需要升降者，必要时得由最高税务机关召集税务、金融、贸易、工业等机关之联席会议讨论，提具意见，经财政厅或财政处批准后，由税局命令行之，并通知对方。

（三）两边区制用之活动税率，如同类货物之税率有差别者，来往两区时，亦得自由运销，应不补退。

第十二条　估价：

（一）凡应税从价征税之物资，由估价委员会，根据当地商情，估定纳税价格，通知所属地区之税务机关遵照执行。

（二）估价委员会之组织：估价委员会分设于分区税务局所在地，由当地最高执政机关、贸易机关、商会、公营商店联合会、手工业工会、合作联社、税务机关等单位代表组织之。

（三）估价委员会，须按照该区中心市场，当时市价估定纳税价格，但以纳税价格加应纳税额，不超过货物现行市价为原则。其计算公式如下：

1＋税率÷市价＝纳税价格

纳税价格×税率＝应纳税额

（四）估价时间，至迟不得超过两个月。

（五）估价期内，应税货物，如当市价涨落差额过大时，各税务局得商同当地有关机关重新估价，但须于事后向直属上级机关备案，并在票据上注明新估价使用日月。

第十三条　报税及查税手续：

（一）凡报验纳税登记之客商，须报明货主姓名、货物名称、数量、种类、起运地及运销地等项目。

（二）凡入境、出境、边产边销、境内转（分）运之应税货物，在货物经过第一税务机关已纳税，并在货包件查验证上，加盖双骑缝验戳者，沿途税务机关如没发现特殊可疑之处，应即放行，不得再行查检。

（三）凡在第一税务机关纳税割票之货物，如不在当地销售者，概不贴粘印花，仅按其大件（如箱包捆）封口处贴查验证，加盖骑缝验戳。

（四）税务机关与运货人，于办完登记纳税手续后，应详细检查登记证，及税票上所载货名、数量、税额及骑缝数字是否相符，税证是否按件贴妥，如事后发生错误，由运货人员负责。

（五）货物运到销货地时，由运货人将登记证、税票交税务机关照票点件、拆包查验，如系应税货物须贴花、盖章并在原货票上加盖（货已贴花、盖章，此票作废）之戳记后，始得入店栈或销售。

（六）税务机关进行检查时，均应拆包点验，如难以卸包者，可用计量与探验等方法进行之。

第十四条　货物转运及改装手续：

（一）已税运销之货物，在中途或销售地，拟转（分）运他处时，须报请当地税务机关查明，如货票相符，应即封包贴证、加盖戳记，割给转（分）运证，并在原税票上注明（某月日准转运若干数量赴某地）等字样后，方得运行。

（二）凡有转（分）运证之货物，如再次转（分）运，如持原转（分）运证，报请税务机关查验，割得转（分）运证，贴证盖章后起运，未经报验先行起运者，不给办理。

（三）已税货物如半途改装（以大改小、小改大，或另换包皮），应于未拆包前，报请税务机关验明，当场改装后，在新件上补贴验证、加盖戳记、换给转证运行。

（四）已贴花之货物，如再装成大件，运往他处时，亦得按照上项规定，办理转运手续。

第十五条　退税范围与手续：

（一）已税货物如有下列情事之一者均得照本章退税。

甲、凡估价表未列之应税货而征税者。

乙、因纳税人错报货数，或错算多收，事后查明属实者。

丙、凡先有减税或免税证，因押运人迟误，税款已交，经申请查明属实者。

（二）按照上列规定，应退之税款，须由货主将原税票持向原纳税税务机关凭票退税。

第十六条　税务票照、印花、验证、戳记，其种类样式、内容及使用方法、管理手续，均由两边区自行规定，分别制用。

第十七条　凡有关税务缉私奖金事宜，两边区得根据各该区情况及习惯分别办理。

第十八条　本细则在执行中如有遇到困难时，两边区最高税务机关得随时协商解决，以命令行之。

第十九条　本细则自公布之日施行。

选自《陕甘宁革命根据地工商税收史料选编》第六册（1946—1947年），陕甘宁革命根据地工商税史编写组、陕西省档案馆编印，陕西人民出版社1987年版，第156～160页。

4. 陕甘宁边区营业税暂行条例

1946年4月24日第三届参议会第一次大会通过，1946年12月11日公布

陕甘宁边区政府关于执行营业税暂行条例的命令

各专员、县（市）长：

兹将陕甘宁边区第三届参议会第一次大会通过之陕甘宁边区营业税暂行条例随令公布，希即遵照执行为要！

此令！

主席　林伯渠

副主席　李鼎铭　刘景范

1946年12月11日

陕甘宁边区营业税暂行条例

第一章　总则

第一条　本条例依据和平建国纲领经济财政类第十一条及陕甘宁边区施政纲领第十三条之规定制定之。

第二条　营业税由边区政府依条例统一征收，各级政府不得重征或附加。

第三条　营业税就商民之纯收益以货币形式征收之。

第四条　营业税的征收由边区政府以命令行之。

第二章　征收范围

第五条　凡在边区境内没有固定地址经营工商业者，不论公营或私营，均须交纳营业税。

第六条　凡在边区境内从事临时营业者，不论公私，均须交纳临时营业税。

第七条　凡商人在边区内外均经营有工商业者，征收营业税仅征其在边区内之部分，在边区外之部分，不得计算征收之。

第八条　凡商人在边区内两处以上地区均经营有工商者，征收营业税采取属地分别征

收之。

第九条　凡从事农业兼营工商业者，除农业部分依照农业税条例征收农业税外，其兼营工商业部分，须依照营业税条例征收营业税。

第三章　征收标准

第十条　营业按其纯收益多寡，本累进原则，每半年（6 个月）征收一次，不满半年者，按月计算征收之。

第十一条　营业税以每户半年所得纯收益多寡计算征收之。

第十二条　营业税起征率为 2%，最高率为 30%。起征额暂为券洋 2 万元，最高累进额暂为券洋 250 万元，250 万元以上不再累进。其累进额必要修改时，由边区政府命令行之。

第十三条　临时营业税每批交易额以千分比计算征收之。起征率为 5‰，最高率为 30‰，起征额暂为券洋 2 万元，最高累进额暂为券洋 125 万元，125 万元以上不再累进。其累进额必要修改时，由边区政府命令行之。

第十四条　不论公私营业，须于满半年后最初之 10 日内将该号本半年度营业总额现纯收益报告税务机关，不得隐瞒。

第四章　减征免征

第十五条　甲、下列之营业得予免税：

（一）凡纯系供给性质之公营工厂及政府奖励发展之公私纺织、造纸、开矿、冶金、弹花、弹毛、制砂糖等企业者。如兼其他经营时，则所兼之其他经营，不在免税之列。

（二）鳏寡孤独、老幼残废无所依靠、及贫苦之小商仅能维持其生活者。

乙、下列之各类性质经营，得分别依应征额减征。

（一）属于机关部队学校之各种经营者，一律按 8 折减征。

（二）凡经政府登记之生产合作社，一律按 5 折减征。

（三）属于合股性之小本经营者，按 8 折减征。

（四）有益边区生产之发展，同时靠自己直接劳力经营之各种小手工业，得予分别减征，其种类如下：

铁匠 4 折减征；铜锡匠、各种机械修理、毡匠、毛毛匠、打麻绳、制毛巾袜子、油坊、丝织业、成衣匠、大车厂、木工、熟皮①业、理发馆、马掌匠等，一律按 6 折减征。

以上第（四）项之各种减征，如兼其他经营者，则所兼之其他经营不在优待之列。

第十六条　因遭灾害而损失者，得酌量减征或免征。

第十七条　退伍残废军人经营，得酌量减征或免征。

第五章　惩罚

第十八条　商人如有下列违法行为者，得分别处罚之。

（一）私自营业，不向政府登记，领取营业许可证，及伪造账册或用其他方法偷税者，送交司法机关办理之。

① “三秦财经史版”漏一“皮”字。

（二）凡无故延期藉词推诿不交税款额过限期 10 天者，得酌情处以应征税额 5%到 15%之罚金。

（三）抗不缴纳者，送交司法机关办理之。

第十九条　税务人员执行任务著有成绩或违法失职时，悉依政务人员规约处理之。

第二十条　税务人员如有不法行为，人民有向政府告发之权。

第六章　附则

第二十一条　本条例实施细则另定之。

第二十二条　本条例自边区政府公布之日施行。

第二十三条　本条例公布后，民国 33 年营业税暂行条例即行作废。

选自《解放战争时期陕甘宁边区财政经济史资料选编》下册，陕甘宁边区财政经济史编写组、陕西省财政厅财政科学研究所、陕西省档案馆合编，三秦出版社 1989 年版，第 345～348 页。简称“三秦财经史版”。

互校版本：

1.《陕甘宁边区第三届参议会第一次大会汇刊》，1946 年第三届参议会常驻会编印，第 118～123 页。

2.《陕甘宁革命根据地史料选辑》第三辑，甘肃人民出版社 1983 年版，第 136～139 页。

3.《陕甘宁边区法律法规汇编》，三秦出版社 2010 年版，第 392～393 页。

5. 陕甘宁边区政府、联防军司令部战时严禁“法币”行使办法

1946 年 12 月 22 日①

为贯彻边区境内以边币为本位币，藉以巩固边区金融，支持自卫战争到最后胜利，特制定本办法。

（一）边币（流通券）确定为边区之合法货币，凡边区境内一切公私款项之收支，交易、讲价、记账、票据、债务之清理等，均须以边币（流通券）为本位币。

（二）严格禁止“法币”在边区境内行使。

（三）凡藏有“法币”，而一时不出边区境外购货者，须将所藏“法币”，持向边区银行或货币交换所兑换边币（流通券）。

（四）凡私藏“法币”因正当用途欲携带出外者，须至各地交换所申请领取“法币”出口证，在边境尚未成立交换所地区，须取得当地政府之证明文件，始准携带出口。

（五）凡因正当用途需用“法币”者，得照章向各地交换所兑换，并取得“法币”交换证，始准携带出口。

---

① “陕西工商版”“三秦法律法规版”标作“1946 年 12 月 31 日”，“甘肃史料版”标为“1947 年 1 月 8 日”。

（六）进口客商所携带之“法币”，由住宿店、栈负责通知客商到交换所兑换边币（流通券）行使，否则一经查出，各该店、栈须分担客商行使“法币”之处罚。

（七）过境客商所携带之“法币”，限于入境地交换所兑换边币（流通券）。出境时在出境交换所兑换“法币”，违者依法论处。

（八）凡有下列行为之一者得分别给予处罚。

甲、自由行使“法币”等，买卖双方钱货一律没收。

乙、违法携带之“法币”，除强制兑换边币外，得科百分之五十的罚金。

丙、凡携带之“法币”与交换证不符时，均以违法携带论。

（九）凡群众报告查获之罚金及被没收之“法币”于兑换后，钱货百分之五十交公，百分之三十归报告人（或扭送人），百分之二十归查获人。

（十）被没收之钱货，均以各级政府正式收据为凭，任何人不得借故私出凭据，混淆手续，否则以破坏金融论罪。

（十一）税局检查站及政府公安机关始有检查权，其他军民人等不得自由搜查，但发现使用或私带法币时有密报与当场扭送之权。

（十二）检查机关人员，只限于市场上，税卡上与政府指定之检查站口，进行检查职务。检查时必须携带证件出示，不得进家翻箱倒柜，随便拦路搜腰，否则被检查人有权拒绝检查，并可向政府控告。

（十三）如发现假公济私，诬陷敲诈，乱行没收等行为者，被没收人得依法控告，各级政府须依法受理，彻查严办。并保证由没收人赔偿被没收者损失之财物。

（十四）本办法自公布之日施行。

选自《陕甘宁革命根据地工商税收史料选编》第六册（1946—1947年），陕甘宁革命根据地工商税史编写组、陕西省档案馆编印，陕西人民出版社1987年版，第224～225页。简称“陕西工商版”。

互校版本：

1.《陕甘宁革命根据地史料选辑》第三辑，甘肃人民出版社1983年版，第215～216页。简称“甘肃史料版”。

2.《陕甘宁边区法律法规汇编》，三秦出版社2010年版，第252页。简称“三秦法律法规版”。

6. 陕甘宁边区政府联防军司令部战时管理白洋行使办法

1946年12月22日①

（各分区可本此精神依不同情况，另拟办法，经边区政府批准后施行之。）

① “甘肃史料版”标明公布时间为“1947年1月8日”。

为确立边区境内以边币（流通券）为本位币，藉以稳定金融，支持自卫战争到最后胜利，特制定本办法。

（一）陕甘宁边区银行之边币（贸易公司商业流通券）定为边区本位币，禁止白洋在边区境内行使。

（二）白洋准许民间储藏。

（三）凡以白洋作价，讲价记账，填写票据，清理债务，交易买卖，均为不合法行为，于涉及诉讼时政府概不受理。

（四）政府授权边区银行为买卖白洋机关，其他任何机关团体个人，不得藉故自由买卖。

（五）凡有特殊用途欲携带白洋出境过境者，须持有银行之白洋通行证，没有银行之边境地区，须取得当地政府之证明文件，始准通行。

（六）凡有下列行为之一者，除将所有白洋强制兑换外，得以情节轻重，科以百分之十到百分之三十的罚金。

甲、市场行使白洋者。

乙、自由携带白洋出境者。

丙、所携带之白洋与通行证不符者，其多带之数，以违法携带论。

（七）凡群众报告查获之罚金，以百分之五十归政府，百分之三十归报告人（或扭送人），百分之二十归查获人。

（八）税局检查站及政府公安局始有检查权，其他军民人等不得随便检查，但发现使用或私贩白洋时，有当场扭送或密报之权。

（九）检查机关人员只限于市场上税卡上与政府指定之检查站口，进行检查职务。检查时必须携带证件出示，不得进家翻箱倒柜，随便拦路搜腰。否则，被检查人有权拒绝检查，并可向政府控诉。

（十）被罚之罚金，均以各级政府正式收据为凭，任何人不得藉故私出条据。如发现检查人员有假公济私，中饱贪污或诬陷敲诈等情事，被检查人得依法控告，各级政府须依法受理，彻底检查严办，并保证没收人员赔偿被没收者损失之财物。

（十一）本办法自公布之日施行。

选自《陕甘宁革命根据地工商税收史料选编》第六册（1944—1945年），陕甘宁革命根据地工商税史编写组、陕西省档案馆编印，陕西人民出版社1987年版，第222～223页。

互校版本：

1.《陕甘宁革命根据地史料选辑》第三辑，甘肃人民出版社1983年版，第217～218页。

2.《陕甘宁边区法律法规汇编》，三秦出版社2010年版，第251页。

7. 陕甘宁边区税务缉私规章

1946年12月30日修正[①]

第一条　本规章根据陕甘宁边区货物税条例第五条与第二十五条之规定制定之。

第二条　凡应税货物之查验与违禁物资之查缉由税务机关统一办理，必要时税务局得临时委托妥适之个人或团体人协助查缉工作，但受委托之团体或个人，均须遵守本规章之规定。

第三条　凡公私客商贩运之出入境或过境货物，税务机关均有权检查，运货人不得拒绝。

第四条　税务机关之稽查人员，如查出偷税货物或违禁物资时，应将人货送交所属税务局（所）照章处理，稽查人员不得自行处理。

第五条　凡已纳税货物或经财政厅批准免税之货物，如税票证件与货物相符，即可自由运销。

第六条　税务稽查人员进行检查职务时，必须带有税务总局制发之缉私证（必要时税务机关可写证明文件），否则被检查人有权拒绝检查，并可向政府控诉。

第七条　缉私奖金分配办法如下[②]：

（一）因报告而查获之漏税货物，以该货之估价总值百分之三十奖给报告人，因报告而查获之违禁物资，以该货之估价总值百分之二十五奖给报告人。

（二）缉私奖金由执行罚款之税务机关发给，领款人须填写收据备查。

（三）因报告而查获之漏税货物，只补税未罚款者，税务机关对于报告人得酌情给予奖励（最高不超过应税额百分之五）。

（四）凡事先向税务局（所）或税务人员报告（书面、口头均可）并协助办案缉获者，得给本案奖金三分之二，其余三分之一归办案局（所），作为公积金。

（五）协助缉私人员办案，有功绩者，发给本案奖金额之一半，其余之一半归办案局（所），作为公积金。

（六）将走私人货一起送交税务局（所）者，得本案奖金之全部。

（七）税务人员查获走私案件之罚款，全部解交金库。

第八条　各税务局（所）每月月终应将本月查缉案件、没收品类和数量、罚款及奖金数目列表呈报税务总局。

第九条　本规章由边区政府公布施行。

（注）税务机关查获之货币、毒品一律送当地缉私委员会处理，其群众密报应得之奖

---

① “三秦财经史版”标作“12月16日”，“陕西工商税收版”载有“12月30日胜字第15号”公布本规章的命令。两者基本相同，后者对第七条奖金分配办法有所修正。

② 两种版本奖励分配办法，不尽相同，此处采用“陕西工商税收版”。

金亦由缉私委员会酌情发给。①

选自《解放战争时期陕甘宁边区财政经济史资料选编》下册，陕甘宁边区财政经济史编写组、陕西省财政厅财政科学研究所、陕西省档案馆合编，三秦出版社1989年版，第344～345页。简称“三秦财经史版”。

互校版本：

1.《陕甘宁革命根据地工商税收史料选编》第六册（1946—1947年），陕甘宁革命根据地工商税史编写组、陕西省档案馆合编，陕西人民出版社1987年版，第231～232页。简称“陕西工商税收版”。

2.《陕甘宁边区法律法规汇编》，三秦出版社2010年版，第412页。标明制定时间为“1946年12月30日”。

8. 陕甘宁边区审计暂行规程（草案）

1946年

第一条　边区各级预决算审计悉依照本规程执行之。

第二条　审计机构如左：

（一）审计机构分为边县两级，边区审计最高权力机关为边区审计委员会。县级审计机关为各县（市）审计委员会。

（二）各第一级机关，直属机关预决算由该级机关自设审计人员进行初步审核。

（三）稽查各机关收支上之违法行为，审计之程序依据预决算暂行规程程序执行之。

第三条　各级审计职权如左：

（一）审核各机关之预决算。

（二）调查研究各种有关供需上之实际情况。

第四条　审计机关对于各级机关预决算之审核，应根据法定人员、马匹，供给标准及政府核定之事业计划。

第五条　各机关须按期编造年度、月份或季度预决算。决算应付原始单据送交审核机关核审。

第六条　审计机关对各机关之预决算，如发现疑问时，得行文查询并限期答复。

第七条　审计机关审核各机关之决算及原始单据时，认为有不正当者，得行文向该机关首长提出处理意见。

第八条　审计机关因审计必要时，有权询查各机关之人员马匹，及各种有关之证件。

第九条　审核机关对审核完事项如发现有差错重复、遗漏、伪造等情形者，得再行重核更正。

---

① “陕西工商税收版”无此“注”。

第十条　审计机关对各机关收支事项之审核，必要时得派人员，就地审查或委托专人办理之。

第十一条　边区审计委员为进行上述事务得设审计室，为办事机关。县（市）之日常审计事务，得委托县（市）财政科办理之。

第十二条　本规程自公布之日施行之。

原注：本规程颁布时间为分析时间。

选自《中国革命根据地审计史料汇编》，中国审计学会审计署审计科研所编，北京工业大学出版社1990年版，第27～28页。

9. 附［政策研究］：刘景范同志关于建立边区审计制度的意见

1947年1月12日

贾拓夫同志：

为建立边区的审计制度，经西北局与边府正式决定成立了审计处，究竟审计处之职权范围如何？制度如何建立？工作如何进行？均未决定，尤其在今天的财政情况下，在该项制度与工作之建立上，我以为有些有关的原则问题，如得不到解决，则审计工作很难进行，故提出以下意见，请考虑决定。

一、有关的几个问题

几年来边区在发展生产保证供给的方针下，获得解决财政问题的很大成绩，但由于机关部队的自给生产，统一领导与分散经营的方针未能贯彻，财政筹支的方针不明确，与财政制度未建立，故在财政上发生了许多严重的紊乱现象：如在筹款时不顾政策，不择手段，开支时无限制的启用，铺张浪费，苦乐不均等。

这样实际上已形成在财政上无法掌握的各自为政与极端分裂的现象。这种情况，已证明在平时不能长久支持（不仅阻碍了财政制度之建立，而且也在破坏着政治、经济、军事、文化等制度），一旦到了战时，必因战争的关系（开支扩大、收入大减、大公垮台、小公倒闭），造成财政上严重危机的局面，这点，我们要有足够的认识，并要立刻设法纠正，力争减少这种危机，但已经习久成风，纠正固然是一件不容易的事，然而如果我们有决心有办法，虽不能刻日见效，而逐渐好转是可能的。

纠正方面很多，不过基本问题有三：其一是贯彻生产节约，其二是建立财政制度，其三是领导与组织之保证，三者缺一不可。其方针与办法如下：

第一生产方面：生产方针，基本上仍应该是以生产解决财政的方针，贯彻统一领导，分散经营的原则。

所谓统一领导，就是机关部队的生产，均应在党的财政经济政策与政府的法令和边区财经主管机关总筹划的意志之下，进行生产。所谓分散经营，就是各机关部队，按照所在地的具体情况与条件进行生产。此两条以前者为主，现在许多机关部队，不照顾统一领

导，因而只强调分散经营，不顾财政政策与政府法令，专以投机走私为能事，破坏了边区财经政策与财经机关的筹划，也就是破坏了统一领导与分散经营的原则，这种错误，如不彻底纠正，则以生产保证供给的方针是无法实现的，要纠正，必须按各机关部队的具体情况与生产条件，明确规定其生产任务，同时这种任务既经规定后，必须完成，若因情况与条件变更而更改生产任务时，亦须经过财经主管机关之批准，否则应按所担负之生产任务扣发经费，但规定生产任务时，必须依照下列原则：

（1）需要、可能与合算（该生产机关本身生活上的需要及该生产机关在人力物力上可能，大公、小公经济上合算）。

（2）生产对象应以农业和手工业为主，正当商业为付，在此原则下按各机关部队的具体情况，进行种菜、种麻（榨油），养猪羊，驼盐、砍柴、烧炭、做鞋袜及开店铺等。除作战部队和无力生产的机关外，一般机关部队，以上述生产方法担任其全部或部份（分）菜、肉、油、盐、柴、炭、鞋袜及该机关部队人员的日常用品，和办公什（杂）支的生产任务是可能的（如边府警卫连的经验），具体任务由财政厅会同联防后勤规定。

这样做，不仅是能够解决财政上很大的困难，而且实际上增加了边区的物质力量（因有近万人参加了生产），对于政治、经济、文化都有极大的好处。

第二财政方面：

1. 我们没有贯彻以生产解决财政的方针，因而收不敷支，赤字日增的困难无法解决。四六年大公所支出的经费×××万万元流通券，因部队机关四六年自给任务减少了，赤字×××万万元流通券，小公也支出了很大的数目（虽具体数目不详，估计与大公支出数目差不了多少），大小公支出如此之大，其原因除应该支出的外，一部分确因无制度而铺张浪费了，大部分因物价上涨之关系，实际上就是吃了没生产实物（自己需要的东西）之亏。

去年十月后物价的猛涨，虽有其他原因，但主要原因是实物的供不应求（由七万人猛增到十万人）随物价猛涨的财政支出扩大也是十月后最多，照此长期下去，问题更加严重，因此必须坚决实行以生产解决财政的方针。

2. 财政筹支的方针过去欠明确的规定，照现在筹支情况看来，可以说是统筹统支与分筹分支兼用的方针，在这样的方针下，所产生的问题：（一）大小公的筹支任务不明，筹款时互相争利、支付时互相推掩（脱）。（二）互不信任，互相隐瞒。（三）下面凭良心报账，上面看情况付钱，这样既无法建立预决算制度，更无法进行审查，只有靠党性，凭良心办事的人治财政，只能暂时的维持，不能长久下去，为此，我提议在财政收支上应明确的规定为量入为出与量出为人兼顾，筹款时以量出为入，开支时以量入为出，重要的事业费是以量出为入，次要的事业费是量入为出，在此方针下实行分筹统支，其办法：（一）大公与小公的筹款方向与任务明确的划清，大公筹款的方向：①各种正税。②公营企业盈利没收品（包括战争胜利资财）。小公筹款方向：①生产，②节约。（二）大公小公开支的任务，按筹款任务明确划清，大公负担的小公不负担，小公负担的大公不负担，（具体照生产任务规定）。（三）实行小公筹款的包工制与超额奖励的制度，因生产不能完成任务，生活困难，责在自己，生产超过，得到奖励，而改善了生活是合法的，这样分筹统支，对小公生产可能发生消极作用，但有可包工的任务和奖励的刺激，不致影响其筹款的情绪。

3. 建立预决算制度与审计制度。预决算制度与审计制度，现在可以说是完全未建立，（虽然各处向大公领款领粮时，非先拿出预算来不可，但此种预算是一张讨价还价的交易单，实际意义不大）因而财政收支上毛病易出的原因亦在于此，要真正做到收支合理，建立预决算制度与审计制度是必要的。但如何能够建立，在现在的情况下首先要做到：（一）切实了解各机关部队的资财，生产能力及生活情况。（二）具体的规定各机关部队的生产任务。（三）统一制定机关部队的生活办公等费用的标准。（四）按需要与先后缓急规定军事、政治、经济、文化等建设费的比例。在上述四点做好的基础上，所建立起来的预决算制度和审计制度，才能得确实与合理，至于预决算与审计制度之本身现存的许多问题，如会计人才，账簿表格，精确的统计，严密的手续等，都需要主管机关很好的研究解决，才能顺利的建立这个制度。

第三领导与组织问题，此问题实际上今天是最大的问题，就是有许多领导机关和领导同志还未感觉到财政问题是长期战争中最困难的问题，也是一个最艰巨的任务，完不成这个任务，战争胜利没有基础，同时这个同题的解决不完全决定于一个机关或某几个同志的努力，而是各个领导同志和全党的努力，正因为许多领导同志对此问题认识不深刻，所以产生以下的问题：（一）一般领导多、具体领导少。（二）强调搞通思想，忽视制度建立与松懈了纪律的配合，这样一来，尽管有很好的政策方针，仍落个纸上谈兵。现在我们在财政筹支上许多毛病。绝大部分不是关于方针上的错误，而是出于领导同志和领导工作与制度纪律不能贯彻的原故，因此特别在今天财政的工作十分紊乱的情况下要贯彻财政方针与制度，更需要强调以组织领导作保证，至于如何使组织领导能起应有的作用，必须：（一）使各级领导同志认识目前财政困难之严重与治理财政之重要性，以身作则，领导此项工作。（二）划清任务，分工负责（如属于大公筹款支付与建立制度等任务，由边区领导机关负责，属于各分区各县或各部队机关的筹支及建立制度等任务，由各分区各县或部队机关领导机关负责）。（三）各领导机关依其任务进行具体领导，调查研究，精密计算，订出完成任务的计划，进行细密的组织工作等，以完成其任务。（四）实行严格的奖惩制度，凡能依照边区筹款支付的方针和遵守政府法令，完成生产任务，建立财政制度者奖，凡破坏了政策之法令与制度或贪污浪费者罚，并颁布奖惩条例施行。只要上述方针与制度能够建立，全部的审计制度方能建立。

二、建立审计制度本身的问题

（一）审计机关的权限范围：

许多负责同志均感觉在今天的财政情况下，需要成立审计机关，建立审计制度。但对于审计机关之职权，各有不同见解。有主张财经办事处和财政厅均为筹款机关，审计处为支配机关。有主张为了不妨害财政统一，审计处只能是帮助财政厅进行各机关部队预决算之审计，以建立财政制度的技术机关。前者是把办事处的麻烦推给审计处，权虽大而不能解决问题，后者似乎太消极，作用亦小。因此，我以为边府审计处，应该成为审查边区财政收入与支出之主管机关，在边府的财政方针与制度之下，进行边区一切财政收入（包括机关部队之生产收入）和支出（包括小公的支出），均应经过审计机关按期审查，审查后提出意见，呈边府批准后交财政厅执行。但此项审查，只限于各级的府和部队系统，至党民系统，应由各该组织成立审查委员会审查之。这样，边区审计处之任务：

第一，按季审查政府各项税收的数额与各机关部队生产的收入数额及是否合乎政府政策法令。

第二，按季审查各公营企业之生产方针及盈亏等，是否合乎政府之政策与计划。

第三，审查政府税收机关与检查机关的没收物资及部队的战利物资是否合乎政府的政策法令，与数量之统计。

第四，审查政府与军队的经常预决算（掌握人员马匹）与临时预决算（预算是否合乎规定，开支有无弊端）。

第五，上三项审查结果，向政府呈报，向财政机关提出意见。

第六，稽查各机关部队在筹款（包括生产）、开支中的违法行为，并向司法机关提出检举（包括团体与个人）。

第七，了解各机关部队的生产（包括家务）及收支情况。

第八，建立各种必要的制度，如审计、会计、预决算等制度；制定各种条例规程；统一账簿表式。

（二）建立审计机构：

（1）政府系统，边府设审计处，县设审计室，乡设审计委员会，专署设审计员，专管分区一级审计，区级之审计工作，归县审计室直接办理。

（2）军队系统的审计工作，应在各级政委政治机关内设立进行检查监督之。联政设审计部，旅政设审计科，团政设审计股，营设审计员，连队选举审计委员成立审计委员会，主任委员由指导员或支部书记兼理。

（3）边府审计处应成为边区了解情况与审查财政收支（包括生产）的最高权力机关。

（4）联政之审计部要在边府的财政政策与制度之下进行工作，应接受边府审计处交给审查部队经费收支的任务，并将审计情形按期报告边府审计处，以便核定。

（三）开展审计工作的步骤与方法：审计制度在今天的财政情况下，要彻底建立起来是不可能的，尤其是战争环境更加困难。因此，目前的希望，只能是根据条件与力量，从几项重要的工作做起，逐渐进行，由没基础到有基础，由局部到全局。因此，今年上半年的任务只能是：（一）起草颁发审计的条例规章；（二）建立起军政的审计机构；（三）分别召集审计人员会议研究业务、布置工作；（四）审查了解各机关部队之家产；（五）审查四七年的预算。这五项工作中，必须抓紧，以了解各机关部队家务为主。但上述任务是不容易进行的，尤其是了解家务与审查开支、建立制度等，非有机关部队的首长负责亲自动手，则行不通。因此，我希望由西北局，边府、联政各方面召集会议，先行动员或发出指示。严令执行，同时集中力量先在某一单位试行，取得经验推广之。

我对财政与审计工作尚无经验，所提出的以上意见，亦不成熟是否有当，请考虑指示。

刘景范

一月十二日

选自《中国革命根据地审计史料汇编》，中国审计学会审计署审计科研所编，北京工业大学出版社 1990 年版，第 368～371 页。

10. 西北财经办事处关于统一陕甘宁和晋绥边区金融货币的通知

1947 年 11 月 12 日

为统一陕甘宁晋绥边区的金融货币，西北局已确定以西北农民银行发行之农币为西北解放区之本位币，而以陕甘宁贸易公司发行之流通券作为辅币，兹规定：

一、河西流通之贸易公司商业流通券与河东流通之西北农民银行的农币其比价定为券币壹元换农币壹元，准其互相流通，不得拒用。

二、贸易公司、银行及一切公私营业机关商店，凡一切记帐（账）讲价清理债务等今后均应以农币为本位，逐渐推行到群众中去。

选自《解放战争时期陕甘宁边区财政经济史资料选编》下册，陕甘宁边区财政经济史编写组、陕西省财政厅财政科学研究所、陕西省档案馆合编，三秦出版社 1989 年版，第 45 页。

11. 陕甘宁晋绥贸易公司西北农民银行关于畅通贸易稳定金融的方案

1947 年 11 月 18 日

一、推销肥皂，输出黄金、白洋、白银，换进军民必需物资。河西在西面南面主要推销肥皂，争取物资与黄金。

首先肥皂采取半倾销，以打开销路，扩展肥皂市场，同时从宜川与陇东一线吸收麦子、小米与杂粮，在宜陇主要以食盐换粮，并组织人民的食盐与粮的对流。河东在东面输出黄金，争取棉花进口，其次换布匹等日用必需物资。

今冬与明春应输出黄金 2 万两到 2. 5 万两，棉花要收入 400 万斤（全由河东收买），在东路汾河沿岸要吸收粮食进来，解决军民需要。

二、组织公私运输，恢复商运。

首先调剂物资，使之对流。

河西的食盐、碱、驴、骡、羊、牛、皮毛、药材运向河东，粮食运至警区。河东的铣、铧、棉花、布匹、洋火运向河西。

其次恢复骡马店与运输站。

第三，在河西恢复集市，建立贸易网，便利人民交换。

第四，从速公布农币为本位币，券币为辅币，券币与农币合流其比价定为券币一元换农币一元，以沟通河东与河西物资互相对流。

三、加强肥皂缉私，严格禁止白洋敌币的行使。

严格管理外汇及出入口物资。

这应规定为党政军全体人员的当前任务之一，党政军机关人员应起模范作用。

小公家务从速登记，由财厅接收商店，再不准其囤积物资，进行投机。改造后，恢复营业。

公司的商业部门在物资缺乏时，不准囤积大批物资，对于农民群众及脚户应尽量调剂供求，以回笼本币，同时要□……（此处脱落 23 字）

四、在目前首先应稳定陕边的金融。

因为运输困难，物资一时接济不上，而大军云集，开支浩大。为保证军队供给及活跃国民经济，尚须在警区随行市出售极少部分黄金，但只准两以下为限。各分公司、分行所在地可设银楼，以收集的元宝制成装饰品，用具配备饰金零售，以协助稳定金融。

在三分区、九分区黄河沿线，要筹集棉花、布匹，粮食及日用必需品，随市价出售，回笼本币，拒收黄金白洋，在短期内需提高本币 20～30%，最低也要做到相对的稳定，以便河西提高物价，便利物资对流。

五、由粮食局在主要市镇可用粮店形式，设立粮食调剂处，兼收斗佣，掌握粮价，推行本币（本月 31 日提出，11 月 18 日公布）。

本方案经西北局批准，特将原件公布之，发至地委专署与分公司一级，望各依据具体情况分别讨论执行。

选自《解放战争时期陕甘宁边区财政经济史资料选编》下册，陕甘宁边区财政经济史编写组、陕西省财政厅财政科学研究所、陕西省档案馆合编，三秦出版社 1989 年版，第 46～47 页。

12. 新解放区财政税收政策实施暂行办法草案

1947 年陕甘宁边区政府制定

第一条　为了彻底废除官僚地主剥削，发展大众经济，支援自卫战争，特制订本办法。

甲　关于财政：

第二条　接收与没收敌伪战犯、官僚反动地主之一切金银财宝、军用被服、粮食仓库、动产与不动产，均应交由政府作为财政收入，以供军需，其接收办法另定之。

第三条　凡调往新区之部队、机关、学校的粮食经费与被服，应尽量就地筹措解决，如遇有特殊困难者，可由边区酌情给予补助。

第四条　厉行决算与公库制度。凡财政一切收入，统一交给公库，任何部队、机关、学校均无擅自支用之权。凡需领取之部队、机关与学校，必须根据实有人数，依规定标准按月或按季编造预决算，送交供给机关审核批付。

乙　关于税收：

第五条　为减轻人民负担，凡新解放区的一切税收，依下列办法处理之：

一、所有一切旧税、苛杂与募捐，应一律通令宣布废除。

二、如有旧税现正进行而未终了者，应设法求得合理解决。

三、因当地特殊情形，某类税收一时难于取消者，须经工作委员会之批准，并转呈边府备案，始为合法。

第六条　力行合理的税制。商人负担营业税、农民负担农业税，除减免者外，一切货物征收货物税。各级政府机关、部队凡未经工作委员会或边府之批准，均无权擅自修改税制，增减税额，以及自行捐募摊派。

第七条　厉行出入口物资管理，凡奢侈品的入口，一律加以禁止，消费品一律重税，必需品进口予以奖励。惟一切货物出入，必须查验登记，严防走私偷漏。

第八条　保护内地市场正当商业的发展，对于已入境之奢侈品与消耗品，应采取以下办法处理之：

一、限期登记拍卖；

二、向外推销换入必需品；

三、逾期未出售者一律没收。

选自《陕甘宁革命根据地工商税收史料选编》第六册（1946—1947 年），陕甘宁革命根据地工商税史编写组、陕西省档案馆编印，陕西人民出版社 1987 年版，第 465～466 页。

13. 陕甘宁边区与晋绥边区通汇及兑换暂行办法

1948 年

一、双方均施行单一货币制，晋绥边区禁用流通券，陕甘宁边区禁用农币，一切交易往还尤其不以银洋为媒介。

二、为沟通两个边区的经济关系，双方银行总分行间均行通汇及兑换，沿河两岸交界处所有金融机构，以边区螅镇办事处晋绥离石支行均须以流通券与农币随时兑换，在正常状态下尽可能做到不加限制。

三、通汇与兑换比价，一律以流通券与银洋及农币与银洋的主要市价为计算标准。(一) 具体汇价各行收汇时依照当地及付汇地点市价自行决定；(二) 兑换比价在常态下交界处，由双方最接近的支行办事处或交换所随时商定，报告其上级分行，遇金融波动或发生争议时，须一律取得分行同意后方可改变比价。

四、汇费由收汇行自行决定。

五、为确定适当汇价及比价，双方总行及临县与绥德分行间，必须电告银洋市价，平时五日或十日一次，如遇波动则随时通告。

六、延安、兴县、临县、绥德收汇付汇每次以流通券或农币（百万元为最高额，其他各地以三十万元为最高额，在此限度一半以下者见票或凭票即付一半以上者见票三日即付）。

七、双方汇款不限差额，而算利息每宗汇款自付汇之日起按月计息。

八、遇到金融波动或付款行无力支付时，可以暂时停止汇兑。

九、双方汇款均集中总行记账，每月必抄寄对账清单，以便彼此核对账目。

十、清理汇差及兑换差额不定期限，需要时可以随时办理。

（一）清理采用按照市价兑换办法所剩余额以实物偿付。

（二）总清理集中于双方总行，每年至少进行一次。

（三）沿河两岸贸易如不相抵，可采用借款或由绥德与临县分行兑换办法取得出超区货币以供人民兑换。

十一、双方总行必须各自转其总分行主要负责人签字盖章之印鉴片汇集成册，分发双方各行以凭核。对汇票上之印章签署如各行负责人员有个别调动时必须彼此通知并补发新印鉴片。

十二、本办法业经双方同意采用，日后如有修改之处，仍须双方商得同意。

附：法币兑换批核临时办法

一、遵西北局决定，各机关、学校、部队凡以法币来行兑换边币者（土产盐业公司亦同此），除按牌价兑付外，并以牌价与黑市之差价的百分之七十作为贴水支付。

二、法币兑出，在延安暂以物资局或其代理部门购买必需品酌所需之边法币及售出该项必需品之外商返回时之路费为限，但必须取得物资局及其代理部门之证明凭证始可。

三、各机关、部队、学校之法币兑换暂以书报费，工作人员必需的寄往友区之养家费为限。但需另收牌价同黑市差价之百分之七十的贴水介绍邮政汇兑者，除汇金汇水按牌价在邮局交付外，银行亦照收此项贴水并须取得各机关、部队、学校首长之证明文件。

四、小手工艺工人，难民兑回家之养家费及回家之路费等须经政府或商会转政府介绍始可酌量兑给之，办法同前。

五、三、四两条所规定之汇兑金额，每人每次不得超过五千元，超过者须由行长批准。

六、中华邮局出售邮票收入之边币，经查核后，可按牌价兑给法币。

七、电报局每日所收之边币报费，可按牌价兑给法币，但需将原报费收据送来查核无误后始可。

八、经行长特别准许兑换及免收贴水者不在此限。

九、黑市价格应以物资局物价作标准（即边币物价同法币物价之比例）。

选自《陕甘宁边区政府文件选编》第十二辑，档案出版社 1991 年版，第 349～350 页。

互校版本：《陕甘宁边区法律法规汇编》，三秦出版社 2010 年版，第 423～424 页。

14. 陕甘宁晋绥边区货物税暂行条例

1948 年 2 月 10 日

陕甘宁边区政府颁发“陕甘宁晋绥边区货物税暂行条例”命令

各专员、各县长、各级税务局长：

兹制定“陕甘宁晋绥边区货物税暂行条例”随令颁发仰即遵照执行为要！

此令！

主席　林伯渠

副主席　杨明轩　刘景范

1948年2月10日

陕甘宁晋绥边区货物税暂行条例

第一章　总则

第一条　本条例为加强对敌斗争与保障人民经济发展及依据独立自主自力更生之精神制定之。

第二条　本条例以货物为征收对象，凡应税货物均须依照本条例一次征收之（应税货物表附后）。

第三条　凡出入境货物及过境货物之一切管理事宜统由各地税务机关办理。

第四条　凡有关税务及违禁物品之查缉事项，统由各地税务机关及委托之缉私机关办理。其他任何部队机关团体或个人均不得随意检查或没收。

第五条　凡应税货物除经边府批准减免者外，不论公私商贩均须照章纳税。

第六条　凡美国制造之一切货物，除经边府特许入境者外，一律禁止入境。

第二章　税则

第七条　应税货物悉依下列规定办理。

〈一〉凡运销边区之应税货物，不论在境内销售或运往边区以外销售者，均须依照入境货物税税率表征收之，税率表见附表（一）。

〈二〉凡边产货物应征税出境者，悉依出境货物税税率表征收之，税率表见附表（二）。

〈三〉凡边区土产在本区销售之应税货物，悉依边区产品货物税税率表征收之，税率表见附表（三）。

第八条　凡出境之有税货物，均须于起运地报验纳税，如在中途销售者，概不退税。

第九条　本边区与各解放区间之货物税规定如下：

〈一〉允许入境之应税外货，经邻区运往本区者，如在邻区已纳入境税者，其税率不论低于本区或高于本区入境税率均不得补退税额或再征税费。

〈二〉如邻区允许入境、我区禁止入境之外货，须经边府批准方得特许运入或过境，但严禁在本区出售。

〈三〉本区土产品经邻区运往敌区时，应在起运地缴纳出境税或邻区土产品运入本区后再运敌区时亦应在起运地（再转运地）缴纳出境税，如在产地已纳出境税者，本区不得再征出境税或补税。

〈四〉凡同类土产品在邻区无税，本区应税者运销本区时得按本区土产品税率征税。

〈五〉邻区已税之土产品，除烟酒迷信品外，得在本区自由运销本区不得再征税费。

第十条　凡在境内免税或无税运销之货物，如在中途改运出境者，应在当地或就近税务机关报请查验，并按出境税率表办理手续后，方可出境。

第十一条　本条例附表所列应税货物征税时均依从价征收，必要时得从量征收之。

第十二条　应从价征收税之货物，由分区估价委员会根据该区中心市场现行市价，按

30%折算，估定纳税价格通知该区各税务机关遵照执行。

第十三条　凡经边区政府批准免税或减税之货物，运销时须领取边区最高税务机关之证明文件，并具备查验手续后方得运行。

第三章　报税与查验

第十四条

〈一〉边产应税货物运销边区境内外者，均须在起运时向当地或附近之税务机关报请查验及办理纳税手续。

〈二〉入境之应税货物，必须在入境之第一税务机关报验纳税，如超越第一税务机关，经查获后，以偷税论处。

〈三〉已税货物不论在中途或到达落货地点销售时须先向当地或附近税务机关报请开包、查验、贴花、盖章后方出售。

〈四〉改装转运货物均须报请当地或附近之税务机关查验盖章并割取转分运证后始得起运。

第十五条　凡贩运应税货物、因故延误，不能依税票限期到达落货地时，运货人须于税票未过期前报请沿途税务机关批明运行或到落货地票已过期者须先具保售货、经查明属实者，方得销保。

第四章　奖惩

第十六条

〈一〉凡商贩有违犯下列各项者，须依其应税货物之性质，分别处罚之。

(甲）违犯本条例第二章、第三章各项规定之一者。(乙）涂改税票、花证或税票花证有重用情事者。(丙）货票不符无正当理由与证明者。(丁）有税票无花证或无检查戳记手续者。(戊）用其他方法偷税者。

〈二〉运销货物如系必需品，有违犯第一项各款规定之一者，除照章补税外得按应纳税额处以半倍至一倍之罚金，但货数在起征点一倍以下者免罚。

〈三〉运销货物如系半必需品时，有违犯第一项各款规定之一者，除照章补税外得按应纳税额处以一倍至一倍半之罚金，货数恰够起征点者免征。

第十七条　如有伪造税票、花证、戳记，除将该案货物没收外，人送司法机关究办，暴力抗税或拒绝检查涉及刑事范围者，送司法机关惩办之。

第十八条　凡因报告而查获之偷税货物，及违禁品，均得酌情给以奖励，其奖励办法另定之。

第十九条　凡税务人员有违章收税或勒索，得按情节轻重依法惩办，被勒索人有权自由控诉。

第五章　附则

第二十条　本条例施行细则另定之。

第二十一条　本条例自边区政府公布施行之日起陕甘宁晋绥前颁布之草行货物税条例及施行细则即行作废。

陕甘宁晋绥边区货物税税率表（略）

选自《解放战争时期陕甘宁边区财政经济史资料选编》下册，陕甘宁边区财政经济史编写组、陕西省财政厅财政科学研究所、陕西省档案馆合编，三秦出版社 1989 年版，第 423～426 页。

互校版本：《陕甘宁边区政府文件选编》第十二辑，档案出版社 1991 年版，第 30～34 页。

15. 陕甘宁边区政府关于巩固边区金融的布告

1948 年 3 月

查严禁敌币（即法币）白洋在边区境内流通事，早经一再明令在案。但蒋胡付阎等匪帮为挽救其垂死命运，以暂时缓①和其财经枯竭的严重危机，竟将大量敌币，倾入我边区，捣乱市场金融，损害人民经济利益。同时有些地区，对于禁止白洋流通的政令，未能认真执行，以致对边区金融，也大为有害。兹为巩固边区金融，维护边区人民利益计，特再重申前令：凡我党政军民人等存有敌币者，不论使用与否，均应立即到各地西北农民银行分支行或西北贸易公司分支公司，依照牌价，全部兑换农币，其存白洋者，于使用时，也应先行兑换后方可，但不需使用时，则准许保存。至各地在土改中的斗争果实。如有敌币、白洋需向敌区采购必需物资时，也得经由农会向银行交涉，开给通行证，方准出口，否则一概不准流通。倘②有明知故犯，一经查出，概予没收，并将其人送交政府议处，决不宽贷。望我边区人民及各机关各部队各团体各学校人员一体切实遵行为要。

此布！

选自《陕甘宁革命根据地史料选辑》第三辑，甘肃人民出版社 1983 年版，第 282 页。简称“甘肃史料版”。

互校版本：《陕甘宁边区政府文件选编》第十二辑，档案出版社 1991 年版，第 80～81 页。加副标题为：“严禁敌币、白洋在边区境内流通”。

16. 陕甘宁边区牲畜、粮食买卖手续费征收办法

1948 年 3 月 23 日颁发

第一条　本办法为适应战时财政需要，并便于管理牲畜，粮食交易市场而制定之。

第二条　凡边区境内之骡、马、牛、驴、骆驼、猪、羊等牲畜买卖及市镇之粮食买卖，不论公私均须依照本办法之规定缴纳牲畜买卖手续费及粮食买卖手续费。

第三条　一、牲畜买卖手续费税率规定为牲畜价额百分之三，由买主缴纳。

二、粮食买卖手续费税率规定为承购粮数百分之二，由卖主缴纳。

---

① “甘肃史料版”将“缓和”误为“绥和”。

② “甘肃史料版”将“倘”误作“尚”。

第四条　牲畜、粮食买卖手续费归边区财政收入，由各地税务机关直接筹划专收或委托一定机关代收，代征机关得提取税款百分之十五作为办公补助费，但不得采用包征办法，以防流弊。

第五条　牲畜买卖手续费之征收依下列规定办理：

一、凡牲畜买卖商定后，均须向征收机关照章纳费。

二、凡交换牲畜，经人证明者，由找价人依找价金额照章纳费。

三、凡成群牲畜已经纳费，再拟分运时，须持原纳费证，向征收机关割取分运证后，方得运行。

四、纳费人完费后须向收款机关领得财政厅制印之牲畜买卖手续费证后方为有效，否则纳费人有权拒绝纳费。

第六条　牲畜与粮食买卖有下列情事之一，经查明属实者，免征手续费。

一、买卖猪娃不满三只者。

二、买卖羊子不满二只者。

三、买卖粮食不满一斗者。

四、为救济灾、难民买粮进行平粜者。

第七条　粮食买卖手续费之征收与解交之规定：

一、凡有粮食买卖之市集，均由该县税务机关派人征收之。

二、凡市镇之粮食交易，均须一律使用政府规定公斗公升过量，不得自制升斗。

三、征收粮食买卖手续费之人员，须遵照本办法第三条第二项之规定征收，禁止借故多收。

四、征收之粮食一律按市价百分之八十五计价交附近贸易公司作调剂市场之用，当地或附近如无贸易公司者，交当地政府按月汇集并派专人代管，由县税局定期拍卖，款解金库。

五、征收人员须于每集当日登记结账，并将账册送交当地税务机关或政府负责审核盖章，防止流弊。所收粮食绝对不许私自挪用。

第八条　罚则

一、买卖牲畜有下列情事之一者，得酌情加征一成至四成之罚金。

（一）隐瞒价格，以多报少者。

（二）农村牲畜买卖成交后，十日内无故不向征收机关报清纳费者。

（三）互相包庇，逃避纳税者。

（四）顶用旧票或涂改票证者。

（五）制造假票者，除加征罚金外，人送司法机关办理。

二、如有私收佣金，经查获后，除将佣金没收外，并将人送司法机关办理。

三、征收人员如有违章征费及贪污浪费等情事者，受害人及任何人均有控诉与揭发之权

第九条　本办法自公布之日起施行。

选自《陕甘宁边区政府文件选编》第十二辑，档案出版社1991年版，第69～70页。

互校版本：《陕甘宁边区法律法规汇编》，三秦出版社2010年版，第435～436页。

17. 西北农民银行定期实物存款暂行办法

1948年3月25日印发

（一）为了吸收游资，发展生产，繁荣市场并保证存款户之实物利益计，特制定本办法。

（二）存款种类，分土布、小米两种。

（三）存款人可以票币按当时当地公司门市价格折成实物（土布、小米，以下同）或直接存入实物。存款期满后，银行即照原存实物按当时当地公司门市价格折付本币本息。

（四）存款时间，分三个月、半年、一年三种。不到期者，不得支取存款。

（五）利率：三个月者，按月息五厘计；半年者，按月息七厘计；全年者，按月息九厘计。

（六）凡到期不支取者，即将本利转期，继续存满三月、半年或全年者，利息照规定利率计算。

（七）支取存款本利，均以存款单为凭，如存单遗失时，必须向银行报失，并登报声明，三月后如无纠葛，银行始可补发存单，但于报失前被人冒领者，银行概不负责。

（八）存单支取存款本息，仅限于存款所在地银行。

（九）本办法如有未完事宜，须由总行随时修改之。

（十）本办法自即日起施行。

选自《解放战争时期陕甘宁边区财政经济史资料选编》下册，陕甘宁边区财政经济史编写组、陕西省财政厅财政科学研究所、陕西省档案馆合编，三秦出版社1989年版，第119～120页。

18. 陕甘宁边区政府紧急指示
——为揭破敌“币制改革”实质彻底肃清敌币

1948年8月27日

事由：为揭破敌“币制改革”实质彻底肃清敌币由。

各专员、县（市）长：

蒋匪政府在其严重的军事失败，政治破产，通货恶性膨胀，财政经济濒于崩溃的绝望形势下，宣传实行所谓“币制改革”。自八月二十日起，发行金元券，并以金元券为敌区本币，限期十一月廿日前收兑敌法币，逾期敌法币即成废纸，又限期九月三十日前收兑黄金、白银、银元及外国券币，逾期继续持有即为非法。查敌金元券名义上为虚金本位，实质上以纸易纸，仍为无保证的纸币。且规定旧法币三百万元兑换金元券一元，预定发行二十亿即合旧法币六千万亿，比旧法币的流通量增发达五倍（旧法币发行估计约一千万亿至

一千二百万亿）。这是敌在其财政（伪财政部长公开承认全年财政赤字十一亿多金元券）、经济崩溃中的绝望挣扎，企图借此暂时延缓其崩溃的速度，并再一次实行对中国人民的更普遍的残酷的掠夺。这种新阴谋和新花样在我军事、政治继续胜利，即敌之军事、政治继续失败无法挽救的情况下，必然遭遇可耻的破产，所谓金元券，也必然更剧烈地膨胀和更迅速地贬值。为使我边区人民及早防备，免受损失起见，必须立即彻底干净肃清敌币，维护本币。为此特紧急指示进行如下措施：

一、抓紧敌法币破产的机会，实行驱逐敌币的总动员。各级政府协同各地银行和贸易公司，广泛宣传敌"币制改革"的企图，是实行更剧烈的通货膨胀和更残酷的掠夺人民，敌"币制改革"的必然前途，是敌区物价仍将剧烈上涨，金元券仍将大量膨胀，迅速贬值，号召与组织群众将残存的敌法币立即输出换回必需的或半必需的日用品，绝对禁止吸收金元券。群众输出敌法币时，各地银行应批给出口证，并予以各方面的帮助。

二、各口岸地方政府，得依需要组织临时专门的缉私队，查缉敌法币或"金元券"的流入。号召人民协助政府拒绝敌法币或"金元券"流入边区，以免我区物资外流。在我内部市场一律绝对禁止敌法币或"金元券"流通，违者坚决没收。并应注意严禁边区黄金、白银、银元流入敌区。

三、宣传与组织工商业者及全体人民，坚决拥护本币。所有一切出口物资尽量实行物物交换或吸收本币，禁止吸收敌法币或金元券。

上述各项，希即布置执行，并将情况随时报告边府。

选自《陕甘宁革命根据地史料选辑》第三辑，甘肃人民出版社 1983 年版，第 295～296 页。

互校版本：《陕甘宁边区政府文件选编》第十二辑，档案出版社 1991 年版，第 172～173 页。

19. 陕甘宁边区政府、陕甘宁晋绥联防军区司令部、中国共产党西北中央局联合命令——公布《陕甘宁晋绥边区暂行审计条例》

1948 年 10 月 1 日

为更合理地审计财政收支，严格实行预决算制度，消灭财经工作中一切无纪律或无政府状态，以贯澈［彻］统筹统支，集中财力，支援解放战争的目的，特制定《陕甘宁晋绥边区暂行审计条例》公布之。

各级党委、政府机关、部队、学校、团体必须一律遵守，切实执行。

此令。

陕甘宁边区政府主席　林伯渠
陕甘宁晋绥联防军区司令员　贺　龙
中国共产党西北中央局书记　习仲勋

陕甘宁晋绥边区暂行审计条例

第一章 总 则

第一条 本条例为更合理的审计财政收支，严格执行预决算制度，统一陕甘宁晋绥边区（以下简称边区）审计机构和联［职］权，贯澈（彻）统筹收支，发展国民经济，加强支援解放战争的目的而制定之。

第二条 本边区各级党政军所属单位之财粮、被服、生产自给等收支审计，均依照本条例执行之。

第三条 自本条例颁行之后，所有经费、粮秣、被服等，除战争紧急情况外，非经审计机关之核准，任何机关不得擅自批发支付。

第二章 审计机构

第四条 西北财政经济委员会（以下简称西北财委会）在审计方面为边区决审权力机关，下设审计处，为其日常办事机关。

第五条 各级审计机构以边区党政军及晋绥行署各系统分别建立之，规定如下：

（一）晋绥行署设一审计分处，陕甘宁边区政府秘书处、联防军后勤部、西北局秘书处各设立一审计科。晋绥行署之审计分处受晋绥财政经济委员会领导，边区政府秘书处及西北局秘书处之审计料各受其秘书长领导，联防军后勤部之审计科受后勤部长领导。

（二）陕甘宁边区及晋绥行署所属各分区，各设立一审计室，受分区财政经济委员会领导。

（三）各分区所属各县，各设审计员，受县委统一领导。

第六条 西北财委会授给晋绥财政经济委员会以决审特权，但各项收支及财政情况，必须分别汇编，送交西北财委会。

第七条 西北财委会授给西北野战军前委之财政经济委员会以决审特权，但各项收支必须分别汇编，经由联防军后勤部送交西北财委会。

联防军之各级审计机构，可依其具体情况自行规定，但不得与本条例之原则抵触。

第八条 为实行经济民主，各级政府、机关、部队、学校等应按伙食单位，以民主选举，组织经济委员会，为审计机构之基层组织。

第三章 审计职权

第九条 各级审计机构之一般职权：

（一）关于边区各级政府、机关、学校、部队之经费、粮秣、被服、生产自给等收支预算之审定与决算之核销。

（二）关于财经情况，特别是供给力量之了解与掌握。

（三）关于贪污浪费及收支不合理等行为之清算与检举，以及对于严格遵守制度与生产节约等模范之奖励。

（四）关于各级政府、机关、学校、部队等之账簿、表册、单据及其他证明文件，随时调阅或派员审查。

（五）检查与督促各级政府、机关、学校、部队财务制度之建立。

（六）在财政经济委员会授权下关于下列各项，有检查与督导之权：

1. 各级银行、贸易公司及公营工厂业务方针之执行情况。

2. 征收制度及各种税收率之执行情况。

3. 关于公营企业之财产变动情况及盈亏之审查。

4. 所有一切收入（包括粮食、税收、罚款、没收款及物资等）之归公情况。

第十条　西北财委会在审计方面之职权如下：

（一）关于财政厅编造年度、季度概算之审定及年度、季度决算之核销。

（二）供给标准之规定。

（三）关于各级政府机关、学校、部队及公营企业人员马匹增减之审查核实与有关财政开支之应兴应革事宜之审核。

（四）关于各单位一切临时收支预算之批审与核销，以及边区一级事业费之核销。

凡规定给以决审特权之机构，得有以上三、四各项之权力。

第十一条　边区、分区、县各级审计机构之职权如下：

（一）边区一级之审计科对预算规定之预备费、生活费及分区县级之事业费有批准与核销之权，对一切临时预算有审核与签注意见之权。

（二）分区一级之审计室及各县之审计员，对预算规定之生活费及各单位生产自给收入，有按供给标准批准与核销之权，对一切临时预算有审核与签注意见之权。

第四章　审计之实施及程序

第十二条　各级政府、机关、学校、部队应严格执行会计章程及预决算制度（关于会计章程及预决算制度另定之）。

第十三条　各级政府、机关、学校、部队之生活费及生产节约收支情况均应由经济委员进行审查。经过审查后，编造人员马匹增减表、收支预决算书各三份，人员花名册二份（如党政共一伙食单位者，应分别造报，即党的三份政的三份，花名册各一份），连同单据等，由经济委员会与主管首长签名盖章后，呈交主管机关汇编送交审计机关。事业费造报程序与生活费同。

第十四条　县级审计机关收到各区及县直各单位生活费预决算书表后，应按本条例第十一条（二）项所规定之职权范围内加以批准和核销，将单据花名册封存备查。原书表三份中之一份留存、一份退回原机关外，另一份作为附件，连同汇编成之党政两系统预决算书表各三份，送交区一级审计机关。事业费（包括经常与临时）审计程序与生活费同，惟须将单据送分区审计机关。

第十五条　分区审计机关收到各县生活费预决算书表及直属单位之生活费预决算书表后，应按本条例第十一条（二）项所规定之职权范围内加以批准和核销。将直属单位之单据、花名册封存备查。原书表三份中之一份留存、一份退回原机关外，另一份作为附件，连同汇编成之党政两系统预决算书表各三份分别送边区一级党政两系统之审计机关。事业费审计程序与生活费同，唯须将单据（包括各县与分区之专业费单据）分别送边区一级党政两系统的审计机关。

第十六条　边区一级审计机关收到各分区汇编之预决算书表及直属单位之预决算书表后，应按本条例第十一条（一）项所规定之职权范围内加以批准和核销。将直属单位之生活费单据、花名册及分区县之事业费单据封存备查。原书表三份中之一份留存、一份退还原机关外，另一份作为附件连同汇编之预决算书表三份及边区一级与直属单位之事业费单

据送交西北财委会审计处。

第十七条　西北财委会为最后之决审机关，按本条例第十条规定之职权范围，于决审后将原书表三份中之一份留存，一份退还原机关外，另一份交财政厅存查。并将边区一级及直属单位之事业费单据封存备查。关于一切临时预决算之审计程序与经常预决算之审计程序同。

第十八条　审计机关对于日常之事务处理如下：

（1）凡计算错误、数字涂改辨别不清者，则退回更正或代为更正之。

（2）凡未批准之人员、马匹数以及违背供给制度者，则剔除之。

（3）凡不合理之收支与贪污舞弊之情事，则进行清算与检举。

第五章　附　则

第十九条　本条例有未尽事宜得临时修改之。

第二十条　本条例自公布之日执行之。

选自《陕甘宁边区政府文件选编》第十二辑，档案出版社 1991 年版，第 214～218 页。

互校版本：《中国革命根据地审计史料汇编》，北京工业大学出版社 1990 年版，第 45～47 页。

20. 华北财经委员会关于西北财政、金融、贸易工作统一问题的决定

1948 年 10 月 5 日

中央决定西北的财政、金融、贸易、交通、军事工业等财经工作中一切可能的与必需的均与华北统一。据这一决定，经西北财办贺龙、陈希云诸同志讨论后，做出如下决定：

（一）财政问题

今后两区财政完全统一，分两个步骤进行：在今年 12 月前为准备阶段，明年 1 月 1 日起实行统收统支。全年收支概算、人民负担、各级党政军民学编制、脱离生产的总人数（区政府以上）供给标准、财务行政、审计、会计、金库、仓库、预决算制度、各种税收法令的集中统一，在今年 10、11、12 月三个月，须作好以下准备工作：

一、华北财委会在 12 月 1 日以前，须将各级党政军民编制、供给标准、财务行政、审计、会计、金库、仓库、预决算制度、各种重要的税收、法令拟好，经中央批准后，于 12 月 10 日前公布。

二、西北除将今年下半年（7 月至 12 月）收支概算、各级党政军民学编制、人数、供给标准、财务行政、审计、会计、金库、仓库、预决算等制度于 11 月底前，向华北财经委员会做一次报告，于 12 月 15 日以前，将西北的行政区划、负担人口，以及明年度（1 月至 12 月）的收支概算（包括党政军民编制、人数、供给规定）亦向华北财委会作一次

报告。

三、西北财经委员会，须于明年1月底，将西北家务（包括军队地方存余短欠现金实物税款等等）做一清理，报告华北财委会。

四、今年后半年的收支，仍按西北所提出的收支概算尽可能核减执行，其不足的部分，除中央已批准发行3 000亿农币，另由华北补助20万市石粮食外，余再批准发行1 600亿，另由华北再补助20亿冀钞。

五、决定运城盐务管理处从今年11月1日起，归西北领导，其税收在本年度的（即12月31日以前的）仍按1/3交西北，2/3上解华北。

六、所有今年后半年（7月1日以后）在晋中绥南战役的经费吃粮（包括军队民工）其报销清理原则，凡华北区用的归华北担负，西北区用的由西北担负。

（二）金融贸易问题

一、机构设置

1. 银行——西北设中国人民银行西北区银行（在旧币仍流通前，对外仍称西北农民银行），区行下根据行署区设分行，目前西北区行与陕甘宁分行可合在一起，河东部分应依据行署区划设置一至两个分行，各专区设办事处，各县设支行（详细办法参看华北银行之规定）。

2. 贸易——西北设西北贸易总公司，其下根据行署区设区公司，各专区县按需要设商店之总分支店。

3. 银行贸易各级机构争取于1948年底建立起来。

二、领导关系

1. 银行：区行受西北财经委员会与总行双重领导，其方针、计划、资金、调度、重要干部任免由总行统一。日常工作应由西北财经委员会根据华北财委与总行决定领导监督。

2. 贸易与银行同。

三、工商行政银行贸易部门分开问题

1. 银行与贸易部门分开各自建立单独的机构与工作。

2. 工商行政管理与贸易经营部门原则上应分开，在目前情况下不能分开时负责人可以兼职，但内部工作及与群众关系上要分开。

四、机构分设时干部分配原则

1. 分配比例：河东部分银行贸易现有干部照银行1/4至1/3，工商贸易2/3至3/4比例分配之。

2. 河西部分，银行以陕甘宁边区银行原有干部为骨干先行恢复工作并逐渐求得充实，原陕甘宁贸易系统干部仍归贸易公司。

五、原有资金分配及清理问题

1. 金银货款归银行（如金银系占财政上之款项者可由银行偿还）。

2. 商品物资归贸易（如欠财政款可出售偿付之）。

3. 银行与贸易在年底与财政上结算清楚，今后财政上与贸易上是业务关系，一切以契约行之。银行只是代理金库，所有透支皆由总行根据批准发行计划支付，财政上不得占

用银行及贸易之资金。

4. 在年底前所有贸易银行之财产均应按市价估计（以市价中等价 9 折计）详列表册呈报华北财经委员会，所有呆账及应出损益之事项必须彻底结清（如货款不能收回者）从明年 1 月 1 日起照总行总公司之会计制度及保本规定进行。

六、两区干部交流问题，为了解情况贯彻政策，华北与西北银行贸易方面各交换两个负责干部（西北河西银行贸易各一人，河东各一人），干部条件，至少相当于各该区分行公司之副经理或科长。

七、通讯联系问题华北暂确定与延安、临汾、兴县三个经济电台联系（此三地皆已有经济专用台）。

八、关于两区货币统一前的准备工作

华北与西北两区货币于 10 月 5 日起固定冀农比价 1∶20，边农比价 1∶2相互流通，在统一之前，须进行下列准备工作。

1. 目前两区接壤地区物价，晋南、晋中均与法价大体相吻合，晋北自然比价 18 元，较法价差 10%左右，为了稳定法价，便利统一流通，从现在起即加强兑换工作，在晋北除两行所设立联办已有基金外，华北增拨 5 亿冀钞，西北增拨 50 亿农钞，无限给群众兑换。在晋中华北拨 3 亿冀钞，西北拨 20 亿农钞，以支持兑换。

2. 晋南现已开始的农冀混合流通，应坚持贯彻所有税收与公私款项，无论冀、农钞一律通用。

3. 为了稳定法价，便于物资交流，在晋北由华北贸易总公司准备 10 万匹土布、10 万斤棉花去支持，在物价措施上，华北区应求稳定，晋绥区则适当提高布棉价格，以利布棉西流。在晋中、华北和西北贸易公司按原定调剂计划，继续向晋中输运物资。

4. 金银价格由华北银行统一规定，关于银元收购任务，价格标准等待确定后再行通知。

九、今后贸易中几个问题

1. 为了解决西北的布棉和特产收购问题，华北贸易总公司于今冬陆续拨总值冀钞 100 亿的物资货币（计 60 至 80 万匹土布，50 至 60 万斤棉花和一部分货币）到西北，其中 50 亿物资用作收购特货，50 亿收购粮食，稳定明春物价。特货收购后即转交财政，另 50 亿（即收购粮食）拨作西北贸易总公司资金，此冀钞 100 亿资金须华北财委会批准，由总会计于 12 月上旬增拨给华北贸总。详细收购办法与质量等，由华北贸总与晋绥商定。

2. 晋南地区除用公粮征收棉花 150 万斤外，由西北贸易公司统一收购棉花 200 万斤，收购后由华北贸易总公司统一分配调剂，太岳区即应停止自晋南区吸收棉花，收棉资本由总会计增拨华北贸总资金 50 亿，于 12 月上旬拨付。

十、今后发行印刷问题

1. 西北所有印刷厂在年底前仍继续印刷农币，估计除完成已批准之 3 000 亿外，还可多印出 3 000 亿，须经批准后以作财政透支及收回破币与小额币之用。

2. 在新币发行后，截止（至）年底止西北印刷厂工作即应停止，将所有详细发行数字及一切手续连同银行贸易财产报来华北财经委员会，以资清理。

3. 中国人民银行票发行则尽先将河东部份（分）农币市场逐渐接替，在新币未发行

前在晋南收购物资也尽可能以冀钞去接替市场，使农币能充分用于河西地区。

选自《解放战争时期陕甘宁边区财政经济史资料选编》下册，陕甘宁边区财政经济史编写组、陕西省财政厅财政科学研究所、陕西省档案馆合编，三秦出版社1989年版，第203～207页。

21. 陕甘宁边区临时营业税暂行征收办法

1948年10月14日

第一条 本办法根据陕甘宁边区营业税条例第六条及十一条规定制定之。

第二条 凡无固定号址流动经营商业之公私商贩，均须依据本办法交纳临时营业税。

第三条 临时营业税之征收，按每次交易额以千分之十五计算征收之。

第四条 临时营业税之征收，各税务局所可根据当地贸易情况斟酌采取下列征收办法之一征收之。

（一）凡货物运到店栈时，该店栈主应将货主或运货人姓名、货物名称、数量及时报告税务机关（如有验货场须先经验货场登记）并保证该货主或运货人与货售出后到税务机关纳税割票，否则该栈主应负补纳税款之责，如该货无货主随行者，应由售货人或店栈代替纳税割票。

（二）凡往来之货物，在进行登记或验货时，应将运货人或货主姓名、货名、数量、运销地、住宿店栈等项详细登记，当日到店查验由店主负责督促货主于成交后到当地税务机关直接纳税。

第五条 凡要求免征临时营业税者，应提出免征理由，呈请财政厅批准后方得免征。

第六条 有下列情事之一者，得酌情减征或免征其应纳之税款。

（一）遭受灾难或损失重大者。

（二）退伍军人（只限三年以内）。

（三）新到之移难民（须经当地政府之证明）。

（四）经财政厅批准减者或免征者。

第七条 罚则：

（一）隐瞒或用其他方法偷税者，除补税外得处以应税额半倍至一倍之罚金。

（二）不论公私店栈，凡店栈主有受贿包庇等情事者，除负补税之责外得处以应税额一倍至一倍半之罚金。

（三）凡店栈主如有敲榨（诈）商民、吞食税款等情事者，经查获后，除纳税外得处以应税额一倍至三倍之罚金，情节重大者送司法机关究办。

第八条 本办法自公布之日施行。

选自《解放战争时期陕甘宁边区财政经济史资料选编》下册，陕甘宁边区财政经济史编写组、陕西省财政厅财政科学研究所、陕西省档案馆合编，三秦出版社1989年版，第495～496页。

互校版本：《陕甘宁边区政府文件选编》第十二辑，档案出版社1991年版，第229～231页。

22. 陕甘宁边区制酒业管理及征税暂行办法

1948年10月14日

一、凡经边区政府特许酿酒地区之公营或私营酿酒厂，悉依本办法进行管理征税。

二、不论团体或个人，凡计划酿酒时均须于开工前一月向当地税务机关申请登记填具申请书一份呈送县局转请分局审查批准，并取得营业执照后方准营业，已开办者，亦须遵照上项规定补办登记手续，申请书及营业执照由边区税务总局统一制发。

三、经批准之酿酒者，在酿酒之前一日应报告当地或附近税机关派人查验后即为正式营业开始。如因故暂停或歇业者，须报当地税局备查或交销营业执照，否则以继续酿酒规定论处。

四、凡公营酿酒厂或私营酒坊均须缴纳制产税，其征税规定如下：

（一）按每一酒厂酒窖每月产酒量计算征收百分之三十制产税，税款由业主负责于每月二十五日前，向当地或附近税务机关自动缴纳，必要时税务机关亦可采取定期征收，月终算账办法征收之。

（二）凡酿酒厂缴纳制产税时，须取得财政厅印制之制产税票后，方为有效。

（三）经批准之酿酒厂，凡售酒十斤以上者，得由厂坊割给税务总局印制之烧酒运销证，中途分运时由货主持原酒证，在就近税务机关换取新酒证后，方可运行。

（四）酒厂兼制酒精时，按其制酒精部分八折减征制产税。

五、罚则：

（一）未经申请登记，而私自酿酒者，当地政府或税务机关得令其停止制造或办理登记手续，倘故意违抗私行酿酒者，得没收其制酒工具及所制之酒。

（二）凡经登记批准之酒厂如事先发觉有呈报不实，或在开业后，又增添新酒窖而隐瞒不报者，经查获后由县政府或税务机关以私酒论处。

（三）运销酒如无运销证者经查获后，除照章补税外，得处以应税额一倍至二倍之罚金。

（四）凡不按规定期限纳税，无故逾期一月者，处应征税额三分之二的罚金，逾期一月半者，处应征税额二分之一的罚金。

六、凡一个地区有三家酿酒者，可组织“制酒同业公会”，选主任一人，研究酿酒技术，提高产量，筹划销路议定价格等事项。酒房多者可按具体情况，增设一、二委员，协助办理上述事务。

七、各地税务机关，每月应将当地各酿酒厂之产量，出售数量，价格及销售地区等事项列表呈报税务总局备查。

八、凡酿酒厂除缴纳制产税外，在征收营业税时，仍须照章缴纳营业税。

九、边府得视各地粮食状况有随命令停止酿造之权。

十、本办法自公布之日施行。

选自《陕甘宁边区政府文件选编》第十二辑，档案出版社1988年版，第228～229页。
互校版本：《陕甘宁边区法律法规汇编》，三秦出版社2010年版，第420页。

23. 陕甘宁边区政府布告——关于华北与陕甘宁晋绥两区货币固定比价规定办法

1948年10月

兹为便利华北与陕甘宁晋绥两解放区货物交易，特与华北人民政府商［定］，华北与陕甘宁晋绥两区所发行的货币固定比价，互相通用。并规定办法如下：

（一）从本年十月十五日开始，冀南银行、晋察冀边区银行所发行的钞票与西北农民银行所发行的钞票，在华北及陕甘宁晋绥两区准许互相流通。

（二）冀南钞与西北农钞比价固定为一比二十，就是冀南钞一元，与西北农［钞］二十元等价；晋察冀边钞与西北农钞比价固定为一比二，就是晋察冀边钞一，与西北农钞二元等价。以后不再变动。两区任何地方所有纳税交易及一［切］公私款项往未［来］，一律按此比价流通收付。任何人不得变更。

（三）不论军、民、商等，如有私定比价，投机取巧，意图扰乱金融，垄［断］物资者，一经查获，决给以严厉处分。

主席　林伯渠

副主席　杨明轩　刘景范

选自《陕甘宁边区政府文件选编》第十二辑，档案出版社1991年版，第261页。

24. 陕甘宁边区银行总行、贸易总公司联合指示

1948年11月18日

为适应爱国自卫战争的需要，统一陕甘宁晋绥两边区，陕甘宁晋绥联防军司令部商得边区政府与晋绥行政公署之同意，将两边区银行合并，定名为西北农民银行。同时与贸易公司合并，又名为西北贸易公司。现在陕甘宁边区银行总行已按照上级指示，合并于贸易总公司，各分行亦须于指定期内从速合并于各分公司，以利工作之进行。于合并中并须严加注意发生乘机贪污及生财用具吃喝上之浪费等行为。并特规定合并办法于下：

一、物资移交办法

1. 分行（准备库在内）、办事处、交换所之一切资产负债，统由分行负责清理作一结束。

2. 分行资产内务种物品、金银、牲畜、器具、武器，生财等均按当地公司定价折算交分公司，取得分公司收据向总公司总行转账。

3. 分行已经疏散之物资，不必完全集中于分公司所在地，可先造成表册由分公司经理根据需要指定移交地点，但必须取得接收机关之收条，以便向分公司转账。

4. 凡是移交之物资均要编制“物资移交清册”6份（总公司、总行、地委、财办处、分公司、分行各一份）。

5. 分行会计上之账簿单据及业务上之材料文件均交分公司接收。

二、人员处理

分行干部除已经决定调动者外，下余人员编制清册全部移交分公司，分行行长任分公司付经理（另有命令）。

三、分行合到分公司后，分公司增设“金融管理科”，工作任务为：掌握外汇统计、物价市场情况调查、生产贷款、代理金库，兑换等。但该科会计不独立，可根据业务需要在会计科账上增设适当科目以处理之。分公司以下据点内不增设金融管理组织，口岸上由支公司按外汇管理原则办理兑换，内地支公司亦按外汇管理原则只能收入金银敌币（不兑出）。

四、移交时由党政派人监交。

五、于12月20日移交合并完毕，将清册及折算收据寄到总公司总行。

喻　杰　余建新　黄亚光

张定凡　史唯然

11月18日

选自《解放战争时期陕甘宁边区财政经济史资料选编》下册，陕甘宁边区财政经济史编写组、陕西省财政厅财政科学研究所、陕西省档案馆合编，三秦出版社1989年版，第207～208页。

25. 陕甘宁晋绥外汇管理办法

1948年①

（一）为维护解放区国民经济、稳定金融、巩固本币，促进国民经济之发展，特授权西北农民银行及西北贸易公司集中使用外汇，进行对外贸易。

（二）禁止蒋币、白洋、条金及其他非本位币在境内买卖、行使与携带，银洋只准储藏，饰金在两以下者，只准银行及其指定之门市部或商店出售。

（三）境内公司、商贩经营对外贸易，凡在本解放区货物税条例允许下，应以输出土产充抵外汇，但购入公司指定的货物银行得给外汇。

（四）在境内留存的敌币、银洋，公司银行按牌价兑进不兑出，但持有军区以上负责人之批准与证明文件，向外采购军用品经核准后，得由银行兑给外汇，介绍出境采购，持有党政机关介绍信出外工作需要路费与工作费者，得由边境口岸上之银行兑给外汇。

---

① 原注：本件未署时间。编者据内容推断当在1948年上半年颁布。

（五）外商输入税务条例所规定允许入口之必需品，贸易公司或经税局查验有期限者，得供给外汇或土产。

（六）不论公私商贩及过境人员，由境外携入蒋币银洋赤金及其他非本位币过境者，必须将所带非本位币交入口处之银行查验，由银行发给出口证件、限定出口路线、时间和地点出口，不得私行自由携过境，违者没收。

（七）不在边境口岸之银行，不办理供给外汇业务。

（八）本办法自公布之日施行，前颁办法与条例与此相抵触者，即日起宣布作废。

选自《解放战争时期陕甘宁边区财政经济史资料选编》下册，陕甘宁边区财政经济史编写组、陕西省财政厅财政科学研究所、陕西省档案馆合编，三秦出版社1989年版，第233～234页。

26. 陕甘宁晋绥边区进出口货物税条例（草案）

1949年2月23日

第一章　总　则

第一条　本条例依据独立自主恢复生产并保护边区经济发展之精神制定之。

第二条　凡进出口货物除本条例附表所列禁止进出口货物与免税进出口货物外，不论公私均须照章纳税。禁止与免税进出口货物及准许纳税进出口货物附后。

第三条　本条例附表所列征税进口及禁止进口货物以外，其它一切货物均禁止进口，附表所列征税出口及禁止出口货物外，其它出口货物均免税出口。

第四条　凡进出口货物之一切管理事宜除另有规定外统按本条例办理。

第五条　凡美国制造之一切货物除经边府特许入口者一律禁止入口。

第六条　凡纳税免税或特许进出口货物，均须向当地或就近税务机关申请查验登记方准运行（进口货物登记统计办法另定）。

第七条　凡应税免税及禁止进出口货物，必要时财政所［厅］得命令某种货物开禁及某种应税货物暂时免税减税或停止其进口。

第八条　凡有税务及违禁品之查缉事宜统归税务机关及委托之缉私机关办理，其他机关部队或个人不得随便检查或没收（缉私规章另定）。

第二章　税则

第九条　进口税货物均须在进口之第一税务机关报验纳税，如已税后再运销出境者不得重征亦不退税。

第十条　出口有税货物须在起运地报验纳税，中途改销内地者概不退税。

第十一条　已纳产销税之土产品如运销出口时得免纳出口税（禁止出口者例外）

第十二条　本区与各解放区间之货物税规定如下：

一、邻区已税货物运销本区者不论其为外产或土产均得自由运销不再征税费，应税未税者照本章规定纳税。

二、邻区新解放城市之旧存美顽货物如为禁止进口者由邻区运销本区时，如在邻区未税者一律按20～30%征税，已税并有税务手续者免征。

三、凡在邻区无税，运销本区或经本区出境时，得按本区规定办理纳税手续。

四、邻区禁止进口货物，不得放运至邻区销售。

第十三条　凡在境内免税或无税运销之货物，如改运出境者，应在当地或附近税务机关报请查验，并按出境税率表办理纳税手续后方准出境。

第十四条　凡邮寄货物按下列规定：

一、收货人向邮局提货时，应报告当地税务机关，派员查验，并照章纳税后，方准提货。

二、邮递货物均在投邮前向当地税务机关报请查验办理纳税手续后，邮局方可接收，否则邮局得拒绝寄递。

第十五条　本条例附表所列应税货物，依从价征税必要时得从量征收之。

第十六条　从价征税货物由分区估价委员会根据该分区中心市场现行市价8折计算，估定纳税价格，通知该分区各税务机关遵照执行（估委会组织及估价办法另定）。

第十七条　凡经边府批准减免税之货物，运销时须取得分区以上税务机关之证明文件，并具备查验手续后方得运行。

第三章　查验与转运

第十八条　已税货物不论在中途或到达落货地点销售时，须先向当地或附近税务机关报请开包、查验并举办查验手续后方可出售。改装、转运货物均须报请当地或附近税务机关查验，并割取转分运证后始得起运。

第十九条　凡运输应税货物，因故延误不能依税票限期到达落货地时，运货人须于税票未过期前报请沿途税务机关批明运行或到达落货地票已过期须先具保售货，经查明属实者方得销保。

第四章　奖惩

第二十条　凡商贩有违犯下列各项规定之一者，除责令补缴应纳税额外，得按应税额重处以20～100%之罚金。

一、违犯本条例十一条至二十条各条规定之一者。

二、涂改税票凭证，或税票凭证有重用情节者。

三、货票不符，无正当理由与证明者。

四、有税票无凭证戳记手续者。

五、用其他方法偷税者。

第二十一条　凡大量偷运禁止进出口货物经查获后，得视情节轻重没收其货物全部或处以该货总值半倍至2倍之罚金。

第二十二条　如有伪造税票凭证戳记，暴力抗税，或拒绝检查除将该案货物全部没收外，人送司法机关惩办。

第二十三条　凡因报告而查获之偷税及违禁品均得按缉私规章规定给予奖励。

第二十四条　凡税务人员有违章收税或有勒索行者，得按税务人员奖惩办法规定处理之，被勒索人有权自由控诉。

第五章　附则

第二十五条　本条例施行细则另定之。

第二十六条　本条例自边区政府公布施行之日起陕甘宁晋绥边区 1937 年①公布之货物税条例即行作废。

陕甘宁边区进出口货物税率表（略）

选自《解放战争时期陕甘宁边区财政经济史资料选编》下册，陕甘宁边区财政经济史编写组、陕西省财政厅财政科学研究所、陕西省档案馆合编，三秦出版社 1989 年版，第 534～537 页。

27. 陕甘宁边区贷款暂行条例（草案）

1949 年 3 月 4 日

第一条　为推行生产，繁荣经济，特制定本条例。

第二条　边区一切贷款统归中国人民银行西北区行（以下简称银行）主持办理。

第三条　银行须依扶助发展生产之任务并本“公私兼顾”原则办理贷款事宜，以保证贷款做到有借有还。

第四条　贷款种类，依据其性质区分为：

一、农业（包括水利）及农村副业贷款；

二、工矿业及手工业贷款；

三、合作事业贷款；

四、畜牧事业贷款；

五、供销及运输业贷款。

第五条　对各种生产事业贷款之多少与先后，应依边区政府生产计划及当地实际情况决定之。

第六条　贷款利息须依“发展生产公私兼顾”的政策，并注意奖励民间互相借贷，由银行根据各种生产与行业之利润情况及金融物价变动情形，分别规定，挂牌公布。一般利息应不超过民间借贷之普通利息标准，带有倡办或试验性之生产事业应免除或减低利息。

第七条　贷款信用，依据下列各条予以保证：

一、银行有权检查各贷款单位之贷款用途及其生产业务经营状况，如发现贷款用途不当或有违法投机活动者，得收回其贷款。

二、银行一切贷款，依据法定手续收不回时，得依法请求政府追究，各级政府应对银行之本息债权，确实负责追究清偿。

三、所有借贷保证人，须对所借贷款负保证用途与本息清偿之完全责任。但工作人员不得担任保证人。

---

①　原件如此，应是民国 37 年或 1948 年。（按：1948 年 2 月 10 日曾颁布过《陕甘宁晋绥边区货物税暂行条例》）

第八条　贷款办法手续与办事细则由银行另订之。

第九条　本办法自公布之日施行。

选自《陕甘宁边区政府文件选编》第十三辑，档案出版社 1991 年版，第 121～122 页。原注：“原载 1949 年 3 月 10 日《边区政报》第一卷第二期”。

互校版本：《陕甘宁边区法律法规汇编》，三秦出版社 2010 年版，第 259 页。

28. 陕甘宁边区政府农业厅、西北农民银行关于目前发放农贷的指示

1949 年 4 月 7 日

各行署主任、各专员、县（市）长：
各财委分会主任、各银行经理：

发放农贷的方针与各项基本原则，西北财委会已有电示，又经过三月财经会议之讨论，对“农贷”更有明确规定。各地均应在实际发放中力求贯彻，唯目前发放农贷，如何与组织领导农业生产更密切的结合起来，是值得特别指出的问题。

各地生产报告经我们研究分析的结果，认为在最近两个月内，动员起来按时下种，是目前组织领导农业生产的中心环节。而农贷就是解决群众生产困难的重要方法之一。

目前群众生产中存在的困难问题首先是劳力畜力的缺乏，其次是工具的缺乏，再次是籽种及部分地区吃粮的缺乏，而我们今年的农贷工作亦存在着两大矛盾，即：（1）发放时间太迟。（2）现在各地仍无足够掌握与发放农贷的干部。因此各级政府财委分会银行必须注意下列几点并正确的运用农业贷款。

（一）播种时间只有两个月了（有些地区两个月以上），而各地的农业贷款仍未完全放到群众手里。事实上解决耕畜，对于播种已经为时太晚，因此，各地目前的农贷，主要的已不是解决耕畜问题，而是帮助发挥生产力的问题。

（二）在用途上主要的应该是：（1）添补生产工具。（2）添补部分地区部分群众的籽种。（3）解决某些地区（如榆林、绥德分区）为数不多的务实农民，确因没有口粮而不能进行生产的口粮。但这必须与救济粮严格分开，其唯一的目的是为了生产，而不能是别的。

（三）在对象上首先照顾互助社、变工队等已组织起来的群众以示鼓励。

（四）在地区上首先照顾交通要道的群众，因为这些地区群众的负担较重，需要草料较多，对于运输供销关系甚大。但也并非其他地区不管。

（五）吸收私资，带动私资，对于农村生产关系甚大，因而在发放农贷中，必须重视这一点。必须有意识的组织私人资力，用各种政策和通过具体事实，打破群众今天依然存在着的顾虑。必须做到群众间敢于拿出自己的私资，和敢于互相借贷，这就必须改变过去的那种调剂即“救济”的做法。调剂必须是借贷，利息可以由借贷双方自定。今天的主要困难，不是物价高涨中票币的利息高低，而是群众告贷无门。其次则须使各级干部了解高利贷封建剥削与正常借贷有原则性的区别，不仅要宣传政府保护正当债权，而同时必须在

处理这些纠纷中，用事实证明这一点。政府过去负责救济的粮款，在这些群众有可能归还时，就应该负责督促归还。必须了解事实的解决，对于农民群众的作用就是具体宣传的作用。

（六）在这些原则之下，农贷应尽早的放到群众手里，尽可能的多解决群众的问题。为此，各级政府、财委分会、银行应尽可能的抽调干部，并领导好的合作社，进行这一工作。但同时必须防止单纯任务观点，坚决反对由于时间仓促就潦草从事，平均分配，恩赐救济，不负责任的作风。在依据上述原则精神争取在春耕期间及早发放，确如因时间过迟，放下去与生产已无多大帮助时，就不必勉强为完成任务而发放。待到锄草时，再放青苗贷款，以解决群众雇人锄草的工资及其他问题。总之我们发放农贷的目的，是为了发展生产，并成为发展生产之组织领导的工具之一，而绝不是为放农贷而放农贷。

以上各点，望即连同农贷问题，一并深刻研究，立即传达下去，务使正确的农贷政策得以贯彻。农贷发放情形，并希随时报告本厅、行为要！

此　致

敬　礼！

选自《陕甘宁革命根据地史料选辑》第三辑，甘肃人民出版社1983年版，第348～350页。

29. 陕甘宁边区各县（市）商会组织章程

1949年4月14日

第一条　商会为各县（市）商民之组织，其名称得按地名定名为××县（市）商会。

第二条　商会以团结商民发展当地工商、繁荣边区经济为宗旨。

第三条　凡在当地经营商业者均须参加商会为该会会员。

第四条　商会会员之权利与义务如下：

一、会员权利：

（一）对该会一切工作、设施有进行讨论、建议与批评之权。

（二）有在会内参加选举与被选举之权。

（三）有享受该会举办之文化教育与福利事业之优先权。

二、会员义务：

（一）有遵守该会章程及一切决议之义务。

（二）有向该会经常报告工作及营业状况之义务。

（三）有向该会按期缴纳会费之义务。

第五条　商会为全县（市）商业经营者最高之群众组织，其下得按区域、行业设立分会，商业公会及小组推行会务。

第六条　商会受当地县（市）政府、税局之领导及所在地方政府之指导，商会之组织

原则为民主集中制，该会所属各分会、同业分会、小组均须服从该会之领导。

第七条　商会委员、组长每年改选一次，连选得连任，委员名额依当地商业情况确定之，但委员人选须保证各阶层工商者均有公正代表当选机会。

第八条　商会设会长一人，副会长一人至二人，指导员一人领导会务，正副会长由全体委员互选之，但指导员须由县（市）政府指派之。

第九条　商会委员之分工事宜得依当地具体情况确定之，但会务较繁地区得根据精简原则酌情雇佣秘书办事员工友若干人，在会长、指导员领导下进行会内日常事务。

第十条　商会委员会每月召开一次（遇特殊事故者得随时召开之），除例会外，凡讨论有关负担及工商业重大问题时，均须事先通知政府税局派员出席指导。商会每半年须召开会员大会或会员代表大会一次，并向大会报告会务进行情形。

第十一条　商会之职责如下：

一、关于协助筹划发展工商业及其登记管理事项。

二、关于协助筹办工商业者之战勤动员，募捐慰劳与营业税负担征收事项。

三、关于当地工商业状况之调查了解事项。

四、关于工商业纠纷之调查调解及贫苦工商者之互助救济事项。

五、关于工商者之文化教育及福利事业之举办事项。

第十二条　商会之经费由会员缴纳之会费内开支，但会费之缴纳应按商民各阶层之负担能力本公平合理原则分配之。

商会会费经费之收支情形须按季列单公布之。

第十三条　各行业同业公会之组织章程另订之。

第十四条　本章程自公布之日施行。

选自《陕甘宁边区政府文件选编》第十三辑，档案出版社1991年版，第218～219页。

互校版本：《陕甘宁边区法律法规汇编》，三秦出版社2010年版，第132页。

30. 陕甘宁边区货物税估价委员会组织章程（草案）

1949年4月14日

第一条　本章程依据货物税暂行条例第十六条之规定制定。

第二条　各地估价委员会（以下简称估委会）悉依本章程组织之。

第三条　估委会为评定货物税纳税价格以达公允征税之民主组织。

第四条　估价实行后，发觉有估过高或过低情事者，税务总局或区局有指令重估之权。

第五条　估委会在分局所在地设置，由分区最高行政机关、工商管理机关、银行、贸易公司、工商会、合作社及税务机关等单位代表组成之，税务机关代表为估委会之当然主席，并负召集会议之责。

第六条　估价：

一、货物税纳税价格，由估委会以分区为单位统一估价。

二、情况特殊不能以分区为单位统一估价时，由分局指定地区，按本章程规定分别估价，但须禁止以县为单位估价。重要进口口岸，必要时得另行估价。

三、纳税货物之估价，须服从该分区贸易公司之物价政策。

四、估价之标准，以当地贸易公司门市价格及市场一般价格由民主评定适当的统一价格，但税务机关须事先进行调查。

五、确定市价后，统一按打八折计算即为纳税价格。

六、估价原则规定一月一次，但可依据实际物价变动情况，得提前或延长之。

七、在执行原估价表中，如个别物价有特殊变动时，税务分局得作临时修改通知各地执行，并向税务总局或区局呈报备查。

八、货物计算标准，一律依规定度量衡标准计算。

第七条　估价表印制后，除分发所管县各局、所及区局、总局与当地党政军等机关各一份外，并酌情发给工商会若干及张贴要道站口，俾众知晓。

第八条　本章程如有未尽事宜，得由税务总局随时修改之。

第九条　本章程自公布日施行。

选自《陕甘宁边区政府文件选编》第十三辑，档案出版社 1991 年版，第 216～217 页。

互校版本：《陕甘宁边区法律法规汇编》，三秦出版社 2010 年版，第 106 页。

31. 陕甘宁边区营业税评议委员会组织规程（草案）

1949 年 4 月 14 日

第一条　本规程依据营业税暂行条例第十二条之规定制定之。

第二条　营业税评议委员会（以下简称评委会）为贯彻民主评议，协助政府对工商业营业税负担做到各阶层公平合理之民主组织。

第三条　在各商业城镇地区征收工商业营业税时，均必须组织评委［会］。评委会依下列规定组织之。

一、工商业少的地区，由各阶层中选出评议委员若干人组成之。

二、工商业繁盛地区，除以全市组织总评议委员会外，可依行业和街道分别组织行业和街道评委会，其①行业和街道评委会并受总评委会之领导。

三、评议委员会由评议委员选出主席若干人，并由税局、工商局、工商会参加组成主席团。

第四条　评议委员之产生由民主选出，并经多数人同意方得成为正式评议委员。在选

---

① “档案文件版”为“其”，“三秦法律版”印作“共”。

举中应照顾到各阶层及其经营行业和其他情况。评议委员之条件须为人公平正直不持偏见。

第五条　必要时得由工商会同税务机关聘请若干评议委员，并参加评议委员会工作。

第六条　评议委员会之职责如下：

一、调查了解各工商户经营状况。

二、评等定分并分配各户应负担额，其等级分数，每年三月间评议一次，每年九月复查一次，作个别调整。

三、对新开张工商户等级分数之临时评议。

四、具体领导发挥广泛民主讨论事宜。

第七条　评委会之评议工作进行程序如下：

一、首在商民小组中酝酿并提出初步等级意见。

二、评委会进行初评，并以小组意见作参考。

三、初评结果交小组认真领导讨论。

四、评委会进行复评和主席团审查。

五、公布最后评定结果，交工商会依限期执行。

第八条　评议委员为义务职，评委会不得向工商户征收任何费用，评委会所需经费统一由工商会支付。

第九条　评议委员任期为一年，得连选连任。

第十条　评委会受当地政府税务机关之领导指挥。税务机关或商民认为评议员或评委会不能完成任务或有包庇不公行为时，令其改组或撤销补选。

第十一条　本规程如有未尽事宜，得随时修改之。

第十二条　本规程自公布日施行。

选自《陕甘宁边区政府文件选编》第十三辑，档案出版社1991年版，第215～216页。简称“档案文件版”。

互校版本：《陕甘宁边区法律法规汇编》，三秦出版社2010年版，第107页。简称“三秦法律版”。

32. 陕甘宁边区营业牌照税征收办法

1949年4月14日

第一条　本办法根据陕甘宁边区营业税条例第三条制定之。

第二条　凡营业牌照税之征收（以下简称牌照税）悉依本办法之规定办理。

第三条　牌照税得按其资本多寡本累进原则征收之，其税率为千分之二十至千分之五十（税率表附后）。

第四条　牌照税征收范围如下：

一、凡在大中城市无固定商号之摊贩与从事临时贸易及流动营业者。

二、以农业为主兼营临时贸易及流动营业（包括摊贩）者。其兼营部分征收牌照税，农业部分计征公粮。

三、凡散布在农村之摊贩及流动营业者不论其专营或兼营均须按营业牌照税率之规定计算税额统一于农业税征收。

第五条　凡第四条一、二项规定之营业须在每季营业初五日内或始业时向所在地或附近之税务机关申请登记，照章缴纳牌照税，并取得营业牌照后方为合法营业。其申请登记事项如下：

一、业主姓名年龄；二、籍贯住址；三、经营性质；四、营业种类；五、流动资本（包括现金，存货折款，外欠款）；六、开业时间；七、纳税等级。

第六条　凡第三条一、二项规定之摊贩营业在一地有三户以上者，得组织成小组归当地商会或政府管理之。

第七条　计算与征收：

一、牌照税以资本为计算税额之标准，其资本应根据现金、存货折款或就其进行交易之现金货价，外欠款等项合并计算之。

二、牌照税须依靠商人自报，并配合民主评议征收之。评议委员会可由当地商会，政府税务机关，摊贩及临时流动营业者之代表若干临时组成之。

三、纳税人如呈报不实时，评议委员会有权清算帐（账）目，盘查存货，被清查者不得拒绝。

四、如执行上列一、二、三项规定发生争执，或有帐（账）簿亦不足为凭时，得由评议委员会民主评议决定其资金及应纳税额。

五、纳税人对民主评议之纳税额如不服时，可于三日内提请评议委员会复议之，经复议后之纳税额即为最后确定之负担额。

第八条　牌照之使用规定：

一、牌照有效期为三个月，期满后，须遵照第四条之规定换领新牌照缴销旧牌照始准继续营业。

二、请领牌照之营业者，须随身携带其营业牌照，以便税务人员随时检验之。

三、牌照不得转让顶用，如牌照在有效期内遗损时，可向当地或附近税务机关声明，经查明属实者，除原牌照分令作废外，得免税补发新牌照。

第九条　凡属下列情形之一者免征牌照税：

一、营业资本不足三百万元者；二、营业时间距新领照不满一月者；三、退伍荣誉军人，依其退伍补助金经营之摊贩及流动买卖，自退伍之日起未满三年者；四、专营政府奖励之工业、器材、军工原料者；五、粮食买卖及瓜果蔬菜之贩卖者。

第十条　罚则：

一、凡有下列情事之一者，经查获后，除补税领照外，得处应纳税额一倍至三倍之罚金。

（一）未领牌照私自营业者。

（二）牌照有效期已过半月以上不换领新牌照者。

（三）隐瞒资本虚报不实者。

（四）抗不领照者。

二、涂改、顶用、转让牌照者，经查获后处应税额一倍至五倍之罚金。

三、违法走私破坏金融，经查获后除私货没收外，人按情节轻重惩处之。

四、伪造牌照者除停止其营业外，人送司法机关惩办。

第十一条　上列处罚，得移请当地司法机关判定限期行之，如限期已满得强制执行。

第十二条　本办法自公布之日施行。

选自《陕甘宁边区政府文件选编》第十三辑，档案出版社 1991 年版，第 207～209 页。

互校版本：《陕甘宁边区法律法规汇编》，三秦出版社 2010 年版，第 394～395 页。

33. 陕甘宁边区产销税暂行条例（草案）

1949 年 4 月 14 日

第一条　本条例为保护边区正当工矿业之发展而制定之。

第二条　凡边区境内公私经营之工业、矿业产品及其他特产品，其课税与管理悉依本条例之规定办理。

第三条　注册：

一、一切工业、矿业须于年初或始业时向当地政府或委托之税务机关申请登记，并领取营业执照后方得营业。

二、申请登记事项如下：

（一）厂（矿）名称；（二）经理姓名；（三）经营性质；（四）厂（矿）设备；（五）工人数量；（六）现有资金；（七）每月产量；（八）货品优劣、销售地区；（九）每月平均利润；（十）开设年代变迁情形。

三、经登记领照之工业矿业，如中途歇业、暂停、改业、转顶均须向原发照机关申请注销或改发营业执照，否则以继续生产课税。

第四条　境内应税之工矿业产品及应征税率按下列规定：

一、矿产品：煤炭、石油、硫磺、黑白矾、翩碱 2%～5%；

二、棉毛制品：纱线、布匹、毛巾、袜子、毡毯及其他大量产制之棉毛制品 5%～8%；

三、丝麻织品：5%～10%；

四、饮料食品类：汽水、蜂糖、机制丽粉、榨油 5%～10%；

五、皮制品：皮制鞋帽、皮带、皮夹、皮箱 6%；

六、化学制品：各种肥皂、香皂、火柴、玻璃器材、造纸 5%～15%；

七、陶器产品 5%；

八、各种迷信品类 30%；

九、盐类征税办法另订。

第五条　凡本区之特产品按下列规定征税：

一、漆油、桐油、五倍子、茶叶、木耳、药材、花椒5%；

二、兽皮、猪鬃4%；

第六条　有下列情况之一者免税：

一、本条例未列举之工矿产品、特产品、附产品。

二、在评定每月产量后在该月增加生产之工矿货品。

三、全系供给公用之非卖品。

四、其产量仅能维持其家庭生活者。

第七条　凡第四条规定应税之工矿业产品，均须根据其生产情况，按月评定产量，从价计税，统一在厂或在场征收并割给制产税票。

第八条　凡第五条规定征税之特产品，均在批售行庄从价征收，由行庄主负责报验纳税并割给边产税证。

第九条　凡在厂、场、行、庄纳税割票后之工矿产品及特产品贴花盖章后，即可自由运销不再割票，如转运其他解放区销售时，须割取转分运证。如货品特殊不能贴花盖章者，须在货品托销时。由原纳税主负责向税务机关报请查验，凭原税票给买货人割取边产品转分运证后，始得运销。

第十条　罚则

一、不按第三、四、五条规定执行者处以应税额20%～50%之罚金。

二、不遵照第七、八、九条规定，举办纳税查验手续者处以应税额50%～100%之罚金。

三、用其他方法偷税者应处以应税额一倍至二倍之罚金。

四、抗不纳税者送司法机关惩办。

第十一条　本条例施行办法另订。

第十二条　本条例自边府公布之日施行。

选自《陕甘宁边区政府文件选编》第十三辑，档案出版社1991年版，第195～197页。

互校版本：《陕甘宁边区法律法规汇编》，三秦出版社2010年版，第415～416页。

34. 陕甘宁边区烟酒税暂行条例（草案）

1949年4月14日

第一章　通　则

第一条　凡同类烟酒之征税及管理悉依本条例之规定。

第二条　本条例所称之烟酒系指境内及其他解放区制产之各种烟酒而盲，其应征税之烟酒如下：

一、卷烟：凡用卷烟卷成之纸卷烟（即纸烟）与用烟叶制成之雪茄烟卷烟及其他洋式烟类均属之。

二、丝烟：凡各种丝烟、包烟、水烟均属之。

三、凡境内及其他解放区制造之各种瓶酒、粮食酒、露酒、酒精与洋式酒类均属之。

第三条　凡美国及敌区制产之烟渣，一律禁止入境，违者没收。

第四条　凡境内新设、旧营之各类烟酒业，不论公私均须向工商管理机关请领营业执照后方得营业。

第五条　境内酿酒地区须经边府批准。业经批准酿造区域，必要时得视粮食情况随时命令停止酿造。

第二章　登　记

第六条　税务登记

一、凡制造各种烟类，均须于开业前向当地税务机关呈送牌号若干份（纸烟并呈送烟样），申请注册登记并转呈税务总局经化验批准后方许营造（烟业申请登记书另订）。

二、凡制造各种瓶酒及其他酒类，均须将厂址字号及所拟制之酒类商标特性等项，于开业前一月向工商管理机关及税务机关申请登记，并经边府批准后方准营业（酒业申请注册书另订）。

三、新解放区或在本条例颁发前已创办之各类烟酒业亦须依上述规定补办登记手续。

四、经注册批准之各类烟酒业，在制烟酒前之一日，应报告当地或附近税务机关派入查验，如因故暂停或歇业转项者，须呈报税务机关备案，否则按继续制造计算征税。

第三章　征税与查验

第七条　凡边区境内产制之各类烟酒应按下列规定征税：

一、各种纸卷烟从价征收10％～30％；

二、各类丝烟（包括水烟包烟）从价征收10％～20％；

三、各种酒类从价征收20％～40％；

四、各类酒精从价征收5％～10％。

第八条　本区产制者，在出厂前征收其制产税或出厂税。

第九条　其他解放区产制之烟酒贩运本区或从他区转贩本区者，如有该解放区之纳税凭证，即可自由运销，不再征任何税费。应税未税者，一律按本条例规定照章纳税。

第十条　凡境内制产烟酒，均按每月产量从价计税，按销量纳税，由业主统一向税务机关缴纳。

第十一条　边产烟酒计税与报运手续如下：

一、烟类：

（一）手工业制造者将根据生产情况按业评定各月产量征收之。机器制造者须派人驻厂依据每月实际产量计算征收之。

（二）评定产量者倘中途因故停业或改业时须随时报告当地税务机关经查明属实者，得按其实际制造时间计算征收之。

（三）凡已纳税之烟类均须报请查验，并粘贴税务印花或加盖验章后方得运销（应盖章贴花之烟类另订）。

二、酒类：

（一）经批准之土酒厂坊凡售酒容器不定者，得由厂坊割给税务总局印制之土酒运销证，中途转运时，由货主持原酒证向税务机关换取额酒证后方可运行。

（二）酒厂兼制酒精时，统按酒精部分征税，但酒精业厂严禁售饮酒。

（三）境内产制之瓶酒，均须加盖橡皮验章或在瓶封口处粘贴印花后始得运销。

第十二条　凡制造各类烟酒之厂坊除纳制产税或出厂税外，在征收营业税时，仍须照章缴纳营业税。

第四章　罚　则

第十三条　一、凡有下列情事之一者，除照章补办手续外，得处以应纳税额三倍以下之罚金。

（一）未经申请注册批准烟酒厂坊而私自制造者；

（二）凡经注册批准之烟酒厂坊，如事后发觉有呈报不实或在开业后又扩大其经营而隐瞒不报报者；

（三）不遵照第三章规定执行或运销烟酒无税务查验手续者；

（四）抗不遵章纳税或用其他方法企图偷税者；

（五）滞纳税款逾期一月至一月半者。

二、有下列情事之一者，除没收其工具成品外，得予停业处分。

（一）未经批准酿酒之地区而私自酿造者；

（二）制造烟酒经化验证明掺有其他毒品者；

（三）私自冒牌仿制而侵犯他人合法经营者；

（四）有将头酒掺水充作酒类贩卖的。

第十四条　有涉及司法范围者，送司法机关依法处理之。

第五章　附　则

第十五条　本条例施行细则另订。

第十六条　本条例自公布之日施行。

选自《陕甘宁边区政府文件选编》第十三辑，档案出版社 1991 年版，第 197～200 页。

互校版本：《陕甘宁边区法律法规汇编》，三秦出版社 2010 年版，第 421～422 页。

35. 陕甘宁边区交易税暂行征收办法（草案）

1949 年 4 月 14 日

第一条　凡在境内一切城镇市集或在行、店、栈、合作社进行土布、棉花、粮食、牲畜交易者，均依本办法征收交易税。

第二条　除前条规定商品外，各地区之大批宗交易商品，有征交易税之必要时，须经边区政府批准后始得征收。

第三条　税率起征点纳税人依下列规定：

品名	税率	起征点	纳税人	备注
牲畜	从价5%	一头	买主	
粮食	从量3%	一斗	卖主	
土布	从价3%	二匹	卖主	
棉花	从价2%	籽/熟花五十/二十斤	卖主	

第四条　交易税属边区财政收入，由各地税务机关直接筹划征收或委托代征，代征机关得按月提取税额10%～25%作为办公补助费，但不得采取包征办法，以防流弊。

第五条　凡经交易员成交者，由征收机关当日结帐（账）后，按收入额统一提奖，交易员不得向买卖双方索取佣金或受贿勒索。提奖规定如下：

一、土布、棉花、牲畜提奖20%；

二、粮食提奖30%。

第六条　征收：

一、凡牲畜、粮食、土布、棉花于成交后均须向征收机关报验纳税，如在店栈、行栈成交者，其店栈、行栈主有督促交易人纳税之责。

二、已纳税盖章之土布不再征税。

三、以货换货者，由找价人依找价金额纳税。

四、已纳交易税之牲畜、土布、棉花，如再转分运时，须持原税票向征收机关割取转分运证后方得运行。

第七条

一、有下列情事之一者，除追缴纳税额外，并按税额处以一倍至三倍之罚金。

（一）隐瞒价格以多报少或不执行本办法之规定者。

（二）农村牲畜买卖成交后十日内无故不向征收机关报请纳税者。

（三）偷税或互相包庇逃避纳税者。

（四）顶用旧票或涂改票证者。

二、交易员或行、庄、栈、社私吞税款或不按第五条及第六条一项规定执行者，处以应税额四倍以下之罚金，必要时得取消其从业资格。

第八条　本办法自公布之日起施行。

选自《陕甘宁边区政府文件选编》第十三辑，档案出版社1991年版，第200～201页。

互校版本：《陕甘宁边区法律法规汇编》，三秦出版社2010年版，第425页。

36. 陕甘宁边区屠宰税暂行征收办法

1949年4月14日

第一条　本办法为适应财政需要及便于管理屠宰市场而制定之。

第二条　凡市镇开设屠宰场宰杀之猪羊及因老弱不能使用之牛，悉依本办法规定征收屠宰税。

第三条　凡能使用之耕牛、运输牲畜及不能食用之病畜，一律禁止屠杀。

第四条　屠宰税之税率为百分之五，按从价定额征收，税额由屠宰主负责缴纳。

第五条　凡从事屠宰业者，均须于开设前向当地工商机关申请登记，领取营业执照，并向就近税务机关申请后方得营业；已开设者亦须补办手续。

第六条　征收与查验：

一、屠宰税纳税价格，须由县（市）税务机关于每月初，根据当地现行各肉类市价估定之。

二、已纳屠宰税之牲畜，须发给边府财政厅印制屠宰税票为凭，并在肉上加盖税务戳记后方得运销。

三、屠宰税票限当日作废。

第七条　凡乡村屠宰之牲畜肉类，如运往城市销售者，仍须依照本办法之规定征收屠宰税。

第八条　凡当地从事屠宰业者及组织屠宰小组或同业工会，归商会领导，其任务为筹划销路、议定价格、调解同业纠纷、评议负担。

第九条　凡有下列情形之一者免征：

一、用作慰劳品或专供机关、部队、学校食用非买卖者。

二、凡屠宰猪羊系自养自食者。

三、凡乡村屠杀之猪羊未上城镇交易者。

第十条　罚则：

一、凡未经登记私自开设屠宰场者，须处以一百元以上一千元以下之罚金。

二、凡属下列之一者，处应纳税额三倍以下之罚金。

（一）凡未纳屠宰税而私自宰杀者。

（二）牲畜肉上未盖税务戳记私自偷销者。

（三）涂改转让并重用屠宰税票者。

（四）伪造税票戳记者。

三、凡无故屠宰耕牛、运输牲畜及不能食用之牲畜者，除没收该牲畜全部肉外，人送司法机关法办。

第十一条　凡屠宰业在征营业税时，仍须依营业税，条例缴纳营业税。

第十二条　本办法自公布之日起施行。

选自《陕甘宁边区政府文件选编》第十三辑，档案出版社 1991 年版，第 202～203 页。

互校版本：《陕甘宁边区法律法规汇编》，三秦出版社 2010 年版，第 426 页。

37. 陕甘宁边区临时贸易税暂行办法（草案）

1949年4月14日

第一条　本办法依据营业税暂行条例第四条第二项之规定制定之。

第二条　凡在本区进行之临时流动营业者，不论公私，均依本办法征收临时贸易税。

第三条　临时贸易税之征税标准。依每次交易额之多寡，本累进精神计算征收，由卖货人负担。

第四条　临时贸易税之税率自百分之二起至百分之六止，并规定起征额为人民币伍仟元，最高额为陆拾万元，陆拾万元以上不再累进，其累进额必要时由税务总局修改之。

第五条　临时贸易税之征收，遇必要时，得另规定特种征收办法。

第六条　下列各种免征临时贸易税：

一、已缴纳营业税之座商及领牌照之小商摊贩。

二、农村集市之临时交易者。

三、经分局以上税务机关批准之某些城镇地区。

第七条　凡退伍军人以退休金经营之临时营业减半征收之。但与私商合股经营者不予优待。

第八条　临时贸易税之征收办法采取下列各种：

一、凡外商运货至本区境内出售者，在完纳货物税后，同时缴纳临时贸易税。

二、无设立验货场之地区，一切货物运入行栈客店或商行，须先经税务机关检验方得卸货，店栈行主并须将货主姓名、货物名称，货物数量如实具列呈报税务机关。

三、认为必要时得设立验货场，验货场管理办法另订。

四、在货物成交之一日内，由店栈行主负责缴纳临时贸易税。

第九条　税务机关必要时得派员驻行栈、客店负责征收，被驻之店栈行户不得拒绝。

第十条　缴纳临时贸易税者，须取得税务机关之正式税票方为有效，否则纳税人有权拒绝。

第十一条　违犯下列情事之一者，除补交税款外，得分别予以处罚之。

一、来货不具报或以多报少者，处应纳税额百分之五十罚金。

二、成交不报或以多报少者，处应纳税额一倍以下之罚金。

三、互相包庇隐瞒偷税者，处罚双方应纳税额两倍以下之罚金。

四、顶用或涂改税票者，处罚应纳税额两倍以下之罚金。

五、店行私吞税款或纳税人抗不缴纳者，送司法机关依法惩办之。

第十二条　税务人员如有违章征税及贪污等情事者，商民有自由告发之权。

第十三条　本办法颁行之日起，各地区临时贸易税之单行征收规定均予废止。

第十四条　本办法自公布之日施行。

临时贸易税税率表

级　距	税　率
五千元以下免征	
五千元以上未满五万元者	百分之二
五万元以上未满十万元者	百分之二点五
十万元以上未满十五万元者	百分之三
十五万元以上未满二十万元者	百分之三点五
二十万元以上未满三十万元者	百分之四
三十万元以上未满四十万元者	百分之四点五
四十万元以上未满五十万元者	百分之五
五十万元以上未满六十万元者	百分之五点五
六十万元以上者	百分之六

选自《陕甘宁边区政府文件选编》第十三辑，档案出版社 1991 年版，第 204～206 页。

互校版本：《陕甘宁边区法律法规汇编》，三秦出版社 2010 年版，第 430～431 页。

38. 陕甘宁边区森林砍伐税征收办法

1949 年 4 月 14 日

第一条　砍伐森林均须依本办法之规定纳税。

第二条　砍伐人必须经过区乡政府介绍就近税务机关审查并取得砍伐证后始得进行砍伐。

第三条　砍伐森林得按下列规定：

一、砍伐人得按指定地区进行砍伐。

二、量材砍用。

三、检砍大者遗小者。

四、烧木炭不得砍成材木料。

五、砍材时须砍稠留稀不得一扫而光。

第四条　砍伐税得从价征收，必要时可从量征收。其税率如下：

一、公林百分之十五。

二、私林百分之五征收。由砍伐人按时向税务机关报请纳税，必要时得委托区乡政府或个人代征。

第五条　代征之机关或个人得在月终结帐（账）后按税款额百分之十至二十提成作为办公补助。

第六条　凡有木材运销时不论自运或贩运，均须向征税机关割持木材运销证后始可自由运销，否则照章纳税，情节严重者即以逃税论处。

第七条　税务机关得专派人员或委托机关随时戡验检查森林区之情况以防止乱砍乱伐。

第八条　如有未经第二第三条之规定而私自进行砍伐或有重用木材运销证者，经查明后处以应纳税额一倍至一倍半之罚金，如有破坏森林而情节严重者，人送司法机关处理之。

第九条　凡因报告而进行查获之偷税者，得按缉私规章给以奖金。

第十条　凡税务人员有违章收税或有勒索情事者，得按情节轻重依政务人员奖惩办法办理之，被勒索人有权自由控诉之。

第十一条　本办法自呈请批准之日施行。

选自《陕甘宁边区政府文件选编》第十三辑，档案出版社 1991 年版，第 203～204 页。

互校版本：《陕甘宁边区法律法规汇编》，三秦出版社 2010 年版，第 432 页。

39. 陕甘宁边区税务总局督察人员办事程序（草案）

1949 年 4 月 14 日

第一条　本程序依据边区各级税务机关组织章程第八条之规定制定之，所有税务督察人员均须遵照本程序执行职务。

第二条　督察主任承总局长之命领导派遣督察人员分驻各局、所、卡执行下列各项任务：

一、关于检查工作：

（一）检查各级税工干部对各项税收条例、章则、命令、指示之了解程度及实际执行情况。

（二）检查各级局、所收入实况及其对月报、解款、估价、缉私、查验、没收罚款、会计制度、经费开支及票照花证之使用保管等工作情形，是否按章执行。

（三）检查各级局、所全盘税收工作推进实况，工作检查制度与工作报告制度执行情形。

（四）检查各级税务机构、干部配备、工作作风与领导作风，干部工作成绩与缺点（包括能力、品德、生活、学习等）。

（五）检查对国民党时代各种旧税收的清理及旧税收人员使用情形。

（六）检查税警队及各地缉私网之设置、纪律、教育及其工作。

二、关于调查研究工作：

（一）关于各地工业、矿业、特产、土产之调查以及开辟税源工作之研究。

（二）关于各地出入口物资流通情形、金融、物价以及商业、市场、交通诸情况的调查研究。

（三）关于改进各种税目、税率、税制、征收办法、技术制度之调查研究及经验之总结交流。

（四）检查搜集群众，地方人士对税务工作，税工人员所反映的意见以及当地驻军、机关、团体对税局、所之关系等材料。

（五）调查有无需要新设或裁撤局、所之具体材料。

（六）调查有关税务工作之其他一切材料。

三、关于协助工作：

（一）协助所驻局、所，利用各种方式向当地人民进行税收政策之宣传解释。

（二）协助所驻局、所，整理布置各项重要工作及帮助处理临时发生之重大事件。

（三）协助当地局、所，组织明暗缉私网，并帮助加强改进其工作。

（四）协助估价委员会、营业税调查评议委员会及其他有关税务会议之工作，并参加上述会议。

（五）协助驻地局、所，进行干部之政策业务与政治文化的教育工作。

第三条　督察人员奉命出发后，须按旬向分局报告工作，对急需由分局统一办理之工作或偶然发生事件，除详报总局外，仍须建议分局研究处理。

第四条　督察员对所驻局、所认为有应加纠正或改革事项，须向主管局、所长提出建议，不得直接干涉或代为决定。

第五条　督察员在进行上述工作或某种重要事件与主管局有原则分歧的意见时，得将各事件发生经过及其处理意见与理由，联名呈报总局审查决定后执行。

第六条　督察员对驻在局、所因其他原故，突然不能执行职务时，督察员得商同当地政府暂行代替职务。

第七条　督察员对驻在局、所人员因成绩卓越应加奖励提升者，或因恶绩昭著，应行惩办者，可随时附具事实和妥善处理意见，密报总局核办，但不得自行处理。

第八条　督察员如奉命办理某种特殊重大事件时，得商请当地党政协助进行之。

第九条　督察人员应在工作中以身作则、奉行职务，倘有违法失职行为，一经暴发察觉，得按税工人员奖惩办法惩办。

第十条　督察人员出勤、调驻及回总局均须依照总局命令行之，不得自由行动。

第十一条　督察人员派往工作地区后应赴所属地区局、所，轮流巡视检查工作。

第十二条　本程序自边区政府备案之日施行。

选自《陕甘宁边区政府文件选编》第十三辑，档案出版社 1991 年版，第 220～222 页。

互校版本：《陕甘宁边区法律法规汇编》，三秦出版社 2010 年版，第 224～225 页。

40. 陕甘宁边区税务人员奖惩规则

1949 年 4 月 14 日

第一条　本规则依据各级税务机关组织规程第八条制定之。

第二条　凡各级税务机关对所属一切税务工作人员之奖励、惩罚均依本规则之规定办理之。

第三条　奖励办法如下：

一、口头奖励传令嘉奖登报表扬；二、记功（三次记一大功）；三、记大功；四、升级；五、越级提升。

上述奖励办法得与物［质］奖励并用之。

第四条　惩戒办法如下：

一、批评劝告、警告；二、记过（三次记一大过）；三、记大过；四、降级；五、撤职留任、撤职、撤职查办；六、并除税籍。

凡涉及司法范围者除行政处分外，其违法部分移送司法机关依法查办。

第五条　凡具下列各款之一者得给予奖励。

一、能依法令之规定如期完成上级特给之某项重大任务者。

二、对边区税政税制及业务技术建设有特别创造或成绩者。

三、对建设边区各项税务工作有正确建议经采纳实行著（卓）有成效者。

四、能坚决遵守并研究执行各种税收政策、法令、命令、指示、制度而著有显著成绩者。

五、一贯注意调查研究，且有成绩者。

六、安心工作，一贯细心、认真、积极、负责及工作思想显著进步者。

七、发现同事有贪污情事能及时向上报告，并经查明确有实据者。

八、一贯服从组织，艰苦朴素廉洁奉公，不徇情受贿，不敲诈勒索，不打骂群众并能联系群众，经常向群众深入宣传解释政策者。

九、一贯经济帐（账）目清楚、表报精确、按时者（包括登记统计）。

十、对缉私工作有显著成绩者。

第六条　凡违犯下列各款之一者得给予惩戒：

一、不能按期完成任务且无特殊事故者。

二、不能按期报解税款或擅自借欠挪用者。

三、工作一贯消极玩忽职守者。

四、一再不执行政策法令及上级命令指示，致工作受到损失者。

五、有严重官僚主义作风者。

六、一贯不安心工作，对工作粗枝大叶潦草敷衍，致工作受损失者。

七、经济帐（账）目不清，各种表报不精确、按时，且有一贯表现者。

八、染有不良嗜好经劝诫不能戒除者。

九、有意哄骗及无故失掉公款者。

十、遗失或盗用印信票照者。

十一、敲诈勒索、贪污受贿、打骂群众、留难商旅及串通舞弊者。

十二、铺张浪费、浮报滥支私做生意者。

十三、违背税则、税率或任意摊派滥收者。

第七条　凡受本规则之奖励及惩戒者，功过得分别抵消之（涉及司法范围者除外）。

第八条　各级税务局、所长得随时向直属上级提出关于所属人员有关奖惩之事实证件及适用条款之意见转呈总局核办之。

第九条　各级税务人员之奖惩得依据本办法采取民主评议方法评定之，其奖惩时间规

定如下：

一、全体工作人员之工作奖惩每半年进行一次。

二、偶发之应行奖惩事件得依据其功过随时进行之。

第十条　凡县级以上负责干部之奖惩事件，均由税务总局决定以命令行之并呈报财厅备案。

县级以下干部之奖惩事宜统由该管分局决定以命令行之并呈报总局备案。

第十一条　本规则自西北财经委员会批准之日施行。

选自《陕甘宁边区政府文件选编》第十三辑，档案出版社1991年版，第229～231页。

互校版本：《陕甘宁边区法律法规汇编》，三秦出版社2010年版，第226～227页。

41. 陕甘宁边区税务人员待遇及抚恤办法

1949年4月14日

第一条　本办法依据各级税务机关组织规程第八条制定之。

第二条　各级税务人员之生活政治待遇依本办法办理。

第三条　等级：

一、各级税务机关为各级政权机关的一个部分。

二、区局正副局长等于行署处长或副处长。

三、分局正副局长等于专员公署的科长或副科长；县局正副局长等于县政府的科长或副科长；一等税务所所长等于区政府的区长或助理员；二等税务所所长等于乡政府的乡长或文书。

第四条　待遇：

一、政治待遇。同级职位之局所长应享有同级政权干部之政治待遇，如听报告、看书报文件、参加会议、住党政学校受临时的训练等。

二、生产待遇。各级税收人员均依照脱离生产之政权干部统筹供给标准，发给同等的伙食菜金、被服、鞋子等物，不得进行商业生产。

稽查及流动稽征人员依地方部队之标准发给同等的伙食菜金、被服、鞋子等物。

第五条　一、税工人员因公致残不能工作者，得给予治疗或住院休养，如在职时有薪金津贴者并得照原规定发给。

二、因公死亡者酌情发给埋葬费外，并按政府抚恤条例办理之。

第六条　本办法自核准之日施行。

选自《陕甘宁边区政府文件选编》第十三辑，档案出版社1991年版，第232页。

互校版本：《陕甘宁边区法律法规汇编》，三秦出版社2010年版，第228页。

42. 陕甘宁边区各级税务人员移交规则（草案）

1949年4月14日

第一条　各级税务人员工作调动时，除副职可以酌简移交手续外，其余人员不分负责人或一般人员。均须依照本规则之规定，办理移交事项之移交手续。

第二条　各级税务人员之移交均由上级机关以命令行之，并按下列规定，派出监交人监交。

一、总局局长移交时由财政厅派定。

二、区、市、县、分局局长移交时由同级政府派定。

三、税所所长移交时由县局或市局派定。

四、各局、所其他人员移交时，由局、所长或本部门负责派定。

第三条　卸任人员须于新任人员到职之日起停止工作，并按下列规定办理移交手续，移交不清或不全者，不得离开另就新职。

一、人员花名清册。

二、重要文件、图表、资料清册。

三、本年度票照花证收付结存清册。

四、两年以来税款没收品收解对照表。

五、现金实物清册。

六、公章戳记。

七、本年度经临费、公积金收支对照表。

八、历年以来帐（账）表、凭证清册。

九、武器、马匹、车辆及公物用品清册。

十、未了悬案及待办事件说明。

十一、各种重要工作经验。

十二、其他应移交事项。

第四条　办理移交期限规定如下：

一、总局局长不得超过半月。

二、区、市、分局局长不得超过十天。

三、县局局长不得超过七天。

四、税所所长不得超过三天。

五、局、所其他人员由局、所长或本部门负责人依手续繁简具体规定，但至多不得超过十天。

第五条　移交书册须各造两份，并经移接监交三方人员共同签名盖章后，一份存本机关备查，一份报请上级机关审核备案。审核机关规定如下：

一、总局局长之移交由财政厅审核。

二、区、市、分、县局局长及所长之移交，由上级税局审核。

三、局、所其他人员之移交，由局、所长或本部门负责审核。

第六条 新任人员对前任移交手续须随时审核、询明情由。否则，倘事后发生短缺不符情事，概由接交人负责。

第七条 移交中如遇不易解决之重大问题，得由新、旧任人员会同监交人呈请上级机关处理之。

第八条 卸任人员在取得新任人员印结书，并经审核机关备案后，移交手续始告完毕。

第九条 移交手续交妥后，不论时间长短，倘事后发生有舞弊情事者，接交人有随时向上级机关告发请求查究之权。

第十条 本规则经财政厅核准之日施行。

附：印结书格式

兹 收 到

前任局长（所）长×××同志移交来

××税局（所）钤记一枚

税款×币×××元

××税票×××张

新任局（所）长　　签名盖章

中华民国　年　月

选自《陕甘宁边区政府文件选编》第十三辑，档案出版社 1991 年版，第 233～235 页。

互校版本：《陕甘宁边区法律法规汇编》，三秦出版社 2010 年版，第 229～230 页。

43. 陕甘宁边区各级税务机关暂行会计规程（草案）

1949 年 4 月 14 日

第一章 总 则

第一条 本规程适用于西北各级税务机关，凡有关税收会计事务之处理，悉依本规程之规定办理。

第二条 税收会计暂分总局、区（市）局、分局、县局及税所等五级，但收入较少之税所不得另设一级。

第三条 税收会计均以每年之一月一日起，至同年之十二月三十一日止，为一会计年度。

第四条 税款收付均以“人民币”为本位币，记帐（账）单位以元计，元以下一律五舍六入。

第五条 各种帐（账）、表、凭证、税票报查存根之保存期限依下列规定：

一、帐（账）表凭证：税所保存三周年；分、县局及区（市）局保存五周年；总局保

存七周年。

二、报查存根：保存一周年。

第六条　税款票证印花、没收品及帐（账）表凭证均须妥慎保存，如有长短损毁，悉依长短票款物品处理办法处理。

第七条　各级会计人员调动工作时，须依各级税务人员移交规则办理移交手续。移交手续不清或不全者不得离职。

第二章　税　款

第八条　各种税款、斗佣粮食、没收品均归边区财政收入。除征收中应支之提成、提奖、退款外，均须按时入库或上解，不得动用挪借。

第九条　税款解库期限依下列规定：

一、当地有金库，收入多者，每天解库一次，少者五天一次。

二、当地无金库，路程在一天以内者十天一次，一天以上者由上级税局提款，次数依收入情况规定。

三、个别局、所不适用上述规定者，由上级税局另定之。

第十条　斗佣粮食及没收品之处理依下列规定：

一、斗佣粮食均由征收局、所就地变卖解库，但变卖期限由县市局规定之。

二、各种没收品须按月解交市局或分局，并由市、分局上报依总局之指示处理之。

第十一条　各项税款均征现款，无现款纳税者，必须（需）时得按市价六折扣货，限期交款。扣货时在限期内应准纳税人交款取货，但逾限期半月者，扣货局有报请上级税局卖货抵款之权。

第十二条　因误征多收税款，其多收部分得由征税局、所凭票退给，但已纳税后要求减免者，非经总局批准不得退给。

第十三条　提成、提奖、退款、没收品须依下列规定定期报销。

一、提成、提奖、退款由县、市以上税局，按月造决算，经总局或区局向财政厅或行署财政处报销，并换取正式税款收据。

二、各种没收品处理情形须由分局或市局按季造决算，向总局或区局报销。

第十四条　分区或市以上税局须依下列规定，向上级税局编造全年税收预决算。

一、税收预算：分、市局须于每年一月十五日前寄出，区局于一月底前寄出。

二、税收决算：分、市局须于次年一月十五日前寄出，区局于一月底前寄出。

第十五条　各区、市、分局每月所收税款，按分区的平均粮价折合小米，在区、市分局税收月报表旁边或说明栏内，注明每斗单价和全月折合的总粮数，不得待至半年或全年底总结折算。

第三章　票　照

第十六条　各种税票、证照印花均由总局统一规定，除印花及直属市、分局之税票证照由总局印发外，其余地区概由区局印发。

第十七条　各级税局须于每年之一、七月以前向上级税局编造领用票证印花概算，以凭筹发。

第十八条　票证印花概由用票局，所定期向上级税局领取，领票时间暂定半年一次。

第十九条　各级局、所对所发票证均须指定专人随时稽核。各级税局稽核工作规定如下：

一、县市局为初核；

二、分局为复核；

三、区局抽核。

第四章　经　费

第二十条　各级经、临费均按财厅规定标准开支，县局以下均向分局或市局负责，分、市局或区局则向专署、市府或行署负责。

第二十一条　经、临费预决算依下列规定编造：

一、经常费：县局、税所只造月份决算，不造预算，但区、市、分局应造季度预算与月份决算，分别向行署财政处或专署审核报销。

二、临时事业费：各级局、所均须先造预算，经批准后方可造决算，分别向总局、区局寄报审核报销。

第五章　科目与帐（账）表

第二十二条　会计科目均由总局统一规定，因实际需要增减或修改时，须经总局批准。会计科目规定如下：

一、收入类：出境税、入境税、产销税、盐税、酒税、营业税、牌照税、临时营业税、牲畜交易税、屠宰税、没收品、变卖款罚金、粮食交易税、棉花交易税、土布交易税、手续费、杂项收入等。

二、支出类：解库款、提成、提奖、退款、损失款。

第二十三条　各种帐（账）表均由总局规定，区局或直属市、分局印制。但帐（账）簿之使用须依下列规定：

一、帐（账）簿首页须标明机关名称、帐（账）名、册次、启用日期；并由局、所长及主办会计人员签名盖章。

二、帐（账）簿末页应附经管人员一览表，列明主办会计人员及记帐（账）、复核等关系人之姓名、职务、经管人交管日期，并由各人签名盖章。

三、帐（账）簿之装订以五十页或一百页为限，帐（账）页须顺序编号，不得撕毁。

第二十四条　各级局、所之帐（账）簿表报依下列规定：

一、税务所（收入小的税务所可由县、市局酌情减少）

（一）税所帐（账）簿分：现金日记帐（账）、科目分户帐（账）、斗佣帐（账）、票照帐（账）、经费帐（账）等五种。

（二）税所之结算与表报：

1. 税所帐（账）款须逐日核对，每旬（逢五、十五、二十五）小结一次，每月二十五日合计三个旬结，作出月结。

2. 税所上报之表报名称列下：

①旬报：税收旬报表（于每旬结束后一日内寄出）。

②月报：税收月报表（并附提成、提奖、退款、损失款等凭证）。斗佣月报表、货物统计表、票照花证月报表、税票报查、缉私案件表、经、临费单据或决算等（各种月报于每月终后二日内寄出）。

二、县、市局及按县局编制之重要税所：

（一）县、市局帐（账）簿分现金日记帐（账）、科目分户账、现金往来账、斗佣账、没收品账、票照总账、票照分户帐（账）、经费帐（账）、公积金帐（账）等九种。

（二）县、市局之结算与表报：

1. 县、市局亦按旬（逢十、二十、三十）小结，月终月结（但重要税所之旬结、月结时间应与一般税所同）。

2. 县、市局之上报之表报名称列下：

①旬报：税收旬报表（于每旬终了后二日内寄出，但市税局应用电告）。

②月报：税收月报表、斗佣月报表、提成、提奖、退款、损失款决算（并附凭证）、缉私案件表、票照花证月报表、税票报查、票照稽核表、货物统计表、金库收据（市局不寄）和经、临费预决算（各种月报于月终后三天内寄出）。

三、区分局：

（一）区分局帐（账）簿分：税款总帐（账）、税款分户帐（账）、税款解库帐（账）、税款往来帐（账）、斗佣帐（账）、没收品帐（账）、票照总账、票照分户帐（账）、经费帐（账）、临时费帐（账）、公积金帐（账）等十一种。

（二）区分局之结算与表报：

1. 区分局每月结帐（账）一次。

2. 区分局上报之表报名称列下：

①旬报：税收旬报表（区分局均用电告，分局于每旬终了后六日内寄出，区局于八日内寄出）。

②月报：税收月报表、斗佣月报表、提成、提奖、退款、损失款决算（并附凭证，但区局报行署）、缉私案件表、票照花证月报表、税票报查（区局不寄）、票照稽核表、货物统计表、经、临费预决算（经常费、区分局报政府，临时事业费报总、区局）、入库税款对帐（账）单（各种月报分局须于月终后八天内寄出，区局于月终后二十日内寄出）。

第二十五条　各级局、所须按半年、全年总结工作。总结表报规定如下：

一、各月税收总结表；

二、各类税收总结表；

三、票照花证领用结存总结表；

四、斗佣总结表；

五、经、临费开支总结表；

六、提成、提奖、退款、没收品总结表；

七、票照稽核总结表；

八、公积金收支总结表；

九、货物统计表；

十、入库税款对帐（账）单。

第六章　附　则

第二十六条　长短票款物品处理办法另订之。

第二十七条　本规程如有未尽事宜，得由税务总局随时修改之。

第二十八条　本规程自公布之日施行。

选自《陕甘宁边区政府文件选编》第十三辑，档案出版社 1991 年版，第 222～228 页。
互校版本：《陕甘宁边区法律法规汇编》，三秦出版社 2010 年版，第 231～233 页。

44. 陕甘宁边区各级税务机关长短票、款、物品处理办法（草案）

1949 年 4 月 14 日

第一条　本办法依据陕甘宁边区各级税务机关暂行会计规程第二十六条之规定制定之。

第二条　各种票证、印花、税款以及其他与税款有关之没收品、斗佣粮、帐（账）表凭证等（以下简称票款物品），均须妥加保管不得长短遗损，倘有长短遗损，主管局、所须查明实况呈报总局或区局，依据本办法之规定处理之。

第三条　凡长出票款物品者，依下列规定处理：

一、因领发疏忽致长出票证印花者，长出部分应按新[①]领数处理，由领票机关补足领据报请发票机关转账。

二、因收付疏忽致长出税款而又无法退还者，除应呈报总局或区局备案外，其长出部分须全部解库不得挪作他用。

三、因舞弊长出票款物品或因疏忽长出，但事后故意不报意图贪污者，经查出后，除勒令退还外，得依情节轻重酌予行政处分或送司法机关办理。

第四条　凡短失票款物品者，依下列规定处理：

一、因天灾匪祸遭受损失经当地政府证明，并无失职情事者，其损失部分得报请总局或区局核销。

二、因保管疏忽以致短失经当地政府证明尚无舞弊情事者，除呈报总局或区局核销外，应按情节轻重，予当事人以行政处分。

三、无故短失票款物品而又无法查明原因者，除当事人应负全部责任或负责赔偿外，并应酌受行政处分。

四、蓄意贪污舞弊或乘机虚报损失者，经查出后除勒令退还外，当事人应送司法机关依法裁判。

五、因借欠税款遭受损失或因屡次发生短失票款物品情事经上级纠正无效者，除当事人应受处分外，主管局、所长亦应得受行政处分。

第五条　本办法规定之“行政处分”，系指批评、记过、降级、撤职等而言。

第六条　凡有关长短票款物品事项之处理，均由总局以命令行之，并呈报财政厅备案。

第七条　本办法如有未尽事宜得由税务总局呈请财政厅随时修改之。

---

① “三秦法律法规版”将“新”误作“聊”。

第八条　本办法自[①]财政厅核准之日施行。

选自《陕甘宁边区政府文件选编》第十三辑，档案出版社1991年版，第228～229页。

互校版本：《陕甘宁边区法律法规汇编》，三秦出版社2010年版，第234页。简称"三秦法律法规版"。

45. 陕甘宁边区审计处（第二科）审计施行细则（草案）

1949年4月18日

A. 审核原则

第一条　本细则依陕甘宁边区暂行审计条例的原则具体订定之。

第二条　为掌握财政政策了解各机关财政收支状况及避免浪费，本处得随时派员赴各机关切实了解各种情况以便批审。

一、协同有关主管机关共同前去了解。

二、随时单独由本处派员前往。

第三条　为严格执行预决算制度，本处应通知各机关按照规定在一定时期内编竣预决算送本处审核。必要时并得催告经催告后仍不遵守者，本处得停拨该机关各种款项。

第四条　各机关对各项开支均须先行编造预算，由本处批准拨款支用并须于规定时期内依法编造决算报销，否则本处得拒绝审核次一预算，未造预算径送决算者不予报销。

第五条　本处对各机关所送预算因特殊情况原批数字不敷者过多时原则上准予编造追加预算，但须说明理由如稍有不足准在决算内报销（仅限原批准各项，原预算不准者不得引用本条规定）。

第六条　各机关编送之预决算须由首长盖章，各系统行政处等汇送者须加盖秘书长章，否则本处概不承认。附件不全（连同有关证件）或数字错误者本处得命其补送或更正发回，另行编造。

第七条　本处对各机关之临时发生或特殊事项有左列情况之一者得按实际情况准予借款若干，先行开支惟须补造预算送本处核批。

一、军事上紧急需要。

二、重大灾变。

三、政治上重要新设施。

四、其它临时突发之较大事项。

五、地区遥远情况特殊预算确实不能按时编造者本处得准其按上月或上季决算数预借三分之一。

除以上各项外，本处对各机关开支均须贯彻预决算制度不得给予借款。

---

① "三秦法律法规版"将"自"误作"启"。

第八条　本处对遥远地区机关因往来不便者准其借支预备金若干将来在决算内报销，惟本月末用之预备金得移至下月不得另借。

第九条　本处对各级机关之业务关系如后：

审计处
- 边区政府系统各厅、院、会（及所属单位）——大经常事业费
- 边政府（审计科）——政府系统各厅、处局及直属单位
  - 一般经常事业费
  - 生活费
  - 临时费
- 西北局行政处（审计科）——党民系统各机关、团体、学校等单位
  - 大经常事业费
  - 一般经常事业费
  - 生活费
  - 临时费
- 军区后勤部（审计处）——各军事机关单位
  - 大经常事业费
  - 一般经常事业费
  - 生活费
  - 临时费
- 直辖市政府（审计科）——直属各机关单位——各项费用——（同前列开）
- 各直属专署——直属各机关单位——各项费用——（同前列开）
- 各分区政府——直属各机关单位——各项费用——（同前列开）

B. 审核种类各附件

第十条　本处审核各机关左列各项费类：

甲、经常事业费：

（一）大经常事业费（凡大宗专门事业开支等）。

（二）一般经常事业费（包括公什费、马什费、宣教费、特支费、修车费、电灯电话费、擦枪费、车油费、通费等）。

乙、生活费（包括伙食费、津贴费、过节费、路费、夜餐、烤火、生育费、卫生纸、医药费、病员补助费、临时薪金雇工工资）。

丙、临时费（包括修建费、购置费，以及其它临时需要开支之费类）。

第十一条　各机关对本处编送预算须包括左列条件：

甲、经常费用
- 大经常事业费
  - A. 各单位详细预算表（经本机关初审后编造者）
  - B. 被审机关（主管机关）复审后之汇总预算表
  - C. 复审之说明及意见书（必要时得当面详细说明）
- 一般经常事业费——除上述各件外，还须加送下件：
  - D. 人员、马匹、车辆、统计表（经编委会决定者）小孩统计表及物价统计表

乙、生活费：除须送与大事业费相同各件外，尚须加送人员花名册。

丙、临时费；除须送与大事业费相同各件外，尚须加送两家以上之详细估价单及其修建说明书（修建时用）。

第十二条　各机关对本处编送决算时须附送有关各项原始凭证（单据及证件）。前项原始凭证本处认为免送时得由复审机关负责保存，以备必要时调阅或查核。

C. 审核程序及方法

甲、关于预算之审核：

第十三条　凡各机关送来预算后，首须详阅深思并斟酌处理办法，在组织决定原则下审慎处理。无法处理或自认处理不尽圆满者，可提出具体意见请上级指示办法再行处理。

第十四条　对预算之审核首须注意下列各点：

一、原则上是否可以开支？……
二、实际是否需要，需要程度如何？ } 大经常事业费
三、各项数字是否精确，不浪费？……

四、是否合乎标准？……
五、人员、马匹、车辆，及小孩等数目是否合规定？ } 一般经常事业费
六、人员花名册人数及标准是否适合规定？——生活费

七、修建估价之营造厂是否可靠？估价之高低。并比较各家之估价。
八、购置估价之高低……
九、估价有疑问可随时实地调查市价后再批审…… } 临时费
十、需要程度如何？是否浪费？

十一、随时掌握市面物价。

第十五条　对预算初步审定后即可开始批审，批审时须注意下列各点：

一、毫无疑问即可处理，然后将结果报告上级。

二、稍有疑问可先和上级商议再行处理。

三、批预算时可批在复审机关所汇编之总表上，对各分表核减或不批者须在总表上注明理由，不得批于初审机关所编之预算表上使复审机关可以灵活通用。

四、各直接送审机关可直接批在预算表上。

五、批预算须一式三份，同样批审数字务须准确。

六、大经常事业费为了保证事业完成须按批定日市价折合为小麦小米（市石）或其它折实单位。

七、批定面粉者一律按贸易公司当日价折合人民币，小麦小米按报载中小麦小米市价折合。

八、批定后审核员须签名盖章，并注明批审日期再交科长核阅并盖章。如经复核者复核人亦须盖章。

九、在批定数字上加盖本处圆章。

十、将原表一份连同附件退回原机关，一份送交统计人员，一份由审核员保存。

第十六条　预算审定后可按批定数字开支付通知书，通知会计科付款。开支付通知书

时须注意下列各点：

一、详细写明机关科目用途预算核准数字等一式两份。

二、领款人须按规定签名盖章（两份相同）。

三、审核人亦须签名盖章。

四、经常事业费须在备考栏内注明按当日市价折合实物（小米、市石）数。

五、粮变款须在备考栏内写明以核准金额折付粮食若干市石数目以便拨粮。

六、最后核对无误时在通知书上加盖本处圆章以一份交领款人或转送会计科付款，一份为存根。

乙、关于决算之审核

第十七条　凡各机关对本处编送之决算须附全部有关原始凭证，（各种单据及函件证明书等）否则不予核销。

第十八条　本处收到各机关所送之决算后首须对所送原始凭证详加核算如与表上数字不符须当面询问（远地机关可函问）错误之原因必要时退回更正或重造。

一、表上数字不得涂改如有涂改情事须会计人员盖章证明否则不予核销。

二、原始凭证（单据等）有问题者（如涂改数字不清等）应当面要求说明，必要时该条据不予核销。

第十九条　凡与预算用途相符且核算无误之决算本处得予以报销。

第二十条　准销之决算表上应列明原预算批准数然后按预批数之多寡决定决算应补数或应退数批于表上。

第二十一条　在决算核定后亦须开支付通知书按决算应补数通知会计科付款。如决算应退则须按应退数开退款通知书，直接通知会计科，收回预算多付之款，不得交付来人。开上述通知书手续大部与预算相同，仅需在备考栏内注明决算准销数字。

D. 审核要点

第二十二条　本处对各机关汇送之预算如无问题原则上不得积压超过三天即须批审竣事，以免影响预算之时效。

第二十三条　各审核员对当日物价应相当了解，在不可能时，先一日物价应当了解，使批审结果与事实相符或相近而不致浪费。

第二十四条　各审核员对批审后之预决算须自行详细登记，每十日应将批审实际数字统计于报告表上，并按月统计总数送交负责同志汇总备查。

第二十五条　本处对遥远地区之机关审计程序得简化之，或在不违反制度原则下权宜处理。

第二十六条　各审核员对预决算之批审须尽量了解实况并随时作必要之调查询问检查等，俾切合实际并良好完成审计工作。

第二十七条　审计工作处理之优良每一审核员须遵守下列四点：

一、办事尽量迅速。

二、工作绝对精确。

三、态度力求公正。

四、立场务必坚定。

E. 其他：

第二十八条　本细则如有未尽事宜仍由本处随时修改之。

第二十九条　本细则经通过自公布日起施行。

陕甘宁边区审计处第二科

选自《中国革命根据地审计史料汇编》，中国审计学会审计署审计科研所编，北京工业大学出版社1990年版，第53～57页。

46. 陕甘宁边区财政干部暂行移交条例

1949年5月1日边区政府财政厅修正公布

第一条　各级财政负责干部，及负有财物保管责任人员，前后任办理移交时，必须依照本条例规定。

第二条　各级财政干部，如有未按照本条例办理移交，或移交手续未办清时，均不得随意离开原有职务，另行就任新职。

第三条　移交人员，依照职务的不同，分别办理移交手续，计分下列四种。

一、机关首长移交事宜。

二、主管人员移交事宜。

三、助理人员移交事宜。

四、其他人员移交事宜。

第四条　移交时，应办的事项如下：

一、各种公用图章、印戳。

二、各种文件宗卷、图书及仪器。

三、公有财物与现款。

四、各种收支四柱清册。

五、各种账簿、表册、书据，及收支原始凭证。

六、人员、马匹、武器，及各种登记表册。

七、应办未办的事件。

八、未用的收入证件，如印花，税票，粮票等。

九、其他应移交的事项。

第五条　前后任交代时，应由其主管机关及审计机关，共同派员监交。

第六条　移交期限，规定如下：

一、机关首长及主管人员的移交，不得超过一至一个半月。

二、助理员及其他人员，不得超过二十天。

“注”，如有特殊原因，需延长移交期限时，应经主管机关批准。

第七条　凡账目的移交，以收支对照表，资产负债表，以及各种有关的收支凭证为凭，财产及其他物品的移交，以财产目录及财产增损表为凭。

第八条　移交人员所造表册，其开始日期，应与前任人员造表截止日期相衔接。

第九条　后任接到移交清册时，应即会同监交人，于十天内逐项盘点清楚，交清后，由接交人开给“移交证明书”，并由三方会同呈报主管机关查核，最后呈送边区政府财政厅备案，其移交手续方告完毕。

“注”：移交清册，应编造三份，一份送财政厅，一份送主管机关，一份留本机关备查。

第十条　如机关被裁撤时，其移交手续，与第五条规定同，所移交的钱物，须听候财政厅处理。任何机关或个人，均不得随意分配或使用，如有违犯时，应依法惩处。

第十一条　凡移交不清，应根据情节的轻重，分别惩处。

一、逾期移交不清时，暂停止其工作，并限期截追。

二、因移交不清而逃匿时，应呈请法办。

三、如有亏欠或侵吞公款公物时，除责成其赔偿外，并呈请法办。

四、后任人员对于移交，故意留难，或延不接交时，以记过或免职处分。

五、如有通同捏报漏报及舞弊时，前后任及监交人，都应负连带的责任。

第十二条　各机关不得将未进行移交，或移交不清的干部，另行分配工作或随意任用，如有违犯，必予以应有的惩处。

第十三条　本条例施行细则，由各主管机关，根据工作需要，另行指订，并经边府财政厅核后颁行。

第十四条　本条例有未尽事宜，其修改之权属于边府财政厅。

第十五条　本条例自公布日起实行。

选自《陕甘宁革命根据地史料选辑》第三辑，甘肃人民出版社 1983 年版，第 378～380 页。

47. 陕甘宁边区营业税暂行条例

1949 年 7 月 12 日颁行

第一章　总　则

第一条　为保护边区有利国计民生的工商业之正常发展，公平合理负担营业税，特制订本条例。

第二条　营业税依各业户营业性质（如工业、商业）经营状况、利润多寡、采取民主评议计分累进原则，合理征收之。其税率最低为纯收益百分之五，最高为百分之二十五。

第三条　凡经营工商业者，除向当地工商管理机关或代理机关请领营业执照外，并应向当地税务机关或代理机关办理填报税务申报书手续（申报书格式由税务总局制发）。

第四条　营业税由陕甘宁边区税务总局及所属税务机关征收之。

第二章　征收与减免

第五条　营业税得依下列规定范围进行征收：

一、凡在本区有固定地址之工商业。不论公营、私营，或合作经营，均须交纳营业税。

二、凡从事临时流动营业者，均须交纳临时营业税（临时营业税征收办法另订之）。

三、工商业者兼营农业者，其工商业部分依本条例计征营业税，农业部分，依农业税条例计征农 业税，两者不得混合征收。

第六条　为奖励有利国计民生的工矿手工业以及军工、交通、国营企业、合作等事业之发展，营业税得依下列规定范围，分别减免：

一、以六折减征者：

甲、煤窑、铁矿、石油、硫磺、黑白矾、盐碱及其他矿业。

乙、通讯、印刷，及生产、交通工具之制造业。

丙、造纸及水泥事业。

丁、机械修理业。

二、以七折减征者：

甲、棉、毛、丝、麻等纺织业。

乙、火柴、肥皂之制造业。

丙、榨油业。

丁、陶瓷业。

戊、铁、木、铜、锡、麻绳、口袋、毛毡等手工业、皮革、文具、药品制造业、编制染色、油漆、钉马掌、弹花、扎花等业。

三、以八折减征者：

钟表、自行车修理铺、理发馆、裁缝业。

四、免征者：

甲、机器制造业。

乙、军事工业，政府经营之银行，交通运输事业。

丙、凡以为社员服务为目的，不以营业分红为目的之合作社，经县级以上政府批准者。

丁、非为营利之事业，经边府批准者。

戊、经专署级以上政府批准试验性之必须工业在创办二年以内者。

己、凡有利于生产建设事业之特别发明，经边区政府批准设厂制造在二年以内者。

庚、退休革命人员以其退休金、残废金单独经营之工商作坊，自退伍之年月起，在三年以内者。

辛、生活贫苦之军、工、烈属及鳏寡孤独经营之工商业，其营业税得经民主评议酌情减免之。

因天灾人祸而遭致损失之工商业者，经查明属实，得由县税务局经民主讨论酌情减征或免征。

第七条　受上列减征或免征之工矿业，如兼营其他行业时，其兼营部分，不在优待减免之列。

第八条 凡应纳营业税之工矿业，得由边区政府视其性质与需要，随时以命令减征或免征。

第三章 征 收

第九条 营业税分四季征收，每季开始之二十日内交纳上季税款，不满一季者，按月计算征收。

第十条 凡应纳税之工商业，有分红制度者，不论其已分未分，均应作为纯收益计征。

第十一条 公营工商业，得依其营业纯收益，由税务总局另行征收，其办法另定。公私合营者，得依本条例征收之。

第十二条 税务机关得于必要时调阅帐（账）册，及其有关往来单据，被调阅者不得拒绝。

第十三条 营业税就该业所在地征收，经营两处以上者，分别征收。

第十四条 营业税经确定后，由纳税人在规定期内，向当地税务机关委托代收机关直接交纳，并须取得财政厅制发之税票为凭。

第十五条 营业税征收时，得组织评议委员会，进行评议，各户应征数确定后，得由商会督促缴纳之。

第十六条 纳税人如对评议委员会评议之结果有意见时，得向税务机关申请复议，复议结果即作为确定。如仍不服，应先行交纳税款，再向上级政府提请申诉。

第四章 奖 惩

第十七条 踊跃交纳税款，推动他人交纳，或积极帮助征收工作者，酌情予以物质或名誉奖励。

第十八条 违犯第十四条之规定者，除照章补税外，并处以应纳税额一倍以下之罚金。

第十九条 用其他方法企图偷税者，处以应纳税额两倍以下之罚金。

第二十条 抗不交纳或伪造税票章记者，得依法送司法机关惩办。

第二十一条 税务人员如有不法行为，人民可自由向政府控告。

第五章 附 则

第二十二条 本条例施行细则另订之。

第二十三条 本条例如对较大城市不适用时，得另行制订单行征收办法。

第二十四条 本条例施行后，各地以前颁布之工商业税单行办法，均予废止。

第二十五条 本条例于公布之日起施行，其修正解释权属于陕甘宁边区政府。

选自《陕甘宁革命根据地史料选辑》第三辑，甘肃人民出版社 1983 年版，第 403～407 页。

互校版本：《陕甘宁边区政府文件选编》第十三辑，档案出版社 1991 年版，第 397～401 页。

48. 陕甘宁边区进出口货物税暂行条例

1949年7月12日边区政府修正公布

第一章　总　则

第一条　本条例依保护边区经济发展生产之原则制定之。

第二条　凡准许纳税进出口之货物税率，最低为百分之五，最高为百分之四十。进口必需品税率为百分之五至十，半必需品为百分之十五至二十五，非必需品为百分之三十至四十，出口必需品税率为百分之三十至四十，半必需品为百分之十五至二十五，非必需品为百分之五至十，必要时得由边区政府修正增减之。

第三条　凡进出边区货物之课税管理事宜除另有规定外，不论公私商业，均须遵照本条例办理。

第四条　凡有关税务及违禁品之查缉事宜，统归税务机关及委托之缉私机关办理之，其他任何机关或个人，不得检查或没收（缉私章程另定）。

第二章　管理与课税

第五条　凡非本边区与友邻解放区所必需之货物，一律禁止进口，准许纳税或免税进出口之货物，从价征收，必要时得从量征收（进出口货物税率表附后）。

第六条　附表中未列名之一切货物进口时，均须征税，出口时均以免税。统由税务总局依照本条例第二条课税原则统一掌握办理。凡帝国主义国家货物除经边区政府特许征税或免税进口者外，一律禁止进口。

第七条　本区与各解放区间之货物税依下规定：

一、邻区已税货物运销本区者，不再征税。

二、邻区应税未税之货物运销本区时得照本区章程纳税。

三、邻区无税货物，运销本区或经本区出境时得按本区之规定照章补税（烟酒另定）。

四、邻区新解放城市之旧存蒋美货，如为禁止进口者，由邻区运销本区时一律按百分之二十至百分之三十征税。

第八条　凡邮寄货物依下规定：

一、邮递货物均须在投邮前向当地税务机关报请查验办理纳税手续后邮局方可接收，否则邮局得拒绝寄递。

二、凡向邮局提取邮寄货物时，应报告当地税务机关派员查验，并照章纳税后方准提货。

第九条　凡运行之纳税免税或特许进出口货物，均须向当地或就近税务机关申请查验登记，方准运行（进出口货物登记统计办法另定）。

第十条　进口应税货物均须在进口之第一税务机关报验纳税，如已经纳税准许运销出境者，不得重征。

第十一条　出口有税货物须在起运地报验纳税，中途改销内地者，概不退还。

第十二条　凡在境内免税或无税运销之货物，如改运出境者，应在当地或就近税务机

关报请查验并按出境货物规定，办理手续。

第十三条　已税货物不论在中途或到达落货地点，销售时须先向当地或就近税务机关报请查验并举办查验手续后方可出售。改装转运货物均须报请当地税务机关查验，并割取转分运证后始得起运，已税贴花盖章之货物不再割转运证。

第十四条　凡运输应税货物因故延误，不能依税票限期到达落货地时，运货人须于税票未过期前报请沿途税务机关批明，运行或到达落货地时，票已过期者，须先具保售货经查明属实后方得销保。

第十五条　从价征税货物由分区估价委员会，根据该分区中心市场现行市价八折计算估定纳税价格通知该分区各税务机关遵照执行（估委会组织及估价办法另定）。

第十六条　凡经边府批准减税免税之货物运销时须取得税务总局之证明文件，并具备查验手续后方得运行。

第三章　奖　惩

第十七条　凡商贩有违犯下列规定之一者，除责令补交应纳税额外，得按应税额处以二倍以下之罚金。

一、违犯本条例第二章各条规定之一者。

二、拒绝检查涂改税票花证或税票花证有重用情事者。

三、货票不符无正当理由及证明者。

四、有税票无花证戳记手续者。

五、用其他方法偷税者。

第十八条　凡偷运禁止进口之货物，经查获后，所有之私货全部没收。

第十九条　暴力抗税者得送司法机关惩办。

第二十条　如有伪造税票花证戳记者，除没收其货物外，人送司法机关惩办。

第二十一条　凡群众发现偷税及运销违禁品情事，报告税局因而查获者，得按缉私规章规定给予奖励。

第二十二条　凡税务人员有违章收税或敲诈勒索行为者依法办理。

第四章　附　则

第二十三条　本条例施行细则另订定。

第二十四条　本条例自边府公布之日起施行，陕甘宁晋绥边区三十七年度公布之货物税条例即行作废。

附：陕甘宁边区进出口货物税率表（略）

免税入口货物名目表（略）

禁止入口货物名目表（略）

选自《陕甘宁革命根据地史料选辑》第三辑，甘肃人民出版社 1983 年版，第 408～411 页。

互校版本：

1.《陕甘宁边区政府文件选编》第十三辑，档案出版社 1991 年版，第 401～408 页。

2.《陕甘宁边区法律法规汇编》，三秦出版社 2010 年版，第 371～376 页。

49. 陕甘宁边区政府管理银洋暂行办法

1949年8月25日布告

为维护人民利益，稳定金融物价，政府曾迭次布告：以中国人民银行所发行之人民币为解放区之法定本位币，严禁银洋流通。近仍有少数不法之徒，忽视法令，暗中行使倒贩银洋，破坏金融，扰乱市场，危害人民利益至大。兹为贯彻禁止银洋流通法令，特颁发《管理银洋办法》，仰我全体军民，切实遵行，倘有故违，一经查获，定予严惩！

此布。

陕甘宁边区政府管理银洋暂行办法

1949年8月25日颁布

第一条　为贯彻禁止银洋流通法令，以维护人民币，稳定金融、物价，保护人民利益，特制定本办法。

第二条　凡本区境内，不论军、政、商、民人等，凡储有银洋，需使用者，皆得向人民银行或其代办所（以下简称行所）兑换人民币使用。

第三条　凡储有银洋，愿自行保存者，得依下列规定，申请登记：

（甲）申请登记者，皆得于本办法公布之日起一个半月内，向当地行所办理登记手续（无人民银行或其代办所者，由区级以上政府代办之）。逾期不登记者，经查觉后，以私藏论处。

（乙）申请登记时，须说明其银洋数目、储存目的、地址，经发给储存证后，方准合法保管。

上述银洋登记，暂在各重要城镇实行，各该城镇由专署以上政府据实研究提出，报本府批准。

第四条　已准登记保存之银洋，其查验、兑换、转移储藏地址，均以下列规定办理之：

（甲）查验：政府或银行于必要时，得根据储存证进行查验，如数目超过储存证开列部分，以私藏论处，减少部分，以行使倒贩论处。

（乙）兑换：储存人如愿兑换时，得持储存证向当地行所兑换人民币。一次兑完者，储存证随即缴销，兑换一部者，其保存部分，另换新证。

（丙）转移储存地址：储存人如欲移地储存时，得持储存证，向当地行所请领转移证后，方准携往指定地址，并于到达该地后，凭证向该地行所将转移数目报告，经查验后，另换储存证保存。不报者，以行使论处，私行转移者，以倒贩论处。

第五条　凡拟由待解放区转运银洋入本境者，必须事先向人民银行请领转运证后，方准运入，并于运到指定地址后，凭证向该地行所报查。不报者以行使论处，私行转运者，以倒贩论处。

第六条　凡私藏或行使银洋者，经查获后，依下列规定处理：

（甲）不足十元者，强制其按银行牌价兑换人民币；并扣除其百分之十五，作查缉人

之奖金。

（乙）十元以上，一律没收。其情节重大者，并得送交司法机关依法科以罚金或判处徒刑。

第七条　凡倒贩银洋者，不论多寡，一律没收。其情节重大者，并得送司法机关依法科以罚金或判处徒刑。

第八条　未经指定办理银行登记之城镇，乡村储有银洋者，暂不进行登记，但严禁行使倒贩，违者分别依第六条、第七条之规定办理。其欲兑换、转移者，分别依第四条乙、丙两款办理。

第九条　为求本办法贯彻执行，各分区皆得组织缉私委员会及缉私队，在边区缉私委员会领导下，统一办理查缉事宜；并得授权公安机关，税务机关，工商行政机关及银行进行查缉。凡未授权查缉之机关或个人，只有报告与扭送之权，不得进行搜查与没收。

第十条　不论缉私队员或受委托缉私之机关人员，于执行检查职务时，须先出示所持分区以上缉私委员会发给之缉私证，以杜假冒。其检查手续，由边区缉私①委员会另行拟订，呈经本府核准后施行之。

第十一条　凡缉私案件，均由缉获机关送当地缉私机关处理之，事后并须报告上级缉私委员会备查。情节重大者须移交司法机关判处。

第十二条　凡缉获之银洋，其为强制兑换者，得提取百分之十五作为奖金，其为没收者，得提取百分之二十五作为奖金，奖给缉获机关，再由之酌量奖给缉获人。经报告人因而缉获者，报告人应得全部奖金百分之六十，缉获机关应得百分之四十，上述奖金，皆得兑为人民币付给。

第十三条　缉获之银洋，除提奖者外，悉数送交人民银行，收入国库项内。

第十四条　本办法如与陕甘宁晋绥边区暂行缉私规章有抵触者，悉依本办法之规定处理之。

第十五条　本办法自颁布之日起施行，如有未尽事宜，随时修正之。

选自《陕甘宁革命根据地史料选辑》第三辑，甘肃人民出版社1983年版，第435～438页。简称“甘肃史料版”。

互校版本：

1.《陕甘宁边区政府文件选编》第十四辑，档案出版社1991年版，第40～42页。

2.《陕甘宁边区法律法规汇编》，三秦出版社2010年版，第253～254页。

50. 陕甘宁边区政府命令
——关于煤类税率等四项规定

1949年8月31日

事由：令示煤类税率改为百分之五等四项仰遵照由。

---

①“甘肃史料版”漏一“私”字。

各行署主任、专员、县（市）长：

各级税务局长：

据本府财政厅呈：“（一）查敌伪统治时期，矿产品煤类税率原为百分之三，铜川、白水等地解放之后，各该县地方政府为兼顾事实需要，铜川矿区改按百分之十征收，白水矿区改按百分之四征收。同一解放区同类货品，税率高低不一，现滋人民怀疑，殊不合适。兹为兼顾法令事实，拟将煤类税率，一律改为百分之五通令实施，以期划一，而免分歧。（二）查棉花在敌伪统治时期，有以棉花捐名义征收者，有以棉花税名义征收者，各地税率高低不一，名称互异，极应划一。兹拟将原征之棉花税，或棉花捐，一律改为棉花产销税，税率定为百分之三从价征收。（三）查新区解放之后，原征之地方税捐有归各地税务机关直接接收领导，有归各地政府自行接收领导，事权分歧，影响业务推行，与我党原定之地方税收有归各地税务机关统一领导之规定不合。此后所有各地税收，无论直接税、货物产销税、地方税、进出口货物税等，拟均归税务总局领导之。各地税务机关统一办理，以一事权。（四）各地商业税附加须经边府批准。”

经核所拟四项办法，尚属可行，应准实施。除棉类税率变更以后，应征之税额与棉花改征产销税后征收办法应征税额，另由本边区税务总局拟定通知各级税务局遵照办理并分行外，合行令，仰知照！

此令。

选自《陕甘宁革命根据地史料选辑》第三辑，甘肃人民出版社1983年版，第446～447页。

互校版本：《陕甘宁边区政府文件选编》第十四辑，档案出版社1991年版，第65～66页。

51. 陕甘宁边区政府通令——为征收营利事业所得税

1949年9月13日

事由：为营利事业所得税改为按季征收并规定各地本年秋季应征收之营利事业所得税额由。

各行署主任、直辖市长、专员、税局局长：

查本区新解放地区照国民党旧税章征收之营利事业所得税，与老解放区征收之营业税，两者性质相同，都是根据工商业盈余征税。现为了统一税收名目，决定将老区之营业税通称为营利事业所得税。以上两税过去都是半年征收一次，现为灵活适应财政需要，按时保障供给及便于工商业者缴纳起见，决定从本年度秋季起，改为按季征收。兹将本年第三度（秋季）各地应征收之营利事业所得税额，列表附下，望接令后，即行调查、研究布置，限于十月底完成。分配各地之数目中，不包括公营企业在内，公营企业营利事业所得税，依其纯收利益根据前颁税率，按季暂征，年终再行总结核算，长退短补。本年上半年未行征收者与第三季度合并征收之。

此令。

附：本年度第三季各地应征之营利事业所得税额表。（略）

选自《陕甘宁革命根据地史料选辑》第三辑，甘肃人民出版社 1983 年版，第 457～458 页。

互校版本：《陕甘宁边区政府文件选编》第十四辑，档案出版社 1991 年版，第 106 页。

52. 陕甘宁边区政府命令——为边产货物出境只收一次产销税

1949 年 9 月 13 日

事由：为规定边产货物出境只收一次产销税由。

各行署主任、西安市长、专员、县（市）长：

各税务局局长：

西北形势迅速发展，广大地区已经解放或将待解放。因此，边区所产之货物逐渐增多，在一般货物能够自给的情况下，应大量奖励边产货物出境，以利刺激生产。根据新解放区所产之各类货物，均暂沿国民党时期统税规定，征收货物产销税，其征收范围约十余类，税率亦不低，出境时若再按《出境货物税条例》征税，其结果会限制边产货物出境，影响经济发展，与我奖励边产货物大量出境政策相违背。因此决定：凡已征收过产销税的货物出境时，一律免征出境税。如无产销税之边产货物出境时，只按进出口货物税条例征收出境税。望各级政府、税局切实遵照。

此令。

选自《陕甘宁革命根据地史料选辑》第三辑，甘肃人民出版社 1983 年版，第 456 页。

互校版本：《陕甘宁边区政府文件选编》第十四辑，档案出版社 1991 年版，第 105 页。

53. 陕甘宁边区金银管理暂行办法

1949 年 10 月 22 日公布

第一条　为稳定金融，安定人民生活，保护人民财富，防止金银倒贩资敌，特制定本办法。

第二条　本办法所称金银，除银洋业经另订管理办法，应不列计外，凡金块、金条、金叶、金砂、银块、银条、银锭、元宝、金、银质首饰及其他杂质金银均属之。

第三条　本区境内，不论军、政、商、民人等，凡储有金银者，均准其自行储存，但

不得行使、流通与买卖。如需转化使用时，应向人民银行或其代办所按照牌价兑换人民币使用之。金银饰品及其他金银制品并准向业经政府批准营业之金银饰物业者买卖。

第四条　本区人民持有金银，除因正当用途，经本府核准特许出境外，一概禁止携带出境，如在本区境内携带者，亦须申请当地人民银行或区级以上政府发给许可证，填明携带人姓名、住址、金银数量、携带理由、起讫地点、时间等，以资证明。

第五条　自其他区域携带金银入境者，依下列办法办理：

（一）自已解放区域携带金银入境，并持有原地人民银行或区级以上政府之证明文件者，经查验机关查验后放行；如无证明文件，应由携带人于入境时，向当地人民政府自行申报，并由人民银行验明，依第四条之规定办理之。

（二）自待解放区域携带金银入境者，携带人应于入境时，向当地人民银行或区级以上政府及对外贸易管理机关登记，申请发给许可证后，始得入境。

第六条　凡人民自行佩带（戴）之金银首饰，其不超过下列重量者，应不受第四条及第五条（一）项之限制。

（一）金质首饰在一市两以内者。

（二）银质首饰在四市两以内者。

第七条　凡工业、医学或其他因业务上之需要，必须购用金银原料者，得向当地人民银行陈明理由及所需数量，由人民银行酌情售给，不得自行采购。

第八条　凡在本区境内经营金银饰物业者，须呈请当地政府核准，发给营业执照后，始得开业。其日常业务，除收售金银饰物制品外，不得收售他种金银，其每日收售饰物数量，交易情形，以及所存材料，并应分别按旬表报当地人民银行查核。

第九条　凡违反本办法第三、四、五、六、七、八各条规定者，依下列各项处理之：

（一）凡行使买卖或投机倒贩金银，经查获证实者，得按其情节之轻重，分别予以兑换或没收其一部或全部之处分，如系屡犯或情节特重者，除全部没收外，并得处一倍以下之罚金。

（二）在本区境内携带金银，不依第四、五两条之规定，取有证明文件，或以金银计价行使者，一经查获，得由人民银行按照牌价贬低百分之十五至二十五收兑之。但经证明确系不明本办法者，得从宽按照牌价收兑。

（三）凡携带金银，经查获证明确系走私资敌者，除全部没收外，并得送由司法机关依法惩办。

（四）他区人民，初入本区，对本办法尚未明瞭者，除系走私资敌，情节重大，仍应适用以上（一）（二）两项规定办理外，其违反第三条或第五条（一）项之规定，经查明并非明知故犯者，得从宽由人民银行按照牌价收兑之。

执行上列各项处罚，在外县为县以上各级人民政府，在市区为市政府。

第十条　凡本区军、政、商、民人等，对违反本办法之规定者，均有检举与告发之权。必要时并得扭送政府机关处理，其处理机关对于报告人应酌予奖励。

第十一条　凡违反本办法之规定，经政府将其金银予以贬价收兑或没收之处分者，均给予正式凭据。如有假借名义，勒索敲诈者，准由人民控告。

第十二条　本办法自公布之日施行，如有未尽事宜，得随时修正之。

选自《陕甘宁革命根据地史料选辑》第三辑，甘肃人民出版社1983年版，第469～471页。

互校版本：

1.《陕甘宁边区政府文件选编》第十四辑，档案出版社1991年版，第162～164页。

2.《陕甘宁边区法律法规汇编》，三秦出版社2010年版，第255～256页。

54. 陕甘宁边区货物税暂行条例

1949年10月22日①

陕甘宁边区政府布告（努字第一七〇号）

事由：为公布本区货物税暂行条例并规定注意事项仰遵照由。

全国统一货物税税目税率，业经全国财经会议制定，兹依据此项税目税率，制定陕甘宁边区货物税暂行条例，公布施行。所有新区以前实行之货物税、国产烟酒税、矿产税，及老区边产税等项条例，自应一律予以废止。

新订货物税暂行条例公布施行之后，本区商民，应即遵照执行，关于各公司，行栈、商号旧存及现存之应税货物，应依下列规定办理：

一、各公司、行栈、商号旧存货物，在过去为无税，而按照新颁货物税暂行条例应行征税者，应自布告之日起十五日内，书明种类、牌名、包装、数量，向各该地税务机关申报、登记、查验，加盖验戳，准其就地免税行销，如运销外埠，仍应照章完税。倘逾期不报，一经查获，即按新颁条例补税。

二、各公司、厂、号现存自制过去无税，现在应行课税之货物，不论为过去销售而未出厂，抑系现时销售，均应于出厂时照章完税。

除详细办法，由本区税务总局规定，分行各级税务局遵照办理并布告外，合行令仰遵照，并转知所属一体遵照为要。

此令。

陕甘宁边区货物税暂行条例

1949年10月22日

第一章　总　则

第一条　为畅通货运，发展生产，繁荣经济，增加财政收入，特制定本条例。

第二条　在中央人民政府未另制定全国统一货物税条例前，本区各地课征货物税（以下简称本税）暂依本条例规定办理。

第三条　本条例在本区辖境内适用之。

---

① “甘肃史料版”标作“努字第一七一号”“一九四九年十月二十三日”。“档案文件版”标作“努字第一七〇号”“十月二十二日”。并注明：同年十月二十二日公布的“金银管理办法”为“第一六九号”，“印花税条例”为“第一七一号”。

本区辖境包括陕西、甘肃、宁夏、青海、新疆等五省全部。

第四条　本条例所列载之货物，不论在本区产制，抑①自他区或国外输入，除法令另有规定外，悉依本条例规定征收本税。

第五条　本税税率，最低为百分之二点五，最高为百分之百，并按货物性质，分别厘定其标准如下；

（一）必需品　　二·五％——五％

（二）半必需品　二〇％—三〇％

（三）奢侈品　　五五％——〇〇％

第六条　本税以一货一税为原则，凡已完纳本税之货品，运销本区境内各地，不得再征他种税捐。

第七条　凡制造应行课征本税货物之公司、厂、号，须持具工商管理机关所发给之营业执照与商标注册之证明文件，向税务机关申报备查。

第二章　税　则

第八条　征收本税货品，规定如下：

（一）烟类：

1. 机制卷烟：凡用机器制成之卷烟，不论其动力为电力、油力或手摇均属之。

2. 手工卷烟：凡用卷烟斗以手工卷成之纸烟均属之。

3. 雪茄烟：凡用烟叶卷成之雪茄烟均属之。

4. 斗烟丝与板烟。

5. 土烟丝：凡用烟叶切成之土烟丝均属之。

（二）酒类：

1. 洋酒、啤酒：凡用洋式制法制成之各种洋酒啤酒均属之。

2. 土酒：凡国内产制之各种土酒，如本区出产之大曲酒、小曲酒、黄酒、南酒、水酒、稠酒等均属之。

3. 酒精：凡国内产制之各种酒精均属之。

4. 改制酒：凡用酒改制而成之各种色酒、药酒等均属之。

（三）纤维类：

1. 棉纱：凡机制之各种棉纱均属之。2. 麻纱：凡机制之各种麻纱均属之。3. 毛纱毛线：凡机制之各种毛纱毛线，不论为纯毛或掺有其他纤维质者均属之。

（四）皮毛类：1. 皮统：凡已制成之各种皮统、皮褥、皮领均属之。2. 皮张：凡供制革用之各种生皮、熟皮均属之。3. 毛皮：凡供制御寒衣物所用之各种生毛皮与熟毛皮均属之。4. 生毛：凡羊毛、驼毛、猪鬃均属之。

（五）化装品类：1. 第一类：凡各种雪花膏、面蜜、发蜡、头油、爽身粉、花露水均属之。2. 第二类：凡各种香粉、香水、指甲油、胭脂、口红、剃须皂、画眉笔均属之。3. 第三类：凡各种牙膏、香皂均属之。

（六）调味品类：凡各种味精、酱油精均属之。

---

① “甘肃史料版”将“抑”误作“仰”。

（七）饮料品类：凡各种汽水、果子露水、果子露汁均属之。

（八）糖类：凡红糖、白糖、冰糖、桔糖、糖精均属之。

（九）麦粉类：凡机制麦粉、半机制麦粉均属之。

（十）火柴类：凡硫化磷火柴、黄磷火柴、安全火柴均属之。

（十一）水泥类：凡机制水泥、半机制水灰（代水泥）均属之。

（十二）玻璃类：凡板装玻璃、玻璃砖均属之。

（十三）染料类：

1. 颜料，凡经化学炼制之各种颜料均属之。

2. 染料：凡属植物类之各种染料，如五倍子、蓝靛等均属之。

3. 化学漆：凡经化学炼制之各种漆，如洋磁漆、喷漆均属之。

4. 化学碱：凡经化学炼制之各种碱，如火碱、碱精等均属之。

（十四）迷信品类：凡专供迷信用之锡箔、黄表、冥钞、烧纸均属之。

（十五）矿产品类：

1. 第一类：凡煤、铁、焦煤均属之。

2. 第二类：凡石膏、滑石、明矾、磁土、天然碱、芒硝、铜、锡、火粘土均属之。

3. 第三类：凡硫化铁、黑铅粉、雄黄、锑、铅、淘沙、浆沙均属之。

（十六）水产品类：凡海产之海参、海带、鱿鱼、鱼翅、海虾及其他海产鱼类均属之。

（十七）农林产品：

1. 竹木：凡有竹竿及整根或条板之木材均属之。

2. 茶叶：凡红茶、绿茶、花薰茶、砖茶、茶梗、茶末等均属之。

上列各类货品，征收本税，其税率及税目另行列表附后。

第九条　本税从价征收，由货物制造商、收购商或运销商依照规定税率缴纳。

第十条　凡由敌区输入本区之应征本税货物，除按照本区规定完纳进口税外，不再征收本税。

第十一条　凡本区产制之应征本税货物，依照本条例之规定，完纳本税后，于出口时，不再征收本区规定之出门税。

第三章　稽　征

第十二条　凡本区出产应征本税货物，其稽征办法，依照下列各项规定办理。

（一）产量较丰之生产机构，由税务主管机关派员驻厂、驻场，或驻矿征收之。

（二）产量较寡之产商，由税务主管机关会同当地有关机关及同业代表以民主方式评定产量，按月或按季征收之。但必须保证按时完纳，不得拖欠。

（三）产量低微之零星产商，不便依照以上两项办法办理者，则由商人自行报请当地或附近税务主管机关依法征收之。

以上各项征收方式，系以产量为标准，其详细实施办法另定之。

第十三条　货物完纳本税后，税务主管机关应即依照规定填发证照，监视粘贴，方准运销。

第十四条　征收本税货物，其完税价格，以产地附近市场每月平均批发价格为计算依据，必要时得由负责评定税额之税务机关，根据市场物价变动情形，按照实际需要，以每

半月或每旬之平均批发价格，为计算之依据。

第十五条　前条例称平均批发价格，包括下列各项：

（一）该货完税价格；

（二）应纳税款（即该货完税价格应纳税率之数）；

（三）商人利润（一律定为完税价格百分之十）；

完税价格及应纳税额之计算公式如下：

$$\frac{\text{产地附近市场平均批发价格} \times 100}{100 + \text{该项货物应纳税率} + \text{商人利润}} = \text{完税价格}$$

完税价格×该项货物应纳税率＝应纳税额。

如以原产制厂、场、矿商之批发价格为平均批发价格，计算完税价格，应将商人利润删除。

第十六条　平均批发价格之查报，由各县市税务局、分区税务局或经其指定之主要课税货物产地税务机关依法办理之。

第十七条　征收本税货物之完税价格，由本区税务总局按照实际情况，划分评价区，指定各评价区之税务机关组织评价委员会依法评定，分行实施，并呈报税务总局查核。

第十八条　征收本税货物之完税价格及应纳税额，每月评定一次。如遇物价剧烈变动，超过或低于上次评定税额所依据之平均批发价格百分之三十时，得随时调整。

第十九条　凡公司、厂、号、行、栈及货物持有人，销售或购运应征本税货物，必须于销售或购运之前，向当地税务主管机关依法完税。

第二十条　完纳本税货物，如改运或分运他埠，应向当地税务主管机关办理改运或分运手续。

第二十一条　凡本区铁路、航务、邮政、汽车、行栈等，运输应纳本税货物时，得先查明其已否纳税，如未完纳，应于拒运，并属其纳税取具凭证后，始得装运。

第二十二条　凡公司、行、栈、仓库及商号，遇税务机关稽查存货已否纳税时，应妥为协助，不得拒绝。

第二十三条　各级税务主管机关，认为有逃漏本税，或其他违反本条例之嫌疑时，得将其制造人运销人持有人或其他有关人等传询，惟不得泄露其业务上之秘密。

第四章　罚　则

第二十四条　凡产制、运储、销售或代客买卖应征本税货物之公司、厂、号、行、栈、商人或货物持有人，有下列行为之一者，没收其货物：

（一）私制应纳本税货物，不依规定办理登记及申报手续，意图逃避纳税者。

（二）制造合法厂商请准商标牌名注册之货物，经查明确系有心伪制者。

（三）将完税凭证旧花等私自改篡重用，意图逃税者。

（四）使用伪造完税凭证者。

前项没收货物，如已出售，不能没收时，应按当时当地市场批价，追纳价款。

第二十五条　凡产制、运储、销售、或代客买卖应征本税货物之公司、厂、号、行、栈、商人或货物持有人，有下列行为之一者除照章补税外，并科以所漏税额三倍以下之

罚金：

（一）私运或私售未税货物者。

（二）购买未税货物，加工改造，使其形状变更，意图漏税者。

（三）运销应纳本税货物者，并无证照，或证照不符，查系漏税者。

（四）以高价货物，冒充低价货物漏税者。

（五）以高价货物，掺夹在低价或其他货物内漏税者。

（六）超过包装容器之标准数量或重量漏税者。

（七）厂存货物与账表不符，查系漏税者。

（八）以多报少，查系漏税者。

第二十六条　凡产制、运储、销售、或代客买卖应征本税货物之公司、厂、号、行、栈、商人或货物持有人，有下列行为之一者，得将其货物暂行扣留，待其手续办理完毕后，再予放行：

（一）不遵照规定申报者。

（二）不将完税凭证，按照规定，实贴于包件或容器上者。

（三）货物起运或到达目的地后，未报请当地或附近税务主管机关查验，或报告不实者。

（四）完税货物分运或改运他处，未经换领证照者。

（五）完税起运货物，中途销售，未经报明当地或附近税务主管机关者。

（六）拒绝查验者。

第二十七条　凡伪造纳税凭证及税务主管机关之戳记者，除追偿税务上之损失外，并移送司法机关法办。

第二十八条　凡包庇走私，抗不纳税者，除照章科罚外，并得按其情节轻重，移送司法机关处理。

第二十九条　凡漏税货物之补税、罚金与没收货物之处理，由县（市）以上各级税务主管机关依照规定办理，并报级税务机关查核，其涉及司法范围者，送司法机关处理。

第三十条　凡直接稽征人员，或其他机关人员，如有擅行处罚没收货款，勒索敲诈情事者，任何人均有告发之权，一经查实，即行依法惩办。

第三十一条　商人完纳本税，不论为正税或罚金，均应依限清交，如有逾限不交税款者，得处以滞纳罚金，不交罚金者，得移送司法机关法办，其详细办法另订之。

商人依法宣告破产时，前项欠税罚金，应优先清偿。

第五章　附　则

第三十二条　本税稽征规则另订之。

第三十三条　本条例修改之权属于本区最高政府。

第三十四条　本条例自公布日施行。

陕甘宁边区货物税税类税目税率表（略）

选自《陕甘宁革命根据地史料选辑》第三辑，甘肃人民出版社 1983 年版，第 474～482 页。

互校版本：

1.《陕甘宁边区政府文件选编》第十四辑，档案出版社1991年版，第166～174页。

2.《陕甘宁边区法律法规汇编》，三秦出版社2010年版，第377～381页。注明公布年月为“1949年10月22日”。

55. 陕甘宁边区印花税暂行条例

1949年10月22日公布

第一章 总 则

第一条 为使社会公私各方、商事，产权以及各项许可证件，更有合法之凭证，并增加财政的收入，特制定本条例。

第二条 凡各种商事、产权及许可凭证，不论公私，除法令另有规定外，均应依照本条例之规定，完纳印花税。

第三条 各种凭证贴花税率，分比例税与定额税率两种：一般有价额记载之凭证，以比例税率课征。其起征点分一百元、一千元、五千元及一万元四种。税率分千分之三、千分之二、千分之一及百分之五四种。少数有价额记载及无价额记载之凭证，以定额税率课征，其起征点及税率，视其有价与无价分别规定之。（税率表附后）

第四条 本条例规定应行纳税之凭证，其行为发生时，必须开立凭证。

第五条 印花税由本区税务总局发行印花税票征收之。

第六条 印花税票由本区税务总局规定式样监制，并得指定机关发售，通用全区。

第七条 下列各种凭证，免纳印花税：

一、政府机关自用之簿据及凭证。

二、政府机关征收税捐所发之凭证，及根据征收税捐凭证所发之证照。

三、各级政府处理公库金或公款所发之凭证。

四、政府所发之公债证券。

五、个人或家庭所用之账本。

六、教育文化或慈善机关所用之账簿。

七、各种凭证之正本已贴用印花税票者，其副本或抄本。

八、凡机关团体其内部所用不发生对外权利义务关系之单据。

九、催索欠款或核对数目所用之账单。

十、车、船、航空客票及行李票。

十一、其他解放区，依该区法令规定，已完纳印花税之凭证。

十二、依其他法令规定，应予免纳印花税者。

十三、本条例税率表内列明，免纳印花税者。

第二章 纳 税

第八条 应纳印花税之凭证，应于书立后贴足印花税票。商事凭证印花税，必要时得采用简化贴花办法，其办法另定之。

第九条　商人购运货物，必须索存发货票。

第十条　同一凭证，必须备具二份以上，由双方或各方关系人各执一份者，应每份各别贴用印花税票。

第十一条　经关系人约定，将已失时效之凭证继续使用，或以副本或抄本视同正本使用者，仍应另贴印花税票。

第十二条　同一凭证，具有两种以上性质，其税率相同者，按一种贴用印花税票，其税率不同者，按较高之税率贴用。

应使用高税率之凭证，而以低税率之凭证代替者，须按高税率之凭证贴用印花税票。

第十三条　已贴印花税票之凭证，因事实变更，而修改原凭证继续使用，其变更部分如须加贴印花税票时，仍应补足之。

第十四条　其他解放区未贴印花税票之凭证，或国外订立之凭证，其在本区使用者，于使用时依本条例贴用印花税票。

第十五条　贴用印花税票，应于每枚税票与原件纸面骑缝处，加盖图章，但个人得以画押代替图章。

第十六条　已贴用之印花税票，不得揭下重用。

第十七条　政府机关发给应纳印花税之凭证时，应令领受者贴足印花税票，并由该政府机关加盖图章。

第十八条　应贴印花税票之凭证，以金额计算应纳之税率者，如所载金额系外国货币，应于交付或使用时，按法价折合人民币计算贴用印花税票，如未载明金额，应按原列品名数量，依法价估计应贴印花税票。

第三章　检　查

第十九条　应纳印花税之凭证，由本区各级税务机关执行检查，所有执行检查人员，应备具检查证照，如有执行检查职务必要时，应凭检查证照请军警或当地政府协助之。

第二十条　执行检查应在被检查者之营业处所及营业时间内，或在税务机关指定之检查处所行之，不得侵入私人住宅。

第二十一条　凡应开立凭证而不开立，或开立凭证而未依照规定贴用印花税证者，任何人得举发之。

第四章　罚　则

第二十二条　违反本条例第四条之规定者，除责令补办外，并按应贴印花税票金额处六十倍之罚金。

第二十三条　违反本条例第八条及第十条至第十四条与税率表之规定，不贴印花税票或贴用不足税额者，应按漏税金额处三十倍之罚金。

第二十四条　违反本条例第十五条之规定者，应按贴用印花税票未销金额处十五倍之罚金。

违反本条例第十六条之规定者，应按作废印花税票金额处五十倍之罚金。

第二十五条　违反本条例所定情事在两种以上者，依各条规定罚金，按件分别处罚。

第二十六条　拒绝或妨害执行检查者，得移送司法机关审理。

第二十七条　违反本条例第三条之规定，除照第二十二条规定办理外，如纳税义务人

所在不明时，应由应使用或持有凭证人，代立凭证，补贴印花税票。

第二十八条　违反本条例之凭证，除照章处罚外，仍令纳税义务人，按应纳税率，补贴印花税票；如纳税义务人所在不明时，应由凭证使用人或持有人补贴。

第二十九条　本条例所定之处罚，由县（市）以上税务机关执行之。税务机关如认为情节重大，得移送司法机关依法审理之。

第五章　附　则

第三十条　本条例施行细则另订之。

第三十一条　本条例如有未尽事宜得随时修正公布之。

第三十二条　本条例自公布之日起施行。

选自《陕甘宁革命根据地史料选辑》第三辑，甘肃人民出版社 1983 年版，第 464～468 页。

互校版本：

1.《陕甘宁边区政府文件选编》第十四辑，档案出版社 1991 年版，第 174～186 页。（所附税率表省略）

2.《陕甘宁边区法律法规汇编》，三秦出版社 2010 年版，第 427～429 页。

56. 陕甘宁边区贷款暂行条例

1949 年

第一条　为推进生产，繁荣经济，特制定本条例。

第二条　边区一切贷款统归中国人民银行西北区行（以下简称银行）主持办理。

第三条　银行须依扶助发展生产之任务并本“公私兼顾”原则办理贷款事宜，以保证贷款做到有借有还。

第四条　贷款种类，依据其性质区分为：

（一）农业（包括水利）及农村副业贷款；

（二）工矿业及手工业贷款；

（三）合作事业贷款；

（四）畜牧事业贷款；

（五）供销及运输业贷款。

第五条　对各种生产事业贷款之多少与先后，应依边区政府生产计划及当地实际情况决定之。

第六条　贷款利息须依“发展生产公私兼顾”的政策，并注意奖励民间互相借贷，由银行根据各种生产与行业之利润情况及金融物价变动情形，分别规定，挂牌公布，一般利息应不超过民间借贷之普通利息标准，带有倡办或试验性之生产事业应免除或减低利息。

第七条　贷款信用，依据下列各条予以保证：

（一）银行有权检查各贷款单位之贷款用途及其生产业务经营状况，如发现贷款用途

不当或有违法投机活动者，得收回其贷款。

（二）银行一切贷款，依据法定手续收不回时，得依法请求政府追究，各级政府应对银行之本息债权，确实负责追究清偿。

（三）所有借贷保证人，须对所借贷款负保证用途与本息清偿之完全责任。但工作人员不得担任保证人。

第八条　贷款办法手续与办事细则由银行另定之。

第九条　本办法自公布之日施行。

选自《陕甘宁革命根据地史料选辑》第三辑，甘肃人民出版社 1983 年版，第 525～526 页。

57. 陕甘宁边区政府指示——各地接收敌伪物资应由物资处理委员会统一分配处理

1949 年 12 月 9 日

事由：为各地接收的敌伪物资应由物资处理委员会统一分配处理希办理由。

各行署主任、专员、县长：

西安市长：

西北各省市县解放以来，接管工作，已大体告一段落，其缴获接收之敌伪物资，是今年财政上一笔大的收入，为使各种物资能够适当处理，不致浪费，使之运用到财政与生产建设方面，曾把西安市物资处理办法，分发各地，作为参考。兹为各地更好的掌握适当的处理，特再提出下列意见：

一、凡各地接收的敌伪物资，应由各地军管会（无军管会者为市县政府）组设物资处理委员会，专负物资分配处理之责。

二、凡接收的敌伪物资，均须列表详报当地处委会统筹分配，严禁隐匿，或任意处理。

三、各地物资处理委员会，对物资之处理分配，要注意下列各点：

甲、把各机关接收的物资，催促表报，汇集登记，再按物资性质，分为下列几类：

1. 军用品类：各种枪炮子弹、兵工器材，兵工原料，军用汽车飞机等。

2. 企业交通器材类：各企业部门之原动机类、电动机类、工具机类、农具机类、棉纺织机类、机油缝纫印刷机类等及各种仪器，交通部门之铁路、机车、铁路列车、汽油汽车、电讯器材，生产原料和企业交通一切设备等。

3. 财政物资：白洋、金子、本币及各种布匹、棉花、米、麦、杂粮、面粉、食盐、煤炭、军衣、衬衣、棉衣、大衣、毛巾、背心、棉被、袜子、军鞋、军毯、医药用品材料、牲畜，大车、人力车、自行车等。

4. 房屋家具机关公用车辆类：公产、官僚房产（包括内外设备桌椅等）机关公用大小汽车。

乙、接收的物资，为使物尽其用不致浪费损耗，应依照下列的原则，妥为分配处理：

1. 属于军用品类的物资，一律移交军区后勤部，作为缴获收入。

2. 属于企业交通方面的生产工具、器材及一切设备等，仍归该企业交通部门继续生产使用，另由处委会折价向财政上转账。

3. 属于财政物资类的，应一律作为财政收入，如各接收机关经处委会批准已动用该项物资时，应分别在经费、粮秣、被服预算中扣除及转账，其他未动用物资一律由各该级财政机关统一掌管，待令支拨。

4. 银行贸易接收的敌伪银行贸易系统的金银等物资及一切设备，仍归该单位所有，但须报告上级主管机关备案，如系原银行投资于工矿业者应由企业部门与银行转账。

5. 属于房屋家具机关公用车辆者，一律报由处委会交房产管理机关主管，如各接收机关有所需要，或已占用者必须报由处委会准许，向主管机关办理占用手续。

各地应根据上项原则，由处委会斟酌具体情况，订定物资处理详细办法，各接收单位，务必切实执行，以免匿漏，各市县解放，逾时已久，所有接收的各种物资名称数量以及处理情形，赶速详细具报本府财政厅，以便汇集全面总结，希即办理。

选自《陕甘宁革命根据地史料选辑》第三辑，甘肃人民出版社 1983 年版，第 522～524 页。

互校版本：《陕甘宁边区政府文件选编》第十四辑，档案出版社 1991 年版，第 330～332 页。

七、粮食法规

1. 陕甘宁边区公粮公草征收条例（草案）

1945 年 11 月

第一章　总　则

第一条　本条例为征收公粮公草保证粮草供给，但本年公粮公草比三十三年度减少四分之一，同时照顾个别地区不同灾情，达到负担公平合理，修正三十三年度公粮公草征收条例制定之。

第二条　除依照边区政府决定试行农累税之县区外，其他县区悉以本条例征收公粮公草。

第二章　征收范围

第三条　下列各种收入为公粮公草征收范围：

一、耕种土地所得之农产品。

凡租佃土地或耕牛务农者，只能征收其除去地租或牛租所收入的一部分。

二、农村副业：

小手工业——只能征收其除去原料成本及生产消耗以外净利的一部分。

畜牧业——只征收其繁殖及皮毛收入的一部分（以市价六折计算），羊繁殖十只以下者免征，十只以上者就其超过数计征。

三、地租房租及畜租于减租后实际所得的部分。

第四条　下列各种收入免征：

一、移难民三年以内各种农产品及其副业之收入。

二、长脚短脚运盐部分之收入。

三、新种棉花三年以内之收入。

四、纺织业之收入。

五、严重受灾乡村户公粮公草少征或免征。

六、现役军人退伍残废军人及其直系亲属，每人平均过起征点二斗以内的收入。

七、鳏、寡、孤、独或失却劳动力者，其本人超过起征点二斗以内的收入。

八、农户养猪之收入（粉房、槽房等养猪收入应计入作坊内征收）。

第三章　征收办法

第五条　征收公粮。凡在征收范围以内的收入，不论农业收获与副业收入均应折成细粮计算。

第六条　本年征收公粮之起征点，规定如下：

一、绥德分区以五斗起征，起征率为百分之三。

二、直属分区、三边分区及陇东、关中一部分征米地区均以六斗起征，起征率为百分之四。

三、陇东、关中两分区的征麦地区，均以八斗起征，起征率为百分之六。

第七条　为照顾灾情与需要，各分区可按各地具体情况自行拟定起征点，呈请边府核准施行。

第八条　征收公粮按户为单位，以每户人口平均收入细粮为计征标准，征收累进率依下列规定：

一、每人平均收入五斗细粮（以下简称×斗）征收百分之三。

二、平均六斗征百分之四。

三、平均七斗征百分之五。

四、平均八斗征百分之六。

五、平均九斗征百分之七。

六、平均十斗征百分之九。

七、平均十一斗征百分之十。

八、平均十二斗征百分之十二。

九、平均十三斗征百分之十三。

十、平均十四斗征百分之十四。

十一、平均十五斗征百分之十六。

十二、平均十六斗征百分之十七。

十三、平均十七斗征百分之十八。

十四、平均十八斗征百分之十九。

十五、平均十九斗征百分之二十。

十六、平均二十斗征百分之二十二。

十七、平均二十一斗征百分之二十三。

十八、平均二十二斗征百分之二十四。

十九、平均二十三斗征百分之二十五。

二十、平均二十四斗征百分之二十六。

二十一、平均二十五斗征百分之二十七。

二十二、平均二十六斗征百分之二十九。

二十三、平均二十七斗征百分之三十。

二十四、平均二十八斗征百分之三十一。

二十五、平均二十九斗征百分之三十二。

二十六、平均三十斗至三十五斗征百分之三十三。

二十七、平均三十六斗至四十五斗征百分之三十四。

二十八、平均四十六斗以上者征百分之三十五。

第九条　公粮累进税最高率至百分之三十五即停止累进。

第十条　征粮计算每户人口依下列规定：

一、一般农户不分男女老幼，均以一家实有人口计算。

二、现役军人在本家人口内计算一口。

三、雇工计算在本家人口之内，同时计算在雇主家口之内。

四、收入在本县，人在外县者，按一口人计算。

五、收入在边区，人在边区以外者按一口人计算。

第十一条　征收公粮公草采属人属地办法依下列规定进行：

一、凡一家收入散布在一县以内者，采属人办法，就其居住之乡合并计算，统一征收之。

二、凡收入散布外县者采取属地办法，就其所在县份分别计算征收，两县交界未出二十里以外仍按属人征收。

三、凡一户分居两地（吊庄子等）者按两户分别立户征收。

四、凡收入在边区，人在边区境外者，采取属地办法征收。

第十二条　为便利各分区公粮之调剂，及避免公草之损耗、浪费起见，得在指定地区征收一部分公粮贷金，在不便供给地区，征收公草代金，或公草代粮，即将公粮按价折收现金，公草按价折收现金或粮食，征收代金代粮数目，及折算标准由粮局与各分区专署商定之。

第十三条　为使公粮公草之征收公平合理，乡政府应负责切实深入调查，按累进计征，同时辅以民主评议，及村民民主讨论，乡或行政村的评议会，应由人民选举公正无私熟悉情形之人士组织之，其职权如下：

一、协助政府进行调查。

二、审查各村户调查材料。

三、协助政府计算征收事宜。

四、协助政府执行征粮条例之规定，照顾农户具体情况，评议调整个别农户之间的应征数目。

第十四条　各户公粮负担经计征评议之后，须即公布，以供村民研究，广采群众意

见，然后提出［交］村民大会或乡人民代表会通过。

在征收数字决定后五天内纳粮户如有充分根据认为负担不公者，得请求评议会重行调查评定总结，但经最后评定，明文公布，即须遵照执行。

第四章　奖　惩

第十五条　征粮工作中调查确实，认真执行条例之规定征收公平，入仓迅速，有足为模范之工作人员及评议员，各级政府，应依其成绩之大小，分别给以奖励，成绩特著，可呈请边区政府奖励表扬。

第十六条　对征粮调查，有隐瞒土地、收入，虚报人口，意图减轻或逃避负担者，除追交其应纳公粮外，得科以五升以上，一石以下之处罚，但以不超过其应征数额为限。

第十七条　不按期纳粮者，除限期追交外，得以下列规定处罚之。

一、借故欠交公粮之全部或一部，逾期一月者得处以所欠数百分之一至百分之五的加征。

二、逾期二月者得处以所欠数百分之六至百分之十的加征。

三、逾期三个月者，得处以所欠数百分之十一至二十的加征。

第五章　附　则

第十八条　公粮以小米为本位，各分区应征杂粮比额与折合率由粮局与各分区专署商定之。

除陇东、关中产麦地区外，本年公草一律征收谷草、不收杂草。

第十九条　各县公粮公草限一九四六年一月二十五以前全部入仓入站，并将实收数目呈报财厅备查。

第二十条　本条例由边区政府公布施行，一九四四年公布之公粮公草征收条例，即行作废。

选自《陕甘宁边区政府文件选编》第九辑，档案出版社1990年版，第293～298页。

互校版本：《陕甘宁边区法律法规汇编》，三秦出版社2010年版，第336～338页。

2. 陕甘宁边区政府为增产粮食给各专员县（市）长信

1945年12月17日

各专员、县（市）长：

今年边区普遍歉收，因此明年的全部生产运动，应以增产粮食为中心。次为植棉，再次为牧畜植树等。除植棉、牧畜、植树等，建设厅另有指示外，这里专就增产粮食各项问题指示你们，望即根据当地情况详加研究执行之：

（一）近几年来，边区在农业生产上，是获得了许多重大的成绩，粮食与棉花的产量，曾有显著增加，尤其粮食方面，保证了抗战期间的充分供给，农民生产更有进一步的改善。值得特别指出的，是在几年生产运动中，改变了干部对生产领导的认识，从“老百姓自己会搞，不用我们去管”的放任思想，走向深入农村，了解群众的情绪与需要，用拉家

常、算细账、开家庭会、访问农民等办法，来组织和领导群众的生产，并解决其具体困难。有了这种领导，才使得我们不但获得了物质的成绩，而且摸到了一些经验，学会了一些方法，建立了进一步发展的基础，这是好的一方面。在几年来的生产运动中，我们也曾发生一些偏向和错误，主要是思想上的急性病，以及由此产生的命令主义和形式主义，如变扎工队的编队式方法，追求大量，甚至强求庞大集中，如农户计划的记帐（账）式现象，追求形式，甚至强求挨户普及，使得许多的良法美意，变成了费力不讨好，引起群众的不满和责难。去年冬批评了急性病、命令主义与形式主义，虽亦获得了不少成绩，但因思想没搞通，今年又发生了相当普遍的自流偏向，放弃了组织群众与指导群众的责任。命令主义要不得，犯了急性病，自流主义也要不得，犯了慢性病。今后的工作中，必须同时克服和改正这两种偏向，使群众生产运动获得必要的和正确的指导。

（二）为了贯彻增产粮食的基本方针，今冬即应从事充分的准备，如砍柴、拾粪、准备耕牛、农具、籽种，解决安庄稼、调份子、伙种地等劳力的配备。到明年春耕时，更普遍深入的进行春耕动员，发动多种早粮（如豌豆、扁豆、春麦、大麦、洋芋等）和瓜菜，并在有水利条件的地方兴修小型水地，以抢种早粮，准备接济青黄不接的困难，在增产粮食中，一般的应多种人畜食用的吃粮，如糜谷、玉米、高粱以及豆类等为主。但由于各地情况的不同，亦必自行斟酌，予以调整；绥德、延属两分区，除增产粮食外，还应多种棉花，关中、陇东两分区，食粮原不困难，但穿的成问题，除继续多种粮食外，种植部分棉花，逐渐走向棉花自给，三边粮食有余，但不便植棉，除继续增产粮食，以其多余部分向绥德换取棉花布匹外，并可多种麻子等价值较高的作物，以调剂农民的经济，增加人民的财富。

（三）在增产粮食的方法上，明年普遍应该以精耕细作，改良农作法为主。改良农作法是非常精致细密的工作，必须从耕作上的播种、培苗、直到收获的全部劳作过程上，予以各个时间不同方法的具体指导。因此我们就需要细致的研究各地区不同的农作方法和农民的经验，好的给以发扬光大，不好的加以改良。除深耕、选种、拍崖、溜畔、挖水窖等方法，各地区应按当地需要，分别先后缓急进行外，这里着重指出下列几种农作法的推行：

(1) 施肥积粪——边区不少地方农民有这一习惯，现在的任务是要在全边区造成群众的施肥积粪运动。在方法上因各地农民的经验与需要程度不同，亦应略有区别，例如在绥德分区，群众已有施肥习惯，我们就应该以积肥造粪为主，延属、陇东、关中、三边等分区，施肥习惯较差，就应该指导多施肥，不使成熟肥料抛散掉，当然亦不放弃可能的积肥造粪。其他如绥德的设置驴毛厕，延川前年的安厕所运动，各地群众有的利用烂柴烂草尘土沤粪等，均利于施肥造粪，应该加以表扬和提倡。

(2) 除害虫——年来各种害虫，对农业生产上的威胁很大，尤以蛀谷虫、油汗、班蝥、路虎、蝗虫五种为害最大。今年天气过于温暖，明年虫害有严重发生的可能，我们应即时提高群众警惕。在绥德分区及靠近绥德分区各县，曾严重发生过蛀谷虫的地区，应继续进行掏谷楂工作，彻底实行“掏光、拾光、烧光”的三光政策，明年如发生小蛀，也应立即拔掉烧毁。对油汗，除用烟秆水泡洗及撒黄土粉等办法外，还可继续发现研究群众中的新办法。对路虎、班蝥、蝗虫等，在发生的地区，应立即发动群众捉打。最重要的问

题，是抓紧时机，各级政府应就发生虫害的地方，立即发动群众扑灭之。

（3）修水利——今年在防旱备荒中修水利起了显著的作用，为能够顺利的达到增产粮食的目的和有计划的进行防旱备荒工作，兴修小块水地仍是重要工作。在绥德、米脂、子洲、子长、延川、富县、靖边、合水等地，有修水利条件的地方，应把修水利当作重要工作之一，三边等地群众和干部有修水漫地的经验与习惯，应适当的继续这一工作；关中一带，应继续兴修埝地。至于挑修水窖，打坝堰等保持水分的办法，均可发挥，使土壤多藏水份（分），宜于种植。

（4）锄草——这是农作法上最重要步骤之一，必须引起普遍的注意，并根据各地土地劳力多寡之不同，土壤之差别，农民经验之不同，在方法上应给以分别的指导。例如：绥德及延属东地各县人多地少，农民对锄草习惯好的地区，应普遍的发动农民早锄、多锄、细锄，给庄稼根底埋上土堆为主。其他分区地广人稀的地区，应发动组织细锄、锄净，不使荒芜庄稼为主。总之，锄草是农作法上的重要部分，必须注意，抓紧进行。

（四）“组织起来”是边区今天条件下发展劳动生产力最重要和主要的方法，这也是几年来的生产运动所已经充分证明了的。问题在于要纠正前面说过的急性病及由此发生的命令主义和形式主义的偏向，而且必须纠正之。

为了提高劳动热忱，和培养组织起来的骨干，我们继续推行劳模运动，但要坚持“宁缺毋滥”的原则，慎重选择，并须给以具体帮助，使他们在原有的特点上逐渐地有所发展和提高，不可对他们要求过高，尤不可把他们当作脱离生产的干部使用，为了发扬劳动互助以提高劳动效率，要按启发群众自愿的原则，推行变工，扎工和唐将班子的组织，对已经组织起来的，要加整理和巩固，其他条件成熟的地方，可以新加以组织。形式可大可小，时期可长可短，应根据农作的需要群众的自愿，而注意实效，不重形式。对于老汉、妇女和儿童等，可以在自愿的原则下，动员他们担负一些辅助劳动，如栏羊栏牛，砍柴打草，种瓜种菜，打卡棉花，防虫秋收等。对于好吃懒做不事生产的二流子，应继续加以改造，使他们参加生产。但二流子的改造，将是一个长期的过程，要有经常的督促，时冷，时热，将会前功尽弃的。农户计划是组织起来的一个方法或一个方面，应该继续推行，但要改变过去一般化和形式化的偏向，而着重以事业为中心，如植棉，修水利，防害虫等计划，大家商量一起订制。个别的农户，如二流子，不会打算的人，生产上有困难的人，亦可选择的去订。劳动英雄，如有适当的生产计划，并很好的实现计划，就更能起带头作用和骨干作用。总之，农户计划必须按自愿原则，要注意实效，不求形式。并须随时检查，随时修正，见之于行动，不致落空。

（五）关于移民也是农业生产方面组织劳动力的重要方法之一，明年拟用下列办法实行之：

（1）建设厅从机关部队剩余的土地窑洞，划定移民区，有计划的安置移民（另文指示）。

（2）利用延属分区西地各县，（如甘泉、富县、延安、志丹、安塞）及陇东、关中部分地方原老户和新户之有移民关系者，动员他们向原籍招收移民，移民到达之后，除招收人尽量设法安置外，当地政府须给以适当的必要帮助，对积极招收移民的移农户，应给以奖励。

（3）关中中心区与槐树庄一带和陇东大风川、小风川原有土地窑洞亦不少，食粮亦有剩余，可资借贷，应责成两专署，在上述地区负责招收与安置移民，详细办法另文指示。

总之，组织移民，调剂劳力是项重要工作，并且明年又存有许多便利条件，必须抓紧时机充分利用之。如有关地方政府，除积极组织移民外，并须检查移民优待条例的执行程度，如有缺点，切实改正之。

（六）上述各项工作的贯彻，必须以明年增产粮食的重要性及本指示信，在我们各级干部中进行广泛深入的讨论和研究。必须认识明年增产粮食，是在四五年全边区普遍歉收以后，而且直至现在，我们还看不到丝毫来年丰收的象征，相反的，目前天气过于暖和，麦苗生长太旺，倒是明年收获不佳的象征。总之，灾荒的威胁并没有过去，防旱备荒，仍是严重任务，为增产粮食而斗争，是我们当前的战斗口号。要求各级政府切实负责，要求区乡干部深入群众。干部群众结合一起，来完成此战斗任务，凡是深入群众，给群众生产以经常不断的指导和帮助的模范干部，应该受到表扬与奖励，反之，凡是采取消极态度或脱离群众的，应受到批评与纠正。

选自《陕甘宁革命根据地史料选辑》第三辑，甘肃人民出版社 1983 年版，第 52～57 页。

互校版本：《陕甘宁边区政府文件选编》第九辑，档案出版社 1990 年版，第 312～316 页。

3. 陕甘宁边区政府关于粮草保管的指示信

1946 年 12 月 16 日

各专员、县（市）长：

边区今天已经处在战争状态，各地粮草必须适应战争环境，并注意供给上之便利，妥为保管，防止敌人袭击与特务破坏，现提出以下几项原则，希各地根据具体情况确实办理，尤其对今秋征收的粮草，应预先研究，有计划的分别保管。并将计划及保管情形报告粮食局。

一　山岳地区、巩固后方，采取大部集中，少部分散的办法保管。

二　边缘地区采取大部分散，小部集中的办法保管之（即在中心地设仓库，周围设许多小仓库）。

三　沿大道市镇存放之粮草，转移于偏辟（僻）安全地带保管。

在粮草分散保管的地区，各区应指定一人专门负保管之责，各乡成立粮食管理委员会，担负粮食保管之责（不脱离生产），同时各县政府应经常派员巡视检查工作。

此致

敬礼

主席　林伯渠

副主席　李鼎铭　刘景范

财政厅代厅长　范子文

副厅长　黄静波

选自《解放战争时期陕甘宁边区财政经济史资料选编》下册，陕甘宁边区财政经济史编写组、陕西省财政厅财政科学研究所、陕西省档案馆合编，三秦出版社 1989 年版，第 348～349 页。

互校版本：《陕甘宁边区政府文件选编》第十一辑，档案出版社 1991 年版，第 54 页。

4. 陕甘宁边区颁布定额粮、草、料证及粮、草、料票使用办法

1946 年 12 月 16 日

一、定额粮、草、料证使用办法

1. 为使战时粮草供给与支付手续简便起见，特制定定额支粮、支草、支料证发行使用，在平时不定额支粮、支草证仍适用于后方机关。

2. 定额支粮证面额分为二斗半、五斗、二石；支料证面额分为一斗、五斗、一石；支草证面额分为五十斤、一百斤、一千斤各三种。

3. 定额支粮、草、料证使用办法与注意事项如下：

（一）定额支粮、草、料证，由边区粮食局统一设计制印。

（二）各旅团在各地区需要粮草，按季预算，按月开具收据，向粮食局领取定额支粮、草、料证。

（三）各旅团领到定额支粮、草、料证后，应向需粮所在地之政府接洽，支取粮草。

（四）各级政府接到粮食局制印之战时定额支粮草证后，应照票面数目发给粮草。但所收之票，区乡政府应于十天内缴送县政府，县政府应于半月内送交专署，专署应于一月内汇送或电告粮食局，以资转账并了解支付情况。

（五）在军队调动紧急，如因路途遥远不能到粮局办理支粮手续时，各旅团可开具正式借据，向各专署或县政府预支粮草，同时应即派员向粮局领取定额支证，换回借据。

（六）定额支粮证均以米计算。如调剂麦食时应以各地区规定之折合标准折合之。

（七）定额支粮、草、料证，在支付时如有斗以下之零数，用粮、草、料票弥补。

二、粮、草、料票使用办法

1. 粮、草、料票由边区粮食局统一按分区制印。

2. 粮、草、料票票额分为：米一斤半、半斤两种，料六合、一升、二升三种，草十斤、六斤二种。

3. 粮、草、料票使用办法与注意事项如下：

（一）粮、草、料票抵现公粮公草。

（二）粮、草、料票只限于零星部队与机关出发人员使用，但该部队、机关如因零星出发人员需要粮、草、料票时，持定额支粮证在边区粮食局或各分区、各县粮食主管机关兑换之。

（三）凡部队与机关出发人员持有粮、草、料票，区、乡、村政府仓库、兵站，应按粮、草、料票额兑给粮草。

（四）群众收到之粮、草、料票，一律送交乡政府统一抵交公粮、公草，或交当地仓库兑换粮草。

（五）粮、草票只限于本分区有效。

（六）粮、草票一律不准挖补涂改，违者作废。如周转破烂，可换取新票。

（七）各区、乡、村政府所收到之粮、草票，十天汇集送交县政府一次，县政府半月解送专署一次，兑换粮、草或转账。

（八）部队、机关人员由甲分区因事赴乙分区时，应由各旅团及机关负责人写信向专署或县政府换取粮、草、料票。

本办法经边区政府批准公布施行。

选自《陕甘宁边区政府文件选编》第十一辑，档案出版社1991年版，第55～57页。

互校版本：《陕甘宁边区法律法规汇编》，三秦出版社2010年版，第241页。

5. 陕甘宁边区政府关于粮食问题的指示

1947年4月26日

各级政府，各旅团供给部，各机关学校：

本府去年曾提出分散保管公粮，但实际上仍系粮食大部为集中管理，未彻底的进行普遍疏散，以致在此次敌人进犯关中、陇东、延属、清涧等地中，公粮遭受很大损失，民间的粮食因坚壁工作做得不确实，损失亦巨。加之各地机关部队在转移运粮中，不按供给标准，不守支付手续，乱用粮草，浪费现象，十分严重。如不立即制止，边区军民食粮势将发生严重恐慌。因此，对于粮食的保护，现已成为敌我斗争中有关胜负的一个重要问题。特根据战争情况，对于边区粮食之保管与支付指示如下：

一、教育全体干部和边区人民爱护粮食。使每个干部和人民认识没有粮食就不能坚持保卫人民土地和生命的长期战争，更不可能最后战胜敌人。因此，无论公私粮食，均须爱护，严密保管，绝不抛弃浪费，防止霉烂损失，做到颗粒不落敌手，使敌人到处无粮可吃，行止困难，以便我军进行歼灭它。教育边区人民对于公粮与私粮同样重视爱护。现在有些地方对公粮认识不够，在保管上只是一种公事公办的形式，不认真负责严密埋藏，甚至有少数二流子和个别坏人将公粮冒名领去，私自出售。这些现象各级政府必须发动群众确实检查，没藏好的应即重新埋藏，对于二流子和坏分子的破坏行为，应严格处置。同时对于群众坚壁情形，亦应进行普遍深入检查，务必做到不被敌人发觉，方为成功。

二、公粮全部采取分散保管。各地仓库所存公粮，均应立即发动当地群众一律转运，并疏散到偏僻乡村及可靠群众家中，并把全部保管的责任交给群众。除酌情保留一部分容易取用的粮食外，其余应即选择比较干燥、一般人不注意的地方，秘密埋藏。藏时应依各地具体情形或铺板或垫草，防止水推腐烂，必要时并应进行翻晒或转移。某些仓库粮食已经分批疏散到敌不易到的偏僻乡村，可暂由当地政府并指定可靠干部直接保管。但如敌继

续进犯该地时，应即迅速分散到群众家中保存。仓库疏散公粮时，须将每户群众保管公粮数目，详确登记，并留下收据，妥为保存，不得遗失。过去疏散公粮手续没搞清的，应指派专人用各种办法，务必追查清楚。

三、加强粮秣管理组织。自然村及行政村之粮秣由村长和行政村主任负责，乡设粮秣委员会，乡长为主任（委员均不脱离生产）。区设粮秣助理员，由区长兼任，原仓库干部为副。县由二科负责，县长兼科长，二科长为副科长。逐级负责管理粮食的疏散保管及分发工作。同时发动群众，形成群众性的保管，大家负责，监督护粮，严禁对粮食的随便焚毁、抛弃、浪费。订立村民公约，保守秘密，保证无一人向敌告密。团结全村人民，镇压个别坏分子和二流子的破坏行为。对粮食保管好的群众，应给予表扬和奖励。

四、严密实行粮票制度。粮食局统一制印粮票，分发各机关部队使用。自粮票正式发行之后。无论任何机关部队，均须凭粮票支粮。凡不带粮票之机关和人员，一概不许向政府或民间支借粮食（作战部队情况特殊未领得粮票的应商量向当地政府筹借）。过去乱写条子，不按标准吃粮及不属供给范围内的人员也滥支粮草等现象，必须立刻停止。关于粮票使用办法，由粮食局另行制定。

五、支援前线保证军队供给。每个干部和人民，均须有坚定的战争必然胜利的信心，节吃俭用，努力生产，支援前线。坚决反对大吃大喝，对生产消极的倾向。部队所到的地方，各级政府必须主动的以全力帮助部队供给机关，负责筹划解决粮草供给。公粮不足或因其它缘故一时供给不上时，应即就地向群众借用，务期保证供给。以往某些地方畏惧困难，不负责任的可耻现象，必须严加纠正，贻误军队粮秣的干部，须严于处罚。同时也要防止用强迫命令的简单方式乱借粮草，引起群众的不满和恐慌。

以上各项，务希切实遵照执行，各分区各县应将执行情形及该地粮食疏散、保管与开支、实存状况电告本府。

选自《陕甘宁革命根据地史料选辑》第三辑，甘肃人民出版社 1983 年版，第 230～232 页。

互校版本：《陕甘宁边区政府文件选编》第十一辑，档案出版社 1991 年版，第 141～143 页。

6. 陕甘宁边区政府关于运粮工作的信

1948 年 1 月 11 日

书记、专员：

书记、县长：

为消灭灾荒，中共中央已令太岳接济边区粮食十万石，西北局通过了运粮工作大纲，并已派同志赴吕梁、太岳接洽指挥运粮事宜，兹寄来运粮工作大纲一份，希即研究，并对初步分配的动员数字（人）提出意见，立即以之作布置准备，以便接到吕梁电报即迅速出动。蒋胡匪帮对边区人民的烧杀破坏，加深了灾荒的严重性，造成了现在就有四十万人没

饭吃的大饥馑，边区人民一定要战胜这个灾荒，也能够而且必须战胜灾荒。因之，就必须认真进行这一工作，采用严密的军事组织，抽调县区乡各级主要负责干部率领，才能很好完成运粮救灾这一重大任务。对于这一工作的进行，有何实际困难，如何解决，及与战勤、春耕如何配合等，务必多加研究，于接信后五日内报告我们。

致

敬礼！

选自《陕甘宁革命根据地史料选辑》第三辑，甘肃人民出版社 1983 年版，第 257 页。

7. 陕甘宁边区农业税条例

1948 年 11 月颁布

第一章　总　则

第一条　为适应土地改革后之农村经济情况，激励农民生产情绪，改善农民生活，并使农业负担合理固定，以保证解放战争之供给，特制定本条例。

第二条　农业税就土地常年产量及主要副业收入，按比例税收制计征。废止累进税则。为适应战争需要，得以粮食、马草或现款等形式征收之。

第二章　征税与免税

第三条　下列各种收入征税：

一、土地常年产量之收入。

二、地租、房租、畜租、贷款利息等实际收入。

三、羊子繁殖部分（即羊羔）扣除免征点十五只后之收入。

四、长脚户运输业纯收益，减半计征。

五、果园及药材扣除五斗免征税后之实际收入。

说明：租息收入以实收额计征，付出租息者，应于总收入中扣除后计征。牧畜业指大批牧养牲畜者言，农家饲养之耕畜，不计在内。长脚户指以经常从事运输业者言，临时运输不计在内。

以上规定之各项副业收入，皆与农业合并计算，并依本条例第三章之规定计征。

第四条　下列各种情况之收入免征：

一、凡努力劳动或改良作务［物］，其土地收入超过常年产量部分。

二、试验性之农作物如种兰、有色棉花、糖萝等在试验期之收入。

三、农村中长、短工、调分子等工资收入。

四、贫苦烈军工属、丧失劳力之退伍人员、鳏、寡、孤、独、老、弱、残废等仅能维持普通生活之收入。

五、移难民在三年免征期内之各种农业收入。

说明：凡边区人民因原在地土地缺乏，或天灾影响而移入垦区从事开荒，或敌占区人

民因不堪敌人压迫而移入边区者，为移难民。免征期之计算，以移来时期赶及种地时间算起，如秋冬移来，赶不及种地者，即以移来之次年算起，三年期满后，按章计征。

六、机关、部队、学校及群众团体自给生产之农业收入。

七、除第三条规定以外之各种副业收入，如纺织、养蚕、熬硝等。

八、其他经边区政府特许免税之收入。

第五条　新分得土地农民，因缺乏生产工具，或生活资料，尚未完全翻身者，得依不同情况，于其应税收入中减免百分之十五以下的计征额，以扶植其再生产。

第六条　凡遭特殊事故，如疾病、死亡及其他意外灾害，致收入减少，生活确实困难者，得由县政府酌情减免。

第三章　免征点与税率

第七条　农业税之免征点，依下列规定：

一、绥德、延属，三边分区之免征点为每人三斗。

二、关中、陇东分区之免征点为每人四斗。

第八条　农业税于各户总收入中，扣除免征点后，一律按百分之二十三至二十五的税率比例征收。各县之税率由各该县根据具体情况与征税任务，在百分之二十三至二十五税率范围内，适当确定，呈专署及边府批准。

第四章　计算与征收

第九条　农业税暂以小米计算，以三十斤公斗为单位。

说明：

一、三十斤公斗指粮食局统一制定之现行公斗言。

二、各种收入之折合小米标准，由各县统一规定，呈专署及粮食局。

三、产麦区可以麦子计算，斗半麦子，折合小米一斗。

四、收入及税额，均算至合止，合以下四舍五入。

第十条　农业税之征收，以户为单位。以家庭实有人数，扣除免税点后计征。但一户一人者，以二人扣除免征点，一户二人者，以三人扣除免征点。

说明：

一、已与子女分居之老人，本人有收入者，按收入计征，如本人无收入，受子女轮养者，其人口计算及免征点之扣除，由其子女商定。

二、凡寄居亲友家中，且与亲友共同生活者，于寄居之家计算人口，并扣除免征点。否则，立户另计。

第十一条　雇工本人，计入雇主家中扣除免征点。两户合雇一人者，雇主各扣除半人之免征点，两户以上合雇一人者，以短工论，不扣除免征点。

第十二条　农业税之计算征收中属人属地依下列规定：

一、凡土地所有人之土地、收入均在本县者，就所在乡合并征收。

二、凡土地所有人之土地收入，散布边区境内各县者，均在各县分别立户征收。但在两县交界，未出二十里者，仍就所在县、乡征收。

三、凡土地、收入均在边区，而人在边区以外者，属地征收，并以一人计算。

第五章　组织领导

第十三条　各县（市）应以乡为单位，组织七人至九人之审查委员会，同时进行土地登记之乡可与土地登记委员会合并组织，乡长为主任委员，其他人选由农会及群众中推选或聘请公正农民充任。经区政府审查批准后成立，执行如下职务：

一、主持领导本乡各村、各户之人口、土地数量质量常年产量及其他收入等之登记评议、审查等事项；

二、关于本乡各村各户农业税之计算审查等事项；

三、负责向人民公布，向上级政府呈报土地常年产量评定及农业税征收情形，接受人民意见或上级政府指示复查或复议土地产量与税额等事项。

第十四条　各乡进行评定各户土地常年产量及其他收入时，须充分发扬民主，首先发动群众按实自报，村民公议后经审查委员会审查提出意见公布，由各村民会进行讨论。再由审查委员会根据群众意见进行调查研究，提出复审意见，二次交由群众大会讨论，最后审查委员会集中群众意见，整理材料呈报上级政府批准后，方为定案，进行征收。

第六章　附　则

第十五条　本条例经边区政府公布施行之，解释之权属边区政府。

第十六条　本条例公布后，民国三十五年颁布之农业统一累进税条例及施行细则，即行作废。

选自《陕甘宁边区政府文件选编》第十二辑，档案出版社 1991 年版，第 301～305 页。

8. 陕甘宁边区粮食市场管理规则

1949 年 4 月 14 日

第一条　凡在市镇买卖粮食均须在粮食市场进行交易。

第二条　买卖粮食概用公升公斗计量，不得私用其他升斗。

第三条　过量粮食均须摸（抹）平，不得任意高低亦不得随意抛撒粮食。

第四条　买卖除照章征收交易税百分之三外，不得少收多收或额外索取佣费。

第五条　粮价须照实际行市定价，粮店、斗行不得操纵粮价，亦不得利用其他方法乘机渔利。

第六条　粮店代征税项须于每日集收市之后，将当日实征粮食（或货币金额）具报征收机关备查，并按规定期限解交粮食，不得发生迟延不报或少报事情。

第七条　新开粮店或新雇斗行人员须向征收机关登记备案后方得开业。

第八条　买卖粮食如有违章者，悉依交易税征收办法办理，但粮店斗行如违犯上述规定之一者，轻者停业、重者除追回舞弊粮款外，人送司法机关惩办。

第九条　本规则自核准之日施行。

选自《陕甘宁边区政府文件选编》第十三辑，档案出版社1991年版，第212～213页。

互校版本：《陕甘宁边区法律法规汇编》，三秦出版社2010年版，第242页。

9. 陕甘宁边区地方粮款收支暂行办法

1949年5月1日边区政府公布

第一章　总　　则

第一条　为统一地方财政，与加强其管理，保证地方开支，以促进地方事业之发展，并防止任意摊派与滥支，及适当减轻人民负担特制定本办法。

第二条　凡划归地方之收支，悉依本办法之规定，以县为单位，统筹统支，如各县之间，收支悬殊较大者得由专署调度，分区之间收支悬殊较大者，得由行署调度。

第三条　为使财政开支与地方事业之互不影响，将边区财政与地方财政依下列规定划分之：

（一）凡公粮、公草、税收（包括畜税斗佣），公营盈利，公产收益，行政司法罚款，缴获敌伪物资，缉私没收品等，均为边区财政收入。

（二）凡附加粮款、学田、庙地，均为地方财政收入。

（三）区以上党、政、军、群众团体及分区以上举办的公立学校之供给等一切开支。由边区统筹统支。乡（村）以下脱离生产干部之生活费公杂费及属于县之各种地方事业开支，均由地方财政解决。

第二章　征收标准与办法

第四条　地方粮款，随农业税（公粮）与营业税附加征收，由各县依地方事业情况拟定数目，经县人民代表大会通过，呈送专署，经专署审核修正后汇报行署批准，转呈边府（未成立行署之专署直接呈边府批准）备案。

第五条　附征地方粮款之标准，最高不得超过农业税与营业税总额百分之二十五。

第六条　凡某村镇在群众自动要求举办某项为地方财力所不及之公益事业并呈经县府审查确实必需者，可造临时预算，送县审查，转呈专署或行署批准后由该村镇单独向群众筹募之。

第三章　开支标准与范围

第七条　地方开支标准，规定脱离生产之乡（村）干部生活费（包括吃粮伙食服装用品）每人每月陕北老区小米九十斤（包括黄龙），晋北七十二斤，晋南及其他新区六十斤（均以市秤），教职员薪米按边府规定标准，乡（村）政府及县立中小学校之公杂费，由专署根据当地具体情况规定，呈请行署批准。

第八条　地方财政开支范围依下列规定：

（一）行政费：凡乡村街镇政府之办公和杂支，与脱离生产干部之生活费及临时帮忙不脱离生产人员之开支（如征粮时聘请的帮助人员等）均属之。（二）文教费：凡完小、

县立中学；简师、村小学等教职员之薪米办公、杂支、修建设备及冬学、夜校、识字班、黑板报，民教馆等社会教育经费均属之。（三）社会事业费：凡公共卫生，革命烈军工属的救济及社会救济战勤赔偿（如支差牲口之损失）等均属之。（四）生产建设费：如奖励生产，奖励劳英，修桥补路，奖励打狼除害及小型水利与名胜古迹之补修等均属之。（五）武装费：如民兵集训，必需装备的补充，以及参战民夫之残废抚恤、埋葬等费均属之。（六）会议费：如乡（村）代表会议，乡（村）干部会议，各种群众代表会议，及教师与各种座谈会等用费均属之。（七）财务费：凡属地方粮款所用之账簿、单据，与管理地方粮款之人员生活费等均属之。（八）其他：凡不属于上述开支之临时费，或补助上述开支之不足等均属之。

第四章　预决算手续

第九条　各乡（村）开支时须由各该主管区公署向县报请审核批准，各乡（村）不得自行开支，其开支手续依下列规定：

（一）乡（村）按月向区公署具领。

（二）区公署代乡（村）向县按月造报预决算转领。

（三）县每半年向专署报告收支情形一次，全年向行署报告收支情况一次。

（四）各村有临时费用时，须事先向县造报预算，经审核后始得开支，但临时费不得超过经常费百分之五。

第十条　地方粮款除照上述规定办理手续外，必须编造年度收支概算，与年终决算，以及开支实况，按级呈报行署查核，行署于年初向边府报告一次，年终总结报告一次。

第五章　管理与职权

第十一条　地方粮款由县经管，地方粮与公粮必须分仓保管。

第十二条　由各县组织地方财政管理委员会，掌管地方粮款之开支，凡规定有标准者，由委员会批发，标准以外者，得呈请专署核批。

第十三条　凡属地方开支，不得挪用公粮，但边区财政亦不得挪用地方粮款。

第六章　附　则

第十四条　本办法修改与解释之权，属于边区政府，如有未尽事宜，以命令行之。

第十五条　本办法公布后，各地方所称之附加粮或村粮，均一律改称地方粮。

第十六条　本办法自公布之日施行。

选自《陕甘宁革命根据地史料选辑》第三辑，甘肃人民出版社1983年版，第373～377页。

互校版本：

1.《陕甘宁边区政府文件选编》第十三辑，档案出版社1991年版，第280～283页。原注：“原载《陕甘宁边区财政法令汇编》”。

2.《陕甘宁边区法律法规汇编》，三秦出版社2010年版，第339～340页。

10. 陕甘宁边区政府关于复查评产工作指示

1949年5月5日

各行署主任、专员、县（市）长：

一、去年，在边区已完成土地改革的地区，大部分开始实行了按通产比例征收农业税的负担政策，获得大多数农民的拥护，并因之激励了生产发家的情绪，造成推动生产运动的良好条件之一，这是一个很大的成绩。但各地对农业税政策的认识和执行程度是很不一致的，陕甘宁比较做得好的地区只是少数，多数地区工作很差，发生了地亩不实，评产不确，税率悬殊，减免不一等问题，以致农业税政策未能贯彻执行，造成负担不公的现象。其中，最主要的问题是多数地区的土地通产和土地数量评的较低，较少部分甚至集体压地，或按公粮任务按家庭成分评产。少数地区的产量也有评的略高现象。各地对此问题未加及时注意纠正，以致许多地区为了完成任务，就随意变更税率，最低者仅百分之八，高者有达百分之五十，少数甚至按各户成分订税率，或不要税率，按地摊粮，完全违背了农业税条例的精神。产生这些问题的原因，除干部弱，时间短，去冬任务较多，以及对这一工作缺乏经验等客观原因外，主要是：甲、干部思想还没有搞通，对政策的认识不清楚，有的觉得政策变得太快，多年来“抓大头”“打快牛”的思想和方法一下改不过来，很多村乡干部，还有浓厚的狭隘的地方主义和个人主义思想，怕自己村乡评实吃亏，想当“青天”，落好名声，因而互相包庇有意地压低土地产量、数量；乙、工作作风上，强迫命令，包办代替的“老一套”依然存在，广大群众还未普遍发动起来，因而讲价还价，冒估冒评，或硬套上级规定的一般产量标准等情形，程度不同地在多数地区曾普遍发生；丙、各级领导上对这一重要政策的贯彻缺乏深刻研究及具体检查、指导，及时解决问题，纠正偏向，工作中的盲目性，被动性很大，致工作走了很多弯路，影响了政策的贯彻执行与任务的顺利完成。

二、为了贯彻执行这个政策，克服并解决去年农业税工作中的偏向及存在的问题，就必须首先纠正上述干部思想中的各种错误认识，并使所有干部切实懂得农业税政策的基本精神及其重要性。一切土改已经完成的地区在相当时期内，必须实行这个负担政策，才能进一步激励农民生产发家情绪，在土改后的有利条件与基础上提高生产力，恢复与发展经济，更有力的支援前线。正确评定土地数量和常年产量是贯彻这个政策的基本关键，去年的经验已完全证明：凡是能抓住这环节，采取发动群众，自报公议，互比互评的方针，各县领导上事先研究分析了各个地区土地与产量的情况，提出初步通产标准，并及时加以巡回检查、督导，使评产工作做好的地区，负担也大体达到了合理公平，为广大群众所拥护，反之，则问题很多，效果很差。因之我们必须很好的总结这些经验，好的加以发挥，错误不再重犯，在去年评产的基础上，加上干部与群众已有了初步评产工作的经验，这个条件我们有可能在今年秋征前完成评产工作，并且必须争取完成，以给秋征工作打好基础，使今年的公粮负担进一步做到公平合理。

三、为求达到这个目的，除晋西北晋南由各该行署拟定具体计划执行外，陕甘宁区本

府于二月间曾召集各专员商讨，计划采取如下步骤：

甲、春耕期间，评产工作必须暂时停止，但各专署、各县政府仍应指定专人，将全部评产材料加以初步研究整理，一面注意取得工作中的经验教训，一面大体分清各县、区，乡评产工作做的程度，个别搞不清楚的地区，应有计划地交给下乡指导春耕工作的同志顺便了解，各县务要掌握所属区乡的真实情况，以便春耕完了，具体布置工作。

乙、春耕结束后，各分区召开县长会议，总结春耕时，同时应根据各地初步研究材料，具体分析各县评产的程度，并提出全分区各县各类土地的亩数及常年产量等初步标准，推算或估计收入不足或仅是免征点的户数比例（每人以五市斗小米计——每市斗称十六斤）和他们占有的土地数量，以及需要减征的户数及粮数的大致比例等材料，送呈行署或边府审核同意后，作为各地评产的初步标准。

丙、春耕后至夏收以前，依据干部力量及其他条件在产麦地区及评产较确地区进行复查复评工作，秋收后至秋征前，各地普遍进行复查、复评，重点须放在未经评产不实地区。评产结束，必须逐级负责审查，经行署核准后，方为定案，填发土地登记证。

四、为努力争取完成这一任务，春耕后或夏收后必须动员一切可能参加这一工作的干部，全力进行，下乡前并分别集中，加以短期训练，充分讲明政策条例，介绍去年经验，使每个干部都切实领会政策精神及工作方法。工作开始后，各分区，各县必须随派得力干部进行巡回督导、检查，随时交流经验，纠正错误，发扬成绩，并随时给上级作报告，以便予以切合时宜的指示。

五、各地应在评产工作中，切实注意建立正确的数字统计工作。乡、区，县必须分别填好统一印制的表格（表格式样由边府统一印发）分别存查及统计确实转报上级政府，以后如有变化，随时逐级报告变更。这样就可避免以往各地数字统计不一致及区乡政府无存根，经常进行调查之杂乱繁复现象。因此各级政府必须认真做好这一工作，以便掌握基本情况的确切统计，对于今后工作是有很大的好处的。

选自《陕甘宁革命根据地史料选辑》第三辑，甘肃人民出版社 1983 年版，第 381～384 页。

互校版本：《陕甘宁边区政府文件选编》第十三辑，档案出版社 1991 年版，第 295～297 页。

11. 陕甘宁边区粮秣支付暂行办法

1949 年 5 月 20 日边区政府修正公布

一、粮秣支付手续

（一）粮秣支付以边区粮食局及各行署粮食局制印之支粮证支草证（简称支粮草证），及粮票，料票，草票（简称粮料草票），为法定手续。

（二）所有机关部队领取粮草时，必须造具预算，经西北财经委员会审计处核准后，

向边区粮食局领支粮手续，至指定地点，凭证领取粮草。

（三）行署粮食局及各专署二科（指未成立行署的专署），如无边区粮食局支付手续，不得擅自支取粮草。各县二科如无边区或行署粮食局及专署二科支付手续，不得擅自支取粮草。各仓库、草站如无直属县二科或边区及行署粮食局及专署二科之正式手续，不得支付粮草，但遇有特殊情况，各行署粮食局，专署、县二科可依下列规定处理。

甲、各单位预算未按时批下以前，可给其预借应预算额二分之一的粮草，预算批回后，即行扣还。

乙、遇有军事行动，大批人马过往，因路远时短不及办理合法支付手续时，可按实有人马及规定标准借支，并取得各该单位之正式借据即转边区粮食局转账。

二、支粮草证之使用

（一）支粮草证为后方机关部队，学校领取粮草之主要手续，由各单位按季月根据核准预算向边区粮食局领取。

（二）支粮草证由边区粮食局统一支拨各行署粮食局及专署二科，行署粮食局与专署二科分别支拨所属各县二科，县二科直接拨到各仓库，草站支取。但在必要情况下边区及行署粮食局，专署二科亦可向各县仓库草站支取粮草，逐级报账。

（三）支粮草证必须经领取机关及经领人盖章，遵照指定仓库限期领取粮草，凡漏章，涂改以及过期者，一律作废。

（四）支粮草证绝对不准买卖，违者严加惩处。但经边区及行署粮食局批准者，不在此限。

三、粮料草票之使用

（一）军用粮料草票专供野战兵团，地方部队（执行一定军事任务期间），游击队，边缘区武工人员使用，旅途粮票供后方机关，部队，学校人员旅途使用，由边区及行署粮食局根据各单位预算及工作需要情形，酌情发给。

（二）粮料草票只准就地兑换粮草吃用，除经粮食局野勤供给部特许者外，绝对不准兑粮带走或出卖。

（三）粮料草票每年更换一次，新票发出后，旧票即一律限期交回，停止使用，过期未缴者作废。

（四）粮料草票绝对不准买卖、伪造或作货币流通，亦不得作补助救济之用，违者依法惩处，凡经涂改批写，挖补及票额辨认不清者，一律作废。

（五）陕甘宁边区粮食局及晋西北晋南行署粮食局分制之旅途小额粮料草票，准予互相通用，大额者不准通用（因军事需要者不在此限）。

四、报账制度

（一）各行署粮食局按季向边区粮食局报告粮草收支一次，各专署二科，县二科，各仓库，草站应按月清结粮秣收支账项，分别向其直属上级报告。

（二）各级政府所收集之粮料草票须分别整理，逐级按时解交，兹规定村十天，乡半月，区二十天，县一月，专署一季分别向其直属上级粮食管理部门解交一次，各仓库，草站，兵站，每月向直属上级解交一次。

（三）各村收集农户确系供给过往人马食用所得之粮料草票，必须登记花户帐（账），

在夏征或秋征时扣抵公粮，并须逐级呈报审核，但农户确实贫苦无法等到夏秋征时，由乡（村）政府介绍，经区署审核，仓库兑给现粮。

选自《陕甘宁革命根据地史料选辑》第三辑，甘肃人民出版社1983年版，第385～387页。

互校版本：

1.《陕甘宁边区政府文件选编》第十三辑，档案出版社1991年版，第368～370页。

2.《陕甘宁边区法律法规汇编》，三秦出版社2010年版，第243～244页。

12. 陕甘宁边区仓库管理暂行办法

1949年5月20日边区政府修正公布

第一章 总 则

第一条 为掌握粮草保证供给，减少损耗，克服浪费，特制定本办法。

第二条 所有仓库统归边区粮食局管理，为加强领导，得责成各行署财政处粮食局和专署二科及县政府二科直接领导管理该区内之仓库工作。

第三条 仓库之设立或裁撤，须由边区粮食局呈请边区政府批准后实行。

第四条 凡边区每年征收之公粮公草，除因战争环境分散民间保存者外，悉交仓库保管。

第五条 各级政府对所属境内之仓库工作及公粮公草须负监督保护之责，但无动用挪借之权。

第二章 管理程序

第六条 凡粮草入仓时，乡政府应发给纳粮草户“交公粮草证”，将实交粮草数填入证内，持证送交仓库换取农业税（公粮草证）收据，农业税收据，须经仓库主任核对盖章，始为有效，如发生涂改或无仓库印记者，一概无效。

第七条 群众送交仓库之粮草须经检查，凡粮食颗粒饱满干净，草干纯净者，分别过斗过秤归仓入站，如粮食粗糙拌水，掺沙，陈腐，颗秕，虫蛀，草潮湿带土，腐坏者，拒绝接收，解释更换重送。顽抗不听者，报告当地政府处理。

第八条 公粮公草统由仓库收存（边沿区，游击区例外），机关、部队未经边区粮食局批准者，不得拦挡接收。

第九条 为节省群众运输及调剂供给，征收粮草时，由边区粮食局呈请经边区政府批准，得在指定地区折收部分代金或代征实物（如棉，布等）。

第十条 仓库收支粮草，统一使用市斗市秤。

第十一条 仓库人员须谨守仓库，不得擅离职守，有要事请假时，须呈请直属上级批准，并有人代替方得离开。

第十二条 仓库人员须经常检查所存粮草，防止偷盗，潮湿，发热，霉沤，生虫，雀

食，鼠盗，漏水，抛撒和风雨侵蚀等情事，业已发生者，除自行设法补救外，并应立即报告直属上级处理。

第十三条　仓库较大之修补，应根据收粮数量于征粮前编造预算，经县府审核汇编送专署二科转呈行署财政处审核批准后雇工修理，但各行署财政处应汇编决算向财政厅报销（行署未成立地区，由专署二科汇编各县仓库预决算直送边区粮食局核发），平时之塞鼠洞，补泥墙，挖水沟为业务之一。须自己动手修补，不得雇用人工。

第十四条　凡过斗过秤抛撒之粮草，不得遗弃或送人，须打扫归仓入站。

第十五条　仓库人员支付粮草，必须凭有边区粮食局，行署财政处粮食局专署二科及县政府二科之支粮草证或边区粮食局与行署制印之小型旅途粮料草票（支粮草证与粮草票使用办法另行规定），方予支付粮草，如无以上手续，不论任何机关部队，一概拒绝支付。

第十六条　各仓库粮草收支，在收粮期间，应五天向直属上级报告一次，平时每十天报告一次，一月结账一次。临时发生的问题随时报告。

第三章　沿边区游击区粮食管理制度

第十七条　非巩固区征收之公粮公草，以行政村或自然村为单位，选择适当地点集中保管，遇情况紧张时，立即组织群众疏散或埋藏，每地集中数量不宜太多。

第十八条　粮草疏散对象，须由乡村长负责选择忠实可靠正派农民保管，并取得收据详细记账。各种单据账簿须谨慎保存，不得遗失，情况恶劣时，须协商地方政府派武装掩护疏散。

第十九条　粮草交由群众保存期间，各级组织应加强教育群众妥为保管，并经常检查，防止久埋霉坏或被敌人抢劫，环境好转仍应集中保管，以便供给。

第二十条　小型仓库或群众分散保管之粮食，统由分区二科或县二科统一掌握，分拨转运，调度，任何机关，部队，团体无合法手续，不得动用。

第二十一条　在粮食小型集中或由群众分散保管地区，应以行政村为单位建立花户账，记清粮草收支账项，各村长或招待员收集过住人员之粮票，应即时送交行政村立户登账，取得收据，以抵交群众保管之疏散粮或集中保管之公粮。

第二十二条　不论集中仓库保管或由群众代管之粮草，其粮损耗均不得超过千分之五，其草损耗均不得超过百分之二。

第四章　附　则

第二十三条　本办法由边区政府公布施行。

第二十四条　本办法公布后，所有以前公布之仓库与草站管理办法作废。

选自《陕甘宁革命根据地史料选辑》第三辑，甘肃人民出版社1983年版，第388～391页。

互校版本：

1.《陕甘宁边区政府文件选编》第十三辑，档案出版社1991年版，第365～367页。

2.《陕甘宁边区法律法规汇编》，三秦出版社2010年版，第245～246页。

13. 陕甘宁边区新区征收公粮暂行办法

1949年6月24日①

第一章　总　则

第一条　本办法依保证革命粮秣供给，并使人民负担合理公平及照顾发展生产之原则制定之。

第二条　凡土地之收入（包括地租收入及土地各种产物）一律征收收益税，地主富农之土地，并征收土地税，统称公粮，二者分别计算，合并累进征收，由土地收入所得人及土地所有人缴纳之。

第三条　公粮征收额在一般地区以不超过该地区农业总收入百分之十五为原则，土地产量特丰地区（每亩通产在两市石以上者）以不超过百分之二十为原则。

第四条　凡经政府特许免税者免纳公粮。

第二章　计算与征收标准

第五条　土地收益税以土地实收益计算，地主富农出租土地之土地税，以其租额二分之一计算，自耕或雇人耕种之土地税，以其实产量十分之一计算。

说明：收益税与土地税按本条规定办法计算后，依第九条规定征收比例征收之。

第六条　计算与征收之属人属地依下列规定：

一、凡土地所有人及其收入均在本县者，以所在乡（村）合并统一征收。

二、凡家在本县而土地分散在外县者，分别在土地所在乡（村）按一人计算征收。

三、凡一户居住两地者，均按两户计算征收。

第七条　公粮以人计算，以户征收，人口计算以下列规定：

一、全家人口不论男女老幼，皆以实有人数计。

二、一户一人者以二人计。

三、革命烈士、军人、及家庭贫苦之工作人员，本人均计算在其家庭人口内。

四、雇工除于本人家庭人口中计算外，并得在雇主家庭人口中计算之，两户合雇一人者，各计一半，两户以上合雇一人者，以短工论，不计人口。

第八条　公粮之计算与征收，一律按市斗市秤计，产米为主地区以米计，产麦为主地区以麦计。

第九条　凡产麦区每人平均不足十四市斗麦子，产米区不足八市斗大米（或小米）者免征，每人平均十四市斗麦子（八市斗大米或小米）以上者，按下列累进征收比例征收之，凡收入超过一百四十市斗以上者，统以百分之四十征收。

本条举例说明如下：

某甲为地主，五口人，土地二百亩，自种一百亩，收麦一百石，出租一百亩，收租三十石，其土地税按出租部分租额二分之一（即十五石）与自耕土地实产量十分之一（即十

① “甘肃史料版”标作“6月30日”，“档案文件版”附有1949年6月24日颁发的命令。

石）计算，共二十五石。收益税按土地实收入（即自耕收入一百石，地租收入三十石），计算共一百三十石，二者合并共为一百五十五石，平均每人收三十一石按征收比例规定，应以最高税率百分之四十计征，应出公粮六十二石。

某乙为中农，五口人，耕种土地三十亩，收麦三十石，平均每人收六石，按征收比例规定，应以百分之十一征收益税计三石三斗。

（征收比例表附后）

第三章　征收办法

第十条　公粮每年征收一次，夏收为主地区，以夏征为主，秋收为主地区，以秋征为主。

第十一条　各地于征公粮时，得由行署（或专署）在最高不超过公粮五分之一的范围，附征地方粮，但须先呈边区政府批准。

第十二条　各地征收公粮时，并得附征公草，公草数额由边区政府以命令行之。

第十三条　各县征粮时，应以乡（或村）为单位，在雇、贫、中农中推选若干公正农民组织评议会或征粮委员会，主持进行征粮，经深入发动群众，充分发扬民主，由村民反复讨论，评定每户收成及应征粮数。各村并得派选代表参加乡评议会或征粮委员会，共同研究分配，并审定各村公粮负担，以达全乡负担公平。

第十四条　各县政府应依据当地情况，拟定粮草集中与保管计划，督促群众缴纳，限期完成。交纳公粮户，应由政府或仓库开给正式收据，收据由行署（或专署）统一印发。

第四章　附　则

第十五条　征粮中有下列显著成绩者，应分别予以口头、登报、或政府传令嘉奖等办法奖励之：

一、实报土地，交纳好粮，且迅速踊跃者。

二、评议人员积极负责，办事认真，使负担达公平合理者。

三、干部对征粮积极负责、办事认真及遵守粮秣制度而有显著成绩者。

第十六条　凡违反本办法，有以下错误情事者，得分别予以批评或其他适当处分：

一、隐瞒土地及收入，抗拒交粮，或故意缴纳坏粮者。

二、评议人员或干部对征粮工作敷衍塞责，营私舞弊及手续不清者。

三、收粮人员对粮食保管不负责任，致使损坏或浪费者。

第十七条　本办法所规定之起征点，在产数较低地区，影响征粮任务完成者，得呈经边区政府批准，适当降低。

第十八条　本办法自公布日起施行。

附：征收比例表

每人平均麦（市斗）	（征收比例%）	每人平均米（市斗）
14 市斗以上	3	8 市斗以上
20 市斗以上	4	12 市斗以上
26 市斗以上	5	16 市斗以上
32 市斗以上	6	20 市斗以上

续前表

每人平均麦（市斗）	（征收比例%）	每人平均米（市斗）
38市斗以上	7	24市斗以上
44市斗以上	8	28市斗以上
50市斗以上	9	32市斗以上
56市斗以上	10	36市斗以上
60市斗以上	11	39市斗以上
64市斗以上	12	42市斗以上
68市斗以上	13	45市斗以上
72市斗以上	14	48市斗以上
76市斗以上	15	51市斗以上
80市斗以上	16	54市斗以上
84市斗以上	17	57市斗以上
88市斗以上	18	60市斗以上
92市斗以上	19	62市斗以上
96市斗以上	20	64市斗以上
99市斗以上	21	66市斗以上
102市斗以上	22	68市斗以上
105市斗以上	23	70市斗以上
108市斗以上	24	72市斗以上
111市斗以上	25	74市斗以上
114市斗以上	26	76市斗以上
117市斗以上	27	77市斗以上
120市斗以上	28	78市斗以上
123市斗以上	29	79市斗以上
126市斗以上	30	80市斗以上
128市斗以上	31	81市斗以上
130市斗以上	32	82市斗以上
132市斗以上	33	83市斗以上
134市斗以上	34	84市斗以上
135市斗以上	35	85市斗以上
136市斗以上	36	86市斗以上
137市斗以上	37	87市斗以上
138市斗以上	38	88市斗以上
139市斗以上	39	89市斗以上
140市斗以上	40	90市斗以上

选自《陕甘宁革命根据地史料选辑》第三辑，甘肃人民出版社1983年版，第392～397页。

互校版本：

1.《陕甘宁边区政府文件选编》第十三辑，档案出版社1991年版，第376～381页。

2.《陕甘宁边区法律法规汇编》，三秦出版社2010年版，第341～342页。

14. 陕甘宁边区新区预借粮秣暂行办法

1949年6月30日一野政治部公布

第一章　总　　则

第一条　为保证人民解放军进入新区之粮秣供给，依合理负担，照顾生产之原则制定本办法。

第二条　人民解放军进入新区后，当地人民政府尚未建立或开始建立，公粮制度尚难实行，部队所需粮秣，除缴获敌方者外，悉依本办法分别进行预借，统一调度使用。

第二章　预借标准

第三条　凡地主、富农、佃富农，中农之全年粮食实产量，得按下列比例预借之：

地主　预借粮不超过百分之四十。

富农　预借粮不超过百分之二十五。

佃富农　预借粮不超过百分之十五。

中农　预借粮不超过百分之十。

第四条　地主、富农历年积存之粮食，在必要时酌情预借一部。

第五条　马草得以需要，随粮预借，预借比额在行军作战时期，由军统一规定，并报野供备查，休整期间，由野供统一规定。

第三章　预借办法

第六条　预借粮地区，在行军或作战期间，由各兵团或军划分就地预借，在休整期间由野供或兵团统一划分地区。

第七条　预借工作由各兵团、军、师、团组织之工作队及随军前进之地方党、政工作人员在各级政治部、供给部（处）统一领导下进行之。团以下不得预借，如干部不足时，得组织当地群众中积极分子及拥护我军之开明人士协助进行，必要时并得责令原有伪保甲人员，按我规定办法，进行预借。

第八条　进行预借粮、草时，经调查研究，初步确定预借户后，召开预借户会议，说明政策，提出预借任务，由各预借户自报，经民主公议确定预借额，限期送交指定地点。

第九条　凡征纳粮草各户，均得由部队割给正式收据，收据由野供统一规定，并由各兵团印制编号盖章，发各工作队使用。

第十条　各地粮秣预借及使用情形，得由工作队随时逐级呈报野勤，所借粮秣除供给本单位使用外，其余于移防时，得详尽移交接防部队或地方政府。野勤并应按月将上述各项情形呈报联勤并转边府备查。

第十一条　人民政府建立后，即按边府公布之新区征收公粮暂行办法，进行征收公粮，所有预借粮秣，皆得抵交公粮，其超过应征公粮数额者，得清理偿还之。

第四章　附　则

第十二条　在进行预借工作中之干部、群众，其积极负责，使负担合理，任务完成良好者，得分别予以奖励，其敷衍塞责或抗拒不交或有贪污浪费行为者，得依情节轻重，分

别予以惩处。

第十三条　本办法自公布之日施行，以前所颁发新区征借粮办法即行作废。

选自《陕甘宁革命根据地史料选辑》第三辑，甘肃人民出版社 1983 年版，第 398～400 页。

15. 陕甘宁边区政府布告
——关于征粮折收百分之十代金的规定①

1949 年 7 月

为调整财收，稳定金融，支援革命战争，并迅速恢复与发展生产，安定人民生活，特决定本年征收公粮额内，折收百分之十的代金。其具体办法，规定如下：

一、所有应纳公粮各户，皆得以其应纳粮额百分之十，折价缴纳人民币，其他任何非法货币，皆不准抵交。

二、是项代金，为便于人民准备，凡产麦为主地区，于夏征开始一月内，缴纳百分之五，第二月内，全部缴清。产小米为主地区，于秋征开始一月内，缴纳百分之五，第二月内，全部缴清。

三、粮食代金折价，由各专署依所辖各县征粮时粮价（征麦地区以麦价计，征米地区以米价计），分期统一规定。在缴纳代金期内，无论粮价涨落与否，不再变动。

四、粮食代金，统由应纳公粮各户，向指定区乡政府或仓库在限定期内缴纳，不得无故推诿、迟误。

上述各项，仰即早作准备，切实遵守。如有乘机取巧，从中渔利或破坏捣乱，造谣惑众者，一经查获，定予严惩！

此布。

选自《陕甘宁革命根据地史料选辑》第三辑，甘肃人民出版社 1983 年版，第 429 页。

16. 陕甘宁边区农业税暂行条例

1949 年 7 月 22 日颁行

第一章　总　则

第一条　本条例根据土地改革后之农村经济状况，依发展生产，保证革命战争供给，并使农民负担合理固定之原则制定之。

第二条　凡有农业收入之土地，不论公私经营均于扣除一定数量之免征点后，以一定

① 副标题是编者所加。

比例征收农业税。非农业收入之土地（包括房院、地基、林牧地、荒地、道路、坟地等）及农家副业收入，不征农业税。

第三条　农业税由土地所有人缴纳，但典当土地之农业税，由承典承当人缴纳，租佃土地之农业税，由主佃双方负担（负担办法由双方自行商定）并由土地所有人负缴纳之责。

第四条　凡经政府特许免税或减免之土地，得免征或减征农业税。

第二章　计算标准

第五条　农业税之计算与征收，一律使用市斗市秤，产米地区以米计，产麦地区以麦计。

第六条　农业税一律依土地常年产量为征收标准。凡因改良土质及作物方法收获量超过常年产量者，其超过部分不计征，因怠于耕作，收获量低于评定之常年产量者，仍依常年产量计征。

所称土地常年产量，系指各种耕地，以当地主要谷作物平常年成之产量言。产米为主地区，一律折米计算，产麦为主地区，一律折麦计算。

第七条　藕池、竹地、苇地等有一定收入之土地，按其常年出产量，折粮计征；果木园，按土地谷作物常年产量计征。

第三章　免征点

第八条　凡依靠农业收入为生活来源者，其家庭人口，不分男女老幼，均依下列规定，扣除免征点：

一、产米地区，每人扣除六市斗小米。

二、产麦地区，每人扣除九市斗麦子。

第九条　下列人员免征点之扣除，依下列规定：

一、革命烈士、革命军人、及革命工作人员，均在其本人家庭中扣除之。

二、受子女轮养生活者，由轮养者商定扣除之。

三、常年寄居亲友家中者，在寄居家庭中扣除之。

四、雇工（长工）除在本人家中扣除外，并在雇主家中扣除之。两户合雇一人者，各扣除半个免征点，两户以上合雇一人者，以短工论，不扣除免征点。

第十条　机关、部队、学校、工厂及群众团体所经营之土地，按当地农民平均占有土地量，计算扣除免征点之人口（如某机关耕地三十亩，当地农民每人平均种地五亩，则该机关应扣除六人之免征点），依第七条规定扣除免征点。

第十一条　有下列情形之一者，不扣除免征点：

一、常年在外，其生活不由家庭供给者。

二、土地分散数处，免征点已在他处扣除者。

第十二条　兼营工商业或其他事业者，征收农业税时，其家庭靠工商业或其他事业为生之人口，不扣除免征点，靠农业为生之人口，扣除其免征点，均由群众根据农业工商业及其他事业之收入状况评定之。

第十三条　凡贫苦之烈军工属及丧失或缺乏劳动力之退伍人员，鳏、寡、孤、独与新分得土地之贫苦农民，生活困难者，经群众评定，乡政府审核，呈县政府批准后，得酌情

提高其免征点，但免征点一般最高不得超过小米八市斗或麦子十二市斗。

第四章　征收与减征

第十四条　农业税之征收，于扣除免征点后，按百分之二十至二十三的税率征收（即每市斗征收细粮二升至二升三合），各县税率，由行署或专署依据当地具体情况（人口、土地、产量等）在不低于百分之二十与不超过百分之二十三的范围内规定，呈请边区政府批准。

第十五条　地方粮得由各县政府在不超过农业税额五分之一的范围内，呈经行署批准，并转报边区政府备案后附征之（未成立行署之地区，由专署直接呈边区政府批准）。

第十六条　农业税每年征收一次，分夏秋两季缴纳。无夏收或秋收之地区，得于夏季或秋季一次缴纳。

第十七条　农业税除征粮食外，并依需要折征现款、布匹、棉花等实物，由边区政府以命令行之。

第十八条　征收农业税时，并得附征公草，其数额由边区政府以命令行之。

第十九条　凡因遭受水、旱、虫、冻等天灾，或其他灾害，致收成特别减少地区，得分别予以减征或免征；其属全县范围者，得由该县政府详具灾情及减免意见呈行署（或专署）转呈边府核准；其属区以下范围者，呈行署（或专署）核准，并呈报边府备案。

第五章　组织领导

第二十条　各县（市）应以乡（村）为单位，组织七至九人之农业税征收委员会，乡（村）长为主任委员，其他人选由农会及群众中推选或聘请公正农民充任，经区政府审查批准，执行如下任务：

一、主持领导本乡（村）各户之人口、土地数量及常年产量之登记、评议、审查等事项。

二、关于本乡（村）各村各户农业税之计算、审查等事项。

三、负责向人民公布，向上级呈报人口，土地数量，常年数量及农业税征收情况。

四、接受人民意见，或上级政府指示，复查复议土地数量、产量与征收额等事项。

第二十一条　各乡进行评定各户土地数量及常年产量时，须充分发扬民主，首先发动群众按实自报，村民公议，经征收委员会审查后，提出意见公布，由村民进行讨论，再由征收委员会根据群众意见，调查研究，提出复查意见，二次由群众大会讨论，再经征收委员会集中多数群众意见作最后决定，列榜公布。

第二十二条　全乡（村）各户人口、土地、产量经调查评议后，乡（村）政府应会同征收委员会缮写农业税登记清册两份，一份存乡（村）政府，一份呈县政府审核。

第二十三条　县政府对所属各乡（村）呈报农业税清册所列各项，经审查后，如认为有不确实处，得指示重新评议，如认为已经确实，应缮写该县农业税清册呈行署（或专署）审核，转呈边区政府核准后，该县常年产量即行固定。

第六章　附　则

第二十四条　本条例适用于土改完成地区，该地区前此所颁布之农业税条例及其他农业负担办法一律作废。

第二十五条　本条例经边区政府公布施行，解释之权属边区政府。

选自《陕甘宁革命根据地史料选辑》第三辑，甘肃人民出版社1983年版，第416～420页。

互校版本：《陕甘宁边区政府文件选编》第十三辑，档案出版社1991年版，第426～430页。

17. 陕甘宁边区政府命令——关于新区征粮办法①

1949年7月30日

各行署主任、各专员、县（市）长、西安市市长：

一、为保证革命战争之粮秣供给，晋南、黄龙、咸阳、三原、大荔、渭南、宝鸡、邠县等分区及西安市郊各区，应即开始征收本年度公粮，按照战争需要及各地人口、土地、产量等状况，依一般地区征收额不超过农业总收入百分之十五，产量特丰地区不超过百分之二十之原则，并照顾今年麦产歉收及某些地区遭胡马匪军破坏等情况，决定各地应征粮额如后（见附表）。各专员应即按此任务，根据所辖各县具体情况，经周密研究，适当分配，迅即布置征收。

二、此项粮食征收，于九月中旬以前完成百分之七十，秋收后完成百分三十。凡已经过土改地区，悉依边府颁发之农业税条例征收，未经土改地区，悉依新区征收公粮暂行办法征收。负担面一般应达农村户口百分之八十左右，严防撇开条例，冒摊冒派，无原则的缩小负担面，或不论收入，平均摊派等违背政策的思想作风。对于因天灾或被胡马匪军严重破坏之农户，得按实际情况，酌情减免。

各地具体进行征粮工作时，必须贯彻群众路线，充分发扬民主，用自报公议方法，正确评定各户土地产量，按照条例规定办法征收，确实做到负担公平合理，防止包办代替，强迫命令的作风。在征粮过程中，并应注意发动群众，进行反特务、反不公、反恶霸斗争，打击与镇压破坏分子。同时在征粮运动中，注意选拔群众中积极分子参加乡村政权工作；以建立人民政权之下层基础。新解放地区，区乡干部不够用时，可选择保甲人员中无重大恶迹者，参加征粮工作，但必须严防其强迫命令，平均摊派，以及徇私舞弊等情事发生。各专署、县政府应派得力干部随时下乡巡回督导检查，使征粮工作按时顺利完成。

三、为稳定金融，提高本币信用，各地皆得依本府解字第一三号布告在应征粮额中，折收百分之十的代金，粮价由各县按征粮时麦价规定，呈专署批准，于征粮时间向群众公布。所收代金，非经批准，不得动用。

四、为鼓励植棉，决定产棉地区折收部分棉花，黄龙、宝鸡、邠县各收公粮总额的百分之五，大荔收百分之十，晋南收百分之十五，渭南收百分之二十，三原、咸阳各收百分之二十五，棉田产量以麦田通产计，棉麦比价，以征粮时当地市价计，一般地区于秋季征收，群众如有愿在夏季缴纳者，亦可折收部分。所收棉花，必须经打包后，妥为保存。

五、征粮前所借群众之粮食，一律清理归还，其借中贫农者，本年一次归还，其借地

① 副标题为编者所加，原件无副标题，“档案文件版”标作“关于征收本年度公粮”。

富粮食较多者，分今明两年归还（大荔、三原去年敌我均未征粮地区，本年三月前之借粮，一律抵作去年公粮，不再归还，其有负担不公者，适当调整之）。

六、出租土地之收入，在未进行减租地区，以原租额计算，个别经减租地区，以减租后租额计算。农村中不论地富或农民之放债收入及农家副业收入，不征公粮，将来如有必要时，征收所得税，办法另定之。

七、庙田、祠堂田、教会田均按其经理人口计算征粮。以服务社会，改进农业为目的之农场免征公粮，以营利为目的者，按条例征收，其对农业有某些改进作用者，得酌予减征。学田暂不征粮。

八、公粮征收在产麦地区者，皆以麦计算，在产谷地区者，皆以米计算（各种粮食折合率财厅另行通知），征麦每斗附征麦草八斤，征米每斗附征谷草十斤，公粮公草一律以市斗市秤计。

以上各项希即遵照执行，并将执行情形，随时报告本府是要！

选自《陕甘宁革命根据地史料选辑》第三辑，甘肃人民出版社 1983 年版，第 421～423 页。

互校版本：《陕甘宁边区政府文件选编》第十三辑，档案出版社 1991 年版，第 450～451 页。

18. 陕甘宁边区政府指示——征粮工作应注意的问题①

1949 年 8 月 30 日

各行署主任、各专员、县（市）长、西安市市长：

关于本年度征粮工作，本府曾先后颁布新区征收公粮暂行办法及征粮命令，责成各地认真执行，按期完成任务。近据反映，各地因土质产量不一，很难按统一比例进行征收，多数请求改变累进率，少数并要求减少任务，为确保战争粮秣供给，并使群众负担公平合理，迅速恢复与发展生产，兹特将征粮工作应注意问题，补充指示如下；

一、征粮任务能否在公平合理的负担政策下，顺利完成任务，基本关键在于认真发动群众，充分发扬民主，正确评定土地数量及产量。各地对此问题虽引起注意，但迄未普遍贯彻，表现各部分地区强调客观困难，喊叫任务太重，但缺乏深入群众，放手发动群众，认真搞实土地产量，并加周密研究，反映真实情况，部分地区长时期停在干部会议上，没有及时到达农村，作实地调查研究，典型示范，推动一般，凭估计办事。此种现象应即迅加纠正，切实面向乡村，抓住发动群众为做好评议的环节，使征粮工作，迅速广泛地健全开展。

二、在土地、产量调查评议确实的情况下，按边府颁布缴粮办法所规定的征收比例，不能完成任务时，各地得根据征粮办法第三条规定的征收原则，并在贫农阶层负担额平均

① 副标题为编者所加。

不超过总收入百分之八，一般在百分之三至百分之十间，中农阶层平均不超过百分之二十（一般中农在百分之十一至二十间，富裕中农在百分之二十至三十间），地富阶层之土地税外，不超过百分之四十的负担原则下，适当变更税率。变更的范围是：（甲）缩小累进额（如原累进率六斗累进者，可改为五斗、四斗累进等）。（乙）提高起征率（如原起征率为百分之三，可提高为百分之四、五等，但最高不超过百分之五）。（丙）产量过低地区，可适当降低起征点。此项税率之变更，必须根据切实可靠之调查材料，经周密研究，由各县提出，呈专署批准后，方可实行。并须向全体干部与群众说明变更的目的在使结合实际情况，贯彻负担政策，而不是变更负担政策，严防乱改条例，或乱征冒收的倾向。

三、家庭人口很少之贫苦农民及家庭贫困靠土地收入补助生活之自由职业者、小商贩、手工业者，其土地收入，按人口平均计算，可能负担过重者，得经群众民主评议，酌情照顾。

各地接此指示后，希即认真讨论执行，并将执行情况，随时报告本府是要！

此致

敬礼！

选自《陕甘宁革命根据地史料选辑》第三辑，甘肃人民出版社 1983 年版，第 444～445 页。

互校版本：《陕甘宁边区政府文件选编》第十四辑，档案出版社 1991 年版，第 63～64 页。副标题为“关于征粮工作应注意问题的补充指示”。

八、经济管理

1. 陕甘宁边区修正物资管理暂行规章

1945年10月10日

第一条　本规章修正三十四年四月公布之物资管理暂行规章制定之。

第二条　依据边区目前情况之需要，将边产及外来物资分为准许出、入与禁止出、入境两种。准许出入境者，依税务章程办理登记纳税手续，禁止出入境者，依本规章办理之。

第三条　凡禁止出入境物资，如无专署或贸易公司之证明文件，或未经税务局批准者，一概不得运出或运入，禁止出入物资见附表。

第四条　凡违反第三条之规定者，由主管机关分别情形处理，处理办法另订之。

第五条　不论公私行栈，有包庇偷运或销售禁止出入境物资情事者，一律处以货价百分之五至百分之十的罚金。

第六条　物资之没收权属边区政府及专署，必要时各专署得指定县（市）政府或县（市）税务局代为处理没收事宜，非指定者不得进行没收。

第七条　县以下各级政府及其他机关、团体，军队，除受税务局委托者外，一概不得擅自检查货物；既受委托之检查机关团体、军队，如查获违禁物资时，一律送交税务机关处理（如属于没收者，则由税务机关送专署，或专署指定之税局与县府决定，如涉及司法范围者，人送司法机关办理）。

第八条　凡专署指定之代理没收机关没收之物品，统送该分区税务分局保管，由该分局按季商请专署处理。如没收品中有可以出境销售者，则按市价五折售与贸易公司运出销售，不能运出销售者，则委托贸易公司限期拍卖，卖得之款，除扣去用费奖金外，其余以半数归地方作为补助经费，半数交税务分局解交金库。

第九条　本规章如有修改之必要时，由财政厅与贸易公司，随时呈报边区政府批准修正之。

第十条　本规章自财政厅公布之日施行。

选自《陕甘宁革命根据地工商税收史料选编》第五册（1944—1945 年），陕甘宁革命根据地工商税史编写组、陕西省档案馆编印，陕西人民出版社 1987 年版，第 534～535 页。

2. 陕甘宁边区修正物资管理暂行规章执行办法

1945 年 10 月 10 日

第一条　本办法系根据陕甘宁边区修正物资管理暂行规章第四条之规定制定之。

第二条　凡报运禁入物资过境或报请过境税率低于入境税率之物资过境时，均须取保，保证过境。其办法如下：

一、在入境第一税务机关填具保证过境之保结，并缴纳过境税，取得过境证票后，方可运行。

二、在到达指定之出境税务机关报验，货票相符者，由出境局所在保单上加盖戳记，注明“货票无讹”字样，交商寄回原发票局所销保。

第三条　凡运输禁止出入境之物资合于下列情况者，一律责令退回（责令退回之禁入物资尽可能盖以“责令退回”之章记）。

（一）报请运输禁出物资出境者；

（二）报请禁入物资入境，而不愿转为过境，或不能具保过境者。

第四条　凡运输保证过境物资合于下列情况者，一律处以该货市价半倍至一倍之罚金。

（一）中途私售保证过境物资者；

（二）保证过境之物资，过期一个半月（最高限额），回单尚未寄回者，罚金按全部保证之货物计算由保人负担；

（三）保证过境物资，在出境时货票不符者（按所少之货处罚）；

（四）此罚款中得依税务规程所规定提取百分之十至三十作为奖金，其分配办法按各单行命令执行。

第五条　凡运输禁止出入之货物，合于下列情况者，一律没收。

（一）屡运禁出物资出境有据者；

（二）私运棉花粮食出境者；

（三）私运禁入物资入境者。

第六条　没收品之处理如下：

（一）凡受委托没收权之县（市）政府及税局，将没收之没收品均须按月送交该管税务分局保管，由分局按季商请专署处理。

（二）凡受有委托没收权之县（市）政府及税局，将该案判明并宣布没收后，均须填写财政厅印发之正式收据，给予货主。

如没收违禁物品，未给正式收据时，原货主或运货人有权拒绝没收，或向其上级机关控诉。

（三）没收之违禁物品，得按其总值提出百分之二十（粮食、棉花、外来纸烟、迷信品，提百分之三十），作为奖金，由政府发给缉私出力人员，税务人员缉获者，其应得奖金领回后，全部解交金库。

（四）没收之违禁物品，非经专署批准，不得退还，凡有私自放走或随便退还应没收之物品者，概以贪污论处。

（五）被没收之物主或运货人，对货物没收之处理不服对，自没收之日起，可于半月内提起上诉。

第七条　没收奖金分配如下：

（一）密报人得奖金百分之五十。

（二）办案人得奖金百分之五十。

（三）如有协助人，则协助人与办案人，均分百分之五十。

（四）如无密报人，则密报应得之数统归办案人。

第八条　凡运输禁止入境物资，在未越过边境第一税务机关前，不得认为企图偷漏，而作走私之处理。

第九条　本办法得根据物资管理暂行规章，由贸易公司协同税务总局，呈准财政厅随时修改之。

第十条　本办法自公布日施行。

选自《陕甘宁革命根据地工商税收史料选编》第五册（1944—1945 年），陕甘宁革命根据地工商税史编写组、陕西省档案馆编印，陕西人民出版社 1987 年版，第 536～538 页。

3. 陕甘宁边区盐务局食盐缉私暂行办法草案

1945 年

第一条　本办法定名为食盐缉私暂行办法。

第二条　本办法依据边区政府指示及三边分区专员公署署务会议决定的原则制定之。

第三条　凡有下列行为之一者，概以违法论罪。

一、进出盐池不持税票或通行证者。

二、盐驮数量超过票面数额者，及以驼、骡、马、牛运盐而仅备驴税票者。

三、伪造税票及通行证者，涂改或挖补盐票者。

四、使用过期废票者（如因雨雪等特殊原因误期者例外）。

五、私自背盐超过二十五斤者。

六、窃取盐根及硝板者。

七、包庇脚户走私者。

八、收买私盐者。

九、公务人员及缉私人员放私舞弊，或借故敲诈脚户者。

第四条　凡有前条违法行为之一者，按以下办法处罚之。

一、偷税一次者，除补税外，处以一倍的罚金。

二、偷税二次者，除补税外，处以两倍的罚金。

三、偷税三次至五次者除补税外，处以三倍的罚金。

四、偷税六次以上者没收其盐及私牲口（如有部分驮牲照章纳税，则只没收其走私部分），九次以上者除没收私盐牲口外，并将犯人送司法机关惩办。

五、伪造税票者没收其私盐及牲口，犯人送司法机关惩办。

六、涂改或挖补税票者，使用过期废票者，分别轻重处以一倍至三倍的罚金。

七、私自背盐超过二十五斤者，所背食盐全部没收。

八、窃取盐根及硝板者，以破坏盐业生产论，没收其窃物，犯人送政府惩办。

九、包庇脚户走私者，处以等于脚户罚金三分之一至二分之一的罚金。

十、公务人员及缉私人员，纳贿舞弊、勒索、敲诈者送司法机关惩办。

十一、收买私盐者，没收全部私盐，人送政府惩办。

第五条　缉私奖励办法：

一、不论机关、部队、群众，凡查获走私食盐者，应连同人证物证送交本局或税务局或附近缉私机关（如检查站等）处理，而以罚款的百分之五十作为缉私奖金。

二、凡群众查获私盐，直接报告执行机关处理者奖金全部归报告人。

三、凡群众报告其他机关、部队缉获私盐，转交执行机关处理者，报告人得奖金百分之六十，缉获者得奖金百分之四十。

四、凡一般机关、部队人员查获私盐，所获奖金全部交所属单位处理，不得归私。

五、凡缉私人员查获私盐所得奖金，全部交本单位处理，不得归私，而该单位于年终时，视其服务成绩，酌量给以奖励。

六、税务局人员查获私盐所获奖金，按照该局现行规定处理。

七、各缉私机关，应将所收补票税款及罚金（奖金除外）按三月为期，送交本局，转解财政厅金库。

八、凡发觉公务人员、缉私人员受贿舞弊或勒索敲诈报告本局，而确实有据者，概予报告人以一定数额之奖励。

第六条　缉私工作责任：

一、本局缉私队对各地食盐走私，应负绝对的缉私责任，经常有计划的进行工作。

二、组织动员各地盐民和自卫军协同缉私，其成绩优良者奖励。

三、三边分区各缉私机关与部队，应在定边城周围各要道经常巡查。

四、各分区各县税务局，应于所属区域内各运输要道设检查站，负责检验与缉私，其工作可指定区乡政府、合作社、税务分卡等代办，不必另设专人，唯须发动当地自卫军配合缉私。

五、盐业公司负责在各口岸，查验盐票，如有偷税者则按本办法第四条规定，分别处罚后，再发给转运证或出口证。

第七条　缉私手续：

一、凡经本局处理之偷漏案，除补发税票外，并给罚款证。

二、凡本局缉私队在外查获者，应经当地区乡政府或检查站署名盖章，说明发给罚款证，正税额附列罚款证内，不另发税票。

三、各检查站验票后应加盖本站“验讫章”，处理偷漏案时，须发给罚款证，附列正税款，不另发税票。

第八条　本办法如有未尽事宜，得向本局提出转呈上级批准修改之。

选自《陕甘宁革命根据地工商税收史料选编》第五册（1944—1945年），陕甘宁革命根据地工商税史编写组、陕西省档案馆编印，陕西人民出版社1987年版，第567～570页。

4. 陕甘宁边区建设厅一九四六年移民计划及实施办法

1945年12月25日

为使边区劳动力得到适当调剂，使人口稠密的绥德分区与子长等县人民不致因歉收遭受饥饿，又使人口稀少的延属西地区及关中、陇东多余土地能够利用，特别是充分的利用机关部队多余的熟地窑洞，因此，采用下列办法实行移民。

（甲）建设厅以机关部队多余的土地、窑洞划定移民区，有计划的安置移民，其办法如下：

（一）计划明年安置七百户移民，在南泥湾金盆湾安置四百户，甘泉安置三百户，分配以绥德分区号召五百户，子长号召二百户。

（二）移民对象以带有家眷的务实农民为主，懒汉及二流子概不安置，即单个的好劳动力亦只在下列条件才下作为移民安置。一、有家眷的移民，深知其根底，并负责务实者。二、原籍区乡政府有介绍信证明其为务实农民者。

（三）移民的发动拟采用下列办法：一、主要由警区各县及子长等地地方政府负责发动与组织移民来安置区。二、延属安置移民所属政府，可发动组织安置移民区原有的老户移民用其关系号召新移民来。三、建厅遣派绥米等地干部或聘请群众中有威望的人士回原籍发动招引。

（四）移民迁移：一、移民下来持路费，公家不发，由移民设法自己解决。特殊困难

者，由当地政府设法调剂补助之。二、移民可由区乡政府直接介绍至安置移民区，不必发移民证。三、移民迁移时，除自带衣被外，并须自带农具和锅灶，以减少安置上的困难。

（五）移民的安置与优待：一、移民在安置移民区域内，可自行决定住处，亦可先期下来查看地方。二、土地窑洞由公家供给，对于所分得使用之土地窑洞有所有权，五年后并可自行处理，进行典卖。在五年之内如愿离移民区或自己不使用时，则只能仍旧交公。三、在生产时期中所缺的粮食，由公家借给，预计须供给六个月，大人每人借给粗粮（糜谷）一石，小孩斟酌情形借给。四、为了解决生产中其他困难（种籽、农具，以及生活上的部分补助），准备在移民区发放一部分移民贷款，以月利二分贷出。五、移民之有家眷者，受下列优待：1. 所借吃粮可一次或两次领足。2. 借粮明年偿还，年利一成（即借一斗当年连本带利还六升，第二年连本带利还五升半）。六、无家眷的单个劳动力的移民，只受下列优待：1. 所借吃粮，按月分次领取。2. 借粮秋后全部归还，利息一成，即吃一斗，秋后还一斗一升。七、为了保护移民健康，在移民区由政府设立医疗组织专供移民治病。

（六）安置移民区的领导：一、移民的安置工作，主要仍由安置区当地政府负责。二、建厅派员长驻安置移民区协助当地区乡政府专办移民工作，受县政府领导，并与建厅取得直接联系。三，粮食的借出，农贷的发放，由建厅所派人员协同当地政府经管并以四联收据分存乡、区、县政府及建厅各一页。

（乙）利用延属分区四地各县（如甘泉、富县、延安、志丹、安塞）及陇东、关中部分地方原老户和新户之有移民关系者，动员他们向原籍招收移民，移民到达后，当地政府须给以适当的必要帮助，对积极招收移民的移农户应给以奖励。此项办法，上述各地政府必须深入民间，发现与动员有移民关系的老户与新户充分进行之。

（丙）关中、中心区与槐树庄一带和陇东大凤川、小凤川原有土地、窑洞亦不少，粮食亦有剩余，可资借贷，由两专署在上述地区负责招收与安置移民。详细办法，建厅与两专署协商进行之。

边区政府建设厅

选自《陕甘宁革命根据地史料选辑》第三辑，甘肃人民出版社1983年版，第59～60页。

5. 陕甘宁边区一九四六年到一九四八年建设计划方案

1946年4月1日边区政府提出，4月23日边区三届参议会一次大会通过

经济部分

抗战期间，边区支持前线，保卫后方，财政负担，特别增大，同时被敌顽封锁，外援断绝，国计民生，非常困难。我边区政府本自立（力）更生之精神，实行发展经济保障供给之方针，数年以来，成绩卓著，粮食生产足以自给，植棉纺织，逐年推广，食盐运销，大量增加，合作事业，普遍发展，机关部队，生产自给，各种自给工业如军工、石油、火

柴、纺织、被服、制革、肥皂、造纸、纸烟等均有发展，其中有些部分且有输出，于是八年抗战中之种种困难，始克渡过，人民生活水准，不因战争负担而降低，且获相当改善。唯因战争与封锁关系，皮毛滞销，影响农家养羊，若干土产衰落，影响农家收入减少，而水利之兴修，公路之改善，畜牧之防疫，石油厂之扩大，均因战时财政困难及技术器材缺乏，未克大量举办，不为无憾。今抗战已获胜利，和平民主阶段亦已开始，如全国和平不被破坏，则经济建设就成为首要和基本任务，故根据边区现在经济条件，人民需要及战时经验，拟定三年经济建设计划如后。

甲　农业（包括林牧）

农业为边区经济之基础，今后三年，应本下列数项目标求得进一步发展与提高，以达民间普遍的丰衣足食之目的。

一、增产粮食

增产粮食之目标，应于三年内达到家家足食，且年年有余粮备荒，其方法以改进农作法提高现有耕地产量为主，移民垦植，扩大耕地面积为辅，兹分述如下。

改进农作法应着重提倡与推广如下数项：

（一）多耕多锄，此在人多地少之绥德分区及延属东地区，尤属重要，应普遍发动农民秋翻地，多翻多耙，早锄多锄，细锄培土等，并逐步研究设法改良农具。

（二）施粪积肥，绥德分区应以增加积肥造粪为主，其他分区首先指导人民尽量用毛粪牲口粪作肥料，以后再求利用其他方法造粪积肥，对民间采用有效的代肥，亦应加以研究与推广。

（三）防治病虫害，目前继续推行民间已有成效的除虫办法，消灭蛀虫、油汗、斑矛虫、路虎、蝗虫等虫害，明后年应进一步研究防治害虫的更有效办法，研究与试用土产药物及某些新式器械及药品，并于发生害虫地区就地切实试验研究。

（四）推广良种，今年计划以光华农场的良种数量，在各地区选择据点试种推广，如有成效，明后年则逐渐扩大。同时组织民间良种，就地推广，光华农场对本地种籽及外来种籽应收集试验与研究；麦子研究工作应于明年或后年于关中进行。

移民垦殖应按下列计划进行：

（一）各地政府应本边府移民政策及条例有计划的组织与安置移民，其数量与办法，由各地政府根据实际情形自定之。

（二）建厅以机关部队剩余的土地窑洞，划定移民区，进行安置移民，今年计划在延安之南泥湾、金盆湾、甘泉之清泉沟、付川村一带安置七百户，明年逐步扩大，后年增加槐树庄及大小凤川两个移民据点，并有计划的建设这些移民的新村。

二、增产棉花

棉花在边区之重要不下于粮食，边区如不推广植棉田，自纺自织，则难以解决广大人民之被服问题，历史经验证明在边区东部地区可大量植棉，而西部地区亦可择地植棉，故应进一步提倡与推广之，今后三年，应以提高产量为主，有条件的推广植棉面积为辅。

（一）提高产量；今后三年争取每亩产量平均能收十斤花为目标，其方法除一般作法如耕地上粪等加以改进之外，应特别加强下种打卡除虫等技术上的指导，并提倡水地植棉，对棉花品质注意研究与改进，首先从东三县试验与研究。

（二）植棉亩数今后三年在提高产量之下，基本上维持三十五万亩之数，但在可能条件下，应于延属、陇东、关中逐渐推广，争取在三年内达到四十万亩之数。

三、发展经济价值较高之农作物

边区粮食出口有限，内部调剂亦有困难，故为增加农家收入，在不影响粮食生产条件之下，依据各地有利条件发展一些经济价值较高的农作物，实属必要，计划如下：

（一）油类：三边分区可增产麻子、推广榨油，绥德分区之黑豆、黄豆及各地麻子芝麻花生和油籽均可利用，发展榨油事业，争取大量出口，为此目的应提倡民间榨油合作及开设油房，并注意油渣的利用。

（二）糖萝卜，在边区普遍提倡种糖萝卜，在子长子洲延安等地燃料丰富的地区，更应大量推广，注意制糖技术的指导与糖品的推销，并于三年内试办小规模糖厂。

（三）烟叶：在陇东可试行推广美国烟，注意组织合作烤烟，明后年可在合水研究烟叶。

（四）线麻：在富县一带可发展线麻，并改进其作法与组织其推销。

（五）苜蓿：在延属等缺乏苜蓿地区及沿大路两旁，应大量种植苜蓿，以解决牲畜饲料之困难与发展运输事业。

四、开发山货，提倡副业

为增加农家收入，还应开发山货提倡副业，今后三年应注意下列几项：

（一）在出产山货各色药材的地区，应发动当地群众，利用农闲进行采集并合作推销。

（二）在绥德分区及子长等地发展养蚕事业，今年推广已有的优良蚕种逐步改进养蚕方法，增植桑树，并适当解决丝品的组织与销售问题，以后视有利情况渐渐扩大。

（三）在延属、关中、陇东等地发展养蜂，组织民间蜂种推广，并试行采用新方法养蜂制蜜，供给新式蜂具与组织蜂蜜的推广。

五、兴修水利，改良土质

兴修水利，改良土质为防旱备荒并增加农作物产量的主要办法，今后应有计划的推广之。

（一）发动民间自己动手，恢复旧水地，兴修新的小型水利及推行适合当地条件的改良土质办法（如三边水漫地，关中的修堰地及各地的排水沟挖水窖，打坝堰、溜崖、拍畔等)，政府应以奖励、补助、贷款等形式在经济上协助之。

（二）在今后三年内，应视能力所及筹划周家埝、胡芦河畔等地水利。

（三）今后建厅经常注意研究各地改良土质的工作并及时予以切实指导。

六、植树护林，发展果木

植树护林为边区经济建设中重要事项，今后必须重视，三年内应达到下列目的。

（一）关于护林方面：在边区有树地区，应饬令各地政府切实领导群众，严格遵守护林法令，订立护林公约，并严格惩奖。

（二）建厅今年计划直接领导万花山与南泥湾两据点的护林工作，明年扩大直接领导范围至劳山槐树庄，大小凤川等点，后年则扩大为几个林管区。

（三）关于植树方面：在缺乏树林地区，今后应积极提倡民间植树造林，凡在可植树之区，争取在三年内每户植活五株，各地政府应帮助解决树秧子树权地权及保护奖惩等

问题。

（四）建厅今年就延市河滩地植树造林，选择在公山试办荒山播林，扩大光华农场苗圃，在定边建立苗圃，并试办沙林，明年扩大并增设盐池、子长苗圃。

（五）在发展果木上，首应供给民间果苗，今年在光华农场扩大葡萄及其他果苗的繁殖，并于绥德订购果苗推广，后年在延安绥德设立模范果苗圃，并进行除病虫害，果品制造，品种改良等试验研究工作。

七、发展畜牧

边区畜牧主要是羊子，今后皮毛出口有望，养羊事业，必更发展，应切实计划，促进其发展。

（一）加强羊子防疫治病，今年推行烟叶水治羊癣的办法，调查研究其他治羊子疫病的中西方法，组织防疫工作，明年在三边设防疫站，后年增设陇东防疫站，并于各地提倡组织家畜保健合作。

（二）改善羊子饲养管理，今年或明年在三边进行养羊方法的调查，并就地研究饲料牧地及管理技术，奖励与宣传养羊模范。

（三）改良羊种，今明两年在延属推广滩羊，改换本地羊种，如有成效，明后年则继续扩大之，并于三边设畜种场，研究与繁殖本地与外来优良种畜。

（四）对其他牲畜如耕牛、驴子等，应奖励其繁殖与出口，加强其防疫治病工作，今年继续制造牛瘟疫苗血清，研究其他疫病防治方法，推行驴驹耕牛拉稀的治疗法，设中西兽医诊疗所，组织防治疫病团，保健合作社等，明后年逐步扩大这些工作，此外对猪瘟、鸡瘟及其他猪鸡疫病的防治亦应注意。

八、组织劳动力

为了按照上述计划推进各种农牧林事业之发展，必须在各地继续推广各种劳动互助组织，并逐渐提高其作用，在人民自愿原则下继续组织变工、扎工、唐将班子。制订农户计划，改造二流子，安置移难民，吸收妇女儿童参加生产，并继续开展劳模运动，以便提高广大农民生产热忱与劳动积极性，并把一切劳动力量逐渐组织起来。

乙　工业

为开发边区资源刺激农牧业发展与增高边区工业必需品的自给程度，除推进农业建设外，还必须有计划有步骤的发展工业，以与农业发展相配合。盖仅靠农业，不足以解决人民全面生活之需要，且粮食太多，还有“谷贱伤农”之危险，但在目前边区内外经济条件之下，发展工业应以民间手工业及家庭副业为主，公营工业为辅，并互相配合，以利发展，今后三年应按如下计划逐步实施。

一、公营工业

第一，石油：今后应按现有器材及条件多加开采，今年除已打成之新井外，准备再打新井五至六口，清理旧井两口，预计产原油二万四千桶（五加仑），如能完成此项计划，则明年预计可打新井六至八口，争取产原油五万桶到十万桶，为完成此项计划，除自力积极勘察外，尚须竭力争取探矿器，使开采更有把握。

第二，毛纺织厂及制革厂：皮毛为边区富产之一，如能制为成品外销，不惟公私经济收入增加，且可进一步刺激畜牧业之发展，因此除帮助发展小型作坊外，拟争取外资合作

购置机器，改进技术，提高质量，争取制作后出口，其进行程序：今年购置机器，明年设备安装，后年开工试制，正式生产，达到年制二十五万斤毛的成品和五万张皮的成品。

第三，火柴：边区火柴工厂，继续发展的条件是存在的，但必须提高质量减低成本始可与他处火柴竞争，为此应增加设备与改进技术，期于明年增加产量超过现有四倍。

第四，肥皂：边区牛羊油颇多，目前专制肥皂之新华工厂年产四十万条，但肥皂销路主要依靠城市，没有质量之改进成本之减低，则不能竞争于市场，因此需要有机器设备以提高生产质量，并加香料，根据边区产油量，仍以年产四十万条计划为宜。

第五，难民工厂及振华纸厂，目前可继续生产，调剂公私使用，及解决过渡时期中的供给困难。

第六，机器修理制造：由于边区交通不便，笨重机器转运困难，且机器修理亦应解决，故本年拟设机器修理制造工厂，除精细机器向外购置，其笨重部分，则可自造解决，同时兼营修理，便于各厂修配，使不得阻碍生产。

二、民间手工业及家庭副业

经民主政府倡导，边区民间手工业已有部分发展，且种类颇多，原有的计划：纺织、毛毡、毛袋、栽绒毡、硝皮制革、造纸、榨油、丝织、草帽、瓷器等，尚待提倡和发展的，计有熬硝、制磺、烧骨灰、烤烟叶、制烟叶、榨豆油、榨蓖麻油、铸制铁用具，精炼糖、提蜂蜜等，政府对这些民间手工业应有计划的协助其发展，兹计划如下；

第一，今年建设厅应派专人到绥德分区及延属分区实地调查研究，查明实际情况后，明年订出扶助其发展的计划，对有基础并有前途的某些作坊或小工厂，帮助其改造技术，并于必要时在资力上加以扶助。

第二，大量发展民间纺织，此为民间手工业之主体，银行应发放纺织贷款，促进自纺自织，贸易公司在贸易上助其周转，工业局应在技术上加以指导，提高其生产效率，合作社应与之配合，协助发展，首先在绥德分区及延属东地区达到民间穿衣自给，并逐渐向延属以西地区推广之。

第三，纸业，按税局材料，过去三年，仅东昌纸每年即有四万令以上的进口，大部销于延市，因此除与私人合作重新开办罗家坪纸厂，制造民用纸张外，并扶助各地民间造纸业之发展。

第四，毛织业：边工局与法院合办新华毛织厂，米脂存有万合交回之毛织机器仍拟与私人合办小型毛织厂，三边毛纺织拟加扶助，并为提高毛的质量，拟在定边设办打毛庄。

第五，制革：为了培养将来之制革人材（才）与解放社合办西北制革厂，更为适合边区农村制革业发展（家庭副业）的学习，拟在延市（其他地区如条件适合亦可）投资或贷款与私人合办民间制革作坊，专制面革底革供给鞋业之用。

第六，草帽：在绥德分区应计划恢复并发展原有的草帽业。

第七，豆油：绥德分区豆子产量大，价值甚低，拟在分区提倡榨油作坊，如今年收成丰登时，即于年底进行，否则缓办。

第八，铁：瓦市之铁厂不举办时，拟在山西招贤或河南已来边区之铸铁熟练人员到瓦市附近，将已有矿石，进行试铸工作，作农村副业之倡导。

丙　合作事业

为了发展边区农工业生产，必须发动与组织广大人民的力量，大量推广合作事业，今后计划：

一、合作事业应切实面向农村，以生产为主并与农村各种家庭副业相结合，在农业生产中大量推广变工队扎工队等劳力合作，在家庭纺织生产中，提倡与推广纺纱与织布的变工合作，在运输中推行各种朋帮式合作，并在农村中提倡各种手工业作坊的生产合作，低利借贷的信用合作，医药卫生合作，与水利建设合作，为了便利与发展农村交换，根据当地具体条件，可组织各种形式的大小消费合作社以减少中间人的剥削。

二、整顿合作社，边区各地现有的合作社应于今年内切实整顿，重新登记，对有历史有基础有发展前途而为人民所拥护的合作社，政府应继续帮助其发展，对当地人民需要并有发展前途，但经营不当或干部有毛病的合作社，应由政府召集其社员代表大会，公开讨论，改善业务重选干部，以求能继续存在与发展。但对于一切无存在必要并脱离人民的合作社，应令其停业退股，并向社员解释。

三、政府今后对各种有成绩的合作社及农村城市中各种生产公益合作事业，应在经济上随时予以扶助与奖励，以促进其发展。

丁　贸易

欲发展经济繁荣边区，使农业工业取得配合输出输入，达到协调，必须加强贸易工作，除一般商业及民间合作事业外，贸易公司应努力实现下列计划：

一、扩大土产经营，应以现有资金之半数，经营皮毛、绒、食盐、药材、麻油、粮食、羊肠、猪鬃及其他生产之收购与输出，以发展边区内外贸易，繁荣国民经济。

二、扶助工业发展，应以现有资金三分之一由贸易周转上扶助边区工业之发展，在绥德分区及延属东三县继续用各种适当方式协助民间纺织业之发展，对各公营工厂继续供给原料，收买成品，协助公营企业之发展。

三、调剂内外市场，争取大量输出土产及剩余物品，换进边区所无及生产不足之百货必需品，互通有无，调剂供给，稳定金融，调剂物价，减少商品市场的投机剥削。

四、扶助合作事业，对有基础并有信用之合作社及对发展边区经济有重要意义的各种民间合作事业，贸易公司应与之取得密切联系，并扶助其发展。

五、支持财政，贸易公司在各种经营中除过上述各种作用外，还应争取一定额的利润，以补财政之不足。

戊　金融

在发展经济中金融工作极为重要，今后为使金融能配合与协助农工商业之发展，必须努力做到：

一、稳定金融，银行应扩充准备金，用以稳定金融，避免物价暴涨暴跌，以致影响农工商业之生产，同时应推广边币，扩大流通，制止金融投机。

二、发展经济，银行应继续有计划的发放各种农工运输业之贷款，特别是民间纺织及农业畜牧贷款更应扩大与加强，以辅助各种生产之发展，同时应逐渐扩大存款业务，协助民间信用合作之发展，以便吸收游资转入生产，加强汇兑，灵活商业周转。

三、扶持财政，在和平复员期间，财政尚有困难，银行应于财政周转不灵时，协助其周转解决其困难，使供给有保障，经济发展不受财政之影响。

己　道路工程

一、修路：富米路因汽车不便多行驶，连年未加补修，绥宋路则根本不行驶汽车，和平之后，此两路极关重要，本年内须全部修复，现富延路段已动工多日，延米段及绥宋路亦应次第兴修。

二、养护：以后交通频繁，养路极关重要，今年须筹设养护组织，分段负责，随时修补，以期畅通无阻。

庚　机关部队生产

今后三年财政尚有困难，而人民负担也须逐渐减轻，故机关部队生产自给之任务，不能放松，且须改进与加强，一切机关部队均须视其劳动力之程度，与工作业务之繁简，以及当时当地环境与条件确定其生产计划与自给任务，并努力完成之，以减少财政开支，减轻民负和改善机关部队人员生活。

辛　技术与经费

要发展边区各种经济事业，必须有各种专门技术人材（才）进行指导，这种专门技术人材（才）在边区是缺乏的，今后工业除尽量设法培养本地技术人材（才）外，还必须争取边区以外的各种技术人才到边区来，参加边区建设。对现有在边区服务的外来技术干部，必须酌量提高其待遇，并尊重他们，使其长期的安心的在边区服务。此外在发展经济中，经费也是极重要的事情，对各种必需经费，除由政府尽量自筹外，还必须尽量争取外援，欢迎中外资本家到边区投资，要求救济总署给边区以帮助，特别对工业合作协会，要有更进一步的合作计划，希望工合对发展边区工业生产能给我们更大的帮助。这是能否圆满的完成以上各项计划的重要条件之一。

文教建设部分

边区文教建设在民主政治条件下已于抗战期间克服了各种困难，获得巨大成绩，前年冬季边区文教大会后，群众文化运动更有进一步的开展。在今后和平建设新时期随着人民经济的发展，边区文教建设必须更有计划的进行，为此，特就下列各方面提出初步方案：

甲　关于大学教育

（一）现在的延安大学负有两种任务，一为培养本地较高级的知识分子，一为提高边区中级的现任干部，以适应新时期边区各项建设工作的需要。在此方针下目前除设一高中部及各种专门性质（如农业、司法等）的班次外，拟另成立一文艺研究室，培养边区各文艺团体的干部与中学艺术教员。上述各班、部、室的教育计划均以适应边区需要与可能订定之。并计划于最近三年内务班系毕业干部三〇〇人，高中毕业生二〇〇人。

（二）为保证延大教育质量的提高除由边府责成各政府主管部门对学校内有关的班次（如政府司法部门对学校司法班）负实际帮助责任外，应从边区各工作部门中，征调若干有教育经验的干部及由边区外边聘请名教授到延大任职，并在全边区教育经费内规定延大必需经费，按时由财厅发给。

（三）大学教职员的待遇应设法改善与提高，详细办法由延大规定提交政府批准执行。

乙　关于中等教育

（一）边区各中等学校的任务为有计划的培养边区中级知识分子（主要吸收完小毕业生）与提高现任区乡干部的文化（通过现有之地干班）。

（二）各中等学校的文化教育，必须提高，除地干班课程主要为学习文化外，各普通班亦应着重国文课并适当配备其他科学课目，实行严格的入学考试与毕业考试。关于中学学制，教材及课程时间的分配等，另由教厅根据本年中等教育会议的提案具体规定提请政府批准执行。计划于三年内各中等学校普通班（师范班在内）毕业学生一五〇〇人，各地干班毕业学生一〇〇〇人，共二五〇〇人。

（三）各校经费均由政府按时发给，逐渐改变教职员的供给制待遇为薪金制，其规定标准应包括照顾教职员家属生活的需要。目前仍受供给制待遇的教职员应酌发津贴费。学校图书仪器的设备，必须增置。现各校所缺教职员数目甚大（共约百二十名），由政府设法调遣或向外聘请。

丙　关于国民教育

（一）各完小及公立普小的教育应从提高师资，按时供给课本及克服学生流动现象等方面来提高其质量，计划于三年内培养完小（干小在内）高级毕业生二六〇〇人。民办村学仍应在需要与自愿原则下继续推广，但今年应以巩固为主不求扩大。

（二）边区社会教育的中心内容为识字运动与卫生教育，各地小学，民教馆，文工团及读报识字组等应起据点或桥梁作用。

每年冬季各县应认真的有计划的开办冬学、夜校，以期逐渐消灭边区大量文盲存在的现象。

（三）关于提高小学师资及改善教员待遇方面，教育厅最近已总结了各方面的许多意见和经验，如：各中学设师范班，各分区开办短期师资训练班，假期举行教员座谈会，供给教职员各种必需书报的规定，改变目前的供给制为薪金制及年工加俸制等均应研究执行。

（四）各县三科应经常参加对该县教育干部与教育经费的管理，负责清理该县的教产。

（五）教厅应于一年内完成小学教材的编印并计划出版教员参考书及儿童读物等。

丁　关于国民卫生

（一）动员全边区人民同疾病死亡作斗争，广泛的进行预防疾病瘟疫的卫生宣传教育（特别是妇婴卫生教育），尽可能的加强全边区的医药设备与治疗工作是边区各级政府、各医药卫生机关，各文化团体及一切宣传教育工作者当前第一等重要的任务。

（二）加强边区医院的治疗设备，增设小儿，产妇，五官三科，各分区酌设小型的分院，与边区卫生署取得联系，向它作工作报告，各分院在各专署的直接领导与帮助下推进所属各县的医药卫生工作（如整理与发展医药合作社和保健药社等），做到在两年内边区各县均有一个卫生所或医疗队。

（三）西北医专应负责训练能在边区长期服务的医生（包括兽医）及助产人员，计划三年内培养初级医生二四〇名，助产人员护士等四〇〇名，通过中西医药研究会训练中医，各县保健药社采取带徒弟的办法，培养中医司药。

（四）边区卫生署应协同各文化团体出版机关从速编印各种卫生常识，宣传卫生的挂图连环画等，各报纸及各文艺团体应经常宣传预防疾病瘟疫的具体办法，利用各地庙会组织卫生宣传与展览。

戊　关于群众文艺

（一）边区群众文艺在为人民大众服务的方向下，应团结一切文艺工作者，发扬群众

文艺的成绩，利用戏剧、音乐、秧歌、美术、文学及其他群众所喜见乐闻的各种形式，逐渐提高边区人民文化生活，反映并推进边区各种建设事业之发展。

（二）加强边区文协与各地方剧团，各文艺工作团体的联系，帮助他们总结经验，改进业务，提高技术，介绍并供给他们以新的剧本，各地方剧团与文艺工作团体，应成为推动地方群众文艺活动的桥梁，成为培养地方文艺干部、团结改造地方旧艺人的场所。

（三）在发展群众文艺方面，须采取供给剧本、唱词，及奖励群众创作等具体办法去帮助与改进民间秧歌队、自乐班，皮影戏、家戏、道情班子等群众文艺组织的活动及瞎子说书的内容。

（四）注意供给边区广大工农干部以通俗文艺读物，更多出版为群众所欢迎的唱本、歌曲、木刻、年画等。

（五）为使边区各种革命历史纪念物品及各革命领袖之史迹永留于边区，以便教育干部及群众起见，建议在延安建立陕甘宁边区革命历史博物馆。

（六）为便利各文艺团体之活动，建议在延安旧城建筑一新式剧院，附设露天剧场、舞厅、儿童游戏所等。

（七）边区文协准备于年内召开文协代表大会剧团联系会议，说书人会议，总结边区文教大会以来之文艺工作经验，其经费由政府补助。

（八）加强文艺干部的学习，改善并提高文艺干部之生活待遇。

己　关于大众报纸及出版发行

（一）边区群众报及各分区报纸在帮助区乡工作及提高群众文化方面已起了显著作用，今后应继续发扬其特别受读者欢迎的优点，加强报社与各地通讯员及读报组的联系，以便经常反映广大读者和群众的意见，并注意培养本地新闻工作干部，黑板报在人口较多的市镇仍应继续倡办，并使之真正成为该市镇人民的喉舌。

（二）发展普及文化的出版事业，加强边区书店与边区出版机关及全国各地书店的联系，供应边区各学校目前所急需的教科书，参考书及其他文具等，更多出版中级干部读物与大众读物。

（三）各发行机关应协同有关部门重新合理调整各种书报的赠送分配，并酌量增加各种书报的订购份数，邮政管理局目前急须设法加速各地报纸的输送。

选自《陕甘宁边区第三届参议会第一次大会汇刊》（边区参议会常驻会编印），第 89～112 页。

校正版本：《陕甘宁革命根据地史料选辑》第三辑，甘肃人民出版社 1983 年版，第 108～123 页。

6. 陕甘宁边区政府关于夏收夏耘的指示

1946 年 6 月 13 日

各专员、各县（市）长：

春耕结束，夏耘业已开始，夏收即将到来，兹据部分地区春耕工作报告所反映的情

况，以及提出的比较重要的问题，特作如下有关夏耘夏收工作的指示，请参照各地具体情况迅速确切执行，并将执行情形随时报告。

勤锄快收细打保证丰收

提高掌握棉花打卡技术

一、应抓住勤锄、快收、细打三大任务，今年春雨充足，杂草丛生，因此深入领导锄草工作，真正做到早锄、快锄、多锄、细锄，是比往年有更重大的意义。其次，今年麦、豆等夏田虽曾部分的受灾，但大部可望相当的丰收，因此深入领导夏收工作，真正做到快收、快打、快入仓，同样是重要任务。再次今年全边区植棉三十多万亩，确以着苗，今后的关键在于老植棉区提高和在新植棉区教会打卡技术，增加产量，因此深入领导打卡工作，召集老户座谈交换经验，研究提高打卡技术，干部首先精通打卡技术，团结老棉户分别带同新棉户实地传授，使新户掌握打卡技术，真正做到细打勤打，同样是重要任务。

广泛组织劳力夏耘夏收

继续发动群众调剂缺粮

二、为完成上述任务，就必须解决两个困难：第一，劳动力。根据已往经验，在夏耘夏收期间，劳动力最感不足，因此必须更广泛的加以发动，使男女老少，皆参加夏耘夏收，更有计划的加以组织，巩固和推广变扎工队，加强劳动效率，更周密地根据各地甚至各户的不同情况，确定任务的主、次、缓、急，逐步进行，以免劳动力的浪费。第二，由于去年的歉收，部分地区在青黄不接时期，可能发生吃粮的困难和工具的困难，因此必须说服群众互相调剂，在特殊情况下，政府亦应在前拨救济粮内酌量补给或借贷之。

准备土枪土炮防止雹灾

动员捕打烧杀减轻虫害

三、为配合上述任务的完成，并使已经完成的任务，不被或少被摧残，就必须注意二种灾害：第一，雹灾：去年受灾地区极广，粮产大受影响，今年部分地区已受雹灾，故在现有条件下，应即发动群众切实准备土枪、土炮，及时击散有雹的云层，以缩小受灾地区。第二，虫害：今年根据现有材料，虫害威胁已较往年严重，故在现有条件下，应发动群众及时地与耐心地实行打、捉、烧、杀，以减轻受灾程度。总之，各地必须根据具体情况与群众一起进行研究防雹除虫，如有创造，应即报告前来，以便整理推广。

领导干部亲自督促检查

机关人员助民锄草收夏

四、夏耘工作是保证丰收的重要关键，因此各级领导机关的领导干部，必须亲自动手，组织督促，和随时检查这一工作，并学习志丹县的办法，组织机关工作人员下乡，为群众锄地或收夏，这些工作，强制群众是不行的，但认为："春耕已有基础，不必强调夏耘领导"的观点，亦应给以及时的揭发和纠正。

主席：林伯渠

副主席：李鼎铭　刘景范

建设厅长：霍子乐　惠中权

选自《陕甘宁革命根据地史料选辑》，第三辑，甘肃人民出版社 1983 年版，第 142～144 页。

互校版本：《陕甘宁边区政府文件选编》第十辑，档案出版社 1991 年版，第 166～167 页。标题为《陕甘宁边区政府关于夏耘工作的指示》，日期为“一九四六年六月十一日”。内容基本相同，6 月 13 日发文增加“夏收”的内容。

7. 陕甘宁边区邮政管理局员工待遇办法

1946 年 6 月 25 日

一、总则

（一）本局为了建立一定制度及将边区邮政工作逐步正规化起见，对邮政员工的待遇规定办法如下：

（二）根据各内地局员工及长途邮工生活上的需要，及求得今后工作上的便利，经济上的节约，并建立一定制度起见，应将过去的供给制改为薪金制。

（三）按长期打算的工作原则，各级邮政员工分别等级并实行年加月俸，以资鼓励员工的进步。

（四）为了提高长途邮工的质量，除了加强政治教育之外，对其生活待遇应比其他邮政员工为高（因边区人民生活丰足，不易找到好工人）。

（五）邮政员工的薪金以米为计算标准，但为了防止米价波动而影响薪金的实行，特照 1946 年 7 月份财厅规定的米、布价格，将每个员工月薪米 40%折算成布，其余 60%为米，此后即照后列的米、布标准照市价折发现款。

（六）员工薪金标准，根据员工等级，不根据其职务的高低。

（七）员工的等级，按其本人的工作年代及业务能力、工作情况等决定。

二、员工等级

（一）邮务长：即邮管局的正、副局长。

（二）邮务员：相当于科长一级的干部，即年多资深而干练的人员，可以充当一、二等局长。

（三）乙等邮务员：相当于股长一级干部，即在邮务工作上有相当把握，可以充当三等局长。

（四）邮务佐：相当于科员一级干部，初作邮务工作者，即以前的收发员。

（五）长途邮工：即邮差。

（六）本市邮工：分听差、信差二等，听差是在邮局内服务者，信差是在本市送递邮件者。

三、薪金

（一）长途邮工，每月基本薪金小米，1.4 石至 1.6 石，计分三级：

第一级：月薪 1.6 石。第二级：月薪 1.5 石。第三级：月薪 1.4 石。

（二）听差每月基本薪金小米 6 斗至 6.5 斗。计分二级：

第一级：月薪 6.5 斗。第二级：月薪 6 斗。

（三）本市邮工每月基本薪金小米 6.5 斗至 7.5 斗。计分三级：

第一级：月薪 7.5 斗。第二级：月薪 7 斗。第三级：月薪 6.5 斗。

（四）邮务佐：每月基本薪金小米 7 斗至 8 斗。计分三级：

第一级：月薪 8 斗。第二级：月薪 7.5 斗。第三级：月薪 7 斗。

（五）邮务员：每月基本薪金小米 8.5 斗至 9.5 斗。计分三级：

第一级；月薪 9.5 斗。第二级：月薪 9 斗。第三级：月薪 8.5 斗。

（六）邮务长：每月基本薪金小米 1 石至 1.2 石。邮务长：月薪 1.2 石。副邮务长：月薪 1.1 石。

四、年加月俸及其考绩

（一）每个邮政员工每至工作 1 周年时，每月加俸小米 3.5 升。

（二）每年按考绩时期加其周年月俸，每年考绩期 2 次。6 月底及 12 月底，考绩劣者迟延其月俸 6 个月。

五、其他

（一）一切办公用具统归公家筹备，不包括在薪金以内。

（二）私人的生活费用：如鞋、袜、肥皂、手巾等包括在薪金以内，公家不另供给。

（三）薪金制实行之后，家属代耕优待、政府补助一律取消。

六、附则

（一）本办法由边区政府批准公布施行。

（二）本办法自 1946 年 7 月 1 日起施行。

选自《解放战争时期陕甘宁边区财政经济史资料选编》上册，陕甘宁边区财政经济史编写组、陕西省财政厅财政科学研究所、陕西省档案馆合编，三秦出版社 1989 年版，第 368～370 页。

8. 西北局转发华北财经办事处关于反贪污浪费的指示通知

1947 年 2 月 1 日

（一）华北财办处“关于反贪污浪费的指示”，深刻指出贪污浪费的严重性，分析了错误的性质和产生根源，提出了反贪污浪费的正确方向。责成各级党深刻研究、结合实际、检讨工作、教育干部、健全制度，并将情况及改进工作办法，报告西北局。

（二）此指示，边区级机关发到各单位支部，地方党发到县，军队党发到团，编号发出，不得遗失，待后收回。

西北局

附：

关于反贪污浪费的指示

日本投降以来，我财政经济工作迅速发展，工作任务超过抗战时期数倍至数十倍。由于我们未严格掌握制度，缺乏科学管理方法，由于财经干部成（分）复杂，又无严格管理教育，因此，贪污浪费现象，日益严重。土地改革运动中，各地检查出来已有许多重大的贪污案件，贪污的数字是以亿万计的，至于战争中资财的浪费和损失更属骇人听闻（如山东损失大部分的救济物资，各地战争缴获，大多未能成为财政收入）。这种现象如不迅速纠正，则将大大加重我财政困难，使我战争难于长久支持，且将腐蚀干部、腐蚀全党，损害党的政治影响（国民党因不能制止贪污而日益腐化，受国内外舆论的普遍攻击，必须引起我们严重警惕）与革命的胜利。各级党委，在整编队伍、审查干部思想时，尤其在检查财经工作时，必须动员干部，对各种贪污浪费现象，进行斗争批评和自我批评，揭发各部门的贪污浪费现象，引起全党警惕。必须采取惩前毖后，治病救人态度。对诚恳反省，自我坦白，痛改前非的，宽大处理，对隐瞒和屡教不改的，予以应得处分。教育与纪律不能偏废。教育无效，或其犯罪行为超过一定程度，就必须执行纪律，不应姑息。今后除从上而下的检讨外，还必须有从下而上的检查。全党当家，鼓励群众揭发和告发大大小小的贪污分子。只有运用群众力量，反对贪污浪费，才能收到切实效果。对各种贪污案件必须按其性质及情节轻重，认真处理。认识贪污是自私自利，而且有意识的（明知故犯）犯罪行为与因幼稚或疏忽而犯的工作上的错误性质不同。此种行为，完全（或者主要）应由犯罪的人自己负责，但同时又应认识贪污是私有社会的必然产物，地主资产阶级又常利用贪污来腐蚀我们同志，我们处于私有社会，如立场不稳，很容易被贪污这种尘垢污染。只有天天拂拭，经常检查自己，才能保持党的纯洁。各种贪污性质不同，应当分别处理：有些干部贪污革命资财为其个人资财，准备脱离革命，考虑找个人出路。这些干部，本质上已背叛革命，不应采取姑息态度，有些干部贪污革命资财供其个人挥霍，但对别种革命工作仍然负责，则应令其痛改前非，否则予以应得处分，有些干部利用自己职位，破坏制度，窃取不应得的享受，亦应进行批评教育，促其迅速纠正。机关首长，必须以身作则，拒绝一切不应得的享受，否则，便不能与贪污现象进行严肃斗争。对各种资财的损失和浪费现象，也应认真检查。它与贪污虽有区别，但同样也是削弱革命力量，损害人民利益（加重人民负担）的一种罪恶行为。财经供给干部不负责任的工作态度，往往造成革命资财的重大浪费和损失，如许多粮食和衣服在保管中霉烂，有许多重要资财在战争中不应有的损失，对战争缴获的浪费和破坏。这些现象必须查明责任，予以必须的批评或处罚。其因为本位主义或官僚主义领导而使革命资财受重大损失者，亦应深刻检讨，使其迅速纠正。有些机关部队虚报人数，多支重领，造成巨大浪费，更须坚决反对。反之，一切不避艰险，保护革命资财的任劳任怨，反对贪污浪费的干部，则应受到奖励。为着迅速开展纠正贪污浪费现象，财经供给负责机关应当：

1. 严格掌握制度（研究制度本身是否合理），经常检查，使制度真正贯彻下去。尤须建立审计制度，检查收支状况。

2. 审查财经供给干部，清洗不可救药的贪污腐化份（分）子，进行经常的管理教育。为此，可以加强政治机关，加强干部管理教育工作。而动员全体同志和广大人民增加生产，节约开支，与贪污浪费现象进行严肃斗争，是支持长期战争不可缺少的条件。

3. 检查并纠正乡村中的贪污浪费现象，如村财政的贪污浪费，合作社的贪污，以及

对生产贷款和斗争果实的贪污，都要及时防止与纠正。

以上希各级党委研究执行，并将结果报告。

华北财经办事处

选自《陕甘宁革命根据地工商税收史料选编》第六册（1946—1947年），陕甘宁革命根据地工商税史编写组、陕西省档案馆编印，陕西人民出版社1987年版，第351～354页。

9. 陕甘宁边区政府关于开展春耕运动的紧急指示

1947年4月29日

各级政府：

边区今年春耕，正当全面抗击蒋胡贼军的自卫战争当中。贼军破坏，人心动荡，动员频繁，劳力不足，交换停滞，牛犊缺乏，政府对战勤领导多，对生产领导少，因而谷雨已过，很多农田尚未送粪下种，而春耕只有最后一个月到两个月的时间了，如不急起直追，抢耕抢种，则许多地方，农事荒废，将不可免。荒废一亩农田，减少一分自卫战争的力量，而抢种一亩农田，就是增加一分胜利把握！故我全边区人民必须紧急动员起来，用全部力量，用突击精神，在适应战争条件之下，争取一个月到两个月内完成全部农田耕作。为达到此项目的，必须：

一、向人民宣传时事，讲解敌我斗争形势，说明敌军困难与我军消灭敌人的方法及敌军必败我军必胜的道理，以安定人民情绪，增强胜利信心，纠正群众中认为“没世事了，还生产什么?”因而打滥账，不过光景，不务生产的思想。同时应在各个乡村建立哨站，进行盘查，组织民兵游击队，经常侦察敌情，讨论劳武结合的具体办法，使人心安定，开展春耕运动。

二、确实负责解决群众生产中的困难问题，被敌占领的县份，敌军只能控制市镇及少数据点，广大农村仍为我民主政府和人民游击队的势力范围，各该地的政府应即领导游击队掩护群众进行耕种，并用一切办法帮助群众解决吃粮、籽种、耕牛、农具等困难。被敌侵占我又收复的地区，群众的门窗锅灶被敌焚毁，牛、驴宰杀一空，粮食罗掘无余，大部群众马上没饭吃，更谈不到进行生产，因之该县政府应即派干部下乡进行调查，安抚群众回家，号召互助，解决困难，必要时政府应酌情救济，发放农贷，帮助他们立即进行抢耕抢种。敌人未到地区，民间粮食牲畜困难不大，但因市场被敌人封锁破坏，交易停滞，农具发生困难。例如安塞、志丹等县农民缺铧，志丹县采用接铧头及群众间调剂伙用等办法给群众解决困难，进行耕种。总之，各县均应根据当地人民的具体情形，克服一切困难，推动生产。

三、今年生产中特别感到困难的一个问题是劳动力不足。为补救克服这一困难，各村各乡的干部必须善于组织劳动力，利用战争空隙抢耕抢种。例如志丹县提出“耕地换牛不

换人”，“实行劳力互助，组织小型变工”等办法推动生产。又如新宁县干部善于利用战争空隙，组织群众生产。在华池战争结束至敌七十五旅进犯该县的六天中间，各乡村召开了群众大会，一面总结战勤工作，一面动员生产，在短促时间内大部完成了送粪工作。各地政府和干部都应学习他们的精神，按照当地具体情况，普遍组织小型变工，组织老汉、小孩、妇女一起参加耕种。靠近前线的地区并可组织生产与战勤工作的大变工，例如新宁木莲洼“去秋组织全村全、半劳动力，老汉、娃娃、及畜力实行变工，该村共十五户，十六个全劳动力，七个半劳动力，六个驴，除派出一付担架，一个民兵，四个驴子支援前线外，村长组织在家的人实行变工，两个不力程的驴供给全村驮水磨面，两个老汉放全村的牛羊并给全村牲口割草，七个全劳动力（村长未计入）种了全村二百五十亩麦，并由女人（全村十三个全劳动女人）收了全村三十多亩蔓豆，做了若干干粮。种麦收豆是先给外出的担架队员及运输队员的家庭作。全村生产由生产组长统一领导负责计工，战勤工作则由村长负责。”这种好的范例值得各地参考采用。接近敌人据点的地区，可仿照子长郭家坪（距瓦市十里）李生彬白天到距敌较远的村子里或山上避敌休息，晚上回家种地的办法进行生产。为保护生产，各地在春耕期间进行战勤动员时，二者必须兼顾，尽量使各地负担公允，每村都留一部分人在家进行生产，绝对不准机关部队擅自动员民力畜力。同时每乡每村（尤其是接近前线及交通路线的村庄）应即建立招待员制度，支应伤病兵食宿转运的工作，以专职责，避免影响大家生产。

四、各级机关学校人员有很大数量转移到了农村，无形中增加了群众很多负担，应号召每个工作人员和学生，除工作学习及机关生产外，并须帮助本地群众进行春耕。机关的牲畜应尽量抽出帮助群众送粪。这项工作一定要各机关首长负责，有计划有组织的确实去作（做），决不是沽名钓誉、敷衍了事。后方机关学校的柴炭全部都由自给，不许取之于民。严格遵守战时人力畜力动员的规定，做到决不浪费一个人力畜力，以保证战时生产任务之完成。

五、边区植棉纺织事业遭受敌人很大破坏，部分地区的穿衣问题已感到困难，各地全部完成建设厅原订之植棉计划恐不可能，但仍须想尽一切办法尽可能多种，后方地区更应努力增加棉产。纺织事业更不可松懈，转移到农村的女同志对此项工作应格外注意，帮助发展家庭纺织。各地贸易公司，合作社应负责帮助其解决棉花问题。

六、各级领导机关必须严格纠正干部中借口战争忙忽视对生产组织领导的错误思想，反对工作中的命令主义与官僚主义作风。动员每个乡村干部深入群众克服困难组织群众，以身作则，为完成春耕任务及战胜敌人而奋斗。

各分区各县应将春耕进行情形随时报告本府。

选自《陕甘宁革命根据地史料选辑》第三辑，甘肃人民出版社 1983 年版，第 237～240 页。

互校版本：《陕甘宁边区政府文件选编》第十一辑，档案出版社 1991 年版，第 147～149 页。

10. 陕甘宁边区政府命令（加强战时邮政工作）

1947 年 6 月 28 日

事由：为加强各级政府对战时邮政工作之领导以保证邮路畅通。

各专员县（市）长：各邮政局局长：

自本府关于加强改进战时邮政工作之命令颁布后，各级政府对该项工作之领导，确已开始注意转变。但有部分地方政府，对此项工作之重视，仍极不够，未能确实负责，同时邮政管理局亦没有根据战况的变化，及时想出办法，领导帮助各地工作，致使邮路因一时敌情紧张，遭受阻隔破坏，即不能迅速恢复接通，影响战争工作甚巨，今后必须更加改进，以保证邮路之畅通。为此，特有以下之规定：

（一）各邮政分局对于所属之各县邮局，应切实负责领导，特别是在敌人进攻与“清剿”中，及时了解敌情变化，具体研究指导邮路交通，以保证各级之联系，不为敌人切断。

（二）为了加强各级政府对邮政工作之领导，各邮政分局由各专署的民政秘书负责领导，过去无邮局县份，应将代办所一律改为县邮局，各县邮局由各县一科长负责领导，在边区邮政管理局总的方针指示之下，进行具体的领导，经常督促检查各级邮局工作，并按期向民政厅作报告。

（三）为求邮路之便于衔接，县与县之间，如路程相距过远的地方，应予设立邮站，除归直隶县局之领导外，并须接受所在地之区乡政府领导与协助。敌人进犯和“清剿”时，邮站可随地方政府行动，而地方政府必须以游击队民兵掩护其通邮。因此各县与县之间或县与站之间在此种情况下可以互相发生联系，任何县局及邮站，均不得拒绝转送邮件公文。

（四）完成上述任务所需之干部及必须增加的邮工，由各县就地选派熟悉当地情况及政治上可靠之人员充任，邮工亦可在民兵或游击队中抽调。其具体人数及应设站地点，由邮管局统一计划，另行通知。

（五）邮用经费仍照前令规定，邮政工作人员由各专署及各县政府负责，与其他工作人员同。邮政工人由各分区之财政分处照民财两厅规定之标准发给之。

以上各项希各级政府根据各地具体情形详加讨论，迅即布置执行。

此令！

选自《陕甘宁革命根据地史料选辑》第三辑，甘肃人民出版社 1983 年版，第 246～247 页。

互校版本：《陕甘宁边区政府文件选编》第十一辑，档案出版社 1991 年版，第 174～176 页。

11. 陕甘宁边区政府对夏收夏耘紧急指示

1947年7月1日

麦子黄熟，秋田草长，正当夏收夏耘的紧要关头，敌军阴谋破坏，积极布置抢收新麦。因之，动员组织群众进行抢收抢锄，乃是目前反清剿中紧要任务之一，掩护群众抢收并坚壁于安全地点，成为我地方政府游击队的中心工作。为此：

一、配合反清剿斗争，武装保卫秋收夏锄。离敌较远地区应学习志丹，新宁等地办法，加强盘查放哨和侦察警戒，建立战勤与支应过往军队的战时制度，使群众了解敌情，全力镇静收锄。敌人可能窜扰区域，更应随时准备应付敌人的“清剿”，学习子长南区、绥德杨道峪及合水五区经验，实行民兵警戒，游击队积极牵制与扰乱敌人，掩护群众抢收抢锄，快打快藏，敌情紧张时应事前坚壁粮食，疏散牲口，转移老弱妇女，组织壮年劳动力，利用战争空隙，不分昼夜抢收抢锄，直至敌人到村子附近才安全转移，敌人一去，马上回村继续生产。乡村干部尤须转移在后，回来在前，为领导群众坚持生产的表率。

二、组织劳动力合理使用，据半年来的统计，全边区支前劳力约占全部劳力的十分之一，而因敌人骚扰荒废的劳动力则大大超过此数。因之在劳力使用上主要应避免劳力的荒废，尽量减少不必要的动员，预先组成流动收锄班子，如敌人侵入本村时，可即转移至别村进行变工收锄，如敌人退走，应即回村，并邀别村老乡还工突击收锄。在劳动组织方面，除一般发动老汉妇女上山及大量组织变扎工外，尤应组织妇女支应零星差事，和在条件具备时实行全村各种劳力分工，统一使用的变工办法，发动所有人力，一齐动手，使战勤与抢收抢锄，两不相误。

三、“锄头下有三分雨”。目前天气亢旱，锄草是保持地里水分的最好办法。群众中等待天雨，不积极锄草现象，应即宣传解释，加以克服。尽一切可能多锄、细锄及挑水按种夏菜，预防旱灾。

四、机关、学校、部队应组织扎工队帮助驻地群众收锄。机关转移时应事前派人在沿途配合当地政府布置食、宿、草料及运输问题，严格约束本部队和机关人员遵守群众纪律，禁止随便拉差，以免耽误生产。

各级政府应将收锄工作的情形随时报告本府。

选自《陕甘宁革命根据地史料选辑》第三辑，甘肃人民出版社1983年版，第248～249页。

互校版本：《陕甘宁边区政府文件选编》第十一辑，档案出版社1991年版，第177～178页。

12. 陕甘宁边区政府为加强生产备荒的指示

1947年9月7日

各专员、县（市）长：

敌军劫掠，旧粮损失，春夏天旱，新粮薄收，明春饥荒，将不可免。为克服困难并支援我军反攻取胜，必须动员边区人民：

（1）扩大麦田，消灭熟荒，争取在这一个月内种完原有麦地，并将今年丢荒的向阳地，全部翻种冬麦。在绥德分区，首先应发动群众，互相解决畜力和麦种困难，立即翻种被敌人糟踏（蹋）了秋苗的向阳地。在延属西地区及关、陇山地，更应利用战争空隙，大量发动劳动组织，突击抢种，号召集粪拾粪和割秋草沤粪，争取种麦及明春耕种时多施肥料，增加粮产。各县政府对遭灾过重的地区可酌予贷款或贷给麦籽，后方机关应尽量抽出牲口，组织工作人员，帮助群众种麦。

（2）防止霜冻。今年秋禾下种较晚，又因夏季亢旱，入秋多雨，成熟时间定会延长。因之应广泛发动群众，在地畔堆集干柴野草，一遇白天刮西北风，夜间无风无云，即于黎明前一齐点火发烟，驱逐霜冻。这一工作对粮食收成有决定作用，但须普遍才有效果，特别在降霜较早地区，更应深入宣传，切实进行。

（3）组织群众副业生产，主要是扶助纺织。所有合作社，均应由一般业务转入扶助民间纺织业的供销，凡对人民生产与纺织事业没有联系的合作社，一律解散改造，或由政府暂管经营，解决纺车、织机、棉花等困难。在地少人稠粮食困难地区，应组织群众合伙运盐、运炭、贩粮等小型合作，调剂资金与剩余劳力，向外挣钱，换回粮食。

（4）节约备荒。发动妇女、小孩采集野菜、野果，储藏洋芋、瓜、菜、干枣、糠，并号召每家订出具体节约度荒计划，切实执行。

各级政府和干部，必须切实纠正战争以来放弃生产领导的思想，反对照抄上级指示，不具体布置检查工作的官僚作风，发扬劳武结合，劳勤结合，干部下乡具体领导的优良作风。务望切实执行，并将工作情形报告本府。

选自《陕甘宁革命根据地史料选辑》第三辑，甘肃人民出版社1983年版，第250～251页。

互校版本：《陕甘宁边区政府文件选编》第十一辑，档案出版社1991年版，第210～211页。

13. 陕甘宁边区政府关于接收各机关、学校、部队商店与家务暂行办法（修正草案）

1947年9月10日

第一章　总则

第一条　为了统一边区大小公经济力量，实行统筹与合理供给，避免苦乐不均，以支援长期自卫战争，特制定本办法。

第二条　凡边区机关、学校、部队所经营的商店一律取消，所有商店资产人员，均移交政府指定机关分别接收，农场作坊及家务均须清查登记报告接收委员会。其交公与登记办法，统依本办法处理。

第三条　为督促各机关尽速彻底报告与交公，并避免交接时之紊乱，边府得设立接收委员会（下简称接委会），由西北局、边府、联司按各系统指派专人组成。负责督促所属及其他系统进行家务的清理登记与交接等事项。下设若干工作组，专门负责接收、清点处理各系统所交之家务。

第四条　各机关、学校、部队之家务交出后，其经费开支由边府财政厅制订生产、供给标准统一供给，生产供给标准另定。

第二章　接收交公与清理登记范围

第五条　凡所有机关、学校、部队经营之商业部分，须统交公接收，其范围包括；

甲、凡所有机关、学校、部队经营商店的一切动产与不动产（如现金、股票、证券、白洋、黄金、特货、存货、器具、粮食、房屋等）、带经营性的运输队以及经营各该项之生产人员。

乙、凡机关之对外投资及与人合伙经营部分之人股、钱股及其利润等。

第六条　凡各机关、学校、部队所积存之家务与农场作坊均须清查登记，其范围包括：

甲、凡各机关积存之金银、货币、布匹、特货及日常用品等。

乙、凡各机关、学校、部队经营的农场、作坊的资金、存货、粮食、牲畜、工具、土地、房屋以及生产人员等。

第三章　处理办法

第七条　各机关接到本办法后，务须尽速将所有家务确实清理，分别部门、种类、数量，造册登记，并须将一地［切］帐（账）项结清，作出资产负债表，连同物资清册，一并经原机关首长签名后，送该主管机关。

第八条　各主管机关于接得所属单位之资产负债表及物资清册后，须负责审查，并连同本机关资产负债及物资，统一汇编成该主管机关之资产负债表及物资清册，经本机关首长签名，连所属单位材料一并送各该系统负责同志，各系统于接到审查并汇编成本系统之资产负债表及物资清册后，连同所属机关之各种原始材料送交接管会，由接管会派人审查清点，并指定一定人员作监交人。

第九条　在商店清理、造册移交期间，不论一切贸易活动及款项出入，均须一律停止。

第十条　各机关所交出之金银货币，一律交银行接收，粮食交粮食局；违禁品、实物、商品、房屋、股票，一律交贸易公司接收，牲口交财政厅按接收编余牲口办法接收。各指定之接收机关，须制定三联收据，一联由交出机关收执，一联交接委会备案，一联由收存物资机关存查。

第十一条　各机关、学校、部队所经营的商店生产人员统由各系统（按联司、西北局、边府三大系统）负责审查，工作积极、廉洁奉公者由各系统介绍财经办事处分配工作，其思想意识有毛病及经济手续不清或有贪污腐化行为者，由各系统负责审查后，分别送入学校训练。

第十二条　各机关、学校、部队经营之工厂作坊及积存的家务，据实报告，经接收委员会审查登记后，可指定一部或全部由原机关管理或经营，并担负一定生产任务。

第四章　登记与接收纪律

第十三条　在清理移交时期，严禁乱吃、乱用、转移埋伏、舞弊等情事，如经发现，当事人与该机关负责同志均须以党纪、政纪制裁。

第十四条　接受人员不得擅自窃取、动用、窜改或从中舞弊，各机关所交出之物资及帐（账）项，如经发现，一律严格论处。

第十五条　如发现机关有舞弊打埋伏、移交不清等事情，除惩处追查外，在清理期中，得停止其一切经费供给。

第五章　接收清查与分工

第十六条　接收与清查各机关、学校、部队、商店、农场、作坊及家务分为三个步骤：第一步接收与清查边区一级党政军商店与家务；第二步接收与清查分区县商店与家务；第三步接收与清查野战部队商店与家务。

第十七条　边区一级商店与家务分为联司、西北局、边府三大系统接收清查，守备部队与军事机关由联司负责，学校与边府附属机关由边府负责。

第十八条　分区县商店及家务之接收清查，由地委、专署分区司令部分别负责。

第十九条　野战部队商店及家务之接收清查由前总与联司负责。

第二十条　各分区县之商店、农场、作坊、家务的接收清查一律仿本办法进行。

选自《解放战争时期陕甘宁边区财政经济史资料选编》下册，陕甘宁边区财政经济史编写组、陕西省财政厅财政科学研究所、陕西省档案馆合编，三秦出版社 1989 年版，第 38～41 页。

互校版本：《陕甘宁边区政府文件选编》第十一辑，档案出版社 1991 年版，第 211～214 页。

14. 陕甘宁边区政府、陕甘宁晋绥联防司令部秋收动员令

1947 年 10 月 1 日

各级政府、各部队、各机关、全边区的人民们：

庄稼快成熟了，武装保护秋收是当前边区军民的紧急任务。战争以来，我边区人民在过去几年大生产中积蓄下的粮食，由于敌人的抢掠滋扰，损失很大，今年耕地面积相当缩小，加上两万青壮年参军杀敌和更多群众的服役战勤，使农村劳力亦大为减少。且目前敌人在我边区仍有不少据点，还会继续窜扰，抢掠我们的粮食和破坏秋收。因此，我边区全体人民，各级干部，全体战斗员，民兵游击队员们，必须清楚认识敌人的残暴罪行，已经给我们在粮食方面造成严重困难，任何忽视这件事情，不及早设法弥补的放任自流态度，都将使那一地方的人民受到饥饿、影响战时供给。但是我们的困难是能够克服的，特别是我军已开始反攻，敌人将继续溃败的情况下，我们克服困难的条件是更多了，只要我们全体动员，紧张细致地进行秋收，把每一棵庄稼，每一根草，每一可吃用的瓜菜都收割干

净，打好晒好，放进保险的干燥的处所，厉行节约，多种冬麦，加紧明年生产准备工作，就一定能够克服困难，渡过春荒，支援反攻，直到全部消灭蒋胡匪军，解放大西北。为此，必须：

一、武装保卫秋收。一切地方兵团，民兵，游击队，坚决打击抢粮敌人，严密监视匪军行动，发动群众抢收，快打快藏。

二、动员男女老幼，一齐上地参加秋收，随熟随收，随打随晒随藏，不可因我军反攻，存有麻痹心理，调剂劳力，切实保证帮助军属及服役战勤人员家庭之收割。

三、各级政府、部队、机关、学校，在秋收期间，切实节省民力，减少动员。并利用战争空隙和工作余暇，认真的帮助群众秋收。

四、投敌反动地主和反革命分子的庄稼，组织群众收割，将所得粮食，依当地情况和群众意见，或救济受害群众，或分给贫苦农民，或入义仓。

五、切实执行西北局多种冬麦，边府加强生产节约备荒指示，务使种麦秋收结合进行，两不耽误，并防止秋收后的粮食浪费，保存谷衣粃糠、举办小型粮食合作社，积粮备荒。

全边区人民，各级干部，全体战斗员们，民兵游击队员们，努力工作吧！我们在粮食战线上胜利了，军事上的胜利就有了保证。敌人已陷入我南北夹击的困境，必将继续溃败。我军已不断壮大，士气旺盛，战斗力提高，再有足够的粮食，我们的胜利就更没有疑义了。

选自《陕甘宁革命根据地史料选辑》第三辑，甘肃人民出版社 1983 年版，第 252～253 页。

互校版本：《陕甘宁边区政府文件选编》第十一辑，档案出版社 1991 年版，第 218～219 页。

15. 新区初期贸易工作办法草案

1947 年陕甘宁边区政府制定

（一）立即动员商人摊贩及手工业者恢复营业与集市，其无力复业者，应扶助其复业，其愿意出售存货者，可酌情收购之。贸易公司应组织民生日用品的出售，以求迅速安定人心，解决市场必需品的困难。

（二）配合税局进行商店盘存奢侈品非必需品之登记（必需品不登记，以免引起恐慌）限期销售或组织其向外输出。并禁止其再输入，这一步骤，应作为管理与改造市场的初步。

（三）发展交通运输事业，以使新区与老区农村与城市产地与消费地结合。在此出入口贸易中，税收、外汇、物价等政策应与之配合。从而使市场得到自然调剂稳定物价，刺激生产。

（四）一切买卖，其议价支付账项，应坚决使用券币，禁用白洋蒋币，并动员存有蒋

币之商人迅速兑换或向外买货。

（五）严禁奸商囤积操纵，搞违法生意，并配合土地改革，发动群众，清算官僚资本、大地主兼奸商的盘剥，并使受害群众分配其应得之果实。

（六）迅速组织工商联合委员会，改造旧工会、商会，使新商会、工会在我党领导下，成为教育团结工人、中小商人及手工业者的群众团体。

选自《陕甘宁革命根据地工商税收史料选编》第六册（1946—1947年），陕甘宁革命根据地工商税史编写组、陕西省档案馆编印，陕西人民出版社1987年版，第467页。

16. 陕甘宁边区政府、中共中央西北局关于搜集旱粮春菜籽种的通知

1948年1月10日

各地委、专署、县委、县府，各工作团同志：

去年由于蒋胡匪军的烧杀抢掠，又逢荒旱歉收，给边区人民造成了普遍的灾荒，这对我们边区的党政军民，又是一次严重的考验。每个工作人员都有责任随时随地领导群众做好救灾工作。我们有充分信心，在全体党员干部发扬艰苦创造作风与全边区军民的共同努力下，必定能够战胜灾荒，恢复生产，消灭敌人，解放西北。为此，除发动群众调剂和进行救济外，应积极组织群众准备广种旱粮春菜，是渡过春季青黄不接的最有效办法。特令各地即早搜集旱粮春菜籽种，同时应注意积极进行春耕准备工作，如牲畜、粮食、农具、肥料等之即早筹划。

一、各地在土改中接收地主储藏粮食及征收富农长余粮食中，凡有豌豆、春麦、大麦、南瓜、葫芦、菠菜、白菜、水萝卜、扁豆等籽种，应经过群众用公粮兑换，由农会及当地政府保管，以备春耕前统一调剂使用。

二、绥德、米脂、葭县、清涧、子洲、镇川、横山、子长、延长等九县，除发动群众互相调剂籽种外，按上述以公粮兑换方式，搜集旱粮籽种达到如下数目：

	豌豆籽（石）	春麦籽（石）	大麦籽（石）
绥德	80～120	30	20
子洲	80～120	30	20
米脂	50～80	15	10
葭县	50～80	25	5
镇川	50	15	15
横山	50	20	10
子长	50～80	20	10
清涧	50～80	10	6
延川（长）	50～80		
共计	510～740	165	95

这一工作，应以实事求是的负责态度去做。在缺少此项籽种的区乡，不强求凑数，而籽种充裕区乡，可酌量增加。搜集起后以区或乡为单位集中保管，报告边区生产救灾委员会，以便统一筹划，解决本区或其它灾情严重地区的籽种困难。

此外，各地土改中分配斗争果实解决灾荒的经验，发动群众调剂吃粮、组织冬季副业生产解决灾荒的经验，及准备春耕运动还存在的困难问题（如牲畜、食粮、农具等），解决办法和对上级政府的要求，皆应随时报告边区生产救灾委员会，以便研究经验，改进工作。

选自《陕甘宁革命根据地史料选辑》第三辑，甘肃人民出版社 1983 年版，第 255～256 页。

17. 陕甘宁边区政府、西北局关于开展一九四八年春耕运动的指示

1948 年

陕甘宁边区人民经过八年生产运动，辛勤经营，耕地面积由八一八万余亩增至一五〇〇万亩，粮食产量由一〇〇万石增至一八〇万石，棉花由五万斤增至二〇〇万斤，积余粮食六〇余万石，这一巨大收获有力的支持了边区一年来爱国自卫战争，胜利地粉碎了蒋胡匪帮的疯狂进犯，战争已由防御转入进攻，由内线作战转入外线作战。但经一年来蒋胡匪军残暴凶狠的烧杀和抢劫，全边区损失公私粮食二十五万石，牛驴六万余头，农具二十三万件，减少耕地三百六十余万亩，青苗被践踏摧毁者五十余万亩；敌人对人民生产基础的大量破坏，更加深了目前灾荒的严重性，造成了灾民达四十万以上的大年馑。在这种情况下，开展今年的生产运动，是有许多困难的，但是伟大的边区人民久经锻炼，绝不会被困难吓倒，必然以更大的仇恨心回击蒋胡匪帮，并努力生产，重建家务，恢复经济。

我们特再号召边区党政军民，立即紧急动员，战胜一切困难，开展春耕运动，消灭熟荒，保持原有一五〇〇万亩耕地面积，格外勤苦精细耕种，恢复生产，保证战时粮食自给，为渡过灾荒，恢复经济，更有力地支援前线，争取早日消灭蒋胡等匪帮，解放大西北而奋斗。为此，必须：

第一，加强生产领导，春耕工作是目前边区各级党政的中心工作，各级党委和政府的主要负责人中，必须指定一二人专门负责，具体布置经常检查并向上级报告情况，俗语说："立春不论地"，为了集中全力进行生产，土改工作必须于春耕前半月一律结束，估计做不完的地区可留待春耕后或秋后进行。各土改工作团在春耕期间就是春耕工作团，首先应注意土改中引起部分农民生产情绪低落的现象，耐心的加以宣传解释，团结所有农民努力生产，提倡发家致富，奖励劳动，督促地主份（分）子及二流子参加生产，使其彻底转变。乡村支部、贫农团、农会及每个党员必须成为春耕中各种生产组织的领导核心，在灾情严重地区，首应解决吃粮问题，多种春麦、大麦、豌豆等早熟庄稼和春菜，缩短灾荒时间，有计划的组织灾民，一部分在家变工生产，一部分贩运粮食，扶助春耕，一部分即早

向陇东延属或河东等地迁移，另行生产，在粮多地广的地区，须确实负责安置移民，扶助组织生产，尽量扩大耕地面积，多产粮食，靠近敌人据点及边缘地区，必须加强民兵及地方武装工作，打击敌人，保护生产。春耕期间凡一切不必要和可以暂缓的动员一律停止，一切动员必须经过正式手续，与县级以上政府之批准，对出外担负战勤人员，应普遍实行帮工还工制度，使战勤与生产密切结合。

第二，组织起来，进行生产竞赛：一年来边区劳力减少约计百分之廿（加上战勤达百分之三十），耕畜减少约计百分之卅至五十，因此更须大量组织边区原有的变工、搭工、拉吊庄等劳动组织，和发动妇女、老汉、娃娃，积极参加农业生产；缺乏牛犋地区，应提倡人工变牛（驴）工，并用人力掏种、按种，不使土地荒废。立即严禁宰杀耕牛，提倡帮助合伙买牛（驴），实行草料调剂和耕畜调剂，解决有牛无草无料或有草无牛的困难。各种生产互助组织必须坚持自愿原则，使战勤与春耕结合，并实行民主评议、记工算账等办法，使变工真正做到公平合理，坚决反对强迫命令和形式主义的劳动组织。

第三，具体解决春耕中的各项问题，坚决反对只作一般号召，照抄上级指示的官僚主义的作风，必须深入农村逐村逐户具体讨论春耕计划，并即时解决各种困难：（一）关于吃粮问题：必须依据西北局一月廿日救灾决定的精神发挥群众力量，用各种办法解决之，除分配没收和征收地主富农的粮食外，并可提倡农民间互相借贷调剂，同时组织纺织、运输、熬硝等副业生产换取粮食。延属各地应号召非灾区实行节约募捐，求得在本县本分区内自力调剂，解决粮食问题。（二）关于籽种问题：各县应切实按一月十日西北局边府联合通知，完成分配收集籽种任务，凡土改中所得的各种能用的籽种，应迅速统一调剂。各县应于春耕前将收集籽种情形呈报边府，以便调剂分配。今年的籽种都经过长期的坚壁窖藏，必须加以选择并作发芽试验，防止种上不出苗的损失。（三）关于农具：除铧已由贸易公司购回五千页并继续购进及由建厅铁厂预计制造七千页供应农村外，其它农具必须发动农民收集废铁，经合作社或集体组织铁匠制造。（四）防止庄稼荒芜：农民说："隔年草籽等一垧"，去年丢的熟荒地最易长草荒芜，必须多翻两次，或种玉麦等苗大好锄的庄稼。（五）加紧准备肥料柴火，发动老汉娃娃积极打柴拾粪，以弥补去冬因战勤及土改耽误了打柴拾粪的工作，节省主要劳力从事耕作。

在历年边区生产运动中，各级党政干部和人民都有很丰富的经验，必须很好的接受过来，联系本指示详加研讨，具体解决困难，提高劳动效率，艰苦奋斗，胜利的完成一九四八年伟大的春耕任务。

选自《陕甘宁革命根据地史料选辑》第三辑，甘肃人民出版社1983年版，第310～312页。

18. 一九四八年恢复与发展边区农工商业合作社及运输业计划

1948年3月1日边区常驻议员、政府委员扩大联席会上通过

一九四六年第三届参议会通过了边区一九四六年至一九四八年三年建设计划方案，边

区政府和边区人民以充分的信心来实现这一计划。经过一九四六年的努力，耕地面积即达一千五百万亩，产粮一百八十万石，棉花二百万斤，石油（原油）近××桶①，火柴一千八百箱，民间织成土布十二万大匹，胜利地完成了第一年的建设任务。一九四七年三月，蒋胡匪帮向我边区进犯，不仅破坏了边区人民的建设计划，并且摧毁了边区人民历年辛勤经营建立的生产基础，造成了四十余万人民严重的饥荒。现在我西北人民解放军已彻底粉碎了蒋胡匪军的疯狂进犯，胜利地转入进攻，边区人民必须立即计划生产，紧急动员恢复经济，为此边区参议会常驻会、边区政府委员联席会于三月一日通过一九四八年恢复与发展边区农工商业、合作社及运输业计划如下：

一、农业

一、消灭熟荒，增产粮食。去年边区因胡匪侵扰减少耕地面积三百六十余万亩，今年必须争取消灭熟荒，使耕地面积达到一千四百万亩，并格外勤苦耕作，多产粮食，达到边区粮食自给，家家户户都有饭吃。延属三边等地，应善于组织劳动力辛勤耕种，不使熟地荒芜；陇东应利用增加的移民扩大生产；绥德分区应尽力精耕细作，增加粮食产量。

二、生产救灾。依据西北局关于救灾问题的决定确实进行外，并计划：（1）组织三万灾民移往陇东、志丹、晋绥就食并从事农业生产。（2）在灾重地区多种豌豆、春麦、大麦等早熟庄稼，并发动妇女老弱利用零星地段、沟洼、地畔按种瓜菜，争取每户都种葫芦几十株，接济度荒。各种籽种，除政府在各地公粮及用救济粮换集或收买等办法完成一千五百石调剂给各灾区外，各级政府均须认真在当地农民中调剂或向外购买，即时解决籽种问题。（3）发放赈济粮一万五千石，解决春耕中食粮问题；贷款农币三十五亿元，解决农具籽种及移民等问题。同时，在进行土地改革地区，更公平合理的分配斗争果实，解决缺乏粮食及生产资料的农民的困难。

三、保护发展畜牧事业：一年来边区牧畜损失甚大，今后必须切实注意保护，严禁宰杀役用孕畜，严禁母畜出口，奖励伙喂牲口，注意改善饲养管理卫生防疫及医疗工作，减少牲畜死亡，打通口岸，推销皮毛，提高牧畜利益，促进牲畜繁殖。

四、植棉与制糖：保持部分地区（延属东三县等地）的棉产，并在陇东等地推广植棉，继续推广试种糖萝卜及制糖技术。

五、加强领导与组织劳动力。恢复生产是边区党政和全体人民当前中心工作，各级政府必须加强领导，开展大生产运动，奖励劳模，提高生产情绪，随时克服解决生产中所发生的困难和问题，注意生产过程中的技术指导，广泛的组织与调剂农村劳力畜力，参加农业生产，实行劳勤结合，劳武结合。健全制度，避免浪费人力畜力。接受历年边区生产运动中的丰富经验，完成上述任务。

二、工业

一、恢复与发展民间工业。（1）本年计划组织二十万人参加家庭纺织业的生产，年产小布六十万匹。在西地区继续传授纺织技术，东地区组织供销，除群众自种及购买的棉花外，建设厅、工合及各合作社，用发花收标准布及卖花买布，帮助推销等方式扶助开展家

① “档案文件版”注：据考证此数字为“五万桶（五加仑）”。

庭纺织业。（2）扶助民营手工业，如米脂民生纸厂等，坚持公私兼顾、劳资两利原则，帮助其解决困难，定购产品，保证其获得正常的生产利润。（3）扶助发展熬硝、榨油、养蚕、毛织业等生产，恢复子洲、镇川小盐及米脂石炭等出产。

二、逐渐恢复主要公营工业。（1）恢复石油厂。目前开工暂时提炼现存原油，进一步和其他解放区合力恢复与扩大油厂生产，首先补充设备，一面掏井，一面打井，争取每日出原油××桶①，以后逐步扩大改进。（2）建立小型铁厂供给农具，子长燃料便宜，矿砂炼铁，亦已试验成功，同时搜集废铁制铧、铸锅，供应生产力所需农具，并逐渐由公营推广为公私合作与民间手工业。（3）纺织厂与军工需要配合，恢复扩大丝织厂，上半年就现存原料进行生产，下半年根据原料及需要逐步扩大。（4）恢复小型化学厂，小规模制造甘油及肥皂，上半年每月产肥皂××条②，下半年按情况和需要扩大。（5）火柴厂和造纸，下半年如情况与条件许可，逐渐恢复。

三、交通运输业

一、恢复民间运输业：（1）改进战勤制度，尽可能减少不必要的动员。后方机关物资运输一律付给运费。加强兵站、粮站等工作，多组织短距离的转运，实行劳财共负及组织农村战勤运输合作，求得牲畜动员的公平合理，以增加民间运输畜力。（2）组织边区食盐、烧碱、皮毛、清油、甘草等土产与各解放区物资的交换，保证运输的适当赢利，刺激民间运输的发展。（3）组织农村合伙、朋伙捎赶牲口等运输合作，政府筹发部分运输贷款，解决运输资金困难；奖励和扶助公私开设草料店，克服各交通大道草料困难，达到逐步恢复边区运输业。

二、适应形势的发展和需要，整修绥（德）宋（家川）公路，富米路，进而兴修绥定路（先修绥德至马蹄沟一段）。上半年进行勘察，下半年动工兴修。

四、合作事业

一、在土改、生产、救灾中组织切合实际情况与人民需要的小型合作，使群众中的资金和劳力相结合，真正达到合作社以扶助群众生产为其主要任务的目的。

二、各地旧有合作社目前应扶助人民生产、救灾，发展纺织、运输，恢复集市，收买农村副业产品，供给民间的必需品，以资有利于边区经济之恢复。

三、银行和贸易公司对各合作社应经常给予帮助，视合作社为本身组织的下层基础，在业务上取得密切联系，以期达到发展国民经济之目的。

五、商业与内部市场

一、贯彻保护商业的政策，在土地改革中坚决不侵犯私营商业的利益。宣传解释。消除商人疑虑，首先繁荣城市，以诱发农村市场的活跃。

二、适当规定营业税率，一九四八年免征营业税，以促进商业的恢复与发展。

三、恢复遭受匪军破坏的集市，首先尽力恢复公营商店及合作社的营业，以影响私营商店并扶助其恢复营业。

四、稳定金融，调整物价，贸易公司准备供给群众生产原料与日用必需物品，加强工

---

① “档案文件版”注：据考证此数字为“二百”。
② “档案文件版”注：据考证此数字为“一万”。

农业产品以及土产与必需品的交换，发展内地市场。

选自《陕甘宁革命根据地史料选辑》第三辑，甘肃人民出版社1983年版，第275～279页。

互校版本：《陕甘宁边区政府文件选编》第十二辑，档案出版社1991年版，第56～60页。

19. 陕甘宁边区政府关于保护工商业的布告

1948年3月31日

陕甘宁边区的工商业，十余年来，在中国共产党的正确政策与方针指导之下，经我民主政府的具体实施，虽受蒋胡匪帮严密封锁，依然获得繁荣与发展。惟自去年蒋胡匪军疯狂进犯以来，致遭严重破坏，加之去冬土地改革中某些地区曾发生侵犯工商业利益的“左”倾错误，致一时妨碍了工商业的恢复与发展。当兹努力恢复边区建设之际，为了促进工商业的发展与边区经济的繁荣，特郑重宣布：

一、坚决贯彻保护工商业政策。凡遭受蒋胡匪军重大破坏的工商业，无论属公属私，均应本政府保护工商业的方针，鼓励与扶助其恢复营业。在土改中，切实实行土地法大纲第十二条关于“保护工商业者的财产及其合法的营业不受侵犯”的规定。地主、富农所经营的工商业，同样应受到保护。曾因订错成份（分）受到侵犯尚未纠正者，应一律迅速改正，退偿损失。对某些尚存顾虑，窖藏货物不敢营业者，应宣传解释鼓励其恢复营业。凡属工商业的借贷和来往账债，应予保护。在经营上，凡依“发展生产，繁荣经济，公私兼顾，劳资两利”方针，不论合伙经营或个人经营的工厂、作坊，政府均应保护和奖励。

二、本年度（民国三十七年）免征商业税与临时营业税（不论固定经营或流动经营）。以农业为主兼营工商业者，在征收公粮时，只计算其农业收入，其工商业部分，不得计为副业征收公粮。

三、工商业者的财产及其合法的经营，得受边区法律的保障。如被侵犯，工商业主可依法向政府司法机关提出控告。

选自《陕甘宁革命根据地史料选辑》第三辑，甘肃人民出版社1983年版，第283～284页。

20. 陕甘宁边区银行总行、贸易总公司联合指示

1948年11月18日

为适应爱国自卫战争的需要，统一陕甘宁晋绥两边区，陕甘宁晋绥联防军司令部商得边区政府与晋绥行政公署之同意，将两边区银行合并，定名为西北农民银行。同时与贸易公司合并，又名为西北贸易公司。现在陕甘宁边区银行总行已按照上级指示，合并于贸易

总公司，各分行亦须于指定期内从速合并于各分公司，以利工作之进行。于合并中并须严加注意发生乘机贪污及生财用具吃喝上之浪费等行为。并特规定合并办法于下：

一、物资移交办法

1. 分行（准备库在内）、办事处、交换所之一切资产负债，统由分行负责清理作一结束。

2. 分行资产内务种物品、金银、牲畜、器具、武器、生财等均按当地公司定价折算交分公司，取得分公司收据向总公司总行转账。

3. 分行已经疏散之物资，不必完全集中于分公司所在地，可先造成表册由分公司经理根据需要指定移交地点，但必须取得接收机关之收条，以便向分公司转账。

4. 凡是移交之物资均要编制“物资移交清册”6份（总公司、总行、地委、财办处、分公司、分行各一份）。

5. 分行会计上之账簿单据及业务上之材料文件均交分公司接收。

二、人员处理

分行干部除已经决定调动者外，下余人员编制清册全部移交分公司，分行行长任分公司付经理（另有命令）。

三、分行合到分公司后，分公司增设“金融管理科”，工作任务为：掌握外汇统计、物价市场情况调查、生产贷款、代理金库、兑换等。但该科会计不独立，可根据业务需要在会计科账上增设适当科目以处理之。分公司以下据点内不增设金融管理组织，口岸上由支公司按外汇管理原则办理兑换，内地支公司亦按外汇管理原则只能收入金银敌币（不兑出）。

四、移交时由党政派人监交。

五、于12月20日移交合并完毕，将清册及折算收据寄到总公司总行。

喻杰　余建新　黄亚光

张定凡　史唯然

11月18日

选自《解放战争时期陕甘宁边区财政经济史资料选编》下册，陕甘宁边区财政经济史编写组、陕西省财政厅财政科学研究所、陕西省档案馆合编，三秦出版社1989年版，第207～208页。

21. 陕甘宁晋绥边区政府、西北军区司令部关于缉私工作的指示

1949年1月10日

各专员、县（市）长，分区司令员，并各级缉私委员会：

边区缉私工作在过去一年中，由于加强领导与成立缉私组织，在贯彻禁令，阻遏走私气焰以及查获违禁品等方面获得了若干成绩。但缉私工作本身，尚有不少缺点，主要表现

在有不少缉私分会，放弃领导，有名无实，有的甚至发生乱收乱用不解不报等无政府无纪律状态。造成这种现象的主因，是各级政府及领导机关对这一工作仍不够重视，放松了对缉私工作的领导所致。

为保证禁令彻底执行，除修正陕甘宁晋绥边区暂行缉私规章随文颁发外，对于今后缉私工作特指示如下：

（一）各地政府及领导机关应认识加强缉私工作是贯彻禁令有力支援战争胜利的重要工作之一，必须有足够的认识，作为本身日常工作的一个部分，经常注意领导检查缉私工作并对所属干部及缉私人员进行教育。

（二）各机关的负责同志，对于本部的生产人员应经常抓紧教育。绝对禁止违法走私。为贯彻此项决定，特授权缉私队，如发现情况有权随时检查公营商店，倘经查获，除将违禁品没收，商店封闭，经手人送政府依法惩办外，该部门主管人亦应受到处分。

（三）为加强各地缉私工作凡未成立缉私的分区须迅速依据当地情况成立一定数量的缉私队，并由专署和分区司令部负责发给枪弹武器，缉私队成立后可按绥德分区的办法由缉私分会委托税务分局领导，缉私人员待遇按地方部队标准发给，由税务分局统一向财政厅造决算报销，已成立缉私队者，必须加强缉私人员的教育管理工作，使其执法守法，领导方面对于缉私人员的赏罚必须严明，违法失职者须受处分，著有成绩者应予奖励。缉私人员在原则上不给缉私奖金，但成绩优良者可由缉私分会提出意见呈请缉私总会审核批发工作奖金。

（四）查缉物品除一般的依条例处理外，对于贫苦群众及军工烈属如因没收以致不能回家者，可由当地县（市）政府证明，酌发路费，（此项须按月转分区财委会向财厅报销）但屡犯者不应照顾。

（五）为了纠正以往缉私工作上存在的无政府无纪律状态，各缉私分会必须严格执行下列工作报告制度与没收品的报解制度。

第一，分区缉私委员会，须按月汇制缉私情况简报及报告表一次（两份），按季作综合性的工作报告一次，呈报边区缉私总会，1948 年度的缉私总结，应于 2 月底前作出报告，呈缉私总会，以便呈报西北局和政府。

第二，各县没收品（指毒品、敌币、银洋、赤金）必须按月解交缉私分会，除延属、三边、绥德分区按期（多者每月一次，少者二月一次）直接解送延安总会外，其余分区一律解交分区贸易分公司，但解交公司后须按月将贸易公司收据寄来总会，以凭换取正式收据。

（六）凡群众协助缉私者，一律依照缉私提奖规定发奖，颁发办法规定为：奖金一律由税务机关在税收中先行垫支，发给前须先经县的贸易支公司（或分公司）评定成色价格，并取得公司的证明信后方可发给，奖金的报销办法，则由各地的税务机关按月造出决算（附领据及证明信）向财政厅报销。

以上各项希各地缉私分会，及军政税务贸易机关切实研究执行为要！

边区政府主席　林伯渠
副主席　杨明轩　刘景范
军区司令员　贺　龙
政治委员　习仲勋
副司令员　王维舟

附：陕甘宁晋绥边区暂行缉私规章

第一条　为加强违禁品（包括毒品、敌币、银洋、赤金与货物税条例规定禁止进出口之货物）及漏税货物之缉私工作并统一缉私职权，贯彻政令而制定本规章。

第二条　陕甘宁晋绥边区（以下简称边区）缉私事宜，悉依本规章之规定办理之。

第三条　凡边区缉私事宜，由边区缉私委员会（以下简称缉委会）所属之缉私队，税务稽查人员统一办理，各地贸易公司、银行均有协助查缉之责，除经缉委会委托之机关外，不论任何机关或个人一概不得缉私。

第四条　边区缉委会授命各分区缉委会统一组织各该分区之缉私队，办理各该分区缉私事宜，其组织与领导关系规定如下：

（一）缉私队由分区缉委会按照整编规定名额编制并选派队长及政治指导员，呈请边区缉委会备案。

（二）缉私队在分区缉委会领导下执行任务，其日常业务指导，工作布置及生活管理得由缉委会委托税务局统一办理之，生活管理应依军事原则管理之。

第五条　缉私职权划分如下：

（一）缉私队以查缉毒品、敌币、银洋、赤金为主；税务机关稽查人员以查缉禁止进出口物资及漏税货物为主。但同时应兼顾双方协同进行。

（二）受缉委会、税局委托之缉私机关及缉私队，或个人只有缉私权，而无处理权。

第六条　缉私范围及没收品处理按下列规定：

（一）凡查获之毒品及敌币一律没收。

（二）银洋赤金及元宝准许民间保存，金银质首饰准许佩带（戴），如变卖者，须到银行按牌价售出，凡因转移而携带者须取得区级以上政府或银行之证明文件后始得通行，否则一律没收。

（三）凡查获禁止进出口货物及应税货物之走私案件，悉依货物税条例规定办理之。

（四）凡私贩枪弹及其他军火者，除将该项货品没收外，人送司法机关依法究办。

（五）凡缉之毒品、敌币、银洋、赤金，应交由缉委会或委托之机关按本规章处理之，缉获禁止进出口物资及漏税货物，人货须送当地税务机关处理之。

（六）凡缉私机关宣布没收毒品、敌币、银洋、赤金时，须随时割给边区缉委会制发之没收证，属禁止进出口货物者须割给财政厅制发之没收证。

第七条　缉私人员行使职务时应注意下列事项：

（一）缉私人员进行检查时，须携带边区缉委会制发之缉私证，缉私时应出示缉私证，无缉私证者无权缉私，违者法办。

（二）对走私人员不得任意捆绑、打骂（使用暴力抗拒者例外），否则，受害人有权告发。

（三）缉私人员只能在道路、河口、关卡等地进行检查，对于民房、商店必须进行检查时，须商请当地政府协同进行。

第八条　缉私队与政府之关系规定如下：

（一）缉私队所到地区行使职务时，须通知当地政府，遇有重大案件当地政府得协同办理，当地如突然发生敌探奸细破坏事件，地方政府须缉私队检举缉拿时，缉私队须尽力

协助办理之。

（二）分区缉私队如因特殊情况须往其他分区进行职务时，须通知该分区政府，方可进行。

第九条　缉私提奖及奖金分配办法如下：

（甲）提奖：

（一）因报告而查获之毒品、敌币、银洋、赤金以该案总值 10%作为奖金。

（二）因报告而查获之违禁货物，以该案总值 25%作为奖金。

（三）因报告而查获之漏税货物，以该案罚款总额 30%作为奖金。

（四）因报告而查获之漏税货物，如只补税未罚款者，税务机关对于报告人可酌情给予奖励，但最高不超过应纳税款 5%，奖金由此项补税款内拨给。

（乙）奖金分配：

（一）协助缉私人员归案者，奖给该案奖金额一半，其余半数归公。

（二）报告缉私人员并协助归案者可得该案奖金 2/3，余 1/3 归公。

（三）凡将走私人员及物资一齐送交缉私队或税务机关者，奖本案奖金全部。

（四）缉私队查获之案件无奖金。

第十条　缉私人员之工作奖，依边区税务人员奖惩办法办理之。

第十一条　本规章在晋绥区如尚有未尽事宜时，晋绥行署及军区司令部可在不与本规章抵触之原则下另制定单行办法。

第十二条　本规章自颁布之日起施行，民国三十七年二月十九日边府颁发之缉私办法及民国三十六年颁行之税务规章即行作废。

选自《解放战争时期陕甘宁边区财政经济史资料选编》下册，陕甘宁边区财政经济史编写组、陕西省财政厅财政科学研究所、陕西省档案馆合编，三秦出版社 1989 年版，第 529～534 页。

互校版本：《陕甘宁边区法律法规汇编》，三秦出版社 2010 年版，第 413～414 页。

22. 中共中央西北局关于今年农业生产的指示

1949 年 2 月 26 日

（一）去年陕甘宁晋绥基本地区的农业生产，是在完成了土地改革，进行了纠正偏向的基础上及我军胜利进攻，大部分地区获得较安定的环境下进行的，这是使我们能够恢复生产的基本条件；但由于匪祸天灾，使边区人民生产基础遭受严重破坏，广大农村普遍的食粮不足，劳力减少，畜力缺乏，陕甘宁有近四十万人民陷于饥饿状态，晋绥有四十六万人口的地区遭受严重灾荒，加之某些地区土改“左”偏所造成去春农民生产情绪的动荡不安等，曾给我们进行恢复生产以极大困难，但在我党中央正确政策领导下，经全体军民艰苦奋斗及各级党政工作干部的努力，依靠群众，并由于：（甲）各地正确执行了有关发展农业生产的各种政策，激励与提高了群众生产情绪；（乙）坚持生产救灾方针，依靠生产

克服了灾荒，同时用大力筹运粮食及利用土改中所得的果实，接济灾区食粮、种籽；（丙）发动广大妇女群众参加生产，补助劳动力不足；（丁）采取发动群众借贷互助为主政府贷款为辅的方针，解决农民生产中的具体困难。经过一年的努力，战胜了灾荒，克服了困难，基本上完成了一九四八年的农业生产任务。陕甘宁增种熟荒二百四十万亩，耕地面积恢复达一千五百余万亩，产细粮三百余万市石（黄龙新区耕地四百四十余万亩，产细粮近一千七十万市石，未计算在内）耕地面积和产量均达四六年百分之七十，晋绥已超过了四六年的农业生产水平，耕地达三千一百八十余万亩，产细粮近一千万市石（包括晋南在内）。打下了今后进一步恢复与发展生产的巩固基础，但我们绝不能骄傲，必须认识生产尚未全部恢复，距战前的水准还差很远，仍应切实努力，积极响应毛主席"生产长一寸"的号召，把我们的农业生产在现有的基础上提高一步，以便更有力地支援西北人民解放战争，继续恢复战争与灾荒所遗留下来的若干地区的创伤，并适当的改善人民生活。

（二）除上述基础外，今年的农业生产还有更好的条件：（甲）由于军事胜利的向前发展，西北解放区绝大部分地区已完全处于安定的适宜生产的环境。（乙）西北解放区的基本区均已完成土改，生产力的束缚已被解除，纠正了"左"的偏向，使广大农民的生产积极性逐渐提高。（丙）由于各解放区连成一片，使西北解放区的生产从此脱离了小范围孤立的自给环境而能与其他解放区配合的发展。（丁）由于解放区的统一，特别由于西北解放区今年将有更大的发展，就使长期脱离城市和工业的西北农业生产环境，将开始进入与城市工业互相配合发展的环境。（戊）去冬与今春几次的雪雨，也是农业生产很好的自然条件，这些都是今年进行农业生产新的有利条件。但我们必须注意到另一方面，若干地区匪祸天灾的创伤，尚未完全恢复，有些地区灾荒尚未完全解除，食粮、籽种还有困难，有些地区由于土改"左"偏的残余影响未能完全消除及合理负担政策尚未贯彻执行，以至农民的生产积极性和勤俭朴素的风气尚不很高，此外我们过去对于农业生产的计划性和具体领导是不够的，特别对于组织指导农村生产合作互助工作，做的很差，这都说明我们过去工作中尚有缺点，今后也还有困难，必须十分重视，认真求得改进与克服。

（三）根据上述情况和条件，提出今年农业生产的任务，以增产粮食为主，一九四九年争取做到全边区增产细粮一百万市石（每亩约增产细粮二市升），同时要注意工业原料棉麻等之发展，特别注意扩大棉田，提高棉花产量。其次对于西北国民经济上占重要地位的畜牧事业及其他与人民有益的农村副业，应尽量保护与发展。增产粮食的基本方针，一般以精耕细作，提高产量为主，以恢复与扩大耕地面积及大量兴修水利为辅，各地区各级党政应根据当地生产能力的条件，拟定适合实际情况的具体增产计划，并继续研究，改良生产技术，特别注意集粪施肥，选择品种，多耕多锄，保持水土，改良农具，防除害虫等重要方面。在改良农作法方面，一切好的范例，必须随时向农民宣传并与当地实际条件结合推广之。

（四）为实现上述任务，凡土改后基本区的各级党和政府，必须经过各级组织和一切群众团体在所有的农村普遍的发动一个以提高农业生产、比赛劳动致富的群众性的生产运动，所有农村党和政府及党员和干部必须把领导人民发展农业与副业生产为自己最中心和最基本的任务。农村支部、人民代表会、农会都必须成为生产运动的骨干和领导者，广泛

深入的进行宣传组织推进这一运动，并注意随时帮助农民解决生产中所遇到的某些困难，使农村的党和政府及群众团体在领导生产这个中心环节上和广大群众进一步联系起来，每一个乡村每一个人都要为实现自己的生产计划，进一步充实支前的物质力量与适当改善生活而斗争。在土地问题尚未解决的新区应在贯彻以反封建为主的发动群众的方针与工作基础上，不违农时领导与组织群众恢复与发展生产。

（五）为更加确立与巩固基本区广大群众生产发家劳动致富的思想和勤俭持家的风气，并发动与提高其生产积极性，必须贯彻党的有关发展农业生产的各种政策：（甲）确立与巩固土改后农村各阶层的土地财产所有权，允许个人自由处置，如买卖典押转让遗赠，雇工经营，或在特定条件下出租等，并继续完成颁发土地窑房证。提倡并保护私人借贷，利息由双方自由议定。（乙）坚决实行公平合理公私兼顾的负担政策，在土改完成的地区，结合生产，利用农闲，逐级审查，评定当年产量，贯彻按通产比例征收农业税，不论新区老区均应切实改进战勤负担制度和办法，尽量使之公平合理，以刺激农民生产情绪。（丙）继续实行生产奖励政策，对于一切有益于生产的事项如：牲畜之繁殖、水利之兴修、工具之发明、耕作之改良、特种作物之栽植、互助合作事业之发展、移难民之垦殖以及劳动英雄之功绩范例等，均应加以精神和物质的奖励，并在总结以往经验的基础上开展劳英运动。（丁）发放可能的与必要的农业贷款，以促进农业生产，但这种贷款必须由银行主持发放，并建立严格的信用制度，使之真正成为达成生产公私两利有借有还，坚决克服过去把贷款变为恩赐救济的慈善事业的观点和作（做）法，各级党在领导今年农业生产中，必须使所有干部明了并向一切群众宣传上述各项政策，并切实遵照执行，以打破农民对生产的某些顾虑。

（六）由于土改后土地、牲畜、农具的分散及匪祸天灾所造成的农村劳力减少和普遍缺乏耕畜等困难，组织农村的生产合作变工就成为保证完成农业生产任务最迫切最重要的问题，但这正是我们过去领导生产工作中最薄弱的一环，对今后“由个体逐步的向着集体方向发展的农业经济”应有明确认识，必须加强领导，使广大农民在生产劳动方面发展变工互助，同时在供给工具、种籽、原料和运销农产品的方面有条件有步骤的建立供销合作社，真正协助社员生产，以比较廉价的工具和工商品供给农民，又以公道的价格收买和运销农民多余的粮食和原料及副业生产品，好的供销合作社必然对于组织农村生产与消费以及农村经济周转，会起很大作用的。因此一切经济机关，特别是工商厅与各地贸易公司应把指导与扶助合作社的正当发展，当作自己的重要任务之一。应以适当价格，供给合作社以农民的生产资料和生活资料，并销售合作社从农民中收买来的生产品。如果把农村合作事业真正做好，实质上就可以把农村广大群众真正组织起来。尤其在西北形势迅速发展，某些大中城市即将解放，老区公营贸易等机关在一般农村中的据点，可能有某种程度的收缩，转移到若干较大的城镇上来，这种情形之下，农村供销合作事业更属迫切需要。为此必须坚决反对对于组织农村劳动互助与供销合作事业的放任自流不负责任的态度，同时也要注意不再重犯过去组织劳动合作互助中曾经犯过的强迫命令，形式主义，脱离群众等毛病，而是实事求是的，加强现有合作社及农村合作事业的指导，根据自愿结合和等价交换、民主监督等原则，一般以小型的按季节性的分散的形式，组织一切劳力、畜力、合作互助、生产变工，然后在此基础上有条件有步骤的去逐渐提高，特别要注意发动鼓励广大

妇女群众参加到生产战线上来。

（七）春耕季节已经到来了，各地党应把去冬以来进行的颁发土地证、整党、评产等工作与今年春耕工作密切结合起来，并使这些工作围绕着春耕生产的动员组织工作去进行。如果发土地证、整党、评产工作与春耕生产工作在时间上和力量上发生矛盾时，则应前者服从后者。各级党必须根据本指示所提出的基本精神和方针，详加讨论，进一步搞通干部思想，彻底纠正有些干部把生产工作当作“软任务”或认为“生产群众会搞，用不着我们管”等错误思想。遵照毛主席“一切基本解放区当前最基本的任务就是要把生产提高一步”的指示，各级党必须拿出充分的时间和力量组织与指导生产事业，很好的吸取过去领导农业生产的经验深入农村有计划的去进行一切必要的宣传与组织工作，在全西北解放区展开一九四九年的农业增产运动，以配合今年军事政治的发展形势，为基本上解放大西北与促进人民解放战争在全国胜利的伟大目标而斗争。

选自《陕甘宁革命根据地史料选辑》第三辑，甘肃人民出版社 1983 年版，第 321～326 页。

23. 陕甘宁边区政府关于保护公路的指示

1949 年 3 月 4 日

各行署主任、专员、县（市）长：

为适应迅速胜利发展的形势，加强支前运输，整修与保护公路，成为我们当前的一项重要工作。务希各级政府立即认真负责检查所属区域内的公路，利用春耕前的空隙，发动群众加以补修。在河西应特别注意修好咸榆公路主干线及黄龙分区内原有的各支线，在河东应特别注意修好赵城至禹门口至风陵渡线（经临汾）及汾离公路至军渡之主干线，保证汽车畅通无阻。今后修路护路应当成为各级政府经常工作之一。为了保证主、干线公路之及时修理，准予每二百华里左右设一公路检查员（各段人员配备见附图），归县政府领导。乡（河东为行政村）政府下设一交通委员会，吸收有关自然村干部三五人参加，负责动员群众修补公路，并分段负责组织养路队（关于养路技术问题，可参看一九四八年十一月十五日指字第一号边府建设厅指示）。检查员应与乡村交通委员建立经常工作关系，负责经常巡查所管段内之公路，如有破坏，立即督促乡交通委员动员群众补修。凡群众修路担负人工，均应计入战勤工内，由各县政府统一调整。今后凡修路护路成绩优良者应予以奖励，不负责任的应予以处分。

各行署、专署及县（市）政府接令后，务须立即具体布置进行补修，凡补修公路桥梁之木工石工费用，在十石以下者，由行署审核批准在建设费项下报销，工程巨大者，应拟具修理计划及预算呈报边府交通厅核准施行。公路检查员应于指示到后一星期内配备就绪，进行工作，并将简历报告交通厅。

兹提出补修公路应遵照的几项标准如下：

（一）过河之处（河两边）均须铺垫石子。

（二）石土砭垮下之碎石块，须立即铲除干净。

（三）路基被水冲刷之缺口，须迅即补起，并留水路出口。

（四）路面坎坷不平之处，须用石子或土铺平或挖平。

（五）水沟水管淤塞者，必须挖开，积雪溶化及暗泉等处，应挖送水沟，并将泥泞之处垫干。

各行署各专署应将工作布置及修补公路情形随时报告本府。

选自《陕甘宁革命根据地史料选辑》第三辑，甘肃人民出版社 1983 年版，第 363～364 页。

互校版本：《陕甘宁边区政府文件选编》第十三辑，档案出版社 1991 年版，第 104～105 页。

24. 陕甘宁边区发展牲畜暂行办法

1949 年 4 月 12 日公布

第一条　为提高农业增强运输，繁荣边区经济，特制定本办法。

第二条　本办法所称牲畜系指役用之牛、驴、骡、马、骆驼，肉用之羊、猪等。

第三条　凡从事繁殖饲养牲畜之人民，均可享受下列之奖励：

甲、役用怀胎母畜，产前一个月，产后一个月，免除战勤，产后第二个月，第三个月，只服短途战勤，不服长途战勤，不超过一站路程者为短途。

乙、不及三岁之役畜，免除战勤，三岁至四岁之役畜，只服短途战勤，不支长途战勤。

丙、专门配种子役用种畜，经县府批准者，免除战勤，并免除配种季节经营户一人之战勤，其配种之收入，亦免除负担。

丁、配种技术优良，每年每头役用种畜配准一百头以上者，奖励给黑豆一石，配准五十头以上者，奖给黑豆五斗。

戊、有配种技术而无资本购买种畜者，经当地政府介绍，银行可酌情给予贷款。

第四条　在纯畜牧区内之牧地，非经当地政府许可不得开垦。

第五条　为群众公认，对畜病防治有经验之兽医，由县政府发给行医执照，并免除其战勤。

第六条　防治牲畜疾病有显著成绩之兽医，得由县以上政府发给以名誉或物资奖励。

第七条　牲畜发生瘟疫时，县政府应组织兽医巡回医疗，如兽医在工作中或生活中发生困难时，政府应给以帮助。

第八条　牲畜发生传染病，必须切实隔离消毒，疫病死亡牲畜，必须深埋，严禁食用买卖。

第九条　为克服医药困难，各地政府应注意奖励群众开办药社与兽医兼营药社。

第十条　政府应有重点地试办牲畜配种站与委托合作社兼营配种工作，（以公私两利原则进行之）并奖励农民及合作社贩卖种畜。

第十一条　为发展畜牧，银行应酌情适时发放畜牧贷款。

第十二条　严禁宰杀耕牛，凡齿老残废，不能役用者，须经当地政府批准，方得宰杀，故意违犯者，严加惩罚。

第十三条　凡积极执行本办法有显著成绩者，各县政府得酌情奖励，违犯本办法者，得酌情惩处。

第十四条　本办法如有未尽事宜得由边区政府修改之。

第十五条　本办法自公布之日起实行。

选自《陕甘宁革命根据地史料选辑》第三辑，甘肃人民出版社 1983 年版，第 371～372 页。

互校版本：

1.《陕甘宁边区政府文件选编》第十三辑，档案出版社 1991 年版，第 188～190 页。附有 1949 年 4 月 12 日颁发的通字第 23 号通令。

2.《陕甘宁边区法律法规汇编》，三秦出版社 2010 年版，第 437 页。

25. 陕甘宁边区工矿商业营业执照领发办法

1949 年 4 月 14 日

第一条　本办法根据营业税条例第一章第三条之规定制定之。

第二条　凡在边区境内经营工矿企业及在市镇经营商业并设有固定地址者，不论公私均须按期请领营业执照方许营业。

第三条　营业执照之领发事宜，统归各地税务机关受责办理。

第四条　营业执照发给办法如下：

一、营业执照每年颁发一次，并以每年之第一月为颁发期间。

二、凡请领营业执照者于颁发期内填具申请登记书一份，送交当地工商联合会经登记并转呈该县税务局审查批准后颁发之，凡新营之工矿、商业亦须于开业前一月，依上述规定请领执照。

三、凡二次请领营业执照者，须将旧执照缴销作废。

四、营业执照每张按资本额收手续费百分之二（以后币值变动时，由税务总局另行规定之）。

第五条　凡领取营业执照者，如中途因故停业时，须于停业前五日内填具停业申请书一份，送交当地工商联合会，经审查登记呈请税务机关批准后方准许停业，并注销其执照。

第六条　罚则：

一、无故不领执照逾期一月者处五十万元以下罚金，逾期两个月者处以五十至三百万

元以下之罚金，逾期三个月者除处以三百万至五百万元以下之罚金外，得以抗领执照论处。

二、凡顶用执照意图蒙混取巧者，除令照章补领外，并处以二十万元以上二百万元以下之罚金。

三、凡不遵守本办法第五条之规定而私自停业者，在停业期间该业主仍有完纳工商业负担之义务。

四、凡应受停业处分之工矿、商业均由税务机关呈请当地县（市）政府以布告公布行之。

五、凡有涉及司法范围者，送当地司法机关处理之。

第七条　工矿、商业营业执照由边区税务总局统一印制之。

第八条　本办法自公布之日施行。

选自《陕甘宁边区政府文件选编》第十三辑，档案出版社 1991 年版，第 209～210 页。

互校版本：《陕甘宁边区法律法规汇编》，三秦出版社 2010 年版，第 273 页。

26. 陕甘宁边区牲畜市场管理规则

1949 年 4 月 14 日

第一条　凡在集市买卖牲畜均须在规定之牲畜市场进行交易。

第二条　凡买卖牲畜不论有无交易员（即经纪牙子）说合均须于成交之后，向征收机关照章完纳牲畜交易税。

第三条　牲畜交易税为百分之五，由买主负担。

第四条　凡市集牲畜买卖经交易员说合成交者，统由征收机关当日照章提成，交易员概不准私向买卖主索取佣金。

第五条　农村牲畜交易税除代征机关规定提成者外，一律不得提成。

第六条　市镇牲畜交易价格应由交易员会同买卖双方当面议定，交易员不得故意高抬低压从中取利。

第七条　凡经交易员说合成交之牲畜，交易员须于成交后，协同买卖双方同到征收机关纳税，不得串通偷税瞒价。

第八条　交易员须佩带税务机关制发之牙行证方得执行职务，无牙行证或顶用牙行证者均以私牙论处。

第九条　凡经税务机关考核批准并领有牙行证之交易员均须受当地税务机关领导。

第十条　买卖牲畜如违章者悉依交易税征收办法之规定办理之。但经纪人如违犯上述规定之一者，轻者取消其交易员资格，重者除追回舞弊赃款外，人送司法机关惩办。

第十一条　本规则自核准之日施行。

选自《陕甘宁边区政府文件选编》第十三辑，档案出版社 1991 年版，第 212～214 页。

互校版本：《陕甘宁边区法律法规汇编》，三秦出版社 2010 年版，第 287 页。

27. 陕甘宁边区政府关于接管敌邮问题的意见

1949 年 5 月 4 日

（一）由于人民解放战争的胜利，西北广大地区即将获得解放，我们在那里应同接管敌人的其他一切企业一样，迅速地接管敌人的邮政，建立人民邮政，以利革命工作的进行和供给人民生活的需要，这是一个很重要的问题。国民党反动派统治时期所设立之邮政，虽早已成为被反动政府利用来进行反人民和摧残人民自由的一个统治机构，但是由于它的根本性质是一种社会企业机构（和反动的政治机构不同），它与社会人民的生活有着密切联系，它的内部技术组织制度方面又是比较合理科学有效的。接管时一般地可以根据固有的一些技术制度来办事，以便争取迅速接管，迅速复业。至于敌邮人员，除少数官僚分子和特务分子外，一般员工多是贫苦知识分子与贫民，绝大部分是可以教育转变来为人民服务的。但一部分较进步的员工，由于目睹敌人政治的腐败，借投身邮政事业企图“超脱于政治之外”；另一部分则为家庭生活所迫，只为永保“铁饭碗”而负担繁重的工作，对进步的东西缺乏认识。如当黄龙、西府、延安解放和收复之时，当地敌邮员工曾有逃跑和隐藏物资等现象。不过这也由于以往我们一部分接收人员缺乏正确执行政策及没有接管经验，对之争取不够有关。如错误地打击及不区别官僚资本和私人邮件一概没收等，使接管工作受到不应有的损失。这个教训应很好记取。目前由于全国胜利即将到来，党的城市政策已在许多大中小城市成功地实现。如郑州、沈阳、北平、天津等地，接管敌邮时，原来的邮政人员，都热切地参加工作，成为我们接管敌邮的依靠，一般敌邮的职员也绝大部分作（做）到了保存物资等待接收，受到人民政府的鼓励和安慰。同时由于国民党反动派的最后崩溃已非常明显等原因，也会影响到一切尚未解放的地区的敌邮人员，使他们认识到只有迎接解放军，保护物资，静待接收，照旧供职，积极复业，才是自己应走的道路，对国民党存在任何幻想都是毫无意义的。这种顺利接管情况，在我们大西北即将解放的许多地方是会出现的。当然困难仍是有的。例如个别分子的破坏接管和为恶不改的捣乱等，只要我们正确地执行党的政策，并严肃地接受过去的教训，慎重接管全部敌邮，变敌邮的人员与物资为人民邮政的人员和物资，并迅速组织复业，要做到不但不差于敌邮的业务，而且比原来的更好，使邮局在新区真正成为传达政策和反映群众意见，便利人民通邮的很好的工具。

（二）当我们派代表接管和监督邮局时，应鼓励邮工尽力保护物资，积极恢复通邮，并责成原有一切职员保护所有财产、文书、图表，不能有所损坏，进行有秩序的移交。凡立功者奖励，破坏者处罚，明确宣布开除少数证据确凿的反革命分子、破坏分子和劣迹昭著者。凡愿意照旧供职者一律照旧供职，领取原薪，并可享受旧的一切劳动保险、福利待遇（如养老金、退休金、抚恤金、年终奖励金等）。如万一发生财政困难，可暂时欠发，

借给不低于原来生活水平的维持费。在战争中逃亡及不能照旧供职的负责职员，其职位可由原来的副手顶替，或者从原来职员中挑选充当。没有十分必要，不撤换原来职工。尚有因不了解我方政策畏惧逃跑者，令在局人员设法找回，说明我们的政策和态度，绝不乱翻乱斗。万一找不回来时，可自己动手迅速清点物资，先行复业。

根据上述情况和方针，我们对旧邮政人员和物资的基本态度和处理办法分别如下：

（1）人员：根据现在的了解可分三类：第一类是体力和部分脑力劳动者，包括邮工、信差、襄办等，这是邮局的基本力量。第二类是邮务管理人员，包括股长、内地局长、视察员、组长等，这是邮局不可缺少的技术人员。第三类是特务、反动分子、官僚和作恶分子等，这是邮局内部少数的寄生阶层。对以上三类人员采取分别对待方针。对第一类劳动者（邮工等），应设法启发他们的自觉性，使他们清楚认识到在人民邮政工作是为了人民，自己处于主人翁的地位，同过去在旧邮局工作为国民党反动政权服务而受压迫有根本的区别，应该转变旧邮的雇佣观点和劳动态度，建立新的为人民服务的观点和态度。这种工作还可以通过新建立的职工会组织去教育，团结他们成为接管和恢复的主要力量。对第二类管理人（局长、股长也是脑力劳动者）可利用其技术开展工作。他们之中所存在的一些旧观点和不良作风，应用座谈讨论、短期训练等方式逐渐改造之。这些人一方面兼劳动接近于邮工，另方面处在管理者的地位，和邮工之间存在一些矛盾，他们中个别人同官僚、特务、反动分子可能保持某种程度的联系，但只要他本人未曾作恶，不是特务，我们应当适当解决他们与邮工间的矛盾，使之也能很好地为人民邮政工作。对第三类人的态度要特别慎重，因他们之中情况较复杂，应注意多方了解，恰当处理。一般地说，凡首恶特务分子及破坏接收、为恶不改者，应揭露其罪恶，加以清洗。对非首恶的胁从分子，须警告他不准再作（做）坏事，令其立功赎罪。如再作（做）坏事，一经查出，定予严惩不贷。对敌邮电检查员，应交保安机关处理。党团分子，令其停止活动，自动登记。未曾作恶或作恶甚小者，只要悔改前非，愿为人民立功，改造后可以酌情使用。党团负责人以是否是特务决定其去留。至于寄生的官僚分子，因妨碍邮局业务，可以淘汰出去。

（2）物资可分邮用物资和邮寄物资两类。邮寄物资又分官僚资本和私人资本两种，接收时要仔细区别。凡邮用公物应责令管理人员填写清单，如数交清，然后妥为保存，不准浪费。邮寄物资确实属于官僚资本者一律接收，属于私人资本者，应妥为搬动，不准接收。

（3）不论人员物资，正式接管之后，均应登记清楚，制表两份，一份送当地主持接管的领导机关，一份送上级邮局备查。事后关于人员的处理、物资的使用等一些原则问题，均应得主持接收的领导机关或上级邮局的批准，方为有效。建立有请示，有报告的必要制度。

（三）于接管旧邮同时，应争取迅速复业，以利社会需要，除包裹汇兑、储金币制变更及其他原因待清理公布招领办理外，平信挂号等函件，应即照常收寄，一般技术手续可用原来的办法。在没有经过研究制造出更高级的手续之前，不得随便乱改致妨害业务。但我派去之代表应注意监督，保障邮务工作之完成，防止盗窃、贪污、浪费、怠工等现象。并学习管理企业中的技术组织和计算制度等问题。邮票和邮费从开办之日起，应按边区规定执行，如边区无规定者，可暂按原邮费资例加运。如平信就加平信之1倍。对旧存邮

件，应分别迅速投递或转寄（包裹、汇兑、储金清理后再投递或转寄，以免损失）。唯敌方官署公文、新闻纸、印刷品等，应由公安机关派人检查，如发现反动的宣传品应予扣留，有关党政军的重要材料，应妥交有关机关处理。

（四）各级政府对新区接管邮政工作应极为重视，具体解决接管中的一切困难。每接收一城市，必须配备专门负责接管这一工作的干部，并加强其领导。对接管前之准备，政策教育，复业中的困难（如运力缺乏，员工生活等）以及与其他公安、交通机关的联系等问题，均责成各级政府、邮局和派去新区做接管邮政工作之干部密切配合，很好地调查研究，讨论布置，适应处理，使工作收到应有的成效。

选自《解放战争时期陕甘宁边区财政经济史资料选编》，上册，陕甘宁边区财政经济史编写组、陕西省财政厅财政科学研究所、陕西省档案馆合编，三秦出版社 1989 年版，第 573～577 页。

28. 陕甘宁边区商标注册暂行办法

1949 年 7 月 18 日颁行①

第一条　为保障商标牌号专用权，发展生产，提高产品质量，特制定本办法。

第二条　凡本区公私各厂店之产品，申请商标注册者，悉依本办法之规定办理之。

第三条　商标注册由本府工商厅办理，为便利商民起见，凡申请商标注册者，得向行署工商处或相当行署之市工商局呈递申请书，经其审查合格并转呈本府工商厅核准后，准予注册。

第四条　申请商标注册时，须呈送商标图样、货样及填具载明下列事项之申请书。

1. 厂名　2. 经理人　3. 企业性质　4. 类别　5. 资本额　6. 主要机器设备　7. 每月产量　8. 所需主要原料及来源　9. 行销范围　10. 商标牌号名称及其所代表之商品特点。

前项商标图样货样及申请书经批准后，分存工商厅、行署（或市政府）及申请人各一份。

货样以最小之封装为限，其因搬运笨重，不便呈缴者，可以模型、照片或图样代替，如认为必要时并得令申请人将制造过程详细说明。

第五条　凡经审查合格准予注册者，应将其商标图样先行刊载于商标公报或指定之报纸满两月后，别无利害关系之异议时，始行注册，发给注册证。

第六条　商标专用权，以呈准注册之图样及其所指定之产品为限。

第七条　商标专用期限，自呈准注册之日起有效期为五年，期满后，得呈请续展，每次亦以五年为限。

第八条　商标所用文字，以本国文字为限，不得使用外国文字。已经使用外国文字之

① “甘肃史料版”标作“8 月颁行”，本书根据“法律法规汇编版”所载政府颁布令的年月日。

商标牌号，得限期更换之。

第九条　商标所代表之产品，其品质提高，特点发生变化时，得向原注册机关呈递说明书，经审查属实后，以商标公报公布之。

第十条　未经注册之商标，如与已注册之商标重牌，以已注册之商标为合法，并责令未注册商标重新更换，办理注册手续。

第十一条　凡商标牌号及其营业一并转让他人时，应由双方于事前申请本府工商厅批准，并缴销旧注册证，另换新证。

第十二条　在商标专用期内歇业者，其商标专用权即同时废止，并缴销注册证。

第十三条　医药制品，须先经行署卫生行政机关化验许可，并取得证明后，始得申请商标注册。

第十四条　商标专用人，发觉有伪造其商标时，得向司法机关起诉，依法处理之。

第十五条　有下列情事之一者，不得申请商标注册：

一、属于迷信品与违禁品之产品。

二、未取得营业证照者。

三、相同或类似之商标牌号。

第十六条　商标注册后，有下列情事之一者，由原注册机关撤销之：

一、商标专用人，将其商标自行变换或加附记者。

二、商标专用人，未能保持其商标所代表之产品特点，品质日益下降，经通知其改进，而不遵办者。

三、请准注册之商标，在一年内未经使用，或停用满一年而无正当理由者。

四、商标权移转已满半年，未经从（重）新申请注册者（因承继移转者不在此限）。

第十七条　本办法未颁布前，各厂店原已注册之商标，须于本办法颁布后一月内申请注册，换领新证。

第十八条　依十七条之规定，所换领注册之商标，与已注册之商标重牌时，由工商机关按其出品先后，质量优劣，产量多寡，裁定之，未获核准者，予以撤销，并令其改换商标，另请注册。

第十九条　办理商标注册，应由申请人依下列规定，缴纳注册费。

一、申请注册及换领注册证，缴纳人民币一万元。

二、申请转移商标权，缴纳人民币五千元。

两种以上货物使用一种商标者，仍按一种缴纳注册费；同一申请人申请使用数种商标者，则按商标种类分别缴纳注册费。

第二十条　凡经注册之商标，应在封装上，或产品上，注明“陕甘宁边区工商厅商标注册证×字第××号”字样。

第二十一条　商标申请书及商标注册证，由本府工商厅统一印制，申请书由申请人向行署工商处（或市政府工商局）自行领填。

第二十二条　本办法自颁布之日起施行。

选自《陕甘宁革命根据地史料选辑》第三辑，甘肃人民出版社1983年版，第448～

451页。简称“甘肃史料版”。

互校版本：《陕甘宁边区法律法规汇编》，三秦出版社2010年版，第274～275页。简称“法律法规汇编版”。

29. 陕甘宁边区工矿商业登记暂行办法

1949年8月8日颁行

第一条　为促进生产，保护边区工矿商业之正当发展，特制定本办法。

第二条　凡本区公营私营或合作经营之工矿商业，均须遵照本办法之规定办理登记后，始得营业，并受合法保护。

第三条　凡工矿商业者，开业、歇业、改组、转业时，必须按照下列规定，向当地县（市）人民政府办理申请登记。

一、申请开业，须于开业前，填具申请书（经营商业者并须觅取铺保两家），经核准后，发给营业证，方准营业。

二、申请书须载明下列事项：

甲、名称；乙、类别（独资、合伙、合作、公司——有限、无限、两合、股份两合）；丙、资本额；丁、地址；戊、经理人；己、股东与董监事姓名；庚，营业或制造项目；辛，创设年月。

三、开业后，前款各项中之一项（辛项除外）如有变更时，须于变更时，申请变更登记，并缴销旧证换取新证。

四、因故歇业者，须于歇业前一月向原登记机关申请核准后，始得歇业，并缴销其原证。

第四条　凡经营矿业者，于开采前须拟具开采计划，矿区图表，呈请当地县（市）人民政府转呈行署核准采矿权，并转报边区政府工商厅备案后始得开采，并依照本办法申请营业登记。

第五条　凡新设立之公司企业，申请登记时，须经当地县（市）人民政府，呈请行署核准，并转报边区政府工商厅备案。

第六条　在同一市区，设有总分厂（店）者，由总厂（店）向当地县（市）人民政府统一申请登记，经核准后，分别发给营业证。如总分厂（店）不在同一市区者，得由各厂（店）分别向当地县（市）人民政府申请登记。

第七条　工矿商业者，于领得营业证后并未开业或因故停业满六个月者，得注销其登记，并追缴其营业证。

第八条　凡因违法罪犯经政府或法院判处停业者，应追缴其营业证。

第九条　未经申请登记，擅自开业者，得停止其营业，并酌情予以处分。

第十条　营业证不得转让、借用或涂改，违者科以等于三个月至五个月营业税之罚金。

第十一条　营业证每年换发一次，以每年第一月为换发期；换发新证时，须缴回旧

证，不再进行申请手续。在工商业发达之市区，行商与摊贩之营业证，每三月换发一次。

第十二条　经营工矿商业者，于领换新证时，须经税局核对完税手续，并于旧营业证旁加注说明，方准换领。

第十三条　营业证与申请书之格式，由边区政府工商厅统一制定后交由各行署（或直辖专署）直辖市政府印发。请领人并得缴纳工料费。

第十四条　本办法颁布后，以前各地施行之营业登记办法一律作废，并依本办法规定，重新登记。

第十五条　营业证遗失时，须向原登记机关申请作废，补领新证。

第十六条　工商业不发达之地区，进行申请登记时，得由行署（或直辖专署）工商机关规定以简便手续办理之。

第十七条　本办法自颁布之日起施行，如有未尽事宜，得由边区政府随时修改之。

选自《陕甘宁革命根据地史料选辑》第三辑，甘肃人民出版社 1983 年版，第 431～433 页。

互校版本：

1.《陕甘宁边区政府文件选编》第三辑，档案出版社 1991 年版，第 7～8 页。

2.《陕甘宁边区法律法规汇编》，三秦出版社 2010 年版，第 276 页。

30. 陕甘宁边区政府财政厅关于食盐运销暂行管理规则

1949 年 8 月 24 日

第一条　本规则依据陕甘宁边区盐政暂行条例第四章订定之。

第二条　西北食盐之运销悉依本规则之规定。

第三条　盐之运输由运销商依照规定直接赴场、赴仓或就店购盐运至其申请地点销售。

第四条　盐之运输须向各地盐务机关缴足全税，申请领取陕甘宁边区盐务总局之护运单照，随盐获运，盐照不得相离。

第五条　运输盐斤应受沿途各地及到达地点盐务机关之查验。

第六条　商人办运盐斤，须持工商管理部门登记核准之文件，向当地盐务机关依式申请登记为运销商。

第七条　运销商登记时如有用他人已登记之名称或化名登记者不予登记，其已登记而经查实者，即予撤销。

第八条　运盐包装，为便于管理有利运销计，规定包装分 50 斤、100 斤、150 斤、200 斤 4 种，不得随意增减。

第九条　盐斤称放得减去皮重，概不给耗。

第十条　运销者，于登记后三个月内未办运者，撤销其登记。

第十一条　制盐户不得经营业务，但另立牌号以运商身份申请办运者，不在此限。

第十二条　商人运盐，如因特殊情况中途或起运前必须变更销售地点者，当进呈经盐务机关核准之。

第十三条　商运盐斤于运抵目的地后，应开列单照号数，盐量及到达日期，向当地盐务机关报告后，始准在当地自由行销。

第十四条　运销盐斤中倘有夹带私盐或掺入过量水分及其他杂质者，除没收其盐斤外，并取消其运销商资格。

第十五条　本规则之执行，如当地未建立盐务机关者，得由盐务总局委托之机关办理之。

第十六条　本规则为管理商盐运销而制，但为统一管理食盐运销起见，所有公营运销盐斤，亦得按此规则执行。

第十七条　本规则自公布之日施行。

选自《解放战争时期陕甘宁边区财政经济史资料选编》上册，陕甘宁边区财政经济史编写组、陕西省财政厅财政科学研究所、陕西省档案馆合编，三秦出版社1989年版，第584～585页。

31. 陕甘宁边区政府命令（为养护西兰公路事）

1949年9月2日

事由：为养护西兰公路禁止铁轮大车通行由。

西安市、兰州市市长：

长安、咸阳、醴泉、乾县、永寿、邠县、长武、泾川、平凉、隆德、静宁、定西、榆中、皋兰县县长：

查西兰公路为西北交通要道，原不准铁轮大车通行，近因支援前线，军运迫切，为迅速完成任务，遂未能予以限制，而民用铁轮车，亦相循通行，以致将路面大部轧坏，影响交通，至为重大。本府现已饬由公路局分段抢修，负责养护。嗣后沿线各县市应切实注意，所有铁轮大车，无论是否军运，均着其一律改走大车道，如公路附近无大车道者，暂准在公路边上靠右行走，另由各县市府在自己所辖地区，设法开辟新大车道，严格将公路与大车道分开，以期贯彻养护公路之目的。除分令沿线各县市府并布告外，希即遵照为要！

此令。

选自《陕甘宁革命根据地史料选辑》第三辑，甘肃人民出版社1983年版，第452页。

互校版本：《陕甘宁边区政府文件选编》第十四辑，档案出版社1991年版，第63页。

32. 陕甘宁边区政府关于关中新区种麦收棉指示

1949 年 9 月 5 日

各专员、县（市）长：

一、关中地区解放以来，由于广大人民革命情绪的空前高涨，我们各项政策的正确执行，迅速地和比较有秩序地进行了接管工作，积极努力地支援战争胜利前进，逐渐肃清了地方反动团队和土匪，初步建立了各级人民民主政权，使关中地区获得了巩固安定的环境，逐渐提高了人民的认识与觉悟，因而就有可能进一步开展反霸、肃特、剿匪等反对地主当权派的斗争，结合进行恢复与发展生产，继续努力支援前线等工作。这些工作，应根据各地实际情况，有计划、有步骤地进行，在目前正值种麦收棉的农忙季节，则应首先积极领导群众，抢种冬麦，收摘棉花，完成征粮及必要的支前任务。关中地区的农村农民，在敌人长期欺骗压榨和地主恶霸的掠夺剥削下，农业生产处于衰落萧条状态，并由于解放之初，农民对我们的生产政策还不充分了解，加之特务匪徒的造谣惑众，以及战争环境下的繁重支前任务，生产力量的相对减少，若干地区在执行合理负担政策上，发生某些偏向，因而就产生了部分农民生产情绪不稳，表现如出卖与宰杀役畜，解雇长工，分家等现象，部分农民因受胡马匪军抢劫，生产资料和生产工具和籽种、耕畜、吃粮等亦发生若干困难。因此，我们在当前农业生产方面的主要任务，就是安定农民生产情绪，具体解决生产中的各种困难，使全部冬麦得以及时下种，并使原有作物水平不致降低，在可能条件下，并求得适当的发展与提高，同时，做好棉花的采收工作，以奠定进一步恢复与发展生产支援前线的基础。

二、为此，各地必须首先在干部与群众中进行广泛的政治动员与思想动员，必须使全体干部了解，做好种麦、收花工作是当前的一项重大政治任务。由于关中地区百分之六十以上的土地种麦，百分之十左右的土地种棉，因此，秋季生产，就成为关中农民特别重要的生产季节。这一任务的顺利完成，将为进一步恢复与发展农业生产奠定可靠的基础，同时，使进一步支援前线有了物资保证。必须切实防止并纠正忽视新区生产工作的倾向，教育老区来的干部认识关中地区一年之计在于秋而不在于春，教育那些新提拔的干部和暂时留用的敌伪保甲人员，建立并巩固领导人民生产的观点（他们之中多数只懂得向群众要东西，不懂得给群众东西）。各地必须普遍深入宣传我们生产政策，消除群众顾虑，如误认为土改为乱斗乱分，害怕多生产多负担等，应明确向群众说明：土改是在一定条件下进行的，适应群众要求的民主革命，目的为了消灭封建剥削，达到耕者有其田，解除农民生产力的束缚，进一步发展生产，不是乱斗乱分。负担是有一定限度的，负担政策是公平合理的政策，同样是为了保证供给，发展生产。对于个别有坐待分地思想的农民，则必须说服教育，使他们积极生产，对于地主富农之懈怠生产者，则应加监督，不使土地荒芜。

三、其次，必须进行一些可能与必要的具体组织工作，这些工作是：第一，努力提倡并组织农民间的合作互助，提倡并推广农村中原有的变工、换工、捎庄稼等劳动互助组合，以解决农村中某些劳畜力不足的困难，并提高生产的效率；第二，发动群众互助互

借，具体解决部分贫苦农户的吃粮、籽种等问题，鼓励农民自由借贷，活泼农村借贷关系，解决农民困难，严防强制调剂，引起社会不安；第三，尽可能地鼓励农民改良作物方法，有计划地推广良种，各地农场、水利局须与政府配合，适时放水，组织浇灌。并注意改进收花、分花的方法，以努力提高原棉质量，使行政领导与技术领导相结合，使进步的科学技术逐渐普及到广大农民中去。进行这些工作的主要方法，是一般号召与典型示范相结合，目前我们对新区情况了解还很不足，对组织新区群众的生产还缺乏经验，因而必须随时注意调查研究，及时总结与介绍经验，严防经验主义的思想方法和形式主义的工作作风，力求做到实际的效果。

四、结合种麦、收花工作，必须努力完成征粮任务，及必要的支前任务，贯彻合理负担的政策，注意战勤动员劳畜力的调整，并注意发动群众，反霸、剿匪、肃特、解决一切必须解决的问题，特别是战勤动员损失的赔偿，以及若干不公现象的调整，若干纠纷问题的处理等，这些工作的正确进行，直接影响生产工作的进行，必须认为是生产工作的一个方面，不能分割孤立对待，这些工作做不好，生产工作就会受重大的影响。

希各地接此指示后，迅即布置，并将执行情况，报告本府为要！

选自《陕甘宁革命根据地史料选辑》第三辑，甘肃人民出版社1983年版，第453～455页。

互校版本：《陕甘宁边区政府文件选编》第十四辑，档案出版社1991年版，第92～94页。

33. 陕甘宁边区政府煤矿煤质检查暂行办法

1949年10月13日公布

第一条　为促进各煤矿增加生产，改进质量，并节省运输力，保证各公私营企业及机关军民用煤，特订定本办法。

第二条　各煤矿产煤，应分为大炭（十吋以上之块煤），碎炭（四吋以上之块煤），混煤（四吋以下之块煤及煤末）三种。在未经本府工商厅核准前，不得另立其他名称。

第三条　为保持煤质纯净，各矿场必须建立并加强选煤工作，将产煤中石块、夹矸、土渣等分别检出。

第四条　各煤矿区应加强煤业工会组织，（未成立者应即成立）在公私兼顾、劳资两利的总原则下，执行政府“增加生产、改进质量、减低成本、推广销路”的政策，并即共同订定选矿公约，督促并领导各矿进行选煤工作。

第五条　各煤矿区成立煤质检查委员会，由矿区所在地县政府之主管科与当地税局贸易公司组织之，设委员五人至七人，内正副主任各一人，由县政府主管科长税局局长分任之。

第六条　煤质检查委员会，得就有关机关酌聘检查员若干人，负责进行检查煤质改进工作。

第七条　在进行煤质检查工作时，应先由各煤矿将产煤标本送煤质检查委员会，并以书面写明成品、质量，及选煤经过。以作查验审定之根据。

第八条　经营运销煤炭之公私煤商，必须保持原来纯煤，始得出销，不得故意有抽换、加土、加水、掺杂等情事。

第九条　各矿厂违反第三条之规定者，得按情节轻重，予以劝告、警告、罚金、停业等处分。凡劝告三次无效者，予以警告处分，警告三次无效者，处以当日产煤百分之十以下折价罚金。罚金三次以上者，予以停业三天处分。其有情节过分严重者，须报请本府工商厅处理。

第十条　经营运销煤炭之公私煤商，如违反第八条规定者，得按情节轻重，处以当时所运销煤炭百分之十至二十之折价罚金。其有情节过分严重者，予以永久停业处分。

第十一条　第九第十两条处分之执行为县（市）政府，并按月将执行处分情形及罚金数目，报告本府工商厅。

第十二条　任何人均得向煤质检查委员会检举告发，各煤矿违反本办法之行为，如经查明属实，除依第九条给予被告以处分外，并得酌情予检举告发人以名誉或物质奖励。

第十三条　凡经煤质检查委员会审定为劣质煤炭时，各公私购户及铁路，均不得购用或运输。

第十四条　检查煤质人员，在执行工作中，如有贪污受贿等行为而经查明属实者，按其情节轻重予以惩处。

第十五条　本办法自公布日起施行。

选自《陕甘宁革命根据地史料选辑》第三辑，甘肃人民出版社1983年版，第461～463页。

互校版本：《陕甘宁边区政府文件选编》第十四辑，档案出版社1991年版，第145～146页。（缺第十五条）

34. 国营公营工厂企业中建立工厂管理委员会与工厂职工代表会议的组织规程

1949年10月25日陕甘宁边区政府颁行

第一章　总　则

第一条　为了办好人民的企业，根据人民政协共同纲领第三十二条之规定及第六次全国劳动大会决议精神，建立工厂管理委员会（以下简称管委会）与职工代表会议。实行民主管理，树立职工群众的企业主人翁思想，自觉地遵守劳动纪律，发扬生产积极性和创造性，加强团结与学习，培养与提高管理企业能力以改进业务，提高生产。

第二章　工厂管理委员会的组织

第二条　凡属国营公营工厂企业，均应组织管委会。由厂长（或经理）、副厂长（或副经理）、总工程师（或主要工程师），及其他生产负责人和相当于以上数量之职工代表组

织之，厂长、副厂长（或经理、副经理）、总工程师及工会主任为当然委员。其他生产负责人（如主管成本会计人员）须参加管委会者，由厂长（或经理）报请上级机关决定之。职工代表由工会召集全体职工大会或职工代表会议选举之。管委会委员之名额，视工厂大小而定，一般以五人至十七人为宜。

第三条　凡大工厂大企业设有分厂（所、部等）者，其分厂（所、部等）亦应建立管委会，其组织与总厂管委会同。

第四条　管委会中由职工选出之委员，每半年或一年改选一次。连选得连任，如有不称职者，得随时改选之。

第五条　管委会，会期小厂与分厂（所、部等）每周开会一次，大厂与总厂每两周开会一次，必要时得随时召开。

第三章　管委会与厂长的职权

第六条　管委会为工厂企业中统一领导的行政组织，受上级工厂企业管理机关的领导。其任务，是根据上级企业领导机关规定之生产计划及各种指示结合本厂实际情况，讨论与决定一切有关生产及管理的重大问题，如生产计划、业务经营、管理制度、生产组织、人事任免、工资福利问题等。并定期检查与总结工作。

第七条　管委会以厂长（或经理）为主席，管委会的决议，以厂长（或经理）的命令颁布实施之。上级管委会对下级（分厂、所、部等）管委会之领导均由厂长（或经理）以指示行之。

第八条　管委会通过之决议，如厂长（或经理）认为与该厂利益抵触或与上级指示不合时，厂长（或经理）有停止执行之权，但须立即报请上级指示。

第九条　如管委会多数委员，认为厂长（或经理）的前条处理不当或对其报告有异议时，亦可将其意见，同时报请上级指示，但在未经上级指示前应执行厂长（或经理）的决定。

第十条　遇有紧急问题，不及等待管委会开会决定时，厂长（或经理）有紧急处理权，但须事后报请管委会追认。

第四章　管委会的常务委员会

第十一条　在大工厂大企业中为便于执行管委会的决议及时督促检查工作起见，可由厂长、工会主任及由管委会推选之委员各一人，组成管委会的常务委员会（以下简称常委会），厂长（或经理）为当然主席，在管委会决议的精神下，协商处理一切较重大的有关生产、管理、人事、工资、福利等日常工作。

第十二条　常委会必须经常商讨问题，使全厂所发生的一切问题和处理办法，常委会都互相明了并依处理办法互相配合进行工作。

第十三条　在新解放区，实行军事管制时期的工厂企业中，驻厂军事代表，应为管委会及常委会之当然委员。

第五章　工厂职工代表会议的组织

第十四条　凡有职工两百人以上之国营公营工厂，须组织职工代表会议；在两百人以下的工厂中，不建立职工代表会议，但须每月召集全厂职工会议一次或两次，由工会主任召集之。

第十五条　工厂职工代表会议之代表，应以各生产部门之基层组织（生产小组或生产班等）为单位选出之。每个代表直接向其所代表之职工负责。

第十六条　工厂职工代表会议的代表，每年改选一次，连选得连任，但其所代表之职工认为代表不称职时，经职工会议决定，得随时改选之。

第十七条　工厂职工代表会议，每月召开一次或两次，一般应在休工日或工余时间举行，每次至多不得超过半天时间。

第十八条　职工人数甚多之大工厂、大企业在总厂下设有分厂（所、部等）者，代表会议可分为两级，总厂代表会议之代表，由分厂代表会议选出之，但亦得由职工群众直接选举之。

第六章　工厂职工代表会议之职权

第十九条　工厂职工代表会议，有权听取与讨论管委会的报告，检查管委会对于工厂的经营管理及领导，对管委会进行批评与建议。

第二十条　工厂职工代表会议关于工厂及企业行政上的一切决议，须经管委会批准，由厂长以命令颁布，方为有效。

第二十一条　工厂职工代表会议，即为该厂工会组织的代表会议，该厂工会委员会，对代表会议关于工会事务的一切决议，有全部执行之义务，没有上级工会的决定，工会委员会不得改变代表会议的决议。

选自《陕甘宁革命根据地史料选辑》第三辑，甘肃人民出版社 1983 年版，第 485～488 页。

互校版本：《陕甘宁边区政府文件选编》第十四辑，档案出版社 1991 年版，第 195～198 页。

35. 陕甘宁边区矿业开采管理暂行条例

1949 年 11 月 1 日公布

第一条　为有计划的开采矿藏，进行长期建设，特制定本条例。

第二条　一切矿藏，均为国家所有，非依本条例取得矿业经营权并领取矿业经营执照者不得开采。

第三条　本条例所称之矿，包括：煤、石油、金、银、铜、铁、锡、锰、铅、盐、碱、笔铅、硫磺、火粘土、石棉等及其他地内蕴藏各矿均属之。

第四条　探矿权与采矿权均为矿业经营权，依法取得后，受政府监督保护。

第五条　矿区面积，无论地下或地面矿产，均以地面水平面积为准，其地下矿产境界，以直线定之，由地面境界线直下地下。两矿相邻接处时，视矿产种类，须有三十至五十公尺之距离。

第六条　矿业分大小两种，凡煤矿面积在十五公顷以上，其他各矿面积在二公顷以上，砂矿以河身计在一公里以上者，统称大矿业；不及以上限度者均称小矿业。由申请

矿业经营权者，依其生产条件及实际需要呈经政府审查属实并按所申矿区当地情况核定之。

第七条　凡矿权业之请领、展限、变更、移转、撤销等，其属大矿业者均须呈由所在地专署转呈省人民政府或行署核转本府工商厅作最后之核准。其属小矿业者须呈经专署转呈省人民政府或行署核准，并报本府工商厅备案。未设省政府或行署地区，无论大小矿业权一律呈由直属专署转呈本府工商厅核准。

第八条　探矿权以二年为限。采矿权大矿以二十年为限，小矿以十年为限。期满后呈请政府核准展限。

第九条　申请矿业经营权者，应备具申请书二份，矿区图四份，如系采矿，并应补具矿床说明书二份，按第七条之规定呈请政府核准之。

第十条　二人以上共同呈请设定矿业经营权时，应推定一人为代表。其用公司组织呈请矿业经营权时，须将拟定公司章程并推定代表人由全体连署具呈，于取得矿业经营权后，三个月内依公司法办理公司登记。合伙经营者，须拟定合办契约，推定代表人，由全体连署具呈。嗣后如遇矿业权变更，及其他重要事项之呈请，须附呈全体议决书。

第十一条　凡距商埠市场及公共建筑物、铁路、公路、水利、著名古迹等地二公里以内，不得呈请设定矿业经营权，其有特殊情形必须设定者，应呈请本府核准。

第十二条　呈请领取同种矿质之矿业经营权者，发生矿区重复时，在同等技术条件下，以先呈请者有优先权，条件不同时，以机器探采者有优先权。

第十三条　矿业经营权申请人所具申请书、矿区图、矿床说明书，不完备时，应依政府指示限期更正或补呈，逾限未遵行者，该申请案，视为无效。

第十四条　探矿于期满后六十日内，对于该矿区域内同种矿质之开采经营，有优先权，如逾期不经规定手续取得矿业经营权者，视为无效。

第十五条　小矿业经营权以采矿为限，不得妨碍大矿业经营权之呈请设矿；但呈请矿区如与小矿区重复时，应准小矿权在核准期内继续开采，期满后得由政府视两矿发展情形核定小矿应否展期。在开采期间如因条件优劣不同影响一方经营引起纠纷时，得由政府本发展生产与照顾双方权益原则，指导双方采取合股经营或让售等办法适当解决之。

第十六条　有下列情事之一时，得撤销其矿业权：

一、登记领照后三个月内无故不开工，或开工后中途停工满三个月未经呈请核准者。

二、矿业经营权发生变更时，不呈报备案者。

第十七条　矿业经营权被撤销或自行废弃后，原矿业经营权者，须于一年内将其矿场财产处理完毕，呈报当地县政府备查。

第十八条　国营矿业，由工商企业两厅会同划定矿区，设定国营矿业权，填发执照开采之，同时将矿区图件，发交当地县政府一份存查。

第十九条　国营矿场用地，应按当地地价向农民征购或租用，如农民失去土地无法生活者，得适当调剂之。私经矿场用地，由用地人与土地所有人双方协商自由买卖或租赁，必要时得由当地政府协助解决。

第二十条　已取得矿业经营权者，每年应按期交纳矿区税与矿产税，其税额另定之。

第二十一条　矿业经营权者，呈请派员赴矿区查勘时，其费用由呈请人负担。

第二十二条　取得矿业经营权者，应于每年七月及十二月将工程报告书，坑内实测图，呈报政府审核备查。新兴工程于施工前须将施工计划书呈报核准，年终造具全年矿业明细表呈报政府备查。其表式另定之。

第二十三条　以欺诈取得矿业经营权或私自采矿者，其当事人应由当地人民法院依法审处，其所开采矿业，由政府暂为代管继续开采，俟案结后依法院判决发还或没收之。

第二十四条　严禁越界采矿，或任意在他人矿区内开矿，违者除由肇事人赔偿损失外，并得由当地县政府酌处以所采产品全部十分之一至十分之三折价罚金。

第二十五条　纵火、放水，或以其他方法蓄意破坏矿区生产者，由当地人民法院依法审处之。

第二十六条　矿业间如发生纠纷时，由双方自行协商或由矿区公会协商解决，并呈报政府备案，其争持不下者，由政府调解或仲裁之。

第二十七条　矿业经营权经核准后，由政府填发矿业执照，执照费由呈请人缴纳之。

第二十八条　矿业执照与申请表式，由本府工商厅统一制定，发交各专署行署省人民政府依式制印之。

第二十九条　凡在本条例施行前，领有矿业执照者，应一律缴回，换领新照，并呈交原矿区图四份，以备分别存查。

第三十条　本条例自公布之日起施行。如有未尽事宜，得随时修改之。

呈请书应载明下列各款：

一、呈请之目的。

二、矿业呈请地或矿区所在地详细地名，矿名矿区面积，及交通情形。

三、呈请有案者其呈请之经过。

四、有利害关系第三者时，其相关之事实。

五、具呈人姓名、籍贯、住址、通讯处，如有连署人时，其连署人之姓名、籍贯、住址、通讯处，并叙明推定代表人之情形。

六、具呈人为法人时，其名称及所在地。

七、附件：矿区图四份，测量簿记四份，矿床说明书二份，公司章程（或合办契约）二份，推定代表人连署呈文二份，矿质分析表二份，矿样二公斤，执照费　　元。

八、如系呈请变更矿区时（包括增、减、合并、分割、移转、订正等）应将原领矿区所在地详细地名，矿区面积，及变更后之矿区所在地详细地名，矿区面积，与新旧各呈请人、连署人变更情形，分别载明，并应添具新旧关系图二份，呈缴原矿区图及原矿业执照。

九、具呈之年月日。

合办契约应具要点

合办契约之订定，应将下列各项分别纳入。

一、宗旨（叙明合办矿业之旨趣或缘因）

二、资本（叙明资本总额及个别分担之金额）

三、权利义务（具体叙明应享受之权利及应尽之义务）

四、盈余之分配（具体叙明盈余分配之方法）

五、亏损之负担（具体叙明亏损负担方法）

六、契约之修改或解除（叙明具体之规定）

七、本契约一式　　份，每人各执一份为凭。

立合办契约人　姓　名　　盖　章　　原籍　　现住
姓　名　　盖　章　　原籍　　现住
姓　名　　盖　章　　原籍　　现住
见证人　姓　名　　盖　章　　原籍　　现住
姓　名　　盖　章　　原籍　　现住

一九　　年　　月　　日

某地某矿矿床说明书

一、属于矿床构造者：

甲、矿床存在之岩石种类（如母岩种类，或上盘下盘或顶棚底板之岩种类等）。

乙、矿床之成因及其生成时期。

丙、断层之有无及对于矿床之影响。

丁、矿床附近地质构造。

二、属于矿床形状者：

甲、原有露头形状或探矿后所得地腹矿床形状（如为脉状层状、块状、囊状或碎屑状，以及液状、或气体状矿等）

乙、厚度及宽度。

丙、走向倾斜及延长。

丁、约计蕴藏矿量。

三、主要矿质（例如铁矿）

甲、种类：（赤铁矿、磁铁矿、褐铁矿之类）

乙、成分：（分别记入化验成分）

四、副矿质（例如铁矿中副产锰矿）

甲、种类：（软锰矿、硬锰矿之类）

乙、成分：（分别记入化验成分）

（“报单”与“采矿执照”样式略）

选自《陕甘宁革命根据地史料选辑》第三辑，甘肃人民出版社1983年版，第494～500页。

互校版本：

1.《陕甘宁边区政府文件选编》第十四辑，档案出版社1991年版，第242～249页。（采矿执照样式省略）

2.《陕甘宁边区法律法规汇编》，三秦出版社2010年版，第277～281页。

36. 陕甘宁边区政府关于旧职员暨技术人员使用暂行办法

1949年11月10日

一、为争取教育和改造大批旧职员与技术人员为新民主主义事业服务，特制定本办法。

二、凡录用者须具备下列条件：

（一）赞成中国人民政协共同纲领，愿为新中国建设事业服务者。

（二）无重大恶迹与贪污行为者。

（三）具有一定工作能力或技术者。

（四）无不良嗜好者。

三、凡有下列情节之一者，不得录用；

（一）恶迹昭著的反动分子及思想顽固经教育尚未改悔者。

（二）曾有欺压群众或严重的贪污行为，为多数群众所反对者。

（三）年老力衰，无一定工作能力者。

（四）经人民政府司法机关判决有（在）案，尚未恢复公民权者。

四、使用原则与范围：

（一）经过短期训练后，除必要者可回原机关工作外，一般应根据需要分配其他机关或其他地区工作。

（二）分配工作依其过去和现在之政治思想表现和工作能力，及工作需要情况决定之。

（三）分区以上之机要部门，不得使用旧职员。

五、批准使用权限与手续：

（一）分配于边区政府之各厅、处、院、行、会及各该直属机关工作者，由民政厅批准。

（二）分配于各省或行署及直辖市之各厅、处、局、院、行、会及各该直属机关工作者，由该级政府民政部门批准，并报边府民政厅备案。

（三）分配于各专署、县、区政府工作者，由专署批准，并报省或行署民政厅（处）备案（分配于直属分区者，经专署批准后，报边府民政厅备案），分配于直辖市各区者，由市人民政府民政局批准，向边府民政厅备案。

（四）各级政府接收之企业部门人员之使用，均由各该级主管上级机关审核批准，并报同级民政部门备案。

（五）以上各级政府报请审核使用旧职员时，均须缮附本人自传、登记表册及书面初审结论，经主管部门审核批准后，方可正式宣布录用。

六、待遇：

（一）旧职员一律按照规定标准实行薪金制。

（二）家产特别困难者，应以不同情况，采取下列办法分别处理之。

1. 能从事生产或参加工作者，帮助其进行生产或参加工作。

2. 能回家者暂先回去参加家庭劳动，或由地方政府帮助其进行生产。

3. 无法进行生产，亦无家可归，以致生活特殊困难者，由其所在机关酌情予以补助。

选自《陕甘宁边区政府文件选编》第十四辑，档案出版社1991年版，第273～274页。

互校版本：《陕甘宁边区法律法规汇编》，三秦出版社2010年版，第218页。

37. 陕甘宁边区政府西北军区司令部布告——规定保护森林办法①

1949年11月11日

查森林对调和气候，保持水土作用至大，西北地处高原，水、旱、风、沙灾害甚烈，极赖植树造林以防范，对原有森林，更应加以保护，敌伪时期，林业废弛，致不少森林，滥遭砍伐破坏，为害农业生产至大。本府、部有鉴于此，特根据人民政协共同纲领，规定下列保护森林办法，仰各机关、部队、公私团体全体人民一体遵照为要！

一、凡防风、防沙、护堤、护路、涵养水源等保安林及风景、古迹胜地林木，不论军政机关，公私团体军民人等，一律不准砍伐损毁，违者从严处罚。

二、不论军政机关，公私团体军民人等，如需在上列林地外伐木、烧炭、采薪、刈竹、掘土、放牧、打枝、扫叶、刮皮等者须向附近林业机关申请登记，经核准并派员指导后，始得从事作业（未设立林业机关之地区，由当地政府代办），并须保证森林之更新，违者必须追查责任，予以惩处。

三、各军政机关申请使用之林产物，以实际需要为限，不得出卖或转让。

上列各项，凡机关、部队、团体、人民除应自行遵守外，并应随时注意检举违犯本办法之破坏行为。

此布。

选自《陕甘宁革命根据地史料选辑》第三辑，甘肃人民出版社1983年版，第506～507页。

互校版本：

1.《陕甘宁边区政府文件选编》第十四辑，档案出版社1991年版，第290～291页。

2.《陕甘宁边区法律法规汇编》，三秦出版社2010年版，第214页。

38. 陕甘宁边区政府西北军区司令部布告——关于维护公路、电线及行道树木办法

1949年11月12日

查我军西进以来，曾动员部分民间铁轮大车，进行支前运输工作；由于军运紧急，秋

① 副标题为编者所加。

雨过多，致使许多公路路面被轧毁，影响交通，妨碍支前工作甚大。为维护公路，保证支前及民运车辆畅通起见，边区政府曾布告禁止铁轮大车在公路上行驶。乃近有少数军用民用之铁轮大车，借口军运，不顾法令，仍行驶于公路之上；沿途不少电杆、电线、树木亦遭破坏毁损，此种损害人民公众利益之行为，应即严加取缔。兹特规定维护公路、电线及行道树木办法如下：

（一）凡铁轮大车，无论军民因公因私从事运输，除具有本办法第（二）项规定之特殊情形外，一律在大车道上行驶，不得行走公路。

（二）行进中的铁轮大车，于中途大车道中断，必须由公路上通过时，须在靠右的路边行驶，不准在公路当中行驶。

（三）公路两侧建筑之休息场所或站房以及大小公共建筑物，应加保护，不得损坏。

（四）沿途及各县已架设之电杆、电线及各项通讯设备，无论军民人等，均应注意保护，严禁破坏和窃用。

（五）公路行道树，无论军民人等，不准砍伐。

凡违反（一）至（五）项之规定者，当依情节轻重，予以惩处。

（六）公路局工务段及电信管理局各线段线佐，应在当地政府协助之下，分别负责随时维护与修补公路、站房、休息场所以及电话线路。

（七）公路沿线所有站房、休息场所等，以及电话线路，如遭意外或敌特之破坏时，当地政府应立即报告上级主管机关，并组织当地居民协助公路交通和通讯机关，进行抢修工作，以期迅速恢复交通。

上列各项，除令饬各公路沿线驻军及当地各级政府外，合行布告我全体军民一体遵行。

此布。

主席　林伯渠
代主席　刘景范
副主席　杨明轩
司令员　贺　龙
政委　习仲勋
副司令员　王维舟
参谋长　张经武

选自《陕甘宁边区法律法规汇编》，三秦出版社2010年版，第216页。

39. 陕甘宁边区政府棉花检验暂行办法

1949年11月19日颁布

一、总　则

第一条　为取缔掺水掺杂，提高原棉品质，便利运销，保证棉农、工、商及消费者之

利益，特制定本办法。

第二条　本府农业厅所属农业改进所棉检室，及其所属之各棉花检验站与各分站，和本府工商厅派出之驻厂站（办理棉花检验机构），均为遵照本办法执行棉花检验之机关（以下简称棉检机关）。

二、检　验

第三条　凡经登记之棉商，其所有成包之棉花，均须填具棉花检验申请书向当地棉检机关报验。经检验合格，方准过秤交货及运销。未设立有棉检机关之地点，得由棉花检验站或分站随时派员检验。棉商登记办法及驻厂站检验办法另订之。

第四条　棉检机关于接到申请书后，应依照下列规定检采样棉：

（1）报验棉花，在五包以内者，检样两筒，六包以上十包以下者，加检二筒，十一包以上每加十包，加检二筒；不足十包者以十包论。

每筒以一市斤为限。

（2）样棉由检样人随意检取，报验人不得指定或阻止。

（3）样棉入筒后，应即会同报验人加封，由棉检机关负责保存之。

（4）凡已经检验之棉包，由检样人加盖“待验”及“检讫”印戳，以资识别。

第五条　样棉检定后，棉检机关应即进行检验，其次序以申请书送到先后为准，不得错乱。

第六条　凡棉花经检验合格者，棉检机关应填发棉花检验合格证书，交报验人收执，同时并监督按包在印有合格证所载牌号或棉商名称及公订号码一端之合缝处刷印合格印。棉商于手续办理完毕后，得持凭申请书第三联与检样之次日领回原检之棉样，棉检机关不得藉故留存，违者以贪污论。

第七条　凡棉花未经检验合格者，棉检机关，对于报验人得按照原棉质量之规定，令其馀去杂质、水份（分），重新申请检验。

第八条　凡经再次检验仍不合格之棉花，报验人如有异议时，得向原检验机关之上级机关申请复验。但以农业改进所棉检室检验之结果，为最后之决定。

第九条　棉花检验合格证书之有效期间，以六个月为限。

第十条　棉花检验合格证书如有遗失，应登报声明作废，并填具声请书，检同原报纸，请求原发给机关查核补发，但以一次为限。

第十一条　凡已发给检验合格证书之棉花，须分证或合证时，得请求所在地棉检机关重发新证，如该机关非原发证书之机关，并应在棉包上重盖合格印，但以一次为限。

第十二条　凡盖有合格印之旧包头布，不准再做包头布，违者不予检验。

第十三条　棉包上所盖合格印，变至模糊不明时，棉商应即请求所在地棉检机关重新盖印，如该机关非原盖印之机关，并应在原合格证书上注明年月日重新加盖印信。其不请求而经查（察）觉者，仍须依照规定办理检验。

第十四条　凡从未设有棉检机关地点运出之棉花，于经过设有棉检机关地点时，运销人应即依照规定手续报验，经检验合格发给证书后，方准转运。

第十五条　凡持有起运地点棉检机关所发合格证书，而货证不符或包上无合格印者，仍须办理复验手续。

三、改　包

第十六条　凡经检验合格之棉花，须改铁机包出境时，应填具改包请求书，向棉检机关请求准予改包。如货证不符或包上无合格印者，须办理复验手续。

第十七条　棉花改包，应依照下列程序办理：

（1）棉检机关根据请求书核准改包，并经检验剔除不能混合打包之棉包后，应填发配花许可单，连同已经加盖准予转移整理印记之原合格证书交请求人收执。

（2）请求人领得以上单证，即可配花过筛。

（3）配花过筛毕，再行申请验堆，每批检样棉六筒，每筒以一市斤为限。

（4）经检验合格者，填发打包凭单，由申请人持单打包，并加刷包腰合格印，不合格者，仍须依照（2）（3）两款之规定办理。

（5）打包完毕后，请求人可持打包凭单请求加刷包头合格印，并领取合格证书。

第十八条　凡棉花级别相差一全级，长度相差八分之一吋者，不准混合打包。其分级检验办法另订之。

四、罚　则

第十九条　凡棉花除黄花、红花、脚花及废花原含杂较多不合整理者外，经检验不合格者，分别依照下列规定处罚之：

（1）含有棉籽、籽棉、碎叶、铃片、棉枝、泥土等六种杂质超过百分之二者，每市担处以二市斤以下之罚棉。

（2）含水分超过百分之十者，每市担处以五市斤以下之罚棉。

（3）掺有黄棉或废棉或长短绒相掺者，每市担处以五市斤以下之罚棉。

（4）掺有（1）款所列六种杂质以外之杂质，如砂砾、硝盐、砖石、面粉、石膏和其他一切杂物者，或次花用药品熏白和用条子打松以及有其他蒙混情事者，每市担处以二十市斤以下之罚棉。

第二十条　凡收买第十九条所列应受处罚之棉花者，除停止其使用或转卖外，亦依照该条之规定处罚之。

第二十一条　凡棉包未加盖牌号或棉商名称及公订号码者，除停止其运销外，并处以一百市斤以下之罚棉。

第二十二条　棉商未经登记者，除停止其营业外，并处以一百市斤以下之罚棉。

第二十三条　机器打包厂，接受未经检验合格给有证单之棉花，为之配花打包或出厂者，厂商双方按情节轻重每市担各处以一市斤以上至二市斤以下之罚棉。

第二十四条　凡从设有棉检机关之地点，擅自运销未经检验合格之棉花者，每市担处卖出者七市斤以下之罚棉，处买入者三市斤以下之罚棉。

第二十五条　凡处罚之罚棉，由棉检机关确定罚额后，通知就近税务局代收。

第二十六条　税务局代收之罚棉，应按期报解本府财政厅。

五、附　则

第二十七条　检验棉花，一律不收取费用。

第二十八条　本办法自公布之日起施行。

选自《陕甘宁革命根据地史料选辑》第三辑，甘肃人民出版社1983年版，第508～512页。

互校版本：

1.《陕甘宁边区政府文件选编》第十四辑，档案出版社1991年版，第302～306页。

2.《陕甘宁边区法律法规汇编》，三秦出版社2010年版，第285～286页。

40. 陕甘宁边区政府指示
——认真领导灾区群众进行冬季生产

1949年11月27日

事由：为指示认真领导灾区群众进行冬季生产防止明年春荒由。

各省政府主席、行署主任、直辖市长、专员、县（市）长：

一、今年九月以来，西北各地多遭雨灾，近河平原地带受灾尤甚，部分如关中，平、朝、二华、长安、三原、高陵等地低洼处被水淹没土地六十万亩，各地农田作物因霪雨迟熟、霉烂、倒枝、生芽者甚多，致秋田产量大减（仅关中地区减产棉花估计约通产百分之五十，秋粮达通产百分之三十左右）。各地房屋坍毁者甚多，人畜亦有伤亡，约有十数万灾民，尚须安置救济。各地政府在灾情发生后，曾进行了一系列的紧急措施，在发动组织群众筑堤排水，抢收秋禾，赶种冬麦，互济互助，及部分拨粮急赈等努力下获得了重大成绩，使农田损失减少，灾区未再扩大，多数灾民并已得到初步安置。但目前在重灾区之灾民，仍须进一步适当安置，组织其生产就业，一般地区亦应积极进行冬季生产，以从根本上解决灾荒问题，并打好明年生产的基础。

二、根据上述情况，必须把发动与组织群众进行冬季生产，并准备明年生产，作为今冬各级人民政府的一项重要任务，结合当前中心工作（如在新区正在进行的剿匪反霸等运动），认真进行，在灾重地区，更应以生产救灾为中心工作。从历来的经验证明发动与组织群众，生产自救，互济互助，乃是唯一正确的方针，一切离开此一方针，采取单纯救济，头痛医头、脚痛医脚的办法，都是无济于事的。

三、本此任务方针，各地应首先教育干部认识只有领导群众做好冬季生产工作，才能解除明年春荒的威胁，并为明年生产准备良好条件，及时防止与纠正某些干部忽视组织生产的偏向，在群众中广泛宣传政府的各种社会政策，打破一切反动分子的造谣，消除部分群众的疑虑，鼓励生产劳动，管教与帮助二流子参加劳动，以巩固与提高农民的生产情绪。同时根据当地的实际情况，拟定有效具体计划和办法，切实执行，主要的办法是：甲、大力组织各种手工业副业生产。在一般平原地区，着重扶助运输事业，把群众中的人、畜、车辆，在自愿原则下，组织起来，搭帮运输，适当调节城乡物资，同时尽可能组织群众从事榨油、纺织、作（做）豆腐、粉条、揽短工等生产，在可能与必要条件下，政府可发放部分粮食，或贷款给予帮助。在靠山地区，则注重组织群众上山砍伐木材，采集山货，锯板、烧木炭、扯构条（造纸用）、打猎等。总之，要根据不同时间、地点与条件，组织适当的生产，要靠山吃山，靠河吃河，发挥群众的生产积极性。乙、发动群众，认真

准备明年的春耕工作，要向群众说明战争很快就要结束，政府将领导人民全面转入生产建设，号召农民多积肥，挖井修渠，积极准备食粮籽种、农具、耕畜，并注意防治水患及其他灾害工作。对于无地的农民，应有计划的在可能范围内从公田学田中调剂，租给一部分耕种，无法安置之难民，应组织移民垦荒，原有的各种合作社应加整顿改造，为组织与帮助群众进行生产而服务。对各地已有的义仓，亦应加以整理，可能条件下，再加发展，以义仓粮适当贷给贫苦农民，以帮助解决其明年生产问题。丙、普遍展开节约运动，提倡省吃俭用，纠正部分人婚丧喜事，铺张浪费，及浪吃浪喝的现象。并应有步骤地对当地医药人员，切实进行登记审查，与组织工作，以便开展群众的防疫卫生运动，防止在战争和灾荒之后，可能发生的疫病灾害。

四、在领导方法上，各地应充分发挥各界人民代表会和农民代表会的作用，通过他们集中群众意见，作成切实可行的决议，再通过他们和干部去发动群众的积极性，同时必须继续坚持干部带头，亲自动手的领导方法，及时进行深入检查，推广经验，纠正缺点，对工作中的模范干部和群众，及时表扬，使冬季生产造成普遍的群众性的运动。

各地接此指示后，希即认真讨论布置，并将执行情况随时报告本府为要！

选自《陕甘宁革命根据地史料选辑》第三辑，甘肃人民出版社 1983 年版，第 518～520 页。

互校版本：《陕甘宁边区政府文件选编》第十四辑，档案出版社 1991 年版，第 314～316 页。

九、文教卫生

1. 陕甘宁边区政府关于冬学的指示

1945 年 10 月 23 日

各分区专员、各县（市）长：

去年冬学教育的规模比往年扩大好几倍，数量上和质量上都有相当收获。有些识字成绩较好的冬学，例如靖边县的三十七处，共有学生五七一名，平均每人识字四九五个，其中九四人能写简单的句子，一四六人能写简短的便条，七一人会珠算的加减乘除法，九九人能记账，四〇人能读群众报。全部冬学中有一〇二处转变为民办小学，这证明冬学还可在群众自愿的条件下成为推广小学的桥梁。

特别可贵的收获，是一部分冬学接受了需要与自愿的原则，并在此原则的实践中发挥了高度的创造性，使冬学的发起、组织与教学的方法，都能适合于极端分散的农村环境，适合于农民群众的生活情况及其具体需要。在发起的方法上，不是贸然的号召和简单的动员，而是先在积极分子和有威望的人士中进行酝酿，形成冬学的骨干和核心，经过他们去了解群众对冬学的态度、需要、困难和顾虑，进行宣传、解释和说服的工作，启发群众自愿入学；在开始的时候，不拘求学生数量，而是有多少教多少，力求在教学上作出榜样，以影响和推动其他的群众入学。在组织上，力求照顾不误工、不误活、不误时以及上学地方的方便，而采取了分散经营与分时教学的方式。例如分散经营：按距离远近分成小组，或轮校、轮先生或家庭识字、捎条子、小先生等形式。集体上学之外，又辅以个别教学。

又如分时教学：全日、半日、夜校、午校等方式。按时上学外，又辅以随到随教。在教学内容上，虽主要是识字，但不拘于识字；虽有通用课本，但不拘于课本；而是从具体群众的具体需要出发，群众要学哪类字就从哪类字教起，要学啥就教啥。例如某地村主任要学数字和计算法，就从算术教起，某地妇女要学认票票，就从认票票教起；又如妇女有病娃娃养不活，心闷识不下字，一经发觉之后，就改教妇婴卫生，附带识字。一般除教学外，也依群众需要讲讲时事，甚至说古朝等等。

所有这些方式和方法，都是发扬了实事求是的老实作风，实践了需要与自愿的群众路线，足为今后冬学的楷模。

由于群众对识字的需要很难在短时期内达到自觉，又由于过去教育工作中命令主义的影响，去年冬学的大部分还不是民办，而是公办。但在需要与自愿原则执行得较好的地方，有些冬学就从公办逐渐过渡到民办，并有百多个冬学转变成民办小学，经过需要与自愿的经验，一部分群众觉悟到识字教育和冬学是他们需要的事情，是他们自己也能办理的事情，于是政府动手为主，就可能过渡到人民自己动手为主。从贯彻需要与自愿的原则，去推广群众教育方面的民办公助政策，这是去年冬学的宝贵经验，应当广为传播。

但去年冬学中，有相当多的一部分不是执行需要与自愿的群众路线，而是重复了过去的命令主义，他们强迫动员学生，摊派和指定学生，或分据点强迫编组，甚至采用捆绑或借人代替的办法。他们不顾地域远近，不顾时间忙闲，一味的集中办学，拒绝采用分散经营与分散教学的方法。他们死守课本，不顾具体群众的具体需要，因此，不但教育效果极小，而且在群众中造成了很坏的影响，这是今后冬学教育中应该深深引以为戒的。

今年边区各地应该继续办冬学，依据去年冬学经验及当前的情况，向你们提出如下的指示：

一、鉴于今年有些地方歉收情况的严重，加以不能从延安派出冬学干部，今年冬学应该是量力而行，并看当地具体情况行事，灾情严重的地方无须办。此外则可集中力量于有完小的地方，普小有基础的地方，去年冬学生了根的地方，居民比较集中而又有识字需要的地方。并且注意鼓励识了些字的人和比较容易识下字的青年入学，为识字教育打下比较可靠的根基。

二、公办为主，或民办为主，或两者并行，看当地群众的情况决定。但有了去年的经验，今年应进一步提高群众的自动性，更多地注意启发，鼓励和帮助人民自己动手来办冬学。在有条件办冬学的地方，事先邀集当地群众中有威望的人士，关心识字教育的积极分子，小学教员（或派出的冬学教员）和地方知识分子，共同商量，形成冬学的核心，由他们出面办冬学，政府给以指导和帮助。

无论公办或民办，今年必须坚持需要与自愿的群众路线，严格纠正命令主义。自然，依据群众的需要和自愿办冬学，不是说我们就此可以采取放任主义态度，相反的，要使群众对识字发生需要和自愿，就要我们善于启发他们这种需要和自愿，而在他们有了需要和自愿之后，又要我们善于组织和领导他们。但如果采取命令主义，就只能使群众发生反感与消极，决不能发生需要与自愿，更不能产生民办。所以，必须严格地纠正命令主义，同时在纠正命令主义倾向之时，又要防止走到放任主义。

三、在冬学的组织形式上，应该接受去年分散经营与分散教学的经验，依当地具体情

况运用之。在教学的内容和方法上，应该接受去年从具体群众的具体需要出发的经验，以通用教材为蓝本，但不要拘泥于现成教材。

四、在文盲占大多数的农村社会中，旧知识分子多有相当的地位，而对于识字教育，他们可能有很多的贡献。因此，在冬学教育中也同在一般识字教育中一样，应该尊重他们，极力争取同他们的合作，争取他们实际地参加冬学工作，至少应该避免造成他们同冬学对立的情况。

五、去年冬学教育中曾出现几处以妇婴卫生为主的妇女冬学，深得群众欢迎。今年各分区和县（市）在有妇婴卫生常识教育的条件下，应创办这种冬学。

六、各县政府依照上述一、二两项原则，指示区乡政府进行冬学的发起工作，县三科应召集冬学主持人和教员开会，介绍去年冬学的经验，讨论清楚冬学的方针和办法，并给冬学以经常的具体指导（如巡视、检查，用通讯方法传播经验，以及帮助解决困难等等）。

七、冬学结束时，对于办得好的冬学及其得力的人员，应该由县政府给以奖励。

选自《陕甘宁革命根据地史料选辑》第三辑，甘肃人民出版社 1983 年版，第 36～39 页。

互校版本：《陕甘宁边区政府文件选编》第九辑，档案出版社 1990 年版，第 275～278 页。

2. 陕甘宁边区政府关于冬学工作的指示

1946 年 1 月 19 日

各专员、各县（市）长、各中等学校校长：

（一）当此内战烈火烧遍全国，边区亦处在战争威胁之下，动员全体人民加紧备战，成为一切工作的中心。因此今年的冬学就要与自卫军的冬训密切结合，在教学内容上时事教育应与识字教育并重，配合若干自卫防奸的训练。各级负责同志，应有计划地到冬学去讲时事，尽量吸收当地群众来听，以提高群众对战争胜利的信心，并可邀请当地驻军或民兵干部去讲一些必要的军事常识，或请懂得国术的教授武术，以加强保卫边区的实力。

（二）按照各县的具体情况和可能条件，计划出应该办冬学的地区，分配干部深入农村抓住群众中的积极分子推动一般群众，说服消极分子，经过民主酝酿和讨论，大家动手办好冬学。领导上（特别是区乡政府）要经常注意检查和经过群众帮助解决冬学的困难。

（三）根据去年冬学经验，一揽子的冬学形式，最为群众所欢迎，如吴旗县去年有几处冬学，除编为早班、午班、晚班、半日班按时实行分班教学外，还辅以随到随教方式，既不耽误生产，又能进行教育。又如志丹吴旗两县去冬还创立了巡回冬学，分地编组，教员轮教。便利于群众，值得取法和大大推广。

（四）其次还有几个具体问题：一、冬学教员的来源：延聘地方知识分子和开明人士；专署就近与师范中学商量抽调一部分学生任教；各县市完小中小民教馆附设冬学班；各县机关部队的干部可在驻地附近办冬学。各县于冬学开学前，以县或区为单位开三几天冬学

教员座谈会，把方针和具体办法研究清楚。二、学生对象以成年青年为主，尽量争取他们入学，并争取去年上过冬学的学生继续入学，各县应根据实际情况给各区确定出具体任务，以免过去的自流现象。三、学习时间自十一月一日（旧历十月初八日）起至明年一月十五日（腊月二十三日）止，至少要保证两个月的学习。

（五）文化教材以教厅审定的日用杂字、识字课本、农村应用文为主，读古书的现象应加以说服，时事教材可采取边区群众报及分区的地方报。各县需负责供给报纸。

各县于接到这一指示后，立即动员起来参照去冬所发冬学手册，研究出具体办法，指示各区乡按时开学，其已发过冬学工作计划各县，应根据本文再作补充指示，务望各县三科长于来延开会前把冬学工作布置好，并责成专人分期督促检查。

选自《陕甘宁革命根据地史料选辑》第三辑，甘肃人民出版社 1983 年版，第 61～62 页。

陕甘宁边区一九四六年到一九四八年建设计划方案（文教建设部分）

1946 年 4 月 1 日边区政府提出，4 月 23 日边区第三届参议会一次大会通过

（此处节略，本选辑“经济管理”载有全文）

3. 陕甘宁边区政府命令——令发《陕甘宁边区战时教育方案》

1946 年 12 月 10 日

各专员、各县（市）长、各中学校长：

兹根据边区第五届三科长联席会议的讨论，制定战时教育方案随令发下，仰各专员、各县、市长及各中学校长依照各该处的具体情况，订出详细计划，逐步实施为要！此令！

主席　林伯渠

副主席　李鼎铭　刘景范

教育厅长　贺连城

副厅长　江隆基

陕甘宁边区战时教育方案

一、任务与方针

国民党反动派依靠美帝国主义的支持和援助，发动全面内战，企图以其封建买办性的法西斯黑暗统治，加在我解放区人民的头上，我解放区军民奋起自卫，已给予反动派无数

次的严重打击，现在蒋介石又调兵遣将，准备大规模进攻延安，这是他在政治上和军事上没有出路的冒险行为，是孤注一掷自取灭亡的表现。为着保卫边区，保卫延安，彻底粉碎蒋介石的军事进攻，我们必须普遍发动群众，动员一切力量，为人民自卫战争的胜利而奋斗！

各级学校及一切社教组织亦应立即动员起来，发挥教育上的有生力量，直接或间接地为自卫战争服务。一切教育工作者都应成为保卫边区的宣传员与组织者。目前教育工作的中心任务是配合军事、政治、经济、群运等工作，争取人民自卫战争的胜利。为了达到这个目的，我们必须根据以下的方针去进行工作。

1. 向广大群众解释战争的性质及其目的。使每个人都懂得蒋介石所发动的进攻解放区的内战，是想维持个人独裁，继续出卖祖国，进一步压榨人民的非正义的反动战争，而我们所进行的武装抵抗，则是为了保卫独立、和平、民主与维护全中国人民利益的正义的自卫战争。

2. 揭露蒋管区贪污腐化、特务横行、横征暴敛、民不聊生的惨状。宣传我边区丰衣足食、民主自由、工人有工做、耕者有其田、商人有钱赚、学生有书读的幸福生活，以激发广大群众热爱边区，同仇敌忾，为争取中国独立民主奋斗到底的决心。

3. 向广大群众宣传国民党反动派军民对立、官兵对立、军心厌战、民心反战的情形。说明我边区军民一家、官兵一致、士气旺盛、愈战愈强的实况，以提高与巩固群众对蒋军必败、我军必胜的信心。

4. 暴露蒋家军奸淫掳掠、无恶不作的残暴行为。宣扬八路军为民除害、奋不顾身的英勇牺牲精神，使广大群众深切认识自卫战争与人民利益的血肉相联的关系。因而更加爱护军队，积极参战，用一切力量与一切方式来支援前线，争取人民自卫战争的最后胜利。

二、实施原则

1. 社会教育与学校教育相联系。学校教育以儿童与青年为主要对象，社会教育以成年为主要对象，但两者是有密切联系的。把学校作为据点来推动社会教育，以儿童作小先生去教育一般群众，不仅帮助了社教，而且充实了学校教育的内容。平时教育工作曾以学校为重心，但在战时就必须提高社教的作用，以便发动广大的成、青年直接或间接的参加战争。

2. 时事教育与文化教育相配合，在平时多注意文化教育是应该的，但在战时，群众最关心的是时事问题。因此无论社教学教，都要把时事教育大大加强，应该有计划有系统的宣传时事，以提高群众的政治积极性。时事教育与文化教育应互相联系起来，在学习文化的过程中注意时事政治，在宣传时事时兼学文化。

3. 教育内容与战争生活相结合。以战时各种生动的范例作活的教材去教育广大群众，加强课外活动与社会活动，以充实课堂教学。必要时教员可率领学生一面参加战时工作，一面进行宣传教育活动。

4. 根据不同地区采取不同的工作方式。在巩固区和广大农村，以就现状加以改革，充实新的内容，加强社教活动为原则，在边缘区，交通线或敌人主攻方面，以转移分散和参加战时工作为原则，在敌占区以隐蔽埋伏或撤退为原则，在新解放区以争取原有教育干

部、利用原有教育组织，逐渐加以改造为原则。

三、教育内容与组织形式

1. 学校教育方面，应将某些课程加以适当补充，增加一些新的内容，使适合战争的需要。

①国语、政治及公民课应着重培养革命观点，群众观点，坚决、勇敢及拥军尚武的精神，并应向学生解释美帝国主义对华侵略政策及蒋介石封建买办性的法西斯专政的实质。

②史地课应发扬民族气节与反抗强暴的历史传统，及民族英雄与革命烈士英勇奋斗的史绩，并联系战争形势，说明各解放区的概况，以提高其保卫边区的高度热情。

③理化或自然、卫生课应添授防空、防毒、急救、看护、熬硝炼磺、制造火药和地雷等实用知识。

④体育课应加简单的军事训练，学习侦察、通讯、站岗、放哨、坚壁清野、埋地雷、掷炸弹等实际技能，并培养迅速敏捷、灵活机动的生活习惯，使教员及年令（龄）较大的学生具备最低限度的自卫能力。

⑤根据时局发展和学校的具体情况，把课程及授课时间酌予变动，如增加时事、军事及社会活动时间，并减少一些不急需的课程。

⑥加强学生会或儿童团的组织及工作，发挥学生的积极性和创造性，使他们充分开展壁报、黑板报、歌咏、秧歌、戏剧、讲演、访问、慰劳、拥军优抗、动员参战等课外活动和社会活动.

2. 社会教育方面以时事政治教育为主要内容，利用报纸战讯及战时实际生活为教材，授以生产节约、拥军优抗、争取俘虏、自卫防奸、空舍清野、救护防毒、担架运输等实际知识与技能，在各种社教组织中应特别加强下列各种组织的作用。

①尽量在各城镇及较大的村庄办黑板报，登载胜利新闻，表扬八路军及民兵的英勇故事，以及各地群众参军参战等生动材料。

②利用识字组进行读报，把时事教育与文化教育联系起来，在了解时事过程中配合识字。

③加强民教馆的工作。除民教馆本身工作外，还可流动到各处作宣传、讲演、展览等活动。

④组织秧歌队、歌咏队、演剧队等，与各地的文艺团体取得联系配合进行工作。

⑤组织民间艺人，创作通俗短小的文艺作品，发挥瞎子说书的作用，号召一切说书的瞎子走韩起祥的道路。

⑥今年冬季，区乡级干部忙于战争动员工作，不便实行集中训练，各县区政府可于检查或总结某一动员工作时，来配合检查每个干部的思想作风，帮助干部建立“一切服从战争”“一切为着胜利”的思想。

⑦今年冬学指示前已发下，当此战争动员时期，各处冬学应与民兵游击队的训练相结合，派员到这些战斗组织中去读报和宣传时事，附带进行文化教育，同时指导一切冬学生帮助战争动员工作。

3. 如果战争到来，原有的学校与社教组织，不能适应战争环境时，可采取下列步骤

进行工作：

①把年令（龄）太小不能离家的学生加以疏散，按村编为小组，使之参加儿童团的工作，教员尽可能采取轮教的方式，坚持教育，继续宣传时事及对实际工作之指导。假若沦于敌后，在情况许可下，可教小学生进行隐蔽的宣传及情报通讯等活动。

②率领大学生撤退或转移，参加兵站、通讯站、俘虏营、野战医院等工作，教员亦随同参加指导，并进行可能的教育，保持学校行政联系，以便随时调动和集中。

③根据当时当地情况，派一部分教员和学生到民兵游击队、担架队、运输队等组织中去进行宣传教育活动。

④如有干部，还可组织流动宣传队、战地服务团或战时教育辅导团，进行各种助战工作，并协助各种战争动员，以提高群众的参战热情。

四、领　导

1. 战时教育不能与平时教育割裂，而是在平时教育的基础上加以改造和发展。战时教育不是孤立的，应和其他各种工作密切的联系起来，携手并进。领导者应权衡轻重，照顾全局，不能孤立的片面的强调教育，也不能因战争环境而放弃可能进行和必须进行的教育工作。

2. 为了加强领导，建议由县委宣传部、县府三科、民兵大队部及群众团体组成宣教委员会，作为县动委会的一个组成部分，在动委会统一领导下订出一定时期的宣教计划，分工负责，按时检查。

3. 战时教育工作仍应照顾到群众的“自愿与需要”，一般群众所感到的常是局部的或眼前的需要，而忽视全体的或长远的需要，这就要靠我们在工作中来启发群众的自觉与自愿，反对藉口忙碌而放任自流，同时也反对藉口战争而实行强迫命令。

4. 对一切教育干部应进行深入的全面的了解，并作适应的配备与调整。如在边缘区应配备较强的本地干部，尽可能在群众掩护下坚持教育工作。万一不能坚持时，便参加区乡政府的动员工作，配合社会教育来进行宣传与组织群众. 使较弱的干部参加后方工作，在战争威胁较大的地区，学校转移疏散或停办，多余的干部可参加其他部门的工作。但教育领导机关须切实登记，并保持必要的联系，以便情况恢复常态时立即调回，继续开展教育工作。爱护干部，保证干部的安全，是领导机关不可忽视的责任。

5. 领导上应有远见，要随时注意战争发展的形势，灵活的去布置工作。如遇情况紧急时，可将学校组织变为社教形式，或将固定集中的学校转为流动分散的轮学。战时化整为零，战后即集零为整。在敌人可能侵入时要准备如何隐蔽或撤退，当我军进攻时要配合开展新区的工作，在战争情况下，上下级的联系可能要迟缓些，因此，应主动的加强与当地最高领导机关的联系，以便及时处理问题。

选自《陕甘宁边区政府文件选编》第十一辑，档案出版社 1991 年版，第 29～35 页。

互校版本：《陕甘宁革命根据地史料选辑》第三辑，甘肃人民出版社 1983 年版，第 191～196 页。

4. 陕甘宁边区政府指示信（防治疫病）

1948 年 2 月 7 日

各专员、县长：

边区在胡匪骚扰厉害和灾情严重的地方，目前已发现了流行性病疫，这是因为作战区域尸体没有掩埋得好和到处遗弃脏物所引起的，加以群众生活条件很差，抵抗力薄弱，入春以后可能扩大蔓延。安置在非灾区的移（灾）民也同样最易受到传染。根据西北局关于救灾问题的决定，必须“十分重视防止疫病”，切实组织防疫治疗工作。为此特作如下指示：

（一）各专署县府必须把防治工作认真作为救灾工作中的重要一项，切实组织各级卫生机关（如边区的卫生署、联卫，分区的卫生部、县的卫生所等）参加各地的救济（灾）委员会，配合生产救济，专负领导各地的防治工作。防治工作的重点，应放在灾区与移民区，如延属之番龙、永坪、永胜、禹居等灾区及志（丹）延（长）移民区，绥属之米（脂）葭（县）子（洲）横（山）等县的灾区，三边属之靖边灾区，陇东属之华池移民区等，以此重点逐渐推广到其他一般区域。因此，分区、县应把该分区、县内之医务人员组织为防治工作组，直接到农村去参加救济工作，以便有效地进行防治工作。边区卫生署及联司卫生部和各分区卫生部，也应组织防治工作组，分赴几个重要地区和临时发生疫病的地方，帮助进行防治工作。

（二）各级政府和各救灾工作组，土改工作组的同志，要善于利用一切机会配合现行工作在群众中进行防治的宣传和组织工作。在预防工作方面最低限度要作（做）到以下各项：（1）冰解后，在经过战争与敌人糟蹋厉害的地区，组织掩埋队，将暴露或过去没有掩埋好之尸体脏物，重新掩埋在水源下流二里以外，并埋在三尺深以下，以防这些东西传染疫病。（2）春泽开始，发动群众清理饮水上流及周围，最好能挖深水井，垫高井口，不使污水流到井内，尽可能不吃河水，如非吃河水不可时，也必须滤过才吃（最简便的滤法，在水缸内放一些白矾）。（3）发动各村群众，举行一次大扫除，并尽可能继续下去保持经常清洁。（4）宣传群众不吃冷饭，不喝冷水，不吃死牲口肉，饭后锅碗要洗净盖好。（5）在衣服被垫条件较好的地区应发动拆洗被服，用开水烫灭虱子。

在已发生疫病的地区：（1）注意隔离，先使病人不和无病人在一炕上住，除招呼的人以外，无病人应避免到病人跟前去，更当注意娃娃不使接近病人，如一村病人多时，可暂时和其他村断绝往来，以免到处传染。（2）随时收集防治疫病有效的土方单方，发动群众广为采用。（3）对那些医药缺乏的区域，政府应组织各合作社配备药品，以供急需。（4）尽量组织民间医生，参加防治工作。奖励防治有成绩的医务人员及一般干部或群众。民间医生为防治努力，得群众之同意，可减免其战勤的劳役负担。

总之，要同志们很好的把群众组织起来，同灾荒瘟疫作斗争，不仅要不饿死人，也要防止病死人。并希随时将执行情形，报告本府。

此致

敬礼！

选自《陕甘宁革命根据地史料选辑》第三辑，甘肃人民出版社 1983 年版，第 258～260 页。

互校版本：《陕甘宁边区政府文件选编》第十二辑，档案出版社 1991 年版，第 28～30 页。标题为“切实组织好各地防疫治疗工作”。

5. 陕甘宁边区政府指示——关于恢复老区国民教育工作

1948 年 7 月 8 日

事由：关于恢复老区国民教育工作由。

各专员、县（市）长：

（一）边区国民教育，历年以来，在各级政府的倡导与广大人民的支持下，曾不断发展。完小毕业学生百分之四十以上参加了边区工作，成为区乡干部的重要来源之一，在解放战争中完小学生参军参战者，为数亦复不少，对保卫边区和支援前线，均有不少贡献。但自蒋胡马匪军大举进犯边区以后，各级学校的设备几被破坏无遗，加以普遍灾荒，群众无力送子弟入学，边区国民教育遂大部陷于停顿状态。目前解放战争已移至蒋管区进行，老区绝大多数县份已不受战争的直接影响，且夏收以后，灾荒亦将逐渐消除，恢复文教建设的条件已渐次具备。为了加紧教育革命的后一代，培养地方初级干部或预备干部，今年暑期以后各县必须根据需要和可能条件，有计划的逐渐恢复学校及必要的社教组织。

（二）恢复国民教育的重心应放在完小。老区各县应集中力量办好一个或几个完小。初级小学应依据民办公助方针，在可能条件下，逐渐的恢复或创办，原有公办的普小，如因财政困难与干部缺乏，一时无法恢复者，可视学校基础和群众力量逐渐转为民办，以期做到初小一律交由民办。民办小学仍应根据群众的自愿与需要，以重质不重量为原则，要防止贪图数量而采取强迫命令的方式，也要反对借口困难而采取自流放任的态度。各级政府应利用一切可能劝导群众自动起来办学，既经开办之后，又要注意领导，经常巡视检查，帮助改进业务，解决具体困难。区署应有重点的选择一个地点适中、基础较好、学生较多的初小加强领导，多予帮助，使它成为本区初小的中心，起核心示范的作用。

社会教育以学校和民教馆为据点去开展，原有各城镇之民教馆，应尽可能地设法恢复。民教馆及学校均应根据群众的需要附设半日学校或夜校，识字组或读报组，黑板报或墙报，以群众现实生活中的生动材料，去提高群众的政治认识与文化水平。

（三）无论学校教育或社会教育都应与战争生产及群众运动相结合。通过校内外的各种活动去帮助发动群众，提高群众的支前热忱与生产情绪，并以此教育学生。任何使学校与群众脱节，教育与现实脱节的恶劣作风，必须坚决纠正。

（四）各级教育行政机构（即三科组织），应根据工作的需要，分别予以恢复。除本府已明令恢复者外，其他各县在学校发展至十五处以上时，亦宜即行恢复，以便加强领导。

专署及县三科是具体执行文教政策，推动文教工作的枢纽，须经常巡视、检查，指导业务，反映情况，总结经验。嗣后各县三科长的调动必须通知教育厅，完小校长的调动必须通知专署。

（五）原任教员，由于战争的需要，多被调作其他工作，目前教育干部极感缺乏，教育厅虽积极设法筹调，但只能照顾帮助新区，老区原则上应自行解决。应将战争中疏散回家的小学教员，休学的中学生，年龄较大程度较好的完小高年级生集中加以短期训练后使用。边境地区还可吸收外来进步的知识分子。各级领导应加强对教育干部的关怀与教育，经常在工作上帮助他们，在政治上提高他们，多给阅读有关的文件和参加有关的会议。各级负责同志，应将教育工作当作自己的重要业务之一，定期讨论研究，加强领导，纠正对教育工作忽视或领导不正常的现象。

（六）教职员待遇决定普遍实行薪金制。但因目前边区仍处在战争和灾荒的环境，尚难恢复到战前的标准。各地小学教员的薪米临时规定如下：

绥德分区每人每月小米三斗，延属、三边、陇东小米三斗五升，关中老区麦子四斗五升，校长、主任可酌量增加三、五升，以重职责。民教馆、图书馆职员与小学教员同等待遇。以上标准只是一般规定，各分区还可根据各县不同情况在以上原则下加以伸缩。凡工作有成绩家庭十分困难者，可斟酌情形予以救济。

（七）目前边区一切财力、物力仍以支援前线为主。为了不加重人民的负担，各项行政经费应力求紧缩。学校设备暂维现状，停止一切修建。完小和民教馆的经费，各县应按可能恢复的数量及开支标准提出精确预算呈报边府，经核准后在征粮时附加征收。初小经费一律以群众自筹为原则，政府只能在十分必要时酌予补助。

（八）教育厅过去编印的教材，战争中已全部损失，现正重编赶印中。因纸张印刷等条件的困难，下半年仍难全部供给，估计开学前可以印出的有初级国语六册，补充教材一册，高级国语四册，补充教材一册，史地一、二、三册。算术、自然可选教育厅以前所编之旧课本，高小公民，初小常识等，可从群众日报及各分区报纸上自行取材编选，但须经县府审查。

以上指示各点，希即研究执行，并将执行情形报告本府。

选自《陕甘宁革命根据地史料选辑》第三辑，甘肃人民出版社 1983 年版，第 287～289 页。

互校版本：《陕甘宁边区政府文件选编》第十二辑，档案出版社 1991 年版，第 138～140 页。

6. 陕甘宁边区政府指示——关于老区中等教育工作

1948 年 7 月 13 日

事由：关于老区中等教育工作由。

各专员、各中学校长：

历年来边区中等教育，坚持了为人民服务的方针，并初步实现了提高现任干部，培养未来干部的任务，迄今至少有五千中学生参加边区各种建设工作和直接为前线服务。现在西北革命形势，日益发展，各个地区各种事业的干部需要，日益迫切，因之培养更多青年知识分子为新民主主义建设人才的任务，就日益繁重。为此特就几个主要问题指示如下：

一、恢复行知中学和米脂中学，各招收青年学生三百名。关中师范和新接收的栒邑中学合并办理，学生暂定二百五十名。三边、陇东暂在分区党校内附设中学班和师范班，学生各暂定八十名。各中学的方针、课程、编制及主要干部的配备，概由本府教育厅统一决定，其它工作责成各专署负责领导。

二、在目前形势下，由于工作需要，经常抽调学生势难避免。但领导上应尽可能做到有计划的抽调，减少教学中的困难。同时各种设施应适应这一特点，学习期限暂可缩短为一年至二年，并缩减寒、暑假期，保证每年最低限度学习十个半月。

三、在学以致用，以文化教育为主，与政治教育密切配合的原则下，改进教育内容和方法，使与学生实际情况，边区实际需要及当前主要斗争任务结合，为此：甲、确定国文、政治（包括时事）、算术、历史、地理、自然为必修课程，另外酌授艺术（主要是音乐）、军事及酌量进行生产劳动。国文学习时间应保证相当于全部学习时间的三分之一。各课课本教育厅拟在年内新编一部分，未有新课本前，各校根据情况自行研究决定。乙、确定学生社会活动为教育计划的组成部分，领导上应有重点有组织地率领学生参加各个时期的各种主要社会运动，由此总结经验，充实实际知识并培养工作能力。丙、确定学生日常生活教育，即从学生日常政治、文化等生活中及工作作风、思想动态中发现、研究、解决问题进行教育，为教育计划的组成部分，使有限的课堂讲授和更丰富的实际生活结合起来。丁、为适应频繁的调动，今后制订教育计划时最好以半年为一小单元，并按照实际情况规定大单元，使学生不致因中途离校，所学太少。

四、老区中学生多属劳动群众子弟，各中学不应因其文化程度较低拒绝其进入中学，但又必须有步骤地提高收入学生的质量。为此应经常有计划地主动与地方党、政领导机关及各地完小取得联系，应将帮助改进当地的国民教育工作，当作自己当然业务之一。

五、在目前情况下，抽调老区中学的部分干部去新区工作，势所难免。干部缺额应由各分区自行解决。各专署及各中学应经常及时研究缺额时仍能恢复、坚持和提高中教工作的办法。一方面，应更加强干部的政治及业务学习，提高干部的工作责任性和教育能力；另方面，应更加强对学生会等学生自治组织的领导，提高学生互教互学的自治能力。使教育干部或有减少，教育计划不致受挫。

以上各点希认真研究，切实执行。并将执行情况随时报告本府。

选自《陕甘宁革命根据地史料选辑》第三辑，甘肃人民出版社1983年版，第287～289页。

互校版本：《陕甘宁边区政府文件选编》第十二辑，档案出版社1991年版，第148～149页。

7. 陕甘宁边区政府关于开展黄龙分区国民教育的指示

1948年11月2日

黑、王专员并转各县长：

一、黄龙分区的国民教育，赖我党政军的协力领导和当地教育界人士的竭诚帮助，解放不久，即已渐次恢复。暑假期间各县又举办教师座谈会，研讨了新民主主义教育的方针任务及实施方法，启发了与会教员的思想。现学校均经初步整理，并已全部或大部开学。但由于分区国民教育在国民党长期反动统治下曾被用作奴化青年和儿童的工具，思想毒素，播植已深。因开展分区国民教育，除在可能条件下尽量恢复原有学校数量外，尤应大力改进原有学校质量。目前前者已见成效，后者尚待努力。

二、提高教职员，是改进国民教育的关键，因之对分区小学教职员必须加紧团结，帮助其建立经常的个人和集体的进修制度，使他们在日常学习和工作中逐渐进步提高。为此专署及各县三科应即计划进行如下工作：甲、督促各区以区为单位，以完小为中心，由区长或区教育助理员（有十处以上学校之区设立此职）和完小校长协同领导，拟定本区教员分期进修计划，进行学习，并定期集会讨论。其政治学习，应以时事、政策为主，其业务学习，应从工作中存在的实际问题出发，着重研究各科教材、教法及对学生生活、思想问题的指导等。乙、计划利用今年寒假继续举办教师座谈会，检讨工作，总结经验。丙、继续争取在乡尚未就业的知识分子，通过各区各完小直接与他们取得经常联系，吸收他们参加各种座谈会，并根据不同情况分别吸收参加工作或介绍学习。曾参加今年暑期座谈会者，必须妥为安置。

三、完小由县政府直接领导，专署应经常派员巡视、检查、督导，初小由乡政府直接领导，区署应经常派员巡视、检查、督导（未设立教育助理员之区，应指定干部兼管教育工作）。各县应集中力量办好一个或几个完小，以便取得经验。推动办好其他学校。为此特将学制、课程、教材、组织等问题从（重）新研究确定如下：甲、学制暂时维持四二制原状，但明年起应添设春季始业班，以便适应群众需要和儿童入学。乙、课程确定高年级为公民、国语、算术、史地、自然、音乐、美术、体育，初年级为国语、算术、常识、美术、音乐、体育（初级一、二年级的音乐、体育合为唱游）。各种课程统须联系实际，学用一致。丙、教材：国语、史地必须采用本府教育厅编印的课本及选用高级国语补充教材，算术、自然可选择较好的旧课本加以必要的删改暂时应用，公民、常识在未有新课本前，可暂从群众日报选材，讲解时事和政治常识，并联系学校和学生实际，进行新的纪律、思想、生活教育。旧公民课本一律禁用。课本不足者暂以油印或抄写办法解决。自编者统须由县政府负责审查。丁、组织：应将教务处与训育处合并为教导处，加强教员职责。从各种课程的教授和儿童的日常生活中，随时随地启发儿童重视科学、劳动，敬爱劳动人民，培植为劳动人民服务的思想。为提倡自动自治，互助友爱，实践民主生活，高、中年级可成立学生会，低年级可成立儿童团，有领导的参加校内外各种活动，以补课堂教育的不足。生活思想教育以劝导说服为主，绝对废止体罚。戊、女子教育，急需加以提

倡，可能并必要时，可试办女子小学或在完小设女子班。对于贫苦的男女学生，应给以适当的照顾。

四、社会教育在黄龙分区，极为重要。学校和民教馆，是进行社会教育的重要据点。充分利用完小学生的课外时间和回家机会，实行小先生制，普及群众教育，特别是女子教育；应充分发挥教员、学生、民教工作人员等的积极性，根据群众需要和本身条件，组织各种读报组、识字组、黑板报、墙报、半日班、夜校等文化组织，联系群众生活，提高群众觉悟。如有条件还可组织秧歌队（儿童的和群众的），准备春节期间的娱乐宣传，发挥其教育作用。

五、学校经费除完小、民教馆外，初小一律由群众自筹解决。已有基金者可由地方有威望人士组织校董会负责管理；没有基金者可组织地方有威望人士适当筹募并组成校董会负责管理。此项工作应由各级政府领导进行，免生弊端。各县为适当调剂国民教育经费，以求普遍发展，应即派人清理全县及各校原有教育款产，成立保管委员会，以资专责。

六、为了解分区教育情况，加强领导，专署及各县应遵照边府八月十七日的指示，定期作成教育工作报告，寄来本府。

选自《陕甘宁革命根据地史料选辑》第三辑，甘肃人民出版社 1983 年版，第 305～307 页。

互校版本：《陕甘宁边区政府文件选编》第十二辑，档案出版社 1991 年版，第 262～264 页。

8. 中共中央西北局关于黄龙新区学校教育的指示

1948 年

一、黄龙九县解放前，共有中学十三、完小七十余处，这些学校虽然过去都为国民党所主办，进行反共反人民的教育，灌输封建奴化思想。但大多数学生均为农民子弟，他们入学多为逃避兵役，其家庭或多或少地遭受国民党反动派的压迫、损害或限制。对我党我军坚决保卫人民利益的政策和行动，表示同情。因此，争取改造其为人民服务是完全可能的。但自我军进入黄龙后，除韩、郃等县中学已开学外，其他中学多陷停顿，一般小学校校数、人数，亦均缩减。其原因固然是蒋匪军败退时的摧残破坏，社会秩序尚未纳入正轨，目前群众运动亦未很好发动，政策宣传未能普遍深入，加以蒋匪长期奴化教育的影响，及特务的造谣破坏，致有不少教员学生怀疑观望，但更主要的原因还是我们未能及时采取有效办法，更积极的去进行工作。

二、因之，办好新区学校教育，争取教育改造广大青年学生，就成为目前新区建设工作中刻不容缓的一项重要任务。凡我军所到地区，对于当地学校，应采取严格保护政策。在该地区已稳定时，则应根据可能条件设法使之开学。并有重点的派遣得力干部，主持领导（首先是中学），用办好数学校（分区集中办好一个或几个中学，县集中办好一个或几个完小）的办法，去推动办好其余学校。各县临时性的短期训练班，应与学校教育适当分

工，以便有计划地、不断地培养青年知识分子，参加新民主主义的建设事业。

三、为实现在新区培养大量新知识分子的方针，必须正确地团结当地的教育工作者来进行。对于他们，除了少数确系极反动分子或破坏分子外，均应争取他们合作，一律排斥或不去帮助改造的态度，都是错误的。应在实际合作过程中，帮助他们认识真理，逐渐改变其错误的反动的思想观点。但帮助进步与争取他们安心工作的必要条件，是政治上的提高与生活上的照顾。对新区教职员的物质待遇，一般应不低于国民党统治时的薪金。对于青年学生，一律采取教育改造方针，欢迎他们入学，对于广大劳动群众子弟，尤应给予入学的便利条件。

由于国民党施行党化教育的结果，教职学员中，党团分子占有相当数量，其中且有少数特务分子、破坏分子。我们对于国民党、三青团残害青年的思想毒害，必须彻底清除，对其反动组织，必须坚决解散。但应认识到国民党、三青团反动派的罪恶活动，一般党团分子并不能负主要责任，特别是被蒙蔽一时的青年学生，对于他们，应予以同情，加以热情的对待，积极的进行教育改造，采用民主座谈方式，公开揭发国民党在青年中的欺骗宣传，控诉其罪恶毒害，只要他们思想觉悟，愿意站在人民方面，我们都应争取、教育团结之。只有个别顽固不改，争取无效者，才予开除。此种分别处理，应视为极其艰巨细致的教育改造工作，要放在启发思想觉悟的基础上去进行。不应过急地简单地采取普遍登记办法。

四、学校教育必须依据新民主主义教育（即无产阶级领导的，人民大众的反对帝国主义、封建主义和官僚资本主义的教育）方针进行，学校中一切教育实施，均应本着实事求是的科学态度，及对人民大众的无限忠诚来教育、培养青年学生，使他们具有为人民服务的思想与一定的科学文化知识，成为人民革命战争及新民主主义建设事业的新生力量。贯彻上述方针的首要步骤，除了领导上注意加强和改进学校教员的质量外，就是适当的调整课程，凡包含法西斯毒素，反共反人民的，应立即停授（如公民）或改变其内容（如国文、史地），其与目前人民实际需要不太密切者，则可酌量减少（如数理课程中部分不切合实际需要的）或改为选修（如外国语）。教材除国文史地由教厅陆续供给外，政治常识在教材未正式印发前，可根据群众日报进行时事政治教育；数学、理化则暂依旧本，或加以必要的删改后讲授。领导学校的中心环节，应放在思想领导上，发扬自我批评，与虚心学习的精神，研讨业务，组织教学研究组及寒暑期教员座谈会，并由思想上政治上坚强的干部负责领导，借以提高教员，充实教学内容，改善教学方法，增强教学效率。

五、新的教育，必须和广大人民群众的生活相联系，和人民革命斗争的脉搏相适应，否则就会脱离实际，枯燥无味，毫无生气。

因此，我们的教学方式，决不能停留在课堂教育，教育内容不能满足于书本知识，应根据当前允许的情况，适当的进行生产教育，参加劳动和群众运动，以丰富其学习生活，增进其实际知识，改造其思想，达到学与用的一致。但这一切活动的目的，主要均是为使学习得更完善，学与用更密切的结合。因此必须要有计划、有组织、有指导的进行，才不致浪费时间、精力，减弱学习效果。

六、思想改造过程是进步思想与落后反动思想斗争的过程。

教育的主要任务在于根据对方思想水平，启发其觉悟，逐渐培养与提高其革命观点，认识客观真理，认清是非真伪，克服错误思想，建设正确思想。因此，必须避免生硬灌注的方法，养成认真研究、自由争辩、切实刻苦、自我批评的学习风气，发展学生在学习中

的自觉性与创造性，采取民主讨论方式，以求得服从真理的一致认识。

上述各项指示原则，各级学校均应研究执行。其他关于新区中小学的学制、课程、学校组织等具体实施办法，教厅当另行颁布。

选自《陕甘宁革命根据地史料选辑》第三辑，甘肃人民出版社1983年版，第313～316页。

9. 陕甘宁边区政府关于黄龙分区中等学校工作的指示

1948年

一、中共中央西北局关于黄龙新区学校教育的指示颁发后，获得了新区广大青年学生与教育工作者的拥护和赞许。在此基础上，黄龙分区的中等学校多数已在政府领导及地方教育界人士的协助下，分别予以整理、恢复或合并开办。某些学校在短期内，已达到甚至超过原有人数，这个成绩是不小的，今后应进一步贯彻西北局指示的精神，有计划、有步骤地办好业已恢复的学校，加紧团结和帮助当地教职员，加强学习领导，改进教育内容和方法，在现有基础上，提高学生的觉悟程度，并继续恢复条件具备的学校，动员原有学生大部以至全部复学。

二、为适应日益发展的西北情形，黄龙分区中等学校的主要任务是培养大批具有为人民服务思想的青年知识分子，以补充军事、政治、经济、文化等各方面的干部需要。在新学制未确定以前，学习期限暂时维持原状。各中学招生时，在学历及年龄上不必限制过严，使各完小毕业生及自学有成绩的穷苦青年，只要程度合格，即能得到充分的求学机会。各中学并可设立贫寒生补助金，以鼓励贫寒学生入学。各校明春均可增设春季始业班。为便于提高现任区乡干部与培养当前急需的各种干部，各校与当地政府可依据可能条件设立各种短期训练班。

三、课程方面，凡含有反动内容的科目，应坚决取消（如公民）或改编（如国文、史、地），另设政治课。各种课程应以切合实际达到学用一致为目的。在启发多数学生及教职员觉悟的基础上，逐渐改进，避免单纯以行政命令办事的方式。初中必修课程确定为：国文、政治、数学、历史、地理、动植物、生理卫生、理化、音乐、美术。高中必修课程为：国文、政治、数学、历史、地理、生物、理化。初中新生不授英语，旧生及高中生可根据需要设英语选修课，此外，还应在课外进行适当的军事体育及生产劳动教育。为使课程学习能正常进行，学生的社会活动及生产劳动，每周不得超过六小时。除自习及选修课外，必修课每周上课时数初中以二十四至二十八小时，高中以二十至二十二小时为宜。每年上课时数不得少于三十八周。师范学校的课程除二、三学年增设切合实际需要的业务课外，基本上与中学同。各科教员在正式授课外，还应切实的负责指导学生预习、复习、作业及必要的讨论，并深入地研究学生的学习状况与思想状况，以便不断地改进教学内容与教学方法。学生应着重个人学习，辅以集体研究、互相帮助，讨论会应限于有关思想教育的课程，每周以一次为限。

四、在学校组织上，应改变教务处与训育处分立现象，统一设立教育与事务两处。校务会议为校长直接领导的学校最高行政会议，由校长、主任、教职员代表组成，并吸收学生会代表参加。另设干部学习委员会，以组织和领导教职员的政治业务学习（学委会正副主任由正副校长或教育主任兼任，其他委员均由民主选举）。组织经费稽核委员会，以实现经济民主，改进学校生活；各校均应组织学生会，团结全校学生，实行民主自治，组织与推动各班学习，协助行政上把学校办好。学生会之成立要有足够的思想准备，经民主选举，领导上则应经常给予帮助和指导。

五、黄龙分区一般青年学生，对于国民党统治的贪污腐化、丧权辱国、欺压人民与残害青年等罪行，是深为痛恨的。解放以前，他们经常受到失学和失业的威胁，迫切要求进步。且其中大部分是劳动人民的子弟，作风朴素，有劳动习惯。但另一方面，由于长期受敌人的欺骗宣传与奴化教育，及封建落后的社会与家庭影响，因而存在着许多错误观点与落后意识。学校领导者必须针对他们的特点，加强思想教育，逐渐地纠正其错误认识，建立为人民服务的革命观点、群众观点、及劳动观点，养成实事求是、艰苦朴素、虚心学习、自动自治、自我批评及遵守纪律的学风。进行思想教育时，必须通过学生的学习及生活实践，根据其觉悟程度，运用自由争辩、民主讨论、耐心说服等方式，逐渐提高。注意防止急性病及自流偏向。

六、黄龙分区各校主要依靠当地教职员开展工作的方针是必要和正确的。大多数教职员对于国民党的黑暗统治与奴化教育不满，愿在民主政府领导下，参加为人民服务的教育事业。因此领导上对他们应加紧团结、放手使用，在工作中诚恳耐心地予以帮助，使他们理解并掌握新民主主义教育的立场、观点和方法，以便逐渐地成为健全的新教育工作者。今后并应继续吸收那些可以参加而尚未参加工作的当地知识分子共同建设学校，设法争取那些因不明情况或其它顾虑而跑到敌区去的教员回来任教。

七、中等学校的方针、学制、课程、编制及主要干部的配备，由本府决定。其他日常工作，责成专署负责领导，离开专署较远的学校可委托所在地的县政府指导。专署应定期召开会议，检查和研究中等学校工作，并注意着重办好一两个学校，取得经验，推动、改进其他学校。

以上指示，务望切实研究执行，并将执行情形，随时报告教育厅。

选自《陕甘宁革命根据地史料选辑》第三辑，甘肃人民出版社 1983 年版，第 317～320 页。

10. 陕甘宁边区政府关于开展一九四九年防疫卫生工作的指示

1948 年 12 月 28 日

各分区专员、各县（市）长：

（一）边区今年疫病流行，夏季蔓延二十余县，病者十万余人，当经紧急动员，发动

群众自救救人，组织公私医生下乡治疗，制造中药丸散，推广有效单方，广施救济。八月病势缓和，九月停止传染，但病死者已达两万余人，对于群众生产影响极大，这种严重的损害，固是胡祸天灾所造成，但各地防疫工作不够认真，也有很大关系。我们必须严正的记取这个教训，接受防疫和急救工作中的经验，预防疫病发生，以利明年的大生产运动。

（二）边区大部地区的群众缺乏清洁卫生习惯，向来疫病很多，婴儿和妇女死亡率很大，加之现在农村的疫病尚未根绝，明春极易发作，各级政府和全体干部必须号召全体人民重视这个问题。并按照不同情况进行：甲、在一般地区，应切实提倡清洁卫生及改造“老娘婆”，提倡新的接生与保育儿童的方法。乙、在有严重地方病（柳拐子、吐黄水、瘿瓜瓜等）的地区，应切实调查研究该病产生的根源及防治的有效办法，实施治疗与预防。丙、在今年疫病严重地区，应于今冬明春普遍发动群众性的防疫卫生运动，创造防疫卫生的模范村乡和积极分子，以深入开展与坚持防疫卫生工作，防止疫病发生与传染。

（三）为此各级政府必须认真总结今年防治工作的经验，纠正干部中平时忽视群众防疫工作及发现疫病时不积极组织民间医生救急，只是等待上级派医生等错误的观点与对人民不负责任的态度。教育所有干部注意随时利用机会，如冬学、夜校、识字组、报纸向群众进行卫生教育，灌输科学知识，利用各种群众集会进行卫生宣传，以提高群众的认识，自觉改变其落后习惯，相信科学，反对迷信，禁止神官巫神的活动。

（四）为此，必须健全各级卫生工作的组织机构及医疗工作：甲、决定专署一科增设副科长一人，科员一人。县政府一科增设卫生干事一人，专管卫生事宜。区由行政助理员兼管卫生工作。乡设文教卫生委员会（以每个行政村选一个委员组成之），自然村设卫生小组长（由村民选举一至二人）。在各该级政府领导下进行防疫卫生的具体工作。乙、依据可能的条件，逐渐设立各县人民卫生所（医生一至二人，司药及护士二至三人），在县政府的领导下进行群众的治疗工作。丙、恢复与发展整顿各地人民，保健药社，纠正单纯营利观点，贯彻为人民服务的方针。丁、广泛的利用与发挥中医的效能，成立各分区、县的医药研究会或医药研究组，在自愿和照顾医生生活及药铺营业利益的原则下，将民间的医生及药铺组织起来，给予适当教育，培养其为人民服务的观点，并经常进行研究各种疫病发生的根源，治疗与预防方法及利用当地药材炮制药品，互相交换经验，提高技术。当疫病发生时，进行积极治疗。各地中西医生及药铺均须向县政府登记，经考核合格者统一发给行医证或营业执照，不合格者加以取缔。

各专署、县府接到指示后，应即详加讨论，拟定计划，切实具体执行，并将所得经验及群众的生、死统计随时报告本府。

选自《陕甘宁革命根据地史料选辑》第三辑，甘肃人民出版社1983年版，第308～309页。

11. 陕甘宁边区中等学校贫寒生补助暂行办法

1949年4月15日

一、为扶植贫寒子女入学，使教育为广大群众服务，特制定本办法。

二、陕北、晋西北地区已实行公费制的中学、师范学校（包括分区干校附设之中学班、师范班）学生之待遇，一律按边区政府或晋西北行署原规定执行。

三、晋南、黄龙及今后新解放地区师范学校包括中学附设之师范班之学生，每人每月一律补助麦子（产麦区）五十斤或小米（产米区）三十五斤。

四、晋南、黄龙及今后新解放地区之中学学生一般的均实行自费，但具有下列条件之一者，得享受贫寒生补助费。

（一）家境贫寒之烈、军、工属子女。

（二）家境贫寒且成绩优良之劳动群众子女。

（三）家境贫寒之少数民族子女。

五、中学生贫寒生补助费之标准规定为：产麦区每人每月麦子五十斤，产米区每人每月小米三十五斤。此项补助，以学生实际在校时间为限，在学期中途因私事离校逾一周以上者，或寒暑假返家者均自离校之日起按日照扣。

六、中学贫寒生补助名额以不超过该校中学生总数百分之十五至二十为限。

七、无依靠之烈士子女按第九条第二项所规定之手续，审查合格者，得按后方机关人员供给标准全部供给之。此项学生不得计入第七条所规定各校学生百分之十五至二十的补助名额内。

八、家境贫寒之烈、军、工属子女，有优先取得贫寒生补助费之权，在女子入学人数甚少之地区，若贫寒程度相同，女子有优先取得贫寒生补助费之权。

九、中学生取得贫寒生补助费之手续：

（一）须先取得该生原籍县政府之证明信，由学校初步审查后，送呈专署批准，呈报行署或边区政府备查。

（二）无依靠之烈士子女需要供给者，由其父母工作机关或其他有关机关证明，由专署审查，行署或边府批准。

（三）受补助之贫寒生，应每年审查一次，其有家庭经济情况改善供给能力提高者，应向该生妥为说明理由，停止补助。

十、本办法自一九四九年四月份起施行。

附注：

1. 关于干部子弟入学待遇办法及新解放的较大城市之公费生待遇办法另行规定。

2. 本办法暂以十六两旧秤为计算单位。

选自《陕甘宁边区政府文件选编》第十三辑，档案出版社 1991 年版，第 239～240 页。
互校版本：《陕甘宁边区法律法规汇编》，三秦出版社 2010 年版，第 210 页。

12. 陕甘宁边区中学、师范、完小教职员及杂务人员待遇暂行办法

1949 年 4 月 15 日

一、为适当改善中学、师范、完小教职人员生活并试行薪金制，特制定本办法。

二、为保证教职员及杂务人员生活不受物价波动影响，特规定薪金以日常生活必需品的油、盐、炭等五种实物，依各级政府财政处、科每月二十日所规定之统一物价标准计算之，原则上保证所得货币在当时当地能买到其薪金所规定的实物数量。

三、为了计算方便，实物薪金计算单位为“分”，每分之值等于小米一斤二两（产麦地区以小麦一斤十二两计）及土布三寸、油、盐各半两，石炭二斤半（不产炭地区，以每斤炭折三斤柴计），未经边区政府或行署命令，每分之值，不得改变。

四、中学、师范学校教员及主任以上职员，每月薪金之值为七十分至九十分；高中、高师教员与主任以上职员，每月薪金之值为八十分至一百分，一般职员每月薪金之值为五十五分至七十分。

五、完小教员及主任以上职员，每月薪金之值为五十五分至七十五分，其他职员与公立初小教员每月薪金之值为五十至六十五分。

六、什务人员每月薪金之值为四十五分至六十分。

七、每人每月具体分数，在规定的最低与最高的分数限度内，由各该校于每年年初根据工作成绩、文化程度、工作简繁、工作态度、为人民教育服务年限等条件，提出意见，完小由县府审核转呈专署批准，中学、师范由专署审核后呈行署或边府批准。

八、全年按十二个月发薪，学期终了离职者，假期薪金，具领二分之一，在学期中途新任及离职者，均按到校与离校之日起止。

九、女教职员及女杂务人员分娩期间，休假六十天，薪金照发。

十、享受薪金待遇之教职员及杂务人员，停止其家庭优待，但子女众多、家无积蓄、专靠薪金无法维持生活之教职员，可由所在学校呈请直接领导该校的上级政府，根据实际情况，酌予补助。

十一、大学及各分区干校中之中学班或师范班的教职员，暂行维持供给制，每月酌量发给津贴。

十二、今后新解放的较大城市之教员待遇另行规定。

十三、本办法自一九四九年四月份起实行。

附注：本办法暂以十六两旧秤及营造尺为计算单位。

选自《陕甘宁边区政府文件选编》第十三辑，档案出版社 1991 年版，第 237～238 页。

互校版本：《陕甘宁边区法律法规汇编》，三秦出版社 2010 年版，第 211 页。

13. 陕甘宁边区政府布告
——保护名胜古迹公共场所①

1949 年 7 月

查各地农场，苗圃，以及名胜古迹，公共场所，均为有利于人民之建设，自应切实保

① 副标题是编者所加。

护。近有少数人，不明利害，任意破坏，毁损上述建设之林木、建筑等物。此种行为，应即严加制止。除通令各级人民政府切实防护外，仰我全体军民，共同负责保护，如再发现上述破坏行为者，立即送交当地人民政府，依法严惩！

此布。

选自《陕甘宁革命根据地史料选辑》第三辑，甘肃人民出版社 1983 年版，第 430 页。

互校版本：《陕甘宁边区政府文件选编》第三辑，档案出版社 1991 年版，第 455～456 页。

14. 陕甘宁边区政府关于目前新区国民教育改革的指示

1949 年 7 月 31 日

各行署主任、专员、县（市）长：

各直属市长：

在我解放的城市和乡村，国民教育已渐次恢复，各级政府亟须根据新民主主义教育方针进行研究与改革的工作。国民教育过去在国民党长期反动统治下曾被用作奴化儿童、青年和群众的工具，为少数反动的统治阶级服务，现在要逐步改革其制度、内容使其真正成为人民大众自己的教育。关于目前改革的办法指示如下：

甲、小学教育

（一）实行四二制（初四高二）。

（二）小学为人民的基础教育，其任务是为新中国培养新公民，为我们的民族培养新后代。课程以文化为主。对敌伪国民党时期的课程，含有反动内容的加以取缔（公民、童训、户政）。繁复的予以合并。改革后的课程，高年级（五、六年级）为政治常识、国语、算术、史地、自然、音乐、美术、体育八门；中年级（三、四年级）为国语、算术、常识、美术，音乐、体育六门；低年级（一、二年级）为国语、算术、美术、唱游四门。教学时间，另行规定。各种课程统须联系实际，达到学用一致。各主要课程教材须采用人民政府审定的课本，在课本未完全印就前，自然、算术，可采用较好的旧课本，但须删改其不切合实际的内容，政治与常识（有关思想教育的部分）可暂从群众日报或解放区出版的其他书报上选材（由教育厅统一选定），联系实际进行生活、思想、纪律及简单的政治知识的教育。旧公民课本一律禁用。在教学上注入、填鸭的方法必须改变，应使用启发方式，根据儿童程度进行教学。课外指导必须与课堂教育密切结合，先从主要的课程做起。时事、劳动、纪律等教育主要在课外进行。儿童课外活动应予重视，但须有实际教育意义与有计划地进行，且须适度，不得太多，以免妨碍学生的文化学习。

（三）彻底废除抑制儿童思想的训导制度，重视儿童的思想教育。敌伪时期所灌注给儿童一切思想上的毒素须予清除。同时，从各科教学与儿童的日常生活和行动中，随时随

地启发与培植儿童重视科学、重视劳动、敬爱劳动人民、为劳动人民服务的思想，养成儿童勤学好问、勤劳朴实、勇敢活泼，互助友爱、集体生活的新作风。进行思想教育应根据儿童的特点与认识程度，运用循循善诱、耐心说服、民主检讨等方式，逐渐提高，反对机械的搬用教育成年人的方法教育儿童。体罚或变相的体罚，应绝对废除。

（四）为了实现民主的集体领导，完小以校长为首与主任、教职员代表（一、二人）组织校务委员会，统一领导学校一切工作，并对政府负责。由教职员代表二、三人与学生代表一、二人组织经费稽核委员会，检查经费开支是否合理及有无贪污浪费现象，以实现经济公开与经济民主。废除训教分立，实行教导合一，在校长与校务委员会下设教育主任，统一管理教导工作。废除级任导师制，班设主任教员。完小的民教部取消，但应兼做社教工作。幼稚班在可能条件下设办。学校在民主集中制原则下建立各种必要的工作制度（会议、报告、工作的计划、检查，总结等）。考核制度予以改变，课业考核实行百分制的记分办法，操行记分制取消，中年级用文字考核，高年级用民主检讨，文字鉴定。学校人事任免办法应行改革，规定校长由县、市政府委任，主任由县、市政府聘任，教员由学校提名，政府批准后聘请。解聘教员须事先呈报政府批准。初小教员由校董会与群众商酌聘请，但须经区署同意。

（五）完小高级学生或高小学生如有组织要求，应帮助建立学生会，其任务是组织同学的学习，管理同学的课外活动与文娱生活，增进师生的团结等，教师应经常给以亲切的指导。小学监护制度改变为辅导办法，以培养儿童的民主自治能力。取消繁琐的不切实用的规则，根据学习、生活和工作的需要订出必要的公约、规则，启发与教育儿童自觉的遵守。

（六）对私立小学除具有反动的政治背景者外，一律采取保护赞助与逐渐改革的方针。凡已开办之私立小学（个人或团体）向人民政府登记，经审查合格者，可继续办理，但必须执行新民主主义教育方针与人民政府的法令。今后拟成立之私小，必须先经人民政府审查许可后，始得举办。教会团体主办之小学，不得在课内向学生宣传宗教，不得强迫学生参加宗教仪式。少数民族小学或具有适当数量的少数民族学生的小学，根据自愿与需要，可以增授本民族的语文，但其内容不得与新教育方针违反。私塾亦须本前述方针进行改革。凡私小确实办理有成绩者，政府予以适当奖励。

（七）市立县立之完小，由市府县府直接领导，乡村小学由乡村政府领导。专署、县府与区署须经常派员检查所属区域的国民教育工作。各级政府在整顿与发展小学教育中，要注意给予工人子弟与贫寒子弟以入学的便利条件。小学经费除完小外，初小一般由群众自筹，不足者政府酌予补助。有基金的初小可由群众的代表与地方上有威望的公正人士组织校董会负责管理。各市县教育款产基金，市县政府应进行整理，统一管理。

（八）小学教育的改革是长期的艰巨的工作，必须有步骤地进行。全部改革工作的中心环节是教职员的思想改造问题，因之，专署、县府、区署必须加紧领导，组织其个人与集体的学习，建立每日两小时学习制度。在马列主义理论与中国革命实践统一的思想——毛泽东思想的指导下，进行政治的与业务的学习。政治学习以时事、中国革命基本问题、政策教育为主，业务学习，应从工作中存在着的实际问题出发，着重研究各科教材、教法及学生生活、思想问题的指导等等，以逐渐达到使教职员建立为劳动人民服务、为新民主

主义教育事业服务的思想、观点与作风，并在学习中逐渐提高其业务能力。为此，完小应以校长为首组织学习委员会，领导全校教职员学习，各区应建立初小教师的学习组织，由区署及完小负责领导。学习方式以个人学习为主，集体讨论为辅，联系自己的工作和思想进行检讨。此外，各级政府应在可能条件下，利用寒暑假举办教师座谈会，进行学习，检讨工作，总结经验。

乙、社会教育

（一）社会教育的实施方针，以积极支前，肃清反动残余，鼓励与表扬劳动生产，反对封建剥削，批评迷信落后为基本内容，开展新民主主义的启蒙运动。

（二）社会教育，目前应有重点地进行。重点放在城市，大乡镇及工人区域，在重点地区可设立民教馆、文化俱乐部。根据群众需要和本身条件可组织阅览室、夜校、识字组、读报组等等，推广群众的文化与政治教育。根据群众接受程度，有步骤的提倡和开展妇女教育。在乡村以小学为据点，逐步推广社教。教育对象，城市以工人、贫民、店员、学徒为主，农村以农村工人、农民及农村青年为主。

（三）社教机关要配合党与政府的当前工作任务，广泛地向群众做宣传动员工作，联系群众实际生活，提高群众的政治觉悟。宣传方式可利用黑板报、画报、戏剧、讲演、说书、收音机、幻灯片、秧歌队……特别注意采用为群众喜闻乐见的形式进行宣传。

（四）社教工作必须与工会、农会、青、妇群众团体密切配合。社教机关有计划的组织学生、教员与群众团体有关人员参加这个工作，特别组织中小学生，充分利用他们课外与回家机会推广社教。

各级政府接到此指示后，须认真研究执行，并将执行情况随时报告本府。

选自《陕甘宁革命根据地史料选辑》第三辑，甘肃人民出版社 1983 年版，第 424～428 页。

15. 陕甘宁边区各县教育经费筹措暂行办法

1939 年 8 月 15 日边区政府公布

一、各县筹措之教育经费来源，仅限于以下四种：

（一）该县原已确定为教产（包括土地、房屋、林、营业、牲畜在内）及教育基金（指现金）之常年花利收益。

（二）买卖婚姻、赌博、缠足之没收款及罚款。

（三）学校自行生产之收益。

（四）在自愿原则下，向人民劝募之学款。

二、各该县原已确定为教产及原已确定为教育基金之现金。均作为教育基金，不得动用。以该项基金之常年花利作为常年教育经费。

三、各该县原无教产者，得以下列办法建立之：

（一）原由各该县县政府所管有之公田，拨归教产。

（二）尚未分配之荒地或熟地，全部或部分拨归教产。

（三）原属神庙产，人民自愿拨归教产。

（四）一姓或数姓所有之社坟地，在一姓或数姓同意下，归为学田。

四、根据边区政府一九三八年六月七日决定所没收之买卖婚姻款或经县政府判决没收之赌博款或罚金，以及经县政府判决之缠足罚金，均全部作为教育经费之收入。

五、各学校自行生产之收益，均作为教育经费之收入。

六、各该县教育经费，由第一项之（一）（二）（三）三种常年收入尚不敷常年支出者，得向各该县人民在自愿原则下劝募之。其劝募办法如下：

（一）各县应劝募总数，以不超过常年支出所短之数为限。

（二）每年以劝募一次为限。

（三）应劝募款数由各县教育经费管理委员会提出，经由县政府审查，呈请教育厅批准后募集之。

（四）凡抗属贫苦之户、受灾户，均应免募（自愿者听之）。

七、各县筹措之教育经费，如开始时因特殊情形，一时不能筹措齐全，不足该县开支者，得由该县教育经费管理委员会提出，经由县政府审查，呈请教育厅批准后酌量补发。

八、本办法自公布之日起施行。

九、本办法如有未尽事宜，得由三县以上之提议，经边区政府议决通过后修改之。

选自《陕甘宁边区政府文件选编》第一辑，档案出版社1986年版，第317～319页。

互校版本：《陕甘宁边区法律法规汇编》，三秦出版社2010年版，第202页。

16. 陕甘宁边区政府关于中等学校改革的指示

1949年8月25日

（一）国民党反动统治时期的教育，从其根本性质上讲，是反人民的教育，是为少数统治阶级服务的教育，这不仅是因为它以其封建买办法西斯的思想统治学校，使进步思想受着极大的压抑，而且是因为它采用特务化的管理方法，使教职学员的民主活动经常受着迫害（但是，这些反动目的和实施，因为种种原因，在不同的地方受到不同程度的反抗和阻碍）。现在，国民党的罪恶统治被打倒了，人民当了主人，这个新的人民时代的教育，是为人民所有，并为人民大众服务的教育。依据这个原则，根据可能的条件，有步骤有计划的改造旧教育，使之适应人民的利益和新民主主义国家建设的需要，是教育工作者当前的首要任务。

（二）旧的课程教材是为实现旧的教育方针而设施的，应逐步进行改革。依据目前条件，必须首先停授或改变含有反共反人民毒素的科目与教材，各校须立即停授的科目是公民、伦理、童训、军训，须改用人民政府审定的教材有国文、历史、地理。在审定教材未到达之前，应停授其中反共反人民的内容。实际需要不大的英文，初中停授，高中改为选修。公民停授之后，另设政治常识，以使学生正确的认识社会发展和中国革命的基本规

律，培养其为人民服务的思想。其他科目暂仍延用旧本。改革后，初中、简师的必修科目为国文、数学、政治常识、中外历史、中外地理、动植物、理化、生理卫生、音乐、美术、体育。高中及后期师范的必修科目为国文、数学、政治常识、生物、理化、中外历史、中外地理、体育、艺术，师范学校加授教育课，高中加授英文选修。职业学校的必修科目另订之。

除自修及选修课外，必修课每周上课时数，初中、简师以二七至三〇小时为宜，高中、师范以二四至二八小时为宜。各科教员在授课时应注意与人民大众的生活、生产相联系，并注意学生的接受能力。除正式授课外，应切实负责指导学生的自习、作业及各种活动，使学生不仅能领会教学内容，且能在行动中贯彻。

课外活动与社会活动应予重视，必须有计划的去组织领导，如组织课余劳动生产，社会宣传，民主活动和各种课外学习，以补助课内学习之不足，和培养锻炼学生的劳动观点和群众观点，只对学生书本学习负责，不对学生实践活动负责的观点是错误的。但是，课外活动太多了，又必然妨碍学生的学习，课外活动要适度，限制在一定时间之内，一般的不得占用课程表上规定的时间，不得妨碍既定教育计划的执行。

（三）取消以毒化和奴化学生为目的的训导方针，培养学生为人民大众服务的思想，改变其轻视劳动与劳动人民的旧思想旧观点，培养实事求是、艰苦朴素、虚心学习、自我批评、自动自治、遵守纪律的新作风。取消以管制学生为目的的训导制度。反对思想统治与消极处罚，提倡自由思想、民主争论、耐心说服等新的教导方式。取消繁琐的徒具形式的规则，提倡根据工作、学习、生活的需要，经过民主讨论、上级批准所建立的必要的制度、规则或公约，这些制度规则或公约，既经规定之后，就要号召和组织全校人员自觉的严格遵守，坚决实施。

（四）废除国民党统治时期的不民主的领导方式，建立在校长领导下的有主要职员二人（教育、总务主任），教员代表二人及学生代表一人参加的校务委员会，统一领导学校的一切工作，并对政府负责。凡属全校性质的重要事项，均须经过校务委员会充分讨论，共同执行。此外由教职员代表及学生代表组织经济稽核委员会，检查经费开支是否合理及有无贪污浪费情况，以实现经济公开及经济民主。废除训教分立，实行教导合一，在校长及校务委员会下设教育处，负责课内教育及课外学习生活指导。废除导师制，每班设班主任一人，在班主任领导下由本班主要教员及学生代表一至二人，组织班务委员会，负责组织领导本班学习和其他活动，并对教育处负责。

各校应在适当时机（多数人有此要求时）组织教职员会及学生会，并在充分酝酿讨论后，以民主选举方式产生。这个组织的主要任务是团结和教育全体教职学员，以主人翁的态度来工作和学习，发挥工作，学习的自动性与积极性，组织各种课余活动，举办教职员的各种福利事项，号召大家遵守纪律，建立同学间、师生间、同学与学校间的正确关系。

（五）宗教团体所主办的私立学校，不得将宗教科目列为必修课，不得在课内时间进行宗教宣传，不得强迫学生信教，亦不得强迫学生参加宗教仪式。少数民族举办的学校可根据其民族特点，设立民族课程，但不能违犯人民政府的法令。

对于已经立案的私立学校，一律采取保护政策，并鼓励其发展。私立学校可以向学生征收定额的学费，不缴学费者，学校有权停止其学籍（但确属无力缴纳学费的贫寒学生，

可介绍公立学校学习）。

（六）学校的改造与提高，是目前教育工作者的首要任务，但学校改造与提高的一个基本问题是教育工作者自己的改造与提高。

学习马列主义与毛泽东思想是改造与提高教育工作者的基本方向。因此，在今后一年内，各校教员及有中等以上文化程度的职员，除学习时事外，应普遍学习政治经济学、社会发展史、大众哲学、中国革命与中国共产党、新民主主义论、文艺座谈会讲话及其他与当前工作有关系的文件。学习方法应以自学为主，讨论为辅，联系自己的工作和思想进行检讨。为了有组织有计划的进行学习，各校须以校长为首组织三人至五人的学习委员会，负责计划、组织、领导教职员学习，行政上应保证每天给予两小时的学习时间。但能否学习好的基本关键决定于全体人员对学习有没有充分的认识，因此，应进行充分的酝酿和认真的思想动员。

（七）中等学校暂时仍维持原有学制，原有的学生应争取返回原校学习，招收新生须经文教委员会或市人民政府教育局的批准。教职员薪金将另有规定（私立学校不在此限）。一般中等学校学生以自费为原则，师范生及贫苦学生的奖学办法另有规定。私立学校经费均应自筹为原则，成绩优良者将给予奖励。

（八）为了及时了解情况，交流经验，提倡工作，解决问题，各校应按照隶属关系，每月做书面报告一次，第一次应做全面报告，其他报告只限于本月内新发现的问题。报告要有内容，有分析，有重点，有改进工作的意见，文字以不超过三千字为宜。写报告前应经过有关人员酝酿讨论，写成报告后应对全体人员传达和组织讨论。各校应认识写报告不是对上级敷衍应付，照例行文，而是总结经验，改进工作，教育干部的重要工作方法，因此，要实事求是，有多少写多少，不夸张成绩，不掩饰缺点错误。

（九）本指示适用于公私立中等学校，望各校认真研究执行，并将执行的情形，按领导关系随时用书面报告军管会文教委员会（西安市区）和陕甘宁边区政府教育厅（西安市以外地区）。

选自《陕甘宁革命根据地史料选辑》第三辑，甘肃人民出版社 1983 年版，第 439～443 页。

互校版本：《陕甘宁边区政府文件选编》第十四辑，档案出版社 1991 年版，第 36～39 页。

17. 陕甘宁边区政府指示
——关于一九五〇年的冬学工作

1949 年 11 月 3 日

事由：关于一九四九—五〇年冬学工作的指示。

各省主席、行署主任、直辖市长、专员、县（市）长：

（一）西北广大地区，除汉中一隅外，均已获得解放。为提高新区群众的政治觉悟与

适应老区人民学习文化的要求，利用一切机会，广泛地开展社会教育，是我们目前很重要的一个工作任务。根据已往经验，利用冬季农闲期间，有组织、有计划的举办农村冬学，进行政治思想与文化教育，是适合农村群众要求，为广大群众所拥护的一种很好的农村教育方式。通过这一形式，不仅可以提高农民的政治文化水平，而且可以配合当时当地的中心工作，推动群众运动的开展。西北各地的解放，虽有先后的不同，但大部分新区农村秩序已逐渐恢复，群众生活已日趋安定，因之，适当的配合新区当前的群众运动，有重点地开办冬学，是十分必要和可能的。至于老区各种条件较好，且有多年办冬学的经验和工作基础，更应注意加强这一工作。

（二）根据上述情况，提出今年冬学工作的方针和必须注意事项为：

第一，冬学工作必须根据不同地区的情况，与当地当时的中心工作密切配合。如在新区应围绕着剿匪、肃特、反霸或减租等斗争，在老区应围绕着冬季生产、评产、选举等工作去进行。必须防止把冬学与中心工作对立起来的思想，以为搞中心工作就不能办冬学，或办冬学就要妨碍中心工作的认识是不对的。如果把开展冬学工作和冬季中心工作很好配合起来，通过冬学就可以进行各项中心工作的思想动员与政策教育，甚至商讨解决工作中所遇到的一些思想和政策上的问题，把冬学就可以作为协助与推动中心工作的一种有利的组织形式。同时也要防止与纠正脱离实际的孤立的办冬学的思想，必须认识一切教育都是为政治与生产建设服务的，离开当时当地的群众运动去办冬学，一定是办不好的。

第二，冬学工作必须根据群众的需要与志愿去进行，这就是说要体会群众的要求，启发群众的觉悟，联系群众的实际生活，帮助群众解决具体困难去做工作，绝不可强迫命令，包办代替，把冬学变成群众的一项负担，造成脱离群众的现象，当然对于冬学工作采取自流放任态度，更是错误的，必须严加防止和纠正。

第三，今年的冬学应是普遍号召重点推行。由于战争尚未结束，冬季任务繁重，再加人力财力的困难与课本教材的缺乏，普遍大量开办冬学，一时尚难办到，因之，各地必须根据主观和客观的条件，有重点的进行。每区或每乡选择几个条件较好的村庄作为据点筹办冬学，并对其加强领导，取得经验，以推动附近村庄仿照举办。

（三）今年冬学的教学内容，新区应以政治思想教育为主，文化教育为辅，老解放区应以文化教育为主，政治思想教育为辅，政治思想教育除配合中心工作解释某些政策问题及解决某些思想问题外，还要用通俗的语言，系统地讲解中华人民共和国的成立，它的性质（人民民主专政），它的阶级构成（以工人阶级为领导，工农联盟为基础，联合小资产阶级，民族资产阶级），它的任务（反对帝国主义、封建主义、官僚资本主义，建立独立、民主、和平、统一、富强的新中国）。此外，在新区应讲解阶级和剥削及劳动创造世界，劳动者自求解放的道理，以提高劳动人民的阶级觉悟，在老区要继续进行反封建（如缠足、早婚，买卖婚姻、不卫生等），反迷信（如巫神、阴阳，一贯道）的教育，以贯彻社会改革。文化教育以识字、读报与珠算为主，配合教些自然常识和简短的革命歌曲（特别要学义勇军进行曲）。

文化课教材可按学生程度，采购边府教育厅编印的冬学文化课本、新三字经、日用杂字、识字课本、农村应用文及解放区出版的其他通俗读本，政治教材教育厅正在编写中，如赶不及需用，各地可从群众日报上选择有关的通俗材料进行讲授。

（四）冬学能否办好的主要关键在于领导。首先各专署、县府必须迅速讨论拟定计划，具体布置，区乡政府和干部必须认真切实执行，各县三科及区教育助理员必须经常督促检查，各群众团体必须尽力协助。为了加强领导，统一步调，县、区、乡必要时可成立冬学委员会，由党政宣传教育部门及农民、青年、妇女等团体的代表组成，共同负责领导这一工作。各机关、部队、学校对于所在地的冬学工作，尤应多方予以帮助。冬学教员，除由区乡干部及小学教员兼任外，可吸收当地的知识分子或识字较多的农民中思想较进步的担任。开学之前，应将冬学教员集中起来进行三、五日训练，将政治教育内容及开办冬学的方法加以研讨，然后分赴各村，举办冬学。学生对象应以工农群众中的青年男女为主。进行教学时，应照顾社会习惯，实行男女分班。

冬学教员，如系在职干部兼任，不另给酬，如系专任教员，可由群众讨论，酌量补助其生活费用，或减免其战勤负担。此项补助费及冬学必需之灯油煤炭等费用，由各该村群众自行解决。教员集中训练期间所需之伙食、文具等费，由地方经费开支。

（五）冬学开办时间，应尽量争取早日开学，一般以办至旧历年底为止。旧历年节应在冬学的基础上开展有教育意义的群众性的文化娱乐活动，并为经常的成人补习学校或夜校打下基础。

各县三科应组织冬学通讯，将各地冬学活动经常利用报纸报道，以便交流经验。冬学结束后，应在半月内做出总结，按级递送至上级政府，关中各县并须直接送呈本府教育厅一份。

选自《陕甘宁革命根据地史料选辑》第三辑，甘肃人民出版社 1983 年版，第 502～505 页。

互校版本：《陕甘宁边区政府文件选编》，档案出版社 1991 年版，第 258～261 页。

18. 陕甘宁边区政府通令——为收集革命文献实物

1949 年 12 月 2 日

事由：为收集革命文献、实物由。

各省主席、行署主任、直辖市长、专员、县（市）长：

为收集革命文献和实物送缴革命博物馆，作为重要的永久性的宣传教育资料，特决定即时（迟则不易收集）广泛收集革命史料，其范围是以“五四”以来，共产党领导的新民主主义革命为中心，上溯鸦片战争、太平天国等革命运动及其他革命党派、团体之革命事迹。应收集具体内容分列如下：

一、文献：凡秘密或公开发行之报纸、杂志、图书、表册、宣言、标语、日记、手稿、传记、墓表、信札、墨迹、影片、年画、木刻以及一切有关革命之史料（反革命之文献有关革命者亦在征集之列）。

二、实物：烈士遗物、雕像、秘密和公开时期的兵器、旗帜、标志、证章、印信、货币、邮票、印花、土地证以及一切有关革命的历史实物（反动政府压迫革命之刑具等实

物，亦在收集之列）。

希接令后，迅速进行调查、布置，认真收集，并将收集之文献、实物随时逐级送本府秘书处。

此令。

选自《陕甘宁革命根据地史料选辑》第三辑，甘肃人民出版社1983年版，第521页。

互校版本：《陕甘宁边区政府文件选编》第十四辑，档案出版社1991年版，第218页。

十、土地租债

1. 陕甘宁边区政府关于处理探买探卖（青苗）问题的原则

1945年8月24日

探买青苗原是一种高利贷的剥削方式。旧社会时，这种现象很普遍。抗战后部分地区仍存在这种现象，并且由于纸币贬值，物价高涨，探卖结果使卖主的损失更加严重，甚至引起个别卖主倾家破产。现时探买探卖存在的原因：有的地区如三边，是由于内地集市缺乏，交换不便，农民习惯于急需，经过比较公平的探卖，以便出售剩余农产品，换取货币或日用品；有的则由于农民有不得不出卖青苗。因此，就发生有若干投机商人和生产人员乘机大批探买，借图高利，致使卖主遭受严重损失。为纠正这种现象，于三边或类似三边的地区，应组织和扶助农民发展家庭纺织，以逐渐实现自纺自织自穿的目的；应逐渐兴建内地集市，以减除交换的困难。在目前，尤须地方政府协同贸易金融机关，经过和扶助当地合作社，去组织农民剩余生产品（如三边之皮、毛等）的推销与日用品，特别是棉花、布匹之输入，以及帮助有紧急需要的农民获得信用借款，以减少投机商贩，乘机操纵和高利探买的机会。除以上各项已责成有关专员与贸易机关妥订具体办法执行外，对于探卖行为则须给以如下的限制。

（一）绝对禁止做投机探买借达高利剥削的行为（特别是滚利转探），如有故意违犯者，其探买做（作）为无效，并酌予处罚。但属于公平探买，并有助于农村交换者，不在

此例。

（二）不论公私商贩，凡公平探买之青苗，在收回实物时，如因天旱、或其它变化而使农户有破产的损失者，应减轻其收回的实物至农民不致破产的程度。如有强迫催收者，卖主得随时报告当地政府，当地政府应根据以上原则酌量情形处理。对买主之强要行为，得以干涉制止之。

（三）在农户虽不致破产，但因金融物价变动过大，而遭受过重损失时，各地政府应按上列原则酌情调处。或按现时物价由买主补足价后取回实物，或酌给利息归还用款（最高利息不得超过当地信用贷款的利率）。

（四）凡探买探卖方面发生的事件，其成交在本办法宣布实行之前者，得依（二）（三）两项原则处理之，其成交在本办法宣布实行之后者，得适用本办法之全部。

选自《陕甘宁革命根据地史料选辑》第三辑，甘肃人民出版社 1983 年版，第 3～4 页。

互校版本：《陕甘宁边区政府文件选编》第九辑，档案出版社 1990 年版，第 246～247 页。原注："载于《陕甘宁革命根据地史料选辑》第三辑"。

2. 附［政策研究］：陕甘宁边区赤水土地登记中关于地权的几个问题（署名：赵艺文）

1945 年 10 月 6 日《解放日报》

"婚姻田地不让人"，土地问题在农村中经常发生着纠纷。赤水土地丈量中，我们调解纠纷千余件，现就其可以代表一般现象的几个问题，写出来以供其他各县进行土地登记时参考，如有不当之处，尚希指正。

一、地畔（地界）问题

赤水土地平坦，排列得相当整齐，川坡地占全县面积百分之七十以上，大部分为软畔子地，同时当土地转移时，双方议定后，即按上年耕种的习惯为界，如果犁头"尖"的人，往往会揭了别人的地，所以地畔问题经常发生争执，甚至宁可把土地荒芜，拼着双方都不能种，经年累月，打起官司来。该县三区七乡刘家堡刘积法与刘公堂的下斜畛地畔纠纷，即是一个典型例子。民国十八年他们即在淳化县告状，经过三次审判，未得结果，以至土地一直荒到此次丈量，双方还是没有耕种。

发生了地畔纠纷怎样办呢？乡俗是："地寻九邻"，但寻找时必须辨别：（一）是否为一份业。因为"千年黄土转百主"，在分化或买卖过程里，常有抢买土地或以地抵债，虚报亩数的情形，因此发生契约亩数与实际亩数不相符合。如四区六乡新庄子韩正财与韩子才地畔纠纷：韩子才民二年以自己腊家坟地七亩兑了范天喜韩家坟七亩坟地，韩子才父亲死后埋在这里，栽树四株；张学贵与（于）民十五年娶妻韩刘氏，因无财礼，以自己韩家坟十八亩一段廿亩作价给韩正财为业。如以韩子才坟畔为标准，韩正财揭了韩子才地，但从韩正财耕种地畔看来，韩子才坟却埋在韩正财地里，过去曾几次争执，没有解决，此次

丈地时，经评议会调解；韩子才兑地在先，韩正财经业在后，原不是一份产，同时韩正财廿亩内有二亩虚亩，现丈为十六亩六分，以十八亩计，每亩为九分二，韩子才七亩丈为六亩七分，每亩为九分五，并不多地，因此各依旧界，不能寻地。（二）埝下不能在埝上寻。因为在耕种当中，只有地伤埝，而没有埝占地，如果遇到高埝或卧埝之处发生争执，应以上七分、下三分处理之。（三）靠大路的地不能寻地。路边的地过去买卖时，四至在路心，而丈地时仅量实际耕种面积，故靠路地一般的丈量亩，都比原有的亩少的多。因此丈量时如不注意上列条件，便会发生不合理的现象。

我们此次丈量时，群众就担着石头，提上灰筐，拿了马兰草树立了地界，说："政府真是想着给咱们办事哩！如今地畔清楚了，以后免得大家争吵！"

二、领地问题

赤水山地多为古代马场子，没有私人土地，凡领种者古时规定：只准推不准卖。后因回汉斗争，人多逃走，无法经营，官府乃准私人占荒，因之官场小吏及当地恶霸乘机取巧，独占荒山，或私自转卖给他人。近几年来，由于边区政府生产运动与移难民政策的实施，许多荒山，变成良田，于是地权纠纷随之而起，在领地方面大体分为：

（一）共同领荒，不同年代开垦，彼此耕种亩数多寡不一的纠纷。例如张得功、张建邦、张忠兴原住土桥南乡，民十四年七月由张得功出名，张建邦作保，出了廿五元手续费，并每亩承担一百四十文钱粮，领到四区大乡沟儿梁荒地八十亩，实际亩数超过的很多，后来张忠兴又出八元五角搭了一份，当时三人只把近地各分了三十亩，远荒约定谁有劳力谁多开。这年九月张建邦，张得功两家就搬到沟儿梁开荒种地，张忠兴没有来。到了廿年二月张忠兴才搬到沟儿梁开荒十多亩，廿二年三月忽又病死，其妻招李某为夫，廿三年夏带着幼子张吉儿搬到山下李家去；后半年张得功，张建邦也因山里土匪骚扰，搬回了土桥。

二十八年张建邦又同张得功的伙子戚清连等回到沟儿梁继续开荒，几年的经营，张建邦又种地九十八亩，张得功种九十亩，三十年张忠兴之弟张忠金也到沟儿梁种地，经人说合，张建邦让出所种张忠兴之二荒地十五亩二给张忠金，并另外开荒十四亩共廿九亩二分。今年张吉儿由李家搬回，张忠金又分给他十亩熟地，开荒四亩七分共十四亩七分，丈地时张吉儿以共同领地自己种的少，张得功、张建邦种的多，要求平均分地。经村农大会讨论：张得功、张建邦到沟儿梁比张吉儿早，故开的地多，如以领地亩数来说，三家都已超过卅亩以上，不应平均分地，但张吉儿今年初搬到这里，有些困难，张得功、张建邦应给以人工牛力帮助，使其家务很快建立起来。

（二）没有约据，又不自行经营之领地。如四区六乡前湾七家移难民，开荒七十多亩，为时数年，从无人过问，土地丈量时，忽有土桥鱼鳞桥张积顺出面说是他祖先在同治年间的领地，但领了多少，过去纳多少钱粮，都不知道。象（像）这种领地，在土地登记时，应该谁开的地权归谁，因为政府曾宣布来历不明之荒山，一律归公，荒山上开垦之熟地，归开垦者所有。

（三）领后之拉荒地。如四区五乡镇头村姚玉财于民十二年四月以一石五斗麦，五斗谷，并八斗二升六合钱粮，领了沟儿梁一百廿十亩地，搬到那里开垦，到民十九年共开了七十六亩，后因其妻病故，以及地方不宁，又搬回镇头住，所开之地，当时除自己种了十

六亩和租给焦齐德廿亩外，余又荒芜。廿八年姚又以包山租形式，全部租给张治昌等五家移来难民耕种，张等承租后，开了老荒地七亩二分，二荒地四十亩。此次登记时，其地权经姚同意：熟地归地主，老荒地归开垦人，二荒地各登记一半。至租子问题谁种熟地谁给地主按政府法令直接交租。

过去安置移难民，开垦了不少的荒地。据三区四乡统计，共一七七六亩六分，占全乡面积百分之十一点六，这些荒地内有公私荒地之分，如果说以前移难民工作是组织动员的话，那末（么）现在如何使移难民作长期打算，即是首要的问题了。故我们土地登记时，凡移难民所种公荒，即随时登记，发给其所有权证，如遇私荒则应按不同情况，适当的斟酌登记一部或全部，难民对此是很满意的，曾说道："哪里黄土不埋人，边区政府帮助俺粮食，免除负担，还发给了土地，到哪里找这样好政府去?"

三、租佃关系问题

租佃关系中的地权纠纷：（一）废除地问题。土地改革时期，曾宣布"借钱搭地作废"，"废除旧债，收回土地"，因之经过土地改革地域，而未分配之土地，凡在"双十二"事变前三年未交租者，即为废除地。此废除地绝大部分，都是"子田滚债"，最后滚为"猪娃不离圈"的租佃关系。如一区六乡北村冯祥恩民国十八年借刘桂起糜子一石六斗，同中言明，加五行息，到期无法归还，将自己七十亩地当给刘桂起，由刘添了六十元作为当价，仍租给冯祥恩耕种，后冯欠租八石，又换成卖地文约，仍由冯租种着，现确定其地权归还冯祥恩所有。

过去个别地域，在执行中没有与减租配合起来进行，只凭一面之辞，无论其是否合乎条件，即宣布废除。但暗中却形成应交租的没有交纳，不应交的仍旧照付。此次登记时，我们通知边友区地主廿多家，请其携带约账，连同证明人召开主佃座谈会，结果合乎条件的四四六四亩三分归佃户，不够条件的四三三六亩三分仍归原地主，除去旧欠，换写新约。这样打破了过去"佃户怕地主，地主怕政府"的心理。淳化县地主王××曾说："政府对待咱们好象（像）一家人一样"。

（二）土地改革时期，凡佃户隐瞒租种的亩数，其未分配之部分，决定不再分配，地权仍归原地主。如一区四乡田北堡村李正管伙种地主王树德二百九十一亩，过去分地时，李正管报告仅租王树德二百四十三亩，包庇了四十八亩地没有分，并每年给地主装租子，此次登记，确定其地权仍归王树德所有。

四、典当与借贷问题

"地当千年活"。近数年来，人民生活改善了，过去之当出地，纷纷要求赎回，但有些内情曲折，纠葛亦属复杂。如二区三乡西咀彭克勤与张金城典地借贷的纠纷：彭克勤原名王保元，是王金科、王金柱之弟，光绪廿六年，他的父亲病死，母亲王陈氏因寡妇幼子，又遭荒年，无法生活，招彭承泰为夫，靠彭照管家务，渡过了荒年，生活好了起来。彭死后，王陈氏无以为报，乃将王保元给彭顶门立户，改名彭克勤。

张金城是张有财之子，民十八年二月，关中大旱，他的父亲和赵应花等六人发动灾民吃大户，带人到王金科家强借粮食几十石，其弟金柱一时着急，跳崖殒命，金科到县去告，经村人说合，由大伙出葬埋费，张家当时将自己前当给王家的六十亩地，除留六亩为活业外，其余土地和三孔窑，水窑场面等完全卖给王家。后来王家三兄弟分家，分归彭克

勤管业，但三孔窑洞始终仍由张家住，没有让出，后彭克勤又借给张家一石七斗麦未还。

张家曾屡次要求赎回六亩当地，彭则要张搬让窑洞并索借麦子，双方争执不能解决，今年丈地时，旧案又重行提起，经评议会调解：（一）三孔窑按理应归彭克勤，但张家没有窑住也是问题，难民来到边区，老户还给帮助，何况张是老户，因此确定由张家出些地给彭家兑窑。恰巧彭家有地一段，三面靠张家的地，一面靠埝，出入都走张家的地，为了免除以后纠纷，就在这块地上拨了四亩给彭家，而彭家也有出路，张家也有窑住，两全其美；（二）张家当给彭的六亩活地，当时当价七十串，折银洋十元，现合法币一千，由张家照价赎回；（三）张家借的一石七斗麦子，有借约为据，理应归还。如是此案才告了结。

再在典当纠纷中，首先应当注意年限问题，因为该县过去卖地不推旧约，并且一般的不过银项，如果因年代久远，考查不明，即以六十年为限，但如确有实据，则其地权仍归原业主，这样即可避免纠纷发生，又使调解有一准绳；其次是货币日益跌价，按原当价折合，亦应予以规定，不然，便会发生一方吃亏，一方占便宜的不合理现象。

五、继承问题

习惯上继承问题，是按宗族远近来确定的，但该县继承有承祧，招婿送终，招夫养子，以及“随母下堂”之分，因而有所谓“三姓不真”的凑合家，关于这一类的财产继承，仍须按照过去规定的条件与实际情况，通过族长会议来解决。如四区六乡沟儿梁袁得怀，于民十八年娶妻项焦氏，其子项益学八岁随母下堂到袁家，廿三年焦氏又生一子，名袁丑娃，廿八年袁得怀死，丑娃亦亡，二十九年焦又招张学诗为夫，生了一子，名张狗娃，卅二年焦氏死，狗娃又亡。现袁家仅留项益学、张学诗二人，此次登记土地，有袁得怀的近门本家袁时兴，出面与项益学争袁家的九十亩地，后经袁姓族长会议认为：项益学虽非袁家骨肉，但袁得怀及焦氏十年俸老，实际由项承担，理应分地一半，其余一半由袁时兴的二子蛮子继承，祧门顶户，祭祀祖先，张学诗有土地廿亩，仍登张之名下，以作养老送终费用。

六、土地改革后地权纠纷问题

在土地分配的地域，为了保证农民已得利益，原规定“……已没收了的土地，不应还原，分配了的房屋，不得翻案……”但如果分得该土地者，因故未从事耕种，原地主按年自行经营，则应分别酌情处理。例如：（一）五区五乡甘草坪吕新峰山地卅亩，民廿四年分给吕红兴后，吕没经业，而由地主吕新峰自己耕种，廿九年吕新峰又将此地出租给吕红兴，到了卅一年变成租当各半，此次登记，确定其地权仍归地主所有；（二）另外五乡荆家山吕新峰有地卅亩，分给贾积庭耕种四年，廿九年因故迁至土桥，吕又把贾之分得土地要回自种，卅年吕又转租给程定娃，现确定其地权归贾积庭所有；（三）五区五乡潭沟程进林，光绪廿六年将自己将军台山地二百零二亩作价二百元，当给焦家河焦某，后焦又转当程东九，民十八年又以原价转当土桥永兴和，仍由程租种，廿四年分地时即分给程东九等三家，除程东九种了七十二亩外，余皆搬走，卅年又有程国藩程学兴吕红娃等移到将军台开种，程进林不明情况，卅二年去友区土桥找永兴和想以原当价赎回此地，永兴和乘机敲诈，向陈索取旧欠租麦秋茴香共一百五十石，程不得已，央人说合，折洋一万七千四百元，并出酬客费用七千六百元赎回此地。

后来程才知道此地已经分配，上了大当，曾报告乡区政府，丈地时，经村民大会讨

论，认为：分地应归分地户所有，种地人所开之地，地权属于开垦户，程进林投机取巧不法行为，应受政府指责，但念其老实无知，被人敲诈，家庭遭此损失，由程东九补助粮食一石，程国藩等三户共补助一石，以资救济。

七、结语

土地纠纷，在赤水表现着非常复杂的形态，但按其基本性质不过：（一）由土地所有关系与转移或分析过程所产生的土地所有权的纠纷；（二）由土地典当与抽赎关系所产生的典权纠纷；（三）由土地租佃关系所产生的租佃纠纷。这些纠纷，实际发生后，往往交错在一起，如果只凭法令（条例）来判决，还不能全部解决问题，必须依靠评议会，族长会议或村民大会去调解，同时于会前详细调查纠纷之根源；在会议上尽量启发引导大家出来解决问题，务使“大事化小，小事化无”为目的，最后双方无异议时，当场立写合同，树立界石，再发给所有权证，因此群众说“外边（友区）丈地为了钱，边区丈地是给老百姓平和事情，这下有了执根（指土地证），儿孙都不会起事啦”！

选自《陕甘宁革命根据地史料选辑》第三辑，甘肃人民出版社1983年版，第19～27页。原注：“民国三十四年十月六日《解放日报》，署名赵艺文”。

3. 陕甘宁边区债之处理办法草案

1945年11月10日

第一章　总　　则

第一条　本办法所称之债，指一般最通常所发生之债权债务关系而言。

第二条　凡债之契约，均不得违反法令禁止之规定。

第三条　债权人不得以非法手段强迫债务人履行债务，其因此而使债务人受有损害者，债权人负赔偿之责。

第四条　债务人故意不履行债务，致债权人受损害者，应对债权人负因不履行债务所受之损害。

第五条　前一条之情形并不影响于债务人对债务之履行。

第六条　债权人或债务人负损害赔偿，致生活受有重大影响时，司法机关得减轻其赔偿金额，或免除之。

第七条　债务人如因贫穷而不能履行债务时，得减少其履行额或分期偿还之。但因债务人浪费而至于不能履行者，得依破产办法之规定处理。

第八条　有担保人之债权，债务人不履行其债务时，担保人应负清偿之责。但其不履行非可归责于债务人之事由者，担保人得减轻或免除其责任。

第九条　凡因特殊情形而致物价波动时，得根据债权人、债务人双方经济情况而定其偿还之额。

第十条　凡债之请求，因五年间不行使而消灭。

第十一条　本办法未规定者，除法律另有规定外，得依当地之优良习惯处理之。

第二章　买　卖

第十二条　买卖约定后，于未交付价金及转移财产权前，当事人之一方因物价波动或其他不可抗力致不能履行约定，或履行而受重大损失时，得减少给付或解除契约。

第十三条　已付价金而财产权尚未移转，出卖人因不可抗力致不能为一部或全部给付时，得减少其给付额或返还买受人之价金，并得照付利息。

第十四条　买受人受领标的物时，应以物之种类、品质、数量，当面检查清楚，除契约上有订定，该标的物交付后，出卖人不负担保责任，但□抗之性质不能为切实之□□者，出卖人仍负毁疵之担保责任。

第十五条　买受人发现标的物有应由出卖人负担保责任之瑕疵时，应即通知出卖人变更或解除契约；如怠于为此通知，视为承认其所受领之物。

第十六条　商号之使用人所为之买卖行为，视其所为属商号名义，但纯属使用人之私人行为者不在此例。

第十七条　买卖成立后，发现他方有诈欺行为者致他方受损害者，应负赔偿之责。

第十八条　当事人双方约定移转金钱以外之财产权者，准用本章之规定。

第三章　借　贷

第十九条　民国二十六年七月七日以后之债以本章各条规定处理之。

第二十条　凡公私借贷其利率均定为月利一分五厘，最高者不得超过月息三分。

债权人对于超过之利息为请求权。

第二十一条　利息不得滚入原本再生利息，利率亦不得按日计算。

第二十二条　债务人得随时提出清偿债务，债权人不得拒绝受领，但债务人为是项之清尝（偿）时，须于清偿之五日前通知债权人。

第二十三条　第十八条所定之期间以后，本办法公布以前，债务人付息超过原本一倍者，停利还本，超过原本二倍者，本利均停，其付息未及原本一倍者，依本办法规定之利率处理。

债权人确系贫苦而债务人经济较为富裕者，不适用前项之规定。

第四章　租　赁

第二十四条　市房（包括房屋、窑洞、院落及其他居住之处昕）之租赁，以该房之现时价格，本办法规定之利率标准计算租金。

民房（包括房屋、窑洞、院落及其他居住之处所）之租赁，其租金窑一孔或房一间、或与此相等之处所，每月不得超过小米四升（市升）。

第二十五条　在他人土地上建筑房屋（窑洞、院落及其他住所者）自房屋修竣之日起，十年以内不出租金，土地所有人亦不得收回该建筑物，至期间届满后，建筑物之所有权归土地所有人。

第二十六条　前条建筑物之附连土地，期间届满前，土地所有人如要出卖出典，与期间届满后相同，建筑人有优先承买承典之权。

附连土地之出卖出典，非由建筑人承买承典者，不得妨害该建筑物之使用收益。

土地所有人出租建筑物时，以期间届满后取得其所有权者为限，但建筑人有优先承租之权。

第二十七条　定期之租赁，承租人须于期满后继续租用者，应于租期届满之一个月前通知出租人。

第二十八条　出租人将租赁物让与他人时，其租赁契约对于受让人仍继续存在。

第二十九条　承租人转租，须经出租人之许可，转租后其与出租人之租赁关系仍继续存在。

第三十条　承租人不交租金过两期以上者，出租人得终止契约。

第三十一条　承租人因重大过失改［致］租赁物毁损灭失者，应赔偿出租人之损失，如其毁损灭失出于不可抗力者，承租人不负赔偿责任。

第五章　承　揽

第三十二条　承揽人完成工作，应照约定条件为之。

第三十三条　定作人于工程未完毕时，提出变更约定或另行拆修。如非故意为难，承揽人不得反对，其契约另订之。

第三十四条　承揽人因不可抗力误工或有归责于定作人之事由，工人无利可图者，应商同当地工会，酌量增加工资。

第三十五条　定作物完成后，承揽人须于一年内负担保责任。

第三十六条　因建筑致工人发生死亡或重伤时，定作人得给以抚恤或经济之援助。

第三十七条　承揽人因监工不力或偷工减料，或克扣工资，致定作人或工人受损失者，应负赔偿之责，工人工资仍应照给。但承揽人如实无资力得商同定作人垫付工人之工资。

前项情形得酌科承揽人二年以下之徒刑。

第六章　运　送

第三十八条　运送人运送他人之货物，应即检查运送物之种类、品质、数量及其包皮之种类、个数及记号。

第三十九条　运送物依其性质对于人或财产有致损害之虞者，应事先告知运送人，怠于告知者，对于因此所致之损害，应负赔偿责任。

第四十条　运送人对于运送物之灭失毁损或迟到，应负责赔偿托运人之损失。但运送人能证明其灭失毁损或迟到系因不可抗力或因运送物性质或因托运人受货人之过失而致者，不在此项。

第四十一条　运送物于运送途中，因不可抗力而灭失或毁损者，运送人得向托运人请求运费之一部。如运送人因之损失过大者，得酌情令托运人给以经济之帮助。

第四十二条　运送物到达后，因受贷人或托运人之事由不能及时交货，致运送人损失者，托运人或受货人应赔偿运送人因此所受之损失。

第七章　附　则

第四十三条　本办法如有未尽事宜，得呈请边区政府随时修改之。

第四十四条　本办法自边区政府批准之日实行。

一九四五年十一月十日

选自《陕甘宁边区政府文件选编》第九辑，档案出版社1990年版，第421～425页。

互校版本：《陕甘宁边区法律法规汇编》，三秦出版社2010年版，第527～529页。

4. 陕甘宁边区破产处理办法

1945 年[①]

第一条　债务人现有之总财产，不能清偿债务全部，具有下列各款情形者，得依本办法规定声请破产：

一、债务人之财产不足清偿数很大者；

二、双方或一方受损害在继续状态中者。

前项规定以债务人无隐匿财产、欺诈行为或其他不法之行为者为限。

第二条　在破产宣告前，得进行调解。

第三条　债务人依第一条声请破产后，应提出财产状况说明书，及债权人债务人清册。

第四条　债务人在破产中，不得为赠与或自由清偿债务，亦不得以较市价过低之价格处分其财产。

第五条　宣告破产得选任破产管理人。司法机关并应决定申报债权期间，债权人会议日期，宣告破产年月日及破产管理人之姓名住址。

第六条　破产宣告后，应在破产人之财产账簿上注明“截止账目”字样。如有对破产人之财产及业务状况不明了时，得传唤破产人及破产人之亲属或其他关系人讯问之。

破产人经传唤不到者，得予以拘提。

第七条　破产人受破产宣告后，其财产除本办法第八条所规定者外，丧失其管理权与处分权，同时不得收受债务人之清偿。

第八条　在破产宣告前三个月内，债务人如有本办法第三条之情事，对债权人之权利显有损害时，破产管理人应向司法机关报告，司法机关得撤销之。

第九条　下列财产不属于破产之范围：

一、债务人及其家属一个月以上、六个月以下之生活必需品。

二、生产上必要的工具。

三、债务人所受他人供给的生活费或救济费。

四、因亲属关系而所得的扶养费。

第十条　破产管理人对破产人之财产，应负善良保管责任；必要时对该财产并应提供担保。有不称职之情事发生，亦得撤换之。

第十一条　破产管理人如需要报酬，由司法机关定之。其报酬费有优先清偿权。

第十二条　破产管理人对于财产及业务上如有询问时，破产人应负答复之义务。

第十三条　破产管理人应编造债权表与破产人之资财表，任利害关系人自由阅览。

第十四条　未到期附有利息之债权，在破产宣告时，视为已到期，其利息不论是否付出，或付出多少，一律截止之。未到期之债权，名义上虽无利息，而实际上已预先附加于

---

① “档案文件版”标作“一九四五年”，从内容分析应是抗战胜利后的 1945 年年底（所附统计表至 1945 年 11 月）。

物价内者，得扣除自破产宣告时起至到期时止之法定利息。

第十五条　破产债权已得利息足够原本者，本利一并消灭，其利息不足原本之半数者，除利算本。

第十六条　以劳力而取得债权者，有不受折扣之优先清偿权。

第十七条　破产宣告前，债务人对债权人有以其动产不动产作担保者，债权人得就其担保物优先受清偿，但有乘人危急而取得担保物者不得优先受清偿。

前项担保物之价格，得按时价定之。

第十八条　破产宣告时，债权人对债务人负有债务者得抵销之。

第十九条　破产之财产，如债权会议无处理之决定时，得拍卖之。破产财产之分配，得视债权人之经济状况与债权性质按等合理分配之。

第二十条　破产宣告前一年内，债务人之欺诈行为专以损害债权人为目的者，处以三年以下有期徒刑，如有浪费、赌博或投机行为，致负过重之债务者，处以一年以下有期徒刑。

第二十一条　破产宣告后一年内，发现债务人有隐匿财产者，经证实后，得再分配于债权人，其不分配者，没收之，并按其情节轻重予以处罚。

第二十二条　破产之财产，应以判决确定其财产分配额。分配完结后，破产管理人应向司法机关提出报告。

前项判决不得提起上诉。

第二十三条　本办法如有未尽事宜，得随时修改之。

（一九四五年）

选自《陕甘宁边区政府文件选编》第九辑，档案出版社1990年版，第449～451页。简称“档案文件版”。

互校版本：《陕甘宁边区法律法规汇编》，三秦出版社2010年版，第271～272页。

5. 为什么要制定破产处理办法

1945年

一、从延市地方法院受理的债务案件来看边区社会经济一般情况，日本投降后，物价狂跌，负有债务的商人和商号，都好像风前灯烛闪忽不定。这不仅延市一地为然，富县亦以经济变动，逃债赖债情事增多，向边府高等法院请示办法，不过各地请示尚未报来，仅就延市地方法院受理案件的统计也可看出一些问题。

延市地方法院民事案件统计表

类别 \ 件数 \ 月份	五月	六月	七月	八月	九月	十月	十一月	总计
破产	4	4	1	1			1	11
债务	8	20	25	20	27	37	40	177

续前表

类别 \ 件数 \ 月份	五月	六月	七月	八月	九月	十月	十一月	总计
婚姻	5	9	2	4	8	3	3	34
互易	2							2
继承	1	1						2
析产	1				1			2
物权			1					1
其他			1	1	6	3	3	14
合计	21	34	30	26	42	43	47	243

从上表看来，破产和债务的案件，不但数量占多数，而且是一月比一月多的。其原因不外是日本投降前，物价飞涨，只要抓到货，就可以赚钱，商人们正互相争购中。忽然日本投降，物价狂跌，负了债的人眼看自己所存的货物抵不过所欠的债。再加以人欠的要不回来，欠人的又不容暂缓，人人如是，家家如是，周转不灵，危机迫切，于是向法院申请破产的相继而来。

二、破产处理办法，在目前是不得已的办法，但又是不可少的办法。债务人一经破产，其生活和生产都须另起灶烟，更加以社会对于破产的传统看法（破产就是信用破产），使破产人破产后很难翻起身来。因此我们在破产之前尽量采取调解，不使之破产。但债务人员负债太多的，［假］设不宣告破产，不但债务人这一辈子翻不起身来，债权人也将受重大影响。而且现在债务人之破产实不可归责于债务人；另外社会也得发生紊乱，所以为了公私利益起见，破产处理办法，正是现在一种不可少的办法。

三、破产处理办法的基本精神。本办法的基本精神是要安定社会秩序，防止狡诈之徒随便破产，所以第一条对破产有严格之限制。其次是照顾各阶层利益，其具体的表现，就是保护了债权人与债务人。而保护债务人方面，如对于债务人破产后的生活与生产，必须尽量照顾及某些特殊财产不属于破产之范围等是（第九条）。还要注意保护劳工阶级，如以劳力而取得的债权，有不受折扣之优先清偿权是（第十六条）。又破产财产之分配，不是以债权额多少为标准，而是以债权人经济状况与债权性质按等合理分配之（第十九条）。这同样的是照顾贫苦群众与友谊的贷款。

四、为什么破产要附以罚则。破产是一种特殊情形，不适宜于在普通刑法内规定，所以另设专条（第二十条、第二十一条）。同样是为了制裁狡猾的债务人。

（一九四五年）

选自《陕甘宁边区政府文件选编》第九辑，档案出版社1990年版，第452～453页。

6. 附［报刊评论］：减租与生产

1945年11月16日《解放日报》社论

在抗战时期，我们解放区认真地实行了减租减息和发展生产的民生政策，因而发动了

广大农民的抗战热忱，增强了各阶层人民的团结，提高了农村的生产力，使解放区能在极端艰难的环境下，胜利地坚持了敌后的抗战。现在抗日战争胜利结束之后，解放区军民为了争取和平建设的新时期的到来，应当用更大的努力推行民生政策，发展国民经济，使解放区广大农民普遍取得减租减息的利益，使工人及其他劳动人民取得适当增资和改善待遇的利益，同时保证地主的生活，保证工商业资本家有利可图，并使各阶层人民积极发展生产，增加粮食和日用必需品的生产，改善人民生活，救济饥民难民，供给广大军民的需要。显而易见的，只有把减租和生产这两件重要工作做好，才能迅速恢复解放区人民的战争创痕，才能保证解放区人民繁荣幸福的生活，才能更加壮大解放区人民的力量，才能负担起作为“全国民主建设的模范与和平团结的中坚”的重大任务。

我们记得在三个月以前，当苏联刚刚参加远东战争，日寇快要投降的时候，毛主席就对我们指示过；“今冬明春，应在现有一万万人民及一切新解放区的人民中普遍地实行减租减息，发展生产。”毛主席这一英明和远见的指示，在今天仍然是切合时宜的。现在秋收已经结束，各解放区的政府和党的领导机关正宜抓紧时机，布置减租和生产两大工作，使整个解放区，特别是广大的新解放区，在最近两三个月内（冬春两季）发动广泛的减租运动，普遍实行减租，借以提高广大农民的积极性，同时要在一九四六年开展一个比以前规模更大的生产运动，使全解放区的农业与工业有进一步的发展。我们不应当因为国民党当局发动了对解放区的大规模进攻而疏忽我们的减租和生产工作。相反的，我们应当更加加紧减租和生产工作，因为这两件工作，将不仅增强解放区人民团结自卫的力量，而且将奠定解放区和平建设的基础，向全国同胞指出全中国和平建设的道路。

怎样进行减租工作？近年来各解放区的经验证明：减租必须是群众斗争的结果，而不能是政府的恩赐，这是减租工作成败的关键。凡是经过群众斗争而得到减租的地方，农民群众的团结力量增强了，觉悟程度提高了，他们就能够贯彻减租，保持自己的斗争成果。而在那些误解减租为政府对农民恩赐的地方，群众的自动性和积极性就无法发动起来，减租也就无法贯彻。因此，要贯彻减租，必须依靠农民群众的自觉的斗争力量。政府站在执行减租法令与调节租佃关系的立场上，自应给群众以必要的帮助，但这种帮助决不能代替群众的斗争。要知道广大农民群众虽有减租的要求，但是由于某些顽固地主的威胁和打击，由于几千年来传统封建思想的束缚，使农民对于减租抱有各种顾虑，不敢轻易起来实行减租。因此，必须经过群众的积极分子，在群众中间进行思想酝酿，引导群众商讨减租办法，解除各种顾虑，并在要求减租的实际斗争中，发扬群众的力量和自信心。减租是使农民群众翻身的一件大事。要完成这件大事，只有放手发动群众的减租运动：对那些违抗政府法令的顽固地主进行斗争。一切害怕群众斗争、畏首畏尾的倾向，应当坚决加以克服。可是在群众已经起来实行减租斗争以后，又要引导群众领悟这样一个真理，在农民按照减租法令取得应得的利益后，适当地照顾地主的利益，保证交租交息，这是团结解放区各阶层人民的必要措施，也是符合于广大农民群众的利益的。对于群众起来斗争以后可能发生的过火行动，既不应泼冷水，亦不应听其自流，而应当循循善诱，使群众能够了解政策，自然而然地纠正自己的过火行动。在减租中及减租后，必须帮助大多数农民组织农会，并须加以巩固，使其成为农村基本群众的有力组织。在所有解放区，都要普遍进行减租工作，但新解放区和旧解放区也还有些不同的地方。在旧解放区，主要的是发动群众深

入地检查过去减租的情形，减租不彻底的地方，应当重新加以贯彻。在新解放区，则要用大力开展新的运动，把刚从敌伪统治下解放出来的千百万农民卷入减租的浪潮中来，群众的反汉奸反贪污讹诈的斗争，应当很好地引向减租斗争。

在实行减租减息、农民群众对生产兴趣增长的时候，就必须很快地转入开展生产运动。历年来解放区的经验证明：互相合作，是生产运动胜利的关键。在老解放区，应当发扬以往成绩，纠正缺点，改进已有的劳动互助组织，根据群众的需要和自愿，更有效地实行各种增产办法，如兴办水利、改良农作、减除害虫、储粮备荒、发展家庭手工业等，使生产运动更加普遍深入。在新解放区，则更应当以大力倡导互助合作，发动劳动竞赛，以掀起群众的生产热潮。在整个解放区，特别是在新解放区，政府应当发放农贷工贷，并依靠群众的组织，使贷款真正落入劳动人民之手，真正用在发展生产的用途上。不违农时，减少误工，是使农民致力生产的重要条件。在遭受国民党军队进攻的地区，我们为了保卫解放区，不得不作必要的民力动员，但同时必须尽可能的不违农时，并研究调节的办法。部队机关学校仍须根据具体情况，适当地参加生产，以改善生活和减轻人民负担。

关于发展生产的工作，我们还应当注意今天解放区的新情况。今天的解放区，不仅拥有大块的农业地区，而且拥有不少中等城市和工矿地区。因此，我们必须用极大努力，学会管理城市、学会管理工商业和金融业。对于社会上现有的专门人材（才），我们必须予以优待。共产党员必须很好地和他们合作，并向他们学习技术和管理的方法。过去敌伪统治下的城市曾被我解放区广大农村包围和封锁着，一旦被我解放，它就和广大农村联接起来，互相帮助，共同发展。这些城市对于解放区生产建设的重要性，是不容忽视的。

最后，我们号召解放区所有共产党员发扬与人民共甘苦的精神，关心人民的经济困难，而以实行减租与发展生产，为帮助人民解决困难的重要关节。我们要深刻了解中国人民解放事业的最后胜利，还要经过长期的艰苦的斗争，因此我们更要时时刻刻为人民利益着想，事事作长期打算，爱惜人力物力。只要我们一刻不离开人民，培养人民的力量，依靠人民的力量，我们一定能够克服一切困难，把解放区建设得更好，促成全中国的和平、民主、团结与统一。

选自《陕甘宁革命根据地史料选辑》第三辑，甘肃人民出版社 1983 年版，第 44～47 页。原注：“民国三十四年十一月十六日《解放日报》社论”。

7. 陕甘宁边区政府办公厅公函——处理日本投降后因物价猛跌所引起之债务纠纷的参考办法

1945 年 12 月 2 日

（一）

自日本投降后的两个多月中，到处物价猛跌，小匹土布由最高每尺二千一百元跌至最低五百元；小米由最高每斗二万八千元跌至最低五千元。各地受此影响所发生的债务纠纷甚多，据延安市地方法院最近统计，自八月十二日至十月二十八日止，该院接收债务纠纷

案达八十二件，亏损大者，甚至危及家产生命，在市场方面，以延安市为例，据调查市商已破产者计有义盛魁等十家；有破产危险者，已知的计有井玉明等六、七家；逃跑者五、六家；估计这一时期延安市所发生纠纷的债务当在二十万万元以上。其他各地尚缺少具体材料，但据陇东等地报告，债务纠纷也很严重，在农村方面：一个原因由于粮价大跌，农民还债困难。比如志丹［县］粮价，日本投降前每大斗（等于市斗二斗七升）达四万元，以后跌至一万元，过去二三斗粮食能还清的账，现在须付出粮食一石。又如延市寨子沟等农产为扩大生产向银行贷款二百万元，买进耕牛十二条，种麦八十三垧，至今须将牛犋和所收麦子全部出卖才能如数付还贷款。而全年劳动力，吃粮完全白费。另一个原因在物价猛跌中，货物大量由市转向农村，店家将货物赊给小贩（及合作社），小贩（及合作社）又将货物向农民赊放，赊出货价有高于市价一倍以上者。因而农村中除了旧账之外，又增加了许多新账，根据现有材料，此种现象在纺织业不发达的安塞、志丹等地最为普遍，仅安塞西河口一地小贩及合作社赊给农民货账即达四千万元，志丹估计至少在二万万元以上。因之债务纠纷乃由市场发展到农村。据最近调查，农村中已发生因债务自杀事件两起，一在安塞招安，因替人担保货账五十万元，债务人逃避不见，债主逼着要钱，因而吊死；一在延川永坪四乡，因春初借人粮食折价四十万元，入夏麦子未收，又遇粮价大跌，来钱困难，债务无法了结，乃行自杀。此虽个别现象，但说明债务纠纷在农村如不注意，善为调处，其危害将更为严重。

（二）

从延安附近地区所发生之债务纠纷的性质去看，大概可分为三种类型：

第一类：商业来往及赊欠、暂借、暂欠等债务关系：以公私关系说，包括公与公、公与私、私与私三方面，以地区说，包括市场与农村，其形式有买卖、投资、短欠、承包、工资、损失等项。这种债务又可分为四部分：一、市面字号间的来往。除个别破产者外，一般欠债在两月来均已付还。二、店家欠客人或字号的货款。一般的款数较大，其中已有部分用退货等方式解决，但大部仍未了结。三、小贩欠店家的。四、农民欠小贩的。后三部分从市场到农村，由店家经过小贩到农民的债务很多成连锁关系，中间如有一个人滥账，即牵连到许多人不能还账。而尤以货物分散赊给农民，其中欠款大的，即难催收。

第二类：信用社存、放款：主要是在农村，经过合作社集中起来而又分散出去的债务关系：全边区信用合作社存放款估计约三十五万万元，其中存款约十五万万元，放款约二十万万元，以延安县为例，全县信用社存款二万万七千万元，放款二万万九千万元，其中发生问题的（即滥账），计有放款一万万五千万元。存款一万万七千万元（即消费部门拉用不能付还的）。存、放款合计当有百分之五十七不能维持信用。因而各地信用社发生相当严重的危机。而个别合作社（如安塞延河湾、延安乌羊区）因存款无法支付，不但不敢压低利息，反仍按一月一毛复利吸收新的存款，以救一时之急，将更会增加其危险性。此类债务的特点有三：（一）信用合作社大部没有社员，存款的支付，只能依据放款收回的数目而定。（二）钱数比较集中，除个别放款谨慎的信用社外，放款数目，一般均在十万以上，而且凡成为滥账者，大都数目较大，不易收回。（三）利比本大，去年一般放款利为每月二毛复利，今年为一毛五复利，利息即增涨原本一倍。凡不能收回的滥账，大部是去年的旧账，按目前物价说，以过去的利息滚大的债务以物价大跌后的钱来支付，是不合

理的。

第三类：政府给群众发放的贷款，建设厅和银行合共发放出去的农业、工业贷款约八万万元。其中农贷分散到农户的数目不大，较易收回。工资结清后许多工厂亏本结束，恐有很大部分不能收回。

上述债务关系，据调查其负债最广最多的是农民、小贩，合作社次之，大商人一般的债务较少，因之，他们对债务的态度各有不同：一般大商人，平时欠账不多，放账也有把握，故物价下跌后，积极要账还账。中等商人先还私人欠账，欠公家的债，抱等待拖延态度；企图少给。小商人，债务较多，持两种态度：一种怕吃官司，怕失掉信用，虽无力还债，仍不敢破产，勉强维持。一种就企图在物价下跌中骗账，将比较值钱的东西隐藏，宣布破产。至一般小贩和农民，在无法还账之下，有的怕失信用，勉强支持，拼凑还债，有的希望政府下令减免债务。

（三）

两月来，在延安市商人中及地方法院对于债务处理已有一些办法，现介绍如下：

一、市商自动采用的办法大致有五种：

（一）退货：其中有认赔和不认赔的两种：如高桥小贩王应旭九月中以一八〇〇元价在运合栈赊布四捆，共值八百余万元，后布价跌至一〇〇〇元左右，无法付款，运合栈乃将原货退回。又如小贩纪成章在大众栈以五十五元流通券价买布十捆，布价随即跌至三十三元，经调解除将布全部退回外，还多退布一捆，现洋二百元认作赔头。

（二）让利还本：自日本投降后，一般利息均已停止，大众信用社在八月十五日有放款一万万五千万元，自十月二十五日止已收回八千五百余万元，共让利一千八百万元。此外市场尚有让本十分之一、二，了清债务的情形。

（三）实物顶账：如大众社收回实物约一千万元。农村小贩则多以牲口支付债务。

（四）由几人垫付债务：如杜茂斋、杜仁贵、李文昌等四人合伙作生意亏本，欠账六百万元，由四人平均付还，但杜仁贵无力支付，经商会调解．由其他三人代为支付。

（五）出赁房产偿债：如庸心安于五月借款四百万元，赎回市场口楼房一座，现房价跌落，无法还账，经商会调解唐心安将楼房出赁两年，以赁钱了清债务。

二、法院对六十四件债务案的处理办法是：

（一）破产案十件，其中假破产一案，其处理原则是：经营事业亏损，确无窝藏财产行为及全部财产不能偿清债务者才许破产。对于破产的处理，是由法院和债权人清理债务人财产，然后将全部财产除保留其家庭半年的生活必需外，公平摊还债务。

（二）买卖引起的债务案九件：经判决退货者两件，按原价付钱者两件，将财产平均摊还债务者一件，未决者四件。

（三）因损失（如违禁物品被没收、被盗等）引起的债务案五件，经判决有：酌赔损失、双方负责赔偿损失等两种。

（四）因工资、承包、合伙、归债引起的纠纷八件，经判决主要为：照原来契约交货、交钱。

总观他们对债务问题的处理，基本上是采取维持原来信用的原则，并按其双方具体条件调处的。

（四）

根据以上情况，提出处理债务纠纷的几项参考办法：

一、关于破产的规定，非因事业遭受损失，确无隐藏财产，而全部财产不足抵偿债务者，不许破产，无故骗债和假破产，应受法律制裁。处理破产时，须按债务人的家庭情况，酌量保留其必要的生产工具和一定时间内的生活必需品（粮食、衣物等）。

凡公营商店及机关部队生产部门欠人之债务，一概不得引用此项规定。

二、关于一般买卖、投资、合伙、工资、承包、暂借等债务之处理，基本上应维持原有契约。如债务人确实无法如数付还时，得依双方具体情况，酌情调处。如采取退货、还货、让利、让本等办法处理之。

三、关于保人对债务的责任：保人对债务应负赔偿之责任，但须先尽债务人力量赔偿，不足部分酌情由保人补赔。债务在逃或根本无力赔偿债务时，得依据保人之经济力量，照顾其家庭生活条件，酌情赔偿欠债之一部或全部。

四、关于信用社存、放款的处理，其已付利息超过原本一倍以上者，停利付本。利息未超过一倍，但在阳历六月以后或日本投降后而物价尚未跌落时存放者，得依其经济条件，酌量减少。

五、关于政府放出之农业、工业贷款之处理，在不影响借款人之生活及生产的必须条件下，得如数归还。确实无力归还或因归还贷款妨害其生产者，得呈请政府并经发放贷款之主管机关核准酌予缓收、减收或免收，但须先得上列机关许可始能执行。

上述五项办法只供参考，因各地情况各不相同，处理时仍须按具体情况办理，不可简单抄袭。

选自《陕甘宁边区政府文件选编》第九辑，档案出版社1990年版，第299～304页。
互校版本：《陕甘宁边区法律法规汇编》，三秦出版社2010年版，第530～532页。

8. 陕甘宁边区政府关于减租和查租的指示

1946年7月21日

各专员、各县市长：

根据边区第二届参议会通过实行减租同时交租的政策，三十一年十二月边区政府委员会通过之边区土地租佃条例公布后，数年来，边区已经相当普遍的实行了减租，尤其经过三十二年比较彻底的减租运动后，农民生产情绪大大提高，随着生产运动的发展，农村经济面貌一新，农民翻身，不仅生活得到改善，并且逐渐买进土地。同时实行交租，照顾了地主的利益，使边区各阶层团结一致，坚持抗战，赢得胜利，这个成绩是十分伟大的。但因各地减租运动进展不平衡，及两年来一般地放松了查租工作，以致某些地方发生部分地主任意倒佃、撤佃、假典、假卖、改定租为活租，减了又加，变相的提高租额，骗取陈租，明减暗不减，以至吓诈农民等非法行为，也有少数乡村根本没有实行减租，既打击农民生产情绪，又妨碍农村经济的发展。爰特根据本年四月间边区三届参议

会一次大会通过关于进行查租保佃，贯彻减租方针，给予以下有关减租和查租工作的指示，务希各地从实际情况出发，进行具体的讨论和布置，切实执行，并将工作情形随时报告我们。

（一）在减租已较彻底的绥德和关中一带，应以复查和保佃为主；在减租尚不彻底不普遍的陇东庆、合、镇一带，应以减租、退租、匀欠、换约、保佃为主；在安边除切实依照租佃条例进行退租、匀欠、换约、保佃，达到彻底减租外，同时应根据其具体情况，适当照顾各阶层利益，非法倒佃的土地，仍应退还农民耕种，假典假卖，抬高租额，骗取陈租等行为，应受到法律的制裁，并补偿农民的损失，消灭明减暗不减现象，揭露造谣撞骗、愚弄农民的手段。贯彻减租政策并研究妥善办法，逐渐达到“耕者有其田”。

（二）为此必须首先搞通各级干部思想，使他们了解农民是边区经济的基本动力和民主政治的基本支柱，深入查减，不仅是为了提高农民的物质生活，而且是为了发展边区的国民经济和巩固边区的民主政治。因此必须坚决克服部分干部笼统地认为“减租并非大问题”或“已无大问题”，不深入调查和具体了解的麻痹现象，必须把减租和查租工作当成今年夏收和秋收后的中心工作。

（三）为此，必须加强各级干部对于政策的掌握，深入研究边区土地租佃条例，并充分领会其扶助农民发展经济的基本精神，尤其对于下列两点应有明确的认识：一、关于减租：部分地区曾把定租减租率“不得低于二五”误认为只限于二五，机械的实行二五减租（没有了解不得低于二五，自然可以高于二五），以至把当地已成习惯法的对半减租压至二五减租，实际成了加租。对于活租“减租之后出租人所得不得超过收获量百分之三十”以及“应和当地定租的地租维持大致相同的额数”等规定，不确实执行，以致有很多的定租转变为活租。安边有些地区倒四六（租六佃四）分租，也机械按二五减租，更其不对。二、关于佃权：有些地区只片面的了解出租人在某种情况下得收回土地，而没有看到“出租人不得任意收回土地”，“出租人应顾及承租人生活”以及“禁止藉口自种收回土地，暗行出租或任其荒芜，以及假典假卖等行为”等等的规定，因此对坚决保佃发生动摇，使佃权无保障，影响农民对减租失掉信心，应即彻底纠正上述违反农民利益的错误认识和行为，使减租率的确定有利于农民的再生产和扩大再生产，并坚决执行保护佃权的法令。

（四）为此，尤须教育各级干部能够按照具体情况，发动群众，组织群众，依靠群众，进行减租和查租工作，具体深入领导农会和加强农会工作，将运动中的积极分子选举到农会中去，在自愿的原则下，及时地和大量地吸收农会会员，使农会成为实际进行查减工作的坚强核心。经验告诉了我们，有了真正农民做主的坚强农会组织，减租就会彻底，农民得到的利益也可巩固。因之，应将已有威信的农会提高一步，毫无威信的农会加以改造，通过农会引导群众到彻底查减，又引导到努力发展生产巩固边区的路上去。任何恩赐观点和包办行为都必须坚决纠正。

此外，边区尚有一半以上的地区在内战时期曾经分配了土地，农民的土地问题早已解决，但地权纠纷及少数重租剥削的现象还存在，应即进行土地登记，解决纠纷，确定地权，同时确实执行边区土地租佃条例中减租率的规定，防止和取缔重租剥削的现象，更加

促进发展生产。

主席：林伯渠

副主席：李鼎铭　刘景范

选自《陕甘宁革命根据地史料选辑》，第三辑，甘肃人民出版社1983年版，第145～147页。

9. 附［政策研究］：陕甘宁边区地权问题（署名：唐洪澄）[①]

1946年10月

边区有百分之五十以上的地区，经过土地革命，实现了“耕者有其田”，但因当时战争环境，红白拉锯，干部注意不够，有些地区未彻底分配土地等原因，致在地权上还相当普遍地存在着问题。现因政权更趋巩固，农民对地权问题日益关心和重视，故目前必须将地权问题作一彻底的整理，使分过土地的地权问题更加确定，保护农民革命时既得之利益，解决土地纠纷，以提高农民生产积极性，发展生产，俾能进一步的巩固边区。这次科长联席会议，曾专门讨论这个问题，提供了不少材料和意见，归纳起来，有以下几个问题：

（一）以多报少、隐瞒土地问题；

（二）地主收回土地问题；

（三）未彻底分配土地区的地权问题；

（四）警区的归地问题；

（五）公地问题；

（六）移难民土地问题；

（七）窑洞及定着物问题；

（八）坟地问题。

（一）以多报少、隐瞒土地问题

在土地分配之地区，以多报少、隐瞒地段、隐瞒垧数，是极普遍的现象，在延属分区、三边陇东、关中等地区均存在着，土地登记数与实有数相符者很少。大致可分为三种地区：一种是川面近大道人口稠密的地区，土地登记较确实，隐瞒程度不大，如延川、延长、子长、固临、延安（延河以北）等地属之。一般的是十垧地隐瞒二三垧或至半数左右。另种地区是土地较广之近荒山地区，土地隐瞒程度较大，如延安（延河以南）、安塞、甘泉、志丹、靖边、华池、吴旗等地属之。一般隐瞒数约有数倍之谱。例如延安县川口区三乡原登地一千九百一十四垧，丈量后实有六千六百六十四垧，隐瞒两倍半。靖边龙州区

① 原注：据《解放日报》一九四六年十二月二日报道，此文为民政厅唐洪澄副厅长在第三届政府委员会第二次会议上的报告。

一乡田、白二家在革命时只分到土地四十垧，而实有数则三百六十垧，大部出租，成为新地主。志丹二区一乡高自厚登记了三十五垧，实有数为三百垧，隐瞒七倍。甘泉下寺湾有一户登记了五十垧，实有三百垧，隐瞒五倍。吴旗三区二乡李景坤登记七十垧，实有三百垧，隐瞒三倍。第三种是荒山梢林，人烟稀少地区，隐瞒土地是大量的，如垦区和其他有梢林之地带属之，土地实有数与登记数相差十余倍之距。这三种地区的划分，仅是大体上的划分，在各县的分布情况并不是单纯一致，而是互相参差错综的。如延长二、三、四、五区人稠地缺，地段多不隐瞒，垧数隐瞒亦较少，其一区之四、五、六乡近荒山，隐瞒数则较多，有登记三十垧，实有二百垧，或登记十垧而实有百余垧者。其他延安、安塞等地亦有类似情形。

为什么会产生这样普遍的以多报少、隐瞒土地的现象呢？因群众怕担个富户之名，怕“照地出粮”多出负担，故有意识地隐瞒，或因地广人稀，有些地方以十垧山地折合一垧川地登记，有的土地未经开垦，不知确数，有的连地界亦无，仅凭约略估计数量，干部登记时也未经调查研究，或未经群众评认，凭群众一面之词即予登记；为避免多出手续费，故有的少报地段，隐瞒垧数，有的近边境的群众，疑虑政府可变动，也有隐瞒的。

处理意见：

1. 原则是应依照“陕甘宁边区地权条例”第六条来处理。原文是“土地登记时，凡业主实有土地，因当日未经真确丈量，致超过凭证上所载之数量，经证明确非侵占他人土地或公地而又为自行经营者，得照实呈报登记，不得追究。如超过数量部分故意搁置荒芜不予经营者，政府得收归公有。前项土地在登记之后，查明仍有隐匿不报之土地，其隐瞒不报部分充公”（租出经营之土地，亦列入自行经营范围之内）。这就是说：边区有些地区经过土地革命，旧式的地主和富农基本上已经消灭，农民得到土地，实现了耕者有其田，条例的精神即是承认已得之利益，并照顾其发展，对农民的地权应予合法的确定，故土地登记时应以不动到大多数人头上为准则。

2. 各地在执行地权条例时，应按各地（县、区、乡等）不同情况具体执行，例如在地窄人稠土地数超出不多之处，可按条例行事。土地较多之区，除自行经营部分还可留与适当数量的剥荒皮地（轮种部分），其余部分应收归公有。留剥荒皮地时应按下列办法：

（1）一般的按照当地土地多少、地质好坏及业主经营情况等条件，酌情留之，一般的以不超过现在所营土地数量之一倍为宜。

（2）地质特别坏，轮种时间短促的及家境贫寒、劳力缺，需要照顾其经济发展前途的，可予多留（即可超出一倍以上）。

（3）对出租土地较多者，应给少留。

3. 对于出租土地数量较多之户，其租出部分可酌情调剂一些给无地或少地农民。

4. 会上还有一种意见是：出租之土地不应列入自行经营范围内，特附此供参考研究。

（二）地主收回土地问题

政权一贯为我掌握之地区，旧日地主豪绅把土地革命分给农民的土地，用种种狡诈手段收回，致侵犯群众在土地革命时已得之利益，在各地曾屡有发生。如靖边县四三年清理土地时，发现先后为地主收回之土地竟有二千一百九十八垧，盐池县处理地主收回土地的案件有六十二件，定边、安塞、延安、延长、陇东等地，亦曾发现多件。

地主收回土地有下述多种方式：（1）用硬的威吓、强占、敲诈、赖地等手段夺取土地，如靖边贾家界地主鲁进兴的土地，革命时分予袁生贵等八户农民，三七年三月其弟（系在榆林国民党军任营长）回来便威吓群众说："给我哥让一点地，要不让我哥就另打主意"，袁生贵吓跑了，群众亦恐惧，遂收回地八百四十七亩，树二十三株。延长六区一乡有分地户，因家境不好，欲将地出卖，地主说他有买地优先权，便不出钱把地收回。延安县河庄区三乡劣绅张登云混入乡政权，利用其乡长的权势胁迫群众："寸土寸天，这块地原来是我的，你们白白的就拿走了，分了土地还我吧！"又私改土地证，收回山川地三十七垧，枣树三十株，偷树一棵，窑一孔。（2）利用土地未经登记或以多报少的空隙，以"合法"的形式收回土地。如靖边镇罗区刘大升分得孙长盛一百余垧地，土地证登记了六十垧，孙说："登记下多少算多少，余地是我的。"便收回了。延长高鸿彦亦以此法收回二十余垧地。延市任家窑子、杨家湾，地主利用分地未登记，群众无凭证之隙，收回土地并勒索重租。（3）阴软的拉拢、巧言、乞怜、巧借、低价收买、以坏换好等欺骗手段收回土地。如安塞地主唐海源向群众巧言欺骗说："我现在人死财散要问个媳妇无办法，你们给借一点钱吧。"又用赖公地的方式，遂收回地三百余垧。延安地主刘天信革命后回村对门客说："你们分了不少好地，我连点玉米地都没有，是否可给我抽一点地？"门客等系于情面关系，不便推辞，他便收回不少好川地。子长玉家湾地主鲁磊，其叔在群众中为之活动，使分地户联合献地三十余垧，为鲁娶一婆姨。

地主之收回土地，除其本身的缘由外，尚有下述之原因。在群众方面：存在着惧怕地主的心理。有些受了反宣传的影响和地主的威吓，便交出土地。更有怕"变天"的思想。个别的农民对分得之土地表示不放心怀疑的态度。如子长、延川有的群众，已分土地后，又向地主用钱再买一遍。延长三区二乡高志英在别村购置了土地后，便把本村所分之二十余垧地送回给地主。在干部方面：有些干部阶级观点模糊曾有迁就地主的倾向。如靖边邵学周同志，三八年任区长，几次处理地主与农民纠纷，主张给地主让地："让一点吧，要不是人家土地，你连分也分不到呢。"甚至有个别干部受地主拉拢，变成地主的尾巴，任其胡作非为。

处理意见：

1. 原则上应坚决保障土地革命时农民既得之利益，凡已宣布分配给农民的土地或公产，不论地主假任何手段非法收回一律无效，土地应退还给农民或政府（原来政府留给地主的或以后调剂给的，仍归该地主，不可退回），在地主占领期间，地主应向农民或政府退租。若退不起者，应写欠条或酌情处理。对个别坏的恶霸分子应予以处罚或加利退租。

2. 凡地主非法收回之土地，已转卖他人者，得按下列办法处理：

（1）原地归原分地户，由地主退钱或补地给买地户。

（2）买地户，如是不知内情的农户，若地主无办补偿土地时，由地主立欠条，但对买地户，应予以照顾，中以公地另行补充，或在原地内酌情补充一部分。

（3）买地户如是明知"故买"且曾进行挑拨捣动土地者，在地主无力偿还时，仅由地主立欠条，不给其调剂土地。如买地户虽为明知"故买"，但系由于一时不慎，且家境贫寒者，可按上项办法，给予补充或调剂一些土地。

3. 此外，对于分配土地时已没收但未分配完之土地（还有窑洞房屋），后来地主又收

回去的，仍应收回归公。

（三）未彻底分配土地地区的地权问题

未彻底分配土地的地区，在关中淳耀有十八个乡和三个行政村，赤水有九个半乡，在一九三四年到一九三六年内战期间，该地是游击区，每年二三月间被敌人占领，到七八月间又被我收复，双方斗争甚剧烈。其时我们在乡里建立了苏维埃政权，选举了县、区、乡苏维埃主席，设有贫民团长。赤卫军的组织，有时是秘密的，有的地方在干部会或乡代表会上曾宣布过："土地谁种归谁"，一般农民也知道分配土地，但因当时敌来我去，战斗频繁，致使土地未得彻底分配，只是"宣布"了一下，并未具体地分配和登记。另方面在这内战三年中地主因畏惧多不敢来装租子。一九三九年关中专署宣布："内战三年未装租子的地区地权归农民"。实际上未能贯彻执行，嗣后地主有些地方多少装过一些租子。施政纲领颁布后，地主更有借口，用租种办法收租，如淳耀六区一乡朱玉贵租种小桥地主之地，内战时期三年未装租，三九年地主向朱说："家里小孩要吃核桃"，朱想自己的地曾是"人家"的，但让他到地里打去；第二年地主又说："老人没有棺材"，朱又让他把地里的树伐了；第三年就手拿施政纲领来收租，朱不允，地主说："地不是我的你为甚叫我在地里打核桃伐树呢?"朱无奈乃让其装租。也有干部家里收回土地的，如张仲平等。亦有些佃农觉得光说没有"执把"，故有个别佃户赔地给地主出钱，如淳耀五区宋治山，曾给地主出了二十万法币，把依法取得地权之五亩河滩地再买一遍。四三年专署正式决定制止地主装租，并进行归地。淳耀在四四年归地二万五千一百亩，今年春季又归了千余亩。

现存的问题是：有些土地尚未归给农民，土地没登记，地权尚未最后确定，农民对地权还不放心。其次，当时分配土地时，未打烂平均分配，仅宣布"谁种是谁"的。又次，地主收回土地后，有已转卖或典出者。据关中的同志谈，地主偷收租子的是有，但地主收回或原种户变动的不多，现在大部还在原佃户手中掌握着。

此外，尚有与此情况相仿佛的延安县刘万家沟、十里铺和延市的桥儿沟等地，内战时亦是游击区，三五年建立苏维埃政权，选举了区乡政权，并曾在农会上宣布"分配土地，谁种归谁"，但未得彻底分配敌人就来了，处于敌我拉锯状态，直至双十二事变后政权才归我们，现地主仍然收租，地权还未确定。

处理意见：

对于这种地区的具体情况，现尚缺乏具体材料，不能很好地提出有把握的意见，只根据这次会上所谈结果，提出下面几个原则作为参考，至于更好的办法，还有赖于边区政府及关中分区县级机关进一步的调查情况，详细研究。

（1）原则上确定这些地区应视为土地已经分配的地区，内战时农民租种的地"谁种的归谁"，地权应归于农民，在原来谁种归谁的原则下，为照顾现在种地户应以经济情况可进行适当的调剂。

（2）鳏寡孤独和贫苦的抗属，当时系因无劳力而出租少量土地者，地权原属原业主。

（3）地主如将土地收回后，已转买或典出者，土地仍应归分业主。由地主抽另地或出钱补偿买地户，如其无力补偿时，由地主给买地户立欠条，如地主在友区时，可由"地媒"作保。买地户如系贫苦农民，则可由公地中或原地中给予调剂一部分土地。

（4）当时种土地的佃户，现无下落者，该地暂归公家管理。

（四）警区的归地问题

土地革命时绥德分区的吴堡、清涧等县土地大部曾彻底打烂均分过；绥德、佳县、子洲等县因处于边境地带或为白军占领，只分了一部分土地。

一九三六年何绍南任绥德分区专员，地主即依势将所分之土地全部收回，中贫农亦将划分之土地收回，因怕地权不保险，故出卖转典者甚多。三七年我警备司令部与何绍南曾出联合布告："土地维持现状，不再变动"。奈因政权属国民党掌握，地主收回土地之现象仍甚严重，如佳、清、绥等县。有部分地区因群众斗争情绪高涨和党的领导，顽抗不予交地，故土地仍掌握在农民手里。四〇年何绍南被逐出境，有些地方农民便趁机归回土地，后政府宣告归地停止，即维（持）原状。

今年六七月，清涧、佳县等地纷纷归地，其原因由于受了各解放区献地和清算运动的影响，农民本向因关联其切身利益，对地主有深切的仇恨，过去地主收回土地时，连地里的庄稼也收割了，有的农民还曾遭受反动军队的毒打，兼之干部的认识上是把群众利益与政策联系起来看，认为归地于群众有利，不应约束，遂采取自流放任的态度，群众即认为政府默许了，于是自动组织农会来领导，归地运动展开了。如清涧城折石店等区之部分地区在四〇年归地时动得较迟，未归成，深感遗憾，故在这次归地中，情绪十分急切，恨不得一下就把地归回来，店子沟区五乡惠家园子，在一晚上的时间就把地归完了。总计：清涧归回五千三百零五垧（十三个乡五十个村），佳县归回十余村（地数不详），子长归回一部分（子长是在去年春天归的）。

其时旧地主富农情绪甚恐慌，或故意回避不参加会议，或故意砍树以求报复，有的向政府要求应照顾他们的生活，有个别的则伪装分产以图抗拒归地。农民方面：有多报人口，以图多归地的；为表示管产，有的与地主抢摘果子，果子还是绿蛋蛋的就被糟蹋完；有的挡住要地，而不让他人上山劳动等现象。关于归地曾作如下的处理：（1）麦地归谁家翻种？有的系两家各翻一半，有的系双方等待均不翻种，有的给地主留一部分，余地分给农民耕种。如清涧石嘴驿三乡柳沟村的杨新春，革命前有地一百二十六垧，余悉分给农民。（2）地主给分地户写契约，因分地户秋后始能得到土地，恐生意外变动，便叫地主写一契约为凭，保证秋后归地，如石嘴区五乡分地户要曹元利（旧富农被划分土地）写契约，曹问其弟曹元让（县议员），他说：政府没命令就不给写契约，而群众不让，堵着门硬要曹姓给各分地户写了契约。（3）政府填了表，因分地户怕秋后翻案，乡政府须将地名、人名（分地户与地主）、垧数都登记在表上，乡政府与村长各执一张，分地户与地主均当面看过。关于归地中影响土地关系波动的有三种情况：一是只归出了地，而没归回地约，一是归回了地而未有归出者，再一种是一方面归出地，另一方面又归回了土地，一般旧地主富农的地，归出的较多，土地交流，有归出又有归回的情况亦多，真正侵犯中贫农的是个别现象（根据清涧的材料，唯数字不详）。

其后，专署鉴于农忙时期，搞归地运动，对生产运动妨碍甚大，土地被地主收回后典当出卖关系很复杂，归地中有侵犯中贫农利益等问题，乃下令停止归地，已归者未动。

归地中曾发生许多问题，至今尚悬而未决。（1）有侵犯中贫农利益者。因革命时所有土地皆打烂（乱）均分，所以中贫农有余之土地者亦被划分，何绍南来时他们趁机将地收回，这次归地中又将此地归给分地户，则是重犯土地革命时侵犯中贫农利益的错误，若不

归时该分地户则无地可耕。(2) 地主将土地收回后，转卖出典者甚多，有的已经转卖三四个手，买地户多系勤劳耕种新发展起来的农民，归地后地主大部无力补偿买地户的损失，致触犯了买地户的利益。(3) 中贫农之间的典当关系，土地革命时按典地为死的原则，何绍南政权复辟时，这些地又全被赎回，这次归地中又如数为农民归回，致发生典当的债务问题。

处理意见：

1. 从地主手里归回来的土地不再退回原主，因其已确实转到农民手里，有的已登记备案，有的写了契约，如果一旦翻案，将土地仍归还原地主，结果势必发生抢种事件，地主要地，农民不退，双方争执不下，并且这是给群众泼冷水，会影响群众斗争情绪低落，与政府隔离，或有不信任的态度。

至今尚未归回的土地则不再继续归，待后用其他办法妥善处理。

2. 地主收回后，转卖出典的土地原地归分地户，由地主负责赎回或补偿买地户的损失，若地主无力补偿时，可按原地户和分地户的家庭经济情况，酌予调剂。

3. 中贫农原有的土地已归回者应在照顾中贫农利益的原则下根据双方家庭经济情况酌予调剂，如有公地可抽出一些调剂之。

4. 典当关系的货币问题，应以银币为基础折算，以免按实物计利过高，按货币计太吃亏之弊。

5. 地主收回之土地，现在归给农民的不应再行加租。

(五) 公地问题

原政府所有的革命时留下的公地、红军公地、学田、庙产、绝门产等公地和公荒，为数不少，例如：盐池有十四万垧（土质瘦瘠，皆系沙碱地，每隔三几年就要掉种，虽上粪仅能种一年，内有半数是牧地，不能耕种），靖边曾有二万一千七百垧，吴旗有二万八千四百垧，定边有一万一千四百八十七亩，延安除荒山外有三千余垧，其丰富区一乡康家坪四百四十八垧地中，有公地一百一十五垧，公地占四分之一，其他各县亦普遍地拥有或多或少的公地，唯尚无精确的统计。

这些公地散置各地，有以下几种情况：(1) 有的如机关、部队、学校自给生产而耕种。(2) 有的调剂给退伍军人和缺地的抗工属及移难民等耕种。(3) 有的为学田和义仓地，除少数外，一般因经营管理不善，致收获量不高，甚至有的是微乎其微，如志丹有学田一百垧租出，每年仅收租子一石，关中有的义仓地百余亩，仅收获一石多粮。(4) 由政府租给群众耕地，作为财政收入的一项，其数不少，如靖边新城区一年曾收租二百石，其他县亦有年收租数百石之多者。(5) 有些为群众赖种偷登。由于政府无完整而精确的公地登记册，各级人事常有变动，影响对公地不够熟谙及公地管理欠严密等原因，致为一些群众赖种或为地主等用混水摸鱼的办法暗里收为已有，在各地曾是普遍现象。如延川禹君六乡大张村原有公地二百余垧，后群众占只剩百垧。靖边镇靖区二乡三八年登记公地时只有二百垧，经清查后，始发现有二千零八垧，平素均为群众所种。吴旗四区三乡铁边村有公地百垧，因村居民争种，时起纠纷。盐池四区三乡土豪喻本义有地万架（一架合五亩），革命时曾宣布归公，但他却私自出租多年，以后经揭发始处理。新正三区三乡张进林更垄断公路石窑，伪造契约，以欺骗别人，在普选时始被揭破。(6) 有些公荒无人垦种被荒芜着，

如靖边二万余垧公地中，内有六千垧草山梁公地，因路远与吃水困难（山上不能凿井）无人垦种，有四千垧狄青原公地，因地质瘠贫，垦种者亦极少。盐池、甘泉、垦区、志丹等地之公荒亦不少。

由此看出有这样的问题：一方面政府拥有大批公地或出租或任其荒芜；另方面无地或缺地户亦不少，如固临无地户占12%（全县三千二百三十三户，无地者三百八十四户，地少者八百二十八户），志丹无地户占13%（全县四千七百八十七户，无地者八百九十一户），未完全作地尽其利，人尽其力。其次大批公地出租给群众不能提高其生产热忱，致妨碍生产的发展。有些公地或为群众赖种和侵占，而未能适当地分配给无地和缺地户。所以如何使用公地，处置得适当，是亟需解决的问题。

曾有好的范例：靖边县于四三年整顿土地时，曾将大批公地分给群众，如镇靖区二乡清查出公地二千垧后，即将九百七十五垧分给三十九家无地户，每户平均分得二十五垧，将五百一十六垧补登给十八户缺地者；龙州区三乡有公地二百六十八垧，除留给区乡政府十八垧自给生产外余悉分给无地户二十二家，平均每户得十一垧。分得公地的群众，莫不喜形溢色："这次土地可闹好了"，生产情绪大为提高，如王善分得十七垧公地后即计划修九垧水漫地，原拟在坝墙栽树三十株，后超过二十株，还栽了二百株沙柳，他说："公家这样扶植我，我一定好好生产。"齐春旺过去租地种不上粪，不锄草，自给他分了七垧地后，第二天他就扛上铁锹修坝墙，成（为）修水漫地最积极的农民。

今后处理的意见：

1. 原则上各地应将公地彻底加以清查整顿，除留各机关、部队、学校自种部分和群众赠给的学田及原有的学田外，其余大部分应补登记给无地的移难民和缺地的抗工属及农民，并应给予确定的地权，俾能刺激其生产热忱，以提高生产。

2. 机关、部队、学校为生产自给，可酌留一部分公地予以耕种，但不宜留置大批公地出租取利，因出租获利不大，妨碍发展生产。

3. 对于公荒地加以清理，对面积、树木、矿产等均应登记清楚。

（六）移难民土地问题

边区的移难民分布在延安、甘泉、垦区、安塞、志丹、固临、富县和关中分区各县，其次分布在陇东、三边等地，大部分从事农业生产，对边区经济建设曾起着很大作用。其来源有三：一部分系由边区内部移来的，如警区南下移民，又一部分系由国民党区如河南、大关中、汉中、宜川、宁夏、甘肃、横山、榆林等地移来，再一部分则曾由敌占区山西、河北等地移来的。

现在的问题是：移难民流动性很大，迁移者甚多。如延安县马士川，过去有移难民二千多户，现仅有九百余户，迁走一半多；垦区今年亦曾移走三百三十五户，新正县亦移走二百余户。

为什么各处均曾发生移难民迁走的现象呢？（1）因乡土观念深，来边区有的是为暂求生路，并无长久之计，年景一好即想回家。（2）居于梢林地带易得病疾，尤以妇孺死亡率大，如甘泉有移难民二千五百八十一人，二年内死亡七百九十一人；有的喝了梢林水后，易得柳拐子，故多迁移。（3）有些地方尚未彻底执行优待移难民政策，未满三年即欢迎其出负担，或要收租，甚至有勒索重租的。（4）地权方面，移难民所种的公地有的至今尚未

确定，使他们不安心。例如：延安川口区三乡为移难民乡，全乡九千三百七十垧地中移难民开垦的有七千三百七十八垧，占总地数75%强，可是移难民开垦的地自（至）经（今）地权尚未确定，致影响彼等生产情绪。

为稳定移难民的情绪，争取其久住边区，其他办法暂不述及，兹将地权方面的处理意见述之如下：

1. 凡移难民所开垦之公荒，一般年满三年者，应予以登记确定地权（及规定五年，现改为三年）。

2. 凡带家眷拟长住的移难民，其开垦的公荒，虽未满年限，亦可提早予以登记，确定地权。

3. 移难民土地不足时，可在公地中予以适当调剂。

4. 凡移难民开垦私人荒地，地权仍属原业之[主]所有，未满三年的，地主不准收回或索租并保障其佃权。为使移难民有熟地耕种，容易生根起见，在登记土地时，移难民得声请政府拨出相等数量之公地给地主，以换取移难民已开垦之熟地，登记给移难民。

（七）窑洞及定着物问题

在土地革命时，所有土地均打烂（乱）平分，而窑洞则未打烂（乱）划分，反宣布过“谁住归谁”。按此原则，凡住地主豪绅的窑洞无问题，但住了贫农窑洞的，就发生很多问题。如绥德一抗属婆姨，家有四面窑，典给其兄两面，邻家住一面，自住一面。革命后窑洞归住户所有，三面窑属于邻家和其兄，自己只登记了一面窑。后其夫回家，向政府交涉：“你们先说不侵犯中贫农的利益，为啥就把我当兵的几面窑给划分了？”政府劝说其邻家将窑退还原主，他执拗不退，说：“你们都给发了登记证，为什么要我退回呢？”其时又曾宣布过“典窑为死”。在分配土地，革命前的典当关系一律作废，一般地主典窑亦不成问题，但有些中贫农典窑的，就经常发生问题。如清涧高生在革命前将窑典给贺青春，后高姓要赎窑，而贺姓则依据“典窑为死”的原则力争不给，现上诉至政府，迄今仍未解决。据各县反映，在过去所发生此类问题，都依“典窑为死”的原则处理的。

因土地所有权的转移和变动，致土地上的定着物也曾屡生纠葛。

处理的意见：

1. 凡中贫农革命时住了地主富农之窑洞，即按“谁住归谁”的原则处理，不再变动。若系中贫农住中贫农的窑洞，发生问题时原则上执行谁住归谁，但可按具体情况，适当予以调剂，使得双方都有窑住为宜。

2. 凡革命前的典窑问题，皆以“典窑为死”的原则处理，若出典者系中贫农时，可按双方家庭具体情况，进行适当的调剂。

3. 凡分配过土地之地区，定着物随土地转移归新业主。平时定着物随土地买卖而转移。如系正当买卖关系，订有契约，载明定着物之处理办法者，应按契约处理。

（八）坟地问题

土地分配以后，分地户为扩张耕地，遂有开坟地耕种的，坟主由于迷信等关系不允开种，极易起纠纷。此外，由于坟地内的树木等之所有权问题，原业主与分地户也常有争执。如子长北一区薛家一座灵地，已多年未烧纸，内有一株大树，其地分于徐姓地内，徐

姓欲砍大树，薛家不允乃起纠纷，迄今未决。

今后处理的意见：

1. 凡有主的灵地，应依原划定之界段归灵主所有，并允许其灵主继续埋人，他人不得随便开垦，本人同意者例外。

2. 灵地内之水、石、树木等定着物，凡有灵主者，应悉归灵主所有，他人不得侵犯。

3. 凡已无主的古坟，如系小块土地，可由分地户自行开垦，如系大块的坟地，应一律归公，其所有的水、石、树木等定着物的处理亦然。

选自《陕甘宁边区法律汇编》，陕西人民出版社2006年版，第196～205页。

10. 陕甘宁边区征购地主土地条例草案

1946年12月13日[①]

陕甘宁边区政府命令——公布《陕甘宁边区征购地主土地条例草案》

1946年12月13日

各专员、县（市）长：

边区未经分配土地地区，经过历年减租运动及部分开明地主自动献地义举，使部分土地逐渐转入农民手中。但在地主阶级手中现仍占有相当数量的土地，农民中无地耕种或耕地不足者亦不在少数。为实现耕者有其田起见，特依据本府第二次委员会之决议，制定《陕甘宁边区征购地主土地条例草案》随令公布。凡已彻底减租地区应即遵照本条例草案实行，务须于今冬至明年春耕以前全部完成。在查租尚不彻底的地区亟须继续发动群众普遍进行查租减租，在贯彻减租工作的基础之上，依据本条例草案进行征购地主土地，以期在明年春耕以前，达成彻底解决土地问题的目的。

此令。

主席　林伯渠

副主席　李鼎铭　刘景范

陕甘宁边区征购地主土地条例草案

第一章　总　则

第一条　本条例，依据陕甘宁边区第三届第二次政府委员会之决议，在未经土地改革区域，发行土地公债，征购地主超过应留数量之土地，分配给无地或地少之农民，以达到耕者有其田之目的而制定之。

第二章　征购范围

第二条　凡地主之土地超过下列应留数量者，其超过部分，均得征购之。

一、一般地主，留给其家中每人平均地数，应多于当地中农每人平均地数之百分之五

① “甘肃史料版”标作“12月20日”，“档案文件版”“陕西法律法规汇编版”公布的命令皆是“十二月十三日”，“社科法制版”也是“十二月十三日”。

十（假如中农每人六亩，地主每人应是九亩）。

二、在抗日战争及自卫战争中，著有功绩之地主，留给其家中每人平均地数，应多于当地中农每人平均地数之一倍（假如中农每人六亩，地主每人应是十二亩）。

三、地主自力耕种之土地，不得征购。

第三条　地主家在边区外者，应按第二条之规定留给土地。

其留给部分，在地主未回边区居住之前，由当地政府代为经管。地主回来后，即交还其自行经管。

第四条　地主如经献地后，所留土地超过第二条规定应留地数者，其超过部分仍应征购之。不足应留地数者，由县政府呈请边区政府，酌予补发部分公债。

第五条　富农土地不得征购。

一切非地主成份（分），因无劳动力而出租之土地，亦不得征购。

第三章　地价之评定

第六条　地价由当地乡政府协同乡农会及地主具体评定之。

其评定标准，应按各地地价与土地质量之不同，最高不得超过该地平年两年收获量之总合，最低不得低于该地平年一年收获量。

地广人稀之区域，或新开荒地之地价评定标准，不受前项规定之限制。

第七条　地价以细粮与公斗计算。

第八条　被征购土地之地价，采用超额递减办法。地主每人平均所得地价在五石以下者给全价。超过五石以上至十石者，将超过五石之数目，减给百分之八十。超过十石以上至十五石者，将超过十石之数目，减给百分之六十。超过十五石以上至二十石者，将超过十五石之数目，减给百分之四十。超过二十石以上至二十五石者，将超过二十石以上之数目，减给百分之二十。超过二十五石以上至三十石者，将超过二十五石以上之数目，减给百分之十。超过三十石以上者，其超过部分不再给价。

（说明）按以上规定，例如：甲地主每人平均所得地价为五石五斗，按第六条规定之递减办法，应是：五石以下的不减，超过五石之五斗应给百分之八十，为四斗。其实得地价为五石四斗。乙地主每人平均所得地价为二十四石，其递减计算法应是：五石（开始五石给全价，加四石（因五石以上至十石应给百分之八十，所得是四石），再加三石（因十石以上至十五石应给百分之六十，所得是三石），再加二石（因十五石以上至二十石应给百分之四十，所得是二石），再加八斗（因二十石以上至二十五石应给百分之二十，故四石所得是八斗）。以上共计其实得地价，为十四石八斗。

第九条　各户地主土地之数量，应按其在边区境内所有之土地总合计算。

第四章　土地之承购

第十条　政府征购之土地，按征购原价之半数，分配给无地或地少之农民承购。地价分为十年付清。家境贫苦无力缴付者，经县政府呈请边区政府批准后，可予免付。

第十一条　土地之承购，应以现耕为基础，进行合理之调剂。使每人所有土地之数量与质量达到大体的平均。

第十二条　下列人员有承购土地之优先权。

一、原耕地之贫苦佃农及雇农。

二、家境贫苦之革命死难者之遗族，现役军人之直系家属，及复员退伍军人。

以上人员每口承购之土地数，连他自己原有土地，一共不得超过当地中农每人平均地数。

第十三条　移难民应和当地居民有同等承购土地之权利。

工人、小手工业者、小商人等，须按当地土地情形和家庭生活需要由乡政府和农会斟酌规定其承购土地之数量。

二流子承购土地后，须由当地政府管教其勤劳生产，不得任其荒芜。

第十四条　土地之承购，以乡为单位，但在可能与必要时，县政府可在邻近乡进行调剂之。

第五章　土地公债之清偿

第十五条　边区政府委托边区银行为土地公债清偿之经理机关。

第十六条　土地公债基金，为边区农业税，及承购者之缴价。

第十七条　土地公债之票面，以细粮计算。

第十八条　土地公债分十年还清，年息千分之五，清偿期为每年秋末。

第十九条　每年到期土地公债之本息，可以抵交农业税，但只限于本县范围。土地公债，可以转让抵押，但不得在市面流通。

第廿条　关于土地公债之章程，另定之。

第六章　其他

第廿一条　地主典给农民之土地，应在征购之列。其原典价超出于征购地价者，地主不退出多收之典价，其原典价低于征购地价者，应将不足之部分补给公债。

第廿二条　地主居住本院以外多余之房屋窑洞（包括碾磨在内），及地基崖势，皆得以土地公债征购之。并按征购原价之半数，分配给无住处，或少住处之人民承购。征购价值，不得超过当地现价三分之二。佃户居住地主之房屋窑洞，如系佃户亲自建筑者，即归佃户所有，不再给价。

第廿三条　宗教团体及庙院所占有之土地，以当地人民公意决定征购或不征购。族田（或称社地、祠堂地、坟会地）由乡政府与农会商同族人公意决定征购或不征购。

第廿四条　地主荒山，或“拉荒地”，如其地权无确实凭据者，除给地主留足够耕种之土地外，其余收归公有。如有确实凭据者，除按第二条规定留给地主土地外，其每人平均土地在百亩以内者，应根据土地质量及地主实际生活需要，由县政府酌发公债征购之。超过百亩以外之部分，无代价收归公有。

第廿五条　土地上之树木及果园，属于佃户栽种者，归佃户。属于地主栽种者归地主。荒山自生之森林，随地处理。

第七章　附　则

第廿六条　地主对土地隐瞒不报，或实行假佃、假卖等舞弊行为，应没收其隐瞒与舞弊部分。

第廿七条　本条例自公布之日施行。

第廿八条　本条例解释之权，属于边区政府。

地价递减对数表[①]（略）

选自《陕甘宁边区政府文件选编》第十一辑，档案出版社 1991 年版，第 40～47 页，简称“档案文件版”。

互校版本：

1.《陕甘宁革命根据地史料选辑》第三辑，甘肃人民出版社 1983 年版，第 197～202 页，简称“甘肃史料版”。

2.《中国新民主主义革命时期根据地法制文献选编》第四卷，中国社会科学出版社 1984 年版，第 426～431 页，简称“社科法制版”。

3.《陕甘宁边区法律法规汇编》，三秦出版社 2010 年版，第 141～142 页。简称“三秦法律法规版”。

11. 陕甘宁边区政府指示信（关于贯彻土地改革准备明年生产的指示）

1946 年 12 月 28 日

事由：关于贯彻土地改革，准备明年生产，加强民兵整训以支持战争胜利的指示。

各专员、县（市）长：

根据边府第二次政府委员会的决议，边区各地在进行土地改革、民兵整训及战争动员工作方面已获得相当成绩，尤以民兵在自卫战斗中表现的英勇事迹值得嘉许。两月来蒋胡反动派因各方面的困难，不得不拖延向延安的进攻，最近侵犯关中，亦被我击退。但狼心未死，进攻边区决不可免。为深入战争动员奠定胜利的坚实基础，本府对目前边区的几项中心工作，给予以下指示，务希各地政府按照具体情况掌握中心，并配合其它工作抓紧时机，全力进行，并将执行情况随时报告本府。

一、迅速彻底完成土地改革。根据二次政府委员会的决定，在土地未分配地区，以贯彻减租并采用土地公债征购地主超额土地，完成土地改革的方针，本府已公布征购地主土地条例草案，现在凡已普遍完成彻底减租的地区如绥德分区各县，首应普遍征购分配；陇东分区之庆、合、镇三县，安边、富县及关中分区各县未分配土地地区，应在继续发动群众深入查检的基础上进行征购分配，务须于明年春耕之前彻底完成土地改革。征购所得之土地及地主献出之土地，应保证全部分配给无地和地少的农民。分配时各地应按照当地具体情况，根据条例的基本原则适当运用，尽可能做到无地和少地的农民普遍获得土地，并使每人所有土地之数量和质量达到大体的平均。各级干部应以身作则，大公无私，决不多得土地。各机关团体亦不得借口生产，占取土地。土地分配后，对于分得土地而缺少耕牛、农具、籽种、吃粮的贫苦农民，应发动群众互助，及时解决其困难问题，必要时政府尚可酌予贷款，务使获得土地之农民得以顺利进行生产。榆横等地区目前应普遍实行减租、减息、勾欠、保佃，对于群众痛恨的个别特务恶霸应进行清算。在发动群众起来的基

① “档案文件版”前有命令，后有对数表。

础上组织明年的生产运动。在土地已经分配的地区，对于旧日地主非法夺去农民分得土地的事实，应迅速分别解决，将地退还农民。在移难民较多的县份，应集中力量分配公地，使每个移难民都获得土地所有权，更加积极生产，坚决自卫。至农民间的土地纠纷，应按照具体情况逐渐分别调处。

二、准备明年大生产，以充实自卫物资力量。根据战争环境，边区的农业生产主要应在现耕地基础上精耕细作，同时尽可能组织开荒，扩大耕地面积，加强组织劳动，发扬各种小型变工队的互助和积极性，以保证增产粮食的计划，不因战时劳动力减少而破坏。为此，各级政府应即按照实际情况，具体计划布置生产，并组织群众，抓紧时间，准备春耕。临近战区的地方尤须实行劳武结合，一面防守自卫，一面准备春耕，决不可偏废。今年边区植棉卅五万亩，其中十万亩没着苗，明年的植棉任务要求三十五万亩都着苗，并提高产量。为此，必须预先选好籽种，适时下种，各村乡召开植棉户座谈会交换经验，使家家都能掌握植棉技术。关于发展民间纺织业，在绥德和延属分区之东地区各县，已有基础，今后应注意随时帮助他们解决原料及销布等问题，并防止外货及物价波动影响其生产。在陇东和延属分区之西地区各县，应选择据点，帮助其解决技术、工具、原料等一切问题，使参加纺织的妇女真正得到利益，拿事实教育群众，用典型示范，逐渐推广家庭纺织。三边及陇东分区之环县、曲子、华池等畜牧较广的地区，应切实研究提倡发展家庭手织业。只有各地按照具体情况，确实钻研推行，才能逐渐达到边区完全自纺自织的目的。

三、加强民兵整训，深入战争动员。近几月来，富县、新宁、子洲等县民兵，在打击敌人的进攻袭扰中，表现了英勇的战绩，安塞等县的战争动员也作的较好。但在中心区有些县份，民兵整训产生偏重形式，妨碍群众生产的现象。在边缘地区民兵活动互相配合不够密切，与顽敌战斗时表现勇敢有余机动不足，未能根据敌我力量，灵活进退，在有利的条件下打击与消灭敌人。在群众备战动员中，担架运输的准备，有的只是突击数目，缺少周密的组织与检查。坚壁清野，边境地区有的做得很差，某些中心地区又一般的不分步骤，喊叫坚壁清野，引起群众不安。凡此均应深入检讨，纠正形式主义，力求实际，依地区的不同情况，切合实际的广泛开展民兵英雄运动，立功运动，并加紧整训，使个个民兵精通投弹、射击、埋地雷三大技术，同时深入发动群众继续坚持参军参战、劳军、防奸、担架、运输、救护、后勤、坚壁清野等战时动员工作，以一切为着前线的精神充分发挥全体军民战斗力量。

四、彻底克服干部和群众中的惊慌和苟安心理，并防止产生骄傲和侥幸胜利的情绪，纠正各级政府和各级干部中的命令主义与脱离群众，不从实际情况出发，一般化的领导作风，反对“战争来了不要民主，只是强迫命令”的错误思想。在战时应更加发扬民主，贯彻群众路线，随时改正工作中存在的缺点，加强工作效能，以争取自卫战争的胜利。

选自《陕甘宁革命根据地史料选辑》第三辑，甘肃人民出版社 1983 年版，第 203～206 页。

互校版本：《陕甘宁边区政府文件选编》第十一辑，档案出版社 1991 年版，第 71～74 页。

12. 关于陇东专署在征购地主土地中处理土地之青苗及地主典入土地办法的介绍

1947年1月13日

（原者按）此办法系陇东专署提出，特为介绍，以供各地参考，展开广泛的讨论，并提出意见给我们。

（一）处理购得土地之青苗问题办法：

1. 土地所有权转移后，其青苗一般可按各户经济情况，以随地转移为原则。

2. 地主之地原由贫农佃户租种，经这次购买后，其地内之青苗可由得地者锄耘收割，然后以对半或四六分的原则斟酌调解之。

3. 地主之原佃户系中农者可以斟酌偿还籽种的原则调解之。

4. 原系富农租种者，可以酌情偿还少部分种籽办法调解之。

（二）处理地主之典入土地问题办法：

1. 凡地主典入富中贫农之土地，均可以50%的原典价用公债赎回，然后根据富中贫农之不同情况处理之。

2. 如出典人是贫农者，可将赎回之地无代价地退回。

3. 如出典人是中农者，则将赎回之地退给中农后，由中农偿还政府所出过之公债。

4. 如出典人是富农者，可按原典价以现市价折合退给富农部分土地，其余可分给无地之农民。

选自《解放战争时期陕甘宁边区财政经济史资料选编》上册，陕甘宁边区财政经济史编写组、陕西省财政厅财政科学研究所、陕西省档案馆合编，三秦出版社1989年版，第86页。原注："选自《土地工作通讯》第2期，1947年1月13日"。

13. 陕甘宁边区政府征购地主土地修正条例草案

1946年12月13日公布，1947年2月8日修正

第一章　总则

第一条　本条例依据陕甘宁边区第三届第二次政府委员会议之决议，在未经土地改革区域，发行土地公债，征购地主超过应留数量之土地，分配给无地或地少之农民，以达到耕者有其田之目的而制定的。

第二章　征购范围

第二条　凡地主之土地超过下列应留数量者，其超过部分，均得征购之。

一、一般地主留给其家中每人平均地数，应多于当地中农每人平均地数之50%（假如中农每人6亩，地主每人应是9亩）。

二、在抗日战争及自卫战争中，著有功绩之地主家中每人平均地数，应多于当地中农每人平均地数之留给其家一倍（假如中农每人 6 亩，地主每人应是 12 亩）。

第三条　地主家在边区外者，应按第二条规定留给土地。其留给部分，在地主未回边区居住之前，由当地政府代为经营；地主回来后即交还其自行经营。

第四条　地主如经营献地后，所留土地超过第二条规定应留地数者，其超过部分仍应征购之；不足应留地数者，由县政府呈请边区政府酌予补发部分公债。

第五条　富农土地不得征购。

一切非地主成份（分）因无劳动力而出租之土地，亦不得征购。

第三章　地价之评定

第六条　地价由当地乡政府协同乡农会及地主具体评定之。其评定标准，应按各地地价与土地质量之不同，但最高不得超过该地平年两年收获量之总和，最低不得低于该地平年一年收获量。

地广人稀之区域或新开荒地之地价评定标准不受前项规定之限制。

第七条　地价以细粮与公斗计算。

第八条　被征购土地之地价，采用超额递减办法。地主每人平均所得地价在 5 石以下者给全价，超过 5 石以上至 10 石者，将超过 5 石之数目减给 80%；超过 10 石以上至 15 石者，将超过 10 石以上之数目减给 60%；超过 15 石以上至 20 石者，将其超过 15 石之数目减给 40%；超过 20 石以上至 25 石者，将超过 20 石以上之数目减给 20%①；超过 25 石以上至 30 石者，将超过 25 石以上之数目，减给 10%；超过 30 石以上者，其超过部分不再给价。

（说明）按以上规定，例如：甲地主每人平均所得地价为 5 石 5 斗，按本条规定之递减办法，应是：5 石以下的不减，超过 5 石之 5 斗应给 80%为 4 斗，其实得地价为 5 石 4 斗。乙地主每人平均所得地价为 24 石，其递减计算办法是：5 石（开始 5 石给全价）加 4 石（因 5 石以上至 10 石应给 80%，所得是 4 石）再加 3 石（因 10 石以上至 15 石应给 60%，所得是 3 石）再加 2 石（因 15 石以上至 20 石应给 40%，所得是 2 石）再加 8 斗（此 20 以上至 25 石应给 20%，所得是 8 斗），以上共计其实得地价为 14 石 8 斗。

第九条　各户地主土地之数量，应从其在地区境内所有之土地总合计算。

第四章　土地之承购

第十条　政府征购之土地，按征购原则之半数分配给无地或地少的农民承购。地价分为 10 年付清。家境贫苦无力缴付者，经县政府呈请边区政府批准后，可予免付。

第十一条　征购土地之分配，应按人口分配给无地及少地之贫苦人民，使每人所有之土地数量与质量，达到大体的平均。

第十二条　下列人员有承购土地之优先权：

一、原耕地之贫苦佃农或雇农。

二、家境贫苦之革命死难者之遗族，现役军人之直系家属及复员退伍军人。

以上人员每口承购之土地数，不得超过当地中农每人平均地数。

第十三条　移难民和当地居民有同等承购土地之权利。

---

① “三秦财经史版”此处漏掉“20%”（误排到下两行）。

工人、小手工业者、小商人等，须按当地情形和家庭生活需要，由乡政府和农会斟酌规定其承购土地之数量。

二流子承购土地后，须由当地政府管教其劳动生产，不得任其荒芜。

第十四条　土地之承购，以乡为单位。但在可能与必要时，县政府可在邻近乡调剂之。

第五章　土地公债之清偿

第十五条　边区政府委托边区银行为土地公债清偿之经理机关。

第十六条　土地公债基金为边区农业税及承购者之缴价。

第十七条　土地公债之票面以细粮计算。

第十八条　土地公债分 10 年还清，年息 5/1 000，清偿期为每年秋末。

第十九条　每年到期之土地公债本息，可以抵交农业税，但只限于本县范围。

土地公债可以转让抵押，但不得在市面流通。

第二十条　关于土地公债之章程另定之。

第六章　其　他

第二十一条　地主典给农民之土地，应在征购之列。其原典价超出于征购地价者，地主不退出多收之典价；其原佃价低于征购地价者，应将不足之部分补给公债。

第二十二条　地主居住本院以外多余之房屋窑洞（包括碾磨在内）及地基崖势，皆得以土地公债征购之。并按征购原价之半数，分配给无住处或少住处之人民承购，征购价值不得超过当地现价 2/3。

佃户居住地主之房屋窑洞，如系佃户亲自建筑者，即归佃户所有，不再给价。

第二十三条　宗教团体及庙院所占有之土地，以当地人民公意决定征购或不征购。族田（或称社地、祠堂地、坟会地）由乡政府与农会商同族人公意决定征购或不征购。

第二十四条　地主荒山或“拉荒地”如其地权无确实凭据者，除给地主留足够耕种之土地外，其余收归公有；如有确实凭据者，除按第二条规定留给地主土地外，每人平均土地在百亩以内者，应根据土地质量及地主实际生活需要，由县政府酌发公债征购之。超过百亩以外之部分，无代价收归公有。

第二十五条　土地上之树木及果园，属于佃户栽种者归佃户，属于地主栽种者归地主。其他自生之森林随地处理。①

第七章　附　则

第二十六条　地主对土地隐瞒不报或实行假典假卖等舞弊行为，应没收其隐瞒与舞弊部分。

第二十七条　本条例自公布之日施行。

第二十八条　本条例解释之权，属于边区政府。

选自《解放战争时期陕甘宁边区财政经济史资料选编》上册，陕甘宁边区财政经济史编写组、陕西省财政厅财政科学研究所、陕西省档案馆合编，三秦出版社 1989 年版，第 81～85 页。简称“三秦财经史版”。全文 27 条。

互校版本：《陕甘宁边区法律法规汇编》，三秦出版社 2010 年版，第 299～302 页。全文 28

① “三秦财经史版”漏掉第二十五条。

条。在第28条之后附有“地价递减对数表”和“地价递减的简便算法”及多项说明，皆省略。

14. 陕甘宁边区政府命令（严禁破坏土地改革不法行为）①

1947年11月18日

各专员、县（市）长：

依照中国土地法大纲的方针，今冬边区将进一步发动群众彻底完成土地改革。但据查近来各地一部分顽固的地主富农和不明大义的自私自利分子，企图逃避土地改革，发生种种不法行为，为了保障革命社会秩序和保护翻身农民的正当利益，兹特通令：

（一）严禁一切土地房屋等不动产的买卖、抵押、典当和转让。

（二）严禁任何人为逃避土地改革任意宰杀和偷卖牲畜，砍伐树木，破坏农具、农作物及其他物品。同时严禁私下赠送、埋藏、变卖这些物品的不法行为。

（三）严禁一切对于群众斗争果实的贪污、浪费、破坏和营私舞弊行为，凡过去土改中尚未分配的斗争果实，一齐暂行保管，留待此次土改中成立的合法执行机关（即乡村农民大会及其选出的委员会，贫农团大会及其选出的委员会）统一分配。

（四）严禁地主本人携带财物或勾引他人帮同携带财物任意迁移外地，逃避土改。

各级政府对于以上各项，务须通告各界人民，并发动贫苦群众严格督促实行为要。

此令！

主席　林伯渠

副主席　李鼎铭　刘景范②

选自《解放战争时期陕甘宁边区财政经济史资料选编》上册，陕甘宁边区财政经济史编写组、陕西省财政厅财政科学研究所、陕西省档案馆合编，三秦出版社1989年版，第117～118页。简称“三秦财经史料版”。

互校版本：

《陕甘宁边区政府文件选编》第十一辑，档案出版社1991年版，第229页。简称“档案文件版”。

15. 陕甘宁边区颁发土地房窑证办法

1948年2月③

第一条　为确定土地改革后，各阶层人民之土地、房窑所有权，保障其不受侵犯，以

---

① 副标题系按“档案文件版”所加。

② “财经史料版”漏“刘景范”3字。

③ “社科法制版”“甘肃史料版”皆标为“1948年2月”，“三秦法律法规汇编版”标作“1949年2月16日”。

促进与发展生产，特制定本办法。

第二条　凡土地问题已解决的地区，不论原有或分得的土地、房窑均应依照本办法进行登记，发给土地、房窑证。

说明：

一、按照中共中央关于一九四八年土改与整党工作指示的规定，“凡属封建制度已经根本消灭，贫雇农已经得到大体上相当于平均数的土地，他们与中农所有土地虽有差别（这种差别是允许的），但是相差不多者，即应认为土地问题已经解决，不要再提土地改革问题”。

二、边区经过减租征购与土地改革（土改过程中曾经发生尚未纠正的偏向，必须认真地、适当地加以纠正）之老区、半老区，其封建性、半封建性剥削的土地制度已经消灭，并已实行合理分配者，应进行登记土地、房窑，颁发土地、房窑证。

三、边区经过土地革命之老区，如系地广人稀，有大量移难民的地区，经过合理调剂土地后，应进行登记土地，颁发土地证。地狭人稠地区，亦应重新登记土地，同时进行必要的个别调剂，并颁发土地证。

第三条　若干特殊土地、房窑之处理：

一、凡未分配及各机关、学校、部队、团体耕种之公地及公营企业使用之公共房窑，均由各县（市）政府登记管理。

二、大森林、大水利工程、大矿厂、大荒地、大牧场等，均归县级以上政府登记管理。

三、土改中分给二流子的土地、房窑，如一时难望改好者，其土地、房窑证可由乡政府或乡农会代替保存，待其转入劳动后，再行发给。

四、业主因特殊原因，一时外走（逃荒或逃亡），亦须填发土地、房窑证，由乡政府或乡农会代为保管，待其返回后，交给本人。

第四条　各县（市）进行登记土地时，应以乡为单位，由乡政府指派代表二人，乡农会选派代表三人，及乡政府与乡农会商聘当地公正群众二人，经区政府审查批准后，组织土地登记委员会，在乡政府指导之下，进行登记土地、房窑工作。土地登记委员会之职责如下：

一、接受本乡人民土地、房窑登记之申报，并主持进行土地数量、产量及房窑等级之审查评议登记事项；

二、负责向人民公布，向上级政府呈报登记土地、房窑情形，接受人民意见或上级政府指示，复查或复议土地数量与产量等事项；

三、承上级政府之委托，颁发本乡人民之土地、房窑证，代收领证手续费等事项；

四、调解本乡登记土地、房窑中所发生的纠纷事件。

第五条　土地登记一律以亩计算。并按下列规定缴纳领取土地证手续费：

一、耕地一律按评定之常年产量每斗（细粮）缴纳二合（细粮）；

二、可耕荒地每亩缴纳细粮三勺；

三、荒地及牧地免费登记。

以上手续费一般应按当地粮价折成农币缴纳，确实无法缴纳农币者，得缴纳细粮。

第六条　房窑之登记，应按户以其院落，房窑之多寡好坏评定等级，各级房窑划分及

手续费规定如下：

一、每口人平均有窑一孔，或房子二间以上，且其质量较好者为一级，每户应缴纳领取房窑证手续费一万五千元；

二、每两口人平均有质量较好之窑一孔或房子两间以上者为二级，每户应缴纳领取房窑证手续费一万元；

三、每两口人平均不足普通窑一孔或房子两间以下，或虽有窑一孔房子两间，但质量不好者，为三级，每户应缴纳领取房窑证手续费五千元。

说明：房窑指可以居住的。

第七条　城市房窑及地基之登记办法另订之。

第八条　贫苦之军、工、烈属、鳏、寡、孤、独确实无力缴纳者，经县政府审查批准后，可酌情减缴土地、房窑领证手续费。

第九条　各乡进行土地登记时，应尽可能与整党、建政工作相结合，充分发扬民主。首先发动群众按实自报土地、房窑数量及土地常年产量，经登记委员会审查，提出初审意见公布，由各村民会进行讨论。再由登记委员会根据群众意见，进行调查研究，提出复审意见，二次公布，交由群众大会讨论。最后登记委员会集中群众意见，整理材料，呈报上级政府批准，三榜公布，方为定案，按户颁发土地、房窑证。

第十条　人民申请登记土地、房窑时，须呈验其土地、房窑原有之凭证及约据，如无证据时，须经乡农会或乡政府之证明，方准进行登记。应申请登记事项见土地及房窑证。

第十一条　土地及房窑证，由边区政府统一制印，交由各县（市）政府填发，或由县（市）政府委托之区、乡政府及土地登记委员会填发。存根由县（市）政府保存。

第十二条　土地、房窑登记证发后，如遇有转移、买卖、变迁、分家、嫁娶等情形时，准予向当地县（市）政府申请分领或换取土地、房窑证。

土地、房窑证如有遗失、差误时，应随时呈明理由，经四邻及乡农会或乡政府证明，申请县（市）政府核准后补发。

第十三条　各户领到新发之土地、房窑证后，原有之约据证件，一律交出，当众焚毁。

第十四条　土地、房窑领证手续费，一律由发证机关收交县政府转解边区政府财政厅。

第十五条　本办法自公布之日起施行之，其解释之权属于边区政府。本办法颁布后民国三十二年九月公布之《陕甘宁边区土地登记试行办法》应即作废。

陕甘宁边区常驻议员、陕甘宁边区政府委员会暨晋绥代表联席会关于本办法之决议：本办法基本原则通过，关于手续费数额，交由财政厅根据各地不同情况提交财经会议研究后确定修正公布之。

选自《陕甘宁革命根据地史料选辑》第三辑，甘肃人民出版社1983年版，第261～265页。简称“甘肃史料版”。

互校版本：

1.《中国新民主主义革命时期根据地法制文献选编》第四卷，中国社会科学出版社1984年版，第436～440页，原注：“选自《陕甘宁边区重要政策法令汇编》一九四九年

版”。简称“社科法制版”。

2.《陕甘宁边区法律法规汇编》，三秦出版社2010年版，第303～304页。简称“三秦法律法规汇编版”。

16. 陕甘宁边区政府关于调剂土地确定地权的布告

1948年9月

边区军民经过一年半的英勇艰苦奋斗，已把解放战争推向国民党统治区，边区人民获得了相对安定的环境，除新区及接敌区应集中力量加强对敌斗争外，基本区最中心的工作任务，就是努力生产，提高生产，恢复与发展边区经济。以资改善人民的生活，加强人民间的团结，更长期地有力地支援前线，取得革命战争的胜利。为保证顺利完成上述任务，特就有关农业生产的几项重要政策和工作宣告如下：

（一）边区的基本区，经过土地革命的地区，封建早经消灭，经过减租、征购，去春及今春土地改革的地区，封建也基本上消灭了。因此，在基本区已不是再提平分土地问题，而是普遍发土地证，确定地权，并保障其不受侵犯，使人人安心生产，发家致富。

（二）基本区确定地权工作务须依据不同情况采取不同步骤进行之：

甲、在经过减租的老区中，有大部分地区经过减租，及历次土改，土地问题已彻底解决，但今春工作中错误处理的问题，尚未全部改正的，必须认真地适当地加以改正后，再发土地证，确定地权；一小部分地区，未经过今春的调剂土地，应先根据情况需要，进行抽补调剂工作，然后再发土地证，确定地权。抽补土地的来源主要是：（一）抽取地主、旧富农多于全人口平均数以上的土地，（二）纠正去春分配不公现象，（三）公地及绝门产遗弃地等。将土地全部抽好后，合理的分配给地少、地坏、地远的农民。

乙、经过土地革命的老区，有一部分地狭人稠地区，过去土地分的较彻底，现在无地户也很少，应在重新发土地证，确定地权过程中，将现有的少量公地，查出的黑地遗弃地及纠正个别旧地主富农非法夺占的土地，进行个别调剂，尽先使当地贫苦务正的农民及久居的移难民获得适量土地，过去分地后又把土地卖了的二流子及不打算久居的移难民，可少补或不补；一部分地广人稀地区，公地荒地很多，移难民也很多，应先调剂土地，使移难民及无地少地户得到足够的土地，然后发土地证，确定地权。

（三）在基本地区宣布：

甲、允许特定条件下继续存在租佃关系，即因孤寡废疾，因参加革命军队及其他脱离生产的革命工作，因进入工厂作（做）工及改营工商业等，致缺乏劳动力或劳动力不足，不能或部分不能耕种本身土地者，均得出租其土地，租额暂由主佃双方自行约定。

乙、允许继续存在雇长工、揽短工、包月工、安庄稼、调份子等雇佣关系，提倡缺乏劳动力或劳动力不足者雇工种地，以免荒芜土地。雇佣条件由主雇双方，根据双方互惠原则自由约定。

丙、保护在废止高利贷以后的私人借贷，提倡农民间在生产中的互助借贷，利息由债主和债户自由议定。

（四）各县、各乡、各村，应在现有的基础上，具体的研究提高农业生产技术，订立计划，增加产量。在自愿结合、平等互惠、等价交换的原则下，提倡组织合作互助变工，鼓励妇女参加农业生产，帮助旧地主旧富农转向劳动，从事生产，教导监督二流子学习劳动，转向生产。市镇及地狭人稠地区，应即注意恢复建立集市，扶助恢复与发展工商业，尤须加强对广大手工业者及农村与城市的家庭副业生产之具体帮助指导和组织。掀起全边区普遍深入的生产热潮，积极准备为展开明年的大生产运动而努力。

此布。

选自《陕甘宁革命根据地史料选辑》第三辑，甘肃人民出版社1983年版，第297～299页。

互校版本：

1.《陕甘宁边区政府文件选编》第十二辑，档案出版社1991年版，第208～210页。原标题为："关于发展农业的几项重要政策和工作的布告"。原注："选自《陕甘宁革命根据地史料选辑》第三辑，甘肃人民出版社"。

2.《中国新民主主义革命时期根据地法制文献选编》第四卷，中国社会科学出版社1984年版，第440～412页。原注："选自《陕甘宁边区重要政策法令汇编》一九四九年版"。

17. 陕甘宁边区处理债权债务纠纷办法

1949年7月27日

西北解放区辖地辽阔，交通及工商业亦不甚发展，而在政治方面，则有的地区经过土地革命及土改运动，如陕北晋南各县阶级根本起了变化，封建剥削基本上被打垮。有的地区解放还不久如大荔、三原、渭南等分区及西安市，压榨剥削经济萎缩等不安定现象依然存在，亟待逐步消除与改变，很快走向生产发展社会繁荣之坦途。因之在老区（陕北）债权债务关系很简单，所发生的纠纷不外因物价波动货币折合，给付不能或迟延责任，请求损害赔偿，合伙关系等一般的封建剥削不存在了。在新解放区农村中则地富仍有相当势力，城市工商业亦较发达，就我们接管伪陕西高等法院民庭三百五十五件未结案中，债务案件即占百分之四十二，大多属于积年典当旧债及因敌币贬值，物价猛涨，负债人无力偿还，高利贷者借机盘剥，承揽运送损害赔偿，雇佣工资，违约行为，还有城市房赁纠纷亦属相当普遍的问题。

根据这些情形特提出以下处理意见，以供全国立法时之参考。

一、老解放区的债权债务处理原则

（一）凡经过土地革命及土地改革地区曾宣布废除的地富旧债，一律不准追索，居住于其他地区的债权人亦不得向上述地区的债务人索取已经宣布废除的旧债。但工农贫民存放地主富农家中之金钱物品未被分配者，得由原主取回。

（二）工农贫民互相间所有土改以前之旧债，得根据借贷双方具体情况协商处理。

（三）关于工商业货账来往不作一般债务论，必须一律归还，如系积年陈欠利息者，

其清债办法可酌情减免之。

（四）今后私人间互相借贷不论城市、乡村或阶级成分，凡经双方自愿以金钱或实物发生借贷关系，订有书面或口头契约者，在不违反政府法令政策条件下概受法律保障，并依双方约定得规定一定数额之利息，但超过当地一般借贷利息之高利贷剥削，应绝对禁止。

（五）农村中换工搭具及借粮借草等项，得按私人借贷关系处理，依双方约定办法如期折价偿还。

（六）探买青苗系一种投机高利贷剥削行为，应予禁止。

二、新解放区及城市债权债务关系处理原则

（一）凡非投机压榨高利剥削而有助于发展生产繁荣社会经济的一切债权债务关系，法律均予以保障。其有因天灾人祸，或负债人确实因贫困无力偿还者得根据具体情形酌予减免或分期偿还之。

（二）凡在解放前三年以银元敌币及各种实物所成立之正当债权债务关系或内因敌币贬值物价波动，辗转折合致负债人的债务加重得根据双方具体经济情况以原日实物标准或依当地银行牌价，折以人民币偿还之。

（三）多年旧债偿还办法：

1. 民国二十六年七月（抗日战争）以前地富及一般工商业资本家贷出的债款应分别性质及负债人现在经济状况停利还本或全部减免。

2. 民国二十六年七月（抗日战争以后）起至三十四年①八月，日本投降以前的地富及一般工商资本家贷出的债款，计息标准不得超过月息百分之三或百分之五，付息已经超过原本一倍者，停利还本，付息已超过原本二倍者，本利一概免付。

3. 工农劳动人民互相间的借贷关系及工商业来往的账款，得依双方具体情况协商解决之。

（四）几种特殊债权债务处理办法：

1. 乘人急迫指押动产或不动产以高利驴打滚探买等方式所立的债权债务关系，应视立约双方之成分及目前经济状况酌予减免本息及给付物或分期清偿之。

2. 与四大家族官僚资本有关之机关、合作社，以及乡村地富分子利用特权非法成立之债权债务关系，应分别对象确定偿还责任，如确属贫困无力偿付者得废除之。

3. 对请求破产的工商业，应尽量设法使其继续生产与营业，如必须破产拍卖财产偿还其多数债权人的债务时首先应照顾雇佣人之工资，其次以债务契约订立之先后及债权人经济状况依次比例清偿之。

4. 违法债务，如贩卖烟毒，赌博，出卖寡妇及女子的婚礼，包揽壮丁费，及本年六月七日后所发生的银元铜元借款等，法律不予保障。

5. 今后新订立之债权债务契约，必须用人民币或实物计算，计息年利不得超过百分之三十。如使用黄金银圆铜圆等所订立的契约关系，均属违法。

三、城市中的租赁关系处理原则

（一）去逸节礼或欺压房客等一切不合理的赁规和坏现象。

---

① “陕西法律法规版”误作“三十五年”。

（二）房东出赁房屋时，应与房客依不同等的房屋订立公平合理的租金契约，契约成立后，不得任意增加租金而房客应保证按期交付租金。

（三）过去欠租或现房租过高者，得依照双方具体经济状况协议减少或分期偿还。

（四）房东为收回自己营业或为同一经济生活之亲属居住，或房客无故拖欠房租在连续三期以上者，得请求房客迁让，但须有三个月的准备期间。

（五）房客对房屋不用时，除另有约定外，应恢复原状交还房东，不得未经房东同意径行转兑转租转借，如有此类行为，出兑出租出借与承兑承租承借双方均属违法，在法律上一律无效。

（六）双方协议成立之契约，任何一方不得单独变更或解除之，契约期满后，一方对契约不愿继续时，一般居住房客应于期满前六个月，工商业房客应于期满前一年向对方通知，如在规定期间未先行通知者，则按原租期延长之。

（七）房东出卖出典房屋时，房客有以同一价格承受之优先权，房屋转让后，新房东如无正当理由，不得撵房客，房客得与新房东另订新约。

（八）房屋修理（指外部修理）除另有约定外，概由房主负责，如有需修理而房东不为或怠于修理时，房客得自行修理，所费得请房东偿还或由应付房租内扣除之。

选自《陕甘宁边区法律法规汇编》，陕西人民出版社 2006 年版，第 214～216 页。简称“陕西法律法规版”。

十一、劳动法规

1. 西北公营工厂工资制度提纲（草案）

1948年11月7日陕甘宁边区制定

一、总　则

（一）目前情况下工资待遇，应服从发展生产、繁荣经济、节衣缩食、支援战争的需要，并在照顾职工持续劳动、生产安定、适应西北战时国民生活水平及生产力的原则下，确定其工资待遇。

（二）为了提高技术，鼓励生产热忱，达到成本低、质量高、产量多、销路广的目的，职工待遇应实行按劳计价、同劳同酬、多劳多得、合理待遇的原则，为此，军工、重工与轻工之间，熟练与非熟练之间，复杂与简单之间，责任轻与重之间，效果大与小之间，应有区别，对于目前各厂所实行平均主义的供给制度，应有所彻底的改革。

（三）公营工厂应根据需要与可能，尽力兴办一定的职工福利事业，使职工有文化教育及劳动保险之待遇。

（四）公营作坊性的手工业，其工资不适用本草案。

二、工资制度

（一）供给制度混同了劳动性质的差别，难以刺激职工生产情绪和改进技术的兴趣，同时此制度不适合日益扩大中的新区情况，难以解决职工生活中的实际问题，因此各厂应实行全面的工资制的原则。为了照顾目前所处的农村环境及财政困难，也可以实行过渡性

质的半工资制，但此过渡制度，应设法使之尽可能地缩短，争取早日实现全面工资制。

（二）工资的支付形式，在目前各行各业生产力极不平衡的情况下，可不勉强求其统一，各厂可根据自己厂内的情况，采行计件制、计时制、包干制等，但应尽可能地并有计划地向交叉累进制方向努力，因为交叉累进制是目前公私两利的最进步的工资支付制度。

（三）虽然工资支付制度目前暂不能作（做）到完全统一，但其工资标准则应求其统一。这些标准的确定，原则上重工、军工应稍高于轻工，工人与战士大致相同，新解放城市可照原来新工资标准，不提增资口号。

（四）军工、重工包括：弹药制造、冶金、采矿、炼钢、发电、石油、水泥制造、铁路以及轻工的修配、机电等均属之。轻工包括：肥皂、皮革、火柴、纸张、玻璃、农具、面粉、自来水、纺织、毛织、丝织、印刷、制药、被服、制鞋、卷烟、造酒、甘油、榨油、陶瓷等物制作均属。

杂役短工，不论军工与轻工，悉依社会习惯商议工资。

交通工人、汽车司机、邮工、水手、驮脚等工资办法另订。

三、工资支付与计算

（一）为安定职工生活，保持一定生活水平不受战时物价上涨及不同地区物价差额影响，工资的计算与支付一律改为下列六项实物单饻①，并折成货币发给：

一个饻包括：

土布 7.7 寸，小米 1.8 斤，麦子 0.8 斤。

青油 5 钱，盐 5 钱，煤炭 1.8 斤。

（二）支付工资时间，实行半工作制者，每月支付一次；实行全面工资制者，可以半月或 10 天支付一次。

（三）支付时以货币发给，照工厂附近市场中等价格计算。此价格应由各厂主管机关审核，或通知厂方，支付时尽可能缩短核算时间，使职工能够在当时买到每一个饻的实物。

（四）实行半工资者，伙食部分由厂方负责，根据工人最低生活水平，酌给工资，但不得超过本办法所规定的工资标准。

四、等级评议

（一）工人与技术人员等级评议，应根据技术与效能为标准，而不是根据工龄、养活人口等为标准。

（二）职员等级评议，应根据管理生产，组织生产，团结与教育工人及其所得之效果为主要标准，厂长及政治工作人员技术水平应该是次要的，目前规定厂长、科长不超过工人最高工资的 60%至 80%。

（三）工人被提拔为职员、干部，其原薪高于新职时，可按原薪发给。

（四）各行业间可统一规定标准如下：

甲、工匠待遇，军工、重工及轻工的机电修理等最低 40 个饻，最高 100 个饻，轻工

① 原注：饻（xī）：老解放区曾用过的一种计算货币的单位，一饻等于若干种实物价格的总和。

最低 35 个饫，最高 84 个饫。

乙、高级技术人员或外来高级技术人员，其对工厂贡献极大者，可给以 110 至 120 个饫的特等待遇，其具有高等技术的工程师、技师，对生产建设贡献极大者，无最高工资的限制。兹将轻重工等级排列如下：

军工、重工及轻工的机电修理工人，共分三等九级，各个饫如下：

	一级	二级	三级
一等	100	90	80
二等	70	65	60
三等	50	45	40

轻工共分三等九级，各个饫如下：

	一级	二级	三级
一等	80～78	75～73	70～67
二等	63～61	58～56	54～51
三等	48～46	44～42	40～35

丙、学徒及见习待遇不分轻工与重工，学徒最低工资为 25 个饫，最高为 30 个饫，见习的为 32～36 个饫。

（五）实行计件工资或交叉累进工资的工厂，一定有严格的检验制和考勤制，凡不及所定的标准的产品，应退货或扣工资。若因技术工具改进而产量质量提高时，除奖励其创造发明的一方面外，另一方面即适当提高原先质量产量的标准。

（六）等级评议：学徒半年评议一次，工人可一年评议一次，这种评议是民主的，同时是有领导的，评议结果可升可降，反对只升不降现象。

（七）学徒学习时间，以 1 至 2 年为限，见习以半年至 1 年为限，其有限者，进步者，可酌情缩短。

（八）从事简单体力劳动的杂役、看厂、包装短工等，各厂可依自己现有情况，在上述工资评定原则下，视其技术熟练、劳动强弱、事多繁简、责任轻重等程度，加以合理调整，其工资不应受上述等级待遇的限制。

五、工作日

（一）工作时间以实行 10 小时制为原则，凡超过或不足者，应予调整。实行三班制者，采用 8 小时工作制，军工的气体、化学工人依工作性质最多工作 8 小时，最少 6 小时，由工厂自行规定。

（二）因工作需要而加工者，夜班以 6 小时为一天，日班以 8 大时为一工，但此 6 小时或 8 小时，不得解释为持续工作。军工中的气体、化学工人，如无特殊紧急任务，不再加工。

（三）女工在怀孕期间，禁止加工。哺乳期间每日给 4 次哺乳时间，每次以 1 小时为限。生产期休假 6 周，月经期 1 天，以上均照发工资。

（四）休假日：西北目前情况下，除军工实行小礼拜制，即每周休息 1 日外，其他轻

工应一律改行大礼拜制，即两周休息1日，或10日休息1日，或每周休息半日制。

实行8小时工作制者，无礼拜制度，每年例假规定为旧历年5天，二七、五一、七一、十月革命节各1天，共9天。端阳、中秋放假者，应扣除。全年工作日重工应保证不得少于303天，轻工不得少于319天或331天。

所有假日，工资照发，但遇上星期日不另补假、补工资。

（五）职工无重要事故，不得请假离厂，遇有事假，不发工资，旷工亦不发工资。

六、劳动保护

（一）工厂按固定工资总数，每月另出百分之三十作为全体职工文教费用及国家保险金，此百分之三十的数，文教保险各分配包干，由各厂自行规定，原则上，保险金比例应多于文教比例。

（二）因公伤亡，公家应从保险金内提取抚恤费，军工各厂应改善其设备，并教育工人，减少无谓伤亡。

（三）工厂应根据可能与需要设置医生，工人患病，厂方应酌情予以治疗；病假在5天或7天以内不发工资，5天至7天以上两个月以内工资照发，两个月以上者，留职停薪，由劳动保险金内抚恤救济。

（四）气体、化学工人，根据其工作性质，给予不同的保健待遇。这些保健费应由主管机关领导批准，以便步调办法统一。

（五）各厂可根据具体情况实行日奖制，凡工徒在本月内没有请假，又不犯劳动纪律者，应以本月平均工资多拿1天作为奖金，以此减少工人的请假及流动性。

（六）职工在技术、工具、效率等上，能超额完成任务，克服困难解决自制原料，以及能使生产量高，质量好，成本低者，经过民主评议，可予以物质的或精神的奖励。但奖励必须慎重，不应无目的地乱奖，同时，奖与罚必须严明。

（七）由于不同工作关系，工厂应按工作需要及经济条件，分别设置便于工作的工衣、围裙、雨衣等，但这些设置只限工作时间内使用。

（八）凡自己没有开办学校的工厂，职工子弟入学办法由主管机关呈请政府批准免费入学。

（九）工厂提供宿舍、厨具、灯、炕席等生活必需品，其余概由职工自备。

（十）各厂必须尽一切可能在工厂自办原则下，发动职工组织自己的合作社，开展消费供应、伙食管理、家属生产、储蓄、节约、互助贷借等业务，值此，一方面可减少厂方总务管理人员，减少成本；一方面又可解决职工实际困难，帮助职工建立家务。这些合作社在开始时期，尤应得到厂方人士、物力上的帮助。

七、附　则

（一）各厂根据具体情况订定实施本提纲的具体步骤与办法，但对本提纲所订标准，不得任意修改。

（二）各厂竞赛中的各种奖金的规定，必须经上级领导机关批准。

（三）各工厂在执行本提纲时，应将各厂执行经过详细呈报，而主管领导机关，须组织强有力的检查组，下去切实检查，对于可能发生的阳奉阴违，如采取变相增加工资的办法以笼络工人、不严格等级标准和制定工时请假制度等现象，应坚决予以纠正。

（四）本办法由边区政府批准后，颁布实行。

选自《解放战争时期陕甘宁边区财政经济史资料选编》上册，陕甘宁边区财政经济史编写组、陕西省财政厅财政科学研究所、陕西省档案馆合编，三秦出版社 1989 年版，第 528～534 页。

2. 陕甘宁边区政府命令
——规定废除煤矿生产大班制办法

1949 年 10 月 26 日

事由：规定废除煤矿生产大班制办法，仰转令遵办由。

各行署主任、各专员：

查各地煤矿，过去在国民党统治时期，由于无计划的开采，并漠视矿工健康，曾长期实行煤矿生产大班制，摧残工人身体，妨碍煤产发展，极不合理，亟应将此种大班制的生产办法，彻底予以废除，其废除具体办法，规定如下：

一、各公私煤矿区，一律废除二十四小时以上的大班制。

二、为防止影响煤产产量，各煤矿区于废除大班制时，应采取下列步骤。

甲、有高车设备的煤矿，立即废除大班制，实行十小时至十二小时的工作制。

乙、有畜力及人力升降的煤矿，其井下工作工人，暂准采用二十四小时工作制，并应尽先逐步做好废除大班制的准备工作，如改善提煤设备，增置工具，建修房屋浴室等，至迟明年一月一日起，必须一律废除大班制，实行二十四小时工作制，一俟该矿设备条件改善成熟时，立即实行十小时至十一二小时的工作制。

三、煤矿所在地政府的主管机关，应督导各煤矿及时完成上列规定，并经常执行检查，如发现不依限令废除大班制者，其系私营煤矿，得按情节轻重，分别予以劝告、警告、罚金、停止开采等处分；罚金、停止开采处分的执行，须报经上级机关核准。如系公营煤矿，报请其公营煤矿的主管机关酌情处分。

四、矿区内私设的大烟馆、赌博场、妓院等，由当地政府严行取缔，并指导矿区筹设正当娱乐场所，以备工人工余活动。

五、为杜绝各矿互相争取工人，妨害生产，工会与各矿区同业公会，应共同协议统一的或不大悬殊的工资标准，报经当地政府审核转呈行署或直属专署批准执行。

以上各项，除分行各行署、专署外，仰即转令辖区有关采煤矿的县份分别遵照，并督促切实办理。

此　令。

选自《陕甘宁革命根据地史料选辑》第三辑，甘肃人民出版社 1983 年版，第 489～490 页。

互校版本：《陕甘宁边区政府文件选编》第十四辑，档案出版社 1991 年版，第 200～201 页。

3. 陕甘宁边区私营企业劳资争议调处暂行办法

1949年11月3日

第一条　为合理调处劳资争议，本发展生产、劳资两利原则，特制定本办法。

第二条　劳资争议调处机关在市为劳动局，未设立劳动局之省府、行署、直辖专署或私营企业较发展之县为工商处（局）及县政府。

第三条　劳资争议调处机关，应设立劳资争议仲裁委员会，以调处机关所派之类代表为主席，并由调处机关聘请当地人民法院、公安机关、工商机关市（县）工会，及工商业者所组成合法团体之代表各一人组成之，其组织细则由调处机关另定之。

第四条　劳资争议调处程序如下：

一、各业各厂劳资双方如发生日常争议时，先由劳资双方直接协商，以求合理解决，其方法由工会代表其所属之工人及职员（以下简称职工）与资方或资方所组织之合法团体直接协商解决之。

二、如劳资双方直接协商无效时，双方或任何一方均得申请当地调处机关进行调解，如调解无效，得依法仲裁之。

三、如劳资双方或任何一方对于调处机关之仲裁仍有不服时，得按司法程序向当地人民法院起诉，由法院判决之。

第五条　各业、各厂职工所提出之要求须向资方交涉者，均应事先经由该业、该厂工会或全体职工之代表提交市（县）工会审查，必要时得由市（县）工会派员会同职工代表向资方或资方所组织之合法团体交涉，成立协议后，双方须共同遵守之。

第六条　关于劳资争议，直接协商之方法，应由劳资双方视争议之性质与范围，具体协商之。其争议属于一厂范围之日常纠纷，得以厂为单位，由劳资双方互派代表进行协商；其争议性质属于某一产业或行业范围者，应以产业或行业为单位由劳资双方所组织之合法团体分别召集会议，各推选代表三人至五人协商解决之。经劳资双方详细协商所达成之协议，应呈报调处机关备案，劳资双方之任何一方对于对方采取强迫手段所达成之协议均为无效。

第七条　劳资争议调处手续如下：

一、劳资双方申请调处争议时，应具备申请书，其中所载明业别、厂名、厂址、争议关系人数、争议要点、协商经过、代表姓名、通讯处等事项。调处机关于审查申请后，应即通知劳资双方推派代表于指定地点及日期进行调解。

二、调处机关于调解无效后，得依法仲裁之，仲裁决定，由仲裁委员会主席签署仲裁决定书，经劳动局局长（或工商处局科长、县长）批准后，通知双方执行；如双方之任何一方，对仲裁表示不服，须于接到仲裁决定书五日内通知调处机关，并呈法院处理，否则，仲裁决定具有法律效力。

第八条　凡经劳资双方直接协商达成之协议或经调处机关调解与仲裁成立之议案，均须注明有效期限。

第九条　劳资双方发生争议后，在协商调解仲裁未成立之前，双方均应维持生产原状，资方不得有停厂、停资、停伙及其他减低待遇之处置，劳方不得有怠工或其他妨碍生产及破坏劳动纪律之举动。其经仲裁决定后，即使有一方表示不服须提请法院处理，在法院未判决前双方仍应遵照仲裁决定办理。

第十条　本办法自公布之日起施行。

选自《陕甘宁边区法律法规汇编》，陕西人民出版社2006年版，第299～300页。

十二、婚姻继承

1. 陕甘宁边区婚姻条例

1946 年 4 月 23 日第三届参议会第一次大会通过

第一条　男女婚姻以自愿为原则，实行一夫一妻制。

第二条　禁止强迫，包办及买卖婚姻。

第三条　少数民族婚姻，在不违反本条例之规定下，得尊重其习惯。

第四条　男女结婚，应向当地政府（乡、市）申请登记，领取结婚证。

第五条　结婚年龄须男至二十岁，女至十八岁。

第六条　有下列情形之一者禁止结婚：

（一）患花柳病及其他不治之恶疾者。

（二）以诈术或强暴使他方无意志之自由者。

（三）略①诱行为者。

（四）直系血亲，直系姻亲或八亲等内之旁系血亲或三亲等内之旁系姻亲。

第七条　男女预定婚约者，在未结婚前，如有一方要求解除婚约，得向政府提出解除之。

第八条　男女双方自愿离婚者，须向当地乡（市）政府领取离婚证。

① “甘肃史料版”“人大婚姻资料版”“西南函授版”将“略诱”误作“赂诱”，“三秦法律法规版”印作“掠诱”。

第九条　男女之一方因他方有下列情形之一者，得向县政府请求离婚：

（一）感情意志根本不合，无法继续同居者。

（二）重婚者。

（三）与他人通奸者。

（四）图谋陷害他方者。

（五）患不治之恶疾者。

（六）不能人道者。

（七）以恶意遗弃他方在继续状态中者。

（八）虐待他方者。

（九）男女之一方，不务正业，屡经劝改无效，影响他方生活者。

（十）生死不明已过三年者。

（十一）有其他重大事由者。

第十条　女方怀孕期间，男方不得提出离婚，具有离婚条件者，亦须于女方产后一年，始得提出，但经双方同意者，不在此限。

第十一条　男女离婚前所生之子女，哺乳期间，由女方抚养，哺乳期满，随父随母，从其约定，无约定者归男方抚养，子女仍得承认父母关系。

第十二条　男方提出离婚，而女方未再结婚前，确系无法维持生活者，由男方负担必需之生活费。

第十三条　非结婚所生之子女与结婚所生之子女，享受同等权利，不得歧视。

第十四条　离婚时，男女双方各自取回其所有之财产，但离婚前双方有共同经营所得之财产者，得依据情况处理之。

第十五条　凡结婚、离婚违反本条例者，得由当事人诉经当地司法机关依法处理，如涉及刑事范围者，应以刑事处理之。

第十六条　本条例由边区参议会通过，边区政府公布施行，其解释之权，属于边区政府。

选自《陕甘宁边区第三届参议会第一次大会汇刊》（1946 年第三届参议会常驻会编印），第 114～117 页。

互校版本：

1.《陕甘宁革命根据地史料选辑》第三辑，甘肃人民出版社 1983 年版，第 133～135 页。简称“甘肃史料版。”

2.《中国新民主主义革命时期根据地法制文献选编》第四卷，中国社会科学出版社 1984 年版，第 878～880 页。原注：“选自《陕甘宁边区第三届参议会第一次大会汇刊》1946 年版。”

3.《婚姻法学参考资料》，中国人民大学出版社 1989 年版，第 30～32 页，简称“人大婚姻资料版”。

4.《中国新民主主义革命时期法制建设资料选编》第三册，西南政法大学函授部 1982 年编印，第 51～53 页，简称“西南函授版”。原注：“选自《陕甘宁边区参议会文

献汇辑》”。

5.《陕甘宁边区法律法规汇编》，三秦出版社2010年版，第539页。

2. 陕甘宁边区继承处理办法

年　月

第一条　陕甘宁边区所辖境内遗产继承适用本办法规定。

第二条　有遗产继承权者，除配偶相互间外，为下列直系亲属及旁系亲属：

一、直系亲属有继承权者为子、女、孙及父母祖父母。

二、旁系亲属有继承权者为胞兄弟姊妹及胞兄弟之子女。

第三条　养子女有继承权，其应继分与婚生子女同。

第四条　女子继承权，在女子自由意思表示下，得抛弃之。

第五条　已出嫁之女子，其生活穷苦而未继承遗产者，有回复继承请求权，但不得超过原继遗产之应继分。

原遗产之总额因耗费而致减少时，就现有财产之总额而定其应继分。

第六条　无以上第二条第三条所列举之继承人继承遗产时，其遗产归当地政府收管。

第七条　继承人以不正当之手段取得继承权者无效，其触犯刑法者，依刑法处断之。

第八条　继承权被侵害时，被害人或代理人得请求回复之。

第九条　回复继承请求权，自知悉被侵害时起，以一年为限，不知者以五年为限。

第十条　继承权在被继承人死亡时，或继承人实际上就得应给财产管理权与处分权时而开始。

第十一条　继承人继承被继承人之财产，包括权利义务在内，但专属于被继承人本身之权利义务者不在此限。

第十二条　继承人因继承财产负有偿还债务义务时，得以继承财产为限；但在继承开始后三个月内应造册具报主管司法机关。

第十三条　被继承人生前扶养之人，在继承人继承遗产开始后，有请求酌给遗产之权利，但以受扶养人无生活劳力者为限。

第十四条　在继承开始前，遗嘱上所定的继承人死亡或不愿继承者，遗嘱人得由第二条第三条合法继承人中选择继承人。

第十五条　继承人有数人时，对遗产全部为公同共有，得随时请求分割之。在未分割前，对被继承人之债务负连带责任。

第十六条　数继承人继承遗产，胎儿同为继承人时，分割遗产应保留其应继分。

第十七条　前遗嘱中所列各项，在后遗嘱中未规定者取消之，照后遗嘱执行。

第十八条　遗嘱执行人，在执行职务中，继承人不得处分遗产或妨碍执行人之职务。

第十九条　遗嘱应由遗嘱人签名，其不能签名者，由第三人代之。

第二十条　无行为能力人，不得为遗嘱。

第二十一条　不属于遗产之遗产赠财，除遗嘱另有意思表示外，其遗赠无效。

第二十二条　受遗赠人于遗嘱发生效力前死亡时，其遗赠无效。

第二十三条　本办法如有未尽事宜，得随时修改之。

选自《陕甘宁边区法律法规汇编》，陕西人民出版社 2006 年版，第 305～306 页。

3. 陕甘宁边区继承处理暂行办法

年　月①

第一条　陕甘宁边区所辖境内遗产继承适用本办法。

第二条　遗产除配偶互相继承外，其他继承人之继承顺序依下列规定：

一、直系血亲卑亲属（子女孙子女曾孙子女）。

二、父母。

三、亲兄弟姊妹。

四、亲兄弟之子女。

五、祖父母。

前项第一顺序，无子女者，孙子女为继承人，无孙子女者，曾孙子女为继承人，亲等相同，有数人时，共同继承之。

第三条　养子女之继承顺序及应继分与婚生子女同。

第四条　被继承人无亲生子女而有遗嘱处分其遗产，或指定亲兄弟子女一人或一人以上为继承人者，从其遗嘱。无遗嘱者由亲族会议照下列规定处理：

一、就被继承人亲兄弟生子较多之一房推定一人继承。

二、各房生子相等者，由较贫之一房推定一人继承。

三、贫富相等者，由年少之一房推定一人继承。

第五条　配偶与他继承人同时继承遗产时，其应继分与他继承人平均。

第六条　非经遗嘱而由亲族会议推定之继承人，其应继分为遗产三分之二，他房继承三分之一（有数房者，共同继承三分之一），他房不愿继承者，由推定之继承人继承其遗产之全部。

第七条　无亲兄弟姊妹或亲兄弟之子女为继承人者，由亲族会议就五亲等内按照第六条规定办法继承之。

五亲等内无继承人者，其遗产收归地方公有。

第八条　女子自愿抛弃其应继分者，从其自愿。

第九条　继承遗产，自被继承人死亡之日开始。

第十条　继承权被侵害时，被害人或其代理人，得请求复回之，其回复请求权之时效自知悉侵害时起为一年，不知者自被侵害时起为五年。

选自《陕甘宁边区法律法规汇编》，陕西人民出版社 2006 年版，第 304～305 页。

---

① 原件无制定年月。

十三、刑事法规

为巩固政权，镇压反革命 维护生产，提请增高刑期至二十年由[①]

1949年7月27日

当阶级未消灭，封建残余仍存在，旧礼教未破除尽净之时，须（需）要与反革命势力，作长期斗争，制裁反革命分子之刑期，应有足够之伸缩性，以便保卫政权，顺利地发展生产，繁荣经济。因此，过去最高刑期十年，不易量刑科处，恰当平允。故提请增高刑期至二十年，其理由分述如下：

（一）量刑科处，不可悬殊过大：社会事态不一，犯罪类型很多，虽犯罪者之成分不同，恶性不同，危害程度不同，可以分别科处。然同案数犯，其罪情轻重，颇相近似者亦不少。边区最高刑期为十年，十年以上为死刑，其间距离很大。如有同一案件之数犯罪者，其罪情差别不大，只能稍有轻重之分，而不能距离很远。但首恶者处以死刑，其次要者，如处以死刑，则失之于重，如科以十年刑期，则失之于轻。两相比较，罪刑很易失平。故提请将最高刑期十年，增高至二十年，伸缩范围放大，以便长期教育改造。锻炼其劳动观点，养成劳动，增加劳力，以维护生产。同时，使各该犯罪者应受之刑，相差不大，罪刑适当。

（二）巩固政权，镇压反革命：在阶级未消灭时期，反革命势力，在各种不同情况环

① 原件未注明提请的机构，推断为陕甘宁边区高等法院向边区政府、参议会的呈请报告。

境中仍然存在。为了巩固政权，对反革命分子之措施，教育镇压，同等重要。过去处于农村环境，事简案少，十年最高刑期，虽有时科处失轻，尚可运用。今处于复杂的城市环境中，敌特分子，潜伏敌人，明暗破坏，危害民主政权。其首恶或罪情重大者，处死刑。其次者，不处以死刑，只给以强制教育，强制其劳动，改造转变其本质，则十年刑期，感觉不够。事实上制裁反革命分子，刑期加长，于革命有利，要彻底改造，须有足够改造之时间。故提请增高刑期至二十年。

（三）最高刑期十年，群众普遍认为低：刑期之高低及适当与否，在群众认识方面，最易以实际事例之比较，变为很有力很正确之反映。譬如同案抢劫杀人的数个犯罪者，其情节重大之首要罪犯，处以死刑，其次者科刑十年，再其次者科刑九年，更其次者八年或七年。就这一案言，轻重适当，科刑固有别矣。而试与伤害罪犯、盗窃罪犯，及其他罪犯之被判刑期比较，则被科七八年刑期之抢劫杀人犯，很显然地有些轻。因伤害罪盗窃罪等犯，其情节较重者，亦有科刑三年上下的，几等于上述七年刑期之半。这在群众认识、比较轻重之下，则普遍认为刑事政策过于宽大，杀人罪刑太轻，很易引起玩法犯法，水弱易溺之弊。故提请增高刑期至二十年。

选自《陕甘宁边区法律法规汇编》，陕西人民出版社2006年版，第134～135页。

十四、公安检察

1. 陕甘宁边区政府关于治安工作的指示信

1946年9月23日

各专员、各县长：

国民党反动派在美帝国主义的援助下，发动全面内战，疯狂的进攻各个解放区，在这种情况下，边区周围的反动派又重新部署进攻边区，为了配合反动派的军事行动，国民党特务机关这一时期，曾积极地进行了破坏边区的阴谋活动。首先在边区内外大量散播谣言，煽惑民心。“国民党军队三个钟头就可打到延安”，“美国给蒋介石送了三颗原子弹，准备轰炸边区，一下子就把延安炸光”，“共产党将要离开边区，国民党快来接收了”等等。企图以此鼓励顽军士气，并动摇我方人民武装保卫边区的信念，特务机关接着便在边区周围收买流氓、惯匪、地痞、恶霸，胁迫少数无知份（分）子，组织各种特务武装，骚扰我边境，计宜川、洛川、中部、宜君、耀县、淳化、栒邑、合水、镇原、西峰、正宁、宁县、榆林、横山、石湾、威武、正川各地，皆已发现有所谓“游击队”“难民还乡队”“自卫光复队”“秘密行动队”“暗杀队”等等小股武装组织，劫掠我区居民，杀害我方人员，袭击我边境政府和部队。同时不断派遣干练特务及便衣侦探，化装商人、脚户潜入我内地，刺探军情，建立据点，图谋暴动，响应外部进攻。此类案件近来各个分区皆有破获。许多特务破坏的事实，说明国民党反动派军事进攻的前哨已在边区各地相继出现。反观我各级公务人员及各地群众中，仍然存在着相当浓厚的和平观念与麻木思想。某些地方

对特务活动视同无睹，任其逍遥法外，自由来往。个别公营商店人员有对可疑份（分）子采取包庇态度，拒绝公安机关进行检查。一般市镇及农村群众中，吸烟、赌博及偷窃不断发生。这些违法行为不仅严重地影响了社会秩序，尤其便利了特务破坏份（分）子的隐蔽活动。因此，各级政府对此务须提起最大警惕，认真打破一切麻痹松懈情绪，动员全体人民积极配合保安机关及边防部队进行反特自卫。目前尤须注意下列紧要工作：

（一）在各级工作人员及广大群众中，进行思想教育与组织上的动员。指出陕甘宁边区正处在顽军进攻面前。在反动派军事上尚未受到重大打击以前，进攻边区的意图是不会放弃的。特务的阴谋破坏也将随着战争的进展而更加严重。边区每一个公民都有守卫乡土，保护民主之职责，防奸备战实为当前紧急任务，必须以高度的警惕和积极的行动来打击特务破坏，粉碎反动派的军事进攻。

（二）加强边境戒备力量，积极实行劳武结合，密切民兵、哨站与警卫武装的配合联系，严密的进行巡逻查缉。对于顽军便衣侦探，及小股特务武装应给予严厉镇压，打击其头子，争取其胁从，决不可采取姑息宽容的态度，招致意外的损失与危害。

（三）整顿内部社会秩序。建全市镇与农村的治安制度，对于烟、赌、盗窃应严申禁令，并积极改造二流子，安置移难民。组织复员人员及退伍军人协助当地政府，维持治安。各地所发现的谣言，必须深加追究，即时揭穿。各地公营商店无论属何部门，均须维护当地政府法令，遵守公安制度，不得强调特殊。此外关于公务人员及群众中的自卫武器应根据条例彻底进行检查登记，防止随便转移，落入坏人之手。

（四）发动群众中的积极分子及社会公正人士，协助保安机关清查嫌疑案件，检举当地暗藏的奸细特务，并分别轻重，审慎处理，对于一时受骗，未作破坏活动者，应教育争取，给予宽大。对于做过破坏事又无彻底悔悟之表现者，应在群众中揭露其罪恶，并送法院惩办。各地政府应将国特破坏边区事件及我们破案材料及时报告本府，并在报端公布。

（五）加强对公安部门的领导，具体帮助解决干部、武装以及经济上的困难，并须经常注意教育公安人员，发扬一切模范的，纠正一切不正确的作风，使能更好的团结群众，提高工作效率，更有力的打击敌人，巩固内部。

选自《陕甘宁革命根据地史料选辑》第三辑，甘肃人民出版社 1983 年版，第 163～165 页。

互校版本：《陕甘宁边区政府文件选编》第十辑，档案出版社 1991 年版，第 253～255 页。

2. 陕甘宁边区政府命令
——健全检察制度的有关决定

1946 年 10 月 19 日

各厅、处、院、各专署：
各县（市）政府暨各县司法处：

前经陕甘宁边区第三届参议会第一次大会通过健全检察制度一案，自应查照设置各级

检察机构，以利进行，所有关于组织、职权，以及领导关系等，特有以下决定：

（一）各级检察机关之职务：

一、关于一切破坏民主政权，侵犯人民权利的违法行为的检举。

二、关于各级公务人员触犯行政法规的检举。

三、关于违反政策之事项（如违犯租佃条例）的检举。

以上三项的检察结果，是属于违反法律的，即向各同级法庭提起公诉。是属于行政处分的，即呈送边区政府核办。

（二）各级检察机关之组织：

一、边区高等检察处，设检察长一人，检察员二人，主任书记员一人，书记员二人。

二、各分区设高等检察分处，设检察员一人，书记员一人。

三、各县市设检察处，检察员一人，书记员一人。小县则仅设检察员一人。

（三）领导关系：

一、高等检察处受边区政府之领导，独立行使职权。

二、各高等检察分处及县（市）检察处均直接受高等检察长之领导。

以上各项希即遵照执行为要。

此令！

主席　林伯渠

副主席　李鼎铭　刘景范[①]

选自《陕甘宁边区政府文件选编》第十辑，档案出版社1991年版，第263～264页。简称“档案文件版”。

3. 陕甘宁边区违警条例（草案）

1946年11月16日公布

陕甘宁边区政府命令——公布陕甘宁边区违警条例（草案）

（民字第74号　一九四六年十一月十六日）

各专员、县（市）长、各区乡政府：

各机关、各部队、各旅团司令部：

兹将本府第二次政府委员会通过之陕甘宁边区违警条例（草案）随令公布，希即查照执行。

此令！

主席　林伯渠

副主席　李鼎铭　刘景范

① “档案文件版”漏“刘景范”3字。

公布陕甘宁边区违警条例（草案）

1946 年 11 月 16 日公布

第一章　总　　则

第一条　本条例为维护陕甘宁边区社会秩序人民安宁而制订之。

第二条　公安机关处理违警行为依本条例办理。

第三条　违警行为有下列情形之一者免罚：

一、凡年令（龄）不满十三岁者；

二、神经不健全者；

三、凡为人力或天然力所迫无力抗拒者；

四、违警未遂者。

第一款第二款之犯违警行为者应告其父兄或监护人责令自行管束之。

第四条　违警行为涉及本条例所列二款以上者分别处罚，但拘留不得超过三十日，罚金不得超过三十个工资。

条例内称以上以下者，均连本数计算。

第五条　二人以上共同实施违警行为者，皆为正犯，各科其罚。

帮助正犯者为从犯，减正犯之罚三分之一。

第六条　教唆他人犯违警行为者为造意犯，准正犯论。教唆造意犯者，准造意犯论。

第七条　教唆或帮助从犯者，准从犯论。

第八条　违警之罚，分为主罚及从罚。

主罚如下列：

一、拘役　十五日以下一日以上。

二、罚金　十五个以下一个以上之工资。

三、批评。

从罚如下列：

一、没收　凡供违警所用之物，或因违警所得之物，与违警者以外之人无有权利者，始能没收之。

二、停止营业十日以下。

三、勒令歇业。

第九条　判决之罚金无力缴纳者，得按当地工资易以拘役，以一日工资抵拘役一日。抵拘役后如欲完纳罚金者，应将已拘留之日数扣除计算之。

第十条　因违警行为致人损失财物，除依法处罚外，得依据被害人之声请，酌令赔偿。

第十一条　违警未被发觉，自动向公安机关报告或向被害者道谦［歉］或赔偿损失者，得免除其罚。

第十二条　违警行为下列情节之一者，依各该条规定处罚范围内从低度科罚或易以批评或免罚。

一、初犯。

二、平日品行尚佳者。

三、动机有可恕者。

第十三条　违警行为有下列情节之一者，依各该条规定处罚范围内从高度处罚。

一、累犯。

二、平日品行不良者。

第十四条　受拘役处分之违警人，于拘留期间过半后确有悔悟者，得予释放。

第十五条　现行之违警人，警察得不持传票径行传案；但违警人身有要事，确知其姓名住址无逃跑之虞者，不在此限。

第十六条　经传唤之违警人，应自传票到达之日起，三日内到案，如逾期不到，得径行判定，依法处罚。

第十七条　违警之起诉、告诉、告发期间，自违警行为完毕之日起，以三个月为限。

第十八条　判定处罚者自判定之日起，满三个月尚未执行者，免除执行。

第十九条　时期以二十四小时为一日，以三十日为一月。

时期之第一日不计时期，以一日论。期满之次日午前为释放期。

第二章　违警行为之类别及其处罚

第二十条　有下列各款情形之一者，为妨害安宁之违警行为，应处以十五日以下之拘役或十五个工资以下之罚金。

一、未经政府或卫戍机关允许制造或贩卖火药者，除处罚外，火药没收。

二、在人烟稠密之处或会场、机关、团体、学校、军营近旁施放烟火，经禁止不听者。

三、发现火药及一切爆炸物品不报告公安机关者。

四、当水火及一切灾变之际，经公安机关令其救助，抗不遵行者。

第二十一条　有下列各款情形之一者，为妨害秩序之违警行为。自第一款至第五款各处以十五日以下之拘役或十五个工资以下之罚金；自第六款至第八款各处以十日以下之拘役或十个工资以下之罚金；自第九款至第十二款，各处以五日以下之拘役或五个工资以下之罚金。

一、发现来历不明之尸体不报告公安机关而私自移至他处或掩埋者。

二、旅栈客舍确知投宿人将有或已有刑法上重大犯罪行为不秘密报告公安机关者。

三、违反政府法令章程经营工商业者。

四、凡一切建筑物势将倾颓经公安机关令其限期修缮或拆毁而延岩［宕］不遵者。

五、建筑物之建筑不依政府法令章程或图样者，除受处罚外，得勒令停止建筑或拆除。

六、除去或损毁机关张贴之文告或其设置之物品者。

七、凡户口异动，不依法令章程报告公安机关者。

八、凡在学校、陈列馆、图书馆、展览会场聚众喧哗、口角纷争，不听劝阻者。

九、不遵守会场规则，在会场内喧哗扰乱，不听禁止者。

十、于禁止出入处所擅自出入者。

十一、凡藉端滋扰铺户及其他营业者。

十二、毁损街道两旁之树木者。

第二十二条　凡有下列各款情形之一者，为妨害交通之违警行为。自第一款至第四款各处十日以下之拘役或十个工资以下之罚金；自第五款至第十款各处五日以下之拘役或五个工资以下之罚金。

一、妨害邮件或电报之递送，情节轻微者。

二、损坏邮务专用物件，情节轻微者。

三、妨害电报电话之交通，情节轻微者。

四、损坏路灯或损坏路旁通行指引牌、警告牌者。

五、各种车辆不依规章登记领照而行驶者。

六、车辆驮兽不依规定之道路通行，不听警察指挥者。

七、于公共聚集处所或弯曲小道任意驰骋车马，争道竞行，不听劝阻者。

八、于私有地界内当通行之处掘井挖坑不为掩盖防护者。

九、未经政府允许于路旁设置摊棚者。

十、于交通要道横列车马或堆积木石砖瓦水［冰］雪及其他物品阻碍通行者。

第二十三条　凡有下列各款情形之一者为妨害卫生之违警行为。自第一款至第四款各处十五日以下之拘役或十五个工资以下之罚金；自第五款至第九款各处五日以下之拘役或五个工资以下之罚金。

一、投掷污秽垃圾于供人饮用之水池泉水及水井者。

二、混卖不真药剂或遇人发生危急疾病拒绝卖药或藉故居奇者。

三、售卖病死之牲兽肉类者。

四、不遵公安机关指定之卫生设备而陈售食品者。

五、以巫神邪术治疗疾病者。

六、于人烟稠密之处曝晒或煎熬一切发生恶臭之物品不听禁止者。

七、随便抛掷死鼠、死猫、死鸡及其他死亡之牲畜或倾倒垃圾于通衢要道公共场所者。

八、经市政督促不洒扫街道者。

九、损坏明暗沟渠或经市政督促不行修浚者。

三个月内犯第二款至第四款二次以上者，得令停业；犯三次以上者，得令歇业。

第二十四条　凡有下列各款情形之一者，为妨害风俗之违警行为。自第一款至第三款，各处十日以下之拘役或十个工资以下之罚金，第四款处五日以下之拘役或五个工资以下之罚金。

一、游荡无赖、行迹不检者。

二、僧道恶化及江湖流丐强索钱物者。

三、聚集道旁或公共场所为类似之赌博行为者。

四、于道路叫骂不听禁止者。

第二十五条　有下列各款情形之一者，为妨害他人身体财产之违警行为。第一款、第二款各处十五日以下之拘役或十五个工资以下之罚金；第三款、第四款各处十日以下之拘役或十个工资以下之罚金；第五款至第七款，各处以五日以下之拘役或五个工资以下之罚金。

一、加暴行于人或以秽亵物污人身体未致伤害者。

二、以不正当之目的施行催眠术者。

三、强卖强买物品行同要挟者。

四、解脱或驱散他人之牛马猪羊及其他一切牲畜者。

五、损毁住宅、标题或店铺招牌及其他合理告白者。

六、践踏他人田园或驱入牲畜，致伤农产物品者。

七、折采他人之树木花卉菜果者。

第一款、第五款、第七款经被害人告诉乃论。

第三章　诬告伪证毁灭证据之违警［处］罚

第二十六条　诬人违警或伪为见证企图陷人受罚者，处以十日以下之拘役或十个工资以下之罚金。如在未判决前向公安机关自首者，免除其罚。

第二十七条　因庇护违警之人而有下列各款情形之一者，处十日以下之拘役或十个工资以下之罚金。

一、故意毁灭其违警证据或捏造证据者。

二、藏匿违警之人或使其脱逃者。

违犯前两款之人，与违警人如是亲属关系免除其罚。

第四章　附　则

第二十八条　本条例自公布之日施行。

选自《陕甘宁边区政府文件选编》第十一辑，档案出版社 1991 年版，第 19～24 页。

互校版本：《陕甘宁边区法律法规汇编》，三秦出版社 2010 年版，第 187～190 页。

4. 陕甘宁边区自卫武器登记给照暂行条例

1943 年 4 月 25 日公布，1946 年 11 月第二次政府委员会修正通过

第一条　凡陕甘宁边区人民及公务人员为自卫之用，置备自卫武器者，均须依本条例办理登记，领取执照。

第二条　本条例所称自卫武器，系指步枪、马枪、驳壳枪、手枪、手提机关枪、炸弹、土枪、猎枪而言。

第三条　自卫武器分为公用私用两种。

一、凡政府机关警察、警卫队、税警、法警及警卫员为警卫而持用之武器，为公用自卫武器，长枪由各该主管机关造具清册呈报上级机关备案，并报具治安机关存查，短枪应以本条例办理登记领照手续。

二、凡部队及军事机关之短枪（手枪、驳壳枪）亦为公用自卫武器，应由联司统一登记发照，其步枪、马枪、炸弹、机关枪可由各该部队及机关自行登记规定烙印办法。

三、凡边区人民、公务员、自卫军为自卫而持用之武器，为私用自卫武器。私用自卫武器又分公有私用与私有两种。凡以私资购置者为私有，否则为公有，其登记烙印领照手

继，以本条例办理之。

第四条　私用自卫武器之登记烙印领照手续如下：

一、由武器持用人觅具妥保二人，填具保证书连同登记申请书，由乡政府介绍送呈区政府，经区审查属实转报县（或市）治安机关办理。持用人如系公务人员，则由所属机关主管人员负责介绍，将申请书、保证书，径送县（或市）治安机关，办理登记领照手续。

二、县（或市）治安机关于接到申请书及保证书后，经复查无讹，即将申请书、保证书所列各项分别详细记入登记册内，并呈报分区治安机关备查。

三、县（或市）治安机关于申请登记期满后，定期派员前往适中地点进行检验烙印、给照手续，并将检验情形呈报分区治安机关备查。

四、枪支护照由陕甘宁边区保安处统一制定转发各县，加盖县印，填发持用人。

五、土枪、土炮、炸弹，须登记不给照。

第五条　有破坏边区之行为，或被褫夺公权尚未期满者，不准置备自卫武器。业已登记给照者，得随时缴销之。

第六条　已登记烙印给照之武器，其使用与保管，须依下列各款办理：

一、武器及弹药不得随意转借他人。

二、不得使用是项武器进行勒索、抢劫及其他违法行为。

三、遇军政和治安机关查问时，须随时将武器及执照一并呈验，不得藉故推拖。

四、如遇有意外武器遗失时，须立即将执照缴销。

五、枪支子弹或炸弹数目，遇有消耗或补充时，须随时报告治安机关登记。

六、凡公枪私用者，须经当地县级以上党政机关主要负责人之批准。持枪人在调动或离职时，应将自卫武器交原机关保存，不得带走。

七、武器须出卖或转移时，须由新旧持用人联名会呈治安机关，报告转移情形缴销旧照，请发新照。倘有甲县转移乙县时，须由新旧持用人联名会呈甲县治安机关销案，并由甲县治安机关将武器转移情形函知乙县治安机关，新持用人再依照本条例第四条各款向乙县治安机关请领新照。

第七条　凡持用自卫武器有违法情事者，依下列各款办理：

一、以武器接济反革命者，除没收其武器外，并与反革命同罪，保证人应负连坐责任。

二、有武器无执照或抗拒检查者，没收其武器，并以私藏军火论罪。

三、武器与执照不符者，一并没收之。

第八条　自卫武器已经治安机关核准登记并给执照者，即受政府法令之保护，无论何人及军队不得藉故没收之。

第九条　武器执照限用一年，不得涂改和转借，期满时呈请换发新照或延期。如有遗失，亦须将详情随时呈报治安机关宣告作废，并补发新照。

第十条　自卫武器得临时征作军用，其持用人并须依法受当地卫戍治安机关之管理指挥。

第十一条　除经治安机关特许者外，禁止私自制造、埋藏、贩运、购买自卫武器。

第十二条　从边防外购运武器入境者，必须事先报告当地公安机关及边区部队长官，经取得许可，并在入境时经过公安机关检验登记。

第十三条　凡携带武器过境持有军政护照并与护照所载武器弹药数目枪支种类号码相符者不受本条例之限制。

第十四条　本条例自公布之日施行。

选自《陕甘宁宁边区政府文件选编》第十一辑，档案出版社1991年版，陕西省档案馆、陕西省社会科学院合编，第10～12页。

5. 陕甘宁边区警察工作规则

1941年2月颁布，1946年11月第二次政府委员会修正通过

第一条　陕甘宁边区警察人员，担任保护地方民主秩序，维持社会治安之职责，在日常工作中务须遵照本规则办理之。

第二条　警察人员在执行任务中之一般守则：

一、言语行动应遵守纪律，要有严肃的革命精神。

二、待人接物应谦恭和蔼，要有模范的民主作风。

三、处理问题应机敏慎重，要有高度的政治警惕。

四、检讨工作应客观深刻，要有严格的自我批评。

第三条　守卫警察在执行职务时应遵守之事项：

一、在守卫时间应严肃紧张，不得靠墙依坐，或擅离岗位。

二、遇有紧急事故，不能离开岗位时，应鸣哨通知，取得援助。

三、换班应遵守规定时间，但在接替人尚未到达前，不得迳（径）自离去。

四、守卫时不得吃零食，做手活或与他人闲谈。

五、凡遇行人询问道路或地址时，如无保守秘密之必要者，应以实告。

六、会场守卫，应遵照会场规则执行之。

第四条　巡逻警察在执行任务时，应遵守之事项：

一、在巡逻时间应周详观察，不得敷衍了事。

二、没有命令和传票，不得擅入民房进行搜捕，但追捉现行犯及紧急救护者例外。

三、遇有暴徒、盗贼及其他现行犯，应即加以逮捕，如力量不足应付时，得鸣哨求助。

四、遇有可疑的人物或事物，应加详细盘问，不得随便放过，但态度必须和蔼。

五、遇有遗失之牲畜物品，应妥为保护招领，其无法招领者，报交政府核办。

六、遇有遗弃尸体时，不问何因应即检视形状，同时不要变更位置，报告负责人“核办”，通知地方法院检察处派员相验。

七、遇有疯人醉汉及危急患病者应即加监视或救护，并通知其亲属或主管人领回。

八、在巡逻时间不得超出巡逻范围，往他处闲游或休息。

九、发现道路桥梁房屋墙壁已经或行将崩坏壅塞者，应即报告当地主管机关或令所有人进行修理。

十、凡遇有妨害交通卫生之事物，应即（径）行除去，或嘱当事者赶速处置。

十一、凡指挥行人车马或调解行人争吵殴打，均应以和平劝导之方式，不得稍涉胁迫。

十二、第三条所列之四、五两项，本条适用之。

第五条　户籍警察在执行职务时，应遵守之事项：

一、调查登记户口的确数及门牌的号数。

二、调查了解居民的成份（分）职业和行动的表现。

三、对可疑住户和不良住户，应注意考查了解之。

四、对客栈及其他复杂场所应注意考查之。

五、对新迁移之住户或新开张之商店应注意考查之。

六、调查户口时态度要和蔼，并须注意当地人民风俗，防止引起反感。

七、发现可疑及不法情事，应即彻底追究，不得徇私卸责。

第六条　警察人员捉获人犯时，应先收缴其所带之凶器，然后送交主管负责人核办。

第七条　警察人员如闻他处发出警报哨音时，应即识别方向，迅速驰援，不得藉故延误。

第八条　警察人员遇有当场不能解决之事件，应请示主管负责人办理之。

第九条　警察人员非在戒严时期，不得使用刀枪。

第十条　警察人员应将当日工作的情形和意见报告主管之负责人，以备核办。

第十一条　警察人员在执行职务中确能遵守本规则著有成绩者，应酌量奖赏之。

第十二条　警察人员在执行职务中如违反本规则之精神，而影响治安机关之威信者，应分别处罚之。

第十三条　本规则自公布之日起施行。

选自《陕甘宁边区政府文件选编》第十一辑，档案出版社1991年版，第12～15页。

互校版本：《陕甘宁边区法律法规汇编》，三秦出版社2010年版，第174～175页。

6. 陕甘宁边区政府、陕甘宁晋绥联防军司令部联合布告——关于治安问题的几点规定

1948年5月21日

一、查延安、洛川蒋胡匪军南逃时，曾有很多军用物资遗弃埋藏情事。私自发掘者有之，随便收拾者有之。为确保治安收集军用物品，支援革命战争，特决定凡各种武器弹药、子弹壳、炮弹壳、通讯器材、药品、汽油、各种机械零件、军用工作器具、铁丝、油桶、军火原料等物，无论私人或团体收集，均须送交或报告当地政府转解边区政府或直送联防军区后勤部收存，并准由接收机关按物品种类数量多寡分别给予奖金。所有收藏上列

物资之军民人等统限六月十日以前悉数呈交或自行报告。如过期不报自行隐匿，一经查出除军用物资没收外，并按情节轻重予以相当之处分。至于报告检举私藏军火武器人员确实不虚者，定予适当奖励。

二、为迅速恢复交通治安起见，特作如下规定：

甲、城郊一切军事建筑、碉堡、工事、电线、电线杆，不经卫戍机关许可，不得破坏，如敢故违，决予查办。

乙、不许随便打枪、投弹，即使试枪、试炮，必须呈报卫戍机关查核公告，始准试放。

丙、自本月二十五日起，夜十时至次晨五时为延市戒严时间，在戒严时间之内，除因公持有通行证口令人员外，禁止一般自由通行。

丁、凡属军民人等，一闻防空警报，应听警戒人员指挥，按划分之防空区域迅速隐蔽，行人则就地找防空蔽体或适当地点隐蔽，不得任意乱逃暴露目标，以及扰乱秩序，妨碍救护。

为此联衔布告，仰我全体军民一体遵照！

此布。

主席　林伯渠

司令员　贺　龙

选自《陕甘宁边区政府文件选编》第十二辑，档案出版社1990年版，第100～101页。

十五、司法审判与狱政

1. 陕甘宁边区推事审判员联席会议总结

1945年12月29日王院长[①]报告

各位推事，各位审判员，各位同志：

七十多天的会议，的确使大家辛苦了，可是依靠大家的努力，把司法工作中存在着一些亟待解决而尚未解决的问题，大体上作出了一个初步答案。

一、关于司法政策问题

先讲审判与调解。

民国三十二年6月，边区政府提出调解政策，并公布调解条例，这是正确的，因为民间纠纷有很多是可以调解的，并且应该按照自愿的原则加以调解，以减少人民中不必要的诉讼。但对调解有些过分强调，如条例上规定民事“均应实行调解”，一部分刑事“均须调解”。如后来笼统的提出“调解为主、审判为辅”。而高等法院在自己的指示信中规定“调解是诉讼必经程序”，“调解数字，作干部考绩标准”，更是不适当的。

这一时期内，法庭怎样处理案件呢？大家所反映的是：先调解后判决，调解不通然后判决；双方服从的都调解，一方不服的再判决；判决不通的再调解。从乡到区，从区到县，从县又到区，三番五次的调解。为了达到调解的成立，有的司法人员强迫调解，硬调

① 王院长指王子宜代院长。

解，或者向当事人央告乞怜地说："看到我的面上，算了吧，好你哩！"或者向当牙子一样，向双方当事人讨价还价，拦腰一贯。总之，合理不合理不管，但求调解的成立。在同一时期，农村有些什么情形呢？有把不应调解的杀人案件也调解，如庆阳 14 件命案，到法庭的只 3 件；赌博案件也调解，如志丹有些赌犯说："不要紧，浪赌吧，犯了法可以调解。"有的是烧香纸、披麻带孝、抱灵牌、阴阳看坟、和尚念经等一套旧办法都出现了，使当事人之一方破家荡产（子长一过失杀人案）。还有因打了砂锅，硬要给人当儿子，几年纠缠不清；还有租佃纠纷，佃户失去了法律上应有的权利。还发生调解人想骗着吃，大事小事，叫人家先杀羊。个别区乡政府押人绑人，罚柴罚炭，甚至罚睡椅子，也算是调解。

由于发生了这些现象，老百姓误会我们司法人员不解决问题，吃了贿赂，不然，为什么从这个门儿进，那个门儿出（指县一科到司法处），或同是一个人一个地方，仅早晚时间不同，条件马上变了呢？"一棵树能开两样花吗？"他们说："或长或短，圪里麻差"，"不怕硬赃官，单怕软青天"，"你们不打不骂是好，就是把事情窝住了"（指因调解而拖延了时间）。有的批评我们说："乡到区、区到县、县到分区、高等法院、边区政府，是六级六审六调呀！"

更重要的是我们一部分司法工作人员在观念上模糊了，分不清调解与审判的区别。或者说"它们的区别是形式上的"，"是解决问题的两方面"，或者说"调解可以解释，审判可以不作解释"，"调解是合乎政策，违背法律"。

上面就是我们两年来调解政策上所发生的偏向，及由此偏向所发生的一些不良结果，从而向我们提示了以下几个问题。如调解与审判究竟区别在哪里？什么是民间调解？区乡政府处理民间纠纷算不算调解？调解为主是不是对？或者审判为主吗？审判与调解结合吗？法庭要不要调解？什么是马锡五审判方式？审判与调解的原则应该是什么？

首先应说司法机关与司法人员应有的立场和态度。边区是新民主主义社会，人民有自己的政权和法律。司法机关和司法人员的职责，就是本诸人民意志，民主法律与政府政策，去保护人民政权，保护人民权益，维持社会秩序，调解民间纠纷。对于破坏人民政权、损害人民权益与扰乱社会秩序的犯罪行为，司法机关和司法人员应负责任履行自己的职权，在这方面，"不告不理"的放任态度是不对的。对于民间纠纷，其性质可以调解的，应该推行和指导依据自愿原则的调解政策，在这方面，不需采取"干涉主义"，但如调解不成则应依法审判，把调解当作诉讼的必经程序，也是不对的。

其次，审判与调解有无区别呢？是有区别的，一是"法庭了"，一是"私下了"，一带强制，一本自愿。老百姓本来也有这样的看法。正如同志们说，在某种意义上看，调解是含有妥协性的，判决则不然。

第三，什么是民间调解？区乡政府的处理算不算调解？在这个问题上，有几种说法：

第一说是：除法庭调解及县府一科调解之外，通可叫做民间调解。按统计数字看民间纠纷多半经由区乡政府了结的，如延安县一年中，经区乡政府了结的约 1 900 件，富县一年中，经区公署了结的约 1 100 件。真正由人民自己调解的，一般很少。如果区乡处理不包括在内，则所谓调解的范围就狭小得很了。

第二说是：老百姓把区乡政府调解叫做解决，因为事实上既非调解，又非审判，便要

把它和民间调解拉在一起，就扯不清。调解是不许强制的，但区乡政府对处理纠纷，就多半带强制性。在边区分散的农村中，区到县有百把里，乡到区也有数十里到百把里，经过区乡政府处理，对于老百姓是方便的，他们宁愿要求区乡政府解决，而不愿到县司法处。对于县司法处来说，假如没有区乡政府的处理，则会忙不过来。所以区乡政府处理，公私便利，应该承认它。为了同民间调解有区别，不妨把它叫做区乡处理。至于方式上有失当处，今后注意改善就是了。

第三说是：区乡处理既不属于纯粹调解，应酌予五天或十天罚苦役等之职权。

把以上所说研究之后，我们认为区乡政府对民间纠纷的处理，基本上仍是调解性质，因为区乡政府不能强迫当事人服从，处理得适当，双方自愿遵照时，纠纷就算了结，处理不适当时，人家还可以起诉，区乡政府不得加以阻止。这方面过去发生过强制服从的行为，那是不对的。至于依法律规定而随便押人罚人的现象，更是不对的，应该彻底纠正。为使区乡政府调解工作做得更好，并克服其发生过的不良现象，还需有一些具体的规定和指示，这里不说及了。

至于县司法处今后如何加强自己对区乡政府调解的指导，却是一个很重要的实际问题。怎样加强指导呢？我觉得不是一个单纯的组织形式，或建立一般报告制度所能解决的。主要应着重多和他们取得密切联系，了解他们的实际情况，帮助他们解决困难，同时注意培养和发扬在这方面有经验有成绩的区乡干部。这样，就会使他们调解得更好，并把过去某些地方存在的混乱现象，慢慢的改变过来。

第四，调解为主是不是对？或者审判为主吗？审判与调解结合吗？我们认为，如果指的民间纠纷，实际上大量的可以经过调解了结，因此说是“调解为主”那是可以的。但如果指的司法机关，尤其是狭义的司法政策说也是“调解为主”就不妥当。因为法庭不是“调解为主”，也不应该以调解为主，这是很明白的。过去法庭内先调解再审判显然是一种偏向。但有人提议改为审判为主，我以为法庭本身的职责在审判，“审判为主”，对法庭来说，没有实际意义，并可发生误会。因之，在司法政策上说来，无论“调解为主”或“审判为主”均不妥当。至于审判与调解是否可以结合呢？我们认为新的审判方式之所以不同于旧式审判，其具体意义之一就是新的审判应该包含调解因素在内。我们的法庭对当事人有教育责任。无论审讯或宣判，都须要经过一番说服解释的工夫，使人家心悦诚服。这是很自然而又很明白的道理。有人说我们的法庭，是教育家的施教的场所，是不无理由的，照这样说，也就无所谓“审判与调解结合”了。

第五，法庭要不要调解呢？根据大家发言，过去法庭的调解，实际多是判决，或者全是判决。法庭本身还是不进行调解为好。法庭本身不进行调解是否就是说法庭不需要调解呢？不是的。某些可以调解的纠纷，虽然官司打到了法庭，在可能时法庭尽可指定公正人员或群众团体进行调解，或让其在群众间自行调解，对方当事人要求和解时，更可允许其和解。

这里附带提到一个问题，就是今后县政府一科也可以不再担负调解责任。过去一科在调解方面是有成绩的，但是一科的调解常常与司法业务发生重复现象，同时问案笔录、讲道理，所不同者无判决书而已。尚且一科工作很忙，对调解纠纷不可避免的发生拖延，如像一个老百姓对人说，“县政府把他的案子放了几个月不处理，司法处尚未收案”。现在高

等法院和民政厅都同意县一科不再负调解责任。

第六，什么是马锡五的审判方式，我们认为它有三个特点：一、深入农村调查研究；二、就地审判不拘形式；三、群众参加解决问题。三个特点的总结精神就是联系群众，调查审讯都有群众参加，竭力求得全面正确，是非曲直摆在明处，然后把调查研究过的情形在群众中进行酝酿，使多数人认识上一致，觉得公平合理，再行宣判。既合原则，又尽人情，不仅双方当事人服判，其他事外人也表示满意，此即“马青天”之所由来。我们提倡马锡五审判方式，是要求学习他的群众观点和联系群众的精神，这是一切司法人员都应该学得的，而不是要求机械的搬运它的就地审判的形式。因为任何形式是以具体情形和具体需要来选择的。对有些同志认为马锡五审判方式只能是用于“落后地区”，“只能负责人使用”，“只能使用于很少案子上，尤其是在法庭内就不合宜”，“苏维埃时期已经有过的”等等。这些说法都是或多或少的拘泥在马锡五方式的形式方面，而不是在它的群众观点和联系群众的精神。至于群众观点和联系群众的精神，那么，不管是农村或城市，不论是上级人员或下级人员，都完全可以而且应该充分的运用之。如果说这种观点和精神是苏维埃时代有过的，那就更应该加以发扬才对。

最后还有一个更重要的问题要讲，这就是审判和调解的原则是什么？经过慎重考虑了边区的实际情况，人民的需要，边区司法工作所走过的道路和大家的实际经验之后提出如下的数项：

审判原则：

一、全面调查，虚心研究，重视证据；

二、保证被告人有充分辩论之机会；

三、迅速处理，照顾生产；

四、实行陪审制度，发扬马锡五方式的群众观点。

调解原则：

一、双方自愿，不许强迫；

二、适合善良习惯，照顾政策法令；

三、调解不是诉讼的必经程序。

所谓“全面调查”即反对不调查或只是片面调查。过去我们有一条惯用的调查路线，就是高等法院问分庭，分庭问县，县问区，区问乡。这条路线自然是重要的，但是否完全正确，却不敢保证。因为这是一条线的单线调查，同深入群众的全面调查，往往是有距离的。过去有些材料对了，但又有些材料错了，就是只凭单线调查的缘故。如要举例，那就很有一些，大家回忆一下，就够了。今后对于调查，要注意收集各方面的意见，互相对照，互相参考，以求完全确实。

所谓“虚心研究”，就是说对于调查来的材料，还要有一番分析研究的工夫，而且要虚心的去研究。盲目的相信材料，不加研究，不辨真伪，会发生错误，粗心大意的研究，不是虚心的研究，也会发生错误的。

所谓“重视证据”，不是说不要重视口供，而是说证据比口供更重要。我们司法人员判断案情，要有检举证据，鉴定证据，保存证据的习惯。同时，对于侦讯口供，也不可忽视。

所谓“保证被告人有充分辩论之机会”，就是说，对原被告应是平等待遇，不能只听原告一面之辞，而对被告怀有任何成见，甚至不许人家讲话。这点对保障人权有重要关系，不管原告讲得头头是道，但一定要允许被告有公开的充分的辩论机会。比如发生过的“鬼告状”的案子，就是逼、供、信的结果：第一无证据，第二不许被告申辩，直至本年，经过高等法院派专人调查，才搞清楚。

所谓“迅速处理，照顾生产”，就是说，过去对有些案子拖的时间过长，老百姓批评司法机关办案迟缓。我们不收讼费，老百姓固然欢迎。但办案迟缓，使当事人盘费花多了，家内生产耽误了，比起讼费的数目还大，他们怎么能不批评！今后对民事案件，一般可于半月之内结案，至迟不得超过一个月。

所谓“实行陪审制度”，就是说，处理某些案件时，应邀请有关机关、团体派员来陪审。例如：婚姻案，请妇联会参加；有关军民诉讼，请军事机关参加；有关干部，请县一科参加，但也不是每个案件都要有陪审，而是斟酌案情是否重大，和当时当地情形有无必要来决定。此外，法庭审判还可以多多吸收人民来旁听，这样一面可以听取人民对案件处理的意见，一面借以教育人民。但旁听者提意见，应有一定时间，如在审判员退庭休息时，或以口头申诉，或以书面述说。当审判员正审讯时，不得提意见。这样，方不至于妨害法庭秩序。

所谓“双方自愿，不许强迫”，这是调解的首要原则。无论民间调解，区乡政府调解，群众团体调解，都要一定遵守这个原则。

所谓“适合善良习惯，照顾政策法令”，就是说，调解案件时适合善良习惯是可以的；但对落后习惯，就不得作为根据。如像济贫恤幼，土地永佃权，开荒三年不问主等，就是善良习惯；户族买卖优先权，为儿打砂锅①等，就是落后习惯。至于调解条件，对政策法令不能有所违背。小的出入可以不可以？可以的，所以说要“照顾”。

所谓“调解不是诉讼的必经程序”，就是说，诉讼必须经过的是审级，既先经第一审，不服，再上诉至第二审。至于调解则不是必经的程序，群众发生纠纷，可以经过调解，也可以不经过调解，而直诉县司法处，任何人不得干涉阻止。过去有些县司法处一定要人家持区乡介绍信才收案，否则不受理，是不对的。

以上就是关于审判和调解的政策。下面再说刑事政策。

刑事政策方面的问题较少，意见也不多。过去执行“教育改造主义”的政策以来，是收到了效果的。例如1944年至1945年上半年窃盗罪259件，累犯仅16件；赌博罪136件，累犯仅2件；贪污罪66件，累犯仅2件；渎职罪7件，累犯无。又如三十里铺的新民村，就是犯罪者经过改造教育后组织起来的。今后我们的刑事政策，仍继续贯彻“教育改造主义”的正确方针。

二、关于制度问题

制度问题内关于审判独立及检察制度等，虽然意见很多，但因其带有法制上的根本性，这里不详提及，只把些材料整理起来，留待下届参议会决定。

---

① “为儿”，陕北土语，意思是给他人作养子。“打砂锅”，陕北一种风俗，即父母死后，在举行安葬仪式时，儿子头顶砂锅摔在地下打碎，表示给死去的父母送去了锅等器具。

目前我们可以订定的问题如下：

1. 边区地域辽阔，交通不便，为人民诉讼便利起见，各分区设高等分庭。高等分庭为高等法院之审判代理机关，但不兼理司法行政。“审判代理机关”，不同于一级审判，如当事人不服分庭判决，再来高等法院告状，高等法院对于分庭的判决，且是审核而不是第三审（延属分区不设高等分庭）。

2. 对于高等分庭，县司法处的领导，应该着重于政策上的领导，而不是事事过问。过去由于职权划分不清，有些地方闹得推事审判员在工作上完全处于被动，大事小事，都要请示，都要经过批准，结果上面忙不过来，下面办事不便，上下都苦。因之，今后推事审判员对于处理民事案件时，标的物在小米5石以下并与政策无重大关系及刑事案件徒刑期在1年以下者，审判员得直接处理。

3. 高等分庭、县司法处对民刑案件之处理，不必经过专署署务会议、县政府政务会讨论，如认为有商讨之必要时，由司法机关召集各有关方面研究，但决定权属于司法机关。

4. 命案及徒刑期3年以上案件，须于事先呈报高等法院核准后始得宣判。过去高等法院已有明令，但近来个别县份尚有不照做的，应纠正。对死刑案件之审定，并须经由高等法院呈报边区政府批准。

5. 过去高等分庭兼管各县司法行政，诸多不便。今后各县对于法律问题等有质疑者，得直接呈请高等法院核示，不经分庭。

6. 对判决书格式，有人提说应该改革。改革意见是：旧有之“主文”项不需要，只依“一事实，二理由，三判决”三项顺序写出就行。现因尚未制定定型格式，两种均应运用且作试行，但判决书的文字，必须通俗些，字体一定要正楷，发出时必须经过校对手续，以免错误。

7. 各级法庭应建立批示牌。一面批给当事人，一面教育其他人。批示不应采取旧式简单几个字的“八股”，如“碍难照准”“着即驳回”等等，应该是和我们审判情形一样，带有说服解释性质，把道理向人家说清楚。有的判决书，也应该在批示牌上公布。另外关于对判处死刑之犯罪，一定要有布告，布告内容，亦应着重于对人民的教育，此项亦须于事先连同该罪犯案卷一起呈送高等法院审查。

8. 别人干涉问题。我以为应该从两方面看，首先我们自己应该检查自己处理的案子有无毛病，别人向我们提意见，我们不仅不应拒绝，而且应该表示欢迎，作为判案的参考，事情究竟怎样办，应依法办事，不受影响；但另一方面，为了不使审判制度受到干扰，其他非司法机关人员对于法庭判案，应该是只建议不干涉。

9. 高等法院本身组织，某些地方形成一种重叠，法庭人员少，死刑案件归秘书室审核，月报归行政处审核，结果是办案者不审核，审核者不办案，互相脱节，不妥当；监狱领导须经典狱科，手续上又感麻烦，因之现行组织应该是典狱科取消，加强监狱。秘书室、行政处合并为书记室，民刑法庭分设，这样就是：1. 书记室设干部、文书、总务三科，分设正副书记长2人，科长4人，科员17人。2. 法庭民刑分设（巡回法庭，临时组织），刑事法庭设庭长1人，推事2人，书记员3人。民事法庭设庭长1人，推事3人，书记员4人。3. 监狱设典狱长1人，典狱员3人，看守员4人。

10. 各县平均每月收案不下数十起，事多人少，从早到晚忙。绥德分庭应增设推事一人，大县增设书记员一人。

11. 报告与检查制度应建立。大家反映，过去的月报要把处理过的案件全报告，闹得各县书记员差不多每月须拿出三分之一的时间写月报。忙不过来是一回事，另外有的县造来的月报和处理过的案情不相同，又是一回事。这样的月报是吃力不讨好的。另外大家批评，高等法院几年来很少到下面检查工作，也不多开会，领导机关和被领导机关联系不够。这些都是事实，今后要做到：

①月报改为每月简报（填 3 张表），只求对情况作真实反映；

②分庭、县司法处对高等法院应有半年总结报告，内容着重经验的总结；

③应作不定期的好坏典型例子的报告，待汇作判例；

④高等法院每年至少得察（检查）各分区工作 1 次。

三、关于干部问题

1. 司法工作既不同于其他工作，司法干部也应该有它的特殊的标准。依据讨论的意见，提出如下的数项，作为努力工作之方向：

①学习与掌握法律，熟悉社会风俗习惯；

②弄清是非轻重，不冤屈人；

③执法公正无私，做事勤劳慎重，勇于改正错误；

④切实为人民解除纠纷，对犯错误的采取治病救人态度，切实教育改造。

这些标准的意义在哪里呢？

第一，司法人员，不能把法律和风俗习惯——尤其是善良风俗习惯，看成绝对对立的东西，二者均得兼顾。要做到这样，首先要深刻了解法律的真实精神和人民的实际利益。这就是说，司法人员要在工作中不断的学习。

第二，对于审理一个案件，要全盘分析当地及当事人的处境。例如是真是假，属于主犯或从犯，犯罪者的动机如何等，都得做到很细密的研究审查，予以很公允的评判。这同样关乎司法人员的修养问题，不是容易做到的。

第三，公正无私，勤劳慎重，也是司法干部的起码标准。但说起来容易，实际做事过程内，我们还应该经常检讨自己。因为外界影响，往往会使你不自觉的多少有一点偏袒，或抱有成见，或者对工作间有未尽责之处。这是一个品质问题，希望大家警惕！另外，关于“勇于改正错误”的意思，是指反对旧刑审判所谓“官无悔判”的胡说。我们司法人员，应该是一发现错误，就勇于改正。自己发现的，自己改正，别人发现了并加以改正以后（例如二审撤销一审判决）自己应该向别人学习。抱成见，好面子，或托辞执行困难等现象，根本要不得，应坚决扫除净尽。

第四，对于人民负责解除纠纷，同时负责对犯错误者的改正，也是很重要的。这里指出我们司法人员的观点是和旧型司法人员观点有根本上的区别。我们是替人民服务的，不是当“官”作“老爷”的，对人民要有足够的切实的负责态度。

2. 有同志说司法干部提拔慢，过去有一块工作的，有的几级提拔，而自己审判员当了多年还是审判员。或者说，司法工作没有出息，要进步只有改行。我想提拔慢倒是一个事实，但我们各人自己不应该有这样的看法，只要工作成绩好，地位低有什么关系；工作

差，地位高又有什么好处？司法干部标准，上面讲过了，同志中有合乎以上标准而且确实有较长的历史，丰富的经验，工作成绩优良者，是不是可以提拔呢？我想，可以提拔的。这是领导机关应该注意的事情。我们正在注意这件事情，对应该提升的同志将陆续予以提升。

3. 司法干部缺乏，也是影响司法工作开展的一个原因。今后，应把培养干部当作我们的经常重要工作之一。现拟在延大设司法班，调区委书记、区长或有同等资格的干部 30 人，及各县书记员 30 人受训。

4. 对在职干部的业务学习，除日常工作中应有的学习外，我们准备创办一司法通讯，以便同志们互相交换经验，研究问题，和灌输司法专门知识。暂为月刊，将来准备发展为半月刊，这在你们回去不久之后，就可以看到的。这个司法通讯，虽由高等法院主办，实际上属于我们大家共有的。希望把它看作我们业务学习和改进工作的一个很好的园地。

5. 干部待遇，大家也提出很多意见。个别地方把推事审判员当科员一级看，专署署务会议和县政府的政务会议不邀参加，这不是一般的毛病，而只是个别地方忽略了的原故。根据高等分庭和县司法处的组织条例，推事应等于专署科长一级，审判员应等于县政府科长一级。为使司法工作同其他行政工作不脱节，司法人员能够了解全面情况，对判案有帮助，推事仍得列席专署署务会，审判员仍得列席县政府政务会（副庭长及副处长同）。至于司法干部生活上有困难，各分庭和司法处应予以适当解决。

6. 司法工作既属专门技术工作，司法干部就不能轻于调动。过去好些地方审判员被工作调动了，给高等法院连打个招呼都没有，隔过好多日子，才知道这个干部已经调动。这种现象是不妥当的。今后司法干部有必要调动时，须先征得高等法院之同意。

7. 还有一项是干部奖惩制度，过去同样执行得不够。今后要把这一制度严格建立起来。除边府已颁有正式条例外，高等法院准备另颁发一司法干部奖惩条例。

四、关于监所问题

1. 对犯人的观点问题。什么叫做犯人？就是普通的人犯了法，但“犯”字下面还是个“人”字，因此说，犯人也是人。我们司法工作者不能把犯人不当人看待。假如不当人看待，这个观点就是错误的。甚至如唯心论者说，犯罪的人是生理上的原因，它的头盖骨与一般人不同，那才是荒谬至极。我们要懂得，犯罪者有两种原因，一是内在原因，一是社会原因。俗话说“饥饿难忍，石头难啃”，“饥寒生盗贼”，这就是说，为什么社会上会有小偷？因为这个社会制度还有毛病，一部分贫穷的人迫于饥寒，偷拿人东西。所有这些社会原因的根源，一是旧社会遗留下来的，一是受国民党统治区黑暗社会制度所影响的。当然也不是说，把犯罪责任尽推在社会原因上，犯罪者本身就没有责任了么？不是的，相反，犯罪者本身应该负重要责任的。问题是：一、犯人是人，二、犯罪不是先天带来的。因之我们司法工作者，是要以治病救人的态度，把人家头上带（戴）的个“犯”字帽子脱掉。经过教育改造以后，能继续在社会上做一个有用的人，我们的责任就算尽到了。回溯我们的刑事政策是“教育改造主义”，那么，执行这个政策的，法庭上仅有一半，其他一半留在监所执行。两面配合，两面夹攻，才能把政策贯彻得好。这是不能轻视的。我们还要查一查，今天犯罪者的成分，什么人最多？工人农民最多，这就表示了我们对他们的教育不够，没有使他们懂得今天的政权是自己的。应如何使其出监以后，等于从学校内毕了

业，受过了教育，不再有犯罪行为，我们的目的就算达到了。为此，司法工作者本身首先应该把自己的观点搞清楚。

我讲至这里，要宣布一件事情，就是过去地方法院看守所所长杨××同志是我们监所工作者，一个最坏的典型。他给犯人罚站，举石头，担尿盆，画花脸等等怪名目，拿犯人财物（水笔、手表，皮衣）。这是教育改造吗？不是的。这是违背了我们的政策，是错误的。高等法院已给予撤职等处分。我把这件事情讲给大家，作一个反面对照，借作前车之鉴。

2. 少押人，尽管我们监所内是教育改造和我们对犯人的观点态度都很正确，但押人仍要十分谨慎。限制了人的自由，再设教育改造，总算是不得已的事情，不要以为我们的监所好，就可以门户敞开，让人家到你这儿受教育来。一般说，我们的监所内，应该是少押人。这个问题，本来要在审判问题和刑事政策内讲，在这里作补充的提到。

3. 生产教育要适当配合。对犯人的教育，是监所工作的中心，而教育是以实际改造其思想为目的。强制生产以养成犯人的劳动习惯，是好的，但如过于强调，如像有些县把些判过刑期的犯人投入生产部门不管了，就不对。前面说过，对于犯人不经过思想上的改造，是不巩固的，刑期满，一放出去，会继续犯罪。今后要具体规定适当的劳动时间和教育时间。一般应是：

二流子犯，生产75%，教育25%。

其他犯，生产60%，教育40%。

除此，应实行犯人分红制。按监所生产的目的，生产所得按劳分红，借以刺激犯人对生产的正确态度。所得红利，部分移作改善犯人生活。

4. 发扬犯人自治。犯人在监所内的学习生产及日常生活，在守法范围内，多采取犯人自治的办法，是有好处的：(1) 辅助监所内的管教工作；(2) 培养犯人自治能力及民主习惯；(3) 活跃犯人的生活；(4) 启发犯人对监所工作的改进意见；(5) 发扬犯人自我改造的积极性。从我们过去对监所管教方针的事实看来，在这方面是收到了效果。今后仍应把犯人组织为小组或班，订立学习、生活、清洁卫生等公约，建立值日制度，每星期召开一次检讨会，互相批评勉励等。

5. 取消分监。边区只设高等法院领导下的一个监狱，其他各分监取消。因为事实上一个分监仅几个犯人，无分设之必要。另外，为便于集中教育及研究各种类型的犯人改造工作，分监也应该取消。在各分监取消之后，各高等分庭同所在地之县司法处合设看守所，统一归分庭领导。对2年以上之徒刑犯，统应于半年解送1次，解交高等法院监狱，路费归各高等分庭筹销。

6. 各县看守所应即分设，管教、调动均便利。具体办法另行规定。

7. 实行假释外役。假释和外役可以奖励犯人转变错误和辅助长期徒刑依法处理之不足，是很好的，但有的地方，在执行中犯过毛病，如把杀人犯也假释或外役，分配到机关内当保姆，穿公家衣服，看戏坐前排，影响太不好，失掉了对社会的教育意义。应该认识假释外役是和赦免不同。今后必须严格的执行此次所讨论的假释及保外服役条例，不能轻易释放或调出。凡须要假释和外役的，必须先呈报高等法院批准后，方得执行，特别是较重大之罪犯。对已假释或外役之犯人，要指定机关团体或个人代为管教，不改正错误者司法机关有随时撤销假释或外役之权。

五、关于作风问题

作风问题的重要和它的一般性的问题，我不想多讲，这里只针对着我们司法工作者目前所存在的一些特殊现象，提出几点意见和大家商量。如果认为正确，愿共相勉之。

第一，要有负责态度。首先我提出这样一个问题，司法工作为谁负责？我想大家会一致地说为人民负责。可是，在我们会议的不久之前，曾经有人提出过“到底为上级负责”，“还是为人民负责?”应该了解，上级是什么？这无非为人民服务，只要我们所有同志能够忠实于人民的事业，能够切实的为人民解除纠纷，上级所要求的亦即如此而已。我们工作中曾存在过的一种现象，是既不为人民负责，也不为上级负责，或则推上推下，推左推右，或则“只要事情了，什么都好”。这种“推事主义”“了事主义”的倾向，是不负责任的态度。如果要我举例，可以讲一点：有的同志遇着案件中有了困难，就向当事人诉：“去找院长去，我管不下。”有的同志当工作一来，尽推在书记员身上。这不叫“推事主义”又叫什么？现在要把问题翻转来，“推事”、“了事”的马虎态度要不得。为人民负责，不是抽象名词。要老老实实脚踏实地做一件事，就把一件事做好，那就是为人民负了责，亦即就是为上级负了责。

第二，要有民主作风。“知无不言，言无不尽”、“言者无罪，闻者足戒”，这是毛主席屡次告诫我们的名言。我们有些同志不愿听人家讲自己一个“不”字，事先把门关起来，或者满觉得审判是独立的，人家一张嘴，心里就想你又在干涉我呀，这样就很不好，处理一个问题，应该倾听各方面意见，和各方面商量研究，所得结论才会比较全面、正确。另外，对机关内部和自己一块工作的同志，在工作方式上也应该多采取民主，少采取命令。例如审判员对书记员，遇事要商量，不要人家还未表示意见，就把结论放在前头。把人家变成写字匠，拉差性质的，那人家怎么能很好的工作呢？今后，我们要把自己所领导的机关变成一个大家庭，大家负责，大家动手，才能把工作做好。

第三，要虚心学习。同志中有工作历史长的，有工作历史短的，有工作经验多的，也有工作经验少的，但都要注意虚心学习。千万不要以为自己什么都懂得，人家讲了一通话，在听不在听的说：“讲的还不是那一套，我早已晓得了。”这种自命不凡，摆老资格，一旦变成了包袱，背在自己身上，就会看不远，没有前途，古人有言“满招损，谦受益”，一个人认为自己已经满了，那就很危险，到处会碰钉子的。直到碰得头破血流，还不晓得哪里来的毛病。老实说，无本领就应该老实点，还装老大，不摔跤，哪里去！这次会议开的好，解决了些问题，是因大家贡献了好多宝贵意见、好多办法的结果。我今天的发言也是综合了大家的意见，假如说这次会议有成绩的话，这个成绩不是我的，是大家的，实际上这次会议对我的教育很大，过去未入门，今天入了点门，今后愿我们大家彼此在人民间，在实际工作中，继续学习，继续进步。

六、其他问题

不属于司法工作范围内的，是有比较特殊的几个问题，在这里也需要说明。这就是法律问题，人民诉讼问题，宣传教育问题，区乡政府调解领导问题，县政府一科调解问题，违警罚问题，关系问题，高等分庭、县司法处组织条例修改问题等。

1. 法律问题。这次会议花时间最多的（近 50 天）就是讨论了边区已有和尚在草拟中的一些法令条例。这对立法方面提供了意见，有好处，我们司法人员检讨了自己工作，也

有好处，讨论过的约有刑罚总分则、民刑事诉讼法、地权条例、土地租佃条例、婚姻条例、债务处理办法、继承处理办法等。现除最后两种（债务处理办法，继承处理办法），已将意见呈送边区政府审查颁布外，其他拟经由边府提交将要召开的下届边区人民代表大会审查决定。在未正式提交人民代表大会之前，希望各推事、审判员在各分区、县邀请各方有关人士召开座谈会，把这次讨论了的刑罚总分则及婚姻条例，在座谈会上研究，然后把座谈会上的各种意见写成材料，赶 2 月 20 日以前会交高等法院。在此期间，高等法院同样准备在延召开研究这些材料的座谈会。

在处理案件时，不必机械的引用法律条文。凡已公布了的，酌量可以引用，借作对人民的教育，未公布的，仅供参考，不得引用。

对于旧法律的态度，应该是不盲目地采用，但也不是否定一切。它还有多年的经验，特别是技术方面，在和我们的政策条例无抵触时，可以批判的接受。

2. 军民诉讼问题。依陕甘宁边区调整军政民关系，维护革命秩序暂行办法（见陕甘宁边区政策条例汇集续编）执行。

3. 宣传教育问题。法庭审判不能孤军作战，首先要和宣传教育机关取得密切联系。过去我们在这方面做得太少，未能以更多的活的事实，向人民宣传我们的政策条例，进行教育。今后应该利用登报（包括黑板报），编剧本，演秧歌，闹社火，说古书等形式，把些经过研究的（注意要慎重研究，并经负责人审查批准）好坏典型例子，普遍的传播在人民中间。

4. 区乡政府调解领导问题及各县政府一科调解问题。前面已将理由叙述过了，现拟呈请边府指示各县政府遵照。

5. 违警罚问题。依《陕甘宁边区违警罚暂行条例》执行。

6. 关系问题。司法审判应该是独立的，但同志们不要以为一切就可采取独断独行，这样就成了闹独立性，就搞不好。我们这次回去，仍要像过去一样，和各方面关系取得融洽，假如和其他方面关系上发生毛病时，司法机关首先应该检讨自己，责备自己。这是一个方面。另外，我们也同样要求地方党政军各机关对于司法机关和司法人员，今后应加重视之和协助之。当着司法机关和司法人员有缺点或错误时，应迳（径）行告诉或向高等法院告诉，以便改正。

7. 原《陕甘宁边区高等法院组织条例草案》及《陕甘宁边区县司法处组织条例草案》，拟呈请边区政府修改之。

七、结束语

总结以上问题，我们的目的是什么呢？只有一个，就是要把司法工作做好。替什么人做好？替老百姓做好。这个大前提，始终不能忘记的。在此大前提之下，就目前说，是否有了这些办法就可以把一切问题都解决了呢？从此再不犯错了呢？那也不见得。历史在前进，一切都在前进，在前进的过程中，必然会有更多的更新的问题，尚未为我们所发现，也可能在某一时期会否定我们今天所提出的一些办法和意见，但无论如何，在今天说来，我们是前进了一步。希望大家把这点认清楚：我们不怕错，真理是可从错中碰来的。正因为如此，我们并不须满足于目前现状，前面的路径还远，须要大家本着这次会议的精神，打开脑筋，积极的主动的，不断从实际过程中，发现新问题，创造新办法；再发现新问

题，再创造新办法。

最后还有一件事情，高等法院把会开了，下面怎么办？高等法院对各分庭庭长，各县司法处处长发布了个命令，要他们召开各县区长联席会议，讨论这次会议的一切决定。怎样讨论法？是不是把我们的一套一开始都拿出来，套在人家的头上呢？我以为那个方法不妙，还是让他们先反映情况，提出问题，然后再对症下药，是比较好些。我的讲话就此结束了。

选自《陕甘宁边区审判史》，陕西人民出版社2007年版，第271～282页。

2. 附［工作经验研究］：王子宜：调解与审判

1946年1月17日《解放日报》

自从四三年提出调解方针和马锡五审判方式以后，边区的司法工作，曾经有了一番新气象。在这个方针下，司法工作者调查研究依靠群众的观点逐渐加强了，广大农村中，出现了不少公平正直的调解模范，和解了许多纠纷，减少了许多诉讼。但是，在执行调解方针中，我们是有缺点有偏向的，特别在提出“调解为主，审判为辅”以后，我们工作中的缺点和偏向就更为增多了。

什么是这些缺点和偏向的主要方面呢？就是强调调解是诉讼的必经程序，模糊了调解与审判的区别，认为人民凡未经过调解而到司法机关上诉，是手续不完备。因此形成乡到区、区到县、县到分区的层层调解，及调解不成再审判，审判不成再调解的反复调解。同时，单纯的把调解工作的好坏，作为司法干部考绩的标准，这样，就容易促使干部产生“强迫调解”和“调解了事”的思想。如个别司法人员甚至向发生纠纷的当事人央告乞怜，说：“看我的面上，这事情算了吧！”至于遵守政策，合理与否，则可以不管。

由于上述偏向，在同一时期内，有些地方把某些不应调解的人命案和赌博案也列入了调解范围，因此有些赌犯说：“不要紧，浪赌吧！犯了法也不过调解调解。”

由于这种无原则的调解，也迁就了和助长了农村中某些落后的习惯，如披麻带孝、烧香纸唸（念）经阴阳看坟等，有时使发生纠纷的当事人一方倾家荡产，损害了生产的发展。

也由于上述的缺点，个别地方发生只讲调解不顾政策的事情，如佃户和地主发生纠纷，佃户失去了土地，也只调解了事。子洲一个雇工向地主索取所欠工资，地主竟将该雇工吊打成残废，对于这种蛮横无理违背政策的事件，也仅仅采取了调解方式。

也由于层层调解反复调解的结果，一个案件往往无期拖延，道途往反，人力财力都有浪费，这是群众最不满意的地方。他们说：“你们是六级六审六调！”（边区司法原是县司法处及高等法院两级审判）“不怕硬贼官，只怕软青天”。他们还说：“你们官是好官，就是窝住人不放！”这些话，都值得我们重视。上面所述，就是边区这两年多实行“调解为主”这个方针的主要偏向，也正由这个偏向，使一部分司法人员模糊了调解与审判的区别，从而产生了“不告不理”的态度。

为了克服这个偏向，去年冬天召开的边区司法会议上，曾对目前边区司法政策中这个重大问题，作了再三的研究，并得出了初步的意见：

第一，调解与审判的区别究竟在哪里？有些同志说："它的区别只是形式的，是解决问题的两方面"，或者说："调解是合乎政策违背法律"。这些看法都有其片面，应该说：审判与调解不只是形式而且有其实质上区别。审判是法庭依法理判决，有强制性的；而调解则是第三者依据当事人的自愿，是"私下了"，带有妥协性。又如刑事案件，一般的不许调解，民事纠纷一般的提倡调解，也是一个重要区别。因此审判与调解应确立几点原则：审判的原则是：1. 全面调查，虚心研究，重视证据；2. 保证被告人有充分辩论机会，3. 迅速处理，照顾生产；4. 实行陪审制度，发扬马锡五的群众观点。调解的原则：1. 双方自愿，不许强迫；2. 适合民间善良习惯，照顾政策法令；3. 调解不是诉讼的必经程序。

第二，区乡政府解决民间纠纷算不算调解？在这个问题上，有几种说法，一种是：除法庭及县政府一科调解外，都可以叫民间调解。根据统计，群众间发生纠纷，多半由区乡政府解决（如延县一年中，由区乡了结的案子有×千九百件），真正群众自己调解的案件非常少，如果区乡不包括在内，则所谓调解范围就很小了。一种是：区乡解决纠纷既非调解（调解不许强制，但区乡处理案件，常带强制性），又非审判，（也不是完全依照法律手续办事）而是一种特殊形式。但由于边区是分散的农村环境，人民愿意到区乡政府解决纠纷，在这种情形下，为了同民间调解有区别，不妨叫做区乡处理。一种是：区乡政府既不属纯粹调解，应酌于罚五天或十天的苦役之职权。

对于上项数说，我们认为区乡政府处理民间纠纷仍属于调解范围，应遵守双方自愿原则，不能加以强制，也不应有罚五天或十天苦役之权，过去因民事随便押人罚人的现象，应彻底纠正，否则区乡政府将变为一级合法的审判机关。但根据过去经验，县司法处应加强对区乡调解的直接领导，着重同他们取得密切联系，了解实际情况，帮助他们解决困难，同时注意培养和发扬这方面有经验有成绩的干部。

第三，调解为主抑是审判为主？或者调解与审查结合吗？我们认为"调解为主"，如果仅就政府方面，对于处理民间纠纷的方针来说是可以的，但把这方针用到司法机关就不妥当，因为法庭主要的是依据法律手续判决案件，而不是实行调解，更不应以调解为主（县政府一科也不需调解）。至于提出以"审判为主"，则又忽视了处理广大民间纠纷的调解作用。因此对整个司法政策来说，无论提出调解或审判为主，都有些片面，它的缺点，而应分别具体情况办理，至于调解与审判是否可以结合，我们认为新的审判方式，本身就包含着调解的因素在内，虽然它主要的是依据法律判决。我们的法庭，对于当事人有教育责任，无论审判或宣判，都须经过解释说服，使人心悦接受，也不必强调调解与审判结合了。

第四，什么是马锡五审判？我们认为有三项原则：1. 深入农村，调查研究；2. 就地审判，不拘形式；3. 经过群众就地解决问题。这个原则贯穿着一个基本精神，就是民主。调查审讯都有群众参加，案情从群众中来，竭力求得正确全面，是非屈（曲）直摆在明处。然后把研究分析过的情况，经过群众酝酿，使多数人觉得公平合理既合原则又近人情，双方当事人服判，其他事外人也表示满意。这种审判方式，是最民主的方式。应该在我们的各种形式的审判中大大的发扬这种联系群众的民主作风，但不是机械的从形式去模仿。

法是属于人民的，人民授权于我们保护他们的基本利益，历年来，边区司法工作者就是遵循着这样一个方针而努力工作。经过了一段曲折的路程，我们在调解与审判这种基本问题上，得到了一个清晰的认识，但上面这些意见是否完整无缺，尚需在实践中考验修

正，并依靠全体司法工作者来改进它。

选自《中国新民主主义革命时期法制建设资料选编》第三册，西南政法学院函授部1982年编印，第385～389页。原注：“《解放日报》1946年1月17日”。

3. 陕甘宁边区高等法院指示信
——目前司法工作中应注意的几个问题

1946年3月1日

各分庭庭长、各县司法处处长、地方法院院长：

推事审判员联席会议开过后够两月了。这次边区政府对于司法制度方面及监所工作方面的决定，是贯彻推事审判员联席会议精神的最大保证。高等法院号召各级司法机关对于边区政府这一决定，应该坚决地遵照执行。

现时还有几个问题，须要各级司法机关注意的，且把它写在下面。这就是：

一、上诉权是人民权利之一部，死刑案件应准许被告有上诉权，这是于法于理都应如此的。今后各初审机关对于宣判死刑时，应同时征询该犯罪者是否服判，不服时可以上诉。但在宣判死刑之后，看守所的戒备工作和对犯人的解释工作，应该切实注意。

二、民事收管不同于刑事管押（待遇上有差别），民事案件不得关押人，一般亦不得转于收管人，遇有必要收管时，除非有以下之条件：（1）有逃跑之虞者（但债务案其财产可以抵还本案额数者例外）；（2）有刑事嫌疑者；（3）具有前二款之一无保或其保人退保者。

对收管票高等法庭、高等分庭、地方法院由推事负责盖章，各县司法处由处长负责盖章。

三、审限制度如何实行，各地应当作业务学习而加以研究，如办案迟缓究由于案情复杂呢，还是干部才能不行呢，或由交通不便传案不到呢，对这些等等原因，如何克服，应研究出具体办法，汇交高等法院。

四、公文用纸应划一，什么纸，多大，如何保管，调卷手续应如何，依照高等法院统一制定之格式。

五、为了办案迅速，减少拖延，今后传案（重要案子和上诉案件）均须县司法处直接派法警传唤。如三次传唤不到者，或者给他方赔偿损失，或者实行缺席判决。

六、清理监所。

（一）对已判决的：1. 非累犯之二流子犯（烟、赌、盗窃）刑期满三分之一以上，守法中表现好的，应予假释，假释后交由该所属区乡政府管教。2. 贩卖毒品犯，应斟酌情形，可易科罚金者，易科罚金，不能易科罚金刑期在二分之一以上者，应予具保释放。3. 通奸案无大影响者，一般可予具保释放。4. 轻微伤害案，刑期在二分之一以上者，可予释放。5. 其他刑期较长之罪犯，如仅留残余刑期，守法中表现好，释放后无大影响者，可以假释。

（二）对未判决的：1. 仅有嫌疑而无证据，罪行未成立者，交保释放继续侦查。2. 罪刑确定，应即交由法庭审理。3. 罪刑确定，但案情轻微，羁押日期已超过应处罚之刑期者，应即判决释放。4. 对因误会而错押的，除应宣布无罪立即释放外，并按其生活确实

困难，交由政府予以物质上的补助。

七、加强监所内管教工作。

（一）对犯人的教育，生产时间，应有适当配合，经常检查监所内的卫生和犯人的生活，实行犯人自治，鼓励犯人自我改造。

（二）各县看守所归司法处单独管理，设看守所长一人。

八、对犯人的戒具分手铐、脚镣、捕绳三种。手铐脚镣在犯人有逃跑暴行自杀之虞者，方得使用，而且也不是长久使用，在此种可能没有时，即应解除。捕绳是在逮捕、解送犯人时使用之，但绳头紧度以不使发生逃跑为准则，不能伤损其身体。

九、犯人违反监所规则的处分分四种：（一）批评；（二）开斗争会；（三）减付部分工资或停付全部工资（即减付奖金之一部或全部）；（四）慎独。除上四类外，不得使用肉刑或变相的肉刑。

犯人在守法中表现好的，应予奖励。奖励形式有三：（一）名誉奖励；（二）物质奖励；（三）缩短刑期。名誉奖励包括大会上或墙报上表扬。缩短刑期，系由监所负责人将详实材料呈送本司法机关负责人转呈高等法院批准后方得履行。

十、调拨的县警卫队，数目一定要足够，县司法机关对于他们的使用，应只限于业务上的指派，避免做拉杂事，司法机关的负责人对于他们的日常生活，应十分关注。并且抽时间利用讲课等形式给他们灌输一些必要的司法警察常识。

除上项问题外，相信在实践中，困难还是会有的，希望同志们依据各地实际情况，多多研究具体办法，随时遇到困难，随时商同各个方面设法解决之。

此致

敬礼

代院长王子宜

选自《陕甘宁边区法律法规汇编》，陕西人民出版社 2006 年版，第 79～80 页。

4. 附［报刊报道］：陕甘宁边区高等法院监狱犯人学会纺线分红解决日用品

1946 年 3 月 25 日《解放日报》

【本报讯】边区高等法院监狱去年成立下一个纺织工厂，经过半年的过程，参加生产的犯人都学会了，大家情绪很高，每人每月平均纺头等纱三十余斤（七七纺纱机）。李万德一个月纺了五十余斤。张永秀说：“我过去当土匪抢劫老百姓，民主政府捉住我，不但没杀，还耐心教育。我现在学会了纺线，将来回家一定要好好劳动过光景。”

由于建立分红制度，每人每月平均能分七八千元。象（像）郭开文在今年一二两月分（份），就分到四万二千元。这样就解决了他们毛巾、肥皂、鞋袜、纸烟等的供给。还有些人把分得的钱，捎回家中。在三月份，他们自动提出生产竞赛，议定月份生产，以二月为标准，保证增加产量百分之十。保证完成一千三百斤纺棉计划，并且要提高质量，中等纱

不能超过百分之十。他们还办了一个生产报，反映每日生产情况，推动生产竞赛。

选自《中国新民主主义革命时期法制建设资料选编》第四册，西南政法学院函授部1982年编印，第338～339页。原注：“《解放日报》1946年3月25日”。

5. 陕甘宁边区高等法院通令
——处理命案应收集案内有关之证物与证人之证言由

1946年9月26日

各高等分庭兼庭长、各县司法处兼处长：

查处理命案，案内有关之证物与证言，对案情真伪、量刑轻重，均极重要。对案件发生之原因，及其影响与教育意义，亦有关系。以上各点均与审核定案有关。因此在处理命案过程，凡与该案有关之材料不论物证、人证，均须收集，并须讯证确实，汇集具报，以便核定。否则公文往还，徒费时间。如新宁县闫占海以酒醉花药暗给被害人张新兴服后，乘其昏迷之际，劫财杀害一案。该县于本年三月十八日具报时，仅附抄口供一份，请核定闫占海犯以死刑。经调材料后，五月八日寄来判决书、布告、审讯笔录各一件；经再批调查或讯证具报后，七月十七日寄来该案经过情形之报告一件。凡经本院审核及边府复核之批驳，而历次呈覆，对案内有关之人证、物证，在收集或调查讯问方面，均仍不够。最近边府批字第六〇九号批答，批令调查该案之事项人证，尚有四宗，且关重要。除分令该县详切查明或讯证确实具覆外，合亟通令所属对于处理命案，务须注意收集案内有关事项之证物或讯取证人之证言为要。

此令！

院长　马锡五

副院长　乔松山

选自《陕甘宁边区法律法规汇编》，陕西人民出版社2006年版，第80～81页。

6. 陕甘宁边区高等法院指示信
——司法工作与土改运动的配合问题①

1947年10月28日②

各高等分庭庭长、各县司法处处长、地方法院院长：

兹根据新形势新任务提出如下指示，希研究执行。

一、司法工作与土改运动的配合问题，我们先回忆一下：建立革命民主政权已十几年

① 副标题乃编者所加。

② 本文与该“汇编”第359～361页重复，但后者却标作“1947年11月28日”。

了，我们不能否认司法工作是有成绩的，有创造的，如废止肉刑和无期徒刑，免除讼费，手续简便，就地审判，巡回法庭，重教育不重惩罚用生产改造犯人的劳动规点等，在社会上都起了一定影响和一定作用，但是我们再严格地检讨一下，还非常不够。在这次爱国自卫战争与土改运动中，更暴露了我们司法工作中许多严重缺点甚至错误，特别是司法政策上阶级路线强调不够，重视不够。换言之，即是我们的法是对谁设的，保护谁的利益的，没有明确的与足够的认识。如高院监狱里管（关）押了三百四十六名（今年三月间）犯人内成分统计地主只有十一人，富农只有十二人，绝对多数是贫苦农民。在案情方面：盗窃案件占绝大多数，杀人案件次之，再次就是破坏边区，政治土匪了（当然还有其他案件）。真正压迫剥削农民的地主恶霸，盗取群众斗争果实为非作恶的坏分子在监狱里管（关）押的还是极少数。地主收回土地，重利盘剥农民，并未强调地予以法律制裁，甚至有些干部包庇地主从中取利，也未予以适当的处罚，这就是我们司法工作阶级观点与群众路线不够明确之所致。

土改运动即将开始，有的地方已经开始了，这是翻天覆地的土地革命运动。我们司法工作者要积极参加，坚决地站在贫雇农立场上，提高他们的政治觉悟，发动他们坚决地向地主阶级作无情的斗争。我们要知道，我们的人民解放军拿起枪炮消灭蒋介石是消灭武装的反革命，而我们发动贫雇农彻底平分地主阶级的土地及其财产，是挖掘地主阶级与封建势力的根子，不将根子挖掉，敌人则还未被彻底消灭。因此，我们司法工作者要在当地党政领导下积极参加土改，为贫雇农翻身而斗争，处理日常案件，也以此为基础，予以适当而迅速的处理。

二、组织人民法庭问题：中共中央公布的土地法大纲第十三条规定："对于一切违抗或破坏本法的罪犯应组织人民法庭予以审判及处分"。关于这个问题我们的经验还不多，但它的任务是推动土改运动向前发展，而不是有了这个组织使土改运动、群众情绪受到限制，是可以确定的。人民法庭可使镇压反革命的地主恶霸及制裁坏分子的工作更有系统，更有力量，而不是分散的，不是没系统的，也是可以确定的。

我们领导与组织人民法庭时，主要的还是根据大多数贫雇农意见。要采取什么形式就采取什么形式；要选几个法官，就选几个贫雇农成分的法官（公家人不能超过三分之一，主审也应由当选的法官中推选），大多数贫雇农要给被告什么处罚，就给他什么处罚，我们只能帮助他们调查材料，预先酝酿，把群众中的正确意见发扬起来，则会在人民法庭开庭时意见集中，处理得适当。包办代替，形成官僚机关，或以为群众不懂法律，会办错事情等观点，必须彻底克服。

人民法庭既然是为贫雇农做主撑腰，以打垮地主阶级及恶霸坏分子的威风，使贫雇农彻底翻身的一种工具，我们则要求你们在运动中收集具体材料，总结农民意见，并将这些材料和意见加以分析整理，按时寄到本院来，作为制定真正符合于劳动群众的新法律的根据，再在执行中来考验它还有些什么不适宜处，再根据广大群众意见予以修改，就这样三番两次地收集意见集中起来，才能制定出比较适合于广大群众的法律。屁股坐在敌人的六法全书上，来想为劳动群众服务的观点是绝对错误的，必须彻底纠正。

三、查阶级、查成分、查思想问题。司法工作所以发生错误，其原因除了上面所指出的外，司法工作者的阶级不纯、思想不纯也是最主要的原因，必须予以彻底清查。我们要

求各分庭庭长、各县司法处处长、地方法院院长亲自领导有计划的由上而下由下而上检讨司法工作政策、司法工作者的思想和作风，认真检查司法工作者的阶级成分。队伍整编不好，即使有了正确的政策也不能贯彻到底。整编队伍最主要的是搞通思想，我们党与政府是给工人与贫雇农阶级办事，我们是他们的长工，一切站在地主富农立场的思想与行动，必须彻底清算，在清算思想时，应掌握思想要严，结论要宽的原则。过去为非作恶损害了贫雇农利益，贪污腐化，窃取群众斗争果实的分子，除予思想纠正外，并分别轻重，予以纪律制裁。凡阶级异己分子、投机分子及经教育坚决不改的坏分子，必须坚决地清洗出去，如群众要求交他们斗争处理时，经调查实属故意搞坏事情的坏分子，则应无条件地交群众去处理。只有搞通思想、纪律制裁、整顿组织三者配合起来，才能整编好我们的队伍，这是转变今后工作的基本问题，希严格地执行，并将情形从速报告给我们。

除提示上列各项外，为全面了解，另有下列四项，亦希从速具报：

1. 过去因环境关系，未能将死刑案件报告本院转呈边府核批，经过群众公审处决，这是对的。但有的地方秘密处决，事后不向人民公布也不报告备查则是不好的。因此，我们要求你们不但要具体地按每个被处决的犯人的案情成分深刻检讨，总结经验，且给我们来一详细的补充报告。

2. 战争开始时，监内犯人多少，如何处理的，多少死刑，多少徒刑，成分如何，案情如何，经过了什么手续，有些什么经验，群众影响如何？现在还管（关）押多少犯人？什么犯人？现在存有多少案件？什么案件？请报告给我们。

3. 司法工作怎样配合土改运动与自卫战争的？得到了什么经验，组织过人民法庭没有，怎样组织的，怎样才合于群众的要求？最好用实例报告给我们。

4. 将现在司法在职干部详细列表，即行报告给我们。

最后再重复一句，我们司法工作者一定要将队伍整编好，站在贫雇农立场上，为他们翻身而斗争，严格纠正旧法律观点、旧人道主义，在实际斗争中锻炼我们的立场和思想作风。彻底消灭敌人，已为期不远，我们预祝新任务带给你们的新胜利。

此致

敬礼

院长　马锡五

副院长　乔松山

选自《陕甘宁边区法律法规汇编》，陕西人民出版社 2006 年版，第 205～207 页（与第 359～361 页重复）。

7. 陕甘宁边区人民法庭组织条例（初稿）

1948 年[①]

第一条　本条例依据中国土地法大纲第十三条之规定及边区实际情况以及群众运动中

① “三秦法律法规版”未注明年月，“西安法律法规版”标作“1948 年”。

的要求与开展而制定之。

第二条　人民法庭为不固定的第一审临时司法组织，必要时，得就事之发生地点组织之。

第三条　凡破坏或违抗土地改革，或侵犯人民民主权利或敌伪分子危害人民生命财产破坏生产有碍战争者，无论民事或刑事均得依本条例组织人民法庭处理之。

第四条　人民法庭之产生，在土改时由乡农民大会或农民代表大会选举三人或五人，在非土改时，由乡民大会或其代表会选举三人或五人及其县或市（等于县的市）委派二人组织之。并由当选及委派的人员互推主审一人，陪审员、书记员若干人。

第五条　人民法庭受其选举的团体的监督及其所属县或市（等于县的市）政府的领导。

第六条　为便于人民向人民法庭起诉，得由乡农民大会或其代表会，或乡民大会选举三人或五人成立检查小组，担任案件的侦查及向人民法庭起诉事宜。

第七条　在土改及反奸运动中经群众检举之罪犯应交检查小组继续调查，搜集材料，如认为有刑事责任者，应向人民法庭起诉。

第八条　人民法庭有权判决死刑、徒刑、劳役、罚金、没收、褫夺公权、赔偿、当众悔过，及其他民事案件。但如判处死刑时，须事先经边区政府的批准，判处三年以上徒刑时，须事先经高等法院的批准。

第九条　人民法庭判决之案件，应作成判决书送达于当事人，任何一方对判决不服时，得于判决后五日内，向该管第二审司法机关上诉（高等法院及其分庭）。

第十条　判处劳役之人犯交乡政府执行（乡执行办法另定），判处六月以上徒刑之人犯交县司法处执行，判处三年以上徒刑之人犯交高等法院执行，判处死刑之人犯在当地执行，执行死刑一律用枪决。

第十一条　人民法庭应重视证据，绝对禁止肉刑。

第十二条　机关部队人员因违法须交人民法庭处理者，应通知其主管机关将该违法人员送交于人民法庭并派员列席，或指定代表或提供意见。

第十三条　人民法庭之职员应具备政治清白、公正不私、忠实可靠之条件，如有徇私舞弊违法失职者，得罢免另行改选，情节重大者，交人民法庭审判。

第十四条　本条例自公布之日施行，如有未尽事宜，由陕甘宁边区政府修改之。

关于本条例的几点说明

一、关于本条例第一条的说明：

人民法庭是保护人民权益及保障土地改革彻底完成的重要的有力的斗争工具，同时又是镇压一切破坏生产战争，违抗土地改革及侵犯人民民主权利罪犯的重要的有力工具，以边区的情况，不仅在土改时需要，即在群众运动中或平时也需要，如今春我军光复延安等地，对处理敌伪分子中，在新区群众运动中，群众曾有组织人民法庭之要求，在平时处理案件中，为了发扬司法上的民主，教育广大群众，有时也有组织人民法庭的必要。

二、关于本条例第二条的说明：

人民法庭不是普遍建立，不一定每一人民法庭都有案件，以没有案件的地方建立人民法庭，实同虚设，有案件的地方需要建立时则建立，工作完成后就结束，如再有案件，再

临时组织，其所以在事之发生地组织，因为在事之发生地点，群众熟悉案件内容，易于调查，及更便于以之教育广大群众。

三、关于第三条的说明：

人民法庭受理案件的范围，不仅能受理有关破坏或违抗土改的案件及侵犯人民民主权利的案件，而且能受理敌伪分子的案件以及破坏生产有碍战争的案件。

四、关于本条例第八条的说明：

要批准制度是由于法律不完备，干部掌握政策不够，为着统一的执行政策法令而设此。

选自《陕甘宁边区法律法规汇编》，三秦出版社2010年版，第75～76页。简称“三秦法律法规版”。

互校版本：《陕甘宁边区法律法规汇编》，西安人民出版社2006年版，第56～57页。简称“西安法律法规版”。

8. 陕甘宁边区人民法庭办事规则（初稿）

年　月

一、人民法庭办理案件应依本规则之规定进行工作。

二、主审人员负审判全责，陪审人员负责审讯口供，调查材料，了解案情及研究群众意见，共同确定判决。书记员负责缮写记录，整理卷宗，保管证据物件。

三、人民法庭执行拘捕、搜索、押解人犯或维持法庭秩序时，得通知各该乡政府派自卫军协助。

四、检查组的人员发现犯罪后或经人民告诉告发者，应到犯罪地点搜索犯罪事实及有关人证物证，必要时召开群众控诉会，然后加以调查，对证研究、整理提出起诉的意见，经征得群众同意后，以书面向人民法庭提起诉讼。并于开庭时当庭口头起诉说明犯罪事实及起诉理由。

五、属于特务性质的案件，先由当地保安机关审查被告犯罪事实，侦讯明白后，应向人民法庭提起公诉。

六、人民法庭接到起诉书后，应即审查全案材料，预先审讯周到，再选定开庭日期、地点，并发出通知，以便人民参加旁听，旁听人员经主审人许可有发言权。

七、开庭审时应根据起诉书，一一讯问，应允许被告有充分辩论的机会，如发现新的证据或事实，一次不能终结者，可再行开庭，唯于开庭前应就发现之新事实或证据再向群众调查，务须于事实完全明了后，才能拟定判决。宣判时，须群众大会宣判之。判决前应征求群众意见，意见统一后再行宣判。

八、判决书内应包括当事人姓名、性别、年龄、籍贯、住址、成分、职业及主要事实理由，最后法庭人员署名及时间。

九、开庭时正面设审判席，作为主审及审判员的位置。公诉人员及书记员列于两旁。

十、上诉时间，自判决之日起，计算方法并应除去在路途的时间。

十一、人民法庭的卷宗及不需要发还本人的证据物件，应交县司法处存档。

选自《陕甘宁边区法律法规汇编》，陕西人民出版社2006年版，第50页。

9. 陕甘宁边区人民法庭公审规则

年　月

一、凡参加公审人员（指审判检察人员、群众代表及当事人等）均须遵守本规定。

二、参加公审人员应依照指定的位置就座或站立。

三、主审人员对审判程序的开始、进行、秩序、闭庭有一切指挥之权。

四、审讯中当事人之进退发言申辩，须听从主审人员的指挥。

五、参加公审之机关团体代表及群众均有用口头或书面发表对被告处理意见的权利，但用口头发表时须事先报名经主审人员之允许，依声请先后次序发表意见。

前项发表的意见，应力求简单扼要，时间每人发表不得超过十分钟，必要时得经主审人员允许延长之。

六、法庭应保持静肃。参加公审人员不得随便说话喧嚷或鼓掌扰乱场内秩序。

七、参加公审人员自觉遵守法庭纪律，违反者警戒人员提出劝告并制止之。

八、参加公审人员在本案宣判后有向他人宣传与解释判决之义务。

选自《陕甘宁边区法律法规汇编》，陕西人民出版社2006年版，第50～51页。

10. 陕甘宁边区政府批答——同意处雷双全犯以死刑

1948年7月18日

马院长、乔副院长：

复字第七号来呈悉。关于富县雷双全枪杀和活埋退伍军人，刨挖坚壁物资，奸淫民妇，破坏土改一案，同意你处审核意见，处雷双全犯以死刑。

此批。

主席　林伯渠

副主席　杨明轩　刘景范

附：　　陕甘宁边区高等法院审核死刑意见书

1948年7月15日

被告雷双全，男性，年二十四岁，原籍河南人，现住富县黑水寺，家有人三口，地五百多亩，每年收租十多石，窑两孔，房十六间，地主成份（分）。

被告人雷双全枪杀退伍军人二名，活埋退伍军人三名，刨挖坚壁物品，奸淫民妇，破坏土改等罪，经富县司法处判处死刑，由延属分区专署送核到院，兹拟具审核意见如下：

（一）本案事实：雷双全之父雷震东为著名之反共份（分）子，雷双全反革命行为，更甚于其父。去年三月，该犯在县越狱逃跑。敌人清剿时，曾枪杀我退伍军人李书巷、田凤超二名，活埋贺树章、朱志义、刘义芳三名。抢我马匹枪支、刨挖重要物品多件，收回租子六石、水地二亩、旱地二十亩（两次）。毒杀雷仁义，强霸其妻。因此，群众对于该犯，至为愤恨。要求交给群众处决。富县拟判该犯死刑，呈至延属分区后李专员批注，应处死刑，送交本院审核。

（二）审核理由：经核本案未将卷宗材料笔录等件寄院。判决书内称：枪杀及活埋退伍军人五名。俘马五匹、驴一头、人五名、枪四支、并刨挖我方许多坚壁物品。就判决书所称事实内容论，似该犯勾引敌人共同所为。至违反土改，收地收租，奸淫雷仁义之妻及雷仁义死的不明，又该犯平常用枪威胁群众等情，根据富县判决书，四百多名群众要求枪决雷双全犯，×可看出该犯作恶多端，群情愤恨已极。因此本群众观点，顺从群众情绪，未便拘泥司法程序，故除函知该县补具卷宗材料，说明雷仁义之妻媳二字是否错写寄院存查外。仅就判决书本文拟具审核意见，同意原判及专署意见，处雷双全犯以死刑。是否适当祗请鉴核示遵，以便转饬遵照，原判决书附呈。

此呈

林主席、杨副主席、刘副主席

院长　马锡五

副院长　乔松山

选自《陕甘宁边区政府文件选编》第十二辑，档案出版社 1991 年版，第 152～153 页。

11. 陕甘宁边区高等法院指示信
——为指示加强调解，劳役交乡执行，法官下乡就地审判，以发展生产由

1948 年 9 月 1 日

高等分庭庭长、各县司法处处长、地方法院院长：

目前西北革命形势，是解放战争不断胜利，绝大部分老区和半老区，已获得相对安定的环境，有可能而且有必要迅速恢复并积极发展各种生产事业，以便更有力地巩固内部，支援前线。胡匪进攻边区后，所到之处，奸淫掳掠，无恶不作，有些落后群众受威胁欺骗，做了些损害人民利益的事情，引起群众愤恨而至起诉是应当的，司法干部应向群众解释清楚：这些罪恶是胡匪造成的，我们边区群众应互相了解，分别轻重，划清敌友，团结一致，对敌斗争。在此形势下，我们司法工作在群众中的全部实践，就应是：（一）减少纠纷和增进团结。对发生的纠纷，进行耐心的说理和实事求是的调解，使农村劳动力不作无谓浪费，求达集中全力提高生产的目的。（二）判处苦役的轻微罪犯交乡执行，由群众监督其从事生产，改正错误，而不作形式的羁押，同样求达集中全力提高生产的目的，为

此特作如下指示：

一、各级政府和司法机关关于民事案件应坚持调解方针及一九四五年冬边区司法会议决定的调解原则。不论群众、群众团体或区乡政府，进行调解时应注意：（一）双方自愿，不许有任何强迫；（二）要遵守政府政策法令，照顾民间善良习惯，就是说：既合人情又合法理。违反政府政策法令，或迁就民间落后习惯都是错误的，必须予以耐心的说服和纠正。（三）任何人不愿调解或不服调解有权径向县司法处或地方法院起诉。调解不是诉讼的必经程序，不得加以任何阻止或留难。（四）发动群众，主要是当地积极公正的群众，进行周密调查和详细研究，使是非轻重完全符合实际。又适当照顾经济情况，贫苦程度，合理解决。（五）调解是指民事案件。刑事案件，如反革命、土匪、杀人、抢劫、窃盗、拐骗、赌博、吸大烟、贩毒等的危害社会行为须送司法机关审理，一律不准调解；刑事案件，如属因一时气愤或过失引起的轻微伤害，群众不反对调解者，亦得调解解决。（六）要做好上述调解工作，各级司法机关都应当将领导此一工作当做（作）本身主要业务之一，首先利用一切机会教育区乡政府及群众团体工作人员，使他们了解这是为人民服务的具体工作，任劳任怨，负责进行；同时讲清调解原则和办法，帮助解决疑难，通过他们，再领导与帮助群众自己进行调解。为此在组织上：甲、应在可能范围内逐渐建立自下而上的报告统计制度。区乡政府应经常主动搜集调解材料（不论是经过本身调解的或群众自行调解的）汇报县司法处（市的区乡向地方法院），各分庭各县司法处和地方法院在工作报告中应将调解工作列为一项。乙、可考虑和试办在区乡政府中指定一工作人员兼管调解工作，在乡政府及乡农会中各设一不脱离生产的调解委员。丙、可考虑和试办将每一调解案件（尤其是土地案件）写成调解书，以作凭证。形式可以不拘。

二、各级政府和司法机关，关于刑事案件应坚持教育改造方针，判处劳役的轻微罪犯并可交乡执行。交乡执行时应注意：（一）慎选对象：凡初次犯罪，被判处六个月以下劳役（六个月以上者为徒刑）交乡执行无重大影响者，或原属好劳动，估计其回乡后确能改正错误，积极生产者，均可交乡执行。（二）虽同属判处劳役，但属窃盗、赌博、贩毒、吸大烟的屡犯，尤其不务正业的二流子屡犯，不得交乡执行。（三）交乡执行的人犯，由区乡政府负责调剂分配给贫苦无劳力的军烈属生产，其次给贫苦无劳力的工属生产，同时若本人家境贫困者，还可给自己生产一些，饭食由使用者供给，衣物等由该犯自备。区乡政府本身不得使用此种人犯。（四）对交乡执行的人犯，交乡前，应将交乡执行的道理向他解释清楚；交乡后，一方面同样应将交乡执行的道理向群众解释清楚，责成大家切实监督。另方面，继续直接了解表现好的予以奖励或提前免除刑罚，不积极生产或又犯错误的，组织群众予以说理斗争，不听者送回原司法机关看押教育。

三、为做好上述工作，各级司法工作人员应坚持法官下乡，就地帮助调解和进行审判的工作制度或工作方法，实质上就是群众观点和群众路线的方法，因为只有如此，才能实事求是地进行调查研究，不拘形式地进行群众审判和确实解决问题，根据不同的案情，或以调解解决，或以审判解决，或组织人民法庭审理，或邀请群众参加法官自己审理，这种工作方式，不仅足以减少群众时间的浪费，而且足以教育群众，又教育司法工作人员本身。

以上各项，有些已有经验，有些只是开始。已有的经验在新情况下须进一步考证，以

求提高。只是开始者，更须慎重实践，以求确切。望各司法机关及司法工作人员加以深入研究，组织试办，总结经验，及时地报告我们。

此致

敬礼

院长　马锡五

副院长　乔松山

选自《延安地区审判志》，延安市中级人民法院审判志编纂委员会，陕西人民出版社2002年版，第364～366页。

12. 陕甘宁边区高等法院通知——为各分庭及县司法处解送人犯来监执行时，希将判决书罪刑通知书，犯人在下边思想表现，填表鉴定等一并带来由

1948年12月3日

各高等分庭庭长、各县司法处处长、地方法院院长：

近来很多县份有不少的送监执行之人犯，在送来时的手续制度上还很不完善，有带判决书或罪刑通知书者，还有不带判决书或罪刑通知书者，还有只带一份人犯名册或只带一个解送信者，致使监狱不能了解送来人犯的刑期起止时日，犯罪案情，在县（庭院）守法表现及对错误认识等，为使今后不发生上述各事，便于掌握人犯思想教育起见，以后凡各分庭县司法处及地方法院送来人犯必须每人带判决书一份，罪刑通知书一份，在你县（庭、院）守法表现鉴定表一份，希遵照执行为盼。

此致

敬礼

院长　马锡五

副院长　乔松山

选自《陕甘宁边区法律法规汇编》，陕西人民出版社2006年版，第81页。

13. 陕甘宁边区政府关于司法方面的指示意见给边区人民法院的函

1949年3月4日

马、乔院长：

兹将刘代主席指示及各委员关于司法方面在边区常驻议员、政府委员及晋绥、晋南代表联席会议上的意见，整理如后，请研究办理为荷。

此致

敬礼！

主席　林伯渠
代主席　刘景范
副主席　杨明轩

（一）刘代主席指示

1. 刑事应以教育为主，非罪大恶极者，应尽量少杀。

2. 切实保障人民上诉自由。

3. 婚姻条例由民厅会同法院，根据中央关于妇女工作决定精神，进行研究修改。

（二）各委员代表的意见

1. 许多司法干部不熟悉司法工作，应认真注意培养教育。（房文礼议员提）

2. 保障婚姻自由，严禁包办、买卖及早婚等现象，尤应加强社会教育，提高群众认识，逐渐禁绝，并须通令严禁缠足。（多数代表提）

选自《陕甘宁边区政府文件选编》第十三辑，档案出版社1991年版，第123页。

14. 陕甘宁边区政府通令——关于各级监委会之组织机构及司法、公安机关之名称等事项规定

1949年3月8日

各行署主任、专员、县（市）长：

兹将二月十五日陕甘宁边区参议会常驻议员、陕甘宁边区政府委员暨晋绥边区代表联席会议关于各级人民监察委员会之组织机构，各级法院名称，审级制度及权限，各级公安机关之组织机构及各级干部任免手续等事项之决定通令如下：

（一）边区政府设人民监察委员会，行署及分区专署设分会，县设县人民监察委员会。边区监委会、行署分会，可设委员五人至七人，专署分会，县监委会可设委员三人至五人，人选应由政府民政、司法、公安机关、同级党委组织部门、军队政治机关与群众团体等部门中之负责人参加。边区、行署监委会设秘书，干事五至六人，分区设三人，县设一人。专司人民监察事项，并着重检察公务人员中违法渎职行为。其具体任务与组织规程，另行通知，望将成立情形，呈报备案。

（二）陕甘宁边区高等法院，改称为陕甘宁边区人民法院（以下简称边区法院），领导陕甘宁及晋南、晋西北行政区司法行政与审判事项。各行政区法院，定名为某某（区）人民法院（如：晋南人民法院），并在各行政区下设之分区设立分庭（如晋南人民法院隰县分庭），行政区人民法院所在地之分区，可不设分庭，其所属各县之上诉案件，由该行政区人民法院直接受理，原陕甘宁边区高等法院各分区分庭，改称为陕甘宁边区人民法院某某分庭（如陕甘宁边区人民法院绥德分庭）；县司法处或市地方法院，改称为某某县（市）人民法院，如延安县（市）人民法院。关于审级规定，县（市）人民法院为初审机关，边区法院为终审机关，陕甘宁边区各分庭，暂为边区法院的代审机关，判决如有不服，可向

边区法院声请再审；行政区人民法院为边区法院终审代理机关，其所属各分庭，现定为该行政区人民法院代审机关，判决如有不服，可逐级向各主管行政区人民法院或边区法院声请再审。

死刑批准权属于陕甘宁边区政府。（甲）晋南、晋西北两行政区关于死刑案件由陕甘宁边区政府暂授权行政区人民法院转各该行署批准，执行后，必须呈报边区法院转呈边区政府备案。如遇：被告对判决不服而声明上诉者，或各该行署政务会议对该案有争执者，必须呈报边区法院转呈边区政府审核确定后执行之。

（乙）陕甘宁边区原属各分庭、各县人民法院之死刑审核程序，仍照原规定执行。

徒刑判决：（甲）晋南、晋西北两人民法院所属各分庭及各县（市）人民法院，凡三年以上徒刑判决，规定由边区法院暂授权各该行政区人民法院审核，一年以上至三年徒刑由各分庭审核，一年以下者，县（市）人民法院得径行判决，不送审核。

（乙）陕甘宁边区各分庭仍照原规定执行。

（三）边府保安处改为公安厅，行署设公安处，专署设公安分处，县（市）设公安局，区、等于区的市设分驻所。

（四）确定行政干部任免手续为：1. 晋南、晋西北行署主任、处长及专员以上干部，一律由边府主席名义任免；县长及行署专署科长级干部由行署主任任免，呈报边府备案；行署各处及专署各科科员，县科长级干部由行署民政处任免；区级干部由县任免。2. 陕甘宁边区行政区仍依现行制度。

（五）晋南、晋西北行政区村（等于陕甘宁行政区之乡）公所，一律改称为村政府。

特此通令，仰各查照执行为要。

主席　林伯渠
代主席　刘景范
副主席　杨明轩

选自《陕甘宁边区政府文件选编》第十三辑，档案出版社 1991 年版，第 126～128 页。

15. 陕甘宁边区人民法院组织规程（初稿）

1949 年 3 月①

第一条　本规程根据陕甘宁边区参议会常驻议员边区政府委员及晋绥边区代表联席会议之决议制定之。

第二条　陕甘宁边区人民法院受边区参议会之监督及边区政府主席之领导，独立行使其职权。

第三条　陕甘宁边区人民法院为边区之终审机关，领导陕甘宁及晋南、晋西北行政区司法行政与审判事宜，具体管辖下列事项：

① 原件未注明制定年月，根据前文 1949 年 3 月 8 日改称“人民法院”的通令，推断为该年 3 月制定。

一、各级司法人员之管理教育事项。

二、民事刑事行政事项。

三、法院监所之设置与变更事项。

四、人犯之教育生产管理及减刑释放事项。

五、不服各行政区人民法院重大之第一审刑事案件之判决，及不服边区政府直辖市人民法院第一审民事刑事案件之判决或裁定而上诉或抗告之案件。

六、不服各行政区人民法院第二审判决或裁定而声请再审或抗告之案件。

七、死刑判决未经上诉之审核案件。

八、公安厅移送处理之案件。

九、边区人民监察委员会提请处理之案件。

十、边区政府主席交付处理或交付复审之案件。

十一、特别重大案件之审理。

十二、对未成立行政区人民法院之区域三年以上徒刑之审核事项。

十三、关于民间调解事项。

十四、其他关于司法行政及审判事项。

第四条　陕甘宁边区人民法院设院长副院长各一人。院长之职权如下：

一、领导并检查各级司法行政与审判事宜。

二、召集院务会议司法人员会议。

三、领导本院日常行政与审判之进行。

四、重要公文之判行。

五、领导本院人员之学习。

六、司法干部之配备、使用、奖惩、保健等确定。

第五条　陕甘宁边区人民法院副院长协助院长执行职务，院长因故不能执行职务时由副院长代行其职务。

第六条　陕甘宁边区人民法院下设四部：

一、民事法庭；

二、刑事法庭；

三、行政处；

四、监狱。

第七条　民事法庭刑事法庭各设庭长一人，在院长领导下，领导各该庭行政及审判事项。行政处设处长，监狱设典狱长各一人，在院长领导下各领导各该部门之日常行政工作。

第八条　民事法庭受理民事案件之审判审核及有关民事之抗告案件。

第九条　刑事法庭受理刑事案件审判审核及有关刑事之抗告案件，

第十条　民事法庭刑事法庭受理之案件有牵连者得商同处理之。

第十一条　组织巡回法庭就地审判，由民事法庭、刑事法庭抽派人员参加。

第十二条　行政处下设研究室、一科、二科、三科、四科。

第十三条　各行政区人民法院设院长、副院长各一人，下设行政处、民事法庭、刑事

法庭分监等部门。行政处设处长、副处长各一人。分设文牍、总务二科。民事法庭设庭长副庭长各一人，审判员书记员各若干人。刑事法庭设庭长副庭长各一人，审判员书记员各若干人。分监设典狱长副典狱长各一人，典狱员若干人，医生一人，警卫队若干人。

第十四条　各行政区下之分区，除行政区人民法院所在地不设置分庭外，其他各分区均设分庭，分庭设庭长（由专员或副专员兼）副庭长各一人。审判员一人，书记员二人。

第十五条　各县（市）人民法院，甲等县与乙等县均设院长（院长可由县长兼）副院长各一人，书记员一人，看守员一人。丙等县设院长一人，书记员二人，看守员一人。

第十六条　各行政区人民法院为陕甘宁边区人民法院终审代理机关，由陕甘宁边区人民法院暂授权审核所属各分庭各县市人民法院三年以上徒刑之判决，及管理所属各分庭各县（市）人民法院之一切司法行政工作。

行政区人民法院除再审不服所属各分庭二审判决而声请再审之案件，并直接受理重大之第一审刑事案件与受理不设分庭之分区的二审案件。

第十七条　在各分区所设之分庭，为各该行政区人民法院的代审机关，除审核所属各县（市）一年以上三年以下之徒刑判决，及管理所属各县的一般行政工作外，并受理不服所属各县（市）人民法院判决或裁定而上诉或抗告的民刑事案件。

第十八条　各县（市）人民法院受理各该县（市）第一审民刑事案件，对一年以下徒刑案件得径行判决，不送审核。并加强对区、乡政府、群众团体及群众调解工作的领导，进行对一年以下徒刑人犯及处劳役之人犯的教育工作。

第十九条　死刑批准权属于边区政府。晋南、晋西北行政区死刑案件，由陕甘宁边区政府暂授权行政区人民法院转各该行署批准，执行后必须呈报陕甘宁边区人民法院转呈边区政府备案。

陕甘宁边区原属各分庭各县人民法院或司法处之死刑判决仍由陕甘宁边区人民法院审核呈陕甘宁边区政府批准执行后，须呈报陕甘宁边区人民法院转呈陕甘宁边区政府备案。

第二十条　本规程由陕甘宁边区政府联席会议通过施行。

选自《陕甘宁边区法律法规汇编》，陕西人民出版社 2006 年版，第 51～53 页。

16. 陕甘宁边区人民法院工作细则

1949 年 3 月①

第一章　通　则

第一条　为建立工作制度，提高工作效能，贯彻政策、法令，特制定本细则。

第二条　本院业务，在院长、副院长领导下进行之。

第三条　本院办公时间，每日规定为八小时（星期日休息），在办公时间内，不得擅

① 原件未注明制定年月，根据前文 1949 年 3 月 8 日改称“人民法院”的通令，推断为该年 3 月制定。

离职守，假日采用值日制，值日规则另订之。

第二章　公文

第四条　本院之正式公文，以院长、副院长名义行之，法庭之传票、提票、拘票、搜索票、判决书、裁定书等，得分别以庭长、审判员、书记员名义行之。

第五条　往来公文，统一由收发员收发，各部门各应制订本部门的收发文件登记簿以便稽查。

第六条　一般公文，最迟应于收到五日内办理完毕，情况复杂者，亦应迅速办理。民刑各庭的案件处理，亦应在照顾生产原则下迅速为之。

第七条　公文之校对、监印、封发、归档等，统归行政处分工办理，办理规则另订之。各部门应于每月初五日前，将上月之已结文、卷整理装订后，移交归档，工作必需时，得经各部门主要负责人及主办审判员签名、盖章，遵守档案室规则调阅之。档案室规则另订之。

第八条　行政公文之起草，判例之草拟，报告之批答，有关材料之收集与统计，编印刊物以及公文之传阅等工作，统由行政处办理之。

判决书及审件之审核，由法庭办理之。

在监人犯之释放、假释、减刑、外役等文件，由监狱办理之。

第三章　会议及报告制度

第九条　院务会议及庭、处、监狱会议，每两周一次；科务会议，每周一次；全院工作人员会议，每月一次。

上列会议，遇有必要时，均得召开临时会议。

院务会议之记录、整理、传阅与保管等，统归行政处办理。

第十条　民、刑庭、行政处及监狱等部门，每月终向院长、副院长书面报告工作一次，报告内容，应扼要简明。各科向各部门主管负责人，每周口头报告工作一次（临时汇报例外）。院长、副院长每两月向边区政府主席书面报告工作一次。

第四章　案件接收及处理

第十一条　凡用公文、呈状上诉者，由行政处长接收；当事人亲来上诉者，由收发员接收后，依据案情性质，属于民事者归民事庭办理，属于刑事者归刑事庭办理。

法庭收案后，由庭长分发各审判员办理之。

第十二条　审判员接办案件后，应协同配置之书记员，于三日内决定进行处理之办法，进行中需用之传、拘、提、押等票，由主管审判员签名盖章行之，但属于调卷及非决定性的文稿等，可由庭长执行之。

第十三条　一般案件之讨论，各庭长主持处理之。如遇重大复杂且涉及重要政策、法令之案件，得提经院务会议决定之。

案件之处理，得先宣判，后拟判决书，但对和解、认诺、舍弃、撤销等案件，可由庭长、主办审判员酌情处理，事后补发。

第十四条　上诉当事人到庭时，如无特别事故，应随时接见，三日内开庭审讯，但有特殊原因者例外。

第十五条　法庭开庭时，除在侦讯中禁止旁听外，其余审判，得公开准许旁听，旁听

人须遵守法庭秩序，及服从维持法庭秩序之指挥。

主办审判员退庭后，得征询旁听人之意见。

第十六条　法庭设法警若干人，在主办审判员指导下专事对诉讼当事人之接待、调查、传、拘、搜索、查封、扣押、找保、提送人犯，以及送达文件等工作，其服务细则另订之。

第五章　人犯之管理及教育

第十七条　凡延属各县一年以上，陕甘宁各分区二年以上之徒刑犯，一律集中边区监狱管理教育之；晋西北及晋南行署所属各县一年以上，各分区二年以上的徒刑犯，解送行政区监狱管理教育之。未决人犯，一律归看守所管押，看守所规则另订之。

第十八条　人犯之管理，采用自管自教，人犯得按住地或工作性质编为若干队，队设队长；下按窑洞分为若干组，组设组长。队组长统由人犯民主选举，典狱长批准。在不违背监狱规则条件下，准许一定范围之自由活动，监狱规则另订之。

人犯所带之非日常必需品财物，交监狱一科保存，出狱时交还，如有少欠，保存人员负责赔偿。

第十九条　教育人犯以生产及思想教育并重，生产实行分红与奖金制（办法另订之），生产卫生及娱乐等工作，经过俱乐部推动之。

第二十条　已决犯如有不服第一审所为判决，经典狱长审核认为理由充足时，得商同法庭准其上诉。

第二十一条　人犯之接收、登记、提押、检查、调做零工等，一律依照监狱规则进行之。

第二十二条　人犯之释放、假释、外役、提前释放等，首先由在监人犯酝酿讨论，再提交监狱一科研究后，以书面呈请院长、副院长核准为之，假释、外役、提前释放之详细办法另订之。

第二十三条　撤销外役、加刑、减刑、撤销假释等，由监狱提出意见，经院长、副院长批准后为之。

第六章　生产及供给

第二十四条　监狱内的生产由本院进行农、工业、运输业及作坊业生产，统归行政处管理领导之。

第二十五条　本院之供给标准及供给制度，在生产节约原则下，遵照财政厅规定，由行政处负责执行之。

第七章　其他

第二十六条　本院之干部坚持每日二小时学习制，每半年实行民主奖评一次。

第二十七条　来往客人之接见，一律经过收发室。

第二十八条　各工作人员之请假，均须由各主管上级负责人批准。

第二十九条　行政处、民、刑庭及监狱等部门，得各指定一人兼理本部门关于办公用具之领取与干部生活之照顾等日常事务工作。

第三十条　本院及监狱、看守所的警卫规则另定之。

第三十一条　本细则经院务会议通过，呈请边区政府主席批准后施行之。

选自《陕甘宁边区法律法规汇编》，陕西人民出版社2006年版，第53～55页。

17. 陕甘宁边区政府命令
——关于规定司法收入统归财政

1949 年 4 月 16 日

各行署主任、专员、县（市）长各分庭庭长、地方法院院长：

历年来各地对于司法罚款之处理极不统一，有的作为地方开支，有的自收自用，很少交归大公与报告上级司法机关，影响统一财政收入。兹决定一九四九年之司法罚款，包括各级公安机关各级政府及各级司法机关之一切没收及罚款收入，一律作为边区财政收入，各级政府及司法机关无权动支或挪用。所有罚款一律须按月解交各该级财政处、科，索取正式收据并造具报告表，逐级分别呈报上级机关。各财政处、科收到款须按期寄交财政厅审核转帐（账）。希即遵照执行为要！

此令。

主席　林伯渠

代主席　刘景范

副主席　杨明轩

选自《陕甘宁边区政府文件选编》第十三辑，档案出版社 1991 年版，第 240～241 页。

18. 陕甘宁边区人民法院批答——为批答绥德分庭及子洲、佳县、吴堡三县之三月份月报表由

1949 年 4 月 25 日

绥德分庭并转各县司法处处长：

绥德分区各县之三月份月报表至今才收到分庭及子洲、佳县、吴堡三县的。未寄来的有清涧、米脂、绥德三县，仰即转饬速寄本院。米脂县从今年一月起即未填造过月报，应严格纠正这种不重视报告制度的无政府无纪律现象，尊望速将一、二、三月份之月报表补寄来院。

为了简便手续，即时了解下情，在上月的综合批答中已规定，月报于每下月初五日前填就发出。一份寄分庭，一份直寄本院，望遵照执行。

现收到的四份月报表，在填造上一般的尚无不妥处，其中以分庭及吴堡县为好，填的确实，字迹整洁，现只将从该月报表中看出的婚姻问题提示如下：

一、吴堡县处理婚姻案件，一般地说是正确的，掌握了婚姻自由与反对封建的买卖婚姻的原则。将二次买卖婚姻，以妨害婚姻罪论处是对的，所以在一个案件判决离婚之后，司法机关应主动地负责地责成区乡政府监视其今后的婚姻不准再行买卖，更重要的是发动

群众监督、检举。二次买卖之财礼应坚决没收，严重者应予刑事处分，并应召集群众会处理，以教育提高群众，吴堡县对李玉成诉宋永泰的二次卖女案就是这样处理的，这是消灭买卖婚姻应有的严肃态度与步骤，值得推行。

二、如女方是个二流子，不正派或以不正当的方法请求离婚（如诬告其翁翁强奸），我们的干部往往是把这些事情与婚姻问题混同起来看，或以一个问题处理，这是不对的。女方不正派是一个问题，男女之间情感不合又是另一个问题，不能以女人不正派等为借口，而不去看其双方之基本条件，即是否情感根本不合，如情感根本不合应准予离婚，女人不正派有各种原因，应进行教育或予适当处分。有的女人不正派的原因或许正因为其夫妇感情不和。如女人诬告其翁翁强奸应以诬告另行处理。如分庭处理米脂县宫正英上诉李永厚等二人请求离婚案，事实是米脂宫正英与夫关系不睦并以男方殴打虐待为理由提出离婚，并诬称其翁翁有强奸伊之情事，借以造成离婚理由，经初审判决不准离，女方因来上诉，如何处理中写“以女方所称理由欠充分，尤以污乃翁强奸为不妥，因此仍维持原判不准离婚”。如果宫李二人情感确是根本不合，男方并有殴打虐待行为应准予离婚，如感情并非根本不合，仍可继续同居，又无殴打等行为时，可不予离婚解劝回去。但在如何处理栏中的：“尤以诬称乃翁强奸为不妥，因此仍维持原判不准离婚”来看，是将诬告与婚姻问题混为一谈，这样处理是不妥当的。至于该案实际情况如何与处理是否正确，纠属另一问题。

三、子洲县三月份即收了十个婚姻案，并均予解决。处理得尚无大的缺陷。该十案有六个案件是由于灾荒关系，或因男方出走不归，生活无着而另行嫁人，或因女方出门乞食而与他人结婚，在处理这类案件时应尽力用说服解劝办法使女方仍与前夫同居为好。如情感确已破裂应本婚姻自由原则来处理，不应居然均判归前夫为妻，特提出希注意。

四、与买卖婚姻制度斗争的一个关键，首先应搞通干部思想，从干部做起，违者，应坚决执行法令，绝不能迁就。佳县某区组织科长吕世珠干涉其姐吕伟伟的婚姻自由（吕与常明显离婚后自愿与常文才结婚），并将吕伟伟及其夫常文才二人擅自捆打、这种封建思想（包办）与国民党作风（捆打人）是我们不能容忍的，佳县对吕世珠等非法捆打，包办婚姻予以严格训诫并准吕伟伟与常文才婚姻有效的处理是对的。并应以此教育其他干部。

以上所提望多加研究并贯彻到我们具体的办案中。各县对本院所作批答如有意见及有出入的地方均望即时函告本院，以便更加改进工作。

再，此批答写好后，米脂县一、二、三月份及绥德县三月份之月报表已寄来，待后单独批答给该县。

此批

院长　马锡五

副院长　乔松山

选自《陕甘宁边区法律法规汇编》，陕西人民出版社2006年版，第233～234页。

19. 附［工作经验介绍］：马锡五院长在延（安）大（学）做《关于司法工作中几个问题的报告》

1949 年 5 月陕甘宁边区人民法院印发

一、什么叫做法律？新法与旧法有什么不同？

二、边区法律的特点

（一）阶级性（二）民主性（三）革命性（四）强制性（五）科学性（六）灵活性（七）主动性

三、边区司法工作的检讨

四、司法任务与干部修养

附：延大学生提出的问题，分类归纳答复

一、什么叫做法律？新法与旧法有什么不同？

法律是统治阶级压迫被统治阶级的一种斗争武器，即统治阶级以武装力量强制他人执行其法律。法律也可以说是国家的意识形态。国家的意识形态，就是国家的形式表现出统治阶级之思想意识来的意思，因为法律与国家一样，是保护一定统治阶级利益的工具。资产阶级的法学家把法律解释为“法平如水，除恶报善”，这完全是欺骗人民的说法，是掩盖阶级本质的说法。人类社会中，自从有了私有制度，即有了法律，法律是一定社会组织结构中的上层建筑物、因为法律又是跟随着人类社会组织结构的变迁与人类经济生活样式的改变而变更着。社会上没有超阶级的国家，当然就不能有超阶级的法律，因为斯大林说：“在奴隶制度下，‘法律’容许奴隶主打死奴隶，在农奴制下‘法律’‘只’容许农奴主出卖奴隶。在资本主义制度下，‘法律’‘只’容许劳动者临于失业和贫困，临于破产与饿死”。

国民党的六法全书，和一般资产阶级法律一样，以所谓“人人在法律方面一律平等”的面貌出现——就是说以掩盖阶级本质的形式出现。但在实行上，在统治阶级与被统治阶级之间、剥削阶级与被剥削阶级之间、有产者与无产者之间、债权人与债务人之间，没有真正共同的利益，因而也不能有真正平等的法权。六法全书是在民初聘请的日本人草拟的，再加上国民党卖国政权和各帝国主义国家所签订的许多卖国条约，其法律是浓厚的学（带）着殖民地的封建的色彩，因而它只能是保护地主与买办官僚资产阶级反动统治的工具，是镇压与束缚广大人民群众的武器。

新民主主义的法律是保护以工农为主体及各阶层民主人民大众的利益为己任，而反对与镇压地主买办官僚资产阶级的武器，根本没有一点与国民党六法全书相同的地方。如国民党六法全书对于封建的与半封建土地所有权、和以四大家族为首的官僚资本的所有权都加以周密的保护，而新民主主义的法律对于那些既不加保护，而于土地改革后，把封建的半封建土地所有权变为农民的所有权时，对于农民的所有权才加以保护。于蒋管区解放后，把以四大家族为首的官僚资本所有权变为人民公共的所有权时，对于人民公共的所有权即新民主主义的国营企业才加以保护。因之，我们的司法工作者，对此必须有明确的认

识与理解，才能在工作中运用自若。然而对新旧法律本质的认识与理解，仅凭抽象的学理方面转圈，会是十分不够的，必须还在另一方面——即是说要从实践施行中，给予社会的直接作用与反映方向去求得补充才可。也就是说，要请事实来做证人。陕甘宁边区的选举条例中，明文规定：不分民族、阶级、性别、宗教信仰、文化程度等，除反革命及依法褫夺公权者外，凡年在十八岁以上居住边区境内者，都有选举权及被选举权。而国民党选举法中，对于被选人则有文化程度上的限制，没钱人念不起书的人，就得不到文化程度，所以文化程度的限制，实质上就是限制没钱人参政的。三十年七月陕甘宁边区政府颁布的施政纲领第七条规定要"改进司法制度，坚决废止肉刑，重证据，不重口供。对敌伪分子，除坚决不愿改悔者外，不问其过去行为如何，一律实行宽大政策，争取感化转变，给以政治上、生活上的出路。不得加以杀害、侮辱、强迫自首、或写悔过书。"在三十六年战争开始后，对叛变或投敌分子等又规定："首恶者必办，胁从者不问，立功者授奖"的处理原则，这些规定与原则，与国民党"宁叫害死一百，不叫放走一个"的做法，是有原则区别的。

此外，在边区的土地法、地权条例、租佃条例、债务处理办法、破坏金融法令、陕甘宁边区各级政府干部奖惩暂行条例、保障人权财权条例、婚姻条例等，都是依据革命斗争实际的要求而制定和逐渐修改提炼成的法条。因之，这些法条的基本精神，与广大群众的实际利害是密切结连的。同时也为群众所了解和自觉遵守的。譬如农村中的口角，劝解不听时，便说"不要吵"，开会讨论，谁的态度不好，便说"同志，边区不准人压迫人"，谁的话上带了些不干净，便说"边区不准骂人"，不服判决上诉，都是常见的事情。

这种例子举不胜举，总之新法与旧六法全书是从头（产生）至尾（效果）有本质上的区别，完全没有相同的地方，这样便证明了法律是阶级的产物，不是象（像）资产阶级（中国国民党在内）所谓："神圣不可侵犯"的超阶级的东西。政权掌握在地主官僚资本家手里，便用法律来镇压与束缚广大的劳苦人民，政权掌握在无产阶级领导的以工农为主体地各民主阶层联盟专政者的手里，便用法律来镇压少数地主买办等反人民分子，因为法律又是为阶级利益服务的工具。

二、边区法律的特点

（一）阶级性：我们边区的政权是新民主主义政权，无产阶级领导的以工农联盟为主体的人民民主专政，所以她的法律，也是保护各民主阶级，首先是工人阶级和劳苦农民阶级利益的法律。同时为了各民主阶级的利益，确实得到保护，对于以四大家族为首的，历来以压迫剥削为主的，封建的地主阶级及官僚买办资产阶级不得不消灭之。但在一时尚未具备消灭地主阶级条件的地方，也有暂时采取削弱地主阶级的政策，即减租的政策，这是边区的阶级性也叫原则性。

（二）民主性：按封建的地富阶级，其人口在全国总人口里仅占百分之七，八，而我们现在所要消灭的，只是以四大家族为首的封建地主阶级和官僚买办资产阶级，则其人口在全国总人口中所占的比例更要小，就是说我们所要压迫的人是极少数，所要保护的是绝大多数。在全国范围内即占其总人口百分之九十以上，所以边区的政权，现在在世界上，除苏联以外是最民主的政权，这就是法律的民主性。

（三）革命性：我们所要压迫以四大家族为首的封建的地主阶级和官僚买办资产阶级，其目的即在消灭极不合理的，半殖民地半封建的剥削制度，因为那种不合理的制度，在现阶段妨碍着群众生产的发展。请看山东沂县张庄张太天的遭遇，就知道那种不合理的制度，对于群众生产的发展，妨碍到什么程度。张太天的父亲领着娘儿四个，住在张庄，自己五、六亩地、又种着太平庄前楼院四臭肉（地主的外号）的十来亩地，喂着一个小牛，好年好月的还能过得去，收庄稼时，从打到场上的堆儿看还不少，怪喜人，可是每当何掌柜（地主四臭肉的狗腿）拿着账本来分场时，心里总冷了半截，每年分场时，张太天的父亲怕何掌柜在四臭肉跟前说坏话，夺了地，所以在分场之前照例先从自己的粮堆里，量出一斗来，“孝敬”何三爷，再从公堆里量出一斗给何三爷□着，对天盟誓，不管谁都不准讲，掌柜才来分粮，扬过场的粮食不准搅和，下风头的孬粮食秕子都给自己留下，上风头的好粮食分给东家，场上剩下来的一碗糠，一小堆乱醮也得平半分，最怕人的是分完了场之后，何掌柜的又掏出账本子来要“分子粮”，分子粮是吃一斗还四斗，每年春天不吃不行，要是吃了三斗，收庄稼时，就得还一石二斗，年成稍微一孬，粮食在场上就光了。有一年张太天的父亲分完场之后，还剩下一升麦子，张太天的母亲一直冷到心，直象（像）刀绞一样的难过，她拚命不让眼泪流下来，横着心把粮食拨弄拨弄，对何掌柜说：“这一升粮食也算是咱孝敬四老爷、四奶奶的吧！”何掌柜不客气地把场收拾得干干净净，老两口亲眼看着，自己一滴血一滴汗辛苦一年的粮食，自己一粒也没剩下，在这样的制度下，不要说改良生产，发展生产了，就连原来的生产力也不能继续下去了，由于这种不合理的制度，使广大群众生活不下去了，起而反对他（它），我们即根据这种意见把群众组织起来，并加以领导，把这种不合理制度，一定要打破，一定要消灭。把封建地主阶级的土地所有权，分派给农民，重新建立一个新民主主义的制度，即无产阶级领导的以工农联盟为主体的人民民主专政的制度，在这种制度下，时常用农贷组织变工、调剂种子、奖励开荒、改良农作法等等政策，以改良生产方法，发展生产，所有这些都规定在发法律上政策上，这就是边区法律的革命性。

（四）强制性：我们对于以四大家族为首的封建地主阶级，要坚决消灭。这是已经确立了的政策，我们消灭地主和官僚买办资产阶级虽然是只消灭其阶级，不是消灭地主和官僚买办资本家的肉体，除罪大恶极者外，在分配土地时，还分给他们以相等于贫雇农的一份土地，但他们自来是不参加生产的，所以在没有把他们改造成劳动者之前，他们对于他们自己的前途是非常悲观的，拚命反对我们，反对我们的政策，我们对于这种反革命行为，是要予以严厉的制裁的。再则，所有战争罪犯，假如能按毛主席所提出的八项条件解决时，当然可以征求群众的意见，不加处罚，假如他们不顾八项和平条件，对于建筑物、工厂等滥加破坏甚至放毒气者，我们的法律是不能允许的，一定要严办的。

（五）科学性：我们的法令政策，是群众斗争的总结，边区政府只是用立法或决定的方法承认群众斗争的合法性。并对于其斗争的经验，付之以法律的总结。所以，边区的法令政策，是从群众中来的。为扩大群众的拥护所要求的。至群众那些斗争经验，变成了法律之后，为了确保群众的利益又用它（指法）来指导群众的斗争，同时在用它指导群众斗争时，对于其正确性，又能得到证明或修正。这就是边区法律的科学性。

（六）灵活性：灵活性即策略性。同时偷人有的是为了生活所迫，不得已而偷人的，

有的是为了不满意我们的政策，要破坏我们的社会秩序而偷人的。纵然他们所犯的罪一样，所偷的东西也不差甚，可是他们犯罪的性质是有原则的分别的。所以我们对于这两种人的犯罪，态度是不一样的，对于前者就处罚的轻，或不处罚而予以安置；对于后者就处罚的重，而且必然要处罚。同时，为了不满意我们的政策而偷人，而且偷的东西也不差甚。有的被我们捉起来，经过我们教育之后，就转变的快，有的就死不转变。始终和我们对抗，我们对于这两种人的态度也不一样。对于前者处罚的轻，对于后者，就处罚的重。就是判决了，判了一样的刑期，对于前者就可提前释放，对于后者就不能提前释放，就是他的刑期已满，假若还没有改造过来，应当提出交乡政府监督改变。对法律的灵活性更提高一步，也叫做具体妥当性。就是按具体情形而处理妥当的意思。

（七）主动性：我们边区有些法令不仅是公布一下就算了事，还要主动的向群众宣传，启发群众，教育群众，至群众之觉悟已经提高而且掌握了法令政策的实质时，即组织并领导群众向反动制度作斗争。而且用那些法令来指导斗争，这就是边区法令的主动性或积极性，也可叫做斗争性。

所有这些阶级性、民主性、革命性、强制性、科学性、灵活性、主动性就是边区法律所具有的特点，总括起来说，就是原则性和教育性。假如我们能掌握了这些特点，并把它贯彻到实际中去就是我们的司法政策，可是掌握这些特点，却不是一个很容易的事情，因为旧社会那种不合理的制度给社会造下一种不良现象，即不说真话的现象。一般人把这种现象叫做“人情世故”。假如有人只会说真话，而不会见什么人说什么话，那必然要被人骂你不懂世故人情，再加以经济的压迫常常使某些问题由一种假象表现出来，更使你把握不住事情的本质，如本讲义以后所举镇川六乡白四娶小老婆的问题，其本质明明是霸占民妻，而其表现形式却是自愿婚姻，所以我们办理案件调查事实，搜集证据，固然是重要的，可是通过事实的现象，并以阶级观点分析事情的本质是更加重要的。

三、边区司法工作的检讨

边区高等法院，在 1942 年高干会以前，曾指示过各县于判决时，要批判的引用六法全书条文，六法全书也曾用做司法人员训练班的教材，虽然当时说是批判的引用，批判的讲授，但考试测验中，根据把六法全书背诵默写的熟即可多得分的结果，是鼓励了六法全书的采用，于是各县司法处都买到一本六法全书，视为奇货。虽然运用时，大多数是先确定案情，然后套引条文，但“依法办事”的思想与六法全书有它“进步的一面”的认识方法，即占着支配中的相当作用，虽然时间只从 42 年下半年起至 44 年春就得到党的纠正，但纠正并未彻底。

纠正为什么不能彻底呢？因为有的同志把法律与武器做比，武器拿来可用之打敌人，那么引用六法全书的某些条文，作为向阶级敌人斗争的合法武器为什么不可以呢？另外有些同志，认为六法全书有它的“进步性”（?）起码在技术上值得参考，譬如 1945 年高等法院起草民、刑法时，曾抄写六法全书的不少条文，当时没有懂得国民党六法全书，它和其它反动的法律一样，不能不多少包括某些所谓保护全体人民利益的条款，他（它）们包括这些条款的用意，并不意味着保护人民利益的真实性，而是为了保障其基本的阶级利益（财产与政权）安全起见，不得不在某些条文中，一方面照顾一下它的同盟者或它的试图争取的同盟者的某些部份（分）利益，以期巩固其统治；另一方面不能不敷衍一下他的根

本敌人，劳动人民，企图以此来缓和反对它的阶级斗争。因而不能因为六法全书上有某些似是而非的所谓保护全体人民利益的条款。便把它看作反动的只是一部份（分），而不是基本上不合乎广大人民利益的法律，应该认识到法律正和国家本质一样，恰是阶级斗争不可调和的产物和表现，它本身是一套系统的成文，正如俗语所谓“一株树上不能开两种花”的道理是一样的，因之六法全书是在基本上不合乎广大人民利益的法律。必须果断地给予废除。

从策略意义上说，不能因为我们在引用中犯了毛病，便肯定的说在抗日时期，利用国民党法律中有利于人民的某些条款，来保护或实现人民利益要求的做法是不正确的，因在反动统治下，利用反动法律中个别有利于群众的条件，来保护与争取群众的利益要求，并向群众揭露反动法律本质上的反动性，是常常需要的做法，因之无疑的是正确的，可是不能把一时策略上的行动，解释为我们在基本上承认国民党的反动法律，或是认为在新民主主义政权下，能够基本上采用国民党的反动的旧法律。今天一切条件都起了质的变化，今天的政权性质，是无产阶级领导的，以工农联盟为主体的人民民主专政的政权，这一政权的性能是为人民大众谋利益的组织，因之人民的司法工作，不能以六法全书作依据，而应以人民的新法律作依据。

那（哪）些是我们的新法律呢？陕甘宁边区已有成文的土地法、债务法、婚姻条例、保障人权财权条例、减租减息条例、惩治贪污条例、破坏金融惩罚条例等50多种，都是处理案件的法律依据。他（它）们今天的缺陷是没有系统性——这是过去解放区分割斗争的必然结果，因之在人民的新法律还没有系统颁布之前，则应该以共产党的政策以及人民政府与人民解放军所部颁布的各种纲领、法律、命令、条例、决议作为法律依据，谁要是违反纲领，法律、命令、条例、决议上的规定，谁就是犯法，应该受到制裁。可是我们今天司法干部，并不能把纲领、法律、命令、决议的精神，掌握与运用的那么合嵌，相反常常不左即为右，譬如各县呈来审核敌伪死刑的共57件，但得到边府主席批准的只有18件，占呈报数的不足三分之一，即是说有三分之二的犯罪者尚不应该处死，这表现了过左的一方面；另一方面太右了，如在调解问题上，把赌博、拐骗等刑事案件，也用调解了结，而宜川去年共处理婚姻案30多件，没有判决一件离了婚或解除婚约。他们的作（做）法是“以前是怎样定下的，都是合法”“以人情（按即指落后的买卖婚姻等）为第一，照顾政策法令”，他们把这没当作错误，相反的还自誉为“这些作（做）法，都是群众所欢迎的”。因为如何正确的把政策决议等的精神，运用到案件的处理上，是需要努力的问题。

司法工作中的第二种偏差，便是司法机关把自己的工作，局限于应付诉讼——审理民刑案件，不能离开案件，只怕乱司，于是不告不理，而没有懂得司法任务是广义的，多方面的，主动的，而不是不告不理的被动。苏联制度中把不完成工作计划，也列入犯罪行为中，因之为了提高业务，今后在司法行政方面，必须做下列事情：

（1）干部的教育培养与提高。

（2）任务的布置、检查与总结。

（3）新法制的宣传与教育。

（4）刑罚的执行。

在审理方面，必须做下列事情：

（1）案件之受理。

（2）案件之了解。

（3）研究准备处理意见。

（4）案件终结等。

四、司法任务与干部修养

司法任务是把政策的执行具体化。因之我们的司法干部，必须一方面：应该经常以蔑视和批判国民党六法全书及其它一切反动法律法令的精神；以蔑视和批判一切资本主义国家反人民法律法令的精神；以学习和掌握马列主义毛泽东思想的国家观法律观及新民主主义的政策、纲领、法律、法令、条例、决议、办法等，以提高自己的理论知识、政策知识、法律知识与工作知识水平。另一方面：必须懂得工人、农民、小资产阶级等各联盟阶层的个性、特质、情绪、要求、生活、习惯等，才能为人民服务的好，因之我们的司法干部，必须注意如下各方面的修养：

1. 对案件处理要客观：把案情的是非曲直、真伪虚实，必须进行客观的分析与判断。不能凭主观的推测与“想当然”，必须站稳为人民办事的立场，但不能机械地死搬与硬套条文；必须实事求是，不能冤屈一方。譬如对婚姻问题的处理，一方面要认识千百年的封建压迫力量，一方面又要执行现行法令。同时每一案件中间的变化性是很大而很复杂的，谁要简单或粗糙从事，谁就会犯了错误，因为必须学习唯物辩证的方法，才能把案件办理成公平合理，冤抑分明。

2. 要有群众观点：群众观点是阶级观点，就是用阶级观点来分析问题、处理问题。革命的司法者，如果不拿阶级观点来分析问题，必然会成为群众运动中的绊脚石或顺风草。因为在阶级社会里，剥削阶级常用人工的方法（即压迫的方法）使某些问题，不能表现其本质。镇川六乡有个地主姓白，因为他是第四，所以人们叫他白四。他现在已经50来岁，他小婆1945年和他结婚时才19岁，这小婆本来有丈夫的，她原来的丈夫比她大两岁，自她和白四通奸后，每天就和她丈夫打架、生气、闹离婚，继经伪国民党政府判决离婚后，她就嫁了白四，作了小婆。从这个现象看，谁能说这个婚姻不是自由自愿的？至镇川在土改时，白四早逃跑榆林，群众就斗争其大婆和小婆，斗争当时，有人曾质问其小婆为什么不要年青的丈夫，硬要50来岁的老汉（她原来的丈夫，不是六乡人所以没参加大会）？她说，她原来拿了白四些钱，不跟人家，人家就要钱呢，土改过后，据说白四的小婆，将其亲生的小孩交给大婆，她又和原来的丈夫团圆了。从这个事实来看，她原先和她丈夫打架、生气、闹离婚，那只是出于被迫无奈，绝不是自愿嫁老汉，甘心作小婆。现在我们的政权固然是无产阶级领导的以工农联盟为主体的人民民主专政，但现阶段还允许有阶级的存在（按现阶段的客观条件也不能不允许其存在），有阶级的存在就不可避免要有阶级的压迫，如三月五日人民日报所载郑州私营豫中打包厂非法尅扣工人工资，即其一例。因此革命的司法者，如果不拿阶级的观点，分析出问题的本质，而只从表面现象（即假象）来处理问题，那么你在群众运动当时，不成为群众运动的绊脚石，你就不在群众运动当时，也只能是追随着表面现象打转转的顺风草罢了。

3. 办案要走群众路线：如果离开群众，任何所谓的“天才家”也不可能把工作做好，

因之革命的司法工作者，必须面向群众，随时征询群众的意见，倾听群众的呼声，设身处地的体会群众的感情与要求。

真正的群众观点与群众路线，不是形式的，下乡去走几趟；或尾巴主义的放任，就能够做到的。而是要认真的关心群众，提示群众，与群众打成一片。如发现群众或个别干部的行动，违背了政策法令时——譬如打人、乱罚、捆人、买卖婚姻等，应该是苦口婆心的说服他们改正，说服他们遵守政策法令行事，而不是放任不管，熟视无睹，也不是顺风旋转，盲目的服从，只有对于严重说服不改正者，方用法律制裁。

4. 要学习时事与政治：法律服务于政治，而政治又在变化中发展着，如不关心时事，如不能了解政治动向与发展规律，便不可能有效而灵活的掌握与运用法条，发挥法制精神的革命作用，便会成为一推一转，不推不转的近视眼。因而司法工作者，必须学习理论，学习党报以及党的各种指示等，用理论知识党的政策知识等，把自己武装起来，才能懂得事情的规律。按事情规律来处理，才能使工作不犯错误或少犯错误。

5. 要艰苦与冷静：要把案情的始末与因果，得到透彻的了解，并不是轻而易举的事情，必须多方调查，周密思考、研究、判断，有时走弯路、白费力气的情况，常常免不了。个别的犯罪行为与个别当事人狡赖、欺诈、不老实、不正派、甚至缠讼等，常常会使你不入眠、冲动、生了气，但冲动与生气只能表现自己的缺乏涵养与无能为力，于事情处理本身毫无裨益。相反常常由之会产生成见或偏见。把事情弄成不合适，因之司法干部，必须要有宽大的胸怀、冷静的头脑、艰苦的作风。

6. 要奉公守法：奉公守法是每个革命者应有的高尚品质。国民党的以及一切反动阶级的法官，可以吃钱卖法、可以和律师狼狈为奸、歪曲是非的作（做）法，当然我们是反对与摒弃的。那么我们司法工作者的一言一动，就必须是清廉正直、奉公守法。那么绥德分区的一个裁判员打了人、自然是不对的。富县把虐待迫使儿媳投了井的一个婆婆，只受押了一个月而释放了，也是不对的（应判刑）。吴堡县不制止张乔氏埋张宏恩的浪费（杀几口猪，大请客）迷信（请和尚诵经）的封建式的遭人命埋法（张宏恩系土改左偏下被人报复而死的，主犯已判了徒刑）。也是不对的。我们要做公证的评判员，我们要用自己的奉公守法，来惩治别人的不奉公守法，教育与改造别人奉公守法，古语所谓“己不正焉能正人”也是这个意思。

必须做到这些方面的修养，才能成一个好的司法工作者。

延大学生提出的问题，分类归纳答复如下：

（一）属于司法组织方面者

1. 在专属所在地，设立高等法院分院，院长由专员兼任；县之地方法院院长由县长兼任。其行政负责人兼任司法，是否会妨害司法的独立性？将来是不是此种制度有变动？

答：专员兼分庭庭长，县长兼司法处长，并不妨碍审判的独立。因为专员与县长没有个人打算，不是国民党式的“一切从个人出发”的官僚；同时有广大人民的民主监督，共产党的坚强领导，因之不会有妨害之虞。而且认为在现在情况下，专员与县长，对所辖分区或县的全面情况，较司法干部了解的更全面清楚些，同时他们的理论修养也比较高，把握政策也比较稳，那么处理的问题，自然会周到而合适些，因而兼任比不兼任的好处比缺点更多。自然这种兼任制，是暂时过渡状态，适合于现在情况下的措置。将来情况起了变

化后，自然随之也要改变成适合新情况下的组织形式哩。

2. 法院机关的组织及民主立法机关的关系如何？

答：法院院长由议会选举，受议会监督。

3. 检察处与司法是否各自独立？

答：是在密切地配合下，各尽其职。

4. 新区的旧法院，如何处理？

答：接收。接收后名称改为人民法院。旧职员经审查，分别录用或发落。有犯罪行为者依法处理。

（二）属于法例方面者

5. 全国解放解放后成立联合政府，是否即在成立联合政府期间规定新民主主义的法典？

答：联合政府成立后，召开全国人民代表会议，制定宪法及法律，至于那（哪）一天制定颁发出来，不得而知。

6. 在新法典未制定前是否需要制定一种比较完整的，合于新民主主义各种政策的法？

答：已有单行案例，不足或需要修改者，自然应继续制定或修改，但在全国新宪法未颁发前，要制定一整套的法不可能，自也不合程序。

7. 目前各解放区所适用的各种审判条例，是否统一？由何机关制定？抑各区各自由边区政府制定，彼此不相关？

答：现在各解放区施行的法例，是根据各地的工作进度，斗争情况的要求，以及经济、地理、民情等条件出发制定的。因之都带有相当的地方性，这是由于各解放区不同发展下的必然产物，并没有什么奇怪。但必须肯定地说：这些地方性的法例，其基本原则与基本精神是一致的。这是由于共产党的统一纲领与政策所决定的必然性。

8. 边区既有单行法规，关于法条的解释是否属于高等法院？

答：为了保证各法规，不被灵活运用而影响到原则，因之解释之权属于边区政府。

9. 对土改前的继承权，如何处理？

答：这类事实不多，处理的办法，得依据具体家庭经济状况（包括成分在内）来决定。

10. 关中有地主典当下农民的土地约 50 多年，依据伪法律，农民不能回赎，我们去时，农民的契约已失，管事人已死，群众不敢来给农民证明，而农民将问题提出，我们怎么办？

答：国民党伪法上的一切规定，对我们都没有效力。“时效”自然也在没有效力之内。我们认为“典地千年活”的原则是适合广大人民利益要求的。至于没有契约，可用深入地调查研究方法，与教育启发群众的方法，自然可以找到人证或物证来的。

11. 伪政府所颁布的民法，在边区是否能适用，或部分适用？

答：一律不能用。

12. 边区的成立［文］法，有无法定之立法程序？

答：由议会及其代表会，都可立法。

13. 关于城市的商业纠纷问题，是否还要依据蒋区的商法？假若商法不能用，又怎

么办？

答：蒋党的商法无效，应依据我们工商业政策处理。

（三）属于审判方式者

14. 边区高等法院审判条件，是否采用合议制？

答：采民主集中制。

15. 边区有人民法庭，其犯人由群众审判，是否有使用感情用事的危险？

答：在群众的愤怒下，个别的冲动或粗鲁是很难免的，但有党、政的正确领导，多数群众的民主，以及司法人员们在场等条件，即有个别冲动，也不可能形成作用。

16. 我们审讯犯人，是否也用肉刑？用什么方法使犯人不得不承认他犯了法？

答：禁用肉刑，着重调查研究，搜集材料与说服被审者坦白等方法。

17. 司法程序，是否亦系先由检察院侦查后，由公审审理？有无辩护律师及旁听等？

答：依据案情来决定。对重大破坏人民利益的案件，可由公安机关侦查起诉，边区没有律师；即到新解放区后，也不拟准律师辩护，但边区群众团体可代做辩护。

案件侦查时，不得旁听，审判时当然准许旁听。

18. 马锡五审判的方式其内容如何？

答：就地审判，不拘形式，深入调查研究，联系群众解决问题。

19. 陪审制度在中国是否合适？

答：据经验还合适，且为群众欢迎。

20. 审判时由法官单审呢、还是会同与该犯有关的大众共审呢？

答：采用什么形式，依案情而决定。

（四）属于刑诉方面者

21. 投敌犯是否算政治犯？有无斗争情形，采取那些方式？

答：我们没有政治犯，只有刑事犯。刑事犯的科刑，按事实论罪。

22. 对反革命及特务的处理态度如何？

答：首恶者必办，胁从者不问，立功者受奖。

23. 对土匪盗贼之类人、如何处理？

答：根据犯罪情节而确定。

24. 成分不同的人，犯了同等之罪，是否同样处理？

答：除战争罪犯外，一般犯同等罪过的人，应受同等的处理。但与犯罪者本人对所犯错误的认识程度与改进能力等具体情形，可有不同的变动。

25. 到新区对通奸与强奸的事件，怎样处理？

答：通奸与强奸都有罪，但具体地处理，应依具体的案情决定。

26. 对奸夫［妇］害本夫的事件，如何处理？

答：奸夫［妇］害本夫自然有罪，治罪轻重，决定于案件的具体情况。

27. 关中农民因看水浇地，互相争水，被打伤残、打死人命的事件，怎样处理？

答：边区没有这类事件发生。新区如遇到时，自然要根据案情，决定处理方法，有罪者当然应治罪。

28. 贼娃子偷人时，被主人看到，因顾及名誉及利益，杀死主人，怎么办？

答：科刑轻重，要根据具体情节而定，但确因饥寒交迫，出于不得已者，不一定判处极刑。

29. 区乡干部贪污事件、是否要交出赃物，并押起来，给以刑罚？

答：赃物应当退出，干部贪污，应加重治罪。

30. 对贩卖大烟及赌博，应采用何种办法办理？

答：大烟及赌具没收，人应受处罚。吸烟者应戒绝烟瘾。至于具体处治，应依据具体情节而定。

31. 苏联十月革命时、提出“废除死刑”口号，以后也将死刑废除了，我们为什么不提出这口号，以后新中国的法律，是否要有死刑存在？

答：苏联提出废除死刑，是在1947年，不是在丨·月革命时，我们今天不能废除死刑，将来当然可以废除。

（五）属于科刑方面者

32. 刑罚减轻是非常之对的，可是能否制止使人民少犯法律呢？

答：刑罚本身，即带有宽大与镇压两个方面，对首恶与顽固者严、对胁从与盲从者或为生活所迫而犯罪者宽。制止人民少犯法律的办法，即要从解放人民、教育与提高人民方面着手。

33. 罪犯在判决后，若接受教育很快，由学习证明已真实改悔者，原定徒刑，是否可以减轻？或斟酌情形让其出狱、分发工作？

答：已决犯接受教育，证明悔改者，服役后特别好或有功者，可减刑或提前释放。

34. 边区以犯何种罪者为多，原因何在？

答：现以敌伪分子最多、其次是盗匪。原因都是由于蒋胡匪军侵扰边区的结果而产生的。

再次是奸杀等案，这与封建残余的婚姻关系的存在，有密切联系。

35. 对国民党内的囚犯，解放后如何处理？其罪行是否减轻或有加重者？

答：一般地说对贪污、杀害人民的分子，不应该立即释放。对那些青年学生、贫苦工农，以及所谓政治犯等，应审查后释放，必要时还应给以救济。

（六）属于婚姻方面者

36. 离婚需要些什么条件？应该向民众宣传。

答：一般地说：离婚没有什么条件。如因父母包办买卖婚姻等造成的感情不和，经劝说无效者，即可准许离婚（但军属另有规定）向群众当然应当宣传。

37. 在诉讼法上看到法院受理案件，以婚姻不满形式诉讼者为最多，其社会原因，在于买卖婚姻仍然存在，其具体情况如何？如何消灭此种现象？

答：婚姻案件之多是由于买卖婚姻存在，法令未贯彻，甚至有些干部也没有深刻的了解，因之消灭的办法，只有教育群众。教育干部发动干部带头等方法，以逐渐实现之。

38. 边区犯重婚罪的是否有？如何处理？

答：群众中有重婚罪者，如一夫几妻者是，但经教育后，已做到一夫一妻制，干部绝不许有重婚者。

39. 农村中夫妻过不在一起，及抗工属家庭妇女和老人搞不在一起，应如何处理？

答：军工属与老人搞不在一起者，可以分居。

（七）属于监狱方面者

40. 普通参观人员，何以不准与犯人接谈？

答：不是不准接谈（对未结案犯不能谈，以保证侦讯工作的完成）而是不准乱谈，但不准秘密谈。允许有组织的公开的谈。

（八）其他问题

41. 对婆婆虐待儿媳，当你解说无效时怎么办？

答：主要地用说服、劝解，重者又劝解无效时，得给以处罚。

42. 城市的律师制度，解放后是否让其存在、理由如何？

答：不准用律师，因为他不能代表人民的利益。不能为人民谋利益，相反，他们是替有钱有势力阶层谋利益，而“助纣为虐”的欺压人民。

43. 法院现有工作人员的成分，以那（哪）种人为最多？

答：以工农及知识分子为最多，——其中也有学过法律的大学生。

44. 要求旁听审判情形。

答：旁听是允许的，因为我们的审判是公开的。

按西北政法学院抄件转抄打印。原注：1979 年 11 月 20 日抄自陕西省档案局 全 15 号宗卷 0150 号。

20. 陕甘宁边区政府批答——准将私立法专学生及西大法律系部分学生动员至西北人民革命大学司法班学习

1949 年 7 月 22 日

马、乔院长：

同意将私立法专学生及西大法律系部分学生连同旧司法人员，送至西北人民革命大学学习，并由你处派干部前去协助领导。

此批。

主席　林伯渠

代主席　刘景范

副主席　杨明轩

附：

陕甘宁边区人民法院呈

林主席、刘代主席、杨副主席：

在延安时延大司法班之学员三十余人，现已分配工作，为适应革命形势迅速发展的要求，司法班须继续开办，以培养大批的司法干部。旧司法人员经审核，准许学习者二百三十余人。大荔分区调来初中程度的学生三十人（现正帮助支前工作），以上二百六十余人，私立西北法政专科学校原有学生一百八十余人，现报到者九十余人，要求参加司法班学

习，情绪极高。因此，我们意见：可通过其学生会号召学生自动报名到西北大学司法班学习。除这部分学生外，再在西大动员法律系学生（据调查今年暑期毕业者五十余人，尚有未毕业者一百二十余人）五十人，将这两部分青年知识分子合为一个班，连旧司法人员准许学习的二百三十余人，大荔分区送来的初中学生三十人，共约四百人，经过审查予以长期学习，培养为新民主主义司法干部。又西安解放现已二月，对旧司法人员的处理已于上月底宣布，凡准许学习者每日上午来本院集体学习半日，情绪很高。关于旧公务员的训练虽原则上已有决定，均集中西北革命大学，但至今校址问题尚未作最后决定，不能很快的开学，对时间上是一大损失。如再这样拖下去，便会影响学习情绪，特提以上各节，敬请示遵。

此致

敬礼！

院长　马锡五

副院长　乔松山

一九四九年七月

选自《陕甘宁边区政府文件选编》第十三辑，档案出版社 1991 年版，第 430～432 页。

21. 陕甘宁边区人民法院司法工作报告

1949 年 10 月

8 月间接到中央法委会未冬电示后，即收集了 17 种材料，并按电示各节写了报告，对老区的一般情况虽可看出端倪，但因时间仓促，未经边府党组研究，以致写的很散乱，有些问题欠全面或有不妥之处，现根据边府党组研究精神重新整理，将边区十几年来司法建设中几个主要问题及新区案件情况陈述于后：

一、组织机构与诉讼方面

陕甘宁边区是党中央与毛主席直接领导的区域，在全国说又是一个最老的解放区，经过了土地革命、抗日战争，又经过边区自卫战争，发展到现在，已基本上解放了大西北的变化多端的地区，司法工作虽于某些时期在组织形式上为了统一战线有所改变，但在司法政策与制度上，则是具体实施新民主主义的政策与制度，废除了国民党封建的保护大地主大官僚买办阶级利益的旧法律。

1. 司法组织机构，苏维埃时期是三级两审制，轻微案件以区裁判部为初审，县裁判部为终审。重大案件以县裁判部为初审，省裁判部为终审，中华苏维埃西北办事处设有司法部。领导陕北、陕甘、陕甘宁 3 省的司法工作，但不受理案件。

双十二事变后，统一战线形成，中华苏维埃西北办事处撤销，各省县区裁判部亦同时取消，成立陕甘宁边区高等法院，为边区终审机构。县设审（裁）判员，受理初审案件，是为两级两审制。1942 年边区政府成立审判委员会，受理不服高等院判决案件。1944 年宣布撤销。该时期为三级三审制。1943 年为了便利群众诉讼，县设司法处。除延属分区

外各分区设高等法院分庭，为高院的代审机关。分庭庭长由专员兼。县司法处长由县长兼，今年2月各县（市）改司法处（地方法院）为县（市）人民法院，为初审机关，各行政区成立人民法院，为终审机关，并领导所辖各县人民法院。如晋南人民法院、陕北人民法院（院长刘耀三、副院长赵建国），及后来增设之甘肃人民法院（院长史文秀、副院长焦胜桐），宁夏人民法院（院长刘汉鼎），青海人民法院（拟派周玉洁担任现正准备启程），（新疆虽获解放，尚未派去司法干部），又同受陕甘宁边区人民法院领导。西安市设市人民法院（院长任扶中），由陕甘宁边区人民法院（院长马锡五、副院长乔松山）直接领导，故陕甘宁边区人民法院为西北司法最高领导机关，最高审判机关。边区没有司法部，所有司法行政与审判皆由边区法院负责领导与审理。司法干部均由民政厅与边区高等法院协商配备。分庭审判员、边院审判员及科长以上干部，呈经边府主席任免，县审判员由民政厅任免，边院院长由参议会选举。为了慎重处理死刑，边府成立司法委员会，由主席、副主席、民政厅长王子宜、教育厅长贺连城、秘书长常黎夫组成之，主持死刑案件之复核。凡拟判处死刑的案件，先由司法机关将材料呈分庭转边院审核，边院提出意见，转呈主席，在主席复核前由司法委员会拟具意见送请复核。

陕甘宁边区在过去只有1个监狱，直属县1年以上的徒刑犯，非直属县2年以上的徒刑犯，均送边区监狱集中教育。边区监狱（典狱长赵生英），现移西安。晋南行政区两个监狱（一设运城、一设临汾）。陕北行政区1个监狱，设延安（典狱长党鸿奎），对人犯集中教育改造，成绩均著。兰州监狱、宁夏监狱、青海监狱，因初获解放，尚未接到报告，典狱长及工作情况不详。

边院设秘书处，下分4科1室：一科管理干部，二科管理批答、报告、月报、统计、收发、档案、监印、校对、善写等文牍工作，三科管理行政区监狱及各县看守所人犯管教工作，四科管理生产总务工作，研究室管理各种政策法令，材料的收集与研究判例的整理等工作。审判方面设民事刑事两庭。监狱下分3个科1个医务所，一个警卫队，一科为文牍科，二科为管教科，三科为生产总务科。

边区的检察制度：1937年在高院设有检查［察］员，1941年春正式设立检察处，1942年精简时撤销。1946年夏又成立高等检察处，是年冬自卫战争开始，干部他调，检察处无形中撤销，至今尚未恢复。

西安市及各行政区法院组织大致与边院相同，但秘书处只设两个科：一科为文牍科，二科为生产总务科，不另设干部科典狱科，亦不设研究室，其工作均分别由一科管理。

各分庭庭长由专员兼，另置副庭长1人，审判员2人，书记员3人。各县法院院长由县长兼，另置副院长1人，审判员1人（丙等县）至3人（甲等县），书记员2人至4人，看守长1人，看守员1人，但特等县（如长安县有50余万人口）除院长副院长外，则须有审判员6人，书记员7人，看守长1人，看守员2人。

2. 诉讼方面：陕甘宁边区虽无明文的诉讼法，但完全废除了国民党反动法律的烦琐限制，我们不收讼费与状纸费，口头诉与书状诉有同等效力，贫苦不识字的人民要求司法人员代写书状，即可代为书写，手续简便，人民不因讼争而倾家荡产，实为群众所拥护。

我党又早有明文规定：废止肉刑，对人犯不加侮辱，重证据不重口供，各级审判机关均能正确掌握，坚决执行。我们的审判方式是不拘形式的，因此，我们用事实又打垮了国

民党黑暗的压迫人民的反动法庭，我们的法庭是用说服教育讲道理，使当事人心悦诚服，自觉的讲出事实，求得合理的判决。凡重大有教育意义案件，即采取召集群众公开审判，或就地审判，或组织人民法庭，或由群众、群众团体、有关机关选举代表参加陪审。如汽车工人压伤人，则请工会选代表参加陪审。妇女离婚、继承或受虐待，则请妇联参加陪审。商人违法走私，则请商会选代表参加陪审。由农民之间的重大案件，如土改清算恶霸等，则请农会选代表参加陪审。光复延安后，审判反革命分子张永泰、毕光斗时，即由群众选员陪审，召开公审大会方式审判。西安解放后，抢案迭出，公审陈元喜时是群众选出代表参加公审会，并选代表参加陪审。群众可以作证，可以提出处理意见，这种民主的审判方式，大家有意见都搬到桌子上来，法官要采纳群众的正确意见，是一种极成功的审判方式，既可提高干部政策观点，又能教育群众懂得政策法令，一步步的做到群众自觉遵守法令减少案件。同时也可提高法院及群众团体在群众中的信仰。法官在审判时是本阶级利益的代表者，判决以后他又是代表政府政策法令的执行者，这样的民主审判，既合政策法令又能照顾人民进步习惯，方能合情合理的贯彻政策法令的执行，也才能保护人民的利益。

其次是调解与审判结合，调解工作在老区是收到很大成果的，减少了民间诉讼，增进了团结，对发展生产支援前线，起了相当作用。但也走过弯路，1945 年前笼统的规定“调解是诉讼的必经程序”，发生了三番五次的调解，强制调解。又提出“调解为主，审判为辅”，将不应调解的窃盗、赌博、虐待致死的案件用调解去解决，反而引起这类案件的增多。以上偏向均在 1945 年冬推事审判员联席会上予以纠正。制订了调解原则，明确规定“调解不是诉讼的必经程序”，调解必须双方自愿，不许强迫，但又规定“适合民间善良习惯，照顾政策法令”则有欠妥之处。1948 年光复延安后在给各县的指示，改为“遵守政府政策法令，照顾民间善良习惯”。同时又指出：凡不是地主霸占农民土地，高利盘剥的民事案件，均可调解，刑事除因一时气愤的轻微伤害外，凡赌博窃盗虐待儿媳等重大案件，不得调解。解放西安后，3 个月来，西安市人民法院民事案件 180 件，调解的占 52%，上诉至边院的民事案件也调解了×件，过去在伪法院里打了 10 年官司未解决，三区南四府街饭铺经理范文章与面店王书奎因代购面粉案，经宣传司法政策的同志用 3 个钟头即调解了解（结），双方很满意，群众认为这才是人民的法院。西安市七区区长对调解工作认真负责，每月调解的案件在百件以上，起诉到法院的只有 1 件还是由该区提出意见，由市院同意，后仍由该区调解解决。这说明审判与调解结合是正确的。但有些案件经过调解如不能成立，即用审判方式结案，以免拖延时间。有些案件经过审讯，原则可以确定，但只为了一口气，当事人不服或有小的争执，再配合以调解，或指定专人去劝解将理摆在明处，案件也就可以顺利解决了，群众也深为感动，有一群众说：“过去打官司花钱还得受气，又误工夫，状子到衙门，不知哪年才能解决，我今年到市法院去告状，没花一个钱，法官叫我坐下还喝了两碗开水，问清楚后，给我写信要到区政府解决，2 个钟头就解决了，人民政府真会办事。”

刑事方面贯彻了宽大政策，实行教育改造，废除了国民党的以杀止杀，刑期无期的报复主义，除罪大恶极坚决不改悔的首恶分子必须处以极刑外，一般的均不处极刑。边区最高徒刑为 10 年，废除了无期徒刑，但革命基本上已在全国胜利，更要少杀人，最高徒刑可改为 20 年。在判刑上我们是非常慎重的，死刑须经边院审核后转呈主席批准，一年以

上徒刑须经分庭批准，3 年以上徒刑，须经行政区法院或边院批准，同时在科刑时，不是单纯的就事论事的法律观点，必须研究人犯的犯罪因果关系及犯罪动机与社会根源，同时照顾到双方经济情况，不能掌握阶级观点，科刑也会失当的。

二、案件情况

陕甘宁边区的民刑案件，关于老区的与过去无大变化，已详本年 7 月工作总结报告中。现将新区民刑案件情况分述于后：新区司法机关成立不久，人员缺乏，工作不够熟练，制度尚不够健全，所得材料颇不全面，只根据片断的统计材料，作为初步研究：

1. 民事方面：根据大荔分区 7 县及“三原耀县本年 6、7 两月份案件统计，民事共有 287 件，内婚姻有 115 件，占总数 40%；债之纠纷 86 件，占总数 30%；土地案件 37 件，占总数 12%；其余继承、房屋、物权等都是少数”。西安市解放后，随着社会秩序的日益安定，案件逐渐增多，该院 6、7、8 月份，民事案件统计共 419 件，婚姻 140 件，占总数 32%；债之纠纷 117 件，占总数 28%；租赁 62 件，占总数 14%；其他案件是少数。现将主要案件分述于后：

甲，婚姻案件发生的原因及处理原则：发生的原因有的是从小父母包办，买卖订婚，或童养到男家，年长后，因不满意而提出解除婚约；有的为了重婚娶妾，感情意志不合，或虐待遗弃而提出离婚；也有的为了寡妇再嫁，他人出为（面）干涉，以及敌军属离婚等。而实则还是封建的强迫包办及买卖婚姻，与男女政治、经济、文化不平等所生的结果。

城市婚姻案件，除与乡村有共同的封建关系原因外，就是官僚资本主义经济的发展，有些达官巨商重婚纳妾，较乡村为多。其次群众文化较高人口集中，易于接受新思想，因之在解放后敢于提出离婚，反抗封建的婚姻制度。

与婚姻有密切关系的另一种现象，就是因奸杀人、拐骗等案件发生的很多，新区没有详细的统计，以陕北作例：陕北各县 6、7、8 月份杀人案共 36 件，内因通奸及婚姻杀人案 18 件，因霸占虐待杀人案 4 件，共 22 件，占总数 61%强。新区拐骗案是相当多的，追其原因仍为婚姻不自由而不满意婚姻所致。

我们在老区处理婚姻案件应放手大胆，凡感情意志基本不合，无法继续同居者，即应判准离婚，不应再有所迁就，或照顾贫雇农而不准离婚，这样会更易发生不幸事件，不过在处理方式方法上应当灵活耐心，可多召开群众座谈会，激发群众认识，应当离的就离，对群众是有好处的。同时应发动干部起带头作用，首先干部家庭不准买卖婚姻，在新区——尤其是大关中一带，文化较高，只要讲通道理，应当离的就判准离婚，群众也是易于接受的。而贯彻进步的婚姻法令，保障婚姻自由，从简单的处理案件中着手总是消极的，积极的方面还在从政治上、经济上、文化上，提高女子权利，男女平等，封建的买卖包办婚姻才易于根除。

乙，债权债务纠纷发生原因及处理原则：债之纠纷比较复杂，其原因亦很多，如在敌人统治时期有一种是以银元实物行息放账，或无利借贷及买卖等所积欠的商业债务，有一种是民间典当土地、房屋及押租金等，积欠的特殊形态借贷关系；还有一种是烟土账、赌博、婚礼等非法债务。前一二种因币制改革物价波动很大，债权人请求偿还，有的因缺乏适当标准折合，有的债务人过穷无力偿还，也有人狡赖不还，我们处理原则：对第一二种性质的债务，是依债的性质和以往所得利润，社会经济变更情形，及双方当事人经济状况

决定。总的精神是反封建剥削照顾贫苦，保护工商业发展生产，繁荣社会经济，不轻易按破产处理。烟土、赌博、婚礼等非法债务，一般的法律上不予保障。不过有的（如解放区人民在我贸易公司买烟土，去蒋管区出售的烟土账）须根据具体情形允其私下调解。

丙，土地纠纷：经过土地革命与调剂土地的地区，这类案件是很少了，在新区里是所有权、租佃、地界及典价折合问题。对这些案件的处理原则从耕者有其田出发，依照总的土地政策，具体按照双方土地经济情况，有地的让给无地的，地多的让地少的，不是先让庄内与四邻，而是“种地 3 年亲如母”，处理的方法尽力实行调解，按照具体情况适当解决典价折合，是按照人民银行牌价，参照具体经济情况解决之。时效问题，给贫苦人民以很大限制，我们拟废止时效，因一般的说，出典房屋、土地的人，绝对多数是穷人。

丁，房赁纠纷是城市普遍存在的问题，不仅是租赁、扣押（指房借钱典当等性质），而出租的剥削关系上也有封建与资本主义性质的两种。据调查西安房屋的占有人和出租人有以下几种：（1）资产阶级大商人有许多房屋出租，并买大块地皮招市民盖房，约定过几年后，将房归地皮主，专门以此为业。（2）官僚资本家、土绅恶霸、地富分子看到房赁高，货币贬值，专造房屋出租。（3）公有房屋出租。（4）破落的地主和商人专依靠出租房屋维持生活。（5）自己房屋用不完或因经济困难挤出部分房屋出租。前三种有的是有权有势（过去）勾结官府高额收租欺压群众，这也是半封建社会的必然产物。后二种可说是资本主义性质剥削，现在解放了，又产生两种不同情况，一种是承租人，对有权有势的人，过去受过欺压，现在请求减租或抗不交租，一种是较贫房主过去受过房客的欺压，或积欠旧租不给，现在告房客清偿租金，或交了的押金，因现在币制改变引起了纠纷的有很多。也有一种在敌统制时期市民有的典当房屋，有的指房借钱，现在出典人或出当人请求回赎典当物，因货币改变，物价波动，典权人与当权人不放赎而涉讼的也很多，对这些问题的处理，我们是本着发展生产繁荣城市原则下，一方面保护私人房产正当收益，令房客交纳房租，另方面反对高额的收租和无正当原因解除租债关系。对押金的处理，仍是照顾主客的合法利益下，折实价还，及指押金折抵房租，延长住房时日。

2. 刑事方面：

老区和新区各县的司法干部虽大部健全起来，而差不多都是新提拔的没做过司法工作的同志，因此，报告制度与统计工作做的都很不够，故未能统计出全面的数字来。现只根据陕北三个月统计，西安市三个月统计及新区部分县一个月统计，将几种主要案件作初步的分析，借资参考：

①几个刑事案件情况

甲，陕北各县 7 月份刑事案件统计（缺延长、靖边、安边、榆林、神木、神府、横山等县）：

案别	破坏民主政权	杀人	土匪	窃盗	烟毒	诈欺	贪污渎职	妨害风化	伪造文印
件数	49	57	13	57	34	13	15	9	7
百分比	12.04%	14%	3.19%	14%	8.3%	3.19%	3.4%	2.2%	1.7%
备考									

妨害公务	妨害自由	破坏法令	赌博	伤害	妨害家庭婚姻	诬告	其他	合计
5	5	17	11	26	42	5	45	407
1.23%	1.23%	4.17%	2.73%	6.38%	10.32%	1.23%	11.1%	100%
						走私犯法逃避公差		

注：原件排列有误，数字不符。

乙，西安市人民法院六、七、八月份刑事案件统计：

案由	杀人	抢劫	诈欺	窃盗	烟毒	贪污	妨害家庭婚姻	侵占	伤害	合计
件数	20	61	23	40	27	7	22	7	36	
百分比	6.17%	18.8%	7.09%	12.3%	8.33%	2.16%	7.08%	2.16%	11.11%	
备考										

案由	拐骗妇女	强奸	妨害自由	破坏金融	伪造文书	妨害秩序	其他	合计
件数	25	2	1	15	2	1	33	324
百分比	7.71%	0.61%	0.3%	4.62%	0.6%	10.30%	10.18%	100%
备　考	其他，为虐待、触电自杀、无名尸体							

注：原件数字不符。

丙，监狱

犯人经三个月的短期教育，就派到山上烧木炭、截木板。当时没派警卫队去监督他们，他们自动完成了10万斤木炭的任务，并截了几百丈木板。这些都是我们正确的执行了争取改造政策，才获得的。到了今年才恢复了三十里铺红寺农场及南泥湾的稻田，重新建立了纺织厂。据陕北法院报告生产成绩很好，现已达到菜蔬完全自给，粮食部分自给。

自西安解放后，边区监狱移至西安，从7月22日起迄9月16日止，共接收已判决人犯277人，根据我们的统计材料看来，这批人犯有如下几个特点：第一，以犯罪类别看抢劫犯最多，占53%，其次是窃盗犯占13.3%，烟毒犯占9%，诈欺犯占6.9%，再其次是破坏金融占5%强。有这些都是受了剥削阶级意识的影响所形成的犯罪，其他一般刑事犯罪占的比例很少（详附表乙）。第二，以犯罪人职业看，散兵游勇最多占23%强，其次是商人占20%，手艺工人占19%强，再其次是小贩苦工、无业游民、农民及旧公职人员。

根据我们了解的材料看，这批人犯内有过去犯罪经伪监狱执行期满释放者，如范九如等人。在解放前陕西第一监狱经胡宗南批准释放的犯人已查明的有柴志忠（以参加青年军不愿出国被处无期徒刑）、张金标（以贪污处徒刑13年）、张文治（以政治嫌疑犯处刑15年）、黄江海（以窃盗犯处刑5年）等4人。解放前在伪西安地方法院看守所羁押过的人犯，被伪西安地方法院释放者有李文森（盗匪）、高餐若（盗匪）、周保森（盗匪）等3人。这批人犯内有和国民党反动政府警察局勾结，专作犯法勾当者，如窃盗犯李殿臣、黄

有才等人。另外我们曾找一个监卷 84 个人犯谈话，了解他们犯罪的原因，固然他们对我们尚□□□□□①

丁，新解放区——临潼、咸阳、耀县、凤翔、朝邑、户县、蓝田、三原、礼泉、大荔、澄县、合阳等 13 个县 8 月份主要刑事案件统计：

案别	杀人	抢劫	妨害家庭婚姻	伤害	欺诈	合计
件数	57	27	75	60	20	239
百分比	24	11.4	31.4	25.1	8.4	100%
备考						

②几种主要案件的发生原因：

甲，杀人案件的发生原因：杀人案主要类型有三种：一是因奸杀人，奸夫奸妇先发生通奸关系，因情热而谋杀本夫；一是私仇报复，不采取正当的法律手续解决，而找机会杀害对方；一是抢劫杀人。在老区杀人案里，因奸杀人的占半数以上，陕北地广人稀，文化比较落后，父母包办买卖婚姻相当普遍，极易发生对丈夫不满，故而与人通奸，建立相当情感后，即谋杀本夫，或因其妻与人通奸，被丈夫知道，经劝不改即引起原夫杀害奸夫或奸妇案件，但这是少数。这就是男女婚姻不能自由自主的后果。因报私仇而杀人的案件，以新区——尤其是渭南分区为最多，敌人统制（治）多年，地主当权派与恶霸们杀了人，被害人告到法院也不能予以适当解决（这也就是国民党反动法律的本质），但这里民性强悍，打死人不打官司，一般的将尸体放在庙内，待报了仇以后，再行埋葬。甲杀了乙，乙家再杀甲，越杀仇越深，如临潼县灵口区雷天荣因久积私仇，于解放后数天就持枪杀死雷耀武家大小八口人，仅留雷耀武一人，因他在游击队当战士，他于请假回家埋葬时，因悲痛至极持枪杀死雷天荣家四人，并于互打时击伤亲戚及揽工的三人。这种现象在新解放的大关中，过去是很多的。因抢劫而杀人的案件，在老区于敌人进入延安后，敌人有意识的组织匪特，进行抢劫，另方面敌人到处烧杀，破坏生产，造成了灾荒，使一部分人民生活困难，因而铤而走险。在新区除上述原因外，还有敌人于败退后，很多散兵游勇地痞流氓乘社会秩序尚未完全安定之际，进行抢劫，甚至杀人。发生这些案件的另方面原因，是司法的政策法令没有贯彻到群众中去，群众的法治观点没有提到应有的高度，群众的生产资料亦须很快的解决，这类案件始能减少。

乙，土匪窃盗案件发生原因：在胡马匪进攻边区前，老区的土匪窃盗是很少的，因经过土地革命与调剂土地，生产发展了，又经过改造二流子运动，只有极少一部分人——二流子不事生产，有嗜好，集中于城市（如延安、定边、绥德），惯于窃盗。自卫战争开始后，胡马匪到处抢劫烧杀，加之天灾，造成许多群众生活困难，因而铤而走险流为盗匪，这是基本原因。而光复后，经过清伪反特，发展生产运动，很快的使这类案件减少了。在新解放区里，发生盗匪案件基本原因仍在于部分人民（包括很多河南山东逃来的难民）；生活无着或者不能得到职业，加之国民党反动派与盗匪的勾结，为司法机关更不能实行对人犯教育改造，使这类案件增多。同时于城市解放后即刻着手就业工作，恢复与发展生

① 文件破损。

产，使人人有工作，也是重要问题之一。

丙，破坏民主政权（包括特务、敌伪分子、叛变、政治土匪）案件发生原因：这是从三个主要方面来的，一方面是敌人强迫许多不坚定的区乡干部（以甘泉、富县、定边、盐池为最多）或群众组织为保甲“自卫队”等，从事反革命活动。他们确实做了很多坏事，抓壮丁、派粮派款、贪污腐化、吊打群众，甚至抢劫杀人，从宣传上破坏我党政军政治影响。光复或解放后，群众纷起告发。另方面是敌人带至老区或有意识的留在新解放区的匪特分子，专门造谣破坏，数量虽不如前者多，但其残害群众程度则非常凶暴。再方面是地富当权派与团匪乘机活动，图谋阶级报复。这类案件的发生是必然的，也是暂时的，如将群众发动起来，人民政权建立后，即可迅速予以肃清。

③审理刑事案件的政策方针：

刑事政策的总精神是掌握宽大政策的实质，即镇压与宽大的两方面，也就在于镇压与改造反革命分子、盗匪、杀人及其他罪犯的扰乱社会秩序，破坏生产的反动行为。只有这样，才能保护革命和各个革命阶级利益。西安解放后，曾将杀人抢劫的首恶匪特分子贾子光等四犯公审枪决，其他协［胁］从犯，分别判处徒刑，在安定社会秩序上起了相当作用。在审讯时我们反对威吓，毁损人格，痛苦身体诸封建手段，这是边区司法工作一贯的政策方针，曾收到了相当效果，得到了广大群众的拥护，今后必须坚持。但现在革命已基本上打垮了敌人，将在全国取得胜利，中国人民政府已经成立，革命越是发展，宽大政策就越须宽大。为了减少死刑至最低限制，最高徒刑十年的规定，已不能适应今天的形势，故我们提议最高徒刑可改为 20 年。

在科刑的时候，不能仅就案件轻重作为唯一的根据，还必须参考罪犯的生活习惯是否一贯的为非作歹，犯罪的动机，犯罪的社会原因与因果关系，以及其本人对犯罪的认识，给社会影响的大小，照顾到这些方面，掌握破坏公益者重，破坏私益者轻的原则，科刑自会适当。

三、监狱工作

我们的监狱工作，在自卫战争前，自卫战争中，与解放西安后三个时期，因条件的不同，我们教育犯人的方法也不同，但我们对犯人争取改造的总方针是始终不变的（当然其中也有镇压的，但镇压还是为了争取和改造）。在自卫战争前，边院监狱有 360 名人犯，在监狱领导下，设有毛织厂，纺纱厂，三十里铺的农场，监内还有 50 把手摇纺车，这是物质方面的设备。另外我们为了提高犯人的认识并在自管自教的方针下保证犯人真正从劳动中得到改造，除每天早晨按照生活小组保证 2 小时集体学习，在生产方面建立计工分红制外，监内尚有犯人自己办的俱乐部，在俱乐部领导下进行出版墙报、黑板报、音乐、讨论会等文化娱乐活动，并配合行政进行评等记功，特别好的予以减刑、外役、提前释放等。优待有病的，除生活上照顾外，并设有卫生所，必要时尚可介绍住医院。因此监内绝大多数的犯人都卷入了生产竞赛的热潮中而获得了犯人自给的成绩。释放犯人时即发动犯人对被释放者进行讨论作出鉴定，并互相订立公约，保证作一个好公民努力生产。出监时举行会餐，典狱长给出监人看酒，有的犯人感动的向大家说：“我回去一定要好好生产，决不犯法，再犯了法，就没脸见典狱长。”总而言之，犯人是旧社会不良制度所造成的，他们也是人，因此我们尊重他们的人格，毫不歧视，处处对犯人关心爱护，在政治上文化

上提高他，经济上帮助他，改造他的思想，锻炼他的劳动观念与技能，使逐渐成为习惯。所以人们都称赞我们的监狱是工厂，是改造思想的学校。监狱和犯人由此建立起亲密的关系，而没有像国民党监狱那样黑暗，那样和犯人对立的现象。胡匪侵占延安后破坏了我们的工厂，烧毁了我们的机器、工具、粮食。由此走进了战争状态。那时监狱不但无法进行生产，而且还要在游击战争中支援战争。我们根据以上情况，当即决定从战争中改造犯人的方针，而提出“立功赎罪”的口号。除少数不可教育的惯匪和特务分子执行镇压外，其他年轻力壮、品质好的使参加本院警卫队，较差的参加后勤部随军医院工作，年龄较大身体不好者回家生产。延安光复后，据统计，所得在战争中除2人投敌外，所有我们外役和释放的犯人，大多数是好的，有的在随军医院里立了功，并加入党，有的在支援前线的工作里受了奖，也有参加游击队牺牲了的。这说明了他们对于残暴的敌人是仇恨的对敌斗争是坚决的，同时也说明了我们从战争中改造犯人的决定是正确的，宽大教育是成功的。

延安光复后，原来在监犯人才留十几人，又经减刑外役释放，最后只几个人。但由于胡匪侵占延安后，所执行的抢劫烧杀欺骗利诱等政策，又造成了许多犯人：（一）敌人之暗探和过去土豪地主结合起来组织伪保甲、还乡队仗势欺人。（二）落后区乡干部，在敌人威胁、地富欺骗拉拢下，向敌人屈报（服）后，配合敌人和土豪做了些坏事，胡匪外跑后，群众起来检举送到法庭办罪。（三）由于敌人所执行的七光政策，在陕北造成了灾荒，使广大群众没有饭吃，因而犯窃盗罪。所以至去年8月，送到监狱的犯人，已至200人。因监狱里不但没有生产工具连门窗围墙也是新修的，在这种条件下仅有戒备，不肯完全说出真心实话来，但就这批犯人谈话的材料归纳起来，也可看出犯罪人以散兵游勇无业或失业者，占最大多数（详见附表二）。

根据上述情况，我们认为他们犯罪的原因最主要者有如下数点：

第一，由于敌伪反动派于撤退时有计划、有组织的布置潜伏的匪特进行破坏人民政权、群众利益及捣乱社会治安，这点在监人犯中虽没有足够的材料，但已经枪决的贾子光等犯，已足证明这一点。

第二，由于国民党反动派的抽丁派款等反动政策，造成大批失业和无业的游民、散兵游勇是犯罪的主要原因。依附表1中看，在277人中，就有散兵游勇23%，连公职员、特务便衣及无职业者合在一起共占全数的百分之32.5%，就可以说明这点。

第三，由于国民党统治下造成一批以犯罪为职业的习惯犯，表中所列之窃盗抢劫诈欺等罪行中，这一类很多，他们的共同特点是无劳动习惯，生活腐化，这种习惯很难改造，而其中之窃盗过去多和伪官厅伪公安机关勾结，如在监之黄有才供称：西安市的窃盗头子是孙老九（帮会总头子），其次是李殿英（流氓头子），下有田才枝（开妓女院为生）、杜焕章、黄有才等小偷，偷得东西后给孙老九分十分之二，其他小偷分其余的十分之四，本人得十分之六。据称小偷不参加组织，不能偷盗，又如孙金钟、林军昌与伪警察局有联系。又如黄以海与伪便衣第四队有勾结，进行偷窃。据云参加组织的小偷，不进行偷窃时还要受到处罚。这类犯人科刑短时，很难改变，因其没有劳动的习惯。本监于8月间释放二小偷，据本日（9月20日）去西北人民医院看病之战士说：该犯人又在西北人民医院进行偷盗，被发现后逃走。对于这种习惯犯必先用强制劳动的方法改变其习惯后，再给以生活上的出路，方可收改造之效。

第四，由于生活所迫在附表一中所列小贩、手艺工人、苦力共占39%。他们多系河南籍，在反动政权下，仅有的手艺苦力不能维持生活，旧时代的军阀战争影响，在我们入城后，社会未完全安定之时实施犯罪。有些人乘机抢劫后图谋些财物作路费回家，也是犯罪原因之一。

第五，由于我们入城之后，社会秩序尚未安定，群众尚未发动起来时，实施抢劫贩毒等犯罪行为。在附表1中所列之农民、产业工人、商人所犯抢劫、破坏金融及贩毒等罪就是这个原因。

第六，以年龄较轻或其他原因，个别受人引诱犯罪的，也有，但为数不多。

根据以上情形，这与老区人犯是有很多不同处的，老区人犯以农民最多，是解放了十几年老区群众政治觉悟比较高，虽然犯罪，一经解释教育，即可认识和改正错误。而新区人犯的成分复杂，散兵游勇习惯恶劣，无家无业的很多，加之对我们的政策法令了解有限，不经一定时期的教育，尤以阶级教育未收到一定效果前，不能轻易外役或假释，以免其重犯。但有一定生产技术（织布、做鞋、铜铁匠等）的人犯很多，且接受伪陕西第一监狱里尚有织布厂、印刷厂等简单设备，发展手工业生产具备了条件，现将织布、做鞋、石印、铜铁匠等生产开始建立起来，拟大量发展。这不但可以自给经费，且在实行分红制中给人犯建立家务，使其出狱后，有一定资金发展个人生产。至少，不会出狱即无饭吃而又重犯窃盗罪。同时有了一定劳动观念与生产技能，出狱后可找到职业，这也是改造人犯的基本问题。至于教育内容根据过去经验及犯人情况，应以我们的刑事政策，边区政策法令，蒋介石反革命史为主，配合报纸上的时事与具体的犯罪原因进行教育。

四、结束语

边区的司法工作，已有10余年的历史，在我们党中央和毛主席教育下，在西北局和边区政府直接领导下，工作是有成绩有创造的。但也有不少缺点，最主要的在于主动性不够，没有尽一切力量宣传司法政策，普遍的采用公审、就地审判，邀群众陪审，发扬司法民主，用相当力量培养司法干部也是不够的。在目前已深深感到司法干部的缺乏，给贯彻司法政策，开展司法工作以很大困难。处决人犯必须经过批准，这是多年来所实行的成功之处。但在边区自卫战开始时，没有贯彻，曾发生乱杀现象。边区自建政以来，就颁布且实行了进步的自由的婚姻法令，但后来一时期因过多照顾贫苦者，迁就落后习惯，不敢大胆放手处理婚姻案件，影响到现在男女婚姻仍未完全自由。即一般干部本身与干部家庭也较普遍的存在着对男女婚姻自由的不正确认识，是必须克服的。现在中央人民政府已成立，从政治上军事上打垮了敌人，但是暗藏的阶级敌人，必然尽力从各方面从事破坏，封建的反动思想也必然的反映到新社会上来，即政权机关的组织成分必然更为复杂，必须加强司法工作，提高司法干部的阶级觉悟，政策观点，社会知识，业务知识，加强领导与学习，提高政治理论水平，有意识有计划的培养司法干部，加强司法组织机构，才能完成新的任务。

同时对于已获得成功的政策法令，必须坚持，必须广泛的深入的不断的向群众宣传司法政策与法令。只要提高了群众的法治观点，阶级警惕性，案件方会减少，也才能保卫我们的党和人民政权，保卫经济文化建设，安定社会秩序，维护群众个人权益，这也就是我们今后努力的方向。

在中央人民政府领导下，为完成新任务而奋斗。

选自《陕甘宁边区审判史》，陕西人民出版社 2007 年出版，第 283～293 页。

22. 附［法史研究］：马锡五：新民主主义革命阶段中陕甘宁边区的人民司法工作

1954 年 12 月 1 日

《政法研究》编者同志要我写一篇关于新民主主义革命阶段中陕甘宁边区人民司法工作的文章。这个题目很大，同时，因战争关系，材料多已散失；因此，我感到很难满足编者的要求和希望。现仅就还能找到的一点材料和自己的记忆，将新民主主义革命阶段中陕甘宁边区人民司法工作的建立与发展情况，分期地加以概述。

一

政权问题是革命的根本问题；而法律则是政权的重要工具之一。不同的阶级掌握了政权，就把本阶级的意志制定为法律，来保护本阶级的利益。“任何国家政权都是一定的占有主要生产资料的阶级，或阶级的联盟用暴力来对于其他阶级施行有系统的专政，借以保护这一个或几个阶级的利益，并镇压被统治阶级的反抗的机关。有了什么样性质的国家政权，才有什么样的宪法和法律系统，才有什么样的法统。被统治的阶级必须用暴力推翻旧的统治阶级的暴力，才能夺取国家政权。因此，革命的阶级必须废除反革命统治阶级的反革命法统，从（重）新建立自己的革命法统。”① 陕甘两省人民因不堪地主军阀的压迫和剥削，在中国共产党的领导下，于一九三四年成立了陕甘边区革命委员会，创立了自己的武装与政权。从这个时候起，工农政权就废除了反革命阶级的反革命法统，根据马克思列宁主义的法学原理，确立了革命的司法原则。

工农政权在初创时期，虽然还没有专门的司法机关，但是，是有司法工作的。当时的司法工作是由工农政府统一执掌的。它的任务，是根据党关于组织与扩大工农武装、开展游击战争、发展与巩固革命根据地、摧毁封建势力、打倒土豪、分配土地这一总任务，严厉镇压反革命，镇压地主富农的反抗；保护农民分得的土地和其他生产资料；保障男女平等、婚姻自由。

一九三五年党中央到达陕北后，成立了陕北省及陕甘省工农政府，一九三六年中央红军“东渡西征”时，又成立了陕甘宁省工农政府；中央工农政府成立了西北办事处。这时工农政府建立了司法机构。中央工农政府西北办事处之下设司法部，领导陕北、陕甘、陕甘宁三个省及所属县的司法行政事宜。各省、县、区工农政府设立裁判部，实行两级两审制，同时，在法律依据方面，除了党中央所颁布的一些决议外，还有中央工农政府在中央苏区所制定的一些单行条例，如中华苏维埃共和国土地法、劳动法、婚姻法、违反劳动法令惩罚条例、惩治反革命条例及司法程序等。至此，革命的司法工作才进一步地开展起

① 引自一九四九年新华社陕北 3 月 14 日电“新华社答读者问”：《关于废除伪法统》。

来了。

二

一九三七年七月七日日本帝国主义发动吞并中国的侵略战争后，为了实现国共合作，建立抗日民族统一战线，一致抗日，遵照我党中央的决定，中央工农政府西北办事处撤销，成立了陕甘宁边区政府。在抗日战争中，陕甘宁边区的人民司法工作有了进一步的发展和创造，现仅就法院工作概述于下：

甲、组织制度

(1) 法院的设置与演变：中央工农政府西北办事处撤销后，原设的司法部也随着撤销，成立陕甘宁边区高等法院，统一管理边区的审判工作和司法行政工作。同时，撤销省、县、区裁判部，县设裁判处，延安市建立地方法院。为了便利群众诉讼和加强对县级司法机关的领导，一九四三年春在各分区设立了边区高等法院分庭；同年，又在各县设立了司法处。除陕甘宁边区高等法院外，全边区共有三个分庭，二十九个县司法处和一个地方法院。

(2) 根据当时的具体情况，为了更好地发挥司法工作为政治服务的效能，关于司法机关与同级人民政府的关系问题，明确规定为：各级司法机关是同级政府的组成部分，在同级政府统一领导下进行工作；同时，并实行了专员兼分庭庭长和县长兼司法处处长制度。关于司法机关人员的产生问题，自一九三八年起即实行了边区高等法院院长由边区参议会选举的制度；后来，重点县的司法处的裁判员，也实行了由县参议会选举的制度。经由民选产生的司法机关的人员，各对其原选举单位负责并报告工作。

(3) 边区各级司法机关的内部组织是实行民主集中制原则的，就是集体领导，个人负责。边区高等法院院长、各分庭庭长和各县司法处处长负责领导本单位的审判与行政工作。从一九四〇年起，各县就设立了裁判委员会，由县长、县委书记和裁判员等人组成，讨论与确定重大案件。这样就能够集思广益，从组织上保证达到判案正确、量刑适当和贯彻党的政策的目的。

(4) 为了健全各级司法组织，在陕甘宁边区政府时期，对于司法干部的挑选与培养工作，一直也是非常重视的。挑选干部的对象，着重于工农积极分子。根据一九四一年五月十日陕甘宁边区高等法院对各县司法工作的指示，其条件是：（一）要能够忠实于革命的事业；（二）要能够奉公守法；（三）要能够分析问题，判别是非；（四）要能够刻苦耐劳，积极负责；（五）要能够看得懂条文及工作报告。这就是说：作为一个司法干部，不仅要具有忠于革命事业的品质，而且还要具备一定理解能力和文化水平。这些条件，当时一般是作（做）到了的。至于干部培养工作，则着重于举办短期训练班的方式，自一九三九年至一九四〇年，曾先后办过三次司法训练班，训练了近百名工农出身的司法干部。随后在一九四二年至一九四六年间，又曾在延安大学设立了法学院、司法系、司法班，训练和培养司法工作干部。但因工作需要或战争关系，在这里学习的干部，大半未毕业即调做其他工作了。延安光复后，又在延安大学设立司法班。不久西安解放，司法班全体学员由陕甘宁边区高等法院率领去西安参加接收工作。

乙、法院的任务，民、刑政策和法律依据

陕甘宁边区法院的任务，是和国民党反动法院的任务根本不同的。国民党反动法院是

血腥统治的恐怖工具，它的任务是镇压劳动人民及其先进代表的活动，保护地主、官僚买办和资产阶级的政权和财权的。而陕甘宁边区各级法院的任务，在抗日战争中，根据“应以反对日本帝国主义，保护抗日的人民，调节各抗日阶层的利益，改良工农的生活和镇压汉奸、反动派为基本出发点”① 这一施政方针，则是保护抗战利益，保护边区民主政权与各抗日阶级的合法利益，把裁判汉奸、反革命当作中心，把保护人民群众当作天职。另外，边区各级法院还负有通过审判工作，进行法纪宣传，教育人民爱护边区人民政权，遵守革命秩序，积极参加抗日救国事业，借以减少和预防犯罪的任务。根据陕甘宁边区高等法院一九三八年至一九四三年的统计，三十个初审单位共处理了一万零一百一十二件刑、民案件，其中属于汉奸和破坏边区犯罪的，占刑事案件的百分之二十六强；属于土地与婚姻纠纷的，占民事案件的百分之六十一点九。这正说明陕甘宁边区政府在抗日战争时期的司法工作和在完成上述任务中，曾经起了应有的作用，并获得了巨大的成就。

当时，各级司法机关处理刑民案件的依据，就是中国共产党中央，中共中央西北局及陕甘宁边区政府根据国内外形势的发展的实际工作的需要，而颁布的带有法律性质的纲领、决议、决定、布告和法令，同时根据这些文件还陆续制定了不少重要的单行条例和法规。而所有这些纲领、决议、决定、布告、法令、条例和法规，则又都是根据中国共产党在各个时期的总路线和总政策而制定出来的。

（1）对于反革命分子，我们向来就是采取镇压与宽大相结合的政策的。为了镇压与瓦解敌人，发展和壮大自己的力量，“争取多数，反对少数”，在抗日战争时期，陕甘宁边区施政纲领第七条规定：“对于汉奸分子，除绝对坚决不愿改悔者外，不问其过去行为如何，一律实行宽大政策。争取感化转变，给以政治上与生活上之出路，不得加以杀害、侮辱、强迫自首或强迫其写悔过书。对于一切阴谋破坏边区分子，例如叛徒分子、反共分子等，其处置办法仿此。”在解放战争时期，中共中央所提出的“首恶者必办，胁从者不问，立功者受奖”的原则，也是上述政策的体现。这些都是当时司法机关处理反革命案件及其他阴谋破坏案件的依据。

（2）对于人民内部的一般刑事罪犯的惩罚，根据当时社会上的犯罪情况，着重采取了教育改造政策。关于刑期的规定，原来最高刑期为五年，后因事实上的需要，一九四三年经陕甘宁边区政府委员会会议决议，复经边区参议会常驻会议通过，确定最高刑期为十年。

（3）对于土地案件，是遵照消灭封建剥削制度的总前提，根据各个时期的具体情况，采取了不同的步骤。在抗日战争时期，陕甘宁边区施政纲领第十条规定，在已经分配土地的区域内，采取保证一切已取得土地的农民之土地权的政策；在土地尚未分配区域内，则实行地主减租减息，农民按定额交租交息的政策。一九三八年五月十五日陕甘宁边区政府和八路军后方留守处发布的联合布告，一九四四年陕甘宁边区政府委员会第四次会议通过的陕甘宁边区地权条例草案，一九四二年十二月二十九日公布的陕甘宁边区土地租佃条例草案，一九四三年九月十四日公布的陕甘宁边区土地典当纠纷处理原则及旧债纠纷处理原则等，关于这一点都有了明确的原则规定。在这一整个时期内，各级司法机关受理的土地

① 《抗日根据地的政权问题》，载《毛泽东选集》第二卷，人民出版社1991年版，第743页。

案件，都是依据这些条例来处理的。

（4）对于劳资纠纷，一九三三年颁布的中华苏维埃共和国劳动法以及违反劳动法令惩罚条例即明确规定了处理这类案件的原则。陕甘宁边区政府对于劳资纠纷是根据适当改善工人生活和允许资本主义经济正当发展的政策原则来处理的。陕甘宁边区施政纲领第十二条规定：调节劳资关系，实行十小时工作制，增强劳动生产率，适当地改善工人生活。

（5）陕甘宁边区的婚姻政策，是实行婚姻自由，男女平等的一夫一妻制，禁止包办买卖，禁止童养媳。一九三三年颁布的中华苏维埃婚姻法，即规定了这个原则。陕甘宁边区政府成立后，颁布了陕甘宁边区婚姻暂行条例，一九四四年三月二十日又根据执行的经验，作了一次修改。

（6）关于一般债务案件，根据禁止高利贷和保护正当债务关系的政策，视双方具体情况，予以具体处理。

此外，在财政方面，曾有农业税暂行条例、征收公粮暂行办法、货物税暂行条例；在保障生产建设方面，曾有发展畜牧暂行办法、矿业开采管理暂行条例、煤矿煤质检查暂行办法、国营公营工厂企业中建立工厂与工厂职工代表会议的组织规程等；在保障边区金融方面，曾有破坏金融法令惩罚条例等；在保障人民自由权利方面，曾有保障人权财产条例等；在司法工作方面，一九三三年中央工农政府曾颁布了司法程序，陕甘宁边区政府时期制定了民刑案件调解条例、监所保外服役办法及其他重要指示等。这些条例和法规的特点是：（1）有鲜明的阶级性——体现劳动人民的意志，巩固与保护劳动人民的利益；（2）有强烈的革命性——摧毁旧基础和封建秩序，树立革命秩序；（3）是群众斗争经验的总结——它们是根据群众的经验制定的，又拿到群众中去，指导群众斗争，考验与证实其正确性。

陕甘宁边区的各级人民司法机关，当时就是依据这些政策法令，审判案件，并进行法纪宣传的。这对于巩固人民民主政权，对于改造社会，发展生产，改善人民生活，保障社会治安，树立新的生活道德，都起了很大的作用。

丙、审判工作的制度

（1）审判权由司法机关行使，逮捕人犯只能由司法机关和公安机关行使，陕甘宁边区施政纲领第六条规定："除司法系统及公安机关依法执行其职务外，任何机关部队团体不得对任何人加以逮捕审问或处罚"。同时，对于司法机关与公安机关逮捕人犯，又从法律上加以严厉控制，即："逮捕人犯应有充分的证据，依法定手续执行"（一九四二年陕甘宁边区保护人权财产条例第八条）；"司法机关受理民事案件，非抗传或不执行判决及有特殊情形时，不得扣押"（同上条例第十二条）；"非司法或公安职权的机关、军队、团体或个人拘获现行犯时，须于二十四小时内连同证据送交有检察职权或公安机关依法处理，接受犯人的检察或公安机关应于二十四小时内侦讯"（同上条例之八、九两条）。这些规定充分地说明了陕甘宁边区政府时期的审判权，是统一由司法机关行使的。

（2）审讯案件，反对野蛮的刑讯逼供办法，采取重证据不轻信口供的原则。这个原则，在陕甘宁边区施政纲领内也有明文规定，又是区别人民司法机关与一切反动的司法机关的一个重要标志。认真实行这个原则，不仅是社会主义的人道主义的表现，而且将审判工作置于注重调查研究的科学基础之上，是防止错判或造成冤狱的必要保证。

（3）审理案件，除法律另有规定外，一律采取公开的方式进行，准许群众旁听和发言。这种公开审理案件的原则，体现了人民司法工作的民主性，它不仅使法院可以对群众进行法纪宣传教育，提高群众的法治认识，培养群众遵守法律的习惯，而且使审判工作置于群众监督之下，有利于审判质量的提高。

（4）边区司法机关对于保护诉讼当事人的民主权利也是重视的。当时，由于条件限制，虽未设律师，但法院准许诉讼当事人请其亲属或有法律知识的人，出庭充任辩护人或代理人；人民团体对于所属成员的诉讼，也可以派人出庭帮助辩护或代理进行诉讼。

（5）对少数民族，根据陕甘宁边区施政纲领第十七条的规定，实行民族平等的原则，建立少数民族自治区，尊重少数民族宗教信仰与风俗习惯的精神，住在边区的少数民族，在进行诉讼时有使用本民族语言文字的权利。这是在司法工作上贯彻民族平等原则的具体体现。

（6）审判程序的改革。国民党反动法院的审判程序是从控制、压迫与欺骗人民出发的，因而形式机械，手续繁琐，只便利于有钱有势的人。单就诉讼手续方面来讲，据伪民事诉讼法明文规定的项目，就有诉费、状纸费、抄录费等十多种，如果加上其他不公开的或变相的敲诈、勒索、送礼、讲情，如监狱接见费、卸镣费等，那就难以胜计了。所以，旧社会劳动人民描写伪法院说："衙门朝南开，有理无钱莫进来。"陕甘宁边区各级司法机关诉讼手续完全是以便利人民诉讼为原则，甚为简便。无论一审或二审机关，受理人民群众的民、刑诉讼，口头申请或书面起诉都有同等效力；当事人要求法院代书呈状或口诉者，即无条件代为缮写；当时各级司法机关免收一切讼费。

审判程序中的审级设置，也是从便利群众诉讼出发，采取实事求是、为人民服务的两级两审制，即县司法处进行初审，高等法院及其分庭履行终审。这种两级两审的好处，不仅保障了当事人能行使其上诉权，而且，使法院能及时惩治汉奸、反革命分子及其他破坏分子，同时，又可避免少数当事人，因缠讼不休，以致造成当事人及社会人力、财力与生产上的损失。

在审判监督方面，上级法院除了通过审理上诉案件对下级审判机关进行审判监督外，当时还创立了再审与复核制度。判决死刑的案件，均事先由初审机关将原卷、材料等件呈报高等法院审核。认为不当或有疑点与遗漏之处，即发下去再审或补报材料；认为事实证据确凿，高等法院经过审判委员会讨论，提出处刑意见后，转呈边区政府主席核批。在当时的条件下，这种再审与复核制度的建立，是很必要的，这样，在量刑上可以避免畸轻畸重的现象，同时也可以免除或减少错判。此外，通过派人下去检查工作和召开司法会议的方式进行监督。

（7）审判方法和作风。陕甘宁边区政府时期，审判制度建设成就之一，就是树立了群众路线的审判方法和作风。这是人民司法机关区别于旧社会的法院的一个显著标志。国民党反动法院是刑讯逼供、主观臆断、徇私舞弊、不加调查研究的衙门作风。陕甘宁边区司法机关曾采取实事求是、为人民服务的审判方法和作风，也就是依靠人民、联系人民、便利人民的群众路线的审判作风。群众路线是党的根本的政治路线和组织路线，也是党的一切工作的基本方法，因为"人民群众是真正伟大的，群众的创造力，是无穷无尽的，我们

只有依靠了人民群众，才是不可战胜的”①。所以，当审判工作依靠与联系人民群众来进行时，也就得到无穷无尽的力量，不论如何错综复杂的案件或纠纷，也就易于弄清案情和解决。正因为这样，我们不但反对刑讯逼供的审讯方法，同时，还树立了为人民服务、认真负责和民主的审判作风。

(8) 审判方式。陕甘宁边区政府时期，司法机关所采取的审判方式也与国民党反动法院的审判方式有原则的不同。国民党反动法院所经常采用的审判方式是高高在上的“坐大堂问案”的方式；而我们所采用的审判方式，除了一些简易或不必就审的案件实行法庭审判外，经常根据不同的案件，采取群众路线的审判方式。必须指出，我们的法庭审判也不同于国民党反动法院的法庭审判，举行时不象（像）国民党法庭布置十分森严，使人一见生畏，在保持法庭严肃的原则下，由裁判员采取谈话的方式进行审讯。当时所采用的群众路线的审判方式有下列几种：

（一）就地审讯：这是初审机关走出法庭，携卷下乡，联系群众，处理案件，并通过具体案件的处理，进行政策法令宣传，教育群众，借以减少纠纷，增强群众团结和促进生产的一种好方式。就地审判案件并不是案案就审，而是有计划地选择有教育意义的案件，或是比较复杂的案件，或是一般案件而当事人思想阻力较大者，或是带有普遍性并有发展局势的案件，才实行就地审判的。未出发前，必须研究案情和案件发生的社会原因以及对国家和人民利益的危害或影响程度，做到心中有数。这种审判方式的基本特点是深入农村，调查研究，不拘形式就地审判，在群众参加之下，解决问题。从调查到审讯都是密切联系群众进行的。因此，结案迅速正确。凡属调解范围的案件，就在裁判员掌握下或交由群众调解结案；凡不能调解或调解不成的案件，就把调查研究的情况放在群众中进行酝酿，是非曲直摆在明处，取得多数人思想认识一致后，再行判决。这样，既合原则，又易于为群众所接受。同时，由于从调查到审讯和宣判整个过程都是联系群众进行的，所以，这种就地审判对于提高群众的法律认识和守法精神曾起了很大的作用。在当时这种审判方式很为群众欢迎，也是初审机关常采取的一种方式。

（二）巡回审判：这是陕甘宁边区政府时期高等法院及其分庭为了便利人民诉讼或因案情复杂，将案件带到当地，深入对证，进行处理的一种审判方式。这种审判方式不仅使案件（特别是少数缠讼不休的案件）可以得到迅速正确的处理，而且通过处理案件，可以检查下级司法机关的工作，帮助建立制度，总结经验，提高思想，改进工作。我在陇东任专员兼分庭庭长时期，每年都有计划地带上案件深入农村，就地处理。在处理过程中，结合中心工作，帮助农民生产，深入调查，给下级司法机关解决疑难问题，在群众中进行法纪宣传。如华池县张柏和封胖②的婚姻纠纷，起先县司法处以抢亲判决张柏和封胖解除婚姻关系，引起群众不满。经我们深入访问，把案情弄清楚，最后在群众大会上公开进行改判，对封彦贵将一女数卖的违法行为给以处分，对张金才半夜抢人，给以法律制裁；对封胖和张柏基于恋爱而自愿结婚，予以保护。这样判处，惩罚了违法行为，打击了封建包办

---

① 刘少奇：《论党》，人民出版社 1951 年版，第 58 页。

② 《刘巧儿》原型人物封芝琴于 1980 年 4 月 12 日给编者来信称：她不叫“封胖”，也不叫“封棒”，小名叫“封捧儿”，解放后起的大名叫封芝琴。据查原判决书上也叫“封捧儿”。

买卖婚姻，保护了正确的婚姻关系，从而提高了干部，教育了群众，获得了群众的拥护与好评（张柏和封胖案就是刘巧儿告状一剧中男女主角的真姓名）。又如苏发云兄弟三人因曲子县司法处的错误认定谋财杀人一案，将人押了一年之久，没有解决。原来该县司法处发现苏发云家中炕上、地下及斧头上都有血迹，便认为苏等杀人是事实。经我们多次深入当地调查后，证明苏发云家离杀人现场有二十多里远，如果是在苏家杀死的，以时间计算不可能移送到现场这样远；其次苏发云与被害人孙某同行及以后分路都有人证明；此外，并查明苏家炕上的血是产妇生孩的血，地下的血是苏家有人害伤寒时流出的鼻血，斧头上的血是杀羊时糊的血；而孙某的被害，查明是一拐骗犯杜老五所进行的。事实弄清楚后，在群众大会上宣布苏发云兄弟三人无罪释放。群众说：“这个案子如放在旧社会的官僚衙门，高高在上，原先有那么多的证据，早已枪毙了。只有人民的司法机关负责人，才深入调查，不冤枉好人，判的非常正确。”再如一九四六年秋天，我和延安县司法处审判员赵志清同志到盘龙区处理杨兆云缠讼数年不休的案子。此案经当地政府和有关机关处理，一直未解决，区乡干部提起杨兆云都有愤懑之言，县上干部一提他也是摇头没办法。我们到延安县司法处由赵志清同志介绍了案情，经过分析，认定：杨本人缠讼胡闹固然属实，但当时区乡干部处理杨的问题也有错误的地方。如不首先纠正区乡干部的错误，而只强调杨的不对，杨是不会悦服的。杨所告的内容有三：一是别人侵占了他的土地；二是贼偷了他的东西；三是区乡干部偷打了他的麦子，强迫他多交了公粮。根据所告，我们先到区政府召集了干部会，了解了杨抗粮不交的经过。那年杨欠公粮一石多未交，有麦垛一个，乡干部催交数次，杨既不打麦，也不交粮，引起乡干部不满，报告区上说杨抗交公粮，影响公粮入仓，请批准强令杨打麦交粮，如杨不打，就叫民兵去打，打了先交公粮。因区上对杨也有成见，认为他是顽固分子，便同意了乡上的意见。但杨见乡上态度不好，怕出问题，就叫他儿子背了二斗麦送到仓库，打了收粮证。而乡上干部得到区上批准后，也未再调查，即贸然派民兵将杨麦垛拆开，打了一石多交了公粮，尚欠几升；但是加上杨的儿子所交二斗麦，又长交了一斗多。杨以此控告，理由是：头一天他还交了二斗麦，为什么说他抗粮不交？欠粮少，为什么还多拿他的麦？民兵强打民粮，是否违法？根据这些情况，我们又到青花砭区政府召集干部会，批评了区乡干部不深入调查的官僚主义作风，批准强打杨的麦是违犯政策的行为，应主动向杨道歉；多交公粮应如数退还；杨的生活有困难可以给以适当照顾（杨系军属）。这个问题处理后，再到当地处理杨兆云所告的侵占土地的问题。首先，我们用帮助农民生产的方法进行了调查，并亲到争执的地界处与农民共同研究了历年来土地纠纷的情况。这样，很快地掌握了案情，证明别人未侵占他的土地，相反，他倒有霸占别人土地的行为。于是，我们就利用晚间召开群众会议，叫杨本人到场，进行处理。会上，群众揭露与批评了杨兆云屡次侵占别人土地的事实，至于别人偷他的东西，毫无事实根据，全系捏造。这时，杨再无法抵赖，只得低头认错，接受了政府和群众的批评。这样，一个缠讼数年的案件，在依靠群众力量下获得彻底的处理；区乡干部也从本案处理过程中提高了政策思想，改进了工作作风；广大群众也受到了一次生动的法纪教育。同时也教育了几年缠讼不休的杨兆云，他满意地说：“大家心平气和，尊敬我，又批评了区乡干部，指出了我的错误，我再没啥说，只有服从”。

（三）公审制：公审这一审判方式远在土地革命时期就已创用。它是镇压反革命活动，

对敌对阶级的反抗行为作斗争和提高群众阶级觉悟的有效方式。凡是富有社会教育意义的重大案件，都是采用这一方式进行审判的。当时采用的方式有三种：一是群众公审会；二是宣判大会；三是代表公审会。不管那（哪）一种，都是有领导的进行的，经过组织与准备工作才召开的。如光复延安后，延安市地方法院审判罪大恶极的投敌分子毕光斗、张永泰等罪犯，就是采取群众公审会的形式进行的。首先，调查收集罪证，召开群众代表的小型座谈会，进一步对证事实，并提出科刑意见，再交群众讨论，最后由审判委员会确定处刑，召开群众公审大会判决。这样，上下意见一致，因而秩序很好，效果也大。再如西安解放后，西安市人民法院审判贾子光、陈元喜等土匪案件，就是采取代表公审会的方式进行的。当时因西安初解放，社会秩序尚未安定。在此种情况下，采取代表公审会的方式，便于法院组织领导，也起了镇压匪特，安定社会秩序和扩大宣传政策法令的作用。总之，公审方式对于推动运动和教育群众都曾收到很大效果。所以，解放后，在土地改革，镇压反革命等运动中，各地仍然广泛地加以采用。（本节所说的公审是当时所采用一种审判方式，与“公开审判”一语含义不同。——原编者注）

（四）人民陪审制度：人民陪审制度是审判工作民主化的一个重要标志。实行人民陪审，不仅可以吸引群众参加国家管理，提高人民群众的主人翁思想和政治责任感，而且，可以使审判工作置于人民群众监督之下，不断提高质量，以防止错判。因此，人民陪审制度，在人民民主法制建设初期，就受到重视。当时人民陪审制的形式有三种：一是由审判机关邀请；二是由团体选举陪审员；三是由机关、部队、团体选派代表出席陪审。在抗日战争时期，主要是采用了机关、部队、团体选派代表出席陪审的办法。如处理工人违反劳动纪律案件，即请工会选派代表和工人出席陪审；处理婚姻案件，即请妇联选派代表出席陪审；处理农民间的案件，则请农会选派代表出席陪审等。通过陪审员参加审理案件，能够协助搜集证据，搞清案情，事实摆在明处，进行说理说法，使当事人无法狡辩，心悦诚服。因而，对于法院迅速正确结案以及扩大政策法令的宣传都曾起了很大作用。

（五）调解工作：陕甘宁边区政府时期，曾经大力地组织和发展了调解工作。但我们的调解工作是和国民党反动统治时期的所谓调解工作有着根本的不同。在地主大资产阶级统治时代，他们虽然也调解案件，但这正是土豪劣绅包揽词讼、吃钱卖法的机会和欺压劳动人民的圈套。他们对杀人的案件可以调解；对虐待和杀伤妇女、儿童的案件，也可以调解。有钱的人犯了罪，只要花上些钱，就可以逍遥法外。而我们的调解工作，是增强人民内部互相团结、便利生产、教育人民爱国守法、减少讼争的有效方法，也是实现司法群众化的重要标志。并且它只限于一般民事纠纷和轻微刑事案件，而对社会危害性较大的刑事案件，是不能调解的。

我们远在工农政权时期，就开始了调解工作；在抗日战争时期，更加重视。一九四三年陕甘宁边区政府发布了关于普及调解工作的指示；同年，边区高等法院也发布了实行调解办法、改进司法工作作风、减少人民诉讼的指示。从此，调解工作普遍展开，收到巨大效果。当时调解工作的形式有两种：一种是审判机关用调解方式进行处理案件；一种是民间调解。从一九四二年至一九四四年全边区审判机关所处理的民刑案件中，因调解而结案的百分比的逐年上升，就可以看出调解工作的发展情形。一九四二年民事案件中，调解结案的占百分之十八弱，一九四三年上升到百分之四十，一九四四年达到百分之四十八；在

轻微刑事案件方面，一九四二年调解结案的是百分之零点四；一九四三年上升到百分之五点六；一九四四年达到百分之十二。另外，在民间调解工作方面，还出现了调解模范村、乡和模范人物。如子洲县的杜良依、绥德县的郭维德、淳化的房殿有、富县的吴殿富、定边的白玉堂等。这些调解模范的共同特点是与群众有密切联系，熟悉群众生活；在群众中有很高的威信；公正无私，热爱群众。由于调解工作的开展，农村和睦了，生产加强了。但当时调解工作中也曾发生过“民事均得进行调解”、“调解为主、审判为辅”、“调解是诉讼的必经程序”以及由此产生的强迫调解等错误。但这些错误，很快就得到了纠正。根据这种经验，以后确定了调解工作的三项原则：即 1. 调解必须双方自愿，不能有任何强迫；2. 调解必须遵守政府政策法令，照顾进步风俗习惯；3. 调解不是诉讼的必经程序。这样，才使调解工作走上了健康发展的道路。

三

抗日战争结束以后，全国人民因经历了多年战争，要求和平，恢复战争创伤；要求实现民族的独立和政治的民主；农民要求得到土地。但是，代表大地主大资产阶级利益的国民党反动派不顾全国人民的和平民主团结的要求，又发动了反人民的内战。为了实现和平、民主、独立，陕甘宁边区人民和全国人民在一起，在党中央的领导下，从一九四七年起至一九四九年进行了人民解放战争。在这一时期内，人民司法工作的主要任务是从司法方面以全副力量保障革命战争的胜利，其具体活动是：（1）部分敌占区的司法机关干部参加战勤或直接参加军队工作；（2）自一九四七年党的土地政策转向彻底废除封建性及半封建性剥削的土地制度，实行耕者有其田的土地制度以后，司法机关即根据一九四七年九月十三日全国土地会议所通过的中国土地法大纲，一九四八年二月二十二日中共中央关于在老区半老区进行土地改革工作与整党工作的指示，以及同年五月二十五日中共中央关于一九三三年两个文件的决定（怎样分析阶级、关于土地斗争中一些问题的决定）组织人民法庭，审判破坏土地改革的罪犯；（3）在恢复区和新解放区，配合公安机关，根据“首恶者必办，胁从者不问，立功者受奖”的方针，处理敌伪分子、暗藏的特务破坏分子及土匪流氓等；（4）恢复与建立健全机构及必要制度，加强对犯人的管理，实行“法官下乡，就地审判”，处理民刑案件；（5）随着西北全区的解放，打碎国民党反动法院，向西北各省输送大批的人民司法干部，迅速普遍地建立西北各级司法机构。

通过以上活动，人民司法工作在保障革命战争的胜利，推动与促进土地改革的顺利完成，保护生产建设和安定社会秩序等方面，都起了重大的作用。

四

人民解放战争，在中国共产党的领导下，终于在一九四九年取得了全国范围的胜利，推翻了帝国主义、封建主义、官僚资本主义的集中表现者——国民党的反革命统治，建立了中华人民共和国。中央人民政府对于过去陕甘宁边区和其他各解放区的人民司法工作的一些成就和创造，进一步加以总结提高，逐步以法律形式固定下来，成为我国人民民主法制建设的重要内容之一。同时，建国以来，在中央和西北各级党政的领导下，依靠广大人民群众的积极支持，西北人民司法工作也得到了进一步的发展，除了在自己日常审判工作中，对于盗窃国有、公有财产和破坏工农业生产的罪犯进行坚决斗争、促进工农业生产的恢复外，它并集中主要力量，以人民法庭的形式，配合为扫除帝国主义、封建主义和官僚

资本主义残余势力而进行的各项民主改革运动，及时处理了案件，保障与推动了各项民主改革任务的完成。并且，在完成这些任务中建立与健全了各级司法机构和各项制度。

陕甘宁边区人民司法工作的建立与发展过程表明，我国人民的司法工作，一开始就是根据马克思列宁主义的原则建立的；并且陕甘宁边区的人民司法工作是在党中央和毛主席的直接领导下建立与发展起来的；中共中央西北局和陕甘宁边区政府对于司法工作的各项原则问题也都曾经及时地做出了明确具体的指示。例如一九四四年一月六日林伯渠主席在边区政府委员会关于边区政府一年工作总结报告中，就曾提出了改善司法工作的方针，批判了某些人的旧法残余影响。林主席当时指出："一方面要彻底纠正被侵入的坏作风，又一方面要发扬新的创造，使司法工作完全符合于保卫抗战利益，保卫边区民主政权与人民权益的需要。司法机关的法律根据，必须是边区施政纲领及边区政府颁布的各种现行政策法令。司法机关审判案件时，须切实照顾边区人民的实际生活，切实调查研究案情的具体情况，分别其是非轻重。审判人员须具备充分的群众观点与对敌观点，把制裁汉奸、反革命当作中心，把保护群众当作天职。"这个指示，是边区司法工作长期遵循的方针。

虽然陕甘宁边区的司法工作是根据党的正确路线建设起来的，但旧法思想也曾侵蚀了某些人的思想。这些人崇拜国民党的伪六法，曾经使边区司法建设工作受到了一定程度的影响。为了纠正这种错误思想，党中央于一九四九年二月发布了"关于废除国民党的六法全书与确定解放区的司法原则的指示"，严肃地批判了上述错误观点，又一次指示了人民司法工作的阶级任务。指示第五项指出："在无产阶级领导的工农联盟为主体的人民民主专政政权下，国民党的六法全书应该废除。人民的司法工作，不能再以国民党的六法全书为依据，而应该以人民的新的法律作依据。……在人民的法律还不完备的情况下，司法机关的办事原则，应该是：有纲领、法律、命令、条例、决议规定者，从纲领、法律、命令、条例、决议之规定；无纲领、法律、命令、条例、决议规定者，从新民主主义的政策。同时，司法机关应该经常以蔑视和批判六法全书及国民党其他一切反动的法律法令的精神，以蔑视和批判欧美日本资本主义国家一切反人民法律、法令的精神，以学习和掌握马列主义——毛泽东思想的国家观、法律观及新民主主义的政策、纲领、法律、命令、条例、决议的办法，来教育和改造司法干部。只有这样做……才能彻底粉碎那些学过旧法律而食古不化的人底（的）错误的和有害的思想，使他们丢下旧包袱，放下臭架子，甘当小学生，重新从马列主义——毛泽东思想及我们的政策、纲领、命令、条例、决议学起，把自己改造成为新民主主义政权下的人民的司法干部。只有这样，他们才能够为人民服务，才能与我们的革命司法干部和衷共济，消除所谓新旧司法干部不团结和旧司法人员炫耀国民党的六法全书和自高自大的恶劣现象。"这些，本是党中央早已肯定了的方针，但在当时的情况下，更加明确具体地提出来，对司法建设有其更重大的作用。这一指示已成为人民司法建设的重要文献。

现在，中华人民共和国宪法和人民法院组织法都已公布，我们人民司法工作者应该根据宪法和法院组织法的规定，进一步健全和运用人民民主法制，继续坚决地和一切反革命分子及其他违法犯罪分子作斗争，为更加巩固我国的人民民主专政，保障宪法和一切法律的顺利实施，保障国家社会主义经济建设和社会主义改造事业的顺利进行而斗争。

录自《政法研究》，1955 年第 1 期。

附　　录

一、刑法总分则草案说明①

1942 年

一、世界新的刑法，以教育感化为主，使受刑人能在受刑期内，得到适当教育，转恶习化为社会上善良分子，本草案采此立法例，并将刑法目的，及教育方法，明定于总则内，以示方针。

二、中国自来刑法上所用徒刑名称，沿用旧名，带有旧时代刑法重在威吓痛苦的作用，不能代表新刑法重在教育感化的新意义，故本草案将刑名之徒刑一项，改为拘束自由的强制教育，藉正观念。

三、公私利益，在法律上固然均在保护之列，但公益应较私益为重，公私观念，未可混而为一。资产阶级统治的旧刑法，将妨害公家财物，与妨害私人财物，同一规定，致有“假公保私”的诟病。本草案是采公私利益分别规定的立法例，对于纠正“轻公重私”的流弊诚有必要。

四、新时代的社会组织，至为重要，对于社会组织部门的保护，法律自应予以明定，因此本草案将社会组织的公共团体，如工农组织，以及政治、经济、文化、卫生、生产劳力各组合，与国家机关企业，同列于公的性质范围内，为同一之保护，以期社会的繁荣。

五、现阶段的社会生活，既有贫富阶级的不同，因此财物如遇到侵害，在痛苦上也当然有轻重的不同，富者财物被害，痛苦程度当不甚大，贫者损失财物，即有危及必要生活基础之虞，又贫者因迫于生计而犯的罪，亦不可不予以悯恤的同情，方为合理，世界进步的刑法，均有此分别规定，故本草案采之。

六、旧刑法对于刑的加减事例，有“先加后减”“递加递减”诸程序，在实际应用上，殊感繁杂，新的立法例，则以刑的范围，明定于分则各条，在事态上，何者应轻，何者应重，由裁判人员依照法定的标准，在法定刑的范围内，自由酌定，情节重者就法定刑的高度拟刑，情节轻者，就法定刑的低度拟刑，可损却加减形式和手续的繁难，于应用上较为

① 两种翻印本皆未注明史料来源。从内容分析，是抗日战争时期在解放区传抄的刑法草拟稿。刊印于此，仅供研究参考。

简捷，本草案亦采之。

七、旧刑法有身份加重之特殊规定，此为旧时代的遗留，现在新立法例，将各项罪刑范围规定较广，已具有较大的伸缩性，情节较重者，自可从法定刑范围内的高度拟刑，则此项身份加重的特殊规定，可以毋庸赘设，故本草案从之。

八、旧刑法有亵渎祀典罪之规定，亦为旧社会所遗传，迹近迷信，无继承此项规定之要，故本草案不予采用。

九、其他说明从略。

二、刑法总分则草案[①]

1942 年

第一编　总　则

第一章　刑事政策及刑罚目的

第一条　刑事政策以教育感化为主，不采威吓报复与毁损人格及痛苦身体诸手段。

第二条　刑法目的如下：

一、巩固民主政权及维持法律秩序；

二、教育人犯转变恶习，不至（致）再犯罪，训化为社会共同生活关系的善良分子；

三、教育大众，使社会上意识薄弱之人，有所观感与警觉，从而减少社会上犯罪事件。

第三条　对犯人的教育方法如下：

一、政治教育（民主政治常识社会生活知识）；

二、生活教育（增进其生活技能，养成其劳作习惯）；

三、文化教育（分识字、阅书及写作）；

四、治疗教育……（分医治及安置适当处所）。

第二章　刑法效力

第四条　必须行为时之法律。有处罚明文者方为罪犯行为，行为后法律有变更，重于行为时之法律者，适用行为时之法律，如相等或较轻者，适用裁判时之法律。裁判确定后未执行或执行未完毕，而法律有变更，不处罚者，免其刑执行。

第三章　刑法施行范围

第五条　本法在民主政权区域内适用之，区域外之犯罪行为，而其结果在本区域内者，以本区域内犯罪论，行为在本区域内，而其结果在本区域外者，亦同。

本区域外之人民，在本区域外犯罪，藏匿在本区域内者，适用本法。

第四章　刑事责任

第六条　刑法上应负责任之行为如下：

一、故意行为，即自己明知其行为足以构成犯罪，而并希望其发生者；为故意行为。

---

① 原文印作“刑法总则草案”，漏一“分”字，与前文标题不一致。

行为人对于构成犯罪之事实，预见其发生，而其发生之结果合于其所预见之本意者，以故意论。

二、过失行为，即虽非故意，但得预料自己之行为将发生危险之结果，而未为预料者为过失（即应注意而不注意之行为）。

行为人对于构成过失之行为，虽预料其能发生，而确信其不发生者，以过失论。过失行为，以分则各条有明文规定者为限。

第七条　下列之行为不予处罚：

一、未满十四岁人之行为；

二、心神丧失人之行为；

三、依法令之行为；

四、依所属上级公务员命令之职务上行为（但明知其命令之违法者，不在此限）；

五、业务上之正当行为；

六、因自己或他人权利现有不法侵害，而出于防卫之行为（但此项防卫行为不得超过必要范围）；

七、因自己或他人生命身体有紧急危难，在当时状态下，无其他手段可施，而出于不得已之避难行为（但避难行为不得过当，其结果以较可以预料之损害为小者为限），在公务上或业务上有特别义务者，不适用避难行为之规定；

八、因预防破坏民主政权之必要行为；

九、非出于故意或过失之行为。

第八条　下列之行为，得按其情节减轻或免除其刑：

一、十四岁以上未满十八岁之行为；

二、满八十岁人之行为；

三、精神耗弱人之行为；

四、聋哑人之行为；

五、防卫过当之行为；

六、避难过当之行为；

七、激于义愤之行为；

八、以己意中止犯罪或阻止其危险结果使不发生者；

九、将自己尚未发觉之罪犯行为而自首者。

第五章　共犯

第九条　二人以上，共同与谋实施犯罪之行为，或分担犯罪行为之部分任务者，皆为正犯。事前劝告指示供给手段或临时援助他人犯罪之实行者，为从犯，事后隐匿犯人或湮灭犯罪证据者，以帮助犯论（亦为从犯）。

从犯得按正犯之刑减轻之。

第十条　诱导他人犯罪者为教唆犯，处罚其所教唆之罪，被教唆人虽未依其教唆实行犯罪仍应处罚教唆人未遂之罪。

第六章　数罪并发（罚）

第十一条　在判决前发觉犯数罪或一行为犯数罪或犯一罪，其结果触犯他罪者，就其

各罪中最重之一罪处罚之。

判决后发觉其犯数罪，未判决之罪，较已判决之罪为重者，更为判决。执行后判决之刑，如较轻或相等者，执行前判决之刑。

数罪并发（罚），有二裁判以上者，按照前后判决中较重一罪之刑执行之。

第七章　未遂犯

第十二条　具犯罪之目的已着手实行其结果未达其目的者为未遂犯。

第十三条　未遂罪之处罚按照既遂犯之法定刑范围内从低度处刑。

第十四条　未遂罪之处罚以分则各条有明文规定者为限。

第八章　累犯

第十五条　犯六月以上强制教育执行完毕，五年内再犯六月以上强制教育之罪者，为累犯。就其所犯罪名之法定刑范围内从高度科刑。

第十六条　裁判确定后发觉为累犯者，依前条规定更定其刑，如前判刑已执行完毕或赦免后发觉者免论。

第十七条　前犯之罪如是依军法或于外国法院判决者，不适用累犯罪之规定。

第九章　刑之种类

第十八条　刑分主刑从刑。

一、主刑之种类如下：

（一）死刑；

（二）拘束自由之强制教育，六月以上，十年以下；

（三）不拘束自由之指定劳役，一日以上，六月以下；

（四）罚金一元以上，由裁判员就本法分则各条规定罚金范围内依受刑人之资产状况定之；

（五）训诫，在法庭公开训诫之。

二、从刑之种类如下：

（一）褫夺公权一年以上，五年以下；

（二）没收，没收其犯罪所用之物及其所得不法之利益。

第十九条　从刑与主刑并宣告之。

第二十条　宣告一年以上强制教育之刑者，得宣告褫夺公权。

第二十一条　褫夺公权之种类如下：

（一）选举权被选举权；

（二）褫夺为公务员之权；

（三）褫夺公职候选人之权。

第二十二条　褫夺公权于刑期执行完毕后行之。

第二十三条　宣告没收之物以供犯罪所用之已有物，及其所得不法之利益为限。但违禁物得单独宣告没收之。

第十章　刑之易科

第二十四条　宣告刑在一年以下之强制教育、劳役，因特殊关系执行困难时，得易科罚金。宣告罚金无力缴纳者得易科不拘束自由之劳役。

第二十五条　受劳役罚金之宣告而犯罪动机有可悯恕者得易以训诫。

第十一章　科刑轻重之标准

第二十六条　裁判人员据案定刑时应依据事态之大小，实害之轻重，犯人之身份，慎重出之。

第二十七条　下列情形酌重拟刑：

一、以破坏民主政权为目的之犯罪行为；

二、以利益及其他卑鄙心术之犯罪行为；

三、以特别残酷暴虐阴险手段之犯罪行为；

四、残酷虐待（或遗弃）手下及在自己扶养下，尤其对于幼弱及其他处于孤立无援境遇中者之犯罪行为；

五、累犯行为。

第二十八条　下列情形酌轻拟刑：

一、为防卫破坏民主政权或防卫自己或他人权利身体超过正当防卫或紧急避难必要范围之行为；

二、自动中止犯罪或阻止其结果不发生者；

三、犯罪心术非基于利益卑鄙之行为；

四、因威胁强迫或因物质上职务上立于从属地位所犯之罪；

五、因精神过于刺激所犯之罪；

六、因出于义愤所犯之罪；

七、因自己或家族饥饿贫穷所迫而犯之罪；

八、因无知识或偶发生事态之犯罪；

九、未成年人及妊娠中妇女之犯罪；

十、恶性不深之初犯；

十一、其他犯罪情节显可悯恕者。

第二十九条　未成年人之犯罪科刑与成年人之比重如下列：

一、十四岁以上十六岁未满者，减轻二分之一；

二、十六岁以上十八岁未满者，减轻三分之一；

三、未成年人之判决不得超过本法则各条所定刑期范围二分之一。

第三十条　裁判人员对于中止犯之科刑，应依其准备计划行为大小及中止动机如何定之。

第三十一条　裁判人员对于预备犯之科刑，应考虑犯人品质、危险范围、准备程度或有不至实行犯罪之可能象征等情形定之。

预备犯之处罚以分则条文有明文规定者为限。

第三十二条　本刑法分则各条规定刑期称以上者，裁判人员得在以下科刑，称以下者，不得在以上科刑。

第三十三条　本法分则各条所列之罪无规定死刑者，不得加重至死，无规定劳役、罚金、训诫者，不得减至劳役、罚金、训诫。

第三十四条　刑期以裁判确定日起算，未判决前之羁押日数以一日抵强制教育刑期一

日或罚金元数按当地每日工价折算之。

未羁禁之日数不算人刑期内。

第十二章　缓刑及假释

第三十五条　裁判人员对受刑人之品质与环境认为无拘束自由之必要者，得宣告暂不执行之缓刑。

第三十六条　如在缓刑期内更犯强制教育之罪或发现其累犯者，撤销其缓刑。

过失犯罪者不适用前项之规定。

第三十七条　缓刑期满而缓刑之宣告未撤销者，其宣告之刑失其效力。

第三十八条　受刑人在强制教育执行中对于工作、学习、品行、表现进步，有悔改前失之实据者，得许可假释出狱。

第三十九条　在假释中更犯强制教育以上之罪者，撤销其假释，但过失犯罪者，不在此限，撤销假释其出狱之日期不得算抵刑期。

第四十条　假释期满未经撤销假释者，视为刑之执行已完毕。

第十三章　治疗教育

第四十一条　受刑人有传染病及鸦片烟瘾者依下列规定强制治疗：

一、传染病者送医务所治疗；

二、有烟疾者送戒烟处所治疗。

第四十二条　受刑人有神经病或是未成年人依下列规定为适当处置：

一、神经病者送特殊疗养院；

二、未成年人交付其父母或亲族或其他个人及社会予以监护教育。

第四十三条　受刑人如是游荡成性不务正业之惰民非短期教育所能守效者，得送入劳动生产场所。

第十四章　时　效

第四十四条　犯罪事件经过下列所规定之时效期间未经诉追者不再诉追：

一、应处死刑之犯罪经过二十年者；

二、应处十年强制教育之犯罪经过十五年者；

三、应处五年以上十年以下强制教育之犯罪经过十年者；

四、应处五年以下三年以上强制教育之犯罪经过七年者；

五、应处三年以下一年以上强制教育之犯罪经过五年者；

六、应处不满一年强制教育之犯罪经过三年者；

七、应处劳役罚金之犯罪经过二年者。

前项所定期间自犯罪成立之日起算，有继续性之行为，以最后行为日起算，数罪之行为，以主刑最高者起算。

在时效期间内如依法进行侦查审判者，时效停止在此种情形时，自停止原因消灭之日起，于停止前已经过之期间，通计时效。停止原因继续存在之期间，如得第一项各款所定期间四分之一者，视为停止原因消灭。

第四十五条　在追诉时效期间内，更犯罪或于侦查审判中逃亡者，时效中断由第二次犯罪日算起。

第四十六条　行刑权消灭之时效期间，适用诉追权时效期间。

第四十七条　行刑权时效期间，自判决确定之日起算。

行刑权时效之停止与回复，适用追诉权之规定。

第十五章　视为未犯罪

第四十八条　下列之人视为未犯罪：

一、受缓刑之人在缓刑期内未再犯较前更重之罪者；

二、受处六个月以下劳役及罚金之刑于执行完毕后三年内未犯较前更重之罪者；

三、受六月以上三年以下之强制教育在执行完毕后六年间再未犯较前更重之罪者。

第十六章　释　义

第四十九条　称公务员者，谓依国家机关、企业机关暨所属机关及法律所委任服务于有一定权限义务之机关团体组合之人。

第五十条　称公共团体者，凡政治、经济、文化、学术、体育、卫生、青年诸团体，农工生产运输之组合均属之。

第五十一条　称以上以下者俱连本数本刑计算。

第五十二条　称公文书者，谓公务员职务上制作之文书。

第五十三条　称重伤者如下：

一、毁损一目或二目之视能；

二、毁损一耳或二耳之听能；

三、毁损语能或项能①；

四、毁损一肢以上之机能；

五、毁损生殖器之机能；

六、其他于身体或健康有重大不治或难治之伤害。

第五十四条　本法分则第二章关于妨害私人利益之罪，除强抢杀人各条规定之罪外其他各罪如得被害人之同意得许调解。

第二编　分　则

第一章　妨害国家利益之罪

第一节　破坏民主政权罪

第五十五条　凡企图颠覆破坏衰弱人民所建设之联合民主政府，或企图破坏衰弱民主建设的经济、政治与民族利益，以及对外安全信用之一切行动均为破坏民主政权之罪。

第五十六条　以不利于民主政权之目的，用强暴武力，或政治阴谋，分离各民族各阶层人民团结，夺取联合民主政权者，处五年以上强制教育，情节重者得处死刑。

第五十七条　以不利于民主政权之目的，而有下列行为之一者，处五年以上强制教育，情节较重者得处死刑：

一、组织武装侵入民主政权区域内肆行骚扰或占据土地者；

二、潜入民主政权区域内，组织机关煽惑民众或勾引军队或运藏军火企图叛乱者；

三、杀害或毒害或绑架民主政权工作人员或民主政权区域内之人民者；

---

①　两种版本原文如此。

四、个人或结伙携带武器抢劫民主政权区域内之公私财物者；

五、放火或决水损害民主政权内之公私建筑物者；

六、破坏颠覆水陆空交通工具及一切建筑设备者。

第五十八条　犯前两条之罪而自首者，处三年以下之强制教育，情节较轻者得免除其刑。

第五十九条　以不利民主政权之目的，与外国政府或反动集团或其他派遣之人通谋意图使该国或该集团对于民主政府开战端者，处五年以上强制教育，情节重者得处以死刑。

第六十条　以不利民主政权之目的，对于交战之敌军予以任何便利者处五年以上强制教育。

第六十一条　以不利于民主政权之目的，犯通谋或帮助外国或反动集团之罪者，处五年以上强制教育，情节重者得处死刑。

第六十二条　民主政权区域内之人民，甘为敌军服役或与敌军协同攻击民主政府或其同盟国者，处五年以上强制教育，情节重者得处死刑。

第六十三条　在与敌军开战或将开战期内不利于民主政权之目的，而将军队或将要塞军械弹药粮秣或其他军用品军用交通器具以及关于军事之建筑物，交付敌人或毁坏致不堪使用者，处五年以上强制教育，情节重者处死刑。

第六十四条　以不利民主政权之目的，刺探收集或漏泄或交付应守秘密之情报文书图画物品与敌或其派遣人者处五年以上强制教育。

第六十五条　以不利于民主政权之目的，利用政府机关企业机关或妨害此等机关进行之方法破坏公家工业运输金融信用制度者，处五年以上强制教育，情节重者得处死刑。

第六十六条　以不利于民主政权之目的，对于铁路公路及交通机关、通信机关、水利、公用仓库并其他建设或政府及公共团体之财产加以危害或破坏者，处五年以上强制教育，情节重者处死刑。

第六十七条　以不利于民主政权之目的，实行怠工不履行应负之任务或即履行而出于恶意怠慢者，处一年以上五年以下之强制教育。

第六十八条　以诱导犯以上十一条所列不利于民主政权之行为为目的，而为宣传或作成此宣传印刷品者，处六月以上三年以下强制教育。

第六十九条　预备犯本章各条所定之罪，而实行采取有组织行为或预备实行而参加所组织之团体，以本章各条所定之刑处罚之。

第七十条　本章各罪之未遂犯罚之。

第二节　违反施政秩序罪

第一目　妨害公务罪

第七十一条　个人或聚众以强暴胁迫之行为或在场助势妨害公务员依法执行职务或迫使不执行一定职务或使其辞职或将公务员拘禁者，处三年以下强制教育；因而致公务员于死者，处七年以上强制教育，情节重者得处死刑；因而致重伤者，处三年以上强制教育。

第七十二条　以诈术或其他非法之方法，使公务员职务上之行为发生不正确之结果者，处一年以下强制教育拘役或三百元以下罚金。

第七十三条　对于执行职务之官吏当场公然加以侮辱者，处六月以下劳役或一百元以下罚金。

第七十四条　意图侮辱公务员或公署而毁损除去或污秽实贴公共场所之文告，处六月以下劳役或二百元以下之罚金。

以前项之行为施之于公务员所施之封印榜示或为违背其效力之行为者，处一年以下强制教育、劳役或三百元以下罚金。

第二目　妨害社会秩序罪

第七十五条　以暴乱破坏社会秩序，经该管公务员之警告，仍顽强继续其行为者，处二年以下强制教育、劳役或三百元以下罚金。

第七十六条　以强暴胁迫阻止或扰乱公众之集会者，处二年以下强制教育，劳役或三百元以下罚金。

第三目　冒充公务员罪

第七十七条　冒充公务员之名称与职权而发生危害社会之行为者，处三年以下强制教育或五百元以下罚金。

公然冒用公务员服饰徽章或官衔为欺骗之行为者，处五百元以下罚金。

第七十八条　对争执未定之权利轻视公署决定，任意行使专横行为者，处六月以下劳役或三百元以下罚金，如停止专横行为回复原来秩序者，免除其刑。

第四目　妨害公文书印章罪

第七十九条　使公众或他人受损害而伪造变造公文书、护照、特许证及关于品行能力服务或其他相类之证书者，处五年以下强制教育、劳役或三百元以下罚金。

第八十条　公务员对于职务上所奉管之公文书而致为不实之记载，足以损害于公众或他人者，处一年以上五年以下之强制教育，使公务员为前项之行为，处三年以下强制教育劳役或五百元以下罚金。

第八十一条　知情行使前两条伪造变造之公文书证书及不实之记载者，依该两条所规定之刑处断。

第八十二条　伪造盗用公印公章或公印章文或署押足以生损害于公众或他人者，处五年以下强制教育并没收其伪造之印章印文署押。

第八十三条　盗窃或毁损公文书者，处三年以下强制教育，无权开拆或隐匿封缄之公文书者，处六月以下劳役或三百元以下罚金。

第八十四条　在纸上或物品上之文字符号依习惯或特约足以为公家表示其用意之证明者，概以公文书论。

第五目　脱逃藏匿人犯及湮灭证据罪

第八十五条　依法拘捕或羁押之人犯自行脱逃者，处一年以下强制教育。损毁拘禁处所、械具或加强暴胁迫于监视人者处三年以下强制教育。

聚众为第一项行为者。首谋及实施下手处三年以下强制教育，其余处二年以下强制教育。

聚众为第二项行为者，首谋及实施下手，处五年以下强制教育，其余处三年以下强制教育。

本条之未遂犯罚之。

第八十六条　纵放或帮助或便利被捕被禁人犯，犯前条第一项罪名者，处二年以下强制教育，犯第二项罪名者，处三年以下强制教育。

聚众犯前条第一项罪名者，首谋及实施下手，处五年以下强制教育。余处三年以下强制教育。犯第二项罪名者，首谋及实施下手，处七年以下强制教育，余处五年以下强制教育。

本条之未遂犯罚之。

配偶三亲等内之血亲，三亲等内之姻亲，犯第一项之罪者，得减轻其刑。

第八十七条　藏匿犯人或对不法脱逃人犯使之隐避者，处一年以下强制教育，劳役或五百元以下罚金。

意图犯前项之罪，而顶替者亦同。

配偶五亲等内之血亲，三亲等内之姻亲，犯本条之罪者，得减轻或免除其刑。

第八十八条　伪造变造湮没或隐匿关系他人刑事被告案件之证据或能用伪造变造之证据者，处二年以下强制教育、劳役或五百元以下罚金。

犯前项之罪与该项刑事被告案件裁判确定前自白者，减轻或免除其刑。配偶五亲等内之血亲或三亲等内之姻亲犯前项之罪者，减轻或免除其刑。

第六目　妨害选举投票罪

第八十九条　以强暴胁迫或其他不法之方法，妨害他人行使政治上自由选举或其他投票权者，处三年以下强制教育。

本条之未遂犯罚之。

第九十条　有投票权之人要求期约或收受贿赂或其他不法利益而履行对方之意旨者，处三年以下强制教育得并科三千元以下罚金。

以犯前项之罪行求期约或交付贿赂或不法利益者，处三年以下强制教育，得并科一千元以下罚金。

第一项之贿赂没收之或缴其价额。

本条之未遂犯罚之。

第九十一条　妨害投票或扰乱投票者，处一年以下强制教育、劳役或五百元以下罚金。

第七目　伪造度量衡罪

第九十二条　意图借行使之用制造或贩卖违背定程之度量衡者，处一年以下强制教育、劳役或三百元以下罚金。

第九十三条　行使违背定程之度量衡者，处三年以下劳役或三百元以下罚金。

从事业务之人关于其业务犯前项之罪者，处一年以下强制教育或一千元以下罚金。

第三节　违反国民义务罪

第一目　违反兵役义务罪

第九十四条　拒绝或逃脱服兵役之义务者，处六月以下劳役。期满入伍。情节轻微

者，予以训诫即令入伍。

以毁伤身体伪造证书贿赂役政人员等方法，避免服兵役之义务者，处三年以下强制教育，验其身体能入伍者，送军事当局在服役中执行刑期。

第二目　违反粮税义务罪

第九十五条　拒绝、逃脱战时应缴纳粮税之义务者，处六月以上强制教育。

第九十六条　拒绝、逃脱，或隐避战时征用之军马、劳动牲口、船舶运输工具等之义务者，处六月以上强制教育。

第九十七条　拒绝、脱逃、隐避或作弊推卸平时应缴纳粮税之义务者，处六月以下强制教育劳役或三百元以下罚金。情节轻者，令其缴纳免去科刑。

第三目　拒绝作证义务及伪证罪

第九十八条　无正当理由拒绝、逃避关于侦查审判上应作证人或监定人之义务者，处三月以下劳役或三百元以下罚金。

第九十九条　在侦查审判时之证人及鉴定人关于案情内之重要事项为虚伪之陈述者，处五年以下强制教育或劳役。

关于案情之通译人员亦适用前项之规定。

犯本条之罪于该案件判决确定前自白者，减轻或免除其刑。

第四目　违反其他义务罪

第一百条　拒绝担任具有国家意义之生产劳役者，处六月以下劳役或三百元以下罚金。

第一百零一条　在法律上有负防止之义务而不防止致生一定危害之结果者，就其所生危害事实，按照分则各条所定之罪刑处罚之。

第一百零二条　遗弃依法令或契约或身份、地位应扶助养育或保护无自救力之人，或不为其生存所必要之扶助养育保护者，处六月以下强制教育，因而致人于死者，处五年以上强制教育。致重伤者，处三年以上强制教育。

第一百零三条　医师知病人陷入危险状态拒绝其治疗者，处一年以下强制教育、劳役或五百元以下罚金。

第一百零四条　无正当理由拒绝陪审员义务者处一百元以下罚金。

第一百零五条　承揽工程人或监工人营造或拆卸建筑物违反技术规则与义务，发生危险结果者，处三年以下强制教育或三千元以下罚金。

第一百零六条　与公务员或慈善团体为救济灾害缔结粮食或其他必需品之契约而不履行或不照契约履行义务者，处五年以下强制教育或并科五千元以下罚金。

第四节　违反公共纪律罪

第一目　重利罪

第一百零七条　以金钱或其他物品贷人、收取与原本显不相当之重利者，处三年以下强制教育、劳役或科或并科一千元以下罚金。

以犯前项之罪为常业者，处五年以下强制教育，得并科三千元以下罚金。

第二目　诬告罪

第一百零八条　意图他人受刑事或惩戒处分，有权能之机关或公务员为虚伪之告诉或

使用伪造变造之证据者，处一年以下强制教育或劳役。

第一百零九条　为前条虚伪之告诉，有下列情形之一者，处五年以下一年以上之强制教育。

一、诬告为重罪事件者。

二、诬告是出于利欲之目的者。

第一百一十条　犯前条之罪而能于该案判决确定前自白者，减轻或免除其刑。

第三目　奸亵罪

第一百一十一条　以强暴胁迫药剂催眠术或其他方法使妇女不能抗拒而奸淫之罪者，处五年以下强制教育。乘妇女心神丧失不能抗拒而奸淫之者，亦同。

以诈术使妇女一时错觉误信为配偶听其奸淫者，处三年以下强制教育。本条之未遂犯罚之。

第一百一十二条　因强奸使被奸人自杀或强奸发育不全之幼女或发育已全而二人以上共同轮奸之者，处八年以下强制教育。

第一百一十三条　犯强奸罪而故意杀害被奸人者，处十年强制教育或死刑。

第一百一十四条　对于因亲属监护教养救济公务或业务立于从属地位之妇女而奸淫或为变态性欲之猥亵行为者，处五年以下强制教育。

第一百一十五条　使妇女卖淫或设立娼寮或诱导妇女使为娼妓者处三年以上强制教育。

第一百一十六条　意图营利引诱或容留良家妇女与他人奸淫者，处三年以下强制教育。

第一百一十七条　对于男女以强暴胁迫药剂催眠术及其他方法致使不能抗拒而为猥亵之行为者，处五年以下强制教育。

第一百一十八条　对于男女乘其心神丧失或其他相类似之情形不能抗拒而为猥亵之行为者，处五年以下强制教育。

第四目　妨害婚姻罪

第一百一十九条　有配偶而重行与人结婚或同时与二人以上结婚者，处三年以下强制教育，知情相婚者亦同。

第一百二十条　隐蔽可以为婚姻障碍之事项或对掌营户籍机关为虚伪之申请与登记者，处一年以下强制教育劳役或五百元以下罚金。

第五目　赌博罪

第一百二十一条　影响大众持侥幸心理以财物为孤注作输赢之互约者，为赌博罪。

犯前项之罪者，处六月以下劳役或一千元以下罚金或训诫。

第一百二十二条　以赌博为常业者，处二年以下强制教育得并科一千元以下罚金。

第一百二十三条　意图营利供给赌博场所或聚众赌博者，处三年以下强制教育，并科三千元以下罚金。

第一百二十四条　意图营利办理有赌博性之标会或未经政府允许发行彩票者，处二年以下强制教育得并科三千元以下罚金。

营利代收前项赌博性之标会或为买卖前项彩票之媒介者，处六月以下强制教育，并科

一千元以下罚金。

第五节　破坏经济金融罪

第一目　破坏经济罪

第一百二十五条　以自私自利之目的或私怨私恨及其他不正当之意气，利用政府机关企业机关或以妨害此等机关进行之方法，破坏公家工业、运输、金融信用制度、公共团体者，处五年以下强制教育。

第一百二十六条　对政府机关企业机关公共团体之管理人或其代表人所委办之事业因无诚意，或不注意为不经济之行为，致使发生滥费及不能补偿之损失者，处二年以下之强制教育。损害小者，依行政处分办理之。

第一百二十七条　政府企业机关公共团体之主营者与人通谋订立不利益之交易契约，窃取国有或公有财产者，处一年以上强制教育。

第一百二十八条　与政府企业机关公共团体所订立之契约以恶意不履行契约上之义务者，处六月以上之强制教育。

第二目　妨害农工商罪

第一百二十九条　意图损害于他人妨害其农事上之水利者，处五年以下强制教育、劳役或三百元以下罚金。

第一百三十条　以恶意妨害他人土地上之农作物者，处一年以下强制教育劳役或二百元以下罚金。

第一百三十一条　以恶意破坏生产合作事业者，处二年以下强制教育、劳役或一千元以下罚金。

第一百三十二条　贩卖已失效之种子，妨害他人生产者，处六月以下强制教育、劳役或三百元以下罚金。

第一百三十三条　囤积粮食及其他公众所需之饮食物品操纵物价者，处五年以下强制教育并科二千元以下罚金。

第一百三十四条　妨害、贩运工厂所需之原料致工业生产受到不利影响者，处五年以下强制教育并科二千元以下罚金。

第一百三十五条　官吏或商贾利用地位或金钱势力垄断工商业，致中小工商业不能自由生存者，处五年以下强制教育并科五千元以下罚金。

第一百三十六条　伪造或仿造他人已登记之商标商号，妨害他人商业信用者，处二年以下强制教育、劳役或科三千元以下罚金。

第一百三十七条　明知为伪造或仿造之商标商号之货物，而陈列或秘密贩卖者，处二千元以下罚金。

第一百三十八条　违犯保护森林规定不法砍伐木材者，其影响森林经济之损害额超过二百元者，处一年以下劳役或一百元以上罚金。其损害额至百元以下者，处六月以下劳役或一百元以下罚金。

第三目　妨害金融罪

第一百三十九条　伪造变造通用货币纸币银行券国家发行之有价证券，意图供行使之用者，处五年以下强制教育得并科五千元以下罚金。

前项之未遂犯罚之。

第一百四十条　知为前条伪造变造之货币纸币券[①]证而仍行使或意图供行使之用而收集或交付于人者，处三年以下强制教育得并科一千元以下罚金。

第一百四十一条　伪造变造邮票、印花票、国营火车票、轮船票、乘坐券及其他国营运送货物证书，意图行使之者，处三年以下强制教育或拘役。

涂抹票券或减损能用货币之分量者以变造论。

第一百四十二条　前三条伪造变造之币票券证及其所供犯罪用之器械原料不问属于何人没收之。

第六节　损害公家财物罪

第一目　侵占公物罪

第一百四十三条　对于自己职务上或业务上所执营之国家政府机关金融机关企业机关或公共团体之财物，意图为自己或第三人不法所有而侵占之者，处一年以上七年以下强制教育得并科五千元以下罚金。

第一百四十四条　对于自己所执营国家政府机关企业机关或公共团体之土地，意图为自己或第三人不法所有而侵占之者，处六月以上五年以下强制教育。停止侵占恢复原状者，得免除其刑。

第一百四十五条　侵占公家遗失物漂流物或其他离保管人所持管之物而为自己或第三人不法之所有者，处五百元以下罚金。

第二目　毁损公物罪

第一百四十六条　无政治目的放火[②]决水，或其他方法毁损公家房屋、矿坑、农场、工厂、电厂、交通设备、安全设备，及其他公共建筑物者，处三年以上强制教育。

前项未遂犯罚之。

预备犯第一项之罪者，处一年以下强制教育劳役或五百元以下罚金。

第一百四十七条　失火、因过失决水毁损前条第一项所列之物者，处一年以下强制教育、劳役或五百元以下罚金。

第一百四十八条　毁损公家动产物者，处三年以下强制教育劳役五百元以下罚金。

以过失犯前项之罪者，处二百元以下罚金或训诫。

第三目　强抢公物罪

第一百四十九条　无政治目的公然以强力抢夺政府机关企业及公共团体财物者，处一年以上强制教育。

第一百五十条　犯前条之罪而有下列情形者，处五年以上强制教育。情节重者，得处死刑：

一、结伙三人以上并持有武器者；

二、因强抢而杀人或致重伤者。

第一百五十一条　无政治目的以强暴手段绑架公务员而勒赎者，处三年以上强制

---

① 两种版本皆印作“卷证”。

② 两种版本皆误作“放大”。

教育。

因而致人于死者，处十年强制教育或死刑。

因而至重伤者，处六年以上强制教育。

第一百五十二条　前三条之未遂犯罚之。

第一百五十三条　以强暴胁迫所抢得之赃物或脱免逮捕或湮灭证据者，同强抢之罪。

第一百五十四条　预备犯强抢或绑架勒赎罪者，处二年以下强制教育。

第四目　窃盗公物罪

第一百五十五条　窃取国家机关公共团体及所属之仓库货车船舶及其他贮藏所或大车轮船车站公共使用场所之动产者，处二年以下强制教育或劳役。

盗用公营电力者，除赔偿损害外，处二月以下之劳役或二千元以下之罚金。

前条未遂犯罚之。

第一百五十六条　前条所列机关公共团体之职员及特许出入之人，犯前条第一项之罪者，处五年以下强制教育。

第一百五十七条　受雇之劳动人或勤务员窃取自己操作场所内之财物者，处六月以下劳役或训诫。

第一百五十八条　以犯本目第一条之罪具有下列情形之一者处四年以下强制教育：

一、毁越门窗墙垣或其他安全设备而犯之者；

二、携带凶器者；

三、结伙三人以上者；

四、累犯窃盗罪者；

五、乘水灾火灾或其他灾变时而犯之者。

前条未遂犯罚之。

第一百五十九条　以犯本目第一条之罪而具备下列情形者，处六月以下劳役：

一、初犯者；

二、无结伙共谋者；

三、未用任何技术者；

四、实是因穷困失业不能维持自己或家族之必要生活者。

第一百六十条　意图为自己或第三人不法之所有，窃占国家机关公共团体之不动产者，处二年以下强制教育，停止窃占恢复原状者得免除其刑。

第一百六十一条　情知收受收买寄藏公家所失之赃物者，处三年以下强制教育或劳役。以此为常业者，处五年以下强制教育并科三千元以下罚金。

第七节　违背职务罪

第一百六十二条　从事于国家机关或企业机关公共团体及法律所委任之公务员，违背职务上应为或不应为而致公家或私人或社会秩序发生损害恶果者，为违背职务罪。

第一百六十三条　公务员因利欲或其他个人目的，实行贪污，要求期约或收受贿赂或其他不当利益而为违背职务之行为者，处二年以上强制教育并没收所收之贿赂或追缴其价额。

第一百六十四条　对于公务员行术贿赂或居间介绍者，处三年以下强制教育劳役或百

元以上罚金。但行贿后即行自首者，免除其刑。

第一百六十五条　有诉追审判职权之公务员，滥用职权，使人身体自由、财产受到损害者，处五年以下的强制教育，因而致人于死者，处五年以上强制教育，因而致重伤者，处三年以上强制教育。

第一百六十六条　未为公务员时预为要约者，处二年以上强制教育。

第一百六十七条　前三条未遂罪罚之。

第一百六十八条　无诉追审判职权之公务员而滥行处罚人者，以前条之规定处罚之。

第一百六十九条　有执行刑罚职权之公务员，违法执行或不执行刑罚者，处五年以下强制教育。

第一百七十条　公务员对于赋税或其他收入，明知不应征收而征收者，处五年以下强制教育。

公务员对于职务上发给之款项物品，明知应发给而抑留不发或克扣者，同前项之处罚。

第一百七十一条　公务员对于主管或监督之事舞弊营私直接或间接图利者，处五年以下强制教育。

第一百七十二条　公务员对于职务无诚意或非善意使事务延宕停滞，或因怠于职务，致公家或个人或社会秩序发生损害恶果者，处三年以下强制教育。

第一百七十三条　公务员或曾任公务员，漏泄应守秘密之文书图画消息或物品者，处三年以下强制教育，因过失而犯之者，处一年以下强制教育、劳役或三百元罚金。

第一百七十四条　公务员假借职务上之权力、机会或方法，犯本章以外之罪者，照本分则各条所定刑之范围内酌量从重科罚。

第八节　妨害公共卫生罪

第一百七十五条　以无政治目的在供公众饮料水内施放毒药或传染秽物者，处一年以上强制教育。因而致人于病或死亡者，处五年以上强制教育。

以过失犯前之罪者处一年以下强制教育、劳役或三百元以下罚金。

第一项之未遂犯罚之。

第一百七十六条　任意散布传染秽物致有妨害公共卫生之虞者，处六月以下强制教育、劳役或三百元以下罚金。

第一百七十七条　破坏公共卫生设备者，处一年以下强制教育。

第一百七十八条　违反以预防传染病为目的所特别公布之公共卫生法规者，处六月以下强制教育、劳役或三百元以下罚金。

第一百七十九条　以过失犯前二条之罪者处三月以下劳役或二百元以下罚金。情节轻者，得予以训诫。

第一百八十条　以伪质变造冒充公众消费物品，结果损害他人之健康或有损害可能者，处一年以下强制教育或一千元以下罚金，并没收其变造冒充之物品。

第一百八十一条　制造贩卖妨害卫生之饮食物品者，处一年以下强制教育、劳役或一千元以下罚金。

第一百八十二条　意在图利或供自己吸食栽种鸦片烟者，处五年以下强制教育得并科

五千元以下罚金。

第一百八十三条　制造运输贩卖鸦片烟高根海洛因或其他化合品者，处五年以下强制教育，并科五千元以下罚金。

第一百八十四条　开设烟馆供人吸食或与人施打吗啡意在图利者，处三年以下一年以上强制教育，并科三千元以下罚金。

第一百八十五条　吸食鸦片烟或施打吗啡或使用高根海洛因或其他化合料质者，处二年以下强制教育劳役或一千元以下罚金。

第一百八十六条　制造贩卖或运输专供吸食鸦片烟之器具者，处三年以下强制教育得并科一千元以下罚金。

第一百八十七条　意图营利或自吸用持有鸦片烟吗啡高根海洛因或其他化合物质料或供吸食鸦片烟器具者，处一年以下强制教育、劳役或五百元以下罚金。

第一百八十八条　犯以上六条之罪者，其鸦片烟吗啡高根海洛因或其他经化合质料或种子吸烟器具无论属于何人没收之。

第二章　妨害私人利益之罪

第一节　妨害个人生命罪

第一百八十九条　以图褫夺被害人生命之决心而杀之者，为杀人罪。

凡前项之罪而为下列情形之一者，处十年以下强制教育。情节重者得处死刑：

一、因利欲嫉妒及其他卑鄙心术；

二、出于特别残酷之手段；

三、用不顾多数人生命之危险方法；

四、出于隐蔽或减轻其他重罪之企图；

五、对于被害人有保养责任者；

六、利用被害人之穷困者；

七、前曾犯杀人伤害罪被处罚狱者。

第一百九十条　非因前条各款事态而杀人者，处十年以下强制教育。

第一百九十一条　以杀人之目的着手实行其结果成伤未死者，处七年以下强制教育。伤医未愈而致死者，依前两条规定情形分别处罚。

第一百九十二条　前两条之未遂犯罚之。

第一百九十三条　因受压迫侮辱其激于义愤而发作之精神激奋状态中杀死人者，处五年以下强制教育。

第一百九十四条　母于生产后杀其婴孩者，处六月以上五年以下强制教育。

第一百九十五条　妇女服药或以其他方法堕胎者，处六月以下劳役。但疾病或防止生命上之必要堕胎者免除其刑。受嘱托或承诺而与人堕胎者，处二年以下强制教育，因而致人于死者，处五年以上强制教育，致伤重者，处三年以上强制教育。

第一百九十六条　虐待物质上立于从属地位之人，使之自杀或自杀未遂者，处以五年以下强制教育。

第一百九十七条　前三条之未遂罪罚之。

第一百九十八条　因为过失或因超过自卫所必要范围之行为，而致人于死者，处三年

以下强制教育、劳役或一千元以下罚金。

第一百九十九条　从事业务之人，因业务犯前条之罪者，处五年以下强制教育劳役或三千元以下罚金。

第二百条　教唆或帮助他人使之自杀或受其嘱托或得其承诺而杀之者，处一年以上五年以下强制教育。

第二节　妨害私人身体罪

第二百零一条　以暴行殴人之结果致伤毁人之身体及健康者为伤害罪。

犯前项之罪使人受重伤减低劳动能力者，处八年以下强制教育。因伤致死者处十年以下强制教育。

使人受轻伤害及健康需相当时日始能复原者，处三年以下强制教育、劳役或一千元以下罚金。

第二百零二条　以暴行殴人未成伤者，处六个月以下劳役或三百元以下罚金或训诫。

第二百零三条　因受压迫侮辱或其他激于义愤在精神刺激中犯前二条之伤害罪者，处三年以下强制教育。

第二百零四条　教唆或帮助他人使之自伤或受其嘱托或得其承诺而伤害之成重伤者，处三年以下强制教育。

第二百零五条　明知自己有花柳病或麻疯病隐瞒而与人奸淫或为猥亵之行为者，处一年以下强制教育、劳役或五百元以下罚金。

第二百零六条　对于发育未全之幼年男女施以凌害或以他法致妨害其身体之自然发育者，处五年以下强制教育。意图营利而犯前项之罪者，处五年以上强制教育。

第三节　妨害私人自由罪

第二百零七条　使人为不自由之奴隶者，处一年以下强制教育。

以图营利犯前项之罪者，处二年以上强制教育。

前二项之未遂罪罚之。

第二百零八条　略诱妇女至不自由之环境或与自己或他人结婚或奸淫或为猥亵之行为者，处五年以下强制教育。

意图营利犯前项之罪者，处一年以上七年以下强制教育。

前二项之未遂罪罚之。

第二百零九条　意图营利而收受藏匿前条被略诱人或使之隐避者，处六月以上五年以下强制教育。

第二百一十条　意图营利以诈术诱人或利用穷窘境遇至不自由之环境作奴隶役者①，处三年以上强制教育。

以犯前项之罪为常业者，处五年以上强制教育。

第二百一十一条　犯前四条之罪于裁判宣告前，送回被诱人或指明所在地，因而寻获者，得减轻其刑。

第二百一十二条　以强力或其他方法，私行拘禁剥夺人之行动自由者，处三年以下强

① “作奴隶役者”疑为“作奴役者”。

制教育、劳役或三百元以下罚金。

因而致人于死者，处十年以下五年以上强制教育。致重伤者，处三年以上七年以下强制教育。

第一项之未遂罪罚之。

第二百一十三条　以强力胁迫使人行无义务之事或妨害人行使权利者，处一年以下强制教育劳役或三百元以下罚金。

前项之未遂罪罚之。

第四节　妨害家庭安宁罪

第二百一十四条　有配偶而与人通奸者，处一年以下强制教育。相奸者亦同。

第二百一十五条　略诱未满十六岁之男女脱离家庭，或其他有监督权之人而为猥亵或奸淫之者，处一年以上七年以下之强制教育。

第二百一十六条　意图营利或意图使前条被略诱人为猥亵或奸淫而收受之藏匿，或使之沈避者，同前条之处罚。

第二百一十七条　犯前两条之罪在裁判宣告前送回被略诱人或指明所在地，因而寻获者，减轻其刑。

第二百一十八条　无故侵入他人住宅、建筑物、船舰或其他有围护设备之土地，经受退去之要求而仍滞留者，处一年以下强制教育、劳役或三百元以下罚金或训诫。

第二百一十九条　不依法令搜索他人身体、住宅、建筑物、船舰者，处二年以下强制教育、劳役或三百元以下罚金。

第二百二十条　以加害生命、身体、名誉、财产之事，恐吓他人，致生命危害于安全者，处一年以下强制教育或三百元以下罚金。

第五节　妨害私人名誉罪

第二百二十一条　以言语或文书公然侮辱他人者，处三百元以下罚金或训诫。

以强暴动作侮辱他人者，处劳役或五百元以下罚金。

第二百二十二条　用指责或传述或用文字图书足以损害他人名誉之事，散布于众者，为诽谤罪，处一年以下强制教育劳役或五百元以下罚金。

以新闻杂志或其他方法虚构事实而为诽谤者同，但对于所诽谤之事，能证明其为真实者不罚。

因自卫自辩保护民主权利者或其他合法利益者不罚。

第二百二十三条　对于已死之人公然诬蔑侮辱或诽谤者，适用前二条之规定。

第六节　妨害私人信用罪

第二百二十四条　散布流言或以诈术损害他人之信用者，处一年以下强制教育劳役或科一千元以下罚金。

第二百二十五条　使公中（众）或他人受损害而伪造变造私人契约、票据、证明书、介绍书，以及其他私文书者，处五年以下强制教育或劳役。

第二百二十六条　将使公中（众）或他人受损害而将明知不实之事实登载于业务上作成之文书者，处三年以下强制教育、劳役或五百元以下罚金。

第二百二十七条　依习惯或持约在纸上或物品上之文字符号足以表示其用意证明者以

文书论。

第二百二十八条　行使前三条之私文书者，适用各该条规定之处罚。

第二百二十九条　伪造或盗用私人印章印文或署押，使生损害于公中（众）[1] 或他人者，处三年以下强制教育。

第七节　妨害秘密罪

第二百三十条　无故开拆或隐匿他人之封缄信函[2]或其他封缄之私文书者，处劳役或三百元以下罚金或训诫。

第二百三十一条　因法令契约或业务责任知悉或持有他人秘密而无故泄漏（露）之者，处一年以下强制教育劳役或一千元以下罚金。

第八节　妨害私人财物罪

第一目　强抢私人财物罪

第二百三十二条　以暴力或药剂催眠术使人不能抗拒强夺他人财物者，处五年以下强制教育。

前项之未遂犯罚之。

第二百三十三条　犯前条之罪具有下列情形之一者，处五年以上强制教育：

一、结伙三人以上携有武器者；

二、以强抢为常业者；

三、伤害事主者；

四、强奸者；

五、放火者。

第二百三十四条　犯强抢罪具有下列情形之一者，处十年强制教育或死刑：

一、杀人者；

二、强奸因而致人于死者；

三、被强奸人愤而自杀者。

第二百三十五条　预备犯强抢罪者，处一年以下强制教育。

第二百三十六条　在海上犯强抢罪者，适用前四条之规定。

第二百三十七条　强抢因防护赃物脱免逮捕，或湮没证据当场实施强暴胁迫以强盗论。

第二百三十八条　以强力掳人勒赎者，处七年以下强制教育。

因而致人受重伤者处七年以上强制教育。

因而致人于死者，处十年强制教育。情节重者处死刑。

预备犯第一项之罪者，处一年以下强制教育。

犯第一项之罪未经取赎而释放被害人者，减轻其刑。

第二目　窃盗私人财产罪

第二百三十九条　秘密窃取他人动产者，为窃盗罪。处一年以下强制教育、劳役。

---

① 两种版本皆印作“公中”。

② “陕西法律法规版”误作“信甬”。

犯窃盗罪而具备下列情形者，处三月以下劳役：

一、初犯者；

二、无结伙共谋者；

三、未用任何技术者；

四、实是因穷困失业不能维持自己或家族之生活者。

第一项之未遂犯罚之。

第二百四十条　窃取他人动产具有下列情形者，处六月以上强制教育：

一、毁越门窗墙垣或其他安全设备而犯之者；

二、携带凶器者；

三、结伙三人以上者；

四、累犯窃盗罪者；

五、乘水灾火灾或其他灾变时而犯之者；

六、致被窃人生活上陷于极端困难者；

七、窃取勤劳人之主要生产工具、运输工具以及大型牲口者。

第二百四十一条　受雇人窃取雇主财物者，处一年以下强制教育、劳役或二百元以下罚金。

第二百四十二条　意图为自己或第三人不法之利益而窃占他人之不动产者，处一年以下强制教育、劳役，停止侵占回复原状者，免除其刑。

第二百四十三条　窃盗私营电力者除赔偿外，处一月以下劳役或百元以下罚金。

第二百四十四条　知情收受收买寄藏私人所失之赃物者，处二年以下强制教育或劳役。以犯前项之罪为常业者，处五年以下强制教育，得并科三千元以下罚金。

第二百四十五条　窃盗因防护赃物脱免逮捕或湮没证据当场实施强暴胁迫者，适同强抢罪。

第三目　损坏私人财产罪

第二百四十六条　毁坏私人建筑物、矿坑、船舶、工厂致不堪用者，处六月以上五年以下强制教育。

因而致人重伤者，处三年以上强制教育。致人于死者，处五年以上强制教育。

第一项未遂犯罚之。

第二百四十七条　毁弃或损坏私人文书或致不堪用，足以生损害于公中（众）或他人者，处三年以下强制教育劳役或五百元以下罚金。

第二百四十八条　毁损前二条以外他人之财物或致令不堪用足以生损害于公中（众）或他人者，处二年以下强制教育劳役或五百元以下罚金。

第二百四十九条　以诈术使人为财产上之处分而生损害者，处二年以下强制教育、劳役或五百以下罚金。

第二白五十条　乘未成年人之知识浅薄或乘人之精神耗弱使之将本人或第三者之物交付者，处五年以下强制教育、劳役或科三千元以下罚金。

第二百五十一条　为他人处理事物违背任务与信义，损害其本人之财产或其他利益者，处五年以下强制教育、劳役或科三千元以下罚金。

第二百五十二条　债务人于将受强制执行之际，意图损害债权人之债权，而毁坏或隐匿或处分其财产者，处二年以下强制教育、劳役或五百元以下罚金。

第二百五十三条　毁损坛庙、寺观、教堂、坟墓、古迹或公众纪念处者，适用毁损建筑物之规定。

第二百五十四条　发掘坟墓而损坏遗弃污辱或盗取尸体遗骨遗灰者，处二年以上五年以下强制教育。

第四目　侵占私人财物罪

第二百五十五条　侵占自己持有他人之物而为自己或第三人不法之所有者，处三年以下强制教育、劳役或科一千元以下罚金。

第二百五十六条　侵占因公益或因业务所持有之物而为自己或第三人不法之所有者，处五年以上强制教育、劳役或五千元以下罚金。

第二百五十七条　侵占私人遗失物漂流物或其他离本人所持有之物者，处五百元以下罚金。

选自《陕甘宁边区法律法规汇编》，三秦出版社 2010 年版，第 477～494 页。简称“三秦法律法规版”。

互校版本：《陕甘宁边区法律法规汇编》，陕西人民出版社 2006 年版，第 103～126 页。简称“陕西法律法规版”。

三、中华民国新民事诉讼法草稿纲领

1948 年 7 月 21 日陈瑾昆拟

民事诉讼法新旧法之关系，较诸民法新旧法之关系，尤为重要。即诉讼法为程序法，往往不能依法理创设，故自法制史言之，均系程序法发达先于实体法，而已有旧诉讼法者，更须有新诉讼法替代之。如方已发生之诉讼，因不能不承认其存在，此本系依旧法程序进行，如否认旧法，则须有新法，使其得继续进行。若已经终结之诉讼，则更不能不承认旧法之效力：即已经判决确定者，不能不许其得请求执行，亦不能许其再有争执，从（重）新起诉，且须依旧法，在撤回起诉后或和解后，亦不能许其再有争执，从（重）新起诉。此于保护人民、确定权利、平息争执，为当然之事。故在此次革命，固应否认旧政权下之诉讼法，然同时则须有新政权之诉讼法替代之。故在民事诉讼法，新旧法之关系——法律不溯既往之原则，甚为重要，将来于新法实行时，必须于施行法详慎规定，而在此过渡时期——新旧法交替时期，起草法律，自应就旧法加以修正，不可抹杀其存在，参考旧法，创造新法，乃为过渡时期应有之措置，并非继承旧法系统，无视革命立场，故起草新民事诉讼法，亦与起草新民法同一方针，合首予说明，再就修改中最重要之点，亦即起草新法最重要之纲领，择要摘述于后：

一、旧法共计六百三十六条，新法仅三百七十五条，此并非新法较旧法内容贫乏，只系将旧法不适用与不正当之条文删节归并，同时将于现时较有实用更较正确之实际与理

论，增设条文，以利实行。

二、旧法只系为有产阶级之工具，尤为法官与律师，不善用此法律，且恶用此法律，以致拖讼缠讼，渎职倾人，流弊百出！新法系从另一立场与方针立法，即一方面使人人均可利用诉讼保护权利，一方面又防止不善讼者不能受到正当之保护，善讼者反受到不正当之保护，尤为严防积压拖累，力遵“诉讼经济”之原则——不许因诉讼浪费金钱、劳力、时间，此正是拯救时弊，从此一方面亦表现革命精神。

三、于总则编新增法例一章，此不但与民、刑法、刑事诉讼法一律，且将民事诉讼法基本原则与上开革命精神，均于此章总括规定，至为重要。

四、法例内第一条，系揭出利用民事诉讼之原则——标的、标准、限制，亦即严防滥诉滥讼。

五、法例内第二条，即严防拖讼缠讼者，尤为严防唆讼之律师，此原则规定，更于以后各程序设有多数应用规定，此于法理（侵权行为）实际，均为协合。

六、法院积案或舞弊，亦于各程序设有种种规定，使负侵权行为责任（法院与职员连带负责），此虽未便于法例规定，然与上述第五点为同一精神。

七、民事诉讼，一般均征讼费，此为资本主义之遗留物（尤为现时中国多端苛索），应予废除，所谓审判费、送达费、抄录费、状纸费等勒索民财者，一概不许征收，方显出法院为人民服务之精神，此为法例第三条之用意。

八、现时积弊，为法院办案迟延（故意者多，亦为舞弊之一端）与不公平，虽半由于人为，亦半由于法律程序烦重，此则于法例第四条第一项，特设此救济规定（原则），其应用则于各程序设有种种之规定。

九、高坐堂皇，完全不实地调查，听取群众意见，亦为现时积弊，故于法例第四条第二项设此救济规定（原则），并于各程序设应用规定。

十、一般立法均注重书状，只于简易程序或其他不较重要或应迅速之诉讼行为始许当事人使用言词，法例于此点完全将旧法推翻，使当事人得任意用言词或书面，用言词则得请求书记员作笔录，用书面亦可不用律师，得请求书记员或法院所设代书人代为制作，且不称书状，将状纸制度亦予废除（见后），此为法例第五条之规定。

十一、民事诉讼法上亦有久用之术语，不能再用更通俗者替代之，故法例第六条有此文例——立法解释之规定。

十二、旧法法院管辖，规定过于烦（繁）复，不合适用故予删改。第七条第三项，即可将旧第三条至第十九条概括，又旧法专属管辖，实用上并无必要，亦予废止，法院虽无管辖权，亦应移送，不许驳回，亦为便民一道。

十三、旧法法院回避，亦有不合实用处，应予改正。

十四、旧法当事人章内，当事人与诉讼能力节有不妥处，应修正。

十五、旧法共同诉讼内，主参加以为必要共同诉讼，理论实际均不正确，应予修正（旧五四条新二十条二项）。

十六、委任代理人，实际上颇多，旧法关于委任，于实际不便，应予修正。

十七、总则第四章，新法修改旧法中最重要者：按诉讼程序重要之次序排列，将旧法第一审内和解与简易程序内调解及证据，均移入总则规定。

十八、裁判节最重要修改：为增设第三十七条第二项、第三十八条第二项、第三十九条、第四十条第四项第五项（第五项旧法只于简单程序规定，新法不认简易程序见后）。

十九、言词辩论节最重要修改：为增设第五十五条第五项；为使当事人更为完全之辩论（五五条二至四项），及更使法院发挥阐明权（六〇条）亦有相当修正；尤为第六十条第九款，乃为对于法例第四条第二项应用之规定。旧法此节条文次序不妥，应予修正。

二十、和解，旧法将起诉前所为者称曰调解，与起诉后所为者分别规定，实则此均系民法上之和解于诉讼上成立，宜合并规定，且应于总则内规定，因此诉讼行为，至为重要，新法为使和解易于成立、并使审判员特别注重，设有种种规定，和解在诉讼上成立后不许轻易推翻，亦将旧法修改。

二十一、证据程序于第二编以下，均有适用，故移入总则，修改处亦不少，次序乃先物证，次人证，用语“自认”改“自白”。以与刑事诉讼法一致。嘱托团体调查，增农会、工会，对于用证据拖延诉讼者，处罚款，证人不可迭传以防拖累（一四〇条）均为较著者。

二十二、文书乃就旧法“当事人书状”修改，将法院与当事人书面程式均于此节内规定。旧法裁判书、笔录、卷宗分散规定，此则合并之，当事人用书面为自由，废除状纸收重费制度，均于此节内规定。

二十三、送达特定明注重邮局送达以省经费。

二十四、期日改日期，期间之回复原状，亦加以修改。

二十五、通称诉讼程序停止，不设中断、中止、休止之名目。当事人死亡有不仅停止者，亦于此规定。

二十六、旧法有通常诉讼程序与特别诉讼程序之别，应废止此区别；有关公益之事件，应多采职权主义，亦不只人事诉讼，可于各程序适当处所规定，简易程序，亦应废止，其中调解，应并入和解，其他简易程序，则只可用言词等，新法如前述，任何诉讼，均得用言词，且新法系规定任何诉讼均须迅速，亦均须慎重，亦均须酌采职权主义，故所谓特别诉讼程序，简易程序，均无特设之必要。

二十七、新一九八条三、四项，就一般诉讼特设此规定，乃为便民。

二十八、言词辩论之准备，亦为诉讼能迅速进行，设有改正规定。

二十九、二百十条二项亦为新设酌采职权主义之规定，甚为重要。

三十、旧法关于裁定，特设得为抗告之条甚多，且抗告期间特分别长短均不妥，应予修改。

以上仅为特举修改处所亦即起草原则之最重要者，一般言之，只最后非讼事件程序一编（旧法各列为编亦不妥）修改较少，其他则于内容、次序、文字等，修改甚多，略占旧法十分之八以上，均非故为立异，实为适用、明了、正确而为。

选自《民事诉讼法参考资料》第二辑第一分册，中国社会科学院法学研究所民法研究室民诉组、北京政法学院诉讼法教研室民诉组会编，法律出版社 1981 年版，第 114～118 页。

四、中华民国新民事诉讼法草稿[①]

1948年7月21日陈瑾昆拟

目　录

① 此件系陈瑾昆起草的民诉法草案，曾提交中央法制委员会讨论过。据《谢觉哉日记》1948年7月21日记载："瑾昆《民诉法》又脱稿，《民法》前已脱稿。"同年12月14日记载：法委会主要议程"二、总结法律争论问题。"现附录于此，供研究参考。

第一编　总则

第一章　法例

第一条　民事法律关系，以受侵害或有受侵害之虞时为限，当事人得依本法所规定之诉讼程序或非讼事件程序，请求法院裁判或处分。

非民事法律关系，以本法或其他法律有规定者为限，亦得就之为前项之请求。

非讼事件，除本法规定有特别程序外，准用诉讼程序之规定。

第二条　当事人无前条第一项所规定之必要情形，而起诉，或为其他请求，或因可归责于己之事由，致诉讼程序迟延进行或终结者，应赔偿他方当事人因此所受之损害；其原因在于其代理人者，并应由该代理人与该当事人连带负赔偿责任。

前项情形，致他方当事人之代理人受损害者，亦应依前项，对该代理人负赔偿责任。

法院对于缠讼或拖讼之当事人或其代理人，得处以二千元以下之罚款。

第三条　法院施行诉讼程序或于当事人请求施行时，不得向当事人征取任何费用。

第四条　法院施行诉讼程序，为期其公平与迅速，得为必要之处置。

法院为审判或处分，为期其正确，应切实与群众联系，就地调查，听取意见。

第五条　当事人为请求或陈述，虽非于言词辩论程序，亦得用言词；并得请求法院书记员，制作笔录。

当事人用书面为请求或陈述时，得请求法院书记员或其所设代书人代为制作。

第六条　称当事人者：谓请求裁判或处分之人及其相对人。

称诉讼标的者：谓当事人请求裁判或处分之法律关系；称本案者：谓为该诉讼标的之法律关系。

称诉讼关系者：谓诉讼标的或其他得在诉讼上主张之一切法律关系。

称攻击方法者；谓原告或其他请求人为求就诉讼标的贯彻己方主张所提出为裁判或处分基础之一切材料；称防御方法者：谓被告或其他相对人为求就诉讼标的贯彻己方主张所提出为裁判或处分基础之一切材料。

第二章　法院

第一节　管辖

第七条　诉讼事件或非讼事件，由该事件相对人住所地或居所地之法院管辖。

关于胎儿之事件，以其母之住、居所地，视其住、居所地；关于公私法人、自治机关、外国法人、或非法人团体之事件，以其公务所、事务所或营业所所在地，视为其住、居所地；关于多数当事人选定特定人为诉讼之事件，以该特定人之住、居所地或事务所、营业所所在地，视为其住、居所地；关于职员、工人、生徒、受雇人或其他寄寓人之事件，以其寄寓地，视为其住、居所地；关于军人、军属或海员之事件，以军营驻在地或军舰本籍、船籍所在地，视为其住、居所地。

除依前二项定管辖法院外，事件标的之法律关系发生地、实行地、争执地之法院，亦得为管辖法院。

不能依前三项定管辖法院者，由首都所在地法院为管辖法院；其原有管辖法院而现无管辖法院或管辖法院不明者，请求人得向首都所在地法院为请求，或请求该法院指定管辖法院。指定之裁定，不得声明不服。

第八条　同一事件，数法院有管辖权者，为请求时，得选择向其中任何一法院为之。

第九条　当事人得以合意定管辖法院。

被告不抗辩法院无管辖权而为本案之言词辩论或非讼事件之相对人已就该事件为请求或陈述者，视为已有前项之合意。

第十条　事件之全部或一部，法院认为无管辖权，讯明相对人亦不同意其受理时，应以裁定移送之于管辖法院，认该法院有管辖权或认被移送法院无管辖权之当事人，对该裁定得声明不服；但请求人得不声明不服，撤回其请求；相对人如仍同意该法院受理者，该法院仍应受理之。

确定应由被移送法院受理时，视为该事件自初即系属于该法院，不得更为移送裁定。

受请求之法院，为第一项之裁定时，如有急迫情形，应于为裁定时或以后，依请求或职权，为必要之处置。

第二节　回避

第十一条　法院之审判员、书记员或通译员，有左列情形之一者，于该事件应自行回避，不得执行职务：

一、本人或其配偶、前配偶、订婚人为该事件当事人者。

二、本人现为或曾为该事件当事人五亲等内之血亲、三亲等内之姻亲，或家长、家属者。

三、本人或其配偶、前配偶、订婚人，就该事件有权利人、义务人或与当事人有共同权利人共同义务人之关系者。

四、本人或其配偶、前配偶、订婚人，现为或曾为该事件之法定代理人或诉讼代理人、辅佐人者。

五、本人于该事件曾为证人或鉴定人者。

六、本人曾参与该事件之前审裁判或公断者。

第十二条　当事人于审判员、书记员或通译员有左列情形之一时，得请求其回避：

一、有前条所定情形之一，而不自行回避者。

二、有前条所定以外情形，足认其执行职务有偏颇之虞者。

前项第一款情形，除该人员已无可执行之职务外，当事人不问诉讼程度如何，得随时请求其回避。第二款情形，虽仍有可执行之职务，而已就该事件为请求或陈述后，不得请求其回避；但回避之原因，发生在后或知悉在后，或于为请求或陈述时，保留回避之请求者，不在此限。

请求回避，应向其所属法院表明其原因为之；并应释明其原因及前项但书之原因。审判员认其理由不正当者，得提出意见书。

当事人请求书记员或通译员回避，不问其有无理由，而有他人能继续执行其职务者，应立即由他人继续执行之。请求审判员回避，如其理由正当，而有他人能继续执行或更新执行其职务者，亦同；如理由正当而该审判员仍继续执行者，审判长或院长应命其停止。如其理由不正当，应立即依合议，裁定驳回之，认为尚有疑义者，亦应立即依合议裁定之。该审判员均不得参与该各裁定。其不能由本法院裁定者，应立即送交直接上级法院裁定之。

对于审判长或院长命令停止之裁定及认请求理由正当之裁定，毋庸送达，并均不得声明不服。

第十三条　因审判员停止执行职务，而致诉讼程序亦停止进行者，如有急迫情形，该审判员或其所属之法院，仍应为必要之处置。

第十四条　当事人或其代理人请求回避，而系意图迟延诉讼之进行者，法院得依请求或职权命其赔偿他方之损害；并得处以二千元以下之罚款。

第三章　当事人

第一节　当事人能力及诉讼能力

第十五条　有权利能力者，有当事人能力。胎儿，关于其个人之利益，有当事人能力。

非法人之团体，设有代表人或管理人者，视为有当事人能力。

第十六条　多数有共同利害关系之人，不合于前条第三项之规定者，得选定其中一人或数人为当事人。其于事件发生后选定者，未被选定之当事人，于选定时，脱离该事件。但该事件之裁判或处分，不问其为当事人与否，均对之有效力。

被选定之当事人，得由他共同利害关系人或他原当事人更换或增减之。前二项之选定或更换、增减，应陈明法院，并由法院通知他方当事人。被选定当事人，应于该事件为己方全体当事人为行为或受行为；其有因死亡或更换而减少者，由他被选定之当事人继续为其全体为行为或受行为；其因死亡而无他被选定之当事人者，他共同利害关系人或他原当事人，应立即另行选定他当事人，或自行继续为当事人，并应立即陈明法院，并由法院通知他方当事人。怠于履行，而致他方当事人受损害者，应负赔偿责任。其系意图迟延事件进行者，法院得处以千元以下之罚款。

被选定之当事人，非得己方全体当事人之同意，不得为舍弃、认诺或和解；于该事件不为应进行之行为时，他共同利害关系人或原当事人仍得自为该行为或自行诉讼；被选定之当事人死亡者，纵已另选定他当事人，该继承人仍得自行诉讼。被选定之当事人有数

人，而其相互间之关系，合于共同诉讼之规定者，仍依其规定，被选定之当事人与自行进行事件之当事人相互间之关系，合于共同诉讼之规定者，亦同。

第十七条　有行为能力者，有诉讼能力。

虽为限制行为能力人，而就该事件之法律关系有行为能力者，亦有诉讼能力。

外国人，依其本国法律，虽无诉讼能力，而依中华民国之法律，有诉讼能力者，亦有诉讼能力。

无行为能力人，应由其法定代理人于该事件为行为或受行为。限制行为能力人，除依第二项规定外，亦应由其法定代理人于该事件为行为或受行为。

法人，应由其董事为法定代理人，于该事件为行为或受行为。非法人之团体，依第十五条第三项为当事人者，应由其代表人或管理人为法定代理人，于该事件为行为或受行为；但合伙得由合伙人自为行为或受行为。

第十八条　应由法定代理人为行为或受行为而自为行为或受行为，或由无法定代理权之人为行为或受行为者，不生效力，但经成为行为能力人之本人或法定代理人或以后取得法定代理权之人追认者，溯及于行为时或受行为时发生效力。

第十九条　应由法定代理人为行为或受行为，而无法定代理人，或法定代理人不能行使代理权者，该事件当事人之亲属或其他利害关系人或他方当事人，得请求审判长选任特别代理人。选任之裁定，并应送达于特别代理人。

特别代理人，于法定代理人或成为行为能力人本人进行该事件前，得就事件为一切行为或受行为，但不得为舍弃、认诺或和解。

特别代理人，适用民法委托之规定，其应得之报酬及其因代理所需之费用，得命请求人支付。

第二节　共同诉讼

第二十条　有左列情形之一者，二人以上当事人，得为共同诉讼人，一同起诉或一同被诉；并于诉讼系属中，亦得依诉之追加之规定，为共同诉讼人。

一、为诉讼标的之法律关系，为其所共同者。

二、为诉讼标的之法律关系，本于同一事实或法律上原因者。

三、为诉讼标的之法律关系，系同种类，而本于事实上或法律上同种类之原因者，但为共同被告，须法院依第七条规定对各被告均有管辖权。

就他人间之诉讼标的全部或一部，自己另有所主张，而该他人间诉讼之结果，足致自己主张之法律关系受侵害或有受侵害之虞者，得于该诉讼在第一审系属中，以该诉讼双方当事人为共同被告而起诉；该诉讼已系属于第二审，在其言词辩论终结前，亦得起诉；该共同被告，亦为前项所规定之共同诉讼人。

第二十一条　共同诉讼人，各有进行诉讼之权利与义务。

法院、审判长、或受命审判员或受托审判员定日期者，应使各共同诉讼人到场。

共同诉讼人中一人于该事件所为之行为或所受之行为及其他关于其一人所生之事项，除别有规定外，其效力不及于他共同诉讼人。

第二十二条　诉讼标的，对于共同诉讼人必须合一确定者，应一同起诉或被诉，未经一同起诉或被诉者，应追加原非当事人之人为当事人，如法院命其追加而不追加者，其诉

为不合法，应驳回之。

前项共同诉讼人，应依左列规定：

一、共同诉讼人中一人所为之行为，有利益于他共同诉讼人者，其效力及于共同诉讼人全体；不利益于他共同诉讼人者，于共同诉讼全体，均不生效力。

二、共同诉讼人中一人所受之行为，其效力及于共同诉讼人全体。

三、共同诉讼人中一人诉讼程序停止者，其效力及于共同诉讼人全体。

第三节　参加诉讼

第二十三条　就他人间诉讼有法律上利害关系之第三人，因辅助一方当事人，于该诉讼系属中，得为参加。

参加诉讼，应向系属法院声明之，并陈明该诉讼及当事人并自己该诉讼之利害关系，由法院送达其参加声明于双方当事人。

参加声明，得与上诉、抗告或其他诉讼行为合并为之。

当事人对于参加声明，得请求法院驳回；但他方当事人对于参加未保留异议而为本案之言词辩论者，不在此限。

法院就驳回声明之请求所为之裁定，得为抗告；参加人于其裁定未确定前，仍得为诉讼行为。

第二十四条　参加人得按参加时之诉讼程度，为其所辅助之当事人，为一切有利益于该当事人之诉讼行为，但其行为与该当事人之行为抵触者，不生效力。

诉讼标的，与其所辅助之当事人必须合一确定者，应适用第二十二条之规定，不得为参加。

第二十五条　参加人，对于其所辅助之当事人，不得主张与该诉讼之裁判不当；但参加因参加时之诉讼程度，或因该当事人之行为，不能用攻击或防御方法，或因该当事人故意或过失不用参加人所不知之攻击或防御方法者，不在此限。

第二十六条　参加人经其所辅助之当事人同意后，得依诉之变更之规定，代该当事人承当诉讼；该当事人亦得请求其承当。

参加承当诉讼者，其所辅助之当事人脱离诉讼；但本案之判决，对于该当事人仍有效力。

第二十七条　当事人得于诉讼系属中，将该诉讼告知于因自己胜诉或败诉而有法律上利害关系之第三人。受告知者，得递行告知。

告知诉讼，应向系属法院为之，由其送达于该第三人。

受告之人，如得依第二十三条参加诉讼而不参加，或不及时参加者，视为于得参加时即已参加诉讼，适用第二十五条之规定。

第四节　诉讼代理人及辅佐人

第二十八条　当事人或其法定代理人，得于诉讼事件或非讼事件，委任有行为能力之第三人为诉讼代理人。

前项委任，得于日期，当场由委任人向法院、审判长、受命审判员或受托审判员陈明；未经当场陈明者，诉讼代理人应向法院提出证明其委任之书面，或偕同委任人，由其以言词陈明，请求法院书记员制作笔录；但律师之委任，应提出书面证明。

委任诉讼代理人，应表明其代理权限。

第二十九条　诉讼代理人，于其代理权限内，得于该事件代理为一切行为并受一切行为；但舍弃、认诺、撤回、和解、起诉、上诉、再审、强制执行、受领诉讼标的物或给付，或委任复代理人，非经特别表明授与代理权者，不得为之。

代理权虽未经表明，于该事件之进行程度，视为有前项之代理权；于内部对该代理权之限制，未经表明，对法院及他方当事人，不生效力。

第三十条　诉讼代理人，委任二人以上者，均得单独代理，委任人对此之限制，不生效力。

第三十一条　诉讼代理人事实上之陈述，经委任人当场及时撤销或更正者，不生效力。

除前项规定外，诉讼代理人本于其代理权所为之行为，虽与委任人之行为不一致或与其意思相反，亦有效力；二人以上诉讼代理人中一人本于其代理权所为之行为，虽与他诉讼代理人本于其代理权所为之行为不一致，亦各有效力。但诉讼代理人本于其代理权为请求或为请求之舍弃、认诺、撤回或和解后，委任人或他诉讼代理人所为反对之行为，不生效力。

第三十二条　诉讼代理权，不因委任人死亡、破产、丧失诉讼能力或法定代理权，或法定代理权变更，而消灭。

第三十三条　诉讼委任之终止、解除或撤销，应由委任人或诉讼代理人向法院表明。法院认为有必要时，应通知他方当事人。

由诉讼代理人终止、解除或撤销委任者，自其表明之日起十五日内，仍应为防御被代理人利益必要之行为；怠于为之者，应赔偿该被代理人因此所受之损害。但诉讼代理人于表明前十五日已通知被代理人或其表明已为被代理人所知者，不在此限。

第三十四条　当事人或其代理人，得于日期，偕同有行为能力之第三人到场，由其辅佐为陈述。辅佐人所为之陈述，当事人或其代理人，不即时撤销或更正者，视为其所自为。

第四章　诉讼程序

第一节　裁判

第三十五条　裁判除依本法应以判决行之者外，以裁定行之。

第三十六条　判决，除别有规定外，应本于当事人之言词辩论为之。

审判员非参与为判决基础之言词辩论者，不得参与判决。

参与言词辩论之审判员有变更者，应更新言词辩论；但审判长，得命当事人或其代理人简要陈述以前言词辩论之结果，或自行或使他审判员宣读以前言词辩论笔录，并于必要时，得命书记员朗读该笔录，以代更新程序。

参与言词辩论日期前之程序之审判员有变更者，毋庸更新其程序。

第三十七条　法院应专就当事人于言词辩论所请求判决事项为判决；但别有规定得依职权裁判，或不应或毋庸经言词辩论者，不在此限。

法院为期公平息争，虽认为当事人之主张有理由，亦得为相当之限制与变更。

第三十八条　法院为判决时，应斟酌全辩论意旨及于言词辩论或言词辩论前调查证据之结果，依自由心证，判断事实之真伪；但别有规定不须得心证或不得依自由心证者，不在此限。

法院以言词辩论前调查证据之结果为判断事实之根据者，应于言词辩论将该结果使当事人为辩论。法院依第一项得心证者，应记明其理由于判决。

第三十九条　法院为判决，除依前二条规定外，尚应注意遵守第四条之规定。

第四十条　判决应制作判决书，记载左列事项：

一、当事人姓名、住所或居所，当事人为法人或其他团体者，其名称及事务所，或营业所；

二、有法定代理人、诉讼代理人者，其姓名、住所或居所、事务所、营业所；

三、事件；

四、主文；

五、事实；

六、理由；

七、法院。

事实项下，应记载言词辩论时当事人请求及其提出之攻击或防御方法。

理由项下，应记载关于攻击或防御方法之意见及法律上之意见。第三审判决书，只应记载理由，毋庸记载事实，而将其上诉理由并记载于理由内。

轻微事件，判决书内之事实及理由，得仅记载要领。

第四十一条　判决，除不经言词辩论者外，应宣告之。

宣告判决，应于辩论终结之日期或辩论终结时指定之日期为之；指定日期，自辩论终结时起，不得逾五日。

宣告判决，应朗读主文。并应朗读理由或口述其要旨。得上诉者，于当事人或其代理人在场时，除其代理人为律师外，并应于宣告时，告之其上诉期间及其提起之程序。

宣告判决，不以参与之审判员为限，并不问当事人是否在场，均有效力。

第四十二条　判决原本，应自宣告判决之日起，于五日内交付书记员。

书记员应于判决原本内记明收取日期并签名。

书记员应制作判决正本，送达于当事人，至迟不得自收领判决原本时起逾十日。得上诉者，应于该正本内记明其上诉期间及提起之程序。书记员应于该正本签名并盖法院之印。

第四十三条　判决经宣告后，为判决之法院，受其拘束。不宣告者，经送达后，受其拘束。

第四十四条　判决如有误写、误算，或其他类此之显然错误者，法院应随时以裁定更正之。其正本与原本不符者，亦同。

前项裁定，附记于判决原本及正本。如正本已经送达，不能附记者，应作该裁定之正本送达。

驳回更正请求之裁定，不得抗告。

第四十五条　诉讼标的之一部，裁判有遗漏者，当事人得请求法院以判决补充之。其

请求应于判决送达后二十日之不变期间内为之。就遗漏部分上诉者，视为请求补充判决。遗漏部分已辩论终结者，应即时判决，未终结者，审判长应速定言词辩论日期。

认为补充判决之请求不合法或无理由者，应裁定驳回之。

第四十六条　裁定因于当场之请求而为者，应经诉讼关系人之言词陈述，但亦得依职权调查事实与证据。

裁定非因于当场之请求者，为裁定前，有必要时，得定日期，使诉讼关系人到场为言词陈述，或使其以书面为陈述，亦得依职权调查事实与证据。

裁定以当场所为者为限，应宣告之。不宣告之裁定，应送达之。已宣告之裁定得抗告者，亦应送达。

驳回请求或就有争执之请求所为裁定，应附理由。

裁定当场所为者，得使书记员记载于笔录，以代制作裁定书。

第四十七条　裁定经宣告或送达后，为裁定之法院、审判长、受命审判员或受托审判员，受其拘束；但关于诉讼指挥，或别有规定者，不在此限。

第四十八条　第三十六条第二项、第四十一条第二项、第三项、第四十二条、第四十四条及第四十五条之规定，于裁定准用之。

第四十九条　书记员所为关于关系人之处分，应通知关系人；关系人提出异议者，由其所属法院裁定之。

第二节　言词辩论

第五十条　言词辩论，以当事人请求应受判决事项为始。

第五十一条　当事人应就己方请求为事实上及法律上之陈述。

当事人为事实上陈述时，不得以书面代言词，但有举特定文件辞句之必要时，得朗读该部分。

第五十二条　当事人应就其所陈述之事实，提出其证明之证据。

提出证据，应依本章第四节所规定之举证程序为之。

陈述之事项，如为习惯法、习惯、地方法令或外国法律习惯判例，亦应依前项举证。

第五十三条　各当事人对于他方提出之事实及证据，应为陈述；对于他方提出前条第三项所称之法律，亦同。

第五十四条　事实、证据或其他攻击或防御方法，以前未提出者，至言词辩论终结止，得提出之。

第五十五条　审判长开闭及指挥言词辩论。

审判长应注意令当事人依第五十条至第五十三条为适当完全之辩论，于其所为请求或陈述有不明了或不完全时，应向其发问或晓谕，令其叙明或补充。当事人就其应提出之请求、事实、证据或其他攻击或防御方法，不知提出者，亦得发问或晓谕，令其提出。出庭之他审判员，告明审判长后，亦得为前项之发问或晓谕。

审判长或他审判员，为发见（现）真实，除依前二项规定外，并得向当事人为其他必要之发问或晓谕。

为听取群众意见，传唤关系人到场者，除令其自由陈述外，亦得由审判长或他审判员向其发问或晓谕。

第五十六条　当事人得请求审判长为必要之发问；经审判长许可后，并得自由发问。

第五十七条　审判长认为当事人或其他参与辩论人陈述有重复或不必要者，得禁止之；认为当事人前条发问之请求或自行发问有不当者，得不为发问，或禁止之。

第五十八条　参与辩论人，以审判长关于指挥诉讼之裁定为不当或审判长及其审判员之发问或晓谕为违法而提出异议者，法院应就其异议为裁定。

第五十九条　当事人或其代理人意图迟延诉讼而滥用第五十四条所规定之权利者，法院得处以千元以下之罚款。当事人或其代理人因故意或重大过失，逾时提出攻击或防御方法，致他方当事人或其代理人受损害者，纵令胜诉，亦应负赔偿责任。

前项情形，当事人或其代理人得于裁判宣告或送达后，请求法院令其赔偿。

第六十条　法院因阐明诉讼关系，或为诉讼或辩论易于终结，得于言词辩论或言词辩论前，为左列之处置：

一、命当事人或法定代理人本人到场。

二、命当事人提出可供书证、勘验、鉴定或应翻译之文书或物件。

三、调取或命第三人提出其所持有之前款文书物件。

四、于必要时，命将前二款文书物件留存于法院；但当事人或第三人声明须自行保存，俟必要时再行提出时，不得留存；留存后，应迅速调查，已无必要时，应即时发还。

五、于必要时，命当事人或第三人就前款文书物件提出照片以代留存；其费用由法院支付之。

六、传唤证人、鉴定人，或命行鉴定、嘱托传唤。

七、命行勘验。

八、嘱托公署、团体调查。

九、传唤有关系之民众或亲赴该地，听取其意见。

十、使受命审判员或受托审判员搜集、调查证据。

第六十一条　当事人于一诉讼请求判决之数项诉讼标的，法院得命分别辩论；本诉及反诉亦同。因期先辩论部分迅速终结，或有其他必要情形，得分别裁判。

第六十二条　分别提起之数诉讼，法院得命合并辩论。其双方当事人相同者，得合并裁判。

第二十条第二项所定之诉讼，如该他诉讼尚未终结辩论，亦未依第一百九十三条第四项停止者，得命合并辩论裁判。

第六十三条　当事人关于同一诉讼标的，提出数种独立之攻击或防御方法者，法院得命限制辩论。

第六十四条　参与辩论人不通中国语言者，法院应选任通译或命通译员通译。审判员不通参与辩论人之语言者，亦同。

参与辩论人为聋哑人，不能用文字达意思者，准用前项之规定。

参与辩论人自行借来通译经法院许可者，得由其通译。

关于鉴定人之规定，于本条之通译或通译员准用之。

第六十五条　当事人或其代理人欠缺陈述能力者，法院得禁止其陈述；除有他代理人或辅佐人到场者外，应延展辩论日期；如次日期到场之人再经禁止陈述者，视为未到场。

前项后段情形，显系意图迟延诉讼者，得处以五百元以下之罚款。

他方当事人或其代理人因第一项情形受有损害者，得请求赔偿。

第六十六条　调查证据，除别有规定外，于言词辩论日期行之。

第六十七条　诉讼因言词辩论达于可为裁判之程度时，审判长应宣告终结辩论。但于宣告前，应征询出庭他审判员之意见。

不能于本日期终结辩论者，审判长应宣告中止辩论；并应当场指定续行辩论日期。

辩论须续行者，于可能时，应于次日连续开庭。不能连续开庭时，除有必要情形外，指定续行辩论日期，不得逾十五日。

第六十八条　法院于辩论终结后，因有必要情形，得于宣告判决前，命再开已闭之言词辩论。

第六十九条　凡依本法使受命审判员为行为者，由审判长指定该审判员。法院为嘱托者，由审判长行之。

第七十条　当事人对于法院、审判长、受命审判员或受托审判员违背诉讼程序规定，得提出异议。但已表示无异议，或知其违背或可得而知其违背，并无异议而为本案辩论者，不在此限。

前项但书规定，于该诉讼程序规定非仅为当事人之利益而设者，不适用之。

有第一项之异议时，法院如认为正当，应为适当之处置；如认为不正当，应以裁定驳回之。

第七十一条　当事人或其代理人于言词辩论或于言词辩论外，请求法院调查之证据或其所提出之证据，法院认为无调查之必要者，应为裁定，并示明其理由。该请求或提出，他方有争执者，亦同。

第三节　和解

第七十二条　法院应不问诉讼程度如何，注意使当事人成立和解；除于言词辩论试行外，并得使受命审判员或受托审判员试行之。受命审判员或受托审判员为调查时，亦同。

因试行和解，得命当事人共同或各别推举一人或数人为调解人，得自行选任之；于有必要时，并得使就地之自治机关、群众团体或适当群众调解之。

因试行和解，得命当事人或其法定代理人本人到场。

当事人住居地设有调解委员会者，得交给该委员会调解。

于法院、受命审判员或受托审判员前成立和解者，应由书记员制作和解笔录；并应向当事人或代理人朗读，由其认可或更正后，于笔录内签名，其不能签名者，由书记员代为签名，并记明其事由。

前项和解笔录，应由书记员制作正本送达于双方当事人，并准用第一百四十八条至第一百五十二条之规定。

第七十三条　和解成立依前条第五项及第六项规定者，除终结诉讼外，与确定判决有同一之效力，并有民法上和解之效力。

和解成立者，当事人不得就为和解标的之法律关系，再行起诉，亦不得主张该和解有无效或撤销之原因；但得依再审程序请求再审。

前项再审要求，准用第二百六十七条以下再审程序之规定。

第七十四条　当事人双方得于法院开庭之日，在起诉前或诉讼系属中，不待传唤，自行到场，请求法院试行和解。

法院于有前项请求时，应立即开庭。

在强制执行开始前或实施中，亦得试行和解。

第七十五条　左列诉讼，应于起诉前，先请求法院试行和解。

一、离婚之诉及夫妻同居之诉。

二、终止收养关系之诉。

三、履行法定扶养义务之诉。

四、关于财产权之诉讼，其标的之金额或价额在一千元以下者。

五、出租人与承租人间，因租赁契约之成立、履行涉讼者。

六、雇用人与受雇人间，因雇佣契约之成立、履行涉讼者。

七、旅客或顾客与旅店主人、饮食店、浴堂主人或运送人、承揽运送人间，因食、宿、浴费、运费、垫款，或寄托、运送物品涉讼者。

八、因请求保护占有涉讼者。

九、因定不动产之界线或设置界标涉讼者。

虽有第一项各款所定情形，而有左列之情形者，毋庸先试行和解。

一、为标的之法律关系，曾经法院试行和解或法定调解机关调解而未成立者。

二、因票据涉讼者。

三、系提起反诉者。

四、送达于被告之传票应于外国送达或为公示送达者。

五、依法律关系之性质、当事人之状况或其他情事，可认为和解显无成立之望者。

自法院试行和解或法定调解机关调解不成立时起，经过一年者，于起诉前，应再请求试行和解。

第七十六条　在起诉前请求试行和解者，除依第七十二条及第七十三条之规定外，应依以下之规定。

第七十七条　请求试行和解人，应向管辖法院表明和解标的之法律关系及争执之情形。

有第七十五条第二项之情形，或传唤他方当事人不到场，或双方到场未成立和解者，试行和解请求，应视为起诉，进行审判。当事人双方到场者，并得命即时进行辩论。试行和解时双方所为之请求及陈述，视为辩论之一部分，于进行辩论时，毋庸再为而只引用其笔录。但请求试行和解人，不愿起诉或进行辩论，或请求延展言词辩论日期者，应依其意思。

第七十五条第一项第一款至第三款情形，他方当事人受传唤不到场，得依请求试行和解人之请求，再定日期传唤之，并于传票上记明再不到场得为拘提。

第七十八条　法院于有请求试行和解时，除当事人双方在场应立即开庭外，应迅速指定日期传唤双方到场；至迟自请求时起，不得逾五日。传唤他方，应将请求书面或笔录与传票一并送达。

当事人受传唤无正当理由不到场者，得处以五百元以下之罚款。

试行和解程序，不公开之。

试行和解时，应审究事件关系及两造争执之所在；剀切晓谕双方互相让步；于必要时，得依职权调查证据。

就和解结果有利害关系之第三人，得于日期到场陈述意见；法院亦得传唤其到场，并选任其为调解人。

第四节　证据

第一款　通则

第七十九条　当事人于事件主张有利于己之事实者，有举证之责任。

第八十条　事实于法院已显著或为其职务上所已知者，毋庸举证。

第八十一条　不利于己方之事实，经当事人于言词辩论时，或在受命审判员或受托审判员前自白者，他方当事人毋庸举证。当事人于其向法院提出书面自白，或虽仅在书记员前自白，而经其记载于笔录者，他方当事人，亦毋庸举证。

当事人对于他方当事人主张不利己方之事实，于言词辩论时，不争执者，视为自白；但因他项陈述可认为争执者，不在此限。

法院对于当事人自白之事实，除该事件与公益有关应依职权调查，或显与真实不符者外，应不待得心证，认为真实。

当事人自白后否认，或先不争执而后又争执，或于自白时有所附加或限制，及于自白效力之影响如何，法院得依自由心证判断之，当事人对于他方主张不利己方之事实，为不知或不记忆之陈述者，其效力，法院亦得依自由心证判断之。

第八十二条　法律上视为之事实，不得争执；法律上推定之事实，无反证前，毋庸举证。

第八十三条　法院得依已明了之事实，推定应证事实之真伪。

第八十四条　习惯法、习惯、地方法令或外国法律习惯判例，为法院所不知者，当事人为己方援引时，有举证之责任；但法院仍应依职权调查之。

第八十五条　事实依本法只应释明者，当事人得提出使法院相当可信之证据；但当事人未于相当时期提出，或不能于相当时期调查者，法院得认其未经释明责任。

第八十六条　当事人提出证据或请求调查证据，于言词辩论前，亦得为之。

前项证据，因准备言词辩论之必要，并应于适当时期提出或请求调查之。

当事人或其代理人意图迟延诉讼，而逾期提出证据或请求调查，或为不必要之提出或请求者，法院得处以五百元以下之罚款，他方当事人或其代理人因此受损害者，应负赔偿责任。

第八十七条　证据，因有窒碍不能预定调查之时期，或应于外国调查时，法院得依当事人请求定其期间；但期间已满而不致迟延诉讼者，仍应调查之。

前项规定，于与公益有关之事件，应依职权调查证据者，不适用之。

第八十八条　法院不能依当事人提出或请求调查之证据而得心证，或因其他情形认为必要时，得依职权调查证据。

法院于与公益有关之事件，应依职权调查证据。

第八十九条　法院得嘱托公署、学校、商会、农会、工会、交易所或其他相当之团

体，就事实及证据为必要之调查。

第九十条　法院于认为适当时，得使庭员一人为受命审判员；或嘱托他法院审判员搜集调查证据。

嘱托他法院审判员调查证据者，审判长应告知当事人，使其有到场或知悉调查情形之机会。

受托审判员受嘱托后，应迅速搜集调查；如不能为搜集调查而知其应由他法院为之者，应代为嘱托，并通知其事由于嘱托法院及当事人。

第九十一条　法院、受命审判员或受托审判员，于必要时，得在管辖区域外，搜集调查证据。

第九十二条　应于外国搜集调查证据者，嘱托该国管辖公署或驻在该国之中华民国大使、公使或领事为之。

外国公署调查证据，虽违背该国法律，而于中华民国之法律无违背者，仍有效力。

第九十三条　调查证据，应使当事人双方到场，但当事人一方或双方不到场或退场者，亦得为之。

第九十四条　调查证据之结果，应晓谕当事人为辩论；当事人应于辩论时先陈述其结果，其为当事人所不知，或未陈述者，审判长应朗读调查证据笔录或使他审判员或书记员为之。

第二款　书证

第九十五条　以自己所持有之文书为证据，请求调查者，应向法院、受命审判员或受托审判员，表明依文书应证之事项，提出该文书为之。

第九十六条　以他方当事人所持有之文书为证据，请求调查者，应请求法院、受命审判员或受托审判员命他方提出，并表明左列事项：

一、应命提出之文书。

二、依该文书应证之事实。

三、文书之内容。

四、文书为他方所持之事由。

五、他方有提出文书义务之原因。

文书为他方当事人所持有之事由及其有提出义务之原因，应释明之。

认举证人之请求为正当者，应命他方提出。

第九十七条　文书有左列情形之一者，持有之当事人，有提出之义务：

一、该当事人于该事件曾以书面或言词引用该文书者。

二、他方当事人依据法律规定得请求交付或阅览者。

三、为他方当事人之利益而作者。

四、就当事人间法律关系所作者。

五、商业账簿。

前项情形为法院、受命审判员或受托审判员所知者，虽未经举证人提出或请求命他方提出，亦得就应证事实，命其持有人提出。

第九十八条　有提出文书义务之当事人，无正当理由，不从提出文书之命者，法院得

认定应证事实，得依该文书证明。以妨害他方使用之目的而毁损该文书全部或其关系部分或使其不堪使用者，亦同。

第九十九条　以第三人所持有之文书为证据，请求调查者，应请求法院、受命审判员或受托审判员命第三人提出或定由举证人提出之期间。

第九十六条至前条之规定，于前项文书准用之。

举证人请求定提出期间，认为正当者，应定其提出之期间。

第三人无正当理由不从提出文书之命者，于必要时，得为强制处分。

第一百条　公署持有之文书得为证据者，亦适用第九十六条至前条之规定。

前项文书，不问其有无提出之义务，法院、受命审判员或受托审判员得调取之。

第一百零一条　第三人得请求提出之文书所必需之费用，但公署为第三人者，不在此限。

第一百零二条　提出或送交为证据之文书者，应以原本为之；但公文书得依其持有公署认证，以缮本为之，私文书得以照片为之，当事人不要求提出原本，或仅因文书之效力或解释有争执者，得以缮本为之。

法院，于必要时，得命提出文书之原本；如其不从命提出，或不能提出时，依自由心证判断该缮本之证据力。

第一百零三条　法院使受命审判员或受托审判员就文书调查证据者，得定其笔录内应记载之事项。

第一百零四条　公文书，推定其为真正；法院认其真正可疑者，得依职权使作成名义之公署陈述或认证。

外国公文书，经驻在该国之中华民国大使、公使或领事证明者，推定其为真正，法院认有疑义者，得嘱托该大使、公使或领事使作成名义之外国公署为陈述或认证。

第一百零五条　私文书，除他方当事人就其真正无争执者外，举证人应证明其真正。

私文书经本人或其代理人签名，或以盖章、按指印画十字或其他符号代签名或有文书上证人证明，或法院书记员、公证人或其他公署认证者，推定其为真正。

第一百零六条　举证人，因证明私文书之真正，得请求法院、受命审判员或受托审判员命作成名义人书写文书内文字或照文书上指印按指印核对之；于必要时，得请求命文书上代笔人、中证人书写文字或按指印；法院亦得依职权命该文人书写文字或按指印。

该各人无正当理由不从命者，准用第九十八条第九十九条第二项之规定。

举证人，除依前项规定外，并得提出笔迹、印迹请求核对之。

前二项之核对，适用勘验之规定；于必要时，适用鉴定之规定。

供核对之文字、指印、笔迹、印迹应附于笔录；但笔迹、印迹应发还者，不在此限。

第一百零七条　提出得为证据之文书原本应发还者，法院、受命审判员或受托审判员，应命书记员作缮本或节本附卷。

提出之文书，有伪造或变造之嫌疑者，除应送还或送交他公署者外，在事件未终结前，法院应命书记员留存之；于终结时可认为伪造或变造者，应告发之。

第一百零八条　本款规定，于文书以外物件有与文书相同之效用者准用之。

第三款 勘验

第一百零九条 请求法院、受命审判员或受托审判员行勘验，应表明依勘验应证之事实及勘验之标的与应勘验之事项。

第一百十条 法院、受命审判员或受托审判员行勘验时，得命鉴定人参与；于必要时，并得命证人到场。

勘验，于必要时，应以图画或照片附于笔录。

第一百十一条 第九十五条至第一百零三条之规定，于勘验准用之。

第四款 鉴定

第一百十二条 请求法院、受命审判员或受托审判员行鉴定者，应表明依鉴定应证之事实及鉴定之标的与应鉴定之事项。

第一百十三条 鉴定，除本款别有规定外，准用关于人证之规定。

第一百十四条 鉴定人，除法院原置有担任鉴定职务之人员外，法院、受命审判员或受托审判员得选任之，并定其人数。并得命当事人推荐之。

鉴定人，须就鉴定事项有特别知识经验，限于此等人，始得选任之；选任后，知其不胜任者，应撤换之，或加选相当之人；被选任人，自认为不胜任者，应辞退之；法院所置担任鉴定职务之人员有此情形者，亦应辞退，或请求加选相当之人。

第一百十五条 从事于鉴定所需之学术、技艺或职务之人，或为法院或其他公署所置担任鉴定职务人员或其他专门人员，于他人之事件，有为鉴定人之义务，但有前条第二项所定不胜任之情形者，不在此限。

前项之人托词拒绝鉴定者，得处以五百元以下之罚款。

第一百十六条 鉴定人不得拘提。

鉴定人拒绝鉴定，虽其理由不合于第一百三十条之规定而有第一百十四条第二项所定不胜任情形者，亦应认为正当。

第一百十七条 当事人得依请求法院职员回避之原因，拒却鉴定人，但不得以鉴定人于该事件曾为证人或鉴定人为拒却之原因。鉴定人已就鉴定事项有所陈述或已提出鉴定书后，不为拒却；但拒却之原因发生在后或知悉在后者，不在此限。

拒却鉴定人，应向选任鉴定人之法院、受命审判员或受托审判员，表明其原因之；并应释明其原因及前项但书之原因。

认拒却为正当者，不得声明不服。

第一百十八条 鉴定人应于鉴定前具结，于结文内记载必为公正诚实之鉴定等语。

法院或其他公署所置担任鉴定职务人员或其他专门人员为鉴定人者，亦应依前项具结。

第一百十九条 鉴定之经过及其结果，应命鉴定人以言词或书面报告。鉴定书面须说明者，仍应命其到场说明。

鉴定人有数人者，得命其共同或各别报告，但意见不同者，应命其各别报告。

鉴定有不完备者，应增选或改选他人继续或另行鉴定。

第一百二十条 鉴定人须于法院外为鉴定者，应许可之；并于必要时以鉴定标的物交付鉴定人；其他鉴定所需材料在法院者，应告知鉴定人许其利用。

鉴定人于必要时，得请求许可其检阅卷宗及证物；并得请求搜集或调取之；亦得请求讯问当事人或证人，经许可时，亦得自行发问。

第一百二十一条　鉴定人，除得请求日费旅费外，得请求相当之报酬。

鉴定所需费用，得依鉴定人请求，预行酌给之。

第一百二十二条　讯问依特别知识经验得知已往事实之人者，适用关于人证之规定。

第一百二十三条　法院嘱托第八十九条所规定之公署、学校或团体为鉴定或审查他人之鉴定者，准用第一百十九条、第一百二十条及第一百二十一条第一项，第二项之规定，其须以言词报告说明时，应由其实施鉴定或审查之人为之。

第五款　人证

第一百二十四条　请求法院、受命审判员或受托审判员讯问证人者，应表明依证言应证之事实及证人姓名住居所或事务所、营业所，与应讯问之事项。

第一百二十五条　传唤证人应用传票，于传票内记载左列事项：

一、证人之姓名及住居所或事务所、营业所；

二、事件；

三、应到之日、时及处所；

四、无正当理由不到场者，得处罚款及命拘提；

五、有请求日费及旅费之权利；

六、法院。

如认证人非有准备不能为证言者，应于传票内记载讯问事项之概要。

经命证人提出文书或物件者，得不另送达裁定，于传票内记明。

传唤现役之军人军属为证人者，应并通知该管首长令其到场，如被传者确有障碍难于到场，请首长应通知其事由于法院；书记员并应通知举证人。

传唤在监押所之人为证人者，应并通知监押所首长提送到场。

第一百二十六条　除法律别有规定外，不问何人，于他人之事件，有为证人之义务。

第一百二十七条　证人不能到场或有其必要情形，得就其所在，或于其所在地法院讯问之。

第一百二十八条　证人经合法传唤，无正当理由不到场者，得处以二百元以下之罚款，受罚后仍不遵传到场，得处以五百元以下之罚款，并得拘提。

第一百二十九条　以公务员或曾为公务员之人为证人而就其职务上应守秘密之事项讯问者，应得该管公署或该管首长之允许，但除有妨害国家之利益者外，不得拒绝允许。

第一百三十条　证人有左列各款情形之一者，得拒绝证言：

一、现为或曾为当事人之配偶、前配偶、订婚人、五亲等内之血亲、三亲等内之姻亲或家长、家属者。

二、现为或曾为当事人之法定代理人或当事人现为或曾为证人之法定代理人者。

三、所为证言，于证人或与证人有前二款关系之人，足生财产上之损害者。

四、所为证言，足致证人或与证人有第一款、第二款关系之人受刑事追诉、处罚或蒙耻辱者。

五、就前条所称职务上应守秘密之事项受讯问而未经允许且为得拒绝允许者。

六、非泄漏（露）其技术上或职业上之秘密不能为证言者。

证人虽有前项第一款至第三款情形之一，关于左列各款事项，仍不得拒绝证言。

一、同居或曾同居人之出生、死亡、婚姻或其他身份上之事项。

二、因亲属关系所生财产上之事项。

三、为证人而与闻之法律行为之成立及意旨。

四、为当事人之前权利人或代理人而就相争之法律关系所为之行为。

审判长、受命审判员或受托审判员于讯问证人前，应调查前二项之事项，查明其为依第一项得拒绝证言者，应告知之。而先知有此情事者，并应于传票内记明得拒绝证言。证人得拒绝证言者，受传唤时，得拒绝到场。

证人拒绝证言，应陈明其原因事实，并释明之，或以具结代释明；但其原因事实为讯问者所知者，不在此限。

拒绝证言之当否，有疑义者，应于讯问当事人后，裁定之。

证人于以拒绝为不当之裁定确定后而仍拒绝证言者，得处以五百元以下之罚款。

证人拒绝证言，除举证人在场或已为其所知外，书记员应通知举证人。

第一百三十一条　审判长、受命审判员或受托审判员于讯问前，应命证人各别具结；但其应否具结有疑义者，得于讯问后行之。

以未满十六岁人或因心神障碍不解具结意义及其效果之人为证人者，不得命其具结。

以左列各款之人为证人者，得不命其具结：

一、有第一百三十条第一项第一款至第四款情形而不拒绝证言者。

二、当事人之受雇人或同居人。

三、就事件结果有直接利害关系者。

审判长、受命审判员或受托审判员，于证人具结前，应告以具结之义务及伪证之处罚。证人具结，应于结文内记载据实陈述，无匿、饰、增、减等语，其不解文义者，应为说明其意义。结文应命证人签名，其不能签名者，由书记员代书姓名并记明其事由。

证人拒绝具结者，得处以三百元以下之罚款。

第一百三十二条　证人，除不得已之事由外，应按传票上所载时间讯问之。

逾时不为讯问者，证人得请求迅予讯问；不迅予讯问而又未经告以不得已之事由者，得自法院退出，其因此受有损害者，得请求赔偿。

第一百三十三条　到场证人有数人者，应分别讯问之，其未经讯问者，不得在场。

因发见（现）真实之必要，得命证人与他证人对质；亦得命其与当事人对质。

第一百三十四条　讯问证人，应先查明到场者是否为所传唤之人。

非所传唤之人到场者，除举证人请求讯问或审判长、受命审判员或受托审判员认为有讯问之必要者外，不得讯问。

举证人得不先请求法院、受命审判员或受托审判员传唤，自邀证人到场，表明依证言证明之事实及应讯问之事项，请求讯问。

前项请求，不得拒绝之；其证言仍应依自由心证判断之。

第一百三十五条　讯问证人，应命其就讯问事项之始末，连续陈述。

证人陈述后，为使其陈述明确或为判断其真伪，得为必要之发问。

证人不知就讯问事项为陈述，或连续陈述者，应晓谕其为陈述或连续陈述。

非有必要情形，不得为左列之讯问：

一、未经举证人请求之事项或与本事件之诉讼关系无关者。

二、使为证言，足致第一百三十条第一项第一款至第四款所定关系人之名誉信用或财产生命损害者。

第一百三十六条　他审判员告明审判长后，得对于证人发问。

当事人于审判长、受命审判员或受托审判员讯问后，得请求其发问，或自行发问；并得向证人诘问，于他方当事人发问后，并得复问之。

审判长、受命审判员或受托审判员，认为前项请求不当者，得不为发问；认为其自行发问有不当者，得禁止之。

第一百三十七条　讯问证人，应出以恳切之态度，不得用强暴、胁迫、利诱、诈欺及其他不正之方法。

第一百三十八条　证人为证言，应以言词为之，不得朗读文件，或以书面代言词，但因引用文件，得朗读之，经许可者，亦得用书面。

非于言词辩论为证言而有第六十四条所定之情形者，亦准用该条。

证人于讯问完毕后，得告知讯问者，不待日期终止，先行退出。

证人，如认其在当事人前不能自由陈述者，得命当事人双方或一方退庭；但陈述完毕后，应再使其入庭，告以证人陈述之要旨。

第一百三十九条　证人得请求日费及旅费。但被拘提或无正当理由拒绝具结或证言者，不在此限。

旅费按证人实际支出者支给之；但非所必需者，不在此限。

日费按证人生活能力估计支给之；但应限于五元以上五十元以下之范围内酌定之。

前二项费用，应于讯问完毕时或完毕后十日内请求讯问者命举证人支给之；其由讯问者依职权传唤者，由法院支付之。

证人所需之旅费，得请求预付之。

第一百四十条　证人已经合法讯问，其陈述明确，别无讯问之必要者，不得再行传唤。法院滥行传唤，或当事人滥行请求法院传唤，致证人受损害者，应负赔偿责任。

第六款　证据保全

第一百四十一条　证据有灭失或难于使用之虞，或经他方当事人同意者，当事人一方得请求法院保全。

前项请求，在起诉后，向系属法院为之；在起诉前，向受讯问人或证物所在地之地方法院为之；虽在起诉后，如情形急迫，亦得向该法院为之。

请求保全证据，应表明左列事项：

一、他方当事人，如不能表明者，其事由；

二、应保全之证据；

三、依该证据应证之事实；

四、应保全证据之理由。

前项第一款之事由及第四款之理由，于必要时，应释明之。

有保全证据之请求时，除显无理由者外，应即时为必要之证据调查或为其他必要之处置；怠于为之，致当事人受损害者，应负赔偿责任。

第一百四十二条　法院于事件系属中，认为必要时，得依职权为保全证据之处分。

第一百四十三条　因保全证据而为调查者，得不定日期，亦不待当事人到场施行之。

施行程序支出之必要费用，除依职权为之者外，命请求人支付之。

第五节　文书

第一百四十四条　文书由法院职员制作者，应记载其制作之年、月、日及其所属法院，由制作人签名。

判决书及裁定书，应由为裁判者之审判员签名，审判员因故不能签名者，由审判长附记其事由，审判长因故不能签名者，由资深审判员附记之。已作成之判决书或裁定书，均因故不能签名者，由该法院院长附记之。

判决书或裁定书正本，及送达于当事人之笔录，书记员应依原本或笔录制作之；并附记证明与原本或笔录无异字样。

第一百四十五条　审判员制作之判决书或裁定书，或书记员制作之笔录或判决书裁定书正本或笔录正本，不得窜改或挖补，如有增、加、删除者，应盖章其上，并记明字数，其删除处，应留存字迹，俾得辨认。

第一百四十六条　证人、鉴定人及通译、通译员或当事人或其代理人、辅佐人，于非言词辩论日期受讯问或发问，与其陈述或请求，应由书记员在场，制作笔录，记载左列事项：

一、施行之年、月、日及处所；

二、审判员书记员姓名；

三、对于受讯问发问者之讯问、发问及其陈述与请求；

四、证人、鉴定人或通译、通译员未具结者，其事由。

前项笔录，应向受讯问或受发问人朗读或使其阅览，询以记载有无错误，并已否了解其意义。如有不了解处，应向其说明，并告以认为有错误时，得请求更正。受讯问或受发问人请求将记载增删变更，而为讯问或发问者以其请求为正当时，应命书记员如其请求更正之；以为不正当者，应命书记员将其陈述附记于笔录。笔录应于朗读或使阅览后，命受讯问或受发问人紧接其记载之末行签名，不能签名而愿按指印者，使按指印；不能签名而未按指印者，由书记员附记其事由；受讯问或受发问人于不依其请求为更正时，得拒绝签名或按指印。

第一百四十七条　行勘验或为其他实地调查或听取群众意见而非于言词辩论日期为之者，应由书记员在场，制作笔录，记载其结果，施行之年、月、日、处所及其必要事项。前项笔录，如系因听取群众意见而作者，准用前条之规定，并记明该陈述人与事件之关系。

第一百四十八条　言词辩论日期，应由书记员在场，制作言词辩论笔录，记载左列事项：

一、施行之年、月、日及处所；

二、审判员书记员姓名；

三、诉讼事件；

四、到场之当事人、法定代理人、诉讼代理人、辅佐人及通译员或通译之姓名；不到场者，其事由；

五、不公开者，其理由。

言词辩论笔录，应记载辩论进行之要领及双方辩论之要旨，并将左列各款事项记载明确：

一、诉讼标的之舍弃、认诺；

二、自白、不争执或不知、不记忆之陈述；

三、调查、搜集证据之请求及其舍弃；

四、第五十八条所规定之异议及其裁定；

五、第七十条所规定之异议及其处置或裁定，或该条第一项但书之事情；

六、其他请求及重要陈述；

七、证人或鉴定人之陈述及勘验所得之结果；

八、群众之意见；

九、其他不另作裁定书之裁定；

十、裁定之宣告。

除前项所列外，当事人所为之陈述，审判认为重要，及经发问或晓谕不为请求陈述之情形，应命记载于笔录，当事人或其他代理人请求将其请求陈述记载者，亦同。其特别指明前项第一款至第五款事项请求记载者，应命书记员注意，并将该项陈述记载。

言词辩论笔录，如不能履行第一百四十六条第二项及第三项所规定之程序者，至迟应于开庭后三日内整理之，俾当事人或其代理人阅览，如为该第三项所规定之请求者，准用该第三项规定。

第一百四十九条　当事人或其代理人得将其于日期所为之请求或陈述，记载于书面，请求以之附于笔录，并于笔录内附记其事由，法院、受命审判员或受托审判员，不得拒绝，应命书记员附记之。请求以以前提出之准备书面附记于笔录者，亦同。

书面经为前项之附记者，与记载于笔录者有同一之效力。

请求附于笔录之书面，未经备具缮本送达于他方当事人者，不生前项之效力；其提出于法院与送达于他方不符者，亦同。

他方当事人，对于当场提出书面所记载之事项，未经先于准备书面记载并送达者得拒绝陈述。

第一百五十条　笔录除由在场并制作之书记员签名外，审判长、受命审判员或受托审判员亦应签名，并应于签名前审查笔录记载有无错误，如有错误，应命其更正；书记员应即时更正之；如以其命令为不正当者，得附记自己之意见。审判长因故不能签名者，由资深审判员签名并行审查；其系独任审判因故不能签名，或受命审判员、受托审判员因故不能签名者，由书记员附记其事由。

第一百五十一条　言词辩论日期之诉讼程序，专以言词辩论笔录为证。

第一百五十二条　当事人或其代理人得于日期携带速记人到场速记。

第一百五十三条　当事人或其代理人以书面为请求或陈述者，除自备合于格式之纸张

外，得购买法院所备定式之纸张，法院不得于实费外，增价收费，亦不得限制数目。

当事人应于书面记载之事项，除别有规定外，依左列各款所定：

一、当事人姓名、年龄、住、居所或事务所、营业所，为法人或其他团体者，其名称、事务所或营业所；

二、有法定代理人、诉讼代理人者，其姓名、年龄、住、居所或事务所、营业所；

三、诉讼标的或其他事件之标的；

四、请求或陈述；

五、供证明或释明用之证据；

六、附于书面提出之文书或物件；

七、法院；

八、提出之年、月、日。

提出书面之当事人或代理人，应于书面签名，不能签名者，得使他人代书姓名，记明其事由，并签名。

当事人或其代理人提出书面时，得因书证、鉴定、勘验之目的，依该各程序，附于书面提出文书或物件，请求与书面一并收受，并分别付与收据。

书面内以非其所持有之文书、物件为证据者，应表明其持有人姓名或名称、住、居所或事务所、营业所、公务所。

书面依人证举证者，应表明证人姓名、住居所或事务所、营业所。

第一百五十四条　书面及附于书面之文书，除提出于法院者外，应按应受送达之他方当事人数，提出缮本于法院，但该附于书面之文书系为他方所知，或浩繁难于备录者，得只表明该文书。

书面及附于书面之文书，提出于法院与其所提出送达他方不符者，以提出于法院者为准。其系故意而为者，法院得依自由心证斟酌该情事，他方因此受损害者，应赔偿之。

附于书面之文书或物件，他方当事人或其代理人，除得于开庭时请求法院使其阅览调查外，在开庭外，亦得随时为该请求。其未提出原本或原物者，得请求法院命于三日内提出，怠于为之致他方受损害者，应赔偿之。

第一百五十五条　当事人或其代理人依第五条第一项，请求书记员制作笔录者，书记员应即时制作。

前项笔录，适用第一百五十三条第二项至第六项及前条之规定。

当事人或其代理人依第五条第二项，请求书记员或代书人制作书面者，书记员或代书人应即时制作，亦适用前项所称之规定。

第一百五十六条　当事人书面、笔录、裁判书及其他关于事件之文书，法院应保存者，应由书记员编为卷宗。

第一百五十七条　当事人或其代理人，得向书记员请求阅览或抄录卷宗内文书或请求给与缮本或节本。

第三人经当事人同意，或释明有法律上之利害关系，经审判长、受命审判员或受托审判员许可者，亦得为前项之请求。

未编入卷宗之文书或物件，亦得依前二项请求阅览、检视、抄录、拍照，但裁判草稿

及其准备或评议文件或未宣告或送达之裁判书，不得请求阅览抄录。

第六节　送达

第一百五十八条　送达除别有规定外，由书记员依职权为之。

第一百五十九条　送达，除别有规定外，由书记员使执达员为送达人，交付其为之；或交付邮务局，由其邮差为送达人为之。

法院应与所在地邮务局协定办法，凡由执达员为送达需费较巨或难于由执达员为之者，概由邮务局为之；但仍应由其遵行送达程序。

书记员由送达人为送达时，除依交送达之文书得知应受送达人及送达处所外，应明确告知之。

第一百六十条　送达，非于法院管辖区域内为之者，书记员得嘱托送达地方法院之书记员为之。

第一百六十一条　应受送达人在法院内者，书记员应自行为送达人，将文书径行交付。

第一百六十二条　对于无诉讼能力人为送达者，应向其法定代理人为之；有二人以上者，得向其中一人为之。

对于非法人之团体或在中华民国有事务所或营业所之外国法人为送达者，应向该团体之代表人或管理人或该外国法人在中华民国之代表人或管理人为之；有二人以上者，得向其中一人为之。

关于商号之事件，其经理人有代表权者，送达应向其为之。

对于在军队或军舰服役之军人、军属为送达者，应嘱托该军队军舰首长为之。

对于在监押所主人为送达者，应嘱托该监押所首长为之。

诉讼代理人有受送达之权限者，送达应向该代理人为之；有二人以上者，得向其中一人为之，但审判长、受命审判员或受托审判员以向诉讼代理人送达为不适当或有其他必要者，得命向本人为之。

第一百六十三条　当事人或代理人经指定送达代收人，并向法院陈明者，应向该代收人为之。

当事人或代理人，于法院所在地无住、居所、事务所或营业所者，审判长、受命审判员或受托审判员，得命其于相当期间内，指定送达代收人，不于此期间内指定并陈明者，书记员得将应送达之文书，注明该当事人或代理人之住、居所、事务所或营业所，交付邮务局，以交付文书时，视为送达时。

送达代收人，经指定陈明后，其效力及于同地之各级法院，但当事人或代理人别有陈明者不在此限。

第一百六十四条　送达，除别有规定外，交付该文书之缮本。

第一百六十五条　送达，除依第一百六十一条外，应于应受送达人之住、居所、事务所或营业所为之；但在他处会晤应受送达人者，得于该处所为之。

送达于住、居所、事务所或营业所，不获会晤受送达人者，得将文书交付有辨别能力之同居人或受雇人，但同居人或受雇人为他方当事人者，不在此限。

不能依前二项为送达者，得将文书寄存送达地之自治或警察机关，并作送达通知书粘

贴于应受送达人住、居所、事务所或营业所门首，以为送达。

再次送达于住、居所、事务所或营业所，而仍不获会晤应受送达人者，应分别施行前二项之程序。

第一百六十六条　应受送达人拒绝受领而无法律上理由者，应将文书存置于送达处所，以为送达。

第一百六十七条　送达人施行送达者，应作送达证书，记载左列各款事项：

一、交送达之法院；

二、受送达人；

三、送达之文书；

四、送达处所及年、月、日；

五、送达方法。

送达证书，应使受领人签名，不能签名者按指印，拒绝为之者，应记明其事由。

送达证书，应提出于法院附入卷宗。

第一百六十八条　送达人，不能送达者，应作该事由之报告书，提出于法院，附入卷宗，并缴回应送达之文书。

第一百六十九条　依第一百六十一条为送达者，只应由受送达人提出收据附入卷宗，毋庸作送达证书。

依第一百六十三条第二项为送达者，应由书记员作记载该事由及年、月、日、时之证书附入卷宗。

第一百七十条　于有治外法权人之住、居所及事务所为送达者，得嘱托外交部为之。

于外国为送达者，应嘱托该国管辖机关或驻在该国之中华民国大使、公使或领事为之。

对于驻在外国之中华民国大使、公使或领事为送达者，应嘱托外交部为之。

对于出征或驻在外国之军队或军舰之军人军属为送达者，得嘱托该管军事机关或首长为之。

前各项受嘱托之机关或职员通知已为送达或不能送达者，书记员应将通知书附入卷宗，其不能送达者，如其送达系因于当事人之请求或需要者，并应通知之。

第一百七十一条　对于当事人之送达，有左列各款情形之一者，法院得依请求，命为公示送达：

一、应为送达之处所不明者。

二、于有治外法权人之住、居所或事务所为送达而无效者。

三、于外国为送达不能依一百七十条第二项办理，或预知虽依该项规定办理亦无效者。

原告或曾受送达之被告，变更应为送达之处所，不向法院陈明，致有前项第一款情形者，法院得依职权，命为公示送达。

依前二项为公示送达后，对于同一当事人之公示送达，书记员得依职权为之。

第一百七十二条　公示送达，应由书记员保管应受送达之文书。而于法院之牌示处，粘贴布告，晓示应受送达人得随时向其受领，但应送达者如系传票，应将该传票贴于牌

示处。

除前项规定外，法院得命将文书之缮本或节本，登载于公报或新闻纸或用其他方法通知或布告之。

第一百七十三条　公示送达，自将布告或传票粘贴牌示处之日起，其登载公报或新闻纸者，自最后登载之时起，经二十日发生效力。但第一百七十一条第三项之公示送达，自粘贴牌示处之翌日起发生效力。

为公示送达者，书记员应作记载该事由及年、月、日、时之证书附入卷宗。

第七节　日期及期间

第一百七十四条　日期除别有规定外，由审判长、受命审判员或受托审判员依职权指定之。

第一百七十五条　日期除有不得已之事由外，不得于星期日或其他休息日指定之。

第一百七十六条　审判长、受命审判员或受托审判员指定日期后，书记员应即作传票送达于事件关系人，但经审判长、受命审判员或受托审判员面告以所定之日期命其到场，或事件关系人曾以书面陈明届期到场者，与送达传票有同一之效力。

第一百七十七条　于日期应为之行为，于法院内开庭为之，但不能为或为之而不适当者，不在此限。

第一百七十八条　日期以点呼事件为始。

第一百七十九条　日期如有重大事由，得变更之；已开始者，得延展之。

变更或延展日期，除别有规定外，由审判长、受命审判员或受托审判员裁定之。

第一百八十条　期间，除法定者外，由法院、审判长、受命审判员或受托审判员酌量情形裁定之。

前项裁定期间，自送达定期间之裁定时起算；毋庸送达者，自宣告定期间之裁定时起算；但别定有起算方法者，不在此限。

第一百八十一条　当事人或法定代理人不在法院所在地住、居者，计算法定期间，应扣除其在途之期间；但其诉讼代理人住、居法院所在地，有为期间内应为行为之权限者，不在此限。

前项期间，由司法行政最高机关定之。

第一百八十二条　期间，如有重大理由，得伸长或缩短之；但该期间经本法规定为不变期间者，不在此限。

伸长或缩短期间，由法院裁定，但期间系审判长、受命审判员或受托审判员所定者，得由该各员裁定。

第一百八十三条　当事人或其代理人，非因故意、过失，迟误不变期间或其他法定期间或裁定期间者，于其原因消灭后十日之不变期间内，得请求回复原状，但如原期间少于十日者，应于相同之日数内为之；迟误不变期间以外期间逾一年者，不得为之。代理人之过失，视为本人之过失，代理人虽无过失而本人亦得为该所迟误期间内之行为者，如不能证明本人亦无过失者，亦不得为之。

请求回复原状，应向管辖该期间内应为行为之法院为之；并应表明前项所规定允许回复原状之要件事实，且同时补行期间内应为之行为；但因迟延上诉或抗告期间而请求回复

原状者，应向为裁判之原法院为之。

回复原状之请求，应与其所补行之行为，合并裁判之；但于认请求有理由时，得先为裁定。

第八节　诉讼程序之停止

第一百八十四条　当事人死亡者，诉讼程序，在有继承人、遗产管理人或其他依法律应续行诉讼之人继续诉讼以前停止。

左列诉讼，依各款之规定：

一、夫妻为当事人，以婚姻关系为诉讼标的而起诉者，一方死亡时，关于本案，视为终结。

二、养父、母与养子、女为当事人，以收养关系为诉讼标的而起诉者，养父、母均死亡，而无其他法定继承人、指定继承人或其他利害关系人，或养子、女死亡，而无法定继承人、指定继承人或其他利害关系人者，准用前款之规定；有该等利害关系人者，适用前项之规定；养父、母遗产甚巨者，检察员视为利害关系人。

三、父、母与子、女为当事人，以关于认领或确定其父之法律关系为诉讼标的而起诉者，准用前款之规定。

四、宣告停止亲权之诉，或撤销其宣告之诉，行亲权人死亡者，准用第一款之规定。

五、撤销禁治产宣告之诉，受禁治产宣告人死亡者，准用第一款之规定。

第一百八十五条　法人因合并而消灭者，诉讼程序，在因合并而设立或合并后存续之法人继续诉讼以前停止。

前项规定，于其合并不得对抗他方当事人者，不适用之。

第一百八十六条　当事人丧失诉讼能力或法定代理人死亡或其代理权消灭者，诉讼程序，在有法定代理人或取得诉讼能力之本人继续诉讼以前停止。

第一百八十七条　受托人之信托任务终了者，诉讼程序，在所受托人继续诉讼以前停止。

第一百八十八条　本于一定资格，以自己名义为他人任诉讼当事人之人丧失其资格或死亡者，诉讼程序，在有同一资格之人继续诉讼以前停止。

依第十六条规定被选定为诉讼当事人之人，全体丧失其资格者，诉讼程序，在该有共同利害关系人全体或新被定为诉讼当事人之人继续诉讼以前停止。

第一百八十九条　第一百八十四条第一项，第一百八十五条第一项及第一百八十六条至第一百八十八条之规定，于有诉讼代理人时，不适用之。

第一百九十条　当事人受破产之宣告者，关于破产财团之诉讼程序，在依破产法有继续诉讼人或破产程序终结以前停止。

第一百九十一条　第一百八十四条至第一百八十八条及前条所规定之继续诉讼人于得继续诉讼时，应即向法院陈明继续。他方当事人亦得向法院请求命其继续。法院亦得依职权命其继续。

第一百九十二条　法院因天灾或其他事故，不能执行事务者，诉讼程序在该事故终止以前停止，终止时，法院应布告之。

第一百九十三条　当事人于战时服兵役，或因天灾或其他事故与法院断绝交通者，法

院得命其诉讼程序在障碍消灭以前停止。

诉讼全部或一部之裁判，以他诉讼之法律关系是否成立为据，或其法律关系应由行政机关确定其是否成立者，法院得命其诉讼程序在他诉讼终结或行政机关确定以前停止。

诉讼中有犯罪嫌疑牵涉其裁判者，法院得命其诉讼程序在刑事诉讼终结以前停止。依第二十条第二项起诉者，法院得命前诉讼之诉讼程序在该诉讼终结以前停止。

依第二十七条告知诉讼，法院如认受告知人能为参加者，得命该诉讼之诉讼程序在其参加以前停止。

前各项停止诉讼程序之裁定及其撤销，法院得依请求或职权为之。

第一百九十四条　诉讼程序停止者，法院及当事人不得为关于本案之诉讼行为；但依第一百八十四条至第一百八十八条及第一百九十条规定停止者，如其停止在言词辩论终结后，本于其辩论之裁判，得宣告之。

诉讼程序停止者，期间停止进行；自停止终毕时，其期间更始进行。

第一百九十五条　当事人得以合意向法院陈明停止诉讼程序。

双方迟误言词辩论日期者，除别有规定外，视为合意停止诉讼程序；但法院得依职权继续行诉讼。

合意停止诉讼程序，不影响期间之进行；如双方于四个月内不续行诉讼，亦不陈明不能续行诉讼之原因者，视为撤回其诉或上诉。

第二编　第一审程序

第一章　起诉

第一百九十六条　起诉，应向管辖法院，表明左列各款事项为之：

一、当事人；

二、诉讼标的；

三、应受判决事项之请求。

数项诉讼标的，得以一诉起诉，亦得以一诉为数项请求。

以一诉请求命被告计算及给付，而其给付范围应依计算之结果而定者，得将给付范围保留。

确认法律关系成立或不成立之诉，非原告有即受确认判决之法律上利益，不得提起之，确认证书真伪之诉亦同。

第一百九十七条　原告之诉，有左列各款情形之一者，法院应以裁定驳回之；但其情形可以补正者，审判长应定期间先命补正。

一、法院无审判权者。

二、原告或被告无当事人能力者。

三、原告或被告无诉讼能力，未由法定代理人合法代理者。

四、由诉讼代理人起诉，而其代理权有欠缺者。

五、起诉不具备要件者。

原告之诉，依其所诉之事实，在法律上显无理由者，法院得不经言词辩论，径以判决驳回之。

第一百九十八条　原告之诉，除应依前条驳回或依第十条移送者外，审判长应即指定

言词辩论日期；至迟不得自起诉时起逾十五日。

起诉书面，以言词起诉者其笔录，应与言词辩论日期之传票，一并送达于被告，除有特别应迅速辩论之情形外，向被告送达传票与言词辩论日期，应相距十日。言词辩论日期传票，应记明不到场，得由他方一方辩论径为判决，再次以下之言词辩论日期传票亦同。于必要时，每次言词辩论日期，审判长并得命不另行送达裁定，径于言词辩论日期传票记明于日期携带所用证物及偕同所举证人到场。

当事人双方，得不待传唤，或于其所定日期前，偕同到场，进行言词辩论，法院非有不得已之事由，应予开庭。

第一百九十九条　当事人不得就已起诉之事件，于诉讼系属中，更行起诉。

为诉讼标的之法律关系，于诉讼系属中，虽移转于第三人，于诉讼无影响；第三人如经双方当事人同意，得承当诉讼标的让与人之诉讼，使其由该诉讼脱离。

第二百条　起诉书面或笔录送达后，原告不得将原诉变更或追加他诉；但有左列情形之一者不在此限：

一、被告同意者；被告于诉之变更或追加无异议，而为本案之言词辩论者，视为同意变更或追加。

二、不甚妨碍被告之防御及诉讼之终结者。

三、不变更诉讼标的而补充或更正事实上或法律上之陈述者。

四、扩张或减缩应受判决事项之请求者。

五、因情事变更而以他项请求代最初之请求者。

六、该诉讼标的必须合一确定，追加其原非当事人之人为当事人者。

七、诉讼进行中，于一定法律关系之成立与否有争执，而其裁判应以该法律关系为据，请求对于被告并为确定该法律关系之判决者。

法院许可诉讼变更或追加之裁定，不得声明不服。

第二百零一条　被告于言词辩论终结前，得在本诉系属之法院提起反诉。

原告对于反诉，不得复行提起反诉；但该标的得依诉之追加为之。

第五十九条之规定，于提起反诉准用之。

第二百零二条　本诉及反诉于判决确定前，得撤回其全部或一部；但他方已为本案之言词辩论者，应得其同意。诉之撤回书面或笔录，应立即送达对方当事人。

诉经撤回者，视同未起诉；但他方之诉，不因而受影响。

本案经终局判决后，撤回其诉者，不得复提起同一之诉。

第二章　言词辩论之准备

第二百零三条　各当事人因准备言词辩论之必要，应于言词辩论前相当之时期，向法院提出书面或用言词由书记员作成笔录，于该书面或笔录记载己方于言词辩论提出之攻击或防御方法；并应由法院送达于他方。未经送达者，他方于言词辩论日期得拒绝辩论，法院亦得限制辩论，因此致他方受损害者，应负赔偿责任。他方仍得请求法院命他方补充提出准备书面；法院亦得依职权命其补充。

原告应于起诉时，于起诉书面或笔录，除于该时所不知悉或不能使用者外，记载其攻击方法。

被告应于应诉时，依第一项所规定之准备书面或笔录，除于该时所不知悉或不能使用者外，记载其防御方法。

法院于当事人未依前二项规定提出准备书面或笔录，或其书面笔录不完备时，得依职权，定五日以内之期间命其提出，并得变更或延展言词辩论日期。

第二百零四条　当事人或其代理人，得请求法院因准备言词辩论，搜集、调查必要之证据，法院亦得依职权为之；对于与公益有关之事件，并得讯问当事人或其法定代理人，于其无正当理由不到场时，得命拘提之。

法院于言词辩论日期讯问证人鉴定人或行书证勘验者，应于言词辩论日期前，传唤证人、鉴定人，使其于日期到场，并应命关系人于日期提出该文书或物件，或自行调取。

法院预料证人、鉴定人于言词辩论日期讯问困难者，应于言词辩论日期前讯问之。法院得于言词辩论日期前，就必要之事项，请求该管机关报告；并得听取当地之群众意见；群众中之重要关系人，得传唤其于言词辩论日期到场，听取意见。当事人或法院怠于前条或本条之准备，致他方或双方因此受损害者，应负赔偿责任；法院职员应与法院负连带责任。当事人并得向该职员之监督首长或上级监督首长或其他监督机关，控告其责任。

第二百零五条　行合议审判之诉讼事件，法院得随时以庭员一人为受命审判员使行准备程序。

准备程序，以阐明诉讼关系为止；但法院得命将于言词辩论行使之权限，使受命审判员行使之；虽无特别命令，亦有次项规定之权限。

第五十五条至第五十八条第六十条第六十四条第六十五条第六十七条至第七十条关于法院或审判长权限之规定，于受命审判员行准备程序时，准用之。

当事人之一方，于准备程序日期不到场者，应对于到场之一方，行准备程序，将笔录送达于未到场人，不得因此变更或延展日期；除有另定新日期之必要下，应终结准备程序，不到场人致到场人因其不到场受损害者，应负赔偿责任。

法院得命再开已闭之准备程序。

于准备程序后行言词辩论时，当事人应陈述准备程序之结果；但审判长得自行或使受命审判员或命书记员朗读准备程序笔录代之。

未记载于准备程序笔录之事项，于准备程序后行言词辩论时，不得主张之，但法院应依职权调查之事项或主张该事项不致延迟诉讼，或释明非因重大过失不能在准备程序提出者，不在此限。

第三章　判决

第二百零六条　诉讼达于可为裁判之程度者，法院应为终局判决。

命合并辩论之数宗诉讼，其一达于可为裁判之程度者，应先为终局判决。

诉讼标的之一部，或以一诉请求之数项诉讼标的，其一达于可为裁判之程度者，法院得为一部之终局判决，本诉或反诉达于可为裁判之程度者，亦同。

第二百零七条　各独立之攻击或防御方法，或中间之争点，达于可为裁判之程度者，法院得为中间判决；请求之原因及数额俱有争执时，法院以其原因为正当者，亦同。

第二百零八条　当事人于言词辩论时为诉讼标的之舍弃或认诺者，应本于其舍弃或认诺为该当事人败诉之判决；其于言词辩论前准备程序、准备书面或笔录为舍弃、认诺经他

方援用者，虽于言词辩论否认，亦应对之为败诉判决。

前项情形，法院得依职权为该当事人败诉之判决。

第二百零九条　言词辩论日期，当事人之一方不到场者，得依到场当事人之请求，由其一方辩论而为判决；法院认为适当者，并得依职权使由一方辩论而为判决，当事人一方不到场二次以上者，亦同。

由一方辩论而为判决时，以前所为之言词辩论或证据调查，或未到场人准备书面或笔录之请求与陈述，应斟酌之；未到场人以前请求调查之必要证据，亦应调查之。有左列情形之一者，法院不得认为不到场，应驳回由一方辩论为判决之请求，延展辩论日期：

一、不到场之当事人未于相当时期受合法之传唤者。

二、当事人不到场，可认为系因不可避免之事故者。

三、到场之当事人，于法院应依职权调查之事项，不能为必要之证明者。

四、到场之当事人所提出之请求、事实或证据，未于相当时期，依言词辩论之准备，使他方知悉者。

当事人于言词辩论日期到场而不为辩论或被命退出者，视为不到场。

第二百十条　除别有规定外，法院不得就当事人未请求判决之事项为判决。

与公益有关之事件，法院得将当事人应受判决事项之请求一部变更而为判决，并得斟酌当事人所未提出之事实；但就该项变更部分及事实，应与当事人以辩论之机会。

第二百十一条　左列各款之判决，法院应依职权，并宣告假执行：

一、本于被告认诺所为之判决。

二、命履行扶养义务之判决。但以起诉前最近六个月及诉讼中履行期已到者为限。

三、就第七十五条第一项第五款至第九款诉讼所为被告败诉之判决；但以须急迫给付或保护者为限。

四、命清偿票据上债务之判决。

第二百十二条　关于财产权之诉讼，原告释明在判决确定前不为执行恐受难于抵债或难于计算之损害者，法院应依其请求宣告假执行。

原告陈明在执行前可供担保而请求假执行者，虽无前项释明，法院应定相当之担保额，宣告供担保后，得为假执行。

第二百十三条　被告释明因假执行恐受不能回复之损害者，如系第二百十一条情形，应依其请求，宣告不准假执行，如系前条情形，应宣告驳回原告假执行之请求。

第二百十四条　法院得宣告非经原告预供担保，不得为假执行，或准被告预供担保或将请求之标的提存而免为假执行。

第二百十五条　关于假执行之请求，应于言词辩论终结前为之。

关于假执行之裁判，应记载于判决主文。法院应依职权宣告假执行而未为宣告或忽视假执行之请求者，准用第四十五条之规定。

第二百十六条　假执行之宣告，因就本案判决或该宣告，有撤销或变更之判决，自该判决宣告时起，于其撤销或变更之范围内，失其效力。

法院撤销变更宣告假执行之本案判决者，应依请求或职权，将其因假执行或因免假执行所为给付，于判决内命原告返还，被告请求赔偿损害者，亦应于判决内命其赔偿，被告

未请求赔偿者，应告以得请求之。仅撤销或变更假执行之宣告者，前项规定，于其后撤销或变更本案判决之判决适用之。

第二百十七条　判决于上诉期间届满时确定，但于上诉期间内有合法之上诉者，阻其确定。

不得上诉之判决，于宣告时确定；不宣告者，于送达时确定。

第二百十八条　当事人得请求书记员付与判决确定证明书。

前项证明书，由第一审法院书记员付与之；但卷宗在上级法院者，由上级法院书记员付与之。

第二百十九条　诉讼标的于确定之终局判决经裁判者，当事人不得就该法律关系，更行起诉。

主张抵销之对待请求，其成立与否经裁判者，以主张抵销之额为限，不得更行主张。

第二百二十条　确定判决，除当事人外，对于诉讼系属后为当事人之继承人者，及为当事人或其继承人占有请求之标的物者，亦有效力。

对于为他人而为原告或被告者之确定判决，对于该他人，亦有效力。

前二项规定，于假执行之宣告，准用之。

第二百二十一条　外国法院之确定判决，有左列各款情形之一者，不认其效力：

一、败诉之一方为中华民国人，而未应诉者。但开始诉讼所需之传唤或命令，已在该国送达本人，或依中华民国法律上之协助而送达者。

二、外国法院之判决有违背社会秩序者。

三、无国际相互之承认者。

第三编　上诉审程序

第一章　第二审程序

第二百二十二条　对于第一审之终局判决，得上诉于管辖第二审之法院。

第二百二十三条　前条判决前之裁判，牵涉该判决者，并受第二审法院之审判；但依本法不得声明不服或得以抗告声明不服者，不在此限。

第二百二十四条　当事人于第一审判决宣告或送达后，得舍弃上诉权。

当事人于宣告判决时，以言词舍弃上诉权者，应记载于言词辩论笔录；如他方不在场者，应将笔录送达。在以外之时为舍弃者，应向法院以书面或言词为之；由法院送达该书面或笔录于他方。

第二百二十五条　提出上诉，应于第一审判决送达后二十日之不变期间内为之；但宣告后送达前之上诉，亦有效力。

己方应向他方所为之对待给付，不得从诉讼标的价格中扣除。如并请求确定待对（原文如此——本书编者注）。

第二百二十六条　提起上诉，应表明左列各款事项，向原法院为之。

一、当事人；

二、第一审判决及对于该判决上诉之陈述；

三、对于第一审判决不服之程度及应如何判决撤销或变更之请求。

第二百二十七条　提起上诉，如逾上诉期间或系对于不得上诉之判决而上诉者，原法

院应以裁定驳回之。

上诉有其他显不合法之情形而可以补正者，原第一审法院应定期间命其补正。如不于期间内补正，可认为系意图迟延诉讼者，应依请求或职权以裁定就原判决宣告假执行。

第二百二十八条　上诉未经依前条第一项驳回者，第一审法院书记员应速将上诉书面或笔录送达被上诉人。

各当事人均提起上诉，或他方当事人之上诉期间已满后，第一审法院书记员应即时将诉讼卷宗连同上诉书面或笔录及其他有关文件，送交第二审法院。

前项送交之卷宗，如为第一审法院所需用者，应自备缮本或节本。第一审法院不得因卷宗送交，即不进行诉讼程序，当事人亦得请求其进行。

第二百二十九条　第二审法院，仍应先调查上诉是否合法。如上诉已逾期间，或法律上不应准许，或有其他不合法之情形者，应以裁定驳回之；但其情形可以补正者，审判长应定期间先命补正。

上诉不合法之情形已经第一审法院命其补正而未补正者，得不行前项但书之程序。

第二百三十条　言词辩论，应于上诉所为应受判决事项之请求之范围内为之。

当事人应陈述第一审言词辩论之结果；但审判长得自行或使他审判员宣读第一审言词辩论笔录或其他卷宗内必要文书；或命书记员朗读该文书代之。

第二百三十一条　诉之变更、追加或提起反诉，非经他方同意，不得为之；但诉之变更或追加有第二百条第一项但书第四款至六款之情形者，无须他方同意。

他方于诉之变更，追加或反诉无异议而为本案言词辩论者，视为同意诉之变更，追加或反诉。

第二百三十二条　当事人得提出新攻击或防御方法。

在第一审就事实或证据所未为之陈述，得追复之。

在五十九条及第八十一条第四项之规定，于前三项情形适用之。

第二百三十三条　在第一审所为之诉讼行为，于第二审有效力。

第二百三十四条　第二审法院认为上诉无理由者，应为驳回之判决。认为一部分无理由者，应就该部分为驳回之判决。

原判决依其理由虽属不当，而依其他理由认为正当者，应以上诉为无理由。

第二百三十五条　第二审法院认为上诉有理由者，应于其所为应受判决事项之请求之范围内，为撤销、变更原判决之判决。

第二百三十六条　第一审之诉讼程序，有重大之瑕疵者，撤销原判决时，视为该部分亦经撤销。

前项情形，虽为维持审级所必要，除当事人双方均主张发回原法院外，应不发回，自为判决。

第二审法院不得以第一审法院无管辖权而撤销原判决。

第二百三十七条　判决书内应记载之事实，得引用第一审判决；但新攻击或防御方法，应记载之。

第二百三十八条　第二审法院应依请求或职权，就关于假执行之上诉，先为辩论及裁判。

第二审法院，认为上诉人系意图迟延诉讼而提起上诉者，应依请求或职权，于本案判决前，先以裁定宣告假执行；其逾时始行提出防御方法可认为系意图迟延诉讼者，亦同。

第一审判决未宣告假执行或宣告附条件之假执行者，其未经声明不服之部分，第二审法院应依请求以裁定宣告假执行。

关于财产权诉讼，第二审法院之判决，维持第一审判决者，应于其范围内，依请求或职权宣告假执行。

第二审法院关于假执行之裁判，不得声明不服。

第二百三十九条　上诉人得于终局判决前，将上诉撤回；但被上诉人已为附带上诉，须受影响者，应得其同意。

撤回上诉者，丧失其上诉权。

第二百四十条　被上诉人于言词辩论终结前，得为附带上诉。

附带上诉，虽在被上诉人之上诉期间已满或曾舍弃上诉权，或撤回上诉后，亦得为之。

上诉经撤回或因不合法而被驳回者，附带上诉，失其效力；但附带上诉，具备上诉之要件者，视为独立之上诉。

第二百四十一条　诉讼因第二审判决终结者，第二审法院书记员应于其终结时，即时将判决正本编入卷宗送交第一审法院，其非因判决而终结者，亦应即时为送交。

第二百四十二条　除本章别有规定外，前编之规定，于第二审程序准用之。

第二章　第三审程序

第二百四十三条　对于第二审之终局判决，得上诉于管辖第三审之法院。

第二百四十四条　对于第一审判决或其一部未经向第二审法院上诉或附带上诉之当事人，对于维持该判决之第二审判决，不得上诉。

第二百四十五条　对于财产权上诉之第二审判决，如因上诉所得受之利益不逾一千元者，不得上诉。

前项数额，得因地方情形，以司法行政最高机关命令减为五百元或增至二千元。计算上诉利益，依左列之规定：

诉讼标的非金额而应计算价额者，应按当时之交易价额，无交易价额者，应按该当事人就该标的所有之利益。

主张数项标的者，其价额合并计算之；附带主张利息或其他孳息，损害赔偿，违约金或费用者，不并算其价额。

主张数项标的，互相竞合或应为选择者，依其中价值最高者，定其价值。

原告应负担之对待给付，不得从诉讼标的之价额中扣除；原告并求确定对待给付之数额者，其诉讼标的之价额，应依给付中价值最高者定之。

第二百四十六条　对于第二审判决上诉，非以其违背法令为理由，不得为之。

判决不适用法则或适用不当者，为违背法令。

有左列情形之一者，其判决当然为违背法令：

一、判决法院之组织不合法者。

二、依法律或裁判应回避之审判员参与判决者。

三、未公开辩论，非依法律之规定者。

四、法院所认审判权之有无系不当者。

五、当事人于诉讼未经合法代理者。

六、应更新辩论而未更新者。

七、未经参与辩论之审判员参与判决者。

八、除本法别有规定外，已受请求之事项，未予判决，或未受请求之事项，予以判决者。

九、除本法别有规定外，为判决基础之事实或证据未经当事人或其代理人为言词辩论，亦未予以为言词辩论之机会者。

十、判决不载理由或所载理由矛盾者。

除前项情形外，诉讼程序，虽系违背法律，而显然于判决无影响者，不得为上诉理由。

第二百四十七条　提起上诉，应表明上诉理由，向原法院为之。

第二百四十八条　前条理由须举证者，应添具其证据。因上诉所受利益，于定得上诉有疑义时，应注明其利益。

提起上诉时，未表明理由或尚未完备者，应自提起时起十五日内，向原法院提出或补充之。未提出者，毋庸命其补正。

被上诉人得于上诉理由书面或笔录送达后十五日内提出答辩理由。

第二审法院书记员送交卷宗于第三审，应于收到答辩理由或前项期间已满后为之。上诉人及被上诉人在第三审判决前，得提出补充上诉理由或答辩理由；第三审法院，非认为不必要者，应送达于对方。

第五十五条之规定，于前五项情形准用之。

第二百四十九条　第三审上诉所为应受判决事项之请求，不得变更或扩张之。

被上诉人不得附带上诉。

第二百五十条　第三审判决，不经言词辩论为之；但法院认为必要时，不在此限。

第二百五十一条　第三审法院，应于上诉所为应受判决事项之请求之范围内调查之。

第三审法院调查第二审判决有无违背法令，应依职权为之；并得因此调查事实与证据；不为上诉理由所拘束。

第二百五十二条　第三审法院为判决，应以第二审判决确定之事实为基础；但第二审判决确定事实，有无违背法令，应依职权调查之。

以违背诉讼程序规定为上诉理由时所举之事实，以及违背法令确定事实，遗漏事实或认作主张事实为上诉理由时所举之事实，应调查斟酌之。

第二百五十三条　第三审法院认为上诉有理由者，就该部分，应撤销原判决。

因违背诉讼程序之规定撤销原判者，其违背之诉讼程序部分，亦视为撤销。

撤销原判决而有左列情形之一者，第三审法院，应就该事件自为判决：

一、因其于所确定之事实不适用法则或适用不当撤销原判决，而事件已可依该所确定之事实为裁判者。

二、因法院无审判权而撤销原判决者。

撤销原判决，除依前项之规定外，应将该事件发回原第二审法院更为审判。

受发回之法院，更为审判时，不得违背第三审法院于发回判决所指示之法律上意见。为发回之判决者，第三审法院书记员应将判决正本编入卷宗移交受发回之法院。

第二百五十四条　除本章别有规定外，前章之规定，于第三审程序准用之。

第四编　抗告程序

第二百五十五条　对于裁定，得为抗告，但别有规定，或为诉讼程序进行中关于指挥诉讼之裁定者，不在此限。

依前项得为抗告者，除受裁定之当事人外，受裁定之代理人、辅佐人、证人、鉴定人、通译或其他第三人亦得为抗告。

第二百五十六条　关于财产权之诉讼，其标的之金额或价额在第二百四十五条所定上诉利益额数以下者，其第二审法院所为之裁定，不得抗告。

虽非前项所定之裁定，而有规定不得抗告或声明不服者，亦不得抗告。

第二百五十七条　审判长、受命审判员或受托审判员所为之裁定，不得抗告；但如系法院所为得抗告者，得向系属法院提出异议，由其裁定。

前项但书所规定之异议，准用本编抗告之规定。

第二百五十八条　抗告，由直接上级法院裁定。

抗告法院之裁定，以抗告为不合法而驳回之，或以抗告为有理由而撤销变更原裁定者，对于该裁定，得再为抗告。

第二百五十九条　提起抗告，应于裁定送达后十日之不变期间内为之。

第二百六十条　提起抗告，应向为裁定之原法院表明其裁定及抗告理由为之。

抗告得提出新的事实及证据。

第二百六十一条　原法院认为抗告有理由者，应更正原裁定。

原法院认为抗告已逾抗告期间，或系对于不得抗告之裁定而抗告，或有其他不合法之情形者，应驳回之。但对于审判长、受命审判员或受托审判员所为之裁定，不提出异议而提起抗告者，仍视为异议；对于判决提起抗告者，视为上诉。

原法院不为前项裁定或处分者，于必要时，对于抗告应添具意见书。书记员应即时将抗告事件送交抗告法院，但仅应送交关于抗告之卷宗及文书、物件，原事件卷宗应与抗告卷宗分别编订，送交抗告事件时，不得将原事件卷宗送交，抗告法院亦非必要时，不得调取原事件卷宗，因必要而调取时，原法院书记员另备缮本送交。

第二百六十二条　抗告，除别有规定外，无停止执行之效力。

该裁定所牵涉之本诉讼事件，不得因其抗告而不进行。

原法院在抗告法院裁定前，于必要时，得命停止原裁定之执行。

抗告法院在裁定前，于必要时，得命停止原裁定之执行，或为其他必要之处分。

前二项裁定，不得抗告。

第二百六十三条　抗告法院认为抗告不合法或无理由者，应为驳回之裁定。

认为抗告有理由者，应撤销原裁定自为裁定。

第二百六十四条　关于舍弃上诉权及撤回上诉之规定，于抗告准用之。

第二百六十五条　抗告法院为裁定后，书记员应即时将裁定正本编入卷宗，送交原法

院；抗告事件非因裁定终结者，亦同。

第二百六十六条　抗告人或异议人意图迟延诉讼而为抗告或异议，致当事人一方或双方受损害者，应负赔偿责任。

原法院、审判长、受命审判员或受托审判员或抗告法院裁定或处分迟延或原法院、抗告法院书记员因送交卷宗迟延，致当事人或受裁定之第三人受损害者，应负赔偿责任。

第五编　再审程序

第二百六十七条　确定终局判决，有左列各款情形之一者，得对之提起再审之诉，声明不服；但该受判决之当事人，已依上诉主张其事由，或不能证明其不知其事由而不主张者，不在此限。

一、判决法院之组织不合法者。

二、依法律或裁判应回避之审判员参与判决者。

三、当事人于诉讼未经合法代理者。

四、当事人知他方之住居所，伪称为所在不明与之涉讼者；但他方已追认其诉讼程序者，不在此限。

五、参与裁判之审判员，关于该诉讼违背职务，犯刑事上之罪者。

六、当事人之代理人，或他方或其代理人关于该诉讼有刑事上应罚之行为，影响于判决者。

七、为判决基础之证物，系伪造或变造者。

八、证人、鉴定人或通译、通译员就为判决基础之证言、鉴定或通译被处伪证之刑者。

九、为判决基础之民事或刑事判决及其他裁判或行政处分，依其后之确定裁判或行政处分已变更者。

十、当事人发见（现）就同一诉讼标的在前已有确定判决或和解、调解或得使用该判决或和解、调解者。

十一、当事人发见（现）未经斟酌之证物，或得使用该证物者，但以如经斟酌可受较有利益之裁判者为限。

前项第五款至第八款情形，以宣告有罪之判决已确定，或其刑事诉讼不能开始或续行非因证据不足者为限，得提起再审之诉。

第二百六十八条　依第二百四十五条不得上诉于第三审法院之事件，除前条规定外，其经第二审确定之判决，如就是影响判决之重要证物未斟酌者，亦得提起再审之诉。

第二百六十九条　为判决基础之裁判，如有前二条所定之情形者，得据以对于该判决提起再审之诉。

第二百七十条　再审之诉，由为判决之原法院管辖，有左列情形之一者，由原第二审法院管辖：

一、对于同一事件之第一审及第二审判决同时声明不服者。

二、对于第三审法院之判决，本于第二百六十七条第一项第七款至第十一款情形声明不服者。

第二百七十一条　再审之诉，应于三十日之不变期间内提起。

前项期间，自判决确定时起算；但再审之理由知悉在后者，自知悉时起算。

再审之诉，自判决时起，其再审之理由发生于确定判决后者，自发生时起，已逾五年者，不得提起；但以第二百六十七条第一项第三款、第四款或第十款情形为再审之理由者，不在此限。

第二百七十二条　提起再审之诉，应向管辖法院表明左列各款事项为之：

一、当事人；

二、声明不服之判决及提起再审之诉之陈述；

三、应于如何程度撤销原判决及就本案如何判决之请求；

四、再审理由及关于再审理由并遵守不变期间之证据。

第二百七十三条　再审之诉，不合法者，法院应以裁定驳回之。

再审之诉，显无再审理由者，得不经言词辩论，以判决驳回之。

第二百七十四条　本案之辩论及裁判，以声明不服之部分为限。

第二百七十五条　再审之诉，虽有再审理由，法院如认原判决为正当者，应以判决驳回之。

第二百七十六条　除本编别有规定外，再审之诉之诉讼程序，准用关于各该审级诉讼程序之规定。

第二百七十七条　再审之诉之判决，于第三人在再审之诉提起前以善意取得之权利无影响。

第二百七十八条　当事人或其代理人意图缠讼而滥用本编所定之权利者，法院得处以千元以下之罚款。致他方当事人或其代理人受损害者，应负赔偿责任。

第二百七十九条　裁定已经确定而有第二百六十七条第一项或第二百六十八条之情形者，得准用本编之规定请求再审。

第六编　非讼事件程序

第一章　督促程序

第二百八十条　债权以给付金钱或其他代替物或有价证券之一定数量为标的者，债权人得请求法院依督促程序，发支付命令。

第二百八十一条　督促程序，如请求人应为对待给付，或支付命令之送达应于外国为之，或依公示送达为之者，不得行之。

第二百八十二条　支付命令之请求，由债务人住、居所地或公务所、事务所、营业所所在地之法院管辖。

第二百八十三条　支付命令之请求，应由债权人表明左列各款事项，向管辖法院为之：

一、当事人及法定代理人；

二、请求之标的并其数量及请求之原因事实；

三、应发支付命令之陈述；

四、法院。

第二百八十四条　法院接受请求后，应迅速为裁定，至迟不得逾五日；并应不讯问债务人。

第二百八十五条　支付命令之请求，不合于第二百八十条至前条之规定，或依请求之意旨认为债权人之请求无理由者，法院应以裁定驳回之；就请求之一部不得发支付命令者，亦同。

前项裁定，不得声明不服。

第二百八十六条　支付命令，应记载左列各款事项：

一、第二百八十三条第一款第二款及第四款所定之事项；

二、债务人如欲免假执行，应于支付命令送达后十五日内向债权人清偿其请求，否则应向发支付命令之法院提出异议。

第二百八十七条　支付命令送达于债务人后，书记员应立即通知债权人。

发支付命令后，三个月内不能送达于债务人者，其命令失其效力。

第二百八十八条　债务人对于支付命令，得不附理由，向发命令之法院提出异议。

仅就一部请求提出异议者，未提出异议之请求部分，债权人仍得请求宣告假执行。

债务人提出异议者，得请求书记员付与证明书。

第二百八十九条　支付命令所载期间已满，债务人未于期间内提出异议者，法院依债权人请求宣告假执行。

第二百九十条　宣告假执行之裁定送达后十五日内，债务人仍得提出异议，此期间为不变期间，逾此期间提出异议者，法院应以裁定驳回之。

第二百九十一条　债务人对于支付命令，于合法时期提出异议者，支付命令失其效力。但如经债权人请求，法院应以支付命令之请求视为起诉或请求试行和解。

前项情形，债权人就支付命令所支出之费用或所受其他损害，于判决胜诉时，得请求赔偿。

第二百九十二条　支付命令所载期间已满后，债权人如于三十日内不为宣告假执行之请求者，支付命令失其效力；驳回宣告假执行请求之裁定已确定者，亦同。

第二百九十三条　宣告假执行之裁定，于第二百九十条所定期间内，未经提出异议，或驳回其异议之裁定已确定者，与确定判决有同一之效力。

第二章　保全程序

第二百九十四条　债权人就金钱请求或得易金钱请求之请求，欲保全强制执行者，得请求假扣押。

前项请求，就未到履行期之请求得为之。

第二百九十五条　假扣押，非有日后不能或甚难强制执行之虞者，不得为之。

应在外国为强制执行者，视为有日后甚难强制执行之虞。

第二百九十六条　假扣押之请求，由本案管辖法院或假扣押标的所在地之地方法院管辖。本案管辖法院，为诉讼已系属或应系属之第一审法院；但诉讼现系属于第二审者，以第二审法院为本案管辖法院。

假扣押之标的，如系债权，以债务人住所或担保之标的所在地为假扣押标的所在地。

第二百九十七条　假扣押之请求，应由债权人表明左列各款事项，向管辖法院为之：

一、当事人；

二、请求；

三、假扣押之原因；

四、法院。

请求非关于一定金额者，应记载其价额。依假扣押标的所在地定管辖法院者，应记载假扣押之标的及其所在地。

第二百九十八条　请求及假扣押之原因，应释明之。

债务人虽未为前项释明，如就债务人所应受之损害，已供法院所定之担保者，得命为假扣押。

请求及假扣押之原因虽经释明，法院亦得使债权人供担保后，命为假扣押。

债权人供担保后，命为假扣押者，应将其担保记载于假扣押裁定内。

第二百九十九条　假扣押裁定内，应记载债务人供所定金额之担保后，得停止撤销假扣押裁定或其执行。

第三百条　本案尚未系属者，命假扣押之法院，应依债务人请求，命债权人于一定期间内起诉。

债权人不于前项期间内起诉者，债务人得请求命假扣押之法院撤销假扣押裁定。

第三百零一条　假扣押之原因消灭，或其他命假扣押之情事变更者，债务人得请求撤销假扣押裁定或其执行。

债务人得陈明可供法院所定之担保或将请求之标的提存，请求撤销假扣押裁定。

前二项请求，向命假扣押之法院为之。如本案已系属者，向本案法院为之。如该裁定已执行者，向执行法院为之。

第三百零二条　假扣押裁定，因自始不当而撤销，或因依第三百条第二项之规定而撤销者，债权人应赔偿债务人因假扣押或供担保所受之损害。

第三百零三条　债权人就金钱请求以外之请求，欲保全强制执行者，得请求假处分。

假处分，非因请求标的之现状变更，有日后不能或甚难强制执行之虞者不得为之。

第三百零四条　关于假扣押之规定，于假处分准用之。但因第三百零五条至三百零八条之规定而不同者，不在此限。

第三百零五条　假处分之请求，由本案管辖法院管辖；但有急迫情形时，得由请求标的所在地之地方法院管辖。

第三百零六条　假处分所必要之方法，由法院酌量定之。

假处分，得选任管理人及命令或禁止债务人为一定行为。

第三百零七条　非有特别情形，法院不得许债务人供担保而撤销假处分。

第三百零八条　由请求标的所在地之地方法院为假处分之裁定者，同时应定期间命债权人向本案管辖法院请求就假处分之当否为裁定。

债权人不于期间内为前项请求者，命假处分之法院，应依请求，撤销假处分之裁定。第一项本案管辖法院之裁定，不得抗告。

第三百零九条　关于假处分之规定，于争执之法律关系，有定暂时状态之必要者，准用之。

第三章　公示催告程序

第三百十条　申报权利之公示催告，以得依背书转让之证券及其他法律有规定者为限。

公示催告，对于不申报权利人，生失权之效果。

第三百十一条　法院应就公示催告之请求为裁定。准许请求者，应为公示催告。

第三百十二条　公示催告，应记载左列各款事项：

一、申请人；

二、申报权利之期间及在期间内应为申报之催告；

三、因不申报权利而生之失权效果；

四、法院。

第三百十三条　公示催告之布告，应粘贴于法院之牌示处，并登载公报或新闻纸。

第三百十四条　申报权利之期间，自公示催告之布告，最后登载公报或新闻纸之日起，应有二个月以上。

第三百十五条　申报权利在期间已满后而在未为除权判决前者，与在期间内申报者，有同一之效力。

第三百十六条　公示催告，请求人得于申报权利之期间已满后，三个月内，请求为除权判决；但在期间未满前之请求，亦有效力。

除权判决之言词辩论日期，应并传唤已申报权利之人。

第三百十七条　法院就除权判决之请求为裁判前，得依职权为必要之调查。

第三百十八条　驳回除权判决之请求，以裁定为之。

第三百十九条　申报权利人如对于公示催告请求人所主张之权利有争执者，法院应酌量情形，在就所申报权利有确定裁判前，停止催告程序，或于除权判决保留其权利。

第三百二十条　公示催告请求人，不于言词辩论日期到场者，法院应依其请求，另定新日期。

前项请求，自有迟误时起，逾二个月者，不得为之。

请求人迟误新日期者，不得请求另定新日期。

第三百二十一条　法院得以相当之方法，将除权判决之要旨布告之。

第三百二十二条　对于除权判决，不得上诉。有左列各款情形之一者，得以公示催告请求人为被告，向原法院提起撤销除权判决之诉：

一、法律不许行公示催告者。

二、未为公示催告之布告或不依法定方式为布告。

三、不遵守公示催告之布告期间者。

四、为除权判决之审判员应自行回避者。

五、已经申报权利而不依法律于判决中斟酌之者。

六、有第二百六十七条第一项第五款至第八款之再审理由者。

第三百二十三条　撤销除权判决之诉，应于三十日之不变期间内提起之。

前项期间，自原告知悉除权判决时起算。但依前条第四款或第六款所定事由提起撤销除权判决之诉，如原告于知有除权判决时不知其事由者，自知悉其事由时起算。

除权判决宣告后，已逾五年者，不得提起撤销之诉。

第三百二十四条　第二百七十二条及第二百七十三条之规定，于撤销除权判决之诉准用之。

第三百二十五条　对于除权判决所附之限制或保留，得为抗告。

第三百二十六条　数公示催告程序，法院得命合并之。

第三百二十七条　宣告证券无效之公示催告程序，适用第三百二十八条至三百三十八条之规定。

第三百二十八条　公示催告由证券所载履行地之法院管辖。

如未载履行地者，由证券发行人住居所、公务所、事务所或营业所所在地方法院管辖。如无此法院者，由发行人之住居所、公务所、事务所或营业所所在地之法院管辖。

第三百二十九条　无记名证券或空白背书之指示证据，得由最后之持有人为公示催告之请求。

前项以外之证券，得由据证券主张权利之人为公示催告之请求。

第三百三十条　请求人应提出证券缮本或开示证券要旨及足以辨认证券之事项；并释明证券被盗、遗失或灭失及有请求权之原因事实。

第三百三十一条　公示催告，应记载持有证券人应于期间内申报权利及提出证券，并晓示以如不申报及提出者即宣告证券无效。

第三百三十二条　公示催告之布告，除依三百十三条之规定外，如法院所在地有交易所者，并应粘贴于该交易所。

第三百三十三条　申报权利之期间，自公示催告之布告，最后登载公报或新闻纸之日起，应有六个月以上。

第三百三十四条　持有证券人经申报权利并提出证据者，法院应通知请求人。并酌定期间使其阅览证券。

第三百三十五条　除权判决，应宣告证券无效。

除权判决之要旨，法院应依职权以相当方法布告之。

证券无效之宣告，因撤销除权判决之诉而撤销者，为公示催告之法院，于撤销除权判决确定后，应依请求，以相当方法布告之。

第三百三十六条　有除权判决后，请求人对于依证券负义务之人，得主张证券上之权利。

因除权判决而为清偿者，于除权判决撤销后，仍得以其清偿对抗债权人或第三人；但清偿时已知除权判决撤销者，不在此限。

第三百三十七条　因宣告无记名证券之无效，请求公示催告，法院准许其请求者，应依请求，不经言词辩论，对于发行人为禁止支付之命令。

前项命令，应附记已为公示催告之事由。第一项命令，应准用第三百三十二条之规定布告之。

第三百三十八条　公示催告程序，因提出证券或其他原因未为除权判决而终结者，法院应依职权以裁定撤销禁止支付之命令。

禁止支付命令之撤销，应准用第三百三十二条之规定布告之。

第四章　禁治产事件程序

第三百三十九条　宣告禁治产之请求，由禁治产人住所地之法院管辖。

第三百四十条　宣告禁治产之请求，应表明其原因事实及证据。

第三百四十一条　法院得于禁治产之程序开始前，命请求人提出诊断书。

第三百四十二条　禁治产之程序，不得公开行之。

第三百四十三条　法院就宣告禁治产之请求，应斟酌请求人所表明之事实及证据，依职权为必要之调查。

第三百四十四条　法院应于鉴定人前讯问应禁治产人；但有碍难讯问之情形或恐有害其健康者，不在此限。

前项讯问，得使受托审判员为之。

第三百四十五条　禁治产之宣告，非就应禁治产人之心神状况讯问鉴定人，或为其他必要之调查后不得为之。

第三百四十六条　宣告禁治产之裁定，应附理由。

前项裁定，应送达于请求人及禁治产人之法定代理人或依法律应为监护人之人。

第三百四十七条　宣告禁治产之裁定，自禁治产人之法定代理人或依法律应为监护人之人受送达时，发生效力。

前项裁定送达后，法院应以相当之方法，将该裁定要旨布告之。

第三百四十八条　法院于宣告禁治产前，因保护禁治产人之身体及财产，得命为必要之处分。于宣告后，认为必要时，亦同。

前项处分，法院得依请求撤销之。

关于第一项处分及撤销处分之裁定，得为抗告。

第三百四十九条　驳回禁治产请求之裁定，得为抗告。

第三百四十一条至三百四十三条之规定，于抗告法院之程序准备之。

第三百五十条　宣告禁治产之裁定，不得为抗告。

依民法规定得请求宣告禁治产之人，得向就宣告禁治产之请求曾为裁定之地方法院，提起撤销禁治产宣告之诉。

第三百五十一条　撤销禁治产宣告之诉，以请求宣告禁治产人为被告。

由请求宣告禁治产人起诉或该请求人死亡者，以禁治产人之法定代理人为被告。

第三百五十二条　撤销禁治产宣告之诉，应于三十日之不变期间内提起之。

前项期间，于禁治产人，自其知悉禁治产宣告时起算，于他人自该裁定发生效力时起算。

第三百五十三条　撤销禁治产宣告之诉，受宣告人有诉讼能力。

前项情形，法院得依请求或依职权为其选任诉讼代理人；并准用第十九条第三项之规定。

第三百五十四条　撤销禁治产宣告之诉，不得合并提起，或于其程序，为诉之追加或提起反诉。

第三百五十五条　撤销禁治产宣告之诉，法院认为有理由者，应以判决撤销宣告禁治产之裁定。

前项情形，法院于判决确定前，因保护禁治产人之身体或财产，得命必要之处分。第三百四十八条第二项及第三项之规定，于前项处分准用之。

第三百五十六条　在撤销禁治产宣告前，监护人所为之行为，不失其效力。

在撤销禁治产宣告前，禁治产人所为之行为，不得本于宣告禁治产之裁定，而主张无效。

第三百五十七条　撤销禁治产宣告之判定确定后，应由第一审受诉法院布告之。

第三百五十八条　依民法规定得请求宣告禁治产之人于禁治产之原因消灭后，得请求撤销禁治产。

第三百五十九条　撤销禁治产之请求，由禁治产人住所地之地方法院管辖。

第三百六十条　第三百四十条至第三百四十五条之规定，于撤销禁治产之请求准用之。

第三百六十一条　撤销禁治产裁定应附理由。

前项裁定，应送达于请求人及禁治产人。第三百五十七条之规定，于第一项裁定准用之。

第三百六十二条　驳回禁治产之裁决，不得抗告。

得请求撤销禁治产之人，对于前项裁定，得向就该请求曾为裁定之地方法院提起撤销之诉。

第三百五十一条第三百五十三条至第三百五十五条第三百五十六条第一项及第三百五十七条之规定，于前项之诉准用之。

第五章　宣告死亡事件程序

第三百六十三条　宣告死亡事件，除本章别有规定外，准用第三百十一条至三百二十四条之规定。

第三百六十四条　宣告死亡之请求，由生死不明人住所地之法院管辖。

第三百六十五条　宣告死亡之请求，应表明其原因事实及证据。

第三百六十六条　公示催告，应记载左列各款事项：

一、生死不明人应于期间内陈报其生存；如不陈报，即应受死亡之宣告；

二、凡知生死不明之人生死者，应于期间内，将其所知陈报法院。

第三百六十七条　前条陈明期间，自公示催告最后登载公报或新闻纸之日起，应有六个月以上。

生死不明人满百岁者，公示催告得仅粘贴于法院之牌示处。

前项情形，其陈报期间，得定为自粘贴牌示处之日起，二个月以上。

第三百六十八条　第三百四十三条之规定，于宣告死亡事件准用之。

第三百六十九条　生死不明人陈报生存，而请求人否认其事实者，法院应于有确定裁判前停止程序。

第三百七十条　宣告死亡之判决，应确定死亡之时。

第三百七十一条　撤销死亡宣告之诉，有法律上利害关系之人得提起之。

第三百七十二条　撤销死亡宣告之诉，除准用第三百二十二条第二项之规定外，如受死亡宣告人尚生存或确定死亡之时不当时，亦得提起之。

第三百七十三条　第三百二十三条之规定，于以受死亡宣告人尚生存为理由，提起撤销死亡宣告之诉者，不适用之。

第三百七十四条　撤销死亡宣告之诉有数宗者，应合并之；适用第二十条第一项之规定。

第三百七十五条　撤销死亡宣告或更正死亡之时之判决，不问对于何人，均有效力，但判决于确定前之善意行为，不受影响。

因宣告死亡取得财产者，如因前项判决失其权利。仅于现受利益之限度内，负返还财产之责。

选自《民事诉讼法参考资料》第二辑第一分册，中国社会科学院法学研究所民法研究室民诉组、北京政法学院诉讼法教研室民诉组合编，法律出版社 1981 年版，第 119～193 页。

本卷参考文献

《中共中央文件选集》1～18 集，中央档案馆编，北京：中共中央党校出版社 1982—1987 年出版，1992 年增订再版。

《抗日根据地政策条例汇集——陕甘宁之部》（上、中、下），延安：1942 年 7 月陕甘宁边区政府办公厅编印。

《陕甘宁边区政策条例汇集》续编，延安：1944 年 5 月陕甘宁边区政府办公厅编印。

《陕甘宁边区第一届参议会实录》，延安：1939 年边区参议会常驻会编印。

《陕甘宁边区第二届第一次参议会汇刊》，延安：1942 年边区参议会常驻会编印。

《陕甘宁边区第二届第二次参议会大会撮录》，延安：1945 年 5 月参议会常驻会编印。

《陕甘宁边区第三届参议会大会汇刊》，延安：1946 年 7 月参议会常驻会编印。

《中国国家与法权历史参考资料》现代史部分，第三辑，北京：中国人民大学国家与法权历史教研室 1954 年编印。

《中国新民主主义革命时期根据地法制文献选编》，第一、二、三、四卷，中国社会科学院法学研究所，韩延龙、常兆儒编，北京：中国社会科学出版社 1981—1984 年出版。

《中国新民主主义革命时期法制建设资料选编》第一、二、三、四册，孙孝实主编，重庆：西南政法学院函授部 1982 年 2 月编印。

《中国法制史参考资料选编》近代部分第三册，北京：北京政法学院法制史教研室 1980 年编印。

《中国法制史参考资料汇编》第三辑，重庆：西南政法学院法制史教研室 1982 年 12 月编印。

《陕甘宁革命根据地史料选辑》第一、二、三辑，兰州：甘肃人民出版社 1981 年 5 月出版，甘肃省社会科学院历史研究室编。

《陕甘宁边区政府文件选编》第一至十四辑，陕西省档案馆、陕西省社会科学院合编，北京：档案出版社 1986—1991 年陆续出版。

《陕甘宁边区政府大事记》，陕西省档案馆编，北京：档案出版社 1991 年 5 月出版。

《中国革命根据地审计史料汇编》，中国审计学会、审计署审计科研所编，北京：北京工业大学出版社 1990 年出版。

《陕甘宁边区法律法规汇编》，陕西档案局编，西安：陕西出版集团、三秦出版社 2010 年出版。

《陕甘宁边区的精兵简政》（资料选辑），陕甘宁边区政权建设编辑组编，北京：求实出版社 1982 年出版。

《李鼎铭研究资料选》，中共延安地委统战部、延安革命纪念馆编，西安：陕西人民出版社 1988 年出版。

《谢觉哉日记》上、下卷，北京：人民出版社 1984 年出版。

《谢觉哉文集》，北京：人民出版社 1989 年出版。

《中共党史教学参考资料》1～3 册，北京：人民出版社 1957—1959 年出版。

《中共党史参考资料》1～8 册，北京：人民出版社 1979 年出版。

《中国革命史参考资料》1～4 册，中国人民大学革命史教研室编辑，北京：中国人民大学出版社 1956—1957 年出版。

《中共党史教学参考资料》1～11 册，北京：中国人民大学中共党史系资料室编印，1979—1981 年陆续出版。

《新中华报》

《解放日报》

《新华日报》

《人民日报》

《宪法选编》，北京：中国人民大学国家法教研室 1979 年编印。

《中国宪法参考资料选编》，许崇德主编、王玉明副主编，北京：中国人民大学出版社 1990 年 4 月出版。

《宪法资料选编》第二辑，北京大学法律系宪法教研室资料室编，北京：北京大学出版社 1982 年 4 月出版。

《民事诉讼法参考资料》第一辑，中国社会科学院法学研究所民法教研室民诉组、北京政法学院诉讼法教研室民诉组合编，北京：法律出版社 1981 年出版。

《民事诉讼法参考资料》第二辑，第一分册，中国社会科学院法学研究所民法教研室民诉组、北京政法学院诉讼法教研室民诉组合编，北京：法律出版社 1981 年出版。

《陕甘宁革命根据地工商税收史料选编》第一至六册，陕甘宁革命根据地工商税收史编写组、陕西省档案馆合编，西安：陕西人民出版社 1987 年出版。

《解放战争时期陕甘宁边区财政经济史资料选编》上下册，陕甘宁边区财政经济史编写组、陕西省财政厅财政科学研究所、陕西省档案馆合编，主编星光、张杨，西安：三秦出版社 1989 年 12 月出版。

《抗日战争时期陕甘宁边区财政经济史料摘编》第一编至第九编，陕甘宁边区财政经济史编写组、陕西省档案馆合编，西安：陕西人民出版社 1981 年出版。

《民主革命时期党的人权理论与实践资料汇编》，肖周录、朱子良、汪艳编，西安：西

北工业大学出版社 1992 年出版。

《陕甘宁边区高等法院史迹》，张世斌主编，西安：陕西人民出版社 2004 年出版。

《延安地区审判志》，延安市中级人民法院审判志编纂委员会编，西安：陕西人民出版社 2002 年 10 月出版。

《陕甘宁边区法律法规汇编》，艾绍润主编，西安：陕西人民出版社 2006 年出版。

《陕甘宁边区判例案例选》，艾绍润主编，西安：陕西人民出版社 2007 年出版。

《延安边区审判史》，艾绍润编著，西安：陕西人民出版社 2007 年出版。

《中国法制史参考资料汇编》（第三辑），重庆：西南政法学院法制史教研室 1982 年编印。

《中国历次全国劳动大会文献》，中华全国总工会中国职工运动史研究室编，北京：工人出版社 1957 年出版。

《中国工会历次代表大会文献》，中华全国总工会中国工人运动史研究室编，北京：工人出版社 1984 年出版。

《中国工会历史文献》第 1、2、3、4 卷，北京：工人出版社 1958—1959 年出版。

《中共中央关于工人运动文件选编》（上、中、下），中华全国总工会编，北京：档案出版社 1985—1986 年出版。

《中国工人运动史参考资料》第一集、第二集，北京：中国人民大学历史系中国工人运动史教研室 1959 年编印。

《劳动法教学参考资料》（一），北京：中国人民大学法律系 1986 年编印。

《婚姻法学参考资料》，刘素萍主编，北京：中国人民大学出版社 1989 年出版。

《中国新民主主义革命时期通史》一至四卷，李新等主编，北京：人民出版社 1962 年出版。

《陕甘宁边区史》1～3 册，雷云峰编著，西安：西安地图出版社 1993 年出版。

《西北革命根据地的历史地位》，吴志洲著，长沙：1991 年湖南出版社出版。

《中国共产党的延安时期》，中共陕西省委研究室，中共陕西省委党史研究室编，西安：陕西人民出版社 1993 年出版。

《陕甘宁边区法制史稿》（宪法、政权组织法篇），杨永华著，西安：陕西人民出版社 1992 年出版。

《陕甘宁边区法制史稿》（诉讼狱政篇），杨永华、方克勤著，北京：法律出版社 1987 年出版。

《中国共产党廉政法制史研究》，杨永华主编，北京：人民出版社 2005 年出版。

《中国革命根据地狱政史》，薛梅卿、黄新明著，北京：法律出版社 2011 年出版。

《抗战时期陕甘宁边区锄奸反特法治研究》，欧阳华著，北京：中国政法大学出版社 2013 年出版。

《马锡五与马锡五审判方式》，张希坡著，北京：法律出版社 2013 年出版。

国家社会科学基金特别委托项目，项目编号：10@zh027，
项目名称：“革命根据地法律文献整理与研究”

本书得到中国人民大学科学研究基金项目“革命根据地法律文献整理与研究”
（批准号：15XNQ063）支持

革命根据地法律文献选辑

（第三辑）

抗日战争—解放战争时期老解放区的法律文献
（1937—1949）

第四卷
晋察冀边区

张希坡 编著

中国人民大学出版社
·北 京·

本卷说明

晋察冀边区是华北抗日根据地之一，包括山西、河北、察哈尔、热河、辽宁各省一部，行政上划分为北岳（冀西）、冀中、冀东（冀热辽）三个战略区。

1937 年 9 月，八路军一一五师进入晋东北，副师长兼政治委员聂荣臻率部在五台山周围创建抗日根据地，吕正操率部开辟了冀中区。根据中共中央北方分局的指示，由聂荣臻、宋劭文于 1937 年 12 月 5 日主持召开边区军政民代表大会筹备会，着手筹建边区政府。1938 年 1 月 10 日，晋察冀边区军民代表大会在阜平召开，选举产生了晋察冀边区行政委员会，宋劭文、胡仁奎为正、副主任。国民政府行政院批准了晋察冀边区政府的成立。1940 年 8 月 13 日，公布中共中央北方分局提出的《晋察冀边区目前施政纲领》；1943 年 1 月召开边区第一届参议会，决定将这一纲领作为边区行政委员会的施政纲领。抗战胜利后，又于 1945 年 9 月 26 日公布了《晋察冀边区行政委员会施政要端》。依照上述纲领，晋察冀边区先后制定了有关选举、政权组织以及大量的行政法规条令。解放战争后期，晋察冀边区与晋冀鲁豫连成一片。1948 年 8 月华北人民政府成立后，两边区政府即宣告撤销，下属各行政公署皆统归华北人民政府管辖。本卷所收文献，上自 1938 年，下至 1948 年 8 月。

本卷凡例

一、原件有明显错讹文字或文字用法不符合现代用法者，径行改正，或以〔 〕订正；有字迹不清者，以□标明；有脱漏者，以［ ］补正或以“……”标明。原有注文者，标明“原注”。

二、所引原件补充或说明性文字用（ ）标明。

目　　录

一、施政纲领

1. 晋察冀边区军政民代表大会政治问题决议案

1938年1月14日

（一）边区、县、区、乡（村）各级政府的组织、分工及职权：

（1）边区政府定名为晋察冀边区临时行政委员会，用国府颁布之省政府组织法：设委员九人、候补委员三人，以委员一人为主席，代表大会选举之，呈请战区直属司令长官转呈国民政府正式任命。边区政府设秘书处、民政厅、财政厅、教育厅、实业厅，各厅长均由委员兼任。

（2）晋察冀边区临时行政委员会，视行政上之必要，得于适当地区设政治主任公署。政治主任公署之组织：

A. 主任一人；

B. 秘书一人；

C. 干事五人至七人；

D. 书记四人。

主任由边区行政委员会任命，秘书、干事得由主任遴选，呈请行委会委任之。

（3）县政府的组织，遵照国民政府的规定：设县长一人、秘书一人；总务、财政、教育、实业四科，各设科长一人；各科各设科员二至四人。

县长、秘书及各科科长，均得遵照国府颁布之法定原则民选之，在未能民选前，由边区临时行委会委任。

（4）区政府设区公所，区公所设区长一人、助理员二人或四人。一切重要事项，由区长召集会议解决之。区长暨助理员，均由民选；在民选未能实现前，由边区临时行委会民政厅委任。区公所的分工，原则上与县政府同。

（5）乡镇或村政府，设乡镇或村公所。乡镇或村公所设乡长、镇长或村长一人；视需要设乡副、镇副、村副一人至五人。如工作需要，并得聘请工作人员一人至五人。乡镇或村公所工作人员，均由民选。选举办法由边区临时行委会遵照国民政府颁布之办法原则，草拟通令行之。旧编乡、编村，如在工作上有困难时，县政府得重新编制之。

（二）建立独立的司法系统：

（1）边区设高等法院及高等检察处。高等法院设院长一人、推事三人、书记官二人。高等检察处设首席检察官一人、检察官一人、书记一人。呈请中央予本区高等法院以最终审判权。

（2）县设司法处；司法处设审判官一人、书记一至四人，县长兼检察官。

（3）地方法院于必要时配设。

法院院长与检察官，应受国府司法院之正式任命与领导；以事实困难，交边区临时行政委员会建立，转请司法院任命。

各县司法处未能建立前，所有民刑案件，由县政府暂代审理；司法处建立而未健全者，由县政府协助审理。

区、乡（村）政府，只能调解民刑案件，不能受理。

（三）建立统一的人民武装自卫队：

（1）边区政府民政厅之下，设人民武装部，总领各县人民武装自卫队。关于作战上的行动，受军区司令部及各区域游击司令部的指挥。该队队员，不脱离生产；以刀、枪、矛、棒、火枪、土炮等为武器，担负坚壁清野、清除汉奸、建立通讯网等任务。人民武装组织办法及工作计划，如办理边区统一行政，建立除奸网……均交临时行委会计划执行。

（2）县设人民武装自卫队总队部。设总队长一人、副总队长一人、政治指导员一人。总队部之下设中队；中队为一般军队编制之连。视各县人口之多寡，凡年在十八岁以上、五十岁以下，无残疾者，均编为队员。其编制，由边区政府规定公布之。

（四）建立军政民的正常关系：

（1）举凡行政上的事情，均由政府处理；军民有意见，可建议政府采纳。

（2）由边区临时行政委员会规定统一的合理负担办法，由各级政府执行。

（3）动员委员会、救国委员会等半政权性质的组织，应逐渐合并于政府。

（4）由边区政府规定并公布统一的优待抗日军人家属办法，交各级政府执行，群众团体负协助责任。

（5）由边区政府规定并公布统一的减租减息办法，交各级政府执行；群众团体负协助之责。

（6）由边区政府重新公布：国民政府颁布之修正危害民国紧急治罪法，由各级政府审理汉奸案件。

（7）由边区政府规定并公布避难人家财产管理办法，责成各级政府管理避难人家财产；军民不得自由处理。

（8）由边区政府规定并公布处理汉奸财产办法，交各级政府执行。

（9）边区政府应扶植民众团体之组织，予人民以集会、结社、言论、出版及宗教、信仰等自由。

（五）统一各级政府工作员的生活费

原则上规定为每人每月的待遇，最高不得超过十八元；具体规定，由边区政府负责。

（六）运用正确工作方式：

（1）边区临时行政委员会的领导，文件应以指示信与命令并行；指示信要讨论执行，命令不得更改停滞，要从速执行。

（2）建立周报制度；各级政府应将其每周工作成绩问题及缺点，报告上级。

（3）建立工作检查制度与巡视制度。

群众运动决议案

（一）政府应保证群众集会、结社、言论、出版、信仰之自由。

（二）政府应扶助群众运动，承认各群众团体的独立性，不得干涉群众团体的内部问题。

（三）政府应于可能的物质条件下，斟酌群众团体的实际情况，予以物质上的协助。

（四）政府应即颁布改善与保障各阶段（级）、各民族群众利益的各种条例与法令（如劳动法、土地法、商业法、婚姻法等）

（五）群众团体依法有监督与弹劾政府之权力，但不能直接干涉政府行政。

选自《晋察冀抗日根据地》，第1册·文献选编（上），北京，中共党史资料出版社，1989年版，第72～75、84页。

2. 晋察冀边区军政民代表大会宣言

1938年1月14日

卢沟桥的炮声开始了，日本帝国主义大规模对于中国本部的军事进攻，几个月以来的抗战，果然已经表示了中华民族不屈不挠的坚强意志和牺牲奋斗的英勇精神！然而由于过去军事上、政治上的种种原因，造成了华北抗战的严重的军事挫折。日本帝国主义的血手，竟然伸长到冀察全境以及晋省的太原。在三省内的重要铁道线（如津浦、平汉、平绥、同蒲、正太）及工业中心、军事重地，差不多完全控制在敌人手中！中国正规军大部被迫南移，剩下在这区域的，只有部分的部队与新兴的游击队、义勇军；处在敌人的包围中，而与省府断终了关系。敌人除开淫掳烧杀外，同时更在占领区域内，竭力树立汉奸政权各种伪组织。在这样的情况下，就形成了晋察冀边区的特殊形态。

为着创立与巩固晋察冀抗日根据地，保持华北游击战争；为着统一与整理晋察冀边区内军事、财政、经济以及一切行政机构，保证持久的必然胜利；为着打击汉奸政权，团结一切抗日力量，争取徘徊歧途的动摇份〔分〕子；晋察冀边区有成立临时政权的必要。边区代表大会，就是在这个意义上胜利开幕了！这一代表大会，有着边区全体武装部队的代表；有着四十余县的政府代表，有着一百万的群众团体的代表；有蒙、回、藏少数民族的代表及和尚、喇嘛的宗教代表与国共两大政党的代表。在大会中，代表们都贡献出自己抗日救国的工作的经验，诚恳的〔地〕坦白的〔地〕检查了过去的工作，勇敢的〔地〕批判并纠正了过去的缺点，确立了今后正确的新的工作方针。同时还产生了一个晋察冀边区的临时政权——晋察冀边区临时行政委员会。

边区临时行政委员会，是以民族统一战线的政权形成，包含着各党、各派、各阶层及各种民族份〔分〕子，他〔它〕的实际内容实贯彻抗日与真正民主。在行政的体系上，也是中华民国的地方政府，服从中央政府的领导，经过中央政府的批准，接受中央政府的法律与命令；在将来收复全部失地，恢复晋察冀三省政府职权的时候，边区临时行政委员会的任务，即告终结。在这次代表大会中，充分的〔地〕表现了各党、各派、各阶层、各群众团体、各武装部队的精诚团结。在抗日高于一切的一贯的精神下，很仔细的〔地〕讨论了各种有关抗日救亡的重要提案，并选举了积极抗日的前进份〔分〕子，成立了边区临时行政委员会。

大会充分表现出统一战线的异常巩固，这种巩固，是正在极力拆散统一战线的日本帝国主义者所不能想像〔象〕的。这更充分的〔地〕表面〔明〕了民主精神的逐渐加强，是前此所未有的。我们坚决的〔地〕相信，这次代表大会之后，将使华北的抗战更能持久，更能适合于中央之抗战方针。因此，这次代表大会，有着他〔它〕非常伟大的历史意义！

大会希望晋察冀边区临时行政委员会，能够本着大会的精神及确定的方针，在中央政府蒋委员长、战区司令长官领导之下，在各党派、各阶层、各民族巩固团结的基础上，百分之百的〔地〕完成历史所给予他〔它〕的任务；真正负担起普遍武装人民、动员人民参战的任务；真正负担起改善人民生活、保障民生权利，并澈〔彻〕底清除一切汉奸的任务；真正能够统一财政经济，保证部队给养，发动群众最高度的积极性，去参加战争中的一切工作；使晋察冀边区成为华北抗战的良好的根据地，以争取持久抗战的最后胜利！大会更希望全边区以及各地民众，能够以最诚恳的态度，督促帮助政府，实行上述任务，坚决反对在日本指使下的伪北京临时政府及一切汉奸政权；使他〔它〕们在中国领土上，没有立足的余地。只有抗日政权巩固与扩大，才能够使中华民族走上独立自由的解放大道！

〔虽〕则过去军事上还受过较大的挫折，但今天却有着非常有利的形势展开在我们的面前；国际上对中国持久抗战的观感与半年前有着显著的不同，中国能够得到更大的同情与援助。同时日本国内及［中国］台湾、朝鲜，有着澎湃的反战运动。使中国全国上下各党派，更有着空前未有的大团结，巩固了抗战到底的决心！华北、华中、华南游击战争的展开，晋察冀军区广大民众的动员，义勇军游击队的蓬勃发展，这都是过去所没有的。今天恰已配合了我们持久抗战的活生生的有力条件。我们有着非常沉痛的又非常宝贵的血的教训与经验！日本帝国主义的进攻愈深入，则他〔它〕的困难愈增加；我们真正全民族的抗战愈久，则最后的胜利一定是我们的！伟大的中华民族定将从日寇的铁蹄践踏下翻过身来，唱出解放的凯歌！

选自《晋察冀抗日根据地》，第1册·文献选编（上），北京，中共党史资料出版社，

1989年版，第67～69页。原注："原件存中央档案馆。"

3. 中共扩大的六中全会主席团致晋察冀边区电

1938年10月5日

聂荣臻司令、中共晋察冀边区委并转八路军全体将士及边区全体党员同志们：

在敌人正分数路严重向边区进攻，中共中央第六次全会扩大会听了彭真同志关于晋察冀边区的报告，并得悉你们全体党员、将士与人民正在与敌人作英勇的战斗，不胜欣慰！全会并向在战斗中死难与受伤的同志们致崇高的敬礼！

全会完全同意边区党委所执行的坚定的统一战线的方针，并在这个方针下，由于全党全军的努力，已经创造晋察冀边区成为敌后模范的抗日根据地及统一战线的模范区。这不独坚持华北抗战中已经和将要尽其重大的战略作用，而且你们的经验将成为全党全国在抗战中最有价值的指南。全会完全相信你们必能更加团结一致，联合一切友党友军，胜利的〔地〕粉碎敌人对于你们的围攻，并且进一步的〔地〕巩固与扩大你们的根据地。希望你们继续坚持统一战线的方针，动员一切力量，执行灵活的游击战与运动战，进行坚壁清野，准备长期战斗，镇压汉奸敌探，粉碎敌人的进攻，以便同友党友军一起，更完备的〔地〕进行各种战时建设，巩固与扩大抗日部队，广大的〔地〕组织群众，建立民主制度，提高边区生产，并发展与巩固党，长久保持晋察冀边区是最进步的模范的抗日根据地，[作]为将来反攻日寇最好的前进阵地。全会对你们有无限的慰问与希望！

中共扩大的六中全会主席团

选自《晋察冀抗日根据地》，第1册·文献选编（上），北京，中共党史资料出版社，1989年版，第199～200页。原注："原件存河北省档案馆。"

4. 晋察冀边区农民抗日救国会第二次代表大会通过之工作纲领

1939年5月15日

一　巩固与扩大抗日民族统一战线，实行抗战建国纲领，把所有不愿作〔做〕亡国奴的农民都团结到农会中来，使农会成为农民的统一战线的组织，以加强抗战的力量。巩固与扩大边区抗日根据地，坚持华北游击战争，并配合主力军作战的任务，以保卫西北、保卫全国、完成抗战必胜建国必成的大业。

二　拥护国民政府，拥护国共长期合作，切实执行政府一切抗战法令，忠诚遵守精神总动员纲领，誓死遵守国民公约，首先实行国民月会。

三　动员广大民众参加抗战：

1. 有计划的〔地〕扩大武装，动员广大农民武装上前线，大量组织农民的战时游击队；

2. 充实并健全群众自卫队组织；

3. 配合组织运输队、担架队、破坏交通队；

4. 组织慰劳团，在物质上精神上慰问抗日军及其家属，优待抗日军人家属，并解决其日常困难问题。

四　发展战时农业生产：

1. 改进生产技术（改良农具、选种，按地性播种施肥等）；

2. 扩大耕地面积（垦荒及防止新荒），实行政府垦荒条例；

3. 发展水利灌溉（开渠凿井）；

4. 组织农业互助社、农业劳动借贷所；

5. 帮助贫苦农民种子，并组织突击队帮助其耕种收获；

6. 组织代耕团，代替抗日军人家属耕种以及收获；

7. 造林及发展家庭副业。

五　在抗日高于一切原则下改进人民生活：

1. 正确执行政府颁佈〔布〕的减租减息整理债务的办法以及合理负担等；

2. 对于抗战有利益［的］一切公共事业，农民要积极的〔地〕领导完成；

3. 积极救济贫民、災〔灾〕难民，成立难民工作介绍所、低利借贷所、粮食供贷所，保存旧有仓库，募集粮食，成立災〔灾〕民难民［垦］荒团。

六　支持政府战时财政经济政策：

1. 宣传完纳田赋的重要性，造成完粮救国运动；

2. 宣传并帮助政府征收合理税收；

3. 维持法币及边区银行钞票的信用，渐次取消土票，以调整并统一边区金融；

4. 严防敌人扰乱边区金融，杜绝伪票（查获伪票者应奖励）；

5. 推销救国公债、救国公粮等；

6. 进行储粮运动。

七　实行农民合作制度：

1. 生产合作（农具、种子、牲畜）；

2. 运销合作（运输合作等）；

3. 信用合作（无利借贷、低利借贷等）；

4. 消费合作（农民合作社等）。

八　加强农民教育，提高政治文化水平，并高度发扬民族自尊心和抗战胜利自信心，坚持抗战到底：

1. 响应并推动政府识字运动的号召，组织识字班、农民夜校、冬学、新文字小组，实行辅导制、小先生制；

2. 加紧农民干部及会员教育，成立干部训练班、流动训练班，并注意小组的政治训练；

3. 印发通俗的大小刊物，扩大政治宣传；

4. 反对自由脱离工作及逃跑现象；

5. 反对怠工以及悲观失望的情绪。

九　推行民主政治、改进军政的关系，以及密切军政民的联系：

1. 扩大普选运动，参加选举竞争；

2. 鼓励农民对行政的注意，随时提出意见（积极建议与批评）并支持政府肃清贪污法令；

3. 响应并执行边区政府民主运动的号召；

4. 充实并加强军政民联席会以及军民联席会，必要时开军政民联席会的会议以改进军政民关系。

十　厉行除奸——铲除汉奸托派，巩固前线与后方，并切实坚壁清野，增加敌人困难：

1. 组织侦察网及秘密除奸小组；

2. 加强自卫队的岗哨工作；

3. 宣传汉奸托派的罪恶；

4. 揭破敌人欺骗，提高政治警觉性；

5. 加强争取敌伪工作；

6. 宣传坚壁清野的意义；

7. 与自卫队取得密切联系，帮助军队工作、坚壁清野铲除汉奸托派，[为] 农民应有之责任。

（二十八年五月十五日）

选自《抗日根据地政策条例汇集——晋察冀之部》，第 2 辑，1942 年版，第 169～171 页。

5. 晋察冀边区目前施政纲领

中共中央北方分局于 1940 年 8 月 13 日公布，
边区第一届参议会于 1943 年 1 月 20 日通过，
确定为边区行政委员会施政纲领

为巩固与发展晋察冀边区，坚持敌后抗战，爰根据本党中央抗日民族统一战线方针、抗日救国十大纲领及国民政府抗战建国纲领与边区实际情况，提出目前施政纲领，愿与边区各党、各派、各界、各族同胞共同实行之。

第一条　亲密国共合作，坚持团结抗战，坚决保卫与发展边区；肃清一切破坏团结抗战、破坏边区的特务奸细，打击妥协投降派。

第二条　摧毁敌伪政权，没收日本帝国主义的财产，充作对日战费。

第三条　拥护边区人民子弟兵，充分保障其给养和经常的满员，瓦解敌伪军，争取伪军反正，优待敌军俘虏。

第四条　实行全民武装自卫，广泛武装人民，开展群众游击战争，并逐渐实现义务兵役制。

第五条　彻底完成[①]民主政治建设，健全各级民意机关及政府机构，在民意机关和政府人员中，争取并保证共产党员占三分之一，其他抗日党派及无党无派人士占三分之二。边区一切人民，只要不投降、不反共，均可参加政府工作。

第六条　一切抗日人民有言论、集会、结社、出版、信仰及居住自由，非依政府法令及法定手续，任何机关、团体或个人，均不得加人[②]以逮捕、禁闭、游街及任何侮辱人格、名誉之行为，以保障人权。

第七条　保障一切抗日人民的财产所有权。人民除每年缴纳一次统一累进税及对外贸易时之出入口税外，任何机关、团体不得另以任何名目勒索或罚款；在减租减息后，佃户须依约缴租，债户须依约偿付本息；一切契约之缔结，均须双方自愿，契约期满，任何一方均有依法解约之权。

第八条　实行有免征点和累进最高率的统一累进税（以粮、秣、钱三种形式缴纳）。整理出入口税，停征田赋，废除其他一切捐税；非经边区参议会通过，政府不得增加任何捐税，整理村财政，建立严格经济制度，肃清贪污浪费。

第九条　肃清境内敌寇伪币，巩固边币，维护法币；平衡边币流通，健全边区银行机构，活跃边区金融，严格统制外汇。

第十条　发展农业，积极垦荒，防止新荒，扩大耕地面积；保护并繁殖耕畜，改良种籽、肥料、农具等农业生产技术，有计划地凿井、开渠、修堤、改良土壤。发展军事工业及公营矿业、制造业和手工业，奖励合作社与私人工业，争取工业品自给自足，以杜绝日货。发展林业，牧畜业及家庭副业。发展商业，保障境内正当贸易之自由；严格管理对外贸易，禁止必需品出境及非必需品入境，取缔奸商，反对投机、操纵，调节粮食和物价。

第十一条　设立专门机关，切实救灾治水，并发扬高尚的民族友爱的互助精神，以县区或村为单位，建立大众互助的储蓄救灾组织；提倡清洁运动，改良公共卫生，预防疾病灾害。

第十二条　普遍实行二五减租，保证地租不得超过收获总额千分之三百七十五，利息不得超过一分。因借贷期满无力偿还而押出之土地，应依法清理。抗战勤务之负担与组织，应力求合理化。

第十三条　减少工作时间，实行工业部门八小时工作制；增加工人实际工资，实行半实物工资制；改良劳动条件和工人待遇，提高工人工作积极性和生产效率；安置失业工人，雇主不得违约解雇；女工生产前后，例假五星期，工资照给；禁止使用青工、女工、童工从事妨害身体健康之劳动，并保障同工同酬。

第十四条　保障妇女在社会上、政治上、经济上及家庭地位之平等，妇女依法有财产继承权；男女婚姻自主，反对买卖婚姻与一夫多妻制，反对蓄童养媳、溺婴与残害青年发育的早婚恶习；严防沦陷区敌伪淫乱恶风侵入边区；树立优良的家庭教育，养成儿童优良的生活习惯，实行孕妇、儿童保健。

第十五条　减轻敌寇蹂躏区域同胞之负担，力求保护其生命财产及政治权利，反对敌

---

① “晋察冀法令版”将“彻底完成”印作“彻度宪成”。

② “晋察冀法令版”有“人”字，“社科法制版”漏一“人”字。

寇绑架、奸淫、勒索、强抽壮丁与奴化教育，抚恤被敌寇惨杀同胞的家属。凡因被迫或一时错误触犯汉奸治罪条例之分子，准其自新；对死心塌地的汉奸，严予惩处。

第十六条　认真优待抗属，抚恤抗日烈士遗族及伤员残废。

第十七条　严厉镇压汪派、托派、汉奸。对罪大恶极的大汉奸之土地财产，专署以上各级政府应当地群众之要求，得依法没收之；对反共派、顽固派及伪军官兵之财产、土地，不得宣布没收，全家逃亡敌区的汉奸嫌疑犯之土地财产，可由政府暂管，待其重回边区抗日时发还之。所有上述被没收及暂管之土地，应由政府低价出租与农民，或分给被日寇摧残之农民，或充作优抗公田。对汉奸审判，须依确实证据，其未参与汉奸活动之家属，不得株连，该家属之财产仍须依法保障。汉奸犯不服初审判决时，得上诉至边区最高审讯机关。

第十八条　在提高国民文化水准及民族觉悟的目标下，实行普及的义务的免费的教育，建立并健全学校教育，至少每行政村设一小学，每行政区设一完全小学或高小，每专区设一中学，高小及中学应收容半工半读生；建立并改进大学及专门教育，加强自然科学教育；优待科学家及专门学者；开展民众识字运动和文化娱乐工作，定期逐步扫除文盲。

第十九条　保护知识青年，抚济沦陷区流亡学生，分配一切抗日知识分子以适当工作，提高小学教员的质量，改良小学教员的生活。

第二十条　边区各民族应相互尊重生活、风俗及宗教习惯，在平等基础上亲密团结抗战。在民主选举中，应予回、蒙、满、藏同胞以优待，对其贫苦无以为生者，特予救济。

选自《晋察冀边区行政委员会现行法令汇集》，上册，边区行政委员会1945年编印，第1～5页。简称“晋察冀法令版”。

互校版本：《中国新民主主义革命时期根据地法制文献选编》，第1卷，北京，中国社会科学出版社，1981年版，第37～41页。

6. 彭真关于我们的目前施政纲领①

1940年9月1日

一、它是我党目前在边区的具体行动纲领

（一）马克思主义者怎样规定它的纲领呢？他“由理论的结果出发，决定无产阶级运动的目的，将它科学的规定为纲领的条款”（斯大林）。纲领有“估计到资本主义发展的全时期，注意资本主义的崩溃与社会主义生产的组织”的纲领，如“共产国际纲领”。有的是“只估计资本主义发展的一定阶段，例如推翻封建专制制度的残余，创立资本主义自由发展的条件”。这样的纲领，是党在一定社会历史发展阶段的最低纲领，如中共六次代表

① 原注：本文是1940年9月1日彭真在晋察冀分局扩大干部会议上报告的一部分。

大会关于中国新民主主义革命阶段的十大纲领。至于抗日救国十大纲领，则是关于抗日统一战线阶段的纲领。

（二）分局关于晋察冀边区的目前施政纲领，不是上述性质的纲领，它是我们根据中央抗日民族统一战线方针抗日救国十大纲领，按照目前边区具体情况所制定的地方性的具体行动纲领。它是中央总的纲领在目前边区的具体化。

（三）因此，它不是全国性的纲领，关于全国性的，有党中央民国二十六年九月二十二日的宣言，同年八月二十五日公布的抗日救国十大纲领及扩大的六中全会公布的十五条纲领等。

（四）它也不是将来要实现，而目前的边区尚不能立即实现，或不能立即完全实现的宣传纲领。这种宣传纲领我们在目前的边区没有必要另行规定。因为毛泽东同志的《新民主主义论》和党中央关于全国性的纲领中，一切在目前的边区或全国尚不能立即实现的部分，都是我们的宣传纲领，我们不需要另提出比这个施政纲领包括更多和更高的宣传纲领。

（五）因为这个纲领是我党目前在边区的具体行动纲领，所以它所处理的乃是边区政治经济文化教育……建设等，发展到现阶段，实际急待解决的问题，同时也是为了坚持边区今后的抗战，为了在相持阶段敌后的困难情形下，能够顺利巩固与保卫边区而急待解决或继续保障其实现的问题。它没有涉及较远的将来的问题，如“耕者有其田”之类，同时也不应该在这个纲领中不适时的〔地〕提出这些问题，可是我们这个纲领的彻底实现，却可以替我们将来在边区的各种改革，打下巩固的基础和有利条件，使我们在具体情况可能和必需时，很容易的〔地〕推进到一个新的发展阶段、下一个新的环节。

（六）这个纲领的彻底实现，要依靠边区已有的基础，更要依靠基本群众和不断巩固扩大的统一战线，不然便不能顺利地发展边区各种建设事业和组织工作，不能树立巩固的抗日统一战线的秩序，并保证边区这块抗日民主根据地有“顽强健康的持久性”。因此，在这个纲领中，我们是一面照顾到发展并保障基本群众的优势和进一步的〔地〕依靠基本群众，另一方面又照顾到调节各阶级阶层抗日人民的利益和巩固与发展边区统一战线，团结边区最大多数人民到我们的周围。我们期望并确信依靠我们的基础和努力，能使这个纲领真正的〔地〕实际的〔地〕成为全边区人民的具体行动纲领。

（七）这个纲领是分局的具体行动纲领，同时也就是边区各个区党委和每一个共产党员的具体行动纲领。因此，我们边区各级党部，在选举中，不再颁布任何竞争纲领。当然，必要时各级党部可以根据此纲领对某些具体问题提出自己的主张，但一般的必须得到其上级党委批准。

（八）我们共产党人，不但上下一致，而且言行一致。我们从来不说空话，不开空头支票。我们说到哪里，就做到哪里。这一纲领是根据实事求是的精神规定的。我们同样要发扬布尔什维克的顽强性、彻底性，百分之百的〔地〕把它实现。

二、关于目前施政纲领的执行问题

（一）我们在边区已经“有了好的组织工作，军事、政治、财政、经济、文化、教育各方面，已走上了轨道”，我们已经有了这样的基础，我们有着强大的群众性的党，有了相当广泛深入动员组织起来的广大群众和坚强的统一战线及统一战线的民主政权，有强大的主力部队、游击队，也有群众自动武装起来的广大的民兵；我们有着一贯正确的敌后抗日根据地的各种政策，还有三年多成功的〔地〕执行了上述政策的丰富经验和具有这些宝贵丰富经验的坚强的各级干部。这些是我们实现这一纲领的主观和客观条件与充分的有力的保证。

（二）但同时亦须充分估计到执行时所必然会遇到的困难。第一，个别地方的农民，在减租减息后，已经二三年没有缴租没有还债，现在要在减租减息条件下，依约缴租还债，一部分政治觉悟较低的农民会不愿意。第二，个别地方的工会，过去曾丝毫不征求雇主意见，强制抽出工资①，强制雇主改善工人待遇，强制雇主按照工会规定的工资雇佣雇农，劳动契约期满后不准雇主解约。此外，工会还随便罚债主的款，罚债主戴高帽子、游街。现在都须根据这个纲领立即纠正、停止，契约须依双方自愿，契约期满，任何一方可自由解约。这样，一部分政治觉悟较低的工人，也可能不满意。第三，妇女离婚结婚之自主自由、妇女财产继承权之实行，以及严肃的男女关系之保障，都会引起许多新的纠纷和急待克服的困难。第四，各团体机关的罚款的立即停止，财力物力的节省，脱离生产的工作人员的减少，也会遇到一些实际的困难。诸如此类的事情还很多，都牵涉到基本群众的切身的深刻的经济利益。因此，要认真实现这一纲领，都须要首先在党内和基本群众中进行极艰苦的教育，使他们自觉的〔地〕了解，自动的〔地〕把日常的局部的暂时的利益，服从于其永久的总的利益，服从于抗战的民族利益，不然有使基本群众之一部与党脱节之危险。

（三）在“七七”事变前，我党及基本群众，在这些地区，没有与地主资本家雇主同等的政治权利。成为抗日民主根据地的边区，在实际上，地主豪绅资产阶级，特别是顽固分子在个别地方有时亦没有与基本群众完全平等的合法的政治权利。个别群众团体和除奸部门，在斗争中，动辄采取非法的非和平的和不尊重他人人权的方式，去对付顽固分子甚至落后分子。现在依普选产生了各级政权的民意机关，我们的纲领更明确的〔地〕申明保护一切抗日人民的人权和财产所有权，一切抗日人民不分阶级、党派和信仰，都有言论、集会、结社（成立团体）、出版等自由，即明确的〔地〕确定在法律上、社会上，不分地主或农民、资本家雇主或工人，都有平等的政治自由和权利。不论什么团体、机关或个人，滥罚款，关人禁闭，罚人游街、戴高帽子，或无端干涉他人成立团体的行为，都须严格防止纠正，否则就是违法的。这是工作环境的一大变化。今后党政军民在统一战线内部所采用的一切斗争方式，都必须是建立在各阶级平等基础之上的、和平［的］、合法的斗争方式。一切民族的代表或政府工作人员，不论他是属于那〔哪〕一阶级、那〔哪〕一党派、宗教，一切机关和个人都须尊重他们的职权，纵然他们违法，也得按照法定手续，由主管机关加以拘捕，凡此等等都会使有些党员及非党的抗日干部与积极分子，感到某种不便，因此也必须首先对他们进行深入的教育。

（四）我们的纲领，是彻头彻尾的〔地〕根据中央统一战线方针和目前强调团结的精神规定的。因此，托派必利用我们减租减息后依约缴租、还债、劳资订约并［解］约须出自愿、保障一切抗日人民的人权及一切财产所有权之规定等，以左的骗词攻击我们，

---

① 原文如此，应是“提高工资”。

欺骗夺取群众，而特务人员又会利用这些纲领，促使反动地主与顽固分子，向群众反攻。我们必须根据团结抗战、团结保卫边区的精神，详细向群众解释，使群众彻底了解并拥护此纲领，揭穿托派、汪派、顽固分子、特务人员破坏团结、破坏抗战的阴谋。号召边区全体人民，在此纲领精神下，更进一步的〔地〕精诚的〔地〕团结起来，共同保卫发展边区。

（五）这个纲领，不仅彻头彻尾用统一战线精神贯穿着，同时也彻头彻尾的〔地〕在骨子里贯彻着保持并发展工农群众的优势的精神，但在纲领中，却没有任何字句正式讲到党及工农群众的政治组织独立性问题。这点，应该使干部了解，以免发生错误的理解和偏向，特别是右的偏向（因为纲领中已公开纠正了左的偏向）。

（六）这个纲领的执行，必须有很充分的准备工作。因此首先必须在各级党委、党的活动分子会及支部内，展开详细深入讨论，然后再在各群众团体内部，领导发动热烈的讨论，然后再召集各种群众团体和各界士绅、名流地主商人领袖开座谈会讨论。在各种群众会上应事先准备充分，经过公开形式，推出人在会上作详细解释。各级党应负责将党内和各种群众会讨论结果及各阶级各阶层人士的真实意见和批评，多方搜集报告到分局，以作此后决定许多问题的根据。

（七）中央七七宣言，在党内外讨论和解释工作，在冀中作〔做〕的〔得〕较好，此外其他许多地方作〔做〕的〔得〕极差。此次应当把中央这一宣言即全国性的问题与分局施政纲领，同时深入的〔地〕在党内讨论。

（八）以上都是实行这些纲领的准备工作。

选自《晋察冀边区财政经济史资料选编》，第1编，天津，南开大学出版社，1984年版，第319～324页。原注：“《晋察冀边区工作研究参考资料》第2集上册。”

7. 彭真：关于晋察冀边区目前的施政纲领

1940年11月

中共北方局为了巩固和发展晋察冀边区统一战线，团结边区一切抗战力量，发展边区政治经济文化建设事业，巩固与保卫边区、战胜相持阶段中必然会遭遇到的各种困难，以顺利地坚持敌后抗战，特将我们过去一贯主张和执行的同时也是今后还要继续贯彻实现的政策，定为纲领二十条。我们希望借此以树立我们与边区各界同胞共同努力的目标。

我们所公布的这二十条纲领，是针对着晋察冀边区目前的需要而提出的。它不是全国性的，因为关于全国性的已有了国民政府的抗战建国纲领，本党中央有了民国二十六年九月二十二日的宣言，有了抗日救国十大纲领，更有了扩大的六中全会的十五条纲领，及历次对时局的宣言，特别是最近发表的为抗战三周年纪念的宣言，这些都是指导全国的总的纲领或方针。我们的纲领，正如其命名所示，它是关于晋察冀边区目前［的］施政纲领，它所处理的是边区政治经济建设发展的现阶段实际急待解决的问题，同时也是为了坚持边区今后的抗战，为了在相持阶段敌后的困难情况下能够顺利巩固与保卫边区而急待解决与实现或继续保障的问题，因为惟有这些问题得到解决，才能胜利的〔地〕保卫晋察冀边区。

我们这些纲领纯然是本党中央抗日民族统一战线的方针与抗日救国十大纲领的地方化与具体化，同时也是完全符合于孙中山先生革命的三民主义与国民政府抗战建国纲领的政策的。只要看了我们这二十条纲领和看到我们共产党人在边区的实际行动的各界人士，就可以明白我们是严格地确切执行着本党中央“在整个抗日战争和建立民主共和国的时期内……始终执行三民主义的政策”的诺言的。因为我们共产党不但言行一致，而且是全党上下一致的。

我们这个纲领的出发点，首先是为了巩固发展晋察冀边区的抗日民族统一战线，因为只有巩固广泛的边区统一战线，才能够巩固与发展边区；其次，是要从政治上经济上保障工农劳苦群众生活的改善，给他们以实际的援助，使他们有精力与时间更积极地参加保卫边区和发展边区的建设事业，高度发扬他们对于抗战建国的自动性与积极性，因为敌后抗日根据地之得以保卫与发展，以及全国抗战之得以坚持，只有依靠群众才有可能，特别是在相持阶段中，我们必须更进一步的〔地〕依靠群众；最后，我们的出发点是为了保障边区有顽强的健康的持久性，就是说要保障我们斗争坚持与经历的时间愈长久，我们的民主政治愈趋完善与健强，我们的统一战线愈加巩固与广泛，我们边区广大的劳苦同胞的生活愈加向上，各党派、各阶级阶层的关系愈臻密切，全边区同胞的团结愈益巩固，其抗日的政治的积极性与自动性愈加提高与强化，我们的财政金融经济建设愈加发展而富有健康的活力，这样使我们的军需愈充实、民生愈丰裕，托派、汪派、汉奸、特务、奸细绝迹于边区，而边区之社会秩序愈形安定，使晋察冀边区不但成为模范的抗日民主根据地，而且成为新民主主义的即三民主义的政治经济建设的模范，亦即成为建国的模范，同时也只有这样才能彻底战胜日本帝国主义。这些是我们纲领的出发点，也可以说是我们纲领的基本精神，这只要细阅我们的纲领的人，都可以看得清楚的。但是我们这个纲领并不是只讲原则和总的方针的宣传纲领，而是当前具体的行动纲领，是我们已经在执行中而今后更将坚决贯彻和保障其实现的纲领。它是中共北方分局的具体行动纲领，也是本党边区各个区党委和每个党员的具体行动纲领，同时，我们也希望它能成为我们与边区全体同胞共同的具体行动纲领。

我们共产党人是言行一致的，从来不说空话，不开空头支票，说到那〔哪〕里就做到那〔哪〕里。我们愿意把我们这个纲领和全边区友党同志及无党无派的抗日人士百分之百地付之〔诸〕实施，进一步的〔地〕建设一个模范的抗日民主根据地，建立一个新民主主义，亦即三民主义的新中国的雏型〔形〕。

* * *

根据了上述的基本精神，我们对于边区政权的建设，一如我们从来的主张和这一纲领所示，我们在边区始终是为着建立统一战线的民主的地方政权而奋斗。首先，我们认为在今天必须建立真正有权力的民主的民意机关，此种民意机关与政府的正确关系应如下表：

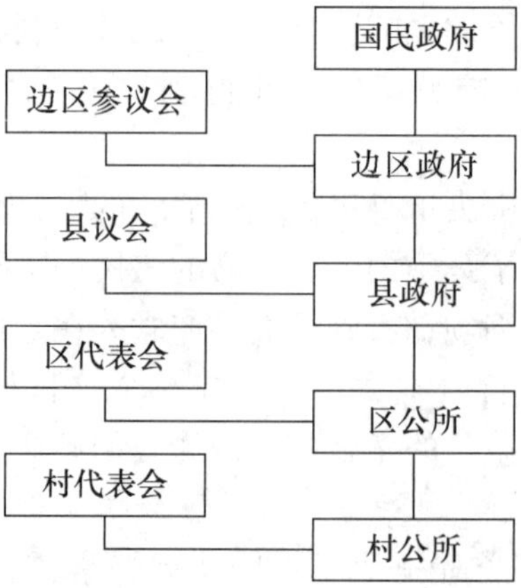

这里，各级政府并非与各该级民意机关平行的，因为政府是由民意机关产生的，民意机关不但有创制复决之权，而且有选举罢免政府一切工作人员之权，民意机关之决议，政府应服从和执行之。我们反对以政府与民意机关平行互相牵制的表面上似乎民主而实际限制民主的企图。其次，我们认为政权之建设必须以民主集中制为民意机关及政府机构的基本的组织原则，民主与集中乃有机地结合着的，绝不容有偏废与歪曲。其三，我们必须强调选举人得依自己的决议，随时撤消〔销〕被选举人的工作，不论其为代表或政府工作人员。其四，我们要坚持与保障实行"平等的、直接的、普遍的、无记名投票的民主选举制，即真正给予民众以民主权力的民主选举制"，凡年满十八岁的公民，不分性别、不分党派、不分阶级、不分信仰、不分居住年限、不分文化水平，亦不论其有无政权工作经验，均有平等的选举权与被选举权。其五，我们坚持废除以户口为单位的封建的宗法的邻闾族长制度，而代之以公民个人为单位的现代民主制。最后，我们共产党人必须特别声明：我们坚决争取并保证在边区各级民意机关及政府人员中，共产党员只占三分之一，使其他党派及无党无派人士占三分之二。这是本党中央业经确定、本党领袖毛泽东同志明白公布了的，也是我们绝对遵守执行的。以上关于政权与民主问题的基本原则，大部分是我们在边区各界宪政促进会第二次理事会上的报告中已经较详细的〔地〕论及，而且是迄今仍然不变的主张。我们在晋察冀边区始终坚持建立各抗日阶级联合的民主政权，即各党、各派、各界、各军的联合的民主政权，这是我们对边区政权建设的根本主张，也是我们纲领中关于政权部分的主要内容。

本党中央早在民国二十六年九月二十二日的宣言中明白表示停止土地革命。这个诺言，我们共产党人在晋察冀边区过去与现在同样是坚决执行了的，今后也还要坚决执行。我们在晋察冀边区，没有没收地主的土地，相反的，在实行了必要的减租减息之后，我们保护了一切抗日人民的财产所有权，甚且我们对于"反共"派、顽固派、伪军官兵及未参与汉奸活动之汉奸家属的财产土地，都主张不加没收，只对于罪大恶极的大汉奸的土地财产，才主张由专署以上之各级政府，应当地群众之要求，得依国民政府颁布之法令与抗战建国纲领加以没收。而对全家逃亡敌区的汉奸嫌疑犯之土地财产，即主张由政府暂管，待其重回边区抗日时发还之。这些都足以证明了我们对于土地财产所有权保护的态度。

至于减租减息，那完全是为了改善广大的农村大众的最低限度的生活，给他们以经济上的援助，使他们有精力与条件参加抗战，因为工农大众是抗战的最基本的力量，而广大的农民恰是长期在高额地租与高利贷的剥削下无以为生的。生活不改善，即不能专心致力于抗战，且我们的地租，过去只限于百分之二十五，现在也只主张依国民政府土地法限定地租不得超过总收获量［的］千分之三百七十五，利息也只是限定不得超过一分。这完全符合于孙中山先生的三民主义与抗战建国纲领而为坚持敌后抗战所必需的。我们一方面这样坚决地主张并实行减租减息，另一方面又严格规定在减租减息之后，农民必须依约纳租与依约偿付本息。这完全是本着统一战线的精神的。

对于工人工资的增加，普遍改善工人生活与劳动条件，保护女工、青工和童工以及工业部门的八小时工作制等等，也都是在抗日民族统一战线的总方针下，同时照顾到劳资双方，即一方面［照］顾到资本家与双方的利益，另一方面又照顾工人生活改善及抗战的需要，以保障广大工人群众生活与健康，使生产能够顺利进行之必要条件。

一切契约的缔结，必须以双方自愿为原则，当契约期满的时候，缔约双方中之任何一方都有依法解约的权利，这是他方及任何第三者所不能强迫的。

在财政经济政策上，边区以往三年间的成绩，昭彰在人耳目，以言财政，现已坚决废除了昔日误国病民的一切苛捐杂税，我们主张完全代之以为年一次的、有免征点与最高率的统一累进税，这种累进税乃以粮、秣、钱三种形式构成的，其征收只限于对土地资金与利益部分，并且顾及生产的原则，对于投在有利抗战民生的生产事业的资金，减免其税率。同时为便利与保护根据地的军需民用与民族工业及管理对外贸易，则征收出入口税。此外边区人民并无其他负担，连田赋都一律停征。今后我们更主张非经边区参议会通过，政府不得征税，并坚决反对贪污浪费行为，主张厉行节约人力、物力与财力的运动。在金融方面，我们在边区以内，坚决肃清敌伪钞，巩固了边币，保存并维护了法币。经济上，我们积极发展农、工、商业，极力救灾治水，大量开荒、修滩、开渠，扩大耕地面积，提高农业生产量，并力求改良种子、肥料、农具等农业生产技术，提倡造林、牧畜、发展农家副业。普遍发展与鼓励公私工业，以求工业品的自给自足而杜绝日货。我们一方面鼓励必需品的输入，另一方面禁止必需品的输出，严格统制出入口贸易，而对边区境内所有正当的贸易，则力加保护，给与〔予〕完全自由，以发展商业，以保护商人之正当利益。这些对于粉碎敌寇“以战养战”的经济阴谋，安定民生，安定社会经济，充实抗战的物力财力的作用都是非常重大的。

我们对于边区周围沦陷区域经常处于敌寇铁蹄蹂躏下的同胞，抱着无限的同情，我们要尽力保护其生命财产的安全，并积极援助其抗日的斗争，反对敌寇的绑架、奸淫、勒索、强抽壮丁与奴化教育，粉碎敌伪政权，脱离敌伪的蹂躏。对于因被迫或一时错误触犯汉奸治罪条例的分子，我们主张允其悔过自新，而对于死心塌地的汉奸则依法严厉处置、其不参与汉奸活动的家属，则绝不株连。审判汉奸，纯依确实证据，汉奸犯有不服初审判决者并得上诉至边区最高审讯机关。这是保障人权的必要措施。我们始终认为：非依政府法令与法定手续，任何机关团体或个人，决不许有以任何名目加人以拘禁、游街、罚款及任何侮辱他人人格的行为，发生此种行为者必须严格加以纠正以至法律制裁。一切妨害人权的行动，我们都坚决反对。同样，对于敌伪军，我们始终坚持执行瓦解敌军、争取伪军的原则，我们优待敌军俘虏，因为我们真正的敌人是日本帝国主义。我们欢迎伪军反正，重归祖国怀抱，共同携手抗日。我们反对一切无原则的对于敌伪军俘虏与投降者的杀害与侮辱，并坚持给伪军官兵家属财产以应有之保障。

我们更主张全民的武装自卫，广泛的武装抗日人民，开展群众的游击战争，因为只有广泛武装人民，发扬全体人民对抗日自卫战争的积极性，配合主力部队到处给敌寇以袭扰打击，才能胜利的〔地〕坚持敌后长期的抗战，而全民武装又为逐渐实现义务兵役制的必要步骤。今日边区广大人民的优秀子弟，已先后涌入边区子弟兵的队伍中去，边区子弟兵与边区人民已结成了血肉相联〔连〕的永远不可分的新的长城，它更成为保卫边区根据地与保卫边区人民利益的铁的集体，因此我们号召全边区的人民坚决拥护边区人民子弟兵，充分保障其给养与经常的动员，认真优待抗属，抚恤抗日烈士的遗族与伤员残废，最高度的〔地〕巩固军民一体的团结，以巩固边区根据地。

*　　　　*　　　　*

正因为我们在边区过去三年间建设的胜利，由于我们不断加紧从事于边区新的建设事业，使边区日益成为不可战胜的巩固的〔地〕长城，因此敌寇汉奸万分仇视边区，不断企图诬蔑边区，无耻的〔地〕制造“共产党在边区实行公产公妻”等类的谣言，当然，这和历来诬蔑共产党的一切谣言一样，最后都一定被铁的事实所粉碎。事实胜于雄辩，它已经不断证明了，今天也同样在证明我们在边区是真正主张和实现着正确的男女关系，我们一方面尊重男女平等的地位与权利，主张男女结婚离婚的自主自由，反对买卖婚姻，反对加于妇女的各种压迫、束缚与虐待，以及妨害男女身心发育的早婚与蓄童养媳和溺婴等恶习，并主张依法给予妇女享受与男子一样的财产继承权，但另一方面，我们始终坚持实行严格的一夫一妻制，建立和睦快乐的家庭生活，反对一夫多妻、一妻多夫、娶姨太太、养小老公等反动腐恶的制度，我们更严厉防范与杜止目前敌伪占领区域中，姬妾满门、公娼遍地、到处奸淫、耍花姑娘等淫乱无耻的秽浊风气侵入边区。我们要使边区每一个人民都过健康高尚的社会生活与家庭生活。现在只有敌伪占领区域和某些落后地区才有黑暗堕落的生活，在我们晋察冀边区是再也找不到如“四圈八圈麻将”之类的生活了。

在三年间的短过程里，晋察冀边区人民的生活与思想已经有了很大的提高与进步了，广大群众的政治文化水平飞速的〔地〕在增涨〔长〕着，今后我们还要继续猛烈发展边区人民抗日的政治、文化与科学的教育，我们要更广泛地发展社会的国民的教育，确立普及的义务的免费的小学教育，大量发展中学教育，建立并健全高级的专门的大学教育。我们始终保护并培养广大的知识分子，我们尊重青年知识分子的小学教员，而力求其地位的提高与生活的改善，不遗余力地保护他们；我们也欢迎并保护沦陷区域流亡的青年学生，我们同样尊重和爱护学者与专门人才，主张给以礼遇优待。对一切抗日的知识分子，不但要极力保护，并应分配以适当的工作，帮助他们发展及发挥其天才。

三年间在建设边区根据地的过程中，在民族抗战的烽火里，我们边区境内各民族，保持了亲密的团结，破除了彼此间的隔阂，今后边区境内各民族更要相互尊重彼此之生活、风俗及宗教习惯，在真正平等的基础上亲密团结抗战。对于回、蒙、藏、满等少数民族，我们除了主张在民主选举中予以特殊的优待之外，更主张对于境况贫苦无以维持生活的少数民族的同胞，予以特殊之救济，这样更可使边区成为各民族共同生息的快乐的家庭。

*　　　　*　　　　*

我们相信这一纲领的实现，必定可以亲密国共合作，巩固扩大边区的抗日民族统一战线与全边区人民的团结；它必定能够改善全边区劳动人民的生活与地位，提高其抗日的积极性。行之愈久，则边区的政治经济建设必愈健全，民生与军需必愈充裕，统一战线必愈巩固，边区亦必愈巩固，而成为任何敌人所不可战胜的敌后抗日民主的坚强堡垒与反攻时期最有力的前进阵地，成为三民主义共和国的一块雄厚的基石。我们不但这样的〔地〕相信，而且这样的〔地〕期望着。愿我边区友党同志及各界同胞一致奋起，亲密携手，共同奔向这光明伟大的前途！

选自《中共党史教学参考资料》，抗日战争时期（中），中国人民大学中共党史系资料室1980年编印，第156～164页。原注："原载《解放周刊》第一一九期，一九四〇年十一月十六日出版。"

8. 北岳区党委关于党委与政府关系的决定

1942年8月25日

几年来特别这一年多来，党委与政府的关系一般的是正确的。但在某些地方由于某些干部对政权存在着错误观念，致使某些地方党委与政权的关系还不正常，有的并且造成许多严重恶果，这些现象，党曾经在各次干部会议上及重要指示文件里再三严格指出过，但直到今天仍不断发生。因此各级党委与政府党团，必须切实检查，速予纠正。

一、目前某些干部对边区各级政府的认识还有以下几种错误观点：

甲、把政府的政策法令与党的政策决定对立起来，认为党的决定必须执行，至于政府的政策法令则可阳奉阴违，或者乱打折扣；不了解今天边区的政权是在党的领导之下，政府的政策法令，就是党的政策与决定的具体化。

乙、某些干部还存在着那种"太上政府"的观念，对各级政府的党团服从同级党委的原则片面了解，[认为] 同级党委可以阻挠或命令政府党团不执行上级政府的决定（如×县委决定统累税款不上解等）。这是严重的违反原则的错误，必须深深警惕。

丙、党政不分，某些党委随便干涉政府行政。在干部问题上，可以不经过政权系统，随便调动政权干部。在执行工作上，党委可以命令政府党团执行违反政府法令的决定，而使党团干部受到上级政府的处分，自己则逍遥法外，以致引起个别政权工作的党员对党不满。

二、这些错误观念显然仍是地下党对政权观念的残余，是国民党一党专政政策在我们某些干部中的影响，是对边区统一战线政权的错误了解。由于这些错误观念的存在，遂产生以下严重恶果：

甲、党的政策不能通过政府去贯彻执行；政府的威信不能提高或受到损害。

乙、政府各种制度不能严格执行，个别地区财粮制度发生严重的紊乱浪费，个别地区除奸政策发生滥杀现象，这是主要的原因。

丙、政府党团中某些同志独立掌握政策，积极负责的精神不够，有的与某些同级党委共同作出错误的决定，违反制度“从中渔利”，以至上级追究，则轻轻推到党委身上，似乎党的政策与原则只应由党委负责，与党团干部无关。这也是不对的。

三、为了纠正上述错误，保证政府政令之贯彻执行，兹具体规定如下：

甲、任何共产党员与党的干部，对于政府的政令，必须无条件的〔地〕执行，成为执行与遵守政令的模范。任何违犯或破坏政府之政策法令，就是违犯或破坏党的政策与决定。就是党性不强的表现。

乙、下级党委（当然下级党团在内）对上级政府的政令，应无条件的〔地〕保证其实现。如有不同意见，可以按组织系统向上级反映，在上级未变更前，仍须无条件执行原决定。这是民主集中制之重要原则，任何分散主义独立主义均须反对。

丙、政府党团对于同级党委的决定，凡不违反上级政府政令者，应无条件的〔地〕服从执行，不得藉〔借〕口推托。如同级党委的决定与上级政府的政令相抵触，则应要求同级党委重新讨论；若仍不能一致，党团同志应将自己意见经过党委系统向上反映。在上级未有新的决定之前，仍然执行上级政府的决定。

丁、不论党委或党团同志如违反政府法令，均须受到应得的处分。党团干部违法或犯法如系由于执行党委之决定，则党委与党团干部，均应受到严重处分（党的以至行政的处分）。

戊、政府机关支部的任务在于保证机关行政工作之完成；团结机关中的群众，提高其觉悟与工作效率以及对机关之党员进行教育。支部与党团仅有工作上的连〔联〕系，没有组织上的领导关系。某些机关支部的极端民主思想与平均主义及随便干涉党团与行政工作的倾向必须克服，但党团的同志一般的均应编入支部，过严格的组织生活，反对藉〔借〕口“行政首长”不过组织生活的恶劣现象。

四、这一规定的基本原则，在党与群众团体的关系上亦可适用。

选自《晋察冀抗日根据地史料选编》，下册，石家庄，河北人民出版社，1983 年版，第 222～224 页。

9. 中央对晋察冀参议会发表宣言的指示

1943 年 1 月 11 日

晋察冀分局“北局”：

甲、二十九年发布之施政纲领，在群众中有很大影响，并且直至现在还是适用的。目前不但不应发布和旧纲领并无多大区别的新纲领，而且不应对旧纲领条文有所修改，致影响旧纲领在群众中的威信。此次参议会可发一宣言，此宣言由参议会中共产党员发起，邀党外人士联署向参议会提出通过然后发表。宣言中拥护二十九年之施政纲领，同时对二十九年纲领中未包括之事项加以叙述。

乙、你们所提新纲领草案中，有些提得不适当的地方，指出如下：

一、目前晋察冀边区形势的特点，是边区极大部分地区日益游击化，根据地日益缩小，处境日益困难，而严重的困难则还在今后，因此除说明有利形势外，应将此点补充进去。而对基本根据地区与已经变为游击区之地区，我们的政策应有不同的提法。

二、应着重提出调整边区各阶级关系，以巩固边区党政军民及各阶层间的团结。

三、应着重提出认真实行精兵简政政策，以便渡过黎明前的黑暗，克服困难，准备反攻，军民公私，必须积极协力发展生产，发展贸易，以开财源，以裕民生。

四、在冀中冀东等广大的游击区中，不仅汉奸之依照法定手续处理，严格的法制制度之建立，财政税收之严格统一与正规化等，均难实行，即对于敌伪政权，敌伪组织及敌伪之各种设施，必要时亦不得不采取两面政策应付，因此虽应对之分别进行瓦解、分化、争取、打击或相机抵制，却难一律摧毁或坚决反对，在纲领中应同时照顾这些情况。

五、在环境日益困难，游击区日益扩大的条件下，应争取先机，积极缩编，健全游击队，加强民兵组织和训练，并由政府和主力军尽量供给民兵以武器弹药，方能广泛开展群众游击战争，以配合主力及游击队打击敌人的蚕食政策与扫荡，以达缩小敌区扩大或保持我区之目的，不必提出实施志愿义务兵役制问题，因实际上今天很困难实行，反可给敌利用来欺骗群众。

六、在目前边区斗争条件下，不仅要教育民众尊敬爱护与帮助军队，更应教育部队爱护尊敬并帮助老百姓，使军民同心同德，共赴国难。这点在今后极端困难的环境下，有重要意义。

七、有些过高而难实现的办法不应提出，如允许战后实行薪俸制及减轻人民负担等，这在将来是无把握的。

八、关于保障人权中之逮捕拘讯处罚问题，在今天敌后斗争形势下，除第六条所规定者外，应加上在敌人扫荡时及游击区等特殊情形之下，经政府授权者不在此例的意思。

丙、以上所指各点，在你们起草参议会宣言时望加以注意。

中央书记处

选自《中共中央文件选集》(12)，北京，中共中央党校出版社，1985 年版，第 172～173 页。

10. 晋察冀边区目前施政纲领实施重点

1943 年 1 月 20 日边区第一届参议会通过

(一) 继续实行精兵简政。边区精兵简政工作，始于民国三十年冬季，仅北岳、冀中两区，裁减人数先后已达四万。目前边区人民负担，虽比沦陷区人民，不知轻多少倍，但较之抗战前确重。这是由于战争的消耗，战费的浩大。为争取民族生存与子孙幸福，边区人民必须忍受一时困难，节衣缩食，供给前线，牺牲小我以成全大我，这是边区每个同胞对国家应尽的责任。今后为减轻人民负担，除继续发扬五年来政府的廉洁作风，子弟兵的艰苦生活，厉行节约运动，严惩贪污浪费外，军政双方，尤须贯彻精兵简政政策，裁汰不很必要的机关，减少不很必要的人员，缩小后方机关，加强干部质量，以增强抗战力量而舒民力。

（二）加强对敌经济斗争，发展根据地经济建设。敌寇企图以华北为其大东亚战争的兵站基地，大量掠夺人力物力，以供其长期战争的驱使与消耗，对我根据地则抢掠烧杀、经济封锁。对边区周围沦陷区，则实施配给制度、公仓制度，抢掠粮食，夺取物资。物资为战争之重要因素，对战争胜负，具有决定作用。故必须动员全民，加强对敌经济斗争，打破敌寇经济封锁，保存游击区、沦陷区物资，免为敌有。并应发展根据地经济建设，厉行深耕易耨、不误农时，增加农业生产。奖励工商企业，鼓励私人投资，扶助家庭副业及合作事业，发展境内贸易以增加根据地内物资，改善人民生活。减租减息政策，在边区大部地区均已实行，因此发动了广大群众抗日与生产的积极性，成为坚持抗战之决定力量。但为活跃金融，增加生产，今后借贷利率，应由双方自定，工业部门亦应暂时实行十小时工作制，以促进边区经济建设之发展。

（三）加强民兵组织训练，广泛开展群众游击战争。今后敌人对边区进攻，必然更加加紧，为粉碎敌寇进攻，打破蚕食阴谋，反对敌寇修路、挖沟、筑堡、征捕青年壮丁、掠夺、勒索、奸淫、烧杀等一切暴行，必须实行全民武装，广泛开展群众游击战争，加强民兵组织训练，使民兵成为人民武装中之坚强骨干，并团结沦陷区与游击区广大同胞，开展各种对敌斗争，摧毁敌伪政权、敌伪组织及其一切奴役中国人民之设施，拯救人民于水火。

选自《晋察冀边区行政委员会现行法令汇集》，上册，边区行政委员会 1945 年编印，第 6～7 页。

互校版本：《中国新民主主义革命时期根据地法制文献选编》，第 1 卷，北京，中国社会科学出版社，1981 年版，第 41～43 页。原注：“选自晋察冀边区行政委员会《现行法令汇集》上册，一九四五年版。”

11. 晋察冀边区行政委员会施政要端

1945 年 9 月 26 日晋察冀边区行政委员会公布

自我军反攻以来，迭经解放城镇，久苦于敌伪蹂躏之千万同胞，重返祖国怀抱。为进一步建设与繁荣城市，爰将本政府施政要端公布于后：

一、彻底摧毁敌伪组织，建设民主政权。举凡敌伪压迫奴役我人民之各种政权、团体，秘密的或公开的，均予彻底摧毁。同时积极发动群众，武装人民，组织工人、农民、文化人、青年、妇女、店员、学生各种团体。建设民主政权，实行民主政治。

二、保障人权、财权、政权。对于人民生命财产的安全，政府均依法予以保障；各界人民，除汉奸特务外，均有言论、集会、结社、出版、信教、居住自由及政治权利，非依政府法令，不得加以限制。敌伪限制人民自由之一切措施，概予废除。对曾参加敌伪组织之人员，一律进行登记，加以甄别，其能改过自新者，施以宽大政策。对战争罪犯及罪大恶极的汉奸、特务，号召人民控诉，政府决依法惩办。其因爱国而被押之同胞，除立予释放外，并予以优遇。

三、对敌人公私财产及伪组织公有财产（如土地、房屋、建筑、器物、工厂、商店等等），悉由政府查封管理，分别处置。对罪大恶极的汉奸财产，经司法手续，予以没收。

四、迅速恢复农工商业，取消配给制度及组合统制。敌伪一切垄断农工商业之措施概予废除，实行减租减息，保障佃户土地使用权，保障地主土地所有权，以提高农民生产积极性。自由发展工商业，奖励私人经营，严禁囤积居奇、操纵垄断。为调节劳资间利害关系，应适当改善工人、店员生活，提高工作效能，保证各种企业之正当盈利，适当安置失业工人。在边区境内，贸易一律自由，但对敌伪仍在盘据〔踞〕之城市、据点，予以封锁。政府设立公营贸易机关，以调节人民生产与消费；人民得依自愿按工场、学校、街道大量组织合作社，政府积极帮助，以调剂民生。

五、边币为边区法定通货，实行边币一元化政策，所有公私款项之来往授受，一律通用，商民人等不得拒使。买卖价格，订定契约，均以边币为准。在伪蒙疆地区边币流通数量不足期间，经由专署以上政府机关划定地区，暂准伪蒙疆币流通。在全边区一律严禁伪联银券流通。

六、实行合理税收制度，对敌伪所征一切苛捐杂税（如出产税、矿区税、牲畜税、屠宰税，棉纱、面粉、火柴、水泥等统税、通行税、物品税及各项附加等）悉予废除，实行有免征点和累进最高率的农业统一累进税及合理的工商业税。目前暂留营业税、营业所得税（包括法人经营在内）、烟税、酒税、卷烟统税、契税等税，继续征收。关于出入口税，另行规定公布。

七、摧毁敌伪奴化教育，实行民族的民主的科学的大众的文化教育政策，审查与改造师资，审查与改编教材。敌伪所设学校须经政府审查立案，始准开课。奖励并扶助人民大众的文化事业之发展。

八、对边区境内蒙、回、藏少数民族一律平等待遇，并帮助其在政治上、经济上、文化上的解放与发展，尊重其言语、文字、风俗、习惯及宗教信仰。

综上各端，旨在实行民主，改善民生，使我各界人民均能各得其所，各安其业，发挥各阶层人民的能力与特长。仰我各界人民，一致奋起，群策群力，为建设新中国的伟大事业而奋斗。切切此布。

一九四五年九月二十六日

选自《晋察冀边区行政委员会现行法令汇集》，上册，边区行政委员会 1945 年编印，第 8～10 页。

互校版本：《中国新民主主义革命时期根据地法制文献选编》，第 1 卷，北京，中国社会科学出版社，1981 年版，第 62～64 页。原注："选自晋察冀边区行政委员会《现行法令汇集》上册，一九四五年版。"

二、选举法规

1. 晋察冀边区行政委员会关于村选举的指示

1939年1月25日

一、村政权之脆弱无力，不足以适应战斗环境担当战斗任务，在二十七年最末一次粉碎敌人围攻中，暴露的〔得〕最为明显。因此，如何改造村政权机构，便成了政权问题中的中心问题。《边政导报》《抗敌报》上都曾有所论列，我们认为村政权所以脆弱的主要原因有两个：

（一）村长任务过于繁重。村长的事务平时已经很繁重，认真做起来，是需要精明强干、积极努力的干部的，能力差些就应付不了。战时的工作，单讲支差，已经千百倍于平时，再加上办理保甲、发展生产、征收公粮、推销公债、指挥坚壁清野等等，尤其吃不消。因此，当选而坚辞、就职而叫苦的村长，到处皆是，这样要想村政权发挥大的作用，事实绝不可能。

（二）民权尚未充分的〔地〕运用，民众对于政权的淡漠态度，至今还没有彻底的〔地〕改变。要他们自觉的〔地〕积极的〔地〕参加政治，拥护政权，非将这种淡漠态度改过不可。抗战与民主是分不开的，已经为全国所公认，只有发挥民权，实行民主，才能改变人心，扶植民气，提高民众抗日情绪，发挥民众抗日的力量。

二、针对以上两种主要的原因，我们对于村政权的改造，决定先从发展民权，减少村长事务做起。

（一）村公所之上设村民代表会。

甲、组织

A. 村民代表会由村公民每十五人中，选举代表一人组织之，名额无限，任期一年。

B. 村民代表须具村公民应有之各项资格，年在十八岁以上。

C. 村民代表会设秘书一人，负召集开会之责。

D. 村民代表会于每月月初开会一次，必要时得开临时会议，会议主席由代表互推之。

E. 村公民对其所选之代表，认为不能执行任务或发现村民大会组织法中所指之不良行为者，得经半数以上之同意，随时撤回另选之。

乙、职权

A. 村民代表会于村民大会闭会期间为村最高议事机关，其职权与村民大会同。

B. 村民代表会遵照村民大会决议，计划决定全村之行政。

（二）村公所之下设调解、经济、生产、教育四委员会。

甲、组织

A. 调解、经济、生产、教育四委员会，得依村民多寡、事务繁简，各设委员三人至七人，由村民代表会决定之。

B. 各委员会之委员由村民代表会中之代表互选兼任之。

C. 各委员会设主任一人，总理该会事务。

乙、职权

A. 调解委员会：负调解村民争执诉讼之责。

B. 经济委员会：负编制预决算、指导合作社、执行减租减息、合理负担、优待抗属、征收公粮公款、统计生产消费之责。

C. 生产委员会：负计划、推动、改良、发展全村农、工、林、矿、畜牧各项生产之责。

D. 教育委员会：负计划、推动、改革、办理成人儿童社会学校［和］各项文化教育之责。

E. 各委员会为村公所之一部，直接对村长、村副负责。

F. 各村于工作必要时，得增设其他临时的委员会，小村因人口过少，事务较简，得组织混合委员会，分担调解、经济、生产、教育之责。

三、这样一套村政权机构，第一，增进了民权，使村公所成为村民自己的政权。第二，实行了分工，使村长减少了繁重的事务，有思索计划照顾全局的余裕，使村政有了各负专责的人员去顺利的〔地〕进行。第三，议事机关的人员兼执行机关的人员，可使议事的不致徒唱高调、尽出难题，所有决议都能切合实际，执行的不致蔽于职守、不顾大局，所有工作都能行符其言。

因此，以前村政机构的某些设施就有些改变：

（一）村副以前规定二人至七人，用意原在分工，现在有了各委员会去负专责，分工更加明白确定，村副只留一人就够了。村副的职务是辅佐村长照顾全局。

（二）村救亡室委员会或民族革命室委员会，用意原在讨论推动并监督村政，现在有了村民代表会，明白确定的〔地〕实行民主，委员会决定取消，救亡室或民族革命室今后仅仅是民众的文化娱乐场所了，可由群众团体办理。

四、村政权的机构虽然这样确定了，但可能发生的情形，我们料到的有：第一，有些群众不了解政权和他自身利害的关系，对于参加政权，不感兴趣，选举的时候不会认真。第二，有些群众服从依赖家长、闾邻长惯了，事事推在家长、闾邻长身上，选举也会照样办理。第三，有些群众对于十五个人如何编制的问题会起某种纠纷，争执不决。这都有待于地方干部努力。

（一）要深入的〔地〕宣传解释，使民众彻底了解民主的政权是自己的政权，政权的好坏和自己的利害密切相关，以开展热烈的竞选运动，认真选举为自己做事替自己说话的代表。

（二）要深入的〔地〕宣传解释，使民众打破依赖家长、闾邻长，推委〔诿〕家长、闾邻长的观念，以公民的资格发挥自己的主张，担当自己的任务，争取自己的权利。

（三）为避免纠纷起见，十五个人的编制问题，以地域户口划分为宜。但为群众所不同意时，地方政府也可因地制宜，便宜处理。

（四）各村选民按十五个人编制，编余在十人以上者，推出代表一人，十人以下者，分编于其他各组。

选自《抗日根据地政策条例汇集——晋察冀之部》，第 2 辑，1942 年版，第 66～70 页。

互校版本：《中国新民主主义革命时期根据地法制文献选编》，第 1 卷，北京，中国社会科学出版社，1981 年版，第 253～257 页。原注：“选自一九四五年八月晋察冀边区行政委员会《政权建设参考文件》第一集。”

2. 晋察冀边区暂行选举条例

1940 年 6 月公布

第一章　总则

第一条　本条例依边区参议会暂行组织条例第二条，及边区县区村暂行组织条例第二条、第二十四条、第四十六条制定之。

第二条　边区参议员、县议员、区村代表用直接、平等、普选制无记名投票法选举之。

沦陷区、游击区之不能直接普选者，得用间接选举。

第二章　选民资格

第三条　凡在边区境内之人民，不分性别、职业、民族、阶级、党派、信仰、文化程度、居住年限，年满十八岁者，经选举委员会登记后，均有选举权及被选举权。

第四条　有下列情事之一者，停止其选举权及被选举权：

一、有汉奸行为，破坏抗日，经判决确定者。

二、经边区军法或司法机关褫夺公权，尚未恢复者。

三、经边区政府通缉有案者。

四、有精神病者。

第五条　团体、学校、银行、各级政府之工作人员或其他机关工作人员，均于所在地参加边区参议员之选举。

第三章　选举区及名额

第六条　边区参议会议员，以县市为单位选举者，其名额如下：

一、三万公民以下之县，选举参议员二名，三万公民以上之县，每增加三万人，增选参议员一名。

二、沦陷区之县，每县选举参议员一名，其不能实行选举者，由边区行政委员会聘请之。

三、沦陷区之市，天津、北平各选举议员三名；太原、石家庄、保定、唐山、张家口、大同各选参议员一名；其不能实行选举者，由边区行政委员会聘请之。

第七条　边区参议员以边区职业团体或少数民族为单位选举者，其名额如下：

一、边区正规部队选举二十名。

二、边区各产业工会选举三名。

三、蒙、藏、满人各选一名，回民选举五名。

四、抗大、联大、抗院各选一名。

五、抗日绅商由边区行政委员会聘请若干名。

第八条　县议会议员以区为单位选举之。二万公民以下之县二十名，二万公民以上之县，每增加二千五百人，增选议员一名。各区应选议员名额，依其公民比例定之。

第九条　区代表会代表以村为单位选举之，二百公民以下之村一名，二百公民以上之村，每增加三百人增选区代表一人。

第十条　村代表会代表以公民小组为单位，于村民大会选举之。每组选举代表一名。

第十一条　公民小组视村公民之多寡，由十五人至四十五人，于闾范围内自由组织之。

第四章　竞选

第十二条　边区参议员、县议员、区代表之选举，各抗日党派、群众团体、工厂、兵营、学校及公民自由组合，均得提出候选［人］名单，在不妨害选举秩序下，自由竞选。

第五章　当选及候补

第十三条　边区参议员之当选人不限于本县公民，县议员之当选人不限于本区公民，区代表之当选人不限于本村公民。

第十四条　边区参议员、县议员、区代表，均以得票较多数者为当选，次多数者为候补，候补人不得超过当选人三分之一。

第十五条　当选人因死亡或其他原因不能应选时，由候补人依次递补，递补完尽，仍不足法定人数之半时，得另行补选。

第六章　改选

第十六条　边区参议会每二年改选一次。

第十七条　县议会、区代表会每年改选一次。

第十八条　参议会、县议会、区村代表会遇有特殊情形不能如期改选时，得由边区参议会决议延长之。

第七章　选举机关

第十九条　边区参议员、县议员、区村代表之选举由各级选举委员会办理之，其组织如下：

一、边区选举委员会由边区行政委员会正副主任、民政处长及国民党、共产党、军区司令部、军区政治部、边区各群众团体、各大学学院代表各一人组织之，互推正副委员长各一人。冀中、冀东得设分会。

二、县选举委员会由县议会正副议长、县长、民政科长及县群众团体代表各一人组织之，互推正副委员长各一人。

三、区选举委员会由区代表会正副主席、区长、民政助理员及区群众团体代表各一人组织之，互推正副委员长各一人。

四、村选举委员会由村代表会正副主席、民政委员会主任及村群众团体代表各一人组织之，互推正副委员长各一人。

第八章　附则

第二十条　选举细则另定之。

第二十一条　本条例经边区参议会通过，由边区行政委员会公布施行。

选自《抗日根据地政策条例汇集——晋察冀之部》，第 2 辑，1942 年版，第 47～50 页。

互校版本：《中国新民主主义革命时期根据地法制文献选编》，第 1 卷，北京，中国社会科学出版社，1981 年版，第 257～261 页。原注："选自《抗日根据地政策条例汇集》第二辑，晋察冀之部。"

3. 为胜利地完成各级选举而斗争
——晋察冀边区行政委员会指示信

1940 年 6 月

一、三个暂行条例的公布

（一）抗日民族统一战线的民主政权，也就是一切抗日的革命的阶级联合专政的政权，不同于资产阶级的所谓民主政权，也不同于社会主义的政权。这一性质的政权之争取建立与在中国某些地区之已在建立，这充分表现着中国革命的特点，[是] 中国革命的历史产物。这是一个创举，是一个伟大的创举，是一切殖民地半殖民地民族解放斗争的模范。

（二）晋察冀边区是一个抗日的民主的统一战线的模范地区，在这里，政权是属于一切抗日的革命的人民的，这是铁一般的事实。不过，边区各级政权在成为新中国的模型上来讲，模型还在继续建造的阶段，边区政府高度的科学化，要打下这一模型的巩固的基础。而边区各级选举正是在完成边区政权高度科学化的这一任务。

（三）县区村各级暂行组织条例，参议会暂行组织条例，暂行选举条例，这三个条例经过了六次的修改，在六月十五日正式公布了。如上所述，民族统一战线政权的建立，在历史上还是创举。在内容上与形式上完全一致地充满了民族统一战线的精神的政权组织条例及选举条例之制定，在我们也是一个尝试、一个创造。这三个条例是总结了边区两年半以来民主政治的经验教训，并针对着边区的以及全国的具体环境与现实需要而制定的，它虽然经过了六次的修改，但一定也还存在着许多缺点，正如边区政治、经济、文化等还没有成为一个完美无瑕的新中国的模型一样。条例需要再修改，必然还要经过修改。随着边区政治经济的发展，我们是会有一个民族统一战线的政权组织条例及选举条例的。关于这一修改的任务，我们交诸行见成立的边区参议会。

（四）三个条例贯彻了抗日民族统一战线的、民主集中制的、现实易行的基本精神。这里绝非一党专政的，而是一切抗日的革命的阶级之联合专政的具体化，也就是表现了一切抗日的革命的阶级之经济的共同发展，以完成中国资产阶级民主革命的任务。这里是少数服从多数，下级服从上级，地方服从边区的具体运用。这里绝不是华而不实的繁琐条文，而是现实的产物，而是马上要执行，一行就要行得通的。

二、三个条例的重要解释

（一）关于代表机关及驻会代表：边区参议会、县议会、区代表会、村民代表会都是人民代表机关，都是权力机关，都是［行］使选举、罢免、创制、复决四权的权力机关。一句话，基本上都是把立法与行政统一起来的政权机关，政府为其组成部分。边区参议会暂行组织条例第二条、第四条，县区村暂行组织条例第二条、第四条、第二十四条、第二十六条、第四十五条、第四十六条、第四十八条都是根据这样基本精神规定的。除村政权是立法与行政完全统一，村政代表机关与执行机关完全一致，故未有驻会代表之设外，为了发挥权力机关的民主政治计，区有驻会代表，县有驻会议员，一律不兼政府职务，驻会区代表原则上不兼政府职务。边区参议会暂行组织条例第十条，县区村暂行组织条例第十一条、第三十条，都根据这一原则施行。

（二）各级人民代表机关与各级政府的关系及其上下级的关系，这是民主集中制的具体运用问题，其唯一前提是加强政权效力，这里包括着下列的几个内容：

1. 参议会、县议会、区代表会、村代表会的关系——（甲）各级人民代表机关，在政治上下级服从上级，没有隶属关系。互相行文均用函。上级人民代表机关对下级人民代表机关之决议认为不当时，函知同级政府令下级政府停止执行。边区参议会暂行组织条例（以下简称参议会组织条例）第十四条，即根据这一原则制定。县议会对区村代表会之决议认为不当时，亦以此同一原则行之。（乙）各级人民代表机关决议之公布，用公告或于公报上行之，并不能给下级代表机关下令，具体执行的法令指示由同级政府公布或下令。参议会组织条例第九条前半段，县区村组织条例第十条前半段，就是根据这一原则制定的。（丙）下级代表机关对于上级代表机关之决议有疑义时，得单独函请解释，或有同级代表机关一定数目的联署清〔请〕求召开临时会复议。参议会组织条例第六条第三项，县区村组织条例第八条第五项、第三十一条第五项，就是这样规定的。

2. 上级代表机关对下级政府的关系及上级政府对下级代表机关的关系——各级人民代表机关只与同级政府发生直接的关系，与下级政府不发生直接的关系；上级人民代表机关与下级政府的关系一律通过同级政府行之，上级政府对于下级代表机关的关系，一律通过下级政府行之。参议会组织条例第四条第二项、第五项、第十四条，县区村组织条例第四条二、三两项、第五条、第二十七条均依此项原则施行之。

3. 同级代表机关与政府的关系——是平行的关系，来往公文一律用函。关于复议问题，首先，复议只限一次。复议不是三议，两个组织条例均规定“于接到两日内详具理由送回……复议”，不合此条例者代表机关得不予复议，代表机关认为理由不充足时，亦得不予复议。其次，在复议未答复之前是否执行的问题，这要看具体情形灵活运用，原则上复议未答复前一律执行，如送达请求复议书之日，参议会、议会或代表会尚未闭幕得暂缓执行。参议会组织条例第九条，县区村组织条例第十条、第三十三条，均本此原则施行。同级政府对代表机关决议必须坚决执行，复议后，如仍有不同意时，得报请上级政府批示。

综上三点，各级代表机关与各级政府关系，及其各自上下级的关系，如下图所示：

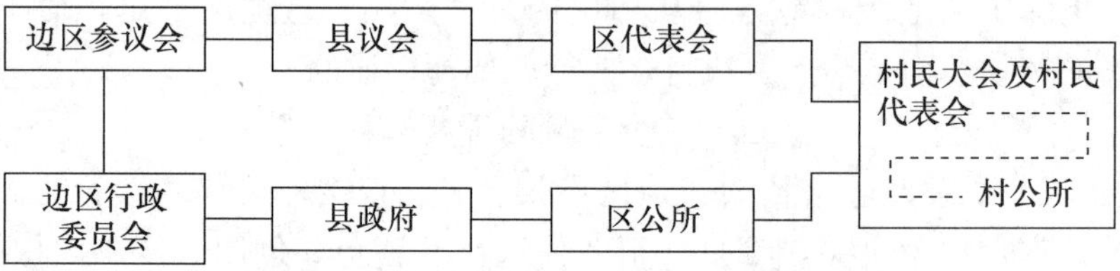

说明：实线表示直接的正式的关系，虚线表示非正式的关系。

4. 县区村组织条例第十六条规定：“……县长一人由县议会选举之，报经边委会给予任状”。这里所说的“任状”，不是委状，而是无条件的〔地〕给予任状。“报”是挂号备案的意思，由同级政府报上级政府。第三十八条、第五十七条第一项之施行法准此。

5. 参议会组织条例第八条规定：“参议会开会时，边区行政委员会委员须列席报告，有发言权，无表决权。”但边区行政委员会委员当选为参议员者，得以参议员资格出席参议会。县长、区长之与县议会、区代表会，其列席出席关系准此。

6. 关于印信。村代表会不要印信，区代表会、县议会、边区参议会均要印信，其大小样式尺寸均与同级政府同。参议会印［信］由参议会自刻，县议会、区代表会印信，由上级政府刊发。

（三）关于村政权的解释：

1. 村民大会及村代表会是一个统一体，为村政权力机关。因此，县区村组织条例第六章所列各条均本此精神制定。第四十八条附件规定“遇有重大事项须提请村民大会审议”，这就是说，村民大会有最后决定权。

2. 第五十三条后半段规定：“但当选为村代表会主席、副主席及村各委员会主任者，须经村民大会罢免之。”意即村民大会或村民代表会选举之村政人员，不得由某一公民小组罢免，须由选举之大会或代表会罢免之。

3. 废除邻闾制。第六十条规定“划分全村为若干闾”，此“闾”为村行政组织，但其内容与形式均不同于邻闾制之闾，即不以户为单位，而以公民小组为单位组织之。公民小组为村选举单位，非行政组织。

（四）关于集体领导个人负责制——县区村各级政府均规定为首长制，但县设县务会议（县区村组织条例第二十二条），区设区务会议（第四十三条），村设村务会议（第五十九条），意即各级政府均须形成集体领导、个人负责，发扬民主精神。

（五）关于专门委员会——参议会组织条例第十二条，县区村组织条例第十二条、第三十四条，均有需要设专门委员会之规定。此种专门委员会均非执行机关，乃为研究计划建议机关；则由代表机关送交政府执行。各专门委员会组织由各该级人民代表机关自定之，但均以不开支为原则。

（六）少数服从多数——参议会组织条例第七条后半段规定有“可否同数时取决于主席”，县区村各级代表机关会议亦有如此规定。此项条文骤视之，似不很民主，其实如此机会甚少，但亦得灵活运用。

（七）参议会组织条例第三条附件规定“但得酌发公旅费”，县区村组织条例第六条规定“但贫穷者得酌发公旅费”。此项公旅费之多寡，由各县议会、边区参议会自行规定之。

（八）关于投票法

1. 参议会组织条例第二条规定“边区参议会参议员由边区人民选举之”，选举条例第六条规定“以县市为单位选举者……”。此项选举以联记名投票法行之，即每县市应出代表几人，选票即写几人，以得票多者当选。

2. 选举条例第七条规定“边区参议员以边区职业团体及少数民族为单位选举者……”。此项选举均由各职业团体（按条例规定，除规定者外，一律参加地方选举）自行办理，边区选举委员会不发选票。

3. 参议会组织条例第五条规定：“参议会设议长一人、副议长一人、秘书长一人，由参议员用无记名投票法互选之。”条例第十条规定“参议会设驻会参议员十五人”，此项选举用联记名投票方法行之，其法即每一投票人于一张票上写十五个名字，并将议长、副议长、秘书长、驻会参议员分别标明，分别写票，分别开票。

4. 县区村组织条例第二条规定，“县议会由县公民直接普选之县议员组织之”；第二十四条规定：“区民代表会由区公民直接普选之代表组织之”。选举条例第八条规定：“县议会议员以区为单位选举之”；第九条规定：“区代表会代表以村为单位选举之”。为简便计，此项投票均以单记名行之。但为避免侥幸当选违背民主原则计，当选代表或议员得票不得少于选区应出代表或议员按公民数平均应得票数之五分之一，少于五分之一者不得当选。代表或议员不足法定额数时，应即补选，至选足为止（例如县议员以区为单位选举，其县有选民五万人，应选县议员三十八名，该县某区有选民六千人，应选县议员五名，则议员一名应得平均票数为一千二百票，五分之一为二百四十票，不足二百四十票者不得当选）。

5. 县区村组织条例第七条规定：“县议会设议长、副议长、秘书各一人，由议员用无记名投票法互选之”；第十一条规定：“县议会得设驻会议员三人至五人”；第二十九条规定：“区民代表会设主席、副主席、秘书各一人，由代表用无记名投票法互选之。”此项投票均用联记名，其法即投票人于每张票写五个或三个名字，并分别职务写票开票。

6. 县长、区长选举均用单记名投票法。

（九）选举条例第五条规定：“团体、学校、银行、各级政府之工作人员或其他机关之工作人员，均于所在地参加边区参议员之选举”，其选民登记由各该团体、学校、银行、机关造具公民册，汇册送交县选举委员会，专区与边区选举委员会不作〔做〕选民登记工作。专区级以上之团体、学校、银行、政府机关人员原则上不参加县区村选，其愿参加者得向所在地县或区选举委员会声明，以便准备选票，自由参加。县级以下团体、学校、政府机关人员，一律在所在地参加选举。

（十）选举条例第六条第一项规定：“……每增加三万人增选参议员一名”；第八条规定：“……每增加二千五百人，增选议员一名”；第九条规定：“……每增加三百人，增选区代表一名。”如该条所称增加之人，均指公民而言，其增加选民尾数超过法定一半者，均增选代表一人；不足法定一半者，均免选。

（十一）选举条例第十二条规定“自由竞选”，即指被选人不限于竞选人之范围。“各抗日党派、群众团体、工厂、兵营、学校及人民自由组合，均得提出竞选名单”，自己找报纸公布，自由宣传，选举委员会不代为公布竞选名单。个人亦得自由竞选，以充分发挥民主精神。

（十二）选举条例第十三条规定“边区参议员之当选人不限于本县公民”，意即边区参议员虽以县为单位选举，而被选人则是全边区的范围，以免未在本县进行公民登记者之无当选之机会。“县议员之当选人不限于本区公民，区代表之当选人不限于本村公民”之规定，其理由亦同。

（十三）联合县以一县论，成立一个县议会，选举法与一般县同。设县［佐］公署之县，亦以单独一县论，单独成立县议会，选举法与一般县同。

三、关于国大代表的选举

（一）国民大会在今年十一月就要开会，晋察冀边区是敌后模范抗日根据地，它领有九十余县（冀中平北在内），保护着一千四五百万人民的生命财产，它是靠了边区的军政民同敌寇汉奸的残酷的搏斗争夺回来的。因此，没有理由不让我们参加国民大会，因此我们要选代表准备去参加，不过因为时间的短促，路程的遥远，以及还可能受到其他的阻碍等，我们必须争取早些选出来，因此在日期上，国大代表的选举，要与县议员、县长的选举，同时完成。

（二）选举代表大会的人数——一般地讲，我们敌后根据地日与敌寇汉奸投降派直接作着最残酷最激烈最复杂的斗争，我们为民族国家所尽的力量，实较其他地域为大。为了更加团结和激励敌后的广大人民更踊跃的〔地〕投身到抗战事业中来，更发挥其伟大力量，敌后是应该多选代表的。在这次各级选举准备会议上，原则上决定了每县选代表一人，全边区共选八十余人，这是区域选举。至于职业选举，决定全边区工会选五个代表，农会五个，妇救会五个，青救会四个，商人二个，学生三个，小学教员三个，中学大学教员各一个，新闻记者一个，其他自由职业者一个。关于少数民族方面，蒙人选一个，西藏人选一个，回民选二个代表。

（三）选举的方法——县国大代表的产生，以县为单位（即区域选举）由县议会用无记名单记式投票法选举之，职业团体和少数民族的选举，凡有组织者，由他们通过自己的组织进行选举，没有组织的（如商人）可以公告他们，由他们自己去选。职业选举均不发票。

四、关于村政权与区政会议

（一）村政权的组织，在新颁条例中，大体上没有什么变革，和以前略有不同的，是村民代表会主席、副主席兼任村长、副村长。我们在这一次的各级选举运动中，中心的问题不是重新改选村政权，而是应该把中心放在区级以上的选举工作中。为了避免转移选举的中心，保证这一运动的胜利完成，我们在这一次选举当中，对于村级不必要进行改选，但这并不是说对于村政权根本不要理它，当然我们对于一些不健全的村民代表会加以必要的整理，仍是可以的。不过千万不要因为整理村政权，而转移了选举的中心。其次，在这里应该附带说明的是：在这一次公布的县区村组织条例上，关于村民大会及村民代表会、村公所已有明文规定，不过因为目前不改选，所以对这一部份〔分〕的条文没作什么解释，待以后再作解释好了。

（二）自去年号召正式建立区政会议以来，各县大部分的区均已建立，因为区政会议本质上就是区民代表会，所以在这一次选举运动中，凡已建立区政会议者，原则上不再改选，以前选的仍属有效，以便集中力量，进行区长以上的选举。但我们对于已经建立的区政会议，应该作一番严格的检查，予以必要的整理，把它改造成区民代表会，使它更加健全起来，发挥代表机关应有的作用。这也就是说，区政会议不是取消，而是改造与整理。至于没有建立区政会议的地方，就必须要在这一次选举中，选出区代表来，建立区民代表会。关于区和县代表机关的建立时间，是从七月十五日到八月十五日（原定七月一日到七月底，后来决定推后半月，业已电知），各县可以根据当地实际情形灵活运用。

（三）在这一次的各级选举运动中，区级的选举是整个选举运动的基础工作，区选的成功与失败，对于其他的选举（县议会、县长、参议会、国大代表等）有着决定的意义。区选进行得好，也就是说基础打得好，才能保证这一运动胜利完成；否则，就会遭到损失甚至失败。我们为了保证区选的胜利成功，保证全部选举运动的胜利成功，必须在这一基础工作上花费最大的力量，要进行深入的宣传鼓动工作，从政治上把全体干部和广大人民动员起来，首先热烈的〔地〕参加到区选运动中来，同时要健全选举组织与领导，确定步骤，统一步调，运用突击竞赛的方式，有组织有计划地去进行，更要在区选过程中，随时总结经验教训（选几个区就总结几个区），努力克服缺点，发扬优点，把胜利的方式胜利地运用到其他地区和正在开展着的县选、区选中去，以争取这一选举运动的彻底胜利！

选自《中国新民主主义革命时期根据地法制文献选编》，第1卷，北京，中国社会科学出版社，1981年版，第262～272页。原注：“选自一九四五年八月晋察冀边区行政委员会《政权建设参考文件》第一集。”

4. 晋察冀边区国民党党部颁布之竞选纲领

1940年8月6日

民主运动的怒潮，奔腾澎湃，涌现至边区每个角落，预告着边区新的民主政治，将要胜利的〔地〕完成，本处万分兴奋之余，特提出竞选纲领候选人名单，贡献在全边区父老兄弟姊妹之前，供选举边区参议员及国大代表时之自由采选，我们以百分之百的国民党员资格，在三民主义与抗战建国纲领原则之下，向边区各界同胞竞选！

竞选纲领：（一）彻底实现总理的民族主义，反对帝国主义，尤其坚决的〔地〕打击日本帝国主义，以求中华民族的独立自由解放；坚决执行自力更生国策，反对依存外援心理！赞助国内少数民族自决，并与世界一切被压迫民族联合共同奋斗。（二）坚决执行总理的三大政策和维持世界和平，与积极援助我国抗战的苏联友邦联合！坚持国共合作！“反共”是破坏团结、破坏抗战的办法，我们要坚决的〔地〕反对！扶助广大农工，使工会自动的〔地〕组织起来！积极的〔地〕充实抗建力量！反对一切限制农工、束缚农工、压迫农工的办法。（三）实行总理遗教，召开真正的国民大会，制定宪法，还政于民，使人民真正能运用直接四权，掌握政治。（四）实行总理遗教，改善人民生活，彻底实行减租减息，没收汉奸投降派土地，分给贫苦农民，逐渐实行耕者有其田的政策，反对压迫农民及剥削农民的高利贷。（五）巩固与扩大抗日民族主统一战线，争取最大多数人到抗日民主战线里来，以扩大抗日民主的努力，反对不利于统一战线［的］左倾与右倾的作风。（六）拥护边区一切进步政策及抗建法令。（七）开展边区经济建设及文化教育事业，从基本上改变边区群众经济、文化生活，以保证民主政治的成功。（八）扶助民众运动，使边区各群众组织尤其是青年妇女得到合法的保障，与为自己的利益自由斗争的权利。（九）壮大边区子弟兵，拥护边区子弟兵，巩固边区子弟兵。（十）坚决开展讨汪运动，彻底肃清汪派，并粉碎其伪组织。（十一）和一切封建残余、反进步、反民主、倒退落后的反动份〔分〕子、顽固分子，作坚决的斗争。

中国国民党晋察冀边区党部筹备处

二十九年八月六日

原编者注：

一、一九四〇年边区普选时，除边区国共两党外，还有许多团体与个人的竞选纲领，因限于篇幅未便列入。

二、此两纲领除边区国民党所提出之“没收汉奸投降派土地，分给贫苦农民，逐渐实行耕者有其田的政策”一条未被政府采纳外。中共北分局的施政纲领全部及边区国民党竞选纲领大部已被边区政府采纳，做〔作〕为政府之施政纲领。

选自《抗日根据地政策条例汇集——晋察冀之部》，第 2 辑，1942 年版，第 5～7 页。

5. 晋察冀边区选举条例

1943 年 1 月 20 日晋察冀边区第一届参议会通过，
同年 2 月 4 日晋察冀边区行政委员会公布

第一章　总则

第一条　本条例依晋察冀边区参议会组织条例第二条，及晋察冀边区县区村组织条例第二条、第三十五条之规定制定之。

第二条　边区参议员、县议员、村民代表均由选民用直接平等普选制无记名投票法选举之。沦陷区、游击区之不能直接普选者，得行间接选举。

前项行间接选举之区域，其选举细则，由该管县政府拟定呈准边区行政委员会施行之。

第二章　选民及被选资格

第三条　凡在边区境内年满十八岁之中华民国人民，不分性别、职业、民族、阶级、党派、信仰文化程度、居住年限，经选举委员会登记后，均有选举权与被选举权。

第四条　有下列情事之一者，无选举权与被选举权：

一、有汉奸行为经判决确定或充伪军伪组织人员者。

二、经边区司法机关、军法机关褫夺公权，尚未恢复者。

三、经边区行政机关通缉有案尚未撤销者。

四、有精神病者。

前项第一款所称伪军伪组织人员系指甘心事敌执迷不悟，或现仍继续充任者而言，其已经反正或准予自新，或确系被迫参加已宣布脱离者不在此限。

第五条　团体、学校、银行、政府或其他机关工作人员，均于所在地参加边区参议员之选举，并得自由参加所在县县议员之选举。但法令另有规定者不在此限。

第三章　选举区及名额

第六条　边区参议员，以县市为单位选举之，其名额之分配依下列规定：

一、三万公民以下之县，选举参议员二名，三万公民以上之县，每增加三万公民增选参议员一名，所增尾数超过一万五千人者，亦得增选参议员一名。

二、沦陷区之县，每县选举参议员一名至三名，其不能选举者，由边区行政委员会聘请之。

三、沦陷区之市，天津、北平各选参议员三名，太原、石家庄、保定、唐山、张家口、大同各选参议员一名。其不能选举者由边区行政委员会聘请之。

第七条　边区参议员以部队、学校、团体及民族为单位选举者，其名额如下：

一、军区部队共选参议员二十名。

二、边区各产业工会共选参议员三名。

三、蒙藏满各民族各选参议员一名，回民共选参议员五名，其不能选举者，由边区行政委员会聘请之。

四、抗大、联大各选参议员一名。

第八条　县议员以区为单位选举之。二万公民以下之县选举县议员二十名。二万公民以上之县，每增加二千五百人增选县议员一名，所增尾数超过一千二百五十人者，亦得增选县议员一名。

各区应选县议员名额，依其公民比例定之。

不能进行选举之区，其县议员由县政府聘请之。

第九条　村民代表，以公民小组为单位于村民大会选举之，每组选举代表一名。

第十条　公民小组视村公民之多寡，由十五人至四十五人于间范围内自由组合之。

第四章　竞选

第十一条　边区参议员、县议员之选举，各抗日党派、群众团体、工厂、部队、学校及公民自由组合均得提出候选［人］名单，在不妨害选举秩序下，自由竞选。

前项公民自由组合，须有公民五十人以上之连署，并造具履历名册，报请县选举机关审查登记，始为有效。

第五章　当选及候补

第十二条　各县市当选之边区参议员，不限于本县市公民，各区当选之县议员，不限于本区公民，村民代表之当选人，以居本闾者为限。

第十三条　边区参议员、县议员均以得票较多数者为当选，次多数者为候补，村民代表不设候补人。

前项候补人在每一选举单位内不得超过当选人之三分之一，但当选人不足三人者，得设候补一人。

第十四条　边区参议员、县议员因死亡或其他原因去职时，由候补依次递补，无候补者，应即补选。村民代表因死亡或其他原因去职时，由公民小组另选之。

第六章　改选

第十五条　边区参议会、县议会每二年改选一次。村民代表会每年改选一次。边区参议会、县议会遇有特殊情形不能如期改选者，不在此限。

第七章　选举机关

第十六条　边区参议员、县议员村民代表之选举，由各级选举委员会办理之，各级选举委员会之组织如下：

一、边区选举委员会由委员十一人至二十一人组织之，其人选由边区参议会驻会参议员办事处与边区行政委员会就各机关、部队、团体、学校及抗日绅商名流学者中聘请之。

二、县选举委员会由县议会议长、副议长、县长、民政科长及县群众团体代表各一人组织之。

三、村选举委员会由村民代表会主席、副主席、民政委员及村群众团体抗日士绅代表各一人组织之。

各级选举委员会之组织细则另定之。

第十七条　边区参议员以部队、学校、团体、民族为单位选举者，其选举机关依下列规定：

一、军区部队由军区司令部、军区政治部组织特种选举委员会办理之。

二、边区各产业工会由边区产业工会办理之。

三、抗大、联大由各该校组织特种选举委员会办理之。

四、蒙藏满同〔回〕各民族由各该民族团体组织特种选举委员会办理之。

第十八条　各级选举委员会及特种选举委员会之职权如下：

一、办理公民登记进行选举动员。

二、审查选民资格。

三、监督选举。

四、检举选举违法事项。

五、其他有关选举事项。

第八章　附则

第十九条　本条例之施行细则另定之。

第二十九条　本条例自公布之日施行，前颁晋察冀边区暂行选举条例同时作废。

选自《晋察冀边区行政委员会现行法令汇集》，上册，边区行政委员会1945年编印，第61～66页。

互校版本：选自《中国新民主主义革命时期根据地法制文献选编》，第1卷，北京，中国社会科学出版社，1981年版，第272～277页。原注："选自晋察冀边区行政委员会《现行法令汇集》上册，1945年版。"

6. 晋察冀边区行政委员会关于县议会改选与县议会工作的指示

1943年3月9日

边区第一届参议会的胜利召开，使边区的民主政治走进了一个新的阶段，为了把这次会议民主团结的精神贯彻到县区村去，进一步启发人民参政的热忱，巩固各阶层的团结，本会特决定北岳区于今年四五月间进行县议会的改选（一、二、六专区于四月十五日到五月十五日进行，三、四、五专区于五月份内进行）。对这一工作，有以下的指示：

一、县议会改选的重要意义

一、今年是争取反攻胜利的一年，也是敌后抗战最艰苦的一年。目前敌寇对我北岳区正酝酿着重大阴谋，其对唐、曲、行、灵的跃进蚕食，正是这种阴谋计划的初步实施，敌寇摧毁华北各抗日根据地的重点，现已指向我北岳区，这必须提高我全体干部与人民高度的警惕！为了动员足够的力量以战胜行将到来空前残酷的局面和克服经济上的困难，亟需〔须〕进一步巩固各阶层的团结，高度的〔地〕发扬民主，使边区每个人民都能自觉的〔地〕积极的〔地〕团结对敌，与参加经济建设。县议会的改选与加强县议会的工作就是达到这个要求的重要实施。

二、二十九年县议员的选举与县议会成立以来，特别是二十九年的大选运动，对于边区的民主建设，实有其不可磨灭的成绩，然而由于当时对这一伟大选举运动，尚系创举，以致表现了不少缺点，县议会成立后因缺乏经验，一般成绩不大，亦发生许多缺点，主要的表现在：

甲、在选举时形式主义与锦标主义，只图表面热闹，或强迫人民参加选举，或则遗漏公民的登记；尤其不少地区随意将某些落后的或比较顽固一些的份〔分〕子公民权取消。发生种种违反民主［的］行为。

乙、当选的议员绝大部份〔分〕为在职干部，对于吸收各阶层人民的领袖到议会来，使议会成为各抗日阶层的代表机关，作〔做〕的很不够，甚至个别的议员不足为人民的表率。两年以来，议员的变动很大，离职的牺牲的以及个别叛国投敌的，使议会残缺不全。议员与人民的联系很差，有些县份虽曾聘请一部份〔分〕以补缺额，然而有些被聘请的不孚众望，反引起某些上层人士之鄙视。有的游击区遗失聘请书名单，使县议员遭受危害，影响很坏。

丙、县议会的工作极不健全，不少干部对县议会性质、任务及其工作范围、权限等认识错误，把县议会看成可有可无、形同虚设的机关。议会开会往往形成士绅座谈会、干部会、听训会、斗争会。会议即〔既〕无充分准备与中心，所讨论与所作的决议，又往往大而无当，不研究上级政府法令，每与上级政府的法令相抵触；对于本县人民痛苦与若干迫切待决之具体问题，则反漠不关心；至对于组织决议之实现，更是很差。

丁、县议会及驻会议员与县政府的关系，模糊不清，有的驻会议员成为县政府的上级，对政府行政处处干涉，形同第二政府，使政府感到工作掣肘，遇事牵制迟缓，影响行政效率极大；有的驻会议员等于政府内部的科长科员，在县长指挥之下配合工作。一般的议会驻会的经常工作，尚未能建立起来。

戊、选民选出自己的代表为县议员后，县议员与其选区的人民之联系很差，大部县分〔份〕是自当选为议员后却与选民无关系，因之议员代表人民意见到议会，传达议会决议与政府法令给选民是极差的；人民自选出议员后，对县议会与议员即漠然视之。

三、为了克服上述缺点，使县议会真正成为一县人民的权力机关，并将此次边区参议会的精神与决议，贯彻下去，使边区民主建设更加完善，县议会进行改选与健全其工作，实为当前的重要工作任务。

二、县选的中心任务

一、在县议会改选工作中，要做到进一步提高人民参政热情，改进与调整各阶级阶层间的关系；对于违法或投敌的议员应该提交［给］政府依法惩办，以提高议会在人民中的威信。

二、要选举各阶层人民的领袖，能够代表各阶层人民的利益的人做议员，为此各级政府与选举机关就需要进行调查研究，动员人民的领袖与代表人物进行竞选，或由选举机关提为候选人，使改选后的议会，在议员的组成上，更能代表全县各种人民的利益。不能选举的地区，聘请时，尤当注意此点。

三、在县选中，要将边区参议会民主团结的精神在干部与人民中进行传达，肃清干部中一切强迫命令等不民主的作风。

四、在县选中，必须与人民当前的切身问题，密切联系，对于人民的困难与迫切需要解决的问题，要切实的〔地〕求得解决，如救灾、春耕，负担之减轻，发展生产合作，租佃纠纷，统累税调查不公，游击区反敌伪掠夺斗争等，应该成为县议会讨论的中心，如果人民吃饭问题不能予以适当解决，则人民参政是没有实际内容的。

三、县选的准备工作（这一工作应该成为县选工作的重点）

一、根据这次边区参议会的精神，由县议会总结两年来县议会的工作，总结要根据本县的具体环境，确定重点，如灾区着重于民生问题，游击区着重对敌斗争问题等，要反对大而无当、浮泛空洞的总结。

二、由县政府负责协同县议会及群众团体调查民间痛苦及急需解决问题，研究解决办法，准备议会提案，对某些问题的县单行法规之起草等。

三、选举的政治动员要确定宣传重点，要以加强民主团结、边区参议会通过的施政纲领实施重点为中心，特别是加强关于民主参政与对敌经济斗争、根据地经济建设相联系的宣传。

四、对于这次边区参议会通过的选举条例，县议会组织条例（见县区村组织条例），详加研究，并吸取过去县选及县议会工作经验，要进行切实周密的计划，组织县区村各级选举委员会，划分选区，配备与训练干部，调查与提出候选人，这些工作都要做充分的准备。

四、县选的组织与领导

一、根据选举条例组织县区村选举委员会，办理公民之调查登记，召集会议，监选，印发选票，宣传动员等，在公民登记中，必须严防随便取消公民权的现象发生。

二、选举区的划分，在一个行政区内划分的〔得〕越小越好（三五个行政村一个选区），这样可以吸收更多的选民参加。候选人的提出，应当包括各阶层人民的代表，每个行政区尽量提当地人做候选人。

三、在选举过程中，要充分发扬与尊重人民的民主，任何违反选举法的行为要坚决反对，其犯妨害选举罪者，应依法究办，对于敌探汉奸破坏选举的言行，必须严加防范与制裁。

四、选举步骤一般的可以前半个月为组织与动员、公民调查登记、训练与配备干部之时间，后半月即可分区突击选举，选举完立即应由第一届议长召集第二届县议会。

五、选举票由县政府印发（参考过去式样，费用由预备费项下开支，专署批准），发票与收票须由选举委员会切实负责检查。

五、游击区的县选

游击区因环境所限，一般的不进行县选，但必须进行下列各项工作：

一、总结县议会的工作，调查县议员的现状，局部改组县议会。除原有之议员外，缺额应聘请对抗战有所贡献、为人民所拥护爱戴之人士补充之。聘请时县政府须调查确实，按照聘请手续办理之，但切要注意保守秘密，免受无谓损失。对于不称职挂名的议员，经过议会或该区人民罢免或撤消〔销〕之。

二、环境比较好的游击地区，于五六月间应召开局部改组后的县议会一次，会议以传达参议会的精神及如何进一步团结对敌减轻人民负担为主。临近巩固区之县，可到巩固区开，但必须充分准备抓紧时间，不能像巩固县那样开法。在环境残酷的游击地区则不必召开，但应尽可能将参议会的精神，向人民传达宣传。

三、为了瓦解与争取伪军伪组织人员，镇压罪大恶极的敌探汉奸，本会正在草拟伪军伪组织人员登记办法及组织特别法庭审判罪大恶极的汉奸办法，这一工作应在县选过程中审查公民权与配合春季政治攻势，积极的〔地〕展开为一个群众运动，以进一步争取我之优势，打击敌伪“蚕食”“肃清”的阴谋。

六、县议会的工作

一、县议会的性质、任务、组织、工作范围、权限及其与县政府的关系，在新颁之县区村组织条例内已有明白规定，县议会与县政府应详加研究遵照进行，县议会不得作与上级政府政策法令相抵触的决议，县议会讨论此种议案时，县长应坚持与解释上级政府的政策法令，不应恐得罪议会卸却责任，致作成错误决议后又加变更，影响议会威信。

二、开会要有中心有准备，除议长向议会作工作报告外，县长应作行政工作报告，报告内容力求简短扼要，多予议员以发言讨论时间，会场布置与招待等均应周到，但反对浪费铺张。

三、对于违法失职的村区干部，提出弹劾、警告，以增强县议会在群聚中的威信。

四、县议会不是行政执行机关，故不能出布告（对人民可以出公告通告），它的一切决议均通过政府去执行。议会闭会后，县议员应利用各种集会（如群众大会、村民大会、村代表会等，但不需单独召集），向自己所代表选区的人民传达与解释县议会的决议，并经常征求人民意见向议会或政府反映。今后议员与自己所代表的人民保持密切的联系，是非常重要的。

五、县议员的权利与义务应在议会上确定（可以参考边区参议员的权利与义务之规定），县议员应当处处为人民表率，闭会期间，议员不能代表议会。

六、县议会是全县人民的权力机关，县政府是县政执行机关，县议会驻会人员不是议会常委，它的权限与工作重点，应当是督促县政府执行县议会的决议，与县议员保持联系，搜集民意，解释政府的政策法令，对于县政府的行政，不能加以干涉，有意见只能提出建议，无强制执行权（县议会的决议要强制执行）；但县政府必须尊重驻会议员，不得视为政府的附庸，当作政府内部的干部使用。驻会议员只限于议长一人。

各县县选工作进行情形应及时报会，并于六月十五日以前（一、二、六专区于五月底）作出总结报会。

选自《晋察冀边区行政委员会现行法令汇集》，上册，边区行政委员会 1945 年编印，第67～74 页。

互校版本：《中国新民主主义革命时期根据地法制文献选编》，第 1 卷，北京，中国社会科学出版社，1981 年版，第 277～284 页。

7. 晋察冀边区行政委员会
关于民主大选举准备阶段工作的指示

1945 年 5 月 25 日

（一）民主大选举的意义："中国时局的唯一出路，就是成立联合政府"。为促进联合政府的成立，就需要进一步壮大我们的力量。我区民主大选举的目的，就是更进一步的〔地〕建设边区民主政治，贯彻实行三三制，更好的〔地〕巩固边区各阶层人民的团结，扩大抗日民主政权的影响于沦陷区，在新解放区则是改造旧政权，使新解放区的基本群众参加政权，以发动与团结新解放区的广大人民，经过这次民主大选举，来发展与壮大解放区的力量，积极准备反攻，推动全国民主的联合政府的成立。为了胜利完成民主大选举的任务，各级政府领导干部对此重大意义必须深刻了解。

（二）民主大选举运动的进行，必须在区以上的干部中以及在村干部与群众中，广泛的〔地〕进行宣传教育，使具有充分的思想准备与组织准备，选举真正为群众服务的积极份

〔分〕子，参加各级人民代表机关及政府机关，严格防止特务份〔分〕子混入，以保证三三制的贯彻实行。因此，民主大选举运动应分为两个阶段进行，准备阶段所花的力量与时间要占三分之二，选举阶段占三分之一。村、县、边区三级选举中，村选是决定的环节，因此我们在力量使用上，调查研究总结村政权要花最大的力量，在时间支配上，村的研究总结放在前边，县与边区的研究总结放在后面。

（三）思想准备的基本问题是从边区到村，所有干部都彻底认识民主大选的意义，确实掌握三三制的精神实质、基本政策、民主制度、民主作风。为此必须用整风精神，精读文件，坦白反省，检查偏向，揭发事实，开展讨论，以达到思想上的统一。

1. “三三制政策是使各界人民都有说话机会，都有事做的政策。”（毛主席在陕甘宁边区参议会的演说）三三制的精神与实质就是民主团结，三三制的认真贯彻与我们各种基本政策的正确执行及民主作风的发扬有极密切的联系。因此思想准备的第一件工作是检查总结民主制度的执行情况，各专署、行署应有重点、有计划地帮助县调查三个典型村：一个三三制执行较好的，一个群众充分发动村庄三三制执行较差的，一个群众发动很差没有贯彻三三制的。调查总结内容要包括政村权的成分，村干部与村民（各阶层）联系，村民团结情况，主要政策贯彻情形，与各阶层人民反映，村干部作风等。县以上各级政府应有计划地召开各种小型的座谈会，如士绅座谈会、地主座谈会、佃户座谈会、雇工座谈会、工商业者座谈会等，贯彻“言者无罪，闻者足戒”的精神，使大家真正做到“知无不言，言无不尽”，我们倾听各阶层人士对我们的批评，对各种政策各方面的意见，使我们进一步熟习各阶层人士的脉搏，以达到加强团结、改进工作的目的。

以上调查材料除随时报告外，行署应于七月底前总结报告本会。

2. 三三制的精神与实质贯彻到我们的政策法令制度之中，就是民主政策、民主制度。因此我们必须总结几个主要政策，来测量我们执行三三制的情况，为县议会、边区参议会的召开，做有效的准备工作。主要总结土地政策、劳资政策、负担政策、除奸政策等。总结方法着重分析典型与一般相结合说明问题，大体上每一个县要调查三个典型村，了解几年来的几个主要政策的执行情形，当前存在的问题，执行中的偏差，特别各阶层人民对我们的政策及其执行的真实意见，有那〔哪〕些问题他们表示欢迎，有那〔哪〕些问题他们对我不满。这些调查材料，望在七月以前陆续送到，九月底行署总结报告本会。

3. 三三制的精神，贯彻到我们的作风上就是民主作风。因此我们必须调查总结我们的工作作风。着重检查对各阶层人士的关系、确定任务、解决问题、是否从群众中来。调查总结要与总结政策相联系，检查我们的会议制度，是否倾听各阶层人民意见，参加政权的每一个人员是不是有职有权。这一问题的总结方法与报告时间与第二个问题同。

（四）在组织准备上，主要应调查研究村、县政权机构。

在村政权方面，应研究公民小组代表会，编组、选举办法，闾、村公所组织，编村、市镇组织等应行改进之处，这些问题，必须依靠仔细的调查研究总结，不能只靠片面的材料，骤下判断。县以上政府应找典型村进行调查研究，然后作出总结，提出改进意见。因为村选在先，村组织须及早确定，各行署务于七月十日前将调查研究材料及意见整理报告本会。

在县政权方面，应研究县议会与选民的联系，驻会机关与县政府［的］关系，县政府组织、制度，每一个专区调查一个到两个县，主要总结最近两年的经验教训，提出今后改革意见，行署于八月十五日以前整理报告本会。

（五）大选举运动的准备工作，主要是调查研究与整风工作。这一工作的进行应与大生产运动密切结合起来，县以上须使用一定的力量进行典型村的调查工作，但不要过多的〔地〕影响区对村大生产的领导。

选自《晋察冀边区行政委员会现行法令汇集》，上册，边区行政委员会1945年编印，第83～86页。

互校版本：《中国新民主主义革命时期根据地法制文献选编》，第1卷，北京，中国社会科学出版社，1981年版，第284～287页。原注："选自晋察冀边区行政委员会《现行法令汇集》上册，1945年版。"

8. 晋察冀边区行政委员会关于民主大选举工作的指示

1945年7月23日

民主大选举准备阶段工作，已详前发民字第二十八号指示。兹再就今年大选举应注意的问题指示如下：

一、今年全边区各级民主大选举的重大意义，首先在于团结全边区各阶层人民，发展壮大我解放区的力量，以促进全国性民主的联合政府的实现。其次，就本边区而言，今年的大选，较之一九四〇年的大选，尤有重大的意义。今年的民主大选是在数年来根据地政治、经济、军事、文化各种建设获得很大成绩的胜利基础上进行的，特别是自去年开展大生产运动以来，人民生活获得进一步的改善与提高，一年来执行了扩大解放区的号召，边区民主政权得到迅速的扩大与发展。因此我们必须认识，民主政治的建设是有其具体内容的。选举工作必须与其他重要工作相结合，具体的〔地〕说，在大选举运动中必须抓紧大生产运动的领导，贯彻耕三余一与发展农业副业的方针，确切执行防灾备荒工作，应认识今年总的收成，已有很大减少，夏雨虽降，仍不容抱丝毫松懈心理；其次，应继续进行扩大解放区，加强军事、政治、经济各方面的对敌斗争，在新解放区尤应放手发动与组织群众，贯彻各种基本政策，开展群众减租与改造村政权的斗争，解决当地群众迫切需要解决的问题。

二、深入宣传今年民主大选举的重大意义，为大选的胜利而努力。应动员广大人民积极参政，发动并组织各阶层人民的竞选，展开热烈的参选热潮。为保证选举的彻底胜利，在大选中，必须贯彻实行三三制，加强对"三三制"政策的研究，克服在执行中的一切偏向。在贯彻三三制的精神下，应重视英雄模范在边区各种建设中的伟大作用，使各级人民代表机关不但有代表各阶层的人士参加，并有从实际斗争中产生的与群众有密切联系的群众领袖参加；其次应重视妇女的政治地位，深入发动妇女公民，重视自己的民主权利，积极参加选举，使一定数量与广大妇女有密切联系及在抗日工作上有成绩的妇女领袖到各级政权中。边缘地区除应将边区民主运动深入宣传到沦陷区以推动开展沦陷区工作外，应认真物色沦陷区进步的抗日人士，吸收到县议会或县参政会及边区参议会。但边区参议员之聘请须提出具体意见报由本会办理。

三、在大选中各级政府应广泛发扬民主，开展群众性的批评与自我批评运动。首先，各级政权干部，特别是县区干部，应本［着］为人民服务、一切属于人民、对人民负责的精神，深入反省自己思想上执行政策上和工作作风上存在的一切缺点与错误，坦白的〔地〕进行自我批评。县区干部在准备选举中，应切实帮助领导村干部进行检查工作，开展批评与自我批评，在选民大会、村代表会、县议会上，政权干部应认真的〔地〕检讨工作，进行自我批评，克服以往只提成绩不提缺点的办法。只有在干部自我批评的基础上，才能发动并开展群众性的批评运动，在批评运动中应高度发扬民主，使人民能够做到“知无不言，言无不尽”。领导上应采取“言者无罪，闻者足戒”的态度，倾听人民对政府的一切意见，并发现群众中存在的一切问题。只有如此，才能真正揭发政权工作中的官僚主义与主观主义，才能改进我们的领导与工作；也只有如此，才能使人民识别谁好谁坏，暴露暗藏在政权中［的］一切违反人民利益的份〔分〕子，大大地提高人民的参政参选热情与政治觉悟，进一步巩固抗日民主政权，加强政权与人民的密切联系。各地区群众防奸运动能与此结合进行者可结合进行，如尚未达到进行时期时，亦可打下基础，便利今后的进行。

四、认真的〔地〕健全村代表会及县议会或县参政会，尊重并重视各级人民代表机关。村代表选出后应马上召开村代表会，讨论中心内容，应在为人民兴利除弊及有利团结抗日的大前提下，根据各地不同的情况及人民迫切需要具体确定。一般的应着重大生产、对敌斗争、村负担、文教工作及政策执行等问题。具体的〔地〕说，巩固区应注意克服村财政相当浪费的现象，秋冬两季大生产具体的步骤与做法，如何贯彻耕三余一及发展副业，健全合作社，拨工组织及生产中一切具体问题，与开展文教工作的具体办法；游击区及新解放区应注意对敌斗争，反敌伪抢掠勒索，改造负担办法，贯彻土地政策等，并根据不同工作基础，讨论组织人民经济生活的办法。县议员选出后，亦应抓紧时间，召开本届第一次县议会，着重讨论问题与村代表会同。但必须事先注意准备工作，除开会时一切事务组织的准备工作外，特别重要的是总结过去的议会工作及本县全面工作，其中着重总结边参会通过之施政纲领中的实施重点，即对敌斗争，经济建设（即大生产）、精兵简政（主要是组织领导，特别是县对区村的领导）及贯彻政策、文教工作、保障人权等方面；新收复城市及扩大了解放区之县，应很好总结管理城市扩大解放区工作中的经验；关于建立相当于县区的市公所问题各地可进行研究提出意见。各级领导机关，应认真的〔地〕健全村代表会及县议会，进一步发挥人民代表机关的伟大作用，克服一切看轻与不尊重人民代表机关的心理。县以上，特别是专区以上政权干部应在大选中加强对各级政权组织与主要政策的研究，广泛的〔地〕搜集材料，正确的〔地〕分析研究，一般调查与典型研究相结合，以为下届参议会开会时确定修正各种条例的实际材料。以上各种总结材料于县选后边参会开会前逐级报本会。

五、大选工作的领导与具体进行。

（一）建立各级选举委员会。根据晋察冀边区选举条例第七章第十六、十七、十八条之规定，建立各级选举委员会，行署专署亦建立选委会，皆冠以地区名称。选委会的性质，是在各级政府领导之下动员组织党政军民力量，统一步调并办理一切选举事务的机关，其职权完全依照条例规定执行。各级选委会有上下级领导关系，上级选委会对社会人民可发通告，对下级可发通知，下级选委会应及时对上级汇报，全属政策法令的解释或颁布，则属于政府，其他关于选委会工作，详见边区选委会第一次通告。选委会的工作，应贯彻民主作风，不直接组织竞选，应根据政府法令慎重审查选民资格，对无选举权及被选权之人民，应报经政府宣告，选委会不能直接代替政府进行宣告。

（二）不同地区应根据不同情况采用不同方式。在巩固区群众已经发动起来或基本上已发动起来，应普遍实行直接选举，以民主大选为中心，与开展大生产工作密切结合，一切竞选宣传活动应与拨工生产会议结合，选举时间应利用生产空隙及农闲时间进行。在游击区及新解放区，如群众已基本上发动起来，基本群众已占优势，在环境许可之下，尽可能进行普遍直接的选举，选举时应提高警惕，武装保卫选举。新解放区，群众尚未发动起来，可根据人民迫切需要，先进行改造旧政权、执行减租政策及改造负担清算账目等工作，大选可采取间接选举、推选或聘请方式。

（三）大选步骤及日程，因各地区情况不同，不易统一具体规定，原则上规定边区参议员选举一律于十一月十五日以前选毕，至迟十一月底将选举结果及选举总结逐级报告边区选委会，县选村选视各地具体情形决定。

选自《晋察冀边区行政委员会现行法令汇集》，上册，边区行政委员会 1945 年编印，第87～91 页。

互校版本：《中国新民主主义革命时期根据地法制文献选编》，第 1 卷，北京，中国社会科学出版社，1981 年版，第 287～291 页。原注：“选自晋察冀边区行政委员会《现行法令汇集》上册，1945 年版。”

9. 晋察冀边区行政委员会关于村选编村划区勘县界的指示

1945 年

一、因为我们的区村政权经过三年的改革，已有很大的进步，因为小村庄单独建立村政权，开支大，区领导单位多，亦不便，因为区有些多，增加了县的领导单位，并增加了开支，因为县与县之间有些插花地、嵌地、飞地，不便领导，县交界常起纠纷，因为这些，所以我们决定于今年村选前，进行编村划区勘县界的工作。

二、工作进行程序：1. 勘县界；2. 编村；3. 划区；4. 村选。

三、勘县界：

（一）县界的纠纷主要是因为负担（县地方款的存在）、支差、县本位引起的。

（二）县交界的工作，一般很弱，而问题也较多，以往没有顾得上专门解决。

（三）嵌地、飞地一般是因为土地的买卖造成，是封建残余之一，插花地一般是迁就了习惯。在统一累进税，“属人计算，属地分担”，一般取消县地方款的条件之下，嵌地与飞地的消除与插花地的适当重划是比较容易的，适当的〔地〕勘定县界，可以加强行政效率。

（四）勘县界的原则：

甲、勘县界不是重划县，现在我们不需要重划县（我们的县行政区域，除特殊地区因战争关系需要重划外，一般均无大问题，划界问题关系的方面很多，最麻烦的是财产关系，在我们统一累进税采取以县为单位的属人计算属地分担的前提下，重划县是不好进行的）。

乙、有人说：把县交界的村庄完全打乱重划，可以加强县交界的工作。这样说法是不对的，因为划界之后还有界，问题是我们应该抓紧县交界的工作，具体解决县交界的问题，各县区村均能掌握政策法令一致执行。

丙、勘县界主要是解决飞地、嵌地与插花地的问题：

A. 一般县界均以山水交通等自然形势来划分，能不变更原界者以不变更为原则。

B. 嵌地一律划入所嵌入之县（其纳税有问题者可照统一累进税细则第二十九条之规定办理）。

C. 插花地一律划，以 a. 自然形势为区划；b. 村距区不超过四十里；c. 重划某些村庄可以对掉〔调〕为原则。

丁、冀中新划县过小者可以重划，县以二五〇—三五〇个行政村为原则。

戊、划县界必须经过很好的调查，政治动员，所发生的问题都要适当的〔地〕解决了，不要强划，不要马虎处理［以免］增加新的困难。

四、编行政村：

（一）过去我们取消编村是正确的，今天要编行政村也是正确的，这是因为民主政治的发展情况的不同而决定的。

（二）在三十户以下的散村：

甲、村代表会、村公所、村武装的健全，建立很好的工作制度是困难的。乙、村教育的开展是困难的。丙、村财政开支大，村差务忙。丁、按村庄的发展，决定于经济的发展，而行政村的编制，也可以影响村的经济发展。戊、适当减少区的领导单位，会加强行政效率。己、适当编行政村可给群众以更多的掌握政权的锻炼机会。

（三）在四十户以下的散村，编行政村，在个别县区也会遇到困难：

甲、村政权还没有从基本上改革的县区，大村欺负小村的情形还是可能发生的。乙、村工作弱的地方，村民管理政治的兴趣还不高，行政村的组织会有困难（因为村政权的干部不脱离生产）。丙、四十户以下的散村，一般都贫穷、距离远，编起来领导不便。丁、在游击区的散村各自成为斗争单位，编后建立新的工作制度，需要一个过程。戊、村款的分配是一个重要问题，现在吃亏的村子愿意编，现在占便宜的村子不愿意编。

（四）不过在大部份〔分〕的县区编行政村有其有利的条件：

甲、村政权的改革使得乡村中涌现出很多积极能干的干部。乙、村政权的分工使得能够建立很好的工作制度。丙、统一累进税的执行会解决村负担的许多纠纷。丁、小村子的工作一般较强，大村欺负小村的旧习，基本上已克服了。

（五）编行政村的原则：

甲、四十户以上的村庄原则上都不编，四十户以下的村庄原则上都编。乙、散村距村公所所在地以不出七里为原则，超过七里者不编。丙、编行政村不出五个散村（自然村）。丁、四十户以上的村可将附近的散村编入。戊、编行政村以自然与经济为主要的条件——大河两岸、大山相隔的村庄不往一块编，经济生活、经济关系不密切的村庄不往一块编，一向有成见并且不好解决者不往一块编。己、编村村公所设于各自然村比较中心的村庄，村名原则上以村公所所在地名之，群众不愿者，可适当的〔地〕另起新村名。庚、散村选主任代表为村公所下之行政组织部份〔分〕。辛、村公所建立轮流值日制。

（六）为了村政权建设的胜利，今年村选工作中要进行闾的编制。

甲、编闾原则：

A. 一般行政村，均以二十到五十户编一闾，各闾编划，以便于村政之领导，按村民主住区或街道为之。

B. 四十户以下之自然村均为一个闾。

C. 冀中大村户数过多，其超过七百五十户者，可酌量情形将每闾户数提高，但以不超过一百户为限。

D. 行政村组成以不超过十五个闾为原则，但超过一千五百户之大村例外。

乙、闾之组织机构及工作范围：

A. 依照县区村暂行组织条例第六十条之规定，设闾主任代表一人，由闾内村民代表互选之。

B. 闾为村政权之组成部份〔分〕，村政权一切工作决定，通过闾主任代表执行之，但闾并非一级。

C. 闾主任代表于必要时，可召集本闾之村民代表举行工作会议，传达并计划执行村公所交付之工作任务，无决定村政兴革及其他事项之权。

丙、编闾工作期限及顺序：

A. 今年村选前一定要照以上规定把闾划好，以顺利进行村选。

B. 顺序：划闾组织公民小组，选举村民代表，召开村民代表会，改选村公所，选举闾主任代表。

丁、公民小组及闾主任代表会：

A. 公民小组于闾范围内自由组织之。但须注意村民住址集中，求得工作之便利，同时又须防止家长制之弊。

B. 村公所为村政执行之便利，可建立闾主任代表联席会，以加强村行政效率，但闾主任代表联席会议，并非村民代表会之常务会，不能代行其职权。

五、划区

1. 过去我们划小区是正确的，今天我们适当的〔地〕把区划大也是正确的，边区村区政权的建设的过程，是由下而上的民主发展的过程，也是由上而下的行政强制逐渐减少的过程，在划小区的时候，行政强制力量大于民主力量，今天需要应该而且也能够发展民主力量，减少行政强制。

2. 现在区公所对村的领导上存在着三种方式：甲、分小区领导（区之下再分小区，一个助理员领导七八个村子），这样使得区公所的分工失掉了作用。乙、民财教实分工领导（村有各委员会），这样因为区领导单位太多，多半照顾不到全面。丙、通过中心村领导，这样使得领导不灵活。这三种领导方式各有优点，也都有缺点。其造成原因是：村政权还在建设阶段，不够健全，与区公所领导单位太多，事务太繁，干部还弱。

3. 编行政村，再健全村政权，减少区的领导单位，适当把区编大一些，减少县的领导单位，这样并减少开支，节省干部，省下的干部加强区这样是好的。（在冀中平原，交通方便，区的领导单位多，困难还少。）

4. 划区的原则：

甲、每一个区以不超过二十一三十五个行政村为原则。

乙、区公所距行政村的距离以不超过四十里为原则。

丙、旧小区要减少六分之一—四分之一。

丁、每一个区要包括一个河流或一百顷以上的耕地，至少要包括一个集市、一个高小（按情形能发展成也可），人口至少须达一万（个别区区域辽阔者可例外）。

5. 区对村的领导：

甲、民财教实助理员分工领导与分村领导配合进行，但要灵活适当调动，以分工与联系、了解全面与抓紧部门工作两不偏废为原则。

乙、取消中心村，取消通过中心村的领导方式。

六、村选：

（一）过去三年三次的村政权改造，获得许多很大的成绩，不过缺点还是很大，村政权的再建设还是很重要的。

甲、村代表会起的作用很少，村政民联席会（村干部会）决定一切的现象也还残存着；

乙、闾邻制取消了，而主任代表制并没有起了很大的作用；

丙、村代表对选民负责与他对选民经常联系制度，还没有建立起来；

丁、有些地方村代表会与村公所（立法与行政）还没有统一起来；

戊、村公所的各个委员会，一般还没有起大作用（除过财政委员会或有些村的军需委员会外，其他委员会多半没有起作用），有许多地方委员会只是形式，忙了村长副，村公所及各委员会的工作制度还没有建立起来；

已、村干部会议，应该成为村公所的执行委员会，现在还没有建立或者没有健全起来；

庚、区对村的部门工作领导，一般的还没有注意到；

辛、有些地区，因为工作开展较晚较差，村政权还没有从基本上改造。

（二）今年村选有它重要的政治意义：

甲、配合编行政村作〔做〕村政权的新建设。

乙、更进一步的〔地〕深入群众依靠群众。

丙、更进一步的〔地〕作〔做〕村的民政、财政、经济、文化、教育建设（这是自力更生的基础工作）。

（三）今年的村选：

甲、工作上要抓紧村代表会、主任代表各委员会的建立健全，制度的建立与坚持，要把村代表会与村公所统一起来。

乙、方式上要民主，反对强迫命令包办的作风，一切靠了政治动员，接受去年各级选举的经验教训，必需〔须〕保证公开的、直接的、自愿的、无记名的、普遍的选举。

（四）选举事务由村代表会负责组织村选委员会办理，必须把去年选举的选举事务经验教训普遍的传达指导进行，村选选票由区印发，选票要小，开支要少，准作正报销，村里不开支。

七、关于这一工作的组织与领导：

（一）边区、专区、县、区各级均组织划界委员会（冀中行署、冀北办事处代表边区一级）——此次划界均由政府聘请人员组织之。边区、冀中、冀北、专区以七—九人为原则，县区以九—十一人为原则，委员会下得酌聘干事。

（二）划界委员会，为政权的划界委员会，均在政权领导之下，对政权负责。

（三）勘界的责任：

甲、县、区、村划界编村均须给图说明——山川形势、村庄大小、户数距离与土地、交通情形。

乙、县界的勘查，由专区级初次勘查，边区级复查决定（边区级认为无问题者，可免予复查），专区级须做〔作〕勘查报告。

丙、划区由县与专区负责，由边区批准，县级须做〔作〕划界报告。

丁、编村由县区负责，由县批准报边区备案，区做〔作〕编村报告。

（四）各级划界委员会，原则上均就现任干部组织之，不开支伙食生活费，如聘有未脱离生产者，按其实有数，照政府工作人员例开支，做〔作〕正报销，以一月为限。划界委员会得开支公旅费，边区、行署级，三百—五百元，专区级二百元，县级五十元，区级十五元，均以一月为限。

（五）过去我们划小区，有许多地方草率，这一次划界要认真执行。划界之后，区、县、专区、办事处、行署到边区，都要划出行政地图。

八、执行问题：

（一）县界一般的没有大的变更，因此专区、县接到这一指示之后，五天之内，要决定那〔哪〕些村子要变更县属，其不变更者，即可进行编村的工作。

（二）行政村也不是普遍的〔地〕编，有许多村子是会不编的，县区于接到这一指示后，十日内，要决定那〔哪〕些村子编、那〔哪〕些村子不编，不编者，即进行村选的工作。

（三）因此勘县界、划区、编村、村选，四件工作，是可以交错进行的，割区的计划要早着手，划区的确定要在最后，未编的村，村选先完成，编了的村，村选后完成，可以与划区同时完成。

（四）划区之后，区代表要转移到新区，县代表要转移到新县。

（五）割县界与编行政村，要特别注意经济关系。

（六）各县划区数：

甲、铁道西各县划区数（附表略）不能超过拟划区数之最高数。

乙、冀中各县划区数由行署规定报会。

丙、平北各县划区数由办事处规定报会。

丁、游击区按现有工作地区划区（以后如新增区，报告批准）。

（七）割区节省下来的干部，择强的配备各个区（新区），把区的各个部门都健全起来，余下的干部，全部送到抗院学习。

选自《晋察冀边区行政委员会现行法令汇集》，上册，边区行政委员会1945年编印，第92～101页。

10. 张家口市参议会选举暂行条例

晋察冀边区行政委员会1946年3月18日颁布，
1946年4月24日修正公布

第一条　本条例根据晋察冀边区选举条例，并张家口市之具体情况制定之。

第二条　市参议员由市公民用直接平等普选制，无记名复记式投票法选举之。

第三条　年满十八岁之中华民国人民，不分性别、职业、民族、阶级、党派、信仰、文化程度，凡居住本市者，经选举委员会登记后，均有选举权与被选举权。

第四条　有下列情形之一者，无选举权与被选举权：

一、有汉奸行为经判决确定者。

二、经边区司法机关或军法机关褫夺公权，尚未恢复者。

三、经边区行政机关通缉有案，尚未撤销者。

四、现行押犯。

五、有精神病者。

第五条　市参议员之选举，除本条例另有规定者外，一般公民均以区为单位选举之。一万公民以下之区，选举参议员七名，一万公民以上之区，每增加一千五百公民增选参议员一名，所余尾数超过七百五十人者，亦得增选参议员一名，但公民在五千人以下之区，选举参议员名额最多不超过四名。公民特多之大区，为选举便利计，得划分若干选区，分别进行选举。此项选区之划分，由市选举委员会确定之。

第六条　警察、机关、学校及三十人以下之工厂，均参加所在区之区域选举。但部队（包括驻在本市之军区部队及其他部队）、中等以上学校及三十人以上之工厂，得单独进行选举。其应选参议员名额，按各该部队、学校、工厂公民人数计算，每达八百人，选举参议员一人，尾数超过四百人者，得增选一人。

凡参加前项规定单独进行选举之单位者，不得再参加区域选举。

第七条　张家口市各团体应选参议员名额如下：

一、工会选参议员三名。

二、农会选参议员一名。

三、妇联会选参议员二名。

四、青联会选参议员二名。

五、回建会选参议员二名。

六、蒙民自治团体选参议员一名。

七、商会选参议员二名。

第八条　市参议员之选举，各民主党派、群众团体、机关、工厂、学校及公民自由组合，均得提出竞选名单及竞选纲领，在不妨碍选举秩序下自由竞选。

第九条　市参议员以得票多数者为当选，次多数者为候补，候补人数在每一选举单位内，不得超过当选人三分之一，但当选人不足三人者，亦得设候补一人。

第十条　市参议员以区为单位选举者，当选人不限于本区公民，进行单独选举之部队、学校、工厂工人在其他选举单位，亦有被选举权。

第十一条　市参议员因死亡及其他原因去职时，由候补依次递补。

第十二条　市参议员每二年改选一次。

第十三条　市参议员之选举，由市选举委员会办理之，其组织如下：

一、市选举委员会，由市长、副市长、社会局长及各群众团体、各少数民族、部队代表各一人，及当地公正人士若干人组织之。

二、选区设市选举委员会办事处，在市选委会领导下办理选举事项，其人选由市选委会聘请之。

第十四条　部队之选举，由军区部队及卫戍部队、政治机关共同组织选举委员会办理之；中等以上学校之选举，由学联办理之；工厂工人之选举，由市总工会办理之。

第十五条　选举委员会之职权如下：

一、办理公民登记，进行选举动员。

二、审查选民资格。

三、监督选举。

四、检查选举违法事项。

五、其他有关选举事项。

第十六条　本条例之解释权，属于晋察冀边区行政委员会。

第十七条　本条例自公布之日施行。

选自《中国新民主主义革命时期根据地法制文献选编》，第1卷，北京，中国社会科学出版社，1981年版，第410～413页。原注：“选自晋察冀边区行政委员会《现行法令汇集》续编。”

11. 晋察冀边区行政委员会关于今年村选工作的指示

1947年1月22日

为保护与巩固群众既得利益，高度发挥群众力量，支持长期自卫战争，必须更进一步的〔地〕加强村政权，高度发扬民主精神，使村政权成为团结村民、团结军属、密切军民关系的强有力的组织。为此决定今年春耕以前，普遍进行村选，并提出以下意见：

一、发动群众检查村政权，特别着重检查土地改革、村财政、拥军优抗工作及干部作风。总结经验，表扬模范，发扬优良作风；批评领导，教育干部，务期做到群众知无不言，言无不尽；经过村选使模范干部、模范工作［者］得到表扬，使土地改革中分配不当之属（?*）得到改正，使村财政得到整理，使军民更进一步地团结起来，使村政权的民主作风进一步发扬。检查工作与批评领导，目的在于团结，把事办好。

二、在新解放区，应与冬学、群众翻身、翻心运动结合，使群众认识自己的力量，而积极参选。务期自卫战争、土地改革中涌现出来的群众领袖与英雄模范，被选到村政权中来。

三、在游击区及不好进行村选的村庄，不勉强进行形式的选举。要经过群众路线了解村政权情况，将土豪、恶霸垄断的村政权，发动群众，予以改选。

四、村选必须大胆放手，发扬民主，不要丝毫加以限制，要耐心说服群众参选，讲话、批评领导、提出建设村政意见。不要强迫命令，不要怕群众讲话。村民直接选举村长副的办法，各地可试办。

五、今年村选，各级政府应组成一定力量，加强领导，抓紧时间进行。不要因为工作多，而把村选形式化。注意总结村工作经验，以为工作的参考依据。进行情形，请随时报告。

选自《中国新民主主义革命时期根据地法制文献选编》，第1卷，北京，中国社会科学出版社，1981年版，第417～418页。原注："选自晋察冀边区行政委员会《边政导报》一九四七年第七卷第四期。"

---

* 原文如此——编辑注。

三、政权组织

1. 中共中央北方局为筹建晋察冀边区政府给聂荣臻电[①]

1937年10月20日

一、在晋察冀全区，为了加强与统一军事政治领导，应即进行统一战线的民主政权的改造与建设。

（一）立即普遍进行区乡临时政府委员会的民选；

（二）由当地武装部队、各党派团体代表组织临时县政府委员会，好的县长可为主席。

（三）立即筹备边区政府的建立，名义可称为晋察冀边区政府委员会，主席即以宋劭文担任；

（四）立即准备公开军区司令部。

二、立即颁布临时边区政府的组织法，规定：

（一）各级政府负责人的产生办法；

（二）实行委员制与民主集中制；

（三）各级政府组织法，边区及县区政府分为下列各部或科：财政经济部、军事部或人民武装部、农政部（管理农民土地问题）、劳动部、内务部（下设民警局，相当于保卫局，不设锄奸部，取消原来的民团警察）、教育部、交通部（管军事运输）、法院（改组原来的法院，增设一高等法院及若干地方法院，法官由政府委员会推定）、监察部；

① 原注：这是刘少奇为中共中央北方局起草的电报。

（四）区政府可不设监察科及法院，只设专管委员；

（五）取消薪饷制，规定各级政府公务员人数及其生活费的办法。

三、各地临时政府成立后，我党应即根据抗日救国十大纲领与基本政策，向委员会提议：颁布各种法令，主要的是劳动法、农民土地法；废除过去的捐税令，规定统一的累进税则，发布肃清汉奸令等。

四、军区司令部即准备公开，并召集各抗日武装代表成立军区军事会议。

五、设立边区工会、农会、民先队部及妇女抗日会等筹备处。另设军事政治学校一二所，大批招收青年工农学生训练干部。

六、边区政府、军区司令部一面筹备成立，一面向蒋、阎提出，力求取得其同意后，向全国公开，以便推广到其他边区。在未得承认前，边区可先行办理，唯暂不向全国公开。

此电并致各边区省委，晋西北及绥远亦可采取此种原则，依当地实况，逐步进行。

选自《刘少奇选集》，上卷，北京，人民出版社，1981 年版，第 90～91 页。

2. 晋察冀边区军政民代表大会组织法

1938 年 1 月

第一条　本大会由各党派及晋察冀边区内驻军、游击队、自卫军、各县县政府及一般性的群众团体代表组织之。

第二条　代表大会设主席团，负责处理大会一切临时问题并主持会议，主席团由晋察冀边区临时政府筹备处委员及代表中选举七人组织之，并以一人为主席团主席。

第三条　代表大会设秘书长一人，由主席团聘请之，下设秘书、事务两处，其职权如下：

一、秘书处拟订议事日程，整理大会决议案，编辑大会日刊，收集大会意见等。

二、事务处办理代表审查、会场布置、签到及食宿招待等一切不属于秘书处之事务。

以上秘书、事务两处均由原筹备处职员担任之。

第四条　本大会由代表中推选五人至七人，组织提案审查委员会，专负审查代表提案之责。

第五条　遇必要时，大会得组织特种问题委员会。

第六条　本组织法自代表大会通过后施行。

附：代表大会组织系统表（略）

选自《晋察冀抗日根据地史料选编》，上册，石家庄，河北人民出版社，1983 年版，第 8 页。

3. 晋察冀边区县政府组织大纲

1938 年 2 月 7 日公布

（甲）组织

一、县政府设县长一人，由边区行政委员会任用之。

二、各县民众组织健全，区村行政人员办理民选完毕，并有相当成绩者，经边区行政委员会查明合格，得呈请□□国府试行民选县长。

三、县政府设秘书一人，总务、财政、教育、实业四科，每科各设科长一人、科员二人至四人，其科员之多寡，由县政会议决定，并报行政委员会备案。秘书、科长由县长呈请行政委员会委任。科员由县长委任，呈报行政委员会备案。

四、县政府得设置书记员，办理缮写等事。执达员办理催征、送达、调查等事。其名额书记员不得过五人，执达员不得过十人。

五、县政府之下，设军用代办所及人民武装自卫队总队部。代办所所长由县长遴选，呈请行政委员会核准委任之。所内组织分工及人员之委任，由县长拟定，报请行政委员会备案。必要时得各区设立分所。自卫队总队长由边区自卫队总队部委任。自卫队之组织条例另定之。

六、关于县内土地、粮食及其他事项，县政府认为有举办或管理之必要时，得呈准行政委员会增设部门办理之。

七、县政府设县政会议，以县长、秘书、科长、军用代办所所长及人民武装自卫队队长组织之，开会时以县长为主席。

（乙）职权

一、县设县政府，于边区行政委员会指导监督之下处理全县行政，监督地方自治事务，并于不抵触国府及边区政府之法令范围内，得发布县令，并制定县单行规则。

二、县长综理县政，监督所属机关及职员。

三、秘书承县长之命，掌理机要、会议、撰拟重要文件及典守印信等事项，并于县长公出时，代行县长职权。

四、总务科办理会计、庶务、收发文件、编制统计及报告，并不属于其他各科之事项。

五、财政科办理征收、募债、管理公产及其他地方财政等事项。

六、实业科办理土地、农、矿、森林、水利、道路、桥梁、工程、劳工、商务、公营及公共事业等项。

七、教育科办理学校、社会教育、图书馆、博物馆、公共体育场、公园及其他社会文化等事项。

八、军用代办所承县长之命，办理一切军用事项。

九、人民武装自卫队之职权另定之。

十、县政会议有审议下列事项之权：

（1）县预算决算事项。

（2）关于合理负担、优待抗战军人家属、减租减息及改善人民生活等之执行事项。

（3）县公债事项。

（4）县公产处分事项。

（5）县公共事业之经营管理事项。

县长认为必要时，得以其他事项提交县政会议审议。

选自《抗日根据地政策条例汇集——晋察冀之部》，第2辑，1942年版，第63～65页。

互校版本：《中国新民主主义革命时期根据地法制文献选编》，第2卷，北京，中国社会科学出版社，1981年版，第256～258页。原注："选自《抗日根据地政策条例汇集——晋察冀之部》。"

4. 晋察冀边区政治主任公署组织法

1938年2月11日颁布

第一条　边区行政委员会视行政上之必要，得于适当地区设政治主任公署。

第二条　政治主任公署之组织：

一、政治主任一人，由边区行政委员会委任；

二、秘书一人，干事五人至七人，由政治主任选用，报请边区行政委员会加委；

三、书记四人，由政治主任录用；

四、服务队二十人，内有队长一人、政治工作员一人，由政治主任选用。

第三条　政治主任公署之职权——政治主任领导秘书、干事，负责：

一、联系本区政治、军事；

二、指挥监督本区各县县长；

三、办理本区行政、财政、教育、实业等工作；

四、政治主任可撤换县长，派代请委。

第四条　政治主任公署所在地，由政治主任决定，随时呈报。

第五条　本组织法自令发之日施行。

选自《抗日根据地政策条例汇集——晋察冀之部》，第2辑，1942年版，第62页。

互校版本：《中国新民主主义革命时期根据地法制文献选编》，第2卷，北京，中国社会科学出版社，1981年版，第253～254页。原注："选自《抗日根据地政策条例汇集——晋察冀之部》第二辑，一九四二年版。"

5. 晋察冀边区县佐公署组织章程

1938年2月7日颁布，

同年7月29日修正

第一条　边区各县，如特殊情形发生行政上之不便时，由边区行政委员会划定区域，设置县佐公署，处理各项政务。

第二条　县佐公署之组织及其职权如下：

一、县佐公署设县佐一人，于行政委员会或该主管县政府指导之下综理一切行政。

二、县佐之下得设办事员四人，承县佐之命分理总务、财政、文教、实业等事宜；书记一人至二人，传达一人，政警五人，办理收发、缮写、印刷、催征等事项。

三、县佐公署得设人民武装自卫队大队部，办理区域内自卫队事宜。

第三条　县佐由边区行政委员会委任之，办事员及其他各员由县佐自行委派，报会备案。

第四条　区域内原有之各区，仍设区公所，区长由县佐遴员呈请委任，但若仅有一区，区长由县佐自兼。

第五条　县佐公署与所属各区往来行文时，得以呈令行之。

第六条　依本章程第二条之规定，县佐公署在可能范围内，有禀〔秉〕承或请求该主管县政府之义务与权利；但并有迳〔径〕向边区行政委员会申述报告或请求之权，边区行政委员会并得直接命令之。

第七条　本章程有不适时，得由边区行政委员会修正之。

第八条　本章程自公布之日施行之。

选自《抗日根据地政策条例汇集——晋察冀之部》，第2辑，1942年版，第65～66页。

互校版本：《中国新民主主义革命时期根据地法制文献选编》，第2卷，北京，中国社会科学出版社，1981年版，第260～261页。原注："选自《抗日根据地政策条例汇集——晋察冀之部》第二辑，一九四二年版。"

6. 中共晋察冀省委关于在政权机关中工作的党员必须遵守的条例

1938年5月14日

近来各级政权中，仍不时发现个别工作人员违犯群众利益或惊人的贪污腐化现象，甚至个别党员也堕落到犯这种可耻的罪恶——背叛阶级又背叛民族利益的罪恶。省委除号召全党同志领导一切抗日分子在党内外开展反贪污腐化等斗争外，特制定在政权中工作的党员应遵守的条例：

（一）必须坚决站在抗日民族统一战线和民主的立场上。

（二）必须保护工、农、小资产阶级及其他阶级阶层一切抗日群众的利益。

（三）刻苦耐劳，积极负责，绝对廉洁、正直。

（四）绝对服从党的决议和指示。

违犯上列任何一条规定，经批评、纠正不改，或相当的党的领导机关认为有辞职必要时，均须立即服从命令辞职，否则，开除其党籍。被开除党籍或被令辞职之党员，如不同意直属领导机关之处理，可依次控于上级党部。

选自《晋察冀抗日根据地》，第1册·文献选编（上），北京，中共党史资料出版社，1989年版，第164页。原注："原件存中央档案馆。"

7. 晋察冀边区县政会议组织条例

1939年3月修正公布

第一条　本会为巩固县政权，健全县行政，集思广益推行民主，以加强抗战建国事业计，于各县县政府之上设县政会议，制定本办法。

第二条　县政会议由下列人员组织之：

一、县长一人，县秘书一人（代表县政府），自卫总队部一人（代表自卫队）。

二、区长若干人（代表区公所）。

三、区士绅代表若干人（每区士绅选举代表一人）。

四、县群众团体负责人若干人（每一群众团体派代表一人，固定的）。

五、区群众团体代表若干人（每区各群众团体合派代表一人）。

第三条　县政会议设主席一人，由县长担任之，设秘书一人，由县政府秘书兼任之。

第四条　县政会议之任务如次：

一、讨论县地方兴革事项。

二、讨论并布置上级政府命令及交办事项。

三、检查工作。

关于兴革事项及变更上级政府政策命令之决议，须呈请上级政府批准后行之，未批准前须坚决执行原命令。

第五条　县政会议每两月开会一次，由主席召集之（借用县印）。会议日程由主席规定，开会时通过循序进行，但必要时有过半数代表之请求得召［开］临时会。

第六条　县政会议之秘书掌理文件，记录等事项。会议决定通过各个组织传达之。

第七条　县政会议采民主集中制，少数服从多数，决议必须执行。

第八条　参加县政会议之代表，不能执行会议之决议有两次者，即取消其参加会议权。

第九条　县政会议之经费由县政府预备费项下开支。

第十条　本办法自发到县之日实行。

原编者注：

（1）在晋察冀边区县区村暂行组织条例公布实行以前，是以县政会议作为临时性的县议事机关。

（2）此条例前，于二十七年夏季曾公布一个草案（略）。

选自《抗日根据地政策条例汇集——晋察冀之部》，第2辑，1942年版，第70页。

互校版本：《中国新民主主义革命时期根据地法制文献选编》，第2卷，北京，中国社会科学出版社，1981 年版，第 258～260 页。原注：“选自《抗日根据地政策条例汇集》第二辑，晋察冀之部。”

8. 晋察冀边区区政会议组织大纲

1939 年 9 月 20 日①

第一条　区政会议②为区最高议事机关。

第二条　区政会议由区民代表组织之。

第三条　区民代表以村为单位，由村民大会直接选举之。公民不足二百名之村庄，选举代表一人，二百零一名以上五百名以下之村庄，选举代表二人，五百零一名以上之村庄，选举代表三人，每村以代表三人为最高限度。

第四条　区政会议设主席一人，由代表互选之，设驻会秘书一人，由区政会议聘任之（为便于工作计，最好由区公所职员中聘任）。

第五条　区民代表每年改选一次。代表违法失职时，其所代表之村民得随时依法罢免另选之。

第六条　区民代表均为无给职。

第七条　区政会议之职权如下：

一、审议区公所预算决算。

二、审议县政府区公所交议事项。

三、审议本区所属村公所、村代表会请议事项。

四、审议本区区村各法团、社团请议事项。

五、审议代表提议事项。

六、审议本区范围内之重大事项。

第八条　区政会议开会时，应通知区公所及区监察委员列席。

第九条　区政会议每三个月开常会一次，如区长或主席认为必要或有代表三分之一以上请求时，得召集临时会议。常会、临时会议由主席召集之。

第十条　区民代表于每次开会后，应向其所代表之村民代表会报告会议之决议。

第十一条　区政会议得视工作需要分组各种委员会，研究推动本区行政。

第十二条　本组织大纲自公布之日施行。

选自《中国新民主主义革命时期根据地法制文献选编》，第 2 卷，北京，中国社会科学出版社，1981 年版，第 281～283 页。原注：“选自晋察冀边区政府《法令汇编》上册，一九四〇年版。”

---

① 原件无制定年代，依照《晋察冀抗日根据地史料专辑》（大事记）（河北学刊杂志社 1985 年编印，第 228 页）标作“1939 年 9 月 20 日”。

② 原注：此处是指县以下的区。

9. 晋察冀边区县、区、村暂行组织法草案

1940年3月5日公布

本组织法以民国二十三年十二月二十一日国民政府立法院通过之县自治法为基本根据，参酌十九年七月国民政府修正公布之县组织法，同年五月国民政府公布之市组织法区民代表会部份〔分〕，二十八年九月国民政府公布之县各级组织纲要乡民代表会乡公所部份〔分〕，并依边区实际情形、敌后抗战需要，草拟而成，其中可议之点，当不在少，务希各方提供意见，以为修正公布之资。

晋察边区行政委员会（不另行文）

第一章　区域

第一条　县之废置及其区域之变更，须经边区行政委员会（以下简称边委会）转呈国民政府内政部核定。

第二条　县之下为区，区之下为村，村之下为闾，闾之下为邻，其区域之划定及变更，须经边委会之核准。

第二章　公民

第三条　中华民国人民，无论男女，在县区村区域内居住六个月以上，或有固定职务，年满十八岁者，经登记后，为该县区村之公民，有出席县区村公民大会，及行使选举罢免创制复决之权。前项登记，于村公民民政委员会行之。

第四条　有下列情事之一者，不能取得公民资格：

一、有汉奸行为，或破坏抗日，经判决确定者；

二、贪官污吏、土豪劣绅，经判决确定者；

三、褫夺公权，未经恢复者；

四、吸食或贩卖鸦片毒品者；

五、禁治产者（有神经病）。

第三章　县民大会

第五条　县民大会以县公民组织之，行使选举权、罢免权、创制权、复决权。

第六条　县民大会每二年一次，于县长县议会任满前一个月内举行之，必要时得举行临时县民大会。

县民大会或临时县民大会于各村分设会场，同日举行。

第七条　县民大会或临时县民大会，由县长召集之，但因选举或罢免及其他县长应回避之事项而举行者，由县议会议长召集之。

由全县三分之一以上之村均各有公民总数十分之一以上之联署，提请县长或议长，（在本条前段后半情形下）召集临时县民大会时，县长或议长应即召集之。

第八条　县民大会或临时县民大会，须同有全县二分之一以上之村均各有公民总数二分之一以上之到场投票，投票公民过半数之决定，始生效力。

前项决定，应由召集人公告之。

第四章　县议会

第九条　县设县议会，由县民大会选举之县议员组织之，选举法另定之。

第十条　县议员名额，有八万人口以下之县三十名，八万以上十六万以下之县四十名，十六万以下二十万以下之县五十名，二十四万以上之县六十名，六十名为最高额。

第十一条　县议员得任期二年，连选得连任。

第十二条　县议会之职权如下：

一、议决县预算，审议县决算事项；

二、议决县地方款之收入支出及县有财产之经营处分事项；

三、议决县单行规则；

四、议决县政兴革事项；

五、审议县长交议及县民请愿事项。

第十三条　县议会议有与边委会法令抵触者，服从边委会之法令。

第十四条　县议员除驻会议员外，为无给职。开会期间得酌给公费。

第十五条　县议会设议长、副议长各一人，由议员用无记名投票法选举之，开会时议长主席，议长有事故时由副议长主席。议长或副议长因故出缺时，应即补选。

第十六条　县议会每半年开常会一次，经县长或议员三分之一以上之请求，应即召开临时会，常会临时会之会期，不得超过十日。

常会临时会开会时，得请县长列席报告或说明。

第十七条　县议会非有过半数议员之出席，不得开议，议案之表决，以出席议员过半数之同意行之。可否同数时，取决于主席。

第十八条　县议会决议案函送县长执行，县长认决议案不当时，得详具理由，送交复议。如出席议员三分之二以上仍执前议，县长应即执行，如果不执行，县议会得召集县民大会，为罢县长与否之决定。

前项罢免案，经县民大会否决者，县议会应即改选。

第十九条　县议会得设驻会议员三人，督促县长执行决议，驻会议员［为］有给职，并得兼任县政府及其所属机关之职员。

第二十条　县议会得依县政之需要分设民财教实或其他专门委员会，开会时得请县政府有关之科长列席，决议事项，得向县政府建议。

第二十一条　县议员在会议时所为之言论及表决，对外不负责任。

第二十二条　县议员除现行犯外，在会期中，非经县议会许可不得逮捕或拘禁。

第二十三条　县议员违法失职时，由选举该议员之选区公民二分之一以上之决议随时罢免另选之。县议会违法失职时，由县民大会罢免之。

第五章　县政府

第二十四条　县设县政府，置县长一人，由县民大会选举之，报经边委会给予任状。选举法另定之。

县长未实行选举以前，由边委会委代之。

第二十五条　县政府之职权如下：

一、在边委会领导之下处理全县行政。

二、在县议会监督之下，办理县地方自治。

三、公布县议会之决议，并于不抵触边委会法令范围内发布县令，制定单行规则。

四、指挥调动县地方武装人民武装。

第二十六条　县长任期二年，连选得连任。

第二十七条　县长违法失职时，由县民大会罢免之。罢免案通过后，被罢免之县长应即解职，由县议会推定代理县长，于一月内召集县民大会，选举县长，其任期自当选之日起算。

县长因受惩戒处分而免职者，准用前项之规定。

第二十八条　县政府内设下列各室科：

一、秘书室设秘书一人，掌理机要、会议、报告、记录、选拟文件典守印信，管理会计庶务及其他不属于各科事项。

二、民政科设科长一人，掌理户籍、选举、自卫、社团、优抗、抚恤、救灾、赈济、宗教、风俗、有关民政之租息及其他地方民政事项。

三、财政科设科长一人，掌理预算、决算、田赋、税收、合理负担、公粮、公债、公产、金融、物价及其他财政建设事项。

四、教育科设科长一人，掌理学校、社教、宣传、图书馆、博物馆、体育场及其他有关文化教育事项。

五、实业科设科长一人，掌理农田、水利、工矿、林牧、合作、贸易、交通、工程及其他有关经济建设事项。

六、地政科设科长一人，掌理土地调查、登记、丈量、地价征收及有关地政之租息事项，未设地政科者，此类事项归民政科办理。

七、司法科设科长一人，由审判官兼任，掌理民刑案件及监狱看守事项。

第二十九条　县政府下设下列各局所队：

一、公安局设局长一人，掌理除奸、敌工、伪〔违〕警、稽查、户口登记、商业及其他保护政权维持治安事项：

二、军代所设所长一人，掌理公粮支付、车骡人力支配及其他代办军用事项；

三、基干游击队设队长一人，掌理警卫、游击、缉匪、捕盗及其他保卫政权事项。

第三十条　县政府及其所属机关职员，秘书科长、局长、所长、队长由边委会委任，但县长及县议会均得推荐，其他佐治人员之编制及任用另定之。

第三十一条　县政府因事务上之必要，得由县长召集县务会议，区长联席会议，村长联席会议，开会时以县长为主席，办法另定之。

第六章　区民大会

第三十二条　区民大会由区公民组织之，每年一次，于区长区民代表会任满前一个月内举行之，必要时举行临时区民大会，区民大会临时区民大会于各村分设会场，同日举行。

第三十三条　区民大会，或临时区民大会，由区长召集之，但因选举罢免或其他区长因回避之事项而举行者，由区民代表会主席召集之。

区公民提请召集临时区民大会时，准第七条之规定办理之。

第三十四条　区民大会或临时区民大会之决定及公告，准第八条之规定办理之。

第七章　区民代表会

第三十五条　区设区民代表会，由区公民选举之代表组织之。

第三十六条　区民代表任期一年，连选得连任。

第三十七条　区民代表会职权如下：

一、审查区公所开支；

二、议决区政兴革事项；

三、审议区长交议及区民请愿事项。

第三十八条　区民代表会之决议有与县政府之法令抵触者，服从县政府之法令。

第三十九条　区民代表为无给职，开会期间，得酌给公费。

第四十条　区民代表会设主席一人，由代表用无记名投票法互选之，秘书一人，由主席聘任之。

第四十一条　区民代表会每月开常会一次，经代表三分之一以上之请求，应即召开临时会，常会临时会之会期，不得超过五日。

常会临时会开会时得请区长列席报告或说明。

区民代表会之开会、出席、表决，准第十七条之规定办理之。

第四十二条　区民代表决议案函送区长执行。复决罢免程序，准第十八条之规定。

第四十三条　区民代表会得设常务代表三人，监督区长执行决议，常务代表并得兼任区公所之职员。

第四十四条　区民代表会得依区政之需要，分设专门委员会，其开会及决议准第二十条之规定办理之。

第四十五条　区民代表违法失职时，由其所代表之村公民二分之一以上之决议，随时罢免另选之。

第四十六条　区民代表在会议时之责任准第二十一条之规定。

第四十七条　区民代表除现行犯外，在会期中非经区民代表会之许可，不得逮捕或拘禁。

第八章　区公所

第四十八条　区设区公所，置区长一人，区民大会选举之，报经县政府转请边委会备案。区长未实行选举以前，由县长遴选，呈请边委会委任之。

第四十九条　区公所之职权如下：

一、在县政府领导之下处理区行政；

二、在区民代表会监督之下办理区自治；

三、公布区民代表会之决议；

四、指挥调动区人民武装。

第五十条　区长任期一年，连选得连任。

第五十一条　区长违法失职时，由区民大会罢免之。区长罢免免职改选之程序准第二十七条之规定。

第五十二条　区公所设助理员二人至四人，分掌民政、财政、教育、实业，由区长遴选或区民代表会推荐，呈请县政府委任转报边委会备案。

第五十三条　区公所事务上之必要，得由区长召集区务会议，村长联席会议，开会时以区长为主席，办法另定之。

第九章　村民大会

第五十四条　村民大会由村公民组织之，每年一次，于村长、副村长代表会任满前一个月举行之，必要时得举行临时村民大会。

第五十五条　村民大会或临时村民大会由村长召集之，但因选举罢免或村长应回避之事项而举行者，由村民代表会主席召集之，有村公民四分之一以上之联署，提请村长或主席召集临时村民大会时，村长或主席应即召集之。

第五十六条　村民大会或临时村民大会须有村公民三分之二以上之到场投票，投票公民过半数之决定，始生效力。前项决定，由召集人公告之。

第十章　村民代表会

第五十七条　村设村民代表会，由村公民选举之代表组织之。

第五十八条　村民代表为无给职，任期一年，连选得连任。

第五十九条　村民代表会之职权如下：

一、议决村概算决算事项；

二、议决村有财产之经营及处分事项；

三、议决村政兴革事项；

四、审议村长决议及村民提议事项；

五、选举村委员会委员。

第六十条　村民代表会之决议，有与县政府区公所政令抵触者，服从县政府区公所之政令。

第六十一条　村民代表会设主席一人，由代表会互选之，秘书一人，由主席聘任之。

第六十二条　村民代表会每月开常会一次，经村长或村代表三分之一以上之请求，应即召开临时会。常会临时会之会期不得超过三日。

第六十三条　常会临时会开会时得请村长列席报告或说明。

村民代表会之开会、出席、表决，准第十七条之规定办理之。

第六十四条　村民代表会决议案送递村长执行，复决罢免程序，准第十八条之规定。

第六十五条　村民代表违法失职时，由其所代表之公民小组二分之一以上之公民决议，随时罢免另选之。

第六十六条　村民代表在会议时之责任，准第二十一条之规定。

第六十七条　村民代表除现行犯外，在会期中，非经村民代表会之许可，不得逮捕或拘禁。

第十一章　村公所

第六十八条　村设村公所，设村长、村副各一人，由村民大会选举之，报经区公所转请县政府备案。

第六十九条　村长、村副之职权如下：

一、在县政府区公所领导之下处理村行政；

二、在村民代表会监督之下办理村自治；

三、公布村民代表会之决议；

四、指挥村人民武装。

第七十条　村长、村副任期一年，连选得连任。

第七十一条　村长、村副违法失职时，由村民大会罢免之。

村长、村副罢免免职改选之程序，准第二十九条之规定。

第七十二条　村公所设下列各委员会：

一、民政委员会掌理：户籍、选举、优抗、抚恤、救灾、放赈、除奸、土地调查登记等事项；

二、财务委员会掌理：村概算、决算、公粮、公产、合理负担等事项；

三、教育委员会掌理：学校、社教、宣传等事项；

四、建设委员会掌理：经济建设、监督商业合作等事项；

五、调解委员会调解村民争讼事项。

第七十三条　村委员会各设委员二人至七人，互推主任一人，各委员会之委员由村民代表会于代表中互选兼任之。代表过少之村，得由委员五人组混合委员会办理之。

第七十四条　村公所因事务之需要，得召集村务会议。

第七十五条　五家为邻，五邻为闾，闾邻长由闾邻公民推选之。

第十二章　附则

第七十六条　本组织法自公布之日施行。

二十九年三月五日公布

原编者注：此系第一草案，未被采用，其精神与现行法有质的区别。

选自《抗日根据地政策条例汇集——晋察冀之部》，第2辑，1942年版，第72～84页。

10. 晋察冀边区行政督察专员公署组织大纲

1940年5月2日晋察冀边区行政委员会民行治字第二十九号令公布

一、晋察冀边区行政委员会（以下简称边委会）视行政上之必要，得呈请中央于适当地区，设置行政督察专员公署（以下简称专员公署），为边委会之辅佐机关，所辖县份，以令定之。其区域名称，按晋察冀边区地理形势，冠以数字。

二、专员公署设专员一人，由边委会呈准中央任用之，在边委会领导之下，推动督察及领导所属各县行政，其职权如下：

1. 关于辖区内各县行政计划与中心工作之推动与督促事项。
2. 关于辖区内务县地方预算决算之初步审核事项。
3. 关于辖区内各县地方行政及地方自治之巡视与指导事项。

4. 关于辖区内各县行政人员工作成绩之考核奖惩事项。

5. 关于辖区内各县地方武装、人民武装指挥调动事项。

6. 关于辖区内第二审民刑案件之监审（监审有最后决定权）及军法案件之判处事宜。

7. 关于召集辖区内各种行政会议事项。

8. 关于处理辖区内各县争议事项。

9. 关于边委会交办事项。

三、专员公署为推动辖区内各县地方行政起见，于不抵触中央及边委会之法令范围内，得制定单行规则或办法，呈报边委会备案，但关于限制人民自由，增加人民负担及变更组织或预算者非经核准，不得执行。

四、专员公署如因战争关系，与边委会失却联系时，并得代行边委会职权，但于战争结束后，应将各项处置办法，补报边委会备案。

五、专员公署设秘书室、民政、财政、教育、实业、地政五科及司法处。秘书室置秘书主任一人、秘书三人，各科置科长一人，各室科得置科员、办事员若干人，司法处得置主任审判官及审判官各一人，编制表另定之。为适应战争环境起见，并得设警卫队一排，负保卫专员公署之责。

六、专员公署之秘书主任、秘书、科长、视察员、审判官等，均由边委会委用，余由专员委用，呈报边委会备案。

七、专员公署经费由边委会发给之，其经费表另定之。

八、本大纲自令发之日施行。

选自《晋察冀边区行政委员会现行法令汇集》，上册，边区行政委员会 1945 年编印，第 24～25 页。

互校版本：《中国新民主主义革命时期根据地法制文献选编》，第 2 卷，北京，中国社会科学出版社，1981 年版，第 254～256 页。原注：“选自晋察冀边区行政委员会《现行法令汇集》上册，一九四五年版。”

11. 晋察冀边区参议会暂行条例

1940 年 6 月公布

第一条　本条例依据国民政府建国大纲民主选举原则，适应边区具体环境制定之。

第二条　边区设参议会，参议员由边区人民选举之，选举法另定之。但因环境之必要，得由边区行政委员会聘请抗战有功之名流、学者、士绅、少数民族，为聘任参议员，被聘人选由边区行政委员会与边区抗日党派、团体、部队、学校商定之。

聘任参议员名额，不得超过参议员总额十五分之一。

第三条　参议员任期二年，得连选连任。

除驻会议员外，参议员均［为］无给职，但得酌发公旅费。

第四条　参议会职权如下：

一、选举并罢免边区行政委员会及主任委员、副主任委员。被选举人不限于边区参议员。

二、监察弹劾边区各级行政人员及司法人员。

三、制定、修改并解释边区宪法。

四、创制并复决边区单行法规。

五、督促及检查各级政府对边区参议会决议案之执行事项。

六、批准边区行政委员会所提出之预算并审查其决算。

七、决定边区各项基本政策，审议边区行政委员会各项重要计划与方案。

八、决定边区地方税及公粮、公债之征收与废除。

九、决定边区兴革重要事项。

十、审议边区行政委员会及各方请议事项。

第五条　参议会设议长一人、副议长两人、秘书长一人，由参议员用无记名投票法互选之。开会时以议长为主席。

第六条　参议会每年开常会一次，有下列情事之一者，得召开临时会：

一、经驻会议员之决议者。

二、经参议员五分之一以上之请求者。

三、经五分之一以上之县议会请求者。

四、经边区公民十分之一以上之请求者。

五、边区行政委员会提请经驻会议员可决者。

第七条　参议会非有过半数议员之出席不得开议，议案之议决以出席议员过半数之同意行之，可否同数时取决于主席。

第八条　参议会开会时，边区行政委员会委员须列席报告，有发言权，无表决权。

第九条　参议会决议案送交边区行政委员会执行，如边区行政委员会对决议案认为有不当时，应于接到两日内详具理由送回参议会复议。

第十条　参议会设驻会议员十五人，分驻参议会所在地及冀中、冀东，于闭会期间处理日常事务，监督执行决议，负责召集临时会。

议长、副议长、秘书长为当然驻会议员，分别主持会务。

第十一条　参议员开会时，设秘书处、议员资格审查委员会、提案整理委员会，其组织由参议会定之。

第十二条　参议会视工作之需要，得聘请专家成立各种专门委员会，其组织另定之。

第十三条　参议员违法失职时，由各该选区公民过半数之决议，随时罢免另选之。

聘任参议员违法失职时，由边区行政委员会解聘之。

第十四条　县议会、区及村代表会议决之案件有不当时，边区参议会得通知边区行政委员会，令下级政府停止执行。

第十五条　参议员在会议时所为之言论及表决，对外不负责任。

第十六条　参议员除现行犯外，在会期中非经参议会之许可，不得逮捕或拘禁。

第十七条　本条例在边区参议会未成立之前，由边区行政委员会公布施行之。

选自《抗日根据地政策条例汇集——晋察冀之部》，第 2 辑，1942 年版，第 34～37 页。

互校版本：《中国新民主主义革命时期根据地法制文献选编》，第 2 卷，北京，中国社会科学出版社，1981 年版，第 240～242 页。原注：“选自《抗日根据地政策条例汇集——晋察冀之部》，第二辑，一九四二年版”。

12. 晋察冀边区县区村暂行组织条例

1940 年 6 月公布

第一章　总则

第一条　本条例依据国民政府建国大纲第八、九两条之基本精神，适应边区抗战之具体环境制定之。

第二章　县议会

第二条　县设县议会，由公民直接普选之议员组织之。选举法另定之。

第三条　县议员任期一年，得连选连任。

第四条　县议会职权如下：

一、选举罢免县长。

二、监察弹劾县级行政人员及司法人员。

三、督促及监察同级政府对县议会决议案之执行事项。

四、批准县预算，审议县决算事项。

五、决定县地方款之收入支出及县有财产之经营处分事项。

六、创制并复决县单行条例。

七、议决县政兴革重要事项。

八、审议县长及各方请议事项。

第五条　县议会决议如与边区行政委员会（以下简称边委会）法令抵触时，边委会得令县政府停止执行。

第六条　县议会除驻会议员外，均为无给职，但贫穷者得予发公旅费。

第七条　县议会设议长、副议长、秘书各一人，由议员用无记名投票法互选之。开会时，议长主席，议长有事故时，由副议长主席；议长、副议长因故去职时，应即补选。

第八条　县议会每半年开会一次，有下列情事之一者，得召开临时会：

一、经议员五分之一以上之请求者。

二、经驻会议员之决议者。

三、县长请求经驻会议员可决者。

四、经县公民十分之一以上之请求者。

五、经三分之一以上之区代表会或五分之一以上之村代表会之请求者。

县议会开会时，县长须列席报告，对会议讨论事项有发言权，无表决权。

第九条　县议会非有过半数议员之出席，不得开会，议案之表决，以出席议员过半数之同意行之，可否同数时，取决于主席。

第十条　县议会决议案送交县政府执行，如县政府对决议案认为不当时，应于接到两日内详具理由，送回县议会复议。

第十一条　县议会得设驻会议员二人至五人，于闭会时间处理日常事务，监察执行决议，负责召集临时会，驻会议员不得兼任政府职务。

议长、副议长、秘书为当然驻会议员，主持会务。

第十二条　县议会得依县政之需要，聘请专家成立财、教、实或其他专门委员会，其组织另定之。

第十三条　县议员在开会时所为之言论及表决，对外不负责任。

第十四条　县议员除现行犯外，在会期中非经县议会许可，不得逮捕或拘禁。

第十五条　县议员违法失职时，由选举该议员之选区公民二分之一以上之表决，随时罢免另选之。

第三章　县政府

第十六条　县设县政府，置县长一人，由县议会选举之，报经边委会给予任状。被选举人不限于县议员。

第十七条　县长任期一年，得连选连任。

第十八条　县政府之职权如下：

一、在边委会领导之下处理县行政。

二、执行县议会之决议。

三、公布县单行条例。

四、指挥调动县地方武装、人民武装。

第十九条　县长违法失职时，由县议会罢免之。

第二十条　县政府设下列各科、室、所、局、队：

一、秘书室：掌理机要、会议报告、记录、撰拟文件、典守印信、管理会计、庶务及其他不属于各科事项。

二、民政科：掌理户籍、选举、自卫、社团、优抗、抚恤、赈灾、救济、卫生、保育、宗教、风俗、有关民政之租息及其他民政事项。

三、财政科：掌理预算、决算、田赋、税收、合理负担、公粮、公债、公产、金融、物价及其他财政建设事项。

四、教育科：掌理学校、社教、宣传及其他有关文化教育事项。

五、实业科：掌理农田、水利、工矿、林牧、合作、贸易、交通、工程及其他有关经济建设事项。

六、地政科：管理土地、调查、登记、丈量、地价、征收及有关地政之租息事项。未设地政科者，此类事项归民政科办理。

七、司法科：掌理民刑案件及监狱看守事项。

八、公安局：掌理除奸、敌工、违警、稽查、公共卫生、缉捕盗匪、维持治安及其他保护政权事项。

九、军用代办所：掌理公粮发付、车骡人力分配及其他代办军用事项。

十、基干游击队：其基本任务为进行游击战争，摧毁敌伪组织及保护政权事项。

第二十一条　县政府及其所属机关职员、秘书、科长、局长、所长、队长，由县长遴选或县议会推荐，呈请边委会委任，各室、科、局、队、所等之编制及其佐治人员任用，办法另定之。

第二十二条　县政府设县务会议，由县长、秘书、各科科长、公安局局长、军用代办所所长、基干游击队队长及指导员组织之，开会时由县长为主席。

第二十三条　县政府因事务上之必要，得由县长召集区长联席会议、村长联席会议，开会时以县长为主席，办法另定之。

第四章　区民代表会

第二十四条　区设区民代表会，由区公所直接普选之代表组织之。选举法另定之。

第二十五条　区民代表任期一年，得连选连任。

第二十六条　区民代表会职权如下：

一、选举罢免区长；

二、监察弹劾区级行政人员；

三、审查区公所开支；

四、督促及检查区公所对区民代表会议决议案之执行事项；

五、创制复决区单行规则；

六、决定区政兴革重要事项；

七、审议区民及各方请议事项。

第二十七条　区民代表会决议有与上级政府法令抵触者，服从上级政府之法令。

第二十八条　除常务代表外，区民代表均为无给职。

第二十九条　区民代表会设主席、副主席及秘书各一人，由代表用无记名投票法互选之，主席、副主席因故去职时应即补选。

第三十条　区民代表会设常务代表三人，于闭会期间驻会，处理日常事务，监督执行决议，并负责召开临时会。

主席、副主席、秘书为当然常务代表，并主持会务。

第三十一条　区民代表会每三月开常会一次，有下列情事之一者，得召开临时会。

一、经代表五分之一以上之请求者。

二、经常务代表之决议者。

三、区长请求经常务代表可决者。

四、经区民十分之一以上之请求者。

五、经五分之一以上之村代表会之请求者。

第三十二条　区民代表会非有过半数代表之出席，不得开议；议案之表决，以出席代表过半数之同意行之，可否同数时取决于主席。

区民代表会开会时，区长须列席报告，对会议讨论事项有发言权无表决权。

第三十三条　区民代表会决议案，送交区公所执行，如区公所对决议案认为不当时，应于接到两日内详具理由，送回区民代表会复议。

第三十四条　区民代表会得依区政之需要，分设民、财、教、实及其他专门委员会。

其组织另定之。

第三十五条　区民代表违法失职时，由选举该代表之区公民二分之一以上之表决，随时罢免另选之。

第三十六条　区民代表在会议时所为之言论及表决，对外不负责任。

第三十七条　区民代表除现行犯外，在会期中，非经区民代表会之许可不得逮捕或拘禁。

第五章　区公所

第三十八条　区设区公所，置区长一人，由区民代表会选举之，报经县政府给予任状，转请边委会备案。被选举人不限于区民代表。

第三十九条　区公所职权如下：

一、在县政府领导之下处理区行政；

二、执行区民代表会之决议；

三、指挥调动区地方武装、人民武装。

第四十条　区长任期一年，得连选连任。

第四十一条　区长违法失职时，由区民代表会罢免之。

第四十二条　区公所设助理员三人至五人，分掌民政、财政、教育、实业、地政，由区长遴选或区民代表会推荐，呈请县政府委任，转请边委会备案。

第四十三条　区公所设区务会议，由区长、助理员组织之，开会时由区长主席。

第四十四条　区公所因事务上之必要，得由区长召集村长联席会议，开会时由区长为主席。

第六章　村民大会及村民代表会

第四十五条　村民大会为村政最高权力机关，由村公民组织之。

村民大会于闭会期间，由村民代表会代行其职权。

第四十六条　村民代表会于村民大会中由公民小组选举之代表组织之。选举法另定之。

村民代表任期一年，得连选连任。

第四十七条　村民代表会设主席、副主席各一人，由代表用无记名投票法互选之，秘书一人，由主席聘请之。

第四十八条　村民大会及村民代表会之职权如下：

一、选举并罢免主席、副主席及村公所各委员会主任及委员。

二、督促并检查村公所对村民大会及村民代表会决议案之执行事项。

三、创制村公约。

四、批准村概算，审议村决算事项。

五、议决村有财产之经营及处分事项。

六、审议村公所及各方请议事项。

七、议决村政兴革事项。

遇有重大事项须提请村民大会审议。

第四十九条　村民大会每半年开常会一次，村民代表会每月开常会一次，必要时，得开临时会，均由村民代表会主席召集之。

第五十条　临时村民大会，经村公民五分之一以上之请求或村民代表会之决定，应即召集之。临时村民代表会，经村公民十分之一以上，经代表会五分之一以上，或经村公所之请求者均应召开之。

第五十一条　村民大会、村民代表会之常会及临时会，均须有过半数之出席始得开会。议案之决定以出席人过半数之同意行之。

第五十二条　村民大会及村民代表会之决定，送交村公所执行，有与上级政府法令抵触者，服从上级政府之法令。

第五十三条　村民代表违法失职时，由其代表之公民小组罢免另选之，但当选为村代表会主席、副主席及村各委员会主任者，须经村民大会或村代表会罢免之。

第五十四条　村民代表在会议时，所为之言论及表决，对外不负责任。

第五十五条　村民代表除现行犯外，在会期中，非经村民代表会之许可，不得逮捕或拘禁。

第七章　村公所

第五十六条　村公所为村政执行机关。

第五十七条　村公所之组织如下：

一、村长、副村长各一人，由村民代表会主席、副主席兼任之，报经区公所转请县政府备案。

二、民政委员会掌理户籍、选举、优抗、抚恤、救灾、放赈、除奸等事项。

三、财务委员会掌理村概算、决算、公粮、公产、合理负担等事项。

四、教育委员会掌理学校、社教、宣传等事项。

五、建设委员会掌理经济建设、监督商业合作等事项。

六、地政委员会掌理土地调查、土地登记及有关土地问题事项。

七、调解委员会调解村民争讼事项。

上列各委员会，得视村政之繁简，增减或合并之。

第五十八条　村公所各委员会，各设主任一人，由村民代表会代表互选之，委员二人至四人，由村民代表会选任之，但不限于代表。

第五十九条　村公所设村务会议，每周开会一次，由村长、副村长、各委员会主任及人民武装委员会主任组织之，开会时由村长主席。

第六十条　村公所为行政之便利，得依村民住区或街道划分全村为若干闾，闾设主任代表一人，由本闾公民代表互选之。村民代表于代表会闭会后为村政执行人员。

第八章　附则

第六十一条　本条例自公布之日施行之。

选自《抗日根据地政策条例汇集——晋察冀之部》，第2辑，1942年版，第37～46页。

互校版本：《中国新民主主义革命时期根据地法制文献选编》，第2卷，北京，中国社会科学出版社，1981年版，第261～272页。原注："选自《抗日根据地政策条例汇集——晋察冀之部》第二辑，一九四二年版。"

13. 晋察冀边区行政委员会关于村选、编村、划区、勘县界的指示

1940 年 11 月

一、因为我们的区村政权经过三年的改革已有很大的进步，因为小村庄单独建立村政权开支大，区领导单位多亦不便，因为区有些多，增加了县的领导单位并增加了开支，因为县与县之间有些插花地、嵌地、飞地不便领导，县交界常起纠纷。因为这些，所以我们决定于今年村选前进行编村划区勘县界的工作。

二、工作进行程序：（一）勘县界，（二）编村，（三）划区，（四）村选。

三、勘县界：

（一）县界的纠纷主要是因为负担（县地方款的存在）支差、县本位引起的。

（二）县交界的工作一般很弱，而问题也较多，以往没有顾得上专门解决。

（三）嵌地、飞地一般是因为土地的买卖造成，是封建残余之一，插花地也一般是迁就了习惯，在统一累进税属人计算属地分担，一般取消县地方款的条件之下，嵌地与飞地的消除与插花地的适当重划是比较容易的。适当的勘定县界，可以加强行政效率。

（四）勘县界的原则：

甲、勘县界不是重划县，现在我们不需要重划县（我们的县行政区域，除特殊地区因战争环境需要重划外，一般均无大问题。划界问题关系的方面很多，最麻烦的是财产关系。在我们统一累进税采取以县为单位的属人计算属地分担的前提之下重划县是不好进行的）。

乙、有人说把县交界的村庄完全打乱重划，可以加强县交界的工作。这样说法是不对的。因为划界之后还有界，问题是我们应该抓紧县交界的工作，具体解决县交界的问题，各县区村均能掌握政策法令一致执行。

丙、勘县界主要是解决飞地、嵌地与插花地的问题。

1. 一般县界均以山水交通等自然形势来划分，能不变更原界者以不变更为原则。

2. 嵌地一律划入所嵌入之县（其纳税问题者可照统一累进税细则第二十九条之规定办法）。

3. 插花地一律重划。以（1）自然形势为区划，（2）村距区不超过四十里，（3）重划某些村庄可以对掉〔调〕为原则。

丁、冀中新划县过小者可以重划。县以二五〇至三五〇个行政村为原则。

戊、划县界必须经过很好的调整，政治动员，所发生的问题都要适当的解决，万不要强［划］，不要马虎处理［以免］增加新的困难。

四、编行政村：

（一）过去我们取消编村是正确的，今天要编行政村也是正确的。这是因为民主政治的发展情况的不同而决定的。

（二）在三十户以下的散村：1. 村代表会村公所村武装的健全，建立很好的工作制度

是困难的。2. 村教育的开展是困难的。3. 村财政开支大，村差务忙。4. 按村庄的发展决定于经济的发展。5. 适当减少区的领导单位，会加强行政效率，而行政村的编制也可以影响村的经济发展。6. 适当编行政村可给群众以更多的掌握政权锻炼机会。

（三）在四十户以下的散村，编行政村在个别县区也会遇到困难：1. 村政权还没有从基本上改革的县区，大村欺负小村的情形还是可能发生的。2. 村工作弱的地方，村民管理政治的兴趣还不高，行政村的组织会有困难（因为村政权的干部不脱离生产）。3. 四十户以下的散村，一般都贫穷，距离远，编起来领导不便。4. 在游击区的散村各自成为斗争的单位，编后建立新的工作制度，需要一个过程。5. 村款的分配是一个重要的问题，现在吃亏的村子愿意编，现在占便宜的村子不愿意编。

（四）不过在大部份〔分〕的县区编行政村有其有利的条件：1. 村政权的改革使得乡村中涌现出很多积极能干的干部。2. 村政权的分工，使得能够建立很好的工作制度。3. 统一累进税的执行会解决村负担的许多纠纷。4. 小村子的工作一般较强，大村欺负小村的旧习基本上已克服了。

（五）编行政村的原则：

甲、四十户以上的村庄原则上都不编，四十户以下的村庄原则上都编。

乙、散村距村公所所在地以不出七里为原则，超过七里者不编。

丙、编行政村不出五个散村（自然村）。

丁、四十户以上的村可将附近的散村编入。

戊、编行政村以自然与经济为主要的条件——大河两岸、大山相隔的村庄不往一块编。经济生活、经济关系不密切的村庄不往一块编，一向有成见并且不好解决者不往一块编。

己、编村村公所设于各自然村比较中心的村庄，村名原则上以村公所所在村名（命）之。群众不愿者，可适宜的〔地〕另起新村名。

庚、散村选主任代表为村公所下之行政组织部份〔分〕。

辛、村公所建立轮流值日制。

（六）为了村政权建设的胜利，今年村选工作中要进行闾的编制。

甲、编闾原则：

A. 一般行政村，均以二十到五十户编一闾，各闾编划，以便于村政之领导，按村民之住区或街道为之。

B. 四十户以下之自然村均为一个闾。

C. 冀中大村户数过多，其超过七百五十户者，可酌量情形将每闾户数提高，但以不超过一百户为限。

D. 行政村组成以不超过十五个闾为原则，但超过一千五百户之大村例外。

乙、闾之组织机构及工作范围。

A. 依照县区村暂行组织条例第六十条之规定，设闾主任代表一人，由闾内村民代表互选之。

B. 闾为村政权之组成部分，村政权一切工作决定，通过闾主任代表执行之，但闾并非一级。

C. 闾主任代表于必要时，可召集本闾之村民代表举行工作会议，传达并计划执行村公所交付之工作任务，无决定村政与兴革及其他事项之权。

丙、编闾工作期限及顺序：

A. 今年村选前一定要照以上规定把闾划好，以顺利进行村选。

B. 顺序：划闾组织公民小组，选举村民代表，召开村民代表会改选村公所，选举闾主任代表。

丁、公民小组及闾主任代表会：

A. 公民小组于闾范围内自由组织之。但须注意村民住址集中，求得工作之便利，同时又须防止家长制之弊。

B. 村公所为村政执行之便利，可建立闾主任代表联系会，以加强村行政效率，但闾主任代表联席会议，并非村民代表会之常务会，不能代行其职权。

五、划区：

（一）过去我们划小区是正确的，今天我们适当的〔地〕把区划大也是正确的。边区村区政权的建设过程是由下而上的，民主发展过程，也是由下而上的，行政强制力量大于民主力量，今天需要应该是，而且也能够发展民主力量，减少行政强制。

（二）现在区公所对于区的领导上存在着三种方式：1. 分小区领导（区之下再分小区，一个助理员领导七八个村子），这样使得区公所的分工失掉了作用。2. 民财教实分工领导（村有各委员会），这样因为区领导单位太多，多半照顾不到全面。3. 通过中心村领导，这样使得领导不灵活。这三种领导方式，各有优点，也都有缺点，其造成原因是：村政权还在建设阶段，不够健全，与区所领导单位太多，事务太繁，干部还弱。

（三）编行政村。再健全村政权，减少区的领导单位，适当把区编大一些，减少县的领导单位，这样并减少开支，节省干部，省下的干部加强区，这样是好的（在冀中平原，交通方便，区的领导单位多困难还少）。

（四）划区的原则：

甲、每个区以不超过二十五到三十五个行政村为原则

乙、区公所距行政村的距离以不超过四十里为原则。

丙、旧小区要减少六分之一至四分之一。

丁、每一个区要包括一个河流或百倾〔顷〕以上的耕地，至少要包括一个集市、一个高小（按情况能发展也成），人口至少须达一万（个别区区域辽阔者，可例外）。

（五）区对村的领导：

甲、民财教实助理员分工领导与分村领导配合进行，但要灵活适当调动，要分工与联系，了解全面与抓紧部门工作两不偏废为原则。

乙、取消中心村，取消通过中心村的领导方式。

六、村选：

（一）过去三年三次的村政权改造，获得很大的成绩，不过缺点还很多，村政权的再建设还是很重要的：甲、村代表会起的作用很少、村政民联席会（村干部会）决定一切的现象也还残存着。乙、闾邻制取消了，而主任代表制没有起了很大的作用。丙、村代表对选民负责与他对选民经常联系制度，还没有建立起来。丁、有些地方村代表会与村公所

（立法与行政）没有统一起来。戊、村公所的各个委员会一般还没有起作用，有许多地方委员会只是形式，忙了村长村副、村公所及各委员会的工作制度，还没有建立起来。已、村干部会议，应该成为村公所的执行委员会，现在还没有建立成者没有健全起来。庚、区对村的部门工作领导一般还没有注意到。辛、有些地区因为工作开展较晚较差，村政权还没有从基本上改造。

（二）今年村选有它重要的政治意义：甲、配合编行政村作村政权的新建设。乙、更进一步的〔地〕深入群众、依靠群众。丙、更进一步的〔地〕作〔做〕村的民政财政经济文化教育建设（这是自力更生的基本工作）。

（三）今年村选：甲、工作上要抓紧，村代表会、主任代表、各委员会的建立。制度的建立与坚持，要把村代表与村公所统一起来。乙、方式上要民主，反对强迫命令包办的作风，一切靠了政治动员，接受去年各级选举的经验教训，必须保证公开的、直接的、自愿的、无记名的普遍选举。

（四）选举事务由村代表负责组织村选委员会办理，必须把去年选举的事务经验教训普遍的〔地〕传达指导进行。村选举票由区分发、选票要小，开支要少，准免证报销，村里不开支。

七、关于这一工作的组织与领导：

（一）边区、专区、县、区各级均组织划界委员会（冀中行署、冀北办事处代表边区一级）——此次划界均由政府聘请人员组织之。边区、冀中、冀北、专区以七—九人为原则，县区以九—十一人为原则，委员会下得酌聘干事。

（二）划界委员会为政权的划界委员会，均在政权领导之下，对政府负责。

（三）勘查的责任：

甲、县、区、村划界编村均须绘图说明——山川形势、村庄大小、户数、距离与土地、交通情形。

乙、县界的勘查，由专区级初次勘查，边区级复查决定（边区级认为无问题者，可免予复查），专区级须做〔作〕勘查报告。

丙、划区由县与专区负责，由边区批准，县级须做〔作〕划界报告。

丁、编村由县区负责，由县批准报边区备案、区做〔作〕编村报告。

（四）各级划界委员会，原则上均就现在干部组织之，不开支伙食生活费，如聘有未脱离生产者，按其实有数照政府工作人员例开支，作正报销，以一月为限。划界委员会得开支公旅费，边区、行署级三百—五百元，专区级二百元、县级五十元、区级十五元，均以一月为限。

（五）过去我们划小区，有许多地方草率，这一次划界要认真执行。划界之后，区、县、专区、办事处、行署到边区，都要划出行政地图。

八、执行问题

（一）县界一般的没有大的变更，因此专区、县接到这一指示之后五天之内，要规定那些村区要变更县属，其不变更者，即可进行编村的工作。

（二）行政村也不是普遍的〔地〕编，有许多村子是会不编的。县区于接到这一指示后十日内，要决定那〔哪〕些村子编、那〔哪〕些村子不编，不编者立即进行村选的工作。

（三）因此勘县界、划区、编村、村选，四件工作，是可以交错进行的。划区的计划要早着手，划区的确定要在最后。未编的村村选先完成，编了的村村选后完成，可以与划区同时完成。

（四）划区之后区代表要转移到新区，县代表要转移到新县。

（五）划县界与编行政村要特别注意经济关系。

（六）各县划区数：

甲、铁道西各县划区数不能超过拟划区数之最高数。（附表略）

乙、冀中各县划区数由冀中行署规定，报会。

丙、冀北各县划区数由冀北办事处规定，报会。

丁、游击区按现有工作地区划区（以后如新增区，报告批准）。

（七）划区节省下来的干部，择强的配备各个区（新区），把区的各个部份〔分〕都健全起来。余下的干部全部送到抗院学习。

（二十九年十一月发出）

选自《抗日根据地政策条例汇集——晋察冀之部》，第2辑，1942年版，第53～60页。

互校版本：《晋察冀边区行政委员会现行法令汇集》，上册，边区行政委员会1945年编印，第92～101页。

14. 晋察冀边区政府成立三周年告边区同胞书

1941年1月18日

亲爱的同胞们!

晋察冀边区自成立以来，已经整整三年了。这是伟大的三年，这是愉快的三年，这是坚〔艰〕苦奋斗的三年！三年来，赖我英勇善战的边区子弟兵，赖我团结、进步的老百姓，赖我党政军民坚持民族统一战线与独立自主自力更生的抗战方针，我们已胜利的〔地〕建立了钢铁般的根据地，已初步的〔地〕建设了民主政治的基础。三年来，我们继续粉碎了敌寇的进攻，继续扫除了投降妥协派，继续同敌伪进行了政治、经济、文化的斗争，我们在政治、军事、经济、文化的建设上，已有初步的规模。可是，抗战建国的事业是长期的、异常艰苦的，未来的困难，比起我们经历过的还会更多，时代付给我们的任务，我们作〔做〕了的还是很少。而我们三年来的斗争历史，却证明我们有克服一切困难的力量，我们有必然会把根据地坚持下去、战胜日本帝国主义的信心，我们日在接近光明幸福独立自主的新中国！继续以往刻苦奋斗的精神，更与边区同胞共勉：

一、壮大边区子弟兵，巩固并发展民兵，有组织的〔地〕开展群众游击战争——保证子弟兵的满员，保证子弟兵衣食的充足，保证公粮的动员，保证平粜工作的胜利完成，加强民兵的组织性，提高民兵的战斗力。民兵乃是人民自己的抗日武装，广泛的〔地〕有组织的〔地〕开展游击战争，保卫自己的家乡，打击敌寇的“烧杀政策”，发展游击区，扩大并巩固巩固区，缩小敌占区。我们号召游击区的同胞，大量参加子弟兵！号召同胞们，以同胞的友爱、民族的友爱，热烈优待子弟兵！号召全边区的同胞，广泛的〔地〕组织到战争里边来，保卫边区，保卫中华民族，把日本强盗打到鸭绿江边去！

二、反对“反共”巩固团结，发扬民主，改善民生——一切抗日的愿意进步的人们，更紧密的〔地〕团结起来，肃清敌寇奸细，打击“反共”特务份〔分〕子。更进一步的〔地〕健全各级政权，特别是区村政权。一切抗日的进步的同胞，要以更大的积极性参加政权，彻底肃清强迫命令的不良作风，认真减租减息，适当改善工农生活，依约交租交息，契约自由，依法定立或解除。我们号召士绅地主富商大贾以民族国家为重，坚持抗战，坚持进步，反对“反共”，巩固团结。我们号召边区各界同胞，高度发扬民族友爱精神，亲密各阶层团结，各阶层间有争执不能解决的问题，可依法申诉。

三、发展农工业，活跃商业，开展合作事业及家庭副业——有计划、有组织的〔地〕发展农业，兴办工业，在今年春耕以前，我们要适当的〔地〕解决支差问题，根据有力出力的原则，逐渐的〔地〕实现每一个青年、中年、壮年，每一个月至多服五天勤务（破路、担架、民兵参战在外），做到不务［误］农时。在春耕以前，我们也要适当解决劳工问题，务使劳资双方各得其所，有利抗战，有利生产。我们号召加紧春耕秋耕，加紧制肥，适当的〔地〕交换种子，及时的〔地〕补充农具，繁殖牛马驴骡，有计划的〔地〕造林、保林，不让荒废一寸土，提高土地生产量五分之一，提高到战前的水平！在产棉区以五分之一的土地种棉，我们号召各机关、部队、团体，于农忙时，一律抽出时间参加生产，建立礼拜六生产制，每一个人帮助老百姓种一亩地，并生产自己足够的菜蔬！我们号召在农忙时节，一律停止支差勤务，各部门的运输均由自己解决！我们号召开办大量的纺织工业、榨油坊，以植物油代替煤油，以土制火柴代替外来火柴，制造土药以代替西药，开采煤矿，充实燃料，开采铁矿、铜矿，充实工业原料。我们号召广泛开展合作社，健全合作社，发挥合作社的群众经济组织的作用，反对合作社的机关化的倾向。我们号召活跃边区商业，严格管理进出口货，反对阻碍内部自己贸易的县界乱扣乱税行为，处置一切非法扣留、非法上税的人员！依法处置破坏金融的奸商！我们号召大量的私人资金，涌现到工矿、水利合作事业家庭工业里边来，凡是投资到这些事业里的资本是不上税的！我们号召全边区的妇女，有组织的〔地〕参加到生产部门里边来，在今年的生产战场上要涌现出大量的女英雄！

四、实现统一累进税，严格财政制度，肃清贪污浪费，减轻人民负担。抗战是持久的，人民向政府纳税是义务是光荣，统一累进税是最公平的税，有钱的出钱，钱多的多出，钱少的少出。除过工人雇工及赤贫的人不负担外，一律按财产收入多少计分纳税，纳税人口要占全人口的百分之八十以上，从今年起政府除过征税收统一累进税（钱、粮、秣三种形式）、出入口税、田房契税（保护财产的税）外，所有田赋、营业、印花、牌照等税一律取消。统一累进税只有本会及村公所有征收权，村款的征收不能超过本会规定的范围。所有专署、县政府、区公所，一律不准向人民派款派粮，任何机关团体都不准以任何形式向人民捐款捐物，违者依法处理。我们号召全边区的同胞依法监督各级政府的财政，如有违法向人民捐派者，得向上级政府控告，上级政府必根据事实予以应有的制裁。我们号召村民要用更大的力量监督村财政，肃清村款的浪费与某些贪污现象。对于非自愿的慰劳捐款，人民可以拒绝。我们号召要胜利的〔地〕完成统一累进税的调查征收工作，全体人民应忠实填报，丝毫不要隐瞒，广大工人、雇工要自动捐纳，争取模范。

五、发扬民义（意）机关的作用，保障人权，保障财产权，保障言论、集会、结社、出版、信仰之自由权——民义（意）机关，是人民自己选出来的，它替人民负完全的责任，民义（意）机关负有监督、弹劾、选举、罢免、创制、复决之权，人民对于政府有何意见，都可以通过代表来讲。全边区的人民，不管属于任何党派、团体、阶级、民族、职业，非依法不能逮捕、不能监禁、不能处罚，除汉奸财产得依法没收外，全边区人民的财产所有权，政府负责保护。集会、结社、出版，只要是向政府履行过登记手续，在不作有碍抗战团结的言行的前提下，都可以自由。我们号召如有侵犯人权、侵犯财产权者，不论政府、机关、团体或个人，被侵犯者均得以控诉，政府当依法处理。我们号召各级民意机关，有计划的〔地〕采纳民意，定期的〔地〕把人民的意［见］反映到政府。我们号召大量的妇女参加到政权里边来，使妇女更进一步的〔地〕得到解放。

六、普及教育，肃清文盲，建设边区文化——要使边区成为新中国的模范，必需〔须〕有文化教育建设，没有普遍的文化教育建设，各项工作的进展是要受限制的。我们必须使文化教育建［设］与政治、经济的建设相适应，在今年我们要做到每一个行政村有一个小学校，学龄儿童入学者要达到百分之六十，每个区要有一个高小，每一个高小要吸收三个免费生，我们要把初级中学变成四年制，要大量的〔地〕吸收自费生，吸收各阶层人士的子弟入学。我们要创建两年制的高级中学与正规的大学，我们要继续扫除文盲，更广泛的〔地〕开展社会教育。我们号召全边区的文化人更有组织的〔地〕动员起来，为建设边区的新文化而奋斗！全边区的教育职业者，有系统、有计划的〔地〕编写各种教材、教学法、参考书，政府对有功的文化教育者将予以特殊的奖励或报酬。

七、开展卫生保健运动，防止疾病，减少死亡率——用群众的力量开展卫生保健运动，严防敌探汉奸投毒撒菌的阴谋毒计，创设保育院，保卫儿童保卫后代！我们号召，今春把全边区的厕所臭水池全部加以清除，把全边区的猪圈、粪堆，全部加以整理掩埋！我们号召广泛的〔地〕采制中药，推广中药，尊敬医生，医生广为广大人民服务，广泛教育产婆，要使村上有产婆，减少儿童死亡率。

八、争取伪军、争取汉奸，肃清境内的敌探、汉奸、汪派——对于伪军，我们一向认为大都是被迫的，他们大部份〔分〕是愿意回到祖国的怀抱的。对于汉奸汪派，除极少数甘为牛马的民族败类外，以一时意志薄弱或被迫误入歧途者为数不在少。因此，凡改邪归正者，我们宽大为怀，一律予以自新之路，而其执迷不悟者，一经抓获，格杀勿论。我们号召，参加伪军的同胞，成群结队回到祖国的怀抱里边来，误入歧途的同胞不要一错再错，迅速反省，赶快自首。我们号召，全边区的同胞提高警觉性，防止敌探汉奸，肃清敌探汉奸汪派！

全边区的同胞们！在我们反扫荡战争彻底胜利的时候，在民国三十年的新年度刚刚开始的时候，我们来过边区四岁的生日，愿全体同胞努力，以刻苦奋斗的精神，创造更伟大更愉快的民国三十年。

三十年一月十八日

原编者注：此告同胞书带有施政纲领性质，故摘录。

选自《抗日根据地政策条例汇集——晋察冀之部》，第2辑，1942年版，第7～12页。

15. 晋察冀边区行政委员会关于重新实行闾编制的指示要点

1941年1月发出

边区政府于一月二十七日分电各级政府，对编闾执行问题作详细指示。其要点如下：

甲、编闾原则：（一）一般行政村，均以二十至五十户为一闾，并按村民之住区或街道编制之；（二）四十户以下之自然村均编为一个闾；（三）冀中大村户数过多，其超过七百五十户者，可酌量将户数提高，但最高不得超过一百户；（四）行政村组成以不超过十五个闾为原则（超过一千五百户之大村庄例外）。

乙、闾之组织机构及组织范围：（一）闾设闾主任代表一人，由闾内村民代表互选；（二）闾为村政权之组成部［分］，一村政权一切工作决定，通过闾主任代表执行之，但闾并非一级；（三）闾主任代表于必要时可召集本闾之村民代表，传达工作任务或举行工作会议，唯无决定村政兴革及其他事项之权。

丙、编闾工作期限及顺序：（一）于今年村选前，闾必须划好；（二）顺序：划闾，组公民小组，选村民代表，召开村民代表大会，改选村公所，选举闾主任代表。

丁、公民小组与闾主任代表会：（一）公民小组于闾范围内自由组织之；（二）村公所可建立闾主任代表联席会，以加强村行政效率，但该联席会议并非村民代表会之常务会，不能代行其职权。

（三十年一月发出）

原编者注：此消息剪自《晋察冀日报》，原指示缺。

选自《抗日根据地政策条例汇集——晋察冀之部》，第2辑，1942年版，第66页。

16. 宋劭文：晋察冀边区行政委员会工作报告

（1938—1942年）①

目录

① 本文是晋察冀边区行政委员会主任宋劭文1943年1月15日在边区首届参议会上所作政府工作报告的节录。

（二）经济建设（见“经济管理”）

（三）财政建设（见“财金税粮”）

（四）教育工作（见“文教卫生”）

（五）司法工作（见“司法审判和狱政”）

（六）公安工作（见“公安法规”）

三、简短的总结

诸位参议员先生：

民国二十七年初，晋察冀三省毗连地区，已和国家总后方隔断，处于相当混乱的状态。一月十日晋察冀边区军政民代表大会胜利的召开于阜平。一月十五日大会选举聂荣臻、宋劭文、胡仁奎、张苏、刘奠基、吕正操、孙志远、娄凝先、李杰庸等九人为晋察冀边区行政委员会委员，组织边区行政委员会。一月三十一日，阎司令长官转奉国民政府军事委员会及行政院电令正式任命各委员，并任命宋劭文为主任委员兼财政处长、胡仁奎为副主任委员兼民政处长，刘奠基兼教育处长，张苏兼实业处长，娄凝先兼秘书长。劭文等受命以来，于兹五载，值边区第一届参议会开会之际，谨向全边区的人民报告五年来的政府工作，敬希批评指示。

一、从战斗中壮大的晋察冀边区

首先把我们抗日根据地艰苦缔造的过程简单叙述一下：

（一）边区的形成（二十六年十月至二十七年一月）

民国二十六年秋，继保定、石家庄、南口、大同、平型关、娘子关失守之后，十一月八日太原也失守。大军南撤，旧政府人员逃散，被日寇占领区的同胞，开始遭受着奸淫抢掠亡国奴的厄运。此时晋察冀三省边陲地带，处在极端混乱状态中。当时老百姓的呼声是：“政府走了，军队也退了，世道乱了，日本人快要来了，家乡将怎么样呢？我们将怎样过活呢？”只有深入敌后的八路军，以聂荣臻将军为首，于十一月七日，奉朱彭总副司令之命成立了晋察冀军区司令部。在聂荣臻将军指挥之下，边区的社会秩序在逐渐恢复着，人民情绪在逐渐好转着，边区会成为一块干净土地，会成为一个敌后的抗战根据地，边区人民从事实发展中找到了这一答复。聂荣臻将军号召：“坚持华北抗战，誓与华北人民共存亡。号召晋察冀三省同胞，参加游击队、义勇军，武装保卫家乡，开展游击战争，组织各种抗日救国团体，摧毁汉奸维持会，建立抗日民主的地方政权，肃清土匪，抚辑流亡，恢复地方秩序，改善人民生活，团结一切不愿当亡国奴的人民，创造抗日根据地，变敌后为前线。”（聂荣臻将军给前方部队和工作团的指示）。

战地总动员委员会的组织不几时普遍在边区的每一个县、区、村，广泛地掀起了动员热潮，游击队、义勇军、自卫军蓬蓬勃勃地生长起来，八路军带领上游击队搜集退军扔下的枪弹，武装了自己。边远县份刚在成立的维持会不一月都被打碎了，老百姓都用自己的力量，保卫家乡。

随着抗战的需要与游击队的动员，各地战地动员委员会（有的地方是救国会或自卫会）执行了政权的任务，实行着减租减息，优待抗属，有力出力、有钱出钱，停征了田赋，废除了苛捐杂税，实行合理负担，并发动群众，建立群众组织。动委会在边区的开创上，是有很大成绩的。但当时各地因无统一的政权，各种动员混乱的现象是不可免的，广大人民都在渴望着抗日的新秩序。“这样的局面不得了，究竟谁出来管事呢?”到处老百姓耳语。组织起来的武装要饭吃、要衣穿、要钱花、要枪弹，三省的人民要互通有无，平汉路东西两侧的人民要求打成一片，要密切三省边境的来往。大家渴望着一切有统一的办法。

民国二十七年一月十日至十五日的军政民代表大会，就是在边区人民一致的要求下召开的。

（二）边区的政权的统一（二十七年一月至十二月）

边区军政民代表大会，到会代表一百四十六人，代表着国民党、共产党、各团体、各地方政府、游击队、正规军，代表着工农商学妇女，代表着汉满回藏民族，代表着和尚喇嘛，代表的衣褛零乱、形形色色，开民国史上的新纪元。然而大会却表现了异常的统一与异常的兴奋，在敌寇的包围下，大家“意志集中，力量集中”于抗日——保卫家乡，民主——建设统一的民主政权，民生——照顾各阶层人民利益，改善贫苦人民生活。大会根据三民主义与抗日救国十大纲领，对军事、政权、财政、经济、教育、人民武装、司法，各项政策都有热烈的讨论并作了决定，成为五年来边区政府施政之准绳。

在代表大会中许多人的讲话，今天回顾一下，很可以了解当时的局面：

“在晋察冀的游击战是很短的期间起来的，还没有起了更大的活动，可是已经收得不少的效果。在现在，敌人如果想向我们更深入的〔地〕进攻，这是要使它费更大的考虑的。我们能和各地方的武装部队取得联络，并且能把四条铁路中间及平汉路以东的县份打成一片，这对我们全国的抗战上有着很大的作用。”

“团聚广大的群众继续奋斗，华北的战争就能长久支持下去。广泛组织民众，领导本区域内的民众进行抗战，这个会便负着这样的伟大使命。……不久前敌人虽然也占过涞源、蔚县，广灵，但是涞源已经被我们收复了，蔚县、广灵我们也已逼近城下，我们的游击队在继续活动，而且能够和十几个县打通。”

“只要我们能够建立起健全的政府来，能把政权统一，那么这个区域一定能统一。在这个地区内实现了各党各派大联合的民主政权，使在华北创造游击战争根据地得到最有利的条件。我们应当万众一心，发动民众配合华北主力部队和日寇作殊死战，不屈服、不投降，长期坚持到底，最后的胜利一定是我们的!”（代表大会聂司令讲演）

“现在晋察冀三省已被敌人占去了很多地方，这好象〔像〕是进了我们的家里，所以聂司令宋主任起来救国，就象〔像〕救我们自己一样。”（农民代表讲话）

“日本利用蒙古人借刀杀人来打中国，也可以说日本鬼子摆的是蒙古阵，我们也该效法杨五郎去打破日本这个蒙古阵。所以我们联合五台山蒙藏同乡组织起来团结起来抗战。”（喇嘛代表讲话）

大会选举了晋察冀边区行政委员会的委员，边区行政委员会随即成立，不久即奉国民政府军事委员会暨行政院之批准。二十七年一月阎司令长官电：“兹会程司令长官上军委会行政院一电，文曰：据第一区政治主任宋劭文电称，所辖各县与晋察邻境各县自敌军深入后与主管省府断绝联络，职亲往冀西察南与当地军政长官晤商联合办法，咸愿成立晋察冀边区行政委员会，设主任委员、副主任委员各一人，委员若干人下设秘书、民财教实五处，受战区司令长官之指挥，办理本区统一军事行政、组训民众、发展游击战争等事，逐渐向敌后方深入收复失地，由会委任县长以资管理，仰蒙府准，请转电中央备案，并请委派职员以利进行等语。经锡山等往复电商，该主任所称各节□□暂行树立政权，于牵制敌人收复失地当不无裨补。至各项人选，查政治主任宋劭文，盂县县长胡仁奎，太原绥署参事刘奠基，山西省府秘书李杰庸，政治主任公署秘书娄凝先，蔚县县长张苏，军区司令聂荣臻，保定行营民训处特派员孙志远，五十三军团长吕正操等九人，现均在该区担任军政及组训民众，拟以该九人任委员，并拟以宋劭文为主任委员兼财政处长，胡仁奎为副主任委员兼民政处长，刘奠基兼教育处长，张苏兼实业处长，娄凝先兼秘书长，以上各员已在该区奋斗数月，均具救国热忱，如蒙指派当益加奋勉。惟事关创设，可否暂予照准，一俟军事底定，即行裁彻之处，敬请核示等语。兹奉军委会复电开：'马子电悉，所谓成立晋察冀边区行政委员会及该会组织人选均照准，晋察冀边区行政委员会着归阎司令长官指挥，特此遵照等'，合电你该员等一体遵照，即日组织成立。"

在边委会成立以后，全边区的人民都在欢腾鼓舞着。逐渐结束了各地动员委员会救国会和自卫会等在过渡期间半政权性质的组织，统一委任县长，建立地方政权，停止县合理负担，恢复田赋，试办村合理负担，宣布减租减息、优待抗属，确定汉奸案犯，统一由政府处理，部队经费给养统一由政府筹支。不到两月，抗日社会秩序稳定，逐渐扫除了抗战初期的紊乱现象。

回想二十六年保定石家庄失守后，国军南撤，那时在吕正操将军领导之下的人民自卫军，提出"向敌人后方退却"的口号，从永定河退到泊镇，吕司令率领所部，摧毁了深泽、安国、任丘、河间，献县、安新、高阳等地的伪组织，清除盗匪，发展冀中游击战争。二十七年四月一日冀中政治主任公署（后改为行署）成立，逐渐建立了冀中平原抗日根据地的基础。

二十七年七月八路军邓宋支队挺进冀东与热察南部，在冀东十七个县，展开大规模的游击战争，声势浩大，惊震中外，自二十四年殷逆汝耕叛国后，敌伪对冀东人民的各种奴役淫施，曾一度被摧毁殆尽。十月以后虽受到一些挫折，但平西、平北、察南、冀东游击战争的开展，缩小敌占区，扩大根据地，却肇基于此。

迄至二十七年十月，边区已包括七十二个县，拥有一千余万人民，建立起广大的人民游击队，一切抗日的人民都获得言论、出版、集会、结社、职业、信仰、居住的自由，不仅共产党各群众团体普遍进行了组织民众抗战的活动，即被何梅协定停止了的国民党党部，从七月起亦陆续在各县恢复起来，各党派阶层日益团结，人民生活逐渐改善，群众组织普遍发展，抗日秩序大定，边区政权完全统一。

由于我们敌后抗日根据地的建立，更由于我军区部队不断向冀晋腹部挺进与破坏敌之交通，使敌感受莫大威胁，故自敌南进攻陷临汾之后，更企图用较大的兵力来肃清我们，这便是敌寇于正面进攻武汉之际，对我们北岳区的第一次八路进攻，与对冀中区的大围攻。

当时敌寇将进攻五台山的根据地与进攻武汉相提并论，但由于我军区游击队、自卫军的奋勇和人民积极配合，敌人损兵三千余，扫荡遂告失败。这是二十七年秋冬的事。当敌寇进攻边区时，中外人士是异常关心的，军委会曾数次向八路军总司令部电询边区战况，英政府亦电询我外交部，不久外交部长王宠惠氏向英国声明我军仍在华北敌后坚持，五台山根据地依然屹立，足证晋察冀边区对坚持华北敌后抗战的重要。边区经过这一次考验，已经成为敌后抗战的保〔堡〕垒了。

（三）边区的发展壮大（民国二十七年十二月至二十九年六月）

敌人第一次围攻边区，我们是胜利了，但同时也暴露出我们的许多弱点；一年来我们的工作还十分不深入，区村政权还非常脆弱，群众组织与群众的觉悟性，还十分不够。在敌人的围攻中，大部分的村政权都塌台了，人民大都不习惯于战争，战争中一切又混乱了。因此，我们就提出“把山沟小道落后的村庄变为进步的村庄”的口号，着手改革区村政权：划小区，充实区公所的组织，取消编村，取消邻闾制，建立村代表会与村公所各委员会，热烈地开展村选运动，改进了村政权。在反围攻以前，老百姓对于民主参政是没有兴趣的，由于多年受人的压迫，对村事不敢讲话，大家的呼声是：“那〔哪〕里有咱说话的地方?”“咱管不着那些。”“大家都不说话咱也不敢说。”区村政权改造后情形就两样了：“还是民主好，大家的事大家办。”“咱们选好人当村长，能替咱们办事。”民主运动教育了广大群众，提高了群众觉悟性与组织性，从此边区又大大的〔地〕巩固了一步。

二十八年夏，阴雨为灾，河川泛滥，敌寇在冀中决破了四处河堤，造成数十年来边区未有的奇灾。被毁良田不下十七万顷，被冲粮食不下六十万石，淹没村庄一万余村（冀中占六，七五二村），人畜的伤亡也很严重。灾民三百万，到处号啕痛哭。大水灾对于边区的威胁十分严重。但是边区是从战争中锻炼出来的，群众已有了组织。区村政权已经过大的改造，我们有一切力量克服水灾给予我们的困难。我们的口号是“加紧救灾治水，保卫边区，克服困难，坚持抗战到底!”二十九年春，政府贷款三百万元，赈济一百余万元，军队以全力帮助人民展开修滩运动，三个月完成了往昔二十年做不了的工程，人民的互助借粮运动虽发生许多缺点，可是广大的灾民均免饥饿逃荒，边区各阶层人民与军队经过这次锻炼，更进一步的〔地〕团结到抗日的前线了。

二十七年冬，当敌寇大举进攻冀中之际，张荫梧乘机到冀中“收复失地”，要“消灭八路军”，称八路军三纵队为“伪抗日军”，柴恩波在反扫荡中投敌公开当了汉奸，而张荫梧则谓柴逆为“曲线救国”。此种倒行逆施、亲痛仇快之行为，直继续到二十八年夏，演出残杀抗日干部进攻抗日武装之悲痛事件，实令人痛惜。边区是“在敌人包围中，暂行树立政权，牵制敌人，收复失地”。“一俟军事底定，即行裁撤”。而张荫梧辈，不顾大局，一意磨〔摩〕擦，在我军政一切以民族国家为重顾全大局的措施之下，终经蒋委员长予以适当的解决。

蒋委员长致吕司令宥电开“虢镇事件，已电和平解决，经过并已电程主任撤〔彻〕查，该部转战冀中，为所深悉，希仍本三民主义抗战建国最高原则，继续努力奋斗”。

二十八年二月边区行政委员会派胡副主任刘处长赴渝请训，十月阎司令长官转告胡副主任刘处长敬谏两电略称“此次重庆一行，委座传见，重询边区情况后，很嘉许吾等二年辛劳及一切抗战办法，面谕边区一切照旧进行，辖区不变，嘱继续努力”。

我们当即遵照蒋委员长训示，继续努力抗战建国。

二十八年十月山西保安十区白志沂包围广灵、灵邱县政府，残杀抗日干部，涞源敌人攻陷走马驿，灵邱敌人进攻南山，我驻军正抽派劲旅，迎头痛击之际，白志沂竟不顾大局，包抄后路。当时聂司令与劭文电白志沂“要顾全大局，戮力同心，亲密团结，保卫雁北根据地，一致向北迎击乘机进攻之敌”无效，终致敌寇乘机扫荡，大烧大杀予雁北根据地以莫大损失，雁北父老兄弟莫不痛哭流涕，愤慨白志沂之所为，而白志沂却在敌扫荡中逃跑了。

敌寇这次“扫荡”，在我边区子弟兵英勇打击与边区人民对我军积极协助之下遭受惨败。黄土岭银坊的歼灭战，雁宿崖阿部中将之毙命，写下边区战史光辉的一页，而敌寇不得不作“名将之花，凋谢在太行山中”的哀鸣。在冬季反扫荡胜利之后，边委会特拨巨款赈慰被敌烧杀的灾民，不几时群众情绪恢复，克服了水灾给予我们的困难。二十九年春，敌大举扫荡冀中，反复“拉网”搜剿，倍极残酷，但终在我冀中军民英勇奋战之下给粉碎了。同年春八路军之一部再度挺进平北冀东。在平北摧毁察南冀北敌伪统治，不半年间建立起五个县联合县抗日政权，创造平北抗日根据地。已经沦陷七年所谓“王道乐土”的伪满洲国之热河南部，亦在我军英勇挺进人民热烈拥护之下收复了。当我军进入伪满境内时，所到之处，人民扶老携幼，焚香欢迎，许多老人抱住我军哭诉：“七年没有看见你们了，以为中国不要我们了，你们再不来，我们实在活不下去了。”在敌寇残酷蹂躏下的冀东同胞，更是饥渴般的〔地〕翘盼着我军，他们听到我军进入冀东的消息后，掀起了大规模的劳军运动，丰玉遵一县募集子弹十九万发，蓟县捐枪二百余支，妇女儿童几乎每人都捐赠一件礼物，以表示他们对我军的爱护。我军便以无上的英勇，摧毁敌伪统治，拯救人民于水火，开展游击战争，来回答冀东人民的热爱。不及一年，根据地的面积比二十八年春扩大了六倍以上，在十二个县内，建立起六个抗日民主的联合县政府，至此边区更加巩固与扩大了。

（四）民主政治的新建设（民国二十九年七月——三十年十一月）

中山先生说：“中国既定为民国，总要以人民为主，要让人民来讲话，如果是帝国，才让他们（指握兵权的人）去讲话。假若一天不改国号，他们总要听人民的话。”（国民会议为解决中国内乱之法）我们从边区创造之日，即忠实执行中山先生遗训。边区是人民的边区，是人民靠了血肉与敌伪搏斗中创造出来的。二十九年六月以前，我们不断的〔地〕进行了民主的改革，建立了各级行政会议，但在县、边区两级的民意机关，还很不广泛。在全国开展宪政运动的声浪中，我们进行了轰轰烈烈的各级选举运动，使边区政权，实现了更广泛的民主，纠正了政策执行中的许多偏向。

二十九年八月十三日中共中央北方分局公布了“晋察冀边区目前施政纲领”，政府接受此纲领贯彻到施政中去。举凡减租减息，交租交息，保障地主土地所有权，保障农民土地使用权，保障人权政权诸要端，无不竭尽所能，使其实现，纠正当时工作中的许多偏向，使边区各阶层人民更进一步的〔地〕团结起来。

同年秋，八路军在华北敌后开展了声势浩大的百团大战，全面向敌出击，边区军民在民主大选的热潮中，胜利的〔地〕完成了参加百团大战的任务。边区子弟兵在聂司令亲临火线指挥之下，收复娘子关，攻下井陉矿，彻底破坏正太路，冀中、冀东军民亦展开大规模的破交战。这次战役，不仅获得辉煌战果，我边区根据地并得到进一步的扩大，西逼太原，北平近郊经常有我军活动，平北根据地至三十年春，已达东西五百里、南北四百里之面积，冀东北出长城，南至渤海之滨迄芦龙，西至通州，在广大的平原与山地，差不多踏遍了八路军、游击队与我抗日民主政权人员的足迹。

三十年春，继选举运动之后，实行“调查不凭估计”的统一累进税，扩大负担面至全人口百分之八十，使相持阶段的财政困难，得到合理的解决。

边区各阶层人民团结的巩固，使边区成为牢不可破的铁的保〔堡〕垒，正因此，它就成为敌人的眼中钉。百团大战之后，敌以三万之众对北岳区举行报复扫荡，三十年五月对冀东以四万兵力大举围攻，为时达两月之久。此外在这一时期，边区的各游击区，更是经常处于敌寇“扫荡”与“清剿”之中，环境之残酷，战斗之频繁，为前所未有，然而在我军民难〔艰〕苦奋战之下，敌寇之一切“扫荡”“清剿”等企图，均遭粉碎，迄至三十年八月敌人经过长期准备与周密计划，更抽调七万大军，以极毒辣的方法，对北岳区进行了“铁壁包围战”，企图聚歼我军，毁灭边区，残酷扫荡时间达两月，奸淫烧杀的“三光政策”竭尽野蛮之能事，我万余同胞被抓去运到东北作〔做〕苦工，边区之财力物力亦受到损失。据五个专区二十三个县的不完全统计，这次扫荡的损失：

被烧房屋十五万二千一百九十五间。

粮食损失五千七百九十九万五千二百七十五斤。

现款损失六十万四千零二十七元。

用具损失四十万一千四百一十五件。

被毁庄稼五万二千二百二十一亩。

农具损失二十三万七千三百一十七件。

牛、马、骡、驴共损失一万零八百八十五头。

猪羊共损失二万零七只。

鸡五万八千三百九十二只。

在干部与人民损失方面：

牺牲干部二百零一人。

被捕干部四百二十六人。

被敌惨杀人民四千五百二十五人。

被敌捕走人民一万七千八百三十七人。

负伤者一千五百五十三人。

被奸淫者一千五百三十八人。

但是敌寇这次所幻想着的“最后复［覆］灭扫荡”，在我英勇的八路军昼夜血战与老百姓团结苦斗之下，又一次的〔地〕被粉碎了，敌酋冈村于遭受挫败之余，不得不以“雄狮扑鼠，徒劳无功”以解颐。

（五）黎明前的黑暗——空前尖锐的对敌斗争（民国三十一年十一月至现在）

太平洋战争爆发之后，国际反法西斯阵线迅速结成，而敌寇则以华北作为其“大东亚战争的兵站基地”，因此敌寇对我边区的扫荡与蚕食更加频繁，其所用的方法，更加残酷毒辣。这一时期，敌寇总结了历年扫荡的惨痛教训，向我展开了空前尖锐的军事、政治、经济、思想密切结合的“总力战”，在军事上增据点、修堡垒、挖封锁沟、筑封锁墙，在冀中与北岳区平原点线之稠密，星罗棋布。据军区司令部统计，去年边区敌伪点线有如下表：

民国三十一年晋察冀边区敌伪点线统计表

类别	据点与碉堡数		公路长度（里）		封锁沟长度（里）		封锁墙长度（里）	
统计月份	一月	十二月	一月	十二月	一月	十二月	一月	十二月
北岳区	675	1 219	9 922	9 238	1 328	1 779	395	395
冀中区	727	1 635	8 755	11 987	4 661	5 000	502	502
冀东区	223	329		3 062	200	924		
平北区	105	173		2 618	102	182		
总计	1 730	3 356	16 677	26 905	6 291	9 885	897	897
占土地面积（平方里）			138.98	224.2	104.85	131.4	2.49	2.49

附记

占土地面积之计算标准：（一）公路以平均 2.5 丈宽为准，内除去原有乡村大道一丈宽，实按 1.5 丈宽计算；（二）沟及积土等以 3 丈宽为准；（三）墙以 0.5 丈厚为准。路沟墙三项一月份共占土地 246.77 平方里，十二月份增至 358.54 平方里。

本统计所用单位，仍以旧营造制为准，即每平方里为 540 亩。

敌寇为补救其兵力不足，大批抓捕青年，强编伪军。为对我封锁，大量制造无人区，在伪满的“国防线”上，实行所谓绝缘体，在晋东北建立长约三百里的封锁线，封锁线的两侧三十余里都变成了荒凉凄惨的无人区，在冀东平北长城沿线东西五百余里、南北五十里到百里的村庄，都被敌寇宣布“作废”，企图用这种彻底毁灭的办法，使我与敌寇奴役下的人民“绝缘”。在政治上强化保甲，厉行自首，加强特务活动，摧毁我地下组织。敌寇自第四次治安强化运动之后，更加强“思想战”，企图消灭沦陷区同胞的民族意识，加紧经济掠夺，在“勤俭增产”与“确保农产”的口号下，实行配给制度、公仓制度、“物价对策”，无止境的〔地〕敲诈勒索，使敌占区与游击区的同胞，遭受着一刻也不能忍受的灾难。

一年来，敌寇对我北岳区展开了极毒辣的蚕食，对冀中、冀东平原各地区，进行了疯狂的扫荡与清剿。在蚕食、扫荡、清剿中，我无辜同胞之被惨杀、毒打、被捕、被奸污者，为数在十万人以上，而敌寇杀人、奸淫之法，尤属惨绝人寰，杀人有刺杀、铡、斩、活埋、剖心挖眼、活剥皮、喂洋狗、打活靶、点火灯、烧滚水、灌死猪、放毒气、挂电杆。当二十九年旧历除夕，敌寇曾屠杀丰润县潘家峪村全村男女一千三百余口。去年六月扫荡冀中时，在定县北坦村以毒气惨杀我妇孺老幼八百余人，对我妇女姐妹的奸污，更有强奸、轮奸、割乳、塞阴，甚至强迫子淫母、父奸女的种种兽行，侮辱蹂躏之惨为古今中外所未有。

尽管敌寇拼命的〔地〕作垂死的挣扎，然而边区军民坚强团结、艰苦奋斗，永远是不可摧毁的力量。为了保卫家乡，保卫边区，坚持阵地，二年以来，我军民无日不在极度紧张的〔地〕与敌寇展开反蚕食反扫荡的尖锐斗争，虽一村一镇、一个山头、一条河流、一亩地、一斗粮，敌寇要想取得，都必须支存重大的代价。去年五月敌寇扫荡冀中，为争夺蒿无县一个北候村，死伤七百余人。在晋深极争夺白庄宋庄的战斗［中］，敌真渤特区司令官与伪道尹同时毙命，加道大队消灭殆尽。冀东区在积极反扫荡清剿中，不但坚持了原有的阵地，并深入承德平泉，向北越过朝热铁路，东面迫进榆关，现在伪满之兴隆、青龙

（都山）、承德、平泉、凌源等广大地区内，都已飘扬起青天白日旗，建立起我抗日民主政权。尤其在北岳区自去秋积极开展反蚕食斗争以来，我军深入敌后之敌后开展游击战争，使敌寇之蚕食阴谋，遭受严重打击，给予敌占区、游击区同胞以极大安慰。

敌我斗争，是空前紧张与尖锐了，这是敌寇垂死前的挣扎，我们处于黎明前的黑暗时期，只要把这一段黑暗冲破，今年我们一定能胜利。

从战斗中生长壮大的晋察冀边区，战斗的成绩是什么呢？

我们使一千数百万人民，仍然呼吸着自由的空气，没有做了敌人的牛马，我们解救了数百万曾备尝亡国奴滋味的同胞，我们保卫了国土，坚持了敌后抗战。据军区司令部的统计五年以来，我军共作战一万四千三百九十二次，毙伤敌伪十七万四千三百零二名，连同被俘与反正者共二十一万三千六百九十五名，截至现在我们共管辖十三个专区、九十八个县——北岳区四十县、冀中区四十二县、平北六个县、冀东十个县——六百五十个区、二万五千三百六十六个行政村，包括旧县治一百一十九个，其辖境如下表：

晋察冀边区行政区域简明表 中华民国三十二年一月十日制

北岳区				
专区别	县别	建县年月	原属省份	备考
一	五台	二十六年九月	山西	
	盂平	三十一年八月	山西与河北	原盂县政府于二十六年十月成立，现为东部与平山西北部合并而成
	定襄	二十六年十一月	山西	
	寿阳	二十七年十二月	山西	
	盂阳	三十一年十二月	山西	原阳曲县于二十六年十二月成立，现与盂县西部合并，村包括自然村在内
	忻县	二十六年十二月	山西	
	崞县	二十七年十一月	山西	
	代县	二十六年十一月	山西	代县南山与五台西北部合并
	山阴	二十七年三月	山西	山阴南山代县北山一带
	榆次	二十七年五月	山西	
	寿东	三十二年一月	山西	为寿阳东部与盂县南部合成
二	灵邱	二十六年十月	山西	
	浑源	二十七年一月	山西	
	繁峙	二十六年十月	山西河北	内有阜平一部
	广灵	二十七年一月	山西河北	内有涞源灵邱各一部
	应县	二十七年三月	山西	应山（阴）联合县于民国二十七年五月成立
三	涞源	二十六年八月	山西	
	易县	二十七年三月	山西	
	龙华	二十九年	河北	原易县北部
	满城	二十七年十二月	河北	内有易县一部
	徐定	三十一年四月	河北	徐水定兴联合县，内有易县一部

四	阜平	二十六年九月	河北	
	曲阳	二十六年十一月	河北	
	唐县	二十六年十二月	河北	
	完县	二十六年十一月	河北	
	云彪	三十一年三月	河北	原为望都县于二十七年二月成立，三十一年初改称新望县
	望定	三十一年三月	河北	原为定县县佐公署于民国二十七年六月成立，后改称定北县
	定唐	三十一年三月	河北	定县西部，唐县南部合成
五	平山	二十六年九月	河北	
	灵寿	二十六年十月	河北	
	行唐	二十六年十月	河北	
	井陉	二十七年一月	河北	
	正定	二十七年一月	河北	正（定）新（乐）联合县于二十七年四月成立至十月又分设两县
	建屏	二十九年七月	河北	原为获鹿县于二十七年初建立，后与井陉合并称井获联合县，后又改为获鹿县
	平定	二十七年十二月	山西	内有盂县一部
六	昌宛房	三十一年十二月	河北	原称昌宛联合县于二十七年二月成立，包括房山一部
	昌宛房县佐公署	三十一年十二月	河北	
	涞水	二十七年十一月	河北	原称涞涿县二十九年三月改称
	蔚县	二十七年一月	察哈尔	
	房涞涿	二十八年二月	河北	内房山、涞水、涿县各一部
冀中区				
七	东冀	二十九年	河北	束鹿、冀县各一部
	赵县	二十七年	河北	
	赵元宁	二十九年	河北	赵县、元氏、宁晋各一部
	深南	二十八年	河北	原深县南部
	宁晋	二十七年	河北	
	晋藁	二十九年	河北	晋县、藁城各一部
	藁正获	二十九年	河北	藁城、正定、获鹿各一部
	深束	二十八年	河北	深县、束鹿各一部
	栾城	二十七年	河北	
八	深北	二十八年	河北	原深县北部
	定南	二十六年	河北	原定县南部
	安平	二十六年九月	河北	
	晋深极	二十八年	河北	深泽及晋县无极之一部
	安国	二十六年九月	河北	
	新乐	二十七年	河北	
	东晋	二十八年	河北	束鹿、晋县各一部
	藁无	二十八年	河北	藁城、无极各一部

九	饶阳	二十六年	河北	
	武强	二十七年	河北	
	献县	二十七年	河北	
	交河	二十七年	河北	
	建国	二十八年	河北	献县、河间各一部
	任河	二十八年	河北	任丘、河间各一部
	大城	二十七年	河北	
	河间	二十六年	河北	
	青县	二十七年	河北	
	献交	二十八年	河北	献县、就好、交河各一部
十	肃宁	二十六年九月	河北	
	蠡县	二十六年	河北	
	高阳	二十六年	河北	
	任丘	二十六年	河北	
	安新	二十六年	河北	
	清苑	二十八年	河北	
	之光	二十九年	河北	原清苑、安新各一部
	博野	二十六年	河北	
十一	文新	三十年	河北	文安、新镇合并
	第一联合县	三十一年	河北	新城、容城、固安、涿县各一部
	第二联合县	三十一年	河北	雄县、霸县、新城各一部
	第三联合县	三十一年	河北	永清、固安、安次、宛平各一部
冀东区				
	迁青平	三十一年	河北	包括迁安、青龙（即都山）、平泉各一部
	遵玉丰	二十九年	河北	包括遵化、玉田、丰润各一部
	丰滦迁	二十七年	河北	包括丰润、滦县、迁安各一部
	蓟宝三	二十九年	河北	包括蓟县全部、宝坻、三河、通县、香河、武清、宁河、玉田、兴隆各一部，人口一百二十余万
	平三密	二十九年	河北	包括平谷、三河、密云各一部
	迁遵兴	二十九年	河北	包括迁安、遵化、兴隆各一部
	迁卢抚昌	三十一年	河北	迁安、卢龙、抚宁、昌黎各一部
	承滦兴	三十一年	河北热河	承德、滦平、兴隆各一部
	丰玉宁	三十年	河北	丰润、玉田、宁河各一部
	丰滦昌乐	三十一年	河北	丰润、滦县、昌黎、乐亭各一部

平北区				
十四	龙赤	二十九年三月	察哈尔	龙关、赤城联合县
	昌延	二十九年一月	河北察哈尔	昌平、延庆联合县
	龙延怀	二十九年六月	察哈尔	龙关、延庆、怀来联合县
	龙崇赤	三十年六月	察哈尔	龙关、崇礼、赤城
	丰滦密	二十九年五月	河北热河	丰宁、滦平、密云
	滦昌怀	三十年七月	河北热河	滦平、昌平、怀柔

项别 数目 地区	专区	县	区	村
北岳区	六	四〇	二四一	七五八三
冀中区	五	四二	二七五	八九六一
冀东专区	一	一〇	七三	七三〇〇余
平北专区	一	六	六一	一五二二
合计	十三	九八	六五〇	二五三六六
附注：冀中根据三十年六月统计。冀东行政村系约数。				

注：统计表数字与上列县数不符，可能有误。

晋察冀边区所以有今天，是因为我军民历尝艰辛，付了无限的巨大代价。五年来我边区八路军战死与负伤者达六万二千四百七十七名，党政民区级以上干部人员牺牲被俘负伤病死者，据不完全的统计，为数已有三千七八百人（仅北岳区牺牲与被捕的即有一千三百八十人），良田被毁侵占者达一百万亩，房屋被烧者估计达五百万间，至我同胞被残杀被捕走被奸污，财物被劫粮食被抢者，更不可以数计，然而我军民始终团结战斗，誓死不屈，有无数同胞，在村庄田园被毁后宁愿穴居野处，誓死不降敌人。至于五年来我党政军民之干部人员，抗敌不屈，临难不苟，壮烈殉国，可泣可歌，动天地泣鬼神的无数壮烈事迹，更是高度的〔地〕表现了我中华民族极崇高的气节。这里值得特别提出向他们的英灵致哀致敬的有：第四军分区司令周建屏，第八军分区司令常德善，政治委员王远音，边区民运工作领导者鲁贲，游击军司令王溥，雁北人民领袖李光汉，冀东分区司令包森，政治主任刘成光，八路军挺进军第十团团长白乙化，十二团团长陈群，在冀东殉国的东北义勇军名将唐聚五将军，冀东抗日联军司令洪凌阁，军区骑兵团团长刘云彪，徐水县长刘萍，蠡县县长董志坚、王志远、林里青，清苑县长刘寿彭，昌延县长胡瑛，丰滦迁县长魏春波、卢启明、于慕之，部队团长以上、地方县长以上干部不下百余人。这些烈士的鲜血，将永远灌溉着晋察冀边区。

诸位参议员先生，血债是要敌寇用血来偿还的，目前国际国内形势都极对我有利，我们的处境，固极困难险恶，然而我们是久经困难考验的，边区周围有着各抗日根据地的配合，我们绝不是孤立的，我们要作最后努力，咬紧牙关，熬过今年一年，打倒日本帝国主义！

二、五年来的政权建设

（一）民主制度与抗战建设

二十七年军政民代表大会交付给边区临时行政委员会以下的任务：“大会希望晋察冀

边区临时行政委员会（后经军委会及行政院批准取消‘临时’二字），能够本着大会的精神及确定的方计，在中央政府蒋委员长战区各司令长官领导之下，在各党派、各阶层、各民族巩固团结的基础上，百分之百的〔地〕完成历史所给予他〔它〕的任务，真正担负起普遍武装人民，动员人民参战的任务，真正担负起改善人民生活，保障民主权利并彻底肃清一切汉奸的任务，真正能够统一财政、经济，保证部队给养，发动群众最高的积极性，去参加战争中的一切工作，使晋察冀边区成为华北抗战良好的根据地，以争取持久抗战的最后胜利!”（军政民代表大会宣言）

民主选举的晋察冀边区行政委员会，他〔它〕非常了解民主的伟大与重要。没有民主，就不会使人民的意志集中、力量集中，没有民主就不会有“全民抗战”，没有民主，就会使政权成为“少数人所得而私”、高高在上、离弃人民、致民生于困苦的官僚机关。五年来我们在民主政治建设、抗战动员、社会改革上是做了许多工作的。

甲、民主制度

边区政权，在旧政权的发展之上建设起来的。因此，在民主主义的改革上，经过一个过程，至二十九年七月大选举之后民主制度的体系才告完整。边区的民主制度有什么特点呢？

1. 边区的民主制度是最广泛的民主制度。孙中山先生说“近世各国所谓民权制度，往往为资产阶级所专有，适成为压迫平民之工具。盖国民党之民权主义，则为一般平民所共有，非少数人所得而私也。”我们的民主正是“为一般平民所共有的民主”，“凡在边区境内人民，不分性别、职业、民族、阶级、党派、信仰、文化程度、居住年限，年满十八岁者，经选举委员会登记后，均有选举权与被选举权”（选举条例），只有汉奸、犯罪受通辑〔缉〕或被夺公民权或有精神病者，才没有选举权与被选举权。因此，我们的民主是一切抗日人民的民主，我们的社会立法与各种政策是适合于各抗日阶层的需要的。

2. 边区的民主制度是有全权的代表机关的民主制度。我们的政权有三级，边区、县、村。村有代表会，县有县议会，边区有边区参议会。代表会、县议会、参议会，均为人民用直接、普遍、平等、无记名投票法选举之人民代表组织，执行选举政府、罢免政府人员、创制法律、复决法令之权，她〔它〕是一个真正有权的权力机关，绝不同于旧式的议会。议会者，政府可不执行的“清谈馆”。

3. 边区的民主制度是立法、行政、司法，只有职务上的分工实质上是统一的。立法、司法、行政，完全服从于人民的利益。我们的代表机关是权力机关，行使立法权，选举政府为全权的执行机关，政府不能完成或违背代表机关所交付的任务，代表机关可撤换它，司法机关为政府的组成部分，受政府的领导。

4. 边区的民主制度不只表现在有各级人民代表机关，并且各级政府也都是民主集中制的，一切大的事情的处理都取决于会议——边府委员会、专署署务会、县县务会、区区务会、村村务会。因为我们深深知道抗日民主政权是与人民有密切关系的政权，民主就是群众力量，民主的范围越大，集中的范围越大。

以上就是边区民主制度的特点。自二十九年大选举之后，边区政权的设置是：边委会于冀中设行署，冀北设办事处，在各该地区代表边委会行使职权，这是因为敌寇分割加强对敌斗争的行政措施。边区划分为十三个专区，每专区各辖五至十县，置行政督察专员公署，辅佐边委会实施各项政策组织抗战。我们的专署与战前之专署，其性质与任务亦略有不同，专署虽是一辅佐机构，无立法权，不公布法令，对于限制人民自由、加重人民负担、变更县区行政区划等事项均取决于边委会，但专署对于边委会政策法令则有全权的执行权。实行以来，这对加强行政效率上是有很多好处的。县设县议会，由人民选举之县议员组织，选举县长，罢免县区行政人员，在上级政府法令范围之内，创制并复决县单行法规。县政府受上级政府之领导执行县议会决议，县由县长、各科长、公安局长、武装部长组织县务会议，县政府执行重大事项，取决于县务会议，少数服从多数。区设区公所为县政府之辅佐机构，辅佐县政府推行政命。村由村公民组织村民大会，为村政最高权力机关，村民大会按公民小组选举村代表组织村代表会，为村民大会闭会期间之权力机关。村代表会兼立法行政之权。其主席、副主席兼村长、村副，并于代表中选举民财教实粮各委员会主任，办理村政及上级交办事项，闾主任代表为村公所之辅佐人员，辅佐村政之执行。

边区民主制度发展的过程，简单叙述如下：

（1）村政权。二十七年三月，边委会颁发村选命令，各县普遍进行了村选，当时村政权组织悉依旧制——编乡编村，村长副闾邻长制，村政权仍为少数人把持。且以抗战以后，村里的事忙起来了，也难做，因而有许多公正人士不愿意干，逃避当村长的现象到处普遍发生，当选村长副中有许多流氓地痞，以应付公事。村政权的基础依然建立在家长包办的闾邻制上。边委会鉴于“编村政权之脆弱无力，不足以适应战斗环境担当战斗任务”，因此号召各村组织救亡室或民族革命室以发扬民主协助村政。迄二十七年秋季反扫荡战争，把村政权的弱点暴露无遗，我们才深切地认识到：村政权之脆弱无力，基本上是因为旧的政权组织机构不管用，需要彻底改造，需要大大的〔地〕发扬民主，让人民积极参政，并减少村长副的劳累。因于二十八年一月二十五日公布改造村政权的指示：①村公所之上设村民代表会，由村公民每十五人中选举代表一人组织之，村民代表会于村民大会闭会期为村最高议事机关；②村公所之下设调解、经济、生产、教育四委员会；③村长副仍由村公民选举；④取消编村编乡，以矫正大村欺负小村之弊；⑤村公所之下仍设闾邻长推行村政。实行起来，村政权起了质的变化，比以前管用多了。但由于闾邻制的未加破坏，有碍广泛民主之发展，村代表会与村公所分设，行政力量仍不够强，因于二十九年村选中，又加一次改变：①村代表会为村政最高权力机关，其主席、副主席即兼任村长副；②废除闾邻制，闾范围之公民代表互选一人为闾主任代表，辅佐村公所执行村政。这样村政权就又加强了一步。此制沿至三十年春，又将闾的性质作了明确的确定，编组行政村以减少区的领导单位，并将各委员会的设置重新加以确定：①行政村主要以户口多寡区划，三百户以上者为一等村（特大者为特等村），一百户以上至三百户者为二等村，一百户以下者为三等村（四十户以下的小行政村为准三等村）；②村公所设民政、财政、粮秣、教育、生产五个委员会，小村只设委员；③闾主任代表是村政执行的辅佐人员，不是一级，各行政村划闾一般不超过二十个，公民就闾范围自由组合小组，选举代表，执行民政。

我们村的民主制度就是这样。它是立法与行政完全统一的，由人民直接行使四权的，是我们民主政治的基础。村政权干部一律不脱离生产。五年来他们都很苦很忙，耽误上自己的时间，种不上地，为抗战建国的事业而努力着。他们牺牲被捕的数目是非常之大的。不过现在的村政权，有些因干部文化水准低，民主教育还差，代表会起的作用还不够，村干部强迫命令不民主的作风还有许多存在着，上级政府法令的贯彻还很差，有些法令被村政权打了折扣，甚至有个别村干部违法失职、作威作福，这是我们要下工夫整理的。此外，在游击区由于敌我斗争的频繁，村政权组织形式必须适合于担负战斗任务。因此，在游击区村政权的组织形式是多种多样的，但它一般依然是吸收了各种阶层人民的代表组织的，能代表各个阶层人民的利益做事。

（2）区政权。抗战以前的区公所一般事情很少，抗战后由于战争动员频繁，区一般设有支差机关，组织庞大，消耗至巨。边委会成立后，遵照军政民代表大会决定，区设区长一人、助理员二人至四人，重要的区设军用代办分所，取消了支差机关。二十七年春，为加强区政建立区政会议，由区长区群众团体代表公正士绅等组织，为区议事机关。二十七年秋季反扫荡后，因鉴于区公所力量薄弱，深加检讨，结果认为是：①区辖境太大（管五六十个村），领导单位太多，干部配备嫌少，事情太繁，管不过来；②区政会议不健全，不能起民主制度的应有作用。因于二十八年春，实行划小区，区辖村三十个以下，辖境不超过六十里，并适当扩大编制，助理员分工、民、财、教、实，各设一人，这样使得区政权能更密切的〔地〕与村发生联系，便于发挥民主政治的精神了。二十八年秋公布“区政会议组织大纲”，并着手改建：①“区政会议为区最高议事机关”；②“区政会议由区民代表组织之”，“区民代表以村为单位由村民大会直接选举之”；③“区政会议之职权为：审议区公所予〔预〕算决算，审议县政府区公所交议事项，审议本区所属村公所代表会请议事项，审议代表提议，社团请议事项等”。这样区政会议的性质就同以前根本不同了。二十九年夏公布“县区村组织暂行条例”，改区政会议为区民代表会，并将议事机关改为权力机关，选举区长，执行选举、罢免、创制、复决四权。实行以来，在推进民主运动上固有其帮助，但政权级数太多，影响行政效率，且在一县以内各区之特点并不显著，区成为一级单独立法亦有碍县政之统一。边委会研究至再，因于三十年冬决定区代表会暂行停开，存废候参议会决定。关于区划在二十八年划小区后行政效率大大提高，但一来增加了县政府领导单位太多，二来增加了经费开支，实行将近两年，于三十年初又适当改划减少五分之一区数。三十一年初实行简政，将教、实助理员裁去，加强县的教育实业部门。

以上为边区区政权沿革大概。现在区实质上只是县政府的辅佐机构，不是一级，惟自缩减人员后，影响工作至巨。今后加强区的执行权，使区公所人员经常到村给人民解决问题，了解民生疾苦，是十分重要的。因此，边委会已经决定增加区公所干部人数，矫正头重脚轻之弊，现在正着手进行中。

（3）县政权。边委会成立后根据国民政府公布之县政府组织法，规定县政府编制，设县长、秘书、四个科。县长由边委会委任，当时鉴于各县旧政权之公安局、警察，欺压乡里，极〔积〕习太深，因暂时取消，鉴于各县旧有之支差局一类组织弊病复生，担当不起战争动员任务，因改建军用代办所，直隶政府；人民武装，县设总队部受县长指挥。二十七年夏县设县政会议，由县长、各团体代表组织之，实际上为一联席会议。二十七年秋季反扫荡后，至二十八年春，鉴［于］县政权力量还不够雄厚，因改组县政会议，由团体代表、士绅代表、政府代表共同组织，成为一议事机关，“讨论县地方兴革事项，讨论并布置上级政府命令及交办事项，检查工作”。实行以来，略有成效。二十八年六月重建公安局，担负保障一切抗日阶层人民的人权，及机关团体之安全，严厉镇压汉奸。二十九年七月大选举后，县议会正式建立，县政会议停止，县长由县议会选举，科局长由各方举荐上级政府委任。县议会为县政权之权力机关，执行四权。至此，县政权的民主体制始臻于完善。不过现在的县议会，一般还不够健全，游击区因对敌环境残酷，召开困难，巩固地区亦多议事大而无当。解决实际问题制定县单行法规等事做得还嫌少。今后县议会应实事求是，多解决人民实际问题。

二十九年大选举后，县人民武装总队部改建人民武装委员会，成为半群众性的组织。同年并将军用代办所改为粮食局，其管理事项依旧。三十年粉碎敌人大扫荡后，为加强人民武装使之担负起更多的战斗任务。改建人民武装部直隶政府，三十一年秋由政府委托军区指挥，在对敌斗争上进步甚大。同时为加强粮食管理，使县行政更加集中，粮食局改科。至此，县政权的事权就很统一了。

（4）边区政权。边委会遵照军政民代表大会的决议，组织成立后，于冀中、冀西、晋东北分建政治主任公署，代表边委会行使职权。二十七年秋季反扫荡后，鉴于战争环境领导困难，分建专署，冀西、晋东北主任公署同时裁撤，冀中主任公署随即改为行署。三十年初建立冀北办事处。二十九年夏选举边区参议员，因连年战争，工作忙碌，推延复推延，至今才召开，深觉抱愧。专署为边委会的辅佐机构，已如前述，建立以来组织无多变更。

二十八年六月边区建立公安总局，冀中冀北建立分局，三十年冬将边区公安局改为北岳区公安局，冀中冀北分局改为冀中区冀北区公安局，分别直隶本会及其行署办事处，此乃因战争环境为便于领导之措施。

三十年冬北岳区建立人民武装部，冀中冀北尚未建立。

随着工作的需要，从二十八年以来，边区还建立了农林牧殖局、工矿管理局、贸易管理局等专管机关，此等机关均属应时设置，其组织经常改变，尚未固定。

三十一年初，各级政府都进行了简政工作，紧缩机关，减少事务手续，节省财政开支，仅就北岳、冀中两区，党政军民减缩人员即达四万余人。三十一年秋，又经过一次紧缩，这对于减少开支、节省民力、组织机关更适合于战斗环境上，起了很大作用。

边区各级政权的组织情况略如上述。我们的民主建设虽未臻于尽善，但是我们的民主政治是在边区人民伟大的实践中继续进步着。二十七年村选中，选民仅占公民百分之四十到五十，而二十九年大选中选民与公民之比平均达到百分之七十以上，中心地区之县达百分之九十以上，平山十五区达百分之九十九，灵寿七区百分之九十七。妇女与青年的参政热情空前高涨。游击区的选举，成为团结一切抗日人民的大运动，更出乎一般人的预料。例如××县××村距敌据点仅四里，夜间选举，选举歌声打动了敌人，敌人不知所措，惶〔慌〕张起来，向该村打了一百多大炮，但参选的公民还达百分之八十九，在炮声中完成了选举。由这些事实可见，民主是一个伟大的教育，但只有实践才能教育人民，我们的民主制度就是在实践过程中建设起来的。

由于我们五年来的民主政治建设，在政府的领导干部作风上也与旧政府根本两样了，官僚制度是被我们完全废除了。先说一说领导：

①我们的领导是单一的领导，即下级政府只接受上级政府的领导，彻底纠正了过去多头领导之弊。在旧政府时代，一个县长，至少有十几个上司，师长、旅长、团长，都可以命令他，使得一个县长无所适从；在边区，大至聂司令也不能命令县长，只有上级政府才

能命令他。

②我们的领导是集体领导，个人负责，即一切重大问题都通过会议来决定，决定后分工负责，彻底纠正了以往个人独裁之弊。在旧政府时代，政府是家长制度，家长独裁包办，以一己之意见为意见。这是非常有害的，在我们政府则无特殊的个人，一切服从大多数人的意见。

③我们改革了旧公文，创造了新的文牍，清除了旧政府时代“等因奉此，公事公办”的老一套，创造了活泼的指示信、刊物、答复等领导工具，使书面领导能够清清楚楚给下级解答问题，指示工作及办法，这样旧政府时代的“公事”架子（官僚面孔）被我们废止了。

④我们的领导，是倾听下级倾听群众意见的领导，不像旧政府时代自己高高在上、自以为是。上级可以批评下级，下级可以批评上级，互相批评，互相学习。

⑤我们的领导不只注意做工作，而且还注意干部的学习生活，纠正了旧政府时代政府人员的“雇佣”思想。现在我们的干部一般都自觉到参加政府工作，是抗日救国的一种工作，是自动自愿的，绝不是被政府用几斤小米几块钱买来的。五年来我们的干部政治、文化能力水平都提高了很多。

在我们的作风上有什么特点呢？

①政府已经不是衙门，政府人员已经不是官。政府已经成为一切抗日人民服务的办事所，从村公所到边委会，任何老百姓都可以求他〔它〕解决问题，出入方便，从村长副到边委会的委员，任何老百姓都可以找到他们谈话，他们没有不听的。这同旧政府的森严的衙门，可畏的官吏是迥然不同了。

②在抗战期间，财政困难，我们实行了生活费制，每一个公务人员每月所拿得〔的〕零用费，及一切生活费用，比不上一个工人所得。我们有真正廉洁的作风。

③我们有吃苦耐劳、勇敢战斗、不避艰险的作风，背背包，跑路子，深入游击区与敌伪搏斗，住地窖……这些比起旧政府的“官”来，是有天壤之别的。

当然在我们的作风上，特别是在区村还有个别干部（村更多一些），还缺乏民主作风与大公无私的作风，有些自私自利贪小便宜、强迫命令、不倾听人民意见的人，这是我们今后要认真教育纠正的。

五年来边区的民主制度是在对敌斗争对旧社会斗争中成长的，在斗争的火线上，据已知的有三千七八百名以上的干部光荣的〔地〕牺牲或被捕了，有数千村干部光荣的〔地〕牺牲了。区以上的干部牺牲被捕者，根据不完整的统计列下：

北岳区	1 384 人
冀中区	1 325 人
平北	200 余人
冀东	827 人
共计	3 736 人以上

说明：

①这一材料仅系就收到的报告材料统计的，实际的损失比这个数字要大，这个数字可能约当实际损失的三分之二。

②三十年秋反扫荡中我国干部损失最大，仅北岳二十三县即牺牲二〇一人，被捕四二六人，仅十一专区则在三〇〇人以上。

③北岳区人数内有被捕者五二八人、牺牲者八五六人。

④统计数字中包括专员一人，已知有县长县佐二十四人，正、副县长六人，科长、秘书六十三人。

牺牲的干部中，一个一个都是非常英勇的，他们都很是中华民族的优秀儿女，为边区为国家为人民流尽最后一点血。例如：前徐水县长刘萍同志，当他被敌包围后，用枪打死了几个敌人，最后他要自杀时，枪弹已尽，因而被俘。敌寇汉奸先则利诱，继则加以不可形容之酷刑，而刘县长从不曾吐出一个字的口供，在敌伪的法庭上，宣布了敌寇的一切暴行，训示了汉奸们的可耻，指出中国抗战必胜。被俘十一天，滴水未进。他教训汉奸们说："敌伪的粮、敌伪的水是污浊的"。终于饿死。刘县长的壮烈牺牲，感动了徐水城的老百姓，也感动了一些稍有天良的伪组织人员。

可是在我们被俘干部中，也有民族气节不坚定、临难动摇的人。有的［被］汉奸利诱投降了敌人的，有的甚至反回头来破坏我们的工作，为害老百姓。这方面表示出我们民族气节的教育还不够深入，对于有些干部的了解还不够，这是我们今后应该继续努力的。

乙、战争动员

为了我们民主政治的建设与人民生活的适当改善，我们进行极广泛的战争动员工作，使得全边区的一切人力、物力、智力放到战争上去。这里把兵役、人民武装、抗战勤务、优待抗属、抚恤伤亡各项工作报告一下。

1. 兵役制度：民国二十六年秋八路军开入敌后，组织了战地动委会、救国会等组织，发动群众参加游击队，迄二十七年初，边区义军突起，成千上万的游击队组织起来。二十八至三十年，每年秋季或春季动员新战士一次，以补充子弟兵团。该项动员工作，均由政府、团体积极协助部队进行。县区一般组织新战士动员委员会，发动妇女儿童各团体会员，妇劝夫，弟劝兄，父劝子……掀起从军热潮，并对新战士恳切慰劳送礼扎彩，奏乐，结队欢送，历年新战士动员的成绩是很好的，成班成排地入伍。阜平营、涞水营、行唐连、平山团等光荣的番号表示着人民积极参军的情形。三十年春军区聂司令提出志愿的义务兵役制，引起边区人民武装、各团体及社会人士的热烈拥护。于三十一年元旦边委会接受各方之请，制定志愿义务兵役制实施办法，并公布实行。

"凡本边区之男子在十八岁以上三十五岁以下者，均有服兵役之义务，其志愿服兵役者，应依本办法报名登记听候征召入伍"。实行起来，成绩卓著，入伍兵完成预定计划，预备兵超过原定计划。

五年以来我们的兵役制有什么特点呢？（1）兵役完全靠了政治动员，纠正了旧政府时代的拉夫。（2）从农民的生活突然改变为战士的生活在农民是非常不习惯的，因此我们有人民武装、游击队等群众性、地方性的组织，以便于正规军的补充。（3）"好人不当兵，好铁不打钉"已是五年前的话了。我们的兵都是好人，流氓、地痞、兵痞、有暗疾、抽大烟的一律不要，子弟兵已经是一个最光荣的称号了。（4）我们的兵役是有定期的，不是"辈子兵"，不是雇佣兵。（5）我们的兵役制是同军民一致、优抗、军政团体一致不可分的，也就是说，我们兵役制实施的胜利是建筑在民主政治实施的胜利基础之上的。

当然在我们兵役制的实施中也还存在着一些毛病：（1）有些区村有个别的动员上说服解释工作差。强迫、雇兵的情形是有的。（2）动员不很平衡，游击区动员数字比较小，从游击区、敌占区吸收青壮年的工作做的〔得〕还差。这些是我们今后应该努力的。

2. 人民武装：边委会成立以前，边区各地在动委会领导之下自卫队、自卫军、义勇军等群众武装都组织起来，不过缺乏统一的组织与统一的领导。边委会成立后颁布人民武装自卫队组织条例，建立人民武装总指挥部，县建立总队部，统一了人民的组织与领导。二十七年秋季反扫荡后，为适应战争需要，加强分区领导，将边区总指挥部裁撤，于各专区设区司令部，受专署领导，次年夏发布创造民兵的号召，民兵逐渐组织起来。民国二十八年秋为使自卫队成为群众的武装组织，改建各级人民武装委员会。三十一年初为加强人民武装之作战能力，强调其军事性，改建各级人民武装部，随后并托军区领导。这是人民武装组织的沿革大概。

边区的人民武装是从战斗的环境中发育滋长起来的，从它出生起就参加了站岗、放哨、担架、运输、缝洗、慰劳、侦察等日常任务，进而至于坚壁清野、破坏交通、收割电线、袭扰敌人。自三十年冬以来，在各地反蚕食反扫荡的斗争中，由动员几千几万人的破路、割线、毁墙、平沟，以至广泛的游击战，都再再给敌人以严重的打击。而冀中平原的地道战、地雷战、游击战逐渐普遍的〔地〕开展起来，使人民武装的战斗力得到飞跃的发展。

边区人民武装参战的模范事迹是举不胜举的。二十九年秋，百团大战开始的前夕，冀中自卫队全体总动员展开全面破击战，一夜之间将冀中汽车路全部破坏，把敌人困在据点里欲动不得。在百团大战中，全北岳区的民兵一齐动员起来，配合主力向各线出击破交，并完成了所有战时给养和胜利品的运输，只正太线动员民兵即达两万多名，编成五十个民兵大队，随军作战，破坏铁路一五八里，搬回铁轨三〇八根，收回电线十三万斤。冀东曾动员八万多民众，破路、割电线、封锁据点，把敌人在七八个县内［的］公路电线破坏殆尽，北宁铁路炸车翻车数次，因道轨不断被破坏，火车行驶经常被阻，在封锁遵化县城二十五天中，城内敌人因燃料缺乏，把门窗都拆毁烧了，最后并托伪组织人员，愿出款十余万元，要求我解除封锁，皇军的尊严为之大损。三十年十一月全北岳区民兵发动平沟总出击，据不完全的统计仅二十日间，共平沟五百一十六里，破路一百二十一里，毁墙一百二十里，毁岗楼一百零五个，毁桥十一座，收电线一万二千八百四十斤，电杆四百零五根，磁头三百九十二个。三十一年夏，冀中反扫荡中，民兵地道地雷战杀伤敌人以千计，深泽白庄的民兵配合主力作战，利用“地下堡垒”击毙敌“真渤特区”司令官晋藤联队长。三十一年北岳区的地雷战与地道战也先后开展起来，每天有杀伤敌人夺获战利品的消息传到耳鼓来。

兹将五年来民兵战绩统计列下：（略）

把地雷战、地道战、群众游击战开展得更普遍更深入敌后之敌后，是我们今后的任务。

3. 抗战勤务：抗战勤务是组织战争的中心问题之一。边区成立以前，各地支差问题闹得十分严重，从抗战以来旧县区政府的全部精力都花在支差上，从二十六年七七到九月底，仅二三个月的工夫，山西、河北、察哈尔各省政府，均欠每一个县多者一百余万元，少者五六十万元，大半为支差费，而差务问题并不因此得到解决，难怪他们要喊：“自古兵差无善法”了！

兵差果真没有善法吗？有的。我们解决抗战勤务问题，自始至终是本着以下的方针进行的：（1）在良好的军民关系的基础之上，军队派差、勤务动员一律通过政府；（2）规定办法严格管理，明白规定支差的机关、运输的种类；（3）加强抗战勤务的组织性、计划性，调剂干线，以免影响生产；(4) 服抗战勤务是人民的神圣义务，从减少支差费用至取消支差费用。

从边区一成立，我们就注意解决勤务问题。二十七年初先后公布了代雇车骡办法、征用人畜办法，禁止鸡毛传信，建立了军用代办所管理勤务、支差的混乱现象，基本上克服了。二十八年冬季反扫荡后，由于巩固地区的缩小，后方机关的集中，调剂勤务工作的注意不够，致造成支差的严重浪费现象，影响到几道山沟的秋收。为了解决这一严重问题，因于二十九年春，公布“临时支差办法”，就前颁法令予以补充规定，对动员人畜力的机关及运输物品做〔作〕了具体的规定，严重现象，随之减轻。但抗战勤务之调剂，雇佣制之取消，当时尚未注意到，致交通大道上的某些交叉点勤务仍繁，有多至每人每月出差二十天者。三十年四月公布“抗战勤务动员办法”，将前颁办法加以彻底修正，确定：(1) 凡在十八岁以上五十岁以下之人民，每人每月服勤务一般不超过五天（战争时例外）；(2) 统一运输、担架、缝军衣、做军鞋、送报勤务；(3) 停止支差费用之发给，教育群众使了解为抗战服勤之神圣义务；(4) 广设交通站加强管理，政府并购买一部驮骡大车组织运输队，平衡与调剂过忙之点线。至此抗战勤务问题终于得到比较妥善的解决。边区人民爱护子弟兵，爱护边区之真诚，于这一工作中也充分的〔地〕表现出来。

当前军鞋勤务，由于物价高涨，材料费赔价甚大，此问题难以每做一双鞋当十个工（工五、料五）来解决，但执行仍不够好。这需要继续检查调剂，适当增加鞋价使得人民不吃亏。

我们无时或忘游击区敌占区的广大同胞，受着敌伪强迫劳役的残酷压榨。挖沟、筑路、修堡、挖煤、筑墙，把我们每一个同胞的全部时间都消耗在牛马般的苦役中。鞭打，脚踢，数九天脱光衣服挖沟……想不尽的残暴。冀中在去年夏季反扫荡后，人民每月服劳役有达三十天者，有钱的人因为负担劳役费，倾家败产者不计其数。在冀西、平北、冀东沿线的人民，同样受着诉说不完的大罪。在边区各地敌寇挖沟筑墙的耗费，已远远超过秦始皇三十年所筑的长城，今天哭“封锁沟”的孟姜女真有千千万万呢。我们誓当解救我同胞于水火之中，反封锁之强迫劳役，领导人民抵抗逃避其残暴的征索，以至粉碎之。

4. 优抗与抚恤：抗战军人是为国家争生存，为民族争气节，是中华民族的优秀份〔分〕子，是民族英雄，应受全民族的尊敬，其家属亦应受优待。抗战伤亡军人，或为民族流尽最后一点血，或受了光荣的创伤，他们的血灌溉着中华民族解放之花，应受全民族的尊敬与国家的抚恤，这是我们五年来一贯的认识。

二十七年春先后公布优待抗属暂行办法、抗战军人伤亡抚恤办法，当时优抗的某些混乱现象停止了。随着抗战的持久，抗日军人、抗战伤亡军人之加多，实物优待过多，影响人民负担，村统筹优抗粮，影响村款负担，残废军人悉以供给制抚恤，增加办理事务之烦，因于统一累进税实施后，修正优抗办法，按抗日军人一人份实物补助以达免税点为度，由村统筹逐渐提至由县统筹。三十一年夏确定予轻伤之荣誉军人以一次抚恤金六百元，帮助其从事生产或做小买卖。三十一年冬，将抗属受一人份之优待改为按抗属人数享受优待，现在抗属每年所受实物补助全边区约四万石粮食，为数已不为少，而抗属所得并不为多，此外抗属所受之精神的、政治的优待那就很多了：群众给抗属助耕，逢节拜节，逢年拜年，送礼慰劳……到处都是普遍的，荣誉军人经去年改变抚恤办法后，受供给制者，有三千余人，已减至四百余人（只北岳区），其中回了家、买了地、做了买卖、办理运销的人很多，于公于私都是有利的。

目前我们优抗工作的主要缺点是：对于游击区的抗属照顾不周。精神的政治的优待还不经常，抗属要求助耕有些是过于苛求，接近于找便宜，在巩固区对抗属优待的经常性不够。

目前我们抚恤工作的主要缺点是：对荣誉军人关心还不够，对牺牲了的军人家属安慰还不够，对荣誉军人中存在着的一些问题——行为不轨，还没有适当的〔地〕完全解决。这些是我们今后应该努力的。

丙、社会政策的实施

边区政权的性质是民族统一战线的——新民主主义的，即三民主义的，一切抗日阶层人民联合组成的。因此，我们的社会政策是：保护人民生命财产，发展国民经济，适当改善工农生活，废除非法剥削，男女平等，各民族一律平等，一切抗日人民均有言论、集会、结社、出版、信仰、居住之自由。五年来，我们社会政策的实施，就是在这一范畴之内进行的。靠了这些社会政策的实施，我们才动员了各阶层人民积极参加抗战，建设了巩固的根据地。

先说一说边委会成立以前边区的社会情形。边区由晋察冀（现在还有热河的西南部）三省毗连之地区合成，经济发展极不平衡。平汉路沿线平原地带，帝国主义的势力很深入。平绥路沿线山岳地带，土地集中。抗战后，日寇更企图把中国完全变成它的殖民地，在它占领的地区，已经成为它榨取掠夺奴役的场所。边区成立后，我们从日寇铁蹄下把许多沦陷区解放出来，摆脱殖民地的厄运。总的来说，边委会成立前，边区是一个殖民地半殖民地半封建的社会。边区成立后，由于我们坚决抗日，对半殖民地殖民地的经济进行着不断的斗争，要从日本帝国主义之铁蹄下解放出来。为动员千百万的人民积极抗战，并为建设三民主义新中国积极开辟道路，势必照顾各阶层人民的利益，适当改善工农生活，予人民以最大的政治自由，使之高度发挥抗日积极性；予妇女以解放，使占人口半数的妇女为抗战出力，关心民疾，救灾治水防疫治病以安定民生。五年来我们就根据了这一方针进行了社会建设。

1. 租佃债息：保障人民财产所有权，保障农民土地使用权，减租减息，交租交息。二十七年二月遵照军政民代表大会决议公布了《减租减息单行条例》，实行二五减租、一分利息。同年春季公布“避难人家财产代管办法”，保障其所有权，并免于荒废。禁止超经济剥削，如杂租、小租、送工、太粮、庄头剥削、剥削地等，禁放高利贷，如出门利、臭虫利、驴打滚、加三灌仓、加五灌仓、杠子米等。禁止非法霸占如“死契活口（大头翁）”等。这一法令经过“明减暗不减”的阶段，迄二十八年底，中心地区大部都实现了（边区地区实行的〔得〕晚，现在还有未实行的），这对改善农民生活起了很大的作用。二十九年二月修正公布“减租减息条例”，明确提出：①土地最高租额不得超过正产物千分之三百七十五。②耕地副产物一律归承租人所有。③典权未定期限者，出典人得随时以原典价回赎典物，但自出典后经过三十年不回赎者，典权人即取得典物所有权。（民法第九百二十四条）等项，实〔施〕行以来由于政府解释很少，且将民法条文抄用两条致农民不易了解，弄出许多纠纷，最严重者为典地回赎、不交租、不交息、扩大副产物。边委会搜集各方材料，因于三十年三月二次修正公布“减租减息条例”明确规定：①减租减息以后必须交租交息；②死契地一律不能回赎；③副产物不能超过耕地正产物十分之一，超过部分以正产物论；④钱租地可以双方自愿改为半实物或实物租。并发布布告，重申“保障财产所有权，土地使用权，确定产业买卖自由权”之命令。并号召人民“遵照契约自由买卖自由之义，使边区经济日臻发展。从此地主佃户均须依照新颁条例，另定新约。所有以前未遵法令减租减息者，一律不究；欠租三年以上者，只交一年。”（民国三十年三月三十一日布告）从此土地纠纷作一彻底清理。三十一年秋典地回赎问题，因货币跌价关系，五专区各县开始发生纠纷，政府明令依保障土地所有权，保障土地使用权，契约自由之义，依法解决，其愿调解者听便，问题遂熄。

我们的土地政策实行以来，一方面保障了土地所有权，一方面提高了农民的抗战积极性与生产积极性。但是我们土地政策的实施不是没有缺点的。现在缺点还很多：①减租减息政策还有许多地区未能彻底执行；②契约自由还未完全实现，收地还有一些困难情形；③利息降低后，借贷关系一般停止了；④低租地的问题尚未适当解决；⑤夺佃、假卖、不减租。这些都是我们当前应该解决的问题。

2. 劳资关系：我们的劳资政策是：适当改善工人生活，提高劳动纪律，团结劳资双方发展生产。三十年初，我们曾起草了一个劳动条例，因为边区的产业工人不多，而且大一点的工厂都是公营的，因此没有公布。只在公营各厂中试行每日十小时工作制，一般都是供给制。并按技术的高低，每月发给八元至三十元工资，此外特别注意工人教育，以提高其政治文化水平。

边区工人的最大部分是农业工人，而且短工比长工多，还有一部分放羊牧牛的牧工。五年来边区工人在工会的领导之下，有的工资比较战前提高了一些；有的因为物价高涨的关系，工资没有提高，或者还相对减低了一些。二十九年以来，一般都实行半实物工资制，这样劳资双方的利益都照顾到了。二十九年夏，冀中有些地区，把八小时工作制等搬到农业雇工上，结果起了很大的纠纷。北岳区也发生过类似的情形，但不如冀中严重。农业有农业上的习惯，“日出而作，日入而息”。四季有忙有闲，以后遵照农业习惯，把一些纠纷解决了。

五年来，我们对于沿铁路线敌占区的工人们，无时不在关怀着，对敌占区被灾被难的工人，曾进行过募捐慰问与救济。并且号召他们来到祖国的怀抱，享受民主自由的生活。在我们的号召下，前前后后，已经有不少的敌占区工人来到边区，他们在各个工厂为抗战为报仇而辛勤的〔地〕工作着，他们的家属，有许多都受着政府的优待。

边区农业落后，各地生活程度不一，规定一个统一的劳动法很困难。因此五年来我们没有公布过，不过，在当前边区劳资关系与劳动问题上还存在着一些需要解决的问题：①工人有失业的现象；②契约不很自由，雇主解雇后不愿再雇；③工人生产的热忱有许多还不够高。这是需要用适当办法解决的。

3. 解放妇女：“扶助妇女组织，提高妇女文化、政治水平，改善妇女生活，保障妇女参政权、婚姻自由权、财产继承权。”这是军政民代表大会的决议案。从二十七年以来，我们扶助妇女组织妇女救国会、妇女自卫队、儿童保育院，并积极号召帮助妇女参加合作社、商店，使妇女从经济上独立起来，发动妇女积极参政，“妇女在政治上与男子一律平等”，现在边区有不少的妇女参加了各级政权工作与各种抗战工作。村政权中妇女就更多了，妇女参政是被我们真正实现着。

三十年“七七”颁布了“婚姻条例”，其基本精神是：①男女社会地位一律平等，实行严格的一夫一妻制；②建立和睦快乐的家庭，婚姻自由自主自愿；③反对早婚，男二十岁女十八岁才准结婚；④严禁买卖婚、童养媳、蓄婢纳妾；⑤妇女有财产继承权；⑥男女感情意志根本不合不能同居者可以离婚。这一条例实〔施〕行以来，使得妇女从封建压迫中解放出来了。

五年来边区妇女对抗战建国的事业出了很大的力量，其原因即在于妇女基本上已得到解放。不过边区妇女在经济上的积极性还很不够，最大部分的妇女还没有能从经济上独立起来，这是我们今后更要积极帮助的。在游击区，由于敌人荒淫无度，随营妓女随营妓院等丑事到处映演，更惨痛的是到处强奸我妇女，使我妇女受到不少的侮辱。可是我们伟大的黄帝子孙是具有民族贞操的，有成百成千的妇女，坚决抵抗了敌寇的强奸，誓死不嫁伪军。如曲阳妇救会任肖同志，于去年十二月征收统累税中被敌捕去，敌寇强奸、利诱不遂，施以毒刑后，任同志撕破衣服纽〔扭〕成绳子自杀了。定县黄岩村一个妇女被敌抓获，誓死抵抗敌之强奸，以盆碗打敌人被敌刺死了。繁峙六区妇救会主任被敌抓获后，破口大骂，敌寇强奸不遂，作了光荣的牺牲。我们实永远不会忘记，望都县柳陀村受尽敌寇针刺、火烙，被挖掉乳头而英勇殉难的十六位女英雄。象〔像〕这样保持高尚的民族气节与民族贞操的女同胞，都到处有，这是我们应该特别予以表扬的。不过，在有些地区，因为敌伪淫风的侵入，把离婚结婚当儿戏的现象也有发生，还有个别的男子利诱抗属，这是十分可耻的事，我们大家要努力纠正。还有边区早婚恶习，积弊已久，危害个人健康，危害民族元气。边区婚姻条例内规定，男不满二十岁、女不满十八岁者不得结婚，实行以来，人民尚多不了解其意义，因而长岁数偷偷结婚的情形还很多，这是需要大家以后代健康、民族健康为重，予以教育纠正的。

4. 社团：一切抗日人民均有集会、结社，言论、出版之自由，这是我们五年来完全实践了的。在边区抗日党派有国民党、共产党，抗日团体有农救会、工救会、妇救会、青救会、文救会、抗援会、牺盟会、回民救国会、佛教救国会、青年记者协会、教联会、学联会、自然科学协会、反战组织、医救会等等。这些社团，在组织上完全是独立的，政府绝不加以干涉，在经费上工作上政府尽力予以帮助。

靠了群众自己的组织，给予外人对我们“一盘散沙”的侮蔑以响亮的回击。边区人民五年来靠了组织力量，团结的〔得〕象〔像〕铁一样，政府的每一个号召都被各团体拥护着、努力完成着，敌人的每一次进攻都被组织起来的群众配合武装粉碎了。

5. 少数民族与宗教：边区境内蒙回藏满各民族的人都有。过去“大汉族主义”的传统，使少数民族到处受着歧视。边区成立后，主张“各民族一律平等”，我们的敌人是日寇，各民族要巩固的〔地〕团结起来。同时在宗教问题上我们主张信教自由。因此，二十七年初我们帮助五台山喇嘛和尚组织了蒙藏同乡会、佛教救国会。二十八年初帮助冀中回民组织了回建会，并且建立回民自己的武装回民支队。在边区佛教、回教、天主教、耶苏〔稣〕教、喇嘛教……等都有成百成千的信教者，尊重宗教习惯，任何人信教都自由，保护教民财产，这是我们一向主张与执行的。对于会门只要是抗日的，我们也不加干涉。

在政治上各民族是一律平等的，但由于少数民族在边区的人口占少数，因此我们在选举上特别予少数民族以优待。现在各少数民族都有代表参加了政权。对于蒙藏同乡，四年来受到敌寇的欺压，我们曾历次予以救济，在今天边区各民族已经想团结了。不过有些群众与个别干部对于政府的少数民族政策了解不够，对少数民族的习惯尊重不够，即少数民族中也有些人对政府的政策设施了解不够，这是今后应该注意教育的。

6. 救灾卫生：边区历年不断发生灾害，敌寇烧杀破坏是最严重的。根据北岳十八个县的不完整统计，五年来损失牲畜十余万头、粮食四十余万石，毁房四十八万间，衣服用具一百万件，其他损失两三千万元，二十八年大水灾之后，造成次年严重的春荒。此外，每年在个别地区都有雹灾、风灾、旱灾、病灾等发生，人民遭了灾荒，就如我们自己饿了肚子一样，因此，历次灾荒，政府无不积极设法救济。大的灾荒，组织救济委员会，灾民慰问团、工作团等，积极救济。小的灾荒，发动群众互助。五年来政府拨出赈款约二百万，贷款一千五百余万，群众借粮互助者不下十数万石。去年易、唐、完、曲等县干旱灾，政府已拨款组织运销事业，组织灾民从事运销，以维生活。五年来无论那〔哪〕一次灾荒我们都克服了。

由于连年战争，敌寇散毒散菌，去年疾疫流行，非常严重，我们限于药品缺乏，虽经积极设法，而死亡率亦颇大，历次号召开展卫生运动，把茅房、猪圈弄干净，防止蚊蝇滋生传染疾疫。但以人民保守成性，收效亦微，今后当积极进行群众卫生教育，广设药店，炮制中药以解决此困难。

此外，我们无时或忘敌占区受苦受难的同胞，尽力予以援助，并于三十一年春成立援助敌占区同胞抗日委员会，号召敌占区同胞及英美等友邦人士到边区参加抗日工作。对于伪军，积极号召其反正，迅速回到祖国怀抱，五年来，反正的伪军已有一万六千九百九十二人了。

五年来，我们遵照三民主义抗战救国纲领，所进行的抗日民主改善民生的工作，大体就是这样，缺点虽然仍多，但民主政治的一个初步基础已经打开了。

…… ……

三、简短的总结

以上把边区艰苦缔造的经历及五年来政权工作概况，做〔作〕了扼要的报告。边区军民从日寇的虎口中入死出生地抢夺回这块土地，建设了根据地。五年来，我们在军事、政治、社会、经济、文化各方面的建设，都粗具规模，使抗日民主社会秩序日臻巩固。这都是边区军民团结奋斗以血肉换来的。是不是边区政权建设已经没有缺点了呢？缺点还是很多：

第一，边委会各种政策法令的贯彻很不够，各级政权的民主作风还差；法令到区村有许多被打折扣，动员工作强迫命令，包庇私人的情形在村还有残存；村里边还存在着一些违法失职作威作福、欺压人民的黑暗势力；抗日民主社会秩序还有欠好的地方。

第二，民主制度的建设，形式已大体完备，内容还欠充实。县议会村代表会为一切抗日的人民解决具体问题还嫌少。因而各阶层人民的高度的抗战积极性，有些发动得还不够。

第三，经济建设及对敌经济斗争的工作，没有尽到应有的努力，发动人民在经济上的更大的积极性，改进农业，发展副业、运销事业、手工业、合作社，从增进国民经济上来减轻人民负担，还做得不够。

第四，官僚主义的作风存在的还不少：关心民瘼、接近群众、倾听群众呼声、给人民解决切身问题的作风还没有很好地养成。文牍烦琐，事务繁杂制度不健全的现象还没有彻底克服。

第五，工作发展不平衡：巩固地区的工作一般要好，游击地区的工作一般要差，对敌斗争的方式方法与策略的掌握还差。所有这些毛病，一般都是工作发展中执行中的毛病，主要是因为干部对政策法令了解差、文化水平低、行政经验少、待人接物的修养不够造成的。我们深自检讨：边委会的检查工作做得少，教育干部的工作做得少，及时纠正错误、帮助下级少，考绩奖惩制度不健全，文牍多，事务多，了解下情不够，应负主要的责任。

鉴于以往的经验：针对着当前政权中存在着的严重缺点，应进一步充实民主政治的内容，作如下的改革：

（1）从边区到村，从村公所到边委会，彻底整顿政风，深入地检查每一件具体工作，无论租佃债息、统一累进税、抗战勤务、婚姻问题……各项政策，执行中所发生的每一个具体问题，都认真地予以解决，使得边区各种政策法令，普遍地获得实现。进一步充实民主制度的内容，使各个抗日阶层的人民，都能知无不言、言无不尽，精神上获得更大的愉快。认真排除部分干部的宗派主义、盛气凌人、强迫命令、脱离群众的官僚主义作风，使政府进一步为广大人民服务，使广大人民进一步拥护政府。

（2）更进一步贯彻精兵简政政策，纠正头大脚轻的毛病，充实下级加强下级。积极进行干部的政治文化教育，提高政治文化水平，使区村干部真正了解并掌握各种政策法令，成为大公无私、执行政策、团结人民的模范。彻底肃清文牍主义、事务主义，改革文牍，改善事务管理，无论一双军鞋、一斤优抗粮、一元救灾款……应该给老百姓的都保证给到老百姓手，应该向老百姓征收的，都保证征收的合理。事无巨细，要做就做得彻底，做得好；没有力量做，或者非当务之急的事，可以不做、缓做。

（3）有计划有步骤地进一步进行经济建设，加强对敌经济斗争。解决土地纠纷，调整劳资关系，调节抗战勤务，严密出口货物管理，打击敌寇掠夺，切实保护物资。使人尽其力、地尽其用、货畅其流，繁荣自己，更进一步从经济上孤立敌人，增加人民收入，适当减轻人民负担。

（4）巩固现有阵地，继续深入敌后之敌后，开展游击区工作，变游击区为根据地，变敌占区为游击区。更亲切地关心游击区受敌伪压榨勒索的同胞，指导他们对敌斗争，减轻自己的痛苦。更进一步找各种社会关系，抚慰敌占区受苦受难的同胞，使他们得到祖国的温存与抚慰。继续号召伪军反正，号召敌军来边区躲避战争，号召伪组织人员及早悔悟，以保全自己的性命。

诸位参议员先生：法西斯希特拉很快就会被同盟国击败，同盟国对日寇的大举反攻接着就会开展，我们的抗战今年一定要胜利。但是深入敌人的心脏，严重威胁平津保石太原大同，成为收复东北摧毁伪满先锋的晋察冀边区，敌寇必在死亡之前，作困兽斗，作孤注掷，对我扫荡、蚕食、清剿、破坏、勒索必更甚于往昔。五年了，边区军民把自己的人力财力物力智力贡献给伟大的民族革命战争，用自己的血肉换得这块民主自由的乐土。当此胜利在望之际，我们相信边区军民一定会继续五年来艰苦奋斗的光荣传统，“百尺竿头，更进一步”，以团结、坚定、刻苦、勇敢的精神冲破黎明前的黑暗，争取抗战最后胜利的到来。

我们谨向五年来为保卫边区保卫华北保卫伟大的中华民族而光荣牺牲的军民致以无限的哀悼，谨向受了光荣创伤的军民致以亲切的慰问。

我们谨向五年来历经艰难困苦，誓死不做奴隶，把自己的一切贡献给战争，坚持抗战的边区全体军民致以崇高的敬礼！

我们谨向为国为民抗战胜利不避风寒、不避艰苦而奔波的参议员诸先生致以极诚挚的慰问与敬意。并请对我们五年来的工作多加批评指教。（完）

选自《晋察冀边区行政委员会工作报告》，边区行政委员会 1943 年编印，第1～129 页。

17. 宋（劭文）主任在讨论政府工作报告后的答复

1943 年 1 月

边委会听了大会关于边区行政委员会工作报告的讨论，大会对边委会工作报告一致认为满意，并对边委会多所嘉许，本人谨代表边委会向参议员诸君致诚恳的谢意（鼓掌）。

大会对原报告提出许多宝贵的补充意见：

（一）边委会成立前，各地动员委员会发动边区广大群众，组织游击队、义勇队，实行减租减息改善民生。动委会是半政权性质的组织，它执行了政权的任务，并发动群众建立群众组织，这些成绩是不可磨灭的。动委会时期，各地组织尚未统一，各地各自为政等混乱现象是不可免的，但社会秩序已在恢复着。没有动委会的工作，则边区统一政权的建立也就会困难些，边区各项建设的就轨也会迟缓一些。

（二）原报告所指出的工作缺点，大会一致认为是发展中的缺点、执行中的缺点。此外还有一个重要缺点就是工作发展的不平衡，巩固区的工作一般要好，游击区的工作一般要差，巩固区、游击区的工作在不同地区也不平衡，以后应更求全面与更求普及。

（三）政府五年来对人民利益是关心到的，但有些地区工作还不够深入，有的政策法令到村里就变了样子。这主要由于我们检查工作不够、考核奖惩制度不健全造成的，今后应建立健全的检查制度，与严格的考核奖惩制度。

（四）五年来我们进行了艰苦的对敌斗争，三十年以来斗争更加残酷，边区许多地区游击性增大，今后更应把对敌斗争作为重要议程，对敌斗争方式方法应经常研究，不断提高，并求军事、政治、经济、文化等各种斗争全面开展。

（五）五年来，我们对边区子弟兵是爱护的，但个别地方仍做得不够；政府在教育广大群众爱护子弟兵上也有缺点。今后应加强对群众的教育，更周到地优待抗属。

（六）教育方面在数量上有不小的发展，质量还很差，小学教员水平很低，今后应更注意培养师资，改造学校，并尽自己的力量编印大众读物儿童读物。

边委会讨论了参议会所提出的意见，一致认为完全正确，愿诚恳地接受，并以之补入原报告。

讨论中还有些不属于报告范围，或原报告已有内容而加以重述或发挥者，不再重复。

本人谨代表边委会向热烈讨论我们工作报告的参议员诸君致以敬礼！（鼓掌）

选自《晋察冀边区行政委员会工作报告》，边区行政委员会1943年编印，第130～131页。原题目为“宋主任在讨论政府工作报告后的答复。”

18. 晋察冀边区参议会组织条例

1943年1月20日晋察冀边区第一届参议会通过，
同年2月4日晋察冀边区行政委员会公布

第一条　本条例依据国民政府建国大纲之基本精神，适应边区具体环境制定之。

第二条　晋察冀边区参议会（以下简称参议会）由边区公民选举之参议员，及边区行政委员会聘请之参议员组织之。

前项聘请之参议员不得超过参议员总额五分之一。参议员选举法另定之。

第三条　参议员任期二年，连选得连任。

第四条　参议会之职权如下：

一、选举并罢免边区行政委员会委员、主任委员、副主任委员及高等法院院长。

二、制定边区单行法规。

三、监察弹劾边区各级行政人员及司法人员。

四、决定边区各项基本政策，审议边区行政委员会各项重要计划方案。

五、批准边区行政委员会所提之预算并审查其决算。

六、决定边政重要兴革事项。

七、审议边区行政委员会及各方请议事项。

八、督促检查边区行政委员会执行参议会决议。

第五条　参议会设议长、副议长各一人，由参议员用无记名投票法互选之，负责召开常会、临时会，对外代表参议会。

参议会开会时由议长主席，议长因故不能出席时，由副议长主席，议长、副议长因故去职时，应即补选。

第六条　参议会开会期间设秘书处，置秘书长一人，由大会推定之，承议长、副议长之命办理大会事务。

第七条　参议会每年开常会一次，有下列情形之一者得召开临时会：

一、经边区参议员十分之一以上之提议者。

二、经边区公民三十分之一以上之请求者。

三、经边区五分之一以上之县议会请求者。

四、边区行政委员会提请经驻会参议员可决者。

五、经驻会参议员之决议者。

第八条　参议会非有过半数参议员之出席不得开议，非有出席参议员过半数之通过不得决议，可否同数时，取决于主席。

第九条　参议会开会时，边区行政委员会委员须列席，报告工作，解答质问。

第十条　参议会决议案交边区行政委员会执行，行政委员会认为不便执行时，应于开会期间详具理由送请参议会复议。参议会复议后，仍持原议时，行政委员会应即执行。

第十一条　参议会开会时，设参议员资格审查委员会、提案审查委员会，必要时得设专门委员会。前项各委员会之委员及名额，由大会决定选举之。

第十二条　参议会闭会期间，设驻会参议员办事处，由参议员互选三人至五人，与议长、副议长组织之。

议长、副议长、驻会参议员不得兼任政府及其所属机关职务。

第十三条　驻会参议员依据参议会所赋权限，对边区行政委员会执行决议或其他重大措施认为不当时，得提出质问或建议。

第十四条　除驻会参议员外，参议员均为无给职，但得酌发旅费。

第十五条　参议员在开会时所为之言论及表决，对外不负责任。

第十六条　参议员除现行犯外，在会期中非经参议会许可，不得逮捕或拘禁。

第十七条　参议员违法失职时，由其选举单位罢免之，有候补者依次递补，无补者另选之。聘请参议员违法失职时，由边区行政委员会解聘之。

前项递补、补选之参议员，以补足原任之任期为限。

第十八条　参议会经费由大会制定预算，交边区行政委员会拨付之。

第十九条　参议会议事细则另定之。

第二十条　本条例自参议会通过之日施行。

选自《晋察冀边区行政委员会现行法令汇集》，上册，边区行政委员会 1945 年编印，第 11～15 页。

互校版本：《中国新民主主义革命时期根据地法制文献选编》，第 2 卷，北京，中国社会科学出版社，1981 年版，第 243～246 页。原注：“选自晋察冀边区行政委员会《现行法令汇集》上册，一九四五年版。”

19. 晋察冀边区参议会驻会参议员办事处组织规程

1943 年 1 月 20 日晋察冀边区第一届参议会通过，
同年 2 月 4 日晋察冀边区行政委员会公布

第一条　晋察冀边区参议会驻会参议员办事处（以下简称驻会参议员办事处）依据晋察冀边区参议会组织条例第十二条之规定组织之。

第二条　驻会参议员办事处受参议会之委托，办理下列各事项：

一、督促及检查边区行政委员会执行参议会之决议。

二、根据参议会批准之预算，检查边区行政委员会之财政收支。

三、检查边区各级行政司法人员之违法失职，提请大会弹劾或交政府处理。

四、列席边区行政委员会各种重要会议。

五、联系各地参议员，进行调查研究，搜集人民意见。

六、处理参议会交办事项，及参议会闭会期间之日常工作。

七、定期向参议员传达办事处工作。

八、准备下届参议会或临时参议会之大会事务。

第三条　驻会参议员办事处视工作之需要得设秘书、办事员若干人。

第四条　驻会参议员办事处每月召驻会参议员会议一次。

第五条　本规程自公布之日施行。

选自《晋察冀边区行政委员会现行法令汇集》，上册，边区行政委员会 1945 年编印，第 15～16 页。

互校版本：《中国新民主主义革命时期根据地法制文献选编》，第 2 卷，北京，中国社会科学出版社，1981 年版，第 246～247 页。原注：“选自晋察冀边区行政委员会《现行法令汇集》上册，一九四五年版。”

20. 晋察冀边区行政委员会组织条例

1943 年 1 月 20 日晋察冀边区第一届参议会通过，
同年 2 月 4 日晋察冀边区行政委员会公布

第一条　晋察冀边区行政委员会（以下简称边区行政委员会）为国民政府所属之地方政府。

第二条　边区行政委员会委员九人，由晋察冀边区参议会（以下简称参议会）选举之，设主任委员、副主任委员各一人，由参议会就委员中选举之，主任委员、副主任委员及委员，均于选举后报请国民政府任命之。

主任委员、副主任委员及委员任期二年，连选得连任。

第三条　边区行政委员会设下列各处：

一、民政处。

二、财政处。

三、教育处。

四、实业处。

五、秘书处。

第四条　边区行政委员会于必要时，得设各种专管机关及专门委员会。

第五条　边区行政委员会总理全边区政务，其职权如下：

一、执行国民政府委托事项。

二、执行边区参议会决议。

三、颁发行政命令，公布单行法规。

四、监督所属机关执行职务，任免所属行政人员，领导高等法院。

五、确定或变更行政区划及组织。

六、办理选举。

七、征税及编制预决算。

八、关于其他民政、财政、教育、实业等建设事项。

边区行政委员会因行使前项职权所为之设施，有关于增加人民负担、限制人民自由、变更行政区划及组织者，须得参议会之可决或追认。

第六条　边区行政委员会为民主集中制之组织，因行使前条职权所为之重大设施，须由委员会议决议行之。

第七条　边区行政委员会主任委员之职权如下：

一、召集行政委员会议，开会时为主席。

二、领导执行行政委员会议之决议案。

三、处理行政委员会日常及紧急事项。

四、对外代表行政委员会。

第八条　边区行政委员会副主任委员协助主任委员执行前条规定之职务，主任委员因公外出或因故不能执行职务时，由副主任委员代理之。

第九条　民政处掌理事项如下：

一、关于提请任免奖惩所属地方行政人员事项。

二、关于户籍调查统计事项。

三、关于选举事项。

四、关于土地行政事项。

五、关于卫生行政事项。

六、关于公安保卫事项。

七、关于赈灾、抚恤、优待、保健及其他社会救济事项。

八、关于婚姻登记及礼俗宗教事项。

九、关于劳资及佃业争议事项。

十、关于人民武装兵役动员事项。

十一、关于人民团体之登记及指挥事项。

十二、关于取缔娼妓、赌博、缠足及禁烟禁毒事项。

十三、关于少数民族事项。

十四、其他有关民政事项。

第十条　财政处掌理事项如下：

一、关于税务、公款、公粮、公债事项。

二、关于编制预算、决算事项。

三、关于金库、粮库收支事项。

四、关于监督银行工作及金融之调剂整理事项。
五、关于财政审计事项。
六、关于抗战勤务军需代办事项。
七、关于公产之整理保管事项。
八、其他有关财政事项。
第十一条　教育处掌理事项如下：
一、关于管理各级学校事项。
二、关于管理社会教育事项。
三、关于图书教材之编审事项。
四、关于教育文化及学术团体之指导与奖进事项。
五、关于出版物之审查及登记事项。
六、关于图书馆、博物馆及公共体育娱乐场所筹划管理事项。
七、关于一般宣传事项。
八、其他有关教育文化事项。
第十二条　实业处掌理事项如下：
一、关于农林、畜牧、工业、商业、矿业之计划、管理、监督、奖进事项。
二、关于整理耕地及开垦荒地事项。
三、关于农田水利之整治及作物病虫害之防除事项。
四、关于农业经济改良事项。
五、关于合作事业指导、奖进事项。
六、关于贸易之监督事项。
七、关于农林、畜牧、工业、商业、矿业出品之陈列检查事项。
八、关于公营事业之管理检查事项。
九、关于实业团体之指导事项。
十、关于度量衡之检查监督事项。
十一、其他有关实业事项。
第十三条　秘书处掌理事项如下：
一、关于行政委员会之会议事项。
二、关于文件之撰拟、保存、缮印及收发事项。
三、关于印信、电报等机要之掌管事项。
四、关于图书之保管事项。
五、关于调查研究及统计事项。
六、关于工作报告及书报编纂事项。
七、关于行政委员会各处职员之进退登记事项。
八、关于行政委员会对外宣传事项。
九、关于行政委员会之会计、庶务、生产、卫生事项。
十、关于行政委员会之交通、警卫事项。
十一、关于交际及招待事项。

十二、其他不属于各处事项。

第十四条　民政、财政、教育、实业各处各设处长一人，综理各该处事务，由行政委员会委员互选之。秘书处设秘书长一人，综理该处事务，由行政委员会聘任之。

第十五条　各处各设秘书主任一人、秘书一人或数人，承处长之命，办理该处事务。各处得视事务之繁简，分科办事。科设科长一人、科员若干人，承处长之命，办理该科事务。

第十六条　各处、科得视工作之需要，增设副职。

第十七条　各处不单独对外发布命令，其有关各该处之命令均以主任委员、副主任委员之连署，及有关处长之副署行之。

第十八条　边区行政委员会因战争环境之需要，得于适当地区设置行署，代行其职务，组织法另定之。

第十九条　边区行政委员会得于其所在地区及其行署所在地区设置公安局，在行政委员会或其行署领导下，维持各该地区社会治安，组织法另定之。

第二十条　边区行政委员会得于其所在地区及其行署所在地区设置人民武装部，在行政委员会或其行署领导之下，指导各该地区人民武装，组织法另定之。

前项人民武装部，得由行政委员会委托军事机关指挥之。

第二十一条　边区行政委员会得于适当地区设置行政督察专员公署，在行政委员会或其行署领导之下，督察各该地区各县行政，组织法另定之。

第二十二条　边区行政委员会因工作之需要，得设谘〔咨〕议顾问若干人。

第二十三条　各处办事章则另定之。

第二十四条　本条例自公布之日施行。

选自《晋察冀边区行政委员会现行法令汇集》，上册，边区行政委员会1945年编印，第17～23页。

互校版本：《中国新民主主义革命时期根据地法制文献选编》，第2卷，北京，中国社会科学出版社，1981年版，第247～253页。原注：“选自晋察冀边区行政委员会《现行法令汇集》上册，一九四五年版。”

21. 晋察冀边区县区村组织条例

1943年1月21日晋察冀边区第一届参议会通过，
同年2月4日晋察冀边区行政委员会公布

第一章　总则

第一条　本条例依据国民政府建国大纲第八条、第九条之基本精神，适应边区具体环境制定之。

第二章　县议会

第二条　县议会由县公民选举之县议员组织之，选举法另定之。但因环境之必要，得由县政府聘请本县抗战有功之人士为县议员，其名额不得超过县议员总额五分之一。

第三条　县议员任期二年，连选得连任。

第四条　县议会之职权如下：

一、选举罢免县长。

二、制定县单行法规。

三、监察弹劾县区村行政人员及司法人员。

四、审查县预算决算。

五、决定县公有财产之经营及处分事项。

六、议决县政重要兴革事项。

七、审议县政府及各方请议事项。

八、督促检查县政府工作。

第五条　县议会设议长、副议长各一人，由议员用无记名投票法互选之，负责召开常会临时会，对外代表县议会。

县议会开会时由议长主席，议长因故不能出席时，由副议长主席，议长、副议长因故去职时，应即补选。

第六条　县议会开会时设秘书一人，由大会推定之，承议长、副议长之命，办理大会事务。

第七条　县议会每半年开常会一次，有下列情事之一者，得召开临时会：

一、经议员五分之一以上之提议者。

二、经全县公民十分之一以上之请求者。

三、经全县五分之一以上之村民代表会请求者。

四、县长请求，经议长、副议长认可者。

第八条　县议会非有过半数议员之出席不得开议，非有出席议员过半数之通过不得成立决议，可否同数时取决于主席。

第九条　县议会开会时，县长须列席报告工作，解答质问，对讨论事项，有发言权，无表决权。

第十条　县议会不得作与上级政府法令相抵触之决议，抵触时，服从上级政府之法令。

第十一条　县议会决议案交县政府执行，县政府对决议案认为不便执行时，应于开会期间，详具理由，送请县议会复议，县议会复议后，仍持原议时，县政府应即执行。

第十二条　县议会闭会期间，由议长驻会，监督县政府执行决议。议长不得兼任县政府及其所属机关之职务。

第十三条　县议会开会时，得设议员资格审查委员会、提案审查委员会，必要时得设专门委员会。

前项各委员会之委员及名额，由大会决定选举之。

第十四条　县议员除议长外，均为无给职，但开会时得酌发旅费。

第十五条　县议员在开会期间所为之言论及表决，对外不负责任。

第十六条　县议员除现行犯外，在会期中，非经县议会许可，不得逮捕或拘禁。

第十七条　县议员违法失职时，由其选区公民罢免之，有候补者依次递补，无候补者另选之。聘请议员违法失职时，由县政府解聘之。

前项递补，补选之县议员以补足原任之任期为限。

第十八条　县议会经费，列入县预算，由边区行政委员会发给之。

第三章　县政府及区公所

第十九条　县设县政府。但因环境之必要，得增设或专设县佐公署，组织法另定之。

第二十条　县政府设县长一人，由县议会选举之，报请边区行政委员会加委。

第二十一条　县长任期二年，连选得连任。

第二十二条　县长违法失职时，由县议会罢免另选之。其未经县议会罢免者，边区行政委员会得撤职委代，通知县议会另选之。

边区行政委员会调迁县长，应暂行委代，通知县议会另选。

第二十三条　县政府综理全县行政，其职权如下：

一、执行边区行政委员会或其行署专员公署之委办事项。

二、执行县议会之决议事项。

三、公布县单行法规。

四、监督所属机关及职员。

第二十四条　县政府设下列各室、科、部：

一、秘书室掌理会议报告记录，撰拟文件，典守印信，管理会计、庶务、通讯及其他不属于各科事项。

二、民政科掌理户籍、地政、租息、劳资、选举、社团、优抗、抚恤、赈灾、救济、卫生、保育、民族、宗教、风俗及其他有关民政事项。

三、财政科掌理预算决算、各种税收、公粮、公草、公债、公产、金融、物价及其他财政建设事项，并兼理抗战勤务，代办军用事项。

四、教育科掌理学校教育、社会教育、宣传工作及其他有关文化教育事项。

五、实业科掌理农田、水利、工矿、林牧、合作、贸易、交通、工程及其他有关经济建设事项。

六、公安科掌理锄奸、敌工、清查户口、缉捕盗匪、检举违法分子、维持社会秩序及其他保卫政权、保障人权事项。

七、人民武装部掌理兵役、自卫、民兵，进行游击战争及其他保卫政权、保卫人民事项。

县政府各室、科、部，得视事务繁简，酌量设股或并科。

第二十五条　秘书室设秘书一人，科员、办事员若干人，各科设科长一人，科员、办事员若干人，人民武装部设部长、副部长各一人，干事若干人。

第二十六条　秘书、科长由县长遴选或由县议会推荐，呈请边区行政委员会委任，科员、办事员由县长委任，报请边区行政委员会备案，公安科、武装部人员之任用办法另定之。

第二十七条　县政府设县务会议，由县长、秘书、科长、武装部长组织之，决定县政重要事项，开会时由县长主席，议案之表决，少数服从多数。

第二十八条　县政府因工作上之必要，得召集区长联席会议、村长联席会议，开会时以县长为主席。

第二十九条　区设区公所为县政府之辅佐机关。

第三十条　区公所设区长一人，助理员三人至五人，人民武装大队长、教导员各一人，治安员一人，必要时得设副治安员或派出所，派出所设所长一人、干事二人，所长由治安员兼任之。

第三十一条　区长助理员由县政府委任，报请边区行政委员会备案；治安员、大队长、教导员之任用办法另定之。

第三十二条　区公所设区务会议，由区长、助理员、治安员、大队长、教导员组织之，决定区政重要事项，开会时由区长主席，议案之表决，少数服从多数。

第三十三条　区公所因工作上的必要，得召集村长联席会，开会时以区长为主席。

第四章　村民大会及村民代表会

第三十四条　村民大会为村政最高权力机关，由村公民组织之。村民大会于闭会期间，由村民代表会代行其职权。

第三十五条　村民代表会由村公民选举之代表组织之，选举法另定之。

第三十六条　村民代表任期一年，连选得连任。

第三十七条　村民代表会之职权如下：

一、选举并罢免村民代表会主席、副主席及村公所各委员。

二、制定村公约。

三、审议村概算、决算。

四、议决村公产之经营及处分事项。

五、议决村政兴革事项。

六、审议村公所及各方请议事项。

七、督促并检查村公所工作及其对村民大会、村民代表会决议案之执行。

前项第一、二、三、四款职权之行使，应经村民大会之表决或追认。

第三十八条　村民代表会设主席、副主席、秘书各一人，主席、副主席由代表用无记名投票法互选之；秘书由主席、副主席聘请之。主席、副主席之职务如下：

一、召开常会、临时会、开会时为主席。

二、召开村民大会。

三、对外代表村民代表会。

主席、副主席因故去职时，应即补选。

第三十九条　村民大会每半年开常会一次。经村公民五分之一以上之请求或村民代表会之决议，得召开临时会。

第四十条　村民代表会每月开常会一次。经村公民十分之一以上或村民代表五分之一以上或村公所之请求，得召开临时会。

第四十一条　村民大会、村民代表会之常会、临时会，非有过半数之公民或代表出席不得开议，非有出席公民或代表过半数之通过不得决议，可否同数时，取决于主席。

第四十二条　村民大会及村民代表会之决议，交付村公所执行，有与上级政府法令抵触者，服从上级政府之法令。

第四十三条　村民代表在会议时所为之言论及表决，对外不负责任。

第四十四条　村民代表除现行犯外，在会期中，非经村民代表会之许可，不得逮捕或拘禁。

第四十五条　村民代表违法失职，由其所代表之公民小组罢免另选之，但当选为村民代表会主席、副主席及村公所委员者，须经村民大会或村民代表会罢免之。

第五章　村公所

第四十六条　村公所为村政执行机关，其职权如下：

一、执行县政府区公所交办事项。

二、执行村民大会、村民代表会之决议事项。

三、公布村公约。

第四十七条　村公所设村长、副村长各一人，委员三人至五人，治安员一人，中队长、指导员各一人，其职掌事项如下：

一、民政委员掌理户籍、地政、选举、优抗、抚恤、救灾、调解等事项。

二、财政委员掌理村概算、决算、公产、统一累进税等事项。

三、教育委员掌理学校、社教、宣传等事项。

四、实业委员掌理生产、贸易、合作等事项。

五、粮秣委员掌理公粮、公草、军鞋、抗战勤务等事项。

六、治安员掌理除奸、稽查清查户口、维持治安等事项。

七、人民武装中队部掌理兵役、民兵、岗哨、自卫等事项。

前项委员、治安员之事务繁忙者，得酌设干事协助之。

第四十八条　村长、副村长由村民代表会主席、副主席兼任之，报经区公所转请县政府加委，委员由村民代表会选举之。治安员、中队长、指导员之任用办法另定之。

第四十九条　村公所设村务会议，每半月开会一次，由村长、副村长、各委员、治安员及中队长、指导员组织之，决定村政重要事项，开会时由村长主席，议案之表决，少数服从多数。

第五十条　村公所为行政上之便利，得依村民住区划分全村为若干闾，闾设主任代表一人，由本闾公民代表互选之。

第五十一条　闾主任代表及代表在本闾内辅佐村公所执行村政。

第六章　附则

第五十二条　本条例自公布之日施行。前颁晋察冀边区县区村暂行组织条例同时作废。

选自《晋察冀边区行政委员会现行法令汇集》，上册，边区行政委员会 1945 年编印，第 27～36 页。

互校版本：《中国新民主主义革命时期根据地法制文献选编》，第 2 卷，北京，中国社会科学出版社，1981 年版，第 272～281 页。原注："选自晋察冀边区行政委员会《现行法令汇集》上册，一九四五年版。”

22. 晋察冀边区第一届参议会提案集*

1943年4月22日晋察冀边区行政委员会解答①

原编者：这本集子是边区行政委员会对于第一届参议会大会提案所写成的书面的答复，由驻会参议员办事处编排付印的。原收到的提案除条例草案外共一百六十六件，其中关于纲领的二件和弹劾案一件，已由大会处理，在这里所答复的共一百六十三件（大会汇刊九十二页所称六十四件系错误），但不是逐条条答复，而是数条合并答复，请各参议员鉴察。

目录

---

* 因本文献层次格式较为混乱，为便于读者阅读，编辑作了变体或加下划线处理。特此说明。

① 晋察冀边区第一届参议会系在1943年1月15日—21日召开。

对于边区第一届参议会大会提案的解答

边区第一届参议会于大会闭会之前，决议将大会提案之未经讨论者，交付边区行政委员会采择处理。边委会接受了这一光荣的任务之后，当将参议会驻会参议员办事处交来提案一百六十三件，分别性质由各处研究，一一提出解答。兹于提案解答付印之前，略志数语。

提案一百六十三件中，关于民政者七十一件，关于财政者三十四件，关于教育者二十八件，关于实业者二十六件，关于司法者二件，经参议会驻会办事处办理者二件。按提案之问题区分，则关于统一累进税税则、执行、征收者十六件为最多，关于教育行政及学校教育者十五件为次多，关于援助敌占区同胞者十二件，关于干部教育作风、干部健康、干部家属优待者十一件，关于春耕救灾、村财政及敌伪勒索者各十件为再次多，其他关于优抗抚恤（九件）、土地关系（四件）、抗战勤务（六件）、合作贸易（五件）、教材编审（四件）……等提案均在九件以下。于此可见：（一）参议员诸君关怀民瘼至切，我边区人民团结友爱精神显著。（二）统累税税则之执行尚不够贯彻，教育工作尚落于人民期望之后，区村干部终日劳碌，健康水准下降，但了解政策法令还很差，民主作风还未很好的〔地〕养成。战争业经六年，寇祸天灾，人民生活下降，而尤以游击区敌占区同胞受敌伪蹂躏至苦至痛。（三）边区抗日民主社会秩序基本上已经建树起来，举凡土地政策、人权保障、抗战勤务诸要端，一般已获得比较正确的执行。

我边区各级政府深切认识：反攻之前，当有一段艰苦黑暗道路，领导游击区、敌占区人们争取解脱敌伪锁枷，发展生产加强教育，改善根据地人们生活，贯彻政策法令，高度发扬民主精神，这是我们的神圣任务。我们对于五年来所做了的一些工作、创造的一些成绩，丝毫未感自满；对于各位参议员先生之意见，均以极愉快的精神敬谨接受。根据边区现实条件，掌握抗战、民主、民生之急务。顾及主观力量，分别轻重缓急，予以抉择；此乃以长久战争环境，不能百废俱兴，固不得不以最大精力努力于“双十纲领实施重点”所指之急务，尚祈参议员诸君谅会。

提案分类逐件解答，参议员诸君如有意见，务请见示。并希将在乡里见闻所及应与应革之事，随时函告，以匡不逮。

晋察冀边区行政委员　四月二十二日

关于民政方面提案的解答

（一）政权建设

1. 关于政权机构方面：

一、在参议会闭会后，应即改选各县县议会，以发扬民主案。（提案人平山全体参议员）

二、山沟中自然村在四十户以上，距主村遥远者，应划为独立村，以利工作案。（提案人平山县议会）

边委会答复：以上提案，本会均同意。各县县议会改选，已定于本年六月间进行，并已发出指示。一般距行政村在十里以外者，可单独另立行政村，当令各县检查调整。

2. 关于干部方面：

一、整顿村干部作风，改变除奸团作风，加强村干部教育，使政府法令能贯彻执行案。（提案人谷纶卿等二人，郭五峰、段良弼等二人，齐立敏等二人）

办法：甲、加强村干部教育，并经常组织政民考查团，检查区村工作。

乙、改变作风，正确执行除奸政策。

丙、利用星期日为学习日，此日干部民众一律休息，村由小学教员讲政策法令，区县由程度较高者，担任讲解。

二、加强军政民干部关于政策法令的教育，以加强团结抗战力量案。（提案人阎力宣）

三、对政民贫困干部家属给予以适当补助，对游击区敌占区被敌掠夺无法生活的干部与家属，应于〔予〕救济，对退职干部、年老力衰缺乏工作能力之干部，应适当安置，对牺牲干部遗族予以优待救济案。（提案人齐文俭等六人、陈静汝等四人、平山县议会、定襄县议会、定襄县政府）

办法：甲、牺牲干部遗族按抗属优待。

乙、敌占区干部家属来边区者，尽量介绍工作。孤儿幼子入保育院。

丙、老年干部及贫苦干部予以救济。

边委会答复：

一、第一个提案所拟办法甲项，本会同意，当使简政与整顿政风精神贯彻到村。所拟办法乙项，正确执行除奸政策是很对的，据本会所知现在有些地方对除奸政策执行得不够好，对汉奸有些放纵现象，群众对汉奸的警惕性也不够；同时个别地方，错捕的现象，也有残余存在。因此请各位参议员及全体人民更加重视除奸工作，使边区无汉奸藏身匿迹之所；并且请大家把看到的某些错捕的现象，随时告诉本会，以便纠正。所拟办法丙项，精神上很好，不过执行困难，本会拟编印通俗的政策法令教材，通过区村政权及小学校，教育民众。

二、第二个提案本会同意。过去军政民各方对于政策法令教育，即颇知注意，今后当更进一步加强。

三、第三个提案本会原则上都同意。不过抗战已五年余，人民都困难了，关于贫困干部的补助救济，须要在兼顾民力的情况下适当解决。因此本会已规定有《贫困政权干部家属补助办法》《政民工作人员伤亡抚恤条例》《优待政民妇女干部及其幼儿之决定》等，现均在执行。惟所定办法，有的较原案所提标准为低，这是因为边区人民生活水准，今已普遍降低，如对干部的优待过于提高，必致加重人民负担，是不易执行的。

（二）社会建设

1. 关于土地财产方面：

一、请规定执行双十纲领土地政策的具体办法，以利团结抗战案。（提案人三专区抗联会）

办法：甲、在双方自愿订立契约、双方尊重契约的原则下，应保障农民土地使用权，地主不应无故夺佃；应保证交租，农民不应无故不交租或少交租。

乙、佃户开垦土地，地权即属佃户，统累税由佃户负担。

丙、保护长期佃户的土地使用权。

丁、应明确规定逃亡地主的土地处理办法。根据地内无故荒芜的土地，政府对地主应依法处理，并把土地转租给农民。

戊、中共中央关于地主政策决定的附件，应议定具体执行办法。

二、请迅速制定回赎典当土地暂行办法，以平息目前土地纠纷案。（提案人聂永直等五人）

三、敌占区游击区经敌伪强占强买，以及强使转赠他人之不动产，其确非原产主本意，有确凿证明者，应由政府保障产权，认作无效。（提案人檀纶）

四、未到期的典当地，应允许地主于一定期限后（满约定期限三分之二以上时），自由出卖，以保土地所有权案。（提案人康子泽）

边委会答复：

一、第一个提案所拟办法甲、丙、戊三项，及第二个提案，在参议会递过之《租佃债息条例》中均有规定，不另作复。关于佃户开垦土地的地权问题，很复杂。“地权即属佃户”，本会认为有再加斟酌的必要，俟搜集材料研究讨论后再定。目下民间如因此而发生纠纷，可由仲裁委员会仲裁之。至于逃亡户的土地，本会已于民国三十年公布《抗战期间逃亡户财产代管办法》，当依法妥予代管，于其返回后归还之。根据地内无故荒废土地者，本会当责成当地政府调查研究其症结所在，设法解决。并发动人民生产热忱，期无荒废。因荒废土地的原因很多（如病、灾等），如遽于处分，并转租其土地，对保障地权有影响，其因种不过来而致荒废者，本会当责成各级政府积极检查。

二、第三个提案本会同意，并已制定《处理伪军伪组织人员办法》颁布施行。

三、第四个提案，根据民法物权编规定：出典人可将典物之所有权让与他人，惟承典人对于前项受让人仍有同一之权利。据此规定，地主可随时出卖其土地，无一定期限之限制，但在出典人将典物所有权让与他人时，如承典人声明提出统一价额留买者，出典人不得拒绝。

2. 关于劳动保护方面：

一、请制定劳动保护单行条例或类似的保护工人的法令案。（提案人龙华满城全体参议员、三专区抗联会）

二、调整雇主劳工关系，变通工资高低数额（高低数额之间，多间隔一些）以保障工人生活，而利增加生产案。（提案人卢××）

三、目前工人复工问题，政府团体双方应配合解决，以免工人逃往敌占区，并利增加生产案。（提案人三专区抗联会）

四、为提高工人劳动热忱，增进生产，改善工人生活，密切劳资团结案。（提案人郝桐生等）

办法：甲、加强工人教育，进一步提高工人劳动生产积极性（工厂应担任教育费，农村雇工应有一定学习时间），提高生产技术和生产效率。

乙、农村雇工工资，标准按各地生活水平以维持一个人到一个半人的生活为准。并以半实物工资制为原则。月工短工工资应比以上平均数稍高。

丙、适当改善工人卫生条件，保障工人健康（童工、女工不得做妨碍健康劳动，女工月经期酌量减轻工作，产前产后休息五星期，工资照发），工人疾病，资方应帮助医治，因工受伤或残废死亡，资方应予以适当抚恤救济。

丁、劳资双方可订立合同，规定工作时间（工厂工人应实行十小时工作制，农村雇工应以过去习惯）、工资待遇、生产条件等。双方确实遵守，期满任何一方均可解除。但在议定期间，不得无故解除，如因故一方提出解除合同（或因一方不遵守合同条件者）不能解决时，由政府协同劳资双方组织仲裁委员会进行调处。

戊、对失业工人应尽量予之介绍工作，给以一定生产劳动上之帮助，以安定其生活，发挥其在抗战中的作用。敌占区工人来边区者，按以上条件尽量安置救济。

边委会答复：

以上各提案的原则和精神都是很好的，本会同意。惟具体做法，尚须〔需〕待调查研究后，再作决定。关于工人复工问题，本会当责成各级政府配合团体适当加以解决。

3. 关于女子继承权方面：

一、请制定妇女财产继承权单行条例案。（提案人姜克忠聂永临等十人，及三专区抗联会）

二、请解释传达女子财产继承权问题案。（提案人平山县议会）

边委会答复：

关于女子财产继承权，民法规定甚详，无另行规定单行条例之必要，惟女子继承权开始施行之日期为民国十七年六月十二日，十余年来从未执行，在此期间变化甚多，如追溯过远，易滋纠纷。因此关于女子继承权问题，当另作执行问题的决定。本会接受第二提案，今后当编写一些解释传达的文章。

4. 关于社会治安方面：

请颁布社会治安管理条例、严防敌探汉奸，并加强群众除奸教育案。（提案人易县县政府）

边委会答复：

社会治安管理，包括范围颇广，全面管理条例，一时难以制定。惟本会前此颁布之《关于逮捕搜查侦查处理刑事特种刑事犯之决定》《统一办理通行手续暂行办法》《村除奸小组工作纲要》《破坏坚壁财物惩治办法》《检查戒严办法》……均属于管理社会治安与防敌探汉奸活动之法令，当责成各级政府切实执行。关于加强群众除奸教育，本会同意。

5. 关于婚姻方面：

一、回民在习惯上九亲等以内可以结婚（主要是姨表亲），在教义上回汉不通婚，因之婚姻条例中“九亲等以内不许结婚”一款（按条例规定为八亲等），应酌加修正。（提案人三专区抗联会）

二、寡妇招亲（有的叫“倒插门”）政府应明令禁止。（提案人三专区抗联会）

三、有的妇女过封锁沟、嫁特务汉奸，政府应明令禁止。（提案人三专区抗联会）

四、目前有的妇女随便离婚，应加节制案。（提案人高洛国）

办法：甲、进行教育，使之慎重。

乙、现在乡村中自由选择配偶有困难，可在父母征求子女同意的原则下，代为主婚。

五、有少数不知自爱之份〔分〕子，在男女关系上不够正确，应思想预防，以确守礼义廉耻案。（提案人郭××）

边委会答复：

一、第一、四、五三个提案，关于回民婚姻回顾，节制随便离婚和防止某些不正确的男女关系，在本会颁布之《婚姻条例》中都已有规定。除令各级政府切实执行外，尚希诸位参议员及社会各界人士加强对群众的宣传解释工作。

二、关于寡妇招亲问题，本男女平等的原则，寡妇对其自己的婚姻财产，有自由处理权利，至于寡妇再婚采取招亲的方式，虽然和某些地方的风俗习惯，有所未合，但于法则无违反处。这是一个对群众进行教育的问题，政府不便禁止。

三、关于禁止妇女嫁汉奸特务的问题，本会三十一年六月十六日世民社字第十九号令曾明文禁止，如有妇女与汉奸结婚，此种婚姻，政府不予保护，如因一时认识不清已与汉奸结婚者，应设法动员她争取汉奸反正或离婚。

6. 关于保护妇女儿童方面：

一、加强妇女生产小孩的常识案。（提案人阜平参议员等）

办法：由“白校”① 印一部关于产科［的］书籍，分发各县，作为妇女教材，妇救会今后应更注意这个问题。

二、对溺婴者政府应严加处理，一方面对生活特别困难而生育特多者加以补助案。（提案人平山县议会）

<u>边委会答复</u>：

一、第一个提案，本会同意，当照办。

二、对溺婴者严加处理，本会同意。至对生育多、生活困难者予以补助的问题，因当前财力不足，政府不便办理。

7. 关于清洁卫生方面：

一、切实开展清洁卫生运动，防止疫病流行案。（提案人三专区抗联会×××）

办法：甲、由政府有计划的〔地〕建立公共医务所，或由过合作社采取本地药材炮制成药，医治群众疾病。并可把中医以县为单位组织起来，政府给以资金帮助，轮流给群众治病。

乙、由政府设法照顾妇女生活、开展家庭卫生运动。

丙、教育群众进行家庭卫生运动的具体办法（如养猪要弄圈，并可多积肥料）。

丁、设法进行群众防毒的教育。

二、盂平定襄五台等沿滹沱河地带人民疾疫流行，应广设医疗处所案。（提案人金士冗）

办法：甲、有机会的〔地〕训练医生，不论新旧医，均分期加以教育。

乙、设置药所，大量制造药材及丸散膏丹等。

丙、号召群众采集本地药材，组织合作事业，交互运销。

丁、由敌占区通过社会关系，购入西药。

戊、请“白校”及各卫生机关尽量派员到各地巡回诊视。

三、请设立防疫机构，以保人民健康案。（提案人高明远等五人）

办法：甲、应有专人负责领导防疫工作。（或特设卫生局所，或附设于民政部门，由民政人员兼任。）

乙、设立医疗所，及医药合作社。

---

① 白求恩学校。

丙、组织乡村的旧医生，经过训练或检定，淘汰庸医。

丁、医疗所对于特别穷苦的人要减费或免费医疗。

边委会答复：

原提案的用意都是非常好的，惟抗战已五年余，物资消耗颇大，有的所提办法，似嫌要求过高，在抗战期间，不能全部实现，本会当就人力财力之所能及，尽量帮助合作社及药商，发展制药事业；并帮助抗联会组织医生，为人民治病。一面加强群众的清洁卫生教育。

（三）武装建设

1. 关于优抗抚抚恤拥军方面：

一、拥护边区人民子弟兵案。（提案人张文山等九人，谷纶卿等二十一人，杨耕田等二十五人）

二、各级政府应认真执行优抗抚恤法令；工作薄弱地区及敌占区尤应统筹办法，切实解决抗属生活问题，提高抗属社会地位；对荣誉军人阵亡将士应予适当抚恤，以巩固子弟兵案。（提案人庐诺华等七人）

三、冀中优抗工作，由于敌伪监视甚严，已陷停顿，应饬令速行恢复，勿得稍予间断案。（提案人郭××）

四、荣誉军人、退伍军人及地方退职人员应予安插救济，其籍非边区而至流浪街头者，尤应从速救济案。（提案人易县县政府、平山县议会）

办法：甲、边区设专门机关管理此事。

乙、将这些人组织起来贷给资金使之参加生产。

五、民兵负伤抚恤应有明文规定，游击区工作人员家属被敌寇汉奸打击没收财产应予以救济，并对汉奸加以镇压案。（提案人易县县政府）

六、抗日战士每月零用费仅只一元，作为杂费，不足甚巨，可否量予增加案。（提案人郭××）

边委会答复：

一、关于拥军问题，除已由参议会电呈中央补充饷械弹药外，本会并曾指示各级政府利用各种时机季节（如旧历年等），普遍发动拥军运动，确实帮助与爱护边区子弟兵，各团体亦均协助配合进行。

二、关于优抗工作，本会除曾于二十七、二十九年颁布优待办法外，并曾于去年十一月召开专门会议，进行检查与讨论。现各地优抗工作，虽已获得相当成绩，但个别地区，实物优待，尚不经常，精神优待亦多忽视。当再深入检查，督促各级切实执行，前颁优抗办法有不适者，亦根据去冬会议及最近反映，加以修正。但因边区财力有限，实物优待尚限于补足免税点，贫苦抗属生活问题之全部解决，尤赖于抗属之自力更生，与广大群众之互助。至敌占区及冀中等地，抗属贫苦无以为生者，即令当地政府速予救济，但因处于敌伪淫威之下，若由政府统筹，不仅拨运不灵，且恐易于暴露，为敌所算，故仍以由村公所负责为宜。而游击区优抗首先是保障抗属安全问题，当发动群众妥予保护，这与全面加强对敌斗争是分不开的。

三、荣誉军人之抚恤工作，除能回家者发给路费遣其回家外，其余则收容至荣誉军人学校予以教养。至退伍军人及地方退职人员，亦均帮助其返籍或参加生产，因系临时性的工作，无设专门机关之必要。

四、民兵抚恤办法业已制定，于本年二月二十七日以民社字第六号令公布施行。

五、游击区工作人员家属遭敌伪摧残致生活无着者，可按《贫困政权干部家属补助办法》酌予补助。对死心塌地的汉奸当严予镇压。

六、边区子弟兵每月零用费一元，确实太少，参议员代表民意，要求提高，足见我边区人民对战士生活之关怀，本会及军区均深为感奋！惟因当前困难加深，不宜再加人民负担，因此本会已商得军区同意，愿与边区父老共尝艰苦，并于战斗之暇积极参加生产，以资弥补，零用费仍不增加。

2. 关于人民武装方面：

一、加强预备兵教育，特别是五百名以下未设脱离生成之营长者，尤应注意，以达随时应召入伍之目的案。（提案人冯宿海等三人）

二、训练青壮年开展群众游击战争，打击小拨敌伪，保护人力物力财力案。（提案人郭五峰）

三、各村创设游击小组以便镇压零星敌寇汉奸活动案。（提案人张守业等二人）

四、加强民兵训练，提高技术，严明纪律，充实反攻力量案。（提案人×××）

边委会答复：

一、预备兵除受一般民兵训练外，须受特别军训，五百名以上之区，设脱离生产的营长一人，专司其事，五百名以下者，由武装部协同驻军所派干部负责。若未彻底执行者，当速予纠正。

二、游击区同胞日夜处于敌伪骚扰、掠夺、抓捕之下，痛苦万状，加强民兵组训，开展群众游击战争，实为要图。本会除曾颁布各项法令外，为使民兵与正规武装密切配合，指挥统一，已将武装部工作委托军区领导。关于民兵游击小组之组训，及武器之供给配备，均由各级武装部负责。年来，不少地区已获显著成绩，但发展仍甚不平衡，今后当更普遍加强民兵训练，健全其组织，提高其战斗与除奸技术，更广泛地开展群众游击战争。

3. 其他：冀中敌有部分他调，应相机予以痛击案。（提案人郭××）

边委会答复：事关军事行动，当函军区酌办。

（四）关于少数民族及宗教问题

一、为进一步的〔地〕团结回民，彻底粉碎敌寇对我各民族挑拨离间的阴谋。（提案人丁溪野等五人）

办法：甲、使回民享到经济上、政治上、文化教育上、风俗习惯上的自由平等。

乙、在教科书各种出版品中应注意发扬其优点。

丙、提倡回民参政，提拔回民干部，并在边委会领导下成立边区回民委员会（冀中冀北均设，有回民的县亦得成立），并在政府设立回民科。

丁、顾及回民特殊情况，给以谋生的便利，并保护奖励其生产、运销、消费等合作事业，及个人经营之工商业。

戊、注意回民文化教育，在回民学生较多之学校，得添增回文及有关回民问题的课程；边区各学校尽量容纳回民青年，必要时另立回民班次；设立回民工作干部训练班。

己、尊重回民风俗习惯，予回民工作人员以饮食营养的足够便利；回民的节日，许可宰牛；清真寺的财产及收入，因多作卫生设备之用，不能视同一般庙产，故请免课税。

庚、建议军区集中散在各部队的回民指战员，以便利其生活，并为回民参军之鼓励。在北岳区、冀北、冀东均成立类似冀中回民支队的武装部队。

辛、政府应注意回民工作，培植回民干部。

二、对于宗教人士（青黄庙等）应加强其教育领导案。（提案人××等二人）

边委会答复：

一、回民在各方面享有自由平等权利，乃边区一贯政策。关于回民工作，本会民政处已设有专人负责，今后在联系回民反映回民意见及解决回民问题上，当可较前更加注意，在目前本会认为尚无设科必要。至成立回民委员会，其性质系政府咨询机关一节，本会认为政府如能经常与回民参议员及在回民中有声望的人士取得密切联系，以经常搜集回民意见，则不建立回民委员会之组织，此项工作亦可进行，故暂不拟成立。如回民自己组织抗日团体，本会当积极扶助。至于在教科书及各种出版物中注意发扬回民优点，本会当采纳执行。关于回民教育，边区各级学校尽量容纳回民青年，自无问题；在回民学生数量较多的学校添设回文及有关回民问题的课程和必要时另立回民班次各节，亦可视具体情形酌量办理。至设立回民工作干部训练班问题，本会认为回民工作干部固须注意培养与训练，但就目前情形，尚无单独设立必要。关于保护与奖励回民经营工商业合作事业的问题，本会当予以注意。关于尊重回民风俗习惯的问题，亦为边区之既定政策，今后对回民工作人员之生活，当尽可能照顾到。至回民的节日许可宰牛及清真寺财产收入不纳税的问题，俟调查研究后再作决定。关于集中回民指战员及成立回民武装问题，本会已函请军区参考。

二、关于加强宗教人士的领导教育问题，主要应由青黄庙僧众自己之组织（如佛教抗日救国会等）负责进行。政府当在各方面予以必要的协助。

（五）援助敌占区同胞及对敌争夺人力问题

一、请制定条例安置敌占区归来同胞案。（提案人满城参议员）

二、优待敌占区青年，解决其职业及生活问题，以打击敌抓捕青年之阴谋案。（提案人李涛等五人）

办法：甲、加强招待所工作，对自敌占区逃来之青年，介绍以职业，有能耕种和营其他生计者，政府应借给资金。

乙、向敌占区青年广泛宣传，说明敌人以华制华阴谋，号召其逃来我根据地。

三、吸收和优待敌占区技术工人参加边区建设案。（提案人李涛等六人）

办法：甲、政府颁布优待敌占区技术工人办法。

乙、因其家处敌占区，无法实行优待，应提高其工资，使其家庭能维持最低限度生活。

四、团结敌占区人才，来边区参加抗战建国事业。（提案人段良弼等二人）

五、应制定具体办法保护青年争夺青年案。（提案人三专区抗联会）

办法：甲、设法杜绝个别巩固区青年逃亡敌占区。

乙、敌占区青年到根据地应介绍以职业或抗日工作。

六、号召冀中爱国志士来冀西受训，准备反攻力量案。（提案人郭××）

七、请速确定对敌人员斗争的对策，粉碎敌寇奴化与奴役青年儿童的毒计案。（提案人杨耕田等八人）

办法：甲、对敌人“新民青少年团”的组织，要广泛向游击区群众特别是青少年中揭破之。政府并应明令及布告禁止参加。对送青年当伪军受伪训的份〔分〕子，政府应予惩处。

乙、号召敌占区群众，用一切方法保护我们的子弟，不送给敌人，使之捕不住、征不到。对暂避敌人抓捕而来根据地躲避者，政府应予欢迎招待。对在根据地内找工作及求学者，政府应负责解决。对敌人强征青年受训之前或训练后，我必要给以训练者，政府应负责，群众团体亦应积极努力，至于所需开支，除动员青年自己拿出外，必要时（如特贫者），政府可让各该村负担。

八、对敌占据点突击政治工作，以准备反攻案。（提案人郭××）

九、拯救敌占区民众使之参加抗战，调查沦陷区公用事业，防敌破坏，促成伪警伪治安军伪警备队觉醒与反正，调查登记敌寇及汉奸资财，以便将来处理案。（提案人罗赓）

边委会答复：

一、关于援助敌占区同胞问题，除县以上均设有援助敌占区同胞抗日联席会外，本会并曾公布《援助敌占区同胞抗日办法》。敌占区的青年、知识分子、技术人才及一切抗日人士，均在援助之列。（对于生产技术人员已有优待办法，无另颁优待敌占区技术工人办法之必要。）去年于各专区及某些重要县份，并设有招待所专管此事。后因简政，才并由各专署县政府办理。自进行此项工作以来，颇有收获，但有部分地区对敌占区同胞之援助，往往失之于单纯的生活上的救济，于是又重新确定了招待敌占区同胞的范围，并指示各署县以进行办法。至今各地仍在执行中，今后更当责成各署县加强援助工作，以保护、团结敌占区一切抗日人士、与敌展开争夺人力斗争，至个别巩固区青年逃亡敌占区情形之发生，主要是因部分灾荒所致，在我各方面努力开展生产救灾的今天，此种情形已大为减少，今后更当注意说服解释，从各方面解决其问题，不使逃亡。

二、在我历次政治攻势下，敌占区人民胜利信心已空前提高，今后更当积极进行，以瓦解敌伪统治。

三、关于所提对敌人员斗争办法，本会原则上都同意，当接受执行。

四、调查沦陷区公用事业及登记敌奸资财，本会当酌量进行。

（六）对伪军伪组织人员的处理问题

一、请确定争取伪军伪组织人员政策，制定实施办法，以便加强争取伪军伪组织人员工作，加速瓦解伪军伪组织案。（提案人吕正操等六人）

办法：甲、在政策上仍本过去宽大为怀的精神，对被迫作〔做〕伪军伪组织人员的，尽可能予以自新之路；同时严厉镇压罪大恶极的汉奸，使其有所警惕。

乙、在具体办法上（供作参考）：

（1）发动军政民共同进行争取伪军伪组织工作，广泛运用社会关系、个人关系，因亲找亲，因友访友，加以劝戒〔诫〕，示以出路。说明：一、当汉奸辱没祖宗，死了也落骂名。二、敌人狠毒，翻脸不认人，当汉奸时刻有生命危险。三、一年以后怎么办？号召伪军伪组织人员反正，或暗中帮助抗日工作，政府不究〔咎〕既往，与抗日军民一样看待，并保证其战后生命财产。

（2）对表现不同的伪军伪组织人员，予以不同的处理：一、反正伪军保证不缴械、不改组、不撤换其官长；反正伪组织人员，予以适当安插，使其各安生业。二、对暗中抗日有成效的，发给奖状或证书，并保证其战后的公民权。三、对死心事敌、不知悔悟、罪大恶极的，责成政府组织特别法庭加以审判，依法严惩；不到案者，通令严缉。

（3）组织对伪军伪组织的调查机关，对各地伪军伪组织人员的行为，普遍进行调查登记，并附定对伪军伪组织人员处理办法，作为处理的根据。

二、请颁布对伪组织人员及敌伪占有财产处理办法，以促其早日醒悟案。（提案人祖德铭等六人）

办法：甲、对被敌伪敲诈侵占之土地、房产、商店和工厂等，一律物归原主。

乙、对与敌人合资经营之工厂商店等概行没收。（事先脱离者不究）

丙、对本国人经营之正当商业和工厂予以保证。

丁、对不正当之营业厉行取缔。

三、请制定抗战胜利后对伪组织人员之处理办法案。（提案人祖德铭等六人）

办法：甲、罪孽昭彰、认贼作父之汉奸严加惩办。

乙、对罪迹较轻之伪组织人员若在反攻前有保护抗日干部或便利边区贸易运输之行为，且经人证明者，恕其无罪。

丙、对被迫参加伪组织之人员有抗日干部出面保证者，保留其公民资格。

丁、对伪组织人员在反攻前脱离敌伪来边区自首者，不治罪；有杀戮送捉敌人或大汉奸者加赏。

戊、对未给敌人作〔做〕口舌之伪教职员经学生或抗日人民证明者，不究〔咎〕既往。

己、对敌伪学术机关人员曾尽力保护书籍仪器致未被敌人抢走烧毁者，免罪任用。

边委会答复：

以上各案所提原则，本会均同意，并已制定《处理伪军伪组织人员办法》颁布施行（见本年四月十三日民社字第七号令）。现正与各方商洽组织特别法庭办法，不日亦可付诸实施。

（七）优待来边区之日本、朝鲜人民问题

一、保护一切反法西斯的外国人士，及援助日本朝鲜台湾革命团体、个人案。（提案人邓拓朱、×才等二人）

办法：甲、在尊重中国主权及遵守政府法令条件下，允许一切反法西斯的外国人士到边区游历、就业，及从事宗教实业活动，并予以保护。

乙、保护与援助日本朝鲜台湾等革命团体及个人。

二、请规定优待日本逃战避难军民办法案。（提案人宫本哲治、田中实等二人）

三、请规定优待朝鲜人民办法案。（提案人蔡野火）

边委会答复：

以上提案，本会都同意，并已制定《优待日本军民逃战避难办法》《优待朝鲜人民办法》于本年四月十五日以民社字第八号令颁布施行。

关于财政方面的提案及解答

（一）统一累进税

一、工业按纯收入折富力计分。（提案人行唐县政府、县议会、及张泽民等二人。）

二、七富力以上者负担太重，应减轻。（提案人同上）

三、枣树按一般果木树计收入负担，不征土地资产税。（提案人同上）

四、典当地统累税应由承典当人负担。（提案人行唐县议会及阜平参议员与张梦九）

五、敌伪挖掘沟壕修筑汽路碉堡所占一切土地未能生产者，征收统累税应酌予减轻案。（提案人陈镇亭）

六、地主的资产税可按每亩实际租额征收，以免不够纳税案。（提案人灵邱参议员）

七、地租不足纳税（多因款收交不足），可由佃户纳税，佃户再少交些租作为地主收入，以维持地主地权。（提案人高洛）

八、平西涞水地主的负担有超过收获百分之八十的，富农中农亦多有感觉负担太重者，推其原因，主要是调查产量与实际产量不符，最好于秋后或当五谷成熟时进行调查。（提案人姜克忠等五人）

九、统累税土地产量，酌量实际收获，累进亦按实际情形。（提案人李××）

十、计算统累税及征收公粮应注意农忙，最好农闲时举行。（提案人于耀东）

十一、关于统一累进税中之产量登记，全边区今年应再加大一致性。（提案人聂永直等五人）

十二、过去历年公粮以及统累税积欠应如何清理，请规定统一办法案。（提案人徐定县及涞源参议员）

十三、游击区三十年、三十一年两年度实难收回之公粮公款，查其家境异常困难无力拿出者，方予减免，未减免者应征收，以作优抗救灾用。（提案人陈静汝等二人）

边委会答复：

一、一至七各提案，关系到税则的问题，在此次参议会通过，经本会公布之《统一累进税税则》及施行细则中已有规定，不再答复。

二、在执行方面：统累税调查于五谷成熟时进行，以免登记产量与实际收量脱节，立意甚佳。惟因边区深处敌后，敌寇每趁我秋收之际大举“扫荡”，秋后调查必又影响征收，故不得不提前进行。登记后歉收地区，统于征收时酌情减免之。调查工作之进行，因根据地工作任务至繁，干部力量亦有限度，时间之决定，只能尽量照顾农时；今年调查改算工作，已定于春季进行。再者，统累税土地产量之调查，经两年来之努力，一般尚称公允，但因边区地域辽阔，各项自然条件与经营条件极其不同，又因干部及时间之限制，仍未达到完全平衡，甚至有个别地区相差很多，今年本会及专区干部在统累税中要把大部力量用在检查专区与专区、县与县、区与区之交界地上，尽量求得平衡，税则力求贯彻。

三、历年公粮及统累税积欠清理办法，在去年八月二十一日本会关于《三十一年统累税征收工作的决定》已经提及：巩固区实在无力交纳者减免，其余要坚持收回，但受敌伪之蹂躏较重者，应酌免之；其生活困难无力交纳者，应豁免之。敌占区部分群众不畏艰险前来交纳者奖励之；依仗敌势顽抗不交者登录存簿予以惩处。具体作〔做〕法由各地政府根据具体情形决定，要以团结游击区敌占区广大同胞有利抗战为原则。至征得之数，若就地赈灾优抗，因各地所得与所需并不平衡，易生流弊，故本会认为应统一入库，优抗救灾所需，以另行筹拨为宜。

（二）财务行政

一、村款应统一到县，以平衡各村负担而使教育事业之开支案。（提案人平山县政府，阜平参议员）

办法：平山县政府提议以平山为实验县，在工作中找出经验，以为推行之借鉴。游击区因问题复杂，另行考虑。

二、抗属实物优待应由县统一执行，以保障优抗法令之贯彻，并平衡各村负担案。（提案人××满城参议员）

三、健全村财政制度案。（提案人冯宿海等三人）

办法：甲、原规定开支数目不敷，致有两本帐〔账〕之现象（一本帐〔账〕应付上级，一本记实际开销），应重新规定适当开支数目，切实检查。

乙、由县统一印发账簿，以杜贪污浪费。

四、区公所经费，应根据辖村多少适当规定案。（提案人平山县议会）

五、个别困难的户不能负担村款者，可以减免案。（提案人阜平参议员）

六、清理抗战前后军政旧欠，以舒〔纾〕民困案。（提案人定襄县政府、抗联会）

办法：抵交三十年度公粮或发价解决。

七、减轻游击区人民负担案。（提案人于耀东及韩节等五人）

办法：甲、开展积极的反资敌斗争。

乙、确实整顿村财政，纠正严重的贪污浪费，对村政权干部之贪污浪费者，应制定条令，予以惩处。

丙、确实改造村政机构，让公正人士参加村政权工作。

丁、政府酌减游击区人民粮款负担。

八、整理敌占区乡村财政案。（提案人安明俊等八人）

办法：按年分四季或至少两次结账，列单报销，通令严格执行。

边委会答复：

一、村款统一到县，系边区财政工作努力之方向，但在目前的干部条件、工作基础及日益残酷的环境之下，即巩固区工作较好县份，亦需付出很大力量，须逐渐进行。抗属实物优待，一般已由县统筹。小学经费，公产整理后，亦拟逐渐由县统筹。至村公所经费，仍由各村按上级规定自筹。

二、健全村财政制度案，本会同意（三、四、五专区已呈准本会，将村公所经费适当提高）。惟由县统一印发账簿，需费很多，而对财政制度之健全，亦裨益不大，故暂不必举办。至个别户负担村款困难，谅不外孤寡或低租地主，或土地被敌挖沟筑堡占用等。在统累税税则中已充分照顾可无问题。

三、敌占区乡村，在敌伪淫威之下，我方各项政令均难实现，今后唯有加强对敌斗争，惩处资敌肥己之首要份〔分〕子，以拯人民于水火。游击区人民遭受敌伪百般敲诈勒索，负担奇〔畸〕重，痛苦万状，本会极为怀念，并在想各种办法反对敌伪勒索，因为减轻游击区人民负担，主要是积极开展反敌伪勒索斗争。至贪污浪费份〔分〕子，当依法惩处（本会已制定惩治贪污条例，无另定必要）。目前游击区群众对我负担，虽一般的不及被敌伪勒索之十分之一乃至数十分之一，但本会亦一再设法减轻，除厉行精兵简政紧缩军政开支外，于统累税征收分配之时，亦尽量照顾到，如去年分配时规定每分要减于一、三五市斗，敌寇所造之“无人区”，现在还无人者，不征税，未完全恢复抗日秩序者，可减三分之一，晋东北有些“无人区”，减至二分之一。

四、区公所经费，自编制改变后，已重新规定，各县可在规定数目内，根据各区情况调剂使用。

五、抗战初起，大军南下，各地秩序混乱，军队自行征收索取者数目极大，至今已难尽计，本会成立之后，竭力整顿，于二十七年实行统筹统支。驻五台定襄之保安队二师，虽因种种原因仍在当地自行征购粮秣，但该军叛变之后，本会以当地人民生活困难，曾百般筹措，暂还一部，以维人民生计，于今抗战已历五年余，边区人民虽生活于自由民主之环境中，但因敌寇之破坏、战争之消耗，生活困难并非一地一隅之现象；而抗战初期因财政尚未统一，向各村所借之粮款，未清者亦在所难免，今天再行清偿，实边区人民财力之所不能及。当前急务，在于全民团结互济，共渡〔度〕时艰，驱敌出境。

（三）货币金融

一、冀中破边钞，有的人民不乐意收存，应收回另发新钞案。（提案人郭××）

二、如何扩大边币市场，提高其价值案。（提案人张守业等四人）

边委会答复：

一、破边钞银行均随时收兑，冀中虽环境困难，当筹善法解决。

二、扩大边币市场，唯有从开展生产贸易着手，本会今后当加强经济建设与对敌经济斗争。

（四）抗战勤务

一、游击区、“无人区”迁居根据地者，应格外体谅，发扬互助友爱精神，减免抗战勤务，以争取群众案。（提案人平山县议会）

二、村干部（村长、粮秣主任）与政民不脱离生产委员，每月到区开会，在村中值日办公需时半月以上，请免服抗战勤务案（提案人平山县议会）

三、做军鞋一双，工料在十五元以上，而政府免价仅一元二角，贫苦群众负担困难，应发足材料或提高鞋价案。（提案人平山县议会及聂永直等五人）

四、请调剂与平衡平定牲畜勤务，以保畜力而增生产案。（提案人聂永直等五人）

五、合作社脱离生产之干部免服或减服抗勤案。（提案人北岳区合联会）

边委会答复：

一、服抗战勤务是人民神圣的义务，游击区、“无人区”人民之迁居根据地者，只要力所能及，亦应服抗勤，不可一律免服。本会为体恤迁居根据地之人民，已规定由当地县政府根据其居住久暂、生活情形，酌量减免其勤务，或令其服抗勤之一部或全部。

二、村干部工作忙碌，确系事实，但仅系一部分，不是个个如此，故普遍减免抗勤，尚无必要，且将加重一般群众之勤务。因此本会决定“村长、村副、各委员及治安员中队长指导员，工作确实太忙，经县府批准后，可免服抗勤一半到全部”，业于二月二十五日以民行字第一号令行。

三、本会为减轻人民负担，已决定自本年五月份起停做军鞋，改捺〔纳〕鞋底。（详见本会行财字第二十二号令）

四、按规定服抗勤是不会重的，个别地区负担重，是调剂不好所致。本会今后当加强抗勤之检查调剂。

五、本会已规定合作社区以上干部免服抗勤，村仍照服，但须照顾其业务，不得一次全派或于特忙时故意派服抗勤。

关于文化教育方面的提案及解答

（一）教育行政及学校教育

一、一部分小学教员程度较差，亟应施以训练，以提高质量案。（提案人齐文俭等六人）

办法：甲、联大附设师范班。

乙、边区设师资养成所。

丙、尽量动员在家不出之旧师范毕业学生施以训练。

丁、加强督学制度，督学成为巡回教员。

二、为提议发展教育培养人才案。（提案人阎力宣）

办法：在各村区设初小高小，县应认真督促；各专署设立初级中学或初级师范；边区设高级中学或高级师范。

三、为提高小学教员质量，请召开师范讲习所；又各村应设小学校长，专负小学责任，校长应为教育委员会的当然委员。（提案人平山县议会）

四、为提高小学教师的文化程度，增进其社会地位案。（提案人张守业等二人）

办法：每年利用暑假寒假期间，训练全县教员，每次一月或四十日为限，一切经费由学粮学款项下开支。

五、为培养敷用的小学教员，并提高旧有教员质量案。（提案人高明远等五人）

办法：甲、尽可能每一专区设一师范学校。

乙、经常抽调教员受训。

丙、提高教员自我学习的兴趣（加强小组会的学习讨论，定期检查督促与考试教员）。

六、山沟小道、地瘠民贫，应将某些三四十户以下之小村，距离较近的小学，适当合并案。（提案人冯宿海等三人）

七、教育干部不得调任他职，以专责成。又为使小学教师安心供职，应提高小学教师的待遇，和一个普通工人一样，能养活一人到二人。（提案人吴剑龙）

八、整顿游击区小学教育案。（提案人李开信等八人）

办法：甲、在教育行政方面，各级应设专门督学人员，分段分区负责督查，务使每个行政村均设立小学。

乙、各村教育委员会应严格将所有学龄儿童详加调查登记，凡应入学之男女儿童，均令入学。有因故不能入学者，应帮助解除其困难。

丙、师资不足者，由政府设短期师范，训练后平均分配各村。

九、游击区敌占区的小学教员，有的因认识不足，作卖国亲日的麻醉宣传，于确有确

切证据者，应以汉奸论罪。（提案人檀×等二人）

十、复兴敌占区小学教育案。（提案人陈尊业等三人）

办法：甲、掌握敌已强迫成立的伪小学，进行抗日教育。

乙、对敌不积极强迫成立小学的村庄，应秘密动员村中抗日积极的知识分子，利用私塾等形式进行抗日教育。

丙、动员敌占区所有知识分子在自已家中进行抗日家庭教育。

十一、应有计划的〔地〕培养大批新的小学教师，提高其社会地位，适当减少教员的流动性，与社会活动（如配合中心工作等）。（提案人段良弼）

十二、初小高小教职员过年费、医药费、保健费及初小女教员卫生费应与政权干部一样待遇案。（提案人平山县议会）

十三、村初级小学经费粮食由县统筹按统累税分数附加征收案。（提案人包克等四人）

十四、再加强根据地的教育建设，以有效的〔地〕保护青年，保障儿童受到抗日教育案。（提案人杨耕田等八人）

办法：甲、对敌人设立学校奴化儿童阴谋，政府应明定办法，统一步调对敌。对忠实为敌服务、奴化儿童者，政府应予惩处，对小学停顿之广大游击区，政府应积极督促恢复，使广大儿童受教育。

乙、政府应帮助平津保正同学会的工作，对游击区来边区就学之青年，应满足其上学要求，对贫苦者，政府应帮助之（如衣服及日用）。

丙、有许多的高小毕业青年，仍愿上学，政府应多设师范班等。

丁、童子军教育适合当前少年儿童身心，应规定把童子军课列入小学、中学之正式体育课内。

<u>边委会答复</u>：

一、提高教师质量，培养干部，改善教师待遇：

（一）培养师资，确属重要，联大教育学院目前主要就是培养小学师资，本会并已在一中附设师范班，三、六专区及平山亦已设立短期师范学校，培养师资，今后当尽可能逐渐普遍设立与提高。

（二）关于抽调教员受训，本会同意原提案，今后当更加注意。过去各县更多利用假期举行，训练时间最多三周，训练费用，除在职教师自带伙食外，余均由边区款开支。其次，为加强教师平时学习，规定由县教育科具体领导，但因有的掌握不紧，形成半自流状态，今后当更加强领导督促。

（三）专区设初级中学边区设高级中学问题：二十九年时曾在每专区设中学一处，但因各方面条件之限制，程度很低；为贯彻精简政策，乃于三十年进行整理与合并，现只留边区中学一校。目前各地合于中学程度者尚少，故一时不拟增设。

（四）农村中之旧师范毕业生，只要赞成抗日民主，本会竭诚欢迎他们出来为抗战服务，各级政府应注意动员，更盼各界人士，代为留心网罗。

（五）初级小学教员待遇低，在兼顾人民负担及教员生活的原则下，当酌予提高，现正拟办法，高小的教员之待遇，已规定与一般政权工作人员同。初小女教员依规定有卫生费，可能有些村子未执行，当加强检查。

二、整理小学，加强领导：

（一）三十年以前是每一行政村设一小学，后为使小学正规化，乃在重质不重量及适当照顾群众经济条件的原则下，于去年加以整理，现在可能有的行政村小学因条件不合，暂行合并或取消，但将来仍要设立。至“山沟小道在三四十户以下小村的小学应合并”的问题，去年即系如此整理，惟亦有少数小村因情形特殊，仍予保留，现本会决定再加整理（着重灾区），已发出指示。

（二）教员调动频繁的问题，过去即已提起注意，虽逐渐纠正了不少，但仍未彻底克服。今后当再责令各级切实注意。至教员社会活动，本会曾指示：“教员配合工作或参加社会活动，不得妨碍课业”，惟教员因配合或帮助工作而妨碍课业的现象仍很严重，今后当积极注意纠正。

（三）各村设立小学校长并为村教育委员会当然委员问题：去年本会规定初小有二个教师者设校长一人（兼教员），以加强学校的领导。至只有教员一人者，似不必设校长名义。再者，本会过去曾规定校长或教员可任村教育委员（但不能任主任）。惟新颁行之《县区村组织条例》已无教育委员会之设置，村只设教育委员，故前规定已失效，且无必要，而是今后工作上如何密切联系的问题。

（四）实施义务教育，早已提出，有些地区已试行强迫儿童入学，本会最近并决定在平山灵寿阜平易县唐县试行强迫入学。调查学龄儿童，各地也都做过，但因种种关系，做得不够确实，今后当更加注意。至解决不能入学的困难，有“随学办法”“优待贫苦儿童课本”等办法，以后当更多的注意。

（五）村小学经费粮食由县统筹是好的，在整理公产后，可逐渐由县统筹，但目前仍应以村统筹为原则。至特别贫苦之村，本会规定可由公产学田收入项下予以辅助，以资调剂。

三、加强视导问题：

（一）为加强督导工作，贯彻法令执行，提高小学教师教学技能，各级政府增设督学很必要，现已决定县教育科改设督学（如因干部条件不能设督学时，得设视导员），业令各区县遵办。

（二）督学有其专责，无暇兼顾教学工作，因此使其成为巡回教员，会影响整个视导工作。但为提高教员教学技能，督学应在视察过程中，经常帮助教员，组织示范教学。

四、对敌文化教育斗争问题：

（一）游击区敌占区某些小学教员因处于敌人压迫之下，又兼认识不足，为谋糊口，充当伪小学教员，其讲授言说，客观上不免有麻醉学生思想之宣传，若悉予打击，骤以汉奸论罪，似非所宜。今后我方当加强这些地区的工作，采取宽大政策，尽量争取教育他们，使其不为敌用，进行抗日教育，但对执迷不悟、甘心事敌之份〔分〕子，自当依法予以应有之制裁。

（二）整顿敌占区小学教育，及积极恢复游击区小学案，本会完全采纳，今后当努力进行。

（三）对平津保正同学会的工作，今后当加强帮助。对敌占区游击区的青年，当尽量帮助其入学，并对贫苦者尽可能介绍其入公费学校，其入自费学校（如高小等）而实系无法自给者，经本会批准可予优待。（惟因经济条件之限制，难期普遍。）

五、童子军课不必列入中小学之正式体育课内，因童子军系由青联会领导；且本会前与青联总会商妥公布之《小学校与童子军关系的决定》中已明定每星期三下午及星期日下午为童子军进行教育训练时间，故不需要再列入正式体育课内。

（二）社会教育

一、巩固区群众文化水平颇低，为加强社会教育，应改善民校教员待遇，酌量给予补助费。（提案人冯宿海等三人）

二、加强对群众宣传案。（提案人李开信等八人）

办法：甲、由政府大量印发课本及各种宣传品，经常分散各地使群众阅读。

乙、设立民教馆或民众学校并物色不脱离生产之专人负责讲解抗战形势等。

三、今后有关国际国内重要形势之转变，及各种宣传品，由政府每半月印发一次，分发各乡村知识分子，以便宣传案。（提案人郭五峰）

四、编印大量通俗大众读物，发展文化出版事业，以普及教育与提高大众文化水平，并由政府拨专款辅助之。（提案人沙可夫等四人）

五、县应设流动图书馆，以便乡村知识分子阅读案。（提案人杨耕田等八人）

边委会答复：

一、关于民校教员待遇，本会在三十一年冬学教育实施大纲中曾规定："主任教员或工作繁忙之教员，在冬学期间，得经县府批准免除抗战勤务，成绩优良之教师，在冬季教育进行中，由县负责考核，随时奖励（实物或现金）。"至酌给补助费问题，尚无具体规定，本会当顾及边区财力物力，加以考虑。

二、建立民教馆及流动图书馆，立意甚佳，惟边区目前尚难做到，且非当务之急。每半月印发一次宣传品，当前力量也达不到，好在边区有晋察冀日报、实话报、群众报，可供乡村知识分子阅读。在巩固区并可通过民校进行时事教育，本会当设法把民校教员，加以适当调整，期能胜任。

三、编印通俗大众读物，发展文化出版事业，本会同意原案。具体做法，当与各方协商进行。

（三）教材编审

一、今后在国民教育及社会教育中，应充实民族气节的材料（如古今历史上之忠烈事迹），以高度发扬民族气节案。（提案人段良弼等二人）

二、政府重要法令应编入小学课本或民校教材，以使人民知法遵法，养成革命的法治精神，政民干部尤应切实研究重要法令案。（提案人行唐参议员）

三、为使"教""学""做"合一，在今后小学课程中，应加以适当增加与改变。（提案人段良弼）

办法：甲、小学算术课增加珠算内容，由边委会指定专人编辑教材，发动教员学习珠算，或利用假期，增进教员的珠算知识和技能。

乙、彻底改造小学自然、工艺两科：

（1）自然科基本上应以农业常识为内容。

（2）自然科教学要利用山坡、河田来进行，使儿童能实际观察实习。

（3）工艺科应尽可能和边区的农业生产与手工业结合起来（如制造农具、编制毛线毛衣等）。

（4）自然、工艺两科教材，应由农林局与工商局负责编辑，并且关于自然、工艺两科的一切设施、干部培养及教学活动等，亦由该两局辅助教育处进行。

丙、加强国文课。

四、加强小学教材审查印刷和发现工作案。（提案人段良弼）

办法：甲、对课本的重要性应有足够的认识，儿童如无课本，将无以展开国民教育，负责教育行政者，应把教材供应，作为自己的首要工作，上级应以此作为检查工作的重要部分。

乙、边府对教材应有统一的慎重的及时的审查，确定专人负责，教材内容，若因形势变动，应立即通知编者修改。

丙、边府应有专门机子印刷课本，发给各专署依该本翻印，规定样式不准更动，校对须仔细，确定专人负责，停止各县翻印，必须做到人手一册。

丁、发行应规定驮子，经常运书，边府专署和各县，均应有一定数量的运力。

边委会答复：

以上各案，本会都同意。过去本会编印教材，大抵依靠自己力量来解决（如以往在城市中那样），故费力大而收效小。今后当注意克服这些缺陷，与各方面密切配合，分别缓急来进行。

（四）文化事业

一、在边委会下设文化工作委员会，以使全边区文化人与一切文化工作者进一步团结在边区政府的周围，加强文化建设事业。（提案人沙可夫等四人）

二、颁布优待文化人条例，使边区文化人的生活更加改善，以利工作。（提案人沙可夫等四人）

三、颁布奖励文艺创作条例，以鼓励文艺创作，开展边区文艺运动。（提案人沙可夫等四人）

四、团结知识分子，保护知识分子，扩大文化统一战线，并反对敌人摧毁文化。（提案人三专区抗联会）

边委会答复：

以上各案，在扩大文化统一战线，加强文化建设事业，原则上，都是很正确的，本会当帮助边区文化人注意执行，至设文化工作委员会，颁布优待文化人条例、奖励文艺创作条例，须待从长考虑。

关于实业方面的提案及解答

一、为救济灾民，解决春荒，开展春耕，增加生产案。（提案人范其成、齐立敏、郭××，阎力宣、聂永直、张冲、郭飞天、郝胜符、齐文俭、冯宿海、马志远等七十八人及三专区抗联会、定襄县议会、定襄县政府）

办法：甲、组织生产救灾的统一领导机构。

乙、举办贷款解决农具、种子、牲畜等困难。

丙、动员私资贷给合作社举办生产事业。

丁、成立借贷所调济〔剂〕有无。

戊、设立粮店调济〔剂〕粮食、拨平粜粮，举办平粜。

己、发扬互助，募集粮食，救济灾民。

庚、酌减灾区人民负担。

辛、开凿井陉井泉或贷款筑旱井。

边委会答复：

以上提案，本会都同意，现正分别执行。惟成立借贷所一事，根据二十八年大水灾时的经验，由政府统一办理，从借贷到归还整个过程中有很多不便，故不拟成立。但本会愿号召边区人民发扬友爱互助，自行借贷。再，井陉凿井所需款项，由五专区今年分配到之春耕贷款中解决，或由银行酌贷与凿井人，在技术上本会当尽可能加以协助。

二、广泛开展造林运动，划禁山造林区，并由政府规定奖惩办法，以资提倡案。（提案人齐立敏等五人及平山县议会）

办法：甲、每年划定十分之一的山地禁山造林，切实检查督促认真执行。

乙、由政府规定办法，能多植树者给以奖励，随便砍树者加以处罚。

边委会答复：

禁山造林，本会一贯提倡，惟原提案所提“划定十分之一的山地禁山造林”的办法，普遍进行，事实上恐有困难，故不作一般规定。关于造林奖惩问题，本会曾发一《护林公约的参考材料》，由各地再加具体化，成为村民自己的群聚性公约，收效会更大。

三、禁种鸦片、禁种烟草以增加粮食生产案。（提案人范其成、齐立敏、张梦九等二十人）

办法：甲、统一筹划，集中力量，于春耕前先广泛宣传，再严令禁止，最后对少数刁顽不悛者加以严重惩处。

乙、今年禁种烟草，禁卷纸烟，明年禁吸。

边委会答复：

禁种鸦片，乃边区一贯政策，今年春耕会议中亦已作为决议，通知各级执行。至禁种烟草、禁卷纸烟，本会考虑结果，认为不易执行，不便举办。

四、划一度量衡案。（提案人阜平参议员）

边委会答复：

同意。本会在二十九年即决定划一度量衡，统一实行市用制，并由工矿局造来一批市用制标准斗、尺、秤，分发各署县仿造，现各地正在逐渐推行中。但统一度量衡为一艰巨工作，在目前环境下，非短期所能完成，故除继续推行市用制外，其他旧制度量衡，仍按各地习惯使用，以期逐渐完成。

五、开发与保护矿产并制定奖励办法案。（提案人聂永直、孙乐山等十三人）

办法：甲、阜平六区有铜铁矿，可派员勘察由政府贷款并派技师协助，如由民户投资则拟予免税。

乙、由政府制定奖励开发矿产办法。

丙、对平定××煤矿加强技术指导，或派专人领导。

边委会答复：

保护与奖励开采矿产，为本会一贯政策，凡边区境内矿产，人民均得报请政府登记备案后开采，其资金不足者，得向边区银行请求贷款，本会并可予以技术上的协助，因开采矿产者甚少，同时尚无制定开发办法之必要。至阜平六区矿产，即可派员前往勘察。平定煤矿本会当从各方面（政治上、资金上、技术上）扶助其发展。

六、严禁弹轧花机资敌，严禁铜铁锡资敌案。（提案人郭××等）

边委会答复：

铜铁锡为军需原料，本会早经明令禁止出口，今后当加强缉私，以杜绝走漏现象。至弹轧花机，本会已于一月十八日以实商字第一号通知禁止出口，各地正执行。

七、有些地区黑枣特多，请准烧酒以换粮食案。（提案人平山县议会）

边委会答复：

为了充裕民食，救济灾荒，本会决定禁止枣柿烧酒。黑枣多的地区（如盂平、平山），应由合作社或商店有计划的〔地〕向灾区调剂：如烧酒，恐影响民食，故禁令暂不开放。

八、开展合作贸易事业，打击敌收买掠夺粮食阴谋，加强对敌经济斗争案。（提案人阜平参议员、雁北全体参议员范其成等十九人、李××、郭××、北岳区合联会）

办法：甲、加强贸易合作机构，举办合作贷款，有计划的〔地〕将冀西棉布山货等出口换必需品。

乙、打击敌人保管粮阴谋，并乘敌伪装运或收买粮食时予以打击。

丙、保护境内贸易自由，严防粮食输入敌占区。

丁、由政府抽出固定干部，办理运销事业，避免商人操纵（如大黄）。

戊、进一步整理合作社：将区级组织取消，必要时按业务区设办事处，在各专区改设督导员；在合作社条例中规定上尽量给以发展的方便；提高合作社干部质量，政府及各方面应介绍坚强干部到合作社工作，召集合作训练班，政府予以经济上之帮助、政策上之指导。

边委会答复：

以上各案，本会都同意，现正分别执行。为加强对敌经济斗争，已成立工商管理局，其任务为管理对外贸易，领导稽征缉私，管理公营商店工厂，调剂内部物资，指导商会，团结商贩，指导合作社，活跃运销事务，一以打击敌人掠夺物资之阴谋，一以发展我根据地经济建设，提高人民购买力。现已有广大群众涌入生产运销事业中，今后当更进一步加强。至边区内地贸易自由，乃政府一贯政策，个别地区有限制情事，已指令纠正。其次，训练合作干部，政府当从各方面予以帮助，惟经费仍以自筹为宜。关于专区改设督导员，及将区级组织取消，按业务区设办事处问题，二月中合作社第二届代表大会已有决定。

关于司法方面的提案及解答

一、加强训练司法干部，以提高司法效能，并增加政权威信案。（提案人金士冗等四人）

办法：甲、根据目前需要，大量集中训练司法干部。

乙、斟酌情形将司法必需的智识，摘要编成教材，以训练之。

丙、整顿调解委员会，使其发挥调解效能。

丁、编印简明的法律常识，使群众了解司法问题。

二、有的县份，解决案件太慢，以致积案甚多，政府应注意责令其加强工作效率。

（提案人行唐县议会等）

边委会答复：

一、集中一部司法干部施以训练，是必要的，现正由高等法院筹划管狱员看守所长的训练。其次，高等法院设有见习制，关于法庭推事、司法处审判官等干部，亦可赖以补充一部。

二、依《县区村组织条例》之规定，无调解委员会之组织，为减免人民讼费，本会曾颁布《行政村调解工作条例》及《关于游击区公所进行调解工作之决定》，责成各级政府执行，今后当加强领导，期能发挥更大效能。至编印简明的法律常识一节，本会完全同意，今后当尽可能办理。

三、关于司法机关结案迟缓问题，除已由高等法院再通令各法庭、司法处迅速清结，并纠正此种迟缓作风外，今后当加强对各署县司法工作的检查，期无积案。

其他提案及解答

一、由大会致电政府及中共中央与全国军民案。（提案人阜平参议员）

二、请确定大会闭会期间参议员应负之任务案。（提案人吕正操等六人）

边委会答复：

以上两案，已由参议会驻会参议员办事处办理，不另作［回］复。

选自《晋察冀边区第一届参议会提案集》，晋察冀边区参议会驻会参议员办事处1943年编印，第1～43页。

23. 晋察冀边区行政委员会关于一九四四年改造与健全村政权工作的指示

1944年2月25日

村政权之健全与否，是测量民主政治贯彻与否的主要标帜〔志〕，也是政策法令能否贯彻的决定条件。为保证今年对敌斗争与大生产运动的胜利，各级政府必须把改造与健全村政权的工作，做〔作〕为全年的重要日程。关于今年村政权建设的方针与做法，有以下指示：

（一）去年村政权建设的初步简结

1. 去年村政权建设的主要成就是在原有的基础上进一步巩固了民主政治，大量的〔地〕摧毁与瓦解了敌伪政权，恢复再建与改造了村政权（只北岳区就有二千多村由亲日变为抗日，冀中七、十一专区，冀热边在这方面的成绩更大），在紧张的对敌斗争（反扫荡、反清剿、反蚕食、反勒索）与贯彻各种政策中（整理组织与村选、县选、生产、救灾、减租、反贪污浪费、改造对敌负担办法等）大大的〔地〕提高了村政权的效能与村干部的质量，群众基础得到进一步的巩固与扩大，村公所的战斗力显著的增强，成万的村干部在敌人捉捕、毒打、逼降、惨杀面前，表现了无比的英勇坚定，创造了无数可泣可歌的史迹。这些都说明我们的政权有了更加巩固的基础。

2. 由于各地环境、发展时期与工作基础之不同，我们的村政权还存在着许多严重问题，最主要的是：

甲、民主精神、民主制度与民主作风贯彻的〔得〕还很不够，在有村民代表会的村庄，代表会、公民小组大多数起得〔的〕作用不够，村政权工作往往局限在几个村干部身上，许多村庄政民联席会仍然是代替了代表会，对于进一步发挥广大民众的积极性做到〔得〕很不够。

乙、在工作落后与工作差的游击区，仍有不少的掌握在封建势力或流氓地痞手中，甚至有个别的被汉奸特务投降反共分子所把持。游击区亲日与中间两面的村政权，还占很大数量，未得到应有的改造。就是抗日政权，也有的是群众基础脆弱，抗日工作局限在少数先进份〔分〕子或上层份〔分〕子身上。

丙、村公所工作繁重，不少的村公所绝大部分时间作〔做〕了支应工作，形成简单的支应机关，对于组织村民经济生活，解决其困难，贯彻政策法令等重要工作，则是放松了的。

丁、目前游击区村政权存在的严重问题主要表现在：

a. 对于敌人强化下层工作与地下活动以摧毁、腐蚀我村政权的政策，缺乏应有的警惕与对策，致使某些抗日村政权变质，两面化、特务化。

b. 脱离群众倾向的存在，不敢大胆的〔地〕发动群众与广泛的〔地〕发展民主，满于现状。有些村庄，政权的接触面很小，抗日工作与抗日政权不敢在群众中公开，形成少数分子的活动，或停留在中间两面分子的联络工作上，这些分子一有变化，工作随之塌台。

c. 由于村干部不良成份〔分〕在某些村庄还占相当数量，因而发生严重的贪污浪费，浪费在游击区（连游击根据地在内）村政权中是比较普遍的。

戊、由于人民生活的困难，村政权工作繁忙，游击区对敌斗争的尖锐，许多人不愿当村干部，有的故意选坏人、懒人。

3. 村政权这些严重问题的存在，主要是由于各级政府对于村政权建设的重要，认识不够，缺乏系统的全面的研究与经常工作，往往只交付任务，限期完成，“要账式”的领导，至于对村政权更重要的工作，如健全组织、教育干部、检查政令如何贯彻等，则反而忽视了。

以上就是去年村政权工作的初步简结。

（二）今年村政权建设的方针与要求

1. 总的方针是在强化对敌斗争、开展大生产运动与反法西斯的民主教育三大任务下，进一步巩固与扩大村政权的群众基础，发展与巩固广大工农群众在村政权中的优势，团结各阶层人民，继续摧毁与瓦解敌伪政权及其地下活动，巩固与扩大抗日政权，争取与改造中间的和亲日的村政权。

2. 村政权建设的最高要求与标准：

甲、能团结全村为全村各阶层的人民服务，特别是能将占全村人口绝大多数的农民充分发动起来，使之成为村政权的基本力量，并能有健全的民主制度，发动村民都能积极的〔地〕参政。

乙、能领导对敌各种斗争，特别是能掌握武装斗争、除奸工作与抗日两面政策（巩固区不允许执行抗日两面政策），在反扫荡、蚕食、清剿与反敌伪抢粮抓人斗争中，能保护人力物力，使村中不受损失。

丙、能具体的〔地〕组织村民经济生活，领导生产，解决群众困难，肃清贪污浪费，游击区建立严格的村财政制度，由裁员减薪，逐渐做到村干部义务职。

丁、能将政府的重要政策（如武装、除奸、生产、财政、减租、优抗、救灾等）贯彻到每个村民身上。

戊、村政权的干部，真正是村民所拥护信仰的积极抗日分子，肃清汉奸特务投降反共分子，有步骤地策略地清除流氓地痞、黑暗势力。

以上是今年村政权建设的最高要求，各地必须根据不同村庄不同的工作基础，定出各种不同的能具体实现的要求与标准。不要不从实际出发仅根据主观愿望，一律机械的〔地〕要求达到这个标准

（三）今年村政权建设的做法

1. 通过对敌斗争与组织村民的经济文化生活，建设村政权，加强对村的领导，彻底简政，使村政权干部有充分的时间、精力为村民服务。为此必须：

甲、专署帮助县，县帮助区，根据不同类型的村庄，订出全年或半年改造与健全的计划，实现计划的步骤、方法与工作重点。各专员、县长要亲自下手，并指导其他干部，选择各种典型，进行深入的调查研究，与建立示范村的工作。今后建设村政权的工作，必须成为各级行政首长的重要职责，各级民政部门应以改造与健全村政权为全年的工作重点，民政部门的其他工作要围绕着这一工作进行。

乙、健全区公所对村的领导、增强村的民主活动是目前健全村政权的关键，因此区公所要从事务主义中解放出来，区长与各助理员要经常汇报与研究这一工作，经常帮助村解决问题，培养村有独立工作的能力，一切工作与问题解决应由村政权多用民主方式为之，区只加以帮助和指导，彻底克服包办代替与不给村解决问题“要账式”的领导两种偏向。凡有村代表会者，必须找有效的办法，使它健全起来，提高它在村民中的威信。

丙、区村简政，不少地区尚未开始，各专署县应即调查典型，研究现行的政令、制度，力求简便。

丁、强化对村领导的重点，要放在掌握组织（村政权的群众基础、组织、民主制度等之健全）、掌握干部（村干部之审查、考核、训练、奖惩）及检查村政权对各种政策法令之执行情形方面。

2. 有重点的〔地〕改选与改造：

甲、以往不少地区重视村选，忽视选举后的建设工作，使村选与村政权建设脱节。因此，今年除个别地区外，不以村选为村政权建设的重点，凡政权比较健全的村庄，经过村民大会或村代表会表决，一般的今年可以停止改选，对下列各类村政权则应进行改选，因环境恶劣、工作基础弱不能改选者则予以改造。

a. 村政权把持在汉奸、特务、反共投降分子之手或不合三三制的精神者。

b. 在敌人诱降、逼降、腐蚀政策下，村行政干部变质及严重的贪污浪费者。

c. 抗日工作开展、群众发动起来的中间两面与亲日的村庄。

d. 村行政干部软弱无能、工作不力或脱离群众为村民大多数所反对者。

e. 领导对敌斗争、保护公私财物与生产工作不力者。

f. 对粮库管理不好及除奸保卫工作不力者。

乙、改选与改造的办法：

a. 由县帮助区，根据平时对村的了解，确定改选或改造的村庄，北岳区于五月以前完成（冀中区与冀热边可以延长时间）这一工作，一般的由民政部门掌握。县区干部亲自到村指导与大生产运动及游击区的反清剿、反联庄、反抢粮等斗争密切结合进行之。

b. 改选时一般的召开村民大会，不能开者，可开闾民大会、公民小组会等选出代表。公民小组在自愿原则下，尽量与生产小组（如合作小组、经济小组、拨工小组等）统一起来。

c. 在新开辟或恢复再建、群众尚未发动起来以及某些环境恶劣的游击区，尚未具备建立村民代表会的条件者，村政权不应机械搬用此种形式，应根据环境与主观力量许可的条件下，发扬民主团结精神，创造各种不同的组织形式。

d. 在进行改选或改造时，必须充分动员群众，检查以往村政，在团结对敌、不究〔咎〕既往、一般的不算旧帐〔账〕、劝人改邪归正的原则下，对把持村政的坏分子应进行教育与适当的斗争，对危害乡里、罪大恶极、众所痛恨的个别奸特分子，应予检举依法严惩。

e. 为了保证积极抗日为村民所拥护的分子当选，对于村干部的困难必须适当解决，本会前颁之村干部奖惩办法，适当减免工作特别繁忙村干部的抗战勤务与贫苦村长补助办法，应在村民中进行宣传，并应切实检查执行情形。

f. 不进行改选的村政权，亦须有重点的〔地〕检查，对村公所个别不称职的干部，由村代表会实行罢免。

3. 从与群众的关系中，贯彻政策中，完成任务中，审查村干部，加强对村干部的教育训练，认真执行对村干部的奖惩。训练办法，可将需要村中执行的各种重要政策法令，编成通俗教材，进行教育，巩固区与比较巩固的游击根据地，集中主要干部（如村长副、中队长、生产委员等）到县或区短期轮训，开联席会，游击区开三五人的流动训练班，或个别教育等等办法。

4. 打破老一套，彻底转变领导思想：

甲、彻底克服不敢大胆发动群众，不发展广泛的民主，忽视村政权的重要，把它看成单纯的支应机关，对敌之分化政策、腐蚀政策及强化下层工作与地下活动，熟视无睹等等右的思想与官僚主义倾向。

乙、建立坚强的对敌斗争建设游击区的思想与坚强的群众观点，使村政权建设是建筑在尖锐的对敌斗争，发动与团结群众，为群众服务的思想上。

丙、加强专区县区结合部与敌之点线村庄的工作，克服本位保守的领导思想。

选自《晋察冀边区行政委员会现行法令汇集》，上册，边区行政委员会 1945 年编印，第 75～82 页。

互校版本：《中国新民主主义革命时期根据地法制文献选编》，第 2 卷，北京，中国社会科学出版社，1981 年版，第 283～290 页。原注：“选自晋察冀边区行政委员会《现行法令汇集》上册，一九四五年版。”

24. 附“报刊评论”：晋察冀边区参议会的成功

1943 年 3 月 10 日《解放日报》

全晋察冀边区人民所热烈企望的边区首届参议会，已顺利的〔地〕结束了。我们谨以无限的热忱敬祝这次会议的成功！晋察冀边区这块敌后抗日民主根据地，是在抗战爆发后不久，经边区人民用自己的血汗不屈不挠对敌战斗中建立起来的成果，是边区共产党、八路军与民众一起所共同创造的事业。边区抗日民主的建树，早为全国人士所周知。远在一九三八年一月即召开了全边区军政民的临时代表大会，根据抗日民族统一战线的精神，决定了大政方针，选出了各党各派阶级合作的边区政府。一九三九年春，在边区的较巩固的区域，即已进行了村政权的民主改革，选出了村长与村民代表会。一九四〇年，为了更进一步完成民主政治的建设，更进一步团结全边区各界人士共同抗战，又进行了大规模的选举运动，以普遍的、平等的、直接的、不记名的选举方式，选出了县议会、村民代表会，并选举了边区首届参议会的参议员，打下了更巩固的民主政治的基础。这样从边区到村级的民意机关，都由严格的普选产生。在当时乃至今天，这种成绩，在敌后抗日根据地，都还是创举。正因为有了这样的深入的民主运动，才把边区最大多数的人民动员起来，坚持了几年来最艰苦的抗战。首届参议会在克服了许多严重的战争困难后，已于本年一月正式举行，从十五日起至二十一日，大会共开七天，并收到了伟大的成就。

这次参议会是代表全边区人民意志的。以参加这次会议的议员来看，有边区的军政负责人，有国共两党的代表与党员，有进步的士绅，有各地民众的领袖，有住在边区内的满蒙回藏各民族的议员，有喇嘛、和尚等各方面的代表，有朝鲜革命人士，有觉悟的反战日本士兵和欧美友人的参加。他们代表全边区人民的意志与团结的精神，也正象〔像〕在开幕典礼会上边区共产党代表及边区子弟兵的领导者聂荣臻同志所指出的，过去我们和边区人民一起奋斗坚持敌后抗战，今后全边区各党派各阶层会团结得更好，胜利会一定更有把握。回顾自抗战以来，边区共产党就是以团结全边区各界人士进行抗战为方针的。在一九三八年军政民代表大会上，共产党即提出照顾各阶级利益的政策，与成立代表各阶级各党派合作的边区政府。在一九四〇年秋的选举运动中，边区共产党坚决执行了党的三三制的政策，帮助其他抗日党派及进步人士进行竞选，在党员与民众中说服解释，不仅投票选举共产党员，还要选举那些进步人士。这都说明边区共产党不仅毫无偏见和私心，而且是诚心诚意为着团结全体人民、团结各党派各阶层为着抗战建国而努力。我们相信，在这次会后，边区人民的团结，将会更加坚强。

这次边区参议会另一伟大的成功，表现在通过了已为边区人民所热烈拥护和实践着的中共中央晋察冀分局所提出的晋察冀边区施政纲领（边区人民称为双十纲领）。在会议进行中，由刘澜涛同志代表中共中央晋察冀分局向大会提议将这一纲领作为目前边区的施政纲领，经过热烈讨论后全体一致通过。这一纲领最初公布于一九四〇年秋，当即为边区人民所热烈拥护与实践。正因为它是根据中共中央抗日民族统一战线的方针，依据边区具体条件，总结了晋察冀边区党政军民数年来对敌斗争的丰富经验所写成的。所以它成为边区人民对敌斗争最锐利的武器。边区党数年来对这纲领坚守不渝、身体力行。我们相信今后这一纲领的精神将会更加贯彻于各方面的工作中。

最后，这次边区参议会的召开，完成了边区整个民主政治的机构。一九四〇年秋的选举运动，打下了民主政治的基础，经过这次参议会又彻底完成了边区各级政府的政权建设。在这次参议会上，边区行政委员会做〔作〕了工作报告，并进行深入的检讨，通过了许多重要法令（如晋察冀边区统一累进税则及其施行细则等法令），选出了参议会正副议长及常驻议员，改选了边区行政委员会的委员及正副主任委员，选出了边区高等法院院长。这些都说明了边区参议会不仅是个民意机关，而且还是一个权力机关，它是新民主主义的具体实现，亦即中山先生三民主义的具体实现。这种成就，引起了参加大会的国际友人班威廉的赞赏，不仅称之为“中国人民历史上的奇迹”，而且认为“在近代史中民主政治的建设上，也是向所未见的”。

在苏联红军获得伟大胜利、同盟国军队在广大战场上举行胜利反攻的时候，边区参议会的召开，给边区人民带来了胜利的信号，鼓舞了边区人民战斗的情绪，指出了克服困难的斗争方向。自然当我们越接近胜利的时候，敌人就越要作疯狂挣扎。由于晋察冀边区处在敌人的心脏，威协〔胁〕着平津与东北，敌人必将不断的〔地〕疯狂的〔地〕对我进行“扫荡”与进攻。我们还要准备渡过更困难的阶段，但在边区已有的抗日民主基础上，在共产党与国民党两党的合作下，在边区子弟兵英勇善战的坚持和边区人民一致团结和支持下，坚决贯彻精兵简政的政策，开展生产运动，积蓄人力物力，坚决的〔地〕不倦的〔地〕对敌人进行反蚕食与反扫荡的斗争。我们相信有五年对敌斗争经验的晋察冀边区人民与边区子弟兵，按照这次边区参议会所指示的方向，就会更加有力的〔地〕打击敌人，坚持保卫与巩固边区，以争取胜利反攻之到来。

选自《中国新民主主义革命时期法制建设资料选编》，第1册，西南政法学院函授部1982年编印，第410～413页。原注：“《解放日报》1943年3月10日。”

25. 晋察冀边区专署县区政府简政草案

1944年7月3日

为进一步贯彻简政政策，实现统一领导，加强有系统的调查研究工作，提高行政效能，兹拟定晋察冀边区专署县区政府简政草案。

甲、精简业务

一、彻底转变百端并举、民财教实法平分春色的思想，建立坚强的群众观点，认真实行不急之务不举，不必要的手续取消，以便抓紧中心，集中力量完成当前急务。

二、划清各级职权，为严明职责加强署县执行权限，今后确定：

(1) 边委会在领导上主要是掌握形势，确定全年的或一定时期的工作方针与中心任务。掌握政策，制定与修正各种法令，组织中心任务与各种政策的实现。研究领导方法，重点放在思想的、政治的、组织的领导。掌握总的财粮预算，总的编制人数及二级以上干部的考核与任免。

（2）专署代表边委会领导一个专区的政权，须要一方面掌握边区的政策法令，另方面熟悉各县的具体情况。在这两方面适当结合的基础之上去指导各县政务。这也就是说专署在边委会领导之下，须〔需〕要掌握专区形势，针对各县实际情况，具体提出一定时期的工作任务，并切实检查执行程度，及时总结经验。掌握政策法令，检查各县执行中有无偏向，及时予以纠正。掌握专区范围内编制人数，检查财粮开支，及三级干部的考核与任免，并独立的〔地〕计划和处理其他地方性的事宜。

（3）县在专署具体领导之下，贯彻政策法令，完成工作任务，重点是有方法有步骤具体组织其实现，并及时总结工作经验，创造工作方式方法。

（4）区在县的具体指示之下，具体帮助各村，实现县的工作计划。重点是帮助各村［工］作，而不是包办代替（包办代替是过去区事务多的主要原因之一）。

三、建立逐级负责制，边委会的领导对象是专署，专署的领导对象是县，县的领导对象是区（了解到更下一级，要有重点的〔地〕进行），一般的不越级解决问题（自然可以协同下级解决），在特殊情形下，须越级解决时，应及时通知主管级。各级在职责范围以内，应主动的〔地〕负责的〔地〕解决问题，纠正向上推或向下推的不负责任的现象，上级对下级工作要切实检查（检查要有中心有重点），及时予以指示和帮助，并应尊重下级职责，避免干涉代替现象。下级对上级要坚持报告总结制度（报告总结要简明扼要，主要是执行程度、执行中的问题（法令的，执行偏向的）及其实际情况与解决办法（或意见）、具体的经验教训），及时供给各种材料。对上级有所请示时，除叙明情况外，应明确提出具体的意见。对上级领导有意见时，亦应及时建议，克服自由主义现象。

乙、精简机构

一、为适应敌后战斗环境，组织机构应短小精干、机动灵活；过去民财教实公法各部门平列的组织形式，庞大呆板，力量分散，应加以合并或裁减。

二、边委会的组织机构已改为一厅、两室、一处。委员会之下设办公厅：下设研究室、文电科、干部科、总务科。民教两处及高等法院统一成立第一办公室，下设第一科（掌握民政、司法、教育方面的行政事项）、第二科（主要掌管编辑整理材料、研究等工作）。财实两处及银行统一成立第二办公室，下设第一科（掌管农林合作事项）、第二科（掌管工商事项）、第三科（掌管财政事项）。公安管理处仍旧。

三、根据上述精神，专署组织拟改为一室三科，县政府拟改为一室三科或四科。专署、县均恢复秘书室，并加强研究工作。第一科系民教司法合科，对外仍保留法庭或司法处审判官名义。第二科系财实银合科，县政府财实是否合科，可再考虑。第三科为公安科。专员县长可兼一科长，工作忙的科，得设副科长。一、二科科下分工，可设二股：一掌日常行政，一掌调查研究。这只是原则的划分，在工作上应密切联系与结合（专署县区编制见附表一）。

丙、精简编制

一、提高质量减少数量。北岳区共减去一千五百人，不必要的人员裁减，可以合作化的〔地〕减少供给，在各级编制中设预备额，遇有工作需要，可以灵活运用。

二、专署编制订为五十人，另设预备额五人。县分一二三等，一般的辖区八个区以上者为一等县，辖区六七个区者为二等县，辖区五个以下者为三等县；并视辖区大小、村庄多少、工作发展情形，权衡变更。一等县编制六十五人；二等县五十五人；三等县四十五人。一二三等县均设预备额五人。区的编制平均为九人；小区可减至六人；大区可增至十一人；特别区可增至十三人到十五人，预备额每区均为二人。县预备额由专署统一掌握，区预备额由县统一掌握；在掌握总预备额范围内调剂干部，不必呈请上级批准。

三、运输队除按当前需要缩小编制外，并以合作化自给三分之一，将来还可逐渐提高自给比数。犯人囚粮已判决者均须由生产自给，未判决者以犯人家内供给为原则，其不能由家供给并不便参加生产者，始由公家供给，每县最高额不超过十人（有的县份已无囚粮预算，是很好的），超过者应减至十人。

（各该专区精简人员数字见附表二〔略〕）

丁、干部的调整与安置

一、干部调整：

（1）干部调整的原则：第一要精干上层，充实下层，在一定的条件下可降职使用，保留原级。第二奖励干部到游击区，充实与加强游击区。第三选择干部与使用干部除须具备政治坚定之基本条件外，应以群众立场、群众观点、勇于斗争为首要条件，纠正过于偏重文化程度的知识份〔分〕子路线。要注意逐渐增加从群众斗争中生长出来的工农干部的比重。

（2）干部调整的计划：关于一二级干部的调整，以及专区间干部的调整，由本会统一计划，县科长以上的干部，指名调整，其他干部，由本会提出条件，指定人数，由专署负责送会。关于专区范围内之干部调整，除本会调整者外，由专署根据上述干部调整原则与各县情况统一计划。应防止本位主义，以保证调整计划的顺利完成。

二、干部安置：关于精节下来的干部，应及时的〔地〕予以适当的安置。一部份〔分〕由本会与专署分别开班训练（专署训练班，每月平均以二十人预算，时间上可以灵活）以提高其质量，使能更好的〔地〕担任工作。只有一部份〔分〕极不适宜担任工作，或自愿脱离工作者，始令其回〔回〕家或参加生产以求自给。无论回〔回〕家与参加生产，对其生活应适当予以照顾，并应进行解释工作。

本简政草案北岳区各署县接到后，希即详细研究讨论，提出具体意见于八月一日以前由各专署汇报本会，以便修正，正式公布。关于勤杂人员之精简，各署县于讨论后，当即日开始实行，至于干部之调整候令再办。

冀中区各专署、冀热边行署、平北办事处可参照本简政草案精神，根据各该地区实际情况，拟定各该地区简政草案（因环境游击性更大，机构更需要短小精干。同时干部缺乏，人员要更少一些，防止照抄基本区老一套的作〔做〕法）迅速报会。

附：晋察冀边区专署县区政府编制表（草案）一份。

选自《晋察冀边区行政委员会现行法令汇集》，上册，边区行政委员会 1945 年编印，第 37～42 页。原注：“晋察冀边区行政委员会民国三十三年七月三日印发。”

专属县区政府编制表（草案）

1944.7.2

专员	秘书主任	秘书室										民教科						财实科				公安科			法庭				医卫队	总计
		秘书	科员	办事员	文书	译电员	电话员	特务员	服务员	医生	合计	科长	科员	督学	医务指导员	机动干部	合计	科长	股长	科员	合计	科长	科员	合计	推事	书记	看守	合计		
1	1	1	1	1	2	1	1	1	5	1	14	1	2	1		3	7	2	2	6	10	1	7	8	1	1	1	3	6	50

项别／县等	县长	政务秘书	秘书室								民教科					财政科			实业科				公安科			司法处				警卫队	驻会县议长	武装部	总计
			秘书	科员	办事员	文书	电话员	特务员	服务员	合计	科长	科员	督学	医务指导员	合计	科长	科员	合计	科长	股长	科员	合计	科长	科员	合计	审判官	书记或录事	看守	合计				
一等县	1	1	1	1	1	2	1	1	5	12	2	2	2	1	7	1	5	6	1	2	4	7	1	5	6	1	1	3	5	12	1	7	65
二等县	1	1	1	1	1	2	1	1	4	11	2	2	1	1	6	1	4	5	1	1	3	5	1	4	5	1	1	2	4	10	1	6	55
三等县	1	1	1	1	1	1	1	1	3	9	1	1	1	1	4	1	3	4	1	1	2	4	1	4	5	1	1	1	3	8	1	5	45

区长	助理员	治安员	服务员	大队部	合计
1	3	1	1	3	9

说明：1. 专署民教、财实均合科。县民教合科。
2. 县的分等，一般的八个区以上的为一等县，六七个区者为二等县，五个区以下的为三等县，并视辖区大小、工作开展情形酌予变通。
3. 预备名额，署县均为五人，各县如有干部时，医务指导员以外可专设医生一人，由专署统一掌握。
4. 区公所平均以九人计，新开辟区可减为六人，大区增为十一八，特别区增为十三人至十五人。
5. 每区预备额为二人，由县统一掌握。

26. 晋察冀边区行政委员会电——关于专署县区政府简政草案丙丁两项之决定希遵照执行由

1944 年 10 月 14 日

一、二、三、四、五、十一专署专员：

关于专署县区政府简政草案丙丁两项之规定，经就各署县提出意见，再加研讨，爰作如下之确定，自十一月份起实行，希即遵照并转各县遵照执行。

丙、编制人数，确定为：

一、专署：四十五人。

二、县：一等县六十人，二等县五十人，三等县四十人。

三、区：每区平均九人，得视区之大小增减调剂使用，最多每区不得超过十三人，最少可减至五或六人。

四、县区干部之机动预备额，统由专署统一掌握调剂使用。

丁、编余干部的安置：

一、调一部到冀热辽区，凡政治面目清楚、品质优良健全者可送经本会派去。

二、学习深造：工农干部之政治文化水准较低亟需〔须〕提高者，可径送教育学院以资深造。

戊、专署县财实两科，得视具体情况分设或合并。

选自《晋察冀边区行政委员会现行法令汇集》，上册，边区行政委员会 1945 年编印，第 43 页。

27. 晋察冀边区行政委员会晋察冀边区参议会驻会参议员办事处关于召开察哈尔、热河省人民代表会议及成立察哈尔、热河省政府的决定

1945 年 10 月 18 日

自我大进军以来，察热两省全境已获解放，为建设民主、自由、繁荣的察哈尔省、热河省，实有召开各该省人民代表会议讨论省政建设方针及成立省政府的必要，本会、处为适应察热各届人民要求，爰于本月十六日召开联席会议，做〔作〕出如下之决定：

一、关于召开察、热省人民代表会议

（一）代表之产生：地区代表以县市为单位产生，团体代表（包括工、农、青、妇、人民武装、文教、商人等）以团体为单位产生之，少数民族（如蒙民、回民等）依规定推选代表出席。

（二）代表名额：地区代表名额，参照边区选举条例之规定办理。三万人民（因公民

数尚无调查，暂不按公民数产生）以下之县，选举代表二名，三万人以上之县，每增三万人增选代表一名，所余尾数超过一万五千人者，亦得增选代表一名。

团体代表名额：群众组织健全、人口多之大县，得选代表二名，新建立群众团体之一般县份，得选代表一名；尚无群众组织之县，暂不产生（张家口团体代表选七名，宣化四名）。少数民族代表名额：蒙民得每一万人选代表一名，回民代表察省产生二名，热省由冀热辽行署自定。八路军代表五名。

（三）代表资格：应参照解放区人民代表会议代表资格之规定办理："1. 抗战有功；2. 在群众中有威信；3. 社会上有声望；4. 有奋斗历史或有工作经验的代表人物。"

（四）选举方法：为及早召开代表会议，各县市一律用推选法，由县市级各团体联席会议共同推选之。

（五）开会日期：尽可能提早，一般应于十月二十九日左右开会，并即成立省政府。

（六）代表会议主要任务为讨论本省施政方针建设大计，及讨论提案，并选举省府委员及主席，成立省政府。

（七）为胜利召开省人民代表会议，责成冀察、冀热辽行署组织筹备处，主持大会一切事务。

二、关于成立察哈尔、热河省政府

由各该省人民代表会议用无记名联记名投票法选举省政府委员九至十一人，成立省政府，各该省政府均受晋察冀边区行政委员会领导。关于省政府之组织法另定之。

选自《晋察冀边区行政委员会现行法令汇集》，上册，边区行政委员会 1945 年编印，第 59～60 页。

互校版本：《中国新民主主义革命时期根据地法制文献选编》，第 2 卷，北京，中国社会科学出版社，1981 年版，第 443～444 页。原注："选自晋察冀边区行政委员会《现行法令汇集》上册，一九四五年版。"

28. 张家口市参议会组织暂行条例

1946 年 3 月 18 日晋察冀边区行政委员会颁布，
同年 4 月 20 日胜民行字第二十六号令修正

第一条　本条例依据晋察冀边区目前施政纲领第五条之规定及张家口市之具体情况制定之。

第二条　张家口市参议会（以下简称市参议会），由全市公民选举之参议员组织之。

第三条　参议员任期二年，连选得连任。

第四条　市参议会为市各级政权的最高权力机关，市参议会之职权如下：

一、选举并罢免市政府委员、市长、副市长。

二、制定市单行法规。

三、监察弹劾市、区、街、村行政人员及司法人员。

四、审察（查）市预算决算。

五、审议市政府各项重要计划方案。

六、决定市政重要兴革事项。

七、审议市政府及各方请议事项。

八、督促检查市政府工作。

第五条　市参议会设议长、副议长各一人，由参议员用无记名投票法互选之，负责召集常会及临时会，并在市参议会决议事项范围内，对外代表市参议会。

市参议会开会时，由议长主席，议长因故不能出席时，由副议长主席。议长、副议长因故去职时应即补选。

第六条　市参议会开会时，设秘书处置秘书长一人，由大会推定之，承议长、副议长之命办理大会事务。

第七条　市参议会每半年开常会一次，有下列情形之一者，得召开临时会：

一、经参议员五分之一之提议者。

二、经市公民十分之一以上之请求者。

三、市政府提请经议长、副议长认可者。

第八条　市参议会非有过半数参议员之出席不得开会，非有出席参议员过半数之通过不得成立决议，可否同数时取决于主席。候补参议员得列席参议会，有发言权无表决权。

第九条　市参议会开会时，市政府委员须报告工作，解答质问，对讨论事项有发言权无表决权。

第十条　市参议会之决议案交市政府执行，市政府对决议案认为不便执行时，应详细具理由送请市参议会复议，市参议会复议后，仍持原议时，市政府应即执行。

第十一条　市参议会不得作与上级政府法令抵触之决议，抵触时，服从上级政府法令。

第十二条　市参议会开会时设参议员资格审查委员会、提案审查委员会。必要时，得设其他专门委员会。各委员会之委员名额由大会决定选举之。

第十三条　市参议会闭会期间，设办事处，在议长、副议长领导下处理日常事务。

第十四条　市参议会闭会期间，市政府对市参议会负责，领导全市政务。

第十五条　参议员除议长、副议长外均为无给职。

第十六条　参议员在开会时，所为之言论及表决对外不负责任。

第十七条　参议员除现行犯外，在会期中非经参议会之许可，不得逮捕或拘禁。

第十八条　参议员违法失职时，由其选举单位罢免之，有候补者依次递补，无候补者另选之。递补、补选之参议员，以补足原任之任期为限。

第十九条　参议会之经费由大会制定预算，经市政府报边区行政委员会批准，由市发给之。

第二十条　本条例自公布之日施行。

选自《中国新民主主义革命时期根据地法制文献选编》，第2卷，北京，中国社会科学出版社，1981年版，第447～450页。原注："选自晋察冀边区行政委员会《现行法令汇集》续编。"

29. 张家口市政府组织条例

1946 年 4 月 24 日晋察冀边区行政委员会颁布，
同年 5 月 18 日胜民行字第三十一号令修正

第一条　张家口市政府（以下简称市政府），由张家口市参议会（以下简称市参议会）选举委员七人，组织市政府委员会，并由市参议会在委员中选举市长、副市长各一人，市长、副市长及委员均于选出后，报请晋察冀边区行政委员会备案。

第二条　市政府设下列各局、处：

一、秘书处。

二、社会局。

三、教育局。

四、财政局。

五、建设局。

六、卫生局。

七、公安局。

市政府于必要时，得请准晋察冀边区行政委员会，设置各种专管机关及专门委员会。

第三条　市政府受晋察冀边区行政委员会之管辖，及市参议会之监督。

第四条　市政府总理全市政务，其职权如下：

一、执行晋察冀边区行政委员会之命令及指示。

二、执行市参议会之决议。

三、领导所属各机关执行职务，任免所属区长、科长以下之行政人员。

四、公布市单行法规。

五、管理一切市政建设事项。

第五条　市政府委员会为民主集中制之组织，因行使前条职权所为之重大设施，须由市政府委员会决议行之。

第六条　市政府委员会每两周开例会一次，必要时得召开临时会议。

第七条　市长之职权如下：

一、召开市政府委员会议及政务会议，会议时为主席。

二、领导各局、处执行上级交付之任务，及市政府委员会之决议，市长向市政府委员会负责。

三、处理市政府日常政务，如遇重大事务，应提交市政府委员会决定，如时间紧迫，市长得作紧急处理，但事后应提请市政府委员会追认。

四、对外代表市政府。

副市长协助市长执行本条各项规定之职务，市长因公外出，或因故不能执行职务时，由副市长代理之。

第八条　秘书处掌理事项如下：

一、关于市政府委员会、政务会议之通知及记录。

二、关于提请任免、奖惩所属市区行政人员事项。

三、关于文件之保存、撰拟、缮印及收发事项。

四、关于印信、电报等机要之掌管事项。

五、关于市政府之会计、庶务、卫生等事项。

六、关于材料编制、统计、整理事项。

七、关于交际招待事项。

八、其他不属于各局、处之事项。

第九条　社会局掌理事项如下：

一、关于行政区划、组织编制事项。

二、关于户籍统计事项。

三、关于民主选举事项。

四、关于赈灾、军人家属抚恤、优待及其他社会救济事项。

五、关于劳资关系、租佃关系事项。

六、关于婚姻登记及礼俗事项。

七、关于人民团体之登记及指导事项。

八、关于工商业行政及合作互助指导事项。

九、关于取缔赌博及禁烟、禁毒事项（在有禁烟局时，禁烟、禁毒由禁烟局管理）。

十、关于少数民族事项。

十一、关于宗教事项。

十二、关于公产之登记、管理及处理事项。

十三、其他有关社会公益事业事项。

第十条　财政局掌理事项如下：

一、关于税务公款事项。

二、关于预算决算之编制事项。

三、财务行政事项。

四、其他有关财政事项。

第十一条　教育局掌理事项如下：

一、关于管理各级学校事项。

二、关于管理社会教育事项。

三、关于教育文化及学术团体之指导、奖进事项。

四、关于图书馆、博物馆、公共体育娱乐场所之管理事项。

五、关于剧院、影院之指导事宜。

六、关于一般宣传事项。

七、其他有关教育事项。

第十二条　建设局掌理事项如下：

一、关于公用房屋及街道之建筑、设计、修理事项。

二、关于人民建筑之审核、指导，及街道市容之整顿事项。

三、关于电灯、电话、自来水、交通等之管理、建设、监督事项。

四、关于河道、水堤、桥梁之监督修筑事项。

五、关于农林行政事项。

六、关于公园林木之修植保护事项。

七、其他有关工务事项。

第十三条　卫生局掌理事项如下：

一、关于街道清洁，及人民卫生之管理指导事项。

二、关于公共卫生之建设事项。

三、关于防疫保健事项。

四、药市、屠宰场、娱乐场所之卫生检查事项。

五、关于公立医院之管理领导事项。

六、关于私人医院之登记、审核及指导事项。

七、关于医药事业之管理、饮食品之化验事项。

八、关于医生之登记、审查及指导事项。

九、其他有关卫生事项。

第十四条　公安局掌理事项如下：

一、关于户口之调查、登记、管理、检查事项。

二、关于缉捕盗匪、检举、取缔违警事项。

三、关于社会秩序之维持事项。

四、关于消防、救护、交通管理事项。

五、关于外侨之调查管理事项。

六、其他有关公安事项。

第十五条　秘书处设秘书长一人，各局设局长一人，综理各该局、处事务。秘书长、局长由市政府委员会报请晋察冀边区行政委员会加委。

第十六条　各局、处得设秘书一人至数人，承局长、秘书长之命办理各该局、处事务，各局、处得视事务之繁简分科办事，科设科长一人、科员若干人，承局长、秘书长之命办理该科事务。

第十七条　各局、处及科均得视工作需要增设副职，佐理各局、处、科事务。

第十八条　市政府设政务会议，由市长、副市长、秘书长、各局正副局长组织之，讨论市政府委员会决议之执行事项，开会时由市长主席，讨论事项取决于市长。

第十九条　各局、处办事细则另定之。

第二十条　本条例自公布之日施行。其修改权属于晋察冀边区行政委员会。

选自《中国新民主主义革命时期根据地法制文献选编》，第2卷，北京，中国社会科学出版社，1981年版，第509～514页。原注：“选自晋察冀边区行政委员会《现行法令汇集》续编。”

30. 宋劭文在华北临时人民代表大会上关于晋察冀边区行政委员会三年来的工作报告[①]

1948年8月9日

自日本投降以来，已经三年了。这三年是伟大变化的三年，从抗日战争到人民解放战争，从削弱封建制度到消灭封建制度。这三年适应形势的发展，我们也做了许多工作。我代表晋察冀边区行政委员会，将这三年的工作，举其荦荦大者，谨向大会报告。

第一，支援前线

在抗日战争时期，政府就动员全边区军民，与日寇进行了极尖锐紧张的八年的英勇战争。因而，树立了敌后坚强的抗日根据地，树立了一百四十余县（包括冀东、热河）的抗日民主政权。一九四五年，在扩大解放区的口号下，我区军民即积极进行了扩大解放区的工作，收复城市二十余座。

日寇投降后，我军大举进攻。虽在人民公敌蒋介石“不准八路军受降”“八路军停留原地待命”的乱命之下，我晋察冀军民仍积极勇敢地与拒绝投降的敌伪军进行了坚决的斗争，收复城市五十余座及察哈尔全境，解放了张家口，并消灭了大量的伪军。一九四六年七月，美帝国主义支持的国民党反动派，即在中国发动了反革命的全国规模的战争，又迫使我区军民起而自卫，因有八月平绥战役，十月撤守张家口，察哈尔大部地区为蒋傅匪军所强占。

但两年来，人民解放战争在晋察冀，经过了平汉战役，把冀中、北岳两区联〔连〕成一片。经过了清风店战役，歼灭了第三军的主力。经过了石门战役及元氏战役，解放了石家庄、获鹿、元氏等县，把晋察冀与晋冀鲁豫两解放区完全联〔连〕成一片。经过了正太战役，把正太线经寿阳到井陉的铁路线完全为我控制，石家庄解放后，使西起寿阳、东迄德州之线完全解放。此外，津浦战役，解放泊头、青、沧、交；保北战役，解放徐水、定兴、新城、容城等县，孤立了保定；察南战役，解放了蔚县、广灵。最近，尚在继续的晋中战役，使太原成为一座孤城。这些伟大胜利，就使得晋察冀内部的敌人［被］完全肃清，战争完全取得主动权。战争的胜利与广泛的群众性的支援前线运动是不可分的。三年来，有二十万以上的优秀青壮年参加了解放军，有五十万以上的民兵参加了前方各种战争勤务。广大的民兵于解放战争两年来并作战一千五百余次，毙伤俘敌人二万余人，缴获小炮二十八门、轻机枪九十三挺、步马枪五千余支、子弹三十六万余发。有十万头以上的牲口、五万辆以上的大车参加了前后方的运输工作，广大的青壮年及老年妇女大都作〔做〕过军鞋或军衣，还有一部分参加过后方医院的看护工作，后方广大人民进行了优待军属代耕的工作。

三年来，边区人民负担了七百三十万大担公粮，并负担了财政透支边币约合三百五十万大石小米。人民负担量一九四五年占国民总收入百分之六点二七，一九四六年增至百分

① 原注：本文根据报告记录整理。

之十点九三，一九四七年增至百分之二十点一。人民在财力物力上支付了很大的代价。一九四七年人民的直接负担是加重了，但从张家口撤退后，由于地区缩小等原因，曾增加了我们若干暂时的困难，但经过一九四七年的努力，因而造成从一九四七年秋后直到现在边区物价的相对稳定。

几年来，三万五千以上的荣誉军人，他们得到了应有的抚恤与安置。政府组织了荣誉军人管理处这样的专管机关，并设立了荣誉军人学校，进行教育，并介绍工作。阵亡将士与荣誉军人的鲜血，就是人民解放战争获得胜利的最高代价。

支援战争的工作，概如上述。

第二，土地改革

在抗日战争时期，我们实行了减租减息、合理负担、统一累进税和没收汉奸财产的政策，团结了可能抗日的地主及开明绅士共同抗日，并发动了广大农民的民主民生斗争，建立了人民大众的新的民主政治。这些政策，发动了人民大众积极抗日，提高生产力并改善人民生活上，是完全正确的。

日寇投降后，广大农民进行了反奸清算运动，占人口百分之九十以上的农民，在反奸清算运动中，不满足于减租减息的政策，自动起来要求土地。民主政府当即竭诚拥护，并支持了农民的正当要求，晋察冀边区即将减租减息政策提高一步，由削弱封建到消灭封建，执行“耕者有其田”的政策。一九四六年五月到一九四七年五月一年间，全区约有半数左右的群众参加“耕者有其田”的斗争，不少群众得到胜利果实或土地果实。其结果，北岳、冀中的巩固区，地主又加削弱，残余数目已很少，但仍有一部分占有土地较多较好。对于旧式富农与新式富农当时虽未加明确区别，但在不侵犯其非封建经营部分的原则下，整［个］富农经济一般只被削弱一部分。在这一运动中，一方面对于地主、旧式富农属于军干、烈属的封建残余仍未肃清，另一方面，由于一部分村区干部的自私自利，分配不公，且一般采取了属佃主义，故群众斗争所获得的果实没有完全合理的分配，使农民互相间，特别是贫苦农民与地主、旧式富农间的土地质量悬殊颇大，仍有占总户数百分之十五到三十左右的贫雇农未得适当满足，加以当时的群众运动处在自卫战争前夜，时间短促，发展不平衡，有的地区比较草率。因而，有去年五月的复查工作。在察哈尔省的部分地区及冀中、冀晋的部分地区，一般大体上解决了土地问题。但由于一部分，特别是冀晋的中心区，短时地只十天左右发生了乱斗、乱打、乱杀的严重错误。幸而领导上发觉的〔得〕早，坚决迅速停止了冀晋这种性质的复查，因此只限于部分地区和很短的时间，在全区不占重要地位，但其教训则极为深刻。

中共中央于去年双十节公布了《中国土地法大纲》。晋察冀边区政府通过决议，拥护并接受此土地法大纲作为我区的土地法大纲。由于各级干部的努力，在去冬今春短短的时间中，北岳、冀中两区能进行土地改革的一万五千零六十六个行政村，一千零六十八万人口的区域中，已有百分之九十以上的地区达到了大体平分，一般贫雇农都获得了大体相当于平均数的土地财产，有的超过了平均数；地主亦均分到应得的一份，有少于平均数的，但其土地财产量少者亦可保持平均数百分之七十以上。即根本消灭了封建，适当满足了贫雇农的土地要求，只有百分之八的地区尚须〔需〕继续实行抽补。已经抽补但比较粗糙的少数乡村与少数农户，只须〔需〕在今后发土地证时稍加调整即可。因此，在减租减息、清算运动、复查的基础上，去冬今春所进行的土地改革基本上已经消灭了封建制度，贫雇农已经得到大体相当于平均数的土地，其成绩是很大的。

在执行政策中，也发生过一些偏向，这必须加以检讨和改正。主要的是：（一）去冬在处理村干部的问题中，对区别干部的功过大小、分别对待、分清责任、依靠群众、教育说服注意不够，领导上有些性急，以致许多地区引起新老干部及干部与群众的不团结现象。虽经过有系统的纠正，但直到现在，还没有完全克服。这是我们领导上应该负责的，这是今后必须抓紧时间解决的问题。（二）团结中农，团结百分之九十以上的人口，这在领导上是很明确的，但在运动初期，发现有些贫农团、新农会的关门主义与宗派主义倾向，领导上予以批评纠正，使群众队伍迅速扩大了。但由于最初划阶级的标准不明确，有些地方提高了某些中农的成份〔分〕，错订〔定〕为富农或地主（已由地主下降很久者），因而曾登记或查封他们的财产。这个行动经过半个月到一个月，才开始陆续改订〔定〕成份〔分〕，启封纠正，时间虽短，则〔但〕错斗中农的影响是很大的。现在检查其中纠正的〔得〕彻底的和较好的占百分之八十左右，还有百分之二十左右尚须〔需〕继续认真纠正。（三）对于地主、富农的工商业确定不侵犯的原则不够坚定，说了“不动为好”，以致引起一度混乱，时间虽短，不到一个月，即侵犯了地富的工商业二千多户，被侵犯的工商业主要在乡村，城市是很少被侵犯的。其中已彻底纠正了的占百分之九十二，纠正还不彻底的占百分之八左右。

土地改革，消灭了封建，适当满足了无地少地农民的要求，解放了社会生产力，他〔它〕的成绩是很伟大的。虽然在执行过程中，发生了某些缺点甚至错误，均已纠正或正在继续纠正中，但成绩是主要的、基本的，但对于仍存在的缺点与错误，必须认真继续纠正。

关于晋察冀的土地改革情况，大体就是这样。

第三，经济工作

晋察冀的农业生产，是在战争与生产结合，组织起来，不误农时，发展水利，大量生产粮食，发展副业、手工业的方针下进行的。虽在极紧张的战争动员中，农业生产仍保持一定的水平，边区大部农民支持了长期战争，生活上并得到一定的改善。（一）三年来，农业生产工作上，比较成绩大的是水利建设。三年来，共开渠二千三百五十一道（内有浇地五百顷以上的大渠十道），浇地一百三十五万一千二百二十亩；凿井十八万零六十八眼，浇地二十一万九千一百八十七亩，挖泄水沟增加良田二十五万六千五百四十六亩。今年上半年水利工作，据极不完全的统计，共凿新井一千二百六十五眼，修旧井四千七百七十二眼，安新水车三千辆。治河方面，一九四五年冀中修筑滹沱南北河堤长达一百余里，一九四六年又修堤二百三十余里，减轻了冀中十三个县水患的威胁。（二）增加和繁殖牲畜。一九四五年，牲畜贷款带动私资，购买一万六千九百四十头，一九四六年增加一万四千三百五十一头，一九四七年未统计起来，今年上半年增加二千四百四十四头。在繁殖牲畜上，五台山林牧场及唐县、饶阳等十余县种畜站，约计今年可繁殖头左右（原文如此——本书编者注）。但解放战争两年来，由于战勤频繁，群众卖牲口者不少，特别是将大牲口卖了换成小牲口，此项数字尚无统计。（三）在消灭熟荒方面，一九四五年到一九四六年共十万三千八百四十二亩，平毁沟墙堡垒五万二千三百八十六亩，修滩十二万九千九百零六亩，修梯田十万三千八百四十二亩。由于提倡精耕细作，发展林业，特别是在平分土地后，开山荒已基本上停止。在精耕细作方面，压绿肥、养猪、油饼、黑豆补肥都有增加，温汤浸种，防除病虫害，优良品种的红薯、棉花、谷、玉蜀黍的推广，都有一定的成绩。（四）在副业的恢复与发展上有显著的增加，产棉区的纺织，冀中的熬硝，妇女的养鸡、猪，土法的煤铁业，以及编织、油坊、染织、粉坊、皮坊等都有很多恢复的，有些还有发展。这是由于我们奖励土产、保护民族工商业、反对顽美货政策的结果。副业的发展，特别救灾上，如阳泉、平定、井陉、曲阳等地，都起了很大的积极作用。

在工业方面，机器工业在三年以来，由于城市的解放，是有很大增加的，单就边区工业局所管辖的各厂，就有以下的变化：

军工工厂1944年与1948年变化比较表

要项	1944年		1948年	
	数量	指数	数量	指数
工厂数之比		100		200
职工数之比		100		500
月产总值之比	530 000斤米	100	11 000 000斤米	2 000

非军工工厂1944年至1948年变化比较表

要项	1944年		1946年		1948年	
	数量	指数	数量	指数	数量	指数
工厂数	0	0	36	100	15	41
职工人数	0	0	7612	100	8 566	113
主要产品			纸烟、火柴、焦炭、生铁、煤、电、毛织		烟煤、焦炭、无烟煤、灰生铁、棉纱、布、纸烟、煤、电	

非军工工厂生产量1946年与1948年比较表（指数）

主要产品	1946年	1948年	备注
纸烟	100	21	一九四六年为张垣烟草公司所产
火柴	100	50	一九四六年为张垣火柴公司所产
灰生铁	100	125	
煤	100	2 230	
焦炭			一九四六年焦炭主要在宣化，一九四八年主要在井陉，未统计
电	100	500	

从以上材料中可以看出，我们的机器工业，是由小而大，由山村到城市（山村工业的比重已大大缩小），由主要是军工到军工与非军工共同发展，由小的动力到大的动力，由职工比例多（对生产量而言）到职工比例少。一句话，由山地的工业向着近代的工业发展着。我们的公营机器工业，再加上各行署经营的机器工业与半手工业，如面粉、榨油、造纸、轧花、煤矿、毛纺织、纸烟、化学、电灯、铁工厂等等，在国民经济中已占有一定的比重，因此，我们曾经用了不小的力量经营。但是，我们的公营工业在管理工作上还存在着很多严重的缺点：一般成本高、质量差、用人多、浪费大、技术水平低、工资制度上有供给制的残余等等，这些都还须〔需〕要用大力加以改进。

随着我们农工业的恢复与某些发展，适应战争形势的发展，我区城市是在繁荣着。在“发展生产、繁荣经济、公私兼顾、劳资两利”的工商业政策下，我们用各种力量纠正了侵犯工商业的农业社会主义的落后的反动的思想，贯彻了建设城市、发展工商业的思想，石家庄、辛集、泊头、阳泉的繁荣，就是一个好的说明。并把工商业的征税限制在货币纯利百分之二十五以内，废除了巩固区的路条制度及内部贸易的关卡检查，明确规定并执行了公营贸易以扶植生产为中心。并在经济上领导私商进行合法的贸易，反对不利于人民大众的投机囤积行为，使私商有利可图，并组织私人工商业生产与乡村取得密切的联系。在劳资两利的原则下，肯定了私人工商业中的学徒制度、东伙制度、分红、奖金、顶生意、工资制度以及现存的工人福利制度、劳动契约自由，除严禁打骂学徒、店员，劳资关系只要双方自愿，政府不予干涉；工人、店员的政治活动应以不影响生产为原则，双方发生争执问题不能解决者，政府仲裁之。此外，并恢复了三百公里的铁路，现在正恢复正太阳泉、榆次段，同蒲的榆次、灵石段，并计划恢复平汉石、邯段。整修了三千余里的公路及许多的大车路。这些都成为恢复与发展工商业的有利措施。

我们的银行，其中心任务是扶植生产。三年来，我们放出农贷六百七十七余亿元，贷粮三十三万余大石；工矿业放款六百三十余亿；商业放款六百九十余亿。这些对农、工、商业的恢复与发展都起了很大的积极作用。此外，我们的出入口政策，亦以发展民族工商业为出发点，一切不利于民族工商发展的顽美货一律禁止入口，一切有利于我们农工业发展的外货均允许入口或奖励入口，并积极组织我们农产品出口。这一政策的正确执行，成为我们恢复与发展工商业的基本保证。

关于我们发展与恢复农工商业的情况就是这样。

第四，文化教育工作

一九四五年到一九四六年，随着抗日战争的胜利，解放区不断扩大，除广大农村外，还解放了不少的中小城市。为适应当时广大青年的学习要求和解放区建设的需要，大量培养提高为人民服务的干部和各项建设人材〔才〕，中等以上的学校教育有很大的发展。在新区，主要是接收改造敌伪时代的学校；在老区，则是恢复由于环境残酷，暂时停办的一些学校，并根据需要，创办新的学校。最主要的趋势与新的内容，是由于消灭了封建残余，各阶层人民得到了完全平等的教育机会，为普及教育，奠定了巩固的政治的，特别是经济的基础，即先决条件。根据一九四六年七月初统计，经过一年的努力，发展到大学、专门学校、中等学校共五十六处，学生一万一千余人，比一九四五年上季，增加五倍。如果将后来划归东北领导的冀热辽区不计，则共有三十六处，学生共八千六百余人。其中，在张家口的，有华北联合大学、白求恩医科大学、工业专门学校、行政干部学校、内蒙古学院、市立中学、女中等共十一校，学生三千三百余人。冀晋区中学、师范共十二处，学生一千四百余人。冀中区中学、师范、干部学校共八处，学生二千三百余人。察哈尔省中学、师范、干部学校共五处，学生一千一百余人。

一九四六年九月间，发布“今明两年教育工作方案”，指出中等以上学校的主要任务，是迅速的〔地〕大量的〔地〕培养前方后方最急需的各项干部人材〔才〕，适当缩短修业年限，要用最大力量办理各种短训班、职业学校与行政干部学校。撤出张垣时，将张、宣两地学校，大都转移到边区腹地，带出来的学生，共一千九百四十余人。到今年春季，各校毕业生，计边区直属学校达三千七百余人，计华北联合大学及医大约一千二百余人，工业交通学院七百余人，行政干部学校一千二百余人，联中二百五十余人，农职一百七十人，商职二百二十人。各地区中等学校毕业及中途抽调工作者，只冀中区自敌人投降以后，共为六千三百五十人，总计万人以上。都参加了解放区部队、政权、文化教育、经济、电讯、医务等项工作，在对敌斗争与解放区建设方面，贡献了很大的力量。

对知识分子、文化人，我们一贯坚持争取团结的方针。对蒋管区来的青年学生，更尽量予以学习的方便，并予以完全公费待遇，从日本投降以来，仅在联大、行政干部学校等边区直属学校学习及分配工作的，就将近两千人。石家庄解放后，中小学教职员报到登记的共三百五十二人。当时留用一百三十四人，送学习的一百二十人，毕业后亦大部分配了适当的工作。

随着人民解放战争的胜利发展和土改工作的深入，为迎接全国胜利的新局面，需要更多培养新知识分子、技术人材〔才〕。这一时期，中等以上的学校教育更有新的发展，加上石家庄的解放，学校数目及学生人数已大大超过一九四五年，除军事学校、大学外，只地方中等学校（主要是中学、师范及短期师范）共计六十七处、一百九十四班，学生共一万一千四百五十四人，其分布情况如下：

地区＼数目	校数	班数	学生数	备考
边区直属	3	20	940	大学未统计在内
石家庄	5	34	2 044	
北岳区	24	59	3 161	
冀中区	35	81	5 309	
总计	67	194	11 454	

政府为解决贫苦青年的学习困难，除一律免交学费，并广泛地实行着公费生制度。根据石庄市立中学、冀晋中学、察省联中、冀中二中等十三个学校、四千一百二十八人的统计，一共有三千八百五十一人受到全部公费或部分公费的待遇，占全部学生数的百分之九十以上。正因为如此，广大劳动人民的子弟，也获得了受中等教育的机会。根据最近二十四个学校、七千八百一十一人家庭成份〔分〕的统计，其中贫农二千四百七十九人，占百分之三十一点七；中农四千零四十六人，占百分之五十二；富农四百六十三人，占百分之五点四；地主二百九十八人，占百分之四；工人一百二十一人，占百分之一点六；城市贫民二十一人，占百分之［零］点四；手工业者十四人，占百分之［零］点二；商人及工业资本家一百八十七人，占百分之二点四；自由职业者三十六人，占百分之［零］点五；其他一百四十六人，占百分之一点八。这恰恰与各阶层户口的比例相符合。这说明解放区各阶层人民的子弟受教育的机会也是平等的。

在小学教育方面，日寇投降后，也有很大的开展。据冀晋区二十九个县统计，小学由一千余处增为五千三百二十二处，比日寇投降前增加了四倍，学生共二十九万零八百三十五人，占学龄儿童三十万八千八百四十二人的百分之七十五；高小也同样增加了四倍，达一百九十七处。全边区高小为六百七十七处，学生四万七千五百一十九人，初小一万七千四百五十八处，学生一百零八万九千二百九十一人。

	小学校数			学生人数			备考
	高小	初小	合计	高小	初小	合计	
冀中区	309	8 202	8 511	23 424	631 450	654 874	一九四六年三月统计
冀晋区	197	5 322	5 519	9 259	290 835	300 094	
察哈尔	155	3 905	4 060	13 757	156 988	170 745	一九四六年三月统计
张家口	16	29	45	1 075	10 018	11 097	
总计	677	17 458	18 135	47 519	1 089 291	1 136 810	

当时，在老区曾提出加强文化课学习，提高教学效果，编辑了统一的初高级小学全套课本。在广大新区，则特别着重小学的改造与再建的工作，对旧的小学教师采取团结改造的方针，普遍召开了座谈会、讲习会、训练班，一九四六年，只在十三专区就训练了八百二十七个旧教师。

一九四六年秋，虽因蒋傅匪军疯狂向我解放区进攻，在边缘区我们采取了抗战中的经验，进行游击教学，坚持教育（如易县、满城等）；在老区和新区，高小及学生人数，并没有减少多少，而初小依然是逐渐上升的。据一九四六年九月到一九四七年十二月的统计，全区共有初小一万七千五百二十九处，学生一百一十八万八千八百四十二人，完小和高小六百零四处，高小学生四万三千一百九十二人。

三年来，高小毕业的学生，约计六万余人，除升学与回家生产者外，大部经过短期训练后，参加了革命工作。据完县辛庄、易县五高等五个高小、二百四十九个学生就业的统计，参加部队工作的占百分之十九弱，任小学教师或其他地方工作的占百分之二十强，升学的占百分之二十四，回家生产的占百分之三十七弱。

在土地改革以后，由于群众在政治上、经济上的翻身，对文化翻身要求也更加迫切了，使学校教育有新的发展。据冀中深县、任丘两个县的统计，土改前原有高小五十处，学生三千七百一十三人，土改后已增为高小七十六处，学生增至九千六百六十八人，据任丘八个区的统计，原有初小学生一万二千八百一十五人，土改后增为一万六千九百五十二人，小学教育呈现了新气象。

从一九四五年冬季以来，社教工作方面，同样也得到了空前的发展。首先，在广大农村，民校普遍增加。据冀晋五台等十五个县的统计，三千三百五十一个行政村中，即有三千六百零三处民校，平均已超过了一村一个。[据] 冀中二十一个县市的统计，就有学员三十三万五千六百五十四人，连紧靠北平城的通县，也开了一百二十处民校。同时在教学效果上也大大提高，并为了充实民校的学习内容，除改编民校识字课本外，又出版了二十三种群众读物。

此外，屋顶广播、黑板报、读报组，尤其是秧歌、高跷、旱船、落子，都充实了土改和反美反蒋的内容，其普遍与活跃为历年来所仅有。

在一般较大的城市，如石家庄、浑源、涞源、阳泉、泊头、安国、定县等都建立了民教馆，负责推动城市的社教工作，举办书报阅览、各种展览会、黑板报、时事宣传、识字班等。

几年来，边区教育建设虽然获得了如上的成绩，在普及方面有新的发展，在提高方面也较抗日时期有了进步，在小学、中学发展的基础上，也创办了相当高中程度的专科学校和大学。但检讨起来，工作上的缺点和弱点还是很多的，主要的〔地〕表现在：

（一）教育行政组织机构不健全，领导很弱。

（二）学生社会活动多，课业的学习时间少，对文化教育重视不够。

（三）学校的设置、方针、学制、课程以及人材〔才〕的培养与使用缺乏通盘的计划。

（四）师资缺乏，质量很低，多不能满足学生学习要求。

（五）教师待遇一般很低，影响工作情绪。

（六）小学课本已基本得到解决，中学课本只解决了一部分，课本的出版发行还不能及时解决问题。结果是，一般说起来，学生的文化程度还很低，远赶不上解放区经济文化建设的需要。

克服以上缺点，加强文化教育，提高教学效果，有计划的〔地〕、大量的〔地〕培养新知识分子和各种专业人材〔才〕，应成为今后教育建设的努力方向。

第五，在现有的工作基础上前进

抗日战争时期，我们执行“三三制”政策是正确的，有很大成绩的。新民主主义的政权是无产阶级领导的人民大众的广泛统一战线的政权。现在与抗战时期所不同者，就是消灭了封建。三年来，我们民主建设的最大成绩，就是消灭了，有些地方还在消灭着封建，使农民从封建束缚下彻底解放出来。在彻底消灭封建之后，进一步建设新民主主义政治，这里包括工人、农民、独立劳动者、自由职业者、知识分子、自由资产阶级以及从地主阶级分裂出来的开明士绅。因此，确定地权、颁发土地证，订定根据土地常年产量的比例负担制度，改善与减少战争勤务，确定在封建残余业已消灭之后，应在新的条件下，地主、富农在经济上与农民一律。几年来，我们的检查工作做的〔得〕不够平等。在政治上，非依法律判决褫夺公权者外，仍应赋予选举权与被选举权。契约自由，土地租赁买卖自由，借贷自由，在边缘区与游击区一律依法保障实行减租减息政策、合理负担政策，无论中心区与边缘区的〔地〕依法保障人民生命财产之安全不受非法侵犯。与上述任务同等重要的是，保护一切正常的工商业。公营企业在国民经济中，必须起领导的作用，并予私人企业以帮助。在新解放的城市中，一方面必须坚决消灭一切反动武装力量，解散一切反革命组织，逮捕一切持枪抵抗分子、真正的破坏分子和罪大恶极的罪魁，没收真正的官僚资本和真正的反革命罪魁的财产，以便建立人民的统治，而在另一方面，又必须严格规定逮捕和没收只能限于上述的范围，并只能由指定的组织来执行，又必须切实保护除此以外的一切公私财产、一切守法的民间工商业者（无论其经营的规模如何）、守法的文化、宗教团体和守［法］的外侨不受侵害，又必须尽量留用国民党经济、教育机关中的守法人员及其他可以留用的人员，以便安定社会秩序，避免过渡期间的混乱和脱节。总之，用极大的努力，团结各阶层革命人民的力量，恢复与发展农工商业，使我们的农工业在一两年内提高一步，并积极进行文化教育建设，大量培养各项建设人材〔才〕，告诉华北区四千四百万人民自己起来和自己的封建迷信、文盲、不卫生等旧习惯作斗争。用这一切建设工作，把我们支援战争工作，也从现有的基础之上，提高组织性、计划性，消灭华北区周围七十万敌人，解放一切城市与乡村，并在物力、财力、干部各方面积极支援兄弟解放区，解放全华北，迅速打败蒋介石，在现有的工作基础上前进。建设农村，建设城市，进一步加强支援前线工作，这就是我们今后的任务。

我的报告到此完结，请各位代表批评、指正、质询。

选自中央档案馆编：《共和国雏形——华北人民政府》，北京，西苑出版社，2000年版，第81～94页。原注：“根据中央档案馆档案刊印。”

四、民政法规

1. 晋察冀边区行政委员会关于优待抗属的指示

1939 年 2 月

（一）优待抗属是扩大部队巩固部队的必要条件

为了争取民族生存，坚持持久抗战，我们需要而且必须动员千千万万的中华男儿到部队中来。但是在民众的民族觉悟不够，国家的征兵制度未立的今日，可能参加部队的，最大多数都是穷人，而且大都是家族依以为生的壮丁。父母妻子有着冻馁之忧的劳苦大众，不论他的觉悟程度如何，安然无虑的〔地〕在前线上为民族而奋斗、为国家而牺牲，人情上是很少能够做到的，因此优待抗属，使前线上的战士不会有后顾之忧、家庭之累，是扩大部队、巩固部队的必要条件。

优待抗日军人家属，在我们这地区很早就提出来，而且很早就实行着。中央也早已颁布了优待抗属的条例，足见全国都已注意到这项工作的重要。可是我们的优抗工作，过去如何执行？现在如何执行？将来打算怎样执行？

（二）过去优待抗属的办法

在政府未成立之前，各地优待抗属的办法，几于全是动用公款公粮、分配上十分悬殊，大体是根据各地所有公款公粮的多寡，并无一定的原则。政府成立之后，优待抗属的单行条例颁布了，原则上虽然一致，实行上并未一致，除了精神的安慰名誉的奖励而外，实物的优待都是各县斟酌地方情形自定标准，自想办法。有的分季募粮募款，有的按村筹粮筹款，也有的部分动用公粮公款。方法既不一致，苦乐自然不均。

1. 因工作开展的程度而有差别的待遇。

工作开展的地方，民众抗日情绪高涨，关心抗日军人家属，无论募款募粮、筹款筹粮，都易为力。富的县份，可以充分满意〔足〕抗属的要求，穷的县份，也可相当满足抗属的要求。反之富的地方，或者做到相当满足抗属的要求，穷的地方，只有陷抗属于失望的绝境，这便影响到部队的扩大与巩固。

2. 因地方富力的程度而有差别的待遇。

人物富庶的地方，民众的担负能力较大，无论募粮募款、筹粮筹款，也易为力。民众条件好的，固然可以满足抗属的要求，民众条件差些，也能相当满足抗属的要求。反之民众条件好的只能相当满足抗属的要求，民众条件坏的，就根本没法满足抗属的要求了。这又影响到部队的扩大与巩固。

3. 因抗属数目的多少而有差别的待遇

抗属的多少，不在于地方的穷富，首先要看抗日工作开展的程高〔度〕，其次也与一县的人口有关，因此抗属多的地方，也许很穷，抗属少的地方，也许很富。地方富而抗属少，就在工作不开展的条件下，也不难实行优待，在工作开展的条件下，那就更加容易实行。反之地方穷而抗属多，问题就无法解决了。这更影响到部队的扩大与巩固。

（三）现在优待抗属的办法

由于以上三种原因而生的差别待遇，整个的抗日军人家属就有了苦乐不均之感，于是不能满足要求、不能维持生活的抗属，只有去找他们的儿子或者丈夫回去养家，政治上不坚定的战士，固然要动摇逃跑，政治上坚定的战士，也难免痛心而苦恼吧？我们为了扩大部队、巩固部队，这问题就要适当解决、好好处理的。这就有了优抗的统筹统支。

去年八九月间，我们决定征收救国公粮的时候，在公粮的用途项下，列入了优待抗属一条，指定优抗的部分是小米两万石，折收杂粮可有三万石或者三万多石的样子。这在全部公粮里的比例，按期成数说是八分之一，按必成数说是六分之一。

从收入方面讲：因为敌人的大规模的围攻与长期固守各个据点，民众的粮食，不但损失了很多，而且陷在敌区的地方，许多还不能征收。因此我们的期成数十六万石能不能必成，固是问题，我们的必成数十二万石能不能必成，也没有把握了。假如不能完成必成的数字，优抗这部分公粮，我们就没法按照原定计划支付了。

从支出方面讲：第一，因为敌人的大举围攻，我们这地区增加了大量的客军，需要大批粮食供给，而我们预定的公粮内，部队给养部分只有八万石。因为是第一次试办，只照了当时现有的部队的最低需要，一点多余的也没有。经客军这一消耗，部队给养这一部分公粮，八万石的数字，便不够了，必须从其他部分挹注，否则不能维持军食，便根本无法支持抗战。第二，我们预定的优待抗属那部分公粮，是不论抗属若干，只按抗日军人的数目，每人每年平均五斗小米计算的。现在考查各县实行优抗的结果，大都超过了我们规定的数字，统计起来一定是惊人的。

假定公粮的全部收入能够全成十二万石，政府也能够按照预定优抗的部分，照付两万石，仍旧解决不了全部优抗的问题。何况部队给养部分所需的公粮，八万石不够，还必须从别方面挹注呢？

因此今年所征收的救国公粮，不能解决今年优抗的全部问题。为了免除抗属的失望与地方应付的困难，我们决定先实行一季，以后要看征收的情形再定优待的办法。

（四）今后解决优待抗属的办法

以往和现在优待抗属的办法基本上我们都不同意。第一，因为部队不断的〔地〕扩大，抗属不断的〔地〕增加，战争愈来愈残酷，物力愈来愈艰难，无论地方各自办理也好，政府统筹统支也好，都不能满足广大抗属的要求，都会做到精疲力竭、焦头烂额，仍旧解决不了问题。第二，假定我们能够克服战争的困难、克服物力的困难，充分满足一切抗属的要求，结果只能养成抗属靠人吃饭的依赖性，不能养成抗属抗战建国的积极性。第三，以往的办法，最易走上平均主义的道路，事实上许多地方也看到平均主义的现象，可以不用实物优待的断然也以实物优待，必须以实物优待的便不能充分优待了。平均主义结果造成了不均。因此对于抗属的生活问题，应该斟酌情形，分别解决。

1. 生产能力强的，根本要他们参加生产去，不予实物优待。公营的或者社团经营的生产事业，尽先容纳抗属而且给以较高的酬佣，没收汉奸的土地工厂，或者代管逃跑地主的土地工厂，尽先分配给抗属经营耕种，必须收租的格外少收，不须收租的干脆不收。

2. 生产能力弱的，尽可能的〔地〕给他们以职业，或者在生产事业中作〔做〕管理，或者在消费组合中作〔做〕店员，或者扶助他们办家庭工业、营农家副业，或者在其他公共机关中，担任轻微的职业，使他们的生活问题，得到部分的解决，不足的部分然后由政府酌量优待。

3. 没有生产能力的，由政府按照以前的办法实行优待。

这样解决抗属的生活问题，有以下几种好处：

1. 减轻了政府的负担，可移一部优抗的人力物力，发展其他事业。

2. 消除了抗属的依赖性，可使他们在抗战中抗战后，都成了独立的生产者，或者半独立的生产者。

3. 打破了平均主义，可以充分优待必须以实物优待的抗属。

4. 增加了社会的生产，抗属不是小的数目，一点也不能生产的并不太多，把那些生产的半生产的劳动力利用起来。也很可观。

总结起来，今后优待抗属的办法，要从积极的生产事业上着手，尽量避免消极的解决方式，那么我们为了正确的〔地〕解决抗属生活问题，应该迅速完成下列各项必要的准备工作：

1. 积极开发生产事业，推行合作事业，完成民国二十八年度的经济方案，为广大的抗属多造职业和工作的机会。

2. 确实调查各县抗日军人的数字，按区造册报会备查。

3. 彻底调查抗属的生活状况、工作能力，以便在各种工作部门中适当安插。

4. 精确调查必需〔须〕以实物优待的抗属数字，及其必需〔须〕以实物优待的等差，报会审核，以便印发优待抗属粮票，用以领取公粮。

选自《晋察冀边区财政经济史资料选编》（四），天津，南开大学出版社，1984 年版，第 567～571 页。原注：“晋察冀边区行政委员会《指示信》第 2 集，1939 年 7 月。”

2. 晋察冀边区抗敌后援会组织简章

1939年4月公布

（一）定名：本会定名为晋察冀边区各界抗敌后援会。

（二）宗旨：

一、在政府领导下，团结与组织全边区不愿做亡国奴的群众参加抗战。

二、领导与推动全边区各界群众组织，执行抗战建国纲领，并齐一步调。

三、在抗战建国的过程中，适当的〔地〕谋得群众生活之改进，并加强群众教育，提高其政治文化水平。

四、帮助政府帮助群众、密切军政民的联系。

五、巩固扩大抗日民族统一战线。

（三）会员：

一、团体会员——凡同意本会宗旨及组织法，经本会执委会的决议，同时，经过该团体的民主通过后，得为本会团体会员。

二、个人会员——凡同意大会宗旨及组织法，执行本会一切决议案，经本会会员一人以上之介绍即得为本会会员，各团体之会员，不得做后援会之个人会员。

三、后援会不得干涉各团体组织之独立系统。

（四）组织：

一、组织原则——民主集中制。

二、组织系统——从边区到县；区村暂不建立。

三、组织法——

甲、边区：

1. 全边区代表大会为最高权力机关，大会闭幕时期执委会为最高权力机关（代表产生法另定之）。

2. 本会设委员二十五人到三十五人（由代表大会选举之），任期为一年，得连选连任。

3. 由执委中推选常委九人至十一人，候补常委六人。

4. 常委设正副主任各一人。

5. 常委会下设总务部、组织部、宣传部、武装动员部、募集慰劳部、生活改善部、调查部、公共卫生部，各部设部长一人，得聘干事若干［人］。

乙、县：

1. 全县代表大会为最高权力机关，大会闭幕期间，执委会为最高权力机关。

2. 由县代表大会推选执委十三人至二十五人。

3. 执委中互推常委七人至九人。

4. 常委会设正副主任一人，下设总务部、组织部、宣传部、调查部、武装动员部、生活改善部、公共卫生部，每部设部长一人，得聘干事若干人。

（五）会议：

一、边区

1. 代表大会：一年开会一次。

2. 执委会：四月开会一次。

3. 常委会：一月开会一次。

二、县

1. 代表大会：一年开会一次。

2. 执委会：三月开一次。

3. 常委会：一月开一次。

三、其他：

1. 晋东北牺盟中心区为本会组成部份〔分〕，晋东北则加强牺盟，不再建立后援会，牺盟中心区除受牺盟总会领导，并执行边区后援会总会的决议。

2. 必要时可召开临时会议。

（六）经费：

一、由政府津贴。

二、征收会费。

（二十八年四月公布）

选自《抗日根据地政策条例汇集——晋察冀之部》，第2辑，1942年版，第162～165页。

3. 晋察冀边区工人抗日救国会组织章程

1939年7月

第一条　定名　本会定名为晋察冀边区工人抗日救国总工会。

第二条　宗旨　本会在边区政府领导之下，以团结边区之矿产工人、手艺工人、雇农、店员、职员参加抗战，以加强抗战力量，拥护工人利益，提高工人政治文化水平，实行抗战建国纲领，争取民族和工人之解放为宗旨。

第三条　会员　本会以全边区各产业工会、各县工会、各地方性的工会为本会会员。

第四条　组织　本会以全边区所属各工会会员比较选举代表组织之。

（一）本会由代表大会选举十九人至二十一人组织本会执委会。

（二）本会执委会第一次会议推选五人至七人为本会常委会。

（三）本会由常委会推举主任一人、副主任一人，下设各部：（1）总务部。（2）组织部。（3）宣传教育部。（4）抗战动员部。（5）劳动保护部。（6）各部设部长一人，由常委会互推担任之。（7）各部工作繁忙时可设干事若干人。（8）本会依行政系统设各专区工会。（9）本会所选之各委员任期一年，但得连选连任。（10）本会以民主集中制为原则。

第五条　职权　（1）本会最高职权〔权力〕机关为全边区工人代表大会。（2）代表大会闭幕后最高权利〔力〕机关执委会。(3) 常务委员会处理本会一切问题。(4) 正副主任计划本会全盘工作，领导各部工作，主持一切会议，对外［行］交涉之权。(5) 各部职权：1. 总务部负责文书、会计、收发、总务事宜。2. 组织部负责组织、调查、统计分配。3. 宣传教育部负责宣传、教育、指导、编辑、文化、娱乐。4. 抗战动员部负责组织和发动工人参加抗战及一切抗战动员工作。5. 劳动保护部负责工人之经济合作、调解劳资双方的关系、介绍工人职业、提高生产率。6. 专区工会负责领导边区各县工作，并督促及帮助边区工作。

第六条　会议　(1) 本会代表大会每一年半召开一次，必要时由执委会或会员团体二分之一以上的提议得召开临时会议。(2) 本会执委会每半年召开一次，必要时由执委会三分之二以上提议得召开临时会议。(3) 本会常委会每半月一次，必要时由主任召开临时会议。

第七条　纪律　本会所属各会员团体得遵守本会章程执行本会决议案，如有违犯者得由本会执委会或常委会决议通过处分之。

第八条　经费　(1) 本会所属各工会得向本会交纳会费，每二月交一次，其数目相当于该工会每二月整个收入的百分之十至百分之三十。(2) 本会要求政府每月对本会之津贴。(3) 临时可向会员团体及其他个人捐助之。(4) 本会经费每二月得向本会所属工会公布一次。(5) 本会所属各工会随时可组织委员会审查本会经费支出账目。

第九条　附则　本章程经本会代表大会通过后发生效力，其修改之权属本会代表大会。

（二十八年七月公布）

选自《抗日根据地政策条例汇集——晋察冀之部》，第 2 辑，1942 年版，第 165～167 页。

4. 晋察冀边区青年抗日救国会组织章程

1940 年 4 月

第一章　总则

第一条　名称　本会定名晋察冀边区青年抗日救国会（下简称青救会）。

第二条　宗旨　以团结全边区抗日革命青年，参加抗战建国神圣事业，教育青年提高青年的政治文化水平，改善青年生活，提高青年地位，驱除日本帝国主义出中国，建立新民主主义共和国为宗旨。

第二章　会员

第三条　个人会员　凡年满十五岁以上二十三岁以下的一切青年，承认并遵守本会组织章程与执行本会一切决议者，不分宗教、信仰、党派、职业、阶级，经过登记，得为本会会员。各机关团体各种工作部门中干部，凡热心青年工作、承认本会章程，经各级常委会通过，得为各该级直属会员。

第四条　团体会员　凡各种抗日救国的青年团体，承认并遵守本会章程，执行本会一切决议，经过本会执委会通过，得为本会团体会员。

第五条　权利　凡本会会员均有下列权利：

一、选举权与被选举权；

二、参加会议，向本会建议权；

三、参加本会一切活动，享受本会所举办的事业的利益之权。

第六条　义务　凡本会会员均得守本会章程，执行本会决议，服从本会纪律，按期缴纳会费。

第三章　组织原则

第七条　本会组织原则为民主集中制。

一、本会之各级委员会均由选举产生；

二、本会之各种重要问题在未决议之前，凡是本会会员均可自由发表意见参加讨论，但经多数通过后，少数服从多数，个人服从团体，一致执行决议；

三、本会的下级组织必须服从上级的决议和指示；

四、下级有向上级批评监督和建议之权。

第四章　各级组织

第八条　组织系统（略）

第九条　边青救组织：

一、全边区代表大会为本会最高权力机关，在大会闭幕期间执委会为最高权力机关。

二、本会设执委二十九人至三十一人，由边青救代表大会选出，任期为一年，但连选得连任。

三、在执委中推选常委五人至七人，候补常委二人，处理本会经常工作。常委会设正副主任各一人，下设组织部、宣传部、生活改善部、武装部、儿童部，各部设部长一人，由常委会互推之，必要时得聘干事若干人。

第十条　专青救组织：

一、专青救代表大会为最高权力机关，大会闭幕期间执委会为最高权力机关。

二、设执委九人到十三人，由专青救代表大会选出，任期为一年，但连选得连任。

三、在执委中推选常委五至七人，处理专青救经常工作，常委会设主任一人，下设组织部、宣传部、生活改善部、武装部、儿童部，各部设部长一人，必要时得聘干事若干人。

第十一条　县青救组织：

一、县青救代表大会为县青救会最高权力机关，闭幕期间执委会为最高权力机关。

二、县青救设执委九人至十五人，由县青救代表大会选出，任期为一年，但得连连任。

第十二条　区青救组织：

一、区青救代表大会为区青救最高权力机关，大会闭幕期间执委会为最高权力机关。

二、区青救设执委七人至九人，由区青救代表大会选出，任期为一年，但得连选连任。

三、在执委中推选常委五人至七人，候补常委一人，任期为一年，处理本会经常工作。常委会设主任二人，下设组织、宣传、儿童、生活改善、武装各部，各部设部长一人，由常委互推之，必要时各部得聘干事若干人。

第十三条　村青救会组织：

一、村青救为本会基本组织。

二、村青救会员大会为村青救最高权力机关，大会闭幕期间，干事会成最高权力机关。

三、村青救会设干事五人至七人，任期为半年，由村青救会员大会选出，干事会设主任一人，下设宣传、组织、生活改善、武装儿童各干事。

四、村青救下根据自愿的原则，由会员五人至十人组织各种不同性质之小组，推选小组长一人，任期二月。

第五章　分工与职权

第十四条　主任之职权：总理计划整个工作，领导、督促、监查各部的工作及主持会议、负责对外等，正主任未在，副主任代理。

第十五条　各部之职权：

一、组织部　负责配备干部、训练干部、调查统计、征收会费等事宜。

二、宣传部　负责教育会员、干部学习、对外宣传出版发行等事宜。

三、生活改善部　解决青年切身问题，改善青年生活，动员青年积极参加生产互助合作及解决青年婚姻家庭、职业问题，提高青年在政治经济上的地位。

四、武装部　负责领导青抗先，动员青年参战、参军、体育活动。

五、儿童部　负责领导儿童团。

第六章　会议

第十六条　边区青救会

一、边区青救会代表大会每一年举行一次，但遇必要时经过二分之一的会员提议或执委二分之一的提议得召开临时代表大会。

二、边区青救会执委会每半年举行一次，遇必要时由执委二分之一的提议或由常委会决定召开临时执委会。

三、边区青救常委会每七天举行一次，但是必要时得召开临时常委会。

第十七条　专区青救会

一、专区青救会代表大会每年召开一次，遇必要时由会员二分之一的提议和由执委中二分之一的提议得召开临时代表大会。

二、专区青救会执委会每三个月召开一次，必要时由执委二分之一的提议和常委会决定得召开临时执委会。

三、专区青救会常委会每七天［召开］一次，遇必要时得召开临时常委会。

第十八条　县青救会：

一、县青救会代表大会每年召开一次，遇必要时经会员或执委二分之一的提议得召开临时代表大会。

二、县青救执委会每两个月召开一次，必要时经执委二分之一的提议或由常委决议得召开临时执委会。

三、县青救常委会每七天召开一次，必要时得召开临时常委会。

第十九条　区青救会：

一、区青救代表大会每一年召开一次，必要时会员或执委二分之一的提议临时代表大会。

二、区青救执委会每一月召开一次，必要时执委二分之一的提议或常委决定得召开临时执委会。

三、区青救常委会每七天召开一次，必要时召开临时常委会。

第二十条　村青救会：

一、村青救会员大会每月召开一次，必要时由会员二分之一的提议或由干事会决定得召开临时会员大会。

二、村青救干事会每十天召开一次，必要时召开临时干事会。

三、小组会每七天召开一次。

第七章　纪律

第二十一条　凡本会会员须遵守本会组织章程，遵守青年信条，服从上级领导并坚决执行与完成任务，如有违犯，则按实际情形予以劝告与批评警告开除。

第二十二条　凡本会会员有以下情形者得开除会籍，但须经过大会或执委会，通过经上级批准。

一、屡次违犯本会章程决议，经三次以上的劝告、警告不能改者。

二、吞得公款经考查证实者。

三、无故在三月以上不交会费（但有特殊情形经上级批准者例外）。

第二十三条　凡会员受开除不服从者得向上级控告。

第八章　经费

第二十四条　本会经费以自筹为原则，经费收入如下：

一、会员每月缴纳会费两大枚（如有特殊情形者经上级青救通过可免收及减收），各县每月给边青救缴纳会费二元以上。

二、抽征青救举办一切生产合作事业红利之一部。

三、会员自动捐助。

四、政府帮助。

第九章　附则

第二十五条　本组织章程如有未尽事宜，得由三分之一以上的会员建议由全边区代表大会修改之。

第二十六条　本组织章程自通过之日实行之。

第二十七条　本组织章程由边青救执委会负责解释之。

（二十九年四月制）

选自《抗日根据地政策条例汇集——晋察冀之部》，第2辑，1942年版，第177～185页。

5. 晋察冀边区农民抗日救国会修正组织章程

1940年7月边区农民救国会第三次代表大会修正通过

第一章　总则

第一条　本会定名为晋察冀边区农民抗日救国会。

第二条　本会在边区政府领导下，以团结全边区的农民，加强农民救亡运动之领导，广泛开展农民武装参加抗战，并努力发展农业经济，保护农民经济生活、政治生活、文化生活的利益，以争取民族的解放为宗旨。

第三条　本会加入全国性的农民抗日团体、其他联合性的抗日团体。

第二章　会员

第四条　凡是参加农业生产的农民承认本会章程、执行本会决议案者，不论民族、党派和信仰均得加入本会为会员。

第五条　下列几种人不许入会：

一、一切汉奸卖国贼托洛斯基派叛国份〔分〕子；

二、压迫农民与不参加农业生产者；

三、流氓地痞及不良嗜好者。

第六条　凡会员入会须到本会村委会登记。

第七条　凡会员有下列情形之一者，得开除其会籍，但须得经过村会员大会的通过及区委会的批准。

一、屡次违犯本会章程决议经三次以上的劝告与警告不能改者；

二、吞得公款经过审查确实者；

三、无故在三个月以上不交会费者（但有特殊情形经过区委会批准者例外）。凡会员受开除不服从者得向上级农会控告。

第八条　本会会员均有选举权被选举权，参加会议及向本会建议及享受本会所举办一切事业的利益之权，凡本会会员均有交纳会费遵守章程服从决议及参加各级组织内工作之义务。

第三章　组织原则

第九条　本会以民主集中制为原则，其原则如下：

一、本会各级委员会的委员及代表会的代表，均由选举产生，选举人有随时撤换自己代表之权；

二、本会的各种重要问题在未决议以前，凡是本会会员，均可自由发表意见，参加讨论经过多数的赞成，通过后少数须服从多数，一致执行决议；

三、本会的下级组织服从上级组织的决议和指示。

第四章　各级组织

第十条　本会基本组织为村农民抗日救国会委员会，由会员大会选举五人至七人组织之，内选一人为委员会之主任，并按会员多少分成小组（每小组不得超过九人）并选一人为组长。

第十一条　凡有五个村农会以上的区，即可成立本会该区的农救执行委员会，由全区代表大会选举七人至十一人组织之，并由执委会选举三人至五人组织常务委员会，内选一人为委员会主任。

第十二条　凡有二个区委员会以上的县，即可成立本会在该县的农救执行委员会，由县代表大会选举九人至十七人组织之，并由执委会选举五人至七人组织常务委员会，内选一人为委员会主任。

第十三条　凡不到二个区农救会的县可联合附近几个区来共同组织一个联合县农救会，但为了行政系统之配合，必要时可以成立县农会。

第十四条　按行政区成立本会各区委员会，由各区代表大会选举七人至十三人组织之，并由执委会推选三人至七人组织常务委员会，内选一人为主任。

第十五条　本会最高权力机关为本会全边区代表大会，代表大会闭幕期间，执行委员会即为本会最高权力机关，本会执行委员会由全边区代表大会选举二十一人至三十一人组织之，由执行委员会选举五人至七人组织常务委员会，互推主任一人（各区代表大会县代表大会必须通知上级派人参加，但一般的执行全边区代表大会决议可根据本会章程工作纲领决议按该区该县情形及工作的需要范围内有些变通余地）。

第十六条　必要时各级由常委中推副主任一人。

第十七条　本会各级委员会，均设候补委员，其人数须在正式委员四分之一以上，正式委员缺席时，即由该候补委员补之。

第十八条　本会区以上的各级委员会均设下列各部暨秘书处：

一、组织部；

二、宣传教育部；

三、生活改善部；

四、武装动员部；

五、秘书处设秘书一人，下设秘书、会计、印刷科、收发科，由常委会聘请之。

第十九条　本会全体代表大会，每年举行一次。各区代表大会一年一次，县的代表大会同样一年一次，区〔乡〕的代表大会每半年一次，村的会员大会一个月一次，均由各该委员会召集之。

第二十条　本会全体执行委员会四个月召开一次，各区执行委员会两个月召集一次，县执委会两个月召集一次，区执委会每月召集一次，村委员会半月召集一次，小组会议每十天召集一次，均由常务委员会召集之（村委员会小组会议除外，村委员会由主任召集之，小组会议由小组长召集之）。各级常务委员会及工作会议每星期召集一次，由主任召集之；本会的会员大会、代表大会、各级委员会如遇有特殊事故，均得召集临时会议和各种工作会议。

第二十一条　本会执行委员会与各区委员会、县委员会任期一年，区及村委员会任期半年，但得连选连任。

第五章　各级主任（副主任在内）及各级各部及秘书处之职权

第二十二条　各部之职权：

一、组织部——办理调查统计会员及各级农会组织情况、干部的调查与分配整理报告、巡视工作、开办训练班、征收会费等；

二、宣传教育部——办理对外宣传、对内教育、文化娱乐、报纸刊物、学校等；

三、生活改善部——办理改良生产技术、发展农业经济合作社及帮助政府实行优待抗属、合理负担减租减息、救济灾民失业难民等；

四、武装动员部——办理战时动员（人力物力财力）工作、扩大募捐慰劳、组织担架运输、开展农民武装及配合军队、帮助军队作战等；

五、秘书处——在常委会领导下办理文书、庶务、会计及一切不属各部的事宜等。

第二十三条　主任（副主任）之职权，计划全盘工作，领导各部工作及主持会议，对外交际等。

第六章　经费

第二十四条　本会的经费有下列的收入：

一、会员常月费，按照会员的生活情况每月征收二大枚以上（如贫苦者，经村农会的通过区、农会的批准，可免收或减收）；

二、会员自动捐助，为了开展工作会员可自动捐助经费（多少不限），但须经过县农会的同意；

三、政府帮助。

第二十五条　村农会主任或小组长负责征收之。

第二十六条　本会县农会经费须统一分配：

一、按区农救会情形分配之；

二、县农救会每月交边区农救会三元以上之会费；

三、村以不脱离生产为原则，酌发一些办公费。

第二十七条　本会基金由全体代表大会选保管委员会保管之，不经执行委员会会议通过不得动用基金。

第二十八条　各级委员会的账目，须按月向会员公布并报告上级。

第七章　附则

第二十九条　本会章程经全体代表大会通过后发生效力，只有全体代表大会有修正本章程之权；本章程的解释属于边区行政委员会。

（二十九年七月）

选自《抗日根据地政策条例汇集——晋察冀之部》，第 2 辑，1942 年版，第 171～177 页。

6. 晋察冀边区妇女抗日救国会组织章程

1940 年 7 月边区妇救会第四次代表大会通过

一、定名：本会定名为晋察冀边区妇女抗日救国会。

二、宗旨：本会以推动全边区妇运组织与团结全边区妇女参加抗战建国事业，争取最后胜利，促使新民主主义共和国之实现并谋妇女解放为宗旨。

三、会员：

（一）会员资格：凡年满十五岁以上的妇女，承认并遵守本会组织章程及执行本会一切决议者，不分种族、宗教、信仰、党派、职业、阶级得为本会会员。

（二）入会手续：经过会员一人的介绍，常委会通过后实行登记。

（三）权利：凡本会会员有下列权利：

1. 选举权与被选举权。

2. 参加本会，向本会建议权。

3. 参加本会一切活动，享受本会所举办事业利益之权。

（四）义务：凡本会会员均得守本会章程，执行本会决议，服从本会纪律，按期缴纳会费。

四、组织：本会以民主集中制为组织原则。

五、各级组织：

（一）边区妇救会：

1. 全边区代表大会为最高权利〔力〕机关，大会闭幕期间执委会为最高权利〔力〕机关。

2. 执委会由代表大会选举执委二十九人至三十五人、候补执委四人组织之，执行大会所付之一切事宜，任期一年，连选得连任之。

3. 常委会由执委会执委中推选常委五人至七人组织之，处理经常工作，任期一年，连选得连任之。

4. 常委会设正副主任各一人，下设生活改善、组织、宣传、武装、青妇五部，各设部长一人，由常委兼任，各部得以常务繁简聘请干事若干人，并设秘书处，由常委会聘任之。

（二）专区妇救会：

1. 全专区代表大会为最高权利〔力〕机关，大会闭幕期间执委会为最高权利〔力〕机关。

2. 执委会由代表大会选举执委九人至十五人、候补执委二人组织之，执行大会所付之一切事宜，任期一年，连选得连任之。

3. 常委会由执委中推选常委五人组织之，处理经常工作，任期一年，连选得连任之。

4. 常委会设正副主任各一人，下设生活改善、组织、宣传、武装、青妇五部，各部设部长一人，由常委兼任，各部得以事务之繁简聘请干事若干人，另设秘书处，由常委聘任之。

（三）县妇救会：

1. 全县代表大会为最高权力机关，大会闭幕期间执委会为最高权力机关。

2. 执委会由代表大会选举执委九人至十五、候补执委二人组织之。

3. 常委会由执委中推选常委三人至七人组织之，处理经常工作，任期一年，连选得连任之。

4. 常委会设正副主任各一人，下设生活改善、武装、青妇、组织、宣传等五部，各设部长一人，由常委兼任之，各部得以事务之繁简聘请干事若干人，另设秘书处，由常委会聘任之。

（四）区妇救会：

1. 全区代表大会为最高权利〔力〕机关，大会闭幕期间执委会为最高权力机关。

2. 执委会由代表大会选举七人至十九人、候补执委二人组织之，执行大会所付之一切事宜，任期一年，连选得连任之。

3. 常委会由执委中选举三人至七人组织之，并处理经常工作，任期一年，连选得连任之。

4. 常委会设正副主任各一人，下设组织、宣传、生活改善、武装、青妇五部，各设部长一人，以常委兼任之，可由工作之繁简由常委会聘任总务一人。

（五）村妇救会：

1. 全村会员大会为最高权力机关，大会闭幕期间执委会为最高权力机关。

2. 执委会由会员大会选举执委七人至十一人组织之，任期半年，连选得连任之。

3. 常委会由执委中推举常委五人至七人组织之，任期半年，连选得连任之。

4. 常委会设正副主任各一人，下设宣传、组织、武装、生活改善、青妇五部，各设部长一人，以常委兼任，由事务之繁简可由常委会聘请总务一人。

六、职权：

1. 主任计划并推动全盘工作，督促并检查各部工作，对外负联系交际之责，副主任帮助正主任办理一切事宜。

2. 组织部：（a）了解、培养、分配干部；（b）考查并统计各种工作；（c）征收会费；（d）健全组织生活。

3. 宣传部：（a）负责干部会员及妇女群众的教育；（b）有计划的〔地〕编印各种宣传材料及向外反映；（c）主持各种宣传会议、宣传队及训练班。

4. 武装部：计划、推动、研究、督促、检查妇女自卫队的工作。

5. 生活改善：（a）调查各地妇女生活；（b）解除妇女痛苦；（c）发动参加生产并介绍职业。

6. 青妇部：（a）教育青年妇女；（b）注意青妇的特殊问题，并助其解决；（c）开展青年妇女的学习运动并发扬其积极性；（d）加强青年妇女文化娱乐工作。

7. 秘书或总务事务员：（a）管理一切经济事宜并执行会计任务；（b）保管收发文件及不属于其他部门之杂物。

七、会议：

（一）边区妇救会：（1）代表大会一年召开一次，如有由三分之二提议得临时召开；（2）执委会每六月召开一次，必要时得临时召开；（3）常委会每七天召开一次，必要时开临时会。

（二）专区妇救会：（1）代表大会一年召开一次，如有三分之二会员提议得临时召开；（2）执委会每三月召开一次，常委会十天召开一次，必要时各得召开临时会。

（三）县妇救会：（1）代表大会每一年召开一次，如有三分之二以上会员提议得临时召开之；（2）执委会每三月召开一次，常委会每十天召开一次，必要时各得召开临时会。

（四）区妇救会：（1）代表大会每一年召开一次；（2）执委会一月召开一次；（3）常委会七天召开一次；必要时各得召开临时会。

（五）村妇救会：（1）会员大会每月召开一次；（2）执委会半月召开一次；（3）常委会五天召开一次；（4）小组会十天或半月召开一次；各会遇必要均得召开临时会。

八、组织系统表：（从略）

九、会费：会员每人每月至少纳会费一大枚，各县对各专区每月可纳会费五分之二，各专区对边区纳会费五分之二，如有特殊情形经上级批准可少交或免交。

十、经费来源：（1）会费；（2）请求政府补助。

十一、附则：（1）本简章如有不适当，得经晋察冀边区妇救会执委会修改之；（2）本简章经晋察冀边区妇救会代表大会通过后施行之。

一九四〇年七月边区第四次代表大会通过

选自《抗日根据地政策条例汇集——晋察冀之部》，第2辑，1942年版，第191～195页。

7. 晋察冀边区阵亡将士遗族抚恤办法

1940年9月

第一条　本边区阵亡将士遗族之抚恤依本办法办理之。

第二条　阵亡将士一人，其遗族除继续享受抗属优待外得依下列各条抚恤之：

一、班长、战士阵亡者，其遗族得领抚恤金一百元，每年二十元，五年领讫。

二、连排级干部阵亡者，其遗族得领抚恤金一百五十元，每年三十元，五年领讫。

三、团营级干部阵亡者，其遗族得领抚恤金二百元，每年四十元，五年领讫。

四、旅以上干部阵亡者，其遗族得领抚恤金二百五十元，每年五十元，五年领讫。

第三条　阵亡将士所在部军分区以上之政治部，应将该员姓名、籍贯、抗战经过填具通知书送本会换取抚恤证，转发其遗族按年持向本会所指定之县区政府，领取抚恤金。

第四条　抚恤证有遗失，须立向第三条所指之县区政府声明作废，并转请本会补发新证。

第五条　本办法公布之日所有前颁抚恤法令即行作废。

选自《晋察冀边区财政经济史资料选编》（四），天津，南开大学出版社，1984年版，第572页。

8. 晋察冀边区抚恤残废军人办法

1940年9月

第一条　本边区残废军人之抚恤概依本办法办理之。

第二条　残废军人得依残废情况分下列三等：

一、两目失明，两耳失听，两臂、两手、两腿、两足、一臂、一手、一腿、一足、脊骨或胸骨断折，全无工作能力者，均为一等残废；

二、一手、一臂、一足、一腿断折，半有工作能力者，均为二等残废。

三、一耳失听，一目失明，脊、颈、胸、股受伤，足趾手指不全，不能服务兵役，可任普通工作者，均为三等残废。

第三条　残废军人不退伍者，一等残废每年发给抚恤金三十元，二等残废每年发给抚恤金二十元，三等残废每年发给抚恤金十元，粮食、零用［费］、服装由所在部队供给。

第四条　残废军人之退伍者，除享受部队原有待遇外，一等残废每月增发零用费一元，二等残废每月增发零用费五角，另有工作所获一律归其自用。此项残废军人之服装一律改为民服，每年发给单衣一套、棉衣一套、棉被一床，或按当地市价折钱，粮食按照战斗部队之规定，发米或［按］当地市价折钱。

第五条　退伍之残废军人以归家休养自谋工作为原则，其有无家可归无工作者，得由本会另觅场所安置。

第六条　享受第三条抚恤之残废军人，须经其分区以上政治部填具通知书说明该员残废情形等级，送交本会换取残废证书，按年照领恤金，但为便于支付计得由部队统领统发。

第七条　享受第四条抚恤之残废军人，须经其分区以上政治部填具通知书说明该员残废情形等级及在部队中之零用费，送交专员公署换取残废证书，按月向本会所指定之县区政府领取。

第八条　残废军人每经三年由卫生部或分区以上政治部检验一次，得视其进步情形而变其原有等级。

第九条　本办法公布之日所有前颁抚恤办法即行作废。

选自《晋察冀边区财政经济史资料选编》（四），天津，南开大学出版社，1984年版，第573～574页。

9. 晋察冀边区优待抗日军人家属暂行办法

1940年12月

甲、总　　则

第一条　凡在边区之抗日军人家属，均得依照本办法之规定享受优待。

第二条　本办法所称抗日军人，以直接参加抗日之正规军、游击队及边区各级政府之警卫队，各县区脱离生产之游击队、基干游击队为限。所称抗日军人家属（以下简称抗属）以抗日军人之配偶，及其直系亲属为限。

第三条　抗日军人之属于军队系统者，须经其所在部队军分区或旅以上军事机关证明；属于政府系统者，须经其所在地县政府以上政府机关证明，其家属始得享受优待。参加边区以外部队之抗日军人，不能由其所在部队证明者，须经其所在村村代表会证明。

既经证明之抗属，当地县政府应给予优待证书，以凭享受优待。

第四条　优待抗属之事务，得由团体机关士绅组织县区村优抗委员会协助各级政府办理之。

乙、优待办法

第五条　抗属均得享受下列各款之优待：

一、公有土地、房屋、场所、器具、物品之分给、借用，租赁、售卖于私人者，抗属得优先承领、承借、承租、承买，但以自耕、自住、自用为限。

二、公营事业、公共机关之雇用、招收员工者，抗属得优先参加。

三、公费学校，抗属子弟得优先入学，自费学校之设公费生者，抗属子弟得优先取录。

四、公立卫生机关，抗属得免费治疗。

五、其他一切公益事业，抗属得优先享受。

以上各款之规定，不是普遍优待抗属者，尽先优待贫苦抗属。

第六条　有资产、无劳力之抗属，得有〔由〕所在地优抗委员会发动人力、畜力代为经营耕作。

第七条　无资产、无劳力，或尽其资产、劳力所获犹不足维持最低生活者，每一抗日军人，其家属得按下列规定予以一人份之补助：

一、抗属之收入，每人平均年在统一累进税免税点六分之一以下者，每月补助小米三十斤（市秤）。

二、抗属之收入，每人平均年在统一累进税免税点六分之三以下者，每月补助小米二十斤（市秤）。

三、抗属之收入，每人平均年在统一累进税免税点六分之五以下者，每月补助小米十斤（市秤）。

前项补助，如发其他实物应以小米为标准，按市价折合。

第八条　依前条第一、二、三款之规定，抗属所得补助与其年收入合计，不得超过免税点，超过者应减至免税点。

第九条　补助抗属之实物，依统一累进税办法暂由村款统筹，其已实行由县或区统筹之县份，应一律提至由县统筹。

第十条　抗日军人因作战阵亡，或受伤残废者，除照章抚恤外，其家属仍得继续享受优待。

丙、停止优待

第十一条　有下列情事之一者，停止抗属之优待：

一、抗日军人之脱离部队者。

二、抗属之褫夺公权，尚未复权者。

三、抗属转让优待证书于他人者。

丁、附　　则

第十二条　本办法自公布之日施行。所有本会前颁晋察冀边区优待出征抗敌军人家属办法实施细则作废。

选自《晋察冀边区财政经济史资料选编》（四），天津，南开大学出版社，1984年版，第576～577页。

10. 晋察冀边区关于政权工作人员保健问题的决定

1941年8月17日

一、保健问题的重要性

四年来，边区各级政权工作人员在艰苦的环境里坚持工作，为中华民族的解放事业英勇奋斗，创造了许多光辉的成绩，使边区日益巩固与扩大。但是由于环境的残酷，工作的繁重，我英勇的工作人员艰苦支撑，历尽艰险，致身心过度疲劳，积弱成病者时有所闻。这不只是工作人员个人本身的损失，对国家民族尤为不利。抗战是持久的，保持工作人员身体的健康，是坚持抗战的重要条件，因此有计划的〔地〕进行工作人员保健，保育抗战有生力量，在目前是非常迫切需要而且有重大意义的。

二、保健办法的规定

（一）保健卫生的必要设备：

边区环境艰苦，财力有限，工作人员健康的保证，应该从积极方面着重于体育卫生的讲求，各级政府机关应该很好的〔地〕注意这一工作，日常生活的清洁卫生和各种业余活动，都要根据当地具体情况详细的〔地〕拟出具体计划，切实进行。这里只提到两个问题：

甲、各级政权机关，可视当地具体情况置备各种运动器械，有计划的〔地〕进行各种体育活动，篮球、足球、排球等，开支费用较大者，县级以上政权机关每部门亦准设置一种，其数目则只限于一个，款由该机关经费内开支。

乙、县政府、专署、行署办事处规定设立医务所者，应即按照规定设立，未规定设立医务所者，准设置医生一人（西医困难的地方可用中医），零用费每月六元至十五元，依技术水准而定。所需医药由医药费内自行设法购置或制造，县政府、专署、行署、办事处所设医生或医务所，不特对各该机关工作人员负医疗责任，且须对同级政权机关人员负医疗责任，县政府医生并须对区级政权工作人员负同样责任。

（二）病员住食问题：

甲、凡疾病较重，不便和别人同处者，除尽可能送往医院疗养外，可另设休养室单独居住，室内要有必要的设备如暖火（冬季）、开水等，由医生负责诊治，必要时并专派勤务员看护。

乙、病员饮食可另做，病愈后仍不能照常饮食者，酌情继续予以优待。此项饮食上的优待，原则上除准按规定数量食用适于营养之粮种外，柴菜金每人每日发给二角，均列入经费内报销。

丙、上两项优待的开始和停止，均须遵照医生的决定。

（三）保健费的发给：

政权工作人员同时具备下列三条件者，准在一定期间，按月酌情发给三元至五元之保健费。

甲、在边区工作三年以上者。

乙、现任区长、科长以上之职务者。

丙、身体积劳过弱或工作过重者。

上述保健费数额，如不敷用，有增发必要时，得由保健委员会斟酌拟定数目，报请边委会核定。

此项保健费一律由各该员服务机关临时费内保抚费项下开支，无临时费者，县区机关由县政府、专区机关由专署之临时费内开支。

（四）给假休养：

政权工作人员因担任工作过重致积劳成疾或身体过弱，不能继续工作者，准给假休养，在休养期间，生活费照发，惟期限最多不得超过一年。

合于上项规定者，并得领取保健费。

三、保健机关的组织及办理保健事项的手续

（一）各县各专区冀中区冀北区及边区均须成立保健委员会，各县由县政府县议会公安局粮食局税卡，各专区由专署督察员粮食支局出入口税局，冀中区由行署公安局粮食分局等，冀北区由办事处公安分局粮食分局，边区由本会公安局粮食局贸易管理局工矿管理局农林牧殖局各推代表一人为委员，而以县政府、专署、行署、办事处及本会之代表为主任委员组织之，委员及主任委员均由各该推选机关就现任工作人员中推定兼任。

（二）保健委员会系行政组织之一部门，直属各该级行政首长领导，各级保健委员会不发生行政上的领导关系，但在工作上互相联系。

（三）保健委员会在各该级行政首长直接领导下处理下列事项：

甲、根据本决定及当地具体情况，拟定所属范围内的保健工作计划，并指导所属范围内全体工作人员共同执行。

乙、对所属范围内工作人员请领保健费及请假休养等事项负责进行初步审查。

丙、指导所属范围内的医务工作。

丁、其他有关所属范围内的保健事项之指导及推动。

（四）政权工作人员领取保健费或请假休养，均须先经医务所或医生证明并由保健委员会进行初步审查后再由核管县政府或专署负责列表（表式附后）报请本会行署或办事处批准，方准执行。

（五）各级政权机关接到这一决定后应先按本决定之规定成立保健委员会，并拟具详细工作计划报请本会行署或办事处批准然后执行，未经本会批准前，一律不准开支公款。

（六）各级政权机关于每月终应将这一工作进行情形报告本会行署或办事处一次，行署、办事处每隔三月须将所辖区域内这一工作进行情形，向本会汇报一次。

关于此项工作报请本会事项，须一律通过专署核转。

甲、医务所或医生进行检查及保健委员会进行初步审查时，须按照本规定确实负责严格办理，不得徇情偏私，倘发现有不确情形，经手之医务所医生及保健委员会应负完全责任。

乙、领取保健费者，应适当使用，确使发生保健作用，不应任意挥霍，如有违背情事，保健委员会应即报请本会（行署或办事处）停发其保健费。

丙、反对一切忽视保健工作的见解，要为争取每一工作人员的健康而斗争。

选自《晋察冀边区行政委员会现行法令汇集》，上册，边区行政委员会1945年编印，第135～139页。

11. 晋察冀边区政民工作人员抗战伤亡褒恤条例

1942年2月15日公布施行，
1943年4月10日修正

第一条　凡本边区现任脱离生产之政民工作人员（以下简称政民工作人员）在抗战期间因公伤亡者，概依本条例之规定褒恤之。

第二条　前条所称因公伤亡以合于下列各款情形之一者为限：

一、因与敌作战而致伤亡者。

二、因坚持工作遭敌杀害或被敌俘获守正不屈而致伤亡者。

三、其他因职守关系而致伤亡者。

凡外籍病故之脱离生产在职工作人员及家在本边区而病故于机关内部者，得由预备费项下开支七十斤米以下之棺葬费，凡在职干部需要休养者一律按保健办法办理。

第三条　凡因公受伤之政民工作人员得就近送公立医院免费治疗。不能送公立医院者，由县级以上之所在政府机关与团体视其伤势轻重，酌给小米三十斤以下之疗养费。

第四条　前条政民工作人员在医疗期间生活费均照常发给，但休养期间最多不得超过一年，超过者生活费应即停发。

第五条　政民工作人员因公受伤致成残废者，由县级以上之政府机关与团体，视其残废情形，按晋察冀边区荣誉军人抚恤办法第四条之条件评定为三等，依下列规定抚恤之：

一、家在边区能返家休养者，一等残废每年发给恤金米六〇〇斤，二等残废每年发给恤金米四〇〇斤，均以五年为限。

二、外籍或家在敌占区不能返家者，一、二等残废，按其在职之生活待遇供给之，并安置于适当地区休养。

三、三等残废，应尽量参加工作，除应给生活费外，月给抚恤费米二十斤，五年为限。

第六条　政民工作人员因公牺牲者，得发给米七十斤以下之棺葬费，并视其生前工作成绩牺牲情形及家境发给一百斤以上三百斤以下之遗族恤金。

前项遗族恤金之发给以有配偶或直系血亲与幼弱赖其教养之弟妹为限。

第七条　因公伤亡之政民工作人员其携带眷属无力返籍者，得按其返籍里程资助其路费之一部或全部。

第八条　因公伤亡之政民工作人员于伤亡前领有携眷津贴或家属补助费者，得继续请领，其死亡或因伤病残废而脱离工作者以继续请领五年为限。

第九条　因公伤亡之政民工作人员其事迹特别英烈足资楷模者，除依第三条至第八条之规定分别优恤外，并得酌量情形予以下列各款之奖励或褒扬：

一、传令嘉奖。

二、颁给褒状。

三、立传褒扬。

第十条　因公伤亡之政民工作人员其勋绩特著者，得由边委会特别优恤之，并得呈请中央予以褒恤。

第十一条　因公伤亡政民工作人员之褒恤，应由各该员所在机关团体填具工作人员伤亡报请褒恤表（表式附后），按组织系统依下列规定报请政府机关核辦。

一、在县级以下者报由县政府核办。

二、在专区者报由专署核办。

三、在边区级者报由边委会（或冀中行署、平北办事处、冀热边行署）核办。

四、合于第九条及第十条规定之情形者，一律报由边委会核办。

第十二条　因公伤亡之政民工作人员之休养期间生活费、残废抚恤金、棺葬费、遗族抚恤金、眷属返籍路费及死亡或因伤病残废脱离工作后之携眷津贴及家属补助费之发给与开支，依下列各款之规定：

一、在县级以下者由县府批准发给，由预备费项下开支。

二、在专区者由专署批准发给，由预备费项下开支。

三、在边区级者由边委会（或冀中行署、平北办事处、冀热边行署）批准发给，并拨款开支。棺葬费得由各该员所在机关团体按照规定数目先行发给，然后请领之。

第十三条　各县政府各专署应于三个月终了后，将三个月办理政民工作人员伤亡褒恤情形，连同各案原送报请褒恤表报请边委会（或冀中行署、平北办事处、冀热边行署）核准备案。

第十四条　本条例如有未尽事宜得由边委会随时修正之。

第十五条　本条例自公布之日施行，所有前颁有关政民工作人员伤亡褒恤之条例规定即予作废。

选自《晋察冀边区行政委员会现行法令汇集》，上册，边区行政委员会 1945 年编印，第 130～133 页。

12. 晋察冀边区抗战牺牲将士遗族抚恤办法

1942 年 6 月 1 日公布，
同年 7 月 1 日施行

第一条　本边区对于抗战牺牲将士遗族之抚恤，概依本办法办理之。

第二条　本办法所称抗战牺牲将士以直接参加抗日之正规军、游击队，及边区各级政府机关之警卫队，各县区脱离生产之游击队，有一定职务，名列军籍之军人因作战或其他职守关系而致光荣牺牲者为限，因忠于职守积劳病故者得以光荣牺牲论。

第三条　本办法所称抗战牺牲将士遗族谓抗战牺牲将士之配偶、直系血亲，及未成年之弟妹而与之营共同生活者为限。

前项称营共同生活谓彼此同居一家。

第四条　抗战牺牲将士之遗族除得于五年内继续依照优待抗日军人家属暂行办法之规定享受抗属优待外，应依下列各款规定抚恤之：

一、依抗战牺牲将士生前所任职务按下列规定发给恤金：

甲、班长战士米二百斤。

乙、排连级干部米三百斤。

丙、团营级干部米四百斤。

丁、旅级以上干部米六百斤。

以上恤金均一次发给之。

二、发给光荣证。

第五条　抗战牺牲将士遗族之抚恤应由以下规定之证明机关填具抗战牺牲将士证明书（书式附后）送请专署以上政府办理之。

抗战牺牲将士之证明机关应以合于下列之规定者为限：

一、抗战牺牲将士生前在军事系统服务者为该管军分区或旅以上政治部。

二、抗战牺牲将士生前在政权系统服务者为该管县级以上政权机关。

第六条　专署以上政府接到抗战牺牲将士证明书经审查无误后，应即填写牺牲将士遗族通知书（书式附后）与光荣证，一并发令各该将士遗族所在县县政府调查转发，并照第四条之规定发给恤金。

第七条　县政府接到抗战牺牲将士遗族通知书与光荣证后，经查明各该将士确有合于第三条规定之遗族者，应即转发各该遗族，并同时发给恤金。其无上述遗族者，应即检齐原书证并叙明情由送回原发书证机关转送边委会注销。

第八条　各县支付抗战牺牲将士遗族之恤金，县政府应按季造具预算书报请边委会核拨，支付后再按季造具计算书连同支付抗战牺牲将士遗族恤金报告表（表式附后），报请边委会核销。

第九条　抗战牺牲将士遗族领得光荣证后应加意保存，如有遗失或损毁，概不补发。

第十条　光荣证由边委会印制，分发冀中行署、冀北办事处及各专署存备填发。

专署填发光荣证后应于月终检同存根报请边委会备案。

第十一条　本办法规定应报边委会事项，在冀中区应报冀中行署，［在］冀北区应报冀北办事处。

第十二条　抗战牺牲将士遗族在本边区以外者，其抗战牺牲将士证明书，应送边委会汇报中央或各该遗族所在省区主管政府抚恤之。

第十三条　在本办法施行前业已起恤之抗战牺牲将士遗族，其恤金尚未颁讫者，其未颁之部应由该管县政府按原定恤金额与本办法第四条所定恤金额之比例增加，一次发给之，并将其抚恤证书收回送请专署转送边委会注销并换发光荣证，其恤金业已领讫者，一律不再抚恤。

第十四条　本办法如有不适宜处得随时由边委会修正之。

第十五条　本办法自本年七月一日施行。

注：荣军抚恤费自七月份起另有新规定，详见边委会宙养民社电，兹将原电附后。

一至六专署并转各县长佐：

为适当改善在家休养与自谋生活的荣军的生活，兹决定将受甲种恤金制抚恤的荣军的全年恤金改为一等残废二千元、二等一千四百元（均仍分两次发，每年各发一半），受一次抚恤的荣军恤金改为三等甲级残废一千元、乙级六百元，以上规定，均自七月一日施行，凡在六月底以前已领恤金者，一律不再增发，希即遵照。

选自《晋察冀边区行政委员会现行法令汇集》，上册，边区行政委员会1945年编印，第277～280页。

13. 晋察冀边区荣誉军人抚恤办法

1942年6月1日公布，
同年7月1日施行

第一条　凡现住本边区之荣誉军人概依本办法抚恤之。

第二条　本办法所称荣誉军人以直接参加抗日之正规军、游击队及本边区各级政府机关之警卫队，各县区脱离生产之游击队，有一定职务，名列军籍之军人因抗战光荣负伤致成残废者为限。

第三条　前条所称光荣负伤以合于下列情形之一者为限：

一、作战受伤。

二、执行战斗任务或因其他职守关系受伤。

三、失慎误伤。

前项受伤误伤均包括枪伤、炸伤、毒伤、跌伤、冻伤及其他一切伤害，因忠于职守、积劳过度，致受伤害者，得以光荣负伤论。

第四条　荣誉军人依其残废情形分为下列三等：

一、两目失明，两臂或两手、两腿或两足、一臂一手或一腿一足，或脊骨、胸骨断折，或因其他重大伤害，致全失劳作能力，且不能自己料理日常生活者均为一等。

二、一臂或一手、一腿或一足断折或因其他次重伤害致劳作能力大部丧失或全部丧失，尚能自己料理日常生活者均为二等。

三、两耳失聪、一目失明，或脊、颈、胸、股受伤，手指足趾断折，或因其他较轻伤害致官能残缺不全，但对劳作无大妨碍，仍能自谋生活者均为三等。

第五条　荣誉军人伤愈后，应先由卫生机关检定其残废等级，再由证明机关加以审查后，附具残废证明书（书式附发）函送专署以上政府请求抚恤。

前项所解卫生机关谓荣誉军人在医疗期间所住之公立医院。

荣誉军人之证明机关以合于下列之规定者为限：

一、原在军事系统服务者该管军分区或旅以上政治部。

二、原在政权系统服务者该管县级以上政府机关。

第六条　专署以上政府于荣誉军人依前条规定请求抚恤时，应先加以审查，再依下列规定办理之：

一、三等残废之荣誉军人除发荣誉证俾资纪念外，抚恤金甲级米四〇〇斤、乙级二〇〇斤，令其回家或自谋生活，其回家或到达所赴地点之路费，按其行路能力，估计实际需要发给之，但行程在一日以内者，不在此限。

二、一、二等残废之荣誉军人发给抚恤证书（以下简称证书）予以适当安置，俾凭证享受长期抚恤，其到达安置地点行程在一日以上者，并得比照前款之规定发给路费。

第七条　前条第二款所称适当安置，应视荣誉军人之情形依下列规定处理之：

一、籍隶本边区而家非敌占区者，遣其回家，由该管县政府办理抚恤。

二、散居地方自谋生活者，由其所在县县政府办理抚恤。

三、参加工作者，视其工作所在分别办理之：

甲、参加县内机关、团体、学校或公营企业工作者，由该管县政府办理抚恤。

乙、参加专区机关、团体、学校或公营企业工作者，由该管专署办理抚恤。

丙、参加边区机关国体学校或公营企业工作者由各该机关、团体、学校、企业办理抚恤。

四、不属于以上三种情形者，由荣誉军人自愿择在专区之专署或县之县政府办理抚恤。

办理抚恤之县政府、专署及其他机关、团体、学校、企业均称抚恤机关。

安置荣誉军人之机关已发路费者，应将其实发款额及起讫日期通知抚恤机关。

第八条　荣誉军人领得证书到达安置地点后，抚恤机关应视其情形依下列之规定抚恤之：

一、回家或自谋生活者，每年发给恤金一等残废小米六五〇斤，二等残废小米四五〇斤，均按季分四次于一、四、七、十四个月份发给之，每次发给三个月恤金。

二、参加工作者每年发给恤金，一等残废米五十斤，二等残废米三十五斤，三等二十斤，均按期两次发给，前半年恤金于六月份发给，后半年恤金于十二月份发给之。

三、不属于以上两种情形者，依下列规定发给生活费用：

甲，每日小米一斤四两，柴菜金一角二分，每月粮食、柴菜金均于月初一次发给。

乙、每月零用费（鞋袜费在内），一等残废六元，二等残废四点五元，均于每月底一次发给。

丙、冬季每月烤火费四角于各月月初发给之（一、二、六专区发四个月，其余各专区均发三个月）。

丁、每年单衣一身于三月份发给之。

戊、每二年棉衣一身于九月份发给之。

己、每五年棉被一条，第一次于其旧有棉被破烂或遗失时发给之，以后于每五年届满后发给之。

以上各种在一定期间应发给之生活费用，于享受抚恤前已由部队或政府发给者，在该一定期限内即不再发。

前项第一款抚恤办法称甲种恤金制，第二款抚恤办法称乙种恤金制，第三款抚恤办法称供给制。

第九条　按前条第一项各款规定应发之恤金与生活费用，概不预发，过期不领亦不补发，但确有不可抗原因者在过期后三个月内得申明实际情形，请求补发。

第十条　第八条各款规定之恤金、粮食、柴菜金、烤火费均应自各该荣誉军人到达安置地点之日发起，其不足整月整季或整期者应依比例计发之，零用费应自到达安置地点之日发起，但该月零用费在到达安置地点前业己〔已〕支领者不用发给。

第十一条　受长期抚恤之荣誉军人得因其情形变动就第八条规定之三种恤抚制中适当改换，但改制后，抚恤机关应即报请边委会备案。

第十二条　受长期抚恤之荣誉军人于改制抚恤时，按前制应领之恤金或生活费用等应自改制前一日截止清算，其因未到发给期间应领未领者，应即时发给，预发而有超领者，应令退还，不能退还者，应于改制抚恤后应领之恤金或生活用费内扣还之，改制抚恤后应领之恤金或生活费用等，应自改制之日发起。

第十三条　受长期抚恤之荣誉军人于安置一定地点确定抚恤机关后，因事实之需要须改换地点及抚恤机关者，得向抚恤机关请求转移，抚恤机关接受此项请求后，应负责审查，其确有转移必要者，应视情形依下列之规定办理之：

一、转移前后均为恤金制或转移后改为恤金制者，得先准其转移并备转移证明书通知其所到地点抚恤机关继续抚恤，再报边委会备案。

二、转移前后均为供给制或转移后改为供给制者，应先报请边委会核准并发给转移证明书后，再令其持书转移。

前项转移证明书应将该荣誉军人之恤金或生活费用在转移前支领情形详细注明。

第十四条　原受供给制抚恤之荣誉军人经核准转移地点后原抚恤机关应截至转移之前一日，将其粮食、柴菜金等结算抵补清楚，并比照第六条之规定发给路费。

前项路费款额及起讫日期应在转移证明书内注明。

第十五条　三等残废之荣誉军人不能回家又不能立刻自谋生活，经专署以上政府考查属实不能按第六条第一款之规定处理者，亦得发给抚恤证书，予以长期抚恤，但应尽量介绍工作按乙种恤金制予以抚恤，非在无工作可介绍时不得援用供给制。

三等残废荣誉军人按乙种恤金制抚恤者，每年恤金按二十元发给，按供给制抚恤者每月零用费按三元发给，其余均依各该抚恤制之规定。

第十六条　合于前条规定之三等残废荣誉军人对于专署以上政府或抚恤机关介绍之工作不得拒绝，即任工作后非经抚恤机关报请边委会核准，不得擅自离开。

第十七条　受供给制抚恤之三等残废荣誉军人变为能回家或能自谋生活者，抚恤机关应即报请专署以上政府改按第六条第一款之规定抚恤之。

受乙种恤金制抚恤之荣誉军人愿回家或自谋生活者，经其所在机关团体、学校或企业同意，并由抚恤机关转请边委会核准后亦得改按第六条第一款之规定抚恤之。

第十八条　受长期抚恤之三等残废荣誉军人依前条之规定改按第六条第一款之规定予

以抚恤者，其受长期抚恤期间应领之恤金或生活费用应比照第十二条之规定清算之。

前项情形各该荣誉军人原抚恤机关应将其长期抚恤截止日期报请边委会备案，并将其原持证书收回缴销。

第十九条　三等残废荣誉军人已按第六条第一款之规定办理抚恤者，不得再请求长期抚恤。

第二十条　受供给制抚恤之荣誉军人感染疾病时，抚恤机关应视情形代为延医或送入公立医院治疗，必要之医药费应在该抚恤机关按供给制抚恤之全体荣誉军人医药费项下（每人每月五角）统筹支付，其在公立医院住院期间，除服装、零用费照发外，其他生活费用均由公立医院供给之。受恤金制抚恤之荣誉军人及已按第六条第一款办理抚恤之三等残废荣誉军人感染疾病时，亦得凭证书或荣誉证入公立医院请求治疗。

第二十一条　受供给制抚恤之荣誉军人，所用假腿、拐杖等器物有修理补充之必要时，抚恤机关得发给修补费。

第二十二条　受供给制抚恤之荣誉军人因残废过重不能自己料理日常生活者，抚恤机关应发动其他荣誉军人帮助料理，其有特殊情形者并得于报请边委会核准后雇人或设专人照顾之。

第二十三条　受长期抚恤之荣誉军人亡故后，原抚恤机关应将其亡故停恤日期报请边委会备案，并将其证书收回缴销。

亡故之荣誉军人原受供给制抚恤者抚恤机关应代备棺木。

棺木费应在六十元范围内实支实报，原受甲种恤金制抚恤确极贫困、无力自备棺木者，亦得同样办理之。

第二十四条　受长期抚恤之荣誉军人犯严重错误者，抚恤机关得于报请边委会核准后停止其抚恤并将其证明书收回缴销。

第二十五条　受长期抚恤之荣誉军人每年由专署以上政府会同军分区以上司令部或政治部举行检查一次，按其残废情形之转变另定等级，其残废情形业已消灭者，并得停止其抚恤，将其证书收同缴销，另给纪念证俾资纪念，检查办法另定之。

第二十六条　荣誉军人之证书及荣誉证纪念证，均应加意保存，证书遗失或损毁者应将原证号数及遗失或损毁情形报请抚恤机关转请专署以上政府补发新证并转报边委会将原证注销并声明作废，荣誉证、纪念证遗失或损毁者概不补发。

第二十七条　荣誉军人的证书及荣誉证纪念证均由边委会印制，证书及荣誉证专署以上政府填发，各专署填发后应按月将存根连同原收到之残废证明书报请边委会备案，纪念证分由专署填发，填发后应即将存根连同收回之证书，报请边委会备案注销。

第二十八条　荣誉军人之抚恤费，各该支付机关应先造具预算书（书式附后）报请边委会核拨，支付后再造具计算书检同支付报告表（书式表均附后）（开支医药费修补费者并应检附单据）报请边委会核销，但棺木费得先照规定垫支，再检同单据报请补发。

合于第七条第一项第三款丙节之抚恤机关支付抚恤费得径向边委会请领转发，免造预计算及报告表。

第二十九条　各专区县按供给制抚恤之荣誉军人在二十五人以上者得设荣誉军人学校教养之，荣誉军人学校组织办法另定之。

第三十条　受享长期抚恤之荣誉军人籍非本边区而愿返籍休养者，得报请抚恤机关转请边委会核准函请其籍隶省区主管政府继续抚恤，并得比照第六条之规定发路费。

第三十一条　边区外之荣誉军人来边区，请求抚恤者，经检查合格后准按本办法之规定抚恤之，但以持有正式证明函件者为限。

第三十二条　服务于军事系统之荣誉军人一律视同参加工作者于发给证书后按乙种恤金制予以抚恤，其抚恤事宜由部队自行办理之。

第三十三条　本办法所称应报边委会事项在冀中区应报冀中行署，［在］冀北区应报冀北办事处。

第三十四条　本办法施行前业已起恤之荣誉军人一律于本年荣誉军人检查举行后改按本办法抚恤之。

第三十五条　已退伍之荣誉军人其家属一律不得再要求享受抗属优待。

第三十六条　本办法如有未尽事宜得由边委会修改之。

第三十七条　本办法自本年七月一日施行。

选自《晋察冀边区行政委员会现行法令汇集》，上册，边区行政委员会 1945 年编印，第 265～275 页。

互校版本：《晋察冀边区财政经济史资料选编》（四），天津，南开大学出版社，1984 年版，第 578～584 页。

14. 晋察冀边区劝戒〔诫〕办法

1942 年 10 月边区行政委员会颁布

当人民发生错误，但还没有发展成为犯罪之前，政府还要设法及时予以纠正。三十一年十月边委会颁布了《晋察冀边区劝戒〔诫〕办法》规定：凡是没一定职业，行为不检，或妨碍别人抗日工作及业务，或破坏善良风俗，阻挠公益事业，但还没有到犯罪程度的，由村、区、县诚恳和蔼地予以劝戒〔诫〕。实在劝不服，就把他的过失公布出来。改过了，再撤销。

这完全是教育人，叫人学好，并没有一点“罚”的意味，现已开始执行了。

选自《晋察冀边区行政委员会工作报告》，边区行政委员会 1943 年编印，第 110～111 页。

15. 晋察冀边区行政委员会关于组织区村通讯送报勤务的决定

1942 年 10 月 28 日

（一）为使区村间公文报纸之传达迅速起见，特决定在北岳区各县行政村统一建立通讯送报队，负责传送公文报纸，此项通讯送报列为正式抗战勤务之一种，称通讯送报勤务。

（二）通讯送报勤务以传送盖有区村政权机关或团体及部队长戳之公文和晋察冀日报子弟兵群众报为限，其他物品概不传送。

（三）通讯送报勤务依照下列规定组织之：

甲、以行政村为单位，凡年在十五岁至十七岁之男青年均编组为通讯送报队，设队长一人，直接受村公所（粮秣委员会之抗勤委员）领导。

乙、每一自然村组成通讯送报小组，设组长一人，在队长领导下，依次轮流，派服通讯送报勤务。

（四）通讯送报勤务以在行政村设站互相传送为原则，如行政村与自然村之间相距过远者，得按具体情形，酌量在某自然村增设通讯送报站，沿站传送。

（五）关于通讯送报站之设立、路线之划定，及传送时间，由区公所具体规定之，每日每条路线之传送次数以一次为原则，最多不得超过二次。

（六）本决定自民国三十二年一月一日起施行，各署县接到本决定后，须立即转送所属遵照执行。

选自《晋察冀边区行政委员会现行法令汇集》，下册，边区行政委员会 1945 年编印，第 556～557 页。

16. 晋察冀边区抗战勤务条例

1943 年 1 月 21 日晋察冀边区第一届参议会通过，
同年 2 月 4 日晋察冀边区行政委员会公布

第一条　为发动人民积极服务抗战，平衡人力物力负担，特制定本条例。

第二条　服抗战勤务，为人民之神圣义务，除法令别有规定者外，凡年在十五岁至五十五岁之男子、十八岁至五十五岁之妇女及人民有运输力之牲畜车辆，均须依照本条例服务。耕牛不服抗战勤务，但平原有以牛运输之习惯者应服勤务。

第三条　抗战勤务之种类及负担，规定如下：

一、运输担架勤务由十八岁至五十五岁之男子及牲畜车辆负担之。

二、军装缝纫勤务由十八岁至五十五岁之妇女负担。

三、送报通讯勤务由十五岁至十七岁之男子负担之。

第四条　服抗战勤务之人民及其牲畜车辆，依下列规定计算动力：

一、十五岁至十七岁之男子，五十一岁至五十五岁之男女均计半个动力。

二、十八岁至五十岁之男女均计一个动力。

三、驴马牛计一个半动力，骡计二个动力，单套车计四个动力，双套车计六个动力，三套车计七个动力，四套车计八个动力。骆驼船只之动力计算，由当地政府比例定之。

前项第三款牲畜动力之计算，包括人夫动力在内。车辆动力之计算包括人夫牲畜动力在内。牲畜车辆每头每辆人夫均以一人计。

第五条　每个动力，每月服抗战勤务以五个工为限。妇女服军鞋勤务每年以四双为限。

第六条　各项勤务，均以一百六十分，计一个工。

第七条　各种抗战勤务依下列规定计分：

一、运输担架勤务以每十里斤计一分，每副担架均以一百五十分计。

二、做军鞋一双，工计八百分，料计八百分，做鞋底一双，工计三百二十分。

三、做单军装一套，工计四百八分，棉军装一套，工计四百分，棉大衣一件，工计三百二十分，棉背心一件，工计一百六十分。

四、拆洗缝旧棉军装一套，工计四百分，棉大衣一件，工计三百二十分，棉背心一件，工计八十分，棉军帽一项，工计四十分。

五、送报通讯勤务每里计三分，往返里数均计。

前项第一款之里斤为里数与斤数相乘之积，里以三百六十步为准，斤以老秤十六两为准。

第八条　凡应服抗战勤务之人民及其牲畜车辆，均依居住地区，按十户至十二户编组，每组设正副组长各一人，在村公所领导下分配调度平衡本组勤务。

第九条　各种抗战勤务经村长许可后，得互相调换之。

第十条　村以上各种抗战勤务之平衡调度由区公所以上各级政府负责办理，调度办法另定之。

第十一条　凡合于下列各款规定之人员机关团体及其牲畜车辆均免服抗战勤务：

一、党政机关军队群众团体脱离生产之工作人员及其牲畜车辆。

二、公管事业之职工及其牲畜车辆。

三、各级学校脱离生产之教职员、高小以上学校与训练班之在校学生及勤杂人员。

四、专区以上合作社联合会之工作人员。

五、私营煤矿工人及放牛放羊工人。

六、肩挑小贩、艺匠等经年流动工作，居无定所者。

七、残废痼疾不能服务之男女。

八、因病不能服务之男女，及在生产前后各一个月之妇女。

九、在生病期间及生产前后各一个月之牲畜。

十、专以贩卖或繁殖为目的之牲畜。

第十二条　凡合乎下列各款规定之人员，均得依各该款之规定职务服抗战勤务。

一、区群众团体不脱离生产之干部，经县政府批准得减服勤务五分之二。

二、预备兵、后备兵减服勤务五分之一。

三、富力在免税点以下每周上课四小时以上，家中缺乏劳力之民校教员，经政府批准，得酌减或免服勤务。

四、游击小组组长得减服勤务五分之一。

第十三条　应服抗战勤务之人员及其牲畜，在担负参战工作期间以内，均得免服本条例规定之各项勤务。

前项参战工作系指扰袭敌人，单独或配合军队作战，破坏敌人交通，平毁封锁沟墙，及在战斗情况下运输担架等项而言。

第十四条　不脱离生产之区政权干部，及村政权与群众团体干部，一律服抗战勤务。但工作特殊繁忙者，得呈准县政府酌量减免之。

第十五条　动用抗战勤务之机关部队，运输物品及动用手续另定之。

第十六条　本条例施行细则另定之。

第十七条　本条例自公布之日施行。前颁晋察冀边区抗战勤务动员办法同时作废。

选自《晋察冀边区行政委员会现行法令汇集》，下册，边区行政委员会1945年编印，第541～544页。

17. 晋察冀边区抗战勤务条例施行细则

1943年2月4日公布

第一条　本细则依照晋察冀边区抗战勤务条例（以下简称抗勤条例）第十六条之规定制定之。

第二条　称"有运输力之牲畜车辆"系指能驮载物品而牲畜车主已正式使用之牲畜车辆而言。

第三条　有运输力之牲畜而无鞍具者，其牲畜亦须服抗战勤务（以下简称服勤务）。运输所用之鞍架等物由牲畜主自行设法。

第四条　服抗战勤务一律按动力折工计分，每个动力每月应服五个工，各项勤务均以一百六十分计一个工，动力折工计分办法如下：

（一）合于抗勤条例第四条第一款之规定者均计半个动力，折两个半工，每月应服勤务四百分。

（二）合于抗勤条例第四条第二款之规定者均计一个动力，折五个工，每月应服务八百分。

（三）每头牲畜动力之计算，包括一个人之动力在内；（赶牲畜的）每辆车动力之计算，包括一个人及牲畜之动力在内（赶车及拉车牲畜）。

例如某户家有应服勤务者五人、毛驴一头、单套骡车一辆，则全家动力计八个半，折四十二个半工，每月全家应服勤务六千八百分。（三个人各计一个动力，毛驴计一个半动力，内包有一个人之动力，单套车计四个动力，包有一个人及骡一头之动力。）

所谓车辆系指有牲畜之车辆而言，如只有车辆，而无牲畜者，即免服抗战勤务。

第五条　运输担架勤务均以里斤折分，里以三百六十步为准，斤以老秤十六两为准，里与斤相乘之积谓之里斤，每十里斤折算一分。为服抗战勤务而空手所行之路程每里得计一里斤（即一乘空手所行之里数）。运输担架里斤拆分办决〔法〕如下：

（一）以运输物品之斤数乘运输物品之里数加回头之里斤数（回头里数乘一斤得回头里斤数），再加由家到站往返之里斤数（往返里数乘一即往返里斤数），即为实服勤务之里斤数，再按每十里斤计一分折成分，即为实服勤务之总分数。担架一律以十百五十斤计，三人抬者以三除总分数即得每人所服勤务之分数。抬送棺材按担架勤务加倍计算。

（二）运输担架有回运者，同样记工，回头里斤数之计算应为回运物品斤数乘回运之里数。村站应切实之计分，以示奖励。

第六条　有牲畜车辆而无应服勤务年龄之人力者，其牲畜车辆亦须服勤务，每月应减免半个动力，服勤务时，依下列办法计分：

（一）家有老幼愿自己赶者听，其牲畜车辆，按减免之后动力折分。

（二）家无老幼或有而不愿自赶者，得由村公所派人代赶或兼赶，代赶或兼赶人增计一个工，折一百六十分。

第七条　关于交通站及村公所计工册簿及记工方法规定如下：

（一）各设计工分户账一本，站以村为单位，村以户为单位，首先分月将应服分数记入账簿付方，逐日服工折分记入账簿收方，月终后五日内总结公布清单做到户与户平衡、村与村平衡。

（二）密切站与村的联系，村派人到站服务，各个人实得分数，每次站必须通知村公所详注记工账。

（三）记工分数，以分为单位，小数一律四舍五入。

第八条　户为服勤务之单位，按抗勤条例第八条之规定编组，正组长负责管理全组之运输担架勤务，副组长负责管理全组之军鞋缝纫勤务。

第九条　各村军鞋缝纫勤务，由区公所直接领导，运输担架勤务由交通站指挥调度。

第十条　全边区各交通路线一律设立交通站，负责办理调度运输担架勤务，站与站互相之间，距离以十五里至三十里为准（在运粮时期内得按照运粮要求变更距离或超站运输），周围三十里以内各村之运输担架动力得按其具体情形分别划归各站指挥调度，二县毗连交通线上交通站之设置不得超过各该县边境之十五里。

第十一条　交通站依其勤务繁简分为甲、乙、丙三等，各站均设正副、站长各一人，甲等站正站长脱离生产，甲等站副站长及乙、丙站正副站长均不脱离生产，甲、乙、丙三等站均酌发办公费，具体数目及领销办法另行规定。

第十二条　交通站之设置与分等由县政府根据前条之规定拟定方案报经专员公署批准。

第十三条　交通站直接受区公所领导，在设有驮骡运输站之点线上得由专员公署临时委托驮骡运输队指挥之。

第十四条　运输担架勤务之调度依下列规定办理之：

（一）运输担架勤务按月总结上报，超过应服勤务分数五分之一以上者向里调度，不足应服勤务分数者向外调度。

（二）调度抗战勤务属于站范围内者，由站调度，属于区范围内者，由区公所调度，属于县范围内者，由县政府调度，县无法调度得由专署以驮骡队调剂之。

（三）担架勤务之调度往返以不超过一天路程为原则，运输勤务之调度往返以不超过两天路程为原则，但战时或突击运粮时不在此限。

第十五条　关于抗战勤务之服与免，除抗勤条例第十一、十二条规定者外，再作如下之补充规定：

（一）初小学生、民校教员合于服务条例者均服务（民校教员按抗勤条例第十二条第三款之规定办理），但在派工时须照顾其教学时间，适当调度。

（二）县级以下合作社之免服抗战勤务及调剂办法如下：

一、县合作联合社及其区分社或办事处之干部免服抗战勤务。

二、村合作社在派服抗战勤务时，应照顾其业务，不可一次派出人数过多、时间过久。

（三）公营商店所有人员及其驴骡车马，除经本会特准免服勤务者外须一律服勤务。

（四）私营及公私合营之煤矿，除工人外，所有经理与职员及其驴骡车马，均须服勤务。

（五）早出晚归之小手工业者及小商人（肩挑小贩）均服勤务，经常流动、有时在家有时在外者，由村公所按其在家日期比例派之。

（六）小手工业者如铁匠炉、马掌铺等均须服勤务，惟其事业之需要数人合作，缺一即陷于停顿者（如打铁匠至少二人，缺一不可）应在派工时注意调度。

（七）农业雇工在其所在地服勤务，但非代替其雇主，而系服其本身应服之勤务。在派服勤务时，并应照顾农事，注意调剂。

（八）经政府登记合格之医生免服勤务。

（九）残废军人能与一般民众同样从事劳作者（除集中受教养者外）应于所在地同样服勤务。

（十）游击区无人区人民到根据地者，由当地县政府视其居住久暂、生活情形，酌量免服勤务，或令其服勤务之一部或全部。

第十六条　动员抗战勤务限于下列各机关：

（一）军事机关：军区司令部，政治部，军分区司令，政治部，师旅团支队部及其政治部处。

（二）政权机关：边区行政委员会及其各直属机关，边委会行署及办事处，专员公署，及县政府或县佐公署。

（三）供给机关：军区、军分区、师旅团支队之供给部处，及联大、抗大之供给处。

（四）卫生机关：军区、军分区、师旅团支队部，联大边区行政委员会直辖之卫生医务机关。

（五）工业机关：军区工业部，供给部所属军需工业厂所，及军分区之修械所，专区之制造所，县之修械所。

（六）印刷机关：晋察冀日报社，军区政治部画报社，边区印刷局。

（七）其他经边区行政委员会批准特许之机关。

第十七条　动员运输勤务限于下列各项物品：

（一）军械弹药：枪炮子弹、炮弹、手榴弹、地雷、炸药等。

（二）军政粮秣：米麦、花料、马草及其他粮食等除卫生医务机关及军需工业厂所与负有紧急战斗任务之武装部队外，其他机关部队所在地三十里以内之粮食不能动员运输。

（三）服装材料：军鞋军装、棉花布匹、染料、纽扣、绳线等。

（四）通讯器材：电台电线、电话机、电杆、电池、磁头及其他器材等。

（五）工业器材：机器工具、锅、铁、铜、铅、硝磺火药、煤油、煤炭、木材、皮革及其他器材等。

（六）卫生器材：中西药品、药棉、绑带、医药器具等。

（七）印刷器材：铅印机、石印机、油印机、钱票纸、报纸、油墨及其他印刷器材等。

（八）其他经专署以上机关批准特许之物品。

（九）四十斤以下之物品非经动员对服务机关证明，联系特殊紧急用者决不零星运输。

第十八条　动员担架勤务限于运送伤病员，动员军鞋缝纫勤务限于作〔做〕军鞋军装，拆洗军装棉大衣、棉背心、棉军帽，捺〔纳〕鞋底。

第十九条　合于边区行政委员会规定之机关动员抗战勤务应依下列手续办理之：

（一）动员运输勤务须持有抗战勤务动员证附具该机关之介绍信，到交通站（或驮骡运输站）接洽，其物品超过交通站运输力量时须向区以上政府接洽办理。

（二）抗战勤务动员证由边区行政委员会统一制发，各机关依其需要领用。

动员运输边区行政委员会规定以外之物品，须自〔有〕边区行政委员会所发之特种抗战勤务动员证始得动员运输。

（三）动员担架勤务不论到交通站到村公所接洽，不论有无动员证或介绍信，只要证明团体部队机关之伤病员，准予动员，随时运送，该交通站或村公所不得借口人力不足故意延缓。

（四）动员作〔做〕军鞋勤务每年由边区行政委员会一次分配办理，其他不得再有所动员。

（五）动员缝军装、捺〔纳〕鞋底及其他拆洗勤务由军区军分区供给部与所在地专署接洽，统一分配办理。

第二十条　通讯送报勤务之组织领导动员手续……依据本会三十一年十二月二十八日①所领《关于组织区村通讯送报勤务的决定》办理。

第二十一条　本细则有未尽事宜得由边区行政委员会随时修正补充之。

第二十二条　本细则与晋察冀边区抗战勤务条例同日施行。

附：××县××区××村运输力统计表（略）

××县××区×村交通站所辖各村运输力统计表（略）

选自《晋察冀边区行政委员会现行法令汇集》，下册，边区行政委员会 1945 年编印，第 545～553 页。

18. 晋察冀边区北岳区民兵伤亡抚恤办法

1943 年 2 月 27 日边委会民社字第六号令颁

第一条　凡本边区北岳区民兵因参战负伤或致残废或牺牲者，概依本办法之规定抚

① 据《晋察冀边区行政委员会现行法令汇集》（下）第 556 页注明，本决定的公布日期应是 1942 年 10 月 28 日。

恤之。

第二条　本办法所称民兵系指不脱离生产之青年抗日先锋队、模范自卫队、游击小组之队员与干部及预备兵而言。

第三条　本办法所称参战以合于下列各款情形之一者为限：

一、单独或配合部队对敌人进行战斗或扰乱。

二、单独或配合部队破坏敌人交通、设备、封锁沟墙及堡垒或其他工事。

三、通过敌人封锁线帮助部队或政府机关担架运输。

四、捕捉敌探汉奸。

第四条　民兵因参战负伤者，应由县政府或配合战斗之部队，就近送入公立医院免费治疗，不能送入公立医院治疗者应由县政府视其伤势轻重与家境情形，酌给十五斤米以下之疗养费。

第五条　民兵因参战负伤致成残废者，应由县政府按其残废等级依下列规定发给一次恤金：

一、一等残废米三〇〇斤。

二、二等残废米二〇〇斤。

三、三等残废米一〇〇斤。

前项残废等级应由县政府派员检验，依照本会颁布之荣誉军人抚恤办法第四条之规定评定之。

第六条　民兵因参战牺牲者，应由县政府发给小米五十斤以下之棺葬费，并按其家境情形酌发米一五〇斤之遗族恤金，但遗族恤金之发给，以有配偶或直系血亲或曾对其负责抚育或须赖其扶养之其他同居亲属者为限。

第七条　民兵合于本办法之规定，应受抚恤者，除因配合部队作战负伤者得径由其配合战斗之部队送入公立医院治疗外，其余应由该管村公所填具民兵请恤表（表式附后）送县政府核办。

第八条　县政府接到前条民兵请恤表经审查核准，分别依照第四条至第六条之规定办理后，应于月终造具民兵抚恤情形统计表（表式列后）检同请恤表汇报专署备案核销，并转报边委会备查。

第九条　本办法自公布之日施行。

选自《晋察冀边区行政委员会现行法令汇集》，上册，边区行政委员会 1945 年编印，第 261～263 页。

19. 晋察冀边区村行政干部奖惩办法

1943 年 9 月 13 日公布

第一条　为发扬村级行政干部克己奉公、忠于职守、艰苦奋斗、坚定牺牲的精神，提高行政纪律，增进工作效能，特制定本办法。

第二条　凡本边区行政村村级行政干部（以下简称村干部）均按照本办法奖惩之。

本办法所称村级行政干部，包括村长副、村公所各委员、治安员、中队长、指导员均在内。

第三条　村政干部具有下列条件之一者，均依本办法奖励之：

一、无论平时战时，能忠于职守、积极工作、彻底完成任务，经县确定该村为各村之模范者。

二、能贯彻政府政令，坚持各种会议值日制度，为群众排难解纷，团结全村，为群众所拥护者。

三、反扫荡反蚕食斗争中能坚持工作，掩护群众安全转移，抢救公私物资、保存人力物力，打击或捕获敌伪者。

四、能领导群众积极参加生产、优抗、救灾、选举、民校、调解或办理统累税公平确实，交纳迅速，确有成绩，经县确定为他村之模范者。

五、在游击区能团结全村，不贪污浪费，使人民负担特轻者。

第四条　村政干部之奖励办法如下：

一、在集会上提出表扬。

二、传令嘉奖。

三、发给奖状。

四、给予二十元以上二百元以下之奖金。

给予奖励之种类视受奖人之成绩及共需要决定之，必要时可同时给予二种以上之奖励。

第五条　村政干部有下列情事之一者，均依本办法惩戒之：

一、平时对工作消极敷衍，不负责任，战时动摇、逃跑，放弃职守者。

二、不听取群众意见独断专行、对群众强迫命令，致为群众反对者。

三、故意曲解政府法令，逃避负担，游惰不事生产，或言行不检，致有不良影响者。

四、自私自利，生活腐化，浪费公款公粮，或有其他品行不端者。

第六条　村政干部之惩戒办法如下：

一、批评。

二、警告。

三、记过。

四、撤职。

五、撤职查办。

给予惩戒之种类，视受惩戒人所犯错误之程度，及其发展情形决定之，犯法者则依法治罪。

第七条　村政干部之奖惩，其权属于县级以上之政府，但第四条第一款之奖励与第六条第一、二两款之惩戒，区公所亦得执行之。

第八条　县政府区公所对村政干部应经常注意考查，认为有奖惩必要者，得随时经县或区务会议通过奖惩之。村公民或村民代表认为村政干部有奖惩必要时亦得指陈事实与奖惩意见，提请村民代表会议决定，由村民代表会给以适当的奖勉或批评并可报区公所处理，或转报县政府处理之。

第九条　受惩戒之村政干部，认为惩戒不当时，得详陈理由向执行惩戒机关，或其上级机关提示声辩，村民代表会认为区公所或县级以上政府给予本村村政干部之奖惩有不当时，亦得指陈事实向执行奖惩机关或其上级机关请求更正之。接到前项声辩请求之机关，应就陈述理由与事实详加考查，根据考查结果，将奖惩重加审核，决定为适当之更正，或维持原案，并通知声辩人或村民代表会。

第十条　本办法自公布之日施行。

选自《晋察冀边区行政委员会现行法令汇集》，上册，边区行政委员会1945年编印，第122～125页。

20. 晋察冀边区行政委员会关于如何执行村行政干部奖惩办法的指示

1943年9月13日

一、自抗战以来我边区村级行政干部为抗战工作，日夜辛勤，始终不懈，因公废私，艰苦奋斗，举凡一切抗战动员、政令贯彻、抗日民主根据地之建设与保卫，我村级行政干部都有着不可磨灭的功绩，数年来，我成千成万的村干部，在敌寇毒打、惨杀、奴役、诱降、种种阴谋与暴行面前，表现了不屈不挠的崇高气节，这是我中华［民］族的光荣，而足为我人民之模范。但也有个别的行为不正，违法失职，假公济私，贪污腐化，作威作福，压迫人民，在战时擅离职守、逃跑动摇，甚至在敌寇威胁欺骗之下，变节投降，危害抗战，造成不可宽宥之罪恶行为。为了发扬村干部克己奉公、忠于职守、艰苦奋斗、坚定牺牲的精神，提高行政纪律，增进工作效能，本会特制定村行政干部奖惩办法公布施行。

二、这一办法的基本精神，在于发扬村干部的优点，克服其缺点，而无论奖励或惩戒，目的都在于教育。几年来我们对村干部的培养与教育，在领导上提高其能力，有很多缺点，对干部创作能力及模范事绩〔迹〕，缺少虚心研究与必要的发扬，而对村干部的某些缺点，常常强调扩大，很少检查自己领导上的缺点及从积极方面加以帮助与教育，因此这一办法的认真执行，与平时对村干部的领导教育是分不开的，与有计划的〔地〕培养提拔村干部也是分不开的。县区级政府必须检查过去对这一工作的执行，改进对村干部的领导教育。

三、执行这一办法中应注意的几个问题：

1. 这一办法中规定的奖惩条件与办法，不尽周到与具体，在为了教育村干部的总目的下，县政府得根据办法中的奖惩办法，依实际情况，变通处理。

2. 奖惩要分别功过大小、情节轻重、地区环境，与工作基础、战时或平时等之不同，作适当的处理，同时还应照顾到村干部所负责任轻重、出身成份〔分〕、历史发展，及地区工作发展情形，与干部一般偏向，作不同的处理，不要一般化，切忌滥予奖惩，对受奖惩者，必须详加考察、慎重处理，受奖惩者不应过多，切实防止流弊发生，在受奖惩的人数过多的县区，专署与县政府，应认真的〔地〕去检查，是否奖惩太滥，与有无流弊发生。

3. 县政府区公所依照办法对村干部实行奖惩时，应先经过县、区务会议的讨论，县级必要时可由县长决定，除比较重要显著者，可随时个别奖惩外，一般的可在半年一年或一个中心工作，如整理组织、村选、统累税等，或一个大的斗争运动，如反扫荡、反蚕食、反自首等结束后，从自下而上总结检查中，评定应奖应惩，每次奖惩应由民政部门负责人事先将受奖惩村干部应行奖惩的理由、办法，准备意见，提在会议上讨论决定。

4. 区级实行奖惩，随时报告县政府，县级于每次实行全面性的奖惩后，须将该期间（至少半年一次）受奖惩的村干部姓名、职别、奖惩原因，及所受奖惩依附表报专署及本会各一份。奖励应行开支奖金，一律自预备费项下开支，开支数目，应填入表内，至于执行中发生的问题、经验教训，应随时列入部门工作月报内，特别是在进行比较全面奖惩月份的月报中，应详细总结经验，教育意义重大，需要由专署或本会通令奖惩者，应随时呈报。

四、这一办法应向区级干部深入传达，在传达中应贯彻高干会议关于改进领导掌握干部的精神，使区干部认识这一办法的重要意义，及主要目的，改进区级对村干部的领导与教育。在村干部中除传达此办法外，应进行普遍的教育，以提高其工作情绪，并应随时注意村干部中的一切偏向及发生的问题。

选自《晋察冀边区行政委员会现行法令汇集》，上册，边区行政委员会 1945 年编印，第 126～128 页。

21. 晋察冀边区优待抗日军人家属办法①

1943 年 9 月 17 日公布

第一条　凡住在本边区的抗日军人家属（以下简称抗属）都可按照本办法享受优待。

第二条　本办法所称抗日军人以下列人员中脱离生产者为限：

一、抗日军队（正规军或游击队）的官兵及军事勤务工业部门取得军籍的员工。

二、本边区各级政府机关警卫队的人员。

三、专区以上武装部的工作人员。

第三条　本办法所称抗属，以与抗日军人同居一家过活的下列亲属为限。

一、配偶（妻或丈夫）

二、直系亲属（父母、祖父母、子女等）

三、抚养抗日军人长大的其他亲属（如抗日军人自幼受其抚养的兄嫂姑舅或伯叔父母等）

四、须赖抗日军人扶养才能生活的其他亲属（如抗日军人之幼小的弟妹或老弱残废无

① 原注：社字第五号曾通知一、二等荣军及在荣校之荣军均照抗属优待。

所依靠的兄嫂伯叔父母等)

前项三、四两款所称之亲属须经村民代表会通过报区公所核准后始得享受优待。

第四条　抗属得享受下列各项优待:

一、公有土地、房屋、场所、器物，在分给、出租、出借或卖给人民时抗属有领取、租用、借用或购买的优先权，但以自耕、自住、有用为限。

二、公营事业（如商店工厂等）公立机关雇用员工时，抗属有受雇用的优先权。

三、公费学校或设有公费生之学校，抗属子弟入学有享受公费待遇的优先权。

四、抗属有疾病时，可请求公立医疗机关免费治疗。

五、其他一切公益事业，抗属均享有优先权。

前项各款优待如不能普遍优待抗属时，要尽先优待贫苦抗属。

第五条　抗属之缺乏劳动力，又无力雇人耕种土地者，经村民代表会通过得请求村公所动员人力畜力助耕，但助耕不能超出下列范围:

一、代耕的土地以能使抗属生活达到相当于当地群众一般生活水平（民国三十四年三月五日民字第六号令修正）所需要的土地为限。

二、助耕的劳力以补足因抗日军人离家抗战所失的劳力为限。

第六条　抗属富力在统一累进税免税点以下者，按其比免税点所低富力及不能自养之人口，给予实物补助，其比免税点所低富力每差●〇五富力[①]，每人每半年补助小米二斤，比免税点所低富力或其尾数不足●〇五富力者，以●〇五富力计。抗属富力在免税点以下，但实际生活比较宽裕者，经村民代表会通过可以减少或免予补助。按第一项规定受补助后仍不能维持最低生活或抗属富力虽在免税点以上而实际不能维持最低生活者，经村民代表会通过报经区公所批准后，得给予特别补助。

第七条　没有进行统一累进税调查的地区，抗属收入不能维持最低生活者，按其全年收入比维持全年最低生活必需费用所差数额及不能自养之人口，给予实物补助，其所差数额每短一个月每人每半年补助小米六斤。

按前项规定受补助的抗属须经村代表会通过且其人数不得超过全村抗属总人数的二分之一。

第八条　第六条、第七条所称不能自养之人口，以下列的人口为限:

一、妇女。

二、十七岁以下、五十六岁以上的男子。

三、十八岁以上、五十五岁以下因残废病弱经村民代表会通过认为不能自养的男子。

凡不合于前项规定之人口，一律以能自养论不予补助。

第九条　第六条、第七条所定实物补助，每年分两次发给，第一次在旧历十二月分〔份〕发给，第二次在旧历五月分〔份〕发给。巩固区仍按当地当时粮食市价折钱发给，游击区一般发粮，但不便发粮者，亦得按当地当时粮价折钱发给。

第十条　补助抗属所需实物，一律由边区统筹按统一累进税分数与统累税合并分配。

第十一条　抗属持有抗日军人所在部队隶属之军分区或旅以上军事机关或县级以上政

---

① 原文如此。

府机关的证明书，始得享受优待。不能由其所在部队机关证明者须经其原籍村村民代表会证明（附式样）。

第十二条　第三、五、六、七、十一各条所称经村民代表会通过之事项，如村民代表会因环境限制不能行使职权时，得由村公所为之。

第十三条　抗属之因受敌伪迫害而出走避居他乡者，其所寄居之县，应视同本县抗属照章予以优待。

第十四条　抗日军人因抗战牺牲或病故者，其家属仍得继续享受优待，不再作年限之限制。至过去已满五年而停止优待之抗属亦应自修正之日起继续优待（民国三十四年三月五日民字第六号令修正），但抗日军人脱离部队失去军籍者，应即停止优待其家属。

第十五条　抗属有下列情事之一者，应即停止其个人或共全家之优待：

一、因犯罪被褫夺公权者（停止犯罪者个人所应享受的优待）。

二、把优待权利让给别人者（停止其全家所应享受的优待），抗属让给别人的优待权利，应作无效。

第十六条　本办法自公布之日施行。本会前颁晋察冀边区优待抗日军人家属暂行办法即行作废。

选自《晋察冀边区行政委员会现行法令汇集》，上册，边区行政委员会 1945 年编印，第 283～287 页。

22. 晋察冀边区行政干部任免考核奖惩暂行办法

1943 年 10 月①

第一章　总则

第一条　为了增进工作效率，提高行政纪律，加强干部的责任心与发挥其积极性，特制定本办法。

第二条　凡是本边区区公所以上各级行政干部的任免、考核、奖惩，都按着本办法办理。

村级行政干部的奖惩办法另外规定。

各级行政机关的技术人员考核奖惩办法另外规定。

第二章　等级

第三条　下列行政干部为第一级：

一、边区行政委员会（以下简称本会）委员、秘书长及各处正副处长。

二、高等法院院长。

三、本会直属公安、工商、农林各局正副局长及边区银行经理、副经理。

四、本会行署正副主任、秘书长及本会办事处正副主任。

---

① 原件未注明制作年月，从其内容推断为 1943 年 10 月，与下一文件（10 月 31 日的指示）相配套。

五、行政督察专员。

第四条　下列行政干部为第二级：

一、县长、县佐。

二、本会及本会直属各局、行署办事处助秘书主任、秘书、科长、督学。

三、高等法院及其法庭、分院的推事、科长、书记官长。

四、行政督察专员公署（以下简称专署）秘书主任、秘书、科长及专区各局正副局长、银行办事处主任、印刷局局长。

前列各项秘书、科长得由任免机关按照他的工作能力、业务熟习情形及成绩优劣分为甲、乙、丙等。

第五条　下列行政干部为第三级：

一、区长。

二、县政府及县佐公署的秘书、科长、部长、督学及其直属各局正副局长。

三、县司法处的审判官、高等法院及其法庭、分院的书记官

四、本会、本会行署、办事处、专署及其所属各局的甲等科员。

第六条　下列行政干部为第四级：

一、区公所的秘书、助理员、治安员、武装大队长、教导员。

二、本会、本会行署、办事处、专署、县政府、县佐公署，及所属各局的乙等科员、甲等办事员。

三、县司法处的书记官。

四、高等法院及其法庭、分院、县司法处的管狱员、看守所长。

第七条　下列行政干部为第五级：

一、区公所干事、事务员。

二、本会、本会行署、办事处、专署、县政府、县佐公署的乙等办事员。

第八条　凡第三至第七各条未列入之行政干部，其等级之区分，由各该任免机关按照其工作能力、业务熟习情形与成绩之优劣予以评定，列入第三至第七条所列各等级。

第三章　任免

第九条　下列行政干部由本会直接任免之：

一、在本会任职的全体干部，但在本会组织条例另有规定者不在此限。

二、高等法院及其法庭分院的推事、书记官长、科长。

三、本会直属各局正副局长、秘书、科长及相当于秘书科长的干部。

四、本会之行署、办事处的正副主任、行署秘书长、办事处秘书主任。

五、专员及专署的秘书主任、秘书、科长及相当于秘书科长的干部。

六、县长、县佐及县政府县佐公署的秘书、科长及相当于秘书科长的干部。

本会行署自秘书主任以下，及其辖区内自县长县佐以下、办事处科长以下的干部，由行署、办事处任免之。

县长、县佐之经县议会选举者，由县议会函本会发给委任状，经县议会罢免者，由县议会函本会备案。

第十条　高等法院及其法庭分院与县司法处的书记官、管狱员、看守所长，由高等法

院任免之。

第十一条　本会直属各局科员以下的干部由各局任免之。

第十二条　专署科员以下，及县政府、县佐公署科员或相当于科员之干部与区长，均由专署任免之，但专署、县政府、县佐公署科员以下之公安部门干部，均由公安局任免之。

第十三条　县政府、县佐公署办事员以下干部，及区助理员、事务员、治安员、大队长、教导员，均由县政府或县佐公署任免之。

第十四条　县以上各级人民武装干部，由本会委托军区、军分区司令部任免之。

第十五条　第一、二、三级干部的任用，由任免机关发给委任状，第四、五级干部的任用，由任免机关发给通知书，但在特殊情形下不便发给委任状或通知书时，任免机关得授权下级政府或干部任职所在机关（以下简称所在机关）以便函或口头通知代替之。

第十六条　干部任免调动之权，属于任免机关，干部所在机关对所属干部的任免调动如有意见，应申述理由，报请任免机关核办，不得越权处理，但在紧急情况或交通阻隔情况下，得先行处理，再报请任免机关核办。

第十七条　新任或调任干部到达所在机关后，应填写登记表两份，分交所在机关与任免机关存查，干部调动时，原在机关应将登记表交本人带交或寄交其新到机关。

第十八条　干部姓名经上级登记备案后，不得随意更改，其因工作需要必须更改者，应呈请任免机关核准。

第四章　考核

第十九条　干部之考核，由其所在机关为之，如干部之所在机关不是其任免机关，应将考核结果报告任免机关查核。

第二十条　干部之考核分下列三种：

一、平时考核：于平时行之。

二、定期考核：每年举行一次，于整理组织期间行之。

三、临时考核：于干部调动离职时行之。

以上三种考核得因实际情形合并行之。

第二十一条　考核内容包括下列各项：

一、政治文化之进步程度，政治情绪及坚定性。

二、工作能力之强弱，完成任务之成绩，执行法令之程度，工作之责任心、积极性与纪律性，在人民或机关中之威信。

三、学习之勤惰，业务之纯熟与精通。

四、生活表现，民主作风，个人道德之优劣。

第二十二条　平时考核由任免机关、与所在机关首长或主管部门负责人就干部平时之表现考核之。

第二十三条　定期考核与临时考核应先由干部所在的工作单位，用会议方式进行检讨，填写考核表，再由所在机关首长或主管部门负责人参照平时考核成绩，填注意见。但在特殊情形下，干部考核表可由所在机关首长或主管部门负责人根据平时之考核填写之。

前项考核会议应令被考核之干部出席参加，会议考核意见，该干部如不同意时，应将该干部之意见一并填入考核表内。

第二十四条　平时考核之结果，即由各该考核机关登记存查。定期考核之结果，考核机关应加以整理总结，按级上报。临时考核之考核表，应交该被调动干部带交或寄交其任免机关或新到机关存查。

第五章　奖惩

第二十五条　干部的奖惩，于每年定期考核时依考核成绩之优劣定之，但有临时发生应行奖惩之事项者，得临时决定之。

第二十六条　奖励之种类如下：

一、精神奖励：

甲等奖，发给奖章或奖状，将其成绩通告全边区。

乙等奖，传令嘉奖，将其成绩通告所属奖惩机关辖区或其所辖各机关。

二、物质奖励：

甲等奖，一百元以上二百元以下的奖金。

乙等奖，二十元以上一百元以下的奖金。

精神奖励与物质奖励得同时并用之。

第二十七条　惩戒分下列五种：

一、撤职查办。

二、撤职。

三、记过。

四、警告。

五、批评。

第二十八条　具有下列条件之一者，得给予甲等奖：

一、能正确组织各种政策法令之彻底实现，并坚持制度，遵守纪律，足资楷模者。

二、关心人民疾苦，能团结全民坚持对敌斗争，领导生产，在人民中有高度威信者。

三、于残酷之战时环境中坚持工作，完成重大任务，领导群众予敌人以重大打击者。

四、对业务深入研究学习，努力而有重大之创造或贡献者。

第二十九条　具有下列条件两条以上者，得给予乙等奖：

一、一般能执行政策法令、坚持制度者。

二、尊重人民民主权利，爱护边区人力、财力、物力者。

三、服从领导，执行决议者。

四、对上下级均有良好关系，为群众所爱戴者。

五、战时能坚持工作者。

第三十条　具有下列条件一条以上情节严重，致工作受到重大损失与不良影响者以撤职或撤职查办之处分：

一、丧失民族气节，泄露我方军事政治秘密者。

二、擅离职守者。

三、不依法定程序处人死刑者。

四、不经上级批准擅自增加人民负担者。

五、贪污或浪费公款达二千元以上者。

六、犯其他重大之过失者。

第三十一条　具有下列各条之一，致工作受到损失者，视其情节轻重酌予批评、警告记过或撤职之处分：

一、战时不能坚持工作，放弃职责，贻误工作者。

二、遗失机密文件者。

三、不坚持制度，不执行上级决定，对工作敷衍者。

四、浪费边区人力、财力、物力者。

五、遗失公款公物者。

六、生活腐化，行为不检者。

七、滥用职权，加害于人，或徇私舞弊者。

八、擅自代表机关发表有关政治影响之谈话者。

九、犯其他较重之过失者。

第三十二条　惩戒之期限与撤销：

一、撤职与撤职查办无期限之规定。

二、记过之期限为半年。

三、警告之期限为三个月。

前项各款受惩戒期限，自受惩戒宣告之日起算。

四、受惩戒之干部经所在机关考查，受惩戒期间能改正错误者，届期撤销其惩戒。

第三十三条　惩戒期间，不能改正错误者，得由所在机关报由任免机关延长其惩戒期限。延期届满，仍不改过者，得酌情从重。惩戒期间不改前非，而又连犯严重错误之干部，得加重其惩戒。

第三十四条　干部在受惩戒期间不得升用。

第三十五条　干部奖惩之决定权属于其任免机关，由所在机关之上级任免之干部，其所在机关认为有奖惩之必要时，得拟具意见，报请其任免机关核定之。在特殊情况下不能事先报请时，并得先予奖惩，再行补报。由下级任免之干部，上级认为有奖惩之必要时，得令由其任免机关执行之。

依前项规定，所在机关在特殊情况下，对上级任免之干部所为之奖惩，其任免机关认为不当时，得指示纠正之。

不由本会直接任免之干部，其成绩特著，须通告全边区者，经任免机关决定后，应报由本会通告之。

第三十六条　干部奖惩因考查欠详，致失当时，俟真象〔相〕查明，得改变或撤销其奖惩。

第三十七条　干部所受之惩戒，应由所在机关通知其本人，本人如对所受之惩戒处分不服时，得向任免机关提出申辩，任免机关对于此种申辩，应即详加审查。

如处分失当，应即改变或撤销之，在未经改变或撤销以前，该干部仍须服从原处分。

第三十八条　各级干部的奖惩情形，每年应由奖惩机关，于定期考核后加以总结，列入考核总结内，逐级上报查核。

第六章　附则

第三十九条　本办法自令发到区之日施行，如有未尽事宜，得由本会随时修改之。

选自《晋察冀边区行政委员会现行法令汇集》，上册，边区行政委员会1945年编印，第102～113页。

23. 晋察冀边区行政委员会关于执行政权干部任免考核奖惩办法的指示

1943年10月31日

一、六年以来，在边区政权建设中，涌现与培养了大批为国为民具有无限忠诚的优秀政权干部，他们在各个不同的工作岗位土，刻苦奉公，积极工作，在对敌斗争中坚定顽强，英勇牺牲。这种艰苦奋斗的精神，正是我们新民主主义政权干部的特质，这与旧政权人员为少数统治者服务，压迫人民，有根本的区别。然而我们各级政权干部及在干部工作中，是还存在许多缺点的，最主要的是：

甲、各级政府对干部的掌握与干部工作的重视上很差，没有建立系统的干部工作与制度，形成自流倾向。干部流动性很大，无论在对干部的了解、提拔、教育、爱护等各方面，均存在很多弱点。

乙、政纪不严，赏罚欠明，干部对业务粗枝大叶，自由主义还相当严重的〔地〕存在着，该奖励表扬的未能及时奖励，该惩罚的未能及时处分，甚至个别干部违法失职、逍遥法外，以致影响工作作风的疲塌〔沓〕、松懈，减低行政效率。

为了进一步发扬干部几年来艰苦奋斗的精神，克服缺点，各级政府切实掌握干部，建立系统的干部工作，特根据七月高干会议的决定，制定干部任免、考核、奖惩办法，希即具体讨论执行。

二、对这一办法，要在各级干部中详细传达讨论，了解其精神。各级主要干部更要与整个干部政策的检讨总结联系起来进行，民政部门应以此为业务学习重要材料之一。如何执行这个办法，在执行中如何创造与总结经验，各级首长应指导民政部门具体计划之。

三、干部管理，统一由民政部门负责，管理的范围，包括教育训练、计划与编审教材、统一登记、任免、考核、奖惩，及干部之保健、伤亡、褒恤、家属补助、妇女干部及其幼儿保育等项。各种不同工作之干部，其有关业务之训练、教材之编辑、成绩之考核，在民政部门统一计划下，由各该主管部门负责，进行情形，应及时通知民政部门。民政部门对各部门干部有调动调整之权，但应征求该干部之主管部门意见，遇有争执，由各该级行政首长决定之。

干部之管理，是一件很负责很复杂细致的工作，各级民政部门须有专人负责，并保持其稳定性，不要轻易调动其工作。

四、在执行这个办法中，应依下列各点具体进行：

甲、县以上各级政府，应根据这一办法与自己地区实际情况所能做到的条件，拟定切合实际的计划，定期的〔地〕自上而下逐级的〔地〕去进行登记、分级，然后逐步建立调动、任免、考核、奖惩等制度。登记与分级在一至六专区大体上应于明年一月完成，在登记分级中，需要奖惩之干部，亦应一并执行。冀中各专区，及平北办事处，应由本会任免、考核、奖惩之干部，本会暂掌握第二级以上之干部，三级以下干部可由冀中各专署及平北办事处根据实际情形决定，由专署办事处或县政府分别掌握之。冀热边行署各级行政干部均由行署掌握，但二级以上干部情形，及各级干部配备与干部工作概况，应报本会备案。

专区及县工商干部，除局长、副局长由本会任免外，专区之相当于科员以上的工商干部，由边区工商管理局任免掌握之。县区之相当于科员以上的工商干部，由专区工商管理局掌握之。

干部分级及任免制度建立以后，干部之调动，各级政府及其所属部门必须切实依照办法执行。

乙、干部之分级分等，一般的应由任免机关之管理干部的部门拟具意见，提交署县局务会议上讨论决定之，不能举行会议时，可由该任免机关之首长决定之。

各级交通部门干部分级分等，可依该员工作能力、业务、成绩、工作、历史等条件由任免机关评定之。

干部之奖惩，一般的应由干部所在机关之署县局务会议上决定，提请任免机关批准，不能举行会议时，由该机关首长决定之，对干部之奖惩务须慎重，切忌滥用奖惩。

丙、建立以下各种干部表册及表报等制度：

1. 干部登记表，依办法第十七条之规定用之。

2. 干部考核表，于每年定期考核或临时考核时用之。

此表不上报，存于干部之任职机关，于调动工作时，连同登记表一并由该干部携带至任免机关，或新任职机关，但任免机关于需要时，可以抽调此种考核表。

3. 干部奖惩报告表，于向上级呈请批准及汇报时用之。

4. 县以上各级民政部门，须备有干部登记底册，随时登记妥为保存。

以上各种表册式样附发，各级政府可照样印制，在游击区对于本办法中及指示中所规定之各种表报制度，无法执行者，可以从略，或由各级自行制定简便办法。

丁、对干部之了解、教育、帮助等，各该主管部门与机关首长及其直属上级机关，要负主要责任，不得一切推到任免机关，而自己卸却或减轻责任。同时在执行这一办法与指示中，必须与检查和总结干部政策改进领导密切结合起来。执行与总结情形，一至六专署应于明年一月底报会。其他各地区应尽可能报会，时间不限定。

五、因物价不断上涨，干部之待遇应适当变更，具体规定另行通知。

选自《晋察冀边区行政委员会现行法令汇集》，上册，边区行政委员会 1945 年编印，第 114～117 页。

24. 晋察冀边区行政委员会关于抗战勤务办法的决定

1944 年 2 月 27 日

我们的抗战勤务工作几年来有很伟大的建树，但在某些运输繁忙的点线上，浪费人力畜力的现象仍相当严重，去年经参议会通过本会公布的《晋察冀边区抗战勤务条例》，在人力负担上是更加合理了。但由于计算方法过于复杂，广大群众一时不易了解，以致大部地区尚未彻底执行，为根除劳力浪费，保证大生产运动的蓬勃开展，确有根据原条例基本精神，将计算办法加以简化的必要，为此本会特作如下决定：

（一）抗战勤务的计算单位定名为“工”不足一个工的以分、厘计，不足一厘工的四舍五入。

民每［人］二月①应服抗战勤务的工数（以全年十二月平均计算，不是单按某一个月说）如下：

一、十五岁到十七岁的男子，五十一岁到五十五岁的男子女子，各服两个工。

二、十八岁到五十岁的男子女子各服四个工。

（三）② 牲畜车辆每月应服抗战勤务的工数（以全年十二月平均计算，不是单按某一月说）如下：

一、驴马各服六个工，骡子服十个工。

二、单套车服十八个工，双套车服二十六个工，三套车服三十个工，四套车服三十四个工。

三、骆驼船只应服工数，由当地县政府按载重此例定之。个别地区，牛有驮用习惯的，与驴马同。

前项牲畜车辆之工数包括人夫在内，即赶牲畜车辆之人夫不另服工，每头牲畜每辆车人夫均以一人计。

（四）下列两项工作得按抗战勤务顶工：

一、代耕：凡缺乏劳力之贫苦抗属，得由村公所按每户所需代耕土地之多寡指定一定人畜分户包耕，按本地一般经营情况估定顶工数向抗勤委员及交通站报工，但代耕以不超过维持抗属最低生活及该抗属因其子弟参军所减少之劳动力为限，贫困而无劳力的脱离生产政民干部家属报经县政府批准后，亦可准代耕。

二、坚壁公粮公物（包括挖坚壁洞）及翻晒公粮一日顶工一个，其故意怠工者，按其实做工作折计。

（五）运输担架勤务按里斤算工：

一、运输物品重量一斤，走一里路，算一个里斤，二千里斤算一个工（例如人背五十斤走四十里，合二千里斤，顶一个工，驴驮一百斤走四十里，合四千里斤，顶二个工，车载六百斤行四十里，合两万四千里斤，顶十二个工）。

二、人力抬送伤病员，每付〔副〕担架按平路二百斤算，过于崎岖难走的山路，按二百四十斤算，牲口驮送伤病员，每个伤病员按一百斤算，棺木按四百斤算。

三、养牲畜之户无法定服勤务之人或者有人不愿意赶牲口，愿照规定另服勤务以不在服勤务年龄内之人背赶牲畜或求人代赶牲畜者，空行按背四十斤计工。

四、赶牲畜之人背东西，以里斤算工，代人赶牲畜者背东西，则以所背斤数加四十

---

① 原文如此，疑有误，应是“每人每月”。

② 原文缺（二）项。

斤，按里算工。

五、担架运输的回脚，负重载重的按里斤算工，空行的不算。

六、服务人畜所在村离站五里以内的，由家到站、由站到家的空行路程不算工，不论人畜五里以外多走一里，服务一次加工一里，不得已之放空也照此算工。

（六）缝纫拆洗勤务，按件计工：

一、纳鞋底一双算一个半工，个别地区军鞋须由人民代做的，做鞋一双顶四个工，鞋料由军队发布或发价。

二、做单军装一套算两个半工（上衣一个半，下衣一个），棉军装一套算两个工（上衣一个二分工，下衣八分工），棉大衣一件算一个半工，棉背心一件算八分工。

三、拆洗旧棉军装一套算两个工（上衣一个二分工，下衣八分工），棉大衣一件算一个半工，棉背心一件算八分工，棉军帽五顶算一个工。

（七）牲畜生产前后四个月内（前后各二月）免服勤务。

（八）通讯送报勤务，按里计工，每行三里算一分工，往返均计，其愿轮流派服不计工者听。此项勤务由十五岁至十七岁之男子担负，若因在此年限之人数太少，致其勤务超过十八岁至五十岁之男子者，可增派五十一至五十五之男子共同担负，但不得派十八岁至五十岁之男子担负此项勤务。

（九）本决定没有规定的，都按晋察冀边区抗战勤务条例的规定办理。

选自《晋察冀边区行政委员会现行法令汇集》，下册，边区行政委员会 1945 年编印，第 558～561 页。

25. 晋察冀边区行政委员会关于修正干部保健工作之通知

1944 年 7 月 11 日

各专员、县长、县佐：

关于干部保健工作兹作如下之修正：

一、凡政民脱离生产之县级以上干部（政权三级以上干部），合于原保健规定之条件者，得受保健待遇，区级干部（政权四级以下干部）参加抗日工作三年以上，因长期患病，身体衰弱，不能支持工作者，报请县级以上机关审查批准后，亦得给予保健待遇。

二、保健费一律改按实物计算，每月给小米八斤、六斤、四斤、二斤四等，同时又分长期、定期（三月、半年、九个月、一年）、临时（一次发给）保健三种，根据干部工作历史长短、职务简繁、功绩大小，及身体衰弱情形，应享受何种待遇，由批准机关审查定之。

三、政民干部保健由各该系统直接负责审查批准，一、二、三、四、五、十一专区之政权干部保健费，仍统由专署掌握核发，本会前发社字第三号通知以上各专区政权干部保健费每月之最高额数不变，希即严格审查依照新决定执行，如在规定额数不足用时，由各该级机关生产中酌情补助之。

团体干部需要由政府补助之保健费，专区以下由各专区抗联负责掌握提出预算，由专署在不超过团体公粮开支千分之五数字内，统一拨给之，边区级团体干部保健费由边委会拨发。

四、专署县政府之保健委员会均取消，干部保健工作统一由干部部门管理，关于应受保健干部名单，及保健数额之审查批准，由专员、县长负责。

五、各专署、县每半年总结经验，并统计保健人数粮款，汇报本会一次。

六、本规定自三十三年七月份起实行，已领之部不再追补。冀中区与冀热辽、平北，在保健费不超过本规定数额下，可参考执行。

特此通知。

晋察冀边区行政委员会

选自《晋察冀边区行政委员会现行法令汇集》，上册，边区行政委员会1945年编印，第143～144页。

26. 晋察冀边区行政委员会关于优待妇女干部及其幼儿之决定

1945年4月15日

本会对于党政军民脱离生产之妇女干部及其幼儿，曾屡作规定加以优待，惟因情况变化，物价高涨，前此规定已有若干不适之处，为解决妇女干部卫生保健方面的实际困难问题，保护妇女干部及其幼儿身体的健康，兹将前定优待办法更新修正如下：

（一）妇女干部在月经期间，应减轻其工作，予以适当休息，一般规定休息时间一天至三天，因工作地区（巩固区游击区）不同，工作性质不同，妇女干部体格强弱亦不同，各机关可按具体情形斟酌延长或缩短，并不应做过重劳作（如生产中的重活、走远路、涉水、上操……）。关于卫生费，每人每月发给大麻纸七张（小张发十四张），其不足或有余者，可以互相帮助调剂，其有特殊情形（月经过多）而又不能调剂好，得按实际需要酌情多发，如愿以同等纸价改领其他实物如纱布、毛巾（二条可用一年）、布袋（盛灰）、软布等均可。但不应把例假纸或布作其他之用，为不误时间并避免妇女干部的不好意思领，应在每月一号即发给之。

（二）关于孕妇及婴儿。

1. 孕妇产前、产后：

（1）孕妇因生理变化，常易发生病态（如害口、呕吐……），领导上应多注意照顾，对害口重的应视同病号，予以适当休息，不使作〔做〕重工作及重劳动，生产任务亦应适当减少。但孕妇自己应视作正常变化，不要以病号自居而增重痛苦。孕妇在产前二十日可即给假休养，特殊者应酌情决定。

（2）在怀孕期仍应照常发例假纸，以备产时需用。

（3）分娩时发给分娩费小米二十斤，作为保养费用（买鸡子、糖、芝麻、油类等用），在休息期间，其应领粮食、柴菜金仍照发（尽量调剂细粮），如单独起伙者，所用柴、炭得照当地实际情形发给。

产后一般休息四十天，以恢复身体健康，其体格过于虚弱或患病者，并得酌情延长。

妇女干部能回家分娩的，最好回家分娩，期能得到适当照顾，其不能回家而所在机关又难以照料，需要临时找人照护的，得每月在小米四十五斤内找人照护，至休养期满为止。但领导上须很好的〔地〕掌握，非必要不得找人。

小产（怀孕三个月以上的）对妇女干部身体损失很大，其产后休假时间与保养费应与大产同。流产者（怀孕二个月以下的）可休息二十天发保养费小米十斤，麻纸照发或多发，视具体情形而定。

2. 关于奶小孩及幼儿待遇：

（1）在可能条件下，妇女干部应自己奶孩子，或奶一两个月，这对妇女及小孩身体都好。特别是某些工作不多的妇女干部，应尽量自奶，应不找专抱孩子的人。

（2）婴儿出生之第一个月内，由其生母自奶者因需较多营养，除其生母在本机关应领之粮食外，一律再发给小米四十五斤（包括分娩费在内，因此数已足资营养，故不只发二十斤小米之分娩费，但因特殊情形——或无奶或生病等——而在未满月前即奶出去的，应将此项粮食，转移给奶母，仍发给妇女干部以分娩费）。

婴儿在出生第二个月至周岁前，无论自奶或托人代养，一律每月发给小米四十五斤（不另发柴菜金、零用费）。

婴儿在周岁前无论自奶或托人代养，一律给棉花三斤、土布八丈（包括生产时婴儿衣物在内）。布按市尺，土布面一般以市尺一尺一二寸为准。前定发宽面布或以窄面布二尺抵一尺之办法作废。并在孕妇产前休息时即发给之。如婴儿生下不久不幸夭亡，对未用部份〔分〕应自觉退回。

托人代养者，并发给棉被一张。婴儿衣被须随婴儿转移，如遭损失，亦不另发，找奶妈时应事先说明。

婴儿生病所需药品，由其父或母所在机关供给，如其父母已离开边区，或与小孩不在同一战略区，或虽在同一战略区，因敌之分割封锁交通不便难以照料者，所需药品得由当地政府发给报销。奶母生病用药，一般不供给，但可供给为医治小孩的病而吃的药。

（3）幼儿在周岁以上五周岁以下，无论自养或代养，均发给成人粮食、柴菜金，并由粮食内每日提出四两变价为幼儿之营养费。并每年发给棉花三斤、土布六丈。

（4）儿童在五周岁以上八周岁以下者，仍按成人的粮食、柴菜金发给，并在粮食内每日提出二两变价为幼儿之营养费。并每年发给棉花三斤、土布八丈，及相当于成人应领的鞋袜费之一半的鞋袜费。

（5）儿童在八周岁以上者，其所需粮食、柴菜金、鞋衬〔袜〕、衣物等均按机关服务员之待遇发给之（前颁“优待继续至十周岁为止”的规定即作废）。

（6）以上各项所列“发给成人粮食、柴菜金、鞋袜等”应按妇女干部所在机关一般干部之粮食、柴菜金、鞋袜等数目计算。粮食变价一律按市价折合，由所在机关调剂之，个人不得任意出售，以免发生流弊。

（7）凡自带幼儿之妇女，其生产任务得酌量减少，或不交，按实际情形由所在机关决定之。

（三）本决定适用于党政军民区级以上各级机关团体学校完全脱离生产之妇女工作人员及其幼儿。各小学女教员（初小女教师只分娩费及育婴费援用本决定办理）及干部学校之女生，亦得援用之，至于各公营工厂、商店、合作社的女工、女职员，则不适用本决定，应根据奖励妇女参加社会活动与保护革命后一代的精神由各该系统参考本决定自行规定办法解决之。

（四）本决定自三十四年五月一日起施行，前此规定之与本决定有抵触者均废止，其不抵触部份〔分〕仍适用之。

选自《晋察冀边区行政委员会现行法令汇集》，上册，边区行政委员会 1945 年编印，第 151～155 页。

27. 晋察冀边区行政委员会关于政民工作人员家属待遇问题的决定

1945 年 9 月 8 日

为了使政民工作人员更加安心工作，对于政民工作人员家属（以下简称工属）生活困难应该适当的〔地〕解决，解决的原则应该是贯彻干部对革命负责、公家爱护干部的精神，按照“优抗第一、优工第二”的方针，在不增加人民负担的原则下，切实帮助工属组织生产、建设家务，把日子过好。为此特作如下之决定：

一、组织工属生产是解决工属生活困难问题的最有效的基本办法，一般的停止财政开支上的实物补助。

甲、对在家的工属：要根据其家庭的具体条件，组织他们经营农、工、商业及其他副业，并切实帮助解决生产中的各种困难，对缺乏劳动力者，照前规定之优抗代耕办法，切实执行。对缺乏土地的户，要帮助解决一部土地，地缺不能解决的，可着重由贷粮贷款组织其经营其他生产事业。兹规定工属有贷粮贷款的优先权，但在同等机会下不能普遍贷给时，应先尽贫苦抗属，为解决一部贫苦工属之生产资金问题，决定由行署划出一部粮款出贷，以一年为期偿还，对老弱妇孺的家属，应多在经营手工业家庭副业上具体帮助，至于家中既缺乏土地和劳动力而又不可能组织其他生产事业之老弱孤寡工属，且统累税在免税点以下者，每人每月可给予小米十斤以下之补助，如不足时得由机关生产适当补助。

在手续上凡应享受贷粮贷款或实物补助者，应由工作人员所在之机关报请县以上政府或抗联开具证明文件（证明系该机关干部）并提出意见送交原籍县政府审核调查和进行办理，但如因干部离原籍较远而证明其确系脱离生产之政民工作人员者，可由原籍县政府调查办理，如干部系在本县工作者，由所在县之县政府调查审核办理。

乙、对在外之工属：凡家在敌占区游击区，为敌迫害难以生活，或家属在根据地而无法生活的家属，经各该机关批准（县以下由县政府批准）跟随工作人员在外者，各该机关应帮助其组织生产，做到部份〔分〕自给到全部自给，生产不能解决部份〔分〕，机关自行从生产项下补助之，停止由财政开支补助。但家在敌占区或游击区为敌迫害而外出之工属未跟随工作人员之机关而在根据地寄居者，除所在地政府应帮其组织生产外，生活特别困难可予小米十斤以下之补助（由所在县政府批准），如不足时得由机关生产适当补助。对在外工属中六岁以下之幼儿得援用《优待妇女干部及其幼儿之决定》补助之，七岁以上已进入学年龄时得按照入学办法办理。

二、关于贫苦工属之财粮负担，得援用孤儿寡妇之规定将免税点提高到两个富力，游击区敌占区对敌负担可酌量减免，贫苦工属到公家医院治病得免交药费，由医院报销。

三、关于工属的社会地位：脱离生产的工作人员，以其全力贡献于革命事业，他们的家属是光荣的，应该受到政治上的优待和社会上的尊重。

四、政民工作人员因公牺牲或因公病伤致成二等以上残废者，其家属得长期享受工属待遇，工作人员因过失撤职，不称职守停职或自动退职者，其享受之工属待遇应即停止。

五、本决定统一适用于全边区区级以上脱离生产之党、政、民、合作社、机关团体学校一切工作人员（勤杂人员在内）及脱离生产之小学教员，在职人员之受训者，亦得援用之，但因过失撤职、不称职守停职或自动退职或不是从脱离生产的工作岗位上入学受训的学员，及赚工资、薪金或分红足以维持其家属生活之工作人员，则不得援用。

六、本决定自公布之日施行，前颁布贫困干部家属补助办法及社字第三号须知内关于家属补助部份〔分〕均即作废。

选自《晋察冀边区行政委员会现行法令汇集》，上册，边区行政委员会 1945 年编印，第 145～147 页。

28. 晋察冀边区行政委员会关于执行《关于政民工作人员家属待遇问题的决定》的指示

1945 年 9 月 8 日

（一）关于认识上的问题

一、领导机关应该进一步关心工属，主动的〔地〕帮助解决其困难，必须把解决工属困难与贯彻干部政策结合起来，大生产运动以来，我们已找到了解决工属生活困难的正确途径是组织工属生产，因此，各级领导上必须拿出一定力量来组织工属从事生产，中共晋察冀分局机关组织家属生产的经验值得各地学习（见五月二十七日晋察冀日报）。

二、另一方面干部应动员与帮助家属积极参加生产，争取做到生产自给，向模范干属劳动英雄李书亭等学习，并争取自己成为模范干属劳动英雄，我们希望今后涌现出更灵〔多〕的模范工属劳动英雄。

（二）在执行中的几个具体问题

一、由于组织生产基本上依靠于广大村干部及群众的领导与帮助，因此必须将本决定的精神和办法贯彻到村，在领导上必须走群众路线，县区干部要帮助村干部启发群众的积极性，使之成为自觉性的群众运动，并注意经常深入的〔地〕进行检查，只有如此才能彻底的〔地〕解决这一问题。

二、在执行中对调到较远地区之干部应更多的〔地〕注意与照顾，同时应防止优待工属超过抗属的现象，对“优抗第一，优工第二”的精神应切实掌握。

三、决定中第一条甲项所指出“为解决一部贫苦工属之生产资金问题，决定由行署划出一笔粮款出贷”在执行此项规定时，各行署应商同抗联，根据财政情况与工属困难情形确定一年总的补助粮款数目，为便于掌握分配，实际解决问题，可按政民干部情形分配粮款，由政民各个系统自行掌握使用，并可用以生产得息；同时各个系统对这一部分粮款应有重点的〔地〕使用，俾能真正解决一部分特别困难之工属的困难。

四、关于帮助无地或地少之工属找地，执行时应有很好［的］调查研究，根据该村工属情形及该村土地状况具体解决，切忌笼统的〔地〕传达布置与一般化的〔地〕执行，在执行时要切实掌握土地政策，并尽先找县村公地。

五、决定中所指家在敌占区或游击区为敌迫害而外出之来随机关而在根据地寄居之工属，系指远离工作人员所在机关无法照料之家属而言，至在机关附近居住之工属，虽未在机关内入伙，亦以随机关论，不得在财政上开支。

六、在工属特多之村代耕用工特多者，应适当减免该村之其他抗战勤务，以平衡人力负担。

七、本决定之贯彻是需要一个过程，过去会受实物补助之贫苦家属在本决定未贯彻前，个别困难者仍得继续延长补助一个时期，时间由县以上政府具体确定。

此决定公布后之执行情形应及时搜集上报。

选自《晋察冀边区行政委员会现行法令汇集》，上册，边区行政委员会 1945 年编印，第 148～150 页。

29. 晋察冀边区行政委员会关于村干部待遇的决定

1945 年 9 月 8 日

为了进一步提高群众的参政情绪，鼓舞村干部的工作积极性，应高度发扬群众互助友爱精神，保证村干部之家庭生活与一般群众获得同样的向上发展。为此对村干部的待遇，做〔作〕以下之决定：

一、凡村级主要负责干部（不限于村长、抗联主任）因工作繁重，误工太多，而又无力量雇佣〔用〕工人的，应由村代表会议决，拨一定数量的抗勤为他代耕，但不得超过抗属代耕之规定。

二、根据村干部工作的繁简、误工的多少，和他的家庭生活状况，由村代表会议决，可以减轻他一部抗勤，或免其全部抗勤。

三、村干部到县区开会所误当日应服之抗勤工，准予免补。

四、对特别贫苦、工作繁忙之村干部，其实物补助，仍按本会民国三十二年二月十五日民行字第一号令内“家境确系贫困者，得享受实物补助，补助以补足到其个人统累税免税点为限（非补助全家），并须经村代表会通过，县政府批准后实行，由村款开支”之规定执行，但受补助干部不限于村长、粮秣委员。

五、此决定适用［于］不脱离生产之区干部与不脱离生产之村合作社、交通站、队干部。

六、对此决定第一、二、四项之执行，须切实照顾人民负担，而又要能解决村级干部实际困难，并均须经过村代表会议决，经区审查，报县政府批准执行。

七、此决定自公布之日实行，以前法令与此决定抵触者一律作废。

选自《晋察冀边区行政委员会现行法令汇集》，上册，边区行政委员会1945年编印，第159～160页。

30. 晋察冀边区行政委员会通知
——进入城市后关于服装问题的规定

1945年10月3日

（一）今年棉衣单衣仍按制度只发一套，其因进入城市而新做单衣或夹衣者，各机关应将增发人员之名单调查清楚统计报告本会。其在根据地已做好棉衣进入城市后须着制服而另做新棉衣者，其旧棉便衣由各机关收回保管，并报告本会以备将来使用。各单位在敌伪资产清理处或军管局领取之服装材料，概按市价折价，由本会扣发其今冬或明春服装费。

（二）张家口地方气候比较寒冷，进入张家口及宣化地区的政民工作人员，今年增发大衣一件，其预算每件里面洋布二丈四尺、棉花二斤，前发之呢大衣胜利品，应收回统计报告本会。其已有皮大衣或棉大衣仍能穿用者不另发。

（三）棉被仍本节约精神按三年一床之原则采取适当补充，不是全发新的，各单位负责人应很好的〔地〕掌握。

（四）前发胜利品时有未领毡子或领坏的黑毡线毡者，兹规定另发褥子一个，其预算洋布一丈二尺、棉花二斤，褥子发下后坏毯子即负责收回。每人发衬衣一件、衬裤一条（衬衣布七尺、衬裤六尺），张家口领过衬衣的不再发新衣，今年已发过两件单裤即不再发衬裤，以上应领各项各单位统限于十月十一日前负责调查清楚作〔做〕好预算，并将领增发新单衣或夹衣之名单及棉便衣数、呢大衣数、旧线毡数，一并送经本处审核批发特此通知。

选自《晋察冀边区行政委员会现行法令汇集》，下册，边区行政委员会1945年编印，第580页。

31. 晋察冀边区民众团体登记办法

1945年10月3日

第一条　除汉奸特务外，凡本边区之人民在自愿原则下得依各种职业、地区、信仰、性别、年龄，自由组织团体。

第二条　凡在边区内之民众团体，皆须呈报所在之县市政府声请登记，属于边区范围之团体，得向边区行政委员会进行登记。

第三条　民众团体之申请登记，应照下列规定办理之：

一、呈送该团体之组织章程二份，如有各种成规约者一并呈送二份。

二、呈报该团体主要负责人之姓名、年岁、籍贯、履历。

三、呈报该团体之会员或社员人数。

四、呈报该团体之经费来源及开支概况。

五、呈明该团体之会址与通讯地址。

第四条　凡民众团体依前条之规定呈请登记者须经审查批准发给登记证件后始得进行工作。

第五条　凡民众团体登记后如所呈请登记各项中有变更时，需将变更事项呈报原登记机关审查批准。

第六条　凡民众团体有违〔危〕害广大人民利益或违犯政府政策法令时，政府得撤销其登记，并命令解散之。因故自动解散时亦须申请撤消〔销〕其登记。

第七条　本办法之修改解释权属于晋察冀边区行政委员会。

第八条　本办法自公布之日施行。

选自《晋察冀边区行政委员会现行法令汇集》，上册，边区行政委员会1945年编印，第309～310页。

五、军事法规

1. 聂荣臻公布朱德、彭德怀关于成立晋察冀军区的命令

1937年11月13日

兹奉国民革命军第十八集团军总司令朱、副总司令彭命令，以晋察冀三省边区军事指挥急需统一，并便利于抗日开展，决定在该区域内成立晋察冀军区的组织及其各主要负责人分别公布如下：

（一）军事组织。本军区包括平汉路以西、同蒲路以东、正太路以北、平绥路以南诸地区，并在军区之下划分三个军分区：第一军分区包括灵丘、广灵、浑源、应县、山阴、怀仁等，即东至紫荆关、居庸关长城，北至平绥线，西至同蒲线，南至紫荆关、雁门关长城。第二军分区包括五台、代县、繁峙、崞县、定襄、盂县等地，即东北至长城，西南至铁路线。第三军分区包括井陉、获鹿、平山、灵寿、阜平、曲阳、完县、满城、易县、涞源等地，东至平汉线，南至正太线，西至长城，北至涞水、易州、紫荆关之线。依据将来发展情形，拟在紫荆关东北长城与铁道之内诸地划分为第四军分区。

（二）各任命人员。任命聂荣臻为军区司令兼政委，任命唐延杰为军区参谋长，任舒同为军区政治部主任，任叶青山为军区卫生部长，任查国祯为军区供给部长，任杨成武为第一军分区司令员，任邓华为第一军分区政治委员兼政治部主任，任赵尔陆为第二军分区

司令员兼政委，任王明[①]为第三军分区司令员兼政委，任王紫凤为第三军分区政治部主任，任王中槐为军区政治部组织科长。以上各项除分令外，仰即转饬所属，一体遵照为要。此令。

选自《晋察冀抗日根据地》，第1册·文献选编（上），北京，中共党史资料出版社，1989年版，第59～60页。原注："原件存河北省档案馆。"

2. 晋察冀边区军政民代表大会决议案——军事问题决议案

1938年1月

（一）非正规军的脱离生产的武装部队，如保安队、自卫团、公安局、警察义勇军、游击队……应遵照蒋委员长的命令，逐渐统一编制为游击队，受各战区司令长官指挥。在边区的各游击队行动上要有很好的联系。本边区各游击队，应由边区行政委员会请求第一、第二战区司令长官逐渐统一指挥；并由边区行政委员会会同军区司令部拟定编制办法。请各司令长官核准。

（二）取消部队薪饷编制，规定最低限度生活费用，逐渐使之一律。

（三）一切供给，渐次做到统筹统支。在目前阶段上，需要就地解决，亦应依照政府财政政策，经过当地政府筹支，纠正勒索摊派。

（四）各地驻军和政府，对于武装的组织和扩大，必须注意到质量，否则徒增费用。各地政府，今后应多组织不脱离生产的自卫队，减少政府经费负担。

（五）义勇军、游击队的改造，在组织上洗刷一些不良份〔分〕子，并加强政治教育，建立与民众行政的良好关系。

（六）一切土匪部队，应该在政治上用力争取，其有假借名义、乱作胡为，甚至有汉奸的行为和证据者，不可争取者，应协同地方政府驻军，严厉取缔。

（七）军火补充问题：凡带群众性的武装部队，应依靠群众解决之，不应依赖上级及政府。可随时设土造兵工厂。

（八）不脱离生产的武装，统改为自卫队；其组织，及编制，由政府规定公布之。

（九）游击队队员家属，应依优待抗日军人家属办法，享受优待。

（十）成立军政学校，训练大批干部人材〔才〕。

选自《抗日根据地政策条例汇集——晋察冀之部》，第2辑，1942年版，第16～17页。

① 原注：即王平。

3. 晋察冀边区人民武装抗日自卫队组织章程

1941 年 11 月

第一章　总则

（一）本队定名为晋察冀边区人民武装抗日自卫队。

（二）本队为人民自己的群众武装组织，但执行基本任务上，接受上级和同级政府之指示与指挥。

（三）本队以组织与加强边区广大人民武装自卫力量，保卫家乡，保卫抗日政权、抗日团体，保卫边区，争取抗战胜利，实现独立、自由、幸福的三民主义新中国为宗旨。

（四）本队基本任务如下：

1. 进行群众游击战争；2. 配合抗日部队作战；3. 维持后方治安，担任抗战勤务。

第二章　队员

（五）边区抗日人民凡年在十六岁以上、五十五岁以下者，不分阶级，不分性别，不分种族，不分宗教、信仰等，均得登记参加组织为本队队员。

（六）本队队员均有下列权利：

1. 选举权与被选举权及平时的罢免权；2. 参加会议向本队建议。

（七）本队队员均有下列义务：

1. 遵守本队章程；2. 坚决服从上级领导，执行命令完成任务。

第三章　组织

（八）本队组织原则为民主集中制。

（九）本队于边区、专区、县、区、村设各级人民武装抗日委员会，边区由委员七人，专区以下由委员五人组织之。

（一〇）边区至村各级人民武装抗日委员会，各设正副主任各一人，及总务部、组织部、训练教育部、妇女部、模范队部、青年武装部六部，各设部长一人，按工作需要设干事若干人；正副主任、各部部长由委员中推任，干事则由各级委员会通过聘定。

（一一）边区至区各级得设青年抗日先锋队队部，为各级人民武装抗日委员会所属之独立组织系统。

（一二）边区至区各级青年抗日先锋队队部组织法另定之。

（一三）区级人民武装抗日委员会下得设模范队队部；队部设队长、指导员各一人，队部下设干事若干人；队长、指导员由委员兼任，干事由队部聘定。

（一四）区与村人民武装抗日委员会之间，如工作需要得于中心村设区人民武装抗日委员会分会（不为一级），并分妇女、模范、青年等部及干事若干人，常驻于中心村所在地。

（一五）边区至区各级人民武装抗日委员会，均由本队各该级代表大会选举之；村级人民武装抗日委员会则由村队员大会直接选举之；但同级青救、妇救可推出代表，青救、妇救的候选人各一人。

（一六）村级人民武装抗日委员会为本队之基本组织，村人民武装抗日委员会主任得参加该村村务会议。

（一七）各级人民武装抗日委员会任期：边区至村均为一年，但均可连选连任。

第四章　编制

（一八）村人民武装抗日委员会之下设妇女队、自卫队、抗先队与模范队四队。

1. 妇女队——十六岁至五十五岁之妇女队员编制之。

2. 自卫队——十六岁至五十五岁除参加抗先队、模范队者外全体队员编制之。

3. 抗先队——十六岁至二十三岁之自卫队员自动参加抗先者编制之。

4. 模范队——二十四岁至三十五岁之自卫队员自动参加模范队者编制之。

（一九）妇女队、自卫队、抗先队与模范队皆以村为单位编为队、小队和班，以三三制为原则。

1. 队：设正副队长各一人，并配设干事一人至二人。

2. 小队：设正副小队长各一人，二小队至四小队为一队。

3. 班：每班五人至十四人，班设正副班长各一人，二班至四班为一小队。

（二〇）妇女队之小队、班、队员之组合原则如下：

1. 十六岁至二十五岁之全体队员及二十六岁至三十岁之大足无小孩（四岁以下之小孩）之累者混合编制之。

2. 三十一岁至五十五岁全体队员及二十六岁至三十岁之小足和有小孩（四岁以下之小孩）之累者混合编制之。

（二一）自卫队小队、班、队员之组合原则如下：

1. 十六岁至三十五岁者除参加抗先、模范队者外混合编制之。

2. 三十六岁至五十五岁者混合编制之。

第五章　职权

（二二）本队最高权力机关为本队边区代表大会，大会闭幕期间为边区人民武装抗日委员会。

（二三）边区至村各级人民武装抗日委员会正副主任，负责领导各部工作，有主持会议、对外交际及负责指挥之权。

（二四）各级各部职权如下：

1. 总务部——负责文书、会计、收发、庶务及不属于其他各部事宜。

2. 组织部——负责调查、统计及审查干部等工作。

3. 教育训练部——负责对外宣传、军事训练，及人民武装的政治工作、宣传鼓动、保证战斗任务完成等工作。

4. 妇女部——负责妇女队之组织、教育、训练等工作。

5. 青年武装部——负责抗先之一切工作。

6. 模范部——负责模范队之特殊组织、教育、训练等工作。

（二五）边区至村各级青年抗日先锋队队部在各级人民武装抗日委员会领导与指挥下，负责领导与指挥抗先队一切工作。抗先队队部，执行人民武装抗日委员会之统一方针、决议及教育计划，根据青年特性分别具体执行，并有单独及发布命令之权。

（二六）区级人民武装抗日委员会区分会有向下级就近督促、检查与训练、指挥所属队员之责。

（二七）区级模范队队部在区级人民武装抗日委员会之直接领导下，负责领导指挥模范队之一切工作。

第六章　会议

（二八）本队各级代表大会及村级队员大会召开期间规定如下：

1. 边区至村均为一年。2. 上项会议均由各该级委员会召集之。

（二九）本队各级委员会召集期间如下：

1. 边区至县均为一月。2. 区以下均为半月。3. 各级委员会均由主任召集之。

（三〇）边区及区级代表大会及村队员大会及各级委员会必要时可召集临时会议。

第七章　纪律

（三一）本队全体干部及队员均须遵守本队章程，服从上级领导与指挥，坚决执行命令，完成任务。

（三二）违犯纪律者得由各该级上级按其轻重予以批评、警告、处罚勤务或撤职、开除等处分，但得报告上级，并绝对禁止打骂、罚款及一切物质处罚。

第八章　经费

（三三）本队经费来源如下：

1. 政府补给。2. 胜利品一部或全部。

（三四）本队经费由边区人民武装抗日委员会统一预算、统一分配，与统一的〔地〕按期向边区政府报销并向大会作报告。

第九章　附则

（三五）本章程经本队边区代表大会通过执行，其修改权属于边区代表大会。

（三六）本章程施行细则及解释之权属于边区人民武装抗日委员会。

选自《中共中央文件选集》(11)，北京，中共中央党校出版社，1985 年版，第 760～765 页。

4. 晋察冀边区青年抗日先锋队组织简章草案

1941 年 11 月

第一章　总则

第一条　本队定名为晋察冀边区青年抗日先锋队。

第二条　本队宗旨在于武装广大青年，进行军事训练，广泛开展游击战争，及动员队员过渡到抗日部队中去，以青年化的方式全部发挥青年的战斗力量，保卫边区，保卫祖国，彻底战胜日寇，建立新民主主义共和国。

第三条　本队为人民武装组成部分，各级人民武装委员会所属之独立组织系统，各级队部在人民武装总的方针、决议及教育计划下，根据青年特性分别具体执行；有单独行文发布命令之权，但战时服从其指挥。

第四条　本队为青救领导下的青年自己的武装，所有队员为青救当然会员，接受各级青救的直接领导，执行青救决议。

第五条　本队基本任务如下：

（一）配合部队作战，进行群众游击战争。

（二）维持后方治安，担任抗战勤务。

（三）加强队员军事及政治教育训练。

（四）不断输送队员参加部队，扩大边区子弟兵。

第二章　队员

第六条　凡边区抗日青年在十六岁至二十三岁者均可自愿参加本队。

第七条　入队时须经队员一人介绍，经同级队部批准，举行宣誓后即为队员。

第八条　本队队员之权利：

（一）选举权、被选举权和平时的罢免权。

（二）参加会议，向本队建议。

（三）参加本队一切集体活动和享受其利益。

第九条　本队队员之义务：

（一）遵守本队章程。（二）坚决服从本队纪律。（三）坚决执行上级命令完成任务。

第三章　组织

第一〇条　本队组织原则为民主集中制。

第一一条　本队于边区、专区、县、区、村设各级青年抗日先锋队队部，由正副队长指导员组织之。

第一二条　边区至村各级队部设正副队长、指导员各一人；区至边区按工作需要可设干事一人至三人，由队部聘定之。

第一三条　区抗先队根据工作之需要在适当地区得设区分队部（不为一级），代表区队部执行任务。

第一四条　边区至区各级青年抗日先锋队队部均由本队各级代表大会选举之。

第一五条　村级青年抗日先锋队，由队员大会直接选举队长、指导员各一人，为本队之基本组织（村青年抗日先锋队队长得参加该村人民武装委员会各种工作会议）。

第一六条　区至边区青年抗日先锋队队部任期均为一年，村均为半年，可连选连任。

第四章　编制

第一七条　以村青年抗日先锋队为单位，设小队、班，小队和班采用三三制。

（一）村队——设正副队长、指导员各一人。

（二）小队——设正副队长各一人，二小队至四小队为一村队。

（三）班——每班五人至十四人，设正副班长各一人，二班至四班为一小队。

第一八条　青年抗日先锋队之小队和班、队员之组合原则。

（一）按队员负勤务之年龄（十八岁上下分别编制）。

（二）按工作任务之不同及队员之特殊能力，可编成不同的小队、班（如火枪小队、土炮小队、侦察班、武器研究班等），但这些不同名称的小队、班，仍统一在村队部的领导和指挥之下。

第五章　职权

第一九条　本队最高权力机关为本队边区代表大会，代表大会闭幕期间为边区青年抗日先锋队队部。

第二〇条　边区至村各级青年抗日先锋队队长指导员领导全盘工作，有主持会议对外交际及负责指挥之权。

第二一条　各级青年抗日先锋队在各级人民武装委员会总的方针、决议和教育计划下，有根据青年特性，分别具体执行，并单独的〔地〕行文发布命令之权。

第二二条　区级青年抗日先锋队区分队部，有代表区队部就近督促检查与训练指挥所属队员之权。

第六章　会议

第二三条　本队各级代表大会及村级队员大会召开期间规定如下：

（一）边区至县均为一年。

（二）区、村半年一次。

（三）上列各级队部代表大会均由各级队部召集。

第二四条　本队各级队部部务会议召集期间规定如下：

（一）边区至县均为一月。（二）区以下均为半月。（三）各级队部会议均由队长召集之。

第二五条　边区至区级代表大会、村队员大会及各级队部会议，必要时可召集临时会议。

第七章　风纪

第二六条　本队有青年化之队风：

（一）队旗：本队队旗为代表本队精神之旗帜（样式、意义说明于后）。

（二）队歌：本队队歌意义在［于］发扬本队宗旨及精神，并加强队员之组织观念。

（三）戳记：县以上各级戳记皆须依照边区队部颁布的样式制定。

（四）队礼：在军事行动和训练检阅时，队员之间，队员与首长均行队礼，以表示庄重团结。

（五）队章：本队制定统一的队章，所有队员一律佩带〔戴〕（样式附后）。

第二七条　本队有青年化独立之队纪：

（一）本队全体干部和队员，均得遵守本队章程，服从上级领导与指挥，坚决执行命令完成任务。

（二）本队队员除遵守一般的自卫队的纪律外，更要严格遵守本队纪律（纪律附后）。

（三）违犯纪律者，由本队各该上级按其轻重予以批评、警告、处罚勤务或撤职开除之处分，但得报告上级，并绝对禁止打骂罚款。

第八章　经费

第二八条　本队经费统筹于人民武装委员会，或将胜利品一部或全部充作经费。

第二九条　本队经费由人民武装委员会统一分配，并按期向武装委员会（或上级队部）作报告。

第九章　附则

第三〇条　本章程经本队代表大会通过执行，其修改权属于边区代表大会。

第三一条　本章程实行细则及解释权属于边区青年抗日先锋队队部。

说明：此组织章程系一草案，希各级队部和各界人士提出意见，以供参考。

选自《中共中央文件选集》(11)，北京，中共中央党校出版社，1985年版，第765～769页。

5. 晋察冀边区北岳区人民武装纪律条令

1942年9月3日①

第一条　为使人民武装真正确切的〔地〕保护群众利益与有组织的〔地〕行动，提高其战斗力，以广泛开展群众游击战争，特制定本条令。

第二条　人民武装纪律的执行，应建立在干部与队员政治自觉的基础上，以启示教育为原则，即是〔使〕处罚，亦由教育出发。如过去军阀部队中，对于人格、肉体之讽刺、侮辱、体罚等行为应完全禁止。

第三条　执行纪律的保证是指挥领导的正确、教育的加强，和各级干部之模范与督促作用。

第四条　人民武装纪律，应以保护群众利益、服从组织、执行任务、爱护武器等为范围，具体规定如下：

一、保护群众利益。

二、服从指挥完成任务。

三、保守军事秘密。

四、爱护武装节省弹药。

五、遵守时间。

第五条　凡于严重的困难情况下，坚决执行命令，完成任务，自动积极配合部队或单独作战，在战场上英勇沉着、机智、灵活的〔地〕毙俘日伪人员，缴获胜利品；被敌俘虏时在日伪百般利诱或严刑下不动摇、不投降，富有高尚的民族气节；保护群众利益，爱护组织和干部；或在除奸救护等工作上有显著成绩之队员与干部，应视其情形，分别予以下列之奖励：

一、口头奖励。

二、队前奖励（如游击小队、战勤小队、自卫队等）。

三、中队队员大会表扬。

① 原版未注明公布年月。“北岳版”注明“1942年9月3日”。

四、记功。

五、大队队员大会表扬。

六、给予物质奖励。

七、通令嘉奖。

八、颁奖〔发〕奖章或奖状。

前项奖励，必要时得以二种以上同时行之。

第六条　毙伤俘日伪官兵或特务份〔分〕子，缴获胜利品，以及战术上有新创造，著有特殊战绩者之奖励办法另定之。

第七条　奖励职权：

一、小队长（游击小队、战勤小队、自卫队）有执行第五条第一条款第二款之权。

二、中队长与同级干部有执行第五条第一款至第三款之权。

三、大队长与同级干部有执行第五条第一款至第五款之权。

四、县部长、副部长有执行第五条第一款至第六款之权。

五、分区北岳区有执行全部奖励之权。

第八条　凡违反上级命令，逃避战斗，不服战斗与抗战勤务，故意破坏、遗弃、盗卖、贪污、浪费武器弹药，故意破坏自己组织、暴露军事秘密，故意不帮助不配合部队作战，或无故不到操课的队员与干部，得视其情形分别予以下列之惩戒：

一、劝告。

二、警告。

三、队前警告（各种队的）。

四、中队队员大会批评。

五、罚勤务（不罚战斗勤务）

六、通令警告。

七、撤职或开除队籍。

八、送政府法办。

关于武器弹药之损坏，除惩戒外，并得令其赔偿一部或全部。

第九条　惩戒职权：

一、小队长有执行第八条第一款至第三款之权，对组长只有执行第一款第二款之权。组长对队员有执行第一款第二款之权。

二、中队长与同级干部有执行第八条第一款至第四款之权。对小队长只有执行第一款第二款之权。

三、大队长与同级干部有执行全部惩戒之权，对中队级干部只有执行第八条第一款第二款与第六款之权。

四、县部长、副部长有执行全部惩戒之权，对大队干部只有执行第八条第一款第二款之权。

五、分区部长、副部长有执行全部惩戒之权，对县部长、副部长只有执行第八条第一款第二款之权。

六、北岳区有执行全部惩戒之权，对分区部长、副部长只有执行第八条第一款第二款之权。

如有属违犯纪律过重，而自己因职权所限不能执行惩戒者，得呈报上级执行之。

第十条　有下列情形之一者，得加重惩戒：

一、干部与队员犯同样错误，或领导队员违犯纪律者。

二、有组织有计划的〔地〕违犯纪律者。

三、已经上级指出错误而仍重犯者。

凡加重惩戒之执行，必经上一级之批准。

第十一条　凡违犯政府法令或群众利益者除依本条令予以惩戒外，其应由政府依法处理，或应由群处〔众〕民主决定处理者，仍应另由政府或群众处理之。

第十二条　第五条第三款第五款之奖励与第八条第四款之惩戒，一般情形下可于定期召开之会议时就便行之。

第十三条　凡认为上级的惩戒不当，或奖励不公者，得详述理由，请求变更、如上级驳回其请求时，并得越一级控告，但仍须经过其直接上级，其直接上级对于此项控告，必须及时转报，不得延搁或阻止。

第十四条　本条令有不适宜时由边委会修正之。

第十五条　自本条令公布之日起，民国三十一年九月三日边委会颁布之北岳区人民武装纪律条令应即作废。

第十六条　本条令自公布之日施行。

选自《晋察冀边区行政委员会现行法令汇集》，上册，边区行政委员会 1945 年编印，第 250～254 页。

互校版本：《北岳抗日根据地》（上），北京，中共党史出版社，1988 年版，第 432～434 页。简称“北岳版”。原注：“选自《晋察冀日报》1942 年 9 月 9 日。”以上两种版本皆为 16 条，但内容有所改动。

6. 晋察冀边区北岳区人民武装战斗斩获奖励暂行办法

1942 年 9 月 3 日[①]

第一条　本办法依据人民武装纪律条令第六条之规定制定之。

第二条　人民武装有保护群众利益与保卫自己乡土之责，战斗及斩获系人民武装之光荣任务，凡人民武装有所斩获，或有特殊战功，或在战术上有新创造者，得按组织系统报请上级依本办法之规定给予奖励。

第三条　奖励办法分物质奖励与精神奖励两种，物质奖励得以农具、用器、武器、服装及奖金等奖品奖励之；精神奖励得用大会表扬、通令嘉奖、颁给奖章、奖状及选拔为英雄模范等方式奖励之。

① 原版未注明公布日期。“北岳版”注明“1942 年 9 月 3 日”。

物质奖励与精神奖励得同时并用，并得同时给予两种以上之奖品或精神奖励。

第四条　凡单独直接与敌战斗，杀死或俘虏敌伪官兵或特务份〔分〕子者，得按系列规定奖励之：

一、活捉日军小队长以上尉官一名，给值五百元以上千元以下之奖品。

二、活捉伪军小队长以上军官一名，给值三百元至五百元之奖品。

三、活捉日军一名，给值三百元之奖品。

四、活捉伪军或特务一名，给值百元之奖品。

五、活捉敌军犬一只，给值五十元之奖品。

六、打死日伪军官兵一名，给予精神奖励。

合于前项第一款第二款之规定者，得并给精神奖励。

活捉日军校级军官者，其奖励临时规定之。

活捉日伪军官兵及军犬，应一律经人民武装系统送分区或军区司令部处理之。

第五条　配合部队作战所缴获军用品、交通工具及器材等均不给奖，但单独直接与敌战斗所缴获者得按下列规定奖励之：

（一）武器弹药：

甲、步枪一支，给值五十元之奖品。

乙、驳壳枪或手枪一支，给值百元至二百元之奖品。

丙、轻机枪一挺或掷弹筒一个，给值千元之奖品。

丁、重机枪一挺或各种炮一门，给值二千元至五千元之奖品。

戊、炮弹一枚，给值百元之奖品。

（二）交通工具及器材：

甲、铁轨每百斤，给值百元之奖品。

乙、煤油汽油一桶，按市价减半给奖。

丙、洋马一匹，给值百元之奖品。

丁、无线电机一架，给值千元之奖品。

戊、电话机一架，给值二百元之奖品。

己、各号电线均按市价三分之一给奖。

（三）指挥工具：

甲、地图文件依其重要情形临时发奖。

乙、望远镜一架，给值五百元至五千元之奖品。

合于前项第一款丁目之规定者，得并给精神奖励。

第一项规定之缴获物，除配合部队作战缴获者应交部队处理外，其单独直接与敌战斗缴获者，依下列规定处理之：

一、步枪、驳壳枪、手枪等人民武装能使用者，经报请县武装部登记后归缴获人本村中队使用。

二、交通工具及器材与指挥工具人民武装能使用者（如铁轨、电话机等），得由人民武装系统处理之。

三、重武器（包括轻重机枪、各种炮掷弹筒）连同附件与专用弹药及其他不属于一、二两款之缴获物，应一律经人民武装系统交分区或军区司令部处理之。

第六条　单独直接与敌战斗，破坏敌人重要交通工具或武器至不能使用者，得按下列规定奖励之：

一、毁敌火车头一个，或坦克一辆，各给值五百元至千元之奖品。

二、毁敌汽车一辆，给值二百元之奖品。

合于前项第一款之规定者，得并给精神奖励。

第七条　单独直接与敌战斗合于下列条件之一者，得给予精神奖励：

一、攻克据点堡垒或有其他特殊战绩者。

二、在战术上有新创造者。

合于前项第一款之规定者，得并给适当之物质奖励。

第八条　单独直接与敌战斗缴获敌人之粮食、油盐、布疋、服装、日常用品或敌伪合作社之一切货品应全归人民武装享有。掳获敌人牲畜统由县武装部变价交军分区武装部以半数做〔作〕为奖励人民武装之用，半数做〔作〕为人民武装武器补充费。

前项规定应归人民武装享有之缴获物，其详细处理办法另定之。

第九条　配合部队作战缴获敌人粮食、油盐、布疋、服装、日常用品或敌伪合作社之一切货品，人民武装应负责运输，交由部队负责处理，但部队应将人民武装所需要之物品酌量分给参战人一部。

第十条　第四条第一项第二项与第五条第六条之奖励均由县武装部负责执行，报分区武装部备案，再由分区武装部按月报北岳区武装部备查。

第四条第三项与第七条之奖励均由县武装部报请分区武装部核准执行，再由分区武装部报北岳区武装部备案。

第十一条　第八条与第九条所称缴获物系指确属敌伪所有之物品经我缴获者而言，其属于敌伪抢劫我公私之物品，经我夺回者应一律交由区公所或县政府退还原主，无失主认领者由区公所或县政府变价或存储做〔作〕为救灾之用。

前项夺回物应以原物五分之一或相当于原物五分之一之代价，奖励缴获人，但以单独直接与敌战斗缴获者为限，此项奖励所需之物品或金额由认领夺回物之失主负担，或由区公所或县政府就所收无领主之夺回物或其变价中提出一部拨充之。

第十二条　第五条第九条所称配合部队作战系指仅在战斗中担任担架运输等勤务工作，并不直接参加战斗者而言，其直接参加战斗配合部队作战者，亦以单独直接与敌战斗论。

第十三条　本办法有不适宜处由边委会修正之。

第十四条　自本办法公布之日起，民国三十二年一月十四日由军区司令部颁布之北岳区人民武装战斗斩获奖励修正暂行办法即行作废。

第十五条　本办法自公布之日施行。

选自《晋察冀边区行政委员会现行法令汇集》，上册，边区行政委员会 1945 年编印，第 255～260 页。

7. 晋察冀边区人民拥军公约

1944年1月1日

边区八路军是边区人民自己的子弟兵。边区人民是边区的主人，爱护子弟兵是边区人民的责任。为了加强子弟兵作战力量，战胜日寇，反对中国法西斯主义，实现新民主主义的新中国，我们边区人民坚决履行以下公约：

一、积极参加子弟兵，壮大边区八路军。

二、努力担架运输，执行抗战勤务。

三、作〔做〕向导，埋地雷，积极配合作战。

四、解决子弟兵困难，保证子弟兵有吃有住有穿。

五、尊重抗日军，爱护伤病员，保护军用资财。

六、优待抗属，解决抗属困难。

晋察冀边区各界抗日救国联合会

选自《晋察冀抗日根据地》，第1册·文献选编（下），北京，中共党史资料出版社，1989年版，第892页。原注："原件存中央档案馆。"

8. 晋察冀人民子弟兵拥政爱民公约

1944年1月1日

边区各级政府是边区人民自己的抗日民主政权，边区人民是边区的主人。边区八路军是边区人民自己的子弟兵，拥护政府，爱护人民，是边区子弟兵的责任。为了进一步加强军民团结，战胜日寇，反对中国法西斯主义，实现新民主主义的新中国，我军区子弟兵坚决履行以下公约：

一、坚决执行政府政策、法令，尊重政府工作人员。

二、积极作战，保卫政权，保护人民生命财产。

三、帮助训练民兵，带领民兵作战。

四、帮助人民生产，解决人民困难。

五、爱护人民利益，不拿人民一针一线。

六、爱惜民力，彻底执行抗战勤务条例。

七、接受人民意见，拥护人民抗日团体。

八、对人民要和气，尊重人民风俗习惯。

晋察冀军区政治部

选自《晋察冀抗日根据地》，第1册·文献选编（下），北京，中共党史资料出版社，1989年版，第893页。原注："原件存中央档案馆。"

9. 晋察冀边区党、政、军、民联合决定赠予〔与〕戎冠秀“北岳区拥军模范——子弟兵的母亲”称号

1944年2月19日

在边区群英大会上，中共中央晋察冀分局、晋察冀军区、晋察冀边区行政委员会、晋察冀边区各界抗日救国联合会决定，赠予〔与〕戎冠秀同志以“北岳区拥军模范——子弟兵的母亲”的称号。决定如下：平山县下盘松村，连任6年妇救会主任的戎冠秀同志，一贯积极负责，爱护军队，为人表率。去年3个月反“扫荡”中间，她对过往部队，多方关心，解决困难，保证部队顺利执行任务。曾经几次救护伤员，不避艰苦危险，服侍安慰，无微不至，发生敌情，则亲自安置伤员，亲自放哨了〔瞭〕望。一次，×团一个重伤员到了下盘松村，他已经4天4夜水米未曾入口，人事不省，戎冠秀同志马上亲自看护，先用盐水向其口内灌送，伤员逐渐睁开眼睛，再用豆腐脑儿慢慢喂他，伤员开始能够说话，再喂他稀饭。戎冠秀同志又怕伤员受冷，把自己女儿的棉衣内襟扯下，给伤员包脚裹腿。这样足足一整夜未离伤员左右，未睡一会儿觉，终于使伤员神志清醒、肢体可以转动。后将他送回部队医院休养。这种伟大母爱的精神，是边区人民拥护子弟兵意志的集中表现。因此，特赠予〔与〕戎冠秀同志以“北岳区拥军模范——子弟兵的母亲”的称号。要求边区全体女同胞、全体人民，向戎冠秀同志看齐，广泛开展“戎冠秀拥军运动”。

选自《北岳抗日根据地》(上)，北京，中共党史出版社，1999年版，第803～804页。原注：“原载《晋察冀日报》1944年2月19日。”

10. 晋察冀边区人民武装组织章程暂行草案

1945年3月晋察冀边区行政委员会公布

第一章　总则

第一条　晋察冀边区人民武装，以加强群众抗日武装自卫力量，维持社会秩序，保卫家乡，保卫根据地，争取抗战胜利，实现新民主主义的新中国为目的。

第二条　边区人民武装，为群众独立系统的抗日自卫的武装组织，受政府领导，在军事上接受军队指导，配合作战上受军队指挥。

第三条　边区人民武装基本任务如下：

一、进行独立自主的群众游击战争。

二、配合部队作战。

三、执行抗战勤务。

四、锄奸防谍。

第二章　组职〔织〕与职权

第四条　边区人民武装的组织原则为民主集中制。

第五条　边区人民武装之最高权力机关为边区人民武装代表大会，代表大会闭幕期间，为边区人民武装委员会。各级人民武装委员会为各该级人民武装之权力机关，各级人民武装委员会下设民兵指挥部与自卫队部，该两部执行人民武装委员会之决议为民兵、自卫队两系统行政机关。

第六条　边区至村各级人民武装委员会，均由委员七人组成，各设正副主任各一人，委员均由各级人民武装代表大会民主选举，同级军（县为支队、区为区小队、村为治安员）政民各提候选人一人，争取当选为委员，区以上各级委员会驻会委员四人至五人。边区行政区专区级人民武装委员任期为两年，以下各级任期为一年，但得连选连任。

第七条　边区至县各级民兵指挥部设部长一人，由各该级主任委员兼任，县以上于民兵指挥部下设作战科与政治科（专区级县级为股）各设科（股）长一人，由委员兼任之，以上［工］作需要设干事若干人，由委员会任用之。区级民兵指挥部设大队长、教导员各一人，村级民兵指挥部设中队长、指导员各一人，大队长、中队长由各该级主任委员兼任之，教导员、指导员由委员兼任之。

第八条　边区至村各级自卫队部，设正副队长一人，队长由各该级副主任委员兼任，副队长专区以上由妇女委员（抗联妇女部）兼任，县以下另由妇女干部担任之，以工作需要各级可设干部若干人，由各该级委员会任用之。

第九条　边区至县各级人民武装委员会下设总务一人，由正副主任直接领导之。

第十条　各级人民武装委员会及其各部职权规定如下：

一、各级委员会有讨论与决议该级人民武装各种建设，并颁布命令统一民兵与自卫队指挥，发布战报与对外交际之权。

二、民兵指挥部，负责领导民兵作战、教育、武器建设、政治工作诸事宜，在不违背委员会决议下有讨论决定民兵日常工作，及发布通知与通报并在战时有单独对外联络之权。

三、自卫队部，负责男女自卫队抗战勤务与战斗勤务救护与看护教育训练组织工作诸事宜，在不违背委员会决议下有讨论决定自卫队日常工作及发布指示通知与通报之权。

四、总务负责文书收发、会计庶务及不属各部者诸事宜。

第十一条　人民武装分为民兵与自卫队两部分，其编制原则规定如下：

一、村民兵指挥部下设游击小队与战勤小队，均以下列规定编制之：

游击小队：由民兵中选择抗日积极、身体强壮的精干队员编组之，设小队长一人，爆炸小组三、射击小组三，每组二至四人，侦察组一，人数以需要而定，各设组长一人。特小村庄民兵少，爆炸、射击可混合编为两组。特大村庄民兵多武器充足，环境需要者亦可多设一个小队。

战斗勤务小队：由参加游击小队以外的民兵队员编组之，设小队长一人（队员多的，可设队副），侦察组一、警戒组一、通讯联络组一、向导组一，人数以需要而定，各设组长一人，其编余民兵队员组成民兵班，每班五人至十五人，设班长一人。

二、自卫队部以下设一般自卫队与妇女自卫队其编制如下：一般自卫队：由参加民兵以外之队员编组之，设队长一人（队员多者可设队副），五人至十五人为一班，各设班长一人。妇女自卫队：由十八岁至五十五岁之妇女队员（除老弱病者外）组织之，十八岁至二十五岁之青年妇女与二十六岁至三十五岁之大脚无小孩的壮年队员组成第一小队，二十六岁至三十五岁有小孩之队员组成第二小队，三十六岁至五十五岁者组成第三小队，小队以下为班，每班五人至十五人，设妇女队长一人（队员超过百名者，设队副），各小队设小队长一人，各班设班长一人。

三、各队长（副）、小队长、班长、组长等干部，均得由各该队、小队、班、组全体队员选举之，任期均为一年。

第十二条　民兵与自卫队之具体任务规定如下：

一、民兵：1. 进行游击战；2. 配合部队作战；3. 担任战斗勤务；4. 锄奸防谍（男女自卫队同有此任务）。

二、男自卫队：1. 担任抗战勤务；2. 救护伤员工作；3. 帮助战斗勤务。

三、妇女自卫队：1. 看护伤员工作；2. 担任妇女之抗战勤务；3. 帮助战斗勤务。

第十三条　人民武装各级代表大会召开时间：边区、行政区、专区级两年一次，以下各级均一年一次，均由各该级人民武装委员会召集之。

第三章　队员与纪律

第十四条　边区抗日人民，凡年在十八岁以上五十五岁以下之公民，不分阶级，不分性别，不分种族，不分宗教信仰等，均得登记参加编制为队员。

凡年在十八岁至三十五岁之青壮年，身体强壮者，得自愿参加为民兵，民兵为人民武装之骨干。

第十五条　队员均有下列权利及义务：

一、关于权利者：

1. 选取权、被选权、平时之罢免权。

2. 参加队员大会对上级决议有自由讨论权。

3. 在会议上有向上级建议与批评领导权。

二、关于义务者：

1. 坚决执行人民武装基本任务。

2. 服从组织与纪律。

3. 服从上级指挥与命令。

第十六条　全体干部与队员均得遵守人民武装组织章程，执行边区人民武装委员会决议，服从上级指挥与命令。纪律条文规定如下：

一、保护群众利益。

二、服从指挥完成任务。

三、配合作战。

四、保守军事秘密。

五、爱护武器节省弹药。

六、遵守时间。

第十七条　人民武装纪律的执行，是建立在干部队员政治自觉的基础之上，以启示教育为原则，对人格、肉体之讽刺、侮辱、体罚等行为完全禁止。

关于执行纪律具体办法另有人民武装纪律条令公布之。

第四章　制造与经费

第十八条　边区人民武装经费与武器弹药费来源如下：

一、政府补给。

二、自己生产。

三、胜利品之一部份〔分〕。

第十九条　各级人民武装委员会之经费与武器制造经费均由政府负责。

第二十条　武器制造与修理：

一、县设装修工人三至五人负装置地雷、手榴弹与修理枪支之责。

二、分区设制造所，负责制造雷壳、手榴弹、炸药、雷管木柄、木塞等工作。

第五章　附则

第二十一条　本章程应由晋察冀边区人民武装代表大会通过执行，但在边区代表大会未召开前，暂由边区行政委员会公布施行。

第二十二条　本章程修改权属于边区人民武装代表大会。

选自《晋察冀边区行政委员会现行法令汇集》，上册，边区行政委员会 1945 年编印，第 243～249 页。

11. 晋察冀军区司令部通牒

1945 年 8 月 11 日

日本华北派遣军司令官下村定大将阁下：

日本天皇已向中、苏、美、英同盟国提出，愿依照中、苏、美、英四国波茨坦宣言所规定之日本无条件投降条款实行无条件投降。本军区已奉到延安总部朱总司令命令，负责接受本军区管辖内之日本军队投降事宜。凡依照中、苏、美、英波茨坦宣言所规定各款实行无条件投降之日本军队及其指挥机关，无论军官与士兵，交出其全部武装与军用物资，并按本军区各作战部队首长所指定地点分别集中，听候遣送回国者，均可得到生命安全之保障，并享有本军对俘虏人员之优待。但逾限不肯交出武装或敢行拒绝投降者，即用武力予以消灭。本军区特向大将阁下提出本通牒，限收到后四十八小时内答复，并饬所部实行无条件投降，以免遭受覆灭。

晋察冀军区司令员兼政治委员　聂荣臻
副司令员　肖　克
副政治委员　程子华
刘澜涛

选自《晋察冀抗日根据地》，第 1 册・文献选编（下），北京，中共党史资料出版社，1989 年版，第 1046 页。原注：“原载 1945 年 8 月 12 日《晋察冀日报》。”

六、财金税粮

1. 冀中行署关于货币金融的法令四则

1938 年 6 月—1939 年 4 月

一、禁运铜元出境

训令

查前以不少县份，发现汉奸大批私运铜元出境情事，为防止敌人利用此种铜元制造军火，及本区辅币于〔予〕以减少计，业经本署以财字一三五号令饬各县遵照禁运资敌在案，兹为充实前令内容起见，复经本署十一月份第三次署务会议议决："凡商民人等贩运铜元至一千大枚以上出境者（指冀中区域而言），一经查出，即以通敌论罪。"等语记录在卷。除分令外，合行令仰该县遵照，并布告商民等人一体通〔周〕知为要！

此令

注：财一三五［号］令内容为禁运铜元出境，违者铜元没收并严行惩处。

民国二十七年十一月二十六日

二、禁运白银出境

训令

查本署前为活动金融曾有仍准自由行使现洋之规定，业经以财字第十四号训令通饬各县遵照，并经布告通知在案，惟近日来迭据各县呈报，发现商民人等有携带现洋赴敌区贩卖或购买货物等情事，请设法严禁前来等情。查奸商贪图厚利贩运白银出境资敌，此等行为实起有汉奸作用，为巩固本区金融计亟应严加禁止以免资敌，兹规定办法如下：

（一）凡赴敌区之民众，无论其作〔做〕任何工作一概不准携带现银。

（二）商民如欲到敌区购置货物而持有现银时，务须向边区银行兑换法币（并非本行钞票因到敌区不能行使），不得携带现银出境。

（三）各级政府各级自卫队部，应督饬所属严密稽查，以防偷运，与敌区接壤之各级政府及自卫队，尤应严加注意！

（四）如查获私携现银赴敌区行使及贩卖时，除将现银全部没收充公外，并严予惩罚，以儆效尤，并可提出查获银数之十分之二奖给查获人。

上列办法仰即切实遵照办理，并布告辖境民众一体严密缉［查］为要！

此令

民国二十七年六月二十六日

三、行使伪钞及贩运法币出境惩处办法

训令

……兹经本署制定行使伪钞及贩运法币出境惩处办法四条例下：

（一）凡行使河北伪钞者（七个字码五元钞、B字头十元钞）一经查获，钞票悉予没收，如证明有故意行使行为，并处以一倍以上五倍以下之罚金，其由敌区大量输入此项钞票者，以汉奸论罪。

（二）凡行使联合准备银行伪钞者，一经查获，一律以汉奸论罪。

（三）关于贩运各种伪钞者，一经查获，一律以汉奸论罪。

（四）中中交三行钞票绝对禁止贩运出境，违者以汉奸论罪。

除布告并分令外，合行令仰该县遵照办理为要！切切！

此令

民国二十八年一月六日

四、禁用杂钞及河北钞

训令

查关于处置杂钞及杂钞办法，业经本署以财字第十四号训令饬遵在案，近据报告，敌人对于该项纸币定于五月十日后，即一律禁用。兹为抵制敌人向冀中排泄废票，免使民众蒙受损失计，决定于五月一日起河北钞及杂钞一律禁止在市面流通，望速发动民众携赴敌区行使为要。

此令

民国二十八年四月十七日

原编者注：以上训令皆系根据边委会在民国二十七年所公布办法之原则而制定，关于白银、法币等问题，已根据边区政府新方针将以上规定加以变更。

选自《抗日根据地政策条例汇集——晋察冀之部》，第2辑，1942年版，第343～346页。

互校版本：《晋察冀边区财政经济史资料选编》（四），天津，南开大学出版社，1984年版，第677～679页。原注：“《抗日根据地政策条例汇集》第二辑，晋察冀之部。”

2. 晋察冀边区救国公债募集办法

1938 年 7 月

第一条　本公债由军政民统一宣传，竞赛运动劝募并指定各县政府为经收机关。

第二条　募集之现金物品，以下列各款为限：

1. 现款（边币）（法币）（晋钞以一元一角折合法币一元）。
2. 硬币。
3. 粮食。
4. 布匹。
5. 棉花。
6. 物品材料之可立时变价或可直接应用者。

第三条　经收机关收到第二条所列各款之财物时，领为国币或可立时以国币计算数额者，应即如数填给正式收据，其须变价或估价者先给临时收据，俟变价或估定后，再换给正式收据。

第四条　正式收据及临时收据，由县政府制发之。

第五条　各县如以粮食物品抵购公债票有超过该县派购债票总额时，其超过之数二个月内补还之。

第六条　各县政府经募此项公债须按合理分配办法劝购，不准随粮摊派。

第七条　凡持有第四条之正式收据者，得向原出收据之经收机关，按照收据所载金额换取同额救国公债票，其开始换发日期，由县政府公布之。

第八条　县政府经收公债票款，限至本年六月二十日以前，至少完成会议决定收买粮食布匹等计划数量。

第九条　凡应募或经募公债多的机关或团体，由边区政府发给奖章或登报嘉奖之。

第十条　县政府经募债票款项，应随时解交本会核收，如系粮食物品，送交各地粮站听后拨用，应将办理情形，及所收数目，随时电报本会备查。

第十一条　本办法自公布之日施行。

选自《晋察冀边区财政经济史资料选编》（四），天津，南开大学出版社，1984 年版，第 174～175 页。

3. 晋察冀边区救国公债付息暂行办法

1938 年 7 月

第一条，本办法依据救国公债条例第四第六两条订定之。

第二条，各县推销公债付息时，悉依本办法之规定办理之。

第三条，各县县政府为法定付息机关，惟为适应游击环境及便利商民起见，各县得指定各区区公所代理付息。

第四条，各县推销之公债定自本年九月一日起至九月三十日止一次付息，过期停付，于下期付息时一并付给。

第五条，本公债为无记名式，凭票付息，不挂失号。

第六条，付息手续照下列规定行之：

甲、各县应遵照颁发表式（另定）分发各区，先调查全县公债实发行数及应付利息总数。

乙、付息时应遵照颁发表格（另定）登记号码同样两份，一份存县政府备查，一份于抵解息款时一并呈送本会备案，其各区区公所愿留存查证件者，亦可照缮一份存档。

丙、付息时除证号外，必须于公债票背面印就之方格填记一格或加盖付息戳记，同一号码付息两次者，其多发利息，由经手人负责赔补。

第七条，公债利为年息四厘，计算时即将全年按十个月计，半年按十分之五计，三个月按十分之二点五计，余仿此类推。其购到公债未满一月在半月以上者，亦以一月计，半月以下者不发给利息，一月以上之零日同此计算。

第八条，息款由各县解上田赋等款汇下垫付，期满后一并汇总极〔报〕抵。

第九条，各县认购人如有已交债款尚未领到债票或已领到债票尚未交债款者，此次一律不发给其利息，俟手续完备于下期付息时核实计算补发。

第十条，各县因付利息如发生特殊困难或其他事件时，可专案呈请核办。

第十一条，本办法如有未妥适处，得呈请修正之。

填表说明：

1. 发行公债数、各种面额总数（一元、五元、十元、五十元、一百元等）应于备考栏内分别登明。

2. 本表由各县自制，分发各区调查时适用之，惟填极〔报〕本会时须由县汇列总表。

3. 应付利息时应按发票收款之月分别计算核实填列。

选自《晋察冀边区财政经济史资料选编》（四），天津，南开大学出版社，1984年版，第176～177页。

4. 晋察冀边区征收救国公粮条例

1938年9月

一、理由　边区以农为主，本年农产丰收，兹为坚持持久战，扩大巩固边区，充实抗战物资计，决定征收救国公粮。

二、数量　此项救国公粮，由晋东北及冀西各县统筹小米十六万石。

三、用途　此项救国公粮用以供给军食、优待抗属、救济灾荒，有余作为政府收入之一部。

四、种类　此项救国公粮以收小米为原则，但得酌量地方物产，折收杂粮、棉花、小麦或现款，杂粮限定百分之二十五，棉花、小麦各不超过百分之十。

五、征法　（一）各家全部收入，折米计算，以其人口平均，每人年均小米一石四斗以下者不收。一石五斗至二石者收百分之三，二石一斗至三石者收百分之五，以上每加一石递增百分之一，增至百分之二十为止。

（二）各家长年雇佣，准除工资工食，不得计入其家人口之内。

（三）有固定职业、经年在外者，不得计入其家人口之内。

（四）五岁以内之儿童一人以半人计算。

（五）经营工业商业或以利息度日者，按其收入折米平均计算，在规定以内，任缴何种实物或现款。

六、存储　此项救国公粮，分在各村保管，非有政府命令或军用粮票不得动用。

七、杂折　山货、水果、菜蔬、棉花、烟叶、药材种种栽培之收入，及二十只以上之羊群，统以当地标准价格折合小米计算。

八、斗秤　斗以二十七斤计算，秤以十六两计算。

选自《晋察冀边区财政经济史资料选编》（四），天津，南开大学出版社，1984年版，第180～181页。

5. 晋察冀边区救国公粮储存保管办法

1938年11月

一、为节省运输便于支配计，各乡村所征公粮以分存各该乡村为原则，接近敌区或临近火车路之村乡，所征公粮，须移存于安全地区或由政府尽先动用。

二、一户所出公粮在一石以上者，仍由该户存储，其在一石以下者，数户集中一户，或觅公共地点存储。

三、各村各户所存之公粮，须能随时交出，不得借故拖欠。

四、各村各户所存之公粮，即由各该村户负责保管，不得损失糜烂，否则照数赔偿。

五、未经政府命令或无军用粮票，任何人不得动用公粮，否则照数赔偿。

六、各村所存公粮种类、数目、地点，均须造具底册，分存区村公所并由区造总册呈县以便统计分配。

七、区村每月动用公粮若干，须于月底将支付命令及军用粮票报县注销。

八、各县每月动用公粮若干，须于月底汇报上级注销以便稽核调度。

选自《晋察冀边区财政经济史资料选编》（四），天津，南开大学出版社，1984年版，第187页。原注：“晋察冀边区行政委员会《指示信》第2集，1939年7月。”

6. 晋察冀边区军用粮票使用办法

1938年11月

一、本委员会为适应游击战争便利军食之供给，并平衡人民负担计，制定军用粮票，按各部队人数分发使用，爰规定本办法。

二、军用粮票分二十斤票、一百斤票、五百斤票、一千斤票四种，领用粮食分小米、玉黍面、小麦、花料四种。

三、每月月终由本委员会按各部队人数、马匹、驮骡应需给养花料数目，发给下月之适量的粮票，各部队凭票向村中领用救国公粮。

四、各部队凭军用粮票向村公所领用粮食时，需通过所属区区公所，以便分配，而免挹注之繁，如军事吃紧，往返有误者例外。

五、各区公所于各部队接洽领粮时，需就各该部队所住地附近村庄妥为分配，以免各村存粮偏枯过剩之虞。

六、各村公所于接到粮票时，须立即按粮票所开粮类斤数照付食粮，如部队所需粮食小于粮票所开数目者，各村公所得以小额粮票找零，以使所付粮数与票额相等。

七、各村收到之军用粮票，于每月月终呈解区县政府核算，就其储存救国公粮项下核销，如某村支付粮食数量超过所存救国公粮时，县区政府应从他村输入补还。

八、本办法自民国二十八年一月一日起实行。

附则：

1. 从本办法实行之日起，各部未持军用粮票者均不准向地方要粮食，违者法办。
2. 军用粮票，只限军用，不得转移民商，违者以贪污论。
3. 军用粮票上所开之粮种粮数，不准挖补涂改，违者粮票作废，并依法惩处。
4. 伪造军用粮票以伪造钞票论罪。

选自《晋察冀边区财政经济史资料选编》（四），天津，南开大学出版社，1984年版，第188～189页。原注："晋察冀边区行政委员会《指示信》第2集，1939年7月。"

7. 晋察冀边区行政委员会禁粮出境通令

1939年2月公布

县长、县佐：

据报敌寇华北驻军粮秣大感缺乏，特于津济平时〔石〕张等地各设军用经理处，大批收集粮秣，致华北各地，粮价日益涨等情，查粮秣为军用要品，关系胜败至巨，故本会禁粮出境，已不啻三令五申，今者敌寇在各地着着溃败，又复大批收集粮秣图作最后挣扎，若不严加防范，深恐各县日久玩生，非惟中敌奸计，无异为虎添翼，抑且易使民食军用发生恐慌，影响抗战殊非浅鲜，合行再申前令，仰各该县长（佐）务须注意及此，针对敌人奸计严禁运粮出境，倘有奸宄之徒，置民族国家益利于不顾，而有运粮资敌从中渔利情事，除准将粮食全数没收外，并以汉奸论罪，惟在本边区各县互相调剂民食者，不在此限，仰即遵办，并转饬所属一体遵办为要！此令。

（二十八年二月公布）

选自《抗日根据地政策条例汇集——晋察冀之部》，第2辑，1942年版，第367～368页。

8. 晋察冀边区行政委员会关于政工人员生活津贴费的规定

1939年2月25日

专员：

县长：

查各级政府工作人员之生活费前以社会聚讼纷纭，复因战时财政困难，本会通令减低，以示生活均等，乃实行以来，问题滋多，有家室之累者，即难坐令饥寒，无家室之累者，亦感手头拮据，以致穷人离职，转而经营家业，富人畏苦，不肯献其所能，平均主义造成关门主义，吝惜小费，所得不偿所失。兹为网罗人材〔才〕决定予以变更，饭费仍维原案一律月支六元，服装冬季九元、夏季五元，零用各级政府首长十元，秘书科长八元，科员六元，办事员书记四元，特务、勤务、杂役人等二元，区长同于科长，助理同于科员，自三月份起实行，其有经济绰裕自愿减低者听。仰即转饬所属一体遵照。

此令！

选自《抗日根据地政策条例汇集——晋察冀之部》，第2辑，1942年版，第85页。

9. 晋察冀边委会为普遍设立银行办事处及代办所令

1939年3月30日

专员、县长、县佐：

查本会为完成经济建设，准备反攻力量计，决定在本边区各县，普遍设立银行办事处，及代办所。前经令饬边区银行，拟具筹设计划书到会，业经审核完竣，准予如拟施行在案，兹将该计划之重要部分及有关各专署、各县府者，摘录于后，仰即知照，并随时协助为要！

行政专区，各设办事处一处，但冀西第一第四两专区，合设一处，均在总行管辖下推动各县代办所进行工作。

县各设代办所一处，直属于各该区办事处，但距敌区较近县份，均酌情缓设。至已设代办所县份，不用另设。

办事处设于专署所在地，与专署同行动。专署应依据货币政策，协助办事处，推行业务。

各县府（或县佐公署）应根据货币政策，督促并协助各该县代办所，推行业务。

代办所，由各县贸易局，或公营事业代理之，暂不设员，为慎重业务起见，由代办所指定专人管理之。

代办所，月给津贴十元，如因解送款项等事，需用旅费，得按本月规定，由该管办事处核发。

办事处警卫甚少，应由专署负保护之责，如遇解送款项，亦向专署派和〔适〕当武装护送之。

各县代办所之设置，俟各区办事处成立后，径向各该县接洽成立。

现在银行库存，不敷各代办所之分配，所有代办所需用之基金暂由各该县署筹拨之。

当此抗战时期，各县代办所主要任务，在于“破坏敌人金融”“维持边币价值”“吸收法币”“推行边币”以稳定边区金融，各处所推行业务，宜按各地情形，灵活运用之，而各级行政机关亦应本此意旨多方协助！

此令

选自《晋察冀边区财政经济史资料选编》（四），天津，南开大学出版社，1984年版，第680～681页。原注：“《抗日根据地政策条例汇集》第二集，晋察冀之部。”

10. 晋察冀边区行政委员会关于粉碎敌伪货币阴谋的指示

1939年3月

我们接得各方面的情报，并且从汉奸报纸上也看到：“敌伪现在正加紧推行他〔它〕的货币政策。”他〔它〕的办法是：

一、对于法币（中中交农）及平津各行杂钞，统限于本年三月九日以前陆续收回，过期即禁止流通，而代之以伪联合准备银行钞票。在二月十九日以前，法币及平津各行杂钞，按九成收回，二月二十日至三月九日以前按六成收回，三月十日以后即停止行使。

二、对于山西省银行、晋绥地方铁路银号、绥西垦业银号、晋北盐业银行所发行的纸币，也是在二月十九日以前按票面九折使用，二月二十日以后至三月九日以前按票面六折行使，三月十日以后，即禁止通用。至于山西境内流行之小额通货，除掉按照上列办法实行贬价外，所不同的只是把禁止行使期间延长到民国三十年五月三十一日。

我们根据敌伪的货币政策，来估计它的企图，约有下列几种：

一、肃清市场：敌人虽然大量的〔地〕发行伪准备钞票，强迫敌占区民众行使，但是一般老百姓都知道敌钞是毫无准备、不兑换的纸片，所以都不乐意用它。相反地，我们法币的价值信用，却是大大的〔地〕提高了，不仅在租界内仍然是法币的市场，就是一般敌区民众买卖货物，也还是以法币作标准的。同时平津各行杂钞，如大中、农工、盐业、垦业、实业、中南等等，在市面上流行的数量也不在少。这一切，都使敌人感到不舒适，是敌人企图攫夺市场大量发行伪钞的最大障碍。敌人为了肃清市场上流行的法币及杂钞，遂行其货币一元化的政策，才规定出这种限期停使的毒辣办法。

二、吸收法币：我中央政府宣布了限制外汇的办法以后，虽然给了敌人一个极严重的打击；但在今天说起来，敌人仍然可以把吸收得的法币——当然只能是小部分，通过外人的路线，汇到英美各国，提取我们的现金，来补充他〔它〕巨额战费的消耗，或用以购买机械武器，充实其武装力量，这是第二个原因。

三、日寇自发动侵略战争以来，已经二十多个月了，因为巨额战费的消耗，敌国的财政，已经沦于破产："经济奇窘，财源枯竭，物价高涨，民生困苦"，到处笼罩着凄惨的气氛。这一切，都是敌人的致命伤，但是敌人为了作垂死的挣扎，除了拼命的〔地〕榨取其国内人民的脂膏外，他〔它〕更在我国成立所谓"联合准备银行"，大批发行纸币，企图攫夺我方资财，来坚持他对华的侵略战争，无奈他〔它〕所发行的伪钞，只能在被敌人占领的几个死城市和铁路线上强迫民众行使。其他的地区，都是我游击队的势力范围，伪钞是决〔绝〕难打进去的，于是敌寇才规定"法币及各种杂钞限期停使"的办法，企图把法币和杂钞大量的〔地〕吸收到他的手里，好从我们的地区内购买一切原料和物品！

上面是敌伪货币阴谋最明显的事实。

我们既然彻底地了解了敌伪的阴谋诡计，我们就应该针对着敌伪的这种企图，予以迎头痛击！

我们的办法是：

（一）法币（指中、中、交三行钞票而言，农钞另有规定）：

1. 加紧执行我们从前所颁布的货币政策，绝对禁止法币外流。

我们要保证不让敌人吸收一张法币去，如有携带中央中国交通三行钞票出境者，一被查获，除全部没收外，并以汉奸论罪，无论军民查获，一律提奖十分之一。

2. 边区内部贸易，一律以边钞为本位，持有法币者，于交易时须兑取边钞，违者法办。（但法币的保存，还是允许的。）

3. 本区商人有向敌区购买必需品者，应先到县区政府登记，由边区银行兑给杂钞，出外购买，绝对不准携带法币出境（指到敌区言）。其有贪图私利，不顾民族利益，故意违犯者，按照第一条之规定处理之。

4. 对于输出土货的商贩，应加强统制，我们要使他们尽可能的〔地〕把法币吸收回来，或换回本边区内必需的货品来，绝对不准收用伪钞。

5. 我们仍然要加紧进行兑换法币运动，凡民众存有法币者，均应劝其速向各地政府或银行兑换边钞，免使法币外溢。

6. 对敌区同胞，要加紧进行宣传，鼓动他们保存法币，不去兑换敌伪钞票。

（附注）农钞本来也是法币，在国内行使，原没有什么区别，不过敌伪因农钞没有外汇，已经拒绝行使，如果我们不设法稍加限制，一定会使本边区的金融趋于紊乱。所以我们对于农钞的处理办法，仍然要维持本会去年六月一日财务字第七号令文的规定："民众以农钞交粮纳税者，准按二成搭交。（如交粮纳税十元者，准搭农钞二元；其余八元，应交其他钞票。)”

原编者按：此项命令现已废止，现在中、中、交、农四行钞票均一律行使。

（二）杂钞

1. 各种晋钞（土货券在内）仍照旧行使，河北省钞票（指事变前的旧河北钞）也仍照旧通用。但是敌人伪造的“河北省银行钞票”（如大红袍之类），却必须严厉打击出去，绝对不准在我们区域内行使。

2. 对于大中、农工、实业、盐业、垦业、中南等银号钞票，要加紧打击出去：

(1) 向民众进行深入宣传，使他们赶快用杂钞去向敌区购买货物，务使此种杂钞，全数推到敌区，免受损失。

甲、由各级政府或各群众团体以及贸易机关合作社等向民众收集此种杂钞（并不是要拿其他钞票收买民众的杂钞），集体向敌区购买货物，回来后再分货，或者卖成钱分钱。

乙、向民众进行宣传，劝他们把自己所存的杂钞，拿出来凑在一起去买货，可以免受奸商的剥削。

(2) 各级政府对于上列各种杂钞，应该斟酌地方上实际情形，自行规定具体办法：

甲、贬值（因各地情形不同，故本会不拟代定贬低成数）。

乙、拒绝行使。

这样一来，杂钞自然会很快地跑向敌区里去。

3. 各县所流行的河北银钱局的铜元票，也应该实行“贬低价格或拒绝行使”的办法，把它打击出去。好在我们的角票，不久就可以大批发行了，找零是不成问题的。何况各县还有一些公的私的角票呢！

（附注）保商银行的钞票，已经本会明令拒绝行使了，所以这里不再列入。

（三）伪钞：伪联合准备银行、冀东银行、满洲银行、朝鲜银行、察南银行、蒙疆银行等，所发行的各种钞票，以及伪造的河北省银行钞票（大红袍之类），都是敌人用以吸收我方资财的魔鬼，它没有一点准备金，更没有一点信用担保，它只是一张彩印的废币，和阴曹地府的冥钞差不多，我们应该劝令民众一致拒绝行使。如仍有携带入境或私相授受者，一经查出，除全部没收外，并以汉奸论罪，查获人提奖十分之一，但是应该注意：

1. 查获的伪钞不要再用以往极笨的撕毁或烧掉的处置方法，因为我们还可以拿它去敌区买货物——用它的锤头捣它的眼。

2. 对于敌占区的民众，不应该因为他们带有伪钞，就随便给它〔他〕们戴上一顶汉奸帽子（对真汉奸当然不客气）。我们应该用政治说服的方式，争取它〔他〕们尽可能的〔地〕拒绝行使伪钞，以瓦解敌伪的经济统治。因为在敌伪高压之下的敌区同胞们，是没有立时拒绝行使伪钞的力量和办法的，我们应当体谅他们。

（四）边钞：我们的边钞，不仅基金充足、价值稳固，并且曾经中央政府合法批准，已在群众间树立绝大威信，我们应该再深入的〔地〕向群众间进行宣传解释的工作，使老百姓都知道巩固边区财政就是巩固边区抗日根据地、保卫自己身家性命的一个基本条件，而欲巩固边区财政，尤必须巩固边钞信用，对于我们所发行的边钞，都应十足通用，绝不得故意折扣边币价格，或明推暗抗不愿行使，违者严加惩处。总之，我们要设法保证边钞与法币价格的平衡，以提高与巩固边币信用。

此外，我们为了：

1. 激发敌区民众的爱国情绪，扩大我们边钞的政治影响。

2. 使我们能够大量的〔地〕发行边币，来代替法币，避免法币外流。

3. 在敌区内扩展我们的边钞市场，驱逐伪钞。

我们还要尽量向敌区推行边钞，争取一般敌区的同胞都来行使边钞，设法把边钞提成敌区的本位币，以瓦解敌伪的经济组织！为使这一工作能够顺利的〔地〕执行，我们欢迎敌区同胞用边钞来内地购买货物，凡公营的贸易机关，要尽可能的〔地〕给予一些优待（如减低货物价格等）。我们要用英勇的进攻姿态来扩展我们的边钞市场！

为什么我们要决定这样的办法呢？

（一）法币价值稳固，绝不会因为敌人的“限期停止流通”，而使法币的信用受到影响。相反地，这正说明了“敌人企图大量吸收法币，以补救其濒入崩溃的财政，肃清市场以建立其经济统治”的阴谋，是如何的险狠刻毒！但一般敌区或接近敌区的老百姓，因为政治文化水准低下，竟有中了敌人的诡计，而用法币去兑换伪钞的。更有一般奸商也乘机大作〔做〕其钞票买卖。这不仅是我们抗战的绝大损失，而且是不可饶恕的罪恶！所以我们要绝对禁止法币外流，要保证不让敌人吸收一张法币去，不让一张敌伪钞流进来。

（二）平津各行杂钞，本身是没有外汇的，现在敌人叫他〔它〕们（各该行）限期收回，他〔它〕们处于敌人高压之下，是无可如〔奈〕何的。如果我们仍然十足通用的话，一定会收到下列的坏结果，而无法收拾！

1. 敌区贬价，我们如仍十足通用，结果，敌区所流行的杂钞，必然会大量的〔地〕流进来，我们的地区，便成了杂钞充斥的市场，使敌人白白的〔地〕用废纸，换走我们好多货物，这是算不来的一个大损失。

2. 假如杂钞在敌区一旦停止行使了，那么我们边区内所有的杂钞，也便成了废纸，一文不值，这更是一个不可补救的损失。

我们为了避免将来的更大的损失，所以才决定了“驱逐杂钞”的办法：“实行贬值或拒绝行使”。我们希望能把杂钞完全打击出去！固然在目前持有杂钞的人，不免要多少受一点损失，但是“小不忍则乱大谋”，恐怕将来的损失是更要大的！我们要求各级政府各群众团体把这一点向民众广泛的〔地〕宣传解释，使他们彻底了解这些道理！

（三）山西省各银行号还在我们手里，而且他〔它〕们所发行的钞票是曾经中央承认的，所以我们对于各种晋钞及土货券还要照旧行使，但是有一点应该注意：就是当敌伪把吸收去的晋钞大量的〔地〕向我们边区内购买货物，或拼命的〔地〕向我们边区内推销的时候，我们为了打击敌人的货币阴谋，就必须采取断然处置！至于河北省银行钞票（伪河北钞不算），因为敌人一直到今天，还没有明白宣布：限期收回或禁止行使，而且在冀中冀西流行的数额还是相当的大，假如也要施行贬值或拒绝行使的话，可能引起社会上的大不安。同时我们又估计到敌人在掠夺了我们的河北省银行以后，曾用河北省银行的名义，印发了不少的伪河北钞，敌人为了维持他〔它〕所发行的这一部分伪河北钞的信用，敌人短时内不见得就要禁止流通。所以我们在目前对于河北钞票（指旧河北钞），也暂时照旧行使。等到敌人方面有什么变动，和我们的边钞能够大量的〔地〕发行的时候，再另行决定办法。

（四）伪钞是一文不值的废纸，我们不能叫敌人用废纸来攫取我们的资财，制造枪炮炸弹来残杀我们！边钞是我们的命脉，我们不能巩固我们边钞的信用，就不能支持这长期的抗战。所以我们要："严禁行使敌伪钞，不让一张敌伪钞流进来，巩固与提高边钞信用，扩展边钞市场！"

上列各项办法，是我们粉碎敌人货币阴谋、粉碎敌人经济侵略的一个有力武器。但这些办法的执行，却是一件非常艰苦的工作，必须军政民一齐动员，宣传，解释，检查……才能生效，所以我们希望各级政府要配合各群众团体以及当地驻军要展开广泛地热烈地讨论，把讨论所得的结果，具体地去布置，切实地认真地去执行！

"抗日的民族革命战争，不只是军事的政治的斗争，而且是经济的计争，这表现的〔得〕最尖锐的是货币的斗争。"我们要为粉碎敌人的货币阴谋而斗争！完结。致以

抗礼

选自《晋察冀边区财政经济史资料选编》（四），天津，南开大学出版社，1984年版，第686～695页。

11. 晋察冀税务稽征局办事细则

1939年9月

第一条　本边区各县税务稽征局员巡稽征税务，除依各县税务稽征暂行办法及其他法令别有规定外，应依本细则之规定办理之。

第二条　本局职员之职权规定如下：

一、局长负考察全县税务，审定比额，计划整理并监督指挥所属稽征之责。

二、副局长协同局长襄办全县税务并兼办会计员征解及保管税款税票、登记帐〔账〕簿之责，有指挥监督所属员役之权，为明职责起见，行文表报并应副署。

三、文书员承正副局长之命缮拟文件调查统计表册及保管卷宗等事宜。

四、稽征员承正副局长之命，办理批算查验书票经收税款及调查商业状况，督同巡查员稽查偷漏及其他一切事宜。

五、巡查员协同稽征员办理批算查验书票及稽查偷漏等一切事宜。

第三条　各局所属区村应设分局几处，由正副局长考核情形择要设置报会备查。

第四条　各局暨所属各分局应支经费，依税务征收暂行办法第六条之规定，由局造具预算呈经本会核准之。

第五条　各局暨所属各分局应用稽征员巡正副局长，得依稽征员巡任用暂行办法任用，任用办法另定之。

第六条　各局领用票据，应用骑缝字第字之上，冠以某县县名之首一字以示识别，此项冠字各局以木戳加盖之。

第七条　商人纳税时，应令开具品类数量运销地点，均交由稽征员、巡查员批算查验相符收款后，即予填给税票，不得留难。

第八条　票照内应填税详〔洋〕，数目字写大写，如填写错误不准涂改，只准画圈旁注，报明主管局长或副局长盖章证明，但错误重大者应另票填给，除将错误之票照月终列入开除项下，一面即时声叙错误缘由，送交主管局长核明，转呈本会核销，否则以舞弊论。

第九条　各种票照除印照每张收工料价洋一分，分运单收工料价洋五分，及法令别有规定者外，其余票照及罚金收据等，一律每张收工料价洋二分。

第十条　各局领用票照须加意保管，如有污损遗失，除印照每张赔偿二十元外，其余票照每张一律按五十元赔偿，倘有舞弊情事，并应按照舞弊惩处暂行条例惩处之。

第十一条　每日所收税款工料费，应于晚间造具传票送交副局长核收，分款登帐〔账〕不得存留，局长并应随时稽核，以免错误（传票式另定之）。

第十二条　各局及分局查获漏税案件，除印花税票案件另有明文规定外，应立时讯明处办，不得徇延，倘有商人违抗不服，应立即叙明案由，备文送交司法机关办理，并将处理情形月终表报本会备查。

第十三条　各分局征收税款每届十日同票根送总局汇核，列表报解本会核收，不得迟延（月报旬报表式另定之）。

前项票照缴查呈缴时，应分别总分局及票照性质装订成本（每本至多一百张）加以票面以免散佚（票面式另定之）。

第十四条　烟酒商在各局未成立前，旧存之烟酒均应照征存烟存酒税。

第十五条　各局除印信由本会颁发外，所属分局钤记由各局自行刻置。

第十六条　征收纸币以边区银行钞票及法币为准，晋钞晋东北各县可通用，每月并应将所收各种纸币数目分别注明于票据帐〔账〕簿之内，实收实解不得调换，违则以舞弊论。

第十七条　本细则自公布日施行，如有未尽事宜，得由局声叙理由呈请本会修正之。

选自《晋察冀边区财政经济史资料选编》（四），天津，南开大学出版社，1984年版，第207～209页。

12. 晋察冀边区各县税务稽征局会计规则

1939年9月

一、各局征解税款处理事务除别有规定外，依本规则办理之。

二、会计之职务如下：

1. 编造概算决算及每月预决算事项。
2. 报解各项税款事项。
3. 保管款项及单照票据事项。
4. 经费之请领及支付事项。
5. 各种表册簿籍登记事项。

6. 稽征税款及局长交办事项。

三、各局会计对于本局一切出纳款及各种票照，应随时稽核，如事后发生错误，应负赔偿之责。

四、会计帐〔账〕簿应按下列种类登记之：

1. 现金日记帐〔账〕。

2. 税款收支分类帐〔账〕。

3. 经费收支分类帐〔账〕。

4. 票照单据分类簿。

五、帐〔账〕簿启用前在皮面上须写明帐〔账〕簿名称及启用年月加盖本局印信，里面并应写明帐〔账〕簿页数及保管人员姓名。

六、收支款项应逐日与票据核对，分类结算登记，每十日由局长分别查核盖章，月终结算亦明之。

七、帐〔账〕内记载之字迹必须缮写清楚，数字位置尤应排列整齐，如有错误用红线二道划销更正，即时声述理由，送请局长证明，不得有刀刮皮擦及粘贴、涂改、撕毁等情事。

八、每日所收税款，应悉数存入指定银行或商号，如有特殊情形，紧急事变时，由局长或副局长随身携带负责保管。

九、各局向存款银行或商号遵章动用，留抵解拨各款时须填具支票由局长、副局长共同盖章后，始准提取。

十、各局驻在县份如无边区银行及代办分金库能负解款之责者，应由局长遴派妥员送交或由局长负责委派殷实商号代解，并须将该商号营业资本先期呈报备案。

十一、凡奉命指拨军饷或其他机关经费，应即时取具正副收据，局存副收据，其正收据由局呈本会抵解。

十二、各局经费须按核定预算总数，于月终准由税款内开支，备具总收据呈请本会抵解。

十三、各局每月开支经费，须取具各项收据编订单据粘存簿连同支出计算书呈送本会核销。

十四、本规则自公布之日施行。

选自《晋察冀边区财政经济史资料选编》（四），天津，南开大学出版社，1984 年版，第 210～211 页。

13. 晋察冀边区税务征收暂行办法

1939 年 9 月

第一条　本边区各县一切税务，为加强行政效率划一事权并便于稽征起见，在各县分别设局征收，定名为某县税务稽征局。

第二条　各县应征税捐，暂按下列六项征收之：

1. 烟酒税。
2. 烟酒牌照税。
3. 印花税
4. 外货入境税。
5. 营业税。
6. 本产货物出境税。

第三条　各总局设于县政府（或县佐公署）所在地，所属区村得按税收情形，酌设分局，定名为某县税务稽征第×分局。

第四条　各局经征人员，由下列人员分配组织之：

1. 局长一人，由本会委派县长（或县佐）兼充。
2. 副局长一人，由本会委派。
3. 文书员一人。
4. 稽征员及巡查员各若干人（分局在内）。
5. 勤务一人。
6. 分局稽征员一人，巡查员一人至三人。

第五条　各局所收税款每届十日呈解本会核收，如解送困难至迟须于月终一并呈解。

第六条　各局（包括分局在内）每日应支经费数目，按实际情况，在本会规定数目范围内，由局造具预算，呈经本会核准施行。各局及分局应支经费另表定之。

第七条　各县税捐所需票据，由各局先期向本会请领备用，各局不得自行印制，违者以舞弊论，并须将填过票据缴查，按月呈交本会审核。

第八条　本办法自公布之日施行。

选自《晋察冀边区财政经济史资料选编》（四），天津，南开大学出版社，1984年版，第214～215页。

14. 晋察冀边区征收烟酒税暂行条例

1939年9月

一、本条例依照所颁条例参以边区情形规定之。

二、烟酒两类之税率规定如下：

（一）水烟每斤征收税洋如下：皮烟丝二角，陕甘棉烟一角八分，清化水烟一角六分，本产水烟一角四分。

（二）旱烟烟丝每斤征收税洋五分，本产烟叶烟茎及本产小兰花烟为奖励输出并抵制纸烟起见，均一律免征产销税，出境税另有规定。

（三）烧酒（绍、汾、潞各种药酒均属之）每斤征收税洋五分，但绍兴酒每斤征收税洋二角（暂禁烧制，已以临财赋字第五号令明令禁止）。

（四）黄酒、柿酒每斤征收税洋四分，枣酒暂时免税。惟只限于废枣利用，好枣另定统制办法，不准酿酒。

（五）洋酒（凡各种洋酒及火酒及葡萄酒均属之）暂定为值百征五十，按照价值抽收，以海关征收关税估价表为标准，天则以批发市价核实征收（暂禁入境已以临财赋字第二四号令明令禁止）。

三、商人纳税不问数目多寡，一律依上列税率缴纳边区银行钞票及指定法币，如愿缴铜元者依当地时价核实折征。

四、凡本边区制卖烟酒者，均于产地照第二条税率征收一道，如须〔需〕运销他处时并应于起运前将品类数量报明征收机关，只要票货相符不再征税。倘非本边区所产之烟酒，输入本边区各县销售者，不问产地已否征税，于销地卸货地将品类、数量报清查验照第二条税率纳税一道，但为稽征便利起见，得于入境第一征收机关征收之。

五、凡已纳税之烟酒除由征收机关填签本会所颁税票外，并应粘贴印照以凭查验。烟酒在百斤、五十斤、十斤、一斤以上者，应贴甲、乙、丙、丁种印票。

六、征收机关每届月终应造具税款月报表连同缴查及税款于下月十日前分别解缴以资稽核。

七、商民制销烟酒有违章行为时，依下列规定处罚之：

（一）明知为私贩烟酒故意购买者，除补税外照税额处以三倍至五倍之罚金。

（二）藏匿、制销、贩运私烟私酒及票货不符者，除将货物充公并按货值处以二倍以上五倍以下之罚金。此项充公货物应由各局会同当地县区村长及商会等机关营业拍卖，并取具货主收据月终专案汇报本会，并须于旬月报表内增添私烟私酒复价两栏、核列实报价款完全解上，不得扣留充奖。

（三）不受检查或藉〔借〕端抗拒者，处以五元以上五十元以下之罚金。

（四）伪造或私改纳税票者，应照伪造有价证券，送当地司法机关依法惩治，前项罚金以二成充奖八成解上。

八、本条例自公布之日施行，如有未尽事宜得随时修正之。

选自《晋察冀边区财政经济史资料选编》（四），天津，南开大学出版社，1984 年版，第 216～217 页。

15. 晋察冀边区行政委员会烟酒牌照税暂行条例

1939 年 9 月

一、凡以华洋烟酒为业者，应一律遵本条例请领牌照，但专售本产烟叶烟茎不兼售其他烟类者免领牌照。

二、烟酒商于开业之始，应先将经理姓名、商号名称、营业地点、资本额以及营业种类详细列表填具申请书呈报该营〔管〕经征机关登记，经查核相符照章征收牌照税，按级填写牌照交商存执。

三、营业牌照分烟类、酒类、洋酒类三种，年分四季具领，以一、四、七、十等月之一日至十日为换领牌照时期，不得逾限。

（一）烟类营业牌照分整卖、零卖两种：

凡以烟类大宗批发与〔予〕零卖商人者，为整卖营业，计分三级。

甲、卷烟厂商之分公司及特约经理分销处，每季纳税银一百元。

乙、趸批买卖之烟草行，每季纳税银四十元。

丙、经理各种烟类批发店，每季纳税银二十元。

凡贩卖烟类零售［予］消费者为零卖营业，计分五级。

甲、开设店肆营售一切烟类者，每季纳税银十二元。

乙、他种商店大部分兼营一切烟类者，每季纳税银八元。

丙、他种商店兼售一切烟类者，每季纳税银四元。

丁、设摊零卖烟类者，每季纳税银二元。

戊、零售烟类之负贩者，每季纳税银五角。

（二）酒类营业牌照分整卖零卖两种：

凡以酒类大宗批发与〔予〕零卖商人者，为整卖营业，计分三级：

甲、每年批发满二十四万市斤以上者，每季纳税银三十二元。

乙、每年批发满十二万市斤至未满二十四万市斤者，每季纳税银二十四元。

丙、每年批发二万四千市斤至未满十二万市斤者，每季纳税银十六元。

凡以酒类零星售与〔予〕消费者，为零卖营业，计分四级：

甲、开设店肆贩一切酒类者，每季纳税银八元。

乙、他种商店兼售一切酒类者，每季纳税银四元。

丙、设摊零售酒类者，每季纳税银二元。

丁、负贩零售酒类者，每季纳税银五角。

（三）洋酒类营业牌照分整卖、零卖两种（洋酒暂禁入境，洋酒牌照亦暂停换发）：

整卖营业计分两级：

甲、各机制酒厂、进口商酒厂分公司及国家经营等，每季纳税银五十元。

乙、各代理及批发洋酒类商店，每季纳税银十五元。

（四）零售营业计分两级：

甲、各酒楼旅馆及酒吧等类，每季纳税银十元。

乙、各零售洋酒类商店，每季纳税银五元。

凡同时兼营烟类酒类及洋酒类或同时兼营整卖、零售者，均应分别领照各按定额纳税。营业牌照应悬于众目易见之处，其负贩者得随身携带，以便稽征机关随时检查。

营业牌照如有污损时，应随时检同污损之照申请换发，新照如有遗失，应详叙理由，觅取妥保申请核明补发，每次纳税五角。

四、烟酒营业牌照由边区行［政］委员会财政处印制，发交各局转发各商按季换领。

五、新营者无论在每季之任何月份领照均作一季计算，营业牌照核准发给后，如欲变更等级应于一月前声请核办。

六、未领营业牌照为第一条之营业时，除责〔令〕领遵章补具申请书交税领照外，处以应缴纳额一倍以上十倍以下之罚金。

七、烟酒牌照不得转卖让与或货用，违者处以二元以上五十元以下之罚金。

八、烟酒商朦〔蒙〕领牌照等级或拒绝检查时，得处以五元以上一百元以下罚金，前列各项罚金均以二成充奖八成解上。

九、本条例自公布之日起施行，如有未尽事宜得随时修改之。

选自《晋察冀边区财政经济史资料选编》（四），天津，南开大学出版社，1984年版，第218～220页。

16. 晋察冀边区征收营业税暂行条例

1939年9月

第一条　本条例遵照中央颁布各省征收营业税法令规定之。

第二条　凡在本边区境内营业者，除中央法令有特别规定外，一律依本条例缴纳营业税。

第三条　营业税之营业种类、课税标准、应纳税率，及交纳期限，另表规定之。

第四条　凡在本边区境内营业者，无论营业大小，均须开具下列事项，请领营业证，方准营业。

一、营业种类、字号及其所在地。

二、营业者姓名、籍贯、住址。

三、营业资本额。

四、全年营业收入估计数。

前项营业证，每年换领一次，酌收工料费洋二分，不取证费。

第五条　凡以营业总收额，为课税标准者，其营业总收入额年计不满一千元者免税，以资本额为课税标准性，其营业资本额不满五百元者免税。

第六条　凡以营业总收入额，为课税标准者，当由营业者，于每次纳税［时］以其应总收入，按帐〔账〕簿结算一次，完纳税款。

第七条　凡以资本额为课税标准者，应按实有资本总额核算，完纳税款，其有公积金、护本金者，均以资本论。

第八条　营业收入之计算，以每月营业收入总额为标准，资本额之计算，以前届结帐〔账〕后总额为标准，其新成立之营业，以其成立时资本实数计算。

第九条　以营业总收入额为课税标准者，如有分号，并就其分号课征之。

第十条　以资本额为课税标准者，总分号之资本金及公积金、护本金，不能区分时，得合计总数，就总号一并课征之。其总号在本边区外，而分号在本边区者，就其分号占用资本金额征收之。

第十一条　凡以资本额为课税标准，开业不满三月者，照三月征收之。以营业收入为课税标准，开业不满一月者，照截日营业收入数目征收之。

第十二条　凡摊床小贩、肩挑贸易等营业免纳营业税，但有门市、商号所分设之摊床，不在此限。

第十三条　营业税额之计算，系以业务为单位，如有一店而兼营数业，其税率轻重不一者，就其营业之主要部分征收之。

第十四条　营业者如变更业务，或增减资本，以及换记移转对，应立即呈报该管征收机关，换领新营业证，并须交清以前税款，方准营业。

第十五条　营业者如停止营业，应立即呈报该管征收机关，并清交停止以前之应纳税款。

第十六条　征收机关于必要时，得派员查验营业者所用之帐〔账〕簿文书货物等件，但须会同当地商会等团体及行政机关执行之。

第十七条　营业者意图偷漏税款，不请领营业证，或应换营业证而不换领者，除责令补税领证外，并照罚则罚之。

第十八条　凡营业人抗不纳税或不受检查者应停止其营业，如有聚众抵抗行为时，除停止其营业外，并得将当事人送交县政府依法惩办。

第十九条　各征收人员如有浮收滥罚或收款不发印据等情事，一经查觉或被告发查明属实者，按照情节轻重分别惩办。

第二十条　征收机关经征营业税，应按月公布一次，并编造报告表呈报财政处查核。

第二十一条　本条例施行细则及罚则另定。

第二十二条　本条例如有未尽事宜，得随时呈请修正。

第二十三条　本条例自公布之日施行。

选自《晋察冀边区财政经济史资料选编》（四），天津，南开大学出版社，1984年版，第221～223页。

17. 晋察冀边区征收营业税条例施行细则

1939年9月

第一条　本细则依据前项营业税条例施行细则。

第二条　营业商号，请领营业证时，须填具申请书，如系一月而兼营税率不同之业务，在两种以上者，应按照其营业主要部分，据实申报，申请书或另定之。

第三条　营业商号请领营业证时，应按照部定办法，资本在五百元以上者，每证贴用印花税票五角，五百元以下者贴用一角。

第四条　营业商号如将所领之营业证遗失或损坏时，应呈请征收机关补领或换领，其换领者，同时须将旧证缴销。

第五条　营业商号，应置备账簿，记载下列各事项：

一、买入货物或原料细数。

二、卖出货物或原料细数。

三、银钱收支逐日流水细数。

四、月结总数。

五、年结总数。

第六条　营业商号须将营业收入，随时记载帐〔账〕簿，不得浮记水牌，或另立副本，违者查明应纳税额，责令补缴，并照罚则处罚。

第七条　营业税由财政处察酌本边区商业情形，派员设局征收或委托县政府兼征。

第八条　营业税征收机关，应于门者〔首〕设置公告处，公布下列各事项：

一、营业税条例并施行细则，以及有关征收办法之一切文告。

二、逐日输币折合银元市价。

第九条　营业税款，应按月呈解，至迟不得逾次月十日。

第十条　营业证及营业税票据，由财政处印发，营业证为一二联式，税票为三联式，一联给营业商号，一联由征收机关税票交查，一联交财政处查核。

第十一条　营业税票据，每张收工料费洋二分。

第十二条　本细则如有未尽事宜，得随时呈请修正。

第十三条　本细则自公布之日施行。

选自《晋察冀边区财政经济史资料选编》（四），天津，南开大学出版社，1984 年版，第 224～225 页。

18. 晋察冀边区营业税罚则

1939 年 9 月

第一条　本罚则依据营业税条例第二十一条规定之。

第二条　营业商号对于每期应纳税款而推延不交，应按照下列各项，分别处罚。

一、逾限二十日以上者，加收滞纳罚金十分之一。

二、逾限四十日以上者，加收滞纳罚金十分之二。

三、逾限六十日以上者，得先停止其营业，仍追交税款，并加收十分之二之滞纳罚金。

第三条　凡违犯营业税条例第十八条之规定者，除责令分别补税领证外，并处以应补税额一倍至二倍之罚金。

第四条　违犯营业税施行细则第六条之规定者，除责令补税外，并处以应纳税额一倍至四倍之罚金。

第五条　营业商号，如有互相串通舞弊，希图偷漏税款，或假名影射、避重就轻等情事，除责令补税外，并处以应补税额二倍至六倍之罚金。

第六条　凡依本罚则补征税款及所收罚金，应照下列各项办法：

一、填给补税票据。

二、填给罚金收据。

三、受罚者之姓名字号及罚金数目，应于每月终揭示门首。

第七条　各征收机关遇有处罚案件，应随时专案呈报财政处，并于月终列表汇报查核。

第八条　罚金以二成充奖，八成解财政处。

第九条　本罚则如有未尽事宜，得随时呈请修正。

第十条　本罚则自公布之日施行。

注：

一、晋察冀边区征收营业税税率及缴纳期限表（略）。

二、晋察冀边区制造业税率表（略）。

——以制造业为限，依资本额课税，凡资本在五百元以下者免税。

三、晋察冀边区物品贩卖业营业税税率及缴纳期限表（略）。

——以贩卖业为限，依营业额课税，凡营业收［入］全年不满千元者免税。

选自《晋察冀边区财政经济史资料选编》（四），天津，南开大学出版社，1984年版，第226～227页。

19. 晋察冀边区所得税暂行办法

1939年9月

第一条　凡有下列所得之一者，依本办法征收所得税。

1. 第一类：缴纳营业税之有固定经营场所之各种营利事业所得及资产之所得，不论公营私营、公私合营，不论经常或一时之所得均属之。

2. 第二类：不缴纳营业税之无固定经营场所之各种营利事业所得及资产之所得均属之。

3. 第三类：自由职业者，其他从事各业者之薪给报酬所得称“薪给报酬”，不限于薪金；凡以劳力、智能、技艺直接换取之金钱物资报酬均属之。

第二条　下列各种所得，免征所得税。

1. 脱离生产之党务人员、军队人员、政权人员、合作社人员、公营企业人员、群众工作人员、邮务人员、杂务人员、士兵、教职员之生活费及薪金。

2. 工人之工资。

3. 合作社之营业所得，但其不以社员为主要供销对象之营利所得不在此限。

4. 政府批准之公益事业，非营业性之公营事业及区级以上脱离生产军政民选人员以自身劳力经营之工农所得。

5. 革命军人及政工人员家属受补助之收入，或因革命伤亡所受赏恤之所得。

6. 矿业。

7. 边区银行之所得。

8. 报社、新闻机关之所得。

9. 其他不属于第一条各项之所得。

第三条　第一类、第二类所得，系指其总所得除去业务必要消耗费后之数额。

第三类所得系指其总收入，但自由职业者之设有事务所，或其他组织者准予除去业务之必要消费。前项所称“业务必要消费”系指经营人员之消耗、工资、土地或房屋之租金，机械器具之修缮费、使用费及保险费、广告费、旅费、获得收入上之必要负债之利益，折售、盘存、消耗、不能收回之呆帐〔账〕及其他营业上必要之消费，但其家属费用、营业上扩充或改革设备之费用，足以增加其原有价值者，以及自由之赁与、税额罚款等，不得列入业务消耗。对家事与营业兼用之土地或房屋之租金或其他费用应估计属于营业之专用部分计入业务必要消费。业务必要消耗系指最低限度之必要消耗，不等于实际消耗，此项最低之必要消耗具体数额得由该管政府根据当地情况订之。

第四条　各类所得之免税点依下列规定：

第一类：以户为单位，以每半年所得二千元为免税点。

第二类：全家每人（指在家生活之非经营人员）每半年所得二千元为免税点。

第三类：每一收入所得人每月所得三千元为免税点。

免税点以下者不征，免税点以上者，只就超过部份〔分〕征税，一户同时有数种所得者，以其主业除一“免税点”，以免重复。

第五条　各类所得户之累进，依下列规定：

甲、第一类所得及第二类所得之税率，依下列规定：

每户半年纳税收入未满三千元者，征税百分之三。

每户半年纳税收入三千元以上未满六千元者，征税百分之四。

每户半年纳税收入六千元以上未满一万元者，征税百分之五。

每户半年纳税收入一万元以上未满一万五千元者，征税百分之六。

每户半年纳税收入一万五千元以上未满二万元者，征税百分之七。

每户半年纳税收入二万元以上未满二万五千元者，征税百分之八。

每户半年纳税收入二万五千元以上未满三万元者，征税百分之九。

每户半年纳税收入三万元以上未满四万元者，征税百分之十。

每户半年纳税收入四万元以上未满五万元者，征税百分之十一。

每户半年纳税收入五万元以上未满六万元者，征税百分之十一。

每户半年纳税收入六万元以上未满七万元者，征税百分之十二。

每户半年纳税收入七万元以上未满九万元者，征税百分之十四。

每户半年纳税收入九万元以上未满十一万元者，征税百分之十五。

每户半年纳税收入十一万元以上未满十三万元者，征税百分之十六。

每户半年纳税收入十三万元以上未满十五万元者，征税百分之十八。

每户半年纳税收入十五万元以上未满二十万元者，征税百分之二十。

每户半年纳税收入二十万元以上未满二十五万元者，征税百分之二十二。

每户半年纳税收入二十五万元以上未满三十五万元者，征税百分之二十四。

每户半年纳税收入三十五万元以上未满四十五万元者，征税百分之二十六。

每户半年纳税收入四十五万元以上未满六十万元者，征税百分之二十八。

每户半年纳税收入六十万元以上者，征税百分之三十。

以百分之三十为累进最高率。

乙、第三类所得之税率依下列规定：

每月纳税收入未满一千元者，征税百分之二。

每月纳税收入一千元以上未满三千元者，征税百分之三。

每月纳税收入三千元以上未满五千元者，征税百分之四。

每月纳税收入五千元以上未满七千元者，征税百分之五。

每月纳税收入七千元以上未满九千元者，征税百分之六。

每月纳税收入九千元以上未满一万一千元者，征税百分之七。

每月纳税收入一万一千元以上未满一万三千元者，征税百分之八。

每月纳税收入一万三千元以上未满一万五千元者，征税百分之九。

每月纳税收入一万五千元以上未满一万七千元者，征税百分之十。

每月纳税收入一万七千元以上未满一万九千元者，征税百分之十一。

每月纳税收入一万九千元以上未满二万一千元者，征税百分之十二。

每月纳税收入二万一千元以上未满二万五千元者，征税百分之十三。

每月纳税收入二万五千元以上未满三万元者，征税百分之十四。

每月纳税收入三万元以上者，征税百分之十五。

以百分之十五为累进最高率。

医生、工程师减半征收。

兼有数类所得者，合并计算统依其主要业务累进。

第六条　第一类第二类所得每半年调查征收一次，于每年一月及七月为之。第三类每月调查征收一次，于翌月十日以前为之。

第七条　纳税义务人，应于每年一月及七月，以申报书向主管机关申报（样式附后，由政府或税务机关印发），歇业开业迁移更换名号时，应于二十日内向政府机关或税收机关申报（样式同营业税）。

第八条　营业场所在二处以上者，或兼营业务二种以上者，在市县范围内，应将其所得金额合计，向其主要营业场所在地之主管机关，一并呈报纳税，其不合并呈报者，以意图偷税论。

第九条　在所得税调查期间，各业各区及市得组织所得税调查评议委员会，由政府、税务机关、合作社、商会或公正商人等五人至十一人共同组成，但最后决定权属于各县市政府。

第十条　主管机关接到纳税报告书后，得交调查评议委员会评议调查并考查决定后，应将结果通知纳税人，纳税人应在限期内，依数缴纳税款。

第十一条　纳税人于接到前项通知后，如有不报时，得于五日内，叙明理由，连同证明文件，请求主管机关备查。

第十二条　纳税人对于复查不报时，得于五日内，向上级政府提起申请，上级政府对申请之决定，即为最后之决定。

第十三条　在复查申请期间，纳税标准尚未决定者，应暂按原调查或评定结果依期缴税，俟最后决定，再行清算找补。

第十四条　税额在未满一元以下之零数不计。

第十五条　主管机关人员及调查评议人员，因调查评议工作之需要，得检查营业者之帐〔账〕簿、货物、存款及其他有关物件，或询问营业人。

第十六条　申报时少报所得，多报消费，或以其他不正当行为意图偷税时，一经查觉，除补征应纳之税外并课以偷税额半数以上、四倍以下之罚金。

第十七条　不为第七条之申报者，课以百元以上千元以下之罚金。

第十八条　不依期限纳税者，除限期追交外，并得依下列规定处罚之：

一、欠交逾一个月者，得课以所欠税百分之一以上百分之五以下之罚金。

二、欠交逾两个月者，得课以所欠税百分之五以上百分之十以下之罚金。

三、欠交逾三个月者，得课以所欠税百分之十以上百分之二十以下之罚金。

第十九条　本办法得由晋察冀边区行政委员会随时修改之。

第二十条　本办法之施行地区，由各省政府行署指定之。

第二十一条　本办法自公布之日施行。

选自《晋察冀边区财政经济史资料选编》（四），天津，南开大学出版社，1984 年版，第 228～233 页。

20. 冀中村合理负担办法

1939 年 10 月

第一章　总则

一、为改善人民生活、实施合理负担，在边委会所颁布之村合理负担实施办法未能实行前，特制定本办法。

二、暂行合理负担以村为单位，村中遇有一切摊派，须按本办法去分配负担之。

三、暂行合理负担以地亩为标准。

四、暂行合理负担以每人为单位，视其平均地之多寡，划分等级实行累进法。

五、地亩计算以所有权为标准，不得以出租出佃或其他办法避免负担，但关于典当地之计算，须列入承典人（典地人）名下。

六、人口计算以本家人为标准，女子已嫁者列入夫家计算，如系雇工或寄居为生者，须列入本家，不得列入主家或寄居之家计算，

七、儿童亦按成人计算，在敌区居住之人口及出外一年以上许久无音讯者，则不列入计算。

八、暂行合理负担每人除去一亩半地（以通行之小亩即二百四十工为标准）不纳摊派外，其超过地数，即按累进法计算收派。

九、在民国二十八年二月十九日（即旧历元旦）以前之摊派，均按旧办法征收，二十八年十月十九日以后之各种摊法〔派〕均按此办法征收。

第二章　分则

十、暂行合理负担以每人除去一亩半外，平均有地在五亩以下者为第一级，五亩一分

以上十亩以下者为第二级（不足一分者不予算入），十亩一分以上十五亩以下者为第三级，十五亩一分以上二十亩以下者为第四级，二十亩一分以上二十五亩以下者为第五级，二十五亩一分以上三十亩以下者为第六级，第六级以上之地亩均按第六级计算。

十一、公款或私人团体之款不便以人口计算者，按地亩之多寡分别等级计算摊派。如五亩以下者为第一级，五亩一分以上十亩以下者为第二级，余类推。

十二、暂行合理负担以第一级为基本单位，每亩仍按一亩为计算单位，如级累进其差为二分，即为二、四、六、八、十之比。余次而为一亩二分、一亩四分、一亩六分、一亩八分、二亩之比例。第六级以后之地亩，每亩均按二亩计算摊派，不再累进。

第三章　施行条例

十三、地亩计算公式：例如，某户有人二口共地二十七亩，除每人除地一亩半共三亩，尚余二十四亩，每人平均有地十二亩，根据第一条之规定分为三级，第一级五亩，第二级五亩，第三级二亩。根据第十二条之规定，第一级每亩仍按每亩计算，共计五亩，第二级每亩按一亩二分计算，共计六亩，第三级每亩按一亩四分计算共计二亩八分，总计每人应纳摊派地，共十三亩八分，该户有人二口应纳摊派地二十七亩六分。根据上例即可得到计算应摊派地之公式：

“第一级亩数加第二级亩数乘一点二，加第三级亩数乘一点四，加第四级亩数乘一点六，加第五级亩数乘一点八，加第六级亩数以后之亩数乘二，其总和再乘该户人口数。”以上例数字代之即：

$(5+5\times1.2+2\times1.4)\times2=27.6$ 亩（应纳摊派地）

十四、地亩计算条例（略）

十八、摊款条例（略）

附注：

一、各户人口之增减土地之转移，须随时报告村公所转呈区县备案。

二、关于出租地亩，在本办法未公布经地主租户双方规定摊派，由租户担负之契约一律无效。

三、遇有房产收益及动产之各户，由县政府自行调查，酌量情形规定摊派办法，呈准本署后实行之。

四、关于各县商家摊派，由各县政府根据实际情形或按照旧法（如商三民七、商二民八等）或重新规定提交县行政扩大会议通过后再呈署备案。

五、凡属收益之船只，均须按其收益之多寡折合地亩计算摊派，至其折合办法，由各县自行规定并呈署备案。

六、每村地亩如地质地位有显著差异者，则分别等级计算摊派，至于分别等级办法，由各县自行规定，提交县行政扩大会议通过后再呈署备案。

七、除河地、沙地、水荒等地亩概不计算摊派外，其余能生产之地亩一律摊派。

八、无论用任何方法，隐瞒地亩者一经查出，除将其应摊出款如数纳交外，并处以所瞒地亩地价百分之五十之罚款。

九、各地如有特殊情形时，得由县区行政会或村民大会讨论规定之。

十、每一抗战军人除地三亩免除摊派。

选自《晋察冀边区财政经济史资料选编》（四），天津，南开大学出版社，1984 年版，第 157～159 页。原注：“《抗日根据地政策条例汇集》第 2 集，晋察冀之部。”

21. 晋察冀边区平山县村合理负担办法

1939 年 11 月

村合理负担实施标准办法

一、实行村合理负担，以村为单位。

二、民户合理负担比例分数调查简表及民户土地登记表，由区公所印发各村民户（得酌收纸价）。

三、填表说明，各合理负担累进分数表，由县府印发，每村三张。

四、先由民户据实自填民产土地登记表一份，交村公所经评议会核定后，再行填造民户合理负担比例分数调查简表二份，一份汇存村公所作根据，一份汇报区公所备查，再由区所列表（村合理负担比例分数简表）汇报县府备案（如村中文化水准低者，由工作员指示填造）。

五、县府备案后，村中一切负担，皆按分数负担，未得分数者概不负担。

六、按村中所需款项得随时依据分数摊派，民户之财产收入有变更者，得于重新改造时填表计算。

村合理负担村评议会组织法

一、村长副及四委员会主任、代表秘书、各团体代表、分队部一人为当然议员，余由公民代表互推之。

二、评议会人数以五人至十五人为限。

三、评议员每人每日得开支饭费洋三角，期限由区公所酌情规定之。

四、评议会完竣后，将评议分数公布示众，召集村民大会通过后施行，并由评议员等具结（签字），保证真实，以防舞弊。

五、评议会系临时组织，不负执行责任，评议终了后，即行解散。

六、评议某评议员本身负担时，某评议员无发言权及表决权，并得回避之。

七、评议会无固定主席，开会时临时推举之。

八、村长副负召集开会之责。

村合理负担填表说明

一、合理负担对外籍取属地主义，本县取属人主义（外籍地，每户按一人计）。

二、业主在敌占区者，应向其资产所在地交纳合理负担。

三、各种资产数量及价值，限期由户主自报，再经评议会公平审定，其收入即按现时计算（如村中文化水准低者，由工作员主持填写）。

四、隐匿不报办法简章：

（一）如有隐匿不报，或到期不报者，随时查觉，以隐匿资产之五成处罚之。

（二）男子年在二十岁以上四十五岁以下填报不实者，则虚报一岁罚洋五元。

（三）如有虚报人口者，每虚报一口罚洋五元（女出嫁者算其婆家人口，其娘家不必填写）。

（四）评议会员，如有故意以多议少，得酌情处罚之，或政府照价收买，以免流弊。

（五）评议员如有隐匿或虚报者，得加倍处罚。

（六）罚款可提十分之二奖给告发人或检举人，十分之三归村公所，其余十分之五归县府。

五、土地栏：

（一）土地价值按常年计算，须事先由评议会将该之地依其土地的好坏分为甲、乙、丙、丁四等，每等再分上中下三级，而定其价值。

（二）土地之收入按其净收量估计，地租按实数填报，为防止隐匿情形，可照以下原则，纯粹自耕者，其收量不得少于典价的二倍，纯粹雇工耕种者，其净收量不得少于典价。

（三）坡地能种五年以上者，与普通地同，不能种五年以上者，不计总值，计收入。

（四）荒滩垦地在五年以内者，计亩数与收入，不计总值，在五年以后者，与普通地同。

（五）当地户所当之地以自己地论（为防止舞弊计，公家有先当权）。

（六）户主以户为单位，登计〔记〕亩数，不计总值与收入（指不能生产者言）。

（七）户产能经常生产与经常出租佃者，自应算其总值与收入（算法可先按该户产所属各家原有股份的大小，分别计算，将应得之数，再与其本家之资产收入合并计算，依照上年旧例办）。

六、房屋栏：房屋概不计总值，但向外租赁者，年得租金，得计其收入。

七、林木栏：

（一）林木包括柿子、花椒等山货，及其他果园等。

（二）林木总值包括地值与林值，收入按百分之二计算。

（三）果园计总值（计地值，不计树值）与收入。

（四）林木每户值在十元以上者，计值与收入，十元以下者不计。

（五）山货收入照今年收获价格计算。

八、畜养栏：

（一）包括牛、马、猪、羊、蜜蜂等畜养。

（二）牲畜计值不计收入，但脚户之牲畜计值与收入。

（三）羊为提倡牧畜事业计，收入按总值百分之六至百分之十计。

（四）养蜂在五窝以上者，每窝每年收入按三十元计，但不计总值。

（五）猪不计值与收入，但以养猪为业者（如粉房与养母猪），计值与收入。

九、人力栏：

（一）人力收入系指能生产而不参加生产者言之。

（二）生产年龄及生产最低数目；

1. 十六岁至十九岁、四十六岁至五十五岁，为半个生产力，以二十五元计。

2. 二十岁至四十五岁为一个生产力，以五十元计。

3. 不到十六岁或过了五十五岁和残废人与不能参加生产者，不计人力。

（三）为人做长工或短工，按实在之收入计。

（四）教员与公务员（贸易局职员按公务员论），每年收入按五十元计。

（五）各级政权之通讯员、服务员、警卫队、杂务员不计人力。

（六）各团体、自卫队、合作社，脱离生产之工作员不计人力。

（七）人力非单指体力而言，如由智力、技艺等所得之报酬均在内。

十、存款栏：

（一）存款系指现存与出放两种而言。

（二）出放或出借之款项，债权人不填报者，以放弃债权论。

（三）凡投资于生产实业者，计收入，不计总值。

（四）买救国公债者，不算存款。

（五）投资合作社、贸易局及建设银号者，不计总值计收入。

（六）凡以存款借给政府，做慈善事业者，不算存款。

（七）拔会之暂不登计〔记〕。

十一、存粮栏：

（一）存粮系指现存及出放者而言。

（二）年入息，指出放之粮食所得之利息而言。

（三）凡以存粮借给政府做慈善事业者不算存粮。

十二、总计栏：

（一）资产共值量，以上各项之总值相加而得。

（二）全年共入，是以上各项年入相加而得。

十三、负债栏：

（一）债务人所报负债数目，必须经债权人之证明并由债权人村长盖章，方为有效。大宗之借款该欠同（证明书由县制样由区印发，债权人如不出具证明书，以放弃债权论）。

（二）负债不只限于债务，大宗借款及该欠（无息借款）也为负债，但不计出息。

十四、资产净值栏：

（一）负债数目在资产内除去，其余为资产净值。

（二）除去净入，系由全年共入内减去年出息而得。

十五、每口平均资产，系用人口数除“除债净值”数而得。

十六、每口平均收入，系用人口数除“除出净入”数而得。

十七、格内有斜划者勿用填写。

十八、分数计算法：

（一）资产之分数计算法：每口平均先除去五十元，其余以户为单位，不及五十元者不计分，到五十元者为一厘，七十五元为一厘半，一百元为二厘，依次类推。

（二）收入分数计算法：每口除去三十元之生活费外，以人为单位，应照合理负担累进分数表计算。

十九、人事方面：

（一）出征抗日军人，不计收入而算为其家人口之一。

（二）小孩子在六岁以上者，按一个大人计算，六岁以下者，以半口计。

（三）家中有人在外，不知其职业与住址者，家中人口不计算在内。

（四）一家分居两村，仍在伙中，其资产应按其所住年久之村庄计之。

（五）养老财产，兄弟分家，父母有财产者，应分之一户。

（六）兄弟分家，父母无财产，由兄弟轮流养侍者，父母应立一户，其养老金列入收入内，于兄弟收入项内扣养老金的消耗。其无养老金，只轮流吃饭者，列为其子家人口几分之几。

（七）兄弟分家，父母有财产与某儿合住者，应各立一户。

（八）体己财产之主人，应另立一合理负担单位，不除消耗。

（九）本县人土地、房屋及其他财产，无论在本县何处，一律须将其收入及总值，分别算归本主之资产及收入，向本主所在地之村庄交纳合理负担。

（十）鳏寡孤独老幼不堪之家，分数计与普通者不同。

1. 鳏在五十岁以上或有丧子不及十岁者，资产与收入总计每人不满百元者不计。

2. 寡妇不分老幼，或有孤子在十五岁以下者，资产与收入总计不满百元者不计。

3. 老幼残疾而不能生产者，其家并无其他人者，亦得同样计算之。

二十、举例：

比如某户有六人，其中六岁以下者二人，按人口计算法，全家应以五口计算，设其家有资产二千九百元，其每口平均资产为五百八十元，每口除去五十元（最低生活费的资产），余为五百三十元，全家合计为二千六百五十元，被五十（以户为单位，五十元为一厘，七十五元为一厘半）除得之商数为五，余数不足二十五元，即令去之（即全家分数）。设其家每年共收入五百三十五元，其每口平均年入为一百零七元，除去最低生活费三十元为七十七元，查合理负担累进分数表上，与所列收入七十五元者最近，应即按该级分数计算，每口应得一分七厘（因其零数为七元，照附注之规定应按五元计），合全家五口应得八分五厘，再与资产全家应得分数五分相加，全家总计应得十三分五厘。

（一九三九年十一月定）

原编者注： 自边委会合理负担办法公布后，在执行中各县多有新的创造，如唐县、盂县、平山等，其中以平山之办法比较完善，可为各地之代表，故余略之。

选自《晋察冀边区财政经济史资料选编》（四），天津，南开大学出版社，1984 年版，第 160～166 页。原注：“《抗日根据地政策条例汇集》第 2 集，晋察冀之部。”

22. 晋察冀边区预算暂行章程

1940 年 4 月

第一条　边区各机关年度预算之编造审议核定及执行，除法令别有规定者外，悉依本章程办理。

第二条　各机关之预算每一会计年度办理一次：

会计年度每年一月一日开始，十二月三十一日终了，其年度以各本年之年次为名称。

第三条　每一会计年度之一切收入为岁入，一切支出为岁出，均应编入其预算。

第四条　年度预算分为边区及县地方两部分，又各按其性质各分为经常临时两门及岁入岁出两类分别编制。

第五条　各机关逐年常有之各项收支均应列经常门，其非逐年常有之各项收支均应列临时门。

第六条　凡有收入之机关，其岁入预算与岁出预算同时编送，其有临时收支者，应将临时及经常两门预算同时编送。

第七条　预算之编制均按规定格式及尺度办理（格式另附），计数均以国币元为本位小数至分位为止。

第八条　凡工程制造及其他事业在一年度内不能完成者，应照其所需经费总额编制继续经费预算书附具说明并将各年度应需之数分别列入年度岁出预算。

第九条　凡特别建设或购置需用巨额经费者，应于编送预算时说明事由并分别附具设施计划及图样估单。

第十条　岁出预算应酌设预备费，其总额按照岁出总额百分之五至百分之十编列，但只限边区总预算及县地方总预算，其他部分机关除本章程另有规定外，不得援例。前项预备费不论边区款或县地方款，均须呈由本会核准后方得动用。

第十一条　各机关应于每年度开始前一个月根据全年施政计划规划收支拟编年度预算。

第十二条　各机关预算应以收支平衡切合现实为原则，将岁出预算总额超过岁入预算总额，应于编造预算时附具补救意见书备核。

第十三条　各机关预算编成后，应交由同级民意机关审议通过。

第十四条　各级民议机关审议同级机关预算，应以不违反边委会施政方针及法令为原则。边区级审议办法由边区参议会定之。

第十五条　各机关预算分级按下列程序审定：

甲、县地方预算应呈由直属专署审核后附具意见转送边委会核定。

乙、边委会直属机关及其分机关之预算，均由各直属机关汇编总预算，经呈边委会核定。

边委会审定各机关预算之后，应汇编边区总预算公布施行，但关系战时秘密者例外。

第十六条　各机关次年度预算应于每年十二月十日前各缮具两份送由经转机关审核后，于十二月二十日前检送边委会一份。其情形特殊或边远之地方，并应酌量提前编送。

前项预算如无经转机关者，可编送一份。

第十七条　边委会审定之各机关年度预算，应于十二月底以前批准或批驳，必要时以电令行之。

第十八条　预算岁入岁出应按来源用途各分门类科目规定如下：

甲、边区岁入来源别科目：

1. 岁入经常门：

第一目　合理负担；

第二目　田赋；
第三目　契税；
第四目　税收；
第五目　法收；
第六目　公营事业收入；
第七目　公产收入；
第八目　应退还之收入；
第九目　上年度结存；
第十目　其他。
2. 岁入临时门：
第一目　公债；
第二目　赊借；
第三目　献金；
第四目　罚款；
第五目　没收汉奸财产之收入；
第六目　其他。
乙、边区岁出用途别科目：
1. 岁出经常门：
第一目　军费；
第二目　政费；
第三目　教育费；
第四目　建设费；
第五目　抚恤费；
第六目　利息；
第七目　补助费；
第八目　上年度亏空；
第九目　预备费；
第十目　其他。
2. 岁出临时门：
第一目　投资；
第二目　救灾；
第三目　慰劳；
第四目　其他。
丙、县地方岁入来源别科目①：
1. 岁入经常门：
第一目　合理负担；

---

① 原件“丙”项缺标题，参照上下文，应是“县地方岁入来源别科目”。

第二目　田赋附加；

第三目　契税附加；

第四目　地方财产收入；

第五目　地方事业收入；

第六目　补助款收入；

第七目　上年度结存；

第八目　其他。

2. 岁入临时门：

第一目　赊借；

第二目　行政罚金；

第三目　违警罚金；

第四目　没收汉奸财产收入；

第五目　其他。

丁、县地方岁出用途别科目：

1. 岁出经常门：

第一目　政费（包括公安局军代所等经费在内）；

第二目　教育费；

第三目　建设费；

第四目　地方武装费；

第五目　群众团体补协费；

第六目　支差费；

第七目　预备费；

第八目　特种会议费；

第九目　上年度亏空；

第十目　其他。

2. 岁出临时门：

第一目　应急设施费；

第二目　其他。

戊、本会直属机关预算门类各异个别规定。

第十九条　各机关应按其审定年度预算之经费数额制定预算分配表，按月编造分月预算及分月计算，分月预计算造报办法另定之。

第二十条　岁出预算审定后各机关应负责执行，非有重大事故或特殊变迁，不得缺少其为征收机关征收税赋合理负担等收入，并应照法定科目税率或单行法令征收，非经法定程序核准修改，不得有所增减。

第二十一条　岁出预算核准后各机关应各照案执行核实支用，不得超越，如有特殊事故或政策法令之变更，得缩减或增添其项之一部或全部，惟须由边委会以命令行之。

第二十二条　岁入预算核准后如因特殊事故收入减少或增税增款等弥补办法，须呈由专署或其上级机关就原有收入范围议定缩减支出或增税增款办法，转呈本会批准实行，未经呈准不能实行。

第二十三条　新设机关或事业其岁出预算在年度开始后核定者，均自核定之次月份起照案执行之。

第二十四条　旧有机关或事业本年度预算依期编送，在年度开始以前未经核定者，暂照最近年度核定案执行之，但无该项核定案者，其应需经费由主管机关按本年度财力拟定预算，送由专署或其上级机关转呈边委会核定施行。

第二十五条　预算所列各项款目，不得彼此流用，但事先呈准者不在此限。

第二十六条　下年度预算收支款项，不得提前移作本年度之预算收支款项。

第二十七条　岁出预算核准后，不得提出追加预算，但本于法令及契约的必不可免之经费，遇有不足或因特殊事故致收入短少，而支出不能缩减时，得提出追加预算，惟应拟具筹款方法或指明的款并编制临时预算，其编制审议核定执行程序均准用本章程关于总预算之规定。

第二十八条　岁出预算核准后，如因特殊事体或应急之设施或处置不及办理追加预算时，得电奉专署或边委会之命令为预算外之支出，削项预算外之支出仍应补编预算书呈由专署或其上级机关转送边委会核定追认。

第二十九条　本章程内未经规定事项得按照以往编制预算惯例办理。

第三十条　本章程如有未妥之处由边委会修定之。

第三十一条　本章程自公布之日施行。

（附）岁入预算书式、岁出预算书式及分月预算分配表式。（略）

选自《晋察冀边区财政经济史资料选编》（四），天津，南开大学出版社，1984年版，第637～642页。

23. 晋察冀边区决算暂行章程

1940年4月

第一条　边区各机关年度决算，除法令有特别规定者外，悉依本章程办理。

第二条　年度决算分为边区及县地方两部分，又各按其性质各分为经常临时两门及岁入岁出两类，悉依各同年度预算区别之。

第三条　年度决算科目应按同年度预算科目填列，如有新增收入未列预算及新增支出因情形紧急，当时不及办理追加预算程序，事后补请追认有案者，均得列入决算。

第四条　年度决算之编制按照规定格式办理（格式另附）。

第五条　各机关在年度内如有裁撤或改组情事者，照下列规定办理：

甲、机关之裁撤者，应由主管机关代为编制。

乙、机关之改组者，应由改组后之机关合并编制。

丙、机关之名义变更者，应由变更后之机关按名义变更之前后分别编制。

丁、数机关合并为一机关者，在未合并以前各该分设机关之决算，应由并存机关代编。

戊、数机关之预算先合并而后分立者，在合并期内由原机关合并编制，分立以后由分立之机关各自编制。

第六条　岁入岁出决算，应由年度终了后半月内各编两份呈送其上级机关，县地方决算之有经转机关者，经转机关应于年度终了后一月内送达边委会，其距离遥远或有特殊情形者，应酌量提前办理。

第七条　年度决算分级按下列程序审核：

甲、县地方决算，应呈由直属专署审查后加具意见转送边委会审核备案。

乙、边委会直属各机关及其分机关之决算，均由各直属机关汇编总决算径呈边委会审核。

前项决算审核后有公布必要者，得酌予公布。

第八条　会计年度终了半月后，其收入支出尚未能清结者，得展期十日清理之，但整理期满后五日内必须编造决算书送核。

会计年度终了后之收入支出作为下年度之收入支出。

第九条　年度决算有剩余时作为下年度之收入。

第十条　本章程内未经规定事项，得按照以往编制决算惯例办理。

第十一条　本章程如有未妥处由边委会修定之。

第十二条　本章程自公布之日施行。

附：岁入预算书式及岁出预算书式。（略）

选自《晋察冀边区财政经济史资料选编》（四），天津，南开大学出版社，1984年版，第643～644页。

24. 晋察冀边区各县编制村概算及办理村决算暂行办法

1940年4月

第一条　各村村财政收支概算及决算之编制，除法令别有规定者外，悉依本办法办理。

第二条　村概算按会计年度年分四季办理，每三个月编制一次。

第三条　每季概算应按收入支出两类分别编制。

第四条　村概算之编制，按照规定格式办理（格式另附），如各县因干部关系执行困难时，得仿此格式改用中式表格。

第五条　凡建设事业在一季内未能完成者，应估计所需费用总数，编制继续费用概算并将本季应需之数，分别列入各该季支出概算。

第六条　村概算应于本季末月初就全村实际需要，决定计划拟编下季收支概算，拟编以前并应确实估计每季收支情形以期收支相抵。

第七条　村概算由村财政委员会拟定后，提交村民代表大会讨论通过，然后再送区公所审核加具意见转送县政府核准备案，经县政府核定发还，须立即公布遵照实行。

第八条　村概算应于每季开始二十日前各编两份送到区公所，至迟须于上季末月终各检一份汇送县政府，其有特殊情形者并须提前编送。

第九条　村概算按收入支出各分款目如下：

甲、村概算收入款目：

1. 合理负担；

2. 公营事业收入；

3. 公产收入；

4. 上季结存；

5. 其他。

乙、村概算支出款目：

1. 村公所开支；

2. 村教育经费；

3. 自卫队中队部经费；

4. 村建设费；

5. 临时费。

第十条　村概算支出款项数目按大村小村分等规定如下：

1. 村公所开支（包括公案旅费和报纸费等）。

甲、一百五十户以上的村定为甲等村，公杂旅报等费的开支每月规定由二十元到三十元。

乙、五十到一百五十户的村定为乙等村，公杂旅报等费的开支每月规定［由］十五元到二十元。

丙、五十户以下的村定为丙等村，公杂旅报等费的开支每月［规］定由二元到一十二元。

2. 村教育经费除教员每日吃小米一斤二两，每月零用费由四元至十元，不另发柴菜金及服装费外，学校里必要的开支由各村自行规定。

3. 自卫队中队部经费，干部是半脱离生产的，每月补助五元。

4. 村建设费关系发展生产，由各村自己规定。

5. 临时费也分三等规定：

甲、甲等村每月由二十元到三十元。

乙、乙等村每月由十五元到二十元。

丙、丙等村每月由二元到一十二元。

此项支出款目第一项至第四项如因情形特殊原定数目不敷支出时，得动用临时费之一部或全部。

第十一条　村概算经报区转县核定后，须认真执行，非有特殊事故不得短少或超越。

第十二条　如因法令变更或因重大突变，原定村概算经费不敷应急时，得追加临时概算，其程序准用本办法第七条之规定。

第十三条　下一季概算收支款项不得提前移作本季概算收支款项。

第十四条　村概算以外，未经村民代表大会或区公所核准的花费，一律不准开支，开支了以浪费论，村民代表大会得检举之。

第十五条　村概算收支款目，要按季公布，并检查凡一切浪费和不正当的开支均以贪污论。

此项检查区公所村民代表大会、村群众团体均可负责办理。

第十六条　各村财政收支每年度终了二十日内应即办理全年决算，将某款超支某款结存结算清楚连同帐〔账〕簿交由村民代表大会于十日内审核完竣，汇总开列，四项联名公布之。

第十七条　决算公布后，村长副村财政委员会应于五日内填县村款决算报告表送区转报县政府查核（表式另附）。

第十八条　本办法自公布之日施行，如有未尽善处，得由边委会修改之。

（注）村财政所用帐〔账〕簿如一时不能改用新式簿记时，准用旧式帐〔账〕簿，但至少须五日一清，不得只以流水滚算。

（附）村概算书式及村款决算报告表式三份（略）。

选自《晋察冀边区财政经济史资料选编》（四），天津，南开大学出版社，1984 年版，第 645～647 页。

25. 晋察冀边区各机关编制分月支付预算书、分月支出计算书办法

1940 年 4 月

第一条　边区各机关编制分月支付预算书及分月支出计算书悉依本办法办理。

第二条　各机关应于每月十五日以前编造次月份支付预算书连同请款书呈送其上级机关核办，其在较远之地方应酌量提前编送。

第三条　支付预算书所分经常临时门类及科目栏内所填项目，均以本年度核定预算分配表为标准，惟属于小机件之购置，及小工程之营缮，虽无继续性者，亦列经常门，其临时设计之机关及临时举办之事业所支之各项经费，均属临时门。

第四条　支付预算书本月份预算数栏内所填各科目数目，应以本年度核定预算分配表内同月份所列之数为标准，其在核定预算范围内因组织或事实之变更有一部分金额无须支出者，应于编造支出预算书时，如数剔除。

第五条　编制支付预算书及支出计算书应按规定格式尺度及说明办理，如科目繁多可续次页。

第六条　支付预算书及支出计算书，应编份数视其需要而定（如系一上级机关者编一份，如须分呈或转呈者，编制二份或三份）。

第七条　临时预算书之编造与否，以本年度内有无核定临时预算为断，其编制方法与

经常支付预算书同。

第八条　月份支付预算书，除新设或裁并机关其开始或终了之日不足全日者，得截日编制外，均应编制全日（支出计算书同），如遇长官更调，后任应照前任原编预算继续执行，不得改编。

第九条　各机关支出计算书应于每月终五日内，编造齐全，连同工作人员生活费报告表送请上级机关审核。

第十条　支出计算书亦依支付预算书之经常临时门，分别编造，其科目栏内所填项目应与各本月份支付预算书核定项目相同。

第十一条　支出计算书，本月份计算数栏内所填各科目数目，应按实际支出数目填列，惟不得超过核定预算范围，且不得将书内各项定额彼此流用，但经请示令准者不在此限，惟编制支出计算书时，应在比较增减一栏将各科目彼此流用之数分别填列于备考栏内，将某项转注于某项及流用之理由详细注明，以便审核。

第十二条　各机关支出计算书如遇长官更调，前任未能及时编送者，后任应负责代编，惟所有关于编造计算书之文凭单据等件，前任均应一一移交后任，以凭参照代编。

第十三条　凡编计算书先将凭证单据，按照预算科目顺序编号，分项粘存，除按第九条规定将工作人员生活费报告表随计算书送核外，其余单据均留存各该机关，以备抽查，过三月即可自行焚销。

第十四条　本办法自公布之日施行，如有未尽善处，得随时呈请修正。

附则

边区各机关经费在预算未核准以前，需款紧急时酌量预借，但至多不得超过本机关全月经费之半，如因战事关系与上级暂时隔绝，预算不能及时送出批准时，得在本机关全月经费范围内借支，惟报销时仍需备具正式领款书，将借款书换回以清手续。

前项借款，本会直属机关应向本会请借，县署向各本区支金库预借，县地方各机关应通过县政府由县金库预借。

选自《晋察冀边区财政经济史资料选编》（四），天津，南开大学出版社，1984 年版，第 648～649 页。

26. 晋察冀边区银行办理边区各级金库暂行章程

1940 年 4 月

第一条　边区各级金库由边委会责成边区银行办理之。

第二条　边区各级金库名称及办理行所照下列之规定：

甲、边区金库，由边区银行总行办理。

乙、冀中分库，由边区银行冀中分行办理。

丙、专区支库，由边区银行驻各专区办事处办理。

丁、县金库，由县边区银行各县代办所办理。

前项支库应按专区次序冠以第一第二等数目字，县金库冠以各该县县名。

第三条　各级金库除承边委会之命办理边区公款公物（金银有价证券）之保管支付等事项外，并须办理县地方款之保管及支付事项。

第四条　各级金库收存边区款项非奉有边委会之支付命令，不能支付任何机关或部队。

第五条　县金库收存县地方款，除县地方各机关每月经费经边委会核定后逐月无变更者，得在予（预）算范围内，由县政府照规定手续按月向基金库支领转发，还须奉有边委会支付命令，其予（预）算以外及未经批准各款即非奉有边委会之支付命令，不得支付任何机关或部队。

第六条　各专员会署各县县政府在予（预）算以外，如有紧急时间性之开支并因战斗关系已与边委会失掉联络时，得向各本区支库或各本县金库暂借，事后呈请边委会追认核销，但此项借款不得超过其本机关每月经费数目。

第七条　各级金库成立后，各征收机关及保管公款机关，须将保存款项每半月内移交各本区县金库接收保管。

各机关已领未发之经费，愿交金库代为保管者听，惟其性质系机关与金库之来往，不在金库法定范围。

第八条　各征收机关自行征收款项，须逐日送交金库保管，如本日收款过晚不能送交金库时，得延至次日与次日收入款一并送交。

第九条　各级金库办事细则及收付款项程序，由边区银行拟定详细办法呈经边委会核准施行。

第十条　本章程之实行以命令行之，如有未妥处得由边委会修改之。

原编者注：关于财务行政的各种条例，办法大都附有表格样式的，因不〔无〕关重要和限于篇幅，故略。

选自《晋察冀边区财政经济史资料选编》（四），天津，南开大学出版社，1984 年版，第 684～685 页。原注：“《抗日根据地政策条例汇集》第 2 集，晋察冀之部。”

27. 晋察冀边区征收本产货物出境税暂行条例

1940 年 5 月修正

第一条　本条例依据边区行政委员会财政会议决议案并参照实际情况制定之。

第二条　凡本边区出产之物品如不起资敌作用并能吸收食粮现款而有利于抗战者，均准出境，但无论商民、部队、合作社或贸易局，均得按手续纳税。

第三条　货物出境税均按量征收，其货物名称及税率另表定之。

第四条　货物出境时在未起运前，应将货物名称、件数、斤量、价格等报明税局，经查验相符，饬照税率完纳税款。

第五条　凡已征税之各件货物，应填给本会所制出境税票，只要税票未失时效，且票货相符，勿论运销何处不再征税，税票每张收工料费洋二分。

削〔此〕项税票有效期间，须按起运地点及运往目的地距离远近酌定有效期限，以防一票两用，惟有特殊情形时不在此限。

第六条　凡征过出境税之货物运到目的地后，如须〔需〕分运他处及请求变更目的地或退回者，应于三月内向该县稽征局呈验税票，由局验明票货相符给予分运单并于分运单中注明税票存局字样，由运货人依照下列规定随时连同货物呈请原局填给分运单，分运单每张收工料费洋五分。

一、请求分运之时期须在运到目的地呈报税局查验后，一个月内有效且至多不得逾三次分必须运完毕。

二、请求变更目的地或退回之时，须在货物到达后二十日以内，以一次为限。

第七条　征收税款以法币及边币为准。

第八条　查获漏税案件，除照章补税外，得处以税额一倍至五倍之罚金，其情节重大者，须送由县政府处办，惟均须填给本会所颁税捐罚金收据，此项罚金完全解上。

第九条　本条例自公布之日施行。

第十条　本条例如因情势转复有不适抗战需要时，得由边委会修改之。

附：晋察冀边区征收本产货物出境税分类表（略）

选自《晋察冀边区财政经济史资料选编》（四），天津，南开大学出版社，1984年版，第246～247页。原注：“本条例于一九三九年九月公布施行，一九四〇年五月修正。”

28. 晋察冀边区行政委员会为禁止法币白银外流规定办法八项

1940年5月

日寇侵华行将二载，国力消耗，久已不支，其未及于崩溃者，实有赖于掠夺，发行大量伪钞，驱取我国的物资，吸收法币白银，购买外洋军火，所谓以战养战之阴谋，殆有甚于炮火之屠杀。本会有见及此，确定货币政策，打击一切伪钞，禁止法币外流，坚持两年，敌伪大困，伪钞地位，一落千丈。敌区人民虽不敢公开拒绝，联银伪钞早被人目为废纸，敌伪失败之余，益复变本加厉，僭设中央银行，伪造中国法币，贬低币值，收回联银伪币，鱼目混珠，扰乱货币市场，是则汉奸汪派而外，又有汉奸法币，倘预防不严，真伪混流，则敌伪阴谋到处可施，边区金银财货，俱可不翼而飞，倾家荡产之危，绝非一乡一户。为粉碎敌伪货币进攻，防止白银法币外流计，兹定八项办法，其各遵照执行。

一、白银绝对禁止流通，公然行使、私相授受者，一经查获，全部没收，其欲自行保存或向银行政府机关兑换者听之。

二、白银绝对禁止出境，携往敌区或敌人据点者，一经查获，全部没收并以汉奸治罪。

三、法币不得携往敌区，违者一经查获，全部没收，其有必要用途者，须向县以上各级政府领取执照证明。

四、法币行使必须向银行、政府机关兑换边币，违者一经查获，一律收没一半。

五、敌区汇票，各行伪钞杂钞，伪中央或中国银行新钞，一律不准流入，违者一经查获，全部没收，并以汉奸治罪，民商之持有伪钞汇票者，限布告到达十五日内，一律设法用出。过期查获，以汉奸治罪。

六、查获以上各项违禁物者，得于没收金额内提奖百分之二十。

七、查获以上各项违禁物，须交县区政府处理，私行处分者，酌量情节治罪。

八、借故敲诈者，应受刑事处分。

选自《晋察冀边区财政经济史资料选编》（四），天津，南开大学出版社，1984 年版，第 694～695 页。

29. 晋察冀边区行政委员会关于粮食局组织任务与关系的决定

1940 年 6 月 11 日

一、为了保证政府粮食政策之正确执行，保证军政需用调剂民食，决定在各级政府之下设粮食部门。

二、在边区设立边区粮食局，在冀中冀北各设分局，各专区设粮食支局，县设县粮食局，区设区粮秣干事，村设村粮秣委员会。

三、各级粮食部门为同级政府之组成部分，但其本身有上下级的组织系统，为各级政府之粮食专管部门。

四、粮食部门之承办事项如下：

1. 公粮公草之保管、调度、运输与支付。

2. 军政粮秣予〔预〕决算之审核。

3. 军鞋统筹统支。

4. 平衡抗战勤务。

5. 调剂民食，平抑粮价。

五、边区粮食局的组织与分工。

1. 设正副局长各一人，负粮食局之全部责任。

2. 公粮科：设科长一人、科员四人、办事员六人，负责掌管仓库、预决算、粮票等事宜。

3. 运输科：设科长一人、科员三人、办事员二人，负责掌管粮食调度运输、平衡抗战勤务、军鞋统筹统支，以及领导运输队（运输队组织另行颁布）等事宜。

4. 民食科：设科长一人、科员二人、办事员一人，负责掌管平粜工作和调剂民食等事宜。

5. 秘书室：设秘书主任一人，秘书二人，科员四人，办事员二人，事务、通信、勤务、火马夫等人员十八人，负责掌管人事、文案、收发、事务通讯等事宜。

六、粮食分局：设正副局长各一人，其余人员按工作任务繁简轻重决定之。在总局领导之下，代表总局执行任务。

七、粮食支局，设正副局长各一人、公粮股长一人、运输股长一人、民食股长一人、办事员六人（内文书一人）、事务人员三人（二等支局办事员四人、事务人员二人，其余与一等支局同）。

八、县粮食局：一等局设正副局长各一人、公粮干事一人、运输干事一人、民食干事一人、办事员四人、事务人员一人。二等局设局长一人、公粮干事一人、运输干事一人、民食干事一人、办事员二人、事务人员一人。三等局设局长，公粮干事、运输干事、民食干事、事务人员各一人。

九、区设粮秣干事一人，在工作特别繁忙地区，经过边区政府之批准，得增设副干事一人。

十、村粮秣委员会，设委员五人，其中主任一人，由村代表大会选举之，概系义务职，不脱离生产。

十一、边区粮食局以下的各级粮食局与政府的关系。

1. 边区粮食局以下的各段粮食局受上级粮食局和同级政府的双重领导。

2. 各级粮食局对于上级粮食局给与〔予〕的任务与指示，必须坚决执行，未得上级政府与上级粮食局的同意，各该同级政府不得改变或停止其执行。

3. 各级粮食局在坚决执行上级粮食局给与〔予〕的任务和指示时，必须根据当地当时具体情况与条件，加以具体化，定出具体的计划与布置，这种具体化的计划与布置不得与上级粮食局给与〔予〕的任务和指示有所抵触，须经同级政府核准后执行，如迂〔遇〕有不同意见，迅速会衔上报，在上级未答复前，照该同级政府核准的意见执行。

4. 边区粮食局以下的各级粮食局之干部，未经上级粮食局的同意，同级政府不得自行调动。

选自《晋察冀边区财政经济史资料选编》（四），天津，南开大学出版社，1984 年版，第 616～618 页。原注：“《边政导报》第 3 卷 24、25 期合刊，1940 年 6 月 18 日”。

30. 晋察冀边区统一累进税税则施行细则

1940 年 11 月 10 日公布施行，

1941 年 3 月 22 日修正公布，

1942 年 5 月 2 日第二次修正公布

第一条　本细则依照晋察冀边区统一累进税税则（以下简称税则）第三十四条之规定制定之。

第二条　称“耕地”者，系指可能耕作之土地而言，无论公田、私田、学田、场地、代管或没收汉奸之土地，一律征财产税。但因敌寇强修汽路、碉堡、封锁沟等所占之土地，均暂免财产税。

第三条　称“金银”者，系指黄金白银而言，但供装饰用之金银首饰概予免税，现洋以白银论。

前项金银价格以边区银行挂牌之市价为准。

第四条　称“荒地”“荒滩”者，系指不能耕作或未垦之土地而言，其因怠于耕作而致荒废之土地，仍应按可耕地征财产税。但因劳动力缺乏而致荒废之土地，财产所有人得向其财产所在县之县政府请求免征财产税。

第五条　称“林木地、蒲苇地、山坡药材地”者，系指专为林木、蒲苇、药材之栽培，不能种植谷物之地而言，其以耕地种植药材或兼种果木者，仍以耕地论。

第六条　称“新垦荒地”者，系指生荒、新垦者而言，熟荒重修者照征财产税，不得以新垦荒地论，但重修之熟荒，其当年收获不能抵偿其所费成本或以该项耕地出租而免租者，免征财产税。

第七条　称“畜养”者，系指马、半、骡、驴、猪、羊、鸡、蜜蜂、蚕等而言。

第八条　称“家庭副业”者，系指以农业为主，工商业为副，不雇工，不雇伙，利用农间〔闲〕进行之事业而言。其由专人经营或其收入富力大于农业富力者，以个人经营之小贩小手工业论。

前项家庭副业之由妇女经营者，不论其收入之富力多少，一律免税。

第九条　称“地租”者，系指土地所有人将土地出租出佃或半种于人而收取之定额地租或分得一定比例之收获物而言，无租土地不征地主收入税。

前项地租以约定之租额计算，其因灾荒减免者，按其实收额计算之。

第十条　称“农业收入”者，系指耕地之总生产物而言，除柴草秸秆不计外，其余无论正副产物，一律计算。无收入之耕地，不征收入税。

熟荒重修当年收获否，能抵偿其所费成本者，免征收入税。

第十一条　称“林木收入”者，系指灌木林、果树林、木材林及其他种类之一切林木每年有定额或无定额之收入而言。伐树卖木料柴火之所得，以财产论，征财产税。

庭院种植之果木树，其收入免税。

第十二条　税则第五条第一款己项所称“属于临时经营事业”，系指非营业之个人，或未设商店之商人而为不定期之买卖者，及买卖与本业务无关之物品，而其收入又不在本业务收入项下计算者而言。

第十三条　税则第五条第一款所称“各种收入”除农业收入别有规定外，均按全年之实际收入额过算，实际收入额不能确知者，按其估计额计算。

全年均以上年一月一日起，算至十二月底截止，其会计年度用旧历或新历均依习惯。

第十四条　称“雇工”者，系指农业雇工而言，无论长工短工，其收入一律免税。

第十五条　税则第五条第二款丙项所称“合于法定之合作社”，系指合于晋察冀边区合作社组织条例规定之合作社业经批准者而言，其不合于法定者，一律以工商业论。

第十六条　称“艺匠”者，系指铁匠、木匠、石匠、泥水匠、理发匠、钉掌匠、银匠、铜匠、洋铁匠、小炉匠及其他编筐、编席等匠人而言。

前项艺匠之设铺经营者，一律以个人经营之工商业论。

第十七条：税则第五条第二款已项所称“非营业性之公营事业”系指不以营利为目的之工业农业试验场所，及采办处等而言。

第十八条　称“谷”者系指去糠后可得小米六成之谷而言，其得米不及六成或超过六成者，均应按其谷之成色估计，照此标准折算。

前项成数以容量计。

第十九条　称“市斗”者即指公斗（万国度量衡制），一市斗小米合旧秤（旧营造库平制）十三斤半，合新秤（即市秤，市秤千斤等于万国度量衡制二分之一公斤）十六斤（此数系约数，米之好坏不等，亦容有差别一般均以是为准）。

第二十条　地租无论实物、现金，均折谷计富力。

第二十一条　税则第六条所称“平均年产谷”系以抗战以来耕地之常年产量为准，但以耕地种植之烟业、蓝靛、棉花、药材或菜种之果木，及主要以出卖为目的之蔬菜、麻等农作物，或其他纯商品性的农作物、均按其实际收入计。农作物均折谷计算。

前项农作物折谷以县为单位，依据习惯并参照各种农作物通年市价，由县政府规定统一折谷率。报专员公署批准行之。

第二十二条　前条折谷按其实际收入计之，各项农作物其标准亩均按种植一般作物之地定之，不以其产物按价折谷计算。

第二十三条　税则第七条第二款所称“消耗”，系指经营土地之种籽、肥料、农具、牲畜之所费而言，此项消耗如由地主佃户双方付出者，得依习惯由双方收入中除之。如纯由地主方面付出者，纯由地主所得租额中除之。

第二十四条　称“纯收入”者，系指地租、房租、渠租、利息，或其他租息、公营工商业之纯盈余，及合于税则第五条第一款庚项规定之收入而言。

第二十五条　称“总收入”者，系指收入之全部、不除任何消耗，工商业之总收入包括纯收入、呆帐〔账〕收入，及职员工人店伙之工资、薪给、酬劳金、伙食费等项。

个人经营之小贩、小手工业其全年总收入不能确知者，按其每日或每月之总收入估计之，合于第五条第一款乙项规定之收入为总收入。

第二十六条　以免税财产出卖所得之收入，按存于家中之款项论，每四百元计一富力，但此项收入已转变形式者，就调查时存在之形式依税则规定免税或征税。

第二十七条　当年成立之工商业不计征。但其当年歇业者，须于报请歇业时由县政府派人调查，按其收入计征之。

前项计征以一次完毕，并只限于边区税收。

第二十八条：耕地之财产税，不论土地如何转移，均由调查时之土地所有人负担之。

土地买卖契约成立，即以所有权转移论。

第二十九条　耕地之收入税，不论土地所有权与使用权如何转移，均由本年收益人负担之。

收益人夏季与秋季非同一人者，由实际收益人分别按其收入计算。

第卅条　出典出质之耕地，其财产税由出典出质人负担之，承典承质人所付出之典钱质钱不计。但出典之耕地其财产税之负担另有约定者，依其约定。

第卅一条　凡以借贷款项购得之耕地，照纳财产税。其借贷款项以负债论。负债以四百元计一富力，于应计富力中扣除之。

前项负债以有契约并得证明确保以借贷款项购买土地者为限。

第卅二条　债权人之利息收入以纯收入计，债务人之利息支出以副利计，副利以四十元计一富力，于应计富力中扣除之。

前项付利以实际付出者为限，未付者不计。债权人在敌占区者，均以不能付利论。

第卅三条　各种财产收入折算富力、富力计算分数，均算至小数第三位为止，其余四舍五入之，但全家应纳税分数计至小数两位为止。

第卅四条　富力之小数部份〔分〕进入另一税等者，其分数即按另一税等计算之。

第卅五条　称“属人计算”者，谓计算分数采属人主义，将一户所有散在一县内各村之财产及收入汇总计算，称“财产收入所在之村征收”者。谓由散有该户资产及收入之各村各就该户散在各该村之财产及收入之数额，按比例分别征收。

第卅六条　全村之财产收入富力有三分之一以上，不属本村所有，且其所有人不属一人者，村公所得请求县政府批准属地征收。

第卅七条　改算由财产所有人所在村之村公所为之者，系由财产所有人将其散于各村之纳税财产收入向其所在村自填自报，并由其财产收入所在村之村公所将其在各该村之财产收入调查结果通知其所在村之村公所，其所在村之村公所视其自填自报之富力与调查结果相吻合时为之。

前项自填自报之富力与调查结果不吻合时，由财产所有人所在区之区公所复查改算之。

第卅八条　改算由财产所有人所在区之区公所为之者，除财产所有人散于所在区之各村财产收入之改算得通用前条之规定外，财产所有人应将其散于本区及外区之财产收入分村自填汇总报告主管区区公所，并由其财产收入所在区之区公所将其在各该区之财产收入调查结果通知其主管区区公所，其主管区区公所视其自填自报之富力与调查结果相吻合时为之。

前项自填自报之富力与调查结果不吻合时，由县政府复查改算之。

第卅九条　属于税则第十二条第二款规定之情形者，财产所有人得将其在外县之财产收入汇总向其财产收入所在县之县政府报告，县政府或责成区公所并根据村公所调查结果改算之。

第四十条　村公所对于财产所有人不在本村之财产收入调查时，须通知财产所有人派代表参加之。

第四十一条　凡财产所有人不在边区者，其税由该户财产收入之经营人或经管机关负责交纳之。

第四十二条　体己（私房）财产收入合并于体己财产所有人所属之家庭计征之。

第四十三条　工商业经营人员之收入，应纳之税已于各该工商业之收入内征收，不另算入其所属之家庭收入。但边区人之在边区外经营工商业者不在此例。

第四十四条　凡工商业之单独立户征税者，其收入均不另算入各该业主之家庭以免重征。

第四十五条　各户于填写征收统一累进税调查简表时，均应按当时实有人口填写、自填表后无论人口有无增减，在未曾改造分数期间，一律不得变更。

第四十六条　税则第十八条第五款所称“寺院”，包括庙观及教堂。

第四十七条　税则第十八条第六款所称“族田”，系指一族公有之耕地而言。

第四十八条　一家人口分居两处以上户主愿分算者，得分算之，但重报人口以虚报人口论。

第四十九条　已与子女析居之老人，其自有财产收入者，应另户计算，其无财产收入受子女轮养者，其人口之计算由轮养人协商决定之。

第五十条　寄居亲友家中者，其与所寄居之家营共同生活并与其家属同样享有财产权者，在其所寄居家计人口除免税点，其与所寄居之家不营共同生活并不享有财产权者，不在其寄居家计人口除免税点。但其确实无家可归又无产业不能自活者，得在其所寄居之家，除免税点。

第五十一条　脱离生产之合作社人员，在家不除免税点，其不脱离生产或半脱离生产者，在家照除免税点。

第五十二条　农业雇工在九个月以上者，在雇主家除一免税点，在半年以上不足九个月者，在雇主雇工家各除半个免税点，不足半年者，均以短工论，在雇工家除一免税点。

第五十三条　公费、半公费，及半公费以上受训之学生，其受训满一年者，在家庭不除免税点。不满一年者，不论时间长短一律除免税点。公费不及一半之学生在家庭一律除免税点。

第五十四条　已判决之囚犯刑期在一年以上者，于其家庭不计人口不除免税点。未判决及刑期不足一年之囚犯于其家庭计人口，除免税点。

第五十五条　凡全家人口专靠不雇工不雇伙经营之工商业为生，别无其他财产收入者，其总收入除按工商业例就其实际参加经营人员除消费外，其余人口每人除一免税点。

第五十六条　统一累进税之纳税分数，边区与村统一。

第五十七条　村、区、县交界之土地，其所有权属于一户者，调查评议时由有关村、区、县派员会同办理之。

第五十八条　统一累进税纳税人对于分配之应纳税额有疑义时，得声请财产所在地之村县政府解释之，村县政府于接到此项声请后，五日内应即据情详为解释说明，不得拒绝。

第五十九条　本细则有未尽事宜，得由边区行政委员会随时修改之。

第六十条　本细则施行之日晋察冀边区统一累进税暂行办法施行细则即行作废。

第六十一条　本细则施行日期以命令定之。

选自《晋察冀边区财政经济史资料选编》（四），天津，南开大学出版社，1984 年版，第 369～376 页。

31. 彭真：《关于晋察冀边区党的工作和具体政策报告》——财政问题[①]

1941年春

（一）第一个阶段——动委会阶段

这是边区政府尚未成立，边区财政尚未统一的阶段，也是边区财政最混乱的阶段。既无所谓税率，也无所谓税收制度。任何机关都可以要粮要草，都可以漫无标准的〔地〕筹款或滥打汉奸。一切开支都靠临时的合理负担，实即派款来解决。同时在开支方面，亦无所谓预算决算制度，一般的是随筹随支而已。在这样的财政制度下，个别的贪污和严重的浪费当然势所难免。结果公家虽筹款筹粮无几，却惹得天怒人怨，并有部分地主逃往敌区。当时不但政权未统一，军队亦未统一，有不少武装，不但不是八路军，而且不一定真正是抗日部队。抗日发财者有之，与敌伪勾结者有之，专门鱼肉乡民、阻碍群众抗日者亦有之。有时一夜在一个村中宿营的竟有八九个司令。所谓“司令赛牛毛，主任遍天下”者，正是这个时候。在这样情形下的财政当然会是无政府状态的。

但这时也有它的成绩：废除了旧日的苛捐杂税，并且依靠合理负担解决了当时军政民的抗日需要，从经济方面支持了当时的群众抗日高潮，有不少地方的村公所当时天天支着大锅开公饭。这在财政上当然是混乱的浪费。但是吃了“大锅饭”的人们，又到处雷厉风行或摇旗呐喊的〔地〕去作〔做〕抗日动员工作，推动了抗日运动，却也是事实。当然，其中也有一部分人是为了吃公饭才参加抗日工作的“混混”。

这时期的经验证明：（1）漫无限制的、零碎的、频繁的、随征随用的办法，是最糟糕的办法，是使人民不胜其苦，而公家却收入无几的办法。（2）打汉奸不能列入财政计划，否则流弊之大，会变成变相的打土豪，影响统一战线极大。

（二）第二个阶段

（从一九三八年一月边区政府成立到去年即一九四〇年秋）

这个时期的特点：

1. 逐渐实行统筹统支，除政府外，一切机关均停止了直接的筹款。部队经费、粮食概由政府统筹统发。县区以上各级政府由边区政府统筹统支。群众团体开支，则基本上依靠会员的会费。

但是这时的统筹统支还不够彻底，县区政府仍可酌派一部分地方款，村财政尚不在统一之列。

2. 停止了县合理负担，开始试行村合理负担，并依照合理负担的原则，征收了救国公粮。

3. 一方面废除了苛捐杂税，另一方面仍保持了旧税中部分比较合理的税收：

我们还保持了田赋——是的，田赋是有极大缺点的：税率不是按土地的生产量来厘

---

① 这是彭真同志在1941年春向中共中央政治局报告的一部分。

定，没有免征点，也没有累进，没有正确的地亩（钱粮）册子，有所谓“黑地”“空粮”及地亩与田赋间各种惊人的偏差。但是在科学的、统一累进税还未实行以前，它在旧税中，还算是比较合理而又可靠的财源，而且是较大的一宗。

其次，我们继续征收了烟酒税、烟酒牌照税和印花税等，但为数不大。

4. 新征了出入口税。开始只收外货入口税，随后又增收了土产出境税，实际上是敌我区域之间的关税。

5. 一九四〇年恢复了田、房契税。

6. 一九三八年曾征收过一次救国公债。

在这个时期内，关于公粮公草的征收和公债的募集是成功的。其他税收的经营是失败的，管理不好，收入甚微。同时党员也都不愿做税收工作。

（三）统一累进税阶段

（这个阶段是从去年秋季的公粮起，但真正实现是从今年即一九四一年起）

这时期的特点是：

1. 以粮、秣、款三种形式征收统一累进税，全年所需粮、秣、款一次征足。原则上每年只收一次统一累进税，此外任何机关不得再征粮、款、柴、草。

2. 统一累进税实行后，除调剂出入口贸易、保护边区经济的出口税和带有财产登记性质的田房契税外，其他捐税一律废除，田赋亦停征。

3. 主力及地方部队、政权从区以上一律由边区政府统筹统支，县区政府不得再征地方款或任何附加，亦不得借故罚款。

4. 村政府开支，暂仍由村合理负担解决。但须实行严格的预算决算制度，并准备逐渐走上村级财政亦由边区政府统筹统支。

5. 所有军队（主力与地方武装）及政府机关一律吃公粮，马发公草，经费由政府统发。

6. 村级党、政、民及一切武装工作人员，一律不脱离生产、不吃公粮、不领津贴、不受优待。但贫苦之村长可依优待抗日军人家属条例，给以优待。

7. 群众团体干部一律穿便衣，没有马匹，群众团体经费基本上靠会员纳会费。但对于群众干部学校训练班，对于武委会及工作尚在开辟的地区之群众团体，政府得酌量给以补助。

这就是现阶段边区财政建设的情形，其主要特征是统一累进税之实行。

（四）关于统一累进税问题

1. 它是累进的所得税和财产税，是直接税，是合理的税收制度。

2. 累进税分数以个人为单位计算，以户或经营为单位合计缴纳。这与民主政治以公民个人为单位同一道理。且可以避免过去因缴纳合理负担，而纷纷分家或假分家的现象。

3. 统一累进税以粮、秣、钱三种形式缴纳。这不仅为了适应抗战的需要，而且为了人民方便——农民是经常缺乏货币的。

4. 农业累进税，以土地为计算单位，将财产与收入合计（将财产、收入分算很不容易，纵能分算也异常麻烦）。各种不同质量和生产力的土地，以其平均可能的收获为标准，折成标准亩（这样可以鼓励农民生产积极性，防止农民因怕多纳负担而懒于生产）。本年规定以每年能够生产六大斗谷的土地为一标准亩。

5. 自耕地（自耕的贫农、中农、富农的土地）以一个标准亩算一亩，称为一个“富力”。

出租地（地主地）以一个半标准亩算一亩即一个富力。地租不能超过千分之三七五，即八分之三。

佃耕地（佃农），以两个标准亩算一亩，即一个富力。

计算法是先把一切地亩都折成每亩收六斗谷的标准亩。

这样自耕农的自耕地，一亩算一亩。

地主的出租地，一亩半算一亩。

佃农的佃耕地，二亩算一亩。

我们是定六斗谷为标准亩。在这里为说明时计算便利起见，假定一个标准亩是产八斗谷，并假定每个富力应纳税是一分，则：

自耕农若收谷八斗者，纳税一分。

地主若收谷（假定地租是三七五）三加一点五斗即四点五斗谷者，纳税一分。

佃农若收谷（八减三）乘二即十斗谷者，纳税一分。

看来地主纳税率较高，但实际上因为他不开支任何种籽、农具、牲口、肥料等费用，是纯收入。

佃农纳税率看来较低，占二斗谷的便宜。但实际上佃农较自耕农所费劳力，种籽、农具、牲口等都多两倍，所多的一亩地的耗费绝不至小于二斗谷即一斗二升米。当然他还获得两亩地的副产物。

6. 工商业累进税把资金和收入分算。因为各种工商业的不变资本与可变资本的比率，资本的有机构成极不一致，资本周转速度也不一致，因而利润率也不一致，合算十分麻烦。分算办法是资金以二百元为一富力，收入以四十元为一富力（假定每年利润率为百分之二十），将资金及收入折算成纳税分数后按同一累进率计算。

7. 为了使赤贫的人民免纳负担，特规定免征点。收入、财产在免征点以下者，免纳统一累进税。免征点定为一个半富力，即自耕地的九斗谷或工商业的三百元资金又或者六十元的收入。

这样平均可以有百分之八十左右的人口负担，若以八斗谷为标准亩，十二斗谷为免征点，纳负担者平均约百分之六十左右。

（九斗谷折五点四斗米；以八十元一石米计算，合四十三点二元，而工商业免征点则是六十元，看来似乎农民吃亏，实则不然，因为农业还有不计分数的副产物）。

地主以一亩半折一亩，又规定一亩半为免征点，则地主免征点为二点二五亩，这样老弱孤寡的地主及贫农出租土地者大半可以免征。因为地主的土地若每人平均在二亩半以下者，其收入绝不能维持生活，大半系孤寡老弱，或贫苦农民，纵然自耕仍不能维持生活者，否则他不会把土地出租。

8. 工人完全免纳所得税，本不妥当。但过去免征已久，今日立即征收，很费周折，现在仍然依靠政治动员乐捐。这自然影响一些收入，但并不太大（按原则工人应纳累进所得税）。

9. 统一累进税累进的进度不宜太快，并且必须规定累进最高率，否则累进到某一级以后，纳税人为了纳税，不但要把全部收入缴出，而且需要变卖财产来纳税。或者为了减轻负担，廉价出卖其土地（去年春季个别地方曾有一亩青苗田售价两元，及个别地主愿把一定数量的土地交给公家或农会的事情，这与荒年有关，与负担不合理亦有关）。特别是我们今天的财政主要还是"量出为入"，而不是"量入为出"。统一累进税分数的一分，究竟纳二元还是五元、八元殊难预定。若不规定累进最高率和适当的累进速度，一定会使富者无法支持，因而发生不满，以致影响到抗战团结及根据地的巩固。

10. 为了鼓励工业生产及合作事业，凡投在工业、合作社、水利（如修渠、凿井）等方面的资本，一律免纳累进税。工业与合作社只纳所得税，不纳资本税。因此，除经营主人外，其雇员亦不再除免征点。

11. 商业及贸易局的资本与所得，均纳累进税，商业收入按总收入计算，其雇员除免征点。但计算分数时，则不算入人口。

12. 各地生活水准相差极大。阜平某些区，中农一人一年生活有三四斗米即够，山中有些吃树叶的地区，中农一般有六斗谷即可维持全年生活。在平原，特别是冀中某些县份，却必需小米一石五斗至一石八斗。而部队要一点八五石才够。各地富庶程度和各阶级富力分布情况极不同，经济不平衡在这里表现得极明显。因此，免征点在各地仍须有升降之余地，特别是为了要实现中央所规定的纳税人要达人口百分之八十的原则，我们特规定"纳税人与全人口之比例，不得小于百分之七十，亦不得大于百分之九十。若小于百分之七十，则负担就又集中在少数富人身上；大于百分之九十，则完全无力纳税的赤贫户也要负担了"。据冀中安平等七个县的统计：工人占人口百分之四点七，贫农百分之四十六点八，两者合计为百分之五十一点五。中农占人口百分之三十八点六。富农占人口百分之六点三，地主占人口百分之零点二，商人占人口百分之三点四。

（五）关于公粮问题

关于公粮的征收，历年都是成功的，但在粮食的开支和管理上，却曾发生过严重的缺点：

1. 只主力部队吃公粮，政府工作人员及地方武装吃购粮。军粮不足时也购粮，以致增加了政府的现款开支，并且影响到金融，一度造成了局部通货膨胀的现象。

2. 政府对粮食管理不严格，只有大体的预算，没有严格的决算。有些粮食的开支，甚至未列入边区政府的会计，不少部分在粮食上"打埋伏"，以致发生严重的浪费，增加了粮食的困难。在粮食缺乏时，即发生各单位苦乐不均的现象。

3. 粮票是单式的，因而发生了盗卖粮票及个别地区粮票在市面秘密流通的现象。这同样增加了粮食的困难，并且影响到金融。

4. 公粮的分布和公粮的需要在地区上十分不平衡，因而发生了公粮运输的麻烦及严重的困难。

5. 粮票由边区或行署发放，往往所发粮票与各区存粮的种类及数量不一致，因而造成各种类粮票折合的麻烦及收支的不符，并使粮食的审计极难进行。

于是我们在去年（一九四〇年）又逐渐改进了公粮的管理和制度：

1. 政府坚持不买粮的原则，一切部队及公务人员，一律吃公粮，以节省政府的现款开支。

2. 健全各级粮食局，一切公粮必须缴到粮食局，归入粮库，由粮食局遵照政府批准的粮食预算统筹统支。

3. 粮票及粮食的发放，由专员区的粮食支局负责，依照存粮之种类和数量核发粮票，并按粮票领发粮食，不另调换或折算。

4. 按照实有的人员马匹数量实行严格的粮食预决算制度，违者不予报销，从重惩处。

5. 改用三联粮票（自存、存区、报销），这样就停止了盗卖粮票及粮票秘密流通的现象。

6. 各单位一律预发一月至二月之存粮，指定地点保存，以备战时不时之需，并消灭“打埋伏”的现象。

7. 政府粮食局于秋收后，组织大量的粮食平粜（秋季组织，春季出粜）。

至于公草系按有草出草的原则，按累进率征收，与公粮的征收同时举行，这就省掉了零碎购草的麻烦，及大批的马干费。至于民众对于缴纳公草问题的态度，一般的视为无足轻重的问题，只谷草缺乏的地区感到些困难，改由自卫队割山草缴纳。

（六）根据地税收机构的基本单位是村

根据地政权的细胞组织，是村政权，根据地财政建设的基础也在村，村代表会健全了，村中的支部若再健全，党员能起模范作用（党员出粮、出草、出款、出力在前），能够以村为单位把公私财产收入调查清楚，很好酌开评议会，公平合理的〔地〕评定分数，则征收即比较容易（这里党员的模范作用有极大意义）。

村的财政整理好了，村的开支实行了严格的预决算制度，则根据地财政浪费即大大减少了（边区约有两万个自然村，每村每月浪费五十元，每月就是一百万）。因此，村政府的预算，应很好的〔地〕确定。不必要的开支应严格免除，必要的开支如村公所的办公费、小学教育经费、民众教育经费（主要是灯油、粉笔等）、民众团体经费（如武委会开路条的笔墨纸张、文救小组的壁报标语费）、游击区村庄的弹药费（土枪用），乃至小量的赔偿费等，应该按照实际情况及高级政府的规定，制定预算，经村代表会通过后交县或区政府批准，否则不得开支。这不但可以消除浪费，使开支合理，并且是逐渐将村财政列入统筹统支项内之必要准备步骤。

（七）结语

抗战是长期的，财政建设的总的原则，是要能够健康地持久。具体的〔地〕说：

1. 要统筹统支，切忌无计划的、频繁的、零碎的征收和无计划的滥支。

2. 先要量出为入，然后要量入为出，因每年只征收粮秣款一次，故在量出而为入之后，在一个会计年度内，必须力求量入为出。

3. 社会生产、贸易和金融，总之国民经济是财政税收的基础。故财政建设首先在鼓励发展生产、调节金融、繁荣贸易、蓄养民力，要充实国库军需，尤其要照顾到民生，照顾到整个国民经济之发展，否则断难持久。

4. 要照顾到贫苦群众的生活，同时要照顾到统一战线。因而一面要规定适当的免征点，一面要规定累进最高率，并使累进率的进度适当，以保障百分之八十的人口共同合理的〔地〕负担抗日经费。

5. 我们的农村是经常缺乏货币的，加以纸币又不断地跌价，因此统一累进税除征收必要的现款外，应该是征收农民所自有的实物（粮秣）。由农民那里征收现款而又用来向农民购粮秣的办法，是十分不合算的。

6. 间接税和平均摊派都是不合理的，应该废除。应该依照有钱出钱的原则，征收直接税，征收累进的财产税和所得税。

7. 根据地财政建设的基础在村，村财政和税收的可靠保障，是健全的村政权、村代表会和健全的支部。没有这些条件，统一累进税的实行是较困难的。

8. 征收的方式应该是行政和政治动员相配合，应该使人民按照公平的税率自愿的〔地〕缴纳，法律只能制裁个别的抗缴分子。

选自彭真：《关于晋察冀边区党的工作和具体政策报告》，北京，中共中央党校出版社，1981年版，第118～130页。

32. 彭真：《关于晋察冀边区党的工作和具体政策报告》——关于边区金融问题①

1941年春

（一）关于边区金融问题，首先需要分几个阶段来叙述

1. 第一个阶段。

这是边区政府尚未成立，边区政权尚未完全统一，边币尚未发行的阶段。当时在市场流通的纸币，在河北境内，主要是法币和河北省钞，在晋东北主要是山西省钞，在察哈尔境内则主要是察哈尔省钞。这时冀察两省银行，已相继落入敌人掌握中，实际成为敌伪之金融机关。

敌人在取得察哈尔省银行之后，即逐渐排泄察钞于边区，特别是涞源、蔚县、灵邱等县。接着就宣布察钞作废。因为该项钞票，当时在我一分区各县有相当的数量，蔚县县政府等遂采取了错误的政策，宣布察钞在我区继续通用，并以田赋为之担保。于是敌区商民人等，纷纷携带该项废钞到我区购买货物，不问贵贱，见货就买，结果使物价飞涨，金融立陷于混乱。我们的县政府见势不妙，乃规定我区察钞打字使用。但是迨我区察钞盖章之后，敌又宣布察钞继续行使，盖章者作废。结果数十万察钞充斥市场，军民公私均受其害，最后乃由政府负责收回，实际上替敌人作了苦力。这是我们在金融上吃的第一个大亏。

2. 第二个阶段。

这时我们已开始发行了自己的钞票——晋察冀边区银行的钞票。这是边币、法币、察钞、晋钞、杂钞及土票同时流通的阶段。因为市面通行纸币十余种，金融异常混乱：

（1）敌伪奸商操纵，扰乱金融，今天贬价这一种纸币而收买之，明日又抬高其市价而抛出去，再抑压另一种纸币的市价而收买之……结果金融异常混乱。

（2）敌伪大量吸收我区之法币，套买我国外汇。

（3）我们的边币，这时还不是独占边区流通界的地方法币，而是信用纸币。在发行伊

① 这是彭真同志在1941年春向中共中央政治局报告的一部分。

始，其发行总额只有几万元，但发出去即兑回，在流通界的阵地很难稳定。因为法币、冀钞甚至晋钞都比边币势力大，信用高，敌伪又有计划的〔地〕扰乱破坏，我在金融方面完全处于被动地位。

3. 第三个阶段。

这是边币在边区独占发行的阶段。该项政策决定于一九三八年六月、一九三九年五月完成。其具体内容是：

（1）确定边币独占发行，边币为市面唯一的交换媒介。禁止法币、杂钞等在市面流通。持有法币、杂钞者，必须在交易前，先到兑换机关兑成边币，否则不得使用。这就使奸商很难投机操纵扰乱我们的金融。

（2）人民有正当理由，需要携带法币或杂钞出境者，随时可以持边币到银行换取法币或杂钞。这样就使民众乐于保存边币。

（3）人民有愿储藏法币者，听之。但不得投入流通界，致被敌伪吸收。并向民众说明，我们的金融政策的目的，并不是吸收法币，而是防止敌人吸收法币，来套买我国的外汇，扰乱我国的金融。这样就避免了法币逃亡的现象。

（4）为了逐渐巩固边币的信用与地位，我们当时还必需〔须〕借重于法币，依赖法币，需要联合在金融上势力最大的法币以打击杂钞。因此规定边币以法币作基础，规定边币与法币兑换率为一比一，与其他各钞兑换则依照市价。

（5）严禁奸商私运法币、现银出境。

（6）禁止伪钞入境或流通，当时尚未禁止旧冀钞。

这个政策直至最后决定时，尚有同志怀疑或反对，但是党却坚决的〔地〕贯彻了它。

首先我们在党内，在部队、政权和群众中，进行了解释动员和准备工作，然后开始施行。经过了约十个月的时间，最后获得了成功（一九三八年七月——一九三九年五月）。

4. 第四个阶段。

这是最后肃清河北伪钞的阶段。于一九三九年四、五月间开始，于同年秋季完成。

在前一阶段中，我们已根本禁用敌伪新发行的河北省钞（新冀钞），但对于“七七”事变以前发行的旧冀钞，仍继续允许它和边币按市价兑换，而且实际上成为我们和敌区贸易之交换媒介。可是现在敌人准备停止使用河北省钞了，我们若不先发制人，不但已经流通在我区的几千万旧冀钞，将与察钞一样，成为废纸；而且敌区流动的六七千万元旧冀钞，也会相继排泄到我们的区域，又使我们替敌人充当金融上的苦力。于是，我们决定首先驱逐冀钞，办法是把冀钞贬值兑换，借商人作〔做〕运夫，把冀钞输运到敌区去，换货回来。在党内外进行了政治解释和动员之后，政府即密令施行。所有公私机关，特别是合作社、贸易局等，首先遵令贬低冀钞，在敌人将冀钞九折使用时，我即七折兑换，始终保持着比敌区低二成的行市。于是所有商民人等均不愿带冀钞入境，纷纷带冀钞到敌区购货（因为仅在币价兑换方面，每元即可赚两毛），几千万元的冀钞，不过三四个月，便完全肃清，并以之换回了大批的货物（游击区完成的〔得〕较慢较差）。同时因为冀钞已全部驱入敌区，敌人遂不得不继续维持，而放弃其停止使用的企图。

5. 第五个阶段。

这是边币独立自主并且对法币取得优势的阶段，它从皖南事变时开始。

自一九三八年秋季后，边币与法币始终维持二与一之比，在民众中边币已渐渐取得较法币更高的信用。皖南事变发生，国共关系紧张，我们决定先发制人，使边币突出，获得独立自主的地位，以免遭受时局变化影响而跌落。决定边区银行及税收贸易机关，停止接受法币。银行只抛出法币，不收入法币，持有边币者可以无限制的〔地〕到银行兑换法币，持法币到银行换取边币者则拒兑。这样法币立刻贬价二成或三成，每元法币只换边币八角或七角。于是边币获得了独立自主的地位，实质上脱离了法币的控制，脱离了对法币的依附。

（二）边币流通的现状

1. 在地区上说：目前边币的流通仍是很不平衡的。有的地区，边币发行额与人口之比为每人平均四五元，有的地区则每人平均在二十元左右。

2. 法币与边币比值是法币每元经常较边币低二三角，原因是法币发行总额已过大，在大后方已造成通货膨胀的局面，而边币发行数额则很小（在边区境内边币一元四角至三元可换白洋一元）。同时法币在边区又没有市场。

3. 战后日币的膨胀较法币为慢，而伪联银券则是与日元联系的，有较高的比值。从边区对外贸易上来看，边币与伪钞的比率，经常不相上下。在我们出超的月份，伪币要给边币贴水，有时每百元要贴一二十元。反之，在我入超的月份，边币便较伪币为低，需要给伪钞贴水。但在外汇统制较好的地区，则始终维持着比较平衡的汇率。

（三）目前支配边币发行的法则

边币是强制使用的地方法币，在边区独占流通界的法币。法币和硬币（及信用纸币）的流通，本是受着不同的法则所支配的。但是在今天的晋察冀边区关于边币发行的法则，却有了部分的特殊的情形或新的因素：

1. 它的发行额，在基本上仍然是受着流通商品界的价格总额所决定的。

2. 因为我们没有外汇基金，同时我们与敌区的贸易，在政治上是断绝的或者非法的，在实质上则是“以货易货”。因此，对外贸易的差额就严重的〔地〕影响到边币的币值。

3. 在政治经济学中，从理论上处理法币时，不得不把它当作纯流通手段来对待，同时在纯资本主义社会中，实际上也是如此，或差不多是如此。但在现在的边区却是另外一种情况：

(1) 因为是商品经济还未充分发展的农村，半封建社会的地主、富翁素有窖藏货币的习惯，加以长期残酷的战争环境，富人窖藏货币之风益盛。同时，他们所窖藏的，并不限于硬币，有时也储藏法币。就是说法币并不象〔像〕资本主义社会那样，老是川流不息的〔地〕全部都经常周转在流通界。

(2) 在边币信用已经巩固之后，各阶层人民（当然主要是富有者）已开始以边币作储藏手段。有些富翁已把原来储藏的法币抛出，换成边币。这就大大增加了边币可能发行的数量。因为这里的边币不是全部川流不息的〔地〕运行在流通界的，而是经常有一部分成为储藏手段。

（四）边币发行问题中的几点经验

1. 在发行时，首先要充分作〔做〕政治准备，先在党、政权及军队内部，然后在群众中作充分的政治解释和动员，造成拥护新币的热潮。党政军民统一步调，全力支持，有时甚至要咬紧牙关，不要法币，只要边币。特别是公营企业、官商合办的企业、贸易局、合作社以及税收机关等，必须严格遵从、支持政府的政策，使部分利益服从全局，否则便等于自己扰乱自己的金融并替投机奸商制造机会。

2. 边币最初经过了一个短时期的信用纸币的阶段。当时只有基金十余万。因发行额不大，却保证了部分的兑现，慢慢的〔地〕建立起了信用。现在看来，边币当时先当作信用纸币流通一时期，与社会熟悉熟悉，与群众建立起联系，是必要的。

3. 要陆续地、慢慢地发，不能一下把市场胀饱。如果在边币发行之初，即造成临时的通货膨胀的现象，则贬值的必定是边币，而不是法币。因为前者的社会和物质基础，当时都不如后者。

4. 钞票分布的情形（在空间上），必须保持适当的平衡，否则会在部分地区造成局部膨胀的现象，因而影响全局——流通界是很敏感的，一有波动，立即传播的〔得〕很远，传播的〔得〕速度很快。同时一种纸币在发生一次波折之后，即会象〔像〕坏了名誉的人一样在社会各阶层中留下很坏的印象，使信誉很不易恢复，甚至币值纵然恢复之后，仍不易巩固。

5. 大小票之间（如五元、二元、一元、五角、一角等）应配备得适当，否则也会影响到部分钞票的比值（我们有一时期五元钞多，一元钞少，五元钞即发生贴水现象）。

6. 发行额不能超过市场的需要，否则币值就会跌落；同时输出入必须力求平衡，外汇必须严格管理，否则会发生贴水现象，因而也使币值低落。

7. 银行是金融的枢纽，合作社在金融方面是银行的最有力的助手。要使新币值及金融巩固，必须有健全的银行组织并且普遍发展各种合作社，构成完备的金融网。

选自彭真：《关于晋察冀边区党的工作和具体政策报告》，北京，中共中央党校出版社，1981年版，第110～117页。

33. 晋察冀边区出入口税局组织大纲

1941年1月31日

一、边区行政委员会（以下简称边委会）就所有行政区各设出入口税局，稽征出入口税，以专区次第定名为“晋察冀边区第几出入口税局”。

二、出入口税局设局长一人，由边委会任用之。

三、局长在边委会与专区双重领导下，负责计划布置整理全专区出入口税务，并指挥监督所属分卡稽征事项。

四、各局内部设文书员会计员各一人、稽征员三人，其任务如下：

1. 文书员掌理机要、会议、报告、记录、缮抄文件表册，保管卷宗，典守印信，并兼办局内总务事项。

2. 会计员办理预决算，保管税收税票，登记帐〔账〕簿，办理统计等事项。

3. 稽征员办理查验批算书票、征收税款、调查商业状况，督同巡查员稽查偷漏及其他一切事项。

五、局之下，按实际需要酌设分卡，定名为“第几出入口税局第几分卡”，各分卡视工作之需要设稽征员一人（中心卡可增设一人）及巡查员一人至二人，巡查员协同稽征员办理查验批算书票及稽查等事项。

六、税局之领导关系具体规定如下：

1. 各税局除直接受边委会之领导外，日常工作生活学习受专署领导，各分卡并受所在县区政府之监督。

2. 文书会计稽征各员均由边委会统一任用或调动，各专署可随时考核，向边委会提供意见，巡查员由局长任用，分报专署及边委会备案。

3. 各局对税章之请求解释、税款之解抵、票征之领缴、经费预计算之审核等事，为加速行政效率计，应径报边委会核办，不必经转。

4. 税局工作计划、工作总结及税收统计表等，应于呈送边委会时各加缮一份，分送专署备领导之参考。

七、税局经费由边委会发给之（编制经费表附后）。

八、本大纲自令发之日施行。

选自《晋察冀边区财政经济史资料选编》（四），天津，南开大学出版社，1984年版，第249～250页。

34. 晋察冀边区出入口税暂行税则

1941年2月1日

第一条　本税则为便利军需民用与促进生产事业、保护贸易、限制资金外溢制定之。

第二条　本边区出入口税由边区各地出入口税局统一征收。

第三条　征税所用票证由边区行政委员会统一监制颁发，如非是项票证得拒绝纳税。

第四条　凡本边区出产之货物输出本边区以外者为出口货物，依其性质分别规定如下：

（一）凡粮食、布匹、棉花、麻、麻绳、钢、铜、铁、木材、木炭、半马驴骡、母羊、母鸭、母鸡、半马驴骡羊皮、黑白胎羔皮、白羊毛、黑白羊绒、花生、花生仁、动物油、植物油，均禁止出口。

（二）上列各种货物出口时悉依本税则征税：

甲、花椒、核桃、核桃仁、杏仁、杏核、薏米、本羔皮、各种野兽皮、猪羊小肠、各种药材，税率百分之十。

乙、猪毛、猪鬃、黑羊皮、烟叶烟茎，税率百分之十五。

丙、猪、公鸡、公鸭、公羊、鸡鸭蛋、蜂蜜，税率百分之三十。

（三）本条（一）（二）两项所未列入之货物均准免税出口。

第五条　凡非本边区出产之货物输入本边区以内者，为入口货物，依其性质分别规定如下：

（一）凡日货物（军用必需品除外）及各种卷烟、水旱烟丝、瓶酒烧酒、糕点水果糖、海味渗燕、罐头汽水、首饰化装〔妆〕品、古玩、玩具、化学用品、鞋帽、估衣、寿衣、成衣、玻璃器皿、细磁〔瓷〕器皿、橡皮、胶皮器、供器、迷信消耗品、烟斗、自来水钢笔、丝织物、麻织物、草织物，均禁止入口。

（二）上列各种货物入口时，悉依本税则征税：

甲、洋绒、扣子、手套、洋袜、背心、竹筷子、各种钉子，税率百分之二十。

乙、钟表、手电筒、海带、贝干、糖类、自行车内外带、茶叶、肥皂，税率百分之三十。

丙、梳篦、伞、扇、棉织物、毛织物，税率百分之五十。

（三）本条（一）（二）两项所未列入之货物，无论军用民用，均准免税入口。

附：（一）晋察冀边区出口货物分类处理表。（略）

（二）晋察冀边区入口货物分类处理表。（略）

（三）日货鉴别表。（略）

第六条　凡货物出入口时，无论公私商贩机关团体或个人，如系应税货物，应即执证向出口或入口之第一征收机关报纳税款，倘有证明文件，确系与我后方及各抗日根据地直接贸易者，不以出入口论。

第七条　出入口税均按价征收。货价由纳税人自报，如有以贵报贱企图隐避税款者，得由公营贸易机关，照所报价格收买之。

第八条　出口税于货物出口地点征收之，入口税于货物入口地点征收之，均只征一次。

第九条　入口货物纳税后在边区境内可自由运销，如须〔需〕分运时，得报请当地征收机关，根据税票，换发分运单。

第十条　偷漏走私，一经查获，依下列规定处分之：

（一）漏税案件，除照章补税外，并处以所漏税额一倍至五倍之罚金，但所处罚金及应补税额之和，不得超过货物总价。

（二）私货及敌货案件，除将货物悉数没收外，并送交当地县政府酌情处理。

第十一条　征收人员如有不法行为时，任何机关团体或个人均可报告当地县政府、专员公署或边区行政委员会，以凭查处。

第十二条　本税则施行之日所有前颁之征收本产货物出境税暂行条例与征收外货入境税暂行办法及其附表即行作废。

第十三条　本税则自公布之日施行。

选自《晋察冀边区财政经济史资料选编》（四），天津，南开大学出版社，1984年版，第251～253页。

35. 晋察冀边区查获日货私货及漏税案件奖励办法

1941年2月

第一条　为彻底保护贸易广泛奖励缉私计，特制定本办法。

第二条　边区各出入口税局（以下简称税局）及军政民各级〔机〕关团体或个人查获

日货私货及漏税案件，除税局人员不受现金奖励外，其余悉依本办法办理之。

第三条　在边区无论任何机关团体或个人查获前项案件，均须交由当地各税局卡依本办法协同县区政府统一处理。

第四条　给奖标准除缉获敌伪武装走私案件，须随时呈报边委会专案核办从优奖外，其余按查获货物之性质数量（以变价计算）分别规定于下：

甲、日货按变价计算，以百分之二十给奖。

乙、私货按变价计算，以百分之十给奖。

丙、纸烟及漏税案件，按罚金总数计算，以百分之五给奖。

第五条　凡自愿却受奖金者，各税局得专案呈报边委会以下列各种方式予以政治的奖励：

甲、锦旗。

乙、奖状。

丙、登报发扬模范。

第六条　本办法第四条甲乙两项奖金于货物变价后发给，丙项奖金于缴纳罚款后发给。

第七条　查获人应得奖金须备具正式收据向税局领取，税局开付之奖金应按月列入月报，并附据抵押。

第八条　本办法自公布之日施行，前定罚金二成充奖制应即废止。

第九条　本办法不适宜时由边委会修改之。

选自《晋察冀边区财政经济史资料选编》（四），天津，南开大学出版社，1984年版，第255页。

36. 刘澜涛：论晋察冀边区财政建设的新阶段——统一累进税（节录）

1941年3月18日

一、统一累进税是中国共产党一贯主张实施的进步税制

统一累进税，是合理进步的税收制度，是统一战线的税收制度，是新民主主义政治下，可能和必须施行的税收制度，也是中国共产党一贯主张施行的革命的税收制度。远在我党成立之初，即向全国指出必须“废除厘金及一切额外税则，规定累进率所得税”（见一九二二年五月中国共产党第二次全国大会宣言），以后在一九二八年，我党第六次全国代表大会上通过的“中国革命现阶段的政纲”中，又明白规定“取消一切政府、军阀、地方的捐税，实行统一的累进税”。一九三八年我党领袖毛泽东同志在中共扩大的六中全会上，在其著名的“论新阶段”的报告中，更异常清楚具体的〔地〕指出：“在有钱出钱原则下，改订各种旧税为统一的累进税，取消苛杂和摊派制度，以舒民力，而和税收”，很明显的，统一累进税是全国必须实行的合理公平的税收制度。

二、“实行有免征点和累进最高率的统一累进税”（双十纲领）是晋察冀边区财政建设的新阶段

边区的财政建设，和边区其他各种建设一样，是经历过各种复杂曲折艰苦奋斗的发展过程，大体可分作三个阶段：

（一）新旧过渡时期的混乱阶段。（一般的是在边区政府未成立之前）

此时因旧税制已废除，新税制未建立，是边区财政最混乱的时期。无统一税则，无统一征收机关，无税收限制，亦无所谓预决算。当时的条件就更谈不到“统筹统支，开源节流，量入为出”了。田赋废除了，一切依靠“合理负担”这种混乱现象，曾引起了当时社会很大的不安，收入虽然不多，影响民生，影响统一战线，影响抗日民主的社会秩序却很大。

但在过渡时期，却依靠动委员举行“合理负担”，解决了当时军政各方不甚大的需求。复因废除苛杂，减轻人民负担，而大大的〔地〕提高了广大群众的抗日积极性。不过从财政制度上讲，从抗日民族统一战线的制度上讲，这是新旧过渡中最混乱的时期。

（二）边区政府成立（一九三八年一月）到一九四〇年秋季，是第二阶段。这一时期主要的有以下三个特点：

1. 开始实行一种不很彻底的统筹统支，一方面规定县以上实行统筹统支，另一方面又规定县区开支按边区政府规定县区行政费，由地方款项下开支。而村开支则另由村合理负担解决。这是因为当时将全部开支都提高到由边区统筹统支，还完全没有把握，而不得不采用的不甚健康的办法。

2. 停止征收现款的县合理负担，开始试行村合理负担。但各地实行的合理负担的具体办法，极不一致，且均有缺点，如晋东北各县实行着第二战区的（即阎锡山的）“抗战时期内县村合理负担”办法，其主要缺点为“不凭调查只凭估计，不以人为单位记分，以户为单位，按等定分，县村合理负担概取属地主义，各村划等定分，县按分此例分配负担”。再如冀西各地，当时一般的执行边府的“村合理负担实施办法”，其主要缺点为对各种资产收入同样看待，这与改善民生和奖励生产的原则不符；完全采取属人主义，使多数或完全为佃户的穷苦村庄，村款无法摊派，将工、商户和农户合并计算，因工商户不易调查、易逃担负，而使农户吃亏，在免税点以上就全部资产收入计分负担，以致有时靠近免征点的户，在纳税后所遗财产，反比不纳税的一些人的财产少，这是很不公平的！冀中另实行“土地累进税法”虽有优点亦存在着缺点（如免征点较高等），各地并同时依照村合理负担，实行征收救国公粮。

3. 此时一方面废除了苛捐杂税，另一方面又保持了在不合理的旧税中某些还比较合理的税制（如田赋，烟酒税印花税等）。

这一时期一般的〔地〕说，税收是上了轨道，但缺点仍极多。

（三）统一累进税阶段（即现在正走着的阶段）。其特点如下：

1. 区以上由边区统筹统支，县区地方款一律停收。

2. 村已规定严格的财政制度（村概算制等）。但村款暂仍由村合理负担解决，逐渐走上全边区统筹统支。

3. 以钱（货币）粮（米谷）秣（谷草）三种形式征收统一累进税。

4. 除出入口贸易之出入口税，和田房契税外，一切捐税一律停止。

5. 停止地方罚款，任何机关不得以任何名义，向任何人民派款派粮。严禁强迫“慰劳”，一切乡村中的“官价”“赔价”应即停止。

6. 军队政府及其附属机关，一律吃公粮。并以平粜作为调剂边区军粮民粮（平粜粮有公粮和商品的两重性）的有效办法。

7. 征收公草。

这正是我们边区财政建设的现阶段。

三、统一累进税的一般问题

（一）什么是统一累进税呢？

首先，统一累进税之所谓统一，其意义有两方面：

（1）把所有资产（财产税）与收入（所得税）应纳的税，都统一于一种税中。统一累进税实行后，除保护调剂边区经济（特别是为了打破敌人以战养战的毒计），相对统制出入口贸易之出入口税，和为了取得法律保护，藉〔借〕以证明财产所有权性质之田房契税外，其他烟酒税、印花税，以至田赋，均一律停征。统一累进税是带有单一税的性质。

（2）各级政府征收，完全统一于边区。只有边区政府有权动用，其他任何机关不能动用。过去三级政府（边区、县级、村级）征款的办法，应予改变。现在要统一于边区政府。县级停征。村级暂仍保持以合理负担解决村款的办法，但这不尽有边区统一规定的严格的村款开支办法为其范围，且与边区征收法相同。并将逐渐走向全边区的真正统筹统支（当然这将是一个艰苦建设的过程）。

其次，所谓累进税，是对比例税来说的。比例税是十分不公平的。如某人有财产一百元收税一元，二百元收税二元，一千元收税十元（以此类推）。累进税则不然，如某人有财产一百元收税一元。一千元则无论如何在十元以上。而且各级之间也有适当的累进，如我们的统一累进税共分十二级一级到六级是按零点一来累进。七级到十二级则按零点二来累进。

其三，统一累进税是直接税（不与征收屠宰、印花等间接税相同），就是向财产所有人及收入所得人直接征税。

其四，统一累进税还是群众的大众的税制（百分之八十到九十的人负担国税）。这样就十分明显了。统一累进税，是含有统一的、累进的、直接的和大众的四个条件。

（二）我们统一累进税中的重要内容：

1. 有钱出钱，钱多多出，钱少少出，负担人口一般的要达到百分之八十。中农以上者都负担。贫苦农民亦须适当的〔地〕负担。因之，他既要照顾到工农生活（即有百分之二十的贫苦的群众不负担），又要照顾到其他各抗日阶级阶层的利益。

2. 统一累进税计分（分数）：以个人为单位计算。（男女老少都算一口）以户或经营为单位缴纳。这与民主政治中以公民个人为单位同一道理。且可避免过去因纳合理负担而假分家的现象。

3. 统一累进税是以钱、粮、秣三种形式缴纳。这不仅为适应战争的要求，而且也是为了人民的方便（农民货币较缺乏）。

4. 农业累进税，是将财产与收入合计。各种不同质量和不同生产量的土地，以其平均可能的收获量为标准，折成标准亩（这样可以鼓励农民生产热忱，防止怕多纳税而懒于生产的现象），以每年能生产六大斗谷（二十七斤斗，且一斗谷能出六升米）为一标准亩。

自耕地（中农、富农、贫农所种的自己的土地）以一标准亩为一亩，称为一个“富力”。

出租地（地主地）以一亩半标准亩为一亩，即为一个“富力”。因地租不能超过千分之三七五（即八分之三）。

佃耕地（中农、贫农、富农佃种别人的土地），以两标准亩算一亩，即一个“富力”。因他要交租，及化消相当多的生产成本。

5. 工商业累进税，是资金与收入分开计算。因为各种工商业中的不变资本和可变资本的比率的不一致，即资本的有机构成的不一致，资本周转率的不一致，利润率的不一致，故计算时比较麻烦。

资金以二百元为一“富力”。

收入以四十元为一“富力”。

6. 为了使极贫苦的人民免去负担，规定了免征点（或免税点）。收入、资产在免征点以下者，免缴统一累进税。免征点定为一个半富力，即等于九大斗谷等于三百元资金，等于六十元收入（九大斗谷等于三〇〇元资金，等于六〇元收入）。

九大斗谷折合小米为五斗四升，以平均价格八十元一石米计算，合四十三元二毛，而工商业收入则为六十元。似乎农民吃亏，实则不然。第一，农业是资产与收入合计。第二，农业有副产物。

地主以一亩半折一亩，又规定一亩半为免征点，则地主免征点实际上为二点二五亩。这样孤儿寡妇的地主，大半实际免征。

7. 累进的速度和累进的最高率。

统一累进税中各级间之累进速度，不宜太快。且必须规定累进最高率，否则累进到某一级以后，纳税人为了纳税，不但要将收入征出，而且要变卖财产。特别是我们今天的财政，实际上是“量出为入”的。统一累进税的每一分，究竟交纳多少，现尚不能肯定。若不采取比较和缓的累进速度和适当的累进最高率，一定会使富者发生极大的不满。这是须〔需〕要十分注意的。

因之，我们的累进率，共分为十二级，除免征点后第一级到第六级按零点一累进。第一级一个富力算一分。第二级一个富力算一点一分，第三级一个富力算一点二分。由第七级到十二级按零点二累进。纳税最高点以二点六分计算交纳。

不论他有多少财产，其在各级内的财富，均按各该级税率分数计算其分数，然后合计。按其总分数缴纳，即每级与每级之间的小数（即零数），亦按率纳税。这样是很公平合理的。

8. 调节经济、鼓励生产和合作事业，凡投入工业合作社及水利等方面的资本免征。工业和合作社只征其收入税（即所得税）。因此，除经营人外，不再除其雇员的免征点，商业贸易局的资本及所得税，原则上一律征收。

9. 各地生活水准相差极大（有的地区地主每年每人吃六斗小米，有的地区每人每年吃小米一石六七斗），各地富庶程度和阶级关系，既悬殊又复杂，各地在政治上的发展也是极不平衡的。因此，免征点即须有伸缩活动的余地。

10. 属地属人问题。根据过去经验及统一战线总的原则，具体解决办法应该是：

（1）财产收入，在一县以内者，属人计算属地征收。

（2）财产收入在外县者，就其资产收入所在村分别立户，在所在县合算分数，属地（所在村）征收。

（3）纳税人不愿分户计算，可申请上级政府合算。

11. 村为实行统一累进税的基础。调查评议及规定免征点的升降，均以村为基础。这虽然麻烦困难，但克服了困难，获得了成果，是十分可贵的。我们绝不能因噎废食。

其他详见边区政府颁布的统一累进税条例诸文献。

（三）统一累进税的意义

1. 我党十余年来关于统一累进税的主张。在边区具体化了，变为实际了。这是十分可喜的事情，是具有伟大政治意义的创举，同时统一累进税之征收，也是我们全面彻底实行双十纲领中重要的一环（我们的纲领是行动纲领，和兑现的纲领）。

2. 统一累进税是抗日民族统一战线政策，在财政建设上的灵活具体的应用，他〔它〕不但可以使我们的财政更加健康顽强和持久化，可以不断的〔地〕有力的〔地〕战胜敌寇汉奸亲日派和反共顽固派的经济封锁破坏与毒害，而且是充满了统一战线的、阶级的、经济的、生产的活的内容。

3. 边区财政进一步的统一，新的金库制度，新的会计制度，就成为更加必要。这样在财政建设上，将必然要添加许多新的内容，使我们的财政更能统筹统支，更能多多开源真正节流，逐渐作〔做〕到量入为出，使边区的村财政也能逐渐走向统一于边区的道路。这种建设是与新民主主义政治的新的雄厚基础相互适应的。

4. 边区广大人民，特别是边区的共产党员，要在热烈生动的三个月（四月到六月）统一累进税的中心工作中，深刻考查研究乡村的经济结构，和阶级关系，使我们在农村中的阶级政策，更加具体化。这在边区党的建设上，统一战线的开展上，都是有很大意义的。

5. 国民党统治区的财政，是紊乱和发国难财的财政。日寇的财政，是掠夺的以战养战的政策。因之进步的统一累进税的财政，是目前中国最正确最适合于新民主主义政府的财政。我们的经验，是具有全国意义。这样就更加重了我们的责任。

四、免征点问题的争论与决定

（一）免征点的决定非常复杂，十分重要。

由于各地财力的严重不平衡，土地生产量之过于悬殊，如平山某地水地每亩年产谷（折合，下仿此）四石（每石是二百七十斤，下仿此），而灵寿等地好水地只能年产谷二石五斗，雁北诸地好水地只能年产谷一石三四斗。再以旱地而论，好地每亩年产谷一石，而坏者只产一两斗，甚至有几升的。特别是土地分散与阶级关系之不一致复杂性，就决定了各地负担人口的巨大悬殊（见下列三表）。因而统一累进税中的免征点的决定，也就十分复杂和异常重要了。

（二）免征点决定中的争论：

1. 边区政府关于统一累进税条文细则公布以后，各地即涌起了讨论的热潮。党政民各方纷纷组派考查团到各地调查实验，多有收获。尤其关于免征点的考查为最多。因为这是关于边区整个统一战线及边区财政建设的重大问题。因此，即在很细微的问题上，必须异常慎重，仔细考虑。

2. 关于免征点的争论约有下列几种意见：

各地考查结果，一致认为“边区统一累进税暂行办法”中规定的免征点过高，必须修正。其各种具体意见如下：

第一种意见认为免征点须〔需〕要降低到一个富力左右。

第二种意见认为降低免征点，使地主、富农的负担过轻，而贫苦农民的负担过重，故应降低标准亩，而免征点仍应定为一点五富力。当时曾有人提出降低标准亩至五大斗、六大斗及七大斗者。

第三种意见认为要使负担人口达到百分之八十至九十目前有许多困难（特别是工农基本群众过去没有负担国税，现在大多数都要负担，可能引起他们的某些不满）。因此主张统一累进税应当规定只使百分之六十的人口负担。待我们对基本群众的说服解释工作更加深入后，明年再规定使百分之八十至九十的人口负担，所以免征点与标准亩，都无降低的必要。

第四种意见认为按一石六斗（即八大斗）为标准亩的规定（边府暂行办法中的规定）能够使负担人口到达百分之八十。因此用不着改变免征点与标准亩。决定［的］关键不在于规定本身的缺点，而在于调查工作的精确与否。

第五种意见认为冀中与北岳区的土地富力本不相同，因此规定两个免征点或标准亩的折算方法，仍是必要的。

3. 中共北岳区党委二月扩大干部会上对免征点的讨论与决定：

（1）根据边区统一累进税暂行办法一石六斗或一石八斗（即八大斗和九大斗）为一标准亩的规定，确实太高，不能达到党中央关于百分之八十人口须要负担的既定政策。为了坚持党中央既定的正确政策，为了统一战线，为了使边区人民深刻认识到他们对抗战应负的责任，都必须坚决的〔地〕实现这一既定的政策。而且就边区目前财政的巨大开支，与战争的实际需要，也有使负担人口达到百分之八十以上的必要，因之上述第三种意见是不对的。

（2）降低标准亩，比降低免征点要好一些，因降低免征点，使贫农及贫困的中农吃亏太大，地主、富农占便宜太多，有失公平合理的原则。因此。应按第二种意见的原则来实行。

（3）全边区只能有一个标准亩的折算方法，与一个免征点（不能有两个以上）。因为边区是统一的，边区政府的政令，在原则上也应该是统一而能适合于各个地区的，而且事实上规定两个标准也不可能。北岳区有些地区如滹沱河两岸及平汉路沿线平原，五台东冶一带，比冀中富饶地区并无逊色，而冀中某些不毛之地，比北岳区某些地方甚至更加贫瘠，如规定两个标准或则有失公平，或则必致纠纷迭起，因此，第五种意见也是不很妥当的。

（4）免征点与标准亩的原则的确定，一方面应求负担人口能达到百分之八十以上，另一方面应求不致〔至〕于影响极端贫苦的农民在节衣缩食之后的最低生活资料，而使他们无法生活。因此，规定标准亩为七大斗，则难于实现前者，规定标准亩为五大斗，则不能顾及后者。故规定标准亩为六大斗较为适宜。免征点仍规定为一个半富力。这样一般的可以顾及极贫苦农民的生活，又可照顾到其他各抗日阶级阶层的利益。

（5）由于边区不论在土地富力的差异上，土地分散集中的程度上，均有重大悬殊，发生严重的不平衡。因此，规定一个免征点，求其普遍适合于全边区任何角落，是不可能的（但不能规定几个免征点）。而且由于上述原因，人民生活程度也是极不平衡的。适合于最贫瘠地区的人民最低的生活水准，决不能适合于最富饶地区。因之，免征点应有一定限度的伸缩性。当时确定当负担人口不足百分之七十时，得降低免征点，但最低不能低于一点二富力。当负担人口超过百分之九十时，得提高免征点到一点八富力。如果降低到一点二富力而负担人口仍不足百分之七十者，应不再降低。而用纯自愿的捐输的方式，求其能达到百分之七十的人口负担，提高到一点八富力而仍超过百分之九十者，则听之。

4. 北岳区二月扩大干部会，对上述问题所作的各项决定，征得各方面同意后，曾根据这个决定的精神，在法令条文上作了某些修正。在一般问题上各地皆无异议。只对免征点伸缩这一具体问题上，还存在着一些不同的意见。有人认为应规定为三个免征点（一点五富力、一点七富力、一点三富力）。凡不及百分之七十负担人口者，一律以一点三富力计算，超过百分之九十人口负担者，一律以一点七富力计算，这种意见经大家讨论后认为是不很合适的，因为这样将使负担人口不及百分之七十而稍小于百分之七十的村庄，由于免征点的骤降（一次降［零］点二富力），而可能超过百分之七十以上很多。而原来达到百分之七十的村庄，由于不降免征点而仍为百分之七十。这样是有失公平的。超过百分之九十以上的升降也必有同档不公平的结果。而且全边区各地情形异常不平衡，要用三个免征点来概括全边区各地，也是不可能的。

5. 关于此次征收统一累进税中免征点的最后决定。

从今天来看，二月扩大干部会上关于免征点的规定，也须有部分修正之处。兹总合各方意见，关于一九四一年度征收统一累进税免征点的最后决定，略述如下：

第一，确定免征点是一个半富力。如负担人口达到百分之七十至九十者，免征点不变（即一个半富力）。在百分之七十以下，或百分之九十以上者，得在一定范围内伸缩之。

第二，规定以点一（零点一）为升降免征点之单位。在百分之七十以下的村庄，得将其免征点下降，但最低不得低于一点二富力。在百分之九十以上者，得将免征点提高（提高无最高限制）。但最低降低至百分之九十为度，不得再行降低。

第三，但是提高或降低免征点，不可能恰巧使负担人口达到百分之七十或九十，例如一点四富力可能是百分之六十，而一点三富力可能是百分之七十二，一点六富力可能是百分之九十三，一点七富力可能是百分之八十六，等。在这样情形下，取其负担人口较高的数目（如第一个例子取其百分之七十二，第二个例子取其百分之九十三）。这是因为我们估计到，即使实行以六大斗为标准亩，一点五富力为免征点，要达到使全边区负担人口超过百分之八十，恐怕也还是困难的。因此，在降低免征点时，如降低点一（零点一）则负担人口超过百分之七十，不降不足百分之七十者，应按照超过百分之七十之数（应下降），在提高免征点时，如提高点一（零点一），负担人口低于百分之九十，不提高则超过百分之九十者，应按照超过百分之九十之数（应不提高），以求全边区负担人口达到百分之八十以上。（总之，大小数相遇取其大者，亦即“少数服从多数”）。

第四，在负担人口不足百分之七十的村庄，经降低到一点二富力，仍不足者，举行第二次调查，必要时县区政权派人指导。如果调查后，负担人口仍不足百分之七十，则须经县政权批准后，准其按照所计算的结果负担。

第五，上述变更以行政村为单位。但须经过县政权的批准，因为行政村单位较小，以较小单位为标准来改变，比较合理。如果以县区为单位，则须使全县全区各村各部的分数计算完毕，并合算后才能决定改变。这在事实上也有许多困难。自然以行政村为单位，问题必会更多更复杂，但这些复杂的问题，本来是存在着的，不过以县区为单位时，许多复杂问题被掩盖起来，不易于发现。而以村为单位时，则更加易于发现，这是晋察冀边区财政问题上的百年大计，我们不能因为“省事”而闪避复杂问题，更不能“因噎废食”。

第六，以上的更动，适用于整个晋察冀边区。

这是我们目前关于免征点的决定，在整个统一累进税工作的推行中，必将有异常丰富，十分新颖和更加具体切实的材料，来充实甚至修正我们的某些决定，这是无疑的。

（以下略）

选自《晋察冀边区财政经济史资料选编》（四），天津，南开大学出版社，1984 年版，第 292～303 页。

37. 晋察冀边区行政委员会关于田房契税的指示信[①]

1941 年 3 月

一、田房契约是田房所有权或使用收益权的公证契约是一种公证，买地买房取得所有权，典地典房取得使用收益权都需要立契，以作公证。

二、红契是合法的契，税契是取得所有权或使用收益权的合法保证。

政府保护财产所有权，保护田房买卖自由权，保护典用田房收益权。保护凭了什么作依据呢？要凭了红契，田房买卖在老百姓是一件大事，“成家立业”同置房置地有极密切的关系，而财产纠纷在民间很多，因此老百姓买典田房，立契之后，要求政府保证。边委会对此项买典契约，均给以盖有会印之“尾契”，县政府并在草契与尾契之间加盖县印，以作合法保证，这样合法的契就叫红契，买典田房的人请求政府予以保证。政府收一定的手续费是应该的，而买典田房的人一般都是比较有钱的，都乐意役税取得合法保证。因此，田房契税是一种合理的直接税，它同统一累进税的性质不同，也不相违背，前者是一种财产与所得的税，后者是一种取得所有权或使用收益权的税。

三、黑地、白地、偷漏、瞒价一切弊端都要取缔

过去因为田赋制度存在了许多毛病，很久省县征税多由田赋附加，这样就造成许多“黑地”，既无契约又不纳田赋，过去这些“黑地”讨了很多巧，逃避了负担。过去，田房买典契税很重，并且县里一般都有附加，旧政府的时期僚属额外勒索也相当普遍，这些就

① 原注：“本文是一九四一年三月晋察冀边区行政委员会所发的第四十五号指示信。”

造成人民买典田房逃避税契，因有大量白契白地之存在，或者是买卖双方互相通融，在契约上瞒价，以图偷漏或者是以转让赠送等名目，代替买卖契约偷漏契税，这些都是因为过去不合理的制度造成的。

现在我们实行统一累进税，废除田赋，那么就不会因为田房契约的合法存在加重了负担，现在我们把契税规定为买六典三，普遍取消县附加与村公证费，减轻契纸费，这样税是很轻了。政府对于财产所有权与使用收益权的保障，要根据合法契约，无契约或不合法的契约，当然不能保障，这样人民当乐予〔于〕补契补税了。

因此，我们要坚决取缔黑地、白地、偷漏、瞒价等一切弊端，做到有地必有契、有契必税契、买典按价投税，毫无隐瞒偷漏，以发挥保障所有权与使用收益权的作用，以消除田赋制度遗留下来的不公平的事实。

四、补契补税都限七月一日以前办理完竣，过期以法处罚。

田房契税暂行章程第十三条规定了罚则。不过因为以往的积弊很深，老百姓因为怕处罚，又造成他不敢补税补契，以致不能取得田房契约的合法保证，这是很可惜的事。因此，在这次田房契税暂行章程公布之后，给人民以补契补税的机会，在本年七月一日以前黑地、白契、偷漏……等一律补契补税，毫不处罚，过了七月一日就要按照规定处罚了。这是县村政府要给老百姓深入解释的，使得家喻户晓，不要让老百姓过期不税受到了处罚。

暂行章程第八条规定："买主典主在未税契前不得转卖转典"。事实上未税契前即将田房转卖转典了的也会不少。关于此事，如果追根究底，一一补税，不胜其烦，我们决定这样处理：在此次田房契税暂行章程公布以前即以草契转卖转典者，转卖转典主可以免于追究，只由现在的执契人税契。从暂行章程公布之日起，草契绝对禁止买卖，这要动员老百姓使大家晓得：买到草契无效，要买红契。

五、成立买典契约过程中的恶习要适当的〔地〕消除。

成立买典契约过程中，有许多恶习，最主要的是田房牙子的勒索，村长的盖印钱，四邻的吃饭——"吃割食"，牙子按田房买典价"成三破二"的取得牙子钱，典要高于税契三分之二，买要当契税六分之五，这种勒索太苛了！可是它无形之间已经成了一种"习惯法"，如下〔果〕不能根本取消，可根据地方情形，使这勒索降低，一致降至"成三破二"的一半。牙子的勒索最可恶的是"瞒价"，在买主方面规定的价高，在卖主方面规定的价低，借此要扶〔挟〕双方，从中渔利。这种情形是要受法律处分的。

买典田房草契上要由村公所盖印证明，以免纠葛，这是村公所的责任。可是一向习惯，村长盖印有效"盖印钱的"。这是官僚政治的产物，是十分不合理的。因此我们决定：自暂行章程公布之日，要严格取消这种"盖印钱"，要教育村政权使他了解这是发挥民主政治精神的一种措施，人民买典田房如给村长"盖印钱"时，村长应拒绝接受，接受或强索"盖印钱"者，以贪污论。

田房契税罚金，在已往村区县政府及告发人均有提成，不合适，我们这次决定取消了，所有罚金一律解上。

四邻吃饭——"吃割食"，这在买典主自动的自愿的原则下，请大家吃饭是可以的，不过有些产邻，因为意气成见，不予证明，要挟买典主请吃好的。这种精神有碍团结，是不好的，应说服纠正。

六、活跃田房买卖，活跃边区经济。

税契是保护田房所有权，买卖自由权的一种行政措施，它对于活跃田房买卖，有着很大的关系。抗战以来，边区的田房买卖是大大的〔地〕减少了，这一方面固然表现着土地的集中是绝对的〔地〕减少了，但另一方面也表现着土地的分散也很有限。这中间的原因虽然很复杂，但这种现象对边区的经济发展却不利，我们应该从租佃关系，建设抗日民主的社会秩序方面找其原因，活跃田房买卖，活跃边区经济。

七、与统一累进税的调查工作配合进行。

在统一累进税的调查工作中，要把边区的每一块耕地都调查过。那么附带检查一下，那〔哪〕些地有契，那〔哪〕些无契，那〔哪〕些地是白契，那〔哪〕些是红契，是比较容易的，因此发动老百姓补契补税的工作与统累税的调查工作配合进行是方便的。要抓紧宣传解释工作，使老百姓普遍了解田房契税的政治意义，与〔于〕七月一日以前不处罚，而积极的〔地〕税契。

县政府（及个别地方的区政府）办理税契手续要迅速，使老百姓很快的〔地〕得到红契安下心，反对不关心民众的迟缓的官僚主义作风！

契税报解手续要弄清楚，要算清帐〔账〕，按规定报解，税款绝对不准挪用。

选自《晋察冀边区财政经济史资料选编》（四），天津，南开大学出版社，1984 年版，第 263～266 页。原注：“《边政导报》第 3 卷 11 期 1941 年 3 月 12 日。”

38. 晋察冀边区买典田房契税暂行章程

1941 年 3 月

抗日战争之彻底胜利，基于巩固发展统一战线，统一战线之巩固扩大，基于调整各个阶层关系，经济上之调整，尤属切要。本会数年以来，于此多所努力。历颁减租减息单行条例、田房契税暂行章程，明令保障财产所有权、土地使用权，确定产业买卖自由权，租佃借贷诸关系。乃以边区日在发展，前颁条例于现存之细目末节，自有未尽周到者，兹将修正减租减息单行条例二次修正，并制定减租减息单行条例施行细则，买典田房契税暂行章程公布于后，希我人民以民族国家为重，照顾各阶层利益，切实减租减息、缴租缴息，遵照契约自由、买卖自由之义，使边区经济日臻发展。从此地主佃户均须依照新颁条例，订定新约，所有以削〔前〕未遵法令减租减息者，一律不究，欠租三年以上者只缴一年。黑地、白契、偷漏瞒价等非法行为，统限本年七月一日以前，由田房所有人或使用收益人依实补契税契，过期依法处办。事关切身利害，希我人民勿等闲视之，切切此布！

买典田房契税暂行章程

第一条　为确保财产所有权、买典自由权，特制定本章程。

第二条　凡边区人民买典田房，均须依照本章程税契。

第三条　本章程所称买者，系指买主支付买价取得田房之所有权而言，而称典者，系指典主支付典价占有田房之使用收益权，原主仍保有回赎权而言。

第四条　买契按田房买价百分之六，典契按田房典价百分之三征税。

第五条　凡人民买典田房，必须先立草契，草契纸由县政府印制，村公所领用，每张收费两角。

第六条　成立草契之手续如下：

一、由新旧业主协同中间人到本产所在地村公所，由村长副召集产邻共同审查，确无纠葛，方得立契。

二、立契应书本人姓名，不得用堂名。

三、草契须由村长副产邻及中间人分别署名签押，并由村公所加盖村戳，如产邻因故缺席，由村长副作证生效。

四、买契卖主，应将历来旧契交出，在草契内注明张数。无旧契者，须经村长副及中间人证实注明。

第七条　草契成立后，买主典主于两月内报请县政府税契，正契纸由边区行政委员会统一印制，县政府领用，每张收费二角。

第八条　买主典主在未税契前，不得转卖转典。

第九条　立契以一户一契为原则，不得归并不相连接的田房分立一契，倘一产被析分立新契者，应向县政府呈验原契及分单，经核准后，分别另立新契，新契收契纸费，不收契税。

第十条　契约遗失，应报由村长副召集产邻出具证明，申请县政府补契，补契收契纸费，不收税契。

第十一条　先典后买者，准以原纳典契税额抵纳买契税，不足之数，照实补足，但以买契属于一人者为限，如买主系典主之继承人者，以一人论。

第十二条　交纳契税，一律使用边币，原买价或典价系铜币者，以一千文折合边币一元计算。

第十三条　逾期不税契或匿价偷漏者，除令照章税契外，依下例法则由县政府以上政府处分之。

一、逾期一个月者，处以应纳税额十分之二的罚金；逾期两个月者，处以应纳税额十分之四的罚金；逾期三个月以上者，加重处罚，但至多不能超过应纳税额。

二、如有匿价情事者，除令更换契约和交短纳税款外，并处以所应纳税额二倍以上五倍以下之罚金。

三、如实系买契，而以赠与继承分割等名目立约者，处以应纳税额三倍以上十倍以下之罚金。

四、草契成立后，两月内未经契税，如转卖转典者，应补税。

第十四条　本章程公布之日，前颁田房契税暂行章程即行作废。

第十五条　本章程自公布之日施行，其修改权与解释权属于边区行政委员会。

征收报解办法

第一条　边区买典田房契税之征收报解，悉依本办法办理。

第二条　买典田房契税之征收报解，由县政府办理。必要时，县政府可将契纸先期加印，责成区公所代办。

第三条　草契纸之印制与领用规定如下：

一、县政府依式印制，二十张装成一本，由村公所领用。

二、每用一张收费二角，如填写错误或作废，应全张缴销，不收纸费。草契纸收入除工料费外，归入县政府临时费。

三、村公所须按月将草契交查，草契纸费及作废草契纸一并送县政府，如系区公所，即送区公所。

第四条　正契之印制与领用规定如下：

一、由边区行政委员会统一印制每百张装成一本，县政府应经常递送估计约足三月用之数目，填列“领契纸报告”向边委会请领。

二、边委会收到“领契纸报告”后即随“契纸通知”照发或酌发，详细点好后，应将回证加印送边委会备查，月终列入月报表“本月新领”栏，并注明发“契纸通知”之字号，如有长页短页缺号漏印者，应将原本退回，并在回证上注明，以备核销。

三、县政府使用契纸，应在骑缝买字或典字之上冠以县名首字或次字，以资识别，此项冠字以木戳加盖之。

四、契纸三联，中联是正契，发交业主收执，稍联是交查，月终汇齐，每百页分装一本，附加封签，连同月报送边委会，存根一联，留县备查。

五、凡分立新契，应于原契上注明“另立新契”字样，补契应于契纸各联税额栏加盖“补契”木戳。

六、作废契纸，应全张交销，月终列入月报表填用栏内，并注明。

第五条　每月领用契纸及所收纸税款罚金数目，须于月终五日内填造“契纸契税月报表”连同交查一并径送边委会。

第六条　税款纸价及罚金，均须按月清解，列入月报内，并将解批字号注明，未奉支付命令不得坐支或抵拨，解款手续，适用“经营收支款项统一处理办法。”

第七条，本办法自令发到县之日行之。

选自《晋察冀边区财政经济史资料选编》（四），天津，南开大学出版社，1984年版，第267～270页。

39. 晋察冀边区行政委员会关于工商业、合作社、家庭副业及各种收入征税问题的决定

1941年5月9日

根据各地的反映，关于工商业、合作社、家庭副业的收入，按四十元折合一个富力计征，嫌重。经高干会议讨论决定如下：

一、处理这一问题的原则

甲、工商业、合作社、家庭副业的负担，应该比农业上自营土地的负担轻一些，但是

不能太轻；我们所说的自营包括雇工经营在内，我们把工商业当作资本主义的经营，自营土地也当作资本主义的经营，应该使工商业、合作社、家庭副业负担轻一些，使之适当发展，但不应太轻，否则会发生农民放弃土地从事工业或其他事业的经营的可能，商业的负担应该比照自营土地的负担，不能比自营土地轻，大体上应平衡。

乙、应该根据各种工商业、合作社、家庭副业的具体情况——剥削关系、资本大小、流转速度利润率的大小、家庭人数等等分别处理。根据各地区的反映，我们觉得工商业、合作社、家庭副业的情形不同样子很多，因此拿同一原则去处理，是不妥当的。

丙、要顾及到容易执行，原法规定的免税点（一点五富力）与收入折合富力的钱数（四十元）均不变更，从规定工商业、合作社、家庭副业总收入的具体内容来解决问题。

二、工商业、合作社、家庭副业的总收入

施行细则第十条后项规定："总收入系指收入之全部，不除任何消费"，所指消费，是从经营各该业之总收入中的花销，凡转变于成品或商品价值中之花销（如原料费、运费、出入口税、广告费、损失、经营用的燃料、房租、地租、利息、邮费、工资等）均不以消费论。在这一原则下，具体规定：

甲、工业总收入，不包括工人职员的工资与饭钱，但其经理人员之消费，仍包括在内。

乙、商业总收入，不包括经营人员（经理人员与店伙）之薪给，但其经营人员之饭钱，仍包括在内。

丙、小手工业者、小贩、家庭副业（靠自己劳力直接经营，就是不雇工雇伙的小手工业、小贩家庭副业）的总收入，按其每日毛利计算其全年总收入，除去他自己的工资（工资指能维持一个人到一个半人的生活费，按行政村具体情况，由村规定，县区可规定有伸缩性的标准）。

丁、利息薪给报酬的收入，照原法规计算不变。

三、除免税点的办法

甲、工业：经理人员每人除一免税点，工人职员不除。

乙、商业：经营人员每人除一免税点。

丙、小手工业、小贩：每人除一免税点（副业合算，不另除）。

四、几种收入的计算问题

甲、家庭副业一律合并在农业计算，为了奖励家庭副业的发展，原办法第十四条第二款依新决定修正。

乙、果木森林的收入，仍依照解释疑义解十三的规定办理。

丙、种药材的收入，仍依照解释疑义解三十七的规定办理。

丁、在山坡上刨药材的收入，以及相类似的（如刨蘑菇）收入，原则上作为家庭副业征税，小额者不计（由各地具体确定）。

戊、养鸡养猪之收入不计（鸡蛋、小猪都不计算）。

己、贸易局、合作社，一律不负担村款，实际支出的公益金不计。

庚、养羊所生产的小羊，未出卖者不计征。

五、冀中已调查完竣今年不变。

选自《晋察冀边区财政经济史资料选编》（四），天津，南开大学出版社，1984 年版，第 404～406 页。原注：“《边政导报》第 3 卷第 19、20 期合刊，1941 年 5 月 14 日”。

40. 晋察冀边区抗战期间逃亡户财产代管办法

1941 年 7 月 7 日公布

第一条，本边区为保障人民财产所有权，巩固与发展抗日民族统一战线，增加生产，特制定本办法。

第二条，凡籍隶边区、全家逃亡其他地区而所留财产（动产与不动产），别无亲属经管，亦未托人代管者，为逃亡户。

第三条，逃亡户之财产所有权不变，但为免其荒废，一律由该管县政府代管，其留有亲属经管或曾托人代管者，该管县政府不予代管。

第四条，代管机关依下列原则经管其代管之财产：

一、逃亡户财产之收入，除由代管机关向各该县代为缴纳其应纳税款外，所余部分收解晋察冀边区行政委员会统一处理。

二、逃亡户土地未出租者，出租时应尽先出租于抗属和贫苦农民耕种。

三、逃亡户之房屋用具代管机关得使用、出借或出租。

第五条，逃亡户缴纳税款以尽其收入为限，不得因其收入不定缴纳税款而处分其财产。

第六条，逃亡户返籍时得向该管县政府声请发还代管之财产，其逃亡期间财产收入所余部分不予发还，但该逃亡户当时之生活确难维持者，代管机关得依实际情形，呈请晋察冀边区行政委员会酌予发还财产收入所余之一部或全部。

前项规定逃亡户之部分人口返籍或派人返籍者，均得适用。

第七条，逃亡户财产之租息关系，无论代管返籍自营，均须遵照晋察冀边区行政委员会颁布之减租减息单行条例之规定办理。

第八条，本办法自公布之日施行，必要时得由晋察冀边区行政委员会随时修改之。

选自《晋察冀边区财政经济史资料选编》（二），天津，南开大学出版社，1984 年版，第 167～168 页。原注：“《土地政策参考资料》，晋察冀边区点滴社出版，1942 年 11 月。”

41. 晋察冀边区银行实业放款简章

1942 年 1 月

一、本行为扶植边区生产、发展贸易、充实抗战经济力量，特举办实业放款。

二、放款对象：以边区境内农工商矿各业之经营者为限，凡为增加生产调剂有无供应军需民用资金不足时，均可向本行借款，惟其用途限于下列各项：

（一）农业修滩、开渠、凿井、制造及购买农具、购买耕畜、种子、肥料，雇用劳力及繁殖畜牧等项。

（二）工矿：制造工具、纺织、榨油、制盐、造纸、水磨、毛皮工业及开矿等项。

（三）商业：对外贸易及边区内地商品之运销。

三、放款金额：修滩、开渠、凿井及工矿各业，视其事业之所需随时商定，农业其他用途之放款，以十元至三百元为限，各项放款不得超过借款者全部资产之半数。

四、放款期限：分为“定期”与“活期”两种规定如下：

（一）农工矿业之放款均为定期，修滩、开渠、凿井等，最高期限不得超过三年，农业之其他用途，限于本年偿还，工业用款不得超过六个月，矿业用款随时商定。

（二）商业放款：活定期均可，最高期限六个月。

（三）一年以内之定期放款二次偿还，一年以上者分期偿还，分还金额及期限随时商定。

五、放款利率：

（一）农工矿之放款，月息五厘。

（二）商业放活期者月息八厘，定期三个月者月息七厘，六个月者月息六厘五。

（三）活期放款每月计息，定期放款一年以内者一次付息，一年以上者按期付息。

六、放款保证：

（一）农业放款之保证，限于商店、住户、村公所、土地（限于所有权）抵押四种，借款者须取保证两个（土地作为一个保证），惟其中须有一个住户或商保。

（二）工商、矿业须取具殷实之工商、矿业保证一个，家庭副业可取具住户保证两个。

七、如将借款另作别用，得由本行随时追还。

八、农业放款贷款时另行通告，工业矿业之放款，随时商定。

九、借款者，径向本行之总分行办事处营业所接洽即可。

十、本简章呈请边委会核准施行。

选自《晋察冀边区行政委员会现行法令汇集》，下册，边区行政委员会1945年编印，第684～685页。

42. 晋察冀边区行政委员会关于保护内地外国教会财产的通知

1942年4月1日

抗战前外国人在边区境内设立教堂者为数不少，抗战以后，其宗教之主事人，大都逃亡，其所遗教堂财产，应如何处理，各署县时有询问。本会认为：

一、根据国民政府颁布之内地外国教会租用土地房屋暂行章程之规定，为条约所许可之外国教会在内地租用土地房屋，不能绝卖，亦不能取得所有权及作收益或营业之用，仅可租用，是则外人在我边区之教堂及其财产并非外国人私人所有，应属教会租用。

二、目前敌人正在分化教民，利用宗教关系，挑拨我全民团结。兹为扩大统一战线，在巩固团结、尊重信教自由之原则下，本会决定边区境内之外国教堂所租用之土地房屋仍应维持其租用权，倘若其所租用土地房屋，无人管理时，应由该教堂之教民，共推代表主管之，如实无人主管的，则可由政府暂为代管，但亦必须向地方人民说明，以免奸人造谣。希即转知所属各县遵照办理为要！

选自《晋察冀边区财政经济史资料选编》（二），天津，南开大学出版社，1984 年版，第 169 页。

43. 晋察冀边区行政委员会令
——公布统一累进税法规

1942 年 5 月 3 日

各主任、专员、县长、县佐：

一、兹修正晋察冀边区统一累进税税则，晋察冀边区统一累进税税则施行细则，统一累进税审查委员会章程，统一累进税纳税分数评议规程公布之。前颁之晋察冀边区统一累进税暂行办法、统一累进税暂行办法施行细则、统一累进税审查委员会章程、统一累进税纳税分数评议规程即行作废。

二、冀中区各县均以一点八富力为一免税点。北岳区各县除另行批准者外，均以一点五富力为一免税点。

三、一、二、六专区各县有以山坡地种莜麦者，因其种子、肥料、农具、牲畜之消耗较种植其他谷物为大，其消耗特准按耕地总收获物三分之一除之。

四、低租地其租额不及耕地总收获物百分之十五者，其财产税以收租每六市斗谷之土地计一富力。

五、税则之施行日期于调查完毕后以命令行之，未令施行以前，村款征收一律适用去年调查之分数。

六、税则细则之规定，各级政府均不得变更，如有疑义，应请求本会解释。

此令！

附发：晋察冀边区统一累进税税则。

晋察冀边区统一累进税税则施行细则。

统一累进税审查委员会章程。

统一累进税纳税分数评议规程。

主任委员兼财政处处长　宋劭文

副主任委员　胡仁奎

选自《晋察冀边区财政经济史资料选编》（四），天津，南开大学出版社，1984 年版，第 361 页。

44. 晋察冀边区统一累进税税则

1942 年 5 月 2 日

第一章　总则

第一条　本税则根据边区人民经济状况，融合财产税、所得税、营业税之基本精神制定之。

第二条　边区之经常费、临时费悉依本税则向财产所有人、收入所得人统一累进直接征收之。

第三条　为适应战时之需要，统一累进税得以现款、粮食、柴草三种形式征收之。

前项之征收只限冀中区。

第四条　各种财产之征税与免税依下列规定：

一、耕地、金银及在于家中之款项征财产税。

二、荒地、轮荒地、荒滩、荒山、林木地、蒲苇地、山坡药材地、渠地、住宅地、新垦荒地在三年以内者，房屋、工商、投资合作社股金、水利投资、证券、存粮、珠宝、放款、存于银行商店合作社之款项、畜养、家庭副业投资、用具、财产所有人之在边区以外的财产及不属于本条第一款之一切财产，免征财产税。

第五条　各种收入之征税与免税依下列规定：

一、下列各种收入征税：

甲、地租及农业收入。

乙、林木收入、蒲苇收入、山坡所种药材收入。

丙、房租、渠租、存款、放款、存粮之利息，及除地租外之其他一切租息。

丁、公营、公私合营或私营之公司、商店、行栈、作坊、工厂、矿业、水利事业之收入。

戊、个人经营之小贩、小手工业之收入。

己、属于临时经营事业之收入。

庚、从敌占区或后方所得之各种收入、牙纪收入及其他非直接劳动所得之收入。

二、下列各种收入免税：

甲、脱离生产之党务人员、军队工作人员、政权工作人员，合作社经营人员、群众工作人员、邮务人员、杂务人员，士兵、教职员、医生、工人、雇工所得之生活费和工资。

乙、家庭副业及畜养之收入。

丙、合于法定之合作社收入。

丁、脚户收入及不雇工不雇火之艺匠收入。

戊、抗战军人及政工人员家属受补助之收入或因抗战死伤所受抚恤之收入，残废军人以前项抚恤金经营小商业小工业之收入亦予免税。

己、经政府批准免税之公营事业、非营业性之公营事业及区级以上脱离生产军政民运人员租地种菜之收入。

庚、证券收入。

辛、边区银行之收入。

壬、报社书店之收入。

第二章　计位

第六条　统一累进税之耕地计算单位定名为“标准亩”，平均年产谷十市斗之耕地为一标准亩。

第七条　统一累进税各种财产收入之计算单位定名为“富力”依下列规定折算：

一、土地以每四标准亩计一富力。

二、地租及农业收入以每十市斗计一富力，前项农业收入，自营地以耕地总生产物除四分之一消耗计，佃耕地以耕地总生产物除四分之一消耗并除地租计。

三、财产以四百元计一富力，实物以市价折元。

四、第五条第一款规定之各种收入，除地租及农业收入外，总收入均以六十元计一富力，纯收入均以四十元计一富力，实物以实价折元。

第三章　税等税率定分及最高率

第八条　统一累进税分为十六等：

一、第一富力之前半个富力为第一等；

二、第一富力之后半个富力为第二等；

三、第二富力之前半个富力为第三等；

四、第二富力之后半个富力为第四等；

五、第三富力之前半个富力为第五等；

六、第三富力之后半个富力为第六等；

七、第四富力为第七等；

八、第五富力为第八等；

九、第六富力为第九等；

十、第七富力为第十等；

十一、第八富力为第十一等；

十二、第九富力至第十五富力为第十二等；

十三、第十六富力至第三十富力为第十三等；

十四、第三十一富力至第五十富力为第十四等；

十五、第五十一富力至第八十富力为第十五等；

十六、第八十一富力以上为第十六等。

第九条　统一累进税按等累进，从一等至五等以点零五为累进率，五等至十六等以点一为累进率。

第十条　统一累进税之征税单位定名为“分”，按富力定分，其办法如下：

一、第一等每一富力以八厘计算；

二、第二等每一富力以八厘五计算；

三、第三等每一富力以九厘计算；

四、第四等每一富力以九厘五计算；

五、第五等每一富力以一分计算；

六、第六等每一富力以一分一厘计算；

七、第七等每一富力以一分二厘计算；

八、第八等每一富力以一分三厘计算；

九、第九等每一富力以一分四厘计算；

十、第十等每一富力以一分五厘计算；

十一、第十一等每一富力以一分六厘计算；

十二、第十二等每一富力以一分七厘计算；

十三、第十三等每一富力以一分八厘计算；

十四、第十四等每一富力以一分九厘计算；

十五、第十五等每一富力以二分计算；

十六、第十六等每一富力以二分一厘计算。

第十一条　统一累进税之计分至第十六等即停止累进。

第四章　分数之计算与征收

第十二条　统一累进税之耕地及第五条第一款甲乙两项规定之收入，其分数计算与征收之属人属地依下列规定：

一、凡财产所有人之财产收入不出其所在之县者，均就其所在村合并计算、统一征收。但其散于外村之财产收入富力占外村财产收入富力三分之一以上者，属人计算，分别就其财产收入所在之村征收。

二、凡财产所有人之财产收入不在其所在县者，均在其财产收入所在之县立户，统一计算，分别就其财产收入所在之村征收。但县交界之土地，其所有权属于一户者，得适用本条第一款之规定。

三、凡财产所有人不在边区者，其计算征收适用本条一、二两款之规定。

四、村公产县公产，没收之汉奸财产，均就所在村分别立户，属地计算征收。

第十三条　前条之计算与改算，由财产所有人所在村之村公所为之。在县范围者，得由区公所或县政府为之。但属于前条第二款规定之情形者，改算均由区公所或县政府为之，改算至县为止。

第十四条　凡合于第五条第一款丙、戊、己、庚等项规定之收入，均就财产所有人、收入所得人所在村计算征收。

第十五条　凡财产所有人在边区，其在边区以外之收入，属人计算，属人征收。

前项收入以财产所有人实际收得者为限，其未收得者不计。

第十六条　统一累进税之工商业部分，其分数计算与征收之属人属地依下列规定：

一、凡合于第五条第一款丁项规定之工商业，不论其为合资独资，均就该业所在地单独立户计算征收，每一工商业均以一户论。前项工商业之分店分厂亦单独立户计征。

二、凡合于第五条第一款戊项规定之工商业收入，均属其他财产收入合并计算。

第十七条　前条所列之工商业，除公营工商业及所有矿业，以纯收入计征外，均按总收入除消费后计征。（工商业消费以每一经营人员每年平均三百元计。）

前项经营人员包括全体职工经理伙友。

第十八条　统一累进税以个人为单位计算分数，人口之计算依下列规定：

一、不分男女老幼大口小口均以一人论。

二、合于第十二条第二款规定之情形者，散有该户财产收入之其他县，对该户人口均按其实有人口计算。

三、合于第十六条第一款规定之情形者，一户均按一人计算。

四、合于第五条第二款甲项规定之人员，及工商业之经营人员，其人口均算入其所属之户（家庭）。

五、寺院以一户计，其人口按寺院实有人数计。

六、族田、公产、校产、没收之汉奸财产一户均以一人计。

七、凡人在敌占区者，均不计人口。

八、凡人在抗日根据地，或大后方者均计人口。

第十九条　统一累进税每人除一免税点，各项财产收入合计，其富力每人不足一免税点者，概予免税，超过一免税点者只就其超过之部征税，但合于下列情形之一者，即不除免税点：

一、除士兵军官佐及雇工外，合于第五条第二款甲项规定之人员。前项雇工在雇主家除免税点。

二、族田、公产、校产、没收汉奸之财产等户之实际无人口者。

三、工商业之按纯收入计算或其经营人员已除消费者。

四、财产所有人已在其所在县除免税点者。

五、人不在边区者。

第廿条　由县政府印发征收统一累进税调查简表，每户两张，由户自填自报，村公所就各户所填财产收入加以审查折算富力计算分数后一张存村，一张报县，县区政府分别统计县区村之总分数。

第廿一条　统一累进税由边区行政委员会及村公所依照财务行政法规征收之。

第五章　调查及评议

第廿二条　县区村各级政府根据征收统一累进税调查简表之填报数目进行调查。

第廿三条　区村均组织统一累进税审查委员会，就各户财产收入之登记，富力之折合，分数之计算，加以审查，村审查委员会审查户，区审查委员会审查村。

村审查委员会受村公所领导，区审查委员会受区公所领导，其章程另定之。

第廿四条　县区村各级政府于各户或各村各区统一累进税之分数经调查及审查后，应将审查结果通知纳税人，纳税人于接到前项通知后，如有不服得于十日内叙明理由，连同证明文件，请求当地政府重行调查，当地政府应即另行派员复查决定之。

第廿五条　纳税人对于调查复查之决定均不服时，得分别请求县村人民代表机关评议之。评议规则另定之。

第廿六条　纳税人对于人民代表机关评议之决定不服时，得向上级政府提起行政诉愿再诉愿，再诉愿之决定即为最后决定。

第廿七条　在统一累进税缴纳时期内，因复查评议或诉愿再诉愿，分数尚未决定者，应暂按经复查或评议后改定之分数依限缴纳，俟分数决定后，再行清查找补。

第六章　免税点之改定及分数改造

第廿八条　统一累进税之免税点一年规定一次，于每年改造分数前，以命令行之。

第廿九条　统一累进税分数一年改造一次，改造时间以命令行之。

第七章　罚则

第卅条　不依期限报告者，得科以五元以上一百元以下之罚金。

第三十一条　少报资产收入或虚报人口或投机取巧意图逃避应纳之税者，除据实纠正，并追交其应纳之税外，得科以十元以上五百元以下之罚金，但以不超过其应纳税额为限。

第三十二条　不依期限纳税者，除限期追交外，并得依下列规定处罚之：

一、欠交全部或一部逾一个月者，得科以所欠数百分之一以上百分之五以下之罚金。

二、欠交全部或一部逾两个月者，得科以所欠数百分之五以上百分之十以下之罚金。

三、欠交全部或一部逾三个月者，得科以所欠数百分之十以上百分之二十以下之罚金。

第三十三条　前三条之处罚悉由县政府以上各级政府执行之。

第八章　附则

第三十四条　本税则之施行细则另定之。

第三十五条　本税则之修改解释权属于边区行政委员会。

第三十六条　本税则施行之日晋察冀边区统一累进税暂行办法即行作废。

第三十七条　本税则施行之日期以命令定之。

选自《晋察冀边区财政经济史资料选编》（四），天津，南开大学出版社，1984年版，第362～368页。原注："《解放日报》1942年8月10日4版。"

45. 晋察冀军区司令部　晋察冀边区行政委员会关于组织审计委员会的决定

1942年8月13日施行

（一）为了贯彻精兵简政政策，掌握边区军政财粮预决算，认真节约，消除浪费，本部会共同决定组织边区审计委员会。该委员会对本部会负责。

（二）审计委员会分边区专区两级组织，冀中区在必要时组织分会，其定名人选组织系统如下：

甲、定名：边区为晋察冀边区审计委员会，冀中区为晋察冀边区冀中区审计委员会，专区为晋察冀边区第×区（专区次第）审计委员会。

乙、人选：边区及冀中区审计委员会由晋察冀军区司令部各指派三人、晋察冀边区行政委员会各指派二人组织之，专区审计委员会由军区司令部指派二人、边区行政委员会指派一人组织之。各级审计委员会设主任一人，由本部会共同指定之。

丙、各级审计委员会有上下级组织关系，下级服从上级。

丁、边区及冀中区审计委员会，各设秘书一人脱离生产，专区审计委员会不设脱离生产干部。各级审计委员会之审计事务得指定军政专管财粮之部门进行之。

戊、各级审计委员会印信由本部会颁之。

（三）审计委员会职权如下：

甲、审计军政部门之财粮预决算。其批准批驳权属于边区审计委员会。

乙、掌握军政部门之编制人数。增加编制人数之批准权属于边区审计委员会。

丙、检查检举各级军政部门浪费贪污事项。

（四）晋察冀行政委员会均按边区审计委员会批准之军政各部门编制人马数及预算核发粮食经费，审计委员会未批准者，边区行政委员会无权核发。审计委员会成立之后，应立即进行审计军政各部门编制人马数，并将其核定结果通知边区行政委员会，自本年十月份起即按审计委员会核定之人马数，核发粮食经费；本年一至九月军政各部门所领粮食经费，责成审计委员会全权督促清理进行审查。

（五）本决定由本部会□□命令行之。

注：各专区审计委员会统限于三十一年八月二十五日组织成立。边区审计委员会于八月十三日成立。

选自中国审计学会审计署审计科研所编：《中国革命根据地审计史料汇编》，北京，北京工业大学出版社，1990 年版，第 229～230 页。

46. 晋察冀边区出入口货稽征暂行条例

1942 年 9 月 1 日

第一章　总则

第一条　为保护贸易，促进生产，对敌进行经济斗争，特制定本条例。

第二条　本条例所称出入口贸易，系指对敌占区贸易而言，其他抗日根据地与边区直接贸易者，不在此限。

第三条　出入口货之稽私征税，由边区贸易管理局所属税卡办理之。

第二章　税则

第四条　凡本边区出产之货物，输之敌占区者，为出口货物。依其性质分别规定征税免税或禁止出口。

“附晋察冀边区北岳区出口货物分类处理表”。（略）

第五条　凡敌占区出产之货物，输入本边区以内者，为入口货物。依其性质分别规定征税免税或禁止入口。

“附晋察冀边区北岳区入口货物分类处理表”。（略）

第六条　征税免税或禁止出入口货物，得因不同地区形势或需要，由边区行政委员会随时以命令变更之。

第三章　稽征

第七条　凡货物出入口时无论公私商贩、部队、机关、团体、学校或个人，如系应税货物，应即向出口或入口之第一稽征机关报纳税款，领取票据。

第八条　出入口税除法令别有规定者外，均按价征收，税款以边币为限，货价由纳税人自报，如发觉有以贵报贱、以多报少，企图隐避税款者，经说服无效后，得由卡报支局指定公营贸易机关照所报价格收买之，或按漏税处罚之。

第九条　出口税于货物出口起运地点征收之，入口税于货物入口地点征收之，在边区境内均只征收一次。

第十条　货物出入口时均须报请稽征机关查验，经查货票相符或实系免税者，均加盖验讫图记，以资证明。

第十一条　稽征人员有会同当地政府查验商贩货物及货帐〔账〕之权，无论公私商店及摊贩，不得借故隐避或拒绝。

第十二条　入口货物纳税后，在边区境内，可自由运销，如须〔需〕分运时，得报请当地稽征机关，根据原税票填发分运单。

第四章　处罚

第十三条　漏税走私一经查获依下列规定处罚之：

甲、漏税案件除照章补税外，并处以所漏税额一倍至五倍之罚金，但所处之罚金及应补税额之合，不得超过货物总价。

乙、私仇货案件，除将货物悉数没收外，情节轻微者释放，较重者，处以十元以上五十元以下之罚金。重大者，送交当地县政府依法处理。

丙、贩运外来纸烟案件，除将纸烟没收外，并处以五十元以上五百元以下之罚金，其情节重大者，送交当地县政府依法处理。

第十四条　各卡查获没收之私仇货，不得自行拍卖，应悉数交由支局分别处理。

甲、凡迷信物品，无使用价值者，当众焚毁。

乙、一般私仇货估价交公营或公私合营商店定期公告拍卖与直接消费者，货价除提奖外，解交边区贸易管理局。

丙、纸烟送交边区贸易管理局转交边区行政委员会处理。

第十五条　伪造税票分运单罚金收据者，查获后送县以上政府，以伪造有价证券论处。

第十六条　稽征人员有不法行为时，任何机关团体或个人均得报请其主管机关，或区以上各级政府查明法办。

第十七条　在边区境内，无论任何机关团体或各人查获私仇货及漏税案件，均须交当地稽征机关或政府处理。

第十八条　各县区政府如查获私仇货及漏税等案件，可以本条例处理，但所补税款漏税罚金及没收之货物，均须交与稽征机关。

第十九条　稽征机关可在本条例规定范围内处理走私漏税案件。

第五章　奖励

第廿条　凡查获贩运私仇货及漏税案件，行政人员一律不给奖金。其他群众或团体，依下列规定奖励之：

甲、私仇货案件，按变价计算，以百分之二十给奖；

乙、外来纸烟案件，按罚金总额计算，以百分之二十给奖；

丙、漏税案件，按罚金总额计算，以百分之十给奖。

第廿一条　上列各种奖金均于货物变价或交纳罚金后发给。

第廿二条　查获人员如自愿却受奖金者，各稽征机关得专案呈报边区贸易管理局，转请边委会予以名誉奖励。

第廿三条　查获人应得奖金，须备具正式收据向贸易管理局卡领取，贸易管理局卡发付之奖金应按月列入月报并附总收据报销。

第廿四条　缉获武装走私案件，各稽征机关应随时呈报上级转请边委会从优给奖。

第六章　票据印制及其使用

第廿五条　征税所用之出入口税票，罚金收据，分运单均由边区行政委员会统一印制颁发。如非是项票据，得拒绝纳税。

第廿六条　各项票据使用时，不准挖补或任意涂改，违者除原票据作废外，并依法惩办。

第廿七条　填用各项票据不取工料费。

第七章　附则

第廿八条　本条例修改权解释权，属于边区行政委员会。

第廿九条　本条例施行之日　所有前颁“晋察冀边区出入口税暂行税则及附表”“晋察冀边区查获仇货私货及漏税案件奖励办法”“晋察冀边区关于粮食等八种物资运销紧急处置办法”同时作废。

第三十条　本条例自公布之日施行。

选自《晋察冀边区财政经济史资料选编》（四），天津，南开大学出版社，1984 年版，第 256～259 页。

47. 晋察冀边区行政委员会关于县区财政工作的指示

1942 年 10 月 30 日

一、自统一累进税实施以来，财政建设上有很大进展，无论在新的建设上或清理工作上，各县区都有较显著的成绩。五专区对这方面抓的〔得〕紧一些，成绩也就更大一些，但确实检查起来，今天县区财政上还存在着严重的缺点：

（一）咬紧牙关渡过艰苦的两年，一般是知道了。但与实际工作联系不起来，无论在生活费用方面或办公用品方面，轮到自己头上，总想舒服一些、宽裕一些，特别是截留公款、建立“小柜”浪费的地方依然不少。在财政工作上咬紧牙关、坚持制度、认真节约的实践，还是十分不够的。

（二）对政策法令没有严格执行。例如：政府规定要减轻人民负担，不能随便向老百姓派粮派款，大家口头上都这样讲，可是实践就非常不够。有些县区一些不合规定的开支，恐怕边委会不批准，就干脆不报，在县区范围内擅自向老百姓罚捐摊派，忽视群众利益的违法现象还有存在。

（三）财政工作上的两面态度，对上一套，对下一套。报告流于形式主义，不反映实际问题，也不解决实际问题。浮存积欠堆在一边，形成小库，不加清理，也不解缴。（大部分的县区都有这种情形。）

（四）对掌握制度掌握技术上还很不够，以致形成混乱现象。例如：制度规定要各清各款，月清月款，按月解库，不准挪借，可是随便挪借、累月不清、不按期解库的现象，还是数见不鲜，公费超支，已为不合，又不及时上报求得解决，反由经收边区款项下垫支。去年征收统累税时，本会曾明确指出，一律解库，不准动用分文，可是有的区公所竟然也挪借了一部。此外，工作队借款，团体借款，游击队借款，合作社借款以及个人借款更是形形色色、紊乱不堪，随意借出，已属破坏制度，又不抓紧索还，拖拖拉拉，经久不清；由县区代领转发的款项如抚血〔恤〕救灾、公债付息等款，未能及时转到领款人手，或因特殊情形，无法转发，既不报告，也不退缴，索性纳入小库，成为滥支的源泉之一；再如财政部门和其他部门的工作划不清楚，联系不够密切，与本机关内部的会计也分不清楚，手续上相当紊乱，数目字亦时有不符（如某县经手的一宗抚血〔恤〕款，财政科与民政科竟相差数千元，现在尚未找着头绪）。

因此，我们提出，咬紧牙关渡〔度〕过艰苦的两年，必须实践，谁要是对财政正规化节省财力有些微忽视，谁就是空谈家，就是政治不坚定。我们一定要彻底整理，大加刷新，在组织上、制度上、干部作风与纪律上要与整风运动密切联系起来。

二、要下决心把县区财政收支款项彻底清理，肃清一切弊端——肃清“小库”，肃清两面态度，肃清紊乱现象。为此，必须：

（一）所有一切收入（合规定的与不合规定的），一律报解，一切支出（请批准的与未请批准的）都应报销，凡有结存，除本年度购粮帐〔账〕另行清理，本机关本年度经费之节余截旷依规定单独处理外，一律马上各清，解交边区金库。

（二）民国二十九年以前的财政，仍单独处理，亏空一般由边委会拨补（特殊问题，个别解决）。各县应负责清理上报（报经专署审核加具意见转报本会），满打满算，彻底清结。

（三）借款都应销借，垫支都应归垫，实在不能索还销借或归垫者，亦需将单据一并上报备核，由本会分别代索或注销。

（四）所有县公产的收入，除已经开支的（批准的与未批准的）以外，一律清理上报，粮款暂存各县县政府，经本会批准后，方得动用。

（五）各县公管事业及公私合营事业之投资代款等，仍依照本会七月二十六日所发之财政总字第五十五号令办理。

（六）在清理过程中，首先点库，无论区公所、公安局、县政府（以及内部各科），无论怎样收入的款项，都须解库。其次，要防止以下两种偏向的发生：一种是接到这一指示后，以为是清理的旧款，便随意动用。一种是两面态度，依然满不在乎。这两种偏向，必须坚决反对。接到指示后，如果还有不经批准擅自花钱或仍抱两面态度不认真清理的，要给予纪律制裁。

清理财政是件比较复杂的事，但只要下定决心依照上述原则抓紧清理，我们深信是能够做好的（已有事实证明）。

三、关于县区财政方面的许多法令制度早已规定了，但执行还差。兹特将重要者再一次指出：

（一）整个边区财政，除村款由村筹支及县公产收入暂存为县地方款外，所有边区之经常费、临时费概由边委会统筹统支，县政府、区公所以及其他任何机关，除依法经收支各项边区款外，绝对不准以任何名义向老百姓摊派，违者法办。

（二）县政府经收的边区款（统一累进税、田房契税、罚金、没收没入、献金、边区公产收入等等），一定要按月清解边区金库；区公所收转之边区款及县公产收入以及县公安局所经收之违警罚金（区公所与公安局只能处理违警案件，其他行政、司法等案件，均须送县）更须随时送交县政府，一律不准挪垫或往外借款，主管会计的人员有权力不往外借。

（三）县政府区公所代领转发的一些款项（抚恤、救灾、奖金、公债付息等款），必须及时发给领款人；或因情形特殊，无法发给或暂时不能发出者，亦应分别退解或暂存，不准东挪西垫，以致牵混不清。

（四）在内务问题上，亦须建立与坚持明确的制度。首先，县经费与经营之边区款必须严格分开，整个县区的收支与边区款之经营，当然要由财政科掌握，但县政府本身之经费事项要由秘书室办理，各项边区款，除统累税、田房契税、公产收入等，由财政科直接经收外，其余罚没现金等款由各主管科经收后，亦须交由财政科按月列入经收边区款月报表，统一经管解库，领发的款项，亦须由财政科统一办理领款手续，除县经费公债付息及其他应由财政科直接分发的款项由财政科掌管外，其他特种款项均由各主管科向财政科总领分发（如抚恤救灾等款由民政科经手，代款由实业科经手等是）。同时，各级财政部门有检查其他部门财政状况之权利〔力〕，县政府财政科对内部各科以及公安局武装部等部门应主动的〔地〕掌握收支，进行检查，有款即催解，有规定可开支，无规定的就不能开支。在区公所内务问题上比较简单，但财政助理员亦应依此执行。

（五）关于补充枪弹，另有决定，须严格执行。

（六）过艰苦的日子，需要打细算盘，一点一滴来节约；在伙食管理方面，柴菜金不够用，我们只能或者说主要用生产蔬菜、公余打柴、改良炉灶等办法来解决；至于游击区因环境关系，经常迁移无定，不能种菜，已决定每人每月增零用费四元，作为贴补柴菜金之用，人数少的机关不能与其他机关同住一起合伙时，亦将柴菜金增高（财政总字第六一号令），但同样需要运用多种方法来解决；在棉衣棉被保存、补充方面，边委会以养财政电与马财政电规定坚持原定预算的办法：采用次布，以羊毛绒代替棉花，实行统筹调济〔剂〕，追究去年旧衣，把一个人添一斤棉花改成平均三个人添一斤（事实上每身添一斤不完全必要），棉被原则上今年不予补充，个别籍非北岳区或家居敌占据点实在无力解决者，由公家酌量补助一部，仍自行缝制，只要旧衣旧被在，即便破烂，拆洗补缀一下，都可仍旧着用。现在大体都如此解决了。这些经验都值得总结和运用，在办公费开支方面，纸可尽量节省，利用废纸反面写，印刷品勿太滥，值得印才印，份数多少也要检查（有的县需要三份的一个文件也要油印，当然有些不经济），灯油贵，可减少灯头，改良灯盏（灯壶好，碗片盛油点灯太费），尽量白天办公，晚上无事不要点灯。总之，要充分利用废物，找代用品，能少用一点就少用一点。过艰苦的日子，一定要打细算盘，财政部门在这上面，更应该起推动作用，以身作则，作出模范。

四、关于县公产收入，各县须全盘整理一下，究有那〔哪〕些公产？全年有多少收入？粮多少（按公粮支付比率〔例〕折成小米上报）？款多少？明年度县里不吃公粮的机关（高小校、交通站等）所需之粮食，尽先以此支付，其余不足数字再另拨补，款由各县拟定用途，报会批准动用，在编制明年年度预算时，即须照顾到这一部分，整理清楚以后，与年度预算一并上报备核。

五、关于今年的年度决算，只要各月分月计算都报经本会核符备案，即准免造（财政总字第五九号令），但据检查结果，有的县份经费方面除计算外，还存在着一些尚待解决的问题，这样十二个分月计算加起来，还只是一个形式上的决算，与实际开支不符，因此，我们必须要一个真实的决算。

（一）真实的决算，就要求彻底把县区财政清理一下，必须把这一清理工作与明年年度预算及今年年度决算（除计算外没有待解决之问题的县份，仍免造）很好联系起来，老老实实，有什么报什么。

（二）统累税征收工作告一段落时，马上开始清理工作，一般从十一月十六日起执行：关于库的清理上报必须在十二月一日以前办理完竣，其他全面清理总结，限明年一月十五日以前一律上报（时间越早越好）。

（三）各署县对这一工作，必须抓紧，区有不正规的收支，县明知不报，县受连带处分；县有不正规收支，专署明知不报，专署受连带处分……

选自《晋察冀边区财政经济史资料选编》（四），天津，南开大学出版社，1984年版，第272～276页。

48. 宋劭文：《晋察冀边区行政委员会工作报告》（财政建设）

1943年1月15日在晋察冀边区首届参议会上所作工作报告

财政上有两件大事，一是开源，一是节流。我们的财政政策是取之合理（开源），用之得当（节流）。五年来就循着这个方向努力。

甲、财政政策的实施

先说“取之合理”。“取之合理”一句话，说起来容易，做起来很难。统一累进税比合理负担合理，有人说：“为什么不早实行两年统一累进税呢？”合理负担比田赋合理，有人说：“为什么停征了田赋又恢复了三年呢？”这些问题都说明，合理不是一个空洞的东西，而是由时间、地点、条件决定的。我们处在战争的环境，政府是逐渐建设起来的，我们的日子全凭自己来过，上级不给我们一个钱。因此，我们的“取之合理”也是随着时间的发展，而发展的。

边委会成立以前的情况，上边已经说过。那些旧政权已经瓦解，新政权尚未建立，那时游击队的衣食，各地均是靠了动员性质的“合理负担”“救国捐”解决。这些在现在看来是不合理了，在当时是合理的。从那时起我们就把旧日的三十余种苛捐杂税都废除了，田赋（正赋及附加）也暂时停征了。

边委会成立后，鉴于当时各地“合理负担”之施行尚无善法，因根据军政民代表大会之决议，对财政收入作了以下的措施：

1. 停止县合理负担，试行村合理负担，恢复田赋（二十七年二月）。

2. 发行救国公债三百万元（先发行二百万元，后在冀中增发一百万元。二十七年七月）。

3. 建立税局征收烟酒税、烟酒牌照税、卷烟特税、外货入境税、印花税、营业税等六种合理税收（二十七年五月）。

4. 清理各县“合理负担”“救国捐”罚款等收入。

边委会就靠了这些收入支付军政费，自二十七年七月（主要北岳区，冀中晚一些），军粮采取购买办法，款由边委会统一发给部队，由各区军用代办所代购。二十七年秋季反扫荡中，事实教训了我们：

（1）各家全部收入，折米计算，以其人口平均，每人平均小米一石四斗以下者不收，一石五斗至二石者收百分之三，二石一斗至三石者收百分之五，以上每加一石递增百分之一，增至百分之二十为止。

（2）各家长年雇佣，准除工资工食，不得计入其家人口之内。

（3）有固定职业、经年在外者，不得计入其家人口之内。

（4）五岁以内之儿童，一人以半人计算。

（5）经营工商业或以利息度日者，按其收入折米平均计算，在规定以内任缴何种实物或款。

这一办法，因为免征点定得高，所以负担面比较小，一般负担面在百分之四十至五十。且以初次进行，缺乏调查，征收中的紊乱现象、拖欠现象是有的，但广大人民一般是踊跃交纳了的。

民国二十八、九两年，继续征收了公粮，并将免税点降低一些，负担面扩大到百分之六十，把以前的毛病纠正了许多。不过到二十九年，人民反映公粮的负担倒不算重，重的是村款。当时村款名目繁多、数量很大，影响边区税收至巨，因［而］决定于二十九年三月开始彻底整理村财政。这虽然属于节流，但对我们“取之合理”有极大的关系，整理村财政，成为实施统一累进税的一个前提条件（整理村财政以下再详述）。

二十八年初为了活跃土地买卖，保障土地所有权，恢复了田房契税。

二十九年初，各县区村罚款与捐款慰劳的情形，发展得很严重，甚至有的县政府多靠罚款捐款度日，部队多靠“慰劳”改善生活。边委会看到情形的严重，有碍“取之合理”，特规定：

1. 区村均无罚款权，违者法办。行政罚款，其权属于县政府以上各级政府。每案罚款不得超过百元，法令另有规定者依其规定。违者罚款，一律依照国民政府公布的违警罚法由公安局（县以上）处理，每一违警事件罚金不得超过十五元（可并科）司法罚金，其罚款权属于司法机关，对于汉奸案件的罚款一律禁止，因为汉奸犯应依法判处，该没收财产的要依法没收其财产。

2. 群众出于爱护部队之诚，自愿慰劳者，这是我们奖励的，但靠行政力量摊派慰劳物品，或用行政方式强要慰劳物品者，一律禁止。

3. 捐款非有上级政府之号召（如救灾、建烈士塔），下级政府不准向人民捐募。

4. 民兵打游击在平常一律自带粮食，不准向人民索要，配合部队作战在两天以上者，由部队供给报销。

这样严格的〔地〕执行下来，一时的紊乱现象逐渐消除了。

二十九年十一月，总结了实施村合理负担的经验，公布了统一累进税法规，从三十年二月至七月普遍展开统累税的调查工作。统累税办法公布施行之日，并废除了烟酒税、烟酒牌照税、印花税、营业税，至此边区税制即比较固定下来。现行税制就是以下几种：

1. 统一累进税，使财政统一于边区，田赋、营业税、公粮等统一于统累税；有免征点与累进最高率，年征收一次，以钱、粮、秣三种形式征收，扩大负担面至百分之八十，劳动收入亦纳税。至此，有钱出钱，钱多多出，钱少少出，特穷的不出的“取之合理”的税制，始臻于完善。不过在实施当中村里还有许多毛病，有些地方有村干部本位主义、自私自利，给别人多填，给自己少填；有些庇护自己的亲友本家；有些地方有村本位主义，串通假报，逃避负担；有些地方有隐瞒土地、隐瞒商业收入现象，有些地方有低租地的问题与孤儿寡妇生活困难问题没有很好的〔地〕解决。这些都是今后需要彻底纠正与解决的。

2. 田房契税。“为确保财产所有权买卖自由权”而征收买典田房契税，买契按田房买价百分之六征税，典契按田房典价百分之三征税。

3. 出入口税。“为便利军需民用与促进生产事业保护贸易限制资金外溢”而征收外货入境税与本产货物出境税，由税局征收。去年以来，税收数目锐减，走私特炽，抓紧稽查缉私在今后是特别重要的。

4. 除以上三种税收入，政府还有一些零星的收入：没收、罚款、没收汉奸财产、公营事业盈余。不过因为讼费的废除，罚款的严格限制，没收汉奸财产只限于罪大恶极的汉奸，公营事业很少，以免银行与民争利，这些收入是很小的。

以上就是我们“取之合理”的税收政策的发展情形。以下再说“用之得当”。

“用之得当”就是头等重要的事先用，次等重要的事后用，不重要的事少用不用。我们最重要的事是抗战，因之最大部分的开支要用之于战争。不过在实施这一方针中发生的问题是很多的。

（1）我们处在散漫的农村，游击队是武装起的农民，政府工作人员一般是学生分子，这些人一向是“自由”惯了的。因此游击主义、自由主义开始很严重。

（2）人民的收入是有一定数量的，政府从人民收入中所征收的部分也是有一定数量的。因此如果区村乱花钱，就如沙滩里的雨水一样，有多少都能漏下去，只靠上级节省一点为数是无几的。我们管理财政实现“用之得当”的过程，就是反游击主义、自由主义的过程。

在边区委会成立以前（冀中在主任公署成立以前，即二十七年四月以前），各地动委会、救国会一个区一般都有二三十号人吃饭，村里边吃便宜饭的人也不少，当时有许多混〔浑〕水摸鱼、乘〔趁〕火打劫的人。边委会成立后，遵照军政民代表大会的决议要实行统筹统支，可是刚成立的边委会，只从山西第一区主任公署借到五六千元钱，代表大会开会大部花光了。怎样办呢？当时的措施是这样：

（1）规定县区政府编制，结束动委会等半政权性质的组织，停止薪饷制，厘定生活费与各级政府最低限度的办公费，取消县区大锅吃饭的混乱现象，逐渐使开支上了轨道。

（2）阻止了县政府向边委会要钱的现象，边委会逐渐清理各县库存，靠了这一点收入，立即执行军费由边委会统筹统支，粮食暂由县统筹发给。

（3）建立初步的预决算制度。

二十七年七月（冀中晚一些）军粮完全由现款购买，县里征发粮食停止了。二十七年十一月，部队开始吃公粮由边委会印发两联军用粮票，部队凭预算领用。当时因粮票不分月份，又以粮票制度初建立，逐渐发生了：

（1）要粮不给票，多余粮票改善生活及个别出卖粮票现象。

（2）粮票不分月份，报销制度不健全，粮食浪费现象很严重。经过政府与部队的教育与检查，条据的清算，并于二十八年改发三联定月粮票，这些毛病，逐渐纠正了（现在还有一些地区有毛病）。

二十九年七月，彻底整理村财政，并将财政预决算制度、会计制度、金库制度，与粮食预决算制度、粮票制度、粮库制度逐渐正规化起来，使得浪费现象大大清除了。

二十九年七月以前村财政开支项目繁多，如支差费、优抗费、招待费、小学经费、赔偿费、赔价、开会费、村干部旅费、放哨费、应酬敌伪费、村长津贴费、民兵饭食弹药费、民校经费、标语费、新战士路费、自卫费、除奸组经费、村公所经费……平均每村每月支四百元，全边区合计每年约八千万元，这是用的〔得〕最不得当的。因此由边委会厘定，逐渐取消支差费，优抗逐渐由县统筹，取缔赔价及一切非法开支，规定村公所、学校经费开支办法，使村开支只限于以下五个项目：

（1）村公所经费与临时费，包括村公所及其各部门的办公费，将村分为五等，最高每月开支四十元（连临时费在内，以后物价高涨略有增加）。

（2）村教育费，包括小学民校开支，须按边委会规定村代表会批准开支。

（3）优抗费，由县统筹者经边委会批准，由村区统筹者由县批准。

（4）民兵作战弹药费，规定将村分为五等，最多不超过每月十五元，一般都在十元以下（三十一年十一月停止了，改由边区统筹）。

（5）村建设费、村兴修水利、建造学校等费，须经村代表会批准进行。

实行以来，人民无不称善。平山××村的一位绅士说："这一下子可好了，现在我们这村每月开支四十块，以往四百块六百块也不止，真是无底的沙地。这样在全边区的村开支，每年减少了十分之八，是一个很大的收获"。不过至现在，执行中还有一些问题：

（1）游击区敌伪勒索严重，反敌伪勒索斗争开展不够；

（2）军鞋柴炭赔价问题还没有照上级规定很好的〔地〕执行；

（3）预决算制度有许多村庄坚持还差，民主发扬还不够。这是我们今后应该努力改正或解决的。

三十年实行统累税之后，县财政统一于边区，钱粮预决算制度又大进一步。三十年秋季反扫荡之后，鉴于敌之分割蚕食破坏，进行了精兵简政，缩小机关，军政双方共减少三万余人（连冀中），使得我们的开支也减少了许多。三十一年夏，边委会与军区司令部共同组织审计委员会，审计军政预决算，把浪费现象基本上肃清了。

五年来，我们的开支，五分之四是军费，五分之一是政费（包括政府经费、教育费、团体补助费等），当称“用之得当”。一般说来，各级政府是十分廉洁的，比之战前旧政府，那我们就好的〔得〕多了。现在一个政府工作人员每月的零用费只能买二十多个麻糖，当然说不到盖楼房、买汽车了。不过我们的粮食管理工作——粮票与粮库，还存在着许多缺点。粮食的耗损被偷还时常发生，在游击区粮票还有一些地方没有认真执行。

乙、财政工作中的对敌斗争

我们的财政政策的实施，一方面是反游击主义，反自由主义，另一方面是展开反敌伪勒索斗争。后者在北岳区与冀中区从二十九年冬季反扫荡以来就提到严重的地位，在平北与冀东，始终与前者是同等重要的〔地〕进行着。我们的口号是“深入敌后之敌后开展游击战争”，在敌后之敌后有着敌人的秩序，我们只有靠了游击战争打破敌人的秩序，只有靠了游击战争军政才能有饭吃有衣穿。三十年以前的冀东平北终日在游击战中讨生活，解除人民痛苦，创造了根据地，到三十年才初步的〔地〕建立了统一收支制度。

敌伪在游击区的勒索是十分严重的，三十年北岳区每村（接敌区）一般被敌勒索均在三万元以上，最高有达二十五万元者。三十一年冀中反扫荡后三个月，平均每人负担二百四十元，使得群众连糠秕都吃不上。其勒索的名目，不一一列举。灵寿××村一个老百姓说的〔得〕好，“鬼子除过不要脸以外，什么都要”。有钱有地的人，负担更受不了，冀中有许多村庄去年春天八九百元钱一亩的地，由于对敌负担现在七八元钱没有人要。使得我许多同胞处在水深火热之中，使得政府的财政源泉缩小，使得巩固地区的人民负担加重，这是黎明前的黑暗。不过在许多地方，人民反敌伪勒索的斗争开展的〔得〕很好，反对粮仓制度，反对汉奸敲诈，反对挖沟筑堡……大家一条心对付日寇，获得许多成绩。这成绩还需要我们继续发扬，政府还需抓紧领导。

每年征运公粮，都是一个很大的对敌斗争，都付了很大的代价。敌寇掠夺粮食的阴谋是非常毒辣的，去年它提出要在华北吸收二千万石粮食，要把民粮搜刮净尽。但是游击区的广大同胞，怀念着祖国，怀念着今年抗战的胜利，冒尽艰难险阻，通过敌人的层层封锁，成群结队的〔地〕星夜送公粮公款。我们军区子弟兵，把每年征粮征款，都当作自己的战斗任务，全部出击展开粮食争夺战，这中间可歌可泣的例子多得很。

丙、财政收支状况

先说钱粮收入状况。

从二十七年一月十五日至三十一年年底钱的收入状况（以民国二十七年为100）：

二十七年	100.00
二十八年	396.54
二十九年	532.34
三十年	2 747.15
三十一年	7 953.06

钱的收入，每年都在增加着。三十年比二十九年增加四倍，主要是因为统累税收了一部款，三十一年比三十年增加两倍多，是因为统累税款增加的缘故，但所增之款购买力却

赶不上三十年的了。因此钱的收入的增加，只是绝对数字的增加，如拿货币的购买力来看，并没有增加。

从二十七年十一月至三十一年十一月公粮的征收状况（以二十七年为一〇〇）：

二十七年	100.00
二十八年	67.11
二十九年	195.07
三十年	231.94
三十一年	85.87

（北岳区数字未统计齐全）

公粮收入是边区财政的主要收入，二十七年征收较晚，且冀中自二十八年夏季才开始征收，故当时负担很轻。二十八年大水灾后，粮食收成锐减，为减轻人民负担，公粮比二十七年减征十分之三强。二十九年、三十年部队扩大，政府部门也吃公粮，征收数比前增加了，人民负担加重了。三十一年冀中夏季反扫荡后，由于敌寇勒索严重，为减轻人民负担，征收粮食很少，北岳区因精兵简政关系，人民减少了一些，敌征收总数亦较前两年下降，不过上列三十一年的指数，因征收公粮统计尚未作出，所以比实际收到数要小一些。

那末〔么〕开支的情形怎样呢？先说粮，后说钱：

粮的开支（与当上年收入的百分比，以上年公粮收入为 100）

二十八年（二十七年十一月至二十八年十月底）	127.33
二十九年（二十八年十一月至二十九年十月底）	280.44
三十年（二十九年十一月至三十年十月底）	118.96
三十一年（三十年十一月至三十一年十月底）	102.14

每年都是开支大于收支，不足之数，都是由购粮弥补的。二十九年购粮数量大，开支款的所占比例最多。二十八年以前公粮开支都是部队用的。二十九年以后的开支是这样：

	部队	政府
二十九年	90.94%	9.06%
三十年	81.57%	18.43%
三十一年	81.39%	18.61%

因此，粮食的开支，百分之八十以上，都是军用。为了坚持敌后抗战保卫边区，大家多出点粮养兵是应该的。二十九年因北岳区政权干部从九月份起才吃公粮，只吃了两个月，故所用数字少。一般公粮军政吃用之比为四点四比一。

钱的开支（与当年收入的百分比，以当年收入为 100）：

二十七年	628.45
二十八年	1 080.38
二十九年	1 881.68
三十年	346.48
三十一年	220.79

每年都是入不敷出，二十七、八、九，三年，因为只征公粮田赋，而田赋收入杯水车薪，为数无几，故入不敷出为数甚大；二十九年因大水灾后军粮购买很多，故钱的开支特大。从三十年起开始实行统一累进税，征收一部钱，故三十、三十一两年不敷之数降低了，因为在北岳区所征公粮仍不够吃，买了一部分粮，开支款项亦占一不小数字。

我们开支的大宗是粮食，上面已说过，因此钱的不敷之数看来不小，实际上比公粮数字小得多。每年钱的不敷之数是怎样解决的呢？靠了向银行借款，每年借款指数如下（以二十七年为100）：

二十七年	100.00
二十八年	755.65
二十九年	1 794.73
三十年	1 281.39
三十一年	1 817.81

二十九年以前，因为钱的收入少，开支多，因此借款是在增加着。三十、三十一两年，因为税款的征收，借款数字减少了。三十一年因为冀中增收款数很少，所以借款比三十年多。

钱的开支军政比例如下（以开支总数为100）：

	军费	政费
二十七年	93.24	6.76
二十八年	77.89	22.11
二十九年	75.71	24.29
三十年	76.90	23.10
三十一年	88.06	11.94
合计	80.46	19.54

（包括政府各项开支及教育费团体补助费）

钱的开支也是军费占了大宗。“抗日高于一切”，“一切服从战争”，军费开支占大宗是必然的、应该的。二十七年四月以前县区政府开支一般还很乱，均由地方自筹，无统计，故二十七年政费数字甚小。二十八、九两年政府吃购粮不吃公粮（二十九年九月份才吃公粮），所以开支多。三十年内因购买车骡成立运输队开支较大，故政费开支比例仍显得不小，三十一年就大大的〔地〕降低了。不过三十一年军费开支比较特别大，还有一个原因，就是荣誉军人的整理，抚恤费的开支，加到军费里边了，平均起来军费开支约占全部开支五分之四，政费占五分之一。

我们的抗战已经进行了五年又半，回顾边区人民的负担，巩固地区的同胞，负担已经不轻，但比起游击区在敌伪残酷压榨下的同胞那就舒服多了，比起敌占区的同胞，那真是天上人间，我们幸福多了。可是毕竟连年抗战，我同胞支付了最高的代价，只要打败日寇，人民的负担自然就减轻了。

抗战一年比一年困难，五年来，赖边区军民节衣缩食，赖我各级政府抓紧财政建设，我们胜利的〔地〕解决了财政问题。以历年财政总收支来看，情况是逐年进步着。

	开支数	收入数	借款数
二十七年	100	15.91	84.09
二十八年	100	9.25	90.75
二十九年	100	5.31	94.69
三十年	100	28.86	71.14
三十一年	100	45.29	54.71

从二十九年以来，借款比例数在减少着。三十一年统累税征收获得空前的胜利，今年我们再进一步精兵简政节衣缩食，则今年人民的负担就会适当减轻的。大家会问：政府向银行借了许多钱，能还得起吗？是不是将来还要增税呢？我们说，实际上借的钱数没有多少，因为粮价高涨，显得钱数大了。只要抗战胜利，一切是有好办法的。

（下略）

晋察冀边区行政委员会 1943 年

选自《晋察冀边区行政委员会工作报告》，边区行政委员会 1943 年编印，第 77～92 页。

互校版本：《晋察冀边区财政经济史资料选编》（一），天津，南开大学出版社，1984 年版，第 527～539 页。简称“南开财经史版”。

49. 晋察冀边区行政委员会令
——规定钱吊折元及土地房屋买卖典当已税契而失效者其税契款之负担办法

1943 年 1 月 7 日

各专员、县长、县佐：

兹规定典当或借贷契约，其款额原以钱吊计算者，在回赎或偿还债务时，均得折合边币支付，其折合标准应以立契当时钱吊折合洋元的市价为准（例如查明当时系一吊五百文折一元，即可以此数改折为边币一元，最好查当地较大商号账簿所载之折合数，做〔作〕为依据），倘无法觅得当时折合数之依据者，即一律按大钱四千文（即大钱四吊）折合边币一元计算。

其次，土地房屋买卖典当成交已税契后，因其买卖典当有瑕疵（其买卖典当违反政府法令规定或侵害他人权利）而致失效者（无论受到政府的干涉或是被害人起而抗争，其买卖典当契约均可能因而失效），其已出税契约款政府自不便退还，但究应由谁负担前此尚无规定，倘一律由税契人负担，有时显失公平，兹为适当解决此问题，特规定在此种情形下，其已〔已〕出税契款，应由过失人负担，如过失在双方，即由双方共同负担，以求公允。

希即遵照并转令所属遵照为要。此令。

选自《晋察冀边区行政委员会现行法令汇集》，上册，边区行政委员会 1945 年编印，第 199～200 页。

50. 晋察冀边区统一累进税税则

1943年1月21日晋察冀边区第一届参议会通过，
同年2月4日边区行政委员会公布

第一章　总则

第一条　本税则根据边区人民经济状况，融合财产税、所得税、营业税之基本精神制定之。

第二条　边区之经常费、临时费悉依本税则向财产所有人、收入所得人，统一累进直接征收之。

第三条　为适应战时之需要，统一累进税得以现款、粮食、柴草三种形式征收之。前项柴之征收，只限冀中区。

第四条　各种财产之征税与免税依下列规定：

一、耕地、金银及存于家中之款项均征财产税。

二、荒地、轮荒地、荒滩、荒山、林木地、蒲苇地、山坡药材地、渠地、住宅地、新垦荒地、房屋、工商投资、合作社股金、水利投资、证券〔券〕、存粮、珠宝、放款，存于银行、商店、合作社之款项，畜养、家庭副业投资、用具，财产所有人之在边区以外的财产及不属于本条第一款之一切财产，均免征财产税

第五条　各种收入之征税与免税，依下列规定：

一、下列各种收入征税：

甲、地租及农业收入。

乙、林木收入、蒲苇收入、山坡所种药材收入。

丙、房租、渠租、存款、放款、存粮之利息，及除地租外之其他一切租息。

丁、公营、公私合营或私营之公司、商店、行栈、作坊、工厂、矿业、水利事业之收入。

戊、个人经营之小贩、小手工业之收入。

己、属于临时经营事业之收入。

庚、从敌占区或后方所得之各种收入、牙纪收入，及其他非直接劳动所得之收入。

二、下列各种收入免税：

甲、脱离生产之党务人员、军队工作人员、政权工作人员、合作社经营人员、群众工作人员、邮务人员、杂务人员、士兵、教职员、医生、工人，雇工所得之生活费或工资。

乙、家庭副业及畜养之收入。

丙、脚户收入，及不雇工不雇伙之艺匠收入。

丁、抗战军人及政工人员家属受补助之收入，或因抗战伤亡所受抚恤之收入。

残疾军人以抚恤金经营小商业、小工业之收入，亦予免征。

戊、合于法定之合作社收入，经政府批准免税之公益事业、非营业性之公营事业，及区级以上脱离生产之军政民运人员租地种菜之收入。

己、新垦荒地之收入。

庚、证券〔券〕收入。

辛、边区银行之收入。

壬、报社书店之收入。

癸、其他不属于第一款之收入。

第二章　计算单位

第六条　统一累进税之耕地计算单位，定名为“标准亩”，平均年产谷十市斗之耕地为一标准亩。

第七条　统一累进税各种财产收入之计算单位定名为“富力”，依下列规定折算：

一、土地以每四标准亩计算一富力。低租地其租额在耕地总收获物百分之二十以下者，其财产税以收租每八市斗谷之土地计一富力。

二、地租及农业收入以每十市斗谷计一富力。

前项农业收入，自营地以耕地总生产物除四分之一消耗计，佃耕地以耕地总生产物除四分之一消耗，并除地租计。

三、财产以每四十市斗谷之价计一富力，实物以市价折元。

四、第五条第一款规定之各种收入，除地租及农业收入外，总收入均十市斗谷之价计一富力，纯收入均以七点五斗谷之价计一富力，实物以市价折元。

前项三、四两款之谷价，于统一累进税调查时，以县为单位由县政府宣布之。

第三章　税等税率定分及最高率

第八条　统一累进税分为十六等：

一、第一富力之前半个富力为第一等。

二、第一富力之后半个富力为第二等。

三、第二富力之前半个富力为第三等。

四、第二富力之后半个富力为第四等。

五、第三富力之前半个富力为第五等。

六、第三富力之后半个富力为第六等。

七、第四富力为第七等。

八、第五富力为第八等。

九、第六富力为第九等。

十、第七富力为第十等。

十一、第八富力为第十一等。

十二、第九富力至第十五富力为第十二等。

十三、第十六富力至第三十富力为第十三等。

十四、第三十一富力及第五十富力为第十四等。

十五、第五十一富力至第八十富力为第十五等。

十六、第八十一富力以上为第十六等。

第九条　统一累进税按等累进，从二等到五等以点零五为累进率，五等至十六等以点一为累进率。

第十条　统一累进税之征税单位定名为“分”，按富力定分，其办法如下：

一、第一等每一富力以八厘计算。

二、第二等每一富力以八厘五计算。

三、第三等每一富力以九厘计算。

四、第四等每一富力以九厘五计算。

五、第五等每一富力以一分计算。

六、第六等每一富力以一分一厘计算。

七、第七等每一富力以一分二厘计算。

八、第八等每一富力以一分三厘计算

九、第九等每一富力以一分四厘计算

十、第十等每一富力以一分五厘计算

十一、第十一等每一富力以一分六厘计算

十二、第十二等每一富力以一分七厘计算。

十三、第十三等每一富力以一分八厘计算。

十四、第十四等每一富力以一分九厘计算。

十五、第十五等每一富力以二分计算。

十六、第十六等每一富力以二分一厘计算。

第十一条　统一累进税之计分至十六等即停止累进。

第四章　分数之计算与征收

第十二条　统一累进税之耕地，及第五条第一款甲、乙、丙目规定之收入，其分数计算与征收之属人属地，依下列规定：

一、凡财产所有人之财产收入不出其所在之县者，均就其所在村合并计算统一征收；但其散于外村之财产收入富力，占外村财产收入富力三分之一以上者，属人计算，分别就其财产收入所在之村征收。

二、凡财产所有人之财产收入不在其所在县者，均就其财产收入所在之县立户，统一计算，分别就其财产收入所在之村征收，但县交界之土地，其所有权属于一户者得适用第一款之规定。

三、凡财产所有人不在边区者，其计算征收适用一、二两款之规定。

四、村公产县公产没收之汉奸财产，均就所在村分别立户属地计算征收。

第十三条　前条之计算与改算由财产所有人所在村之村公所为之，在县范围者得由区公所或县政府为之；但属于前条第二款规定之情形者，改算均由区公所或县政府为之；改算至县为止。

第十四条　凡含于第五条第一款丙、戊、己、庚等目规定之收入，均就财产所有人收入所得人所在村计算征收。

第十五条　凡财产所有人在边区，其在边区以外之收入属人计算、属人征收。前项收入以财产所有人实际收得者为限，其未收得者不计。

第十六条　统一累进税之工商业部分，其分数计算与征收之属人属地依下列规定：

一、凡含于第五条第一表丁目规定之工商业，不论其为合资独资，均就该业所在地单独之户计算征收，每一工商业均以一户记，其分店分厂亦单独立户计征。

二、凡含于第五条第一款戊目规定之工商业收入，均与其他财产收入合并计征。

第十七条　前条所列之工商业，除公营工商业及所有矿业以纯收入计征外，均按总收入除消费后计征外；工商业消费此每一经营人员每年平均五十市斗谷计，谷以县政府宣布之市价折元计之。

前项经营人员包括全体职工经理伙友。

第十八条　统一累进税以个人为单位计算分数，人口之计算依下列规定：

一、不分男女老幼大口小口，均以一人论。

二、合于第十二条第二款规定之情形者，散有该户财产收入之其他县对该户人口均按其实有人口计算。

三、合于第十六条第一款规定之情形者，一户均按一人计算。

四、合于第五条第二款甲目规定之人员，及工商业之经营人员，其人口均算入其所属之户（家庭）。

五、寺院以一户论，其人口按寺院实有人数计。

六、族田、公产、校产、没收之汉奸财产，一户均以一人计。

七、凡人在敌占区者，均不计人口，但被敌抓走未归，并未投敌，或尚未能证明已投敌者，仍计人口。

八、凡人在抗日根据地或大后方者均计人口。

第十九条　统一累进税每人除一免税点，各项财产收入合计其富力每人不足一免税点者，概予免税，超过一免税点者只就其超过之部征税，免税点定为一点五富力，但冀中生活程度较高地区得提高至一点八富力。

无劳动力之孤儿寡母人家，得于统一累进税调查时，请求当地县政府将免税点提至二富力。

第二十条　合于下列情况之一者，即不除免税点：

一、全脱离生产之党务人员、政权工作人员、合作社经营人员、群众工作人员、邮务人员、杂务人员、教职员、医生、工人。

二、族田、公产、校产、没收之汉奸财主等户之实际无人口者。

三、工商业之按纯收入计算或其经营人员已除消费者。

四、财产所有人已在其所在县除免税点者。

五、人不在边区者。

第二十一条　统一累进税由边区行政委员会及村公所依照财务行政法规征收之。

第五章　调查及评议

第二十二条　县区村各级政府根据各花户自填自报之财产收入、债息、人口数目进行调查。

第二十三条　县区村各级政府于各户或各村各区统一累进税之分数经调查确定后，应将结果通知纳税人，纳税人于接到前项通知后，如有不服，得于十日内述明理由，连同证明文件，请求当地政府重行调查，当地政府应即另行派员复查决定之。

第二十四条　纳税人对于调查复查之决定均不服时，得分别请求县村人民代表机关评议之，评议规程另定之。

第二十五条　纳税人对于人民代表机关评议之决定不服时，得向上级政府提起行政诉愿，再诉愿，再诉愿之决定即为最后决定。

第二十六条　在统一累进税交纳时期内，因复查评议或诉愿再诉愿，分数尚未决定者，应暂按经复查或评议后决定之分数依限交纳，俟分数决定后，再行清算找补。

第六章　罚则

第二十七条　不依期限报告者，得科以五元以上一百元以下之罚金。

第二十八条　少报资产收入，或虚报人口，或投机取巧，意图逃避应纳之税者，除据实纠正并追交其应纳之税外，得科以十元以上五百元以下之罚金；但以不超过其应纳税额为限。

第二十九条　不依期限纳税者，除限期追交外，并得以下列规定处罚之：

一、欠交全部或一部逾一个月者，得科以所欠数百分之一以上百分之五以下之罚金。

二、欠交一部或全部逾两个月者，得科以所欠数百分之五以上百分之十以下之罚金。

三、欠交全部或一部逾三个月者，得科以所欠数百分之十以上百分之二十以下之罚金。

第三十条　前三条之处罚，悉由县政府以上各级政府执行之。

第七章　附则

第三十一条　本税则之施行细则另定之。

第三十二条　统一累进税分数每年改造一次，改造时间由边区行政委员会以命令行之。

第三十三条　本税则自公布之日施行，前颁之晋察冀边区统一累进税暂行办法及中华民国三十一年五月二日二次修正公布之税则即行作废。

选自《晋察冀边区行政委员会现行法令汇集》，下册，边区行政委员会 1945 年编印，第 473～484 页。

51. 晋察冀边区统一累进税税则施行细则

1943 年 1 月 21 日晋察冀边区第一届参议会通过，
同年 2 月 4 日晋察冀边区行政委员会公布

第一条　本细则依照晋察冀边区统一累进税税则（以下简称税则）第三十二条之规定制定之。

第二条　称“耕地”者，系指可能耕作之土地而言。无论公田、私田、学田、场地、代管或没收汉奸之土地一律征财产税，但因敌寇强修汽车路、碉堡、封锁沟等所占之土地，均暂免财产税。

第三条　称“金银”者，系指黄金白银而言，但供装饰用之金银首饰概予免税；现洋以白银论。

前项金银价格以边区银行挂牌之市价为准。

第四条　称“荒地”“荒滩”者，系指不能耕作或未垦之土地而言。其因怠于耕作而致荒废之土地，仍应按可耕地征财产税；但因劳动力缺乏而致荒废之土地，财产所有人得向其财产所在县之县政府请求免征财产税。

第五条　称“轮荒地”者，系指连续耕作最多不超过三年，即须荒废三年以上始能再种之山坡地、沙板地而言。其能连续耕作在三年以上，或中间休息时间不足三年者，如轮作地、留麦地等不得以轮荒地论。

第六条　称“林木地、蒲苇地、山坡药材地”者，系指专为林木、蒲苇、药材之栽培，不能种植谷物之地而言。其以耕地种植药材或兼种果木者，仍以耕地论。

第七条　称“新垦荒地”者，系指生荒新垦者而言。熟荒重修者，不得以新垦荒地论；但重修之熟荒，其收获不能抵偿其所费成本或以该项耕地出租而在免租期内者，免征财产税。

第八条　称“畜养”者，系指马、羊、骡、驴、猪、羊、鸡、蜜蜂、蚕等而言。

第九条　称“家庭副业”者，系指以农业为主，工商业为副，不雇工不雇伙利用农闲，附属于家庭经营，不另计收入之事业而言。其由专人经营，或离开家庭经营，或另计收入者，以临时经营事业论。其由专人经营或其收入富力大于农业富力者，以个人经营之小贩、小手工业论。

第十条　称“地租”者，系指土地所有人将地出租出佃或伴种于人而收取之定额地租，或分得一定比例收获物而言，无租土地不征地主收入税。

第十一条　称“农业收入”者，系指耕地之总生产物而言，除柴草秸秆不计外，其于无论正副产物，一律计算，无收入之耕地，不征收入税。

第十二条　称“林木收入”者，系指灌木林、果树林、木材林及其他种类之一切林木每年有定额或无定额之收入而言。伐树卖木料柴火之所得，以财产论，征财产税。

庭院种植之果木树，其收入免税。

第十三条　税则第五条第一款己目所称“属于临时经营事业”，系指非营业之个人，或未设商店之商人而为不定期之买卖者，及买卖与本业务无关之物品，而其收入又不在本业务收入项下计算者而言。

第十四条　税则第五条第一款所称“各种收入”除农业收入另有规定外，均按全年之实际收入额计算，实际收入额不能确知者，按其估计额计算。

全年均以上年一月一日起，算至十二月底截止，其会计年度用旧历或新历均依习惯。

第十五条　称“雇工”者，系指农业雇工而言。无论长工短工，其收入一律免税。

第十六条　税则第五条第二款戊目所称“合于法定之合作社”，系指合于晋察冀边区合作社组织条例规定之合作社业经批准者而言，其不合于法定者，一律以工商业论。

第十七条　税则第五条第二款丙目所称之“脚户收入”，系指受雇于人之脚户所得之脚价而言，兼营商贩之脚户，其收入按商贩计征。

第十八条　称“艺匠”者，系指铁匠、木匠、石匠、泥水匠、理发匠、钉掌匠、银匠、铜匠、洋铁匠、小炉匠及其他编筐、编席等匠人而言。

前项艺匠之设铺经营者，一律以个人经营之工商业论。

第十九条　税则第五条第二款戊目所称“非营业性之公营事业”系指不以营利为目的之工业农业试验场所，及采办处等而言。

第二十条　称“谷”者系指去糠后可得小米六成之谷而言，其得米不及六成或超过六成者，均应按其谷之成色估计，照此标准折算。

前项成数以容量计。

第二十一条　称“市斗”者即指公斗（万国度量衡制），一市斗小米合旧秤（旧营造库秤制）十三斤半，合新秤（即市秤，市秤一斤等于万国度量衡制二分之一公斤）十六斤（此数系约数，米之好坏不等，亦容有差别，一般均以是为准）。

第二十二条　地租无论实物、现金，均折谷计富力。

第二十三条　税则第六条所称“平均年产谷”系以耕地之当年产量为准（按：现已改为按当年产量）；但以耕地种植之烟叶、蓝靛、棉花、药材或兼种之果木，及主要以出卖为目的之蔬菜、麻等农作物，或其他纯商品性的农作物均按其实际收入计，其耕地使用权已转移者，按种植一般作物计。农作物均折谷计算。前项农作物折谷以县为单位，依旧习惯并参照各种农作物通年市价，由县政府规定统一折谷率，报专员公署批准行之。

第二十四条　前条种植烟叶等特种农作物之耕地，其标准亩均按种植一般作物之地定之，不以其产物按价折谷计算。

第二十五条　税则第七条第二款所称“消耗”，系指经营土地之种籽、肥料、农具、牲畜之所费而言。此项消耗如由地主、佃户双方付出者，得以〔依〕习惯由双方收入中除之，如纯由地主方面付出者，纯由地主所得租额中除之。

第二十六条　称“纯收入”者，系指地租、房租、渠租、利息或其他租息、公营工商业之纯盈余，及合于税则第五条第一款庚目规定之收入而言。

第二十七条　称“总收入”者，系指收入之全部，不除任何消耗。工商业之总收入包括纯收入、呆帐〔账〕收入，及职员工人店伙之工资、薪金、酬劳金、伙食费等项。个人经营之小贩、小手工业其全年总收入不能确知者，按其每日或每月之总收入估计之，合于第五条第一款乙目规定之收入为总收入。

第二十八条　以免税财产出卖所得之收入，按存于家中之款项论，以四十市斗谷之价计一富力。但此项收入已转变形式者，就调查时存在之形式依税则规定免税或征税。

第二十九条　当年成立之工商业不计征，但其当年歇业者，须于报请歇业时，由县政府派人调查，按其收入计征。

前项计征以一次完毕，并只限于边区税收。

第三十条　耕地之财产税，不论土地如何转移，均由调查时之土地所有人负担之。

土地买卖契约成立，即以所有权转移论。

第三十一条　耕地之收入税，不论土地所有权与使用权如何转移，均由本年收益人负担之。

收益人夏季与秋季非同一人者，由实际收益人分别按其收入计算。

第三十二条　出质之耕地，其财产税由出质人负担之；出典之耕地其财产税由承典人负担之；典钱质钱收付双方均不计，但出典之耕地其财产税之负担另有约定者，依其约定。

第三十三条　凡以借贷款项购得之耕地，照纳财产税，其借贷款项以负债论，负债以每十市斗谷之价计一富力，于应计富力中扣除之。

前项负债以有契约，并得证明确系以借贷款项购买土地者为限。

第三十四条　债权人之利息收入以纯收入计，债务人之利息支出以付利计，于应计富力中扣除之。

前项付利以实际付出者为限，未付者不计，债权人在敌占区者，均以不能付利论。

第三十五条　各种财产收入折算富力，富力计算分数，均算至小数第三位为止，其余四舍五入之，但全家应纳税分数计至小数两位为止。

第三十六条　富力之小数部分进入另一税等者，其分数即按另一税等计算之。

第三十七条　称"属人计算"者，谓计算分数采属人主义，将一户所有散在一县内各村之财产及收入汇总计算；称"财产收入所在之村征收"者，谓由散有该户财产及收入之各村就该户散在各该村之财产及收入之数额，按比例分别征收。

第三十八条　全村之财产收入富力有三分之一以上，不属本村所有，且其所有人属一人者，村公所得请求县政府批准属地征收。

第三十九条　改算由财产所有人所在村之村公所为之者，系由财产所有人将其散于各村之纳税财产收入向其所在村自填自报，并由其财产收入所在村之村公所将其在各该村之财产收入调查结果通知其所在村之村公所，其所在村之村公所视其自填自报之富力与调查结果相吻合时为之。

前项自填自报之富力与调查结果不吻合时，由财产所有人所在区之区公所复查改算之。

第四十条　改算由财产所有人所在区之区公所为之者，除财产所有人散于所在区之各村财产收入之改算得适用前条之规定外，财产所有人应将其散于本区及外区之财产收入分村自填汇总报告主管区区公所，并由其财产收入所在区之区公所，将其在各该区之财产收入调查结果通知其主管区区公所，其主管区区公所视其自填自报之富力与调查结果相吻合时为之。

前项自填自报之富力与调查结果不吻合时，由县政府复查改算之。

第四十一条　属于税则第十二条第二款规定之情形者，财产所有人得将其在外县之财产收入汇总向其财产收入所在县之县政府报告，县政府或责成区公所并根据村公所调查结果改算之。

第四十二条　村公所对于财产所有人不在本村之财产收入调查时，须通知财产所有人派代表参加之。

第四十三条　凡财产所有人不在边区者，其税由该户财产收入之经管人或经管机关负责交纳之。

第四十四条　体己（私房）财产收入合并于体己财产所有人所属之家庭计征之。

第四十五条　工商业经营人员之收入，应纳之税已于各该工商业之收入内征收，不另算入其所属之家庭收入，但边区人之在边区外经营工商业者不在此例。

第四十六条　凡工商业之单独建立户征税者，其收入均不另算各该业主之家庭以免重征。

第四十七条　各户于填造统一累进税时，均应按当时实有人口填写，自填表后无论人口有无增减，在未届改造分数期间，一律不得变更；但逃亡户于统一累进税调查后、征收前，返回边区者，得请求当地县政府改算。

第四十八条　税则第十八条第五款所称“寺院”，包括庙观及教堂。

第四十九条　税则第十八条第六款所称“族田”，系指一族公有之耕地而言。

第五十条　一家人口分居两处以上户主愿分算者，得分算之，但重报人口以虚报人口论。

第五十一条　已与子女析居之老人，其自有财产收入者，应另户计算，其无财产收入受子女轮养者，其人口之计算由轮养人协商决定之。

第五十二条　寄居亲友家中者，其与所寄居之家营共同生活并与其家属同样享有财产权者，在其所寄居家计人口除免税点，其与所寄居之家不营共同生活并不享有财产权者，不在其寄居家计人口除免税点。但其确实无家可归，又无产业不能自活者，得在其所寄居之家，除免税点。

第五十三条　士兵军官佐在家照除免税点，以示优待。

第五十四条　脱离生产之合作社人员，在家不除免税点，其不脱离生产或半脱离生产者，在家照除免税点。

第五十五条　农业雇工在九个月以上者，在雇主家除一免税点，在半年以上不足九个月者，在雇主家雇工家各除半个免税点，不足半年者，均以短工论，在雇工家除一免税点。

第五十六条　公费、半公费，及半公费以上受训之学生，其受训满一年者，在家庭不除免税点，不满一年者，不论时间长短一律除免税点，公费不及一半之学生在家庭一律除免税点。

第五十七条　已判决之囚犯刑期在一年以上者，于其家庭不计人口不除免税点，未判决及刑期不足一年之囚犯于其家庭计人口，除免税点。

第五十八条　凡全家人口专靠不雇工不雇伙经营之工商业为生，别无其他财产收入者，其总收入除按工商业例就其实参加经营人员除消费外，其余人口每人除一免税点。

第五十九条　统一累进税之纳税分数，边区与村统一。

第六十条　村、区、县交界之土地，其所有权属于一户者，调查评议时由有关村、区、县派员会同办理之。

第六十一条　统一累进税纳税人对于分配之应纳税额有疑义时，得声请财产所在地之村县政府解释之，村县政府于接到此项声请后，五日内应即据情详为解释说明，不得拒绝。

第六十二条　本细则有未尽事宜，得由边区行政委员会随时修改之。

第六十三条　本细则自公布之日施行，前颁之晋察冀边区统一累进税暂行办法施行细则及中华民国三十一年五月二日二次修正公布之晋察冀边区统一累进税税则施行细则即行作废。

选自《晋察冀边区行政委员会现行法令汇集》，下册，边区行政委员会1945年编印，第485～495页。

52. 晋察冀边区行政委员会财政处审计员办事规则

1943年2月20日

一、边委会财政处审计员派驻各专署工作时，依本规则办理审计事宜。

二、各审计员受边委会财政处与专署财政科之双重领导，意见在有出入时．服从边委会财政处之领导。

三、审计员之职权如下：

1. 掌握专区范围内之粮库及财粮收支数字，审核各项财粮收支书表。

2. 督促署县按期报解粮款。

3. 反映执行财粮制度之模范事迹与检查检举署县各部门浪费贪污事项。

4. 办理边委会财政处交办之其他财政事项。

四、下列各项书表应由审计员审查：

1. 统一累进税（钱粮秣）征收报告表。

2. 经收边区款月报表。

3. 年度经费预决算书。

4. 分月粮秣预算书。

5. 经费粮秣分月计算书。

6. 边区预备费支付报告表。

五、审计员为前项审核，应注意下列各事：

1. 造送日期与送达程序是否与法令规定相符。

2. 预算数是否以审定预算案为范围，有无超越情事，各项收入是否与法令相符，有无不当收入。

3. 预算科目是否依照法令之规定，其科目流用是否正当，食粮定量是否合乎规定。

4. 备考栏目之说明是否真实。

5. 书表格式是否与规定相合，是否加盖印信与负责人手章。

6. 各月结转是否衔接。

六、审计员审查各项书表，除经费粮秣分月计算书及边区预备费支付报告表核符后由专署行文批复并统计上报外，其余各项书表初步审核后须由专署上报，但审计员均须附签意见并签名盖章。

七、审计员审查各项书表，如有疑议〔义〕得通过专署行文查询，或商得专署同意亲往检查，主要应亲往署县各部门实地检查，室内之审计事务由会计股办理，但审计员须负责检查。

八、在一季范围内上下月间盈亏弥补情事审计员有核准权，但逐月累亏一季度之久不能弥补者，须进行实地检查并附签署意见由专署上报边委会核办。

九、审计员经过审查认为某机关有违法令事情时除不予核准外，得请专署执行处分并报告边委会，专署不接受时审计员得汇报边委会核办。

十、为便于审计工作计审计员得检阅专署及县政府之下列各项案卷：

1. 统累税分配底簿。

2. 编制经费表。

3. 审定之年度预算案。

4. 财粮收支表报簿籍。

5. 有关审计之各项现行法令。

十一、审计员因审计工作事宜得单独向边委会财政处报告或请示，在一定期间由财政处召集审计员开会检查总结并布置审计工作。

十二、本规则自令发之日实行，如有不适当由边委会随时修改之。

选自中国审计学会审计署审计科研所编：《中国革命根据地审计史料汇编》，北京，北京工业大学出版社，1990 年版，第 89～90 页。

53. 晋察冀边区行政委员会关于改变税契办法的通知①

1943 年 5 月 28 日

契税工作在县政府财政科里是相当繁［忙］的一件事，易县、平山、阜平等县两个人专管契税也忙不过来，临时雇员突击依然还有积压，究其原因，主要是纠缠在事务手续上，时间精力消费均属不少。为加强工作效率、减少事务手续计，兹决定：契纸今后不加会印（仍由本会石印制发），分发到县后，县可根据各村需要发至村公所（或发到区公所，村里用时到区公所领取），由村依据白契（事实上等于草底）将正契填好，连同税款持向县政府呈验，县政府核符后，除点收税款及纸价，并加盖县印将存根裁留县府备查外，即将正契一联交投税人带回（无〔毋〕庸另割收据，因契纸上已注明所纳税额）。如此办理，政府与人民均极方便，原由县政府印发之草契纸，即行取消，惟各县现存盖有会印之买典契纸，仍须继续使用（此项旧存契纸之使用办法仍前，因已盖会印不宜先发至村）。用毕时当再请领空白契纸依新办法办理。

希即照办。特此通知。

选自《晋察冀边区财政经济史资料选编》（四），天津，南开大学出版社，1984 年版，第 271 页。

互校版本：《晋察冀边区行政委员会现行法令汇集》，下册，边区行政委员会 1945 年编印，第 520 页。

---

① 原注：这是晋察冀边区行政委员会“为减少事务手续，改变税契办法，废除草契，正契免盖本会印，分别转发村，由村依照白契填报县府加印即行发还”给各专员、县长、县佐的财字第一号通知。

54. 晋察冀边区建立经济情报制度的决定[①]

1944 年 2 月 24 日

建立健全的经济情报制度是取得对敌经济斗争中胜利的重要环节，为此各级政府各总店各分店必须坚决执行以下的决定：

一、建立健全的经济情报组织

1. 对于经济情报的搜集研究、分析是专员、县长在领导经济斗争中的主要任务，不如此便不能及时胜利的〔地〕指挥经济斗争，因此，决定专员、县长是掌握经济情报的主要负责人。

2. 专署县实业科指定专人（或工商股长）负责搜集整理情报，每日将整理之情报送交专员、县长实业科副科长与工商股长。

3. 各总店分店之经理、副经理应负责搜集研究分析各该业务范围之经济情报，并指定专人负责搜集整理，每日送交经理副经理。

4. 各区区长实业助理员、卡长、稽征员均系该管县（画〔划〕归就近之商店）之情报员，对管县或画〔划〕归就近之商店负搜集与供给情报之责。

二、建立健全的报告制度

（一）报告分为以下三种：

1. 紧急情报。

2. 经常情报。

3. 定期与不定期的书面报告。

（二）紧急情报的内容及报告方式：

1. 内容：

甲、货币布粮发生的突然变化。

乙、敌人的重要措施。

丙、由于军事政治形势的改变对经济斗争有重大影响之事项。

2. 报告方式：随时用电话或万急之电报报告；不通电话电报者，用书面报告，派专人急送。

（三）经济情报的内容及报告方式：

1. 内容：

甲、货币比值的变化（边币与伪联银的比值，边币与伪蒙疆的比值，边币与白洋的比值，白洋与伪联银或伪蒙疆的比值）各专区县根据各该地区之货币种类作报告。

乙、小米价格，以市斗为单位。

丙、布棉价格，以市斤为单位。

丁、食盐价格，以市斤为单位。

---

① 原注：“这是晋察冀边区行政委员会新发文件。”

戊、各项物价均以边币为计算单位。

以上各项价格之调查，各专区可规定几个主要市场作为各该专区之标准市场。

2. 报告日期：

甲、县及总店五天向专署报告一次（专署根据具体情况规定报告日）。

乙、专署对边委会每月报告六次，并规定每月之五、十、十五、二十、二十五、三十六天为报告日。

丙、区向县、分店向县（或直接向专署或总店）之报告日期，各专署、县、各总店自定。

3. 报告方式：

甲、县总店向专署用电话电报或书面报告。

乙、专署向本会用电报报告。

（四）定期与不定期的书面报告：

1. 半月行情表报（见附表）。

2. 不定期之报告（主要是专署向本会）。

甲、内容：

（1）敌伪的经济活动，敌伪的经济政策及具体实施办法（包括敌人的布告命令表格），以及一定时期吸收什么物资？用什么组织形式？用什么办法？领导者是什么人？（是谁？中国人还是日本人？并要加以分析）

（2）打开了哪些商业路线？市场规律起了些什么变化？上货情形如何？

（3）在敌人统治封锁下，人民自发的经济斗争经验。

（4）主要市场情况及市场管理经验，运输站运输线情况，禁粮带稽征情况。

以上各项，不同时期、不同地点、不同季节，要选择不同重点进行调查研究。

乙、报告方式——随时搜集到的材料，应随时逐级报送，但各县向专署、各专署向本会每月必须报告一次。

三、怎样搜集与研究情报

1. 利用敌伪军关系，利用敌伪之经济组织，利用走敌区的商人，建立定期或不定期的、义务的或有报酬的、明的或暗的情报关系。

2. 向小贩及沟边缘上赶集的群众，打听情报，尤以第三类型的商店在搜集情报上要多负责任。

3. 各级政府商店要与部队团体取得密切联系，主动的〔地〕向其搜集情报，同时部队团体有供给政府商店经济情报的责任，双方可建立互通情报的制度。

4. 公安科有搜集与供给经济情报的责任。

5. 为了解敌伪经济情况，决定专署可定伪庸报一份，由专员保存，不得任意抛置乱看。

6. 搜集到的情报，要随时加以整理，进行研究分析，要跟踪追迹，深入追寻期其确实可靠，注意不为现象所蒙蔽。

7. 专员、县长、工商股长及商店经理要养成分析情报的习惯并把一定时期一定地区的重大变化，由专员、县长召集公安科长、实业科副科长、工商股长总店经理及有关干部开会讨论，讨论结论，县送专署，专署送本会。

四、几个应注意的问题

1. 有关专区有关商店要建立互通情报的关系，以期取得步调的一致。

2. 报告情报或互通情报时，应将情报的确实程度，加以说明。

3. 要严格注意保守情报的秘密，尤以我方所采取之策略，不得随意乱讲。

4. 本会及专署将各方情报整理后，采取电报书面通知两种方式，通报各地区各商店，本会实业处出版商情旬报一份，每十天出版一次，发到各专署各县各总店分店，作为各地区各商店之研究参考。

这一决定的彻底实现，要靠了精密的组织工作与强韧的坚持制度的精神，因之“组织起来坚持下去”就成为建立情报制度的首要条件，当然在开始实行时，特别是商店，可能有些不习惯，甚或存在一些困难，但必须认识，只有情报制度的健全，才能了解情况，有利的〔地〕指挥对敌经济斗争，对于发生的困难，要主动的〔地〕设法予以克服，希望各专署系各总店接到这一决定后，即具体讨论，贯彻执行。

选自《晋察冀边区财政经济史资料选编》（三），天津，南开大学出版社出版，1984年版，第689～692页。

55. 晋察冀边区行政委员会关于工商业征税的决定

1944年3月13日

为了工商业征税更加合理与现实易行，特作如下决定：

一、不论专营或兼营之工商业及小贩小手工业，与临时经营事业之收入均与农业分开，按通年平均市价折米计算征收：

甲、工商业收入十市斗以内，征税百分之五。

乙、超过十市斗部份〔分〕到二十市斗，征税百分之八。

丙、超过二十市斗部份〔分〕到五十市斗，征税百分之十二。

丁、超过五十市斗部份〔分〕到一百市斗，征税百分之十六。

戊、超过一百市斗部份〔分〕到二百市斗，征税百分之二十。

己、超过二百市斗部份〔分〕到三百市斗，征税百分之二十五。

庚、超过三百市斗部份〔分〕到五百市斗，征税百分之三十。

辛、超过五百市斗部份〔分〕征税百分之三十五。

以百分之三十五为累进最高准。

二、工商业收入，除公管工商业及所有矿业以纯收入计算外，为其总收入除经营人员之消耗，从事各该业所养牲畜之消耗及赖以维持生活的非经营人员之消耗。各种消耗规定如下：

甲、经营人员的消耗，每人年以三十市斗小米计。

乙、牲畜之消耗，骡每头年以六十市斗小米计，驴每头年以三十市斗小米计。

丙、非经营人员之消耗，每人年以九市斗小米计。

丁、临时经营事业，经营人员与牲畜只按其经营日期除消耗，人日以斤半小米计，骡日以三斤小米计，驴日以斤半小米计。

三、工商业收入调查很难真实，必须加强审查评议工作，因此区设审查评议委员会，由区长（或财政助理员）、抗联主任、合作社办事处主任，公正商人一、二人，及各该区大集镇村长，或财政委员等五人至七人组织之，进行工商业审查评议工作。

四、为开展大生产运动，特决定：

甲、经营水利之收入按纯收入计征。

乙、下列收入免税：

1. 药铺收入。

2. 非专门经营的纺纱织布之收入。

3. 灾区的灾民在受灾期间办理运销之收入（时间和地区由专署决定）。

五、工商业负担村款，按农户负担村款与边区款之比例负担之。

六、本决定未规定者均按统一累进税税则之规定办理。

七、本年度调查征收工作时间，由各专区根据各地具体情形规定，但必须于六月底以前征收完毕。

附：对数表一份，基本数字统计表二份（略）。

选自《晋察冀边区行政委员会现行法令汇集》，下册，边区行政委员会1945年编印，第514～516页。

56. 晋察冀边区行政委员会关于变更预决算制度会计制度及各项开支规定减少事务手续的决定

1944年8月25日

为了贯彻简政政策，提高工作效率，各种财政制度重新规定如下：

一、预决算

1. 各署县及各直属机关，年度财粮预算改由本会根据编制定量及经费规定统一概算，分期（具体时间视当时财粮收支情形酌定）拨发粮款，自上而下逐级概算分发各级即不再编送预算，分季预算，亦一并取消。

2. 取消分月计算，各署县及各直属机关，按规定核实开支后，逐月清结账目年度终了后，编造年度决算报核在审核程序上建立逐级负责制度，由下而上逐级审核批准后汇总上报（不必附送原决算）除粮食节余可自行处理外，其他旷余悉数解库作为下年度之收入。

3. 专区决算于年度终了后，三个月内报至本会，各县报送时间，由专署根据距离远近，及交通条件具体规定。

二、会计方面

1. 边委会与各县今后不直接发生会计关系，各项款项之领发解交与粮食收支拨调一律通报专署。

2. 表报制度：

（1）经收边区款报告表专署每三个月向本会报告一次，县对专署的报告期间由专署具体规定，一切边区款收入（包括统累税）均并列一表按期汇总报送。边远县份到期不能送达时不必等齐，迟到者随后单另补报，在统累税征收期间除随时汇报征收情形外，此表仍应坚持按期报送，并将该期征收数字连同其他各款一并列报。

（2）库存报告表每三个月报告一次分别币别按收支存三项按期报送。

3. 分为计算取消后各署县机关之会计必须抓紧结账工作，保证按月清结，防止拖拉牵扯现象发生，致影响年度决算的造报。

三、金库与款项收支

1. 银行组织调整后，边区金库改由本会直接统一掌管，但为适应战斗环境便利领解，于各专署设支库，各县经收边区款一般须按季清解，支库具体期限，可根据交通条件酌量延长或缩短，由专署确定。

2. 金库款项之支付权属于边委会，支库只负保管责任，非有边委会签发之凭证绝对不准支付或动用，拨付款项使用两种凭证：（1）三联支付，书存根一联存查，命令一联交支库，领据一联交领款机关，支库付讫即凭以报抵；（2）定额支票，事先签发领款机关，特赴支库领款，或经支库介绍到指定之县区领取，付讫注销后凭以报解。

3. 各县领解款项一律通过专署，由专署统领分发或汇总转解，各县解款填具三联解款书存根一联存查，报告批回之联送专署，专署收讫印批后即为入库。

4. 金库收到之白洋伪钞或其他边币以外的货币，一律按币别立户原收原存原付，至于生金银则一概解交边委会统一处理。

5. 银行办事处主要是清理账目贷款工作，此外则为出纳兑换工作。

四、预备费与预备粮

1. 各专区预备费增为经费预算百分之十五，预备粮增为粮食预算百分之五。以专区为单位由专署统一掌握调剂年度终了列入决算核实报销（预备费支付报告表取消）结余即行解库。结亏请领补发。

2. 预备费的开支，除特殊购买，如大批枪支、弹药，须经本会批准始能开支外，其余均有〔由〕专署掌握批准，专署并可斟酌情形确定若干项目授权县政府批准开支，预备粮则均由专署统一掌握批准开支。

以上二、三两项从下一会计年度开始执行，一、四两项自即日起在北岳区实行，过去规定有与本决定相抵触者即行作废，本决定未提及者仍适用照旧执行。

选自《晋察冀边区行政委员会现行法令汇集》，下册，边区行政委员会1945年编印，第567～569页。

57. 晋察冀边区行政委员会关于财政问题的指示

1944年10月23日

行署设置后关于财政问题，本会作如下之决定：

一、行署设置以后，边区财政之统一，主要是全边区有统一的政策、统一的财粮供给制度与管理制度、统一的预算与统一的征收，以便统筹统支，以有余补不足，而获财政收支平衡之资效，因此，各行署应将各该辖区党政军民脱离生产之编制人马数字、各项供给、军政经费、优抚救灾、事业费及总预备费编造岁出预算，将各该地区之人口、土地、富力、分数、每分负担量、征收总额，以及契税、公营事业、机关生产与其他收入，编造岁入预算；均报经本会批准。如因战争或交通不便不及事先报请批准时，得事后补报。（会计年度自本年十月一日始至翌年九月三十日终了，军政预算年度，必须统一起来。）财政充裕之行署区，应对本会负担一定数额之解上款，以供边区需要；财政尚不足用之行署区，得请求本会予以定额之补助，关于粮食各行署区均以自给为原则。边区级粮食由冀晋区供给，行署毗邻地区，对外区部队机关之可能活动与过往，应负供给之责，须有所准备，粮票由各行署印制掌握。在边区可以通用。

二、岁出入预算批准之后，各行署即代表本会在各该区行使财政管理之权，所有预算范围内之收入与支出，均由各行署全权处理。如因本会决定编制制度变更，物价上涨，或其他情况变化，原预算不敷支出时，各行署得提出增加粮款数字报本会备案并由本会指示解决办法，如在原预算总额范围之内，足数支出时，即由行署执行，报会备查。如自行扩大总编制或变更全边区统一制度时，须经本会批准。关于财政情况，每半年向本会作报告一次，年度终了，报决算一次，有重大情况发生，可随时报告。

三、各行署财政以三十三年度（本年十月一日起始）为一新阶段，要建立新账，清理旧账。凡三十三年度应有之收入与支出，均记入新账；其三十二年度以前之收入与支出则记入旧账；旧账由行署限期清理大数，报会备案。本会今后与各专署县不直接发生会计关系，所有款项颁发与粮食调拨，一律通过行署。各行署解上款，本会对行署补助款，列为本会与各行署之财政收入与支出；此外之一切收付款项，均系往来性质，应记往来账。各行署间除本会指拨之收付款项外，其往来款项，均自行清理。各行署均设金库，各项财政收入与支出。统由金库经收领发与保管。

四、各行署区设银行分行；各专区得设办事处，经营发行、兑换与贷款等业务，在工作上受同级政府领导，在会计上应单独立账，与政府收支截然分开。关于业务情形，并按期向上级银行作报告。为工作便利，分行经理办事处主任，由行署专署财政科长兼任之。

五、各行署区之机关部队到外区活动，须向地方借用款项时，应有团以上之正式手续，事后该部队之上级供给部应负责清理，各行署间之采购代购货物、借垫款项，须有本会或行署之介绍，指定借用限额，备具正式手续，介绍机关应负责清理。其无正式介绍手续者，得拒绝借垫，以免紊乱。

选自《晋察冀边区行政委员会现行法令汇集》，下册，边区行政委员会1945年编印，第570～572页。

58. 晋察冀边区行政委员会关于统一累进税税则的说明与修正[①]

1945 年 3 月 29 日

今年统一累进税调查改算工作之进行，由各行署在不防〔妨〕碍并配合大生产原则下具体掌握，但各行署至迟须于七月底前将分数及征收意见报会，于九月底前将这一工作总结报会，为了奖励生产，本会对税则作如下之说明与修正：

一、土地产量无大问题者，产量即行固定，不因生产积极、精耕细作而增加。嗣后非遇重大变化（如水冲、沙压、旱田变水田等）不加更动，土地转移，即将产量转移，此点去年业已实行，今年当更明白宣示（与统累税每分仍不超过八市升半连〔联〕系宣传）以提高农民生产积极性。

二、旱田变水田之负担问题，本会去年曾以财经字第一号令规定；“为了奖励土地改良……凡将旱地修成水地者，在一定年限内，统累税登记产量仍以旱地计，唯因各地水利工程所需工料多少，极为悬殊，故其年限须由各县县议会、县政府根据当地情况依收回成本（包括劳力）后再加一年之原则提出意见，报经专署批准施行。”但从原规定手续较繁，各县多尚未作具体确定，亦有部分干部及群众误认为“旱田变水田一年内不增加产量”，而有“年限太短”之反映，兹将手续化简，根据去年财经字令所定原则，由县政府确定年限。希各县根据本地具体条件分别不同情况具体确定，布告周知。

三、种植兰〔蓝〕靛，其产量仍按种植普通作物计征，以示奖励。

四、脱离生产之政权工作人员、党务人员、合作社经营人员、民运工作人员、邮务人员、杂务人员、教职员、医生、工人、公营商店人员（包括部队机关商店人员）均在家除免税点。

五、公营商店人员之薪给分红所得免税（公私合营不得以公营论）。

六、打猎收入免税。

选自《晋察冀边区财政经济史资料选编》（四），天津，南开大学出版社，1984 年版，第 384～385 页。原注：“晋察冀边区行政委员会《现行法令汇集》下册，1945 年 12 月 15 日。”

59. 晋察冀边区行政委员会关于新解放区人民负担问题的指示

1945 年 4 月 28 日

一、我新解放区在未解放以前，由于敌伪掠夺勒索、村中贪污浪费，人民负担一般很

---

① 原注：这是晋察冀边区行政委员会以财字第三号给冀晋、冀察区行署主任、专员、县长的命令，并指出对冀中区也是适用的。

重，负担办法极不公平（如按银两或按亩摊派与按户派夫等），上层瞒地亦很严重，使负担重担主要落在基本群众身上，成为群众最大的痛苦，改造负担遂成为群众迫切的要求，因此，在我开辟工作，初步站住脚跟之后，便应抓住这一中心环节，发动群众，一面加强对敌斗争，整理村财政以减轻人民负担，一面开展反瞒地斗争，改造负担办法，使之比较公平合理。这种斗争，主要是发动群众自觉的〔地〕参加，不要用恩赐办法。由不合理的〔地〕负担，改造成为比较合理的负担不是一件小事，我县区干部，必须要用一定的时间和力量，来进行这一工作。

二、新解放区的负担办法，要贯彻统一累进税的基本精神——有免税点、累进率及累进最高率，适应各阶层负担能力，使负担趋于公平合理，而在具体办法上应注意简单易行，以便于为广大群众所掌握，某些地区把巩固区的税则搬运使用是不适当的。由于新解放区地区辽阔，经济条件、群众发动情形与工作基础不同，难以提出统一的办法，应由各县根据实际情况制定简易合理负担办法，报请专署批准施行。

三、新解放区简易合理负担办法的主要内容，应包括下列各点，兹提出原则意见，以为制定办法时之参考。

（一）免税点与负担面，免税点的高低，应根据经济条件与人民生活水准、群众发动情形与工作基础而定，凡两个条件都好的地区，免税点可定的〔得〕高一点，反之，则可定得低一点。两个条件相反时，则可权衡折中之，免税点高，则负担面小，免税点低，则负担面大，负担面以百分之七十至百分之九十为原则（同一免税点，地区贫瘠，则负担面小，地区富庶，则负担面大；财富集中，则负担面小，财富分散则负担面大），此原则系指一定地区而言，非指一个村庄而言。

（二）税等税率与各阶层负担比例：关于税等可参照统累税税则分等精神，将税等适当减少，但人口密度最大的富力层（中农与接近于中农的部分贫农）应划分较细，累进率开始累进时可稍缓，逐渐增加，累进最高率比统累税税则亦可稍低。各阶层负担比例，按北岳区三十三年每分边款不超过八市升半（村款未计）来计算，最高地主百分之五二，富农百分之十八，中农百分之十，贫农百分之四—五，可供参考。

（三）出租地佃耕地的负担：在新解放区改造负担与贯彻减租同等重要，都应抓紧进行，但需要先行改造负担，尚未贯彻减租时，则贫苦佃户对佃耕地不负担，所有负担，地主按自耕地全部缴纳；在贯彻减租以后，可视租额高低，地主负担三分之二到四分之三，佃户负担四分之一到三分之一，具体办法由县规定。由于贫苦佃户之佃耕地不负担，致负担面缩小者听。关于认粮种地是不合法的，其已改为典当关系的由承典人负担，但各地已经处理承典人之既得利益应予保持，改为租佃地者即按前项原则负担。在处理认粮种地问题，应根据实际情形具体处理，不可一般化的〔地〕处理，政府并可以贷款等办法帮助农民购置土地，取得所有权，这样对于地主、农民与发展生产均有好处。

（四）为了便于计算，土地财产税与收入税可合计。

（五）为了便于群众掌握与简单易行，土地计征，可按当地情况划分地等，以常年产谷十市斗至十二市斗之地为一标准亩，其他地等之地按大概产量，折合标准计算。土地质量复杂之地区，可划分多一些，不复杂的地区可划分少一些。林木蒲苇收入，如何计征，由县根据当地情形确定。土地既不详细调查产量，但对地亩数（自然亩与标准亩），必须认真调查掌握起来。

（六）土地以外之其他资产收入，如存款、家庭副业、小商贩均可免征，至于较大工商业之计征与免征，以及征收方法，可根据当地习惯与群众意见，参照工商业税率定之。

四、各村负担比例，按巩固区由产量调查的真实性与一致性（一个富力真等于一个富力，一分真等于一分）来解决各村负担平衡是比较困难的，因各村土地分等很难一致，可根据各村人口、土地调查数字、每人平均土地，与土地肥瘠情形，再参照过去各村负担比例（如按钱粮比例、出车比例等）由区召开各村代表会议，民主讨论，定出比较合理的负担比例。如此，则简易合理负担办法，基本上成为村的负担办法，主要要做到户与户的负担平衡、村与村的负担平衡问题就从征税分配上来解决，改造负担就较易进行了。

五、对敌负担问题，新解放区要加强对敌斗争以解除与减少对敌负担，因不得已而出之负担，应本团结对敌与照顾基本群众利益之原则负担之。其对我负担已经实行统累税或简易合理负担办法，对敌负担仍实行按亩摊派或类似办法者，应发动群众改造对敌负担办法，对我对敌可采取一套办法，但亦不应强调对我对敌完全采用一套办法。其对我负担实行统累税而对敌负担采取更有利于基本群众办法者，则应本团结对敌精神，检查如有过火之处，则适当加以调整。对敌负担为群众最大痛苦，我应积极领导对敌斗争与及时解决对敌负担办法。过去曾提出统累税是抗日的税收制度，不能用于对敌负担，这种说法是不妥当的。关于人力负担，在一定时期，此财力负担不轻，应按“有钱出钱”（按亩摊夫）与“有力出力”（按人出夫）双方兼顾，以照顾基本群众的利益。同时出夫挣钱，应比工资稍低，以加强对敌反出夫斗争。

六、征收问题，我们广大解放区的目的是为了解放敌占区的人民、建立根据地，因此，把新解放区当作殖民地，抓一把的现象，必须防止。在新解放区的对我负担量，一般应较巩固区为低，以照顾其困难。其受敌摧残过重与对敌负担过重者，并应适当减免其负担。但去年的新解放区，分配很轻，今年对这些地区，只能宣传每分负担不超过八市升半，不可宣传不超过去年负担量。而在新开辟地区，我少数部队或地方工作人员初去时，可携带一些款项，向当地群众购粮（或用布及其他日用品交换）以扩大我之政治影响。在我初步站住脚跟或大部队活动时，可就地筹措一部粮食，以解决部队及地方人员的吃粮问题，在我政权未建立以前可通过旧政权筹措，军队不直接向群众要东西。各村负担不平衡，俟我抗日政权建立后，于征收时酌情调剂之。

七、新解放区人民负担问题，为解放区群众迫切的要求，各级政府应以一定力量，认真的〔地〕及时的〔地〕解决这一问题，并总结经验，逐级上报，上级应作系统研究，予以切实的指导。

选自《晋察冀边区财政经济史资料选编》（四），天津，南开大学出版社，1984 年版，第 534～537 页。原注：“《现行法令汇集》下册，1945 年 12 月 15 日。”

互校版本：《晋察冀边区行政委员会现行法令汇集》，下册，边区行政委员会 1945 年编印，第 509～513 页。

60. 晋察冀边区行政委员会晋察冀军区关于组织审计委员会的决定

1945 年 5 月 1 日

一、为了确切掌握边区军政民编制人数、财粮预决算、机关生产收入，认真节约，反对浪费，决定成立边区、行署、专区、县各级审计委员会。

二、审计委员会的组织规定如下：

1. 行署级为晋察冀边区××区审计委员会，专区级为晋察冀边区第×区审计委员会，县级为晋察冀边区××县审计委员会。

2. 审计委员会由各级党政军民负责人员参加，一般为三人至五人组成之。各级财政部门及供给部门之负责干部凡必要时可列席，并应负供给与整理有关材料之责。

3. 各级审计委员会有上下级组织领导关系，审计委员会的决定除支付有关部门执行外，并得直接对上下级报告或指示工作。

4. 行署、专区级审计委员会得设秘书一人。

三、审计委员会的职权：

1. 掌握本区内党政军民之编制人数，如因地区扩大或工作需要，须增加编制人数时，必须经过上级审计委员会之批准。

2. 审计本区内军政民之预决算。

3. 检查各部门机关生产收入及开支情况。

4. 严格检查各部门有无贪污浪费情事。

四、各级接到这一决定后，应迅速组织成立，着手审计，军政之编制预算及生产任务，并将核定结果逐级上报。

主任委员　宋劭文
副主任委员　胡仁奎
司令员兼政治委员　程子华 代
副政治委员　刘澜涛

选自《晋察冀边区财政经济史资料选编》（四），天津，南开大学出版社，1984 年版，第 673～674 页。

互校版本：《晋察冀边区行政委员会现行法令汇集》，下册，边区行政委员会 1945 年编印，第 583～584 页。

61. 冀热辽区党委关于组织审计委员会的决定

1945 年 5 月 20 日

一、为了贯彻精兵简政政策，掌握冀热辽区党政，军各部门财粮预决算，认真节约，消除浪费，决定组织冀热辽区审计委员会，在区党委直接领导下进行工作。

二、审计委员会分为冀热辽区、专区、县三级组织，定名、组织、人选如下：

甲、定名：冀热辽区为冀热辽区审计委员会，专区为冀热辽区第×专区审计委员会；县为××县（以县之实名）审计委员会。

乙、人选：由党政军主要负责干部组成之，分区、县支队政委（党委书记）为专区及县审计委员会主任。

丙、在审计工作上．各级审计委员会有上下级关系，下级服从上级。

丁、各级审计委员会均设脱离生产之秘书一人（县由会计兼，不另设秘书）。

戊、各级审计委员会印信，由区党委审计委员会颁发样子自刻。

三、审计委员会之职权如下：

甲、审计党、政、军部门之财粮预决算；其准驳权属于冀热辽区审计委员会。

乙、掌握党政军之编制人数及供给制度。

丙、检查、检举各级党政军部门的浪费贪污。

四、冀热辽行署须按审计委员会批准之党、政、军各部门编制人、马数及预算核发粮食经费，审计委员会未批准者，行署无权核发。各级审计委员会成立后，应立即进行审计党、政、军各部门编制人数、马数，逐级上报区党委审计委员会，自本年八月份起即按审计委员会核定人数、马数核发粮食经费。

选自中国审计学会审计署审计科研所编：《中国革命根据地审计史料汇编》，北京，北京工业大学出版社，1990 年版，第 234～235 页。

互校版本：《晋察冀边区财政经济史资料选编》（四），天津，南开大学出版社，1984 年版，第 675～676 页。

62. 晋察冀边区行政委员会电
——关于改订工商业税率及十五种工商业免税的规定

1945 年 2 月

工商业征税办法，自去年改订执行以来，各地反映无大问题，今年为进一步发展工商业争取工业品逐渐自给仅作两点修正：

（一）下列各种工商业免税：

1. 药铺及药材之刨制。
2. 灾民在受灾期间之运销。
3. 非专门营业之纺织。
4. 造纸。
5. 矿业。
6. 铁之冶炼铸造。
7. 农具制造。

8. 榨油。

9. 盐、硝、碱、硫黄之熬造。

10. 皮毛业。

11. 毛纺毛织。

12. 染坊。

13. 制肥皂。

14. 制火柴。

15. 陶器业。

（二）累进率改订如下：

工商业收入折米十市斗以内者，征税百分之三，超过十市斗部份〔分〕到二十市斗征税百分之五，超过二十市斗部份〔分〕到五十市斗部份〔分〕征税百分之八，超过五十市斗部份〔分〕到一百市斗征税百分之十二，超过一百市斗到二百市斗征税百分之十六，超过二百市斗部份〔分〕到三百市斗征税百分之二十，超过三百市斗部份〔分〕到五百市斗征税百分之二十五，超过五百市斗部份〔分〕征税百分之三十。以百分之三十为累进最高率。

随调查随征收，时间由各行署掌握，最好在阴历正二月，但须于阳历五月半前由行署总结报会。

民国三十四年二月发

选自《晋察冀边区行政委员会现行法令汇集》，下册，边区行政委员会1945年编印，第517～518页。

63. 晋察冀边区行政委员会关于租佃地、典当地对敌负担问题的通知

1945年8月9日

各专员、县长、县佐：

顷接冀晋行署转来四专署关于对敌负担两个问题的请示，内称：

“一、关于游击区租佃土地负担问题。今春边区已有指示，本专区执行中，一般能做〔作〕统累税调查的地区，都照统累税规定，由主佃双方按资产与实际收入分担。但有些地区如平定靠近巩固区的第一线村庄，过去都执行了佃户不出对敌负担。因为在这些地区掌握政权的还大都是上层分子，不敢斗争，愿意支敌，佃户不出对敌负担，用意在发动群众迫使上层分子减少支敌。今年在改造负担中，如果照边区规定原则执行，即对敌负担亦由主佃双方分担，则是取消了佃户既得利益，加重基本群众的负担。故本署意见，在这些地区，对敌负担仍照过去执行（即完全由地主负担），以照顾基本群众既得利益。一般的地区，过去未执行佃户不负担的，照边区规定原则执行。

“二、关于游击区典当地负担问题。在边区指示中未规定，根据本专各县情形，游击

区当地完全是为了把负担转嫁到农民身上，地主则仍保持其地权，与巩固区情形不同，当价一般很低，多者五十元，少者十元以下，甚至有倒给当价者，因之这种典当实际不是小买小卖。但按统累税的规定，典当地是承当户视同自耕地负担，在游击区这种土地关系占最大部分，把苛重的对敌负担完全转嫁到农民身上，所以几年来阶级关系很少变化，因之在去年贯彻政策中有很多地主把认粮种地及租佃地改为典当地，个别地区（如建屏）为保障农民利益，则规定当地一律改为租地，这种办法是不合法的，故已纠正。但当地负担问题必须想法解决，否则因对敌负担重会使大部租地都转成当地，农民为了有地种，也只好忍耐苛重的对敌负担。关于这问题的解决，经专署与抗联讨论，认为全部资产税应由地主负担，收入税由承当户负担较好。”

本会颁发之“关于新解放区人民负担问题的指示”，曾规定在贯彻减租后，主佃分担，典当地由承典人负担（但各地区已经处理，承典人之既得利益应予保持），这都是指对我负担而言。至于对敌负担“对我对敌可采一套办法，但亦不应强调对敌对我完全采用一套办法”，故四专署意见与本会指示并无抵触，四专署的意见本会同意，准予执行。其他地区有同样情形者，亦可参照处理。

新解放区人民负担问题，关乎新解放区之建设，至为重要。自四月间本会颁发指示后，各地反映甚多，尚望各地对该指示详加研究，经常反映执行的问题与经验为要！特此通知。

选自《晋察冀边区行政委员会现行法令汇集》，上册，边区行政委员会 1945 年编印，第 197～198 页。

互校版本：《中国新民主主义革命时期根据地法制文献汇编》，第 4 卷，北京，中国社会科出版社，1984 年版，第 270～271 页。原注：“选自晋察冀边区行政委员会《现行法令汇集》上册，一九四五年版。”

64. 晋察冀边区行政委员会布告
（张家口解放[①]后的金融政策）

1945 年 9 月 15 日

查张家口为伪蒙疆政府首都，亦为敌人统治察绥之首要据点，在察绥及雁北境内，敌伪大量发行伪蒙疆钞票，掠取人民物资，今张家口已告解放，察绥全境解放之期已不在远，为发展经济，稳定金融，兹根据本会货币金融政策，实行下列措施：

一、晋察冀边区银行钞票（简称边币）为本边区法定通货，买卖计价，订定契约，均应以边币为准，所有公私款项之来往，一律通用，不得拒使，违者以扰乱金融论罪。

二、察绥及雁北地区，在边币流通量不足市场需要前，暂准伪蒙疆银行钞票在平绥路以北地区，及平绥路南自怀来城、涿鹿城、桃花堡、西合营、蔚县城、广灵城、阳原城以迄阳原城之线以北流通，该线以南，一律禁止流通。

---

① 注：张家口于 1945 年 8 月 23 日解放。

三、在察绥及雁北境内，伪联银钞票禁止携带流通，违者伪联银券没收，巨额者或以贩卖伪钞赢利者，并以扰乱金融论罪。

以上各点，关系我边区社会秩序与金融政策，希各界人民一体遵照勿违。

切切此布。

选自《晋察冀边区行政委员会现行法令汇集》，下册，边区行政委员会1945年编印，第586页。

65. 晋察冀边区行政委员会关于禁止白洋行使的决定

1945年10月13日

（一）近查边区各地在交易中，仍有使用白洋（即银圆）者，此种白洋的行使，必然影响边币流通，也必然扰乱边区的金融秩序。根据边区将来的货币政策，曾经规定白洋不准流通。兹再重申前令，今后在交易中，一律禁止白洋的行使，但私人保存，不加限制。

（二）人民存有白洋，如欲行使时，可向边区银行作规定价格兑换边币，其无银行地区，由贸易公司或其分公司或公营商店兑换，其收兑价格，由银行随时规定，挂牌公布，在兑换以前携带中，应持有村（街）长或市区长证明文件，否则以私运论。

（三）违反上项规定者，情节轻微者将白洋没收，情节重大者，除白洋没收外，并以扰乱金融论罪。

前项没收与论罪，须经县以上政府处理。没收须给正式条据，其他任何机关，不得越权处理。

（四）贸易部门，兑换之白洋，统交银行处理，如自己需用，再向银行领取。

选自《晋察冀边区行政委员会现行法令汇集》，下册，边区行政委员会1945年编印，第590页。

66. 晋察冀边区契税暂行章程

1941年3月31日公布，

1945年10月15日修正公布

第一条　为确定与保护不动产之所有权与买卖自由权，特制定本章程。

第二条　凡边区人民买典不动产均须依照本章程税契。

官署，地方自治团体，及其他公益法人为不动产之买主或承典人者，免纳契税，但以收益为目的者不在此限。

第三条　本章程所称买者，系指买主支付买价取得不动产之所有权而言；所称典者，系指典主支付典价，占有不动产之使用权、收益权，原业主仍保有回赎权者而言。

第四条　买契按买价征税百分之六，典契按典价征税百分之三，征税之外，不得有任何附加。

第五条　先典后买者，准以原纳典契税额，抵纳买契税，不足之数，照数补足。但以买典同属一人者为限。如买主系典主之继承人者，以同属一人论。

第六条　凡人民买典不动产，必须立草契，草契成立手续如下：

（一）由新旧业主协同中见人，到本产所在地村（街）公所，由村（街）长副召集产邻共同审查，确无纠葛者，方得立契。

（二）立契应书本人姓名，不得用堂名。

（三）草契，须由村（街）长副产邻及中见人分别署名签押，并由村公所加盖村戳。如产邻因故缺席，由村（街）长副作证生效。

（四）买契，买主应将历来旧契交出，在草契内注明张数，无旧契者，须经村（街）长副及中见人证实，注明。

第七条　草契成立后，买主或典主须于两月内报请县（市）政府税契，并领取正式契纸。

前项契纸由本会制定样式颁发各署县（市）由行署或专署印发，每张收费两元。

第八条　立契以一产一契为原则，不得归并不相连接的不动产合立一契，倘一产被析，分立新契者，应向县政府呈验原契及分单，经核准后，分别另立新契，新契只收契纸费，不收契税。

第九条　契纸遗失，应报由村（街）长副召集产邻出具证明，申请县（市）政府补契，补契收契纸费，不收契税。

第十条　逾期不税，或匿价偷漏者，除令照章税契外，依下列罚则，由县（市）以上政府处分之。

（一）逾期一个月者，处以应纳税额十分之二的罚金，逾期两个月者，处以应纳税额十分之四的罚金，逾期三个月以上者加重处罚，但至多不得超过应纳税额之一倍。

（二）如有匿价情事者，除令更换契约，补交短纳税款外，并处以所匿应纳税额二倍以上五倍以下之罚金。

（三）如实系买典，而以赠与、继承、分割等名目立约者，处以应纳税额三倍以上、十倍以下之罚金。

（四）草契成立后，未经税契，即行转卖转典，在两月以内者，应补税，超过两个月者，依本条第一款之规定处分之。

第十一条　本章程自公布之日施行，前颁晋察冀边区买典田房契税暂行章程，同日作废。

第十二条　本章程之修改权与解释权属于边区行政委员会。

选自《晋察冀边区行政委员会现行法令汇集》，下册，边区行政委员会1945年编印，第521～523页。

67. 晋察冀边区行政委员会关于契税工作的指示

1945年10月17日

契税章程已修正公布，各县政府应出公告，号召人民税契，以确定产权。兹指示下列各点：

（一）自公告之日起，以前应税之契，逾期未税。在两月之内投税者，均免予处罚。

（二）新解放区在敌伪政府税契，而确无纠纷者，准其以该项契纸到抗日政府换发契纸，只收纸价，不收契税。

（三）其有纠纷者，先清理纠纷，然后确定换契纸或税契。

（四）过去税契有匿价情事，自公告之日起，在两月以内，向政府据实报告，依法税契者，免予处分。

（五）原契成交款额，非以边币为准，而以现洋、钱吊或伪钞为准者，均折合边币计算，其标准伪钞均以一元折二元，现洋以银行定价，钱吊以四吊折现，洋一元再依现洋定价折边币。

抗战已胜利结束，人民急于要求税契，以确定产权，希即以一定力量组织税契工作。税契工作中发生问题，并随时汇报。

选自《晋察冀边区行政委员会现行法令汇集》，下册，边区行政委员会 1945 年编印，第 524 页。

68. 晋察冀边区卷烟统税暂行办法

1945 年 10 月 20 日

晋察冀边区行政委员会令

兹制定晋察冀边区卷烟统税暂行办法公布之。

本办法暂限在张家口市及平绥路沿线一带城镇试行，具体城镇，由冀察行署规定之。

本办法试行区以外仍执行晋察冀边区纸烟征税暂行办法。

此令。

晋冀察边区卷烟统税暂行办法

第一条　凡本地区内制造之纸卷烟及雪茄烟均依本办法征收卷烟统税。

第二条　卷烟统税之税率依下列规定：

一、卷烟二万五千支之批发价格超过三万七千五百元者，征收其价格百分之四十。

二、卷烟二万五千支之批发价格不及三万七千五百元者，征收其价格百分之三十。

第三条　卷烟统税，于制造场所运出时，向其制造人征收之。

第四条　卷烟制造人拟将卷烟由制造场所运出时，应将其种类、牌名、数量、价格等项填写卷烟统挽纳税申请书，向市县政府提出申请（附申请书式样）。

第五条　各市县政府接到前项之申请书，经调查确实征收税款后，发给卷烟统税票，并按其箱数发给卷烟统税完讫证，粘贴箱面，加盖验讫印后，方准行销。前项之卷烟统税票（附税票式样）及卷烟统税完讫证（附卷烟统税完讫证式样）统一由行署或特别市政府印发。

第六条　卷烟制造人将其已纳卷烟统税之卷烟退回时，应即刻将其牌名数量报告市县政府并受其检查。

第七条　卷烟之制造人拟制造卷烟时，应预先将制造场地址、名称、负责人姓名、资本总额、牌名、商标、制造方法、生产计划等事项，向市县政府报告。

停止营业或生产计划及牌名变更时亦应将变更事项报告。

继续经营者应于每年十月底以前，将翌年生产计划报告于市县政府。

第八条　市县政府对卷烟之征税稽查上认为有必要时，得往卷烟制造场检查其原料成品建筑物器具机械及有关之文件，并得询问其有关之人员。

第九条　卷烟制造人以欺诈或其他不正当行为，意图偷税时，除补征其应纳之税外，得处以所偷税额半数以上四倍以下之罚金。

不为第四条之申请者以偷税论。

第十条　本办法之修改解释权属于边区行政委员会。

第十一条　本办法自公布之日施行。

选自《晋察冀边区行政委员会现行法令汇集》，下册，边区行政委员会 1945 年编印，第 526～527 页。

69. 晋察冀边区制造烟税暂行办法

1945 年 10 月 20 日

晋察冀边区政行委员会令

兹制定晋察冀边区制造烟税暂行办法公布之。

本办法暂在张家口市及平绥沿线一带城镇试行，具体城镇，由冀察行署确定之。试行区域以外，对于烟如何征税，由各行署，参照本办法精神，拟具具体办法，报会批准施行。

此令。

晋察冀边区制造烟税暂行办法

第一条　对于本区内制造卷烟以外之制造税依本办法征收制造烟税。

第二条　制造烟税，其税率为批发价格百分之二十五。

第三条　制造烟税，向制造人于制造烟由制造场运出时，由市县政府征收之。

第四条　制造人应于制造烟出场时将烟之种类数量及批发价格等事项（附制造烟税纳税报告表式样）报告于市县政府。

第五条　市县政府接到前条报告时，查验确实征税后，发给制造烟税票（附制造烟税票式样）及按每小包发给验讫证粘贴后，加盖销印，并按其包或件数发给制造烟税完讫证（附制造烟税完讫证式样）监视粘贴烟包（或件）面加盖验讫印方准行销。

前项制造烟税票制造烟税验讫证，及完讫证，由行署或特别市政府统一印发。

第六条　制造烟制造人拟制造制造烟时，应预先将制造烟之种类、名称，制造场之地址，制造人之住所、姓名或名称，资本总额、制造方法、生产计划及其他关系事项，经街、村公所介绍报告于市县政府，歇业或变更生产计划时，应将其事项报告之。

继续经营者应于每年十月底以前将翌年生产计划报告于市、县政府，变更时亦同。

第七条　制造烟制造人向制造场内运入制造烟时，应向市县政府报告受其检查。

第八条　市县政府认为于征税调查上，有必要时得派员检查制造场所、贩卖场所，原料成品、建筑物器具、机械及其有关系之文件，并询问其有关人员。

第九条　制造烟制造人以欺诈，或其他不正当行为，意图偷税时，除补征应纳之税外并科以偷税额半数以上四倍以下之罚金。

第十条　不为第六条或第七条之报告者，得科以五十元以上一千元以下之罚金。

第十一条　本办法之修改及解释权属于边区行政委员会。

第十二条　本办法自公布之日起实施。

选自《晋察冀边区行政委员会现行法令汇集》，下册，边区行政委员会 1945 年编印，第 529～530 页。

70. 晋察冀边区酒税暂行办法

1945 年 10 月 23 日

晋察冀边区行政委员会令

兹制定晋察冀边区酒税暂行办法公布之。

本办法暂在张家口市及平绥沿线一带城镇试行。具体城镇，由冀察行署确定之。试行区域以外，对于酒如何征税，由各行署，参照本办法精神，拟具具体办法，报会批准施行。

此令。

晋察冀边［区］酒税暂行办法

第一条　对于本地区内制造之酒类及含有酒精之饮料依本办法征牧〔收〕酒税。

第二条　酒税向制造人征收之。

第三条　酒税之税率为批发价格百分之三十。

第四条　烧酒、黄酒之征税标准数量按照使用原料（粮食）依下列比例计算，其他酒类按实际产量计征。

一、烧酒：

甲、使用高粱、玉角（包米）、小麦或筱麦一市石以产酒四十市斤计。

乙、使用其他粮食一市石以产酒三十市斤计。

丙、并用甲、乙二项之粮食者，按其使用原料之比例计算产量。

（注）本款所指之原料为立楂时所用者或蒸馏当日所添加者。

二、黄酒：使用黄米一市斗以产酒四十市斤计。

以上标准如有不适合之地区，得由市县政府呈请行署或市政府根据具体情形另定之。

第五条　酒税之纳税时期如下：

一、每月制成者，限于翌月十五日以前。

二、酒类制造人报告歇业或违犯本办法受处罚时立即征税。

（注）前项第一款所谓制成者，烧酒于其下粮时，其他酒类则以蒸馏完毕或过滤时为

制成时期。

第六条　酒类制造人应按规定项目填写酒税纳税报告书。（附烧、黄酒税纳税报告书，其他酒类酒税纳税报告书。）烧、黄酒制造者应于翌月十五日以前报告市县政府，其他酒类制造者应于酒类制成时报告。

第七条　市县政府将报告审核确实后，征收税款，发给酒税票（附酒税票式样）。前项税票由行署或特别市政府统一印发。

第八条　酒税制造人，拟制造酒类时，应预先将制造酒之种类、名称，制造场地址、负责人姓名、资本总额、制造方法，生产计划及其他有关事项，经村（街）公所介绍向事［市］县政府报告，继续经营者，应于每年十月底以前将翌年生产计划报告于市县政府。

第九条　酒类制造人，对下列事项应随时报告市县政府并受其检查。

一、开始制造酒类时。

二、生产计划改变时。

三、歇业停造或停造后又重新开始制造时。

四、向制造场内运入酒类时。

五、向酒类中混水（烧酒除外）或与他处运入之酒类混合时。

第十条　市县政府认为征税上有必要时，得派员检查酒类之制造贩卖场所原料成品、建筑物器具、机械及其有关系之文件，并询问其有关之人员。

第十一条　酒类制造人以欺诈或其他不正当行为意图偷税时，除补征应纳之税外，得科以偷税额半数以上、四倍以下之罚金。

第十二条　不为第八条或第九条之报告者，得科以五十元以上、一千元以下之罚金。

第十三条　不依期限纳税者，除限期追交外，并得以下列规定处罚之。

一、欠交逾一个月者，得科以所欠数百分之一以上、百分之五以下之罚金。

二、欠交逾二个月者，得科以所欠数百分之五以上、百分之十以下之罚金。

三、欠交逾三个月者，得科以所欠数百分之十以上、百分之二十以下之罚金。

第十四条　由未征酒税之地区运入之酒类得依本办法征收酒税。

第十五条　本办法修改及解释权属于边区行政委员会。

第十六条　本办法自公布之日施行。

选自《晋察冀边区行政委员会现行法令汇集》，下册，边区行政委员会 1945 年编印，第 534～537 页。

71. 晋察冀边区审计委员会通知
——关于各级委员会之基本方针与组织

1946 年 3 月 8 日

根据晋察冀边区行政委员会第四十二次会议关于成立县以上各级审计委员会的决定（见二月十九日《晋察冀日报》），本会已于二月二十六日在边委会内正式成立，并举行第一次会议，推定刘澜涛为主任委员、宋劭文为副主任委员。决议事项列下：

（一）依照边委会决定本会为全边区的最高审计机关即第一级审计机关；各省行署级、各纵队部、边区各系统、张家口直属市各审计委员会为第二级审计机关，以下为第三级审计机关。上级领导下级，下级服从上级。

（二）各级审委会之基本方针为：严格财政收支，坚守财政制度，进行审计工作避免浪费，减轻人民负担。

（三）各级审委会之基本任务为负责审计军政团体各系统预决算并检查其一切财政开支、生产收入。其经常工作为：掌握所辖区内部队、机关学校的人员、马匹，每月增减的数目；掌握供给标准、生产收入、人员花名册，签注批审意见，检查好坏典型，调查研究，总结经验。经军政、团体各组织应具应算事业及该事业之计划，均由各该领导机关批准。本会接到批准机关通知后，始处理预计算的审计，否则拒绝处理。

（四）各级审计委员会组织：

第一级：边区审计委员会委员五人，下设秘书长一人、秘书三人，事务繁多时，得按需增加。

第二级：（1）边区党政军民各系统，与直属市审计委员会委员三人至五人，作〔做〕日常工作的一人或二人。

（2）冀晋、冀中、察哈尔、冀热辽各审计委员会委员三人至五人，作〔做〕日常工作的二人至三人。

（3）各纵队审计委员会委员三人至五人，作〔做〕日常工作的一人至二人。

第三级：分区与县旅级审计委员会委员三人，作〔做〕日常工作的一人。

（五）迅速成立第二级第三级审计委员会，现责成晋冀、冀中、冀热辽、察哈尔各行署主任、省主席，二级军区首长、区党委、省委、各纵队首长、边区系统首长、张家口市长、卫戍司令员、市党委于接着本通知后在五日内成立第二级审计委员会及负责组织第三级审计委员会。各委员会成立后，即刻开始工作，并将各委员会名单报告本会备查。

（六）其他：

（1）各机关、部队、学校每月应将人员、马匹增减情形报告主管审计委员会。

（2）凡临时费、特别费的预算必须先经系统之最高主管机关的决定（此事应否办、如何办、办到什么程度）不做〔作〕预算，送到各级审计委员会，经审计后提出意见，最后由本会决定。

（3）在张家口市的各单位每月份的预决算必须于五号前汇送本会。

（4）各级审委会每月应将收支、人员、马匹数目按级报告。

（七）本决议各区省、各系统各单位必须切实执行。

特此通知。

主任委员　刘澜涛
副主任委员　宋劭文
委员　南汉宸
唐廷杰
查国桢

选自中国审计学会审计署审计科研所编：《中国革命根据地审计史料汇编》，北京，北京工业大学出版社，1990年版，第238～239页。

72. 晋察冀边区冀中区审计委员会通知——明确审计的几个具体规定

1946年4月10日

各级审计委员会工作，近来第七区第九区审委会，统计报告数字尽详，第八区审委会亦有分类统计，都奠定了今后审计数字的基础，审查统计报告比以前大有进步，十分区迄今尚未报告。根据以上情形三个月（一、二、三月）中各级审委会的工作较前已获相当成绩，但有的工作尚未很好的〔地〕建立，此外是各级审委会有的职权范围不清、工作零乱，最普遍的是审委会代替行政工作，今后为适当的〔地〕完成本身工作起见，特决定如下：

各级审委会基本任务为审查军（包括党委）政团体各系统的预决算，检查其财政开支、生产收入。具体工作是：

（一）照编制掌握所辖区域内部队、机关、学校的人员车马数目，与每月增减数目，超过编制者没有，冀中审委会的通知不准其领支粮款（分区审委会无权批准超编制的人数）。

（二）审查各部门预算以外特别的开支，及盈时预算是否适当，签注意见由原编造预算单位，按系统送冀中行署或供给部，审核提出意见，再送冀中审委会最后审查批准。

（三）掌握生产收入。

（四）审查党政军民应兴应革事业之计划及其预决算。

（五）检查好坏典型，调查研究，总结经验。

（六）各分区、县审委会的工作，应着重按编制审查辖区内人员、马匹、车子数目，掌握编制批驳预计算（预算不合编制与制度者批驳另造），提供意见节省费，掌握冀中审委批准的预算，如未经冀中审委会批准以前的各种开支，各区审委会不得允许任何部门向供给财政部门领取粮款，同时分区县供给部门也不得借给，否则由发给人员负责。

（七）预计算制度各级必须建立与坚持（造报时间见行署财政会议之报告决定）审查造报顺序，应当是各级均向同级财政与供给部门造报，经财政及供给部门审核提出意见，送同级审委会审核盖章，提出意见再交由各财政及供给部门，按供给系统汇总上报（口单位直接送审委）以此类推，直到冀中，由行署供给部审核提出意见，最后由冀中审委会批准。我们要逐级负责，层层负责，以使制度严格起来。

（八）各分区要建立审委会的机构，按以前决定各分区添设两个干事要经常出去检查各部门的人员，车马增减，财政开支有无浪费，督促并帮助各部门建立统计报告制度（分区一级审委会目前每月后向本部报告一次）和预计算制度，自接到通知起，各分区审委会秘书及干事应同审委会主任在一个机关，便利日常工作，其人员编制及办公费可在所在机关造报预算与开支。

几个规定：

（一）分区级除过去规定长年的整风队人数外，一律不准增加训练班人数，凡较长的训练队，按具体需要临时通知。

（二）政府团体及机关定要保证于五月一号开始执行新编制，务于四月将非编制人数处理清楚（小团及边沿区小队帮暂时保留）。

（三）各分区要于四月底，将所辖若干县、县佐、市（注明大县、小县、边沿县、中心县各若干），每县若干区数（注明边沿区、中心区若干），要按新划之县区统计报来。

（四）各分区、县前线之民兵粮食，供给到四月底为止。

（五）今年拥爱月当中的赔偿费，由各该机关负责赔偿，支出在机关家务中，财政上不做〔作〕开支，不然便造成浪费现象。

（六）细粮问题，未有新指标前，暂按旧办法执行。

主任　林铁

选自中国审计学会审计署审计科研所编：《中国革命根据地审计史料汇编》，北京，北京工业大学出版社，1990 年版，第 104～105 页。

七、经济管理

1. 晋察冀边区垦荒单行条例

1938年2月19日颁布

一、本边区为扩大耕地面积、增加农业生产，特制定本条例。

二、凡本边区内未垦之地，已垦而连续两年未耕种者，不论公有私有，一律以荒地论，准许人民无租垦种。

三、荒地的面积在五亩以下者，得由该地四邻分种或独种之，四邻不全者，由靠近之地邻分种或独种之。

四、荒地之面积在五亩以上者，得由所在地之贫苦农民合伙垦种或分种之。

五、无论公私或寺庙之山场未经垦种者，农民得自由组合垦种之。

六、凡公私荒地荒山经承垦人垦竣后，其土地所有权属于承垦之农民，但其所垦面积大小须请县政府转报本会备案发给执证。

七、凡集体垦种大量荒山荒地之农民，其农具、种籽有不足者，得请县政府转呈本会协助之。

八、凡愿垦种荒山地者，须于事前报请区公所登记转呈县政府备案发给垦种执照。

九、凡公有私有荒山荒地，抗日军人家属均有垦种之优先权，但地主愿自行垦种者得尽先垦种。

十、私有荒山荒地随有粮银者，垦种人须照数缴纳。

十一、本条例自公布之日施行。

选自《晋察冀边区行政委员会现行法令汇集》，下册，边区行政委员会 1945 年编印，第 591～592 页。

2. 晋察冀边区奖励兴办农田水利暂行办法

1938 年 2 月 21 日

一、本边区为增进农业生产，扩展农田水利，特制定本办法。

二、本边区内旧有水利事业，无论公营私营，须由负责机关积极整理，以增进其灌溉量，但其组织不健全者，当地政府得督促改组之，其组织解体者，得由本会或当地政府派人管理。

三、本边区内旧有私营地方水利事业，其独占性较大者，本会得派员监督其营业，以免发生流弊。

四、如有河渠可资利用，人民愿意集体开凿者，得呈报当地政府转呈本会核准开凿之。

五、经本会核准，开凿水利，其资力不足者，得呈请本会协助之。

六、本办法自公布之日施行。

选自《晋察冀边区财政经济史资料选编》（二），天津，南开大学出版社，1984 年版，第 247 页。原注："《抗日根据地政策条例汇集》第 2 辑，晋察冀之部。"

3. 晋察冀边区统制对外贸易执行方案[①]

1938 年 8 月 17 日

一、禁止日货入境（除特许品外）。

1. 统治日货名称，并公布周知。

2. 已入境的日货，限期登记，由商会集中地点，定价拍卖，详细办法由各县酌定。

3. 除特殊品而外，绝对禁止日货入境，如有私运入境，一经查出，货物没收，人以汉奸论罪，把所没收货物，除提偿十分之二予查获者外，其余完全作为优待抗日军人家属之用。

二、限制对外贸易：

1. 使商民采用连保办法，互相负责稽查，和保证不卖日货——责成各地商会办理。

2. 小贩向敌区经营贸易者，亦必须向政府登记，并有妥实保证人。

---

① 原注：该"执行方案"曾经山西第一区第三次县长会议议决，故晋察冀边区行政委员会于一九三八年八月十七日以文件颁发，要求各县遵照切实施行。

三、举行反对日货宣传周——军政民配合起来，扩大宣传使普遍明了政府的贸易政策。

选自：《晋察冀边区财政经济史资料选编》（三），天津，南开大学出版社，1984年版，第355页。

4. 晋察冀边区奖励生产事业暂行条例

1939年4月3日公布

第一章　总则

第一条　为增加生产、改善民生、充实抗战力量、完成建国大业，特制定本条例。

第二条　凡一切直接间接增加生产之努力，得由该管县区政府奖励，或转报本会奖励之。

第二章　资金

第三条　凡投入生产事业之资金，无论其属于边区人民或敌区人民，政府皆予以绝对保障，与房屋土地不动产同等看待。

第四条　凡投入生产事业之资金，各机关及各团体，不得藉〔借〕口任何名义强迫捐募之。

第五条　凡投入生产事业之资金，政府地方摊派负担额只计算其子金及收入部分。（此项特殊优待，一般不动产不得援例要求。）

第六条　生产事业资金不足时，得向政府或银行请求贷款，其利息最高不得超过年利七厘。

第三章　技术与工具

第七条　凡一切生产事业，如农事、水利、造林、畜牧、开矿、工艺等所需要之技术及技术人员，得向政府请求无条件指导或供给之。

第八条　政府试验成功之各种事业，除现存之生产手段工具外，得无条件让与团体或私人经营之。

第九条　凡有利于生产上之公有土地场所及工具等，得向政府请求借用或租赁以利用之，生产上必须利用之私有土地场所（如凿渠、开矿、造林、垦荒等），得请求政府批准租赁之。

第四章　减免税金

第十条　生产事业上必要之工具、机械、药品、原料等得请求政府减免入口税。

第十一条　凡利用本地原料创造或仿造物品，得请求政府减税或免税。

第十二条　凡本边区剩余商品或加工制造物品，得请求政府减免出口税。

第五章　专利

第十三条　关于生产物品及制造方法适合于下列条件者，得向政府请求专利：

（一）在生产上首先发明者；

（二）仿制舶来品，著有成效者；

（三）改良土法，著有成效者。

第十四条　凡呈请专利者，应附具详细说明书、图样、制品或模型等件，以资证明。

第十五条　凡呈请专利之产品，政府考验合格后，予以专利，其年限分为三年、五年、十年、十五年等。此项期限，自发给执照之日起算。

第十六条　呈请专利之物品，如关军用，应守秘密不能予以专利，或须加以限制者，应由政府给予相当报酬。

第十七条　呈请专利物品如为日用必需，须大量制造者，其专利人经营力小，致社会之供不应求时，政府或团体得另外经营之。但其专利权须给以相当报酬，或在该项经营事业内规定抽相当成数之红利酬报之。

第十八条　凡呈请专利，经核准通知后，六个月内，不领执照者，作为无效，在未领执照前，专利权不能对抗第三者。

第十九条　凡有同样发明或仿造及改良，专利权应归首创人。

第六章　褒状

第二十条　凡关于生产物品，及制造方法虽不合于第十三条之规则，不能专利，而经审查确具成效者，得由政府发给褒状奖励之，其因受第十六条规定之限制不得专利者，除按该条规定办理外，亦得由政府发给褒状奖励之。

第七章　附则

第二十一条　本条例实施细则另定之。

第二十二条　本条例如有未尽事宜，得由本会修正之。

第二十三条　本条例自公布之日施行。

选自《抗日根据地政策条例汇集——晋察冀之部》，第2辑，1942年版，第348～350页。

5. 晋察冀边区贸易局组织章程草案[①]

1939年7月

为了顺利执行我们的贸易政策——有计划的〔地〕输入，有计划的〔地〕输出，根绝汉奸敌探的活动，来和敌人做〔作〕英勇的经济斗争，本会前曾号召各该署县，普遍的〔地〕要在今年四月底，把统制全县的贸易机关，完全以一般商业的面孔组织建立起来（见经济建设原则方案中贸易项下）并组织各种商业联盟，以便较好的〔地〕通过商人路线，无论在何种困难条件下，都能把我们不必需的土货，尽量销售出去，把我们的必需品（特别是军事必需品）尽量交换回来。

但是这一重要号召仍有大部县份到现在还很少反映，许多地方是否已经把贸易机关组

① 原注：这是晋察冀边区行政委员会令，一九三九年贸字第九十号。

织与健全起来，我们还无从知道，兹将冀西第二专署所拟《贸易局组织章程草案》随文印发希作参考，并希遵照前项经济建设原则方案内指示各节，迅将该县贸易机关及商业联盟，建立并健全起来，并登记商铺行贩，免使汉奸混迹以粉碎敌人的无耻阴谋，更希望你们能把办理情形与意见随时反映上来！

附：　　　　　　　　贸易局组织章程草案

一、名称：晋察冀边区冀西第二专区贸易局、县分局。

二、宗旨：根据边区经济建设原则，以保护新兴工业、抵制敌货、整顿税收、巩固金融、平抑物价为宗旨。

三、组织：本局隶属于实业科，设局长一人，以下分总务、登记、稽查三股，各设主任一人，设股员若干人。

四、职权：

1. 局长计划及总揽本局一切工作。

2. 总务股掌理本局庶务、会计、文牍等事，当局长离局时，主任可代行局长职务，本股得设股员一人至二人。

3. 登记股掌理登记商铺商贩、货物输出输入等事，得设股员一人至三人。

4. 稽查股检查商铺商贩、货物输出输入及是否完税等事，本股股员由稽征局稽查员担任之。

五、本章程自公布之日起实行，如有未尽事宜临时改定之。

附则：

（一）经费来源：

1. 商贩登记手续费一角。

2. 商铺登记手续一元。

3. 补证手续费五角。

4. 政府酌量津贴。

（二）经费开支：

1. 生活费——主任生活费每月每人十二元，三人合计三十六元。股员每月每人十元，三人合计三十元，共计六十六元。

2. 办公费——每月灯油柴炭费十五元，印刷费二十元，杂费十元。

附：　　　　　　　　保状（略）

选自《晋察冀边区财政经济史资料选编》（三），天津，南开大学出版社出版，1984年版，第430～431页。

6. 晋察冀边区行政委员会关于救灾治水安定民生的具体办法

1939年8月30日

一、救灾治水安定民生的原则：

（一）发扬边区精神，克服困难：边区是在困难中成长壮大起来的，边区过去的大大小小困难，都被我们克服了。我们现在已经有了二年的战斗经验，有了勇敢善战的部队、巩固的政权和有组织的民众，相信一定能够克服水灾给予我们的困难，并且我们更要高度的〔地〕发扬边区克服困难的精神迎接困难、粉碎困难，保卫边区，坚持抗战。

（二）发扬互相合作的精神，渡过难关，大家要同生死共患难。

1．军政民密切合作，工作同志要以身作则，帮助灾民。

2．受灾轻的要帮助受灾重的。

3．同等程度的灾民彼此要互助合作。

（三）开展生产建设，改善民生，彻底救灾治水。

（四）在坚决保卫边区原则之下动员可能动员的力量，救灾治水。

二、救灾治水安定民生的具体办法：

（一）筹款救急安插灾民

1．拨款十万办理急赈：（1）十万赈款已决定冀中分配六万、冀西晋东北四万，并且根据各方报告和调查，已将冀西晋东北之四万急赈款大体决定，先行赈济受灾较重之阜平唐县等十余县。（2）急赈施放标准尽先以受灾最重又无生产力，致目前不能维持生活之抗属及赤贫民众为对象，具体办法由各县自行规定。（3）发放手续力求迅速简便，分配力求公平适当，务期于最短期内胜利完成任务，使赈款全数放在灾民身上。

2．救国献金全数拨作赈款。边区号召之救国献金十万元决定全数拨作赈款，已电各县迅速将收到现金解交专署收存，并令各县将被灾情形迅速确实查报，以作分配赈款之依据。

3．开展募捐运动：（1）号召军政民各部门工作同志自动捐款起模范作用。（2）启发群众互助精神，用竞赛奖励方式，开展广泛热烈的群众募捐运动。（3）深入未收复区开展募捐运动，激发在敌占区不甘心做亡国奴的同胞们帮助坚持抗战的边区灾胞。（4）通电全国、各地华侨，呼吁救济边区水灾。（5）向同情中国抗战的国际朋友募捐求助。

4．呈请中央迅拨巨款救济边区水灾。

5．安插灾民；（1）成立灾民工作介绍所，介绍灾民参加地方工作，充任工友勤务，参加生产事业，加入各种训练班，或参加部队。（2）灾民房屋被冲毁者，由附近村庄借让居住。（3）灾民被冲房屋，尚能修理者，发动民众工作同志帮助修理。（4）设立妇女儿童收容所。组织妇女缝纫洗衣队，尽可能给设法给被收容妇女儿童以工作教育。

（二）解决粮食问题

1．同生死共患难互助合作精神，各界一律节食。

（1）节食数目：号召部队每人每日节省米一两，每马每日节省花料一斤，政权群众团体工作同志照部队战士发给米数，每人每日节省四两，一般民众每人每日以节约二两为原则，特别劳动者节省一两。

（2）办法：甲、政治动员宣传鼓励激发热忱，发扬互助精神。

乙、由各种组织部门发动。

丙、互相检查。

丁、不浪费一粒粮食，不作践一点食品。

戊、斟剩余饭食救济灾民。

2. 补充粮食，凡能当粮食充饥者，如红枣、黑枣、柿子等一律限制出口，尽量利用果食、动植物、树皮、树叶、地下茎及鱼介等代替粮食。

3. 调剂粮食。（略）

4. 吸收粮食。（略）

5. 武装保卫秋收。

（三）广泛开展生产事业，切实改善人民生活，彻底救灾治水

1. 增加农业生产：（1）整理梯田。（2）修理河滩，种树种苇及其他水产植物。（3）就地筑坝掘深河道。（4）大量开渠灌溉田地。（5）广造森林防止水患。（6）不妨害田地村庄山林条件之下厉行垦荒。（7）选存种籽。（8）尽量补种秋季作物与明年早熟作物。（9）颁布修地条例，鼓励民众迅速修理冲毁田地。

2. 提倡手工业增加收入：（1）提倡纺织工业。（2）提倡制毛工业如擀毡等。（3）提倡文具及造纸工业。

3. 提倡合作运动：（1）实行合作放款。（2）实行节约放款。（3）把灾民组织在合作社周围。（下略）

选自《晋察冀边区财政经济史资料选编》（二），天津，南开大学出版社，1984 年版，第 673～675 页。原注：“《抗日根据地政策条例汇集》第 2 集，晋察冀之部。”

7. 晋察冀边区垦修滩荒办法

1939 年 9 月 17 日

第一条　本边区大水，新增滩地甚多，为增进生产以利抗战计，特制定本办法。

第二条　原属自耕之滩地尽先地主垦修，于民国二十九年春耕前地主不能垦修者，得由地方政府招人垦修之。

第三条　原系租佃之滩地，尽先地主兴修，仍由租佃户垦种，地主不能兴修者，由租佃户垦修，于民国二十九年春耕前，地主租佃户皆不能垦修者，由地方政府招人垦修之。

第四条　第三条前半段地主兴修，佃户垦种之滩荒，在垦修时间以内，其正产物不超过往年百分之六十三者，佃户不出租金，超过之数用以交租至达原定契约之租额为止，此项垦修时间，由滩地整理委员会核估之，期满使用第四条后半段之规定。

第五条　第三条后半段地主不能兴修，由租佃户垦修之滩地，得按地势优劣、费工多寡以工折价，予以二年至九年之土地使用权，期满继续原有契约或按实际收益重订契约，但不得超过正产物百分之三十七。

此项土地使用年限，由滩地整理委员会核估之。

第六条　第二、三两条因冲刷过甚、工程太大，地主或租佃户不能垦修之滩地，地方政府招人垦修时，得按地势优劣、费工多寡，以工折价，予承垦人以五年至二十年之土地使用权，土地所有权不变。

此项土地使用年限，由滩地整理委员会核估之。

第七条　第六条所指承垦人，抗战军人家属、生产合作社有优先权，次为无土地之农民，次为大小地主，最后由政府经营。

第八条　贫小地主，仅持唯一所有之滩地地租生活者，得与佃户合力垦修，垦修期间之收益，按出力之比例，公平分配，期满运用第五条后半段之规定。

第九条　抗属之滩荒，无力垦修者，得由地方政府贷资或发动人力垦修之，如系出租之滩地，适用第八条之规定。

第十条　地主雇人垦修或与他人合力垦修之滩地，由双方商定办法。

第十一条　垦修滩地，须按滩地整理委员会所定整理滩地计划进行，不得破坏水渠河道之规定。

第十二条　整理滩地委员会之组织另定之。

第十三条　本办法仅适用于本年水灾后新造成之滩荒。

第十四条　本办法自公布之日施行。

附注：

1. 兴修：作“地主只修地，但并不自己种”解释。

2. 垦种：系单指“种地”而言。

3. 垦修：作“也修地，也耕种”解释。

选自《晋察冀边区财政经济史资料选编》（二），天津，南开大学出版社，1984年版，第248～249页。原注：“《抗日根据地政策条例汇集》第2辑，晋察冀之部。”

8. 晋察冀边区保护公私林木办法

1939年9月29日

一、本边区各县公有私有树木之保护，除森林法已有规定外，依本办法行之。

二、公私林木由各县政府督同区村公所负责保护之。

三、林木林地及其附属物被侵害时，附近居民须速报告当地政权机关，或被害物之所有人。对于前项报告人得酌量情形，予以奖励。

四、窃取树木得依其损害情形责令赔偿（折价或补植新树）或处罚之。

五、经所有人许可于具林地樵采，因而私伐林木者，依前条之规定办理。

六、林地或禁山区域非经开放，一律禁止牧畜。

七、山间所有树木根株，一律不得掘采，使能固结土壤，以防水患。

八、违犯第六条第七条之规定时，得依情节之轻重，予以适当之处罚。

九、因烧荒而害及公私林木者，得依损失之轻重，予以适当之处罚。

十、依森林法及本条例所科之罚金，除酌奖报告人外，得由县政府拨作苗圃及造林等费或经营林业确有成绩者之奖励金。

前项罚金之数目及用途，应由县政府造其清册按月呈报本会查核备案。

十一、本办法如有未尽事宜，得由本会修正之。

十二、本办法自公布之日施行。

选自《晋察冀边区行政委员会现行法令汇集》，下册，边区行政委员会1945年编印，第593页。

互校版本：《晋察冀边区财政经济史资料选编》（二），天津，南开大学出版社，1984年版，第250～251页。原注：“《晋察冀边区行政委员会现行法令汇集》下册，1945年12月25日。”

9. 晋察冀边区禁山造林办法

1939年10月2日

一、本会为繁殖林木、防止水荒，特制定本办法。

二、五十度以上之山坡，得由区村公所分别缓急，划定地段逐年划为禁山。

三、旧有之禁山，不论公有私有，非经开放，不得垦荒。

四、新划之禁山，不论公有私有，只准造林，不得垦荒。

五、旧有或新划之禁山，不论公有私有，其野草准芟割，不准畜牧，林木准削枝，不准伐本。

六、禁山中成材之林木必须砍伐者，不论公有私有，须经所属区村公所同意。

七、禁山之划定与开放，不论公有私有，关系一村之安全者，由村代表会议公决行之。关系一区之安全者，由区政会议公决行之。

八、违背第三、四、五条之规定者，得分别轻重处一月以上一年以下之徒刑，或科五元以上五十元以下之罚金。

九、本办法有不适宜时得由本会修正之。

十、本办法自公布日施行之。

选自《晋察冀边区行政委员会现行法令汇集》，下册，边区行政委员会1945年编印，第594页。

互校版本：《晋察冀边区财政经济史资料选编》（二），天津，南开大学出版社，1984年版，第252页。原注：“《晋察冀边区行政委员会现行法令汇集》下册，1945年12月25日。”

10. 晋察冀边区合作社暂行规程

1939年

第一章　总则

第一条　本边区所有合作事业均依本暂行规程之规定办理之。

第二条　合作社之种类如下：

一、生产合作，凡经营种植饲养、农田、水利、牧畜、造林、开矿、纺织，及制造一切农村日用品和职业上之用品者均属之。

二、运销合作，凡经营农业生产品、工业生产品之输出者均属之。

三、消费合作，凡供给农村日用品及职业上之用品者均属之。

四、信用合作，凡经营农工业生产之放款及农村之储蓄者均属之。

第三条　合作社得视其人力资力及实际上之需要，于上列各种业务中专营一种或兼营数种。

第四条　合作社之责任分下列三种，任其自由选择：

一、无限责任。社员以其所有财产对社及债权人负责。

二、有限责任。社员对社及社内债务之负担，仅限于所认之股额。

三、保证责任。社员对社及社内债务之负担股额而外尚负若干金额之责任。

第五条　合作社得向政府请求贷款、酌量减免出入口税及利用公共场所（各项办法另定之。）

第二章　设立

第六条　合作社至少须有社员九人以上方得设立。

第七条　合作社之设立须附社章呈请县政府登记并转报边区行政委员会备案。（简章式样及登记表式附后）

第八条　合作社社章应记明：

1. 名称。
2. 目的。
3. 责任。
4. 住址。
5. 社股金额及其交纳办法。
6. 结算时间。
7. 赢利分配及损失分担。
8. 公积金、公益金之处理。
9. 入社、出社除名之规定。
10. 社务委员任免之规定。

第九条　合作社在取得许可证以后成立。（许可证式附后）

第三章　社股

第十条　社股无限，每股股金最高不得超过一元。

第四章　社员

第十一条　除汉奸外社员资格不限。

第十二条　社员除名须经社员半数以上之决议，出社限于结算时期。

第五章　职员及会议

第十三条　合作社设理事、监事若干人，称社务委员，由社员大会选任之，任期由社章规定。

一、理事负责管理社务，互推常务理事一人。

二、监事负责监督社务，互推常务监事一人。

第十四条　社员大会于每年或每一结算期间召集一次，于必要时，得召集临时会，社员不论社股多寡只有一票的表决权。

第十五条　理事［会］、监事会各于每月召集一次。

第六章　赢〔盈〕余

第十六条　合作社之赢〔盈〕余分配如下：

一、公积金占赢〔盈〕余百分之十以上、百分之二十以下，由社员大会决定之。

二、公益金占赢〔盈〕余百分之九以上、百分之二十以下由社员大会决定之（该项公益金限于兴办地方事业及群众团体之补助）。

三、职员酬金由大会决定之。

四、余额为社员股息。

第七章　解散及清算

第十七条　合作社因破产、合并、违法、不足法定人数而自动或被动解散时，应组清算委员会清理之。

第八章　合作社联合会

第十八条　同一目的或同一村、同一区、同一县之不同合作社为取经济联系业务协作得自由合并，或组合作社联合会。

第九章　监督

第十九条　合作社违背社章及边区各种政策者，各级政府得勒令其改组或停办。

第十章　附则

第二十条　本规程自公布之日施行。

合作社简章式样（略）

登记表式（略）

晋察冀边区行政委员会

一九三九年

选自《晋察冀边区财政经济史资料选编》（三），天津，南开大学出版社出版，1984年版，第760～763页。原注：“晋察冀边区行政委员会《指示信》第二集，1939年7月。”

11. 晋察冀边区银行合作贷款办法

1940年2月

第一条　本行为培植合作事业、发展边区经济起见，特制定本办法。

第二条　此项贷款以边区组织健全之生产、运销、消费、信用合作社为对象，军政机关及群众团体内部之合作社不在此列。

第三条　合作社贷款金额由五十元起至三千元止，依下列标准核定之。

甲、成立一年以上，社员定五百户，呈准政府登记，业务确有成绩者，酌贷三千元以下、一千元以上之金额。

乙、成立未满一年，社员定二百户，呈准政府登记，业务确有成绩者，酌贷一千元以下、五百元以上之金额。

丙、成立不久，户不满百，呈准政府登记，业务确属必要之合作社，酌贷五百元以下、五十元以上之金额。

第四条　此项贷款利率定为月息四厘。

第五条　此项贷款期限分六个月、十个月、十二个月三种，由合作社选择，本行核定之。

第六条　此项贷款纯系对人信用，以所在县政府为偿还保证。

第七条　此项贷款手续，依照下列各条办理之。

甲、合作社欲向本行借款，须先填具借款申请书（式样附后）呈经所在县政府批准，转知本行各营业机关（总行各办事处及各种代办所）核定发给贷款通知书及借款契约用纸。

乙、合作社接到前项贷款通知书及借款契约用纸后，须在契约上加盖合作社图记及理事会监视会主席名章，送交保证机关于保证栏内加盖印信，转知本行各营业机关。

丙、本行各营业机关接到前项借款契约，经核对与借款申请书上印鉴相符，即凭借款契约付款。

丁、信〔借〕款契约（式样附后）交本行存案，保证机关及合作社得各抄付副本存查。

戊、此项借款由合作社领到款项之日起息，交到本行指定地点之日止息。

第八条　合作社借款，如以正面理由，到期不能偿还，得于到期一个月向保证机关申请延期，经调整确实，转知本行各营业机关，准予延期三个月，所延期间利息照付。

第九条　合作社如不照章清偿时，偿还保证应负催索偿还之责，如逾期六个月者须由偿还保证付给之。

第十条　本办法于呈准晋察冀边区行政委员会之日施行。

晋察冀边区银行贷款通知书

敬启者：兹查

贵社向本行申请借贷款项本币××元，业经审查，准予照借，随函奉上借款契约用纸一份。即希按照契约格式详细填列，加盖贵社图记，理监事主席名章及偿还保证机关之印信，务将手续办理完备，特约前往本行领取款项，幸勿延误为要，特此通知。

此致

合作社

附：借款契约用纸一份

领取地址

晋察冀边区银行启

民国二十九年二月

选自《晋察冀边区财政经济史资料选编》（四），天津，南开大学出版社，1984 年版，第 682～683 页。原注：“《抗日根据地政策条例汇集——晋察冀之部》第二辑。”

12. 晋察冀边区管理对外贸易暂行条例

1940年8月30日

第一条　本条例所称对外贸易，系专指对敌占区之贸易而言，与其他游击区或大后方之贸易不在此例。

第二条　商民向敌占区运输本货或向敌占区购买货物者，须于事先开具货名清单，申请当地县或专区贸易局核准，始能运出，其向敌占区购买货物者，须经同样之手续，始能购入。

第三条　商民向敌占区运销本货，所得货价，应按边区市场之比值，折合边币，尽数交由边区银行在敌占区之办事处或代理站，并取得收据，归向原批准运销之贸易局核对无误后，再凭贸易局之证明，向银行取款，其因故不能或不便在敌占区结售外汇者，得携回法币或敌伪票据，通过贸易局，尽数交给边区银行换取同值边币。

第四条　商民如欲以运销本货所得货价之余部或一部，购买必需品回边区时，必须于申请运销本货之初，同时开具货名清单，请求贸易局批准后实行之，否则以违法论。

第五条　商民从敌占区买来之货物，必须先交原批准购货之贸易局检查，检查相符后，始准在市面出售，否则以违法论。

货物笨重而量多者，应由贸易局派人会同商户所在地之政权机关检查之，以省往返驮运之劳。

第六条　不经贸易局之批准，向敌占区运销或购买货物者，以通敌论。

第七条　运销本货所得之敌伪票据，依“敌伪票据取缔办法”办理之。

第八条　在贸易局尚未成立之地方，对外贸易核准权，得由税务稽征局代行之。

第九条　合作社之经营商业者，适用本条例各条文规定。

第十条　本案自公布之日施行。

选自《晋察冀边区财政经济史资料选编》（三），天津，南开大学出版社，1984年版，第378～379页。

13. 彭真：关于财政经济政策的实施①

1940年9月

一、财政经济政策和财政建设的重要性和出发点：

（一）它与安定抗日根据地的人民生活，解决军队给养与全部军需有着极大的关系；

---

① 原注：此文系彭真于一九四〇年九月在中共中央晋察冀分局扩大干部会议上的报告，是指导边区财政经济工作的重要文件。

（二）它对于统一战线的继续不断的巩固与发展，起着重大的决定的作用；

（三）它成为敌后根据地达到独立自主、自力更生的建设工作的重要一环。

二、生产和贸易问题：

（一）几个原则问题：

1. 我们今天的问题，是要增加物力财力，充分的〔地〕发展工业、矿业、农业、林业等生产，活跃境内的正当贸易。一般商人，除汉奸以外，都有充分的贸易自由，以繁荣边区的经济。在这样的前提下，那末〔么〕，不管生产与贸易所采取的是何种形式，都是可以的。

2. 但是我们今天的经济，从生产工具、生产技术和生产单位来说，都还是比较简单的小规模的散漫的小农业、小手工业的经济。在这样的基础上要想增加财力物力，唯一正确的方针就是要启发小生产者的生产积极性和自动性，在有利民生军需的前提下，使其自由自主地从事于生产和贸易。政府仅仅在这一方针下加以指导。这里要农民、手工业者、小商人的自私自利的经营与边区整个抗战的需要巧妙的〔地〕结合起来，政府只能在这个总的方针下，加以指挥，并在可能范围内予以适当的调剂，而不能企图去统治它以达到如何严密的计划性与组织性。因为这在今天，零碎、散漫的小规模生产的半封建的经济条件下是不可能的。

3. 我们要正确的〔地〕估计公营企业和合作社在今天的地位。公营企业在今天边区整个经济中只能占次要的位置，不可能占主要的地位。生产合作社、贩卖合作社、消费合作社等，今天也还只能做到逐渐指挥和调剂生产与贸易，特别是成为调剂市场的杠杆。我们要极力提倡与赞助各种合作社，这是有着极重大的意义的。但我们不能企图以合作社来垄断一切，或排挤私人的经营，我们是要让它和个体小农、小手工业者、小商人去自由竞争，以发展生产贸易，并使它起调剂指挥的作用。

（二）农业生产是边区经济的支柱。过去我们始终把主要力量贯注于发展农业，这是必须的，把发展工、商业看得此发展农业还重要是不对的。目前仍应继续用极大力量注意发展农业。

1. 继续扩大耕地面积，防止新荒开恳〔垦〕旧荒，特别注意开辟梯田。

2. 保护并繁殖耕畜：明令奖励骡驴等生产，严禁宰杀，办理屠宰登记，并正确解决勤务负担。

3. 改进农业技术：积极改良农业、灌溉（凿井开渠）、肥料、种籽等。

4. 减租减息，废除苛杂，使农民有扩大再生产的可能。

5. 养猪、养羊、养鸡、养蜂，扑灭鸽子、乌鸦、喜鹊、麻雀等害鸟。

6. 加紧春耕，保证秋收、麦收，已成固定的季节性的工作。

7. 疏浚河流，修堤，修梯田，造林，防止水患。

8. 明年要种植一定数目的棉花，应占种地总额十分之一二。

（三）现在要加紧发展工业：

工业制造品今后将日益涨价，若不预为之计，农业品与工业品价格，将发生剪刀差现象。目前所以隐而未显，是因为去年灾荒，粮价奇贵。但秋收后，农产品价落，则剪刀差现象，将开始表现出来。因为我们是处在乡村，城市为敌人占据，同时敌之工业品亦感缺乏，并加紧对我封锁。我们必须立即用尽一切力量，发展工矿业：

1. 政府实业处建立工矿局，专司其事。

2. 发展军用工业及军用原料工业，如漂白粉、硫酸、酒精、甘油、电池等制造业。

3. 发展主要日用必需品工业：如纺纱、织布，织手巾、袜子，精制土盐及制糖、燃料、酒精、植物油、火柴、文具、纸、油墨、墨水、毛织、皮羊、肥皂、牙粉、及制造大量农具、玻璃器具、陶器等。

4. 发展矿业，普遍开采煤矿，应使其能供一般民众燃料之需要，整理已有的煤矿、开辟新的；同时要加紧铁矿、硫磺〔黄〕矿、石棉矿、铜矿等的开采。

5. 由各级负责搜罗一切机器器械，网罗一切技术人材〔才〕、制造工具的工人和调剂一百至一百四十名知识分子学习，办工业技术及技术人员管理之学生受训。

6. 改善工人生活，提高劳动积极性和生产热忱。工人生活改善应建筑在扩大再生产的基础上。

7. 各级党要学习管理工业生产事业。

（四）贸易：

1. 严格管理对外贸易，鼓励非必需品输出换入必需品，并征收一定的出入口税，以保护境内生产和贸易。

2. 境内正当贸易完全自由，应充分发展境内贸易。

3. 发展合作贸易，平衡物价，调节市场。

三、金融问题：

（一）边币的发行和巩固，是我们金融政策的伟大成功。我们整理边区的金融是经过三个阶段的：

1. 第一阶段，在边币发行以前。当时主要流通的是法币，此外就是各种各色的杂钞。当敌人宣布废止察哈尔钞票的时候，边区由于没有正确的方针，担保察票的流通，结果察钞挤满了一分区，敌区商人带进了大量的察钞购买我们的货物，我们陷于被动的地位，遭受了很大的损失。金融紊乱更影响到人民生活和部队生活的不安与痛苦。

2. 第二阶段，从边币开始发行至一九三八年八月间。当时边区境内流行着的有十余种钞票：有中、中、交、农四行法币，有山西省、晋绥铁路两行省钞，有山西土货兑换券，有河北省、山东省、察哈尔、北洋商行、盐业银行……等杂票，还有许多土票，种类既繁，一般民众也无法辨别其真伪。一有股票发出，金融立被扰乱，而敌人也就利用此种情况，大肆其破坏金融的阴谋，今天抬高这一种、贬低那一种，明天抬高那一种、贬低这一种，以致边区流通的各种钞票兑换的比率，即俗话所说“行市”非常不稳定。加以奸商与敌寇汉奸狼狈为奸，贩卖钞票，从中得利，军民均受其害。敌寇不但对于他〔它〕将废止的票子，极力设法向边区境内排泄，并且要用尽一切方法把它滥发的一切伪钞，特别是伪河北省钞也向边区内地排泄，企图深入广泛地散布到边区每个角落，吸收边区所有的法币，套购外汇，枯竭、破坏与扰乱我们的金融和整个经济，把边区造成为日寇的伪钞和废票统治的天下和通货膨涨〔胀〕的渊薮。在这种情形下，我们为了粉碎敌寇的阴谋，巩固边区的金融，决定了发行边币，但初开始时还只是一种信用纸币，因此时常发生兑换的现象，发出不久就被兑回了。这时我们看到了要彻底解决边区的金融问题只有两种办法：一种是以大量基金无限制兑换来维持信用货币，排斥伪钞，吸收法币，但这是很难做到的，另一种是边区〔币〕统制发行，独占流通。我们最后就采用了这种办法。

3. 第三个阶段，就是边币统制发行的时期。从一九三八年七月开始决定，至一九三九年五月才算全部实行。这一货币的统制，才打下了边区金融的巩固的基础。

（二）我们对边币的统治发行，是明白确定如下的办法的：

1. 确定边币为市面流通的唯一货币。一切交易只限于使用边币，这样市面只有一种纸币通行，敌寇便无法贬值任何纸币从中渔利。

2. 停止法币及一切杂钞在市面的流通。持有法币杂钞者，于交易前须到银行或各县区兑换机关兑成边币。杂钞的兑换以市价为标准，估量某种钞票已为敌寇所控制者不予兑换。这样敌寇不但无法吸收我们的法币，而且无法排泄废币伪钞于我们边区。

3. 禁止使用伪钞。无论伪河北省钞及伪联合准备银行钞票，一律禁止使用，违者给以法律的制裁。

4. 严禁汉奸及奸商私运法币出境，缉拿“货币走私”。但有正当用途和理由需携带法币或杂钞出境者，任何时候均可持边币到县区政府登记，无限制兑换想所必须数量的法币或杂钞。这样一方面可避免本区法币为敌寇所吸取，另一方面使民众持有边币者，其便利等于持有其所需要的任何种类杂钞或法币。

5. 个别民众如果定要自己保存一部分法币或杂钞者，给以保存的权利和自由。

（三）我们对于伪河北省钞是用了相当的力量把它肃清的。当一九三九年的春天，敌人滥发伪河北省钞之后，即将河北省钞贬价，并宣布限期停止使用。那时候，有人主张用旧河北省钞排绝新的伪河北钞。但是我们估计到旧的河北钞发行额达数千万元之多，我们没有理由也没有力量去维持它。因此，我们决定了把新旧河北钞一齐驱逐出境。办法就是“贬值”，贬到更低于敌区的价格，并且随着敌人对它的贬值而愈贬其值，结果使许多商人都不愿带河北钞进边区，反而从边区内部把河北钞带了大批到敌区去。当我们把河北钞贬值到五角的时候，河北钞就在边区绝迹了，总共我们扫除了二千余万元的河北钞。虽然据估计由于每元贬值（较敌区）二角，我们的损失有四百余万元，但是如果我们不愿意吃这次“小亏”，则全部的损失将更大，而且事实上我们的吃亏并没有四百万元，因而〔为〕从敌区还购买了不少的货物回来。如今河北钞充斥于敌区，反而使得敌人不得不继续行使它，而联合准备钞就被迫发行少了。

不但河北钞问题这样顺利的〔地〕解决了，同时由于我们发行了小毛票，使得境内的土票也减少了，金融愈趋于健全。当初有些同志深虑我们边区恐难免要遭敌寇金融阴谋的灾害的，但我们由于执行了正确的金融政策，幸而免于灾害，取得了胜利。

（四）目前边区金融政策的中心是要更好的〔地〕管理边币的发行与流通，平衡边币的市场，加速边币的流通过程，随时注意发生局部的膨涨〔胀〕；而发展境内贸易，注意货物的调剂，这是平衡边币市场加速流通的中心一环。特别是要发展冀中和冀西的贸易，调剂冀中和冀西的边币市场；在本区则用一切办法扫除伪钞。

（五）晋东北和雁北的金融问题，由于特殊的原因，表现相当严重的紊乱现象，边币的价格也减低，敌人不断吸收现洋，卖货少，买货多，边币很容易就被兑回。前些时候，有人主张从冀中买现洋到晋东北买东西，以压低现洋价格，提高边币价格，这办法显然是错误的。因为现洋不会“供求相应”的，敌人汉奸正在大批收买与吸收它；同时我们即使能够运到大量现洋在市场上流通，边币信用将更受影响以至于丧失。因此，我们对晋东北雁北的金融问题，决定了如下的对策：

1. 确立边币为唯一通货；

2. 现洋准许人民自由储蓄，但严禁在市面流通；

3. 私运现洋出境资敌者，没收其现金，并以汉奸治罪，没收财产，而以百分之若干偿予查缉者；

4. 立即肃清晋钞；

5. 合作社、贸易局、税收机关之一切收入一律用边币。

我们认为这是提高边币信用，扩大并平衡边币市场，加速边币流通，解决晋东北、雁北金融问题唯一正确方针。

（六）外汇问题：

1. 目前边钞外汇比值跌落原因是：

（1）敌人［人］为的贬值；

（2）此期间边区贸易因季节关系，以致入超增加了贴水；

（3）外汇尚未适当统制调剂；

（4）边钞流通管理不好，流通不平衡。

2. 目前应有的对策是：

（1）统制并鼓励某些商品的输出；

（2）严格管理，调剂外汇，利用商人，建立与平津大商号的汇兑关系；

（3）严格统制对外贸易；

（4）在外汇上订定兑换比率，敌伪钞票购买边币必须贴水，特别在冀中，应用人为力量把伪钞贬值至边币之下（在敌据点内）。

（5）争取并保障出超；

（6）平衡边币市场，加速流动，避免局部膨涨〔胀〕现象。

四、财政问题：

（一）几个原则：

1. 改善民主〔生〕和军需。

2. 巩固统一战线，并照顾工农生活。

3. 坚强的持久性，严格统筹统支、开源节流，量入为出。

这些是我们和国民党财政政策不同的基点。

4. 发展生产是开辟财政来源中的来源。

5. 避免繁杂频烦〔繁〕的无计划的征收，坚持整收零支。

6. 废除间接税，征收直接税（征收累进的所得税和财产税）。

7. 有钱出钱、有力出力是动员人力财力的基本原则。

（二）边区财政建设的三个阶段：

1. 边区政权未统一以前的阶段——财政最混乱，根本无所谓财政制度，无统一征收机关，无统一税则，无征收限制，无预决算，更谈不到统筹统支。

这一财政混乱，引起了当时社会极大不安，收入又不多，但影响统一战线和民生却最大，贪污浪费现象严重发生。

2. 边区政府成立到现在，这是第二个阶段，他〔它〕的特点是：废除了苛杂，保持了旧税中一些比较合理的税收，如：

（1）出入口税；

（2）田赋，他在原则上的缺点是：

甲、无免征点；

乙、不累进；

丙、未能完全在不同地质的厘定。

他〔它〕在执行中的困难是：

甲、无正确粮册；

乙、黑地空粮，或与地亩不完全一致的偏差。

但它在旧税中是比较合理的。

（3）烟酒税、印花税；

（4）救国公债；

（5）救国公粮和工商业合理负担；

（6）群众自愿捐款。

在这一阶段里，公债公粮是成功的，其他税收则甚微，管理亦极差。

3. 统一累进税阶段，这是第三个阶段，是目前正在走入的阶段。

在累进的所得税和财产税实现后，除了出入口税外，废除一切间接税。它是真正的直接税，它的原则是：

（1）有钱出钱，钱多则多出，钱少则少出。

（2）它是有免征点和累进最高率的所得税和财产税。一方面规定财产工〔土〕地资金和收益均按累进征税；另一方面，规定工人雇农和极贫农民免税，只听其自愿捐纳。

（3）为了巩固与扩大统一战线，累进税从中农起即应负担。

（4）累进率及核算表要简单、明了、合理，易于计算，级与级之间的数目均按率征纳。

（5）以调节经济、鼓励生产为原则，凡投在工业方面的资金，投在改良土地的资金（如修渠凿井等）及投在合作社的一切资本，分别免征或免于累进，但其收益部分仍按累进征税；投在商业上的资本及其收益，则一律累进征税。

（6）累进税折合计算，以货币与土地为单位，而以粮食为标准测度折算不同土地。

（7）累进税以粮、秣、钱三种形式构成之。

（三）救国公粮是统一累进税的一种形式，从一九三八年开始征收，一九三九年在水旱虫灾和敌寇疯狂烧杀之时亦迅速顺利完成，数额且有超过的，这是各级党政军民共同努力的伟大成就。但过去公粮管理上还有极大缺点，公粮票领用手续还不严密，同时去年意外的〔地〕增加了许多部队，再加以相当严重的浪费现象，粮食大感困难，特别是吃公粮的只限于部队，其他如政府机关等仍须用款购粮，以致影响现款开支庞大。因此，今年的公粮重新规定如下的办法：

1. 政府军队及其附属机关一律吃公粮，以减少现款的开支。

2. 麦收后已由冀中输粮调剂冀西，以后仍须继续大量运输，经常调节山地平原人民之负担，以蓄积山地持久的物力和财力。这对根据地巩固和坚持有重大意义。

3. 部队活动应尽可能配合群众解决粮食问题，并在可能范围内到产粮地区就食。

4. 此后坚持不购粮的原则，使秋后普遍征收一次公粮，使〔便〕足够全军使用。

5. 切实管理粮食，今年三月起已经改用三联的粮票，仍要严格检查执行情形，凡偷卖粮票、浪费公粮的查出后，除依政府法令与军事纪律处罚外，党员并以党的纪律严厉处治。

6. 健全粮食局，统一管理并支配一切粮食：

（1）一切公粮概归入粮库，由粮食局统筹统支。

（2）各级粮食如未缴粮食局，即滥行开支者，须勒令赔偿。

（3）每月粮食开支，应有预算决算。

7. 各单位可发存粮一月至二月，存放指定地点，消灭打埋伏现象。

8. 各部门粮数一律按实有人数发粮票，来往客人一律自带粮票料票，除特殊情形者外，不另发客粮预算。一切违例开支，概不准其报销。

（四）公草今年和公粮同时征收，这样是统一累进税的一种形式（草算），一年征收这一批也可以免去各机关与军队买草的困难和人民临时支应买卖的麻烦。

（五）除公粮公草外，在统一累进税内每年尚须征收现款一部，以供全年开支。

（六）统一累进税实行后，除整理出入口税收外，其他一切捐税及回〔田〕赋一概废除豁免，这样，人民负担有一定的合理的限度，我们的财政亦可以保持比较稳固的持久性。在统一累进税实行之后，区以上的财政完全可以统筹统支，区以下的开支，则仍由村合理负担解决，但须严格的〔地〕建立其经济制度，逐步争取达到全边区完全统筹统支的目的。

（七）有力出力这是党中央规定的原则，我们要作〔做〕到：

1. 支差运输费一般要取消，这是有重大的政治意义的。他〔它〕能养成人民特别是工农群众对自己的根据地和国家的正确观念；

2. 运输费取消后，各部照章发动员证，无证不得动员；

3. 支应繁忙的交通线和地区，另给运输队平衡补充；

4. 冀中向冀西运粮沿村转运者，不发运费，大宗长途搬运者，照发伙食和草料。

（八）正确规定党政军民编制和经费：

1. 正确的〔地〕确定党政军民编制；

2. 规定各种会议种类次数及期限，减少不必要的会议，各种会议期间，应经济的〔地〕使用时间；

3. 群众团体经费，原则上自给，具体办法如下：

（1）粮食各团体在其会员中筹捐，是项粮食由各团体统筹统支。不用粮票，各级应严格指导监督。

（2）经费依靠会员，但政府应给予一定补助费。

（3）只有这样才能节省开支，并加强群众团体会员对其团体的责任心，防止雇佣劳动化及官办倾向发生。

（4）政府除给以一定补助费外，不必过问群众团体预决算。

选自《晋察冀边区财政经济史资料选编》（四），天津，南开大学出版社，1984 年版，第 105～115 页。原注“《晋察冀边区工作研究参考资料》第 11 集。”

14. 彭真：《关于晋察冀边区党的工作和具体政策报告》——我们的经济政策[①]

1941 年春

1. 农工商业是小农、小手工业、小商人的个体经营，［是］极端分散、零碎的经营，而当前经济建设的直接任务，则是增加财力和物力，充裕民生和军需。因此唯一的正确方针，是启发小生产者和私人企业家的生产积极性和自动性，使他们在有利于民生军需的原则下，自由自主地去努力从事他［们］的生产和贸易。是的，小生产者及私人企业家的目的与本性是自私自利，他［们］的一切打算都是为了他［们］自己。但是我们今天既然还不能从经济上改革或消灭他们的个体的经营，也就没有可能消灭或打破他们这种自私自利的特性。因而也只好把个体的和私人企业的自私自利的经营、纯粹自私自利的打算与我们整个抗日根据地的需要巧妙的〔地〕结合起来，统一起来。换句话说，就是让他们发展其自私自利的经营，施展其自私自利的打算，只要不是投机操纵、囤积居奇，我们不但不反对，而且要把我们的充裕民生充裕军需的“公”的要求，安放在他们自私自利的经营的基础上（因为我们今天还只有这样可以依靠的基础）。二者看来是矛盾的，不合情理的，但实际上在今天却是一致的。一个富农或资本家之所以从事经营，是为了赚钱，为了剥削剩余价值。但是他经营结果所生产的财富，却同时属于边区国民总财富之一部；他的经营的发展，却附带解决了一部分人的职业问题。虽然后二者并不是他所关心的直接目的。同样，商人的贸迁有无，并不是为了平衡物价，为了消费者的便利，而是为了买贱卖贵，为了自私自利的〔地〕赚钱。但是所有的商人，既然都在贱的时候、贱的地区买入，而于贵的时候、贵的地区抛卖，结果就使物价在时间上、地区上的差异减少起来，向着平衡的方向运动。所以让所有的小生产者和私人企业经营者积极独立自主地去发展其事业，不但是可能和必需的，而且是有益的。

2. 那末〔么〕今天支配边区经济的应该是什么法则呢？封建的垄断的经济法则已经失去了它的时代，成为经济继续发展的障碍，成为障碍生产力发展的僵硬的狭小的尸壳，而必须彻底粉碎。“计划性”“组织性”的经济规律，用在苏联可以使整个经济得到飞跃的发展，可以富国而利民，煞实令人眼热，但是如果移植在晋察冀边区这样以个体的小农、小手工业经营为基础的环境中，将由优美善良的法则一变而为有百害而无一利的“祸害”。它在形式上固然穿的是比资本主义还优越百倍的社会主义的新装，似乎真可与苏联的什么

---

① 这是彭真同志在 1941 年春向中共中央政治局报告的一部分。

"经济计划性"媲美，但是一实行起来，总不能不是中世纪的封建性的垄断、闭关自固的变象〔相〕的行会主义或其血缘姊妹，阻挠、抑压小生产者的积极性，阻挠商品顺畅流通的反动的东西。在边区的个别行政人员和地方曾犯过这种错误。

显然的，在边区今天这样的经济条件下，如果我们不从主观的幻想、主观的愿望出发，而从冷酷无情的当前的现实出发，去寻找经济生活自身所固有或在今天可以采用的规律，那末〔么〕显现在我们面前的，总不能不是贸易自由、自由竞争、资本主义壮年时代的规律。是的，它对于社会主义的经济法则来说是退步的、反动的；但是对于封建或半封建的经济法则来说，对于行会主义，对于封建的垄断来说，它是进步的、革命的。它仍然是社会经济的推动机，鞭策小生产者和私人企业经营者乃至劳动者前进的鞭子。我们还不能不暂时借用它来替我们的政治和经济服务。至于我们主观上对它有无好感，那是没有关系的。

3. 那末〔么〕是不是说，我们对于边区国民经济的发展，应该采取自流主义、放任主义而毫不给以指导调节？让奸商任意投机操纵、囤积居奇，让小生产者自生自灭呢？当然不是。在对外贸易上，我们应该依靠关税适当的〔地〕管理。对于境内的贸易，应该取缔奸商的投机操纵。对于广大人民的生产和经营则应给以必要的指导与调节，以合作社等形式很好的〔地〕组织根据地的生产事业和贸易，使之有利于抗战之坚持，有利于民生之改善，总之，是整个国富之增加与蓄积。

4. 许多私人不易经营或不愿经营而为国民经济之发展所必需经营的生产如冶铁制造纺织机……等事业，政府必须不惜巨资，积极经营，但是这并不是说就应该禁止私人经营，或者企图以"公营企业为主"来解决边区经济的需要，相反的，公营企业在边区这样的战争环境和社会生产发展的阶段上，除军事工业外，只能占极小而又极小的地位与比重。以晋察冀边区这样的生产条件，要想在当前相持阶段的战争环境中解决千余万人口的紧迫需要，只有千百万人民积极的分头自己动手来经营才有可能。要想在这样条件下发展大量的公营企业并且以之满足军民的需要，等于要在狂风怒吼的无底沙漠上建筑摩天高楼，等于画饼充饥、望梅止渴，不是狂妄便是愚蠢。

5. 财力、物力之增加最后依靠生产，依靠农业、工业和林业。商业只不过"贸迁有无"，流通境内资材，对外"以有易无"而已。财政之出路，军需之充裕，依靠生产。民生之充裕与解决亦靠生产。发展生产实为根据地财政经济建设之基础。只有在生产充分发展的基础上，商业才有充分发展之可能。

6. 以农业与工商业而论，或以农业与工商业作比较，农业发展则又为根据地经济之中心关键，近三四年来边区的经济生活证明了这一点。前年水旱荒灾，农业歉收之后，尤其证明了这一点。这不仅因为吃饭第一，工商业者之经营，都必须先以有饭吃、有原料为前提，而且是因为我们是经济落后的农业国家，我们的人口以百分之九十五—九十八为经营农业之人民。在这样的经济基础上，在工商业人口只占百分之一点九九或百分之五的农业国家中，竟有人高唱"发展工商业为解决根据地财政之根本"，真是白昼见鬼。若真正按这样的主张去决定我们的经济政策，必会放弃或放松成为根据地经济支柱的农业，必使根据地民穷财困。

7. 对外贸易应该管理，对内贸易应该自由。但所谓对外贸易的管理，主要是依靠群众和关税，而原则是十分简单的，即对于我之必需品则鼓励输入，而禁止或限制输出；对于我之非必需品则鼓励输出，而禁止或限制输入。但是在一个敌我犬牙交错、毫无固定国境界线的敌后根据地上，要很好的〔地〕实现这一原则，却需要极繁重的经济战线上的群众组织和教育。其基本关键是依靠群众，特别是广大群众的自觉。

至于境内贸易之自由，看来是一件易事，而实际却是一个艰苦而广泛的斗争。它要克服手工业者和某些商人的行会主义，要和某些县区级工作人员的本位主义作斗争；它要打破一切形态的旧有的封建的垄断和割据。总之，它是一个繁杂的反封建的社会斗争。不打破这些古老的束缚和传统，就没有真正的贸易自由，而没有这种自由，贸易就不能充分发展，货物即不能顺畅流通，物价即不能向着平衡的方向运动，前资本主义的商业资本之剥削即不能粉碎和削弱。境内贸易必须自由，这一原则必须战胜一切困难而使之贯彻，我们不应该把贸易自由的实现当作一个与革命无关重要的资本主义的经济需要来看，应该当作一个反封建的深刻的社会斗争来看。

8. 贸易自由，一方面使投机操纵获得自由，一方面又因为竞争在不断使物价向平衡运动，使投机操纵、囤积居奇成为困难。但战争的环境、交通的迟滞和困难却给了奸商以投机操纵的机会，需要给以限制与取缔。

是的，贸易的自由、政府的鼓励以及群众的政治动员，使小生产者的生产积极性空前的提高，但小生产者的贫困需要经济上给以援助，小生产者的散漫性需要给以适当的组织和领导。商品经济的无政府状态，需要通过自由竞争的法则给以节制。所有这些问题的解决，都在在需要依靠合作社的普遍发展，它是我们在自由竞争中，用以打破奸商投机操纵的经济支柱，它使我们有可能给予千百万简单商品生产者和小农小手工业者以一般的指导和经济的援助（如低利借贷），使它能够和前资本主义的商业资本剥削相对抗，并打破地主富农等在经济方面的优越势力，使我们在经济上取得领导权。我们应大量的〔地〕发展，目前边区虽已有了六千余合作社的建立，但这是十分不够的，今后的发展应是越快越多、越普遍而越好。

9. 在工业方面，今天当然要发展军事工业，发展矿业、冶铁业、制盐和制油业。但手工业和家庭副业则是边区工业发展之主力。至于农业之发展，主要是扩大耕地面积、改良农具、改良耕种技术、改良施肥、发展灌溉，要预防水旱，要耕耘收获及时，每年要有计划的〔地〕种植适当数量之棉麻。……而农业发展之关键，则是不失农时的〔地〕组织并协助广大群众的耕耘与收获，广泛的〔地〕利用一切技术专家，动员广大妇女从事生产，动员一切党、政、民的下级干部，特别是村级干部，同时成为生产战线上的模范，纠正并预防视劳动为与革命事业无关而以“不事生产”为荣耀的有闲阶级的观念。

10. 最后我们要说到，我们对于富农和民族资本家经营的态度。他们是剥削人的，他们是无产阶级的阶级敌人，我们的阶级本性使我们对于他们抱着阶级仇恨和厌恶。但是一般的阶级立场即基本的立场是一件事，在革命发展的现阶段上，我们对于他们的具体政策却是另一件事。

今天的革命是新民主主义革命，目前则进行着抗日战争，以新民主主义革命本身来讲，富农和民族资本家，不是革命的对象而是反帝反封建的同盟者（至于可靠到什么程度，是另一件事）。以根据地的财力物力的增加来讲，以经营方式来讲，富农和民族资本家的经营与小农小手工业者的经营比较起来，是比较进步的经营，它有着较进步的技术，有着较高的生产力。再以抗日统一战线来讲，他们在今天则是我们较好的抗日同盟者。最后以小农、小手工业的自由竞争的经济来说，它又是富农和民族资本企业即资本主义生产生育发展的良好的园地，而资本主义生产之发展则又是封建经济制度解体的动力。因此，今天在我们根据地内，应该容许富农经营之发展，应该容许“不能操纵国民生计的资本主义生产之发展”，“应该奖励民营企业”，而且“必须使资本家有利可图”。就是说我们不但不禁止或限制他们的发展，而是要给他们以发展的各种便利。所谓“节制资本”是说在新民主主义革命阶段中“中国的经济一定要走……的路”。并不是说在今天的敌后抗日根据地上，已经应该立刻把它作为具体的行动纲领而立即见之实现，事实上，在今天的敌后抗日根据地上还不是苦于资本之不能节制，而是苦于资本之缺乏，苦于资本家在战争环境中不肯踊跃投资。

那末〔么〕允许富农经营，允许资本主义生产在根据地顺利的〔地〕发展，对于我们有没有危险呢？我们可以肯定的〔地〕回答，在新民主主义的政权下，它不但不能为害于我们，而且在今天还是我们反帝反封建的有力的助手。

这就是我们在晋察冀边区所采用的经济政策。

我们在经济政策方面的一个主要偏向

我们对于封建的经济制度，应该加以削弱；对于富农的经营，对于私人企业家的经营，即带有资本主义性的生产，应该让其发展而不是削弱或加以阻挠。但是这一点，我们过去的区别是十分不明确的，因此，在政策上往往有意无意地把富农与地主一样看待，把增加工资、减少工时与减租减息同样看待，即没有把封建的经济制度与资本主义的生产在政策上严格加以原则的区别〔在中央去年十二月指示中，在《新民主主义论》中是有明白区别的〕。这一点从四年来边区经济发展的趋势中，富农经营发展的迟滞或下降，可以充分的〔地〕看出，从过去晋察冀边区政府的某些条例中，农会工会的斗争纲领中，也可以明白的〔地〕看出。我们在四年来往往是不知不觉的〔地〕把地主富农混在一起，当作“一丘之貉”来处理的。这是错误的，这是在某种程度上把社会主义革命的一部分任务与新民主主义革命的任务混淆起来，把一种反帝反封建的同盟者（富农和民族资本家）与封建的和帝国主义的敌人混淆起来，没有明白的〔地〕区分，这是不合乎客观情况的，也是不策略的。这种观点，不但影响到经济政策，也影响到税收政策，特别是劳动政策，当然也影响到抗战以来边区的富农和私人企业经营的发展，影响到边区整个经济发展的趋势。

这就是在我们过去的经济政策中严重存在着的偏向和缺点、带原则性的一般的错误。

选自彭真：《关于晋察冀边区党的工作和具体政策报告》，北京，中共中央党校出版社，1981 年版，第 77～86 页。

15. 晋察冀边区购货特许证使用办法

1941 年 2 月 8 日公布

第一条　为节制消毫〔耗〕便于军用计，特制定本办法。

第二条　本办法只限于下列各机关买购，在一般禁止输入而为其所必须〔需〕之物品时适用之。

甲、军事机关：军区司令部、政治部，分区司令部、政治部，师部旅部及其政治部，冀中军区司令部、政治部，分区司令部、政治部及其后方勤务部。

乙、供给机关：军分区师部、旅部之供给部。

丙、工业机关：军区工业部、边区工矿管理局。

丁、印刷机关：边区印刷局及各报社。

第三条　各机关采购货物，如系出入口税暂行税则及其他法令规定准无税收入者，无须领特许证。规定应纳税之货物，均应照章纳税，亦无须领特许证。

第四条　各机关向境外采取此项必须〔需〕品时，须先用书面开具货物名称、数量用途及采购目的地，向边委会（行署及办事处）或所在防地专员公署函请发给购货特许证（证式另定之）。

第五条　边委会（行署及办事处）或专员公署，接到前项声请文件后，经审查认为确系其必需时，须填给购货特许证，如所购货物，非其所必需，或系应纳税之货物，得拒绝发给票证。

第六条　各机关持证买回货物后，须报由经过地征收机关查验，并加盖验讫戳记，倘证货不符，有应纳税之货物，仍应照章征收，有禁止入口之货物一律没收。

第七条　各机关用毕之特许证，须送还原发机关缴销，曾有两次以上不缴销者，即停止其领取特许证权。

第八条　各机关购货人员如有串通商民贩运私货或藉〔借〕端包庇、拒绝查验情事，征收机关得叙明事由，专请县政府或专员公署函请其上级机关查办，如查验人员故意留难，或其他不法情事时，各机关亦得向上级交涉办法。

第九条　购物许可证由边委会印制，并发交各专员公署备用，不取证费。

第十条　购货特许证不准挖捕涂改，违者票证作废，并依法查处。

第十一条　本办法实行之日前颁之免税购货证，使用办法及免税证，即行作废。

第十二条　本办法自公布之日施行，不适宜时由边委会修改之。

中华民国三十年二月八日公布

选自《抗日根据地政策条例汇集——晋察冀之部》，第2辑，1942年版，第262～263页。

16. 晋察冀边区奖励生产技术条例

1941年7月20日晋察冀边区行政委员会公布

第一条　为发展边区经济，提高生产技术，争取边区经济自足自给，坚持长期抗战，特制定本条例。

第二条　凡边区人民对边区农业、工业、矿业、林业、畜牧业、水利等生产技术有下列成就之一者，即依本条例奖励之。

一、生产技术的新发明。

二、现有技术的改良。

三、外货代用品的制造。

四、矿产的发现。

第三条　生产技术奖励分为荣誉奖及奖金两种：

一、荣誉奖分为；

甲、建立研究所（研究所的名称冠以发明人的姓名）。

乙、荣誉宣扬。

丙、奖旗。

丁、奖状。

戊、奖章五种。

二、每项发明或发现，奖金最低一百元，最高一万元。

本条一、二两款的奖励得同时为之。

第四条　前条奖励视其技术价值的大小与成功的难易，由晋察冀边区行政委员会（以下简称边委会）核定行之。

第五条　凡欲呈请奖励者，须将其技术研究的经过、技术价值连同制品或模型图样，附具详细说明书报告边委会审查决定。

第六条　同一生产技术有二人以上在同一时期内研究成功者，以其成功的先后、价值的大小分别奖励之。

第七条　凡边区人民欲作〔做〕生产技术的研究试验者，得请求边委会批准，派赴边区工矿局或农林牧殖局客座研究室进行，其试验时期的生活费或试验费均由边委会供给之，其自行研究试验费不足或缺乏者，得请求边委会酌予补助一部或全部。客座研究室研究办法及试验费补助办法另定之。

为本条之请求者，须附呈研究试验计划。

第八条　边区军政机关、团体、学校在职干部，对生产技术有发明及欲作〔做〕技术研究试验者，依本条例的规定奖励之，

第九条　本条例须由边区行政委员会修改之。

第十条　本条例自公布之日施行。

选自《中国新民主主义革命时期根据地法制文献选编》，第4卷，北京，中国社会科学出版社，1984年版，第649～651页。原注：“选自晋察冀边区《实业法令简编》，一九四三年版。”

17. 晋察冀边区合作社法草案

1941年

第一章　总则

第一条　本法根据中华民国合作社法，及边区实际情况制定之。

第二条　本法所称“合作社”，谓依自愿互助平等原则，以联合经营方法，谋社员之经济利益与生活改善的经济组织。

第三条　合作社之业务得为下列各款之一种或数种：

一、供给业务——联合置办社员生产上与消费上的必需品。

二、运销业务——联合推销社员的生产品与制造品。

三、生产业务——联合社员的劳力与技术共同生产。

四、信用业务——低利贷放社员生产上或制造上的资金，以较高利率收受社员储金与存款。

第四条　合作社之责任分下列三种：

一、有限责任——社员以其认缴股额为限负其责任。

二、保证责任——社员以其认缴股额及保证金额为限负其责任。

三、无限责任——合作社财产不足清偿债务时，由社员连带负其责任。

第五条　合作社之业务及责任，须于名称上表明之，非经营本法第三条所规定之业务，连所在地县政府登记者，不得用合作社名称。

第六条　合作社得免纳统一累进税。

第二章　设立

第七条　合作社非有七人以上并代表七户之社员不得设立。

第八条　合作社设立人，须召集成立会，通过社章，选举理事、监事。为成立之登记。应行登记之事项如下：

一、名称。二、社址。三、理事、监事之姓名、性别、年龄、籍贯、职业。四、社员认缴社股及已缴金额。五、赢〔盈〕余分配及公益金、公积金之规定。县政府于接到此项请求后，审查属实，应报边区行政委员会核发许可证。

第三章　社员、社股及赢〔盈〕余

第九条　边区一切抗日人民年满十六岁者，均得为合作社社员。

前项社员年龄，学校内部合作社不在此限。

第十条　无限责任合作社社员不得为其他无限责任合作社社员。

第十一条　合作社成立后，凡愿入社者，得向理事会申请入社。加入无限责任合作社时，须经社员大会过半数之同意始得入社。

前项新社员与旧社员在合作社之权利义务同。

第十二条　社员入社至少须认购社股一股，最多不得超过股金总额二分之一。社股金额至少边币一元，社员无力一次缴纳者，得分期缴纳。

第十三条　社股转让他人，须经理事会之同意，受让人应继承让与人对合作社之权利义务。

第十四条　社股年息不得超过一分，无赢〔盈〕余时不发股息。

第十五条　合作社赢〔盈〕余除依次弥补累积损失及付息外，应提存总额百分之十至二十为公积金，百分之五至十为公益金，百分之五至十为职员酬劳金，其余依照下列办法返还社员：

一、供给业务，按社员购买额多寡为标准分配之。

二、运销业务，按社员交运额多寡为标准分配之。

三、生产业务，按社员劳动日多寡为标准分配之。

四、信用业务，按社员借款额多寡为标准分配之。

该项公积金已超过股金总额时得由合作社自定每年应提之数。

第十六条　社员有下列情事之一者，丧失社员资格：

一、死亡。

二、自请出社。

三、除名。

第十七条　社员得于年度终了时退社，但应于一个月前通知理事会。

第十八条　出社社员之社股，应即退还，但得扣抵其对社债务。无限责任及保证责任合作社，须将其出社前合作社对外债务清理后，其责任始得解除。

前项出社社员如系死亡，合作社债务，由其继承人负责。

第四章　理事、监事及事务员

第十九条　理事会由社员大会于社员中选举，至少三人组织之，并互推一人为主席，任期一年连选得连任。理事会之职权如下：

一、根据社章与社员大会决议，执行职务。

二、对外代表合作社。

三、任免事务人员。

四、召集社员大会。

理事违反前项第一款之规定，致合作社受损害时，对合作社应负赔偿之责。

第二十条　监事会由社员大会于社员中选举至少三人组织之，并互推一人为主席。任期一年，连选得连任。监事会之职权如下：

一、监察合作社之财产状况。

二、监察理事会执行业务之状况。

三、合作社与其理事订立契约，或为诉讼上之行为时，代表合作社。

监事为执行前项职务，必要时得召开临时社员大会。

第二十一条　监事不得兼任理事或事务员，并不得享受酬劳金。

第二十二条　合作社因业务上之必要得设事务员或聘技术人员。

第二十三条　理事、监事违反社章、社员大会决议及政策法令，而社员大会不能执行其职权时，主管县政府，得令其解除职权。

第五章　会议

第二十四条　社员大会，每年至少开会一次，由理事会召集之，必要时得召集临时会，其职权如下：

一、选举及罢免理事、监事。

二、制定及修改社章。

三、决定业务方针。

四、其他重大事项。

社员大会应由全体社员过半数之出席始得开会，出席社员过半数之同意始得决议。

第二十五条　社员大会开会时，每一社员只有一个表决数，不能出席社员大会之社员，得委托社员代表出席，但一人不得代表二个以上之社员。

第二十六条　社务会：由理事会召集之，每三个月开会一次。其主席由理事、监事互选之。社务会应有全体理事、监事过半数之出席始得开会，出席过半数之同意始得决议。

第二十七条　理事会：由理事会主席召集之，每月开会一次。

第二十八条　监事会：由监事会主席召集之，每月开会一次。

第六章　解散及清算

第二十九条　合作社因下列情事而解散：

一、合作社不足法定人数。

二、社员大会决议解散。

三、与其他合作社合并。

四、破产。

五、接到政府解散命令。

第三十条　合作社宣布解散后，即须清算债权债务，清算终了，应提交社员大会通过，并呈报所在地县政府备案。

前项清算人由理事、监事共同担任，必要时所在地县政府得派人参加清算。

第七章　合作社联合社

第三十一条　三个以上之合作社，因业务经营上之需要，得组织合作社联合社。

第三十二条　合作社联合社社股，每股边币至少十元，由社员代表会自定。社员入社至少须认缴社股一股。

第三十三条　合作社加入合作社联合社，须经过其社员大会之决议。

第三十四条　合作社联合社之责任，限于有限及保证两种。

第三十五条　合作社联合社之理事、监事，由社员代表会就代表中选任之。

第三十六条　除本章及法令别有规定外，本法关于合作社之规定，于合作社联合社准用之。

第八章　附则

第三十七条　本法自公布之日施行，边区合作社暂行规程同时作废。

第三十八条　本法之解释权及修改权，属于边区行政委员会。

选自《晋察冀边区财政经济史资料选编》（三），天津，南开大学出版社出版，1984年版，第764～769页。

18. 冀中区商人登记办法

1941年

（一）本办法为保护正当贸易、繁荣商业制定之。

（二）凡商人欲经营商业者，须事先向贸易管理局请求登记，经核准发给营业证后始得营业。

（三）凡商人请求登记时，须有本村政权之证明及登记之铺户之保证。

（四）营业证有效期间为六个月，每年一月七日〔月〕普遍更换一次。中途开业与停业者，得随时请领或交销。

（五）营业证须慎重保存和携带，不得转借他人。

（六）营业证遗失时，持证人须立即向贸易管理局报告并声明作废。

（七）凡商人在依法完成登记手续营业时，政府予以充分合法之保障。

（八）商人如违背政府贸易政策，贸易管理局得追回其营业证，并送交政府依法处理之。

选自《晋察冀边区财政经济史资料选编》（三），天津，南开大学出版社出版，1984年版，第421页。原注："《冀中行署所颁条例汇编》1941年11月。"

19. 晋察冀边区优待生产技术人员暂行办法

1942年1月1日施行

一、为网罗技术人员，加强边区经济建设，特制定本办法。

二、凡农业、林业、畜牧、水利、工业、矿业等技术人员有一技之长，经政府任用者，均按本办法优待之。

三、技术人员因其学历、经历、技术水平及对边区经济建设之贡献等条件分为下列三级，由边区行政委员会核定之。

甲、技正。

乙、技士、技佐。

丙、技术员。

四、技术人员之每月零用费规定如下：

甲、技正六十元。

乙、技士、技佐三十元—四十元。

丙、技术员二十元。

五、技术人员之家境困难或有特殊事故，得由本人申请，经所在机关审核，报告边区行政委员会批准，予以补助，每年补助费如下：

甲、技正三百元至五百元。

乙、技士二百元至四百元。

丙，技佐一百元至三百元。

丁、技术员八十元至二百元。

六、技术人员之技术发明改造，按边区奖励生产技术条例奖励之。

七、本办法自一九四二年一月一日起施行。

选自《中国新民主主义革命时期根据地法制文献选编》，第4卷，北京，中国社会科学出版社，第1984年版，第653～654页。原注："选自晋察冀边区《实业法令简编》，一九四三年版。"

20. 晋察冀边区合作社组织条例

1942年5月1日公布施行①

第一章 总则

第一条 为改善边区人民生活，加强对敌经济斗争，特根据中华民国合作社法制定本条例。

第二条 本条例所称合作社谓依互助平等之原则以联合经营之方法为社员之经济需要所组织之经济社团。

第三条 合作社经营下列各项之业务：

一、供给业务——联合购买社员生产上与消费上的必需品。

二、运销业务——联合推销社员的生产品与制造品。

三、生产业务——联合社员的资金原料劳力与技术共同生产。

四、信用业务——低利贷放社员生产上或制造上的资金，以较高利率收受社员的储金与存款。

前项四种业务合作社不能全部经营者，得减营之。

第四条 合作社之责任以其社员认缴股额为限，其自愿保证责任者听。

第五条 非经营本条例第三条所规定之业务并经该管县政府登记取得许可证者，不得用合作社名称。

第六条 合作社得免纳统一累进税。

第二章 设立

第七条 合作社非有七人以上并代表七户之社员不得设立。

第八条 合作社设立人须召集成立会，通过社章，选举理事报请该管县政府登记。应行登记事项如下：

一、名称。

二、社址。

三、理事之姓名、年龄、籍贯、职业。

四、社员认缴社股及已缴金额。

五、盈余处分及公益金公积金之规定。

县政府于接到此项请求后应于十五日内作可否之决定。

第三章 社员社股及盈余

第九条 边区一切抗日人民不分民族、阶级、性别、年龄、职业均得为合作社社员。

第十条 合作社成立后凡愿入社者，得向理事会申请入社，新社员与旧社员在合作社之权利义务同。

第十一条 社股金额至少边币五角，社员入社至少认购社股一股，最多不得超过股金

---

① “现行法令版”标作“5月1日公布施行”。“财经史料版”标作“4月2日”（此乃《边区导报》登载时间）。

总额二分之一。

第十二条　社股转让他人须向理事会声明，受让人享有让与人之权利义务。

第十三条　合作社盈余除弥补积欠损失外，应提存百分之十至百分之二十为公积金，百分之五至百分之十为公益金，百分之五至百分之十为职员酬劳金。其余按社股分红。其自愿按交易额分红者听。前项公积金已超过股金总额时，得由合作社自定应提之数。

第十四条　社员死亡或退社即视为出社。

第十五条　社员得于年度终了时退社，但应于一个月前通知理事会。

第十六条　出社社员之社股应即退还，但得扣抵其对社债务。

第四章　社员大会

第十七条　社员大会为合作社之权利〔力〕机关。设主席一人，由社员选举之，任期半年，连选得连任。

第十八条　社员大会每半年开会一次，由主席召集之。必要时得召开临时社员大会。

第十九条　社员大会须有全体社员过半数之出席始得开会。出席社员过半数之同意始得决议。

第二十条　社员大会开会时每一社员只有一个表决权。

第二十一条　社员大会之职权如下：

一、选举及罢免大会主席及理事会理事。

二、制定及修改社章。

三、决定本社业务方针。

四、监察合作社之财产状况。

五、检查理事会执行社员大会决议之情形。

六、议定其他重大事项。

第五章　理事会

第二十二条　理事会为合作社之执行机关。设理事长一人，由社员大会主席兼任之。理事至少二人，由社员大会选举之。任期半年，连选得连任。

第二十三条　理事会每半月开会一次，由理事长召集之。必要时得召开临时会。

第二十四条　理事会之职权如下：

一、根据社章与社员大会决议执行职务。

二、对外代表合作社。

三、任免事务人员。

第二十五条　理事会违犯前条第一款之规定致合作社受损害时，应负赔偿之责。

理事会违犯社章及前条第一款之规定而社员大会不能执行其职权时，得呈请该管县政府依法处理。

第六章　解散及清算

第二十六条　合作社有下列情事之一者解散：

一、社员不足法定人数。

二、社员大会决议解散。

三、与其他合作社合并。

四、破产。

五、违法经政府命令解散。

第二十七条　合作社宣布解散后，即须清算债权债务，清算终了，应提交社员大会通过，并报请该管县政府备案。

前项清算人由理事会理事长担任之，必要时该管县政府得派人参加清算。

第七章　联合社及联合会

第二十八条　合作社因业务上之需要得组织联合社。

一、区联合社以区范围内各村合作社为社员。每区只限一社，须有该区半数以上之村合作社加入始得成立。但因地理条件业务调剂困难者，本区村社得参加他区联社，或与他区村社另组织区联社。

二、县联合社以县范围内各区联合社为社员，每县只限一社，须有该县半数以上之区联合社加入，始得成立。前项联合社须经边区行政委员会登记许可。

第二十九条　社员代表大会为联合社之权力机关，由所属各社选举同等名额之代表组织之。

第卅条　合作社之入社或退社，应经各该合作社社员大会之议决，联合社之入社或退社应经各该联合社代表大会之议决。

第卅一条　联合社社股金额由社员代表大会定之。

第卅二条　联合社以调济〔剂〕社员之业务为主，不得设立门市。

第卅三条　各级联合社在各级政府指导之下领导合作社。

第卅四条　专区以上设合作社联合会，在各级政府指导之下领导合作社及联合社。

第卅五条　合作社联合会由各县联合社代表大会选举三人至七人组织之。

第卅六条　除本章及法令别有规定外，本条例关于合作社之规定于联合社准用之。

第八章　附则

第卅七条　本条例自公布之日施行。边区合作社暂行规程同时作废。

第卅八条　本条例之解释权及修改权属于边区行政委员会。

选自《晋察冀边区行政委员会现行法令汇集》，下册，边区行政委员会 1945 年编印，第 650～655 页。简称“现行法令版”。

互校版本：《晋察冀边区财政经济史资料选编》（三），天津，南开大学出版社出版，1984 年版，第 770～774 页。简称“财经史料版”。原注：“《边区导报》第四卷第十三、十四期合刊，1942 年 4 月 2 日。”

21. 晋察冀边区公营及公私合营商店章程

1942 年 5 月 6 日

第一章　总则

第一条　本章程为使公营及公私合营之商店，活动有一定之方向和范围，成为真正为抗战服务而规定。

第二条　公营商店，公私合营商店，其权利义务与私人商店同。

第三条　商店资本一律投以边币，资本总额内有私人投资及边区贸易管理局所投资者为公私合营商店，纯为边区贸易管理局投资者为公营商店。

第四条　商店专以采购批发及零销边区内外各种军需民用必需品，并购集土货，办理输出为业务。

第二章　公营商店资金及公私合营商店股份

第五条　公营商店资金及公私合营商店股份

（一）公营公私合营商店资本以收足，以定资本开始营业。

（二）固定资金和股份，在约定期间股东不得无故抽调。

（三）必要时经理可要求临时投资或贷款另定契约，其数额由双方商定，并于约定期间抽回原资。

第六条　商店为有限责任，超过固定资金额以上之任何损失股东不负责任。

第七条　商店股东以中华民国抗日人民机关团体学校及边区贸易管理局为限。

第八条　商店股票于呈准政府备案核准，发行数额后由总副经理署名盖章编号填发。

第九条　商店股票为记名式，股东有用他种记号得从其便，但仍须将其真实姓名、住址报明本店记入股东名簿。

第十条　多人合股应募者，股票权利均享自行推选保管股票之股主一人与商店行使其股权，该票一切全责由各缴纳者自负，商店概不过问。

第十一条　如因战争影响股东长期不能与商店联络或不明之股份，商店得报所在地县府备案，县府根据保障人权财产权法令负监督之责。

第十二条　股东向商店领取盈利或转让股份或对本商店行使一切股东权利时，均以本商店所发之股票为凭。

第十三条　股东因买卖赠与等事，移转商店股份所有权请求过户时，须由股东及接股人双方共同向商店申明并署名盖章或填具转股证书署名盖章连同原股票交由本店审核无讹方准过户。

第十四条　股东有因继承或其他关系取得股份所有权请求过户时，须向商店声明。

第十五条　股票有损坏请求调换时须由原股东到商店声明并将原股票交由本商店审核无讹方准换给新股票。

第十六条　股票如因遗失请求补给时，须由原股东邀同相当保人填具遗失证书署名盖章，交由本商店审核无讹方准补给新股票，遗失到补领期间之股份权仍属原股东。

第十七条　每届股东代表定期会前三十日停止股票过户。

第三章　股东权益

第十八条　股东持有本商店股票即为享有股权的凭证。

第十九条　公营商店以边局为独一股东，一切股东权益为边局行使，授权之支局为代表股东。

第二十条　股东有享受照章分红及与经理共同决定营业方案之权。

第廿一条　股东有监视债权债务之权和维护营业发展、宣传贸易政策之义务。

第廿二条　公私合营商店每年召开股东代表会议一次，成立董事会并选正副董事长各一人（人数组织由股东代表会决定）。经理向股东报告一年营业状况及帐〔账〕目清算结果、实行分红，并商订下年合同。闭会期间董事会三个月一次，经理报告三个月业务情形。

第廿三条　公私合营商店经理之中途解聘得经董事会通过。

第廿四条　公营商店及公私合营商店之业务方针需要修改时得取得股东之同意，股东经理双方如有不履行合同之规定和违犯政府法令时，股东可以解聘经理，经理亦可提出辞聘。

第廿五条　公营商店之股东临时通知商店代购货物，商店得无条件竭力为之，公私合营商店须在经理同意之下为之。

第廿六条　如有第十一条情形者，股东权由县政府行使，红利增入原股不足一股之余数暂存商店。

第四章　营业责任

第廿七条　公营商店业务以边区贸易管理局或授权予支局的指示方针为根据并遵守政府之政策法令为之，否则责任概由本商店总副经理负之。

第廿八条　公私合营商店应以股东代表会议决定的营业方针为根据。

第廿九条　商店凡受军政机关委托代购大批货物商品得订立临时合同，如遇战争中遭受损失，其责任得依合同办理之。

第三十条　本商店如于战争中损失货物得具实报销，损失于年终提供股东计算亏损，如丢失现款票据无从证实者，不得报销。损失由总副经理及会计负责。

第卅一条　如因走私漏税遭受没收处罚之损失得在本年经理红利项下扣除，如损失超过经理所得红利以扣尽为止。

第五章　结算及分配

第卅二条　本商店每月结算一次，每季总清算一次，每年年终总结算一次至旧历十二月底为全年总结算期。

第卅三条　本商店营业年终结算如有亏损以逐年公积金项下弥补之，弥补不足时由资本项下弥补。临时投资单独结算。

第卅四条　公营商店每年总结算时，会计造具下列各项表册连同商店主要帐〔账〕簿报边局（或经授权之支局）请求承认。公私合营商店则先交董事会审核盖章签名后提出于股东代表会请求承认。

第一项　表册目录

1. 资产负债对照表。

2. 财产目录（中式帐〔账〕即四柱清册总清单）。

（欠内欠外明细表、家俱〔具〕折价表，全年开支决算与带来每季计算旧底）

3. 损益计算书。

4. 营业报告表。

5. 分配纯利及奖金议案。

第二项　帐〔账〕

总帐〔账〕（或临时指定带来其他帐〔账〕簿）

第卅五条　商店每年总结算所得的利益除去一切开支缴纳统累税及折旧费直接借款利息奖金（具体数目由股东或董事会规定）后其余纯利作一百份分配如下：

甲、股东红利：百分之六十。

乙、公积金：百分之二十。

丙、总副经理及负重要责任之店员在纯利百分之二十范围内酌量分配之（合同上规定）。

丁、红利分配后剩余之部分归入公积金。

第六章　附则

第卅六条　股东经理会议（或董事经理会）三个月一次根据业务方针讨论工作。

第卅七条　经理每月终向股东报告业务状况一次。

第卅八条　股东根据合同及股东代表会议决议案随时可派人检查商店业务。

第卅九条　学习生活制度由商店自定之。

第四十条　本章程自呈奉边委会核准公布施行，日后如有应修改之处由公营商店或公私合营商店依法提出修改仍请边委会备案。

晋察冀边区贸易管理局印

一九四二年五月六日

选自《晋察冀边区财政经济史资料选编》（三），天津，南开大学出版社出版，1984年版，第505～509页。原注："晋察冀边区贸易管理局印，1942年5月6日。"

22. 晋察冀边区公营公私合营商店合同暨规则

1942年5月6日

立合同人：双方为了供应军需、调剂民生、发展商业、活跃金融起见，今在××县××区××村设立（字号名称）商店一所，经营某种业务，特聘×××为经理×××为副经理，除双方遵守章程外并立合同互相信守，兹将约定条件胪列于后各执一纸为证。

（一）资金

1. 固定资金边币×万×千×百元整，在约定期间股东不得无故抽调（公私合营商店应写：固定股份×股，每股边币拾元，其中公股×股，民股×股，在约定期间股东无故不得抽回）。

2. 本商店为有限责任，超过固定资金额以上损失股东不负任何责任。

3. 为了业务的需要经理可向股东要求临时投资或代款，其资额由股东决定，并得于约定期间退回原资不与固定资金同。

（二）经营时间——自民国卅一年×月×日起至民国卅一年十二月底止为营业时间，届时结算继续与否由股东经理共同决定。

（三）营业方针：

1. 中心业务——占全年营业总额百分之六十。

2. 次要业务——占全年营业总额百分之三十。

3. 附带业务——占全年营业总额百分之十。

（四）营业规则：

1. 不得操纵居奇。

2. 不得作保。

3. 不得走私漏税。

4. 不得放债贷款（有意义者例外）。

（五）股东与经理之关系：

1. 经理每月向股东作结算报告一次，并随时报告商情行市。

2. 股东有检查商店会计及与经理共同商讨修改业务之权。

3. 经理任用店员须得股东之同意。

4. 经理不违犯法令合同规定原则之下经营之方式方法股东不得分外干涉。

（六）红利分配：

1. 股东：百分之六十。

2. 公积金：百分之二十。

3. 正经理（临时决定）。

4. 副经理（临时决定）。

5. 其他重要店员百分之□，余数归入公积金。

如无纯利认为需要提奖时，可由毛利项下开支，应分得奖人及所得数目年终由经理提出经股东同意。

（七）订立合同时期：

股东

立合同人经理　（签章）

副理

中华民国三十一年　月　日

商店规则

（一）本店人员得听从经副理的领导，有意见时须当面或会议上提出，不得背后批评或责骂。

（二）每月由经副理召开全店会议一次，所有人员不得无故缺席。

（三）店员因私外出须向经理请假并按期销假。

（四）全店人员对主顾及来宾态度需谦恭和蔼、殷勤招待。

（五）本店人员之私事不得用本店名义为之。

（六）本店人员不得以本店钱项货物循情济私。

（七）本店人员则应作〔做〕抵制仇货私货的模范。

（八）本店概不作保。

（九）本店帐〔账〕簿钱项由会计主管，有特殊情形须〔需〕要别人代管时由经理指定人员正式接收。

（十）本店售货价格其他人员不得擅自改变。

（十一）本店交易概以现款现货，如有顾主要求暂时赊欠得经总副理同意。

（十二）本店人员临时借钱不得超过本月份零用费，遇有特殊情形得经总副理许可。

（十三）本规则如有未尽事宜得经全店人员会议通过修改之。

选自《晋察冀边区财政经济史资料选编》（三），天津，南开大学出版社出版，1984年版，第510～512页。原注："晋察冀边区贸易管理局印1942年5月6日。"

23. 晋察冀边区出入口货特许证使用办法①

1942年9月11日公布

第一条 凡禁止出口、禁止入口，及法规专卖出口之货物，均须领取特许证，始得输出输入。

第二条 领取特许证限于下列商店及机关：

1. 贸易管理局所属之采购商店。
2. 贸易管理局所指定之专卖商店。
3. 经边委会批准之军政机关。

第三条 请领特许证之机关商店，须以书面开具货名、数量、用途及采购运销地点，由该机关商店主管人署名盖章送请支局以上之贸易管理机关核发。

第四条 贸易管理机关于接到前项声请文件后，审查认为确系所必需，应即填发特许证。认为非其所必需，应即拒发特许证。

第五条 凡领得特许证之机关商店，货物一次出入口者，须持证报请税卡查验货物加盖验讫图记，特许证由税卡收回。货物分批出入口者，于起运前，凭证向税卡换领出入口货特许分运单，然后分批出入。

第六条 特许证开列之货物，一律准许出入，不得扣留，如证货不符，或夹带其他禁止出入口货物，而证面未列者，一律没收。

第七条 各机关商店办理特许输出输入人员，如有串通商民贩运私仇货或藉〔借〕端包庇、拒绝查验者，稽征机关得据实呈报主管机关，函请其上级机关查办。查验人员，如有故意留难或其他不法行为，各机关亦得向其上级报告处理。

第八条 出入口货特许证，及出入口货特许分运单，由边委会印制，颁发贸易管理局备用，不取证费。

第九条 凡应纳税之货物出入口时，无论任何机关均应照章纳税，边委会特准免税者例外。

第十条 本办法施行之日，前颁晋察冀边区购货特许证使用办法，及购货特许证，即行作废。

---

① 原注：这是一九四二年九月十一日晋察冀边区行政委员会令商字第四十一号的一个附件。

第十一条　本办法自公布之日施行，不适宜时由边委会修改之。

选自《晋察冀边区财政经济史资料选编》（三），天津，南开大学出版社出版，1984年版，第409～410页。

互校版本：《晋察冀边区行政委员会现行法令汇集》，下册，边区行政委员会1945年编印，第639～640页。

24. 晋察冀边区行政委员会关于贸易管理员目前工作的决定

1942年11月10日

在敌人疯狂地经济掠夺之下，敌我经济斗争日益尖锐复杂残酷起来，作为经济斗争重要一环的贸易，有特别加强管理的必要，贸易管理员的设施，目的就在于此。但因过去干部轻视贸易的严重偏向，与培养贸易干部的十分不够，贸易管理员的人选，一般是缺乏经验、办法较少的，还须在工作中锻炼，不能要求太高。兹就实际需要及干部条件，决定贸易管理员的目前工作如次：

（一）贸易管理员为实业行政人员之一，在县政府领导之下，负责管理县境以内及其出入口贸易，在出入口贸易的管理上，并受专区贸易管理支局之领导。

（二）贸易管理员应代表县政府监督与检查境内公私商店商贩合作社执行贸易政策法令之情形，并代表支局监督与检查税卡之稽征工作、专卖商店之专卖工作。违背政策法令者，得加以制止纠正，并分别报告县政府及支局处理。

（三）贸易管理员应将境内重要集市重要物资之物价变动（如米、麦、玉米、食盐、棉布等）及敌我货币变化情形，按旬表报县政府转报边区行政委员会（旬报表另定之）。其有突然巨大变动，应将变化情形及其原因立即报告县政府转电边委会，并应选择境内中心集市一个，将大宗货物及日用必需品的物价变动，按月表报县政府转报边区行政委员会（月报表另定之）。这一工作，应与公营、公私合营商店，密切联系，用商人调查商情，是便利的。

（四）贸易管理员应深入的〔地〕研究市场，具体的〔地〕了解境内市场。各集市在经济上所处之地位，在政治上所处之环境，所有商号摊贩之种类、数量及营业情形；所售商品之种类、数量、价格，及销售情形，所有商品之来源去路，及贩运方法；以及集市上的不同季节变化，管理组织办法，牙纪活动佣钱，奸商垄断操纵，货币种类流通，敌伪扰乱破坏情形，都须仔细调查，系统记载，交由县政府转报边区行政委员会。这项工作是一点一滴的经常不断的工作，同时着手，事实绝不可能。应从重要的集市开始，一个一个的〔地〕进行调查研究，少说主观的理论与空话，多写〔些〕实际的考查与访问。

（五）贸易管理员应积极联系商人、团结商人，在政府政策法令范围以内，为商人开辟道路，解除困难，进而掌握商人，掌握市场，掌握物资，有力地对敌进行经济斗争。这一工作应从掌握商会做起，商会的组织，我们正在考虑研究，各县应该着手建立商会的准备工作。

（六）贸易管理员应严密注视与仔细研究敌伪的经验〔济〕动态。敌伪经济封锁，经济统制，掠夺物资，破坏市场，推行伪钞，打击边币，及一切经济设施经济阴谋，均须悉心研究，深切考查，搜集具体材料，找寻活动规律，按期报告政府，以使决定对策。游击区的贸易管理员，须深入敌后之敌后，进行调查研究工作。

贸易管理员的工作是眼到口到的工作，必须经常在外，接触实际，在商人中市场上不断活动。除了整理材料写作报告而外，绝不计〔许〕坐在办公室里，专办公事。

选自《晋察冀边区行政委员会现行法令汇集》，下册，边区行政委员会 1945 年编印，第 646～648 页。

25. 晋察冀边区关于掌握重要物资实行专卖出口的指示

1942 年 11 月 12 日晋察冀边区行政委员会颁布

专卖是掌握重要物资对敌进行经济斗争的重要手段之一，本会已决定大米、公羊在全北岳区实行专卖。这一工作不是简单的〔地〕做买卖，不只是贸易管理局和专卖商店的事。专卖工作是在敌伪经济封锁与敌我不等价交换，在贸易上我处于相对劣势的情况下，部分的〔地〕逐渐地争取主动与胜利，以期改变整个贸易形势的方法。它是以掌握我之重要物资，换取敌之重要物资，冲破敌伪经济封锁，争取对敌等价甚至高价交换。这一工作必须政府与贸易管理局、专卖商店，密切配合，统一领导，才有胜利的把握。单依靠贸易管理局、专卖商店，是不能胜任的。各自为政、分散力量、互相埋怨的作〔做〕法都是有害的。为此，特把专卖的目的、办法、执行中的问题，指示如下：

一、什么是专卖？专卖的目的是什么？

（一）专卖是敌我贸易上以热货换热货的重要手段。我之物资有敌最需要者（如大米、公羊）、敌之物资有我最需要者（如钞票纸、军需品等），我们掌握住敌所需要的物资，实行专卖出口（如大米、公羊），敌人要吸收，只有一个条件，就是必需〔须〕拿我所最需要的指定的物资（如钞票纸、军需品等）来交换，否则不卖。在吸取热货上，我们是主动的，敌人是被动的。

（二）专卖是敌我贸易上争取等价交换甚至高价交换的重要手段，敌人急需我之大米、公羊，我如实行专卖出口，敌人要吸取，只有一个条件，即是必须多出钱，争取等价交换，甚至高价交换，钱少价低不卖。在争取等价交换上，我是主动的，敌是被动的。

二、专卖办法：

（一）专卖的批准与撤消〔销〕：批准与撤消〔销〕权属于本会，各级政府及贸易管理局、商店应随时将各地应行专卖的物品报告本会审核，在特殊紧急需要情况下，专署可以先行批准或撤消〔销〕，即时执行，随后报告本会最后批准，批准时应包括专卖的物品、数量（估计）、条件、时间与商店等项目。

（二）专卖品与数量的确定：专卖品须具备敌人必需的条件，即必须是敌之热货，对我虽也是必需的与热货，但可以权衡利害出口，一定的数量，出口多少，以对我利多利少与不致过于影响我之需要为原则。

（三）专卖条件：根据下列原则条件及专卖品对于敌人需要程度之缓急等情况，具体规定：（1）换回我最需要的必需品（可以按次序规定几种，第一种是什么，第二种是什么，第三种是什么……），非此不卖。（2）争取等价甚至高价交换（可以规定最低的一般的价格），非此不卖。（3）不得已时（不是一切不得已）换回伪钞（可以规定伪钞价格），非此不卖。专卖条件，可由专署与支局具体规定，报经边委会批准，或由贸易管理局具体规定报经边委会批准。专卖商店必须严格遵守规定的条件。

（四）专卖时间：根据专卖品数量，出口情形等情况确定之，在执行中，可以经过批准后，延长或缩短之。专卖品在专卖期间，无论原属准许出口货物或征税出口货物，一律禁止出口。原属征税出口货物者，免税。全北岳区范围内之专卖品，各地一律禁止出口。部分地区如专区或县范围内之专卖品，是否需要全专区或全北岳区各地一律禁止出口，在批准时确定之。专署只能在专区范围内初步批准，但得提出意见报告本会，在全北岳区禁止出口、专卖，期间终了，该项货物，仍按照边区出入口货稽征条例的规定处理之。

（五）专卖商店：专卖物品，只准专卖商店专卖出口，其他任何机关、团体、商店、合作社或个人，均不准出口，专卖商店由贸易管理局指定，但须报告政府并通知所在地专署。专卖商店违法时，本会及专署得撤消〔销〕其专卖权，严重者并予治罪。专卖商店在办理专卖品出口期间，受贸易管理局、支局之全权指挥（等于行政关系）及所在地县政府之监督（县贸易管理员负此责任）。专卖商店经营专卖情形，应定期向贸易管理局及县政府报告，县政府应切实负起政策法令的检查监督责任。专卖商店违法，应报告专署或本会处理，如有缺点和错误，可建议或提支局改正，不应直接干涉之。

专卖商店实行专卖的方法：第一是直接办理专卖出口；第二与私商合伙办理，第三委托私商办理。不论与私商合伙或委托私商办理，专卖权均属于专卖商店。办理专卖之私商违法，专卖商店应负完全责任。

专卖商店与私商合伙经营专卖或委托私商经营专卖，必须确定条件，订定合同，根据政府贸易管理局所规定之具体条件，订定合同，根据政府贸易管理局所规定之具体条件，并照顾私商利益规定之。我们的条件原则是私商保证换回最需要必需品（具体指定几种）——争取等价或高价交换（具体规定最低及一般价格），不得已换回伪钞时，伪钞须全数交专卖商店，其与边币比值须低于市价（此值具体规定）。专卖商店或办理专卖私商，均须领得出入口货特许证，持证办理出口，无证者，即为违法。

三、专卖执行中的几个问题：

（一）掌握敌我贸易情况，研究敌我贸易规律，目前情况及征象，以便预见的〔地〕及时的〔地〕掌握情况的变化。抓紧有利时机实行专卖；这是专卖成功的前提条件，这个工作主要是贸易管理局、专卖商店负责，政府也要经常注意并领导之。

（二）专卖的缉私工作：在专卖期间，保证专卖为缉私工作之中心任务，必须发动区村公所武装部门、公安部门密切配合税卡进行，单独依靠税卡力量是微弱的。

（三）专卖与内部贸易自由：专卖并不专买，内部贸易自由不受限制，专卖商店应团结合作社私商，来掌握与购买专卖品，这是必要的，但不得以任何方式实行专买。

这一指示，专署应即与贸易支局共同研究讨论，具体的〔地〕作出决议布置执行，并将布置情形报告本会。

选自《晋察冀边区财政经济史资料选编》（三），天津，南开大学出版社出版，1984年版，第364～367页。原注：“《晋察冀边区工作研究参考材料》政权建设之部（上册）晋察冀边区行政委员会编印，1944年8月1日。”

26. 晋察冀边区行政委员会关于预防兽疫的指示

1942年12月28日

（一）严重的兽疫：今春繁峙、应县等地，相继发生牛疫，繁、应两县死牛四千余头，猪霍乱也是从雁北、灵邱及阜平开始，不数月就蔓延到灵寿唐县等地。最重的地方，全村的猪都死完，因为个别的机关、部队学校的供给部门，和猪牛商人，贪图便宜，把贱价的病牛病猪贩到非疫区来，又因为各级政府对此种传染性兽疫的严重性注意不够，和农民对疫死家畜处理的〔得〕不得当，疫区就很快的〔地〕扩大起来，如不从速制止和防范，不但猪霍乱将蔓延全边区，明年春暖牛疫亦有极大发展的可能，这将影响到春耕，和威胁到边区的经济建设，因此，疫区的处理，和非疫区而可能变成疫区的预防，成为目前一个迫切的工作。

（二）法定传染病：家畜法定传染病定为牛疫、牛传染性膜肋肺炎、猪霍乱、猪疫、豚丹毒、鹅霍乱、鹅白喉、羊马驴骡之炭疽病，及马传染性流产病，这都是［有］激烈传染性的兽疫，应严禁扩大及厉行预防。

（三）防疫组织：凡家畜法定传染病流行时，疫区及接疫区，均可按当时当地之疫情，成立村、区或县级防疫委员会，防疫委员会得由政府、公安局、农会士绅，和当地驻军卫生机关共同组织，进行技术指导、检察、宣传，调查之工作，必要时，县以上政府与团体得共同另组防疫检查团，督促检查下级防疫委员会之工作，防疫委员有单独处理防疫工作之权，但须向同级政府报告，并受其领导。

（四）防疫办法：

甲、疫区当地政府，应颁发紧急布告及紧急禁令，划定疫区及接疫区，停止疫区内家畜集市，实行家畜交通遮断，禁止疫区内外家畜及其皮肉之出入，并责成岗哨严格检查。

乙、发生家畜法定传染病或疑似家畜法定传染病时，疫户必须向当地政府或防疫委员会报告，匿报者处罚，并奖励非疫户报告。

丙、疫区各村之家畜，得分为病畜、疑病畜、健畜，分别指定隔离地点，隔离时间至少三星期。

丁、凡屠宰病畜，不得在河边井口及大道旁，并严禁在河内井口洗涤一切污染器具及疫死家畜之皮肉等。

戊、疫畜及疫死家畜之廐〔厩〕舍饲槽及皮革毛角等，均须用石灰水洒布或洗涤消毒，方可利用，并严禁疫死家畜肉类之生卖赠送。

己、家畜法定传染病流行时，严禁家畜在河内及井口饮水。

（五）凡接疫区，或非疫区而可能变为疫区的各级政府，应配合当地军民，按各地情况，具体布置并将进行情形，随时报会，有关技术上的困难，亦可随时报告本会以便派员协助。

选自《晋察冀边区行政委员会现行法令汇集》，下册，边区行政委员会 1945 年编印，第 602～603 页。

27. 宋劭文：《晋察冀边区行政委员会工作报告》（经济建设）

1943 年 1 月 15 日在晋察冀边区首届参议会上所作工作报告

首先说一说边区经济建设的环境与条件：

（一）边区深处敌后，敌寇四面包围与大后方大城市隔绝，敌寇对我经常进行扫荡蚕食与极残酷的掠夺烧杀；反扫荡、反蚕食、反敌寇掠夺破坏是我们每天的生活。

（二）边区是地窄人稠、雨量不足的地区，我占乡村，敌占城市，农产虽不算少，可是风雨不调倒是经常的事。工业很落后，仅有的一些工业，大都在城市中。农业人口占全人口的百分之九十八，工商业人口只占全人口的百分之一，家庭副业小贩是边区的主要工商业，因此我们就是靠了这块土地过日子。

（三）边区在冀中冀东平原地带，生产比较发达。但战前即受日本帝国主义的掠夺很厉害，在所谓“工业日本，农业中国”的口号下，使之成为帝国主义的经济附庸。抗战以后，敌寇侵占平原更不遗余力，在所谓“确定农产”的口号下，使平原城市附近的地区成为殖民地，北岳区山岳地带一般地瘠民贫，土地比较集中，农民生活程度低下，吃糠吃树叶是经常的生活。

（四）边区由三省地区组成，经济上素不密切，无统一的货币，货尽其流、物尽其用是很困难的。

因此，我们经济建设的方针是：顽抗暴敌，克服天灾，保证军需，充裕民生，增进农产，发展手工业、小商业、合作社，活跃边区经济，力求自给自足，并为三民主义新中国的经济之发展扫除道路。本此方针，我们进行了农业、工商业、合作社、平粜、打击伪钞、树立边区本位币的各项工作，兹分述于后：

甲、农　业

民国二十六年秋边区各地丰收，但因战争初期失利，大军退却，影响农民情绪至巨，秋耕、肥料准备等工作完全没有做。冀中二十六年生产籽花不下五万万斤，大部均被敌寇以伪河北钞票套取去。二十七年边委会成立后，根据军政民代表大会的决议，“扩张耕地面积，防止新荒，开垦荒地”，积极发动群众解决肥料，并限制植棉。二十七年二月公布

“垦荒单行条例”，“凡本边区内未垦之地及已垦而连续两年未经耕种者，不论公有私有，一律以荒地论，准许人民无租垦种”；并公布“兴办农田水利单行办法”，“本边区内旧有水利事业，无论公营私营，须由负责机关积极整理，以增进其灌溉量。但其组织不健全者，当地政府得督促改组之，其组织解体者，得由本会或当地政府派人管理”，“经本会核准，开凿水利，其资力不足者，得呈请本会协助之”。在政府积极号召之下，二十七、八两年，北岳区造成垦荒热潮，只平山、阜平等九县，垦荒达一万五千余亩。禁止种大烟，反对了敌寇的“毒化政策”。在冀中，谷子、玉黍、高粱数量大增，植棉仅占耕地十分之一。这对军需民用及抵抗敌人之掠夺上都起了应有的作用。

二十八年春公布了“奖励生产事业条例”，积极提倡生产。夏季大水，我们提出“恢复耕地面积，恢复农业生产量”的口号，发动军民一齐走上生产战场，争取生产战线上的模范。是年秋公布“垦修滩荒办法”，“尽先由土地所有人积极垦修，土地所有人不能垦修者，由地方政府招人垦修之”，并限制垦荒，“凡五十度（以后又改为三十度）以上的山坡不准垦荒，只准造林”。二十九年春展开伟大的修滩运动，政府并发放三百万元的合作贷款，以解决灾民与贫民的生产困难。这一运动的具体收获，根据北岳区不完整的统计如下：

水灾前二十一县原有滩地一七〇，四二七亩，冲毁一四七，六二六亩，修复一三九，四九五亩。

当年放淤播种面积，只唐河沙河两岸滩地估计达冲毁滩地三分之一，垦修熟地（冲毁的）易县等七个县达三二，八〇一亩，农具补充三四四，二二九件（北岳区二十二县）。

种子借贷四，七六七石（北岳区二十县）。

耕畜补充牛六，九二一头（十四个县），驴二，九〇二头（八个县），骡一，一二七头（九个县）。

这一修滩运动，得力于边区子弟兵的全体动员，且看子弟兵的修滩成绩（民国二十九年春）：

帮助修滩十一万亩；帮助春耕一八一，二七八亩；折工九二五，一一二；开渠一五〇道；河浇地十万亩；掘井一六〇眼。

难怪阜平的老乡一看到沙河沿岸的麦秀稻秧，念念不忘地说道：“多亏教导团，不然三十年也修不起来。”难怪唐河拒马河沿岸的老百姓都说：“多亏了军队，不然咱们怎能活呢！”

二十八年敌寇在冀中区决堤，随着决口者一百八十五处，灾区辽阔，因而冀中农业建设的工作中心始终就放在治水上边，计：

	修险工	筑堤	堵决口	浚河
二十七年			五处	
二十八年	十二处		一五〇处	
二十九年	五十九处	三十三条（长五二八里）	一九七处	九道（长一六五里）
三十年		筑滹沱河堤七十里	两处	潴龙河八里
三十一年		四十五里		

就在冀中军民积极兴修水利的运动之下，冀中不止克服了二十八年大水灾的灾害，并

且二十九年有了一个很好的丰收。在兴修水利中筑滹沱河堤七十里，浚河一百六十五里，筑堤五百二十八里，为民国以来少有的大工程。除非有军民极亲密的团结，群众有高度的组织性，［否则］怎能于战时完成这些工程呢?

从二十七年以来，我们就注意到山地农业生产的提高，主要在于兴修水利，因于二十八年春提出“变旱田为水田”的口号，三十年又提出发展“开小渠运动”以期积小〔少〕成多，收效普遍。我们的一些水利专家、水利技术人员，终日在东奔西跑地勘查测量、监修渠坝、指导放淤。在北岳区，历年兴修水利的成绩如下：

二十八年

整理旧渠一二三道（浇地九二，二六四亩）　　（十三县）

开新渠七十四道（浇地三〇，六二〇亩）　　（十一县）

凿　井二四五眼（浇地一，八四二亩）　　（三县）

修　滩

二十九年

整理旧渠二六一一道（浇地一九八，七五九亩）（十三县）

开新渠一二一六道（浇地一九，九〇〇亩）　　（二十五县）

凿　井一八四三眼（浇地一七，〇五三亩）　　（十三县）

修　滩一三二，八八六亩（十八县）

三十年

整理旧渠

开新渠七〇一道（浇地六〇，七七〇亩）　　（十一县）

凿　井

贷款开渠二十三道（浇地九一，七八〇亩）

修　滩

修堤坝

三十一年

整理旧渠六十四道（浇地一三，一二三亩）　　（九县）

开新［渠］二五六道（浇地二〇，八四四亩）　　（十五县）

凿　井一，〇二六眼（浇地三，一八三亩）　　（十二县）

贷款开渠

修　滩一三，七三三亩（十一县）

修堤坝一百道（护地一三，四六二亩）　　（六县）

从二十八年到三十一年，北岳区二十九县的总计开渠二，二七二道，浇地四一八，一三六点四亩，修滩一四六，三四九亩（二十二个县），凿井三，一一四眼，浇地二二，一二八亩（十七个县），修堤坝一七五道，护地四〇，九一一亩（五个县）。北岳区的水利工程，在战争中能修者大体已修复或开凿，今后应着重开小渠，工小易举，不易破毁。滩地一般已修复，护滩工作，当前非常重要，一半以上的滩地，危险甚大，这是我们今后应当多所努力的。

边区的农业生产，在残酷的战争中所以能获有今日的成绩，主要是因为，春耕夏耘秋收冬藏的全部工作，都是党政军民一齐动员下手进行的。边区的粮食不只由汗得来，并且流过许多抗日军民的血。三十年的秋收是在反扫荡中用战斗任务完成的，三十一年的春耕，在敌寇所谓“无人区”封锁沟线外，是靠了枪弹，及各种斗争种下去的。没有这些斗争，也就没有我们的饭吃。兹将三十年秋收、三十一年耕种收打工作中，子弟兵帮助耕作数字录后：

三十年秋收秋耕四九，二〇五亩

三十一年帮助耕耘五一，一八九亩

帮助打收七三，一三五亩，又三，八五一［个］工

帮助送粪修地等一一三，七二四个工

此外，边区五年来的牧畜事业及造林事业，因历年敌寇一再摧残，损失至大，二十八年春边委会有一人一鸡、一家一猪的号召，人民纷纷响应，但于秋季反扫荡中，大部为敌食用，其后虽经我人民一再努力，而收效甚微。三十一年养羊养鸡者稍增，但远不及战前水平，牛骡驴等耕畜及运输力，则远不及战前了。当前牛瘟猪瘟很厉害，猪牛死者甚多，正积极防止其蔓延。牲畜缺乏，是我们今后应当设法补救的。农事试验，边区农林牧殖局三年来在谷品种、玉黍茄子杂交、种子储存等试验均有成绩，这是今后应设法推广的。

乙、工　业

“发展农村手工业，促进农家副业，提倡较大规模的手工业经营，发展国防工业”，这是边区军政民代表大会的决议。因此，我们发展工业的重心，始终是放在手工业与副业上。只有部分的军需工业才作工厂的经营。边区人民的生活必需品，除食粮外，最主要的有：棉、布、盐、油、纸张（机关需要多）。因此，从边委会成立以来，我们就注意了这些工业的发展。但以边区战争频繁，敌寇不断破坏我生产工具，举凡纺织机、水磨、纸厂……历年均一再被敌捣毁者，这就使得广大人民裹足不前。不过，在政府积极奖励、提倡之下，还稍微有些成绩。

冀中及冀西平汉路沿线，一向家庭纺织业就很发达，二十六年受了战争影响，大部停顿。二十七年边委会成立后，社会秩序逐渐安定，号召各地恢复纺织业，不久即行恢复。二十八年号召手工纺纱，以代替洋线。二十九年曾提倡推广四十四根线的纺纱机，但以边区钢铁困难，木制机器转动不灵，未能推广。三十年冀中改造旧纺机，制成脚踏机、畜力机，每架机子日出纱二至八斤，稍有成效。在三十一年已开始部分推广。此外，在毛织方面，从三十年工矿局进行试验，三十一年即织毛毯、毛线、毛衣，略见成效。现在行唐有两家毛织厂，灵寿有三家，平山有三家，唐县有一个弹毛工厂，繁峙有两家纺织厂。出品有毛线、毛背心、毛衣、毛毡，仍在推广中。

为解决边区纸张困难，二十七年以来，除积极恢复各地纸厂外，并鼓励民商进行造纸工业。三十年先后发明稻草麦秆、白草造纸均成功。现北岳区有纸厂十个，月出纸张，不无小补。冀中区自三十年提出“纸张自给”后，人民以合作形式经营纸厂二十九处，三十一年增至四十三处，月出纸二百八十万张，解决问题不小。

自太平洋战争爆发后，煤油缺乏，榨油工业逐渐恢复发展。现在北岳区有公营油坊十二家，私营一百八十三家。冀中在三十年有四十四家。此外，北岳区的水磨，各县均有建造，编草帽辫已成为冀西普遍的家庭副业。冀中自二十九年号召熬硝盐以来，产量大增，

已可自给。

边区的手工业与家庭副业，抗战以来，一般在衰退着。三十一年，政府为奖励其发展，特规定家庭副业一律免征统一累进税，工业收入税亦大大减轻，这对副业与手工业的发展，起了极大的刺激作用。在敌寇疯狂地破坏毁我生产工具中，游击区的人民，已有许多把织布机搬到巩固地区织布。政府特予贷款帮助，巩固区的磨坊、纸坊、油坊，亦时刻作〔做〕着战斗准备。我们仅有的这一些手工业、作坊，也都是从战斗中生长起来的。

边区公营工业，除少数试验厂所外，均为军需工业，由军区经营，这里不谈。工业试验，由工矿管理局进行，两年来有不少成绩，如植物油试制轻油，植物酸试鞣皮革，大炭化铁，蒿类造纸，皮毛染色，毛纺毛织，枣制酒精，试制玻璃，以及油墨、电池、磁〔瓷〕器、工具等，都能利用土产，研究新法，解决部分困难问题，借以推广工作很差，在全部工业上起得〔的〕作用不大。

丙、商　业

我们的贸易政策是内部贸易自由，发展小商贩，严格管理对外贸易。禁止敌方奢侈品倾销边区套取我之必需品，非必需品收税入口，严禁粮食棉花资敌。二十七年春在边区正确的贸易政策实施之下，各地商业都恢复繁荣起来了。二十七年秋季反扫荡中，商业受到一些影响，但随着反扫荡的胜利，商业又逐渐繁荣起来，一时粮食大量出口，奢侈品如花露水、儿童玩具、纸烟等大量入口。因于二十八年二月颁发禁粮出口禁令，随后并颁发外货入境税暂行办法，限制消耗品入口，二十九年夏禁止纸烟入口，这些措施，对边区经济的自力更生都起了很大的作用。二十九年随着合作社的开展，出入口税的按县征收，自卫队的乱“戒严”，发生许多合作社垄断商业、排斥小贩，税局过境征税、乱征乱扣，及自卫队假“戒严”之名，留难商人、小贩等不良现象。二十九年夏迄三十年初，先后纠正合作社垄断商贩的违法行为，停止自卫队“戒严”，取消各县税局，改为边境设卡，统一由出入口税局领导。实行以来，把限制内部贸易自由的偏向逐渐清除了。二十九年秋季反扫荡后，敌寇对我经济掠夺益甚，企图从经济上摧毁我根据地的阴谋更形显露，封锁统治，摧残我之集市，强迫老百姓到据点赶集。三十年继反扫荡之后，进行蚕食，大量挖封锁沟，抢掠套取我方物资。因此，这一时期的贸易斗争，中心是掌握集市，掌握游击区物资，对敌展开市场争夺战，坚持我之集市，掌握物资。三十年底，并公布了粮食、油、榨油原料、棉花、布匹、皮毛、铁、铁器等八种物资运销紧急处置办法，严禁出境，予敌寇掠夺阴谋以很大打击。三十一年彻底整理了合作社，内部小贩空前活跃，脚户也增多了，但对外贸易的管理工作还不紧，粮食出口者仍多。加强管理，加强缉私工作，是当前应该抓紧进行的。

在公营商店及贸易管理方面。在北岳区二十七年春建立了裕民公司，有些县建立了贸易局或裕民公司分店，迄二十七年秋季反扫荡之后，裕民公司结束，公营商店交县管理。实行一年，各县管理商店照顾不过来，遂于二十九年秋成立贸易管理局，统一管理。当时贸易管理局与税局分设，致管理出入口不便，因于三十一年初将税局结束，其工作转移于贸易管理局，但管理工作始终限于征税缉私。在冀中区，二十七年底成立冀中贸易总局，于二十九年反围攻后结束，改建专区贸易局，领导县局。三十年九月改组贸易局与税局，为冀中区贸易管理局。

冀中区公营商店共九个，公资一百万元，私资四十八万七千元，于去年反扫荡后均停止，账未结。

边区公营商店，在统一采购、调整物价、平抑物价、团结商人方面，是起过许多作用的，但是在控制物资、团结广泛的商人、对敌斗争、调剂民生上起得〔的〕作用还很不够，在贸易管理上，稽查缉私、杜绝粮食出境还未获有效办法。我们现在正在解决这些问题。

丁、合作事业

边区经济主要是小农经济，小的生产，小的消费，大部分人家，经济力量很小，一点余粮，不能跑到远的市场出卖，小的消费品不能跑到远的市场上购买，特别在抗战环境中，布、盐、油等日用品，经常感到购买困难，所收山货，经常感到卖不上价去。为了改善人民的生活，对敌进行着经济斗争，减少奸商垄断操纵，调济〔剂〕边区经济，组织合作社是一个最好的办法，一个人一元两元，集〔积〕少成多，一个村一个村组织，互相联系，逐渐就形成组织的力量。

二十七年边委会成立后，提倡组织新合作社，整理旧合作社，不分穷富男女人人均可入社，社股每股五角，以期普遍。冀中冀西的旧合作社，有的进行改组，平山、行唐、灵寿、井陉、阜平于二十七年夏相继组织新社，妇女以做军鞋所得鞋价入股者甚多。二十八年春边委会公布“合作社暂行规程”，号召各团体积极发动群众组织消费、运销、生产信用各种合作社。二十九年边区银行举办三百余万元之合作贷款，政府训练三百多名合作干部。二十九、三十两年，合作社在北岳区均获空前的开展。但在发展过程中，因区村干部对合作精神了解不够，强迫入股、排挤商人、发财营利、脱离群众等恶劣倾向相继发生，尤以北岳区为最严重。三十年开始纠正此种倾向（冀中合作社于三十年即走上正轨），三十年北岳区全面展开整理运动，彻底清算，使合作社走上正确道路。五年来合作社的发展情形先看下边统计：

北岳区五年来合作社统计：

	社数	社员	股金（元）
二十七年	14	—	—
二十八年	1 272	59 397	96 960
二十九年	4 120	498 478	1 018 490
三十年	4 452	497 947	1 429 081
三十一年	1 892	190 855	855 359

冀中区各个时期合作社发展情形：

二十八年九月至二十九年四月（1）	
社数	2 529
社员	553 356
股金（元）	661 051
二十九年五月至二十九年七月（2）	
社数	3 338
社员	1 130 000

股金（元）	2 725 560
二十九年七月至三十一年五月（3）	
社数	4 037
社员	2 059 084
股金（元）	7 021 472

注：（1）每股股金五角，只统计了八、十两个专区及九专区的一部分。
（2）内有专区联社 4，县联社 19，区联社 165，村社 3 150，十一专区因反扫荡未成立。
（3）内总社 1，县社 30，村社 4 006。

从以上统计数字可以看出：

（1）冀中合作社，在三十一年五月以前，已经成为一个伟大的群众运动，有将近一半的人口，参加到这一运动中来。二十八年严重的大水灾后，合作社调济〔剂〕粮食十万石，售价低于市价五分之一，救济了二十五万灾民。三十年以来进行了胜利的对敌经济斗争，对敌人需要的物资（粮食、棉花等）予以严厉的封锁，克服不等价交换，提高猪、鸡蛋、苇席、梨的售价，给群众谋得很大利益。克服了奸商的垄断，如三十年统累税征收中某县边币缺乏，粮价低落，奸商操纵边币，合作社乘机购买粮提高粮价，放出边币，如合作社借给社员棉花纺织，织好收布，发给织价，消灭了群众卖贱、部队买贵、奸商操纵现象。

（2）二十九年五月至七月短短三个月中，冀中合作社营业总额达二千三百余万元，盈余达三百九十余万元，每一股分红即超过原股，因此获得广大群众的拥护。

（3）冀中合作社的中心业务是运销，但运销与手工业生产及人民必需品消费密切联系起来，一切从群众利益出发，在坚持对敌斗争中取得胜利。

（4）北岳区合作社于三十年发展数量最多，但并未成为一广大的群众运动，为部分的人操纵把持投机发财，一般与广大群众利益脱节（也有些好例子），致遭群众不满。三十一年彻底整理后，数量减少一半以上，而质量却提高了。年前银行贷出救灾贷款一百六十余万元，帮助合作社进行运销事业，今年估计会有很大的成绩。

冀中去夏反扫荡后，合作社大部被敌摧毁，至为可惜，现在逐步整理。北岳区合作社进一步使其成为群众自己的组织，吸收广大人民到经济战线上来，是今后的严重任务。平北冀东因工作开辟较后，环境残酷，合作运动尚未开展，应学习冀中经验，逐步进行。

戊、平粜

冀西一带，每年春夏之交发生粮荒，二十八年大水灾之后，二十九年情况更形严重，当时虽用党政军民的最大力量救济了灾荒度过了困难，但三十年的春荒仍然可以预见。边委会有鉴于此，因于二十九年秋号召人民集股购粮组织政民合办平粜局，专司其事。当时政府以财政困难，责成银行发行一部期票。三十年一月至三月，三个月中，期票发行达三百四十三万五千三百五十元，募集民股达二百四十七万八千三百九十元，合计平粜资本五百九十一万三千七百四十元，购到粮食六万零一百零一石（二十七斤斗），这是一个很大的收获。但是当时因准备不足，宣传解释不够，致发生许多严重的强迫命令现象，募集民股、认购期票均有“按滩〔摊〕分派”的情形发生，并且经政府一再电令纠正，有些已〔已〕措手不及，殊多遗憾。三十一年五月期票如期退还本息，人民对期票的疑虑当即消除，但又遭部分的合作社、贸易局强迫以期票入股，经过严厉纠正后，大部分都解决了。

由于平粜购粮的胜利，及时掌握到大量的粮食，因此三十年度的军需民食获得了很好的保证，全年粮价非常平稳，每市斗小米通年市价在五元左右。

从上述可以看出，青黄不接时对于阻止粮价暴涨起了很大作用。这是什么道理呢？

（1）平粜调剂了公粮，使政府在购粮补充军需［时］，不需要到市场上采办，减少了粮食市场上的竞买现象。

（2）有了平粜，平稳了市场上粮价。例如易县五区南管头五月二十四日集市玉角每斗涨到八元一角，平粜局开粜每斗七元二角，当集就平稳在七元五角，第二集就落到七元二角以下。如唐县七区雹水集在四月里粮价高涨到小米每市斗由五元八角到七元，平粜局即开粜了三集，仅平粜了七石一斗，即由七元降到五元。

（3）因为平粜局粮价高则出粜，粮价低则收买，保护了粮商的利益，消除了垄断居奇现象。

由于平粜有了一年的经验，三十年秋，不再集股，用已有资本五百一十七万元进行购粮，适当打击了敌寇掠夺粮食的阴谋，及时掌握了三万零一百八十六石（大斗）粮食。于三十一年四、五、六月粮价飞涨之际，进行了平粜稳定粮价的工作；但因北岳区于三十年秋季反扫荡后巩固区的缩小，游击区的扩大，产粮区受到损失，平粜粮掌握数目过小，平粜作用起得不够。

两年来平粜帐〔账〕目总结如下：

（1）三十年度的平粜总结账目：

摘要（收方）	金额（元）
资本	5 913 743.440
粜粮收回成本款	102 812.365
粜粮盈利	26 671.757
一二专区付余款	60 451.894
收方合计	6 103 679.456
摘要（付方）	金额（元）
调剂公粮	4 852 067.990
调剂民食	102 812.365
粮食损失折价	7 990.833
存粮值价	444 156.160
现款损失	16 269.810
上解边区款	389 488.480
专区存款	290 893.818
（转入下年度购粮）付方合计	6 103 679.456

（2）三十一年度平粜初步总结账目：

摘要（收方）	金额（元）
三十年度转入	290 893.818
现拨各专区购粮款	4 351 707.790
粜粮收回款	363 253.000
粜粮盈利	166 405.055
收方合计	5 172 259.663

摘要（付方）	金额（元）
调剂公粮	4 309 289.866
调剂民食	363 253.000
营业开支	11 324.060
上解边区款	16 139.720
损失	814.150
结存边区款	139 901.060
结转下年度	331 537.807
付方合计	5 172 259.663

检查两年来的平粜局工作，固然在调剂军食民食上获得许多成绩。但以股东太多，股东大会不易召开，致股东应享权益，未能实现，使政民合办平粜局，完全受了政府的支配，这是很不妥当的。因此三十一年五月已决定清理民股发还本利，游击区大部分已进行，巩固地区开大会后亦将全部退还。今后平粜工作，全交工商管理局进行，平粜局即行裁撤。至期票仍未取得现款者，请向政府声明，政府当予负责追究。

己、货币金融

边区为晋察冀三省毗连地区组成，可是一向三省均有其省本位币，流通数量至巨。在晋察两省，向来法币流通数量不多。边区形成，边区人民在经济上已成一体，互通有无，密切经济上的联系，是刻不容缓的。当时边区没有统一的货币，法币流通数量较少，不能发挥沟通三省金融的作用，特别是山西、河北之间交易，因晋钞、河北钞不能互相交换，受阻甚大。且敌占平津、保石、太原后，控制河北银行、山西省银行等钞票，大量伪造河北钞套取我物资，废除察钞，挤向我区。为活跃边区经济，逐步进行经济建设，打击敌寇掠夺阴谋，边委会成立后，特遵照军政民代表大会决议抽资组织边区银行，授权该行发行边币，以解决此困难。

二十七年三月二十日边区银行成立，并以法币作基金发行边币。同年三月十日，伪联合准备银行成立，发行伪联银券。但“边区票是抗日票”，伪联银券是“鬼子票”，我抗日人民均乐于接受抗日票抵制鬼子票。敌人见计不成，于是大量伪造河北钞与平市官钱局的小票子，以套取我物资，并将大量平津杂钞挤向我区。当时边币准备充足，发行慎重，信用逐渐建立。二十七年秋季反扫荡胜利后，边币在群众中的信用就巩固起来。边委会因于二十七年五月以来，逐步进行了统一边区货币、打击伪钞、抵抗敌之经济掠夺的工作：

（1）二十七年五月禁止河北五元伪钞（大红袍）流通，同时打击河北铜元票出境。

（2）二十八年一月打击保商银行钞票出境（当时敌区已禁止流通）。

（3）二十八年五月初停用平津杂钞。

（4）二十八年五月初，将河北省银行钞票逐步贬值，以免人民受害，至八月全部打出。

（5）二十八年底至二十九年初，边币辅币已发行到一定数量，下令各县整理土票，限期收回，逐步肃清。

（6）二十九年初因晋钞狂跌，晋东北人民拒绝使用，逐渐流向边区境外。

（7）二十九年二月为维护法币，防止敌寇吸收，套取外汇，宣布用边币兑回保存，停止在市面流通。同年六月，天津英法租界开放，四行存银被敌强迫接收，法币被敌强行索取，贬低币值。

至二十九年夏，边区货币完全统一、金融稳定，人民称便。敌寇以杂钞票掠取我物资的诡计不成，伪钞又在我严重打击之下，敌人乃以敌伪票据打入边区，侵占市场套取物资。同年秋，我们将敌伪票据多数打出去。二十九年冬三十年春，敌又以大量消耗品倾销边区，套取必需品，经我们改订出入口货税则严密稽征后，敌之诡计又告失败。三十年秋季反扫荡后，随即爆发太平洋战争，敌寇一改倾销政策为严密的封锁政策，放松套取政策，进行更残暴的掠夺政策，并攫取大量法币贬值至一毛两毛，向我根据地排挤。我之阵地虽因敌之扫荡、蚕食有些缩小，但在我积极反扫荡、反蚕食、反掠夺的斗争之下，边区货币阵地也同边区抗日根据地一样屹然未动。

三年以来，边区对敌货币斗争是胜利的。三十年以来，在对敌贸易上，虽因我市场缩小边币比值低于伪钞，但这只是暂时的现象。一俟希特勒灭亡，同盟国对日全面反攻，完全建立在枪杆子上的伪联银伪蒙疆钞票，很快就要成为阴朝票子了！相反的，边区钞票，必将随着同盟国的反攻，中国的总的战略反攻，一再扩大其行使地区而成为广大中国同胞更加爱惜的钞票。

边区银行，是边区人民自己的银行，它为边区一切抗日的人民服务。放款、存款、汇兑等业务的开展，对于边区经济的活跃、人民生活的调济〔剂〕与改善上起着极伟大的作用。从二十八年以来，边区银行为救济水灾、开展合作事业、发展工商业、解决春耕困难、发展运销事业，放款达一千八百余万元，如下表：

	二十八年	二十九年	三十年	三十一年
商业放款	11 776.88	239 779.2	5 646 237.28	7 516 572 720
合作贷款		2 843 080	91 995.30	
生产贷款			145 750.00	164 650
工业放款				2 214 339
农业放款				2 214 339
救灾放款				1 550 000
合计	11 776.88	3 082 859.2	5 883 982.58	

贷款的广泛、深入、低利、真正解决问题，这是从来的银行比不上的。不过在农业贷款中，有些村子村干部独享利益、排斥别人，这是要大家一齐纠正的。合作贷款过期一部尚未收回，这需要接受贷款的人识大体、明大义，很快还清。

边区银行是边区的金融中心，五年来，边币发行指数如下：

二十七年	100
二十八年	396.34
二十九年	835.75
三十年	844.53
三十一年	1 229.95

这样一点数字，在反攻阶段以来，是不足应付市场需要的，因此，今天我们就需要准

备反攻阶段以后的工作。边区钞票靠着边区人民的政府作后盾，它会继续壮大，继续在广大人民中树立更高的威信。

边区五年来在极残酷的对敌斗争的环境中所进行的经济建设，略如上述，在保证战时军需民用、活跃三省经济上尚有收获。至于五年来在游击地区我军民为反抗敌伪之掠夺勒索，广泛的〔地〕开展不资敌斗争，更是与其他各种对敌斗争密切结合，获得许多光辉成绩，这里不再多谈，今后更进一步地抓紧对敌经济斗争，动员游击区、敌占区同胞反抗敌寇之一切掠夺，提高农业生产，活跃运销事业，彻底实现禁粮出境，是我们当前的严重任务。

选自《晋察冀边区行政委员会工作报告》，边区行政委员会1943年编印，第55～77页。

28. 晋察冀边区兴修农田水利条例

1943年2月19日晋察冀边区行政委员会公布

第一章　总则

第一条　为开发农田水利，增加农业生产，特制定本条例。

第二条　凡边区可资利用之河流泉水，人民均得开凿利用，但工程费用，大于所灌土地之受益或对边区生产价值得不当失时，不得开凿。

第三条　开渠凿泉，不得损害他人房屋、坟墓或其他地土建筑物，遇有不可避免之情形者，须报请县政府核准。

第四条　人民开渠凿泉，其资金不足或技术困难者，得报请边区行政委员会协助。

第二章　土地占用

第五条　开渠凿泉，所占用之土地，无论公有私有，须经所在地县政府批准。

第六条　开渠凿泉，所占之土地，地主有要求地价或租金之权，其数额由县政府按当时当地情形规定之。

前项土地如系租佃关系，土地使用人得按比例要求地主免去占用土地部份〔分〕之佃租金，如系典当关系，土地使用人有要求占用土地部份〔分〕租金之权，于土地回赎后，地主有要求占用土地部份〔分〕地价或租金之权。

第七条　开渠凿泉占用不能生产之土地，地主不得要求地价或租金。

第三章　费用负担

第八条　开渠凿泉所需建设工程费用（即建设新渠之费用），得依地主受益程度，分段分等按亩分担。

前项土地如系典当关系，建设费用，应由土地使用人全部垫付，于土地回赎时，由地主偿还之；如系租佃关系，建设费用，应由地主按比例担负，佃户按此例垫付，于退佃时由地主偿还之。地主偿还之费用均以其未失效能部份〔分〕之工程价值为限，但双方另有约定者依其约定。

第九条　渠泉所需岁修工程费用（即修旧渠之费用）不论典当租佃关系，应由土地使用人按受益程度分别负担，但典当租佃双方另有约定者，依其约定。

第十条　开渠凿泉，土地转移时，因开渠凿泉所负公私债务，应由旧地主负担，但双方另有约定者，依其约定。

第四章　水量分配

第十一条　开凿新渠，应先估计水量，确定灌溉面积与灌溉地户，如确定之灌溉面积水量无余，即不得增加地户。

第十二条　原有旧渠水量使用有余时，始得延长干渠支渠，延长渠道部份〔分〕之土地，仅能使用余水，不得要求同旧渠平均使水，以免影响原有灌溉面积所需之水量。

第十三条　在上游另开新渠时，以不影响下游旧渠灌溉面积所需之水量为准。

第十四条　河流两岸，渠道上下相错之渠口，遇有水量不足时，须各保持原有地位，不得上下移动渠口，并不得将一渠渠底单独挖深，妨害他方使水。

第十五条　如系清水、洪水两用水渠，则在洪水时期，须尽先使用洪水。

第十六条　灌溉地区，非经分畦平垫，不得使水，以免浪费时间和水量。

第十七条　灌溉使水，应由支渠开口，干渠非经许可不得另开新口。

第十八条　水量分配与灌溉次序，须依作物种类、耕地面积，及不同时期实有水量定之，任何人不得要求平均使水。

第五章　水渠管理

第十九条　开凿水渠，应由灌溉有关之村庄，共同组织渠工委员会，负责计划工程、收支款项、动员人力，及其他有关工程上之事宜。

第二十条　工程完竣，应由受益地户，共同组织渠道管理委员会，接收渠工委员会所经手之事项，负责修理渠道、收支经费、分配水量，及其他有关渠道上之事宜。

第二十一条　渠道管理委员会，于每年开春，必须指挥受益地户，疏浚渠道一次，所用人工，由使水地户按比例分担。

第二十二条　使水地户，均须在渠道管理委员会注册，登记灌溉亩数。旧户之退出，新户之加入，须经渠道管理委员会之许可。

第二十三条　使水地户，应按支渠分组灌溉，每组互推组长一人，依照渠道管理委员会所指定之时间，通知使水地户，按时轮流灌溉。

第二十四条　使水地户，如在指定灌溉时间未曾使水，即须待下次分配时间使水，不得另作使水要求。

第二十五条　渠道管理委员会，须召集使水地户，规定渠道公约，互相遵守。

第二十六条　渠工委员会，及渠道管理委员会之组织另定之。

第六章　附则

第二十七条　本条例自公布之日施行，前颁晋察冀边区兴办农田水利暂行条例，同时作废。

选自《晋察冀边区行政委员会现行法令汇集》，下册，边区行政委员会 1945 年编印，第 604～607 页。

29. 晋察冀边区行政委员会关于组织各级经济委员会的决定

1943年3月5日

一、为统一步调，集中力量，加强对敌经济斗争，发展国民经济，特决定由军政民各机关、团体及各经济部门共同组织经济委员会。经济委员会的任务为：(1) 确定对敌经济斗争与发展国民经济的方针和工作计划；(2) 统一作战步调，密切各部门的工作配合；(3) 调整各部门的关系，解决部门互相间发生的问题。

二、经济委员会，为政府的专门委员会，分边区、专区、县三级。边区经济委员会，由边区政府主任委员、实业处长、军区副司令员、北岳区抗联会主任、合联会主任、工商局局长、银行经理七人组织之，由工商局局长任主任。各专区经济委员会，由专员、实业科长、军分区司令部或政治部一人、抗联会主任、合联办事处主任、银行办事处主任、工商局局长七人组织之。县经济委员会，由县长、实业科长、驻军政委、县抗联、县联社、工商局、银行营业所各一人组织之。其无驻军者由县游击队政委参加，无实业科者，由财实科长参加，无工商局者，由工商管理员参加，其他部门不全者，委员可减为五人或三人。专区、县经济委员会主任，由出席之各委员互推之。

三、各级经济委员会，无上下级组织关系，但可有工作上的联系。各级经济委员会的决定，同级军政民机关团体及各经济部门均须一致执行，但下级经济委员会的决定，不得违背上级经济委员会决定的原则，同时县经济委员会有关两县以上、专区经济委员会有关两专区以上的决定，必须经同级政府转报上级政府批准后方得执行。上级经济委员会的决定，除通知参加各机关、团体、经济部门外，同时通知下级经济委员会；下级经济委员会的决定同样除通知参加各机关、团体、经济部门外，同时送上级一分。

四、各级经济委员会之决定，以委员过半数之同意为之，少数服从多数，但专区、县工商部门合作部门，在业务社务方针或计划与同级经济委员会之意见不一致时，得暂缓执行，报请各该上级，根据上级经济委员会决定之方针计划解决之，以免影响其社务业务。

五、各级经济委员会之委员，均由同级政府聘请之，委员会不同于联系会议，委员必须固定，不得随时派代表参加，同时各委员应分工负责，搜集情报，研究问题，加强经济委员会实际工作，以免临时集会、仓促决议、空洞形式之弊。

六、参加经济委员会之各部门，均需随时供给同级经济委员会以各项经济情报与总结材料。各级经济委员会，均需编印经济通报分发各经济委员，及上级经济委员会。通报编印工作，指定各级工商管理部门兼办。

七、各级经济委员会之会期与工作制度，根据本决定之原则自定之。

八、除边区经济委员会巳〔已〕成立外，专区、县应由专署、县政府即速根据本决定，成立经济委员会，并将成立日期报会。

选自《晋察冀边区财政经济史资料选编》(一)，天津，南开大学出版社，1984年版，第553～554页。原注：“《边政导报》第5卷第2期1943年3月8日。”

30. 晋察冀边区修滩条例

1943年3月25日

第一条　为便利人民修滩，保障滩地所有权，扩大农业生产，特制定本条例。

第二条　沿河无主荒滩，边区人民均可呈请县政府核准，领取执照承收〔修〕之。此项荒滩，修滩人修竣后，得向县政府领取证书，长期无租耕种。

前项荒滩之承修，贫苦抗属及贫苦农民，依次有优先权。

第三条　沿河私有荒滩，原属自耕者，尽先本主垦修，本主不能垦修者，得由他人垦修之。原系租佃滩地，尽先租佃户垦修，租佃户、地主均不能垦修者，得由其他人垦修之。

第四条　私有荒滩，由租佃户或其他人垦修者，修滩人须与地主订立垦修契约，规定年限，按照实际情形，为三年至九年之无租使用，契约期满，地主得照契约认地，收回使用，依照租佃债息条例收回土地之规定或与修滩人另订租佃契约。

前项滩地使用年限，包括垦修与耕种之年限在内。

第五条　私有荒滩，原系租佃，但地主系抗属或家境贫寒者，得与租佃户合力垦修，垦修期间之收益，按双方出资出力之此〔比〕例分配。契约期满，租佃户部分之权益，适用第四条之规定。

第六条　地主个人垦修或与他人合力垦修之滩地，其收盆〔益〕分配由双方自行约定之。

第七条　凡垦修荒滩，其工程巨大者，得报请当地政府或转报上级政府协助之。

第八条　凡集体垦修荒滩，得建立修滩委员会，拟定计划进行。修滩委员会之组织另定之。

第九条　垦修荒滩，不得破坏各项水利之规定。

第十条　滩地原有之树木，或为保护滩地新栽之树木，其收益分配，由地主与修滩人自行约定之。

第十一条　本条例公布前修竣滩地，地主与修滩人已定契约，规定年限者，依其约定，未定契约及已订契约不合规定者，一律按照本条例之规定，补订或另订。

第十二条　本条例自公布之日施行，前颁晋察冀边区垦修滩荒办法同时作废。

选自《晋察冀边区行政委员会现行法令汇集》，下册，边区行政委员会1945年编印，第611～613页。

互校版本：《晋察冀边区财政经济史资料选编》（二），天津，南开大学出版社，1984年版，第319～320页。原注：“《晋察冀边区行政委员会现行法令汇集》下册，1945年12月15日。”

31. 晋察冀边区县联社生产贷粮办法

1944 年 2 月 4 日

一、本社为恢复与组织劳动力，扶植社员非社员之生产，开展信用业务，特举办生产贷粮。

二、贷粮由村社办理，其村社不健全者，由附近健全之村社办理之。

三、贷粮以有劳动力、能参加生产、缺乏粮食者为限。具有同等条件社员有贷粮之优先权。

四、粮种以本社所有粮种为限。

五、本社贷粮由政府公粮中拨给，拨粮手续与还粮手续由本社与县政府商定之。

六、村社贷粮除由本社供给一部份〔分〕外，村社得吸收社员与非社员存粮办理之。

社员与非社员存粮办法如下：

1. 存粮人将存粮数量、种类告知村社，订定归还时间、次数。

2. 粮食交到村社，由村社开给收据，自出据之日起计算利息。

3. 存粮利息，社员最高月利一分，非社员最高年利一分，均以粮食计算。

七、社员向村社贷粮，由社员小组互保，非社员须另找二人作保，保证借粮用于生产、恢复劳动力，并保证到期归还。

八、社员贷粮利息最高年利一分，非社员贷粮利息最高月利一分，均以粮食计算。

九、贷粮分麦秋后大秋后两次偿还，其须于麦秋后一次偿还或数次偿还者听，但均须于贷粮时订明。

十、贷粮以小米为本位，麦秋后还麦者以一斤三两折米一斤计算。借玉茭还米或还麦者，以一斤三两折米一斤，一斤折小麦一斤计算。如还杂粮，按当时当地市价折算之。

十一、每人贷粮数量由村社根据社员、非社员实际需要决定之。

十二、村社贷粮工作，生产委员会及政权团体均得参加意见，但不得干涉合作社手续及违反本办法之各项规定。

选自《晋察冀边区行政委员会现行法令汇集》，下册，边区行政委员会 1945 年编印，第 663～664 页。

32. 晋察冀边区行政委员会关于合作社工作的指示

1944 年 2 月 10 日

根据此次北岳区经济会议的决定与精神，对合作社与政府的关系、合作社的设置与组织、政府对合作社的投资、合作社的业务及清理合作社的账目，做〔作〕如下的指示：

一、合作社与政府的关系：政府对合作社有指导关系，县政府区村公所对县联社区办事处村合作社要积极扶植与帮助，健全扩大其组织，政府在执行法令范围内，并有检查合作社之权（依法令检查其是否合于组织条例，是否按规定投资于生产事业，贷粮贷款是否按规定进行等），但不得干涉其业务。区公所对于区办事处，同样有指导关系，但区办事处系受县联社直接领导，区公所及区办事处均不得变更县联社决定原则，只能根据县联社之原则，确定具体执行办法，县联社区办事处村社要遵守政府法令，具体实现政府经济合作政策，根据政府一定时期经济建设方针从业务上完成任务，在进行工作确定业务计划时要与各级政府多加协议征求意见。

二、县联社区办事处的设置与业务经营，须根据各县具体情形决定：

1. 凡未成立村合作社之县、区，不得设立县联社及区办事处，由县实业科合作指导股分派区合作指导员负责指导各村成立村社。俟村社建立达全区行政村三分之一以上时，区成立区联社，有三个区联社以上时，县成立县联社。县联社正式成立后，区联社改为区办事处。村合作社区联社县联社之成立均须报县政府登记批准（实业科合作指导股负责），经批准后方为正式成立，正式成立之区联社县联社得开始营业。

2. 现有县联社区办事处之县，其县联社区办事处已营业者，仍暂继续营业至四月底为期，村社健全不及行政村数三分之一以上者，区办事处停止营业，并撤销区办事处，改设区指导员，全县区办事处不及三个者县社停止营业，并撤销县联社。村社健全之标准如下：

（1）干部称职，账目清楚。

（2）社员股金以全村人口平均每人十元（约折小米一斤）为准，村社股金至少在二千元以上。

（3）社员均参加小组，同时有五个小组经常有经济活动，制度健全者。

三、县联社区办事处的编制干部调动与供给：

1. 编制与干部调动：

（1）县联社编制分为三等：有三个至四个区办事处者，为丙等县社，五个至七个区办事处者，为乙等县社，八个区办事处以上者为甲等县社。甲等县社干部九人，乙等县社干部七人，丙等县社干部五人。区办事处按区之大小规定为三人至五人，个别大区可酌量增加一人至二人，县联社区办事处均设杂务一人。

（2）各县按新编制配备干部，其干部调剂以专区为范围，由专区办事处决定，专区不能处理者送北岳区合联会处理。新编制确定后部长以上之调动须经北岳区合联会之批准。

2. 供给：县联社区办事处营业者，一律由政府借给公粮，年终如数偿还，其不营业者由政府发给粮票，借粮发粮均以每人每日一斤四两为准。

3. 县联社区办事处之组织分工及干部衣服、鞋袜、柴菜金等津贴另定之，新规定未通知以前仍按旧规定实行。

四、政府对合作社的投资：

1. 政府向县联社投资，最高不超过全县村社股金总数，县联社向村社投资，最高不超过村社员股金总数，村社须以股金十分之一加入县联社，作为县联社资金。

2. 政府投资以县联社为单位，投资年限定为五年，每年收回五分之一，投资数于本年四月底清理完毕后确定，各县现用北岳区合联会之资本超过社员股金总数者，至期超过之部由政府收回，不超过而认为不足者，由政府补投。投资手续由边委会责成县政府投入县联社，订立合同（投资用三联单，一联存县社，一联存县政府，一联存专署，专署表报边委会）。政府向县社之投资，分红时以二元做一元计。

3. 政府投资，县社须以百分之五十用于生产业务，否则政府得撤回其投资（县社向村社投资同）。

五、合作社的业务：

1. 县联社区办事处村合作社当前主要业务为：

（1）举办生产贷粮。

（2）开展农业生产，供给籽种农具。

（3）组织运输，办理牧畜贷款。

至对社员日用品亦须适当供给，但不得供给奢侈品、迷信品及非必须之消耗品。

六、合作社与团体商店关系：

1. 合作社为抗联团体会员之关系不变，但同样区抗联对区办事处业务不得干涉，对于贷粮、供给籽种农具等具体问题，区应由生产委员会具体协商进行。

2. 县联社区办事处经营供给业务，其货物应从商店购买，其运销物品须供给商店，不得在市场自由买卖。但供给货物，商店不足或商店价格高于市价时，县联社区办事处得商同商店在市场购买，运销物品商店不能高于市价吸收时，县联社区办事处得商同商店在市场出卖。

七、关于旧账清理及新的业务开展，应根据以下规定处理：

1. 旧账必须各账各清，各清各款。各账各清是指合作社账目，由合作社自己办理的由合作社负责清理；由政府团体通过合作社办理的，由政府团体合作社共同负责清理；单独由政府或团体办理的，由政府或团体单独负责清理。各清各款是指投资清投资、股金清股金、贷款清贷款，往来清往来，应还政府的还政府，应还银行的还银行，该收回的收回，该转账的转账（到期应收回而无法收回者，应重订新的转账），手续要清清楚楚，头绪要丝毫不乱。

2. 清理限期：二月底以前，县以上与北岳区合联会对清账目。三月底以前县、区与村对清账目，村的账目在业务进行中清理，三月底专区办事处要将清理结果列表报到北岳区合联会。

3. 县区村股金内有公产、庙产、学款者，或没收私人者，清理中，凡未变成货币的动产或不动产，应将此种动产或不动产交原机关或私人，如已变成货币时，应作为该机关该人投资或作为股金，投资得订定利息或分红办法。股金由原主或原机关执持股票，享受分红权利，其无户头或款无主者，作为该合作社基金，基金不得随意动用。

4. 旧账清理：旧任必须负责办清，其干部调动者，留一二人办理，调动之干部，北岳区及专区办事处应于二月十五日以前，县于三月一日以前到新工作岗位，开展新的工作（县会计业务尽可能不调动）。干部不调动者，一面清理旧账，一面开展新工作。

5. 清理手续完毕后各专区办事处撤销。

选自《中国新民主主义革命时期法制建设资料选编》，第3册，西南政法学院函授部

1982年编印，第263～267页。

33. 晋察冀边区建立示范农家办法

1944年2月22日颁布

一、为推广优良作物籽种及农业技术，提高产量，有重点的〔地〕进行农家示范，特制定本办法。

二、示范范围以农作物为主，苗木蔬菜次之，家畜饲养如有条件亦可示范。

三、农作物之示范，分优良籽种示范，及技术推广示范。优良籽种技术推广示范，除农场试验之优良籽种外，应以群农之优良籽种为主。

技术推广示范，系就主要的作物实行选种、浸种、防除病虫害等示范。

四、示范农家必须具备以下基本条件：

1. 有土地。

2. 有劳力。

3. 有相当技术经验。

4. 能接受新知识、有研究改进的精神。

五、选择示范农家以劳动英雄模范农家为主要对象（须其有第四条规定之条件），使劳动英雄模范农家与示范密切结合，其有充分条件之非劳动英雄，普通农家亦可选为示范农户。

六、示范农家之组织和领导：

示范农家由生产委员会选择，由合作社农场技术人员或其他技术人员负责指导，确定示范事项及示范进行步骤，帮助作全家全年生产计划，示范农家及指导人员均受区公所或合作社领导（视合作社健全程度，接生产计划由各县具体确定）。

七、示范农家如缺乏人力、牲畜、肥料或其他生产费用，政府（或合作社）须尽量贷与之。

八、示范农家之权利义务：

1. 示范农家有购用农场优良籽种之优先权。

2. 示范农家对于示范事项须完全接受指导人员之指导（非示范事项指导人员得提意见并协助之，但不得要求示范农家必须履行）。

3. 示范所得利益统归示范农家。

4. 示范农家之示范事项如因指导前受到损失由政府（或合作社）负责补偿。

5. 示范农家收获之优良籽种，合作社或农场有收买换取之权，收买换取应与（予）以相当利润。

6. 示范农家负农事上宣传推广责任。

九、本办法自公布之日施行。

选自《晋察冀边区行政委员会现行法令汇集》，下册，边区行政委员会1945年编印，第614～615页。

34. 晋察冀边区集市管理委员会组织简章草案[①]

1944年2月24日

（一）定名：

第一条　本会定名为××（地名）集市管理委员会

（二）宗旨

第二条　本会以执行边府贸易政策，保证境内正当贸易自由，严防物资资敌，巩固繁荣市场并团结内部商人为宗旨。

（三）性质：

第三条　本会为联席会议性质（非行政也非群众），只限于集市管理工作上的配合联系，使意见一致、步调统一，本会概不对外。

（四）任务：

第四条　本会任务如下：

一、管理牙纪（规定牙纪人数办〔及〕佣钱）。

二、团结内外商人，适当的〔地〕替商人解决各种困难。

三、调解市场纠纷。

四、稽征。

五、对敌警戒（接近游击区或游击区市场）。

六、维持市场秩序。

七、取缔奸商操纵居奇。

八、调查市场。

（五）组织与分工：

第五条　本会由贸易管理卡、区公所、公安局、派出所，或检查站（无派出所与检查站者，由区治安员代之）、区武装部、区群众团体、集市商救会、村公所（集市所在村）各派代表一人组织之。

第六条　本会设正副主任各一人，管理卡代表为当然正主任，副主任由代表互推之，其余均为委员。

第七条

一、贸易管理卡负责市场地址选择、划分贸易区规定集期、稽征，管理牙纪、调解纠纷、调查市场。

二、区公所负责审查登记牙纪，办理违法案件。

三、派出所维持市场秩序、除奸。

四、武装部负责对敌警戒。

---

① 原注：这是晋察冀边区行政委员会所发文件。

五、本会委员均有团结人之责任，但集市商救会与贸易管理卡负主要责任。

（六）会议职权：

第八条　本会每月由主任召开会议一次，必要时临时召集之。

第九条　本会一切工作问题，以少数服从多数的原则解决之，但决议如与贸易管理支局之决议有抵触时，须无条件服从贸易管理支局之决定。

（七）附则：

第十条　本简章如有未尽事宜则由本会提请边区贸易管理局修正之。

第十一条　本简章自本会成立之日起施行。

集市管理办法草案

（一）目的：

第一条　为执行边区贸易政策，保障内部正当贸易自由，严防物资资敌，巩固与繁荣市场，团结内外商人，特制定本办法。

（二）牙纪管理：

第二条　各行牙纪，由集委会提出名单，交由区公所审查，合于下列标准者，准许登记，并于市场公布之，个别任免与此手续同，其标准：

一、略有牙纪技术。

二、该行商贩拥护。

三、品行端正，能遵守政府法令。

第三条　牙纪以行为单位成立小组，互推小组长一人，各组均由贸易管理卡领导。

第四条　各行牙纪须遵守下列纪律，违者得受一定之制裁：

一、接受贸易管理卡之领导。

二、不得有违犯政策法令之行为。

三、不得与奸商通同作弊或额外敲诈。

四、未曾经手之交易，不得索取手续费。

第五条　各行牙纪人数以市场交易多寡决定，不得过多或过少。

第六条　牙纪手续费数额之规定，须以每集收入能维持一人二日之生活，不得过多或过少，除规定外不得有任何物质上之索取。

第七条　手续费之负担，须依据各个市场各种货物来源去路之具体情形规定，由买方或卖方支付，规定时须照顾人民生活，与不得故意敲诈外商为原则。

第八条　各行牙纪建立会计制度，除记载手续费之收支与分配外，并须记载每集经手之各宗交易（种类、数量、价格、总值）以便检查与统计（账目格式由支局统一规定）。

第九条　各行业所得之手续费，平均分配或各成各取，由牙纪自议决定。

第十条　各行牙纪组长，每集终了得向管理局长报告商情及指定报告之材料。

（三）度量衡：

第十一条　各市场之度量衡必须统一标准，以边委会规定为限，不得标新立异。

第十二条　斗秤尺之购置费由各行牙纪所得之手续费内开支。

（四）平抑物价：

第十三条　适当的〔地〕指导牙纪平抑物价，防止涨落无定。

第十四条　严禁不法商人投机、买空卖空、操纵物价。

（五）公布栏：

第十五条　各个市场均得设置公布栏。

第十六条　公布栏内公布者如下：

一、政府颁布关于贸易之各项法令。

二、牙纪之任免及改定手续费。

三、更改集期与集市地点之通知。

四、警戒信号。

五、集市商救会通知。

六、张贴晋察冀日报。

（六）附则：

第十七条　本办法如有未尽事宜，得经边区贸易管理局修正之。

第十八条　本办法经边委会批准，自公布之日施行。

选自《晋察冀边区财政经济史资料选编》（三），天津，南开大学出版社出版，1984年版，第513～516页。

35. 晋察冀边区关于变更出入口贸易办法的决定

1944年4月21日

为冲破敌人封锁，减少入超，贯彻简政，畅通物资大交流，关于冀西地区（平汉线方面）出入口贸易，决定变更如下：

一、凡出口货物除金属原料、金属器材、硝磺、羊毛（羊毛成品在外）、植物油与油类作物（花生、大麻子、核桃、青籽、芝麻）禁止出口，大米、小麦、羊专卖出口外，其余在冀西地区（平汉线方〔西〕面）一律免税自由出口，在一、二专区及六专区、西线除粮食禁止出口外，其余与冀西地区同。

二、凡出入口货物，除纸烟、酒、香皂（即洋胰子）烧纸、锡箔禁止入口及在市场买卖外，其余一律准予免税入口、自由买卖。

以上禁止入口之货物，机关部队如有必需时，得详述理由，请由县以上各级政府开具证明文件特许入口。

三、在出入口贸易上这是一件大变革，此后稽征工作已减到很少，因此过去的稽征线与卡均撤消〔销〕。各专区应于五月十五日以前将所属各卡结束完竣，并对卡的工作做〔作〕出基本总结（特别着重于市场的管理）报会。卡撤消〔销〕后关于出入口货物的检查，由各级政府直接负责，今后县区政府应很好的（地）掌握市场、检查市场，为此在原设有税卡之县实业科工商股内，可增设科员一人负责管理检查与研究市场，由专署确定报会。市场所在村村公所，对市场亦有检查之责，但无权处理违禁品。至编余之卡干部，由专署分配工作，或分别处理。其能研究市场材料者，专署可选留二三人，专作〔做〕调查研究工作。

四、对于违禁走私问题之处理：

（1）对于出入口货物之检查与市场之掌握，要注意依靠广大群众。一面将政策法令向群众讲解，使政策法令为广大群众所掌握，不以禁止出口的东西资敌，不把禁止入口的东西运进来，一面并以广大群众的力量制止走私。

（2）查获以上一二两项禁止出入口之货物，均依以下规定办理之：

甲、对于违禁走私之案犯，视其情节轻重、具体情形，分别予以教育、货物没收或货物没收外，并予以罚金之处分，原则上均送县政府处理。其离县较远之区，送县不便者，可由县责成区公所代办。

乙、处理罚没案件，县政府应印制“没收单据”“罚金单据”各两联（收据一联，存根一联，样式附后），由县政府或交区公所存用。区县没收货物或罚款后，均应掣给被查获人收据联，由区处理者，单据存根并应随时报县。关于罚没案件之处理，由县实业科负责，但没收货物变价及罚款，实业科应连同存根一并交财政科统一上解。

丙、凡没收货物，均不准在当地市场拍卖，亦不必将货物逐级报解，应由县政府检明存放地点以低于市价四分之一的价格卖给当地公营商店，由商店分别种类，其属于禁止出口者，仍运回内地销售，其属于禁止入口者，仍运往敌占区抛售。

丁、查获禁止出入口货物，查获人无论系政民干部、脱离生产人员，或一般群众，均按没收货物与罚金百分之二十提奖，于案件清结后发给之。

五、本决定自四月份起实行，所有以前本会所颁出入口货稽征暂行条例及历次所发关于出入口货物的规定，除硝磺采购办法仍有效外，其余一律废止，但与本决定不抵触部分仍适用之。

以上决定是边区几年来经济工作上的重大变革，各级政府必须根据目前新的环境与对敌经济斗争新的任务，作新的估计与认识，不可拘泥成见，贻误大计，并要对干部进行深入的动员与教育，切实执行。所有因这一决定所引起之市场动态、敌伪阴谋、群众反映，应及时报会。

选自《晋察冀边区财政经济史资料选编》（三），天津，南开大学出版社，1984 年版，第 369～371 页。原注：“《晋察冀边区工作研究参考材料》晋察冀边区行政委员会编印，政权建设之部上册，1944 年 8 月 1 日”。

36. 晋察冀边区商品牌号专用登记办法

1944 年 5 月 25 日晋察冀边区行政委员会公布

一、为奖励工艺生产，凡工艺制造品使用之牌号，经制造人依本办法申请登记后，政府予以保护。

二、申请人（或机关）须将商品种类、牌号、名称与图样、销售方向地区，及申请人姓名、住址、职业（如系机关即注明机关名称），写一申请书，向所在地县政府申请登记。

县政府接到申请书后，经审查合格后即可发给登记证，申请人即取得牌号专用权。

三、专用权遭受损害时，专用权人得向县政府提起诉愿，县政府应视损害大小，令侵权人为一定之赔偿，赔偿价额不得超过损害价额之三倍。

四、牌号专用权除登记人得随时申请撤销外，凡在登记后迄未使用已满半年或停止使用已满一年者，其专用权即归无效。

五、本办法自公布之日施行。

选自《晋察冀边区行政委员会现行法令汇集》，下册，边区行政委员会 1945 年编印，第 649 页。

37. 晋察冀边区行政委员会关于召开第二届群英大会及生产品展览会的决定

1944 年 10 月 15 日

为奖励大生产中的英雄模范，及检阅今年生产成绩，推动明年大生产运动的开展，本会前曾决定在秋收后进行选拔劳动英雄，召开群英大会及生产展览会，并曾公布两个办法。惟边区年来在我党政军民一致努力之下，各种工作均有长足进展，特别由于对敌斗争及大生产运动的开展，更带起了各项建设的事业，在各个战线上（如拥军优抗、文化教育、商店合作社诸经济部门等），都涌现出许多的劳动英雄和模范工作者，他们是边区对敌斗争及各项建设事业中的积极组织者与各种政策的彻底执行者，在人民大众中有高度的威望和信仰，为总结战争、生产、教育等各方面的经验，发扬创造精神，更加推动和提高今后的各种工作，关于英雄模范的选拔及展览品的征集，有适当扩大范围的必要。本会前定两项办法范围较小，仅限于选拔劳动英雄及生产品展览，兹特加以修正补充作如下的决定：

一、关于选拔战斗英雄劳动英雄及模范工作者方面：

甲、选择标准：

（一）凡正规军、游击队、民兵及一般干部与群众，具备下列条件者，得当选为战斗英雄：

1. 积极打击敌人，破坏敌人交通，围困敌伪点碉，保卫家乡保卫边区保护群众利益，获得显著成绩者；

2. 服从组织与纪律，彻底执行政策法令，团结群众，深得群众拥护者；

3. 积极生产，努力劳动，武力与劳力结合著〔卓〕有成绩者。

（二）无论党政军民，凡具备下列条件者，得当选为劳动英雄：

1. 积极从事生产事业之一（包括农业、工业、合作运输、贸易、畜牧，以及纺织、编织等手工业）成效卓著或有新的创造者；

2. 在生产事业中，能推动帮助别人，著〔卓〕有成绩者；

3. 遵守政策法令，拥护政府军队，爱护人民，团结群众，热爱边区，足称模范者。

（三）无论党政军民各级工作人员，凡具备下列条件者，得当选为模范工作者：

1. 参加或领导任何一项工作部门的工作中有新的创造或成效卓著者；

2. 团结群众，团结干部，得到周围群众和干部的拥护者；

3. 执行政策法令并能推动影响别人执行政策法令者。

（四）各选举单位（村、区、县、部队、机关、团体、学校等）得根据上开一般标准及其特殊情况，另行规定具体的标准执行之。

（五）选举英雄模范的重点放在战争生产上，各地区均应围绕此中心任务进行，但各战略地区（冀中、冀热辽、冀晋区、冀察区）的选举重点得因地区之不同具体确定之（冀中、冀热辽得多选举战斗英雄）。

（六）凡边区抗日军民皆得为战斗英雄、劳动英雄及模范工作者之选举及被选举人，无阶级、党派、职业、宗教、信仰、文化程度、性别、民族的限制（外国人民及干部愿参加者同样不加限制）。

乙、选举办法：选举分群众选举、部队选举、机关选举三种。

（一）群众中的选举：

1. 群众中的战斗英雄、劳动英雄、模范工作者，按村区县边区四级选举之。

2. 每行政村选举战斗英雄、劳动英雄、模范工作者一人至若干人（不限定最高额，按合于甲项选举标准人数的多少决定之，无战斗英雄之村得不选举战斗英雄）。由村民或村生产委员会提出后，召开村民大会进行选举，得票最多者，当选为本村的战斗英雄、劳动英雄、模范工作者。

3. 区在各村选举后，召开各村战斗英雄劳动英雄模范工作者会议，各村战斗英雄、劳动英雄、模范工作者均参加，会上除表扬典型，及讨论本区战斗生产各项工作外，并选举若干人为本区的战斗英雄、劳动英雄和模范工作者，并在当选人中再推选若干代表出席县英雄模范大会。一般规定是五个区以下的县，每区代表不超过参加区会人数的五分之一，六个区以上的县每区不超过六分之一。

4. 县在各区选举后，召开各区战斗英雄、劳动英雄、模范工作者代表会议（最多不超过一百人）。各区战斗英雄、劳动英雄、模范工作者代表均参加。会上除介绍模范事迹工作经验及讨论本县战斗生产等项工作外，并选举若干人为本县的战斗英雄、劳动英雄、模范工作者。当选此例一般不超过出席县会之英雄模范的十分之一，并在当选人中再推选代表若干人出席边区群英大会。

5. 边区在各县及各机关部队选举后，召开边区群英大会及展览会，各县及各机关部队所选之战斗英雄、劳动英雄、模范工作者代表均参加。在大会上由出席代表中选举边区战斗英雄劳动英雄模范工作者，其数额另定之。

6. 村级党、政、民、合作社模范工作者，均在村民大会上选举之，区以上则按机关选举办法办理。

7. 选举困难之地区（如冀中、冀热辽、平北的某些地区）可采用由区县干部提出经上级审查决定的办法。

（二）部队中的选举：

1. 正规军游击队中战斗英雄、劳动英雄、模范工作者，按连（或相当于连的队）、团（或相当于团的区队支队）、分区或军区、边区四级选举之。

2. 每连选举战斗英雄、劳动英雄、模范工作者若干人，其选举由全连军人大会进行之。得票最多者，当选为本连的战斗英雄、劳动英雄、模范工作者。

3. 团在各连选举后，召开各连战斗英雄、劳动英雄、模范工作者会议，各连战斗英雄、劳动英雄、模范工作者均参加，会上由与会的英雄模范互选若干人为本团的战斗英雄、劳动英雄、模范工作者，其数额由团自定，并在当选人中再推选若干代表，出席分区的代表大会，其数额由分区规定之（必要时团的会议可与县的会议合开）。

4. 分区在各团选举后，召开各团的战斗英雄、劳动英雄、模范工作者代表会议，各团战斗英雄、劳动英雄、模范工作者代表均参加。会上选举若干人为本分区的战斗英雄、劳动英雄、模范工作者，并在当选人中再推选若干代表出席边区群英大会及展览会，每分区当选比例及参加边区大会之代表人数由晋察冀军区政治部规定之。

视具体情况由军区召集更便利者，分区可不举行由军区召集之。

5. 各级军事政治后助工作人员中之模范工作者，应在军人大会及各级代表大会上提出并选举之，连长、指导员、团长、团政委、团政治处主任则不在同级的军人大会或代表大会上提出选举，而在其上级的代表大会上提出并选举之。

（三）机关中的选举：

1. 本项所称机关，系指政权（包括议会、政府、司法及公安部门）、军事机关、团体、合作社、公营商店、公营工厂作坊、学校、公立医院等而言。

2. 机关选举分边区、地方、工厂三个系统进行。边区包括分区专区级以上之军政民各机关、团体、学校、医院等；地方包括县区政府、团体、合作社、公营商店、学校、公立医院等；工厂包括县内独立经营之各公私工厂作坊，及分区、专区、军区、边区所属之公营工厂、作坊等而言。

3. 边区系统：专区级各机关（专署、法庭、抗联、商店、短师等）联合成立一选举单位，由专区生产委员会主持召开全体人员大会，选举机关战斗英雄、劳动英雄、模范工作者，并与分区各机关之当选人开专区机关战斗英雄、劳动英雄、模范工作者会议。推选代表若干人出席边区群英大会。

分区各机关（军事、政治、后勤机关等）得按人数之多寡，单独或联合成立一至若干个选举单位，选举机关战斗英雄、劳动英雄、模范工作者，并在当选人中联合推选代表若干人出席分区召集之团级英雄、模范工作者会议，并与专区机关选出之英雄模范中推选出席边区群英大会。

新建立之各军区行署与机关英雄、模范之选举参加专区分区机关选举。

边区各机关分别党政军民各系统以及各该系统所属之各机关，均各自成一选举单位，选举本机关之战斗英雄、劳动英雄、模范工作者，并在当选人中推选代表若干人出席边区机关战斗英雄、劳动英雄、模范工作者代表会议。

边区机关战斗英雄、劳动英雄、模范工作者代表会议再由代表中推选若干人为出席边区群英大会及展览会的代表。

4. 地方系统：区公所、抗联、高小、合作社，及其区域内所住之商店分店或贸易栈等联合成一选举单位，由区生产委员会主持召开全体人员大会，选举机关战斗英雄、劳动英雄、模范工作者，出席区召开之英雄模范会，并由当选人中推选代表若干人出席县战斗英雄、劳动英雄、模范工作者代表会议。

县级各机关（包括县政府、司法处、抗联、县商店、合作社等）联合成立一选举单位，由县生产委员会主持召开全体人员大会，选举机关战斗英雄、劳动英雄、模范工作者，再由当选人中推选代表若干人出席县战斗英雄、劳动英雄、模范工作者代表会议。

县文化教育模范工作者人数（主要为小学教师），由专区规定，并在各县文化教育模范工作者中由专署召集选举最典型者出席边区群英大会。

5. 工厂系统：县内所有独立经营三十人以上之公私工厂作坊（三十人以下者参加所在村或地方选举），得联合成一选举单位，由县生产委员会召开全体人员大会，选举工厂战斗英雄、劳动英雄、模范工作者，再由当选人中推选代表若干人出席县战斗英雄、劳动英雄、模范工作者代表会议。分区、专区、军区、边区所属之公营工厂、作坊凡在三十人以上者均自成一选举单位，选举本厂的战斗英雄、劳动英雄、模范工作者，再由当选人中推选代表若干人出席边区召开之工厂战斗英雄、劳动英雄、模范工作者代表会议。三十人以下之工厂作坊即按本项三节之规定办理。边区工厂战斗英雄、劳动英雄、模范工作者代表会议，由边区抗联与军区政治部联合召开之，会上由出席代表中再推选若干人为出席边区群英大会的代表。

（四）以上群众、部队、机关之选举在各级代表大会上各级生产委员会或出席人五分之一之联名，均得根据本决定之标准，补充提出候选代表，此种候选代表，经大会多数通过，即成为正式代表，享有同样之选举及被选举权；但不得超过原来人数的十分之一。

（五）去年战斗英雄，劳动英雄，模范工作者得连选为本届战斗英雄、劳动英雄、模范工作者。其有行为与工作不足表率者，亦得经各级代表会提出要求，由政府撤销之。

丙、出席边区群英大会的人数：

（一）冀晋区八八人，分配如下（最高额）：

第二专区二十人，第三专区二八人，第四专区二五人，第五专区十五人，由专区自行分配到县。

（二）晋察区四五人，分配如下：

第一专区二二人，第十一专区十五人，第十二专区八人，由专区自行分配到县。

（三）冀中区一百人（部队在内），由冀中军区、行署酌量分配。

（四）冀热辽区十人（部队、群众干部在内）。

（五）冀晋、冀察两区文化教育模范工作者共十人。冀晋区七人（二专一人，三专三人，四专二人，五专一人）。冀察区三人（一专二人，十一专一人）。

（六）冀晋、冀察部队六十人，由晋察冀军区酌量分配。

（七）分区级以上工厂共十人，由边区抗联与军区政治部会商分配。

（八）边区、专区机关二十人。每专区二人（分区机关在内），边区六人。

丁、奖励办法：

（一）村、区、县、边区的战斗英雄、劳动英雄、模范工作者，由各级政府分别不同地区不同对象酌量予以物质的奖励，如牲畜、武器（由边区发）、农具、布疋、奖金、用品等。村奖品自备，县区由预备费开支。此外并得予以名誉奖励，如发给奖状、奖旗、奖章，匾额及表扬英雄模范事迹等。

（二）部队、机关、工厂、商店、合作社、学校、医院等选出之机关战斗英雄、劳动英雄、模范工作者由各级领导机关分级奖励之。开支自筹。

戊、选举会期及经费：

（一）区开会不超过二天，县开会不超过七天，均由政府供给食宿（食宿费每日以小米三斤为准）、路费，部队、机关开会期间自定。

（二）边区群英大会及展览会，开幕日期地点另电通知，各代表须于会前一日到达。食宿、路费均由政府供给。

（三）村区选举须于十一月末，县及机关选举须于十一月底办理完竣，报到边区。

已、其他：

（一）出席边区代表大会的代表报到时，应携带本人传记及模范事迹材料（最长一千五百字）一份，交大会审查。

（二）本会前颁劳动英雄选拔办法有与本决定不合者均废止，不抵触部分，仍适用之。

二、关于展览会方面：

甲、展览会的内容，以生产为第一位，但不是单纯的生产品展览，而是围绕着战争、生产、教育三大中心任务的各项工作的展览。展览品征集范围，除前颁征集办法所列各项仍适用外，另补充：

（一）军事胜利品：各种缴获敌伪的武器装备、军需品等。

（二）生产品：

1. 工业品方面：如军用品、药品、造纸、日用工具、机件改良制造等品。

2. 农业方面：

(1) 作物病虫害、害鸟、害兽（如白发病、黄疸、黑疸、花媳妇、蝼蛄、稻蚕、稻包虫、枣步曲、蝗蝻、鸽、狼、狐、獾、狁狸、猸猫等）。

(2) 捕杀害虫、害鸟、害兽的用具和药剂（如打狁狸、打蝗虫的用具，和各地使用的著〔卓〕有成效的杀死害虫、害鸟、害兽的土药剂和工具）。

（三）除实物应征外，其他无法用实物表现的（如文化、卫生、贸易、合作、人民生活等项），均可用图表、照片或文字叙述送来展览。但不论实物、材料、图表，都必须是典型的，并且最好有好的坏的两种典型，以资比较。同时又要能说明边区各项工作的历史发展过程，切忌现象罗列及专尚珍奇的偏向。

乙、各级召开之英雄模范大会上，应同时举行展览会。可在县展览后再送边区，但至迟须于十一月底送到。特殊物品数量过少者，可在县展览后，专人送到边区。

丙、各级英雄模范大会及展览会，对于各种用具药剂等之使用方法和技术，得举行试验及表演，以资推广。

丁、本会前颁展览品征集办法之与本决定不合者，均废止，不抵触者仍适用之。

选自《晋察冀边区行政委员会现行法令汇集》，下册，边区行政委员会 1945 年编印，第 673～683 页。

38. 晋察冀边区行政委员会关于建立各级贸易管理局的决定

1945年2月24日

为进一步发展境内贸易，加强管理对敌贸易，猛烈开展对敌经济攻势，决定从边区到县一律建立贸易管理局。

一、各级贸易管理局的职权如下：

1. 具体掌握与组织实现边区贸易政策，办理贸易行政（如商店登记、商标注册等）。

2. 结合各个经济部门力量，在当地政府统一领导下，组织对敌经济攻势，打击伪钞，扩大边币阵地，并积极用贸易工作配合广大解放区。

3. 管理对敌贸易，征收出入口税。

4. 领导公营商店，并指导部队、机关之商店。

5. 管理集市、商贩。

二、各级贸易管理局的组织编制：

1. 边区设局长一人、秘书主任一人、秘书一人、干事二人，必要时设副局长一人。

2. 行署级设局长一人、秘书一人、干事三人，必要时设副局长一人。

3. 专署与县级均设局长一人、干事二人至三人。

4. 各级贸易管理局除局长掌握全面外，其他干部一般可按贸易行政（包括集市管理、稽征）、商店管理、调查研究（包括经济情报汇集整理）等工作实行分工。

5. 靠近出入口地带的区公所设贸易管理员一人，负责征税缉私及集市管理，不过征［税］缉私主要应依靠组织群众进行，办法另有规定。

三、为加强集市管理，所有集市均一律成立集市管理委员会（另有详细规定），较大集市可成立市公所，设脱离生产干部（由县政府开支），在区公所或县贸易管理局领导下管理集市一切设置、牙纪管理、缉私征税、物价稳定、保卫、治安等工作，与当地村公所取得密切结合。

四、领导关系：

1. 各级贸易管理局系各该级政府领导下的贸易工作专管部门，受各该级政府行政首长领导，为各该级政府组成部分，局长得参加各该级政府行政会议，各级贸易管理局上下级有直接领导关系，得单独行文，对人民发布通告等，但有关政策法令的变更，应以政府名义行之。各级贸易管理局之钤记，由各该级政府制发。

2. 各行署级贸易管理局直接领导总店，总店直接领导分店，但有关一个专区或县范围的商店业务方针与计划，行署贸易管理局或总店除通知总店或分店外，同时应通知专区或县级贸易管理局。为了适应战争环境，发挥总力战一元化的威力，求得对敌经济斗争的力量的集中，步调一致，更有保证地完成上级贸易管理机关的指示起见，专区及县级贸易管理局除应坚决执行上级贸易管理局及总店的决定外，专局或县局将有关一个专区或县范围之商店工作，得对总店、分店进行工作上的领导，但不得变更上级决定之业务方针与计划，亦不得自行调动商店资金。

五、干部问题：

各级贸易管理局与商店干部应由各级政府下决心抽调坚强干部充任，以确实加强这一部门工作。

行署级贸易管理局正副局长由边区行政委员会委任，专区级贸易管理局由行署委任，县级贸易管理局长由专属委任，区级贸易管理员及市公所市长由县政府委任。

总店副经理与股长级干部理［由］行署聘请，分店副经理与股长级干部由总店商同专署由总店聘请，商店干部应由原聘请机关调动，各级政府不得自行调动。

六、此决定公布之日起，所有以前与此决定相抵触之规定、条例，办法即行作废。

选自《晋察冀边区财政经济史资料选编》（三），天津，南开大学出版社，1984年版，第459～461页。原注："这是晋察冀边区行政委员会一九四五年财字第二号文件。"

互校版本：《晋察冀边区行政委员会现行法令汇集》，下册，边区行政委员会1945年编印，第643～645页。

39. 晋察冀边区关于统一采购与专卖办法的决定

1945年3月23日

一、统一采购对外是为了统一对敌力量、减少奸商暴利，以争取等价交换平衡出入口贸易，对内是为了调节供需、稳定物价，以利军需民用。

二、统一采购，一方面是从计划与分配上来进行，一方面是从购买上来进行。

（一）各用货部门全年的或半年的采购计划，边区级的应统交边区贸易管理局再把任务交到行署贸易管理局，行署级及行署级以下的应统一到行署，行署局再汇集边区交来的任务，分别地区缓急、数量多少，适当的〔地〕统一分配给一定商店采购，各用货部门临时的零星的采购，可直接向商店订购或现购。

（二）各部门采购计划，应尽量早日提出，尽量作长期打算，以便采购商店逐渐进行，以免不能及时购到或突然的大价购买。

（三）采购应指定一定的商店，划分地区指定那〔哪〕个城市为重点来进行。

除指定的商店以外，一般公营商店（包括机关部队商店）及其他机关人员一律不得进行对外采购

用货部门派出的采购人员，应通过商店，协助商店共同进行，不得自行采买，以免形成争购，抬高货价，便利商人暴利。

（四）边局行署局将采购计划分配后，各用货部门即直接与采购商店发生关系，其账款清理、货物交付等均直接负责，货价按原价加脚费、包装费及耗损费，不收手续费。

（冀晋行署办法：各用货部门将采购计划交与〔予〕行署，行署统一分配，货物购妥后，用货部门持收据去领现物，账款由行署负责清算，等于实物供给，此办法可资参考。）

三、对外采购的原则是分散入口，集中收买。

（一）分散入口，不是由商店统制入口，而是要多方发动私商采购，以及群众的对敌走私，货物入口后，除公家专用物品（如军火原料、电料、模造纸等）由采购商店收买外，关于民用的可以在内地市场自由买卖。

（二）集中收买，是以商店收买为中心，各用货部门派出的采购人员依照地区得驻在采购店内，协助进行采购工作。

1. 采购人员的派出，冀晋、冀察地区只限于边区、行署、分区三级的用货部门。

2. 用货部门派驻商店的采购人员，应受本部门及商店的双重领导，驻在商店时间，在不妨害本部门任务之下，商店采购员日常生活与工作，他的主要工作在［于］与商店共同研究使用关系、辨别货色、商定物价等，不得妨害商店的采购统一，不得妨害商店的生活制度，并可以协助商店的一般工作。

3. 各用货部门的采购关系，可由驻店人员带到采购商店内统一使用，但可以单独发生关系，逐渐移交商店，来货由商店进销，款子由商店收付，价格大家公议，分配依照上级交来的总计划。

4. 在内地市场购到的外来采购品，亦统交商店统一的进销与分配。

5. 采购人员的派出须带本部门的采购证，派到商店须携带介绍信，否则取消其采买权。

四、对内统一采购货物，暂只限于军用布棉，主要在［于］不形成突购与争购。

（一）用货部门的计划应早日提出，商店逐渐收买，照顾到市场供需的调节，照顾到季节性的规律，以免物价的突涨突落。

（二）指定商店采购应指定地区划分市场，以免互相争购。

五、专卖是以我禁止出口之物资，为了从敌占区换取我之必需品时，为之，交由对外采购之公营商店办理，其他团体或个人，均不准办理，特殊者应另请专署以上贸易管理局批准之。

采购商店为采购某项物品须进行专卖时，即填具申请书（格式由行署规定）报请专署以上贸易管理局批准，发给证件，证件用毕交回，不得转移。

六、本决定自公布之日起施行。

选自《晋察冀边区财政经济史资料选编》（三），天津，南开大学出版社，1984年版，第375～377页。

40. 晋察冀边区行政委员会关于《对敌贸易稽征管理办法》的指示

1945年4月23日

一、在一九四四年以前，边区出入口税的执行，主要限于北岳区范围而没有普遍的〔地〕在全边区执行，同时由于“口”的不明确，妨碍了内部贸易自由的政策，内地贸易线征许多税，致形成严重脱离群众现象。

现在我们的稽征系指对敌贸易而言，一改过去“出入口”含浑〔混〕不清的毛病，精神在于分清敌人与群众。

《对敌贸易稽征管理办法》（以下简称新办法）第二条的规定，其精神在于包围、孤立、封锁敌人，团结帮助人民，因此在执行上必须注意：

（1）对敌贸易的稽征，仍需划出“稽征线”，但线必需〔须〕灵活，随情况变化随时改变，除解放区外把准备扩大的地区亦应视为我区的税，向该地开展贸易工作，建立与该地群众的经济连〔联〕系，以利团结群众，扩大解放区。此外，无我工作，当前亦不在准备扩大之计划内，亦非友邻地区，此种地区视为敌占区，进行回线稽征。

（2）敌占区群众有组织或经过一定关系，来我区购货，保证不资敌，应准其购买，对敌占点碉城镇之群众，所需物资各级政府应根据实际情形负责予以调剂。

（3）由于敌人铁路线、公路线的分割，致使我区内部贸易（如冀中与北岳）有许多要通过敌占交通线，因此在执行上，必须防止单纯征税观点的发生，要仔细区别（如从物价人事上）对敌抑［或］内部贸易。须贯彻境内贸易自由政策，各地区防止彼此执行扣罚的现象发生，致碍内部团结。

二、过去对税卡干部，由于我们的教育不够，掌握、监督、挑选干部也差，造成许多脱离群众的现象，此次建立征税工作对干部选择教育要特别注意。对敌贸易稽征，基本上要依靠群众，应造成群众的缉私运动，创造新的缉私经验。对奸商一再漏税走私，应依法处理；但对“……贫苦的老百姓，因为不知道政府法令，运一点粮食棉花出境，如属初犯，也不应立即没收”，应该从宽处理，从说服教育多做工作，使勿再犯。

三、“新办法”对于货物处理税率规定只是带有全面性的一般规定，各地区如有新的意见，可报边府决定，以免各地不一致；其带有地方性的物品，需要征税出入另行规定者，行署可本围困敌人、简而易行的精神规定之，并报边府存查。

“新办法”除在晋察冀日报公布外，不再印发布告，各行署区根据本区情形印发布告，俾众周知。

四、关于一切票照统由行署掌握，税款亦作为行署岁收，不上缴。但稽征情形（包括税款）需每月报边区一次（十二［月］底之汇报，需总结全年的）。

这是一件新的工作，各行署应把工作建立情形、新的经验随时报告边府。

附：　　晋察冀边区对敌贸易稽征管理办法

第一章　总则

第一条　为保护贸易促进生产，对敌进行经济斗争，特制定本办法。

第二条　本办法所称之对敌贸易，系指对敌占城市点线之贸易而言。

第三条　对敌贸易之管理由边区贸易管理局及其所属管理机关办理之。

第二章　税则

第四条　凡本边区出产之货物输至敌占区者为输出，货物依其性质分别规定为禁止或征税输出，其余均自由输出（具体规定附：输出货物分类处理表）。

第五条　凡敌占区出产之货物输入本边区以内者，为输入货物，依其性质分别规定为免税或征税输入，其余均禁止输入（附：输入货物分类处理表）。

第六条　征税免税或禁止输出输入之货物，得因不同地区形势及需要或带有地方性之物品由边委会授权各行署随时以命令变更之。

前项变更，应呈报边委会备案。

第三章　稽征与管理

第七条　凡货物输出输入时无论公私商贩、部队、机关、团体、学校或个人如系应纳税货物，应即向该地稽征机关报税，领取票照。

第八条　应纳税货物除法令别有规定者外，均按买价征收，税款以边币为限，货价由纳税人自报，如发觉报价不实或货多报少，确系隐蔽税款者，经说服无效后，得由稽征机关按漏税处罚之，或推定公营商店照所报价格收买之。

第九条　输出货物税于货物输出地点征收之，输入货物税于货物输入地点征收之。

在边区境内，均只征收一次。

第十条　货物输出输入时均须报稽征机关查验，货与票照相符时由稽征机关加盖验讫图记以资证明。

第十一条　稽征人员有会同当地政府查验商贩货物及货账之权，无论公私商店或摊贩不得藉〔借〕故隐蔽或拒绝。

第十二条　输入货物纳税后在本边区境内得自由运销，如须〔需〕分运时得报当地稽征机关根据原税票填发分运单。

第十三条　本边区内部调剂中经敌之封锁线者（铁路、汽车路等），除对该线之敌据点严加封锁外，可自由交易。

第十四条　各级政府应广泛发动群众依靠自卫队组织配合稽征机关对敌实行严格封锁与缉私。

第四章　处罚

第十五条　漏税走私一经查获依下列规定处罚之。

甲、漏税案件除照章补税外并处以所漏税额一倍至五倍之罚金，但所处之罚金及应补税额之和，不得超过货物总价。

乙、走私货物除将货物悉数没收外，情节轻微者由稽征机关教育释放，较重者处以百元以上五千元以下罚金，其重大者，送交当地县政府处理。

第十六条　各稽征机关查缴没收之私货不得自行拍卖，应悉数交由县贸易管理局处理。

前项私货由县贸易管理局估价交公营商店，其属于禁止输出者仍运回内地销售，其属于禁止输入者仍运往敌占区抛售。

第十七条　伪造税票、分运单、罚金收据等证照者，查获后送县以上政府以伪造有价证券论处。

第十八条　稽征人员有不法行为时，任何机关团体或个人均得报请其主管机关或区以上各县政府查明法办。

第十九条　在本边区境内无论任［何］机关团体或个人查获走私漏税案件，均须交当地稽征机关或政府处理。

第二十条　各县区政府如查获走私及漏税案件可依本办法之规定处理，但新补税款漏税罚金及没收之货物均须交与当地稽征机关或政府处理。

第二十一条　稽征机关对走私漏税案件，其须交政府或贸易局处理者不得越权擅自处理。

第五章　奖励

第二十二条　凡查获贩运私货及漏税案件者无该机关部队人员及群众，可由政府或稽征机关酌予名誉或物质奖励。

第二十三条　查获人所得奖金须具备正式收据向处理机关领取，由稽征机关统一列入月报并附总收据报销。

第二十四条　缉获武装走私案件者，各稽征机关应随时呈报各该行署从优给奖。

第六章　票照印制及其使用

第二十五条　征税与管理所用之税票罚金收据分运单等证照，均由边区行政委员会统一颁发样式，由各该行署或指定专署分别照印使用，如非是项票据，得拒绝纳税。

第二十六条　各项票据使用时不许挖补或任意涂改，违者除原票据作废外，并依法办惩办。

第二十七条　填用各项票照一律不取工料费。

第七章　附则

第二十八条　本办法修改解释权属于边区行政委员会及其行署。

第二十九条　本办法施行之日所有前颁有关处理出入口货物之条例及“决定”等一律作废。

第三十条　本办法自公布之日施行。

选自《晋察冀边区行政委员会现行法令汇集》，下册，边区行政委员会1945年编印，第630～636页。

41. 晋察冀边区奖励技术发明暂行条例

1945年11月1日

第一条　晋察冀边区为奖励技术人员研究发明，提高生产技术充实建国力量，特制定本条例。

第二条　凡公业、矿业、交通、农业、林业、畜牧、水利及医药等各项技术人员，无论籍在边区，或边区以外新来边区，愿从事各种实业建设或技术试验研究，除受本边区法律保护及政治上之尊重外，对于其事业之建设、技术研究之进行，边区各级政府均须尽量予以工作之便利及切实之帮助。

第三条　凡第二条所列各项技术人员均可向所在县市政府或直接向专员公署特别市政府、行署、边区行政委员会（下简称边委会）请求登记。发给登记证，其愿参加技术机关工作者，得请求各该级政府介绍或聘任。

第四条　技术人员欲作生产试验研究者，得请求边委会或其行署、专署、特别市政府派赴或介绍公营场所及试验研究机关各座研究。其各座研究期间之生活费、试验费，由边委会或其行署、专署、特别市政府供给之，其自行试验研究费用不足或缺乏者，得请求边委会或其行署、专署、特别市政府酌予帮助一部或全部。

为本条之请求者，须附试验研究计划经审定后行之。

第五条　技术人员无论对工业、矿业、交通、农业、林业、畜牧、水利及医药等技术有所发明、发现和改良、创造者，均得呈请边委会或其行署核定。

第六条　奖励办法分荣誉奖及奖金两种：

一、荣誉奖分为五种：

甲、建立研究所（研究所冠以发明创造人之姓名）。

乙、荣誉宣扬。

丙、奖旗或奖匾。

丁、奖状。

戊、奖章。

二、奖金：每项一万元至一百万元，有特殊发明与贡献者由边委会特别奖励之。

本条一、二两款之奖励得同时为之。

第七条　凡欲呈请奖励者，须将其技术研究经过、技术价值连同制品或模型图样，附具详细说明书报告边委会或其行署，或经由所在县市政府转报边委会或其行署审查决定之。

第八条　同一技术有二人以上在同一时期内研究成功者，以其成功之先后、价值之大小分别奖励之。

第九条　边区党政军民机关、团体、学校在职干部，工厂工人及一般人民，对以上技术有所发明、发现、改良、创造及欲作技术试验研究者，依本条例之规定优待奖励之，其不脱离生产之人民在试验研究期间免除其勤务。

第十条　本条例有不适时由边委会修改之。

第十一条　本条例自公布之日施行。中华民国三十年七月二十日公布之晋察冀边区奖励生产技术条例同时作废。

选自《晋察冀边区行政委员会现行法令汇集》，下册，边区行政委员会1945年编印，第595～597页。

互校版本：《中国新民主主义革命时期根据地法制文献选编》，第4卷，北京，中国社会科学出版社，1984年版，第708～710页。原注：“选自晋察冀边区行政委员会《现行法令汇集》下册，1945年版。”

42. 晋察冀边区修订优待技术干部办法

1945年11月1日

第一条　为适应边区发展形势，加强边区经济建设，提高技术干部地位，特根据晋察冀边区优待生产技术人员暂行办法修订本办法。

第二条　凡农林、工矿、交通各项技术人员经政府任用者，一律按本办法优待之。

第三条　技术干部之任用依其资历经验、技术水平及对边区经济建设之贡献等条件分为下列四级：

甲、技正：在技术上或理论上有独特创造、对边区经济建设有重大贡献者（一般的指国内外大学毕业，有研究发明者）。

乙、技士：能独立掌握技术进行设计及研究而有成绩者（一般的指大学毕业后有实际经验者）。

丙、技佐：能独立设计研究及进行实际工作者（一般的指专门学校毕业，有实际经验者）。

丁、技术员：能协助进行试验研究及勘测工程，有基本知识者（一般的指训练班或练习生毕业者）。

前项技佐、技术员县市政府以上机关有任用之权，技士，专员公署或特别市政府以上机关有任用之权，技正，边区行政委员会（下简称边委会）及行署有任用之权。如各级政府任用技术人员不属本级权限范围者，须报请上级委任。任用后，技正、技士，须呈报边委会备案，技佐，须呈报专员公署备案。

第四条　技士、技佐、技术员工作努力者有成绩时得逐级升用之。

前项技士升技正者由边委会办理或核准。技佐升技士者由行署或边委会办理或核准。技术员升技佐者，由专署或特别市以上机关办理或核准。

第五条　技术干部经政府考核有派赴外国留学或其他学术机关深造时，政府资助其一部或全部。

第六条　技术干部之薪给规定如下：

甲、技正：每月小米六百斤至一千二百斤。

乙、技士：每月小米四百五十斤至八百斤。

丙、技佐：每月小米二百五十斤至五百斤。

丁、技术员：每月小米二百斤至二百五十斤。

前项薪给，每月折价发款，其由机关供给衣食者，按所需扣除之。

第七条　有特殊功绩或特殊技术者，得特别优待，其经常工作有成绩者得与〔予〕加薪。

第八条　技术干部如因工作劳累或受伤致成残疾者，视其情况给以长期之生活供给优待。

第九条　技术干部不交纳机关生产任务。

第十条　技术干部子弟入学按干部子弟入学办法待遇，其家属待遇在政府〔治〕上与一般干部家属同。

第十一条　技术干部因年老或其他事故请求退休时，给以退休金，退休金视其工作历史成绩与其本人及家庭生活情况决定之。

第十二条　第六条规定之薪给，由其所属机关转报上级批准由其所在机关开支。其他留学供给、退休金等均由边委会或其行署发给之。

第十三条　技术干部如有技术发明，按晋察冀边区奖励技术发明暂行条例奖励之。

第十四条　技术人员经军事机关任用者，其待遇由军区司令部规定之。

第十五条　技术人员在各公营产业部门工作者，由各该产业部门视产业之情况参照本办法，自行办理之。

第十六条　医药人员由医药部门参照本办法规定之原则办理之。

第十七条　本办法自民国三十四年十一月一日实行，前颁晋察冀边区优待生产技术人员办法作废。

附：技术干部登记表一纸（略）

选自《晋察冀边区行政委员会现行法令汇集》，下册，边区行政委员会1945年编印，第598～600页。

43. 晋察冀边区森林保护条例

1946年3月7日晋察冀边区行政委员会颁布

第一条　为保护公私林木，促进林业发展，特制定本条例。

第二条　本边区内无论公私林木，各县政府均须督同村区公所负责保护之。

第三条　经区公所以上政府划定植树造林之地区，即作为禁山禁地，在规定期限内不得放牧及樵采。至于期限的长短，由各地自定。前项禁山禁地之划定应避开牛羊道，同时应视植树造林情形逐年扩大，不得空划广大范围。

第四条　私人之自然林，无租佃关系者，归原主所有，有租佃关系者，按租佃关系分益。分益由双方自订，但地主所得最高不得超过对半。

第五条　自然林之地主不能管理时，由佃户代管，如果面积过大，佃户不能单独管理时，或因其他原因地主与佃户均不能管理时，由林地所在村代管或由县区政府派专人代管，代管之林木开伐修枝等收入，代管人得一部或全部。

第六条　长期佃户在所租土地上自行培植之林木，修滩者在滩地上培植之护滩林，其所有权与处理权属于佃户或修滩者。如地主出树苗及兼出劳力者，林益之分配得由主佃双方协议规定之。

第七条　林木、林地被侵害时，无论何人均得报告当地政权机关或林木所有者，对报告者政府予以表扬，林木所有人酌予酬谢。

第八条　禁山禁地未经开放时不得樵采。如窃伐树木者，得依其损害情形责令加倍赔偿，或令其补植新树，或处以植价二倍以上之罚金。家畜啃坏树木时同。

第九条　山间所有树木之根株，一律不得掘采，以固结土壤、防止山崩水患，违者依妨害保安林论处。

第十条　放火烧毁及开垦他人之森林者，除按价赔偿外，并送司法机关依森林法判罪。参加救火者，按工加倍给资，由林主及烧山者各负担一半。

第十一条　各地县以上政府，得依本条例根据具体情形制定单行辨〔办〕法。

第十二条　本条例自公布之日施行，民国二十八年九月二十九日公布之《晋察冀边区保护公私林木办法》同时作废。

选自《中国新民主主义革命时期法制建设资料选编》，第三册，西南政法学院函授部1982年编印，第23～24页。

44. 晋察冀边区保护家畜及奖畜牧业条例

1946年3月7日晋察冀边区行政委员会颁布

一、为增殖改进与保护各种家畜，发展畜牧事业、国民经济，特制定本办法。

二、凡愿在本边区内经营畜牧事业（畜牧场、种畜场、乳牛场、养鸡场等），其因规模宏大、私人资力不足者，得拟具具体计划书，申请政府批准协助之。

三、凡在本边区境内私人经营、合作经营，或公私合营之各种家畜家禽，经政府及有关部门组织之专门机关（如品评会等，下同）品评优胜者，分别予以现金或名誉奖励。

品评标准及奖励办法由专门机关临时规定之。

四、凡私人之种畜、种禽经品评优胜者，发予奖金后，如欲出售，政府以高价收买之。

五、凡经评定合格之牝种畜或经区级以上之政府鉴定登记之牝种畜，一律免纳统一累进税，并在繁殖年龄不得强为役使。

六、牝种患病后未复原及未满三岁或超过十岁之马驴、未满三岁或超过十二岁之牛、未满二岁或超过十五岁之骆驼、未满二岁或超过六岁之羊、未满二岁或超过七岁之猪，均不得交配繁殖。幼畜未满三岁者，并不得强为役使。

七、禁止打杀胎羊，禁止屠宰耕牛及一岁到十五岁之马骡驴、一岁到十二岁之牝牛、一岁到六岁之牝羊，及其他各种种用家畜。

上列各种家畜，为法禁家畜，凡法禁家畜因病、老、残废者，必须由村（街）公所证明，报经区公所核准后，方许屠宰。

屠商、民户不依上述手续宰杀法禁家畜者，除将所宰杀之家畜全部没收外，并科以全部畜价二分之一的罚款。所没收之畜价及罚金，交存市县政府作奖金用。

八、凡查获宰杀法禁家畜，或因报告而致查获者，得从罚金中提百分之五奖励之，但工作人员除外。

九、发现传染病发生，或发现贩卖疫畜或疫畜之皮肉，发现人须立即报告所在地之政府，政府对报告人得酌情予以奖励。

十、对牲畜瘟疫防止或疾病治疗，有显著成绩或新的创造者，由所在地政府或转请上级政府奖励之。

十一、本办法自公布之日施行，所有晋察冀边区行政委员会前颁布有关畜牧业之各种条例法令与本办法相抵触者，均即作废。

选自《中国新民主主义革命时期法制建设资料选编》，第3册，西南政法学院函授部1982年编印，第24～26页。

八、文教卫生

1. 晋察冀各种政策
——文化［教育］建设

1942年边区干部学习参考资料

一、关于高等学校教育：边区过去有联合大学、抗战建国学院、群众干部学校等，现均已归并为联合大学，内分四院二部，并各院现只设有短期训练班，逐渐添设以期四年卒业。

甲、法政学院：现分为四队训练班，准备创造关于政权行政财经干部。课程系业务教育与政治教育并重。

乙、教育学院：目的在于训练初中及小学校长、教员与教育行政干部，关于课程方面系业务教育与思想教育并重，时期为六［个］月。

丙、文学院：在于训练部队及地方的文化娱乐干部、剧团演员以及县以下群众团体宣传干部。

丁、工学院：只有两个短期训练班，目的在于训练开矿、制革及新式纺织的干部。

子、中学部：二年毕业，课程和普通中学同，因教育设备缺乏，各分区只有初中部。

丑、民运干部部：经常办的是农工青妇四队，除一般的政治课外并授以群众工作，使所学与所用完全合一。

二、关于中学教育：决定在每一专署设一中学，四年毕业，现已有九个中学，相当于旧制的中学，另外增设政治理论课，中学内均有两个短期训练班，一［个］月毕业，专门训练村长、小学教员、村自卫队等村级干部，在生活方面由学校负责管理，教育方面则由学校及主管方面共同负责。

三、关于高小教育：只有高小教育的普遍发展，中学才有源源不绝的学生来源，而初小教育也才有充分的教员，而得到充分的普及。现在边区高小发展不平衡，有的县区有三个高小，有的县只有一个高小，现已决定在每个区必办高小一座。

四、初小教育：边区现共有两万初小教员，但小学教育还不够普及与平衡。今后要做到每个村有一处小学，以达到普及教育的目的。它应是免费的，对于贫穷子弟实行半耕半读制。

五、各种学校应当充分地给学生以民主制、生活与思想自由，而学生的集体的生活纪律是建筑在学生的自觉与自治的基础上，勉励学生来追求真理，自由研讨学问的精神，用进步的思想来确定学生的人生观、战胜反动的错误思想。青年是热爱真理，而我党正是真理的代表者，不用真理的武器而用反动的统治的高压手段，来解决学生的思想问题，是极愚笨的，它不但混淆是非，反而给反动派制造政治资本，因此有些同志用开除的手段来对待思想上一时错误的学生是不对的。

六、民众教育：民众教育、学校教育，是抗日根据地建设的两个重要方面。边区民众教育的发展，大致经过两个阶段：初时为各种的识字班，但却缺乏统一计划与指导，因而形成忽作忽辍、学随学息的现象，现在则取消了各种繁多的识字班，为代之以经常的民众夜校，终年不停地进行，每日下午晚饭后，群众间息时即为上课期间，同时在各村普遍设立了识字牌，在有的每日在牌上写二个字或三个字来教育全村男女，隔几天则在牌上写出一个政治问题或社会问题，使全村男女老少都来了解，老年人可不必强识字而应偏重于政治的、社会的教育。

七、距离敌人据点较近之游击区，小学教育与民众教育应采取伪装的办法，比如公开地可以教四书五经，暗则应教育抗日课本，或采取小先生制，化整为零，分散进行之，同时应采取伪装进行教育与辅导生制度。

八、开展国民教育的中心环节在于争取小学教员提高其质量，编辑出版大众丛书，及民众教科书与充分地利用识字牌，而各种教科书的编辑则应由专门机关办理之，至于争取小学教员则应当利用训练班、小学教员救国联合会等组织，并应抽派专门人员负责进行之，一般农民支部则不易担负此任务。

九、关于文化娱乐工作：文艺是为政治服务的，应提高与普及之，文娱工作应当成为大众的运动及大众生活的一个方面。文化的组织与脱离生产的剧团的活动，只是文化运动与组织的一小部分，而主要的文化运动与文化娱乐工作应当放在广大的农村、连队、工厂及学校，使广大的士兵群众及农民组织不脱离生产的剧团、歌咏队、秧歌队和自作的街头诗、民歌、小调等，而文化人的专门组织则应当成为大众文化运动的指导者，及推动者，应当参加到民众活动中去，而不应躲在自己的象牙塔里，否则即难有大的成就。抗战中的经验已证明，当广大的民众已获得了民主自由和物质生活的改善以后，文化运动即蓬勃地开展起来了，有不少优秀的不脱离生产的剧团用了现实的形式与内容所编演出来的成绩并不坏，而极受大众欢迎，这说明了大众需要艺术生活，同时他们也在从事于艺术的创造。

十、边区为了适应于上述的文化运动，因而产生了两种文化运动的组织：

甲、关于文化人的组织则组织文协、美协、诗协、剧协等，这乃是较有修养的文化人的组织，它在边区一级的会员只限于文化人与脱离生产的大剧团。他们同时也加入了文救，他们的任务不但提高自身的文艺水平，而且通过文救来推动整个边区的大众文艺运动，一九四一年在边区设立了边区文化娱乐部，举凡文化人的一切物质供给均由该部负责，以保障文化人的顺利创作。

乙、文救是边区民众文化娱乐工作的总的领导机关，边区以下到区的文救领导机关是由政府的教育科、各群众团体的宣传部和剧团负责人组织成的，在村一级是文艺小组，不吸收会员，由村教育委员会主任、各群众团体宣传部、小学教员、民众学校教员、村剧团、歌咏队负责人等共同组织成的，全村所有一切宣传教育计划，以及各种文化娱乐工作，均由其负责领导，因此村文救在开展大众文化运动中作用极大，但在目前边区还没有将它健全与普遍起来。

选自《晋察冀各种政策》，1942 年干部学习参考资料之一，第 69～75 页。

2. 晋察冀边区行政委员会令
——迅速办理医生登记

1942 年 7 月 18 日

令为北岳区各县应根据本年春季卫生联席会议之决定迅速办理医生登记由

一、关于医生登记，本会于本年春季卫生运动时，已通知各县办理在案（详见本会前发军政民卫生联席会议总结），各县迄今尚未举办，现在北岳区大部县份，正发起组织医生抗日救国会，为了使参加医救会的会员，是真正的医生，避免庸医滥竽充数，同时为了准备反扫荡，很好的〔地〕组织医生给老百姓治病起见，凡未举办医生登记者，应即从速举办。

二、登记医生标准，目前尚难作详细的规定，除庸医及以巫术符咒招摇撞骗而行治病者外，凡具有相当医疗知识及经验，颇受群众信赖者，不论中西医，一律予以登记，分别姓名、性别、年龄、籍贯、职业、学历、行医几年、专治何病、有何特长与发明或著作、信仰何种宗教或学说、对地方卫生有何意见等项，填写表格两份，一份存县，一份报会，凡登记后经县府审查（可指定三两名医拟题主试）认为合格者，可发给登记证（式样由县制定）。

三、登记合格之医生，依照本年四月北岳区第二次高干会议之决议，其本人准予免服抗战勤务。登记不合格之医生，医生救国会不应吸收为会员（其医救会已成立者，应由该会负责人向其说服解释，使其退出医救），但参加医学研究会，不在此限。

此项工作，事先要进行普遍深入的调查动员，有抗援会（或牺盟）组织之县份，可商同抗援会（或牺盟）做动员工作，发动医生登记，并将办理情形，连同医生登记表一份具报。希即遵办。

此令!

选自《晋察冀边区行政委员会现行法令汇集》,上册,边区行政委员会 1945 年编印,第 373~374 页。

3. 宋劭文:《晋察冀边区行政委员会工作报告》(教育工作)

1943 年 1 月 15 日在晋察冀边区首届边区参议会上所作工作报告

我们的教育工作是在战斗环境中进行,同时是服务于抗战的。我们教育工作的特点是:

(1) 为抗战建国事业服务的民族民主教育,是与现实密切联系的,是对敌进行思想战的有力的工具。

(2) 一切抗日阶层的人民不论男女都有平等的受教育的机会,教育是大家的,不是少数人私有的。

(3) 教育人民以科学的知识,使儿童、成人都逐渐具有了解国家大事、自然环境、个人生活及修养的方法,培养成抗战建国的健全公民与优秀人才。

五年来,我们的教育工作就是本着这个方针进行的。

甲、小学教育

边区成立时,各地小学都停顿了。边委会成立后,首先进行了恢复小学的工作,经过一年的努力(到二十八年三月),小学数目一般恢复旧观,有的超过战前了(如阜平战前有初小一二四处,二十八年春已增到一六〇处,冀中饶阳增加了四〇处,武强增八〇处,深县增一四四处)。在二十八年三月以后,随着边区的巩固和扩大,小学数目更是飞速的〔地〕发展着,一个无人过问的偏僻山沟里,学校也建立起来不少。下面是当时北岳区、冀中区五十四个县的统计:

时间	高小数	初小数	学生人数
二十七年二月 至二十八年三月	九一	五,四九〇	二三九,八一九
二十八年底	一四二	六,九二一	三六七,七二七

到二十九年,学龄儿童入学比例,北岳区达百分之五七点一九(学龄儿童三七五,四二八人,入校的二一四,七一〇人),冀中则达百分之七五强(三十年春统计),个别县甚至超过百分之九十——在小学教育的普及上是收到很大成绩,但在学校质量的提高上还是很差的:有的小学大部时间从事社会活动,有的常常整天唱歌、忽视正课,教学上个别的还讲三字经,却也不少是开口闭口都是生硬的政治口号,三十年春“边区小学暂行办法”的颁行和“小学正规化”的口号的提出就是针对这一现象而发的。

三十年十一月后,由于敌寇扫荡的残酷与频繁,环境较前恶劣,有些地方的学校停顿了（北岳区九个县的统计，小学生减少一，二三二人）。这时，边区的小学也由量的发展进到质的提高阶段。三十一年春，我们进行了一次普遍的整理和检查，把人数过少（不足三十人）与程度过于不齐的分别取消合并。学生也测验一下，按实际程度重编年级，统一了学校的课程，各县统一了教学进度。这样，学校比较整齐了，经费也节省了许多，教师提高，课程渐上正规了，使小学在战斗环境中更坚强有力。

在小学教育的发展中，首先碰到的是教师和教材问题。我们这个地区，过去文化落后，往往几个村庄找不到一个识字的，老百姓跑几十里路找人看一封信。抗战后，旧日的教师又多参加了各部门的抗战工作，剩下的程度就更差。当边区小学开始恢复时，我们就注意了这一工作，最初曾由各县普遍开办短期训练班，以后改由各专区统一计划分批训练，同时在各民族革命中学附设师资训练班。据二十九年统计，北岳区各专区（二三十年北岳区十六个县）训练二，三四八名。各民中附设师训班毕业的一，七九七名，还有由民中毕业分配做教师的也不少。此外，联大教育学院也训练了不少师资。为了整顿与提高小学教师的质量，三十一年三月，边委会特颁布了“小学教师检定任用办法”，在北岳区普遍进行了一次检定（据唐县平山等十四县的统计，参加者现任教师二，〇四一名，非现任教师二七一人），把程度过差的淘汰了一些，但因为及格的太少（据前十四县的统计仅占百分之四十点零五），不及格的暂以代理教员任用。和检定任用办法同时，边委会颁布了“小学教师服务章程”，明确规定了小学教师的职责，四月又颁布了“小学教师考核奖惩条例”，明令以平日服务表现教学成绩为考核标准，严明赏罚。同年“六六”教师节边委会发起教师征文，又令各县选取模范教师，给以奖励（得奖的五十三名），在鼓励教师上进上，曾起了相当作用。

五年来不断地努力，使小学教师的质量提高了不少。可是，比起工作需要来，还是很差的。

这由下面小学教师各种学历的百分比中可以看出（三十一年的统计）：

程度 百分比 地区	高中及完全师范	初中及乡师	高小	其他（私塾等）
冀中区	一〇	三五	五〇	五
北岳区		二五点一一	五〇点六三	二四

可见，如何提高小学教师的质量，乃是今后小学教育工作中重要任务。

教材也是一个重要问题。抗战前的课本是不很适用了，且找不到多少。新的一时也编不出来，那时，我们曾赶编了初小一、二、三年级的课本，内容大体上是适合于抗战的要求的，可是编得太仓促，内容不少是生硬的政治口号，和小学生生动活泼的实际生活连〔联〕系少，读起来兴趣也就差些，而更严重的是印不出来，有的教员还领不到一本。那时，各县自己编印的也很多，形形色色，颇不统一，个别地区就教起三字经来。到二十八年边委会又有组织的〔地〕重编，完成了全部初小课本（国语、常识、算术（八册）），二十九年由联大帮助把高小的课本也编出来了（国语、地理、历史、自然、算术、政治常识），内容上已有不少改进。印刷上，边委会石印了二十二万二千册，各县也努力翻印

（如盂县、定襄县政府，灵寿文教会，五专区前卫出版社等），课本问题才算基本上得到解决。这在边区的人力、印刷条件下，也是一个不小的工程呢！

边区的教育是科学的民主的。它不再是把学生关在课堂里“读死书，死读书”，而参加实际活动，把学校与社会沟通一气。

边区的小学生都参加了童子军（以前是儿童团），自觉地过着纪律的活泼生活，自己管理着自己，教员则是加以指导，斥骂体罚早被禁止了。

童子军还成为学校和社会直接连接的纽带，有了它，就更便利有组织地动员并进行社会活动，边区每次大的政治号召，小学生是向不后人的。到二十九年，小学生配合中心工作参加社会活动，配合中心工作曾发展到最盛的时代，从下面该年内一些片断的数字中就可见一般：

（一）春耕：如盂县儿童代耕二五〇亩，垦荒七一亩。

（二）民主运动：如崞县百分之九十五以上的小学生参加了选举的宣传工作。盂县儿童剧团四〇个，演剧二五四次，又宣传队一五七个，参加人二五〇五人。

（三）护秋运动：如崞县组织六十八个护秋宣传队，一二〇个代收队，代收一二〇〇亩，冀中无极等十三县，实际参加工作的小学生及教师一六二一三〇人，代耕九一八八六点〇八亩。

（四）救济难民、慰劳抗属与军队：如易满徐三县小学生拾麦二百多石，救济难民，冀中武强等十一县一年内据不完全统计慰劳军队抗属粮九九一三八石又四四五零点五斤，钱八六五二点六二元，铜钱一一八五六斤，还有很多鸡子、毛巾、弹壳等。

（五）站岗放哨通讯：有的地区变成了小学生经常工作。

在上述的活动中，小学生得了不少实际知识，在推动中心工作上起了相当作用；但也可以看出：不少学校过于强调社会活动，忽略了本身教学的任务，严重地影响了学生的课业。三十年，这些现象，已渐纠正。到三十一年整理小学时，边委会更严格规定课程，以县为单位统一进度，保证课业的进行，并与边区青救会共同颁发了“儿童团与小学校关系的决定”（同年冬儿童团改童子军后，另发“童子军与小学校关系的决定”），划定了儿童参加社会活动的时间，一切以保证教育计划的完成为目的。过于强调社会活动，本末倒置的现象，基本上已经克服。

边区的教育是大众的，要使人人得到入学的机会，实现普及的义务教育。为此，我们曾施行了随习班、巡回教学的教学法和辅助贫寒儿童入学办法。

边区学校是完全免除学费的，但不少贫苦的儿童，必须参加劳动才能维持生活，仍然不能入学，边委会于三十年二月颁布了“小学贫寒儿童随学办法”，规定可以半天来上主要的课程（国语、常识、算术），半天在家作〔做〕活。不少县份实行了这个办法，仅就满城、龙华、徐水等三县二十九年的统计，就有随习班二五三处，相当解决了不能完全脱离生产的儿童教育问题。

在边区内地有些山沟小道，村庄又散又小，立不起学。我们就建立巡回学校，几个村联合请一个教员，今天在这儿教，明天到那儿教。据二十九年统计，北岳区共有一八五处，男女学生有六七四六名（内女生二〇五〇名）。

三十一年一月，边委会还曾颁布了关于贫苦学生补助课本的决定，进一步设法帮助贫苦儿童入学。凡家在统累税免税点以下的，书籍一律由公家供给。高小也特设公费生，每一个行政区，可选拔家境贫寒、成绩优良的学生保送，完全公费求学。

抗战前，这个地方妇女上学的是很少的，山地里更是微乎其微。但今天情形却大不相同了。比如一专区以前女生只占百分之九点六，到二十九年已占百分之四十点八九了，四专区一般地区较抗战前增加了十倍。这固然是由于整个社会的进步，但教育工作上对女子教育的注意（不但取消了种种限制，而且尽量发动，予以方便），也是重要原因。

小学经费已有统一的规定，高小自实行统累税取消地方款以后，一律改由边区款开支，初小一般还是由村开支，有的县（如灵寿）公产整理好了，就由县统筹。

小学教师的待遇已适当地提高了，目前是和政权工作人员一样，按月发粮，每月另有零用费十一十二元，虽不算多，但已可衣食无虑地进行工作了。

乙、中学与师范

二十七年，我们就开始筹设边区中学，但实际上是短期训练班的性质，因为碰上敌人的大围攻，只办了一期师资训练班就结束了。到二十八年便在北岳区各专区设立中学，冀中也成立一所，共有七个中学，二十九年又在冀中增设两处，总计二十八—三十年三年中间毕业学生七一六六名（不完全的统计）。在数量上看，这是最繁荣的时期。在培养后一代青年，特别在解决“干部荒”上起了很大作用。

到三十年，已改定为三年制，课程上也加重了基本学科（国文、数学、史地等），但基本上还没脱离短期训练班的性质，在毕业学生中，大部还是行政、民运、自卫队、师范、合作等干部队，中学生只是一小部分（二十八九年不及百分之十五，三十年也不过三分之一）。学生程度，也很不齐，初中肄业的只占百分之五，高小毕业的占百分之二十六，其余百分之六十九都是初小以下程度的，因而教材选择也颇困难。又没有课本，某些教员也不顾实际情况，教学生背诵政治名词术语，学与用脱离的毛病相当厉害。

针对这些情形，我们就提出“争取中学正规化”的口号，并在三十一年彻底加以整理，学生重新甄别，有百分之二十一的学生因程度低而送入高小或其他地方学习，教员也进行了鉴定和裁减，把五个中学合并为两个，同年九月又合并为一个（北岳区）。教材也利用暑假期间集合教员统一编辑，改订课程，基本学科增到百分之七十二，政治课减到百分之十四，军事课、文艺课各百分之七。在教学方法上提出“教学一致”“少而精”的原则，力求实事求是、学以致用，今天的边区中学，大体上已踏入正规的道路了。

边区中学的学生，最初完全是公费的。从社会观点和教育观点上说，这当然是很好的，但是由于边区财力是有限度的，完全公费便会限制了教育的发展。也就是说，如果能有一半学生自费，就可以增多一倍青年受教育的机会。因此从二十九年起就按学生家庭实际情况，号召自愿自费或半自费或四分之一的自费。这一号召曾得到相当的成绩，比如第三中学做到十分之一的学生完全自费或交粮食，一般贫困学生或离家很远、难以接济的仍享受公费待遇。中学整编合并后，已以完全自费为原则了。

师范教育在边区还没有形成系统的一套。但我们训练师资的工作却自始就很注意。除前面已谈到的一些成绩外，在冀中各专区曾于三十年成立了六个师范学校（中学附设的师训队在外），共有学生一〇六〇人（女生占五分之一），一年毕业，在敌人大扫荡中已经结束。目前边区的师范教育机关则只有华北联大的教育学院了。

至于职业学校，冀中曾于三十年八月成立农业中学，北岳区则只有农业训练班，还没有正式发展起来。

边区的学生在学校里是过着民主的战斗的学习生活，这儿没有思想统治，在抗日民主的前提下，大家自由地发表意见，共同探讨真理。他们有自己的学生会，代表学生随时向学校提出意见，学校只有给以必要的指导，但不干涉内部生活上的事。校务会议并吸收学生会代表参加，学生和学校站在同一的立场上为完成教育计划而奋斗着。

他们平时过着紧张的组织生活，养成战斗化的作风。战斗来了，也能从容应付。几年来，边区中学也曾几次遭遇敌人甚或被敌追袭，但都能灵活的〔地〕安全转移（如二十八年反扫荡期间，三中四中都曾几次与敌人遭遇，并未损失一人一物），并且能在战斗的空隙坚持学习；有时还分散帮助地方参战工作（四中学生在积雪的深山中担架抬送伤员）。这种精神是过去的学生所不及的。

此外，边区还有华北联大，培养抗战建国人才；抗大二分校，培养军事干部；抗大二分校附属中学，吸收抗属和贫寒子弟；白求恩卫生学校，培养医务干部。这些学校在培养专门干部上，都起了很大作用。

丙、社会教育

抗战以前，边区的广大群众和文化教育几乎是绝缘的。边区成立后，随着各种动员工作的要求和发展，就展开广泛的社会教育。

早在二十七年冬，我们就规定了扫除文盲计划，号召各地普遍成立了夜校识字班，当时的口号是“会的教人，不会的跟人学”。据二十八年春统计，北岳区（平西、雁北除外）约成立二千处，学员一八一，七九四人，冀中二十七个县成立识字班二，〇四七处，学员男四七，九六五人，女二一，八〇一人。同年四月间，发动了一个识字运动周，二十八年冬北岳区入学人数已增到三九〇，四九五人，冀中区冬学达一，九一七处，学员三四七，三一〇人，比二十七年增加五倍以上。

这一时期的教材还是很不一致的，有的教小学课本，有的自己编，有的就读报。民校的发展主要基于广大民众求知欲的高涨和各团体的组织动员。但教学上的自流现象还是很严重的。

二十九年边委会编印了初级和高级的民众课本各三册，逐渐统一了教材，这年的冬学有好些延长了相当时期，如定北县有三十九校坚持到次年秋季大扫荡，而望都有的民校在反扫荡中还坚持上课。

这中间，民校的领导曾一度由文救会负责，靠了文救会散布在各区村的组织及成员，在推动与指导上有不少方便。但在另一方面，整个行政工作的配合和照顾上都不免有些差池。因此，自三十年度起仍归政府负责，由文救会及各团体配合。这一年只北岳区有民校二八九四处，学员达二三三，五九二人。由于游击区的增加，总的人数是减少了，但质量是提高了。

三十一年春，总结了以往几年的经验，重新厘定了“民众学校暂行规程”，更进一步统一规定了课程、时间、考核制度等，同时根据新的规定，按初级高级的标准，重新编订识字课本四册、常识课本两册。为了使大家都能有书读，除了石印、油印之外，还试行了木版印刷。

有这样多的民校，教师自然也是个大问题，我们除了发动各村知识分子由村聘请任课外，并于每年民校开课前由各县进行有计划的短期训练。只就二十八年统计，北岳区训练了六千以上，冀中约有四千六百余。这些教员量虽很多而程度则很低，山沟小道的教师，甚至有的现学现教。但在教育工作中，他们自己也受到了教育——只四专区在二十七年—二十八年之间，就有一三二个民校教员已锻炼得可做小学教员，并有九十九人已经正式分配为小学教员了。

在这样有组织的动员下，边区群众的求知欲显然大大地提高了。每逢冬学紧张时期，大批的男女青壮年甚至老头老婆都涌进了冬学，一家之中，妻子和丈夫、父亲和儿子、嫂嫂和小姑一齐上学互相竞赛争取“学习英雄”“文化战士”的佳话，到处频传。平山一位七十多岁的老太太和她的孙女竞赛，村工会主任在当短工的时候，还带着他的课本坚持“一天一课”的计划。唐县一位青妇一面纺纱一面读书，连放羊的小孩子也在山头上认起字来。这种例子，实在举不胜举。

在热烈的冬学运动中，许多失学的青年男女在冬学结束后，随即转入了正式小学（如定北县二十九年就有三〇八五人，深泽县一六一六人，北岳区也有不少），尤其值得提出的是妇女在民校中的活跃，例如四专区二十七年上冬学的妇女有一七二四〇人，二十八年就有五六〇六五人，一年之间增加三倍以上，同样，在五专区也增加了两倍半，冀中八专区二十九年冬学中妇女占百分之四二点三八，这都不是简单的事。

除了民校之外，在二十八、二十九年一般村里建立了救亡室（以前有的叫民革室，现在都改作文化俱乐部了），组织了不少村剧团（仅北岳区唐县等四县就有二九八个）。他们不仅自己出演，而且很多是自己编剧、自己导演，至于歌咏和秧歌舞，差不多无村不有。这些组织相当的〔地〕活跃了乡村文化娱乐生活，而其在群众中的教育作用却匪〔非〕可衡量。

由于群众在文化战线上的活跃，大大发挥了他们的创造性，出现了许多新的学习组织，如：流动学习站、巡回教学、传习所、特别小组……等；许多新的教学法，如站岗识字牌、时事问答、家庭识字牌、一字入门、两字入门、标名字、答题入学等，花样翻新，不胜枚举。

新文字在边区还没普遍展开，但是不少地方的老百姓在自动学习着，个别地区（如三专区、五专区）已有了相当成绩。

在游击区，我们的教育工作，也同打仗一样，每天向敌人的奴化教育开火。游击区我们有许多隐蔽的小学校，教师与学生都学会了一套打仗的方法，使得自己胜利的〔地〕受到抗日民主教育，打击了敌伪奴化宣传，也有不少的模范教员，在教育战线上光荣牺牲了。有许多地方，把在敌伪奴化下的小学生，用种种方法找出来，使之进入我们的学校。此外，游击区的对敌政治攻势，教育部门与军队团体配合起来，打过许多大胜仗，使得敌占区的广大同胞都知道今年日本鬼子一定要失败，坚定了大家的抗战胜利信心。

当前我们教育工作的主要缺点依然是：质量太低，教师不够，理论与实际联系还差，教学方法还没有大的改进。这是今后应该严重注意的。

选自《晋察冀边区行政委员会工作报告》，边区行政委员会1943年编印，第92～104页。

4. 晋察冀边区行政委员会关于整理小学加强儿童生产教育的指示

1943 年 4 月 10 日

为将整风与简政的精神，贯彻到小学教育中来，本实事求是的态度，解决实际问题，特提出再次整理小学的任务。

甲、整理小学的目的

（一）适当的〔地〕紧缩小学数目，减少教师数目，提高现任教师质量，并争取更多的学龄儿童入学。

（二）适当的〔地〕改善小学教师待遇（另行规定），并减轻灾区人民对教育经费的负担。

（三）改变教学方式，加强儿童的生产教育，配合当前“生产救灾”的政治任务。

以上几个目的，从表面看来，似乎存在着内在的矛盾；但我们若能联系的〔地〕考虑问题，进行得法，这些矛盾是一定能统一起来，胜利的〔地〕完成这个任务的。

乙、整理小学的办法

（一）高级小学，各县应普遍〔地〕的进行深入的检查与整理，办法如下：

（1）所有高级小学一律与附近中心小学合并为完全小学（目前实际上只能是两级小学），加强中心小学的作用。

（2）高级学生，经常到校人数在十五人以上二十五人以下的，一律改为中小附设高级组，只设校长一人（亦即中小校长），不另设教员。国语、算术等课程由校长担任，体育、唱歌等课程可与初级班合并，由中小教员分担。校长待遇仍按高小校长待遇。高级组办公费，按高小一班的规定开支三分之二，均由边区款开支。入学学生人数在十五人以下者，暂与初四合并，进行补习教育（事先应对学生进行深入的解释动员）。

（3）高小有两个年级，而经常到校学生总数在五十人以下的，一律合并为一班，进行复式教学，只设教员一人（各种课程由校长与教员分担），办公费按一班开支。

（4）现在中小已设高级组或准备设立高级组的，如学生程度合格，且与第（2）项规定相符的，经专署批准报会备案后，可按该项规定执行。

（5）整理后高级班或组，非在学年开始时不得随时招收新生，遇有特殊情形，经上级批准后，得招插班生。

（二）初级小学，整理范围，着重于巩固区内的灾区及偏僻小村的小学，办法如下：

（1）在较大村庄，可能经常全日入学的学生在三十人以上的，仍以全日小学为主，酌设半日随习班。

（2）较大村庄，可能经常全日入学的学生较少，而能半日入学的在四十人以上时，改为半日二部制（上午两个年级，下午两个半年级），使学生半日学习、半日生产。

（3）一般村庄，以半日制为主要形式。如甲、乙、丙村可能入学学生均在二十五人以上、四十人以下，距离在五里以内的，可两村合请一个教师，采用半日巡回制（上午在甲村，下午在乙村），或集中在一村实行半日制，如附近几个村庄，可能入学学生均不满二十五人的，可让某数村学生集中于甲村，某数村［学生］集中于乙村（集中距离不可太远），实行半日巡回制，如可能集中的两个村距离在五里以上十里以内的，可采用隔日巡回制。某些偏僻而穷苦的小村，用以上各种方式仍不能解决问题的，可暂缓开办或暂时停办。

（4）巡回小学教师待遇，由有学生村庄统筹负担。

（5）学校改为半日制后，应深入动员学生家长，说明半日学习半日生产对儿童对家长都有好处，争取更多的学龄儿童入学。

（6）为儿童入学的方便，可打破区村的界限，凡离本行政村小学较远而距邻村小学较近的，可到邻村小学入学，经费负担，设法合理解决。

（三）教师的调动配备

（1）整理高小后裁减下来的高小教员，可调任中心小学校长，或巡回小学教师。

（2）整理初小裁减下来的教师，其程度较好的可保送到短期师范学习，程度太差的，可动员回本村担任半脱离生产教师，或义务教师，有成绩时将来保送到短师学习。

（3）凡设半日巡回小学的村庄，应设法聘请本村在乡知识分子或青救会干部担任半脱离生产教师（只津贴零用费）或义务教师，负［责］组织领导学生自习或参加生产。

丙、怎样加强学生的生产教育

（一）通过各科教学或精神讲话，启发儿童重视生产劳动，领导儿童参加生产活动，养成劳动的习惯与兴趣。

（二）高小或全日小学，星期六下午定为劳动日，不上课，领导学生参加生产。平时对贫苦学生，应准其在课外活动时间请假帮助家长工作。

（三）半日二部制，半日巡回制，隔日巡回制小学，学生在不上课的半日或一日，一律参加生产劳动。教师应负责计划交教育委员，半脱离生产教师或义务教师代为领导。①

（四）为领导上的方便，可按学生年龄体力性别编为若干生产小组，负责督促检查报告本组同学的生产活动及生产成绩。

（五）教师对领导学生参加生产与领导儿童学习并重，对学生的生产成绩，应视为学生学习成绩的一部份〔分〕，做〔作〕为评判学生成绩优劣的一个标准。

整理小学，加强儿童生产教育的工作，是灾区县份教育行政部门当前的中心工作，应与生产救灾工作联系起来进行。一般地区，在不影响统累税调查工作的原则下争取在麦假以前整理完竣，并将整理前后学校数目，教师数目，学生数目的变动情形，列表报会备查。并附发半日制日课表，隔日制日课表各一份作为参考，希即具体布置执行为要。

附发：统计表式一。（略）日课表式二。（略）

选自《晋察冀边区行政委员会现行法令汇集》，下册，边区行政委员会1945年编印，第399～403页。

---

① 原文如此。最后一句疑有错漏。

5. 晋察冀边区行政委员会通知
——纪念“六六”教师节办法

1943 年 5 月 1 日

各专员、县长、县佐：

“六六”教师节即将到来，在这个节日是教师自己最愉快的节日，为了检查一年来的小学教师的工作，加强教师的学习，掀起小学教师的整风运动，并适当改善教师生活及社会地位，以启发其工作积极性，提高工作效能，培养专业精神计，各地仍应普遍举行纪念。兹规定一般的纪念办法随文附发，希即针对当地客观环境，具体布置进行。并将进行情形，列入寒假到春假阶段工作汇报，报会备查为要。特此通知。

附：纪念“六六”教师节办法一份。

纪念“六六”教师节办法

一、召开纪念会：

“六六”各级学校放假一天，根据各地具体情形，分区或分小区举行纪念会，由教师自己主持，担任主席，区教育助理员、教联代表应多方予以指导协助，在大会上请人报告目前政治形势中心任务。传达本会颁布之《小学教师服务暂行规程》的精神与内容，同时宣布模范教师姓名事迹，请模范教师及服务年限最久的教师讲话，并予以奖励。大会的进行要生动简单，以半天至一天为原则。

二、举行座谈会：

纪念会散会后以中小为单位，由中小校长召开教师座谈会（如时间不够可由中小另行召集），教师自我检讨一年来的工作生活和学习，深入的〔地〕研究《小学教师服务暂行规程》的精神与内容，号召全体教师向模范教师看齐。

三、慰劳小学教师：

通过村公所及抗联于教师节发动儿童及家长对教师进行精神的及物质的慰劳（须完全出于自愿，绝对避免分派或强迫的现象）。

四、选拔与奖励模范教师：

A. 怎样选拔：

先就各中心学区教师中，根据平时工作表现、教师意见，并征求各村教育委员、青会干部、儿童干部及学生家长的意见，选定本中心学区模范教师一二人填表（详后）报县。

然后由县教育科按教师服务暂行规程第六章第三十二、三十三条之规定根据平时检查工作对教师的了解（应以教学成绩为主）根据各中心学区模范教师报告表，会同县抗联、教联及有关人士作最后评判，选出全县模范校长或模范教员（以五至七人为原则），于五月底以前（游击区不在此限）将模范教师登记表报告专署并通知各区，专署于六月底以前汇总连同登记表报会备查。

B. 怎样奖励：

县模范教师选出后，根据教师服务暂行规程之规定由县分别发给奖状或予以物质的现金的奖励。奖品由各县自筹，在县公款或预备费项上开支。其特别优良者，由本会发给奖状。

C. 各县对选拔的模范教师，应安定其工作岗位，鼓励其继续前进，使在教师中起模范作用，帮助落后教师进步。去年个别县份，对选拔的模范教师，不久即强调担任其他工作的现象，须切实纠正。

五、批评教育或惩罚不负责或犯错误的教师：

在选拔模范教师过程中，同时应找出平时工作、生活、学习十分落后的教师，通知各区，分别轻重或在教师座谈会上进行批评教育（应纠正过去在纪念大会上打击教师的作〔做〕法）或由县教育科予以相当惩罚。

六、慰问游击区教师，开展争取伪教师工作。

在游击区不便开会纪念时，应利用通讯或访问各种形式，传达报告目前政治形势及教师服务暂行规程，提高其坚持工作的信心。发动巩固区教师对游击区的教师进行精神或物质的慰劳。同时展开争取伪小学教师的工作，明确的〔地〕告诉他们敌寇的阴谋策施，告诉他们只有为抗日教育服务，才有出路。

七、举行小学教师征文：

发动小学教师的创作，不仅可以了解教师的工作与学习，同时鼓励教师积极进取，有很大的作用，因此各县应具体布置，保证每人一篇，切实克服去年个别县松懈敷衍，甚至未进行的现象。今年征文主要内容以教师工作经验的总结、研究的心得，或改进小学教育意见为主，文题取裁〔材〕应该是具体而现实的，兹列出几个题目，以作布置时参考：

1. 我怎样进行学级复式国语教学的。
2. 我怎样使算术的教学作合一？
3. 儿童常识教学的几点经验。
4. 指导儿童游戏的方法？
5. 半日制教学我是怎样进行的。
6. 巡回教学的一点经验。
7. 儿童生活指导的几个实例。
8. 我对特殊儿童的指导法。
9. 我们学校里的生产教育。
10. 一个中小教师的工作。
11. 我的歪风在那〔哪〕里？
12. 一个教师的自白。
13. 我怎样研究《教育阵地》的。
14. 我一年来的学习。
15. 我对教育科的意见。
16. 其他。

征文自交到之日起至六月底止，各县将征得作品，先作首次评阅，选出优良作品于封面注明作者姓名、性别、年龄，通讯处于七月十五日前报送本会最后评定并发给奖状或奖金。

附表（略）

选自《晋察冀边区行政委员会现行法令汇集》，下册，边区行政委员会1945年编印，第417～421页。

6. 晋察冀边区行政委员会令
——令发《晋察冀边区小学教师服务暂行规程》

1943年5月4日

各专员、县长、县佐：

本会前颁《小学教师检定任用办法》《小学教师服务章程》《小学教师考核奖惩条例》等，执行经年，因工作之发展，共中规定已有不尽妥适之处，需加修改与补充。兹根据各地年来执行经验，按照目前情形，兹重新制定《晋察冀边区小学教师服务暂行规程》，随令颁发，希即遵照办理，并务于六六教师节前印发各小学（自〔至〕少要发到各中心小学）以便遵照执行！

此令！

附发：《晋察冀边区小学教师服务暂行规程》一份。

晋察冀边区小学教师服务暂行规程

第一章　总　则

第一条　根据下列精神与原则制定本规程：

一、提高小学教师质量，争取小学教育正规化。

二、提高小学教师社会地位，改善小学教师生活，以启发其工作的积极性。

三、安定小学教师工作岗位，加强小学教师的进修与训练，以锻炼对工作的计划性、研究性与专业精神。

第二章　小学教师的职别资格及任免调动

第二条　坚决抗日，拥护民主，身体健康、能吃苦耐劳，而愿为教育事业服务，为一般小学教师必备条件。

第三条　具有下列资格之一者，得任为初小正教员。

一、一年以上师范学校毕业者。

二、半年短师毕业（中学附设半年师训班同），曾任小学教师一年以上，学习进步、成绩优良者。

三、初中毕业，曾任小学教师或教育行政工作一年以上，学习进步、成绩优良者。

四、高小毕业，曾任小学教师或教育行政工作二年以上，学习进步、成绩优良者。

五、相当高小文化程度，曾任小学教师或教育行政工作三年以上，学习进步、成绩优良者。

第四条　凡不合于初小正教员之资格，因工作需要，任为初小教员者，一律为初小学习教员。

第五条　为协助小学教师工作，各村得就在乡知识份〔分〕子中聘请义务教员。

第六条　具有下列资格之一者，得任为高小正教员，或初级中心小学校长：

一、三年以上师范学校（简师、乡师、省师等）毕业者。

二、初中以上文化程度，曾任小学教师或教育行政工作一年以上者。

三、高小毕业文化程度，曾任小学教师五年以上，学习进步、成绩优良者。

第七条　具有高小以上文化程度，曾受专门训练或具有某种特长，能担任体育、音乐、工艺、美术等科教员者，得任为高小科任教员。

第八条　具有高小正教员之资格，品质优良，能力较强，对小学行政有相当经验者，得任为完小或高小校长。

第九条　初高级小学校长，由县政府委任。教员经县政府介绍，由村公所或校长聘任。任期最低一年，高小校任用后，须报请专署备案。

第十条　小学教员，在任期未满以前，不得轻易调动，教员亦不得无故引退，如因工作需要，必须调动时，由县政府商得村公所（或校长）同意于学期终了后行之。

第十一条　小学教师以不兼任其他工作为原则。

第三章　小学教师的职务

第十二条　教师的职务为进行教学，指导学生生活学习，考查学生成绩，办理学生入学退学，及有关学校的调查统计等工作。

第十三条　教师应负责指导童子军，进行童子军的训练；在不妨碍校内工作的原则下，应协助所在村进行社会宣传教育和其他地方工作。

第十四条　教师应出席上级政府，及中心小学所召集的教师会议，并遵守与执行会议的决议。

第十五条　教师须定期报告工作，高小或完小由校长向县政府报告，初小向村公所及区公所（经过中心小学）报告。

第十六条　教师应按规定时间上课，不准迟到早退，并须按期完成教导计划和其他规定的工作。

第十七条　教材与课程进度，均应依县政府之规定进行，不得任意变更、补充教材，须先经县政府审定后，始得讲授。

第十八条　教员工作应受校长领导，其全校只有教员一人，不设校长者，教员应负全责。

第十九条　教师请假规则如下：

一、教师因病或其他必要事故，可以请假。

二、请假时间每学期最多不得超过十五天，仅请有代理人者，不以请假论。

三、继续请假在七天以上者，必须请人代理其职务。

四、未经请假或请假未准，而自行缺课或离校者以旷职论。

五、高级教员向校长请假，校长向县政府请假，初小教师向村公所请假，但请假三天以上者皆应报区公所。

第二十条　在反扫荡期间或当地情况发生变化不能坚持教学者，应协助地方干部工作，情况缓和，应立即恢复校务。

第四章　小学教师的待遇

第二十一条　小学教师一般待遇如下：

一、完小或中小附设高级组之校长及高级教员，粮食、服装、鞋子、医药费，与一般政权工作人员同，柴菜金每人每日三角，零用费校长每月八元，教员每月六元。

二、初小教员，每人每月小米一斤四两，每月盐十两，菜由村酌量供给，干柴一百五十斤（增一人增加七十五斤），零用费正教员每月十四元至十六元，学习教员每月十二元至十四元，巡回教员或游击区教员每月十八元至二十元。

第二十二条　高小校长教员之生活费，由边区款开支，初小教员由村供给，每年均按十二个月发给，在反扫荡或放假期间仍照发。教师如在反扫荡后或假期已满，仍不恢复开课者，以旷职论。

第二十三条　小学教师津贴补助办法如下：

一、外籍或敌占区教师由县呈请专署批准，依规定给予服装补助费，并准按制度购用军鞋。本地教师服装、鞋子，自行解决，其实有困难者，可在村预借一二月零用费，以后逐月扣除。

二、高小教师因病请假在一星期以内者，其职务由校长或请其他教员兼代，超过一星期时，由县另派人代理。代理人生活费用，报请专署批准另发。

三、初小教师因病请假在一星期以内者，由村教育委员，请本地知识份〔分〕子，或儿童干部指导学生学习，原教师生活费用仍照发；请假超过一星期者，由县另派人代理。代理教员之生活费用，由村供给，原教师之生活费用由县公产收入项下予以补助。

四、高初小教师因病请假超过一月者，以离职论，不再津贴或补助。外籍或敌占区教师由县政府另行设法处理。

第二十四条　高初小女教员及其幼儿之优待办法按本会颁布之《优待政民妇女干部及其幼儿之决定》办理。

第二十五条　高初小女教师分娩期间，其代理人生活费用，高小教师呈请专署批准另发，初小教师由县公产收入项下开支。

第二十六条　高初小教师，因公伤亡者，一律援照《晋察冀边区政民工作人员抗战伤亡褒恤条例》之规定抚恤之。

第五章　小学教师的训练与进修

第二十七条　边区及各专区、县设立之师范学校或师训班，为培养小学教师机关。

第二十八条　为提高小学教师质量，各署县得利用假期举办教师训练班、讲习会、座谈会（办法另行规定）。小学教师应按时受训或出席，以提高自己。

第二十九条　小学教师平时学习，由县政府教育科负责计划与领导，并随时供给学习材料，检查学习成绩，小学教师应按规定进行学习，并按〔接〕受领导。

第三十条　小学教师工作积极学习进步，且服务一年以上者，工作许可时，得由县政府呈请边委会保送适当学校学习。

第六章　小学教师的考核与奖惩

第三十一条　各级教育行政部门以教师平时服务表现、教学成绩为标准，进行教师考核，县政府每学期总结一次，每年“六六”教师节前，进行全年考核，按成绩优劣、进步快慢分别奖惩。

第三十二条　有下列条件之一者，得选为模范教师，由县政府或呈请专署发给奖状或奖品。

一、按时完成教育计划，热心帮助地方工作，深受全村民众及儿童之拥护具有事实者。

二、教学指导方法适当，儿童入学情绪高涨，全村应入学儿童均已入学，教学有显著成绩者。

三、打击敌伪奴化教育，坚持残酷地区工作，成绩卓著者。

四、学习积极能坚持学习制度，按期完成学习计划，测验成绩优良者。

第三十三条　具有下列条件之一者，得由县政府详述事实，呈请边委会发给奖状、奖金，或予以表扬：

一、在游击区、敌占区，不屈不挠，开展与坚持工作，成绩卓著者。

二、出县到落后地区或新地区开辟或坚持工作，并有显著成绩者。

三、抗战以来继续服务五年以上（自民国二十七年一月起），学习进步，工作成绩卓著者。

四、在教导方法上有新的创造，或教育研究上有新的发现者。

第三十四条　具有下列情形之一者，由县政府按情节轻重，给以劝告、记过、停职或免职等处分：

一、经常旷课，不能按期完成教育计划，影响儿童学习者。

二、行为不检，生活散漫，为大多数儿童及家长不满者。

三、强调困难，不坚持工作，擅自离校者。

四、学习不积极，不坚持学习制度，不能完成学习计划者。

五、言行不利抗战，或行〔形〕迹可疑者。

第三十五条　小学教师受停职或免职处分时，如认为处分不当，可详具理由，通过教师组织或行政组织向政府提出意见，请求考虑。

第三十六条　小学教师如有违法犯罪行为，除免职外，并送交政府依法处理。

第七章　附则

第三十七条　本规程自民国三十二年六月六日起实行。

第三十八条　本规程实行后，本会前发各项教育法令，凡与本规程抵触者一律作废。

第三十九条　本规程有未尽事宜，由本会随时修改之。

选自《晋察冀边区行政委员会现行法令汇集》，下册，边区行政委员会1945年编印，第407～416页。

7. 晋察冀边区行政委员会令——为颁发麦假现任教师训练办法希详细计划筹备进行由

1943年5月8日

各专员、县长、县佐：

麦秋将近，各级学校，一律放麦假二周，其起讫日期，由各县按具体情形规定（个别地区，无麦收者，可以不放假）。麦假中除指示学生努力帮助家庭麦收并进行假期作业外，各县应抽调在职教师进行短期训练，兹原则规定训练办法，随文附发，希即详细计划早日筹备，训练终了应将训练人数、经过情形、成绩经验等，作专题总结报会备查。

此令！

附：麦假现任教师训练办法一份。

麦假现任教师训练办法

（一）训练目的：针对现任小学教师工作上的需要，提高其业务知识与技能，及政治水平，转变其不正确的工作观点与作风（整风），使能更好的〔地〕完成小学教师的工作任务。

（二）训练时间：以十日为原则，每日上课四小时，讨论研究四小时，活动二小时。

（三）训练对象：巩固区以文化程度低的教师为主，游击区以政治落后的教师为主。

（四）抽训人数：各县按当地需要，可单训练巩固区教师，或单训练游击区教师，或分办两个班，每班人数以五十人为原则。

（五）训练内容：教材及参考材料：

1. 巩固区教师训练班以业务学习为主，政治学习（包括整风学习）为辅。

（甲）业务学习——共十八小时。

（1）补习国语算数常识。

从现用初高小教材中，以问题为单元选择讲授，由各县按受训教师的要求，自选。

（2）论国民教育的改造（董纯才，见教育阵地创刊号）。

（3）单级教学经验谈（张子衡，见教育阵地三四期）。

（4）怎样进行儿童生产教育。

参考刘处长《加强避区儿童的生产教育》（见教育阵地第五期）。

（5）改进生活指导的方式与作风。

参考去年边区教育科长会议记录关于生活指导部份［分］及教育阵地上有关的文章。

（6）童子军课程的研究。

（乙）政治学习——共十四小时。

（1）目前政治形势。

参考时事研究材料及晋察冀日报。

（2）边区参议会的成就（成仿吾，见参议会大会会刊）。

参考本会发《参议会做了些什么事情》。

（3）怎么选举县议员，县议员和选民的关系。

参考本会关于县选的指示，晋察冀边区选举条例及本会教育处编县选民众教材（现已开始编写，届时或可发下）。

（4）小学教师怎样整风。

各县应根据在视导工作中所发现的现任教师中比较普遍的歪风，提出具体问题，本整风文件的精神与内容，加以分析研究，提出纠正的办法来。

（丙）其他问题的研究——共八小时。

由小学教师提出。

2. 游击区教师训练班以政治教育为主，业务学习为辅。

（甲）政治学习——共十八小时。

（1）目前政治形势（同前）。

（2）敌寇转变对华（实际是汪伪）政策后的新阴谋。

（3）反蚕食斗争的重要意义。

参考晋察冀日报有关的社论、论文及通讯。

（4）边区参议会的精神与成就（同前）。

（5）怎样选举县议员，县议员的选民的关系（同前）。

（6）小学教师怎样整风（同前）。

（乙）业务学习——共十四小时。

（1）开展与坚持游击区的教育工作。

参考刘处长《开展与坚持游击区教育工作，展开对敌思想战》（见边政导报七期或八期）。

（2）分组秘密教学应注意的问题。

由本会发讲授提纲。

（3）怎样进行坚定人民胜利信心与瓦解伪军伪组织的宣传工作。

参考历次政治攻势的总结材料，及本会颁布的《处理伪军伪组织人员办法》。

（4）论国民教育的改造（同前）。

（丙）其他具体问题的研究——共八小时。

由受训教师提出。

（六）教学方法：讲授与讨论并重。有的可先讲授，然后提出问题，展开讨论；有的可先提出问题，展开讨论，然后做〔作〕总结性的报告代替讲授。课程表排列只分业务课、政治课、具体问题讨论三门，各门课程教材的进行，以问题作单元，讲完一种，再讲一种。课外活动应以练习儿童歌曲、研究儿童游戏为主。

（七）训练班教师：由督学，并抽调高小校长长或教员担任，童子军课、儿童歌曲等可请抗联或边区文联（可能有下乡的）的同志担任，教育科必须加强对训练班的领导。

（八）经费开支：训练时讲义及公杂费，由教师将各校假期中经费带来开支，数目由各县斟酌情形具体规定，但最多以半个月的经费为限。粮食、柴菜金由教师自带，一律不另行开支边区款。

选自《晋察冀边区行政委员会现行法令汇集》，下册，边区行政委员会1945年编印，第422～426页。

8. 晋察冀边区行政委员会通知
——在冬学运动的基础上建立民校进行民众教育

1944年2月10日

各专员、县长、县佐：

冬学结束时，正值大生产运动开始，为了提高广大群众对今年大生产运动的认识与热忱，保证大生产运动的胜利，各县应在冬运的基础上，在巩固区有重点的〔地〕争取民校工作经常化，在游击区开展宣传活动，继续进行民校教育是非常必要的，根据去年的经验也是完全可能的。兹将民校教学内容、时间、教材、教师、经费等问题规定于下：

一、教学内容

今后的民众教育必须与大生产运动和对敌斗争密切结合进行。因此教学内容以生产教育与反法西斯教育为主，生产教育要适应不同地区、不同生产季节的需要与村生产委员会的工作取得一致，把思想动员、知识传授的教育与组织实现的工作联系起来。为了恢复劳动力保持群众的健康，在病灾地区还要适当的〔地〕进行卫生防疫教育。

反法西斯教育要和时事教育与反特务奸细斗争结合进行。贯彻反中国式法西斯主义的精神，防止边区内部反共特务破坏大生产的活动。此外，为了保持识字班的所得成绩，继续提高民众文化水平，识字教育须争取继续进行。

二、教学时间

教学时间在不耽误生产的条件之下按群众的忙闲，随时增减上课次数。兹原则规定如下：

1. 宣讲班每十天上课一至三数，识字班每十天上课一至二次。每次上课一点半钟（宣讲课讨论时间占一半）。为节省经费计，尽量争取在白天上课（早晨或中午），更要抓紧机会，利用风雨天不能下地的时间集中上课。

2. 在春耕播种夏收秋收特别忙碌时，必须停课放假。如学员学习情绪高，要求增加上课次数，或缩短停课、放假时间时，如不影响生产应接受学员的要求。区村可根据具体情形灵活规定。

三、教材、教师、经费等问题

1. 生产课、识字课，仍用冬学课本、反法西斯课本及减租减息课本、组织课本，如未讲完，应继续讲完，卫生课本另由本会印发样本，时事教材可依各时期的政治形势由各县自行编印。

2. 有小学的村庄，宣讲班教师可由小学教师兼任，没有小学的可让有相当文化水平的村干部兼任，民校教师只担任识字课，可依任课多少斟酌减免抗战勤务一部，如家境贫寒，耽误不起工夫，更可用变工的办法解决。

3. 民校的经费：点灯油宣讲班每班每次以一两为准，识字班每班每次二两或三两。白天上课者不开支灯油，每月至多不得超过一斤至一斤半（视村庄大小由各地具体确定）。每四个月一盒粉笔、两张麻纸，其他物品尽量设法借用。其他各种制度不变，但应特别着重青年的学习，宣讲班最少要作〔做〕到一户一人参加，宣讲班教学方式要灵活（可参考教育阵地：怎样教宣讲班）。另外冬学委员会应改为民校委员会。

工作布置下去以后，各县要随时检查，确实解决问题，反对过去那种只发一纸空文，便不闻不问、任其自流，结果自消自灭的现象（如五专区×县）。但另一方面，要避免不了解具体情况，不顾群众困难，一味强调动员形成脱离群众的现象，希即讨论执行。特此通知。

选自《晋察冀边区行政委员会现行法令汇集》，下册，边区行政委员会 1945 年编印，第 388～390 页。

9. 统一认识加强领导使教育进一步为群众服务为政治服务
——教育处刘处长在教育会议上的报告

1944年5月5日载于晋察冀边区《边区导报》

一、统一认识加强领导

在几年来的工作基础上，经过大家去年一年的努力，我边区的教育工作，是又有着一些新的改进和成绩的（详［见］工作总结）。但这种进步，各地区极不平衡，同时与现实脱节、老一套、形式主义的倾向还普遍的（地）相当严重的（地）存在着。这主要是由于各级干部对根据地教育建设，缺乏正确的统一的认识，和各级领导上主观主义、官僚主义的毛病未能彻底纠正的结果。因此统一认识以加强领导，是进一步改造我们工作的主要关键。

甲、教育为群众服务问题。

这是教育工作者的立场问题，是加强教育工作者的群众观点问题。毛泽东先生在延安文艺座谈会上的讲话，给了我们许多新的启示，也更加提高了我们工作的信心。现在就根据“为群众与如何为群众”这个基本问题，来检查我们过去的工作思想，提出今后努力的方向：

（一）新民主主义的教育，是站在抗日人民大众的立场，为人民大众服务的。而人民大众中工农兵（及其子女）是最主要的。过去对这个问题的认识是相当模糊、注意不够的。许多同志站在群众之上，“发聋振聩”化大众的、主观上想出一套来硬要群众接受的统治思想；工作是为了应付上级，给上级做工作的雇佣观念；或是为了弄出一套来表现个人的能干，从个人利益出发的个人主义思想；以及喜欢穿得整整齐齐、又白又胖的学生，厌恶又黑又瘦贫苦儿童的感情等等，就都正是和这个原则相违背的，是在地主、资产阶级教育的长期教养下所带来的脏东西，还没有洗刷净尽！

（二）从“如何为法”（即教育工作中的普及与提高问题）方面检查起来，问题就更多。

（1）向工农兵普及的情形——过去的反动统治阶级，把教育筑起了一道围墙，使工农劳苦大众得不到受教育的机会，阻止他们进步。抗战以后，我们已把这道围墙拆除了去，实行了免费的普及义务教育，人民大众不论贫富不分男女，都有了享受教育的自由与机会。但几年来我们在拉着甚至逼着群众来就学的方面做的〔得〕多，在如何把教育送到群众的面前去的方法想的〔得〕少，因此较之抗战前虽有了很大的开展，离真正普及的目标，还相差很远。以小学教育为例，据五台等十四个县去年的统计，入学儿童，平均仅占学龄儿童总数百分之五三点七，最少的仅占百分之三五。女生就更少，据灵邱唐县等六个县的统计，初小女生仅占学生总数百分之三五点五，高小女生仅占学生总数百分之二九。

工农劳苦大众为什么不能上民众学校，不愿送自己的子女入小学呢？今天已经不是买不起书、交不起学费的问题，更不是因为落后不愿学习的问题。这只是知识份〔分〕子的偏见。其实真正最深刻的〔地〕体验到不识字、缺乏知识的痛苦的是他们。抗战以来许多事实证明了他们在学习上所表现的积极奋发精神是空前未有的，是远过于我们过去在学校里学习的情形的，“他们一刻也不会忘记，他们所需要的是知识的力量”。今天的问题，主要是生活问题，是生产和学习在时间上的矛盾问题！几年来由于敌寇的掠夺破坏，由于战争的消耗，群众的生活更加困难了。他们除了参加战斗任务、负担抗战勤务、办公而外，还必须料理家务努力生产，才能更好的〔地〕解决生活问题，他们没有更多的时间学习，不能让自己的子女饿着肚子去就学。其次是教育内容是否适合于群众需要的问题，不是他们所迫切需要的，他们就不愿学习。

那么用什么向群众普及呢？只有用工农兵自己的东西。的确他们不需要“仕先事（怎样做官，怎样统治人民），士先志（立志做人上人）”的封建贵族教育；不需要不加批判的〔地〕从外国从书本上生搬来的洋教条；不需要资本家为增加剥削利润而给予工人的教育；更不需要殖民地半殖民地的奴化教育。他们所迫切需要的是战胜日寇战胜大地主大资产阶级的压迫，获得解放，求得自由幸福的知识和自己的文化。更现实一点说，就是怎样订计划，组织劳动力，增加生产，改善自己的生活；怎样打击敌人，肃清敌探奸细和反共特务份（分）子的破坏活动；怎样掌握自己的政权，运用民主权力，怎样执行与实现抗日民主政策法令；以及家庭日常生活上，所需要的文化知识。因此我们向群众普及的教育内容，应该是人民大众在现实生活中，在革命斗争中最生动最丰富的经验和创造的结晶。应该是从群众中来，再普及到群众中去，是群众所容易接受，而且有用的东西。

现在的实际情形又是怎样呢？在部份（分）县份中对实质上是敌寇服务的两面小学非常麻痹，采取放任态度；还有不少的私塾，天天教儿童读《论语》《孟子》，讲授适合于中国法西斯所需要的反动理论和封建道德。就在我们抗日课本中也还严重的〔地〕存在着抗战八股、教条主义的缺点，多半是抗日的大道理，很少照顾到群众日常生活上的需要。去年的冬学教材，开始注意了这一点，因而得能［到］了群众的欢迎。今后还必须花较大的力量来解决这个问题。

（2）再谈提高、普及与提高的关系——几年来，我们具体掌握“在普及基础上的提高、在提高指导下的普及”这一原则是很差的，也充分证明了不是从工农兵现有基础上的提高，就不能为群众所接受，就形成普及工作的障碍。同样不是逐年逐月提高的普及，不仅普及没有意义，也就必然影响教育工作的普及。过去在冀中时，四〇年初到定南一带时，小学生都穿着制服，整整齐齐，精神焕发，看来是很好的，后来才发现，有些贫苦儿童，因为做不起制服和家长打吵子，甚至退了学，即便不退学的，当中小区学生集体检阅测验时，教师常是把这些没制服的儿童留在家里不让去参加，他们是如何的痛苦啊！在第二次教育会议后，才普遍纠正了。我们也会有过中学毕业的学生，再去上高小还跟不上班的个别例子，这中〔种〕助苗长式的提高，虽曰爱之，其实害之了。在民众教育方面讲些群众听不懂的抽象政治原则问题的现象，更是普遍。在去秋反“扫荡”过程中，会遇到这样的事情，一个村长的儿子，上了几年小学，还在一年级，识字也有限；有许多青年，上了五冬民校还念一册识字认课。在教育内容上，总是讲些“减租减息改善人民生活”“站岗放哨捉汉奸”等简单的口号，不能满足他们的学习要求，因而学习情绪很低。这些现象是值得我们深自检查，从根本上纠正的。

在提高问题上还相当普遍的〔地〕存在一个糊涂观念，是“学校教育正规化问题”(这种提法本身是欠妥的)。一般的是超现实的非新民主主义的正规化观点，不是从实际出发，而是旧型正规化的观点。自提出学校教育正规化的口号后，大都是想起了事变前的学校教育来，以为向那样子看齐便是正规化了。我们说新民主主义学校教育建设，不仅不是向旧的学校教育看齐，而是必须和旧的学校教育有基本的区别，无论教育制度、教学组织形式，教育内容、教导方法，都须要有彻底的改革。今天虽还没有此较完整的统一的一套，而是在发展中，这还靠我们教育工作者去研究创造，但我们可以原则的〔地〕指出衡量好坏的标帜〔志〕和努力的方向来。就是凡能更好的〔地〕实现“民族的、民主的、科学的、大众的”新民主主义教育目标的，就是比较好的。譬如我们在山沟分散的小村实行巡回制，对贫苦儿童实行半日学习半日生产制，能给更多的儿童以学习的机会；譬如在游击区实行导生制分组秘密教学，能坚持抗日教育；譬如教育与生产劳动结合，辅导儿童自治实行民主生活，以及教导合一、理论与实践联系的教导方法等，都是和事变前所谓正规化的学校教育截然不同的，而是适合于实际需要的。

(3) 把为工农兵，普及与提高的问题弄清楚了，我们就会感到普及工作还是我们当前主要任务。解决这个问题的关键，在于设法解决群众、儿童生产和学习时间上的矛盾问题。自去年提出加强生产教育后，已得到一些成功的经验，今后要打破老一套，更多的〔地〕想办法，使他们在不耽误必要生产的条件下得到更多的受教育的机会。其次是改进教育内容提高教育效果。所讲的东西必须是真正适合群众儿童的需要，而且是他们所能够接受的东西。保证他们花费一点时间，就能有一点收获。为达此目的，教育干部小学教师，必须站在群众之中和群众在一起，参加到群众的各种实际斗争，虚心向群众学习、观察、体验、了解他们的生活、情感，听取他们的呼声，才能找到他们迫切需要的东西。不从这方面努力，只想依靠强迫命令的方式强制他们入学，便是脱离群众、官僚主义的办法，是永不会达到目的的。

乙、教育为政治服务问题（也就是新民主主义教育建设与新民主主义政治建设的关系问题）。

（一）新民主主义教育是新民主主义政治的产物，它是新民主主义政治的一方面。就是说没有中国共产党领导的抗日民主政权的基础和保障，新民主主义的教育建设是不可能的。在反动阶级掌握政权的社会国家里，教育不可能是属于人民大众的。在封建政治统治下，教育是贵族的特权；在旧民主政治统治下，教育是属于资产阶级的；在中国法西斯统治下的大后方，教育必然走向特务化；在敌寇汉奸统治的地区，就只能有奴化教育。教育是受着一定政治的支配约束，为一定的阶级服务的。所谓超生活、超政治、超阶级的教育，完全是骗人的说谎。边区几年来的新教育建设，便是在抗日民主政权领导扶持之下发展起来的。任何认为几年来的教育建设是单靠我们教育工作同志努力得来的，认为教育是离开了政治的另一部机器的想法，都是错误的。

（二）反过来，新民主主义教育的发展，又会对新民主主义的其他各种建设如民主建设、经济建设等起着推动与辅助作用。抗日民主根据地的坚持与建设，一切要依靠人民大众的力量来实现。最可靠最基本的力量是工农劳苦大众。他们有着优良的品质，无比的英勇顽强精神。但由于几千年来封建的残酷剥削和中国法西斯独裁者的压迫，长期的〔地〕

处于所谓“愚昧无知”的境地，也有着自私保守等落后的一面。这些常常成为我们对敌斗争和各种建设的障碍。通过教育工作，从封建迷信、“愚昧无知”的牢狱里把他们解放出来，提高其政治觉悟文化水平，改造其思想意识，启发其积极性创造性，指导帮助他们进行各种现实的斗争，团结一致的〔地〕行动起来，是完成各种政治任务争取胜利的一个有力保证。忽视或轻视这种艰苦的教育工作是错误的。

这里所说的教育，是广义的、社会化的、多方面的。不仅教育部门所领导的各级学校、民众学校是教育，干部教育、部队教育、团体的组织教育，以及开会、演剧也都是教育。不过学校则是专门的经常的教育机关而已。克服大众的落后性，使教育事业真正成为“整个革命机器的一个组成部份〔分〕”，成为打击消灭敌人、建设新中国的有力武器，是我们教育工作者的光荣任务。

教育工作不易见速效，必须把眼光放远一点，照顾到未来的需要。但“教育的效果永远在明天”的教育预备论的说法是错误的。明天的一切，都是在今天的基础上发展起来的。只有从现实出发，把今天的事情做好，才是真正的〔地〕为了明天。教育若是离开了当前的政治任务和群众需要，就要失去其社会的现实性，必然成为形式主义的东西。

（三）根据几天来座谈讨论的结果，在许多同志当中对“教育为政治服务”问题的认识，是不统一的、分歧的、各有偏向的。

有些行政首长，由于工作繁重，由于对教育工作在对敌斗争与根据地建设上可能发挥的作用与重要性认识不足，重组织轻宣传的观点，忽视教育工作的现象，还相当普遍的（地）存在着。自去年高干会议提出“组织人民文化生活是民主政治建设主要内容之一”以后，虽已有了新的转变，各地区是不同的。这种精神还没有普遍的〔地〕逐级贯澈〔彻〕下去。这表现在：有的认为教育工作不易见成效，非当务之急；有的凡数字公文一律不看，署、县区务会议上，经年不谈教育工作，平时也很少过问；有的把小学教师当作提拔干部的惟一来源（不相信工农干部），甚至区里缺个事务员，也调一个模范教师去担任；有的认为教育为政治服务，中心工作就是政治任务（这是对的），教育干部、小学教师就应该去做中心工作。于是常完成一个政治任务时，不是加强教育行政的领导通过组织系统发挥组织力量，加强群众的宣传教育，而是简单的〔地〕分配教育干部、小学教师离开本身工作，去做中心工作。这不是教育工作为政治服务，而只是教育干部配合中心工作，结果必然是得不偿失的。

更严重的是教育干部方面，旧的传统的“教育清高”“教育万能”等超政治的教育观点还或多或少甚至很浓厚的〔地〕存在着。如有的说“教育工作和其他工作一样重要”，或“教育工作是一切工作的基础”，这是以为只靠教育，就可以支配社会发展变革的“教育万能”的错误认识；有的说“教育是为总的政治任务服务的，不是为当前的政治任务服务”，或“教育是为了将来建设新民主主义社会服务的”，这是“教育预备论”的说法。有的不研究政府政策法令，不关心全面斗争，形成政治上的幼稚无知，不是从总的政治任务出发来考虑教育工作，而是“为教育而教育”，把教育工作孤立起来。有的是狭义的教育观点在作祟，只注意小学教育工作。这些错误思想的未予肃清，在工作上就表现为与现实脱节，与当前的实际斗争脱节的倾向，是引起各方面不满意的主要原因。

这种认识上的不统一，形成了部门领导与总的领导之间意见上的分歧和对立，是过去宣教工作未能更好开展的一个主要原因，是改进与加强今后宣教工作的障碍。大家应以整风精神相互检讨，求出认识上的一致，从整体的思想出发，把政府各部门工作，看成一部完整的机器，把教育工作放在适当的地位，克服“为教育而教育”，和忽视教育工作的偏向，加强领导，进一步改造与提高我们的教育事业。

二、今年的教育工作方针和主要工作

根据一九四四年政府工作方针，强化对敌斗争，开展大生产运动，深入整风与反法西斯教育，总的政治任务的需要，和现有教育工作基础，确定今年教育工作方针和主要工作任务如下。

一、总的方针。

积极开展与建设游击区教育工作，加强对敌思想战。提高新民主主义教育的效能，进一步为群众服务、为政治服务。普遍加强生产教育，深入反法西斯与民主教育，提高文化教育，使教育工作和其他形式的斗争结合起来。

二、三大主要工作。

甲、加强生产教育，把国民教育和大生产运动结合起来

（一）今年的大生产运动，是为克服困难争取胜利奠定物质基础的运动，是发展新民主主义经济的阶梯，是全边区党政军民共同的政治任务。普遍加强生产教育，把国民教育和大生产运动结合起来，是教育工作为群众服务为政治服务最中心的一环。教育和生产劳动更进一步的〔地〕结合，不仅是保证大生产运动胜利的一个因素，也是培养新公民新知识份〔分〕子、改造旧知识份〔分〕子必由的途径。在大生产运动胜利的经济基础上，国民教育也就会得到进一步的发展。认为生产教育是为了教育不是为了生产，是错误的，因为生产教育的目的是为了加强生产。认为只是为了生产而不是为了教育，把二者机械的〔地〕对立起来，也是错误的。

（二）广大的劳动群众是生产战线上的主力军，各村民校应有条件的〔地〕做到经常化，今后以动员组织广大群众积极参加生产，讲授改良生产的科学知识，介绍经验为主要教育内容。教学时间按农民忙闲及群众要求，适当增减。创造多种多样的方式，和群众的劳动互助组织联系起来，把思想动员、知识讲授和具体组织工作紧紧的〔地〕连接起来。根据群众生产计划，决定教育内容。阜平一区崔家沟民校教师陈继和有许多新创造和宝贵经验（另详）应广为介绍，号召各村民校教师向他学习。

（三）在小学校里，教师应负责组织儿童参加生产、加强生产教育、组织儿童生产，以帮助家庭农业生产为主，必须与家庭生产密切结合起来。当农忙时可适当变更教学时间。小学假期也要适应生产需要，全年以不超八十天为原则。起止日起，由各县具体掌握。放假前应配合童子军干部［做］领导儿童参加麦收或秋收的动员准备工作。

其次是有条件的〔地〕组织儿童集体生产（如公费生等）、代耕代收及劳工互助，及手工生产，并通过小学生的积极模范作用，去影响推动别人，如通过童子军的关系帮助校外儿童，动员家长，动员懒婆懒汉，传习生产知识，经常进行街头宣传等。

儿童生产小组以自由结合为原则，为便于领导检查，能和孩子军编制统一更好。生产所得在开始时应全部由儿童交给家长，以启发儿童生产的积极性。候收入较多时，再相机提出“自己动手，克服困难”的口号，在集体收入项下，提出一部作为改善教学设备、奖

励模范之用，但不能勉强。

在课业教学中，应适当补充与生产劳动有关的内容，并注意培养儿孩正确的劳动观念、集体生活习惯，发扬民主团结、互助友爱精神。生产教育成绩，应视为全部教学成绩的一个重要部份〔分〕，随时考核登记，并列入工作汇报。

小学教师必须亲自动手，以身作则，并与村生产委员会、学生家长密切联系，帮助所在村人生产运动的开展。教师生产所得，以用于改善生活、改善教学设备为原则，暂不一般的提出自给一部的要求。由各县分别提出不同号召。教师个人生产积极，生产教育成绩好，对大生产运动帮助大，定为今年选拔模范教师必备的一个条件。

乙、深入反法西斯与民主教育

（一）反法西斯与民主教育，是一个问题的两方面，是巩固与扩大抗日思想阵地的斗争，是一切拥护抗日民主的人民大众反对日寇奴化思思，反对中国大地主大资产阶级一个主义一个党一个领袖的新专制主义的思想斗争，同时也是反对封建思想的斗争。因此我们不仅应注意日本法西斯阴谋，还必须高度警惕中国法西斯反共特务份〔分〕子的活动。特别要正视近几年来，边区反共特务份〔分〕子，对边区人民及一部份〔分〕青年儿童思想上的毒害及影响，是相当普遍、相当严重的。消灭法西斯主义，肃清法西斯思想的流毒！

（二）进行反法西斯民主教育，应成为时事教育的主要内容。把日本法西斯和中国法西斯联系起来看。和反“扫荡”反“清剿”、反掠夺反抓夫的斗争联系起来。和边区国民党反共特务份〔分〕子如何破坏抗战、危害人民的罪行联系起来，把国特与敌特合流、狼狈为奸的事实，予以无情的揭发，广泛开展坦白运动，把受欺骗被麻醉的人民从思想上解放出来。同时，对群众进行贯彻抗日民主政策法令与健全村政权的教育，使群众了解如何掌握政权、如何运用民主权力。在小学里，教师应进一步的（地）发扬民主作风，肃清封建家长式的管教统治思想，辅导儿童自治，培养小干部建立民主生活制度，并进行反封建反压迫、反迷信等思想教育。

（三）教育方法，要善于引用当地的事实，用对比的方式来讲。如把敌占区人民被奴役的情形、大后方苦乐悬殊的生活相，和陕甘宁边区的丰衣足食、敌后各抗日根据地民主生活，作鲜明的对比，务使群众儿童清楚的〔地〕认识法西斯主义所给予人民的危害，和它必然崩溃死亡的道理；认识民主的自由幸福，和它必然会实现的道理；认识为什么中国共产党才是中国人民的救星，和只有团结在中国共产党的周围，才能得到澈〔彻〕底解放的道理，造成除奸防特、拥护民主的广大群众运动。

（四）为贯澈〔彻〕反法西斯与民主教育的精神，首先我们干部、全体教师，必须展开一个自我清洗运动，坦白反省，无情揭破法西斯主义所给我们的影响，肃清法西斯思想的毒素，剷清统治思想的残余，否则，我们便没有资格也不可能来担当这一个革命的历史任务！

丙、开展与建设游击区教育工作，加强对敌政治政势

（一）当国际形势极端于我有利的情势下，随着游击区政权工作的开展和敌寇许多点碉被打下、被逼退，开展与建设游击区教育工作的有利条件，亦将日益增加。把游击区教育工作很好的〔地〕开展与建设起来，也就能进一步巩固游击区政权。在争取对敌各种斗争的胜利，就多了一个保证。

（二）我们奋斗的方向是：恢复新蚕食地区的抗日小学，秘密成立抗日一面小学，或利用敌伪催办伪小学的机会，主动的〔地〕配备教师，成立抗日两面小学；对伪小学的村庄，通过各种关系争取掌握伪教师，变伪小学为抗日两面小学。对不能争取、坚决事敌的伪教师应配合其他方面予以打击，或用釜底抽薪的办法瓦解其学校。在开展过程中加强检查领导，随时进行巩固工作。

游击区两面小学的性质，决定于小学教师。教材还是次要的，因为教材毕竟是死东西，必须经过教师的讲说才有生命。所以教师必须是积极抗日，完全在我意图之下进行工作，对敌只是应付的小学，才能成为抗日两面小学。衡量教师是否忠实于抗日民主革命事业，主要是从他所教的学生中去考查。必须提高政治警觉，严防为敌伪的反动两面政策或教师的两面态度所麻痹。中间两面小学，实际上是为敌服务的，不能认作我们的学校。念四书五经的私塾，是为中国法西斯说教的，必须于说服群众过程中予以取缔或改造。

（三）开展小学教育，同时还必须加强广大群众的宣传教育。有重点有条件的〔地〕成立民校、宣讲班、识字班。条件较差，不能形成经常的组织时，可以小学教师为核心，网络组织在乡知识份〔分〕子，随时随地进行宣传教育，并组织小学生进行家庭宣传。

（四）过去把“对敌政治攻势”只看作配合工作是不够的。今后游击区宣教干部、小学民校教师，要把它看作自己的一个重要任务，除发动定期政治攻势时，要服从统一的计划领导，进行活动外，还必须把这一工作经常化。随时注意敌伪的欺骗宣传及阴谋活动，即时予以揭穿，稳定群众情绪及斗争信心，利用每一个有利的形势变化，寻求敌伪军伪组织之间的各种矛盾和弱点，进行动摇、瓦解敌伪军、伪组织的宣传。

三、几个具体问题

甲、小学经费问题。（略）

乙、培养与训练教师问题。

（一）教育政策方针及一切实施，都要通过教师才能实现。教育质量的提高，对教育的改进有着决定的意义。但现在的教师情况是怎样的呢？

就北岳区说，据去年二十九县的统计，现任高小教师共一百二十一人，初小教师共二千二百七十八人，总计二千三百九十九人。教师缺乏，是各地普遍存在的问题。女教师就更少，据曲、唐等七县统计仅占教师总数百分之九点八。就质量方面说，据二十个县的统计，初等教育程度的占总数百分之七十五多。据九个县检定的结果，够上正式教师的条件的仅占总数的百分之四十二。文化水平一般是相当低的。更严重的是在思想上由于我们过去领导上注意不够，问题就更多。在大会座谈当中有许多事实证明了这一点。至于不脱离生产的民校教师，虽没有完整的统计也可想而知。因此如何培养师资，提高师资质量，应成为我们经常注意的问题。否则国民教育的改造，进一步为群众服务为政治服务的方针，就不可能很好的〔地〕贯彻下去。

（二）提高师资质量，加强现任教师的训练与学习的领导是主要的。各县应按假期训练教师办法具体计划进行。切实掌握根据不同对象、确定不同的训练内容的原则。关于工作中具体问题，教导方式方法问题，最好采用座谈方式，通过积极进步份〔分〕子以影响其他。本年麦假秋假训练班或座谈会，以交换实施生产教育的经验，整风反省，贯彻此次大会精神为主。平时学习，须加强中小区的学习领导，学习材料，除《晋察冀日报》《教育阵地》外，各县应负责介绍或供给其他学习材料。并可举行学习测验。督学下乡视导时，可以中小区为单位巡回举行会议式的训练。

民校教师每年冬运前选聘并集中训练一次。

（三）培养新师资。去年开办的各短师班，麦假前后毕业。毕业后，均介绍回原县服务。除补足缺额外，并替回一部现任教师入短师学习（本年短师招生计划及各县保送人数另行通知）。在培养新师资方面应注意三点：第一，必须是青年积极份〔分〕子；第二，地方化；第三，多培养女教师。在新开辟的游击区，教师特别缺乏时，可动员在乡知识份〔分〕子，予以三个月或半年，以政治思想教育为主的短期训练，再分配工作。经费在干部训练费项下开支，或专案呈准报销。

（四）选拔与培养新型模范教师。今年纪念六六教师节时（由各县参照去年教师节纪念办法，配合县抗联具体布置，边委会不另通知）先由各县初步选拔模范教师予以奖励表扬，将其模范事迹详细报会备查，并加强对他的了解与帮助，秋假后再由边委会选拔全边区的新型模范教师，作为全边区小学教师前进的标帜〔志〕。过去个别县份小学教师一当选为模范教师后，即调任其他工作的偏向必须纠正。或当选为模范教师奖励以后，行政上不注意教育培养，致不能在现有基础上再提高一步，甚至自高自满的现象，也必须克服。

丙、课本教材的出版发行与修订问题

（一）今后各县所需小学民校课本教材的出版发行，以专区为单位，由各专署分别负责解决，印刷工料费，边委会只掌握各专区总预算，各县所需课本教材，由专署统一分配。课本印刷由各专署附设之印刷所负主要责任。如限于出版最不敷分配或发行困难时，专署可指定某一地区自行翻印一部（或利用机关文书股作业余生产，或利用假期抽调一部份〔分〕教师刻写翻印），以保证学生有书可读。抗日两面小学争取全部用我们的课本。因敌人监视较严，教学困难，必须用伪课本时，算术可搞伪课本讲授，国语常识可用批判方式进行讲解（例如伪课本上讲“乡村的东西运到城内来”，应说明敌人掠夺物资的阴谋，进行加强坚壁清野、保存粮食物资的教育。又如伪课本上讲“中日亲善”就可以指出当地谁被鬼子杀了，谁家的房子被鬼子烧了，来说明敌人所谓中日亲善的本质）。或只选讲一部份〔分〕，另就我们课本中选印抗日补充教材。修身一律不讲，在上修身课时，进行精神讲话。中间两面小学或亲日两面小学，除发给教师全套外，按实际情形，供给学生补充教材。不要从主观愿望出发，一律发给抗日课本，结果教师、学生都不敢用，致形同浪费。

（二）我们现用的课本内容，还严重的〔地〕存在着教条主义、不合实际需要、缺乏新鲜内容的缺点。但一时全部修改，限于干部时间与经验，又有困难。兹规定高小课本、民校宣讲教材及识字课本的修改编辑，由边委会教育处负责。初小算术暂不必修改，练习题可灵活运用或补充，初小国语仍照原本印发，本活用活教材的原则，其不合实际需要或儿童不易了解接受者，可指定不讲，另由县或指定某些质量较好的教师编补充教材，经县审查，印发应用。常识课本，只选印其适用部份〔分〕，另编补充教材，以生产常识或卫生常识为主，每教师发一份用宣讲方式讲授。各县所编各种补充教材，随时报送边委会一份，以便加以整理，作〔做〕统一修改的准备。

四、小结

甲、大会的收获和缺点。

大会进行了十二天，围绕着“教育为群众服务为政治服务”这个中心，以整风的精神，进行了工作立场与群众观点的反省检查，进行了各级领导的检查，指出了我们思想上的偏向主要是缺乏群众观点，站在群众头上化大众的统治思想，和脱离现实，为教育而教育的传统的单纯教育观点。领导上依然存在着忽视教育工作，及主观主义、官僚主义的倾向。在这些问题上得到了初步一致的正确认识。大会讨论了生产教育、反法西斯教育、游击区教育问题，交换了许多宝贵的经验，确定了今后的工作方针和主要工作。更值得庆幸的是在大会进行过程中，晋察冀日报转载了解放日报关于根据地普通教育改革问题的社论和延安西区新型小学的范例，对大会起了极大的指导作用。

但由于我们事前思想上的酝酿准备不够，及时间的限制，有些问题没能展开更深入的更全面的检查讨论。因此思想上的转变，只是开始，认识上的统一也只是初步的。大会闭会以后，我们每个同志还必须本着大会的精神，继续深入的（地）反省检查，来补足大会这一缺点。

乙、怎样贯澈〔彻〕大会的精神。

大家回到专署或县，向专员、县长或在署、县务会议上传达大会的报告以后，首先教育部门全体干部根据大会所指出的思想上、工作上所存在的问题，和本专区或本县教育工作领导上设施上的实际情形联系起来，征求各方面的意见，进行全面的深入的反省检查，先把教育干部从思想上搞通。可能时，再由专员、县长召开署县干部座谈会，展开讨论求得专署或县对教育工作领导思想上的统一。然后一方面通过行政领导逐级贯彻到区村干部中去。一方面通过假期教师训练班、座谈会贯彻到全体小学教师中去（事前要发出反省检查提纲，进行动员与思想准备），我们必须认识今天在教师思想上的问题，比教育行政干部更为复杂，他们对广大群众的影响，更直接、更普遍，改造教师是改造教育工作的先决条件。

我们要毫不犹豫的〔地〕，坚决果敢的〔地〕否定与抛弃从旧社会带来的脏东西，同时还要有足够的勇气与信心，去创造新鲜事物。几年来干部教师在新教育建设上是有不少的创造与贡献的，如何发现与扶植这种精神，是我们今后行政领导上重要任务之一。希望经过今年一年的努力，召开下届教育会议时，能有更多的新创造，能看到一个崭新的面目。

丙、加强教育工作的战斗性

最后还必须指出：我们所处的环境，是敌后战争的环境，今年的工作方针与任务，就要在错综复杂的对敌斗争中来贯彻完成。任何和平思想、太平观念都是有害的。文化思想战是总力战的一个方面，教育工作本身就含有尖锐的斗争。不仅敌伪无所不用其极的〔地〕设法破坏我们的教育建设，以推行其双化教育。在边区内部，也还有一些反共特务份〔分〕子，暗藏在教育工作岗位上进行毒害群众毒害青年儿童的活动。我们必须以战斗的姿态，粉碎敌寇汉奸反共特务份〔分〕子这种阴谋！因此不分游击区与巩固区，要把反“清剿”反“扫荡”的准备工作经常化，提高政治警觉，加强民族气节教育、应敌教育与除奸防特教育，把隐蔽学校目标坚壁课本文具的准备工作作〔做〕好，以减少损失。万一发生情况时，小学教师应争取和干部在一起坚持战时工作，和游击小组在一起，直接参加武装斗争，或和群众在一起，进行战时宣传教育，把教育和战争结合起来。

（一九四四年五月五日载于边政导报）

选自《晋察冀边区行政委员会现行法令汇集》，下册，边区行政委员会 1945 年编印，第 451～471 页。

10. 晋察冀边区行政委员会关于华北联大教育学院的决定

1944 年 12 月 12 日

一、学校的性质、任务及教育方针：

联大教育学院的性质，确定为干部学校，负责提高与培养初中级党政军民的干部及技术干部，凡以提高现任干部为主。教育方针以提高干部文化为主，并根据今天敌后战时农村的社会环境（坚持抗战准备反攻）、新民主主义社会建设的需要，贯彻学以致用、理论和实践密切联系的原则培养干部（为抗战）为新民主主义社会建设事业服务、为群众服务的品质及必要的技能。

二、成立班次目的及修业年限：

1. 设师范班：提高与培养初高级小学师资，在适当提高文化水平的基础上，使大体上了解边区各种政策法令，了解新民主主义文化教育的基本精神，及民办公助的方针及其实际工作方法。修业年限暂定为一年半。

2. 设中学班：提高现任党政军民干部，以提高文化为主并使进一步了解各种基本政策的精神，总结工作经验及领导方法，提高工作能力，修业年限暂定为二年。

3. 设政治班：训练与改造城市青年智〔知〕识份〔分〕子，以了解边区各种政策改造思想为主。不定期。

4. 设短期训练班：系临时性质，训练现任卫生、经济、合作、会计、生产技术、教育等干部。不定期。

5. 学员总数暂以不超过六百人为原则。

三、招生：

为实现各班的具体目的，保证在较短的时间内收到最大效果，今后招收新生必须有相当高小程度的文化程度。每期招生计划确定后，由党政军民各主管机关负责抽调保送，防止滥送滥收的现象。

四、课程：

除政治班及短期训练班临时规定外，中学班、师范班都应有下列三种基本课程：

第一是边区建设：包括边区史地、边区政策及边区组织。

第二是政治思想教育：包括整风、时事教育、政治常识等。

第三是文化教育：包括国语、数学、史地、自然常识。

生产知识，医药知识、军事知识等、师范班并应增加教育课。

根据各班不同的教育目的与教育对象，各科课程比重应有不同（另行具体规定）。每学年并应划出二个月至三个月时间从事生产。

五、教导方法：

根据理论与实践结合的原则，学校教育与社会建设相适应的原则，教员与学员相结合的原则。

1. 采取启发式的而放弃注入式的教学方式，各种课程都以自学讨论研究为主，而辅之以讲授、报告、总结等方式：发扬民主、质疑、辩难、研究的精神，使学习内容与学员思想认识密切联系，反对武断注入的办法。

2. 本教导合一的精神，采用教学做合一的教导方式，参观实习与讲习讨论并重，每日上课时间以不超过四小时为原则，遇有重大中心工作，应有计划的〔地〕组织学员去参加帮助实习，使教学与实际活动密切结合，彻底纠正读死书、教条主义的教学作风。

六、学校组织机构：

取消中学部与师范部名义，院部直接领导各班。

院部在院长领导之下，设：

组织科：管理全校干部问题及教导问题。下设图书资料股、油印股及干事二人至三人。

设校务科：管理全校供给及机关生产工作。下设总务股、生产股，设卫生所。

设秘书及管理员一人，管理文电收发及招待、警卫、交通等工作。

各班设班主任一人（兼教员），在组教科领导之下负责领导全班教导工作。

七、调整教员：

改善教员质量是克服教条主义，提高教育效果的主要条件之一。一般文化课教员可就现有教员中加以调整，关于边区建设及政治思想教育教员，应调任有实际经验的干部担任专任教员并请边区各机关负责同志担任讲师，于一定时期作有关军事、政权建设、医药卫生、工业、农业等专题报告。

选自《晋察冀边区行政委员会现行法令汇集》，下册，边区行政委员会1945年编印，第445～448页。

11. 晋察冀边区行政委员会、晋察冀边区抗联会为纪念“四四”儿童节关于儿童工作的联合指示

1945年3月11日

“四四”儿童节即将来临，各地应以改进儿童工作来迎接和纪念这一节日。我们儿童工作的目的，在于组织与培养全边区广大儿童，使他们成为会写会算、能生产劳动、身心健康、学习科学知识、培养革命思想的新公民，新社会的主人。几年的努力，获得了一定的业绩，但由于思想领导、工作方法作风上，存在着严重的毛病，因之和预期的目的相差还很远。当此纪念“四四”儿童节的时候，特就今后儿童工作的方针任务，作如下指示：

今后儿童工作最主要的任务是组织领导儿童的学习和生产，其次加强儿童卫生保健工作，开展儿童文娱活动，使儿童在生理上、心理上都得到健全的发育。

一、在组织儿童学习方面，去年提出了“民办公助”和教育为群众服务的方针，和各地执行的结果，儿童教育已呈现了新的气象，收到相当的成绩。但由于我们不少干部在思想上还没搞通，缺乏实际经验，或因轻视群众而不敢放手；或因藉〔借〕口民办而放任自流；把民办和公助分离对立起来，因之这一方针的贯彻还是非常不够的。今年我们应继续努力贯彻执行，改造现在的国民教育。尤其应特别注意组织贫苦儿童的学习，这应成为目前各宣教部门干部工作的重点。利用各种不同的组织形式和教学方式（半日制、早午学、巡回教学、拨工组学习、小先生传习、识字牌等），使贫苦儿童得到受教育的机会。龙华模范教师桑文义、平定模范教师王职玉等同志的精神和经验，各地应普遍学习。

在学习内容上，仍应以文化为主，并和日常生活应用联系起来，使儿童能写能算会用。同时重视儿童的思想教育，培养儿童的革命人生观，养成儿童民主的、科学的思想，并和反特防奸、反封建迷信、辅导学生自治等教育活动联系起来。

二、组织儿童生产。几年来，特别在去年大生产运动中，已有不少成绩，但同样由于我们群众观点不足，在组织领导儿童生产上，强调组织单独的儿童拨工组，和学校的童子军的集体生产，而对领导儿童帮助家庭生产却注意不够，因之这方面也就脱离了群众。今后必须贯彻以帮助家庭生产为主的原则。帮助儿童订个人生产计划（要适应家庭生产计划）；帮助组织儿童拨工（也以参加家庭拨工为主）。曲阳南故张小学教师刘国善同志帮助儿童订个人生产计划时，先征求家长对儿童的要求，和儿童自己的意见，商订儿童生产的具体任务，适当的〔地〕分配儿童学习和生产的时间，深得群众拥护。这一经验值得各地学习。组织儿童帮助家庭生产还应当和家长的民主领导联系起来，建立分红奖励制度，以提高其生产积极性。劳动英雄胡顺义等的经验，应广泛的〔地〕向儿童家长宣传解释，转变家长对儿童的管教方式。

其次在不影响家庭生产、对家庭生产有益、家长同意、儿童自愿的条件下可组织儿童的集体生产，以培养儿童集体劳动的观念和加强生产教育。儿童生产所得，必须按儿童劳动多寡分配给儿童。如出于儿童自愿，经家长同意，亦可抽出一部做〔作〕为奖励模范或改善教学设备之用。过去违背这一原则的各种偏向，必须纠正。

另外，根据去年灵邱、灵寿、繁峙、盂平等县，及行唐劳动小英雄牛国材的经验，证明儿童很适合于做除害虫、害鸟、害鼠的工作，收效很大。今年各地应普遍的〔地〕开展儿童的“除三害”运动，以减少生产的损失。

三、开展儿童卫生保健工作。目前疾病对儿童的危害相当严重。但过去我们对这一问题的认识是非常不够的，只注意儿童的学习、生产、文化娱乐、社会活动、体育训练，而对儿童的身体健康、卫生、疾病则漠不关心。今后应认识这一工作的严重性，加以重视。首先应深入家庭，与家长联系，共同注意儿童卫生保健工作，利用各种教育形式、座谈会、农妇救会员会，向家长宣传，使家长懂得儿童卫生的一些必要常识。并和群众破除迷信、反对巫婆等教育结合起来，在学校中加强卫生保健教育。各级政府、抗联，可根据当地具体情况，搜集材料编印卫生教材，做〔作〕为对家长对儿童进行教育的参考。此外可通过学校和童子军系统，发动儿童订立卫生公约，共同遵守执行，养成儿童卫生的习惯。

灵邱模范教师张治平同志，不仅学校卫生工作做的〔得〕好，还推动了全村的清洁卫生运动，收效很大，各地应该学习。

四、组织儿童的文化艺术活动。过去在这方面虽有显著成绩，但发展还不够普遍，今后各地应发动儿童积极参加村剧团、秧歌舞、霸王鞭、儿童戏剧等活动，提倡儿童书画、出墙报、组织儿童集体游戏，动员更广泛的儿童参加（不要只在少数儿童中打圈子）。

要实现以上的各项任务，主要靠了继续深入的整风与细致的组织工作。各级宣教干部，特别是区民教助理员、青宣干部、小学教师，必须认真的〔地〕检讨过去的错误思想，彻底转变工作作风，深入到家庭中去、小学中去、儿童中去，了解具体情况，加强群众观点。尤其应认真学习业务，提高工作技术，学会当小学教师、村剧团团长、拨工队长的知识与技能。

在游击区、新开辟地区，应根据以上任务，视当地情况分别轻重缓急执行之。并应继续开展儿童的“五不运动”，加强儿童民族气节教育，反对敌伪奴化教育，建立抗日的民主教育，肃清敌伪对儿童的欺骗麻醉宣传。

关于纪念“四四”儿童节的方式，因正当春耕时期，不宜召开大会。可以村为单位，以小学做中心，在“四四”前后召集儿童及家长开纪念会，在会上主要是听取家长的意见，讨论出如何组织全村儿童学习生产等项工作的具体办法。加强学校与家庭的联系，改善家庭教育，并可举行儿童成绩展览，奖励模范儿童，表扬模范家长。

各级政府抗联，见此指示后应共同讨论，密切配合执行。在今年把儿童工作做〔作〕出更大的成绩来。

选自《晋察冀边区行政委员会现行法令汇集》，下册，边区行政委员会 1945 年编印，第 434～438 页。

12. 晋察冀边区行政委员会关于开展民众卫生医疗工作的指示

1945 年 5 月 27 日

几年来边区党政军民对民众卫生医疗工作，一般是注意的，特别从去年开展大生产运动以来，更引起各级干部的重视，在各方面积极努力之下，获得不少成绩（如历次反扫荡反清剿后组织善后工作队或慰问团到灾区办理医治伤病、掩埋、扫除等工作，对病灾严重地区军政民组织医疗队突击治疗，训练医生，制发药品，在行政组织上从边区到村对卫生部门或干部也都有了相当的设施等等）。不过这种成绩和客观需要距离还远，现在疾病给予人民的危害还很严重，不少地区病灾流行，死亡率很大（如行唐三个月来患病者连五六八七人，已死三二九人，曲阳儿童患麻疹者在万人以上，只四、五、六、七区一百个村由去年十月底到今年二月底四个月死亡十四岁以下儿童即达二千人以上，定唐田兴庄患病者近四百人，占全村总人口四分之一以上，死六十七人，占病人六分之一以上，新解放区、游击区因敌烧杀蹂躏，病灾更易流行，行唐只刘库池一村去春患瘟症死亡者即有八十三人，占全村人口百分之四十五）。在群众中流传着的三荒，又有“病荒”还在严重地威胁着我们对敌斗争与各项建设工作的进一步开展。病灾的流行除客观原因外（敌寇残酷的清剿扫荡、人民健康水平降低），主观原因在于：

一、有些干部群众观点不够强，对疾病给予群众的危害的严重性认识与关心不足。在领导上没有把这一工作看作长期建设工作，往往只是救济性的〔地〕临时突击一下，对发动组织群众做这一工作很不够。

二、在行政设施上忽略走群众路线，偏重于从组织机构上（如增设部门或干部）来解决，没有和群众（医生、民众）取得应有的密切联系。

今后为加强这一工作，首先要求各级干部加强群众观点，深切认识到“救命第一”的意义，以高度热情，为民众服务。其次在设施上要走群众路线，把行政、技术、药品、群众结合起来，我们应在这个前提之下，来开展今后的卫生医药工作。

（一）关于组织领导问题

过去的经验证明不发动和组织群众，卫生工作就搞不起来，因此关于这一工作的组织领导，就不能单纯依靠行政力量，要根据民办公助的基本方针，发动和组织群众，按照群众的需要与自愿去进行。关于卫生医药组织，应在现在群众医药组织（如医救会、医药研究会等）的基础上，加以提高，以领导卫生医药事业的开展，为此决定：

一、边区成立医药研究会，它是群众性的医药研究组织，负责指导下级组织研究卫生医疗工作，总结交流经验，并可直接经营医药事业（如药店、医药合作社等），开展张明远式的医药合作运动。为使这一群众组织与行政密切结合，步调一致，医药研究会的负责人同时可兼任政府的卫生干部，直受政府主管部门（民政部门）领导。

二、在行政组织上，边委会民政处增设卫生干部，即由边区医药研究会负责干部兼任；行署可成立卫生科，要短小精干，编制为一至三人，负责调查研究设计推动领导卫生工作；专署、县卫生组织由行署根据各地实际情况具体确定。

三、区级以上可建立卫生委员会，由党政军民各主管部门派员组织之，定期讨论卫生医药工作，决议后由各系统密切结合分头执行（其性质与生产委员会同），以收统一领导统一步调之效。因妇女对卫生工作关系重大，各级抗联妇女部要参加。

（二）关于药品问题

在各级干部思想上应提高用中药医治疾病的信心，克服非西药不能治病的心理，通过商店合作社发动与组织群众开展采药运动，把边区土产药材加以炮制，除供给内地使用外，并可组织出口，换回川广药材，以解决药品困难问题，要尽量减少单纯由外向内购买药品的比重。在这一方面，张明远、张瑞、杨明甫的医药合作社已作出了很大的成绩，各地应广泛开展，所需资金原则上由民众自筹，必要时政府可贷款一部，作为公股。公营商店对交换购置药品工作，应看作自己的重要业务，努力经营。并可以行署或专署为单位，设立药店，由政府和医药团体领导经营。有重点的〔地〕选择验方，配制特效药，今年边区不再发药。

（三）关于医生问题

医生缺乏，是边区卫生建设上的严重困难（质量高低还是次要问题），几年来西医增加不多，中医则后继无人；同时西医与中医相较，西医当然是更科学的，但数量上中医则大于西医，如这两支力量不能很好结合，边区医生问题就更难解决。因此团结与改造中医，在现有基础上加以普及和提高，就成为卫生工作的当前急务，而这一任务，应由各级政府与团体担负起来。在医生与医生之间，西医应负责团结中医，如团结得不好，西药要负更多的责任。双方都要打破门户之见，互相帮助，互相研究学习，只有如此才能把现有力量团结起来，才谈得到普及与提高。各级政府负责干部对医生（特别对中医）应重视和优予礼遇，曲阳龙华等县县长，亲自接待医生，请他们吃饭和讲话，慰勉有加，并关心他们的生活，减免他们的抗勤，这在鼓励医生工作情绪、提高其责任心、改造其思想上起了不小作用，这种很好的经验及关心民瘼的精神，值得各地采用和学习。

培养新医生，办学校和训练班是一种办法。发动医生带徒弟，召开医生座谈会，也是可以经常采用的轻而易举的办法。尤其对于接生员，动员现有的旧接生婆小规模的〔地〕不拘形式的〔地〕开班训练或座谈，授以科学知识和技术，更易生效。

（四）关于宣传教育工作

政府民教部门和团体力量应集中统一使用，经常的〔地〕定期的〔地〕根据实际情况开展广泛深入的宣教工作。小学民校都应增设卫生科目。在群众教育方面，要打破群众的迷信落后思想（如“求神鬼保佑”“生死在天，命里注定”“穷干净，富邋遢”“不干不净，吃了没病”……），贯彻卫生常识，使群众逐渐了解预防胜于治疗，在现在能作〔做〕到的条件下，尽量讲求卫生（如建立猪圈，厕所常垫土……），反迷信、反巫婆。即病之后，要赶快请医诊治。为此，医药团体可出版一个刊物，除对一般群众进行教育外，更应侧重对卫生工作者的教育，内容包括：思想教育、问题研究、经验介绍（如技术、处方、诊断……）及有关此项工作的调查研究、情况报导等等。这一刊物的编撰与发行，应作为领导推动各地卫生工作，与各级卫生组织取得密切连〔联〕系的重要工具。此外，还要加强通讯报导〔道〕工作，经常在日报及各地报纸刊物上，反映卫生医药工作材料。

反对巫婆，不能采取单纯的排斥与打击，只有有效的卫生医疗工作，能及时的〔地〕解决了群众的疾疫，群众才会更快的〔地〕脱离开她们。除了对一些屡戒不改、杀人害命的巫婆，政府应给以法律制裁外，反巫婆的运动应侧重于广泛深入的教育，还要注意他们的生活问题，帮助他们改业。

“人财两旺”是准备反攻的物质基础，病灾的不解决，民众健康不能恢复、提高，即难达此目的。毛主席在解放区十五项任务中已将这一工作列为重要项目之一，我们对此应提到政策的高度去认识与执行。但不能孤立进行，要与开展大生产密切结合（对英雄模范村庄由大生产带起了卫生工作的经验，应很好总结吸取，并创造新经验）。同时在进行这一工作中，要切实把握现实条件，如单凭主观愿望提出超现实的口号（如一家一个厕所一个猪圈……），则不但不能实现，且会成为开展这一工作的障碍。

目前实际情况是游击区、新解放区的病灾比巩固区更为严重，因此我们应把开展这些地区的卫生医药工作，看成是扩大解放区的重要内容之一，用大力通过各种方式方法去开展，学习张瑞的医药合作社。

今年大旱不雨，时令又到炎夏，这是最易生病的季节，我们号召各地要赶快配合大生产工作来开展这个工作。要重视妇女儿童在这一工作当中的伟大作用，接受杨家湾小学的经验，通过他们把家庭卫生环境卫生搞起来。并在这一工作中，开展英雄模范运动，通过英雄模范把这一工作带领起来，在今年涌现出更多的英雄模范。

选自《晋察冀边区行政委员会现行法令汇集》，上册，边区行政委员会 1945 年编印，第 375～380 页。

13. 晋察冀边区行政委员会关于抗日军人干部子弟及沦陷区学生入学优待办法的决定

1945 年 10 月 4 日

为便利抗日军人及脱离生产之党政军民学（初小教员在内）干部子弟入学，援助沦陷区青年学生来边区就学，培植革命下一代，特作如下决定：

（一）抗日军人、干部子弟入学及沦陷区青年来边区就学，无论投考高小、中学、师范、大学，均有被录取之优先权。

（二）抗日军人、干部子弟及沦陷区青年入学，得按不同情形，予以实物优待。

一、在籍之抗属子弟及干部子弟入初小而家境贫苦者，课本免费发给，入高小者课本一律免费发给，其家境特别贫苦者，得视具体情况补助粮食一部至全部，特别优秀者按公费生待遇。补助及公费标准及名额，由各行署分别规定之。入中等以上学校者，有享受补助及公费待遇之优先权。

二、家在沦陷区的或远离家乡，家庭无法或无力接济之抗属子弟及干部子弟，入初小者按《优待妇女干部及其幼儿的决定》第二项之规定优待，入高小以上学校者按公费生待遇。

三、沦陷区青年学生来边区就学，入中学师范者如家庭能接济而有力接济者，粮食、柴菜金、讲义由学校发给，服装、鞋袜、零用自备。其与家庭失掉联系无法或无力接济者，按公费生待遇，入大学者一律按公费生待遇。

（三）高小公费生除课本免费发给外，其所需粮食、柴菜金、鞋袜、衣物等均按机关一般工作人员之待遇发给之。中等以上学校公费生供给标准均按所在学校之规定发给之。

（四）沦陷区青年学生来边区就学者，须经县级以上党政军民机关介绍，始准入学。

（五）凡享受公费待遇之学生其毕业、升学或分配工作，须一律服从行政上之决定。

（六）干部子弟随机关住宿走读者，食物优待经由所在机关发给之，列入机关预决算。远离机关住校者，经由所在学校发给之，列入学校预决算。

（七）边区级机关干部子弟入学及联大学生之实物补助及公费问题，由边委会统一掌握之。行署级以下各机关干部子弟入学及中等以下学校学生之实物补助及公费问题，由各行署统一掌握之。

（八）本办法执行情形及享受补助及公费生人数，列入定期教育工作汇报及学校工作报告，报告本会备查。

（九）本决定自民国三十四年十月一日起实行。前此规定之与本决定有抵触者均作废。

选自《晋察冀边区行政委员会现行法令汇集》，下册，边区行政委员会 1945 年编印，第 443～444 页。

14. 晋察冀边区行政委员会关于课本、群众读物、儿童读物征集与奖励暂行办法

1945年10月5日

一、为发动教员、乡艺工作者、知识份〔分〕子、文教工作者群众性的〔地〕创造编写运动，以解决初高级小学与民校课本、群众读物和儿童读物，特规定本办法。

二、征集项目：

（一）初小课本（国语常识合编、珠算）。

（二）高小课本（国语、史地、生产常识与自然合编、边区建设与社会知识合编）。

（三）民校文化课本（识字与政治、生产、卫生合编、珠算……）。

（四）群众读物（剧本、鼓词、故事、歌曲及关于社会科学、自然科学常识等）。

（五）儿童读物（同上）。

三、应征作品须具有下列条件：

（一）内容符合新民主主义文教方针，反映与指导边区人民实际斗争，适合人民日常生活的需要。

（二）形式体裁不拘，但须通俗易解，使对象喜闻乐见，小学校课本须适合作教材用。

四、应征者无论个人或集体须将应征作品缮写清楚，加具简略说明（如内容、特点、效果、用法……），书明作者姓名、职别、性别、年龄、住址送交县政府。

五、审查评定暂以行署区为单位，县、专区、行署区在政府领导下设评定委员会由同级党政军民宣教负责干部组织，负责审查与评定应征作品，合格者加具意见逐级上送，不合格者尽量签注意见退还，由行署评定委员会定期作最后评定。

六、凡经行署级评定委员会评定合格者，除酌情付印外，给以下一项或数项之奖励：

（一）奖金：优良课本发给五千元至五万元（一本数本或全套）。

（二）纪念品。

（三）荣誉奖（奖状、通令或登报表扬）。

（四）印刷推广其作品或课本。

七、县及专署评定合格课本及作品原则上亦应给以物质精神奖励，各级政府在征集前得根据本办法精神拟定具体办法公布之。

八、各行署最后审订合格作品应即报送边委会。特优者本会得给予以表扬与奖励。

九、本办法自公布之日实行。

选自《晋察冀边区行政委员会现行法令汇集》，下册，边区行政委员会1945年编印，第449～450页。

15. 晋察冀边区行政委员会关于改定中小学教育员待遇标准的决定

1945年11月16日

一、为适应边区新形势，提高中小学教职员地位，改善其生活，以利边区新民主主义教育的发展，特作如下的决定。

二、中小学教职员待遇，一律改为薪金制，以小米为标准，每月按当时当地市价折发，全年按十二个月发给。

三、小学教职员待遇标准：

1. 初小教员待遇：乡村每月小米一百二十斤至一百八十斤，城市每月小米一百五十斤至二百斤。由各地根据不同地区与不同教员的文化程度、服务年限、教学成绩及实际经验等，具体规定。民办小学，由群众自定。

2. 高小教员待遇：乡村每月小米一百五十斤至二百二十斤，城市每月小米二百斤至二百五十斤，由各地根据不同地区与不同教员的文化程度、服务年限、教学成绩及实际经验等，具体规定。

四、中等学校教职员待遇标准：

1. 教员及科长以上职员，具有下列条件之一者，每月小米二百五十斤至三百五十斤。

甲、为新民主主义中等教育服务在三年以上，获得一定成绩与经验者。

乙、具有高级中学或高级师范或相当高中毕业以上文化程度，担任普通文化课或政治课者。

丙、工作积极负责，为学校教职学员所拥护者。

2. 教员及科长以上职员，具有下列条件之一者，每月小米三百五十斤至四百五十斤。

甲、为新民主主义中等教育服务在五年以上，成绩卓著，积有丰富经验者。

乙、国内外大学或专门学校毕业或肄业，具有专门学识或技术者。

丙、工作特别繁重，积极负责，成绩优良者。

丁、因公积劳成疾，身体特别衰弱或家境特别贫苦者。

五、中小学职员待遇：一般每月小米一百二十斤至二百斤。

六、中小学工友待遇：一般每月小米一百二十斤至一百八十斤。

七、中小学妇女教职员生产前后给假两个月，薪金照发，不另发生产费，代理人薪金另行发给。关于幼儿保育问题，有特殊困难者，得请求直属领导机关，酌情予以补助。

八、有特殊学识与技术或特殊功绩与创造者，得受特别优待，或按英模奖励办法，另给特别奖励。

九、因公积劳成疾，需要长期休养者，得酌情发给一定的休养费。

十、中小学教育为新民主主义教育服务在十年以上，成绩卓著，因年老或疾病需要退休者，发给一定的退休金。

十一、本决定除适用于一般中小学外，并适用于其他中等学校性质的师范学校与工农商等职业学校，联大与工专亦暂按本决定执行。

十二、教职员待遇之规定由各校或校长拟定列表报请直属领导机关批准执行。

十三、本决定自公布日起实行，前颁中小学教职员待遇之规定及有关其他优待办法一概作废。

选自《晋察冀边区行政委员会现行法令汇集》，下册，边区行政委员会 1945 年编印，第439～441 页。

互校版本：《中国新民主主义革命时期根据地法制文献选编》，第 4 卷，北京，中国社会科学出版社，1984 年版，第 711～713 页。原注："选自晋察冀边区行政委员会《现行法令汇集》上册，一九四五年版。"

16. 晋察冀边区行政委员会通知——关于改定中小学教职员待遇标准在执行中应注意的几个具体问题

1945 年 11 月 16 日

本会新颁关于改定中小学教职员待遇标准的决定在执行中应注意以下几个具体问题：

一、改定中小学教职员的待遇标准是为了适当提高中小学教职员地位，改善其生活，争取与团结知识份〔分〕子，使安心教育工作，并发扬其积极性和创造性，进一步发展新民主主义教育。

二、关于待遇的具体规定，要根据当地实际生活水准适当伸缩。在有些小城市的实际生活水准与乡村相差不多时，城市与乡村教员待遇不应相差太多，有些特别贫苦的山沟小村群众负担教育经费太重时，应酌量降低待遇或由公产项下调济补助。

三、关于一般职员与工友的待遇，在城市一般不可低于每月小米一百五十斤，但在同一地区生活水准工友待遇不得高于职员，职员不得高于教员。

四、关于教员待遇的规定，当与上课多少有关，但不能完全按钟点为标准，需要照顾其整个工作与生活。聘请校外机关干部来校讲课，一般的坚持兼职不兼薪的原则，必要时可给予一定的车马费。

五、今年冬装原为供给制者，仍按规定发给或补充。

六、本决定执行情形，希各级注意及时逐级上报。

选自《晋察冀边区行政委员会现行法令汇集》，下册，边区行政委员会 1945 年编印，第 442 页。

九、土地租债

1. 晋察冀边区减租减息单行条例

1938年2月10日颁布

一、本边区为巩固统一战线，争取民族革命战争的彻底胜利，调剂群众利益，逐渐改善人民生活，特制定本条例。

二、地主之土地收入，不论租佃、伴种，一律照原租额减收百分之二十五。

三、钱主之利息收入，不论新债旧欠，年利率一律不准超过一分（即百分之十）。

四、地租一律下缴。

五、严禁庄头剥削。

六、大粮、杂租、小租、送工等额外附加，一律禁止。

七、出门利（即现扣利）、剥皮利、臭虫利、印子钱等高利贷，一律禁止。

八、本办法自公布之日施行。

九、附则

1. 自本办法公布之日，本区域内各级政府施行之减租减息办法，一律废止。

2. 租斗以通用公斗为准，旧租斗一律禁用。

3. 地主未得租户、佃户或伴种户之同意，不准将地转租，转佃、转伴种于他人。

选自《抗日根据地政策条例汇集——晋察冀之部》，第2辑，1942年版，第417～418页。

互校版本：

1.《中国新民主主义革命时期根据地法制文献选编》，第4卷，北京，中国社会科学出版社，1984年版，第231～232页。原注："《抗日根据地政策条例汇集——晋察冀之部》第二辑，一九四二年版。"

2. 晋察冀边区财政经济史编写组、河北省档案馆、山西省档案馆编：《晋察冀边区财政经济史资料选编》（二），天津，南开大学出版社，1984年版，第15页。原注："《土地政策参考资料》晋察冀边区点滴社出版，1942年11月。"

2. 晋察冀边区减租减息单行条例的执行问题

1938年

（一）条例的公布

1. 减租减息在各地方执行的〔得〕很不统一，有的是对半减租，有的是四六减租（即地主拿四分，租户拿六分），有的是二五减租，还有些地方因为减租发生了许多纠纷，就想不管它，任它随便下去。在减息问题上，也执行的〔得〕不统一，有的是把年利一分了解成一百元钱每年出一元利钱，有的是要把利钱超过本钱的债务本利一齐停付。……因为这样在民众中间发生了许多纠纷，这是对于扩大与巩固统一战线有害的。

2. 减租减息这一工作的发动是群众团体与政府共同负责的，而它的执行权，则属于政府，群众团体只能负协助的责任，不能直接执行。可是在过去有许多地方，政府没有很认真的〔地〕负起这一责任，遇有群众团体执行这一工作的时候，也没很灵活的〔地〕通过群众团体的负责人去纠正，这也是于统一战线有碍的，因为民众多感无所适从的苦处。

3. 减租减息是改善人民生活的一个消极办法，是扩大与巩固统一战线的一个办法。在执行这一办法的时候，应该采取多种的方式使得被减的地主、财主得到满意，使得租户借户了解减租减息只是改善其生活的一个消极办法，而对地主财主和好，以更加巩固起统一战线来。可是在过去有些地方没有很好的〔地〕运用说服的方法去执行，以致各阶层间还存着许多不必要的摩擦。

4. 关于减息的问题，比较单纯。关于减租的问题，比较复杂。因为它是土地问题的一个部份〔分〕，我们最近将要规定土地法，更多的更复杂的问题，留到那里去解决。这一办法的公布主要是为了清算并结束过去的纠纷。

（二）减租的问题

1. 本条例的第二条地主之土地收入不论租佃、伴种，一律照原租额减少百分之二十五。这在执行中间应该注意：

（1）原租额系按双方契约规定或议定者而言，如租户租种多年，原租额即按惯例计，转租转典人即按地主论，地主之收入均按原租额减少百分之二十五。

（2）在本条例未公布前已付租佃，不论租佃户吃亏地主吃亏，一律不得追退追缴，但在本条例公布前已追退追缴者，不得再行变更。

（3）原租佃伴种契约关系如在二年以上者，得按二五减租后另立新契约废除旧契约，但契约年限不得超过原定年限之空余年限，但地主不愿将土地收回自耕，双方同意延长租期者外。

（4）租佃户欠地主租典额在两年以上者，准按当年租额二五减租之数再加一倍偿付，结束以前积欠，但租佃户不得无故拖欠民国二十六年之租佃，地主亦不得借口将其土地收回。

（5）民国二十七年新订租佃契约，地主收入不得超过二五减租后之数，其具体规定于土地法中详之。

2. 本条例的第四、五、六三条，在执行的时候，应该注意：

（1）在本条例公布后，地主仍迫令租佃户将租佃上缴者，除令其退还外，并得酌科以租额三分之一以下之罚金，但在本条例公布前已上缴者，不得援此例。

（2）可择在群众中印象最坏之一、二庄头处办，以儆效尤，但一般的还是要从政治上争取。

（3）下种时地主借给租佃户种籽者，不论有无契约的规定，其偿还额一律不得超过原借量加十分之一，如原借种籽已按当时粮价合钱者，加一还粮，加一还钱均可。

（4）在本条例公布之日杂租、小租、送工等一律禁止。但地主并不得借口增加租额。

3. 关于喇嘛地的问题，阜平、五台、繁峙等县各级政府应特别注意：

（1）喇嘛地的问题，联系着宗教问题与少数民族问题，为了巩固并扩大统一战线，对喇嘛地租要一视同仁，悉依本条例执行。

（2）喇嘛地的庄头最坏，杂租、送工等剥削农民最厉害，除严格禁止外，要从政治上说服喇嘛。

（三）减息的问题

1. 在执行本条例第三条钱主之利息收入，不论新债、旧欠，年利率一律不准超过一分（即百分之十）的时候应该注意：

（1）利息一律以年利计，其利息是月利者，均按年利改算。

（2）自本条例公布之日无论新债、旧债，年利率均不得超过一分，但已付利者，不得追退。

（3）旧债契约之不合本条例者一律废除，另定新契，但不得钱主之同意其借贷时期以续满原借年限为止。

（4）清理多年旧债，应按年一分一本一满利计算（即本外再还给人的利息）清偿之。

2. 关于本条例第七条的规定，要严格的〔地〕执行，新犯者要加以处罚。

（四）执行中的其他问题

1. 抗战军人家属之租佃、借贷关系除通用本条例外，并受优待抗战军人家属办法之优待。

2. 执行的时候，要从政治上争取，要合乎人情，要在解决每一个契约关系中把握统一战线。在这一指示信未说到的地方，都按这个原则处理。

3. 这一工作要与群众团体有很好的配合，县政府接到这一指示，要立刻召集群众团体、驻军代表开联席会议讨论这一工作，诚恳的（地）要求他们协助，并把这一指示与讨论的结果传达到区村政府去，如执行过程中发生了问题，也是要尽量召开联席会议解决。

选自《晋察冀边区财政经济史资料选编》(二)，天津，南开大学出版社，1984 年版，第 16～19 页。原注："《土地政策参考资料》，晋察冀边区点滴社出版，1942 年 11 月"。

3. 晋察冀边区行政委员会训令
——关于杂租、小租、送工的解释

1938 年 3 月

为令遵事：查本会前制定减租减息条例，业经通令各县遵照办理在案。兹据各县该项条例[①]内所载杂租、小租、大粮、送工等名词，多不明瞭〔了〕，纷纷来文请予解释，据此合亟解释如下：

1. "杂租"系指在租额之外，另要些各种物品，如肉类、酒类等。在前喇嘛收租，就有这种现象。这都是无道理的额外剥削，所以应该一律禁止。至原订租契时言明定为米粮若干、其他物品若干者，当然不与杂租同论。

2. "小租"，这也是佃户于正租额以外对庄头的纳款，系属剥削之一种。

3. "大粮"，这是佃户约定为地主佃耕时地主预借米粮若干，到次年秋收时加五或加倍偿还，也是高利贷的一种。

4. "送工"就是佃户于每年之内，给地主无代价的〔地〕服务几天的办法。

仰即知照，与各民众团体详细解释为要。

选自《晋察冀边区行政委员会现行法令汇集》，上册，边区行政委员会 1945 年编印，第 201 页。

互校版本：《中国新民主主义革命时期根据法制文献选编》，第 4 卷，北京，中国社会科学出版社，1984 年版，第 232～233 页。简称："社科法制版"。原注："选自《抗日根据地政策条例汇集——晋察冀之部》一九四二年版。"

4. 晋察冀边区农会提出之减租减息实施办法

1939 年 12 月 17 日边区农会提出

为了彻底执行减租减息，并解决执行中之一般困难问题，特根据政府减租减息单行条例及边区一般租息关系，由边农常委会详细讨论，规定具体办法，希各级农会根据各地具体情况切实执行，并可提出意见，以便修正，使更适合各地之需要，以改进民生而利抗战。

减租问题

一、根据政府法令，一律实行二五减租，取消现佃（上打典钱或上打租）及杂租、小租（非正式租）、庄头、二东家剥削，并规定地主不得佃户同意，不得收地。

---

① "社科法制版"将"条例"误作"各例。"

二、半种地减租问题

1. 一般半种地者，佃户出肥料、种子、牲畜、人力，则收获物按二五减租执行（即地主应得之半再二五减），地主得千分之三百七十五，佃户得千分之六百二十五，柴草之类完全归佃户。一切摊派款，如按土地担负时，须由地主负担，特殊者可根据具体情形解决。

2. 地主出肥料、牲畜、种子，佃户只出劳力者，则按过去之地主所得数，实行二五减租。过去地主普通得三分之二，佃户得三分之一，二五减租后地主则得二分之一，佃户得二分之一。柴草归佃户，杂派归地主。如佃户借用地主粮食，以不加利为原则，最多利不得过一分（一斗还斗一）。柴草如过去即两家分者，亦按二五减之（摊派斟酌处理）。

三、出租或出佃（现款）减租问题

1. 一般是不须上当，一季交租交佃，且按原额减二五，所有粮赋、杂派归地主。

2. 如分两季交租者，则须按夏秋收获物之多少适当交纳，反对平均按二分之一交付，一般是麦秋出产较少，则按麦秋收获物之多少，最多交付收获物千分之三百七十五之代价，其余秋季交付，歉收者按年成交租或以收获物千分之三百七十五付之。

3. 因水旱虫灾而歉收者，均按原额二五减，再以年成大小折交（如五成年景则应交数二分之一），如折合不一时，按收获物千分之三百七十五交付或相同之代价交付。

4. 租额最高不得超过收获物百分之三十七点五，如超过时，得按收获物千分之三百七十五付租。

四、灾后减租问题

1. 地全部被毁未打粮者，停止交租。

2. 地被毁一部及少打粮者，按年成交租，或按收获物多少分与千分之三百七十五。

3. 麦秋收得粮食大秋被毁者，如佃户赤贫无力交纳者，停付地租，能交纳者，按麦秋收获物交纳一部分，最多不超过千分之三百七十五。

4. 地被水灾而不得修理者，解除租约。

5. 连租数年已付租佃而地被毁者，由地主退出应退原额。

6. 地被水冲或淹没须修理者（修堤……），地主得出修理费。如地主不出修理费时，则根据情形停付若干年地租（根据修滩条例之原则）。

7. 被敌寇烧杀而影响佃户生活者，得减免租额，根据具体情形规定之（已交之不在此例）。

五、欠租清理问题

1. 欠旧租一年以上二年以下者，按一年计，二年以上者（不管多少年），按二年计，按原额二五减，并分年交还。

2. 如因天灾人祸而欠租者，得特殊处理再减少或免还。

六、地主收地问题

1. 一般原则地主不得佃户同意不许收地。

2. 地主因减租后借口收地者，一概不许。

3. 地主富农能维持生活者，或收回转租、转佃者，一概不许收地。

4. 不能自己耕种及不增加劳动力者，或不能增加生产者（雇工不算），不能收地。

5. 原地主（小农，只有几亩地，过去自己有工作，把地租出，现没有工作，回家自己耕种者）不能维持生活而自己耕种，经村农会许可时，可收回土地，但以自己的生产力并能维持生活为限。

6. 地主收地，即佃户同意时而影响整个减租问题之执行时，亦不得收地。

7. 收地或不收地以不影响双方生活为限，如影响双方生活者，得经村农会适当处理（双方分种）。

七、地主卖地、当地与租佃有关问题

1. 地主卖当自己土地与佃户无关者，农会不加过问。

2. 地主已租出之地，以不卖当为宜。如卖当时，先卖当自种之地。

3. 如必须卖当时，先卖当比较富裕佃户所耕种土地为宜，同时佃户有承买之优先权。

4. 即卖当后必须先税契（当地税半价），始为证实。

5. 新买当主不能随便收回原佃户之土地，但佃户得与新地主换约，转移租佃关系（把租佃交付新买当主）。

6. 如新地主生活困难时，须收回自耕者（或收回一部），得适用第六项“地主收地问题”之原则。

八、原来是佃钱不得改成租子，并得实行二五减。

减息问题

一、根据政府法令最高利息年利不得过一分（10%），凡一切不适合或超过一分利率，一律取消，并得换成新约。

二、质地使钱减息换约问题

1. 质地使钱而不定利息者，一律换成揭帖（借约），按一分利息（或不足一分）。原利息不足一分者，不得增加（并质原地）。

2. 质地使钱欠息换约者（地未交出，原地主自耕者），凡欠息一年以上不足二年者，按一年计，二年以上者（不管多少年），按二年计，均按年利一分计算欠息，分若干年还清，并按一分换成揭帖。

3. 质地使钱欠息归地者（债务人——原业主把地交给质权人——钱主），欠息一年以上者，按一年计，二年以上者，按二年计，按年利一分结算，偿还欠息把地收回（地归原业主自耕），原约按年利一分换成揭帖（借约）。

4. 如原地已转租第三者时，则根据减租问题第六项收地办法处理，如债务人比债权人富裕者，可按以上办法处理，但地已归债权人自耕者，得仍由耕种，但须订立新租佃关系（租佃最高不得过千分之三百七十五）。

三、当地减息换约问题

1. 当地仍适合用减息办法，一般按年利一分质原地改成揭帖，收回土地（如原业主比当地人富裕者，不应动）。

2. 死契活口，凡未正式税契者，均得按一分换约（质原地），收回原地（原业主富裕者换成活当，不得收地）。

3. 当地者将当得土地转租于第三者时，其所得租典如超过年利一分时，应将多得之部分退回原地主（原地主富裕者不退）。

4. 当地者将当得之土地自耕者，按其收获物之千分之三百七十五（半种地者地主应得数）折合利息，如超过一分时得退给原业主（原业主富裕者不退）。

以上3、4两项系不换揭帖、不收回土地之减息办法。

5. 当地者将当得土地已转第三者时，原业主如换约收地，可与原当主成立揭约（按减息办法），但是否收回土地，得根据双方生活情形，比照减租办法第六项之原则处理。

6. 原业主以现款收地自耕者，得任其收回（如收地影响佃户之生活者，得使用租地办法）。

7. 当地者高价或低价转当于第三者时，原业主以现款收地，一般是经过当地者以原价收地。特殊者，得根据三方面生活程度，适当处理。

8. 当地者低价出卖原约给第三者，如有人证明时，以现款低价收地，以低价换成揭帖，但影响第三者生活时，不得收地。

四、清理债务问题

1. 不管欠旧利多少，如清理时一本一满利为原则（即一百元的加十元的利）。

2. 如已付之利超过原本时，得停利还本。

五，灾后减息问题

1. 被灾者，生活困难可停付本年利息。

2. 如质地使钱或质房使钱，不管地毁房塌或房子被烧，得依法解除契约。

附则

一、本办法系边农常委会之讨论总结，非法令性质。

二、各级农会得根据此办法，经过农会组织，以政治说服处理实际问题。

三、农会会员得执行农会决议，如有故违者，得以组织纪律处分之。

四、本办法之进行中，如遇有困难情形，得随时反映［给］边农。

五、本办法进行中，如双方发生争执而不能解决时，得经过政府处理。

六、本办法以政府法令为依据，［以］改善人民生活、增加抗战力量为原则。各级处理问题得本此原则及精神灵活应用。

七、本办法适用［于］全边区，晋东北立即纠正四六减租之办法（地主分六斗，佃户分四斗），适用本办法减租问题第二项之第三条对半分粮。①

八、本办法函请边委会备查，各级农会进行时得与各级政府配合进行。

九、本办法自发到各级农会后一律执行，在组织上进行讨论传达、公布。

十、本办法如有不适宜处，得根据实际情形随时经边农会议修改。

选自《抗日根据地政策条例汇集——晋察冀之部》，第2辑，1942年版，第422～230页。

---

① 此处所指“第二项之第三条”，可能有误。应是按第二项之第一条，在对半分粮的基础上，实行“二五减租”，地主得“千分之三百七十五”，“农民得千分之六百二十五”。以此办法纠正晋东北地区“四六减租”（地主得六，农民得四）的错误。

互校版本：《中国新民主主义根据地法制文献选编》，第4卷，北京，中国社会科学出版社，1984年版，第233～239页。原注："选自《抗日根据地政策条例汇集——晋察冀之部》第一辑，一九四二年版。"

5. 晋察冀边区行政委员会关于减租减息的意义与执行问题的指示信①

1940年2月1日

一、减租减息的意义

（一）中山先生的民生主义的主要内容是"平均地权""耕者有其田"，在其民生主义的演讲中曾说："中国的农民……有九成都是没有田的，他们所耕的田，大都是属于地主的；有田的人自己多不去耕。照道理来讲，农民应该是为自己耕田，耕出来的农品要归自己所有；现在的农民都不是耕自己的田，都是替地主来耕田，所生产的农品，大半是被地主夺去了。这是一个很重大的问题，我们应该马上用政治和法律来解决。如果不能够解决这个问题，民生问题便无从解决。农民耕田所得的食粮。据最近我们在乡下的调查，十分之六是归地主，农民自己所得到的不过十分之四，这是很不公平的。……假若耕田所得的粮食完全归到农民，农民是一定要高兴去耕田的。大家都高兴去耕田，便可以多得生产；但是现在的多数生产都是归于地主，农民不过得到四成；农民在一年之中辛辛苦苦所收获的粮食，结果还是要多数归到地主，所以许多农民便不高兴去耕田，许多田地便渐变成荒芜，不能生长了。"

当然，在目前，抗日是第一，我们还不能马上实现中山先生"耕者有其田"的主张。可是"民生主义之实行，当于抗战间求之，且当于此求得抗战的胜利；决非使抗战胜利之后，始从事于民生主义之开始"（见国民党临时代表大会宣言）。那么，为"求得抗战的胜利"而进行的"民生主义之实行"，是哪些东西呢？减租减息是其一，并且是重要的一件。

为什么呢？因为中国农民数千年来在封建制度的剥削下，过着很痛苦的生活；而且自从鸦片战争以来，又受着帝国主义的剥削，因此农民所受的剥削，以地租为基础，而又交叉以高利贷利息与商业利润。因此，用政治与法律减轻剥削者对农民的剥削之减租减息，就成为现阶段改善民生的重要方法之一。

因此，减租减息是为了争取抗战胜利，相当的〔地〕改善农民生活，使之能够积极参加抗战工作的重要方法之一，是抗战时期实行民生主义"耕者有其田"的一个重要步骤。

（二）抗日的民族革命战争，是一个复杂的军事、政治、经济、文化的斗争。在经济斗争的一点上，正当敌寇提出"以战养战"的口号的时候，更显得重要。像我们这样半封建半殖民地经济的落后的国度，如果不打下自力更生的经济基础，是没有办法使乡村战胜城市的。可是广大的农民在地主、高利贷者、商人的剥削之下，怎能有兴趣积极于农作提高生产呢？在边区，我们看到的肥沃起来的土地，大体都是自耕农耕作的；看到的大多数

① 原注：本文原载《边政导报》第2卷第5期。

枯瘠荒芜的土地，都是租佃户耕作的。难道这是偶然的吗？不是的！广大的农民不只是“耕者无其田”，而且是终岁辛勤，一点一滴的汗，弄到饱不了肚子。农民缺乏耕作的兴趣，更缺乏改良土地的兴趣。而减租减息是提高农业生产的重要手段之一。

（三）《中华民国土地法》第十四条规定：“地方政府对于私有土地，得斟酌下列情形，分别限制个人或团体所有土地面积之最高额。”第十五条规定：“私有土地受前条规定的限制时，由主管地政机关规定办法，限令于一定期间内，将额外土地分划出卖。”这是限制土地集中的法令，是完全正确的。在边区，两年来，我们还没有执行这样的法令。可是，边区的许多县份，土地的买卖是绝对减少了，高利贷一般已不存在了，这是偶然的吗？不是的！这是简单的〔地〕因为战争的原〔缘〕故吗？不是的！半年以前在正定，地主大量的〔地〕收买土地，原因是在那里干脆没有执行减租减息的法令！减租减息后地主收买土地的事情是绝对的〔地〕减少了，因此减租减息是限制土地集中的积极办法之一。

当然，在边区，土地的积极的分散，就是说佃农、贫农、雇农从地主手里买到土地的事情，我们还看到很少。在平山，一年来土地的买卖增多了，购买土地的都是自耕农与贫农，难道这是偶然的吗？不是的！原因是在那里减租减息的工作有较深入的开展。不过这样的例子在边区还只是特殊，不是一般。同时，地主与高利贷者在停止了购地与高利贷后，他们的资金大多埋藏在地下，现在活动到生产部门与商业部门的还不多。但是减租减息的法令彻底执行之后，私有土地面积最高额规定并实行之后，土地必然要积极的〔地〕分散，而地主与高利贷者的休息着的资金也必然会逐渐活跃起来，走上工商业阵营里边去。因此，减租减息具有使中国生产力的广大发展，从落后的中国变为进步的中国，变成中国民主革命的作用的意义。

二、减租减息单行条例的修正

（一）民国二十七年二月公布的《晋察冀边区减租减息单行条例》是正确的，不过在两年来的执行过程中，由于边区具体环境发生着的具体问题，要求条例的比较具体化。这是修正原条例的动机。两年来，在二五减租的执行中，各地发生着非常复杂的问题，解决办法也很不一致。例如有的县份，出租人有把原地租提高以逃避减租法令者，有的县份实行着四六分粮（出租人四，承租人六），有的地方因减租关系出租人对承租佃户肥料、种子的帮助怠了工，致影响土地生产量。似此名为二五减租，而租佃户实得其惠者则远在二五之下。其次，关于地主收地问题，各处广泛的〔地〕发生着出租人假“自耕”之名而投机取巧者不一而足；或者是在“转让”“出卖”“出典”的掩护之下，进行着“收回”土地的阴谋，也是日有所闻。关于减息问题，债权人对债务人以威胁的方法而维持原利率者仍有很多，而质地贷款，债权人处置所质土地者亦不在少数。这是说明一分利率的法令还没有完全实现。修正条例把发生着的复杂问题，尽可能地都有比较具体化了的原则规定。

（二）修正条例的基本精神是什么呢？根据民族统一战线的最高原则，遵照《中华民国土地法》及民法的基本精神而修正的单行条例，它是完全合乎中山先生民生主义的原则与抗战建国纲领的，它是合乎坚持抗战、坚持进步、促进宪政、反顽固份〔分〕子、反投降妥协的要求的，它是适应着粉碎敌寇“以战养战”的阴谋，建立自力更生的经济基础的施政方针的；同时它也是渡〔度〕过灾荒、安定民生的一个有力的法令。这些精神怎样表现出来呢？主要表现在：

第一，是关于地租最高额的规定。《中华民国土地法》第一百七十七条规定："地租不得超过耕地正产物收获总额千分之三百七十五。"这一规定是根据耕地收获地租一半，"二五"减后得来的。可是二五减租之后，地租超过千分之三七五者仍属多数。封建剥削之残酷，由兹可以概见。地租最高额三七五的规定，对出租人依然是便宜的，因为这是绝对地租。这充分表现着条例的统一战线的精神与合法性。

第二，是关于"永佃权"与出租人收回"自耕"的规定。民法物权编第四章有永佃权的规定；土地法第一百八十条有依不定期限租用耕地之契约，"出租人收回自耕时终止之"的规定；土地法施行法第十三条规定："土地法所称'自耕'，系指自任耕作，或为维持一家生活直接经营耕作而言。"这样，永佃权与收回自耕中间并不存在有丝毫矛盾。修正条例有比较具体化的原则规定，这对土地所有者与租佃户都是有利的。

第三，是关于实物地租与地租以耕地正产物比例支付的规定。土地生产物的价格是随着市场与货币价格的变动而变动的，因此现金地租是不公平的。条例规定实物地租，并一律在收获时支付，耕地的副产物一律归承租人，出租人于正产物内取得应得租额外，不得有任何多余的取得。这样，现存的许多过分的剥削就取缔了。

第四，是关于高利贷庄头、二东家的剥削应受刑事处分的规定。中山先生早就昭示我们，要用"政治和法律"的力量来"打不平"。高利贷与二东家的剥削比强盗厉害，是一种不见血的杀人办法，因此违令者应该受到刑事处分。这是与今日反顽固、落后、倒退思想的斗争不能分离的。

第五，是规定有比较详细的附则。这一附则是带有施行办法的性质的，主要作用在［于］清理以往的租息关系，其重要性不减于条例本身。附则特别提出质地借贷关系与一般借贷关系同样处理，以免贫民均沦于"无立锥之地"的穷况。

（三）不过，修正条例依然是原则的，它没有，同时也不能把边区各个村庄所发生的每一件具体事实都规范在条文里边。因此在附则第三项特别指出："县政会议、区政会议、村民代表大会得遵照本条例，根据各该县、区、村具体环境制定施行办法，报请上级政府批准施行。"用各地的施行办法以补修正条例之不足。

三、条例执行问题

（一）半种问题。"半种"之实际各地不同，相差甚大。有类乎租者（晋东北半种类多此种）；有类乎佃者（阜平半种类多此种）；有因土地所有者土地很少，且无劳力耕种，请人代种者（各地均有，似名为"伴种"更好一些）；有因出租人为工商业者或其他职业者而非地主，仅将所有之极少数之土地请人带种者（各地均有，是附带的〔地〕种，租很低，经常有人情关系在里边）。因为半种地的实际情形有这样复杂，所以条例规定有从千分之三七五到二分之一的伸缩性。这在执行上是要认识各个半种的本质而分别处理，主要着眼点是要看出租人对承租人农具、种子、肥料、牲畜的供给多寡以为断；同时还要注意到半种关系者间的社会关系。

（二）灾荒后减租问题。灾荒后的减租问题的解决，适用一般的原则。不过问题的中心是在耕地正产物的收获量，有收获就能交租，无收获就不能交租，收获多就能按比例多交，收获少就只能按比例少交；其预收地租者，要退租。

（三）耕地正副产物问题。耕地所收谷物为正产物，所收柴草为副产物。耕地每年收获仅一次者，谷物为正产物，地边附种菜蔬瓜豆为副产物。耕地每年收获两次者，谷物为正产物，附种菜蔬瓜豆为副产物；其一季专种菜蔬者，菜蔬亦以正产物论。耕地播种两种以上谷物者，均以正产物论，地边附种作物，均以副产物论。耕地附着之山货果木产物之处理，依其约定。

（四）典当地与借贷问题。依民法第九百二十四条“典权未定期限者，出典人得随时以原典价回赎典物，但自出典后经过三十年不回赎者，典权人即取得典物所有权”之规定及民法第九百一十三条“典约之约定期限不满十五年者，不得附有到期不赎即作决资之条款”之规定，典当地出典后未出三十年者，典物均得回赎；如典权人强将典物取得者，出典人均得以原典价回赎；如出典人缺乏现金无力回赎者，应将典物从典权人手中收回，照原典价与典权人订立借贷契约，按年利率一分行息。

（五）制定试行办法问题。减租减息的复杂问题，都存在于乡村中间，因此实行办法应先由村民代表大会议定。各村议定办法区得统一者，可由区政会议议定统一的区施行办法。各区议定办法县得统一者，可由县政会议议定统一的县施行办法。其不能统一者，均依各该区、村议定。该项实行办法，均须由上级政府批准执行，以示郑重。减租减息工作是一个复杂的斗争，要在制定施行办法的斗争中健全村、区政权。

四、三个号召

（一）号召各级政府以雷厉风行、大刀阔斧的精神，胜利的〔地〕完成减租减息的工作，研究发生着的每一件具体材料，归纳抽象以到达原则。纠正许多县份以往对这一工作的某些漠不关心的错误观念！请随时把执行的情形与发生着的具体材料报告上来。

（二）号召各级政府研究《中华民国土地法》。随这一指示信发之《中华民国土地法》，十分值得各级政府注视。这里只提出两点：

第一，关于“限制个人或团体所有土地面积之最高额”（土地法第十四条）的问题。各级政府要从减租的斗争中，研究这一“最高额”应该是多少土地。

第二，土地法第一百七十五条规定：“本法施行后，同一承租人继续耕作十年以上之耕地，其出租人为不在地主时，承租人得依法请求征收其耕地。”各级政府要在减租斗争中为农民依法征收不在地主之耕地。

（三）号召各专署各县为建立地政科而奋斗！广泛开展对土地问题的研究，掀起研究热潮，首先为土地调查的工作做好一切准备。

选自《晋察冀抗日根据地》，第1册·文献选编（上），北京，中共党史资料出版社，1989年版，第319～325页。原注：“原件存河北省档案馆。”

6. 晋察冀边区减租减息单行条例

1940年2月1日修正公布

第一条　本边区为巩固抗日民族统一战线，争取民族革命战争的彻底胜利，调剂群众利益，改善人民生活，特根据中华民国土地法及中华民国民法债权物权编之规定制定本条例。

第二条　出租人之土地收入，不论租、佃、半种，一律照原租额减收百分之二十五。

第一款　地租不得超过耕地正产物收获总额千分之三百七十五，二五减租后地租仍超过千分之三百七十五者，应减为千分之三百七十五，不及千分之三百七十五者，依其约定。

第二款　出租人对于佃户耕作上必需之农具、种籽、肥料、牲畜完全供给，佃户只出劳力者，二五减租后地主所得不得超过耕地正产物收获总额二分之一，超过者应减为二分之一；不及二分之一者，依其约定。

第三款　半种地之土地收入，二五减租后不得超过耕地正产物收获总额千分之三百七十五，超过者应减为千分之三百七十五，不及者依其约定。如出租人对半耕者耕作必需之农具、种籽、肥料、牲畜有供给者，按其供给多寡比例，增收地租；但出租人所得最高不得超过耕地正产物收获总额二分之一，超过者应减，不及者依其约定。

第四款　出租人不得预收地租，并不得收取押租，其有预收地租或收取押租者，一律退还承租人，并按年利率一分退还利息。

第五款　地租交付以耕地正产物为原则，其约定地租为现金者，于二五减租后，其租金仍超过正产物收获总值千分之三百七十五者，应减为千分之三百七十五，不足千分之三百七十五者，依其约定。约定两季交付者，一律按两季正产物收成比例分两季交付。

第六款　耕地之土地税，由承租人代付者，应予〔于〕地租内扣出之。耕地之合理摊派，依村合理负担办法行之。

第七款　因敌人烧杀抢掠及水旱虫灾而减收者，适用本条各款之规定，按耕地正产物实有总额，出租人与承租人分配，其正产物全部被毁者，地租停付。

第八款　耕地副产物，一律归承租人所有。

第三条　出租人未得租户、佃户、半种户之同意，不得将耕地收回转租、转佃、转半种他人。

第一款　依定有期限租用耕地之契约，与依不定期限租耕地之契约，如承租人继续耕作，出租人均不得解除契约。

第二款　出租人于能维持生活之前提下，于不能保持耕地原有性质及效能前提下，于不能增加雇工耕作前提下，均不得收回耕地以自耕为借口，而解除契约。

第三款　出租人于不能维持生活之前提下，于能保持耕地原有性质及效能前提下，于自己耕作不用雇工前提下，得承耕种人之同意，得将出租耕地收回一部或全部自耕。

第四款　出租人出卖耕地时，承租人依同样条件有继续承租权，如承买者系买来自耕，适用本条第二款及第三款之规定。

第四条　严禁庄头、二东家剥削，大粮、杂粮、小租、送工等额外附加，一律禁止。

第一款　承租人虽经出租人承诺，仍不得将耕地全部或一部转租于他人，其转租者即为庄头或二东家，庄头或二东家剥削应受刑事处分，

第二款　下种时出租人借给承租人种籽者，不论有无契约规定，其偿还额除原借外，

每月增收不得超过原借量千分之八点四，出租人并不得借口停止借给承租人种籽。

第三款　杂租、小租、送工等额外附加，一律禁止，出租人并不得借口增加地租。

第四款　租斗以通用公斗为准，旧租斗一律禁用。

第五条　债权人之利息收入，年利率一律不得超过百分之十，年利率超过百分之十者，应减为百分之十，不及百分之十者，依其约定。

第一款　依定有期限借用现款之契约，与依不定期借用现款之契约，无论有无质物，年利率超过百分之十者，一律减为百分之十，换成新约，年利率不及百分之十者，依其约定，债权人不得因减息关系解除契约。

第二款　现扣利、高利贷一律禁止，高利贷者应受刑事处分。

第六条　本条例得由本会根据需要修改之。

附则

一、本条例自公布之日起施行，前条例即行作废。

二、本条例由边区各级行政机关施行。

三、县政会议、区政会议、村民代表大会得遵照本条例，根据各该县、区、村具体环境制定施行办法，报请上级政府批准施行。

四、欠租欠息在二年以上者，准按本条例减租减息后，出租人或债权人一年应得之租息二倍，五年内分年偿付，结束积欠。其因灾荒致欠者，并得减少或停付。自《晋察冀边区减租减息单行条例》公布后，两年来未曾执行减租减息法令之出租人或债权人，承租人或债务人所欠租息一律停付，已付者追还，以示惩处。

五、清理多年旧债，应按年利率一分一本一利计算清偿；其利息超过原本者停利还本；其已付息超过原本二倍者，本利皆停付。

六、债务人向债权人质地借钱，欠息在二年以上或系多年债务关系者，应按附则第四、第五两项之规定办理，并应按本条例第五条之规定换成借贷契约，继续借贷关系。债权人不得因欠息关系处置所质土地；如已处置者，应将原质土地交还债务人；其将所质土地已转租者，适用本条例第三条第二款及第三款之规定。

七、承租人已将耕地转租者，现耕种人应直接与耕地所有者订立租佃契约，建立新租佃关系。

八、灾荒后减租问题本条例有未竟处，适用民国二十八年九月十八日公布之《晋察冀边区垦修滩荒办法》。

原编者注：此条例基本上是根据边区农会二十八年十二月提出之意见写成的，其内容有很多地方是过左的，大约在二十九年下半年在实际工作中即已开始纠正。

选自《抗日根据地政策条例汇集——晋察冀之部》，第 2 辑，1942 年版，第 418～422 页。

互校版本：

1.《中国新民主主义革命主义法制文献选编》，第 4 卷，北京，中国社会科学出版社，1984 年版，第 239～243 页。原注：“选自《抗日根据地政策条例汇集——晋察冀之部》第二辑，一九四二年版。”

2.《晋察冀边区财政经济史资料选编》（二），天津，南开大学出版社，1984年版，第20～23页。原注：“《土地政策参考资料》，晋察冀边区点滴社出版，1942年11月”。

7. 修正晋察冀边区减租减息单行条例

1940年2月1日修正公布

1941年3月20日二次修正公布

第一条　本边区为巩固民族统一战线，调剂群众利益，改善人民生活，发展土地生产，特根据中华民国民法债权物权编及中华民国土地法之规定制定本条例。

第二条　出租人之土地每年收入，不论现金或实物，一律照原租额减收百分之二十五，减租后之租额不得超过耕地正产物收获总额千分之三百七十五（即八分之三）；超过者应减为千分之三百七十五，不及者，依其约定。

前项原租额，谓前此概未实行减租之租额。

第三条　佃耕半种地地主供给种户以耕作上必须〔需〕之农具、种籽、肥料、牲畜者，视其供给多寡，双方得依当地习惯适当分配耕地之产物。但地主所得，以耕地再产物及柴草收获总额十分之六为最高额，超过者应减为十分之六，不及者依其约定。

第四条　地租一律于产物收获后缴付，出租人不得预收地租或收取押租。

第五条　地租之交付，以现金或以实物，均依其约定，但经双方同意，得将现金地租一部或全部改为实物地租。

第六条　庄头、二东家之剥削，一律取消，由现种户与耕地所有者订立新租佃契约。太粮杂租、小租、送工及以租斗收租等非法剥削一律废除。

第七条　出租人借给承租人种籽粮食者，有无利息依其约定，约定有利息者，每月增收不得超过原借量千分之八点四，超过者应减为千分之八点四，不及者依其约定。

第八条　债权人之利息收入，年利率一律不得超过百分之十。超过者应减为百分之十，不及者依其约定。

第九条　现扣利、高利贷，一律禁止。

第十条　租、借、揭、契约之缔结，均以双方自愿为原则；惟租用土地之契约，其定有期限者，出租人如因契约期满或其他原因收回土地者，必须自耕三年，始允任意出租于他人。如在三年以内出租者，原承租人有依原定契约之租额租用之优先权。租用土地之契约为不定期限者，经双方同意得另订新约。但租佃户累世经营之土地，非租佃户自愿放弃使用权者，地主不得夺佃。

第十一条　本条例得由晋察冀边区行政委员会根据需要修改之。

第十二条　本条例自公布之日实行，旧条例同时作废。

第十三条　本条例之施行细则另定之。

选自《抗日根据地政策条例汇集——晋察冀之部》，第2辑，1942年版，第412～414页。原注：“中华民国二十九年二月一日修正公布，中华民国三十年三月二十日二次修正公布。”

互校版本：《晋察冀边区财政经济史资料选编》（一），天津，南开大学出版社，1984年版，第31～32页。原注："《土地政策参考资料》，晋察冀边区点滴社出版，1942年11月。"

8. 中共中央北方分局关于农民永佃权的规定[①]

1940年8月13日

甲、我们过去并未提出农民有永佃权口号，但某些地方已提出类似口号或规定。

乙、现在规定如下：

一、租佃契约规定佃户有永佃权者，应依法律保障。此类土地多系在灾荒时农民用极低价格将土地卖给高利贷者，而在契约上规定农民有永佃权。

二、契约未规定，但佃户长期租种，习惯上已公认为有永佃权者，应帮助农民保持之。

三、契约未规定，习惯上又非永佃权者，不提保障永佃权口号，但：

子、地主不得无故或违约收回土地。

丑、不得以同样地租将土地转租他人。

寅、地主有权收回土地出卖，但以同样低价，原佃户应有优先权。

卯、地主有权收回自种，但各地主雇工耕种，在工资相同时，原佃户有被雇优先权。

辰、地主收回自种，三年内又行出租者，原佃户以同样地租有优先权。

巳、佃户无力耕种时，地主有权收回。

选自《晋察冀抗日根据地》，第1册·文献选编（上），北京，中共党史资料出版社，1989年版，第405～406页。原注："原件存中央档案馆"。

9. 晋察冀边区减租减息单行条例施行细则

1941年3月20日公布

第一条　本施行细则依照修正晋察冀边区减租减息单行条例（以下简称减租减息条例）第十三条之规定制定之，其施行日期及区域与减租减息条例同。

第二条　减租减息条例及本施行细则之解释权，属于晋察冀边区行政委员会。行署、办事处、各专署、各县、区、村政府，均有宣传解释之义务，但须于晋察冀边区行政委员会所规定之范围内行之。

第三条　各县县议会得遵照减租减息条例及本施行细则，根据各该县具体环境制定施行办法，由县政府报请晋察冀边区行政委员会批准施行。

---

① 原注：本文系中共中央北方分局向北方局和中央的报告。

第四条　减租减息条例所称出租人，系一切法人之全称，公产、庙产、学田、社地、祭地等之管理机关均属之。

第五条　租用房屋、耕畜、井渠、牧畜场或其他工具者，均适用减租减息条例第二条之规定。

第六条　租、借、揭契约应一律另换新约，于契约上注明实行减租减息起始年月、原租息应减及减后租息数额。减租减息条例公布前，已换新约者不再换。

第七条　副产物之作物种类与栽种位置，均依当地习惯决定之，但副产物不得超过收获总额十分之一。超过十分之一者，其超过部分以正产物论。

第八条　伴种地之副产物，除柴草外，其他因沿习惯或双方约定按股分配者，种户得将地主分去部分折价总计于其应得之正产物内扣除之。

第九条　因减租关系，发生租佃纠纷时，依下列原则处理之：

一、承租人未经出租人承诺，仍不得将耕地全部或一部转租于他人，其已将耕地转租者，现承租人应直接与耕地所有者订立新租佃契约，转租之契约一律无效。

二、承租人将所租耕地之一部以所租租额分种于他人者，不得以转租论。

三、出租人于契约期限未满出卖其已租出之耕地时，原承租人有依原约租用之权，倘非原承租人自愿放弃权利，则非于原约期满后，新地主不得收回。

四、出租人出卖耕地时，承租人依同样条件有优先承买之权。

五、承租人无故继续两年不为耕作，或力能付租而故意不付者，出租人得收回其耕地。

六、经承租人施行特别改良之耕地，出租人于契约终止收回耕种时，须先清付承租人之特别改良费。但以其未失效能部分之价值为限。耕地特别改良，系指保持耕地原有性质及效能外，以增加劳力资本之结果，致增加耕地产量或耕作之便利者而言，此种工作承租人得自由为之，但用费数目应即通知出租人。

七、地租一律于收获后一月内交付，出租人自取或承租人代送，依双方议定。

八、以约定以外之实物或现金交付地租者，一律按交付时市价折合。

九、预收地租或收取押租者，须一律退还，并按年利率一分付息。

十、约定两季付租者，其每季应付多寡，依约定及收获情况而定。

十一、因敌匪破坏及水旱虫灾而歉收者，按正产物实收总数千分之三百七十五与六百二十五比例分配。其正产物全部被毁者，地租停付，但在一般收成情况下，承租人不得借口歉收减付地租。

十二、承租人不能按期支付应交地租之全部，而先以一部支付时，出租人不得拒绝收受，承租人亦不得因其收受而推定为免收租额一部之承诺。

第十条　减租减息条例所称自耕，系指自任耕作，或为维持一家生活雇工经营耕作者而言。

第十一条　出租人为不在地主时，其地租依减租减息条例照减，交由政府处理，其处理办法另定之。

第十二条　因减息关系发生债务及土地纠纷者，依下列原则处理之。

一、定有期限之揭借契约，期限未满，一方不得解除，期满继续契约关系者，须另换新约。

二、未定期限之揭借契约，得经双方同意改为定期契约。

三、清理多年旧债，应按年利率一分一本一满利计算清偿，其已付利息超过原本者，停利还本，其已减利息超过原本二倍者，本利皆停付。

四、质地揭借钱，欠息在二年以上者，准按减租减息条例减息后，债权人一年应得利息之二倍、分期清偿，另换新约。债权人不得因欠息关系处置所质土地。

五、质契地、典当地既因债务关系，经双方同意转为卖契者，不得回赎。

第十三条　本施行细则得由晋察冀边区行政委员会根据减租减息条例及实际需要修改之。

选自《抗日根据地政策条例汇集——晋察冀之部》，第 2 辑，1942 年版，第 414～417 页。

互校版本：《中国新民主主义革命时期根据地法制文献选编》，第 4 卷，北京，中国社会科学出版社，1984 年版，第 243～246 页。原注："选自《抗日根据地政策条例汇集——晋察冀之部》第二辑，一九四二年版。"

10. 彭真：《关于晋察冀边区党的工作和具体政策报告》——关于土地政策（减租、永佃权、典地押地问题）[①]

1941 年春

（一）"抗日战争是民族战争，但在实质上又是农民战争"，若以支持战争的组织成分来讲，它是"全民族抗日的"，它需要组织成全民族的广泛统一战线以抗敌，否则不能战胜日本帝国主义。但是在实质上它又是"农民战争"，因为"抗日的一切，生活的一切，实质上都是农民所给"，没有广大农民群众的自觉积极的参加与支持，任何抗日根据地的创造与坚持都是不可能的。一切失掉农民的抗战，必然成为无民抗战和最后必然失败的抗战。

但是中国农民的生活是异常黑暗贫困而经常处于半饥饿状态的，不改善他们的政治文化特别是物质生活，从经济上给以援助，他们便没有精力与心情参加抗日战争。地主阶级则是封建残余的代表，是剥削农民和压迫农民的阶级，因此他们对农民的任何生活改善都抱着敌视的态度，这样就促进了地主与农民之间的矛盾与斗争的尖锐化。农民这种斗争，是为了农民，同时也是为了民族，为了抗战。

（二）土地问题不仅是地主与农民的问题，而且是一部分富农与贫农之间的问题。是的，在整个新民主主义革命中，富农与地主阶级基本上处于不同的经济和政治地位，富农并不象〔像〕地主那样完全与生产过程脱离，对于社会生产自身来说成为寄生的赘疣。他们是生产的组织者、管理者，并且是劳动的直接参加者。他们的经营则是较进步的经营，

① 这是彭真同志在 1941 年春向中共中央政治局报告的一部分。

较之贫农中农所经营的土地有较高的生产力，在正常情况下他们可以不断的〔地〕扩大再生产。因此在土地政策中必须把他们与地主加以原则的区别。但是他们与贫农之间，因为高利贷和日工雇佣等关系，因为部分土地出租的关系，因为水利灌溉等关系，往往造成不断的矛盾与纠纷。但是在目前根据地的土地关系中，主要是地主与农民的关系问题，而不是贫农与富农的关系问题。或者说，贫农与富农的关系在这里只是从属的、附带的常常被牵连的问题。

（三）抗战和抗日根据地的支持，需要广泛而巩固的民族统一战线，而敌后根据地（处在乡村）统一战线的两个主角则是地主和农民。农民是抗日的主力、抗日的支柱，而地主则是现在不可缺少和不能丧失的抗日同盟者。他们要合作抗日，可是又有基本上不可调解的矛盾，即是复杂的土地关系。这样就形成了地主与农民之间的复杂尖锐的斗争，形成了国外矛盾与国内矛盾错综交织着的网。

（四）边区农民与地主间关于土地问题的斗争（这里只指狭义的土地关系，因为广义的还应该包括着争夺政权的斗争）已经经历了三个阶段：

第一个阶段，是政府及群众团体的领导机关，利用行政方式，发动减租减息的阶段。这时地主阶级的态度是防御的、抗拒的，有的被迫减轻了租息，有的则阳奉阴违。农民则畏首畏尾，欲减而又有所顾虑，有的或竟在地主的威胁欺骗下，约定“明减暗不减”，偷偷又把已经减掉的租息如数送还。这时党的政策倒并不是右的，但以基本群众自身的实践来说，右的偏向却多于左的，干部的偏向则是左的多于右的。

第二个阶段，这是我们明白提出争取并发展党的优势，特别是发展基本群众（对于地主阶级）的优势的阶段，特别是“七七”二周年后普遍开展了反顽固斗争的阶段。这时基本群众已经真正翻身了，已经自觉的〔地〕起来斗争了，广大的农民群众的斗争，这时主要的已经不是依靠“自上而下的发动”，而是广泛的〔地〕深入的〔地〕“自下而上的〔地〕”起来了，就是说他们翻了身了。当时反顽固斗争的怒潮，弥漫了整个的边区，声势浩大，土劣震恐。于是一部分农民开始不缴租不还债了。有的把赎地换约运动，变成无偿收地运动了，变成废除债务运动了。这时地主阶级在形式上变成“只有招架之功，无还手之力”了，于是他们开始转向非法的斗争和隐蔽斗争。地主豪绅自动赈灾济贫的奇迹出现了，自动给佃户娶妻或把女儿下嫁于佃户的趣闻也出现了，口口声声拥护无产阶级利益的地主出现了。但同时勾结敌人、屠杀农民、搜捕区村政民工作人员的惨剧在个别地区也发生了，各种受敌伪利用或准备迎敌的迷信团体、秘密会社开始在发展了。……这些虽然是只存在了一个极短期间的局面，却代表着边区土地关系演变的一个重要阶段，千钧一发，紧张逾恒，而其实是一个基本上不能避免的阶段。

第三个阶段，在前一阶段中地主与农民间以及农民相互间已提出了无数的问题，一一都摆在了党的面前，要求迅速给予解答，中央“七七”三周年的指示则又给了我们以很具体的指示，于是我们在一九四〇年的“八·一三”便颁布了二十条施政纲领（边区人民称为“双十纲领”），提出了地主债主须减租减息，佃户债户须依约缴租还债；提出了保障一切抗日人民的人权及缔结与解除契约之自由。以照顾全局，调节地主农民利害关系的形式，巩固了农民已得的利益，和缓了地主农民间的紧张局势，巩固了地主与我们的抗日合作。而地主与农民的斗争也由非法而转入合法，由秘密的转入了公开的，带危害性的斗争与斗争形式停止了。但另一方面斗争也就因暴露而表面化了。因此从表面看来地主在反攻了（如控告佃户不缴租，控告债户不还债……）。其实正是地主阶级与农民的关系和斗争在抗日民主政治的秩序下步入正轨了。

（五）那么在上述二、三两阶段中，曾经发生过一些什么问题呢？

1. 是减租百分之二十五和租额不能超过总收获量千分之三七五的问题——边区的基本地区已经普遍实行了减租百分之二十五，若地租原为农民收获总量之一半，那么在减租百分之二十五后，租额恰当于土地收获总量的千分之三七五。这是国民政府曾用法律形式规定的（收获总量是指正产物的收获总量），因此边区政府在第二次修正的减租减息条令中，曾以法律明令公布，我们的二十条施政纲领中亦曾提出该项规定。事实上，这种规定只在限制过重的封建地租的剥削，只在农民斗争的一定阶段上，为了以法律的武器强制地主减租（因为它是国民政府的规定），才确实有其必要，确实有进步的意义。但是这种规定并不能一般的〔地〕适用，因为地有水地、旱地、平地、坡地……等，总之好地坏地之别，而耕种则有“粗耕”“细耕”之分。种植五谷与培植园艺相比较其所需的劳动量相差甚远，因此收获总量亦相差甚远。此外，有的地主则供给佃户以耕畜、农具、种籽、肥料，乃至房屋。有的地主则除供给佃农以土地外，只坐收地租。诸如此类的差别，都使这一规定执行起来十分困难。这是一。其次，据北岳区本年夏季极不完全的调查和大体的估计，目前晋察冀边区的地租，一般仅等于土地收获总量百分之二十—二十五，就是说已低于千分之三七五，因此，该项规定已在边区开始失掉其意义了。

尚未实行减租之新地区，仍应按战前租额减去百分之二十五，这样简单易行。在流动性较大、斗争极残酷的地区，以酌量少减为适宜，并不一定实行千分之三七五的规定。总之，这一规定只在一定条件和一定时期才有意义，不可能一般的〔地〕采用。

2. 是钱租粮租问题——因为战争中粮价大涨，“钱租粮租”问题，已成了地主农民间极大的纠纷，原则上应该加以调节，似以改为半实物地租为适宜。但钱与粮如何折法，是一个极大的斗争。地主要按战前粮价折，佃户则要求按今天的粮价折。自然地主有地主的理由，但佃户也有佃户的一篇道理。若单就地租形态而论，货币地租在地租形态的发展史上，是较进步的形态。但是当边区地主把自然地租强制的〔地〕转变为货币地租时，它并不是为着使地租形态进步，而是为着加重对于佃户的剥削。第一，钱租多半是“上搭租”，即预缴租，往往是不管收获丰歉都要如数先缴的地租。第二，农民是缺钱的，为了预缴地租有时需要借贷，因而要受高利贷的重利盘剥；而放债者又往往是租给佃户土地的同一地主。第三，佃户在麦收或秋收后，为了偿还地主的高利贷，又往往按极低的价格把钱租折成粮食交于地主。因此，今天地主提出改钱租为粮租时，农民便向地主说：“过去改为钱租时我们也吃过亏，吃亏便宜都是你自找。”这的确也“言之成理”。

实际上，如果租佃契约期满，应该在互让而又有利改善民生的条件下，适当改为粮租或半钱半粮租。当然，这种更改农民多少要吃一点亏，但是对于抗战团结甚至将来对于农民都是有利的（战后和平期间粮价会跌）。在这里应该劝农民从大处着眼。

3. 是永佃权问题——保障农民永佃权的口号曾有人提过，并且因为得到广大佃农的拥护而流行很广，因而成为似乎普遍适用的东西。实际上这个口号若一般的〔地〕提出并不完全妥当。在前述第二阶段中表现最明显，农民在减租后仍不缴租，并且借口保障永佃权，拒绝地主收地，实际即变相的〔地〕暂时没收了地主的土地。有的佃农已无力耕种，任土地陷于半荒芜状态。有的地主因贫而不能自养，需要自耕以糊口，但永佃权却一律不允地主收地自耕或转租。显然问题是应该这样解决的：

（1）原有成文或不成文的永佃权约定者，如所谓“卖马不离槽”，或者移民时地主或政府赋予农民以永佃权或曾由佃户出资购得永佃权，或因开荒而获得永佃权，又或以主仆关系地主曾无形给佃户以永佃权……总之，以某种关系而获得永佃权即所谓“田面”者，应保障佃户有永佃权。地主则有处置其“田底”即土地所有权之自由，无处置“田面”即土地租佃关系之自由。

（2）原无永佃权之约定者，地主对其土地依约有处置之自由。

（3）农民佃耕已久，而又无租佃期限之规定者，如发生纠纷，应尊重当地民众之习惯。但在抗战期间，地主收地时必须顾及农民之生活。若地主确因贫困而收地自耕，原则上应该允许地主收地。惟地主若以该项土地出典出卖时，原佃户以同样条件应有优先权。

（4）将土地收回自耕之地主，若在短期内重将原地出租时，原佃户以同样租佃条件应有优先权。

在抗战初期，所谓一切佃户均有永佃权之口号，在当时曾成为农民用来防止地主因减租而无端收地之有力武器。但在根据地日渐巩固，斗争日渐深入，需要厘定抗日民主政治下正常的租佃关系时，便不能不加以调整订正了。

4. 减租后的缴租问题——前面已经讲过，在第二个阶段某些地方的个别农民曾根本不缴地租，这是不合乎统一战线和党的停止没收地主土地的政策的。因此，我们“双十纲领”中曾明白提出“在减租减息后，佃户须依约缴租”，这一主张得到了广大地主的拥护，但也招致了部分农民乃至部分党员干部的不满。有的农民同志说：“党怎么越来越右了?”党员甚至说：“不要〔是〕我们的上边叛变了吧，怎么保障地主的人权、政权，还主张农民必须缴租……”因此，有的干部曾认为这一规定是不对的。其实，我们既已宣布停止没收地主的土地，而主张减租，则减租之后的依约缴租，便成为不可避免的义务。再以整个抗战及敌后抗日根据地的需要来讲，不能争取地主合作，抗战即无法坚持，同时在客观上、主观上地主也要求和我们共同抗日，可是如果农民根本不缴租，则地主即决不能继续与农民合作抗日，民族统一战线即会破裂或缩小。故我们主张减租之后，“佃户须依约缴租”。

但是，这里我们须以极大的注意力顾及到农民，他们往往是见小利而忘大谋的，往往因为“贪小便宜吃大亏”。在这里，如果以强迫命令代替了艰苦说服解释工作，那就会使我们与农民脱节。而农民对于大的政治问题，有时是不用口来说话，而用消极的抵制、不合作来表示态度的。因此在处理该类问题时，方针应该极明确，而执行的步骤方法，特别是具体解决某个农民和地主的问题时，必须极端谨慎。

5. 所谓“典当地问题”——实即典地和抵押地问题，二者是有严格区别的，但我们过去曾有一个时期把二者混为一谈。

（1）抵押地（有些地方也称作当地，各地名称不但不统一，而且极矛盾），它实际是有抵押的高利贷。把土地押出者，实际是债户，即债务者，有些是破落户地主，但是恐怕最多的是贫困的农民。押入者则是债主，即高利贷的债权者。但一般的〔地〕说，债户在缔约后，虽把土地抵押于债主，实际上所交的只是土地的抵押契约，并不把土地立即交给地主。同时约期一般的很短，届期如债户能依约还债，则土地抵押契约照例解除，照例撤回，否则土地即归债权者所得（至于债务者会不会将土地变卖以偿债，那是另一件事情）。过去有些军阀官僚，曾以此掠夺广大农民的土地。此类高利贷者，农民认为是“伤天害理的”。显然的，抵押地发生纠纷时，我们应站在债务者即土地押出者一方面。

（2）典地则不同，它的内容是这样，典出土地的人，以一定的典价和年限把土地出典。典入土地者在此期间即获得土地使用权，并且可以转典（此外并不缴租，因此它并不是押租制度）。条约期满（多在三年以上），原典主可以原典价赎回土地。期满之后，典主亦可不赎地而继续无限期的〔地〕延长典约，而土地所有权则仍旧保持。个别地区的习惯逾六十年不赎者，典户才能取得原典地的所有权。民国初年及以前农民典地并不纳税，俗称“不税契”（田赋仍由原典主缴纳），故民间有呼之为“白契地”（卖地须税契，故俗称之为“红契地”）者，为区别于买地，个别地方之农民亦有称之为“活契地”者（买地称为“死契地”即不能再赎之意）。

出典土地的人，一般的是破落户地主或破产的农民，他需要货币，却又不愿根本卖掉其土地，而租出又所得租金太少不能济急，于是以土地出典，换得一定期间对于一定数量货币的使用权（不给息）。

典入土地者，多半是贫农、中农和一部分暴发户的富农。他们需要土地耕种，但又缺乏足够的购买土地的货币，而租地耕种又诸多不便（不能很好的〔地〕培植改良土地，不能作固定的较长期的使用……），于是只好典地。至于一般的老富农是不喜欢典地的，他宁愿多出钱买地。有些富农之所以有不少的典地，多半是在他由贫农、中农上升为富农的期间典入的。但在商品经济比较发展的地区特别是产棉、产花生的地区，部分富农和经营地主为了不断的〔地〕扩大其为市场的生产，亦有临时典耕土地者。一般地主典地（典入）的事情却很少见。

从以上诸点，可以充分看出典地和抵押地无论在内容上或其所表示的阶级关系上，都有着极大的区别的。典地的内容当然可以分解为更简单的两种因素来考察，把它看成是一种变相借贷（视典主为债户，视典户为债主）和租佃（视典主为地主，视典户为佃户）即两种对立关系的有机的结合，一种特殊的结合。这样典主即变成地主兼债户，而典户则变为佃户兼债主，而以利息代替了地租，或以地租偿付了利息，即地租和利息成为一个东西的两方面。但结果它仍然是和抵押地的关系不同的。

（3）因此，我们对于抵押土地，应以减息条例，站在反高利贷的观点上，以清理债务的眼光去处置。而对典地的纠纷，却只能按其习惯与条约进行调解。如果说我们应以减息的原则去支持典主，同样我们也应该以主张减租的观点来支持典户。这样将使我们真正陷入了不可调解的矛盾中。去年我们的减租减息条例中，最根本的缺点，就是把两种极不相同的东西（典地与抵押地），当作同一的东西，以处置高利贷的观点去处置。因而一切问题都错了，而执行中的错误还不算（如有的农民把已卖脱的田地当作“典当地”收回，三十年以上的所谓“典当地”也收回，而赎地又只换约不给现款，在减息后又仍不还债等等）。

6．减息还债问题。减息和减租一样，都具有压迫货币资本、压迫游资转入工农商业经营之作用，具有改善农民及手工业者的生活、推动生产发展之作用。但利息率究竟以多少为适当，这却是一个很难普遍规定的问题。在晋察冀边区一开始即规定普遍实行一分起息即年利一分，并已普遍执行。但以今天根据地（乡村）经济情况来说，仍以中央规定的年利一分半为适宜。就是年利一分半，农民仍很不容易获得借款。

但是在上述二、三阶段中，边区所发生的问题，已不是减息问题，而是减息之后，部分农民根本不还债的问题，旧的债务纠纷如何清理，以及农民如何获得借贷的问题。我们是这样处理的：

（1）在减息之后，债户必须依约还债或缴息，否则不但纷争不一，会影响抗战团结，影响抗日根据地的秩序，而且会使新的借贷更加困难或根本停止。

（2）凡旧的债务业已正式清结或实际完结者，应不再翻案。目前仍在纠纷中的债务，只能依改良贫苦人民生活、调节各抗日阶层人民利益的精神去调解。目前晋察冀边区政府依国民政府民法债权编所定的清理债务原则现在仍继续采用着。

（3）农民借贷困难，不仅受减息影响，而且是因为战争环境太流动，政府税则有时变动，富有者的窖藏不愿暴露。因此除实行减息缴息，保障一切抗日人民之人权、政权、财权外，政府正在大量举办低利借贷。这有很大的作用。

（六）群众已经起来后最危险的是左的倾向。

大地主大资产阶级的意识往往反映到党内，成为忽视农民日常生活改善，忽视农民之切实组织与动员，及一切只要地主与农民联合抗日，而不要农民对地主斗争的右的倾向。这种倾向，当抗日根据地创造的初期，在个别地方曾经成为主要的危险。但是在基本群众已经翻身、根据地已经巩固之后，最危险的，足以危害统一战线及根据地之巩固的，已经不是右的危险，而是社会政策中左的倾向：

第一种左的倾向，是因为地主阶级在抗战过程中的两面性，而根本怀疑到地主阶级抗日的可能性。认为想争取地主抗日是一种妄想，他们没有真正了解到日寇对华的侵略战，既同时危害到地主阶级生命财产的安全及其一切政治权利，地主便有了很大的可能共同抗日。而所谓战争是民族的，所谓民族统一战线，是包括地主阶级在内的。不应因为惧怕或厌恶地主阶级在抗战中的两面性，而放弃我们争取他们抗日的艰苦的工作，以致把可以共同抗日的朋友（纵然是暂时的），抛弃给日本强盗，听其成为日寇侵华的内应。

第二种左的倾向，是把大地主大资产阶级的动向当作整个地主阶级的动向，把整个地主阶级看成是单一的东西，不了解地主阶级中也有各种不同的阶层、不同的利害关系与政治动向。因此，每当反共高潮发生，大地主对抗战表现动摇时，即以为整个地主阶级将叛变投敌，以为“统一战线将从此简单化”，应该把地主阶级除外，改变对地主阶级的政策。他们不了解，纵然不幸突然事变发生，坚决支持反共战争、变节投敌的地主，仍将是极少数的大地主，这时党越加需要坚持民族统一战线的社会政策，以争取多数，孤立日寇、汉奸、亲日派而彻底击溃之。

第三种左的倾向，是违犯党的保障一切抗日人民的人权的政策，无端侵犯地主的人权，违犯我党停止没收地主土地，保护地主、农民土地所有权的政策，而无端侵犯地主、富有者的财权。如个别地区减租减息后佃户债户未依约缴租缴息。清理典当地、抵押地，变成无偿赎地或以极不公平之代价赎地。清理旧债变成废除债务等。

第四种左的倾向，是个别地方党的领导机关，把党曾提过的宣传纲领，如耕者有其田的口号，当作当前的具体行动纲领，因而变相的〔地〕没收地主土地；或者不分首从，一律没收汉奸的土地，甚至以对付汉奸的政策，对付投降派、顽固派，而没收其财产土地，以至根本违犯了党的路线或政策。

第五种左的倾向，是把地主与富农、地主经济与富农经济看成是一样的东西。对富农经营实际也采取限制削弱的政策。过去我抗日根据地内贫农虽大量上升为中农，而中农上升为富农的过程却表现了不应有的迟滞，与此有关。

第六种左的倾向（从阶级关系上来讲是左的，从发展生产上来讲是右的），是改善人民生活，始终停止在改变佃东间、劳资间分配关系的阶段，尚未充分利用发展生产发展国民经济，从增加物力财力方面来充裕并改善人民的生活，即从发展生产的方面来改善人民生活。目前一切已经适当减租减息、增加工资减少工时的地区，必须转移改善农民生活的重心于发展生产方面，否则抗战团结及根据地的自力更生的坚持，断难持久。

上述各种左的倾向，虽然是个别的，却是危险的，必须预防或纠正。不然，将危害到抗日根据地的生存与持久的坚持。

选自彭真：《关于晋察冀边区党的工作和具体政策报告》，北京，中共中央党校出版社，1981 年版，第 87～101 页。

11. 晋察冀边区行政委员会：保障土地所有权　保障土地使用权

1941 年 3 月

边委会把减租减息条例与田房契税办法，重新加以修正公布，这是我们要再一次的〔地〕说明，抗日民主统一战线的政府是保障财产所有权（土地所有权亦在内）的，同时也是保障土地使用权的。为什么？

一、因为中山先生“耕者有其田”的主张，是一个社会改革的方向，不是今天立刻要实现的，也不是今天一下子能全部实现的。这并不是说中山先生“耕者有其田”的主张不对，而是要经过一个时期来实现的。三年来我们一贯的〔地〕保障土地所有权，现在还是这样。

二、因为农民要有地种，才能够过活，才能够抗战，所以应该适当的〔地〕减租（根据中华民国土地法之规定）并在减租减息后保障农民耕地权。三年来我们普遍执行着减租法令，并且在保障农民耕地权，现在还是这样。

以上两点同等重要，必须同时执行。只有前一点，则顽固地主必然进行大量收回土地的阴谋活动，会使得广大农民无地可种。只有后一点，则不能保障土地所有权，会使土地所有人感到不安——这是十分明显的事。为了统一战线的巩固与发展，为了争取抗战胜利，保障土地所有权与保障土地使用权是十分正确的。

因此土地法第五条所规定的“土地征收”我们不执行。对于不依法令，不依契约要强迫收回土地者，我们则坚决反对！

这样，保障土地所有权保障土地使用权，减租减息，缴租缴息，契约自由，土地卖买自由，依法没收汉奸土地，依法处理公地，是我们的土地政策。我们关于土地的各项法令都充满了这种精神。

不过土地关系，至为复杂，问题日在发展，我们的简短条文，绝难把发展中的问题都规范进去。因此我们要求各级政府掌握政策，慎重而适当的〔地〕处理实际问题，以巩固发展统一战线，司法机关更要把政策掌握紧，把政策具体运用于处理案件之中。

过去三年，关于减租减息的工作，下级政府注意十分不够，一般没有做〔作〕过总结，问题也极少反映。随着统一累进税的实行，租息关系必然要有新的发展。乘此机会，我们的地政与民政部门，抓紧这一工作，研究其发生与发展着的问题，总结经验教训，随时反映材料是十分重要的。

晋察冀边区行政委员会

选自《晋察冀边区财政经济史资料选编》（一），天津，南开大学出版社，1984 年版，第 175～176 页。原注：“《边政导报》1941 年 3 月 12 日第 3 卷第 11 期。”

12. 晋察冀边区行政委员会关于处理典地回赎问题的指示办法①

1942 年 11 月 7 日

典当地回赎的争执，已有数县发生。因为统累税的负担关系，可能成为普遍问题。为减少纠纷，加强团结，决定依下列办法处理。

（一）典地，是地无租钱无息、活买活卖的土地买卖关系（有的地方叫实当实交），当地，是指地押契押地借钱的银钱借贷关系（有的地方叫赁），两者性质不同，必须截然分开。目前所谓典当地回赎问题，实际只是典地回赎问题，不能牵涉当地，当地应依借贷关系处理。

（二）处理典地回赎的纠纷，必须坚持保障地主土地所有权，保障农民土地使用权的原则。契约期满，地主可以按照契约向承典人赎回土地，承典人如将土地出租出佃者，期限未满，租佃户可以按照契约继续租佃。

（三）出典人赎回之土地，不能自耕，再行出租出佃出典出卖者，土地使用人（不论其为原承典人或原租佃户）有优先承租承佃承典承买权。此项租佃典买，双方应另定契约。

（四）承典人如系土地使用人，因失去该项土地使用权致生活困难而与出典人发生纠

① 原注：本文件原标题为《晋察冀边区行政委员会世民社字第三十二号令（关于处理典地回赎问题的指示办法）》。收入“南开财经史版”时，改为《关于处理典地回赎问题的几项规定办法》。

纷时，农会（抗联会）应约同双方进行调解，或协同政府进行和解。调解和解办法如下：

（1）出典人回赎之土地不能出租出佃致承典人失去土地使用权，并因粮价高涨，收回典价亦无以为生者，出典人于原典价之外可予承典人增补一部。该项数额由双方议定。

（2）出典人回赎之土地不需自耕者，出典人应将赎回之土地，租或佃与原承典人耕种，另订租佃契约。

（3）出典人与承典人生活皆无问题，或者同样贫苦，应依契约规定及第（三）项规定处理。

选自《晋察冀边区财政经济史资料选编》（二），天津，南开大学出版社，1984年版，第170～171页。原注：“《解放日报》1942年11月25日。”简称“南开经史版”。

13. 晋察冀边区行政委员会关于执行处理典地回赎问题办法的指示

1942年12月4日

（一）关于执行本会世民社字第三十二令第二项“……承典人如将土地出租出佃者，期限未满，租佃户可以按照契约继续租佃”规定的指示：

在世民社字第三十二号令颁布后对第二项中“……承典人如将土地出租出佃者，期限未满，租佃户可以按照契约继续租佃”的规定，按照典约或按照租佃契约解释不太明确，执行可能纷〔分〕歧，兹特规定执行该项决定的办法如下：

（甲）在世民社字第三十二号令颁布前既存的超过典约年限的租佃契约。出典人于典约期满回赎时，以下列办法处理：

1. 出典人生活无问题，赎回土地并非自耕，租佃户得依原租佃条件，继续租佃至契约期满。

2. 出典人、租佃户生活皆无问题，但出典人赎回土地确系自耕者，则出典人得依典约规定赎回土地。如租佃户生活困难时，则依第一项办法处理。

3. 出典人、租佃户同样困难，出典人得依典约规定赎回土地，但租佃户得根据租佃契约的规定，向原承典人要求赔赏〔偿〕因出典人赎回土地所遭受之损失。

4. 在执行前三项规定发生纠纷时，由农会、抗援会会同出典人、承典人、租佃户进行调解，或协同政府进行和解，调解和解不成时，由县政府根据前三项规定之原则，作最后决定。

5. 将所典之土地出租出佃之承典人，无购买租佃该项土地之优先权，该优先权属于租佃户。

（乙）在世民社字第三十二号令颁布后，承典人出租出佃所典土地时，不得超过典约规定的年限。

（二）关于解决典地回赎时的增补典价问题，及处理偿还旧债问题的指示。

在处理典地回赎问题的过程中，在增补典价上发生了什么人该增补？增补什么？增补的数量怎样确定？出典人不愿增补应如何处理等问题；另外在偿还旧债问题上发生了“债权人因债务人以边币偿还旧债，嫌吃亏太大，要求以白银或实物偿还，不然就不收”的问题。为适当解决以上发生的问题，兹提出下列办法：

（甲）关于解决典地回赎时的增补典价问题。

1. 应该增补的对象，是限于：“出典人回赎之土地，不能出租出佃，致承典人失去土地使用权，并因粮价高涨，收回典价，亦无以为生者”，一般的〔地〕应根据世民社字三十二号令第四项第三款的规定处理。

2. 增补典价是在于照顾双方的利益，互相让步，以利于团结抗战。在此原则下，增补些什么，和增补的数量，要根据双方的具体情形确定。

3. 因增补典价发生的纠纷，基本上要采取调解或和解的方式。各县对因增补典价发生纠纷的涉讼案件，应尽量说服双方和解，不要轻易采取判决的方式。只有在万不得已时才可根据上述1、2两点的原则，按司法程序予以判决。

（乙）关于处理偿还旧债的问题——仍应以边币根据减租减息条例的规定办理。因使用白银有违政府法令，债权人不得要求债务人以白银还债。（在晋东北实际仍以白银为流通货币的地区，可依民间习惯处理。）其次债权人放债的目的，在于取得利息，现时因货币跌价，即要求债务人以实物偿还旧偿〔债〕，这在法律上是没有根据，从习惯、人情上及照顾整个团结抗战的利益上看，也是不合适的。

（三）在处理典地回赎问题的过程中，希各署县抓紧发生问题最多的地区，及时的〔地〕解决问题与总结经验，并希依问题的性质将典型的具体材料及处理的办法经验等，经常及时地总结报会，以便于指示全面的工作。

选自《晋察冀边区财政经济史资料选编》（二），天津，南开大学出版社，1984年版，第172～174页。

14. 晋察冀边区租佃债息条例

1943年1月21日晋察冀边区第一届参议会通过，
同年2月4日晋察冀边区行政委员会公布

第一章　总则

第一条　为保障边区人民之土地所有权，及土地使用权，发展农业生产，活跃社会金融，特依中华民国民法、中华民国土地法之基本精神，制定本条例。

第二条　关于租、佃、债、息除本条例别有规定外，悉依民法、土地法之规定。

第三条　本条例之施行条例另定之。

第二章　租佃

第四条　凡出租出佃之土地，不论其地租为实物或现金，出租出佃人应一律按照原租额减收百分之二十五。

前项原租额系指未依本边区减租法令实行减租前之租额而言，在已实行减租地区，新订之租额不在此限。

第五条　依前条之规定，实行减租后之租额，或新订租佃契约之租额，均不得超过耕地正产物收获总额千分之三百七十五，超过者应减为三百七十五，不及者依其约定。

佃耕伴种地，出佃人供给承佃人以农具、种籽、肥料、耕畜或其他耕作上必需之物资者，得视其供给之多寡，双方就正产物依约分配。但除扣还出佃人所供给物资之等值代价外，出佃人所得不得超过正产物总额千分之三百七十五，超过者应减为千分之三百七十五，不及者依其约定。

第六条　以谷物为主，兼种果木之耕地，其减租及减租以后之租额，适用第四第五条之规定。以果木为主，兼种谷物之耕地，及专种果木之果木地，其减租之标准及减租后租额之限制，由各县依当地习惯按果木性质分别具体规定之。

前项兼种果木之耕地，其果木之收益，以正产物论，但双方另有约定或当地另有习惯者，依其约定或习惯。

第七条　耕地副产物收益之分配，应依双方约定为之，无约定者依共习惯。前项无约定之副产物，超过正产物收获总额之十分之一者，其超过部分，以正产物论。

第八条　庄头、二东家之中间剥削、杂租、小租、送工、非法租斗、上打租等额外索取，一律禁止。

出租出佃人借给承租承佃人以粮食者，有无利息依其约定。

第九条　地租之缴付以实物或以现金，均依其约定为之。

第十条　地租一律于产物收获后一月内缴付，两季作物其约定分两季缴付者从其约定，收租或送租亦均依双方约定为之。无约定者，从其习惯。

前项地租之缴付，承租人不能按期缴付应缴之全部而先以一部缴付时，出租人不得拒绝收受，承租人亦不得因其收受，而推定为减租之承诺。

第十一条　因不可抗力之灾害，正产物全部被毁者，得免付当年地租；因灾歉收者，出租人与承租人应就实际收获之正产物按三百七十五与六百二十五之比例分配之。

第十二条　土地之租佃，须一律缔结书面契约，契约期满，出租出佃人得收回其土地，但在抗战期间，出租出佃人收回土地致承租承佃人无法生活者，应减收一部或暂时不收，并另定新约。

第十三条　契约期满，出租出佃人收回土地仍行出租出佃或自耕，未满一年再行出租出佃时，原承租承佃人，有依原租佃条件承租承佃之权，其自耕已满一年再行出租出佃时，原承租承佃人有依同等条件承租承佃之优先权。

前项依原租佃条件承租承佃之规定，不适用于低租地。

第十四条　定有期限之租佃契约，有下列情形之一者得解除之：

一、因不可抗力之灾害，耕地全部被毁者。

二、承租承佃人有故意毁坏地产行为，以及损坏租地之附属物不负法定之赔偿责任者。

三、无故荒废耕地在一年以上者，但轮耕地、压青地不在此限。

四、承租承佃人力能缴租而无故不缴租，或积欠地租达二年之总额者。

五、承租承佃人死亡而无继承人，或有其他原因，不能继续耕作者。

第十五条　不定期限租佃耕地之契约，非有下列情形之一时不得终止之：

一、承租承佃人死亡而无继承人时。

二、承租承佃人抛弃其耕作权利时。

三、出租出佃人为自任耕作或为维持一家生活直接经营耕作收回土地时。

四、有第十四条一、二、三、四款情形之一时。

依前项第三款规定，出租出佃人收回土地时，应于一年前通知承租承佃人，承租承佃人如因土地被收回而无法生活者，适用第十二条之规定。

第十六条　不定期限租佃之耕地，出租出佃人收回土地自耕未满二年再行出租出佃时，原承租承佃人有依原租佃条件承租承佃之权，其自耕已满二年再行出租出佃时，原承租承佃人有依同等条件承租承佃之优先权。

第十七条　累世承租承佃之土地，视为承租承佃人取得永佃权，非承租承佃人自愿放弃其使用权者，出租出佃人不得夺租夺佃，但承租承佃人有第十五条第一、四两款情形之一者，出租出佃人有要求停租停佃之权。

前项累世承租承佃之土地，其尚未订立文契或文契遗失者，应即补立文契。

第十八条　租佃关系存续中，出租出佃人出卖其土地时，承租承佃人有依同等条件承买之优先权，如承租承佃人愿放弃其优先承买权，而为第三人所承买者，承租承佃人仍得就其土地继续租佃至契约期满。

第十九条　租佃关系存续中，因不可抗力之灾害致土地之一部被毁者，承租承佃人有要求出租出佃人减租之权。

第二十条　承租承佃人得自由在租佃之土地上，施行土地特别改良，出租出佃人不得因土地改良而要求加租。

前项所称土地特别改良，系指承租承佃人于保持耕地原有性质及效能外，以增加劳力资本之结果，致增加耕地生产力或耕作便利者而言。

第二十一条　租佃契约依法解除或终止时，当事人彼此尚未终了之权益关系，依下列规定办理之：

一、承租承佃人依第二十条规定，而为土地特别改良者，出租出佃人应给付承租承佃人以土地特别改良费，但以未失效能部分之价值为限。

二、承租承佃人于不影响耕地原有性质及效能在承租承佃之土地上培植有果木或其他树木者，得视果木或其他树木成长情形，出租出佃人应给付承租承佃人以相当之代价，但另有约定者依其约定。

三、承租人积欠之地租，应全数清偿，其一时无力清偿部分，得改为借贷关系，另立新约。

第二十二条　贫苦抗日军人家属及孤儿寡妇，因家中无劳动力出租少量土地以维［持］生活，其所收租额及其他收入平均每人在统一累进税两个富力以下者，不受本条例第四条第五条之限制。

前项富力包括免税富力在内。

第三章　债息

第二十三条　凡新订之借贷契约，其利率得由双方自由约定之。

第二十四条　现扣利、出门利、印子钱等高利贷一律禁止。

第二十五条　旧债之清理，其利率在年利一分以上者，一律按年利一分计算。债务人已付利息超过原本一倍者，停利还本，其超过原本二倍者，视为借贷关系消灭，本利停付。

前项旧债系指本条例公布以前之债而言。

债务清理后，债权人应将原有借约退还债务人。原约遗失，债权人应对债务人出具借贷关系消灭之证明。

第二十六条　依第二十三条规定新成立之债，及依第二十五条第一项规定减息后之债，债务人应偿付之本息到期不能偿还时，债权人得依法追诉，或依民法规定处理其质物或抵押物品。

第四章　典地与抵押地

第二十七条　出租出佃人出典耕地时，承租承佃人有依同等条件承典之优先权。

前项所称之典地，系指收受典价将土地移转他人为定期或不定期占有，供其使用及收益，而于期满后随时得以原典阶回赎者而言。

第二十八条　承典人将典地出租出佃时，原土地使用人有依同等条件承租承佃之优先权。

第二十九条　出典人将赎回之典地出租出佃时，原土地使用人有依同等条件承租承佃之优先权。

第三十条　在租佃关系存续中，出租出佃人将其土地出典者，承租承佃人仍得就其土地继续租佃至契约期满。

第三十一条　典地定有期限者，承典人将其转典或出租出佃时，所定期限不得逾原典期限，典地未定期限者，承典人将其转典或出租出佃时，亦不得定有期限，转典之典价不得超过原典价。

前项不定期之租佃，承佃人得于出典人赎回其土地时，终止租佃契约，不受第十五条之限制。

第三十二条　在租佃关系存续中，出租出佃人将其土地抵押于人，因清偿债务而土地所有权转移者，承租承佃人仍得就其土地继续租佃至契约期满。

第五章　调解与仲裁

第三十三条　因执行本条例而发生之争议事项，争议之任何一方，得依本章之规定请求调解，调解不成立时，得请求仲裁。

第三十四条　得请求调解及仲裁之争议事项如下：

一、承租承佃人因出租出佃人收回土地，无法生活，而不愿放弃租佃权利者。

二、因本条例第六第七条规定，而区分主种兼种正产副产者。

三、因本条例第十一条规定，而免付当年地租，或比例分配正产物者。

四、因本条例第十四条第二、三款规定，解除租佃契约者。

五、因本条例第十九条规定而减租者。

六、因本条例第二十一条第一款规定，而给付土地特别改良费，及第二款规定而给付相当代价者。

七、因本条例第二十二条规定，而发生争议者。

八、本条例施行条例所特定者。

第三十五条　行政村村公所及游击区接敌区之区公所，均为调解机关。

第三十六条　调解依晋察冀边区行政村调解工作条例为之。

第三十七条　仲裁机关定名为仲裁委员会，由县议会、县政府代表各一人，县抗联会代表二人，及县司法机关审判官一人组织之。

第三十八条　在游击区、接敌区或特殊情况下，县政府得授权区公所设立仲裁委员会分会。

前项仲裁委员会分会，由区公所代表一人、区抗联会代表二人组织之。

第三十九条　第三十四条所列之争议事项，径向县司法机关起诉者，县司法机关不得受理，应发调解机关或函请仲裁机关调解或仲裁之。

第四十条　仲裁委员会或其分会对所受理争议事项之仲裁，由全体委员合议行之，取决于多数。

仲裁委员会会议，以县政府代表为主席，仲裁委员会分会会议，以区公所代表为主席。

第四十一条　争议当事人，于仲裁委员会或其分会进行仲裁时，须莅场陈述事实，并提出意见。

前项当事人，因故不能莅场，得委人代理之。

第四十二条　仲裁委员会应于仲裁终结后，二日内作成仲裁书，由县政府加盖县印登记备案，送达于当事人。当事人一方，如不同意，得于五日内声明不服，向专署以上行政机关请求复裁。专署以上之行政机关，于接到前项请求后，须于五日内发回原仲裁机关复裁，或为维持原仲裁之决定，但复裁以一次为限。

在前项复裁期间，第一项之仲裁，暂不执行。

第四十三条　在区仲裁之争议事项，其仲裁结果，当事人均认可时，由区公所制定仲裁书，加盖区公所钤记，当场发给当事人，并报告县政府登记备案。

当事人之一方，对区仲裁不同意时，得当场声明不服，向县请求重行仲裁，区公所须立将仲裁经过及结果报请县政府核办。县政府于接到此项请求后，须于三日内令区或由县重行仲裁。

前项之重行仲裁以一次为限。经区仲裁之争议事项不得依第四十二条第一项之规定请求复裁。

第四十四条　争议当事人之一方，对第四十二条第一项之仲裁，未为不服表示，或对第四十三条第一项之仲裁当场认可，而抗不执行，或对第四十二条第二项之复裁，第四十三条第二项之重行仲裁，抗不执行时，他方得依民事法规径向司法机关请求强制执行。

第六章　附则

第四十五条　本条例自公布之日施行。前颁晋察冀边区减租减息单行条例及其施行细则，同时作废。

选自《晋察冀边区行政委员会现行法令汇集》，上册，边区行政委员会 1945 年编印，第 164～174 页。

互校版本：

1.《中国新民主主义革命时期根据地法制文献选编》，第 4 卷，北京，中国社会科学出版社，1984 年版，第 343～346 页。原注："选自《抗日根据地政策条例汇集——晋察冀之部》，第二辑，一九四二年版。"

2.《晋察冀边区财政经济史资料选编》（二），天津，南开大学出版社，1984 年版，第 36～43 页。原注："《解放日报》1944 年 12 月 23 日。"

15. 晋察冀边区租佃债息条例施行条例

1943 年 1 月 21 日晋察冀边区第一届参议会通过，
同年 2 月 4 日晋察冀边区行政委员会公布

第一条　本条例依晋察冀边区租佃债息条例（以下简称租佃债息条例）第三条之规定制定之。

第二条　租佃债息条例之解释，除该条例已有解释者外，悉依本条例之解释。

第三条　本条例之施行日期及区域与租佃债息条例同。

第四条　出租人承租人系包括自然人以外一切法人之总称，出佃人承佃人在本条例中与出租人承租人义同。

第五条　租佃债息条例第六条所称以谷物或果木为主，其区分以谷物和果木收获物之总值为准，谷物总值多于果木总值者以谷物为主，果木总值多于谷物总值者，以果木为主。

因前项之区分而发生争议时，依租佃债息条例之规定调解或仲裁之。

第六条　果木地之所有人，于果实生长或成熟前与他人预订契约出卖其果品者，不适用租佃债息条例第六条之规定。

第七条　正产物副产物之区分，依当地习惯或双方约定确定之。

因前项之区分而发生争议时，依租佃债息条例之规定调解或仲裁之。

第八条　定期契约之现金地租，于契约满限前，经双方之同意或一方之提议，得将原租金一部或全部改为实物地租。

一方提议，他方不为同意，而发生争议时，依租佃债息条例之规定调解或仲裁之。

第九条　因租佃债息条例第十一条之规定而免付之当年地租，或依该条之规定实行分配正产物，承租人较原租少交之地租，均不得以欠租论。

第十条　租佃债息条例第十三条所称之低租地，指现有租额不及承租土地全年正产物总额百分之十五者而言。

第十一条　承租、承典、承买优先权，承租人于接到出租人之通知后须于十日内为承受或拒绝之表示，此项表示以书面或口头行之，并须有第三者之证明。承租人于接到出租人之通知后，为拒绝之表示，或逾十日而不为表示者，前项优先权即为消灭。因前项之优先权而发生争议时，依租佃债息条例之规定仲裁之。

第十二条　租佃债息条例第二十一条第三款所称积欠之地租系指民国三十年三月三十一日晋察冀边区行政委员会民地字第一号布告以后之欠租而言。前项欠租，如因未经减租而积欠者，应依本条例第四条第五条之规定清理之。

第十三条　租佃债息条例第二十二条所称新订立之借贷契约，系指该条例施行后所订立之借贷契约而言。

第十四条　租佃债息条例第二十五条第二项所称之旧债系指未依本条例减息之债务而言。

第十五条　租佃债息条例第二十六条所称之质或抵押物品，依民法物权编第八百六十条第八百八十三条之解释。

第十六条　本边区所辖各地，所称地无租钱无息之当地，即租佃债息条例第二十七条第二项所称之典地。

第十七条　本边区所辖各地，以土地担保债务所称之质契地，即租佃债息条例第四章所称之抵押地。

第十八条　典地定有期限者，于期限届满后，出典人得以原典价回赎其土地。

出典人于典期届满后，经过二年不以原典价回赎者，承典人即取得典地所有权，但另定新约者，不在此限。

前项二年之期限自租佃债息条例施行之日起算。

第十九条　典地之约定期限不满十五年者，不得附有到期不赎即作绝卖[①]之条款。

第二十条　仲裁委员会中之抗联会代表二人，由农会及抗援会各派代表一人充任之。

无抗联会组织之县份，抗联会代表二人改由农会代表一人、公正士绅一人充任之。

第二十一条　租佃债息条例第四十一条第二项所称当事人之代理人，须由当事人出具书面证件，交由仲裁委员会备案者，始为有效。

前项之书面证件，以有当事人之签名盖章或所在村村公所之图记者为限。

第二十二条　租佃债息条例所规定之仲裁书，由晋察冀边区行政委员会另定之。

选自《晋察冀边区行政委员会现行法令汇集》，上册，边区行政委员会 1945 年编印，第 175～178 页。

互校版本：

1.《中国新民主主义革命根据地法制文献选编》，第 4 卷，北京，中国社会科学出版社，1984 年版，第 256～260 页。原注："选自《晋察冀边区行政委员会现行法令汇集》上册，1945 年版。"简称"社科法制版"。

2.《晋察冀边区财政经济史资料选编》（二），天津，南开大学出版社，1984 年版，第 44～46 页。原注："《解放日报》1944 年 12 月 23 日。"

---

① "社科法制版"将"绝卖"印作"绝贷。"

16. 晋察冀边区行政委员会关于贯彻减租政策的指示

1943年10月28日

一、边区自实行减租减息与交租交息政策以来，对于启发广大农民抗战与生产的积极性、巩固阶级团结、坚持根据地，曾起了重大作用。然而由于各地工作发展的不平衡，敌我力量在战争中不断变化，特别是由于各级政府对减租减息政策的某些忽视与错误认识及执行中的粗枝大叶，致使这一政策尚未能普遍的〔地〕贯彻。在北岳区与冀中区仅有部分地区彻底实行，大部地区只是基本上实行了，有些地区则只初步实行（如平北、十二专区之落后区），或初步实行后因地区变质又取消（如一、六专区之一部及十专区），有些地区则基本上尚未开始（如冀热边七、九专区之大部及一、二、六专区之一部）。由于此种差别，不仅后三种地区尚普遍的〔地〕存在高额地租与各种超经济剥削，广大农民尚未能充分发动起来，即在前两种地区，亦尚个别的〔地〕或较多的〔地〕存在着明减暗不减、提高租额、违法夺佃、超经济剥削等现象。根据北岳区基本地区的不完全材料，近一年来约一万件的租佃纠纷中，绝大部分系因地主企图加租夺佃等所引起。目前较普遍的〔地〕存在下列问题：

（甲）未减租或减的〔得〕不彻底，减后租额仍超过正产物收获总额千分之三百七十五或变相加租等。有地主威骗佃户不敢减，减后当欠租追交，歉收不减租，定租改活租或伴种以提高租额，按统累税登记的产量为订租标准，佃户代地主拿负担，高租减后仍超过三七五，或因战争灾荒生产下降超过三七五，变相上打租、交细粮、大租斗、杂租或因地区变质又恢复原来租额等不同情形。

（乙）地主违法夺佃以抵制减租。有剥夺佃户永佃权、承租承典承买的优先权，假典假卖违约收地，或不顾佃户生活收地赎地，收好地租坏地，以不换约或不继续定约相抵抗等等情形。

（丙）旧债未减息或减后因债权人拒不收受（也有的是债务人不还债），尚多未清理。

二、由于许多地区对减租政策实行的〔得〕不够彻底，或尚未实行，致广大农民对抗战与生产的积极性，未能进一步的〔地〕发挥。甚至有个别地区因执行土地政策的某种偏差，引起农民对我政府之怀疑。有些地区已具备减租条件而未实行。为了坚持对敌斗争，开展生产运动，巩固团结，渡过难关，各地必须彻底实行减租以进一步的〔地〕组织发动农民。这是非常重要的工作，各地须依下列原则执行：

（甲）各级干部对减租政策须有正确了解。首先要了解农民是我抗日民主政权与农村统一战线的基本力量，贯彻减租政策是扶植农民、发展新民主主义经济及坚持抗战、巩固团结的首要条件。几年来边区土地政策之保障地权与佃权、减租与交租、照顾双方巩固团结、增加生产以利抗战的基本精神也只有在彻底减租，将一切受压迫的农民发动起来减轻苛重的封建剥削以后，才能充分表现出来。目前某些干部的各种错误观念如对减租政策的忽视，不闻不问，以为这是农会的事，解决租佃纠纷，强调地主利益不照顾农民，割裂条文，偏袒地主，以及认为游击区或新开展的地区不能实行减租，或不在减租中发动农民，替农民减租或替地主收租等，必须彻底纠正。

（乙）经济建设与对敌斗争为当前中心任务。贯彻减租正可以推进这个任务的完成，但须服从这个总的要求，不因彻底减租造成许多纠纷与阶级对立，而要使租佃关系合理解决。一般的以不算旧账、不究〔咎〕既往为原则。处理租佃问题时多用说服、解释、调解、仲裁等方式。在游击区更要强调团结对敌，以反抢粮、反勒索、减轻对敌负担为主。把减租放在从属地位，但因强调对敌而不实行减租是错误的。凡已具备实行或恢复减租条件的地区，应立即实行。条件尚未具备者，应积极进行准备工作，俟条件具备立即实行。

（丙）实行减租，必须发动农民来做，使之成为农民自觉运动。只有如此，才能使减租政策彻底实现与坚持下去。因此，各级政府须与群众团体，密切协同，具体分工，分明职责，划清范围，深入宣传解释土地法令，检查减租实行情形，召集议会参政会、村代表会或农民与地主联席座谈会等讨论减租。对租佃纠纷调解仲裁秉公处理等，应由政府负主要责任。组织与领导农民实行减租等，应由农民团体负责，尚无农民团体组织，或已瓦解的地区，在减租工作中，政府应与民运工作部门协商，帮助建立或恢复之。某些地区政民不分、包办代替或各自为政甚至对立的现象必须纠正。

（丁）减租要根据各种不同地区，确定不同重点，总的重点要放在限制高额地租与废除超经济剥削方面。在地区上，北岳区将重点放在基本实行了的地区，逐村逐户地检查，求得彻底实行。冀中将重点放在游击根据地，保障或恢复减租的既得利益，基本实行的求得彻底实行。冀热边将重点放在山地的中心区与已恢复了的平原基本地区。平北是继续推行与深入贯彻。各个地区凡已彻底实行的就要保障农民既得利益，制止某些不明大义的地主向佃户反攻报复，保障交租与纠正农民某些过左行为；基本实行了的要深入检查，彻底实行；初步实行的要继续发动农民，逐步深入贯彻；曾经实行又取消的，要恢复之，尚未实行的要在一定期间（一般的应在今秋后至明春，接到此指示晚的地区可推迟一些），有步骤地实行。要纠正不顾主客观条件，不从当地具体情况出发，主观的〔地〕机械的〔地〕抄袭进步地区的做法。

三、各地在贯彻减租政策中，除依据边区租佃债息条例及现行的土地法令执行外，兹再就与减租有关之若干问题，加以规定，各专署县政府对当地之租佃具体问题可依此具体确定。其与上述条例法令及本规定抵触者，须依本会法令指示执行。

（甲）减租与减租后之租额问题：

1. 在北岳冀中各基本地区，于本会民国三十年三月三十一日民地字第一号布告以后，凡未实行二五减租或明减暗不减，减的〔得〕不彻底者，须一律按二五减租。减后超过正产物收获总额千分之三七五者或因不可抗力之灾害常年生产量下降超过三七五者，应减至三七五。因不努力生产影响常年产量下降而超过三七五者不减（以上各规定伴种地亦在内）。在工作开辟较晚的游击地区（一、二、六、七、九专区，平北之一部或大部，冀热边、十一专区全部）减租成数可由十分之一至二五，最高租额可略高于三七五，由各该行署专署办事处依各县主客观的具体条件决定之。晋东北曾实行四六分粮的仍应恢复四六分粮（四六分粮相当于十分之一减），惟必须在减轻对敌负担斗争中进行，不然便会脱离群众，农民得不到实际利益。

2. 超经济的剥削（杂租、劳役、上打租、大租斗等）未废除者须一律废除之，租斗依当地之通用斗，交租粮种依租地之主要产物。

3. 我们的政策是减租不是加租，千分之三七五是地租的最高额（某些游击区略高于三七五的以其规定为最高额），减租后之租额应依土地肥沃产量多寡①，在不超过法定最高租额范围内，由双方约定各种不同租额，向最高租额看齐是错误的。减租后百分之十五以下的低租地无论公产或地主生活比佃户困难者之私产，应说服佃户适当提高租额（不能强制执行），但佃户租入之小块地开为大块地者不在此限。

4. 钱租因粮价高涨，过低者可适当提高，改实物半实物租，如改半实物应将减租后租额之一半按订约时粮价折粮，其最高额不得超过法定最高租额之半数（最高额为三七五即一八七点五）。但不应一律按此最高额给半实物。

5. 订租约，应依土地常年实际产量，不得以统一累进税调查产量为标准，因租佃契约与统累税搅在一起，便会因税则之修正与调查产量之变更而增许多纠纷。统累税之调查产量虽有时与实际产量不完全一致，但不影响人民负担之公平合理，且到次年调查时可以得到纠正，如以为订租标准，便有一方吃亏，同时统累税之产量连副产物在内，订租不包括副产物。故订约应按土地正产物之常年实际产量做标准。

地主令佃户代拿统累税或将佃耕地登记为自耕地，应禁止与纠正。地主不要地租令佃户白种代拿统累税或对敌负担者，应视同出典，双方须订契约并定年限。佃户在约定期间按自耕地拿统累税、对敌负担，因各地办法与数额不同，应在有福同享有祸同当、共同对敌照顾双方之原则下，合理的〔地〕解决之，不得一律按自耕地论。

6. 为了提高佃户生产情绪，改良土壤多施肥料，增加产量，应提倡地主与佃户实行定租制与订较长期契约（一般的应三年至五年），这对双方均有利。租约期满佃户继续租种之地，地主如将定租改为活租（即按比例分配正产物），其租额不得超过定租之额。

（乙）清理欠租与退租问题在不算旧账、互相让步的精神下，依下列原则执行：

1. 凡应减租未减或减后仍超过最高额及本会民地字第一号布告中规定停交之欠租，须一律取消，地主不得再要，并给佃户以执据。因灾歉收未依租佃债息条例第十一条减免之地租，不得以欠租论，须依条例减灾规定清理。

2. 减租后佃户应依约交租，不得故意拖欠或交坏租。对以往应交而未交的欠租，依边区租佃债息条例第二十一条第三款及施行条例第十二条之规定清理之。但须照顾双方不同情形具体解决，佃户力能交租故意拖欠者应全部偿付，佃户穷苦无力偿付者，应说服地主减免一部或全部，地主、佃户生活俱贫苦者，应偿付一部或分期付清。

3. 因未减租佃户已交应减之租，地主应依法退还（民地字第一号布告以前的不再追究）。惟应根据各地发展时期、地区性质、工作基础、地主与佃户双方生活等条件之不同，全部退还，少退或不退。游击地区一般的以不退为宜，只作个别的全退或少退。地主生活优于佃户者应退全部或一部。佃户生活优于地主者应不退或少退。

4. 佃户替地主已交的统累税，与减租后仍超过法定最高租额的超过部分，或因灾应减免未减免多交之租一般的均不退。佃户生活特别穷苦者可酌退一部或全部。因生产量下降，超过法定最高租额的超过部分一律不退。

---

① “社科法制版”在“多寡”之后漏掉一行（35 个字），至“……减租后”。

（丙）对佃户土地之使用权，须依法切实保障之：

1. 已取得永佃权之土地，地主不得巧借名目违法收地。关于永佃权之解释如下：

a. 不论佃户租种年限多少，契约明白规定“永佃”或“长期佃户”者。

b. 无论有无契约，父死子继，经营两世或两世以上者（连续订有期限契约者不在此限）。

c. 未定契约或契约未定年限，虽然父死子继，但佃户连续租种多年，在习惯上村中公认为长期佃户者。

地主违法收回或变更佃户已取得永佃权之土地（如因租典卖给第三者收地或改为有期契约等），应立即恢复其永佃权。

2. 在抗战期间，契约期满地主如依约收地，应依下列原则处理：

a. 地主生活优于佃户，不收地仍能自给，而佃户因收地无法生活者，应暂时不收，地主如强制收地，仲裁机关得制止之。

b. 地主与佃户生活均能自给，佃户不因收地而无法生活者，得允许地主收回一部或全部，如双方生活均困难，得允许地主收回一部。

c. 佃户生活优于地主者，得允许地主收回一部或全部。

地主因违法收回之土地（如契约未满收地，或因收地使佃户无法生活等），应即恢复佃户之使用权。

3. 凡未订契约或减租后未换新约者，均须订书面契约，其有一方坚持不订者，他方可请求调解仲裁机关解决之。

4. 佃户［之］承租承典承买土地优先权，须依条例第十三、十六、十八、二十七各条之规定保障之，地主不得以欺诈等方法剥夺之，佃户亦不得故意反复为难地主，为减少因优先权问题所起之纠纷，应切实执行租佃债息施行条例第十一条之规定。

（丁）典当地与债息问题。

1. 典当地应规定年限，未约定年限者，依三年后出典人始得回赎之习惯。出典人因赎回典地致承典人无法生活者，应改订租佃关系，将地租给承典人。本会前关于因物价上涨，出典人酌增补一部典价或实物回赎典地的规定，只限于出典人生活富裕，承典人困难者，因典当时间与双方生活不同，回赎典地，不得一律如此。

2. 未依法减息之抵押地，应依法减息清理，债权人因未依法减息而取得抵押地所有权者，应依法纠正之。

3. 租佃债息条例中规定新成立之债，除第二十四条所规定之高利贷应予禁止外，利率不加限定。其目的在于恢复农村借贷关系，活跃金融，刺激私资投入生产贸易部门，这对于政府与人民都是有利的，故各地不应限制利率（有的地区对新债利息规定不得超过二分或三分是不对的，应当纠正）。抵制高利贷的办法，基本上是依靠政府的工商金融部门及合作社以低利借贷，不应以法定限制。

4. 旧债清理，应依租佃债息条例第二十五条之规定执行（在尚未实行减息的游击区，可由行署、专署办事处依具体情形规定减至二分至一分），如债权人拒不收受或债务人力能还债付息而不还付者，债务人或债权人均得请求调解仲裁机关解决之。

5. 新成立之债，债务人因不可抗之灾害无力还债付息者，得以双方生活之具体情形，减付利息或停息还本。

6. 土地典当或借贷系用白银者，在白银禁止流通之地区得以边币按法定比值回赎典当地或还债付息，因边币跌价承典人或债权人损失过巨，影响其生活者，得由出典人或债务人酌增一部分边币或实物。执行此项规定亦应视双方生活状况、典当借贷时期之不同，具体确定，不应一律如此。

在白银与边币同时为流通货币之地区（如晋东北、雁北），其约定以白银回赎或还付债息者，仍应依其约定，无此约定者，得依上项之原则处理。伪钞流通地区（平北、冀热边）亦得依上项原则处理。

7. 今后关于因债息问题所引起的纠纷，亦得由调解仲裁机关处理之，其应由司法机关处理部分，仲裁机关仍应移交司法机关处理之。

四、为使减租政策能彻底实行，各级政府在减租工作中应注意下列各点：

（甲）各级干部（尤其是民政与司法干部）必须深入研究与熟悉租佃债息条例及有关土地政策的法令，了解其精神，克服各种不正确的认识，编印减租通俗教材，利用冬学、民校及各种会议，在区村干部与群众中进行深入教育，并与减租工作密切结合起来。

（乙）各级政府在领导上必须进行具体的调查研究，有重点地检查与总结各种复杂的租佃问题与减租工作，必须紧紧掌握保障地权佃权、照顾双方、团结抗战、增加生产的基本精神，具体分析不同地区、不同基础、不同的地主（有大小中、贫富、开明顽固等）与佃户（贫富、进步与落后等），作各种不同的处理，克服粗枝大叶一般的〔地〕形式的〔地〕看问题与官僚主义作风。

（丙）调解仲裁工作，在解决租佃纠纷中，占着很重要的地位，各地须加强对此工作的领导。调解工作主要在村，区公所应帮助村干部解决问题，建立其威信。仲裁工作主要在县（游击区在区），调解为仲裁之必经之程序，未经调解请求仲裁之案件，仲裁机关应视案件情形发回本村，或直接调解之，调解不成立再行仲裁。

（丁）目前各级政府执行减租政策主要偏差是过右，是地主未依法减租与违法夺佃，而不是佃户不交租息（个别不交的仍应纠正），故应强调反对执行减租政策的右倾。在这一前提下，防止农民报复，造成地主惶恐不安等过左现象发生，同时要注意敌人与反动分子乘机挑拨、造谣等破坏行为，公安部门尤须负责。

（戊）各地接到此指示后，应即开会讨论具体执行，在北岳区目前仍以反扫荡、统累税征收为全面的中心工作，但在此工作中必须抓紧空隙，密切联系减租工作与下一阶段以减租为全面中心工作的准备工作（在干部中传达动员，选择典型、吸取〔总结〕经验等），未进入反扫荡或反扫荡结束、征收工作大体完成以后，至明春生产运动以前，即以此为全面的中心工作，其他地区由专署，冀热边由行署具体布置之。

各地执行情形与游击区因对敌负担所发生的土地关系之复杂变化以及荒地等具体材料，各署县政府应多调查搜集送本会。

选自《晋察冀边区行政委员会现行法令汇集》，上册，边区行政委员会 1945 年编印，第 186～196 页。

互校版本：

1.《中国新民主主义革命时期根据地法制文献选编》，第4卷，北京，中国社会科学出版社，1984年版，第260～269页。原注："选自晋察冀边区行政委员会《现行法令汇集》上册，一九四五年版"。简称："社科法制版"。

2.《晋察冀边区财政经济史资料选编》（二），天津，南开大学出版社，1984年版，第78～86页。原注："《晋察冀日报》1944年2月6日"。

17. 晋察冀边区行政委员会、中国共产党晋察冀中央局、中国人民解放军晋察冀军区联合布告——对破坏土地改革者的制裁问题

1947年11月

中国共产党中央委员会所提中国土地法大纲，我晋察冀边区党政军民一致拥护，并经边区行政委员会公布施行，以彻底废除封建性及半封建性剥削的土地制度，实行耕者有其田的土地制度。现广大农民，正迫切要求土地改革，并将轰轰烈烈展开土地改革运动。为保障边区农民彻底翻身，胜利完成土地改革，特此联合公布下列命令：

一、一切机关和个人，特别是地主富农，不得有任何违犯土地法，抵抗农民运动，侵犯农民大会、农民代表会、贫农委员会等新的农民团体与翻身农民之一切民主权利之行为。违者予以严厉制裁。

二、一切共产党员与干部，应积极参加土地改革，在土地改革中起模范作用，不得侵占农民土地改革的果实，不得包庇地主富农，不得有贪污自肥、营私舞弊、阳奉阴违、阻挠破坏等任何非法行为。违者应受党纪处分与法律制裁。

三、一切武装部队，应负责保卫土地改革，参加与帮助农民进行土地改革。一切武装人员，不得包庇地主富农，阻挠破坏农民斗争。违者应受军纪制裁及法律之裁判。

四、对一切武装抵抗及破坏土地改革与农民团结之反革命行为，决予镇压消灭。

五、一切违犯土地改革及农民利益之案件，视其情节轻重，由群众大会直接处理或交付人民法庭或军法处审判，任何机关及个人不得擅权处理。

中共晋察冀中央局书记兼晋察冀军区司令员兼政治委员　聂荣臻
晋察冀军区副司令员　萧　克
中共晋察冀中央局副书记兼晋察冀军区副政治委员　刘澜涛
中共晋察冀中央局副书记兼晋察冀军区副政治委员　罗瑞卿
中共晋察冀中央局副书记兼晋察冀军区副政治委员　黄　敬
晋察冀边区行政委员会主任委员　宋劭文

选自中国人民大学国家和法权历史教研室编：《中国国家和法权历史参考资料（第三次国内革命战争时期解放区的政策法令选集）》，北京，中国人民大学出版社，1958年版，第180～181页。

十、劳动法规

1. 彭真：《关于晋察冀边区党的工作和具体政策报告》[①] ——关于劳动政策

1941 年春

（一）从政治上、文化上和组织上提高工人阶级

工人阶级在政治觉悟上、文化上和组织上的提高就是无产阶级的阶级力量和民族抗战力量的提高，在某种意义上说亦即无产阶级的阶级地位之提高或其前提。这些工作，在晋察冀边区是可以放手去作〔做〕的，困难较少。在边区比较繁杂的是劳动政策中发展经济与改善工人经济地位的相互关系问题。

（二）今天根据地劳动政策的出发点

使富农经营和整个资本主义的生产得以顺利发展，“使资本家有利可图”，同时又使工人生活获得改善，这是决定今天根据地劳动政策的出发点。就是说：一方面要增加工人的工资，改良工人的待遇，另一方面要提高劳动积极性和劳动纪律。要使工人生活的改善限制在一定的范围，使资本家尚有利可图，以保障整个生产的顺利开展。

只强调发展生产，而不愿改善工人生活的主张，是反动的剥削者的主张，是违犯抗战利益的主张，同时也是违犯资本主义生产发展自身的利益的。他们不知道或不愿知道，不

① 这是彭真同志在 1941 年春向中共中央政治局报告的一部分。

改良工人生活，工人就没有精力与时间积极参加抗战，就不会有足够的体力和精力以积极从事生产，以提高劳动的效率。一个骨瘦如柴、奄奄待毙的工人的工作效率和积极性是不问可知的。

只注意改良工人生活，无限制的〔地〕改良工人生活，而不鼓励工人的劳动积极性与纪律，不顾公私企业的经营能否继续维持，不顾根据地整个经济的生死存亡的倾向，也是错误的、有害的。它可以使边区公私企业因劳资关系的恶劣、工人工资过高、工时过短、劳动纪律过分松懈而陷于迟滞或停顿状态。这是违犯民族利益的，也是违犯工人阶级自己永久利益的。因为这样会使劳资双方因为生产停顿而两败俱伤，也会使根据地的巩固与坚持，由于生产的缩减、停顿与物质的缺乏而成为不可能。

因此，我们要坚持改善工人生活，那〔哪〕怕是细小的、局部的，但我们还必须坚持工人阶级总的远大的利益。二者是矛盾的，但又是相互联系的。离开前者，就没有后者，后者由前者所构成，但失掉后者则又会丧失一切，故前者（日常利益）必须争取，但又必须服从后者。必要时，应该不惜在某种范围和某种程度内，暂时牺牲前者以保持或换取后者。这些就是我们在今天的抗日根据地内，劳动政策决定的原则。

（三）劳动政策中的几个具体问题

第一是工作时间问题。八小时工作制，行之于平日的城市中，有它的积极作用。它可以促进资本家改良技术，引用新机器推动生产前进，也可以增加对于工人的雇佣。而行之敌后抗日根据地中，则根本不同，我们的生产工具和技术都很落后，整个工业都还是生产力极低的手工业，在敌我互相封锁的战争环境中，又根本没有可能引用机器。若实行八小时工作制，只不过促成抗战后甫在发展的少数工厂或工场手工业乃至手工业者（他有学徒）破产而已。至于十小时工作制在中央提出后，已开始部分实行。但是在十小时的工作制的条件下，能否顺利发展，目前尚无总结或调查。但以今天敌后抗日根据地的生活条件来估计，除矿工外，工作时间是不能低于十小时的。否则以我们这样的环境和技术落后的工业，断难继续发展或维持。

其次我们再看农业中的工作时间问题——农业劳动，基本上是服从于季候的。有时必须很忙（如雨后的耕耘播种，成熟后的收获），有时则又工作较少（冬季农暇）。因此，不但不能实行八小时工作制，就连十小时工作制都不能实行（同时农民根本尚无所谓几小时的观念），基本上只能是日出而作、日入而息。入夏，保持午睡制度，紧急时则在早晚延长工作时间。这种习惯看来极不科学，但既合乎农业生产的实际，便也只好采用了。去年夏季，个别地方的工会，曾在农业方面，强制实行了八小时工作制。结果不但惹起雇主极大的恶感，毫无雇佣的农民，都大谓不然。许多雇农自身也觉得难以行通，最后不得不自动停止了。

第二是工资问题。首先是实物工资与货币工资问题。在战争中物价是不断上涨的。随着物价的不断上涨，工人生活即不断地跟着下降，因而不得不继续不断地要求增加工资。这样就使劳资关系和工人生活随着物价的上涨而处于不断的动荡中。为了保持工人的实际工资有一定的水准，为了避免这种对劳资关系和工人生活的纯害无益的动荡，我们已开始实行半实物工资制（即用货币、粮食各一半以偿付工资）。这种规定获得了广大工人热烈拥护，只有一部分雇主反对，应该普遍地实行。

其次，最低限度工资问题，极难规定。各地物价不同，人民生活水准不同（有的地区人民经常吃一部分树叶，有的地方则根本不知道树叶可吃；有些地方的人民吃饭必须有菜，有的地方则很少吃菜；有的地方的人民衣服一般的很破烂，有的地方则衣服较整齐），各地劳动力供求关系亦不同。因此，根本不可能规定一种边区可以普遍实行的最低限度工资或一般工资。一般说，壮年雇农除去他自己由雇主供给伙食外，他的工资，最低限度应该能够维持一个半人的生活。因为，就是雇主也不能不承认一个雇农家里应该有一两口人靠他为生。其他老弱雇工可依此类推（技术工人则例外）。

至于雇主每年究应发给雇工几套衣服、几条手巾、几双鞋袜，只能依各地习惯保持或稍有增加，它实际是工资之一部，不能随便让雇主取消。

第三是失业问题。以今天根据地的条件，劳动保险极难实行。政府拨款救济失业工人，也是杯水车薪，很难济事，甚至有把失业工人斗争的目标引向政府的危险（实际上政府不可能有如许多的赈款）。因此，失业问题的解决基本上依靠帮助工人就业，扩大劳动雇佣（发展生产），协助工人垦荒，协助工人组织合作社（低利或免利贷款），或者动员工人参加抗日部队。

（四）调节劳资关系的自然法则——契约自由和自由竞争

一方面战争的环境，特别是敌寇的烧杀破坏，使物资缺乏、百货昂贵，工人生活日益困苦，因而不得不连续不断地要求增加工资；另一方面又使富农经营和资本主义生产的发展，遭受着严重的困难，经常陷于赢利维艰的苦境。在这样情况下，劳资关系的调整，本来就是一件难事。加以根据地的工人几乎全部是手工业工人和雇农，政治上的短见的、狭隘的经验主义，还象〔像〕浓雾一样笼罩着他们的思想，使他们容易看到暂时的局部的利益，却不容易看到全盘的永久的利益，甚至目光如豆，只看到今天，看不到明天，见小利而忘大谋的事，是常有的。他的工资有的已经增加的〔得〕很高（即超过今天客观上的限制很多），但他们仍然嫌少；工作时间已经不长，但他们还想减；劳动纪律的松懈已使产业不能维持，眼看劳资将同归于尽，但他们尚自鸣得意。要他们稍为放弃点已到手或可以取得到的暂时利益，仅靠苦口婆心的说服，是不行的。有不少的工人是十分执拗的，长凳不能改叫条凳，油煎大头鱼必须放寸长的葱叶，否则是错误的。要改正这些人的错误，不得不借重于“必然”的鞭子，让他们从实际生活中去体验。在根据地我们不能让过左的劳动政策，影响根据地的生产。但也不能天天总是喋喋不休的〔地〕，跟在工人后面叫喊：“工资不要增加得太多”“工作时间不要减得太短”“要积极的〔地〕工作”“…………”，使一部分工人发生错觉，仿佛我们总是为着发展生产设想，工人占资本家的便宜我们心疼，以为我们是越来越右了，而给托派以挑拨离间的活动机会。因此，我们除过给工人以耐心的教育外，还必须借重于“必然”的鞭子。这支“必然”的鞭子，就是“契约自由”“自由竞争”。资本家有雇佣工人的自由，赔钱时亦有停业的自由。工人则有出卖劳动力或“告退”的自由。只要允许契约自由，则破坏或不遵守劳动纪律的工人或生活改善到资本家根本不能继续维持其生产的工人，必然会被解雇，促起工人的反省；而虐待或过分剥削工人的雇主，就会雇不到工人或受到工人的反抗。这样我们可以一面教育工人，一面领导工人斗争。经过调解仲裁，使工人复业，并提高劳动纪律。契约自由，看来是象〔像〕铁一般残酷的，实质上，对于新民主主义社会，对于今天敌后抗日根据地的经济建设，仍有它的作用，它还是必需的。

有的同志反对劳资间的“贸易自由”“契约自由”，以为这是帮助资本家陷工人于危险境遇，是右倾机会主义，怀疑党“为什么会越来越右了”。其实既承认政权是统一战线的政权，即不得不承认劳资间平等的契约自由。今天的事实，已经证明这是对的。自去年我们的“双十纲领”提出契约自由后，凡是劳动政策过左的地方，雇主纷纷解雇工人，有的雇主甚至说：“好容易把长工辞退了，这回贵贱不雇工了。”于是有许多工人暂时陷于失业，埋怨我们关于契约自由的主张。但是经过一些波折之后，工人差不多全部复工了。定北县被辞退了的二，四〇〇工人差不多全部复工，望都被辞退的工人全部复工，都订了新的劳动合同。但工人生活并未降低，只不过劳动纪律大大提高了，生产效率大大增加了。有些资本家开始作扩大营业或开办新企业的打算了。当然，部分的工人政治积极性有些低落，精神受了些打击，但是这是暂时的。过去三年多的经验证明，劳资契约一定要自由。它是今天根据地上调节劳资关系的水平仪，使资本家发展生产，也可以强制资本家改善工人待遇；它可以强制工人把暂时利益服从永久利益，把局部利益服从全局。但它并不妨害工人争取应有的生活之改善。为了工人永久利益，为了坚持抗日民主根据地，我们现在还需要坚持契约自由，纵有部分工人反对，亦在所不惜。

选自彭真：《关于晋察冀边区党的工作和具体政策报告》，北京，中共中央党校出版社，1981年版，第102～109页。

2. 晋察冀边区北岳区总工会第三次代表大会工作总结报告（节录劳动政策）

1941年3月

一、于抗日民主政权下，在政治上要发展与巩固工人阶级的优势地位，要绝对保持工人阶级已得的正当利益和更进一步去改善工人生活。但必须注意以下几个问题：

（一）劳资双方都得尊重其人格。

（二）雇工参加军队和其他抗日工作，雇主不得干涉（但应把手续交清）。

（三）劳资双方依自愿订立合同，双方都可依约解雇。

（四）任何一方有违约之事实，均可向当地工会求得正当解决，任何一方认为工会解决不服者，可组织劳资仲裁机关来调解。

1. 工人以实行半实物工资制为原则，这是指农村长工（产业部门、合作社雇用的工人、手工业、短工等不实行此原则），但得依据当地一般人民生活水准规定适当工资或以上述原则，即是矿工每日小米三斤、大洋一毛，并以具体情况增减之（特等工人酌量增加）。

（1）半实物工资制一般规定为三等标准（小米二十七斤斗，大洋以边币计）。

甲等工人：小米一石一斗至一石五斗，大洋二十五元至三十元（即有技能者）。

乙等工人：小米八斗至一石，大洋二十元至二十五元（即一般壮年者）。

丙等工人：小米三斗至七斗，大洋九元至二十元（即老年、童工、女工在内）。

以上三等工人中有特等技术者，以劳资双方自愿增加者例外。

（2）月工平时除以上三等工资原则外，应酌量增加（即每月小米一斗至一斗五升，大洋二元至三元），农忙时以各地习惯及生产至紧张情形，在双方自愿下可酌量增高（即小米一斗五升至二斗，大洋五元左右）。

（3）日工、短工平时以五毛至一元，在雇主家中吃饭，特殊手工业工人可稍增高，其他一般工厂等处，工人工资每月三元至十五元为原则。

2. 工人工作时间及雇工上下工和支付工资的时间：

（1）农村工人以日出而作、日落而息，产业部门的工人除作八小时工作外，为了抗战，工人应多作〔做〕两小时对国家的义务工作（已实行十小时制者不再另增加时间），可由工会号召。

（2）雇工上下工的时间，原则规定以阴历正月十六日下工、二月二日上工（都以双方自愿，工会不得强制执行），但工会应向这个方向努力。

（3）雇主支付工资要分季清算，下工时必须交清（如不交清，以一分利息作为贷款）。

3. 工人待遇的改善和在雇主家中因劳而死、残废、死亡，处理的原则：

（1）工人待遇的改善和在雇主家中平时与全家人吃同样的饭食（工人不得有过高□□）。

（2）工人因劳而病、残废、死亡的处理原则：

①因劳而病者，除工资照发外，雇主应帮助工人医药费（但工资和医药费都不能在一月以上），医治办法只是以一般普通人作标准。

②因劳而残废者或死亡者，各地工会应根据双方实际情况，由雇主、厂主给以适当的安葬费和抚恤金（但不得高过抗日战士，并应略为减低）。

4. 长工的休假日及纪念日的休假工资一概照发。

（1）长工每月休假一日（农忙时不休假，得发双份工资）。

（2）“二七”、“五一”、“七七”、总工会成立“三七”各放假，工资照发，上级工会指示后得举行纪念。

（3）童工、女工、青工，在“四四”“三八”“五四”均放假一日，工资照发。

（4）长工每年由雇主给毛巾一条、草帽一顶（与一般人使用者均相等），其他鞋袜衣服等，一般照抗战前的旧例。

5. 青工、童工、女工、学徒问题：

（1）青工、童工、女工应禁止从事妨害身体健康之劳动，并保障同工同酬。

（2）女工生产前后例假五星期，工资照发。

（3）学徒一般规定以三年为限（专门技术学徒者例外），并由师傅给以一定之工资同技术上的便利，使其很快学习技术，师傅不得苛刻或期满后之扣留。

二、以上这些原则怎样执行？（略）

选自《中国工会历史文献》（4），北京，工人出版社，1959年版，第361～363页。原注：“录自《晋察冀北岳区总工会第三次代表大会宣言》。”

3. 冀中区总工会、农村合作社冀中总社关于各级社工厂职工待遇之共同决定

1942年2月2日

为发展合作生产，改善工人生活，增进各级合作社工厂之职工团结，经冀中区总工会与冀中区农村合作社总社协商结果，决定关于各级社工厂职工待遇之原则如下：

第一　组织与领导

一、组织：为合适战斗环境以分散经营为原则。

（一）每厂职工人数最多不超过二十人。

（二）职员人数不超过工人的五分之一。

二、领导：各级社所组织之工厂，其职工须加入工会。县级以下工厂之工会，受县工会直接领导；冀中总社设立之各种工厂之工会，受冀中总工会或分区工会直接领导。

三、各级厂均组织工厂管理委员会，由工厂主任、生产科长、管理科长、工会主任、劳动保护部长等五人参加，为工厂最高领导机关。

第二　工资

一、职员工资与同级社职员同。

二、工人工资：

（一）男女工工资每月一般的由八元起码，最多至二十元，有特殊技能者另议。

（二）生活每日三餐，发小米二斤四两、菜金一角二分，柴水足用。如工人愿将粮食菜金一次领出或折钱与工资合并领出自行起伙者，在不妨碍工作的原则下，悉听自便。

（三）男女工人工资之规定，每半年由工厂管理委员会根据工人工作轻重、技术优劣与学习的进步，在会议上进行评判，于征求该工人同意后决定之。

（四）学徒工人不分性别，最初到厂之三个月，每月津贴一元，三个月以后，每月津贴三元，学徒期间最多不超过一年半（在学徒期间，但要根据其工作增进情形，亦可适当增加其工资）。

（五）工人提拔为干部时，其待遇不得低于该工人之原待遇。

（六）工人须年满十六岁以上，不满十六岁者原则上不用，但在轻便工业部门中，可灵活运用。

（七）工人衣服鞋袜均自备，一律不发制服。

第三　年终红利及退休金

一、各级厂每年年终应于总盈余中提出百分之二十作工人红利（工资最优者所得不超过最高所得三分之二），其余百分之八十由各级社照章分配之。

二、厂方在工资以外，按工资十分之一存贮作劳动退休金，于工人脱离工厂时发给之。

第四　工作与学习时间

一、男女工人昼班十时、夜班八时，昼夜须适当更换，三日更换一次；如工作过于劳

碌，可斟酌减至昼班九时、夜班七时。

二、男女工人与职员于工作时间外，每日两小时学习；学习费用，每人每月两角，在工厂经费项下开支。

三、各级厂，须根据工厂人数设置工会办公室及家具设备。

第五　休假与请假

一、职员工人于政治纪念日放假休息或参加大会应改善伙食，取消节金之规定（依据总工会规定每年放假日共五天）：

（一）阳历年；

（二）“二七”纪念；

（三）“五一”节；

（四）“七七”纪念；

（五）十月二十日（总工会成立纪念）。

二、厂工会遇直属上级召集开会时，有厂方发给路费并照发工资。

三、女工于月经期间有例假三天，分娩前后例假六星期，不满两周岁的婴儿可随母到厂，每隔两小时给以喂乳时间一次，每次一刻钟。孕妇不作（做）夜工，例假期间工资照发，分娩后由工厂酌给补养费。

四、男工每月例假三天，由从厂方按工人工作情形适当分配，循环休息。

五、遇敌人扫荡停止工作时，五天以内工资照发，超过五天则其超过之日只给伙食，不发工资。

六、工人本身如因结婚或直系亲属丧葬，请假七天以内不扣工资，因事请假，由例假抵补或扣工资。

第六　疾病与抚恤

一、疾病：每人每月发给医药费不超过两角，集中使用，由厂方开支，超过两角介绍到公立医院医治；养病时不超过一月，工资照发，超过一月工资发给一半，超过三月者停发。

二、抚恤：各级厂全体职工，遇有因工作致疾而残废或死亡及被敌人残杀者，一律按其三个月的生活费（工资、粮柴、菜金）的数目发给其家属作为抚恤金。

第七　劳动纪律

一、闻号工作，不迟到不早退。

二、在工作时间内不嘻〔嬉〕笑，原则上不找人、会客（如有人找，不必马上会见者，可由厂方指定地点，待下工后再行会见）。

三、在工作时间不经许可不外出。

四、爱护机器，节省原料，不任意损坏公物。

五、工作地点及使用工具、原料不随意移动。

六、在工厂内不制私人器物。

七、同志间不互相辱骂（如有意见随时报告工会处理）。

八、在工作时间内服从管理人的指挥。

九、请假一律要经厂方许可，到期销假，过期要补。

第八　奖励与惩罚办法

一、凡职工具有下列各条之一者，经工厂管理委员会审查后，得酌给精神或物质之奖励：

（一）对生产能创造发明，经试验成功者。

（二）能改良技术，因而使生产增加或质量提高者。

（三）工作积极从未旷工，能创造最高成绩，并能起模范作用、推动作用者。

（四）能按期完成计划或超过计划者。

（五）服从指挥，遵守纪律，经公认可以为全体模范者。

（六）保卫工厂有功者。

（七）对工厂能作有效之建议而使工作进步者。

（八）对他人能督促检查，帮助其工作学习，经公认可以为全体模范者。

（九）政治开展，学习积极，并能自动学习，经测验确有进步者。

（十）能揭发厂内人员的错误缺点及不良行为者，因而及时制止者。

（十一）举止庄严，态度和蔼，生活紧张活泼，作息守时，并有高尚道德，具有事实，经公认可为全体之模范。

（十二）能捉捕敌探奸细，托派匪徒或及时报告因而捕获者。

（十三）爱护机器及工具，使其使用时间超过他人者。

二、凡工人违犯下列情形之一者，经工厂管理委员会通过，得给以适当的处罚：

（一）违犯工厂规则，破坏劳动纪律者。

（二）工作有消极怠工现象及时常旷工者。

（三）不爱护机器工具，浪费材料，损坏生产品者。

（四）盗卖工具原料，或私自送给他人者。

（五）生活上腐化堕落，有淫乱、赌博、酗酒等不正当行为者。

处理办法通过工会，采取说服教育、会议批评、开除及送交法庭等办法。

第九　附则

一、各级厂与厂工会应依以上之原则，双方协议，订立职工服务合同，经全体职工大会通过后，报告县级以上政府、工会及所属合作社备案。

二、各级社成立之工厂，均须于每年年终订立一次合同，其合同全体均应严格遵守，不得违犯。

三、本决定仅限于冀中区农村合作社各级社设立之工厂适用。

四、此项决定如与将来政府颁布之保护劳工条例有抵触者，依政府之法令。

选自《中国工会历史文献》(4)，北京，工人出版社，1959年版，第413～418页。

4. 冀中总工会关于会员会籍的指示

1942年2月

各级工会同志们：

检查各地工作情形及各地同志们的反映，关于各种失业工人、手艺工人、季候工人等参加工会的问题，在个别地区和个别干部中，对此问题模糊不清，并常常与其他团体发生一些不必要的纠纷（如争夺会员），今特作如下指示。

一、过去曾经当过工人（手艺工人和产业工人），而因战争和其他原因从城市跑回农村，或农村中的手艺工人因战争而找不到工作，这些人一般的〔地〕说可以参加工会。但是有的因失业后就改业为务农、为商或其他职业，而且改业时间已久，将来并不再想做工，这样的已不算失业工人，不能吸收参加工会；但有这样工作他仍去当工人，这些人原则上是工人，可以参加工会，但须从他个人自愿参加，工会不能加以任何强制。如其今已务农已参加农会者，除其自动自愿的〔地〕要求脱离农会而参加工会或经农会介绍到工会，工会应考查其如够工会会员条件，即可吸收到工会内做会员，而不应拒绝；但有的虽将来找到工作随时即去做，而今天他并不自动要求参加工会，在意识上并没有工人阶级的意识和觉悟，或对工会没有信仰，经工会的帮助教育而不能转变其观点者，工会不可勉强吸收这些人。

二、在农村有一些手工业工人，在事变前曾经依靠他的手艺去出卖劳动力维持其生活，事变后因战争的影响而不能经常的〔地〕去出卖劳动力，有时也出卖一些，但现时不能以此为生活资料的主要来源，这些人的前途还是依靠手艺出卖劳动而维持生活者，可以参加工会；但有的今已务农或改为其他的职业，其前途并不再以自己的手艺出卖劳动力而维持生活者，则不可参加工会。又有的有一种手艺，除自家劳作外也经常以此手艺给自己的亲朋帮些忙，而不是专靠自己的手艺去出卖劳动力以维持生活者，这些人基本上不是手艺工人，不能参加工会。

三、农村中有的与地主是租佃关系，而没有雇佣关系者，一律不能参加工会。做月工和季工者，常年出卖劳动力为生活资料来源者，基本上是工人，可以参加工会；但只在农忙时去做点零工而不依靠此为生活资料主要来源者，不是工人，不能参加工会。

四、在白洋淀地区，有些人以织席、划船为生者，有的地区工会已将这些人一律吸收参加了工会，而不加以分析与区别，致使在工会组织路线上发生了错误，今后应加以纠正。

（一）自己被人雇佣织席或以自己织席手艺出卖劳动力以挣工资而维持生活者，基本上是工人，可以参加工会。如自织自卖者不能称工人，不能参加工会。

（二）自己被人雇佣划船或捕鱼出卖劳动力而为其生活资料主要来源者，是工人，可以参加工会；但是自己的船或租船去运货、捕鱼，而不是出卖劳动力为其生活资料的来源者，不是工人，而不能参加工会。

（三）鱼〔渔〕船上被雇佣放鹰的，是工人，可以参加工会。

确定工人的原则和参加工会的条件，应以雇佣关系和出卖劳动力为基本原则。

选自《中国工会历史文献》(4)，北京，工人出版社，1959年版，第419～420页。原注：“《冀中工人》第二期，1942年2月15日出版。”

5. 晋察冀边区行政委员会关于保护农村雇工的决定

1944年9月20日公布

为进一步贯彻劳动政策，提高雇工地位，改善雇工生活，以提高其抗战与生产的积极性，使雇工有工可做，雇主有利可图，以增加生产，而巩固农村团结，爰作保护农村雇工之决定：

一、劳动契约的订立，须双方自愿，公平合理，但不得与本决定相违背。契约未满期，非经双方同意，不得解除，期满续订与否应事前通知对方。

二、雇工有集会、结社、参军、参政等政治活动之自由。在日常生活与工作中，严禁打骂、侮辱、虐待雇工的行为。

三、对于雇工生活，应适当的〔地〕加以改善。

甲、成年雇工每年工资以能维持当地一般农民生活，一个人至一个半人的生活为原则（每年做工在八个月以上者，均以一年计，工资不得少于此标准）。各县可根据当地生活程度与劳力供求等实际情况，确定最低工资额。工资按实物计算，以小米或其他重要食粮为标准。半年工，季工可根据上述标准，酌量提高。月工、日工与包工，可视季节、闲忙与工作的轻重自由约定。女工、童工可参照上述标准，按其工作轻重与工作效果之大小适当定之。

乙、雇主对雇工饭食应当改善，一般可根据当地大多数农民生活程度为准，不得故意以坏饭食给工人食。关于衣被及其他日用品之供给，庙会、过节之犒劳与馈送，仍依当地习惯行之。

丙、上下工日期，由雇工雇主双方自由约定，农村节日休假，婚丧病假，依地方习惯行之。劳动节（五月一日）、七月节（七月一日）、（七月七日）均放假一日。青工在青年节（五月四日），女工在三八节（三月八日）亦各放假一日。以上假日如雇工同意工作，应发给日工工资。工人在几年来已成习惯之现行假日仍得继续实行之。

丁、雇工因工作而致伤病者，雇主应负责疗养，因工作致死者，除购买棺材葬埋外，应酌给雇工家族抚恤费，其因保卫物资参加战斗而致死伤者，除依晋察冀边区民兵伤亡抚恤办法由政府予以抚恤外，雇主亦应酌予救济。

戊、雇工生产特别积极，超过一般工作效率或一般生产量，有显著成绩者，雇主应给予适当之奖励。为了增加生产，雇工与雇主双方得在两利原则之下，自由约定增加生产者给奖，或增产分红办法。

四、雇工应遵守劳动纪律，努力生产，爱护牲畜、农具及粮食、财物。

五、雇工失业当地政府应及时救济，可贷粮贷款、组织生产运销、找工包工等。公家需用劳动时，应优先雇用失业工人。

六、雇工与雇主发生争论时，任何一方得请求调解，调解不成立时，请求仲裁。调解由行政村或区公所依晋察冀行政村调解工作条例为之；仲裁由仲裁机关依晋察冀边区租佃债息条例及其施行条例与边区行政委员会关于仲裁委员会的工作指示有关仲裁之规定为之，惟租佃债息施行条例第二十条参加仲裁机关之农会代表一人，应由工会代表一人代替之。

七、本决定公布前，雇工与雇主双方所订之契约在本年内一般不加变更，应按约执行。其太不合理者，可协商修正，发生争论时，依前条之规定调解或仲裁之。

八、各地在执行本决定所发生之具体问题，各专署、县政府得依本决定之原则精神与当地实际情况作具体之规定。

九、本决定自公布日施行。

选自《晋察冀边区行政委员会现行法令汇集》，上册，边区行政委员会 1945 年编印，第 202～204 页。

互校版本：《中国新民主主义革命时期根据地法制文献选编》，第 4 卷，北京，中国社会科学出版社，1984 年版，第 651～653 页。原注："选自晋察冀边区行政委员会《现行法令汇集》上册，一九四五年版。"

6. 晋察冀边区行政委员会关于张家口、宣化公营工厂工人工资标准的通知

1945 年 10 月 26 日

关于公营工厂工人工资标准，经本会召集有关方面多次研商，并经各厂工人多次讨论，兹综合各方面意见，根据适当改善工人生活，维持工人最低生活水准，并照顾各厂各业不同情形 提出新的工资标准（以小米折合）。

一、童工、女工、学徒由一百斤至二百斤。

二、普通工人由二百斤至二百八十斤。

三、熟练工人由二百五十斤至三百三十斤。

四、技术工人由三百斤至四百五十斤。

以上所提标准是比较原则的，而且是富有伸缩性的规定。在具体执行时应根据不同工厂性质、不同劳动、不同技术而定。具体说来，童工、女工、学徒应根据同工同酬原则，照顾工作熟练程度、在厂年龄、劳动轻重，由各厂自行划定；一般轻工业，如纸烟、火柴、被服等厂及橡皮、榨油厂主、普通工人与邮工、清扫工、铁路上挂钩打旗等工人，由二百斤至二百五十斤，其熟练工人由二百五十斤至三百斤，一般重工业工厂工人，如铁路、矿山、电气中的普通工人，由二百斤至二百八十斤，其熟练工人由二百八十斤至三百三十斤；印刷业技术工人工资应比一般轻工业稍高，但不得高于重工业工人。

各种轻重工业中亦有不同的工作，不因轻重工业而使所有工人工资都高于：或低于其他工业，如各厂之勤杂人员及伙夫，只能算最低普通工人，即不能高于普通工人最低工资二百斤。至于技术工人，因各厂性质之不同，技术也相差甚多，一般地说铁路、煤业、电气及其他工业中掌握复杂机器的技术工人及印刷业中之制板工人、火车之司机工人等应提高工资，但最高不超过四百五十斤，每一类内，可再分级，每级由十斤至二十斤。工资每斤小米折合边币十六元，略高于市价，一律发边币。关于煤价、布价上涨问题，一方面米价略为提高，一方面由政府全面解决燃料问题，估计以后不会涨得很高。各业工人之衣服，除邮政、清扫夫、铁路、电灯、电话工人，向来习惯有工作服者仍照发外，余均由工人自己解决，工厂发者计价从工资中扣除。工人住房一律出租金，租额应稍低于市价。所有煤炭、纸烟等配给一律取消。

此通知发到各厂后，各厂不能一般的〔地〕传达，而由各厂根据本厂具体情形提出适

合本工厂工资的标准。发动与组织工人深入讨论，根据上述原则民主评定各种不同的工资。特此通知。

选自《晋察冀边区行政委员会现行法令汇集》，上册，边区行政委员会1945年编印，第205～206页。

互校版本：《中国新民主主义革命时期根据地法制文献选编》，第4卷，北京，中国社会科学出版社，1984年版，第707～708页。原注："晋察冀边区行政委员会《现行法令汇集》上册，一九四五年版。"

7. 晋察冀边区公营工厂劳动保护条例（草案）

1945年

第一节　总则

第一条　本条例的基本目的，在发展生产，团结全厂职工，保护工人利益，提高劳动热忱，发扬群众英雄主义，争取边区工业品的大部或全部自给，保证战争的供应品，特根据敌后战争环境，制订〔定〕本条例。

第二节　工作时间

第二条　每日工作时间，一般自八小时至十小时，特别影响其身体健康之工业部门，其工作时间，经卫生机关检查后由工厂与工会共同协商确定。

如为工作的需要，工人自愿延长工作时间者，不受此条限制。

第三条　日夜轮班工作的，每更换一次，不得超过一周。

第四条　童工、孕妇、哺乳妇都不得打夜工。

第五条　女工在月经期间，视工作轻重及身体强弱得休息三天至五天。

第六条　女工之哺乳时间每日不超过一小时半。

第七条　女工受孕在六月以上的，每日得减少工作时间一小时；七月以上的，每日得减少二小时；产前、产后各休息一个月。

第八条　女工受孕而小产的，在三月以下的，休息二十天，三月以上的休息一个月。

第九条　除每逢星期日放假外，下列工人节日：二月七日、五月一日、七月一日、十一月七日，全体放假一天，其他假日按政府及军区规定执行。

第十条　在每日工作时间内，应按各该厂人数之多寡、会务闲忙，以及工会具体情况，给不脱离生产之工会主要干部，以一定的办公时间。

第三节　工资

第十一条　工人工资，除其个人生活所需外，以每月发小米五斤为最低工资；一般轻工业工人每月最高不得超过八十斤；一般重工业工人每月最高不得超过九十斤为一般原则（轻工业与重工业之差为十斤，轻工业中印刷、被服等技术工人最高八十斤，纸厂、鞋厂、制药厂技术工人最高七十斤）。有特殊技术、工龄较高之工人，由工厂与工会协商，其工资尚须〔需〕适当提高。

第十二条　每人工资之大小，依据其技术能力、工龄长短、劳动态度的不同，实行民主评定后，最后由工厂与职工会评定执行，一般规定工资每半年评定一次，如有特殊情况或技术进步特别快的工人，可举行临时评定。

第十三条　除发生战争时外，凡在平时加工的工资，无论实行计时制或计件制的，其加工工资除发双工资外，另增小米二斤。

第十四条　打夜工的增发夜饭一顿，每顿发粮、菜、柴金共合小米一斤。

第十五条　因战争、季候或原料缺乏等原因而停工时，工资照发，但工人得接受其他工作之分配。

第十六条　在工作时间内，例假日、工人参加上级工会或其他会议及留职学习期内工资照发。

第十七条　女工、童工与男成年工人，同工同酬。

第十八条　脱离生产之职员待遇，隶属地方系统之工厂的职员，按政府所颁布之民政干部办法待遇；隶属军队系统之工厂的职员，按军队干部待遇，炊事员按战士待遇。如直接参加劳动之职员，按工人工资办法待遇。

第四节　劳动设备

第十九条　工作室应按不同的工作性质及其需要，必需〔须〕在尽一切可能的范围内，设置防疫、防害、防险的卫生与安全的工作设备。

第二十条　工厂应为职工设置住宿设备，及其生活上所必需的卫生设备。

第二十一条　工厂应为职工设置下列卫生设备：

甲、须尽可能有驻厂医生或厂外医生定期来厂治病。

乙、按工业性质不同，每年定期检查全体职工身体一次。

丙、病人必须隔离，工厂应设一临时病号室。

第二十二条　工厂应为职工设置下列教育设备：甲、按照全厂职工技术工资总额的百分之二津贴工会，作文化教育费用。

乙、工厂得设置工会办公室。

丙、工人钻研创造，经工厂同意后，应给以物质及时间的便利。

第五节　社会保险

第二十三条　凡女工在工作过程中生育了小孩，由工厂与工会协同帮助其解决困难，由工厂投资及工人储金，举办生产，以其利润所得，设保育院，建立工人家务。

第二十四条　女工之卫生费、分娩费，按妇女干部待遇发给。

第二十五条　女工受孕后，不得做有碍健康胎儿之工作。

第二十六条　职工病假期内，经医生证明，并经工厂批准，工资照发。

第二十七条　经医生证明得职业病者，得按其病状之轻重，酌减工作时间，或调动其他工作，并适当补助其一部抚恤金。

第二十八条　因公伤亡与残废者按下列规定办理：

甲、因公死亡者，按照抚恤抗战牺牲战士办法待遇。

乙、因公残废者，按照优恤抗战荣誉军人办法待遇，其有部分工作能力，可调换其他能胜任之轻便工作，除照发工资外，其应得之优恤金照发。

第二十九条　在革命工厂服务五年以上、年龄在四十五以上的技术工人，按部队优待老兵办法待遇。

第三十条　经医生证明身体衰弱，不能继续工作的，经工厂许可后可以退职养老，退职金按优待抗战荣誉军人办法待遇。

第三十一条　外来工人家属，工厂与工会，应帮助其发展生产，适当解决困难；内地工人家属，除不吃优待粮外，其他待遇如贷粮贷款之优先权、缺乏劳力者予以代耕，以及组织土地生产等均需照顾。

第六节　奖励与处罚

第三十二条　凡职工具备下列条件一部或全部的，工厂应给予一定的奖励：

甲、在工作中成绩优良或对业务有新的创造的；

乙、在工作中能推动帮助别人，有显著成绩的；

丙、遵守政策法令、厂规、劳动纪律，热爱工厂，足称模范的；

丁、在一定期间不休工，生产上超过一定数质量的。

第三十三条　凡职工犯有下列过错之一的，工厂尽可能事先通知工会，可给予一定的处分：

甲、迟到早退、消极怠工、借故旷工的；

乙、对生产工具、原料、成品等公物不加爱护，任意浪费、遗失或损坏的；

丙、有亏公肥己、偷盗贪污行为的；

丁、有泄漏〔露〕军事、财政及其他秘密的；

戊、有违犯政府政策法令及群众纪律的。

第七节　职工会

第三十四条　职工有组织职工会的权利，职工会有保证生产任务完成，保卫工厂，教育工人努力工作、节省原料、提高生产之职责，同时有代表职工向工厂提出批评、建议、要求，评定工资、订立个别或集体的劳动合同（军事工厂不订任何合同）等权利。

第八节　附则

第三十五条　本条例只适用于无利润的公营工厂，其他公营工厂之劳动保护法另订。

选自《晋察冀边区财政经济史资料选编》（三），天津，南开大学出版社，1984年版，第15～19页。

8. 张家口市总工会目前纲领

1945年12月21日张家口市首届工人代表大会上通过

组织与团结全市工人，协同各地工友，统一行动；联合各界民主人士，为保卫人民的抗战胜利果实，彻底粉碎敌伪法西斯的残余势力与国民党反动派对解放区人民的联合进攻；拥护中国共产党，在中国共产党领导下，反对内战，保卫与建设新张家口，争取和平、民主、团结的实现，建立独立、自由、富强与统一的新中国，以求得工人阶级的进一步解放。

一、动员全市工人一切力量，增加生产，支援前线，以争取解放区军民自卫战争的彻底胜利。

二、组织工人武装自卫，保卫工人解放后既得利益；协助政府与军队，镇压汉奸残余及特务破坏活动，肃清一切危害民主政府与工人利益的坏人和一切破坏行为。

三、改善工人生活，提高工人待遇，协助政府实施保护劳动的法令，抚恤工人烈士家属，建立与健全合理的新工资制度，适当的〔地〕增加工资，废除非法剥削和压迫，保障在业，援助失业，发扬阶级友爱，举办合作事业，照顾工人家属，启发其劳动热情，发展家庭生产，进行工人子弟教育。

四、爱护革命工厂，发扬工人的积极性与创造性，逐步做到工人参加工厂管理。

五、在公私两利、劳资两利的原则下，发动革命竞赛，创造劳动英雄和模范工作者；遵守劳动纪律，改良技术，提高质量，以发展生产、繁荣经济。

六、进行工人自我教育，以提高工人的阶级觉悟和政治文化技术水平；开展工人正当娱乐，扫清敌伪统治所遗留的一切坏习气。

七、组织工人参政，联合广大农民及各界民主人士，管理国家大事。

八、拥护八路军及一切革命军人，认真优待革命军人家属，拥护民主政府，切实施行政府的政策法令，以加强军政民的团结。

选自《中国工会历史文献》(5)，北京，工人出版社，1959年版，第42～43页。原注："录自《当前职工运动的几个文献》，1946年7月晋察冀边区总工会印行"。

9. 晋察冀边区总工会关于八项组织工作决定

1946年2月

一、在公营工厂内，建立工厂管理委员会，统一行政和工会的工作，使力量更能集中(详细办法见政府关于公营工厂管理委员的条例)。

二、在一个企业单位中，只能有一个统一的工会组织。一个企业单位中的各厂（如张家口市振华毛织厂所属的各厂）可以成立分工会，分工会受全厂工会的领导。

三、在工会工作较强、工会真正掌握在工人手里的地方，可以经过工人个别介绍职员参加工会，但须经过工会的审查通过；其权利与义务和工人相同，这样，就可逐渐改为职工会。

四、张市各同性质的行业工会，建立各行业的联合工会，直接受市总工会领导；原来各区的办事处，按着具体情形撤消〔销〕或缩编。

五、各级工会设自卫队部，直属工会领导，要与各级武委会取得联系，带有全体性的活动(如开大会）时，要受各级武委会统一指挥；城市各行业工会的工人武装自卫队组织取消。

六、有女工的工厂，应建立女工部，各级工会设女工委员，通过劳动保护部，专门研究与解决女工的各种问题。为了更好的〔地〕解决青工和童工的特殊问题，在各级工会里设青年委员，通过工会宣传部进行工作。同级青联、妇联的一般工作，应通过同级工会统一领导进行，以保持工会组织的统一。

七、工会的会员，以自己所得工资的千分之五左右交纳会费。每月由会员自动交纳一次，不能在工资中先扣出〔除〕。会员贫苦，无力交纳的，经过工会同意可免交，愿意自动多交的，做〔作〕为乐捐。工会开支的账目，要向会员定期公布。

八、工会干部的提拔、升任、调动，必须经过上一级工会的批准，因特殊情形来不及请求批准的，事后要马上说明理由。

选自《中国工会历史文献》(5)，北京，工人出版社，1959年版，第74～75页。原注："录自1946年3月2日《晋察冀日报》。"

十一、婚姻与继承

1. 晋察冀边区婚姻条例草案①

1941 年 7 月 7 日公布

第一章　总则

第一条　本条例根据民法亲属编之立法精神，及本边区之实际情况制定之。

第二条　男女婚姻，须双方自由、自主、自愿，第三者不得干涉。废除一切强迫、包办、买卖等婚姻恶习，禁止蓄婢、入赘、早婚及奶媳、童养媳。在本条例颁布后，任何一方均得向所在地县政府请求撤消〔销〕。

第三条　严格实行一夫一妻制，严禁纳妾、代娶与双挑及类似一夫多妻或一妻多夫之各种形式。

第二章　结婚

第四条　男女结婚年龄定为男满二十岁，女满十八岁。

第五条　男女结婚于结婚前须向住在地区公所请求登记，登记后即为有效。

婚姻不以订婚为必经之手续。

第六条　有下列情形之一者，禁止结婚：

一、男女系直系血亲、直系姻亲和八亲等以内的旁系血亲者。

---

① “陕西法律法规汇编版”标题多加“办法”两个字，成为“婚姻条例办法草案”。

二、患花柳病、神经病、重肺病、疯〔风〕瘫病等不治之恶疾者，但经医生证明可以结婚者，不在此例。

三、生理缺陷不能人道者。

第七条　有配偶未经离婚者，不得与第三者结婚。

第八条　寡妇再嫁，他人不得干涉。

第三章　离婚

第九条　夫妻双方自愿离婚者，须向住在地县政府请求登记。

第十条　夫妻双方之一方有下列情形之一者，他方得向司法机关提出离婚请求，经审查属实后，依法离婚：

一、充当汉奸或有危害抗战行为者。

二、有重婚行为者。

三、感情意志根本不合，无法继续同居者。

四、与他人通奸者。

五、虐待他方不堪同居者。

六、以恶意遗弃他方在继续状态中者。

七、图谋陷害他方者。

八、依本条例第六条之规定禁止结婚者。

九、生死不明过三年者（抗日军人不在此限）。

十、被处三年以上之徒刑或因犯不名誉之罪被处徒刑者。

第十一条　抗日军人生死不明四年以上者，他方得请求离婚。

第十二条　因抗日而残废者，如一方请求离婚，须征得他方之同意，但不能人道，经医生证明者，不在此例。

第十三条　凡女方在怀孕及生育期间，男方不得提出离婚，具有离婚条件者，亦须于产后半年始得提出。但女方有本条例第十条第一、二、四、五、六、七各款规定情形之一者，不在此例。

第四章　夫妻之权利和义务

第十四条　夫妻有同居之义务，夫妻之生活费用及家务之处理，由双方共同负责。

第十五条　结婚前夫妻双方之各自财产及结婚后夫妻一方以各自劳力所获得之报酬，均为各自特有财产。特有财产离婚后得各自取回，但以某种契约或双方自愿变为共同财产或变更其财产所有权者，不在此例。

第十六条　夫妻一方对他方之特有财产处理时，须先征得他方之同意。

第十七条　结婚后夫妻双方共同经管所获得之财产为共同财产。处理共同财产时，须互得同意。

第十八条　结婚后夫妻之一方既无职业又无土地财产，其同居生活及子女所需之费用，应由他方负担。但其财产所有权及管理权，得由所有者自行决定。

第十九条　结婚前双方有债务，应各自负责，但经双方同意转为共同债务者，不在此例。

结婚后为经营共同生活所负债务为共同债务，共同债务由双方共同负责。但离婚后女方无劳动力及特有财产者，则由男方单独负担。

第二十条　离婚后，一方无过失而未再婚者，并无职业财产或缺乏劳动力，不能维持生活者，得由他方给以相当之赡养费，但以三年为限，倘确实无力支出此项费用者，不在此限。

第二十一条　男女未离婚前所生子女，离婚后尚未满五周岁者，由女方抚养，已满五周岁者，应尊重子女之意思，随父随母不得强迫。但女方未再婚前，无力维持生活且缺乏劳动力者，男方须给女方以抚养子女之生活费，至女方再婚时为止。

第二十二条　女方再婚后所带之子女，由女方及新夫共同负责抚养。

第二十三条　子女满六周岁者，其教育费由父母双方共同负担。

第二十四条　子女姓氏，随父随母由子女自行决定。

第五章　罚则

第二十五条　本条例公布后，凡有买卖婚姻之行为者，除将买卖身价没收外，并处以六个月以下之徒刑。

第二十六条　禁止结婚之一方与他方结婚者，处以六个月以下之徒刑，或科以百元以下之罚金。

第二十七条　略诱、和诱、重婚者，及违犯本条例而本条例并无处罚规定者，均依照刑法之规定处罚。

第二十八条　略诱、和诱、强奸抗属者，依照刑法之规定加重处断。

第二十九条　挑拨抗属离婚者，处以一年以下之徒刑。

第六章　附则

第三十条　违犯本条例者，无论是否属于亲告罪范围，任何人均得告诉告发。

第三十一条　民法亲属编与本条例不相抵触者，仍得引用之。

第三十二条　本条例修改解释权，属于晋察冀边区行政委员会。

第三十三条　本条例有未尽事宜，得随时修改之。

第三十四条　本条例自公布之日起施行。

选自《抗日根据地政策条例汇集——晋察冀之部》，第2辑，1942年版，第89～94页。

互校版本：

1.《中国新民主主义革命时期根据地法制文献选编》，第4卷，北京，中国社会科学出版社，1984年版，第811～816页。

2.《陕甘宁边区法律法规汇编》，西安，陕西人民出版社，2006年版，第385～387页。简称“陕西法律法规汇编版”。

2. 附：关于我们的婚姻条例

1941年7月7日晋察冀边区行政委员会指示信第五十一号

第一，条例的基本精神

一、男女在社会上、政治上、经济上、家庭地位上，一律平等，实行严格的一夫一妻制，这是边区新民主主义社会的一种表现。在殖民地、半殖民地、半封建的社会里女子被当作一种商品而买卖，被当作一种奴隶而奴役，“三婢四妾”，成为一些特殊阶级的权利，“男尊女卑”“夫唱妇随”成为封建人物奴役妇女的“天经地义”。所有这些，随着边区新民主主义政治经济的建设，都被粉碎着！妇女解放是社会解放的一个内容，而妇女也只有在社会解放当中才能求得自己的彻底解放，边区新民主主义社会从半殖民地半封建社会的胎包之内生长出来，因而妇女也被从旧社会旧家庭的双重压迫之下解放着与解放出来，这是边区社会制度的一个产物，我们的婚姻条例正贯彻着建设新民主主义的严肃的婚姻制度的精神。

二、婚姻自由、自主、自愿，婚姻要建筑在男女双方感情意志的融洽上，这是反对封建主义的一个具体内容，在半殖民地半封建的社会里“门当户对”，被许多人当作是结婚的重要条件，“父母之命，媒妁之言”，被许多人认为是结婚的一定手续，青年被老年束缚着，儿女被父母束缚着，家庭成员被家长束缚着，所有这些，随着边区政治经济的建设都被改变着粉碎着，青年当作社会的一员站立起来了，妇女当作社会的一员站立起来了，男女婚姻自由、自主、自愿已经是今天边区真正的需要，爱情代替了“包办”，意志代替了“金钱”，这是民族革命的产物。我们的婚姻条例正贯彻着这种现实的真正的结婚离婚自愿自主的精神。

三、严肃的男女关系，培育健康优良的下一代，建设革命的社会秩序，这是边区当前以及今后的一种需要。本来，从旧社会旧制度中产生并建设新社会制度，在这一过程中，一定会发生某些混乱现象，我们需要严防混乱，反对混乱，制止混乱。婚姻的自由，必须建立在一夫一妻的基础之上，而且婚姻是两性间的一件大事，因此，必须反对婚姻上的自由主义与“杯水主义”。结婚、生育小孩是男女当事人自己的事情，也是社会的事情。因此，我们的婚姻条例，把和诱、略诱、强奸、淫乱等犯罪行为都规定以罚则，对结婚离婚都规定以一定的合法手续，对患传染病者及八亲等以内者之禁止结婚，这些都充满着建设革命的社会秩序与培育健康优良下一代的精神。

四、照顾抗战军人利益。当前我们继续进行着神圣的民族抗战，要“一切为着抗战的胜利”。在婚姻问题上对以自己的血肉生命与敌搏斗的抗战军人，应予以适当的安慰。因此，无论任何人对抗战军人之妻子施以诱奸、和奸者，一律严予处罪。在离婚问题上亦予抗战军人以适当的保障，这是我们的条例贯彻了抗日高于一切的精神。

第二，条例的重要解释

（一）血亲姻亲和亲等：

一、亲——本条例所说的亲和民法亲属编的亲一样，是指亲属而非亲族，普通所指的亲族，是指同宗之族，以男系为主。亲属之意义甚宽，不论宗亲、外亲、妻亲，全是亲属。

二、血亲——凡是有血统关系的，不论是父系母系、子系女系，统叫血亲。血亲分两种：一种是直系，另一种是旁系，兹分别说明：

甲、直系血亲。凡己身所从出或从己身所出的血亲，都是直系血亲，如父母是己身所从出，子女是从己身所出，这都是直系血亲。同时生父母的——祖父母、外祖父母，和子女所生的——孙子、孙女、外甥男女等，都是直系血亲。

乙、旁系血亲。凡与己身出于同源之血亲，就叫旁系血亲，如叔父、舅父等，都是与自己出于同源。

三、姻亲——凡是因婚姻关系而发生的亲属，统叫姻亲。姻亲有以下三种：

甲、血亲之配偶，如兄弟为血亲，兄弟之妻就是姻亲，女儿为血亲，女婿就是姻亲……等。

乙、配偶之血亲，就妻来说，公公婆婆、大伯子、小叔、大姑、小姑，就夫说来、丈人、丈母、大小舅子、大小姨子等，全属这一类。

丙、配偶之血亲之配偶，就夫说来，小舅子媳妇、小姨子的男人、妻侄媳妇等；就妻说来，妯娌、大姑小姑的男人等，全属这一类。

四、亲等的计算法，亲等是亲属远近的等级，亲等计算的标准，血亲和姻亲不同，现在先说血亲。

血亲的亲等是以血统远近为标准，直系血亲的计算方法，是从自己向上数或向下数，数到与自己算亲等的这个人为止，看是几辈，有几辈就算几亲等。兹以下图说明之：

高祖父母——曾祖父母——祖父母——父母——自己
（4）　（3）　（2）　（1）　（0）
——子女——孙子孙女——曾孙子女——元孙子女
（1）　（2）　（3）　（4）

（说明）上图注字，是自己对那些亲属的称呼，圈内数字，是亲属和自己的等级。

旁系血亲的计算法，是从自己向上数，数到同源的那个人，看是几辈，再由同源的那个人算到与自己算亲等的那个人看是几辈，这两种辈数，加在一块所得出来的那个总数，就是自己与和自己算亲等的那个人的亲等，如叔父和自己是出于同源的祖父母，从自己数到祖父母是两辈，再从祖父母数到叔父是一辈，二加为三，那么，叔父和自己就是三亲等的旁系血亲了，如下图①：

高祖——曾伯叔祖父——堂伯叔祖父——族伯叔父——族兄弟
（4）　（5）　（6）　（7）　（8）

曾祖——伯叔祖父——堂伯叔父——再从兄弟—再从侄
（3）　（4）　（5）　（6）　（7）

祖父母——伯叔父——堂兄弟——堂侄——堂侄孙
（2）　（3）　（4）　（5）　（6）

父母——兄弟姐妹——侄——侄孙——侄曾孙
（1）　（2）　（3）　（4）　（5）

自己
（0）

以上是血亲亲等的计算方法，至于姻亲也是有直系的旁系的，也有远近，不过姻亲是要看这个关系是怎样发生的，而为区分的标准，如兄弟为二亲等的旁系血亲，兄弟媳妇就是二亲等的旁系姻亲；丈人丈母，是妻的一亲等的直系血亲，是自己一亲等的直系姻亲；又如小舅子媳妇，是妻的二亲等旁系姻亲，也是自己的二亲等的旁系姻亲。余以此类推。

① （1）原图为竖排，为便于排版，现改为横排。
（2）“晋察冀法令版”第227页所附旁系血亲计算图中，“高祖—曾伯父祖父—堂伯父祖父”可能有误，应是：“高祖—曾伯叔祖父—堂伯叔祖父”。“社科法制版”与“晋察冀法令版”相同，特提出，供进一步探讨。

（二）关于离婚条件：

一、条例第十条第一款规定“充当汉奸或有危害抗战行为者”得离婚，此款前半一方“充当汉奸”，他方得与离婚自无问题，后半段“危害抗战行为”，则弹性很大。那么什么是“危害抗战行为”呢？这要特别注意，“行为”两字，凡是破坏军队、破坏政府、破坏革命党派团体之见于行动者以及在行动上帮助敌伪者，都是破坏抗战的行为。

二、条例第十条第三款规定“感情意志根本不合，无法继续同居者”一方得请求离婚。婚姻必须双方有浓厚的爱情，结合才能美满，感情根本不合〔和〕，对双方都会是很大的痛苦，不过这里所说的感情不合〔和〕，只指“无法继续同居者”而言。因此处理这条文时，就不能因为夫妇间一时的吵架，而准许离婚。

三、夫妇之特有财产及其使用，什么是特有财产？依民法凡属于下面情形之一者均属特有财产：

甲、专供夫或妻使用者。

乙、夫或妻职业上必须〔需〕之物。

丙、夫或妻所受之赠物经赠与人声明为其特有财产者。

丁、妻因劳力所得之报酬。

对待特有财产之使用，是属于所有者，夫或妻如果使用他方之特有财产时，必经所有者之同意。

四、离婚后赡养费问题，在条例中未明确规定一定给对方赡养费，亦未明确规定数目，原因就是要根据实际情形，才能确定赡养费及其数目。所谓实际的情形，首先就是无过失者，假如对方是图谋陷害或是充当汉奸而被离婚者，就假定是没有职业或无财产，也不给以赡养费。而是在无过失的条件下未再嫁同时无职业又无劳动者，才能给以赡养费。赡养费之给与〔予〕，比照普通人之生活费用，最多不能超过三年，但如果离婚之一方确实无力支付此项费用者，还可以不给。这原因，就是使得一切可能离婚者，脱离物质之限制，这是本条规定的基本精神。

五、买卖婚姻。买卖婚姻不单指公开的买卖，凡用彩礼聘金等变相的买卖亦包括在内。在条例公布后，有买卖或变相买卖［的］均按本条例处罚，对这种处罚是处罚实行买卖行为的，不是处罚结婚的双方，因为实行买卖的不是结婚的双方而是他们的家长或其他人的缘故。

六、略诱、和诱、重婚。

甲、略诱。凡用强暴胁迫或诡计诈术引诱的，都是略诱。略诱的目的，有为着卖钱，有为奸淫，有为结婚，因为有这样的不同情形，所以处罚也不一样，刑法对略诱处刑均有规定，如刑法第二九八条，意图使妇女与自己或他人结婚而略诱之者处五年以下之有期徒刑，刑法第二四一条，略诱未满二十岁之男女脱离家庭或其他监督权之人者处一年以上七年以下之有期徒刑等皆可引用。

乙、和诱。和诱与略诱不同，在于：第一，略诱是用强暴胁迫的手段，和诱是用诱惑的手段；第二，略诱是不必经过被诱人的同意，和诱是经过被诱人的同意；第三，略诱罪的成立在被诱人的年龄上没有限制，和诱罪的成立按刑法规定必须被诱人年在二十岁以下十六岁以上。刑法第二四一条后段规定“和诱未满十六岁之男女以略诱论”。刑法第二四〇条规定，和诱未满二十岁之男女脱离家庭或其他有监督权之人者，处三年以下之有期徒刑。和诱有配偶之人脱离家庭者亦同。

丙、重婚。凡有配偶再结婚或者同时和二人以上结婚者都是重婚。依刑法二三七条处五年以下之有期徒刑，知情相婚的也是一样。

七、告诉告发的程序：

甲、条例所定罚则及违犯本条例而犯刑法各罪的被害者或被害者之配偶，父母、祖父母、子女（以年龄在十八岁以上者为限）均得告诉，如被害者死亡或抗日军人无法告诉，检察官可代为告诉，但指定告诉或代替告诉，不能与被害被诱者之意思相反。

乙、凡违反本条例之罚则者，除以上有告诉权者外，任何个人、团体、机关皆得告发与检举。

丙、本条例罚则属于刑罚，不能与婚姻关系之民事部分同一程序同一判决，不能民事附带刑事。关于刑事附带民事，只以因刑事所发生之损害部分为限，此外亦不得附带婚姻关系（如离婚无效，撤消〔销〕等）的诉讼。

第三，执行问题

（一）法律不究〔咎〕既往。本条例自公布日施行，边区新民主主义社会从旧社会的胎包之内生长出来，在各种制度上必然带着许多旧社会的斑痣，婚姻制度也正是这样，如买卖婚姻、一夫多妻、童养媳、奶媳、入赘、早婚等，在这一条例颁布后，一定要予以廓清。但我们必须注意，我们的婚姻条例是自民国三十年七月七日公布之后才有效，不能据以追诉今年七七“以前的事实（旧社会遗留下来的斑痣），即不能拿它来算旧帐〔账〕。因此，对于今年”七七以前的所有买卖婚姻、一夫多妻、童养媳、奶媳、入赘、早婚等事实，不能因其不合理即根据条例给以处罚。对于早婚、买卖婚，任何人也不得强迫离异，当然，这并不是承认它的合法，只要当事人依法提起诉讼，是要根据条例予以合理解决的。要抓紧新制度的建设，丝毫也不要迁就马虎，不能算旧帐〔账〕，不要算旧帐〔账〕，这是在执行中应该特别注意的一点。

（二）对于离婚条件的判决，一定要根据充分的证据。由于以往婚姻的不合理现象的存在，在这条例颁布之后，离异案件，可能增多，这是应有的现象，并不是坏事，不过社会关系是复杂的（婚姻直接关系到财产关系与抗战秩序），对于离婚案件的判决，司法部门一定［要］根据充分的证据处理，不能单凭一方片面的理由，遽然决定。我们坚决反对挑唆、胁迫以及捏造事实、给对方扣大帽子，以造成离婚“口实”（并不是条件）的卑劣行为，对于这些情形，要考查清楚，予以严厉的教育，对于某些为达目的不择手段，企以陷害对方者，更应给予刑法制裁。我们特别提起各级政府特别是司法部门的同志要从政治上来认识这一问题，这是执行中应该特别注意的第二点。

（三）结婚仪式和结婚离婚手续问题，在条例中没有明确详细的规定，我们反对旧式婚姻的铺张、浪费与封建迷信的所谓“礼节”，但也并不主张取消结婚仪式，我们提倡简单朴素而又严肃庄重的，特别是具有教育意义的仪式，这不仅为了使当事人对婚姻大事的更加郑重，而且也使在社会上、法律上取得一层保障。结婚登记（向所在地区公所登记）也同样是为了取得法律保障。这种手续的履行，不是强迫的，只要事实上夫妇关系存在着并不因其未曾履行规定手续而无效。

至于双方自愿离婚者，必须按照条例向县政府请求登记，这对于提高对婚姻问题的郑重，关系很大，这是执行中应该特别注意的第三点。

（四）对抗日军人的“生死不明”一定要尽力查问。条例第十一条规定：抗日军人生死不明四年以上者，他方才得提出离婚，但是抗战已经四年，必然有许多抗战军人，因为离乡日久，音讯难通，乡里间对他发生“生死不明”的问题，因此，在执行这一条文的时候，一定要很好的〔地〕理解，今天处在战争环境，交通太困难，对抗战军人提出的离婚诉请，应再留出一年以下的时间，尽量设法探讯〔询〕（请求离婚者及政府），以期能得到抗日军人本人的音讯〔询〕。如经一年的查讯，仍无消息者，始可准予离婚，在查讯〔询〕期间，对请求离婚的一方，多方解释，晓以大义。这是执行中应该注意的第四点。

（五）反对偏“左”偏“右”的倾向。边区婚姻条例的颁布施行，无疑问的，给予旧婚姻制度以致命的打击，它是要把旧的不合理的婚姻制度与恶习根本扫清，重新建立一种新的合理的婚姻制度。但由于旧制度习惯有着深厚的社会根源与悠久的历史传统，这样一种大的改变不是一个简单事情，这是社会建设的一个内容，是一个教育与斗争的过程。一切操之过急，生吞活剥认为只要条例颁布之后，一切都会立刻变好，这种想法是不对的。我们反对滥用条文，把婚姻看的〔得〕“不算一回什么事”，忽视婚姻的严肃意义的“左”的偏向，同时我们反对向旧礼教屈服、徇私情、保守，不坚决执行条例的右的偏向。

把握条例的基本精神，坚决地、正确地执行条例，为建立合理的健康的新民主主义的婚姻制度而努力。

选自《晋察冀边区行政委员会现行法令汇集》，上册，边区行政委员会1945年编印，第223～233页。简称“晋察冀法令版”。

互校版本：《中国新民主主义革命时期根据地法制文献选编》，第4卷，北京，中国社会科学出版社，1984年版，第816～825页。简称“社会法制版”。原注：“选自一九四五年十二月晋察冀边区行政委员会《现行法令汇集》上册。”

3. 晋察冀边区婚姻条例

1943年1月21日晋察冀边区第一届参议会通过，
同年2月4日晋察冀边区行政委员会公布

第一章　总则

第一条　本条例根据中华民国民法亲属编之立法精神，适应边区具体环境制定之。

第二条　男女婚姻须双方自主、自愿，任何人不得强迫，禁止奶婚、童养媳、早婚及买卖婚姻。

第三条　严格实行一夫一妻制，禁止重婚、纳妾、蓄婢及类似一夫多妻或一妻多夫之各种婚姻。

第二章　结婚

第四条　男不及二十岁，女不及十八岁，不得结婚。

第五条　结婚应有公开之仪式及二人以上之证人，向结婚所在地之村公所或县市政府登记，领取结婚证书。

第六条　婚姻不以订婚为必经手续。

第七条　与下列亲属不得结婚：

一、直系血亲及直系姻亲。

二、八亲等以内之旁系血亲，但表兄弟姊妹不在此限。

三、五亲等以内之旁系姻亲辈分不相同者。

第八条　有下列情形之一者，不得结婚：

一、有神经病或其他重大不治之病者：

二、有花柳病或其他恶疾者：

三、生理缺陷，不能人道者：

第九条　因奸经判决离婚，或受刑之宣告者，不得与相奸者结婚。

第十条　寡妇再嫁，他人不得干涉。

第三章　夫妻之权利与义务

第十一条　夫妻互负同居之义务，但有正当理由不能同居者，不在此限。

第十二条　夫妻之生活费用及家务之处理，由双方共同负责。

第四章　离婚

第十三条　夫妻两愿离婚者，须向所在地县市司法机关请求登记，并有二人以上证人之签名。

第十四条　夫妻感情意志根本不合，致不堪同居者，任何一方得向司法机关请求离婚。

第十五条　夫妻之一方有下列情形之一者，他方得向司法机关请求离婚：

一、充当汉奸者；

二、重婚者；

三、与他人通奸者；

四、虐待压迫或恶意遗弃他方在继续状态中者；

五、因犯特种刑事罪被处三年以上之徒刑者；

六、生死不明已逾三年者；

七、图谋陷害他方者；

八、有第八条各款情形之一者。

第十六条　抗日军人之配偶，非于抗日军人生死不明逾四年后，不得为离婚之请求。

第十七条　在女方怀孕及生育期间，男女不得提出离婚，具有离婚条件者，亦须于分娩满三个月后，始得提出，但有第十五条之第一、二、三、四、七各款规定情形之一者，不在此限。

第十八条　夫妻两愿离婚者，关于离婚后子女抚养教育责任之负担，应于离婚时约定之。但纵约定由妻方负担，而妻方生活困难者，在其未与他人结婚前，夫方仍应给予抚养教育费之全部或一部。

第十九条　夫妻经判决离婚者，司法机关得为其子女之利益，酌定抚养教育责任之负担人。

第二十条　妻方无过失因判决离婚而生活陷于困难者，夫方纵无过失，亦应给予相当赡养费，但无力支出此项费用者，不在此限。

第二十一条　夫妻离婚时，得各自取回其原有财产。

第五章　附则

第二十二条　关于婚姻除本条例别有规定者外，民法亲属编关于婚姻之规定仍适用之。

第二十三条　本条例自公布之日施行。民国三十年七月七日公布之晋察冀边区婚姻条例同时作废。

选自《晋察冀边区行政委员会现行法令汇集》，上册，边区行政委员会 1945 年编印，第 219～222 页。

互校版本：

1.《中国新民主主义革命时期根据地法制文献选编》，第 4 卷，北京，中国社会科学出版社，1984 年版，第 826～829 页。原注："选自一九四五年十二月晋察冀边区行政委员会《现行法令汇集》上册。"

2. 刘素萍主编：《婚姻法学参考资料》，北京，中国人民大学出版社，1989 年版，第 32～35 页。原注："据晋察冀边区行政委员会编《现行法令汇集》上册。"

4. 晋察冀边区行政委员会关于婚姻登记问题的通知

1943 年 5 月 27 日

关于婚姻登记问题，应注意下列各点：

（一）关于结婚登记机关——在今年二月四日新颁婚姻条例中规定，结婚应"向结婚所在地之村公所或县市政府登记"主要是为了便利人民，使一般人民结婚，都可以到村公所履行登记（到县市政府登记的规定，主要是为在外籍结婚的工作人员而设），减去到区公所登记的麻烦，同时也为了减少区公所的事务，加强村公所的责任，各县应即具体布置到村。结婚登记证由县统一印发，月终将存根送区转县统计之。在这一工作由村公所负责的初期，区公所应多给以具体的帮助，并防止可能发生的"不够结婚条件也轻易予以登记允许结婚"（应着重防止的）及"机械的〔地〕坚持条件或故意与人为难"的偏向。

（二）关于结婚登记的效力（结婚与离婚应有区别）：

1. 结婚登记的效力——结婚登记是为了防止男女关系的混乱和不够结婚条件的男女随便结婚，因此特别规定男女在结婚前应"向结婚所在地之村公所或县市政府登记，领取结婚证书"，这是必须履行的手续。但如果在结婚前或结婚后不登记的是否影响婚姻效力呢？这应根据实际情形分别处理：A. 未经举行公开结婚仪式的，不登记不生婚姻的效力，并应由县按"妨害风化"治罪。因这种婚姻，很易使男女关系混乱，且会给敌人与破坏分子以造谣的口实，所以应视为无效。B. 已经举行公开的结婚仪式且合乎结婚条件的，应承认其结婚有效。因这种婚姻既合乎结婚条件且由于举行了公开的结婚仪式，在社会习惯上已取得合法地位，所以应视为有效，但仍应加以教育，使他们遵守婚姻条例的规定，向结婚所在地的村公所或县政府补行登记，取得法律上之合法地位。C. 已经举行公开的结婚仪式但不合结婚条件的，应根据实际情形正确适当的〔地〕处理（如男女不到结婚年龄的可令暂时分开，等到达结婚年龄，再行同居，违犯婚姻条例第七、第八、第九三条的规定的可强令拆散）。反对“一律强令拆散”和“置之不理”的两种偏向。

2. 离婚登记的效力——为了防止男女因一点小事即随意离婚的现象，以免影响家庭生活和社会秩序，关于两愿离婚的登记应做〔作〕为离婚成立必要的条件，不登记的，其离婚不生效力，如两愿离婚后不经登记又与第三人结婚的，应按重婚治罪。

（三）关于婚姻登记的办法：

1. 结婚登记的办法：A. 结婚登记事项除结婚登记证上所列项目外并须注意下列各项：（甲）男女双方有无亲属关系？是什么亲属？（乙）双方有无疾病缺陷？（丙）以前结过婚没有？如果结过婚的现在是否已经离婚？审查双方是否合于离婚条件。B. 男女结婚向所在地村公所进行登记时，其住于别村的一方（一般是女方）得用书面登记由当事人与住在村民政委员签名并按手印交由结婚所在村村公所审查，其住于结婚所在村之一方（一般是男的）应当面说明结婚登记事项，并在结婚登记证上签名按指印或由一方先就他方向结婚所在地之村公所登记后，再行结婚，村公所对声请结婚的男女双方，应就其登记事项详细审查合于结婚条件者即准予登记，不合结婚条件者不予登记（关于结婚年龄在游击区及早婚习惯很深的晋东北一带不必强调非达法定年龄不可，但在十四岁以下的一定要禁止，已结婚的也要强令分开，到达适当年龄，再准同居）。

2. 离婚登记的办法：A. 离婚登记机关为所在县之司法机关，在游击区县政府得授权区公所代为办理离婚登记，B. 离婚登记以男女亲自到场为原则，并应有住在村村公所之介绍信和证明人之书面证明，村公所对两愿离婚的男女不得拒绝开介绍信。希讨论执行，特此通知。

附结婚证、离婚证样式。（略）

选自《晋察冀边区行政委员会现行法令汇集》，上册，边区行政委员会 1945 年编印，第 234～236 页。

互校版本：《中国新民主主义革命时期根据地法制文献选编》，第 4 卷，北京，中国社会科学出版社，1984 年版，第 829～832 页。原注：“选自一九四五年十二月晋察冀边区行政委员会《现行法令汇集》上册。”

5. 晋察冀边区行政委员会关于女子财产继承执行问题的决定

1943 年 6 月 15 日公布

本边区自妇女运动开展以来，妇女在社会上、政治上的地位已提高很多，妇女在经济上的积极性也在逐渐提高，民法关于女子财产继承权的规定已在执行着，但在执行上因追溯过远，滋生许多纠纷。为正确执行民法关于女子财产继承权的规定，提高女子经济地位，减少民间纠纷，巩固团结，集中力量对敌，本会特作如下之决定：

一、被继承人生前有女无子，在他死亡后，他的全部遗产都归其女（不论一女多女、已嫁未嫁）继承，任何人不得强作嗣子，以分继他的遗产。但是被继承人生前承养的养子或嗣子，得依民法养子之规定取得其应继承的股份。

二、在本决定施行前，被继承人于在世时就把他的财产实行分给或赠与一部分继承人的，其他继承人在被继承人死亡后，只能对于被继承人死亡时留下的未曾分给或赠与其他继承人的财产，与其他继承人有同等之继承权，对上项已经分给或赠与其他继承人的财产，不能请求回复继承权。

三、被继承人死亡后，他的财产已由继承人之一部实行继承，且已于本决定公布以前将财产分割各自管业者，其他继承人不能对已分定之财产请求回复继承权。但是分割遗产时由于参加抗战或经营其他事业，背井离乡，消息隔绝，致继承权被侵害者，不在此限。于分割遗产时，继承人因幼小无知，致继承权被侵害者，亦不在此限。

四、被继承人仅有一子一女，或一子数女，他的儿子在他死亡后，就占有他的财产，而有继承权的已嫁女子，截至本决定公布之日止，并未提出分割遗产的要求者，其继承权视同抛弃，不能要求回复。但由于参加抗战或经营其他事业，背井离乡，不知被继承人死亡，或虽已知死亡而事实上，不能返归本籍实行继承者，不在此限。

以上视同抛弃继承权之已嫁女子，生活确系贫困者，得要求其弟兄接济其一部生活费用，遇有争议，得由村公所、抗联会调解之。

五、有继承权的寡妇，得携带她应继份内之财产改嫁，但夫家确系贫困者，得少带或不带。但是寡妇本人的财产，任何人不能阻止其带走。

遇有争议，得由区村公所协同抗联会调解之。

六、本决定于一九四三年六月十五日生效，今后及现正涉讼的女子财产继承案件，依照本决定处断。本决定所未规定者，完全适用民法的规定。

本决定施行前已判决确定的继承案件，及未经涉讼已经取得的继承权，都不予变更。

选自《晋察冀边区行政委员会现行法令汇集》，上册，边区行政委员会 1945 年编印，第237～238 页。

互校版本：《中国新民主主义革命时期根据地法制文献选编》，第 4 卷，北京，中国社会科学出版社，1984 年版，第 832～833 页。原注：“选自晋察冀边区行政委员会《现行法令汇集》上册，一九四五年版。”

6. 晋察冀边区在外工作人员声请离婚程序

1946 年 2 月 20 日

晋察冀边区行政委员会令（会法字第三十一号）

令发各部门工作人员办理离婚程序希依照执行。

据报告各部门工作人员多就自己工作地区司法机关请求离婚，需要规定程序，以免有所遗〔贻〕误，兹根据照顾男女双方权利之精神，特规定在外工作人员声请离婚程序，随文附发，希即依照执行。

此令！

附：在外工作人员声请离婚程序。

在外工作人员声请离婚程序

第一条　本边区内之人员声请与原籍或住所地之对方离婚者，由原籍或住所地之初级司法机关受理。男女双方均在外工作，在同一地区者，由工作地之初级司法机关受理：在不同之地区者，由被告人工作地之初级司法机关受理。

第二条　其他解放区之人员在本边区工作声请与原籍或住所地之对方离婚者，由声请人所属之机关负责转声请人原籍或住所地之初级司法机关受理。男女双方同在本边区工作者，由被告人工作地之初级司法机关受理。

声请与其他解放区工作人员离婚者，由声请人所属之机关负责转被告人工作地之初级司法机关受理。

第三条　其他地区之人员在边区工作声请与原籍或住所地之对方离婚者，应由声请人所属之机关审核，负责转工作地之初级司法机关受理。

第四条　受理边区以外地区人员声请与原籍或住所地之双方离婚之初级司法机关，应切实审核，并得依职权为必要之调查。

对合于离婚条件之声请人，应命其交声请状副本送达于被告人，并将声请要旨登报，使声请人负担登报费与邮寄费。

在登报最后之日，与声请状副本交到邮局之日，比较最后之日起三个月后，始得为终局判决。

声请书不合离婚条件者，应以裁定驳回之。

不服本裁定，得于五日内提起抗告。

声请人迟误言词辩论日期逾三个月或逾两次者，视为撤回声请。

撤回声请者，不得再为声请。

司法机关准许离婚之判决时，应将判决正本送达于被告，并将判决要旨登报，使原告人（声请人）负担登报费与邮寄费。

准许离婚判决确定期间为一年。

原告人接到离婚判决一年后始得结婚。

第五条　本程序规定之报纸为晋察冀日报。

第六条　本程序自令到之翌日起施行。

选自《中国新民主主义革命时期法制建设资料选编》（三），西南政法学院函授部1982年编印，第349～350页。原注：“摘自《晋察冀边区行政委员会现行法令汇集》续编。”

十二、刑事法规

1. 晋察冀边区行政委员会修正处理汉奸财产办法

1938年2月9日公布，
1939年11月1日修正公布

一、晋察冀边区行政委员会（以下简称本会）为肃清汉奸，加强抗日力量，对于没收汉奸财产，除依修正惩治汉奸条例第八条至第十三条规定办理外，悉依本办法之规定。

二、凡通谋敌国而有国民政府公布之修正惩治汉奸条例第二条所列各款行为之一者，均属汉奸，得由政府没收其财产之全部或一部。

三、没收或查封汉奸财产，应限于本人所有，不及其亲属，如系同居家属，应酌留家属生活费。

四、凡属汉奸财产不论动产不动产，政府均得没收。

五、被没收之汉奸财产属于动产者，一律集中本会，移交边区银行，充做〔作〕准备金或分赏游击队，其有笨重什物未便集中者，得由所在地县政府呈准本会拍卖，以现款集中。

六、被没收之汉奸财产属于不动产者，一律为边区公有，由本会直接管理，无租分给贫苦人民耕种或居住。其办法如下：

（一）被没收之土地房屋，经政府分配注册后，其耕种住居权即属于受分配者之贫苦人民，但不得将分配之土地房屋典卖于他人或作为抵押物。

（二）被没收之土地房屋，抗战军人家属贫苦者，有分种分住之优先权。

（三）被没收之土地房屋，其种、住以人为计算单位。某人应分种土地若干、住房屋若干，其数目由所在地之县政府或区公所规定，召集村民大会表决行之。

（四）受分种土地或分住房屋之人民，县政府应给付证据，并呈报本会备案。

（五）分配之土地房屋，其原有应纳之国家赋税，受领人仍须照额完纳，以重公帑。

（六）人民于受领土地或房屋后，如受有刑事处分之宣告者，县政府应撤销其耕种或居住权，并呈报本会备案。

七、被没收之汉奸财产，如有典当租借关系者，由县政府按照原有关系代替原主清理之，并呈报本会备案。

八、以本办法没收或查封之汉奸财产，应由执行机关造具没收或查封财产清册，呈报本会备案。

九、依本办法没收或查封之汉奸财产，须经本会核准方得执行，并由执行机关公告之。

十、本办法自公布之日施行。

选自《中国新民主主义革命时期根据地法制文献选编》，第3卷，北京，中国社会科学出版社，1981年版，第78～80页。原注："选自晋察冀边区行政委员会《现行法令汇集》上册，一九四五年版。"

2. 晋察冀边区惩治贪污暂行条例

1938年6月27日

第一条　军人或公务人员于作战期内犯本条例之罪者，依本条例处断办理，社会公益事务以办理公务论。

第二条　有下列行为之一者，处死刑无期徒刑或十年以上有期徒刑：

1. 克扣军饷者；
2. 建筑军工或购买军用品从中舞弊者；
3. 盗［卖］军用品者；
4. 借势或借端勒索勒征、强占或强募财物者；
5. 以军用舟车、航空机、马匹、驮兽装运违禁或漏税物品者；
6. 意在图利扰乱金融或违背法令收募税捐公债及擅提或截留公款者。

第三条　有下列行为之一者处无期徒刑或五年以上有期徒刑：

1. 于前条第一款以外克扣职务上应行发给之财物者；
2. 于前条第二款以外对于在管或监督之事务直接或间接图利者；
3. 盗卖侵占或窃取公有财物者；
4. 收募款项征用土地、民夫、财物从中舞弊者。

社会公益团体之财物以公有财物论。

第四条　依前二条之未遂罪罚之。

第五条　预备阴谋犯第二条之罪者，处二年以上七年以下有期徒刑，犯第三条之罪者，处一年以下之有期徒刑。

第六条　犯本条例之罪者，其所得之赃款赃物除属于公有者应予追缴外，应依其情形分别予以没收或发还被害人，赃款赃物之全部或一部无法追缴或不能没收追征其价额，经追而无力缴纳，没收其财产抵偿，但其财产价值不及应追征之价时，应酌留其家属必需之生活费。

第七条　诬陷或诬告他人犯本条例之罪者，依刑法之规定从重处断。

第八条　犯本条例之罪者，由有军法职权之机关审判，呈报中央最高军事机关核准后执行之。在作战区域因交通阻梗，或时机急迫时，得径由就近有军法权之高级军事机关依照规定程序代核，事后呈报备案。

第九条　对于前条之管辖如有争执时呈由中央最高军事机关指定之。

第十条　刑法总则、刑事诉讼法规定与本条例不相抵触者适用之。

第十一条　本条例自公布之日施行。

选自《晋察冀抗日根据地史料选编》，上册，石家庄，河北人民出版社，1983 年版，第 56～57 页。

3. 晋察冀边区汉奸自首单行条例

1938 年 11 月 17 日

第一条　本边区日益扩大与巩固，敌伪组织纷纷内向，兹为更加扩大与巩固统一战线，以争取抗战最后胜利，特予汉奸附逆者以自新机会，爰制定本条例公布之。

第二条　凡因不得已组织或参加伪军（伪保安队、伪皇协军、伪满洲军、伪警察）者，不论士兵与官长、个人与团体，其能执行下列工作之一者，均予以自新之机会：

一、我军攻击城镇或据点，伪军里应，因而收获城镇据点者，除予以抗日名义，参加抗日工作外，由本委员会呈报国民政府予以奖励。

二、官长率领士兵杀死敌伪官吏，破坏敌方重要工事、交通要道，携械来归者，一律予以抗日军人名义，加以训练后参加抗日工作，不解散其部队，不缴其械，并由本委员会呈请国民政府予以奖励。

三、下级军官率领爱国志士杀死执迷不悟之伪军首长而毅然来归者，除按其人数多寡予以适当之编制外，其余待遇与第一款同。

四、三五成群或个人带有武器来归者，除按本会收买武器办法给以应得之奖金外，并按其志愿给以适当的工作。

五、未找得反正机会，经常供给本边区各所在地之政府、部队及群众团体以敌方秘密，对敌方工作消极怠工而有证明者，于我军收复各该地区时，除优遇外，并分配以适当的工作。

第三条　凡因不得已参加伪政权而来屠杀中国同胞者，不论官级高低、个人与团体，其能执行下列工作之一者，均予以自新之机会：

一、杀死敌方官吏或执迷不悟之汉奸而毅然来归，并将敌方秘密尽量暴露者，除按其能力分配以重要工作外，并由本委员会呈请国民政府予以奖励。

二、与本边区各级政府、各部队、各群众团体有密切联系，经常供给敌情，掩护本地区工作人员，尽量庇护敌区同胞，而有具体事实表现者，随时来本地区均予优待并分配工作，或于我军收复各该地区时除优遇外，并分配以适当的工作。

三、帮助本边区作财力、物力、人力的动员或政治宣传而有具体事实表现者，其待遇与第一款同。

第四条　凡因不得已参加伪宣抚班、伪报馆、伪新民会等汉奸组织者，不论其过去欺骗同胞之罪恶，其能弃暗投明、痛改前非，从敌区来归，写诚恳的悔过书，并于其行动上证明其确系悔过者，加以教育后，分配以适当的工作。

第五条　贪图小利为敌方驱使，刺探军情或破坏电线，或有其他阴谋者，向其所在地之政府或部队自首，将敌方之秘密文件或消息报告我方，并将同伙奸细报告因而捕获者，除由当地县政府予以经济上的帮助外，并按工作能力分配以工作。

第六条　凡因一时愚昧为寇方利用后悔莫及者，其能探听敌方消息或抓拿汉奸而有一件工作表现者，有可靠保人五人或铺保两家之保证，即予以自新之机会，保证其生命财产之安全。

第七条　本条例自公布之日起实行。

选自《抗日根据地政策条例汇集——晋察冀之部》，第 2 辑，1942 年版，第 458～460 页。

互校版本：《中国新民主主义革命时期根据地法制文献选编》，第 3 卷，北京，中国社会科学出版社，1981 年版，第 80～82 页。原注：“选自《抗日根据地政策条例汇集——晋察冀之部》。”

4. 晋察冀边区行政委员会关于严禁播种罂粟的命令

1939 年 2 月 19 日

查播种罂粟，病国害民，早已悬为严禁。惟自敌寇进犯以来，厉行毒化政策，到处强迫播种。而无知愚民，竟有受其欺骗秘密偷种者。若不严加禁绝，将见生产日减、毒氛日炽，影响抗战殊非浅鲜。现值春耕将届、罂粟不日下种之期，合再重申禁令，仰该县长认真查禁，彻底肃清，倘有偷种，一经查获，即按中央禁烟治罪暂行条例严重处办。除分令外，仰即遵照，并布告该县民众一体周知为要。

选自《中国新民主主义革命时期根据地法制文献选编》，第 3 卷，北京，中国社会科学出版社，1981 年版，第 82 页。原注：“选自晋察冀边区行政委员会《现行法令汇集》上册，一九四五年版。”

5. 晋察冀边区稽征人员舞弊惩处暂行条例

1939 年 9 月

第一条　凡本边区征收人员舞弊者依本条例惩罚之。

第二条　征收人员有下列行为之一，查有确据者以舞弊论：

1. 征收税捐收多报少者。
2. 私用小票或自行印制税票者。
3. 填写大头小尾者。
4. 隐匿罚金者。
5. 收受商民贿赂者。
6. 征收税款出入找零，不按公布行市，希图渔利者。
7. 用其他方法侵吞税款及经费者。

第三条　有前条各款之行为者，依下列各款惩罚之：

1. 舞弊在十元以下者，处一百倍之罚金。
2. 舞弊在十元以上未满一百元者，处三年以上十年以下有期徒刑。
3. 一百元以上未满五百元者，处无期徒刑。
4. 五百元以上者，处死刑。

第四条　依前条第一款所科罚金，如实系无力交纳者，准以一元折易监禁一日。

第五条　二人以上共同舞弊者所科罚金，应连带负责，但均无力交纳者，分别易以监禁。

第六条　因舞弊所得之财物，如数追出归公，其已消失者，估价追交。

第七条　凡本条例未经规定者，应按照刑法之规定办理。

第八条　犯第三条第一、二两款者，送交就地司法机关审判，呈经本会核准后执行；犯第三、四两款者，由本会司法处审判，呈经核准后分别执行。

第九条　凡本边区行政人员兼办财政及征收事务舞弊，查有确据者，适用本条例之规定。

第十条　本条例自公布日施行。

选自《晋察冀边区财政经济史资料选编》（四），天津，南开大学出版社，1984 年版，第 212～213 页。

6. 晋察冀边区行政委员会关于堕胎溺婴案件均须依法科刑的命令

1942 年 3 月 13 日

查堕胎溺婴，不仅有违人道，且为危害民族后代的罪行，所以刑法“堕胎”“杀人”

“遗弃”三章中对于这类行为，全定有处罚明文。

在此长期抗战过程中，对民族后代的保育，不惟有关抗战，且对于建国伟业关系更大。所以今年三八妇女节，特有“奖励生育”口号的提出。那么如何保护民族后代？这也是比任何时期更值得注意的一件事情。

但是根据各地的报告，自从去秋反扫荡以后，各地妇女鉴于携带婴儿打游击的困难，因而堕胎溺婴的事情反比以前多了起来，而各地区公所与县政府，对于这种事情，有的轻描淡写，略加批评批评，有的教育几天，就算完事。这样轻纵，不啻助长了这种恶风，且将遗〔贻〕害于民族甚大，亟应严格加以纠正。

兹特规定所有堕胎溺婴事件，均须依据刑法科以刑罚，在执行过程中，再加强其教育，不得借口教育不予处罚。自通令之日起，各地新发生之堕胎溺婴事件，村长不立即报告者，由村长负责，区长对于此种案件不送县政府而私自处理者，由区长负责，县政府对此种案件不依刑法之规定科刑者，由县长负责。希即知照，并通令所属一体知照。

选自《中国新民主主义革命时期根据地法制文献选编》，第3卷，北京，中国社会科学出版社，1981年版，第83页。原注：“选自晋察冀边区行政委员会《现行法令汇集》上册，一九四五年版。”

7. 晋察冀边区破坏坚壁财物惩治办法

1942年4月1日

第一条　为保护边区财力物力，防止敌寇、汉奸、盗匪破坏，特制定本办法。

第二条　本办法所称坚壁财物者，系指因防止敌寇汉奸之破坏与掠夺而移藏于地窖、山沟及其他隐蔽处所之衣被、粮秣、公文、器具等类之一切公私财物与用土石堵塞之建筑物而言。

第三条　有下列行为之一者，处死刑、无期徒刑或十年以上有期徒刑：

一、勾结敌伪，挖掘搜索坚壁财物者。

二、明知为坚壁之军械、弹药、公文、印信、卷宗，而挖掘搜索者。

三、结伙三人以上窃盗坚壁财物者。

四、制造敌情或冒充敌伪而窃盗抢劫坚壁财物者。

五、故意焚烧毁坏坚壁财物者。

六、故意向敌伪暴露坚壁财物之处所致生损害者。

七、意图阻碍、反对与破坏坚壁工作而用文字图画向群众宣传，致生损害者。

八、窃盗坚壁财物在三次以上者。

前项一至七各款之未遂犯罚之。

第四条　有下列行为之一者，处二年以上七年以下之有期徒刑，得并科二千元以上之罚金：

一、窃盗坚壁财物者。

二、因被胁迫而引道敌伪挖掘搜索坚壁财物者。

三、侵占代他人坚壁之财物者。

四、意图阻碍、反对或延缓坚壁工作而用言语向群众宣传，致生损害者。

前项第一款之未遂犯罚之。

第五条　因敌寇汉奸变更坚壁财物之位置借口拾得而侵占之者，处二年以下有期徒刑，得科或并科五百元以下之罚金。侵占拾得之军械、子弹、公文、卷宗、印信者，加重处罚。侵占或拾得财物经动员说服自愿交出者，得减轻或免除其刑。

第六条　明知系因不法而取得之坚壁财物，而收受、搬运、寄藏、故买或为牙保者，处一年以上七年以下有期徒刑，得并科五百元以下之罚金。

第七条　故意陷害诬告他人犯本办法之罪者，处以各该条之刑。

第八条　村级以上政民干部犯本办法之罪者，得加重其刑至二分之一。

第九条　因犯本办法之罪所得之财物，得追缴原物或价额。

第十条　犯本办法之罪而向村级以上之政府自首者，得减轻或免除其刑。

第十一条　犯本办法之罪者，由有军法审判权之机关审判之。依本办法判决之案件，应于宣判后五日内缮具判决正本，并令被告人提出声辩书，连同卷宗送由边区行政委员会（冀中送冀中行署，冀北送冀北办事处）核定之。

第十二条　其他法令与本办法不相抵触者，适用之。

第十三条　本办法修改解释之权属于边区行政委员会。

第十四条　本办法自公布之日施行，必要时得由边区行政委员会修改之。

注：本办法公布后，边委会于三十年（1941）年公布之边字第三号布告第五、六两项有关坚壁之规定，已明令废止。

选自《中国新民主主义革命时期根据地法制文献选编》，第3卷，北京，中国社会科学出版社，1981年版，第84～86页。原注："选自晋察冀边区行政委员会《现行法令汇集》上册，一九四五年版。"

8. 晋察冀边区惩治贪污条例

1942年10月12日通过，
同年10月15日公布施行

第一条　本条例依据中华民国刑法及中华民国惩治贪污条例之立法精神，并参合〔照〕边区实际情况制定之。

第二条　边区各部队及各级机关团体之工作人员，犯本条例之罪者，依本条例处断之。受政府领导或指导办理社会公益事业之人员，犯本条例之罪者，亦同。

第三条　有下列行为之一者为贪污罪：

一、克扣或截留应行发给或解交财物粮饷供私用者。

二、买卖公物从中舞弊者。

三、盗窃、侵吞公有财物粮饷者。

四、侵占、私征或强募人民财物者。

五、挪用公有财物供私人营利者。

六、擅自动用或处分所保管之公有财物者。

七、浪费公有财物，供私人挥霍享乐者。

八、伪造或虚报收支账目者。

九、勒索敲诈、收受贿赂者。

第四条　犯第三条之罪者，以其贪污数目之多少及发生影响之大小，依下列之规定惩治之：

一、贪污数目在五百斤小米市价以上者，处死刑或十年以上之有期徒刑。

二、贪污数目在三百斤小米市价以上五百斤未满者，处死刑或七年以上之有期徒刑。

三、贪污数目在一百斤小米市价以上三百斤未满者，处七年以下一年以上之有期徒刑，得并科五百斤以下之小米折价的罚金。

四、贪污数目未满一百斤小米市价者，处一年以下之有期徒刑、拘役，得并科或专科三百斤以下之小米折价的罚金。

贪污实物以发生贪污行为时当地之市价计值。

第五条　前二条之未遂罪罚之。

第六条　犯本条例之罪者，其所得之财物属于公有者应予追缴，属于私人者视其性质分别予以没收或发还受害人一部或全部，无法追缴时没收其财产抵偿。但财产不及或仅及应追缴之价额时，应酌留其家属之生活费。

第七条　诬告或陷害他人犯本条例之罪者，依刑法之规定从重处断。

第八条　犯本条例之罪于发觉前自首者，除以第六条之规定追缴贪污财物外，得减轻或免除其刑。

第九条　犯本条例之罪者，由有军法职权之机关审判，呈请晋察冀边区行政委员会核准执行之。

第十条　刑法总则、刑事诉讼法之规定与本条例不相抵触者，适用之。

第十一条　本条例解释及修改之权属晋察冀边区行政委员会。

第十二条　本条例自公布之日施行。

选自《中国新民主主义革命时期根据地法制文献选编》，第3卷，北京，中国社会科学出版社，1981年版，第86～88页。原注：“选自晋察冀边区行政委员会《现行法令汇集》上册，一九四五年版。”

9. 晋察冀边区行政委员会关于严厉禁止粮食资敌规定六项紧急措施的命令

1943年1月7日

粮食是决定战争胜负的重要因素，谁能掌握粮食，谁就能够坚持战争，取得胜利。日寇为了苟延其垂死的寿命，自五次治安强化运动以来，便以“确保农产”、掠夺粮食为其最中心目标。敌于强制入仓、直接抢掠与低价收买办法连续失败后，改用“高价收买”的办法，抛出大批伪钞，换取我之粮食。这种用废纸掠夺粮食的狠毒阴谋，极易迷惑与欺骗一般民众，以为“市价”很高，可以出售。奸商又乘机走私，运粮出口，以图厚利，致使敌人“高价收买”粮食的阴谋，得到部份〔分〕的收获，造成边区各地粮价飞涨、粮食外流的严重现象。如不加以有效制止，粉碎敌寇抢粮阴谋，根据地的军需民食必受严重影响。为掌握粮食，根绝粮食出口，粉碎敌寇“高价收买”的掠夺计划，特规定严厉禁止粮食出口的紧急措施如下：

一、奖励游击区粮食运入巩固区出售或存放，巩固区粮食绝对禁出封锁沟，私运粮食出封锁沟者，以出口资敌论罪。

二、划定封锁沟内五里至十里为缉私线，缉私线上的粮食，只准运入巩固区，不准运出封锁沟。其需出卖余粮或购粮自用者，在本村以内得自由买卖，出村买卖粮食者，须持该村公所之证明单（统一由县政府印发）。买粮回家者，须持集市“粮食交易所”或区公所之证明单（证件由县政府印发，统一格式），违者以贩卖粮食出口论。“粮食交易所”由贸易机关、集市派出所、商会或商救会各派一人组织之，并可吸收粮牙纪参加“粮食交易所”的工作。

三、开展群众缉私运动，缉私线上的贸易管理、公安、武装各部门，须在区公所统一指挥下，领导村公所、治安员、中队部，发动民众，组织全面纵深的缉私网，须将人犯及粮食，一并送交区公所转送县政府依下列规定处理之：

1. 奸商私运粮食出口在五斗以下，并系初犯者，粮食没收，并科以五十元至五百元之罚金。

2. 奸商私运粮食出口在五斗以上二石以下者，粮食没收，并处以有期徒刑六个月至二年（重犯者以各次走私粮食之和计算）。

3. 奸商私运粮食出口在二石以上者，处死刑（重犯者以各次走私粮食之和计算）。

4. 无知民众私运粮食出口，并系初犯者，酌情从轻处罚。

四、查获走私粮食案件之群众或团体，按粮食变价，给以百分之二十的奖金。

五、缉私线以内的巩固区粮食，自由流通，不加任何限制。

六、游击区发动民众，切实保存粮食，各村制定公约，粮食不上伪市，不准卖与〔予〕敌人。各村互相调剂粮食者，须持村公所之证明单，违者以走私论。

以上六项办法，由专署会同贸易支局，拟定各该专区实施办法，报告本会备案。在执行上述办法时，必须向群众详细解释，说明禁粮出口，在于保证军需民食，制止敌人掠夺收买。巩固区粮少，游击区粮多，巩固区粮食不准出口，不是限制游击区人民。只有巩固区粮食不出封锁沟，游击区粮食才能切实保存。只有游击区粮食不上伪市场，巩固区粮食才能有效控制，同时必须打击敌伪造谣，打击敌钞票，严防因缉私而形成滥捕滥罚及缉私人员之营私舞弊。干部人员违背上项规定者，一律加重治罪，以期收到利民而不害民，制敌而不害己。希即遵照切实执行。

选自《中国新民主主义革命时期根据地法制文献选编》，第3卷，北京，中国社会科学出版社，1981年版，第89～91页。原注：“选自《晋察冀边区工作研究参考材料》下册。”

10. 晋察冀边区处理伪军伪组织人员办法

1943年4月12日公布

第一条　为促使伪军伪组织人员及早觉悟，改过自新，并严厉镇压死心塌地、罪大恶极之汉奸份〔分〕子，特制定本办法。

第二条　本办法所称伪军伪组织人员系指下列人员而言：

一、伪军官兵。

二、伪警察及其官佐。

三、公开与秘密的敌伪特务、侦谍、情报人员。

四、伪政权团体之工作人员。

五、其他为日寇服务、危害抗战之汉奸份〔分〕子。

以上伪军伪组织人员之家属，如不参与危害抗战之活动，不得以伪军伪组织人员论。

第三条　凡系伪军伪组织人员均予以自新之路，须依下列办法请求登记：

一、自行登记。

二、由其家属代为登记。

三、由本人委托亲友代为登记。

前项登记机关为所在地县政府，必要时得由县政府委托区分所及前方部队之政治机关或武装工作队办理之，登记限期另定之。

第四条　凡经登记之伪军伪组织人员，自登记之日起，须履行下列各款规定之一：

一、脱离敌伪组织，参加抗日工作。

二、虽不参加抗日工作，须与敌伪组织永远断绝关系，并不得有危害抗战之言行。

三、因有可原之情形，不能即刻脱离敌伪，经登记机关核准后得展期脱离，但须对敌伪阳奉阴违，帮助抗日工作。

履行前项各款规定，均以有事实证明者为限。

第五条　凡履行本办法第四条之规定者，其汉奸罪行一律赦免，其生命与一切法定权益均予以保障，但侵害他人之法定权益部分不在此限。

第六条　在限定期间不履行第三条及第四条之规定之伪军伪组织人员，得由各级政府根据调查及人民之检举告发分别情节，依下列办法处理之：

一、因敌之诱迫而为敌伪服务者，褫夺全部公权，其个人之一切法定权益均不予保障。受前款之处分如悛悔有据者，得恢复其公权。

二、积极效劳敌伪，危害抗战者，依惩治汉奸条例治罪。

三、甘心事敌、罪大恶极者，依惩治汉奸条例严惩，并得交付晋察冀边区特别法庭裁判之。

四、侵害人民之生命财产者，得由人民或检察机关检举控诉，依法惩治之。

五、由抢夺勒索等非法取得的财产，政府不承认其法定权益，并得由被害人民或检察机关检举控诉，依法追还或没收其非法所得之财产。

第七条　凡罪大恶极之汉奸，不论已获未获，均得由边区行政委员会、高等法院会同军事机关及群众团体，组织特别法庭审判之。前项特别法庭之组织另定之。

第八条　凡罪大恶极之汉奸，检察机关及人民均得向特别法庭检举控诉之。

第九条　凡经特别法庭判处死刑但尚未捕获之汉奸，得由抗日军民随时逮捕，就地正法，或解送政府执行。

第十条　凡经特别法庭判决，但尚未捕获之汉奸，如自行投案悔过自新或建树抗日功绩者，得依汉奸自首条例减免其罪行。

第十一条　本办法自公布之日施行。

选自《中国新民主主义革命时期根据地法制文献选编》，第3卷，北京，中国社会科学出版社，1981年版，第97～100页。原注："选自晋察冀边区行政委员会《现行法令汇集》上册，一九四五年版。"

11. 晋察冀边区行政委员会关于法令中凡规定罚金之条文准依原定数额增加十倍的通知

1944年6月12日

查案件科处罚金，原在对犯罪者施以教育，使其思想有所转变，但近因物价昂贵，在各种刑法法令中所规定之罚金额数有时难收刑罚之效，兹决定自文到之日起，凡有罚金之条文，一律按照定额增加十倍，即原为一百元以下之罚金者，在增加十倍之后，为一千元以下之罚金。其他民事与行政案件（包括违警）之罚锾，亦准依此规定。惟在执行中，应注意防止下列偏向：

一、严防滥罚。个别县份，往往因案件不甚严重，或因囚粮数字限制，乃不从积极组织犯人参加生产求得解决，而以科处罚款完案了事。

二、不得一律向最高额看齐，罚金数额增加后，有增至数万元者，在执行时应视其犯罪情形、被告人之经济实况，以为高低标准，更不应一般的〔地〕处理。

三、在并科时更应注意到犯人生活，使其不致在出外之后感觉无法度日而生意外。

以上各点，希在执行中妥慎注意，特此通知。

选自《晋察冀边区行政委员会现行法令汇集》（下册），边区行政委员会1945年编印，第704页。

互校版本：《中国新民主主义革命时期根据地法制文献选编》，第3卷，北京，中国社会科学出版社，1981年版，第100～101页。原注："选自晋察冀边区行政委员会《现行法令汇集》下册，一九四五年版。"

12. 晋察冀边区鸦片缉私暂行办法

1945年11月21日公布

第一条　为贯彻边区禁烟法令，限制以至肃清敌寇毒化政策之遗毒，特制定本办法。

第二条　凡鸦片一律禁止私买、私卖、私自贩运或制造，违者依禁烟法（民国十八年七月二十五日国民政府公布，二十二年三月十六日修正公布施行）第六条治罪罚办。

第三条　携敌伪强迫种植罂粟所收获之鸦片，或在解放以前所存有之鸦片，其持有人应依该管禁烟督察局所定期限，扫〔如〕数交局按定价收买。逾期存有鸦片及其代用品者，依禁烟法第七条治罪罚办。

第四条　凡携带鸦片到禁烟督察局售卖者，应在该管村区公所取具鸦片公售携带证，载明姓名、年龄、籍贯、鸦片数量、起讫地点、有效期间、发证机关与负责人姓名等项，无证携带鸦片者，以私自贩卖论。

第五条　凡卫生机关、医院药用鸦片，不得向私人收买，应向该管禁烟督察局按定价购买。禁烟督察局售卖是项鸦片，除在封包上载明购用机关、鸦片数量，盖用印章以别于私烟外，并开给公用鸦片携带证，以便携带。

第六条　禁烟督察局自运或委托其他机关、商店代运鸦片者，应持有鸦片公运证，载明运输机关或委托机关、商店负责人姓名、鸦片数量、起讫地点、有效期间、发证机关、负责人姓名等项。无证运输者，鸦片没收，运输人依本法第二条私自贩运论处。

第七条　鸦片公售携带证，公用鸦片携带证及鸦片公运证，均由禁烟督察局统一印制，由各级局分发使用，一证只准使用一次，不得转让他人，或挖补涂改。违者，鸦片没收，并以私自贩运论处。

第八条　各级禁烟督察局及其所属之站卡对于违犯本办法所规定之犯罪者，得施行司法警察之职务，依一定手续，得对嫌疑犯进行检查、搜索，对现行犯并得即行逮捕。

第九条　禁烟督察局对于鸦片毒犯证据确实、情节重大须治罪者，送司法机关依法判处。其情节较轻，仅止没收或罚款者，得自行处理之。没收鸦片及罚款应开给罚没收据，以防弊端。

第十条　部队、机关、团体以及群众性之缉私小组，均得对鸦片烟犯缉私，但须送禁烟督察局或区以上政府处理。

第十一条　查获鸦片烟犯或报告鸦片烟犯因而查获者，不论群众、干部、机关、团体、部队等工作人员（禁烟督察局工作人员及专负缉私任务者除外），按查获鸦片所值提奖百分之三十至五十。

第十二条　缉私或假借缉私，施行讹诈或干涉鸦片者（?）①，依刑法从重治罪。

第十三条　禁烟机关人员，缉私得力，成绩卓著，得给以奖状、通令嘉奖等名誉奖，并得给以奖金。

---

① 原文如此。疑有遗漏，试拟为“干涉鸦片［缉私］者”，供研究参考。

第十四条　禁烟机关人员违犯本办法及禁烟法者，加重治罪。

第十五条　本办法所未规定者，依禁烟法之规定。关于罚金金额之规定，以一元折一千元计算。

第十六条　本办法自公布之日施行。

注：禁烟局查获吸食、制造、贩卖烈性毒品吗啡、高根、海洛英〔因〕及其同类毒性物或其化合质料者，应一律送交当地司法机关处理。

选自《中国新民主主义革命时期根据地法制文献选编》，第3卷，北京，中国社会科学出版社，1981年版，第189～191页。原注："选自晋察冀边区行政委员会《现行法令汇集》续编。"

附录：转发国民政府刑事条例4件

13. 禁烟治罪暂行条例

1935年10月28日国民政府令准施行，
1938年7月22日晋察冀边区委员会新民字第35号令转发

第一条　国民政府军事委员会委员长兼禁烟总监，遵奉国民政府训令，依照中央政治会议决议案制定本条例。

第二条　本条例称烟者，指鸦片、罂粟，及罂粟种子。

第三条　意图制造鸦片而栽种罂粟者，处死刑、无期徒刑，或十年以上有期徒刑。

第四条　聚众抗铲烟苗者，依下列处断：

一、首谋或在场指挥者、处死刑或无期徒刑；

二、聚众者、处三年以上十年以下有期徒刑。

第五条　贩卖或意图贩卖而持有或运输鸦片者，处无期徒刑，或三年以上有期徒刑，得并科三千元以下罚金。其数量在五百两以上者，处死刑。

贩卖或意图贩卖而持有或运输罂粟种子者，处一年以上七年以下有期徒刑，得并科一千元以下之罚金。

自外国运入鸦片或罂粟种子者，处死刑、无期徒刑，或十年以上有期徒刑，得并科五千元以下之罚金。输出外国者亦同。

第六条　意图营利以馆舍供人吸食鸦片者，处无期徒刑或五年以上有期徒刑，得并科三千元以下罚金。

第七条　利用限期戒烟执照而供人吸食鸦片以营利者，处三年以上七年以下有期徒刑，得并科一千元以下罚金。

第八条　吸食鸦片者，处六月以上二年以下有期徒刑，得并科三百元以下罚金；有瘾者，并限期交医勒令戒绝。

自愿投戒，戒绝后而再犯前项之罪者，处一年以上三年以下有期徒刑，得并科五百元以下之罚金，并限期交医勒令戒绝。

经勒戒戒绝后而再犯第一项之罪者，处五年以上十年以下有期徒刑，得并科五千元以下罚金，并限期交医勒令戒绝。三犯者处死刑。

学校教职员、学生犯前三项罪者，依各该项最高刑处断。

第九条　帮助他人犯前条之罪者，不论主犯为初犯或累犯，处三年以下有期徒刑。

第十条　栽赃诬陷或捏造证据，诬告他人犯本条例各条之罪者，处以各该条之刑。证人、监定人意图陷害本条例各条犯罪嫌疑之被告而为虚伪之陈述或报告者，亦同。

犯前三项之罪，于该案件裁判确定前自白者，得减轻或免除其刑。

第十一条　公务员犯本条例第三条至第六条之罪者，处死刑；犯第八条至第十条之罪者，依各该条最高刑处断。

第十二条　公务员利用权力强迫他人犯本条例第三条之罪者，处死刑。

第十三条　公务员包庇或要求期约收受贿赂，而纵容他人犯本条例第三条至第六条之罪者，处死刑。

公务员盗换、隐没查获之鸦片或吞蚀禁烟罚金，或故纵本条例各条之罪犯脱逃者，亦同。

公务员包庇或要求期约收受贿赂而纵容他人犯本条例第七条至第九条之罪者，处五年以上有期徒刑；犯本条第一项第三项之罪者，所收受之贿赂没收之，如全部或一部不能没收时，追征其价额。

第十四条　本条例第三条至第六条、第十条、第十二条及第十三条之未遂犯，罚之。

第十五条　犯本条例各条之罪受六月以上有期徒刑之宣告者，褫夺公权一年以上十年以下。

第十六条　犯本条例第三条第五条及第六条之罪者，没收其财产全部［或］一部。

第十七条　本条例施行前，军事委员会委员长行营及各省市所颁禁烟法规之定有罚则者，其刑罚部份〔分〕于本条例施行之日失效。裁判时之法律有变更者，适用行为时之法律。

第十八条　死刑之执行得用枪毙。

第十九条　本条例于边远省分〔份〕，因分年禁种，尚未达到禁绝期限，及各地方贩运售吸事项系分年禁绝，经另有规定办法者，从其规定。

第二十条　本条例所未规定者，依其他法令之规定。

第二十一条　犯本条例各条之罪者，由军事委员会委员长兼禁烟总监指定有军法职权之机关审判之，或委任各级地方政府代为审判。

依前项规定所为之裁判，除依行营委任各省最高军政长官代为审核军法案件办法办理外，非经呈奉委员长兼总监核准，不得执行。

第二十二条　本条件自公布日施行。

注明：中华民国二十四年十月二十八日国民政府令准施行，中华民国二十七年七月二十二日晋察冀边委会新民字第三五号令转发。

选自《晋察冀边区行政委员会现行法令汇集》（上册），边区行政委员会1945年编印，第207～210页。

14. 禁毒治罪暂行条例

1935年10月28日国民政府令准施行，晋察冀边区行政委员会转发

第一条　国民政府军事委员会兼禁烟总监，遵奉国民政府训令，依照中央政治会议决议案制定本条例。

第二条　本条例称毒者，指吗啡、高根、海洛因，及其化合物或配合而成之各式毒丸。咖啡精、奶糖、粉鸡那素等，经查明系供制毒品之用者，以毒品论。

第三条　制造或运输毒品者，处死刑。

第四条　贩卖或意图贩卖而持有毒品者，处死刑。

第五条　意图营利为人施打吗啡或以馆舍供人吸用毒品者，处死刑。

第六条　在民国二十四年内施打吗啡或吸用毒品者，处一年以上三年以下有期徒刑，并限期交医勒令戒绝，但被告能供出毒品来源因而破获者，免除其刑。

自愿投戒，戒绝后再犯前项之罪者，处三年以下有期徒刑，并限期交医勒令戒绝。

勒戒，戒绝后而再犯第一项之罪者，处死刑。

第七条　在民国二十五年内施打吗啡或吸用毒品者，处三年以上七年以下有期徒刑，并限期交医勒令戒绝。

自愿投戒，戒绝后再犯前项之罪者，处七年以上有期徒刑，并限期交医勒令戒绝。

勒戒，戒绝后再犯第一项之罪者，处死刑。

第八条　自民国二十六年起，犯本条例第三条至第七条之罪者，处死刑。

第九条　帮助他人施打吗啡或吸用毒品者，不论主犯为初犯或再犯，处三年以上有期徒刑。

第十条　制造贩卖或意图贩卖而持有专供施打或吸用毒品之器具者，处七年以下有期徒刑。

第十一条　栽赃诬陷或捏造证据，诬告他人犯本条例各条之罪者，处以各该条之刑。

证人、监定人意图陷害本条例各条犯罪嫌疑之被告而为虚伪之陈述或报告者，亦同。

犯前二项之罪，于该案件裁判确定前自白者，得减轻或免除其刑。

第十二条　公务员犯本条例第六条至第八条之罪者，处死刑；犯第三条至第五条及第九条至第十一条之罪者，依各该条最高刑处断。

学校教职员、学生犯本条例第六条至第八条之罪者，处死刑。

第十三条　公务员包庇或要求期约收受贿赂而纵容他人犯本条例第三条至第十条之罪者，处死刑。

公务员盗换、隐没查获之毒品或扣押之财产或故纵本条例各条之罪犯脱逃者，亦同。

犯本条例第一项之罪者，所收受之贿赂没收之，如全部或一部不能没收时追征其价额。

第十四条　本条例第三条至第五条、第十条、第十一条及第十三条之未遂犯，罚之。

第十五条　犯本条例各条之罪，其毒品或专供吸用毒品之器具，不问属于犯人与否，均没收、销毁之。

第十六条　犯本条例各条之罪受六月以上有期徒刑之宣告者，褫夺公权一年以上十年以下。

第十七条　犯本条例第三条、第四条之罪者，没收其财产；犯第五条之罪者，得没收其财产之全部或一部。

第十八条　本条例施行前，军事委员会委员长南昌行营颁布之严禁烈性毒品暂行条例，于本条例施行之日失效。

裁判时之法律有变更者，适用行为时之法律。

第十九条　死刑之执行得用枪毙。

第二十条　本条例所未规定者，依其他法令之规定。

第二十一条　供医药用及科学用之吗啡、高根、海洛因，及其同类毒性或化合物，依照修正麻醉药品管理条例办理，不适用本条例之规定。

第二十二条　犯本条例各条之罪者，由军事委员会委员长兼禁烟总监指定有军法职权之机关审判之，或委任各级地方政府代为审判。

依前项规定所为之裁判，除依行营委任各省最高军政长官代为审核军法案件办法办理外，非经呈奉委员长兼总监核准，不得执行。

第二十三条　本条例自公布日施行。

选自《晋察冀边区行政委员会现行法令汇集》，上册，边区行政委员会 1945 年编印，第 211～214 页。

15. 惩治盗匪暂行办法

1936 年 8 月 28 日国民政府军事委员会公布施行，
晋察冀边区行政委员会转发

第一条　剿匪期内之盗匪依本办法审判之。

第二条　合于本办法所定各罪者为盗匪。

第三条　有下列行为之一者处死刑：

一、结合大帮抢劫者。

二、聚众抢劫而执持枪械或爆裂物者。

三、抢劫公署或军用财务者。

四、抢劫水陆空公家运输之舟车、航空机者。

五、在海洋行窃者。

六、抢劫而故意杀人或致人于死或重伤或伤害二人以上者。

七、抢劫而放火者。

八、抢劫而强奸者。

九、抢劫因防护赃物或脱免逮捕而公然持械拒捕者。

十、掳人或诱禁勒赎者。

十一、掳人强卖或强奸者。

十二、结伙持械劫夺依法拘禁人者。

十三、依法拘禁人聚众以强暴胁迫脱逃之首谋者。

十四、啸聚山泽抗拒官兵者。

十五、占据城市、乡村、铁道公署及军用地者。

十六、私枭聚众持械拒捕者。

十七、意图抢劫、煽惑、暴动，扰害公安者。

十八、意图扰害公安而放火烧毁、决水浸害，或以其他方法损坏公署及军事设备者。

十九、意图扰害公安而放火烧毁、决水浸害供水陆空公众运输之舟车、航空机，或现有人聚集、居住、执业之场所或建筑物者。

二十、意图扰害公安，以其他方法损毁前款之舟车、航空机、场所建筑物或铁道、公路、桥梁灯塔标帜〔志〕因而致人于死者。

第四条　有下列行为之一者，处死刑无期徒刑或十年以上有期徒刑：

一、结伙抢劫者。

二、包庇盗匪者。

三、意图恐吓取财、投留爆裂物，致人于死或重伤或伤害二人以上者。

四、盗取尸体勒赎或结伙携械，公然毁坏棺墓盗取殓物者。

五、于剿匪或戒严区域盗取或损坏交通通讯器材致不堪用者。

第五条　有下列行为之一者，处无期徒刑或七年以上有期徒刑：

一、窝藏盗匪者。

二、以恐吓方法取人财物者。

三、以毁坏棺墓盗取敛物为常业者。

第六条　前三条之未遂犯罚之。

第七条　预备犯本办法之罪者依下列处断：

一、预备犯第三条各款之罪者，处五年以下有期徒刑。

二、预备犯第四条各款之罪者，处三年以下有期徒刑。

三、预备犯第五条各款之罪者，处一年以下有期徒刑。

第八条　团防官兵或有查缉盗匪职责之人员犯第三条至第五条之罪者，处死刑。

第九条　犯本办法之罪者，由住在地有审判权之军事机关或已兼未兼军法官之该管行政督察专员或县长审判。

第十条　盗匪案件判决后应于五日内缮具判决正本，并令被告人提出声辩书检同全案卷证，呈由各省最高军事长官核转军事委员会核定，未经呈奉核准之案件不得执行。

第十一条　刑法总则、刑事诉讼法之规定与本办法不相抵触者，适用之。

第十二条　执行死刑得用枪毙。

第十三条　本办法以施行于剿匪区域为限，但其他各省市如仍匪患未清或有发生匪患之虑，经报由军事委员会核准者亦得适用。

第十四条　本办法施行期间暂定一年。

第十五条　本办法自公布日施行。

选自《晋冀鲁豫边区法令汇编》，边区政府1943年编印，第129～131页。

16. 修正惩治汉奸条例

1938年8月15日国民政府公布，
同年12月8日晋察冀边区行政委员会转发

第一条　汉奸案件依本条例处断。

第二条　通谋敌国而有下列行为之一者为汉奸，处死刑或无期徒刑：

一、图谋反抗本国者。

二、图谋扰乱治安者。

三、招募军队或其他军用人工役夫者。

四、供给贩卖或为购办运输军用品或制造军械弹药之原料者。

五、供给贩卖或为购办运输谷米、麦面、杂粮或其他可充食粮之物品者。

六、供给金钱资产者。

七、泄漏〔露〕、传递、侦察或盗窃有关军事、政治、经济之消息文书图画或物品者。

八、充任乡导或其他有关军事之职役者。

九、阻碍公务员执行职务者。

十、扰乱金融者。

十一、破坏交通通讯或军事上工事或封锁者。

十二、于饮食餐品中投放毒物者。

十三、惑煽军人、公务员或人民通敌者。

十四、为前款之人犯所煽惑而从其煽惑者。

第三条　包庇纵容前条之罪犯者，以共同正犯论。

第四条　明知为第二条之罪犯而窝藏不报者，处无期徒刑或七年以上有期徒刑。

第五条　故意告陷诬害他人犯本条例各条之罪者，处以各该条之刑。

第六条　本条例之未遂犯罚之。

第七条　预备或阴谋犯第一条第三条之罪犯者，处七年以上有期徒刑；犯第四条第五条之罪者，处一年以上七年以下有期徒刑。

第八条　因犯本条例之罪所及或供犯罪所用或供犯罪预备之物，不问属于犯人与否，没收之。

第九条　犯第二条之罪者没收其财产之全部，前项罪犯未获案前经国民政府通缉者，得单独宣告没收其财产之全部。

第十条　依本条例没收或查封财产之全部时，应酌留家属生活费。

第十一条　依本条例没收或查封之财产委托该管地方行政机关执行之，前项执行机关应即造具财产目录呈报中央最高军事机关。

第十二条　依第八条没收之财物应移交或通知就近兵站或当地行政机关接收，并各呈报中央军事最高机关。

第十三条　依本条例没收或查封之财产应由执行机关公布之。

第十四条　犯本条例之罪者由有军法审判权之机关或部队审判之，与管辖有争执时，呈由中央最高军事机关核定。

第十五条　依本条例判决之案件应于宣判后五日内缮具判决正本，命令被告人提出声辩书连同卷证呈送中央最高军事机关核夺，但有紧急处置必要者，得叙明犯罪事实、通用法条、紧急处置理由电请核示。

在接近地域前项案件授权于战区司令长官代核补报备案。

第十六条　中央最高军事机关对于依前条之呈核案件得行提审派员莅审或移转管辖。

第十七条　刑法总则、刑事诉讼法之规定与本条例不相抵触者适用之。

第十八条　犯本条例之罪于发觉前自首者，依汉奸自首条例办理之。

第十九条　本条例自公布日施行。

选自《晋察冀边区行政委员会现行法令汇集》，上册，边区行政委员会 1945 年编印，第 370～372 页。

十三、公安法规

1. 晋察冀边区公安局暂行条例

1941 年 4 月 10 日

第一条　公安局是边区抗日民主政权维持社会治安的主管机关，是政府的组成部分。各级公安局，应在各级政府领导下进行工作。

第二条　公安局的任务，是在保卫抗日根据地、保卫抗日民主政权、保障人民权利、保障各抗日党派合法权利之下，镇压敌探汉奸，制止非法行为，维持边区抗日民主的社会秩序。

第三条　公安局的组织如下；

一、边区设边区公安局，直隶于边区行政委员会，指挥与管理全边区各级公安局。

二、冀中设冀中分局，直隶于冀中行署。冀北设冀北分局，直隶于冀北办事处。并秉承边区公安局之方针，指挥与管理各该区各级公安局。

三、专区设公安督察员，直隶于边区公安局或其分局，并受专员公署之领导，督察该专区所属各县治安工作。

四、县设县公安局，直隶于县政府，并秉承边区公安局或其分局之方针，管理全县治安工作。

五、区设正副治安员，直隶于区公所，并秉承县公安局之方针，办理全区治安工作。

六、村设治安员，直隶于村公所，并秉承上级公安局之方针，办理全村治安工作。

第四条　公安局的工作如下：

一、侦探、破获通谋敌人破坏边区军事、政治、经济、文化、交通设施，危害边区党政军民机关团体工作人员及人民的敌探汉奸。

二、肃清一切破坏抗战、破坏团结、破坏边区、破坏政权、破坏人民权利的奸细。

三、稽查户口，办理民商迁移、居住、出行的手续，检查邮电交通，盘诘来往敌占区的商贩，防止汉奸盗匪混入活动。

四、揭破敌伪阴谋，教育广大民众开展锄奸运动。

五、办理汉奸自首。

第五条　公安局的权限如下：

一、公安局依据法定手续，对于确有证据的特种刑事犯（敌探、汉奸、盗匪），有逮捕权，对于扰乱社会治安、破坏边区的非法分子，有检举拘留之权。

二、公安局无处理犯人之权，特种刑事犯应于检查完毕送交军法机关处理（普通刑事犯由司法机关处理）。

三、公安局对于特种刑事犯，不论其为机关团体（人员）或普通人民，得行使检察机关之职务，实行检举检查，并向军法机关起诉。

四、公安局对于军法机关关于特种刑事犯的判决，认为不合时，得上诉于上级政府。

五、特种刑事犯涉及武装部队人员时，公安局不得直接逮捕，应通知部队的主管机关处理之。

第六条　公安局除向上级公安局报告工作外，并应报告同级政府。

第七条　本条例有不适宜时，由边区行政委员会修改。

第八条　本条例自公布之日施行。

选自《抗日根据地政策条例汇集——晋察冀之部》，第2辑，1942年版，第454～456页。

互校版本：《中国新民主主义革命时期根据地法制文献选编》，第3卷，第374～376页。原注：“选自《抗日根据地政策条例汇集——晋察冀之部》一九四一年四月十日。”

2. 晋察冀边区戒严检查办法

1942年11月4日边区行政委员会公布

第一条　为镇压敌探汉奸，严密社会统治，坚持抗日根据地，除军区司令部、军分区司令部得依国民政府颁布之戒严法，随时进行军事戒严外，遇有第二条、第三条所列之情形，第四条、第五条所列之机关，得依本办法宣告临时戒严或施行检查。

第二条　得宣告临时戒严之情况列下：

一、敌蚕食扫荡前，大批派遣特务侦查刺探我方军情时。

二、为保守军事秘密配合某一战役、战斗需要戒严时。

三、发觉或侦知暴动叛乱时。

第三条　得颁布检查令之情况列下：

一、政府通缉有案之人犯，已发现其隐藏处所时。

二、清查户口时。

三、发现敌探汉奸或特务份〔分〕子活动时。

第四条　得依第二条宣告临时戒严之机关，为县政府以上之政府机关；得依第三条颁布检查令之机关，为区公所上之政府机关.

第五条　接合地区之戒严与检查，依下列之规定办理：

一、区与区接合地区之检查，由县政府为之。

二、县与县接合地区之检查与临时戒严，由专员公署以上之政府为之。

三、专区与专区接合地区之检查与临时戒严，由接合地区之县政府会同为之。

第六条　戒严地区之划分不得超过四十个行政村，非接合地区由某一县所宣告之戒严，其戒严地区并不得超过其所辖县境以外。

第七条　检查地区之划分，不得超过五个行政村；非接合地区，由某一县或某一区公所施行之检查；其检查地区，并不得超过该管或所属县境以外。

第八条　临时戒严之时间不得超过二十四小时。检查时间不得超过十二小时。

第九条　宣告临时戒严时，须会同当地驻军之团部或区队部、地方武装部、公安局组织临时戒严指挥部，以指挥所属执行戒严事宜。实行检查，亦须会同当地驻军、地方武装及公安机关组织检查委员会，以指挥所属执行检查事宜。

第十条　宣告戒严后，须将戒严之时间、地点、事由及一切处置，报告于该管直属上级，转报边区行政委员会备案。

第十一条　戒严期内所有一切人民均须停止行动、服从指挥，其有紧急或特殊事由必须通行者，亦须向执行机关声明理由，经许可并发给特许证后，始得通行。

第十二条　戒严时，执行戒严人员，对人对物均得检查与搜索，惟遇有嫌疑犯，隐藏于某机关或某团体而实行检查时，须会同该机关或该团体之负责人为之，该机关或该团体之负责人，亦不得拒绝。

依检查命令所为之检查，于检查或搜索完毕后，须立即放行，不得依第十一条之规定，停止交通。

第十三条　执行戒严及执行检查人员，对于有嫌疑之人犯，得予拘留，对于违禁物及可疑之物，得予扣留，惟须立送临时戒严指挥部及检查委员会考察。

前项人犯与物品，经临时戒严指挥部及检查委员会考察后，如认为无犯罪情形时，须立即释放与发还，如认为有犯罪情形时，须于二十四小时内送交检察机关侦察起诉。

第十四条　依本办法执行检查与搜索时，遇有拒绝检查与搜索者，得予以强制。

第十五条　戒严时，执行戒严人员，对于人民应解释戒严之意义。

第十六条　戒严时，遇有敌情，须通知群众并指定方向，掩护退却。

第十七条　第八条所列之时间届满或虽尚未届满，但得以戒严后，施行检查之情况消灭，须立即解严及解除检查，以恢复原状。

第十八条　本办法如有未尽事宜，得随时由边区行政委员会修改之。

第十九条　本办法自公布之日施行。

选自《中国新民主主义革命时期根据地法制文献选编》，第 3 卷，北京，中国社会科学出版社，1981年版，第276～279页。原注：“选自晋察冀边区行政委员会《现行法令汇集》上册，一九四五年版。”

3. 晋察冀边区北岳区统一办理通行手续暂行办法

1942年3月4日公布，
同年11月1日施行

第一条　为保障行人安全无阻防止敌探汉奸活动，统一办理出行手续，特制定本办法。

第二条　部队及其所属机关、学校人员出行时，均须持有通行证，其办理手续由军区司令部统一规定办理之。

第三条　凡各级政权团体学校之工作人员出行手续均依下列规定办理之：

第一款　区级以上政权团体学校之工作人员出行时，均应持有通行证。其通行证式样由边区行政委员会（以下简称边委会）统一制定，颁发各该级政府依式印刷编号并加盖戳记发给同级政民机关团体学校领用（区公所所需之通行证由该管县政府统一发给）。

第二款　只盖团体学校机关戳记之通行证一律无效。

第四条　人民出行，须持有通行执证。其领发手续依下列各款之规定办理之：

第一款　所称通行执证为路条、通行证、商人通行证，及护照四种。

第二款　往返路程在六十里（一去三十里）以内者得领用路条。此项路条由出行人所在村村公所开发，形式不拘，但需注明事由及所往返之村庄，并须加盖村公所戳记及经手人手章或指印。限期不得超过五天，用后向原发给村公所缴销。

前项往返六十里之规定，不受县界区界之限制。

第三款　往返六十里以外者，须持通行证，此项通行证，由出行人所在区区公所向该县县政府统一领取开发，限期至多不得超过二十天，由填发机关按出行人之旅程远近决定之，只准使用一次，过期作废用后向原发给之区公所缴销。

前项规定区公所为便于人民领取通行证，应指定若干中心村庄村公所代为填发，以人民领取通行证不超过十里为原则，所指定之中心村相互距离不应超过二十里，领用通行证者，须有村公所或闾主任代表（限于未设村公所之自然村）之介绍。

第四款　往来于北岳区境内之商贩、脚户，应按颁发商人通行证办法领用商人通行证。

第五款　北岳区人民出行境外者，或境外人民入行境内者，均续持有县级以上政府或部队团级以上之护照，始得通行。

前项所称出行护照，领用人须具妥实保人二人，到所在县县级以上政府领取，每张护照只限一人使用，期限须视旅程之远近由发照机关决定之。有效期满后，须向原发给机关缴销。

护照须由签发机关之首长签字，并加盖印信。

第六款　领用通行执证人去而不返者，其所领通行执证应即向到达地之同级开发通行执证机关缴销。

第五条　检查行人通行证件之权，属于各村军民岗哨及各级公安机关。

第六条　通行证件领用人应加意保存，倘有遗失，须立即向原领机关，或遗失地点附近之公安机关，声明作废。

第七条　通行证件均不得伪造、涂改，或转借，如有违犯，依法论罪，决不宽贷。

第八条　军民岗哨发觉行人之通行证件，有伪造涂改，及其他重要嫌疑者，应向附近公安机关举发。

第九条　凡带有通行证件，并无可疑者，检查人员不得故意留难。

第十条　本办法解释权属于边委会。

第十一条　本办法自民国三十一年四月一日起施行。

附：通行证式样二纸（略）

选自《晋察冀边区行政委员会现行法令汇集》，上册，边区行政委员会 1945 年编印，第 330～332 页。

4. 宋劭文《晋察冀边区行政委员会工作报告》（公安工作）

1943 年 1 月 15 日向晋察冀边区首届边区参议会所作工作报告

我们一心一意要打败日寇，建设民主政治。可是日寇却在一心一意地想要消灭我们，破坏我们的根据地。反扫荡、反蚕食、反勒索抢掠、反奴化教育，这是一种极明显的斗争，是大家都看见过或者亲自经历过的。另一方面，还有一种反敌探汉奸的斗争，这种斗争虽然是敌我短兵相接，不止在根据地的边线，而且在我们腹地的经常的斗争，但不是多么明显，所以常常不为人所注意。我们要保障一切抗日人民的人权、财权、地权、政权，而敌寇则在杀人、放火、奸淫、抢掠奴役；并且制造大批敌探汉奸混进边区破坏我们。因此，我们要真正实现保障抗日人民的安全，就不能不严厉镇压汉奸敌探。我们的公安工作就是为保障人权镇压汉奸敌探而进行的。

敌寇在边区周围的各个城市，成立了许多特务机关，专门来对付我们。如北平的个个机关，天津的交通株式会社，太原、张家口、大同的特务机关，阳泉应县的分机关，太原的东山公馆，张家口的盛岛公馆，大同的西北公论社，唐县的大亚公司，崞县的俱乐部，行唐的长江同义山货栈，正记公司，完县惠民洋行……等等都是。敌人的特务工作，对我们进行怎样的破坏呢？

（1）组织暴动。破坏我抗日民主社会秩序。如三十一年春日寇特务机关在盂县策动汉奸头子，利用“九宫道”组织红枪会暴动；去年在龙华日历唆使佛教会（汉奸化的组织，不是真正的佛教）打刀铸剑发展到八十一盘企图暴动，未遂，被我破获等等。

（2）派遣汉奸图谋刺杀我军政负责人员，以达其“摧毁边区”的阴谋。如三十年秋打入冀中行署做书记员的汉奸骆文英，刺杀行署徐副主任（未遂，打死两个同屋的书记员）。

二十九年七月汉奸某对我四专区群众领袖王某打黑枪未中。游击区与反扫荡中派遣大批武装汉奸企图刺杀我首脑人物及人民等等。

(3) 企图打入我军政民机关团体生根发芽，组织汉奸组织以瓦解我军队，破坏我政府，造谣挑拨离间我抗日人民。如二十八年初敌寇从大同派出先在北平受过特务训练，后在大同“哈秘斯”训练班训练出的女敌探郝保和，到二专区打入牺盟训练班，后来要求进抗大，被我破获。二十九年春从北平派出女特务谭威，打入平西部队，诱骗男干部瓦解部队，破坏战斗；后又到我中心地区发展组织，被我破获。又如三十一年春在陈庄破获的李保山是敌寇海州司令部训练派出来的汉奸，来边区的任务是搜集情报，组织汉奸组织，变陈庄区为“特区”，配合敌寇扫荡进行暴动，等等。

(4) 收买欺骗年幼无知的儿童和一些没有民族国家思想的人，派来边区散放毒药毒菌。在我们缴获敌人的秘密文件中，它把投毒散放病菌作为毁灭我边区重要“谋略”之一，几年来我边区疫病流行，死亡数目惊人，这与敌寇的投毒放菌有密切关系。如在抗大二分校破获过在水缸里食物里投毒的汉奸；军区教导队破获过在饭食里投毒的汉奸；冀中发现敌人散放有鼠疫的老鼠，平汉沿线，及盂县、雁北各据点敌人曾向各村征要苍蝇老鼠；驻军机关团体附近曾多次发现过井水里投毒的事；等等。

(5) 每次“扫荡”边区之前大量派出敌探，深入边区内部调查军情、测绘地图、调查机关驻地及军民坚壁物品地点，以作〔做〕破坏准备。这在历年战争中有数不清的例子。

(6) 当我们进行统一累进税、动员战士、选举等各项大的工作的时候，有计划地散步谣言，制造失败情绪，企图离间我人民团结，破坏统一战线。

(7) 在游击区、敌占区，更是花样繁多，特务、暗探密布，监视着每个村庄人民的行动，专门来调查与破坏我抗日干部和下层组织，如五台×区四十五个村庄，就有密探一百零六人，使这里的人民终日过着恐怖生活。

我们的对敌斗争是明争暗斗都有的，暗斗的花样也是一天比一天翻新。边委会成立之初，遵照军政民代表大会的决定取消了公安局，因为旧的公安局是同广大人民对立的欺压人民的机关。二十八年我们鉴于保障抗日人民及抗日机关党派团体安全、镇压汉奸之重要，遂于是年六月组织边区公安总局，于冀中冀北设分局，各县设县局，以专责成。三年半以来，公安局在镇压敌探汉奸、保障人权上做了许多工作，但在发展过程中也犯过许多错误。二十八年至二十九年一年多的过程中，由于公安局初建，缺乏经验，无形之间受了旧公安局的许多影响：乱抓乱罚，强调独立，脱离县政府的领导，使得人民不满意。三十年经边委会严厉指出其错误，并于是年春公布《公安局暂行条例》，明白规定：“公安局的任务，是在保卫抗日根据地，保卫抗日民主政权，保障人民权利，保障各抗日党派合法权利之下，镇压敌探汉奸，制止非法行为，维持边区抗日民主的社会秩序”。“公安局依据法定手续，对于确有证据的特种刑事犯有逮捕权，公安局无处理人犯之权。”此外并明白规定逮捕犯人的手续。实〔施〕行以来，错误逐渐纠正，逐渐与人民取得密切联系，得到人民的拥护。三十一年初，边区公安总局改为北岳区公安局，直隶边委会。冀中冀北分局改为各该地区公安局，直隶行署及办事处。边委会及其行署办事处一律加强对公安局的领导，使公安局的工作步入正规，取得广大人民的密切联系。

最近一年以来，公安工作是有很大的进步了，是不是没有缺点呢？严重的缺点是在执行锄奸政策中，误解宽大政策，对敌探汉奸的宽纵倾向，使得广大的游击区，敌探汉奸胆大妄为，残酷地推行自首政策，杀害抗日干部与人民；巩固区岗哨松懈，对路条的检查废止，敌探汉奸通行无阻。这是十分危险的。三十一年冬，边委会号召进行冬防运动，深入的〔地〕进行锄奸工作；但迄今收效仍不甚大。要使锄奸工作收到最大的效果必须广大人民一齐起来扑灭汉奸。

因此，必须加强对群众对干部的除奸教育，使广大人民都清楚认识敌探汉奸为害之大、敌寇阴谋诡计的多端，打破麻木不仁的太平观念，提高抗日人民对汉奸的警觉性；汉奸不是头上贴条子的，他是表面上说着花言巧语，或者迎合某些人的心理，扮着小贩、乞丐、妓女……活动的。大家一齐提高警觉性锄奸，则汉奸自然就难找藏身之所了。

公安部门必须进一步提高侦查技术，多多研究敌寇特务活动的花样，针对着敌人的阴谋，进行有效的公安工作。

选自《晋察冀边区行政委员会工作报告》，边区行政委员会 1943 年编印，第122～126 页。

5. 晋察冀边区关于逮捕搜索侦查处理刑事、特种刑事犯之决定

1943 年 1 月 21 日晋察冀边区第一届参议会通过，
同年 2 月 4 日晋察冀边区行政委员会公布

为保障抗日人民、团体、党派、军队、政权之安全及其合法权利，对于逮捕、搜索、侦查处理普通刑事、特种刑事犯之手续，特作如下之决定：

甲　普通刑事、特种刑事犯之范畴

第一条　普通刑事犯之范畴，依中华民国刑法之规定。

第二条　下列各种犯罪为特种刑事犯：

一、犯国民政府修正惩治汉奸条例之罪者。

二、犯国民政府惩治盗匪暂行办法之罪者。

三、犯国民政府禁毒治罪暂行条例之罪者。

四、犯晋察冀边区惩治贪污条例之罪者。

五、犯晋察冀边区破坏坚壁财物惩治办法之罪者。

六、其他以法律规定属于特种刑事之犯罪。

乙　普通刑事、特种刑事犯之逮捕及弹压

第三条　普通刑事及特种刑事犯之逮捕，由各级政府公安部门为之。其逮捕手续在通常情况下，应依下列各款之规定：

一、犯人为褫夺公权尚未复权之人民者，区以上之公安部门得进行逮捕之。

二、犯人为公民及村级政民干部者，须经县政府批准后逮捕之。

三、犯人为区级政民干部者，须经专员公署批准后逮捕之。

四、犯人为县级以上之政民干部者，须经边区行政委员会或其行署批准后逮捕之。

前项犯人之犯罪，仅及个人，不得株连其家属，其家属为从犯或嫌疑犯者，应按其家属身份，依前项各款之规定逮捕。

第四条　有下列情事之一时，公安部门有径行逮捕犯人之权，但须于事后呈报该管政府及上级公安部门。

一、证据确凿之敌探汉奸及危害抗战之份〔分〕子，有逃亡之虞，不及履行法定手续时。

二、敌占据点或敌伪军中派出之敌探汉奸，证据确凿，不及履行法定手续时。

三、凶犯强盗，有杀害抢劫行为时。

四、遇有实行暴动、叛变投敌之人犯，或发觉有暴动叛变投敌之阴谋，不及履行法定手续时。

五、遇有越狱逃跑或通缉在案之犯人时。

六、遇有部队逃亡之人员时。

七、遇有其他普通刑事、特种刑事之现行犯时。

第五条　有下列情事之一者，公安部门有鸣枪弹压之权，但须于事后呈报该管政府及上级公安部门：

一、犯人以武力抵抗，无法逮捕时。

二、犯人越狱逃跑，不及追捕时。

三、剿捕聚伙案犯时。

第六条　在通常情况下，人民及一切民众组织，有协助军政机关逮捕犯人之责，但无自行逮捕犯人之权。

第七条　当敌军“扫荡”“清剿”或武装汉奸滋扰时，对于证据确凿之汉奸，人民及民众组织均有逮捕之权，但须于逮捕后连同证据一并送交军政机关处理。

第八条　普通人民犯罪，牵涉现役军人者，对于现役军人之逮捕，政府机关应通知军事机关为之。现役军人犯罪，牵涉普通人民者，对普通人民之逮捕，军事机关应通知政府机关为之。

丙　普通刑事、特种刑事犯之搜索及扣押

第九条　对于特种刑事犯之身体、物件、住宅或其他处所之搜索，由公安部门为之。

有充分理由确信第三人之身体、物件、住宅或其他处所，为犯人或应扣押之物件存在时，亦得搜索之。

第十条　搜索应用搜索票，搜索票应记载下列事项：

一、应搜索人之姓名，及应扣押之物件。

二、应加搜索之处所、身体或物件。

特种刑事之搜索票，于侦查中由县以上之公安部门签发之，于审判中由军法机关签发之。

第十一条　公安部门于逮捕人犯时，虽无搜索票，得径行搜索其身体。

第十二条　有下列情事之一者，公安部门虽无搜索票，得径行搜索其住宅或其他住所：

一、于逮捕犯人时。

二、于逮捕现行犯或逮捕脱逃犯时。

三、事实足信为有人在内犯罪而情形急迫时。

第十三条　可为证据或得没收物件，或为该案应扣押之物件，均得扣押之。

第十四条　扣押物件时，应出具收据，详列扣押物件之名称、数量，付与扣押物件之所有人、持有人或保管人点收。

第十五条　扣押物件应于移送犯人时，移送审判机关，于释放犯人时发还之，依法应没收者没收之。

丁　普通刑事、特种刑事犯之侦查及处理

第十六条　公安部门逮捕普通刑事犯后，应于二十四小时内，连同证据、口供移送司法机关。但遇特殊情况时，得延长至三日。

第十七条　特种刑事案件之侦查，由公安部门为之，侦查完竣，应即向审判机关提起公诉，或为不起诉之处分。

前项侦查期间，不得逾二月，遇有特殊情形，经该管政府兼理军法官之批准，得延长二月，但以一次为限。

第十八条　普通刑事案件之审判，由司法机关为之。

第十九条　特种刑事案件之审判，由军法机关为之，犯人为现役军人者，其审判由军事机关之军法官为之。犯人为普通人民者，其审判由政府机关之兼理军法官为之。

第二十条　特种刑事徒刑之判决，须经上级政府之复核，始为确定；死刑之判决，须经边区行政委员会或其行署之批准，始得执行。

第二十一条　特种刑事犯不服原审判机关之判决，得声辩于上级政府，但以一次为限。对于边区行政委员会军法官所为之判决，不得声辩。

第二十二条　公安部门对于原审判机关所为之判决，认为不当时，须向上级审判机关提起上诉。

戊　游击区特种刑事犯之紧急处理

第二十三条　凡县政府所在地，在游击区与封锁沟线以外，因敌人封锁、交通隔阻，与专员公署或其办事处联系困难者，其所判决之特种刑事案件，得先执行，事后补报。

得适用前项规定之县政府，以由专员公署批准报经边区行政委员会备案者为限。

第二十四条　游击区武装工作队，对于证据确凿之汉奸，得径行逮捕，送交县政府处理。但因接敌太近，或解送途中案犯大声急〔疾〕呼，有被敌发觉之虞，无法带走时，得先行处理，事后补报。

第二十五条　在敌占据点线附近进行某种汉奸行为之现行犯，抗日人民均得当场逮捕，解送区公所以上之政府机关或武装工作队，先行处理，事后补报。

被逮捕之汉奸犯，有拒抗情事时，得以强力制服之，以武器拒捕时，并得当场格杀之。

第二十六条　在战斗情况下，遇有武装汉奸，经审查属实，抗日人民得当场予以捕杀，报由区公所或武装工作队转报上级政府备案。

第二十七条　凡依游击区特种刑事处理之决定处决或捕杀之人犯，县政府据报后应公布其犯罪事实。

第二十八条　凡先行处理或捕杀汉奸之案件，其补报时间，不得超过十日。

第二十九条　凡先行处理或捕杀汉奸犯之案件，如有误杀或处理不当情形，原承办人须负全责。

第三十条　本决定自公布之日施行，前颁法令与本决定抵触者同时作废。

选自《中国新民主主义革命时期根据地法制文献选编》，第3卷，北京，中国社会科学出版社，1981年版，第91～97页。原注："选自晋察冀边区行政委员会《现行法令汇集》上册，一九四五年版。"

6. 晋察冀边区行政委员会关于改变公安机构及其工作范围之决定

1943年2月12日

（一）为加强锄奸工作与厉行简政政策，特决定专区以下公安组织编制如附表，希即转令遵照改编。自三月一日起实行，并报会备案。

（二）专署、县公安科的工作范围、工作关系等规定如下：

甲、各署、县公安科为各该级政府之组成部份〔分〕，科长出席署务、县务会议，报告讨论锄奸工作，关于有关秘密的侦察工作与侦察技术等可不作报告，在北岳区公安局总的治安工作方针下，进行工作。

乙、各署、县公安科之任务，是在专员、县长及上级公安局领导之下，办理该署县范围内侦察据点工作、预审、调查、情报、社会管理、干部训练、群众锄奸等事宜，各该公安科长为同级司法机关之特种刑事检察官，担任侦察起诉。

丙、各级政府之决定，如与上级公安局科之决定相抵触时，应执行上级公安局科之决定，同时报告上级解决。

丁、关于锄奸政策方针、全面性的治安法令，由专署、县府以专员、县长行文。关于公安部门侦察敌之秘密工作方面，公安科长可以科长名义直接对上下行文。

戊、科内一般办公经费，均归各该级政府统一开支，特费开支由科长掌握，专员、县长审核，特费开支数额照前不变。

己、区治安员或派出所为区公所组成部分，治安员及派出所长与区公所之关系，与署、县公安科与专署县政府关系同。

（三）各级公安机构如上改变后，在工作中必须注意下列各点：

甲、各级政府必须加强对锄奸工作之领导，经常加以讨论与检查，各专员、县长、区长及公安干部须加强对敌伪奸特之调查研究与锄奸政策之熟悉掌握，克服过去忽视锄奸工作，将这一工作认为只是公安部门的事而政府不加过问或很少过问的现象。

乙、某些地区政府干部与公安干部不团结、闹本位的现象必须彻底肃清，应教育干部了解。这次机构之改变，是为了统一与集中对敌斗争的力量，加强锄奸工作，今后任何

“闹摩擦”、互不尊重的现象，都会削弱对敌斗争的力量，给敌寇汉奸活动以可乘之机，故于新编制实行后，政府与公安干部必须更进一步的〔地〕团结。

丙、各专员、县长对于公安科之领导，必须顾及其工作特殊性，在不违反各该级政府及上级公安局锄奸方针下，应给以更大的机动执行权，不应与其他各科同等看待。

选自《中国新民主主义革命时期根据地法制文献选编》，第3卷，北京，中国社会科学出版社，1981年版，第382～383页。原注：“选自晋察冀边区行政委员会《现行法令汇集》上册，一九四五年版。”

7. 晋察冀边区行政委员会关于加强各级公安工作指示

1943年2月23日民字第十三号

专员、各县长、县佐：

本会讨论了北岳区公安工作，认为三十一年一年当中，北岳区各级公安部门在公安组织的建设上，在执行法令的“左”“右”偏向的纠正上，与各级政府的关系上（如纠正闹独立性），工作制度的正规化上，都作出许多显著的成绩，这是由于各级公安部门工作干部的积极努力及北岳局的正确领导获得的。但同时本会亦指出北岳区公安锄奸工作中当前还存在一些重要的缺点：

一、公安部门的工作人员一年来兢兢业业的〔地〕拘于职守、墨守成规的地方多，创造性很差；反敌探奸细斗争的方式方法比较单纯，远赶不上敌寇的花样。

二、公安部门工作在各个不同地区比较一般化，抓紧重心突击是不够的。

三、侦察工作方面外围工作很薄弱，公安工作社会化、群众化还很不够，在敌伪内部展开内线工作成绩还很小。

四、各专署县区政府对于公安工作关心不够，把公安工作当做〔作〕只是公安局的工作，各级政府可以不过问的观点还残存着；公安部门把公安工作神秘化，不习惯与各方面取得密切配合的传统还有残存。

当前北岳区的形势是敌寇大块蚕食我山缘之平原地区，从曲阳、行唐地区，黄台、口头、城寨、谭庄之线积极修筑堡垒，并有继续向灵寿、平山之慈峪、南甸、郭苏、洪子店、温塘延展之势，此种阴谋至为毒辣。目前敌寇之蚕食推进实为其大规模扫荡北岳区之前奏。敌人在《论冀西军区》一文中，也特别指出冀西的重要性，最近国际形势对敌寇非常不利，同盟国的全面反攻即将展开，敌寇对此非常忧虑。敌寇企图挽救其死亡，对敌后根据地是绝不会放松的，当前进攻的重点已指向我北岳区；大块蚕食，战役侦察，深入的汉奸活动，掠夺物资，并企图使我根据地变质，打通长城岭、龙泉关、阜平、王快之线及雁北、吴王口、阜平之线，以割裂我根据地，我们必须提高警觉，肃清任何麻痹现象，粉碎敌之阴谋。

针对当前敌我斗争形势与我们工作中的缺点，公安部门的工作必须：

一、高度发挥工作创造性，了解研究敌人，有效的（地）肃清汉奸敌探。

二、工作重点应放到敌寇准备蚕食及建立沟线的地区，有效阻止敌人蚕食，阻止敌探汉奸的混入，肃清游击区敌探汉奸。

三、扩大外围工作，加强公安工作的组织领导及与各部门的联系，使公安工作社会化。

为了使公安部门工作发挥更大的威力，把公安工作提高到对敌斗争的应有的地位，本会前曾决定将专署、县的公安部门改科，以便各级政府加强对公安工作的领导，并便于全面配合；充实专区及区的组织，扩大专区的执行权，克服从前头重脚轻的毛病，以便于公安工作的深入。这里有几个问题必须着重提出，各级政府与有关部门均须切实执行：

一、专署、县公安科长、区治安员都是署县区务会议当然组成人员。署、县、区务会议要保证定期的〔地〕专门讨论公安工作，事先由公安部门负责干部准备，届时提出系统的报告，署县区务会议只讨论原则问题，不讨论技术问题，技术问题在专署、县、区的会议上不必公开，以保证公安技术的必要秘密，信件秘密同样也要保证。今后可能发生专署、县、区负责同志对公安工作事无巨细处处干涉的偏向，也可能发生公安部门干部处处依赖专员、县、区长的偏向，我们应预先防止。署、县、区的领导应着重政策的掌握与全面的工作计划，发挥公安部门的最大的积极性。改科以后，上下行文手续上也有些改变，凡属于全面性的工作布置需要其他部门宣布法令及配合的工作，由政府系统发指示，关于技术与公安部门本身执行的问题，上下级公安部门直接行文，公安部门一律不出布告，政府行文均不副署。

二、在使用干部上也可能发生相互混用的现象，今后公安部门要从公安锄奸战线上来配合其他中心工作，其他部门不得乱行拉用，致削弱公安工作。公安干部的掌握，仍归公安系统，村由区掌握，报县批准，区由县掌握，专区、县科长由北岳区公安局掌握，专区、县科员以下干部由专区掌握。以上各级应将干部变动情形，每月向上级汇报一次。委任手续北岳局、专区科长以上干部由本会加委，县科长由北岳局加委，专区公安科干部由专署加委，县区公安干部由县府加委。

三、各部门的配合问题：与工商管理部门，与民政部门必须取得密切配合，配合办法是边区、专区、县、区工商管理部门、民政部门均指定一人负责与各该级公安部门负责人接头，建立定期的联系制度，并且进行情报交换，必要时各级公安部门可以召集他们开会，在除外工作上对他们并有指导关系。

四、公安部门与司法部门的关系照旧不变，公安科长仍兼特种刑事检察官（由本会下委），特种刑事由检察官向军法官提起诉讼，由司法人员代审，不服者可提起上诉。这是检察官对军法官的关系，不是科长对县长对专员的关系。此外关于特刑问题的行文，司法部门一律不副署。

五、有重点的〔地〕总结公安工作的经验教训，特别是使区治安员、派出所的工作质量提高，须继续研究。

六、为了进一步的〔地〕开辟据点工作，决定增加各署县公安科特费，已由北岳区公安局根据各署县具体情形确定数目（另有通知），此项特费之开支由公安科长掌握，专员、县长审核。

七、各县警卫队可将一班编成为侦察班，专做侦察工作。

选自《晋察冀边区行政委员会现行法令汇集》，上册，边区行政委员会 1945 年编印，第 348～352 页。

8. 晋察冀边区村锄奸小组工作纲要

1944年4月10日边委会世民社字第十一号密令发

一、锄奸小组的任务是：

1. 反对敌探汉奸。

2. 调查搜集情报。

3. 进行群众的锄奸教育。

4. 维持抗日民主社会秩序。

二、锄奸小组是群众性的统一战线的保卫抗日政权的锄奸组织，是村治安员（村政府的当然委员）领导下的群众锄奸组织。

三、组织编制：

1. 锄奸小组重质不重量，组员总数只应占全村人口百分之五至百分之七（视干部掌握能力、敌我斗争情况、工作基础、地面大小等条件具体决定）。

2. 锄奸小组于有组织的群众组织（工农妇青）中与无组织的人士（士绅、进步地主）中建立之。

3. 以五人至七人编为一小组，各举小组长一人。

4. 以在村工农妇青各团体内编列小组为原则，未参加各团体之人士，经二人之介绍及村治安员之批准，另编小组。

四、工作制度为：

1. 会议：

a. 小组会每半月一次，由小组长召集，检讨布置锄奸工作、治安工作。

b. 小组长联席会，半月一次，由治安员召集。

c. 全团组员大会，每月一次，由治安员召集。

2. 汇报：组员向组长七天汇报一次。

组长向治安员七天汇报一次。

五、具体工作：

1. 教育并动员群众参加锄奸工作——凡属社会治安制度的设施、敌探汉奸的活动方式方法及锄奸办法，锄奸组员要对群众经常进行解释教育，积极发动群众参加锄奸工作造成锄奸热潮。

2. 协助村治安员进行管理村内的社会治安制度，如稽查户口、留客登记、检查可疑人士，以维持社会治安，成为村治安员的有力助手。

3. 协助村治安员进行锄奸工作：

a. 随时随地积极收集村中敌探汉奸活动的材料，报告村治安员。

b. 战时协助村治安员积极进行坚壁清野，封锁消息，保护交通工具。

c. 参加战时的民兵小组，进行武装锄奸。

d. 在进行锄奸工作上，必须注意保障抗日人民的人权、财权、地权、政权。

六、锄奸组的权限：

1. 锄奸组员只能以访问、盘查、揭发、检举方法，进行锄奸工作，无进行侦察，以及逮捕、拘留、拘押、讯问人犯之权。

2. 锄奸组员应成为一切抗日人民中的积极份〔分〕子，绝无任何特殊的政治权利。

七、锄奸组员的守则：

1. 坚决抗日，热心锄奸。

2. 大公无私，忠实坦白。

3. 提高警惕，实事求是。

4. 尊重人权，勇敢负责。

5. 团结群众，发觉汉奸。

选自《晋察冀边区行政委员会现行法令汇集》，上册，边区行政委员会 1945 年编印，第 345～347 页。

9. 晋察冀边区外侨旅居暂行办法

1945 年 11 月 14 日胜民社字第三号令公布

为便于外籍侨民在边区境内居住、旅行安全起见，兹制定晋察冀边区外侨旅居暂行办法公布之，凡旅居本边区境内之外籍侨民（日本、朝鲜、德国、意大利人除外），均须按此办法执行。

希即遵照！

此令。

附：晋察冀边区外侨旅居暂行办法一份。

晋察冀边区外侨族居暂行办法

一、为便于外籍侨民在本边区境内居住、旅行，并保障其安全起见，特制定本办法。

二、本办法所称外籍侨民，系指除中华民国国籍以外之各国人，及无国籍之外国人。

三、凡在边区之外籍侨民，须遵守边区政府之政策法令，并受市县以上政府之管辖。同时，外籍侨民亦得享受政府法令有关保护外籍侨民之规定。

四、外籍侨民抵达边区，均须向所住之市、县以上政府，呈验本国护照及证件，经核准后，填具请求书，领取居住证。其旅行者，发给在各该管区城内之旅行证件，但旅行范围应以各该市县以上政府所指定之区域为限。

五、在边区之外籍侨民，无论与中国人民或外国人民发生民刑诉讼案件，均须受边区当地司法机关之裁判。

六、本办法如有未尽事宜，得随时修正之。

七、本办法自公布之日施行。

选自《晋察冀边区行政委员会现行法令汇集》，上册，边区行政委员会 1945 年编印，第 311～312 页。

十四、司法审判及狱政

1. 晋察冀边区陪审制暂行办法

1940 年 5 月 15 日公布

第一条 本办法根据边区政民联席会决议规定之。

第二条 普通民刑及特种刑事案件无秘密必要者，应通知陪审组列席陪审。

第三条 陪审组就下列各团体互推陪审员三人组织之：

一、工人抗日救国会；

二、农民抗日救国会；

三、青年抗日救国会；

四、妇女抗日救国会；

五、人民武装抗日自卫队；

六、文化界救国会；

七、抗敌后援会；

八、牺盟会；

九、其他群众团体。

第四条 陪审员于审案件有下列情事之一者，应自行回避，不得执行职务：

甲、民事：

一、陪审员或其配偶、前配偶或未婚配偶为诉讼事件当事人者；

二、陪审员为该诉讼事件当事人七亲等内之血亲或五亲等内之姻亲或曾有此亲属关系者；

三、陪审员或其配偶、前配偶或未婚配偶或该诉讼事件，与当时有共同权利人、共同义务人或偿还义务人之关系者；

四、陪审员现为或曾为诉讼事件当事人之法定代理人或家长家属者；

五、陪审员于诉讼事件现为或曾为当事人之诉讼代理人或辅佐人者；

六、陪审员于诉讼事件曾为证人或鉴定人者；

七、陪审员曾参与该诉讼事件之前审裁判或公断者。

乙、刑事及特种刑事：

一、陪审员为被害人者；

二、陪审员现为或曾为被告或被害人之配偶、七亲等内之血亲、五亲等内之姻亲或家长家属者；

三、陪审员与被告或被害人订有婚姻者；

四、陪审员现为或曾为被告或被害人之法定代理人者；

五、陪审员曾为被告人之代理人辩护辅佐，或曾为自诉人、附带民事诉讼当事人之代理人、辅佐人者；

六、陪审员曾为证人或鉴定人者；

七、陪审员曾执行本案之检察官或司法警察官之职务者；

八、陪审员曾参与前审之裁判者。

第五条　当事人遇陪审员有前条情形而不自行回避者，得声请陪审员回避。

第六条　审判官或军法官如认为陪审员有应自行回避之原因者，应依职权令其回避。

第七条　陪审时应于审判期前三日通知陪审组届时列席陪审，但届时不列席者视为抛弃权利，审判官或军法官径行审判之。

第八条　前项通知应以通知书为之，通知书表式另行规定之。

第九条　陪审组收到通知书后，应出具回证。

第十条　刑事及特种刑事案件，在侦查期间不适用本办法。

第十一条　陪审员对于所陪审之案件，在事实上及法律上得陈述意见。

第十二条　陪审员在审判时发问，得经审判官或军法官之许可。

第十三条　陪审员对其陪审案件及案件之决定应保守秘密者，不得泄露。

第十四条　陪审员于言词辩论终结后三日内得提供意见，以便审判人员正确判决案件之采择。

第十五条　审判官或军法官对于陪审员提出之意见未能采纳时，得向陪审员提出解释。

第十六条　陪审员应于讯问笔录内签名盖章。

第十七条　本办法如有未尽事宜，得依需要由边委会修补之。

第十八条　本办法自公布日施行。

选自《中国新民主主义革命时期根据地法制文献选编》，第3卷，北京，中国社会科学出版社，1981年版，第371～374页。原注："选自《抗日根据地政策条例汇集——晋察冀之部》一九四零年五月十五日。"

2. 晋察冀边区行政委员会令——为令知自十月一日起停止征收民事诉讼费用由

1940年9月12日

各专员，各县长、县佐：

查征收诉讼费用，原为防止民事纠葛之滥讼，与司法经费之补充。边区三年来，已有健全之组织，且政治觉悟日益增高，咸能于抗战高于一切之原则下，坚持团结进步，绝少滥讼之举，是以民事案件日愈锐减。非但征收诉讼费用寥寥无几，且因所征之名目繁多，反有碍民众之涉讼。前者本会通令：停征送达费及免征抗属与赤贫者之印状纸费，已获得民间之良好反映，为更使民众彻底行使诉讼权利起见，兹决定自十月一日起再将一切裁判费（即审判费及声请费）、执行费，及抄录、缮状、挂号等费用，一概停止征收。惟已涉讼或已提起上诉而未终结之案件，仍应继续征收。此外关于状纸，亦于十月一日起，由各署县自制，售价以不超过工料费为限，当事人自备亦可，所领本会司法处之状纸，亦于是日起改为售价五分，以售完为度，不再发给其余当事人。因涉讼支出之必要费用（非政府应征者如旅费状纸等），仍应由败诉人负担，除个别口令外，希即遵照并布告民众一体通知为要！

此令。

主任委员　宋劭文

副主任委员　胡仁奎

司法处长　王斐然

选自《民事诉讼法参考资料》，第1辑，北京，法律出版社，1981年版，第396～397页。原注："据最高人民法院图书资料室《晋察冀边区行政委员会有关政法方面的法令》。"

3. 附"报刊报道"：晋察冀缩短犯人刑期

1942年1月27日《解放日报》报道

【新华社晋察冀廿六日电】边区司法工作，自高等法院成立以来，逐渐走上正轨化办法，犯人可以受到教育、参加生产，在一定时期内与家属同居。闻高等法院正在各地安全地区建立劳动感化院。

【新华社晋察冀廿六日电】边区行政委员会，鉴于目前新的政治形势，与更广泛的〔地〕团结一切人民，集中抗战力量，顷特令各级政府减免判处徒刑人犯之刑期。其减免办法如次：（一）残余刑期不及一年者。一律开释。（二）残余刑期在一年及一年以上者，照原判刑减轻二分之一，照此规定减刑后，其刑期仍在七年以上者，一律缩减为有期徒刑七年。（三）原判无期徒刑者，减为有期徒刑八年。该令文中着重指令各级政府，应对犯人深入解释其意义，动员其效力抗战，参加生产，以符政府意旨。

选自《中国新民主主义革命时期法制建设资料选编》，第4册，西南政法学院函授部1982年编印，第286～287页。原注："《解放日报》1942年1月27日。"

4. 晋察冀边区行政村调解工作条例

1942年4月1日公布

第一条　为巩固农村统一战线，减免人民讼累，特制定本条例。

第二条　调解以调解当事人的双方自愿为限，不得对于双方或一方强迫调解。

第三条　调解工作由各村公所之民政委员会负责进行，但对外名义是村公所。

区公所不进行调解工作，但游击区域村与县之联系困难者，区公所应调解当事人之请求，亦得进行调解。

第四条　因债务、物权、亲属、继承发生的民事纠纷，得先请求村公所（民政委员会）调解，已起诉者亦可随时进行调解。

第五条　一般刑事事件，不能进行调解，唯下列之轻微刑事事件，得应涉讼者之请求，予以调解：

（1）刑法第二三一条至二三五条之妨害风化罪；

（2）刑法第二三八条至二三九条及第二四〇条第二项之妨害婚姻及家庭罪；

（3）刑法第二七七条第一项及二八四条、二八五条之伤害罪；

（4）刑法第二九八条，第三〇六条之妨害自由罪；

（5）刑法第三〇九条、第三一〇条、第三一二条及三一三条之妨害名誉及信用罪；

（6）刑法第三一五条～三一八条之妨害秘密罪；

（7）刑法第三二四条之窃盗罪；

（8）刑法第三二四条之人相互间所犯之侵占罪；

（9）刑法第三二四条之人相互间所犯之诈欺背信罪；

（10）刑法第三五二条、第三五四条至三五六条之毁弃损坏罪。

第六条　已在司法机关涉讼的民事案件与直接侵害个人法益情节轻微的刑事案件，或已在公安局涉讼的妨害他人身体财产的违警案件，酌量情形可以在未判决或判定以前，征得涉讼者之同意，或应其请求，发交村公所限期调解。

第七条　被调解人（就是发生民事、刑事案件进行调解的人）如不住同村同县时，民事主张权利［者］与刑事被害人应到对方所在地的村公所调解。

第八条　被调解人可以委托他人代替进行调解，但调解成立时，必须双方被调解人本人到场表示同意才能成立。

第九条　村公所进行调解时，应受村长的监督，可以邀请本村其他村干部及当地公正人士帮助；区级以上的政权、群众团体干部也可以自动或被邀帮助调解，但帮助调解的人员并无任何权利与责任。

第十条　调解未涉讼的事件，调解期间不准超过七天。调解涉讼的案件和发交调解的案件，如超过限期或开庭日期，可请求展期五天，但以一次为限。已经调解的刑事事件，无论已经涉讼或未涉讼的，准许随时退出调解。

第十一条　调解成立时，应写同样的两份字据，交双方被调解人各执一份以为凭证，该字据上应写明双方被调解人的姓名、年岁、住址和调解的事件与条件①；并由双方被调解人和调解人员二人以上在字据上签名盖章，或捺左二指指印，更须加盖村公所图记。

区公所依第三条第二项所为之调解，须于调解成立后，介绍至村发给证据。

第十二条　调解不成立时，村公所应以书面写明不成立之原委，并加盖村公所图记。

第十三条　民事调解成立后，未涉讼者不准起诉，已涉讼者应由原告或上诉人向受诉机关呈验调解成立的字据，撤回原诉或上诉。刑事调解成立后，未涉讼者不准再告，已涉讼者应由被害者向受诉机关呈验调解成立的字据，请求销案。

第十四条　调解成立的内容条件如果违背政府禁令，或有碍善良风化或涉犯罪行为，应即无效。

第十五条　调解成立的字据，如果受诈欺或胁迫而立，应该自发现诈欺或脱离胁迫之日起，在六个月以内，向司法机关诉请撤销。

第十六条　调解成立的字据和审判上的和解笔录有同等效力，可以请求强制执行，但经审核无效者不在此限。

第十七条　进行调解时，不准索取收受物品上的报酬。

附　则

第十八条　调解不成立的事件应依第十条之规定：民事事件应指示或介绍直接到司法机关起诉，刑事案件应传到被告，直接解送司法机关处理。

第十九条　调解未涉讼的伤害罪时，应让犯罪人先负必要的医治责任。

第二十条　调解未涉讼的民事亲属关系的扶养事件时，请求调解的人目下无法生活时，应让对方先给付调解期间关于生活必需的物品。

第二十一条　未涉讼的民事债务、物权事件在调解以前或调解期间，可以向司法机关先请求假扣押、假处分。

第二十二条　本条例自公布之日起施行。

第二十三条　本条例得由边委会随时修正之。

选自《晋察冀边区行政委员会现行法令汇集》，上册，边区行政委员会 1945 年编印，第 319～322 页。

互校版本：《中国新民主主义革命时期根据地法文献选编》，第 3 卷，北京，中国社会科学出版社，1984 年版，第 636～639 页。简称“社科法制版”。原注：“选自晋察冀边区行政委员会《现行法令汇集》上册，一九四五年版。”

---

① “社科法制版”此处漏掉以下 30 个字：“该字句上应写明双方被调解人姓名、年龄、住址和调解的事件与条件”。

5. 附“报刊报道”：晋察冀边委会规定囚犯参加生产成绩优良者将功折罪

1942年5月7日《解放日报》报道

【新华社晋察冀五日电】边区的囚犯，最近纷纷参加生产，悔过自新。按照边委会最近公布的关于选拔监押犯参加生产的决定，凡十八岁以上、五十岁以下，已经判决、正在执行徒刑的男犯，不分犯罪性质与期限，如表现良好、身体健壮，并自愿担任采煤或其他劳作者，可入边区“自新学艺所”为特别学员。在工作期间，除得享受经济优待外，政治上凡工作积极，刑期已满者，得恢复公民资格，并有特别奖励。各囚犯参加生产时，每三月考试一次，成绩优良者，记功一次，抵徒刑一月，连记功三次者可抵徒刑六月，无期徒刑得改为有期徒刑八年。边区在押人犯，获悉抗日民主政府此种宽大政策之实施，莫不感奋万分，纷纷请求入所参加生产。

选自《中国新民主主义革命时期法制建设资料选编》，第4册，西南政法学院函授部1982年编印，第287～289页。原注：“《解放日报》1942年5月7日。”

6. 宋劭文：《晋察冀边区行政委员会工作报告》（司法工作）

1943年1月15日向晋察冀边区首届边区参议会所作工作报告

边区司法工作，也同其他工作一样，是抗日民主政治的一部分，它是在抗战的环境与民主政治的改革中建树起来的。它的特点是：

（1）司法工作是政权工作的一部分，矫正以往所谓“司法独立”脱离政治领导之弊；

（2）司法工作的中心任务是保证政府各种政策之执行，保证抗日各阶层人民的利益，对汉奸盗匪及违犯法令者予以裁判；

（3）法官必须依靠民意依靠调查研究的材料进行审判，矫正以往法官坐在家里死啃条文的惯习；

（4）对犯人用感化教育政策，反对报复主义。

我们五年来的司法工作就是本着这一方针进行的。

甲　司法工作发展概况

随着边区的开创、动委会的建立，镇压汉奸活动的工作也就开展起来。二十七年一月十五日边区军政民代表大会，决定设置边区临时高等法院，同年二月十日即正式成立。在其领导下冀中设高等法院办事处，各县设县司法处，在组织上走上了统一，使司法工作渐渐恢复旧观。但由于它较其他部门更多的〔地〕继承了一些旧的传统，强调与曲解“司法独立”，老想自成系统；不把司法工作服从于抗日民主的各种政策，形成司法与政治任务脱节的倾向；审讯案件，常机械引用“法条”，不顾及客观情况；以往司法干部“保守”“宗派”的作风也严重存在，因而形成司法部门的孤立，甚至与其他部门对立，引起一般人的某些歧视与不满。同年五月一日，经阎司令长官批准，边区临时高等法院改组为司法处，成为边委会组成部分。冀中办事处改为司法处冀中分处，县司法处改为县政府司法科。司法工作是慢慢地进步着，而最近的二年，更有了很大的转变，发挥了它在整个抗战工作中应有的作用，严厉镇压了敌探奸细及一切破坏分子，保障了各抗日阶层的人权财权。

由于边区处在敌人的包围中，和国民政府的交通联系是很困难的，而最高法院又未在边区设立分院，所以把诉讼审讯定为二级二审。二十八年四月曾一度恢复三级三审制。今天专区司法处的第二审就是裁判的最后确定。普通刑事犯处死刑的，也就由边委会代行核准。

二十八年九月以前，各县处理特种刑事案件（汉奸、烟毒、盗匪等）并不完全是呈报上级。二十八年九月各县长才依据国府颁布的《县长及地方行政长官兼理军法暂行办法》一律兼任军法官受理特刑案件，但一定要经边委会行政长官（兼军法官）审核批准，才能执行。开始时做得不很好，到三十年才入了正规，各县有“先斩后奏”的，都给了主管人以应有的惩处（如灵寿、满城、评定等县），冀中在残酷的战争环境中也严格而慎重地执行这一制度（行署主任兼军法官亲自决定），它在纠正下级工作偏向和保障人权上起了很大作用的。三十一年五月边委会又授权专署代核，因为专署更能了解具体情况，而且离县政府较近，公文往来也快一些。

旧日老百姓打官司，不要说黑钱、脏钱花不起，就是法定的讼费也难负担。穷人当是“有冤没处诉”的。边委会成立后，就把诉讼费用减少一些（如状费），但还和以往差不许多；到二十九年才正式废除一切诉讼费用，还规定各县司法干部代写状子和准许口头起诉的办法。今天民间发生纠纷，可以不化〔花〕一文钱请求政府解决了。

我们审案子，是为了把案情弄明白，那么司法人员就要向有关案情的各方面去调查、访问，搜集材料和证据，这和旧日法官拘泥“守则”不与人来往，专凭臆测断案是迥乎不同的。在审讯上，也基本上肃清了肉刑、威胁、哄骗取供的方式，除了必要时由法官坐堂讯问外，一般都是和犯人进行恳谈。有不少犯人为我们的真诚所动，自动吐露实情。个别犯人虽想利用这一点狡辩，但我们事先有了调查，就能从他的谈话中抓缝子、找材料，使他狡辩不得。（个别县审判技术差，以致放纵了犯人的现象也是有的）而且我们重证据，不只凭口供，只要把事实弄清了，就制作判决。不服判决可以上诉（民事、普刑）或提出声辩（特刑）。过去各县对特刑犯的声辩非常忽略，从三十年春季以后才成为一种正规的制度。今天除个别环境残酷不便宣判的县份外，都正式公开宣判并令被告提出声辩，让他有充分说话的机会，因此，有些判处死刑的犯人，也承认自己是应该死的。

我们的审判民刑案件都是公开的（特刑案件有线索未弄清者不公开，一般也是公开的）。从高等法院成立时起，每审讯时就邀请各有关机关团体陪审，并可当庭陈述意见。开始时曾有审判官强调审判独立，不接受陪审者意见与个别不全面考察事实、完全听从陪审意见的现象。二十九年五月边委会颁布《晋察冀边区陪审制暂行办法》，各县才成立陪审组，使这一制度发挥了它应有的作用。三十一年春群众团体干部减少，没有很多时间陪审，大都只单请有关团体，如土地纠纷请农会，婚姻问题请妇救会等。

在冀中，还实行了巡回审判，就是署县的审判官到当事人所在村或附近村庄去审讯（把一定区域的民事和部分刑事集合起来，定期到村里审判），这样不但证人的传集、证物的检查鉴定、房地的勘验丈量迅速确当，而且可以从旁面搜集证据材料，作正确的判断。审判官再以亲切和蔼的态度、排难解纷的精神给以调解，案件大都和解了（如十专署司法处审判官到清苑就审，半个月解决了二十多案，十分之七是和解的），这个办法既适合战争的环境（县署当打游击不好找），又节省了老百姓打官司［的］住宿钱。老百姓说："以前的官问案要钱还打人，现在的政府亲自跑到村里给说合事，真是再好没有了……"

我们判刑的目的不是为了"惩办"，而是为了使他改过自新。所以犯人执行过一个相当时期的徒刑后只要诚心悔过学好，就可以提前假释出去。边区的犯人这样假释的很多，出去后重犯的很少。在边委会成立四周年（三十一年一月十五日）的时候，正值太平洋战争爆发不久，统一战线更形扩大。边委会曾作了监犯减免刑的决定：凡是三十一年一月十五日以前判决确定的，都减轻其刑二分之一。执行徒刑剩余期限不满一年的，一律免刑释放。这种仁至义尽的宽大政策，使监犯受了很深的感动，纷纷联名向政府致谢，并表示决心改过，效力国家。

我们对犯人是很宽大的，但在法律的面前，人民是一律平等的，所以该处罪刑的决不能以金钱赎罪。

由于边区的司法工作正确执行了统一战线政策，老百姓从五年来切身的经验中很清楚的〔地〕看到，只有边区的司法是最公平最可靠的。有许多地区被敌寇蚕食占领，他们仍然越过层层"封锁线""沟"到抗日政府来打官司。

在敌人残酷地蚕食、清剿、扫荡中，我们的司法工作者也和人民一起，在战斗中锻炼得更加坚强，像民国二十八、二十九年的扫荡中动摇逃跑的事情，已是历史的陈迹了，今天我们的司法干部都英勇的〔地〕坚持着他们的岗位，甚至流尽最后一滴血。我们不能忘记，遭敌包围壮烈牺牲的二专署审判官孙继鱼同志、定兴审判官田晓章同志、晋深极审判官赵润民同志……我们要踏着他们的血迹发挥边区司法工作的传统，最后颠覆敌伪的统治！

上面谈过，在人民已发生纠纷时边区的政权依法公平裁判。但打官司究竟是不得已的事，关于民事和轻微的刑事，还要尽量让大家由本村人说合调解。早在民国二十九年，各地村公所都设置了调解委员会，说合了不少事情。北岳区到民国三十一年把调解工作并入村民政委员会。四月间边委会颁布了《行政村调解工作条例》，调解工作才开始走向正规。有些县份（如平山、行唐、龙华、易县等），已有了显著的成绩。（如平山朱壕是一个大而复杂的村子，过去至少每月有一两起官司，现在一般都由村说合〔和〕调解了）。

冀中的调解工作从民国三十年八月以来，就开展的〔得〕很好，调解委员会除残酷区极少数村庄外，都经过了整理和改造，村中大部纠纷都经他们调解了（估计全冀中每月调解一千六百多件）。有百分之七十以上能按行署的"修正调解委员会调解条例"制定调解成立书。调解成立的都是双方自愿，并没有诈欺胁迫的事情。在执行中，曾有少数干部预怀成见、偏袒一方，或是利用政府"民事案件不经村调解委员会调解者，不能径向县司法机关起诉"的规定（这原是为加强调解工作的），故意拖拖拉拉，不给他调解或不给他制发调解成立书或调解不成立书，使他迟迟不能起诉。针对这种现象，行署一方面把原条文修正为"民事案件当事人向村调解委员会请求调解，而调委会故意拖延逾期，仍不进行调解或调解已不能成立而仍迟延不制发调解不成立书者，当事人得径向县司法机关起诉，县司法机关不得以无调解不成立书而不予受理”；另方面注意对村干部的批评教育，有的地方（如任丘、安平、饶阳……等县）抓紧区民政助理员和不脱离生产助理员，让他们指导村调委会的干部，更收到很好的效果。这在加强村民的团结上是起了相当巨大的作用的。

当人民发生错误但还没有发展成为犯罪之前，政府还要设法及时予以纠正。三十一年十月边委会颁布了《晋察冀边区劝戒〔诫〕办法》，规定凡是没一定职业行为不检，或妨害别人抗日工作及业务，或破坏善良风俗、阻挠公益事业，但还没有到犯罪程度的，由村、区、县诚恳和蔼的〔地〕予以劝戒〔诫〕，实在劝不服，就把他的过失公布出来，改过了再撤消〔销〕。这完全是教育人，叫人学好，并没有一点“罚”的意味。现已开始执行了。

以上是边区司法工作发展概况，在发展过程中是发生过许多毛病的：二十八年以前逮捕审讯的手续一般欠完善，县区处决人犯未经上级批准者很多；处理失当者有之。二十九年以前有些县对案犯判决迟缓，有些案子拖延一年以上未经判决。司法工作一般还很被动，民间存在着一些严重问题，不多加过问。这些毛病大半都已纠正了。

乙　审判工作与监所工作

上面已经提到一些边区审判工作的特点，下边再分别从民事、普通刑事、特种刑事来谈谈：

（一）民事：

边委会刚成立的一年，民事案件非常多，这是旧政府坍台后人民没处诉冤，现在向我提请解决的结果，也是社会秩序逐渐安定的反映。敌寇的扫荡改变了这种情形，二十八年民事案件减少到只占全部案件的百分之五；二十九年占百分之六点五。但到民国三十年民事案［件］又增多起来，到三十一年据北岳区统计，已占到案件总数的百分之四十了（表一），而且在各项案件的比重上也起了不小的变化（表二）：

（表一）北岳区案件统计

案件类型	案数	百分比
民事	二三四三	四〇点〇
普通刑事	一九八七	三三点五
特种刑事	一五七八	二六点五
共计	五九〇八	一〇〇点〇

（三十一年四［月］——八月）

（表二）民事案分额〔类〕百分比

年数	债务	物权	亲属	继承
二十七年	二四	五一	一〇	一五
二十八年	二三	五〇	一四	一三
二十九年	二七	三三	二八	一二
三十年六月 至三十一年八月	一一	三四	四八	六

这里有几点值得提出的：

(1) 从表（二）看出：过去民事中最多的是物权案（主要是土地问题），而以后却逐年减少。是不是边区的土地纠纷减少了呢？不是的，近年来边区人民重视自己的土地比任何时候都加深了，三十一年各地普遍发生“土地纠正案”〔过去执行错了，现在依法纠正〕即其明证。但是，由于群众团体的日益健全，大都通过农会调解或通过行政手续来处理，纠纷成案的是减少了。

(2) 从表（二）看出：三十年度亲属案激增了。原来边区婚姻条例是三十年“七七”颁布的。但由于敌寇到边区的大扫荡，使这一条例没有即可〔刻〕广泛传播到群众中去。婚姻案件到三十一年初才显著地增加起来。北岳区如平山一至五月婚姻案件达一九六起（占民事的百分之五十六），同年一月至六月十三日两愿离婚经政府登记的有二六八起。唐县同年一至五月婚姻案件也有九十一起之多。冀中在双十纲领颁布后就增加起来，三十、三十一年共两年中，婚姻案件占民事案［件］二分之一以上（安平占三分之二）。这说明：旧的买卖的不自由的婚姻制度已开始动摇，合理的严肃的男女关系已在日益成长着。在三十年六月至三十一年八月北岳区一四九二起离婚和解除婚约的案件中，由女方提出的九七四起，占百分之六十五（平山更达百分之八十六，唐县达百分之八十以上），而且绝大多数的理由是“感情意志根本不合〔和〕，以致不能同居”。这说明：向来被当作奴隶的妇女已在实际行动起来争取自身的解放了。因此，只有改善婚姻制度，才能使离婚的想〔现〕象减少。我们对婚姻案件的处理一般是正确的，但也有个别县份发生机械地了解条文、割裂地运用条文，只要起诉就准离婚的偏向，以致发生个别离婚后又行同居的事情（如平山、完县等）。同时，有部分妇女“嫌贫爱富”，厌恶劳动，以及误解“自由”“解放”，也以“感情意志根本不合〔和〕”为借口提出离婚。对这一现象已在纠正着。

(3) 在近来的继承案件中，女子继承的案件逐渐增多了。北岳区女子继承案件已占继承案的百分之三十八，而冀中在行署颁布《关于女子财产继承权的指示》以后，于三十一年前半年已增至一半以上（安平县女子继承案占民事案百分之七十），其中虽有个别妇女算老账，追溯得太久（按民法可追溯到民国十七年，行署指示将追溯期缩短，但有些老百姓还不了解），但一般说，这种现象表现了广大妇女已觉悟起来争取自己应得的权益了。

（二）普通刑事：

边区的普通刑事案件较抗战前减少了，约占总案数的三分之一（据不完全统计，三十年六月至三十一年八月北岳区共收案九二一〇起，特刑三〇九七起，民事三〇九〇起，普通刑事三〇三一起），而五年来又是一年比一年少。如以民国二十七年为一〇〇，二十八年就是九六，二十九年则是四三。减少的原因是：(1) 大家最大的仇恨转向敌人，自家人没有什么不解之仇，纠纷减少了；(2) 边区人民政治觉悟提高了，不法行为减少了；(3) 调解工作的加强，许多轻微的刑事经村中调解，没有成了官司。

边区普通刑事各类案子的发展情形怎样呢？

普通刑事案件每年分类所占百分比（每年总数为一〇〇）

年数	杀人	伤害	窃盗	侵占	妨害婚姻及家庭	妨害风化	赌博	其他
二十七年	一二	三〇	一〇	四	三	五	九	二七
二十八年	二一	二一	七	五	六	七	三	三〇
二十九年	八	八	三〇	四	一三	四	五	二八
三〇年六月至三一年八月	六	七	三四	七	一三	一〇	四	一五

这里有几点值得提出的：

（1）边区成立以后，由于人民生活的改善，抗日民主社会秩序的确立，所以前二年窃盗很少，巩固地区，有“路不拾遗夜不闭户”的美称。但近年来窃盗案却激增了。为什么呢？1）敌寇几度极残酷的扫荡，实行“三光政策”及战争本身的破坏性，人民生活已很穷苦，遭灾歉收的地区，社会秩序不免紊乱，窃盗就增加起来；2）敌寇特务及不良分子乘机加紧活动；3）个别坏分子，找便宜，侵占他人财物；4）个别村干部对政策法令认识不够，敢于犯法，影响群众；5）政府对个别窃盗者的处理过分宽大。为了制止盗风增长，边委会于三十一年三月二十一日颁布了“破坏坚壁财物惩治办法”，对偷盗的要犯从严治罪，起了相当的作用。

（2）妨害婚姻家庭及妨害风化罪占不小的比例（冀中更多一些，如安平等县达刑事案总数一半以上），这主要在游击区由于敌伪淫风侵入的缘故；在巩固区主要是因为边区人民觉悟的提高，对不良习俗检举［的］结果。实际上边区的人民在这方面的犯罪不但没有增加，相反的，善良风俗是在日益发展、确立起来。

（3）伤害杀人案是大大减少了。这是由于边区人民斗争目标主要是敌寇汉奸，统一战线政策的正确执行，民主运动的开展，群众政治认识的提高，使新的社会秩序确立起来，即有私仇积怨，也很少采取伤害杀人的手段。

（4）赌博案比抗战前一般地区是少得多了。显示了边区人民是过着紧张愉快的劳动生活；但近年来游击区又有增加之势。原因是：1）敌伪赌风的侵入（赌案主要在接敌区）；2）个别地方过去对赌案处理过于宽大（冀中有只批评一下就放了的）；3）正当文化娱乐提倡的〔得〕还不够。

这些案件是怎样判处的呢？

处刑统计表（三十年六月至三十一年三月北岳区各县处刑的总计，特刑与普通刑事均在内）

人/刑	死刑	无期徒刑	十年以上	十一五年	五——年	一年—二月	拘役
人数	一八九	〇	二七	一〇三	一六七	一七〇	八七
百分比	二五点五	〇	三点五	一三点五	二三点三	二三点五	一一点七

注：处死刑者绝大部分是特刑案件。

从上表中可以说明：除少数罪情重大的外，我们处刑是相当轻的，处无期徒刑的五年来还没有一个，五年以上的也还不到六分之一，而五年以下的徒刑和拘役占到百分之六十。因为我们觉得致成这些犯罪的原因是与旧社会制度不可分的，目前纠正的办法只〔主〕要还得从教育入手，判刑的目的是为了让他改过自新，所以都是择法定刑内之较轻者。

（三）特种刑事：

先来看看历年特种刑事案件分类统计表。

	二十七年		二十八年		二十九年		三十年六月至三十一年八月（只北岳区）		总案数
	案数	百分比	案数	百分比	案数	百分比	案数	百分比	
汉奸	一五七	七一点三六	二五五〇	八〇点四九	一三三〇	八九点七五	二一三三	七九点五六	六一七〇
盗匪	二八	一二点七二	二三九	七点五〇	五六	三点七八	四七	一点七五	三七〇
烟毒	一四	六点三六	三三〇	一〇点四一	五二	三点五〇	二一六	八点〇六	六一二
军事	二一	九点五六	四九	一点六〇	四四	二点九七	—	—	一一四
破坏坚壁清野	—	—	—	—	—	—	一八二	六点七九	一八二
其他	—	—	—	—	—	—	一〇二	三点八四	一〇二
共计	二二〇	一〇〇点〇〇	三一六八	一〇〇点〇〇	一四八二	一〇〇点〇〇	二六八一	一〇〇点〇〇	七五五一

注：1. 二七—二九年包括冀中数字，三十年六月—三十一年八月只北岳区数字，系根据二十五县之月报统计而来。

2. 破坏坚壁清野在三十一年五月前还没有单行惩治办法。

3. “其他”栏内包括反宣传秘密教门等，也有一部军事犯（如逃跑）在内。

这里有几点值得提出：

（1）汉奸案占着绝大的比重（占特刑案总数百分之八十）。这一方面说明了敌后战斗的特色，同时明确地显示了我们政权的性质是各抗日阶级对汉奸的镇压。将近四年中处理汉奸案六一七〇起，案犯约万人，对这批奸徒严加惩处以及在人民中的教育意义，在反对敌寇保卫边区的总任务上，起了怎样的作用是不难想象到的。在二十七年汉奸案还不多，一方面恐当时汇报有所遗漏，但那时敌我斗争的复杂性与汉奸特务的活跃上确是较少的；二十八年、二十九年敌寇两次大扫荡后敌人特务工作深入了，我们工作也有了新的开展，举发了很多汉奸，案子就增长起来。三十年六月以后汉奸案比例并未减少许多，而且三十一年四［月］—八月一五七八件特案中，汉奸案件一〇〇二件，说明在敌我斗争益形残酷的情势下，汉奸案特会继续增多。

政府对汉奸案处理的态度很明显：严厉镇压罪大恶极的首要份〔分〕子，争取胁从与附和份〔分〕子；积极锄奸，保障人权，这是一件事情的两方面，不能有所偏废。边府成立前后，各地曾发生“左”的倾向，忽略保障人权，双十纲领颁布后始有所转变，以后政府又颁布了《特刑案件审理程序之决定》《紧急情况下处理监押犯办法》，曾起了相当作用；近年来又发生右的倾向，形成某些对汉奸放纵的偏向，边委会又开展了冬防运动，颁发《关于封锁沟（线）外处理汉奸犯之决定》，予以纠正。但一般说五年来在掌握锄奸政策以及审讯、量刑上是有很大进步的。

（2）盗匪案不多，而且逐年锐减。这说明边区社会秩序的进步。

（3）贪污案的增长，是由于反贪污浪费运动的深入。

（4）烟毒在边区内部已经很少了，但由于敌寇毒化政策的侵袭，数字反有增加之势。

其次，来谈谈我们的监所工作：

监所是监狱和看守所的统称。在以往，一提起了它，人们马上会想到阴气森然，充满剥削、欺诈的人间地狱，然而在边区抗日民主政府下的监所，却真正是感化教育使人向善的学校。

(1) 犯人是怎样生活着？犯人在监所里，一般是过着训练班似的相当规律的生活，特别自民国三十年以来，每天黎明起床、早操，早饭后上课、游戏，晚饭后劳作、休息，晚间开生活检讨会、学习讨论会。看守对犯人的打骂是绝对不许的，在一定范围内，犯人有充分的权利处理自己的事务。例如，伙食是由他们自己选举的伙食委员会管理的，在冀中，还有“悔过委员会”（相当救亡室或俱乐部）和队、班的组织。政府也尽量采纳他们的意见。注意改善犯人生活（现在是每人每日发小米一斤，柴菜金现由五分增为一角），劳作赚了钱抽百分之七十改善伙食，所以，“面黄肌瘦”的犯人是很少的，三十年冬敌占区士绅来边区参观时感动地说：“边区犯人的生活真是敌占区老百姓欣羡不得呢！”其实就是某些巩固区老百姓也相当欣羡哩。曾有繁峙某妇女，嫌丈夫不务正业吸大烟，要求政府把他关进监所，如果政府不给发粮，情愿由家中带粮，就是显例。

(2) 对犯人的感化教育：以政治教育为主，中心是启发民族意识，坚定抗战信心及说明政府对犯人的态度，以促其彻底悔改。教材主要是报纸、政治课本、双十纲领冬学教材及军民誓约等。其次，识字教育成绩比较差些，但一年内一般能学会一百至三百字，最少的也会五十个。繁峙曾有一目不识丁的毒犯在监所住了四个月，会了二百多字，能管伙食账了。学习的方式五人以上的都是上课，每周至少两次，还有讨论会。

我们的感化教育是和实践密切连〔联〕系的。犯人除听讲讨论外，还经常举行生活检讨会，由犯人自己主持、互相批评。有许多老犯人和较好的犯人将自己所犯的错误及政府对他们的态度讲给新犯人，更起了不少作用。冀中曾因此而获得审判上宝贵材料或使犯人坦白吐诉。在这种民主的生活的熏陶下，犯人进步相当快，一般都能自觉地爱护政府遵守纪律。当敌探打入蔚县监所组织“开小差”时，就被犯人告发；平山、安平、定南、博野、肃宁、安国、高阳……县均曾在情况紧急时令犯人回家或高度分散活动，事后一召集，马上全部集合起来。二专署监犯遭敌包围袭击之际，除伤亡及被俘者外，也没一个乘机逃跑的。繁峙某汉奸犯被释放后，劝其亲友再莫当汉奸并亲自领他来我政府自首。定兴某犯人被释放回家（敌占区）后，在我们征运公粮时，深夜自动送消息带路。在二十八年六月以前轻微犯人经教育动员，自愿参加部队者不下二千人，每当犯人出监所特别是参加部队或提前假释时，他们都举行热烈的欢送会。谁说这不是一个政治学校呢？

(3) 犯人的生产劳动：边区每年有二千多犯人从事着劳动生产。其中以农事耕作为主，其次是制造日用品，只四专署在民国三十年一年内即代耕土地二一〇〇亩、打柴五五〇〇〇斤，六专署、易县、灵寿、行唐等县设有小型工厂，从事农具制造、纺织、榨油事业，冀中则还有制草帽、鞋袜、衣服、席篓、柳筐柳篮等。

在劳动过程中，不但使犯人身体强壮、生活愉快，而且使他们养成劳作的习惯，改进了他们的品质，学会了谋生的技能。如繁峙有个好吃懒做的烟犯被释放后每天清早拾粪勤苦劳作，易县出所犯人二十九年一年内开设织布工厂的有四家。

生产劳动还获得了相当丰厚的利润，北岳区五个月（三十一年四至八月）二十县共获利四六〇〇元（不完全的统计），政府规定提取一部分（北岳区百分之七十，冀中百分之四十）改善犯人伙食。

此外，政府还规定了鼓励犯人改过向上的办法，表现良好的可以提前假释；三十一年四月边委会作了《关于选拔监犯参加采煤工作的决定》，工作积极的可记功折抵刑期，长期徒刑犯人采煤三年即认为执行徒刑期满，行于北岳区；同年春冀中行署制定《犯人保外开荒办法》，可惜正碰见敌人扫荡，没有很好实行。

除了监所之外，边区还设有感化院，三十年春改为自新学艺所，但最初由于主管人员认识的错误（已依法惩处有关人员），有名无实。从三十一年一月才大加改进，成为感化教育机关的雏形。其中学员有一半以上是受过敌伪训练和熏染的，我们则抓紧政治教育，干部与学员生活待遇完全一样，特别干部的以身作则、爱护关心、循循善诱使他们受了很深的感动，有的把几年没弄清楚的犯罪事实自动说出来。除了极少数别有用心的份〔分〕子外，逃跑及再犯错误的极少。识字教育四个月内学会六十—三百个字。十个月内生产菜两万多斤，柴五万斤。在一年中，成绩优良出所的有二百多人，其中九十四人分配到军政机关参加工作，有六十多人合于免刑条件提前出所。

五年来，我们的司法工作在保障一切抗日人民的人权、财权、地权、政治权利上是起了很大作用的；但是缺点还很多，主要的是：(1) 旧政权的司法传统与司法观念残存还很多，无论在审讯上、制判上、适用条文上，都还未能创造出一套适合新民主主义社会的体系来；(2) 司法工作还不够深入主动，民间还有不少问题，未能得到及时的解决；司法工作一般还停留在被动的〔地〕等事做的阶段；(3) 司法人员的修养一般还很差，了解全面照顾各阶层人民利益，调查研究民刑事件，还不习惯。因此，更进一步的〔地〕使司法工作服务于抗日民主政治，更进一步地群众化，保证抗日民主的各种政策之全部实现，这是我们今后应该大大努力的。

选自《晋察冀边区行政委员会工作报告》，边区行政委员会 1943 年编印，第105～122 页。

7. 晋察冀边区法院组织条例

1943 年 1 月 20 日晋察冀边区第一届参议会通过，
同年 2 月 4 日晋察冀边区行政委员会公布

第一章　总则

第一条　本条例根据中华民国法院组织法之基本精神适应边区具体环境制定之。

第二条　本边区民刑诉讼及其他司法事务之处理，除本条例别有规定外，适用国民政府关于法院通用之一切法令。

第三条　边区法院分地方法院及高等法院。

第四条　高等法院受最高法院之管辖，受边区行政委员会之领导，在与最高法院不能联系时，人民不服高等法院所为之判决，得申诉于边区行政委员会。

第二章　地方法院

第五条　县或市设地方法院，但视环境之需要，得合数县市设一地方法院，不设地方法院及无地方法院管辖之县，暂设县司法处。

第六条　地方法院管辖之事件如下：

一、民事刑事第一审诉讼案件，但法律另有规定者不在此限。

二、非讼事件。

县司法处之管辖事件与地方法院同。

第七条　地方法院设推事若干人、书记官长一人及书记官若干人，其审判案件以推事一人独任行之。

县司法处设审判官一人或二人及书记官若干人。

第八条　地方法院设院长一人，由推事兼任，综理全院行政事务。县司法处之行政事务由县长兼理之。

第九条　地方法院及县司法处得设看守所及监狱，其组织规程另定之。

第三章　高等法院

第十条　边区设高等法院，并得于行署管辖地区，设高等法院分院。

第十一条　高等法院之管辖事件如下：

一、关于不服地方法院或县司法处第一审判决而上诉之案件。

二、关于不服地方法院或县司法处裁定而抗告之案件。

三、覆〔复〕核县司法处所处理而未经上诉，或撤回上诉，或上诉不合，未经第二审实体上审判之刑事案件。

第十二条　高等法院设院长一人，由边区参议会选举，报请国民政府任命之。其职权如下：

一、综理全边区司法行政及全院行政事务。

二、监督指挥全院一切诉讼案件之进行。高等法院院长任期二年，得连选连任。

第十三条　高等法院设下列各部门：

一、司法行政科：设科长一人、科员若干人，掌管各级司法人员之铨叙教育、司法经费、司法收入，及看守所监狱事宜。

二、民事刑事法庭：设推事若干人，审理民事刑事诉讼案件。

三、书记室：设书记官长一人、书记官若干人，掌管记录、编案、印信、文牍、统计、收发及保管证物诸事宜。

四、看守所：掌管犯人之监管教育事宜。

前项之法庭、看守所，得分设于本院管辖范围内之各行政督察专员区。

第十四条　高等法院分院之管辖事件与高等法院同。

高等法院分院之内部设置，准用前条之规定。

第十五条　高等法院及其分院之审判案件，以推事三人合议行之，但于不得已之情形下，得以推事一人独任之。

第十六条　高等法院及其分院，得设感化机关，其组织规程另定之。

第四章　检察官之配置

第十七条　各级法院各设首席检察官一人、检察官若干人，并得以各该管辖地区之地方行政长官兼任首席检察官。

县司法处设检察官一人，由县长兼理之。

第十八条　检察官之职权如下：

一、实施侦查，提起公诉，协助自诉，实行公诉，担当自诉及指挥刑事裁判之执行。

二、其他法令所定职务之执行。

第十九条　检察官服从首席检察官之指挥，各级法院之首席检察官，得亲自处理所属检察官之事务，并得将其转移于其他所属检察官处理之。

第五章　检验员、执达员、庭丁及司法警察

第二十条　高等法院及其分院，得设检验员、执达员及庭丁各若干人。

地方法院及县司法处得设检验员一人，执达员及庭丁各若干人。

第二十一条　各级法院及县司法处，均得调用其同级政府之警卫员，执行司法警察职务，其调度办法另定之。

第六章　司法行政之监督

第二十二条　司法行政之监督依下列之规定：

一、高等法院院长，监督各级法院与其分院及县司法处。

二、高等法院分院院长，监督该分院与所属下级法院及县司法处。

三、地方法院院长，监督该法院。

四、高等法院首席检察官监督全边区之检察官。

五、高等法院分院首席检察官监督该区域内之检察官。

六、地方法院首席检察官监督该法院之检察官。

第二十三条　依前条规定有监督权者，对于被监督之人员，得为下列处分：

一、关于职务上之事项，得发布命令使之注意。

二、有废驰〔弛〕职务、侵越权限或行止不检者，加以警告；其情节重大者得依法惩戒。

第二十四条　本章各条之规定，不影响于审判权之独立行使。

第七章　附则

第二十五条　本条例自公布之日施行。

选自《晋察冀边区行政委员会现行法令汇集》，上册，边区行政委员会1945年编印，第46～50页。

互校版本：《中国新民民主主义革命时期根据地法制文献选编》，第3卷，北京，中国社会科学出版社，1984年版，第377～381页。原注：“选自晋察冀边区行政委员会《现行法令汇集》上册，边区行政委员会1945年版。”

8. 晋察冀边区行政委员会关于边区司法机关改制之决定

1943 年 2 月 12 日

一、本边区司法机关除依据边区法院组织条例第十条、第五条之规定设立高等法院及县司法处外，并依照同条例第十三条第二项之规定，将各区司法处取消，另由高等法院在各行政督察专员区设立法庭，名晋察冀边区高等法院第几法庭。各专署原有之看守所，亦同样改组为晋察冀边区高等法院第几看守所。

二、未设司法处各县之民刑案件，由专员公署指定邻县司法处管辖，指定后报本会备查。

三、高等法院各法庭，对于该管区内之二审案件，由驻庭推事独任行之。但巡回推事莅庭时，得开合议庭。

四、高等法院、高等法院各法庭及县司法处印信，由本会刊发。高等法院推事、高等法院书记官长、司法行政科长、各县司法处审判官及边区自新学艺所所长，由本会委用，书记官、管狱员、看守所长及边区自新学艺所干事、分队长，由高等法院委任之。各专员县长佐对司法干部之配备及各级法院之措施有意见时，报请本会处理之。

五、高等法院各法庭及各县司法处，对于普通民刑案件因进行审判所为之文件，加盖法庭及县司法处印信，但对于司法行政事项，仍以专员及县长佐名义加盖专署关防及县政府印信行之。

六、各专员对普通刑事案件，兼任高等法院在各专区所设法庭之检察官；各县长佐对普通刑事案件，兼任县司法处之检察官。检察官均不另加委，但须加强检察工作。

七、高等法院各法庭驻庭推事及县司法处审判官，仍须代替专员及县长佐审理特种刑事案件。

八、对司法工作如有报告请示事项，依下列规定办理：

（一）县司法处应报送复判之刑事案件，报由高等法院在该管专区内所设之法庭复判。

（二）县政府所为之特刑判决，除贪污案件外，仍报送专署代核，专员所为之特刑判决，仍报本会复核。

（三）司法行政事项报由高等法院核办，但涉及特种刑事者仍报由本会核办。

九、高等法院在各专区所设之法庭及各县司法处之经费、收发、缮印文件事宜，及日常生活，仍照各区司法处、各县司法科与署、县关系之旧例办理。

十、各区司法处及县政府、县佐公署接到本决定后统于三月一日起，依照本决定实行改制。各县司法处在未奉到印信前，对于普通民刑案件因进行审判所为之文件，暂准借用所在县之县政府印，但须于右旁注明“借用”字样。

选自《中国新民主主义革命时期根据地法制文献选编》，第 3 卷，北京，中国社会科学出版社，1984 年版，第 384～385 页。原注：“选自晋察冀边区行政委员会《现行法令汇集》上册，一九四五年版。”

9. 晋察冀边区行政委员会关于仲裁委员会的工作指示

1943年4月9日

边区租佃债息条例对于租佃纠纷，规定由仲裁机关处理。对这一工作，除根据条例中之规定执行外，兹有以下指示：

一、仲裁委员会的性质与任务。

仲裁委员会是在县政府领导下解决租佃纠纷的仲裁机关，这一组织，在边区尚系创举，它的任务是根据照顾租佃双方利益、巩固团结的基本精神，对于租佃纠纷，秉公仲裁，使出租人的土地所有权、承租人的土地使用权以及双方生活均得到保障。所以仲裁机关的建立及其工作的正确进行，对于边区人民的团结，是具有重大作用的，各级政府必须重视这一工作。

二、仲裁委员会的权限及与各方的关系。

（一）仲裁与调解不同，调解可以成立也可以不成立，争议之一方如不同意调解人之意见，调解不能成立，调解机关或调解人无强制执行权，但仲裁委员会所为之裁决，则不但有强制争议双方或一方执行权，并且属于仲裁之案件司法机关不得受理，因此，仲裁委员会具有强制执行的权限，为人民解决司法机关不好处理之一部份〔分〕租佃债息问题（如条例规定）。仲裁委员会不是超政府的组织，它是属于政权的。

（二）仲裁委员会与政府的关系：仲裁委员会受县政府领导（有分会的区受区公所领导），处理争议案件，须根据政府之土地政策及有关之法令，不得作违反政策法令之裁决。代表县政府参加仲裁委员会之民政科长（区民政助理员）应定期的〔地〕在县务会议上报告仲裁委员会的工作（必要时其他委员亦可列席）。在处理仲裁案件时，参加仲裁委员会之县政府代表，事先应尽可能征求县长之意见，遇有重大争议案件并应在县务会议上讨论，县政府代表，根据县政府之意见，向仲裁委员会提出讨论，但仲裁委员会之裁决，须以会议方式依少数服从多数之原则行之，县长无强制服从己意变更仲裁委员会裁决之权（分会与区公所的关系亦同）。

（三）仲裁委员会与抗联会之关系：仲裁委员会系具有权力的机关，在人民中应建立其威信，因此抗联会应选派在群众中具有威信而能代表其团体的代表参加，不应草率从事，对于重大争议案件抗联会亦应事先讨论，将通过之意见交参加仲裁委员会的代表，向仲裁会议上提出。仲裁会议之裁决，抗联会亦无权变更，须照裁决执行。

（四）仲裁委员会与专署的关系：当事人之一方不同意县仲裁委员会之裁决，而向专署请求复裁时，专署对此种请求复裁案件之指示（通过县政府），仲裁委员会应服从执行。专署不同意原裁决之意见，仲裁委员会应即根据专署指示实行复裁，复裁之裁决，不得违反专署之指示。专署对请求复裁之案件，须重慎审查考虑。仲裁委员会之裁决，苟非违反政府之政策法令，应当尊重之，不要武断的〔地〕任意干涉。

（五）仲裁委员会本身的工作制度：仲裁委员会应视工作之繁简，建立定期的会议，审查与讨论请求仲裁之争议案件。对于请求仲裁之争议案件，须于接到请求书七日内予以审查，一个月内予以裁决，有个别事件因特殊原因不能按期裁决时，应通知当事人延期，但延期不得超过一个月。

对于请求仲裁声请书之审查（如审查是否属于仲裁范围，不属于仲裁者如何处理等）应由会议或由各委员签署意见行之，如因工作繁忙或居住分散，经委员会决议委托民政部门负责审查亦可，对请求复裁之声请书的审查（是否过期，如过期即不予转递，将该声请书批回）由掌握仲裁委员会日常工作之委员为之。

仲裁委员会的会议，超过全体委员之半数，即可开议，出席会议委员之表决，过半数的意见即可成立。仲裁委员会的工作应定期的（地）由政府民政部门向上级汇报（视案件多寡列入一月一次的部门工作汇报，或两月一次）。

（六）仲裁委员会裁决之案件及其工作情形，可以在报纸刊物上向社会公布。

三、在仲裁工作中应注意事项：

（一）村（区）的调解工作应当加强。这一工作加强后，不但可以减少仲裁事件，并且帮助仲裁之更为公允与获得社会上之公正舆论，这对于巩固地主与佃户的团结，是有好处的。民政部门对此应加强注意与领导。

（二）仲裁委员会必须认真对政府对人民负责，对于仲裁案件，必须进行细密的调查研究，很客观公正的（地）处理问题，反对任何粗枝大叶、徇私偏袒、草率从事等作〔做〕法，同时对于仲裁案件不应积压、久延不决，必须严格于限定期间处理之。

（三）在仲裁期间，或裁决后当事人不服请求复裁期间，关于当事人所争议之权益问题，仍应遵照未裁决前之权益关系执行，只有于裁决或复裁裁决后，始得根据裁决变更权益关系，以免影响生产或发生其他枝节纠纷。

（四）仲裁委员会之办公地址，设该县县政府（分会设区公所），其日常工作之掌管，由民政科长负责（分会由区民政助理员），其日常事务，如开会之通知、仲裁书审缮拟送达、案卷之保存等，均由民政部门代办；工作特别繁忙者，可抽调其他科工作较少之科员、办事员协助之（区由其他助理员或协助员协助之）。

（五）仲裁委员会受理仲裁案件必需〔须〕依照租佃债息条例第五章之规定，不能包揽租佃债息方面之民事案件，以削弱司法工作及司法机关之威信；司法机关对于非仲裁案件，不能推给仲裁委员会处理，放弃职责。

以上各点希即讨论执行，在执行过程中，有何困难与疑问，以及经验教训，望及时报会为要。

选自《晋察冀边区行政委员会现行法令汇集》，上册，边区行政委员会 1945 年编印，第 179～182 页。

10. 晋察冀边区行政委员会关于处理监押犯之决定

1943 年 4 月 15 日

目前各县监押犯人日渐增加，不但不适于战斗环境，且有碍国民生产。又根据目前北岳区人民生活水准，特别在与一般灾民生活相形对比之下，现在囚粮数目实嫌过多。为了减少监所监押犯人，节省开支，借社会群众力量促进犯人向上之心，发挥犯人力量增加生产计，兹决定：

一、下列两种人犯，在未判决前，得斟酌情形，准予保外听候传讯，以免有误农时：

甲、犯刑法第六十一条所列各罪之嫌疑者；

乙、犯刑法第六十一条以外刑之嫌疑而无逃跑或湮灭证据之虞者。

二、判处徒刑之人犯，除案情轻微且系纯由贫困所迫而初次行窃之窃盗犯，得于判决后即时回村执行，以劳役代替徒刑外，其余一律在监执行，不准未经判决，即予开释。但在执行期间，表现良好，以及无重复其犯罪行为之虞者，无论执行日期之长短，均准由村公所或其亲属保回耕作，保回期限每次以三个月为限。但出于自动，甘心事敌之汉奸，不在此限。

三、病犯无论已决未决，均尽可能的〔地〕准保回家疗养。

四、回村执行徒刑之窃盗犯及保回耕作之人犯，均无公权。保回耕作之人犯，亦须服劳役。回村执行徒刑之人犯，每月劳役不得过十日，保回耕作之人犯，每月劳役不得过五日。服劳役之事项如下：

甲、属于公家建筑、修滩、开渠等事项。

乙、为抗属及贫苦而缺乏劳动力之人民代耕（除应服者外）。

偷懒怠工劳动效率低者，上列服劳役期限得延长之。但除规定劳役外，最多不得过三日。

五、回村执行徒刑之窃盗犯，其服劳役日期与不服劳役日期均以一日折抵一日，与在监执行同，惟区公所应定期召集至区予以教育。保回耕作之人犯，期满时区公所应予以鉴定，其安心劳动无何种不良行为者准一日折抵徒刑一日，必要时并得呈请县司法处延长其假期，但不安心劳动或另有何种不良行为者不得折抵，亦不延长其假期。

六、回村执行徒刑之窃盗犯及保外参加生产之人犯，如因探亲或经营其他事业而离其本村时，须向村治安员请假。

七、不准保回耕作之人犯，应依本会法字第一一二号令从事作业。

八、回村执行、保回耕作、保回养病之各种人犯，一律不发给囚粮、柴菜金，其服各种劳役时亦不给酬，惟替私人服劳役时，愿供给其饭食者听。在监所羁押之人犯以雇送为原则。

选自《晋察冀边区行政委员会现行法令汇集》，下册，边区行政委员会 1945 年编印，第 702～703 页。

互校版本：《中国新民主主义革命时期根据地法制文献选编》，第 3 卷，北京，中国社会科学出版社，1984 年版，第 386～387 页。原注：“选自晋察冀边区行政委员会《现行法令汇集》下册，一九四五年版。”

11. 晋察冀边区行政委员会通知——通知司法工作应围绕大生产运动进行由（附：“组织犯人参加生产”）

1944 年 2 月 14 日

专员推事、各监所所长、县长佐、审判官：

甲、在工作中，切实照顾节省民力，以利生产。

今年的大生产运动，是全边区党政军民共同的政治任务，各部门工作的进行，均应想尽一切方法，以促进这一运动的开展。

为达此目的，在今年的司法工作中，最低限度应做到以下三点：

一、清理积案慎重羁押：组织大生产的第一个要件，是劳动力，人民因涉犯罪嫌疑羁押起来，是把劳动力废置于无用之地，人民因诉讼累身，也会降低他的劳动情绪和效率，所以司法工作，办理刑事案件，羁押人犯时，要严格的〔地〕遵守刑事诉讼法的第一百零一条第一百零七条第一百零八条第一百十条第一百十二条各规定，不要轻易的〔地〕把人押起来。办理民事时，也应当积极迅速的〔地〕予以适当的解决，以节省诉讼当事人的劳动时间，就是对于短期刑的人犯，为了他们参加生产劳动，亦应当予以适当的调解，如引用刑法第七十四条宣告缓刑，或指定相当地点在外执行，提取他的劳动工资，或准他取保回家，每月出几天劳动力给抗日军人家属作〔做〕工……总之，凡能减轻讼累，提高劳动情绪，节省劳动力，寓刑于工作的办法，要设法创造采取。

二、加强调解防止缠讼：诉讼当事人，尝因胜败的负气，缠讼不休，贻误生产甚至荡产倾家而不悔，而案外调解，则是解决民间纠纷，节省劳动力的有效办法。

三、实行就审当面受案：就审决案，不但能免去人证的往返跋涉，虚糜时日，并且因为采证方便和普及，能使案件结〔解〕决的〔得〕更较适宜，并且临时当面接收新案，能使新案的当事人，迅速得到质证，明白自己有理或无理，以便迅速结束争执。

以上三点，希望各署县庭，切实讨论执行，并创造更好的方式方法，在进行工作过程中，节省出更多的劳动力，使用到生产战线上。

乙、积极组织犯人参加生产。

大生产运动中，应使一切有劳动力的人参加生产，监所犯人只北岳区即约达千余名，过去我们对组织犯人生产，是注意很不够的，今年应从思想上彻底转变。

一、要认识犯人一般是会劳动的（成份〔分〕多系贫农），只要我们组织领导得好即可把犯人劳力充分发挥到生产中来，并有充分可能做到犯人自给自足，以减轻人民负担，同时通过生产劳动，还可改造犯人的思想意识，使［其］成为健全的公民，减少社会上的犯罪行为，并且也会附带解决了我们执行徒刑的困难。

二、我们今年必须组织犯人积极参加生产，要求争取做到监所犯人经费（粮款办公费等）全部自足自给，并使犯人锻炼成为勤勉俭朴爱好劳动的健康公民，这是今年司法部门的重要任务之一，望付以大力组织其实现。

三、在具体做法上，提出以下要点，各署县应根据当地实际情况具体计划布置进行。

1. 以农业生产为主，以佣工小手工业运输业等为辅。首先对犯人情况（体力，能力等）及本地生产条件进行调查研究，然后分别把不同的犯人，组织到适当的生产工作中来。

2. 所需要生产资金，可向政府预借，但系暂借性质，应于年终结账，由生产所得归还。

3. 在生产中要建立严格的奖惩制度，在公私兼顾的原则下，对所获利润适当处理：以纯利百分之六十作为监所基金，以百分之二十改善犯人生活，其余百分之二十作为生产奖励金，以提高犯人生产积极性。

4. 生产与教育要密切结合起来，在生产过程中教育犯人，使能改过向上；另方面用教育来巩固与提高犯人的生产情绪劳动热忱。

四、在领导上：各级政府底〔的〕负责人，应对这工作给予应有的注意，视为机关生产之一部，而加以具体领导，各级司法部门及监所人员更应把监所工作的重点放在组织犯人生产上，用大的力量来开展这一工作，并要亲自动手与犯人共同参加劳动，以影响推动犯人，至监所干部之不能胜任者，应重新调整配备。望即详加计划，做讫上报（监所犯人生产办法，可参考附件）。特此通知。

附件：

组织犯人参加生产

在今年展开的大生产运动里，所有能生产的人，有劳动力的人，全要参加生产，全要把劳动力贡献到生产战线上。监所中的犯人，这一废置的劳动力是很惊人的，假设全北岳区平均每日监押着一千名犯人，那么这一千个劳动力，就在那里废置着，而且每日要白白消耗一千公斤粮，这对我边区是相当大的损失。所以在今年展开的大生产运动里要下决心把这一部分力量，更好的〔地〕使用到生产战线上去。

为了使犯人的生产工作，今年做〔作〕出应有的成绩来，那么对这一工作的计划上、办法上，必须加以深思熟虑。为此特发这一附件供各署、县、庭、处。作为领导这一工作的参考：

（一）应有的认识：

1. 用实际的行动来响应开展大生产的号召，这就是把一部分废置的劳动力，有组织的〔地〕，有计划地发挥到生产战线上去。

2. 把以往犯人生产中的消极态度一变为积极的态度，争取监所犯人的经费自足自给（粮、款、办公费等）以减轻人民负担。

3. 通过生产劳动，以改造犯人的品质，改变劳动观点，对劳动有正确认识，养成爱好劳动的习惯。

4. 解决执行徒刑的困难，保持刑罚的严肃性。现在我们对徒刑执行上很大的困难，除了因为处于战斗环境以外，还因为受了囚粮的限制，因而有一些犯人，比较判一适当徒刑更能收到教育的效果，但因受囚粮限制，往往就不判了，或者虽也判了徒刑，但只有宣告而无执行，结果是对已经犯错误的人，不能受到应有的教育，同时也不能借此去影响教育其他未犯罪的人，甚至引起一般群众对政府的不满，特别是对破坚案的处理，往往是随判随放，使群众说“犯罪又有什么关系”。

为了减少执行徒刑的困难，让犯人能够自给自足，参加生产是有效的办法之一。

（二）对以往犯人生产的估计：

1. 生产要项：农业佣工（包括长工短工月工等）、监所作业（小手工业）、小商业（运输贩卖）、农业生产等。

2. 领导：一般是监所所长负责，缺乏主动性、计划性，存有自流倾向。主要表现在上级对这一工作没有领导。但在部分地区，由于领导上好一些，仍有其一定的成绩。

3. 成绩估计；保证了犯人的健康，减少了政府开支，增加了犯人的谋生能力，一般说几个案件多的县份，经常羁押或坐监犯人，总是超过囚粮规定数字的，但超过的数字，并没有完全由政府多开支，而且犯人都能得到生活上的保障，这大多是由生产内补助的如五台、繁峙、盂平、平山、灵寿、易县等县（仅系报告来的）都有比较好的成绩。

4. 主要缺点：在认识上忽视这一工作。自上而下都有这一倾向，并没有把他〔它〕看做是如同审判工作那样重要，也没有把他〔它〕当成是监所工作的重点，只把他〔它〕看作了例行公事，认为可有可无。因而也没有普遍地积极地计划开展这一工作，在领导上没有注意这一工作。关于这一工作的计划布置检查总结，以及互相交换经验，可以说过去基本上就没有做过。

过去对监所作业，偏重于运销贩卖、小手工业等临时经营，而缺乏长期打算，如在农业生产上便注意得不够。

（三）犯人生产的特点：

1. 困难：

（1）防范戒护：现在的监犯中一般是特刑犯多，而在特刑犯中，一部分是汉奸犯，这种犯人逃跑的可能［性］较大，而我们在制度上，一切设备上，并不很周到，可是让他们参加生产，又必须扩大他们行动自由范围，这就使我们在戒护上须付以更大的注意。

（2）身心上的缺陷：一般犯人在他由未决到已决，这一过程中，在他的身体上、心理上精神上是多少受到一些损伤的，如心绪不安，害怕，体弱，多病等现象，会不断发生，这对参加生产是不利的。

（3）经费的限制：监所大多数没有生产基金，而在目前物价昂贵的情形下，要生产就必须垫办一些资本，要拿大一点的资本监所是拿不出来的。

2. 有利条件：

（1）我们使犯人参加生产，是要把他个人的利益与公家的利益结合起来，两者是统一的，一致的。这就是说，我们并不是从生产中剥削犯人，更不是奴役犯人，而是用他们生产的收获来改善他们自己的生活，改造他们的品质。这种事情，对犯人本身是有利益的。在这样的基础上，是能够克服以上一些困难的。

（2）犯人是一个较有组织性的力量，在领导上比较容易，因为在我们长期的感化政策下，犯人是容易接受和服从正确领导与指挥的，有这一点也可克服一些困难。

（3）多数犯人是能够出劳动力的，并且是能够种庄稼的。我们边区是一个小农经济的社会，在监犯中，绝大部分是贫农出身，这些犯人不但有劳动力，而且对农业上，并不外行。

3. 在犯人参加生产中应行注意之点：

（1）注意严密戒护：首先要使犯人不把戒护看成是专门对于他们的防范、管束，而应让他们认识到是关心他们，保障他们安全的一种措施，这就必须要在监所的干部以及工作人员从思想上很好来认识，并表现在实际行动上。其次对各种案犯要有不同的认识，不同的处理，如已决犯人的生产就可以参加室外，未决犯在原则上应当参加监内生产，对汉奸犯与其他犯人，以及对长期徒刑犯与短期徒刑犯在作业上都有所区别，但是要灵活调剂，所有这一切必需〔须〕监所干部及工作人员深入了解，具体掌握。

（2）领导管理上：应发扬自治加强管教，要使犯人的生产渐渐出于自动，就需要在规定的制度范围内，尽量让其自治，但这种自治是有限度的，因此监所干部对管理教育，要与生产劳动很好的〔地〕结合起来，及时进行。

（3）严格奖惩：规定奖惩制度对生产好的积极的不但可以得到物质上的奖励，精神上的奖誉，同时在刑期上还可于请准后适当的〔地〕予以缩短或提前假释，而对于生产消极怠工的则应予以批评，如发现起破坏作用的，应当依法审判，但监所干部及工作人员不能擅自处理，尤其不准有打骂作风。

（4）照顾体力：对轻重工之分配，应照顾犯人的体力，不要勉强，不要使犯人对增加生产认为是对他们的一种惩罚，在工作时间上，每天以平均不超过八小时为准，当然要很好的〔地〕照顾到忙时与闲时灵活地予以调剂。

（5）生产教育兼顾并重，不可偏废：犯人在执行徒刑中，所受的一切教育不仅是单纯的〔地〕为他改正所犯的错误，并且要提高他一步使其开释后，成为一个健全的公民，所以要有一定教育，例如生产、政治、时事、识字等教育，每日应有一定的时间去进行。

（6）干部及工作人员实际参加生产，和犯人共同参加生产，因为干部和工作人员全是本机关组织成员之一，对本机关的生产是有义务的，为了尽这一义务，应与犯人共同参加生产，把所得归到机关生产内去核算。这样又可以在犯人生产中起一种领导与推动的作用，更会避免使犯人把生产看成是对他的一种惩罚，因为有一部分人生产而另一部分人在旁边只监视着他们的劳动，这样就容易使其认为是惩罚，如果共同在一起生产，则犯人是会感到愉快，同时，亦可以减少其他意外事件之发生。这样做法在自新学艺所已收到很大效果，而被证实为一种好的做法。

（四）今年的犯人生产

1. 任务：

（1）保证犯人开释后，成为勤勉爱好劳动的一个健全公民，这要求在目前建设根据地上是一个急需的要求，尤其是对一些懒婆懒汉地痞流氓出身的犯人更需要下的工夫大一些。

（2）争取监所犯人经费自给自足（粮款办公费等），今后政府所发之粮款全是一种借贷性质，年终结账，由生产所得归还以减轻人民负担。

犯人参加生产，如有余时，还应尽量帮助抗属及缺乏劳力民众耕作。

2. 作〔做〕法。

（1）生产重点，以农业生产为主，伴地租地开荒包种都所〔可〕以，分别具体情况来进行。

（2）以充当农业佣工、从事小手工业、运输业为辅。

（3）利润的处理，以纯利百分之六十作为监所基金，以百分之二十作为生活改善费，以百分之二十作为生产奖励金。

（4）奖励：生产成绩作为考核犯人表现好坏的主要标准之一，成绩优良者除依照规定给以物质及精神上之奖励外（监所干部工作人员在内）并可请求政府批准，适当缩短刑期，或提前假释。

（5）经费的筹措：可以规定向政府预借半年的款项（柴菜金办公费等）作为资本，不足时可再请政府酌量借给一部。

游击区不宜进行生产者可以送自新学艺所参加生产。

（五）加强领导：各级政府应把犯人生产看作机关生产之一部加以具体领导，各级法院法庭司法处监所干部及工作人员应将监所工作之重点放在生产工作上，对于这一工作及工作人员应当予以适当必要的调整。

选自《晋察冀边区行政委员会现行法令汇集》，下册，边区行政委员会 1945 年编印，第 692～701 页。

12. 晋察冀边区司法会议结论

1944 年 3 月 22 日边委会宋［劭文］主任在边区司法会议上的结论

在这几天大会中，大家经过整风反省，一般认为改造司法工作的关键，在于改造司法人员的思想。结论只谈两个问题：

一、对民主政治的认识问题

甲、去年七月高干会议曾指出：民主是战斗的，是反法西斯的；民主与民生是不可分的，民生幸福是民主政治的内容，民主是有人民的，政权非少数人所得而私；民主与集中是统一的，民主的范围越大，集中的力量越大。我们对此应有更进一步的认识。这里须再明确指出：

什么叫民主政权？民主政权是人民意志的集中表现，政权是统治的工具。集中表现那〔哪〕些人民的意志？表现一切抗日人民的意志。我们的政权是一切抗日人民的政权，各阶级阶层人民只要是抗日的，他们的意志就都由抗日政权表现出来。但是对于敌探奸细，反共反人民特务份〔分〕子，抗日民主政权不代表这些份〔分〕子的利益。有人会问，民主政权既是集中表现人民意志的，那么地主不减租，或向农民收地，政府的态度该怎样？我们说，要少数服从多数，不是多数服从少数。有人会问，通过什么形式把人民的意志集中表现出来？我们说，通过民意机关表现出来，民意机关是民主集中制的组织，他〔它〕具有选举、罢免、创制、复决四种权力，他〔它〕的决议，他〔它〕的权力，就是人民意志的集中表现。有人会问，边区有民意机关以前，我们的政治是否民主政治？立法是否人民意志的集中表现？我们说这不单是形式上的问题，基本上要看立法与一切政治设施是否与广大人民的利益一致。边区刚一成立，就公布了减租减息条例，合理负担办法——以后逐渐发展为统一累进税，并公布了婚姻条例等，它是代表广大人民利益的，所以边区在没有成立参议会前，就已实现了民主政治。不过在成立参议会后，边区的民主制度是更加完善了。同样，在边参会成立后，边委会所公布的许多法令，如合作社办法、开展大生产运动的决定、女子财产继承权的决定等等，这些法令都是适合广大人民要求的，是集中表现。

有人会问：政权既是人民意志的集中表现，怎么又是统治工具？我们说，政权是统治工具，问题是谁统治？由广大抗日人民来统治；统治谁？统治汉奸敌探反共反人民特务份〔分〕子。这是广大人民意志的集中表现，广大人民用政权这一工具来共同对汉奸、敌探、反共反人民特务份〔分〕子实行统治。

有人会怀疑：我们一面反对统治思想，何以一面又是统治工具？看来似模糊，实际很清楚，问题是谁统治谁？我们反对的统治思想，是反对少数大地主大资产阶级统治广大群众的独裁思想，而我们对于汉奸敌探的（和）反共反人民的特务份〔分〕子是必须统治的。因此反对统治思想，加强对敌探汉奸反共特务份〔分〕子的统治是统一的，不是矛盾的。用广大人民的力量来统治汉奸敌探反共反人民特务份〔分〕子，此即所谓各个革命阶级联合的民主专政。

什么是新民主主义的法律？我们的法（纲领、单行条例、法令等）是一切抗日人民意志的集中表现，什么叫作合法与非法？凡是合乎广大人民意志的，就是合法的，凡是违背人民意志的，就是非法的，衡量合法与非法的标志是广大人民的意志。因此，法不是一个没有时间、地点、条件的东西，而是具体的东西。大家在讨论中提到“法律是神圣不可侵犯的”，应了解为广大人民的利益是神圣不可侵犯的，广大人民的利益就是法，离开广大人民利益而谈抽象的法，是不对的。

讨论中提到六法全书，是否合乎广大人民的利益？我们说有些是合乎的，但一部份〔分〕条文则不合乎广大人民的利益；因此合法观点认为是合六法全书的法，即常常会违背广大人民的利益，目前施政纲领就是我们的基本法，一切案件都应依照纲领、单行条例并根据边区人民实际生活情况来处理。

讨论中提到民法中规定“有明文者依明文，无明文者依习惯，无习惯者依法理”。所谓风俗习惯人情，是随社会性质的不同而有不同的。大地主大资产阶级的贪赃枉法、囤积居奇、欺压虐待妇女……这就是他们的习惯。两面态度，虚伪，冷酷无情……这就是他们的人情。边区抗日民主根据地经过六年来的建设，我们的风俗习惯人情，已与往昔迥异，而有了极大的变化；如广大妇女已得到自由，能离开家参加大会，参加生产，有了婚姻自由权，财产继承权；广大农民实行减租减息，不受超经济剥削；广大人民团结抗战等等。这就是我们的新习惯新风俗人情。所谓未规定法的可根据习惯风俗人情，应是根据边区现实新的习惯风俗人情，而不是根据旧时或大后方的习惯风俗人情。我们的法是从人民中来到人民中去的，我们的行政、司法，也是从人民中来，再到人民中去的，是为一切抗日人民服务的，我们就通过这样的法，来建设抗日民主社会秩序。

谈到秩序：倒退、野蛮、穷困、恐怖、剥夺人民的一切自由幸福，这就是大地主大资产阶级的秩序，就是法西斯的秩序。抗日民主社会秩序就是由广大群众斗争（对敌斗争、减租斗争、婚姻、负担等等斗争）所建设和巩固起来的自由、民主、改善生活、安居乐业的秩序，群众的意志发挥出来表现为斗争，从斗争中建设了抗日民主的秩序。这说明广大人民的意志是不可侵犯的，他们具有立法的权力。象×××所讲“老婆婆不在家，小妯娌乱出主意”是彻头彻尾的法西斯思想，对于边区广大人民是一个极严重的侮辱，在他的脑筋中，是没有人民的。也有一些人不敢正视群众斗争，看见群众斗争，自己就有点发抖害怕，或是很麻痹，参加群众大会，看见群众斗争，感到过火。这是在思想上有意无意的〔地〕对于大地主大资产阶级秩序的憧憬，或是在思想上没有把它粉碎。

司法是干什么的？司法是为一切抗日人民服务的，是贯彻政策法令的一种保证，而不是阻止其实现，也不是离开人民简单的〔地〕判案子。

讨论中提到司法是政权的一部份〔分〕还是政府的一部份〔分〕？首先须弄清什么是政权？政权包含民意机关与政府，如隔离来看就不是完整的政权。政权是把立法、司法、行政统一起来的，是统一在民意机关与政府的。据此，可明显看出司法是政权的一部份〔分〕。是不是政府的一部份〔分〕？我们应从实际出发，大家都知道，司法工作离开政府就无从司起，离开政府就会成为光杆儿。因此边参会通过的条例上即明定司法机关受政府领导，因此所谓“司法独立”“审判独立”，是一种旧观点，是统治的一种表现。过去所谓“独立”，名义上似乎是为了不受牵制，为了公平处置案件，但事实上怎样呢??肯定的〔地〕讲，大后方的司法官儿无一人不贪污受贿，亦无一人不受行政独裁者的支配，所谓“司法独立”，完全是骗人的话。今年（天）政权的任务是要为广大人民服务，司法部门同样如此，目的是一个，因此所谓“独立”是错误的。

讨论中提出司法部门是否参加署、县务会议？可以参加，将列席改为出席。

乙、群众观点问题。

1. 关于立场问题：什么叫立场？立场就是站在“那里”。我们所说的群众观点是要站在群众之中，站在群众之中就是群众立场。我们的群众中，工农兵占全人口百分之九十以上，我们要站在群众之中，就时刻也不能忘记了人民中的最大多数。

怎样衡量有无群众观点呢？是要使自己适合于群众的需要，使司法工作完全适合于群众的需要，因此所谓“民不举，官不究”的思想，是站在群众头上的思想，是把自己与群众分开了的，是一种统治思想，这种思想使自己不适合于群众的需要。群众是我们的母亲，政权人员是群众喂养大的（无论政府、武装），没有群众就没有边区，只有站在群众之中，才能体验到群众的呼吸和脉搏的跳动；如果站在群众之上，必然要脱离群众，成为官僚主义。我们爱护群众，关心群众，应如儿子爱护母亲一样。“恩赐”观点是统治观点，“作〔做〕点好事，明公断案”的思想是统治思想，不是站在群众之中，而是站在群众之上。

2. 只有站在群众之中，考虑问题，处理问题，思想上行动上才能从群众出发。从个人愿望出发，就是缺乏或者没有群众观点。

“作〔做〕官不知民受苦”，这是老百姓骂过去统治者的一句话，今天我们个别干部还有此残余。比如有的判错案子并不感到难受，有的把农民使用的土地误判归地主收回，也不感到痛苦，这就是缺乏群众观点。

所谓“后法优于先法”，决定的关键要看是否从群众出发，重庆的法与人民利益不一致，纵然是昨天公布的，也不能说它“优”，也不是我们所需要的。

有人提出处理案件有同情心、仁慈心，对镇压常常感到不舒服，这是否对呢？焦点也在于是不是从群众出发。对广大人民的同情、仁慈，是完全必要的。再同时对敌探汉奸反共反人民特务份〔分〕子仇恨、镇压，也是完全必要的，为了保卫广大人民的利益，必须坚决镇压奸特。但有些人立场站得不稳，就会动摇起来，对敌奸特务也同情，仁慈起来。这是错误的，须知对敌奸特务的仁慈，就是对于广大人民的残忍，我们绝不能无原则的〔地〕同情、仁慈。

关于群众观点表现在作风上的问题：我们也只有站在群众之中，才会有大众化的民主作风。所谓大众化，就是群众立场问题。讨论中大家反省过几无例外的〔地〕都曾打过人，骂过人，判案子强迫命令，甚至偏袒地主资本家，所有这些作风，都说明我们没有站在群众之中。同时须认清群众是需要领导的，因为群众受了多少年的压迫，当他们起来斗争时，往往会出一些小毛病，所以在群众斗争方法上需要加以领导。但需要的是“导”，而不是简单的“堵”或压制，堵或压制是错误的。我们对于群众的缺点要苦口婆心的〔地〕教育说服，而不是压制、咒骂或打击群众。因此司法须与群众相结合，从实际出发，而不是从主观愿望出发。判案子、处理问题，都要多作说服解释，使群众明白。我们能否有民主作风，焦点在思想上，如只简单的纠正作风，是不成的，必须从根本上解决。

丙、几个政策问题。

必须牢记相信群众力量，依靠群众的伟大力量，镇压汉奸特务反共反人民份〔分〕子，从边区人民实际生活出发，调解人民中间的纠纷。这是司法工作的重要任务。

已往司法人员在处理特种刑事案件上，常认为这是别人的责任，采取叫我怎么办，我就怎么办的态度。这是不对的。要深刻认识除奸是为了保障人权，这是我们的责任，应与一切抗日人民共同来除奸。某些人对除奸所抱的“积阴德，作〔做〕好事”的思想，必须彻底肃清。

镇压反共特务份〔分〕子，也是为了保障人权，为了广大人民的利益。对于除奸问题、镇压反共特务份〔分〕子问题上，掌握宽大政策与镇压政策是很重要的。为了争取教育他们，把坏人变为好人，对一切误入歧途的人，只要他诚心悔过，回过头来，都可不念旧恶，予以宽宥。但对于那些依然进行汉奸特务活动罪行的份〔分〕子，都须加以镇压。在具体执行上，要掌握一定的时间、地点，掌握政策，避免偏左偏右的毛病。衡量对除奸政策掌握得是否好，就要看出发点是不是为了群众？是否对群众有利？（如冀中的单打一，集中力量打最坏的家伙，受到广大人民的拥护，相反的，在北岳区×县因杀一伪村长，致惹起村民反感，形成脱离群众）。

其次，在司法工作中要掌握土地政策，进一步的〔地〕仔细研究租佃债息条例，并根据当地具体情况，研究执行办法。对保障土地所有权与使用权，须掌握得很紧，因直接关系人民切身利益。但主要保障使用权呢？还是所有权呢？我们说两者都是重要的。我们承认私有财产，保护私有财产，因此地主土地虽然被农民种着不拿回来，而对其所有权并无妨碍。我们对保障农民土地使用权，应特加注意，绝勿马虎。关于土地所有权的问题，要改变过去“所有权是绝对的，随地主自由支配”错误的认识。必须充分的〔地〕照顾到农民土地使用权。如能掌握住这一精神，就可少出毛病。

掌握婚姻政策：一个是早婚问题。早婚对民族体质健康影响甚大，为了下一代，为了明天，我们反对早婚是正确的，但在具体情况之下，可以酌情处理，不过能不早婚，仍应坚持不早婚。另一个是离婚问题。区级以上干部离婚案件到区处理，不合适，还是到县为宜。对于离婚案的处理，一方面要照顾到给妇女解除痛苦，一方面也要照顾到农民的利益。

二、司法工作的方法问题

甲、方法就是从实际出发，不是从个人愿望出发。过去在审讯工作上从个人出发的毛病很严重，常找寻适合于自己需要的口供。今后不能再这样。

也不是从法条出发，而是从边区人民实际生活情况出发，每遇一案，首先就想起六法中的几百几十几条，是要不得的。

也不是从口供出发，不是口供上怎么写的就怎么判。也不是片面的〔地〕就事论事。因为人事关系往往很复杂，纠缠很多，如弄不清楚，而只就事论事，常会出错。

那么，要怎样呢！要从实际出发，实事求是，相信群众的力量，经过周密的调查研究工作，研究事情本身的规律，从边区人民实际生活情况出发，为群众服务。因此就要：

1. 提倡与帮助民间调解，进行巡回，就审。调解本身就是实事求是，经过群众路线的。

2. 相信组织力量，不要简单的〔地〕相信个人力量，一个县如只靠审判官，再加二十个也不成，因此主要应相信组织力量，通过各个部门来提意见，搜集材料，了解情况。更重要的是要相信团体力量，过去对团体认识很不够，认为团体反映的意见是片面的，不能代表统一战线。这种思想必须纠正。边区团体有了六年多的组织工作，组织了广大人民，是代表大多数人民的，是有力量的。他们对农民、工人、妇女……各方面的情况了解最多。通过他们，就可以得到许多材料，这是很重要的一个方法。

过去规定的一二审制度须要改革，二审对一审，边区对二审互不相涉的作〔做〕法，不是从实际出发的，今后应多帮助各县审判官，减少错误。

在审讯技术上面，也不能从个人愿望出发，而应从调查研究被审人的情况出发，只有对被审人的具体情况了解清楚，才不会犯主观主义的毛病，因此在审讯前对被审人的调查研究很重要，如被审人的性格、面目、犯罪事实等都要弄清楚。审讯就是一种斗争，被审人企图掩蔽事实，而我们却要把事实真象〔相〕挖掘出来，因此审讯要从调查研究与说服，讲道理上下工〔功〕夫而不是逼供。

在领导责任上，不是简单的〔地〕把案件审核一下，而主要是根据一定时期一定地区的某些案件，总结经验，指导全盘，特别是高［等］法院及各分庭要注意研究，也就是说司法工作要改变过去孤立的〔地〕被动的〔地〕处理案件的作风，而建立从实际出发，总结经验，加强指导的作风。

乙、司法是为政治服务的。目前应如何进行？主要作〔做〕什么呢？

1. 要与大生产运动密切结合。怎样结合？无论巩固区游击区土地纠纷都不少，会妨碍大生产，劳资、水利、婚姻……问题，也都会影响大生产的开展。敌探特务奸细对大生产的破坏，也很严重。因此，司法工作要与大生产运动相结合，要一切为了保卫大生产的胜利而积极工作。再就是和反对敌特国特的斗争密切结合起来，严防与镇压其破坏活动。

干部少，工作多，怎样使用力量？重要的办法是突破一点。每一县在进行调解、就审工作中，可以找一个案件最多的村庄作为典型村，花一月至一个半月的时间寻求调解就审的经验。这一村突破之后，就要总结经验，指导其他，再作〔做〕时就好办了。同时县还可抓紧一个区公所进行研究，研究区是怎样进行调解与调处案件的，并可从中了解为什么发生这许多问题。这样花上三个月的工夫，就会作出成绩来，就会总结出好多办法来。希望大家努力创造。

回去以后怎样办？此次会议是有收获的，但要大家都动起来，首先在认识上须要取得一致。因此大家回去后要使科员至少是科长以上干部了解这次会议的精神，和晓得怎样作〔做〕才是正确的。也许有的因为过去和其他部门关系不好，感到不好开口，但努力克服，进行自我检讨，主动的〔地〕与别人联系，提出过去的错误和缺点（主要检查自己），以及今后改进办法。等到大家同意后，也让别人检查自己，在思想准备成熟后，可请求专员县长召开署、县务会议进行讨论，把大会的精神和决议贯彻下去。

其次，司法干部应抱为广大人民服务的态度，自己必须要积极起来。对别人不抱成见，主动的〔地〕找别人谈问题，找材料。同时也把司法部门所得的材料主动的〔地〕告给有关系的部门。这样一来，别人总不致不高兴，而且是会很好的〔地〕帮助我们的。

再次，领导的责任在于掌握情况，掌握政策。我们从案件中也可以看出一部份〔分〕工作情形。案件多的地方，大体上表现出在政策的贯彻上有问题，或是在政策的贯彻中有某些障碍。案件少的地方表现出或是政策贯彻得好，或是群众没有发动起来，问题没有爆发出来。从这些材料的了解中，再从和别人的联系中，可以了解到更全面的材料，使我们在掌握政策上，纠正孤立的作风上，都会有很大好处。

此次会议的主要精神，是放在整风、转变思想上。经过这次会议后，好象〔像〕在平静的池水中扔下一块石头，打破了过去平静的局面，引起了一些波动和变化。虽然认识不同（有的提醒了，以后决心好好的〔地〕干。有的虽然打破了旧的一套，但感到以后的工作没法作〔做〕。也有的是旧的一套未打破，不过也觉得大家说的〔得〕对。也有极少数的人认识你讲的是一套，但不如我的一套对，我仍然干我的那一套），但是一般说来，这次会议对于司法人员的思想，是打开了一个门，不过思想的转变很不容易，这次会议还只是转变的开始，而这一转变更须在实际执行中去体验，随时检查自己，更进一步的〔地〕反省，打破旧的一套，对每一事情都用怀疑的眼光来看。这样作〔做〕下去，就会成功。同时希望大家的胆子，不要小起来，不要怕出错（错是谁也免不了的），要大胆的〔地〕创造。

总之，大家须〔需〕要掌握两个东西：一个是群众立场群众观点；一个是从实际出发。如对每一问题都能掌握这二点，继续考虑下去，就好搞了。

至于司法工作中的一些具体问题，如区公所调处与调解案件等，候由法院及委员会决定后另通知。

最后声明：司法工作中的许多缺点，应由委员会及法院负更多的责任，今后愿与全体司法干部共同努力，建设一套适合于新民主主义政权的司法体制。

选自《中国新民主主义革命时期法制建设资料选编》，第 4 册，西南政法学院函授部 1982 年编印，第 98～108 页。

13. 晋察冀边区司法工作报告

1944 年 3 月高等法院王［斐然］院长在边区司法会议上的报告

第一部份〔分〕　几个基本认识

甲、法律是干什么的

把书本上的理论和实际生活中的体验结合在一起，我们毫不犹疑的〔地〕说“法律是为了保护一定阶级的利益的”。在奴隶社会中，奴隶主对奴隶就有生、杀、买、卖、为所欲为的特权，而这种特权是法律上所规定了的。在那时对奴隶也谈不到什么保障人权，假设有人那样说，就会遭到奴隶主的打击和危害。在资产阶级专政的社会里和无产阶级专政的社会里，对于保护财产的法律，也绝不会是一样的。在抗日区域和敌占区域，法律也绝不会一样，而且是大相反对的——我们对事敌资敌附敌者要制裁，而敌占区域则是对抗日者、“通八路者”加以杀戮危害。（[之] 所以要举出这样浅近的事例，是因为在我们干部中，曾存在过也许还存在着敌我一家的思想，例如以前曾有过一个审判官，在审判汉奸案件时，非常犹豫，还对人这样说“反正是一样，我们落到人家手里，还不是同样任人家处置吗?”。同志们！这是什么打算？只能说是汉奸心理的反映！后来这个人，许是为了预免“落到人家手里”，便在一九四一年大“扫荡”时主动的〔地〕投敌去了）。

去年参议会所通过的十四种条例，在抗战以前，是绝不会出现的。即现在拿到中国法西斯专政的地区，不但不能施行，而且一定会遭到毁灭的。为什么？因为，抗日民主地区即实行新民主主义政治地区的法律，和中国法西斯专政的地区的法律，它们所服务的对象是不同的。我们新民主主义地区的法律是为各个抗日阶级、阶层的广大群众服务的，是保护他们的利益的，而中国法西斯专政地区的法律则是为少数的大地主大资产阶级服务的。我们的法律是消〔削〕弱封建势力，减轻剥削的；而中国法西斯专政地区的法律，则是维持保护封建势力，保护剥削阶级的。

在这里，我们应当追究清楚一个观念，就是“法律神圣不可侵犯”的说法。提出这种说法的出发点，若是为了尊重民主，为了保障抗日人民，为我们参议会民主制定的条例，拥护我们的民主立法，这种说法是可以的。因为这是尊重自己、爱护自己。但若是把法律的神圣性解释为超阶级的，无任何条件的〔地〕说它是天然最公平的，是神的意志等等，从而说它神圣不可侵犯，那是有意欺骗土豹子，企图让广大工农群众俯首帖耳的〔地〕受其压榨，任其宰割，任其出卖国家民族！例如限制异党活动办法一类的法律，便是这种东西。实际上绝不会有超阶级的法律，这正 [是] 由于没有超阶级的社会、政治。而故神其说，要说它超阶级，这是统治阶级为了维持其统治的骗人的话。我们是站在广大群众利益上面的，我们一向是被压榨、受宰割的，我们有冤屈，敢于理直气壮的〔地〕说实话，而且渴望着究明真理。还应当认清，法律并不是不变的，它应当是而且也必然是随着社会性质、政治性质的不同而演变的，说一句通常的话：它也是从无到有以至消灭过程——随阶级消灭而消灭的。所以要提到这一点，是因为有人在主张上或在实践上〔中〕表现了这种意思，仿佛认为对已有的抗战以前的法律是很完美的，是天经地义万古不变的东西了。这样想或这样作〔做〕的人，大概有两种：一种是主动的〔地〕感到了旧法对他的实惠，当然要拥护到底；还有一种则是因为在那老一套中钻来钻去，不自觉地作〔做〕了它的俘虏，丧失了独立的理性而不能自拔。这样的人，对于接受我们的新法，在实质和精神上便很差，在他适用我们的新法时，也便出于勉强，他同新法是貌合神离的。这一类的人，应努力打破旧的囚笼，不然便很难进步。

乙、新民主主义法律的几个基本特点

一、它是保护各个抗日阶级、阶层、人民的利益的，对汉奸特务破坏份〔分〕子是专政的。我们的各种条例，如最重要的租佃债息条例、县区村组织条例、选举条例、婚姻条例……等等，没有一个不是保护各个抗日阶层的利益的，绝不是为了少数人的利益的。再看我们适用的惩治汉奸条例以及我们创制的惩治贪污条例、惩治破坏坚壁财物条例等，没有一个不是为了保护广大群众的利益而对汉奸特务及破坏份〔分〕子给以镇压与制裁的。

二、它的精神是抗战、进步、团结的。这一点有阐述之必要，因为这和常说的灵活运用条文有关。例如民法第一章第一条说“民事法律所未规定者依习惯，无习惯者依法理”。第二条说“民事所适用之习惯，以不背于公共秩序或善良风俗者为限”。我们怎样适用这两条呢？冀中在五一“扫荡”之后，有些地区暂时的〔地〕被敌统治了，它对于一些问题的处理措施上，已和我们抗日根据地的地区有了差别，也是形成了一种新的习惯。现在我们恢复工作之后，在处理问题时，是依它现有习惯呢？还是依五一“扫荡”前的习惯呢？有些地区，地主对佃户实行着超经济的剥削，已成了千年古代的习惯，当我们把工作开辟到那里时，是否也要依那种习惯呢？再说依法理，法理又应当依什么标准，由什么出发，作如何解释呢？这都是问题，我们再看第二条所说“公共秩序”又当如何解释呢？如平山农民反对违法地主的斗争大会，能算有背〔悖〕于公共秩序吗？我们说这绝不是，这才正是我们的抗日民主社会秩序。但是在中国法西斯专政的地区，他〔它〕是否要加以有背〔悖〕于公共秩序的罪名呢？我想，这一定是会的。再说“善良风俗”，究竟什么是“善良”呢？嫖妓宿娼是“善良”呢？自由恋爱是“善良”？有人认为前者为合理，说后者是“世风日下”，这究竟是否对呢？把青年妇女关在家里，大门不出二门不迈的事实，和青年妇女可以集体劳动，参加大生产的现象相较，那〔哪〕一种是善良风俗呢？那〔哪〕一种是不背于公共秩序呢？我想要解决以上的疑问，保证得出正确的答复，只有贯以抗战进步团结的精神，不然，就会适用不甚，也会感到没法灵活。

三、现实的、贯彻的。这就是说它不是形式的欺骗的，而是从群众中来，是群众斗争的结晶，是大众自己的。有人说边区的各种法令下边全未贯彻下去，甚而说全执行错了。这是不合事实的。这正因为我们的一切法令是现实的，是保护广大群众利益的，是在往下贯彻了而且贯彻着；惟在这一过程中发生着一些缺陷则是事实。我们常在文件中看到“进步中的缺点”这句话，有的司法干部，不明了它的实际意义，有的便怀疑它是一种饰词、巧辩，而心里不服。现在我们应当相信所谓“进步中的缺点”确系事实，上边的说法和想法是完全错误的。我们可拿下面的一些事实来检查：大家想一想，在抗战以前，在山沟小道里，寡妇改嫁，有多带了应继份的吗？大概没有吧？可是现在已经发生了这种事实，就在我们住的村里就有一宗。再想一想，抗战以前。在山沟小道理，寡妇改嫁，有带财产的吗？大概也没有。可是继承编是什么时候颁布的呢？远在民国二十年五月五日。再追问下，从前乡村中的寡妇，是否有被其娘家或婆家卖了的事实呢？大家都会说“那不稀罕”。即以此例说来，这一寡妇多带了应继份遗产的事实，是否进步中的缺点呢？我觉得是的。有人见到了离婚案件多由女方提出，也认为是婚姻条例执行错了（当然其中也有错了的）。但是和抗战以前只见休妻卖妻而没有离婚的事实比较，自然会承认现在离婚案件的不尽适当的事实是进步中的缺点。大家再想想，更会有好多实例。所以我说，我们的法律是现实的、贯彻的，而非形式的样子货或骗人的幌子。必须看到这些，相信这些，才不会拘于形式主义（当然我们的法律也要往完整一方面发展），以旧法完整的见解，而厚古薄今。还应当好好考虑一下，亲属法多少年没有兑现。婚姻条例公布以来，在巩固区已家喻户晓，妇孺咸知，而且好多人会拿它去保障自己的权利幸福了。关于女子财产继承权的决定，虽寥寥数行，但已为广大妇女群众所掌握了。

关于贯彻不够，或执行中有缺点，虽系进步中的缺点，我们也不当忽视，听其自流下去。这需要我们付以相当的力量去克服。这正是政权工作者、司法工作者的任务。为了完成这种任务，就需要改变我们的观点，不要怪群众落后，不能接受法律知识，还需要我们在立法时力求大众化，易为群众所了解。如“继承法者强行法也”一类的东西，非责成群众去了解不可，不了解就算他们落后，那就是“化大众”的思想。事实上群众永远也了解不了那种货色，因为它只是统治者的专利品。我们在具体案件的审理中，在问题的解决中，随时不要忘记了对群众的宣传解释工作，以提高他们的法律知识。

丙、司法机构

司法与立法行政是统一的，统一于那〔哪〕儿呢？统一于人民权利〔力〕机关。政法是权力机关选举的，法院也是权力机关选举的。新民主主义的政体是民主集中制，人民权力机关选举出行政与司法人员之后，权力执行机关是政府，法院是政府的组成部份〔分〕，各级法院，受各级政府的领导。这种关系说起来好说，实践起来常不自觉地会感到不顺当，这是因为三权分立的学说，在我们脑筋中还残存着或还占有统治地位。三权分立的学说，现在因为时间关系不详细的〔地〕从理论上去批判它，只简单的〔地〕从中国实行过的看看它的实质吧：三权分立的主要内容之一是司法独立，在我们脑筋中还曾残存或还占统治地位的就是这种思想。但它所赐与〔予〕老百姓的恩惠是什么呢？便宜了那〔哪〕些人呢？在我觉得，它只是把司法工作作成了少数统治阶级的工具，而和广大群众起了些别扭。再看看以往的司法是否真正独立过呢？对某些人是独立的，而对某些人是不能独立的。北伐成功以后，民十八（?）* 曾发生过哄〔轰〕动一时的三大案件——上海烟土案、四大纲总案、东陵盗墓案——后来怎样结案的呢？说句俏皮话“天晓得”！中国法西斯专政的地区，进步人士常常失踪、常常遭到暗杀，对主谋凶手加过通缉搜捕吗？你们听到检察官对这一些案件提起过公诉吗？为什么不独立呢？为什么不行使司法职权呢？而他们偏偏还硬要说是司法独立。有人说，三权分立的坏处在于互相掣肘，这只是迂阔的说法，实质上还不是狼狈为奸，拐弯抹角的〔地〕掩耳盗铃？

再说以前司法独立的思想，曾给一些司法工作者栽上了政治上的反动根苗，他们有意的〔地〕，也有的是无意的〔地〕把法律和司法工作看成了红尘以外的产物，只替六法全书负责，大有“宇宙沉沦司法万岁”之慨，流于无条件的〔地〕为统治阶级服务的人，变成了“彻头彻尾的反动家”。大家想想，事变前的公务人员很顺从的〔地〕参加敌伪工作的恐怕法界中人是比较要多一些的。当然，这和他们的阶级出身有关，而思想上的毛病也还是原因之一。

其次司法独立中的具体内容之一，即审级间的相互独立，这也是不合于我们的政治要求的，这在前几天五法庭李推事的发言中业已谈到。试想等到一个案件已判错了。再到二审去纠正，何如事先就不让他判错？我们的政府上下级是统一的、一致的，有什么理由司法方面初审和二审就应当不一致，而且还以作翻案文章而沾沾自喜？让老百姓劳民伤财，

---

* 原文如此。

对国计民生有什么好处呢？我们在政治上不需要这样。

最后我向大家坦白一下：纠正这种独立的思想，不是一件容易事，需要经过斗争过程。即以我而论，当初并未学过法律，也未作〔做〕过司法工作，也不懂什么叫独立。但是成立法院之后，仿佛也感到是和司法处时期和政府的关系是不同了；仿佛想到既然有一颗方印，当然是个独立机关了，若不发号司〔施〕令，要它何用？于是为行文问题（这是前几天同志们都提到过的），曾在委员会中作过两次讨论，决定了司法行政的公文也由委员会发，说不出反对理由来，但心中有些不顺当。但是否在工作上有妨碍呢？考虑的并不多。后来在整风过程中，才想到这是思想意识问题，是有些闹独立性，这以后才心平气和下来。当然我并不是说，大家在领导问题上所想到的意见，出发于闹独立性，而只是说以往司法独立思想的肃清，是需要费些力量的。

关于大家在领导问题上所说的司法行政的行文问题，以后还可以提供委员会讨论，如果改一下对工作有利的话，也未尝不可；如果无此必要，则就还照现在的这样去做，这倒不是什么大问题。署县务会议，推事和审判官究应列席或出席，也可再提委员会讨论，不过我觉得最重要的还是大家应考虑一下，到署务会议或县务会议上，除了为了解全面工作以外，有哪些有关的问题要向会议报告和提付讨论的？我想是在一定时期内，处理案件当中，所发现的问题加以分析总结，以及案件发展的动向和从中所看到的问题等是应当向会议报告的。在处理案件中，应如何贯彻各种政策，是应提请讨论的。如此则你们参加会议，大家就感到很有必要，你们自己也感到必要。因此今后大家在参加署务会议县务会议的时候，事先应当把要报告和提付讨论的事项告知专员县长，请其列入议程。

还有在大家的发言中也常提到有好多法令司法干部见不到，我想这容易纠正。比如由委员会发一通知让各署县把法字的公文归庭处存卷，更建立起对法令的传阅制度，便可得到解决了。

丁、工作态度方式方法是主动的积极的

这就是说不应当是被动的、消极的、等待的。这在我们的实践中虽成绩还不显著，但是在大家的思想上都在向这方面发展着。例如有些县份，特别是案件多的县份，都在注意着与帮助着村调解工作，巡回、就审等制度也逐渐推行着，对于“民不举官不究”和“不告不理”的思想，个别同志正在对它怀疑着。这说明了司法工作是为人民服务而不是官字号的买卖，做也可，不做也可，它是对人民负责的，和以往的司法机关，只对上司负责是截然不同的。

当然在工作实践中，我们的工作方式方法还存在着很多的缺点，下一部份〔分〕还要详谈，这里姑且从略。

第二部份〔分〕　六年来对司法工作的基本估计

这一估计分为甲乙两项，甲项是主要成就和优点，乙项是主要偏向和缺点，着重要谈的是乙项，对甲项只是很概括的〔地〕略谈一些，这样做是有利于工作的改进。

甲、主要成就和优点

边区司法工作是抗日民主政治的一部份〔分〕，它在边区民主政治的建设过程中，发展与进步远落于其他部门之后，但它的进程基本上是符合于新民主主义的政治的，而且基本上是在完成着它的政治任务的，它以往，现在和将来的进步，和边区民主政治的进步是分不开的，同时它的进步，也是有助于边区民主政治发展的。现在把它的主要成就和优点，略述如下：

一、改造了与改造着与政治脱节的现象，矫正以往所谓司法独立脱离政治领导之弊（边区行政委员会工作报告——见晋察冀边区第一届参议会大会汇刊）。

二、改变了旧的司法机关的旧面目（“衙门八字开，有理无钱莫进来”），而成了真正为广大群众解决问题的机关。“有许多地区被敌寇蚕食占领，他们仍然越过层层封锁线，要到抗日政府来打官司”（边区行政委员会工作报告——见晋察冀边区第一届参议会大会汇刊）。因为“老百姓从五年来切身经验中很清楚的〔地〕看到：只有边区的司法是最公平可靠的”（同上）。

三、基本上完成了与完成着“保证政府各种政策之执行，保护抗日各阶级阶层人民的利益，对汉奸盗匪及违犯法令者予以制裁的中心任务”（同上）。

四、逐渐克服着墨守成规与老一套的办法，而在随时间、地点、条件之不同，发挥着创造性。这检查一下我们关于司法上的创制就可以看到。

五、工作方法上，也逐渐改进着，有些干部也能够“依靠民意，依靠调查研究的材料进行审判，矫正已〔以〕往法官坐在家里死啃条文的习惯”（同上）。

六、在处理刑事案件方面，基本上克服了单纯的刑罚观点。“对犯人用感化教育政策；反对报服〔复〕主义”（同上）。在无数次的战斗环境中，对监所工作的考验，说明着感化教育政策是有很大成就的。

七、干部质量是日在提高着。“今天我们的司法干部都英勇的〔地〕坚持着他们的工作岗位，甚至流尽最后一滴血。我们不能忘记，遭敌包围壮烈牺牲的专署审判官孙继鱼同志，定兴审判官田晓章同志，晋深极审判官赵润民同志……”（同上）。

这一项只谈到这里，同时希望大家能把去年开参议会时政府所提的工作报告（第一届参议会大会汇刊）详细翻阅一下。因为那里边的记载更全面一些，而且它所谈到的基本上还符合于当下的估计。这就是说，我们主要成就及优点还未超过了那时所指出的工作阶段，只是在那一基础上，略有一些进展就是了。

此外更应指明的一点，就是司法工作能有一些成就，主要靠了政府的统一领导和广大群众有组织的帮助与监督，因此今后工作的进展，更应依靠这些力量，才会有较大与较快的进步与收获。但是从另一方面应认识与考虑到，以往和现在的进步，远落于其他部门之后，也因为它的进步是出于被动，甚至是被迫者多，而出于主动者少。为什么是这样？这完全是司法干部的思想问题，在思想上赶不上其他部门，还是停留在旧的一套中，而改造思想的基本环节，则是加强群众观点。

乙、主要的偏向和缺点

这是我们今天要着重讨究的，因为我们的会议就是为了，要解决思想上的问题，主要要在这一项中来解决。根据几天中大家的发言，和日常工作中所经到与感觉到的一些事实及材料，扼要阐述如下：

一、因为对民主政治认识不够或认识的〔得〕不正确，甚至有的抱了反对的态度，所以便有的干部缺乏群众观点，而富有统治思想、正统思想、独立思想。这种错误观点和思想，都具体表现在日常对待问题与处理问题中。如：

（1）缺乏群众观点，富有统治思想，便不能为群众服务，而只能站在群众头上，去统治群众。对待问题，便不会从群众出发，更不会维护群众利益，而只能有意或无意的〔地〕去为旧势力帮拳。也正因为如此，便也感不到有主动积极的必要，便很自然的〔地〕会拥护与牢守“民不举官不究”的旧规，因而提倡民间调解，实行巡回、就审、深入调查研究等等，任凭怎样计划、布置、推动，也不会动了起来；即［使］偶尔动动，也出于支应差事，绝不能表里如一，实事求是的〔地〕为群众解决问题。

也正因如此，对于法律的适用上，也就带了先天性的偏见，总觉得我们的各种条例，不若原有的六法好，说的时候往往是说它不完整；而实际上，绝不是为了形式上完整与否，而是在实质上，我们的条例是为群众服务的，用起来总感到不惯或别扭。我这样说，绝不是无的放矢的〔地〕故甚其词，而是有事实根据的。如一般学法律的人，都懂得特别法优于普通法的原则，可是为什么有的人在问题处理时，本来用我们的条例可以解决的问题，而偏偏去死啃旧条文呢？

还有司法工作者，常常爱讲“法操”，究竟“法操”是什么东西呢？据想应当就是正义感，我们对待与处理问题时，应当怎样才是有正义感呢？我现在举一件事实请大家批判一下是否有正义感？这在一九四〇年，司法处曾办了个短期训练班，那时我还没有来，繁峙审判官陈伟同志正在处理，其中有一个在职干部，曾私议过“现在实行减租，佃户真把地主剥削的〔得〕活不下去，地主应当暴动”。同志们，这话符合事实吗？含有真理吗？这样人的“法操”该是如何呢？会不会有正义感呢？正当去年平山县案件最多的时候，偏偏就请了说以上那些话的先生去帮忙。好，在过堂时，很明显的，对地主则和颜悦色，对佃户则声色俱厉。于是不几天，司法处附近，便发现了群众反对政府的标语，在舆论上也高嚷出了“现在政府不是穷人的政府了”。同志们，这种事，是不是该归咎于群众呢？

我们还应当了解，富有统治思想的人是只站在群众之上，居高临下的〔地〕践踏群众、俯视群众的，这种人自然谈不到群众观点：可是我们虽自觉无统治思想，而只要站在群众之外的〔地〕同情群众，帮助群众，你也就不会觉得是为群众服务而是在向群众施与“恩赐”，这也不是群众观点的。前天二法庭李推事在他的发言中，提到因为自己阶级关系，便缺乏群众观点，在工作立场上便偏于“右”。这是一语道破了的话，实在值得我们警惕！因为自己“右”了，便往往感到别人偏“左”了。与此有关的，是所谓第三种人超阶级的立场，这种人是不存在的。如果不信，举一个例子，过去在政府就有这样一个人，自以为自己是既非国民党又非共产党，是纯粹的中立人物，天然的统一战线者。可是现在才显露了他原来是个反共特务份〔分〕子。在去年整风学习中，曾与法院一个同志谈话，他说“我在这段整风学习中，自觉到最大的进步是到现在才认识了没有超阶级的人”。他说完这话，非常的〔地〕快慰。这实在是一大进步，也是他应当快慰的。

（2）正统思想，确乎在个别干部思想领域中是存在的，认真说来就是中国法西斯的思想。存有这种思想的人，他对于民主政治骨子里是反对的，只是貌合神离的。这种人对于进步法令，绝对不能认真的〔地〕正确的〔地〕去执行，因为他时刻在想着“复辟”，是在无可奈何的等待“年头”。我说这话，也是有事实的。曾有一个干部这样说，“现在是老婆婆不在家，小妯娌子们胡出主意”。他心目中的老婆婆是谁呢？最奇怪的，为什么非常希望有个老婆婆不可？这也就更见到另一面的真理，就是统治思想的另一面，便是奴隶思想，他愿意广大群众作〔做〕他的奴隶，同时也甘愿作〔做〕别人的奴隶。

以前我们感到旧有的诉讼程序有些不适于我们的司法工作了。曾找那个干部起草一种切合实际的诉讼程序一类的东西，但他在背地里说过这样讽刺的话："这种创制，只有国民政府最高法院才有权，边区凭什么起草那个?"这是什么思想呢?那就是说"中国者，国民党之中国也"，这正是标准的党天下的思想！是中国法西斯的思想！请想，这样的干部能为谁服务呢?只能为中国法西斯服务。事实上他已也这样作〔做〕了，他不相信——其实是反对各级政府，破坏干部的威信，凭借了自己的职位，专作〔做〕翻案文章，在官司中只要波及村干部的，保险村干部定要败诉。他平常拘泥于诉讼程序，但对某一个村干部挨告的案子，也竟而破例的〔地〕代为受理起来，并出拘票去拘他。看看，这是为谁服务呢?

当然，这严重的错误思想在干部中占了绝对少数的。具有这种思想的人如果不能改正，那是不能再见容于新民主主义的政权工作者中的。

(3)独立思想，是宗派主义的具体表现，它发展的结果，必然要走向与各部门各方面对立，而自己陷于孤立。在大家检讨与各方面关系的发言中，推究关系之所以不好的根源，即是由于这种思想的作祟，若不将这种思想连根拔去，则所谓关系好，也只是表面皮，是一种联合联合，客气客气，外交手腕，在处理问题时，可以不要政治责任心，无原则的〔地〕迁就，以换得"和平共居"。同志们，可以好好检讨反省一下，自己所解决的问题，是否全合乎自己的主意?是否有为了换得关系搞的〔得〕好，而以问题的处理送礼的时候?是否有把问题已解决了背地里又说"这不是我的主意，问题就不应这样解决"的时候?

若不能肃清独立思［想］，虽表面上多么好，也是"尔为尔我为我"，绝不能大家成为一个整体。如能够削〔消〕除了独立思想，则对各方面有时对问题的意见虽不见得一致，甚或酿成争论，那结果也是会对工作有利的。

以上所说的三点，它的发生原因，就因为没有认清新民主主义的民主政治的实质，也没有认清新民主主义政治的政体是民主集中制，领导是统一的。

二、因为在认识上有以上的错误思想存在，在工作作风上，态度上，方式方法上，必然要有以下的缺点：

(1)官僚主义：与群众对立，摆统法者的架子，甚至于打骂当事人或犯人。大家发言中，只揭发了自己打骂人的错误，不过在认识上还多从消极方面出发，如这是法所不许的，或可以降低政府威信等。还没有认识到这是违反革命道德的事情，所以对此还应当再加以深入反省。

(2)自由主义与宗派主义：不尊重领导，不重视舆论，以内行专家自命自居，不接受批评，"笑骂由他笑骂，好官我自为之"。去年反"扫荡"中，来源县司法处受了很大损失，其主要原因是犯了官僚主义和自由主义的毛病，有些干部与各方面的关系不好，主要是因为有宗派主义的毛病。

(3)消极被动：满足于室内工作，坐在家里等官司，把"民不举官不究""不告不理"的规定，看作是非此不可。

(4)文牍主义、形式主义：舞文弄墨，不看对象，不问效能，但求形式上自圆其说，不问实质的是否正确。有的同志说，"文牍不等于文牍主义，反对文牍主义，不等于反对文牍"。这话是对的。为了反对文牍主义，更要重视文牍，要让他件件有必要，件件能解决问题。

（5）法条主义：有的同志发言中，曾说：“司法工作者不用法条怎样判案?”所谓法条主义，绝不是不用条文，而且希望大家都能把条文适用得很正确适当。“有治人无治法”的思想，应为我们所反对，树立革命的法治精神，还为民主政治建设过程中所需要。可是：问题一来，不究真象〔相〕，尚未审清问明，即从法条出发，率而断案：或则但能找到法条，不问其是否符合于当前的政治，只要能用它了案，就无条件的〔地〕去运用，更或不顾条文的实质精神，割裂的〔地〕、孤立的〔地〕、断章取义，只求形式上过得去，脱离开政策去理解与使用条文，就应该反对。

有人会说，我们的条例不够用又该如向〔何〕? 我想依习惯，依法理，只要能贯彻抗日、进步、团结的精神去解决，还是相当妥当的。法理以什么作依据呢? 就是我们的各种基本政策和施政纲领。

（6）事务主义：包件的作〔做〕法，结一案算一案，一了百了，见树木不见森林。不去总结研究，从里边找问题，找解决问题的办法，提供政府，帮助政策的正确执行与贯彻，发生积极作用。

以上所说的主要偏向与缺点，关于思想方面的问题是主要的。思想上闹不清楚，问题便得不到解决。怎样求得思想上的正确呢? 应当去研讨前一部份〔分〕总结出来的问题。

三、忽视甚至取消了对敌斗争的效用。把司法工作，局限于巩固区内，不能主动的〔地〕伸入游击区，为那里的人民解决问题。这是不能为政治服务的最明显的表现，也是限于极端被动的表现。直到现在，各级政府和司法部门，还未正式的〔地〕注意与考虑这一问题，这是领导上一个很大的错误。有的司法干部，在受理游击区案时，不若对巩固区案件的慎重，对当事人利益的关心，也远赶不上对巩固区的当事人。这是缺乏群众观点的表现，也是殖民地思想在司法工作中的反映。更有个别同志（不只司法干部），在游击区处理问题时有一种很错误很有害的想法，以为有些政策法令与那里的人民无大关系似的。这简直是表示着不要那里的群众。这一些偏向，令后应力加纠正——有则改之，无则加勉。

第三部份〔分〕　目前工作的方向与重点

解放日报社论谈林主席报告中，有以下几句话：“在司法方面，提倡民间解调，诉讼手续力求简便，审判案件要照顾边区人民实际生活，根据切实调查研究，把制裁汉奸反革命当作中心，把保护群众当作天职。”（晋察冀日报二月二十七日社论）这短短的几句话作为我们目前工作的方向与重点是完全适合现实，而且完全正确的。在这里更应着重提出“把保护群众当作天职”是司法工作者不可一时或缺的政治自觉，这就是说要有坚强的群众观点，更应指出只有“照顾边区人民实际生活，根据切实调查研究”，才能不犯擅断毛病，才能打破条文主义。现在再根据当前的工作需要与我们的主观力量，提出以下的具体意见：

甲、加强与深入除奸工作，“把制裁汉奸反革命当作中心”

这是在抗战胜利以前司法工作中不变的重点，抗战越近胜利，越应重视这工作，丝毫不能大意。加强与深入除奸工作的途径，是正确的〔地〕执行除奸政策，要把除奸工作造成群众运动。公安部门在纠正神秘化与孤立主义之后，在这一工作上，将有重大的开展。司法部门要与公安部门密切结合起来，从审判工作中，扩大战果。

每一司法干部，要加强政法责任心，站稳立场。好多同志发言中，都谈到以往把特刑看作了是军法官的事情，不是自己职份〔分〕以内的事，因而也就不加注意。也有的说，“这是公安科的事，他们怎样侦查的，就怎样审讯，因而形成了有侦查无审讯”。这都是不对的。应当这样想：一个自卫队队员，既非军法官，又非审判官，仅是一个普通公民，他们还有除奸的责任，而且他们都在很好的〔地〕尽着这一责任，为什么审理汉奸案件，到了政府，却单独成了军法官的事，而与审判官无关了呢？只要是个抗日的中国人，就有除奸之责。刑事案件的审判，是保障人权的具体的体现，为什么在审理汉奸案件中就不很好去体现了呢？（现在对保障人权已有人发生着一种误解，觉得是专为被告说的，我们应当详加宣传解释，使之纠正过来。）再说站稳立场的问题，应当是什么立场呢？起码应当是抗日的立场，按职务说，又应是抗日民主政府的立场。这就是说，对于汉奸的审判，不但是尽国民一份〔分〕子的责任，而且还有对广大群众负责。因为审判汉奸案件的工作，是人民交付给你的任务，站不稳这种立场，就会有意无意的〔地〕斤斤于形式，忽略了实质，结果会形成对汉奸的同情，对广大抗日人民的残酷，对国家对民族的危害。这是“率兽食人”的行为。

有的同志批评了“单以处死汉奸数目较多者，即视为执行除奸政策，有了左的偏向，是不对的”。这是有着一面的道理的。我们绝不讳言：对汉奸是要采取镇压手段的，但这种镇压和宽大政策又是一致不背的；因此又应当认识到，多杀虽不一定是过“左”，但我们不但不主张以肉体消灭为唯一镇压手段，同时还主张尽量作〔做〕到少捕不杀的，当然这绝不能认为是对汉奸可以采取宽容放纵的态度，而是说要应当多从争取方面——感化教育着手，以完成这一政治任务。同一同志的发言中，又提到“但对于处死刑少的地方，并未考查他是否右倾了”。这的确说明了我们有的同志，在执行除奸政策上，对右倾偏向的〔是〕注意得不够的。这也很值得纠正与严防。

随着抗战形式〔势〕的演变，敌寇特务政策，也越加深入与多样化了。自去年三个月反“扫荡”以来，反共特务份〔分〕子的空前猖狂，即其证明。我们对这一新的事实，还没付以应有注意去铲除，甚至有的同志，还怀疑着这种人是否汉奸？我说这没有丝毫可怀疑的。请问反共的结果是什么？危害抗战，危害国家民族，这种行为是汉奸行为。

在发言中，有的同志提到惩治汉奸条例不适用于我们边区了，特别是第二条。这在开会以前，政府也有这样感觉。这在下一部份〔分〕，再把修正意见，具体提出。

乙、“审判案件要照顾边区人民实际生活”

这就是从实际出发，从群众利益出发，也就是实事求是，避免发生条文主义的好办法。根据大家的发言，联系到实际工作中的体验，特举例详加说明：

我们常说要灵活的〔地〕运用条文，怎样灵活呢？就是要照顾人民实际生活。能照顾到这个，自然就不会违背了政策。例如：

婚姻条例中童养媳、买卖婚姻、离婚等问题的处理，如果脱离边区人民的实际生活，就会爱之适所以害之。就象〔像〕去年春荒的时候，已订婚的女子要求到夫家过活，而有的地方竟因反对童养媳而不准。那么怎样办呢？我想，如果不因未婚前在夫家过活，而丧失了男女双方特别女方的婚姻自由，而受到夫家的虐待，并保证不违法早婚，那末〔么〕，在上述情形下，未婚以前，在夫家过上几月或几年也没有妨碍，因为反对童养媳条文的规定，其基本的精神和实质，原是怕因童养过程而确定了终身大事，断送了双方，特别是女方的婚姻自由，更为了怕女方在夫家受到非人的待遇，也为了容易早婚。又如娘家是在敌占区或游击区，婆家是在巩固区，为了避免女儿的遭受欺凌，要求在结婚前，在婆家住一个时期，也能依照上边的意见去处理又有何不可呢？这对于对敌斗争上，不是也有好处吗？

再说买卖婚姻，在陕甘宁边区的报纸上对它曾下过解释，大意是说，买卖婚姻系指由于财物关系而失却了女子的婚姻自由权利者而言。如双方之婚姻确系出于自主自愿，绝不能因中间有馈送财物的事情即一概视为买卖婚姻，所以在我们边区曾有以买卖婚姻为理由而解除婚约或离婚者颇不在少数，这样对女方，实际上也许是她的家长，固然适合了，但男方往往是贫农，则会大吃其亏，落到人财两空。如果请求退还彩礼的话，则也会遭到斥责："那是违法的，不能提它！"在司法处时期，有的下级干部，曾来信问到过这种问题，曾作过这样答复："彩礼之接受，往往与男女双方本身无关，多为其双方父母的行为，应酌量双方情形，把它当作双方家长的一种债的行为处理之。"这虽不是妥善办法，但总能补救一些。

至于离婚案件，由大家发言中，已经提到的，也有相类似的问题存在，据北岳区各县离婚案件的统计中，离婚诉讼由女方提出者占多数，而她们的丈夫又绝大多数是贫农。同志们，这是农民失掉妻室甚至拆散人家的事情啊！这种离婚原因，大半由于生活上的贫困。解决之道，并非离婚就是正确出路。在这些案件的处理中，应当切实照顾边区内人民实际生活啊！更应当深刻了解，所谓自由自主自愿，是不可能超出经济条件的东西啊！当然，在婚姻条例执行中，右倾的现象也还有的地方存在着，这也需要我们照顾。

这里应再着重指出一件事就是抗属离婚问题，在以往，我们对它注意的〔得〕很不够。这是有违于拥军政策的。陕甘宁边区曾有专门条例保护抗日军人的婚姻，我们边区只是在婚姻条例第十六条中格外的〔地〕照顾了一下。而我们在执行中，还没有很好的〔地〕慎重从事，因而有的县份发生过不应有的事情。如平山发言中所说只凭一面之词，即将现役军人的婚姻判离。又如阜平曾发生过抗属以丈夫生死不明请求离婚，后来准离了，女的改嫁之后而丈夫又回来。这我们实在对不起抗日军人！

去年一年内，行唐（恐怕各县也有）抗日军人的老婆根据第十六条的规定，提起离婚之诉的很多。我们在处理这类问题中，应格外慎重。应当通过各种关系，为她打听丈夫的实讯，另外再从优抗上、教育上给她解决物质上、精神上的困难和苦闷，绝不能抱了事态度去草率从事。

再有同抗属通奸的事情，各地都不断发生着。我们对此类问题的处理上，有时亦不够认真。今后在教育上，应使广大群众认为欺污抗属是顶大的耻辱，是犯罪的行为。在处罚上应从重处断，更要在物质上，给抗属以赔偿。今年各地都掀起了拥军热潮，我们趁此时机，在处理问题中加以注意，是可以收到较大效果的。因为爱护子弟兵这件事，已经成了抗日民主社会中广大群众的道德，也就是说将要成为这一社会中的善良风俗了。应当很好的〔地〕利用这一基础去处理抗属间的一些婚姻问题。

此外，在发言中还提到了破坚案件的处理，也应该照顾到犯者的全家生活，这也是很正确的见解。

边区的各种条例，都是从实际出发，从群众利益出发，也就是切实照顾边区人民实际生活的。最显著的如租佃债息条例，关于女子财产继承权的决定，不但实质和精神是如此，而［且］在字里行间也明白的〔地〕写了出来。但在适用时，特别在适用租佃债息条例上，便忽略了它，以致造成了佃户失掉既得利益和生活保障的事实，使土地政策的执行在个别地区，在某一时期发生了严重的右倾错误。今后要改造思想，转变观点，以免重复错误!

丙、健全村调解工作，建立区调处工作

在这几年以来，村调解工作是有些成绩的，但还很不够，尤其是发展的〔得〕不平衡。其主要原因在于领导帮助的〔得〕不够，尤在于司法干部关心这一工作很不够。例如易县、平山、龙华在这方面收到了较好的成绩，而阜平是全边区惟一的完整县，工作环境优于各县，而调解工作则甚少成绩。推究原因，是因为前几个县的司法干部注意了这一工作，而阜平则对之未加闻问。司法干部的看待工作，在思想上还存有一种毛病，就是职权的观念重于工作责任心，往往好说“这不归我们管”，于是就不去关心，于是把司法工作范围限于过堂判案的小圈子里。假设能增强责任心，就会认识到能把民间纠纷争执，得到及时适当的解决，全是属于司法性质的工作，也会是司法工作者的责任。司法工作者也常常说“我们无下级机构，工作很难深入到区村”。这是什么想法呢？这是感觉到“无下级接收自己命令时，便无法工作了”。这还是一种官僚主义的想法。今后应当把“帮助”与“辅导”的作〔做〕法视作必有的作风。能如此转变则调解工作就会健全起来。

区公所是在处理着小官司，有的区还很多。民政助理员或区长大部份〔分〕的时间忙在这里头，反把当务之急了〔潦〕草从事。但他们的处理案件是陷于自流的，因而也就难免发生一些偏向。尤其是游击区，老百姓到县政府是一件很困难的事，区里不能及时的〔地〕为他们解决问题，则对于民力上、团结上以及对政府的信赖上都会蒙受损失，尤应当授予它一定的权限，划定适当范围，由它为民众及时的〔地〕解决与处理问题。实际说来，这也是与之于民的内容，是不容忽视的事情。

“调处”是沿用的旧字眼，意思就是以调解的精神而处理之（现在区公所对于案件，不是调处而是处理。有些群众认为到县起诉是上告)。这一工作的建立，减少县司法处诉讼案，还是小事，要紧的是对群众有好处，还可以帮助调解工作，使它日益健全。但是这一工作是极〔急〕需帮助的，首先就应当把现行的各种重要法令，为区干部所了解并掌握起来，其次在工作方式方法上，也须要创造与改进，这一切都需要司法干部去帮助。

关于调处工作的内容，已草拟了一个决定，大家讨论后，交委员会再去审核（见附件)。

司法工作能深入到区村，司法干部的活动能跑出法庭，改策法令也会逐渐深入，为群众所了解掌握，同时调查研究工作也就自然会加强起来，问题的解决自然也会适当起来，干部的作风自然也就会被群众所教育、感染而改良起来。

丁、改革诉讼手续，创造新的判决书

我们的诉讼手续，大体上说是简便的，但还存有另一面的缺陷，就是非常的凌乱，有的甚至轻视它，直至不要它。这是不对的。如在发言中，有的同志曾说“为当事人和解了案子，而不为他们发和解笔录”。这不是反对文牍主义，也不是反对事务主义，而它的结果或形成对当事人不负责任，把问题办理得不结实，对当事人的权义关系不确定。

诉讼法和实体法是分不开的，是内容与形式统一的问题。有了少数统治阶级所专有的法律，必然要附带着一部限制广大群众的诉讼法，使这一套诉讼把戏，更便于把持在少数恶棍之手。我们的实体法是为大众所掌握的，也应当有一套与它相符合的诉讼法，以便于广大群众运用实体法。这一工程我们有权利去完成，而且是我们的任务。不能妄想别人去代劳。希望大家努力发挥创作〔造〕力，以完成这一司法建设中的工程！

原有判决书的内容和形式，都不适合于为大众服务的要求了，几年来我们仍沿用着它，甚至在领导上，还曾经强调过要保留它。现在为了解放司法工作，就是使广大群众能接受与领会这一工作，应对它加以改革。这里仅提出原则意见，大家可以发挥创造能力，在实际工作中，大胆的〔地〕去创作。应依什么原则呢？应当是易作〔做〕易懂——只要能会写普通（其他）明白文章的人就能作判决书，只要能看懂普通（其他）文章的人，就能看懂，不识字的人，请人为他念诵之后，不加讲解，即能听懂。

戊、认真的〔地〕巡回、就审，健全仲裁工作，与大生产运动密切结合起来

关于巡回、就审，是谈而又谈的事情了，但很少成绩，偶而〔尔〕为之，也往往出于被动。所以如此，是因为第一部份〔分〕所说的思想问题。今后要认真执行。各庭处作工作计划及布置时，一定要以此为重心，在进行工作过程中，很便当的〔地〕去帮助与辅导区、村进行调处与调解，有计划的〔地〕进行调查研究工作。在进行中，还应当深入游击区，并把工作经验及时总结向上反映。

各级仲裁工作，一般都很薄弱，有的地区甚至还没有建立起来。司法工作者，对这一工作的态度及作〔做〕法也是极不一致的，有的是抱了推事的态度，有的则是消极参加了，有的倒积极，但又形成了包办，好象〔像〕成了法庭的和〔合〕议。为了加强这一工作，除了应加强组织机构以外，最重要的就是司法工作者应改变以往不正确的态度，积极负责的〔地〕去参加，要很好的〔地〕考虑问题，详慎的〔地〕提供意见，对那些事务上手续上的技术工作，更要主动的〔地〕帮助民政科，使它作〔做〕得完密无缺。

在上述一切工作的进程中，要切实照顾总的工作任务，这也是从实际出发的重要内容，就是要照顾今年的大生产运动，而密切与之结合起来。怎样结合呢？无论除奸工作、调解调处工作，特别是巡回、就审与仲裁工作若作〔做〕得好，对大生产运动能起很大的帮助作用。反之，则也能发生一些阻力，糜〔靡〕费与分散生产力量，现在单拿巡回、就审与仲裁两件工作，加以说明：

在处理案件中，应抓住重点，就是对土地问题、劳资问题、渠道问题，要迅速妥适的〔地〕予以及时处理。在工作方法上，应当“突破一点，吸取经验”。由一案的处理中，不惟便于解决他案，且要使同一类型的案子能归于暗消，或由区村就能得到解决。这就是说，案件的处理，应起示范作用。在这一点上，以往运用的〔得〕很差，大都是作〔做〕了一件说一件，作〔做〕这件不管那件，往往是越作〔做〕事越多，纠缠不清。今后应力加改正，要先从巡回、就审和仲裁工作中取得成绩。

第四部份〔分〕　几个具体问题

为了改进司法工作，首要的是解决大家的思想问题，让大家在思想上趋于一致，然后

再在某些问题上加以改进、创制，才能收到实效。根据四天来大家的发言和前边三部份〔分〕谈到的一些意见，觉得有以下的几个问题值得提出加以讨论，其余一些较琐碎的事情，就归到另一附件（关于司法制度改进之决定草案）内去讨论，这里不再加说明。

甲、制度上的改进与创制

一、关于领导方面，在大家发言中，有一个一致的意见，是认为各级政府对各级司法部门，领导不够注意，对司法工作不够重视，多限于在某些案件的处理［上］提出意见，而在大的方面则很少指出。这种现象，在以往和现在是存在过，有的地方还存在着的。在会后必可得到纠正与改进，这里不再多谈。在此，还是应当多从自己方面检讨，于工作上更有好处。我们是否在接受领导上有独立思想的存在，而在工作上则缺乏自动主动创造的精神呢？若有的话，则应自加改正。此外，还应当闹清楚对司法工作重视与否的问题。先说各级政府对所有工作都在重视着，但这不是说，对任何部门的工作，都要付以同等的力量。这是不可能的，在完成总的政治任务上说，也是不应该的。如果司法部门的同志作如是想，也是不应该的。再说，作〔做〕每一种工作的同志，都感到自己工作的重要，这是应当的。但还应当把这一部门工作，在整个抗日工作中，［看］它究竟占了多大的比重？要很好认识清楚。我们不要象〔像〕以往我们的教员那样，当体育教员的就说体育救国，当美术教员的，就说美育救国……其次，在认识重视不重视、重要不重要的当中，还应当从开展工作方面去着想，更应当从群众出发，为群众多解决问题方面去着想。能如此，它必然会被重视起来，自然会重要起来。试问我们要开展工作，去为群众解决问题，有人拦阻吗？同志们发言中，曾说到有的行政首长不信任司法干部，这就应当很好的〔地〕检讨与反省是什么原因了。

对于司法部门上级的领导，发言中还颇有顾忌，未能直率的〔地〕谈出。在高［等］法院早就检讨过，在领导上存有浓厚的官僚主义。具体的表现及事实，全不必多说，只总的〔地〕反躬自问一下，就可以明白了。譬如关于民、财、教、实、公安等部门，都已有了适合于新民主主义政治的建树，司法工作怎样呢？我们是否能说打下了新民主主义司法工作的基础呢？肯定的答复是没有把握的，而敢于肯定的答复，却是现在的司法工作在方式与作风上基本上还是旧的司法工作、官僚政治的那一套，高等法院，在领导上应负责任。

自由主义与官僚主义是相互助长的，大家对于自由主义的表现与事实在发言中已列举了不少，这里不再重复。在此，只着重指出一点，就是今后在工作上遇到的疑难，不管是法律上的或问题处理上的，均应及时向上反映，求得正确的解答及解决。这是改进工作、充实法律的必要工作。

关于领导方面的具体问题，只提出一个，就是要创立二审对初审在审判上的领导制度，明确规定二审对初审在案件审判上有领导的权力及责任。在审判进行过程中，初审可向二审请求指示，并且可以互相商讨。二审对上诉的判决，经过一定诉讼程序，认为不当而仅系微末而非原则问题时，可径予改判（补正性的），使其更为周详完密。如有原则上之相反意见，则应把不同意见及理由提到原审，指示其另予审判。这样可以使案件的处理更为得当，也可以减少人民对政府之怀疑，更可加强对审判工作之领导及帮助。应当把以往二审初审在审判上互不负责的旧传统，完全打破。

二、建立审判上的检查会议，由民政司法部门合组会议，定期检查在该时期中对各种案件处理之得失，并着重检讨在审判中对政策的掌握及贯彻如何。

乙、监所工作（略）

选自《中国新民主主义革命时期法制建设资料选编》，第4册，西南政法学院函授部1982年编印，第72～97页。

14. 晋察冀边区行政委员会关于执行改进司法制度的决定应注意事项的命令

1944年5月29日

为转变司法作风，本会特发布《关于改进司法制度的决定》，以为今后改进司法工作之依据。这一决定的基本精神，在于：

（一）打破旧的司法工作的一套，使我们的司法工作真正是为群众服务的。进行工作要深入群众去作切实的调查研究，实事求是，肃清主观主义的作风和“明公”“清官”自命的态度。

（二）照顾本边区人民生活习惯等实际情况，把司法工作中的某些问题，以现实的办法，求得解决。

（三）由工作实践中，以创造与建立适合于新民主主义政治的人民大众法庭。

正确的工作制度和方式方法，对工作的进行是有着统一步调、提高效能的宏效的。各署县庭处对这一决定应加以深切注意，深入讨论执行。关于执行中应注意的事项，兹再分别指示于下：

1. 在决定的甲项中，其主要含义为贯彻一元化与肃清过去对审判上上下级间互不过问的错误观点，即上级审对下级审所进行之案件，虽明知不当亦不过问，致使广大群众因讼而虚糜〔靡〕金钱，浪费时日，但问题不一定得到适当的解决，其中贫苦者更不愿打官司，影响抗战团结甚大。因此，领导一元化与建立巡回巡视制度，正可以及时解决民间纠纷，增强政府威信与工作效率。

2. 陕甘宁边区马锡五同志说：“三个农民佬顶一个地方官”，因此我们的司法工作应经常进行调查研究，健全陪审，搜集材料，但审判后反应如何、作用如何，则审判上检查会议之建立，即所以找出经验，避免重复缺点，因此司法工作人员对会议上提出之意见，要虚心接受，对工作要积极勇于负责，凡一切推诿的现象都要防止与纠正。

3. 诉讼费用在边区形式上似已不存在，但无故缠讼影响对方生产，也不能不责令赔偿，此项赔偿不但在巩固区应注意妥善执行，即游击区在我巡回巡视中亦应注意及之。

总之，各级司法工作干部应深刻体会这一决定的基本精神，对广大群众提出之问题，在解决上要适当、及时，不致荒废时日，妨害生产，在工作上要争取主动，扫除过去等待被动及不告不理之严重脱离群众倾向。

附《关于改进司法制度的决定》一份。

此令。

选自《晋察冀边区行政委员会现行法令汇集》，下册，边区行政委员会 1945 年编印，第686～687 页。

互校版本：《中国新民主主义革命时期根据地法制文献选编》，第 3 卷，北京，中国社会科学出版社，1984 年版，第 387～389 页。原注："选自《晋察冀边区行政委员会现行法令汇集》下册，1945 年编印第 686～687 页"。

15. 晋察冀边区行政委员会关于改进司法制度的决定

1944 年 5 月 31 日

为了使司法工作进一步为群众服务，建立与加强司法干部的群众观点，彻底打破"民不举，官不究""明公断案"等统制思想，树立司法工作的调查研究、实事求是的大众化的民主作风，本会特作如下之决定。

甲、审判方式与领导关系

一、高等法院及其法庭建立不定期的巡视巡回与就审制度，各县司法处建立巡回就审制度与协助区村调处与调解。

二、巡回就审应采取以下的方式方法：

1. 深入调查研究

详询当地各级政权及团体干部，了解实际情况，访问附近群众，了解舆论趋向；

找人与当事人谈话，并亲自征询当事人，了解其心情与主张；

找到案件有关各方共同研究。

2. 审讯以座谈会方式行之，诉讼手续力求简便。

3. 坚持原则，坚决执行政府政策法令，照顾群众生活习惯，维护群众利益。

三、高等法院及其法庭对县司法处所受理之案件，在诉讼进行中发现其处理有失当者，应不待其判决，即时提出意见，予以纠正。

上诉案件，上一审发现判决在原则上失当者，应提出具体意见发回更审，但在下列情形下，应为补正性质之裁判或指复：

1. 仅系引律错误者；

2. 刑事案件量刑失轻失重者；

3. 民事案件赔偿或多或少者。

本项规定，复核、复判案件也准用之。

四、民事及普通刑事之重大案件，在宣示判决前，须征得行政首长之同意。

乙、建立审判上的检查会议

五、在案件审判进行中，除随时征询各部门、各团体意见及邀请本案有关各方陪审外，并建立审判上的检查制度，会议检讨在该时期中对各种案件处理之得失，并着重审判上对政策之掌握及贯彻情形，如发生偏向，须找出今后纠正办法。

六、检查会议由专员、县长（专员、县长不能主持时，可由推事、审判官主持）负责召集有关各方负责人、推事、审判官、民政科长、公安科长，在一定时间举行之（每三个月或半年一次），由法庭或司法处负责准备，每次会议召集之前，须将检讨事项通知有关各方、各庭处推事，审判官须在会议上提出报告（事先须经庭处讨论），以供出席人参考。

丙、监外执行

七、犯人离监所回村执行时，司法机关必须通知区村公所，区村公所应经常注意犯人之行动。为了达到上项管教目的，区村干部得随时与之个别进行谈话，如涉及犯罪，得送回原判机关处理。

八、游击区之案犯叛处徒刑者，得视具体情况，因地制宜，作如下之处理：

1. 送巩固区县份监所或本会感化机关执行。

2. 易科罚金，并限定其住所，予以监外执行。

3. 回村执行，指定专人负责管教，并责服抗勤或为抗属代耕。但甘心事敌之汉奸犯不得适用本条2、3两款之规定。

九、在外执行期间，重行犯罪者，应处以所犯之罪，合并前科之刑在监执行

十、司法机关对监外及回村执行之人犯，应定期检查分区集训，进行鉴定。受集训之人犯，须取得住在村公所对该犯在执行期间的表现的简短说明书。

丁、诉讼费的负担及上诉第三审之诉讼标的计算

十一、诉讼费用，由败诉人负担，但败诉人因生活困难，确无力负担诉讼费用而有证明者，得免负胜诉人之诉讼费用。

十二、诉讼费用限于下列各种：

1. 当事人之食宿费。

2. 证人之食宿费。

3. 有缮状生县份之缮状费。

食宿费以每日小米二斤计算，一日能往返者不计。

十三、诉讼当事人之一造家中富有，故意缠讼，陷他造生活困难者，除令负诉讼费用外，并得依当地工资按月判令赔偿损失。

十四、因财产权争执而涉讼，其诉讼标的物折价未逾五百斤小米者，不得上诉第三审。

戊、附则

十五、其他法令与本决定不抵触者，仍适用之。

选自《晋察冀边区行政委员会现行法令汇集》，下册，边区行法委员会1945年编印，第688～691页。

互校版本：《中国新民主主义革命时期根据地法制文献选编》，第3卷，北京，中国社会科学出版社，1984年版，第389～392页。原注：“选自《晋察冀边区行政委员会现行法令汇集》下册，1945年版。”

16. 晋察冀边区行政委员会关于特种刑事案件审理程序之决定

1944 年边委会第 46 次委员会议通过，4 月 15 日起施行①

审理特种刑事案件，应依照下列规定办理，其他法令、条例、办法不抵触部份〔分〕仍适用之。

一、特种刑事被告，除管辖特种刑事案件机关直接拘捕者外，其他机关、团体或个人依法令逮捕后，应于二十四小时内连同被告口供、证物及所带物品一并解送或转送县公安局侦查，但在途期间不在此期限以内。

盗换隐没前列证物及物品者，以侵占或贪污论罪。如系鸦片或毒品被公务员盗换隐没者，应按禁烟治罪暂行条例第十三条第二项、禁毒治罪暂行条例第十四条第二项处以死刑。

二、羁押被告侦查中不准逾二月，审判中不准逾一月，但特殊情形侦查中得于期限未满三日前报请同级军法审判机关核准展限两月，审判中得自动展限一月，但均以一次为限。

军法审判机关拘捕被告后，有详经侦查之必要时，得于五日内连同卷证及被告所带物品一并交由公安局先行侦查。

前项期限已满，仍未起诉或裁判者，应即开释、保释、责付或限定其住址，停止羁押。

三、第一项被逮捕之被告如拘留逾限时，被告或被告之亲友得立催解案或报请公安局提案。

第二项被羁押之被告如羁押逾限时，被告或被告之亲友得立催停止羁押，或径向羁押机关之直接上级报请转令停止羁押。

故意逾限拘留或羁押被告者，受刑事制裁或行政处分。

四、案件经县政府判决者，应连同被告声辩书送专署暂代本会复核，专署如不能或难于复核者，则转送本会复核，专署应将每月复核案件于月终列表汇报本会。

五、本决定自四月十五日起施行，并得随时修正撤销，或停止适用之。

选自《晋察冀边区行政委员会现行法令汇编》，上册，边区行政委员会 1945 年编印，第 356～359 页。

互校版本：《中国新民主主义革命时期根据地法制文献选编》，第 3 卷，北京，中国社会科学出版社，1984 年版，第 392～393 页。原注："选自《晋察冀边区行政委员会现行法令汇集》上册，边区行政委员会 1945 年版。"

---

① 原件未注明通过的年月日，推断为 1944 年。

17. 晋察冀边区行政委员会关于加强村调解工作与建立区调处工作的指示

1944 年 6 月 1 日

为了及时解决民间纠纷，加强团结，并贯彻简政精神，提高行政效率，应即加强村调解工作与建立区调处工作。

关于这两个工作以往都已有了相当的成绩，民间纠纷的大部份〔分〕是在区村解决，到县以上政府起诉的只是极小部份〔分〕，在减少人民讼累与上级政府讼案上，起了不小的作用。但由于以往我各级干部群众观点不够，不能事事从群众利益出发，主动地给群众及时解决问题的精神差，以致对这两个工作未能提起应有的注意，而在工作方式上对于如何通过群众来解决问题也注意不够。

关于区调处工作，前此还没有明文规定，调处权责既未划分，进行方法也少指示，因而使区公所对于这一工作的执行苦于无所遵循，以致使这一工作的开展也受到了影响。

现在要加强村调解工作与建立区调处工作，首先要加强群众观点，事事从群众利益出发，要通过群众给群众解决问题。其次，上级政府特别是县区政府要加强对于这两个工作的领导，教育村区干部使他们对这两个工作有进一步的认识，进一步的〔地〕提高他们的责任心，在工作方法上给予具体指导。关于村调解工作，县区干部可择适当村庄，指导村干部进行示范调解，动员附近村干部参观，并总结经验，介绍各村供做〔作〕参考。第三，根据事实需要，确定民政委员对村调解工作除办理必要手续外，主要负起组织调解与审查调解的责任，村中遇有纠纷发生，民政委员应劝当事人各推调解人组织调解，无必要时，自己可不必亲自参加，调解结束后，要对调解结果加以审查，如有不合政策法令的地力要劝令改正。这样一则可以减少民政委员的繁忙与照顾难周的困难，二则调解人由当事人推选也容易取得当事人的信任，使调解容易收到圆满的效果。第四，关于区调处工作另有决定，该决定暂作草案颁发，各署县可依此决定并根据当地具体情形参照执行，并可选择一二单位进行实验，研究总结经验报会，以便作最后修正后正式公布之。现将执行中应注意的几点择要指出：

（1）调处案件的范围，要严守决定第一条的规定，特别是村可进行调解的案件，一定劝令当事人先在村进行调解，村调解有困难须〔需〕区帮助时并应派人帮助调解，非至调解确实不能成立，不可遽予调处。应由仲裁机关仲裁的案件一定要交仲裁委员分会处理，区公所不得单独调处，但在无仲裁委员分会的区，应视同其他民事案件负责调处，不可借口推诿。关涉抗属和区级以上干部的婚姻案件和通奸案件，为特别审慎，并避免区公所处理的困难，一定要交县处理。但应以直接关涉抗日军人和区级以上干部本人的婚姻案件和其本人或其配偶的通奸案件为限，至于其他家属的婚姻案件和通奸案件，应视同一般群众的案件予以调处。此外，凡第一条各款所未列的案件，固然一律要送县处理，不可越权调处，就是各款业已列入的案件，除民事案件外，无论刑事或特刑案件，如果案情比较严重，依照第五条的规定予以处罚显属不当的，也应送县处理。

（2）调处的方式要严守第七条的规定，不但民事案件应该完全本着调解的精神对双方进行说服，就是对刑事、特刑人犯也应着重教育劝导，促其改过自新，不应依靠威胁强制，迫令就范。此外无论调处任何案件，一定要注意调查研究，尊重舆论，不可贪图简单省事，单凭当事人的声辩，率而处理。

（3）调处结果除当事人依照限期声明不服的以外，即和已经确定的判决有同样效力，可以强制执行。但调处不同于审判和仲裁，不服调处的案件，经县审判或仲裁仍应做〔作〕为第一审或第一仲裁，当事人如有不服，仍可依法上诉或请求复裁，不因曾经调处而受限制。

（4）调处人对当事人应以最大的关怀热情尽量说服，使调处结果能为当事人所接受；如当事人不服调处，应即依法送县处理，不可怀抱成见、感情用事。经县处理后，不论与调处结果是否相同，均须认真执行，不可因为不合自己的意见，甚至认为有损个人的威信，便采消极抵制办法。这是违犯群众利益，破坏行政纪律的行为，是必须彻底纠正的。

最后，县区村处理问题一定要注意很好的联系。经村调解不成立的案件，到区处理时，无论是调处或仲裁，一定要先了解在村调解的情形，对于正确合适的调解意见，要尽量维持，不可轻易变更，对于不妥的调解意见，不但要纠正，而且要研究其不妥的原因，针对症结所在，给村中以教育。不服区调处，经县处理时，无论是审判或仲裁，对区调处意见，也要同样照顾。

村调解工作和区调处工作的健全和开展，一方面可以使民间纠纷及时解决，节省民力民时，巩固农村团结，一方面又可以使上级政府省出更大精力，从事于其他更重要的工作，提高行政效率。我们对这两个工作，必须注意加强与开展。

选自《晋察冀边区行政委员会现行法令汇集》，上册，边区行政委员会 1945 年编印，第 326～329 页。

互校版本：《中国新民主主义革命时期根据地法文献选编》，第 3 卷，北京，中国社会科学出版社，1984 年版，第 640～642 页。原注："选自《晋察冀边区行政委员会现行法令汇集》上册，一九四五年版。"

18. 晋察冀边区行政委员会关于区公所调处案件的决定（草案）

1944 年 6 月 1 日

一、为了适应今后艰苦环境，及时与合理的（地）解决民间纠纷，以加强团结，区公所除对村调解工作应注意领导检查，促其开展外，并得对下列案件进行调处：

甲、民事案件，但须由仲裁机关处理者不在此例。

乙、刑事案件中之普通盗窃、轻微伤害、通奸及赌博案件。

丙、特刑案件中之犯破坏坚壁财物惩治办法较轻微之罪，经该办法定明可归区公所调处者。

丁、其他法令规定区可调处之案件。

前项各款案件中，村可进行调解之案件，应先经村调解，村调解不成立时，区再进行调处。

关涉抗属及区级以上干部之婚姻案件及通奸案件，应由县处理，区不得进行调处。

二、游击区区公所对于第一条所列以外之案件，如认为关系并不太大，由区调处比较适宜者，亦得进行调处，其范围由县具体规定之。

三、区公所调处案件须与抗联及有关各方面取得密切联系，共商进行。

四、区公所调处案件时，对于民事案件之当事人不得羁押。对于刑事犯或特刑人犯亦应尽可能令其取保随传随到，如有必须羁押情事，其羁押期限不得超过二日。如在二日内不能调处者，应送县解决。

五、区公所调处刑事或特刑案件时，除应尽先令赔偿被害人所受之损害外，如有其他办法如批评、劝戒〔诫〕等，能使被告改过自新，同时对于社会亦不致发生不良之影响者，应避免处罚。如非罚不足以资儆戒时，其处罚不得超过一个月内的劳役或小米一百五十斤折价的罚款。

罚款必须掣给收据，将款送交县政府按期汇解边区行政委员会。

六、区公所调处之处罚案件，应制成调处书，发给当事人。调处书内应记明当事人姓名、住址、案情、调处结果、调处机关与调处书发出之年月日，并须加盖区公所钤记，由区长署名盖章。

七、区公所调处案件时应以说服为主，不得强迫。当事人如不服其调处时，可于调处决定后之五日内声明请求送县处理。

区公所接到当事人不服调处请求送县处理之声请后，应即介绍到县，不得拒绝或拖延。

八、区公所调处之案件，应按月或按季汇报县政府。

九、各县县政府对区公所调处工作应注意领导检查，司法处应注意指导帮助，以加强区公所调处案件之技能，而免发生偏向。

十、本决定自公布之日施行。

选自《晋察冀边区行政法令现行法令汇集》，上册，边区行政委员会 1945 年编印，第 323～325 页。

互校版本：《中国新民主主义革命时期根据地法文献选编》，第 3 卷，北京，中国社会科学出版社，1984 年版，第 643～644 页。原注：“选自《晋察冀边区行政委员会现行法令汇集》上册，一九四五年版。”

19. 附“报刊报道”：晋察冀边区繁峙监犯春节中放假十天回家省亲期满后如数归来

1945 年 3 月 25 日《解放日报》

【新华社晋察冀廿四日电】繁峙监所在旧历年节除家住敌区不能回家者外，其他犯人都给假十天，让其归家省亲，期满均如数回所。这证明在人民政府教育下，犯错误的人对政府宽大政策已有深刻认识。监所由于大家生产搞的〔得〕好，在春节那几天留所的人吃了两顿白面饺子、三次油炸糕，生活非常愉快，有些犯人说：“咱们回家过年恐怕也吃不上这样好。”

选自《中国新民主主义革命时期法制建设资料选编》，第4册，西南政法学院函授部1982年编印，第339～340页。原注：“《解放日报》1945年3月25日。”

20. 晋察冀边区行政委员会关于调整复核复判程序的命令

1945年12月4日

复核复判程序之规定，原为确保人民之人权财权，对此种程序之严格执行，正表示关心群众利益，对人负责之慎重态度。抗战期间，受敌寇封锁分割，时处于战争状态，为避免因公文报送稽延期日，乃授权专署（法庭）复判刑事，并秉承专员意旨代核特刑，由是刑事案件止于二级，各行署成立以来相沿未改。

胜利以来，交通日渐恢复，环境亦更为稳定，对案件审判宜更加慎重，在程序上亦应力求完善。因此，关于刑事案件复判复核及司法报告等事项，特决定：

一、关于死刑案件的复核复判，专署或法庭加具意见，送省政府或行署办理，其余仍由专署办理。

二、死刑上诉案件法庭仍判死刑时，须送省政府或行署核准，再发县执行。省政府或行署有疑难时，可再呈报本会核夺。

三、关于没收财产事，一律报省政府或行署核准。

四、各县司法工作报告，径报省政府或行署及专署（法庭）。专署（法庭）只造送法庭报告，不转送或审核各县报告。

省政府或行署汇齐各署县庭处报告，加具意见，报送本会。

张家口市地方法院判处死刑之案件，径报边区高等法院复核复判，死刑及没收财产之执行则径报边委会核准，司法月报亦径报边区高等法院核阅。

宣化地方法院判处之死刑案件，径报察哈尔高等法院复核复判，死刑及没收财产之执行，则径报察哈尔省政府核准。省政府有疑难时，可报送本会核夺。司法月报径报察哈尔高等法院核阅。

照以上决定，嗣后死刑案件，增加了一级审核，各法庭推事应以更多的时间去到各县帮助工作。各分院要具体的〔地〕了解到县，以加强领导。

以上各节，希即遵照执行为要。

此令。

（注：法庭已撤销，本件有关法庭之规定均废止。）

选自《中国新民主主义革命时期根据地法制文献选编》，第3卷，北京，中国社会科学出版社，1981年版，第534～535页。原注：“选自晋察冀边区行政委员会《现行法令汇集》续编。”

21. 晋察冀边区行政委员会关于颁发各级法院状纸与讼费暂行办法的命令

1946年1月4日

查抗战期间，人少事繁，物资困难，故遇事均力求简便，用物亦力求节约，因而各级司法案卷一般均参差散乱，检查颇感困难，偶而〔尔〕遗失（特别是判决书）即无从查核。抗战胜利后，解放区扩大，案件增多，司法工作较前更形繁杂，为了保障人民财产权益，适合环境的需要，应逐渐建立各种必要的司法工作制度（如比较健全的记录、统计，比较完善的卷宗、档案等等），以便组织事务，克服零乱现象，而达改进工作之目的。但各种制度之建立，需要一定的费用，如普遍向边区人民征收，势必增加人民负担，倘由诉讼当事人员负担一定的费用，则问题即可适当解决。因之，征收诉讼费用，正所〔可〕以减轻一般人民之负担。且讼费征得后，仍系用在整顿司法工作上，就当事人来说，亦属合乎情理。

其次，用于诉讼的征收费用，还可限制一些滥讼案件，减少人民讼累，使人民能把时间用在生产上，同时可推动调解工作的进行。此外，由于照顾了贫苦工农（如免征审判费）亦不致因征讼费，而限制工农群众的诉讼。

基上原因，兹制定《晋察冀边区各级法院状纸与讼费暂行办法》公布施行。希各级政府，特别是司法部门工作人员，详细研究讨论，慎重执行。由于此事在边区尚属试办，没有经验，实行后有何利弊？干部及群众有何意见？统希详作考查，搜集材料，于三个月后总结问题与经验，并提出改进意见，报会核办。

附：

晋察冀边区各级法院状纸与讼费暂行办法

1946年1月4日公布

第一条　为保障人民财产权益，减轻一般人民的负担，提倡民间调解，减少人民讼累，特制定本办法。

第二条　诉讼状纸与诉讼用纸同，由各法院各庭处依式印制（附式样），发给当事人应用，不论刑事民事，每张按所需工料费收价。

第三条　诉讼当事人购买状纸后，得自撰缮，或报告事实及理由，请求司法人员记录。

第四条　诉讼费包括审判费、执行费及当事人因诉讼支出之费用。

第五条　民事因财产权而起诉者，依诉讼标的之金额或价额按下列标准征收审判费：

一、三百元未满者，不收。

二、三百元以上五百元未满者，十元。

三、五百元以上千元未满者，二十元。

四、千元以上一万元未满者，每千元三十元。

五、万元以上十万元未满者，每千元三十五元。

六、十万元以上五十万元未满者，每千元四十元。

七、五十万元以上百万元未满者，每千元四十五元。

八、百万元以上者，每千元五十元。

以上四至八项尾数不及千元者以千元计。

民事非因财产权而起诉者，依申请办理。

反诉与本诉标的同范围者免征，反诉标的范围较大者，按余数征收。

抗日军人家属与贫苦工农免征。如抗属与贫苦工农胜诉时，由败诉之一造补交。

第一审、第二审与申诉审审判费同。

审判费之征收用三联单（附式样），发给收据，一联由交费人收执，一联贴于诉状上，一联存查。

第六条　执行费不满千元者免征，千元以上者每千元征收十元，尾数不及千元者以千元计算。

不经拍卖手续之执行费减半征收。

诉讼费用之执行，不征执行费。

第七条　民事下列声请，征收审判费十元：

一、声请再审。

二、抗告或再抗告。

三、声请回复原状。

四、声请假扣押、假处分。

五、声请除权判决。

第八条　当事人因诉讼支出之费用，于判决时注明负担之一方，现据实际情形暂计下列几种：

一、当事人食宿费及路费。

二、证人食宿费及路费。

三、状纸费。

四、勘丈勘验费。

五、鉴定费、翻译费。

第九条　本办法得按情况之变更，由本会随时修改之。

第十条　本办法自公布之日施行。

附：状纸及司用纸格式（略）

选自《中国新民主主义革命时期法制文献选编》，第3卷，北京，中国社会科学出版社，1981年版，第535～540页。原注："选自晋察冀边区行政委员会《现行法会汇集》续编。"

22. 晋察冀边区行政委员会关于诉讼费用征收问题的通知

1946年4月24日

据冀晋行署请示称："（一）诉讼费用征收后，是否作为司法经费开支？抑系解上？解上用何手续？司法办公费是否仍由署县供给？（二）贫苦工农免征讼费，但未规定贫苦标准，不易掌握。抗属是否一般的都不纳讼费？政权团体干部及从部队调来的干部，其家属是否可援抗属例不征讼费？（三）现在署县传票及判决送达，均贴用邮票，此项邮费是否由当事人交付？抑在征收之讼费内开支？请复示！”等情，本会当以会法字第三十四号复以：“（一）诉讼费用系边区款收入之一种，应在集有一定数目时，交由财政部门转解本会，并由司法部门将讼费收据存根逐级报会备查。不准挪借与截留开支。各行署省县司法部门系各级政府的组成部分，办公费仍由各级政府统一供给，不单独开支。（二）贫苦工农免征，由各地按照实际情形具体确定，本会难以规定统一标准。抗属系指现役革命军人家属，均不纳讼费，但应严格掌握，不能把已经复员的以及其他非现役军人家属，也按抗属优待。政民工作人员及从部队调来的人员，不能援抗属例免征。同时应注意到：抗属及贫苦工农虽不纳与免征讼费，但对方若非抗属或贫苦工农而又败诉时，仍应与其他各讼费一并执行，拨归审判费。（三）邮费如系用于机关公文来往者，虽专为诉讼案件，但因已征讼费，即不再收邮费，如专为某一当事人送达文件时，可按送达费征收。此复。”因各地亦常有此类问题发生，希参考本会此项复文办理。

特此通知

选自《中国新民主主义革命时期根据地法制文献选编》，第3卷，北京，中国社会科学出版社1981年版，第541～542页。原注：“选自晋察冀边区行政委员会《现行法令汇集》续编。”

23. 晋察冀边区行政委员会通知
——关于取消法庭法院干部分工等问题的解答

1946年6月22日

接晋冀高法分院请示下列诸问题：“（一）分院干部如何分工？二审由分院受理，对人民诉讼增加困难，如何适当解决？（二）执达员的任务是什么？有些刑事案件，须经分院提审，可否设立看守所？（三）解送犯人，由何级何部门负责？（四）县长专员主任不兼军法官后，特刑案件判决，是否仍由县长署名？抑由司法部门受理？（五）边沿县份斗争复杂，不便长期羁押犯人，为慎重计，又不能轻易处理，拟恢复自新学艺所，请核示！”等情，查各地亦有类似问题存在，兹逐项解答于下：

一、分院受理二审上诉案件，取消专区法庭，旨在：（1）简化审级，缩短整个诉讼过程。（2）人力集中，可实行合议制，借以集思广益。（3）事权统一，便于照顾全面，使各地司法工作平衡发展。虽从某一点观之，是增加了上诉的一些困难，但可用以下办法解决：（1）切实加强调解调处工作，健全司法处组织，充实司法处干部，提高各级司法干部质量，俾民间纠纷能在村区县得到适当解决，减少上诉案件。（2）省高院或分院应有计划地定期地实行巡回或就审，以便人民诉讼。因此，实行新制较之专区设法庭，实更为妥善。至法院分工问题，边区法院组织条例及旧高等法院及分院处务规程，均可参考。院长除以推事资格担任审判长审理案件外，其大部分工作是处理司法行政事务，并以书记官长辅助之。推事则以审理案件、制作裁判书件为主要任务。书记官应分掌收发、记录、会计、庶务等事项。庭丁职务为：开庭时，引导诉讼人出入法庭，并照料法庭（俗称站庭），担任一切勤务（边区尚未设置庭丁，其职务事实上系由执达员兼办）。惟分工不能机械，须根据实际情形具体分配。

二、执达员原是辅助民事诉讼进行和终结的重要职员，在民事诉讼开始后，直至判决确定前，其主要任务为送达传票及其他文件，在判决确定后，直至执行终结前，则以辅佐强制执行事务为主要任务，故名执达员。但边区的检察制度还不够健全，应受检察官指挥监督办理送达传票、执行拘提、实施搜索、解送犯人，并在刑事法庭照料犯人等事务之司法警察（俗称法警）尚付阙如，在目前情形下，一时也难以设置，因此传案、提人、站堂，以及看守人犯等项职务，均需由执达员负责办理。至四名执达员如何具体分工，则须酌情确定。再者，二审案件多系印发传票，由一审代传，四名执达员，当可敷用。

关于分院可否设立看守所的问题，应以有无羁押处所以为断。凡分院（或省高院）所在地，有地方法院或县司法处所设之监狱或看守所者，即可送交当地监所羁押，勿〔毋〕庸另设看守所，否则即可设立，以应工作需要。设所者可添设看守所长一名，由执达员兼任看守职务，不另增看守员。

三、关于解送人犯问题：原则上应下级解送上级，各县司法处或省高院行署分院对于刑事上诉或应提审之在押人犯，应派执达员执行解送，如执达员不敷分配时，可商同县府或省府行署另派其他适当人员（如保安队、警察或警察队等）。至解送办法，或直接解送（俗称长解，适用于交通便利、环境平稳地区及押解重要人犯），或间接解送（俗称短解，即递解，适用于辖境辽阔、交通不便地区或不重要人犯之解送），均无不可，可由分院酌情确定。

四、县长、专员、行署主任、省府主席等不兼军法官后，审判特刑案件之职权，属于各级司法机关，裁判书即无须再由县长等署名。但关于司法行政事宜，仍须按照《关于边区司法机关改制之决定》第五条办理。

关于判处死刑案件，按照本会胜民行字第二十一号指示："判处死刑必须一律报请行署或省府批准"。此系指各省署辖境内各级司法机关所判的特刑案件或普通刑事经一、二审判决未经上述第三审者而言。如普通刑事已上诉至三审，经本会判处死刑发回原审执行者，不在此列。

五、行署设置自新学艺所，因今日情形已与抗战时期不同，故一般的无此必要。如边沿县份因斗争尖锐复杂，遇有一时难决之人犯，而当地又不便久押时，可解送邻县或分院监所寄押。

以上统希知照——右通知

边区各级政府及司法机关。

选自《中国新民主主义革命时期根据地法制文献选编》，第3卷，北京，中国社会科学出版社，1984年版，第542～544页。

24. 晋察冀边区行政委员会关于人民法庭工作的指示

1948年1月6日颁布

（一）人民法庭应该是人民镇压反革命及一切危害人民利益分子的工具，是把群众大会审判处决罪犯的形式提高一步的组织形式。在目前土地改革期间，人民法庭应该保卫农民，对于一切违抗或破坏土地法及侵犯人民民主权利的罪犯，必须根据人民群众的要求和意见，坚决予以处分，任何对于这些罪犯的纵容和自由主义都是错误的。同时，人民法庭的起诉、审讯与判决，必须实事求是、明辨是非，任何草率鲁莽及感情用事和主观主义都是错误的。

（二）人民法庭为要使自己成为人民手中有效的革命武器，必须遵照群众路线去进行工作，必须到群众中去搜集被告的犯罪事实与证据，及群众对被告处分的要求，加以调查研究、对证及被告的声辩，把事实弄明确后，再行判决。判决经群众讨论后，再行宣布。同时，办事必须迅速，方能适合群众的要求和情绪。人民法庭对于地主、富农罪犯的判罪与工农罪犯的判罪应有原则的区别，前者应从重，后者应从轻。

（三）关于人民法庭的组织，目前尚无经验，我们提议县设人民法庭，分区办事，巡回审判或到村就审。总之，要便利群众，要适合群众革命斗争的要求，而不要有任何官僚主义。各县可由县政府委派审判员五六人或七八人（按区之多少），各区再由农民代表会各选派（或由区农会选派，区农民代表会批准）审判员二至四人，分区组织县人民法庭审判委员会（可冠以区之次序），并在各区互选主任审判员一人，主持审判、开会，并蓄积经验。审判员应选择立场坚定，不怕镇压反革命，办事细心稳当，并为群众拥护者充任。县党、政负责人必须加强对人民法庭的领导，重要罪犯的判决须经县长批准然后执行，判决死刑之罪犯，必须经县长批准才能执行。但罪犯如对县人民法庭之判决不服，可要求复审，并可向专员公署提出声辩。凡已提出声辩者，必须等候专员公署最后判决，才能依法执行。

（四）人民法庭的工作大体可分为以下四个步骤：

（甲）检察工作：由农民团体推选之检察员，或由政府委派的检察员到被告犯罪所在村召开群众控诉会，搜集被告犯罪事实及证人、证物，并加以调查、对证、整理、起草控诉书，代表受损害人民要求对被告人处刑。此项控诉书须经农民群众审查、修改、通过后，然后递交人民法庭，并在开庭时口头起诉。这一步骤最〔至〕关重要，起诉书作〔做〕的好的，可以集中群众要求，鼓励群众情绪，提高群众觉悟，并在充分而确实的人证、物证之前，使罪犯无法狡辩。

（乙）审讯工作：人民法庭在接到控诉书后，应迅速进行预审。一切准备好了之后，即决定开庭日期、地点，发出通知，开庭时人民可自由旁听，经审判员的允许，旁听人并得发言。审判员根据起诉书审讯被告，审查人证、物证，并允许被告自己或被告的代表辩护和提出反证。审判员根据原告、被告提出之控诉与辩护及证据加以研究，然后确定罪状是否成立。如证据不足不能构成犯罪者，要再到群众中去调查、搜集材料，弄明事实，下次再审或宣告无罪。这一步骤就是弄清事实、确定罪状的工作，审判人员要实事求是，头脑冷静，不怕麻烦地辨明是非。

（丙）判决工作：第二步工作做好后，即召开审判委员会，拟定判决。宣判之前，要先与有关群众商量，征求群众意见，群众如有疑问，应向群众很好地解释清楚，群众如提出反对意见，并有新的材料，如群众的意见是正确的，就应接受群众意见，再开庭审判，委员会将原判加以修改。如果群众的意见不正确，也要很好地向群众解释，直至解释清楚，群众同意后，再开庭审判。这一步就是从拟判到宣判的工作，在这时征求群众同意，并向群众解释是很重要的。这样可以使人民法庭的工作符合群众的要求，并可教育群众，提高群众的觉悟。

（丁）执行工作：宣判之后，要按判决执行，罚款由人民法庭执行，交村农民团体处理。判二年或三年以下徒刑之人犯，一般可以交村罚劳役，但不要给罪犯以肉体上的虐待。判决超过二年或三年徒刑的人犯，一般可交县监所（或改称劳动感化院）执行强迫劳动，各行署所办之监所并可调一些犯人集中管理使用（修河修路等）。监所的管理和工作应加整顿和改善，并蓄积经验。死刑一律用枪决，由人民法庭执行。判决徒刑的人犯，我们考虑大部交村执行要好，这样可以调剂群众的劳动力，并可以减少政府管理上的困难。

（五）人民法庭绝对不准刑讯，不准舞弊。委派或选派审判人员之机关及相当的人民代表会，得按各审判人员之工作情形随时奖惩、调换。如有营私舞弊，违法失职情节重大者，应交付人民法庭审判。村农民团体在土地改革期间，对于违犯土地法之现行犯，得进行拘捕，但必须迅速报告人民法庭，并交人民法庭处理，不得长久羁押。

（六）关于人民法庭的工作，现在还缺乏经验，因此要放手让人民法庭去做，创造经验，蓄积经验。望各地随时把这方面的经验报告我们。

选自《中国新民主主义革命时期根据地法制文献选编》，第 3 卷，北京，中国社会科学出版社，1981 年版，第 544～547 页。原注：“选自一九四八年一月二十四日《人民日报》。”

本卷参考文献

1.《边区军民代表大会决议案及宣言》，晋察冀边区 1938 年编印。

2.《晋察冀边区第一届参议会提案集》，晋察冀边区参议会驻会参议员办事处 1943 年编印。

3. 中央档案馆编：《共和国雏形——华北人民政府》，北京，西苑出版社 2000 年版。

4.《抗日根据地政策条例汇集——晋察冀之部》，第 2 辑，1942 年版。

5.《晋察冀边区行政委员会工作报告》，边区行政委员会 1943 年编印。

6.《晋察冀边区各种政策》，1942 年晋察冀边区干部学习参考资料之一。

7. 彭真：《关于晋察冀边区党的工作和具体政策报告》，北京，中共中央党校出版社 1981 年版。

8.《晋察冀边区行政委员会现行法令汇集》（上、下册），边区行政委员会 1945 年编印。

9. 中国社会科学院法学研究所韩延龙、常兆儒编：《中国新民主主义革命时期根据地法制文献选编》，第 1～4 卷，北京，中国社会科学出版社，1981—1984 年版。

10. 刘素萍主编：《婚姻法学参考资料》，北京，中国人民大学出版社 1989 年版。

11.《晋察冀边区财政经济史资料选编》，第 1～4 编，天津，南开大学出版社 1984 年版。

12. 中共河北省委党史研究室编：《中共中央移驻西柏坡前后》，北京，中共党史出版社 1998 年版。

13. 中国审计学会审计署审计科研所编：《中国革命根据地审计史料汇编》，北京，北京工业大学出版社 1990 年版。

14.《晋察冀抗日根据地》，第 1 册（上、下），北京，中共党史资料出版社 1989 年版。

15.《北岳抗日根据地》（上、下），北京，中共党史出版社 1988 年版。

16.《晋察冀抗日根据地史料选编》（上、下），石家庄，河北人民出版社 1983 年版。

国家社会科学基金特别委托项目，项目编号：10@zh027，
项目名称："革命根据地法律文献整理与研究"
本书得到中国人民大学科学研究基金项目"革命根据地法律文献整理与研究"
（批准号：15XNQ063）支持

革命根据地法律文献选辑

（第三辑）

抗日战争—解放战争时期老解放区的法律文献
（1937—1949）

第七卷
华中区

张希坡 编著

中国人民大学出版社
·北 京·

本卷说明

1938年1月，新四军军部成立后，立即向敌后挺进到苏南、皖东、鄂中各地，逐步创建了华中抗日根据地。按军事斗争形势，划分为苏南、苏中、苏北、淮南、淮北、皖中、浙东、苏皖等八个战略区。建立了七个行政公署和一个办事处，20个专员公署，140多个县政府。随着抗日形势的发展，各地行政区划及其名称经常变动。首先扼要介绍一下各主要抗日根据地的发展演变情况，然后按部门法分类、以年月先后为序，列举各种法律法规及文献史料。

淮南抗日根据地

1938年秋，新四军一部挺进皖东，至1939年5月，成立新四军江北指挥部，建立了津浦路东和津浦路西两块游击根据地。1940年4月和8月，分别成立路东和路西两个联防办事处。1943年2月，撤销以上两个联防办事处，成立淮南行政公署（方毅为主任），下设路东、路西两个专员公署。该根据地位于长江以北，淮河以南，运河以西，淮南铁路以东苏皖两省边区。1942年后，新四军军部和中共中央华中局驻在此地，是华中抗日根据地的指挥中心。

淮北抗日根据地

1938年以后创立的豫皖苏边游击根据地和皖东北游击根据地，最初沿用安徽第六区行政督察专员公署名义，至1941年8月，统一成立淮北苏皖边区行政公署（刘瑞龙为主任）。该根据地位于陇海路以南，新黄河以东，淮河以北，运河以西的津浦路两侧的豫皖苏三省交界地区。是华北抗日根据地及八路军与华中抗日根据地及新四军的接合部。

苏北抗日根据地

1940年8月，八路军第五纵队到达江苏淮海、盐阜地区，10月与新四军会师，后改编为新四军第三师。同年11月成立苏北临时行政委员会，1941年3月改为苏北行政委员会（管文蔚为主任），1942年5月苏北行政委员会改组为苏北行政公署。下辖淮海、盐阜两个行署，18个县政府。该地东起黄海，西至运河，北达陇海路，南迄宝应、盐城一带。

苏中抗日根据地

1939年春，新四军挺进纵队到江苏中部，建立了以黄桥为中心的抗日根据地。皖南事变后，中共中央华中局决定，在盐城、宝应一线以南，长江以北，黄海以西，运河以东划为苏中区，1943年5月成立苏中行政公署（季方为主任），是物产丰富的抗日根据地。

苏南抗日根据地

1938年5月，新四军第一、二支队先后到达江苏南部，逐步建立了茅山抗日根据地。1943年3月，成立苏南行政公署（江渭清为主任，后为朱可靖）。下辖四个专员公署，15个县政府。地处南京、上海、杭州之间的长江三角洲，是著名的鱼米之乡。

皖中（又称皖江）抗日根据地

1938年4月，新四军第四支队东进皖中地区，开展游击战争。1941年皖南事变后，将游击纵队与皖南突围部队合编为新四军第七师，张鼎丞任师长，曾希圣任政委。1942年7月成立皖中行政公署（吕惠生为主任），下辖皖江、沿江、和含三个专署，16个县政府。包括安徽滁河以南、大别山以东，江苏省的津浦、溧水以西，大江南北的广大地区。

浙东抗日根据地

1942年夏成立中共浙东区党委，谭启龙任书记，同时成立三北游击司令部，接着成立浙东行政公署（连柏生为主任）。下辖四个专员公署，14个县政府。地处浙江东部杭州湾两岸、沪杭甬之间，东濒东海，北达黄浦江东岸。

苏皖边区

抗日战争胜利后，1945年11月，将抗战时期的华中抗日根据地所辖苏中、苏北、淮南、淮北四块根据地合并，称作苏皖边区。划分为八个行政区。包括江苏32个县、安徽18个县、河南3个县，首府为两淮（淮南、淮安）市。边区政府主席李一氓。在解放战争后期隶属于华东解放区。

目　录

第七卷　华中区

第七卷

华中区

一、施政纲领

1. 中共苏皖区委为坚持江南敌后抗战之政治纲领

1940 年 4 月

中国共产党苏皖区委为坚持敌后抗战，创造敌后抗日根据地，准备反攻，收复一切失地，彻底实行三民主义，我们宣布如下的政治纲领，要求全江南人民本此方针，团结一致，共同奋斗。

第一，实行民族主义，坚持江南抗日战争，驱逐日寇出江南，驱逐日寇出中国。

（一）拥护蒋委员长团结抗战到底。

（二）打倒卖国贼汪精卫，肃清汪逆余党。

（三）严惩汉奸，严惩通敌亲汪的投降派。

（四）拥护国民政府，摧毁敌人一切御用的傀儡政府和傀儡组织。

（五）坚决收复敌后失地，恢复中华民国的领土和主权。

（六）停止党派磨擦，严禁地方械斗，巩固团结，一致抗日。

（七）严惩甘心附敌的伪军，奖励伪军官兵反正抗日。

（八）肃清破坏抗战之土匪，安定抗日后方。

（九）奖励一切有功的抗日将士、官吏和人民。

（十）保护一切援助与同情中国的友邦人民，欢迎朝鲜、台湾与日本革命志士参加抗日战争。

第二，实行民权主义，结束一党专政与腐败的官僚统治，实现敌后抗日民主政权。

（一）实行总理遗嘱，努力唤起民众，保护与扶助抗日的民众运动。

（二）保护人民抗日言论、出版、集会、结社之完全自由。

（三）拥护宪政运动，实现民选政府与地方自治。

（四）严惩贪官污吏、土豪劣绅，奖励公正士绅与爱国名流学者积极为国服务。

（五）实行国民参政会决议，承认有保护一切抗日党派合法存在的权利。

（六）保护人民武装抗敌自由，扶植一切人民抗日自卫武装。

（七）实行国难时期的普及教育，发展抗日文化事业，提高民族觉悟，启迪民权思想。

（八）保护爱国青年，培养并选拔爱国青年参加政府办事。

（九）实行男女在政治上一律平等，保护与扶植妇女解放运动。

（十）保护一切抗日人民生命财产之安全与居住行动之自由。

第三，实行民生主义，发展抗战经济，改善民生，破坏敌伪一切经济。

（一）严禁资敌，禁用寇币、伪钞，禁止毒品输入，发展经济游击战争，破坏敌伪一切经济经营。

（二）改善民生，实行减租减息减税，增加工人工资，实行八小时工作制，救济失业工人，改善与提高教职员生活待遇。

（三）没收敌人和汉奸的财产，充作抗战经费。

（四）优待抗日军人家属，改善抗日战士生活，抚恤抗日伤亡将士与人民。

（五）保护中国商业，提高农业生产，振兴工业，发展合作事业，以裕民生，以利长期抗战。

（六）调剂食粮，抑平物价，严禁奸商垄断操纵渔利。

（七）实行合理负担，有钱出钱，有粮出粮，奖励输财救国。

（八）整理赋税，平衡收支，杜绝贪污浪费，实行财政公开。

（九）赈饥恤贫，救难防灾，安定人民生活。

（十）严正军队纪律，实行军民合作。

选自《苏南抗日根据地》，中共党史资料出版社 1987 年 9 月版，第 116～117 页。中共浙江省委党史工作委员会、江苏省档案馆编。原注：“据江苏省档案馆所存档案”。

2. 中共江苏省京沪线东路特别委员会关于坚持东路抗战十大工作纲领

1940 年 5 月

一、拥护中央政府、拥护蒋委员长领导抗战到底；坚持东路抗战，发展广泛游击运动，摧毁汪逆南京政府及其各地伪政权，争取最后胜利，［为］实现三民主义的新中国斗争到底。

二、承认各抗日党派、各抗日团体的合法地位，实行亲密合作，保障人民的一切抗日言论、出版、集会、结社、罢工之自由，来巩固扩大抗战力量，以肃清投降分裂倒退的思想与行为。

三、一切抗日人民，凡年在18岁以上的，不分阶级、性别、信仰，一律有选举权与被选举权，用普选、直接选举产生各县民主政权，完成地方民主自治的基础。

四、由各抗日党派、抗日军队、抗日民众，选派代表组织东路最高临时行政机关以统一东路抗战工作的领导。

五、在东路最高临时行政机关领导之下，由各抗日军队派遣全权代表组织东路临时最高军事指挥机关与政治领导机关，以统一作战计划、统一政治工作，建立坚强的抗战军队。

六、帮助抗日有功的进步军队，改造压迫民众、军纪腐败的军队，普遍发展人民抗日自卫武装。

七、做好统一累进税，实行合理负担，禁止粮食出口，抵制仇货，评定物价，严防奸商操纵，没收汉奸财产，充实抗战经费，与救济贫民。

八、实行免费教育，普及抗日建国教育，使凡年在6岁以上的，不分阶级、性别，皆有享受教育之机会。

九、抗日军人及其家属，在政治上、经济上、教育上享有特别优待权利。

十、保护人民利益，实行增加工资、减少工作时间，救济失业工人，保护女工、童工，改善工人待遇，减租减息，发展农村产销合作社事业，提高职员、教员待遇，保护地主、厂主、商人等的合理权益。

选自《苏南抗日根据地》，中共党史资料出版社1987年9月版，第118～119页。中共浙江省委党史工作委员会、江苏省档案馆编。原注："原载《江南》2卷5期"。

3. 津浦路东各县人权保障条例

1941年1月津浦路东各县临时参议会通过，津浦路东各县联防办事处公布施行

第一条　为保障路东抗日人民的自由与安全，根据国民政府颁布之法令及敌后方事实之需要，制定本条例。

第二条　境内人民不通敌，不破坏抗日军不违反政府法令者，一律保护其身家生命财产之安全。

第三条　本条例公布前，有曾违及政府法令行为或嫌疑者，如已悔悟，一律不咎既往。

第四条　境内人民除汉奸外，一律依本条例充分保障其宗教信仰、言论、出版、集会、结社、居住、迁徙之自由。

第五条　境内人民除汉奸外，不分阶层、党派、贫富、性别、职业及宗教信仰，其政治地位一律平等。

第六条　除紧急戒严时期逮捕处决人犯，依照紧急戒严令另行规定外，其余逮捕处决

人犯，一律依本条例之规定。

第七条　地方司法诉讼由县政府承审员审理，以联防办事处司法机关为上级机关。汉奸案、盗匪案犯由各县保安分处处理，以联防保安处为上级机关。各县县政府各保安分处判决案件，如有不服，得于五日内向联防办事处或联防保安处提请上诉。

第八条　联防办事处及保安处判决案件，如有不服，得于五日内提请公审，再行判决即成定案，不得再行抗辩。

第九条　境内人民有身家不受侵犯之保障。除紧急情况外，非经县政府或县保安分处之批准及有充分人证物证，不得逮捕、拘禁、审问、处罚。

第十条　人民因犯罪嫌疑，被逮捕拘禁者，其执行逮捕拘禁之机关，至迟应于二十四小时内移送审判机关。本人及他人并得请求于二十四小时内提审。

第十一条　违警案由区署依违警法律处理，被处理人如有不服，得向县政府控告。

第十二条　区级以下政府对违警案以外任何案件，仅可进行侦查研诉及调解，绝无审问拘留与处决之权。

第十三条　人民提起诉讼，受权机关绝对不准收受任何费用。

第十四条　对拘禁之人犯，不得有任何之勒索。

第十五条　对拘禁之人犯，绝对禁［止］肉刑及带有侮辱性质之处罚。

第十六条　人犯发生疾病，轻者应为疗治，有性命危险者，应予保释疗治。

第十七条　人犯财务应登记保管，不得侵害。

第十八条　除重大匪犯及紧急情况外，犯人不得上镣铐等刑具。

第十九条　判处死刑案犯人，必须经联防办事处批准，始得执行。

第二十条　军政人员违反本条例之规定，侵害人权者，被侵害人或他人得提出控告，依案情轻重，应处以反坐之罪名。

第二十一条　本条例修改与解释之权，属于临时参议会。

第二十二条　本条例经临时参议会通过，由联防办事处公布施行。

选自《新中华报》，1941年4月3日第一版。

4. 津浦路东各县保障人民财产条例

1941年1月津浦路东各县临时参议会通过，津浦路东各县联防办事处公布施行

第一条　为保障抗日人民之私有财产起见，特根据国民政府颁布之法令及敌后方事实上之需要，制定本条例。

第二条　凡土地、房屋、债权及其他一切合法之私有财产，有营业证或契约经政府验明登记者，一律依法保障其所有权，任何人不得侵犯。

第三条　私有财产其私有主有自由使用支配权，其继承人有继承权。

第四条　私有之土地、房屋、金钱等，得以契约借出租出。其当售卖或借给他人，政府应保证其三七分租、分半给息之合法收益。

第五条　三七分租、分半给息等之改善人民生活之规定，无论主方、他方、债权人、债务人，均有遵守之义务。

第六条　关于一切典当田地纠纷、主佃纠纷、债务纠纷，统由政府依照三七分组、分半给息之规定，予以调理，双方不得违抗。

第七条　抗战前借出之旧债，一律停息，分期还本。

第八条　逃亡敌区之业主地租，其家产无人主持，又未指定人代管者，得由政府代管，但于其归来时，为须发还，否则得向上级政府提出控诉。

第九条　人民之财产权及其合法收益遭受侵害，被侵害人得提出控诉。

第十条　非罪大恶极之汉奸，经联防办事处判决没收其财产者，任何人不得对人民私有财产进行没收或危害。

第十一条　经没收分配之汉奸财产，其产权属于分配所得人，由政府发给营业执照。

第十二条　下列之土地，不得变成私有：（1）可通运输的水道；（2）公共需要之天然湖泽；（3）公共交通道路；（4）公共需用之天然水源；（5）矿产地；（6）其他属于公共性质之土地。

第十三条　有下列情况之一者，政府得征收人民之土地及房屋，但须按实际情形酌给价款：（1）交通道路所必经之土地房屋；（2）公共之建筑；（3）军事上需要者。

第十四条　私有财产之转移，应向政府呈请登记。

第十五条　本条例修改与解释之权，属于临时联防参议会。

第十六条　本条例经联防参议会通过，由联防办事处公布执行。

选自《新中华报》，1941 年 4 月 27 日第一版。

5. 津浦路东各县联防办事处抗战时期施政纲领

1941 年 2 月公布

（一）总　则

第一条　本纲领谨遵奉总理遗教三民主义，最高领袖蒋委员长抗建主张，抗战建国纲领为最高原则。并依据安徽省战时施政纲领，参酌路东实际环境与条件而制定之。

第二条　本纲领以坚持抗战、反对投降，坚持团结、反对分裂，坚持进步、反对倒退，促进宪政运动，贯彻抗战建国国策，争取中华民族胜利解放为总的方针与目标。

第三条　本纲领是为镇压伪奸在路东之阴谋、破坏、骚扰，解除人民痛苦，推动路东一切抗建工作为具体任务。

（二）民政部门

第四条　号召路东各县，坚持抗战，赞成民主之一切人士，不分阶层、党派、宗教、信仰，集中力量，推进抗建工作。

第五条　彻底肃清汉奸、土匪、扑灭伪政权。

第六条　开展宪政运动，实行民主政治。采用直接平等的普选制，健全民主集中制的政治机构，培养人民自治能力。

第七条　建立各级民意机关，协助并督促政府，执行抗建国策。

第八条　给人民以言论、出版、集会、结社、信仰、居住、迁徙与通讯之自由。

第九条　广泛开展民众运动。组织工、农、商、学、青年、妇女、儿童及文化界等之抗敌团体，积极参加抗建工作。

第十条　厉行廉洁政治，肃清贪污，并调整各级行政机构，使其合乎抗日民主的要求。

第十一条　建立便利人民之司法制度，并保障人民检举告发任何工作人员罪行之自由。

第十二条　严格执行工作预计，工作检查与各级会报制度，并慎密考核干部。

第十三条　确立男女平等权利，提高妇女在政治上、经济上之社会地位。

第十四条　保育儿童，设立托儿所，严禁溺婴、虐待儿童。

第十五条　优待抗日军人家属。

第十六条　抚恤老、幼、孤、寡，救济难民、灾民。

第十七条　厉行卫生运动，设立民众治疗所，保障人民健康。

第十八条　严禁烟赌，厉行废娼等，革除社会不良风俗，提高抗战道德与优良风尚。

（三）财政经济部门

第十九条　确定私有财产权，保护路东各县人民私有财产。

第二十条　实行八小时工作制度，按当地生活程度，酌加工资，并禁止无故解雇工人。

第二十一条　工人因工作伤亡，雇主应津贴医药费或抚恤费。

第二十二条　改善女工、童工待遇，严禁包身工作。

第二十三条　改善租佃关系，保障佃权，禁止无故欠租；实行三七分租，取消一切附租及义务劳役等。

第二十四条　禁止高利贷，普遍成立农民资金所。

第二十五条　开荒垦地，兴修水利，改良耕种，增加农业生产。组织春耕秋收运动。

第二十六条　严禁耕牛出口，奖励畜牧。

第二十七条　开展造林运动并保护森林。

第二十八条　发展手工业，奖励私人投资。

第二十九条　保护商人自由营业，严禁奸商垄断投机。

第三十条　奖励合作社事业。

第三十一条　实行统一累进税，废除苛捐杂税、非法摊派及摊派式的保×①经费。

第三十二条　严密建立检查、调剂、禁止仇货销售及资金物品之输出。

第三十三条　实行救国储粮，充实抗日军粮，并防荒歉。

第三十四条　彻底处理公款、公产、庙寺及合作社等。

第三十五条　保障抗战经费之开支，厉行有效之开源节流办法。

---

① 原注：原文如此，“×”疑是“甲”字。

第三十六条　建立廉洁之财政系统，严格执行预算决算之审计制度。

第三十七条　调剂金融，防止法币、现金、硬币外流，严禁敌伪钞票流入。

（四）文化教育部门

第三十八条　展开新启蒙运动，提高科学文化教育，树立三民主义之教育，创造中华民族之新文化。

第三十九条　提高人民政治军事文化水平，发扬民族自信心和自尊心。

第四十条　普及教育，创办各级学校，改订课程，编审教材。

第四十一条　实行普及免费之儿童教育，消灭文盲。

第四十二条　提倡简体字，推进新文字运动。

第四十三条　提高生产教育，培养科学技术人才。

第四十四条　培养抗战人材（才），加强干部教育。

第四十五条　扶植并奖励人民之抗战文化教育事业。

第四十六条　发展出版事业，大量发行抗战书报。

第四十七条　培养新闻干部，发展新闻事业。

第四十八条　开展戏剧、绘画、音乐、体育等运动，提倡人民正当文化娱乐。

（五）军事部门

第四十九条　建立各县模范营，发展与健全人民抗日自卫军，抗日青年队，加强政治、军事、文化之教育与训练。

第五十条　以政治工作与总力（?）① 部之配合，实行兵役与抗战动员。

第五十一条　彻底消灭奸伪、土匪、敌探之活动，巩固抗日后方。

第五十二条　广泛发展游击战争，建立巩固抗日根据地，缩小敌之占领区，配合国军作战。

第五十三条　建立敌伪军工作，瓦解敌军，争取伪军反正。

（六）附则

第五十四条　本条例修正与解释之权，属于路东各县临时联防参议会。

第五十五条　本条例经路东各县临时联防参议会通过，由联防办事处公布执行。

选自《淮南抗日根据地财经史》，安徽人民出版社 1991 年 12 月版，第 279～284 页。原注：“选自《六大以来》（上）”。

6. 淮北行署施政纲领

1941 年 10 月②

本边区行政公署正式建立之际，正值国步艰危之时，为了团结我淮北苏皖边区全体抗

---

① 原注：原文如此，“力”疑是“队”字之误。

② 原注：1942 年 10 月为编者判定。但依据 1942 年 10 月刘瑞龙的政府工作报告说：“去年 10 月召开成立大会，宣布施政纲领。按此该纲领应是 1941 年 10 月公布。

日人民，进行根据地的政治军事经济文化建设巩固与发展我苏皖边区，以便坚持敌后的长期抗战，特根据总理遗教三民主义，国民政府抗战建国纲领，及中共中央抗日民族统一战线的原则，及本边区的具体情况，制订如下纲领，作为本署今后施政准绳，愿我苏皖边区三百万同胞，所有抗日军队，抗日人民，同心戮力，共赴时艰，为实现此纲领而奋斗。

（一）团结边区各抗日阶级各抗日党派集中一切人力物力财力智力，保卫苏皖边抗日民主根据地，坚持苏皖边区长期抗战，坚持团结抗战政策，与边区内外各抗日党派各抗日军队，各抗日团体机关，保持亲善关系，反对任何投降分裂倒退行为，以便准备反攻，达到收复失地驱逐日寇出中国的目的。

（二）巩固与扩大抗日军队，保障其兵员补充与物资供给，实行参战动员，发动民众参加抗日军队，参加各种抗战勤务，优待抗日军人家属，动员民众协助抗日军，并配合抗日军队作战。

（三）武装抗日人民，扶助民众抗日自卫，建立地方基干武装，普遍组织人民抗日自卫队，切实肃清土匪，禁烟禁赌，以确保根据地内部的治安，建立与巩固抗战的后方，广泛的开展抗日游击战争，扩大我占区，缩小敌占区。

（四）实行抗日民主政权中三三制的原则，改造基层行政，建立各级民意机关，实行各级政府民选，树立民主政治的新作风，一切抗日人民（包括地主资本家工人农民等），抗日党派，都有民主参政权利，保障一切抗日人民的人权财权及言论、集会、结社、出版、信仰、居住、迁移之自由，对一切案件除司法系统及公安机关，得依法执行外，任何机关团体不得自由捕人罚款，对违法之公务人员，任何个人或团体均有权向上级控告，对私人之土地、房屋、财产，不分贫富，一律加以保护，并保证出当承当买卖之自由。

（五）整顿财政税收及地方公产，废除苛捐杂税，实行合理负担，统一收支，厉行节约，铲除贪污腐化，建立廉洁政治。

（六）实行减租减息，增加工资，减少工作时间，解除各种对渔民船户之不合理待遇，救济灾民难民，切实改善人民生活，扶助工农运动的发展，确定佃农及债户有交租交息之义务，工人执行劳动纪律，努力生产，以调剂东佃劳资关系，贫富互助，合力抗战。

（七）保护商人自由营业，奖励盐运，奖励各种抗战必需品之进口，取缔奸商居奇垄断，禁止操纵物价，欢迎各地实业家来边区投资，取缔伪币，维护法币，巩固边币，保证金融之流通。

（八）增加工业农业之生产，实行春耕秋收动员，兴修水利，开垦荒地，举办合作事业，及低利借贷，发展手工业。

（九）实行新民主主义教育，普及小学教育，发展社会教育，推进抗日文化运动，提高人民的政治文化水平，提高抗战胜利信心，与不胜不休之决心，提高民族气节，及发扬民族自尊心。开办各种训练班，培植抗建人才，实行教育经费独立，救济各地失学青年，改善小学教师待遇。

（十）确定男女平权，提高妇女在政治上经济上社会上之地位，保护女工农妇儿童，禁止蓄婢，禁止虐待童养媳，废除买卖婚姻，实行双方自愿的一夫一妻的婚姻制度。

（十一）健全司法系统，改善司法制度及诉讼手续，严禁敲诈勒索，改善监狱制度，废止肉刑，严厉肃清敌探奸细，加强锄奸工作，对被捕汉奸土匪份（分）子除坚持不愿改过者外，一律采取宽大争取感化、转变政策。

（十二）争取伪军伪组织人员转为祖国抗战服务，赞助敌伪区人民的抗日运动，对被俘敌伪军一律采取宽大政策。不得杀害，对各地会门帮口，秘密结社，实行团结与争取教育政策。

选自《华中抗日根据地财政经济史料选编》第一卷，档案出版社 1984 年 7 月版，第 284～286 页。江苏省财政厅、江苏省档案馆、财政经济史编写组合编。原注：“按《淮北苏皖边区三年来的政府工作》单行本 1942 年版刊印”。

7. 修正淮海区人权保障条例

1941 年 12 月 23 日

第一条　为切实保障淮海区抗日人民之权利，奠定民主政治之基础，特依据国民政府抗战建国纲领制定本条例。

第二条　凡本区人民除勾结敌伪，破坏抗日，违反政府法令者外，一律依法保护。

第三条　本区人民无阶级、性别、宗教、信仰、地域之分，其政治上法律上的地位一律平等。

第四条　本区人民有信仰、言论、出版、集会、结社、居住、迁徙及从事职业之自由。

第五条　本区人民有参加任何部队、机关及自治团体之自由。

第六条　本区人民身体、财产、名誉以及其他权益受侵犯时，均有依据法令向主管机关控诉之权利。

第七条　本区人民非依法律不得逮捕。

区乡政府为保安处逮捕人犯时，应于二十四小时内解送主管司法机关处理之，其因远道不及解送时，至迟不得超过四十八小时。

第八条　本条例经淮海区参议会通过，交由淮海区行政公署施行。

第九条　本条例自公布之日起施行。

选自《中国新民主主义革命时期根据地法制文献选编》第一卷，中国社会科学出版社 1981 年版，第 108～109 页。原注：“选自淮海区专员公署《淮海区单行法规（草案）》”。

8. 目前政治形势及今后施政方针（节录）
——魏文伯在津浦路西联防临时参议会第一届第二次大会上的报告提纲

1942 年 5 月

各位先生、各位议员：

一、自去年“九一八”开第一次临参会到现在在国内外和我们这地区有些什么变化？

（略）

这七月来我们路西的情况及其前途演变又是怎样呢？

第一，由去年九月参议会闭幕不久，反共军于十月十三日占领广兴集向民主政府与新四军步步进逼作无理的进攻，当时民主政府与新四军在自卫原则之下，不得不起而自卫于界牌集周家岗战斗，路西反磨擦战争又开始了，反共军之残暴行为，馀痕遗迹，迄今目击心伤。如昌议员竹亭房屋之被焚，人格之被侮辱（禁闭罚款），凡所到之处，抢掠皆空。民主政府与新四军受人民之重托，负有保护之责，为顺应人民之请求，不得已采取自卫而有大桥之战斗，致使反共军疯狂气焰削弱，阻止前进。虽然一度进扰藕塘，而终因恐惧民众与民主政府之制裁，方立即退走，而民主政府与新四军为团结抗战仍采取退让，致全椒、合肥民主政权，迄未恢复，欲使其觉悟共同抗日，同时因国内外局势变化及日寇在路西分区扫荡，不利于反共军向我方进攻，遂成为今日相持局面。但抗日民主政权边区土匪横行，如牛匪登峰到处捐款，绑票勒索，乱杀人民，捕杀我政府工作人员，王回岗之被烧，马参议员之被杀害，朱家湾之抢劫。此次新四军道经祈家岗附近袭击社［杜］集敌人，而牛匪阻挠牵制种种罪恶，言之不尽，民主政府与新四军为民请命，安定地方，并为马参议员复仇，歼除匪类，挽救数万人民于水深火热之中。

第二，定凤怀自一月以后，日寇向我进行两次扫荡，建筑据点，打通定寿公路，缩小我政权区域。但由于我军政民，艰苦奋斗，英勇牺牲的精神，取得柏家围子战斗空前之胜利；正因为军政民有力配合，阻止敌人，尚未打通定寿公路，但以敌人据点增加，伪匪乘机活动，少数分子动摇叛变，而接近敌伪据点民众情绪低落，这无疑义增加定凤怀地区某些困难，而这些困难还是可以克服的。

第三，无论敌继续南进或北进，而巩固其已有地区，保障其物质资源与兵员的补充，对敌后抗日根据地的扫荡，是不会放松的。我们主要是团结路西各党各派各阶层，发动一切人力、物力，以准备粉碎敌人的扫荡与集结力量争取反攻阶段的到来，同时也不能忽视反磨擦自卫战争的准备。

二、参议会七个月来工作概况

（一）由于第一次临时参议会的成立，根据三民主义抗战建国纲领的原则，订立保障人权、财权及改善人民生活诸法令，比较推进人民民主的观念，对民主政府进一步的认识，并推动县参议会的成立（定远县、定凤怀）。

（二）在反磨擦自卫战中，参议会为主张正义、团结抗战之旨，曾分途各地召集各界座谈会，电请中央并向各方呼吁，制止进攻我民主政权区，反对排除异己。

（三）除在职或参加民众团体工作各议员已有固定工作外，还有各个参议员个别帮助政府经常工作，如争取敌伪，推行公债，生产建设，扩军工作等。

（四）马议员之光荣牺牲，这是我们路西参议会最光荣而又最痛心的一件事，我们曾为马参议员在王回岗开过追悼大会，又上坟公祭一次，抚恤其家庭六百元，并通电全国公请中央惩办祸首，特出专刊纪念其抗战事业［迹］以垂后世。

（五）但因路西经常处在反扫荡及反磨擦自卫战中，使参议会驻会议员分散各地，未能集中力量有计划、有组织进行工作。

（六）因个别议员以家庭生活的牵制，影响驻会经常会务。

（七）有个别不明大义贪污腐化，动摇分子，背叛民主政权无耻的行为，遭受政府法律上的制裁，如林增寿之被判处极刑。

三、今后施政方针

（一）团结抗日民主政权区内各社会阶层，各抗日党派，发挥一切人力、物力、财力、智力为保卫抗日民主政权，粉碎日寇扫荡，继续坚持路西敌后抗战巩固抗日根据地，争取中国抗战最后的胜利，驱逐日本帝国主义出中国。

（二）坚持抗日民主政权区外抗日党派抗日军队及全体人民的团结，反对磨擦分裂，破坏民主政权区的行为。

（三）扩大地方武装，提高部队的战斗力，保障其物质的供给，肃清土匪，保卫人民，并改善兵役制度及其他后方勤务的动员制度，使人民公平负担，同时加强抗日自卫军青年队的组织与训练，并加强优待抗日军人家属的工作，彻底实行优待条例。

（四）普遍深入的发动群众，组织并充实各种民众团体，改善民众生活，尊重民众团体独立性，推行国民抗战教育，实行公民登记，划分区域，准备乡选，改造政权机构，成立各县正式参议会及路西正式参议会，订立各种法律、条例，切实实行法治。

（五）发展农业生产，实行春耕秋收的群众动员，增加生产，奖励私人营业，发展合作事业，扶助手工业的发展与敌伪作经济的斗争，使我根据地巩固与建设工作顺利的完成。

（六）保障一切抗日人民的人权、政权、财权及言论、出版、集会、结社、信仰、居住之自由权，厉行廉洁政治，严惩公务人员之贪污，禁止任何人假公济私、敲诈勒索，破坏抗日民主政府法令之行为。

（七）严防敌伪活动，加紧锄奸工作，保护抗日民主政权，并将锄奸工作变为群众性的。

选自《淮南抗日根据地》，中共党史资料出版社 1987 年 10 月版，第 196～199 页。《淮南抗日根据地》编审委员会编。原注：“津浦路西联防临时参议会第一届第二次大会《大会专刊》1942 年 5 月”。

9. 津浦路西保障人权财权条例

1942 年 5 月津浦路西联防临时参议会第一届第二次大会通过

第一条　本条例以保障路西人民之人权财权，不受非法之侵害为目的。

第二条　路西一切抗日人民，不分民族、阶级、党派、性别、职业与宗教，都有言论、出版、集会、结社、居迁以及思想信仰之自由，并享有平等之民主权利。

第三条　保证路西一切抗日人民的私有财产权，及依法之使用及收益自由权（包括土地房屋、债权及一切资产）。

第四条　租佃及债权债务双方需遵照政府法令，实行减租减息，交租、交息，一切租佃债约的缔结，须依双方自愿。

第五条　路西人民之财产住宅，除因公益，有特别法令规定外，任何机关、部队、团体，不得非法征收、查封、侵入或搜捕。

第六条　除司法机关及公安机关依法执行其职务外，任何机关、部队、团体，不得对任何人加以逮捕、审问、处罚，但现行犯不在此例，人民利益如受损害时，有用任何方式控告任何公务人员非法行为之权。

第七条　司法机关或公安机关逮捕人犯，应有充分证据，依法定手续执行。

第八条　非司法或公安职权之机关、军队、团体或个人，拘获现行犯时，须在二十四小时内连同证据送交有检查职权或公安机关依法办理。接收犯人之检查或公安机关，应于二十四小时内侦讯。

第九条　逮捕人犯，不准施以侮辱殴打及刑讯逼供，审判采证据主义，不重口供。

第十条　司法机关审理民刑案件，从传到之日起，不得逾三十日必为判决之宣告，被当事人不受稽延讼累，但有特殊情形，不能及时审判者，不在此例。

第十一条　司法机关受理民事案件，非抗传或不执行判决及有特殊情形时，不得扣押。

第十二条　除戒严时外，非现役军人犯罪不受军法审判，如军人与人民发生争讼时，刑事案件在侦察（查）完结后，军人交军法处，非军人送司法机关依法裁判，民事诉讼则由司法机关办理。

第十三条　人民诉讼，司法机关不得收任何费用。

第十四条　被扣人犯之财物，非经判决，不得没收，并不得掉换或任意损坏。

第十五条　区乡政府对该管区居民争讼事件，得由双方当事人之同意为之调解，如不服调解时，当事人得自由向司法机关申诉，不得拦阻或越权加以任何之处分。

第十六条　区级以下政府，对违警以外任何案件，仅可进行侧察及调解，绝无审问扣留与处决权。

第十七条　路西人民不服审判机关判决之案件，得依法按级上诉。

第十八条　各级审判机关，判决死刑案件已逾上诉期限如不上诉者，须呈报联防办事处审核批准，方得执行。但有战争紧急情形不在此限。

第十九条　路西人民曾因反对路西民主政权逃亡在外者，自愿遵守路西法令返回路西，一概不究既往，并受法律之保护。

第二十条　本条例解释权属于路西联防办事处。

第二十一条　本条例经路西临时联防参议会通过，由联防办事处公布施行之。

选自《淮南抗日根据地》，中共党史资料出版社 1987 年 10 月版，第 209～211 页。《淮南抗日根据地》编审委员会编。原注：“津浦路西临时参议会第一届第二次大会《大会专刊》1942 年 5 月”。

10. 中共苏皖区委苏南施政纲领

1943 年 3 月 18 日通过

为坚持苏南敌后抗战，粉碎日本帝国主义的扫荡、清乡，贯彻精兵简政，开展民主运动，进一步巩固建设苏南抗日民主根据地，克服一切困难，准备反攻力量，以争取抗战之最后胜利，建立独立自由幸福的新中国，中国共产党苏皖区委特于苏南区行政公署改选之际，根据孙中山先生的三民主义、总理遗嘱、中国国民党抗战建国纲领及中共中央抗日民族统一战线政策，向我苏南全体人民提出如下之施政纲领：

一、团结苏南敌后各社会阶层、各抗日党派、各抗日军队及敌占区同胞，发挥一切人力物力财力智力，坚持与友党友军团结，加强国共两党合作，为保卫中国、配合全国反攻、驱逐日本帝国主义而战！

二、提高抗日武装部队的战斗力，巩固充实主力，加强发展地方武装，保证抗日部队之物资供给，改善后方勤务的动员制度，减少人民支差，以增进军民团结，并积极组织与训练民兵，健全其领导系统，以广泛开展敌后游击战争。

三、尊重与爱护一切抗日军人，加强优待抗日军人家属工作，抚慰荣誉军人（伤病员及残废军人）及阵亡将士家属，切实执行优抗条例，务使新四军及一切友军在根据地内的家属得到物质上的保障与精神上的安慰。

四、开展民主运动，贯彻三三制，在各级民意机关及政府中，共产党员只占1/3，其他各抗日党派及无党无派的人士占2/3。改造与健全基层行政，逐步民选各级民意机关及政府，裁缩骈枝机关，增强行政效率，厉行廉洁政治，严惩贪污浪费，禁止任何公务人员假公济私之行为，实行俸以养廉之原则。

五、保障一切抗日人民（地主、资本家、农民、工人等）之人权、财权、物权及言论、出版、集会、结社、信仰、居住、迁移之自由权，除司法系统及公安机关依法执行其职务外，任何机关、部队、团体、个人均无权逮捕、审讯、处理及侵犯他人之一切权益(但在敌人扫荡时及特殊情形之下，经政府授权者不在此例)，而人民则有用无论何种方式控告任何公务人员非法行为之权利。

六、确立司法制度，改进诉讼程序，废除肉刑，重证据、不重口供。对于汉奸、伪军、伪组织人员、叛徒及一切阴谋破坏团结抗战的分子，除对坚决不愿改悔者必须施以坚决镇压外，其他愿意悔过自新者，应不问其过去行为如何，一律施以宽大政策，争取感化转变，给以政治上与生活上之出路，不得加以杀害、侮辱、强迫自首或强迫其写悔过书。

七、发展农业生产，改变生产技术，实行春耕秋收之群众动员，适当解决贫苦农民耕牛、农具、种子、肥料等困难，兴修水利，奖励耕种，增加农产品收入，并积极发展农村副业。

八、坚决执行中共中央的土地政策，保障地主的土地所有权，债主的债权，佃农的佃权，实行减租减息，保证交租交息，合理调整人民的租佃关系与债务关系。

九、发展工业生产及商品流通，奖励私人企业，保障其私有生产，欢迎外地及敌占区的资本家、富豪、士绅同胞来根据地内投资、经营工商业，并给以保护，如不愿居留时，可自由处理与携带其财物。推广合作事业，扶助手工业的发展，对内实行自由贸易，反对垄断，对敌实行统制贸易，管理出入口货物，严防敌伪吸取我物资与破坏我金融，加强对敌伪经济斗争。

十、调节劳资关系，适当改善工人生活待遇（包括雇工），工业部门工作时间以10小时为原则，农民工作时间仍依照习惯，同时劳工应遵守劳动规律，提高劳动生产率。

十一、实行合理的税收制度，居民中除极贫苦者应予免税外，务使大多数人民均能负担抗日经费，禁止乡保私行派款，健全财政机构，严格实行统筹统支、独立预决算及会计制度，厉行节约，调整金融关系，坚决禁止伪币，保护法币，巩固惠农币[①]之流通，以利经济之发展与财政之充裕。

十二、推行国民教育，改善小学教员生活，实施社会教育，加强干部教育，实行在职人员两小时学习制度，尊重知识分子，提高科学知识与文艺运动，欢迎科学、艺术人才，保护流亡学生与失业青年，允许在校学生之民主自治权利。

十三、依据男女平等原则，从政治经济文化上提高妇女在社会上之地位，奖励妇女参加生产，发挥妇女抗战与生产的积极性，保护女工、产妇、儿童，坚持自愿的一夫一妻制，妇女依法有财产承继权。

十四、救济灾民、难民，使其取得职业与参加教育的机会，对各地会门组织，实行争取、团结与教育的政策。

十五、对于在战斗中被俘之敌军及伪军官兵，不问其情况如何，一律实行宽大政策，其愿参加抗战者，收容并优待之，不愿者，释放之。一律不得加以杀害、侮辱、强迫自首或强迫其写悔过书。凡有对新四军及任何抗日部队举行攻击者，其处理办法仿此。

选自《苏南抗日根据地》，中共党史资料出版社 1987 年 9 月版，第 244～246 页。中共浙江省委党史工作委员会、江苏省档案馆编。原注：“据江苏省档案馆所存档案”。

11. 华中局致浙东区党委：同意成立浙东行政委员会及其纲领之指示

1943 年 12 月 29 日

（一）成立浙东敌后临时行政委员会是迫切需要的。但要以坚持敌后抗战，实行民主，推进敌后抗战文化教育，发展工商农业以及改善人民生活等等作为号召。

（二）同意以连柏生为主任，罗克为行政，黄源为文教，并选择几位地方上进步人士（包括开明士绅与各抗战的首领）。谭何两同志也当参加为委员，能起大的号召作用。杨思一是否也要参加，望你们考虑。

（三）全浙东敌后区政权机构之建立，可用召集浙东各县人民代表举行各界临时代表会议形式决定之。临时会议之代表可用政治部公函聘请或用谭何名义聘请之，但需包括工、农、商、学，士绅各阶级比较有地位、有声望的人士。临时代表会议除了推选临时行政委员会各委员及政府主任外，并可选举数人成立浙东参议会筹备委员会，负责筹备召集正式参议会之工作。在临时与过渡时期中，各县行政人员可用上级行政机关（全浙东敌后区政权机关）聘请和委派方式行之，一待减租减息运动起来，依靠群众的基础来进行各县各区乡政权进一步的改选。

---

① 原注：惠农币，指苏南抗日根据地惠农银行发行的抗日货币。

（四）要调选一位党性强的同志任财政处长。

（五）关于政治纲领，只说到根据抗建与十大政纲基本精神及适合浙东敌后具体环境颁布之，作为浙东敌后党政军民整个抗战与民主的人民目前斗争目标。

（六）纲领内容应包括下面各条意思：

1. 坚持抗战，建立敌后各阶级各党派联合抗日的民主政府。

2. 团结一切抗日人民与抗日党派团体为共同事业而巩固团结并奋斗到底，誓达驱逐日寇出浙东及浙江各地。

3. 组织与武装人民，坚持敌后抗日斗争。

4. 肃清根据地内汉奸与破坏抗日、进行反共反人民的特工分子。

5. 实行抗战与民主的普及教育，提高人民抗敌胜利信心。

6. 实行保障人权、财权、地权，协助根据地工商业自由发展。

7. 发展农业生产，实行减租减息，增加工资，改善人民生活。

8. 废除苛捐杂税，以公平负担原则下建立一定的抗战税收制度来保证抗战经费。

9. 建立公粮制，保障敌后抗战机关与部队给养。

10. 救济难民灾民，实行优待抗属。

选自《浙东抗日根据地》，中共党史资料出版社 1987 年 6 月版，第 83～84 页。浙江省委党史资料征集研究委员会、浙江省档案馆编。原注："原件存中央档案馆"。

12. 浙东敌后临时行政委员会施政纲领

1944 年 1 月 15 日公布施行①

本委员会为进一步加强浙东敌后抗战力量，以达坚持浙东敌后抗战、粉碎敌寇侵略阴谋、增进人民福利、与最后收复失地之目的，特根据总理手订三民主义及其遗嘱，中国国民党抗战建国纲领，中国共产党抗日救国十大纲领，及浙江省战时政治纲领之基本精神，并适应浙东敌后具体环境之需要，拟订本施政纲领，自即日起坚决实施之。

（一）团结浙东敌后及大后方各地一切抗日军队、抗日党派、抗日机关团体、各阶层抗日人民，发挥一切人力物力财力智力，共同为坚持抗战反对内战，保卫浙江收复失地，驱逐日寇争取抗战最后胜利，建设革命三民主义的（新民主主义的）新浙东新中国而奋斗到底。

（二）健全各级抗日行政机构的组织与领导，筹组各级参议会建立浙东敌后各阶层人民各党派联合抗日的民主政府，为摧毁伪政权，粉碎日寇伪化浙东的企图，建设与坚持浙东敌后抗日民主根据地而努力。

（三）拥护新四军及一切坚持团结抗战爱护人民之军队，保障其物质供给改善兵役制度及其后方勤务工作，增进军政民的亲密团结，并加强地方人民抗日自卫武装，健全其组

① 1944 年 1 月 15 日在四明山成立浙东敌后临时行政委员会，颁布《浙东敌后临时执行委员会施政纲领》。

织与领导。

（四）保障一切抗日人民的人权政权财权及言论出版集会结社信仰居住迁移之自由权，人民有控告任何公务人员非法行为之权利。

（五）厉行廉洁政治，严惩公务人员之贪污行为，同时改善公务人员待遇，实行俸以养廉原则，保障一切公务人员及其家属必须之物质生活。

（六）协助根据地内工商业之自由发展，奖励私人企业、保证私有生产、欢迎外地投资、发展人民的合作事业、协助山货的推销，扶助手工业的发展，以达到根据地内日用品自给自足抵制日货之目的。

（七）实行春耕秋收的群众动员，协助解决贫苦农民农具肥料种子的困难，协助山民解除兽患、开展水利、消灭灾荒，开辟荒地，以发展平原与山区之农业生产，并禁止粮食向根据地外流、调节根据地内各地之食粮，以保证根据地内全体军民之粮食。

（八）实行减租减息，改善农民生活，同时保证交租交息、保障业主合法权益。

（九）调节劳资关系、适当的改善工人生活，救济失业工人，同时保证劳动纪律、提高劳动生产率。

（十）废除苛捐什税，以公平负担，建立一定抗战税收制，居民中除极贫苦者应予免税外，大多数人民均应负担抗日经费，以保证抗战用费，并建立公粮制以保证敌后抗战机关部队之给养。

（十一）实行抗战与民主的普及教育、改善中小学教师待遇、提高其文化政治水平，改进学校教材、推行社会教育、奖励抗日书报之出版发行、提高科学知识与文艺运动、欢迎各地科学艺术人才来根据地工作，给予教师及公务人员以学习进修之机会、开办各种短期训练班、允许在学学生以民主自治权利，普遍提高人民政治认识及文化水平、加强抗战胜利信心。

（十二）拟订并实行优待抗日军人及其他抗日工作人员家属酌办法，务使新四军及一切抗日军队机关人员在根据地内的家属得到物质的保障与精神上的安慰。

（十三）推行卫生行政、建立医药设备、欢迎医务人才，以达减轻人民疾病痛苦之目的。

（十四）加强对敌伪政治攻势、欢迎并优待反正伪军伪组织人员。

（十五）肃清汉奸及破坏抗战进行反共反人民的特工分子，同时提倡坦白运动，实行宽大政策，坚决废除肉刑、重证据不重口供，除怙恶不悛、绝对坚决不愿改悔者、在人民一致请求下，必须予以必要制裁外，一律争取感化，给予政治上与生活上之出路，不得加以杀害、侮辱、强迫自首，或强迫其写悔过书。

（十六）优待俘虏，对战斗中被俘之敌军及伪军官兵，不问其情况如何，一律实行宽大政策，其愿参加抗战者，收容并优待之，不愿者释放之，一律不得加以杀害，侮辱、强迫自首，或强迫其写悔过书，其有在释放之后又连续被捕者，不问被俘之次数多少，一律照此处理，对于其他进攻抗日部队者，其处置办法仿此。

（十七）欢迎大后方及敌占区各地青年及抗日的各党派各界人士，来敌后根据地参加各项军事政治经济文化事业，共同为发展浙东敌后抗日力量推行民主运动，而一致努力。

（十八）团结根据地内外各会门组织、协助其合理解决会门人员之生活、提高其民族意识与抗战热情、共同为坚持浙东敌后抗战收复失地复兴中华而奋斗。

（十九）切实救济本地及外来之灾民难民、帮助灾民难民进行生产工作发扬互助精神。

（二十）依据男女平等原则，从政治上经济上提高妇女在社会上的地位，发扬妇女在政治上经济上的积极性，实行自愿的一夫一妻婚姻制。

选自《浙东抗日根据地》，中共党史资料出版社1987年6月版，第85～87页。中共浙江省委党史资料征集研究委员会、浙江省档案馆编。原注："原件存浙江省档案馆"。

13. 苏中区施政纲要

1944年苏中行政公署制定

一、坚持抗日民族统一战线政策，团结本区各阶层人民各抗日党派及敌战区同胞，为建设与巩固苏中抗日民主根据地，粉碎敌伪扫荡、清剿、清乡，积极准备反攻，胜利完成抗战建国大业。

二、保证本区一切抗日人民有参政权财产权及言论、出版、集会、结社、信仰、居住之自由权，除司法系统公安机关得依法执行其职务外，任何机关、部队、团体及个人不得对任何人加以逮捕审讯处罚及侵犯他人之一切权益，但在敌伪扫荡、清剿、清乡特殊情况下，经政府授权者，不在此例。

三、保证本区抗日部队之物资供给，组织地方游击队及不脱离生产之民兵自卫队，以开展群众性游击战争，并切实推进参军拥军运动，优待抗日军人家属，抚恤荣誉军人及阵亡将士，亲密军民团结。

四、民选各级民意机关及实行三三制，裁汰骈枝机关，增强行政效率，厉行廉洁政治，严惩贪污腐化、借公济私之行为，人民有用任何方式控告任何公务人员非法行为之权利。

五、改进司法机构，坚决废除肉刑，重证据不重口供，实行人民陪审制度，就地审判，简捷诉讼手续，改善监狱行政，实施感化教育，对汉奸伪军伪组织人员及叛徒破坏分子等，除坚决不悔者，予以镇压外，其他一律实行宽大政策，给以自新之路。

六、彻底实行减租减息，保证交租交息，合理调整主佃关系与债务关系，提高与发展农业生产及手工业，扶植合作事业，奖励私人企业，欢迎外地投资，管理对外贸易，防止敌伪吸收根据地内物资，发行抗币，严禁伪币在根据地内流通。

七、调整物资关系，实行十小时工作制（农民工作时间则依照习惯），提高劳动纪律，增强劳动生产率，适当增加工资，改善工人生活。

八、合理征收公粮赋税，实行统一累进税制，使大多数人民皆能按其土地、财产及所得之多少，担负抗日经费，健全财政机构，统筹统支，确立一般预决算及审计制度。

九、推行抗日民主之国民教育与社会教育，实施乡学区学县学专门学校大学之新学制；取缔奴化伪化教育，彻底扫除社会之颓风恶习，改善教育生活，改进私塾教学，保障教育经费，确立公务人员每日至少2小时学习制度。

十、依据男女平等之原则，从政治经济文化上提高妇女之社会地位，发挥妇女在经济建设上之积极性，保护女工产妇及儿童，提倡剪发放足，实行自愿的一夫一妻婚姻制。

十一、救济灾民难民，使其参加生产，取得职业与教育的机会，对各地会道门组织，实行争取团结与教育政策。

十二、开展对敌斗争，坚决打击敌伪的伪化政策，减轻或免除敌占区及接敌区人民之负担，设法保障其生命财产，其不堪敌伪蹂躏而来根据地者，予以慰问及安置。

十三、争取伪军反正，对集体反正者，决不强迫改编，保证其物资供给，与其他抗日部队平等待遇，团结其共同抗日，对俘虏之敌伪官兵，概不杀害，加以教育后一律释放之，其自愿参加抗日工作者，给予适当工作并保护其安全。

选自《苏中抗日根据地》，中共党史资料出版社 1990 年 4 月版，第 337～338 页。中共江苏省委党史工作委员会、江苏省档案馆合编。原注：“原载 1944 年 11 月刊印的《苏中行政公署法令汇编》”。

14. 苏中区人权财权保障条例

1944 年苏中行政公署公布

第一章　总　则

第一条　为切实保障本区人民之人权财权，不受非法侵害，加强对敌伪斗争，以建立抗日根据地革命秩序，奠定民主政治之基础，特根据本区施政纲要，订定本条例。

第二条　本区人民一切有关人权财权问题，均依照本条例处理之。

第三条　凡本条例未规定者，在不违背本条例基本原则之下，得采用其他法令。但其他法令涉及人权财权部分，与本条例相抵触者，应以本条例为依据。

第四条　本区人民曾因反对抗日民主政府逃亡在外者，自愿遵守本区法令返回本区，一概不咎既往，并受法律之保障。汉奸伪军经履行法定手续反正自新者，亦适用①本条例。

第二章　人　权

第五条　本区一切抗日人民，不分种族、阶级、党派、性别、职业与宗教，其政治上法律上一律平等。

第六条　本区一切抗日人民，有言论、出版、集会、结社、居住、迁移、信仰及抗日自卫之自由。

第七条　本区一切抗日人民，有身体不受侵犯之权利。

第三章　财　权

第八条　保障一切人民及法人之私有财产权，有依法使用、收益及处分之自由权。

第九条　租佃及债权债务，双方须本团结互助之精神，实行减租减息，交租交息。一

① “苏中版”将“亦适用”印作“变适用”。

切租佃债约之缔结，须依双方自愿。

第十条　为改善工人生活，提高生产效率，须普遍实行增加工资，保障劳方之生活要求及提高劳动热情，保障资方之营业利润。

第四章　人权财权之保障

第十一条　本区人民之财产住宅，除因公益有特别法令法规外，任何机关、部队、团体或个人，不得非法征用、查封、侵占或搜查。

第十二条　本区人民，除司法机关或公安机关依法执行其职务及军队在作战期间对妨碍或破坏战争任务之执行者，得作紧急处置外，任何机关、部队、团体或个人不得加以逮捕、审讯或处罚。但现行犯及汉奸敌探不在此例。

第十三条　司法机关或公安机关逮捕人犯，应有充分证据，并依法定手续执行。

第十四条　司法或公安以外之任何机关、部队、团体或个人，如拘获现行犯或汉奸敌探嫌疑犯时，须于24小时内，连同证据送交有检查权之司法或公安机关依法办理。如因交通不便或紧急情形得延长送交期限，但接受犯人之司法或公安机关，应于24小时内质讯。

第十五条　逮捕人犯，不准施以侮辱、虐待、殴打及刑讯逼供，审判重证据不重口供。

第十六条　司法机关受理民刑案件应迅速处理，俾当事人不受积延讼累。

第十七条　司法机关受理民事案件，非有法律依据不得扣押。

第十八条　除戒严时间外，非现役军人不受军法审判。军人与人民发生争讼时，刑事案件在侦查完结后，军人交军法处，非军人送司法机关依法裁判。民事诉讼由司法机关办理。

第十九条　人犯之财务，非确属赃物或供犯罪之用，并经判决者，不得没收、调换或任意损坏。

第二十条　区乡政府对居民争讼事件，得由双方当事人之同意为之调解。如不服调解，当事人可向司法机关申诉，不得拦阻或越权处分。

第二十一条　各区乡政府对任何案件，仅可进行调解，决无审讯、拘留与处决权。

第二十二条　本区人民不服审判机关判决之案件，得依法按次上诉。

第二十三条　各县（第一审）审判机关，判决死刑案件已逾上诉期限而不上诉者，除因战事紧急情形外，须经专属以上政府之审核批准，方得执行，违者以杀人论罪。

第二十四条　在夫妻间、婆媳间、父母子女间及工商业中师傅与学徒间，严禁一切打骂或虐待之行为，并严禁堕胎溺婴情事。

第二十五条　不论任何公务人员如有非法行为或失职渎职情事，致使人民之人权财权遭受损害时，任何人得以任何方式，向县以上任何一级政府控告之。

第五章　人民之抗日自卫权

第二十六条　为镇压日寇汉奸特工对人权财权之破坏，本区人民有抗日自卫权。

第二十七条　本区抗日人民得依法自动组织脱离生产或不脱离生产之抗日自卫武装及购置武器弹药。

第二十八条　上项人民武装与武器弹药，须向政府登记，接受政府军事机关之统一领导与指挥。

第二十九条　凡依据组织之人民抗日自卫武装及其武器弹药，任何机关、部队、团体或个人不得非法侵犯、改编、解散或收缴。

第三十条　本区人民遇有敌伪盗匪绑架或烧杀淫掠情事，有直接抗击或逮捕之权。

第三十一条　被敌伪盗匪劫掠之人民财务，经任何机关、部队、团体或个人夺回后，应全部发还原主，不得任意处分或有所需索。

第六章　附　则

第三十二条　本条例解释及修正之权，属于苏中行政公署。

第三十三条　本条例如有未尽事宜，本区人民得向本署提出修正之建议。

第三十四条　本条例自公布之日施［行］之。

选自《华中抗日根据地财政经济史科选编》第三卷，档案出版社1986年版，第300～303页。原注“按1944年11月《苏中行政公署法令汇编》刊印”。

互校版本：《苏中抗日根据地》，中共党史资料出版社1990年4月出版，第370～373页。原注：“按1944年11月刊印《苏中行政公署法令汇编》。”简称“苏中版”。

15. 浙东地区施政纲领——中共浙东区党委为浙东各界临时代表会而提出，经中共中央华中局批准

1945年1月24日

为进一步巩固发展浙东抗日民主根据地，发展抗日民主的政治军事经济文化建设，以达成坚持浙东抗战，准备反攻力量，配合盟军，驱逐日本帝国主义，解放数千万同胞之目的，中共浙东区党委乘浙东敌后临时行政委员会召开浙东各界临时代表会之际，特根据孙中山先生手创革命三民主义及中共中央抗日民族统一战线政策与“十大政策”之原则，向我浙东各界同胞，提出如下的施政纲领。凡我浙东行政机关内之共产党员，应遵照此纲领坚决实施之，并号召全浙东共产党员为此一纲领的实现而奋斗。

1. 团结浙东各社会阶级、各抗日党派、各抗日团体，动员并发挥一切人力、财力、物力、智力，共同为坚持浙东抗战保卫浙东抗日民主根据地，准备反攻力量，配合盟军驱逐日本帝国主义；解放数千万同胞，建设三民主义即新民主主义的新浙东新中国而战。

2. 反对法西斯主义的政令与失败主义者的军令，以及一切投降主义者背叛民族投降敌寇的阴谋活动。并动员人民的力量，促成由国民党、共产党、其他抗日党派及无党派人士，在民主基础上，召集国事会议，组织联合政府、联合统帅部，以便团结并统一全中国一切抗日力量，停止敌寇进攻，为争取抗战最后胜利而奋斗。

3. 巩固与扩大新四军及各地区人民抗日武装力量，并提高其战斗力，保障其物质供给，改善兵役制度，实行参军拥军运动与拥政爱民运动，以增进军政民之亲密团结。同时，加强地方人民抗日自卫军及民兵之组织与训练，广泛开展群众性的游击战争，粉碎敌寇“扫荡”，破坏敌人吸收我国人力、物力、财力，实行“以战养战”的阴谋计划；摧毁

伪组织，扩大解放区，使被敌奴役的同胞，迅速回到祖国怀抱。

4. 切实执行抗日军人家属优待条例，务使新四军及其他一切抗日军队与机关人员在根据地内之家属，得到物质上的保障与精神上的安慰。

5. 改造各级旧有行政机构实行民选，组织各级参议会，建立各阶级、各党派及无党无派人士联合抗日的民主政府。确定共产党员在政府机关中只占三分之一，以便各党派及无党无派人士，均能参加各级民意机关之活动与行政之管理。在共产党员被选为某一行政机关主管人员时，应保证有该机关之职员三分之二为党外人士充任。共产党员应与党外人士实行民主合作，不得一意孤行擅权包办。

6. 厉行廉洁政治，严惩公务人员之贪污行为。同时改善公务人员之待遇，禁止任何公务人员假公济私之行为。共产党员有犯法者，从重治罪。同时实行俸以养廉原则，保障一切公务人员及其家属必需之物质生活。

7. 保证一切抗日人民（地主资本家工人农民等）的人权、政权、财权、地权，保障人民言论、出版、集会、结社、信仰、居住、迁移之自由权。除政府机关，或政府委托军队政治机关，依法执行其职务外，任何机关、部队、团体，不得对任何人加以逮捕、审问或处罚。而人民则有用法律程序与手续以及其他方式控告任何公务人员非法行为之权利。

8. 建立司法制度及各县区乡（镇）调解委员会，正确处理各地民刑案件，肃清汉奸及破坏抗战反共反人民反民主的特工活动。提倡坦白运动，坚决废除肉刑，重证据不重口供。对汉奸分子除绝对坚决不愿改悔。死心助敌者，给予必要制裁外，其他不问其过去行为如何，一律实施宽大政策，争取感化转变，并给予政治上与生活上之出路，不得任意加以杀害，侮辱、强迫自首，或强迫其写悔过书。对于一切阴谋破坏我抗日民主根据地之分子，例如革命叛徒，反共分子等，其处置办法仿此。

9. 遵照中共中央土地政策，彻底实行减租减息政策，保障农民的人权、政权、财权、地权，以改善农民生活，提高农民抗日与生产的积极性。同时在实行减租减息之后，必须实行交租交息，保障地主的人权、政权、地权、财权，以联合地主一致抗日。政府对佃业关系及债务关系，均应本抗日民主之原则，合理调整。

10. 发展农业生产，动员广大群众开展春耕秋收运动，开垦荒地，兴筑水利，改善与提高农业技术，解决贫苦农民农具肥料种子的困难，协助山民解除兽患，爱护与调节劳动力，提倡各种劳动互助组织，奖励劳动英雄，增加土地生产的收获量，保护与培植森林，发展畜牧业及其他农村副业。严禁食粮资敌，调节根据地粮食，以保证根据地内全体军民之粮食供给。

11. 建立并发展根据地之工业生产，保障私有生产，欢迎并奖励私人开设工厂投资各种工业，并建设公营事业；提倡部队机关人员的农工业生产运动，实行各种民办公助、公私兼顾之办法，发展人民合作事业。反对敌伪统制政策。协助盐海产品运销，改善盐渔民生活。发展手工业及纺织业，向着根据地自给自足经济方向发展。

12. 实行商业自由流通，保障私人商业之发展，反对统制、[垄] 断、操纵、抬高物质 [价]；严禁敌区毒品及奢侈品之输入，奖励必需品之输入；协助山货及土产运销，开拓对外贸易路线，以繁荣根据地之商业。

13. 调节劳资关系，保障工人雇工生活必需的改善。工作时间以不超出十小时为原则；工资按生活程度酌量增加；救济失业工人。同时工人必须遵守劳动纪律提高劳动生产率，使资方有利可图，以发展根据地生产增强抗战力量。

14. 废除一切苛捐杂税，实行合理的收税制度，征收统一的公粮田赋及统一的进出口货物税，务使居民中除极贫困者应予免税外，均须按照财产等级或所得多寡，实行程度不同的累进税制度，使百分之八十以上人民均能担负到抗日经费。实行统一收支，建立预决算制度，厉行节约运动，反对贪污浪费，保证财政收支平衡。同时健全财政经济机构，加强对敌经济斗争的领导，打破敌伪及反动派之经济封锁，调剂金融，抵制伪币，发行地方抗币，以利根据地经济之发展与财政之充裕，保证抗战经费之供给。

15. 实行抗战与民主的普及教育，创办各种学校，及各种短期训练班，吸收抗日青年、知识分子及失学失业与流亡青年，训练培养抗建人材（才），编制抗战民主教材，务使学习与抗建实践生［产］相联系。给与在学学生及教职员有参加各种抗战工作及课外正当活动的自由。同时改善各级学校教师的生活，提高其政治文化水准。推广抗日书报，奖励自由研究科学知识，尊重知识分子，提倡科学与文艺运动，欢迎各地科学艺术人材（才）来根据地工作。推行卫生行政，建立医药设备，欢迎医务人材（才）参加地方卫生事业，以达减少人民疾病痛苦之目的。

16. 依据男女平等之原则，从政治上经济上提高妇女在社会上的地位。开展妇女教育，发扬妇女在政治上经济上的积极性。爱护女工童工及产妇。实行基于男女双方自愿原则的一夫一妻婚姻制。

17. 切实救济本地区及外来之灾民难民，发扬人民互助精神协助灾民难民进行生产工作。欢迎沦陷区及大后方各界人士来根据地居住，或参加各项抗战工作及建设事业。

18. 展开对敌伪军伪警伪组织的政治攻势，向其指出德日必败，中华民族抗日战争与民主运动一定胜利的光明前途，宣传我之宽大政策，促其早日回头觉悟，回到抗战道路。欢迎与优待伪军伪警伪组织之反正人员，并给予物质上精神上之奖励。援助沦陷区、游击区遭受敌人摧残压迫渴望解放的同胞，帮助他们组织起来，准备在时机成熟时举行武装起义，配合军队的进攻，里应外合，驱逐日本侵略者，解放沦陷区的兄弟姊妹。

19. 对于在战斗中被俘之敌军及伪军伪警官兵，不问其情况如何，一律实行宽大政策，其愿参加抗战者，收容并优待之，不愿者释放之，一律不得加以杀害、侮辱、强迫自首或强迫其写悔过书。其有在释放后，又连续被俘者，不问被俘之次数多少，一律照此办理。对于其他进攻新四军及各地方抗日部队时之被俘者，处理办法仿此。

20. 安定根据地内社会秩序，团结根据地内外各会门组织、启发其民族意识与抗战情绪；使其走向抗日民主的正轨道路。

21. 在尊重中国主权及我根据地政府的法令原则下，允许任何外国人到我根据地游历，参加抗日工作，或在根据地进行各项抗日与文化宗教的活动，并给予其便利与保护。

选自《浙东抗日根据地》，中共党史资料出版社 1987 年 6 月版，第 138～142 页。中共浙江省委党史资料征集研究委员会、浙江省档案馆编。原注：“原件存浙江省档案馆”。

16. 浙东区党委秘书处转发华中局来电

1945 年 8 月

顷接华中局来电照转于后：

一、苏联参战，日本投降，沪宁杭三角地区群众均普遍发动，对国际与全国影响，及反内战均起极大作用。

二、各地党委及武工队，应即依照当地具体情形，在下列口号下，广泛发动群众。当地以群众起义方式夺取敌伪土顽武器，夺取据点，消灭伪军、忠救、国顽各种别动队，建立民主政权。大量武装民众，以达完成控制这些地区，以准备应付内战。

甲、欢迎新四军解放一切沦陷区。

乙、缴除敌伪武装，武装人民自己。

丙、摧毁敌伪一切政权，建立中国人民的民主政权。

丁、没收敌军食粮与罪大恶极汉奸卖国贼资财，立即救济工人、农民及一切贫民，逮捕大汉奸卖国贼交人民公审，对一切反正自新的伪军保证其生命财产。

三、上海、杭州、南京在我军未到达前，即令以上述口号，首先在工作集中地广泛号召工人斗争，在敌投降与城市混乱，以便发动群众夺取伪军、伪警武装，武装工人自己，普遍广泛成立工人武装自卫队、纠察队。建立工会组织，摧毁敌伪政权，成立民主政权。立即没收大汉奸敌军粮食，救济工人、贫民，以工人地区为基础，继续向全区发展，为达此目的，浦东、浙东、江南部队，应派部分主力出发或隐蔽方式，迅速进入工作地区，作为组织领导发动斗争的核心。

四、对各阶层，可以用新四军代表和新四军新派市政府名义与各界接洽，依靠工人与城市贫民基本群众的发动和基础，在彻底肃清敌伪建立民主政权，恢复民主秩序口号下，建立各阶层广泛的统一战线。

五、群众初期发动的阶段，必然会产生过左的倾向，这是不可免的。但各地党与群众干部必须正确掌握政策，以免造成秩序混乱，侵害各抗日阶层人民，以免陷自己于孤立，以致失败。

六、上述各点由江苏、浙东、苏中立即转达有关地区，立即进行。

选自《浙东抗日根据地》，中共党史资料出版社 1987 年 6 月版，第 168～169 页。中共浙江省委党史资料征集研究委员会、浙江省档案馆编。原注："原件存浙江省档案馆"。

17. 浙东区党委关于敌寇投降敌后形势与今后工作的指示

1945 年 9 月

（一）敌寇投降的原因

1. 苏英美三国会议圆满结束，进一步巩固了同盟国的团结。日寇企图拖延战争的时间，挑拨同盟国团结，等待时机，以求生存的阴谋已经失败。

2. 日寇对国民党的诱降反共，由于其本身失败，英美对国民党的援助，人民的反对，以及国民党无把握发动反共内战，日寇的反共计划看看失败，因此挑拨国内团结的阴谋亦未全部实现。

3. 由于美机大举轰炸日本本土，国内损失惨重，人民厌战，反战情绪高涨，日寇愈打愈弱，困难日增，胜利信心完全丧失。

4. 苏联对日宣战，迅速攻入伪满，是迫使日寇迅速投降最主要最直接的原因。

（二）投降后可能发生的影响

1. 全世界法西斯堡垒已最后肃清，法西斯残余分子仍要结合各种反动势力继续活动，但今后只能隐蔽的在地下活动。

2. 伪方失掉依靠，只有反正、投降两条路，现在正动摇于国顽与我们之间。同时敌占区经济发生困难，人民生活困难，社会秩序暂时呈现纷乱。

3. 国民党反动派过去消极抗战反共反人民，现在必然要配合国际帝国主义集中全力，积极向我争夺抗战果实。

4. 全世界全中国人民为民主斗争的胜利信心空前提高，人民武装力量要迅速扩大与发展，各弱小民族的解放运动也要空前高涨。

（三）发展趋势与前途

1. 全世界正以更快的速度向民主团结的道路前进：

①全世界人民的公敌法西斯已被打倒，人民已经减除了一重最重的压迫。

②苏美英的团结基本上是不会分裂的。由于苏联力量的强盛，英美人民对苏联的同情，全世界人民都反对反苏战争，以及苏联党领导的正确，苏美英的团结仍能保持与巩固。

2. 远东的民主势力要迅速增长，今天我党已与苏联红军蒙古军队联成一片，占有半个中国的地位，敌后解放区我军在解决日寇武装后，力量也要大大增加。各弱小民族如朝鲜、缅甸……等都将获得解放，沉默的远东将跟着民主的欧洲前进。

3. 今后中国一定要实行民主，建立民主联合政府。由于我军力量的壮大，全国人民众心所向，国民党反动派虽欲倒退阻止进步也不可能，尤其是中国的解放区，除本身打成一片外，还要与苏联、外蒙打成一片。

4. 浙东金萧地区由于根据地建设的时期太短，军事力量不够控制全面，而且处于顽我斗争的前哨阵地，与浙西联系还不够顺畅，不能不要有短时期艰苦与困难。但我们依靠广大人民对我党我军的拥护，我各个地区的武装发展与存在，浙西我军随时随地给我支援，反动派浙西失败，信心与力量均遭重大损失，因此我们能胜利的坚持斗争，克服一切暂时的困难，而取得部分力量的发展。

5. 可能产生三个前途：

①由于我党我军及中国人民的共同努力，因此中国人民获得胜利。

②自己在努力抗战，果实反为反动派获得，中国人民就要继续受反动派专制统治的压迫。

③反动派与我们势均力敌，斗争就要尖锐而长期，但胜负总要分明，以今天条件来

看，以第一个前途为大。

（四）目前形势的特点

1. 敌伪武器尚未完全解除，仍须以军事进攻配合政治进攻来完成这一任务，即使在敌伪武装解除后，法西斯残余势力还勾结反动势力，企图死灰复燃。

2. 反动派尚未完全肃清，正乘机大肆活动，企图同我争夺胜利果实。

（五）今后任务

1. 方针：解除敌伪武装，迅速发展与扩大武装力量，继续团结民主势力，肃清法西斯残余，打击反动派，建立人民的民主政权。

2. 工作原则：

①以先解决伪军为主，因为伪军战斗力量薄弱，情绪动摇，容易取得胜利。

②解决敌伪军，应找取敌伪军最薄弱，我们本身力量最有把握的一环解决之，从而影响与动摇敌伪其他据点。

③要认识占有地区为次，占有力量为主。收缴敌伪军武装是主要，因为只有开展武装力量才能巩固与扩大地区。

3. 工作方法：

①加强对敌伪顽、人民、民兵的宣传工作。

②正式的通牒（向我们主要的打击对象）并与敌伪进行具体谈判，促使敌伪向我投诚反正。

③立即动员民兵自卫队，暂时脱离生产，配合地方主力，包围封锁敌伪据点，展开政治攻势与军事进攻，及解决与消灭之。

④通过现有投诚我军的日本朝鲜士兵去进行敌军工作，并要他们教育部队全体同志学习日语口号。

⑤向敌伪军普遍散发归来证。

⑥优待敌伪军，严禁杀害或侮辱。成立专门编写、管理编审教育敌伪军俘虏的机构，并及时利用新来敌伪军去进行对敌工作。

⑦普遍彻底破坏敌交通线，阻止敌伪军集中逃跑。

4. 建立总的领导机构，成立行动委员会，统一领导。

5. 要防止可能发生的倾向：

①以为抗战已经彻底胜利，而降低自己的警惕，忽视反动的力量与阴谋的极端乐观倾向。

②以为浙东浙西联系还未畅通，浙东局面还未完全打开，敌寇失败，反动军队就要深入，我们要遇到严重困难，而忽视我们现有力量与有利条件的悲观害怕的错误感想观念。

③过低估计敌人的抵抗力，以现在军事上轻进［敌］冒进的冲锋主义；但同时亦应注意把敌人估计太高的畏惧心理。

④不了解今天一天的工作是平时十天数十天工作一样重要，是决定今后抗战果实落于谁手的决定性工作，不认识抓紧时机的重要性与突击工作。

（六）我们的困难与有利条件

（一）困难：

1. 对于敌寇突然投降，过去思想上准备不够，因此影响目前工作与物质上的准备不充分，一切都临时做起。

2. 部队太少，战斗力不强，不能解决多数敌人。

3. 过去敌伪军工作做得差，影响今天不能获得很大成果。

4. 浙东局面还未打开，与各根据地的联系仍存在着一些困难，人民对我展开斗争的信心不够高。

5. 此地处于顽我斗争的前哨阵地。

（二）有利条件：

1. 大部分敌军在我根据地周围，有利于我们就近解决或打击。

2. 大部分人民均有了组织，尤其是数千民兵，可以配合我军作战。

3. 反动派比我们还要做得差，并且浙西失败损失很大，要调大军来是困难的。

4. 一般我们日鲜士兵可以帮助我们做瓦解敌军工作。

5. 苏联外蒙古是世界民主势力的增长，有助于国内的团结。

浙东区党委

选自《浙东抗日根据地》，中共党史资料出版社 1987 年 6 月版，第 174～178 页。中共浙江省委党史资料征集研究委员会、浙江省档案馆编。原注：“原件存浙江省档案馆”。

18. 苏皖边区政府李一氓主席谈施政方针

1945 年 12 月 10 日

［新华社华中分社讯］苏皖边区政府成立后，各地人民莫不兴奋异常，并对今后各项行政设施寄予无限关怀。兹为明瞭边区政府目前施政方针，本社记者特走访边府李主席，承接见发表谈话如下：

边区政府是经过淮南、淮北、苏中、苏北四个地区的参议长与行署主任联席会议产生的。因为华中政权向未统一，这还是一个临时的政权领导机关，带过渡性质，还要等正式的边区人民代表会来产生正式的民主的边区政府。最近将要开会的边区临时参议会，也属于过渡性质的，他的任务在于协助政府，团结人民，推行民主，以及筹备正式的边区人民代表会。因此，目前边区政府的工作，还向着（一）把四个地区的政令法令制度逐渐的统一起来。在这方面，我们重行组织了若干统一的政府工作部门的机构，如货物管理局，盐务管理局等，我们已调整了某些应行改变的行政区域，我们已统一了专员公署的顺序和组织，我们已颁布了某些统一法令。（二）把民主工作作进一步的推进。虽然边区政府与边区参议会是过渡性质的，但现属之八个专员区，是早在六七年来已经形成了，并有很大的民主工作的成绩，如像减租减息，发展生产，改善人民生活，普及文化教育，实行优待抗属，保证军需供给，组织和动员人民的反“清乡”与反“扫荡”，进行乡村选举，团结各阶层人民等等。此后边区政府将以更大的努力，使上述各项民主政策，作全般的步骤，一致的更大规模的更有效的推行。（三）把苏皖边区巩固起来，不管目前形势怎样，将来局势有何种变化，我相信苏皖边区目前的七十个县（旧治五十三县）必将以民主政治的制度来存在的，绝不容许恢复旧的反民主的反人民的统治。因此政府本身必须以更大的力量来巩固这个区域，协助华中军区司令部，加强一切军事设施，保卫边区，保卫民主。同时，动员一切人民力量，反对反人民的内战，保卫和平，以求得边区的和平建设更加在经济上，文化上，政治上发展起来。

无疑问的，我们和华北其他的解放区一样，是全中国民主建设的楷模，是我们八年来与敌伪艰苦斗争的成果。解放区的存在与否的问题，是全中国民主政治的成功与失败的问题，解放区工作的好坏的问题，是全中国民主工作的成就与无成就的问题。边区政府与全苏皖的人民有责任保卫民主，推进民主，与全国解放区，全国民主人士及全国人民共同完成全国的民主事业。

选自《华中抗日根据地财政经济史料选编》第四卷，档案出版社 1986 年版，第 123～124 页，原注："按 1945 年 12 月 10 日《新华日报》华中版第一版刊印"。

19. 苏皖边区临时行政委员会施政纲领

1945 年 12 月 31 日苏皖边区临时参议会第一次大会通过

本府正式成立之际，正值抗日战争胜利结束，国内和平尚未实现之时，全边区以及全国人民迫切要求和平，而国民党反动派犹在一意孤行，发动内战，向我边区以及全国解放区人民进攻。本府为团结全边区人民，贯彻中国共产党新民主主义之主张，及和平、民主、团结之正确方针，加强本边区之政治、军事、经济、文化建设，保卫与进一步建设本边区，配合全国的民主运动，促成全国性的联合政府早日实现，特根据民主统一战线的原则及本边区具体环境制定本纲领，作为各级政府及全体人民奋斗目标：

一、保障人民的人权、财权及公民权，凡爱好和平、赞成民主之各阶层人民及各党派人士，都有言论、出版、集会、结社、信仰及居住之自由，以期团结全边区人民，集中一切人力、财力、物力，建设本边区，粉碎反动派之进攻计划，援助反动派统治区之人民民主运动，争取全国和平民主早日到来。

二、巩固与扩大人民自卫武装，加强民兵之组织与训练，实行拥军优抗，亲密军民关系，保障其兵源补充与物资供给，以巩固军心，提高士气，保卫解放区人民利益。

三、加强民主建设，普遍开展民主运动，贯彻三三制政策，民选各级政府，废除保甲制，健全各级人民代表机关，实行人民管理政权，加强干部民主政治教育，树立民主廉洁的作风。

四、贯彻改善民生政策，扶助工农运动的发展，实行减租减息、交租交息，保障佃权及资本家与雇主，要增加工资与减少工作时间（每天九至十小时为标准），工人与雇工要执行劳动纪律与提高生产效率，以期调剂东佃劳资关系；没收汉奸财产，救济灾民难民。

五、增加工业农业生产，提倡垦荒、植棉、造林，加强水利建设，普遍组织劳动互助，提倡深耕细作，改良生产技术，扶助纺织及其他手工业，发展奖励举办机器工业，发放生产贷款，欢迎外界投资，保护私人经营，发展商业贸易交通事业，调剂物资流通，力求本边区人民生产自给。

六、实行财政收支统一，确立预决算及审计制度，提倡节约，严惩贪污浪费分子，按照人民负担能力，实行合理的税收制度，逐步废止公粮田赋，准备改征统一累进的农业税与营业税，巩固边币信用，稳定币值、物价，实行金融投资，扶持工农商业及合作事业。

七、提高人民政治文化水平，普及成人教育，提倡民办学校，改进小学私塾，开展民间文化活动，兴办各种专门学校，改订学制课程，救济失业青年，改善教师生活，促进文化教育界民主团结，扶助文化教育团体之建立及出版事业，保障学术研究，奖励科学发明，优待专家学者及技术人材（才），进行卫生教育，开展公共卫生事业，提倡卫生合作事业，减除人民疾病痛苦，进一步发展新民主主义文化卫生建设工作。

八、改进与健全适合于人民需要的司法制度，严惩汉奸，清除危害人民的特务土匪，加强区乡调解工作，减少人民诉讼，简捷诉讼手续，改善监狱行政，加紧编审各种民主法规，厉行禁烟、禁赌、禁毒，确立民主秩序，保障人民安居乐业。

九、确立男女一律平等，改善妇女生活，开展妇女教育，扶助妇女生产，鼓励妇女参政，提高妇女社会地位，保护女工、农妇、产妇，实施儿童保育，实行一夫一妻的自愿婚姻制度，严禁蓄婢、纳妾、溺婴、强婚，帮助妇女在政治上、经济上、文化上、社会上求得解放。

十、主张民族平等，实行各民族在政治经济上一律平等，尊重其宗教信仰与风俗习惯，在尊重本边区主权与政府法令的原则下，欢迎外侨进入本边区游历与参加民主工作，凡因参加革命，被本国政府压迫而来边区之外侨，政府一律予以恳切保护与帮助，以发扬革命的民族友谊。

选自《中国新民主主义革命时期根据地法制文献选编》第一卷，中国社会科学出版社1981年版，第64～66页。原注：“选自一九四六年一月一日《新华日报》华中版”。

20. 豫皖苏边区行政公署训令各级政府切实保障人权，严禁乱抓乱打肉刑逼供

1948年5月

［本报讯］豫皖苏边区行政公署顷训令下属各级政府切实保障人权，原文称：查保障人权，为我解放区建立民主秩序主要政策之一，执行以来，已得到广大人民的拥护与良好的政治影响。惟近来各地政府注意不够，随便抓人，肉刑拷打，侵犯人权等事件屡有所闻，致使某些不了解我之政策者恐惧、逃亡，或参加土顽与我对立。此种现象如不及早纠正，其危害所及将不堪设想！为此，特根据本区情况，明确规定保障人权的具体办法六条如下：

一、县政府无杀人权，倘需处决者，县可将罪犯材料、口供及处理意见报告专署，经专署批准后执行，但现行犯除外（如持枪抵抗及战场作战等）。政治犯的处理，一律须报

告行署及军区，专署及县府无处理权。

二、逮捕案犯，地方必须经区以上机关研究批准，禁止乱抓乱捕。

三、部队逮捕案犯，必须有团、营以上的证明文件，通过当地政府后执行；倘有少数人员违犯保障人权的规定，政府应先行说服，说服无效时，可将其人员送回原部队处理。

四、县区地方武装及翻身队（民兵），普遍进行保障人权政策教育，严禁乱抓乱打现象。

五、凡经逮捕之案犯，应以教育启发与搜集材料的方法进行审讯，禁止肉刑逼供以及变相肉刑（如不给饭吃、关禁闭等）。

六、凡按规定逮捕之案犯，区政府扣押一般不得超过四十八小时（两昼夜），如属罪大恶极群众所痛恨者，为了发动群众，必须延长扣押时间时，须经县政府批准。

选自《中国新民主主义革命时期根据地法制文献选编》第一卷，中国社会科学出版社1981年版，第107～108页。原注：“选自1948年5月14日《雪枫报》”。

二、选举法规

1. 津浦路西乡选暂行条例

1942 年 5 月津浦路西联防临时参议会第一届第二次大会通过

第一章 总 则

第一条 本条例根据三民主义建国大纲之民主选举原则，及敌后抗战具体情况订定之。

第二条 采取普选无记名之投票制度，选举乡政权之负责人，以便彻底实行民主政治。

第二章 选举资格

第三条 凡居住境内之人民，年满十八岁者，无阶级、党派、职业、性别、民族、宗教、财产与文化程度之区别，经登记取得公民资格者均有选举权与被选举权。

第四条 有下列情况之一者，不得参与选举与被选举：

1. 有通敌行为，经政府通缉有案者。
2. 违反政府法令，剥夺公民权尚未恢复者。
3. 破坏抗战部队有据者。
4. 患精神病者。

第三章 选 举

第五条 为便利选举进行，得设置选举委员会。

第六条　以自然村为单位，划分公民小组，人数十五人至四十五人，如村庄较大，人数超出四十五人以上者，得分为二组三组不等，惟同村各组人数必须平均，不足十五人之村应联合邻近村庄组织之。

第七条　由公民小组提出候选人，经乡民大会普选，产生乡代表，由代表内互推乡行政委员掌管本乡行政。乡行政组织法另订之。

第四章　职　权

第八条　乡民代表会，为乡最高权力机关，其职权如下：

1. 选举与罢免乡行政委员。
2. 讨论与决定本乡工作计划及一切应新（兴）应革事宜。
3. 督促与检查乡行政委员会工作。
4. 讨论与执行上级政府给予之任务，及一切法令命令、训令、指示等。
5. 审核人民向乡民代表会提出之提案，并定期向本乡民大会报告行政工作。

第九条　各代表对其原推选之公民小组直接负责并领导之，各小组公民如发现代表违反民众利益时，可用民主方式，随时撤换其代表资格。

第五章　竞　选

第十条　为确保政权民主化，各抗日党派阶层，可自由进行竞选运（活）动，并得组织选举联盟，协助推进选举工作。

第六章　改　选

第十一条　乡代表任期六个月，期满依照规定，重新改选，连选得连任之。

第十二条　乡代表如有违法渎职行为，经乡民三分之一以上请求，或上级政府指示，得随时召集乡民大会改选之。

第七章　经　费

第十三条　乡民选举所需经费，由各乡选举委员会，拟定预算，送请各该县县政府核准支付之。

第八章　附　则

第十四条　本条例解释权，属于津浦路西联防办事处。

第十五条　本条例经津浦路西联防临时参议会通过后，交路西联防办事处公布施行之。

选自《淮南抗日根据地》，中共党史资料出版社1987年10月版，第207～211页。《淮南抗日根据地》编审委员会编。原注："津浦路西临时参议会第一届第二次大会《大会专刊》1942年5月"。

2. 盐阜行政公署区选举委员会组织法

1942年①

第一条　为指导市乡民主选举事宜，得组织区选举委员会。

① 原件无制定时间，推断为1942年。

第二条　区选举委员会以下列人选组织之。

（一）区农救会代表三人（如系市镇区即改为一人）。

（二）区工救会代表一人（如系市镇区即改为三人）。

（三）区青救会代表一人。

（四）区妇救会代表一人。

（五）教救会代表一人。

（六）商救会代表一人。

（七）地方公正士绅二人。

（八）区署除区长外，得派代表一人为主任委员。

第三条　区选举委员会之下，得在其所属各市乡分设办事处，进行选举事宜，由区选举委员会派员一人，会同该乡政府及各民众团体之代表（其人数及分配标准，按区选举委员会之规定）共同组织之，以区选举委员会之派员为主任，其下设宣传、组织、总务等股。

第四条　选举委员名单，应呈报县政府批准，始能宣布成立，进行选举事宜。

第五条　凡有选举权之公民，一律分区登记，将所登记之公民姓名、年龄、职业，详细公布之，并将十八岁以上而无选举权者姓名及其原因详细公布，以便人民讨论争辩，以至上诉。

第六条　选举委员会应划定选举区域，协助政府召开人民大会，解释民选重要性，与民选的伟大意义，使选民踊跃参加选举会议，并同时责成所选出席市乡之代表向政府反映人民意见，改善政府工作，收集各抗日团体及抗日领导机关所提出之候选名单在全市乡内到处公布，使人民得事先讨论与考虑，以便届时选举适当之人，充当市乡代表大会代表。

区选举委员会办理全区选举完毕，并在区代表大会开幕时，报告各市乡选举经过，以后即宣布结束。

区选举委员会应负责规定选举区域，决定并通告选举大会日期，开会时检查到会选民在半数以上，始能宣布进行选举。若选民到会少于半数或只有半数，均不合法，应停止选举，改期进行。若连开三次均不足半数者，即认为未到会之选民自动放弃选举权，在最后一次（即第三次）选民大会虽然到会人数仍不足半数，仍应按照市乡组织法进行选举事宜。

第七条　本组织法之修正权，属于行政公署。

选自《中国新民主主义革命时期根据地法制文献选编》第一卷，中国社会科学出版社1981年版，第387～389页。原注：“选自1942年5月盐阜区行政公署《市乡政府暂行组织法》”。

3. 苏中区县以下各级代表会（县为参议会）组织法选举法（草案）

1943年苏中区行政委员会制定

第一章　总　则

第一条　为彻底实现民主政治、吸收广大人民参加政府工作，使政府能确切代表人民利益并为人民所监督管理，特制本组织法与选举法。

第二条　乡区定名为某乡或某区人民代表会（简称某乡代表会或某区代表会），县称某县参议会。

第二章　组　织

第三条　乡镇代表会由居民60人推选出席乡镇代表一人，乡镇代表会以20～40乡镇代表组织之。

第四条　区代表会由各该区所属各乡镇代表大会选举40～70区代表共同组织之。

第五条　县参议会之参议员，由县属各区代表大会选举120～180之参议员组织之。

第六条　各级代表会（县参议会）开幕时选举大会主席团若干人主持大会事宜。

第七条　县参议会之正副议长及驻会委员由县参议会选举之。

第八条　县参议会于大会闭幕期间，设驻会委员3人～5人（正副议长在内）组织驻会委员会，处理日常事宜。

第三章　职权

第九条　各级代表会、参议会之职权如下：

一、选举与罢免其同级行政委员与行政首长。

二、选举与罢免出席上级代表会或参议会之代表。

三、审核与通过本（乡、区、县）之施政方针。

四、讨论与法定本（乡、区、县）一切应兴办之事宜。

五、审核其同级行政机关所提出之预决算。

六、监督与弹劾其同级行政机关之各级公务人员。

七、听取其同级行政机关之工作报告并检查之。

八、讨论执行上级政府之一切法令及指示。

九、审查与讨论人民及各民众团体之提案。

十、定期向人民作工作报告，并负责向其选民传达上级政府之一切重要法定及各种法令。

第四章　任期及会期

第十条　乡代表会每半年改选一次，区县每年改选一次。

第十一条　各级代会及参议员连选得连任。

第十二条　代表及参议员在任期内如有不能代表其选民利益或违法行为时，得由其选民撤回改选之。

第十三条　乡镇代表会议每月一次，区两月一次，县6个月开会一次。

第十四条　有下列情形之一者各级代表会或参议会得召集临时会议：

一、选民三分之一以上要求者；

二、代表或参议员三分之一以上要求者；

三、同级行政机关之要求并得上级批准者；

四、上级政府通知召集者。

第五章　乡镇区县代表选举法

第十五条　凡年满 18 岁之男女居民均有选举权与被选举权。

第十六条　凡有下列情形之一者无选举权与被选举权：

一、受刑事处分者；

二、褫夺公权尚未恢复者；

三、汉奸；

四、患神经病者；

第十七条　各级选举均以不记名选举法选举之。

第十八条　各级选举以无记名票选为原则，但区乡得以举手选举之。

第十九条　各级代表之产生：

第一项　乡代表

一、凡满居民 60 人得选举代表一人；

二、按自然村分区选举之。

第二项　区代表

一、凡满 300 居民者选代表一人；

二、代表由各乡镇代表大会产生之。

第二十条　凡各区县地方武装一律有选举权与被选权，区级地方武装满 100 人～150 人产生区代表一人，县级武装每 300 人选举参议员一人。

第二十一条　由各级代表大会及参议会选举各级行政委员会委员及行政首长，呈请上级政府核委。

第二十二条　各级代表之任期

一、乡代表之任期为半年；

二、县区任期为一年。

第二十三条　本条例之修改权属于苏中区行政委员会。

选自《苏中抗日根据地》，中共党史资料出版社 1990 年 4 月版，第 242～245 页。中共江苏省委党史工作委员会、江苏省档案馆合编。原注：“据江苏省档案馆所存档案”。

4.　盐阜区区级政府选举法

1945 年[①]

第一章　总　则

第一条　为实行民主政治，使人民依照盐阜区区级政府组织法行使选举权与被选举权，建立民主政府，并管理政府，监督政府，充分发挥民主精神，特订立本选举法（以下简称本法）。

① 原件无制定时间，推断为 1945 年。

第二条　区公民代表及区长、区行政委员、候补委员等之产生，均依照本法之规定选举之。

第三条　前条人员之选举，以普遍、平等、不记名投票选举法进行之。

第四条　凡有半数以上村镇业经实行新村制，成立村镇公民代表大会者，得依本法进行区选。

第二章　公民与区代表名额

第五条　凡合于盐阜区村政府选举法（以下简称村选举法）第二条、第四条之规定者，一律享有选举权与被选举权，合于该法第二章第五条各项规定之一者，不得享有本法之权利。

第六条　区公民代表大会代表之产生，由村镇公民大会选举之，其办法如下：

（一）普通代表依地区普遍选举之，其名额按各该村镇人口比例规定，凡满一百个公民应选举区代表一人，但零数在五十一以上者，得增选代表一人。

（二）区队可选举公民代表二人至四人。

（三）凡未实行普选之村镇，可推选或聘请代表一人至三人。

（四）凡接敌区之乡镇可推选或聘请代表三人至五人。

第三章　选举机关之组织

第七条　为指导并办理区选事宜，应按民主原则组织区选举委员会（以下简称区选委会），该会设正副主任各一人，委员九人至十三人，由县政府派员至各该区召开各阶层联席会议，推定人选，呈准上级政府组成之，并在县政府领导下行使职权。

第八条　区选委会以下列人选组织之：

一、区政府代表一人。

二、区农救会代表三人。

三、区工救会代表一人至二人。

四、区青救会代表一人。

五、区妇救会代表一人。

六、区教救会代表一人。

七、区商救会代表一人至二人。

八、有威望之开明士绅二人至三人。

九、区队代表一人。

第九条　区选委会下，分设总务、登记、宣传、选举四股，各股设股长一人，由区选委员互推兼任之，并得视工作之需要，增聘干事若干人。

第十条　区选委员会工作要点如下：

一、统计该区公民及居民数。

二、宣传选举意义及选举方法。

三、召开村镇公民会议，选举区公民代表大会之代表。

四、决定各该级选举日期、地点，于选举五日至七日前通知之。

五、汇集候选人名单、履历，经审定合格后，并在各村镇公布之。

六、维持竞选秩序。

七、制发选票。

八、召开区公民代表大会，进行选举区政府委员。

九、呈请上级政府遴派监选人及投票、开票管理员（不得遴派本区域内人民及行政人员）。

投票管理员职务如下：

1. 鉴别投票权。

2. 分发选票。

3. 解释投票方法及手续。

4. 点数到会代表总数。

5. 维持投票秩序。

开票管理员职务如下：

1. 计算投票数目。

2. 检查选票之真伪。

3. 维持开票之秩序。

监选人职务如下：

1. 监察投票手续是否合法。

2. 宣布投票有无效果。

3. 公布当选人之当选票数。

4. 宣布选举结果。

第十一条　区选委会于选举完竣后即宣告结束。

第四章　选举办法

第十二条　凡公民在一次选举中，只限有投选一票之权。

第十三条　本法第六条第二款所规定之区队公民代表，由区队军人大会选举之。

第十四条　本法第六条第三、四二款所规定之区代表，如为环境所限制，未能实行会议选举者，得由区选委会会议决定聘请之。

第十五条　区选委会应将候选人名单，竞选期限，选举日期，选举场所，分别先期公布，并请县政府派员监选，方得进行选举。

第十六条　在正式选举以前，区选委会应召开预选大会一次，候选人、区公民代表及区聘请之代表均应出席，候选人得在会上自由发表竞选演说，各代表亦得对候选人发表意见，并提出重要议案。

第十七条　出席决选会之区代表，须超过半数，始能选举。如不足半数者，应改期举行。若连开三次均不足半数，其缺席之区代表，即作为弃权，得依本法迳（径）行选举。

第十八条　选举用票选，或在选票上载明候选人姓名，由选举人就中圈选之，但区选委会得依据本区人民文化水平与具体情况，采用豆选或其他适当办法选举。

上项选票或代替品，应由区选委会制定，当场发给区代表备用。

第十九条　区长、区行政委员及候补委员，由区公民代表大会就候选人中选举之。选举进行时，先选区长，次选区行政委员八人至十人，余以票数多之二人为候补委员。

第二十条　凡得票相等者，应再付表决，以得票多者当选。

第二十一条　当选之区长、区行政委员、候补委员应于选举完竣后，由区公民代表大会呈请县政府转呈行政公署备案加委，方为有效。

第五章　候选人

第二十二条　区长、区行政委员及候补委员候选人之提出，规定如下：

一、区级群众团体可各提出候选人一名至六名。

二、区队可提出候选人一名至二名。

三、士绅候选人可在士绅座谈会上提出一人至四人。

上述候选人之比例，由区选委会临时规定之，其总数不得超过当选人总额之三倍。

第二十三条　候选人之提出，原则上以区为单位，不受本村镇之限制。

第二十四条　候选人提出后，名单交由区选委会审定，并须编号及将其详细履历于选举前五日公布，方得生效。

第二十五条　候选人在不妨害社会秩序与不违背政府法令范围内，得自由用口头、书面或邀开会议发表竞选政见，作公开之竞选活动。

第六章　附　则

第二十六条　关于选举纠纷，应由区选委会转请司法机关处理之。

第二十七条　办理选举人员如有受贿舞弊，选举人或各团体得于选举结束后十日内起诉。

第二十八条　选举人或落选人确认为当选人票数不实，或落选人所得票数应当选而未当选者，得于当选人公布五日内起诉。

第二十九条　凡机关、团体或个人发现有违法竞选贿选，以及捣乱会场、破坏、造谣之行为时，得提起控诉。

第三十条　有下列情形之一时，其选举无效。

一、选举人名册因舞弊涉及该区选举人达三分之一以上，经判决确定者。

二、办理选举违背法令，经判决确定者。

第三十一条　有下列情形之一者，当选无效。

一、当选人之当选票数不实，经判决确定者。

二、系以贿选或其他非法手段当选，经判决确定者。

第三十二条　选举无效，上级政府应拒绝加委，或收回委令，区公民代表大会应即依法改选，或由候补委员递补之。

第三十三条　本法解释权属行政公署。

第三十四条　本法经盐阜区临时参议会第二次大会通过，由行政公署公布施行，如有未尽事宜，人民得向本署建议，以明令改正之。

选自《中国新民主主义革命时期根据地法制文献选编》第一卷，中国社会科学出版社1981年版，第380～387页，原注：“选自盐阜区临时参议会第二次大会《法令及提案决议》，1945年5月”。

5. 盐阜区村政府选举法

1945 年[①]

第一章　总　则

第一条　为实行民主政治，使人民得依照盐阜区村政府组织法行使选举权与被选举权，以建立民选政府，并管理政府，监督政府，充分发挥民主精神，特订定本选举法（以下简称本法）。

第二条　村长、村行政委员及公民小组长之产生，均依本法规定产生之。

第三条　上述人员之选举，以实行普遍、平等、直接、不记名投票选举法进行之。

第二章　公民资格

第四条　凡年满十八岁之人民，无论其为本地居民或外籍居民，在公民登记前，即在该村居住或营业已满三月以上，经公民登记取得公民资格者，不论男女、阶级、党派、宗教信仰、教育程度之差别，一律享有选举权与被选举权，现任工作人员得随工作移转取得所在地公民资格。

第五条　凡人民有下列情形之一者，不得享受第四条所规定之权利。

（一）叛变投敌，或有其他破坏抗日行为者。但反正或自新经政府一定时期之考察，恢复其公民权者，不在此限。

（二）受刑事处分，褫夺公权，未经期满恢复者。

（三）被宣告禁治产者（如神经病，白痴等）。

第三章　村选委员会

第六条　凡进行村选之村，在进行村选前，应设立村选委员会，以领导村选工作，并适当解决村选中所发生之各项问题，村选完毕后，即行结束。

第七条　村选委员会应以区政府派至各该村进行村选之干部召开全村各阶层联席会议，按民主原则产生之，并须经区政府批准后，方能行使职权。

第八条　村选委员会以七人至十一人组织之，内设正副主任委员各一人，下设宣传、组织、总务三股，必要时得增聘干事若干人协助工作。

第九条　村选委员会各股职权规定如下：

（一）宣传股，负责宣传民选意义、选举办法，并在选举过程中发动竞选，报道消息，以造成选举热潮。

（二）组织股，负责村界之划分或调整，户口之调查与登记，公民之审查、编组与公布。

（三）总务股，负责村选时之会计、庶务、收发、联络、招待等一切事务工作。

第十条　村选委员会之委员及干事均为无给职。

---

① 原件无制定时间，推定为 1945 年。

第四章 公民登记与公布

第十一条 公民登记由村选委员会办理，按自然村庄集体登记之。

第十二条 公民登记后，村选委员会应分有公民权者、无公民权者及有问题尚难确定其公民权者三种，分别公布之。

第十三条 公民名单审查公布后，应由村公民大会讨论，最后确定公民资格。

第十四条 公民外出、贸易、旅行，时间在三个月以内，不能亲往登记者，得由其家属或本人书面请求登记，其效力与亲往登记者同。

第十五条 公民得按自然村庄划分公民小组，以十九人至二十九人编为一小组，每组设组长一人。

第五章 候选人

第十六条 村长及村行政委员候选人，由各公民小组、各人民抗日团体就各村选委员会规定之分配名额，分别推选之。

第十七条 候选人之多寡，应以当选人之多寡决定之，但其数目不得超过应选人数之三倍。

第十八条 候选人名单公布后，在不妨碍社会秩序范围内，得自由到处发表竞选政见，公民亦得对各候选人发表意见，表示拥护和反对。

第六章 选举办法

第十九条 每个公民小组，应就其本组中，提出三个小组长候选人，举手表决一人为小组长，如小组长当选为行政委员，则由该组另选之。

第二十条 村行政委员，应由村公民大会直接选举之。凡得票相等时，应再付表决，以求得票多者当选。

第二十一条 选举用票选，或在选票上载明候选人姓名，由选举人就中圈选之，但村选委员会得依据当地人民之文化水准、具体情况，采用豆选或其他办法选举。

第二十二条 村选委员会应将提出之竞选日期、候选人名单、选举日期、选举场所，分别先后公告，并呈请区政府派员监选。候选人名单及其详细履历，应于选举前三日公布之。

第二十三条 出席选举大会之公民，必须达到会数三分之二时，方得进行选举，否则应改期选举，若连开三次均不足三分之二，缺席公民即作为自动弃权，得依本法迳（径）行选举之。

第二十四条 当选之村长及行政委员，应于选举完毕后，由该村选委会报区转县政府加委后，方能行使职权。

第七章 附 则

第二十五条 办理村选人员如有受贿舞弊，选举人、落选人或各团体于村选结束后三日内起诉，但以一审终了。

第二十六条 凡机关、团体或个人，发觉其有违法竞选、贿选以及扰乱会场、破坏、造谣之行为时，得提起诉讼。

第二十七条 本法之解释权与修正权属行政公署。

第二十八条 本法经盐阜区临时参议会第二次大会通过，由行政公署公布施行，如有未尽事宜，人民得向行政公署建议，以明令修正之。

选自《中国新民主主义革命时期根据地法制文献选编》第一卷，中国社会科学出版社1981年版，第389～394。原注：“选自盐阜区临时参议会第二次大会《法令及提案决议》，1945年5月”。

6. 苏中区人民代表会议代表选举条例（草案）

1945年7月4日

第一章 总 则

第一条 本条例根据苏中区人民代表会议组织法订定之。

第二条 凡居住苏中区之中华民国人民，年在十八岁以上，不分阶级、党派、职业、男女、宗教、民族、财产、文化程度之差别，除有下列情形之一者外，均有选举及被选为苏中区人民代表会议代表之权。

一、有汉奸行为经政府缉办有案者。

二、在抗战期间受刑事处分，褫夺公权尚未复权者。

三、有重大精神病及吸食毒品（鸦片、吗啡、海洛因）者。

第三条 抗日军人为武装公民，有选举权及被选举权。

第二章 名 额

第四条 苏中区人民代表会议正式代表名额为二〇七人，候补代表三十九人。其候补代表之产生，各选举单位按照应选正式代表五分之一，零数不足按三舍四取办理，以得票次多数者充任之。

第五条 苏中区人民代表会议代表名额之分配，按照解放程度、人口、地区及交通等条件规定如下：

一分区 正式四十二人 候补八人

三分区 正式四十二人 候补八人

四分区 正式四十三人 候补八人

五分区 正式二十八人 候补五人

六分区 正式二十人 候补四人

苏中军区直属部队与直属机关、工厂、学校 正式十四人 候补二人

苏中各群众团体 正式六人 候补一人

沙沟市 正式二人

共产党 正式五人 候补一人

各抗日党派 正式五人 候补一人

第六条 各分区应根据实际情形，将应选出之代表名额，分配各县及分区直属单位。

第三章 选 举

第七条 苏中区人民代表会议代表之选举，除另有规定者外，以县为单位，采用无记

名投票间接选举方法。

凡已成立县参议会及参政会之县，由县参议会或参政会召开临时全体大会选举之。如参政会不及召集者，得召集参政员，各抗日群众团体、机关、部队代表，举行联席会议选举之。

未成立县参政会之县，由县政府召集各团体、部队、机关代表，举行各阶层联席会议推选之。

情况特殊之地区，不能进行选举或推选者，得由该分区专员公署或县政府聘请之。

第八条　苏中及分区直属机关、工厂、学校之选举，采取无记名投票复选法，得分别或联合举行之。

第九条　分区部队代表之选举，得单独举行，其名额包括在分区名额以内。各县部队与民兵代表，参加各县之选举。

第十条　各分区专署在规定名额内得聘请沦陷区人士担任代表，但其名额，一、三分区不得超过二人，四、五分区不得超过三人，六分区不得超过五人。

第四章　竞　选

第十一条　各县举行选举时，得举行公开竞选，各抗日党派、群众团体及有公民五百人以上联盟之个人，均得单独或联盟提出候选人名单及竞选政纲，向主持选举之机关登记，进行竞选。

第十二条　苏中人民代表会议代表之候选人及被选举人，均不限于当时出席选举会之代表或县参议员、参政员。

第十三条　竞选运动受法律保护，在不妨害选举秩序下，任何人不得加以干涉或限制。

第十四条　凡以威胁、利诱、舞弊等方法妨碍选举自由者，不问当选与否，除制止其行动外，其当事人与参与人，均由政府依法惩处。

前项案件，人民有告发权，但选举诉讼之处理，应于苏中区人民代表会议开幕以前终结。

第五章　选举机关与经费

第十五条　苏中区人民代表会议代表之选举，由苏中筹委会主持之。各分区由专员公署邀请群众团体、抗日党派、部队代表组织选举委员会。苏中直属机关、工厂、学校单独组织选举委员会进行选举。

第十六条　选举经费按照县参议会办法，由各级选举委员会拟具预算，呈请核准后支付之。

第六章　附　则

第十七条　本条例由苏中区行政公署颁布施行，如有未尽事宜，得以命令修正之。

选自《中国新民主主义革命时期根据地法制文献选编》第一卷，中国社会科学出版社1981年版，第394～398页。原注：“选自1945年7月7日《苏中报》”。

7. 苏皖边区乡镇选举条例

1946 年 5 月颁行

边府为统一全边区基层行政机构及推行地方自治起见，特制订乡（镇）组织条例及选举条例之原则，训令各行政区遵行。条例原文如下：

一、为统一各行政区之乡（镇）组织及选举工作，特制定本原则，各行政区制定乡（镇）组织条例及选举条例时，应顾及本行政区之具体情况，但不得与本原则相抵触。

二、确定乡（镇）为地方自治之最基层的一级政权组织，乡（镇）以下不应设立另一级政权组织或类似一级政权的组织。

三、确定乡（镇）自治单位管辖范围之标准如下：

甲、乡村人口稠密之地区，以一千五百人至二千五百人口为一乡，人口特别稠密之地区，至多不超过三千人口。

乙、乡村人口稀少之地区，以一千至二千人口为一乡。

丙、集镇和城市人口更集中之地区，以三千人至五千人口为一镇。

四、乡（镇）的最高政权组织形式，是乡（镇）公民大会。在乡（镇）公民大会中选出乡长副乡（镇）长各一人（并为当然行政委员）及行政委员五人至九人，组织乡（镇）行政委员会，成为乡（镇）公民大会闭会期间的最高政权机关。在行政委员会下设乡政府，处理日常工作。

甲、乡（镇）公民大会每半年举行一次，必要时经乡（镇）行政委员会之决定或本乡（镇）公民百分之五之要求者，得由乡（镇）行政委员会召开临时公民大会。乡（镇）公民大会之职权是：（一）选举与罢免本乡（镇）正副乡（镇）长及行政委员；（二）听取和检查本乡（镇）政府工作报告；（三）听取乡（镇）政府传达上级政府之重大决议，及听取和讨论乡政府执行该项决定和命令的计划；（四）讨论与决定本乡（镇）重大应兴应革事项。

乙、乡（镇）行政委员会每月举行一次，必要时得由正副乡长或委员三人以上之要求召开临时会议。乡（镇）行政委员会之职权是：（一）具体讨论执行公民大会之决议；（二）讨论与执行上级政府之日常工作指示；（三）吸收人民反映，研究讨论与举办本乡应兴应革事业（属于全乡范围的，关系重大的，须经乡民大会讨论）；（四）向公民大会报告工作。

丙、乡（镇）政府及乡长的职权是：（一）执行本乡（镇）行政委员会的决议；（二）处理行政委员会之日常工作。

五、乡（镇）行政委员会之选举，各地应根据普遍、平等、直接、秘密、不记名投票的原则，考虑本地区人民的文化水准等条件，由各行政区订定选举的具体办法。

六、凡进行乡（镇）选之地区，在选举前，应设立乡（镇）选举委员会，统一领导选举工作，由本乡各机关、团体、学校及士绅代表联席会议，按民主原则选举七人至十一人组织之，并由选举委员中互推正副主任委员各一人，领导选举委员会工作。选举委员会之职权；

甲、进行乡（镇）选举的宣传动员，号召人民参加选举；

乙、登记公民，组织人民审查公民；

丙、组织竞选，支持选举；

丁、总结选举工作，向区政府报告。

七、凡年满十八岁之中华民国国民，无论其为原籍居民或外籍居民，在公民登记前，到达该选举区域，经公民登记，取得公民资格者，不分男女、阶级、党派、宗教信仰、职业、教育程度之差别，一律享有选举权与被选举权。但凡有下列情形之一者，不得享有选举权与被选举权：

甲、叛国投敌，尚未经本乡人民通过及政府恢复公权者；

乙、受刑事处分，褫夺公权，未经期满恢复者；

丙、被宣告禁治产者（如精神病、白痴等）；

丁、吸食鸦片毒品尚未戒除者。

八、凡进行乡（镇）选之乡，必须进行公民登记，并由乡（镇）选举委员会将具有公民权者、无公民权者及尚难判定其有公民权者三种分别公布，通过人民讨论，确定公民资格。

九、为发动竞选，鼓励各法团、各阶层提出候选人进行公开的竞选活动，乡（镇）选举委员会应将以不超过应选人三倍之候选人名额，于选举前五天合理地分配给各法团、各阶层自行推出候选人进行竞选。

十、在选举中，如有贿赂舞弊或妨碍选举等违法行动，得于选举结果公布后十日内，依司法审理程序，向司法机关提起诉讼。

十一、通过各乡（镇）之选举运动，必须达到下列目的：

甲、全体人民受到民主教育，加强人民管理政权和政权为人民服务之观念；

乙、检查政府工作，发动人民批评政府工作，改进政府工作；

丙、讨论本乡应兴应革的重要建设工作。

十二、正副乡（镇）长及行政委员任期各为一年，连选得连任。如经本乡（镇）公民大会之讨论决定，得临时改选正副乡长及行政委员。

选自《中国新民主主义革命时期根据地法制文献选编》第一卷，中国社会科学出版社1981年版，第413～416页，原注：“选自1946年5月9日《新华日报》华中版”。

三、政权组织

1. 淮南路东区党委关于根据地建立以来的总报告（节录）

1941年12月25日

第一部份（分） 路东根据地概况

（一）地形人口物产及革命历史：

路东根据地位于长淮运河津浦之间，东西狭处约一百三十里，宽处约二百里，南北长约二百里，西部之盱来嘉多山地，东部有高邮宝应邵伯川三湖，北邻洪（泽）湖，其他一般是起伏地。人口战前为百七十万，现我统治区约八——九十万，一般未经过大革命与土地革命洗礼，南京失守后陷于敌后，三九年五月，我军进入抗战，四〇年五月，全部政权建立。物产以稻、麦、黄豆、玉、蜀黍为大宗，是纯农业区域，副产品以猪为大宗，鸡及鸡蛋次之。

（二）根据地建立过程：

我军还击顽固派胜利后，全地区无顽军，即集中地方工作干部着手自上而下建立政权，并尽量发挥政权的力量，动员人力、物力、财力供给新四军，并以之统治人民，同时运用行政力量，建立了四个独立团及各县模范营连，群众工作虽也同时着手作，但成绩不大。今年二月扩军后，因国内第二次反共高潮降低，敌又未来扫荡，政权机构（按那时条件说）之建立与运用已达到相当高度，足以保证新四军之给养，并为群众运动准备了更有利条件，乃以大力进行群众工作，到今年十月止，农抗已发展到十万人。妇女、儿童、工人、青年团体也发展到三万余。地方党员×千，地方武装脱离生产的发展到×千多，民兵发展到×万四千多。一般说来，此时期为突击群众工作特别是农抗工作时期，地方武装及民兵亦有相当大的发展。今年十月后，提出了大规模军事动员（主要是发展民兵与巩固地方军），巩固农抗，大量发展妇女、青年、儿童组织，发展党，加强党性，开展民主运动的任务。此时期工作进入了全面开展的性质与阵容，与从前各时期之集中力量于个别部门工作者已大不相同，这表示着根据地已面临到最后巩固与全面细密组织工作的程度。估计如无敌情与同盟军之重大不利变化，到明年二月底，各部门工作即可大致规模齐备，再加上边区及敌后外围军与两面派政权两面派伪军工作之开展，湖沼地带小海军之建立，路东根据地即可成为独立坚持游击战争的战略单位了。

（三）执行党的政策中的偏向：

甲、在土地政策上，三七分租，地主出种子，取消租草，退还押板，……这一套一起付之实行，再加上评租委员会里农民占优势，确使地主受打击过大，因为过去很多是事实上的倒三七。但因群众工作发展不平衡，一般并未将全一套一起付之实行，而是陆续实行，群众未发动地区仍有四六或对半分租者。一般说来，受打击最大以至于困难生活下去的是失去劳动力与缺乏生产资本的小地主，这种人既不能自耕又无力雇工耕种，本质上说来，这种人不能算做地主，实际上是失去了劳动力的中农或贫农。其次，受大打击的是大地主，一般中小地主因通常自耕三分之一以上，且可作贩粮、贩盐、开磨房等生意，生活可维持。因先进地区三七分租已实行四季，且换旧领田纸为新合同，故三七分租难再改变，地主们亦认为是政府法令无改变可能，我们拟向农民提议，改农民出种子，仍照昔例，由主佃双方估租，评租委员会或取消，或只负调解与纠正错误之责，对退还押板等采取分期退还办法，并准中小地主抽田一部分自耕，如农民同意，即可提交参议会讨论通过实施①，（减）息比华北办法为更向债权人让步，比北伐时国民政府公布年利二成相差不多，老债还本与一本二利则根本取消债务两点，对债权人之不法利益打击大些。

乙、在锄奸政策上逮捕及杀人过多，特别是对中小地主及知识分子小学校教职员之参加暴动阴谋及从前参加过 C. C. 复兴与其外围组织者，往往轻易加以逮捕，致多树敌人，妨碍对知识分子及中间分子之争取。司法制度迄未有系统的建立，滥捉、滥打、滥押、滥罚（甚至滥杀），还是不断发生。九月以后，这些错误得到很大纠正。

丙、在军事政策上，经过行政扩大地方军，一扩再扩，如高邮自去年十一月至今年六月，续扩六次，加之从区乡到县的过渡过快，引起群众害怕，特别是雇工贫农，常被行政上作为扩军对象，在基本群众中有“新四军什么都好，就是常扩军”的议论。② 正规军及地方军，在动员归队中，有的捆人，捉家属，有的甚至将所有当过兵，作过公务人员回家的，都在归队之列，引起群众不满，个别高中生及税务人员因此逃到敌区。

丁、在政权政策上，区以上共产党员占绝大多数，区以下之乡保政权则已近于三三制。

---

① 两种版本皆注明“此处原文残缺”。从上下文看，此处似漏一“减”字，即“减息比华北……”。

② “淮南根据地版”删略下列字句。

戊、在交朋友工作上，长期的存在着以革命者、统治者自居的作风，不了解党的统一战线政策的重要性及现实性，不懂得人情世故，不懂得如何从政治上从待人接物上去联系与提高当地知识分子、中小地主、商人、士绅、游民，在当地知识分子中吸收党员之少，也是反映这一事实。

己、但是我们认为路东根据地对党的政策之执行，基本上是正确的，比如土地政策之执行，保障了我们发动与组织广大农民群众，锄奸政策之执行，保障了对于汉奸、敌探及顽固地主、特工分子之镇压，军事政策之执行，保障我们扩大了上万的正规军地方军等。

庚、群众运动新起地区，农民及农民干部很容易过火，见到地主眼就红了，只知打不知拉，只照顾自己，不照顾人家，只知道开会大斗，不知道调解。

（四）各阶级地位之变动，其相互关系，及其对敌、对顽、对我之态度：

甲、路东原为多匪之区，现在根据地上夜不闭户，此事得到全体人民之拥护。

乙、我之财政税收政策正确，商人发财，农民对内负担轻，对外油、粮、猪、鸡可以出口获利。

丙、农民得到了三七分租，分半给息，赎当田，合作社、借贷所、换领子等经济利益，一般不仅有饭吃，而且有鱼吃，又得到了民主权利，积极性大提高，就是怕当兵，这一方面是由于政治觉悟还未提到应有高度，另外则是扩军中错误的结果。

丁、雇工有些积蓄的都变为贫农，新雇工工资提高赶不上物价飞涨，工抗组织落后于农抗，工人生活改善及政治觉悟之提高，更加不平衡些，但照总农抗决议办法，对工人生活之改善，不比彭德怀同志所说工资以养一个半人为标准的为低。

戊、贫农有饭吃，少数青黄不接的，由借贷所合作社或经过农抗借些粮，即可度过难关，靠山的贫农，今年已很少人上山砍草，政治地位大提高，有的贫农在与地主吵嘴时，大声说："你看我这身衣服，打官司你也是要输的。"但因田少，生产资本缺乏，上升很慢，并缺乏参加政治生活的时间。

己、中农特别是佃中农经济上大向上，在文化上经济上都比贫农便于参加政治活动，免除了从前地主、豪绅、地痞、流氓、行会、高利贷对他的剥削压迫侮辱打骂。在生活未大改善时，怕出伕优抗，现在也说："新四军对我们太好了，出几个伕子算什么呢?"

庚、富农特别是佃富农大向上，根据地初建立时，有因怕共产卖了牛搬家的，一般说不高兴出伕、优抗，现在有买了田变为地主的，有承当田自种的，三七分租他得益处最大，政治地位不如中贫农，对减息、增工资借粮等，持相当反对态度。

辛、小地主之失去劳动力与生产资本者，客观上是中贫农，对三七分租大不满，希望得到救济，一般中小地主在自耕这一点上，是拥护我之财政税收政策的，三七分租中吃了亏，对主二佃一公粮认为歧视他，如能将土地政策中错误纠正一些，取消主二佃一的征收公粮办法，再正确执行三三制，则可安心拥护我。

壬、大地主政治上、经济上受打击最大，为两次暴动之组织者，投敌不愿，盼顽不来，亦不敢再冒然反对我，群众已看不起他们，现甚苦闷，唯恃造谣以稍微控制群众积极性的发动。在现在国际形势下，如我能击退顽军进攻，并执行正确政策与交朋友工作，其大部亦只好与我合作。

癸、经过两次反扫荡及逃亡地主回头，证明在对敌斗争上，全体人民是几乎完全一致的，只有坚决性的程度之分，并无抗日与不抗日之别。在对顽斗争上，就不同了，一般的说，农民当然不愿顽来，而仍怕他来，先进地区青年农民不怕老农怕，群众工作初建立地区，贫农不怕中农怕，中小地主于此正在分化中，但同情我之中小地主亦怕顽固派再来，不断的进一步靠近我，大地主是反共军的衷心欢迎者，其中一部份（分）是坚决的内应者。

第二部份（分）　各部门工作分类报告关于政权工作的报告

这里的报告，包含有两个内容：即是政权建设和财政工作，详细数目字不在此述及，可参阅材料上的统计。

一、关于政权建设方面

（甲）政权建设的三个时期：第一个时期是前年反磨擦战斗（半塔守备战）起，至第一次联防会议（一九四〇年五月），这时期的外部环境，是顽固派被打跑，但还没有全部赶出淮、宝地区，秦庆霖依然在蒋坝，我们的任务是：从联防办事处起至各乡镇全部搭起了政权的架子，建立了领导机关，这时期的特点是：（一）政权虽已全部建立，但是只有形式，缺少实际的内容，政权的下层机构全部未更动，全部把持在旧的乡保长手中；（二）在新四军胜利的余威之下，镇压住了反动破坏分子，然而特务、散兵、游勇依然活动，恐吓人民，（三）广大民众抱住观望态度，对新四军能否在此立足生根表示了很大的怀疑和不信任。这时期我们迅速建立革命秩序，安定民心，争取逃亡地主、地主回归，建立了办事处，八个县政府及下层的区乡政府。自第一次联防会议及省委第一次扩大会议以后，政权的建设则进入第二个阶段，这个阶段的客观环境的主要特点是：（一）大地主企图推翻我们政权的阴谋暴动大失败，勾引苏北军重新占领路东的计划破产，苏北我军的大胜利，李守维失败更给以失望的打击，七月扫荡时希望鬼子打跑新四军，又成泡影，因此中小地主开始倾向于我，大地主亦暂时匿迹不动；（二）基本群众对我政权开始表示信任，斗争初步发动，此时政权工作的主要内容是：1. 撤换坏的乡保长，提拔一些进步分子充任，部份（分）的在人的方面改造了政权；2. 加强财政工作，建立财政系统。突击公粮，以便应付我军在物质上的需要；3. 突击军事动员，首先是利用行政系统，行政力量扩大正规军，以便应付我军在人的方面的需要，二月扩军是最典型的表现；4. 公布改善民生的几种法令，利用行政的力量来强制主佃双方执行，造成开展群众运动的初步条件，此时行政工作的方法和方式上，不仅没有脱离旧政权的组织形式，工作方法，保甲制度等一套，而且是尽量发挥旧政权效能，其程度差不多达于极点，利用旧形式，装进新内容，利用旧的政权组织和方法，来完成新的革命的任务，二月扩军便是最具体的例子，这在当时是不得不如此，因为我军把根据地打开之后，把政权建立起来，就希望能在物质和人的方面给以补充，时间不容许我们建立新的一套组织和方法，大多数的干部又没有经验，在人民的合法观念之下，因此当时不得不利用保甲制度这种旧的机器来完成我们新的任务。在当时是必要的，是不得不如此的；此时在政权工作中产生了严重的官僚主义和政权由工农包办的二种倾向，几乎侵蚀了全部的行政部门。可是旧的政权组织形式和其效能越尽量发挥，矛盾一展开，坏的一方面暴露得也越显明；保甲制度之不合理，旧政权组织形式之不合敌后需要，就看得很清楚了：（一）行政组织的层数太多（五级制），层床垒屋命令不易下达，即是下达了亦变了质，革命的任务常以不正常的手段来完成，例如扩军中的强迫、命令、收买与保甲的摊派等，民情不易反映；（二）旧的行政区域太大，在干部能力弱的条件之下，不易掌握，政令不易推行；（三）保甲制度的组织形式，既没有代表制，又没有民意机关监督，又无定期轮选，行政人员易于胡作乱为，好干部容易腐化，结果是打倒了旧官僚，产生了新官僚，在乡村中养成了一批新的特权阶级；（四）各级政权机构建制不统一，头大脚小，不能承上启下，这些缺点曾给我们工作上更大的祸害，这一阶段的末期，在工作较先进的地区，如盱眙与直属一区（半塔集等），已经逐渐废除了甲和乡这两级的组织，其他地区，即使名义上尚未废除，在实际上已逐渐失去了效能，此时期缩小行政区的工作，曾给予工作的开展上以很大的好处，在经验上证明区域较小的单位，工作均开展得快些。

此时期政权民主化方面，我们进行了全边区参议会的召集，而参议会结束之后，便是驻会委员会的工作，参议会和驻委会的工作，给予我们这些经验：A. 必须明确的认清参议会的性质，政府应绝对服从参议会的决议，凡关于立法的事，必须经过参议会的讨论，善于征求他们的意见，原则的坚持与局部的让步，否则代表们会认为我们愚弄民意，当了傀儡。在我们有正当理由和良好态度之下，条例不怕不会通过的。B. 驻会委员会应建立日常工作，以免他们无事可做，久了就被我们利用，这一时期工作上主要的缺点是民主化方面不够，没有建立各级的民意机关，尤其是乡一级政权的上层（区以上）的主要负责人，差不多清一色的共产党员的包办，表现不能和人家共事，而乡以下大部份（分）掌握在旧乡保长手里，形成这种缺点的主要原因、在主观上是没有经验和被保甲制度的效能的现象所迷惑，群众工作还未大开展，不能自下而上的来改造政权。转入于第三时期是在今年九、十月群众工作大开展之后，此时除了个别地区外，大部份（分）尚未有完整的经验，唯感觉有以下问题：（一）彻底废除多级制，保甲制，实行三级制，划小乡（二千人至二千五百人），乡级彻底民主化，举行公民登记，划编公民小组，三个月一轮选，人人可为乡级干部；（二）扩本区的组织，区内设科，以便承上启下；（三）把经济、会计、财政区别开来；（四）建立司法制度。

（乙）政权的组织系统，除了最高民意机关联防参议会外，便是联防办事处，办事处分民政、财经会、宣教、农工、粮食等五部份（分），在此届参议会拟改为民政、经建、宣教、农工、审计、司法等七部份（分），办事处的负责人由参议会选举之。县级组织大约同上，区级是督导机关或行政机关尚未固定，正研究中，乡保级之行政委员会分为行政、财政、经济、教育、调解、优抗、后勤、军事、粮食等九个委员（只有三分之一地区实行了）。各委员之产生，在保级是由民众代表会选出，乡级大部份（分）不是民选，依据直属一区之经验，行政委员以保级最有作用，有实际工作，而乡级因地区太大，故均挂名而已。除乡保行政委员会之外，设乡公所，以正副乡长办事员二人等组织之，估计六个月之后，全部行政机构可完全彻底民主化，一如华北先进地区然。

二、关于财政工作方面

这里所说的财政工作，主要的是说明下列几个主要的内容：即货检、公粮与税务等三项，政权建立之后，我们因为在工作上，而尤其是财政工作上没有经验，因此不得不全部抄袭安徽省政府的老一套办法，还不能有我们自己的新的一套，经过这一年来的工作，获得了一些新的经验之后，才算逐渐形成一套新办法（统计另阅材料）。

A. 关于货检工作：

货检工作应当具备着这样两种机能：对外能和敌人的经济侵略政策做斗争，对内能够保护着自己工商业的发展，一切的货检的工作的布置，应当从这里出发，只能从这里出发才能得着人民的拥护，而且也才能解决财政问题，一年来经验证明了只从财政需要的观点出发来解决货检工作，只是舍本逐末，不仅根据地的实业保护不了，而且连财政问题都无法解决。

开始我们承继安徽省政府的办法来布置检查网，几个月后我们便感觉到这种办法包含有很大的缺点，因为他依据行政区域的单位而划分，而货检处的布置，主要是根据对敌封锁，对敌斗争与交通要道封锁线的划分，应当以敌伪据点周围为转移，以对敌斗争有利为转移，因此我们就开始不以行政县份为单位，而以对敌封锁上需要（如据点附近交通线等）为单位，其宽度不过六十里，其纵深不过三十里，便于缉私、联络、检查与领导等，把单位划小，便于去接近下层，经验证明了我们这个意见是正确的，其次我们又发现从量征税的不合理（如一个茶杯固定征二角钱税），因为法币的跌价，物价的飞涨，使我们税收在质的方面日益下降（虽然数量不变），在开始定进口税的时候，一般是以百分之五为原则，以后法币跌价，物价飞涨，无形中变成了百分之一的税率，因此我们又规定从价征税（即规定每个货物征物值百分之几，随物价之涨落而增减），最后我们又发现了利用货检网来与敌进行商战，在一禁一放的方法下，争取农业商品高价的出售，打破工业品与农业品交换过程中的剪刀形。在根据地没有工业不能自给自足的条件下，商战是有特殊的意义的。

B. 关于公粮工作：

开始我们对公粮工作的重要意义估计不足，以为吃的靠公粮，用的靠货检，直到敌伪扫荡，货检工作暂时停顿之后，才了解到公粮工作在整个财政工作是有三分之二的位置。因为在敌后多变的环境之下，正常的税收工作是较为困难的。从今年午季起，公粮工作便比较完备起来，这里主要的经验是：1. 公粮征收的前提条件是评租工作，因为评租能求出总的收获量，而总的收获量的求出便等于解决了整个公粮工作的三分之二。2. 边区游击区以款代粮，一方面避免敌人抢劫，另方面又便于缴纳，人民是很愿意的。3. 公粮的支付必定要严守一定的手续，才能做到统支统筹。

C. 关于税务工作：

这里所指的税务工作是田赋和杂税。一年来税务工作主要的经验有下列数点：①用动员方法来征税，向群众要钱自然是一件困难的事，但是只要加点动员因素，困难就变成容易了（高邮曾有数千人集体完粮）；②改赋征粮，避免法币跌价所来的打击，其原则是征总收获量的百分之二，运用统一战线，今年春季征契税时组织一个合于三三制的征收委员会，使契税征收工作收到极大的便利。

一年来我们中心曾不能不放在财政工作上面，在部队急切需要补充给养的条件之下，是不得不如此。今后应加重注意于经济建设与建立健全的会计制度，这是我们的突击方面之一。

群众工作报告

（一）组织概况（数字见统计表）。

（二）大发展的三个时期：甲、自去年五月至去年九月。此时期路东情况之基本特点，为根据地从建立走向初步巩固时期。其具体事实为：七月间镇压了以大地主为首的暴动，八月间从蒋霸打走了秦庆霖，九月间胜利的进行了第一次反扫荡，在苏北反磨擦中消灭了李守维。此时间（特别是在开始数月）内所提大刀阔斧建立群众组织的口号，事实上还不成熟，因为在群众看来，新四军是否站得住还是大问题，尽管我们自以为是大刀阔斧，群众并不承认我们刀之大斧之阔。因此，我们虽然依靠着新四军的力量，与运用着政府法令、外来干部、群众的先进份子去开展群众工作，但最大多数群众仍是怀疑观望（亲眼看到过胜利反磨擦的地区如半塔则好些），而况我们正忙于政权建立与充实工作，拿不出足数干部去作群众工作，力量又配备使用得不好，各级党的工作干部未集中力量于群众工作，空忙于所谓照顾全局。此时期实际工作上表现是：三七分租是由外来干部用政府命令去实行，而且阳奉阴违，无外来干部之处则根本不执行。虽然五月间即建立了总农抗、总妇抗、总青抗，但都是空架，对工作少推动作用，部分地主、流氓混充了理事长，连党内出现了老人支部，外来干部还是根据地未建立时办兵差的作风，但究竟也给群众一些好处，吸收了些积极分子，展开了群众工作中的一些矛盾，使外来干部得到了些经验，半塔等少数地区还真正发动了部分工农。乙、自去年十月到今年三月，此时期路东情况之基本特点，为根据地内部基本上已得到安定，但外部有激烈的反磨擦战时期，其具体事实为路西桂军向我进攻，皖南事变等，此时期内主要集中干部力量于扩军等军事动员工作，且无夏秋收之好条件，工作又偏重于深入乡保，不懂得大刀阔斧之实际运用，因此群众工作的成绩不大。只半塔、竹镇、铜城、西高庙等少数地区因经过了一次秋季分租的深刻斗争与保有相当数量的群众工作干部，群众是多少真正发动起来了，高邮地区经过了赎当田的斗争。军事动员中也大大提高了群众的觉悟程度，但群众运动不但缺少全路东的，而且缺少全县的规模。丙、自今年四月到今年十月：此时期路东情况之基本特点为根据地内部更形巩固，外部虽有顽军不时向我华中根据地进扰，但全国形势则已结束了第二次反共高潮，五月扫荡只几天时间且规模不大，因此这一时期基本上是和平环境，又包括了夏收秋收两个富于乡村斗争的季节。此时群众已经更信赖新四军之强大，群众工作干部的经验也多些了。但夏收工作中组织上之收获仍不大，这在客观上是由于夏收时间太短，又横加上一次扫荡，主观上仍然还未学会如何去运用大刀阔斧的手段，以及工作中之抓不紧，与严重的官僚主义疲倦现象。秋收中有近将十万人的发展，旧有组织也得到加强与改造，这在客观上是由于秋收时间长（两个多月），斗争内容丰富，主观上是由于干部加多了，经验已得到总结，大刀阔斧有了具体内容，领导上采取了新的办法，能做到抓得紧，纠正错误快，解决问题快。发展仍是不平衡的，地区上不平衡，各种群众团体也不平衡，但已经打下了很快走向比较平衡发展的基础，因为农抗大发展与初步巩固了，武装群众不难，建立妇女儿童组织也容易了，妇女是他的老婆，儿童是他的孩子。

（三）大刀阔斧建立群众组织的经验教训：甲、新四军是大刀阔斧的主要前提，其次，就是抗日民主政府及其法令，群众团体的领导机关（如总农抗）及其决议，群众武装，外来干部（在很长时期，群众认为是新四军的代表），……总之，一切有实力、有号召力、有威信的东西，都是大刀阔斧的前提条件，这些东西的消长，在客观上决定着大刀阔斧的可能性的多少。在地主阶级存在的条件之下，只是有了强大的共产党领导的军队，还不足以保障农民敢于起来斗争和组织，下层政权的改造，外来干部（本地知识分子干部有同等作用）在乡保领导，政府法令及群众团体领导机关决议，都是不可少的。乙、我们在大刀阔斧具体运用中的主要内容，第一是斗争，特别是改善民生的斗争，否则绝不可组织起广大群众。但在方式上应以调解为主，只开大会斗争顽固对象。另外须抓紧季节性的斗争，最好是夏收秋收，其次如春荒、减债、赎当田等，都有一定时间，此外群众要求当然随时都有，但总不如这些要求来得普遍。第二是利用行政力量颁布法令说服地主、调解争议、召集群众会议与鼓舞群众。第三是联系到群众的迫切要求，传达政府法令与群众团体高级机关决议，来启发与坚定其斗争勇气与胜利信心。第四是发动地方干部，号召先进的帮助落后的，挑选群众中的积极分子，组织突击队，到邻近乡保开辟与整理工作，在发展上收效很快。第五是发动竞赛，要把干部与群众都卷入竞赛热潮，使大家争先恐后。

（四）细密组织工作问题：甲、自今年三月胡服同志来电指示路东根据地工作已入正规，提出细密组织工作的任务后，个别地区（如半塔区）的群众工作即在这方面努力摸索，因当时就路东整个地区来说，群众工作主要是大发展，且根本缺乏细密组织工作经验，故创造不够，在群众工作已发展之先进地区陷于相当停滞状态。乙、秋收后大发展已有相当规模，特别是农抗，因此细密组织工作的任务，在群众团体中的要求大提高了。丙、目前我们强调保（最下层组织）内的细密组织工作，具体内容有三个：①具体分工，不使一个人的职务是挂名的。②研究与解决小的但是带有普遍性的问题。③把保一级各种组织民主化，培养每个人可以成为保级干部。丁、使细密组织工作不限于组织工作本身，例如在执行政策上，在调查研究上，在斗争中，在教育工作中，都应该逐渐从粗枝大叶向着细密化组织化走去。戊、不仅在下级组织，不仅在个别部门进行细密组织工作，而且要在各级组织、各个部门进行细密组织工作，要把各种组织、各个部门所担负的不同任务，组织得互相配合与联系起来，为一个共同目标——为完成党的总任务而斗争。

边区工作报告

（一）边区工作的开始：在根据地刚建立时，凡为以前顽固派统治地区者，悉数变为我统治区，所以我在那时期能统治的地区为最大，我在那时因忙于恢复秩序建立政权，敌人对我尚未注意，伪军尚不很多，所以那时的边区相当安静，随着我根据地的逐渐发展和巩固，敌人注意，伪军增多，敌伪开始向我边区侵占，我占区就逐渐缩小，直至去年八月敌人大举扫荡，很多地区被沦陷（直到现在还有许多地区未收复），如来安、嘉山已大部变为敌占区和游击区，边区斗争激烈展开，边区工作才真正开始建立起来。

（二）边区工作发展过程：这主要是根据嘉山、来安两县的经验，因为在路东的边区工作，这两县是较好的，它们已有一套由敌占区，到游击区，再到我占区，由敌人的一面派，到两面派，再到我之一面派一般比较完整的过程，这个过程需要用三个时期来说明之。

第一个时期：这一时期的基本特点，是少数干部打游击，因为在这个时期，敌伪力量太大，我方力量太小，我们无政权和武装，群众动摇，不敢靠近我们，但总有少数的先进分子，愿意坚决的同我们一道进行与敌伪斗争，因为曾被我们统治了一个时期，曾进行了一些地方工作，我们就依靠这少数的先进分子为骨干，发给他们少数枪支（三支五支不等），行政上给他一个名义（一般的都是乡长），他们的工作，第一个就是打游击和扩大武装。第二，就是恢复政权，和争取两面派。第三，坚决保卫群众利益，尽可能帮助群众解决困难问题，向群众宣传。第四，进行统一战线工作（边区的地主、士绅和流氓等），但要坚决打击个别坏蛋分子，由于武装的扩大（一般的到二三十人），政权的恢复，群众积极性提高，就进一步组织半脱离生产和不脱离生产的群众武装组织，和敌伪斗争，少数人的游击变成为群众的游击战争，边区工作就转入到：

第二个时期：这个时期的基本特点，就是群众打起来游击战争，我方力量生长起来，和敌人（主要是伪军）进入比较大规模的残酷斗争中，在这时期中，由于我们对伪军的争取、瓦解与杀伤，再加以敌伪与伪军内部的矛盾，伪军人数和力量逐渐减少和削弱，这就更加孤立了敌人，群众游击战争压倒了伪军，把伪军逼到敌据点内，平时不敢出来，这时边区工作，就进入到：

第三个时期：这个时期即边区巩固了的时期，如边区能向外扩展，则边区之一部就变成了中心地区，那是另外的问题了，来安、嘉山在数月已经进入了这一时期。

（三）几点经验教训：a. 边区工作是以武装为主，配合政权和民运工作，这三者在边区工作中，必须是互相配合，同时并进，三位一体，缺一不可，缺少了那一样，边区工作都是搞不成的，所以边区工作发展的过程，就是武装斗争，政权工作，群众运动同时发展的过程。b. 边区工作发展的过程，主要就是我方群众游击战争增长，与敌方伪军力量削弱的过程，所以边区工作中，应该以伪军为斗争的主要对象，应该用争取、瓦解、打击、杀伤等方法，去削弱伪军，这也就是孤立与打击了敌人。c. 边区工作的开展必须有中心地区为依靠，边区的巩固，必须有很好的敌占区工作的配合（这一方面的工作最弱），边区群众武装的游击战争必须得到主力军（从新四军到县区常备武装）的支持与配合。d. 边区斗争情况最复杂多变，矛盾最多，须要有文武全才，能打会拉的干部主持。e. 争取伪军与建立两面派政权及军队的客观根据，在敌情一方面，是要看某些点线是敌所必守或必争的，某些不是，我们认为应该在敌所必守或必争的点线周围或两旁，决定一缓冲地带，即依此向伪军伪组织提议互不侵犯（即是说我不侵入此地带，他亦不要越过此地带），经提议后，我即守信用，彼如来犯即还击，一直斗争到他承认此主要条件。如此等点线周围或两旁没有伪军伪组织，我可主动的组织外围军灰色政权，即革命的两面派军队及革命的两面派政权。f. 对来犯之伪军（特别其成份（分）不好的），在战场上如不缴枪，即可尽量杀伤，以打破其浑水摸鱼发洋财的心理，但一经俘虏即须尽量优待。

农村支部工作报告（略）文化教育工作

一、工作概况见统计。（略）

二、几点说明与经验教训：

A. 关于吸收地方知识分子，根据地建立初期，吸收地方知识分子的主要障碍，主观上是不信任地方知识分子（反磨擦以后和大地主暴动的影响），客观上则是因根据地是从反磨擦当中建立的，地方知识分子很长一个时期存着新四军是否合法，是否能站长久一个疑问，他们不愿即刻出来参加我们的工作（少数革命知识分子例外），根据地逐渐巩固以后，吸收地方知识分子的最大障碍则是津贴问题了。我们的干部不善于与地方知识分子共事，办学校训练班吸收地方知识分子，则以行政学院、中小学教师暑期讲习会这种名义与形式吸引力大，运动会、歌咏、戏剧团体对知识青年吸引力很大，出我们意料之外，有一部分知识分子可以首先要他出来做小学教师，然后逐渐争取他参加政权及其他工作。

B. 关于训练干部：训练干部中我们强调学习的目的，主要更好的完成当前任务。把训练班变成一个完成当前任务的突击队，或是在训练班前先把学生分发出去突击工作，然后在学习期间加以总结，或是一边学习一边实习，或是在学习期满后编为突击队出发工作，这样的训练班战斗性比较高，但是教课的人，就必须是做实际工作的人，专门化的教员比较不合适。

C. 关于小学教育：①小学教师几乎完全是地方知识分子，其中一大部分是旧的，要改革小学教育，使教学的内容符合抗战民主的要求，必须编印一套小学教材，供给教师和学生，并经常注意供给小学教师以新的材料，路东各小学三年级以上的学生大部分能懂得持久战一些问题。②教育行政系统不健全，县以下各级政府没有专人管理教育，县政府第三科往往只有一光头科长，或者加上个把科员，实际上不能照顾整个小学教育，必须充实县级宣教科，成立县以下各级行政教育小学系统，过渡的办法在各县成立中心小学，责成各中心小学、中学、师范学校负辅导周围各小学之责，组织小学教师抗敌协会，新教育研究会，起了小［学］教师间相互推动、观摩、研究的作用。③因为小学教师待遇菲薄，社会地位不高，一部分小学教师向财经工作转化，一部分小学教师改业经商，这对于小学教育是一个问题，后来我们即改给小学教师粮食以养活一个半人为原则，颁发教育奖金奖励成绩优良的好小学教师，并极力提高小学教师的社会地位，如参议员中设法有小学教师的代表，并经过教师讲习会，小［学］教师抗敌协会等组织，加强他们的教育，提高他们的兴趣。④农村失学儿童还占极大多数，主要原因是他们家庭要留他们在家中参加劳动（放猪放牛），这一方面要更改小学制度，如实行半日学或夜校，一方面还要靠学校以外的组织（如儿童团）以补不足。

D. 关于正规中学：①我们实行免费教育制度，在起初反而引起一部分的怀疑，不敢来读书，害怕要当兵，过了一学期后，才打破这种怀疑。②联中成立最初惟恐人不来，因此形成重量不重质，学生中甚至于有逃避兵役的中富子弟。第二阶段提高了质缩小了量，程度差的送进小学。第三阶段质更提高了量也更大了。③创办正规中学，不能完全搬取旧中学一套，也不能完全仿效抗大或一般训练班的一套，必须创造新的一套，从学校组织、学制、学年、教学内容到教学方法、学生活动都必须创造，我们试验用四年制，高初中各二年，课程方面，政治课和普通课不能偏废，学生应具备一般的常识，我们要求初中毕业学生对一般政治问题的了解可赶得上乡级，高中毕业学生对一般政治的了解可赶得上区级干部，学校放假改每年三次，即麦收前、秋收前、及年假，麦秋收前放假，一方面解散学校准备反扫荡，一方面组织学生回乡参加麦秋收突击工作，年假指旧历年。

第三部份（分）　一般的经验教训

一、我党在建设根据地中的四个武器及其相互影响：（甲）新四军是路东根据地之母，因此，根据地建设过程中的一切斗争都集中其中心点在新四军身上，敌顽打击的主要对象是新四军，绝大多数人民之是否相信与拥护抗日民主政权及其相信与拥护之程度，群众是否敢于起来斗争并组织起来，主要也是看新四军与顽敌——特别是顽之力量对比如何，敌伪只在少数边区对群众是一个威胁，但是大多数人民已不相信敌之能亡中国，顽在中心地区群众中的影响还是存在的，因此群众逐渐觉悟到，有新四军才有一切。反转来战争要求及军纪上的缺点，也会引起人民的各种程度的不满。（乙）抗日民主政府是新四军最应急的助手，在群众没有起来之前，自上而下委派的政权，只要有党的掌握与领导，它就可以利用各种的办法，弄兵、弄钱、弄粮、弄枪，供给新四军使他（它）能专心抗战与进行反顽战争。它又是群众团体最亲近的助手，与新四军之粗枝大叶者不同，它的组织是深入到乡保与普及于整个统治区，它的法令有传统的尊严，为任何人民所必须遵守，它的改善民生的法令，它对于案件的审理与判决，它有权力召集群众开会，它的首长可以出席致词，并可当场奖励与打击人，这对于群众运动的大开展，是绝不可少的。但是，因为它还是一架旧机器，不过只是换了一些人去干，因此它的没有民意机关监督的首长制度，它的命令强迫作风，它的腐化贪污，统统带到群众团体及党内去了，带到干部的思想意识中去了，它在群众组织的大发展上帮助了它，它又给予了这些组织的巩固以更多困难。（丙）群众团体是新四军与抗日民主政府长期动员人力、物力、财力进行战争的最后的保证，它可以使人民出兵、出钱、出粮、出枪、出力劳而不怨。因为群众团体开始是而且经常主要是以群众日常利益保卫者的面目出现的，它是群众的慈母，与新四军抗日民主政府之一边为他们作好事、一边向他们要东西（而且常通过命令强迫）者不同。但是强调了保卫群众利益与强调了群众团体独立性的一面，一味迁就群众的落后意识，就要妨害了军事动员与革命利益。（丁）党是军政民的政治领导者，是最高组织，没有了党则军政民各自为政，形成行会主义，不能够互相配合，分工合作去完成共同的政治任务，干部的思想意识也极易堕落，但是把领导党的方法去领导民众是不对的，把党看成统治阶级并开始官官相维起来更错误。

二、组织领导上的几个经验：（甲）在新地区新干部的条件之下，组织领导似乎比政治领导还困难些，这一则因为党中央及其各局经过电台可经常在政治上指示全国，二则因为开辟新地区工作总是知识分子干部多。但是组织领导以政治领导为前提，具体的政治领导当然是很困难的，必须在政治上按本地区敌我力量及战争的大小变化，在中央总的政治方向下，善于提出当前任务，就是说，善于把中央所给的任务具体化，善于一步一步的很有节奏的去实现此任务，善于把本地区的当前任务再具体分配到各地区与各部门去，并且责成各地区党与各部门党把任务变成更具体简要的计划，并使各地区各部门的每一党部每一干部甚至每一党员晓得自己所要完成的任务，是与国家现势与世界现势有关的，是党的总任务之一部分，这样才能使每一个干部重视与安心自己的工作。（乙）划实验区以及在每一个带有普通性的任务与问题上面作样给大家学习，在具体领导上说，是远胜于开几个大会或进行几多次个别谈话，远胜于文字上、口头上、会议上的批评督促。（丙）划小单位，减少级数是重要事情，否则叠床架屋，上级的指示不易下达，越往下越走样子，下边的情况不易反映，越向上越不具体。秋收以后在群众工作中，路东实际上是三级制，省委直接领导区（县委中党与群众工作干部也到区里工作），区直接领导保，县与乡不起大作用，但是，在全面工作开展起来之后，这种办法是不行的，省与区的责任太繁重了，我们意见是今后县以下改为三级制，把县区乡（最下层）都划小，如此则干部易于提拔，又能抓得紧。（丁）在各种组织未建立起来之前，党不要机械的强调照顾全局，地区党委（特别是分区委）应该集中力量去进行群众工作，不脱离生产武装工作，党的工作。如此方适合于时间支配及干部工作能力。否则党是去忙于参加各部门会议，顾此失彼，一无所成，弄得灰心丧气。我们的巡视团（事实上是突击部队）干部还较弱而工作成绩比区委好得多，这是主要原因。（戊）除了划中心区、乡、保作实验区外，各上级党委应该经常有人

（首先是在要完成一个新的大任务时）到下边去帮助工作，其方式是以到各种组织之最下层检查工作为主，以便于发现一些小的但是带有普通性的问题，以便于很快纠正错误与搜集经验。（己）上下级的联系必须密切迅速，我们的办法是省委与分区委之间，有经常通讯员二人轮流跑，每个分区委及其每个委员每周（现改每两周）向省委写工作报告或通讯一次，这样既可督促工作，又可帮助他们养成想问题的习惯，提高其政治发展与组织能力。并规定分区委以上每个单位每两月必须有人到省委报告工作一次，区、乡到保则是多向下去，而不是常常叫不脱离生产的干部向上跑。（庚）竞赛是完成任务重大武器，不论是先进的与落后的人们，上进的心理是共同的，利用竞赛常能发挥最高度的积极性，收到意外效果，但群众性的竞赛须具备几个条件，我们秋收竞赛的条件是：①民生的改善与群众阶级觉悟的提高。②干部有了些群众工作经验。③有简单明（了）的工作计划。④在报纸、党刊、杂志及会议上面表扬成绩。这种有具体计划的竞赛，又是认真检查工作的前提。我们已经相当广泛的运用这个武器，但是还未向党及群众作总结，运用得还缺少系统，有时滥用，有时忘了用。（辛）不能机械地学样子，比如检查工作，脱离生产的干部，应该多叫他到上级来检查，不脱离生产的干部，上级就应多到他那里去检查，比如照顾全局，省委可以既照顾主要方面，又照顾一切部门，但县、区就不一定如此，到支部就又可能照顾全局。（壬）工作内容日益增加，组织必须日趋完备，一人照顾几个部门实际工作的一把抓办法，工作绝不能作好，须力求分门别类，专人负责，层层节制。

三、干部问题：（甲）我们总存在着某种程度的关门主义与狭隘作风，越向下去越难纠正，首先是对于当地知识分子之吸收不够，造成各部门干部上极大困难，九月间才发现了盱眙、高邮、六合等县级干部完全根据保安处的片断材料，即认为当地知识分子过去多是与C. C、复兴有联系，现在还有的参加暴动阴谋，因而不敢接近与争取他们，一般的则过分地强调了当地知识分子之在顽我之间动摇与其落后性，这些估计，不论按其阶级成份（分）讲来，不论按国内外现势及路东根据地建设的日益成功看来，基本上是不对的。（乙）在各部门工作中，都已表现出，一些低能的外来干部，压住了本地干部向上发展的现象，在乡保政府及群众工作中，已经表现出，当地最老一批工农干部压住了新干部向上发展的现象。他们忘记了自己当初也是不大行，是经过锻炼与学习才变得能作工作了，他们过于强调人家不能作更多工作，凡事非自己出马包办不行。（丙）在大发展的条件之下，必须舍短取长，按不同工作放手任用不同政治条件的干部，过于重德，则将无人作事。（丁）在先有根据地、先有政权而后有群众工作与地方党的条件之下，党性锻炼倍加困难，干部党员中之官僚主义、腐化、贪污等——最易发生成长，再加以敌顽奸细活动，使县区级干部极难健全。特别在路东外来干部比较少而又不精与未能吸收大批当地知识分子干部的条件之下，县、区级干部之少与县、区级组织之不健全，限制了路东工作的更快发展。（戊）乡以下及群众工作武装工作干部基本上应使用工农干部，抽出不适宜于群众工作的知识分子，干部去作机关工作文化教育工作等。可解决干部问题中很大一部分困难。

第四部份（分）　小　结

路东根据地已经作了不少工作，按战争的长期性与大量使用民力来说，改善民生是基本问题，而路东根据地上，在统一战线所许可的范围之内，已经尽量地把民生改善了，三七分租、分半给息、老债还本、赎当田、拨田给贫民种、加工资，这些都是实行得相当普遍与相当彻底的，群众的积极性已经普遍发动，再加强组织及教育，再配合以良好的统战工作及民主运动，各种军事动员任务是不难完成的。新四军、新民主政权、农抗会及党都有相当高的威信，如能善于使用，民力是用之不竭的。

选自《华中抗日根据地财政经济史料选编》第一卷，档案出版社1984年7月版，第98～123页。江苏省财政厅、江苏省档案馆、财政经济史编写组合编。原注：“按1942年出版《真理》第8期刊印”。简称：“华中史料版”。

互校版本：选自《淮南抗日根据地》，中共党史资料出版社1987年版，第149～170页。《淮南抗日根据地》编审委员会编。原注：“《真理》第8期”。简称“淮南根据地版”。

2. 华中局军分会关于精兵简政的通知

1942年9月26日

自从党中央提出精兵简政政策以来，我华中许多地区已开始筹划和进行这项工作，但还有些地区并未确切进行，同时在某些开始进行精兵简政的地区，又因缺乏正确深入的政治动员与精密的计划，故在工作中尚未获得显著的成绩，而且部分干部对精兵简政的认识仍然发生一些错误偏向，如把精兵简政看作为克服困难的一种消极方法或视精兵简政只须以一纸训令即可实现，甚至个别干部和个别工作部门间有因执行精兵简政而发生不团结的现象。为了克服对精兵简政的一切误解与偏向，为了确切贯彻中央的指示，关于精兵简政的计划和步骤特有下列的通知：

（一）精兵简政必须进行深入的政治教育与动员，必须使党政军民一切干部和群众了解今后敌后的严重困难与斗争的复杂和曲折，而精兵简政则正是克服困难积蓄力量准备将来胜利反攻的唯一正确的出路，了解精兵简政不是简单裁兵减员拆台散伙，而是充实主力加强部队战斗力量，做到以少胜多，短小精干；了解精兵简政正是为了关心民族，照顾群众利益，进一步依靠群众，建立军民血肉不分的联系，不致造成人民负担过重，与民争食的困境。只有从思想意识上使一切干部对精兵简政有正确了解，才能最高度启发其在执行工作中的积极性与自觉性，同时也只有依靠于干部的自觉，而非简单依靠上级的命令，精兵简政始能确切贯彻。

（二）要有精密的计划和步骤，在实施精兵简政时应当分期进行。如第一期为政治教育与动员，其主要步骤是部队和地方党政自上而下进行政治教育与动员，克服一切错误偏向，由各师政治部各区党委将中央精兵简政指示，晋冀鲁豫的经验，并根据本通知研究拟就精兵简政报告提纲，由负责同志分别到各旅团各地委县委作口头传达，领导各级干部深入研究和讨论党中央指示与报告，务使全党全军都知道中央精兵简政指示的正确。如第二期为调查研究与计划布置，其主要步骤为发动部队及地方党政自下而上进行调查检讨，及各自讨论执行方案，各师司令部及各区党委可组织巡视或考察团，会合各级领导机关调查检讨各级机构工作制度和人民负担情况，建立各级领导机关的编整委员会，并指定专人负责统一领导。各旅团各地委县委，经过一定时间切实调查检讨后，可分别召集精兵简政干部会议，订出自己的精兵简政具体方案，交上级审查批准（在各旅各地委干部会议前各师各区党委当根据中央指示原则配合各部具体情形，预先提出各部应当减缩的大体比例和数目字，作为其检讨标准是必要的）。如第三期为确定全部方案，总结与交换经验及彻底完成计划，其主要步骤为分别召集各师各战略单位与全军全华中精兵简政会议，最后确定全部方案，训令各地全面执行。关于这点在将来华中建军会议中，当有具体讨论和规定。

（三）在计划精兵简政中当注意下列基本方针，即在精兵方面应注意在提高部队质量与加强战斗实力的原则下，调整编制，缩减编并某些单位，充实连队，规定战斗人员与直属队人员数目及比例（连队六与一之比，直属队四与一之比），严格紧缩后方机关，减少人员马匹，抽调一批有相当能力的地方干部到地方军及群众中工作，在简政方面应注意在紧缩行政机构，提高行政效率的原则下，裁减骈枝机关，合并单位，达到各级短小精干适合敌后游击战争环境，严格遵照政民脱离生产干部及杂务人员不得超过居民百分之一的规定，减少大批杂务人员马匹及伙食单位，克服行政机关庞大脱离群众现象，加强下层机构使政权进一步依靠群众。

（四）在精兵简政中干部的调整及编余人员的处理应当特别审慎注意。抽调大批有工作经验的干部到党校抗大学习，不得降级使用，抽调大批可以造就的事务人员及杂务人员送入学校学习，对有专门技术的人材（才）应调到其他部门工作或给以进一步学习机会；对一切编余人员及老弱战士与荣誉军人亦当有计划地安插，如经营各种生产事业，一切对编余人员采取漠视和轻视的态度，都等于犯罪。

（五）爱护培养和节省民力，是精兵简政的中心问题，切实计划开辟各根据地敌后边区整理财政税收，发展生产事业，厉行各种节约运动，严格注意公粮保管及分配。关于以上各种问题，晋冀鲁豫边区精兵简政计划中，均有具体规定，望各地参考执行。

（六）华中局及军分会为了全盘讨论并确切规定全华中精兵简政方案起见，特规定于□□，举行华中建军会议，盼各师各区党委根据本通知切实布置工作，收集材料，限令□□内完成精简政治动员，□□完成精简调查研究，决定具体方案，应将全部材料和方案提到建军会议作最后决定，预计明年一月至二月完成华中全部精简工作。

（七）各战略单位应以精简工作为冬季的中心工作任务，不得有任何忽视，或藉口拖延现象，并按月向此间作报告，以便转报中央并交换意见，以利工作进行

选自《华中抗日根据地财政经济史料选编》第一卷，档案出版社 1984 年 7 月版，第 81～83 页。江苏省财政厅、江苏省档案馆、财政经济史编写组合编。原注：“按 1942 年出版《真理》第 10 期刊印”。

3. 淮北苏皖边区三年来的政府工作

1942 年 10 月刘瑞龙同志在淮北边区二届参议会报告

各位参议员先生，各位同志：

今天本席仅以一个人民公仆的资格，报告我们淮北苏皖边区成立以来，主要是行政公

署成立以来的政府工作，照旧社会惯例，一个管账的每年须要向他的老板报告账目，账目如果清楚便继续连工，否则就要讨论讨论，研究研究。在这个报告中我秉着有什么说什么的精神，据实以报，还望各位听的时候能够加以更多的注意，是否有花账，是否有账目不清的地方。

淮北苏皖边区的抗日民主政权，从二十九年三月成立迄今，已有将近三年的历史了。最初我们沿用着安徽第六区行政督察专员公署的名义，到去年九月，局势开展，邳睢铜、宿东地区划归淮北，淮宝地区亦连成一片，事实上淮北地区已包括原江苏第五、第七、第九三个行政区之各一部，连同原安徽六区之大部，如再沿用旧名，似已名实不符，同时以当时专员公署来领导这较大的局面，亦颇多不便，故由新四军军部正式确定组织淮北苏皖边区行政公署，并委兄弟为主任，刘玉柱为副主任，于去年十月初召开成立大会，宣布了施政纲领，确定了施政计划。至今恰满一年。认真总结这一时期的工作，研究他的经验教训，作为今后工作借镜及参证，把工作继续向前推进，是完全必要的。

我的报告分以下的三部分：

第一部分　淮北苏皖边区抗日民主政权的成长

一、根据地建立的根据

淮北苏皖边区抗日民主政权的产生发展，和淮北抗日民主根据地的产生发展是完全分不开的，有根据地，才有政权，有政权，才能建设根据地。

有人问：在我们淮北地方，有什么必要建立抗日民主根据地和抗日民主政权呢？在事实上，法律上，又有什么根据呢？我们要首先回答这个问题。

我们的回答是肯定的，根据地的建立，抗日民主政权的建立是完全必要的。它之必要是因为这里是敌人的后方，是在抗日战争烽火中，为了民族国家为了抗战的利益，为了淮北地方人民的利益。

大家都知道：抗战前淮北地区，特别是灵壁泗县一带，地处苏皖两省边界，一般大人先生们是向来不加重视的，抗战一起，淮北地区的战略地位，才大大提高起来，它包括了六万七千平方里的面积，它有三百几十万的人口，较之新疆一省二百万人口，外蒙古九十万人口，陕甘宁边区一百万人口，都要多的多。它挨着敌人今天的动脉，陇海、津浦铁路，它接近敌人今天侵华的心脏：徐州、蚌埠、南京。铁路两边便是国军防地，日寇千方百计要利用这一地区，作为进攻大后方的依托，企图掠夺这一地区的人力物力，实行其以战养战以华制华的毒辣政策，敌人的这种企图，从他占领周围各据点的时候起，就天天打算着的。假若这么大的地区，这么多的人口，平白落在敌寇手里，听日本帝国主义汉奸汪精卫去摆布，那这个地区抗战的困难，人民的痛苦，是不堪设想的！现在张楼、盱眙、淮阴城内的人民过的生活，是很好的榜样。

当初徐州沦陷时的地方情景，真是所谓：“十八路反王，七十二路烟尘。”敌骑纵横，匪伪遍地。在那种情况下，这个地区的共产党、国民党，一切爱国人士，全体抗日人民的共同意志：是不能让敌人猖狂下去，要建立抗日武装，建立抗日政权，要把淮北地区保持在中国人民手里，不能让我们的地方成为敌人进攻中国的根据地，而是要把它成为我们今天打击敌人将来反攻敌人的根据地！就在这种共同意志之下，当时共产党新四军的同志和国民党同志盛子瑾先生以及今天在座的许志远先生等亲密合作共同开辟了这一地区的工作，经历了不少的艰难困苦，但也得到了很多成就，不幸中途发生障阻，子瑾先生竟不为当时的上峰所谅，率部离皖东北而南去，剩下的仅是张爱萍同志领导下的几个团，以及一部分地方武装。这时谣言四起，土匪蠢动，敌伪亦跃跃欲试，想把已成的抗日局面加以破坏，在这个时候，新四军并没有袖手旁观，他们挺身而出，广大人民并没有听天由命，他们揭竿而起，共同建立了抗日民主政权的新秩序，进行抗日民主根据地的各种建设，坚持敌后抗战到现在。这种态度，这种行动，是完全对的，完全必要的。

有人问：这种做法有什么根据呢？首先是上面所说的事实。其次，我们是在中共中央变敌后为前线的指示之下进行的。我们是在蒋委员长的昭示之下进行的：委员长告诉我们："要人人敌忾同仇，步步设防，予敌人以打击，变敌后方为前方。"他说："为今之计，舍举国一心，人人振奋，随时随地与敌人作殊死周旋之外，别无可以自全之道。"他又号召我们敌后人民："务各乘势崛起，当仁不让，援匹夫有责之义，奋死中求生之图。"他又曾昭示我们："我们目前进行的是中华民族历史上最伟大的事业，我们要对得起世代子孙，因此不仅前线将士要负责，沦陷区敌人后方的人民，也同样要负责。"蒋委员长这许多指示，都是说得很明白的，我们中国历史上，也曾经有过无数次人民自动武装，执戈卫国保卫地方的义举。

根据这些，我们在敌后，在淮北苏皖边区建立根据地，建立抗日民主政权，开展游击战争，打击敌人，实行抗战建国纲领，实行三民主义，这样不仅足以振奋敌后广大不死的人心，也大大提高了全国军民的抗战情绪。至于我们在敌后一切新的进步的设施，告诉全中国人民以新中国的远景。对于战后新中国的建设，更不是没有贡献的。为了全国的抗战利益，为了苏皖人民的利益，都应当这样做，这就是我们的结论。

二、成长的过程

淮北根据地与政权的产生与发展，曾遭遇到不少的挫折和困难，这是由于开始时候，抗战已进入相持阶段。敌人对大后方的战略进攻停止，敌人在其点线的秩序已渐次建立，汪逆的中央，亦于同时告成，这样，敌寇就有可能在敌后广大农村中，进行疯狂扫荡，特别是新四军八路军所在地。加以当时国内反共逆流高涨，坚持抗战的方针虽未改变，但许多反常的不合理的事情到处发生，其中尤以皖南事变为最。这种逆流也同样波及淮北。这就使抗日民主政权根据地的建立遭遇了很大的困难，淮北军民曾经以武装斗争对付敌寇的扫荡，而对国内逆流，则采取了团结自卫的一贯方针。我们也就在与敌寇汉奸的斗争中，在克服重重困难中巩固和发展了淮北根据地，巩固和发展了淮北的抗日民主政权。这个过程分作三个时期来说：

第一时期，盛子瑾先生带着部队出走，当时地区很狭小，只有泗县的一、三、四、五、六，五个区，地方秩序很紊乱，三里一队长，十里一营长，吊打勒索，无恶不作，洪泽湖大部匪化。我们在青阳召开了第一次的各界代表大会，组织了军政推进委员会，恢复了专员公署及泗县县政府的工作。五月一日，敌寇出扰，经车门山小店子、宋庄，而抵达半城，又经崔集青阳而窜回泗县。敌寇刚去，我们的"朋友"又继之以来，曹庙、界头集、金镇，共住反共大军三千余，直打到朱湖、新行圩、新河头等地。部分土匪亦受其指挥，高铸九自称九路军，竟进扰到生元、半城、宋庄等地。当时我们曾屡次呼吁和平，要求团结一致，和平协商但均无效。不得已只好自卫，经刘大庄、许圩子等战斗后，自卫战争随之结束我军进攻张楼保卫麦收之后，敌寇又来胡桥扫荡，有名的胡桥战斗发生。后来又在双沟等地发生战斗，均将敌寇击退。土匪肃清了，地方秩序始告粗安。专员公署颁布了“三斧头”即：一、肃清土匪，二、保障人权，三、合理负担。对巩固抗日秩序起了很大作用。群众运动也就是这时开始的。这一时期大致是八个月，算是开辟时期。

第二时期，前年十月以后，主力大部东进，仅留八路军二旅之第六团及地方武装二千余人。敌伪乘机大举扫荡，前后两次，头次汽车四十余辆，二次五十多辆，由南至北，青阳建立了据点。土匪亦乘机骚扰，高铸九之所谓九路军以及孙乃香、李成五、陈小瞎子等辈，亦纷纷蠢动。

这时我们的抗日民主政府号召全边区人民实行武装自卫，号召全边区各党派亲密团结，坚持这个地区的抗战，政府人员首先亲临前线。结果是局面坚持下来了，皖东北并没有伪化、匪化，皖东北仍是中国人民的，仍然是抗日的民主的地区。三个月的坚持斗争中，党政军民、各阶层、各党派、抗日人民表现了许多英勇奋斗的模范。

第三时期，从去年收复青阳起到现在。去年二月，九旅部队由张爱萍、韦国清二同志率领返回皖东北，收复了青阳，四师十旅由刘旅长康政委率领东来，与九旅一起肃清了洪泽湖数十年不能肃清的匪患。这是我们地区的两件大事。

此后宿东、邳睢铜其他地区工作，亦先后获得开展，淮宝地区在二师同志奋斗之下，肃清了土匪，开展了局面。这样就使过去偏于皖东北一隅的局面，扩大而为一整个的淮北苏皖边区，环境之稳定为从来所未有。群众亦已发动，地方军初步建立，行政公署正式成立，开始有计划的进行根据地的建设，开展了全新的局面。

在这过程中尽管敌寇想尽办法，企图缩小我地区，然而我们没有缩小，而且扩大了，尽管敌人企图消灭我根据地，然而我们没有被消灭，而且发展了。现在所包括的范围，以过去行政区言：则有苏皖二省的十六个县的县境，以新的行政区言，则有十四个县的单位，九十多个区，七百多个乡，人口一百九十五万，面积占全地区百分之六十，约四万余平方里。已经成为华中抗日民主根据地之一，而且是华中敌后抗战主要据点之一。

关于我们抗日民主政权建立的经过，它所走的道路，大致就是如此。

三、新的环境

今天我淮北根据地，正处在一个新的斗争环境之中。它与全国一样，胜利是在不久的将来，希特勒和日本的败局，已毋庸置疑。然而敌人愈接近失败，则它的阴谋毒计亦愈厉害。特别是因为徐海蚌埠一带，是敌人的退路所在，他必然要努力确保，必然要进一步从军事扫荡，政治进攻，经济掠夺与封锁等各方面，与我斗争。我们地区在今后一年半或二年内将更加困难，我们决不能存侥幸心理。目前边区各地敌正一再进行蚕食。这种小规模的行动，正是为了一个大行动，是以后进行大规模进攻之前奏。敌人始终没有放弃伪化我地区的计划。尤其去年十二月伪苏淮特区成立以后，这种行动更为积极。有计划的进行调查研究与特务工作。整顿伪军，收买小麦，挖封锁沟，修筑公路，割裂我根据地，逐步蚕食我根据地。我们已走过了三年艰苦的路程，但今后还存在着困难，我们必须万分警惕，愈益胜利，就愈需要有所准备，我们必须反对太平观念，孙子所谓：“毋恃敌之不来，恃我之有备也。”所谓有备无患，正是这个意思。我们必须加紧准备，全体抗日人民，抗日党派，以及抗日军队，抗日政权，必须亲密团结，再接再厉，准备粉碎敌之任何进攻，使淮北苏皖边区，始终是中国人民的，使这个抗日民主根据地的抗日民主政权，不仅在抗战中起其积极作用，而且将来在新中国的建设中，也能起它的模范作用。

第二部分　坚持淮北抗战的三年

一、政府工作的基本方针

我们在敌后，做了一些工作，它是根据着什么方针进行的？我们所处的环境时间和条件，决定了我们的方针。

今天是抗战的相持阶段，全国正积极准备反攻，我们处在敌后的苏皖，处在抗日民主根据地里面。因此团结边区各方面的抗日力量，并发展这力量，保护根据地广大人民，坚持敌后抗战，以此来配合全国，准备反攻，以争取最后胜利，这便成为我们的基本方针。实现这个方针，我们就必须实行统一战线政策，照顾各阶层的人民利益，以便团结各阶级，各党派，我们就必须实行民主政治，而不是一党专政，以便提高和启发人民抗战的积极性。所有这些，都在行政公署施政纲领中具体规定出来了，这个纲领是根据着孙中山先生三民主义的原则，根据着中国国民党抗战建国纲领，以及中国共产党的抗日民族统一战线政策制定的。一年来，这个方针成为我们一切设施的准则。归纳起来，实行三民主义，实行抗战建国纲领，实行中共统一战线政策，发动群众，团结一切抗日力量，保卫根据地，坚持抗战，配合全国，争取抗战胜利，并为战后新中国建立基础，这就是我们的纲领，我们所根据的方针，我们一切工作的出发点。

下面便是一年来行政公署各方面的工作情形，其中与专员公署有关的部分，也附带提及。

二、抗战动员

敌后根据地内，武装斗争占头等重要地位。我们只有在与敌伪进行继续不断的武装斗争中，才能生存，敌寇依靠着武力压迫与蹂躏中国人民，我们也只有依靠武装来反抗敌人，若离开武装斗争，一切都将成为空谈，没有武装斗争，就没有根据地，就没有抗日的秩序，就谈不到任何建设。一切为了保障战争的胜利，是抗日民主政府的基本任务，这方面我们做些什么呢？

我们动员了几批新兵参加了新四军主力，新四军是国家的，也是人民的军队。是国民革命军的一部分。转战大江南北，已五周年，我们根据地之创造与坚持，主要的依靠就是新四军。如果没有新四军，也就没有淮北根据地。说新四军是我们根据地的产婆和保姆，并不为过。从物质上，人员上补充新四军，使之日益坚强壮大，更好的担负抗战任务，这是我们全边区政府和人民的共同任务。

从抗日民主政权建立以来，零星的补充不计外，较大补充有两次。第一次在专员公署时代，曾动员新兵二百余，从地方武装中动员五百余，计七百余人，参加新四军的三师八旅，(当时的八路军二旅部队)。第二次在去冬，又动员了三千七百九十六人参加新四军四师和二师的五旅，较原定计划之三六五〇人，完成了百分之一百零四，一般成份（分）还好，百分比如下：

雇工——百分之二十七。

贫农——百分之五十八。

中农——百分之一·三。

富农——百分之〇·六。

其他——百分之十三。

这里可以看出绝大部分是参加生产的工农，对新四军战斗方的提高，有很大意义。去岁冬季扩军任务，所以能完成的原因：

由于我们执行了正确的政策，我们提出了“三不四要”的口号：不强迫，不收买，不欺骗，成份（分）要好，年纪要青，身体要强，来历要明。根据这个政策，进行了政治动员，举行了各种动员会议，用说服动员的方式，人民完全在自愿的基础上，参加部队，这是与强拉壮丁完全相反的政策。

在这个工作中，党政军民一致努力，依靠群众，依靠着各阶层人民的热烈赞助，特别是边区以至各县参议会诸先生的奔走呼号，尽了很大的力量，此外还由于扩军运动的进行较有组织，正确的估计了可能参军的人数，规定了计划，确定了步骤方法，深入说服解释，灵活的方式方法，特别是许多同志在扩军中的努力积极，使扩军任务不仅胜利完成，而且得以超过。许多扩军英雄涌现出来，有老先生，有参议员，有行政人员，有群众工作同志，有小学教师，有工人和农民。尤其值得表扬的是我们的妇女同胞，真正做到了“母亲教儿打东洋，妻子送郎上战场”的地步。直属区陶洼保朱大嫂，淮泗陈大娘，樊集区樊大娘，泗宿石大嫂等，都把自己的儿子送来入伍，泗宿徐大嫂，淮泗陈大嫂等都动员了自己的丈夫参加抗日军队，泗南陈庄保妇救小组长动员大儿子不成，又动员了二儿子入伍，在这个运动中创造了许多新的工作办法，不少干部学会了如何做群众工作，干部确实提高了一步，给地方工作的发展以很大的推动，这个运动发展到邳睢铜，也获得了不少成绩。

为了前方将士能够安心作战，我们进行了优抗工作，组织了代耕队，仅泗南、泗阳、盱凤嘉、直属区四个地方，一年内帮助代耕达一万二千七百亩之多，泗灵睢县政府和群众团体宣布“不让抗属有一寸土地放荒”。另外将慰劳抗属，成为一种制度，中秋节自动送菜送月饼，合作社优待抗属，直属区抗属有割湖草的优先权，抗属的一切困难，均设法帮助其解决，今春救济抗属，共计粮食五七四石，钱五六九四元，获得利益的，共计五千零二十二户，一万二千三百五十九人，对友军家属，不论韩德勤李品仙等部，均一律予以优待。

为了发动人民配合和帮助主力战斗，并创造更有利的条件，我们改造了这个地区的地形，当初曾遇到很多困难，大家都不愿意毁炮楼、平砦墙、挖路，政府曾在初期采取了强迫的办法，现在大家知道重要了，蟠龙山拆庙的结果，使敌人不能安设据点，新行圩子战斗时，敌人相离不远，而我们能得路沟帮助而安全转移，目前各地有些仍未挖者赶快挖，未彻底挖者必须彻底挖。

为了使敌人不能实现其以战养战的妄图，抢劫不到我们的资源，全边区举行了坚壁清野的演习，部分县已有成绩，如泗灵睢、泗南，不仅基本区内人民知道要藏粮食，甚至不少边境人民及敌伪区人民，也有将粮食运到根据地内来的。

各地担架运输等后勤组织，都已建立，他保证部队在战时及平时粮食给养及军需品的运输及伤病员的接送。部分地区有递步哨和情报网的组织。黑塔战斗中我们的自卫队长，冒着炮火向主力报告敌人的住地，结果打垮了敌人。泗灵睢小杨圩子战斗中，为主力运粮食运伤兵。五旅在三岔战斗高良涧战斗中，都得到人民的帮助。这就是抗战动员的第一件工作。

其次关于地方军的建设，行署一开始成立，就注意了建立地方基干武装，及民兵的工作。去年十月成立军区司令部，由军部委任赖毅同志任司令，刘子久同志为政委，刘作孚同志为政治部主任，白浪同志为参谋长。军区成立以来，地方军的建设，得到很大成绩，目前已有独立一团、五团、七个独立大队，以及边区的直属的保卫营，各县之警卫队，以及区乡队等，较之一年前已扩大至五六倍之多，有了相当的规模。在组织上，除军区外各县建立了总队部，有了专门的领导机关，过去分散零乱各自为政的现象，基本上已告克服，并且在统一指挥统一领导下，配合主力，坚持了边区的游击战争。我们的地方部队，独立团队，及部分的县区队，已经改变了或正在改变着它们的面貌，走上进一步巩固的道路：坏分子洗刷了，干部调整了，这便大大提高了部队的质量，建立了军政教育制度和工作制度，克服了散漫无组织的现象，办理了训练班、教导队，培养了一批中下级军政供卫干部，和部分低级技术人才。军政纪律经过切实的整饬，建立了地方军的新作风：会行军、会侦察、会袭击、群众化、地方化，成为所有地方部队中指战员努力的目标。小规模的兵工厂的建立，加强了部队的装备。

这样就使原来不敢打仗的现在敢打仗了，不仅敢打仗，而且会近战、肉搏，会攻据点，会顽强守备了，这是一个很大的进步。我独立五团仅仅三个排，在××的守卫战斗中，打破了一百多敌伪的几次冲锋，击毙敌人“太君”，得到了胜利，海郑公路熊码头战斗中，敌已冲入我阵地，我伏兵四起，几分钟内，敌全部被我消灭，独一团六连，排副韩成喜，战士徐子宽，在熊码头战斗中，冲入敌室，击毙敌数十余人，手榴弹全部用完，又用大刀砍死敌人十余名，又如十余岁战士梁得才，在洋河战斗中，未消耗一粒子弹，用刺刀刺死敌人十余。二次战斗，不幸受伤，他说宁可把我丢了，可不要丢了枪，爱护武器，甚于自己的生命。一年余的战斗，地方武装中已逐渐锻炼出一些模范的部队，和英勇无畏的战士和干部。

关于武装民众方面：我们是遵照军部规定，以及我边区的实际情况进行的。凡十六至五十岁的人民，不论性别、阶级与信仰，均有参加武装自卫的权利与义务，规定基干队每保三十至五十人，每乡五十至一百人，现大部已建立。大多数区乡有普通自卫队，部分区乡有妇女自卫队，青年自卫队组织。他们在各县配合了主力及地方军作战，起了很大的作用。以淮宝一县而论，自卫队已有二万以上，系边区最多而较整齐之一县。而战斗中起作用最大者，则为泗灵睢县，即以今年四月份计，地方民兵作战三十余次，毙伤敌伪军中队长以上十余名，自己无甚伤亡。关于民兵及自卫队工作，本来打算设立专门领导机关，因种种原因，目前暂归农救会领导，过去曾有建立武委会的决议，现在决定等各地自卫队健全之后，再行成立。

三、政权民主化

政府要团结各阶层人民，参加抗战，政府本身的民主化是先决条件。我们淮北的抗日民主政权和其他根据地一样，是根据着孙中山先生三民主义原则，也即是新民主主义原则，进行着本身建设工作的。这个新原则确定：抗日民主政权，是抗日的，而又赞成民主的人的政权，它是所有抗日而又赞成民主的人，用来对付日寇汉奸反动派的，它是抗日的各阶层人民对于日寇汉奸反动派的专政。他和地主资产阶级专政有区别，他保护地主资产阶级的利益，但不单单保护地主资产阶级的利益，他（它）和工农专政有区别，他（它）保护工人农民利益，但不单单保护工农利益，他（它）是各阶级的联合专政，所以它的任务就不得不是：

一、团结地主和农民，资本家和工人，一致反对日本帝国主义对中国的侵略。

二、保护各抗日阶层人民的利益。

三、改善工农生活。

四、镇压汉奸反动派。

各阶级各阶层人民之间发生了纠纷，一方面要满足工农的要求，同时要照顾到地主资本家的利益，抗日民主政府是各阶层人民利益的保护者，因此政府中的成份（分）应当有地主资本家的代表，但不尽是地主资产阶级阶层，应当有工农代表，但不单是工农，而是各个抗日阶层都有权派自己的代表参加，他的具体表现是三三制。为了充分发扬民主，在组织形式和制度上采取了委员制，代表会议制，同民主集中制，它由民选产生，民众亦可以罢免他，一切取决于民众。

他（它）和老百姓的关系，和过去的官僚政治也不同，官僚政治是少数人专政，多数人无权。抗日民主政权是多数人民有权，而少数要服从多数，完全为老百姓谋利益的，而不是象（像）过去官僚衙门专一剥削人民，它要和民众建立最亲切的联系，而不是远离民众的，它是为民众服务的公仆，而不是压迫人民的奴隶主，这便是抗日民主政权在进行本身建设时所根据的原则。也就是和过去官僚政治绝对不同的地方。

淮北抗日民主政权的建立，开始是沿用旧的形式，工作人员全部，不是委派的便是聘请的，谈不上选举，民意机关只有一个军政推进委员会，后来缩小，在专署成立了一个参议室，去春才成立边区临时参议会。边区行政公署成立后，才提出成立行政委员会，各县区乡保也成立行政委员会，成立县区参议会，个别乡保实行民选，废除保甲，这便是我们边区政权本身发展的经过，从旧的政权形式走向新的形式的路程。这段路现在还未走完，政权本身组织的各方面，都还处在过渡阶段，表现了过渡阶段的特色。

参议会除边区外，有八个县临时参议会，区里有建立的，个别乡也有组织了参议会，一般还是政府聘请的谘议机关，但他（它）的权力已不仅限于谘议，边区区县已有决定地方法规之权。边区行政公署成立后，它尊重参议会的这种权力，经参议会通过的法规议案共有一百五六十件，现在很多参议会，已不单纯是谘议机关，已经有相当权力，但还不是完全的权力机关。他（它）还不能有像经过人民普选出来的参议会那样大的权力。今天的参议会还是从谘议机关到权力机关的过渡，他（它）与最高权力机关（如人民代表大会）还有相当的距离。当然第二届边区参议会与第一届是迥乎不同了。如果说第一届更多的带着过渡的性质，那第二届参议会已经在更多的执行权力机关的责任，不仅通过法规，还要选举政府，不仅有立法权，而且有选举权，以产生的情形论，同孙中山先生所规定的人民代表会议尚有区别，但在执行的权力上，已然相仿，当然他（它）今天还没有完全去掉这种过渡性质。

现在各级行政机构，行署下面有十四个县，九十个区，七百多个乡，在邳睢铜灵有邳睢铜灵办事处，政权的形式基本区同游击区不同，基本区是按行政公署颁布的新编制组织的，边区仍旧，而游击区某些乡公所，甚至还有用联庄会名义出现的，这也是一种因时因地制宜的办法。

基本区政权的名称同产生手续，有许多同过去相同的，区长以上是委任而不是选举，但乡以下大部经过选举产生，政府中还存在着首长制，但又有行政委员会的组织，一切重大事项不取决于首长个人的独裁，而取决于会议，会议上决定了大政方针，由负责人去执行，负责人的职权不是独裁，而是会议的主持者，在会议通过了的方针之下，他（它）有解决临时发生问题的权力。这又是政权从委任制到选举制，从首长到委员制的过渡。至于基层行政，边区保甲制还存在，但中心地区划乡之后，有些已直接改代表制，有些添设行政委员会，及建立保民大会制度，这又是从保甲制走到人民代表会议制的过渡。

这种旧政权到新政权的过渡，在淮北边区人民政治生活上，是进步的而不是退步。

从政权组织成分来看，根据统计：行政机关干部一三零六人，共产党员三七九人，非党员九二七人，党员占百分之三十一，外来干部一二七人，地方干部一一七九人，外来干部只占百分之十一·五，这里包括国民党知识分子，地主士绅等，我们这里各党、各派、各阶级都有参加政治生活的权利，这是事实，而并非徒托空言。

诚然，我们在三三制的执行上还有缺点，这是由于开辟地区时环境动荡所致。当时抗日民主政权是否站得住，还属疑问，许多人才不能来，政府也不易发现，共产党员不能不多做一些事，这现象在今天要设法克服，大批党外人士已参加工作，有职无权，有权无职的现象，已经改正不少，这的确是一个过程，我们热诚希望大家踊跃参加政府工作，共产党员决不愿阻塞贤路。

关于基层行政的改造，从划小行政区域，废除保甲，减少机构级次，乡以两千人口为度——因为仅仅从人事改革而不从制度改革，固然聊胜于无，但还不够。中国过去的大县大区大乡制，是政权民主化的最大障碍，这些区乡全部是根据过去封建势力统治人民的要求划分的，不合情理已极，江苏的地飞到安徽，安徽的地飞到江苏，推行政令上极感不便，就以中国各省论，也是划的犬牙交错，互相牵制，便利于君主统治，便利于封建势力的人事相互拉拢，不打破这点，政权民主化便要发生很大困难。而县区乡的范围一大，从来没有参加过政治生活的工农劳苦大众很难出头，划小之后，老百姓可以学习管理国家大事，过去县、区、乡、保、甲五级，政权脱离群众，天高皇帝远，老百姓有冤无处诉，现在改成县、区、乡三级，不仅政权深入群众，双方打成一片，而且敌后环境，也以单位缩小才便于推行政令。至于保甲制，同样是封建统治，官僚政治的基础，抗日民主政权的法令推行到保，就要打折扣，甚至化为乌有，就因为过去威吓压迫，保甲制还可以，今天要说服解释保甲制便不行了，所以废除保甲制，推行新政制，完全是合乎民主政治需要的。

为了慎重从事，今春各县以区为单位进行了实验，结果在组织方面，获得相当成绩，最大缺点是还未能由此发起广大群众参加民主运动的热情，这和中国政治过去的不民主以及今天边区群众的觉悟程度，组织程度有很大关系，而工作同志把民主运动与老百姓当前实际生活脱节，则是最大原因。但这次实验却肯定了我们可以而且应当这样改造的，现在随着区也划小了，划好的乡有五百多个，乡长多经选举产生，新乡长中有很多是群众团体的负责人，改选以后，乡下有两种不同的论调，有人说：“政府更接近群众了。”有人说：“新政权人员一字不识，能干什么?”事实证明了后一种说法不对。这批新工作人员很多富有创造性和积极性，这次土地查报中，日以继夜，东奔西走，天下雨，坵牌不能插，他们提出了很多土法子比洋法子还有用，（鼓掌）两个乡长做的事，比过去十个保长作的还多，官僚习气不打破不行，乡公所没伙伕没通讯员，乡长不作群众工作就没办法，当然有些同志本身，还不了解，觉得人家看不起自己，便求政府给他以自由行事的特权，我们解释给他听：政府威信是建立在接近人民帮助人民上面，只要真替老百姓办事，人家自然看得起你。有些同志家庭困难，老婆不许他出来，大有"民主不起"之叹，须要大家帮忙代耕，代替照料家事，帮助解决困难。

我们政府在其工作作风上，也有很大的改变。当政权开始建立时，即举战斗民主廉洁六个字互相勖勉，并作为我们建立政府作风的标准。

战斗，是针对目前战斗环境和过去旧政权一切繁文缛节，官样文章，生活散漫……等等提出来的。旧政府的作风，决不能应付目前环境。需要简便，轻装生活集体化，政府人员直接参加战斗，这些我们这里都做了。

民主，是针对旧政权上令下从，没有讨论，没有动员，把老百姓看成奴隶，官气十足……等等提出来的。我们提出要集思广益，大问题会上讨论，决定前征求意见，执行后寻求反映，政府人员深入群众，这方面我们做到一部分，但也有缺点，虽不象（像）过去的"堂上远如百里，堂下远如千里，君门远如万里。"也还有脱离群众的现象。

廉洁，是针对旧政权的不廉洁，中国政治的贪污遗毒提出来的，过去贪污是制度使然，一做官，用钱地方就多，上司要巴结，否则官不能做，私人方面要应酬，否则会有人说坏话。再加以个人生活腐化，职业无保障，作一任县官，就得养老钱同子孙的生活费都打算上，逼的做官的人，不得不贪污。同时找钱地方也多，县长兼财政、司法、税务、兼军法官，缉私提四成，田赋提二五，这都是找钱的门路，当然如果只拿这几笔法定的钱，那真是安分守己的好官了。而我们这里，取消了薪给制，建立了生活津贴制，上司不要巴结，同事不要应酬，职业有保障，生活不腐化有饭吃，有事做，找钱的地方没有，贪污的门基本是封锁了，制度改变了，贪污分子也还有，只是个别的了。旧政权下要做一个好人很困难，新政权下要做个坏人是不成功的，边区规定贪污五百元以上者处死刑，因这受罚的，可以举出好几个。

各地区有时地方人士给政府人员送礼，这是出于感情，我们不好阻挡，但爱之适以害之，最好还是不要送，有钱可多办些地方公益事业。

四、财政

淮北抗日民主政权一开始就在财政经济工作方面订出了下列方针，保证抗日部队的给养，保证抗日人民的生活，同时要与敌人的经济掠夺作斗争，粉碎敌人以战养战的政策，使我们能够抗战下去，而使敌人没法支持下去，三年以来，我们是遵循着这个道路做的，到今天才算是初具规模。

边区财政工作，完全是白手成家干起来的，当盛子瑾先生离开时，只留下二万四千元泗县流通券和五百元法币，而泗县流通券，在战斗中老百姓挤兑，一概不用，几千人的部队和几千的工作人员，要吃饭穿衣，在在需款，而当时一切均未就绪，财政困难，只靠少数税收。因此，只有实行两个补救办法，一是打汉奸，一是由富户乐捐，但所得无几，军队和政府，依然过着困苦的生活，当时新四军的四总队七天没吃盐，夏天穿棉衣，吃饭只是高粱馒头灌开水。

前年五月反扫荡之后，才着手整理，财政上确定财政政策，禁止乱抓乱罚，决定经费以税收为主要来源，建立财政机关，确定制度，但收入只能维持伙食，衣服还靠着发行公债和食粮出口，当时老百姓说洪泽湖是金湖银湖，我们也曾有开发洪泽湖之议，但因为财政基础薄弱，心余力绌而罢。

财政工作的认真整顿及有系统的开展，还是去年行政公署成立以后的事，一年来财政设施情形如下：

（一）实行统筹统支，建立了正规的收支制度，主要是从这几方面进行的：

省县款正式划分：将货检税、盐税、特税全部及田赋、契税各百分之五十，划归省款，主要是供给主力与边区各机关开支。另将牙税、屠宰税、烟酒税全部及田赋契税各百分之五十，作为县款，不能相互挪用。这样不仅保证主力部队的供给，并促起各县政府对财政税的注意，对于地方税收的增加，起了很大作用，地方税收入是增加了，但这不是增加在人民身上，而是漏税现象减少的结果。

实行了统一的预决算制度，这是统筹统支的前提，过去许多政府工作人员，对于收支数目大都是不怎样知道的，县长不知道他那一县中的收支情形。一年来我们建立了会计工作，确立了预决算的制度，实行量出为入，量入为出，去年十月间颁布了会计程序，预决算编造办法，确定会计科目，账目格式，各种经费预算标准……等等，财政处会计科长王青锋同志，在这方面曾用了不少心血。

建立了审计制度：为了监督财政收支之是否合法合理，今年五月以来，边区一级建立了审计制度，行政公署曾一度建立了审计处，因实行简政现改为财政处之审计科。由于审计工作之加强，在今年一月至六月的半年中，节省了经费开支达五万元，由于检查审核的严格，不仅教育了各级人员，使他们知道节省经费与爱护公物，也大大减少了贪污浪费现象。

建立了金库制度：为了统一保管各项收入，边区设立了总金库，各县设分金库，提出："一切收入归金库"的口号，未得负责机关的批准，不得动用分文，惟这一制度在实行上，尚未达到完善地步。

（二）财政收入；边区财政收入的主要来源是货检税，我们在主要的交通要道，建立了检查网，按行政单位建立检查机关，为了有效的防止资敌物品外流，与争取我必需品进口，我们曾组织了缉私武装，个别地方成立了群众性质的缉私小组，在对敌伪作经济斗争上有很大作用。

税率分三种：第一种是必需品，基本上是免征的，最高征百分之三，第二种是一般的日用品，如糖等，征百分之五至百分之八；第三种是非必需品，如香烟及化装品等，征百分十二至百分之十五，另外有些货物是禁止入口或禁止出口的，则征百分之二十至百分之三十，主要是使我们老百姓能取得日用必须品，禁止敌人必需品的输出。

行政公署成立以来，各种货物的税额是增加了，税率并没有增加，这是法币跌价物价腾涨中很自然的现象。可举出三种事实来说明：如布疋去年九十六元一疋，收税三元，现在七百二十元一疋，收税二十一元，另外减少了的，如牙膏，去年十元一打，按从价百分之六收税六毛，现在一百零六元一打，收税四元，只达到从价百分之三强，再如翠鸟牌香烟去年十五元一条，收税二元，合百分之十二，现一条一百元收税十五元，合从价百分之十五。因此如果说修改税率是增加了人民负担的话，那末，只是增加了吸烟人的负担，其他民众并没有增加负担，有少数人说："苛捐杂税多，连小鱼小虾也收税"这种说法是没有根据的。我们税收机关，对于成船装到敌区去的小鱼小虾，是收税的，但绝没有对那些内销的小鱼挑子收税的法律，如有的话，那就是非法征收，各地民众可向政府举发。

地方税曾经先后整理了两次，先顺次整理牙税、屠宰税、田赋、契税，后来契屠牙各税一齐整理，整理的目的，一是统一税率，一是规定纳税手续使他简单化。整理之后，地方税是增加了，和前边所说一样，并没有增加人民的负担。

田赋在去年才开始开征，二十八年、二十九年、三十年田赋，一次征收。税率很低：每亩八分、一角、一角二分。去年淮宝田赋改征实粮，根据土地每年平均收获量，划分等则，平均征百分之二，全县收二万石，折时价约五百万元，由于今后战争环境，田赋改粮将为我主要收入之来源，必须在全边区实施。我们实行田赋改粮，不仅是遵奉国民政府行政院的法令，而且也根据于边区的实际情况，因为我们收入增加的比率，远远赶不上物价增涨的比率，我们非从田赋上想办法不可，当然并非从此增加田赋，而是将田赋整理得更合理些。这就必须以精确的土地调查登记做根据，苏皖交界，土地纠纷太多，此次举办的土地查报一方解决这种纠纷，一方也是使今后民众的负担，更能公平合理。有人说："土地查报是为了要分田地。"这是无稽之谈，有行政公署施政纲领为证。有人说：土地查报后人民负担要加重，一亩要完一斗五升粮食，这也是不会有的事情，民众负担有一定限度，过此则不仅民不聊生，政府也要垮台，无穷尽的负担，政府决不会出此下策，人民也出不起，淮宝田赋改粮后，没有增加负担的例子，可作证明。

（三）支出情形：这里我只报告一年来全部支出的比例数。

一年来总的各项支出比例如下表：

项　目	百分比
军事费	七四・三八
教育费	六・五五
行政费	五・八二
财务费	三・五〇

地方全部经费支出中，教育经费占百分之二五・五四。

一个政府的政策，就其财政收支上可以看出来，这里说明我们用钱：第一用在抗日上，第二用在教育上，这也就是抗日民主政府政策的具体证明。（鼓掌）

（四）食粮方面：开始是派粮，个别地方有时形成吃大户，二十九年（一九四〇年）午季开始征收公粮，连同今年秋季共计征六次，始终没有固定标准，每次对于农民或地主都有些偏轻偏重，去年富户重，穷人讨便宜了，今年午季农民叫苦，另外总数和标准有毛病，有时顾了标准，顾不了总数，有时顾了总数，顾不了标准，主要因为对情况估计不实在。今天秋季公粮征收分十级，一般反映认为较合理，每人收获五斗起征百分之三，每人五斗以下免征，到每人十石以上者，才征百分之十五，富户未加重，而穷户却减轻了，午季征一斤公粮，随征一斤公草，秋季改为征一斤公粮，随征二斤公草，地主不分草者免征。

关于公粮的用途，主要是吃，有些同志看了我们运了一批食粮出口，以为别有用途，实在不然，为什么出口呢？因税收不够做今冬部队和政府人员的棉衣，借卖了一部分公粮，买布来做棉衣的，这些公粮准备由田赋补还，所以我们卖的不是公粮而是田赋，今秋全边区，共计只出口五万石，现在已禁止出口了。

过去粮食工作管理很差，无一定的会计制度，无形中开了贪污粮食的大门，运输保管之不善，亦损失不少，现在逐步改善中。

（五）经济建设：我们的经建方策施政纲领中写得很清楚：

“增加工业农业生产，实行春耕秋收动员，兴建水利，开垦荒地，举办合作事业及低利借贷，发展手工业。”

我们的目的，在于使边区经济能够繁荣起来，使边区能够自足自给，打破敌人的经济破坏企图，日本帝国主义汉奸汪精卫正用尽一切力量来破坏我国农村经济，当日寇未退出中国之前，其破坏与掠夺的行为是不会终止的，我们便是要在这里斗争环境中，建设我们的农村，而建设农村经济的重心，是发展农业生产。

在恢复和发展农业生产方面，我们从去年发动春耕运动起，经过今年春耕救荒运动，夏收运动，秋耕互助等等，获得了不少的成绩，显然，农业生产，在抗日根据地。不是向下，而是进步的，向上发展着的。

淮水之祸与黄水之祸，在过去从未解决，今天我们边区正是双祸临门，我们谈不到导淮，但我们曾用一切可能疏浚内地的各小河道。为了振兴水利，成立全边区水利委员会，各县亦有同样的组织，挖了不少河道，中以安河第一次流溶工程为最大，计全长三十里，每天四千人，共挖一个月，合十二万工，直接受益地区三十里长，二十里宽，六百平方里，约共三千二百四十顷地。（鼓掌）今年安河两岸麦子特好，不是偶然得来的。另外泗灵睢县修潼河堤三十里，淮宝挖山阳沟，勺驼沟，乾甯河，古老圩河，志河，出水河，外圩河、张玉河等，这些水利工程，都用了很大力量，还有正计划着挖的如溧河，已经计划好了，因雨水停止，但政府到现在还保留这个计划的，宿东地区在敌人的包围中间，而我们政府今春还动员民众挖了八十里河道，使那里今年也得了丰收。（鼓掌）另外我们动员民众挖了很多塘，栽了许多树木，奖励开荒，扩大耕地面积，提倡多种食粮棉花，造成自足自给的经济基础，如今春泗宿县即种棉四十五顷，在播种时政府用贫富互助办法，帮助贫苦农民解决缺少耕牛与种子的困难，在夏收时提倡快收快打，并动员军队和政府人员帮助割麦……在在都说明了我边区全体军政民在发展边区农业上的决心和努力。

边区工业还在实验提倡阶段，工作自去秋开始，我们创办了淮北工厂，这个工厂分纺纱、织布、化学、被服、造纸、纺纱机器制造六部，自去年十二月至今年八月九个月来的出品，计有

布	一三三五疋
毛巾	三五二条
白纺纱	五六七四五斤
纸	八二八刀
肥皂	四一〇条
土碱	四〇斤
墨水	二五斤

出品上只解决了部分的需要，在全部供给上还不能起决定作用，但在培养干部，研究技术，培养工人，收集经验，吸收敌占区失业工人，散布影响……等等方面，确起了些

作用。

在淮北工厂影响下，各县亦有开办工厂者，惟始终没有成为一种群众运动，这是边区工业发展中最大的缺点。

我们的商业，曾经过敌人的严重破坏，双沟、蒋坝、归仁集、均被敌人烧得不成样子，盐路中断，各业凋零，抗日民主政权建立之后，由于秩序安定，土匪绝迹，民生改善，商业在逐渐恢复中，许多小村庄如罗岗、墨地，现在都变成了集镇，小贩子增多了，货物流通的程度，也比从前增加了。

由于我边区政府采取了贸易自由与保护商人的政策，敌占区商人也来我边区内地经商了，单××一地一年中便有七十七家敌占区资本较大的商人移入我根据地经商。（鼓掌）

为了调剂根据地内部的物资供给，平衡物价，并与敌伪进行经济斗争，成立了淮北贸易局。最初只是商业机关，有计划的输入我们的必需品，输出我们过剩的土产，在今年午季主持了统制食粮出口的工作，在××地方成立了平衡物价的交易所，现在已经开始从单纯的商业机关走向统制贸易的机关了。

改善人民生活，减轻人民负担，给农村经济的发展以很大的推动，过去一年中我们边区在这方面，曾获得如下的成绩：

一、根据国民政府实行二五减租的法令及本地习惯，规定对半分改三五、六五分，四六分改三七分，三七分改二五、七五分（淮宝县因情况特殊一律实行三七分租者例外），并把钱租改粮租，废除陋规，减租后成立新契约，规定减租和交租办法，调整了东佃关系，前年部分减租，去年减租不彻底，今年减得比较彻底，今年减租者只有三十九个区，一百九十六个乡，一万九千二百四十户，减退租粮三万一千三百六十六石，经减租后之佃户，平均每人多收得一石六斗粮食。（鼓掌不断）

二、我们实行了减息，国民政府法令的规定是利息不得超过五分，根据此原则，我们规定对高利贷即所谓大头利政府不预保障（如“悬租”“见风长”“头里跑”“集头钱”等都是非法的高利贷），保障普通利贷，奖励低利借贷，在减息工作上淮宝县较有成绩。

三、我们实行了增加工资，改善工人待遇，最初我们规定工人工资照原资加三成，但仍不能解决工人的生活问题，今天普遍实行了钱资改粮资。规定：

大领——七百斤至一千斤

二领——五百斤至七百斤

小伙计——二百斤至五百斤

女工手工业工人工资，也由钱资改为粮资。

工资这样规定高不高呢？不高。现在工资虽比未改粮资前增加了四倍，但与战前比，只合战前工资的百分之八十，有些还不到，因此这种规定，劳资双方大多数是同意的。但有少数人认为“政府未免太多事了”说“政府只须规定改粮资的原则便行了，不应该再规定具体等级及数额，数额多少，应由劳资双方自己商量订定去。”劳资双方应当自由订定契约，这是对的，可是因为中国习惯，一件新政，往往因为只定了一个原则，再让他自流下去，实际便等于取消了（笑）。所以政府仍然要定一个最低限度的工资额，不能订得太高，因为工资多还决定于另外几个条件：一是工人技能，一是老板经济能力，一是劳动市场的供求情况。我们相信有了政府工资的规定，再根据这些条件，规定当时当地的工资数目，是天理国法人情所容许的。有人说现在政府是实行“慢共产”，说增加工资和减租之后，又查报土地，看看不久就要分田地了，今年三七分租，明年二八分，后年一九分，大后年就归佃户了。今年工资一千斤粮食，明年就是一千二百斤，后年就是一千三百斤了！（全场哄笑）……在我们乡村里，许多纠纷从何而来，都是从“杞人忧天”来的，忧的什么呢？忧的是“慢共产”（全场哄笑鼓掌）政府绝对不会这样干，自有其三年以来的事实在自有其郑重宣布的施政纲领，在一切都照顾东佃劳资双方利益的政策，是绝不会因为“慢共产”的谣言而有所变更。减租交租，减息交息改善工农生活，提高工农生产的政策，还要继续贯彻下去。

四、实行贫富互助，救灾救荒，今春发动救济春荒运动，在行署与边区参议会驻会委员联席会议上规定救荒借贷利息，麦后六月底还本付息，计借麦四千三百七十六石，借款三万三千四百五十元，受利者共一万八千〇九十五户。（鼓掌）

五、实行了禁烟（鸦片）、禁赌，以提高农村生产力，政府去秋即布告取缔抽头聚赌，并劝告烟民戒烟，原有烟民一千三百五十八名，已戒绝二百九十四名。

六、解决湖草问题，公私草滩由农救会承包三七分草，改善了湖边数十万老百姓的生活。

至于边区民众负担的减轻，可从下列事实中说明它：抗战以前，江苏安徽两省，原有苛捐杂税四十多种，抗日民主政权建立后，完全取消了，现在每保民众负担和民众全部收入作比较，在敌伪区，每保民众负担为全部收入的百分之一七·七，在旧政权时为全部收入之百分之二六·六，在抗日民主政权地区为全部收入的百分之一三。在泗南某中等户，有地七十亩，年收五十石粮，从前每年出捐税十石，占全收入百分之二十，现出公粮四石，不过占百分之八（鼓掌），这些民众负担的减轻，无疑的将助长了农村经济的发展。

为了稳定边区金融，我们和敌汪排斥法币的政策进行了斗争，今年三月，汪奸伪中央公布：规定法币和伪币的比价，以伪储币为本位币，实行法币贬价，先七七折行使（即法币壹圆当伪币七角七分），后七折，后六六折，后六折，五五折，五月间对折（一元法币当伪币五角），六月初正式公布京沪与苏浙皖三省法币限期兑换中储票，六月二十二日以后，一律停用法币，用者没收法币，以致法币价值更跌，二个月以前，法币一元只当战前三分三厘，现在比两月前又降低了。

太平洋战争未爆发以前，敌寇曾以各种办法来收买和夺取法币，我国民政府曾通令各战区禁止法币出口，为什么现在敌人又拚命排斥法币呢？因为那时可以夺取中国的外汇，而自香港失陷之后，敌寇即有大量法币，亦无法到外国买到东西，又因我国通货膨胀，法币本身贬值，战前法币发行四十万万，五年来发行至二百万万，中国如以四万万人口计，则平均每人手内得保持五十元，上海一地即有××万，敌人各占领区亦有法币××万万，敌汪如不设法，他们的经济命脉，始终是抓在我们手里，所以便想出一条发行伪币，排斥法币计策来，一面停止法币在敌区使用，腾出伪中储券活动的地盘，一方面用各种办法将法币推到大后方与我根据地内使用（但根据地是首当其冲）。以贬值的法币，换取我之物资，这样下去只有使我地区法币愈来愈多，物价愈上涨，而我们到敌区却买不到东西，这是敌汪摧毁我抗日民主根据地最狠毒的方法，结果只有弄得我们民不聊生。我们和敌人的金融斗争，今天已到了短兵相接的时候，假如我们一不留心，就要影响全局，根据地就很难保住。

本年五月初，我们窥破了敌人这种破坏法币的阴谋，曾召开了一次座谈会，商讨对策，后来由行署正式决定发行边币，以边币作边区的本位币，收兑法币，逐渐做到停止法币在边区的流通（但对人民保存法币仍不干涉）以便有效的限止敌汪所吸收法币挤进来，一面劝告老百姓将法币到敌伪区买货，换进有用的东西，以减少人民因敌汪排挤法币所遭受的损失，并可加强敌占区的法币流通量，使敌人排挤更加困难，如果边币发行不多，法币流出了，而边币不够流通，则提倡以货易货，另外再由商家依法发行本票；至于伪币，不管军票，联银券或中储券，一律禁止在边区内部行使。这些办法完全是为的使老百姓不致在经济上蒙受无谓的牺牲。也许有人说，不准伪币在边区内流通，那末（么）为什么边境税局又兑换伪币呢？这是为了我们边区内地的商人可以兑换到伪币到敌占区去买货，是为了便于商业资本的流通。至于边币的信用问题，我们是以根据地全部财政收入作准备金的，我们的财政收入，大过边币发行数量的五六倍，所以我们有把握保持边币的稳定。

有人说政府排斥伪币是对的，但输出法币是不对的，输出法币是破坏法币，我们实在不敢戴这项大帽子，（笑）我们的输出法币，和敌汪的排斥法币，完全是两件事。我们输出法币，正是为了巩固法币。敌汪排斥法币，就是为了缩小法币在敌区流通的地盘，我们的输出法币，正是为了粉碎汪逆的阴谋，不仅保持法币在伪区的地盘，并且可以争取敌占区的资源回来，以剥削和打击伪币，这是今天巩固法币最重要步骤。我们正式警告汪精卫说：你要缩小法币的地盘，我们要扩大法币的地盘，你要把法币向我们地区排，我们就要向敌伪地区排。（鼓掌）我们输出法币在今天完全是正确的，和去年国民政府公布的允许法币出口的政策是完全符合的，汪精卫想叫我们根据地垮台，我们则要巩固根据地，汪精卫想叫我们民不聊生，我们则要保障民生的安定，（鼓掌）至于我们发行边区地方本位币，也是根据全国第二次金融会议的决定。以地方币作为法币与伪币斗争的外围力量，发行边币是完全符合于金融国策与全国抗战利益的。

我们为了有组织的与敌伪进行金融斗争，成立了淮北地方银号，以彭师长、邓政委、刘子久、刘玉柱、雷明、陈醒、资凤、谢胜坤和兄弟共九人为董事，并举兄弟为董事长，雷明同志为副董事长，陈醒同志为经理，资凤同志为副经理，成立开始，发行一元票一种，继续发行五元十元票两种，因发行数量少，不够边区内部流通，又因法币价格续跌，决定提高边币价格，七月间边币与法币以一对二之比率使用（边币一元当法币二元）十月间以一对三之比率使用（边币一元有法币三元）。

现在边币发行额是：

一元票——三十二万

五元票——五十三万

十元票——一百三十万

共计二百一十万元（至双十节止）

预计到今年底可发行到五百万（合法币一千五百万元）发行方针，不是依靠发行边币作为开支手段，而主要的是用在发展生产，调剂金融上面，现在已放款项计有：

农业放款　　百分之五十

商业贷款　　百分之二十

工业贷款　　百分之二十

合作社放款

其他贷款

共计放款一百一十一万五千元，合法币三百三十四万五千元。(鼓掌)

上列放款，全系信用放款，不用于生产者，马上将款提回，除放款外，还预备举办汇兑，根据地与根据地汇兑，根据地各县间汇兑，现在各县都相继成立分号，或兑换所，以便各地民众兑换边币。

六[①]、文化教育

抗日民主政府对于文化教育的基本态度，是保护它而不是摧残它，是发展它而不是毁灭它，是启发民智而不是使人民继续愚昧下去。

我们要发展的是什么文化教育呢？我们所要发展的文化，是新民主主义的文化，即民族的，科学的，大众的文化。

行政公署施政纲领的第九条写着：

“实行新民主主义教育，普及小学教育，发展社会教育，推进抗日文化运动，提高人民的政治文化水平，提高抗战胜利信心与不胜不休之决心，提倡民族气节及发扬民族自尊心，开办各种训练班，培养抗建人才，实行教育经费独立，救济各地失学青年，改善小学教师待遇。”

这就是我们在文化教育方面各项工作的根据。

先谈一谈学校教育：

过去边区教育，在苏皖两省是最落后的，抗战前据大致统计，在现时我统治区的范围内，只有完小四十所，初小一百六十所，短小三十八所，共二三八所。敌人来了以后，完小只有七所，初小只有二十三所，短小全部被破坏，共被破坏二〇八所，只余三十所。二十九年抗日民主政权建立，我们在半城举行了第一次教育行政会议，当时统计全边区只有五十二所小学，即恢复了二十二所。去年春共有小学一〇九所，即恢复了七十九所。去年秋共有小学三五八所，恢复了原来数目，而且又超过了一〇二所。(鼓掌)今夏有完小六十七所，中心小学十一所，私小三十五所。初小五三二所，及边区泗南、淮泗、淮宝、泗宿等实验小学，全边区共有小学七二五所，(内邳睢铜一七八所)一〇一〇班，三万四千九百六十九名小学生，一千二百十四名小学教师，边区小学比战前多了三倍多，即多了四八七所班次多六九二班，小学生多二万多。(掌声不绝)现在边区失学儿童是大大的减少了，以淮宝一县来说，共有学龄儿童四二一九六名，已入学九一三二名，失学三一八二〇名，入学儿童占全部学龄儿童百分之二十一强，即百人中有二十人已入学。(鼓掌)如果拿每个学龄儿童都入学的标准来比，当相差悬远，但如果拿战前本边区或现在的敌占区来比，则我边区的教育是发达多了，如在战前××教育统计：入学儿童只占学龄儿童百分之十八，那边区小学教育在数量上还算是比较多的了。(大鼓掌)

中学教育方面：有淮北中学，邳睢铜灵中学，淮宝中学，淮泗中学，泗五灵凤中学，泗阳公学，宿东古北正风中学补习班，以及萧铜的几个中学补习班。淮北中学有学生六百

---

① 原文缺“五”。

余人，在敌后方是比较少见的一个中学，全边区共有中学生一千七百余人，而汪精卫在安庆办的中学二十二所，只有学生七百余人。

我们中小学所以能够办起来，就是因为我们曾经确定了正确的教育方针，曾经用了尽可能的精力财力人力来办教育的缘故。教育经费即占全部地方经费支出的百分之二十五。（鼓掌）我们还派了很多的干部来参加教育工作，这是基本条件。

我们对于边区能够做教育工作的和已经做过教育工作的同仁，采取了正确的态度，不管那一党那一派，只要是赞成抗日民主的，愿意为抗日民主教育服务的，均一律延聘敦请，不仅网罗了边区原有的人才，而且招请了敌占区的师资前来，有些塾师及青年知识分子，不能胜任教师者，我们开办了训练班，训练他们，为了吸收敌占区的青年和师资人才到边区来，我们还规定了优待敌占区知识分子的办法。

为了使教师安心于自己的工作，提高了师资的待遇，规定完全小学教员每月薪金为一百斤食粮，实验小学校长为一百一十五斤食粮，初小教员九十五斤食粮，特别是敌占区带家属来者，每月津贴其家属食粮从四十斤到×十斤，如成绩优良者，并津贴教员本人十斤，较之敌伪区例如上海小学教员，每月薪水伪中储券八十元，合本地法币一百六十元，只能买米二十六七斤，和我边区相比，实有天壤之别。最近实行精兵简政，教育处拟裁并小学，师资待遇，还可能继续提高。

我们教育所以能办得起来，还由于做到了教育经费独立，行署未成立以前，只有泗县公学款产四千余元，一年来已整理出公学款产土地一千六百二十三顷，加上淮泗牛刀龚本地×千×百×××顷，每年收入二十三万五千五百六十六元，粮食一千五百五十四石，在整理公学款产中，教育处江处长，刘副处长，边区参议会吴副议长，曾用了很多心血。（鼓掌）

在学校初办时，反动派谣言四起，有人说：办学校是为了抽壮丁，有人说：上了两年学，便要送到华北去，吓得老百姓不敢送儿童入学，另外，老百姓自然还有些困难，因劳动力缺乏，必须小孩子在家放牛割草等等。我们教育处的工作同志，只好一方面广为宣传解释，说明谣言之无稽，及政府提倡教育的本意，另外在学校本身的教育内容方面，提倡与生产联系起来，学校里劳作课，过去教做泥人泥马，现在一部分学校已在提倡学生下课以后，先生带着学生到野外割草，学生回家时，带着一篮草回家，结果，家里人非常高兴，我们就是这样实行了教育上的革命。（鼓掌）在私塾里，顶砖头，打戒板，跪鸡蛋，我们是反对的，我们把私塾里的好东西教给小学生，打算盘、记帐（账）、写信、写对联、写契约、学劳动、学应酬，不使学生成为肩不能挑担，手不能提篮的废物，我们的目的，不在于培养一批无用的“白面书生”而是培养一批既懂得抗战建国，同时又能够参加生产劳动的新公民。教学上我们进行了新的创造，例如小学校里，有不少最调皮的小学生，上课时画鬼脸，在旧的学校里一定要用体罚，要用打，现在我们将调皮学生集中组织一个组，以最调皮的学生当组长，结果大家都不调皮了。（鼓掌）

我们对于青年，不采取劳动营、集中营等等束缚青年的办法，今春开全边区青年反法西斯大会的时候，有人恐吓青年说：“你不能去呀！那里有万人坑，你去要活埋掉你。”（笑）结果证明了，我们这里既没有集中营，也没有万人坑，青年到这里来，真是如同到了自己的家园。（鼓掌）我们创办淮北中学，最初估计只有到一百多学生，谁想到现在竟来了六七百人。

地方人士的热心赞助，多方帮忙，也是边区教育事业迅速发展的重要原因，现在我们可以看到，那（哪）里地方人士帮助较大，那（哪）里的教育也办得较好，杨景许老太太自动捐地三顷，兴办淮北中学，就是许多捐资兴学者之一。（鼓掌）

在社会教育方面：是以民众学校和农村俱乐部为据点的。全边区有小先生九千个，办了七期艺人训练班共二一〇人，另外还办了冬学师资训练班，大众阅报处四十一处，我们在社会教育工作中，主张把教育和生产结合起来，我们在这方面做得还很不够。

在训练干部方面：办了行政学院，职业学校，卫生职业学校，行政学院训练了八百二十八人，职业学校百余人，卫生职校六十余人。此外去年训练师资二百人，今年暑期小学教师集训共七百人，在各中学附设师范班，专门培养师资。

边区的出版工作，由于抗日民主政府的培养，得到相当发展，如人民报、大众、淮北青年、团结报等等，所有宣传抗日民主的进步刊物，在我地区俱能够尽量出版，畅行无阻。

七、保安司法

为了要安定我地区抗日秩序，保证各阶层人民的合法权利，抗日民主政府一开始，就注意了保安司法问题，专署时期，还没有专门机关，行政公署建立后，成立了保安处，司法处，后来司法处改为高等法院。

行政公署在自己施政纲领第十一条上确定着：

“健全司法系统，改善司法制度，及诉讼手续，严禁敲诈勒索，改善监狱制度，废除肉刑，严厉肃清敌探奸细，加强锄奸工作，对被捕汉奸土匪份子除坚决不愿改过者外，一律采取宽大争取感化转变政策。”

这就是我们政府在保安司法方面采取的方针。

最初保安工作曾为一部分人士所不了解——为什么要保安？因为不安，不安由何来，从敌汪和土匪那边来，敌伪土匪是不安的种子，保安机关的责任，就在于铲除这些不安的种子，保护边区人民的安全，敌寇汉奸和中国人民的斗争，有明火执仗的公开的一面，还有秘密的杀人不见血的一面，即是特务活动，这种特务活动，不是青面獠牙使人望而生畏，而是装着和蔼的，亲善的，美妙的面孔，叫你于不知不觉之中，上他的圈套。日本和汪精卫的特务工作，都有丰富的经验，特别是日本。有着自己的一套，中国的一套，和德国的一套，还向苏联学到一套，东北四省的沦陷，日本大特务土肥原起了很大作用。

敌寇对我地区的特务活动，是有组织进行的，它有健全的领导机关：南京敌中国派遣军参谋处第二科主管调查侦察我军事情形，特务机关主管调查我边区的政治经济情形，宪兵队则主管镇压敌占区一切抗日活动，以巩固其统治。除敌寇之一套完整的系统外，尚有华北新民会及华中汪精卫所组织的特务情报组织，以辅助日寇耳目之不足。

敌人派遣的特务，主要是安内线，混到我政府和部队里面来做工作，表面很积极，实则秘密活动，打听我方的情报，收集我们的文件（如淮安敌人以十万元收买我们秘密文件，淮安城内敌人宪兵队，有我们区以上的干部名单）。刺杀我们的干部，做破坏工作，煽动叛变，还派出一些比较低级的汉奸做游动侦探，如今夏收麦时，在半城一天就查住了四个从睢宁来的汉奸，前天在行政公署附近还破获了一个汉奸，另外还派人来秘密活动，成立“暗据点”，组织情报机关，制造土匪，如青阳破获的刘明山案就是。敌人的特务，真如水银泻地，无孔不入，最近敌人派来我边区组织万国道德会，黄沙道、金沙道、花篮会等，现我们已下令取缔，并追究其首领，敌人还通过这一特务分子大造谣言，如春耕运动时，敌人说生产出来的食粮，都归新四军，我们扩军，敌人造谣说要抽壮丁，不久以前，假冒中国共产党名义，出版“建设报”专门污蔑中共和破坏国共的团结用心险恶之至，敌汪对特务活动，所有方法，都用尽了，我这里所说的，不过千分之一、二。

我们的锄奸政策，是什么呢？

（一）我们对于敌伪这种特务活动的方针，是丝毫也不放松的扑灭它，铲除敌人的特务组织和奸细分子，只有除掉这批坏蛋，才能保卫广大人民。

（二）我们的口号是：打击真正的敌探奸细，不放过一个敌探，不错杀一个好人，不放松一个敌人，也不制造一个敌人，这便是保安司法工作的两方面，有其锄敌人的一面，也有其保好人的一面。

（三）我们的政策是分别轻重首从，我们锄奸工作的火力，是集中在对付敌探，对付汉奸，对付主犯。

（四）裁判上，重证据不重口供，以人证物证为处理案犯的主要根据。

（五）宁错放，不错杀，宽猛随形势而适当运用之。

（六）依靠广大人民的锄奸组织“当地无鬼不生灾”，地方有鬼地方人治，地方人治地方鬼，不仅有权利，而且有义务，大家都要帮助保安处和敌探奸细作斗争。

一年来我们破获了很多案子，有的是敌探，有的是汪精卫派来的，有的是来组织暴动的，有组织叛变的，有准备刺杀的，有偷盗文件的，有放毒的，有“私通外国的”，有拖枪逃跑的……这里有一个例子，证明敌探胆子太大了，如我洪湖大队政委高峰同志，有一个过去的同学，经过敌人特务机关派到临淮头，和高峰同志谈了两三个晚上，以金钱来收买高峰同志，结果是请他到保安处来了，这就是汉奸周庆生。（鼓掌）又如青阳刘明山要想当伪军大队长，经常替泗县敌人送情报，但也该他倒霉，他偏偏要想个“压寨夫人”，想霸占人家的“有夫之妇”，要暗杀人的丈夫，结果，被破获了。（鼓掌）

我们对于周庆生，刘明山，应该采取什么态度呢？我们杀他，对不对呢？如果我们让他们放手活动，因而失去了青阳，失去了洪泽湖，我们的边区广大人民又将会怎样呢？

此外，我们在淮泗、泗阳，破获了四十多起组织叛变的案子，在邳睢铜我们抓住了一批日本探子，再者，如吴亚氏，待人接物原来是很好的，但其心不善，暗中想颠覆我抗日民主政权，所以我们绝对不能宽恕！（鼓掌）

在犯人管理方面，我们尽力要把监狱变为生产和教育的地方，我们审讯时，是不准用体罚的，我们更没有挖过什么“万人坑”，活埋过一个人，像汉奸反动派污蔑的那样，我们杀一个人，都考虑了多少天，甚至于几个月，我们对于敌探、汉奸、土匪、反动分子，只处决其首要分子，其他都采取宽大的政策。有人说；“乱世要用重典。”尤其是边区，但我们政府是始终反对了这种不分青红皂白的观点。我们杀人是杀其罪大恶极不可以教育者。不杀则有害于国家者则杀之，杀一人能救活数十人数百人数千人者则杀之，这就是所谓：“杀一儆百”大家说杀，则杀之，决不轻杀，绝不错杀。我们杀了九十几个匪犯中，有八十几个是匪头子，我们宁可让老百姓说我们宽大，不让老百姓说我们政府是杀人的

“阎王殿”。(长时间的鼓掌)

我们锄奸保安政策的基本观点，和它的具体实施，就是如此。

抗日民主的司法工作，在我们淮北地区历史还不长，这对于我们更是一件新事情。我们一方面要以国民政府所颁布的法令为边区法令的基准，另一方面又必须根据边区的战争环境，制定单行法。而执行的办法手续，还须我们自己去创造。

一年来司法工作的成绩是：

(一)建立了司法系统，边区设高等法院，徐风笑同志为院长，县设承审员，区乡设调解委员会。本来依照一般司法行政的规矩说，高等法院应归国民政府司法行政部来领导，但因地处敌后，交通阻隔，故暂归行政公署领导，以收协同一致之效。

(二)建立了司法制度

一、首先建立了检察制度，惟汉奸敌探案由保安处侦查，再提交高等法院审判，此种制度，自去年七月间开始。

二、审判制度：现以二级二审制，代替过去的三级三审制，各县承审员为第一审，高等法院为第二审。关于内乱外患罪，以高等法院为第一审，特别法庭为第二审。另因特殊情况，设立巡迴法庭，高等法院并附设地方庭，专审地方各首脑机关交送的或直辖区案犯，在审判上，各地主要的缺点是：手续不迅速，文件用语太深，引用条文不熟练，需要今后改进。

三、执行制度：关于民事，由行政机关执行，关于刑事检察由保安机关执行，死刑要枪毙，徒刑放入看守所内。因环境关系，不便于长期徒刑，因此我们颁布了案犯管教暂行办法，刑期最长为六年，扩大罚金与劳役范围，在徒刑期间，更注重教育，不准虐待，饮食和一般机关部队吃的一样。现在正进行生产教育，高等法院组织犯人打席子，制香烟，织袜子，并成立文化班，教犯人读书识字。即是本着把监牢变为学校和工厂的方针来做的。我们的目的在于使犯人能够学得技能和知识，从基本上改造他们，使他们出去之后，能够变成一批对国家民族有益的人物。(鼓掌)

(三)在司法政策上：首先是实行保障人权，禁止乱打乱罚，禁止使用肉刑。在这一方面，除加强对干部的教育外，并在实际上对违反政策者予以法律之制裁，如淮泗县之乡长徐爱真，保农救主任薛玉发，泗南县之乡长黄鉴，都因妨害人权而被判了罪，薛玉发且因案情重大被处死刑了。

对诉讼当事人上诉权，是异常尊重的，惟在紧急情况下才准县政府紧急处置，并呈报备查。

在处理盗犯时，严与宽都有一定，一切以是否于抗日有益为最高准则，不是一杀完事。张献忠在四川时说：“天生万物以养人，人有何德以报天?”结论是“杀！杀！杀!”(笑)我们是不能那样做的，我们是宽不能放掉烧、杀、奸、淫的匪首，严呢?也不能连一个偷鸡摸狗的小毛贼也把它杀掉，使人民无所适从。

诉讼手续务使其简单化，免除诉讼费用，并利用文化犯人，为人民撰诉状，不取报酬。把过去中国司法机关那手续繁复，出口要钱，使人民为一件案子积年累月纠缠不清，以至倾家荡产的种种弊制，一扫而空。

一年来，司法处受理案件四五五件，高等法院受理一九二件，共计六四七件，其中最多者为盗匪案件，占总数百分之三五·八，共二三二件，案犯人数三三三名，处理情形是判徒刑者一六一名，占百分之四八·四，处死刑者七六名，占百分之二二·八，教育释放者九十六名，占百分之二八·八。

抗日民主政权下的司法工作，与过去的司法工作有什么不同呢？

（一）在司法人员的操守方面：过去司法人员两袖清风的固属为数不少，如现任边区高等法院书记官长沈老先生，过去是泗县老承审员，曾在盛子瑾专署任财政科长，到现在依然清贫，实不可多得。（鼓掌）然而，过去司法人员中，刮钱自肥者也实在太多了，那（哪）里还谈得上品格操守呢？但是我们今天边区司法工作同志，却绝大多数是热心爱国的人士，在经验和手续上也许不丰富不熟练，但绝不会贪污，绝不贪赃枉法，绝不敢受贿要钱。

（二）在诉讼程序和诉讼费用上，过去诉讼是一、二、三、四审，每一审都要钱，什么撰状费，抄录费，送达费，执行费，都在法律上规定的，非给不行。另外，还有警察的敲诉，住旅馆、吃饭、请客，一审比一审增加，四审时比一审要花四倍钱，很多老百姓受冤打官司，官司未打了，财产房屋早都光了。所以有“衙门朝南开，有理无钱莫进来。”朱子家训上说：“讼则终凶”这些说法，都是从这种黑暗的司法制度中产生出来的。过去法律上虽然规定着保障人权财权，但是要有钱才能有保障，结果，绝大多数老百姓的权利，仍是没有保障的。

我们改三审制为二审制，对于盗匪案可以特别审判，司法机关，义务撰状，审民事案件重事实，审刑事案件重证据，另外实行民众调解制度，不经过调解者不审理。在司法上，不收任何费用。

（三）在调查事实和侦探犯罪方面：过去民事有三个办法：一是履勘，二是讯问证人，三是鉴定证物；刑事方面：一是履勘，二是讯问证人，三是搜索证物，四是化验证物。现在抗日民主政府的司法机关在可能的范围内，除接受了以上办法外，并开辟了新道路，主要还依靠老百姓，依靠群众团体，依靠地方士绅，工作人员的反映，作为我们审判时的根据。

（四）案犯的管理；过去犯人坐监，裤带小刀不准带，笔墨不准带，限制口粮，不让吃饱饭，现在则完全相反，我们教他们写字，组织文化班，给他们麻打草鞋，让他们吃得和我们一样。

以上四方面是和过去旧政府司法机关不同的，我们吸收了过去好的东西，废除了过去许多坏的东西，我们自己还创造了一些新东西。

八、团结各阶层辅助民众运动

在团结各阶层人民方面，我们解决了这样几个具体问题：

第一，逃亡地主问题，据去年统计，此地有一六七个地主逃亡，连各县尚不止此数，当时行政公署同边区参议会就确定方针，挽救这一现象。提出不咎既往，不算旧账的口号，请逃亡地主回来，经过一个时期劝告解释，大家回来了，有一部分人还不敢和政府见面，等到政府给予担保，才相信。

第二，对各党派，在不通敌，不破坏抗日军队，不违反政府法令，三个条件下，政府保障他的安全，和普通公民一样，享受公民权利。

第三，对会门帮口、帮会问题，在边区是一件大事，过去此地是匪区，老百姓为了打匪，组织帮会，开始是自发的，但今天的情形很复杂，敌人采取利用会门的政策，边区现有会门名目共二十三种，政府对帮会采取就事论事的态度，帮助中人，只要作了好老百姓，与其他公民享有同样权利，我们同时劝告他，这种迷信是不好的，希望他们参加抗日团体，如果发生违法行为，依法处理，但这并不因为他是会门，而是因为他们违法。

第四，对各种宗教如佛教、回教、耶稣教、天主教、人民有信仰之自由，只要在抗日的前提下，你在礼拜堂祷告上帝也可，在如来佛面前烧香请求保佑打胜日本也可（笑），政府不反对也不提倡。今天问题在于敌人利用宗教，所以当和尚、道士、牧师、都不犯法，但如果损害抗战，则政府也要依法处理，不是因为他信仰某种宗教，而是因为他违法，我们希望他们联合一致，参加抗日。

第五，对回民，边区回民弟兄很多，回汉信仰不同，他们信谟罕麦德，念可兰经，只吃反刍的动物，我们对他们的宗教习惯，绝对尊重，政府军队都不能有侮辱回民的举动，回民与其他公民一样享受各种权利，教育上政府要给以便利，××地方已办有伊斯兰小学。回民居住处可以选回人当乡长，我边区参议员中即有好几位是回民，这就是抗日民主政权对回教的态度。（鼓掌）

第六，对敌占区人民，凡地主在敌区，土地在我地区者，可以收粮收租，并带一定限度的粮食出外，向边区内放债，只要不是过高的利息，尽可以来收债，政府予以保障，欢迎敌区商人到根据地投资，欢迎敌区技术人员知识分子青年来做工作，青年可以免费读书，工作人员，可以优待，并津贴其家属，对边区情形不了解者，欢迎他们来参观。今夏敌区穷苦农民到边区割麦的有两三万人，政府参议会，群众团体帮助安插介绍职业，结果每人除吃用外，还带一二石麦子回去了。（鼓掌）

在辅助民众运动方面——我们不只是“开放”民运，而且帮助动员和组织起来。因为抗日战争是包括一切力量的斗争，抗战胜利“不仅取决于兵力，还取决于民力”。工农占人民绝大多数，所以毛泽东同志才说：“抗日战争。实质上是农民战争。”孙中山先生有远见于此，才提出工农政策。今天行政公署才在施政纲领上提出“切实改善人民生活，扶助工农运动的发展”。以便“调剂东佃劳资关系，贫富互助，合力抗战”。

由于政府的辅助，以及群众团体本身的努力，边区民众组织计有三六个区农救，二七〇个乡农救，二十七万会员；九个区工救，一〇七个乡工救，一八七二四个会员；十个区妇救，五九个乡妇救，五八一一五个会员；二十五个区青救，八十六个乡青救，二二一六四个会员；工农青妇救，共计会员三十六万八千八百四十人（鼓掌），依边区一百九十五万人说：占百分之二十四强，依边区可能组织起的人数说，占百分之三十二，此外群众团体的系统，也建立起来了，总农救在去年冬天成立，总妇救在今年三八节成立，总青救在五四成立，总工救在最近成立，群众团体已有他（它）自己的系统，自己的工作和生活制度。

组织后的效果很明显，群众参加抗日的积极性，帮助军队的积极性，大大提高，去年扩军中，工农青妇救都创造出模范的例子，动员自己会员参军，参加自卫队，参加担架运输，协助政府，征粮缉私，都起了很大作用，春耕借粮大都有借有还，在保护老百姓利益方面，打更放哨，检查坏人，禁赌禁烟，这都为大家所称道，这就是群众团体在各方面所起的作用。（鼓掌）如泗南潘大娘送两子从军（鼓掌）淮宝李大娘帮助军队，泗五灵凤樊大娘动员三人从军（鼓掌）某地农救会查烟一二〇两（鼓掌）泗南模范乡动员五个战士归队，（鼓掌），淮泗动员二十六名雇工参军，（鼓掌），这一切都是群众团体所给予军政的帮助，这说明广大民气的发扬，使军队抗日政权的巩固，都得到更坚实的基础。

为什么民众运动能在抗日民主政权下得到发展，原因是这个政权不是怕老百姓，反对老百姓，而是要老百姓，爱护老百姓。抗战开始，有人怀疑是否要民众运动？有人怕民众运动易发难收，但抗日政权不然，它给老百姓以组织自己的权利，不但给予组织，还给予帮助，政府给予群众团体以各种便利，政府尊重群众团体的独立性，这就是抗日民主政权下群众能够发展的原因。

九、敌伪工作

因为我们在敌人包围中，四围都是据点，不但要用枪来斗，还要打入他们内部分化瓦解他们，敌人的残暴政策，长期陷入中国战争，不能解决，国内人心不满，经济枯竭，敌兵厌战，敌伪矛盾日深，老百姓对敌人仇恨日强，这些都是我们进行敌军工作的有利条件。

敌军工作主要是瓦解政策，发展他们的反战思想，告诉日本工人农民，他们在反对军阀财阀上面和中国人民的利益是一致的，日本弟兄有很多前进的，他们在来中国前或到中国后，就不赞成侵略中国，他们愿意同中国弟兄在一起反对日本军阀，大会上的后藤勇同志，就是以日本先进战士的资格，来参加抗日战争的。（鼓掌）

对伪军主要争取他们，为祖国抗战服务，许多迫于敌人淫威，未到反正时机，我们也原谅他们，他们可以明投日本，暗保中华“人在曹营心在汉”，反正过来的，不咎以往，俘虏过来的，一般是教育释放，有人以为放的太多，捉来杀掉，不就完了吗？不知如果捉了就杀，只有使伪军更坚决的同我们打，而宽大为怀的政策，就是以使他们更加动摇瓦解走到反正的路上来。

一年以来，我们得到效果是伪军反正二九三名，伪分队长以上十五名，伪乡长以上十七名，带枪二七一名（鼓掌），当然这数目还不大，但这一影响是很大的。

十、总结起来，淮北苏皖边区抗日民主政权，这几年做了那（哪）些事情

第一，在淮北建立了抗日民主根据地，保护了老百姓的生命财产，不受敌伪摧残蹂躏，武装了广大人民，初步建立了地方军的基础，帮助了新四军的人员补充，并保证了它的物资供给政府团结广大人民配合了新四军，坚持了淮北的抗战，使敌人不能为所欲为。

第二，安定了社会秩序，肃清了土匪，使老百姓能过安稳的日子，过去泗东五区人民有“亡区之痛”，洪泽湖小丑跳梁，现在是完全肃清了，这几年中我们消灭的土匪，共计七十九股、二三〇〇人之多，（鼓掌）很多过去当过土匪的，现在也改邪归正了。

第三，民主改善，社会经济繁荣——取消了苛捐杂税，减轻了老百姓的负担，实行了减租减息，增加工资，禁烟禁赌，保护商业，发展农业，举行春（耕）夏收秋收运动，救济灾荒，开办水利，这就是使得边区农业，逐渐恢复并有向前发展之趋势。

第四，政权民主化，吏治澄清，人民有了民主权利，全边区最高民意机关参议会的建立，行政系统的整顿健全，基层行政经过初步改造，建立了政权的新作风。

第五，广大人民的觉悟程度，组织程度，文化水平，都提高了，民众运动都有大发展，人民不是听天由命，而是向敌面对面进行战斗，这种英勇的例子很多，在此不重

复了。

以上五件，就是政府两年中所作的工作，（鼓掌）抗日民主运动的旗子，经过这些工作，已高高的在淮北苏皖边区树立起来，在这里发展了抗日进步的力量，这个力量配合其他各个根据地，坚持了华中敌后的抗战，（鼓掌）然而要我们做的工作还是很多路还相当长，现在我们还不能自夸，倘若有人称此地为天堂，我们不敢接受，但如有人说这是地狱，还不如敌伪区好，我们也是不敢承认。这里只是中国人民所能自由居住的地方，这是一切赞成抗日赞助民主的人们能够自由生存的地方，比其他先进的抗日民主地区，这里都相形见绌，但比起那些倒退落后的地区，还是要好一些，这倒不是自夸，而是老百姓公平的裁判。

这些成绩是怎样得来的：

甲、饮水思源。我们首先不能不归功于八路军、新四军，没有他们对人民的帮助扶持，就不会有抗日民主政权同根据地，陈军长、刘政委、张副军长、饶代政委，都曾亲到临这一地区指示工作，此外直接主持此地工作，还有过去的黄师长、现在的彭师长、邓政委、吴主任等，倘若没有这许多负责同志来领导，也就不会有今天的根据地，这里一切的成绩与部队各首长的英明指导，以及指战员的英勇战斗是不可分的。（鼓掌）

乙、其次我们应归功于各阶层各党派的亲密团结精诚互助，许多父老兄弟，士绅名流，从开始到现在，都是患难与共，即是逆流泛滥之时，他们对抗日民主事情，仍是抱了无限热诚，他们有的仗义疏财，有的解囊兴学，有的动员扩军，有的领导乡里抗战，给了抗日民主政府以最大的帮助！（鼓掌）例如朱轩老先生蒋老先生等。（鼓掌）在座的青阳陈静山先生，当青阳沦陷后到处奔走呼号在石集组织人民，同敌人抗战（全场大鼓掌，要求陈先生起立识面，主席请陈先生起立，大家鼓掌欢迎）。此外积极帮助军队政府的例子还很多，这里有个名单，我来宣读一下，（宣读名单，每读一人，大会鼓掌）我们所以能创造局面，父老士绅各界人民团结合作有很大的关系，没有这一点，就不会有今天的政权和今天的秩序。

此外，我们这里还有同盟会的先进田丰老先生，还有任崇高老先生，都是以六七十岁的高龄，不辞辛苦，共同创造根据地，（鼓掌）此地有国民党的同志许志远先生、徐合璧先生、王迺汉先生，前边二位过去就与张爱萍同志、刘玉柱同志共同工作，今天又在一起展开了国共两党亲密合作的新气象。（鼓掌）至于广大人民工农群众的发动和组织，对于根据地的各项建设则起了推动全局的伟大作用，它的意义，以及几年来的实际成果，职在上边已经详细的说明了，总之，千百万人民的发动与坚固团结，是抗日民主政权最可靠的柱石。

丙、归功于中国共产党的领导，中国共产党中央给我们以正确的政策，使我们能够团结全体人民，向日本强盗进行不屈不挠的斗争，这三年的成绩，说明中国共产党所提的政策，是完全适合中国国情的，没有共产党的领导同政策的正确执行，抗日民主根据地同抗日政权，也是不会存在和开展的。

丁、要感谢其他抗日民主根据地的配合同帮助，鲁南、苏中、淮南、盐阜、淮海围绕在我们周围，由于他（它）们的坚持抗战。在配合上，经验上，都给我们很大的帮助与便利，没有这一点，工作也得遭到更多困难。

戊、应归功于蒋委员长领导全国坚持抗战，这对我们地区的坚持有很大意义，没有全国的抗战，就不会有敌后根据地，没有全国对抗战的坚持，也很难有敌后根据地的坚持，一方面我们在敌后牵制敌人，使它进攻大后方遭受困难，另一方面，大后方的坚持，也给我们工作以有利条件。

己、最后应归功于全体工作人员的努力奋斗，他们以最少的待遇，作更多的工作，创造出许多模范例子。许多同志在这一斗争中，为了国家民族的解放，而贡献了自己的生命，流尽最后一滴血，三年中统计政府工作人员牺牲了四十七人（区级十人，乡级三十七人），其中推进委员会副主任委员一人，中学校长一人，科长二人，区长五人，乡长十七人，工作团员九人，税务员三人，农救会主任三人（此时宣读牺牲同志名单，全场沉默，空气敬肃，宣读后，全体肃立，静默志哀），这其中很多见危授命的例子，喻尊霞，朱比沙等七位同志在袁圩子工作，伪军俘获走后，迫他们投降，他们宁死不屈，终于慷慨就义了，（鼓掌）管镇区长魏长延、区员吕冰同志被敌人包围，弹尽牺牲，周道锡同志与敌人作战，子弹用尽，以最后一弹结束了自己的生命，安河口的税务员，奉上级命令，坚持岗位，被俘不屈牺牲。（鼓掌）这些同志，在艰难困苦中，不折不挠、至死不屈的精神，是后死者所当引为模范的。

以上所举六点，就是几年以来能够建立并坚持苏皖边区的基本条件。

我们收获虽多，但毛病缺点还是不少，今天我们还在敌人包围中，敌伪还在同我们进行残酷的斗争，如果不及时看见自己的缺点而加以纠正，我们就很难坚持，我们应当时刻警惕。

甲、军事工作方面：我们处在敌后，如果说军事第一，我们最差的恰恰是军事工作。这表现在对主力的帮助爱护不够，优抗问题，还没有妥善解决，地方军还弱，边区周围的群众性游击战争还开展的不广泛，有些地方对武装群众工作的自流现象很严重，自卫队很少起作用的，后方勤务工作，进行缓慢，发生这些现象的原因，是由于很多同志的太平观念，认为敌人不会扫荡，可以长此过太平日子。

乙、在财政经济工作中，系统有了，制度建立了，可是税收工作还没真正上轨道，个别人员不遵守法令，如法令规定小鱼小虾内销不收税，个别人员竟向小担子征税，规定屠宰税收，某些人因私受礼，就减少税收，打税票，有大头小尾，发票多，填存根少写，粮食不按规定，随便多收，甚至包庇走私，纵放粮食出口，发生这些现象的原因，是由于政府监察不周到，同时没有及时纠正，现在贪污犯罪的，有几个还坐在高等法院里，老百姓任何人发现贪污行为，都可以向政府控告。另有缺点，是计划不够周密，如同去年预借公粮，因为工作开展，部队增加，今年又预借公粮，难免老百姓啧有烦言，征收公粮标准也不固定，季季要改，关于劳役负担问题，有时工资伙食不按规定发，派差时劳逸不均，未能很好调剂，财政支出不节省，浪费现象相当严重，县政府办公费一月一九二元，淮泗上月用了九百元，泗五灵凤用了二三〇〇元，精兵简政尚未成为自上而下的运动，经济建设也还没有成为群众性的运动，淮北工厂，虽有相当成绩，但还停在实验方面，没有发动广大群众参加。

丙、改善民生方面：一方面法令执行得不彻底，另一方面表现在执行中，对各阶层的利益照顾不够，以借粮这件事本身来说，当初是师部，参议会，行政公署，共同决定的，借粮本身是人情，穷人不能坐以待毙，有粮出借与人也是人情，所以应以人情来处理，自己有余粮，看到人奄奄一息，而不帮忙，虽不犯国法总不合人情，另一方面，借粮应讲清道理，不成功时也要向政府说明，所发生一些过左行为，如扒粮食吃大户等，于情于理，也都不合。政府当时应及时召集双方凭情度理，秉公解决，下级政府没有及时向上级反映，部分反映上来的，行政公署也未能及时解决，这是政府的缺点。今秋收成不好，明春又成问题，我提议各区乡成立生产救荒委员会，事先预防，认真调查，免得发生借粮卖钱吃喝赌钱的事，群众团体要教育会员，免得发生过左行为，政府要及时调解，迅速反映。至于减租加资，各地明减暗不减，明加暗不加的事，应及时处理。

丁、政权民主化尚未贯彻，在三三制的执行上，党员与非党员共处，要尊重党外人士的意见，这一点虽较过去为好，但仍不够，政府对群众的态度，还有旧的官僚政治的残余，同志们没有办法解决问题，就出于罚人捉人押人，像泗南征收救国公粮中，罚了一千多户，淮泗规定瞒一罚三，这不仅不足以提高行政的威信，适足以降低它。就是行政公署本身也有缺点，第一届行政委员会自成立迄今未召集一次会议，这是应由我负责的。

戊、我们有法治，但不严格，这表现在下级干部不尊重法令，上面执行纲纪不严，工作中发现乱抓乱罚的现象，处理司法保安案件时，下级同志，常以捕风捉影的材料为根据，而不根据具体事实，报告某人罪名为杀人勒款但没指出具体时间地点人证物证，甚至枪决人后，查出罪不至死的，金锁镇某同志提出四大杀（勾结土匪者杀，同志被匪杀时不救护者杀………），这样匪区百姓，应杀的太多了，对人的生命权，毫不重视，对人在社会上的名誉地位生命财产，看成儿戏，把政府工作看成特权，县长联席会上曾决定随便取消别人生命权的，自己的生命权，也将要在法治面前失掉，某些同志，明知故犯的由自己负责，多数的还是由于教育不够，纲纪不严，所以人家批评我们有治法无治人，我们应当承认，大会上要通过关于人权财权的法规，就作为以后基本法令，“王子犯法，庶民同罪。”政府人员犯罪同样要受政府法律制裁，没有什么特别的“政治保障”。

己、文化教育方面：现在小学教员的质量很差，社会教育还没大量开展，这一点是我们亟需（须）克服的。

旧政府遗留下来的官僚主义，上面决定不能传达到下面，群众的痛苦不能反映上来，上下隔着一条鸿沟，命令主义，不民主等现象，这是官僚主义的产物，另一个就是游击习气，在动荡不定的环境中，养成“吊儿浪当”的作风，自以为特殊人物，不守纪律，这是完全不对的。这两点给我们工作以很大损害，我们要以大力纠正它。

第三部分　准备度过今后艰苦的两年

我们的道路就是进一步团结边区各党派各阶层，进一步发展和积蓄抗日民主的力量，来保卫边区，巩固和扩大边区，以坚持敌后抗战，度过今后两年，争取最后胜利，不仅使边区成为坚持抗战的阵地，反攻时的有力据点，而且成为建立新中国的先进区域，为达到这一目的，就必须坚决同敌人在军事上政治上经济上文化上等等方面进行斗争，今后斗争将更残酷，而残酷斗争之后，所获得的胜利，也不是过去所可比拟的。

下面提出几项具体工作：

第一，武装民众，建立地方军，今天全边区军事建设中心，要放在建设人民武装上面，政令能推行得到的地方，都要组织起基干自卫队同普通自卫队，不仅边区要组织，即在基本地区也要组织，号召广大人民防匪自卫，保家救国，巩固抗日秩序，提倡尚武精神，把民兵系统建立起来，已组织起的要切实整顿，加以训练，今冬要开展民众武装自卫的运动，抗日防匪保家乡，这是每一公民的权利与义务，要真正做到“寓兵于农”。要巩固与发展地方军，在积极活动打击敌人中，锻炼与壮大自己，积极开展游击战争。要帮助主力，爱护主力，尊敬主力，把新四军看成自己的队伍，切实进行优抗归队运动。要训练大批地方干部，领导武装，发扬过去的战斗作风，政府人员要领导地方武装作战。

第二，完成各级政权的民主化，在淮北地区建立新民主主义的新秩序，对各级政权要切实进行改革，今后一年中应完成县参议会的改组。及县区乡行政机关的民选，到三届边区参议会时，就应进行普选了。政权机关不但有形式上的三三制，而且要实质上的三三制，真正选贤任能，认真建立各级行政委员会的工作，特别要加强乡的领导，培养新的干部，边区今后须要行单行法规，根据三民主义，抗战建国纲领，国府法令来制定，以便更好的保障各阶层人民的利益，确立边区的法治。

第三，加强根据地各方面建设，使适应今后战争的需要。

甲、财政方面——健全财政机构，整顿税收机关，健全各级财政经济制度，改善公粮缴纳及保管方法，完成土地查报田赋征收，整理县经费，实现自足自给。

乙、经济方面——主要是发展农业生产，冬耕和春耕要有组织的进行，切实完成水利计划，工业方面，发展家庭纺织工业，使得手工业群众化，实行保护商业，加强贸易局工作，发展群众中的合作事业；发展银行业务，提高银行与敌伪进行金融斗争及调剂生产资金的作用，一定要贯彻改善民生，以提高人民生产的积极性，从各方面打破敌人经济封锁。

丙、文化教育——继续提高小学的质量，加强现有的中学，普及社会教育，使识字与政治教育配合联系统一起来，从思想上来改造人民，使全边区人民都有准备的，有信心的，更积极的去与敌伪斗争，以度过今后难关，这是当前很重要的一着。

丁、司法工作——很好的培植司法人才，健全司法机构，实行巡迴（回）审判及人民代表陪审制度，普行义务撰状，取缔土讼。

戊、民政工作——完成户口调查，中心地区的禁烟禁赌工作，建立边区的卫生行政工作。

己、贯彻精兵简政工作，实行节约，反对浪费，严惩贪污，适当调剂民力负担力求减轻。

庚、训练政权各方面工作干部，特别训练地方干部，区以上在行政学院训练，乡以上干部在各县轮训。

以上这些任务，需要依靠广大人民的力量去完成，所以必需（须）扶助群众团体，完成组织人民大多数的任务。同时注意敌伪的破坏，提高警觉性，加强除奸工作，整顿锄奸机构，动员广大群众认真粉碎敌探汉奸的组织及其活动。

第四，敌伪工作——展开对敌伪的政治攻势，从各方面进行宣传工作，使到处都知道希特勒和日本必然失败的前途，以瓦解敌军，争取伪军，深入敌占区活动，在敌占区活动的部队，要严格遵守政策，要给敌区人民以好的印象，边区工作要加强，边区工作做好了，敌伪区工作也就好作了。

第五，巩固边区内外的抗战团结，同心同德，群策群力，渡过今后难关。

甲、各党派各阶层，根据抗日民主的原则，进一步的团结，政府要更好的调剂各阶层的利益和关系，更好的扶助民众团体。

乙、同各根据地建立亲密关系，我们也愿同友区建立亲密联系，互相配合，打击敌人。

以上五大工作，就是今天新情况下提出来的，要大家讨论决定，并向全边区人民宣布，动员人民一致实行，只有这样，抗日根据地才能巩固，抗战才能坚持，直到最后胜利。（鼓掌）

第四部分　对各位参议员质询的答复

各位参议员先生：

今天兄弟代表边区行政公署答复两天来各位的质询，此次各位参议员先生以人民代表的资格，就各项关系国计民生的问题向政府提出质询，在淮北边区还是第二次，这是二届参议会发扬民主最具体的表现，提出质询的参议员，共六十四位，论职业有农、工、商、学、兵，论性别有男有女，论年纪有老有少，特别是几位女参议员热烈的发言，充分表明我边区人民的政治生活，有了很大进步。问题范围，包括有军事、政治、文化、经济、财政、民运等等各项都提出了，除质询外还有批评，并且对今后工作，也提出了很多宝贵的意见。

各位先生不歌功颂德粉饰太平，而以认真负责的态度，反映真情，说老实话，一片爱护根据地爱护抗日民主政府爱护抗日民主事业的真诚，很自然的流露出来，虽然个别质询中，容或与实际情形有些出入，各位参议员对问题的看法，也容或有些不同，但无论如何，是为了改进我们工作，而不是藉端攻击，这一点精神上是完全一致的，我代表行政公署对各位参议员先生直率坦白正确的批评，完全接受，并表感谢，这对我们今后工作的改进有很大意义，同时也感到很大惭愧和歉意。抗日民主根据地建立已近三年，行政公署成立也一年多了，许多地方还未能满足各界人民的愿望，未能适应抗战形势发展的需要，这是我们亟需努力的。兹将二天来质询各点，分几个问题，答复如下：

第一，关于保障人权财权及其他合法权益问题——这是各位质询中最关心的。因为只有各抗日阶层人民的人权财权及其他的合法权利真正得到保障而各得其所，才能最大限度的发扬各阶层人民的抗战积极性，这也就是实行民主的先决条件，是政府的首要责任，各位就这一点提出质询和批评，是完全必要的，行政公署一开始成立即注意这一问题，并努力去做，就其施政纲领及各项具体设施都可证明，这都是全边区人民所一致赞成的，而足以引起怀疑的是在执行保障人权财权过程中发生了很多缺点和毛病。

这次各位提出最多而政府最应负责的就是保障人权的问题。例如个别地方还有乡长押人吊人的现象，泗南双沟镇长召集开会时罚老百姓下跪，洪泽县某区长对参议员的不当举动，淮泗司法人员吊人犯，改善民生以后工人对老板，老板对工人都有不正常的举动；农抗会员被反动分子暗害，还未迅速处理，这些现象完全是不正常的，这说明政府在保障人权方面，还有很大缺点，政府对这些事情，决不姑息，而应调查清楚，对犯法的人依其犯法轻重，分别处理，我们过去已经办了一部分，这次还希望各位先生继续提出，只要是事实一定处理，各阶层人民同样要受到政府的保障，人民应守法，政府更要守法，政府人员如果犯法，则知法犯法应该罪加一等。参议员是人民代表，在法律上应有特定的保障，假如有些事情，关系到参议员本身，应该依特定程序处理，不得任意拘捕，兄弟本提议这次在参议会组织条例中要明白规定，这次洪泽县×区长打参议员是错误的，应该受到严厉的处罚，政府决不能根据个人意气而打人罚人押人，一切应根据政府法令办事，法律首先要制裁政府人员这种违法行为，以后再有这一类问题，希望各参议员先生毫不客气，向所属的政府报告。

关于保障财权方面——最大还是借粮问题。的确有不少人在这个问题上发生了对保障财权的怀疑，贫富互助借粮救粮救济春荒，本来无可非议，济困扶危，是中国传统的美德，也是政府应该领导与奖励的，但一定要根据借贷自由的原则，今年在借粮中，个别地方发生硬借，坐吃，甚至扒粮的行为，这是与政府法令相抵触的，是不合乎借贷自由的原则，当然个别的为富不仁，见死不救，也是一因，参议员先生也曾提到，我就不再提了，这里政府所负的责任就在于未能及时反映这些情形，有些地方反映上来又未能及时纠正，致借粮中强借现象延长二十余天之久，妨碍了富户的合法权益，而另一方面还有不少贫苦人民尚未切实救济到，这是政府应向全边区人民道歉的，希望各位参议员先生向老百姓传达，今后如再遇到灾荒，政府应保证不致再有象（像）今春的强借行为，否则政府一定更严格的执行法令，我想广大群众及其团体一定能尊重政府法令的。

借麦种同样要根据借贷自由的原则，为了田地不至于抛荒，我们提议原来老板出种的照旧，东佃一样贫寒的，以及自耕农困苦的，可以由政府帮助设法，至于实在没有麦种的向有户借时，要根据借贷自由的原则。

周汉波先生提出逃亡户周朱氏粮食问题，政府在过去关于这一点已有决定，逃亡地主可以回来收租，或委托别人代收，可以带定额粮食外出，供自己支用，周朱氏的粮食，泗灵睢×乡长擅自动用，是错误的，决派人彻查按规定处理。我们不但保障根据地内地主的生活，也欢迎逃亡地主联袂归来，如实有困难，暂住伪区，政府不仅体谅他，也设法使他们能生活下去。

许藻修先生说，某佃户讲："产权是什么？产权是穷人的。"这话要说清楚，这块地原来是穷人的产权即属于穷人，那块地原先是富户的，产权即属于富户，产权原先属谁现在还是谁的，保障各抗日阶层人民的合法产权，这是今天抗日民主政府的基本政策之一，超过了这个范围，无论穷霸富富霸穷，都是不对的，被侵害了产权的任何一方面都有权向政府提出控告，以保护自己的利益。

关于改善民生，是人民在法令范围内应有的权利，但今天很多法令还未切实保障实现，这是政府应向工农劳苦同胞道歉的，边区今天佃东雇主遵行法令的模范固然很多，但不遵行法令，减租明减暗不减，增加工资明加暗不加的也很不少，邳睢铜个别地方甚至还进一步加租了。增加工资后不惟雇工待遇不改善反而受虐待，佃权不唯没有保障反而纷纷抽地，这种不正常的情形，既不合乎天理人情，也违背了政府改善民生的本意，我们承认过去没有尽责，我提议关于减租增加工资未作的，在未颁布法令以前或法令虽颁而当时尚未推行到的区域，旧账一概不算，在颁布后或颁布时已推行的地区，一概照章补加补减，改善民生是为大家有日子过，要双方好，所以在不同的地方，不同的情况下，对不同的对象，要有不同的分寸。但这不能曲解成为可以根本不做，这只是程度上的伸缩，改善民生的方针，一定要贯彻，法令是一定要执行的。

有人怀疑政府减租增加工资，是不是有限度的，是不是“今年三七，明年二八”，我们向边区老百姓担保，绝对有限度，希望劳资东佃双方订立新契约，双方共同遵行，政府法令的基本原则，决不轻易变更，过去之钱租因币值跌落而形成租额太低的，可以依照行政公署减租法令中“钱租改粮租”的条例改订。

保护佃权的问题，这次大会也有提案，希望能够有完美的规定，政府要求各地实行减租以后，佃户应提高生产，增加工资以后，工人应努力劳动，同时要依法交租交息，减息中不退条子的，如果旧条子遗失了，可以另补新条子，到政府备案申明旧条子作废。

今后如果再发生明减暗不减明加暗不加的事，工人农民可以向政府控告，同时工人农民不交租不生产，老板也有权利控告，政府有接受并处理这些案件的义务和权力。

关于改善民生过程中，个别群众团体发生些过火的现象，曾引起了一部分人对群众团体权力范围程度的疑问，群众团体有动员老百姓参加抗战参加政权的权利，学习文化的权利，保卫自己利益的权利，他没有抓人罚人押人的权利，这是政府的事，如果发生这些行为，便是违法，任何人都可向政府提出控告，我希望群众团体要加强对会员的教育，至于有些蓄意破坏群体（在淮宝甚至勾结敌伪军破坏减租），我们说群众团体是合法的，参加与否是每个人的自由，也是人民合法权利之一，如果有破坏抗日群众团体，不让人民参加，则也是违法的行为。群众团体可以向政府控告，至于勾结敌伪破坏减租，则根本以勾（沟）通敌伪论罪。

经过改善民生后，东佃劳资双方关系，应是更加亲密，一致团结，而不再是恨鼻子恨眼睛的，东家照章减租，增加工资，佃工照章努力生产，群众团体更好的处理各方面纠纷，各方面对群众团体也要更加爱护扶持。

各位所指出的上列各项缺点都是事实，其所以发生，一方面是政府未能切实负责，另一方面也是由于旧社会的病态，这是过渡时期中所不能免的，但防微杜渐同事后及时纠正的工作太差了，这是政府应负责的所在。

第二，关于军事工作，这里又从帮助主力及武装民众方面谈一下：

政府有很大缺点，表现在爱护和帮助主力极其不够，主力逃亡战士个别区乡公所竟扣留在地方工作，这是不对的，应动员归队。至于具体规定，政府要同四师商量进行办法，希望各参议员先生也负责在地方造成舆论。许多抗属困难还未切实解决，这种情形不能继续下去，否则会影响部队，某些主力抗属的优待不如地方抗属，个别地方部队待遇超过主力，这都是不正常的，今年秋耕要切实组织代耕队，不使抗属地上有一寸抛荒，其他优抗办法，大会上已有提议，至于地方政府同主力部队的关系问题，应当了解主力部队就是自己的部队，有了主力部队才有根据地，应当善于爱护帮助解决困难，主力愈巩固发展，根据地也就愈巩固发展。抗日的胜利，抗日人民的安全，也才更有保障。

武装民众方面——陈荫南先生提出清理过去转移枪支问题，登记清册，开具收条，使每一枪支都用在武装民众自卫防匪方面，我们认为这是对的，应当照办。

有的先生提出可否买枪，并且可否请匠人造枪，我们认为私人可以买枪，但要向政府登记，登记之后，政府完全负责，保障其所有权。请匠人造枪也可以，但要报告政府核准，手续要弄清楚。

枪支是否可以借？可以，只要为了自卫防匪，有枪出枪，有人出人，守望相助，是应该的。

关于坏人枪支问题，这里要补说明白，只有通敌为匪的才算坏人，这些人枪支必须收缴，如果不通敌为匪，而是抗日防匪，政府绝对保障，不收缴这些人的枪支，（鼓掌）但政府为了统一抗日防匪的行动，有调动指挥各地枪支及武装组织的权力。

各位提出禁赌，清理游民，肃清敌探奸细，是清除匪源的治标要着，当然治本还在彻底改善民生，这是对的，关于禁赌，摆赌诱赌的要处罚，泗宿县×乡长摆赌问题，由狄县长负责查处。

清理游民问题，高等法院已有提案。

清除敌探奸细很重要，敌探奸细惟恐边区不乱，需要全体人民注意，积极参加锄奸工作，摧毁敌探奸细特务的组织和他们的破坏活动。

至于自卫队的名实一致问题，现有的各地自卫队要积极活动，加强军政训练，真正负起抗日防匪保家卫国的责任，现在尚无组织的，要迅速普遍组织起来，自卫队干部要很好选择。

冬防时期快到，各地需要做准备工作。

第三，一些具体问题：

一、政权组织形式问题——葛荫先生提出抗日政权的组织形式，要符合三权鼎立的原则，这就牵扯到政权组织原则中权能分立与权能合一问题了。而新民主主义政权的特点，应是权能合一的，权能分离是旧的民主主义的特点，这问题在法学研究会上可以详谈。

陈节厂先生提出，乡保是否可组织经济审查委员会，每月公布全乡经费收支的数目，向人民报告，由人民审核，我认为这是对的，这是杜绝贪污的一种好办法，应当立即实施。

二、粮食问题：

石剑秋先生所提出的预防粮荒禁止粮食出口，这是对的，我们已经通知各地禁止粮食出口，但这一问题不能机械规定，我们要求参议会付（赋）与政府以调剂粮食的权力，在不妨碍民食供给的条件下，可将一部分粮食出口换入人民的供应必需品，为防止粮食无限制流入敌伪区，要求各地民众严行缉私，一面监督政府人员是否有暗地作弊的事，另外要和形形色色的偷运者们作斗争，至于不分青红皂白一律没收，也要防止，没收要按政府规定。

雇工出公粮是不对的，雇工不应出公粮。

各地征粮标准，要根据各地情形，根据收获量决定出粮总数，如果有不确的地方也可修正，主要以百分比为标准，而不是一定要完成总数，总数可以超过，也可以不足，反对单纯追求数目字，乱加人民负担的事。

公粮田赋分合问题——一般不合为好，因性质不同，田赋是土地税，有地权的人才负担，公粮是所得税，而公粮较之田赋更带有暂时性。

三、洪泽湖周围土地问题——很复杂，因有熟地生荒，草滩，水影子地几种，所以历来纠纷不好解决，这次提出制定单行专门法规是对的。学田减租问题——政府规定要减租，但下面或许有蒙蔽，如果查出，一律照减，抗属种的学田，不应转佃给旁人。

土地查报管业执照补契漏报等在提案中讨论，至于今年度是否实行田赋改粮问题，已交的不再变动，未交的依新章交粮。

四、渔民救济问题——我们已放了一万元的贷款，以后还可帮助，至于具体数目，可以由渔民团体同县政府商量决定。

草民去年和滩主二八分未出公草，今年三七分反而出公草，这对草民是不合理的。所以决定取消洪泽湖草民的公草负担，洪泽湖县政府如果因此收入减少，由行政公署补助。

公船可以按市价加价，价格多少由县政府同船抗决定，由政府出布告，如果政府军队人员不照章付价，可向政府及部队主管机关控告。

五、民力负担问题——这里趁便谈及，民力负担在战争时说，较之平时不能算不重，淮北边区较之淮南也还重，较之敌占区大后方则轻，就是较之战前民二十五六年时，洪泽湖周围几县人民负担也轻，我的报告中所说人民负担减轻，就是根据这种事实提出的，苛捐杂税额外勒索贪污营私等等的取消，对一般的人民说，的确是减轻了一笔很大的负担，当然极少数人，过去因为种种特殊原因，负担可以少出或不出，现在要出了，所以觉得重，以大多数人说负担是减轻了。

今天临时增加了一种公粮负担，这是今天抗战的需要，若没有这，那就很少了。虽然如此，政府对现在人民的负担，还是极力在减少，精兵简政增加生产，减少脱离生产人员，严惩贪污，都是为了这原因（泗南精兵简政结果，裁减干部 136 名，原有杂务人员 234 名，裁减 192 名，其中 59 名调区队工作，其余回家生产了）。

六、边界上政策执行问题

贺醴泉、臧及锋二先生提出边区工作，十分之八靠政策正确，这是对的，坏的游击队要切实整理，这事由政府会同四师商同处理，提出要加强边区领导，加强干部，不要漠不关心，把边区当皮外肉，这是完全不对的。关于金锁镇区长在政策上的错误问题，由县政府处理。

七、教育方针问题——对私塾是改良它，劝私塾先生同小学合作，帮助私塾进步，发课本给他们，训练塾师，用各方面力量推行新民主主义的教育，今天我们不是打破私塾先生的饭碗，而是要他们为新教育服务。

当前还不能就实行强迫教育，而是实施义务教育，劝服人民来受教育，许多老百姓并不欢喜小孩子作一世文盲，而是受生活的压迫，少一个人就减少一个人的劳动，我们一方面劝解他们送儿童来，一方面要改变我们的教育方法，建立半日学校，多讲农民中用得到的东西，甚至半日教育，半日生产，如拾草打柴等，这样人民就会踊跃送子弟入学。

校中除掉教育处颁行的课本同补助读物外，对有些天资特别好的课外研究，应当奖励，但课外读物要合乎抗日民主的要求，如文天祥的正气歌，岳飞的满江红，鲁迅及其他革命文学作品等，但不要造成个人好高骛远的习气。

八、参加群众团体资格问题——有人提出凡参加劳动的农民，都有参加农救会的权利，不应有财产之限制，这是完全对的，与总农救的规定是一致的。

九、有人提出从汴河到溧河挖一段沟，本席完全赞同，全边区都应注意，振兴水利工作，不可丧失今冬明春的时机。

十、妇女权利问题——抗日民主政府是主张提高妇女的政治、经济、社会地位的，妇女与男子有同等的参政权，根据今天淮北边区的比例，参政员当中占百分之二十的女参议员，各级政权中也要有一定比例的妇女参加工作。

这里有人提出丈夫不学好，妻子可否分家，在法律上本有“禁治”的规定，男子不学好，女子就可管家。

关于重婚问题，法律本有规定，但与抗日民主根据地的一夫一妻政策并不怎样符合。民法一〇五三条“对于前条第一款（重婚者）第二款（与人通奸者）之情事，有请求权之一方于事前同意，或事后宥恕，或知悉后已逾六个月；或自其情事发生后已逾二年者，不得请求离婚。”这就是默许重婚，三妻四妾便从这里找到根据，至于这一法律根据妇女同胞是否同意，还须讨论，（笑）重婚是不合理的，但今天也不能说凡有两个妻子的，都要让出一个，重新择配。（笑）倘若这已造成较长时期的事实，而且双方能够妥处，政府也不过问，不算旧账。（笑）但如果一方受到虐待，不能一齐生活，政府也不能坐视不问。

十一、关于非党干部参加政府工作问题，路井理先生提出非党干部参加政府工作，深浅都感困难，这说明共产党员中还存在着严重的宗派主义，最近中共中央提出整风，宗派主义就在被整之列，关于共产党员如何与非党人士民主合作共同工作，毛泽东同志曾向全党指出了下列的原则：“共产党员必须倾听党外人士的意见，给别人以说话的机会，别人说得对的，我们应该欢迎，应该跟别人学习，别人说得不对，也应该让别人说完，然后慢慢加以解释，共产党员决不可自以为是盛气凌人，自己是什么都好，别人是什么都不好，决不可把自己关在小房子里自吹自擂，称王称霸，除去小人汉奸以及破坏抗战与团结的人们①，没有说话的资格以外，其他任何人都有说话的自由，那（哪）怕说错了也不要紧的。国事是国家的公事，不是一党一派的私事，因此共产党员只有对党外人士实行民主合作的义务，而无排斥别人垄断一切的权利。”这就是共产党员应采取的态度，不如此就要受到共产党内同人民的批评，党员本身应痛自改正，党外人士还需要监督这些党员，这才是毛泽东同志所说的内外夹攻治病救人的办法。

第四，建立严格的法治——建立正规的严格的法治，才能更好的保障各阶层人民的利益，才能更好的团结各阶层人民坚持抗战，我们这里不能说没有法治，我们的施政纲领，各种法规办法，都是为边区人民所赞同的，政府也是如此作，缺点是执行得不彻底，法治中呈现着弱点，一面由于各级干部学习经验不够，另一方面，就是上级政府教育不够，纲纪不严，固然干部犯法为法纪所制裁，贪污杀人等案子，近来共计五二件，有处徒刑的，也有枪毙的，有党员也有非党员，但还有许多事件，未能及时处理。

今天严格纲纪，贯彻法治是必须的，从何着手，本人感到有几件事，特提出商榷。

一、制定适合淮北边区的单行法规，除施政纲领，政府各种组织法，保障人权、财权、工商业、土地、婚姻等条例外，还应规定一些重要的细则，如今此次大会所提出的危害抗日民主政权案件处理办法，司法案件处理办法等，关于押人、罚人、捕人，那（哪）

① 这段引文出自1941年11月6日《在陕甘宁边区参议会的演说》，但与1991年人民出版社出版《毛泽东选集》第三卷第809页在文字上有些出入，应是：“除了勾结日寇汉奸以及破坏抗日和团结的反动的顽固派，这些人当然没有说话的资格以外，……”

一级机关有此权力，经何手续，都有规定，即属于细则的一类，有了原则又有办法，政府人民一致奉行。

二、加强政府人员的教育，加强他们的法权观念，懂得奉公守法，我们有一批热情很高的青年干部，学识经验各方面都还未成熟，政府对这批干部要负责教育，另外还希望地方长者，名流士绅，大家以爱护青年干部的心情，来教育他们，帮助他们了解地方情况，帮助克服工作困难，而我们的青年干部也应敬老尊贤，虚心向长者学习，老辈教育后代，后代向老辈学习，这是人类延续社会事业发展的自然规律。

三、严整纲纪、不以姑息爱人，依法处理违法人员，大会上所提出的违法渎职人员，今后即查明办理，有的先生提出："已经撤职的干部，不应立即任职，应加以教育"，这是很对的。

四、任何人都要守法，在法律面前，大家一律同等，任何人不能轻视谁，任何人有受法律保障的权利，也有守法的义务，男女老少贫富党员非党员都是如此，党员公务人员犯法后，一律受处分。

五、最后依靠人民的监督——依靠人民行使其权力，这是贯彻法治的基本条件，否则再好的政策也要出错，纲纪法规的力量有时而穷，独有人民的监督是无穷的力量。

政府人员自上而下的守法精神，人民自下而上的监督，上面严格执行，下面密切监督，党外监督，党内检查，这样上下照顾，内外夹攻，才能建立严格的巩固的法治。

我的答覆就是如此，挂一漏万的地方还多，希望各先生在讨论时多多提出意见。（鼓掌）

选自《华中抗日根据地财政经济史料选编》第一卷，档案出版社 1984 年 7 月版，第 287～347 页。江苏省财政厅、江苏省档案馆、财政经济史编写组合编。原注："按《淮北苏皖边区三年来的政府工作》，1942 年版单行本刊印"。

4. 淮北苏皖边区第二届参议会对政府工作报告之决议

1942 年 10 月 26 日

淮北苏皖边区第二届参议会，听到边区行政公署刘主任瑞龙同志的工作报告，及刘主任瑞龙刘副主任玉柱二同志对质询答覆以后，一致认为过去三年中所采的施政方针是正确的，同意过去三年中边区政府在军事、政治、财政、经济、教育、司法、保安、民运等各方面的设施，同意政府过去工作成绩的估计及其对缺点的批评，对于报告中所提出的今后边区政府施政方针，边区二届参议会一致同意，并号召全边区人民协同政府努力实现之。

选自《华中抗日根据地财政经济史料选编》第一卷，档案出版社 1984 年 7 月版，第 283 页。江苏省财政厅、江苏省档案馆、财政经济史编写组合编。原注："按《淮北苏皖边区三年来的政府工作》单行本 1942 年版刊印"。

5. 苏南敌后抗日民主政权的建设
——樊玉琳在苏南县长联席会议上的报告

1943 年 3 月 18 日

苏南地区正式建立抗日民主政权，经过了整整两年。不过在两年以前，自从新四军进入苏南后，有许多地方已在逐步的进行政权工作。

过去各地区的政权工作，没有建立统一的领导机构，不容易搜集材料，同时，苏南地区很大，要在很短的时间内详细说明是很困难的。所以，我的报告只是简单的大体上把它分成三个部分来讲：一、苏南敌后抗日民主政权建设经过；二、政权工作成绩及优点、缺点；三、主要的经验教训。

一、苏南敌后抗日民主政权建设经过

一、苏南的一般概况。

苏南地区是很大的，详细的分析起来，各地有不同的情形。在这里只能对苏南一般情形作报告：

（1）苏南的地位，北面有长江、京沪铁路，西面有京芜铁路，包括有芜湖、镇江、丹阳、苏州以南的几个县，东南至苏（州）嘉（兴）铁路，西南至石臼湖，南至宜兴、溧阳国民党统治地区，包括太湖、滆湖、长荡湖、石臼湖、固城湖以及丹阳的练湖。这个地区包括有江宁、当涂、溧水、溧阳、金坛、镇江、丹阳、句容、武进、宜兴、无锡、吴县等12 个县的范围。在这 12 个县中除太滆区的几个县，我不清楚外，有原来金坛一、二、三、四、五、六区，丹阳一、二、三、四区，镇江二、三、四、六区，句谷一、二、三、四、五、六、七区，江宁一、四、五、六区，溧水一、二、三、四、五区，当涂五区，溧阳二、三区，武进二区。除太滆、横山地区外，共包括 34 个旧行政区，连横山办事处的三个地区在内，共 37 个行政区。

在地形上说，可以分做水网地区，平原地区，丘陵山区。譬如太滆、金坛、长滆、当涂，多半是水田，河流多，可以说是水网地区。丹阳、镇江（即旧丹阳二区）及句容一区一部分地区为平原，水不多，山也少，一般可说是平原地区。除此以外江宁、溧水、溧阳、句容及其他地方，丘陵起伏，并且有茅山、青龙山、瓦屋山等也在此地区中心，所以说是丘陵山区。按方向说，茅山东南方向大多为水网地区，茅山东北方向为平原地区，茅山西南方向为丘陵山区，一部分是水田，一部分是丘陵地。

其次谈到交通情形，这个地区在“七七”事变前交通比较便利，因为北面有长江，有京沪、京芜、苏嘉铁路，其次县与县之间又有公路，如京杭路①、溧武路、京建路、镇句路、句丹路、金丹路，都是“七七”事变前的公路。抗战以后又筑了一些小的支路，敌人控制了点与线，交通就不便利，而我们又是以茅山为中心地区，因此我们的交通更不便利

① 原注：京杭路：南京—杭州；溧武路：溧水—武进；京建路：南京—郎溪（建平镇）；镇句路：镇江—句容；句丹路：句容—丹阳；金丹路：金坛—丹阳。

了。除铁路外，还有河流，大的河有秦淮河、香草河，茅山有青龙河、漕河（就是运河的一部分），平时都可以行驶船只，到现在还有许多河流控制在我们手里。所以水路运输交通还算便利。

（2）其次谈到本地区的人口、民情、风俗习惯、人民生活、特性等。

关于人口照现在统计，除太滆外，茅山地区有 4 662 万人。路南地区有 30 916 万人。共计 77 536 万人。这人口是指在我们的控制及半控制区内的人口，即是向我们纳粮、缴税的人口（敌占区人口未算在内）。简单的说，这是我们能控制的人口，而不是这个地区的整个人口。

在民情、风俗习惯方面，一般说苏南地区人民是驯良的，但因过去交通比较便利，抗战前的江浙两省尤其是江南，是国民党统治的中心。由于交通较便利，控制力强，因之人民较开化些，也老于世故些。江南人一般说是比较狡猾的。至于风俗，大多数人到现在还很迷信，每一地方每个村子都可看到，特别是在旧历年时大多数烧香敬神的。

谈到人民生活，苏南在全国说是鱼米之乡，最为富庶。但据抗战前的调查资料，有一半人家是负债的，大多数人是困苦的，所谓富庶还只是少数人而不是一般的人。根据土地占有情形来看，除了丹阳、镇句两区土地较为分散（自耕农多，自耕农占 90%左右，包括自己有田，又代种别人的田的在内）以外，溧水、溧阳、句容的土地比较集中，其集中程度以句容延福乡为例：该乡占有土地 1 000 亩以上的地主有三家，100 亩以上至 1 000 亩内的地主有四家，这七家田亩占全乡土地 80%以上，换句话说，全乡的土地就为这七家所有，其余人家大都是佃农。溧阳西岗区，占有土地 1 000 亩以上的地主有三家，500 亩以上至 1 000 亩内的地主有四家，总的说起来，除少数地区土地分散外，其余都较集中，人民生活亦艰苦。但抗战以后人民生活改善了些。过去负债的占 50%，抗战后虽没有统计，但借债户数已减少了。过去田抵给人家，后来也赎回来了。为什么呢？因为过去佃农多受地主盘剥，抗战时地主跑了，没有人借债，农民负担也减轻了。另一方面新四军进入苏南，在其减租减息政策主张的影响下，高利贷减少了。过去高利贷高到什么程度呢？如今年夏天借 2 元谓之青苗债，3 个月后，还一石稻，稻价是 4 元。没有稻还，再过 3 个月到第二年春天按当时稻价计算每石 6 元，如再还不出，到麦收时再加 1 元，说是 2 分利息，实际上是 2 成息，还不出的即出麦 2 石，到秋天卖麦种时即为 14 元。此外借米、借酒，花样很多。自从新四军来后，这种高利贷少了，人民减少了一层剥削。我们又提出了二五减租。过去收租时，请地方上与地主有关系的人来分租，佃农吃亏，经减租后，人民生活改善，更有一部分人冒险做生意赚钱，生活亦有改进。

至于这个地区人民的特点，苏南因交通便利，读书人多，一般比较文弱，斗争性不强。同时因为富裕，生活也较腐化，每一村庄都有茶馆，每个镇市都有酒店，茶馆是赌博的地方，苏南人好赌。此外还有烟馆，抽大烟的人很多，虽然曾经禁过，而抗战后反更盛行。

苏南地区另一个特点是土匪多，特别是靠近山的地方，如茅山、瓦屋山、镇江附近的山，土匪是普遍的现象。原因是：山区出产少，生活困难。同时山地过去是荒芜的，田地是后来开拓的，集中在少数人手里，佃农收获既不多，又要缴租，一年忙到头不能维持生活，又因为保守性不愿远行，只有做土匪。

此外苏南地区封建组织很多，最盛行的是帮会。帮会在抗战前就有，抗战初期由于中央军纷纷败退，社会秩序紊乱，土匪多，帮会头子横行。人民为保全生命财产，不得不参加帮会，就茅山地区几个县说，当时成年壮丁（男的）80%参加帮会，拜老头子。在苏南普遍的是青帮，红帮少。除帮会外，还有几种封建组织形式，主要的是刀会，抗战前也有，如溧水地区刀会曾暴动过，叫大刀会。镇句地区的小刀会也暴动过，烧房子一烧几十村。溧阳地区刀会与军队开过火。抗战后由于没有人组织地方武装，没有军队领导他们，又自发的把过去的刀会恢复起来，以防匪而自卫。后来，各地（镇句）有了地方武装，有了新四军，刀会便自行解体了，只有少数的封建统治强或与敌人有关的还存在。

文化教育情形，苏南在抗战前，学校较普遍，如句容有120多所学校，但到底多少人识字尚无统计。抗战后，因没有教育行政机关领导，社会秩序紊乱，学校便停办了。后经我们提倡恢复，据现有统计：丹阳有72所、镇丹有14所、茅东有62所、溧阳有100所、句容有25所、镇句有12所、江宁有6所、溧水有5所，共有学生7 000余人，照我们以人口比例，没有受教育的还相当多。至于质量，因为今天的环境困难，真正能起教育作用的还很少。一般的只能起识字作用。学校虽有我们领导，但是由于过去注意不够，教学内容也没有很好的改善。茅东县150多个教员中，只有3个是党员，执行抗战教育的还是少数。关于社会教育，由于群众团体办墙报、俱乐部，有许多地方经过军队发传单，进行宣传教育，人民的政治水平比以前提高了。抗战前，各县虽有民众教育馆，实际上没有起什么作用。现在我们的政府军队常移动，正式受教育的人虽少，而一般人民的政治认识、民族意识都提高了一步。

这些大体上是苏南的一般概况。

二、各时期演变及政权建设的方针。

苏南政权建设可分三个时期：第一个时期，1938年5月—1940年5月；第二个时期，1940年5月—1941年5月；第三个时期，1941年5月—1943年（现在）。

第一时期：1938年5月新四军进入江南，当时江南情况极度紊乱，因为敌人从1937年底占领南京后，苏南国民党各级政权及各地军队都已撤退。除敌人不断烧杀、抢掠外，还有土匪扰乱，整个苏南都很紊乱，在无政府状态下，人民不能安居。自从新四军进到苏南，社会秩序逐渐恢复。当时正当国内团结一致，国共关系比较好的时候，新四军在政治上取得很大胜利，军事上有卫岗战斗、新丰战斗，又打句容城，使敌人不敢下乡抢粮。受国民党委任与鬼子勾结的土匪部队如朱永祥、陶××①，他们都有枪（陶××有2 000支枪，朱永祥亦有数百支枪），先后被我解决。土匪势力因之瓦解。新四军在一般人民中威信很高，新四军在苏南是合法的，同时提高了人民抗战的信心。当时的情况如此。我们的方针，是一面打击敌伪，一面恢复社会秩序，安定地方，同时进行政权建设工作。陈军长②打电报给三战区，国民党派来各县县长，我们并帮助他们恢复了政权，拨给他钱和枪，我们还配合了中央军作战，如铜马桥战斗。我们除帮助他们外，并在军事上自己建立威信，开展敌后游击战争。他们的政府，虽经我们帮助建立起来，但他们作威作福，不以

---

① 原注：原文如此。
② 原注：陈军长，即陈毅。

抗战为前提，不爱护群众，领导群众抗战，反而凭借政权，抓人罚款，因此在群众中没有建立威信，相反的与人民对立，是孤立的。但我们始终是帮助他的。

第二时期：自1940年5月到1941年5月，中经一年，事情却很多，有横山事件、西塔山战斗、皖南事变。当时国际形势是贝当法国战败，德国疯狂的时候。因为法国贝当投降，英美想讨好于日本，对日本采取妥协政策，英美对日本提出折衷办法瓜分中国。中国处在东方慕尼黑危机中。国际上德意均劝投降，日本则诱降。国内形势呢？亲日投降派积极活动准备投降，汪精卫粉墨登台，组织傀儡政府，苏南形势也随着起变化，因此也发生事变。国民党镇江县长庄梅芳公开解决我们的独立营，杀死营长马峰及其全家（小孩子在内），贺甲战斗，我们退下的伤员被杀，杀我们的侦察员。句容县长并捏造是非，向冷欣诬告我们。敌人对苏南地区也加紧控制，建立很多据点，如上党、西肠、延陵、丁庄铺、大蒲干等。国际上逼降劝降，国内投降派活动，苏南国民党各县政府制造磨（摩）擦，向我进攻。中央军由溧阳楔入茅山磨（摩）擦，进攻新四军，发生西塔山战斗。

当时，苏皖区党委扩大会提出过建立抗日民主政权的号召，但没有建立由上而下、有系统的政权机构，因为我们仍然希望国民党顽固派能够觉悟，团结抗战。西塔山战斗后，他们在茅山地区政权撤走了，乡保一级没有人也不愿接受他们领导，要求我们领导。我们即以群众团体的组织来建立政权，成立镇（江）句（容）丹（阳）金（坛）四县抗敌总会。金（坛）、溧（阳）地区成立西南区抗委会，三游击区成立江（宁）当（涂）句（容）溧（水）四县抗敌总会，利用群众团体领导机构名义来领导政权。国民党在敌后由公开活动转入秘密活动。我们当时响应党的号召，领导政权。特点是：群众团体性质，没有在区以上建立政府。人民自发的要求民主，如西旸区长是委的，人民要求改选区长，我们也同意。根据这些事实，我们一方面响应党的号召，一方面应人民的要求，便开始领导政权。

第三时期：1941年5月到现在是在民主政权建立过程中。正当皖南事变后，国际、国内广大人民和进步人士都反对分裂，反对投降。英美亦感到国民党不对，英美也不愿意中国分裂，因其要中国牵制日本。国内各党派亦反对皖南事变，因为国内战争，是中国莫大危机，将使全国继续抗战遭到相当困难。全国人民根本是反对皖南事变的。在皖南事变中，新四军部队受到一部分损失。国民党在苏南配合日寇在敌后驻扎扫荡，实行敌顽夹击，想把苏南新四军来一个一举消灭，但我们仍然坚持了这个地区。我们经受着极度的困难，即使是茅山和溧阳地区曾经一度受到很大的艰难挫折，我们不但没有离开原地斗争，而且发展了太滆地区、长滆地区。我们的主力，又回到茅山地区，打开茅山地区的新局面，建立整个敌后抗日民主政权。国民党由于过去与人民对立，是孤立的。虽然经过皖南事变，但是他们仍然没有能够进到茅山敌后，在溧武路以北仍然是隐蔽活动。

当时我们的方针是根据国内形势确定的，反对投降，反对分裂，反对倒退，对国民党顽固派的军事进攻，采取坚决的自卫反击，克服时局逆转，争取时局好转。自上而下的建立政权。当时在这个地区内，成立两个行政专员公署：一为第五行政专员区，下辖句容、镇江、江宁三个县政府与丹南行政办事处；一为第六行政专员区，下辖武南、金坛、溧阳、溧水四个县政府和宜武锡三县行政委员会。成立两个专署及各县县政府、各区区公所（专署在1941年5月15日成立）。在这两年中，又新成立了横山、太湖两个办事处，乡、区方面重新分化。原来的第五行政专员区与第六行政专员区为了统一，曾于1941年10月合并，成立苏南行政专员公署，事实上范围太大，一个专署领导全面，在今天敌人封锁环境下不可能。后又分为两个地委领导。县的方面亦有变动。如茅山地区分为茅东、金坛、丹阳、镇丹、镇句、句容6县。当时镇丹地区尚未恢复。区也有增加，因为区管辖范围划小，便于领导，又有新开辟的地区，现在金坛有九个区，丹阳有五个区，镇丹有四个区，句容有四个区，茅东有七个区，溧水有四个区，溧阳有五个区及其他各县共有47个区，增加了13个区（包括另外划的与后开辟的）。在47个区中，我们全控制的有18个区，半控制的有29个区（不包括横山、太滆地区，因未报统计）。

这三个时期情况的演变和政权在各个时期所采取的方针不同，完全是根据客观环境和苏南民众要求而逐渐建立的。否则，第一时期，在茅山地区无政府状态时为什么不建立政权呢？第二时期在国民党对我们制造磨（摩）擦后为什么不建立政权呢？为了尽一切努力争取团结抗战，我们只领导区乡，没有建立县以上的政权。第三时期，皖南事变后各方面要求民主时，我们开始建立抗日政权机关，但在两个行政专员区的上面，还未建立统一的政权领导机构。我们是在各方面适应抗战需要及人民要求来建立各种政权的。我们的方针是根据各时期的情况特点来确定的。

二、政权工作成绩及优点、缺点

一、政权工作的收获及成绩：

第一，开展了苏南敌后抗日民主政权，有系统的建立了政权机关——两年前5月15日正式成立了两个行政专员公署及7个县政府，其中3个是等于县政府的办事处或3县行政委员会。当时，成立了34个区公所。区以下乡保也有了组织，有人负责。这个政权机关，不仅在形式上组成，且都能各尽其责的工作，使无政府状态变为有政府状态，使人民有了人权、财权、地权的保障。区级以上的人员，大半从开始就经过推选及委任的方式换过了。区以下一般的用原有人员，到现在说乡一级也逐渐换改了。保一级也同样更换了不少，所以现在的政权，9县、47个区，350个乡都建全了。已能更进一步负责了。

第二，在政权建设后，能够开展统一战线工作，能团结广大人民，除少数汉奸外，大多数人民都团结在抗日民主政府的周围，根据地内共有77 536万人（太滆未统计），包括社会各阶层的人。在国民党县政府领导下，在我们抗日民主县政府未成立前，在四县抗敌总会领导时，一般的人以为四县抗敌总会不是正式的领导机构，不是正规的政府。因此，人民心理上还有另一个正统的政府。自从我们的行政专员公署成立，有县政府、区公所，一般人民心理有了转变，他们认为苏南敌后有新的政府成立了。但在开始，人民尚采取旁观态度，因为另外还有个国民党的政府存在，敌伪并有个伪政府，敌后有3个政府形式。他们怕伪政府威胁，故均观望不前。经过我们宣传解释，说明敌后政府的重要性及抗日民主政府的组织与方针，使大多数人了解我们的主张与政策，了解抗战时及抗战后民主运动的趋势，因此为我们做工作的很多。茅山地区各县政府的科长，多为地方上的中上层人员，区一级的股长也都是中上层的人多。至于乡保，在政府未成立前，都推三推四的不肯做，政府成立后，肯帮助我们工作，现在不仅不推诿，并且争做我们的保乡长。一般人都想做点事，不能扛枪打敌人，为抗日民主做点事也是好的。这是政府能运用统一战线政策团结人民抗日的结果。起初对我们漠不关心，是由于对过去政府的印象不好。过去政府是政府，人民是人民。除收捐纳税外，政府与人民无关系。他们便以对过去政府的态度对我们。但由于我们政策正确，照顾广大人民利益，如减租减息，开会时邀请群众来参加，使广大群众人权得到保障。他们认识到我们的政府与国民党政府和敌伪政府都不同，而拥护我们各种政策的执行。

第三，保证了苏南地区军政人员的给养——公粮田赋的征收虽属财经部门，但也是政府的一部分。这种征收不是盲目的，而是根据各个不同地区的情况，实行比较合理的征收，这个财政征收，也能使人民很踊跃拿出钱来了。他们知道拿出来的钱是归公的，是用于抗战的。过去地方纳粮有 10 年拖欠不清的，现在田赋也好，公粮也好，我们定一个期限就能按期完成。这一方面是因为我们的工作认真，同时也是人民高兴拿出来，一般人民对抗战有很深的认识。

根据财政收入与人口比例，现在茅山地区平均每人负担 41 元，路南地区每人平均负担 11 元，慰劳品除外。茅山地区从 1939 年开始征收，路南地区则在以后。

第四，帮助了扩大主力部队，建立地方军和民兵，保卫了地方。扩军工作，虽然没有统计，但尽了很大的努力。四十六团大部分是各地扩军来的。此外并组织了很多民兵配合主力，打击敌人，保卫地方。

第五，开始发动了生产建设运动。去年茅山地区发动种棉花，解决了部队的冬衣。过去茅山地区不种棉花，多半向外购买。又如开河筑坝工作，也取得了人民的信仰，使人民理解政府是为人民打算的。句容四区人民过去对新四军冷淡，自从帮助他们筑坝以后，部队经过时，他们表示很亲切。可惜生产工作，还没有广泛开展。

第六，恢复了学校，推动了人民认字运动——各县政府的文教科专门负责文教工作。两年中恢复 289 所学校，共有学生 7 543 人。一般的民众教育也做了些。

政权工作成绩不能尽述，这里只讲一些比较大的成绩。所以能获得以上成绩的原因：

第一，党的领导正确。抗日民主政府在党的领导下，一切政策的应用，均经过各级党委明确的指示，工作没有什么错误。

第二，工作人员的努力。一般行政工作人员作风与过去不同。过去是坐在家里“等因奉此”办事，现在是埋头苦干，脚踏实地干工作。

第三，武装部队的帮助。政府所以能建立能工作，全靠有武装力量，否则，便谈不到什么工作。新四军来到苏南时，到处是土匪，经过新四军打击敌伪，清除土匪，环境开始安定。皖南事变后，我们又在武装保护下建立政府。

第四，广大人民的拥护。过去政府强迫人民拥护他，人民还不是心悦诚服的，而今天是在敌伪进攻，更艰苦、更复杂的条件下，能获得很大的成绩，不能不归功于人民的拥护。

二、政权工作的优点：

第一，抗日民主政府，一般说是建立在广大人民的基础上。不象（像）过去的政府，操纵在少数人手里。政府坚决执行了一切为抗战、一切为民族、一切为广大人民利益的原则。人民对政府也有很深的认识，而拥护政府的主张，与政府有密切的关系。过去人民中发生纠纷都找地方上大先生、封建头子来处理。自从抗日民主政府成立后，不论大小事，他们都直接找政府调解，政府一般的也能听取各方面的反映，接纳各方面的意见，作为施政参考。

第二，基本上开展了民主运动，执行了抗日统一战线政策。民主是抗日民主政府的基本原则。今天虽因种种困难（如公民登记手续未办妥），不能直接间接由人民选举政府，但政府的一切设施都曾经地方人士同意，或经参议会讨论后实行。县有县参议会，区有区参议会，这种参议会是由地方中上层和群众团体代表组成的。政府尊重他们的意见。为了更广泛的听取和采纳各方意见，政府并经常召开各种座谈会，士绅会，以发扬民主精神。不但开展了民主运动，同样还执行了党的统一战线政策，团结各阶层人士参加抗战工作。苏南地区有中心区、边区、敌伪统治区，但不论在任何地区，我们的工作都能进行。这是运用统一战线政策，争取两面派的成绩。直溪桥、宝堰等据点内都有我们的乡保长，人民向我们纳税。刀会过去反对我们，经过争取后，他们在某些方面也能觉悟起来，倾向我们，为我们工作。我们并能教育改造土匪变为良民，使他们不再抢掠民财，甚至组织好武装保卫地方。

第三，发展了地方武装，发动了地方武装参加主力部队。目前苏南的部队，四十六团大都由地方武装上升的。四十八团也有地方武装参加。四十七团是地方武装产生的。由于我们的同志认识到今天的斗争主要的是武装斗争，每一地区行政工作人员，都设法扩大并巩固武装。由没有武装到有武装，由地方武装变为主力部队，再由地方军正规化主力化。环境紧张时，政权机关并能带领武装去打击敌人。如最近敌人扫荡茅山地区，麦溪区长每天带区大队埋伏打击敌人，使少数敌伪不敢下乡。其他各区亦能带领武装与敌伪作顽强的斗争。

第四，政府工作人员基本上是廉洁、公正、英勇顽强的。政府所以能得到广大人民信仰，除以上原因外，更因为政府工作人员公正无私，不偏不倚，除少数人外，大多数都能廉洁奉公。不仅如此，且能在任何环境下坚持斗争。在皖南事变后也好，在塘马战斗也好，在敌人驻扎扫荡时也好，在一切艰难困苦环境下，都能顽强斗争。如第五行政专员巫恒通被俘后，痛骂敌伪，不吃东西，不饮水，敌人将他的儿子带来软化他，他不为所动。绝食六七天，到第八天牺牲了。此外，如徐思柏、林心平等都是临死不屈。在税收工作方面，两年来税收人员损失了三四十人，而他们仍然前仆后继的工作。如江宁税务所所长被敌人打得要死了又爬起来，回来后扶着拐棍工作。这许多牺牲、被捕、在工作中百折不挠的同志，不仅是政权工作上的骄傲，也是全党和全体政权工作人员应该学习的。

第五，党政军民关系上基本是密切的。自成立抗日民主政府以来，政府与党，政府与军队的关系是密切的，没有发生相左的意见。军队到一个地方，政权工作人员马上帮助他处理一切事情。同样环境紧张时，军队也掩护政权工作人员。至于政府与党的关系，党有什么决定交给政府党团讨论后执行，没有丝毫讲价钱或推诿的现象，同时政府有缺点，党也直接指导或纠正。党亦能听取政府的建议。皖南事变时，苏南虽无正式政府，有许多同志过境，政工人员都能积极设法帮助其打埋伏，化装，送过封锁线。

第六，政府工作人员工作积极性提高了。在精简原则下，县政府只有十余人，主要的只有三四个干部。区公所连杂务人员在内只有七八人。人员减少而工作加强了，工作效能提高了，且不管一切困难地工作。如茅山地区敌人扫荡两星期，各部门仍照常工作，没有人后退，没有人离开工作，财经工作人员仍能继续收税。不论环境如何变化，各县各区仍坚持原地斗争，使人民情绪稳定，使部队给养不困难。

上面说的是优点。

三、政权工作的缺点：

细细检讨，我们缺点还多。产生缺点的原因，总的说是我们未能正确地掌握党对政府工作的原则。

第一，对党的决定和指示执行的程度不够。党的决定经过政府党团研究后，公开执行时，还不能百分之百的完成它，还不能尽一切努力去完成这些决定和指示。在某些问题上，我们还不能认识清楚，如在统一战线环境里，我们不能去领导群众，不了解党的政策，就是一切工作不能彻底进行的原因。区以下工作人员是不能掌握党的政策的。

第二，政权基本上是巩固的，区以上的政权控制在我们同志手里，区以下乡的政权，有许多还控制在封建势力手里。这样我们政权是凌空的，基础是不稳固的，环境一有变就垮台。如丹阳二区有20个乡，区公所建立后，各乡都普遍进行工作，但区长不会做统战工作，与上层搞不好，打击上层，他们逃到敌伪那边去了。区公所不能存在，经过一星期后全体乡长都变成伪乡长，公粮收不到，工作人员也不能立足。又如句容三区，区公所建立很久，但乡保长仍为友方政府所统治，乡长是两面派，保长完全是他们的，为他们建立通讯机关。环境好时，我们力量超过他们时，看不出什么，环境一变，政权马上跟着起变化。所以改造基本政权，是不能因循下去的。我们改造基本政权时，问题就发生了，因为他们对上面不在乎，对下面却抓得很紧。我们将政权移到进步或开明的人手里，地方士绅就用各种方法进行破坏。他们表示进步，来活动做乡保长。各县基层政权是改造了，但没有完全真正地实现，如茅山地区还有几个区的基层政权，没有得到切实地改造，以致县政府里清一色，区一级有少数同志，乡一级我们的同志就很少了。

第三，深入的调查研究了解情况与掌握政策不够。首先谈调查研究，过去有的县不知有多少乡，县长不知道乡长的党派背景，顶多了解几个特殊的。苏皖区党委曾发出表格调查，到现在都没有送来。两年来各县情况没有统计，只能估计，有时前后两张表格填的数字不同，不能决定谁是谁非。这是由于过去政权工作者多少是官僚式的，不了解下情，做工作是应付。由于没有调查研究，对情况便不了解，如茅东县有特工活动不知道。丹阳县有国家青年党受敌伪指使混进我们地区活动，我们的事情敌人很快就会知道，而我们却很麻木。这次敌人扫荡前，我们在延陵举行两万人的大会，特工在街上活动。第二天敌人来后，看见这批人公开活动才恍然大悟。如果我们预先看见大批特工活动，估计环境有变化，便不会有多大损失。政府要能对各方情况了解，工作才会顺利。同样对于一个地区的物产、人民生活也没有了解，一切都凭估计。至于掌握政策也是不够的。我们主持一个地区政权，就是领导一个地区的人民。如果不能正确掌握政策，即犯过左过右的毛病。如延陵的贡友三自从新四军到延陵后，他即多方帮助，组织常备队，公开反对敌伪。我们的区长嫌他多管事，怀疑他，打击他，他跑了。没几天他带鬼子下来占领延陵、西旸、麦溪等地。后来我们打进去，抓住他的做自卫团长的儿子，老头子急了，要求不杀他儿子，要多少钱都可以。我们不要钱，要他见面。见面后他大哭后悔，后帮助我们。伪乡长也都来自首，愿意帮助我们工作。只要我们能掌握政策，就是敌人到处筑据点也没有关系。又如邱山地区刀会头子蒋永庚是个三面派，有一次请友方、我们王伯划及伪政府人员吃饭，友方见有伪政府人员生气走了，王伯划也跟去到客栈。友方怂恿其捉蒋永庚，王伯划即去抓他，抓来后罚款四千元平分。王伯划走了，友方又将款退还给蒋永庚，说明这是新四军的意见，蒋永庚生气。这是我们的同志不了解我们的政策。又如我们财经部门大处不管，小处抓得很紧，老百姓扛一斗米要收税，大商人五船六船的运不管。不了解我们的经济政策是与敌人作斗争，而不是与自己的人作斗争。

第四，开展民主运动，发扬民主精神不够。参议会本为民主机关，却有人说是："二话机关"。因为同志们把议案预先弄好，开会时读读通过，大家举手而已。因此会也不开了，就是开，他们也不说话。如果我们预先征求他们的意见，由他们提出办法，就不致如此。我们应大胆的讨论，以民意为依归。

第五，政府法治精神差。政府以人为中心，不以法为中心。而政府为执法的机关，无法律做依据，自然就不好了。规定县、区不能杀人，县、区不照做。丹阳一个县杀七个人，区公所杀人，过去也不报。一方面没有定法律，一方面有了规定，政府也不执行。

第六，各种制度的建立不健全。每月的会议汇报制度不能执行，县对行政专员公署不常汇报，区对县也很少，乡对区更谈不到。经济上会计制度不健全，经三令五申，到今天还有几个月的帐（账）不清楚。溧阳县有 30 万元的帐（账）未算清，溧水县则有黑帐（账）、白帐（账）之分。过去地方武装有八九个月不算帐（账）的。去年的田赋到今天未算清的也有。镇句县政府每个月欠 100 万元。政府的制度较其他一切部门都差。

第七，领导不统一，有各自为政的现象。财经部门与行政上不能配合，一方面财经人员闹独立性，他们归财经处管。一方面政府对他们少帮助。税收机关也是同样的，如洪天寿县长接任，税收人员就在后面村子上大赌一千一万的，他不去管，以致税收一天天降低。

第八，政权机关对群众团体尊重不够。这种现象虽不普遍，但相当多，原因是群众团体的同志比较单纯，政府工作人员便看不起他们。

第九，工作作风上还有官僚主义倾向。我们对群众还不十分接近，群众感到政府虽然是民主的，但说话还不容易。有些同志生活也不严肃，区级干部有赌钱的。他们不晓得尊重自己，做人民的模范。

产生这些缺点的原因：

第一，专员公署与各县联系不密切，布置工作不具体。

第二，行政工作人员经验少，又不研究改进工作。

第三，各个机关的联系与领导不明确，自我批评精神差。

三、主要的经验教训

一、不了解情况，就不能估计形势，不能掌握政策。茅山地区自皖南事变后恢复以来，一个很长的时间没有变化，可以说是黄金时代，但我们始终不敢大刀阔斧的工作，老以为环境不允许，常常为敌人的谣言所骗。由于对情况不了解，以至工作受束缚，拖延了下去。如改造基层政权工作，就没有彻底做。总以为敌人要来摧残，故工作无大收获。而皖南事变时，局势非常严重，但我们都认为这是一时的现象，因此能坚持下去。所以不管环境如何变化，只要我们了解当时环境特点，总可以顺利坚持下去。

二、只有正确开展抗日民族统一战线工作，执行三三制，才能发扬民主，团结各阶层抗战。皖南事变时，句容地区我们抗日统一战线工作做得好，士绅始终帮助我们，认为我们是为国家、为民族的，不象（像）镇、丹等地区上层反对我们，使我们不能立足。同时，我们在口头上交朋友还不行，更需要大胆的实行三三制。他们的能力也许不强，但影响却很大。不仅要实行三三制，在接敌区还要执行党的两面派政策，否则，工作就不能顺利。如镇江县刘洪奎，他杀过我们的人，后来经我们争取，又为我们做事，最后因其危害人民，我们就将其解决了。

三、要适当的改善群众生活，为群众利益打算，领导群众进行生产，帮助群众解决生产中困难。起初群众对我们不了解，虽经口头宣传，还不能收到实效，必须实际帮助他们。去年减租运动，改善了群众生活，秋收后群众起来了，改造基层政权时，他们参加竞选。这班基本群众过去对我们是漠不关心的，因为我们帮助他们，他们才拥护政府，陈庄筑坝就是一个例子。

四、武装斗争是建立政权、维护政权、坚持斗争的主要条件。今天我们处在敌后，需要武装斗争来建立政权。政权工作同志必要时要能领导武装斗争，过去有许多经验值得学习。武装力量不到，政权不能存在。茅山地区打开后，政权就大摇大摆的出现。今天在敌后，只有武装才能掩护政权。

五、要灵活运用政策，工作才能顺利开展。过去横山大刀会反对我们，有过武装冲突，因此我们用武装去征服是不可能的。后来部队又去进行说服工作，使他们认识自己的错误，重新和我们合作。又如刘洪奎叛变我们，我们苦口婆心的说服他、教育他，后来他不改悔，而且有投降敌人的证据，那么就应该断然的解决他。这些都是对的。要讲究策略，对政策不能乱用瞎用，应巧妙的运用。

六、政权工作人员如自高自大，工作定遭损失。如有这种态度则对外不能进行抗日统一战线工作，对内不能团结干部，同时一切横的关系也不能联系好。我们如不虚心工作，自高自大，不仅是个人损失，工作也要受很大的损失。

七、如果不建立制度，则陷于紊乱无组织状态。过去财经部门工作关系搞不好，主要的是没有建立制度。有了制度，工作才有规律，有进度，沿着轨道前进。否则不仅形成各自为政，而且是盲目的。经济上则趋于紊乱，工作无法统计。

八、大胆提拔和培养地方干部，以巩固政权、坚持原地斗争。任何工作，地方干部多，工作便顺利。因为地方干部有他的固有的社会关系。外来干部须经很长的时间才能建立。同时地方人士的家乡观念，也不易与外来者十分密切。自然地方干部有些也不适合我们的要求，但我们要耐心教育培养，克服宗派主义倾向。

九、要求得中心地区的巩固，一定要开展边区工作。过去的政权工作多半集中于中心区，少注意边区是不对的。如西旸我们的工作都集中在那里，西旸被敌占领，就感到困难。

十、一切工作、一切政策的执行，只有在党的正确领导下才能顺利完成，因为党对一切工作指示是正确的，对一切情况估计是正确的。只有坚决服从党的领导，不管在任何地区、任何环境，不管环境变化到如何程度，工作总能坚持下去。

选自《苏南抗日根据地》，中共党史资料出版社1987年9月版，第247～364页。中共浙江省委党史工作委员会、江苏省档案馆编。原注：“选自江苏人民出版社《新四军在茅山》”。

6. 苏南行政区各级参政会组织条例

1943年4月10日公布

第一章　总　则

第一条　为团结一切抗日阶层党派之力量，坚持敌后抗战，实行民主政治，准备反攻，争取抗战之最后胜利，特根据抗战建国纲领及国民政府颁布之参政会组织之基本原则与苏南行政区之实际情况制成本条例。

第二条　苏南行政区各级参政会为代表抗日人民之各级民意机关。

第二章　参政员

第三条　凡苏南行政区境内赞成抗日与民主之居民，年龄在18岁以上，不分男女、财产、党派、宗教信仰，无下列情形之一者，皆得选聘为各级参政会之参政员：

一、剥夺公权者；

二、有不良嗜好者；

三、禁治产者（如精神病白痴）；

四、受现政府刑事处分者。

第四条　各级参政员之产生，采取民众直接选举和政府聘任两种方法。选聘条例另订之。

第五条　各级参政会参政员额规定如下：

一、苏南行政区参政会参政员额90人；

二、各县参政会参政员额视各该县区域之大小、人口之多寡决定之，至少35人，至多70人；

三、各区参政会参政员额视各该区区域之大小、人口之多寡决定之，至少15人，至多25人。

第三章　组　织

第六条　苏南行政区设立苏南行政区参政会，各县设立县参政会，各区设立区参政会。

第七条　各级参政会设立议长1人，副议长1人或2人，由全体参政员大会推选之，主持参政会一切工作。

第八条　各级参政会于大会休会期间设驻会委员会，驻会委员由全体参政员大会推选之，在大会休会期间处理会日常事务及参政大会移交案件。驻会委员会名额如下：

一、苏南行政区驻会委员6人至9人；

二、各县参政会驻会委员3人至6人；

三、各区参政会不设驻会委员；

四、正副议长为当然驻会参政员。

第九条　各级参政会开会时设立秘书处、提案审查委员会及各科专门委员会，分别执行工作。其组织办法另订之。

第四章　职权与义务

第十条　各级参政会之职权如下：

一、有讨论并通过各同级政府提出施政方针及施政计划之权；

二、有听取各同级政府工作报告及提出询问之权；

三、有批评各同级政府一切设施之权；

四、有审查各同级政府经费预决算之权；

五、对改善人民生活及应兴应革事项有积极建议之权；

六、有筹备各同级参政会之权；

七、有向人民宣传解释政府施政方针、各种政策及特殊设施之义务；

八、有发动并团结全体人民共同抗战之义务。

第十一条　驻会委员会之职权如下：

一、得派代表参加各同级政府行政会议；

二、督促并检查各同级政府对参政员大会决议之执行及执行程度；

三、得随时向各同级政府建议与批评；

四、对现任之行政人员之贪污、舞弊、渎职、违法行为有检举、弹劾之权。

第五章　会　议

第十二条　各级参政会会期规定如下：

一、苏南行政区参政员大会每年开会 1 次；

二、各县参政员大会每半年开会 1 次；

三、各区参政员大会每三个月开会 1 次；

四、各级参政会驻会委员会会期另订之。

第十三条　各级参政会遇有下列情形之一者得召集临时参政会大会：

一、各同级政府请求并经驻会委员会决议者；

二、经全体参政员 1/3 以上之请求者；

三、经全体抗日人民 1/10 以上之请求者；

四、经驻会委员会之决议得上级参政机关之同意者。

第十四条　各级参政会全体参政员大会及驻会委员会均以出席 2/3 以上之参政员方能开会，讨论提案时以到会 1/3 以上赞成方能通过。

第十五条　各级参政会开会时各同级行政军事首长均得列席，有发言权和表决权。

第十六条　各级参政员在会议中之言论对外不负责任。

第六章　任　期

第十七条　各级参政会为临时民意机关，俟民选参议会正式产生后即行结束。

第十八条　各级参政会成立后，应协同各同级政府及抗日民众团体筹备各级参议会。筹备期间暂规定如下：

一、苏南行政区以 1 年为限；

二、各县以 1 年为限；

三、各区以半年为限。

第十九条　各级参议会筹备时期，如遇特殊情况须延长者得延长参政会之时间。

第七章　经　费

第二十条　各级参政员均为无给职，在开大会时，得视路程远近酌给车马费。

第二十一条　正副议长、驻会委员得视各地经费实际情形及生活程度，酌给津贴费。

第二十二条　各级参政员大会及驻会委员会经费，筹备委员会及驻会委员会分别编造预算，提交参政员大会通过，交由各同级政府发付之。

第八章　附　则

第二十三条　本条例由苏南区行政公署以命令颁布之。

第二十四条　本条例如有未尽事宜须经苏南区参政会讨论交苏南行政公署以命令修改之。

第二十五条　本条例自公布之日施行。

选自《苏南抗日根据地》，中共党史资料出版社 1987 年 9 月版，第 265～269 页。中共浙江省委党史工作委员会、江苏省档案馆编。原注："据江苏省档案馆所存档案"。

7. 苏南区行政公署暂行组织法

1943 年 5 月 1 日公布

第一章　总　则

第一条　为加强并统一苏南区行政领导，增进行政效率，推行抗战法令，实现民主政治，巩固与建设抗日民主根据地，特设立苏南区行政委员会。

第二条　本行政区管辖范围：包括旧吴县、武进、无锡、江阴、常熟、太仓、昆山、丹阳、镇江、金坛、句容、江宁全部，溧阳、溧水、宜兴、高淳、芜湖、宣城、当涂县之一部。

第二章　组　织

第三条　行政区之最高权力机关为行政区参议会。

第四条　行政区最高权力之执行机关为行政区行政委员会。

第五条　行政区行政委员会设正、副主任各一人，委员 13 人至 21 人，由行政区参议会选举之（在参议会未召集前暂由各县县长联席会议推选之）。

第六条　行政委员会设立政务机关，称行政公署。

第七条　行政公署下设秘书、民政、财经、文教四处及一法院、一公安局。

第八条　秘书长、各处处长及法院院长、公安局局长，由行政委员会推定之，行政委员会委员得兼任各处、院、局长。

第九条　行政公署按事务需要得聘任顾问、参议、咨议若干人，以资正副主任之咨询。

第十条　行政公署根据目前苏南敌后斗争形势及精兵简政政策，内部组织以精干为原则，各处、院、局视事务之繁简由各处、院、局长提出、经行政委员会通过后得分科办事，各科设科长一人、科员若干人，秉承长官之命办理各科事务，各处院局于必要时经行政委员会通过后得设立各种专门委员会。

第十一条　行政公署为便利管辖各县政务，得酌量情形委派专员代表行政公署管理两县至六县工作。

第三章　职　权

第十二条　行政公署得根据行政委员会决议，对本行政区颁布命令及制定各种单行法规条例。

第十三条　正、副主任对行政委员会负责总理计划、指导、检查、考察全区政务及行政人员之任免。

第十四条　秘书长秉承正、副主任之命掌理下例事项：

一、关于全区设施计划之草拟事项；

二、关于机要事项；

三、关于综合文件事项；

四、关于典守印信及收发文件事项；

五、关于会计庶务事项；

六、关于警卫事项；

七、关于调查统计事项；

八、关于其他不属各处、院、局事项。

第十五条　民政处处长秉承正、副主任之命掌理下例事项：

一、关于户籍土地管理事项；

二、关于民生改善及社会救济事项；

三、关于禁烟禁毒及卫生行政事项；

四、关于战时动员及优抗抚恤事项；

五、关于租佃劳资纠纷之处理事项；

六、关于选举及行政区域划分事项；

七、关于婚姻登记事项；

八、关于各级行政人员升迁调补考核事项；

九、其他有关民政事项。

第十六条　财经处处长秉承正、副主任之命掌理下例事项：

一、关于财政预决算之编制及审核事项；

二、关于赋税征收事项；

三、关于公粮征收之计划、收集、保管、运输、支付事项；

四、关于经费签发、现金保管及全区收支之会计事项；

五、关于公债募集及还本付息事项；

六、关于公学款产之管理经营事项；

七、关于地方财政之监督指导事项；

八、关于调剂金融、管理贸易及查禁敌伪币事项；

九、关于水利、合作、生产建设及民食管理调剂事项；

十、其他有关财经事项。

第十七条　文教处处长秉承正、副主任之命掌理下例事项：

一、关于学校教育事项；

二、关于社会教育事项；

三、关于干部教育事项；

四、关于文化事业之提倡管理及学术奖励事项；

五、关于抗战宣传及敌伪奴化教育之取缔事项；

六、关于教科书及一般出版物编审事项；

七、关于师资培养及地方教育之辅导事项；

八、关于地方抗战事迹及民情风俗采集编纂事项；

九、关于教育专款之筹措支付事项；

十、其他有关文化教育事项。

第十八条　公安局局长在正、副主任指导之下掌理下例事项：

一、关于防奸、防谍、防匪事项；

二、关于维持社会秩序事项；

三、关于保障民权事项；

四、关于刑事检查事项；

五、其他有关公安事项。

第十九条　法院院长在正、副主任指导之下掌理下例事项：

一、关于保障民权事项；

二、关于保障国家法令之执行事项；

三、关于审判民刑上诉案件事项；

四、关于司法人员之考核事项；

五、关于巡回法庭之组织事项；

六、关于第一审司法案件之考察事项；

七、关于已决徒刑犯人之劳动感化事项。

第四章　任期与会议

第二十条　正、副主任及行政委员任期两年，期满由行政区参议会改选之，连选得连任。

第二十一条　行政委员会每月举行会议一次，由正、副主任召集之，非委员之秘书长、处长、院长、局长，首席顾问、首席参议、首席咨议得列席会议。

第二十二条　行政公署署务会议每半月举行一次，各处、院、局长出席，由正、副主任召集之。

第二十三条　各处、院、局会议每周一次，科长以上出席，由处、院，局长自行召集之。

第五章　附　则

第二十四条　本组织法如有未尽事宜得经行政委员会之提出，经行政区参议会之通过修正之。

第二十五条　本组织法由行政公署公布施行。

选自《苏南抗日根据地》，中共党史资料出版社 1987 年 9 月版，第 273～277 页。中共浙江省委党史工作委员会、江苏省档案馆编。原注：“据江苏省档案馆所存档案”。

8. 附：回忆苏南各县县长联席会议及其他有关的情况

欧阳惠林[①]

1985 年 3 月

苏南各县县长联席会议，在苏南敌后抗日民主政权建设史上是一次重要的历史性会议。为使大家了解这次会议的重要意义，我想分以下几点加以叙述。

一、苏南各县县长联席会议前的苏南敌后抗日民主政权建设的发展历程

1938 年 5 月新四军进入苏南敌后，我们成立了统一战线性质的各界抗敌自卫委员会（皖南宣、当、芜地区称抗战动员委员会），但没有立即建立党领导下的抗日民主政权。当时，苏南社会秩序极度混乱，新四军的首要任务，着重于广泛地开展游击战争，从军事上打击日寇，镇压汉奸，剿除那些勾结日伪，残害人民的土匪武装，恢复社会秩序，安定地方，并积极发动群众，组织群众，武装群众，参加抗日斗争。那时，抗战初期，处在日寇战略进攻阶段，国共两党刚重新合作，关系尚好，我们没有建立党领导下的抗日民主政权，而主要的是恢复原乡、保组织，争取原乡、保长，参加抗战工作。我们还让国民党江南行署派出县长在我军解放的地区内重建国民党的县、区政府，并给以各方协助，仁至义尽，原冀推动国民党的进步，与我党亲密合作、团结抗战。

但是，国民党派出的县区长在敌后根本不以民族国家利益为重、爱护人民、加强国共合作，相反的与人民对立，大肆进行反共活动，处处破坏团结抗战。随着抗战进入战略相持阶段，日寇占领武汉后，由军事进攻为主的方针，转而采取以政治诱降为主的方针。国民党适应日寇的需要，1939 年 1 月召开国民党五届五中全会，确定政策重点从对外转为对内，制定了一整套反动的“溶共”“防共”“限共”“反共”的具体政策，先后颁发了《限制异党活动办法》、《沦陷区防范共党活动办法》等反动文件。自此以后，苏南国民党军队和在敌后的国民党县长、区长的反共活动变本加厉，不断制造磨（摩）擦事件，逮捕、残杀新四军指战员和我地方民运工作同志，策动反动刀会暴乱、派遣部队投降，进行反共活动，以至公开的武装进攻新四军，时局迅速逆转，投降、分裂、倒退的危机，日益严重。当时，苏南敌后出现的这种种反共反人民的严重现象，乃是全国反共高潮的一个组成部分，是国民党准备投降的重要步骤。为了坚持抗战，反对投降；坚持团结，反对分裂；坚持进步，反对倒退。中共中央于 1939 年“七七”抗战两周年发表了宣言，1940 年 1 月 28 日发出了《克服投降危险力争时局好转》的指示。1940 年 2 月 1 日，中共中央又作出《关于目前时局与党

---

① 1943 年 3 月 18 日召开苏南各县县长联席会议，通过《苏南施政纲领》宣布成立苏南区行公署，江渭清为主任，欧阳惠林任秘书长。

的今后任务的决定》，明确提出要巩固与扩大各个抗日根据地，在这些根据地上建设完全民选的没有任何投降反共分子参加的抗日民主政权。接着，1940年3月6日，中共中央又发出《抗日根据地的政权问题》的指示，进一步强调建立、巩固与发展敌后抗日民主政权，作为强固抗日进步势力，抵抗投降倒退势力，力争时局好转，克服时局逆转的重要任务之一。指出“国民党反共顽固派极力反对我们在华北、华中等地建立抗日民主政权，而我们则必须建立这种政权”。这种抗日民主政权，必须实行三三制的原则，就是说要“根据抗日民族统一战线政权的原则，在人员分配上，应规定共产党员占1/3，非党的左派，进步分子占1/3，不左不右的中间分子占1/3。”“必须保证共产党员在政权中占领导地位”。

1940年4月，苏皖区党委和新四军江南指挥部召开了联席会议，着重讨论了党中央上述的决定、指示。在联席会议通过的《为坚持江南敌后抗战之政治纲领》中提出了：“实现敌后抗日民主政权”和“拥护宪政运动，实现民选政府与地方自治。”虽然，我们在建立敌后抗日民主政权的认识上前进了一大步，但是，我们对于建立这种政权的重要意义和提法上还是不够明确的，主要是我们在思想上存在某些顾虑，以为苏南紧靠国民党后方第三战区，顽强我弱，耽（担）心影响与恶化国共两党关系。因此，联席会议结束后，在实际工作中，我们没有及时从上而下建立党领导下的县以上抗日民主政权，打出抗日民主县政府的旗帜。只是把原来各地抗敌自卫委员会改成为几个县联合的抗敌总会，或者成立这种几个县联合的抗敌总会，作为控制政权性质的领导机构，代行县政府的职能。但是，群众看待这种抗敌总会，还是“不正规”的，不能算是正式的政府。那时，我们只能在我军控制区内成立区以下各级抗日民主政权，委派出我们的区长、乡长，把基层政权转到我党领导下和进步分子手中。

苏南敌后县以上各级抗日民主政府的建立，是在1941年1月皖南事变以后。皖南事变后，我们对国民党顽固派采取了政治上、军事上的全面反击。1941年1月22日，江南人民抗日救国军（后改编为新四军第六师）政治部发布命令：决定在苏南敌后从上而下成立江南行政委员会、专员公署、县各级抗日民主政府。首先在京沪铁路以北的东路地区各地成立了专员公署和县政府，委派我们的专员、县长。抗日民主政府实行三三制原则，吸收非党人士参加。其条件：（1）不与敌伪勾结；（2）拥护抗日民主，不反共；（3）接受共产党领导。同年3月15日，江南行政委员会筹备委员会在东路地区召开了会议，确定将苏南全区划分六个行政专员公署，其在京沪铁路以北的有四个，京沪铁路以南的有两个：即在茅山、江句地区为第五行政专员公署，在太滆、长滆、两溧地区的为第六行政专员公署，均于同年6月15日同时成立。由于同年7月1日，日寇汪伪宣布在东路地区清乡，随后，新四军第六师师部及十八旅部队奉命渡江，转移到苏中地区，京沪铁路以北的四个行政专员公署地区划归苏中管辖，实际上在苏南敌后，只剩下京沪铁路以南的第五、第六两个行政专员公署。同年9月，第五行政专员巫恒通被俘，英勇就义，接着中共路西北特委书记陈洪负伤被俘。11月华中局批准将路西北特委与苏皖特委合并，并将路西南特委西部的溧水、溧阳、金坛三县委划入成立新的苏皖特委，将五、六两个行政专员公署合并改称苏南行政专员公署，成为苏南抗日民主政权的最高领导机构，归苏皖特委领导。1942年5月，苏皖区党委决定撤销苏皖特委，将其原属敌后茅山地区的各县成立茅山地委和原属国民党统治区的组织成立广郎中心县委外，其余溧水、溧阳、江宁、横山四县直接由苏皖区党委领导；原太滆特委（亦称路西南特委）辖区不变，改称为太滆地委。经过这次组织辖区的调整后，苏南行政专员公署只保留一个名义，对外号召，发布政令，实际上专员公署办事机构已被撤销，专员朱春苑调到华中局党校学习。各县县政府的工作领导分别由所属地委负责。溧水、溧阳、江宁、横山四县政府则由苏皖区党委直接领导。同时，苏皖区党委决定，成立苏南财经处，作为苏皖区党委主管财经工作的业务部门，由苏皖区党委直接领导，负责苏南全区财经工作，保证军队的供给。

以上是苏南敌后抗日民主政权建立及其简要的发展历程。

二、苏南各县县长联席会议情况及召开前后的苏南斗争形势

1942年初，刘少奇同志在华中局第一次扩大会议上做的工作总结报告中，曾提出“继续坚持华中敌后抗战，完全巩固各根据地，加强与聚集力量，以便在适当时机反攻敌人，争取中国抗战的最后胜利与中国人民的彻底解放”的总方针、总任务和九项具体措施。其主要中心是加强军事工作和放手发动群众，大力巩固和深入华中抗日根据地的建设。为了大力巩固和深入建设苏南敌后抗日根据地，苏皖区党委根据华中局第一次扩大会议的精神，结合苏南实际情况，强调了要放手发动群众，实行减租减息，确立基本群众的优势，大力巩固与发展抗日武装力量，加强民主建政工作，改造基层政权，建立县区两级参议会，扩大抗日统一战线等等决策。那时，苏南敌后环境仍然紧张，敌顽我三角斗争错综复杂，地区被分割，环境不稳定，各地工作发展不平衡的种种原因，因此，苏皖区党委在1942年5月调整组织辖区，撤销苏皖特委时，没有考虑到公开宣布撤销苏南行政专员公署，另行成立苏南区行政公署（原在东路地区成立的江南行政委员会，因清乡已无形解体），而是仍然保留苏南行政专员公署名称，采取名存实亡的办法，做（作）为当时苏南敌后抗日民主政权的最高领导机构，以待将来适当时机，条件成熟，再行成立苏南区行政公署。

1942年，仍然是苏南敌后斗争紧张、尖锐、复杂的一年，也是我苏南抗日根据地进一步恢复、巩固与继续发展的一年。经过这一年的斗争，我们向西恢复了横山地区，向北恢复了上党地区，向东重新打开了太湖地区局面，并相继成立了横山、上党、太湖等地县一级抗日民主政权。同时，我们加强了边区工作和敌伪军工作，向敌后之敌后进军，也取得较好的进展，活动地区扩大了，两溧地区已成为苏南敌后一个比较稳定的后方基地，苏南的领导机构一年多来一直驻在这个地方。当时，苏北地区的发展任务基本上已经完成，主力部队已发展到相当数量，人民的人力财力物力的负担已达到一定的饱和状态，其主要任务应是以深入巩固根据地的建设为主。加之，日寇加强对盐阜地区的大扫荡和积极准备在苏中地区清乡，整个苏北地区斗争形势转趋严重，主力部队需要适当分散，而苏南地区又有较好的空隙，因此，新四军军部决定，苏中主力一部分渡江南下，同时，也是为今后向东南沿海敌后发展作（做）好准备。

1943年初，新四军第一师二旅奉命由苏中地区转移来苏南，与十六旅合编。随后，一师教导队、苏中党训班、一旅教导队和三旅教导队相继由苏中渡江南来，连同十六旅教导队在溧水地区合编成立“抗大”第九分校（对外称特务团），大大增加了苏南抗日武装力量，提高了干部群众对坚持苏南敌后抗战，争取最后胜利的信心。为了适应新的形势需要，全面地进行苏南抗日根据地的政权建设，加强敌后抗日民主政权工作，统一行政领导，以利于坚持敌后长期抗战，准备反攻力量，经苏皖区党委研究，认为需要成立苏南区

行政公署作为苏南敌后抗日民主政权的最高领导机构，曾经报请华中局并得到批准。鉴于苏南位于长江以南，紧靠南京，是华中根据地的南翼，敌顽夹击形势严重，斗争尖锐，处境孤悬，必须贯彻“精兵简政”原则，苏南区行政公署与苏皖区党委实行机构合一，即一套班子，两块招牌，行政公署正副主任由苏皖区党委正副书记兼任，其他各处、局长亦由苏皖区党委和十六旅的有关部门负责干部兼任，这一建议，也得到华中局批复同意。

采用什么方式产生组成苏南区行政公署及其委员会？原拟召开苏南各界人士代表会议产生，但是，当时正值日伪军在苏南敌后分区进行轮流大扫荡，并宣布在茅山地区东部与太滆地区北部开始清乡，同时，南边国民党顽固派亦积极从其后方的皖南浙西抽调主力，增兵苏南，扬言要进攻我溧水中心区，形势比较紧张。我们考虑：由各县通过民主协商方式推选各界代表，手续繁琐，时间来不及，如果不召开会议产生，就宣布成立苏南区行政公署，手续亦不够完善。于是，决定召开各县县长联席会议，通过总结两年来苏南敌后抗日民主政权建设的经验，确定今后如何进一步加强与巩固抗日民主政权建设问题，选举产生苏南区行政委员会。

苏南各县县长联席会议，于 1943 年 3 月 18 日在深水小蒋家小学里召开。我们选择这一天，是因为 3 月 18 日是巴黎公社纪念日，同时紧接着苏皖区党委扩大会议之后进行的。小蒋家小学，当时四周没有民房，是孤立的一座两进的平房。平房前进，进大门左手一间是教室，右手一间是休息室兼宿舍，后进为并排两间教室，一排玻璃窗，光线明亮。苏南各县县长联席会议是在左手一间教室里召开的。这次会议，名为苏南各县县长联席会议，实际上只有京沪铁路以南各县抗日民主政府的县长参加，京沪铁路以北的地区，当时已划归苏中领导，没有人来参加。即使是京沪铁路以南各县，也没有全部到齐，如太滆地区的武南、锡宜武、太湖三个单位都因日伪军扫荡、清乡，滆湖、长荡湖东西交通被阻而未能来出席。现时回忆，记得当年出席会议的人员，各县县长有：溧水曹明梁、溧阳陈练异、金坛薛斌（副县长）、句容凌康、镇句洪天寿、镇丹包建华、丹阳马玉亭、茅东徐公鲁、横山童超（副主任）、江宁陆纲（县委书记、县长为钟国楚兼）和吴仲超、李坚真、樊玉琳、李建模、陈立平、欧阳惠林、蒋铁如、樊绪经以及有关干部 20 余人。苏皖区党委书记兼十六旅政委江渭清出席了会议。会议由苏皖区党委副书记邓仲铭（邓振询）主持。会议开始由茅山保安司令樊玉琳作了题为《苏南敌后抗日民主政权建设》的报告。然后到会同志就樊玉琳的报告和苏皖区党委提出的《苏南施政纲领》、《苏南区行政公署暂行组织法》（草案）进行了讨论。会议一致同意樊玉琳所做的报告，完全拥护苏皖区党委提出的《苏南施政纲领》并在今后工作中坚决贯彻执行。会议还原则通过了《苏南区行政公署暂行组织法》（草案），决定成立苏南区行政公署。这个暂行组织法由将成立的苏南区行政公署修订后公布。最后，会议推选出江渭清、邓仲铭、王必成、吴仲超、魏天禄、李坚真、欧阳惠林、朱春苑、樊玉琳、李建模、张之宜、诸葛慎、蒋铁如 13 人为行政委员，江渭清为主任，邓仲铭为副主任，组织苏南区行政公署，不再另设立各分区的行政专员公署，行政公署直接领导各县的工作。

苏南各县县长联席会议后，根据会议通过的《苏南区行政公署暂行组织法》的规定和实行“精兵简政”原则，组成了苏南区行政公署，确定先设立四处一局，各处、局长由苏皖区党委和十六旅有关部门负责人兼任，其秘书长兼文教处长欧阳惠林，民政处长朱春苑，财经处长李建模兼，副处长为樊绪经，公安局长张雍耿兼。《苏南区行政公署暂行组织法》经过修改后于 1943 年 6 月 1 日公布。

三、三点情况的解答

1. 关于《苏南敌后抗日民主政权的建设》的报告由樊玉琳做的问题，这个报告是在邓仲铭主持下讨论，要我参加执笔而最后由邓仲铭定稿的。原定由邓仲铭作报告，但他坚决不肯，认为由地方干部出面做报告为好，当时苏南行政专员朱春苑不在苏南，被调往淮南华中局党校参加整风学习，遂决定改由樊玉琳做。虽然樊玉琳当时不是专员而是茅山保安司令，但是他是地方干部，新四军进入苏南敌后，就在党领导下的镇句丹金四县抗敌总会做政权工作。他在地方干部和社会人士中影响较大，由他代表做报告比较合适。

2. 关于樊玉琳做的《苏南敌后抗日民主政权的建设》的报告中，有关苏南敌后抗日民主政权建设几个时期的划分，与我 1982 年 10 月 21 日在新四军和华中抗日根据地研究会召开的镇江年会上的发言：《苏南敌后抗日民主政权建设概述》一文中对时期划分，有些不同的问题。樊玉琳的报告中，将苏南敌后抗日民主政权的建设分为三个时期：即“第一时期，1938 年 6 月到 1940 年 5 月；第二时期，1940 年 5 月到 1941 年 5 月；第三时期，1941 年 5 月到 1943 年 3 月”。在我的发言中，是把“从 1938 年 5 月新四军进入苏南敌后到 1940 年 3 月为第一个时期。”“从 1940 年 3 月到 1941 年 1 月为第二个时期。”“从 1941 年 1 月到 1943 年 3 月为第三个时期”。“从 1943 年 3 月到 1945 年 10 月为第四个时期”。我把它划分为四个时期，除了把苏南各县县长联席会议以后增加为第四个时期以外，至于前三个时期的划分，每个时期在年月起迄方面略有不同。这是因为樊玉琳的报告，阐述苏南敌后抗日民主政权建设的范围，只限于京沪铁路以南的地区。而我的发言中，是就整个苏南包括京沪铁路以北的地区在内的敌后抗日民主政权建设范围而言的。京沪铁路以北东路地区专署、县两级抗日民主政府，是在皖南事变后 1941 年 1 月就开始建立的。而京沪铁路以南的地区建立专署、县两级抗日民主政府的时间则推迟到 1941 年 5 月。所以，我是以前者 1941 年 1 月作为第二、第三两个时期划分的年月起迄的界限；而樊玉琳报告则是以后者即 1941 年 5 月作为第二、第三两个时期划分的年月起迄的界限。另外，我的发言中，把第一第二两个时期划分年月起迄，是以 1940 年 3 月苏皖区党委与新四军江南指挥部党委联席会议颁发《为坚持江南敌后抗战之政治纲领》，提出“实现敌后抗日民主政权”作为年月起迄的界限，而樊玉琳报告则是以 1940 年 5 月国民党镇江、句容等县政府被挤走，我们将四县抗敌总会代行县政府职能作为年月起迄的界限。所以，我们在起迄年月时间上略有不同。这仅仅是技术上的差别，而无本质的不同。就整个苏南范围而言，我认为我在发言中所划分的四个时期还是比较适宜的。

3. 关于《苏南施政纲领》中，有一段话称：“中国共产党苏皖区党委特于苏南区行政公署改选之际……向我苏南全体人民提出如下之施政纲领”的问题。苏南各县县长联席会议前，苏南并没有成立苏南区行政公署，为什么在《苏南施政纲领》中称为改选之际？这是因为在皖南事变以后，1941 年 4 月 1 日，我们在东路地区曾成立江南行政委员会，作为当时苏南敌后抗日民主政权的最高领导机构，下辖六个行政专员公署（其中四个在京沪铁路以北，两个在京沪铁路以南），后因日伪清乡，六师师部和十八旅部队奉命转移到苏中地区，京沪铁路以北地区划归苏中领导，江南行政委员会亦随之结束。苏皖区党委在向苏南各县县长联席会议提出的《苏南施政纲领》中所称的“苏南区行政公署改选”，主要是为了表示这次新成立苏南区行政公署是继承江南行政委员会为第二届政府（当时全国各战略区的政权，统一称行政公署)。基于上述的同样原因，在1943年5月1日颁布的《苏南区行政公署暂行组织法》中第二节也写有：“本行政区管辖范围：包括吴县、武进、无锡、江阴、常熟、太仓、昆山……”在内之字样，实际上当时苏南区行政公署管辖京沪铁路以南的苏南敌后地区。到1943年10月以后，我们向南发展，苏南区行政公署还包括有皖南之广德、朗溪和浙西之长兴在内。

1985年3月

选自《苏南抗日根据地》，中共党史资料出版社1987年9月版，第496～505页。中共浙江省委党史工作委员会、江苏省档案馆编。

9. 苏中区党委关于建立党对政府的正确领导及积极改造政权的决定

1943年6月15日

党必须掌握和领导政权，改造政权，建设象（像）样的民主政府，这是全党的任务。

列宁曾教导我们：一切革命的基本问题，就是政权问题。这就是说，我们革命政党和革命人民的基本目的，就在夺取政权、掌握政权，使政权为我们服务，作为我们打倒敌人建设新社会的武器。我们有政权，革命就可以成功；我们如没有政权，革命就不会成功，因此，我党必须掌握政权、领导政权。掌握政权不只是掌握旧政权，而是打破旧政权的机构，以适应一定团□[①]新的政治要求。苏中抗日民主政权区以下的机构尚未普遍彻底进行民主改造，而各级政府尚未能成为象（像）样的民主政府，为完成华中局所给予我苏中党的任务，削弱封建势力在政治上的优势，把工农及进步的民主势力提高到统治地位，改造政权以建立象（像）样的民主政府。区党委除以前指示外，特作如下决定：

一、建立党对政府的正确领导

在苏中根据地中，各级党委对其同级政府一般的已实行了领导，在地委以上，党对政府的领导关系是比较正确的。但在县区级党对政府的领导，还存在不正常现象或发生偏向：主要是党包办代替政府的工作，使政府无权，威信不高；偶尔还有不注意对政府的领导，听其自然的现象。而党政不分，军政不分的情形，在党统一领导后，尤其严重的存在着，甚至发展着。党为建立对政府的正确领导必须做到：

1. 政府中的党团和党员应无条件的坚决服从和执行党和同级党委的政策、决定和指示。而党委对其同级政府的领导，则是通过政府中之党团或政府中的党员（无党团者）。党在形式上、组织上不能直接命令政府，指挥政府。政府之服从与接受同级党委的领导是通过政府中的党团或党员来实现的，不是政府直接接受党委的领导。

---

① 原文如此。

2. 党委对政府党团或党员的正确领导是政策上、政治方针上、原则上的领导，不是事无巨细，必须经过党委，特别不是事事包办代替，只有党委而无政府，使政府毫无权力的事务主义的领导。政府除通过党团或党员接受党的政策上、原则上的、大的方向上的领导外，有其独立的组织系统和独立的工作。以为党统一领导核心建立后，一切推诿于党委和核心，失去独立工作是不正确的。但政府中的党团或党员，如在原则、方针、政策上不通过党委或不能保证党的路线、政策和决定在政府中实行更是极端错误的。

3. 党的政治路线、政策和主张，在政府中或民意机关中的执行和实现，是经过政府中的党团或党员，把党的路线、政策和主张用民主的方式提交政府委员会或参议（政）会中讨论、通过，变成政府或民意机关的决议和法令，使其付之实行。党团或党员必须普遍深入耐心的说服政府中或民意机关中的非党人士，赞成和通过党的政策、决定和主张。党的领导是靠党的主张的正确和党团或党员的宣传和说服，而不是依赖任何压制和违反民主的活动。如果党的路线、政策、决定和指示，经过党团和党员的再三说服和解释，尽了一切民主的努力，在政府或民意机关中都未能争取到大多数，未能予以民主的通过时，党应绝对服从政府的或民意机关中的民主决议，坚决拥护和执行，不能以党的权力任意加以改变或否认。这是建立像样的民主政府主要条件。

4. 区委书记兼区长或下级政府对上级政府有关行政工作上的请示，应直接向政府或行政负责人请示，不应向党委或党的负责人请示，以致使党委或党的负责人包办一切，而行政和行政负责人无事可做，威信建立不起来，甚至士绅人民公开向党委、党的负责人请示和接洽，而不找政府和行政负责人，这种不正常的现象必须纠正。

5. 党委关于政府的决定必须由政府正式公布或以命令行文。党委不能直接命令下级政府或以党的通知代替之，致造成党政不分现象（军队亦同）。

6. 政府中工作之党员，如党须加以调动、撤换时，必须由党委决定后，经政府中工作的党员以行政人员的资格向政府辞职，政府批准或由政府直接以命令执行之。党委不能直接以党的命令，不通过政府任意调动之。

7. 党委应加强对政府中工作之党员干部的领导和教育。党委尤应注意党对政府正确领导和党与政府工作关系的建立，经常进行检查教育，随时纠正偏向和错误。

8. 政府中党员或党团对党委不正确的领导，如代替包办或不予领导等现象，应向党委提出建议和批评，但不得藉口拒绝党委之正确领导和决定之执行。

9. 党委对政府的法令和决议应号召和领导党员热烈的拥护和坚决的执行，党员在服从政府法令、遵守政府的决议上应做人民的模范。

10. 党员犯罪时，无论是在政府中工作的党员或一般党员均应服从政府依法办理。不妥当时，党委可向政府提出意见和批评，但不得包庇护短，不让政府依法处理，或发生党外严、党内宽的错误现象。

二、改造政权问题

1. 党对改造政权的认识：

各级党、特别是县、区、乡级的党，对改造政权的认识有很多不正确的地方：如认为在反清剿、反清乡环境中，基层政权不能改造，以为改造后使被改造的乡保长会背我向敌，甚至投敌，影响坚持；或认为改造的条件不具备而机械的等待条件；或者认为现在的乡保长还好，不必加以改造。因为对彻底改造政权的认识不够，所以迟疑不决，不能坚决的进行改造，一年多来没有完成华中局给予我们的任务，这是主要的原因之一。

经过这次四分区，特别是南通反清乡斗争的检验，证明我们决心大胆的大量改造政权，不但不会使被撤换改造了的乡保长叛我投敌，影响我坚持，而且使他们更加依靠我们，对我们坚持对敌斗争，在反清乡斗争中起了极大的作用。因此，各分区、各县为加强我坚持斗争的有利条件，争取反清乡斗争的胜利，在今后必须经常的、大胆的决心有计划的改造基层政权。但同时必须适当的运用策略，采取一定的步骤，防止因改造基层政权而造成乡保长的恐慌与消极怠工不利的情形。

2. 改造基层政权的办法：

苏中行政公署在改造乡镇政权的指示信中指出四种方式，我们再从改造的意义上和方法的不同上，特指示三种办法以为补充：

（一）机构的改造即从基层政权的组织机构上加以改造，这就是说把过去建立在个人负责的乡、保、甲制度改造为民主的乡政府制。这包括行政公署指示信中前三项的办法，即①正规民主新乡制；②半正规的民主新乡制；③组织临时的乡镇政府。

（二）人事的改造，即撤换贪污腐化和落后不求进步的旧乡保长，委任或民选新的进步的乡保长或加派副乡长等。

（三）加强训练乡保长、从思想上、政治上改造他们。这在过去的苏中以及最近的南通县政府均做出极大的和显著的成绩。各县区应争取时间，加紧对现有乡保长的政治及思想的教育，办三天到五天的短期训练班，讲课内容主要为：①坚持斗争的问题；②乡保长的职责；③乡级党政军民的正确关系；④各种重要政策，如锄奸、土地等政策。

3. 在改造政权工作中，支部的领导及工作：

无论实行哪一种方式的改造基层政权，除非那个乡没有党的支部组织，如有支部的话，则决定的作用是在支部的领导和工作。所以关于支部在改造乡政权中的领导和工作特指示如下：

（一）支部应作具体周密的调查研究工作。如客观的环境和困难，封建势力或其他党派的力量，我主观力量，党、农抗会及谁占优势的问题，群众的意见，群众领袖等。如系民选则应调查民选的条件，确定宣传动员口号，选举时间，有无竞选，哪些人竞选等。

（二）支部应具体讨论改造政权的问题，确定改造的计划，无论是实行正规的民主选举或其他改造办法，支部对政权的改造都要具体加以讨论。如是否要改造？如何改造？提出什么改造动员的口号？提出什么人或哪些人做选举人？如何布置？如何从组织上保证改造的胜利？如何领导会议等？

（三）支部在改造政权以前，要整理组织。如支部进行审查党员，清洗不良分子，吸收些好的成分，健全会议制度，加强党的教育等。支部整理完后，并须整理农抗会及民兵等组织，以巩固组织，检阅和整齐我们的力量和阵容，对党员和我党所领导的群众来讲，是一次很好的教育。

（四）支部确定政治宣传动员的口号和办法，深入而普遍的进行动员。首先是党内动员，又分干部动员（如支部小组长等）和一般党员的动员。其次是群众动员，如有组织的群众动员，农抗会、民兵等的动员，行政的动员。通过行政系统进行动员等，能开保公民大会的可以开保公民大会，小乡应开乡公民大会的争取开公民大会（须视情况决定之）。

（五）改造政权中的组织工作，组织公民或人民的讨论。如系民选则先组织区乡选举委员会，组织公民小组，经过组织选举代表，选举乡政府和各种委员会。特别是选举前有计划的发展党，使党在各个角落里均普遍的有组织。行政上，选举区以居民60人划一区，即以我党的组织为依据，保证每60人中最好都有我们的党员，以便在选举代表时可以选出我党党员，以从组织上保证选举的完全胜利，这是决定选举胜败的最主要一环。

（六）在我党占优势地区，保证一定选举我党党员为代表；在我党势力薄弱的地方，保证能争取进步人士当选，孤立封建势力，以保证选举的胜利。

（七）在竞选中，我党提出之候选人，为了提高其威信，使能在选举中得到胜利，可用候选人之名义进行一些改善人民生活之活动。如救济春荒、生产建设、灭蝗、减租等等。候选人皆应踊跃参加，以博得广大群众之拥护。

（八）为使民主教育更加深刻，在选举过程中的民主教育是非常必要的。如选代表、选主任代表、预选及正式选举等等，都是最生动、最具体的民主教育机会。支部应抓紧这些机会很好的领导和进行事前事后的教育，防止和克服包办，压迫人家等不民主现象。

（九）支部必须经过组织，动员全支部都积极活动起来，不要只是几个干部忙。并通过多种组织，如农抗、民兵、行政等动员会员和人民，以造成热烈的民主运动。

（十）支部须开四次支部大会：

1. 讨论改造的计划，具体布置工作；
2. 预选前；
3. 正式选举前；
4. 选举总结经验。

（十一）在基层政权改造后，党应领导建立各种民主会议制度，养成民主作风，以高度发挥民主精神。

（十二）公民小组的活动问题，我们的材料和经验很少，只能提出一面由小组长传达政府的法令和决定，向居民宣传解释和执行的范围；一面反映或代表人民向政府提出建议或批评。

各级党委接此决定后，应具体讨论，切实执行，随时将具体经验报告区党委，以便总结为要。

选自《苏中抗日根据地》，中共党史资料出版社1990年4月版，第220～226页。中共江苏省委党史工作委员会、江苏省档案馆合编。原注：“据江苏省档案馆所存档案”。

10. 苏中行政公署组织法

1944年

第一章　总　则

第一条　为加强并统一苏中区行政领导，增进行政效率，推行抗战法令，实现民主政治，巩固抗日民主根据地，特设立苏中区行政公署。

第二章　组　织

第二条　行政公署为全苏中政务机关，应受苏中参议会之监督。

第三条　行政公署为委员制，以行政公署委员会行使职权，设委员 21 人～31 人，候补委员 5 人～7 人，组织行政委员会，由苏中参议会全体参议员大会选举之。行政公署设正副主任各一人，由苏中参议会在委员中选举之。

第四条　行政公署正副主任为行政委员会正副主任。

第五条　行政公署设立下列各处院局：

一、秘书处

二、行政处

三、财政处

四、文教处

五、高等法院

六、法制委员会

七、公安局

第六条　行政公署于必要时，经行政委员会通过，得增设专管机关，或专门委员会，其主任委员由行政委员会委员或专家担任之，其下设委员 9 人～13 人，由行政会议决议，行政公署聘任之。

第七条　秘书处设秘书长一人，各处设处长一人，高等法院设院长一人，法制委员会设主任委员一人，公安局设局长一人，综理各处院局事务，于必要时，得设秘书、副处长、副院长、副主任委员，副局长佐理之。

第八条　秘书长、各处处长、高等法院院长、法制委员会主任委员，公安局局长，由行政委员会通过，行政公署任命之，行政委员会委员得兼任各处院局长。

第九条　行政公署按事务需要，得聘任顾问谘议若干人，以资正副主任咨询。

第十条　各处院局视事务之繁简，得设秘书 1 人～2 人，并分科办事，每科设科长一人，科员办事员各若干人，办理各科事务。

第十一条　行政公署为便利管辖各县政务，得根据实际情势，委派专员，设立专员公署，管理两县以上工作，其组织法另订之。

第三章　职　权

第十二条　行政公署受国民政府之管辖，综理全苏中之政务。

第十三条　行政公署对于苏中行政得颁发命令，单行法规，但关于增加人民负担，确立行政区域及重要行政设施，须经苏中参议会之核议或追认。

第十四条　行政公署对于所属各机关之命令或处分，认为有违背法令、逾越权限或其他不当情形时，得以命令停止或撤销之。

第十五条　行政公署之职权如下：

一、执行国民政府委托事项；

二、执行苏中参议会之决议案；

三、全苏中民主选举工作；

四、办理本法第13条第14条规定事项；
五、通过全苏中行政经费预决算；
六、任免县长以上一级行政人员；
七、训练教育与奖惩所属行政干部；
八、改善人民生活及调整业佃劳资关系；
九、筹划地方公营事业及合作事业；
十、关于苏中行政实施或变更事项；
十一、关于重要案犯处决事项；
十二、总结各项行政工作向上级报告；
十三、其他经行政委员会讨论决议之事宜。

第十六条　行政公署主任之职权如下：
一、对内为行政委员会主席，对外为行政公署首长；
二、负责执行上级命令与苏中参议会之决议；
三、召集行政委员会并代表行政公署执行其决议；
四、领导与督促全苏中行政机关切实执行政务；
五、定期向行政委员会苏中参议会及上级报告工作；
六、处理行政公署日常工作与紧急措施。

第十七条　行政公署副主任佐理主任执行一切职务，主任因公外出或因故不能执行职务时，由副主任代理职务，正副主任都因故不能执行职务时，由行政委员互推一人代理之。

第十八条　各处院局长秉承正副主任之命办理各该处院局一切事务。

第十九条　秘书处之职务如下：
一、综核与草拟文件；
二、典守印信及机要文件；
三、管理行政公署决议之通知与记录；
四、办理各种统计图表与报告事宜；
五、领导分配缮写校对印刷与收发文件；
六、管理教育工作人员与杂务人员；
七、主持行政公署内部会议事宜；
八、登记行政公署各处院局职员之进退及办理考绩事宜；
九、其他不属于各处院局之事宜。

第二十条　民政处之职务如下：
一、举办民主建设工作；
二、领导与推行各分区县行政工作；
三、考核奖惩分区县区各级行政人员；
四、办理户籍清查统计及婚姻登记；
五、改善人民生活实行减租减息增加工资及调整劳资业佃关系；
六、严禁烟毒，设立戒烟机关，取缔烟民及贩烟犯；

七、赈灾抚恤优抗及其他社会救济事宜；

八、整饬民风礼俗；

九、关于卫生行政与公共医疗设施事宜；

十、关于土地行政事宜；

十一、关于行政区域划分变更事宜；

十二、举办民众团体登记；

十三、关于其他民政事宜。

第二十一条　财政处之职务如下：

一、举办生产建设，繁荣农村经济；

二、研究改良农作物、家畜、家禽以增进农业生产；

三、兴办农村手工业、小规模手工业；

四、举办水利，兴修堤坝，疏导河沟，提防水灾；

五、编造全苏中行政经费预决算；

六、办理收支、会计、保管粮赋及其他捐税征收事宜；

七、办理土地田亩调查登记及契据征验事宜；

八、保管公产学产逆产及分配应用；

九、调整企业，查禁伪币；

十、调节粮食，严禁偷运资敌；

十一、控制物资，管理进出口贸易；

十二、筹设公营事业，组织与领导合作事业；

十三、发放农贷，提高农业产量；

十四、关于其他财政事宜。

第二十二条　文教处之职务如下：

一、掌理学校教育与社会教育之行政事宜；

二、管理指导文化教育学术机关团体；

三、编审教科书，补充教材与出版图书；

四、抗敌宣传及取缔敌伪奴化教育；

五、检定师资，培养师资及辅导地方教育；

六、保管地方古物名胜；

七、采集编纂抗建事迹及民情风俗，改良风俗习惯，提倡新道德；

八、管理图书馆及公共体育场娱乐场所；

九、管理教育款产，编造全苏中教育经费预决算；

十、其他文化教育事宜。

第二十三条　高等法院之职务如下：

一、掌理司法行政事宜；

二、拟定单行民刑法规；

三、审查各级民刑案件之处理；

四、受理民刑第三审案件，公审案件；

五、管理与教育罪犯及劳役；

六、领导各分区司法工作，组织巡回法庭；

七、保障人民合法之权益；

八、取缔讼棍，举办律师登记；

九、惩治贪官污吏、渎职枉法，以清吏治；

十、其他有关司法事宜。

第二十四条　法制委员会之职务如下：

一、拟订单行法规；

二、审核行政公署所属各级政府之单行法规；

三、解释所属各级政府对于行政公署所订单行法规之质疑；

四、编印政府公报与单行法规；

五、其他有关法制事宜。

第二十五条　公安局之职务如下：

一、侦察缉捕汉奸、敌探、托匪、土匪、特工之破坏活动；

二、搜集敌伪情报与通报；

三、办理汉奸、敌探、托匪、土匪、特工等自新工作；

四、开展人民锄奸运动，组织锄奸工作；

五、审查干部及一切工作人员，提防奸徒破坏刺探；

六、管理司法机关委托侦察案情，逮逋（捕）人犯；

七、保卫治安、维持地方秩序；

八、办理违警事宜；

九、其他有关公安事宜。

第二十六条　各处院局办事细则另订之。

第四章　任期与会议

第二十七条　行政公署正副主任，行政委员会委员，候补委员任期为 2 年，期满依法选举之，连选及［得］连任。

第二十八条　行政公署正副主任或行政委员会委员、候补委员有渎职枉法行为，经苏中参议会参议员 2/3 或人民 1/20 检举，得由苏中参议会多数参议罢免之。

第二十九条　被罢免之正副主任或行政委员候补委员应由苏中参议会于一个月内正式改选之。

第三十条　行政委员会每月开会一次，由正副主任召集之，开会时行政委员不得派代表出席、至非委员之秘书长、各处处长、副处长、院长、副院长、法委会正副主任委员、公安局长、副局长，得列席会议。

第三十一条　行政公署署务会议，每半月开会一次，由正副主任召集之，秘书长各处院局正副处院局长，法委会正副主任委员出席，科长以上人员得列席会议。

第三十二条　各处院局法委会每周开会一次，科长以上出席与议。

第三十三条　各县县长行政会议每年召开一次。

第三十四条　本法所规定各种会议期间，在必要时得临时召集之，或因工作需要，得不定期召开专门会议。

第五章　经　费

第三十五条　行政委员会委员及各委员会委员除脱离生产专任行政工作者为有给职外，余为义务职，在开会期间得酌发车马费。

第三十六条　行政公署经费由财政处编造预算提交行政委员会通过支付之。

第六章　附　则

第三十七条　本法如有未尽事宜得随时命令修正之。

第三十八条　本法自公布之日施行。

选自《苏中抗日根据地》，中共党史资料出版社 1990 年 4 月版，第 339～345 页。中共江苏省委党史工作委员会、江苏省档案馆合编。原注："原载 1944 年 11 月刊印的《苏中行政公署法令汇编》"。

11. 苏南行政区农民救国会组织条例

1944 年 2 月 15 日公布

第一条　以组织团结农民，提高农民政治地位，保障农民利益，改善农民生活，增加生产，积极参加抗战与民主建设为宗旨，制订本条例。

第二条　凡赞成第一条之宗旨而具有左列条件之一，不分性别、年龄、党派、信仰，按自愿原则均可参加农民救国会（以下简称农救）为正式会员：

一、耕种他人之田地者；

二、自耕自种者；

三、出卖劳力帮人耕种者；

四、部分自耕部分雇人耕种者；

五、从事农民解放事业者。

第三条　会员享有如下之权利：

一、有选举权、被选举权、发言权、表决权、弹劾权、罢免权；

二、享受本会所办各项与农民有益之事业优先权；

三、享有政府贷款救济之优先权；

四、有向本会请求帮助解决困难之权。

第四条　会员应尽如下之义务：

一、宣传本会宗旨，发展会员；

二、参加会议生活，缴纳会费；

三、服从会规，执行决议；

四、积极生产，增厚国力。

第五条　农救会以民主集中制为原则，会员大会或代表大会为最高权力机关，闭幕时为各级农救会执行委员会。

第六条　农救会组织系统，县农救会——区农救会——乡农救会——保（村）农救会。

第七条　保（村）农救会为基本组织单位，凡有会员15人即可成立，由会员大会选举5人至7人组织保（村）农救会执行委员会，会内设主任及组织、文化娱乐、生活改善、武装自卫等组，均由执委兼任，任期三个月。如会员过多时，保（村）农救会下可按地区及性别划分小组。

第八条　凡有三个以上保农救会，即可成立乡农救会；三个以上乡农救会即可成立区农救会；二个以上区农救会即可成立县农救会。

第九条　县区乡各级农救会由各级代表大会选举7人至11人组成。各级农救会执行委员会会内设正副主任务一人，及组织、文化娱乐、生活改善、武装自卫等科（股、组），均由执委兼任，任期半年至一年。

第十条　主任及各部门职权。

一、主任负责召集会议，计划督促检查全盘工作，并领导各部门处理日常工作；

二、副主任辅佐主任工作；

三、组织科（股、组）负责管理会员登记、干部配备、征收会费及有关组织方面各种事宜；

四、文化娱乐科（股、组）负责管理识字班、俱乐部、出版墙报，及有关宣传教育各种事宜；

五、生活改善科（股、组）负责管理计划，发展农村经济、生产合作社、借贷所及有关农民生活改善各种事宜；

六、武装自卫科（股、组）负责协助政府及自卫队进行人民抗日自卫工作。

第十一条　各级执行委员会委员，乡、保（村）以不脱离生产为原则，县区视工作之繁简规定脱离生产干部人数。

第十二条　保（村）农救会会员大会每月一次，乡代表大会三月一次，区代表大会半年一次，县代表大会一年一次，必要时得召集临时会员大会或代表大会。

第十三条　各级农救会执行委员会会议日期，由各级农救会执行委员会另订之。

第十四条　经费来源：

一、会员缴纳会费及特别捐；

二、热心农民运动者捐助；

三、政府补助。

第十五条　会员须遵守农救会纪律，服从政府法令，参加会议，缴纳会费，努力工作，执行农救会一切决议，如有违反上列纪律者，得视情节轻重予以批评、警告、开除会籍等处分。

第十六条　本条例自公布之日施行，如有未尽事宜得随时修正之。

选自《苏南抗日根据地》，中共党史资料出版社1987年9月版，第329～331页。中共浙江省委党史工作委员会、江苏省档案馆编。原注：“选自江苏人民出版社《新四军在茅山》”。

12. 浙东敌后临时行政委员会组织系统图（草案）

1944年1月

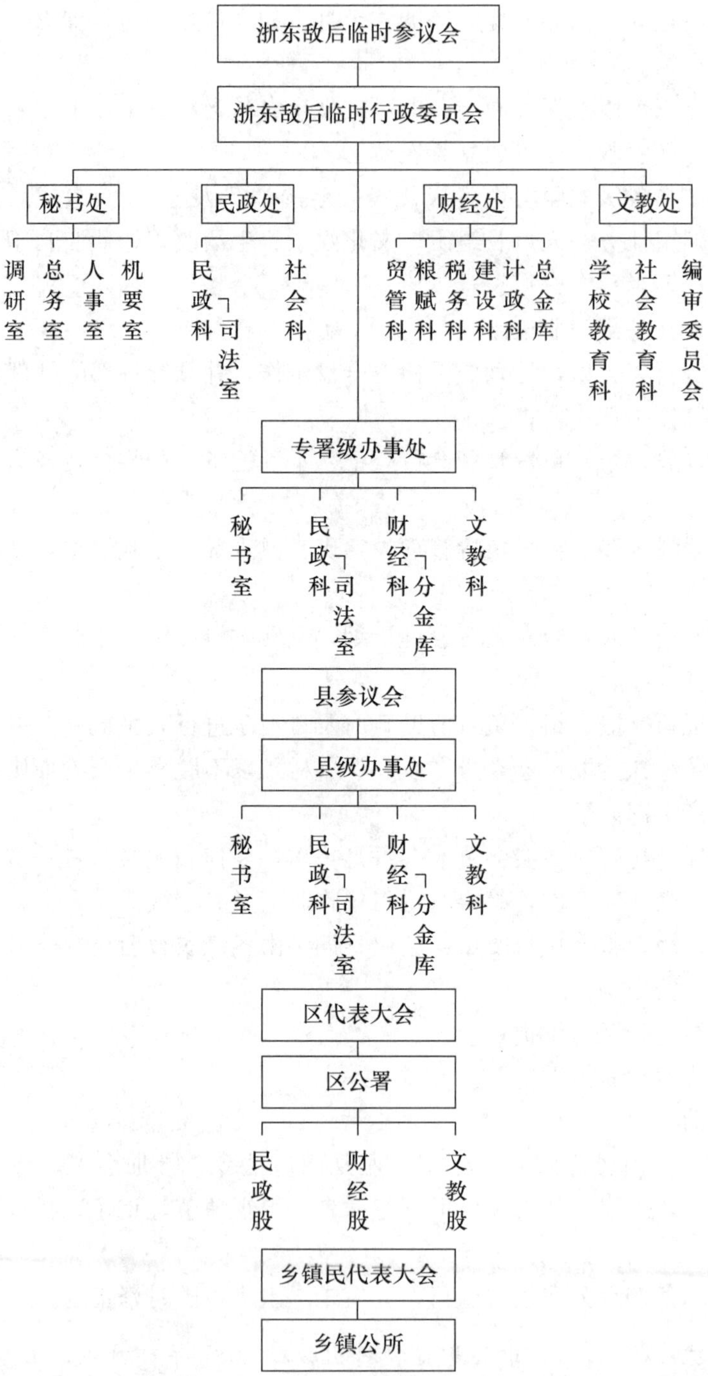

选自《浙江革命历史档案选编》，浙江人民出版社1985年版，第141页（原件为横排版，稍有变通）。

13. 连柏生在浙东行委扩大会议上的总结报告

1944 年 6 月 20 日

（一）行委会成立经过：

反顽战争第一阶段结束，在一月十五日成立行政委员会①，那时三北敌伪势力控制较强，活动地点限正在山区沿山一带，土顽宋庆云部相当活跃，当时同情我人士都以为我们站不住脚了，为我们可惜，顽固派暗暗庆幸，顽政［权］在敌伪据点附近秘密活动甚烈。在这时，我军正式宣布改为新四军，各县办事处已不适合于当讨环境，就一律改为行委会办事处。当时我们的方针可以分为二个阶段：

1. 集中力量争取南山自卫战争胜利。

2. 在前方战斗以后，方针为：巩固三北，坚持四明。

总的任务：建立抗日民主政权，掌握旧政权下层机构，控制乡保，坚持四明，争取自卫战争的胜利；在三北争取反敌伪斗争的胜利。

工作：

1. 颁布行委会施政纲领。

2. 建立区以上各级行政机构，南山建立姚慈虞办事处，三北建立慈镇姚虞办事处。前者为县级，后者为专署级。

3. 调整各乡镇保甲机构，订颁战时行政工作规约，工作人员守则。

4. 颁布一般法令——战时工作条例。

5. 健全交通工作。

6. 救挤贫民、抗属。

7. 统一财政收支，计划增加生产。

8. 结束三十二年下学期学校工作，准备三十三年度开学工作。

9. 组织各级参议会。

（二）半年来主要成绩及缺点：

成绩：

1. 建立了区以上的抗日民主政权机构。

2. 掌握了旧政权下层机构，建立了工作威信，奠定了新政权初步基础，限止了顽政权活动，打击了伪政权——在山北建立了十个区，在南山建立了十一个区（后减为七个区），在山北建立了三个县，在南山建立了四个县。当时顽政府拟来建立区署，我们不允许，没有成功。

3. 抢运伤兵，疏散物资，掩护工作人员，尤其是保证了党政军的给养，收到款项为三千三百六十七万零五百六十二元（一到五月份）。

4. 坚持了阵地，保存了干部。

---

① 浙东行政委员会成立于 1944 年 1 月 15 日。连柏生为行政委员会主任。

5. 团结了各阶层人士，照顾了各阶层利益，救济了灾民、难民。

6. 配合了军事斗争，恢复了慈镇地区的政权。

7. 建立了自卫武装。

为什么有这个成绩呢?

1. 有共产党的正确领导。

2. 执行了正确的政策：

①提出了“团结抗日，反对内战”的口号，以团结各阶层，唤起了他们的同情。

②财政政策上打击了部分敌伪的掠夺，进行了局部生产活动，减低了部分人民的负担。

3. 全体工作人员的艰苦奋斗，特别是南山罗白桦、严式轮、朱之光三同志，三北张光同志。

4. 由于军队的英勇战斗并配合。

5. 由于地方上有工作基础配合。

6. 由于各阶层人民的拥护。

7. 有办事处原来的工作基础。

8. 敌伪顽内部及相互的矛盾，给了我们坚持到胜利的客观条件。

缺点：

1. 威信还并不很高，[群众] 认为比顽政权好，但他们正统观念还打不破。

2. 配合军队战斗的任务还不够。

3. 政治攻势上还不够广泛而深入。

4. 政策执行上还有缺点，对中间分子要求过高，方式方法上还有缺点，如象（像）对二六市镇长大量应付敌伪，要打击 [而] 不打击。

5. 可以改造的乡保长却没有改造。

6. 在锄奸政策上，在个别地区、时间还没有依照一定手续处置人犯。

7. 财政政策的执行上，各地区还有些一般化的毛病。

8. 团结抗战与民主工作还做得不够。

9. 对乡保人员之争取与运用不够。

10. 缺少调查研究，对各处情况了解不够。

造成缺点原因：

1. 不能很好依照计划工作。

2. 人员不健全，没有行政工作经验，事务主义，处理事情不冷静，不客观。

3. 对政策指导帮助不够。

4. 各方面不能有计划的配合。

5. 一般人民觉悟程度不够，部分人士对共产党政策还有点成见。

（三）经验教训：

1. 只有在共产党的领导计划之下，只有实行共产党的政策，一切抗战建国的大业才有胜利完成的保证。

2. 没有党政军民有力的配合，一切党政军民工作一定会遭到困难，做不好。

3. 必须根据各地具体情况，而改变组织形式，而随环境变化再为改换，而斗争方法仍需随时改变。

4. 没有深刻调查研究与对政策的了解，对工作上容易犯一般化或过“左”过右的毛病。

5. 一定地区、一定时间只能有一个中心，党政军民各工作都必须围绕在它的周围。

选自《浙江革命历史档案选编》，浙江人民出版社 1985 年 4 月版，第 206～209 页。杭州大学历史系、浙江省档案馆合编。

14. 附 [报刊报道]：浙东敌后临时行政委员会扩大会圆满闭幕

1944 年 7 月 24 日《新浙东报》

本报讯：浙东敌后临时行政委员会扩大会于上月十五日正式开幕至二十五日圆满结束。

确定今后方针任务

大会详尽总结了半年来的施政工作，并确定今后行政工作的总方针为：继续团结浙东敌后一切抗日的各阶层人士各党派各团体坚持敌后的抗战，缩小敌伪区，巩固与扩大抗日游击根据地，并逐步的改造与加强原有区乡镇机构使之成为抗日的廉洁政府，并向建立各阶层各党派共同抗日的民主政府的目标而努力。根据这一总方针，大会确定今后具体任务是：

（一）摧毁一切坚决助敌破坏抗战之伪组织。

（二）一切政权机关必须战斗化，领导人民随时准备配合军队进行反“扫荡”反“清乡”斗争。

（三）经常进行广泛的深入的群众动员，加强人民抗日的政治的军事的教育，提高其抗日情绪，发展普遍的群众抗日武装斗争。

（四）逐步的加强与改造各地政府，使政府更进一步的与当地人民相结合。

（五）各级政府应注意优待抗日军人家属的工作并妥善规定荣誉军人的优待办法。

（六）继续保证抗日军队及各机关人员最低限度的物质给养，并尽可能做到人民公平合理负担的原则。

（七）积极准备组织领导今年的秋收运动，号召各阶层人民武装保卫秋收，发扬佃业双方互助互让团结对敌伪的精神，公平合理的解决业佃一切纠纷。

（八）号召人民努力开展生产运动，适当改善民众生活。

（九）开展反贪污反浪费斗争，提倡廉洁节约运动。

（十）在抗日民主前提下，保障人民言论集会结社出版之自由，保障各阶层人民之人权财权地权。

（十一）继续改善小学教育事业及教职员的生活，开展社会教育，使之适合于敌后抗战之需要。

行委会的成立经过

缘当去年十一月下旬浙东内战开始前后，由于友党军政当局一贯执行反共反人民错误政策，结果造成一部分旧政府的官员竟勾结敌伪，破坏我抗日军民的抗日活动，压榨人民，成为挑动内战的工具，致使敌伪便于乘机出扰“扫荡”、“蚕食”，长伪化势力，使我抗日地区陷入混乱状态，我军为坚持抗战，维持地方治安，安定民生，乃于民众要求与热望下，于本年一月十五日于南山茭湖地方正式宣布成立浙东敌后临时行政委员会，颁布临时施政纲领。根据浙东敌后抗日游击战争的军事条件，先后建立七个县级办事处，十七个区署，并在非常艰苦的环境之下继续维持抗日行政工作。

半年来的艰苦奋斗

半年来各地艰苦奋斗的工作情形，此次到会代表有详细报告。在四明方面，因国军节节进攻，战祸连绵五月有余，民众遭友军之迭次浩劫，其苦痛之深，诚属旷古未闻，我各地抗日政府在此艰苦境况中，仍本团结抗战之方针领导与动员广大民众坚持四明山抗战事业，半年多来，该地各界人士在国军反共反人民的刀枪面前，守正不阿，不论乡镇保长地方士绅，不论工农学商，除个别反共特工份（分）子死心塌地帮助反共内战或动摇投敌者外，均一致团结反对内战协助抗日军坚持抗战。如鄞奉县，在内战进入第二阶段时，敌伪乘机增筑了五个据点，并时刻出外骚扰，国军公开连（联）络伪十师进行“清剿”，家家户户不论男女老幼一概遭受软禁、保甲连坐，大小要道严行封锁、暗埋地雷，险要之处连绵建筑碉堡工事，并经常包围村庄抢劫勒索。我该地民众在倾家荡产之余，有遭受酷刑敲打达三十次以上者，有遭受无故逮捕惨杀者，妇女有被轮奸达十五次以上者，其数目已不能统计。而我民众并不因此而有移正义之心，反而进一步依靠我军及抗日政府，并予以各种有效援助。某地保长不顾危险通过重重封锁亲自送饭十七天，某士绅为呼吁团结遭受国军逮捕达四五次，反而更加坚强。某地某农民自动为我军救护伤兵，在火线上来去五六次，结果惨遭国军击毙。我当地政府工作人员为人民利益，誓死坚持原地斗争，克服一切困难，继续维持地方治安，为民牺牲者亦不下十数人。其中如章水区区长徐婴被国军逮捕后，临死前犹为民众抗争，梅园乡女乡长陈晓云亦遭受国军杀害。其他如李敏、袁春妍女士、严培远先生等均为抗日事业而流尽最后一滴血。在三北方面，敌伪亦乘内战之机，加紧“扫荡”、“蚕食”，逐步缩小我抗日地区，破坏我地方群众组织。但我抗日政府仍然进行对敌斗争。如余上办事处所辖地区在内战中敌伪增加了十个据点，步步深入我腹地，进行不定期的“扫荡”、“奔袭”、突然包围合击，以及利用一部分特工、流氓与投降敌寇后的旧政府及其党政人员对我根据地进行各种破坏，企图离间我军政与民众的亲密关系，我工作人员始终能继续坚持原地斗争，贯彻地方施政工作，终于在党政军民密切配合下，取得了逐步胜利，打击了伪化势力的伸长。该区我政府工作人员光荣牺牲者达十六人之多，乡镇长及农会干事殉职［者］共计十八人，先后遭敌逮捕者连民众共计一百二十八人。其中如王镇汉等受敌伪逮捕后犹顽强不屈痛骂汉奸无耻，就义时康（慷）慨激昂沿途对民众宣传、感动沦陷区人民，激起民族仇恨。又如中河兰塘两乡长亦先后惨遭不幸，光荣殉职。其他各县均在空前紧张环境中进行自己的工作。号召帮助人民［的］春耕生产、文化教育及反对敌伪的奴化政策等地方事业，博得广大人士的热烈同情与拥护。

半年来的主要成绩

总结我浙东敌后行委会在此半年中施政工作的主要成绩，在于坚持了浙东敌后的抗日阵地，限制并缩小了伪政权的活动，改造了一部分消极抗战的旧有腐败行政机构，团结了各阶层人士并一般的照顾了各阶层人士的利益，部分改善了民众的生活，协助军队，担负了后方的勤务工作（如交通、情报、担架、运输），保证了军队及各机关的给养。所以获得这些成绩的主要原因，乃由于行委会正确执行共产党抗日民族统一战线政策和党政军民的密切配合，以及我全体行政工作人员的不畏艰苦、卓绝英勇奋斗的结果。

检讨缺点　总结经验

大会对于半年来施政工作中的缺点，进行了严格的检讨与自我批评。大会指出由于浙东敌后地区斗争的紧张复杂性，及友党友军不断对我抗日人民的压迫摧残，致使各阶层人士还未能积极参加抗日行政工作，由于行委会成立时间不久及干部的缺乏，故今日行委会领导下之各级政府尚未能迅速成为各阶层各抗日党派的民主政府。在施政工作上尚存在着如下的几个主要缺点：

（一）广大各阶层人民的抗战民主力量还没有更广泛地动员起来。

（二）部分乡村级基层机构尚未健全改革，且尚有个别贪污等不良现象之存在。

（三）各级政府对周围具体情况的了解还不够。

最后连主席并总结半年来经验教训如下：

（一）只在（有）正确的执行共产党抗日民族统一战线团结民主的政策，一切抗战建国的工作任务，才有顺利开展胜利完成的保证。

（二）没有党政军民有力的配合，一切工作的进行及抗战的坚持是不可能的。

（三）必须根据各地的具体环境与形势，灵活运用政权的组织形式与坚持斗争的方式方法，政府的组织应随环境形势的变化而变化，工作才能做得好。

（四）没有深刻的调查研究工作，就不能有正确的政策，没有正确的政策，就不能团结一切抗日力量坚持艰苦的敌后斗争。

（五）在一定地区一定时期内政府只能有一个工作中心，其他一切工作都要围绕着这一中心进行，才不使力量分散。

出席大会代表名单

此次会议出席者除行委会主席连柏生、委员兼文教处处长黄源、委员兼四明特派员罗白桦、委员张文碧、委员朱人俊及财经处副处长陆慕云、民财处副处长张志飞、秘书张蓬外，尚有宁奉县严式轮、宁慈县朱洪山、姚南县朱之光（陈科长代）、上虞县陈山、慈镇县戚铭渠、慈姚县吴建功、余上县张光七位县的主任，以及各单位列席代表等共计二十余人。会议开幕后第一天请谭政委报告目前政治形势，第二天至第五天由各县报告施政工作，第六天至第十天由连主席总结后继续展开检讨，并讨论关于秋收工作、自卫武装、乡村行政机构等问题多项（由大会讨论后再由行委会决定），末了布置今后工作，散会。

选自《浙江革命历史档案选编》，浙江人民出版社 1985 年 4 月版，第 220～225 页。杭州大学历史系、浙江省档案馆合编。原注：“原载 1944 年 7 月 24 日《新浙东报》”。

15. 浙东敌后临时行政委员会通令（本会在《新浙东报》公布的法令布告均完全有效）①

1944年9月1日

查新浙东报为浙东敌后唯一适应抗战需要之报纸，浙东书局为本会直接经营之浙东敌后唯一推行抗日出版事业之企业，对浙东敌后抗战之坚持，民主政治之推进，国民文化之提高，敌伪欺骗奴化宣传之打击，至为重要。凡我各地县办事处、区署及乡镇公所，统须加以重视，负责协助推广，按照下述办法，切实执行：

第一，本会各项法令布告等，在新浙东报上公布者，均完全有效。

第二，各区署应指派专员担任该区之浙东书局特约发行员，负责各该区之新浙东报及书局发行事宜。

第三，各乡镇公所应指定专员，担任该乡镇之浙东书局推销员，负责各该乡镇之新浙东报及书籍发行事宜，并指定乡丁一人，兼任发报工作。

第四，各保至少须推销新浙东报一份，各初级以上学校及较大之商号均须预定一份。

第五，各乡镇公所应负责在各该地区之市集、要道等处，张贴新浙东报每期至少五份。该项报费，准予在各乡镇事业费内支付报销。

第六，各地县办事处文教科长、督学、区署文教指导员，应负责经常督促上项工作，并协助解决各项困难。

除分令外合行通令各地县办事处区署及乡镇公所一体遵照办理为要。

此令

主席委员　连柏生
民政处长　罗白桦
文教处长　黄　源
中华民国三十三年九月一日

选自《浙江革命历史档案选编》，浙江人民出版社1985年4月版，第283～284页。杭州大学历史系、浙江省档案馆合编。原注：“原载1944年9月4日《新浙东报》”。

16. 连柏生在浙东临代会上的一年施政报告（摘要）

1945年1月22日

浙东敌后临时各界代表大会第二日，临时行政委员会主席连柏生向大会作民国三十三年份施政工作报告。连主席于简略说明一年来国际、国内及浙东环境变化后，就详细叙述

① 副标题是编者所加。

浙东抗日政权建立经过：三十二年十一月浙东内战发生前后，浙东各县旧政府勾结敌伪，破坏抗战，挑动内战，敌伪则乘机扩张伪化势力，使我抗日地区沦入混乱状态。我军于民众要求与热望下，由三四五支队办事处会同各地各民众团体，于三十三年一月十五日，在四明山成立浙东敌后临时行政委员会，颁布临时施政纲领及抗战公约等草案，并着手建立区级以上的抗日的廉洁政府。于四明山的慈南、姚南、虞东地区成立姚慈虞办事处，下辖慈南、沿江、梁弄、大岚、虞东等五个区署、在鄞西地区成立鄞县办事处，下辖武陵、古林、章水、鄞江、栎社等五个区署，三北地区则于一月二十七日成立专署级的慈镇姚虞办事处，下辖庄市、庄桥、龙山、慈城、丈亭、浒山、中和、临山、马诸、崧厦等十个区署。

行政委员会成立不久，即移三北［办］公，对于四明地区两个县级办事处的领导颇感不便，因此于三月间建立了四明地区特派员办事处，并于特办之下重新建立姚南、鄞奉、上虞三个县级办事处。鄞奉办事处辖章水、鄞江、栎社、亭下四个区署；姚南办事处辖沿江、梁弄、大岚三个区署；上虞办事处辖虞东一个区署，而慈南、武陵、古林三个区署则由特办直接领导，其后成立鄞慈办事处管辖之。对于三北地区，因慈镇姚虞办事处干部太少，机构不够健全，同时因环境关系，十个区署的直接领导亦确有困难，因此，于四月间撤销慈镇姚虞办事处，而建立了慈镇、慈姚、余上三个县级办事处。慈镇办事处辖庄市、庄桥、沿山、龙山四个区署。慈姚办事处辖庵东、丈亭、浒山三个区署。余上办事处辖中和、临山、马渚、崧厦四个区署。新嵊地方，由于当地抗日军民之要求，于十一月间成立嵊新人民抗日自卫办事处。对于浦东会稽地区之正式行政机构成立较缓。今年一月初，浦东应军民请求，建立了淞沪专署，成立南汇、奉贤、川沙三县政府。至此，连主席总计行委会领导下行政机构称：

“现在我们有四个行政区（三北、四明、浦东、会稽），十四个县，四十四个区，三百七十二个乡，三千七百八十个保，人口二百二十八万八千九百二十人，面积一万一千五百另六万方公里。”

接着连主席着重指出一年来政府工作之方针与任务在于：团结浙东敌后各阶层人士、各党派、各团体，反对内战，坚持浙东敌后抗战，巩固与扩大抗日根据地，缩小敌伪区，逐渐改造现有的乡保机构，使其成为抗日廉洁政府，并向建立抗日民主政府的方向发展。“根据这一总的方针任务，一年来依据各时期的特点，组织与领导了反内战运动、宪政运动、春耕运动、保卫秋收运动及冬季三大运动（生产运动、冬学运动、民主运动）。”

继即报告关于民政、财政、文教三大工作状况。

首先，民政工作方面：动员与武装民众，对敌伪进行反蚕食、反维持、反应付的斗争，结果使根据地扩大了六十三个乡，使我占优势的基本地区之内、敌伪的“政令”已完全不能推行，大大削弱了游击区的伪化程度，伪政权政令的推行已经缩小到仅仅在其军事直接威胁的范围了。普遍实行二五减租，适当改善雇工生活，大大提高了农民抗日与生产的积极性。关于民主训练与实施，主要是反复地进行了抗战民主的教育，局部地调整了乡保行政人员，创建了新型的乡镇机构，使得“昔日萎靡不振、腐败无能、妥协动摇的乡镇公所一变而为朝气蓬勃、积极负责，坚决抗日的乡镇公所，”此外并举办民主实验乡，以为今后其他乡镇改造政权的示范，及筹备与召开此次浙东各界临时代表大会，奠定创造新民主主义新浙东的始基。

其次，财政方面：连主席指出，去年由于战争频繁，支出浩大，加上反动派与敌伪之封锁、破坏、抢劫、勒索，致人民经济与财政收入，陷入十分困难境地。我政府当即组织与领导人民反对敌伪与内战军负担，同时宣布旧政府所收的内河税、内河船捐、行会取缔税与应变费等十余种苛捐杂税，一律废除，确定新政府收入为粮赋、货物税、抗卫捐，并规定粮赋征收一年一度，对于赤贫、抗属及荒歉则予减免，并规定人民负担标准，最多不超过收入的百分之三十。我们所征货物税依据反封锁政策，按照货物性质或则免税、轻税或则禁止、重税，并坚持一物一税制度，港口收过后，在根据地内即可自由通行，不再重征。对于政府财政支出，为军事经费占百分之七十六，行政费占百分之十四·三，辅助费（文化经费、民运经费、工商借贷及救济）占百分之九·七，都用在抗战与地方福利事业，这与旧政府完全不同。但今年财政收入虽然完成，而因受法币伪币跌价影响，使收支不能平衡，而人民所受损失，更不可胜数。因此. 连主席着重指出：今后必须发行本位币，稳定根据地金融，举办农贷与工商业贷款，发展生产；军队政府机关，亦须生产解决部分的供给，减轻人民一部分负担。

再次，文教方面：确定“社会教育重于学校教育，成人教育重于儿童教育，干部教育重于群众教育”的新方针，开办鲁迅学院，解决干部问题，成立社教队，改造民间艺人，推进社会教育，均有显著成绩。

最后，连主席讲述一年来各地艰苦奋斗的工作情形称：在四明地区因国军节节进攻，战祸连绵五月有余，民众遭国军之迭次浩劫，其苦痛之深，诚属旷古未闻。如鄞奉县在内战进入第二阶段时，敌伪乘机增筑了五个据点，并时刻出外骚扰，国军公开联络伪十师进行“清剿”，家家户户不论男女老幼一概遭受软禁，保甲连坐，大小要道严行封锁，暗埋地雷于险要之处，连乡建筑碉堡工事，并经常包围村庄，抢劫勒索。我该地民众于倾家荡产之余，有受酷刑敲打达三十次以上者，有遭受无故逮捕惨杀者，妇女有被轮奸十五次以上者，而我民众并不因此而有移正义之心，反而进一步与我新四军及新政府打成一片，并予以各种有效援助。某地保长不顾危险通过重重封锁，亲自送饭十七天；某士绅为呼吁团结遭受国军逮捕达四五次，反而更加坚强；某地某农民自动为我军救护伤兵，在火线上来去五六次，结果惨遭国军击毙。我当地新政府工作人员为人民利益，前后牺牲者亦不下数十人，其中如章水区区长徐婴被国军逮捕后，临死前犹为民众抗争；梅园乡女乡长陈晓云亦遭受国军杀害。其他如李敏、袁春妍女士、严培远先生等均为抗日事业而流尽最后一滴血。在三北方面，敌伪亦乘内战之机，加紧蚕食扫荡，逐步缩小我解放区，但我行政人员仍坚持原地斗争，如余上办事处所辖地区内，内. 战中敌伪增加了十个据点，该区我新政府工作人员牺牲者达十六人之多。乡镇长及农会干事殉职者共计十八人，先后遭受逮捕者连民众共计为一百二十八人，又如：□塘、中河两乡长亦先后光荣殉职。秋收时期慈东地区敌人建筑飞机场，加强控制，据点林立如梅花桩，而我该地工作人员始终坚持不懈。

至此，连主席总结行委会一年中施政成绩说：一年来行委会首先领导了各级政府及敌后各阶层人民展开了对敌伪的尖锐斗争，对过去许多乡镇人员所采取的对敌伪妥协苟安应付的错误思想给予了纠正，坚定并提高其抗战的胜利信心与对敌斗争的积极性，行委会——各级政府采取了适应游击战争环境的工作方式，实行军事化、战斗化，在紧张的战斗环境中始终与人民在一起，领导人民进行坚壁清野反“扫荡”反清乡斗争，保卫人民生命财产，组织并扩大了人民抗日自卫武装，支持了新四军抗日与保卫人民利益的军事斗争，使其得到必要的粮食、物资、人员的补充及各项后方勤务工作上的援助，而取得了这一年来的对敌斗争胜利，阻止了敌伪扩大奴化伪化我地区的企图，并缩小了敌伪活动地区。其次，行委会在自己艰苦的环境中，对个别地区人民所受烧杀抢劫损失过重之处犹能及时进行了必要的救济及其他善后工作。个别地区在春耕中能适当解决了人民一部分生产上困难，进行了春耕借贷，发展了人民合作事业，部分的完成了帮助人民解决生活困难改善人民生活的任务。最后，一年来行委会及其他各级政府，随时随地虚心地征求着地方人士意见，热忱的聘请各界热心的抗日人士共同来担负政府的工作。在各种会议上发扬了有话必说、大胆发言的民主精神。在行委会管辖地区，只要不违背抗日利益，人民的言论，集会，结社，出版自由是完全有保障的。

然而行委会这一年来工作中，也还存在着不少缺点，在广大人民中抗战的动员以及深入普遍的抗战教育方面，在领导人民武装阻止破坏敌伪的蚕食与其加于人民的各种压榨，减轻人民负担，改善人民生活方面都还做得很不够。行委会对其所属各部门、各级政府各乡镇机构在政治上与实际工作上的领导与检查督促、具体帮助还很薄弱。在一般行政人员与下层财经工作人员的工作作风上，还残存着部分的脱离群众的官僚主义作风。各级参议会与各级行政机构之民主化的建设至今还未能按照预定计划顺利的进行。显然的，行委会工作离开理想还很远。产生这些缺点的原因，除了主观上缺乏经验、干部不够之外，更重要的则是客观环境与时间的限制（内战达半年之久）。至此，连主席结语：“希望到会代表对政府的施政工作多多讨论和批评。”

选自《浙东抗日根据地》，中共党史资料出版社 1987 年 6 月版，第 133～137 页。中共浙江省委党史资料征集研究委员会、浙江省档案馆编。原注：“原载 1945 年 1 月 26 日《新浙东报》”。

17. 谭启龙在浙东临代会上的演说①

1945 年 1 月 24 日

各位先生，各位代表，各位同志：

大会已经开了三天。这次大会到会代表虽然人数不多，但从地区上说，包括了全浙东，四明，三北，金萧，鄞奉沿海，浦东，宁波；从政治上说，有共产党员，有国民党员，有其他党派和无党无派的人士，从阶级上说，有工人代表，有农民代表，有地主等各阶层的地方人士。在今天这样的环境下，各位代表从不同的地区，不同的政治信仰，不同的环境，不同的阶层，大家不避严寒，不辞劳苦，不怕艰难危险，冲过了敌人的封锁线，

① 1945 年 1 月 21—30 日，召开浙东各界临时代表会，谭启龙代表中共浙东区党委在会上做了演说，连柏生做了一年施政报告，大会通过《浙东地区施政纲领》以及临时参议会与各级政府组织法、惩治汉奸条例、惩治贪污条例等。

通过反动派统治的地区，从四面八方赶来开会，我们大家的目的都只有一个，就是要求得抗战胜利，要赶走日本帝国主义，建设三民主义的新浙东，新中国。因为大家的共同敌人，是德、日等法西斯，尤其是日本帝国主义，它威胁着我们全民族的生存。因此，我们必须首先赶走日本帝国主义者。我们的目的不仅赶走日本帝国主义，而且还要建立一个真正名符（副）其实的民族独立，民权自由，民生幸福的新中国。

自从敌寇侵入浙东，我大块土地沦入敌手以来，已经将近四年了。我各阶层人民不但在敌人控制下，不断的遭受到抢掠、烧杀、奸淫的痛苦，而且在一年前，还遭受到国民党反动派制造内战的灾难。无论在会稽，在四明，人民都普遍遭受到严重的浩劫。由于新四军指战员的英勇作战，由于我们大家共同努力的结果，终于粉碎了敌伪疯狂的“扫荡”、“蚕食”、伪化的企图，打破了国民党反动派大军的围剿，保卫了这块土地，建立起抗日民主根据地，使祖国的大旗仍飘扬于敌后，使数百万同胞已从水火中拯救出来，开始呼吸到自由民主的新鲜空气，使我们今天在这里能够举行这大会，我个人感到非常兴奋。可是我们应该知道，今天能得开这样的会，我们是花了许多代价的。几年来，在艰苦斗争的过程中，我们牺牲了许多共产党员，及部队团级干部以下的同志，地方上无数热血的青年，受压迫，受拘捕，受刑戮，有的现在还在大后方坐集中营，坐牢监；地方上的人士也不断的遭受惨杀、威胁及逮捕。如果没有大家共同的努力，今天我们要开这样的会是不可能的。我们应该感谢他们，向他们致敬。我首先代表浙东共产党，代表我们的全体同志，向残废的军人，地方上奋斗的人士，以及远道来此开会的各位先生致以热烈的革命的敬礼，并庆祝大会的成功！庆祝新浙东的诞生！

今天我准备向各位讲三个问题：第一，浙东共产党奋斗的经过，以及我们在过去究竟为人民做了些什么？第二，目前时局及今后浙东敌后的斗争形势。第三，浙东党与各阶层人民今后应该做些什么？怎样做？

第一，浙江共产党，它同全中国共产党一样，自产生到现在已有二十几年了。在这个斗争过程中间，为达到建立真正的民族独立，民权自由，民生幸福的新中国的这一个目的，我们浙江党曾经参加了一九二五年到一九二七年的大革命，与国民党共同进行过胜利的北伐。我党的领袖之一——周恩来同志就是浙东人，在大革命时，他是军队的党代表和黄埔军校的政治部主任。后来因蒋介石及国民党反动派实行“清党”，许多党员遭受了惨杀与压迫以至于牺牲，党被迫在浙闽赣边进行了艰苦的十年斗争。在这十年中，我们执行的政策，并未超过孙中山先生的革命三民主义的范围，博得大多数人民的拥护。这些人民至今仍以最大希望寄托在我们身上。“七七”抗战开始以后，浙东党坚决执行了我党中央的抗日民族统一战线政策。为了团结合作抗战，我们把军队集中，听从政府的指挥，离开了这些地区，开到南京、芜湖、无锡、上海一带坚持抗日斗争，建立江南抗日的根据地。现在坚持苏中敌后抗战的新四军一师师长粟裕同志，就是当时党和军队的领导人。我们留在浙江党的领导者刘英同志，在抗战初期，曾同黄主席建立了很好的关系，在抗日民族统一战线的基础上，展开了当时浙江蓬勃的抗日群众运动，到处人民起来为保卫自己的家乡而参加各方面的工作。今天在座的各位先生中，如吴山民先生，郭静唐先生在那时期，就是和我们共产党人共同工作的。但是，到了一九三八年，特别是一九四〇年以后，由于全国形势逆转，由于亲日派的积极活动，浙江当局执行了反动政策，使这一个团结抗战的群众抗日运动遭受了严重的摧残。在我党的帮助下建立起来的政工队，兵工厂，防御工事，都给反动派摧毁掉了。九年来，我们的党员在国民党反动派的压迫下，遭受到严重的摧残，党的领袖刘英同志遭受反动派惨杀，我们的共产党员以及许多热血救国的地方进步人士，抗日爱国的进步青年，备受逮捕，惨杀，驱逐。一直到今天国民党的集中营里，还关着许多共产党员和爱国青年，他们都是为了要达到上面所说的建设新中国的目的而奋斗的，他们忍受了一切的压迫，尝遍了人间的苦味，甚至流尽了最后一滴血。自从敌人进占浙东后，党在反动派的限制下，在人家丢弃的土地上，动员群众，组织群众，武装群众，夺取敌人的武器来武装自己。三年来，我党不断在敌伪的“扫荡”、“蚕食”、“清乡”及国民党围剿进攻之下，处于一无武器，二无援助，三受人家压迫的条件下，顽强的进行了斗争，建立了今天这一支浙东人民的抗日武装——新四军浙东游击纵队。虽然它的力量还不够大，但这几年来，为了保卫地方保卫人民，曾尽了一部分责任。我们曾进行了多次艰苦战斗，解放了二万多平方公里的土地，抢救了二百万以上在敌伪势力范围内过着水深火热生活的人民，使他们在自由的土地上呼吸着新鲜的民主的空气。到现在已建立了大大小小的八九块抗日游击根据地，直接威胁绍兴、宁波、杭州、上海各大城市，对将来配合太平洋的盟军登陆有很大作用。我们在这些地区内，也进行了唤起民众，组织民众的工作，提高了他们抗战情绪与信心。组织了×万群众，×万人民抗日自卫队与民兵，他们都能拿起武器同敌人作斗争。我们在这些地区里，坚决执行了孙中山先生的三民主义。几年来虽然地方人士因为一方面对我们的认识和了解还不够，另一方面受了各方面压迫，还不敢大胆来参加我们的工作，但我们仍能和他们共同商讨，而且得到他们的帮助。我们执行了减租减息，又保证了交租交息，保护了农民的利益也保护了地主的利益，使各阶层人民都能过最低限度的生活。这一切我们虽不应说自己对中国抗战对浙东人民有贡献有功劳，但亦告无罪。我们看到今天许多人民还在受敌伪及反动派军队与政府之压迫，深感自己还没有对地方对人民尽到应尽的责任。就以现在我们的工作来说，我们也不应自满自足。我们深知自己还存在许多弱点与毛病。比如在对敌伪的斗争上讲，特别是去年自卫战争中，人民遭受敌伪多次的“扫荡”，受了大量的损失，我们还没有好好的尽到保障的责任，还没有能把广大的人民组织起来。我们部分党员及工作同志在执行我党的主张与各项具体政策方面，还不能切实地照顾到各阶层人民要求和利益。例如减租减息，有的减的太多，有的还未减过。今天的政权，也由于种种条件限制，没有做到应有的民主，使其发挥更大的作用。个别党员与政府工作人员或军队中同志，在工作方式方法上，在对付（待）地方人士的态度上，还缺乏民主精神与民主作风，缺乏同党外人士和衷共济亲密合作的精神。部队中尚有许多违犯群众纪律，强迫、打骂群众等现象，还不能虚心接受各界人士对我们的意见与要求。在我们各个机关中还存在着宗派主义的偏向。我们需要发扬自我批评精神，揭露自己的缺点，在广大人民监督下纠正自己缺点。但我必须向各位声明，我们浙东的党还年轻，我们党员大多数新从旧社会中出来，参加我们工作的时间还短。由于旧习惯，旧传统，旧生活的遗留，这些缺点一时还难完全消除，还需要长期的锻炼。不过我们的同志为国为民的心是赤诚的，他们对革命是热情的，虽然有弱点存在，在长期的斗争中，在党的教育下是能够克服的。这里希望各位代表各位先生一方面加以谅解，一方面能尽量本着毛泽东同志提出的“知无不言，言无不尽”的精神，尽量的提供意见，尽量的批评。我代表党欢迎各位的批评，因为只有在这样的批评下，我们党才能进步，如果不接受人民的批评，结果不免要同独裁的政党一样，要趋向死亡。同时希望各位了解我党的主张，研究我党的主张，把我们的利益与生活同我党的主张联系起来，善意的向我们提出改进的意见，帮助我们进步。其次，我们各级党的负责同志及政府工作的党员，应该进一步的研究党的政策，正确执行党的政策，发扬为人民大众工作的精神，多多反省自己的缺点，改造自己，尤应遵照毛泽东同志的指示："必须听从党外人士的意见，给别人以说话的机会，别人说得对的，我们应该欢迎，应该跟别人学习，别人说得不对的，也应该等别人说完后，慢慢加以解释，我们共产党决不可自以为是，盛气凌人，自己是什么都好，别人是什么都不好。"虚心地接受人家的意见，切实改进自己的缺点，纠正我们的毛病，切不可自以为是，自高自大。因为我们不是一个小团体小党派，而是有广大群众的政党。一个群众的政党，只有在与其他党派及无党派人士团结一致：和衷共济，亲密合作，互相帮助，互相推动，党才会有力量，脱离了群众就无法生存。因此党在各方面的工作，都应遵守这原则。这就是我要向各位讲的第一个问题。

第二，目前时局及今后浙东敌后的斗争。这次大会开幕，正值国际国内与浙东的斗争环境在极大的变化中，在欧洲反法西斯战争已到了最高阶段，也就是最后胜利的阶段。东线苏联红军已把德寇完全驱逐出国境，并解放了芬兰、罗马尼亚、保加利亚、南斯拉夫、波兰、匈牙利、捷克等国的全部或一部分，现正在联合这些解放国家，向德国本土及其最后一个盟国——奥地利，进行最后的胜利攻势。西线英美盟军自去年六月开辟第二战场后，由于法国人民及法国解放军的配合，解放了法、比、荷这些国家，最近从西方深入德国本土——莱茵区之工业中心，并击退了德寇的反攻。现在东西盟军均在德国本土上进行胜利的最后攻击，以彻底摧毁法西斯统治。据一般观察家估计，可能很快攻到柏林。德国内部人民反希特勒斗争，德寇奴役下的人民反德游击战争，以及各解放国内反法西斯的民主运动正如怒潮般的开展着，罗马尼亚、芬兰、匈牙利、保加利亚、波兰、南斯拉夫以及意大利，建立了民主斗争阵线，法国也正在建立民主政权。苏、美、英之间的团结合作，是在继续进步中，虽然他们在对付各解放国的内政问题上，尚存在某些不同的意见，但均不致影响共同争取战争胜利与战后合作之大势，大部分问题均已在反对法西斯与民主的立场上获得了解决，新的三国元首会议，不久将可举行，这次新的会议在人类历史上将有新的决定。全世界民主阵线，以苏联为首是更形扩大了。法、苏已签订了二十年的和平友好协定。因此我们可以看到，欧洲反法西斯斗争将如毛泽东同志在"一九四五年的任务"一文中所说："打倒希特勒今年就可实观。而国际新民主主义运动更已成为不可动摇的发展趋向。"

在远东，美军在太平洋的防御转入反攻以来，取得了许多重大的胜利，其攻势现仍在继续加强。最近美军在吕宋岛大举登陆，冲破了日本海军的最后防线，也切断了日本的海上交通线。盟军距离我国海岸仅七百里了，尼米兹将军"打到中国海岸"的日子将要实现。美国飞机亦大举出动，轰炸敌国本土及我沿海一带工业中心及交通线，破坏敌人的后方。英国亦已加强远东的兵力，最近在缅甸阿拉干登陆，印军亦在缅甸发动攻势。这说明了英、美盟军已逐渐迫近了我国的沿海，登陆作战已为期不远，反攻日本正在加速进行。在日本方面，由于德寇的败北、海上战争之失利、海上交通线的被切断和本土遭受轰炸、国内经济危机的加深、人民反战运动的发展，使日寇临到最后的危机。去年以来，虽然在中国正面战场上取得了局部的胜利，但没有改变其失败的形势。日本帝国主义还是要挣扎，为了挽救其危机，它已经打通了从东京到新加坡的大陆交通线。毛泽东同志在“一九四五年的任务”中指出：日寇有继续向西北西南进攻的可能，目前它正在积极调整部队，准备这一攻势。贵州、柳州敌人的撤退，并非表示它已没有力量，而是表示它将准备新的进攻。在陇海线、平汉线，它正集中大批兵力准备向西安进攻。随着军事进攻，日寇正在施行其政治阴谋活动，叛将方先觉返渝，南京伪六中全会对重庆的宣言，声称南京、重庆间主义相同，反共一致。这一切都应引起我全国人民最大的警惕与注意。

目前我国抗战形势是处于两个极端相反的境况中；正面战场节节败退，沦陷区大大的扩大了，大后方的危机更形严重，敌人已打通长达六千里的大陆交通线，东南各省次第陷为敌后。半年来，失掉一百五十个城市，二十多处盟国飞机场，盟国舆论一致责备，财政恐慌，民生凋敝、民情激愤、民心惶惶，千百万人民无处藏身；各地土匪烽起，少则百余人，多则二万以上，这类土匪有坚持到十余年无法解决者；军队毫无斗志，遇敌即溃，因而使各方人士对国民党大感失望。这一切造成了敌人继续进攻的有利条件，拖长了抗战胜利的时间。造成这样严重危机的主因，是由于国民党统治者一贯进行反共、反人民、反民主，实行专制独裁政策的结果。

另一方面，在敌后的战场上，八路军、新四军，八年来（尤其是一九三八年武汉失守以后）在敌人三分之二侵华兵力的“扫荡”、“强化治安”、“高度清乡”、“三光政策”之下，在军队毫无补给，没有任何外援的条件下，不但胜利地坚持了斗争，而且建立了华北、华中、华南十余个抗日民主根据地，抗击了三分之二以上敌军及全部伪军，解放了九千万同胞。半年中军队由四十七万增至六十五万以上，民兵发展到二百五十万以上。敌后战场所以能够坚持发展并取得胜利，成为抗战胜利决定因素，主要的原因就是由于它坚决的执行了孙中山先生的革命三民主义，也就是新民主主义政治，及其各项民主政策，团结了敌后各界人士，高度发挥了人民的人力、物力、财力、智力的伟大的力量，就是执行了毛泽东同志的正确道路。

在我国内部方面，毛泽东同志在“一九四五年的任务”上（中）指出，是仍然处在不团结的状态，各界热烈希望的国共合作，但谈判至今仍然没有结果，一直到最近罗斯福代表赫尔利先生到延安，我们与赫尔利先生议定一个国共合作协定的草案（如何建立联合政府与联合统帅部问题），并派周恩来同志随赫尔利先生带到重庆，仍遭到蒋之拒绝。虽然谈判之门至今未闭，但如毛泽东同志所说的，单是谈判是不能解决问题的。中国今天抗战的力量被反动派制造分裂的情况，使中国目前时局形成这样显著的特点，就是一个法西斯化的中国与一个民主的中国明显的对立着。

国民党政府（法西斯化的重庆政府），虽还保持着传统的合法地位，但它正在向着腐化崩溃没落的道路上下降。在腐败无能的政府统治下，军队崩溃不堪，在国内外的军政威信已完全丧失。中国在国际上的地位一落千丈，军队由于不断的降敌、叛变，数字已降到不足二百万（连杂牌军在内），中央军的战斗力不断下降，甚至如胡宗南、汤恩伯等都说：国民党无能抗日，反共都无希望。弄得重庆及国民党统治地区人心惶惶，各界人士包括工商业界、大学教授，以及许多国民党员对蒋及国民党均感失望。各党派各阶层人士及青年学生的抗日民主运动正在迅速发展中。他们对国民党失望，把希望寄在共产党身上。如大后方的宪政座谈会，纪念鲁迅大会等都表示了学生、青年及全国人民要求民主、要求改组政府、改组统帅部的迫切愿望。国民党政府虽然换了几个人，但仍然坚持独裁的立场，固执其为人民所不满的一党专政及其失败主义的政策，拒绝了我党及全国人民的共同要求——改组政府及统帅部，组织联合政府、联合统帅部，以及一切有利于抗战团结民主的建议。在这样的情形下面，如果敌军一旦继续向西南西北进攻，必然有许多地方要继续沦陷，国民党将继续溃退，而且可能发生投降的危险。对于这种可能的情势，我国人民必须有清楚的认识，并且有高度的警惕。

另一方面，在中共领导下的敌后新生长的民主的新中国则正在上升着，它控制着中国的主要交通线及中心城市，拥有六十五万久经考验的正规军与游击队，九千万人口，二百五十余万民兵，在那里执行的政策，正是符合人民的愿望、人民的要求；那里所执行的政策，不仅为敌后人民所拥护，而且符合于全国人民及英、美盟国的要求，获得了全国人民与英、美盟国的同情与拥护。英、美政府与人民正把它作为反攻日寇的主要力量之一，全国人民亦在热望共产党出来挽救中华民族的新危机。因此共产党的威信在国际地位上也空前的提高了。这样的情形很明显的说明了目前中国人民需要民主，英、美人士也希望中国民主，中国如不民主，就不能阻止敌人的进攻、挽救目前的危机。这就是目前国内时局的主要特点。这一形势说明专制独裁中国一定走向没落，民主中国一定走向胜利，这是客观形势发展的必然趋势，任何人是不能阻断的。

在浙东方面，由于盟国军队在太平洋的胜利及其在中国海岸登陆的日期更形逼近，浙东地位日趋重要。因为浙东是处于东南沿海，而温州、象山港、杭州湾，则是盟军登陆作战的重要战略海岸。日本为了救死，必然要加强沿海的控制，以防盟军的登陆，因此，敌人从去年十一月以来，进占温州、福州、三门湾、象山港、龙山、澉浦、观海卫之控制即为其防止盟军登陆之重要步骤。今后敌人对沿海控制当更加强，甚至可能向浙赣内地发动新的进攻。而国民党第三战区由于仍执行重庆反共，反人民、反民主政策，各方面压制抗日运动，如会稽山地区临时参议会通过了反共“清剿”的决议案。由于国民党一贯执行这些政策，三战区军队的战斗力日趋下降，亦同其他战场一样毫无斗志。如日寇去年十月间进犯金衢、温州、福州，军队不但没有丝毫的抵抗，而且所经地区，抢劫一空，人民生活恶化，土匪烽起，军队忙于剿匪，愈剿愈多，如果敌人进攻，浙东沦陷区将会不断扩大。在这种情势下，我浙东地区人民的责任，将日益重大。东南半壁河山的抢救，有赖人民自己的努力。我们必须认清国民党的腐败无能，不能把中国之命运寄托在国民党身上，应当依靠人民自己捐负起挽救东南半壁河山与解放数千万同胞，抢救中华民国之光荣责任。由于浙东地区战略重要性的增加，我们今后各方面对敌斗争将日趋尖锐，敌伪在军事上对我三北四明等地之“扫荡”、“清乡”、“蚕食”将更加紧，敌人在沿海之兵力可能增加。在政治上将更采取怀柔政策，欺骗麻痹，挑拨离间，威胁利诱等办法来破坏我抗日阵营；经济上敌人将更加强对我之封锁、抢劫、烧杀等破坏政策，文化上更要实行奴化伪化教育。敌人对我采取军事、政治、经济、文化各方面的进攻，我们必须团结一切力量，才能击破它。因此我们今后的对敌斗争，是全面的、艰苦的、复杂的。同时国民党在其反动政策没有改变前，对我敌后民主运动，决不会放弃其破坏政策。我们的斗争是艰苦的，但我们必须认识，这是胜利前面的困难，是可以克服的。今天我们克服的条件比之去年有利得多，我们用不着恐惧，我们有信心担负起解放同胞的责任。因为我们知道敌人的困难比我们多，兵力不够，战斗情绪低落，反战情绪高涨，伪军伪组织更为动摇，人民对反动政策更为不满，这一切就是我们客观的有利条件。这就是我要讲的第二个问题。

第三，浙东党和各阶层人民今后应该做些什么，怎样做？根据以上的浙东形势来看，全浙东人民的责任是很大的。毛泽东同志提出的一九四五年十五项任务，凡在共产党领导下的各根据地都要执行。今天，我们第一要打破敌人对我浙东的军事上、政治上、文化上，全面的进攻；第二，必须巩固与发展我们已经建立起来的这块根据地，并同其它根据地取得联系；第三，要扩大解放区，动员浙东敌占区、解放区、大后方人民，团结起来、武装起来，用各种方法，促成联合政府、联合统帅部的建立；第四，要加强我们的经济基础，改善各阶层人民生活，组织生产运动，增加生产，组织劳动力。在上述诸任务中，中心任务又是武装斗争，只有开展并加强武装斗争，并取得胜利，才能从各方面准备力量，配合盟军反攻敌寇，克服宁波、杭州等大城市，驱除日寇出中国，建立新民主主义的浙东，这是我们人民大众今后应做的事。

如何才能完成这些任务呢？如何才能打破敌人的进攻，巩固解放区呢？总结一句话，就是要团结全浙东一切力量，发挥与动员浙东所有的人力、财力、物力、智力，才能完成这个任务。因为抗战建国的事，决不是一个党派一个军队就能包办的，必须由各党、各派及真正抗日的各阶层人士、工人、农民，大家不分党派，不分阶级，不分贫富，不分信仰，一致团结起来，结成坚固的抗日统一战线，共同为着一致的目标而努力奋斗，这样才有胜利的把握。

我们共产党的主张，就是要团结全浙东的一切力量，要和各抗日党派各阶级合作，只要是中国人，不是汉奸，只要它（他）能实行民主，爱护人民，我们都要联合一致，共同为建设浙东民主抗日事业而奋斗。我们这种主张，过去是如此，现在是如此，今后还是如此，是始终不变的。

如何才能团结一切力量，动员发挥一切人力、财力、物力，智力来共同奋斗呢？这就需要我们坚决执行孙中山先生的革命三民主义，即毛泽东同志的新民主主义。这一革命的三民主义，在目前，第一就是要打倒日本帝国主义；第二，要给大家有说话、开会、组织团体，出版书报的自由；第三、要使大家有饭吃、有衣穿、有事做、有书读。

如果这些权利只有少数人的享受，大多数人没有饭吃、没有衣穿、没有事做、没有书读，要打走日本帝国主义，是不可能的，要建立新的中国更是不可能的。

三年来，以事实来证明，我们是执行了我党这一政策的，因而我们在浙东敌伪的“扫荡”“清乡”与反动派包围夹击之下能够生存、发展，壮大为今天的局面。我们在华北地区执行得更好，因此他们的根据地更巩固，部队更发展、更壮大。在大后方因为没有执行三民主义，敌人到处可以进攻，国民党到处后退。我们浙东地区在今天还执行得不够积极，比起华中、华北来还相差很远，今后我们要坚决的向着这条道路上走。

三民主义即新民主主义，具体的表现在政治、军事、经济、文化各方面是如何的呢？首先在政权方面，我们主张建立各抗日党派，各阶层联合抗日的民主政权，这是一切赞成抗日民主的各党派、各阶级对敌寇、汉奸的专政。为此，我党提出了三三制的政策。什么叫做三三制政策呢？就是党决定：共产党员在各级政府机关中只占三分之一，其他三分之二应由其他党派及无党派人士参加。使各界人士都有参加政府机关及民意机关的机会，共产党员在选为行政机关的主管人员时，应保证该机关有三分之二的党外人士充任其他职务。共产党员是不能一意孤行，不能包办。三三制是使各阶层人民都有说话机关和做事机会。这一制度是完全适合中国现在国情的政策，不是一党专政的政策，而是多党及一切人民对汉奸、敌寇专政的政策。现在华中、华北就是这样干的，我们浙东也将这样干。过去由于环境关系，我们还没有很好的做，以后我们遵照这样做，希望各阶层人士都来参加政权机关的工作。

在土地问题上，我们主张要发挥抗日民主与生产积极性。必须扶植十分之八以上的农民，实行减租减息政策，保证农民的人权、地权、财权、政权，以改善农民生活，提高农民的抗日民主的积极性；另一方面也执行交租交息，保障地主的人权、地权、财权、政权，使之也有饭吃、有衣穿。过去我们在工作上有些地方已经做了，也有些地方做得不够且有某些缺点，今后我们要秉着这个政策去做，不但如此，而且要发展生产运动，开辟荒地，增加生产收获量，只有如此，才能团结各阶层，充实我们的抗战力量。

在劳资问题上，我们主张提高工资，减少工作时间，适当改善工人生活，但同时保证工人遵守劳动纪律。工人应提高生产效率，使资方也有利可图，这样才能大家有饭吃。在工业方面，奖励并保障私人企业，鼓励各界投资，发展各种合作社事业，在民办公助公私兼顾的原则下，尽量发展各种生产事业。我们浙东有盐有棉花，只要各界努力，不到二年就可以自给。

现在我们向大会提出的施政纲领，就是为了发挥并集中一切人力、财力、物力、智力，以便合力抗日，合力建国。这是坚持抗战，保卫、巩固、扩大抗日民主根据地，准备反攻力量的具体政策。这些政策，在其他根据地执行中，已有许多经验证明其正确性。我们如能遵照其他根据地执行这些政策的经验，好好的执行这些政策，就能动员一切力量打破敌寇的任何进攻，也能巩固发展我抗日民主根据地，更能从各方面准备力量配合盟军驱逐日寇，争取最后胜利。

提出此纲领后，我们所有的共产党员，尤其是参加政府工作的党员，必须遵守纲领办事，要很好的研究这个纲领，了解纲领的内容实质，在实际工作中坚决执行这个纲领。根据这个纲领来检讨自己过去的工作，有没有不符合纲领的地方，不符合的，要纠正，要克服。同时希望各界代表，党外人士深刻的研究我们的纲领，了解我们的主张是不是符合大众的利益。我们的纲领的精神是真正为了大多数人民的利益，照顾了各阶层的利益，丝毫没有自私自利的观念。希望大会很好的研究，讨论和了解，更希望各界代表尽量的大胆的向我们提出具体意见。

最后我要申明一点：这一个纲领的提出，因为时间紧迫，还没有得到上级的批准，请大家将讨论意见集中起来，交给我们，以充实其内容。这就是我要讲的第三个问题。

同志们！我们还年青（轻），我们今后在工作中，在执行政策中，可能发生些偏向与毛病，我们一方面号召全党在整风中克服这些毛病与偏向，责成所有党员坚决执行这个纲领；另一方面也要求各界人士号召人民，共同为此纲领的实现而奋斗，并经常给我们以批评，使浙东抗日事业办得更好，使抗日早日胜利，建国早日成功。

选自《浙江革命历史档案选编》，浙江人民出版社1985年4月版，第439～453页。杭州大学历史系、浙江省档案馆合编。原注：“原载1945年1月31日《新浙东报》”。

18. 浙东各界临时代表会宣言

1945年1月31日

浙东历史上第一次真正的人民代表会议——浙东各界临时代表会，从一月二十一日至三十日开了十天会议，今天当大会隆重闭幕的时候，我们特向浙东全体人民，并向全国同胞与全世界反法西斯人士，慎重宣告我们的决定与意愿。

这次大会实到浙东各地、各界、各党派、各阶层代表一百零八人，新四军浙东游击纵队何司令与浙东敌后临时行政委员会连主席委员向大会做了详细的工作报告，大会代表畅快的提出了各种质疑与批评，党政军各部门主管人做了认真的解答与自我批评。对浙东新四军与行委会坚持浙东抗战、解除人民痛苦的艰苦业绩，大会表示深厚的感谢与敬意。大会仔细研究了浙东抗日民主事业的已有基础与当前任务之后，一致决议正式成立浙东临时参议会与浙东行政公署，当场选举了参议会的参议员，驻会委员与正副议长，及行政公署委员会的委员。大会代表全浙东人民，以负责的精神，把管理政权的责任与权力担负了起来，并责成临参会与行政公署，按照当前浙东的环境与需要，把浙东民主政治的机构很快的建设好。大会号召全浙东各阶层、各党派、各界人民，一致团结在临参会与行政公署的领导下面，并很好的监督它、帮助它，认真负起国家主人翁的责任，使这个新生的浙东人民政权得能日益坚强壮大。

大会听取了中国共产党浙东区党委的代表谭启龙先生的演讲之后，对区党委提出的浙东地区施政纲领的精神，一致决议拥护，并接受这一施政纲领作为今后浙东一切施政方针的依据。当四年前敌寇侵入、人民深陷水火之时，浙东共产党毅然挺身而出，领导人民进行武装自卫，建立了浙东人民的子弟兵——浙东新四军，四年来流血牺牲，不辞艰险，乃能造成现在浙东解放区的光明景象，今天环境稍稍安定，中共浙东区党委就及时推动召开这次人民代表会议，提出了抗日民族统一战线的三三制政权的施政纲领，诚恳的号召与帮助其他党派及无党无派的抗日人士来共同参加政府工作，这种大公无私的民主精神，与反动派祸国殃民的独裁政治适成明显的对照。大会认为中共浙东区党委所提出的这个施政纲领是团结与发动全浙东人民抗日力量、坚持浙东抗战、解放浙东人民的唯一正确道路，大会号召我浙东各党各派各阶层人民，彻底改变一切做客与旁观的想法，积极的参加浙东抗日民主政权的建设工作，加强各党各派间与广大人民间的亲密合作，共同为了实现这一施政纲领而奋斗。

大会经过热烈的讨论一致通过了三十四年度施政方向，临时参议会与各级政府组织法，惩治汉奸条例，惩治贪污条例，扩大主力军与地方军，广泛建立自卫队与民兵，发行抗币，实施新民主主义的教育新方向……等等重要提案。这些提案决议都是当前浙东迫切而重要的任务，大会责成临参会与行政公署，必须负责很好完成，并号召我浙东全体人民，经常加以检查督促，务使防止一切可能残存的“决而不行”的官僚作风。

这次浙东历史上第一次人民代表大会的胜利结束，临参会与行政公署的正式民选建立，施政纲领与各种重要提案的通过，已使新民主主义的新浙东的建设前进了一步。然而摆在我们面前的仍然是万分艰苦而伟大的斗争。大会号召我浙东解放区全体军民，要根据毛泽东先生指示的今年解放区的十五个任务，以及此次大会的各项决议，来大大加强各项抗日工作，进一步巩固与扩大浙东解放区，解放区的人民比了大后方与沦陷区的人民都要幸福得多，我们的责任也更加艰巨，我们必须更好的负起这个责任。大会号召浙东反动派统治地区的青年们与其他各界，一致起来，响应大后方各地的民主爱国运动，你们并应到敌人占领的地方去打游击，及准备在一切敌人可能到的地方就地抵抗。大会向浙东沦陷区同胞致以深切的慰问，你们应该加紧组织起来，准备在时机成熟时举行武装起义，里应外合来争取你们自己与祖国的自由解放。大会特别宣告一切伪军伪组织人员，中国的抗日民主事业一定胜利，日寇一定灭亡，中国新专制主义者一切反共反人民的罪恶政策也一定要失败，愿你们及早回头觉悟，参加抗日民主事业，我们一本宽大政策，不咎既往，如有执迷不悟、死心塌地做汉奸者，不但抗战胜利之日，国法不容，本大会已通过惩治汉奸条例，并责成行政公署进行调查登记，宣告国人，严予制裁。

当此大会闭幕之时，苏联红军离开柏林已只有杭州到上海这一段短短的路程，西线盟军的行动也在加强起来，美军收复吕宋岛的战事正在顺利进行，世界反法西斯民主阵线日益巩固扩大，新民主主义的新世界的出现，已为时不远，我们感到无限的兴奋。但中国国内国民党腐败无能的一党专政尚未结束，正面战场与大后方的危机更为严重，解放区军民的责任是日益加重了。我浙东全体抗日军民，誓必追随我国与世界一切反法西斯人士之后，再接再厉，为促成全国民主的联合政府的成立，为坚持浙东抗战、准备反攻力量、配合盟军、驱逐日寇、收复宁波、杭州、上海、南京各大城市，为彻底消灭一切法西斯、建立新民主主义的新浙东新中国新世界而奋斗到底。

谨此宣言。

选自《浙东抗日根据地》，中共党史资料出版社 1987 年 6 月版，第 150～152 页。中共浙江省委党史资料征集研究委员会、浙江省档案馆编。原注：“原件存浙江省档案馆”。

19. 附［报刊报道］：浙东行署为适合斗争环境重划县界

1945 年 2 月 28 日

本报讯：浙东行政公署委员会为使行政区域更适合于当前斗争环境，特于二十四日第三次委员会上依据代表大会决定之原则，重新划分县界，决定于四明地区设南山、鄞县、上虞三县政府，及嵊新奉办事处。南山县辖沿江、梁弄、大岚、陆埠四个区；前三个区原属姚南，陆埠区则以原属鄞慈之慈南区并并入原属慈西丈亭区之江中、黄思、赫浦三乡而成。鄞县辖古林、武陵（原属鄞慈）、鄞江、章水、栎社（原属鄞奉）五个区。上虞县暂不分区。嵊新奉办事处辖里东、上东、下东、新北、奉西五个区。三北地区设镇海、慈溪、余姚三县。镇海县辖龙山、沿山、庄市三个医。慈溪县辖丈亭（划出江中、黄思，赫浦三乡归属南山县陆埠区）、观城、庄桥（原属慈镇）、浒山（旧余姚属）四个区。余姚县辖马渚、临山、中和及崧厦（旧上虞属）四个区。闻此项决定，系属战时措施，一俟抗战胜利结束，将再考虑恢复旧界或重行厘定。

选自《浙江革命历史档案选编》，浙江人民出版社1985年4月版，第481页。杭州大学历史系、浙江省档案馆合编。原注："原载1945年2月28日《新浙东报》"。

20. 盐阜区区级政府组织法

×年×月

第一章　总　则

第一条　为实现普选，贯彻民主政治，建立新型的民主区政府，特订定本组织法。

第二章　管辖区域

第二条　为便于下情上达，政令贯彻，区之管辖范围及人口规定为：

一、每区管辖村镇从十五至二十四。

二、人口以一万二千至一万五千为限。

三、面积纵横一般不超过十五至二十华里为限。

四、区界之划分应尽可能适应自然界限。

第三条　接敌区或人口过于稀散之地区，为适应特殊环境之需要，其面积人口，得另行规定之。

第三章　组　织

第四条　区成立区公民代表大会，由该区各村镇公民选举区代表组成之，设正副主席各一人，负责召开区公民代表大会。

第五条　区置区政府，受县政府之领导，并领导所属村镇政府。

第六条　区政府为委员制，以区行政委员会行使职权。

第七条　区行政委员会设委员九人至十一人（其中区长一人），候补委员二人，由区公民代表大会选举之，其选举法另订之。

第八条　区长为区行政委员会之主任委员。

第九条　为便利推行工作并符合简政原则，区政府暂设民政、财经、文教、公安等四个区员及民政办事员与收发员各一人，必要时（视工作需要）得增设之。

第十条　区政府得视工作需要，设立各种经常的或临时的委员会，如优待抗日军人家属委员会、文化教育委员会、水利建设委员会等。

第十一条　区政府之民政、财经、公安、文教区员，得由区行政委员互推兼任之，或由专门业务所限制，得由上级政府委派之。

第十二条　区政府所属之各种工作委员会委员，经区政府委员会会议决定，由区政府聘请之。

第十三条　区行政委员因病或因故不能工作者，遗缺由候补委员递补之。

第四章　职　权

第十四条　区公民代表大会为全区人民最高权力机关，应受县政府之领导，其职权如下：

一、选举与罢免区长及区行政委员。

二、选举与罢免出席县公民代表大会（即参议会）之代表。

三、讨论与决定本区政府工作方针及一切应兴应革事宜，但与上级政府之政令决议相抵触时，应服［从］上级政府之决定。

四、听取区政府工作报告并检查工作。

五、稽核区政府财经收支。

六、讨论上级政府重要政令之具体执行，如认为不切合本区实情，得向上级政府提议更改，在上级政府未作新决定前，仍依照执行，不得随便变更。

七、弹劾本区行政人员之违法渎职事宜。

第十五条　区政府之职权规定如下：

一、讨论与执行上级政府之政策法令及区公民代表大会之决议案，但区公民代表大会之决议案与上级政府之政策法令相抵触时，应以执行上级政府之决定为原则。

二、办理所属村镇民主选举事宜。

三、掌管所属各部门工作及村镇行政设施。

四、管理所属行政人员考绩及任免、训练事宜。

五、办理战时动员及后方勤务事宜。

六、管理本区公营事业与公有财［产］。

七、向上级政府及区公民代表大会报告工作。

八、其他与区政府有关事宜。

第十六条　区长之职权规定如下：

一、对内为区行政委员会之主席，对外代表区政府。

二、执行上级法令指示与区公民代表大会及区政府之决议案。

三、领导与检查区政府各部门及各委员会之工作。

四、领导与督促所属村镇行政工作。

五、总结区行政工作，向区政府委员会、区公民代表大会及上级政府报告。

第十七条　区员受区长之领导，分掌民政、财经、文教、公安各项工作。

一、民政区员应办理下列事宜：

1. 户籍之登记管理。

2. 所属村镇之民主选举。

3. 关于禁烟、禁毒事宜。

4. 扶助工农，改善人民生活。

5. 社会救济、抚恤事项。

6. 战时后方勤务事项。

7. 推动人民拥军优抗。

8. 办理匪伪自新事宜。

9. 调解地方纠纷。

二、财经区员应办理下列事项：

1. 编造区村镇预决算。

2. 调查登记田亩土地及垦荒过户、什科（?）等事宜。

3. 管理公产、学产、逆产及其收支事项。

4. 征收、保管、支拨公粮公草。

5. 征解田赋、契税等事项。

6. 查禁粮食军需资敌及其他对敌经济斗争事项。

7. 关于生产建设及各种合作社事项。

三、文教区员应办理下列事项：

1. 管理并辅导本区初干学校、村学及其他文化教育事项。

2. 改良风俗习惯及破除迷信及开展公共卫生保健事项。

3. 关于宣传事项。

4. 关于奴化复古教育之取缔事项。

四、公安区员应办理下列事项：

1. 保卫地方治安，维持社会秩序。

2. 进行防奸教育，领导群众除奸活动。

3. 执行违禁法中所规定的职权。

4. 缉捕盗匪、奸探及刑事犯，解县公安机关侦讯后交由司法机关审讯。

第十八条　区政府之各种委员会，其工作内容另订之。

第十九条　区政府各部门之工作细则，由区行政委员会议讨论订定，呈准县政府执行之。

第五章　任期与会期

第二十条　区长、区行政委员及候补委员，其任期均为一年，期满应重行选举，连选得连任之。

第二十一条　区长及区行政委员，如有渎职行为，经区民代表三分之一之检举，区民代表大会即应集会，举行罢免投票，经半数以上之通过，予以罢免。

第二十二条　区长、区行政委员有企图叛变，卷款携械，弃职潜逃或其他重大政治阴谋者，上级政府得随时予以撤职或逮捕之紧急处置。但应于紧急处置后三日内说明案情，通知区民代表大会，由大会决定递补人员或定期重行选举。

第二十三条　区长、区政府委员有不称职者，或因工作上之需要另有任用者，上级政府得以命令调动或撤换之，但需同时说明原由，通知区公民代表大会，由大会决定递补人员或定期重行选举。

第二十四条　区民代表大会对上级政府根据本法第二十二条、第二十三条规定之处理有不同意见时，得向上级政府或参议会提出建议、质问或抗议，经上级政府或县参议会答复后，仍有不服时，得越级提出控诉。但在建议、质问或抗议、控诉未得最后结果前，应执行上级政府之命令。

第二十五条　区公民代表大会之例会，每三个月举行一次，遇有特殊事故得临时召集之。

第二十六条　区政府之各种会议规定如下：

一、区行政委员会议以区长、区行政委员、候补委员组成之。每一个月开会一次，候补委员有发言权，无表决权。

二、区务会议以区长、区员、办事员及区政府各种委员会之主任委员组成之，每半个月开会一次。

三、区行政会议以区长、区行政委员、候补委员、区员及各村镇长组成之，每一个月开会一次。

四、区政府视工作之需要，得不定期召开各种专门业务会议，如财经会议、文教会议等。

上列各种会议，遇必要时，得临时召集之。

第六章　经　费

第二十七条　区长、区行政委员、候补委员、区员、办事员及各种委员会之委员，凡脱离生产专任行政工作者，为有给职，其余为无给职。

第二十八条　全区全年之行政经费收支，由区政府按期编造预决算，经区民代表大会通过，呈请县政府核发之。

第二十九条　区政府在经通过之总预算中的每月经领费之预决算，应经区行政委员会审核后，呈县政府领取与报销之。

第七章　附　则

第三十条　本法解释权属行政公署。

第三十一条　本法经盐阜区临时参议会第二次大会通过，由行政公署公布施行，如有未尽事宜，得随时以命令修改之。

选自《中国新民主主义革命时期根据地法制文献选编》第二卷，中国社会科学出版社1981年版，第421～428页。原注：“选自盐阜区临时参议会第二次大会《法令及提案决议》，1945年5月印”。

21. 盐阜区市乡政府组织法

×年×月

第一章　总　则

第一条　为切实改造下层行政机构，便利抗日人民监督行政，便利政府接受人民意见，造成政府与人民的密切联系，以充分发挥抗战力量，彻底实现民主政治，争取抗战建国之最后胜利起见，根据抗战建国纲领，改革行政机构，实行民主政治之原则，特制定本组织法。

第二条　改革违反民主原则的保甲制度，建立抗日人民代表会议的市乡民主制度。

第二章　市乡政府管辖范围

第三条　农村为乡，市集、城镇为市，划定市乡范围依地区人口密度而定，同时顾及集会与领导之便利，其主要原则如下：

（一）人口稠密之农村地区以一千人到二千人为一乡。

（二）人口极稀散之农村地区应以一千人左右为一乡。

（三）符合一项人数之大自然村庄可划为一乡。

（四）小村庄则联合若干村以上合为一乡，为来往方便与领导便利，纵横以不得超过五里为宜。

（五）市集或城镇人口在一千人以上，五千以内者，均为一市，超过五千人以上者得成立市区政府，其下按市面街道或自然界限划成若干市政府。

第三章　市乡代表会及市乡政府之组织

第四条　市乡代表之产生，划每一自然村庄或市镇街道为一选举单位，先按居住公民人数编为若干小组，每组推选代表一人，公民小组之组成，以二十五人至四十五人为原则。

第五条　市乡代表大会，由市乡区域内各公民小组选出之代表组成之。

第六条　市乡政府由市乡代表大会选举五人至九人组织市乡行政委员会，并于其中选出正副市乡长，即为该委员会正副主席。

第七条　各市乡所辖各自然村与街道有代表三人以上者，得成立代表组，互推主任代表一人，其代表不足三人者，应联合附近村庄或街道之代表组成之，以协助市乡工作。

第八条　每一市乡之代表，必须负责代表其本组公民之意见，并为该选区居民服务，若该代表不能称职，或有违法及损害人民利益者，经该组公民三分之一请求撤换时，得由区政府派员会同该市乡长召开该组公民会议，另选代表补充之。

第九条　市乡政府名称，应以市乡政府所在地之乡村或市镇原来地名称之。

第十条　市乡行政委员会之下，按各乡实际情形之需要，应设立各种经常委员会协助工作。

甲、市乡政府下得设如下经常委员会：

一、民政委员会；

二、教育委员会；

三、生产委员会；

四、自卫委员会；

五、财政委员会；

六、调解委员会；

七、合作社委员会；

八、优抗委员会；

九、公粮委员会。

乙、市乡政府必要时得设立各种临时委员会，如水利委员会，清查田亩委员会，劳动互助委员会，救济委员会，等等。各种经常委员会之主任委员，由市乡行政委员会各委员兼任之，其他各委员及临时委员会委员，均由市乡行政委员会决定聘请之。

第十一条　市乡政府组织系统如后。（附表从略）

第四章　职　权

第十二条　市乡民代表大会为该市乡之最高权力机关，其职权如下：

（一）选举与罢免市乡行政委员会。

（二）选举与罢免出席区代表大会之代表。

（三）讨论与决定本市乡之工作计划及一切应兴应革事宜。

（四）监督与检查市乡行政委员会工作。

（五）讨论如何执行上级政府一切重要法令及指示。

（六）审核人民向市乡民代表会所提出之提案，并定期向本市乡民大会报告市乡行政工作。

第十三条　市乡行政委员会的职权如下：

（一）执行上级政府之命令指示。

（二）执行市乡民代表会决议案。

（三）拟定本市乡行政工作计划及编制预决算。

（四）向市乡代表会定期报告工作。

（五）向人民传达政府法令，并负责收集人民意见，转呈上级政府。

第十四条　正副市乡长的职权如下：

（一）对外代表市乡行政委员会。

（二）对内主持市乡政府日常工作。

（三）负责召集市乡行政委员会。

（四）负责召集市乡民代表大会。

（五）推动主任代表与各代表协助市乡政府工作。

（六）负责指导所属之市乡自卫队及各种委员会工作。

第十五条　市乡行政委员会所属各委员会之工作任务：

甲、民政委员会：

一、负责办理本乡土地及户口之调查登记。

二、关于协助办理本乡选举事宜。

三、关于禁烟禁毒事宜。

四、关于人民风俗习惯之改进事项。

五、关于筹划及改进本乡人民之公共卫生事项。

乙、自卫委员会：

一、负责动员十八岁至四十五岁人民除残疾外，一律参加自卫队，并组织十八岁至二十三岁之青年加入青年队（或称青抗先）及十八岁至三十五岁之强壮男子参加模范队（或称基干自卫队）。

二、经常注意利用人民空闲时间，领导自卫队上操、上课，藉以提高军事技术、政治认识。

三、组织游击小组与组织脱离生产之游击队进行抗敌游击行动，以担负保卫家乡任务。

四、经常担负后方勤务，如戒严、放哨、防匪、维持地方秩序，以至动员主力抗战部队，帮助担架运输修筑工事（拆桥、挖路、阻河、破坏敌人交通等工作）。

丙、教育委员会工作：

一、宣传人民送儿童与青年上学，负责组织与领导市乡小学校。

二、组织市乡俱乐部，进行有益于人民身体及抗战之娱乐，并进行宣传抗战时事，提高人民民族自尊心与抗战胜利信心。

三、开办男女识字班、补习学校与夜校等，开展识字运动，提高人民文化水平，进行消灭文盲工作。

四、筹办学校，在政府协助下解决经费困难。

丁、生产委员会工作：

一、团结本地工农商学各业有经验有学识之人士，研究发展本市乡生产事宜。

二、计划发展本市乡内增加生产事业，如开矿、熬盐、垦荒、改良耕作、加强生产、研究肥料、改良种子、兴办水利、预防水患、建设风车等，以利农事。

三、创办各种手工生产事业，如纺纱、织布、做鞋、榨油、研粉，以及其他可能兴办的工业。

戊、财政委员会工作：

一、协助区财政股征收各种赋税。

二、筹划捐募征集工作。

三、登记公产，筹划市乡内学校教育经费。

四、协助生产事业，推进市乡经济建设。

五、关于构造市乡经费之预决算及其他有关财政事项。

己、公粮委员会工作：

一、宣传人民按合理负担原则，执行政府所颁布办法，助理征收公粮。

二、计划收藏与管理公粮，保证公粮不致损坏，并不得有贪污吞没公粮行为。

三、遵照上级政府所发支付公粮凭证支付公粮。

四、在市乡长指示下动员民夫运送公粮。

五、执行政府禁粮出口法令，以免粮食资敌。

庚、调解委员会工作：

一、团结市乡秉公无私而有威望人士，依据政府法令原则，担负调解本市乡人民一切纠纷。

二、保障人权财权，反对各乡（?）无理横行。

三、帮助人民向市乡政府以至上级政府申诉冤曲（屈）。

四、调解委员会委员应洁身自好，不得有受贿违法行为。

辛、乡合作社委员会工作：

一、发起组织全市乡消费合作社、生产合作社、信用合作社及运输合作社等工作。

二、组织市乡粮食合作社，调剂人民粮食，救济饥荒。

三、指导合作社经营事宜，监督各合作社人员日常工作。

四、合作社账目，必须定期审查，开展反贪污及（对）一切破坏合作社行为作斗争。

五、以物质或名誉奖励尽职之模范合作社工作人员，定期分给社员红利，同时保证以百分之五十之红利充实合作社基金，发展合作社事业。

壬、优待抗属委员会工作：

一、调查登记抗属户口，切实研究改善优待抗属工作。

二、组织优待抗属慰问娱乐会，收集抗属意见，切实解决抗属困难。

三、组织优待抗属代耕队，帮助抗属生产，并动员比较富裕或愿意帮助抗属人士，在自愿自动原则下，捐赠物品优待抗属。

四、教育人民尊敬抗属，提高抗属社会地位（如抗属到合作社买卖，应有先买先卖的优先权）。

五、减少抗属应征公差，其劳动力缺乏者完全免派，但参加各种抗会与自卫队等，应照常不变。

第十六条　市乡政府下各种临时委员会之主任委员，得列席市乡行政委员会议，有发言权无表决权。

第十七条　市乡代表会各主任代表职权如下：

一、主任代表接受市乡长委托，协助市乡工作。

二、代替正副市乡长通知市乡代表到会。

三、团结本自然村代表在市乡政府指导下，推行本村市乡工作。

第五章　会期与任期

第十八条　市乡民代表会会期：

（一）常会每一个月开会一次。

（二）经代表三分之一请求时，得由正副乡长临时召集之。

（三）上级政府重要指示应由市乡民代表会讨论执行时，得由正副市乡长召集之。

（四）市乡行政委员会规定每十天开会一次，必要时得临时召集之。

（五）公民小组会，规定一月开会一次。

第十九条　各市乡代表、市乡行政委员及正副市乡长任期为六个月，期满依照规定从（重）新改选，但得连选连任之。

第二十条　市乡行政委员会及正副市乡长有渎职违法行为，上级政府得随时予以撤换，并召集市乡民代表会改选之。

第二十一条　在本市乡有重要事故，涉及全市乡者，市乡长得召集开全市乡民众大会报告和讨论之。

第六章　经　费

第二十二条　行政委员会及各委员会委员、主任均为义务职。

第二十三条　正副市乡长经常主持市乡行政工作者，照政府工作人员给以津贴，并按月发给菜金、公粮。

第二十四条　市乡政府事务繁重时，呈报上级政府批准后，得设文书一人，津贴、菜金、公粮照发。

第二十五条　市乡政府办公费，由上级政府决定之。

第七章　附　则

第二十六条　本组织法公布日起开始实行。

第二十七条　本组织法由本行政公署制定公布，如有未尽善事宜，得随时以命令修改之。

选自《中国新民主主义革命时期根据地法制文献选编》第二卷，中国社会科学出版社1981年版，第428～436页。原注："选自1942年5月盐阜区行政公署《市乡政府暂行组织法》"。

22. 盐阜区村政府组织法

×年×月

第一条　为实现普选，贯彻民主政治，建立新型的民主村政权，特订定本组织法。

第二条　村政府为抗日民主政府基层组织，是人民直接管理政府的机关。

第三条　村政府之基本任务为：

一、建立人民武装，坚持抗战。

二、拥军优抗。

三、进行各种战时动员工作（如打坝、破路）。

四、征收公粮、公草、土地税，保证抗日军人给养。

五、贯彻减租减息、增资法令。

六、维持抗日秩序（如锄奸、防匪）。

七、发展农村生产。

八、调解民间纠纷。

九、办理民众教育及卫生保健等事。

十、举办各种公益事业。

十一、执行上级政府法令。

十二、其他有关村政府建设事项。

第四条　村政府管辖范围规定如下：

一、全村人口以四百人至八百人为限。

二、纵横面积一般以一华里为标准。

三、村之划分尽可能适应自然界限，以一个大自然村为行政村，如不足者则以邻近小舍（庄）附入。

四、接敌区或人口疏散之地区，为适应特殊环境之需要，其面积人口，不受本条一、二款之限制。

第五条　村政府组织如下：

一、村公民大会由全村公民组成之。

二、村行政委员会，由村公民大会选出七人至九人及候补委员二人组织之，并由村行政委员中选出正副主任委员各一人兼任正副村长。

三、村镇公民小组长会，由村各公民小组长组织之。

四、村政府于特殊需要时，得设专门性质之工作委员会。

五、村行政委员因病或因故不能工作者，遗缺由候补委员补充之。

第六条　村镇公民大会为全村镇最高权力机关，其职权如下：

一、选举与罢免村镇长及村行政委员。

二、选举与罢免出席区公民代表大会代表。

三、讨论与决定本村政府工作方针及一切应兴事宜，但与上级政府之政令决议相抵触时，服从上级政府的决定。

四、听取村政府工作报告，并检查其工作。

五、讨论上级政府重要政令之具体执行。

六、弹劾本村镇行政人员之违法渎职事宜。

第七条　村行政委员会职权如下：

一、执行上级政府之政策法令及一切指示。

二、执行村镇公民代表大会决议案。

三、掌管本村各委员工作及本村行政设施。

四、向上级政府及村镇公民代表大会定期报告工作。

五、向人民传达政府法令，并负责收集人民意见转呈上级政府。

六、召集全村公民大会及公民小组长会议。

第八条　村长职权如下：

一、对外代表村政府。

二、对内主持村政府日常工作。

三、负责召集村行政委员会。

四、执行村行政委员会之决定。

五、督促与领导各委员工作。

第九条　村政府各委员职权：

一、后勤委员办理下列事项：

（一）负责组织领导打坝、破路及其他战争动员工作。

（二）组织与分配人民担架运输事宜。

（三）对人民进行拥军教育，并办理日常拥军事宜。

（四）动员逃兵归队。

二、财粮委员办理下列事项：

（一）调查登记田亩土地及垦荒过户、什科等事宜。

（二）征收、保管、支拨公粮公草，并结算其账目。

（三）协助区政府催征土地税、契税等事项。

（四）查禁资敌粮食、军需物品，及对敌经济斗争事项。

三、教育委员办理下列事项：

（一）发动与辅导人民办理村学。

（二）负责本村抗日民主生产等宣传及群众教育工作（如开办夜校、冬学、各种座谈、演讲及展览等会）。

（三）报告时事及解释政府法令。

（四）提倡正当娱乐，改良风俗习惯。

（五）破除迷信，发动卫生保健运动。

（六）筹划本村文教经费。

四、公安委员办理下列事项：

（一）侦察、盘问、检举敌探、汗（汉）奸、盗匪及一切非法分子。

（二）进行防奸教育，领导群众锄奸活动。

（三）负责教育自新分子。

五、调解委员办理下列事项：

（一）调解民间纠纷。

（二）教育人民息讼。

六、优抗委员办理下列事项：

（一）调查登记全村抗属，切实办理优抗工作。

（二）执行政府优抗法令。

（三）教育人民尊敬抗属，帮助抗属，提高抗属社会地位。

（四）帮助抗属生产及筹办抗属救济事项。

（五）组织抗属会，加强抗属教育。

七、生产委员办理下列事项：

（一）调查人民农业副业状况。

（二）组织群众换工小组及办理合作社。

（三）帮助群众解决生产困难。

（四）研究改善农工业技术。

（五）推动人民种棉植树。

第十条　村长及各委员任期：

一、村长及村行政委员及候补委员，任期为一年，期满重行选举，连选得连任。

二、村长及村行政委员，如有渎职行为，经村公民三分之一之检举，可召开村公民大会，举行罢免投票，经半数以上之通过，予以罢免。

三、村长、村政府委员有企图叛变，卷款携械，弃职潜逃，或其他重大政治阴谋者，上级政府得随时予以撤职或逮捕之紧急处置。但应于紧急处置三日内说明案情，通知村公民大会，由大会决定递补人员，或定期重行选举。

四、村长、村行政委员有不称职者，或因工作上之需要，另有任用者，上级政府得以命令调动或撤换之，但须说明情由，通知村民大会决定递补人员或定期重行选举。

第十一条　村政府各种会议：

一、村公民大会之例会，每二月至三月举行一次，遇有特殊事故，得临时召集之。

二、村行政委员会议，每半月开会一次。

三、村公民小组长会议，每月召开一次。

四、村行政扩大会，以村长、村政府委员、村政府之各委员会委员或干事组成之，并可吸收各救（?）干部、中队长、指导员、小学教员、士绅等参加（即一揽子会形式），其会议时间临时决定之。

第十二条　村政府经费：

一、村长、村政府委员均为无给职。

二、村政府每月之办公用品，由上级政府统一规定发给之。

第十三条　本法解释权属行政公署。

第十四条　本法经盐阜临时参议会第二次大会通过，由行政公署公布施行，如有未尽事宜，得随时以明令修改之。

选自《中国新民主主义革命时期根据地法制文献选编》第二卷，中国社会科学出版社1981年版，第437～442页。原注：“选自盐阜区临时参议会第二次大会《法令及提案决议》，1945年5月印”。

23. 忍痛告别浙东父老兄弟姊妹书

1945年9月30日

浙东父老兄弟姊妹们：

正当日寇投降、抗战胜利，理应聚首狂欢的时候，我们却要忍痛向你们告别了。

自从三十年春宁绍弃守，敌伪猖獗，我军转战采浙四年多来，孤悬敌后，艰苦奋斗，未尝一日稍懈。自日寇投降后，政府当局对于受降地区的不公平待遇，各界人士与本军指战员，表示非常愤慨。但我们本中共中央八月二十五日对目前时局宣言的精神，一再竭力说服自己的指战员，奉令退让，尽量避免与国民党军队之冲突。现在国民党军队已进驻宁波、绍兴、余姚各城市，虽然敌人尚未缴下武器，而“肃奸”、“剿匪”之声已甚嚣尘上，各界人士，忧心如焚，群情惶恐，奔走相告，内战危机，迫在眉睫。当此千钧一发之际，中共中央与本军军部，为避免内战，力求全国和平建国的新时期早日到来，乃毅然作最大的忍耐与让步，命令我浙东新四军与抗日民主政府即日起全部退出浙东。

父老们！兄弟姊妹们！八年抗战，我们中国人民的牺牲是空前巨大的，现在抗战胜利结束，全国疮痍满目，百废待兴，人民实在不能再遭受战祸了，中国的内战是必须想尽一切办法来避免的。因此，虽然浙东解放区是我们与大家四年来共同流血流汗艰苦［奋斗］从敌伪手中夺回来建设起来的，我们对这块年青的抗日民主根据地具有无限的热爱，对于浙东的父老兄弟姊妹具有真正骨肉之情。我们实在不愿离开你们，任何人也没有理由要我们离开，只是为了委曲求全，相忍为国，中共中央与本军军部才不惜这样决定。我浙东新四军与民主政府工作人员，对于中共中央及本军军部这种大公无私的伟大精神完全拥护，并已决定即日坚决执行从浙东撤退的命令。

现在我们马上就要走了，对于浙东解放区的地方治安与行政管理，我们已派人去请浙东国民党军政当局迅速前来接收。我们很知道，我们走后，各位的处境将有很大的变动。这几天我们行军所经各地，许多父老姊妹与我们同志谈话时，大家不禁潸然泪下，当各位知道我们决定全部离开你们的时候，你们的心情我们是能够想象的。四年来我们朝夕相处，携手抗战，互相依偎，度过了艰难的岁月，此情此景，是忘不了的。这四年中，各位父老兄弟姐妹所给我们的许多帮助与教育，我们更深深铭感，没世不忘。今天我们只有要求各位冷静下来，压下你们的感情，来理智地认识你们今天新的处境，大家多想办法，来保护人民自己的利益。虽然以后的政府与军队，其作风与我们有所不同，但只要你们大家能团结一致，同心协力，那末（么）我们在此时的一些进步设施，你们是能够继续做下去的。关于军队纪律的严明，官兵关系的平等，军民合作的融洽，民主精神的发扬，政府工作的廉洁，社会教育的推进，人民集会、结社、言论自由的保障，以及发展农工业生产救灾备荒，保障自由贸易，废除苛捐杂税，减租减息，交租交息……这些都不是共产党一党一派的私事，而是有利各阶层人民的，是建设新中国的必由之途，我们希望各界同胞及政府当局仍本精诚团结互助互让精神，一致继续贯彻。其中一部分你们应大胆劝导当局加以采纳维持，一部分则是可以靠了你们自己的力量来继续进行的。现在毛主席正在重庆谈判，重庆、成都、昆明各地的中国民主同盟、实业家、文化界、妇女界、青年学生，都在积极起来说话了。经过四年解放区民主生活锻炼的浙东人民，我们深望，在我们走后，你们能继续加强各阶层人民的团结，加强自己的各种组织与团结，争取浙东的政治逐渐走向开明。这是我们对各界的期望，也是我们对来接收防区的国民党当局的要求和期望。

回忆四年来，我们虽然为抗战为地方尽了自己主观上最大的努力，但由于对敌战争频繁，环境紧张多变，政府不能体谅，使我们许多想做的事情不能完全做好，特别是对地方福利建设的事业做得更少。我们的干部，都很年轻，热情感人，经验不足，照顾各阶层要求有所不周，许多工作未能尽满人意。比如，减租减息，有些地方减得太多，有些地方则仍然明减暗不减，在惩办汉奸工作中，有些地方有乱抓人乱杀人的毛病，有些地方又对坏人太宽容了……这一切，以后只有靠各位大家团结，互相商量，互相让步，大家检讨改正，切莫发生成见仇恨，使坏人可以从中挑拨利用。当此离别前后，四年来我们在浙东一切活动，历历在目，虽不无建树，但缺点亦实不少，内心深感不安，现在只有在今后新的岗位上，更努力、更负责、更虚心的为国家为人民继续奋斗，来报答你们四年养育之恩，来满足你们对我们深厚的期望与关心。

军令倥偬，我们还有不少伤病员同志与残废的荣誉军人不能随军撤退，分布在各地，同时还有少数人不及集中，或行军掉队的，拜托各位父老兄弟姐妹给予帮助关怀，保障他们的安全与生活。此外，我们的指战员与工作人员在浙东的家属，以及其他抗日军人家属，有许多都是生活困难的，他们的儿子、丈夫或父亲，为了国家与人民的事业，而背乡离井，对他们的生活及安全，亦恳请大家继续多多照顾。

亲爱的浙东父老兄弟姊妹们！我们四年来同生共死的朋友们！我们要握手分别了。我们深知，我们的路途是艰辛的，我们走后你们的处境也是艰辛的，我们的双眼已经湿润了。我们巴望我们的退让能够换得全国的和平，能够减少人民当前的损害，我们将能在独立、民主、富强的新中国的自由空气中，再回来与各位畅谈衷情。

最后，今后如有机会与环境许可，万望不要忘了随时告诉我们你们的近况，因为我们每个指战员与工作人员，都非常的关怀着你们。

祝福你们的康宁！

祝福民主的新浙东、新中国早日降临！

中国共产党浙东区〈党〉委［员会］书记　谭启龙
新四军浙东纵队司令　何克希
副司令　张俊升
张翼翔
政治委员　谭启龙
政治部主任　张文碧
浙东行政公署主任　连柏生
副主任　吴山民
王耀中
率全体党员、指战员与工作人员同启
中华民国三十四年九月三十日

选自《浙江革命历史档案选编》，浙江人民出版社 1985 年 4 月版，第 646～649 页。杭州大学历史系、浙江省档案馆合编。原注："原载 1945 年 10 月 1 日《新浙东报》"。

24. 江南新四军北移告别民众书

1945 年 11 月 1 日

亲爱的父老兄弟姐妹们：

几年以来我们在你们亲切爱护与支持下坚持了抗战，建立了根据地，和你们一道过着民主自由快乐的生活。我们和你们的联系，正同血和肉一样的密切。但是现在我们却要忍痛向你们告别了。在别离之前，我们想着向你们讲几句话：首先让我们对你们表示衷心的感激。因为没有你们的爱护和帮助，我们将一事无成，同时，我们要向你们道歉。因为我们过去在保卫你们利益的事业上，还有许多做得不够，做得不好。因此我们只能用今后的加紧努力，来报答你们了。那么为什么我们不能好好的老和你们在一起，忽然要和你们分手呢？你们知道，我们的抗战是胜利了，我们现在要什么呢？我们要和平、民主、团结。我们不要什么呢？不要内战和独裁。但是已经宣布投降的日本帝国主义和汉奸，都还在和我们作对。他们偏偏在用全力来挑拨内战，破坏团结，阻挠民主。中国国内一些没心肝的反动分子，竟和他们心心相印，与他们合流合作起来残害和欺骗同胞。以中国人民的利益为利益的共产党，是不能看着这样的严重危害的。他要彻底打击敌伪和反动派的阴谋，要求得和平团结的实现，就向全国指出和平、民主、团结的大道。毛主席并应蒋委员长电邀，亲自到重庆和国民党当局谈判。同时为了促进谈判成功，为全国和平团结的迅速实现，就又委曲求全自愿将江南的新四军全部转移到江北。谁都了解这是共产党对国民党的一个极大的让步。但共产党为了制止敌伪和反动派的阴谋，为了避免内战，实现全国和平团结，就不能不忍痛这样做。我们相信中国共产党的这种顾全大局的伟大胸怀及委曲求全的苦衷，是能够得到全国人民的赞许和谅解的。当然，对于我们的转移，可能有各种各色的猜想和造谣。比如：有人会这样说：我之转移是由于国际条件不好，力量单薄，被迫撤退的。那么我们可以告诉他们，全世界法西斯的垮台，民主势力的胜利，给中国人民、中国共产党以最有利益的条件，我们解放区的力量，不仅完全足够粉碎任何方面来的进犯，而且还在迅速扩大我们的解放区，为了和平团结便决定自动撤退。再比如：有人这么说：共产党新四军视人民为草芥，他要就要，丢就丢。但谁都记得，“八·一三”后真正遗害江南无辜人民于敌人铁蹄下的，究竟是谁？而后来真正从敌人铁蹄下把他们解放出来过民主自由生活的，又是谁？又有人会这么说：共产党新四军说走是骗人，他决不会真走。但事实会表示出我们是诚心诚意为了实现全国和平团结，为了全中国人民利益而从江南撤退，我们是言行一致、说到做到的。总之，一切不明真相的猜想，最后总会证明是毫无根据的。一切恶意的造谣和攻击，则一定会由铁的事实来粉碎。同胞们，我们希望你们要沉着，要坚定，决不要被那些谣言诽语所困惑。你们应该坚决勇敢的为保卫自身的利益，为完成团结、民主、和平的大业而奋斗。在抗战时期，由于你们付出了极大的努力与牺牲，才取得胜利，在今后你们一定要作同样的努力，去保卫已得的胜利的果实。过去你们已经学会了怎样进行武装斗争来取得胜利，今后你们还应该学会用和平的合法斗争，来保卫各种已得的利益。你们应用各种各样的方法，坚决要求国民党当局切实执行下列各项：

（一）保证复员战士、伤病员和抗属的安全，并加以妥善照料。保护新四军的留守机关，以及照料不能撤退的伤病员和抗属。

（二）保持各种民主设施，对过去抗战与民主建设有功的人民和复员的干部，应保护其生命财产的安全，享受民主权利，不得加以虐待或歧视。

（三）保持减租减息和废除苛杂的利益，很好的办理复员，救济难胞。

（四）保障中国共产党及民主党派公开活动的合法地位，如有违反上述各项者，你们应该起来反对。

亲爱的同胞，现在全国和平团结民主尚未实现。你们是可能遭到很多的困难，甚至会遭受反动派的摧残和迫害。关于这点，我们已向国民党当局和驻军着重提出，要他们以国家人民利益为重，不要挟私报仇，残害同胞。但尽管他们这样做，你们仍要百倍警觉勿受骗，勿被暗算。同时应采取各种的办法，根据和平、民主、团结的总方针，加强自身的团结，做到象（像）亲兄弟一样，要不断督促国民党当局顺从民意，实行民主，保护各种既得的利益。

同胞们，现在敌伪还在挣扎，反动派还在耍阴谋，我们面前还有极大的困难，但我们相信在德、意、日法西斯已被打倒，全世界和全中国民主势力汹涌澎湃的今天，我们一定能够克服困难，得到胜利。我们这番暂时和你们告别，在离你们不远的江北，就有很多强大的解放区，我们将全心全力地支持你们，你们决不孤立！在今天，任何悲观动摇是只有利于敌人和反动派！你们必须坚决到底。特别是对留下的伤病员和抗属，你们以最大的关心保护和照料他们，要坚持反对对伤病员和抗属任何不利的行动。亲爱的同胞们，世界和中国的局势均在奔向光明、独立、自由、繁荣的新中国已经显出了头。只要我们继续奋斗，排除一切悲观失望的情绪，照着和平、民主、团结的大道前进，我们是一定能够胜利的！别了！亲爱的父老兄弟姐妹们，我们再一次虔诚地要求你们受我们深深的感谢和慰问，并祝你们健康！

新四军

中华民国三十四年十一月一日

选自《苏南抗日根据地》，中共党史资料出版社 1987 年 9 月版，第 387～389 页。中共浙江省委党史工作委员会、江苏省档案馆编。原注："据江苏省南京博物院所存布告"。

25. 附［报刊报道］：苏皖边区政府决定统一华中行政机构①

1945 年 12 月 3 日②

［新华社华中分社讯］苏皖边区政府为求各行政区名称统一与组织之建立，业经边府联席会议决定，将原有各行政区名称加以更改，并重新委任或加委专员。

原苏中三四分区改称苏皖边区第一行政区，专员贺希明，下辖泰兴、泰县、如皋、靖江、紫石、东台、如东、南通等八县及一东南行署。

苏中一分区改称第二行政区，专员陈阳，副专员杜干全，下辖宾应、高邮、兴化、江都、樊川、兴南、溱潼等七个县及扬中办事处与沙沟独立市。

淮南路东改称第三行政区，专员陈舜仪、副专员周文斌，下辖天长、盱眙、嘉山、六合、甘泉、来安、仪征、高宾、江浦等九县。

淮南路西改称第四行政区，专员郑抱真，下辖定远、定台、滁全、凤阳、寿县等五县及一个英剑直属区。

苏北盐阜区改称第五行政区，专员万金口，下辖盐城、盐东，建阳、阜宁、阜东、滨海、涟东、淮安等八县。

苏北淮海区改称第六行政区、专员吴觉，下辖淮阴、涟水，沭阳、灌云、泗沭、宿边、宿北、潼阳、东海等九县。

淮北路东改称苏皖边区第七行政区，专员张辑五，副专员王烽舞、莨宗商，下辖淮宝、泗阳、泗宿、泗南、泗县、五河、盱四嘉、灵壁、睢宁、邳睢、铜睢、萧宿铜、宿县等十三县及一洪泽湖管理局。

淮北路西改称第八行政区，专员彭笑千，副专员纵汉民，下辖萧县、灵枫、宿西、雪涡、宿蒙、宿怀、夏邑、雪商亳等八县。

除八个行政区外，边府尚有一直属市：清江市。在此项决定之后，原有各行政公署均

---

① 原注：标题是编者所加。

② 原注：年月是编者根据内容判定的。

已撤销，各专员公署，直接受边区政府领导。

选自《华中抗日根据地财政经济史料选编》第四卷，档案出版社1986年版，第120～121页。原注："按1945年12月10日《新华日报》华中版第一版刊印"。

编者注：苏皖边区政府于1945年10月底成立，李一氓任边区政府主席。12月3日举行第二次府务会议，通过《苏皖边区施政纲领草案》、《边区参议会组织条例》、《边区政府组织条例》，以及边区政府一九四六年施政方针草案等，并对华中区行政机构进行全面调整。

26. 苏皖边区临时参议会组织法

1945年12月苏皖边区临时参议会通过

第一章　总　则

第一条　为加强苏皖解放区民主建设工作之统一领导，进一步开展民主运动，并促进全国和平民主团结之实现，特制定本组织法，成立苏皖边区临时参议会（以下简称本会）。

第二条　在苏皖边区人民代表大会尚未成立以前，本会执行苏皖边区最高民意机关之职权，协助政府团结各界推行民主政治。

第二章　参议员

第三条　本会参议员名额定为二百名至二百五十名。

第四条　本会参议员以下列方法产生之：

一、原为苏中、苏北、淮南、淮北各解放区参议会驻会会员（在苏中为行政委员会委员）。

二、原苏南、浙东、浙西、皖江各解放区之参议员，为争取和平团结撤退来本边区，已向本会报到者。

三、为容纳新解放城市从未参加敌伪工作之各界领袖，由各行政区选聘之参议员已向本会报到者。

四、本边区临时行政委员会委员。

五、由边区一级党政军民学各机关团体及直属市推选二十五人。

六、原由各地区选为中国解放区人民代表大会之赴延代表。

第三章　组　织

第五条　本会由第二章规定之全体参议员组织之。

第六条　为处理本会全体参议员大会闭会期间之日常事务，由大会选出二十七人为驻会员组成驻会委员会，再由委员中互推议长一人，副议长四人，经由大会通过之。

第四章　职　权①

第七条　本会参议员大会职权如下：

一、通过本会组织法及各级人民代表大会之组织法与选举法；

① 原件漏掉第四章标题。

二、审查与通过本边区施政纲领；

三、讨论边区政府提交决定之一九四六年度工作纲要；

四、讨论人民及团体之应兴应革提案；

五、号召与推动本边区人民完成政府工作。

六、考察下级政府人员工作偏向并传达与协助政府查询纠正。

第八条　本会驻会委员会之职权如下：

一、领导参议员大会及主持参议员大会开会期间之会务；

二、筹备召开本边区第一届人民代表大会；

三、出席行政委员会共同研究讨论本会决议之执行及各种建设工作；

四、征询参议员及人民之意见转达政府；

五、讨论与通过政府提交公布之重要法令交大会予以追认。

第五章　会　议

第九条　本会会期如下：

一、参议大会半年一次；

二、驻会委员会每月举行一次；

三、有下列情形之一者，得由驻会委员召开临时大会：

甲、经参议员三分之一请求者；

乙、边区政府建议者；

丙、驻会委员会决议通过者。

第十条　本会参议员大会须有半数以上出席，方得正式举行，其议决案，应有出席参议员过半数之通过始得成立。

第十一条　本会开会时，边区一级各军政首长均得到席报告工作，并解答主管事务。

第十二条　本会之决议案咨送边区政府执行，如边区临时行政委员会认为该决议案碍难执行时，得详细说明理由送回本会复议。经三分之二参议员或大会闭会期间之驻会委员通过后交政府执行。

第六章　任　期

第十三条　本会参议员之任期至本边区人民代表大会正式成立时，即宣告终了。

第十四条　本会参议员如经人民选为本边区人民代表得转任新职。

第七章　经　费

第十五条　本会之参议员除驻会委员为有给职外，其余为义务职，在出席会议时得视路途远近酌发旅费。

第十六条　本会经临费用由本会依照规定编造预决算领取。

第八章　附　则

第十七条　本法经本会第一次参议员大会通过施行。

第十八条　本法解释与修正之权属于本会。

选自抄件，原注：刊于《民主建设》，苏皖边区政府《民主建设》编委会编辑，1946年2月创刊号，第26页。

27. 苏皖边区政府组织法

1945 年 12 月苏皖边区临时参议会通过

第一章　总　则

第一条　为统一苏皖边区行政领导，增进行政工作效率，实现新民主主义政治，加强地方自治，特订定本组织法，成立苏皖边区政府（以下简称本府）领导全边区行政工作。

第二条　本府组织原则，采用民主集中制。

第二章　组　织

第三条　本府最高领导机关为边区临时行政委员会（以下简称行委会）设委员二十七人及正副主席五人，由原任各行政区参议会议长，行政公署正副主任，地方士绅名流及各界人士联席会议推定，并经边区临时参议会第一次大会追认通过之。

第四条　本府设立秘书处、民政厅、财政厅、建设厅、教育厅、高等法院、公安总局、审计处、交通总局、卫生处、法制室、参议室、调查研究室等各厅院局处室，分工处理日常政务。

第五条　本府于必要时经行委会决定得设专管机关或专门委员会。

第六条　秘书处设秘书长一人，各厅院局处室设厅院局处长或主任一人，副厅院局处长或副主任一人或二人，综理各该主管事务。

第七条　秘书长及各厅院局处长由行委会通过本府任命之。行政委员得兼任各厅院局处长、各室主任，由主席团通过，本府任命之。

第八条　各厅院局处室得按工作之需要，设秘书一人至四人，并分科办事，每科设正副科长各一人，科员办事员若干人，办理各科事务。

第九条　本府所辖各级政府之组织法另定之。

第三章　职　权

第十条　本府对于全边区行政工作，得颁布命令或单行法规，但有关施政纲要及重要法令，须经边区临时参议大会之核议或追认。

第十一条　行委会职权如左：

一、讨论执行边区临时参议会通过之施政纲领及大会决议案；

二、研究通过本府工作计划及决算；

三、决定本边区应兴应革事项；

四、定期向边区人民代表大会报告工作。

第十二条　主席团职权如左：

一、对内为行委会之主席，对外为本府行政首长；

二、负责执行行委会之决议；

三、领导与督促本府所属各级机关处理一切政务；

四、定期召集行委会议，并向该会报告工作；

五、处理本府日常政务与紧急措施。

第十三条　秘书处秉承正副主席之命，掌理左列事项：

一、综合文件；

二、典守印信；

三、缮写、校对、收发及保管文件；

四、组织领导机关工作；

五、掌握工作制度；

六、办理不属于各厅院局处室之事项。

第十四条　民政厅秉承正副主席之命，掌握左列事项：

一、办理选举；

二、改善民生；

三、调整行政区域及行政组织机构；

四、各级干部之任免、升迁、调补、考核及奖惩；

五、战时后方勤务；

六、优抚及抚恤；

七、举办社会福利事业；

八、户籍行政，人口登记。

九、禁烟、禁毒、禁赌。

十、其他有关民政事项。

第十五条　财政厅秉承正副主席之命，掌理左列事项：

一、财政预算之编造及审核；

二、公粮之征收及保管；

三、赋税之整理及征收；

四、公学款产之监督指导及保管；

五、逆产之处置及管理；

六、土地查登；

七、关于其他有关财政事项。

第十六条　教育厅秉承正副主席之命，掌理左列事项：

一、初等、中等、社会及干部教育；

二、学校教科书之编辑及审查；

三、文化事业之推行、管理及学术奖励；

四、地方风俗改革及破除迷信；

五、教育专款之计划与筹备；

六、地方师资之培养；

七、关于其他有关教育事项。

第十七条　建设厅秉承正副主席之命，掌理左列事项：

一、指导垦植；

二、水利建设；

三、公路桥梁及其他公共工程之建筑；

四、公营工业之创办管理及民营工业之倡导、扶助及保护；
五、合作事业之扶助及指导；
六、处理商标注册及专利；
七、有关其也建设事项。
第十八条　公安总局秉承正副主席之命，掌理左列事项：
一、防奸、防谍、防匪、保卫地方安宁；
二、维持民主秩序，依法保障人权；
三、违警事件之处理；
四、执行刑事之检察；
五、检举违法之公务人员；
六、警察之训练管理；
七、关于其他有关公安事项。
第十九条　高等法院秉承正副主席之命，掌理左列事项：
一、保障政府法令之推行；
二、审理第三审诉讼案件；
三、犯人管理教育；
四、各级司法行政事项；
五、其他有关司法事项。
第二十条　交通总局秉承正副主席之命，掌理左列事项：
一、公文、信件、书报之收发传递；
二、邮电事业之监督指导；
三、交通事业之管理；
四、其他有关交通事项；
第二十一条　卫生处秉承正副主席之命，掌理左列事项：
一、领导督促各级政府推进协助人民举办地方卫生事业；
二、中西医术医药之研究与改进；
三、教育训练医务人员；
四、边区机关人员疾病之诊疗；
五、其他有关卫生建设事项；
第二十二条　审计处秉承正副主席之命，掌理左列事项：
一、审核预决算；
二、关于其他有关审计事项。
第二十三条　法制室掌理左列事项：
一、研究国内外及各解放区之法令；
二、草拟本边区单行法规；
三、其他有关法制事宜。
第二十四条　参议室掌理左列事项：
一、咨询一切行政事宜；

二、受命处理与参加各种行政设施；

三、政策法令之考察研究。

第二十五条　调查研究室掌理左列事项：

一、搜集调查统计本边区有关政策之材料；

二、供给政府施政所必须（需）之材料。

第四章　任期与会议

第二十六条　本府正副主席、行政委员、侯补委员任期为三年，期满依法选举之，连选得连任。

第二十七条　本府正副主席及行政委员，如有违法情节，经人民之检举，临参会之罢免，得另行改选之。

第二十八条　行委会每三月开会一次，由主席团召集之，开会时行政委员须亲自出席，不得委派代表，至于非行政委员之各厅院局室主管人得列席会议。

第二十九条　本府府务会议每星期举行一次，由主席团召集之，各厅院局处室主管人出席，有关之科长以上人员，必要时得列席会议。

第三十条　各厅院局处室每周开会一次，各科长或科员以上人员出席会议。

第三十一条　各专员联系会议每半年举行一次，由主席团召集之。

第三十二条　本法所规定之各种会议及各部门工作之专门会议（如民政会议，财政会议等）遇必要时得临时召集之。

第五章　经　费

第三十三条　凡参加本府日常工作者为有给职，余为义务职，在开会时得酌发旅费。

第三十四条　本府经费依法由财政收入支付。

第六章　附　则

第三十五条　本法经边区临时参议会第一次大会通过，交由本府公布施行。

第三十六条　本法如有未尽事宜，得由本府咨请临时参议会修正之。

选自手抄件，原注：刊于《民主建设》，苏皖边区政府《民主建设》编委会编辑，1946 年 2 月创刊号，第 27 页。

28. 苏皖边区各行政区专员公署暂行组织条例

1945 年 12 月苏皖边区政府颁布施行

第一章　总　则

第一条　本条例根据苏皖边区政府（以下简称边府）组织条例第□条订定之。

第二条　各行政区专员公署（以下简称专署）之管辖范围及名称以边府命令订定之。

第二章　组　织

第三条　各行政区最高权力机关为各该区之人民代表会议。

第四条　各行政区最高执行机关为各该区之行政委员会，由各该区人民代表会议选出正副专员及行政委员十五至二十五人组织之，正副专员为行政委员会当然主席，并经边府加委后组织专署，处理全行政区日常政务。

在各行政区人民代表会议未成立前，正副专员由边区政府派任，并得设临时行政委员会，由各该区各机关团体学校互推委员十五至二十五人，经边区政府加聘后组织之。或由边区政府直接聘任之。

第五条　专署下设秘书室、民政处、财粮处、教育处、建设处、公安局、法院、交通局、调研室等工作部门。

第六条　秘书室设秘书一人，下设文书、总务两科，各设科长一人，科员及办事员若干人。

第七条　民政处设正副处长各一人，下设干部、民政及后勤三科，各设科长一人，科员及办事员若干人。

第八条　财粮处设正副处长各一人，下设财务及粮政两科，各设科长一人，科员及办事员若干人，另设契税及公学款产管理员若干人。

第九条　教育处设正副处长各一人，下设初等教育、中等教育及社会教育三科，各设科长一人，督学、科员及办事员若干人。

第十条　建设处设正副处长各一人，下设农垦、水利、工业及合作三科，各设科长一人，专门技师、科员及办事员若干人。

第十一条　公安局设正副局长各一人，下设治安、侦察及审讯三科，各设科长一人，科员及办事员若干人。

第十二条　法院设正副院长各一人，推事、书记官及书记员若干人。

第十三条　交通局设正副局长各一人，下设交管、发行、邮务三科，各设科长一人，科员、干事若干人。

第十四条　调研室设主任一人，调研员若干人。

第十五条　专署因工作需要，得呈准边府后增减各科机构。

第三章　职　权

第十六条　各行政区行政委员会职权如左（下）：

一、具体讨论执行边府之法令、重大指示与本行政区人民代表会议之重大决议。

二、研究通过本区政府工作计划及预决算。

三、决定本行政区应兴应革事项。

四、向本行政区人民代表会议定期报告工作。

第十七条　正副专员职权如左（下）：

一、执行边府命令和指示。

二、贯彻行政委员会决议。

三、综理该行政区政务，领导所属各部门办理各该主管事项。

四、定期向行政委员会及边区政府报告工作情况。

第十八条　秘书室秉承正副专员之命掌理左（下）列事项：

一、综核文件。

二、典守印信。

三、缮写、核对、收发及保管文件。
四、组织机关工作。
五、办理不属于各处、局、室之事项。
第十九条　民政处秉承正副专员之命掌理左（下）列事项：
一、办理选举。
二、改善民生。
三、调整行政区域及各种组织机构。
四、各级干部之任免、升迁、调补、考核及奖惩。
五、战时后方勤务。
六、优抗及抚恤。
七、社会救济。
八、卫生行政。
九、户籍行政、人口登记。
十、禁烟、禁毒、禁赌。
十一、其他有关民政事项。
第二十条　财粮处秉承正副专员之命掌理左（下）列事项：
一、财政预决算之编造及审核。
二、公粮之征收及保管。
三、赋税之整理及征收。
四、公学款产之监督、指导及保管。
五、逆产之处分及管理。
六、土地查登。
七、关于其他有关财政事项。
第二十一条　教育处秉承正副专员之命掌理左（下）列事项：
一、初等、中等、群众及干部教育。
二、文化事业之推进、管理及学术奖励。
三、地方风俗改革及破除迷信。
四、地方师资之培养。
五、教育专款之筹措支付。
六、关于其他有关教育事项。
第二十二条　建设处秉承正副专员之命掌理左（下）列事项：
一、指导垦植。
二、水利建设。
三、公路、桥梁及其他公共工程之修筑。
四、合作事业之扶助及指导。
五、地方公营工业之创办、管理及民营工业之倡导、扶助及保护。
六、处理商标注册及专利。
七、其他有关建设事项。

第二十三条　公安局秉承正副专员之命掌理左（下）列事项：

一、防奸、防谍、防匪，保卫地方安宁。

二、维持民主秩序，依法保障民权。

三、违警事件之处理。

四、执行刑事检查。

五、检举违法之公务人员。

六、警察之训练管理。

七、关于其他有关公安事项。

第二十四条　法院秉承正副专员之命掌理左（下）列事项：

一、司法条例法规之草拟。

二、保障政府法令之推行。

三、审理二审民刑案件。

四、犯人之管理教育。

五、其他有关司法事项。

第二十五条　交通局秉承正副专员之命掌理左（下）列事项：

一、公文、信件、书报之收发传递。

二、邮电事业之监督指导。

三、交通事业之管理。

四、其他有关交通事项。

第二十六条　调查研究室秉承正副专员之命掌理左（下）列事项：

一、资料之收集整理。

二、各种行政工作之调查统计。

三、各种法令之研究。

四、其他有关调查研究事项。

第四章　任期与会议

第二十七条　行政委员及正副专员任期三年，任满由各该区人民代表会议改选之，连选得连任。

第二十八条　行政委员会议每三月举行一次，由正副主席召集之；各非行政委员之秘书、处局长、主任得列席会议，必要时得召集临时会议。

第二十九条　专署之政务会议，每半月举行一次，各正副处、院、局长、秘书及主任出席，由正副专员召集之，遇必要时，得召集扩大会议，由各科长列席。

第三十条　各处、院、局、室会议，每周举行一次，由各该部门首长召集之。

第五章　附　则

第三十一条　本条例以边府命令自公布之日起施行。

第三十二条　本条例如有未尽事宜，由边府以命令修正之。

选自《中国新民主义革命时期根据地法制文献选篇》第二卷，中国社会科学出版社1981年出版，第486～492页。（未注明史料来源）

29. 苏皖边区各县县政府暂行组织条例

1945年12月苏皖边区政府颁布施行

第一章 总 则

第一条 本条例根据苏皖边区政府组织条例第□条订定之。

第二条 各县县政府管辖之范围及名称，以边区政府命令规定之。

第二章 组 织

第三条 各县最高权力机关，为各该县之人民代表会议。

第四条 各县最高执行机关为各该县之行政委员会，由各该县人民代表会议选出正副县长及行政委员七人至九人组织之，正副县长为行政委员会当然主席，并经边区政府加委后组织县政府，处理全县日常政务。在各县县人民代表会议未正式成立前，正副县长由边区政府派任之，并得设临时行政委员会，由本县各机关团体学校互推委员七人至九人，经边区政府加聘后组织之，或由专员公署报请边区政府聘任之。

第五条 各县县政府下设秘书室、民政科、财粮科、教育科、建设科、司法科、公安局、交通局等工作部门。秘书室设秘书一人，收发、文书、会计、庶务等若干人。各科、局得设正副科、局长各一人，股长、科员及办事员若干人。

第三章 职 权

第六条 各县行政委员会职权如左（下）：

一、具体讨论执行边区政府、专员公署之法令及重要指示与本县人民代表会议之重大决议。

二、研究通过本县政府工作计划及预决算。

三、决定本县应兴应革事项。

四、向本县人民代表会议定期报告工作情况。

第七条 正副县长职权如左（下）：

一、执行边区政府及专员公署之命令和指示。

二、贯彻行政委员会决议。

三、综理全县政务，领导所属各部门办理各该主管事项。

四、定期向行政委员会及专员公署报告工作情况。

第八条 秘书室秉承正副县长之命掌理左（下）列事项：

一、综核文件。

二、典守印信。

三、缮写、校对、收发及保管文件。

四、组织机关工作。

五、办理不属于各科、局之事项。

第九条 民政科秉承正副县长之命掌理左（下）列事项：

一、办理选举。

二、改善民生。

三、调整行政区域及各种组织机构。
四、乡级干部之任免、升迁、调补、考核及奖惩。对区级干部得请求任免之。
五、战时后方勤务。
六、优抗及抚恤。
七、社会救济。
八、卫生行政。
九、户籍行政，人口登记。
十、禁烟、禁毒、禁赌。
十一、其他有关民政事项。
第十条　财粮科秉承正副县长之命掌理左（下）列事项：
一、财政预决算之编造及审核。
二、公粮之征收及保管。
三、赋税之整理及征收。
四、公学款产之监督、指导及保管。
五、逆产之管理及查报。
六、土地查登。
七、关于其他有关财政事项。
第十一条　教育科秉承正副县长之命掌理左（下）列事项：
一、初等、中等、社会、干部教育。
二、文化事业之推进、管理及学术奖励。
三、地方风俗改革及破除迷信。
四、地方师资之培养。
五、教育专款之筹措支付。
六、关于其他有关教育事项。
第十二条　建设科秉承正副县长之命掌理左（下）列事项：
一、指导垦植。
二、水利建设。
三、公路、桥梁及其他公共工程之修筑。
四、地方公营工业之创办、管理及民营工业之指导、扶助及保护。
五、合社事业之扶助及指导。
六、办理商标注册及专利。
七、其他有关建设事项。
第十三条　公安局秉承正副县长之命掌理左（下）列事项：
一、防奸、防匪，保卫地方安宁。
二、维持民主秩序，依法保障民权。
三、违警案件之处理。
四、执行刑事检查。
五、检举违法之公务人员。

六、警察之训练管理。

七、其他有关公安事项。

第十四条　司法科秉承正副县长之命掌理左（下）列事项：

一、司法条例法规之草拟。

二、保障政府法令之执行。

三、审理初审民刑案件。

四、犯人之管理教育。

五、其他有关司法事项。

第十五条　交通局秉承正副县长之命掌理左（下）列事项：

一、公文、信件及书报之收发传递。

二、邮电事业之监督指导。

三、交通事业之管理。

四、其他有关交通事项。

第四章　任期及会议

第十六条　行政委员及正副县长任期二年，任满后，由各该县人民代表会议改选之，连选得连任。

第十七条　行政委员会议三个月举行一次，由正副主席召集之（各非委员之秘书、科局长得列席会议），必要时得召开临时会议。

第十八条　县政府政务会议每一月举行一次，各正副、科、局长及秘书出席，由正副县长召集之。

第十九条　各科、局、室会议，每半月举行一次，由各该部门主管人员召集之。

第五章　附　则

第二十条　本条例以边区政府命令自公布之日起施行。

第二十一条　本条例如有未尽事宜，由边区政府命令修改之。

(本件附表从略)

选自《中国新民主主义革命时期根据地法制文献选编》第二卷，中国社会科学出版社1981年版，第492～497页。(未注明史料来源)

30. 附：苏南抗日民主政权沿革表

表一

江南行政委员会　主任　何克希 (1941年5月成立)	第一行政区　专员　任天石
	第二行政区　专员　吴达人
	第三行政区　专员　顾复生
	第四行政区　专员　韦永义
	第五行政区　专员　巫恒通
	第六行政区　专员　朱春苑

表二

苏南区行政公署 主任 江渭清
（1944年2月时）副主任 吴仲超

- 苏南第一行政区 专员 樊玉琳
- 苏南第二行政区 专员 张之宜
- 苏南第三行政区 专员 朱春苑
- 苏南第四行政区 专员 刘烈人

表三

苏南区行政公署 主任 吴仲超
（1945年7月时）副主任 宋日昌

- 苏南第一行政区 专员 樊玉琳
- 苏南第二行政区 专员 惠浴宇

苏中区行政公署
（1945年7月时）

- 苏中第五专员公署 专员 韦永义
  副专员 张志强
- 苏中第六专员公署 专员 任天石

浙东区行政公署
（1945 年 7 月时）——淞沪地区专员公署 专员 顾复生

选自《苏南抗日根据地》，中共党史资料出版社 1987 年 9 月版，第 554 页。中共浙江省委党史工作委员会、江苏省档案馆编。

四、民政法规

1. 津浦路西优待抗日军人家属暂行办法

1942年5月，津浦路西联防临时参议会第一届第二次大会通过

第一条　凡脱离生产参加抗日之军人（不论中央军或新四军以及其他各抗日军）及抗日工作人员其直系家属（父母妻子及未成年依其生活之弟妹）均依照本办法优待之。

第二条　由联防机关至乡均组织优待抗属委员会，经常办理优抗事宜（其组织条例另订之）。

第三条　优抗委员会须将各该地区内之抗属，调查登记发给光荣证，并组织抗日军人家属协会（其组织办法另订之）。

第四条　凡抗日军人家属持有光荣证，或其他证明文件者，得享受下列之优待。

第一款：除田赋及政府正税外豁免一切临时捐款。

第二款：国防军省防军①救国公粮免征，县区乡模范队减半征收，真贫苦者得免征之。

第三款：借用公共贷款得酌量减免利息。

第四款：其子弟入学免费。

第五款：所住公家房屋免纳租金。

---

① 原注：国防军指抗日军的正规军，省防军指津浦路西联防司令部所属部队等。

第六款：免除各种伕役并享有一切公益设施之优先权（如开荒贷借公款等）。

第七款：抗战前所借之债务，得延至抗战胜利后归还。

第八款：各保之代耕队不取代价为抗属耕种（全年帮助40至50工）。

第五条　抗属之荣誉证每一年一换，以免遗漏与假冒。

第六条　抗属如有下列情形之一者得由政府酌予救济。

第一款：赤贫不能生活者。

第二款：死亡不能埋葬者。

第三款：生育子女无力抚养者。

第四款：遭遇意外灾害者。

第七条　优待抗日家属具体办法如下：

第一款：优抗委员会可筹措（或请政府）拨给若干粮款设立借贷所，按抗属等级予以优待，最贫苦者每年可帮助其维持一个人生活费。

第二款：如抗属之家族或亲友家境富裕者，优抗委员会得设法为其借贷，并担保如期归还之。

第三款：各县公学田产及公地等须拨给抗属耕种。

第四款：每年午秋二季由优抗委员会发动民众物质慰劳，且须避免捐税方式以防流币（弊）。

第八条　凡抗日军人因作战阵亡或受重伤以至残废者，除享有本处颁布抚恤伤亡将士及工作人员暂行条例之权利外，其直系亲属得继续享受本办法之权利。

第九条　抗属有下列情形之一者，不得享本办法之权利：

第一款：抗日军人逃亡回家者或受刑事处分者。

第二款：抗属因违法而受刑事处分者。

第十条　优待抗属之顺序如下：

1. 国防军；2. 省防军；3. 县、区、乡模范队（包括税警武装在内）；4. 参加抗日工作人员家属。

第十一条　本办法解释权属于路西联防办事处。

第十二条　本办法由津浦路西临时参议会通过联防办事处公布施行之。

附件：

1. 除按优抗条例替抗属代耕外，须在每年夏（端午节）冬（腊月二十四日）发动民众团体以物质慰劳，如过年过节，送菜送草及其他礼物等。

2. 由政府拨给优抗公粮，按抗属生活状况（其最穷苦者每年可发给一个人生活费）予以实际优待，其公粮来源如下：佃田抽百分之二十租额，祠田抽百分之二十，政府由全年田赋公粮总收入内拨百分之五，打资敌除百分之五十为公家外，其余百分之五十拨为优抗用。

3. 由优抗会个别帮助抗属于亲友处借贷。

4. 组织互济会给特殊困难及特殊遭遇之抗属以救济。

5. 优待范围，以各抗属住在地为标准，由各县自行负责。

6. 应给优待之抗属分类如下：

一、我区以分正规军、省防军及干属三种。

二、敌伪区之干属因敌人摧残移来我区者。

选自《淮南抗日根据地财经史》，安徽人民出版社 1991 年 12 月版，第 95～97 页。

互校版本：《淮南抗日根据地》，中共党史资料出版社 1987 年版，第 217～219 页。

2. 津浦路西优待抗属委员会组织条例

1942 年 5 月津浦路西联防临时参议会第一届第二次大会通过

第一条　为切实解决抗属困难，保证一切抗战工作人员，得安心从事工作，以争取抗战胜利，特组织各级优待抗属委员会（以下简称优抗会）负责优抗事宜。

第二条　自联防机关至县区乡止，按级组织优抗会，其名称之上，须冠以所在县、区、乡之名。

第三条　优抗会优待对象，以中央军新四军及其他各抗日军人直系家属，与脱离生产从事抗战工作之干部直系家属为限。

第四条　优抗会优待抗属，须根据优抗条例，其条例另订之。

第五条　优抗会任务规定如下：

第一款：调查并组织抗属。

第二款：解决抗属困难问题。

第三款：谋取抗属本身福利。

第四款：提高抗属社会地位。

第六条　各级优抗会，以下列人员组织之：

第一款：联防优抗会以九人组织之，联防办事处、司令部、前方政治部、后方政治部、驻军、联防参议会，联抗会各一人，抗属二人。

第二款：县优抗会以九人组织之，县政府、总队部、县农抗、妇抗、政治处、驻军代表、县参议会各一人，抗属二人。

第三款：区优抗会以七人组织之，区政府、区队部、区农抗、中心小学、公正士绅各一人，抗属二人。

第四款：乡优抗会以七人组织之，乡政府、乡大队部、乡农抗、中心小学、公正士绅各一人，抗属二人。

第七条　各级优抗会，应设立主任一人，下属总务、宣传、组织、福利四股，由委员会互推，县级以上，得因工作需要，聘请干事。

第八条　各级优抗会会期规定如下：

第一款：联防与县优抗会，一月举行会议一次。

第二款：区与乡优抗会，半月举行会议一次。

第三款：遇有特殊情形，经全体委员三分之二以上之同意，可召开临时会。

第九条　各级优抗会工作费，由各级政府支给之。

第十条　本条例解释权属于路西联防办事处。

第十一条　本条例由路西联防临时参议会通过交联防办事处公布施行之。

选自《淮南抗日根据地》，中共党史资料出版社1987年10月版，第215～217页。《淮南抗日根据地》编审委员会编。原注：“津浦路西临时参议会第一届第二次大会《大会专刊》1942年5月”。

3. 苏中区各级公务人员任免暂行条例

1944年苏中行政公署制定

第一章　总　则

第一条　为实行民主集中制，统一行政组织系统，提高行政效率，明确规定各级公务人员任免职权起见，特订定本条例。

第二条　各级政府委员系由民选产生者，应一律依照选举法、罢免法，实行选举或罢免后呈请上级政府任免之；其尚未实行民选者由上级政府直接任免之。

第三条　县级以上及本署直属各部门公务人员由本署直接任免调遣，区以下公务人员之任免调遣应由各该主管高二级政府决定（例：乡级人员之任免应由县政府决定），公务人员由民选所产生或罢免须由同级政府经上项手续呈请任免。

第四条　任免调遣民政、公安、司法、财政、建设、文教等各部门公务人员由主管部门各处局审核提交政府委员会通过，以行政首长名义及有关主管处局长副署以命令任免之。

第五条　政府有调遣公务人员之权，惟于调遣民选产生之公务人员时应得对被调遣者有选举权罢免权之民意机关（参议会与村民大会乡区民代表大会）之同意，在调遣时如发生不同意见，由主张调动者之上级政府作最后决定。

第二章　任　免

第六条　本署主任秘书长、各处处长、高等法院院长经苏中参议会选举或罢免，由本署以命令公布。

第七条　下列各公务人员由本署任免：

甲　行政专员、县长、行政专署秘书、各科科长、公安局长、法院院长、财政处长、县学（或初中）以上各校长教员、本署法制委员会委员，由本署直接任免。

乙　本署各处局秘书、科长、科员、督学、高等法院审判员、书记员、金库主任、贸易局长由各该直属部门呈请本署任免。

丙　各行政区专署、公安局、法院、财政处等各部门所属秘书、科长、督学、审判员、金库主任、垦务局长、贸易局长、盐场总场长由专署呈请本署任免。

第八条　下列各公务人员由行政区专员公署任免：

甲　行政区专员公署、公安局、财政处所属各科科员、贸易局各课课长、法院书记员，由主管直属各部门呈请专署任免。

乙　县政府秘书、各科科长、公安局长、财政局长、审判员、督学、各区长由专署直接任免，并呈报本署备案。

第九条　下列各公务人员由县政府任免：

甲　县政府各科员、公安局、财经局、各部门所属各课长、区政府各股长、财经局主任、区乡学校长教员山县政府任免，呈报专署备案。

乙　县政府各局课员、乡长、区署办事员分派所长由县政府任免。

第十条　下列公务人员山区政府任免：

乡政府委员、村长、组长、未及实行民选地区之财经助理员及保甲长由区政府任免。

第十一条　各级公务人员副职之任免与正职同，其他各办事员等，由各级政府自行任免之。

第十二条　凡公务人员有下列情形之一者，政府得命令免职或留［撤］职：

（甲）同级民意机关以罢免法罢免者。

（乙）受行政上免职撤职处分者。

（丙）自行请求辞职照准者。

（丁）遇有特殊事故时，各级政府得施行紧急处置免职停职委代后再行呈请上级政府备案。

第三章　附　则

第十三条　本条例由本署颁布施行，如有未尽事宜，得以命令修正之。

选自《苏中抗日根据地》，中共党史资料出版社1990年4月版，第346～348页。中共江苏省委党史工作委员会、江苏省档案馆合编。原注：“原载1944年11月刊印《苏中行政公署法令汇编》”。

4. 苏中区优待在乡荣誉军人暂行办法

1944年

第一条　为优待退伍或寄养在民间的荣誉军人，特订定本办法。

第二条　本办法所列荣誉军人，系根据“苏中区抗战军政人员抚恤暂行条例”第三条甲乙两项所规定的伤残人员，及同条例第十九条所规定退伍或寄养民间的荣誉军人。

第三条　在乡荣誉军人以其残废程度分为三等，由部队政治机关及医院写介绍信，到居留地区的县政府，领取荣誉军人优抚证，凭证领取抚恤金及享受本办法的优待（残废等级及抚恤金标准，仍照抚恤条例的规定）。

第四条　苏中区抗战军政人员抚恤暂行条例第六条所规定的各县抚恤委员会以县长、县府民政科长、独立团（或警卫团）政治主任，民兵总队长及县级民意机关代表一人组织之，县长兼主任委员，必要时设总干事一人，干事若干人，负责抚恤经费之筹支等事宜。

第五条　在乡荣誉军人的权利：

一、凡在乡荣誉军人，借住房屋，借用物件，居民一概不得故意拒绝或为难，乡

（镇）村（保）组（甲）工作人员都应关心爱护荣誉军人，并须保障他们的安全。

二、在乡荣誉军人和居住地区居民同等享受一切公民权利。

三、在乡荣誉军人得享受所在地区人民和政府军队的尊敬，军政民教须经常派代表慰问他们，每逢年节地方政府要发动人民进行慰问。

四、在乡荣誉军人恢复健康后，能工作的或自愿入学读书的，应由政府机关尽先介绍轻便工作或职业，及免考免费入学。

第六条　对于荣誉军人处理方法：

一、能工作的，依他的体质能力，分配在地方机关担任轻便的工作（如民运税务工场等工作）。

二、不能担任工作的，尽量分配参加生产（小手工业，集体开荒种田，做小生意等……）。

三、不能工作又不能生产的，尽可能动员其回家。

四、没法回家的，仍疏散寄居民间隐蔽。

第七条　荣誉军人的生活，依下列办法办理：

一、寄居隐蔽的荣誉军人的生活，由政府负责供给食粮、菜金、津贴、被服及各项费用，依原来的职务按照部队现行供给标准发给，惟食粮部分，应发双份，除本人膳食一份外，一份作购买滋养品和津贴居民之用。

二、退伍回家的荣誉军人，除予以政治教育发给便衣外，应发给足够的路费，家在根据地内，由县政府写介绍信，嘱原籍政府予以经常优待，家在根据地以外的，按照残废等级发给二年、一年半或一年的一份食粮、菜金和全部抚恤金，缴销荣誉军人优抚证，遣回原籍。

三、有生产能力，或愿意在寄居地区安家立业的，可呈准所住地县政府拨给公学产熟田五亩或荒地十亩（有耕种权无处分权）耕种做手工业或做小生意的发给相当资本，另按残废等级发给一年、九个月或半年的一份食粮，菜金及全部的抚恤金，缴销其荣誉军人优抚证。

四、参加地方机关工作的，除按照他的残废等级发给全部抚恤金外，并另外津贴半年的一份食粮，作购买滋养品的费用。

第八条　规定每年元旦日，四月十二日，七月七日，十月十二日为荣誉军人节日，各级政府召开荣誉军人大会，讨论在乡的荣誉军人的工作和生活等问题，身体已经恢复健康的，应送回部队或分配地方工作，疮口没有长满或残废程度较深的，仍留原地休养或送卫生机关医治。

第九条　在乡荣誉军人寄养或居住一乡或邻乡有三人以上者，设荣誉军人小组，互推小组长，主持领导组织生活，有三个小组以上设荣誉军人分团，小组分团直属县抚恤委员会领导。

第十条　在乡荣誉军人必须遵守军政法纪，如有故意违背者，由当地政府及分团小组予以劝告、申诫、其情节严重者，送县政府或军队政治机关处分。

第十一条　寄养荣誉军人的人家，须热心照顾荣誉军人，成绩优良的，由政府给予奖励，有故意不照顾的，应予以惩处。

第十二条　本办法自公布之日施行，如有不妥善的地方，由本署以命令修正之。

选自《华中抗日根据地财政经济史料选编》第三卷，档案出版社1986年版，第313～315页。江苏省财政厅、江苏省档案馆、财政经济史编写组合编。原注："按1944年11月《苏中行政公署法令汇编》刊印"。

5. 苏中区抗战军政人员抚恤暂行条例

1944年

第一章　总　则

第一条　为抚恤抗战部队临阵受伤或因公受伤致残废之各级抗战军政人员，并优恤阵亡或因公殒命之各级军政人员之遗族，特订定本条例。

第二章　（被）抚恤人员及遗族之规定

第二条　凡服务于苏中区各级军政机关之工作人员，部队之指战员及杂务人员之因公伤亡者，均适用本条例。

第三条　凡符合下列各条件之一者，均得享受本条例之抚恤：

（甲）临阵受伤肢体残废者；

（乙）因公外出，或于服务机关内遭受敌伪、土匪或其他破坏分子袭击受伤肢体残废者；

（丙）阵亡或临阵受伤伤重殒命者；

（丁）因公外出，或于服务机关内遭受敌伪、土匪，破坏分子袭击因而殒命者。

第四条　凡因第三条（丙）（丁）二项殒命之配偶，直系亲属（祖父，祖母，父，母，子，女）均为其遗族，有享受本条例抚恤之权。

第五条　凡伤残军政人员与死亡者之遗族，受有政府刑事处分者，即停止其优待抚恤之权利。

第六条　伤残军政人员及死亡者之遗族，除按照本条例领取享受抚恤外，不得另有其他要求，各抚恤委员会处理伤残军政人员及死亡者之遗族时，亦不得超出本条例之规定。

第七条　凡持有残废证之苏中区伤残军政人员，得向其他各抗日根据地之抚恤机关，领取抚恤金，或持有其他各根据地所发之残废证明书之伤残人员，苏中区各县抚恤委员会，亦应按规定等级，定期发给抚恤金，及享受本条例规定之各种优恤。

第三章　抚恤机关

第八条　由苏中行政公署会同苏中军区司令部，政治部，共同组织苏中区抚恤委员会，负责领导苏中区各县之抚恤工作。

第九条　各县由县政府会同同级之军政机关推举五人组织县抚恤委员会，县长兼主任委员，负责办理该县抚恤工作。

第四章　抚恤手续

第十条　负伤残废之核定，由抚恤委员会聘请卫生机关检验，按残废鉴别标准（见第十六条）填具证明表后，由抚恤委员会发给残废证明书（式样附后）及恤金。

第十一条　残废证明书有效期规定一等七年，二等五年，三等三年，临时残废一年，期满后应呈缴原证复验，如不合原证之残废等级，或身体已经复原者，得由卫生机关重新规定或取消之。

第十二条　凡第三条（丙）（丁）两项阵亡之指政战员，应由各该直属军政首长负责调查，填具证明书或死亡登记表，呈送当地抚恤委员会，并通知其家属，前来抚恤委员会领取证明书及恤金。

第十三条　抚恤证如有遗失，应即呈请抚恤委员会另行补发，原证声明作废。

第十四条　在医院休养之伤残人员，一律不发残废证和抚恤金，但出院后应即履行手续，取得残废证，领取抚恤金。

第五章　抚恤办法

第十五条　凡第三条（甲）（乙）两项伤残人员，得按其伤残程度轻重发给残废金。

第十六条　伤残人员伤残程度分为下列三等：

（甲）一等残废

1. 两目皆盲；

2. 失去一手以上；

3. 咀嚼及言语机能并废；

4. 身体瘫废；

5. 生殖机能伤（丧）失；

6. 其他类似上述情形者。

（乙）二等残废

1. 一手或一足全肢残废；

2. 一足失去五趾及脚一部；

3. 二耳俱聋或盲一目；

4. 一手失去五指或二三食指；

5. 咀嚼言语机能有重大障碍；

6. 重要器脏破坏，势难治愈者。

（丙）三等残废

1. 一手失去拇指，或其他三指；

2. 一足失去三趾，聋一耳，或脱鼻，视力障碍；

3. 头部及腰部运动有障碍；

4. 重要器脏受伤，有再发危险；

5. 伤难治愈，而精神上有至大障碍者。

第十七条　一等残废，全年发给残废金抗币一百元，二等残废，全年发给残废金抗币五十元，三等残废全年发给残废金抗币四十元，由抚恤委员会每年分春季秋季二次发给之。

第十八条　伤残人员残废金凭残废证明书发给之，期满即停发。

第十九条　伤残人员如因不能继续工作退伍回家休养其生活不能维持者，或虽未退伍而不能继续工作者，对于衣物及粮食等应优予接济并妥为安置保证其安全。

第二十条　凡第三条（丙）（丁）二项临阵阵亡或因公殒命人员之遗金及重要物品均应交抚恤委员会保存设法寄给其家属不得没收或随便使用。

第二十一条　凡第三条（丙）（丁）二项临阵阵亡或因公殒命者，除情况不容许掩埋外一律买棺木埋葬，并竖立纪念碑，其埋葬费由抚恤委员会实报实销，如有特殊功绩者，并应追赠表扬。

第二十二条　凡第三条（丙）（丁）二项临阵阵亡或因公殒命者之遗族得视其生活实际情形呈请政府经县以上政府之批准减免其粮赋劳役。

第二十三条　凡第三条（丙）（丁）二项临阵阵亡或因公殒命者之遗族除由政府发给“荣誉奖状”外，均发给抚恤金按临阵阵亡或因公殒命人员之职别等级分为抗币一千元、五百元、四百元、三百元四等发给之。

（甲）生时任职旅级干部发给一等一次抗币一千元；

（乙）生时任职团营级干部发给二等一次抗币五百元；

（丙）生时任职连排级干部发给二等一次抗币四百元；

（丁）生时任职班级以下战斗员工作人员杂务人员发给四等一次抗币三百元。

第二十四条　凡第三条（丙）（丁）二项临阵阵亡或因公殒命者之遗族，除得受本条例规定之抚恤外，仍得享受苏中区优待抗战军人家属暂行条例所规定之各种优待。

第二十五条　凡合于下列规定之一者，除按规定发给抚恤金外，得按具体情形酌量增加特别抚恤金：

（甲）生时服务有特殊功绩者；

（乙）为完成任务致伤或壮烈牺牲者；

（丙）拯救同志英勇致伤或殒命者；

（丁）临难不屈不挠者。

（戊）类似上列情形者。

第二十六条　凡符合第二条规定之伤残军政人员与死亡者之遗族其自愿放弃政府和抚恤委员会之各种优恤享受者政府应予以褒奖。

第六章　附　则

第二十七条　本条例由苏中行政公署苏中军区司令部政治部会同颁布施行，如有未尽事宜其修正权同。

选自《华中抗日根据地财政经济史料选编》第三卷，档案出版社 1986 年版，第 316～320 页。江苏省财政厅、江苏省档案馆、财政经济史编写组合编。原注：“按 1944 年 11 月《苏中行政公署法令汇编》刊印”。

6. 苏中区优待抗日军人家属条例

1944 年

第一章　总　则

第一条　为争取反攻胜利，开展参军拥军运动；切实执行优抗政策，遵照本区施政纲要第三项之规定，特订定本条例。

第二条　苏中区各县优待抗日军人家属，依本条例处理之。

第二章　抗　属

第三条　凡参加下列各项部队之指战员，政工人员及技术人员等均为抗日军人：

一、主力部队（新四军各主力部队及抗日之友军）。

二、地方兵团（各县警卫团独立团）。

三、游击部队（各区游击连、区队，小游击队，脱离生产之基干队等）。

第四条　抗日军人之下列家属，方得为享受本条例所规定优待之抗属：

一、配偶（妻）。

二、直系血亲（子女、父母、祖父母）。

三、未成年之弟妹，及不能独立生活之兄姊。

四、有契约上道义上扶养义务之人（如抗日军人本身为赘婿，则为其岳父母；如为继子养子，则为继父母养父母及自幼扶养抗日军人之伯叔姑舅，现在寡独贫苦者）。

第五条　抗属应参加抗属小组，抗属协会，在组织领导下从事兴家立业之家务建设及一切抗日民主之社会活动。

抗属协会与抗属小组之组织办法另订之。

第六条　抗日军人因战斗或积劳而致牺牲或伤残者，除按照抚恤条例办理优恤外，其家属继续享受本条例所列各项优待。

第七条　抗属因下列各项原因而丧失资格：

一、参军之人背叛革命者。

二、参军之人被开除军籍者。

三、参军之人逃亡开小差者。

四、抗属勾结敌伪特工查有实据者。

五、抗属犯有重大错误，经民主决定，政府批准，作一定时期之停止处分者。

第三章　优抗组织

第八条　优抗工作为政府之经常业务，民选之县区乡各级政府委员中，按照政府组织法，互推优抗委员会主任委员一人至二人主持之。

未实行民选之各级政府优抗工作，乡政府由副乡长负责，区政府由民政股、县政府由民政科主持之。

第九条　优抗工作应发展为民主的自发的运动，县区乡各级政府配合各阶层代表群众领袖，组织各级优抗委员推行工作。

各级优待抗属委员会组织条例另定之。

第十条　各级优待抗属委员，由政府领导，在民主讨论中推选工作。

第十一条　各乡为实行代耕代工得组织代耕代工队，其代耕代工办法另订之。

第四章　调查登记

第十二条　各部队对战士干部有家属居住于苏中区者，应调查登记，缮发抗属证，交于抗属收执。

第十三条　乡级优委会根据抗属证，进行调查登记抗属，造具名册，呈县政府优委会审核发给优待证。抗属未领到部队抗属证者，经当地行政干部及群众团体证明确实后，亦得履行登记，领取优待证。

第十四条　各乡现有之新旧抗属，应于本条例颁布后一个月内调查登记完竣。

各乡参军之抗属，应于参军同志抵达县级以上招待所或部队经检查身体合格入伍后一星期内办妥登记手续。

第十五条　抗属证优待证不许转借他人使用。如抗属将抗属证或优待证转借他人，经查明后，得予以一定时间停止优待之处分，冒充抗属者处五年以下的有期徒刑，得并科抗币一千元以下之罚金。

抗属证优待证如有遗失，应请由抗属小组转呈县级优抗委会声明作废，并予补发。

第五章　抗属权利

第十六条　抗属有在社会上受尊敬荣誉之权利，每年年节应由优委会，发动各阶层代表及政府人员，亲往抗属家庭贺年，并举行聚餐送礼，敬酒等。

抗属之婚丧期日，应由优委会发动致贺与吊唁，地方上举行公私集会抗属应受尊敬，获得优待之座席。

第十七条　遇有下列各项情事时，抗属有优先权：

一、政府发放农贷时。

二、政府或地方举行救济时。

三、乡区各级政府调解纠纷时。

四、向合作社购买廉价物品时。

第十八条　抗属有免费进各级学校读书主权利；抗属有向公立医务机关及优秀会特指定约之医师免费种痘及请求医治疾病之权利。

第十九条　抗属有免除后方勤务劳役之权利，抗属有减免公粮公草之权利，其减免办法另载于有关各条例。

第二十条　抗属之土地租佃关系，有少减租或多减租之权利，其多减或少减标准另载于土地租佃条例。

第六章　帮助抗属兴家立业

第二十一条　为帮助抗属兴家立业，其居住沦陷区者，以贷款为主；其居住游击区者，以代耕（帮助劳动力）为主，贷粮为辅；其居住根据地者，以解决土地问题（拨田）为主，帮助劳动力（代耕）为辅。

各级优抗委员会应会同抗属协会，抗属小组，根据实际情况，推动抗属进行具体的按家兴家立业计划，确立有系统之帮助办法。

第二十二条　对于抗属之帮助，应先对主力，继对地方兵团，次对游击部队，以为次序；其分配标准，如游击部队得一份时（一百分之一百），地方兵团应得一倍半（百分之一百五十），主力部队得双倍（百分之二百），但在执行时，仍应照顾各抗属之具体经济情形，在民主讨论，启发自愿自觉的精神下，优先帮助生活困难，急需帮助之抗属。

第二十三条　抗属因一时灾害或生丧病葬不能应付者，得根据实际情形，给予临时救助，以拨款粮或给予实物为原则。

第二十四条　优待抗属帮助抗属之各种措置，须优抗会及抗属协会民主讨论以为决定。

贷款贷粮等办法，须呈由区政府核准执行。

拨田须呈请县政府以上核准执行。

代耕及帮助肥料等由乡级民主决定。

第二十五条　贷粮，贷款，拨田，俱就优抗基金内拨付之。

第二十六条　为抗属解决土地问题（拨田）系专指有剩余劳动力及缺乏土地之抗属，不得以普遍的分拨田亩为号召，造成不良倾向。拨田应经抗属协会及优抗委员会缜密之民主讨论呈请县级以上政府及优抗委员会核准执行之。

第二十七条　抗属对于所拨田地之权利分甲乙两种：

甲种——一定时间使用受益，所有权属于政府。

乙种——永远使用受益，所有权（除处分权以外）属于抗属，但其所有权之获得应经民主讨论与政府核准。

以上权利不得转让、出卖或出租，如有私行处分不生效力（即时追回）。

第二十八条　优抗基金之土地，原有人承种者，不得无故摘田，其拨给抗属之田亩，如有人承种时，以不摘田为原则，如抗属因实际情形，非自己耕种不可时，并应为承种人先行协商善后办法。

第七章　优抗基金

第二十九条　优抗基金之支持，除特殊情形（如业主自愿对参军而送免租款）外，原则上应由区级以上政府及优抗委员会作统一之筹划，以免分歧。

第三十条　优抗基金以下列各种土地、粮食、房屋、物品、金钱、权利及其他财产充作之：

一、政府所指拨之土地包括公田、学田、公荒、公滩，及没收之逆产（汉奸之财产）敌产。

二、各阶层人民所献之优抗田产、房屋、金钱、粮食。

三、政府所指拨之食粮（每县应指拨五百市石至一千市石）。

四、行政、司法罚款。

五、公产及公营事业积余拨充优抗经费部份（分）。

六、开明业主或寺庙、家祠自愿献出土地之承种权、所有权及自耕农或土地较多佃农自愿献让之土地之承种权。

七、各项优抗基金因经营耕作所获之孳息利润。

第三十一条　各种优抗基金之土地，因权利关系不同，只有承种权者不得妨碍所有权，附有期限者，并经同意不能超过，减免一部分租息者应交纳未减免部分，在拨付抗属时，应加说明，并敦促其履行。

抗属承种优抗基金内之土地，除说明免租者外，应规定租额，较一般租额标准减低，但有按期交纳之义务。

第三十二条　优抗领用优抗基金内之粮食金钱，其性质各有不同，当时系属救济救助者，可言明不必偿还，如系贷借性质，应分期或于约定期间，履行偿还。

第三十三条　各项优抗基金之现金部分，经民主讨论，得政府核准后得以一部或全部参加公营事业，但不得进行任何投机性的商业买卖。

第三十四条　优抗基金之保管由各区政府及优抗委员会负责主持，得委托各乡分别保管，但动用须经核准。各区优抗基金，应编造目录，呈报县政府及优抗委员会备查，各县政府及优抗委员会于必要时，得统一筹划，有所调剂。

第八章　奖惩办法

第三十五条　各级政府优抗工作于每年一月四月七月十月分四次进行，政府应检查自身与优抗会工作，并以优抗工作为一切公务人员考绩主要标准之一。

第三十六条　各级政府公务人员如因过失致抗属受有损害者，除予以行政处分外，并依其程度担负刑事责任与损害赔偿责任。

第三十七条　人民于优抗基金内舞弊侵蚀者，按侵占罪加重处刑，各级公务人员从中贪污渎职者，按照惩治贪污条例加重处刑。

第三十八条　凡企图冒用参军名义，窃取优抗享受者，除追回一切物质享受外，按照冒充抗属处罪。

第三十九条　各级优抗人员，踊跃从公，获有成就者，政府按其功绩，予以下列之奖励：

一、记功，升级；

二、登报表扬；

三、发褒奖状；

四、给予物质奖励。

第四十条　抗属有下列功绩之一，应由民主讨论中推崇为“模范抗属”，“革命父亲或妈妈”，“模范妻子”，“小英雄”，并予以精神或物质的奖励：

一、鼓动参军之家属努力学习，并以身作则说服其他抗属，努力从事于抗日民主社会活动及生产工作者。

二、在兴家立业中改善自己生活，自动自觉的放弃一切物质资助，并能资助其他抗属者。

三、自己努力生产并能帮助推动其他抗属进行兴家立业之生产工作者。

四、说服家属自动归队，不拖尾巴者。

五、抗战军人之弟妹子女，能在学习上，工作上，生产上做模范，减除家庭困难，并团结小朋友帮助贫苦抗属者。

六、有其他可为模范之行动者。

第九章　附　则

第四十一条　本条例颁布以后，以前本署及各专员公署县政府所颁布有关优抗各项条例办法规程法令一律废止。

第四十二条　本条例自本署颁布之日起施行，如有未尽善处由本署以命令修正之。

选自《华中抗日根据地财政经济史料选编》第三卷，档案出版社1986年版，第321～328页。江苏省财政厅、江苏省档案馆、财政经济史编写组合编。原注：“按1944年11月《苏中行政公署法令汇编》刊印”。

7. 苏中区各级抗属协会组织条例

1944 年

第一条 苏中区各县区乡抗日军人家属为加强团结，互助互济，便利教育与调查起见，组织抗属协会（以下简称本会）。

第二条 县区乡各级抗属协会，冠以各该县区乡之名称。

第三条 凡系优抗条例所规定之抗属，均为本会会员。

第四条 本会之任务如下：

一、代表抗属出席参加各种会议。

二、配合各级政府优抗委员会进行拥军拥政爱民参军等运动。

三、经常对抗属进行政治教育，不使任何抗属情绪落后。

四、帮助抗属兴家立业，鼓励抗属从事生产，兴办互助合作等事业。

五、随时反映并随时协助个别抗属所遭遇之突发事故，随时检讨各抗属所获得之经常优待。

六、动员逃亡战士归队。

第五条 本会以抗属小组为基础组织，凡抗属同住一村满十人时，应即成立小组，推选小组长一人，主持联系，其附近之村庄，因人数关系，得合并组织之。

第六条 各乡抗属协会，以全体大会为最高权力机关，每半年举行一次，民主选举出席区乡大会代表，并选举乡抗协理事七至九人，组织理事会，推选理事长一人，主持日常会务。

第七条 县区抗属协会，以各乡抗协代表所组织之代表大会为最高权力机关，每年举行一次，在闭会期间，得由大会选举五人至七人，组织理事会，互推理事长一人主持日常会务。

第八条 各级抗属协会之会员大会，或代表大会，得因需要举行临时大会。

第九条 各级抗属协会理事会，得因工作需要，分设总务、教育、福利、组织等股；各该理事会，应经常举行会议，进行工作。

第十条 抗属小组应于生产互助、教育中加强组织生活，从漫谈、访问、说家常各种方式进行之，除必要外，应避免一切会议形式。

第十一条 本条例由本署颁布施行，如有未尽善处，由本署以命令修正之。

选自《华中抗日根据地财政经济史料选编》第三卷，档案出版社 1986 年版，第 329～330 页。江苏省财政厅、江苏省档案馆、财政经济史编写组合编。原注：“按 1944 年 11 月《苏中行政公署法令汇编》刊印”。

8. 苏中区优待抗日军人家属代耕代工办法

1944 年

第一条 为解决抗属有田没人做，或者人手不够做的困难，保证抗属在耕种所需的田地上，有人帮助代耕，代种，代收，代打，并根据本区优待抗日军人家属条例的规定，特制定本办法。

第二条　代抗属耕作的田地，是指抗日军人嫡亲的祖父母、父母、妻子，以及没有成家立业不能单独生活的兄弟，和没有出嫁姊妹的田地，他同家叔伯份内和分居的兄弟姊妹的田地，不算在内。

第三条　代耕队的组织：

一、各乡人民除基干队员，生活极穷苦的，或有特殊情形者外，凡是年龄在十八岁到四十岁的男人，在原则上一律参加代耕代工队做队员。

二、全乡所有的耕畜一律编入代耕队。

三、代耕代工队以乡做单位，全乡设乡代耕代工队队长一人，以居民小组或居民村划分若干分队，各设分队长一人，乡队长和分队长都由民主选举。

第四条　各乡代耕代工队应直接受乡优抗委员会领导，在代耕代工的时候，要受抗属指挥。

第五条　代耕代工方式方法：

一、代耕代工的范围以居民小组或居民村做单位，如人畜不够分配时，可在本乡其他组村中进行调剂。

二、代耕代工队队员应按照他家庭情形和人力畜力决定他代耕代工的田地的亩数。

三、代耕代工队可采取固定的分工办法，按照全乡抗属田地亩数和缺少人工数目，指定某几家某几人负责替某抗属代耕代工，并分好代耕代工地段，由乡优抗委员会登记，以后按照时令代抗属耕作。

四、代耕代工队队员负耕种收打的全部责任，如抗属少人锄草，做零工，也应负责代锄代做。

五、代耕代工是纯义务性质，不取工钱，伙食和农具统由代耕代工队员自己携带。

第六条　参加主力的抗日军人家属和极穷苦的抗属，有优先享受代耕代工的权利。

第七条　代耕代工时，区乡行政人员，要亲自检查情形，随时随地进行宣传工作和解释工作，并且要做模范。

第八条　对代耕代工队员的奖惩：

一、因代耕代工队员工作努力，致收获量增多的，可由抗属协会或乡政府呈请区县政府，发给奖品或奖状，并在群众大会上表扬。

二、经抗属证明，认为代耕代工队员耕作勤劳，特别爱护农作物，可呈准区县政府酌量免除其他各项公役。

三、代耕代工田地不能按时耕种收打，或故意延迟敷衍，因为代耕代工不努力，而致歉收的，可按照田邻同等土质的正常收获量，由代耕代工队员赔偿，以示惩罚。

四、代耕代工队员懒惰或不负责任，经抗属或抗属协会直接交涉无效时，可报告优抗委员会转报乡政府予以规诫。

第九条　穷苦的抗日人员（政府群众团体的工作人员）家属，由乡优抗委员会调查，呈报区政府批准后，也可以照本办法享受到代耕代工的优待。

第十条　本办法由本署颁布施行，如有未尽善处，以命令修正之。

选自《华中抗日根据地财政经济史料选编》第三卷，档案出版社1986年版，第331～333页。江苏省财政厅、江苏省档案馆、财政经济史编写组合编。原注："按1944年11月《苏中行政公署法令汇编》刊印"。

9. 苏中区各级优待抗属委员会组织条例

1944年

第一条　为保证本区优抗条例之切实执行，苏中区县区乡各级政府应组织优待抗属委员会。

第二条　各级优待抗属委员会，除民选政府委员中担任优抗委员会主任委员或优抗委员为当然主任委员或委员外，其他委员由各该政府聘请之。

第三条　未经民选之各级政府优委会主任由县民政科长，区民政股长，乡之副乡长担任之。

第四条　各县优委会设委员九至十一人，就下列人员中聘请之：

一、县政府委员。

二、县级民意机关代表。

三、县独立团（警卫团）政委或政治处主任。

四、总队部代表。

五、县抗属协会代表（县抗协未成立以前，可就区乡抗协中聘请）。

六、县农抗工抗代表（县农抗工抗未成立以前，可就区乡农抗工抗中聘请）。

七、县青抗妇抗代表（县青抗妇抗未成立以前，可就区乡青抗妇抗中聘请）。

八、县教抗代表，县学教师。

九、开明士绅。

十、区级干部之积极分子。

第五条　各区优委会设委员七至十一人，就下列人员中聘请之：

一、区政府委员。

二、区民意机关代表（区参政会或参工团）。

三、区队政委教导员或指导员。

四、区队部代表。

五、区抗属协会代表（区抗协未成立，可就各乡抗属小组中聘请）。

六、区农抗工抗代表（区农抗工抗未成立，可就各乡农抗工抗中聘请之）。

七、区青抗妇抗代表（区妇抗青抗未成立以前，可就各乡妇抗青抗中聘请之）。

八、区教抗代表，区学教师。

九、开明士绅。

十、乡级干部之积极分子。

第六条　各乡优委会设委员七至十一人，就下列人员中聘请之：

一、乡政府委员。

二、乡队部代表。

三、工抗代表。

四、农抗代表。

五、青抗妇抗代表。

六、抗属协会或抗属小组代表。

七、乡学教师。

八、开明士绅。

九、村级干部之积极分子。

第七条　各级优抗委员为无给职；各级优委会办公用费由各级政府办公费内开支。

第八条　乡优抗委员会以每乡设立为原则，但遇有该乡抗属人数不多或因其他特殊情形时，得就两乡或两乡以上合并组织。

第九条　各级优抗委员会之任务如下：

一、保证优抗条例之执行。

二、组织抗属，教育抗属。

三、保证抗属从“不受冻馁”到“兴家立业”。

四、劝募优抗基金，按照优抗条例所规定之职权支配动用优抗基金。

五、动员逃亡战士归队。

第十条　各级优抗委员会之主要具体工作如下：

一、调查抗属——包括人口，经济状况，出征战士在家时对家庭负担，实际需要劳动力，资助救济等，每半年由乡优抗委员会作切实调查，汇转区优抗委员会，县优抗委员会经审查后发给优抗证。

二、组织抗属——领导抗属协会及抗属小组，从出征将士在部队之表现及抗属在家乡之表现，用民主方式，进行审查，教育奖励，批评。

三、实施资助——从帮助抗属兴家立业为目的，根据实际需要，按照优抗条例之规定，对抗属实行“代耕代工”“拨粮”“拨款”“贷粮”“贷款”“解决土地问题”等物质资助。

四、帮助抗属兴家立业——代订按家计划，并保证其能完成，务使抗属能达到兴家立业，自觉的自动的放弃资助，进而资助其他抗属。

五、照顾抗属生活——负责处理抗属对人之纠纷，不使抗属受欺，亦防止抗属欺人，对于抗属婚、寿、生、病、灾、死、葬、教育各项，应做到不待抗属要求而予以合理的物资或精神之资助，保证优抗条例之切实执行。

六、举行慰问与欢宴——按照优抗条例之规定执行。

七、代笔——替抗属写信，如抗属要求，优抗委员会应善为代笔，即抗属并无要求，每半年应发动抗属写信一次，以报告家庭生活，优抗情形及鼓励出征将士为内容。

第十一条　各级优抗委员会得就任务与主要具体工作分设各股，推派专人负责。

第十二条　各级优抗委员会因具体情况得从事帮助抗属兴家立业之生产建设工作，但应拟具计划，经民主讨论，并呈准行政区专员公署以上之核准，方得进行。

第十三条　乡优抗委员会每半个月应开会一次，区优抗委员会每一个月应开会一次，县优抗委员会每二个月应开会一次，但因实际需要，得随时举行临时会。

第十四条　各级优抗委员会之工作，应求切实深入，县、区优抗委员应经常在各乡协助工作。

第十五条　本条例由本署颁布施行，如有未尽善处由本署以命令修正之。

选自《华中抗日根据地财政经济史料选编》第三卷，档案出版社1986年版，第334～337页。江苏省财政厅、江苏省档案馆、财政经济史编写组合编。原注："按1944年11月《苏中行政公署法令汇编》刊印"。

10. 盐阜区人民战时后勤服务暂行办法

1945年5月盐阜区临时参议会第二次大会通过

第一章　总　则

第一条　为保证便利军事运输与各项后勤需要，并顾及节省民力调剂劳逸，特订定本办法。

第二条　凡年十八岁以上五十岁以下之男子，均有按本办法作后勤服役之义务。

第三条　民兵在平时可免服后勤，在紧急战斗情况需大量人力时亦需服后勤。

第四条　凡因军政上之各项设施而需用民力，如构筑工事，破路打坝，架设电话，运载军用品伤病人员及粮秣等，均属后勤服务范围而适用本办法之规定。

第二章　组织及调用

第五条　各乡（或村）政府应将所有应服后勤劳役之人民编为后勤队，以便随时调用。

第六条　后勤队设队长一人，（即乡或村中队副）下设若干班长，每班十个运输队员，依次轮流服役。

第七条　任何部队机关调用后勤队员，必需持行署签发之拨伕通知书或请伕证，方可按数调用。

第八条　调用后勤队员，分长期与短期两种，长期调用服役时期为一个月，短期调用不限时间，任务完毕即行返回。

第九条　人民担任长期服役者，每年以两次为限，但在战时紧急情况下，不受上项限制。

第十条　部队团以上之机关及后方休养军需机关，得按其实际需要，长期调用一定数量之运输队员更班轮换。

第十一条　战时紧急情况需要之后勤服役，由团以上政治机关送行署或县政府调用，由当地政府临时设立动员机关紧急动员之，以协助部队后勤工作。

第三章　免役与缓役

第十二条　下列人员准予免役。

一、抗日军人及烈士之直系亲属。

二、区县参议员、中小学教师及在学学生本身（非家属）。

三、村以上行政与武装工作人员本身。

四、残废宿疾，或长期重病，经村民公认者。

五、贫苦而家中无劳动力之行政干部直系亲属。

第十三条　下列人员准予缓役或减役。

一、小本营业者在市集日或其他有利之营业时日以及木工、瓦工等正在工忙时日，暂准缓服役事后照补。

二、全家仅靠一人之劳动力每日经营为生者（即一日不做一日不过者），准免调长期服役。

三、为政府作其他服务（如编造粮串等）准予抵充后勤服役。

四、凡需服役者其本身劳力不足，或因他故而不能按序服役者，准其雇人代役。

第四章　待　遇

第十四条　人民在后勤服役期间，其伙食由调用机关负责供给。

第十五条　后勤服役在战时紧急情况下，伙食由县区政府统一筹划，各后勤队自行办理，部队不负责照顾。

第十六条　人民在长期后勤服役期间生病，由调用机关负责治疗，死亡者酌予抚恤之。

第十七条　人民因服役后勤在对敌作战中致伤者，予以治疗，残废者予以抚恤，牺牲者除予抚恤外，并准其家属作为烈属优待。

第五章　预算与决算

第十八条　为防止浪费人力，特建立部队机关征伕预算决算制度，暂订半年一期。

第十九条　征伕预算在预算期开始前一个月内即需按级造报，转送行署审核拨发，有节余应即缴还。

第二十条　征伕决算应在预算期终了后一个月内，按级造报，转送行署核销，若有节余应即缴还，不得留用。

第二十一条　造报征伕预算时，须分长伕与短伕列算，经审核后，其长伕由行署签发拨伕通知书，短伕则发给临时请伕证。

第二十二条　临时请伕证分为下列四种，即一个伕子一张的，两个伕子一张的，五个伕子一张的，与十个伕子一张的，每张请伕证所载每名伕子以一天为限，造报预算之伕子数应以每伕一天为一个伕子计算。

第六章　调　剂

第二十三条　为免劳逸不均，便于即时调剂征用起见，各县区村应将各该单位之运输队人数，确实按级造报。

第二十四条　调用运输队在十名以内者由行政村统筹，十名以上一百名以内者由区政府统筹，一百名以上五百名以内者由县政府统筹，五百名以上者由行署统筹。

第二十五条　每两个月各行政村应搜集拨伕通知书及临时调伕证结算一次，并将通知书请伕证及已服役之人数报告区政府汇交县政府及行署以便及时调剂。

第二十六条　凡经常驻军临时调服劳役过重地区，得减免其大批伕役之拨派。

第二十七条　凡交通线上之村庄，因军运频繁劳役负担较重，该处后勤队应不予调服长期劳役，必要时得由行署调集相当数量之后勤队驻于该处，以便运输。

第七章　附　则

第二十八条　本办法自公布之日起施行，其解释及修正权属行署。

选自《华中抗日根据地财政经济史料选编》第四卷，档案出版社 1986 年版，第 291～294 页。原注："按 1945 年 5 月盐阜区《法令及提案决议》刊印"。

11. 浙东行政区优待反正伪军伪政权人员条例

1945 年 8 月 19 日

一、当此日寇宣布无条件投降而尚未完全放下武器的时期，本区本宽大为怀与人为善之旨，特给予伪军伪政权人员以反正自新戴罪图功之最后机会，特订定本条例。

二、凡一切伪军伪政权工作人员，不问过去系因迫于生活，为保护自己生命财产，一时误入歧途者，或迫于环境，一时不择明暗，不辨是非，被汉奸头子国民党亲日分子所欺骗者，甚或过去参加反共反新四军，犯过祸国殃民的罪行，任过重要军官或官吏者，只要在敌伪全部放下武器以前，痛悔前非，毅然觉悟，反正来归，一律不咎既往，予以自新。

三、前条反正人员，本区当按其实情和实效分别予以公正处理，同时给予下列三大保证：

（一）保证不咎既往；

（二）保证生命财产安全；

（三）保证续任公职，不改编、不缴枪、不降级、不剥夺其军权。

四、凡过去因投敌破坏抗战、罪大恶极，而在我解放区有财产房屋曾经人民请求由政府暂时代管者，只要毅然改悔，反正来归，本区可根据实情，将此项财产一部或全部发还。

五、个别反正者，在政府登记以后，得享受公民之权利。携带武器来归本军者，一律欢迎。对不愿参加本军者，按照规定，给予赏金，并予以归家及务业之便利。

六、对策动伪军伪政权人员反正或配合本军收复城市乡镇据点有功者，得视功绩之大小，予以奖励或任用。

七、本条例如有未尽事宜，由浙东行政公署、纵队政治部，以命令修改之。

八、本条例自公布之日施行。

浙东行政公署
新四军浙东纵队政治部
八月十九日公布

选自《浙江革命历史档案选编》，浙江人民出版社 1985 年 4 月版，第 597～598 页。杭州大学历史系、浙江省档案馆合编。原注："原载 1945 年 8 月 25 日《新浙东报》"。

五、军事法规

1. 苏南行政区各县抗日自卫队组织暂行条例

1944年2月1日公布

第一条　为广泛武装人民，增强抗日力量，开展游击战争，粉碎敌伪清乡扫荡，除奸防匪，维持地方治安，保卫家乡，坚持敌后抗战，争取最后胜利，特订定本条例。

第二条　自卫队为人民自卫武装组织，凡年在16岁以上、50岁以下之公民，除残废者外，不分性别阶级阶层宗教信仰，均有参加自卫队之义务，编为自卫队员。

第三条　根据自愿原则，将体力强壮，愿意奋身杀敌之自卫队员组织半脱离生产之民兵，视各县具体情况不同，称游击小组、模范队、精干自卫兵等，作为自卫队骨干。

第四条　自卫队之任务如左：

一、配合抗日主力及游击兵团，进行群众游击战争。

二、协助政府维持地方治安，站岗放哨，缉捕汉奸、匪盗、逃兵等。

三、担任各种抗战勤务，侦察敌情，帮助军队运输，向导，救护伤兵等。

四、进行扰乱敌人，破坏敌人交通、碉堡、工事及其经济资源等。

五、掩护抗日军政人员传送情报及各种文书。

六、执行政府法令，接受政府教育训练。

第五条　自卫队组织民兵以民主集中制为原则，应有其独立组织系统，由队员大会或代表大会选举5人至9人组织各级人民抗日自卫委员会，统一指导与指挥，县区两级委员任期一年，乡保（村）两级委员任期半年，但各级行政首长及农救会主任得为当然委员。

第六条　自卫队最高权力机关为队员大会或代表大会，在队员大会或代表大会闭幕时间为各级人民抗日自卫委员会。

第七条　各级人民抗日自卫委员会设正副主任各一人主持全盘工作，组训部（股）长一人主持组织、管理、训练、教育工作。

宣传部（股）长一人主持对内对外之宣传鼓动工作，由委员会推选之，并视具体情形添设青年部（股）妇女部（股）。

第八条　自卫队以保或自然村为单位，成立分队，镇乡成立中队，区成立大队，县成立总队。

第九条　县总队设正副总队长、政治委员各一人，区大队设正副大队长、政治指导员各一人，乡镇中队设正副中队长、政治指导员各一人，保分队设正副分队长、政治指导员各一人。各级正队长原则上由各级行政首长兼任，副队长及政治工作人员由各级人民抗日自卫委员会推选或由上级委派之。

第十条　保分队以下设立小队，每小队辖10人至15人，青年与妇女视人数多寡，可分为青年小队或妇女小队，每小队设小队长一人，由队员推选之。

第十一条　县总队副及政治委员，区大队副及政治指导员应脱离生产，乡中队副及政治指导员应半脱离生产，其余均为不脱离生产。

第十二条　民兵直接归区县两级队部及区县人民抗日自卫委员会指挥，在调训及担任战斗时伙食由公家供给。

第十三条　自卫队在执行基本任务时，应接受各级政府之指挥，再［在］配合抗日［时受］主力及游击兵团指挥。

第十四条　自卫队在执行任务时，所拿获一切案犯及财物均由政府处理。

第十五条　自卫队训练以分队为单位进行，除在农忙时间外，每周应有一次至二次课，每次二小时至三小时。课程主要是时事教育、政治常识、军事常识和文化娱乐。以乡为单位，每半月会操一次，县区会操临时规定之。

第十六条　自卫队经费由各县政府统一筹划，呈请苏南行政公署备案，其未经政府批准不得向地方摊派募捐。

第十七条　自卫队每个队员须有一件武器，以保分队自行筹划，尽量利用民间现有之刀矛枪支。

第十八条　自卫队纪律：

一、坚决执行政府一切法令。

二、服从命令完成任务。

三、不违反人民利益。

四、遵守各种制度。如违反上列纪律，不论队员或干部，由中队长以上部队首长按情节轻重予以警告、勤务、撤职等处分。

第十九条　各县现有之民间自卫组织应统一于自卫队，以求得领导指挥之统一。

第二十条　各县政府得按各地具体情况，根据本条例颁布细则实施。

第二十一条　本条例自公布之日施行，如有未尽事宜得随时明令修改之。

选自《苏南抗日根据地》，中共党史资料出版社 1987 年 9 月版，第 326～328 页。中共浙江省委党史工作委员会、江苏省档案馆编。原注："选自江苏人民出版社《新四军在茅山》"。

2. 日本投降后　新四军发出的布告和命令（三件）

1945 年 8 月

新四军布告

1945 年 8 月 10 日

日寇已无条件投降，本军为肃清敌寇残余，安定社会秩序，保护城市与乡村各界人民起见，特进占本城，兹公布下列各条，切实执行：

（一）一切敌寇汉奸武装部队，必须立刻缴械。缴械后，得保障其生命安全；如有拒绝缴械者，则予以坚决消灭。

（二）对自动携械反正并愿接受本军收编者，给以优待，并按"优待反正伪军条例"办理。

（三）没收一切敌产及大汉奸大卖国贼之财产，归该城管理与处理委员会有计划的支配和救济失业工人及贫民。

（四）逮捕大汉奸大卖国贼，依法惩处。

（五）本军愿与一切反对敌伪赞成民主的人士亲密团结，建立民主政权，确保和平，繁荣工商业。

（六）实行新民主主义政策保护各阶层人民利益，保障人权财权，保护私人企业，制止投机垄断。

（七）如有反抗或破坏现行军政设施者，一律以汉奸论罪。

此布

代军长　陈　毅

副军长　张云逸

代政治委员　饶漱石

选自《华中抗日根据地财政经济史料选编》第四卷，档案出版社 1986 年版，第 19 页。原注："按 1945 年 11 月华中七地委拂晓社《中国共产党政策》刊印"。

新四军政治部命令

1945 年 8 月 12 日

部队进入各大城市与交通要道后，各级军政首长，各级军事政治机关，应严格约束所属部队人员，切实遵守我军纪律，以保护人民利益，为此：

第一，各部队进入城市后，对所属人员应很好掌握政策，并注意部队军容军纪之整理，不得松懈。

第二，各部队除有维持治安，保护人民利益，控制军事建筑，军事仓库及交通之责外，不得有任何搜扰人民之行为。

第三，对大汉奸、大卖国贼之财产及敌伪仓库资财，应由各该城市之最高政治机关负责，协同财政、供给、保卫部门及当地政府，派出代表，组织城市管理与处理委员会处理之。其余任何机关人员及部队，均不得擅自没收支配与处理，如无该委员会之组织，各部队只有保护控制之责，不许没收支配与管理。

第四，部队进入城市后，所组织之管理与处理委员会应有严格之工作纪律，切实执行党的政策，除敌伪资材（财）、军事仓库归城市管理与处理委员会处理外，所有私人之工商业，公益机关，交通机关，文化教育及历史博物馆等机关应一律妥加保护，不得损害与破坏。部队应实行公买公卖，不得有任何强买强卖行为。

此令

选自《华中抗日根据地财政经济史料选编》第四卷，档案出版社 1986 年版，第 20 页。原注：“按 1945 年 11 月华中七地委拂晓社《中国共产党政策》刊印”。

新四军布告

1945 年 8 月

日寇无条件投降，本军现进占各城乡市镇，愿与各界同胞在和平、民主、团结方针下，协力安定秩序，保护城乡各界人民，并从事政治、经济、文化等项建设，兹特公布下列各条，盼各界与本军协同施行：

（一）伪军伪组织人员，必须立即向我反正或接受改编，在反正或改编后，本军当保障其生命财产安全，如有拒绝者，则予以坚决消灭。藏匿奸宄不报者，依法严惩，自动向政府检举而得以逮捕罪犯者得受赏。

（二）对一切反正自新，真正改过向善的伪军伪警伪组织人员及特务分子，准予向各地政府登记自首，并一律宽大。但对怙恶不悛，继续对现行军政设施肆行反抗，破坏或暗害者，一律应按照其犯罪实据与危害程度，依法严惩，决不宽贷。

（三）依照“接收敌伪汉奸财产暂行办法”登记没收与处理一切敌产，及大汉奸大卖国贼之财产，如有隐匿不报或私自转让者，一经查出即依法严惩；如有确知上项情形，而据实向政府报告者得受赏。

（四）城乡军民，必须严守纪律，恪遵秩序，不得随意没收或损坏公产及公物，应切实保障私有财产，保护私人企业，安定市场繁荣工商业。

（五）立即解散一切伪政权，伪组织，停止其一切活动，逮捕和审判大汉奸、大卖国贼，保障各界爱国人民言论、出版、集会、结社之自由，普遍发动与组织工、农、商、学、妇女、青年及各界同胞自己团体，以发扬民主，保证和平。

（六）本军愿与一切反对敌伪，赞成民主的人士亲密合作，一俟秩序安定，即举行人民民主选举，建立民主政权，在和平、民主、团结的基础上，切实进行各项建设工作。

此布

军长　陈　毅
副军长　张云逸
政治委员　饶漱石

选自《华中抗日根据地财政经济史料选编》第四卷，档案出版社 1986 年版，第 24～25 页。原注：“按 1945 年 11 月华中七地委拂晓社《中国共产党政策》刊印”。

3. 新四军苏浙军区对日本驻军通牒

1945 年 8 月

日本政府已向盟国提出无条件投降，顷奉延安总部朱总司令命令中国解放区武装部队接收东北、华北、华中、华南各地日本军投降。本军区则接收京、沪、杭、甬沿线各地日本军之投降事宜，兹特通告如次：

（一）立即命令所属部队及机关停止一切抵抗，并在原驻地点不得调动，听候处置；

（二）限于通告送到 24 小时内派代表前来与我军接洽，如逾规定时间拒绝投降者，即视为敌对行为，本军即决予以武力解决之；

（三）自接到本军通告之时起，对于一切军器、交通工具、军用器材及所有物资不得有任何损坏，并不得交于本军以外任何方面，否则本军概不负责；

（四）对于盟国俘虏及中国人民，不得有伤害行为；

（五）接受无条件投降后，本军即按照优待俘虏条例予以生命安全之保障，并负责帮助遣送回国；

如违犯上列五项任何一项，即视为敌对行动，本军则采取坚决消灭之。

右通告

司令员　粟裕
副司令员　叶飞
政治委员　谭震林
政治部主任　钟期光
中华民国三十四年八月

选自《苏南抗日根据地》，中共党史资料出版社 1987 年 9 月版，第 384～385 页。中共浙江省委党史工作委员会、江苏省档案馆编。原注：“选自江苏人民出版社《新四军在茅山》”。

4. 新四军苏浙军区对伪军伪警及一切伪组织的紧急通告

1945 年 8 月

案奉

延安总部朱总司令命令：“日本已无条件投降，一切伪组织限于日军投降签字前率部反正听候编遣，逾期即命令全部缴出武器。”现本军已向京沪杭甬各大小城镇之日军发出通牒，限期接受投降处置。特此通告所有伪军、伪警及一切伪组织，应立即率部反正，速派代表前来本军区管辖之各部队接洽反正事宜，并须切实保护一切军器、卷宗及资财，保护中国同胞，协助本军行动，本军当一本宽大政策予以戴罪图功之机会，如有执迷不悟，拖延时间，或有隐匿、破坏、滋扰情事，以及未待本军允许而向本军以外任何方面接洽，另有企图或假借名义图谋不轨者，即视为敌对行动，本军即予以缴械。

特此通告

司令员　粟裕
副司令员　叶飞
政治委员　谭震林
政治部主任　钟期光
中华民国三十四年八月

选自《苏南抗日根据地》，中共党史资料出版社 1987 年 9 月版，第 386 页。中共浙江省委党史工作委员会、江苏省档案馆编。原注：“选自江苏人民出版社《新四军在茅山》”。

5. 新四军浙东游击纵队对敌伪军通牒

1945 年 8 月 12 日

顷奉延安总部总司令朱电令：“延安总部命令：日本已宣布无条件投降，同盟国在波茨顿宣言基础上将会商受降办法，因此，我特向各解放区所有武装部队发布下列命令：（一）各解放区任何抗日武装部队均得依据波茨顿宣言规定，向其附近各城镇交通要道之敌人军队及其指挥机关送出通牒，限其于一定时间内向我作战部队缴出全部武装，在缴械后，我军当依优待俘虏条例给以生命安全之保护。（二）各解放区任何抗日武装部队均得向其附近一切伪军伪政权送出通牒，限其于敌寇投降签字前，率部反正听候编遣，逾期即须全部缴出武装。（三）各解放区所有抗日武装部队如遇敌伪武装部队拒绝投降缴械，即应予以坚决消灭。（四）我军对任何敌伪所占城镇交通要道都有全权派兵接受，进入占领，实行军事管理，维持秩序，并委任专员负责管理敌地区之一切行政事宜，如有任何破坏或反抗事件发生，均须以汉奸论罪。——总司令朱德，民国三十四年八月十日二十四时。”我浙东纵队司令部奉令，特向我浙东解放区附近各城镇驻守之敌军与伪军伪政权通牒如下：

（一）所有敌军于接到本通牒后，立即停止抵抗，并即派遣代表前来本军接洽投降事宜，解除全部武装，一切军用器具，不得破坏与损毁，留驻原地，听候接收。

（二）所有伪军伪政权于接到本通牒后，立即率部向本军反正，听候编遣。

（三）一切缴出武装之后敌军与率部反正后之伪军伪政权官兵人员，本军当依照优待敌军俘虏条例与优待反正伪军伪政权条例，分别予以生命安全之保障与优待。

（四）一切接到本通牒后之敌军与伪军伪政权如拒绝投降缴械与反正，本军决采取必要惩罚坚决予以消灭。

新四军浙东纵队司令　何克希

选自《浙东抗日根据地》，中共党史资料出版社 1987 年 6 月版，第 170～171 页。中共浙江省委党史资料征集研究委员会、浙江省档案馆编。原注：“原载 1945 年 8 月 13 日《新浙东报》”。

六、财金税粮

1. 苏南行政区苏常太经济委员会征收货物税暂行条例

1940年12月20日修正公布施行

甲、征收种类及税率

一、输入品：（由税区内起运或自外输入者）

（1）普通品项：纱线、柴油、火油，以上征1%。

厂面粉（特许输入者），征1%。

布匹、颜料、茶叶、五金、腌货、糖类、油类（指植物油）、纸张、酱油、花生、工业用品、建筑材料、陶瓷器具、桐油、丁铁、麻皮，以上征2%。

"外国货"、纱线及燃料，征3%。

食盐，征10%（如苏锡宜溧等地至长江各口岸采办食盐假道通过本税区，须事先向本会申请，可出给统一运输证，沿途得予免税通行）。

（2）消耗品项：罐头食品、水果、绸缎，以上征5%。

清凉饮品、补品、酒类，以上征10%。

化妆用品、玩具（教育玩具免征），以上征15%。

迷信用品（包括小连、锭帛、锡箔、香烛等项），以上征20%。

（3）特种用品项："指仇货及伪货"必需品（绝无替代者），征4%。

二、输出品：（系本税区出产起运或输出者）

（1）农产品项：瓜果、蔬菜，征2%。

杂粮、薄荷，征3%。

茧、蛋类，征3%。

棉花，征5%。棉籽征6%。

米粮（一）凡经本会核准之食粮消费或运销合作社之证明，签发采办证者得予免税。（二）各地米业同业公会（经呈准其每日采办数量须核发采办证在本税区范围内搬运者）特订定最低税率，以上征0.5%。

（2）制造品项：真粉，征1%。

糖果、饴糖，以上征3%。

（3）动物项：水产动物、鸡鸭，以上征3%。

牛（指老弱不能耕作者）每头征税拾元。猪每只征税1元6角。羊每只征税6角。（附）猪毛及皮类，征税5%。

三、通过品：（指长江及京沪线水陆运输货品假道通过本税区运送至外地者）

（1）特定货物税率项：

纱线、火油、柴油，征2%。

“掺杂仇货品质织造或纯系仇货无法拒绝装运必须假道通过之”布匹特征4%。糖类、卷烟雪茄、五金杂货，以上征3%。

花边布，征1%。

（2）其它不列入前项特定品目者得准照输入品项所规定税率计征之。

四、沪常段公路汽车每辆单程：统征（特许通过税）40元。

乙、免税品类：

（1）输入品：肥料、肥皂、米粮、火柴、糠、军需用品、医药、文具、麦类、机件、化学用品、卷烟（指已征查验税者）。

（2）输出品：土布、酒类（指已征制造税者）。

丙、起征数量与数额：

豆类、米粮、麦类，以上1石。棉花、棉籽，以上2担。真粉，2担。迷信及消耗品，1元以上。其余货物价值10元以上者一律起征。

丁、禁绝输出物品：

废铜烂铁（军用品原料）、米、原麦、小麦、树料、柴类、耕牛，一律不准输出。

戊、仇货输入没收项：

各种布匹、厂面粉、消耗品、玩具。

己、漏税处理办法：

依照其所运货品价值：A. 10元至100元照应纳税款加倍罚金；B. 100元以上500元以下者加2倍罚金；C. 500元以上者加3倍罚金；D. 第2次逃税者货物全部充公。

庚、附则：

各项货物估价，除主要货品随发估价表规定外，余项应按时值估定之。

选自《苏南抗日根据地》，中共党史资料出版社1987年9月版，第126～128页。中共浙江省委党史工作委员会、江苏省档案馆编。原注：“苏常太经济委员会公布施行”。

2. 苏南行政区苏常太经济委员会征收营业税暂行条例

1941 年 1 月 10 日《大众报》发布

（一）本条例系参照事变前政府颁发各项税收之规定，并依据现时各商行经营之实际情形分别订定之。

（二）凡属苏、常、太控制地区，各种经商贸易（其不全恃劳动力获得生活资料者），均得按照本条例分类课税。

（三）分类课税之种类税率如后：

甲、行商摊贩执照税（即从前之牙税）：

（1）凡开设行号或坐地单独经营，其性质纯系代客买卖抽取佣金者，应论年具领营业执照。

（2）应领执照之行商种类规定：猪行、牛贩、鱼行、柴行、粪行、地货行、树行、桑叶行、碾米厂、戽水船。

（3）执照有效期为 1 年，并依照营业范围之大小订定税额等级：

甲等全年 120 元；乙等全年 100 元；丙等全年 80 元；丁等全年 60 元；戊等全年 40 元；己等全年 30 元。

前项商号征税标准以全年经营货品总值逾 2 万元以上者，应具领甲等执照；1.6 万元以上者，为乙等；1.2 万元以上者，为丙等；8 000 元以上者，为丁等；5 000 元以上者，为戊等；5 000 元以下者，为己等。

（4）执照税金应于具领时一次缴足，由各县经征机关（自卫会或经委会）给照为凭，并为防止一照二用起见，得规定其经营地段及范围，在执照内注明之。

乙、酒类制造税（即从前之公卖税）：

（1）凡业酿酒不论其目的为批发或零沽（家酿满 1 石米）应一律缴纳制造税。

（2）税额：制造黄酒者每石米征 9 元，白酒每石米征 6 元，烧酒（原料不分米麦）每石 9 元。

（3）6 项税收在秋季制造时一次征足。

丙、卷烟税项：

（1）卷烟查验税：10 支装每包征 2 分，20 支装每包征 4 分，雪茄每小盒（5 支装）征 2 分；

（2）上项查验税得按月分期征收之。

丁、屠宰税项：

（1）凡宰杀牛猪羊设肆售卖得论日按其宰数课税，牛每头征 5 元，猪每只征 1 元 2 角，羊每只征 6 角。

（2）屠宰税得按月征收之。

戊、营业税项：

（1）凡不属本条例甲乙丙丁项之其他商业经营一律课征营业税。

（2）应纳营业税之商号：南货、绸布、广货、茶叶、五金、杂货、染坊、腌腊、银楼、蛋行、纸马、糖坊、面粉坊、面饭馆、米行、油饼行、油坊、粮食行、土布行、砖瓦石灰行、木行、花边商、竹行、盐店。

（3）营业税按季征收，税额等级为：甲等60元、乙等50元、丙等40元、丁等30元、戊等20元、己等15元、庚等10元、辛等6元。

（4）按季征税等级，应照其营业额为标准：2万元以上者为甲等，2万元以下、1.5万元以上者为乙等，1.5万元以下、1.1万元以上者为丙等，1.1万元以下、8 000元以上者为丁等，8 000元以下、6 000元以上者为戊等，6 000元以下、4 000元以上者为己等，4 000元以下、3 000元以上者为庚等，3 000元以下者为辛等。

前项分季课税如某种行商（营业淡旺）有周期性者，得参酌全年总额统征之。

己、特许营业执照税：

（1）长江外轮驳运公司特许营业税每月30元至50元。

（2）长江轮船航行税每班30元至50元。

（3）长江盐运商每月应收特税100元至300元。

（4）内河轮船通行执照每月70元至100元（包括脚划船）。

苏常太经济委员会修正颁发。

选自《苏南抗日根据地》，中共党史资料出版社1987年9月版，第128～130页。中共浙江省委党史工作委员会、江苏省档案馆编。原注："原载1941年1月10日《大众报》第155号"。

3. 盐阜区各县验契章程

1941年11月1日①

第一条　本署为保证人民不动产所有权起见，特许免税验契。

第二条　凡在民国三十年七月一日以前缔结之民有或菴宫寺院不动产之典卖契约租据领开执照分书继番及一切有关产权之据约，无论年代远近已未印税概应投验，其在三十年七月一日以后之契约，应按契税验契章程分别税验。

第三条　未税白契分等征费如左：

一、价银未满二百元者为戊等，每张征收验契费二元，并随收注册费五角；

二、价银二百〇一元至五百元为丁等，每张征收验契费四元，并随收注册费五角；

三、价银五百〇一元至二千元者为丙等，每张征收验契费八元，并随收注册费五角；

四、价银二千〇一元至五千元者为乙等，每张征收验契费十四元，并随收注册费五角；

① 原注：年月日为执行日期。

五、价银五千〇一元以上者为甲等，每张征收验契费二十元，并随收注册费五角。

第四条　凡在三十年七月一日以前，经历任政府及本民主政府已税之红契，得免征验契费，仅收注册费每张五角。

第五条　凡依换无价值契纸据约书券悉按田等每张征收验契费八元，随收注册费五角。

第六条　凡契约遗失，得由乡保邻佑证明，准予按照事实声请补契投验（声请书式另订），但不得假冒侵占他人所有权。

第七条　凡补契征收除照本章程第三第六两条分别处理外，每房一间征收手续费一元，每地一亩征收手续费五角，不及一亩者以一亩计算。

第八条　契价以铜元计算者，每百枚折算一元。

第九条　投验契据由业主持赴各县验契处或就近分处遵章纳费由征收人员按章核收随时开印收，不得留难或额外浮收。

第十条　验契期限为三个月，过期即行截止。

第十一条　凡过期隐匿未验契约即损失其法律上之约束效力，一经查出或被检举属实，除仍按契税章程分别办理外得科以五十元至五百元之罚金。

第十二条　本章程自三十年十一月一日起实行。

选自《华中抗日根据地财政经济史料选编》第一卷，档案出版社1984年7月版，第373～374页。江苏省财政厅、江苏省档案馆、财政经济史编写组合编。原注：“按1944年出版《盐阜区财经法令汇编》刊印”。

4. 苏中区党委关于征募救国公粮的指示

1941年12月13日

（一）兹决定在本年十二月底以前苏北各县征募救国公粮，为此必须动员苏北各级党的组织、行政机关以及各个群众团体，以全部完成这一重大任务。

（二）征募救国公粮的重大政治意义，乃是在于保证部队粮食充足，坚强抗战力量，粉碎日寇与亲日派之夹攻，保卫民主政权，巩固抗日根据地，以克服全国反共降日之危险，争取时局的彻底好转。全体党员及革命工作同志务须从政治上认识这一工作的重要，把这一工作视为自己的最光荣的任务。须知粮食工作，在十月革命后，苏联国内战争时期中，曾为国际革命导师列宁—斯大林同志竭智尽力所亲身担当的工作。

（三）征募救国公粮之中心政治口号为“要求国民政府援助有功部队，反对亲日派断八路军、新四军饷给”，“征募救国公粮。拥护八路军、新四军坚持华中抗战”，“反对日寇掠夺苏北粮食，反对韩军劫取人民口粮”，“反对奸商运米资敌，解决军粮民食问题，加紧军民合作，坚强抗日力量，保卫民主政权，巩固抗日根据地”。

（四）征募救国公粮的基本原则为根据党中央坚持统一战线方针，有钱的出钱，有粮的出粮，有力的出力，但并非特别加重地主资产阶级的负担，而是由各抗日阶级合理的平均负担，同时这种负担是要动员他们自愿的来负担而不是强迫他们来负担。

（五）征募救国公粮主要的须从政治上进行动员、解释、说服一般的应根据上级的政治口号，进行宣传工作，召开士绅座谈会、群众大会等说明。

①征募救国公粮，系根据国民政府抗（战）建（国）纲领“有钱出钱，有力出力”原则，依据国民政府的救国公粮办法变通执行。

②征募救国公粮，系根据保证抗日部队的给养充足，坚强抗日力量，也就是保证反扫荡反内战斗争的胜利，要抗日部队有饭吃，民众才有饭吃。

③征募救国公粮并非加重人民的负担，因为抗战以前物价粮价高涨，货币跌价而田赋并未增加，同时最近政委会已决定废除苛捐杂税二十余种，免税五十余种，正是减轻人民负担。

④征募救国公粮，完全出于不得已，因为军队应抗战的需要不得不扩大其发展，而国民政府向来只发给少数款项，最近甚至同时市场粮食价格日涨，部队困难万分，为要坚持抗战不能不征粮。

⑤征募救国公粮，是调查军粮民食办法中之一种，现在政委会对于解决苏北粮食问题，已有整个办法，以后要加强对敌伪封锁，对［严］禁米粮资敌，严禁奸商操纵，抑平物价米价，开展生产运动，所以只要苏北全体民众努力，根据地内民生改善不难实现。

（六）征募救国公粮，必须成为广大的群众运动，在各地士绅参政员及广大群众中，进行深入的动员，团结各抗日阶级的人士组织征募委员会，发动各界群众组织调查组、宣传队、征募队、运输队，使广大群众参加征募运动，可在各个地区发动征募计划的全部实现，在战斗的环境中，更应随时注意充分的战斗准备，以战斗的精神，战斗的方式，保证食粮安全的征集运输与贮藏。

（七）征募救国公粮必须与深入根据地的各项工作密切的联系。在这一运动中，深入的了解各地社会情况，广泛的宣传党的主张，发展共产党，扩大主力与地方武装. 巩固与扩大抗日团体，改善下层行政机构，开展统战工作，提倡冬耕运动，进行改善生活，发动禁粮出口斗争，教育与锻炼党的干部及党员行政人员及广大民众，务必要使精通征粮运动。苏北根据地的一切工作得更加深入的发展。在运动开展中，各级党、政、军与群众团体的领导机关必须随时周详的指导，严格的督促，精密的检查，具体的帮助下级工作。

（八）征募救国公粮是目前的重要工作中心，必须环绕着这一工作，推动其他工作。必须动员一切工作人员完成这一工作。要从这一工作中，考验每个党员、每个非党布尔什维克的革命工作同志对于抗战和革命忠实的程度，要把征募救国公粮工作的成绩作为测量每个人工作热忱的尺度。在这一运动中，每个共产党员尤须积极的以身作则，自动的应征，提早的缴纳，成为群众踊跃应征的模范，只有这样，才配做一个布尔什维克的共产党员。

为要保证征募公粮运动的完成，必须在党政机构内作充分的政治动员，使每一个党员每一个行政人员，深切了解征粮的政治重要意义，又明确的了解征粮条例，规定事项。在运动进行中，更须对内对外开展无情的思想斗争，反对右倾现象，如怕困难，害怕麻烦，过分夸张群众①，不愿意不肯深入下层，消极怠工，甚至营私舞弊，贪污受贿等；同时更须反对“左”倾的过火的现象，如采取强迫命令的办法，不愿意与地主资产阶级进行统战工作等等。只有正确的执行党的政策，才能取得征募救国公粮伟大胜利！

选自《华中抗日根据地财政经济史料选编》第一卷，档案出版社 1984 年 7 月版，第 95～97 页。江苏省财政厅、江苏省档案馆、财政经济史编写组合编。

5. 淮海区田赋改征粮食暂行条例

1942 年 6 月 7 日公布

第一条　为整理田赋充裕抗战经费起见，特订定本办法。

第二条　田赋改征粮食，赋率如左：

1. 每亩全年收获在一百二十斤以上者为一等田，每年每亩征收小麦二斤。
2. 每亩全年收获在八十斤以上不足一百二十斤者为二等田，依一等田打八折征收。
3. 每亩全年收获在五十斤以上不足八十斤者为三等田，依一等田六折征收。
4. 全年收获在二十斤以上不足五十斤者为四等田，依一等田四折征收。
5. 全年收获在二十斤以下者为五等田，依一等田二折征收。

第三条　土地收获量每亩不足一百二十斤者，应由业主先期陈报县府勘验，依其实际收获量评定等级，征收田赋，凡未经陈请勘查者，一律依一等田征收。

第四条　田赋于每年麦收秋收后分二次征收，每次收一半，并与公粮同时征收，但一麦田于麦收后一次收足。

第五条　田赋改征，以小麦为准，如改缴杂粮，概以市价折算。

第六条　缴纳田赋时，凡企图短漏渗泥沾潮等，经征人员得拒绝收受，若以未乾（干）新粮缴纳，经征人员得依实际情形折算征收。

第七条　田赋由土地所有权人负担之。

第八条　征得田赋与公粮一并保管，政府得随时出售田赋部分之粮食以充经费。

第九条　征收田赋与公粮合并发给收据。

第十条　田赋改征粮食一律以十六两漕法秤为准，经征人员不得使用非经核定之衡量，如有任何舞弊行为，一经察觉或经告发，查有实据，从严惩处。

第十一条　本办法经淮海区参议会通过，交由行政公署公布施行，如有未尽事宜，由参议会随时修正之。

第十二条　本办法自公布之日起施行。

选自《华中抗日根据地财政经济史料选编》第一卷，档案出版社 1984 年 7 月版，第 387～388 页。江苏省财政厅、江苏省档案馆、财政经济史编写组合编。原注：“按 1942 年 6 月 7 日《淮海报》刊印”。

① 原文如此。

6. 淮海区救国公粮公草征集条例

1942年6月7日公布

第一条　为坚持敌后抗战，供应抗日军队及民主政府粮秣需要，确定人民合理负担，特订定本条例。

第二条　救国公粮公草，由淮海区粮食主管机关统筹，任何部队机关不得向人民另筹粮草。

第三条　淮海区行政公署粮政处，为全地区公粮公草征集之总领导机关，各县县政府设粮政科，各区区署设粮政股，秉承行政公署粮政处之意旨，并接受县区行政首长之领导，主持该县区之粮草征集事宜。

第四条　救国公粮公草之征集，以地亩多少划分征粮等级，以收获量大小决定土地等则，公平分配，合理负担，兼顾军需民食为原则。

第五条　救国公粮公草分秋麦两季征收，如系一麦田则在麦季一期收清，但多秋田所征收之粮食种类与数量之比例，可由该县区粮食机关酌量决定，呈请行政公署粮政处批准执行之。

第六条　公粮公草之征集标准如下：

1. 五百亩以上之户为一等户，每季每亩征公粮十二斤，全年二十四斤。

2. 二百五十亩以上不足五百亩之户为二等户，每季每亩征公粮十斤，全年二十斤。

3. 一百亩以上不足二百五十亩之户为三等户，每季每亩征公粮八斤，全年十六斤。

4. 五十亩以上不足一百亩之户为四等户，每季每亩征公粮六斤，全年十二斤。

5. 二十亩以上不足五十亩之户为五等户，每季每亩征公粮四斤，全年八斤。

6. 五亩以上不足二十亩之户为六等户，每季每亩征公粮二斤，全年四斤。

7. 五亩以下之户为贫户，免征粮草。

附注：1. 上列规定应征公粮，在麦季完全收小麦，但一麦田可缴三分之一豌豆，秋季征小麦三分之一，玉蜀黍三分之二，如缴其他杂粮，均按市价折抵，粮食重量，一律以十六两漕法秤为准。

2. 不足一亩者，照四舍五入法计算。

第七条　各户缴纳公粮之土地数，依下列标准计算之。

1. 自耕田全算，佃出佃入之田均以二亩折一亩计算。

2. 各户地亩均应全数陈报，基地、场园、庄圩、沟渠、道路、交通壕等，概不得认为废田。

3. 公共河道河堤免征公粮。

4. 典出田仍应报入原地主田亩总数之内，但公粮应由执业人照原地主等级缴给原地主代缴，不得借故规避或拖延。

第八条　征集公粮等则，依收获量大小决定，其标准如下：

1. 每亩每年之收入在一百二十斤以上者为一等田，按公粮公草征集标准全数征收。

2. 每亩每年之收入在八十斤以上不足一百二十斤者为二等田，按公粮公草征集标准八折征收。

3. 每亩田年收入在五十斤以上不足八十斤者为三等田，按公粮公草征集标准六折征收。

4. 每亩每年收入在二十斤以上不足五十斤者为四等田，按公粮公草征集标准四折征收。

5. 每亩每年收入不足二十斤者为五等田，免征公粮公草。

附注：1. 为确定土地收获量起见，每年收获时，如收获量不足一百二十斤者，必须于收获半月前呈请县府查勘决定，其事先未经查勘者，视为收获量超过一百二十斤，依全额征粮。

2. 一麦田麦季决定全年等则，多秋田麦季不决定等则，以全年收获量决定之，两季田等则按每季收获量分别决定之。

第九条　公草依公粮征收等级加倍（即公粮一斤公草二斤）。

第十条　抗日军人家属领有抗属证者，实耕亩数在八亩以下免缴公粮公草。

第十一条　公粮公草一律由乡镇公所经征。

第十二条　乡镇公所经征公粮公草时，应按照各户土地数，各户土地之收获量，及每亩公粮之征收率，计算其应缴公粮数额，分别征收并给予收据。

前项收据由行政公署粮政处统一制发，各县区乡镇行政机关不得自行制发粮草收据，但军队在战争行动中，可由营级以上负责人书给临时收据，此项临时收据，必须在一个月内送粮食主管机关换正式收据。

第十三条　经征乡镇公所，遇各户缴纳粮草有潮毛得折实计算，如遇故意渗泥渗水得拒绝收受。

第十四条　经征粮食人员有下列违法渎职行为，人民得向县区政府告发查明惩处之。

1. 浮收粮草意图贪污，致各户实缴数超过应征粮草者。

2. 用大秤秤粮草，致使人民有不应有之浮缴者。

3. 缴纳粮草时非法故意留难者。

4. 有其他违法渎职行为者。

第十五条　地在本县属人征收，地在隔县属地征收。

第十六条　本条例自公布之后，淮海区三十年度征收救国公粮办法废止之。

第十七条　本条例经淮海区参议会通过，交由行政公署公布施行，如有未尽事宜，由参议会修正之。

第十八条　本条例自公布之日起施行。

选自《华中抗日根据地财政经济史料选编》第一卷，档案出版社 1984 年 7 月版，第 389～392 页。江苏省财政厅、江苏省档案馆、财政经济史编写组合编。原注："按 1942 年 6 月 7 日《淮海报》刊印"。

7. 盐阜区秋季公粮公草征收条例

1942 年 8 月 14 日

第一条　为巩固抗日民主根据地，保证军政食粮之供给，特颁布本条例。

第二条　本季公粮以征收旱田水田稻麦田三种为标准，并规定以简单之累进法征收，其累进率如下：

（甲）旱田：

一、五亩以下者不征收。

二、每户有田五亩以上不足十亩者为第一级，其征收额为每亩三斤。

三、每户有田十亩以上不足二十五亩者为第二级，其征收额为每亩四斤。

四、每户有田二十五亩以上不足四十亩者为第三级，其征收额为每亩五斤。

五、每户有田四十亩以上不足七十亩者为第四级，其征收额为每亩六斤。

六、每户有田七十亩以上不足一百五十亩者为第五级，其征收额为每亩七斤。

七、每户有田一百五十亩以上不足五百亩者为第六级，其征收额为每亩八斤。

八、每户有田五百亩以上者为第七级，其征收额为每亩十斤。

（乙）稻麦田：

一、每户有田三亩者免征。

二、每户有田三亩以上不足十亩者为第一级，其征收额为每亩四斤半。

三、每户有田十亩以上不足二十亩者为第二级，其征收额为每亩五斤。

四、每户有田二十亩以上不足三十亩者为第三级，其征收额为每亩五斤半。

五、每户有田三十亩以上不足六十亩者为第四级，其征收额为每亩六斤半。

六、每户有田六十亩以上不足一百五十亩者为第五级，其征收额为每亩七斤。

七、每户有田一百五十亩以上者为第六级，其征收额为每亩八斤。

（丙）水田：

一、每户有田三亩者免征。

二、每户有田三亩以上不足十亩者为第一级，其征收为每亩九斤。

三、每户有田十亩以上不足二十亩者为第二级，其征收额为每亩十一斤。

四、每户有田二十亩以上不足三十亩者为第三级，其征收额为每亩十一半斤。

五、每户有田三十亩以上不足六十亩者第四级，其征收额为每亩十二斤半。

六、每户有田六十亩以上不足一百五十亩者为第五级，其征收额为每亩十三斤半。

七、每户有田一百五十亩以上者为第六级，其征收额为每亩十五斤。

第三条　本年度秋季公粮缴纳之标准如下：

一、旱田缴纳稆头十分之七，黄豆十分之三为原则，各县得按实际情形酌量增减之。

二、水田均以米为标准，如欲缴纳稻者，每稻一百斤折米六十斤，但在游击区征收时尽可能的收稻。

三、在敌人据点之周围不能收粮者，可按照市价征收公粮代金，随时收到中心区买粮。

第四条　洼田花碱田之地质坏者在原则上可以二亩折合一亩计算，各县可按照具体情形酌量折减折合，最高不得超过四折一，其累进时应照折实数与实有旱田合并累进。

第五条　柴滩平均每亩缴纳公粮十三斤，各县应根据具体情况分等级征收之。

第六条　计算累进级数时按照实合田亩总数计算之。

第七条　屯田滩田依照旱田之规定征收全年之公粮（田租除外），其征收数字不在各县应征数字之内，各县征收亦照具体情况处理之。

第八条　佃农交纳公粮规定如下：

一、旱田每亩二斤。

二、稻麦田每亩二斤。

三、水田每亩四斤。

第九条　跨乡之田累进属人，交纳公粮时以乡为单位征收，但必须：

一、如田在甲乡人在乙乡则甲乡（属田乡）之区乡长征委会应将其所有田亩统计送区署转至乙乡（属人乡）累进。

二、乙乡（属人乡）累进后将其应交数字通知甲乡（属田乡）征收之。

三、跨区之田亦照此办法。

第十条　学田官田佃户之公粮仍照普通佃户交纳。

第十一条　典田公粮由承典人负担，惟田亩登记时未经证明承典人者，由出典人负责代为缴纳后向承典人收回之。

第十二条　本季征草之标准规定如下：

一、旱田每亩征收五斤。

二、稻麦田每亩征收六斤。

三、水田每亩征收十二斤。

第十三条　主佃交纳公草仍照夏季征收公草之规定征收之，即主佃三七分草者，则三七负担，主不分草者，由佃户负担。

第十四条　公草在游击区路途较远之区，运输困难，可照市价征收公草代金。

第十五条　草田每亩平均征收四十至六十斤，由各县根据具体情况分等级征收之。在游击区亦照第十四条之规定交纳代金，但草田不加入累进。

第十六条　关于优抗办法依照优抗条例第七条之规定，凡不脱离生产之地方武装党政人员及群众团体，均不在优待之列。

第十七条　新开展之游击区可依照本条例之原则及其实际环境酌量执行（征收率基本原则不变）。

第十八条　本年度之春季预借公粮应在本年度秋季征粮中按照四个月与一分五厘之利息予以归还（每百斤加六斤）（山芋乾待收后再还）。

第十九条　各级征委会除不称职者另行改组外，其余仍照夏季原有之组织。

第二十条　本条例规定之公粮，限于九月底以前征齐，如有逾期无故不缴者罚应缴额十分之一。

第二十一条　本条例由盐阜区行政公署公布施行。

选自《华中抗日根据地财政经济史料选编》第一卷，档案出版社 1984 年 7 月版，第 400～403 页。江苏省财政厅、江苏省档案馆、财政经济史编写组合编。原注："按 1944 年出版《盐阜区财经法令汇编》刊印"。

8. 盐阜区土地税征收章程

1942 年

第一章　总　则

第一条　盐阜区行政公署为整理各县土地税征收制度，特订定本章程。

第二条　各县田赋以及临时带征一律废除，统称土地税。

第三条　凡本区境内所有田地经此次清查以后，不论公有私有均应由业户遵照本章程之规定缴纳土地税。

第二章　田地种类及税率

第四条　各县原有之田地等则自三十一年起一概废除，并依此次清查结果分为水田、稻麦田、旱田、棉田、洼田、草滩、柴滩、花碱、荒地九种。

第五条　各县土地税每年税率由行政公署分别田亩种类统一规定之。

第三章　征收日期及处罚

第六条　各县土地税分上忙下忙二期征收，每期征收自开征日起限一个半月内缴清。

第七条　各县土地税开征期满尚有未完业户，各征收机关得派员警提案押追，并加征百分之五之滞纳罚金。

第四章　完纳手续

第八条　各县土地税在乡级行政机构未健全以前，以区署征收为原则，但区署亦得斟酌情形委托乡公所或地方人士代收。

第九条　各县经征土地税之串票，由行政公署依照土地清查后之田地种类及新订之税率，规定串式，颁发各县印制备用。

第十条　各业户于开征期前接到乡公所散发之通知单，应于限期内持单亲赴该管区署缴纳税款，制串安业。

第五章　附　则

第十一条　被灾歉各年份应办土地税蠲缓或减成征收，其办法另定之。

第十二条　各业户不动产如遇分割移转时，应即推粮过户，其推收规则另定之。

第十三条　各县土地税经征办法另定之。

第十四条　本章程颁布后过去一切征收田赋章程均即废止。

第十五条　本章程由行政公署公布施行，修改时以命令行之。

选自《华中抗日根据地财政经济史料选编》第一卷，档案出版社 1984 年 7 月版，第 433～434 页。江苏省财政厅、江苏省档案馆、财政经济史编写组合编。原注："按 1944 年出版《盐阜区财经法令汇编》刊印"。

9. 盐阜区各县经征土地税暂行办法

1942 年

第一章　总　则

第一条　本办法依据盐阜区土地税征收章程第十三条订定之。

第二章　征收机关及职掌

第二条　各县土地税暂以区署征收为原则，但区署亦得斟酌情形委托乡公所或地方人士代收。

第三条　各县县政府财经科受县长之领导掌理左列事务：

一、督促各区署编造土地税征册及串票。

二、汇编各种报告表与各项统计。

三、查核各区串票征册簿据。

四、稽核各区经征人员有无贪赃舞弊情事。

第四条　各县区署在征收土地税期间，除原有工作人员外并得设临时助理员三人至五人，受区长及财经区员之领导分掌左列事务：

一、由财经区员指定一人负保管税票，核算税款，及截串统计等之责。

二、由财经区员指定一人负验收税款，登记账簿，及编制收款统计等之责。

三、由财经区员指定一人至三人负查催欠完税户及查察业户有无匿税情事之责。

第五条　各县区署得责令所属乡长协助催征员办理催征事务。

第三章　征收手续

第六条　各县县政府应于开征之二十日前，将开征日期及各种田亩税率先行布告，并统计全县田亩数与全年应征税额，呈报行政公署备案。

第七条　各区署应于开征两月前根据上年征册及本年变动情形，将全区各业户姓名住址所有田地亩数以及应纳税额分乡先造征册，（每乡一本）并依征册编造串票装订成本，（每乡一本多则分订数本）送呈县府加盖县印发交管串人员负责保管（征册式串票式另定）。

第八条　各县应于土地税开征前，由各区署将串票上通知联掣交各乡公所散发各业户阅览并作纳税之根据。

第九条　凡业户持有通知单赴区署纳税者，先由计算员核算后再由收税员验收税款，收税员将款收讫应随时登账，并给业户编号之竹牌，以凭换串，一面通知管串员截串，每日晚间应将日记簿转入分乡账，再依分乡账填具收税日报表，连同税款送由财经区员核收保管。

前项纳税之业户如无通知单者，应由管串员向业户问明姓名及所有田亩数，查对征册，详填缴款单，盖章后交由业户持向收税员缴款。对该缴款证业主应缴挂号费每张二角。

第十条　管串员根据收税员通知名单按名截串，每日事毕须将通知单与缴款单分乡汇齐，与收税员核对是否相符，并将所截串票张数分乡填入收税日报表。

第四章　报告手续

第十一条　各区财经区员接得收税员所送之收税日报表与现金，应加复核，如有错误，须随时责令经手人改正，每旬终了根据日报表制为旬报表，（表式同日报表）迳（径）送县政府查核，并将土地税款连同他项收入填就收款旬报表一式二份连同现金一并送缴县金库。

第十二条　各县金库主任接得各区署之收款旬报表于点收税款后，随就该表右方填注总数，加盖收讫戳记及印章，将正本退还缴款人作为收据，副本登簿送交县政府财经科，财经科接得上项旬报表由会计登账后，应即汇制总旬报表，连同各区原表一并呈送行政公署财经处查核登账。

第十三条　各县土地税第一限期届满后即须加征滞纳罚金，为明了已征与未征税款数目而便统计罚金计，各区署在限期终了之日应编造税款串票征存报告表呈送县政府查核。

第十四条　各县县政府接得前项报告表应于五日内汇制总表（表式与区同）呈送行政公署财经处备考。

第十五条　各县经征土地税于开征后届满三个月时，各区署应编制民欠土地税清册，呈送县政府核办，如届期征清者免造。

第五章　经征考核

第十六条　各县县长经征土地税之考核，依左列二期行之：

一、自开征日起满足一个半月为第一届考成期，应将全年土地税征足七成以上。

二、自开征日起满足三个月为第二届考成期，应将全年土地税十足征清。

第十七条　每届考成期，各区署应于届满后五日内编造征收考成表，送由县政府汇编总表，呈送行政公署考核。

第十八条　各县县长在所定期限内其征解数额有超逾成短纳于应征成数者分别奖惩如左：

一、奖励

第一届依限征足。八成以上者书面嘉奖，九成以上者记功，悉数征清分文不欠者记大功并赠以奖旗与登报宣扬。

二、惩戒

第一届依限征解不足七成者申斥，不足六成五者记过，不足六成者记大过。

第二届依限征解不起［足］九成五者申斥，不足九成者记过，不足八成五者记大过。

前限奖惩标准，县长对于区长亦适用之。

第十九条　各区署与乡公所经征人员之考核奖惩办法由区署拟定，呈请县政府核准施行。

第二十条　各级经征人员如有违法浮收需索陋规或私掣税票私收田款侵匿不报及其他各种情弊者，应依法治罪并追缴其赃款。

第二十一条　本办法颁布后，过去关于征收田赋一切办法均即废止。

第二十二条　本办法由盐阜区行政公署公布施行，如有修改以命令行之。

选自《华中抗日根据地财政经济史料选编》第一卷，档案出版社 1984 年 7 月版，第 435～438 页。江苏省财政厅、江苏省档案馆、财政经济史编写组合编。原注："按 1944 年出版《盐阜区财经法令汇编》刊印"。

10. 盐阜区夏季公粮征收条例

1942 年

第一条　为巩固抗日民主根据地与保证本区军政食粮之供给，特订定本条例。

第二条　为实行合理负担根据有粮出粮之原则，本季公粮规定以简单之累进法征收，其累进率如下：

一、每户有田不足三亩者免征；

二、每户有田三亩以上不足十亩者为第一级其征收额每亩五斤；

三、每户有田十亩以上不足二十五亩者为第二级其征收额每亩六斤半；

四、每户有田二十五亩以上不足六十亩者为第三级其征收额每亩七斤；

五、每户有田六十亩以上不足一百五十亩者为第四级其征收额每亩八斤；

六、每户有田一百五十亩以上不足五百亩者为第五级其征收额每亩十斤；

七、每户有田五百亩以上者为第五级其征收额每亩十二斤。

第三条　本季公粮以小麦为标准，其他粮食以市价折合之。

第四条　本季公粮征收之斤数以十六两天平秤计算。

第五条　本季公粮租佃双方负担规定佃户每亩田三斤，其余由地主负担之。

第六条　遇业主外出者得由其佃户在应缴租额内扣除代缴之。

第七条　本季公粮以征收稻麦田旱田（包括洼地花碱地在内）为限，水田棉田草滩柴滩不征，但在计算其累进级数时仍按其实有田亩总数计算，惟草滩柴滩除外（例如有旱田五十亩棉田五十亩草滩五十亩者则其累进级数应照百亩计算出五十亩公粮即应出公粮四百斤）。

第八条　洼地花碱地以二亩折合一亩计算，仍按其实有田亩总数累进征收之（例如有花碱地一百亩麦田五十亩棉田一百亩者以二百亩累进以百亩征收之）。

第九条　关于优待抗属办法规定如下：

一、参加主力部队之抗战军人直系亲属有田不足三亩者免征，在三亩以上不足六十亩者减征二分之一，在六十亩以上者仍按级征收；

二、参加地方部队之抗战军人直系亲属有田在二亩以下者不征，在三亩以上不足六十亩者减征四分之一，在六十亩以上者仍按级征收；

三、上述抗属以出征军人为限，不脱离生产之武装与公务人员及群众团体不在此例。

第十条　本季公粮之征收累进以属人为主，征收时以乡为单位。

第十一条　学田官田佃户之公粮，仍照普通佃户每亩出三斤。

第十二条　典田公粮由承典人负担，惟田亩登记时未经注明承典人者，由出典人负责代为缴纳后向承典人收回之。

第十三条　本季公粮征收时，随发本署所制加盖各县县印之公粮收据，纳粮人应交粮取据，各级征粮人员应收粮给据。

第十四条　为使此次征粮如期完成，在征粮时期区乡须组织征收公粮委员会，其组织原则如下：

一、区公粮委员会以区长粮食区员各救代表三人，地方公正士绅三人，共七人至九人组织之，并以区长为主任委员；

二、在已实行新乡制之乡已有公粮委员会者不必另行组织，在未实行新乡制之乡，应组织公粮委员会，以乡长各救代表各一人，（如各救未组织成立者得按实际情形组织之）地方公正士绅二人，共五人至七人组织之，并以乡长为主任委员；

三、在未实行新乡制之乡，各保应组织保公粮委员会，以保长保各救代表一人士绅一人共三人至五人组织之，并以保长为主任委员。

第十五条　在游击区内征收公粮得依据本条例之原则，以该区实际环境酌量施行之。

第十六条　本条例规定之公粮，限于本年七月十五日以前征齐，如有逾期无故未缴者罚应缴额十分之一。

第十七条　本条例由盐阜区行政公署公布施行。

选自《华中抗日根据地财政经济史料选编》第一卷，档案出版社 1984 年 7 月版，第 441～443 页。江苏省财政厅、江苏省档案馆、财政经济史编写组合编。原注：“按 1944 年出版《盐阜区财经法令汇编》刊印”。

11. 盐阜区夏季征收公草办法

1942 年

第一条　为巩固抗日民主根据地，保证抗日军队之需要特订定本办法。

第二条　凡已征收公粮之土地（不论稻麦地，旱地等均包括在内）均书［有］缴纳公草之义务。

第三条　本季征收公草以田亩为标准，其征收率规定如下：

A. 每田（亩）征收公草八斤；

B. 自耕农自行缴纳，业主与佃户如火草不分者，公草概由佃户负责缴纳，如系三七分草，则由主佃共同分担，业主出三成，佃户出七成。

第四条　征收公草一律以斤计算（每斤规定市称十六两）。

第五条　征收公草以属地为主，如田在甲乡人在乙乡者得由甲乡征收之，如田在乙乡人在甲乡者得由乙乡征收之。

第六条　上项火草应在收割完毕后即由乡保长或征粮委员会负责征收之。

第七条　公草征齐后，由乡保长负责分存各户听候提运（如系新乡则由乡征粮委员会妥存各户）。

第八条　征收公草一律发给盐阜区行政公署粮食处所制定之公草收据，各乡保公草证齐后，应将公草账目公布，以昭公允，并呈报区署汇报县府。

第九条　本办法限在三十一年度夏季征草有效。

第十条　本办法自公布之日起施行。

选自《华中抗日根据地财政经济史料选编》第一卷，档案出版社 1984 年 7 月版，第 444 页。江苏省财政厅、江苏省档案馆、财政经济史编写组合编。原注："按 1944 年出版《盐阜区财经法令汇编》刊印"。

12. 华中抗日根据地财政经济政策草案①

1942 年 2 月

第一、财政方面

财政的基本任务——保证抗战经费，实行合理负担，废除苛捐杂税，改善人民生活。

甲、财政收支系统的划分

一、照目前环境华中各根据地的财政收支系统，照各战略单位划分为财政单位。

二、各财政单位均以统收统支为原则，如有特殊情形可成立小单位。

三、各财政单位均以自给自足为原则。

四、各财政单位应每月将其财政收支及结存详细情形报告全华中最高级财经机关一次（表格另规定）。

五、全华中财经委员会在一定范围内，视各单位财政状况调度其盈亏。

乙、税务政策方面

一、进出口货物税（即货物检查税）。

1. 征收的原则：

（1）与敌人作经济斗争。

（2）与敌伪顽争夺税源。

（3）保卫根据地的工商业发展。

（4）改善人民生活。

2. 免税入口与禁止出口的原则：

（1）直接的军用品及自给不足之物产暨足以影响民生之物产均应禁止出口。

（2）为我军事上或工业必须之用品（如五金机器电料等），又为敌人所禁止者应免税入口。

（3）为群众必需而又大量之物品（如粮食）应减，尽量免征税。

---

① 原注：此标题为编者所拟（主要是财政方面的内容——编者）。

3. 税率的标准：

（1）奢侈品——最高按价值抽税百分之三十，最低抽百分之十五。

（2）消耗品——最高按价值抽税百分之十五，最低抽百分之十。

（3）日用品——最高按价值抽税百分之十，最低抽百分之五。

（4）农产品（指允许出口的）——最高按价抽税百分之十，最低抽百分之五。

（5）必须（需）品——最高按价值抽税百分之五，最低抽百分之二。

（6）特种物品——指为我生产而又不能利用之军用原料（如猪鬃、薄荷油等），最高可按价值抽百分之二百，最低抽百分之五十。

（7）订定税率除根据上述的标准外，还应该注意某种税率高的物品，我们是否能够控制，如果不易控制的货品仍应该适当的减低（但不是严重的影响征收原则），以免造成大量的逃税。

4. 各区间的联系：

（1）在同一区域内（指一战略单位）应保证税不重征（即各货只征税一次）。

（2）各区如与其邻区在商业上有密切联系（如苏中与盐阜，淮北与淮南），他（它）们的税率与办法应尽可能求其统一，万一有二种货物情形特殊，税率不能统一时，对其税率之差额应互不补税。

（3）各区间一般的应互相承认其税票有效，但如有一、二种商品（如盐），为该地区的主要税源，在不影响其税源的原则下，而可适当的再征税一次，但必须在技术上尽可能减少因重征所引起的坏影响。

5. 漏税的处理：

（1）处罚漏税商人是为了能教育商人下次不再漏税，并不是为了多收罚金，因此惩罚漏税主要目的是教育，收取罚款，只是辅助的。

（2）偷税的罚金，则最高不超过其应纳税款二十倍，最低是一倍，但其罚款总数不能超过其总货值百分之六十。

（3）禁运资敌物品的处罚，应取消没收政策，但其处罚可比较重点，但主要的仍应采取教育态度。

二、田赋——是直接税，是比较好的农税。

1. 负担对象——向土地所有者征收。

2. 税率标准——按照土地每年总收获量征收百分之一至百分之二。

3. 征收原则——由各根据地按照其需要情形与客观环境及主观力量，照百分率征收实物或货币，如游击区改革困难，仍可暂时维持原有办法。

4. 累进率——各地如有足够条件征收累进税最高额，可累进至百分之五。

5. 征收办法应废除册书，以乡为单位，由政府直接征收。

三、契税

1. 征收对象：

（1）卖契税——由承卖人负担。

（2）典契税——由承典人负担。

2. 税率标准：

（1）卖契只其买价抽百分之六至百分之十。

（2）典契只卖契减半征收。

四、屠宰税——规定为屠宰营业税，老百姓自宰自食不能征税。

1. 负担对象——向屠商征收。

2. 税率标准：

（1）牛马——各区向多禁宰，如有特殊情形可自行规定，一般地应比猪羊为高。

（2）猪羊——照其价值征百分之一至百分之三，可由各区按照实际情形，具体规定为从量（即每只若干）征收。

五、普通营业税——是一种行为税，是比较的应按税，如果在根据地内没有较大的城市与商业，所收无多者可以放弃，如有较大的城市与商业者仍可征收。

1. 征收对象——由营业者负担。

2. 征收标准：

（1）营业周转较易而利益较高资本较小者，依照其每年或每季旧业额付税。

（2）资本较大而获利较低（如工厂、银号、银楼）依照其资本额付税。

3. 免税标准：

（1）每年营业额不满一万二千元或资本额不足三千元的一律免税。

（2）真正为群众所组织而又为政府所批准的合作社一律免税。

4. 税率标准：

（1）照营业额付税的——最高按额征千分之八，最低征千分之四。

（2）照资本额付税的——最高按额征千分之十六，最低征千分之八。

六、牙税——在过去的办法是用定额的，并且不依照牙行营业的大小而定轻重，仅依营业种类不同而分等，因此这种税是不大自（合）理的，同时在乡村中是带有浓厚的封建性质，现在作以下的改革：

1. 征收对象——由行主负担，不准转嫁客商。

2. 征收标准与税率——每月行佣收入不满一百五十元者免征，超过者依照其行佣总收入额征百分之一至百分之二，每月或每季征收一次。

3. 对牙行封建性质的限制：

（1）规定牙行收取佣金最高额不得超过货价百分之一（由各区行或县府具体规定布告，并由买卖各半负担）。

（2）规定客户投行买卖有绝对自由，牙行不得强迫（亦应出布告）和限制。

七、烟酒牌照税——是一种行为取缔税，现在专营烟商是很少，酒商也不多，均可改征营业税，这种税的名目可以取消。

八、烟酒印花税——是产销税，群众自酿自用者免征。

1. 负担对象——向酒坊烟商征收。

2. 税征标准——按照价值征税百分之一至百分之五。

九、执行上面各项政策，还应注意以左的几个问题。

1. 根据地游击区与新地区群众某些负担应有区别，尤其注意敌伪顽给民众的负担，我们一般的应该比他们为轻。

2. 对新兴的工业或手工业在他开始的一个时期，应免税或轻税征收。

3. 征税在原则上应放弃包商制度。

4. 对收入有限而又直接多为农民所负担的税目（如牲畜税、白菜捐等）应该废除。

5. 由于我们的部队或机关及民运工作者的需要而产生的摊派与乡、保长乘机舞弊或自立名目的摊派均应严格的禁止。

6. 由于各乡村本身公共的需要（特别是战时的自卫所产生的摊派），我们应改善其办法，使其负担合理，并应公开账目以求得群众的衷心拥护。

7. 反对硬捐强摊的抓一把办法。

十、目前的税务中心工作——由于太平洋的战争与敌伪的进一步封锁占各根据地重要收入的货物税必将逐渐低落，因此今后各根据地应集中力量整理田赋（如查登土地）与地方税收，并将各根据地物产中（如盐、棉、酒、油、茧等）生产比较大量，在生产过程中有一次比较集中的货品改办产销税以转移税源重心，而产销税的负担者应该是物品的承销人，其税率一般的应不超过其货价百分之十。

丙、公学款产及公营事业方面

一、公学款产在各地都有很大的数目，并且是可靠的收入，但多被土豪所把持和吞没，各区应加意整理。各县如未成立款产整理委员会的应即请地方公正人士参加组织，为使整理有效，应指定（全部或一部）作为教育经费基金。创办学校，加强教育，为要使该项工作做得好，必须发动广大的小学教师参加整理之。

二、公学款产应直接由整委会收回经营管理，取消少数人的把持渔利。

三、政府所收租息，一般的应比私人或法令规定的稍低。

四、如系私人捐赠指定用途的，仍应尊重其独立，不得硬收为公有。

丁、支出方面

一、经费的支配

1. 为了保证部队的给养，各区一般的办事费与行政费（包括文教、社会事业等）的比例应该是七与三之比。

2. 各区的行政文教财务建设卫生及社会事业等费应按照其实际情况作一般的百分比规定，以免事业的偏废。

3. 各区对这种经费的开支标准，应有具体的规定。

二、节约与反浪费问题

1. 为了响应中央精兵简政积蓄力量、准备反攻的号召，我们在财政上不但应该做到不虚耗一文公币，并且要做到一个钱都不浪费。

2. 严格的执行预决算制度。

3. 各区对节约浪费应进行节约教育，使节约造成运动，养成习惯。

4. 我们的干部尤其是党员干部应成为节约的模范。

5. 各区应具体规定节约的办法。

6. 坚决的与贪污浪费作斗争，并应规定严格的经济纪律。

戊、财政制度

一、预决算制度

1. 各机关部队在每月开始的半个月应编造预算送到上级机关核准钱钞，反对藉口游击环境不遵守预算制度的现象。

2. 各机关部队在每月终了后半个月内应造决算送上级审核，反对用了就算的马虎现象。

3. 严格的执行不造预算不发钞、不送决算的纪律。

4. 反对不合实际敷衍了事的外交预算。

5. 反对不切实际执行预算与随便先用后报的作风。

二、会计制度

1. 各区应建立统一的简明的科学的会计制度。

2. 一切收支都要作有系统的登记，必须是来去分明毫厘不差，反对含混一团的马虎现象。

3. 征收机关除了有一定的账簿外，还应实行经常的一定的报表制度。

4. 各区的总会计必须做到能适时的反映其财政状况与随时可以查对与公开。

三、审计制度

1. 区、分区、县均应由各地区最高军政党委员会决定，组织各地的审计委员会建立严整审核军政党各方面预决制度。

2. 预算最后的批准权属于区审计委员会。

3. 各审委会对其同级军政党机关以及以下机关不合实际的预算均有批驳之权，但被驳之部分仍可申诉再审。

4. 未经审委会批准的预算，任何金库或财政机关不得付款。

5. 审委会可随时派员至各军政党机关查账及查点现金。

6. 审委会如发现贪污浪费事实得通知其上级机关按照情节之轻重分别予以处分。

7. 各机关管理经济人员调动工作时应由审委会派员会同其上级机关监督其交代。

8. 审委会的工作人员必须调选对革命忠实的有能力的同志担任。

四、金库制度

1. 各区应成立总金库，各县成立分金库。

2. 各区的一切收入归金库，一切支出通过金库。

3. 金库负保管现金的责任，不举（拿）支付命令，其自身无权付出款项。

4. 金库负责监督各机关缴款事宜，如其查出其机关或部队有款项收入而未缴解的，他可直接前往提取，并可随时检查其现金额及现金。

5. 各机关各部队非经批准或委托，除其本身经费外，不得保留现金。

6. 坚决反对收入或缴获不报告埋伏现金的不良倾向。

己、财政机构与关系

一、各区在军政党委员会下组织财政经济委员会负掌握政策及决定分配各项经费暨其他有关财政重要事件之责任，并指导该区财经处工作。

二、各区行政公署设财经处负责领导全区财经工作之责（其详细系统见附表）。

庚、干部政策与护税武装

一、干部政策

1. 财经干部应由各区党委抽调一部分好的同志交财经机关训练，使成为财经部门的骨干。

2. 各地党委、各地政府应动员大批的纯洁知识青年参加财经工作。

3. 各地党委对财经干部应有经常的政治教育。

4. 财经部门可采用适当的薪俸制度吸收地方知识青年的参加。

5. 反对轻视财经工作将犯错误的有问题的人选到这一部门去的不良倾向。

6. 各地党委应定期的在党内外进行对认识财经工作重要性的教育，纠正过去的偏向，以提高财经工作者的威信。

7. 坚决的与堕落腐化贪污浪费的坏分子作斗争，并应规定财经工作人员的守则。

二、护税武装

1. 各区的主力部队及地方党、地方政府应负责帮助财经机关建立其独立的够用的护税武装。

2. 武装的干部条件应该是政治坚定经济观念正确。

3. 各地党委对护税武装的政治工作应特别加强。

第三、粮食部份（分）①

粮食政策的基本方针保证抗日军民食用，其任务为严禁运粮资敌，反对敌伪抢粮，调剂民粮军需，增加粮食生产，公粮合理负担。

甲、民食方面

一、严禁粮食资敌

（1）发动广大群众参加禁粮斗争。

（2）没收资敌粮食。

（3）奖励缉获资敌粮食的民众“可以半数”。

二、调剂供需

（1）广泛组织运粮合作社抢购游击区沦陷区粮食内运。

（2）通过各种伪组织伪军关系打通运粮路线。

（3）鼓励商人向游击区沦陷区购粮内运。

（4）严禁囤积居奇。

（5）各区必须有半年以上的余粮存储。

（6）适当供给缺粮的游击区民食。

（7）有计划有步骤的运输剩粮出口。

三、反对敌伪抢粮

（1）深入宣传敌伪抢粮的毒计。

（2）发动群众普遍藏粮。

（3）研究藏粮办法指导群众实行。

四、增加粮食生产

（1）奖励开荒。

（2）禁种无益或过剩的农作物以增加粮食生产面积。

---

① 原注：原稿缺“第二”。

（3）改良生产技术。

乙、公粮方面

一、征收的原则

（1）事先必须有充分的政治动员与准备工作。

（2）采用渐进的简易累进制。

（3）贫农中农与富农、富农与中小地主、中小地主与大地主的负担必须有区别。

（4）按照土地的总收获量估征。

（5）征率自百分之三起最高不得超过百分之七。

（6）由佃东负担三分之二，佃户负担三分之一。

（7）赤贫与孤寡单独均应免征。

二、保管

（1）对保管的环境必须作充分的估计。

（2）以分散保管为原则。

（3）保管的人应该不是征收的人，并且不以乡、保长保管为原则。

（4）每个乡都应该有一个脱离生产或半脱离生产的人专门负责保管运输支付的责任。

三、支付

（1）严格执行粮食预决算制度。

（2）彻底实行粮食票制度。

四、罚则

（1）短报公粮没收土地的口号应该取消。

（2）短报公粮的罚则只能照其应纳部分处以一倍以上五倍以下的罚粮。

选自《华中抗日根据地财政经济史料选编》第一卷，档案出版社 1984 年 7 月版，第 42～52 页。江苏省财政厅、江苏省档案馆、财政经济史编写组合编。

13. 苏中区各级审计委员会暂行组织及审计法规（草案）

1942 年

甲、各级审计委员会（简称审委）之组织

一、苏中及各分区各县应组织各该级审委，其组织人选如次：

苏中审委由苏中区党委行政公署财经处军区司令部及政治部各举一人组织之。

分区审委由地委专署财经分处分区司令部及政治部各举一人组织之。

县审委由县委县政府独立团团部各举一人组织之。

二、各级审委直接受各级党委领导并对党委负责。

三、各级审委推选主任委员经常负责。

四、各级审委下设立审计室，内设总干事一人干事二人办理审计技术工作。

乙、各级审委之职权

五、审委得依据供给标准及有关财经供给之法令，审查收支预算监督预算之执行，核定支付命令并审核收支计算及决算，且得随时检查各部门账目。

六、各级审委权限之划分

县审委为第一级预决算之初审机关，对县级预决算无核定权，但得核定该县各区之预决算，对该县第一级总预算总决算除按（八）规定外无权核定，不得核签支付命令。

分区审委复审核定第一级预决算，并直接核定第二级预决算。

苏中审委核定苏中级党政军各单位预决算。

七、审委除经常由主任委员负责领导各该级审计工作外，遇有重大案件应临时召开委员会决定之。

八、因战争情况之变迁，县级及分区所在地交通问题无法取得联系时，县审委得代理分区审委核定第一级预决算，但事后必须将代理核定各案呈送分区审委备案补行第二级预决算手续。

丙、预算之审查程序

九、第一级预算编造机关依照苏中区暂行预决算制度之规定编造，每期收支预算送请县审委审查，县审委经初审完毕后给与收入及支出预算审查意见书各一份，连同原预算全份转呈分区审委复审。

十、分区审委接到县审委送请复审之第一级收支预算经审查完竣后，将审查意见及核定数字给与收支预算核定通知书及意见书各二份，一份连同原预算书全份交第二级预算编造机关汇编第二级总预算与核签支付命令，一份交县审委再查。

分区级党政军各单位预算送经分区审委审核定夺后，给与核定通知书及意见书各一份，连同原预算全部移交第二级预算编造机关汇编第二级总预算。

十一、苏中审委接到苏中级党政军各单位预算经审核定夺后，给与核定通知书及审核意见书各一份，连同原预算全份发交第三级总预算编造机关汇编第三级总预算。

十二、预算之成立与支付命令之核定。

第二级预算编造机关接到分区审委核定之第一级预算时，分区直属单位预算除根据核定数字分别签发支付命令交审委核签外，并汇编第二级总预算呈交专署命令公布之。

第三级预算编造机关接到苏中审委之苏中级党政军单位预算，除根据核定数字签发支付命令，交审委核签外，俟第二级预算到达汇编第三级总预算，并交行政公署备案。

十三、未经各级审委核签之支付命令，出纳机关不得付款。

丁、计算及决算之审核程序

十四、审委根据各级核定预算审核计算及决算。

十五、县审委初审第一一级计算及决算，除对其区的部份（分）得核实外，对该县级无核定权。

分区审委核定第一级及分区级直属单位之计决算与直接核定第二级总计算总决算，苏中审委核定苏中级直属单位之计决算，各级计决算呈递及核定程序与预算同。

十六、经费支出计决算必须经审委核准后方得向财经供给机关转账报销。

十七、有违反供给标准其他财经供给法令及核定预算之支出，审委得予以剔除不准报销，并通知财经供给机关负责追偿。

十八、审委审核收支计决算如发现贪污情事，经查有实据者得提请主管行政司法机关予以应有之处分。

十九、收支计算及决算之造报有不合手续或遗漏之处，各级审委拒不受理或退回令重行编造。

戊、附则

二十、本法规由行政公署公布施行，其修改时也同。

选自《中国革命根据地审计史料汇编》，中国审计学会审计署审计科研所编，北京工业大学出版社1990年版，第212～213页。

14. 苏中区党委夏收总结会议粮赋研究组的结论

1942年9月经区党委夏收总结大会通过[①]

一、为正确执行党中央的土地政策，照顾中间阶层及贫农的利益，使各阶层负担更加合理，拟于明年夏季起，改变我征收粮赋办法，兹具体说明如下：

1. 我苏中区现行征收粮赋办法：

A. 从亩征收：即征粮的基本计算单位以田亩为标准，规定每亩征收若干，即按亩征收，有一亩，征收一亩。

B. 田分甲、乙、丙，注意到土质的好坏。如甲等田每亩征十斤小麦、稻十二斤、玉米十四斤。乙等田每亩征小麦八斤、稻九斤、玉米十一斤。丙等田每亩征小麦六斤、稻六斤、玉米八斤等。

C. 百亩以下不累进，一百零一亩以上者，另征累进，直到五百亩以上。

D. 佃田不满五亩者免征公粮。

2. 我现行征收办法的缺点：

A. 未能维护贫农的利益：因我采按亩征收办法，有一亩征一亩，所以贫农三、五亩以下者，不但公粮交不起，而且连田赋也交不起，我们未能维护贫农的利益，与中央扶助农民的原则不合。

B. 未能照顾中间阶层的利益，使其负担较重，根据苏中农村经济状况来讲，百亩以下者多系中间阶层，中小地主富农中农居多，百亩以下者征收较重，使中间阶层负担较重，这与争取中间阶层，照顾其利益的原则不合。

C. 百亩以上及甲等田的征收率较轻，形成田坏田少者负担重，田多田好者负担轻的不合理现象。

D. 佃户不能累进征收；百零一亩方累进，苏中除垦区外，百零一亩以上的佃户不多，因此佃（户）不能累进征收，这与中央指示也不吻合。

---

① 原注：标题按原件刊印，副标题为编者修改。

二、淮海、盐阜及我们征收办法的比较研究：

1. 淮海区征收公粮办法：

A. 征收原则：以地亩多少划分征收粮的等级，以收获量大小，决定土地等则。

B. 具体办法：

（一）五百亩以上之户为一等户，每季每亩征公粮十二斤，全年二十四斤。

（二）五百亩以下二百五十亩以上之户为二等户，每季每亩征粮十斤，全年二十斤。

（三）二百五十亩以下一百亩以上之户为三等户，每季每亩征公粮八斤，全年十六斤。

（四）一百亩以下五十亩以上之户为四等户，每季每亩征公粮六斤，全年十二斤。

（五）五十亩以下二十亩以上之户为五等户，每季每亩征公粮四斤，全年八斤。

（六）二十亩以下五亩以上之户为六等户，每季每亩征公粮二斤，全年四斤。

（七）不足五亩之户为贫户，免征粮草。

（八）每亩每年之收入在一百二十斤以上者为一等田，按公粮公草征集标准全数征收。

（九）每亩每年之收入在一百二十斤以下八十斤以上者为二等田，按公粮公草征集标准八折征收。

（十）每亩每年之收入在八十斤以下五十斤以上者为三等田，按公粮公草征集标准六折征收。

（十一）每亩每年之收入在五十斤以下二十斤以上者为四等田，按公粮公草征集标准四折征收。

（十二）每亩每年收入不足二十斤者为五等田，免征公粮公草。

（十三）每亩每年收获在一百八十斤以上者，为特等田，按公粮公草征集标准加二成征收。

2. 盐阜地区征收公粮办法：

A. 征收原则：仅注意到田之多寡，未顾及到土质之好坏。

B. 具体办法：

（一）每户有田不足三亩者免征。

（二）每户有田三亩以上不足十亩者，为第一级，其征收额，每亩五斤。

（三）每户有田十亩以上不足二十五亩者，为第二级，每亩征粮六斤半。

（四）每户有田二十五亩以上不足六十亩者，为第三级，每亩征粮七斤。

（五）每户有田六十亩以上不足一百五十亩者，为第四级，每亩征粮八斤。

（六）每户有田一百五十亩以上不足五百亩者，为第五级，每亩征粮十斤。

（七）每户有田五百亩以上者，为第六级，每亩征粮十二斤。

3. 我苏中区征收公粮办法：

A. 征收原则：仅注意到土质好坏不顾及到土地多少。

B. 具体办法：

（一）甲等田每亩征收公粮（田赋）十斤。

（二）乙等田每亩征收公粮（田赋）八斤。

（三）丙等田每亩征收公粮（田赋）六斤。

这三个征粮条例研究的结果，我们认为以淮海区为较合理，苏中区次之，盐阜区为更次之。

4. 我们的结论：自明年夏季起，改用淮海区的基本精神，即以土地多少决定征收等级，以土质好坏定征收的等则斟酌苏中实际情形，另订办法征收之。

苏中盐阜淮海征收公粮比例表

	苏中区	盐阜区	淮海区
甲等田以十亩田征收额计算	70（斤）	65（斤）	20（斤）
乙等田以十亩田征收额计算	55	65	12
丙等田以十亩田征收额计算	40	65	8
甲等田以二十亩田征收额计算	140	130	80
乙等田以二十亩田征收额计算	110	130	48
丙等田以二十亩田征收额计算	80	130	32
甲等田以五十亩田征收额计算	350	350	300
乙等田以五十亩田征收额计算	275	350	180
丙等田以五十亩田征收额计算	200	350	120
甲等田以一百亩田征收额计算	757.5	808	808
乙等田以一百亩田征收额计算	600	808	484.5
丙等田以一百亩田征收额计算	454.6	808	323.2

三、今年秋征条例：已通过公布，故从略。

四、今后粮食斗争，将日趋尖锐，粮赋工作日形重要，党为加强对粮赋系统之领导与保证决定具体办法如下：

1. 加强乡级的领导与保证。

a. 各乡支部应尽可能选定适当党员充当乡粮赋管理员。

b. 支部应领导该乡粮赋工作。

2. 加强县区级党的领导与保证。

a. 区粮赋分局内应建立党的小组，县粮赋局内应成立党的支部。

b. 区粮赋分局副主任及县粮赋局长一定要党员充任。

c. 各级粮赋局会计出纳一定要党员充任之。

d. 区粮赋分局副主任及县粮赋局副局长为党员者，要参加党团，各级党委应加强对党团的领导。

e. 各级党委必须讨论布置与领导粮赋工作，在检查其下级党委工作时，粮赋工作应列为一项。

f. 党的文件应发到粮赋系统。

五、为调剂民食增进生产限制消费，并防止外运资敌，保证军粮民食不虞缺乏，以巩固抗日民主根据地，拟实行粮赋管制。

1. 增进生产问题。

a. 奖励开荒，棉田改粮田。

b. 严禁薄荷。①

c. 兴办水利。

① 原文如此。推论为“严禁种薄荷”，只为多种粮食，与前项“棉田改粮田”相呼应。

d. 改良农具种籽。

2. 管制贸易问题：

a. 登记粮行合作社。

b. 控制粮食出售价格。

c. 禁止粮食外运。

d. 奖励内地流动。

3. 限制消费囤积问题：

a. 控制公司仓房地主富农剩余商品粮食。

b. 限制酿酒。

六、为调剂民食改善中下层农民群众生活，加强对敌粮食经济斗争，巩固与发展农抗会起见，拟以乡为单位大量发动组织粮食运销合作社。

1. 组织办法的原则：

a. 县成立粮食合作委员会，设计领导粮食合作事宜。

b. 组织以乡为单位，以有乡农抗会者为主，由农抗会负责，人民可自由入股。

c. 组织的原则依合作社一般原则。

d. 政府负扶助奖励之责，必须时拨粮入股。

e. 组织办法股本营业会议盈利分配等，见组织规程。

2. 进行步骤与办法：

a. 抓住中心区中心乡建立模范合作社。

b. 以有农抗会组织之乡为主。

c. 农抗会会议文化水准低可请顾问协助解决，并可给以津贴。

d. 反清剿斗争中的名义营业办法及在紧张局面时的转移等应灵活改变。

e. 财经科对国民经济建设，粮赋局对于粮食管制及农抗会组织等，均应会同商讨具体办法共同领导。

七、发动冬耕运动，根据过去党中央及华中局春耕运动的指示，实行冬耕运动。

（发至区级止）

选自《华中抗日根据地财政经济史料选编》第一卷，档案出版社 1984 年 7 月版，第 272～277 页。江苏省财政厅、江苏省档案馆、财政经济史编写组合编。

15. 苏中区党委关于敌汪排斥法币及我根据地发行抗币的决定

1942 年 10 月 24 日

敌汪于三月二十九日宣布法币贬值后，复于六月二十一日在苏、浙、皖三省，正式宣布禁止法币流通，限令人民以二与一之比价，在限期内向伪中央储备银行调换伪币行使，因而引起了我国金融之极大波动。苏中地区紧接淞沪，所受之影响尤钜（巨）。苏中区党委为抵制敌汪阴谋，减轻民生痛苦，巩固根据地之财政经济基础起见，特根据中央及华中局迭次指示，按照苏中实际情况，作如下决定：

一、我们指出敌汪此次禁用法币，发行伪币之阴谋，有其重大意义，可从下列几方面来看：

甲、政治方面：

（一）敌汪深知敌占区民众之所以心向抗日，不甘伪化，法币之流通，亦是重要原因之一，敌汪乃欲以禁用法币，发行伪币来转移民众心理，强化伪政权之统治力量。

（二）敌汪欲以禁用法币，发行伪币来加强其本身对于伪军、伪组织之控制，因为偌辈手中之财产，若依然以法币的形式存在，则将使偌辈心怀二意，动摇不定，发行伪币则可以将此种情形反过来，而使其非依附敌汪不可。

（三）借伪币的力量来扩展伪化统治，以伪币打先锋，向非沦陷区伸张势力，凭借商业关系，渐渐归入游击区，伪化游击区。

乙、经济方面：

（一）敌汪企图在沦陷区禁用法币，迫使法币内流，造成大后方及我根据地之恶性通货膨胀，以及相应而起的物价高涨，民生疾苦。

（二）以伪币套换法币，再以法币夺取我物资，使我们物资外流，抗战资源，日趋贫乏。

（三）敌汪一面禁用法币，一面吸收法币，利用此项吸收之法币，在市场上时增时减，以操纵我方之金融和物价。

（四）法币是与美金、英镑联系的，伪币只能与日元通汇，敌汪企图以此增厚其日元集团之力量. 使在经济上更加依附于日本。

丙、金融财政方面：

（一）法币之发行权在重庆，敌汪不能用以济自己之急，发行伪币则可以临时解救财政上之困难。

（二）利用少数伪币，吸收大量法币，来扩展其军政事业。

（三）以伪币作为日本军用票之外围，巩固军用票，维护日元。

二、我们应指出敌汪此项阴谋，是在全国范围里面对法币的一次新进攻，受影响的当然不止苏中一隅，但苏中却因紧接淞沪之故，不能不首受影响，首当其冲。稍一不慎，就要受祸最烈，受害最深，同时苏中又是孤悬敌后的，四面八方都在敌伪据点的包围中，与大后方的联系，完全隔断，因此，要抵制敌汪阴谋，避免祸害，必须有独立的和主动的办法，才能克敌制胜，坚持斗争。

三、我们还应指出敌汪这一阴谋，虽然毒辣，但敌区却有许多不能克服的弱点，使其阴谋难于全部实现，约略分为下列几点来说明：

甲、伪币本身脆弱无力，只能在刺刀势力所及的地方，强迫行使，无法使人民自动接受，最大部分人民仍然信仰法币而不信仰伪币。

乙、中国绝大多数人民都知道抗战必胜，日本必败，深信明年一定能打败日本，日本败，则依附日本的汪伪组织及其所发行之伪钞，亦随之一文不值（上海某日曾谣传汪逆及周逆被刺，又日寇在南太平洋某次受损失，打败仗时，伪币即在市面上被拒用，或跌价即是证明）。

丙、伪钞与日元之间仍有矛盾，伪币欲借日元以自重，而日元怕受伪币之拖累，兼之日元本身亦是一个非常脆弱的东西。

丁、敌汪欲以禁用法币来造成非沦陷区之通货膨胀和物价狂涨，但其结果则反而首先造成了自己占领区之物价狂涨，其狂涨程度且远较非沦陷区为甚，因为大部分民众都知道伪币终必成为废纸，故相率将其囤购物资，致物价狂涨不已，这是上海等地的实际情形。

戊、敌汪原意是要以法币来套取我物资，故其自开始就不曾绝对禁用法币，掉换停止以后，法币黑市随之产生，黑市场的法币价格，日常在伪方规定的价格之上，金融中心的上海南京是如此，在其他城市，则连“明禁”都没有，法币依然流通（东台敌伪开会结果，且出布告，维持中、中、交法币的行使，拒者以扰乱金融论罪）。

己、敌汪自知本身之脆弱无能，故至今还替法币留了一条后路，没有把它禁绝，而现在只能采取各个击破的方式（如禁用农钞，而不涉及中、中、交）。

四、基于上述情形，我们要基本上击破敌汪阴谋，必须在全国范围内（特别是大后方）采取有效的办法，使敌汪即使能藉伪币换法币亦无法抛出，结果是作法自受，害人害己，但这不是我们在苏中所能做到的。我们今天只能做到使敌汪阴谋在苏中地区遭遇失败，使我们不受其祸害，民生不受痛苦，因此，我们决定对策如下：

甲、在政治上应加强宣传抗战必胜，敌伪必败的道理，指出法币的前途是与抗战胜利的前途休戚相关的，使沦陷区的人民继续信仰法币，不信仰伪币，使敌伪在经济上，以伪币套换法币的阴谋，难于实现，使敌汪在政治上企图转移民众的心理的阴谋完全失败。

乙、在我们根据地内绝对禁止伪币行使，使敌汪无法扩张伪化势力。

丙、发行抗币，逐渐使抗币成为根据地内唯一的通货，一方面使敌汪不能用其套换的法币来夺取我们的物资，杜绝物资外流，一方面稳定通货，避免通货膨胀，使物价不至于上涨，并避免敌人之操纵，在抗币发行以后，不只以应付流通界的需要时，可以选择适当的时期，发行本票（以抗币为单位之本票）以补充之。

丁、设立贸易局，有计划的统制出入口，限制非必须品之入口，及必须（需）品之出口，尽量觅取代用品（如以盐硝代牙膏，以灰碱代肥皂等），减少我们在生活必须（需）品上对敌方之依赖性。

戊、苏中为出超之地，我们尽量做到对外贸易，以物易物的原则，换取我们在军事、工业生产方面的原料物资。

己、争取城市商人脱离城市来到农村（敌汪禁用法币，实行伪币的结果，必然有些商人具有远见，不忍自己的财产随着伪币化为乌有，愿来根据地经营）。

庚、利用京沪法币黑市场之存在，及其他敌占区法币之继续流通，有计划收集法币向敌占区去换取我们抗战的必须（需）品以补充抗战实力。

五、为了实行上一决定，各级党政军民，特别是做民运工作的同志，应向民众作广泛的宣传和深入的解释（宣传文字应力求其通俗明显动听），并着重下列诸要点：

甲、必须指出敌汪禁用法币，发行伪币在政治上之阴谋，以唤起一般之注意。

乙、强调抗战必胜，日寇必败，伪币无前途，法币有前途，沦陷区同胞应继续信仰法币。

丙、应详明的指出，苏中是孤悬敌后，既首受敌伪排斥法币之害，又得不到重庆的后援，且法币一面受敌汪排斥，一面又因重庆方面发行增加，法币购买力，必然日趋于下，所以根据地发行抗币，是为了抵制敌汪阴谋，使根据地人民既不受敌汪排斥法币的祸害，也不受法币贬价的无形损失。

丁、不仅要有民族观念抗战意识，这些大道理来号召群众拥护抗币，而且可以告诉他们切身的利害关系。

六、最后我们指出，由于敌汪在政治上经济上的基本弱点，由于我们在政治上坚强的保证，有党政军民的力量，在经济上，我们苏中根据地又是居于出超的地位，只要我们能认真坚决执行正确的政策，我们是有把握战胜敌汪，在经济上巩固我阵地的。

选自《华中抗日根据地财政经济史料选编》第一卷，档案出版社1984年7月版，第278～282页。江苏省财政厅、江苏省档案馆、财政经济史编写组合编。原注："按1942年出版《党风》第一期刊印"。

16. 盐阜区各县验契处组织办法

1942年11月施行

第一条　为办理验契事务，特设验契处并可斟酌环境添设分处。

第二条　验契处及分处如各县设有田赋处者可附设于田赋处内，无田赋处者，附设各粮柜内。

第三条　验契处及分处各设主任一人，综理验契事务，由田赋处或粮柜主任兼任之下［不］另支津贴。

第四条　验契处及分处之核算征收等事务，由田赋处或粮柜工作人员兼任，不另支津贴。

第五条　验契处及分处可临时增设办事员一名，协助主任专办验契事务，除供给公粮菜金外，月给津贴二十元衣被自理。

第六条　验契处及分处事务繁忙时，得增设临时雇员若干，每张契缮写费六分，笔墨自带，衣食一切自理。

第七条　验契处及分处之办公费月定二十元。

第八条　验契处及分处之薪津及办公费印刷费等，应由各县按月预算呈由行政公署核准之。

第九条　验契处及分处之办事细则及各项簿据执照声请书等各项式样由各县自订施用。

第十条　本办法自三十一年十一月起施行。

选自《华中抗日根据地财政经济史料选编》第一卷，档案出版社1984年7月版，第427页。江苏省财政厅、江苏省档案馆、财政经济史编写组合编。原注："按1944年出版《盐阜区财经法令汇编》刊印"。

17. 苏中行政公署关于粉碎敌汪排斥法币提纲

1943年①

（一）

研究南京伪政府颁布的发行伪币整理旧币的许多条例及办法，其主要内容如次：

1. 中央储备银行发行之钞票为唯一“法币”，所有旧币非得本部长特准不得使用。

2. 政府限期以二与一之比例一律以旧币换掉中储券，但旧币掉换限于中交银行之钞票但券面上印有上海以外之地名者及旧辅币券，均不在交换之例，旧辅币暂准照中储券之金额流通之。

3. 旧币掉换中储券，但得以同额之公债代替之。

4. 收回旧币之区域以苏浙皖三省及南京上海两市为限。

5. 凡是和平区以外运往和平区以内之旧币，以后一律严加取缔。

（二）

敌人在货币斗争中的作用及其运用有以下各点：

1. 在沦陷区驱逐法币代以伪币，夺取货币发行权。

2. 发行毫无基金的伪币，将来还要继续发行，以解决一时伪政权财政上的困难。

3. 沦陷区停用法币，使用伪币实施经济伪化，加强经济统治，而且辅助政治伪化加强政治统治。

4. 将中储券换回之法币，使其大量涌入根据地，采取物资，以遂其以战养战之毒计，同时使根据地法币大量流入，物资大量流出，形成恶性通货膨胀，钱多物少，物价飞腾，人民生活越感困难。

5. 将中储券换回之法币，还可以运往苏浙皖以外的敌占区，加紧其他沦陷区内物质的掠夺。

6. 敌占区宣布停用法币后，使根据地人民不能将法币往沦陷区使用，购取商品，因而愈益感到日用必需品之缺乏，配合其经济封锁政策。

7. 敌汪想进一步以伪币侵入根据地，企图伪化根据地经济。

8. 中储券以伪政府名义发行，日本法西斯的军阀财阀还不放心，据说敌人正在酝酿设立日伪交银行，另外发行一种虽通过伪政权，但是完全操纵在敌人手里的钞票，再以二对一的比率收回中储券。

（三）

敌汪在货币斗争中困难与弱点：

1. 据伪报登载消息，中储券的发行额已达十万万元，实际不足此数，就算达到此数，与沦陷区百万万元以上法币相较，相差尚远，因为伪币代替法币在数量上还有困难。看到伪政府公布的以巨额公债代替中储券的办法，就可得到证明。

① 原注：年代为编者判定时间。

2. 法币为中国人民所信仰，敌汪亦所深知。如果到排斥不了的时候，他自己拖上一条尾巴，用自己的方式，本部长（指伪财政部长周佛海）特准使用。

3. 沦陷区人民虽在暴力统治下，但对敌伪强迫使用伪币后，加深了经济压迫，更感到财物的损失和生活的威胁，予顺民以当头棒喝，同时加深了对伪政权的认识和仇恨。

（四）

我们的对策：

1. 发行抗币为根据地本位货币，发行至足够数量时，停止法币使用，但与敌汪排斥法币迥然不同，我们准许人民自由保存法币而且我们使用抗币停用法币后，使沦陷区法币排挤不出来，正是保护了法币。

2. 我们用各种方法向沦陷区人民宣传敌汪强迫使用伪币后物价飞增一倍，目前感受到生活上的威胁，将来抗战胜利纵然腰缠百万中储券的富家翁，尽成一钱不值的废纸。

3. 严禁伪币的行使。

4. 设立贸易局，管理贸易控制出口货奖励进口货。

5. 与沦陷区举行以货易货。

6. 发展生产建设实行自给自足。

选自《华中抗日根据地财政经济史料选编》第二卷，档案出版社 1986 年 8 月版，第 181～183 页。江苏省财政厅、江苏省档案馆、财政经济史编写组合编。

18. 江淮银行苏中第四支行通告（发行一元抗币）

1943 年 5 月

为布告事，查本行在本分区发行之五元及五角的两种抗币，对于发展商业经营、促进农村生产、以堵截伪币、活泼我根据地金融，起了极大的作用。但在使用时、缺少一元的一种适中单位，以致时有发生兑换找零困难，苏中分行为解决此困难，已赶制印一元票一种，本行现已领来发行，其式样、大小、纸质、版纹、签字、方章、与五元的一种完全一样，其不同之处：第一在背面，一元的一种色泽为“茶色”，与五元的一种“火黄色”不同。正中没有“作抗币五元”五字；第二在正面一元的一种左右两边没有“作伍圆”三字，上面“江淮银行”四字及下面两颗方章，色泽深浅不同。自布告之日起，仰我军民绅商，认明使用此布。

兼行长　肖　朗

兼副行长　赖畅茂

马一行

选自《华中抗日根据地财政经济史料选编》第二卷，档案出版社 1986 年 8 月版，第 205 页。江苏省财政厅、江苏省档案馆、财政经济史编写组合编。

19. 苏南区行政公署一九四三年秋季救国公粮征收暂行条例

1943 年 8 月 1 日公布

一、总　则

第一条　为坚持苏南敌后抗战，保证抗日部队，机关之一切给养，充裕抗日经费，特订定本条例。

二、征收量额

第二条　秋季救国公粮，一律征收白米为原则，其情况特殊者得折收现钞。

第三条　每亩征额最低四市升，最高八市升，各县得根据地区不同，土地肥瘠，收成丰歉，分区分乡订定征额公布，但征额一经公布，任何机关团体或个人，不得私自变更，违者任何人民可自由向政府检举控告，从严惩办。

第四条　各县分区分乡订定征额，须呈报苏南区行政公署备案，如认有不妥之处，苏南区行政公署有权指令变更。

第五条　凡实行二五减租者，救国公粮由业佃双方三七负担（即业主出七成佃户出三成），其未实行减租或减租不到二五者，则由业主完全负担。

第六条　凡在外业主应纳之救国公粮无法直接征收者，一律由佃户代缴，掣取粮据，于交租时凭据扣除，业主不得拒付。

第七条　粮户缴纳救国公粮，须干燥清洁不得掺糠掺水，违者除退还斟换外，并视情节轻重给予处分。

第八条　凡征收救国公粮之地区，每亩加征公草十斤，如业主收租草者由业佃双方负担，业主不收租押草一律由佃户负担。

第九条　不得拖延抗拒，违者处罚（详本条例二十四条）。

三、征收机构及办法

第十条　征收机构由各县政府领导责成县财经科负责执行，各区乡设征收小组，分乡进行，每组设组长一人，组员三人至五人（必要时可以吸收地方人士参加）。

第十一条　进行广泛深入的动员，县区政府应布置督促各乡保长召开各种动员会议，说明征收救国公粮之重要意义，各群众团体驻军应负责抽调干部协助征收。

第十二条　征收期限自开征日起至完全结束止至多二十天（头限七天，二限七天，三限六天），不得随便延长。

第十三条　征收时随即将一百斤以内粮户的救国公粮由各县负责集中，再行分散妥善保管，其一百斤以上粮户之救国公粮，暂由原户保存分期集中。

第十四条　凡分散保存或寄存原户之救国公粮，各县政府须造清册一份，送呈苏南区行政公署存查。

第十五条　征收组随时将各乡收据会集整理，于限期满后全部汇交区公所，不得有所遗失。已用簿据存根，未用簿册在征收结束后五六天内，按级送交县政府。

第十六条　征收小组在未征收以前须先期发出通知单，如业主发现有错误时，应即在开始前呈报乡公所，转区公所核查。

第十七条　业主交纳救国公粮后，应向征收员掣取粮据为凭。

第十八条　折钱收现地区解缴制度，每乡每日须将所征之款填具日报表解缴区公所，各区公所每隔三日（或在一万元以上者），填具汇报表解缴县政府发给正式收据。

四、减免办法

第十九条　参加主力部队直系家属（父母妻子）减免六亩。

第二十条　参加地方武装（各区大队）直系家属减免三亩。

第二十一条　真正赤贫之业主或受天灾人祸之损失难维持生计者，经县政府调查确实并经批准得予减免征收。

五、隐蔽田亩抗纳田赋奖惩办法

第二十二条　凡在征收期前或征收期内，自动向政府补报田亩者，不予处罚。

第二十三条　凡在征收期间发现隐报，一经查出，得按其隐报程度分别处罚。

第一项：隐报田亩三亩以内，除应交之救国公粮外，每亩罚粮五斤。

第二项：隐报田亩在三亩以上六亩以内，除应交之救国公粮外，每亩罚粮八斤。

第三项：隐报田亩六亩以上十亩以内，除应交之救国公粮外，每亩罚粮十一斤。

第四项：隐报田亩十亩以上二十亩以内，除应交之救国公粮外，每亩罚粮十四斤。

第五项：隐报田亩二十亩以上三十亩以内，除应交之救国公粮外，每亩罚粮十七斤。

第六项：隐报田亩三十亩以上者，除应交之救国公粮外，每亩罚二十斤。

第七项：凡折钱收现地区，隐报田亩处罚办法，照本条例二十三条第一项至第六项之规定折现计算。

第二十四条　一百斤以内之粮户，在头限日期内全部缴清者照定额九折征收，二限内交清者照定额十足征收，三限期内缴清者除照征外应加纳罚金百分之十，过三限仍不交清，政府当另予处分。折钱收现地区照一百斤以内粮户办理。

第二十五条　一百斤以上粮户分期集中救国公粮时，不得借故推诿，拖延付粮，否则政府得予适当处罚。

第二十六条　凡参加征收之乡保甲长及地方人士，工作努力成绩显著，在规定之期间内完成救国公粮征收者，得由县政府呈经批准后，分别给予奖金、奖状，凡参加征收之脱离生产之工作人员（军政民）亦得按其努力成绩，给予物质奖励（如文具日用品等），但不准给以奖金（现钞）。

第二十七条　凡举发隐报田亩者，经调查属实，当按被举发人所罚之罚金，提百分之三十为奖励，举发人之姓名绝对保守秘密。

附　则

第二十八条　本条例自公布之日起施行之。

选自《华中抗日根据地财政经济史料选编》第二卷，档案出版社 1986 年 8 月版，第 98～101 页。江苏省财政厅、江苏省档案馆、财政经济史编写组合编。原注：“按《新四军在茅山》1943 年版第 319～322 页刊印”。

20. 浙东三北经委会关于征粮时期各地区人民负担原则的决定

1943年8月6日

——三北地委通知——

一、这一决定是根据各地实际情形经经委会扩大会议讨论决定的，以作为各地征粮斗争的准绳，各地应根据这一原则提出自己的斗争口号。

二、这一决定不是法律规定，而是斗争目标，因此它不是对外文件，不是以我军名义公布的文件，而是上层谈判的标准及民众斗争的标准。

三、对于敌人的征粮，尽可能争取不交，在我基本地区应坚决不交，在个别地区不能不交者（如据点附近清乡区等）应以上面原则处理之，但我们方面不能公开允许交敌人的粮，应以个别处理的方式予以处理。

四、对于友方的征粮，主要的应发动群众斗争提出要求（上述决定是最高额，如友方依此做可不必再斗，如超过此数，群众斗争口号可较低以备调解），原则上群众要求可以去年为准，以此目标坚决斗争。

五、各地在征粮斗争中，应保证我们首先完成征粮，上层到下层一致配合，上层积极交涉，下层民众先交我们的，再交其他方面。

地　委

8月13日

浙东地区系敌友我（包括顽）三角斗争的地区，还有四面斗争之势，因此，在此次征粮时期，除我部要征粮之外，其他政府及各友军、敌人、伪军、伪政府等，均要来我地区征粮，同时敌还要抢粮派粮贱价购粮，本会有鉴［于］此，特在这次征粮工作会议讨论，根据各地区敌友我三方面力量的对比，将各个不同地区之人民的负担原则决定如下：

（一）龙山区：

①我军最高额的征收十三斤，代征自卫队总队部经费最高额三斤。

②对姚部征粮基本口号提出不缴纳，但实际无法抵抗之特殊情形之地区，可采取各种不同方式，向其要求（或请士绅要求）减少征收，对于今年征粮数目最高额不能超过十斤。

③对姚贱价买粮，在部分地区应设法制止，如不能制［止］之部分地区，应按照市价购买（并应提出口号反对伪［军］敌人贱价买粮）。

④对伪县政府，决定不准他收粮，并应发动提出口号，绝对不缴粮给伪县政府。

⑤对镇海县政府可用类似（军公学谷）名义征收四斤至七斤（最高额）（内包括区署及补助凤湖中学一斤在内），县政府所征收之十五斤及袁天相之十五斤一併（?）不交。

⑥乡镇公所可根据其需要征收一斤至二斤。

⑦区署只准征一斤。

（二）庄市区：

①对敌伪派征之后，应设法以当地不同情形采用不同的方式要求减半缴纳，或最高额不能超过十七斤。

②我军征收最高额十三斤，代征自卫队经费最高额三斤。

③对镇海县政府可用（军公学谷）之名义征收六斤（内包括区一斤），县府十五斤及北办十五斤，一伴（?）不交。

④对乡镇公所应变名义应取消，可采用事业费及经费名义，征收四斤至五斤。

⑤对宋部（清云）苏部（本善）之征收应绝对制止，可发动群众以各种不同具体方法方式去进行斗争。

（三）慈东区：

①我们征收最高额十三斤，代征自卫队经费最高额三斤。

②县府征谷应根据去年军公学谷数字，可准征收七斤为最高额，应由区署主持征收，但区署不得再征。

③对乡、镇公所应变费及军公学谷的名义应取消不准收，可用事业费或经费名义征收二斤至三斤。

④宋清云部可征收五斤为最高额。

⑤对敌伪方征谷口号应提出，〈应〉不交，但无力制止的地区可给其征收，但数字最高不得超过二斤。

⑥对敌伪方贱价购谷，应设法制止，并提出口号反对“敌伪贱购谷”，不能制止的地方，得按市价购办为原则。

⑦对政府公务人员家属、及不良的公务人员以贱价购谷应一律制止。

（四）中区（慈北）：

①我军征收最高额十三斤，代征自卫队经费三斤。

②县政府可用（军公学谷）名义征收最高额不得超过七斤。

③乡镇公所应变费名义应取消，可用事业费及经费名义征收三斤。

④田部来征应尽量交涉，要他不来收为原则。

（五）浒山区：

①我军征收最高额十三斤，代征自卫队最高三斤。

②区署之额外征谷及贱价买谷，应绝对制止，可用（军公学谷）名义征收最高额不得超过七斤。

③对敌伪方之派谷，提出口号，应尽可能不缴，但无法制止的时候，其征收数最高限度不得超过二斤。

④乡镇公所征收最高数不得超过四斤。

（六）南区（慈西区）：

①我军征收最高额十三斤，代征自卫队最高额三斤。

②县府可根据去年军公学谷数目，征收最高额不得超过七斤，区署在内不得再征。

③乡镇公所应变费或谷名义应取消，可以事业费及经费名义征收，最高额不得超过二斤至三斤。

④对县政府额外征收及乡镇应变费或谷等均应一律制止征收。

⑤敌伪方派谷之数，应制止征收，发动群众反对不缴为原则。但靠近敌伪据点或无法制止之地区可缴一斤至二斤。

⑥对姚华康部之征谷及派款应坚决制止，不许征收，一方面发动群众提出口号，不缴姚部款与谷。

⑦对八十八团派款除请指挥部交涉外，应根据斗争原则劳（发）动群众不缴。

⑧对丈亭伪方收款，原则［上］提出口号发动群众不缴，但靠近地区无法制止时，可准他收，靠近丈亭一二个乡数目，最高额不得超过五万元（每乡）。

（七）梁弄区：

①八十八团征收最高额最好不超过十斤。

②我军征收最高额十三斤，代征自卫队谷最高数三斤。

③区署包括县府可征收最高额不得超过七斤（如筹经费即不准收谷）。

④乡镇公所暂不规定。

⑤萧二支队征收最高额应低于八十八团征收数额。

（八）长河市区：

①我军征收最高额十三斤，代征自卫队经费三斤（最高额）。

②区署可征收到最高额不得超过七斤（县府在内）。

③乡镇公所可征收到最高额不得超过四斤。

④对伪政府贱价购谷，可提出口号，应设法制止，如部分无法制止得应按照市价购买。

⑤田部，可均（酌）予给他征收，最高额不得超过五斤。

⑥萧二支队应坚决不准许他去收，并应发动群众力量予以斗争。

⑦防护队经费可在区署征收数目项下拨二斤。

（九）临山区：

①我军征十三斤，代征自卫队三斤（最高额）。

②县府区署可征收最高额不得超过七斤。

③乡镇公所可征收最高额不得超过四斤。

④田部，可酌予给他收五斤为最高额（如该部长河市不收，本区可酌量加收一点）。

⑤对萧二支队应绝对不准其征收为原则。

⑥对敌伪方抢粮应根据原则设法制止。

（十）虞北（即崧夏区）（包括虞西）：

①我军征收十三斤，代征自卫队三斤（最高额）。

②县府与区署额外征谷应予制止，在公平合理负担下可征收到最高额不得超过七斤。

③田部可准收到五斤至十斤。

④邓部，虞北不准他征收，虞西部分可以征收，但不能超过我军之数目为原则。

⑤乡镇公所可征收最高额不得超过四斤。

（十一）马渚区：

①我军收十三斤，自卫队三斤为最高额。

②张振邦、李魏庭部，虞北可准他收三斤至五斤，虞西部分不准他征收。

③其余友军政府均可依据临山区办理为原则。

④关于伪乡公所征粮问题，应根据我军力量按实际情况处理。

这个决定系按本会征收处以上的干部征粮工作会议讨论决定，这是在经济上的斗争，这个斗争是个复杂斗争，希各部队各办事处及本会各级根据决定的原则，再根据实际不同地区有力的配合，给予各方对策，完成我浙东地区在财政上经济上的斗争任务。

经委会

1943年8月6日

选自《浙江革命历史档案选编》，浙江人民出版社1985年4月版，第106～111页。杭州大学历史系、浙江省档案馆合编。

21. 浙东三北游击司令部抗卫军粮及抗卫经费并征暂行征收条例

1943年8月

第一章　总　则

第一条　为保证本军军粮及经费之供给，以顺利完成坚持浙东敌后抗战，保障各阶级人民之利益，我各界人民均有缴纳抗卫军粮及抗卫经费之义务。为求得划一办法及统筹统支计，而使人民对于抗战自卫经费及军粮之负担臻于合理与公平，特订定本条例。

第二条　凡本军之军粮概称抗战自卫军粮（简称抗卫军粮），本军之经费概称抗战自卫经费（简称抗卫经费），其征收事宜悉依本条例规定办理之。

第三条　本条例实施后，所有以前征收军谷及抗卫捐办法一律废止（其尚未了结部分应从速追缴结束）。

第四条　抗卫军粮及抗卫经费之征收，以按照田亩数合并征收实物（谷）为原则，商民及殷富人民，除田地部分按照规定缴纳外，其他部分视其负担之能力另行规定征缴之。

第五条　抗卫军粮及抗卫经费之一切征收事宜由本军经济委员会（简称经委会）主持办理，本军之其他有关机构得尽量协助之。

第二章　征收范围

第六条　抗卫军提（粮）及抗卫经费之征收，以业主农民商民及殷富人民为范围。

第七条　凡浙东地区在征收范围以内之人民，应按照本条例之规定缴纳抗卫军粮及抗卫经费。

第八条　寄身沦陷地区域而爱国爱军之热忱不亚于我基本地区之人民，自愿贡献其力量于抗战，自动缴纳抗卫军粮及抗卫经费者，得依据实际情形各别办理，不受本条例之规定限制。

第九条　本条例第七条所规定征收范围以外之人民，有愿自动缴纳抗卫军粮及抗卫经费者，运用第八条之规定。

第三章 征收标准

第十条 抗卫军粮及抗卫经费之缴收标准，根据第五条之规定，按土地之性质分为：一、田（平原水田），二、地（旱地）；三、山田（山间水田）三种。其标准如下，下列数字中为军粮及下半年之抗卫经费，合并征收之数详见分担标准表。

（一）田：每亩征谷十三市斤。

（二）地：甲等地每亩征谷六斤半（市秤），乙等地每亩征谷五斤（市秤）。

（三）山田：每亩征谷八市斤。

第十一条 田地或山地不论种植粮食或其他农产物，一律按照前条规定之标准征收之。

第十二条 非种稻之田地，无谷可缴者，得以现款代缴（简称代金），代金之计算以当时当地市面谷价为标准，其具体规定由经委会实行征收时公布之。

第四章 分担率

第十三条 抗卫军粮及抗卫经费之负担，依据公平合理之原则规定如下：

（一）自耕农自有田地自行耕种者，独自全部负担。

（二）租佃之田及山田由业主及佃户平均各半负担。

（三）租佃之地：甲等地由业主负担二市斤，佃户负担四市斤半。乙等地由业主负担一市斤半，佃户负担三市斤半。

第十四条 凡田地有大小业之分者，抗卫军粮及抗卫经费之缴纳由大业业主，小业业主及佃户三方平均负担，各三分之一，大小业主属诸同一业主者（该业主收双重业租者）应分担三分之二，佃户分担三分之一（如再有其他特殊情形者得临时规定之）。

第五章 减免办法

第十五条 凡鳏寡孤独及贫苦人民，自有田地耕种，其数在三亩以下，无力缴纳抗卫经费及抗卫军粮者，应由乡（镇）保甲长会同农会之证明呈请经委会调查属实得免予征缴，租佃田地耕种三亩以下无力缴纳，同此办法，但其中由业主负担部分仍应照缴。

第十六条 凡参加本军武装主力部队，及出征军人之家属不论业主或佃户，对于抗卫军粮及抗卫经费之缴纳，得凭本司令部（参加本军者）或地方政府之证明文件，呈请经委会调查属实，准予按照第三章各条规定减缴百分之二十（即八折实缴），其耕种亩数在三亩以下者，得全部免予征缴。

第十七条 凡参加三北自卫武装部队，并已脱离生产者，其家属应缴之抗卫军粮及抗卫经费得依照第三章各条之规定呈准经委会减缴百分之十（即九折实缴）。

第十八条 凡可耕之土地（包括田地山地）而不耕种致使荒芜弃置者，应视同耕种之土地按照第三章各条之规定同样缴收，惟得以代金缴纳之，其非有意弃置或懒惰不种，由于特殊原因，而致荒芜者，得声（申）述原因，经乡（镇）保甲长会同农会证明呈请经委会核夺减免之。

第十九条 凡田与地种植稻棉或其他杂粮等，如遭受灾情以致歉收或籽粒无收者，得由各乡（镇）保甲长会同农会报请经委会调查属实者，按其歉收或无收之实际成数给予减免征收之。

第六章　征缴手续

第二十条　抗卫军粮及抗卫经费之征收事宜由本军经委会主持征收，由各乡（镇）保甲长与本军办事人员合力办理之。

第二十一条　抗卫军粮及抗卫经费之征收，以田地所在地为根据，例如田在甲乡，则其征收手续应向甲乡（镇）公所办理，向住在乙乡之该田种植者征收之，但乙乡（镇）公所应随时加以协助，并不得重征。①

第二十二条　抗卫军粮及抗卫经费，应由田地之实际种植者负责缴纳，其应由业佃分担者，业主应缴部分须由佃户代为缴纳，凭本军之征收收据，于业主应得之租谷项下扣还。佃户不得托词推诿，抗不代缴，而业主亦不得有所异议。

第二十三条　抗卫军粮及抗卫经费之征收，先由经委会派员召开乡（镇）保甲长会议，根据各保甲之数，发给保管切结（以下简称保结）（式样另附）及各户缴纳抗卫军粮及抗卫经费细表（以下简称细表），各甲收到后，应进行向各户登记，按表面上所说明填列后，由甲长出具“总数”保管切结。

第二十四条　保结与细表填齐后，由甲长盖章送到乡镇保，再由乡保长加盖私章后，经委会即派员根据细表，应缴军粮及经费之数目（以户为单位）填写收据（式样另附）后，经经委会派员核对，加盖核对者私章，发乡（镇）公所转发各保甲各缴粮户，或交由农会分发，或召开保甲人民大会（会同农会）当场宣布所缴之数目，如有不符之数，或由（有）舞弊情事，得应按情节轻重惩处之。

第二十五条　前条规定之收据，经经委会划一样式交由各分会负责，以分会为单位，统一印发，盖有分会印证，而无核对者私章（以资划一），发各征收处转各乡（镇）公所，派员填写，如有填写错误者，应留存作废报销，不得随意抛弃（收据之发给应由各乡镇公所出具领据）。

第二十六条　本军经收之抗卫军粮及抗卫经费，以本军经委会所属各分会出具收据，盖有分会印信及核对者私章为唯一凭证，其他机关之任何收据均不作为凭。

第二十七条　征收之谷以纯洁干燥之上砻谷为标准，羼杂潮湿不合标准者，乡（镇）保甲长应拒绝收受。

第二十八条　为保证存谷之绝对干燥，各保管军谷之甲长及保管户等，于接受保管时，应将谷复晒一次，务使达到最燥程度，以防霉烂，乡镇保长有督促之责，如保管之谷因潮湿而至损失时，该保管户应负赔偿之连带责任，晒谷之蚀耗率于第七章规定之。

第七章　蚀耗率

第二十九条　保管之谷依照前条之规定复晒时，其蚀耗率规定为百分之三（即每百斤之谷晒后应实有最燥谷九十七斤），此项蚀耗之数准予报销。

第三十条　甲长负责保管军谷应将该谷存放于高燥严密处，乡镇保长负责督促各保管户妥善处置，毋使散失虫蛀或鼠雀啮食，如因存放不妥而致发生额外蚀耗时，其蚀耗之

---

① 原注：此条内容有二种说法。一见于文内，一见于原件内所附纸条，内容如下：第二十一条抗卫军粮及抗卫经费之征收以佃户或自耕农所在地为根据，例如田在甲乡，而耕种者在乙乡，其征收手续由乙乡公所办理，甲乡不得重征。

数，应由该负责保管军谷之甲长与乡镇保长负连带赔偿之责。

第三十一条　本军征得之军谷由乡（镇）保甲长经手保管者，非凭本军之粮票或其他提取之文件，任何人不得将该项军谷擅自支付移转或拿作别用，如有上项事情发生，各该乡镇保甲长连带负完全赔偿之责。

第八章　征收费用

第三十二条　乡（镇）保甲长为本军征收抗卫军粮及抗卫经费，本军应于征得之数目提出百分之五为乡（镇）公所及保甲长之手续费，其分配办法规定于下：乡（镇）公所得五分之一·五（即该乡镇征收总额百分之一·五）。保长得五分之一·五（即该保征收总额百分之一·五）。甲长得五分之二（即该甲征收总额百分之二）。

第三十三条　征粮工作之进行时间迫促，乡（镇）保甲长除动员其原有人员积极工作外，并得邀请当地热心抗卫事业之知识分子（如小学教师等）义务协助，此项义务协助人员工作完毕，得按照其工作人数及日数每人每日给谷三市斤以为补贴。上项之补贴凭乡镇长及经委会督导人员之报告发给，由收领人出具收据。

第九章　奖　惩

第三十四条　凡在规定征收范围以内之人民，不分年龄性别或职业，对于抗卫军粮及抗卫经费均有按照规定缴纳之绝对义务，如有抗不缴纳者，依法惩办之。

第三十五条　本军征收抗卫军粮及抗卫经费，其成绩优劣，直接影响于抗战自卫事业之进行，任何人如敢蓄意破坏妨碍征缴，应以破坏抗战论罪，按军法严惩。

第三十六条　人民对于抗卫军粮及抗卫经费之缴纳应按其实际田地亩数忠实报缴，如有瞒蔽短报，企图漏缴者，一经查（察）觉，除补缴其短报部分应缴之数外，视其短报之多少加一倍至五倍罚征之。

一、短报亩数在一亩以上十亩以下者，罚征一倍。

二、短报亩数在十亩以上三十亩以下者，罚征二倍。

三、短报亩数在三十亩以上六十亩以下者，罚征三倍。

四、短报亩数在六十亩以上者罚征五倍。

第三十七条　凡人民由于一时蒙昧短报亩数在未经查（察）觉之前，自动向经委会补报补缴者，得免予倍罚，仍按规定征收率征收之。

第三十八条　公务人员（包括乡镇保甲人员在内）将其田亩短报者，按第三十六条规定之罚则，加倍罚征之，其于查（察）觉前申请补缴者，适用第三十七条之规定。

第三十九条　如有密报检举告发第三十六条及三十八条之情弊经稽查属实者，无论为个人或团体得给予其举发短报部分应罚数百分之四十，以示奖励。密报或举发之属于第三十五条者，得视情节之轻重，酌予奖励，对于密报者之姓名，应严守秘密，非经本人的同意，不得对外公布。

第四十条　乡（镇）保甲要能恪遵规定办法，认真积极廉洁忠诚，依限期完成任务者，视其劳绩多寡分别予以下列之奖励：

一、嘉奖刊载《时事简讯》传布之。

二、本军赠纪念品。

三、赠送现金。

第四十一条　乡（镇）保甲长办理征缴事宜时，如有徇私、庇护、受贿、舞弊等情事或消极怠懈不能依限期完成任务者，视其劣绩之轻重：

一、警告。

二、扣减手续费。

三、依法惩办。

第四十二条　本军之工作人员从事征缴工作者，有劳绩或劣绩应予奖励或惩处者，依本军经委会颁布之工作人员奖惩条例之规定办理之。

第十章　附　则

第四十三条　田地亩数之计算，应将各该缴粮人民种植之所有田亩合并总计，其总数（以亩为单位）之零分尾数不上一亩者概不计算。

第四十四条　本条例如有未尽事宜得由本司令部以命令修改之。

第四十五条　本条例自公布日施行。

选自《浙江革命历史档案选编》，浙江人民出版社 1985 年 4 月版，第 92～99 页。杭州大学历史系、浙江省档案馆合编。

22. 苏中二专署为彻底查禁伪币的决定[①]

1943 年 8 月 18 日

敌汪鉴于目前国际局势日益于轴心不利，乃以狂跌中之伪币向我根据地掠夺物资，我政府当局为保障人民利益——不使人民留有将成废纸之伪币，并杜绝其进口，二专署特于日前颁怖（布）查禁伪币暂行条例，分四期彻底查禁之。第一期半个月（本年八月十五日——三十日）第二期二个月（九月一日——十月三十一日）第三期二个月（十一月一日——十二月三十一日）第四期一个月（一九四四年一月一日——三十一日），在第一期中本行政区所有商店行号公司作场不论资本大小一律应向专署县府或区署具结不用仇币，违者处抗币三十元以下之罚金，逾期十五日者得禁止营业，已具结后再查有收藏或行使伪币者处六十日以下拘役，其伪币以携带进口处断。

现有伪币之处理

凡居住在市镇之商店行号公司作坊及居户人等现有伪币应于条例施行后五日内携带所有伪币至所属县府或区署登记，（其散居在农村中登记期延长五日）违者处以六十日以下拘役，其伪币以携带进口处断；已登记之伪币所有人应将之携往沦陷区换回必需物资，但出口时须觅保，立保证书连同登记证及加封之伪币向县府领取出口证，换回物资后应连同发票税票交县府查验，并缴销出口证返还保证书。

携带、行使、收藏伪币之惩治

本条例施行后携带伪币进口者依下款处断：第一期满万元者没收之，第二期满五千元

① 原注：标题编者有改动。

者没收之，第三期满一千元者没收之（不满以上各该数目者应补行登记），第四期不论数量多少没收之；被没收者皆须觅保具结决不再犯，再犯者除没收伪币外处三十日以下拘役；无政府出口证而携有伪币者概以携带伪币进口论，但于登记期限携带伪币登记者不在此限；私藏或携带巨额伪币进口查有扰乱根据地金融事或企图者科处死刑或无期徒刑；由敌占区迁居根据地及来往客商携带千元以下伪币旅费经查明属实者不予处分；依条例规定拘役者得以抗币三元折算一日易罚金；凡公务人员及部队违反条例者加重惩办。

选自《华中抗日根据地财政经济史料选编》第二卷，档案出版社 1986 年 8 月版，第 231～232 页。江苏省财政厅、江苏省档案馆、财政经济史编写组合编。原注："按《淮海报》1943 年 8 月 18 日第一版刊印"。

23. 苏中第二行政区一九四三年秋季征收粮赋暂行条例

1943 年 9 月 28 日

第一章　总　则（略）

第二章　征收标准

第四条　三十二年秋征粮赋，稻田征稻，杂粮田征收玉米，棉田征棉，草田征草。

第五条　稻田征稻一律依三十一年秋征标准每亩减半斤征收，其标准如次：

一、甲等田每亩征稻十一市斤八两；

二、乙等田每亩征稻八市斤八两；

三、丙等田每亩征稻五市斤八两；

四、丁等田每亩征稻三市斤八两。

第六条　杂粮田征收玉米一律依三十一年秋征标准每亩减半斤征收，其标准如次：

一、甲等田每亩征玉米十三市斤八两；

二、乙等田每亩征收玉米十市斤八两；

三、丙等田每亩征收玉米七市斤八两；

四、丁等田每亩征收玉米五市斤八两。

第七条　棉田征收籽棉其标准如次：

一、甲等田每亩征收籽棉七市斤；

二、乙等田每亩征收籽棉五市斤；

三、丙等田每亩征收籽棉三市斤；

四、丁等田每亩征收籽棉一市斤八两。

第八条　草田征草其标准如次：

一、特等田（芦草田）每亩征草六十市斤；

二、甲等田每亩征草四十市斤；

三、乙等田每亩征草三十市斤；

四、丙等田每亩征草二十市斤；

五、丁等田每亩征草十市斤。

第九条　煎盐区草田凡属配草煎盐经所在地场公署证明者，一律按等征收田赋，免缴公草。

第三章　业佃负担标准

第十条　自耕田应缴之粮赋按其田之等级，全部由户主负担之。

第十一条　粮租田草田业主与佃户分担之标准如次：

甲等稻田，业主负担田赋三市斤八两；

乙等稻田，业主负担田赋二市斤十二两，公粮三市斤八两，佃户负担公粮二市斤四两；

丙等稻田，业主负担田赋二市斤，公粮二市斤四两，佃户负担公粮一市斤四两；

丁等稻田，业主负担田赋一市斤四两，公粮一市斤八两。

甲等玉米田业主负担田赋四市斤，公粮五市斤十二两，佃户负担公粮三市斤十二两；

乙等玉米田，业主负担田赋三市斤八两，公粮四市斤四两，佃户负担二市斤十二两；

丙等玉米田，业主负担田赋二市斤八两，佃户负担公粮一市斤十二两；

丁等玉米田，业主负担田赋一市斤八两，公粮二市斤四两；

特等草田，业主负担田赋十六市斤，公粮九市斤，佃户负担公粮三十五市斤；

甲等草田，业主负担田赋十市斤，公粮五市斤，佃户负担公粮二十五市斤；

乙等草田，业主负担田赋七市斤八两，公粮四市斤，佃户负担公粮十八市斤八两；

丙等草田，业主负担田赋五市斤，公粮二市斤八两，佃户负担公粮十二市斤八两；

丁等草田，业主负担田赋二市斤，公粮二市斤，佃户负担公粮六市斤。

第十二条　棉田业佃双方各半负担，煎盐区草田配草煎盐者由业主全部负担之。

第十三条　粮田之收银租者，其应缴粮赋照自耕田应缴额全部由佃户缴纳之。佃户向业主交租时凭政府制给之粮赋收据向业主扣抵银租额百分之十。

第四章　累进办法

第十四条　粮租田之累进率如下：

一、一百零一亩至二百亩者每亩累进半市斤；

二、二百零一亩至三百亩者每亩累进一市斤；

三、三百零一亩至四百亩者每亩累进一市斤八两；

四、四百零一亩至五百亩者每亩累进二市斤；

五、五百零一亩以上者每亩一律三市斤。

第十五条　银租田累进率如下：

一、一百零一亩至二百亩者每亩累进其银租额千分之五；

二、二百零一亩至三百亩者每亩累进其银租额百分之一；

三、三百零一亩至四百亩者每亩累进其银租额百分之一·五；

四、四百零一亩至五百亩者每亩累进其银租额百分之二·五；

五、五百零一亩以上者每亩一律累进其租额百分之三。

第十六条　棉田累进率如下：

一、一百零一亩至二百亩者每亩累进二市两；

二、二百零一亩至三百亩者每亩累进四市两；

三、三百零一亩至四百亩者每亩累进六市两；

四、四百零一亩至五百亩者每亩累进八市两；

五、五百零一亩以上者每亩一律累进十二市两。

第十七条　草田累进率如下：

一、一百零一亩至二百亩者每亩累进一市斤；

二、二百零一亩至三百亩者每亩累进二市斤；

三、三百零一亩至四百亩者每亩累进三市斤；

四、四百零一亩至五百亩者每亩累进四市斤；

五、五百零一亩以上者一律每亩累进五市斤。

第十八条　如业主之田兼有粮租银租及兼有粮田棉田草田者，则按其所有田之总数累进，在其累进征收总额内，粮租田征粮，银租田征收代金，棉田征棉，草田征草，光沙白田沟塘基地不在累进之列。

第五章　减征与免征

第二十条[①]　光沙白田沟塘基地一律免征公粮，每年每亩征收田赋代金抗币一角，于秋季一次征收之，如夏季已缴田赋代金者秋季免缴。

第二十一条　抗属（包括主力地方兵团）自耕田五亩以下佃田十亩以下免缴公粮，田赋照缴，如因作战牺牲，鳏寡孤独之抗属得呈请县政府经专员公署核准酌免公粮及田赋。

第二十二条　沦陷区减免应由县政府呈报专员公署依实际情形核定之。

第二十三条　有下列情形之一者，经乡镇政府及抗卫会民众团体查实证明者得呈请县政府批准减免之；

一、收成荒歉者应于收成前呈报各县县政府勘定经专员公署核准依实际情形减征之；

二、自耕田三亩以下佃田五亩以下而无其他生产生活确系贫苦者免征公粮，田赋照缴；

三、受敌伪抢劫损失惨重者得酌减公粮。

选自《华中抗日根据地财政经济史料选编》第二卷，档案出版社 1986 年 8 月版，第 250～254 页。江苏省财政厅、江苏省档案馆、财政经济史编写组合编。原注：“按《滨海报》1943 年 9 月 28 日第一版刊印”。

24.　盐阜区行政公署新颁征收契税暂行章程

1943 年 10 月 5 日公布，10 月 10 日施行

第一条　凡民有或庵宫寺院不动产之典卖转移及公学产租种权之转移，其契约须经该

① 原注：缺第十九条。

地所属县县政府验税始能有法律上之约束效力。

第二条　前项不动产之典卖转移，其契税之征收依本章程行之。

第三条　前项不动产之典卖转移在契约签定之日起一个月内即须到所属区政府报验投税。

第四条　前项不动产之典卖绝契约按其契价百分之八征收契税，典当契约按其契价百分之四征收契税，公学产租种权之转移契约按该公学产比照民产之平均估价百分之二征收契税。

第五条　凡前项不动产之典卖转移契约，不遵照期限至区政府验税者除仍须遵缴契税外，并按逾期时间长缺，处以下列各级之罚金。

甲：逾期不足一个月者，按其契价（公学产与估价以下同从略）处以十分之一罚金。

乙：逾期一个月以上不足四个月者，按其契价处以十分之二罚金。

丙：逾期四个月以上者，按其契价处以十分之三罚金。

第六条　凡报验契约时有隐瞒契价以多报少者，除仍须补缴契税外并按其隐瞒价处以十分之五罚金。

第七条　凡契约上日期空白，不依签订之时日填明，留至报税时填注，企图逃避逾期之处罚者，除依其逾期之长缺照第五条处罚外，并加处其应纳罚金之十分之五罚金。

第八条　报验契约时兼有第五、六、七条情事时，除仍须遵缴契税外并按其第五、六、七条罚则并罚之。

第九条　凡匿不报税或隐价瞒期投税者，准自由检举处罚后并将罚金百分之五十充当检举人。

第十条　报验契税时，区政府应随时制给印收其契纸及税验执照，至迟须于二日内填给发还。

第十一条　报验之契约，如为古契其契价系以铜元铜钱或银两为计算单位者一律改按报验时，该项不动产之平均估价为标准以免折算上之纠纷。

第十二条　本章程自修正公布之日起实行、凡以前已遵照旧章程缴补契税或课罚金者，不得授引本章程要求更改。

第十三条　本章程自一九四三年十月十日起实行，同时前颁契税章程应予作废。

第十四条　本章程经行政公署公布施行修改时亦同。

选自《华中抗日根据地财政经济史料选编》第二卷，档案出版社 1986 年 8 月版，第 256～257 页。江苏省财政厅、江苏省档案馆、财政经济史编写组合编。

25. 淮海区重订征收救国公粮公草暂行条例（草案）

1943 年 12 月 1 日

第一条　为保证抗日部队及抗日民主政府供给并实行合理负担特重订本条例。

第二条　本地区征收救国公粮公草，均按本条例办理，各县不得自行规定。

第三条　为适应环境暂准边区仍按一九四二年度颁布之征收公粮条例办理。边区与中心区之划分由各县自行规定，边区乡数至多不得超过中心区乡数三分之一。

第四条　公粮公草之一切征收行为均由淮海区行政公署授权各县政府按照本条例办理，除自治经营经行署批准者外，任何机关部队均不得向人民另筹粮草。

第五条　凡每亩收益有二十斤粮食以上之土地均应交纳公粮公草。

第六条　公共道路河道河堤无私人收益者及业主宅基与临时占用之交通沟均应征公粮公草，其私人之场园庄圩沟渠等概不得作为广地，交通沟之计算不得宽于五尺。

第七条　救国公粮公草分麦秋二季征收，如系一麦田，则于麦季一次收清。

第八条　救国公粮在麦季完全征收小麦，在秋季完全征收玉米，如交其他杂粮均按市价折抵（由县政府统一规定）粮食重量一律以十六两权法秤为准。

第九条　征收救国公粮等级按照收获量及土质区分为十六级规定如下：

（一）每亩全年收获量二十斤及二十斤以下者，为第一级免征。

（二）每亩全年收获量二十一斤至四十斤者为第二级。

（三）每亩全年收获量四十一斤至六十斤者为第三级。

（四）每亩全年收获量六十一斤至八十斤者为第四级。

（五）每亩全年收获量八十一斤至一百斤者为第五级。

（六）每亩全年收获量一百〇一斤至一百二十斤者，为第六级。

（七）每亩全年收获量一百二十一斤至一百四十斤者为第七级。

（八）每亩全年收获量一百四十一斤至一百六十斤者，为第八级。

（九）每亩全年收获量一百六十一斤至一百八十斤者，为第九级。

（十）每亩全年收获量一百八十一斤至二百斤者，为第十级。

（十一）每亩全年收获量二百〇一斤至二百二十斤者，为第十一级。

（十二）每亩全年收获量二百二十一斤至二百四十斤者，为第十二级。

（十三）每亩全年收获量二百四十一斤至二百六十斤者，为第十三级。

（十四）每亩全年收获量二百六十一斤至二百八十斤者，为第十四级。

（十五）每亩全年收获量二百八十一斤至三百斤者，为第十五级。

（十六）每亩全年收获量三百〇一斤以上者，为第十六级。

第十条　应征救国公粮户之田亩均依本条同第九条之规定按照土质及生产量原定等级，以亩为计算量及计算其详细办法依淮海区田亩等级原定细则办理之，但一经确定，除错误外，不再更订。

第十一条　每户救国公粮之征收率以该户人口数平分该户所有田数求得每人平均为亩数，以平均亩及等级为计算标准，而以户为单位收之，儿童作成人计算，有寄子者得计入该户人口之内。

第十二条　凡业户雇有半年以上之雇工得包括在业户人口之内计算。但不从事农业生产之乳母、女佣及杂役等概不得作为雇工计入。

第十三条　凡业主之人口常年在外有固定生产职业者，不得计入征粮人口之内，但从事雇工及抗日工作人员得计入人口之内。

第十四条　凡本地区土地之所有主，原住在本地区以外者，一律以五口人计算，并由其佃户或代理人交纳之。

第十五条　自耕田（包括租田）计算征收率时，得将田亩先打九折，而后以人口平均之。

第十六条　佃出田（业主）四折计算后，以人口平均之，佃入田（佃户）六折计算后再打九折，以人口平均分之。

第十七条　自耕农兼佃农者其自耕部分按第十五条规定办理，其佃种田亩除按第十六条之规定外，并按第十五条规定再以九折计算之。

第十八条　典出田加入现业主田亩内计算，公粮由现业主交纳，并代原业主交纳田赋。

第十九条　有僧寺庙公粮与业主同祠堂及其他公有均按一人计算，佃耕公沟田者按第十六条及第十七条规定办理，其属政府部分者免征。

第二十条　救国公粮之征收率按照每人平均田亩数，区分为十六组，每组按照田亩等级区分为十六级规定如下：

（一）每户每人平均有田一亩及一亩以下者为第一组，每亩收获量在一百二十斤以下者免交，在一百二十斤以上者按照等级每亩征收一斤至四斤。

（二）每户每人平均有田一亩一分至二亩者，为第二组，每亩按照等级征收一斤至十二斤。

（三）每户每人平均有田二亩一分至四亩者，为第三组，每亩按照等级征收二斤至十八斤。

（四）每户每人平均有田四亩一分至六亩者，为第四组，每亩按照等级征收二斤至二十四斤。

（五）每户每人平均有田六亩一分至八亩者为第五组，每亩按照等级征收二斤至三十斤。

（六）每户每人平均有田八亩一分至十亩者，为第六组，每亩按照等级征收二斤至三十六斤。

（七）每户每人平均有田十亩一分至十五亩者为第七组，每亩按照等级征收三斤至四十二斤。

（八）每户每人平均有十五亩一分至二十亩者，为第八组，每亩按照等级征收三斤至四十八斤。

（九）每户每人平均有二十亩一分至二十五亩者，为第九组，每亩按照等级征收四斤至五十五斤。

（十）每户每人平均有二十五亩一分至三十亩者，为第十组，每亩按照等级征收四斤至六十斤。

（十一）每户每人平均有田三十亩一分至四十亩者，为第十一组，每户按照等级征收五斤至六十六斤。

（十二）每户每人平均有田四十亩一分至五十亩者，为第十二组，每户按照等级征收五斤至七十二斤。

（十三）每户每人平均有田五十亩一分至六十亩者，为第十三组，每户按照等级征收五斤至七十八斤。

（十四）每户每人平均有田六十亩一分至八十亩者，为第十四组，每户按照等级征收五斤至八十四斤。

（十五）每户每人平均有田八十亩一分至一百亩者，为第十五组，每户按照等级征收六斤至九十斤。

（十六）每户每人平均有田一百亩一分以上者，为第十六组，每户按照等级征收七斤至九十三斤。详细规定如后表。

第二十一条　公草依每户应交公粮额二倍征收之（包括田业主免交公草）。

第二十二条　业户人口之变动，规定于每年二月至四月为陈报期，过期得于次年陈报之。届期由业主户自动向区政府陈报。

第二十三条　业户田亩之变动卖出或买进、佃进或佃出、典进或典出、租进或租出，规定每年二月至四月，由双方当事人联名，向区政府陈报，过期得于次年陈报之，陈报时应同时申请变动田亩，原规定之等级。

第二十四条　业户之田亩及人口，一律由业户自报，其有隐报瞒报田亩行为者，依淮海区清查田亩办法规定处罚之。其有谎报人口行为者，多报一人，按该户公粮征收率五倍至十倍处罚之，多者类推。

第二十五条　凡具有下列情形之一者，由业户陈报县政府经查明属实，该季公粮得予以免交。

（一）因水旱天灾而使收获量降低至二十斤以下者。

（二）鳏寡孤独有田二亩以下而缺乏生产能力者。

（三）因人口死亡无人耕种而招致荒芜者。

（四）土地被政府部队临时占用，致未能播种者。

第二十六条　凡具有左列情形之一者得由业户陈报县政府，经查明属实，该公粮得予以减征或缓征。

（一）房屋因受敌伪扫荡而致全部焚毁者。

（二）在收成后粮食因受敌伪扫荡而致全部损失者。

（三）耕牛因受敌人扫荡而致损失者。

第二十七条　抗日军人家属烈士遗族抗日荣誉军人家属，其公粮公草之征收办法除适用本条例第十三条规定外，悉依淮海区优待抗日军人家属暂行条例、淮海区优待抗日烈士遗族暂行条例、淮海区优待抗日荣誉军人暂行条例办理之。

第二十八条　应交公粮公草户，地在本县者，属人征收，地在隔县者由业户取得土地所在之区署证明书，证明其田亩数目及等级向业户所在之区署交纳公粮公草，除取具收据外，并以业主所在之区署证明书，向本地所在之区署陈报。

第二十九条　征收公粮公草应一律发给收据，该项收据由县政府制定之。

第三十条　业户交纳公粮应晒干扬净不得渗杂泥沙或水分，违则予以拒收，但不得藉此仰［抑］等征收。

第三十一条　征粮人员有下列行为者以违法论。

（一）征收粮草致各户实交数超过应交数者。

（二）征收粮草时使用大称者。

（三）征收粮草时故意刁难者。

（四）其他违法行为者。

第三十二条　本条例施行后，除淮海区三十一年度征粮条例，仍适用于边区者外，其余有与本条例抵触者，均于废止之。

第三十三条　本条例暂由淮海行政公署公布施行，其修正时亦同。

第三十四条　本条例自公布日起施行。

田亩征税表（略）

选自《华中抗日根据地财政经济史料选编》第二卷，档案出版社 1986 年 8 月版，第 308～313 页。江苏省财政厅、江苏省档案馆、财政经济史编写组合编。

26. 淮海区重订征收救国公粮条例举例

1943 年 12 月 1 日

（一）自耕田计算说明

一、该户现有田打九折，以人口除之，求得平均田亩数决定征收率属于第几组。

二、按照各种田亩等级决定各种田亩每亩应征数属于该组第几级。

三、以各种等级实际之田亩数分别打九折再从各该征收率然后加起来即为该户应征公粮数。

（例一）某户有五口人五亩田，自耕每亩收获量均为一百二十斤。

1. 自耕田打九折，五亩田合为四亩五分。

2. 以人口平均之每人有九分田。

3. 收获量在一百二十斤以下，每人不足一亩一分者免征。

（例二）某户有五口大人二口小孩八亩田，其中有田亩每亩收获量为一百二十斤，其余四亩为一百四十斤均属自耕。

1. 自耕田打九折，八亩田合为七亩二分。

2. 以人口平均之每人为一亩零一五厘（分以下不计）

3. 每人平均不足一亩，而每亩收获量在一百二十斤以下者免征，在一百二十斤以上者按第一组征收率计。

4. 收一百四十斤者为七等田，其征收率属第一组第七级，每亩收一斤该户应征公粮为四斤。

（例三）某户有六口人（包括三个大人一个杂丁二个小孩）有田六十亩其中每亩收获量一百六十斤者有二十亩，一百二十斤者有三十亩，一百斤者有十亩均为自耕。

1. 自耕田打九折六十亩合为五十四亩。

2. 五十四亩以人口平均之每人为九亩，其征收率属第六组。

3. 收一百六十斤之田亩为第八等田，其征收率为第六组第八级每亩十七斤，一百二十斤者为第六等田征收率为第六组第六级，每亩收十二斤，一百斤者为第五等田征收率为第六组第五级，每亩收十斤。

4. 因为自耕数各种实际田亩数先行九折后分别按各该征收率计算，然后加起来其和即为该户公粮应征数。

二十亩九折乘十七斤得三百零六斤——二十亩一百六十斤田应征公粮。

三十亩九折乘十二斤得三百二十四斤——三十亩一百二十斤田应征公粮。

十亩九折乘十斤得九十斤——十亩一百斤田应征公粮三百零六斤加三百二十四斤加十斤得七百二十斤……该户应征公粮数。

（例四）每户有一百亩田，其中每亩收获量一百二十斤者有九十亩，其余每亩均为二十斤自耕。

1. 每亩收获量全年不足二十斤者不征该户征粮田，仅有九十亩九折为八十一亩。

2. 以人口平均之每人为十六亩二分，其征收率属第八组。

3. 每亩收获量一百二十斤者为第六等田，其征收率为第八组第六级每亩全年征收十六斤。

4. 八十一亩每亩十六斤该户共应征公粮一千零六十六斤。

（二）自耕农佃耕计算说明。

一、该户现有自耕田打九折，佃耕田先打六折，再打九折，二种折成数加起来，以人口平均之，平均数即决定征收率属于第九组。

二、按照各种田亩等级决定各种田亩每亩应征数属于该组第九级。

三、以各种等级之实际亩数分别九折及九折后通行六折以折成数乘名额征收率其和即为该户应征公粮数。

（例一）某户有七口人（四个大人二个小孩一个雇工）自耕田五十亩佃进田三十亩，自耕田每亩收获量一百八十斤者有二十亩，一百二十斤者有二十亩，一百斤者有十亩，佃进田每亩收获量一百四十斤者有二十亩，八十斤者有十亩。

1. 自耕田打九折五十亩为四十五亩佃进田先折六折后打九折三十亩合为十六亩二分，四十五亩加十六亩二分为六十一亩二分。

2. 以人口平均之每人为八亩七分四其征收率属于第六组。

3. 每亩收获量一百八十斤者为九等田，每亩应征十九斤（征收率第六组第九级）一百四十斤者为第七等田，每亩应征十四斤（征收率为六组第七级）一百二十斤者为六等田，每亩应征十二斤（第六组第六级）一百斤者为五等田，每亩应征十斤（第六组第五级）八十斤者为第四等田，每亩应征七斤（第六组第四级）。

4. 自耕田各种等级之实际数先行九折，然后按各该征收率计算之。佃耕田各种等级之实际亩数，先行六折，再行九折，然后按各该征收率计算之。再将各种等级田亩之征收数加起来，即为该户公粮之应征数，算法如下：

二十亩九折乘十九斤得三百四十二斤。

二十亩九折乘十二斤得二百十六斤。

十亩九折乘十斤得九十斤。

二十斤九折后六折乘十四斤得一百五十一斤。

十亩九折后六折乘七斤得三十八斤。

三百四十二斤加二百十六斤加九十斤加一百五十一斤加三百斤得七百九十九斤。

（三）佃出田计算说明

一、佃出田先行四折而后以人口平均之平均数即决定征收率属于第九级。

二、按照各种田亩等级决定各种田亩之征收率各属于该组第九级。

三、以各种等级实际田亩分别打四折，再以各该征收率乘之其和即为该户全年应征公粮数。

（例一）某户有六口人一百亩田均行佃出来其中八等田（每亩收获量为一百六十斤者）有六十亩六等田（每亩收获量一百二十斤者）有四十亩。

1. 佃出田先行四折一百亩合为四十亩。

2. 以人口平均之每人为六亩六分，其征收率属第五组。

3. 八等田按第五组第八级征收率每亩收十四斤。

计算如下：

六十亩田四折乘十四斤得三百三十六斤，四十亩四折乘十斤得一百六十斤。

三百三十六斤加一百六十斤得四百九十六斤。

（四）自耕兼佃出田计算说明

一、自耕田九折佃出田四折二种折成数加起来以人口平均之，其平均数决定征收率属于第几组。

二、各种田亩等级决定各种田亩之征收率属于该组第几级。

三、以各种田亩之实际亩数自耕田分别九折，佃出田分别四折，然后以各该征收率之其和即为该户全年应征公粮数。

（例一）某户有六口人，有田一百三十亩，自耕田六十亩，佃出七十亩，自耕田中一等田有十亩，六等田有三十亩，八等田有二十亩，佃出田均系七等田。

1. 一等田规定不征公粮六十亩扣除十亩为五十亩。

2. 五十亩自耕打九折为四十五亩，七十亩佃出田打四折为二十八亩，四十五亩加二十八亩为七十三亩以六口人平均之每人为十二亩一分，其征收率属于第八组。

3. 六等田征收率每亩收十六斤（第八组第六级）八等田征收率每亩为二十二斤（第八组第八级），七等田征收率每亩收十九斤（第八组第七级）。

4. 自耕田以各种实际田亩数分别九折然后以各该征收乘之佃出田，分别四折然后以各该征收率乘之其和即为该户应征公粮数计算法如下：

三十亩九折乘十六得四百三十二斤。

二十亩九折乘二十二斤得三百九十六斤。

七十亩四折乘十九斤得五百零二斤。

四百三十二斤加三百九十六斤加五百零二斤得一千三百三十斤。

（五）典进田计算说明

一、典进出自耕者按自耕田计算。

二、典进田又佃出者按佃出田计算。

（六）典出田计算说明

（例一）某户五口人有田五十亩自耕三十亩典出二十亩每亩收获量均为一百二十斤。

1. 典出田由典人交纳公粮故该户交纳公粮田亩仅有三十亩九折为二十七亩。

2. 以人口平均之每人为四亩五分征粮率属于第四组。

3. 每亩收获量一百二十斤者为六等田，每亩征收率为四组六级收八斤。

4. 三十亩打九折为二十七亩乘八斤共二百十六斤为该户应征公粮数。

选自《华中抗日根据地财政经济史选编》第二卷，档案出版社1996年8月版，第315～319页。江苏省财政厅、江苏省档案馆、财政经济史编写组汇编。

27. 盐阜区一九四三年各机关部队经领公粮公草暂行办法

1943年

第一条　为保证军粮军草供给防止公粮公草贪污费特订本办法。

第二条　凡本区各机关部队经领公粮公草均须依照本办法办理。

第三条　本区各机关部队经领公粮公草分左列四个系统：

1. 三师直属队及其附属部队与机关由师供给部及行政公署财经［处］统一领取。

2. 八旅直属队及其所辖各兵团由八旅供给部向行署财经处统一领取。

3. 盐阜区一级党政机关按其行动与伙食单位向行署财经处分别领取。

4. 属于各县之机关（如县以下各级党政机关）部队（如县区武装子弟兵团）及人员休修员等，其粮草由各该县政府向行署财经处统一领取。

第四条　前条所列四个系统向行署财经处领取公粮公草时，均须按月造送预算书（见格式一）及每三个月造送花名清册一次。三师与八旅及各县三个系统，对财经处可不造送花名清册，但各该系统自身内部则仍须编造花名清册，该预算书于上一月十五日前后三日送到财经处初核并转呈盐阜区军政最高负责首长核准后，即由财经处填给拨粮拨草通知书，向指定县份提取（依照盐阜区公粮公草征收保管委员与提拨结算暂行章程第四章第二十一条办理），如不按时造送预算书与花名清册，财经处即可拒拨粮草。

第五条　第三条所列四个系统均须按月向财经处造送公粮公草决算（见格式二），该决算书至迟须于下一月十五日前后三日内再与下一月之公粮公草之全部至少可停发其未经决算之部份（分）。

第六条　公粮公草预算须遵照左列标准编造（以每日每人或马每匹为计算单位）。

	主力与地方军	地方党政机关
大米	一斤十二两	一斤十两
小麦	二斤半	二斤六两
杂粮	二斤半	二斤半
火草	四斤	四斤
马料	七斤	七斤
马草	八斤	八斤

第七条　各机关部队干部人员出差，必须携带饭票，其本机关部队应将其本人伙食粮，除之民伕与统战人员之客饭依照规定实报实销。

第八条　第三条所列四个系统向财经处报销时如有公粮公草剩余，可以出卖改善各机关部队之生活。

第九条　第三条所列四个系统应根据本办法之原则，再详订其所辖各机关部队经领公粮公草实施办法，以管理其公粮公草预决算事宜。

第十条　凡以前所订有关各机关部队经领公粮公草之法令，其与本办法相抵触者一律作废。

第十一条　本办法由行政公署会同八旅旅部盐阜区军区司令部，呈准三师师部苏北军区司令部后公布实行修改时亦同。

选自《华中抗日根据地财政经济史料选编》第二卷，档案出版社1986年8月版，第362～363页。江苏省财政厅、江苏省档案馆、财政经济史编写组合编。

28. 盐阜区夏季救国公粮公草征收条例

1943年

第一条　为巩固抗日民主根据地保证军政粮草之供给特订本条例。

第二条　本季公粮公草分乡征收以旱田（包括洼田花碱田等劣质旱田）稻麦田为限，水田棉田柴滩等应征之夏季公粮公草则于征收本年度秋季公粮公草时一并征收之。

第三条　为实行合理负担本季公粮按简单之累进方法征收其累进等级及各级征收率规定如左：

（一）每户有田不足三亩者为第一级免交公粮；

（二）每户有田三亩以上不足十亩者为第二级应交公粮每亩三斤半；

（三）每户有田十亩以上不足二十五亩者为第三级应交公粮每亩四斤半；

（四）每户有田二十五亩以上不足四十亩者为第四级应交公粮每亩五斤半；

（五）每户有田四十亩以上不足七十亩者为第五级应交公粮每亩六斤半；

（六）每户有田七十亩以上不足一百五十亩者为第六级应交公粮每亩七斤半；

（七）每户有田一百五十亩以上不足五百亩者为第七级应交公粮每亩九斤；

（八）每户有田五百亩以上者为第八级应缴公粮每亩十一斤。

第四条　本季计算各户田商累进等级时，不限于旱田稻麦田除荒废田草田不计外，其余水田棉田柴滩皆须并入计算（例如有旱田五十亩棉田五十亩柴滩五十亩者，该五十亩旱田即按第七级交纳公粮）。

第五条　洼田花碱田得由各区乡按其土质肥瘠产量多寡，按二亩三亩最多四亩折合普通旱田一亩之比例计算，其累进等级与应交公粮（例如仅有洼田三百亩者如假定为二亩折一亩则该户累进等级为第七级而非第八级）。

第六条　某户之洼田与花碱田按若干亩（即二亩三亩或四亩）折合普通旱田一亩，应均由该户所属之乡征收公粮公草，保管委员会开会民主决定并须呈报区政府批准不能由区乡级征收人员与行政人员任意决定。

第七条　跨乡之田累进属人征收属田详细规定如左：

（一）田在甲乡人在乙乡则甲乡（不属田乡）之区乡长应将其所有田亩统计送给乙乡（属人乡）合并计算其累进等级。

（二）乙乡（属人乡）计算累进完毕后将其应缴公粮数字通知甲乡之区乡长（属田乡）征收。

（二）跨区之田亦照此办法。

第八条　本季公粮以交纳小麦为标准其他粮食按市价折合之。

第九条　本季公草征收仍暂不累进，每亩以征收麦草五斤为标准（三亩以下者免交），洼田与花碱田之折算同前第五第六两条。

第十条　公粮公草在游击区与敌据点周围，如运输困难可按当地粮草平均市价折成公粮公草代金征收之。

第十一条　出佃之田其应交公粮规定佃户每亩分担二斤半。

第十二条　出佃之田其应交公草由主佃双方按公草比例分担之（例如：草按三与七比例分租者则公草亦按主三佃七比例分担，如主不分草者公草则全由佃方负担）。

第十三条　业主外出不能交纳本季公粮公草者，得由其佃户在应交租额内扣除代交之。

第十四条　典田之公粮公草（仍按典田人之田亩等级累进）由承典人负担，惟田亩登记时未经注明承典人者则仍由出典人负责代交然后向承典人收回之。

第十五条　学田官田（包括旧黄河西岸之屯田）之佃户其应缴公粮公草与普通佃户同。

第十六条　灾区之公粮公草可由各县县政府根据实际灾情酌量减免之。

第十七条　新开辟之游击区其公粮与公草可依照本条例之原则及其实际情形酌量征收之。

第十八条　抗属应交之公粮公草得依照优抗条例第七条之规定减轻之，但不脱离生产之地方自卫武装与公务人员及群众团体代表均不在优抗之内。

第十九条　各级公粮公草征收保管委员会除不称职与旧乡改新乡应另行改组者外，其余仍照去年秋季原有组织。

第二十条　本季公粮公草之征期由各区区政府分乡规定之，逾期无故不交者应加滞纳罚粮十分之一。

第二十一条　本季公粮公草之征收保管提拨结算等手续与办法依照“盐阜区公粮公草征收保管拨结算暂行章程”办理。

第二十二条　本条例由盐阜区行政公署公布施行。

选自《华中抗日根据地财政经济史料选编》第二卷，档案出版社 1986 年 8 月版，第 366～368 页。江苏省财政厅、江苏省档案馆、财政经济史编写组合编。原注：“按《盐阜区财经法令汇编》1943 年版刊印”。

29. 盐阜区一九四三年度秋季公粮公草征收条例

1943年

第一条　为巩固抗日民主根据地保证军政粮食之供给特订本条例。

第二条　本季公粮公草分乡征收以征收旱田、（包括洼田花碱田等劣质旱田）水田、稻麦田、棉田、柴滩草滩为标准水田棉田滩草滩柴缴之本年夏季公粮公草与本季一并征收。

第三条　为实行合理负担本季公粮按照简单之累进方法征收，其累进等级及各级征收率规定如下表：

甲、旱田、稻麦田、棉田：

等级标准	每亩应缴公粮数额		
	旱田（稖头）	稻麦田（大米）	棉田（皮花）
第一级（每户有田不足三亩者）	免	免	免
第二级（每户有田不足十亩者）	三斤半	四斤	八两
第三级（每户有田不足二十五亩者）	四斤半	五斤	十两
第四级（每户有田不足四十亩者）	五斤半	六斤	十二两
第五级（每户有田不足七十亩者）	六斤半	七斤	十四两
第六级（每户有田不足一五〇亩者）	七斤半	八斤	十六两
第七级（每户有田不足五〇〇亩者）	九斤	九斤	十八两
第八级（每户有田五〇〇亩以上者）	十一斤	十斤	二十两

乙、水田

等级标准	每亩应缴公粮数额（大米）
第一级（每户有田不足三亩者）	免缴
第二级（每户有田不足八亩者）	七斤
第三级（每户有田不足十五亩者）	八斤
第四级（每户有田不足二十五亩者）	九斤
第五级（每户有田不足四十亩者）	十斤半
第六级（每户有田不足七十亩者）	十一斤半
第七级（每户有田不足一百亩者）	十二斤半
第八级（每户有田不足一百五十亩者）	十三斤半
第九级（每户有田一百五十亩以上者）	十四斤半

第四条　柴滩田公粮公草之征收率由各县按照水田比例及各该县具体情况分等一并决定之。

第五条　本季公粮缴纳之标准如次：

一、旱田以缴纳稖头为限（射阳盐城二县如确不能全缴稖头则可以少数黄豆代替）。

二、水田稻麦田以缴大米为限，如欲纳缴稻者按一百斤稻折米六十斤计算。在游击区者应尽可能缴稻。

三、棉田以缴纳皮花为限。

四、柴滩公粮部分准按征收时米价柴价，柴价折成柴草缴纳。

第六条　本季计算各户田亩累进等级时非按各户所有水田、棉田、柴滩、旱田、稻麦田分别计算之，而系将各户所有旱田、稻麦田、水田、棉田、柴滩（荒废田及草滩除外）合并计算之（例如：某户有旱田五十亩，水田五十亩，则该五十亩旱田即按旱田第六级每亩缴纳稖头七斤半，该五十亩水田即按水田第八级每亩缴大米十三斤半）。

第七条　洼田与花碱田得由各区乡按其土质肥瘠产量多寡，按二亩三亩最多四亩折合普通旱田一亩之比例计算，其累进等级及其应缴公粮（例如：仅有洼田二百亩，如假定为二亩折一亩，则该户累进为第六级而非第七级）。

第八条　某户之花碱田与洼田按若干亩（即二亩三亩或四亩）折合普通旱田一亩应由各该户所属之乡公粮公草征收保管委员会，开会民主决定并须呈报区政府批准，不能由区乡级征收人员与行政人员任意决定。

第九条　跨乡之田累进属人征收属田详细规定如下：

一、田在甲乡人在乙乡则甲乡（属田乡）之区乡长应将其所有田亩统计送给乙乡（属人乡）合并计算其累进等级。

二、乙乡（属人乡）计算累进完毕后将其应缴公粮数字通知甲乡之区乡长（属田乡）征收。

三、跨区之田亦照此办法。

第十条　本季公草征收仍暂不累进其征收率规定如下（三亩以下者免缴）：

一、旱田稻田麦田每亩缴公草八斤。

二、水田每亩缴公草十斤。

三、棉田每亩缴公草五斤。

四、洼田与花碱田之折算同前第七条之规定。

第十一条　草田每亩平均征收公草三十斤至五十斤由各县根据具体情形分等征收之。

第十二条　公粮公草在游击区与敌据点周围如运输困难，可按照当地粮草平均市价折成代金征收之。

第十三条　本季分租田之公粮佃户应分担之数额规定如下：

一、承佃之田如为旱田其公粮累进等级属于不足十亩或不足二十五亩二级者，由主佃双方各半负担，属于二十五亩以上各级者，佃户应分担每亩稖头二斤半。

二、承佃之田如为稻麦田其公粮累进等级属于不足十亩或二十五亩级者，由主与佃双方各半负担；属于五二十亩以上各级者，佃户应分担每亩大米二斤。

三、承佃之田如为水田不分等级佃户应分担每亩大米三斤半。

四、承佃之田如为棉田不分等级佃户应分担每亩皮花四两。

第十四条　分租田之公草由主佃双方按分草比例分担之（例如：草主三佃七比例分租，则公草亦按主三佃七比例分担；如主不分草者公草则全由佃方负担）。

第十五条　包租田之公粮公草主佃双方如何负担由各县按照实际情形规定之。

第十六条　业主外出不能缴纳本季公粮公草者，得由其佃户在应缴租额内扣除代缴之。

第十七条　典田之公粮（仍按出典人之田亩等级累进）公草由承典人负担，惟田亩登记时未经注明承典人者，则由出典人负责代缴，然后向承典人收回之。

第十八条　学田官田（包括旧黄河西岸屯田）之佃户其应缴公粮公草与普通佃户同。

第十九条　灾区之公粮公草可由各县根据实际灾情酌量减免之。

第二十条　新开辟之游击区其公粮公草可依照本条例之原则及当地实际情形酌量征收之。

第二十一条　抗属应缴之公粮公草得依照优抗条例第七条之规定减轻之，但不脱离生产之地方自卫武装与公务人员及群众团体代表者不在优抗之列。

第二十二条　各级公粮公草征收保管委员会除不称职与旧乡改新乡另行改组者外其余仍照夏季原有组织。

第二十三条　本季公粮公草之征期由各区区政府分乡规定之，逾期无故不缴纳者应加滞纳罚粮之十分之一，但须出给区政府之正式罚金罚物收据。

第二十四条　本季公粮公草之征收，保管提拨结算暂行等手续与办法依照盐阜区公粮公草征收保管提拨结算章程办理。

第二十五条　本条例由盐阜区行政公署公布施行。

选自《华中抗日根据地财政经济史料选编》第二卷，档案出版社 1986 年 8 月版，第 370～374 页。江苏省财政厅、江苏省档案馆、财政经济史编写组合编。原注：“按《盐阜区财经法令汇编》1943 年版刊印”。

30. 盐阜区各机关部队收支及预算决算暂行办法

1944 年 1 月①

（一）为确立财政制度，爱护根据地，厉行节约，消灭浪费现象，特订定本办法。

（二）全区财政收支一律统一于行政公署。各机关部队一律不准对外收税或募捐。所有军事行政经费由行政公署统筹支配。一切赋税及其他收入则由行政公署交由各县财政机关征收之。各民众团体如有筹募经费之必要时，必须取得所在地政府之许可方得进行。但实施时绝对不得有强迫行为，致使民众认作政府捐税。

（三）全区一切赋税及其他收入之款项，一律集中于统一的金库保管，金库之建立及其保管征收款项之范围如下：

1. 总金库附设于行政公署，汇集保管各分金库之款项。

2. 县分金库附设于各县县政府，保管各该县县区政府经征之土地税，货物税，契税，公学产及其他各项赋税收入。

① 原注：时间是编者根据文件内容判定的。

3. 各县财经分局及分派所经收之税款规定每十日报缴一次，分派所缴介分局，分局则一律缴介于附设县政府之分金库，不准擅自动支，其有违反者应受行政上之处分并负赔偿之责。

4. 各县分金库保管之款项，除遵照规定缴介行政公署之总金库外，无论拨交任何机关均须根据行政公署签发之提款证或各县该县政府出具之借款证，否则不得付款，如有无行署提款证或县政府借款证而擅自动支库款者，应受行政上之处分并负赔偿之责。

（四）各机关部队除经行政公署或驻在本地主力部队之最高司令机关核准者外，严禁自由向外借债或自由经营贸易，其有违反本项规定者，机关首长应负责经济上及行政上之责任。

（五）全区各机关部队之经费按照下列规定编造：

1. 本区所属及驻在本区之主力部队之经费由各该最高司令机关编造。

2. 行政公署经费由行政公署秘书室编造。

3. 行政公署所属各部、处、局、学校之经费由各该机关自行编造。

4. 乡公所及小学校经费由管辖区政府编造，区政府本身区队及区财经分局之经费由各该机关自行编造，总预算则由财经分局汇集编造。

5. 县政府经费由县政府秘书室编造县政府所属各局所学校之经费由各该机关自行编造。

6. 各县总队部及其所属各营连情报站修械所之经费由总队部汇集编造。

（六）除驻在本区主力部队外各机关部队之经费预算应于各该月份之上月二十五日以前造就送呈该管经费审核机关经核准后才可照数拨发，在未造送预算以前一律不发给经费。

（七）各机关部队领支经费严格禁止下列情事：

1. 未编造预算自由领支经费，例如区政府未编造预算，自由向区财经分局领用经费等，如发生上述情事时区长及财经分局主任均应负行政上之责任。

2. 混乱支款系统自由向其他机关报数预算及领支经费，例如区队不向区政府呈报预算及领支经费等，发生上述事情时区队长及县财经局长均应负行政上之责任。

3. 支用经费自由超过预算所定，例如预算规定县特别费为三万元并无特别原因亦未编造追加预算，实际耗用额达四万元，该机关首长及会计工作人员双方均应负行政上之责任。

（八）每月月终各机关部队应向该管上级机关作经费决算报告，如月终不办决算用费延不报销者，机关首长及会计工作人员应负行政上之责任。

（九）为适应环境增强工作效率经费预决算审核事宜，除主力部队由该最高司令机关执行行政公署及所属机关由行政公署执行外，凡县属各机关之经费预决算审核事宜授权该管县政府财经局执行，惟限于固定之经常费及特别费部分临时费支出，仍须事先呈准行政公署否则不得支出。

（十）各县总队及区队经费规定由县区长负责核发，副县长区队长及教导员无代理批核之权。

（十一）县长批核经费支出经常性者，照行政公署规定办理，临时性者在一万元以下有先批后报之权，超过此项限制时则县必呈准行政公署办理。

（十二）本办法自三十三年一月起实行，其在游击区之机关及部队其收支预决算暂时不能按本办法施行者，由行政公署根据实际情形另行规定指令实行。

选自《华中抗日根据地财政经济史料选编》第三卷，档案出版社1986年版，第38～40页。江苏省财政厅、江苏省档案馆、财政经济史编写组合编。原注：“按1944年《盐阜区财经法令汇编》刊印”。

31. 苏南行政第二分区专员公署上芒田赋征收暂行办法

1944年6月1日

一、总　则

第一条　为坚持苏南敌后抗战，保证抗日部队政府机关之给养，充裕抗日经费；特订定本办法。

二、征收量额

第二条　夏季上芒田赋以征收实物（小麦）为原则，情形特殊者，得折收现钞。

第三条　每亩征额小麦六市斤附征社会事业费每亩×市斤，各县根据地区不同、土地肥瘠、收成丰歉，分区分乡订定征额公布，但征额一经公布，任何机关或个人不得私自变更，违者任何人民可向政府检举控告，从严惩办。

第四条　各县分区分乡订定之征额须呈请苏南行署许可方得施行。

第五条　凡实行二五减租者，上芒田赋由业佃双方二七负担，业主出七成佃户出三成（其未实行减租或减租不到二五者，则完全由业主负责）。

第六条　凡在外业主应纳之上芒田赋无法直接征收者，一律由佃户代缴制给收据，于交租时凭据扣除，业主不得拒付。

三、征收机构及办法

第七条　征收机构由各县政府领导责成县府财经科负责执行，各区乡设征收小组，每组设组长一人，组员二人至三人，必要时可吸收地方热心人士参加。

第八条　进行广泛深入的动员，县区政府应布置各乡保召开动员会议，说明征收田赋之重要意义，各群众团体驻军应负责抽调干部协助征收。

第九条　征收期限自开征日起至完全结束至多二十天（头限七天二限七天三限六天），不得随便延长。

第十条　征收时随即将征收实物（小麦）由各县区征收小组与业主作保存手续（保存单据附发），一百市斤以内可以折价收现钞，一百市斤以上者，要业户负责妥善保存，如有损失，业主绝对负责赔偿，特殊情形例外。

第十一条　征收小组随时将各乡之业主保存单据会集整理统计，于限期满后全部解缴区公所，不得有所遗失，已用簿据在征收结束后，立即要按级送交县政府。

第十二条　征收小组在未征收以前须先期发出通知单，如业主发现有亩分错误时，应即在开始前呈报乡公所转区公所核查。

第十三条　业主交纳上芒田赋后应向征收员索取正式收据，以备政府派员抽查。

第十四条　折钱收现地区解缴制度须将各乡每日所征之款，填具日报表后解缴区公所，每隔五天（或在三万元以上者）填具汇报表解缴县政府发给正式收据。

四、减免与奖励办法

第十五条　参加新四军主力部队之直系家属（父母妻子）减免六亩。

第十六条　参加新四军地方武装（各区大队包括在内）直系家属减免三亩。

第十七条　真正赤贫之业主，受天灾人祸之损失，实难维持生活者，经县政府调查确实并经批准得予减免征收。

第十八条　凡参加征收工作之地方人士、乡保甲长，工作努力成绩显著，在规定期内完成任务者，得按所征收实数之千分之五提出充作奖励，并须按乡长三成，地方人士三成、保甲长各得三成分配，凡参加脱离生产工作人员（军政民）亦得按其努力成绩给以物质奖励（如文具日用品等），但不得给以奖金（现钞）。

五、隐报田亩抗纳田赋奖惩办法

第十九条　凡在征收期或征收日内自动向政府补报田亩者不予处罚。

第二十条　凡在征收后发现隐报一经查实得按其隐报程度之不同处罚之（详土地呈报田亩登记实施办法）。

第二十一条　凡保存之业户，政府通知集中时，不得借故推诿拖延不清，否则政府予以适当处罚。

第二十二条　凡举发隐报田亩者，经调查属实，当按被检举人所罚之罚金抽以百分之三十为奖励，举发人之姓名绝对保守秘密。

六、附　则

本办法自公布即日起执行。

选自《华中抗日根据地财政经济史料选编》第三卷，档案出版社 1986 年版，第 411～414 页。江苏省财政厅、江苏省档案馆、财政经济史编写组合编。原注："按《新四军和华中抗日根据地史料选》第一集刊印"。

32. 盐阜区行政公署布告
——关于停用法币，使用抗币的决定[①]

1944 年 6 月

查本署曾于二月二十五日通令各县县政府，凡税收机关收税与市场货物交易均应改以抗币为计算本位，对于法币则准备逐步停用，并特行布告周知在案。兹根据本署既定方针

① 原注：副标题为编者所加。

及客观需要特再决定如次：

一、自布告日起，本区只准流通下列六种法币：

（一）中央银行十七年版拾元券，该券正面中间有拾元两字反面中间有孙中山像，即俗称小青龙；

（二）中央银行二十五年版拾元券，该券正面左边有孙中山像正面中间有拾元两字，右边有孙中山像水印，下边有“德纳罗印钞公司”七个小字，即俗称捷克式；

（三）中央银行二十五年版伍元券，该券正面左边有孙中山像，正面中间有伍元两字，右边有孙中山像水印，下有“德纳罗印钞公司”七个小字，即俗称小捷克式；

（四）中央银行二十五年版拾元券，该券正面中间有拾元两字，下有“英国华德路公司制”八个小字，反面有古庙图案，左边有孙中山像，右边有孙中山像水印，即俗称黑蛋包；

（五）中央银行二十五年度版伍元券，该券正面中间有五元两字，下有“英国华德路公司制”八个小字，反面有古庙图案，左边有孙中山像，右边有孙中山像水印，即俗称小黑蛋包；

（六）中央银行三十年版拾元券，即俗称小钢版。

二、除上述六种法币以外之其他各种法币一律不许在本地区流通，望我各界民众在半月内自行设法携往根据地外采购货物，免受损失。

三、以上六种法币除号码不全或破烂油污残缺者外在本区均可一律通用，废除过去分等使用（即打折）之规定，小钢版法币与上列其他五种法币亦完全相等不再打折，但小钢版法币自十二月一日起在本区即先行停止使用，在十一月三十日以前凡持有小钢版人得依照与盐阜票法定折合比率用以完粮纳税，但须受左列限制（其他五种法币可不受此限制）。

（1）七月三十一日以前不得超过全税款百分之三十；

（2）九月三十日以前不得超过全税款百分之二十；

（3）十一月三十日以前不得超过全税款百分之十。

四、自布告之日（六月十五日）起十日内凡自根据地外带回小钢版五百张以上者一经查出除没收外，并得按捣乱金融罪论处，以上四点除分令外特此布告周知仰各凛遵！

主任　曹荻秋

副主任　贺希明

计雨亭

选自《华中抗日根据地财政经济史料选编》第三卷，档案出版社1986年版，第158～159页。江苏省财政厅、江苏省档案馆、财政经济史编写组合编。

33. 盐阜区新颁征收契税暂行章则

1944年7月10日

第一条　凡民有或庵宫寺院不动产之典卖及公学产租种权转移之契约，均须经该地所属县政府验税始能有法律上之约束效力。

第二条　前项不动产之典契转移，其契税之征收，悉依本章则办理之。

第三条　前项不动产之典卖转移于契约签定之日起三个月内即须呈所属区政府投验报税。

第四条　前项不动产绝卖契约，则按其价百分之四征收契税，赠予、易换、归并，三种变相绝卖契约，按照报验时平均估价征收百分之四，典出契约按其契价百分之二征收契税，公学产租种权之转移契约，按该公学产，比照民产之平均估价百分之一，征收契税，但淮河两岸之屯滩溢公田之退让契约，得按其契约，征收百分之二契税。

第五条　凡报验之契税，如其契价，系以铜元、铜钱、银两，或法币为计算单位，或其单位不明确者，而于本办法颁布后，向政府报验时，改按下列标准计算税。

一、民国三十年以前之契约，按照报验时，平均估价之折计算（如平均估价为抗币一千元者，即以抗币三百元计税）。

二、民国三十一年至三十一年以后之契约，如载明为法币者，在本年三月二十五日以前者一律按八元折合老抗币一元。三月二十五日以后者，按立契日期之率折合比率，由各县区政府折合计税。

第六条　凡我根据地人民之各种契约，于敌伪扫荡，或因其他灾劫以致契约损失，而有田邻及乡长愿为证明者，准其补契投税，政府得按报验时平均估价二折计税。

第七条　为奖励人民补行税契，凡本年五月二十一日以前典卖转移之不动产契约，其尚未验税者，如在本年九月三十日以前自行前来补税，不论其逾期长短，均一律免课罚金并以十月一日为该项未税契据逾期起算之日。

第八条　凡新解放地区在我政权建立之后，五个月以内人民持其前项契约至政府报验者仍得免课罚金。

第九条　凡前项不动产之典卖转移契约，不遵照期限至区政府验税者除仍须遵缴契税外，并须按逾期时间之长短处以下列各级之罚金。

甲、逾期不足一个月者按其契价（公学产、屯、滩、溢估价，以下同）处以百分之五罚金。

乙、逾期一个月以上不足三个月者按其契价处以百分之十罚金。

丙、逾期三个月以上者按其契价，处以百分之十五罚金。

第十条　凡报验契约时有隐瞒契价，以多报少者，除以须补缴契税外，并得按隐瞒价处以十分之五罚金。

第十一条　凡契约上日期空白不依签订之时日填明，至报税时填注，企图逃避逾期之处罚者，除依其逾期之长短援引前项处罚外，并加处其应纳罚金之十分之五罚金。

第十二条　凡报验时兼有第九、十、十一条情事时，除仍须遵缴契税外，并按其第九、十、十一条一并处罚之。

第十三条　凡匿不报税，或隐瞒价瞒期投税者，准自动检举处罚后并将其罚金百分之二十充赏检举人。

第十四条　验契报税时区政府，应随时制造发印其契纸及税验执照，至迟须于七日内填给发还。

第十五条　本章则自修正公布之日起实行，凡以前已遵照旧章缴纳契税或课以罚金者，不得援引本章，要求更改。

第十六条　本章程自民国三十三年七月十日起实行，同时前颁契税章则应予作废。

第十七条　本章则经行署修订，县府公布施行，修改时亦同。

选自《华中抗日根据地财政经济史料选编》第三卷，档案出版社1986年版，第193～195页。江苏省财政厅、江苏省档案馆、财政经济史编写组合编。原注：“按1944年《盐阜区财经法令汇编》刊印”。

34. 淮海区征收公粮公草草案

1944年

（一）为保证抗日部队及抗日民主政府给养并实行合理负担特重订本条例。

（二）本地区征收救国公粮公草均按本条例办理，各县不得自行规定。

（三）为适应环境，暂准边区仍按三十一年颁发征收之公粮条例办理。边区与中心区之划分由各县自行规定，边区乡数至多不得超过中心区乡数三分之一。

（四）公粮公草之一切征收行为，均由淮海区行政公署授权各级政府，按照本条例办理，除自治经费经行署批准者外，此外任何机关部队均不得向人民另筹粮草。

（五）凡每亩收益有二十斤粮食以上之土地，均应征收公粮公草。

（六）公共河道、河堤、道路、无私人受益者，及业主住宅宅基（每间屋以五厘地扣除地）与临时占用之交通沟，均免除公粮公草，其私人庄圩场园圩沟渠（无私人受益者仍作废田）等概不得作废田。交通沟之计算，不得宽于五尺。

（七）救国公粮公草分夏秋两季征收，如系一麦田则于夏季一次征收。

（八）救国公粮在夏季完全征收小麦，在秋季完全征收玉米，如征其他杂粮，均按市价抵折（由县府统一规定），粮食重量一律以十六两秤称为标准。

（九）征收救国公粮等级，按收获量及土质区分为十六级规定如下：

1. 每亩全年收获量二十斤至二十斤以下者为第一级免征。
2. 每亩全年收获量二十一斤至四十斤者为第二级。
3. 每亩全年收获量四十一斤至六十斤者为第三级。
4. 每亩全年收获量六十一斤至八十斤者为第四级。
5. 每亩全年收获量八十一斤至一百斤者为第五级。
6. 每亩全年收获量一百零一斤至一百二十斤者为第六级。
7. 每亩全年收获量一百二十一斤至一四百十斤者为第七级。
8. 每亩全年收获量一百四十一斤至一百六十斤者为第八级。
9. 每亩全年收获量一百六十一斤至一百八十斤者为第九级。
10. 每亩全年收获量一百八一斤至二百斤者为第十级。
11. 每亩全年收获量二百零一斤至百二十二斤者为第十一级。

12. 每亩全年收获量二百二十一斤至二百四十斤者为第十二级。

13. 每亩全年收获量二百四一斤至二百六十斤者为第十三级。

14. 每亩全年收获量二百六十一斤至二百八十斤者为第十四级。

15. 每亩全年收获量二百八十一斤至三百斤者为第十五级。

16. 每亩全年收获量三百零一斤以上者为第十六级。

（十）应缴救国公粮户之田亩，均依本条例第九条之规定，按照土质及土（地）产量厘定等级，以亩为计算单位，其详细办法依淮海区地亩等级厘定细纲办理之。

（十一）每户救国公粮之征收率以该户人口数平分该户所有地亩数。求得每人平均亩数，以平均亩数及等级为计算标准，而以户为单位征收，儿童作成人计算。有寄子者得计入该户人口之内（陪嫁田以夫妻两人及其子女单独列户计算）。

（十二）凡业户有半年以上之雇工得包括在业户人口之内计算，但不从事农业生产之乳母、女佣及杂役概不作为雇工计入。

（十三）凡业户之人口长年在外，有固定职业者，不得计入征粮人口之内。但从事雇工及抗日军人抗日工作人员得计入人口之内。

（十四）凡本地区土地之所有主，原居住在本地区以外者，一律以五口人计算。并由其佃户或代耕人缴纳之。

（十五）自耕田（包括包锄田），计算征收率时，得将田亩先行九折而后以人口平均之。

（十六）佃出田（业主）四折计算后以人口平均之，佃入田（佃户）六折计算后再行九折而后以人口平均之。

（十七）自耕农兼佃农者，其自田开户部分按第十五条规定办理，其佃种田亩按十条之佃入田规定办理之。

（十八）典入田加入业主田亩内计算。公粮由现业主缴纳，并代原业主缴纳田赋。

（十九）有僧寺庙公粮与业户同，祠堂及其他公有产均按一人计算，佃耕公学田者按十六条及十七条规定办理，其属于政府部分者免征。

（二十）救国公粮之征收率按照每人平均田亩数区分为十六组，每组按照田亩等级区分为十六等规定如下。

1. 每户每人平均田有一亩以下者为一组，其每亩收获量在一二〇斤以下者免征，在一二〇斤以上者，按照等级每亩征二斤至五斤。

2. 每户每人平均有田亩一亩一分至二亩者为二组，其每亩收获量均在六十斤以下者免征，在六十斤以上者按照等级征收二斤至十斤。

3. 每户每人平均二亩一分至三亩者为三组，其每亩收获量四十斤以下者免征，在四十斤以上者按照等级征收三斤至十六斤。

4. 每户每人平均有田亩三亩一分至四亩者为四组，每亩按照等级三斤至二十二斤征收。

5. 每户每人四亩一分至五、六亩者为五组，每亩按照等级征收三斤至二十八斤。

6. 每户每人平均有六亩一分至八亩者为六组，每亩按照等级征收率三斤至三十四斤。

7. 每户每人平均有田八亩一分至十亩者为七组，每亩按照等级四斤至四十一斤。

8. 每户每人平均有田十亩一分至十五亩者为八组，每亩按照等级征收五斤至四十七斤。

9. 每户每人平均有田十五亩至二十亩者为九组，每亩按照等级征收六斤至五十三斤。

10. 每户每人平均有田二十亩一分至二十五亩者为十组，每亩按照等级征收七斤至六十斤。

11. 每户每人平均有田二十五亩一分至三十亩者为十一组，每亩按照等级征收八斤至七十三斤。

12. 每户每人平均有田三十亩一分至四十亩者为十二组，每亩按照等级征收八斤至七十三斤。

13. 每户每人平均有田四十亩一分至五十亩者为十三组，每亩按照等级征收九斤至七十九斤。

14. 每户每人平均有田五十一亩一分至六十亩者为十四组，每亩按照等级征收十斤至八十五斤。

15. 每户每人平均有田六十亩一分至八十亩者为十五组，每亩按照等级征收十一斤至九十三斤。

16. 每户每人平均有田八十亩一分至八十亩一分以上者为十六组，每亩按照等级征收十二斤至九十五斤。

详细规定如后表。

（二十一）公草依每户应缴公粮额加倍征收之，包括租田业主免征公草。

（二十二）业户人口之变动，规定于每年二月至四月为陈报期，过期得于次年陈报之届期由业户自动向区政府陈报。

（二十三）业户田亩变动卖出或买入，佃进或佃出，典进或典出，租进或租出，规定每年二月至四月由双方当事人联名向区政府陈报，过期等于次年陈报，陈报时应按申请变动田亩原规定等级。

（二十四）业户田亩及人口，一律由业户自报，其有隐报谎报田亩行为依淮海清查田亩办法处罚之，其有谎报田亩者多报一人，按该户谎报人口而少缴公粮数五倍至十倍科罚之。

（二十五）凡具有下列情形之一者，由业户陈报县政府，经查明属实，该季公粮得予免征。

1. 因水旱天灾而使收获量降低至二十斤以下者。

2. 鳏寡孤独有田二亩以下者而缺乏劳力者。

3. 因人口死亡无人种田，而招致荒芜者。

4. 土地被政府临时占用致未能播种者。

（二十六）凡具有下列情形之一者得由业户陈报县政府经查明属实该季公粮得予以减征或缓征。

1. 房屋因受敌伪扫荡而致一部分或全部烧毁者。

2. 在收成后，粮食因受敌伪扫荡而致一部或全部损失者。

3. 耕牛因受敌伪扫荡而致损失残废者。

（二十七）抗日军人家属烈士遗族、抗日荣誉军人家属其公粮之征收办法除适用本条例第十三条规定外，悉依淮海区优待抗日军人家属暂行条例、淮海区优待抗日烈士遗族暂行条例、淮海区优待抗日荣誉军人暂行条例等规定办理。

（二十八）应缴公粮公草之业户，不论地在本县或在他县者均属人户收之。

（二十九）征收公粮公草应一律发给收据，该项收据由县政府制定之。

（三十）业户缴纳公粮应晒干扬净，（不得）掺杂泥沙或水份（分），违则予以拒收，但不得借长折算征。

（三十一）征收员有下列行为者以违法论：

1. 浮收粮草致各户实缴数超过应缴数者。
2. 征收粮草时使用大秤者。
3. 征收粮草时故意留难者。
4. 其他违法行为者。

（三十二）本条例施行后除淮海区三十一年度征收条例仍适用于边区者外，其余有与本条例抵触者，均予废止之。

（三十三）本条例暂由淮海区行政公署公布施行之，其修正时亦同。

（三十四）本办法自公布之日起施行。

选自《华中抗日根据地财政经济史料选编》第三卷，档案出版社1986年版，第279～284页。江苏省财政厅、江苏省档案馆、财政经济史编写组合编。

35. 盐阜区公粮公草保管支付办法

1944年

（一）自三十三年七月一日起，各县区乡政府专管公粮公草征收保管检查事宜，不再负支拨之责。

（二）自三十三年七月一日以前部队与各级政府印制之支粮支草证及饭票一律作废，便条概不报销。

（三）公粮以集中征收分散保管为原则，公草则以原主原地保存，但小户公草须酌量情形集中保管之。

（四）各机关部队领取粮草，一律须编造预算花名册，呈请行政公署核准，签发三联单之提取证，方得向指定地点提拨粮草。

（五）各机关部队领取粮草系统之规定如次：

一、各县地方部队（包括区队）按月编造预算呈送军分区司令部，领取盐阜区行政公署粮草提取证。

二、主力部队，由该旅编造预算呈送三师师部，领取盐阜区行政公署粮草提取证。

三、地方党政民各机关，由县政府编造预算呈送行政公署，领取粮草提取证。

四、行署直属机关，按月编造预算，向财经处领取粮草提取证。

（六）各乡保管公粮公草户，由行署制定三联单（式样附后）给各乡保管户应用，其使用办法如下：

一、三联单内有公粮存根一联由保管户收执，公粮缴查一联，粮草提取证一联，均由保存户或乡粮食管理员汇集送缴区政府，由区政府按级汇缴行署。

二、部队或机关提取粮草时，必须将三联单内之提取证一联，向原保管户领取粮草。

三、保管户接到提取证后，必须将该联与存根相对，其骑缝号码相符者，则按照提取证发给公粮公草，并将存根联与提取证对换。如发现号码或数字不符者，保管户有拒绝支付粮草之权。

四、部队或机关提取粮草后，须将存户存根换回，在月终报销时，呈送报销机关核销。

（七）公粮保管户对［无］盐阜区行政公署所发之支粮支草证（满天飞），无支付粮草之权，各部队机关亦不得向保管户索取粮草。

（八）县区乡各级政府粮草虽无支付之权，但各乡保存之公粮公草必须负责检查督导。如遇情况，区政府必须将该乡存粮转移安全地区，县对区亦同。

（九）为专管各乡之粮草保管支付事项，各区得设立粮草站。其粮草站站长应由区财粮委员兼任之。

（十）粮草站对公粮公草保管户应负检查督促责任。如遇情况，应协助区政府督促保管户转移公粮至安全地方。

（十一）盐阜行政公署印发之满天飞支粮支草证（格式另定）必须在各区粮草站支付之。

（十二）如遇部队特殊情形，一时不及携带支粮支草证到粮草站支付粮草时，各乡准予暂借，但事后必须向粮草站兑回相等粮草。

（十三）各区粮草站所保存之粮草，由行署自行向殷实户分散保存，以便随时提拨，如觉保管之粮草不足支拨时，得向行署拨发补充之，但应将支粮支草证汇缴行署。

（十四）各县应将一联单内提取证联汇缴行署。

（十五）友邻地区过境之部队临时需要粮草时，得由其部队首长出具借条，向县政府请求，经县长核准，由县长出具临时借条，指定粮草站拨给粮草，事后应将部队之借条呈送行署，以资报销，但临时借粮日期，不得超过十日。

（十六）公粮公草保管，按下列原则：

1. 尽量利用掩护方法，如进行夹墙伪装等办法。

2. 尽量利用背远偏僻及民情较好之村庄。

3. 公粮保管户，其保管数额不得超过一千五百斤。

4. 在敌情严重或环境安全之区乡，可依上列规定酌量增减之。

（十七）在敌伪据点周围及游击区之公粮，必须在征收公粮前，通知集中地点，移往中心区分散保存之，但路程不得超过一日为限。

（十八）保存户接收公粮保存时，必须亲自负责过秤验收，与防止腐烂折耗，倘有渗杂潮湿，保管户有拒收之权。

（十九）在敌情严重需要公粮迁移时，保管户有协助乡区政府迁移与掩护之责任。

（二十）保管户对所保管之粮食，必须适当翻晒与防止鼠耗鸡耗，以免除不必要之损失，如确因人力所不能防之外力而遭受损失，则须经乡长或群众团体之证明方得报销，如保管户谎报折耗及损失一经查明属实，或被检举出来，则应受谎报数字一倍至五倍之罚粮。如因检举而发觉谎报，则检举人可得罚粮之半数提奖。

（二十一）本办法由行政公署订定公布之。

选自《华中抗日根据地财政经济史料选编》第三卷，档案出版社1986年版，第345～347页。江苏省财政厅、江苏省档案馆、财政经济史编写组合编。

36. 盐阜区粮食运销管理办法

1944年

一、为保证军民粮食调剂农村金融，特订定本办法。

二、本办法所指之粮食，以米、麦、山芋干、高粱、玉蜀黍、绿豆六种农产品为限。

三、本行政区粮食运销事宜，由盐阜区工商管理局依本办法管理之。

四、本行政区粮食在本行政区境内得自由运销之。惟为便于检查起见，须履行下列手续。

甲、在一县以内，从甲乡运销食粮至乙乡，沿途所经及销售地点均非封锁乡，其运销数量在二担以下者，准自由通运，在二担以上者须取得区政府之证明书。

乙、在一县以内运销食粮，其起运地点，为封锁乡，但中途经过地点及到达地点均非封锁乡者，准适用甲项规定自由运销。

丙、从甲县至乙县或在同一县内，自甲乡至乙乡，其中途须经封锁乡者．均须依照下列规定向贸易局申领内销证（格式另订）。

产地商贩向销地运销者，须取得殷实铺户之保证，出具保证书（格式另订）填明购运粮食种类数量及内销地点，或依粮食价格百分之五十缴纳保证金（以销地价格计算），经当地工商局所查核无讹后，发给指定经过地点之内销证。粮食起运经过指定地点，须申请各该地工商局所查验，并在内销证上验盖查验戳记，运至指定销售地点后，须申请当地工商局所查验，将查验证明文件附贴于内销证背面，在有效期内缴送起运地点之工商局所换回保证书或保证金。

销地商贩向产地采购粮食时，须依前项规定手续请领内销证。凭证在产地购入粮食后须申请当地工商局所查验，将查验证明文件附贴于内销证背面。在有效期内运回销地，经原签发内销证之工商局所查验后，收回内销证，发还保证书或保证金。

五、敌伪区粮食准运入本区境内保存，但须向县区政府举行登记，其粮食所有人如欲运回食用时，经登记该项粮食之县区政府，出具证明书，仍准运出。

六、一县之内何乡为封锁乡，由各该县政府会同各该县工商局按照敌情变化，随时规定公布之。

七、封锁乡暨对我政权完粮纳税之敌伪区接敌区，可由各该县工商局会同县或区政府，根据各该乡区人口及粮食产量估计缺粮数量，准各该乡区人民在该数量以内，凭各该区乡之乡长证明文件运销之。

八、本区粮食不经特许，一律禁止出口。特定产粮过剩地区，特许条件，由当时具体情况规定之，特许出口之粮食，依进出口土产管理办法办理之。

九、违反第四条甲乙两项规定之粮食，没收其百分之三十，违反同条丙项及第五条规定之粮食，除全部没收外，并科以粮价一倍至五十倍之罚金，检举人奖金为没收及罚金之三成。

十、违反第八条规定之处分，依盐阜区出口土产管理办法办理之。

十一、凡违反第四条第五条之偷运行为，各级政府地方武装民众团体，均有协助查禁之义务，惟不得自行处理，必须送由工商局所处理之。

十二、本办法自公布之日起施行。并得随时以命令修改之。

选自《华中抗日根据地财政经济史料选编》第三卷，档案出版社1986年版，第349～350页。江苏省财政厅、江苏省档案馆、财政经济史编写组合编。原注：“1944年按《盐阜区财经法令汇编》刊印”。

37. 盐阜区工商管理局进出口货物税征收章程

1944年

第一章　总　则

第一条　为加强对敌经济斗争，实施进出口货物管理，并征收进出口货物税特订定本章程。

第二条　进出口货物之管理及进出口货物税之征收，由设在各地点之工商管理局所遵照本章程办理之。

第三条　凡经营进出口货物及内地运销之商人，均须遵照本章程缴税。

第四条　凡我［非］必须之货物及有害根据地之毒品，不得输进，对敌有利之土产禁止输出，其物品种类另以命令规定之。

第五条　工商局所对于进出口货物税，须一律遵照本局颁定之税率表征收之，各县不得自行规定或修改，如该地有特殊情形而必要变更税率者须事先呈准。

第二章　土产内销管理

第六条　凡根据地土产及禁止资敌物品，在本区内运销者，概不征收（特殊者例外），惟在运销时必须履行下列手续。

甲、甲地商贩搬运土产至乙地销售者，必须向甲地工商局所取保填具保证书，载明货物名称、数量、运销地点或缴纳相等货价之保证金，方得领取土产内销通行证。运销之沿途，必须经过规定地点，并须受各该地点之工商局所之查验，并在内销证上加戳证明。运至讫戳后，须在有效期内经乙地管理机关加戳证明方得换回保单或保证金。

乙、甲地向乙地采购土产或搬运土产向乙地出售者，如乙地缺货或滞销可向当地工商局所申请批转他地购买或运销并得酌量展期。

丙、甲地商人至乙地运销或采购货物如为商情关系中途出口者，仍须照甲条手续办理另行在出口地点管理机关办理出口运销或采购手续。

第三章　进出口货物征税

第七条　工商管理局所征收进出口货物税一律填给收税证，该证由本局统一制发（如有特殊情形例外）。

第八条　为便于商人分批销售货物，凡税票在有效期内准予换发分运证（分运证办法另订之）运销之。

第九条　为防止偷税或重征起见，收税机关得在货物上粘贴印花或加盖查验戳。

第十条　凡敌伪区进口之货物，均须事先呈报当地征收机关查明缴税后方得起货。

第十一条　为严密管理分运防止流弊起见，凡市镇所存之货物，得有免费举行登记。

第十二条　税票或分运证填给有效日期之根据依照如下之规定：

甲、民船三十里小车四十里肩挑六十里填给一日，脚踏车每百里填给一日。

乙、赶鲜猪每二十里填给一日。

丙、以上之规定如不足一日规定仍填给一日，如为天时关系或特殊情形而有效日期不足者，得申请展期。

第十三条　商人运销货物凡持有税票分运证或土产内销证者，在本章程实施区内不分县界一律准予通行，沿途军政机关均须加以保护不得借故留难或有勒索等情。

第四章　惩　奖

第十四条　商人贩运货物未经查验纳税私自起运或绕越税所偷税或一票两用者，一经查（察）觉除勒令遵章投税外，并得按其应缴税额以一倍至二十倍之罚金。

第十五条　违反本章程第四条规定者，按进出口贸易管理办法第十条办理之。

第十六条　违反第六条之规定者，除补税依照进出口贸易管理办法外，并按情节轻重科以税额一倍至二十倍之罚金。

第十七条　违反本章第十条之规定者，得按照第十六条处罚之。

第十八条　经检举所处之罚款，检举人得享有该罚款百分之三十奖金。

第十九条　违反本章第七、十三条者，经商人报告或经团体人民检举查明属实者，按情节轻重惩处之。

第二十条　本章程由盐阜区行政公署公布施行，修改亦同。

选自《华中抗日根据地财政经济史料选编》第三卷，档案出版社1986年版，第366～368页。江苏省财政厅、江苏省档案馆、财政经济史编写组合编。原注：“按1944年《盐阜区财经法令汇编》刊印”。

38. 淮海区行政公署布告
——关于各种抗币流通范围的规定[①]

1944 年 11 月 10 日

盐阜银行请求核准该行发行各种抗票之流通范围，特核准公布之。

甲、下列两种抗票与规定法币现价作一与二十之比者，仅准在淮海区流通，不得携入盐阜区。

（一）在淮海区发行之一圆（元）改作五元抗票，即每张（五元）合规定法币现价口百元的一种。

（二）在淮海区发行之改制淮海地方银行版作盐阜银行五角抗票并规定法币现价十元的一种。

乙、下列三种抗票与规定法币现价作一与十之比者，仅准在盐阜区流通，不得携入淮海区。

（一）在盐阜区发行之江淮银行盐阜版口元改作伍元抗票：即每张合规定法币现价五十元的一种。

（二）在盐阜区发行之两元抗票，在反面均系土灰色，正两傍有“作两元”红字，正中为抗战纪念塔图案，背面为长形花纹，每张合规定法币现价二十元的一种。

（三）在盐阜区发行之一元抗票，系用土纸印制，正反两面均为蓝色，正左方有工农商学兵人形图案，背面为菱形花纹每张合规定法币现价十元的一种。

丙、在淮海盐阜两地区同时发行之十元抗票，每元合规定法币现价五十元，即每张合规定法币现价五百元的一种，得在淮海盐阜两地区互相流通。特此布告周知

此布

主　任　李一氓
副主任　陈月斋

选自《华中抗日根据地财政经济史料选编》第三卷，档案出版社 1986 年版，第 255～256 页。江苏省财政厅、江苏省档案馆、财政经济史编写组合编。原注：“按 1944 年 11 月 10 日《淮海报》刊印”。

39. 苏中一专署关于执行新的粮食管理办法的指示

1944 年 11 月 10 日

最近本署颁布了新的粮食管理办法，粮食管理工作不仅是繁荣根据地，保护群众利

① 原注：副标题为编者所加。

益，而且是争取物资、准备反攻的重要工作，是今冬明春整个财经工作的中心工作，是今冬明春政权工作的第二位工作。关于这个工作的一般原则和具体执行，本书特根据分区贸易会议讨论各项问题，作如下指示：

一、总的方针和任务

粮食斗争是整个对敌经济斗争的一个有机部分，由于一分区是全苏中产粮最丰富的地区，更具有重大的意义，总的方针和任务是：开展对敌粮食斗争，限制粮食出口，排斥伪币，争取主动夺取物资，并打击敌伪的粮食压价政策、减少剪刀剥削，繁荣根据地商业，扫除发展生产的障碍，改善人民生活，巩固根据地，准备反攻。在执行中必须很好把握。

二、组织执行

新的粮食管理工作是一个艰巨复杂的工作，必须从三方面来准备，才能顺利的进行：

（一）必须从思想上认识，新的粮食管理工作是一个严重的斗争任务，敌伪封锁，我们就要反封锁，敌伪掠夺收买，我们就要反掠夺反收买，敌伪压低粮价，我们就要提高粮价，而不是普通的管理工作。其次，必须认识，这是一个党政军民的群众运动，是一种艰巨的复杂的斗争，而不是少数人的“苦干”。不要要求过高，认为一下子就可搞好，但也不要失去信心，束手无策。又其次，必须把握新的粮食管理办法的特点：第一，粮食是限制甚至于禁止出口的，实行统一出口，需要多少物资，出口多少粮食，不需要就不出口。第二，是对外的严格管理，带有“统制”性的管理，但对内还是自由运销的。第三，主要的依靠群众，依靠公营商店和合作社的营业系统，这个系统正是收买粮食推销日用品的动脉。最后，必须从上到下，从干部到群众，各式各样的进行深入广泛的宣传动员，提高群众特别是商人对粮食斗争的认识程度，这是四。

（二）必须从机构上加强，调整和配备。第一，依照最近颁布的公营商店组织办法，尽可能配备熟悉商情但又可靠的干部到利民公司去，特别是利民公司的粮食部门。第二，组织基点合作社，建立粮食收买网，没有合作社的地区，通过农抗会建立收粮小组，或者建立可靠的商人关系（收粮小组最好由利民公司直接领导）。第三，在利民公司和合作社中间，必须建立一个中间机构，合作社发达的区，建立联合社，否则依照自然地理条件建立利民公司办事处。第四，区贸易管理所必须加强对于合作社的领导，为了工作需要，各区可以专设一个合作社指导员，同时贸易管理所干部必须来一次调整，以便加强对于贸易管理分所的领导。干部除动员新的成分加以训练外，应转移一批粮赋干部，特别是粮赋办事员到贸易工作部门来。第五，重新布置贸易管理分所，主要的采取面的控制，但要照顾到点线，一方面加强封锁边区，一方面和合作社基点密切结合。第六，尽可能控制交通运输，并发动人民建立各种运输组织，如运输队运输小组等等。

（三）必须从物资上和资金上准备；利民公司收买粮食必须掌握一批物资和一批资金。在物资方面，经过批准后，可以用粮食到二分区去换棉盐，或以收进的大批伪币到据点去换布匹等等。在资金方面，除原有利民公司资金外，还有两个来源：第一，由江淮银行拨付（数目须由支行决定），第二，经过批准后发行代价券或本票，如果资金周转得快，无异于增加了资金，这要很好研究，收买粮食主要应以货物收买，抗币法币直接收买亦可，伪币一定要变为物资，但必要时可到边区以商人面目收粮。

三、执行重点

新的粮食管理工作既是一个艰巨复杂的工作，实行起来就要抓住中心，基点合作社，团结和运用商人，缉私——这是实行新的粮食管理办法三大关键。

（一）基点合作社

所谓基点合作社就是依市镇，或者可以培养为集散市场的地点而建立，他（它）包括三四个乡的范围，成为这个范围内人民运销农产品交换工业品的中心，组织合作社必须注意，甲、确立基本群众优势，一定要掌握在基本群众手里。乙、取消理监事平衡制度，贯彻民主集中制的组织原则（附发合作社组织法草案）。丙、为了管理粮食，在目前，以运销消费为主，与利民公司物资的流通发生密切关系，但又必须向生产——综合性合作社的方向发展。丁和贸易管理分所区，商业基点区结合。

在乡选进行中，提出组织合作社的一般号召，并配备一个优秀干练的财经委员，以便在乡选结束进入巩固阶段后，立即以组织合作社或扩大巩固基点合作社为巩固工作的重要内容之一，这就是组织合作社和乡选工作的结合。

（二）团结和运用商人

新的粮食管理办法实行以后，对不同的商人，一定要采取不同的态度，专门钻空子，忠实替敌伪收粮的商人，可以打击，但打击后也要争取，在合作社有基础的地方，可不支持粮食牙行，不发粮行牙照，但一般的地区，粮行可继续发一季牙照，对牙行，尽可能逐渐转变他们做其他生意，忠实可靠的，争取到合作社做技术工作，有一些资本并能吸收粮食换回物资的商人，要很好争取与团结，这是团结商人的关键，做据点生意也做根据地生意的商人，只要不违犯政府规定，可与之建立经济关系，或者争取到根据地营业。总之，奸商要打击，忠实商人以及能够为我服务的商人要帮助照顾，据点大商人关系应主动的去建立在对敌粮食斗争中，能够为我服务的商人都要争取、联络，这是团结和运用商人的原则，但一般的说，油滑是商人的特点，在运用中，必须独立自主，有主见，有分寸。

（三）缉私

要禁止或限制粮食出口，缉私是很重要的，要加强贸易管理分所的控制。今后税员主要工作是缉私，但主要的要发动群众缉私，特别是民兵游击队的武装缉私，这就要很好解决奖金的分配问题（附发提成充奖办法），在目前，武装缉私必须和民兵整训工作结合，特别是划分封锁区域，不仅要根据敌情变化很好地划分，而且要很好地传达到民兵游击队以及一般群众中去，保证内部运销办法的正确执行。

四、执行办法和应注意的几个问题

（一）宝应县自十一月份，江高二县自十二月份起开始实行全面管理，至少应管理籼稻，未实行以前，是组织执行时期，也就是准备时期。第一，除开在干部中，群众中进行深入的宣传动员外，必须：甲、调整贸易管理所，重新布置贸易管理分所。乙、加强并充实利民公司，组织基点合作社，每区组织二、三个，在准备时期内，要完成三分之二，并布置粮食收买网。第二，充分准备物资，如盐棉布匹等，盐棉到二分区去运，十月半以前各县各运一批，十月底以前运第二批。布匹数目各县自定。第三，资金主要的由分区及苏中负责解决，但江高二县仍应继续发行代价券。

（二）实行粮食管理后，利民公司百分之七十以上粮食必须通过合作社来收，应供给合作社一批资金，收多少粮给多少资金，给多少资金交多少粮，是代收买性质，为给物资亦应折价，收粮资金不要与批贷及贷款混合。合作社收粮可以给予一定数量的手续费（一般的要低于行佣），但要注意：甲、防止合作社向粮食牙行的方向发展。收粮只是合作社的附属工作。乙、尽先收买基本群众的粮食。丙、供给合作社收粮资金时，必须订立契约关系，收买的粮食不能转卖，并要注意保管。没有合作社的地方，可通过农抗会等组织收粮小组，因是过渡办法，要多多帮助，以便进一步发动组织合作社。丁、收粮价格问题（另文介绍分区利民公司经验）。

（三）收买的粮食可以出口换回物资，也可以运到根据地其他地区调剂，出口可通过商人去做，出口方式，根据先拿货来，才许换购稻子出口的原则，有下列几种：

第一，商人先拿货物到利民公司换稻出口，但不是有货必换，而是根据地需要的或我指定的必需品（特别是军工生产材料，电气材料，白报纸，西药布匹等）才许换稻（这是争夺物资的关键），只有在特殊的情形下，可准粮食先行出口，换回货物，方式是利民公司将粮食售给合作社（或联合社）或有□□的商人出口，换回货物交给利民公司。

第二，如商人自己有粮食（没有货物）则需将粮食售给利民公司，利民公司给与伪币，并责成商人换回货物卖交利民公司再换粮出口，如此类推。

以上各种方式各县可酌量情形运用，此外，还有一个办法，就是：各县利民公司里至少要掌握六七个干部，专做粮食出口工作，以免商人愚弄。至于内部调剂工作，利民公司自己也要做，并尽量发动合作社与商人做调剂工作。

（四）收买粮食的保管要注意：甲、在有些地区建立保管站，保管数量可以集中一些，以便大批给商人提取，能迅速便利商人提粮，商人是高兴的，站上设立专门人员负责管理检查。乙、一般的可分散在基点合作社的附近分户保管，可委托合作社负责，保管据交利民公司保存，同时严防合作社的空头保管。丙、收买粮食不得与公粮混合，其提取不适用粮证制度，应凭利民公司保管单据或提付凭单。

（五）换回物资首先应先供给各机关部队的需要，货物价格是按采购地点市价加上运费和蚀耗，不另加成。其次，尽量批发给合作社，批发价格应按当地一般批发价格酌量减低（关于粮价货价问题另有指示），如果货多也可以批给中小商人，价格比批发给合作社的稍微提高，但亦应比当地其他商店批发价格稍低。

（六）实行全面管理以后，□□范围内反复进行，因为这是一个艰巨的工作，没有经常的说服教育，是很难进行的。

五、反伪币斗争

粮食管理只是堵止未流入将要流入的伪币，反伪币斗争则是排斥已流入的伪币，必须双管齐下，反伪币斗争的方针是：大量发行抗币，以法币为辅币，从北到南，从中心区到边区，从内到外，从新版到旧版，从五百元一百元到十元五元，逐渐地分期地将伪币排斥出去，以便达到查禁伪币，停用法币，以抗币为根据地本位币的目的。宝应县决定自十一月十五日起，江高二县尽量做到自十二月份或一月份起，开始公开提出号召，人民抛出伪币，禁用百元以上伪币，事先应深入动员，并有一个时期给人民抛出伪币，换回物资，各县可根据贸易会议决定，拟定计划，呈准施行（反伪币斗争另有指示）。

以上各点，希即讨论部署，并将实行情形随时具报。

选自《华中抗日根据地财政经济史料选编》第三卷，档案出版社1986年版，第418～423页。江苏省财政厅、江苏省档案馆、财政经济史编写组合编。

40. 浙东敌后临时行政委员会三十三年公粮田赋合并征收办法

1944年

第一章 总 则

第一条 本办法依据本会施政纲领抗战公约之规定，参照具体环境人民经济状况，及坚持浙东敌后抗战之实际需要而订定，所有三十三年份公粮田赋之征收，悉依本办法办理之。

第二条 公粮田赋之征收，一年一度，一次征足。

第三条 自本办法颁布后，田赋改征实物（谷）与公粮合并征收，但本年已先此开征之地区，得仍继续其原办法办理之。如改征实物，应呈报本会核准施行之。

第四条 自本办法颁布后，所有人民以前欠缴前三北游击司令部经济委员会之抗卫军粮抗卫经费，一律仍依照原办法办理结束。

第五条 公粮田赋以征收食谷为原则，非种稻或部分特殊地区无谷可征或不便征谷者，得以现款（简称代金）或指定之其他农作物折合征收之。

第六条 公粮之征收，以田地为对象，工商业及经营或投资工商业之殷富人民，除其所有之田地，按照本办法规定缴纳公粮外，其工商业部分应酌量负担抗卫经费，其办法另订之。

第七条 凡我基本地区之人民，均应依照本办法之规定缴纳公粮田赋。其有慷慨输难自愿额外捐助者，其全部捐款数移充地方事业经费。

第八条 凡我同胞寄身沦陷地区，处于敌寇奴役煎迫之下，其抗战爱国之热忱，不亚于我基本地区之人民，而愿贡献其力量争取最后胜利，以求解放，自动慨捐抗战经费者，不受本办法之限制，并严守秘密，以保障其安全，于适当时期表扬之。

第九条 大后方同胞如有顾念敌后抗战之艰苦，自动捐输粮饷经费者，依照前条办法。

第十条 本会征收之公粮田赋，除田赋部分悉数拨充军事费用外，公粮部分包括下列三项：

1. 军事公粮；
2. 行政公粮；
3. 乡镇公粮（乡镇行政及文化教育等各种事业经费）。

军事公粮行政公粮之征收，由本会划一办理，乡镇公粮之征收，按照各县区实际情况，另行订定征收办法征收之。

第二章　征收标准及征额

第十一条　征收公粮田赋之标准及征额，按照土地之性质，分为下列四种：

1. 甲田（平原水田）每亩征收谷二十七斤。划分如下：

①军事公粮十六斤；

②行政公粮七斤；

③田赋四斤。

2. 乙田（山田）每亩征收谷十七斤。划分如下：

①军事公粮十斤；

②行政公粮四斤；

③田赋三斤。

3. 甲地（包括上等地及地改田）每亩征收谷十三斤，划分如下：

①军事公粮八斤；

②行政公粮三斤；

③田赋二斤。

4. 乙地（次等地）每亩征收谷七斤。划分如下：

①军事公粮四斤；

②行政公粮二斤；

③田赋一斤。

第十二条　公粮田赋之征收，以纯净干燥之上砻谷为标准，羼杂潮湿之不合标准者，拒绝收受。

第十三条　本章规定之征收标准及征额，不得任意变动，如有特殊情形，必须呈准本会后，酌量办理。

第三章　分担率

第十四条　公粮田赋之负担，除田赋部分由业主完全负担外，公粮部分依照下列规定分担之。

1. 自耕农（自有田地自行耕种者）独自全部负担。

2. 租佃之田（甲田乙田）由业主及佃户平均各半负担。

3. 租佃之地：甲地由业主负担三斤半，佃户负担七斤半，乙地由佃户独自全部负担。①

第十五条　凡田地有大小业之分者，公粮之负担，由大业业主、小业业主及佃户三方平均负担各三分之一，大业小业属诸同一业主者（该业主收双重租谷者）应负担三分之二，佃户负担三分之一（部分地区有大业业主负担四分之二，小业业主及佃户各负担四分之一，大业小业属诸同一业主者（该业主收双重租谷者），应负担四分之三，佃户负担四分之一）。如再有其他特殊情形者，得临时规定之。

第四章　征收手续

第十六条　公粮田赋一律向田地耕种人征收之，其应由业佃分担者，业主应行负担之

---

① 原注：另一复制件关于乙地负担的规定是，“乙地由业主负担二斤半，佃户负担六斤半。”

田赋及公粮部分均由佃户代为交纳。凭本会之征收收据，于业主应得之租谷项下扣还之，佃户不得托词推诿，抗不代交，业主亦不得有所异议。

第十七条　公粮田赋之征收，以本会统一印发各县办事处盖印之收据为唯一凭证。其他任何机关之任何收据均不作为凭，其具体手续可由各县区按照实际情形规定之。

第十八条　公粮之转移及支领，非有本会所发之粮票或区署以上政府机关之正式文件，不得支付，其详细办法，另行规定。

第五章　减　免

第十九条　凡参加新四军主力部队及其他抗日正规军队，有各该部队正式文件证明者，每出征军人一员免征其家属公粮五亩。

第二十条　凡参加本地区地方军队（脱离生产者），有该军队之正式文件证明者，或参加其他抗日军队不能取得该军队之正式证明文件，而有地方证明者，每出征军人一员，免征其家属公粮三亩。

第二十一条　凡参加抗日军政机关工作之连级（尉官）区级（委任）以上人员，有各该机关正式文件证明者，每员应免征其家属公粮三亩。

第二十二条　前三条所称之家属，系指其配偶及直系血亲而言，所免公粮如系租佃者，限于其本身应行负担之部分。

第二十三条　凡鳏寡孤独及贫苦人民，出租、自耕、或租佃田地在三亩以下，无力交纳公粮，经申请调查属实，而由区级以上政府批准者，得酌予减免，但限于其本身应行缴纳之公粮部分。

第二十四条　凡因灾害荒歉由地方评议免租之田地，经区署勘实者，免征其公粮，但无故荒芜者，仍予照征。

第六章　蚀　耗

第二十五条　为保证存谷之绝对干燥，依据保管时间之久暂，复晒经过之情形，得由区署酌准报销蚀耗（征收代金者，不在此例），但其蚀耗率以百分之五为最高限度。

第二十六条　负责保管者，应将公粮存放于高燥严密之处，如有潮湿霉烂，散失虫蛀或鼠雀噬食等而致发生不应有之损耗时，保管者应负赔偿责任。

第七章　奖　惩

第二十七条　征收公粮田赋之工作人员，能各照规定办法，认真积极廉洁忠诚，依期完成任务者，得提取征起额百分之五充奖。

分配如下：

甲、负责一乡之征收人员得征起额百分之一·五。

乙、负责一保之征收人员得征起额百分之一·五。

丙、负责一甲之征收人员得征起额百分之二。

第二十八条　凡征收工作人员在工作中著有特殊成绩者，除前条规定之奖励外，另予特殊之褒奖。

第二十九条　征收人员如有徇私舞弊情事，或故意怠懈，未能依期完成任务者，视其劣绩之轻重，分别予以警告、扣奖、惩办之处分。

第三十条　人民对于公粮、田赋，应按其实际田亩数报缴，如有匿报短缴，一经查觉，除应责其补交外，并得视情节轻重，酌予处分。凡人民由于一时蒙昧，匿报短交，在未查（察）觉前自动补报补交者，则免于处分。

第三十一条　本会征收公粮田赋全充抗战军政必需之用，其征收成绩之优劣直接影响抗战建国事业之进行，如敢蓄意破坏妨碍征缴，以破坏抗战论处。

第三十二条　如有密报或检举第三十条之匿报短交经查属实者，得将其密报部分提取罚征数百分之四十充奖，密报或检举之属于第三十一条者，亦得视情节之轻重，酌予奖励，对于密报者之姓名，严守秘密。

第八章　附　则

第三十三条　本办法如有未尽善处，得由本会命令修改之。

第三十四条　本办法自公布日施行。

选自《浙江革命历史档案选编》，浙江人民出版社 1985 年 4 月版，第 262～267 页。杭州大学历史系、浙江省档案馆合编。

41. 浙东敌后临时行政委员会补报田亩补缴公粮暂行办法

1944 年

一、本会为保证浙东敌后各抗日部队机关粮饷之供给，继续完成前三北游击司令部三十二年度之征粮工作，特订定本办法。

二、凡前三北游击司令部应行征收之公粮，而由于人民一时蒙昧，隐瞒短报或其他原因，致未征缴足额者，均在补报补缴之列。

三、凡田亩有隐瞒短报者，应由田地之耕种者（佃户或自耕农）负责补报。

四、短报部分公粮之补缴，视其短报之事实，而定其负担之责任，如业主应交部分，已有佃户如数扣除，短报亩数，出于佃户独自主张者，补交之公粮，应由佃户独自负担。如短报亩数，出于业佃双方共同主张，而自（致）漏交之公粮，由佃业两方共同分肥者，则补交之责任，应由业佃二方共同负担。其因短报漏交而致受罚或惩办时，其责任之分担，依此例推。

五、凡本地区公民，对于短报田亩漏交公粮者，均有向政府检举告发之权利与义务，业主对于佃户之短报漏交者，并有督促其向政府补报补交之责任（奖励检举办法见十一条）。

六、补交之数量，仍以各地区原定之征收率为标准。

七、补交之公粮，仍以交纳实物为原则。其由于实际条件所限制，实物征交困难者，亦得补交代金。折算代金之价格，得由各该地区之区署参照当时当地之一般市价规定，但须呈报主管上级政府核备之。

八、补交之时间，分为二期，每十天为一期，其起迄日期，得由各地区署视具体情形按乡各别规定，以命令行之。

九、补报补交及保管办理与手续，除本办法或命令别有规定，应依本办法或命令办理外，一律按照前三北游击司令部所颁之“抗卫军粮及抗卫经费并征暂行条例”（简称征粮条例）办理。

十、凡短报田亩在第一期自动补报者，一律免予处罚（仍按照原定之征收率补征之），逾第一期而在第二期中自动补报者，按照征粮条例第九章第三十六条第三十八条（抄录于后）之规定，减半处罚之。

逾第二期而尚未补报者，以后无论为自动报告，或被举发查（察）觉，一律按照条例之规定十足处罚。并得视其短报亩数之多寡，情节之轻重，加以惩办。

十一、人民对于隐瞒短报情事向政府检举告发者，给予奖励，奖励办法，依照征粮条例第九章第三十九条（抄录于后）之规定办理。

十二、本办法自公布日起施行，如有未尽事宜，得由本会以命令修改之。

附录征粮条例：

第三十六条

人民对于抗卫军粮及抗卫经费之缴纳应按其实际田地亩数忠实报缴，如有瞒蔽短报，企图漏交者，一经查（察）觉，除补交其短报部分应缴之数外，视其短报之多少，加一倍至五倍罚征之。

一、短报亩数在一亩以上十亩以下者，罚征一倍。

二、短报亩数在十亩以上三十亩以下者，罚征二倍。

三、短报亩数在三十亩以上六十亩以下者，罚征三倍。

四、短报亩数在六十亩以上者，罚征五倍。

第三十八条

公务人员（包括乡镇保甲人员在内）将其田亩短报者，按第三十六条规定之罚则，加倍罚征之，其于查（察）觉前声（申）请补交者，适用第三十七条之规定。

第三十九条

如有公粮检举告发第三十六条及第三十八条之情弊经稽查属实者，无论为个人或团体得给以其举发短报部分应罚数百分之四十，以示奖励，密报或举发之属于第三十五条者，得视其情节之轻重，酌予奖励。对于密报者之姓名，应严守秘密，非经本人之同意，不得对外公布。

选自《浙江革命历史档案选编》，浙江人民出版社 1985 年 4 月版，第 268～270 页。杭州大学历史系、浙江省档案馆合编。

42. 浙东行政公署战时进出口货物税征收暂行办法

1945 年 1 月

第一章　总　则

第一条　为严密战时货物管制，加强对敌经济斗争，维护根据地农工商业，及抵补战时税收损失起见，特于接近敌区，交通要道设立税卡，依照本办法实施货物检查，征收进出口货物税。

第二条　凡非本区日用必须物品限制进口，其有害于社会经济或人民卫生者禁运进口，凡为民生所必需或有关军用不准资敌者禁运出口，社会必需品为根据地所欠缺者免税或轻税奖励进口，对于禁运进出口货物（详见税率表），如有偷运者查出没收之，并视情节轻重依法惩处。

没收办法另订之。

第三条　凡规定征收产销税之货物（包括原料）概照产销税办法办理，不适用本办法。

第四条　税卡遵照本署令颁之税率表征收进出口货物税，计算税款应绝对正确，所有征收或检查手续应力求简捷便利商运。各地区如有特殊情形需要变更税率或征收手续者，得向县政府县办事处或税卡负责人员，条陈意见报由本署改订之。在未报准改订以前，不得擅行变更税收，违者以渎职论处。

第五条　税卡征收进出口货物税应按货物种类填给税票，此项税票由本署统一印发，其领用手续另订之。

税票分两联：其第一联为收据，于税款缴清后即交运货商贩收执。其第二联为“缴复”于每本税票用罄后缴由县政府汇送本署备复。

税卡人员应将税票内各栏逐一填载清楚，加盖私章不得草率，并应在已税货物上逐件加盖验讫戳记，以杜流弊。

前项查验戳记由本署签发，加盖时不得损坏商货。

第六条　进出口货运商贩持有前条规定之税票或依照其他规定发给之票证尚在有效其（期）间者，在本署管辖区域内不分县界一律通行，不另重征，沿途驻军或各级政府机关，均应妥予保护，不得藉故留难或额外需索，违者严惩。

各处税卡对于持有前项税票者，检查对照无讹后将票左上角裁下放行，其裁下之票角汇缴本署以备抽查。

第七条　税卡填发税票注明有效日期，其标准如后：

甲、陆运：按每五十里填给一天。

乙、水运：民船按每四十里填给一天。轮船依照其航线到达日期填给之，前项里程不足一日者概以一日计。

税票有效日期最长以三天为限，如中途因天时阻滞或有其他特殊情形不能如期到达者，得向当地税卡或区署声请展期。

第八条　商人陆续收购已税货物集中趸运为避免沿途重征，应于原税票有效日期报请当地税卡查验登记。

税卡对于前项声请应将其税票号数、税额、限期、起讫地点及运商姓名、住址等项登记后，仍将其原税票包封加章交原商保存，俟起运时根据其所有已经登记之封存税票面拆并即填给起运证。其原税票一并收回粘附于“起运证缴复联”转报备查。

前项原税票包封如发现有私行启封情形，视为一票两用不予填发起运证。

第九条　运商无论零运、趸运，如中途增加货物并运者，须就地补报缴税。

第十条　凡由邮局运进境内之货物，提货商人应向当地或附近税卡报请检查照章缴税后始得提取，邮局亦应负通知税卡检查之责任，如有特殊情形得予免税者，邮局应事前请领免税证。

第十一条　凡已税货物待时批售分装转运者，运商应在原税票有效期间报请附近税卡查明封存，并收回原税票后发给分运许可证，俟出售起运时凭原发许可证连同出售发票或货单报请原税卡填发分运证。

分运许可证及分运证式样、填发手续另行规定。

第十二条　凡规定征收产销税货物得免税采购原料，惟运商应先具切结开明采购货名数量及采购地区，向当地区署请领免税采购证，凭证采购起运并领有采购地区之商会或乡镇公所出具证明，沿途税卡查验放行，其运程最终之税卡并应将其免税购进之原料逐次登记以备计算产销税之参考。

第十三条　禁运资敌货物如照章得免税转运内销者，应向当地县政府请领内销凭证后，始得予以免税运销。

第十四条　凡有下列情形之一意图偷运漏税者，除责令照章补税外，并处以应缴税款一倍以上十倍以下之罚金，其情节重大者另行依法惩处。

1. 故意绕道显系避税者。

2. 日间未经报税取票，夜间起运货物者。

3. 违反规定报税起运及并运分运各项手续藉以蒙混者。

4. 以多报少者（就其短报部分补税处罚）。

5. 临时化整为零意图避税者。

6. 伪装隐瞒者。

7. 依托武装私运者。

前项处罚事件依照情节轻重分别处理手续如下：

1. 案情简单应处罚金在万元以下者得由税卡处罚后转报。

2. 应处罚金在万元以上至三万元以下者送区署办理转报。

3. 案情比较繁重，应处罚金在三万元以上至五万［元］以下者，转送县级办理。

4. 案情重大者送专署办理。

5. 有特殊情节非仅普通逃税性质者送本署办理。县级及专署应将各级办理之处罚事件按月造表汇报本署。

罚金收据用三联式由本署统一印发使用。

罚金收入提出百分之三十至百分之四十充赏查报有关人员。其分配办法另订之。

第十五条　税卡人员办理检查收税及各项填发票证手续，如有故意留难藉端勒索、浮收中饱及徇情私放等情事经查明属实者，依法从重惩处。

第十六条　本办法由本署委员会通过公布施行。

选自《浙江革命历史档案选编》，浙江人民出版社 1985 年 4 月版，第 467～470 页。杭州大学历史系、浙江省档案馆合编。

43. 淮北苏皖边区第一行政区征收契税暂行办法

1945年3月

一、凡本行政区境内之不动产产权转移，均须依照本办法投契纳税方取得合法之保障。

二、征收契税，由各县县政府办理之。

三、官契纸分典契与卖契两种：

(一) 卖契　凡杜绝、找绝、赠与（包括赘书嗣书等）及地面权之转让贸换等契约，以及敌逆产之放领，司法机关发给之转移证书等属之。

(二) 典契　凡活卖典押等契约属之。

四、契税税率：

(一) 卖契从价征收百分之六，但贸换契估价征收百分之三。

(二) 典契从价征收百分之三。

五、为防止短报契价及照顾币制折算困难，各县可按照各地区不动产之价格分等估定最低时值价格作为标准。除荒地及新垦土地外其契价不足规定标准者，照规定标准征收之。

此项时值估价标准，由各县按季订定公告之。

六、先典后卖之契约仍属原承典人，如已缴纳典契税者，按卖契应征税额减半征收之。

七、凡三十五年一月份以前成立之契约，限于三十五年五月份以前投税；三十五年一月份以后成立之契约，自立契之日起于六个月内投税。如逾期仍未投税者，除照章征税外，并科以下列之罚金：

(一) 逾期未满一个月者，照应纳税额加征滞纳罚金百分之五。

(二) 逾期未满两个月者，照应纳税额加征滞纳罚金百分之十五。

(三) 逾期未满三个月者，照应纳税额加征滞纳罚金百分之二十五。

(四) 逾期三个月以上而无特殊困难者，视情节之轻重处以应纳税额百分之三十至一倍之罚金。

上项罚金以三成提作公积金，七成解库。如系因人告发而收纳者，得以提奖部份(分) 百分之三十奖励检举人。

八、凡已成立之契约，非因特殊困难逾期六个月未纳税，因而发生诉讼者该契约在法律上无凭证之效力。

九、凡三十五年五月份以后成立之契约，应直接用官契纸书写，此项官契纸由各乡镇政府代售，每张售价华中币五元。

十、成立契约时承业（典）人应向不动产座（坐）落地区之乡镇政府申请登记，于契约上加盖图记，投税时应呈验该不动产原业主最近一季之粮赋串以资证明。

十一、各县办理推收概不收任何手续费及其他额外附加。

十二、承业（典）人应直接向各县县政府投税，路途遥远者可请由区政府代税，发给临时收据，于指定日期凭收据领取印契。

十三、凡已税未税之契约，如发现有涂改挖补伪造等情事，除将该契约吊销作废外，并得依伪造或变造罪处罚之。

十四、凡土地已清丈之地区，以清丈之亩分为标准，未清丈之地区得暂时根据旧有亩分计算之。

十五、政府与法定团体或政府与法定团体之个人为不动产之承业（典）人者，一律照章纳税。

十六、遗失之契约，得填具申请书，详细注明契价、出卖或出典人、中证人、代笔人姓名，及不动产座（坐）落地点、四至、立契年月并由乡镇政府及邻居之证明，呈报县政府经查明属实，照章补契纳税。

十七、自本办法公布后，前苏中第三、四行政区以及各县所颁布之契约章程，一律作废。

十八、各县县政府得依据本办法另订实施细则，公布施行。

十九、本办法由本署呈请苏皖边区政府备案，自公布之日起实行。如有修正以命令行之。

选自《华中抗日根据地财政经济史料选编》第四卷，档案出版社 1986 年版，第 205～207 页。

44. 浙东行政区抗币条例

1945 年 4 月 1 日

浙东行政公署令

财字第拾伍号

民国三十四年四月一日

兹制定浙东行政区抗币条例公布之，此令。

主　任　连柏生

副主任　吴山民

浙东行政区抗币条例

第一条　为加强对敌经济斗争、发展农工商业、稳定金融、平准物价、奠定根据地经济基础、积极准备反攻，特根据浙东各界临时代表会决议案，发行抗币，以为本行政区之本位货币。所有发行事宜悉依本条例办理之。

第二条　抗币以圆为单位，分下列四种发行之：

一、壹圆币；

二、伍圆币；

三、拾圆币；

四、伍拾圆币。

第三条　所有发行抗币事宜，责成浙东银行经理之。

第四条　抗币发行数额，由浙东银行董事会根据社会需要，拟定计划呈准实施之。

第五条　浙东银行应始终维持“抗币壹圆币值”接近于食米一市斤之价值。

第六条　抗币发行基金以下列实物及保证准备充之：

一、储存金银；

二、拨存稻殳（谷）；

三、在本地区有市场价格之有价证券；

四、有确实抵押品之债券或票据。

抗币发行数额不得超过全部准备基金实际市价相等之价值。

第七条　浙东银行董事会应将抗币发行数额及其准备基金“数量”与“实价”，按月造表送浙东银行监察人会审查，并于本行政区参议会开会时提出报告。

第八条　浙东银行监察人会或本行政区参议会驻会委员会，得根据本行政区内合法成立之县级民众团体三分之一以上之请求，向浙东银行检查发行账目。

第九条　凡有伪造及其他破坏抗币行为者，依照刑法从重惩处之，其有汉奸嫌疑者，并依惩治汉奸条例办理。

第十条　本条例由浙东行政公署委员会议决公布施行，修改时亦同。

选自《浙江革命历史档案选编》，浙江人民出版社 1985 年 4 月版，第 493～494 页。杭州大学历史系、浙江省档案馆合编。原注：“原载 1945 年 4 月 6 日《新浙东报》”。

45. 浙东银行条例

1945 年 4 月 1 日

浙东行政公署令

财字第拾陆号

民国三十四年四月一日

兹制定浙东银行条例公布之，此令。

主　任　连柏生

副主任　吴山民

浙东银行条例

第一条　本行政区为调剂金融市场，发展社会经济，充实抗战力量，特设立浙东银行，依本条例所规定经营之。

第二条　浙东银行资本总额定为抗币二百万元（约相等于食米贰百万市斤之价值），由浙东行政公署分期拨充之。前项资本额拨足四分之一时，开始营业。

第三条　浙东银行总行设于行政公署所在地，并视业务上之需要在本行政区内各地设立分行、支行及办事处。前项分支行及办事处之设立，应先拟定计划呈请行政公署核准。

支行及办事处应依据业务上指挥之便利，分属各分行或直属总行。

第四条　浙东银行业务范围如下：

一、经理发行抗币；

二、经理政府金库；

三、放款及贴现；

四、存款及储蓄；

五、收买金银及有价证券；

六、汇兑；

七、兑换及代收代付；

八、信托事业；

九、保管寄存品；

十、其他政府机关委托经理事项。

各项业务经营规则另订之。

第五条　浙东银行设董事会，由浙东行政公署任命董事九人组织之，并指定董事长一人、常务董事二人，主持日常会务。

第六条　董事会之职权如左：

一、议定各项业务方针及计划；

二、议定抗币发行步骤及数额；

三、监督业务之进行；

四、计划建立分支行及办事处；

五、决定总分支行负责人选；

六、审定关于业务及人事各项章则；

七、嵇（稽）查账目及库行；

八、审核总分行预决算；

九、审定全行职员考绩事项；

十、决定其他重要行务。

第七条　董事会应于总行开始营业前，及每年度开始前编具业务进行计划，呈报行政公署核准。

第八条　总行设总经理一人，秉承董事会之指示总持行务。

设副经理及襄理各一人，协助总经理处理行务，并以次负代理之责。

第九条　总行设下列各课：

一、总务课；

二、会计课；

三、营业课；

四、发行出纳课。

视业务繁简，各课必要时得分股办事。

各课、股职掌分配，另订办事细则规定之。

第十条　分行设经理、襄理各一人，承总行总经理之指挥、监督，主持分行行务，并视业务繁简，分设二课或三课，分掌总务、会计出纳及营业等事务。

第十一条　总行总经理、副经理、襄理及分行经理、襄理，均由董事会报请行政公署核委。

第十二条　总、分行各课职员及支行办事处课员级以上职员，由总行总经理遴派之，并按月报董事会备查。

职员分级制度及任用保证手续另行规定之。

第十三条　总、分行每月各举行行务会议一次，由股长以上职员参加。

总行行务会议由总经理召集，并请董事出席指导。

分行行务会议开会时，由经理召集，并请总行派员出席指导。

第十四条　浙东银行设监察人会，由浙东参议会推选监察人二人，及行政公署委派一人共同组织之。并互推一人为首席监察人，负责召集会议及处理日常会务。

第十五条　监察人职权如下：

一、审查董事会所议定之各项业务进行计划；

二、检查银行业务进行情形，必要时并展阅簿册及查验库存。

第十六条　监察人直接向董事会提出审查意见，或提供改进行务意见。董事会或总经理如认为不能接受者应说明其理由。监察人如认为前项理由不能成立者，得报请行政公署处理之。

第十七条　监察人对于银行经营情形，除向参议会负责提出报告外，未得政府同意不得向外发表意见，并负保守业务上秘密之责任。

第十八条　浙东银行会计年度自每年七月一日起至翌年六月三十日止。每年度分二期决算，以十二月底为上期，六月底为下期及全年度总决算。决算时应编造下列书表分送董事会及监察人会查核，并由董事会转呈浙东行政公署备案。

一、发行报告书；

二、经理金库报告书；

三、一般营业报告书；

四、资产负债表；

五、损益计算表；

六、资产目录；

七、负债目录。

第十九条　本条例由浙东行政公署委员会议决公布施行。

选自《浙江革命历史档案选编》，浙江人民出版社 1985 年 4 月版，第 495～498 页。杭州大学历史系、浙江省档案馆合编。原注："原载 1945 年 4 月 6 日《新浙东报》"。

46. 浙东行政公署通知（公布抗币兑率）①

1945 年 4 月 8 日

查"抗币条例"业经本署公布施行，并已命令浙东银行自四月十日起发行抗币。此后

① 副标题乃编者所加。

抗币为本行政区内唯一之本位币，亦即本地区之有效法偿币。特列举有关事项通告周知。

一、抗币发行以后，市场一切商品卖买均应以抗币作价。各级政府应即日责成当地商会（无商会者召集商人代表）议定标准物价表公告之。

二、抗币发行数量一俟足够全行政区市场周转时，即禁止伪票行用。在此过渡时期，其应收应付款项未及清算者得以抗币之汇兑率折合之。

三、抗币发行后之汇兑率如下表

三十四年四月十日抗币汇兑率	
抗币壹元折合	老法币伍拾元
	伪储币叁佰元

以后抗币汇兑率由浙东银行调查外埠他种通货膨胀贬值情形（伪币及老法币等）及一般金融行市随时决定公告之。

四、民间存有老法币及伪币者，得随时持向浙东银行总、分、支行、办事处及各级政府财政机关按照当日汇兑率调换抗币行用。

五、民间对于抗币制度及影响权利义务关系有不明了者，可随时以书面向政府或银行提出问题，当于新浙东报公开答复之。

主　任　连柏生
副主任　吴山民
中华民国三十四年四月八日

选自《浙江革命历史档案选编》，浙江人民出版社 1985 年 4 月版，第 507～508 页。杭州大学历史系、浙江省档案馆合编。原注：“原载 1945 年 4 月 9 日《新浙东报》”。

47. 浙东行政委员会财经处关于财政开源问题的指示

1944 年 5 月 6 日

（一）几项财政开源的办法

自行委会成立以后，军队经费划归政府统筹，加上政府本身的行政、教育和民运经费的支出，这个数字是相当庞大的。由于自卫战争的继续，敌伪的乘机蚕食，使财政收入大为锐减，造成了入不敷出的财政上的严重困难，为解决此困难，提出了财政上的开源和节流问题。关于开源方面：四月二十三日行委会行政工作会议关于财政开源问题，有一个决定，兹加以说明如下：

A. 征收田赋：

1. 为减轻人民负担，三十二年份及以前旧欠田赋一律豁免，但个别地区（如鄞西）已开征三十二年份田赋者，可将征收情形报告本处备核，并继续征收。

2. 开征三十三年份的田赋（过去征收田赋是以年度计算的，从三十二年的七月起至三十三年的六月止为三十二年度，现在提出的三十三年份是从本年的一月起至十二月止之谓），赋额暂定每亩征收官田七十五元，民田六十五元，地五十元，山荡五元。第一期一个月半，自五月二十一日起至七月五日止。

3. 征收田赋应尽可能召用旧田赋征收人员（应有地方士绅或殷户富商之保证），不可能时由乡镇公所代收。手续费暂规定10%，成绩优良者，另行酌给奖金。召用旧田赋征收人员者，每人每月并得津贴谷一百元，但以三个月为限，前二个月于每月底发给，第三个月则于征收工作完全结束时发给之。

4. 粮赋册，以用旧田赋征收人员所藏本为宜，如不可得，由各乡镇公所调查登记，另行编造之（新编造之粮赋册应注明地址及佃户姓名）。

5. 开征田赋之地区，应以原来旧县面，成立县田赋管理处，由县办主任及财经科长分兼正副主任，各区设田赋经征分所，区长及财经指导员分兼正副主任。

6. 粮串由行委会统一印发，准备开征田赋之各县田赋管理处，可预先将需用份数报知后向本处领取。

7. 粮串由县田赋管理处编号加印后，空白发经征分所转发给各征收人员，但为防止贪污起见，当纳粮人缴纳款项掣给新粮串时，应收回旧粮串（去年度以前），粘于存根上将来与存根一同缴经征分所备查。该项存根各经征分所应妥慎保管以备明年份征收田赋时之用。又粮串存根上应注明该田地址和佃户姓名，以便与征收公粮之田亩册，相互交核，检查弊端。

8. 田赋征收员向经征分所五天缴款一次，但当积满十万时，即不足五天，亦应即刻缴解。

9. 区署之收入会计，兼任经征分所之［会］计，其帐（账）目即记入区署原来之帐（账）表内，不必另立帐（账）册，解款日期，亦根据原来规定。

10. 田赋开征之前，必须先召集地方上层人士，进行解释，并张贴行委会所发布告。

B. 征收各种地方税：

I. 屠宰税：

（一）税额：暂定猪每口六百元，羊每口六十元，耕牛禁宰，莱牛经区署检查准许，照10%。税率征收。

（二）征收办法：每逢市集，区署派员直接前往，按口征收，或按月由屠户自认宰杀口数，向区署缴解屠宰税，或委托乡镇公所代收（酌予手续费）。

Ⅱ. 油坊税：

（一）税额：每车油征收二百元。

（二）征收办法：由油坊按日呈报该日打油车数，缴解税款，区署派员随时检查之，必要时亦得由油坊主自认车数照缴。

（三）菜子不收税。

Ⅲ. 牙税：

（一）税额：平均每月佣金收入约在十五万元以上者为甲等，税额每季一万元，收入约在十万元以上者十五万元以下者为乙等，税额每季五千元，收入约在五万元以上十万元以下者为丙等，税额每季二千元，收入约在一万元以上，五万元以下者为丁等，税额每季一千元，收入约在一万元以下者为戊等，税额每季三百元。

（二）征收办法：由区署举办牙人登记，估计其佣金收入额，分为五等按季征收牙税，未缴税款之牙人，应予取缔。

（三）以所给之牙税收据为凭，不另给帖。

IV. 营业税：办法另行订定。

V. 地方税：（税单格式附发）由县办缮印加盖县印并编号发给区署使用之。

C. 加紧补报补缴工作：

（一）去年秋征之田亩数，一般的匿报在三分之一以上，为数甚巨，并且补报补缴之理由提出甚为合理。根据慈西区，一个月的工作成绩，查报田七千三百亩，可知这工作是可以进行的。且其不但有补于目前之收入需要，并可增加今后年份之公粮收入，所以此工作是有其重要性。

（二）但由于农民的自私心甚重，农民还未普遍的发动起来和未有高度的民族意识。

（三）补报田亩补缴公粮之办法，前已颁发，除第八条补报和处罚之时间，各区署可根据具体情形，酌予变更外，余仍适用。

（四）补报补缴工作进行时要注意几点：

1. 动员要广泛深入——在区政会议、区行政会议、乡镇保甲长会议、保民大会上，广泛动员，务使自区负责干部起至每个保民止，皆了悉此工作之重要性，及补报补缴办法，此种动员要普及全区，不能仅限于一二个乡镇。

2. 要民运工作同志配合——在地方组织及群众团体内深入动员，要求地方同志及群众团体成员，非但要自己做模范，而且要推动别人家，在保民大会上布置几个人补报，来推动大家补报，在每个保里调查一、二个破坏补报补缴及不肯补报补缴，平时又对我们不同情的，告诉区署作为打击对象。区署开补报补缴工作会议时，要区委列席。民运工作同志召开会议时，要区长及财经指导员去报告补报补缴问题。

3. 打击个别，推动补报——要发动密报检举，执行处罚，打击个别，推动大家。

4. 要运用乡、镇、保、甲机构——由区推动乡镇，乡镇推动保，保推动甲，甲推动户，可以自上而下的带点强制性的责令限期查出短报。

5. 组织粮征工作队——因为乡镇保甲长大多对于这工作是带敷衍性的，所以除叫他们自己去做以外，各区还要抽调干部组织工作队（三人至十人）集中力量，逐乡突击，每乡工作三天至七天，督促乡、镇、保、甲长工作，密查田亩，执行处罚，并开放数天自动补报不处罚。区长和财经指导员，要亲自下乡帮助粮征工作队，工作一个乡，得出经验教育大家，以后每当工作队完毕一个乡之工作后，即应开会检查工作，总结经验教训。

6. 补报——补报告一段落后，即行补缴，除特殊情形者，可酌收代金外，余一律收实谷，由检举查得之田亩，其应缴与处罚之谷查出时即行缴公。

D. 结束征粮：

1. 各区署其有未曾与各乡、镇公所结算公粮帐（账）目者，应根据田亩数，每亩应缴公粮数，除应扣除手续费、损耗、灾荒（代金不得除损耗）等详细结算，其欠缴数由乡、镇、保、甲长掣具切结，限期结束。

2. 其欠缴之原因，应探求明白，根据原因，设法帮助乡镇保甲长按期结束。

3. 在基本地区及游击区内，最好能召开各乡镇保甲长会议，或保甲长会议来催缴，在会议上追究欠缴原因，奖励好的，惩戒不好的，如按期不能结束，其个别特别狡顽的，可以请他到区署来谈话，待其自己承认错误，保证限期缴解后，释放之。

4. 开展伪化区、顽化区征粮工作，多通过社会关系邀请乡、镇长及士绅个别谈判，限期征缴，其如数次邀请不来，或逾期不缴者，择其最顽固或伪化者扣押个别，推动其他，但既经承认错误获得保证后，即应释放。释放后，其如又不肯缴来，说服不通时，则予以押缴。对于伪化区顽化区，在决定完成数字上，可以比基本区游击区酌减些。

5. 催缴公粮，尽量采用政治上的说服手段，漫（谩）骂和恫吓等官僚作风是不可以用的。

6. 应抓紧我军事上的威信提高之有利时机，及每一空隙时机，根据具体环境与条件灵活的拟定各种办法积极进行。

7. 不能征收实谷之地区，酌收代金，代金照当地（以区为单位）平均市价征收。

E. 结束酒捐：

1. 捐额：每缸六百元，不分家酿坊酿。

2. 征收办法：

（一）区署派员直接征收。

（二）委托乡镇公所代收（酌予手续费）。

（三）招商承包（边区乡可以通过社会关系包给当地有力分子）。

3. 酿酒时机将过，应设法尽速结束。

4. 未开征酒捐之地区或乡镇，应尽速设法补收。

F. 加强缉私：

1. 增设固定税卡及流动卡。

2. 商请部队协同缉私。

3. 发动民众缉私。

G. 控制沿海税务：

1. 责成三北沿海税务所与海大配合，开展海上税收工作，加强沿海税卡。

2. 夺取敌人海运物资。

H. 控制航运：

1. 由航运管理处统一登记管理，征收船舶航运捐。

2. 姚江之船舶航运捐，委托慈南区署代收。甬江之船舶航运捐，委托慈镇县办代收。奉化江之船舶航运捐，委托鄞奉县办代收。海上之旗照税，委托慈姚县办转委托海大代收。各代收机关，每月应将船舶登记数字，收入捐额，报知航运管理处备查。

3. 各代收机关，关于轮船航运捐之洽定，尽可能介绍到航运管理处来接洽，以资慎重。

I 征收盐税：税率不超过5%为原则，依照担数征收，由盐务管理处拟定办法，呈报本处核准施行之。

J 夺取敌人物资，各机关如自己独立不能进行时，可就近商请部队协助进行。

（二）五六月份各地区具体工作计划

一、慈姚县办：

a. 浒山区署

1. 以结束征粮为主——要求征收实谷约三十万斤，运存姚山及慈北沿山一带，余收代金，要求完成三百万元数字。若有质地较好的白土布，可以抵款征收，唯匹数不要超过四千匹。

2. 加强税卡——注意缉私，注意税卡人员之教育与按时检查工作。

3. 补收未开征乡镇之酒捐，结束已开征乡镇之酒捐。

4. 设法开征地方税——其中特别是油坊税，应立即开征。

5. 收集材料，准备征收田赋——限于六月底前完成准备工作，七月初开征。

b. 丈亭区署：

1. 加紧补报补缴——五月十五日前为补报阶段，十六日开始补缴，最少补征实谷十万斤，不能征收实谷者，征收代金。

2. 开征田赋——五月二十日前完成准备工作，二十一日开征，六月底以前要求完成二百万元数字。

3. 开征各种地方税——除营业税待办法颁订后再行征收外，余即可开征。

4. 结束征粮——六月底前要求完成代金一百万元。

5. 结束酒捐。

6. 建立流动税卡。

7. 相机开辟孝西高枫二乡镇之财政工作。

c. 观城区署：

1. 加紧补报补缴——五月三十一日前为补报阶段，六月一日开始补缴，最少补征实谷十万斤，不能征收实谷者，征收代金。

2. 开征田赋——五月二十一日开征，六月底以前要求完成三百万元数字。

3. 开征各种地方税——镇北东埠头油坊税划归观城区署征收。

4. 结束征粮——以代金收入，抵还上期借款。

5. 结束酒捐。

d. 三北沿海税务所：

1. 货物税——加强缉私，深入伪化区工作与海大密切配合，加强海上税收工作。

2. 委托海大代收旗照税。

二、慈镇县办：

a. 龙山区署：

1. 补报补缴——五月三十一日前为补报阶段，六月一日开始补缴，最少补征实谷八万斤，不能征收实谷者，征收代金。

2. 开征田赋——五月二十一日开征，六月底以前要求完成八十万元数字。

3. 立即开征各种地方税——东埠头油坊税划归观城区署征收。

4. 开辟山南八乡（镇）财政工作——以设法征粮为主。

5. 加强税卡，加强缉私。

b. 庄市区署及庄桥区署：

1. 以结束征粮为主——要求征收实谷约三十万斤，运存镇北、慈北、沿山一带，余收代金，要求在六月底以前完成六百万元数字。

2. 设法建立税卡征收货物税。

3. 接手征收顽方未了酒捐。

4. 六月底以前完成征收田赋之准备工作，七月初开征田赋。

5. 设法开征甬江之船舶航运捐，及永耀电灯公司特捐。

6. 设法开征地力税。

三、余上县办：

1. 结束征粮——征收实谷十二万斤，余收代金，要求在六月底以前完成五百万元数字。

2. 立即开征各种地方税。

3. 加强税卡，加强缉私。

4. 六月十日以前完成征收田赋之准备工作，六月十一日开征田赋。

5. 结束酒捐。

四、四明山地区——尽量争取空隙之时间、空间进行政财工作。

1. 征粮——征收实谷，其数目要能供给该地区之全部军政人员自食至本年秋收时为度，余收代金。

2. 夺取敌、伪、顽各方之物资。

3. 征收货物税——建立流动税卡，必要时随军流动。

4. 设法开征各种地方税，其中尤以油坊税为主要。

5. 结束未了之田赋。

6. 结束酒捐。

7. 要求二个月内，能征收现金二百万元。

（三）关于财经工作的基本方针

工作任务和工作方式方法及如何达到这些任务等，在给财经工作同志的一封信中，我们一般的已经谈及了，这里指示的信是关于财政开源的几个具体问题，及我们对于各地区的要求，各级行政机关接到此指示后，应逐项详细的加以讨论，根据具体环境，决定详细办法及步骤后进行之。

同志们：财政上的困难，已到了空前的严重的阶段，再不允许我们有一分钟时间对工作懒堕［惰］、拖延与犹豫了！我们要绝对负责的抓紧每个时间与空间来进行工作，解决财政上的困难问题，配合争取整个革命斗争的胜利。

主席兼财经处长　连柏生

财经处副处长　陆慕云

1944年5月6日

选自《浙东抗日根据地》，中共党史资料出版社1987年6月版，第97～105页。中共浙江省委党史资料征集研究委员会、浙江省档案馆编。原注：“原件存浙江省档案馆”。

48. 浙东行政公署统一收支暂行规程

1945年5月15日

第一条　本行政区各级政府一切收支均依本规程处理之。

第二条　政府一切收入均须缴解金库或其指定之代收机关列收，违者以侵占罪论处。

第三条　缴获资财缴解手续与其他收入同，其应提成充赏或连带所发生之费用，另依支出手续拨付之，不得任意截留变卖。

第四条　收入缴解程序另定之。

第五条　财政经济处根据上期赋税收入状况及工作计划，按季按月分别编收入预算，先期送审计委员会审查。

第六条　各级政府一切经常经费、临时经费非依预算不得支出，违者不予报销。

第七条　一切预算或特种支出，须经审计委员会审定后报由行政公署核发支付命令。

第八条　各单位每月经常经费预算书应于上月十五日前送审计委员会或分会（区级预算应于上月十日前送县政府核转审分会），审分会收到预算加签意见后应于上月二十日前转送审委会审查。

临时经费预算书或其追加预算书应于动支前十日送到审委会审查。

第九条　为补救经常经费预算之不敷及适应紧急开支，各单位得于预算外另款设置第一预备费第二预备费。

第一预备费不得高于原预算数百分之五。各该单位如因事业发展，以致原预算不敷支出者，得动支此项预备费并与预算数并案报销，附具理由说明之。第二预备费不得高于原预算数百分之十。各该单位如因临时事件，发生预算外紧急支出者，由各该机关征得审委会或分会主任同意先行支出，同时即补送预算书。

前两项预备费额经核定后，每一预算单位得视环境需要请发支付命令一次支存，其经动支报销核准部分，行政公署仍另填发支付命令，俾补足原设预备费额。

第十条　距离审委会或审分会及金库均甚遥远，目［前］处于紧急战斗环境之机关单位，其第二预备费数额得予增加，其动支手续并得由审委会或审分会授权一定人员临时决定之；其因突发重大事件所需支出实际，必须在预备费额以上者，亦得经由审委会或审分会所授权人员之同意先行借支，均仍［需］补其预算书送审核发归垫。

第十一条　各单位经常经费预算未审核确定前，得照上月预算数预支半数，不另发支付命令，于预算审定正式支付时扣回。

第十二条　金库凭支付命令支付，除照第十条及第十一条规定之预支得付暂记帐（账）外，无论现款、粮秣，或其他资财，非依本规程之规定不得有任何支出，违者追偿。

第十三条　各单位经常费决算书据，至迟应于下月十日前送审委会或审分会（区级应于下月五日前送县政府核转分会）。临时费决算书据，应于用途结束后十日内送审查。

第十四条　所有预决算送审日期，因各机关远近程期不同，得根据本规程各条规定标准报由行政公署分别核定之。

第十五条　决算余额应以“经费结余”科目缴解金库，并将金库收据粘附于决算书据（其座（坐）支抵解者应附具说明，其抵解办法另行统一规定之）。

第十六条　审计委员会之组织规程及审计程序另定之。

第十七条　本规程由浙东行政公署委员会议决定公布试行。

选自《浙江革命历史档案选编》，浙江人民出版社1985年4月版，第523～525页。杭州大学历史系、浙江省档案馆合编。原注：“原载1945年5月18日《新浙东报》”。

49. 浙东行政公署三十四年份公粮田赋并征办法

1945年7月25日《新浙东报》①

第一章　总　则

第一条　本办法依据本地区施政纲领，抗战公约及本年度施政方向之精神与具体环境，人民经济状况及坚持浙东敌后抗战，发展抗日力量，准备反攻之实际需要而订定。

第二条　本地区三十四年份公粮田赋之征收，悉依本办法办理，所有三十三年份尾欠之数，仍照前浙东敌后临时行政委员会所颁之三十三年份公粮田赋合并征收办法办理结束。

第三条　田赋征收实物与公粮合并统一征收之，其有特殊情形须变通办理者，应呈准本署。

第四条　公粮依据田地而征收，工商业及经营或投资工商业者，及殷富人民，除其所有之田地按照本办法交纳公粮外，应视其负担能力负担抗卫经费，其征收办法另订之。

第五条　依据公平合理之原则，凡业佃土地在一定数量以上者，除照本办法交纳田赋公粮外，对于公粮部分应加累进征收，其累进征收办法另定之。

第六条　凡我地区之人民均应依照本办法之规定，交纳公粮田赋。如有慷慨输捐、额外捐助者，酌予褒扬，其用途并将由捐输人指定之。

第七条　凡我同胞寄身敌伪区，处于敌伪奴役煎迫之下，富有抗战爱国之热忱，而愿贡献其力量争取最后胜利以求解放，自动慨捐抗战经费者，得随意捐输，不受本办法之限制，并严守秘密以保障其安全，于适当时期表扬之。

第八条　凡国民党反动派统治地区之同胞，如有顾念敌后抗战之艰苦，自动捐输粮饷经费者，依前条办理。

第九条　本署征收之公粮田赋，除田赋部分悉数拨充新四军军事经费外，公粮部分均分充军政粮糈，行政及各种事业经费之用。

乡镇行政及文化教育等各种事业经费得征收乡镇公粮，其征收办法由县政府按照实际情行（形）另行规定呈准施行。

① 原件未标明公布年月，此为《新浙东报》刊载日期。

第二章　征收标准

第十条　粮赋之征收标准如下：

甲等田（如平原区水田）每亩征谷三十二斤（内田赋五斤）。

乙等田（如山田）每亩征谷二十斤（内田赋三斤）。

甲等地（包括上等地及地改田）每亩征谷二十斤（内田赋二斤）。

乙等地（次等地）每亩征谷十三斤（内田赋一斤）。

第十一条　粮赋以收谷为原则，其因特殊情形，无谷可征或不宜征谷者，得按当时当地之市价折合现款（代金）或其他农作物征交之。

上项折合率之规定应经县政府之核准，并呈报核备。

第三章　分担率

第十二条　自耕田地应纳之粮赋按其等级全部由自耕农负担。

第十三条　租佃之田地，其应纳之粮赋由业佃分担，分担率如下：

一、甲等田：

业主负担十八·五斤（内田赋五斤，公粮十三·五斤）。

佃户负担十三·五斤。

二、乙等田：

业主负担十一·五斤（内田赋三斤，公粮八·五斤）。

佃户负担八·五斤。

三、甲等地：（海地之收银租者，依照第十五条办理）

业主负担十一斤（内田赋二斤，公粮九斤）。

佃户负担九斤。

四、乙等地：（海地之收银租者，依照第十五条办理）

业主负担七斤（内田赋一斤，公粮六斤）。

佃户负担六斤。

第十四条　租佃之田地有大小业之分者，其应纳之粮赋由大业业主、小业业主、佃户三方分担之。标准如下：

一、田赋由大业业主负担。

二、大小业主收租符合于本署减租交租条例之规定者（大小业共同收租额不超过正产量千分之三百七十五），公粮由大小业主共同负担二分之一，佃户负担二分之一。

大小业之分担率，由各县区参酌各该地区大小业一般租额之比例规定呈报核备。

三、地方习惯及业佃关系特殊者，大小业与佃户之负担比率应依据公平合理之精神酌予变更，由县政府呈准临时规定之。

第十五条　海地之收银租者，业主应准佃户扣交租银百分之十充作粮赋，其余由佃户负担。

第四章　减　免

第十六条　凡有下列情形之一者，得依一定之手续减征或免征其公粮：

一、合于“浙东地区优待抗日军人家属暂行条例”之规定者。

二、凡人民鳏寡孤独特殊贫困，自耕或租佃田地在三亩以内并无其他生产，生活确实困难者。

三、因灾害荒歉，由地方评议免租者。

四、生荒当年新开者。

五、受敌伪等抢粮损失惨重者。

以上各项减免，除第一项依照该条例之规定办理外，其余须经区级以上政府之批准。

第十七条　减征或免征，均以减免户本身所应负担之公粮部分为限。

第十八条　田地无故荒芜者，粮赋照征。

第十九条　校产公产之田地，粮赋一律照征。但校产田地经呈请该县县政府批准者，得减征或免征其校方负担之公粮部分。

第五章　征缴办法

第二十条　粮赋之征收一年一度，种稻田地一律于每年秋季收割时征足之。

有夏收之田地，得于夏收时预征公粮一部分，于秋征时在应缴公粮中照数扣除之。

第二十一条　粮赋一律由耕种人缴纳（累进加征部分另行规定），其代业主交纳之部分，佃户应凭粮赋收据于应交业主之租额中扣还之。

第二十二条　征收粮赋一律使用市秤。

第二十三条　征收之粮赋谷，以洁净干燥之上等谷为标准，不得潮湿羼杂。

第二十四条　粮赋之缴纳，政府得指定地点及时间通知各缴纳户准时送缴。

第二十五条　公粮之征收以本署统一印发，由县政府盖印之收据为凭，其具体手续，由县区按照实际情形规定之。

第六章　奖　惩

第二十六条　征收公粮田赋之乡镇保甲工作人员，能恪遵规定办法，认真积极，依期完成任务者，得在征起额中，领取百分之五之奖金，分配如下：

甲、负责一乡之征收人员得领取奖金百分之一·五。

乙、负责一保之征收人员得领取奖金百分之一·五。

丙、负责一甲之征收人员得领取奖金百分之二。

第二十七条　凡征收工作人员，在工作中有特别成绩者，除前条规定奖励外，另予特别之褒奖。

第二十八条　征收人员如有徇私舞弊情事，或故意怠懈未能依期完成任务者，视其劣绩之轻重，分别予收（以）警告、扣奖、惩办之处分。

第二十九条　人民对于公粮田赋应按实际田亩数报缴，如有匿报短缴，一经查（察）觉除应责其补缴外，并得视其情节轻重，酌予处分，其因一时蒙昧，匿报短缴，在未查（察）觉前自动补报补告者，则免予处分（处理田亩短报办法另定之）。

第三十条　本署征收粮田赋全充抗战军政必须之用，其征收成绩之优劣，直接影响抗战建国事业之进行，如敢蓄意破坏妨碍征收，以破坏抗战论处。

第三十一条　如有密报或检举第二十九条之匿报短缴，经查属实者，或检发三十条者，亦得视情节之轻重酌予奖励，对于密报者姓名严守秘密（详细办法依照处理田亩短报办法）。

第七章　附　则

第三十二条　本办法适用于一般地区，个别地区情形特殊须予变通者，得由各县政府专案呈准本署办理之。

第三十三条　本办法经浙东行政公署委员会议决通过，由浙东行政公署公布施行，修正时同。

选自《浙江革命历史档案选编》，浙江人民出版社1985年4月版，第553～558页。杭州大学历史系、浙江省档案馆合编。原注：“原载1945年7月25日《新浙东报》”。

50. 浙东行政区路西县三十四年度公粮赋谷征收办法

1945年8月18日

一、不论公粮赋谷，均按田亩平均计算，本年度每亩田决定征收公粮二十斤，赋谷六斤。公粮分二期征收，赋谷一次征足（山地塘另定征收办法）。

二、赋谷不论一卖田或二卖田全部均由业主负担，公粮则由佃业双方负担，其分担标准如下：

1. 自耕一卖田，由业主全部负担。

2. 出租之一卖田，业主负担百分之四十，佃户负担百分之六十。

3. 二卖田，业主负担百分之二十，佃户负担百分之四十，佃农负担百分之四十（如佃户自种者则负担百分之八十）。

注：各户田地均须据实呈报，如隐匿不报或以多报少，一经查出严惩不贷。

三、凡赤贫抗烈属鳏寡孤独及因水旱灾荒，而无收成者，得遵照实际情形，酌量予以减免公粮。

四、每户田不满一亩者，不征公粮，只征赋谷，满一亩一分者，公粮赋谷兼征。为征收便利起见，得跟田征收。

五、征收时由县府制给三联单，一联给出粮户，二联呈送县府，三联存根留区署备查。

六、征起后，仍交各乡保村负责分散保管，由保管户出具保管结（式样由县府制发）。提粮时，须凭米票或提粮单，始准支拨存粮。

七、以乡为单位，组织征收委员会，由各乡自行聘请热心抗日之人士组织之。

八、凡我抗日人民均有负担公粮赋谷，与协助征收之义务，并须负切实保管之责任。如有侵吞、故耗、偷窃、私支、私借、私卖等情事，政府当予以严厉制裁。其保管负责而有功绩者，酌量予以奖励。

九、乡保事业谷、学谷，仍由各乡保自筹，每户田在三亩以下者不负担，满三亩一分者起征。业主与永佃权人四六分担，亦分二期征收，其支给标准详附则。至于经营工商业及其他副业，而财力宽裕之富户，亦须酌量负担。

十、本办法自公布日起施行。

附则

乡保事业谷支给标准：

1. 乡保人员每月每人支食米一百市斤，乡级人员加支二十市斤，乡长加支五十市斤。

2. 每乡限定脱离生产者八人，每保限定一人。如有特殊情形，须增加者，应呈请区署转报县府批准。

3. 每乡每月办公，杂支费，规定食米三百市斤，实报实销，每月公布帐（账）目一次。

4. 乡保事业谷，在公粮赋谷征收完成后征收，并由乡保自行分别保管。

路西县政府

八月十八日

选自《浙江革命历史档案选编》，浙江人民出版社 1985 年 4 月版，第 593～594 页。杭州大学历史系、浙江省档案馆合编。

51. 浙东区路西三十四年度田赋公粮征收办法

1945 年

第一章 总 则

第一条 本府为保障辖区部队机关学校给养，统一收支，清除积弊陋规，实行合理负担以苏民困而利抗战起见，特遵照浙东行政公署所颁施政纲领，并参照本地区具体环境、人民经济状况，部队机关学校实际需要，订定本县三十四年度田赋公粮征收办法（以下简称本办法）。

第二条 所有本县三十四年度田赋公粮之征收悉依本办法之规定。

第三条 本办法颁布施行后，除对本府之欠谷仍照征外，对旧政权机构所摊派之公粮田积欠数一律以豁免。

第四条 田赋公粮以征收稻谷为原则，非产稻区域或部分特殊地区无谷可征或不便征谷者，以现款或指定之其他农作物折谷征收之。每担现款数及其他农作物折谷率由本府临时规定之。

第五条 本县本年粮赋之征收暂以田地为对象，凡产工业原料之山地（如竹山）经营工业（如槽户）商营（行商及坐贾）之企业家，应负担之抗卫经费另订办法征收之。

第六条 除依本办法征收粮赋外，区乡镇保不得再有其他任何摊派，其经费一律由本府统筹统支。

第二章 征额及征谷标准

第七条 赋谷将按亩平均征收制，每亩田征额六市斤，由业主负担，有一（大）二（小）卖关系者，由一（大）卖业主，即所有权者单独负担。

第八条 公粮采按级累进征收制，其累征额计算表附后。

第九条 无论公粮田赋，以净干燥之上仓谷为标准，如属（羼）杂潮湿不合标准者，拒绝收受。

第三章　征收手续

第十条　田地亩分调查册及陈报表，由本府印制层发各区乡镇保户。其陈报造册程序如下：

甲、由业主或佃户自行送陈报填表该管保长；

乙、由保长汇集编造本保田地亩分调查表，提交保农抗会及保民大会审查更正后，连同陈报表呈送该管乡镇公所并公告之。

丙、由乡镇公所汇编本乡镇田地亩分调查册同样三份，提交乡镇农抗会及乡镇民代表大会复审更正，送乡呈县府区署各一份，另一份呈乡镇备查，县区根据调查表编造册串通确定等级粮额。

第十一条　公粮田赋之收据，一律由县府统一印发，其他任何机关之任何收据均不作凭。

第十二条　为便利征收起见，业主均（应）负担之田赋公粮得由佃户代为缴纳，凭本府征粮收据于业主应得之租额须（项）下扣还之，佃户不得托辞推诿，业主不得有所异议。

第四章　减　免

第十三条　凡受灾害荒歉，由地方公议经区署勘实者，得酌量减免公粮及田赋。

第十四条　凡鳏寡孤独及贫苦人民确实无力交付公粮者，得经区级以上政府批准酌予减免。

第十五条　凡参加新四军主力或地方主力之贫困家属，其应负担之田赋公粮得酌量减免。

第十六条　地方一般工作人员之公粮，原则上不能减免，但特别清苦之家属得呈准本府酌量减免。

第十七条　敌占区及人民负担过重之边缘区，得照应征额减去百分之二十。

第十八条　本年度粮赋须一次缴足，由各乡镇保指定公仓或有可靠住户储户（存），非有本府命令不得动支。

第十九条　存谷采保存制，其仓耗规定百分之三，除过（遇）人力不可抗拒之天灾人祸以及存谷损失者，得不负赔偿损失责任外，其他损害如鼠耗、霉烂、偷窃、羼杂等概由存户负其全责。

第二十条　存粮时由存户出具保管结，应实保实存不得凭空保管。

第五章　奖　惩

第二十一条　隐匿不报者，以多报少或化名陈报之田地，一经查出或被人检举，其隐匿少报与化名陈报之部分一律充公，以三分之一奖励检举人，以三分之二分给无地少地的贫苦农民（如有必要拨交部队机关生产亦可）。但能及时自动更正者免予充公。

第二十二条　调查田地及征收粮赋之工作人员，确能依照本办法及法令认真积极廉洁忠实如期完成任务者，得予以精神与物质之奖励。

第二十三条　调查及征收人员如有徇私舞弊与破坏法令情事，或故意消极怠工未能依限完成任务者，按其情节轻重分别予以惩处。

第六章　附　则

第二十四条　本办法如有未尽事宜得以命令修正之。

第二十五条　本办法经呈准浙东行政公署，自公布日起实施。

选自《浙江革命历史档案选编》，浙江人民出版社 1985 年 4 月版，第 562～565 页。杭州大学历史系、浙江省档案馆合编。

52. 浙东行政区金义浦自卫委员会三十四年度公粮田赋合并征收办法

1945 年

第一章　总　则

第一条　本办法依据浙东行政公署三十三年度公粮田赋合并征收办法，并参照本地区人民经济状况及本地区军政需要实际而订定之。

第二条　公粮田赋之征收，一年一度，一次征足。

第三条　本办法颁布后，所有人民以前欠缴自卫谷仍照原办法办理结束。

第四条　公粮田赋以征收实谷为原则，非种稻或部分特殊地区无可征或不便征谷者，得以现款（代金）或指定之其他农作物折合征收之。

第五条　公粮田赋之征收，以田地为对象，经营或投资工商业之殷富户，除其所有之田地，按照本办法规定缴纳公粮田赋外，其工商业部分，应酌量负担抗日经费，其办法另订之。

第六条　凡我基本地区之人民，均应依照本办法之规定交纳公粮田赋，其有自愿额外捐助者，全部捐款委移充地方事业经费。

第七条　寄身沦陷地区同胞，其有抗战爱国之热情，自动慨捐抗战经费者，不受本办法之限制，并严守秘密以保障其安全，于适当时期表扬之。

第八条　本处征收公粮田赋，除田赋部分悉数拨充军用外，公粮部分分下列二项：

1. 军政公粮。

2. 乡镇公粮（乡镇行政及文化教育、优抗等各项事业经费）。

以上军政公粮之征收，由本处划一办理。乡镇公粮之征收，按照各区乡镇实际情况，另行订定征收办法征收之。

第二章　征收标准及征额

第九条　征收公粮田赋之征收标准及征额暂分田地二种：

（一）田每亩（一亩即四斗）征收谷二十斤，划分如下：

1. 军政公粮十斤。

2. 田赋十斤。

（二）地每亩（同前）征收谷四斤，划分如下：

1. 军政公粮十斤。

2. 田赋十斤。

第十条　公粮田赋之征收，以纯净干燥之上砻谷为标准，掺杂潮湿不合标准者，拒绝收受。

第三章　分担率

第十一条　佃［田］赋一律由业主负担，惟典田及典地由出典及承典人各半负担。如出典人无办法缴纳时，应由承典人垫交，在回赎时偿还之。

第十二条　军政公粮依照下列规定分担之。

（一）自耕田地，独自全部负担。

（二）租田（佃）之田：

1. 其田有大小业之分者，大业、小业、种户各负担三分之一。

2. 大业小业属于同一人时，业主应负担三分之二，种户负担三分之一。

3. 小业与种户属同于一人时，种户应负担三分之二，大业应负三分之一。

（三）租佃之地叫典地，由佃户独自全部负担。

（四）典田，由承典人独自全部负担，如承典人将田出租时，依照本条二款二项办理。

第四章　征收手续

第十三条　公粮田赋一律向由田地耕种人征收之，其应由佃业分担之业主应行负担之田赋公粮部分，均由佃户代为交纳，交租时，佃户可凭本处之征收收据向业主扣还之，佃户不得托词推诿抗不代交，业主亦不得有异议。

第十四条　公粮田赋之征收，以本处统一印发，各区办事处盖印之收据为唯一凭证，其他任何机关之任何收据，均不作为凭。其具体手续，按照实际情形，另行规定之。

第十五条　公粮之转移及支领，非有本会所发之粮票或区办事处以上政府机关之正式文件，不得支付。其详细办法另行规定之。

第五章　减　免

第十六条　凡参加新四军主力部队，及其他抗日正规军队，有各该部队正式文件证明者，每出征军人一员，免征其家属公粮五亩。

第十七条　凡参加本地区地方军队（脱离生产者），有该军队之正式文件证明者，或参加其他抗日军队，不能取得该军队之正式证明文件，而有地方机关团体证明者，有出征军人一员免征其家属公粮三亩。

第十八条　凡参加抗日机关之连级（尉官）区级（委任）以上人员，有各该机关之正式文件之证明者，每员应免征其家属公粮三亩。

第十九条　前三条所称之家属，系指直系血亲及配偶而言，所免公粮如系租佃者，应如其本身应分负之部分。

第二十条　凡因灾害荒歉由地方评议免租之田地，经区办事处勘实者，免征其田赋公粮，但如无故荒芜者，仍于照征。

第二十一条　凡确系赤贫之户，得免其本身应负担之部分。

第六章　蚀　耗

第二十二条　为保证存谷之绝对干燥，依据保管时间之久暂，得由区办事处酌准报销蚀耗（征收代金者，不在此例），但其蚀耗率以百分之五为最高限度。

第二十三条　负责保管者，应将公粮存放在高燥严密之处，如有潮湿霉烂，散失虫蛀或鼠雀啮食等，而致发生不应有之损耗时，保管者应负赔偿之责。

第七章　奖惩

第二十四条　征收公粮田赋之工作人员，能各遵照规定办法，认真积极廉洁忠诚，以（依）期完成任务者，特提取征起额百分之二充奖，分配如下：

甲、负责一乡之征收人员待（得）征起额百分之零点五。

乙、负责一保之征收人员得征起额百分之零点五。

丙、负责征收人员得征起额之百分之一。

第二十五条　凡征收工作人员工作中著有特殊之成绩者，除有前条之规定奖励外，另与特殊之褒奖。

第二十六条　征收人员如有徇私舞弊情事或故意怠懈未能依期完成任务者，视其劣迹之轻重，分别予以警告、扣奖、惩办之处分。

第二十七条　人民对于公粮田赋，应按其实际田亩数报交，如有匿报短缴，一经查（察）觉，除应责其补缴外，并得视情节轻重酌予处分。

第二十八条　本处征收公粮田赋，全充抗战军政必须之用，其征收成绩之优劣，直接影响抗战建国事业之进行，如敢蓄意破坏妨碍征缴者，以破坏抗战论处分。

第二十九条　如有密报或检举第二十七条之匿报短缴，经查属实者，得将其密报部分提取罚惩数百分之四十充奖；密报或检举之属于二十八条者，亦得视情节轻重，酌予奖励。对于密报者之姓名严守秘密。

第八章　附　则

第三十条　本办法如有未尽善处，得由本处命令修改之。

第三十一条　本办法自公布日施行。

第三十二条　前几条办法因征收支付率不够需要，每石田（即二亩五分）加谷二十五市斤。

选自《浙江革命历史档案选编》，浙江人民出版社 1985 年 4 月版，第 572～576 页。杭州大学历史系、浙江省档案馆合编。

53. 华中银行成立通告（两件）

1945 年 8 月

案奉

新四军政治部命令内开："当兹抗战进入最后阶段，对敌经济斗争，日益激烈，而各种生产建设事业，亦须努力推进，为此，在华中必须建立强固之金融堡垒，负此任务，着即成立华中银行，并授权发行华中券，适应各地金融斗争及经济建设之需要。该项货币，以实物为基金，准备充实，通行华中各解放区，与盐阜、江淮、淮南，淮北、苏南等地方券等价使用。凡一切买卖交易，公私款项收付及完粮纳税等一律通用。"等因，奉此，当即遵照办理，现本行业已筹备就绪，正式成立，设总行于华中，并于各解放区设立分行，积极开展业务。特此通告周知。

此告

行长　陈　穆

选自《华中抗日根据地财政经济史料选编》第四卷，档案出版社 1986 年版，第 26 页。原注："按 1945 年 9 月 4 日《新华论坛》第二卷第三期刊印"。

华中银行通告

——关于发行十元券①

1945 年 8 月

本行为供应新克服城市城市流通货币之需要，特发行十元券一种，正面红色花纹，风景为耕纺锯木图，反面为虎黄波浪底纹，黑色花纹及花边。此券在我新四军所到之华中解放区内一律通用。

此告

行长　陈　穆

选自《华中抗日根据地财政经济史料选编》第四卷，档案出版社 1986 年版，第 27 页。原注："按 1945 年 9 月 4 日《新华论坛》第二卷第三期刊印"。

54. 华中敌产管理委员会接管敌伪汉奸财产暂行办法

1945 年 9 月

第一条　凡应没收之敌伪汉奸所有公私财产，均按本办法接收管理与处理之。

第二条　所有应没收之敌伪汉奸财产，概由敌产管理委员会接收管理与处理之。

第三条　应接管与处理之敌伪汉奸财产项目如次：

一、一切军事机关建筑设备及军用器材与军用物品。

二、一切财政，行政、税务机关、建筑、设防及其动产与不动产。

三、一切敌伪的交通运输机关的工具，如各公司、码头、电报、电话、电气，电车、火车、轮船、汽车、卡车、摩托车、自行车及航空飞机等。

四、凡敌伪汉奸所举办各种工厂、机器、原料、成品、场屋及一切用具。

五、凡敌伪汉奸所开设之各行各业商店、公司、行号、房屋、地基、货物、银钱、帐（账）簿及一切生财器具。

六、一切敌伪的金融机关如银行、银号、钱庄、信托公司、保险公司，储蓄会等之动产与不动产。

七、敌伪汉奸之一切仓库、堆栈、建筑、设备及存储之公私财物。

八、一切官办之文化教育机关如学校、学会、学社、书店、图书馆及其他娱乐，运动场所及其动产与不动产。

九、一切公共卫生机关、医院、药房及其动产与不动产。

① 原注：副标题是编者所加。

十、不属上列各项之敌伪汉奸的动产与不动产。

第四条　敌产管理委员会调查上列各项财产，一概加以查封、登记，分别没收或管理之。

第五条　敌伪以前接受本国及同盟国之财产，由敌产管理委员会暂时管理，俟后清理发还。

第六条　凡属自动投诚之敌伪汉奸，其私人财产不予没收。

第七条　伪公务人员及供职敌伪机关之华人，在职期间秘密帮助抗日工作确有证据者，其私人财产不予没收。

第八条　公私合管之敌伪企业，其私人股金仅是以维持一家一般生活者，应发还其全部股金，其股金如超过此标准者，另行按实情没收一部或大部。

第九条　公私合管之敌伪企业未经查（察）觉，而私人自动向敌产管理委员会申报者，其私人部分股金不论多寡准予发还。

第十条　敌产管理委员会对没收敌伪汉奸经营之企业，其债权债务另订办法处理之。

第十一条　敌产管理委员会没收之敌产，应随即编造清册，分别性质，按下列办法处理之：

一、凡属第三条第一项之财产，交由该地最高供给机关或军供给部处理。

二、凡属第三条第二项至第七项之财产，交由专署以上之财政机关接收处理，或华中财经委员会处理。

三、凡属第三条第八项之财产，交由该地最高政治机关或华中宣教机关处理。

四、凡属第三条第九项之财产，交由该地最高卫生部门或军卫生部处理。

五、上述各项之处理，均须经师或行署以上之机关批准，并按级呈报军政治部。

第十二条　敌伪汉奸财产之经理人员，不得私行破坏或卷窃任何财物，否则应负赔偿处分，若管理人员能将财产保护安全，自动前来申报者，从优奖励之。

第十三条　无论中外居民及任何人士，如确知敌伪汉奸财产，均应向敌产管理委员会申报，经调查属实从优奖励，倘有隐匿不报或企图吞没者，当视情节轻重分别惩办之。

第十四条　本国人民及同盟国，中立国人士不得接受转移敌伪汉奸财产所有权，或为其庇护，否则依法处理之。

第十五条　本办法由军政治部颁布施行。

新四军政治部颁布

选自《华中抗日根据地财政经济史料选编》第四卷，档案出版社1986年版，第39～41页。原注："按1945年9月淮南出版社《中国共产党政策》刊印"。

55. 华中财委会关于新解放城市工商业与货币金融问题的指示①

1945年9月4日

（一）货币金融部分

一、由于解放区日益扩大，市场筹码需要增加，原有各军区发行之地方抗币已不敷市

① 原注：此标题是编者改拟的。

场之需求，特责成华中银行发行统一之华中币，与各地方抗币等价使用，各地方抗币为适应目前新的形势，自华中统一币公布发行之日起，凡新四军到达之地区，应不分军区界域到处一律等价通用。

二、华中币发行之后，各地方抗币之发行权，应由华中银行有步骤的统一管理。

三、华中币之发行应掌握充分之粮油盐布等等物资作准备，并须随时扩大准备，以提高其币值信用，扩大其流通范围。

四、华中币之发行，除掌握充分之物资外，并须控制适量之黄金与外汇，以供调剂市场之需要。

五、为照顾原敌占区人民之生活痛苦，当华中币及地方抗币尚未足够市场流通需要时，在新解放之城市，伪币暂准通用，但五千元以上之大额票面禁止使用，一千元以下之伪币使用时亦仍须按照银行逐日公布之汇价折成抗币计数，不得再以伪币作为计算单位，同时在华中币及地方抗币未发行或数量尚不够供应市场时，银行只公布对伪币之折算率，不予收兑，俟城市秩序恢复后，由政府规定办法处理之。但老解放区则一概不准通用伪币。

六、在新解放之城市国民党前发行之老法币暂准通用，但以中央、中国、交通、农民四行及关金券为限，其他国民党地区发行之地方券，流通券一律不准通用，法币使用时须按照一比五十（华中币一元折国民党法币五十元）之比率折算，如国民党之法币日益继续膨胀信用下降时，得随时提高华中币之比值，在原老解放区内法币应受管理，不得在市面直接流通。

七、新解放之大城市在市场筹码奇缺时，可允许殷实工厂，大商号以私人经营之银行、大钱庄等联合保证发行定额之流通券，但必须向华中银行缴纳百分之五十实物与现金及百分之五十不动产作保证，并呈由当地最高政府批准并经华中银行同意后方能发行，是项流通券只限于本城市内通用。

八、任何外国货币除向银行按照汇率兑换市面能通用之货币外，禁止直接在市面流通及买卖。

九、敌伪政府所办之银行及金融机关一律由政府会同华中银行或地方银行接收之，其债权债务之清理，基本原则应照顾金融市场恢复及活跃，凡民间伪币债务，俟秩序恢复后，由政府统一规定办法处理之。

（二）工业部分

一、没收敌人及伪政权以及罪大恶极的大汉奸之工厂，作坊和其他工业技术设备，建立公营工业或改为公私合营之企业或租予私人经营等以谋迅速恢复生产。

二、凡与敌伪合办之工厂，一律暂加军事管理，但仍许可其继续生产，凡敌伪租用之工厂，原则上应归原厂主自己经营或得原厂主之同意，租为公营或公私合营之，以免生产停顿。

三、扶植民营工厂的恢复生产，帮助其解决燃料及原料之供应，必要时得贷予抵押贷款，但不得超过其原资本额三分之一。

四、过去敌伪颁布对工业统制及限价收买之危害国家危害人民危害工商业自由发展的种种法令及条例，一律废除撤销，以保证并扶植公营，公私合营以及民营工业生产之自由发展。

五、各地民主政府须准许工人组织工会，以谋适当的改善工人生活，同时仍应照顾劳资双方利益，保证公私经营之企业均有一定的利润，以谋发展生产，繁荣市场。

六、各城市公私工厂除特准免税者外均有照章向民主政府缴纳捐税之义务。

（三）商业部分

一、保护一切公私商业，取消前敌伪颁布之一切不合人民利益的配给与限价，及妨碍商业自由发展的法令条例，凡在我新旧解放区之内，一律执行贸易自由之政策，以迅速恢复商业，繁荣市场。

二、以贷款及其他办法帮助公私商业恢复并发展，取缔操纵市场制止奸商投机行为，特别是人民生活必需品（燃料粮食等）的囤积垄断，应严加取缔。

三、凡我解放区之对外进出口货，一律须照章缴纳进出口税，并严厉取缔过去敌伪原有对物资流通上之一切苛捐杂税，力谋都市与农村间之物资交流，以便利自由买卖。

四、过去敌伪对工商业所征之消费特税与各种苛捐杂税一律取消，秩序安定，市面恢复之后，各城市大小商店有向民主政府照章缴纳营业税之义务。

五、对国民党地区进出口货物，仍继续实施物资管理。

六、物价一律按华中币计算，但法币允许流通之地区，暂许以法币依照其与华中币折合率计算，并依市场价格，进行公平合理交易。

选自《华中抗日根据地财政经济史料选编》第四卷，档案出版社1986年版，第28～30页。原注："按1945年9月4日《新华论坛》第二卷第三期刊印"。

56. 苏中第四行政区三十四年度秋季征收粮赋公草暂行条例

1945年9月7日

第一章　总　则

第一条　为保证解放区军政民学之给养经费，并开展各种建设事业，执行合理负担，特订定本条例。

第二条　本行政区本年度秋季粮赋公草之征收，均依照本条例办理。

第二章　征收标准

第三条　根据公平合理原则，粮赋公草征收标准，以土质肥瘠与常年平均产量为依据分等征收，按级累进，其标准如下：（附表一）

第四条　自耕农粮赋公草全部由业主负担，佃种田公草由佃方负担，粮赋业佃分担比例如下：（附表二）

第五条　凡新解放之地区，其粮赋标准，得按照基本数征收，不必累进，业佃分担比例照业七佃三计算。

第六条　秋征粮赋以征收稻子为主，黄豆，玉米，棉花为辅，草田及芦滩地征草，公草征收豆秸或棉秸，不能征收豆秸或棉秸者，得于其他伙草或粮食折合征收。

第七条　过去已分五等十五则征收之地区，本年秋征仍分等则征收，其标准另行规定之。

第三章　征收办法

第八条　粮赋公草之征收，由县区乡各级政府办理之。

第九条　粮赋以征收实物为原则，必要时得经上级决定折征代金。

第十条　业方粮赋与累进部分概由佃户代缴，佃户凭政府收据向业主抵完新租。

第十一条　秋季粮赋公草征收时间一律于国历十月一日开始，十月底完成。

第四章　减　免

第十二条　收成荒歉，经政府勘查属实，公粮草得酌予减免，其办法如下：

A. 收获量普通六成者，八折征收。

B. 收获量普通五成者，六折征收。

C. 收获量普通四成者，五折征收。

D. 收获量普通三成者，四折征收。

E. 收获量普通二成以下者，全部免征。

第十三条　有下列情形之一，经乡政府查明，区政府批准者，粮赋得酌予减免：

A. 业户有田不足三亩，而无其他收入，生活困难者，粮赋公草免征。

B. 佃农种田不足五亩而无其他收入，生活困难者，佃户部分之粮赋公草免征，业主部分应代缴。

C. 新垦田不满三年者粮赋公草免征。

第十四条　抗属优待减免办法如下：

A. 烈属及参加主力之抗属，照应缴粮赋七折征收。

B. 参加地方兵团之抗属，照应缴粮赋八折征收。

C. 参加游击连之抗属，照应缴数九折征收。

D. 上列抗属以脱离生产之抗日军人直系血亲（如父母、祖父母、妻、子女）为限，不脱离生产之自卫武装人员及团体人员不在此例。

第五章　附　则

第十五条　征收粮赋一律使用市秤，征收人员如有以大秤进，小秤出情事，人民得随时告发，依法惩办。

第十六条　缴纳粮赋公草应取得政府收据为凭，此项收据由县政府统一印交乡政府使用，区乡不得自行印制。

第十七条　缴纳粮赋均须干燥洁净，不得掺杂和水。

第十八条　政府得按村指定粮赋公草缴纳地点，通知各户准时送缴。

第十九条　凡短报田亩或谎报荒歉者，一经查实，依法惩办。

第二十条　各乡、村（或保）在秋征期间酌发办公费，乡政府大米二十斤，村（或保）大米三十斤，概折什粮发给。

第二十一条　秋征结束后，各乡村（保）长应负责将已征粮赋公草数字统计填入统计表，连同保管收据及保管户花名册各一份送区，以凭考核管理。

第二十二条　秋征结束后，各县政府对征粮努力者与缴粮模范者予以奖励。

第二十三条　各县政府应根据实际情况，另订实施办法呈准施行。

第二十四条　本条例自公布之日起施行。如有未尽善处由本行政区专员公署以命令修改之。

选自《华中抗日根据地财政经济史料选编》第四卷，档案出版社1986年版，第391～394页。

57. 苏北临时行政委员会布告
——关于整顿金融统一货币问题[①]

1945年9月25日

查我军收复各沦陷城镇后，华中被敌分割之各解放区已连成一片，关于整顿金融，统一货币自属刻不容缓，自即日起特宣布：

（一）苏北银行所发之抗币与华中各地区发行之抗币及华中券等价流通。

（二）苏北银行各地分行及办事处准无限制以盐阜券或华中券等价兑换苏中、淮南、淮北等地区之各种抗币（并包括大江币、苏浙币、江淮币、苏南币等）。

（三）各税收机关公营商店贸易机关合作社，均应等价收受各种抗币，并有兑换抗币之义务。

（四）原在淮海区发行票面伍元之盐阜券（每元作法币二十元者），原在盐阜区发行票面一元及伍元之盐阜券两种（每元均作法币十元，即称老抗者）均限令限期收回不再流通。

（五）严禁各地军民不等价使用即进行货币投机生意。特此布告，仰众周知。

此布

中华民国三十四年九月二十五日

主　任　李一氓

副主任　曹荻秋　计雨亭

选自《华中抗日根据地财政经济史料选编》第四卷，档案出版社1986年版，第110页。

58. 苏中行政公署关于目前货币金融问题的指示

1945年10月1日

华中局对苏中货币金融问题作了新的指示，并在继续开会讨论中，兹将指示内容传

① 原注：副标题编者所加。

达，并规定办法。希各地遵照本指示坚决执行。

（一）对伪币问题应采取坚决排除的态度，趁此国民党尚未完全禁用伪币，伪币在敌顽地区尚有购买力的时候，迅速将伪币排除出境，我原来已经肃清了伪币的地区应继续严禁，防止倒流。新解放地区暂时准许某几种票面之伪币行使，仅系暂时办法，不可将时间拉得太长，必须迅速逐步排除，直至完全肃清。壹千元票面的伪币即须在各地普遍禁止使用，五百元及以下各种票面伪币亦当在一千元以上票面伪币大部排除后，迅速排除出境，但排除伪币，应采取猛烈的攻势，限期登记，封存出口，不宜采取冻结的办法，以免延误时机。

（二）对法币问题，应当趁此法币尚未大量流入之前，迅速加以防范和管理；在老解放区须完全禁止其流通，新解放区暂时加以管理，在沿江沿海与敌顽接壤地区及进出口商业频繁之港口，为不妨碍商业恢复繁荣起见，可划定商业范围，允许法币流通，并允许在一定数额内准其带入法币，在该划定区域内行使，如出此范围者即按照一与五十之比例收兑，换给抗币（或本票或流通券），使用在规定流通区域内，抗法币之折合率可暂的依据自然市价，不加干涉。目前不必一定强制维持一与五十的比例行使，俟伪币排除，抗币本位确立，筹码增多和法币跌价时（法币联行增多，必然跌价）再行根据具体情况，按自然价格正式收讫法币，以建立外汇禁用和管理法币的方式，对外可由苏中区工商管理局布告，说明我解放区系以抗币为本位，为避免市场金融紊乱，物价波动不得不暂时禁止法币流通，专署和县府均不正式出布告为宜。

（三）建立抗币本位制是当前急务，必须趁此法币尚未流入之时，将抗币本位普遍建立，站稳脚跟，三分区应以城如黄缘以北之泰州、紫石地区，四分区以掘马线南北之三余、石港、金沙、拼荣及如东等地区为抗币发行重点，本票立即停止印发。三分区流通券由分区统一印制发行，并迅速收回各县印发之杂色流通券，流通券数额每县至多不得超过壹百万元，此外各地还须即刻实行下列各项具体工作：

1. 各级机关团体，立即开会传达，对外采取唱歌、花鼓词、广告等方式，宣传各军区抗币等价、互相流通，使商民及各界人士了解。

2. 立即取消各兄弟军区间之贸易管理及以货易货和相互征税的规定，取消兄弟区间之粮食烧草征税（其他税收暂时照旧）等的决定。

3. 银行税收机关贸易经营机关和合作社必须无限制收没各地抗币，包括苏中江淮币、盐阜币、淮南币，淮北币、江淮苏南版，以及苏浙币、大江币等一律等价收兑。

4. 通知各机关部队严禁做票子生意，以及趁机贪便宜谋小利等行为，违者以纪律制裁。

5. 各种老抗币一律收回，前规定盖印使用的办法应即取消，各级金库银行税所收到老抗币以后，立即向上解缴，不再发出。

6. 各地报纸均负有宣传抗币本位的责任，切实配合执行。

（四）为维持抗币价值在抗币发行过程中，各县秋征可布置征收相当数量的代金（本票抗币都可），同时适当的抛售粮食和物资，使抗币基础能迅速确立。今后物价总的趋势虽然是逐步下跌，但临时性的提涨还是不可免的，各公营商店、贸易机关，应密切注意物价变化及市面物资之盈亏情况，随时加以调节，防止物价的暴涨暴跌，公营贸易机关不仅在平衡物价，而重要的在稳定抗币之值。

各级接到上列各项指示以后，须立即实行！其余待华中局会议结束后，再作全盘详细的指示和传达。

（发至县级）

主任　季　方

副主任　刘季平

选自《华中抗日根据地财政经济史料选编》第四卷，档案出版社1986年版，第111～113页。

59. 淮海专署关于清理逃亡地主财产暂行办法的规定

1945年10月13日

一、为适应目前情况之需要，逃亡地主之财产，极应清理，我政府一本宽大宗旨，特制定本办法。

二、凡有关于逃亡地主财产之清理，悉依本办法处理之。

三、地主在逃亡期间，并无附敌作恶之事实，现已自动返回者，其代管之财产应全部发还之。

四、逃亡地主之财产，如已宣布没收，而该地主在逃亡期间，并无附敌作恶之事实，现已自动返回者，得依逃亡之具体原因，酌量发还之。

五、地主逃亡后，虽参加伪军伪组织，现已返回，向政府履行一定手续者，得酌量具体情形，部分发还其代管之财产。

六、作恶多端之逃亡地主，经政府依法处理释放后，得酌量具体情形，处分其代管之财产。

七、如地主逃亡期间病故，原在根据地之家庭生活无依者，经其直属系亲属向政府申请后，得视该地主病故以及逃亡之具体原因，酌量发还其代管或没收之财产。

八、尚未返回之逃亡地主，原在根据地之家庭生活无依，经其直系亲属向政府申请后，得视具体情形，部份（分）发还其代管之财产。

九、现犹附敌继续逃亡之地主，得将原代管之财产宣布没收之。

十、凡逃亡地主屡经争取，仍顽抗不归者，得限期返回，如仍逾期不归者，得将原代管之财产，宣布没收之。

十一、现犹未归之逃亡地主，因下落不明，或道途阻隔，不能即行返回者，其财产仍代管之。

十二、原未代管或没收逃亡地主之财产，现已查明在敌伪区而尚未返回者，得代管或没收其财产。

十三、现已返回之逃亡地主，应向所属各该县政府登记，并作发还财产之申请书。

十四、各该县政府接获逃亡地主之申请书后，应即着手清理，不得无故拒绝或拖延。

十五、清理逃亡地主之财产权，属于各该县政府。

十六、各县应成立临时清理委员会，得由三人或九人组织之。

十七、清理委员会之成员，由县政府一人至二人，农救会一人至二人，参议会一人至二人组织之。

十八、清理逃亡地主财产时，该当事人必须到场并得由清理委员会聘请当事人左近之公正人士一人至二人参加。

十九、当事人在清理期间，如有意见，得到场陈述或用书面申请之。

二十、发还代管或没收之财产时，应扣除历年公粮、田赋、临时军费负担及代管费用。其剩余部份（分）概发还之。

二十一、凡因财产不足扣除之数，则由该地主按时负责清偿或由政府宣布免除之。

二十二、各项负担之清算，从代管或没收时间数计算之。

二十三、如因地主之财产，应发还之剩余部分，为合作社或其他团体使用，无力一时偿还者，得由该团体与地主订立契约，按期偿还之。

二十四、如因地主之土地，自种之部分，已由政府租给佃户耕种者，应通知佃户归还之，或由该佃户与地主订立订［租］佃契约，不将［得］无故拒绝，占为私有。

二十五、如因地主之土地，现由政府机关以及其他团体使用者，应归还之。

二十六、政府机关以及其他团体，如欲继续使用逃亡地主之土地，应与该地主订立租佃契约，不得无故拒绝。

二十七、凡逃亡地主之房屋因不可抗拒之力量而损坏者，应由其业主自行负责。

二十八、凡逃亡之地主房屋，如因政府机关使用而受损坏者，该政府机关应修葺归还之。

二十九、本办法如有未尽事宜，得随时修正或增补之。

三十、本办法之释放权属苏北分区淮海专员公署。

三十一、本办法自公布之日起施行。

选自《华中抗日根据地财政经济史料选编》第四卷，档案出版社 1986 年版，第 417～419 页。原注：“按 1945 年 10 月 13 日《苏北报》淮海版第一版刊印。”

60. 华中银行淮海分行通告
——关于转发华中各解放区抗票兑换办法[①]

1945 年 11 月 26 日

查华中财委会前以华中各解放区打成一片，为适应新的情况及便利人民贸易起见，会决定华中币与各地新抗等价流通，并由淮海专署布告各地完粮纳税一律通用，但以工商管理局改组，兑换机关各地未能设立，且以各地人民对其他地区抗币比率不明，致在本区各

① 原注：副标题是编者所加。

处仍有拒用打折情事，为贯彻专署前令，特拟定华中各解放区新抗兑换办法附后，机关部队及群众团体希以此作教育，俾等价流通之政策，得以彻底执行，特此通知。

行长　卢钝根

附：

华中各解放区抗票兑换办法

一、除大江票江淮银行之苏南苏浙版纸币（注有苏浙苏南字样）江南银行券与浙东地方券外，华中各解放区新抗（与法币一比五十，盐阜、淮北、淮南、江淮、苏中各银行所发行）与华中币等价流通，商业贸易，完粮纳税，一律通用。

二、各地税所公营商店合作社以及机关部队，对于华中各解放区新抗，应一律等价使用，不得有打折拒用情事。

三、兹指定于泗沭县众兴里仁集，宿迁县大兴集，沭阳县之沭阳市，涟水县之高沟，东海县之昊集，潼阳县之阴平，灌云县之杨集设立兑换处，由各该县之支行或办事处，指定专人负责，办理兑换事宜。

四、各地贸易管理局所属之分局所应尽所存税款，尽量收兑。

五、各地兑换所兑换时期每日上午九时至十一时下午二时至四时。

六、兑换机关得以华中币盐阜币及兑换者前经使用之纸币承兑。

七、凡故意拒用造谣生事者，由各级政府以扰乱金融罪，依法惩处。

选自《华中抗日根据地财政经济史料选编》第四卷，档案出版社 1986 年版，第 462～463 页。原注：“按 1945 年 11 月 26 日《苏北报》第一版刊印”。

61. 苏皖边区政府各种款项统一收支程序

1945 年 12 月

第一章　总　则

第一条　苏皖边区所有机关部队各种款项之收支，均依本程序办理。

第二条　本边区除第四行政区及第八行政区，以情况特殊，边区政府暂委托各该专署负责该地区之统筹统支外，其他各行政区之一切款项均由边区政府负责统筹统支。

第三条　凡在统筹统支之范围内各行政区一切款项之出纳保管，统由边区政府财政厅委托华中银行代理金库办理。任何级机关部队，非经边区政府财政厅之支付命令，均无权向金库及税收机关自行动支款项。

第二章　预决算

第四条　本边区经管收支款项之各机关部队均应按会计年度编制预决算，呈送边区政府财政厅及审计处审核。

第五条　会计年度规定自每年一月一日开始至十二月三十一日终了，其年度依民国纪元之年次为名称。惟因物价币制尚未臻稳定，除按会计年度编造预决算外，每三月填编造季补助预决算一次，分季时间即以一月至三月为春季，四月至六月为夏季，七月至九月为秋季，十月至十二月为冬季。

第六条　年预算编造须在会计年度开始二十日前送达财政厅；年决算之编造，不得迟于会计年度结束后一个半月。季补助预算之编造，须在每季开始前十五日送达财政厅；季补助决算之编造不得迟于每季结束后二十日。财政厅及审计处对各种预决算之审核须在预决算送达后一星期内完竣。

第七条　收入预决算，由经管收入各机关编制，在收入之规律尚未能充分掌握之先得以估计表代替之。

第八条　支出预决算，由财政厅支付经费之各机关编制，分下列系统：

甲、军务经费：包括军区及其所属各纵队，独立旅，分区司令部，海防司令部，县区地方武装，在集中治疗休养期间之伤病员，及其他属于上述部队方面之各种组织之经费。

乙、政务经费：包括各级参议会、政府、文教、公安、地方卫生、复员之荣誉军人教养、交通、政府警卫武装、边缘乡政府警卫武装、各级民兵及其他属于政府系统各种组织之经费。

丙、民运经费：包括政府津贴与补助之各种各级民运团体之经费。

丁、财务经费：包括直属边区政府财政厅之盐管，货管各级机关之经费。

第九条　军务经费预决算之编造，以团，县级及直属部队为会计单位，经旅、纵队，分区或军区审核后，汇呈华中军区供给部，由军区供给部编造军务经费总预决算，连同各单位分预决算，汇送财政厅及审计处核发与核销之。

第十条　政务经费预决算之编造，以县及相当于县级以上之独立机关为会计单位，经各行政区专员公署或直属市政府审核后，连同专署直属市政府机关预决算，编造各行政区或直属市行政经费之总预决算，汇呈边区政府财政厅及审计处核发与核销之。

第十一条　民运经费预决算之编造，以县及相当于县级以上之独立机关为会计单位；经各行政区之民运领导机关审核后，连同行政区级之民运机关预决算编造各行政区之民运经费预决算，汇呈边区民运团体之总领导机关审核；由边区民运团体总领导机关编造边区民运经费总预决算，汇送财政厅及审计处核发与核销之。

第十二条　财务经费预决算之编造，以县及相当于县级之盐管局，货管局为会计单位；经各行政区盐管局，货管局审核后连同行政区局预决算编造各行政区之各财务经费预决算，汇呈两淮盐管总局与边区货管总局编造各财务经费之总预决算，汇呈财政厅及审计处核发与核销之。

第十三条　属于全边区全年度之岁入岁出，由财政厅编造总预决算呈边区行政委员会批准，并经全边区参议会大会通过。

第十四条　财政厅应负责编造全边区分季收支预决算呈准主席团施行之。其具体执行情形，财政厅应按月向主席团报告。

第十五条　关于预决算之详细科目、类别、手续，由边区政府颁发政府会计规程规定之。

第三章　收　入

第十六条　各机关经管之一切收入，除由总金库指定某收款机关直解某金库外，均分别由县级或相当县级之主管机关集中解库。如所在地或附近无金库者，即应汇缴直隶之上级机关转解金库核收。解库地点，限期及起码数额由财政厅及总金库与各收入系统具体商定之。

第十七条　各机关向金库解款时，应填具五联解款书（格式一）收款金库收到解款，核与解款书所列数目相符，由收款金库主任及会计于解款书各联注明收讫年月日并加盖章记，即以收据与报查两联交还解款机关，以通知一联留存，以报告、报核两联附随金库收支。报表送上级金库转呈财政厅。

第十八条　解款机关解款后，掣回收据，报查两联，以收据一联留存，以报查一联随税收旬报表，税收凭证之缴查联送上级税收机关转送财政厅备查。

第十九条　财政厅收到总金库转来解款报告报核二联，除留存报告一联存查外，以报核一联转送审计处备查。

第二十条　各机关解款，如有数款同时报解者，必须按解款书分科目填列，不得混淆。

第二十一条　各机关解款书内，应由主管长官会同会计科（股）长或会计员签名盖章。

第四章　支　出

第二十二条　本边区各机关部队经费均由边区政府财政厅统筹核发。

第二十三条　请领经费办法：军务费由军区供给部，民运费由边区民运团体领导机关，行政经费由边区政府行政区专员公署或直属市政府，财务经费由财政厅所属各总局向财政厅总领分发，或转请代领转发，其具体手续由财政厅与军区供给部，边区政府秘书处，各专员公署或直属市政府及各局商定之。

第二十四条　各机关请领经费须依据预算填具二联请款书（格式二）随预算书送财政厅。

第二十五条　财政厅收到请款书及预算书，经审核后，于请款书上签写核发金额，以存根一联仍交请领机关留存，以请款书凭单一联留财政厅存查，另填具三联支付书（格式三）除留支付书之存根一联外，以命令（附领款机关收据）通知（附金库向财政厅之报核）二联连同预算书送审计处核签。

第二十六条　支付命令及通知经审计处核签后，送由财政厅交请领机关，赴指定金库领款。不准以支付命令移向税收机关直接领款。

第二十七条　金库收到领款机关交来之财政厅支付书照数支付，并于命令及通知二联上注明付讫年月日与加盖章记，以支付命令一联留存外，以支付通知一联随同金库收支报表送财政厅与审计处备查。

第五章　金　库

第二十八条　金库分总金库，分金库，及金库办事处。由财政厅规定于华中银行总行内设总库，于各分行设分库，于各华中银行支行或办事处设金库办事处，以处理一切金库业务。

第二十九条　总金库及各分金库在财政厅支付命令下负责现金支付之调度，除收入方面依照第三章办理外，支出方面总金库及分金库得视领款机关所在地点及各库存款情形，根据支付命令上核发金额，分别直发或汇向指定金库拨发。

第三十条　汇拨之款项，总金库及分金库得采用金库汇票办法，以汇票交领款机关向指定金库照数兑款。

第三十一条　分库接到财政厅支付命令或总库汇票，照数付款，如存款不足，得与领款机关商定分期拨付之。

第三十二条　金库汇兑结帐（账）与报告制度由苏皖边区金库办事细则规定之。

第六章　附　则

第三十三条　本程序公布之后，前各地区行政公署公布之收支程序，宣布无效。

第三十四条　本程序如有未尽事宜，得由财政厅呈请边区政府修正之。

第三十五条　本程序经边区行政委员会通过公布施行。

选自《华中抗日根据地财政经济史料选编》第四卷，档案出版社 1986 年版，第 163～168 页。

62. 苏皖边区政府产销税征收暂行条例（草案）

1945 年 12 月

第一条　苏皖边区各行政区，对手工业及机器工业得就其制成品征收产销税，其征收办法依本条例执行之。

第二条　本税税率按各制成品之性质分别从价规定如下：

一、香烟、土酒、土烟丝、迷信品、鞭炮、腊（蜡）烛等类征收百分之十。

二、肥皂、植物油及其饼类，纱布（家庭副业之手工纺织品免予征税），皮革等类征收百分之三。

三、腌腊类征收百分之八。

四、薄荷油征收百分之十五。

前项未规定者，得随时呈请核定之。

第三条　某一地区之工业手工业，如有奖励其发展之必要时，得呈请边府批准，于一定期间内减免其产销税。

第四条　凡经营制造业之厂坊，必须申请注册，由货管局发给注册证，注册内容如下：

一、厂坊所有人姓名，年龄，籍贯，住址。

二、独资或合资。

三、资本额。

四、制品名称。

五、工具种类数量。

六、男女工人数。

七、一定期间之产量。

注册证格式另订之。

第五条　产销税归购买者缴纳，由出售之厂坊代征代垫代缴，其办法另定之。

第六条　因货物滞销，厂坊垫缴税款困难时，各厂坊得申请该地货管机关延期征收之。

第七条　为严密稽征及便利商人起见，对规定征税之制成品得贴用印花。

第八条　本条例未尽事宜得随时以命令修正之。

第九条　本条例自公布之日起施行。

选自《华中抗日根据地财政经济史料选编》第四卷，档案出版社 1986 年版，第 158～159 页。原注："按 1945 年 12 月《苏皖边区货管法规汇编》刊印。"

63. 苏皖边区政府关于征收营业税的布告

1945 年 12 月

查本区过去处于敌后分割环境，各行政区于征收营业税率各有不同，现边区政府宣告成立，各种税制均正整理，关于营业税制税率，亟宜划一规定，特颁布苏皖边区营业税暂行章程，凡在本区境内以营利为目的之事业，均应依照该章程缴纳营业税，惟本年度营业税起征时间，因各地解放迟早不等，特加规定如左：

凡在日寇投降前后新解放之地区，一律自民国三十四年冬季开始征收之，秋季免征。

凡老解放区尚未征秋季市镇商人公粮者，自民国三十四年秋季起征收之。

凡老解放区已征收秋季市镇商人公粮者，自民国三十五年春季开始征收之。

本府为照顾人民历受战争灾难之苦痛，所颁暂行税率至属轻微，按其营业总收入额征税者，仅征其千分之五，按其资本额征税者，亦仅征百分之一，仰我各业善体斯意，充分认识充裕财政确保和平民主建设为当前之责任，对营业总收入额或资本额依实呈报，遵期按章缴纳，毋得隐瞒拖延为要！

此布

主　席　李一氓

副主席　刘瑞龙

季　方

韦　悫

方　毅

中华民国三十四年十二月

选自《华中抗日根据地财政经济史料选编》第四卷，档案出版社 1986 年版，第 171～172 页。

64. 苏皖边区政府进出口及转口货物征税暂行章程（草案）

1945 年 12 月

第一章　总　则

第一条　为保护本边区生产繁荣工商业及保证人民生活需要及解放区经费之供给，特征收进出口及转口货物税并订定本章程。

第二条　自本边区以外各地区输入本边区贩卖之货物谓之进口货，自本边区输往其他地区贩卖之货物谓之出口货，经过本地区之外地货物谓之转口货，对上列货物征税谓之进出口及转口税。

第三条　本边区进出口及转口税由货管局遵照本章程征收之。

第四条　凡非本边区所必需或妨碍生产之货物及危害人民之毒品，得禁止进口，凡本边区必需而产量不足需要之土产，得禁止出口，但别有规定或经特别允准者例外。

第五条　凡属重要军用物品及人民所必需而本边区又无代替品之货物，进口及必需奖励出口之土产得分别免征进出口税。

第六条　第四条与第五条所规定禁止与免税进出口之货物，其种类名称另以命令规定之。

第七条　已税货物在本边区内不得重征，惟津浦路东西地区得互征出口税，已征出口税之货物两地均不准再征进口税。

第二章　税　法

第八条　进出口货物税税率从价规定之，其标准价格得由各区货管局依各该区主要市场物价规定之，税率表另行颁发。

第九条　进口货物必须在进口时向第一道税所报税，出口货物必需在起运地点最近之税所报税，货管局于征收税款后必须填发税票，由纳税人收执，纳税人应查对其所缴纳之税款与所取得税票之金额及骑缝上所剪留之数目相比三者必须相等，否则得拒绝接受或举发之。

前项进出口税票由货管局统一制发。

第十条　为防止偷税或重征起见，货管局得在货物上加盖税戳、粘贴印花，其办法另定之。

第十一条　为便于商人分批销售货物，凡税票在有效期内准予换发分运证，其办法另定之。

前项有效日期之计算以填票之日算起。

第十二条　进出口税票有效期限之规定如下：

（一）马车、黄包车、脚踏车，每日填给壹百里。

（二）牛车、帆船，每日填给三十里。

（三）独轮车，每日填给四十里。

（四）肩挑，及牲畜驮载，每日填给六十里。

（五）内河轮船，每日填给一百六十里。

（六）汽车，每日填给三百里。

（七）赶鲜猪每日填给二十里。

（八）以上规定如不足一日仍填给一日，如为天候关系或情形特殊而有效日期不足者得申请展期。

第十三条　出口之讫点以本边区边界地点为限。

第十四条　凡转口货物由指定之第一道税所征税，同时附收与该项货物进口税之差额相等之转口保证金（如转口税与进口税相同者免收），该项保证金由指定出地口点之税所，验货照票后发还。

第十五条　转口货物收税地点及沿途经过地点之税所，均不得在货物上加盖税戳或粘贴印花。

第十六条　转口货物必须经过指定地点之沿途税所查验，并在税票上验盖查讫戳记。

第十七条　转口货物沿途不得加载分运分售或移转。

第十八条　凡由船只装载，仅在本边区口岸停靠并不起卸及不在境内通过之转口货物，其转口税由各分区货管局根据实际情形另定减免办法，呈报货管总局核准施行之。

第十九条　凡免税进出口货物，必须在进出口地点之税所申领免税证方准通行。

第二十条　进出口商人运销货物持有税票或分运证者，在本边区内一律查验通行，沿途军警机关均须加以保护，不得藉故留难。

第三章　惩　奖

第二十一条　进出口货物未经验税私自起运、绕越或一票两用及涂改税票者，一经查（察）觉除勒令遵章纳税外，并得按其应征税额处以一倍至二十倍之罚款，但其罚金不得超过其偷税货物价格百分之六十。

第二十二条　违犯第四条规定偷运进口或出口者，即没收其偷运货之全部，情节严重者并送司法机关依法治罪。

第二十三条　违犯第十六条规定之转口货物视情节之轻重处以罚款，但最高不得超过应发还之保证金额。

第二十四条　违反第十七条规定之转口货物如系一般货物，除勒令遵章补税外，并按补税额处以一至五倍之罚款；如系禁止进出口货物一律没收。

第二十五条　凡违反第十九条规定之免税货物一律按百分之五补征税款。

第二十六条　经检举属实之罚款及没收货物按百分之三十提奖。

第四章　附　则

第二十七条　本章程如有未尽事宜得随时以命令修改之。

第二十八条　本章程自公布之日起施行。

选自《华中抗日根据地财政经济史料选编》第四卷，档案出版社 1986 年版，第 149～152 页。原注：“按 1945 年 12 月《苏皖边区货管法规汇编》刊印”。

65. 豫皖苏地区关于今后审计工作的决议（摘录）

1948 年 7 月 29 日

一、审计制度修改的意见：

（一）对经费过去规定 220 斤只分行政村开支，自然村白尽义务，事情比行政村并不少，今后要行政村和自然村分享待遇。按管辖人口地亩多少，规定数字，由行署早日确定。

（二）边区粮和地方粮统一征收，统一发米票，统一保管，账上分科目记载，保证损失按征收比例分担，互相不得透支。

（三）政府收入内取消变价，改为征收代金及带金。

（四）财粮管理要求的补充：

1. 县金库存款要规定一定数额，超过一定数额要上解分金库。

2. 金银特货各级不得擅自动用，统一上解行署处理，数目太多可事先请示上解办法，数目太少先报告，听候通知办理之。

3. 各专署粮票除非战时互相不流通使用，到县以上政府兑换。印制粮票时加付粮地点，由用票人员填写，以免流通舞弊。

4. 粮秣保管要颁发条例，规定报酬、损失处理及奖惩等。

5. 边沿区征粮只要已办理征存手续，便视为征收粮秣数。征存手续者不记入存粮账，俟随时收到粮食随时记账。

（五）党政民编制表及供给标准要发至县以上各级审计部门至少各发一份。

（六）供给与经费标准除预备粮外，一律实行包干制，预备粮归临时预计算挂借后报销之。

（七）供给办法之补充：

1. 变价小组在变价粮食时有损耗由交粮机关按交粮数比例分担，价格先后不同，以平均单价处理之。

2. 各单位六、七月份借款报款，按上级规定价格折粮计算。八月以后由变价组证明仍折粮报销。

3. 外区粮票如山东、华北等地应在一般情况下兑换成本区粮票后支粮。

4. 二餐证包括柴草、菜金一律定为一斤四两。

5. 社会事业费包括荣誉军人、残废金、抚恤金、育婴、干属救济、产妇、保姆、奶母待遇、保健、中学以上学校教育经费、修渠、筑桥等开支，以临时预计算表挂借报销之。

6. 人员调动实行供给介绍证（格式附后）由调出机关发给调动人员，规定发到月底，到达新机关后不另报销本人本月开支，即便标准不同亦不予再行加减。

7. 审核根据编制标准及预计算，不合规定即予批驳，无标准规定之费用，暂不批核，请示上级决定后审计之。

8. 侦察费归差旅费报销。骑兵一日八十里，步兵一日六十里。每日以三餐计算，每餐补助馍价一斤，以钱供给。

9. 城工费归临时预计算，由首长审核报销之。

（八）预计算制度：

1. 追加办法——原预算以实有人数加五人估计，如原预算人数超过五人即造追加预算（表式附后）。

2. 预计算表报送规定：

（1）专署对行署六、十、一、四月份各报总预计算一次。

（2）县对专署每三月报一次总额预计算。

（3）各预算单位每月向其直辖审计单位报一次计算，每三月报一次预算。

3. 总额预计算汇总办法：细目汇总同单位预计算表格式，科目汇总分别科目（军、政、民、社）及地区进行之。

（九）审核办法：

1. 审计报告，审计人员坐机关审核之，以审计图章行使职权。

2. 巡回审计，审计人员外出到各单位去审计或划定巡回区，规定各预算单位前往报告，就地审核，刻巡回审计图章行使职权，事先通知有关单位人员。

3. 委托审计，由审计单位委托其它会计、出纳及甲区审核乙区之收支预计算，刻委托审计图章行使职权。

戳记由各专署统一刻制颁发各县。

（十）上年度旧账七月底未结束者八月以后陆续清理，但不得以旧账透支新的粮款。

（附预计算登记簿、单位预算表、总额预算表、单位计算表、总额计算表、追加（减）预算表、临时预（计）算表、预算核准书计算核准书、供给介绍证格式共十种）

……（原文二、三略）

四、审计、会计、出纳（金库）分工关系及作风问题。

（一）计政人员的责任和地位

1. 坚决执行制度——要懂得执行制度好坏与手续的统一与否乃是工作成绩如何的首要关键，因此，必须主动地，有系统地，有意识地把讨论决定的一切财粮制度百分之百的在具体环境中坚持下去，并要更加创造与发扬，不得藉口推诿。

2. 计政工作在财经部门一方面掌握全盘的最主要的环节，他（它）应对本组机构内各科股负有实地指导与推动作用与责任，同时在对全盘财产的整理与掌握上，他（它）和主管负责人同样有着主要的责任。但是，在本机构内他与其他各科股又同样是基本组成者之一，在工作关系上，他（它）和各科股是平行的。

3. 计政员应对其岗位有一定的固定性，所以各个地区都确定会计人员除经其直属上级或上级组织决定核准者外，不得轻易调动与任免。

4. 计政人员对本机构内一切贪污舞弊事情要负当然责任。

（二）分工及关系

1. 分工

（1）审计

①监督预算之执行。

②稽查检举不法不忠不守于职务之行为。

③设计制度。

④检查审核计算批准报销。

⑤统计收支数字。

（2）会计

①记载簿记掌握凭证。

②计算收支存。

③整理编造表册。

④向上作会计报告。

（3）出纳（金库）

①收入现款、物资、证券、票据。

②支出现款、物资、证券、票据。

③保管现款、物资，证券、票据。

④提解现款、物资、证券、票据。

⑤注销过期票据。

⑥粘补破旧、识别真假。

2. 关系

（1）审计、会计、出纳三者为计政工作的三要素，如同箱子锁子和钥匙一样，只有互相结合，才能发挥管理财粮的威力。

（2）审会计、出纳三者的关系以审会计制度金库制度为枢纽，如有不调，须从制度上来检查。

（3）互相配合又互相牵制，任何一笔财粮收支都须共同处理，谁亦不能单独了结。

（4）工作程序虽有先后轻重的不同，但组织地位是平行关系。

选自《中国革命根据地审计史料汇编》，中国审计学会审计署审计科研所编，北京工业大学出版社1990年版，第143～146页。

66. 豫皖苏区预决算暂行制度（节录）

1948年10月29日

（四）审计制度

为了保证制度执行，杜绝贪污舞弊现象，所以决定分区专署以上之供给机关有审计权。

1. 区乡之预算决算，须经县府（委）严格审查，对人数确切掌握，更属必要。但批发权限属于上级机关。县团级分区专署以下直属队之预决算，均经分供、旅供、专署财粮科初审军供行署财粮处复审，军区行署直属队由供给科（股）初审、军供行署财粮处复审。军供行署财粮处会编下属单位及直属队之预决算呈财办决审。

2. 根据目前情况，暂分为三级审计制，对各级审计机关人员之职权，明确规定如下：

A. 初级审计；(1) 不仅要掌握下属单位之人员、马匹、武器和标准，而且时刻深入下层，了解各种制度在军队党政中的具体执行情况，随时向上级机关反映，求得今后有所改进。(2) 对下属单位之报销，除分区专署直属队外，其他之经常费，在供给标准编制范围以内，有权核销。(3) 对特别、临时费，根据实际情况，提出具体意见，作上级机关审核之参考。

B. 复级审计：(1) 掌握标准人数，了解各分区经费开支情况，对县级临时，特别费，不超过总的预算数，分区专署直属队之经常费，军区行署分局直属队之经常费，不超过制度有权核销。(2) 抓紧制度严格手续，对下属单位有监督检查之权。(3) 军区对分区、旅及军区直属队之临时特别费报销，根据实际情况，提出审核意见，行署财粮处对专署以下党政系统之经常、临时、特别各项费有权核销，但须造表报告财办，对行署分局直属队之临时、特别费，提出审核意见，供财办决审参考。

C. 决级审计：(1) 掌握标准，严格制度，凡不合乎规定者，均有权退回。(2) 对军区、分区、行署、分局直属队之经费，最后加以决审，并负责批发经费。(3) 对各系统预决算编造及报销单据，随时有抽查之权。(4) 掌握物价，各项供给规定按期通知。(5) 对各种科目表格有建议修改之权。

3. 临时预算由行政会议讨论通过（政府）或机关首长审阅（军队）提出意见后交审计审核。经费预算先由审计审核，提出意见后，交首长审阅或行政会议通过。

选自《中国革命根据地审计史料汇编》，中国审计学会审计署审计科研所编，北京工业大学出版社 1990 年版，第 48 页。

七、经济管理

1. 关于发展华中各根据地生产事业的决定（草案）

1942 年①

（一）在今后日寇加紧经济封锁之条件下，我根据地军民可能遭受重大之困难者将为布匹材料及日用必需品之供给（军用品除外），故各根据地今后必尽最大努力开展工业生产事业，以谋自给自足。

（二）纺织业为今日工业生产之突击中心，在敌后环境下应以发展农村手工纺织，组织手工纺织生产合作社为主要方式，俾能普遍生长，日寇无法扫荡。不过半机械之工厂纺织，虽为次要方式，亦应努力促其生长，尤须动员工商业家与地方资金经营此种工场纺织，纺织所属之棉花如该根据地内不产，应尽先向相邻产棉区根据地采购，如属不便或不可能，再提倡就地植棉，但以利用荒地及尽少妨碍粮食生产为原则。

（三）造纸、制皂、制蜡烛及文具制造（如浆糊，墨水、练习簿等等）等必需品之小工业生产，亦应努力提倡，以改良手工工场生产为主要方式，在这方面，应多多利用旧式手工业及手艺工人，以谋改良，全国工业合作社之经验可引为参考。

（四）二、三两项生产事业，开始时或有赖政府多作提倡，但切忌向政府路线发展。私人资本能被动员与否，对此生产计划有决定的关系，政府应尽可能予以协助与鼓励。

---

① 原件未注明制定年月，文内提到“抗战五年以来”，推断为 1942 年。

（五）抗战五年以来，农村生产力已形成低落，故垦植荒地，调节水利，今后更为重要。各根据地皆有荒地，应即按各地情形，颁布垦荒奖励条例，便利农民特别是贫农垦荒，既可增加杂粮生产，又可协助改造农村阶级关系，水利调节关系，一般农村生产力，对于垦荒，尤属必要，无论排水或引水，一般不妨碍敌后抗战的军事要求，二（须）有利于大多数人民，不能仅有利于沿河堤之少数业主，三须合理动员之人力财力协同政府进行。

（六）培植森林，有关水利，同时亦有利于敌后土地之改造，各根据地应努力提倡不可以其见效迟缓而忽视。

（七）农村副业如饲猪、养鸡、育鱼等，为农村经济——重要构成部份（分），各根据地应唤起农民注意此项副业，勿使衰弛，政府并应设法保障其发展。

贸易政策

（一）华中敌后各抗日民主根据地的经济比起华北来是更发展的商品化经济，日用工业品的输入与一般农产品的输出原是非常平凡的。抗战数年来，这商品交换关系虽然已大减缩，但是日用品，必须品及军需品的输入与若干特种农产（包括盐、猪、棉花、烟叶、豆油、花生等）的输出，仍是经常迫切需要，倘使前者不输入，根据地内的军民生活必受威胁与倍感不便，如后者不输出，一般农民也会感到金融堵塞，生活困难。太平洋战争爆发以后，日寇对于华中各根据地一方面必须采取严厉的封锁政策，使我们得不到必需品的供给，另一方面，对我农产品的输出，因为其它也是有利的，必更积极吸收，使我农业生产成为它的附庸品和掠夺对象。华中敌后各根据地目前的贸易环境（就对外部分而言）大致如此。

（二）因此我们的贸易政策在对外关系上，第一对敌作反封锁斗争，其主要内容如次：

一、提倡军民日用品、必需品的自产运动和代用品运动，譬如洋烛，我们可以提倡仿造，同时也提倡以土蜡烛或花生油灯来代替洋烛，使敌人的物资封锁政策减少作用，这虽然不在贸易本身的范围之内，但与反封锁斗争是不可分离的。

二、直到抗战胜利为止，从敌占区输入我军民所必须的物品，将始终是必要和不可避免的，所以在这里，我们必须用各种办法（如免税、贷款、调派武装掩护等），扩大对商人的交朋友工作，来鼓励和协助商人到敌占区去贩运这些物品。同时在这里，我们还必须注意这种偏“左”的倾向：即对这些贩运军民日用品的商人，我们常常会因他们获利优厚，就将他们视为发国难财者和高利的商业资本家，并想采用些方法来加重他们对行政的负担，从全盘着想这是错误的，我们应该加以纠正。

（三）我们贸易政策在对外关系上，第二就应逐渐限制与管理农产品的输出，其原则与内容如次：

一、农产品的输出对于日寇是有利的，尤其是在今后日寇将驱逐法币来掠夺我物资的阴谋之下，所以限制与管理我根据地农产品的输出，是十分必要的（请参阅货币政策一节）。不过我们处在敌后，要怎样来管理输出贸易也是困难的，在这里，第一，我们不宜什么都抓，什么都管，换言之，我们只宜选择少数大宗的出口物产来管理；第二，我们管理这些物产的出口仅是为了对敌斗争，而不象（像）国民党管理出口贸易那样主要仅是为了自己财政上的专利。我们必须如此，方能博得商民的拥护。第三，出口贸易的限制与管理不只是政府工作，同时还是一般商民的工作，我们应从政治上动员商民来共同进行，在这里，切忌将政府与商民全面的对立起来，将出口商人都作为奸商来对待。

二、农产品的输出，假使各根据地的对外贸易是入超的，同时该项农产品在根据地内又是过剩的，则对我们自己也是必要的，否则，我们自己也会窒死，并无法去抵消进口贸易。因此我们不能无条件地反对农产品的输出。不过将根据地内的农产品，经常依托于敌占区的市场，也是有战时经济自给自足的原则的，所以只要对外贸易能够平衡，只要该项农产品能够缩减产量改种他种作物，我们应逐渐限制其生产与出口。

（四）其次在对外贸易上，对于不必要的物品的进口，特别是日寇要向我根据地推销的奢侈品、消耗品，我们则不必争取其进口，而应严厉限制或禁止其进口。

（五）以上为对外贸易。在对内贸易上，我们应使商人有贸易的自由，我们不应采取七管八管的办法，因为当此战时和敌后环境，再加以敌人的封锁，内地贸易是难以顺利发展和支持的，我们如果再加以过多的约束，必使根据地内的商业更难立足。这是有背（悖）根据地建设原则的。在这里，有两种倾向可能发生，我们应加以预防：（一）以法令评定物价，压低物价，其实这是无补于事的，更干涉不了奸商，但对敌后一般商业倒可能有消极影响。（二）以合作社来代替商店或与商店对立，这也是做不到的也办不到的，是过高的无利的口号。

（六）牙行是符合封建剥削性的，我们不能不管，但在目前也不宜管得太过火。我们今天应该做的是：规定各种牙行的行佣之最高额，不准超过，同时不准牙行强迫客户投行交易，使客户（主要是农民）有自行交易的自由。另一方面，我们要多多组织运销合作社。使农民有他们自己的“牙行”——合作社（详合作社政策）。

（七）在各根据地内，部队兼做生意已成为普遍现象，这完全是由于部队财政困难，想藉此以资弥补。结果兼做生意也的确使部队解决了一些财政困难，不过在另一方面，它也的确引起了许多缺点，主要者如次：

一、靠部队的牌子，不遵守缴税。

二、各种贪污现象。

（以上两点是容易克服的，且系对我内部。）

三、把持市场，侵害商人利益（如强买、强卖、贱买、贵卖）。

四、有碍部队对外的政治影响。

（以上两点是难以克服的，且系对外。）

所以各根据地对于部队兼做生意，有按实际情形与可能作左列处置之必要：

一、如部队财政能在政府赋税收入项下得到解决，则一律停止兼做生意。

二、如部队财政得不到充分的供给，可酌量情形兼做生意，但必须依循下列各项原则：

甲、对外少做零星生意，如开设门市商店。

乙、不要滥用合作社名义。

丙、以经营大宗特产（如盐、棉等）之经销为原则。

丁、不犯前例一、二、三三类缺点。

至于部队供给机关为部队自身的需要，自行采办布匹、药材等军需品，则不论部队财政情况如何，皆无不可，但也必须依循前列（丁）项原则。

合作社政策

（一）中国工农大众历来即备受高利贷资本商业资本和帝国主义资本的剥削，合作社则是协助工农大众逐渐挣脱这些剥削的有力组织，并为新民民（主）主义经济的有力组成部份（分）。国民党过去是以合作社来麻痹中农、贫农的革命意识，使之成为地主豪绅统治农村经济的新方式。我们应该彻底推翻国民党的这种政策，使合作社真正能够成为工农群众自身的组织，为他们自己争取经济上的利益。

（二）合作社按照其作用与性质划分，可有左列五种：

甲、生产合作社——为组织工人、艺徒、手工业者、家庭妇女和农民共同出力出资从事生产事业，如纺织、造纸、垦荒等等合作社组织（不生产的不得参加）。这种合作社，为了要谋得根据地经济的自给自足，我们应以最大力量来推进。

乙、运销合作社——为组织农民、小贩、苦力共同贩卖自己所生产的物品（如农民出卖山芋、花生等）以挣脱中间商人的剥削或以自己的体力贩运特种物产，赚出余利（如小贩苦力贩盐）的合作社组织，对于这类合作社，我们要提防商人和地主混入。

丙、消费合作社——为组织小贩、小商人、农村居民共同集资采购农村日用必须品，主要为供社员需要，以减少中间商人的剥削的合作社组织。这类合作社是最可以广泛吸收社员的，但需防范少数人操纵。

丁、利用合作社——征集社员的生产工具，如耕牛、石磨、风车，或集资购办生产工具，以供全体社员利用，使贫苦农民亦有工具可用，这种合作社组织，谓之利用合作社，在农村中亦可普遍组织。

戊、信用合作社为农民自己的金融组织，目的在挣脱高利贷剥削。它的发展常要依靠政府的低利贷款，因此我们必须经常注意地主与高利贷资本趁机侵入，来利用我们的低利贷款。

（三）前列各种合作社，特别是生产、运销两种，虽然要防止地主、高利贷资本和商业资本的侵入，免为他们所操纵，但如何争取他们在一定范围内，来协助这些合作社的发展，则仍属必要。如在分半利息的前提下，动员他们贷款给合作社。

（四）合作社经济虽为新民民（主）主义经济，目的在培养工农群众在经济上的优势地位，但我们不能因此就与私人生产和商业资本完全对立起来，不顾他们的利益，只顾合作社的利益。至于私人生产事业，不计其规模大小，今天在根据地内，不特不宜妨碍他，而且还是一样应该照顾的。

货币政策与发行计划

（一）华中的货币环境

我们要正确规定华中敌后各根据地的货币政策，首先必须明白华中今日所处的货币环境，归纳起来，这环境的特点有下列四端。

一、日寇占领上海租界以后，必更利用上海这一优越的金融据点来扩大伪币流通的范围，排斥法币，换句话说，他在平津华北所展施行的必在华中重演一遍，并加深其深度。

二、日寇对法币的排斥一方面只能是逐渐的，因为法币对于华中人民尚有很大的力量和利害关系，同时目前日寇也还要利用他这次在上海所掠得的游资（法币）并对上海各银行的存户（华中的工商界枢纽）采取怀柔政策，不过另一方面，它必将坚决排斥法币，打倒法币，使华中货币权完全殖民地化，所以我们今日对于华中的法币不要神经过敏的以为它就要垮台，同时也不要过分麻痹，以为华中法币将仍兀立不动。

三、在太平洋战争爆发前两三个月，国民党已经彻底地放弃了对上海法币外汇市场的维持（以前多少还有点藕断丝连），这次日寇占领上海租界以后，英美银行与中、中、交、农完全陷入敌手，法币自然更变为纯粹对内的流通工具和支付工具了，所以日寇今后对于沿长江各市镇特别是上海的游资（法币）的利用主要只有一个方式，即动员这些游资到大后方，特别是华中敌后来购买（实际等于半掠夺）物资，即将它统治下的法币变为它统治下的物资（以前还可以购买外汇，现在只可购买内地的物资了）。在这物资购买过程中，一方面是法币，它要被驱逐于大后方和华中敌后各抗日民主根据地，使成为法币泛滥之海，物价更狂涨，人民生活更加困难，另一方面伪币即可乘虚侵占法币原来地位，扩大其地盘。这是日寇今日在华中将采取的“一刀三面快”的货币侵略政策。

四、国民党对于全国法币的不断贬价，将仍是无力制止的（理由可不赘述），对于日寇占领上海租界以后在华中所要厉行的这一货币侵略政策，当更无力来照顾和斗争，部分的顽固派分子甚至还会高兴法币向我华中根据地泛滥，因为它可更猛烈地影响我根据地的生存。他们不会从大局上来设想，法币在根据地泛滥每不断贬价，对于整个法币和他们自己也是极大不利的。所以我们应明白认清国民党不论在其主客观上皆不可能来帮助我们在华中作保卫法币的斗争，它只会撒下更大的烂污，即继续以大量法币运给顽韩与企图东征的顽军，要我华中广大人民来负担。扼要说来，我们今日和最近一个时期所处的货币环境大致如此。

（二）在货币政策上我们的双重斗争

根据上述的货币环境，我们对敌的货币战，将不得不是双重性的，兹分述如后：

第一，对伪钞无直接斗争，其主要内容如次：

一、在敌统治区游击区（在游击区我们也可酌置发行我们自己的纸币，为区别起见，以下统简称为“抗币”）发动广大人民借用法币和拒用伪币，在我根据地区，则从政治上来动员和从经济上来保证广大人民逐渐信用抗币（过程详后）与彻底拒用伪币。

二、管理根据地大宗的进出口贸易，使日寇掠夺物资的目的和以伪币来压低法币，特别是通过法币来压低抗币的对外（即对沦陷区伪币）比值的阴谋，不能实现。这点在我们的货币政策中占极重要的地位。他的能否顺利完成且与根据地的生产事业能否顺利发展有最密切的关系。

第二，为对敌伪驱逐法币至我根据地使成为法币泛滥之海的阴谋斗争，这是与法币关连着的对伪钞的间接的斗争。其中心任务是，敌伪要将法币从其统治区和控制区排斥出来，将地盘让给伪钞，同时将法币挤到我根据地内来，一方抢购物资，一方使法币要跌价，我根据地内人民要受苦。与这都相对立，我们就要将日寇的这一阴谋完全粉碎，即不让法币被它驱逐出来，并将我之物资掠夺过去，不让伪钞取我法币地位而代之，使我法币因缩小流通范围而更陷于恶性膨胀。要实现这一任务我们所应做的事情当然很多，其中最有力者乏一即我根据地内必须发行抗币，并逐渐使之成为根据地内独占的流通工具（即停止法币的流通），使日寇根本无法驱逐法币到我根据地来。骤然看来，好像我们也在否认法币，反对法币和拒用法币，其实是相反的，我们正是保卫法币。因为我们并非单纯的抗拒法币，而是抗拒日寇将法币从上海、南京、无锡等地区驱逐到我根据地来。我们如果不这样做，就等于将法币在京沪一带的地盘凭空献给敌人，这是大大有利于伪钞而有害于法币的。这正如交战双方做最后的阵地战时，好的司令员必须用良好的政治鼓动工作和严厉的军纪来督促战士坚持原有阵地，并英勇的向前推进一样，在这时如果司令员还妄以为自己有后方可退，就让决战的战士离开其原有阵地，退到后方来，这不但帮助了敌人取得了胜利，而且还会使整个后方的士气瓦解、垮台。今日和最近将来法币和伪钞在华中敌占区和敌控制区严阵相待，即等于来临决战时期，我们是不能不设法顶住法币，坚持其阵地了，如果让他退下来，表面上好像是卫护它，实际则是促其崩溃，这一点，我们自己必须首先辨别明白，然后我们才能粉碎顽固派可能加给我们一切中伤和污蔑。

（三）抗币生长的三阶段

至于抗币如何生长，如何取得独占的流通工具的地位，这不是一个简单的问题。第一，它要看根据地的军事稳定程度和群众动员程度。第二，它要看前述华中今日的货币环境之具体的演变和演变程度。第三，它还要看根据地的对外贸易和生产事业如何发展等等，并非一帆风顺和刻板方式的，但就一般情况及敌后抗日民主根据地发展的一般规律性而言，抗币的生长与对伪钞的斗争大概可划出下列三个阶段：

第一阶段——抗币与法币等价平行流通时期。

今日华中敌后各抗日民主根据地已发行抗币的还很少（仅淮海与路西有少数发行）。抗币还毫无基础，所以在第一阶段，抗币不应（同时也是不可能的）立即取法币而代之，同时在比价上亦必须与法币一致。抗币在这阶段应逐渐由辅助的流通手段变为主要的流通手段，只要各根据地能相当稳定（如今日之路东、淮北、淮海、盐阜四区），这一转变是完全可能做到的。因为：

首先，各根据地内一元券及五毛以下的辅币可说已断绝来源，破烂的更无处可换，五元以上的法币筹码虽然不怎样缺乏，但稍有破烂即难顺利流通，兑换新的也同样不可能，这是抗币今日能逐渐变为主要流通工具的主要根据之一。

其次，抗币的发行不是为了财政目的，而是为了创造出一些筹码，作为生产投资，贷放给工农群众经营生产事业，使根据地的农村经济富裕起来。其结果自然会扩大流通界的货币需要量，使抗币更为社会所需要，同时一般人民对于抗币也会采取更信任的态度，因为这是贷款给他们的银行发行出来的，和他们有血肉关系。

在这一阶段，我们要特别注意下面两件事：

1. 抗币的发行方式主要是兑换，所以抗币越发的多和越占优势，库存中的法币也会一天天多起来，我们必须机动地将它运用到根据地外去换回物资至最高限度。换言之，即减少库存法币至最低限度，为第二、第三阶段之准备。

2. 抗币对外（即对敌伪区）是没有支付力的，为了使抗币在对外关系也能有力量，并可不受伪币通过法币对抗币的威胁和操纵，使抗币能一天天地变为强有力的独立货币，我们第一步必须管理贸易，否则货币战的胜利将是不可能的。管理贸易就是与敌伪作贸易战，在华中敌后各抗日民主根据地于本阶段内应做到：

一、贸易入超的地区赶快设法减少其入超额，以至于求得平衡，要完成这点，自应大大地发展根据地内的生产事业。

二、出口贸易要管理得更严密，对若干大宗出口货商应予以登记（如盐阜地区之盐、棉、猪三大业），以便我们管理外汇，控制住对外的支付工具，这样一方面我们的物资可不被敌伪所任意掠夺；另一方面抗币所需的外汇基金亦可源源不绝。小的出口贸易，我们不必加以管理，因为这既不可能也不必要。

第二阶段——抗币独占流通界与法币限制兑换时期。

在第一阶段中，抗币越占优势，就越接近第二阶段。这一阶段的完成是最困难的，在对敌货币战中亦为主要的关键，其特点是：

一、在根据地内只准抗币在市面流通，法币要先换成抗币才能行使。

二、法币兑换抗币基本上还是采取等价原则，不过要求兑换时（少额的除外）将不是完全自由的，我们可适当登记与管理其用途。假使兑换抗币是为了购买盐、棉、猪等物资出口，我们就可于承兑时即先登记他将来的出口外汇，使所述大宗出口贸易的管理更加严密。必要的话，我们并可限制其兑换，因为在第一阶段也好，第二阶段也好，我们都必须严密防范日寇将大批法币挤到我根据地来，将我们的物资掠夺而去的这一阴谋。

只要根据地情况相当稳定，对外贸易能适当管理，这第二阶段也是能够实现的。

在这阶段内，要特别注意的事情仍如前一阶段，不过应以更高的速度来推进。

第三阶段——抗币独占流通界并脱离法币影响时期。

这一阶段是第二阶段更进一步的发展，在质量上有更大的变化其特点是：

一、抗币更坚定、更深入的独占流通界，成为根据地内唯一的流通手段。只要有关物价的其他因素不起任何变化，抗币又按流通手段的法则而发行，根据地内的物价会较少变化和上涨，这一点在第二阶段已可相当做到，只是远不若本阶段坚定而已。

二、抗币与法币的关系变为汇兑关系，法币只成为根据地对外支付工具之一。其汇率不一定维持等价原则，一般说来，抗币一元将可能高于法币一元，这要看根据地的对外贸易关系以及法币当时在敌占区、游击区的情况来规定。

三、在对外关系上，抗币又将通过法币与伪币建立相当的汇兑关系（严格说来，这在第二乃至第一阶段也已开始出现，不过只有到本阶段才能是积极主动的）。因为，在本阶段内，抗币于法币的汇兑关系也是主动的。所谓主动的意思，就是抗币对法币、伪币的兑汇率并不是“钉住”的，即抗币可不随法币、伪币的涨落而作同程度的涨落，至于其汇率将如何变化，抗币对伪币占优势还是占劣势，这主要要由根据地的生产事业对外贸易及法币、伪币的具体演变和情况来决定。

这一阶段只要第二阶段完成了，就比较容易随着完成，困难的是对外汇兑关系，如何调节，和如何分才能取得有利地位。

进到这一阶段以后，日寇“一刀三面快”的货币侵略政策在我根据地内就将完全碰壁。

（四）发行抗币时应注意的事项

一、发行纸币最怕假冒，而在今天敌伪假冒我抗币，以期达到破坏的目的，则又是必然的。防止假冒的办法有两种，一是用精良的技术来防止，这是在敌后环境中很难办到，而且敌伪有的是精良技术，假冒仍是可能的，甚至还更容易一些。另外一种是用落后的办法来防止假冒，其具体内容如次：

甲、用自造的土纸印钞票。在自造土纸时，我们尽可能弄些小玩意（如加点颜色的纤维乃至土水印等），使敌伪假冒时，非先化（花）些时间来仿造我们的土纸不可。

乙、在印好的钞票上，我们多加些手工，如盖印盖号码等，使敌伪仿造时非常麻烦，要费更多的时间。

丙、土纸钞票不能经久使用（大概只能半年），这本是一个缺点，但在防止假冒这一任务上，它有很妙的作用。因为票子一破旧，老百姓都会自动要求兑换新的，所以半年以后，旧票子都会自动的流回来，新票子又接着兑换出去，这样，只要在准备印制新票子的时候，我们将油墨颜色（版可变可不变）变换一下，到半年之后市面上所行使的抗币就会变成另一种了。可是敌伪假冒我抗币，既然如前所述，要化（花）时间仿造我们的土纸，又要费许多时间加盖图章和号码等，等到偷偷输入我根据地内来，恐怕已经半年了，它在半年前当然不会晓得我们半年后的新票子用什么颜色及何种式样，因此它所伪造的抗币一进我根据地，人民都会晓得是伪造，因为当时旧的抗币已经收回，新的真抗币则已是另外一种了。

丁、要保证前述防止假冒的工作能胜利达到，我们必须有合作社网和农救会网，使广大人民都能及时明白这一套，协同我们对假冒抗币的罪行斗争。

（这土生土长的发行办法各根据地在开始时应采取试验的态度，先作小额发行，然后再慢慢扩大。）

二、抗币的发行在开始阶段要特别审慎。我们要选择时机发，例如逢集与交易旺月，我们即可趁机都兑换一些出去。我们的机关部队发经费与津贴时，要尽可能发法币，因为在开始时，最忌抗币大量地经过我战士与政府工作人员之手流到市面上去。

三、抗币的票面，先发一元、五角、二角、一角四种，五元、十元的要尽可能迟发，因为市面上最感缺乏的是前四种而不是后两种，同时为了防止假冒，这也是非常必要的。

四、各根据地的抗币，以分别发行为原则，相互可以承兑，但不可以流通。

（五）破钞杂钞问题

一、中、中、交、农所发行的法币，在华中敌后各根据地内，因为无处兑换的关系，破烂的很多，特别是一元的（五角、二角、一角的也有）。对于这些破烂票来要求兑换抗币，我们以不承办为原则，否则我们所受的损失将是很大的。不过有些五元、十元的破票（如角上略有损坏或破了一个小洞），主要是由于敌伪间接捣乱拒用，因而在根据地内亦难流通起来，这些破票，如到根据地外仍有用出的可能，我们亦可能酌量承兑，以支持法币信用。

二、杂钞内容复杂，可大别为两种：一种是国民党省银行发的票子（如安徽地方银行，江苏省农民银行，可称顽票），有一元、五角、二角、一角等种类。对这类杂钞我们一律不承兑换抗币，而且要尽一切可能尽速将它们排斥到根据地外去，公开号召亦可。因为这些省钞即在国民党区域内，隔省也是不能通用的。另一种杂钞是根据地内的商会、商号或垦殖公司发行的，以五角、二角、一角为最多（有毛竹制的），而且大部分都是近一、二年来因市面辅币奇缺，找零不便，为调剂市面而发行的。对于这一类杂钞，应比例着抗币（五角、二角、一角者）的发行额，顾及代替能力，逐渐请原发行人收回。只要他们自已同意收回，我们可签协定，以抗币代他们收回（即允许承兑抗币），这一工作，我们必须做到，但不可操之过急，激起商人反感，我们要多做说服工作。

选自《华中抗日根据地财政经济史料选编》第一卷，档案出版社1984年7月版，第54～67页。江苏省财政厅、江苏省档案馆、财政经济史编写组合编。

2. 盐阜区垦荒条例

1942年9月[①]

第一条　为增加生产、救济失业，充实抗战力量。特订定本条例。

第二条　无论公荒与私荒或生荒与熟荒，一律放垦使地均能尽其用。

第三条　公荒由政府分配给抗属难民贫农开垦并归其所有。

第四条　开垦公荒自领垦之日起五年内免除赋税。

第五条　在垦植五年后以该领垦之土地质量好坏规定赋税。

第六条　私荒不论生荒熟荒应先尽业主开垦，如业主无力开垦任其荒芜时政府限期业主放垦或由政府招人开垦。

第七条　开垦生荒三年内承垦人不纳租税。

第八条　开垦熟荒当年能播种收益者，承垦人缴百分之五地租，以后逐年增加但不得超过百分之三十。

第九条　开垦熟荒如须翻土方能播种收益者，第一年租税全免，第二年免除租税一半。

第十条　生荒若系主佃合资开垦者，能播种收益时承垦人应缴百分之十租税。

第十一条　熟荒若系主佃合资各半开垦当年能播种收益者，承垦人应缴百分之十五租税。

第十二条　须翻土方能播种收益系主佃合资各半者承垦人应缴百分之十租税。

第十三条　私荒所有权仍归原主，但开垦者有永佃权。

第十四条　开垦实施细则，准各县自行规定颁布之。

第十五条　本条例自公布之日实行。

选自《华中抗日根据地财政经济史料选编》第一卷，档案出版社1984年7月版，第404～405页。江苏省财政厅、江苏省档案馆、财政经济史编写组合编。原注："按1944年出版《盐阜区财政经济法令汇编》刊印"。

3. 盐阜区纺织奖励办法

1942年

第一条　为奖励盐阜地区纺织事业之进行特订定本办法。

① 原注：年月为编者判定。

第二条　凡在盐阜区内由商人投资开设之纺织厂及织布厂不论用手工制造或用畜力机器发动，一律依本办法予以奖励。

第三条　纺织厂一律免缴营业税及产销统税。

第四条　纺织厂所需用之原料即棉花及厂纱，如欲自盐阜区境外采购者，一律免征进口税。

第五条　纺织厂得在其所在地之附近乡镇，依盐阜区手工纺织生产小组暨合作社组织简则之规定，发动组织手工纺织生产小组与合作社并得为该合作社之特别社员。

第六条　在发动组织该项生产小组与合作社时，纺织厂得请求当地区政府予以一切帮助，区政府不得拒绝。

第七条　纺织厂制成纱布由该厂自由运销，但如因特别原因发生滞销情形时政府应负责收买该项纱布，或以纱布为担保贷款该厂。

第八条　纺织厂办理成绩确实优良者，政府得依下列各项办法予以特别奖励：一、政府贷给低利放款帮助其发展。二、一次给予一百元至一千元之奖金。三、颁给奖状。

第九条　纺织厂关于置备工具购买原料运销制品等事项，如有困难得随时请求当地区县政府予以协助。

第十条　为确实执行奖励办法起见，凡在盐阜区境内已设或新设之纺织厂，应开具下列各项呈由当地县政府转盐阜区行政公署登记，凡未经登记者一律不得享受本办法所规定之各项奖励。一、名称。二、成立年月。三、股东姓名。四、经理人姓名。五、资本数额。六、所有纺机及织机之种类及架数。七、每月产量及其运销地点。八、每月所需原料数量及其采购地点。九、营业上有何困难。十、其他。

第十一条　本办法由行政公署颁行，其有修改时亦同。

选自《华中抗日根据地财政经济史料选编》第一卷，档案出版社 1984 年 7 月版，第 445～446 页。江苏省财政厅、江苏省档案馆、财政经济史编写组合编。原注："按 1944 年出版《盐阜区财经法令汇编》刊印"。

4. 盐阜区合作社暂行条例

1942 年

第一章　总　则

第一条　为改善人民生活，促进地方经济建设开展对敌经济斗争，发展合作事业以增进抗战力量起见，特订定本条例。

第二条　本区人民组织合作社应遵照本条例之规定。

第二章　合作社类别及命名

第三条　合作社按其业务性质分左列各种：

（一）生产合作社　其业务为社员共同从事如农作物之培植，家畜之饲养，水利与荒地之开发等生产事业。

（二）运销合作社　其业务为运销社员自身及兼营非社员所生产之物品。

（三）消费合作社　其业务为采购社员自身及兼营非社员所需之工具种子肥料及其他日用品。

（四）信用合作社　其业务为贷放社员所需之资金及吸收社员非社员之存款。

（五）利用合作社　其业务为征集与采购生产工具，以供社员共同利用。

第四条　不符合前条规定者，不得称为合作社。

第五条　在一乡之内同种类之合作社不得有二个以上，如发生有二个以上之事情者应即并为一社。

第六条　合作社命名首应标明合作社所在地之县区乡之名称，次应标明合作社之种类，如同一合作社而兼数种业务则以其主要业务命名。

第七条　二乡以上所合组之合作社须将二乡以上乡名并列。

第三章　社员与股金

第八条　合作社社员人数规定如左：

（甲）生产及利用合作社七人以上。

（乙）其他各种合作社二十一人以上。

第九条　合作社股金每人至少须认一股，最多不得超过全部股金百分之二十。

第十条　合作社一律为有限责任。

第十一条　社员退社须于三个月前向社申请。其股金须于退社后三个月退还，死亡社员其继承人如申请退社者其股金于退社后三个月内退还。

第十二条　社股转让须经社员大会通过。

第十三条　合作社成立后要求入社者须由社员二人介绍，由理事会接收并须经社员大会追认通过，新社员经理事会接收后其权利义务与旧社员同。

第四章　合作社组织

第十四条　有七人以上之发起，即可组织合作社筹备会报请政府派员指导协助。

第十五条　合作社成立须召开成立大会选举理事三人至七人组织理事会，并互推一人为理事长；成立后二十日内须将社章成立大会记录股金总额社员名单理事姓名经历住址报请当地政府转呈县政府登记。

第十六条　合作社之最高权力机关为社员大会，最少每半年开会一次，闭会后由理事会根据本条例社章及社员大会决议执行社务。

第十七条　合作社选举权表决权以一人一票为标准，不以股权多少为标准。

第十八条　合作社章须记明左列事项：

（一）名称（二）业务（三）地址（四）股金金额及缴纳方法（五）决算期间及盈余分配（六）公积金（七）社员退社入社及开除之规定（八）职员任免（九）解散之理由（十）其他有关社务事项

第十九条　县政府接到前项申请书后于十日内经核准后发给许可证。

第二十条　经政府许可登记之合作社得申请政府贷放资金派员指导。

第二十一条　一区之内不分种类有三个以上之合作社即可自动组织区联合社，一县内有三个以上之区联合社即可自动组织县联合社。

第二十二条　区县联合社资金由各社员合作社自动分认，区县联合社及社员合作社之关系与合作社对社员之关系相同。

第二十三条　区县联合社之业务权限不得超越下列范围：

（一）加强各社之联系与团结。

（二）协助调节各社资本。

（三）联合贩卖各社产品与采购各社所需物品。

（四）指导各社业务之进行。

（五）协助各社社员教育及工作人员训练。

第二十四条　区县联合社之成立须按照本条例之十五十六两条之规定办理。

第五章　盈余分配

第二十五条　合作社盈余应先提百分之二十为公积金，其余按左列百分比分配。

甲、提百分之三十为股息。

乙、提百分之十为合作社职员（包括理事及工作人员）奖励金。

丙、提百分之十为地方公益金。

丁、其余百分之五十为社员红利总额分别合作社种类按左列比例分配：

一、生产合作社——社员所产物品价值对总生产物品价值比例。

二、运销合作社——社员所运输之物品价值对总运销物品价值之比例。

三、消费合作社——社员所购用之物品价值对全体社员的购用物品价值之比例。

四、信用合作社——社员存款数额对全体社员存款数额之比例。

五、利用合作社——社员所付工具利用费对全体社员所付工具利用费之比例。

第六章　附　则

第二十六条　本条例如有未尽事宜得以明令修改之。

第二十七条　本条例自公布日起施行。

选自《华中抗日根据地财政经济史料选编》第一卷，档案出版社 1984 年 7 月版，第 447～450 页。江苏省财政厅、江苏省档案馆、财政经济史编写组合编。原注：“按 1944 年出版《盐阜区财经法令汇编》刊印”。

5. 苏中经济建设方案

1943 年 7 月 7 日华中行政公署公布

溯自抗日军兴，京沪沦陷，我苏中人民在敌伪直接间接之重重蹂躏剥削下，痛苦日深，憔悴日甚，生产减缩，国力衰微，我抗日民主政府建立以来目击时艰难安寝馈，虽在敌伪频繁扫荡之下，仍不惜殚精竭智，亟图恢复地方元气，拯斯民于水火，先之以废除苛杂，轻松人民负担，继之以二五减租，提高生产热忱，近更厉行精兵简政，以为治本培元之计，三年来，幸赖我全体军民之同心协力，暨各阶层人士之推诚合作，虽未能即登吾民于衽席，然而生活业已相当改善，民困业以稍获昭苏，此乃差可告慰于我苏中父老兄弟者。但以大敌当前，强寇未逐，萑符未靖，百废待兴，政府每念及此，时切忧思，况今国际形势有利于我，德意既受重挫于欧非，日寇又惶惶恐惧英美之反扑，法西阵线之崩溃指日可期，抗战胜利之曙光已经在望，我尤宜培养民力，储蓄民财，养精蓄锐，以待时机，更须预防敌寇封锁之加紧，先求所以自给自足之道，故此更进一步提高生产热忱，厉行经济建设尤为今日所必需。本署爰乃根据苏中实际环境，拟定经济建设方案，必求其贯彻实行以完成抗战建国大业，我全体军民，应不分男女老幼，不分贫富阶层，一致在政府领导之下，同心同德，共济艰难，我全体政府工作人员，尤应发挥百折不挠之传统精神，身体力行，奋志以赴，俾竟意事业之全功，国家民族前途实利赖之。

第一项　经济建设方针

一、以发展自给自足之农业为主，提高农业生产力，达到普遍改善人民生活，以加强坚持原地抗战之条件，并奠下将来建国伟业之基础。

二、发展军需民用工业，达到经济上之自给自足。

三、开辟贸易路线，疏通运销，调节根据地内外供需关系。

四、争取经济上之独立自主，力求摆脱附庸性质，并尽一切可能打破敌人对我经济之控制和掠夺。

根据上列方针，当前具体工作以普遍成立农业生产合作社及组织农村劳动力为中心要务，应予更大之努力以求其彻底完成。

第二项　普遍成立农业生产合作社

一、为增加农业生产，发动及组织农村劳动力，各县应遵照苏中所颁布之合作社组织法，在各地广泛组织农业生产合作社（其它各种合作社亦可组织，但主要的组织农业生产合作社），各级政府应用大力帮助和督促其进行。

二、生产合作社之社员，以广大劳动农民为主体，但同时要大量吸收各阶层人士来参加。

三、政府对于合作社之帮助。

甲、帮助其建立组织：

（一）根据合作社之组织法，指导并协助其组织进行帮助解决组织过程中之一切困难。

（二）帮助解决干部问题。

乙、帮助解决生产上之各种困难：

（一）指导其有计划的进行农业及其付（副）业生产，或增加、或减少、或改种其他植物，总以符合抗战利益及上述四原则中第一个原则之精神为基准。

（二）帮助解决资金缺乏问题，其方法有二：其一为吸收社会游资，或指导社会上其他部门之资金使其流入或转移至合作事业中，其二为政府授资。

（三）帮助解决农具种子肥料水利耕牛等问题。

（四）凡社员耕地不足者，政府所有之农田公产尽先由社员租种，荒地开垦者亦同。

（五）凡合作社所需之物品，尽量设法并鼓励输入，凡合作社产品为政府所需要者尽先收买。

丙、凡生产有显著成绩之合作社，政府应予奖励。

四、合作社之任务：

（一）将本社及邻近各社之农具资金、劳动力、运输工具，设法调整，互相利用。

（二）办理水利事宜，共同建设公私沟塘等。

（三）接受政府所指定应种之各种农作物。

（四）研究并试验改良耕种方法改良种子和农具。

（五）共同买卖各种为生产及生活而需要输入及输出之物品，减轻中间剥削。

（六）互相保护农作物，防止偷窃、践踏、破坏，并共同扑灭害虫。

（七）共同保护和培养地力，不得浪费地力，以免地力衰退。

五、合作社成立以后，政府对于农贷之发放，概以实物为标准，如肥料、种子、农具等，发放时一律通过合作社，再由合作社照政府规定之利息（或无利）转放给各农户，政府不再以个别户为放款对象，以保证每一放款均能用以生产。

第三项　农村劳动力之组织

一、农村劳动力应大量普遍组织协助，以发挥协作效能，其组织形式可以不拘，以适合当地民情需要为原则。

二、劳动力之组织，主要由农抗会负责，政府及合作社应以大力协助。

三、合作社成立后，其能力环境许可时亦可负责组织劳动力。

第四项　水利工程

各县区政府，应号召各阶层人士，共同组织水利委员会，根据所属实际情形，计划各种水利工程，如排水、蓄水、引水、防水、利用水力及其他等。

第五项　林　业

一、沿堤、沿路、沿河岸，各县应有计划普遍植树，其私人大量植树者政府予以奖励。

二、奖励植果。

三、荒场坟地奖励植林。

第六项　工　业

一、维持并适当发展已建立之各种公营及私营工业（如毛巾纺织制纸制袜等）。

二、发展有关农事之工业（如铁匠木匠篾匠等）。

三、发展食品工业（如碾米、制面、造粉酱做干腌等）以便利和改良军食民食。

四、适当发展日用品及棉织工业（如纺织、肥皂、牙刷、鞋袜、成衣等）以期达到日用必须（需）品之自给自足。

五、发展军需及与军需有关之工业以充实抗战军事力量。

六、奖励及优待农具发明家。

第七项　运输事业

一、为打通对内对外贸易通路，增加我之水陆运输能力，应奖励和帮助商人组织各种运输公司或运商，设法保护其运输途中之安全。

二、运输事业之发展，主要是奖励民营，政府居于指导和帮助地位。

第八项　商　业

一、每乡设立粮行一、二所，以调节民食。

二、鼓励城市商人到乡村中多设小店或合作社。

三、各县政府规定适当地点采取兴集办法。

选自《华中抗日根据地财政经济史料选编》第二卷，档案出版社 1986 年 8 月版，第 84～88 页。江苏省财政厅、江苏省档案馆、财政经济史编写组合编。原注：“按《滨海报增刊》1943 年 7 月 10 日第 7 版刊印”。

6. 盐阜区垦荒条例

1943 年 9 月 25 日修正

第一章　总　则

第一条　为增加生产救济失业充实抗战力量特订定本条例。

第二条　凡本区境内之民众实行开垦者均应遵照本条例之规定办理。

第二章　荒　地

第三条　无论公荒与私荒或生荒与熟荒一律开垦使地均能尽其用。

第四条　公荒由政府分配给抗属难民贫民开垦并归其所有。

第五条　开垦公荒自领垦之日起五年内免除粮税五年后，以该领垦之土地质量好坏再定粮税。

第六条　凡承领公荒者应请所在地乡政府转呈区政府备案，由区政府派员调查属实后发给承垦证领垦者凭证垦殖。

第七条　私荒不论生荒熟荒应先尽业主开垦，如业主无力开垦任其荒芜时，区政府得限业主于一个月内开垦，逾期区政府得招人开垦。

第八条　私荒开垦后政府在三年内不增加其公粮及土地税以资奖励。

第九条　私荒所有权仍归原主十五年内不得收回，并尽可能予开垦者以永佃权。

第三章　垦　殖

第十条　生荒经承垦人开垦后四年内不纳地租。

第十一条　熟荒经承垦人开垦后当年能播种收益者在第一年应缴百分之五地租，以后逐年增加但不得超过百分之三十。

第十二条　荒地之开垦须加土翻土（亦称扛地）或翻碱者可依下例之办法主佃双方商得同意后实行之。

一、翻土及翻碱之一切劳力资本完全由佃户单独负担时，则垦成后由地主给予佃户三分之二土地（即如佃户开成三亩后地主给佃户二亩土地所有权地主本人仅得一亩）。

二、翻土及翻碱之一切劳力资本完全由佃户单独负担时，则垦成后在三年以上五年以内之作物收获完全归佃户所得，在此期中土地税及公粮亦由佃户负责缴纳，在期满后仍行四六分租，地主在十年内不得转租他人。

第十三条　取得荒地承垦权之佃户以自耕为限不得将承租权转让他人。

第十四条　荒地之开垦无论自垦承垦均应在承垦时呈报所在地乡政府转呈区政府由区政府分别发给自垦承垦各证，以便缴纳公粮及土地税。

第十五条　业主如将普通土地报为新翻碱地或新开荒地希图少缴公粮及土地税者，经查明属实后，除追缴粮税外每亩处以五十元至五百元之罚金。

第十六条　垦荒资金以垦户自筹为原则，必要时垦户可向政府借贷，唯借贷额不得超过每亩垦费之五分之一。

第十七条　垦荒贷款之归还期间该［以］一年为限，在一年中分两期偿还之。

第十八条　垦荒贷款详细办法另订之。

第四章　附　则

第十九条　各县开垦实施细则可遵照本条例再参酌地方情形自行规定之。

第二十条　本条例自公布之日起实行。

选自《华中抗日根据地财政经济史料选编》第二卷，档案出版社 1986 年 8 月版，第 247～249 页。江苏省财政厅、江苏省档案馆、财政经济史编写组合编。原注："按《盐阜区财经法令汇编》1943 年版刊印"。

7. 盐阜区生产奖励办法

1943 年

第一条　为提高劳动地位，发动广大人民生产热潮，以达到改善根据地物质生活，加强斗争力量，特订本办法。

第二条　凡本区境内农户由改善生产办法（如多犁多锄多施肥），因而获得丰收者，经政府评定后，得分别赠予乡农业劳动英雄，区农业劳动英雄，县农业劳动英雄等荣誉称号，并分别予以三百元，五百元，八百元以上之物质奖励。

第三条　凡本区境内从事工业手工业生产（如晒盐、烧盐、榨油、织布等），由改善生产办法而达到最高生产纪录者，经政府评定后，得分别赠予乡工业劳动英雄，区工业劳动英雄，县工业劳动英雄等荣誉称号，并分别予以三百元，五百元，八百元以上之物质奖励。

第四条　凡机关学校成员，由努力生产，改善生活及解决物质困难者，得由该机关学校公举为该机关学校之劳动英雄，应给予五百元以上之物质奖励。

第五条　凡本区境内公私人员，均可自由组织生产竞赛，向所在地政府或所属机关登记，不问是耕田，种菜，养猪，垦荒，晒盐，织布或运盐等，其收获或生产量打破纪录，经所在地政府或所属机关评定后，均得赠以该地区或该机关之劳动英雄称号，并分别予以三百元，五百元，八百元以上之物质奖励。

第六条　凡县与县、区与区、乡与乡、机关与机关、学校与学校之间，均可自由组织生产竞赛，向上级政府或机关登记，用帮助按家计划，组织劳动英雄互助，发展合作运动，奖惩劳动英雄等办法来进行一切个人及集体的农业、工业手工业、运输等、牧畜等的生产竞赛，经上级政府或机关评定后，得赠与各该级政府，机关学校等以生产模范的荣誉称号并得酬予物质奖励。

第七条　凡开垦荒地者，不问公荒私荒，生荒熟荒，一律按照盐阜区垦荒条例给以优待与奖励。

第八条　凡本区境内出产土制布匹，经向政府登记后，一律准许免税运销，并依纺织奖励办法奖励之。

第九条　凡组织合作社进行榨油，经向政府登记后得申请免征营业税，如以榨油所得之豆饼供养猪增肥之用，不运销出境者，其所出之豆饼，免征产销税。

第十条　凡组织运销合作社，进行贩盐贩粮者经向政府登记后，得申请免征营业税与牙税。

第十一条　凡受敌伪蹂躏，生产力被破坏之地区，由当地政府人士之动员号召，迅速恢复生产，继续坚持斗争，得避免造成灾荒，不使广大人民，流离失所者，经上级政府查明后，当予以特别荣誉及一千元以上的物质奖励。

第十二条　凡能从生产经验中改善生产方法，对全区生产有极大贡献者，当给予特别荣誉及一千元以上之物质奖励。

第十三条　凡在生产上有新发明或改良，对根据地坚持斗争之物质要求上，有极大贡献者（如改良土硝制练法，能大量生产，足供对敌斗争需要或其他新发明等），当予以特别荣誉及一千元以上之物质奖励。

第十四条　各县区政府得根据本办法之原则及该县区具体情形，自订各县区奖励生产办法之实施细则或方案。

第十五条　本办法自公布日起施行。

选自《华中抗日根据地财政经济史料选编》第二卷，档案出版社1986年8月版，第360～361页。江苏省财政厅、江苏省档案馆、财政经济史编写组合编。原注："接《盐阜区财经法令汇编》1943年版刊印"。

8. 苏中抗战时贸易管理暂行条例

1943年11月23日

苏中行政公署财经处训令各级行政区实行战时贸易管理

1943年11月23日

苏中行政公署于日前通令各行政区专员公署，各财政经济分处，实行战时贸易管理，抵制敌伪对我根据地之物资掠夺，其原文如下："查敌伪日暮途穷，限［陷］于绝境，为挽救其垂危之命运，除在军事上孤注一掷外，并加紧经济封锁，掠夺我方物资，为数极大，实我根据地人民之重大损失。最近敌伪将更以十万万元伪币，来我根据地吸收棉花食粮，如不加以抵制，所有物资将被其掠夺一空，军需民用势益感困乏，而伪币蔓延亦将不可收拾。兹为管制我地区进出口货物，实行贸易政策，以粉碎敌伪掠夺阴谋，堵绝伪币潜入，而平衡物价安定民生，增强抗战力量起见，除前令各级政府内组织贸易执行管理各地区大宗物资及进出口商业贸易在案外，特此颁行贸易管理暂行条例，进出口货物管理暂行办法，交通运输管理暂行办法，随令附发，除分令外合亟令并公布施行，并饬属全体遵照为要。此令。"

主　任　管文蔚

财经处长　朱　毅

附：苏中抗战时贸易管理暂行条例

第一章　总　则

第一条　为执行战时经济政策，实行以货易货，限制物资外流，堵绝伪币潜入，调剂供求关系，平衡物价，并争取各种必需品之获得，确保抗日根据地物资之充裕，特订定本条例。

第二条　在苏中区内经济商业之商铺、行坊、商贩悉照条例之各项办理。

第二章　机关及职掌

第三条　办理各项战时贸易登记管理机关由苏中贸易局、各行政区贸易局、各县贸易分局，各区贸易所及贸易分所主持之。

第四条　各级贸易机关职掌贸易管理之主要事项如后：甲、管理进出口贸易，奖励必需品进口，限制根据地物资无计算之外溢，使出口货达到以货易货为原则；乙、管理根据地内大宗物产，举办调查登记，实行有计划之控制；丙、管理根据地内对内对外贸易之商铺行坊商贩及各种合作社，定期举办调查登记并辅助其发展；丁、调剂根据地内物产使过剩与不足者达到供求平衡。

第五条　各级贸易机关管理上列第四条各项贸易主要事项外，得兼理与贸易有关之事务，其范围暂定如左：

甲、管理根据地内交通运输事业，以保护商运，调节物资；

乙、在农村中兴设市集，发展农村商业；

丙、取缔囤积居奇，实行平衡物价；

丁、统制粮食，确保根据地军需民食；

戊、代办商业汇款，并签发货币兑换证明书。

第六条　上列第四、五两条规定之各种办法章则，由苏中贸易局统一规定呈准公布之，但各行政区有特殊情形者，得另订单行办法呈准施行。

第七条　各级贸易局必要时得呈准设置各种专门委员会（如粮食调剂委员会、运输管理委员会、物价评议会等）辅助进行，但应受各该贸易机关之督导。

第三章　奖　励

第八条　在根据地内从业之商贩确实遵守贸易管理之各项，并有特殊劳积或重大贡献者，各级贸易机关得呈请奖励之。

第九条　在根据地内从业之商贩有破坏贸易管理之各项法令，经举发查有实据者，各级贸易机关呈请处分之。

第十条　本章第八、九两条奖励办法由苏中行政公署另订公布之。

第四章　附　则

第十一条　本条例由苏中行政公署颁布施行，修正时同。

选自《华中抗日根据地财政经济史料选编》第二卷，档案出版社1986年8月版，第174～176页。江苏省财政厅、江苏省档案馆、财政经济史编写组合编。原注：“按《淮海报》1943年11月23日第一版刊印”。

9. 淮海区行政公署公布奖励群众生产办法

1944年3月1日

一、目的

为提高群众生产热忱，开展大规模的群众生产运动。

二、标准

甲、模范农家：

1. 全家有劳动力男女，很好分工，积极参加生产。

2. 热心改良耕种方法（如除虫，除草，精耕，选种……），因而增加产量百分之五十以上，其增产粮食标准数字，各县、区得按当地情形具体商定之。

3. 改良造肥方法：（如打水粪塘等）增加肥料，每亩施肥在十挑以上者。

4. 全家有一定副业增产在一倍以上者（以实物计算）。

5. 热心公益，拥军优抗，执行法令，实报田亩，按时缴纳公粮，彻底减租增资，参加民兵、农会，并能积极担负锄奸任务者。

6. 在生产运动中做模范，影响他人，且参加劳动互助团体，并在其中起模范作用者。

乙、劳动英雄：

1. 具备模范农家各种条件，并系其中生产成绩最佳者。

2. 热心组织劳动互助团体或合作社，在十人以上并亲自参加领导作用者。

3. 每县劳动英雄中其成绩最佳者为特等劳动英雄。

丙、造粪大王及种植，某种作物有特殊成绩之模范生产者：

1. 造粪大王每亩施肥要在十挑以上，花生地每亩施肥十五挑以上。

2. 种植某种作物有特殊技术，收获最大者，为种植该数［类］作物之大王，如冬瓜大王，山芋大王，……等。

丁、纺纱英雄纺纱模范：

1. 纺纱英雄，每天纺纱八两以上，平均一个月纺纱十斤。

2. 纺纱模范，每天纺纱四两，平均一个月纺纱五斤。

戊、合作英雄：

1. 组织社员二十户以上。

2. 股金三万元以上。

3. 业务发达，并对群众有实际利益。

己、模范合作社：

1. 社员一百户以上。

2. 股金十五万元以上。

3. 业务发达，并对群众有实际利益。

4. 经常开会发扬民主。

5. 账目清楚。

庚、模范劳动互助团体：

1. 按照群众自愿原则，组织劳动力半劳动力五十人以上。

2. 能照顾全体利益。

3. 在生产中有显著成绩，如实行精耕、多锄，节省时间，确实为群众解决问题，且能影响群众自愿参加者。

辛、模范劳动村：

1. 全村都订按家计划，且能按照实行，实际增产粮食较多者。

2. 全村有三分之二以上劳动力组织起来参加劳动互助团体或合作社，并使大家生活真正得到改善。

3. 全村人民劳动情绪最高，生产作风优良，并能影响数庄数村者。

4. 全村人民拥军优抗彻底减租增资并积极参加抗日民主之政治活动者。

壬、以上八项标准，于秋收后，开生产者大会，确实比较成绩民主选举之。

三、奖励办法

（一）物质奖励：

①劳动英雄奖犁一张，特等劳动英雄奖黄牛一头。

②模范农家奖农具一件（锹、锄、锨、耙等）。

③造粪大王奖豆饼四块，冬瓜大王、山芋大王……等奖励办法另订之。

④纺纱英雄，奖布一丈，纺纱模范奖布一尺。

⑤合作英雄奖法币一千元。

⑥模范合作社给以五万元以上之贷款，模范劳动互助团体给予万元以上之物质奖励。

⑦模范劳动村奖牛车一架。

（二）名誉奖励：除以上各种物质奖励外，并分别予以名誉奖励如登报表扬，及发给锦旗奖状等。

（三）奖金、奖品，及其他，由行署统一颁发之。

选自《华中抗日根据地财政经济史料选编》第三卷，档案出版社1986年版，第74～76页。江苏省财政厅、江苏省档案馆、财政经济史编写组合编。原注："按1944年3月1日第一版《淮海报》刊印"。

10. 淮海区行政公署年度春耕贷款规定

1944年

一、为提高农业生产，特举办春耕贷款，凡贷款事宜，悉依本规定办理。

二、春耕贷款暂规定下列四种，并其各占百分数如下：

（一）肥料贷款占百分之四十

（二）种子贷款占百分之二十五

（三）农具贷款占百分之二十

（四）春荒贷款占百分之十五

三、春耕贷款举办范围，前三项以中心区为主，第四项以边缘区为主。

四、各县贷款数额分配如下，不得自行增减，贷款一律以稆豆计算，小麦则按稆豆市价折算之。

（一）灌云县十五万斤

（二）沭阳县十万斤

（三）泗沭县二十万斤

（四）宿迁县十五万斤

（五）运河特区十二万斤

（六）潼阳县十五万斤

（七）东海县十万斤

（八）宿北县十万斤

（九）涟水县十五万斤

（十）淮阴县十万斤

五、春耕贷款由淮海区行政公署，按照所需数额发行农业生产公债充抵之，在公债未发行前，暂由公粮内垫拨。

六、春耕贷款均为无抵押性质之契约贷款。

七、凡因缺乏农具肥料种子或因春荒而致不能进行生产或扩大再生产之中贫农，均得按照本规定请求贷款。

八、已订按家计划并已实行计划之中贫农及抗日军人家属，均有承借贷款之优先权。

九、各县以乡为单位组织春耕贷款委员会由下列二十一人至二十五人组织之，以乡指导员为主任委员。

（一）乡长指导员各一人

（二）区农救会理事一人

（三）公正士绅一人至二人

（四）乡农救会会员代表九人至十一人

（五）生产积极分子七人至九人

十、贷款委员会组织后须呈请县政府批准。

十一、凡适合第七条或第八条规定者，均得填写申请书向春耕贷款委员会申请，由贷款委员会规定申请贷款截止期，于截止期后，即召开会议，将所有申请书加以审查，审查合格者，即由申请人于申请书上注明领收贷款数目，并签字盖章，作为契约，由贷款委员会向区政府领收贷款，区政府于贷款完毕后，应将该区贷款所有契约移送县政府财经科审核保存。

十二、各乡应贷数目由县政府依据各乡情况，先期规定之。

十三、贷款一律贷给粮食（小麦或稆米），每月利息按百分之一点二计算，借麦还麦，借稆豆还稆豆。

十四、每户得申请同种贷款，但总数不得超过一百五十斤。

十五、归还之粮食应与借贷时之粮食成色相等。

十六、春耕贷款一律规定于三十三年九月份由县政府将本息全部收回，如届期承借人不予归还，除请司法机关追缴外，并取消其次年之借贷资格。

十七、承借人届期将本利归还清楚后，应将签字盖章之申请书发还，即认为债务关系终结。

十八、如发觉贷款人有将贷款用于非本规定之指定用途时，得由县政府立时收回，并按已借期每月百分之一点五计算利息，不满一月者，以一月计算。

十九、如发觉乡贷款委员会未经会议手续而自行支配贷款者，除该会负责人应受处分外，所有贷出之款均按第十六条处理。

二十、本规定如有未尽事宜，由淮海区行政公署临时以命令修正之。

二十一、本规定由淮海区行政公署公布自公布日起实行。

选自《华中抗日根据地财政经济史料选编》第三卷，档案出版社1986年版，第286～288页。江苏省财政厅、江苏省档案馆、财政经济史编写组合编。原注："按1944年358期第一版《淮海报》刊印"。

11. 苏中区垦荒条例

1944年

第一章　总　则

第一条　为扩大苏中耕地面积，增加根据地农业生产，保障地权并使地尽其用，人尽其力，加强抗战力量，特订定本条例。

第二条　本条例所称荒地系指：

一、可供耕种之草地草荡。

二、可供耕种之河岸洼地。

三、久失经营之荒芜熟地。

第二章　承放办法

第三条　凡公有私有荒地，须经各县政府按照地方生产计划及地理条件勘查并确定其可垦范围以后，方得招垦，俾得集中资力人力分区分期进行。

第四条　公有荒地由政府依据地方生产计划，按照勘定范围，分期分配给适合条件之人民开垦。

第五条　私有荒地，由政府限令土地所有人定期开垦（招佃开垦或自行开垦不拘），逾期尚未开出，或故意违令拒垦者，政府得代其招垦，产权仍属原土地所有人。

第六条　承垦人具有下列条件者得按序取得承垦公有荒地及政府代行招垦私有荒地之优先权：

一、抗日军人家属及荣誉军人生活贫苦确具劳动力者。

二、政府人员家属生活贫苦确具劳动力者。

三、生活清寒之教师家属确具劳动力者。

四、参加抗日团体人员生活贫苦确具劳动力者。

五、其他一般贫苦人民确具劳动力者。

六、其他一般具有资力人力者。

第七条　开垦荒地时，如有同等条件之承垦人有争垦情事者，得按承垦人登记先后与距离垦地之近远顺序，决定其先后承垦权。

第八条　大片荒地宜于较大劳力财力集体开垦者，人民得筹集资力组织垦荒合作社，或劳动小组集体向业主承领开垦，垦荒组织须呈请政府备案，领得执照，方为合法。

第三章　权　益

第九条　领垦荒地面积，得按承垦者劳动力之大小与所领荒地土质之优劣规定之。个别承垦者，每户至多不得超过二十五亩，合作社或劳动小组等集体承垦者得按社员或组员人数计算，每人至多不得超过三十亩。

第十条　开垦公荒，承垦人有永佃权，并于垦竣后五年内不缴地租及其他各种公益负担。

第十一条　开垦私荒，如系业主供给资本者，承垦佃户享有十年以上租佃权，十年内业主不得自行退佃。

第十二条　开垦私荒，如系承垦佃夫自备资本者，佃户享有二十年以内之租佃权，二十年内业主不得自行退佃。

第十三条　无论公荒私荒已垦土地，业佃双方均须按照政府法令及土地收益情形，根据下列原则议定租约：

一、开垦公荒之佃户，垦竣后五年内①不缴地租，第二年起得按土地受益情形议定正式租额。

二、私荒之承垦佃户其不备垦荒资本者，第一年内不缴地租，第二年起得按土地受益情形议定临时租额。

三、私荒之承垦佃户其自备垦荒资本者，两年内不缴地租，第三年起得按土地受益情形议定临时租额。

四、一切临时租额，不得超过一般土地租额二分之一。

第十四条　关于业佃双方其他土地产权佃权，典卖抵押之转让，招佃退佃手续，与租额种子肥料，农具庄屋及其他有关业佃双方权益之议定，概依苏中区颁布之土地租佃条例规定办法办理，并依法订定租约。

第十五条　私有荒地内被他人开垦致影响所有人生活者，政府得查明酌情予以救助。

第十六条　佃户承垦之荒地，如需筑堤开河者，其圩岸沟渠涵洞水闸等工程，私有荒地由业主负责完成之，公荒地由政府负责完成之，该项工程费用除由业主或政府负担一部外，其余由业佃双方按照垦地受益大小及土质优劣等情，商定负担比例。上项工程之修筑疏浚等费用亦同，如有争议得呈请政府裁理之。

第十七条　第十六条规定内之荒地主如系贫苦而经查明属实者，可不遵守该条所规定之各种负担，但政府得协商地方有产者予以全部分之资助。

---

① 原文如此。

第十八条　垦地中之须造屋搭舍者，其修建费公荒由政府负担，私荒由业主负担，如业主贫苦经查明属实者，得与其承垦佃户酌商分成负担之，造屋搭舍办法由地方政府根据实情具体规定之。

第四章　奖　惩

第十九条　公私荒已垦地在垦竣后五年内免征全部公粮田赋。

第二十条　承垦人如有化名蒙报转租渔利，需索陋规，或从中包揽者，一经举发，定予法办。

第五章　附　则

第二十一条　各分区须依据本条例，参照实际情形，拟定垦荒实施办法，呈请苏中行政公署核准施行。

第二十二条　如各分区、各县区已颁布垦荒法令而与本条例抵触者，应根据本条例予以修改。

第二十三条　本条例之解释修正权，属于苏中行政公署。

第二十四条　本条例自公布之日起施行。

选自《华中抗日根据地财政经济史料选编》第三卷，档案出版社 1986 年版，第 306～309 页。江苏省财政厅、江苏省档案馆、财政经济史编写组合编。原注："按 1944 年 11 月《苏中行政公署法令汇编》刊印"。

12. 盐阜区工商管理局进出口贸易管理办法

1944 年

第一条　为加强对敌经济斗争，保证我军民物资供给，贯彻以货易货，等价交换政策，特订定本办法。

第二条　本办法所指之出口土产，以命令随时规定之（下简称土产）。

第三条　出口土产凭土产出口许可证纳税出口。

第四条　进出口商人，贩运土产出口必须在规定日期换回由工商局所指定之照出口土产同等价值之进口货物进口。

第五条　进出口商人，申领土产出口许可证，必须取得二家以上之殷实行号或业户保证，呈准当地工商局所，出具志愿换回第四条规定货物进口之志愿书。

第六条　进口货物，进口纳税后，凭税票发票登记，发给登记证。

第七条　出口商人，凭定量之指定进口货物登记证，领回志愿书。

第八条　进口商人凭进口货物登记证，申领定量之指定出口土产许可证，贩运土产出口。

第九条　凡迷信品、奢侈品、化妆品进口之进口登记证，不准抵换出口许可证。

第十条　如情形特殊不适用保证办法者，必须凭指定之进口货物登记证抵领出口许可证。

第十一条　商人以进口证申领出口证或换回志愿书，其进出口货价之清算依下列规定。

1. 进出口货物相抵之价格，均以我地区之物价为计算标准。

2. 进口证所载之货价，必须等于或大于志愿书所载之货价（否则必须继续进口补足后，始可解除其志愿书所负之责任，发还志愿书）。

3. 进口证所载货价大于志愿书，所载货价形成之入超差额，在志愿书所载货价百分之十以下者，为便利战时清算起见，商人不得再凭此证要求申领与此项差额相等之出口证。

4. 进口证所载货价少于志愿书所载货价，形成之出超差额不及志愿书所载货价百分之五者，工商局所亦不再向商人要求以与此差额相等之进口货继续进口。

5. 友邻根据他与我地区相互间之进出口贸易，如因特殊情形，不能或部分不能以指定之货物交换者，经行署批准，可以其他货物抵充。

第十二条　商人领得出口证，报税出口后，如在中途发生意外，或购回货物发生意外，经查明属实，准予解除其志愿书所负责任，发还志愿书。

第十三条　违反第三条第四条规定者，以资敌论，除没收其全部货物外，并得依法惩处之。

第十四条　本办法自公布之日起施行。

选自《华中抗日根据地财政经济史料选编》第三卷，档案出版社1986年版，第369～370页。江苏省财政厅、江苏省档案馆、财政经济史编写组合编。原注："按1944年《盐阜区财经法令汇编》刊印"。

13. 淮海区行政公署对三十四年二十万亩植棉运动的指示

1945年2月1日

（一）为什么要植棉？植棉有何好处？如何植法？行署另印发"植棉浅说"二万份，发交各县，作为宣传教育之用。

（二）植棉二十万亩，定为全年春耕生产主要内容之一。

（三）清明以后，进行下种，各县保证在本县植棉亩数，不少于下列规定（依去年清查田亩数三十分之二计算）：

灌云：二万一千三百亩。

沭阳：二万一千四百亩。

泗沭：二万四千五百亩。

宿迁：三万三千亩。

东海：三万七千亩。

淮阴：二万六千亩。

涟水：二万一千七百亩。

宿北：一万三千三百亩。

机关生产：一千八百亩。

（四）棉子：植棉二十万亩，需棉子至少八十万斤（每亩四斤计），由行署指定银行以春耕贷款形式，供给棉子四分之一，各县应号召自办四分之三。指定工商管理局即刻在本区及盐阜区，收购棉子二十万斤，作为春耕贷款之用。贷放数规定如下。

灌云：二万一千三百斤。

沭阳：二万一千四百斤。

泗沭：二万四千五百斤。

宿迁：三万三千斤。

东海：三万七千斤。

淮阴：二万六千斤。

涟水：二万一千七百斤。

宿北：一万三千三百斤。

（机关生产各单位，已有规定，不另列。）

各县县政府直接依上列数字向工商管理局领取，另由银行制定棉子贷款办法，通知各县政府遵照办理。

（五）植棉应植于有收成之土地上，一切墙阴，屋角，口行下等，如象（像）过去那样随便种点，收不收不在乎的，均不得计入植棉亩数之内。

（六）植棉系春种秋收，并不妨碍小麦产量，可以将原种高粱玉蜀黍之地改种棉花。政府对植棉另定奖励办法，其应缴公粮仍照原规定数额以玉蜀黍缴纳之。

（七）改种棉花后，佃田交租，以玉蜀黍之当秋产量折算缴纳之。

（八）各县为组织与动员植棉，应以县政府建设科，县农救会，县合作社，县中学校长，有植棉之知识或有经验之人士等组织该县植棉促进指导委员会，负责号召宣传，种植技术指导及春耕秋收检查等工作。

（九）春耕后与秋收时，分为两次检查，凡植棉超过规定亩数之县，其县长建设科长中学校长，予以奖励；凡不足规定亩数之县，其县长建设科长中学校长，予以批评或处分。

（十）植棉奖励：（甲）一户植棉十亩，其收成每亩不低于皮花二十五斤者，每十亩奖豆饼（二十五斤计）一块。多以类推。（乙）收成一亩超过皮花四十斤者，一亩奖豆饼五斤。此项奖励，于秋收后，由区乡村政府检查属实，呈报县政府转行署发给之。

选自《华中抗日根据地财政经济史料选编》第四卷，档案出版社1986年版，第174～175页。原注：“按《淮海报》1945年2月1日第1版刊印”。

14. 浙东行政区工商管理局管理食盐暂行章程

1945年8月

浙东行政区工商管理局布告

办字一号

三十四年八月

事由：兹为统一管理本地区盐政事宜，特制定浙东行政区工商管理局管理食盐暂行章程公布，即日实施，仰一体知悉遵照。

此布

局长　郭静唐
监委　吕炳奎

附：浙东行政区工商管理局管理食盐暂行章程

一、凡浙东地区食盐之生产运销事宜，悉依本章程办理。

二、浙东地区设浙东盐务局，统一管理浙东地区之盐务行政。

三、废止行商制度，由盐务局设立食盐运销处，统一办理盐销事宜。

四、食盐出场后完全自由买卖，一切盐商商贩及任何商人均可向运销处贩卖。

五、食盐之运销除政府统一课税及业务经费外，不得有任何形式附加苛杂及陋规（卤耗另行规定）。

六、食盐之盐价以逐渐提高至千盐石米为目标，以改善盐民生活。

七、食盐之产量，由盐务局根据供求状况统一规定，以期达到千盐石米之标准，保障盐民生活之一定水准。

八、本章程经浙东行政公署核准施行，未尽事宜，得随时呈准修正之。

选自《浙江革命历史档案选编》，浙江人民出版社 1985 年 4 月版，第 611～612 页。杭州大学历史系、浙江省档案馆合编。原注：“原载 1945 年 9 月 11 日《新浙东报》”。

15. 浙东盐务局盐场组织盐务管理办法要点

1945 年 9 月 11 日

浙东盐务局成立后，对于盐务事宜，正谋积极发展，盐场组织及盐务上重要事项均有所规定，兹述大要如下：

一、凡本地区盐政事宜，一律依照浙东行政区工商管理局管理食盐暂行章程办理。

二、设立食盐运销处，并委本局业务管理科科长邵志炳兼该处处长，陈光霁为副处长，统一办理运销事宜。

三、所有牙行性质之盐行一律停止，其属商贩性质者，应一律于九月底以前来局登记，以凭核发许可证。

四、余姚盐场依原区域分为七个分区，各设场务处，并委董楚光为中心分区场务处主任、潘北云为东一分区主任、宣岳近为东二分区主任、屠金顺为东三分区主任、沈宏为西一分区主任、夏政为西二分区主任、张源为西三分区主任，办理各该分区一切场务事宜，所有各分区公仓管理员一律受分区主任之领导监督与指挥。

五、原任蓬长应于分区场处成立后，至各该管场务处登记，一律改为公仓管理员，其职务与责任仍旧。

六、蓬佣取消，由本局按日发给管理费米七十斤至一百三十斤，其具体数目，应视其所管理公仓之多寡，及事务之繁简，由各分区场务处斟酌拟定，呈报本局核准之。

七、仓租按所订之场价千分之五计算（即每盐价千元，仓租五元），由运销处于出盐时付给之，所有应行修理之仓，着各该仓主任迅即负责修理完善。

八、贩盐之盐价，暂定每担抗币五元，税率百分之三十，计每担一元五角，业务费百分之二十，计每担一元，合计每担七元五角。

九、近因伪抗币扰乱市场，妨碍商业交易，食盐运销同样受其影响，兹为便利海北商贩并调节盐民食粮起见，凡海北商人来场运销食盐者，得以每米六斤向运销处易盐一担（包括盐税及事业费在内）而不依上项价格计算，以畅盐销。

十、公仓出盐暂时仍照旧制，以一百另（零）九斤作一担计算。

选自《浙江革命历史档案选编》，浙江人民出版社1985年4月版，第619～620页。杭州大学历史系、浙江省档案馆合编。原注："原载1945年9月11日《新浙东报》"。

16. 苏皖边区政府进出口货物管理暂行办法（草案）

1945年12月

第一条　为畅通物资流通，发展生产，巩固边币币值，保证军民需要，特实行进出口货物管理，并订定本办法。

第二条　本边区境内进出口货物，除统制物品外，悉依本办法管理之。

第三条　凡下列性质货物出口，不受管理。

一、非边区出产经过边区转口之货物。

二、边区出产货物但出口数量微少者。

三、为奖励边区生产事业之发展，特许免予管理出口之货物。

前项第二款第三款不受管理出口货物之种类及数量，由分区一级货管机关根据具体情形规定之。

第四条　除前条规定者外，商人贩运货物出口，须领取货物出口许可证方准出口，其领取办法如下：

一、领有乙种营业证者，得以该证作保，换取出口证。

二、未领有乙种营业证者，应觅得合格之商铺作保。

三、未领有乙种营业证，又无法觅保者，须照出口货总值百分之五至百分之十，缴纳现金保证。

四、持有外汇出售证明书者，以证明书换取出口证。

第五条　前条货物出口许可证，于出口地点最后一道税所查验放行时，应于出口证上盖章，证明货物业已出口。

第六条　货管局于核发出口证时，得视当时之市场需要，指定商人在规定期内带回与出口货同等价值之左列各项物资：

一、对外有购买力之各种货币。

二、金银。

三、解放区内一般市场需要之货物。

四、军需品。

前项带回之货物，除一二两款所规定各种货币及金银，应依照外汇买卖管理办法办理外，三四两款所规定之货物均由商人在市场自由出售。

第七条　进出口商人运来或换回货物后，应向货管机关缴纳进口税票之下联及货物发票，出口商以此换回其出口时所缴之保证金，或保证文书。进口商以此购买同价值之外汇或换领同价值之货物出口证。

第八条　前条所指换回或进口之货物，如属免税货物，除须缴纳免税证之下联外，还须取得收买机关之证明书（如售给私人商店，须有该口货管局之证明），方准换发货物出口证，或购买外汇。

第九条　第七条第八条所规定进口税票，或免税证之下联，其有效期为二月，过期无效，但有特殊原因者，得在有效期内向货管机关声请登记展期。

第十条　商人领得货物出口许可证报税出口后，如在中途发生意外或购回货物遭受损失，经查明属实，得准予减免其应带回之货物或外汇。

第十一条　违反本办法第六条之规定，于限期内未带回指定之物资，或带回物资不足额者，如系现金保证，没收其保证金之一部或全部，如系信用保证，保证人应负赔偿照该货物出口应缴保证金之数额，但有特殊原因，以致逾限经查明属实者例外。

第十二条　凡出口商人私自化整为零，或一货两用藉故逃避管理者，一经查获得视其情节之轻重，按其货值百分之十至百分之三十，处以罚金。

第十三条　本办法如有未尽事宜，得由本府随时以命令修改之。

第十四条　本办法自公布日起施行。

选自《华中抗日根据地财政经济史料选编》第四卷，档案出版社 1986 年版，第 140～142 页。原注：“按 1945 年 12 月《苏皖边区货管法规汇编》刊印”。

17. 苏皖边区货物内销管理暂行办法（草案）

1945 年 12 月

第一条　为便利货物内销，及防止走私漏税，特订定本办法。

第二条　凡本边区货物之内销，除进出口或转口货物持有进出口转口税票或分运证者外，悉依照本办法管理之。

第三条　为适应目前情况，于境内各地分别内销自由区及内销管理地带。前项内销管理地带，不得超过沿边境三十里至七十里之深度，由各分区货物管理局制定公布之。

第四条　货物内销之管理机关为各地货管机关或经其委托之相当机关。

第五条　适合下列情况之货物内销，不受管理，自由通行。

一、在内销自由区内运销之货物。

二、内销货物数量微少者。

三、其他按照进出口货物管理办法免予出口管理之货物。

前项二三两款不受内销管理货物之种类及数量，由各分区货管局根据具体情况规定之。

第六条 前条规定以外之货物，无论由内销自由区运往管理地带，或在管理地带内自行运销，非经货管机关发给货物内销证，不得通行，其领发办法如下：

一、持有乙种营业证者，以营业证作抵换取内销证。

二、未持有乙种营业证者，觅取合格之铺保，凭保证书领取内销证。

第七条 持有内销证之商人，应于采购地点声请该地货管机关，于内销证上盖戳注明采购地点，采购日期，并根据到达运销地点路程情形，核定其到达日期，此项采购地点如与发证机关同地时，即由发证机关于内销证上填注之。

第八条 内销商人到达运销地点后，应向该地货管机关请验内销货物及内销证，经验明无误后，于内销证上盖戳注明货物达到地点及日期，凭该项盖戳证明之内销证，向请领机关换回营业证或保证书。

第九条 内销商人需要改变运销地点，采购地点或展延到达日期时，应向就近货管机关声请核定并证明之。

第十条 货物内销不得领取分运证，但内销商人如于数处地点出售其货物时，得陆续向各该地点货管局请验盖戳证明之。

第十一条 违反第六条之规定，未领有应领之货物内销证而起运货物者，视为出口，按照进出口货物征税章程征税，其需按进出口货物管理办法受出口管理者，责成其办理出口手续。

前项情形之商人不愿办理出口手续出口者，处以相当于出口税之罚金，责成其补行第六条手续或就地出售。

第十二条 凡内销商人起运货物，超过其内销证上载明之数量者，其超过之数量按第十一条办理。

第十三条 凡领有内销证之商人，有下列情节之一者，视为走私出口，按照进出口货物征税章程第二十一条及进出口货物管理办法第十二条之规定处罚之。

一、自管理地带越过第一道边境线者。

二、不能提出到达地点货管机关之盖戳证明或到达日期逾限，或到达地点非原定之运销地点者，除根据第九条规定，经货管机关核定证明者外。

第十四条 本办［法］如有未尽事宜，得由本府以命令修改之。

第十五条 本办法自公布日起施行。

选自《华中抗日根据地财政经济史料选编》第四卷，档案出版社1986年版，第143～144页。原注：“按1945年12月《苏皖边区货管法规汇编》刊印”。

18. 苏皖边区公营商店暂行条例（草案）

1945年12月

第一章 总 则

第一条 公营商店以调节市场供求关系，繁荣市场，薄利经营，稳定物价，支持边币，防止投机垄断，协助发展生产，扶植合作社之迅速发展并照顾私人工商业的上升为目的。

第二条 公营商店由分区以上货物管理局按商业交通情况及军民之需要于重要城镇设立之。

第三条 公营商店应按照法令缴纳货物税营业税及遵守货管法规，其在法律上之权利义务，除有特殊规定者外，与一般商店同。

第四条 公营商店进行买卖，得随时挂牌定价，但不得强制他人接受挂牌价格，致妨碍商业自由。

第五条 公营商店不得为专以营利为目的之投机垄断买卖，因公营商店前项行为而受损害之当事人，得向货物管理局举发之。

第六条 公营商店之基金，由政府指定银行贷给之。

第二章 业 务

第七条 公营商店业务范围如左：

一、调剂日用必需品之市场需要。

二、经营主要土产品之运销。

三、代办军政机关供给品。

四、帮助公私工厂机器原料之采办。

五、推销本地公私工厂出品。

六、帮助合作社之采购运销。

七、代理出口商收买土产品出口。

八、受政府委托兼办事项。

第八条 公营商店遇左列情形之一时，应设法依照市价收构［购］或抛出，以资调剂：

一、进口商人运进货物，一时无法出售时。

二、市场上缺乏某项物资，一时无法取得时。

第九条 公营商店遇下列情况之一时，得以低价出售货物：

一、由于垄断或供求失调，市场价格过高时。

二、市场边币通货过多，需要紧缩，为提高边币价格须抛出货物时。

第十条 公营商店遇下列情况之一时，得提价收买：

一、农业品大批登场，价格过低，影响农民生产成本时。

二、本边区工业生产品，因受外来品影响，以致滞销跌价，影响生产成本时。

三、奸商纵操压低土产价格时。

第十一条　公营商店之收购售出，均以批发行之，但当地零售价格过高时，亦得兼办门市另售。

第三章　组织及待遇

第十二条　公营商店于需要时得于各地酌量设立分店。

第十三条　公营商店之领导，由分区货管局根据工作之方便自行规定之。

第十四条　公营商店设经理副经理各一人，综理店务，下设营业部会计室及货栈，其职权如左：

一、营业部　负责收购售出，商情调查，及对外接洽事宜。

二、会计室　负责登记账目，现金出纳及其造报告表事宜。

三、货栈　负责货物出纳及保管事宜。

第十五条　营业部会计部货栈各设主任一人，办事员练习生人数，根据需要情形设置之。

第十六条　公营商店职员，分一般工作人员待遇及雇员待遇两种，雇员待遇依当地习惯定之。

第四章　盈利及开支

第十七条　公营商店经费（包括职员待遇）全部由营业收入中支出之。

第十八条　公营商店之营业收入，除去营业开支及职员待遇，为公营商店之纯利。其分配办法如左：

一、以百分之六十缴库。

二、以百分之三十为公营商店公积金。

三、以百分之六为公益金。

四、以百分之四为职员奖励金。

第五章　附　则

第十九条　本条例之颁布，由边区货物管理总局呈准边区政府为之，其修改亦同。

第二十条　本条例自公布日起施行。

选自《华中抗日根据地财政经济史料选编》第四卷，档案出版社 1986 年版，第 145～147 页。原注：“按 1945 年 12 月《苏皖边区货管法规汇编》刊印”。

19. 苏皖边区货物管理总局没收物品及罚金处理提奖办法

1945 年 12 月

一、为奖励缉私检举密报防止走私漏税以期增加税收，确实执行货物管理之目的特订定本办法。

二、凡左列各项没收物品及罚金悉依本办法处理之：

1. 违犯进出口及转口货物征税章程之罚金；

2. 违犯进口货物分运办法之罚金；

3. 违犯货物出口管理办法之没收物品及罚金；

4. 违犯货物内销管理办法之罚金；

5. 违犯统制物品出口办法之没收物品及罚金；

6. 违犯营业税章程之罚金；

7. 违犯产销税章程之罚金；

8. 违犯屠宰税章程之罚金；

9. 违犯牙帖税章程之罚金；

10. 违犯外汇管理办法之没收物品及罚金；

11. 违犯其他货管法规之没收物品及罚金。

三、前条没收物品及罚金之处理提奖，应由区级以上货管机关或呈准区级以上货管机关执行之。

四、根据货管法规处理之没收物品或罚金，应由货管机关发给被没收人或被罚人以正式没收证或罚金收据。

五、凡机关团体部队民兵或个人对违犯货管法规事项向货管机关检举密报或缉获送交货管机关者，经处理后应以没收物品估值或罚金总额之百分之三十奖励之，其余缴库。

六、没收物品之提奖得以变价或实物行之。

七、经他人检举密报而缉获者，应让与检举密报人提奖金额三分之一，由货管机关分别发给之。

八、领取奖金者如系机关部队团体人员，应以得奖金额三分之一归该机关部队团体公用。如系货管机关人员，应以得奖金额三分之一归所属机关公用，三分之一缴送县级以上货管机关，经核准后动用之。

九、货管机关发给奖金，应收取领条。领奖人如系机关团体部队人员，应由该机关团体部队出具领条（须盖公章及负责人签名盖章）。

十、违犯第八条规定之机关部队团体（及货管机关）人员，违犯第四条第五条之货管机关负责人或经手人以贪污论处。

十一、本办法如有未尽事宜呈准边区政府修正之。

十二、本办法自公布日起施行。

选自《华中抗日根据地财政经济史料选编》第四卷，档案出版社 1986 年版，第 153～154 页。原注：“按 1945 年 12 月《苏皖边区货管法规汇编》刊印”。

20. 苏皖边区运输公司暂行条例（草案）

1945 年 12 月

第一条　为促进物资交流繁荣市场，减轻运输成本，便利军民交通，各分区货物管理局得设立运输公司，办理水陆运输事宜。

第二条　运输公司运输线之选择，以根据商业需要及便利军政机关之交通为原则。

第三条　运输公司之业务范围以载货为主，载客为辅，其运费率之规定不得超过当地通行之运费率，经货物管理总局之批准后行之。

第四条　运输公司应尽量采用负责包运制，一经接受交运物资，对该运输物之丧失毁损或无故迟到，除由于不可抗力之原因外，应负一定量的损害赔偿之责。

第五条　运输公司应避免运输物之中途停搁及运输工具之单程载货，以求运输迅捷省费。

第六条　运输公司应实行公私兼顾原则以期业务进行之妥善及效率之提高，其方式如下：

一、运输人员经运之次数重量或件数应记录之，按照其成绩由公司予以分红。

二、运输人员迅速完满工作并节约开支者由公司予以名誉及奖励金，其损害运输物及工具或有其他浪费渎职情节者应给以适当处罚以及责成赔偿之。

第七条　运输公司除置备必要之水陆运输工具（如汽艇、小火轮、汽车、马车等）外，并应组织各种军民运输力，以发展运输事业，充裕军民经济，其方式如左：

一、组织登记民间原有各种运输工具，在不违农时或利用农闲条件下，进行运输。

二、帮助民间组织运输合作社，实行劳动互助，由运输公司分配经常运输或自行运输。

三、利用部队在驻防时间空闲之运输工具，增加运输能力。

第八条　前条经运输公司组织使用之运输力，其权利义务如左：

一、享有与运输公司自己之运输力同样运用之机会。

二、每次运输除由公司付给运力（其价目由公司订定之）外，与公司人员同样享受第六条第一款分红之权利。

三、修理工具缺乏资金，或遇运输淡月，生活困难，运输公司得酌量情形以低利贷款协助之。

四、要求运输公司登记或要求退出，完全自由。

五、如因农忙，另有营业，或其他原因，临时放弃运输公司分配之任务者，应与前一日向公司声明之。

六、对运输物应妥善运输，如有无故毁损，缺少情形，应负赔偿之责。

第九条　如因军事需要，经分区以上军事机关之通知，运输公司应用一切办法，组织运输工具，以供军用，但部队在使用期间，应付予一定量之运输费用。

前项规定情况以外，军政机关委托运输公司载运货物，按普通运费予以八折优待，载运公司物品或人员搭乘，按七折优待。

第十条　运输公司有负责免费运送邮件之义务。

第十一条　运输公司于必要时，得呈准组织武装保护运输，不另收取运费，但亦不负货物保险之责。

第十二条　运输公司应于各运输线上酌设分公司，运输站或骡马站。

第十三条　运输公司设经理副经理各一人，下设营业部运输部会计部，各设主任一人，各部办事人员及分公司运输站骡马站人员，酌量需要情形设置之。

第十四条　运输公司应每二月结算营业情形一次，其纯益之支配如下：

一、以百分之七十为公积金。

二、以百分之五为公益金。

三、以百分之二十五分红。

第十五条　本条例如有未尽事宜随时呈请以命令修正之。

第十六条　本条例自公布日起施行。

选自《华中抗日根据地财政经济史料选编》第四卷，档案出版社 1986 年版，第 160～162 页。原注："按 1945 年 12 月《苏皖边区货管法规汇编》刊印"。

八、文教卫生

1. 苏南行政区私立中学校整理及设立实施办法

1944 年 2 月

第一条　为统一中学校教育行政，加强领导，培养青年，实施抗战民主教育，特订定本办法。

第二条　凡本行政区内原有及新创之一切私立中学校，均应向本署文教处申请立案，经核准后方得设立。

第三条　私立中学校之设立，须具有下列之条件方准立案：

一、服从政府一切法令，接受政府监督；

二、实行抗日民主教育；

三、有校董会及有必要的固定学校基金。

第四条　私立中学应设立校董会，以 7 人至 13 人组织之，负责筹募经费，监督计划，改进学校行政等事宜。

第五条　校董会校董具有下列资格之一者方可充任，并得将详细履历呈报本署文教处备案：

一、曾在教育界服务三年以上而有教学经验者；

二、热心教育赞成抗日民主者；

三、品行端正有资望之地方公正士绅；

四、群众团体领袖；

五、行政负责首长。

第六条　校长由校董会推选呈请本署文教处核准委任，其未经委任者无效。

第七条　私立中学之经费来源：

一、经政府批准之固定地方性公产公款；

二、私人捐助之产款；

三、学费；

四、政府补助。

第八条　学费额得视地方具体情形不同，由校董会规定经政府核准，但原则上每学期每个学生不得超过白米五斗。

第九条　立案之私立中学校教职员、校工由政府按月发给公粮菜金（数量与行政人员同），月初向本署文教处具领。

第十条　教职员（包括校长）待遇一律由校董会负责，教员钟点费，按各校经济收入情形具体规定，但每点钟不超过白米八升，主任薪每月另加白米二斗，级任薪每月另加白米一斗，校长薪由各校自定之。

第十一条　设置免费学额，优待抗战出征家属及贫寒子弟，占学额6%至10%。

第十二条　各学校之考绩奖惩，由本署文教处办理，惟为适应斗争环境，本署文教处得委托区行政专员协助办理。

第十三条　凡有下列行为之一者，经查明后得由本署随时命令改组、停止或解散之：

一、以学校为掩护，作非法活动，破坏抗战团结；

二、不接受监督，违反政府法令；

三、秘密接受敌伪津贴，实行奴化反动教育；

四、学生过少，成绩恶劣，办理不善。

第十四条　本办法自公布之日施行，如有未尽事宜得随时明令修改之。

选自《苏南抗日根据地》，中共党史资料出版社1987年9月版，第332～333页。中共浙江省委党史工作委员会、江苏省档案馆编。原注："自江苏人民出版社《新四军在茅山》"。

2. 第三届浙东文教会决定新的文教方针

1944年10月11日

对浙东敌后文教事业之改革有决定性的文教处第三届文教扩大会议，在"教育与群众结合"、"教育与实际联系"、"学与用一致"的精神下，决定了新的方针是："社会教育重于学校教育"、"成人教育重于儿童教育"、"干部教育重于群众教育"。大会于十七日开幕。文教处长黄源在开幕式中郑重批判了旧的传统教育与实际脱节，指出本次大会的中心任务，在于根据与抗日民主联系的文教政策与浙东人民的要求，来彻底改造浙东的文教事业，使之对浙东的抗建事业做更大的贡献。“这些新的文教方针，在解放日报的几篇社论中，早已明确指出了。”黄处长并举了一个例证：“目前我调查了一个村子的人口，其中成人占百分之九十五，儿童却仅占百分之五，试问：今天的教育对象是百分之九十五的成人重要，还是百分之五的儿童重要？抗战的贡献是成人多，还是儿童多？还有一个调查研究资料，就是南山和三北两地区共有小教一千多人，小学生约三万三千余，平均每个教员教学生三十一个，人民与抗日民主政府每年要替每个学生负担公粮七十二斤（谷子）。如果以这些干部与经费拿来教育成人，则不是对浙东人民的贡献更大!?”大会于传达中共中央文教政策及毛泽东同志文艺运动新方向后，即展开热烈讨论，并做了具体决议。

开展社会教育

今天社会教育的主要对象，是广大的农民群众，一切教育内容与方式方法，就都要以切合农民要求为第一。根据这个原则，决定今后社教工作的中心为：（一）各地建立农村俱乐部，要把农村俱乐部做（作）为团结各阶层，宣传党、政、军各项政策、法令、设施及造成下层人民舆论，有系统吸收人民反映的机构，并将它作为各项社会活动（纠纷调解、议租）的中心场所。俱乐部的名称，组织形式，内部组织分工等，均可视当地条件不同而规定。以当地小教及民间艺人作骨干，其工作可包括演戏、唱歌、识字、问字、代笔、弈棋、说书、壁报、通俗讲座、巡回图书等，经费则尽量运用地方力量。（二）争取和团结民间艺人——由于民间艺人是生根在广大农民心目中的，他们用艺术为工具，密切的联系着农民，对农民所喜闻乐见的民间艺术形式是最熟悉的，因此，成为今日新教育工作的重要桥梁之一。民间艺人的种类：包括职业性的，如戏子（的笃班为主），唱滩黄的，唱新闻的，说书的，小唱，画神像的，靠卖唱为生的乞儿等；业余性的包括一切能唱、能做、能玩乐器的有职业者，如理发师等。争取民间艺人是基于自愿为原则的，先从解决与帮助其生活上，营业上的困难入手，运用其技术，然后从政治上教育上巩固。对职业民间艺人进行登记审查旧剧，供给新剧等办法，并进而使其自动演唱若干或全部新编歌剧。对业余民间艺人则动员其参加就近的农村俱乐部，由就近学校教员进行辅导工作。（三）提倡与改造民间艺术形式，如戏剧（的笃班、绍兴高调等），音乐（小调、山歌、胡琴、锣鼓等），绘画（连环画、年画、门神、壁画等），小说（章回小说、宣卷本等），舞蹈（马灯调舞蹈、高跷、舞灯等）运用这些来进行对群众的政治教育是最有效的。今天重要的是要不断的创造新内容的作品，以造成热潮，推动各地区的社会教育工作。因此决议设立一个专门编写通俗读物的机构来负责组织这部分工作，各地小教，民间艺人则组织座谈会、研究会等形式，来研究与提高民间形式。（四）学校社教工作，决定目前各校社会部主任、音乐教师的当前工作，以农村俱乐部为中心，并规定各校均须普遍出版大众壁报、黑板报，其内容须和农民生活，各地情形密切联系，以报道地方消息，生产知识为重心，经常进行读报工作，并尽量使各校集中小先生和艺术才能之儿童，成立“儿童社教学校队”，在附近设立巡回施教系统。

改造学校教育

决定如下：（一）学校行政方面所有公私学校，应向“民办公助”的方向发展，尽量尊重地方上的意见，运用地方上人力物力来办理。在学校组织上校务分掌，学校与群众团体关系上必须民主，在教师与学生之间，也必须充分发挥民主集中精神，并规定学校中的一定会议生活，教师须分工。按敌后条件需要作简要切实的设备。（二）学制改革方面，为适应农村及市镇的实际需要，各校可视所在地具体环境，择用全日制，半日制，认识班，二部轮流制，旁听制，间日制，雨天书，小先生夜校，晨校等。在学年方面，决定平原地区，基本上仍采用初小四年，高小二年制，山区则可灵活改为一年制，二年制均可。星期放假制也可视实际需要，改变为"市日放学制"等。此种改革，均本人民实际生活与生产情况的要求。（三）课程改革方面：总的原则是着重抗日战争知识和生产知识的增加，启发民主的精神，培养劳动观念，集体观念等。国语课增加抗日故事讲读，其体裁多采用当地民歌、民谣、小调等。作文：着重于农村中普通应用文、写信、写帖、练习听写、速写等。说话讲学：着重于辩论讲话，读报及其他农村口头宣传等。常识：社会教学上，高中级增加时事讨论、时事报告。地理方面：着重先研究本村本乡，再普及到本县、浙东、全国敌后各抗日民主根据地，及大后方与国际间重要国家，由近而远的研究。历史教学方面：亦以中国抗战史及世界反法西斯战争史为重心。公民教学：则着重于民主建设常识，如开会常识，政府法令传达，及配合各种活动（秋收斗争）等。自然课：则注重本地实用农事及生产常识，普通生产知识，与本地流行的疾病的预防治疗，破除迷信观念之常识等。算术课：增加心算、珠算、连算、簿记、记帐（账），减少不合实用［的］分数循环、小数等；算术教材亦以普通实用教材及与战争有关的材料为主。劳作课：以种植制作简单日用品为主，并督促学生勤作家庭劳动及在校劳动，培养其集体劳动观念。美术课：注意宣传漫画的绘制，多采取战斗与农村生活材料等。音乐课：以增加新内容的民间音乐，如新编的笃调、小调等，减少普通歌曲的比重，并练习民间乐器，如胡琴、响器等以改造民间音乐。体育课：着重于发展儿童身心与抗战生产配合。（四）儿童组织与训导方面：规定了训育须采取集体检讨、竞赛、奖励、个别谈话、耐心说服等方式，提倡为民族为大众的新英雄主义，教师需与儿童订定公约。关于每周中心训练事项，亦依据实际需要与儿童身心规定其范围，如纪律、整洁、勤学、劳动、集体观念、民族气节等。

大会先后进行六日，到连主席及南山、三北两地县办文教科长与区署文教指导员二十余人。最后总结中，黄处长指出：这次大会最大的收获是能够根据新的文教方针。这些方针均散见于各期新浙东报的社论与消息，善于掌握这些文件与指示中的精神与实质，根据浙东的具体环境及时改变方针，提出文教任务。这种对新方针的研究精神与对文件报纸的运用方法，是值得我们发挥的。而大会的缺点，如报告还有些一般化，注意搜集典型不够；在大会领导上发扬典型也不够。会议开始与中途休息时间均以民间音乐及留声机伴奏，并当场分发各种新编的笃戏、小调、音乐工作调查研究资料。其间举行了一次民间音乐晚会与传统教育座谈会。会议于廿三日结束，是晚全体与会人员前往观摩越剧，由社教队演出新编越剧《大义灭亲》。

选自《浙东抗日根据地》，中共党史资料出版社 1987 年 6 月版，第 112～115 页。中共浙江省委党史资料征集研究委员会、浙江省档案馆编。原注："原载 1944 年 10 月 11 日《新浙东报》"。

3. 浙东抗日军政干部学校招生【简章】

1944 年 11 月 22 日《新浙东报》

（一）宗旨：本校以培养有志青年提高其抗战学术，使其真能为国家民族服务，增强抗战力量为宗旨。

（二）名额：第一期除由各军政机关保送者外，暂定招收新生一百二十名。

（三）资格：凡具备以下条件者，皆可报名投考：1. 思想纯洁，具有抗战热情。2. 年在十八岁以上，二十八岁以下之男性。3. 初中以上或具有同等学力者。4. 身体健康，无传染病、慢性病及不良嗜好者。

（四）报名：自即日起向浙东敌后行委会各县办事处、区署、乡公所及各地自卫队转送本校报名。

（五）考试科目：1. 体格检查。2. 口试。3. 笔试：自然科学常识，社会科学常识（包括历史、地理、时事、政治常识等）及算术。

（六）考试：1. 到达本校后，随到随考，成绩及格者即入校学习。2. 名额数满即停止招考；远道者得酌情补考。3. 如考试不及格，凡体格健全，思想纯洁者，由本校负责介绍至其他学校学习，或担任适当工作。

（七）开学日期及地点：一九四五年元旦在四明山开学。

（八）学习时间：暂定六个月，学习期满即由本校负责介绍工作，成绩优良者，并可由本校保送至高级学院继续深造。

（九）待遇：凡考试及格入校后，一切服装、行李、文具、日用品及膳宿、零用等费用，皆由本校按新四军排级干部待遇供给之。如投考不及格而由本校负责转送其他学校学习或担任工作者，亦可保证供给膳宿及生活等一切费用。

（十）附注：如远道投考，不能如期赶到本校者，可先通信报名。

兼校长　何克希

选自《浙江革命历史档案选编》，浙江人民出版社 1985 年 4 月版，第 347～348 页。杭州大学历史系、浙江省档案馆合编。原注：“原载 1944 年 11 月 22 日《新浙东报》”。

九、土地租债

1、陆军新编第四军第一支队司令部政治部布告——关于减轻租息办法[①]

1938年10月

查自全面抗战发动以来，农工业各项生产所受损失甚大。因此，影响人民生计，无法维持。兹为使本县[②]民众加强抗战力量，减轻生活忧虑起见，特拟定减轻租息办法如下：

一、田租地租利稻概照原订租额减低二成半交纳。

二、如收成特别荒歉者，得由主佃双方会同乡保长及农民抗敌协会，按照当地情形斟酌再减之。

三、灾区内之灾民（指公路附近而言）租稻尤须特别减折，利息全免。

四、平常借款利息，须按照政府规定年利，最高不得超过百分之二十。

五、地主不在家，租稻由地主托人代收者，一律拒绝，所有该田本年租稻，按照折准成数由原佃户保管之，但须得该处乡保长之担保。

六、凡本年所借米稻利息及放稻债麦债者，亦以按照年利二分为原则，由乡保长会同农民抗敌协会，按照当地情形分别规定之。

---

① 原注：标题按原件刊印，副标题为编者所加。

② 原注：系指金坛县。

七、借米借稻者，一律还稻，不得将稻折钱，计钱还稻，致贫苦民众吃亏过大。放稻债者，收稻时稻价不得过低，由乡保长会同农民抗敌协会，公平规定之。

八、十分贫苦无法还债者，得由债务人邀请乡保长会同农民抗敌协会，向债权人商量延期归还本利。

九、包利应照实际借款数目还本，另计利息，不照票面，赤贫无力还付者，准先付息后还本。

以上各项仰全县民众共体时艰，以民族利益为前提，切实遵行，不得阳奉阴违，借端阻扰，须知全民生计问题得以解决，始能一致团结，加强抗战实力，以收击退日寇，收复失地之效，抗敌前途，实利赖之。此布！

司　令　陈　毅
副司令　傅秋涛
主　任　刘　炎

选自《华中抗日根据地财政经济史料选编》第一卷，档案出版社 1984 年 7 月版，第 85～86 页。江苏省财政厅、江苏省档案馆、财政经济史编写组合编。原注："按《镇江革命史料选》第一辑刊印"。

互校版本：《苏南抗日根据地》，中共党史资料出版社 1987 年 9 月版，第 37～38 页。中共浙江省委党史工作委员会、江苏省档案馆编。原注："据江苏省金坛县所征集的布告原件"。

2. 苏南行政区处理土地问题暂行条例

1942 年 3 月 5 日公布

第一条　本行政区为巩固抗日民族统一战线，争取民族革命战争的胜利，调剂各阶层的利益，改善人民生活，特根据中华民国土地法，及中华民国［民］法债编、物债［权］编之规定，按中国共产党中央颁布关于抗日民主根据地土地政策的决定及其附件制订本条例。

第二条　凡土地房屋债权及其他一切合法之私有财产，有营业证或契约，经政府备案登记者，一律依法保障其私有权，任何人不得侵犯。

第三条　私有财产其私有主有自由使用支配权，其继承人有继承权。

第四条　凡承种他人之土地者有承佃权。

第一款：承佃权之设定有期限者，依其期限，期满后出租人有依约处置之自由，包括出典、出卖、自耕、雇人耕种或转租，但在抗战期间，地主收地应顾及农民生活，并须于收获前三个月通知承佃人，倘承佃人生活上感到困难，承佃人得呈请政府救济，政府得召集业佃双方加以调剂或延长佃期或退佃一部。

第二款：出租人于契约期满招人承佃或出典、出卖时，原承租人依同等条件，有承佃、承典、承买之优先权。

第三款：出租人出卖、出典有承佃权或契约期限未满之地，原承租人有继续承佃之权，非至期限届满，新主不得另佃他人。

第四款：承租人在两年内无故不耕或力能付租而不付者，出租人有收回土地之权。

第五条　出租人之土地，不论租佃半耕一律照原租额减少25%，减租后承佃人有交租之义务。

第一款：地租不得超过耕地正产物收额总数375‰，减租后地租仍过375‰者，应减为375‰，不及375‰者依其约定。

第二款：出租人对于佃户耕作上必须之农具、种子、牲畜、肥料完全供给，佃户只出劳动力者，二五减租后地主所得不得超过耕地生产收获总额1/2，超过者应减为1/2，不及1/2者依其约定。

第三款：半耕地之土地收入，二五减租后，不得超过耕地正产物总额375‰，超过者应减为375‰，不及者依其约定。如出租人对半耕者、耕作者所必须之耕具、种子、肥料、牲畜有所供给，按多寡比例征收地租，但出租人所得最高不得超过耕地正产物收额总数1/2，超过者应减，不及者依其约定。

第四款：地租一律于物产收获后缴纳，出租人不得预收地租，并不得收取押租。其已预收地租或收取押租者，须一律亟还承租人，并照一分半计息。

第五款：地租交付以耕地正产物为原则，其约定地租为现金者，于二五减租后其租金仍超过正产物收获总额375‰者，应减为375‰，不足375‰者依其约定，约定两期交付者一律按两季正产物收成比例分两季交付。

第六款：耕地之土地税由承佃人代付者，应于租入扣除之。

第七款：定租（钱租）因天灾人祸，使其收成之全部或大部被毁时，得停付或减付地租。

第八款：耕地副产物一律归承租人所有。

第九款：出租人是贫穷的地主、鳏寡孤独、小学教师、自由职业者等等，无力耕种，不得不出佃自己土地者，则在农民同意的条件下，可以酌量通融减少。

第十款：租佃关系应双方订立契约，各持一纸并向政府登记。

第十一款：多年欠租应予免交。

第十二款：地租原约定以货币支付者，因纸币跌价而发生争议时，得呈请政府召集业佃双方协议调解，并得将货币地租之一部或全部改为实物地租。

第六条　严禁庄头、二东家、杂粮小租、送工等额外附加。

第一款：承租人纵经出租人承诺，仍不得将耕地全部或一部转租他人，其转租者即为庄头或二东家，庄头或二东家的剥削应受刑事处分。

第二款：下耘时出租人借给承租人种子者，不论有无契约规定，其偿还款除照原借外，可酌量情形微收点利息，但不能超过年率一分半，出租人并不得借口停止借给承租人种子。

第三款：杂粮小租、送工等额外附加一律禁止，出租人并不得借口增加地租。

第四款：租斗以通用公斗、公秤为标准。

第七条　特种土地依下列各款处理之。

第一款：凡罪大恶极的汉奸之土地应予没收，由专员公署以上之政府管理，租给农民耕种，以示惩罚，其家属如未参加此种汉奸活动或其情节较轻者不在此例。

第二款：被迫当汉奸的土地不应没收，以示宽大，争取其悔过自新。无人管理者由政府代管给农民耕种，俟其回家抗日而收后还之。

第三款：凡逃亡地主不论其逃至何处，其土地不得没收。无人管理者由政府代管招人耕种，并应保存应得地租，代交田赋公粮，原主回家时将其土地及应得地租一并发还之。

第四款：凡没有税过契或没负纳过税的黑地不许没收。而限期责令业主税契纳粮，如过期仍不税契不纳粮时，由政府给予管理的处罚。

第五款：族地、社地由本族、本社人员组织管理委员会管理之，以其收入作为本族、本社或本地公益事业之用和优待抗属。族产优待本族抗属，社产优待全社抗属。

第六款：学地留作教育经费，由政府或本地人员组织教育基金管理委员会管理之。

第七款：宗教土地（基督教、佛教、回教、道教及其他教派之土地）均不变动。

第八款：公荒由政府分配给抗属、难民、贫农开垦，并归其所有，在一定期限内免除或减税。私荒开荒，应先由业主开垦，如业主无力开垦，在其荒芜时政府得招人开垦，并在一定期限内免除或减少其税，土地所有权仍属原主，但开垦者有承佃权。

第八条　债权人之利息收入以一分半为计息标准，超过一分半者，应减为一分半，不及一分半者依其约定，减息之后债务人有交息之义务。

第一款：依定有期限借用现款之契约，其不定期限借用现款之契约，无论有无物质，利率超过一分半者，一律减为一分半换成新约，年利不及一分半者依其约定，债权人不得因减息关系解除契约，债务人亦不得在减息后拒绝交息。

第二款：抗战前成立的借贷关系，其利息超过原本一倍者，停利还本，超过原本两倍者本利停付。

第三款：凡抗战后新成立的借贷关系，债务人到期不能付息还本，债权人有依法处理抵押品之权，同一抵押品而担保数债权者，其卖得之价格，按各债权契约先后依次照比例清偿之。如抵押品为土地（押地）照此办理。凡典地未转成买卖关系者，出典人随时可照典价依约赎回土地，不得用抽地换约的办法，如已转成买卖关系者，不得赎田。因纸币跌价而在赎回典地时所发生之争议，得呈请政府调处之。

第四款：凡抗战后成立的借贷关系，因天灾及其他不可抗拒之原因，债务人员无力履行债约时，得请呈政府调处，酌量减息免息还本。

第五款：抗属债务问题应依其家庭生活状况来决定，如贫困无力偿还者，得延迟至抗战胜利两年后偿还之。

附　则

一、本条例自公布之日起施行。

二、本条例由各县区各级行政机关施行。

三、本条例须通过县乡各级参议会讨论。

四、各县区乡得组织处理土地协进会，由抗日团体、参议会推派代表组织之，借以协助政府实施本条例。

五、以上各项条例与各地情况相合者，均应坚决执行，其有不合情况而需变通办理者，各地得加以变通，惟须变通之点，呈报本署批准。

选自《苏南抗日根据地》，中共党史资料出版社 1987 年 9 月版，第 223～227 页。中共浙江省委党史工作委员会、江苏省档案馆编。原注：“据江苏省档案馆所存档案”。

3. 盐阜区清查田亩暂行办法

1942 年

第一章　总　则

第一条　为确定本区人民产权及便于征收田赋公粮公草，厉行人民合理负担起见，特拟定本办法。

第二条　清查田亩采用土地陈报办法，辅以必要之实地清丈以及人民自动陈报与检举为原则。

第二章　土地陈报

第三条　土地陈报以乡镇为单位进行之，如有乡界未经明确划分者应由区署在办理土地陈报前明确划定所属各乡界限（可以两乡交界处之自然河流沟渠或道路为界），如属区边境之乡界则由各该管区署共同划定之。

第四条　业主陈报土地应填具陈报书（陈报书式样另定之）。

一、业主所有土地应分块填写于陈报书（每块填一栏）；

二、业主在本乡镇内之土地向本乡镇陈报；

三、业主在他乡镇之土地应在他乡镇陈报；

四、业主所有土地在本乡而其住居所在地不在本乡者仍在本乡陈报，其陈报书之填写得由业主自行办理或委任其佃户或关系人代为填写。

第五条　业主陈报土地，俱须实地丈量计算亩积，其计算尺度规定以各县“五印官弓”尺为标准，以六十方丈为一亩，小数至厘为止。

第六条　陈报书应依本办法组成之乡镇及保清查田亩委员会分发各业主填写，上项陈报书限本年×月×日前发交各业主，×月×日前收回集中于乡镇清查田亩委员会。

第七条　各乡镇清查田亩委员会收回填就之陈报书后，应在月前制就乡田亩清册（乡田亩清册式样另定之），在本乡镇之土地自然村内公布，并限期准由各业主自动申请更正或补报其田亩数，逾限即奖励人民自动检举，其未经业主自动更正补报经查明或被检举有隐报或谎报情事者，依本办法第三章之规定予以处罚。

第八条　在乡镇田亩清册造成后，区清查田亩委员会得随时派遣清查组至各乡镇抽查清丈各业主陈报之田亩，或清丈经检举有争执之田亩，其查有业主隐报情事者，亦依本办法第三章之规定予以处罚。

第九条　各乡田亩清册造就并经检举补报抽查清丈更正后，各乡镇清查田亩委员会应根据其清册制成初步之本乡镇田亩统计表（表式另定之），汇报区署其本乡镇内之检举补报更正事项仍继续办理。

第十条　业主陈报田亩补报田亩检举抽查清丈一律限于本年四月十五日前结束，各乡镇清查田亩委员会并于四月三十日前制成该乡镇正确之田亩清册及该乡镇田亩统计表，除一份留底外，并以一份呈送区清查田亩委员会，区汇计业主所有土地跨二乡镇以上者所有田亩之总数及全区地亩统计呈县备核。

第十一条　在邻近敌占区环境较不安定地区，清查田亩得按实际情形依下列简易手续举办之。

一、乡保甲长根据本乡业主所有田亩数汇制乡镇田亩草册；

二、公布该项草册准由各业主补报更正；

三、奖励人民检举并依检举更正田亩草册汇编乡镇田亩清册；

四、在限期内业主不自行补报更正其田亩数经他人检举查有隐报谎报情事者，依本办法第三章之规定予以处罚；

五、前项田亩清册限四月十五日前完成。

第三章　隐报及谎报田亩之处罚办法及检举之奖励

第十二条　业主陈报土地经检举或抽查清丈发现确有隐报情事（即陈报田亩少数于实有田亩者），除追缴其历次隐瞒田亩之田赋公粮外，并得依下述办法予以处罚：

一、水田及稻麦田每隐报一亩罚米四十斤。

二、旱田每隐报一亩罚小麦三十斤。

三、棉田每隐报一亩罚皮花五斤。

四、草田每隐报一亩罚草一担。

五、柴滩田每隐报一亩罚芦柴五担。

六、荒田每隐报一亩罚国币一元。

第十三条　业主陈报土地经检举或清丈发现有谎报情事者，得依下列办法予以处罚：

甲、以熟报荒者依其谎报土地之种类按本办法第十二条规定处罚之（例如旱田十亩报作荒田者处罚小麦市担三百斤）。

乙、分名或化名陈报者处五百元以下之罚金。

第十四条　现职公务人员之有隐报及谎报田亩情事者，经查明属实照上列规定加倍处罚之。

第十五条　隐报田亩或谎报田亩经检举后查明属实者，所罚粮食或现款一律提出百分之三十奖予检举人，如属农救会以团体名义检举者，应提百分之五十奖予该会，余额一律解交政府充作公款公粮。

第十六条　隐报及谎报田亩之处罚及提奖由区署依本办法之规定执行之，各级清查田亩委员会得提出拟处意见，如有被处罚人有充分理由或证据认为处罚不得当可向上级政府呈诉。

第十七条　凡业主过去所报田亩有隐报情事而在此次清查办法颁布后能据实呈报者其过去隐报部分应纳之公粮及田赋得予免究。

第四章　清查田亩委员会之组织

第十八条　为集中力量进行清查田亩起见各区乡保应组织清查田亩委员会。

第十九条　区清查田亩委员会以区长粮食区员或财经区员一人区农会代表五人其他区

救会代表二人当地公正士绅二人共同组成之，并以区长为当然主席。

第二十条　区清查田亩委员会之职责，为领导各乡清查田亩之宣传动员工作，督促各乡镇清查田亩委员会工作，协助各乡镇核算土地陈报书及统计田亩数量. 抽查清丈各乡镇已陈报之土地等。

第二十一条　区清查田亩委员会编组成清查组分至所属各乡镇抽查清丈已陈报之土地。

第二十二条　区清查田亩委员得呈请县政府核准，临时雇请清查田亩之核算员及清丈员共三人至七人分赴各乡镇协助核算统计及清丈等工作。

第二十三条　乡清丈田亩委员会以乡长乡农救会代表五人乡小学教师一人及当地公正士绅二人共同组成之，并以乡长为当然主席，其职责为进行清丈田亩之宣传动员，检查各保清查田亩委员会的工作，核算各保土地陈报书，造就乡田亩清册并公布之，发动人民检举及业主更正补报统计本乡田亩等。

第二十四条　保清查田亩委员会以保长保农救会代表五人小学教师或塾师一人当地公正士绅二人共同组成之，并以保长为当然主席，其职责为将清查田亩之意义及办法向群众作深入的宣传动员，分发及收集陈报书，帮助民众填写陈报书，并以委员会本身之工作保证在一保内清查工作之完成。

第二十五条　区乡保各级清查田亩委员会及核算员清丈员如有利用职权营私舞弊行为者应以公务人员贪污条例处罚。

第二十六条　区乡保各级清查田亩委员会均无给职，各区临时聘请核算员或清丈员除供膳食得酌发津贴五元。

第五章　附　则

第二十七条　自本办法公布之后，本署及各县前颁之各项土地整理办法及隐报谎报田亩处罚办法一律作废。

第二十八条　本办法自公布之日起施行。

附：抽查及清丈田亩办法

第一条　依本办法第二十一条之规定区清查田亩委员会得派出抽查组分至所属各乡实行抽查。①

选自《华中抗日根据地财政经济史料选编》第一卷，档案出版社 1984 年 7 月版，第 428～432 页。江苏省财政厅、江苏省档案馆、财政经济史编写组合编。原注：“按 1944 年出版《盐阜区财经法令汇编》刊印”。

4. 盐阜区各县土地推收过户暂行办法

1942 年

第一条　盐阜区行政公署为整顿并统一各县土地推收事务起见，特订定本办法。

---

① 原注：原件只有第一条。

第二条　自土地清查以后，凡业户不动产遇分割移转时应即推收过户，其推收手续由区署办理之。

第三条　凡民间产权移转经推收过户后，由县政府填给官印单保障其产权，前项官印单由各县县政府盖印颁发。

第四条　自土地清查以后凡民间买卖不动产或因继承分析赠与遗赠等项及其他移转产权之行为而移转户粮者，由承受人于产权移转后一个月内依照本办法之规定赴该管区署申请推收。

第五条　凡业户请求推收时应呈验契据，如有以白契呈验者，应先投税，凭税契收条再办过户手续，其因继承分析与遗赠而改定户名者，除上项应验凭证外并须呈验关于继承分析事故及其他事项之证明文件。

第六条　业户呈验契据经查验相符，即予推粮过户，填给官印单交业户收执并发还呈验文件。

第七条　区署发给官印单时不分田地种类每亩应收推收费抗币二角，不及一亩者以一亩计。

第八条　各业户请求推收应据实填报清查田亩时所具之真实姓名及其田亩种类，如系子孙承继遗产亦须以承继部分分别过户，更换本名，不得沿用祖或父故名，其系公产或祠庙田地得以收管人之姓名住址申请推收，如祖或父逝世兄弟未经分析之产业，亦不准沿用祖或父故名，应以长嗣为其代表人申请推收，但须注明产权为兄弟几人所共有，以备查考。

第九条　业户买受不动产应就其产业所在之区乡立户承粮，如该乡镇内已有田地当并入原有相当之田亩内，同一户名下一齐完粮。

第十条　区署办理过户承粮应分区分乡将新户名住址推收田亩分别登记入册，于当年开征一月前由区署依据田地座（坐）落查照旧征册立户或并户后再编造新征册，以凭造串。

第十一条　推收粮户其在土地税开征两月以前者，归当年造串征收，其余归入次年办理。

第十二条　每届年度终了区署应按推收登记册，将全年推收业主暨各户推收田亩编造清册存县备查。

第十三条　推收人员如有额外浮收暨扶（伙）同欺隐等弊，查出依法惩办。

第十四条　本办法由盐阜区行政公署公布施行。

选自《华中抗日根据地财政经济史料选编》第一卷，档案出版社 1984 年 7 月版，第 439～440 页。江苏省财政厅、江苏省档案馆、财政经济史编写组合编。原注：“按 1944 年版《盐阜区财经法令汇编》刊印”。

5. 苏中区土地租佃条例

1942 年 5 月 10 日

第一章　总　则

（一）为调整业佃关系，增加农业生产，团结各阶层人民一致坚持敌后抗战，争取最后胜利，特依据“中国国民党第二次党代表大会二五减租办法之决议”，国民政府“土地法”及“中国共产党关于抗日根据地土地政策的决定”订定本条例。

（二）本区一切土地租佃问题均依据本条例处理之。

（三）本条例颁布施行后，以前颁布之一切减租条例及各分区各县实施细则，立即宣告废止。

（四）过去一切有关土地与租佃问题之法律法令与本条例相抵触者，应以本条例为依据。

（五）本条例颁布施行后，如发现过去业佃双方所订立之租佃契约有与本条例相抵触之处，除有特殊情形经本署特准暂予保留者外，应即根据本条例重行换订新约。

第二章　土地租佃制度

（六）土地租佃因业佃双方之协议选取下列方式：

甲、定期制，乙、活期制，丙、伙种制，丁、其他持平公允且无损于土地利用之租制。

（七）土地之租佃得因业佃双方之协议，由业主供给庄屋财产及种子肥料之全部或一部，上述庄屋财产种子肥料依照惯例旧约应由业主供给或修理者不得半途取消，不由业主供给或修理者，不应强迫供给或修理。

（八）土地租佃之押租制在本条例颁布前，所订契约之有押租者，暂照旧有业佃双方之规定予以保留，但嗣后不得增加。本条例颁布后新订之租佃契约，一律取消押租制及类似押租之办法，若业佃双方自愿采取押租制者，则押租须由业主给息，按照地方普通利率折算，减低地租。

（九）土地之租佃，依照双方自愿契约之规定，或习惯上有永佃权者仍旧保留之，无永佃权者，任何一方不得强迫规定。

（十）土地之租佃无永佃权者，原则上一律采取定期制，期满时业佃双方依约履行，但根据地［方］习惯，且经业佃双方之同意，不定期者得不定期，依地方习惯期满时，业佃双方之权利义务，与有定期之契约相同。

（十一）凡不属本章第六、七、九、十各条之精神与办法之租佃制（例如跑租制，预租制，烂本制等），在本条例公布后一律取消。

（十二）土地之租佃，不得用下列各种方式，使佃方受额外损失。

甲、额外小租。乙、无偿劳役。丙、大利分收。丁、挂犁梢。戊、异田。己、其他正租额外之报酬。

（十三）公学田应由政府组织公学款产委员会，直接租与农民，农民不得转租。

第三章　业佃双方之合法权益

（十四）业主对出租土地及所附庄屋财产有所有权。

（十五）业主对出租土地有依法依约收租之收益权。

（十六）业主对出租土地及所附财产在期满解约后，有依法使用或处分权。

（十七）业主在不破坏租约不侵犯佃方合法权益之条件下，对出租土地及所附财产，有出卖，出典，抵押，或转让之处分权。

（十八）佃方对租佃土地及其所附庄屋财产有使用权。

（十九）佃方对租佃土地有收益权。

（二十）佃方对租田土地，曾依法依约取得田面权者，有田面权，取得一部分田底权者，有一部分之田底所有权。

（二十一）佃方有田面所有权或一部分田底所有权者在不破坏业主合法权益之下，有转让各该权利之处分权，上述权利之转让，业主在同等条件下，有承转之优先权。

（二十二）佃方对租田土地，曾依法依约取得永佃权者，有永久使用权，其永佃权已经法定手续转移者不在此限。

（二十三）业主于租约期满解约后，处分其出租土地时，佃方在同等条件下，有继续承租承典承约之优先权。

（二十四）佃方租佃土地，应依法□□□□□交纳地租。

（二十五）租佃土地之地租，得因业佃双方之同意采取下列各种方式：

甲、银租制，乙、特［物］租制，丙、银物混合制。

（二十六）租佃土地之正常租额，以不超过耕地正产物收获量总额千分之三百七十五为最高标准，但有下列情形之一者，其租额之合法标准，应视实际情形比例，增高或减低之：

甲、业佃双方所出劳动力、食料、农具、种子、肥料、畜方之多少。乙、佃方有田面权或一部分之田底权者。丙、佃方交纳押租者。丁、有其他合法合理之原因者。

上述应行增加或减低之合法标准，由业佃双方自愿以契约规定之，若有争议，则商请法定调解人根据持平公允原则调解之。

（二十七）地租之交纳，应一律于产物收获后履行之。

（二十八）交纳地租所用之秤斗，仍照旧例，但不得用大秤大斗使佃方受超额损失。

（二十九）业主出外者，佃方之交租主依照如下办法处理之：

甲、业方有合法之管理人者，向管理人交租。乙、业方已正式委托代管人者，向代管人交纳。丙、业方无合法管理人，又未委托代管人者，由佃方申请政府，指定适当之代管者代管之，并向代管者交租。

（三十）因天灾人祸遭受荒歉时，佃方应交地租，得根据下列标准酌量减免之。

甲、收成不足二成者，租额全部免交。乙、收成在二成以上七成以下者按成议减。

（三十一）在苏中抗日民主政权建立后，各佃户实行减租前所欠地租，一律免交，但如业方贫苦，佃方有力缴租者，仍须全部缴纳，或酌免一部分，业佃双方双贫苦者发生争议时，由合法机关或政府调解之，如未交租系由于特殊原因者，不以欠租论，其特殊原因如下：

甲、因阻于交通未能来收或送达者。乙、佃方应送未送到者。丙、因诉讼未解决因而拖欠者。丁、其他合法合理之原因暂时未收或未交者。

第四章　二五减租

（三十二）为调整地租租额，以贯彻本条例第一章第二条，第四章第二十六条之精神，一切租田土地，应即厉行二五减租。

（三十三）减租标准以二十九年夏季实交租额为依据，减低百分之二十五为原则，但抗战以后加租过重，当地人士及佃农均认为不公允者，得将所加部分取消，再二五减租，或迳用二十六年夏季租额为依据，实行二五减租。

在民国二十九年秋季，三十年夏秋季，已经减租换约的手续尚未履行新约者，应即履行新约，不再减租。

（三十四）有下列情形之一者，其减租标准得酌量情形，经业佃双方同意，改为减二成、一成五或一成。

甲、业主为贫苦之抗属者。乙、业主为贫苦鳏寡孤独者。丙、业主为贫苦之小学教师者。丁、业主之私有土地不足二十亩，且别无生产者。

（三十五）地租除有永佃权之土地外，其租额仅及正产物收获量百分之十至十五者，得酌量改为减二成、一成五、一成，若租额在正产物收获量百分之十以下者，不再减租。

（三十六）采用银租制之租佃土地，因货币跌价，物价高涨，或业佃任何一方认为不合理时，得经业佃双方同意，酌量增加，或将银租之一部分或全部改为物租，上述银租改物租者，最高不得超过正产物收获量百分之二十，增加银租者，最高不得超过同样标准之折价。

上述银租改物租换约后不再实行减租。

（三十七）实行减租者，应就正租额照减不得将押租折成租额，加进正租内同减。

（三十八）实行二五减租后，业佃双方之任何一方，如认为租额尚不公允者可申请调解机关调解之。

（三十九）实行减租时，业主不得以退佃威胁佃方，佃方不□□□□□□□□□□□□□□□□□□□□□□。

（四十）实行减租后不得增加押租或巧立名目另加新租。

（四十一）过去佃方依照惯例或契约而取得之一切权益，于实行减租后应一律照旧，不得破坏或侵犯之。

（四十二）实行减租后业佃双方应按新约所定租额交租收租，不得有假减等情事。

（四十三）业佃任何一方，违犯本章所列各条者，均视其情节轻重以破坏政府法令，及对方合法权益处罚之。

第五章　租　约

（四十四）土地之租佃应订立正租约。

（四十五）租约除普通中证外，应有法定见证人，上述法定见证人为农抗会长，乡长，经调解委员会调解者，应加入调委会主席。

（四十六）租约应注明下列各项：

甲、承佃人及业主之姓名、籍贯、住址。乙、租佃土地之亩数，坐落，及所附之庄屋财产。丙、押租多少。丁、应交租额及交租方法。戊、租期。己、其他条件。庚、减租年月日。辛、见证人姓名、籍贯、住址。壬、地方习惯上应注明之事项。

（四十七）租约为改租换约之新约者应注明如下各项：

甲、改租原因，乙、改租标准，丙、改租年月日，丁，改租见证人姓名、籍贯、住址。

上述新约在原租约上有押租者照填，其押租为钱者填钱，为粮者填粮，为法币者填法币。

（四十八）租约应同时缮具两份，业佃双方各执一份。

（四十九）租约应依法粘贴印花。

（五十）租约应由政府统一印发，但事实上有困难时得依照当地通用格式自制之。

第六章　租佃纠纷之调解

（五十一）土地之租佃，业佃双方如发生争议，得申请调解委员会调解，调解委员会组织章程另订之。

（五十二）调解委员会对业佃双方之争议，有仲裁权。

（五十三）调解委员会仲裁业佃争议应本持平公允精神斟酌业佃双方之生活状况处理之。

甲、业主有前述第三四条所指定之各项情形，佃方为富裕者，应顾及业主之生活。乙、业主生活富裕，佃方为贫困之农民者，应顾及农民之生活。

（五十四）调解委员会不能仲裁之纠纷，呈送上级调解机关或政府处理之。

（五十五）业佃之一方或双方对调解委员会之仲裁不服，得申请政府裁判之。

（五十六）租佃土地有永佃权者，照佃方依法放弃其永佃权者，不得退佃。

（五十七）无永佃权及有约满期之土地，出租人有依法处置之自由，但在抗战期间，地主收佃应顾及佃方生活，穷苦的佃农，得要求退佃一部分，或延长佃期，发生争执时，得申请调解机关解决之，业主不服得申请政府裁决之。

（五十八）租佃土地之租约未满期，但有下列情形之一者，业主得以退佃：

甲、佃方自愿吐退者。乙、佃方无故停止耕种，听任耕地荒芜一年以上者。丙、佃方力能交租，故意抗不交租，一年或积欠达二年以上者。丁、佃方在事先未得业主同意，私自转佃。因而妨害业主之合法权益者。戊、佃方投敌为匪，经政府核准退佃者。己、业主破产失业，要求收回自种，经佃方同意者。

（五十九）业主提出退佃应于法定期间以前，通知佃方，其规定如下：

甲、根据租约期满者，及丁项应于半年以前为上述通知。乙、根据前条乙项丙项己项情形者，应于一年以前为上述之通知。丙、根据前条戊项得随时退佃。

（六十）佃方自愿退佃者应于三个月以前通知业主，业主应于佃方提出退佃后，十日以内答复之。

（六十一）土地之退佃，不得妨害业佃双方之合法权益。

（六十二）土地之退佃，不得延误农时，妨害农业生产。

（六十三）土地之退佃，如妨害任何一方之生活，受害人得请求政府或法定调解人，商请对方予以补救。

（六十四）租佃土地有押租者，在退佃时应即退还，佃方其押租因货币跌价而发生争论时，得申请调解机关或政府调解之。

第七章　增加农业生产

（六十五）业佃双方对租佃土地均负有改良土质，增加农业生产之义务。

（六十六）佃方租佃土地，不得以之种植政府命令禁止或足以破坏土质之物品。

（六十七）佃方积佃土地，不得无故怠工，任其荒芜，或破坏土质。

（六十八）为增加肥料改良土质，改善种子，开发水利，防止灾荒等，所必需之费用，按照习惯旧约，或业佃双方之协议，共同筹备之。

（六十九）遇有水利工程设施之必要，其经费由业主负担之，但若系永佃权之土地，则双方负担之，其业佃应出数额以双方所得收益比例定之。

（七十）业方应出之肥料而业方不出，佃方得代出之，施用时将其用量及价格通知业方，于交租时扣除之，佃方应照习惯施用之肥料，业方得督促其施用，除双方之一确系无力取得肥料外，任何一方故不施肥者，则他方得以破坏土质向政府控告，经审查属实得予以适当处分。

第八章　附　则

（七十一）本条例自颁布之日起施行之。

（七十二）本条例之解释权，属于苏中区行政公署。

（七十三）各分区各县得依据本条例订定实施细则，呈请本署核准后施行之。

（七十四）本条例有未尽事宜以命令修改之。

苏中行政公署

选自《华中抗日根据地财政经济史料选编》第一卷，档案出版社 1984 年 7 月版，第 215～223 页。江苏省财政厅、江苏省档案馆、财政经济史编写组合编。

6. 华中局关于减租问题的指示

1942 年 5 月 17 日

一、在我党积极领导群众进行减租和改善工农待遇，以动员组织广大群众巩固抗日民主根据地的时候，各地地主豪绅也正在加紧活动，如向我各军政机关及首长申诉，向各方奔走宣传，甚至部分大地主要利用减租运动来秘密作各种反我军、我党及抗日民主政权之阴谋。

二、为了巩固抗日统一战线，减少中小地主之反抗，争取广大阶层的同情和孤立大地主，以达到减租和改善工农待遇的胜利起见，各级党委必须广泛利用参议会之讲坛，通过群众会议，各报纸杂志传单、标语、歌曲、戏剧等文字和口头宣传方法，对地主豪绅的各种曲解煽动，必须及时作清楚的驳复，提出下列说明作各地宣传之参考。

第一，说明目前工农所受压迫，过去农民整年劳动尚无法糊口养家，倘不减租改善工农待遇，非特不公平，而且大不人道。

第二，说明只有实行减租和改善工农生活，才能发动广大群众参加抗战，才能驱逐日寇，争取民族最后之解放。

第三，说明减租不但改善农民生活，而且可提高农民生产积极性，也是对地主资本家及全国人民都有好处的（如实行减租后农民对其使用之土地，才愿投更大资本劳动与肥料以发展农业，只有减租农民购买力才能增加，工商业才会发展，只有工农生活改善，盗匪方可扫除，而社会秩序才得安宁等等）。

第四，说明减租对部分地主暂时虽吃点小亏，但实行减租后既可提高农民生产积极性，又可提高农民参加抗战热忱，所以从民族久远根据有利益打算，对于地主与全民族都有利益的，故一切有远见有爱国天良的地主应深明大义，而不应当只顾眼前私利而达［违］国家民族根本的公利。

三、目前只宜一般实行二五减租的口号，以免对统一战线不利。对抗日家属，鳏寡孤独及地方无力耕种的贫寒小学教师与自由职业者应按照个别实情，采取公道合理方法分别处理之，对群众一切过“左”要求和行动，应加以正确领导和说服。

四、在实行减租运动中，我党、政、军、民、学各方面工作同志，虽应一般坚决拥护改租和改善工农生活之要求，但他们对减租所取态度，应根据其所代表机关和地位之不同而有差别，如农救会内工作同志要坚决领导减租，而在军队和政府机关工作同志则应持对外同情，秘密支持和公开讲解之态度，军政机关一切离开群众发动的外部干涉（除了干涉个别反动地主豪绅外），都会削弱群众积极性而置自身与地主直接对立的地位，对群运及统战工作极不利。

五、上述各项是为了对外宣传打破地主反对减租的宣传，但对党内及工农劳苦群众除了上述各项外，还必须加强阶级教育，以提高群众阶级觉悟。

选自《华中抗日根据地财政经济史料选编》第一卷，档案出版社 1984 年 7 月版，第 70～71 页。江苏省财政厅、江苏省档案馆、财政经济史编写组合编。

7. 淮海区重订减租条例

1942 年 5 月 22 日

第一章　总　则

第一条　减租办法之规定，在于实行二五减租，改善农民生活，增强农村经济，提高农民抗战与生产之积极性，并保证业佃之正常关系，保证业主之土地收益，以实现民生主义之土地政策。

第二条　淮海区三十年减租暂行办法，自本条例公布后废止之。

第二章　分种地与伙种地

第三条　分种地与伙种地，不论公田私田，一律照原租额（即民国廿九年以前所订租额下同）减去百分之二十五。

第四条　分种地与伙种地除二五减租外，其原有种子负担，柴草分配及耕种时施肥，均照旧例。

第五条　山芋花生之分种地与伙种地，其减租额依第三条之规定，惟草仍依旧例，但地主所得不得超过三分之一。

第三章　租　田

第六条　租田之属于钱租者，因货币跌价而发生争议时，政府得召集业佃双方，协议调解，并得将货币地租之一部或全部改为粮租，其租额最高不得超过全年收获量百分之三十。

第七条　租田之属于粮租者，无论其租额如何，概照原租额减去百分之二十五。

第八条　租田因天灾人祸，其收成全部或大部被毁时，得免付或减付地租。

第九条　租田不得改为分种地。

第四章　游击区

第十条　在本行政区内属于游击区及敌占点线周围附近无论为分种地伙种地租田，其减租额得低于第二章第三章之规定，具体比率由业佃双方请由当地区乡政府评议协定之。

第五章　地租之收缴

第十一条　减租办法一经确定并见诸实行之后，业主不得仍照额收租，承佃人亦不得怠租，欠租仍照旧额缴租。

第十二条　地租收缴时间，规定为每季农产物收获全部上场以后，业主不得预收地租。

第十三条　除正额地租外，一切陋规（犁堤、伙租、小租、押犁、承揽、犁鸡、犁鸭、庄差、庄规等）概行禁止之。

第六章　永佃权

第十四条　在租约下及习惯上有永佃权者，及自三十年淮海区减租暂行办法颁行后更换新约定有永佃权者，此后均不得变更，但因永佃权而发生纠纷时，得呈请政府适当调处之。

第十五条　永佃权之订立与否，随业佃双方之自由。

第十六条　为佃农得安心发展生产起见，县区政府应奖励租佃契约订定五年以上之租种期限。

第七章　租地之收回、卖绝、典出

第十七条　无永佃权及满约之租地，业主有处置自由，可收回自种，或雇人耕种及卖绝或典出，但业主须于收获前三个月通知承佃人，原承佃人因失地耕种无力生活者，得请求政府救济，或延长佃期，或退佃一部。

第十八条　满约租地业主招人承佃或卖绝、典出时，原承佃人依同等条件有承佃承典承买之优先权。

第十九条　业主卖绝有永佃权或未满约租之地时，原承佃人有继续佃种之权，非满约，新主不得收回或另佃他人。

第二十条　承佃人于两年内无故荒耕或于一年内无故抗不缴租者，业主有收回土地之权。

第八章　附　则

第二十一条　淮海区三十年减租办法之减租部分于三十年未加实行者，应于本年内依本条例之规定补行之。

第二十二条　本条例经淮海区参议会通过，交由行政公署公布施行，如有未尽事宜，由参议会修正之。

第二十三条　本条例自公布之日起施行。

选自《华中抗日根据地财政经济史料选编》第一卷，档案出版社1984年7月版，第378～380页。江苏省财政厅、江苏省档案馆、财政经济史编写组合编。原注："按淮海区行政公署《减租增资法规》刊印"。

8. 淮海区修正减息条例

1942年5月22日

第一条 减息办法之规定，在于改善人民生活，增进社会经济关系及加强团结与抗战力量。

第二条 自本条例公布后，淮海区三十年减息暂行办法废止之。

第三条 凡三十年以前成立之借贷关系，而在三十年减息暂行办法以后尚未清结者，其利率概以一分半为准，付息已超过原本一倍者，停利还本，付息已超过原本两倍者，本利停付。

第四条 凡在三十年减息暂行办法以后成立之借贷关系，其利率已订为一分半者，可依借贷双方之协议改订之，但其改订以前之利率，仍照一分半计算。

第五条 自本条例公布之后，所有借贷关系，其利率依借贷双方之协议订定之。

第六条 凡在抗战（七七）以后成立之借贷关系而有抵押品者，如债务人到期不能付息还本时，债权人得依约处理抵押品，同一抵押品而有数项债权者，其卖价依先后比例清偿之。

第七条 凡在抗战（七七）以后成立之借贷关系，倘债务人无力履行债务时，请求政府调处之。

第八条 债权人不得因减息解除借贷契约，债务人不得在减息后拒不付息。

第九条 债务人如拖欠本息，债权人得依法追诉之。

第十条 本条例经淮海区参议会通过，交由行政公署公布施行，如有未尽事宜，由参议会修正之。

第十一条 本条例自公布之日起施行。

选自《华中抗日根据地财政经济史料选编》第一卷，档案出版社1984年7月版，第381页。江苏省财政厅、江苏省档案馆、财政经济史编写组合编。原注："按淮海区行政公署《减租增资法规》刊印"。

9. 淮海区重订典赎土地条例

1942年5月22日

第一条 本区人民土地典赎，悉依本条例之规定。

第二条 自本条例公布之后，淮海区三十年典赎土地暂行办法废止之。

第三条　典地之尚未转成买卖关系者，出典人依约备价赎回土地。然出典人赎地时，如距农作物收获期不满一月承典人得要求延至收获后，出典人不得拒绝。

第四条　典地时农作物已收获（白地），赎地时农作物未收获者（青地），出典人应依习惯，补偿承典人种子、粪水、耕地之代价。

第五条　典赎土地一律使用国币，如因典地时与典赎地时币价变动，出典与承典双方发生争议时，得申请区乡政府调处之。

第六条　出典人如实系贫穷，于满约后得请求承典人分期清偿典价，赎回其典出之土地，其分期偿还之日期，不得超过一年。

第七条　典地之加典者依习惯处理。

第八条　本条例经淮海区参议会通过，交由行政公署公布施行，如有未尽事宜，由淮海区参议会修正之。

第九条　本条例自公布之日起施行。

选自《华中抗日根据地财政经济史料选编》第一卷，档案出版社 1984 年 7 月版，第 382 页。江苏省财政厅、江苏省档案馆、财政经济史编写组合编。原注：“按淮海区行政公署《减租增资法规》刊印”。

10. 津浦路西垦荒条例

1942 年 5 月津浦路西联防临时参议会第一届第二次大会通过

第一条　为发展农业生产，增加根据地富源，特规［定］本办法。

第二条　各县应以乡为单位，组织垦荒委员会（组织条例另订之）。

第三条　垦荒先垦熟荒，后垦生荒。熟荒分三等荒，五年以上者，三年六季以后分租纳赋；三年至五年者，二年四季以后，分租纳赋；三年以下者，一年半三季以后分租纳赋。生荒一律三年以后分租纳赋。

第四条　公共生荒，为私人开垦者，其所有权属于私人。公共熟荒，为私人开垦者，其所有权仍属公家，其分租纳赋适用上项之规定，但垦荒时须呈请政府准许后始能进行。

第五条　私人生荒与熟荒，为他人所开垦者，其所有权仍属原主。

第六条　私人之生熟荒，须先由业主开垦，如叶［业］主无力开垦者，他人得垦植之。

第七条　不论公荒及私荒，垦户须先呈报各县县政府，领取垦荒登记证。

第八条　本办法之解释权属于津浦路西联防办事处。

第九条　本办法经津浦路西联防临时参议会通过后交路西联防办事处公布施行之。

选自《淮南抗日根据地》，中共党史资料出版社 1987 年 10 月版，第 219～220 页。原注：“津浦路西临时参议会第一届第二次大会《大会专刊》1942 年 5 月”。

11. 津浦路西三七分租与改善佃东关系暂行条例

1942年5月津浦路西联防临时参议会第一届第二次大会通过

第一条　为巩固抗日民族统一战线，加强抗战力量，争取民族革命的彻底胜利，调剂民众利益，改善东佃关系，特根据中华民国土地法及中华民国民法之规定，暂定本条例。

第二条　出租人之土地，如原定与承租人分租者，一律提种后，三七分租（即东三佃七）如佃户下庄时则不必提种三七分。

第一款：不论午秋两季之包租（即□租）一律减二五。即缴原租额百分之七十五，但如遇有特殊情形，双方发生争执时由当地政府适当调解之。

第二款：承租人所种之各种杂粮，应照民国二十八年以前老例，不分者仍旧不分，分者一律按三七分。

第三款：各承租人种植烟叶、苧麻，秋收时除本后以三七分租。

第四款：如有特殊情形者（如全椒原来的一九或二八分租等），其租额由该地地方政府、农抗、公正士绅协议另订之。

第五款：遇水旱灾、兵患、虫灾等，由东佃双方面议，酌减租额，如有争执时，由各地政府适当调解之。

第六款：稻草、麦秸、豆秸、高粱秆等副产物，民国二十八年以前东佃分的地方，现在亦以东三佃七照分，二十八年以前不分的地方，仍旧不分。

第七款：承租人住出租人之房屋，原来在民国二十八年以前缴纳租谷或租金者，仍旧缴纳，但房屋破坏则由出租人修理。

第三条　地租一律于农产物收获后交纳，出租人不得向承租人预收地租，并不得索取额外报酬。

第四条　地税由承租人代付者，应与缴纳地租内扣还之。

第五条　出租人与承租人立约为永佃权者，仍保留不得更改，无永佃权者，不应强迫规定，但须奖励双方订立较长之契（如五年以上），使佃户得以安生［心］发展生产。

第六条　承租人有下列情形之一者得提出退回耕地之一部或全部。

第一款：不能维持生活者。

第二款：不能保持耕地之原有性质者。

第三款：不能增加雇工耕作者。

第七条　出租人在不能维持生活的前提下，得依约将出租地之一部或全部收回自耕。

第八条　出租人出卖耕地及转佃时，承租人依同样条例有承典承佃、承买之优先权。

第九条　地租原约定以货币支付者，因纸币跌价而发生争议肘，所在地政府，应召集东佃双方协议调解之，俾将货币地租一部或全部改为实物地租。

第十条　多年债欠之陈租，应于免缴。

第十一条　无永佃权而契约期满之地，出租人有依约处置之自由（包括转让出典出卖自耕及雇人耕种在内）。但在抗战期间，业主收地，应照［当］顾及农民生活，并须于收获前三个月通知承佃人，原承佃人太穷苦者，应由政府加以调剂或延长租期，或只退回租地之一部。

第十二条　出租人出卖有永佃权或契约未满之地。原承租人有继续佃耕之权，非原约期满，新出租人不得另佃他人。

第十三条　承租人无故不耕，或力能付租而故意不付者，出租人有收回土地之权。

第十四条　本条例解释权属于津浦路西联防办事处。

第十五条　本条例经路西临时联防参议会通过后交路西联防办事处公布施行之。

选自《淮南抗日根据地》，中共党史资料出版社1987年10月版，第211～213页。《淮南抗日根据地》编审委员会编。原注："津浦路西临时参议会第一届第二次大会《大会专刊》1942年5月"。

12. 津浦路西借贷付息暂行办法

1942年5月津浦路西联防临时参议会第一届第二次大会通过

第一条　对于抗战以前所成立之借贷关系，为适应债务人要求并为团结债权人一致抗日起见，特规定一分半为计息标准，但付息超过原本一倍者，停利付本。超过原本两倍者，本利停付。

第二条　债权人不得因减息而解除债贷契约，债务人亦不得在减息后，拒不交息，如有上项事情发生，债权人或债务人，得依法提起诉讼。

第三条　抗战以后之息额，以各地社会经济关系为标准，听任民间自行处理，政府不另规定。

第四条　凡抗战后新成立借贷关系，债务人到期无力还本，而又不能付息者，债权人有依法处理抵押品之权，如有争议由政府处理之。

第五条　同一抵押品而担保数债权者，其卖得之价格按各契约之先后，依次并比例清偿之。

第六条　凡抗战后成立之借贷关系，因天灾人祸，或其他不可抵抗之原因，债务人无力履行债约时，政府可予以调处，酌量减息，或免息还本。

第七条　因纸币跌价，债务人用纸币还债而发生之争议，由政府酌量情形，适当调处之。

第八条　过去所借之粮食，仍以还粮为原则。

第九条　如有老债不能清算者，可将旧约毁销，依照借贷时实得数目另立新据，作为新借贷关系。

第十条　本办法解释权属于联防办事处。

第十一条　本办法经路西临参会通过后交联防办事处公布施行之。

选自《淮南抗日根据地》，中共党史资料出版社1987年10月版，第213～214页。原注："津浦路西临时参议会第一届第二次大会《大会专刊》1942年5月"。

13. 津浦路西典当暂行条例

1942年5月津浦路西联防临时参议会第一届第二次大会通过

第一条　凡典当田地，尚未转成买卖关系者，均适用本条例。

第二条　不论抗战前后所典当之田地，出当人可随时依照契约之规定，以原价赎回其土地，不得押地或换约。

第三条　如典当之田地，已转为买卖关系，而立有契约手续者，不得赎回。

第四条　因纸币跌价，在赎回典当田地时所起之争议，由各乡保调解委员会适当处理之，不服者得向上级政府申述。

第五条　受当人将所当之田地，转当与他人时，须得原当人之同意，并重新订立契约。

第六条　关于典当田地之纠纷，除由调解委员会解决外，一般纠纷得以下列原则处理之：

第一款：受当人受当田地后，连遭三年天灾须按原定期限延长一年方可赎田。

第二款：受当田地如有挑塘筑坝，造房等工程加于田地之上者，出当人赎回时，须估其价值，赔偿受当人，但在受当人建筑工程之前，须与原当人订立契约。

第三款：当田人佃种原当出之田（即所谓当田不当庄），如有欠租情形，在赎回时，应以清算为原则。

第四款：典当田地上原有之建筑物，在典当期中，遇到有人力不可抵抗之事变，而遭受损失者，赎回时不得赔偿。

第五款：凡典当地田或房屋，其能赎期限仍依照各地习惯处理之。

第七条　凡典当房屋者，其取赎办法适应本条例规定。

第八条　凡典当房屋的受当人遭有人力不可抵抗之事变，遭受毁损者，取赎时得酌给当价百分之二十至三十。

第九条　受当房屋后，因遭人力不可抵抗之焚毁，而受当人重新在原地建筑新房屋者，取赎时展期三年，须按照新房屋备价赎回之，但受当人在建筑新房屋时须得出当人之同意并定（订）立契约。

第十条　本条例之解释权属路西联防办事处。

第十一条　本条例由路西联防临时参议会通过后交路西联防办事处公布施行之。

选自《淮南抗日根据地财经史》，安徽人民出版社1991年12月版，第65～66页。

14. 华中区对于秋收中有关土地政策的几个问题的决定

1942年9月1日苏中区党委夏收总结大会通过

在今年夏收中我苏中各级党和政府对于我党土地政策的执行基本是正确的，而且已获得相当大的成功，但是估计今年秋收的环境，将比夏收更加复杂，荒收歉收相当普遍，敌我斗争更趋紧张，关于土地政策之执行，也就不能不有更具体的研究，因此大会除去号召我苏中全党继续坚持夏收前各种决定和法令外，特就下列各个具体问题作如下决定。

一、关于灾荒问题

（1）在秋季公粮的征收中，必须更具体地规定减免标准，切实执行之，以照顾荒收歉收人民的利益，同时亦应坚决反对谎报灾情，短报田亩，无原则的减免，以致影响征粮工作和租佃关系。

（一）收成在三成以下者，应视为荒收，免征公粮。

（二）收成在三成以上、五成以下者，应视为歉收，减等征收。

（三）收成在五成以上者，照规定标准征收。

（2）在减租交租问题中，应同样规定持平公允的荒歉减免标准，使业佃双方的利益均能适得其平。

（一）分收田适用公粮减免标准处理。

（二）包租田收成在三成以上、七成以下者，酌量议减。

（三）无［夏］收收成在八成以上，而延来交租者，如秋收无望，其秋租部分，可按上述标准处理。夏租部分仍应以补交为原则，如佃方确甚痛苦，并非有意抗交，得由双方同意欠交一部或全部。

（3）为了使各级党，对于今年秋收中的灾荒问题，更能加以切实注意，并求得适当的处理，应由政府、农抗会、地方士绅，在征粮减租前，合组勘收委员会亲赴荒歉地区进行实地勘察，根据勘察结果评定各地灾荒程度及交租交粮减免数，人民如对于此项勘察与评定结果有异议，应由政府、农抗会、地方士绅另组评议委员会重加讨论，并应允许人民随时请求修正或上诉。

（4）除去上述各项办法外，我全苏中党政军民对于灾荒救济工作必须立即予以严重注意。

（一）立即开始筹划布置民食调剂工作。

（二）大批筹办粮食运销合作社，主要由农抗会负责，政府予以协助指导。

（三）选择适当时机布置发动借本借粮运动。

（四）在秋收中举办积谷（但须防止平均摊派之办法）。

（五）发动辅助食物种植运动。

（六）筹办冬赈春赈。

（七）必须时派代表团到丰收地区募捐救济。

二、关于照顾中小地主问题

（1）在目前敌人正用尽一切疯狂野蛮的办法，大量劫掠我苏中物资人力的环境中，我苏中中小地主，也已随一般农民之后，愈益陷入困境，因此我苏中各级党和政府，对于中小地主的生活也就必须予以更多的照顾，在减租工作中有下列各个条件者，应避免各种过“左”倾向。酌量少减。

（一）其所占有之土地面积，甚小又甚坏者。

（二）除土地外，无其他副业或职业收入者。

（三）家庭人口多，经济负担极重者。

（2）在上述中小地主的利益与农民的利益发生冲突时，应根据上述中小地主之土地大小肥瘠，经济状况与佃方之生活情形，加以适当处理，务使双方利益均能顾及而又不致妨害发动基本群众的任务。

（3）为了正确执行上述决定，各级党委应在全党和广大群众中进行深入的土地政策教育，务使全党均能深切了解同情照顾中小地主生活，在政治上争取中小地主之重大意义与必要。

三、关于增加农业生产问题

（1）奖励富农经济、增加富农生产是我党土地政策的重要任务之一。特别是在今天反清乡的斗争中发展富农经营，更是增加农业生产冲破敌人经济封锁的必要步骤。因此我们对于这一工作必须予以更切实的筹划。

（一）积极开发水利。

（二）提高农村副业。

（三）奖励垦荒和农业投资。

（四）改良农具。

（五）尽可能设法帮助农民解决肥料问题（地主于减租后有拒绝出肥料和要求二五减肥者，应加以说服，不得已时得于农产物收获后，先提出业佃应出之肥料种籽交佃方保管，再依约分租或减租）。

（2）为了保证上述工作能顺利开展，各级政府财经科和农抗会，应将此等事业，视为主要的经常工作之一，规定具体办法，切实进行之。

（3）冬耕是苏中今年在实际上开展这一运动的主要时机，大会号召全党配合着秋收工作，抓紧今年冬耕的机会，造成一个奖励富农经营，提高农业生产的热潮，并和秋收工作一起立即开始讨论布置。

四、关于秋收和秋征

（1）最后大会号召全党，在秋收中更正确地为继续坚决执行我党土地政策，彻底实行二五减租而奋斗，并由此而进一步发动广大人民团结各阶层人士，为粉碎敌人的清剿清乡阴谋而奋斗。

（2）大会完全同意政府关于秋季征收粮赋的办法和标准，并号召全党和全苏中各界人士拥护政府完成此项任务，以巩固我苏中抗日根据地的财政经济基础。

选自《华中抗日根据地财政经济史料选编》第一卷，档案出版社 1984 年 7 月版，第 268～271 页。江苏省财政厅、江苏省档案馆、财政经济史编写组合编。

15. 浙东三北地委关于今年实行二五减租的决定

1943 年 8 月

（一）

去年一月二十八日，中央政治局通过中共中央关于抗日根据地土地政策的决定中三个基本原则：一、承认农民（包括雇农）是抗日与生产的基本力量，党的政策应加以扶助。二、承认地主中有大多数是有抗日要求的，一部分开明士绅并且是赞成民主改革的，党的政策应加以联合。三、承认富农生产方式是中国现时比较进步的生产方式，是抗日与生产不可缺少的力量，党的政策应加以奖励。我三北地区一年来广大的农民，在我党我军直接领导下，抗日生产情绪节节提高，特别是普遍的争资斗争的胜利，雇工情绪更为高涨，大部分地主在我党我军的影响下，要求团结，要求抗日，部分地区的开明士绅更提出民主，对这次国民党发动内战企图同表愤慨。富农生产方式普遍地采用，经营地主非常流行，这一切都说明了中央土地政策的基本原则，不仅适合于一般抗日民主根据地的实际情况与需要，同样也适合于三北实际情况与需要，并且根据抗战以来，各根据地统战的土地政策实行的经验证明：凡在比较普遍地彻底地实行了这一政策的地区，则当地群众参加抗日斗争，实际生产与民主建设的积极性就比较高，根据地就比较巩固，否则反之。因此实行中共中央统战的土地政策，特别是二五减租政策，是与巩固三北抗日游击根据地的任务不可分离的。

远在民国十八年，国民党浙江省政府即颁布了二五减租法令及施行细则，二十一年夏颁布修正二五减租暂行办法及施行细则，其基本内容与我党土地政策大致符合，当时在进步势力推动下，三北各地比较广泛地实行了二五减租并且部分地区实行较为彻底，但由于封建传统的根深蒂固，执行当局又缺乏有计划的领导与检查，致使减租一般地不能做到普遍与深入，在地区上，部分的尚未实行，在地租形式上，只照顾到议租（亦名活租，看花收租），而没有照顾到计租（亦名计到租、包租、定租、凝租）、分租（亦名分田）、少租（亦名小租，田脚）、银租和便田预租。大部分地区在议租时地主代表在数量与质量上都占着优势，操评议的决定权，部分地区交租后还以老秤为标准，用市秤折老秤，少数地主还向农民索取额外酬报，因此，我们今年在三北实行二五减租是合于国法合于人情的。

（二）

根据我党中央的土地政策，根据三北地区的实际租佃状况和风俗习惯，并根据三北目前的具体斗争环境，我们今年实行二五减租的直接任务是：一方面在过去已经实行二五减租的地区展开普遍与深入的检查假减租运动，各地接到本决定后，应在党办事处和群众团体各级会议上热烈讨论研究假减租的各种形态并如何防止？真正的二五减租应该做到怎么样？以激起农民要求彻底实行二五减租的热情，展开普遍的检查运动。另一方面是在过去没有实行二五减租的地区，以国民党浙江省政府所颁布的法令为依据，号召佃农起来进行二五减租（当然同样须注意到普遍与深入），要求计租分租，改为议租，并努力争取议租减租的胜利。

（三）

二五减租的一般原则，根据国民党的减租法令与修正减租法令，其不彻底与不周到之处应根据下列几点原则来处理（不以明文公布）。

租额方面

（1）分租、计租尽量改为议租，如因特殊原因而不能更改者，则根据原来成数减去二五（即打七五折），如减去二五仍然过高，则有（由）佃方向业方要求再减，以不超过全年正产收获量百分之三七・五为标准。计租根据各级田地的普通数量（如上等田 450 斤，中等田 300 斤，下等田 200 斤）不超过百分之三七·五计算，有些地区习惯上有先打折扣而后再行二五减租在保持其习惯进行减租，遇荒歉年成则依议租评议结果，酌量减免。

（2）评议会议以乡为单位组织，佃业双方评议代表人数，佃农方面以每二十五至三十户中选派代表一人，地主每乡二至三人，当地办事处或民运工作同志一人，乡长一人，农会干事长当然参加，且担任评议会主席（无农会组织的地区推派主席）。

（3）银租，便田预租，一般不提出改租谷，而以增加银租为原则，增加数不得超过正产收获量百分之十五至二十，但当业方经济特别困难，提出要求时，则在双方互助互让的原则下，改为租谷，其标准亦不得超过正产收获量百分之十五至二十。

（4）便田预租之带包租性质者，应予防止。

（5）沦陷前之欠租，如确因佃户无力缴纳或业方故意拒收者应予免缴或待抗战胜利后交租。

（6）根据二十四年浙江省府颁布之“浙江省佃业缴租用量衡器遵用新制办法”，仍以老秤为标准以市秤计算租额的地区，应遵法废止，并改用新制。

佃权方面

（1）在佃农习惯上有永佃权者，应保留之，无永佃权者，不应强迫规定，但可奖励双方订立较长期的契约（如五年以上），俾农民得安心生产，特别对银租便佃预租尤应注意这一点，以相限制，其因佃权转移繁频而妨碍生产。

（2）无永佃权之土地，年限既满，业方有依约处理的自由（包括转让出典、出卖、自耕及雇人耕种），但当期出租、出典、或出卖时，原佃户有承佃租承典承卖［买］之优先权，且在抗战期内业主收地，应顾及佃方生活，如原佃太穷，应有调解会召集双方为之调解，或延长佃期，或退佃一部（赎田原则上亦如此）。

（3）未满期限或有永佃权之租佃，其撤田条件，除法令内所规定款项外，主要视佃业双方经济状况而定。

几个特殊问题的处理

（1）业佃之任何一方，如有私通敌伪行为者，其他（地）权或佃权由人民公决处理。

（2）对于穷苦之鳏寡孤独之小地主及部分经济困难的中小地主，其减租标准，应在双方互让原则下酌量少减。

（3）公堂产、庙产、学产、官产其租额超过全年正产收获量百分之三七·五者应以百分之三七·五为标准减租，其为银租或便田预租者，依租额方面（3）之规定，在公堂土地占优势地区，应首先争取公堂减租的胜利。

（4）无论议租、计租、分租、少租、银租、便田预租，其有租佃契约纸者，减租后一律改订新约，内容除法令内规定各项外，须写明减租后租额或其计算方法。无永佃权者，奖励双方订立较长期的年限。

（四）

在处理一切农村纠纷中（如增资赎田以及二五减租中一般原则及法令中尚未规定之事项），办事处工作人员的态度不应是站在地主与农民的某一方面，而且（是）根据中央土地政策的基本原则，采取调节双方利益以利抗战的方针合理地处理，佃业双方合理的要求尽可能使之满足，不应孰轻孰重，一方面保证减租，一方面保证地主之地权财权，一方面顾及农民生活，一方面契约满期，任何一方面有解约的自由，一方面又要奖励双方订立较长期的契约，一方面增加工资，一方面又要奖励富农生产，承认富农剥削，保证抗日的阶层都有人权、政权、地权，任何“左”倾或右倾的处理，都是党的政策所不容许的。

选自《浙江革命历史档案选编》，浙江人民出版社 1985 年 4 月版，第 100～104 页。杭州大学历史系、浙江省档案馆合编。

16. 淮海区清查田亩实施纲要

1943 年 12 月 1 日

甲、总　则

一、本纲要基本原则根据淮海区清查田亩暂行办法各项规定。

二、本纲要仅限于初步田亩清查事竣后即予以废止。

乙、清查组织

三、以乡为单位，组织清查委员会，直接受县政府财粮科领导，县区不另设组织。

四、县即以财粮科为领导清查田亩核心，每区分别派清查田亩督导委员驻在各该区领导及督促所属乡清查工作。

五、各区清查田亩督导委员得设助理员五人至九人，承督导委员之命令进行工作。

六、各区清查田亩督导委员应由县府派科长一级干部充任或互调付区长担任，在清查期间应责成以清查工作为首要任务。

七、清查田亩之助理员由县政府财粮科各区财粮股或其他工作部门调充之。必要时临时雇员充任之。

八、乡清查田亩委员会由委员五人至七人组成之，委员下列人员担任，由区政府聘任之。

乡长或付乡长一人，乡粮政助理员一人，农救会代表三至四人，士绅二人至三人。

九、乡清查田亩委员会设主任委员一人，领导全部清查工作，由乡长或付乡长担任之。

十、乡清查田亩委员会，设下列各股各设股长一人，股员一人至三人，由委员充任之。

（一）登记股（二）调查股（三）测丈股。

丙、清查步骤

十一、首先由县政府出县布告，以通俗文字说明清查意义、清查办法及不报隐报谎报密报检举等奖惩办法。

十二、由清查田亩督导委员或助理员分赴各乡帮助组织乡清查田亩委员会并研究本乡清查田亩具体执行办法。

十三、由清查田亩委员会召集全乡公民大会报告清查田亩意义、清查办法及不报隐报谎报密报检举等规定。

十四、在乡公民大会之后，即由清查田亩委员会召集村民大会，当场实行口陈报业主与佃户名、陈报如下：（可将业主与佃户分两处举行）

业主陈报事项：（包括地及自耕农）

（一）业主姓名，（二）住址（村庄名），（三）家庭人口，（四）田亩数，（五）田亩坐落及四至。

佃户陈报事项：

（一）佃户姓名，（二）住址（村庄名），（三）业主姓名，（四）业主住址（乡村），（五）佃种亩数。

十五、在村民大会上业主及佃户陈报时，清查委员会应派人记录，每户陈报完毕应将记录交其核阅，如认为记录无讹，即由陈报人于记录上加盖手印。

十六、每村陈报完毕后，宣布下列三事：

（一）如认为陈报不确，三天之内准详自行申请更正。

（二）在呈报后三天内业主应将田契取出，以备验契时得随时检出核验，如寄存他处要延期呈交者，应在二天内声明，但呈报交期不超一个星期。

（三）鼓励到会民众于陈报后第四天起至十三天止，十天内实行密报或检举。

十七、在每村均呈报后，将佃户与业户陈报数实行核对，其有佃户在本乡（即田在本乡）而业主在他乡者，即将该项陈报另行腾录，呈交清查田亩督导委员转交业主所在乡。

十八、将业主与佃户两方之陈报数核对后，即由调查股负责，将呈报名册换户验契验查，陈报田亩是否与契纸所载田亩相符合，符合即注明〇，不符合即注明×。符合而为白契即注明※，无契即注明△。

十九、在清查田亩委员会成立后，则由该会测丈股绘成一简略地形，按照自然形势（即村落树行或路沟等）画成若干块注明面积数，至是将每保陈报，并经查验契纸后之田亩数，分别列入该图内，核阅已呈报数字，是否与该乡田亩数相等。

二十、具有下列情形之田亩予以丈量：

（一）无田契者（二）契纸所载数字与陈报数字不符者（三）无红契（仅有白契）者（四）经密告检举者（五）认为陈报数字可疑者。

二十一、将前项规定之田亩丈量完毕后，由清查委员会登记造具该乡田亩清册（注明业主姓名人口田亩数住址）及佃户清册（注明佃户姓名田亩数）自耕兼佃耕者，记入田亩清册内，并注明佃耕数。

二十二、每乡田亩清册及佃户清册造具完毕后，即连田亩登记册地图等一并送交该区清查田亩督导委员核收。

二十三、督导委员回集该区各乡田亩清册及佃户清册送交县财粮科核收。

二十四、各乡业主自行陈报之，田亩实数多于本年夏秋两季交纳粮赋田亩时，其溢出数准确交粮赋不科罚金。

二十五、在各区清册均告结束后，县政府召集各督导委员及助理员实行总结，并将总结情形列表呈报行署。

丁、清查注意事项

二十六、甲在乙乡或他区而业主在乡者，以在甲乡呈报为原则。

二十七、如属敌地生荒或熟地均在陈报时说明。

二十八、业主不在本县者，由佃户代报，并催促该地主于一星期内将契纸交验。

二十九、交通沟或其他公家临时占用田地应一并陈报不得除外。

三十、丈量时均以五印官弓尺为标准，以六十丈为一亩小数至厘为止。

戊、不报隐报谎报及密报检举办法

三十一、业主陈报土地检举或抽查清丈发现确有隐报情事（陈报田亩少于实有田亩者，除追交其历次隐瞒田之田赋公粮外，并每隐报一亩罚麦五十斤）。

三十二、业主呈报土地经检查或清丈发现有谎报者，得按下列办法予以处罚：

（一）以隐报谎（报）者依具谎报土地每亩罚麦三十斤。

（二）分名或化名陈报者处五千元以下之罚金。

三十三、隐报谎报田亩经密告检查后查明属实者，所罚粮食或现款一律是提出百分之三十奖予密告或检举人，如属农救会以团体名义检举者应提百分之五十予该会，余额一律解交金库充当清查田亩经费或县自治经费。

三十四、在清查田亩陈报期内，业主有意不报者处三千元以上之罚金，并饬令补金，并饬补报。

三十五、佃户陈报出为业主隐报谎报或不报经检举查明属实者，由清查委员会注册呈报县府备案取消其永佃权，并得科以一千元以下之罚金。

三十六、不隐报或谎报，凡属公民均得公开检举或实行密报者，清查委员会负责保守秘密。

三十七、前项三十一条至三十四条各项科罚行为必须经清查田亩委员会会议通过并呈请清查田亩督导委员会批准。

己、检查督促及奖励办法

三十八、清查田亩督导委员会应经常在各乡督导清查工作，成绩之优劣以是否奋勉工作及清查田亩之溢出额多寡为标准，均由县府呈请行署分别予以奖惩。

三十九、助理员以上各乡实际指导及帮助工作为原则，并每礼拜向督导委员将该乡工作情形汇报一次。

四十、督导委员得随时召集清查委员会开会及汇报，并为重新布置工作。

四十一、清查田亩助理员与乡长均依查出无契白契补税额总数提百分之十充奖。

四十二、清查田亩委员（除主任委员）均以不报隐报谎报罚粮款额提百分之十充奖。

四十三、其有举办不力者均分别记过或警告。

四十四、办理清查田亩工作人员其有舞［弊］渎职者，依法惩处。

四十五、各具县长，应亲自计划主持督促。

庚、经费及其他

四十六、初步清查田亩所需费用，准由县政府拟具下列标准，造具预算，由财粮监理员核准后支，每乡标准如下：

纸十张，笔两枝，墨一块，铅笔一枝。

四十七、每乡约需麻绳十丈由各乡向民众借用。

四十八、所有清查委员会委员均保义务职。

四十九、各县不得藉清查工作，摊派任何费用。

五十、本纲要真有与边区或敌占区环境不尽适合者，准由各县于执行方式上，自行予以变更。

五十一、某区某乡真有环境确实困难不能举行清查者，由县政府自行规定之。

选自《华中抗日根据地财政经济史料选编》第二卷，档案出版社 1986 年 8 月版，第 320～325 页。江苏省财政厅、江苏省档案馆、财政经济史编写组合编。

17. 盐阜区行政公署通知——颁发土地复查暨户口登记办法

1943 年 12 月 20 日

兹颁发盐阜区土地复查及户口登记暂行办法，及其说明一种，查此两项文件有关本区三百万人民今后粮税之合理负担，意义极为重大，值得我全体政府工作同志严重注意，必须进行以下工作：

（一）各级政府对此二文件必须展开热烈之讨论，使每个行政人员，都深切了解此文件之精神与实质，只有自己了解了文件的精神与实质，才能有信心有热心去进行这一工作。

（二）仅政府人员重视与讨论这一文件还不够，必须唤起各阶层人士对此文件之重视，使他们了解这不仅是政府之财政问题，而是关联于各阶层人士切身利益问题。要使他们认清这一问题，各级政府可将此文件分发给参议会，参议员，地方士绅，群众团体，学校教师，发动他们研究与讨论，要他们大胆地提供意见，提出修正意见，务使这一办法更臻完备，而合于客观实际情形。

（三）各级政府工作人员应深入展开作实际调查，多问老农，必要时可选择一村作为实验，以减少此办法可能有存在着的弱点。

（四）此办法与说明可作为冬学，乡长训练班的教材，各县并需办专门复查田亩训练班，教授此一办法。

（五）各县政府必须有计划的收集各种反映材料，并于十二月二十日以前汇报行署，以便修改草案，正式颁行。

右通知

各县长

副县长

主　任　曹荻秋

副主任　贺希明

计雨亭

选自《华中抗日根据地财政经济史料选编》第二卷，档案出版社 1986 年 8 月版，第 258～259 页。江苏省财政厅、江苏省档案馆、财政经济史编写组合编。原注：“按《盐阜区财经法令汇编》1943 年版刊印”。

18. 附件一：关于“盐阜区土地复查暨户口登记暂行办法草案”说明

第一，为什么要颁布这暂行办法草案？

（一）推行合理负担为抗日民主政府财政政策之基本精神，本区土地税和公粮公草的征收，自去年春间全区土地实行清查以后，虽然合理多了，但当时因受各种主观条件的限制，土地不能作更彻底的清查，所以两年来人民粮税的负担，还是不够合理的，主要表现于下列四方面：

一、土地只有简单的分类，如水田、稻麦田、旱田、棉田、柴滩、草滩、洼田、花碱田等，但未分等，以致面积相同的水田，不论其肥瘠如何，产量如何，其粮税负担则是相等的，此不合理者一。

二、即使两户土地的种类，肥瘠，面积皆相同，而该两户人口数不同（人多的多吃；人少的少吃），按理其应缴粮税该有不同，可是过去两年的粮税征收办法，却不能照顾到这一点，此不合理者二。

三、根据以上两点，贫农是特别吃亏的，第一他的田大多为坏田，第二人虽穷人口倒不一定会少，因此他两面吃亏。再加过去两年的公粮起征点又低（三亩即起征），贫农负担逐更繁重，此不合理者三。

四、因二五减租与公粮累进的关系，少数小地主也有负担较重的，这多半也与土地尚未分等检查及公粮按地亩而不按收获量征收有关，此不合理者四。

因此本区现行粮税征收办法，必须加以改革。

（二）在今年七八月间行署曾经颁布了一种新的公粮征收办法，该办法是按各户人口及其秋季实在的收获量，求出其每口的收获量，然后再征收其公粮。这办法经射阳等四个县各在一个乡实验之结果，尚有下列缺点：

一、因为是实际收获量，每征粮一次，即要调查登记一次，而每次为了反隐瞒，又需十五日上下，还要区级工作同志，到乡里去亲自领导，所以这办法虽然较为合理，但在目前是没有可能实现的。

二、因为是按实际收获量征收公粮，愈改良生产与收获量愈多的地，所负担的公粮，比率也愈高，这对改良土质发展生产有妨碍，在这方面，倒反是不合理的。

三、因为要将实际收获量查明后，才能计算公粮征收额，所以全区不能作全年公粮预算，这也是很大的缺点。

因此，要使粮税负担合理，尚须另想办法。

以上两点是行署这次颁布上述暂行办法的原因。还有：

（三）复查土地与登记户口是极复杂极繁重的工作，同时我们这次虽不想“一劳永逸”，但至少总应做到相当足够的合理程度，使今后两三年不用再来查土地查人口。因此我们就先将上述暂行办法作为草案印出来，广征各县各阶层人士的意见，使该项办法，能更周密地兼顾到各地的特殊情形和各阶层的利益。

第二，这暂行办法草案的基本要求和根据是什么？

这暂行办法的基本要求是在实现可能的范围内，使今后本区人民的粮税负担可更合理，并刺激人民增加生产。这样人民生活固可改善，政府财政基础亦可稳固，是一举两得的办法。

如何达到这“一举两得”的目的呢？亦即规定本办法的根据是什么呢？概括起来有下列八点：

一、使以后不按表面的田亩亦不按各季的实在收获量，而是按其估计的“全年平均收获量”再将人口多少的因素亦计算进去，来征收各户的粮税。

二、所谓“全年平均收获量”是指“不是熟年也不是荒年”，换言之，即是“普通年成”的收获量而言，这是就“天时”说的。还有就“人力耕种”而言，既不是指特别勤劳施肥，也不是指懒惰不施肥，即是指的在一般人的人工和施肥的条件下所能得到的收获量(因此，这是奖励增加生产和惩戒懒惰不施肥的)，这样的平均收获量，虽无实在的根据，但在年年耕种的农民看来，是完全可以预先明确知道的，只要他觉悟到愿意据实陈报。

三、全年平均收获量和人口数都是可以预先查明的，一经查明以后，我们即可求出某一户每口能分得收获量若干和应缴公粮若干。以后公粮累进不按田亩分级（如现在），而是按每口收获量多少来分级，例如假定每口收获量二百斤的征其百分之五，四百斤的征其百分之十等等。

四、主佃双方公粮负担，不象（像）现在佃方出二斤或三斤，其余归业主负担。以后改为按四六分租原则，佃方按六成计算。其佃进之田之平均收获量，作为其所得收获量，业主按四成计算其租出之田之平均收获量，作为其所得收获量，然后再按前项规定征收其公粮。不过地主所得者为不劳而获。佃农对其佃进之田之六成收获量，及自耕农对其自田之全部收获量，是要出劳力牛力等等的，并非不劳而获，因此对于佃农及自耕农按其佃进之田及自田的收获量，征收公粮时，政府还要另外规定将该收获量先打一个九折或八折（这要明年规定），作为其劳力牛力等等的代价，然后再计征其公粮，如此对于地主和农民都合理了。

五、以后的公粮起征点，不是笼统的“田三亩或五亩以上”了，而是可以按每口所得收获量，是否足够其一年之最低消耗量来计算规定了，这对保障贫农有极大帮助。

六、一亩田之平均收获量，在陈报时假定为一百斤，以后如确因加工加肥或翻矿开垦(即不是因为陈报时谎报——以多报少)，而增加到二百斤乃至三四百斤，政府仍按其原报收获量征收公粮，这是大大刺激增加生产的。

七、土地要按平均收获量分等级时，当然不是每多一斤即进一等，今有规定旱田每多二十斤进一等，例如旱田全年平均收获量三十一斤至五十斤者为第一等田，五十一斤至七十斤者为第二等田，余类推（均以一亩为标准）。那么有第一等旱田一亩的人，为了征收公粮，而要计算其收获量时，究竟算多少呢？算三十一斤，政府太吃亏了，算五十斤，人民太吃亏了，两者折其中，政府一律规定为四十斤。如此，该亩旱田之实际平均收获量在四十斤以下者即吃亏，在四十斤以上者即便宜，这多少也是刺激增加生产的。

八、人口多少对于今后公粮负担有极大关系，愈多愈便宜，愈少愈吃亏，我们规定计算人口时，出外当雇工的在一年之内，不到半年的，可不从其家庭人口中除去，雇用雇工在一年之内，实雇用期间不到半年的，不为列为其家庭人口，这一方面是优待出外临时当雇工的，另一方面是奖励富农雇用长年雇工，后者也是刺激增加生产的。

以上八点为今后征收公粮之基本原则，同时即为规定本暂行办法之根据，换言之，我们是根据这八点来拟订本暂行办法，进行土地复查与户口登记，使能达到前述本暂行办法之基本要求。

第三，对本暂行办法若干条之解释

对本暂行办法要解释拟更明白的，有下列四点：

（一）第十条。过去清查各户的土地时，只清查其自田（即他自己所有的土地），这次则连租进之田和典进之田也要清查了，同时将“自田”租给他人和典给他人的也要加以注明，不能只作为“自田”陈报。因为以后征收公粮，不是按各人所有的田亩，而是按其所平均收获的，所以有此第十条之规定。

（二）第十三条和第十四条。这两条是本暂行办法的灵魂，关系最大，同时也是最复杂的，愈规定得合乎客观事实，将来征起粮税来就愈可合理，可是我们这次所根据的材料是不够完备的，今先将行署规定这两条的根据写在下面，以便大家讨论：

一、全盐阜区的土地按其自然性质或所生长的作物而言，只有下列六种：水田（建阳盐城最多），稻麦田（前二县和射阳最多），旱田（北边各县最多），棉田（盐东阜东射阳最多），柴滩和草滩（阜东盐东建阳最多），所谓飞沙地、洼地、花碱田实即为不好的旱田，故可不另列，射阳有所谓水碱田，实即为碱性甚重，产量甚差的水田或稻麦田，故亦不必另列，盐东有高荒低荒，高熟低熟等分类实皆为肥瘠不同之旱田，故亦一并合为旱田。还有专种花生（一年只种花生一季者）的旱田（系称沙土），在旧黄河两岸和射阳一区沙岗甚多但因这种“沙土”，也可间种其他旱田作物，故亦不专列一类而并为旱田。

二、水田、柴滩、草滩因为全年只长一种作物，故其全年平均收获量较易估计，棉田只长一季棉花的亦同。但稻麦田旱田与棉田又间种大麦的因全年所产作物，不止一种，要计算其全年平均收获量，则需将不同作物化为一种，旱田还有一年二季，或二年三季之别，问题格外复杂，今规定解决办法如下：

A. 稻，大麦，小麦，三者的市价是常有上下的，尤其是稻与大小麦，因收获时间相差三四月，上下更大，今按平均市价估计，规定稻与大麦与小麦三者相互间之折合率为十二与二十之比。至于大麦折合籽花的比率，则由有棉田的（且种棉麦二季的）县份（县政府）去自行规定，不由盐阜区统一规定，但阜东盐东射阳三县，应尽可能求得一致。

B. 旱田有一年一季，一年二季和二年三季的，但少种的地力集中因而厚，多种的地力分次因而薄，故其纯粹收获量（即将种子肥料人力牛力等除掉以后的收获量）仍大体相等。因此我们一律规定为一年种一季半，这样对于一年只马马虎虎种一季的就吃亏，对于一年勤勤劳劳种二季的就便宜，因此这当中也含有刺激增加生产的重大作用。

C. 旱田的收获次数，虽一律规定为一年一季半，但它所收获的东西，却极不一律，有稆头，山芋，大小麦，黄豆等，这里我们根据面积相同，肥瘠相同，所费人力等等相同的土地，它们所长的作物虽然不同（作物的数量当然也不同，例如一亩旱田的山芋收获量，就往往多于一亩旱田的小麦收获量八九倍），但这些作物所能售得的市价则大体相同（特殊市场关系除外），我们根据这一规律。逐［遂］规定一亩垦田若种小麦一亩，平均能收小麦若干，再加这平均收获量的一半，合划一季半，即得该亩旱田之全年平均收获量，所有旱田的全年平均收获量，皆以小麦为标准，依照 C、D 两项的规定来计算。这样旱田就获得比稻麦田还简单了。

D. 一年只能专种花生一季的旱田，其全年平均花生收获量，按怎样的折合比率折合为小麦，不由盐阜区统一规定，由有关各县自行规定，但有关各县应尽量求得一致。

E. 根据 A、B、C、D 四项的规定，水田、稻麦田、旱田和棉田，虽其产物不同，但已可互相转化，互相比较了，因此我们可以将多种不同（就自然性质说）的土地分成各种等级（就土地肥瘠说），并使之各各相等起来。例如依照以上规定，我们将全年平均收获量三十一斤至五十斤小麦的一亩旱田为第一等旱田，又将全年平均收获量三十七斤至六十斤稻子的一亩水田定为第一等水田。这儿旱田与水田的自然性质上的差异性就可被舍掉了（即可舍掉不管之意），它们变为相同的田了，即“第一等”田。做到这一点是很重要的，因为有了这一根据以后，我们就可使不同种类的土地按其相同等级而负担相同数量的公粮（假定其累进等级亦相同），水田区人民和旱田区人民的公粮负担可公平合理，不会再像过去水田区轻重那样了。（原文如此）

F. 土地等级水田每二十四斤进一等，例如每亩全年平均收获量（稻）三十七斤至六十斤者为第一等，六十斤至八十四斤者为第二等，余类推，旱田每二十斤进一等，例如每亩全年平均收获量（小麦）三十一斤至五十斤者为第一等，五十斤至七十斤者为第二等，余类推，其余多种土地之等级即按其产物与稻□小麦之折合比率及水田每二十四斤（稻）旱田每二十斤（小麦）进一等三比率分别规定。例如：旱田，我们认为每二十斤（小麦）即进一级是较适当的规定，因为太小了，土地等级将太多太复杂：太大了一等之内的土地（因其肥瘠不同的程度较高）的公粮负担又将不够合理，故为双方兼顾计，即规定每二十斤进一级，其他种类土地等级之划分亦根据这相同的原理。

G. 各种土地全年平均收获量之最低最高额，我们规定如下：

种类	产物	最低（斤）	最高（斤）
水田	稻	37 斤	506 斤
稻麦田	稻	30 斤	360 斤
稻麦田	小麦	30 斤	180 斤
旱田	小麦	30 斤	400 斤
棉田（一）	籽子花	20 斤	100 斤
棉田（二）	籽子花	20 斤	100 斤
	大麦	50 斤	80 斤
柴滩	柴	100 斤	600 斤
草滩	草	80 斤	800 斤

上开各种土地，其全年平均收获量在最低额以下者，即作为荒废田，在最高额以上者，不论超出多少，均作为超出一斤（即只进一等）处理，为了适应旱田之分等，各县划分棉田、柴滩、草滩之等级时，可将上开棉田、柴滩、草滩之最高最低额，酌量增减，使

能符合于最低一级（但不一定从第一级起）之起量和最高一级（但不一定达到第二十一级）之论量。各种土地之最高和最低的全年平均收获量既然查明如上，而且假定这最高最低额又是正确反映全盐阜区各该种土地之最高最低的全年平均收获量的，今我们又是根据这些材料来划分各种土地的等级（从最坏一等到最好一等），那么各县区乡户主陈报其多种土地时，就一定都能找到他相适应的土地等级，决不会有什么遗漏了。

以上各点如有不妥，则第十三第十四两条一定也有不妥，但该两条却为本暂行办法之灵魂，所以对以上各点，希望各县各阶层人士热烈讨论研究并提供意见。

（三）第二十七条。孙中山先生的土地税办法见其所著三民主义民生主义部分，该办法的主要内容是：土地按其地价征土地税，地价高税多，地价低税少。至于地价则由人民自动陈报，但为防止人民谎报地价起见，规定报价高于其实在地价时，政府就按报价收税，如相反低于其实在地价时，政府就按其报价购买其土地，这样人民只有据实陈报地价为最好了。现在仿照这办法，我们的地价改为土地的等级，如人民将劣等田谎报为优等田的，政府即按优等田征公粮，相反政府即将劣等田之市价购买其优等田，如此人民只有据实陈报其土地等级为最好了，但各等土地之市价随时地不同，故各乡复查土地之前，各乡查委会应开会民主评定各该乡各种土地的各等市价，作为政府购买或拍卖上述谎报土地时之统一根据，以免临时评价纠纷。

（四）最后关于土地陈报书之“土地俗名”栏也有说明之必要。本来土地陈报书，应有“弓口四至”（即每块土地之东西南北与什么为界，各边的长度多少），但根据去年清查地亩的经验，这“弓口四至”填报的就极小或极不完备，同时我们要这一栏的目的仅在反隐瞒，还不是要编成“鱼鳞册子”。因此我们这次遂将“弓口四至"改为土地俗名。所谓土地俗名，就是各农家各业主平时称其自己耕种或所有的某一块，或某一片土地的称呼，例如，“直南”“东四十”“水车头”等等。据调查这种俗名是每块或每一遍皆有的，而且说到“直南”“东四十”“水车头”等等，其附近邻居也多知道是指的那一块或那一遍田。因此比“弓口四至”还更便于反隐瞒。不过我们现在还不敢断定这种土地俗名到底是否各县皆有，因此各县仍有调查研究的必要。

选自《华中抗日根据地财政经济史料选编》第二卷，档案出版社 1986 年 8 月版，第 259～267 页。江苏省财政厅、江苏省档案馆、财政经济史编写组合编。原注：“按《盐阜区财经法令汇编》1943 年版刊印”。

19. 附件二：《盐阜区土地复查及户口登记暂行办法草案》[①]

第一章　总　则

第一条　为更进一步查明本区土地及户口，使人民粮税负担可更合理起见，特订定本

① 原标题是：“关于《盐阜区土地复查及户口登记暂行办法草案》说明”，其中的“关于”和“说明”四字是误加的，与“附件一”标题相重复。原注：1944 年年初正式颁布。

办法。

第二条　土地复查与户口登记均采用人民自动陈报办法。辅以必要之实地清丈与抽查以及人民相互检举为原则。

第三条　前已遵照《盐阜区清查田亩暂行办法》向政府陈报土地者，仍须一律遵照本办法向政府重行陈报。

第二章　乡与村（或保）查委会之组织

第四条　为集中力量进行土地复查与户口登记起见，各乡在复查田亩与登记期间，应组织乡与村（或保）之土地复查暨户口登记委员会（下简称乡查委会或村（或保）查委会）。

第五条　乡查委会以乡长副乡长小学教师或塾师各一人，农救会代表四人，当地公正士绅二人组织之，其人数以十人为限，并以乡长或副乡长为当然主任委员。如该乡财粮委员会组织健全，则酌予扩大不另组织乡查委会亦可。乡查委会之职责为进行复查土地与登记户口之宣传动员，收发陈报书，编造乡土地户口清册并公布之，发动人民检举及户主更正补报统计本乡土地户口等。如有村（或保）查委会，并须指导与检查村（或保）查委会工作。

第六条　村（或保）查委会以村长或保长，小学教师或塾师各一人，农救会代表六人，当地公正士绅三人组织之，其人数以十一人为限，并以村长或保长为当然主任委员。其职责为收［将］复查土地及登记人口之意义办法传达给民众，分发及收集陈报书，帮助民众填写完成一村（或保）之复查及登记工作。（村（或保）查委会亦可不设，如不设时则须将乡查委会委员额数扩大，分工进行各村（或保）复查登记工作，概由区县政府决定之）。

第七条　乡及村（或保）查委会委员均为无给职。如有利用职权营私舞弊者，应依公务人员贪污条例处罚。

第八条　乡及村（或保）查委会之笔墨纸张等文具费，由县政府临时规定数额发给之。

第三章　土地与户口陈报

第九条　土地与户口陈报以乡为单位进行之。如有乡界未经明确划分者，应由区政府在办理土地陈报前明确划定所属各乡界限（可以两乡交界处之自然河流沟渠或道路为界）。如属区边境之乡界，则由各该管区政府共同划定之。

第十条　户主陈报土地时不仅陈报其自己所有之土地，即租进与典进之土地亦须陈报。自己所有之土地租出典出者，须注明租给何人典给何人。租进典进之土地亦须注明租自何人典自何人（其姓名均以租契为标准）。

第十一条　户主陈报前项土地，应依照左列规定填具陈报书（陈报书格式另定之）。

一、户主在本乡之土地，应向本乡分块填写陈报（一块一行如数块连成一遍者，则一遍一行）。

二、户主在他乡之土地，应在他乡分块填写陈报。并须附带向本乡作概括（不必分块）之陈报。

三、户主所有土地在本乡，而其居住所在地不在本乡者，仍在本乡分块填写陈报。陈报时其居住所在地之土地，亦须向本乡作概括之陈报。其陈报书之填写得由户主自行办理或委托佃户或关系人代为填写。

第十二条　户主陈报土地前，须俱实地丈量计算亩积。其计算尺度，规定以去年各县清查地亩时所用之“五印官弓”尺为标准，以六十方丈为一亩，小数至厘为止。

第十三条　户主陈报土地，俱须依照土地之全年平均收获量（即不以荒年亦不以塾［熟］年）为标准，按左表规定分类分等陈报。

第十四条　前项稻麦田旱田之全年平均收获量必须依照左列规定化算为一种作物：

一、稻麦田有一年专种稻与小麦各一季者，亦有一年专种稻与大麦各一季者，亦有一年一季稻而大小麦则皆可轮种者，其全年平均收获量一律依照下列规定之比率化算为稻或小麦：

稻与小麦之比率为十二比十

稻与大麦之比率为十二比二十

小麦与大麦之比率为十比二十

二、旱田假定以种小麦一季平均能收若干，然后再加其半数合为一季半，即为其全年平均收获量。

三、旱田如因土质关系，全年只能专种花生一季者，则按其平均花生收获量，依照该管县政府规定之折合比率全年平均收获量。

四、棉田如植棉以外又夹种大麦者，其大麦平均收获量，依照各该管县政府规定之折合比率，折合为籽花然后一并计算其全年平均收获量。

第十五条　荒废田包括无出息之土地，住屋屋基，晒场，及自耕地边沿至河中界（小河）或自耕地边沿至河岸外一丈五尺（大河）之河面在内。但田间（指有出息者）之小道及坟墓地不能列作荒废地。

第十六条　田间坟茔地，产权属于何人陈报。如为孤坟，即归该田现今业主陈报。其种类与等级，依照该田种类与等级。

第十七条　凡本区居户，均须依照左列规定，与土地陈报同时填写户口陈报书（陈报书格式另定之），陈报其户口。

一、须分别姓名年龄性别。

二、其在外做雇工或出远门不足半年者，准不列为在外人口，在外半年以上者则必须列为在外人口陈报。

三、其为雇用雇工或亲友寄食不足半年昔，不得列为外来人口，在半年以上者始能列为外来人口陈报。

四、为优待抗日军人起见，凡抗日军人家属持有优抗证者，该抗日军人仍得列为在家人口。

第十八条　土地与户口陈发书由乡查委会分发各户主填写。

上项陈报书发填日期与收回日期，区政府依照规定及实际情形分乡公布之。

第十九条　乡查委会收回填就之陈报书后，至迟在七日之内须制就乡土地户口清册（其格式另定之），在本乡公布，并限十日内准由各户主自动申请更正或补报其地亩数或人口数，逾限即奖励人民自动检举，其未经其户主更正补报，经查明或被检举有隐报或谎报情事者，依本办法第四章之规定，予以处罚。

第二十条　各乡土地户口清册造就并经检举补报更正后，乡查委会应根据其清册及区政府所规定之期限制成乡土地户口统计表（其格式另定之），汇报区政府。乡之检举补报更正事项仍继续办理。

第二十一条　前项乡土地户口清册及统计表均一式二份，一份移交乡政府负责保管，一份呈送区政府负责保管，倘有遗失，乡长区长均受行政上失职之严重处罚。

第二十二条　区政府收到所属各乡土地户口清册及统计表后，应即进行以下工作：

一、核对户主在他乡所分块填写陈报之他乡土地，与其在本乡所概括陈报之他乡土地，其亩数是否相符。

二、核对户主出租出典之土地亩数种类及等级，与其承租佃户或承典户所陈报者是否相符。

三、如核对不符，应即发交有关查委会（或乡政府）查明更正，并依法处罚。

四、至迟必须在一九四四年四月二十日以前，根据各乡土地户口统计表，编制全区土地户口统计表（其格式另定之）一式二份，一份留区存查，一份呈送县政府备核。

第二十三条　在邻近敌占区环境较不安定地区，土地复查户口登记工作，得按实际情形依左列简易手续举办之：

一、乡村长（或保甲长）根据各该乡保甲户主所有地及人口汇制乡土地户口草册。

二、公布该项草册，限期准由各户主补报更正。

三、逾限奖励人民检举，并依检举更正材料，汇编乡土地户口清册及统计表。

四、在限期内户主不自行补报更正，经人检举查有隐报谎报情事者，依本办法第四章之规定予以处罚。

五、至迟在一九四四年四月二十日以前，该管区政府必须将该项乡土地户口清册及统计表之材料全部编入其全区土地户口统计表内。

第二十四条　各县县政府至迟必须在民国三十三年四月底以前根据各区土地户口统计表编制全县土地户口统计表（其格式另定之）一式二份，一份留县存查，一份呈送行署备核。

第四章　隐报谎报土地户口之处罚及查举之奖励

第二十五条　户主陈报第十三条所列土地经检举或查明确有隐报（即以多报少）情事，除追交其历次应交之粮税外，并按该隐报土地之平均收获量，课以百分之三十之处罚。至荒废田则每亩罚抗币一元。

（上开隐报不足一亩者亦照一亩计算）。

第二十六条　户主陈报土地经检举或查明有左列谎报情事者，除追交其历次应交之粮税外，并得依左列规定予以处罚。

一、以优等土地报劣等土地者按该两等土地最低与最高收获量为稻三十七斤二等水田最高收获量为稻八十四斤，计相差稻四十八斤，以一等水田报二等者即对折处罚稻二十四斤。

二、实为自种之自田而谎作出租之田或租进之田或典出之田陈报者，每亩（不分种类等级）处以抗币五元之罚金。

第二十七条　为严格防止第二十六条第一款所举之谎报情事，乡查委会得参照孙中山先生之地价税办法，于复查土地之前，将该乡各种各等土地之当时市价，评定公布。俟前款谎报情事经查明属实区政府并有权将该项报为劣等田之优等田，按该劣等田之市价拍卖，检举人有优先购买之权利。

第二十八条　故意利用第二十七条之规定，企图强购该被检举土地，经查明属实，该检举人应处以每亩抗币二十元之罚金。

第二十九条　陈报时为劣等土地，陈报后经户主翻扛施肥变为优等土地，或经开垦将荒废地变为有出息之土地，不得谓之谎报。

第三十条　户主对出租土地收获量（即土地等级）之评定，与承租佃户对该土地收获量之评定，如有歧异，乡查委会应根据主佃双方关系及平均收获蛰调解并评定之。

第三十一条　户主陈报人口经检举或查明有不符时，依照左列规定处罚：

一、以少报多者，每多报一人，处以抗币二十元至一百元之罚金。

二、将不足半年之雇工及外来亲友作为半年以上陈报者，或将出外帮工或作客之人口在半年以上者作为不足半年陈报者，每人处以抗币二十元至一百元之罚金。

第三十二条　同时犯第二十六第二十七第三十一条者，则一并课罚之。

第三十三条　现职公务人员有隐报谎报土地人口情事者，经查明属实，照上列规定加倍处罚之。

第三十四条　对隐报谎报者之罚金罚粮，均须由区政府执行，并出给收据。被处罚人如有不服，得于半月内提出理由与根据，向县政府呈诉。

第三十五条　隐报谎报土地人口，如系经检举发现者，所罚粮食或现款，一律提出百分之五十奖励检举人或检举团体。

第三十六条　凡户主过去依照“盐阜区清查田亩暂行办法”所报土地有隐报谎报情事，而在此次复查中能据实呈报者，其过去隐报谎报部份（分）应纳之粮税及罚金罚粮，准予免交。如仍继续隐瞒，嗣后经检举查明属实，则一并照章处罚。

第五章　附　则

第三十七条　自本办法公布后，本署前颁“盐阜区清查田亩暂行办法”即行作废。

第三十八条　各县县政府为更周密照顾与适应其本县特殊情形，得依据本办法之基本精神与原则，补订复查土地与登记户口实施办法公布施行，惟须呈报行署备案。

第三十九条　本办法之解释权属于行署。

第四十条　本办法由行政公署公布施行，修改时亦同。

选自《华中抗日根据地财政经济史料选编》第二卷，档案出版社 1986 年 8 月版，第 267～276 页。江苏省财政厅、江苏省档案馆、财政经济史编写组合编。原注：“按《盐阜区财经法令汇编》1943 年版刊印”。

20. 浙东敌后临时行政委员会处理三北地区二五减租及其他佃业关系暂行办法

1944年7月31日《新浙东报》

浙东敌后临时行政委员会处理三北地区二五减租及其他佃业关系暂行办法：

第一条　本办法根据中国共产党中央关于抗日根据地土地政策的决定及其附件，本会施政纲领，并参照浙江省修正佃农二五减租暂行办法，及三北地区抗战期间佃业关系之实际情形而订定。嗣后三北地区佃业双方对于二五减租及其他佃业关系，应本团结抗战、互助互让之精神，遵照本办法之规定，公允处理。

第二条　自本办法颁布后业主应普遍实行二五减租，佃农应普遍实行交租，其租额之议定，应顾及原有习惯及土地本质之优劣，所施肥料人工之多寡等。租额之最高数量，不得超过土地正产量千分之三百七十五，副产一律归佃。

第三条　租额之议定，暂保旧习，以看花议租为主要方式，按照原有习惯，由各乡镇组织评议会评议之：

（一）各乡镇评议会以佃业代表各四人至五人，乡镇公所农会代表各一人组成之，并以乡镇公所代表为当然主席。会议时应请由上级政府派员列席指导，区农会得派代表列席，评议会如系联乡组织者，与会之代表，比例类推，其主席则由各乡代表互推之。

（二）议租应参酌原有习惯分畈分段分级议定之。

（三）佃业双方对于议租争论不下时，由区署裁定之，如仍不服裁定，得越级向县办事处请求重裁。

（四）田地之缴租额，应依照土地所在乡镇之议定。

第四条　计到抱实等苛重杂租应一律改为议租，如有特殊情形一时不能更改者，应将原有租额减去二五，按实际情形，另改新约，如遇荒歉年成，应酌量减租。

第五条　分种租制，原则上应改为议租，但在业佃双方有利与自愿情形下，得减去二五，暂时维持分种办法。

第六条　捎租（小租）依下列情形分别处理：

（一）无永佃权而完全以转租土地为营业，从中取利者，其捎租应予取消。

（二）有永佃权而转租者，依其习惯，但应按原定捎租租额减去二五。

第七条　预租制应改议租，但海田海地及公堂宗族田地，得参照习惯办理，其租额过低者按实际情形可酌予增加。

第八条　海田海地之租额参照习惯办理。

第九条　缴租期及缴租稻类依当地习惯办理，如佃农逾期不缴，业主应限期催告。佃农不得无故延宕拖欠。

第十条　业主除依本办法收租外，不得额外多收，并不得有租鸡租力租脚等不正当需索，佃农缴租，亦不得和水、掺秕、掺沙、掺泥、过蒸等不正当行为。违者均予惩处。

第十一条　任何团体或个人如有违反本办法，对于农民施行压迫欺诈，或假借二五减租，从中渔利，或煽惑佃农怠租抗租者，均予惩处。

第十二条　衡量器一律通用市秤市斛，并不得额外增加。

第十三条　如遇荒歉年岁及不可抗力之原因，实际收获不足佃农所施之成本时，应予免租。

第十四条　永佃权之获得与保障，依照习惯。

第十五条　无永佃权之田地，非有下列情事之一，业主不得任意撤佃：

（一）佃农死亡而无继承人时。

（二）佃农自愿抛弃其权利，经签字证明，或无故一年不耕作时。

（三）有本办法第十六条之情形时。

（四）佃农私行转佃时。

（五）佃农将田地恶意损害破坏时。

（六）土地依法变更其使用时。

第十六条　业主确因贫困无法生活时，得收回田地一部或全部自行耕种，但应适当顾及佃农之生活。

第十七条　土地因买卖而转移其所有权时，新业主非依前二条之规定，不得任意撤佃。

第十八条　业主依本办法收回田地自耕时，应准原佃农留种一年。

第十九条　撤佃应于收益季节后，次期作业开始前为之，其有当地特殊习惯者，从其习惯。

第二十条　业主将田地出卖时，原佃农以同样条件有承买优先权。

第二十一条　业主撤佃自耕一年后，重行出租时，原佃农除有欠租情事外，以同样条件有承佃之优先权，自收回自耕之日起，如撤佃未满一年而即出租者，原佃农得以原条件承佃。

第二十二条　佃业双方发生纠纷时，应由土地所在之乡镇公所乡农会会同调解，如调解不成，得请求区署及佃业仲裁委员会处理之。

第二十三条　处理二五减租及其他佃业关系时，如有一方涉及抗日军人家属，及鳏寡孤独、贫困业主、贫困佃农者，得酌量变通办理以适当照顾其权益与生活。

第二十四条　本办法除森林畜牧地外，一般农作田地皆适用之。

第二十五条　本办法自浙东敌后临时行政委员会公布日施行。

附注：本办法适用于三北地区，其他地区可作参考。

选自《浙江革命历史档案选编》，浙江人民出版社 1985 年 4 月版，第 227～230 页。杭州大学历史系、浙江省档案馆合编。原注：“原载 1944 年 7 月 31 日《新浙东报》”。

21. 苏南第四行政分区三十三年度土地查登暂行条例

1944 年 8 月 1 日

一、总　则

第一条　本条例之订定，系根据苏南区施政纲领之精神，使本行政分区人民缴纳粮赋负担公平合理，并保障其地权财权，以发展与提高其生产为目的。

第二条　根据本行政分区地理与经济条件，土地分类暂定为田、地、竹山、树山、柴山、荡六种。

第三条　土地查登时间自本年八月五日至八月二十五日止。

二、查登组织机构

第四条　在查登土地时间，各乡为单位组织土地查登委员会，委员人数十五名至二十五名，由乡行政负责人、各群众团体代表（农救会、工救会等代表）、士绅、政工队员、小学教员、塾师，及优秀智识青年等充任之，并设正副主任委员掌理查登事宜。土地查登委员会受县政府直接领导，设区之各县则由区公所领导之。

第五条　土地查登委员会之任务，为该乡土地查登之动员宣传，发动人民陈报，实施按户查登并抽户实地查勘，以求得该乡土地之正确亩分。

第六条　在土地查登中所发生之土地纠纷及隐瞒土地之检举，由县政府（或区公所）处理裁决，但土地查登委员会可提出意见作为政府参考。

第七条　土地查登委员之待遇，在查登时间每日拨给伙食米三市斤，如在查登工作中劳绩卓著者另予核奖。

三、查登办法

第八条　凡我中心地区边区以直接呈报按户查登为原则，近敌地区则按乡保行政以一般土地登记为原则。

第九条　查登之土地属人不属乡（户领丘），但某些地区可以属乡不属人（丘领户）查登之。

第十条　凡备有田亩清册及三十二年度下芒征册存根之各县皆可作为查登时之参考，并为使查登求得其真实，可抽查田契粮单及家册等证件，业户不得违抗。

第十一条　土地查登开始之乡保业户应即填具土地陈报表，递送土地查登处，在外业户之土地，由其家属亲戚或佃户代为陈报。

第十二条　土地查登所有表格皆要缮写清楚，不得遗漏、错误，查登完毕后查登表册一份呈送县政府，一份留乡备查。

四、奖惩办法

第十三条　在查登时期内查出三十二年度公粮征收时所隐瞒之田亩而能据实陈报者，一律豁免其应缴公粮之处分，以示特别宽大。

第十四条　每一乡保土地查登完毕后，应即贴榜公布，延长至征收秋季公粮前作为补报时间，过此时间如仍有隐瞒虚报而被查出或被检举者，则按隐瞒田亩分别惩罚如下：

第一项　隐瞒虚报田亩在五亩以内者，每亩惩罚大米五斤。

第二项　隐瞒虚报田亩在五亩以上十亩以下者每亩惩罚白米×斤。

第三项　隐瞒虚报田亩在十亩以上二十亩以下者每亩惩罚白米二十斤。

第四项　隐瞒虚报田亩在二十亩以上三十亩以下者每亩惩罚白米三十斤。

第五项　隐瞒虚报田亩在三十亩以上者每亩惩罚白米四十斤。

第六项　秋季公粮结束后，隐瞒田亩仍不自动补报，被人检举者，其处惩照一、二、三、四、五项办法加百分之五十办理之。

第十五条　逃亡在外业户之土地经通告后仍未向政府或土地查登委员会陈报，其土地得暂由政府管理，待其陈报后仍发还其管业，如陈报而有隐瞒田亩被查出者，经通告后仍不补报，其隐瞒之田亩处分办法与上同。

第十六条　凡检举隐瞒虚报田亩者，经调查确实，当按被检举人所罚之数提百分之三十作为奖励给予检举人，对于检举人之姓名保守其秘密。

五、附　则

第十七条　本条例经呈苏南区行政公署批准于公布日施行之。

一九四四年八月一日颁布

选自《华中抗日根据地财政经济史料选编》第三卷，档案出版社 1986 年版，第 415～417 页。江苏省财政厅、江苏省档案馆、财政经济史编写组合编。原注：“按《新四军和华中抗日根据地史料选》第一集刊印”。

22. 苏中区土地租佃条例（修正草案）

1944 年 9 月 1 日

第一章　总　则

第一条　为调整本区业佃关系，增加根据地生产，团结各阶层人士，加强抗日民主建设力量，依据中国国民党第二次代表大会二五减租办法的决议、国民党抗战建国纲领和中国共产党关于抗日根据地土地政策的决定，特订定本条例。

第二条　凡本区土地租佃问题都依照本条例规定办理，以前本署及各级政府颁布有关租佃问题的法令与本条例有抵触者，应照本条例办理。

第二章　减　租

第三条　公私土地的租佃，除本条例另有规定者外，一律实行二五减租。

第四条　本区减租以民国二十六年度实交租额为标准，实行二五减租，打七五折交租，如有已照二十九年度标准减租换约者，经业佃双方同意不应再有变动。

第五条　有下列情形之一者，减租标准得斟酌实际情形改为二成，或一成五，或一成减租（即打八折或八五折或九折交租）。

一、业主为贫苦抗属者。

二、业主为贫苦之鳏寡孤独者。

三、业主为贫苦之小学教师或自由职业者。

四、无劳动力之中小地主因减租而使生活不易维持者。

五、业主私有土地不足二十亩，且无其他生产足以维持生活者。

第六条　凡照前条情形减租者，须经农抗会调查属实，由业佃双方协议订约。如有争论，可由农抗会调解，不服调解时，得呈请当地政府仲裁之。

第七条　采用银租制之租佃土地，因货币跌价，或物价高涨，业佃有一方认为不合理时，得提出商议，酌量增加银租或变更租制。

一、斟酌粮食正产收获物的价格，或酌量增加银租，或将一部或全部之银租改为物租制。

二、银租改为物租，最多不得超过全年正产收获量二成（百分之二十），如增加银租时，亦不得超过正产量实物折价的二成。

三、按照本条规定，换立新约，记明减租后租额者，不再减租。

第八条　减租后实交租额，不得超过全年正产收获量千分之三百七十五，其原来租额低于千分之三百七十五者，不得增加。

由业主全部供给种子、肥料、工具者，得由双方会同农抗会共同议定应交租额。

第九条　减租须就应交正租额照减，佃农不得将押租折成租额加进正租内同减，业主不得以退押租为理由向佃户加租。

第十条　实行减租后，双方应按照新约之规定，实行交租收租，不得抗不减租或抗不交租。

第十一条　假减租之业主，不论使用何种方法使佃户受到损失者，应受下列之处罚：

一、全部或一部假减租之业主，应按照假减数目，受加倍的处罚，一半交与佃户，一半送交政府。

二、业主减租以后，用其他方法加重剥削，使佃户应得的利益减少，以及用无偿的劳役剥削佃农者，应照佃户所受的损失加倍处罚，一半交给佃户，一半交给政府。

第十二条　业主不依法减租者，佃户可以自动扣下应减部分，并报告政府照假减租办法处罚之。

第十三条　凡因假减租处罚而解交政府之粮食或现金等，由政府拨充优抗基金，或举办地方公益事项，决定权属于县政府，区乡政府不得擅自动用。

第十四条　业主于当地抗日民主政府建立以后，未曾遵照二五减租法令实行减租者，佃户可照历年应减的租数，进行倒租，但如当地环境特殊，或业主经济确系困难者，得由农抗会按实际情形，拟定办法，呈请政府处理之。

第十五条　业主暗中勾结敌伪或利用敌伪势力压迫佃户，企图不减租者，除照本条例规定处理外，并视情节轻重，依照惩治汉奸紧急治罪法论处。

第十六条　实行减租后，各业主故意抗不收租者，佃户可将应交租额交给政府，由政府通知业主限期具领，其因搬运蚀耗，或其他意外所生之损失，由业主负担，如逾期不领，认为自愿放弃，即行入库，或拨充优抗基金。

第三章　交　租

第十七条　公私租佃土地，在减租后，已经换立新约者，佃户应照新约交租，不得无故抗不交租。

第十八条　每年各季交租时期，一律在正产物收获后履行。

第十九条　业主不得向佃户预收地租或押租及类似性的押租，但在本条例颁布前已有押租者，得暂行保留，以后不得增加，并须注明缴押租之年月日。业主如中途或租期届满退还押金时，应顾及双方实际生活，按照交押租时之粮价或田价比例折价退还。

第二十条　因天灾人祸遭受荒歉时，佃户应交地租，得根据下列标准酌量减免之：

一、收成不足二成者，全部免交。

二、收成在二成以上，五成以下，按成议减，五成以上者照交。

三、业主与佃户平均负担肥料、种子者，不论看收或分收，收成在二成以上时，得仍照减租后习惯分租。

第二十一条　在苏中抗日民主政府建立之后，实行二五减租以前，佃户所欠旧租，一律免交。但业主确系贫苦而佃户有力缴纳者，得根据实际情形全部照交，或酌交一部分。如业佃双方均系贫苦者，在减免发生争论时，得由农抗会进行调解，或呈请政府处理之。

第二十二条　由下列原因之一造成欠租者，仍须照交。

一、因交通阻碍，业主不能收租而佃户不能按期交租者。

二、佃户无故不交者。

三、因诉讼拖延而其过失在佃方者。

第二十三条　交租斗秤以当地通用斗秤为标准，不得使用大斗大秤收租。

第二十四条　业主居住不在根据地内，并无破坏根据地之行为者，其佃户交租办法如下：

一、业主在根据地内有代理人者，佃户可向代理人照交，但不得将粮食运出根据地或资敌。

二、业主无代理人者，佃户交租可请政府暂行保管，由政府通知该业主限期来领，所有损失费用应由业主负担。

第二十五条　减租后业佃双方缴纳粮赋办法，应遵照苏中区征收粮赋条例办理。

第四章　租　约

第二十六条　租佃土地，业佃双方必须订立租约，在订约后，双方应共同遵守。但有违背本条例之规定者，一概无效。

第二十七条　减租后，必须重订新约，旧约一律作废。

第二十八条　租约期限应由双方议定，但仍须照顾佃户对生产上的安定性，租约期限至少在五年以上。

第二十九条　业主因家庭贫苦或其他特殊原因，而暂时出外谋生者，其租期得经双方同意，由农抗会长与乡长为法定中人，依照习惯订立租约。

第三十条　佃户对所耕种的土地，如业主出卖出典时，得以同样的条件有优先承买承典之权。

第三十一条　业主不得因出卖、出典、转让或出租田地而妨害佃户之利益。

一、有永佃权者，不妨害永佃权之利益。

二、租期未满者，佃户仍有继续耕种之权，非原租约期满后，不得收回自耕，或另租他人。

第三十二条　业主确系贫苦，因特别紧急事故必须出卖，佃户无力承购而买主须自行耕种者，由农抗会适当调解，或呈请政府处理之。

第三十三条　订立新约时，原有永佃权者，应予保留，其无永佃权者，不得强迫规定。

第三十四条　无永佃权而期限已满，业主退佃时，应顾及佃户之生活，并须在收获前三个月通知。如佃户因退田而不能维持生活者，得由农抗会合理调处，延长租期或退田一部分。

第三十五条　业主如因租期届满后收回自耕，而将其他自耕田出租给他人耕种时，则被撤佃之佃户有优先租种权，其出租条件不得高于原来之标准。

第三十六条　业主因减租而中途收田退佃者，其退佃为无效，除原佃有继续耕种之权外，其所受之损失应由业主赔偿。

第三十七条　业主因减租撤佃收田，并以出租给抗属或更贫苦农民作对抗佃户之要求者，如业主有自耕田者应划一部或全部给佃户种，如业主无其他自耕田者，应赔偿原佃因退佃而所受之损失。

第三十八条　业主不得因减租而悔约，或改变有利于佃户之租田条件。

第三十九条　减租后对无契约出租之土地，不得借故收回，或转租他人，应与原耕种人补订契约。

第四十条　减租后如业方欲改变租约，必须得佃方之同意，会同农抗会共同订立新约。

第四十一条　佃户有下列情形之一者，业主可以收田：

一、佃户不愿种者，但佃户应在种前一月通知业主。

二、佃户无故不耕达一年以上者。

三、佃户力能交租，而故意抗不交租在一年以上者。

四、佃户死亡而无继承人者。

五、佃户投敌附逆经政府批准收回者。

第四十二条　无永佃权之佃户将土地转租谋利者，业主得收回或直接出租于现承种人。

第四十三条　业主因破产失业，或由沦陷区失业来根据地别无生计者，得于不妨害佃户生活情形下收回自耕。如有争执，可请农抗会调处，或声请政府批准收回一部或全部自耕。

第四十四条　减租前业主对佃户及耕种方面的负担，如修理房屋、油漆水车与肥料种子之供给等，减租后一律照旧，不得借故拖延或变更。如有违背，佃户所受损失应由业主负责赔偿。

第四十五条　凡公地、学田、政府代管土地出租时，无论过去租约如何规定，在佃户同意的条件下，一律改为定租制。

第四十六条　租约之式样，由各县政府统一制发，其内容大体须具备下列各项：

一、业佃双方之姓名。

二、承租土地之亩数，座（坐）落四至及所附之庄屋行产。

三、应交租额与交租方法。

四、租期定期或不定期。

五、其他地方习惯上应注明之事项。

六、法定中证人为乡长，乡农抗会长。

第四十七条　预租制（预先交纳地租）、跑租制（如上季给甲种，下季给乙种，往往视租额之高低一年或一季即更换佃户而且预付地租等情形）一律禁止。

第四十八条　业主对佃户不得使用无偿劳役，如雇用时，须照雇工条例办理。

第四十九条　土地租佃之中证人，禁止需索酒席、使费、中资等一切陋规恶习，如以前佃户已交酒席，中资，使费者，业主应按照交费时粮价比例折算退还。

第五章　附　则

第五十条　本条例之解释权及修正权属于本署。

第五十一条　各行政区、各县得依据本条例规定，根据当地实际情形订定实施细则，以前已颁布之实施细则应依本条例修正，呈请核准施行。

第五十二条　自本条例颁布之日起，前民国三十一年度所颁布之《苏中土地租佃条例》及其他有关租佃法令，应即废止。

第五十三条　本条例自公布之日起实行。

选自《中国新民主主义革命时期根据地法制文献选编》第四卷，中国社会科学出版社1984年版，第407～416页。原注："选自1944年10月16日《苏中报》"。

23. 盐阜区旧黄河两岸屯田登记办法

1944年

第一条　为整理公产判别产权以正赋税并利抗战起见。特举办旧黄河两岸屯田登记。

第二条　屯田登记分县举行，属地不属人。

第三条　屯田登记可由各县清查田亩委员会遵照本办法与土地呈报同时举行。

第四条　屯田分三类：自堤顶向河伸延之田（暂算至四十四丈为止）为滩田，滩田以外至河心之田为溢田，自堤顶背河方向伸延之田为屯田。

第五条　各屯田须遵照限期向县政府或清查田亩委员会领取登记表，逐项据实填明送经县政府审核合格后填登执照。

第六条　各屯户应遵照本办法第四条屯田分类之规定，用五印弓尺（即此次清查田亩所用弓尺）自行分别清丈算好再行填报。

第七条　登记限期届满由县政府或清查田亩委员会分乡公告派员抽查清丈，如发现或据检举隐瞒不报以及不符等情事得依下列规定办理之：

1. 隐匿不报者取消其租佃权，并追缴过去三年之租金，如系被检举者该田即交由检举人承种；

2. 已经一定手续取得屯田所有权之屯户隐匿不报者，则按下列第（3）项之规定处罚之，并追缴过去三年之赋额；

3. 隐瞒少报者，滩田每亩罚小麦四十斤，屯田每亩罚小麦三十斤，溢田每亩罚小麦二十斤；

4. 谎报田类如以滩田报屯田者每亩罚小麦二十斤，以屯田报溢田者每亩罚小麦二十斤，以滩田报溢田者每亩罚小麦二十斤；

5. 存心侵占他人田亩原来少种而登记多报者，滩田每亩罚小麦二十斤，屯田十五斤，溢田十斤；

6. 明系公产只有永佃权而伪造证据冒认为私产企图所有权者，按（1）（2）两项规定处罚。

前列（1）至（6）等5项如系经检举而发现者，准以所罚之租赋粮食半数充填检举人。

第八条　屯田登记完毕后，乡清查田亩委员会应汇编乡屯户清册，区县应汇编屯田分乡分区统计表。

第九条　佃户领得执照后即享有永佃权，但不得随便转租，其租权或欠缴租金违者即取消其租佃权。

第十条　本办法颁布后各县以前一切登记办法均废止。

第十一条　本办法自公布之日起施行，如有未尽善处由本署随时修改之。

选自《华中抗日根据地财政经济史料选编》第三卷，档案出版社1986年版，第351～352页。江苏省财政厅、江苏省档案馆、财政经济史编写组合编。原注："按1944年《盐阜区财经法令汇编》刊印"。

24. 盐阜区清查田亩暂行办法

1944年

第一章　总　则

第一条　为确定本区人民产权及便于征收田赋公粮，厉行人民合理负担起见，特拟定本办法。

第二条　清查田亩采用土地陈报办法，辅以必要之实地清丈土地陈报以及人民自动陈报与检举为原则。

第二章　土地陈报

第三条　土地陈报以乡镇为单位进行之，如有乡界未经明确划分者应由区署在办理土地陈报前明确划定所属各乡界限（可以两乡交界处之自然河流沟渠或道路为界），如属区边境之乡界则由各该管区署共同划定之。

第四条　业主陈报土地应填具陈报书（陈报书式样另定之）：

一、业主所有土地应分块填写于陈报书（每块填一栏）。

二、业主在本乡镇内之土地向本乡镇陈报。

三、业主在他乡镇之土地应在他乡镇陈报。

四、业主所有土地在本乡而其住居所在地不在本乡者仍在本乡陈报，其陈报书之填写得由业主自行办理或委任其佃户或关系人代为填写。

第五条　业主陈报土地，俱须实地丈量计算亩积，其计算尺度规定以各县"五印官弓"尺为标准，以六十方丈为一亩，小数至厘为止。

第六条　陈报书应依本办法组成之乡镇及保清查田亩委员会分发各业主填写，上项陈

报书限本年　月　日前发交各业主，　月　日前收回集中于乡镇清查田亩委员会。

第七条　各乡镇清查田亩委员会收回填就之陈报书后，应在　月　日前制就乡田亩清册（乡田亩清册式样另定之）在本乡镇之土地自然村内公布，并限期准由各业主自动申请更正或补报其田亩数，逾限即奖励人民自动检举，其未经业主自动更正补报经查明或被检举有隐报或谎报情事者，依本办法第三章之规定予以处罚。

第八条　各乡镇田亩清册造成后，区清查田亩委员会得随时派遣清查组至各乡镇抽查清丈各业主陈报之田亩，或清丈经检举有争执之田亩，其查有业主隐报情事者，亦依本办法第三章之规定予以处罚。

第九条　各乡田亩清册造就并经检举补报抽查清丈更正后，各乡镇清查田亩委员会应根据其清册制成初步之本乡镇田亩统计表（表式另定之），汇报区署其本乡镇内之检举补报更正事项仍继续办理。

第十条　业主陈报田亩，补报田亩，检举抽查清丈一律限于本年四月十五日前结束，各乡镇清查田亩委员会并于四月三十日前制成该乡镇正确之田亩清册及该乡镇田亩统计表，除一份留底外，并以一份呈送区清查田亩委员会。区汇集业主所有土地跨二乡镇以上者、所有田亩之总数及全区地亩统计呈县备核。

第十一条　在邻近敌占区环境较不安定地区，清查田亩得按实际情形依下列简易手续举办之。

一、乡保甲长根据本乡业主所有田亩数汇制乡镇田亩草册；

二、公布该项草册，准由各业主补报更正；

三、奖励人民检举并依检举更正田亩草册汇编乡镇田亩清册；

四、在限期内业主不自行补报更正其田亩数经他人检举查有隐报谎报情事者，依本办法第三章之规定予以处罚；

五、前项田亩清册限四月十五日前完成。

第三章　隐报及谎报田亩之处罚办法及检举之奖励

第十二条　业主陈报土地经检举或抽查清丈发现确有隐报情事（即陈报田亩少于实有田亩者），除追缴其历次隐瞒田亩之田赋公粮外，并得依下述办法予以处罚：

一、水田及稻麦田亩隐报一亩罚米四十斤。

二、旱田每隐报一亩罚小麦三十斤。

三、棉田每隐报一亩罚皮花五斤。

四、草田每隐报一亩罚草一担。

五、柴滩田每隐报二亩罚芦柴五担。

六、荒田每隐报一亩罚国币一元。

第十三条　业主陈报土地经检举或清丈发现有谎报情事者，得依下列办法予以处罚：

甲、以熟报荒者依其谎报土地之种类按本办法第十二条规定处罚之（例如旱田十亩报作荒田者应罚小麦市担三百斤）。

乙、分名或化名陈报者处五百元以下之罚金。

第十四条　现职公务人员之有隐报及谎报田亩情事者，经查明属实照上列规定加倍处罚之。

第十五条　隐报田亩或谎报田亩经检举后查明属实者，所罚粮食或现款一律提出百分之三十奖予检举人，如属农救会以团体名义检举者，应提百分之五十奖予该会，余额一律解交政府充依公款公粮。

第十六条　隐报及谎报田亩之处罚及提奖由区署依本办法之规定执行之。各级清查田亩委员会得提出拟处意见，如有被处罚人有充分理由或证据认为处罚不得当，可向上级政府呈诉。

第十七条　凡业主过去所报田亩有隐报情事而在此次清查办法颁布后能据实呈报者，其过去隐报部分应纳之公粮及田赋得予免究。

第四章　清查田亩委员会之组织

第十八条　为集中力量进行清查田亩起见，各区乡保应组织清查田亩委员会。

第十九条　区清查田亩委员会以区长粮食区员或财经区员一人、区农会代表五人、其他区救会代表二人、当地公正士绅二人共同组成之，并以区长为当然主席。

第二十条　区清查田亩委员会之职责，为领导各乡清查田亩之宣传动员工作，督促各乡镇清查田亩委员会工作，协助各乡镇核算土地陈报书及统计田亩数量，抽查清丈各乡镇已陈报之土地等。

第二十一条　区清查田亩委员会编组成清查组分至所属各乡镇，抽查清丈已陈报之土地。

第二十二条　区清查田亩委员会得呈请县政府核准，临时雇请清查田亩之核算员及清丈员共三人至七人分赴各乡镇协助核算统计及清丈等工作。

第二十三条　乡清丈田亩委员会以乡长乡农救会代表五人，乡小学教师一人及当地公正士绅二人共同组成之，并以乡长为当然主席，其职责为进行清丈田亩之宣传动员，检查各保清查田亩委员会的工作，核算各保土地陈报书，造就乡田亩清册并公布之，发动人民检举及业主更正补报统计本乡田亩等。

第二十四条　保清查田亩委员会以保长保农救会代表五人、小学教师或塾师一人、当地公正士绅二人共同组成之，并以保长为当然主席，其责职为将清查田亩之意义及办法向群众作深入的宣传动员，分发及收集陈报书，帮助民众填写陈报书，并以委员会本身之工作保证在一保内清查工作之完成。

第二十五条　区乡保各级清查田亩委员会及核算员清丈员如有利用职权营私舞弊行为者，应以公务人员贪污条例处罚。

第二十六条　区乡保各级清查田亩委员会均无给职，各区临时聘请核算员或清丈员除供膳食得酌发津贴五元。

第五章　附　则

第二十七条　自本办法公布之后，本署及各县前颁之各项土地整理办法及隐报谎报田亩处罚办法一律作废。

第二十八条　本办法自公布之日起施行。

附：抽查及清丈田亩办法

第一条　依本办法第二十一条之规定区清查田亩委员会得派出抽查组分至所属各乡实行抽查，本组向区清查田亩委员会负责。

第二条　抽查办法：

一、核算呈报书上弓口与亩积是否相符；

二、检查呈报书上业主姓名是否真实有无化名或分名陈报；

三、接受人民之检举或乡保清查田亩委员会之委托，实地查验或清丈有无谎报隐报情事；

四、检查漏报。

第三条　清丈办法：

一、田地为正方形或矩形者，仅量其宽地（以丈为单位）二数相乘，以六十除之即得亩积。

二、近似正方形或矩形者则量其四边各取其相对边长之和之半，按［上］法计算即得亩积。

三、平行四边形先量任一边再量自任一边与其先对边间之乘［垂］直距离二数相乘，以六十除之即得亩积。

四、三角形量较长之边及自对角至较长边之垂直距离二数相乘以二除之再除以六十即得亩积。

五、梯形量平行二边及二边间之垂直距离以平行二边之和之半与垂直距离相乘，以六十除之即得亩积。

六、不规则之田为多边形者先分成若干小块再以上法丈算即可得其亩积。

第四条　抽查人员如有徇私舞弊情事者依法严办。

选自《华中抗日根据地财政经济史料选编》第三卷，档案出版社1986年版，第353～358页。江苏省财政厅、江苏省档案馆、财政经济史编写组合编。原注："按1944年《盐阜区财经法令汇编》刊印"。

25. 盐阜区减租条例

1944年

第一章　总　则

第一条　为改善农民生活，提高农业生产，发扬互助互让团结抗战精神，加强抗战力量起见，特制定本条例。

第二条　本条例根据国民政府公布的土地法（即二五减租）法令，并参酌盐阜区农村经济实际情形制定之。

第二章　减租办法

第三条　分租之减租办法：

一、粮田"四六"分租后原来实行提种，分种或对种者主佃"六四"出种（例如每季每亩收获粮食一石者地主分四斗佃户得六斗，如下种一斗者则主出六升，佃出四升）原定种子由地主全部负担者，自实行减租后种子仍归地主全部负担；

二、薄田碱田得按原来分租额百分之二十，出种办法同下条规定，新垦者得按垦荒条例交租；

三、棉田三顷以下者“四六”分租（例如每亩收一百斤子花者，地主分四十斤佃户得六十斤），三顷以上者“三七”分租（例如每亩收子花一百斤者佃户得七十斤地主得三十斤），公司棉田一律实行三七分租，种子归地主出；

四、牛草（包括稻草各种豆秆山芋藤花生藤等）全部归佃，烧草（包括麦秆高粱秆棒头秆芝麻秆等）三成归主，七成归佃；

五、肥料主佃各出一半，寄巠取消。

第四条　包租之减租办法：

一、包租一律照原来租额减二成五（例如原定每亩包租一百斤者，二五减后则缴七十五斤与地主）；

二、种子肥料一概归佃户负担；

三、原系钱租因纸币跌价而发生争议时，得由政府召集，主佃双方调解之，并得酌量将钱租改为实物地租（照同等类之地租二五减租后一般之包租额为准）；

四、因天灾人祸失收或歉收者，得停付或减付地租，有几成年成缴几成租，地主在荒年不得强要多缴，佃户亦不得借口荒年不缴或少缴；

五、一切公田官田除有明文规定者外，一律取消大包小包转佃等流弊，由佃户直接向管理机关（或营业者）承租，以免转佃人从中渔利。

第五条　无论分租包租一律于产物收获后交纳地主，不得向佃户预收地租。

第六条　抗日军人家属因壮丁到前线抗战无劳动力者，即鳏寡孤独年老残疾失去劳动力者，与参加民主政权下之公务人员家属无劳动力者，以上几种人有少数田地出租因减租后确无法维持生活者，经调解委员会调查属实后呈请政府得斟酌主佃双方实情允许少减或不减适当处理之。

第三章　废除各种陋规

第七条　取消押租（或称上庄钱），凡过去佃户曾向地主缴纳押租者一律于本年夏收或秋收后退还佃户（如地主确属困难者经政府调查属实得分期偿还）。

第八条　废除额外劳役，如佃户替地主帮工只管吃饭不给工钱等，今后应一律照普通工价给钱。

第九条　废除拖打小分田伙租等陋规，此后应一律照减租办法分租。

第十条　取消租鸡租鸭上庄酒分场酒及午礼节礼等。

第十一条　凡在民国三十年以前之欠租，佃户确属无力缴付者准予免缴。

第四章　关于主佃关系之保证

第十二条　主佃双方应根据本条例订立租佃契约，如原有租佃契约不符本条例之规定者，主佃双方须根据本条例毁旧约换新约（或称承揽），政府当依法保障立契约人双方之权利义务。

第十三条　原订租佃契约上或在习惯上规定有永佃权者应保留之，无永佃权者不应强迫规定，但可奖励双方订立较长期的契约（例如五年以上）。

第十四条　无永佃权之地及契约期满之地，出租人有依约处置之自由（包括转租出典出卖自耕及雇人耕种等），但在抗战期间地主收地应顾及农民生活，并须于收获前三个月通知承租人，原承租人太穷苦者应由政府召集双方加以调剂，或延佃期或只退佃一部。

第十五条　出租人于契约期满招人承佃或出典出卖时，原承租人依同等条件有承佃承典承买之优先权。

第十六条　出租人出卖有永佃权或契约期限未满之地，原承租人有继续佃种之权，非契约期满，新租不得另佃他人。

第十七条　承租人在一整年不耕种，让所租之田地荒废者，或耕种收获后实情确能照例纳租而故意不纳租者，出租人有呈请政府允许所出租之田地要求收回之权利，得政府核准后改佃或自耕与出典出卖均由出租人自取之。

第十八条　实行减租后地主不应因减租而无故退佃，并不得有胁迫佃户照旧例缴租或阳奉阴违更换名目另立新租，佃户亦不得有无故欠租或不缴短缴等情事，倘有意违抗即依法惩处，各级农救会有协助推行此项法令及督促检举之责。

第十九条　为调解主佃间之纠纷应以乡为单位，公推公正士绅二人，乡各救代表四人，地主佃户代表各二人，组织调解委员会，秉公调解主佃间发生之一切纠纷及办理政府委托事项，以乡长为主任委员。

第五章　附　则

第二十条　本办法自公布之日起实行。

第二十一条　本条例之解释权属于行政公署。

选自《华中抗日根据地财政经济史料选编》第三卷，档案出版社 1986 年版，第 359～362 页。江苏省财政厅、江苏省档案馆、财政经济史编写组合编。原注：“按 1944 年《盐阜区财经法令汇编》刊印”。

26. 盐阜区减息条例

1944 年

第一条　为实行贫富互助，团结抗日，并确定本区人民债权及债务关系，特订定本条例。

第二条　凡在抗战前（民国二十六年七月七日以前）成立的借贷关系，（无论原借契规定之计息标准如何）一律减为月利一分五厘清算，如付息超出原本一倍以上者，停利分期还本，超过原本二倍以上者停息折半分期还本，超过原本三倍以上者本利停付（但已清算者不得追减）。

第三条　凡在抗战后抗日民主政府建立前成立的借贷关系（无论原借契规定之计息标准如何）一律减为月利二分清算，如付息超过原本者减法与第二条同。

第四条　抗日民主政府建立后成立之借贷关系，其利息仍依照原来借契上之规定不减，今后之借贷关系得按照各该地之经济情形及习俗惯例由借贷双方自行规定。政府当依法保证借贷双方之权利与义务。

第五条　债权人不得因减息而解除借贷契约，债务人亦不得在减息后拒绝不交本息，如有此种情事，双方均有依法向政府控诉之权。

第六条　凡抗战后成立之借贷关系，因天灾人祸及其他不可抗拒之原因，债务人确实无力履行债约时，得请求政府调处酌量减息或免息还本。

第七条　凡抗日民主政府建立后成立之借贷关系，债务人到期不能付息还本，债权人有依约处理其抵押品之权，如有争议由政府判处。

第八条　凡因纸币跌价债务人用纸币还债而起之争议，双方均有向政府控诉，由政府适当处理之权。

第九条　禁止高利盘剥（如随涨不落，大头利，滚子钱，印子钱，买青苗，转风利等等）。

第十条　本条例自公布之日起实行。

选自《华中抗日根据地财政经济史料选编》第三卷，档案出版社1986年版，第363～364页。江苏省财政厅、江苏省档案馆、财政经济史编写组合编。原注：“按1944年《盐阜区财经法令汇编》刊印”。

27. 苏中区赎田条例

1944年苏中行政公署制定

第一条　为适应苏中农村经济实况，提高农业生产，促进农村团结，加强抗战力量，特订定本条例。

第二条　苏中区境内关于土地回赎事件均依本条例办理，其他物件的回赎，不得引用本条例。

第三条　绝卖买回之田（留粮回赎、裁边回赎、契外有回赎凭字等）一律以当抵典用论。

第四条　绝卖之田其法定之手续，（已过粮税契等）均已完备者，不得回赎。

第五条　典当抵押之田业经找价绝卖且一切法定手续均已完备者，不得回赎。

第六条　典当抵押之田有下列情形之一者，均可备价回赎：

一、抗日民主政府成立以前所订立之契约，现尚未满期者。

二、当地抗日民主政府成立以后，所订立之契约现虽尚未满期，但已逾五年或约定期限的二分之一者。

三、原定契约虽已满期者但自立约日起未满三十年者。

第七条　绝卖因而有下列情形之一者，仍得随时回赎。

一、契约成立后超过六个月无特殊障碍而法定手续尚未办理完备者。

二、法定手续虽已完备，但承业人产权之取得系用非法手段或巧取豪夺而有真凭实据足资证明者。

第八条　凡典当抵押之田未定回赎期限者，在三十年内可随时回赎，超过三十年者，以绝卖论。

第九条　出典人为抗属或鳏寡孤独赤贫，需此田生活而承典人系富裕者，虽有合于第五条之情形，亦得适用第六条第三款之规定。

第十条　承典人为抗属或鳏寡孤独赤贫，靠此田生活而出典人系富裕者，其回赎期得延长至抗战胜利后履行。

第十一条　出典人与承典人均系抗属或鳏寡孤独赤贫者，得酌量双方实际情形，放赎一部分或不给回赎，或以其他妥当办法予以救济。

第十二条　赎田时如在出典后又经加价者，应将所加之价与原价合并计算。但因货币贬值，以致原价取值显失公平者，得加价回赎，其所加之数应由抗会或调解委员会按照双方实际情形根据田价及粮价上涨比例等，合理评定或呈请政府裁判之。

第十三条　典当抵押之田，尚未期满，或已满期未经找价绝卖而被承典人转典取利者，经出典人或抗会之检举与证实后，其因赎田所引起之损失完全由承典人（即转典人）负责赔偿。如承典人死亡又无人继承或无力负担者，原出典人可直接向现承典人回赎，其损失各半负担。

第十四条　典青赎青，典白赎白，如系典白赎青者，应由出典人偿还承典人种籽肥料，但为典青赎白者，应按出典人应得农产物之成数于赎价中折钱扣算。

第十五条　赎田所引起之纠纷，向政府起诉未经判决确定者，届耕种收割时仍应由承典人耕作收割，出典人不得无理阻挠。

第十六条　典田赎典均不得变更原有佃户之佃权，但承典人或出典人生活确系困难者，得按业佃双方经济情形，酌量调处。

第十七条　本条例之解释权属于本署。

第十八条　本条例公布后，以前公布之赎田条例，应予作废。

第十九条　本条例于三十三年　月　日公布施行。如有未尽事宜得由本署以命令修正之。

选自《华中抗日根据地财政经济史料选编》第三卷，档案出版社1986年版，第310～312页。江苏省财政厅、江苏省档案馆、财政经济史编写组合编。原注：“按1944年11月《苏中行政公署法令汇编》刊印”。

互校版本：《苏中抗日根据地》，中共党史资料出版社1999年4月版，第349～351页。中共江苏省委党史工作委员会、江苏省档案馆合编。原注：“原载1944年11月刊印的《苏中行政公署法令汇编》”。

28. 苏中区垦荒条例

1944年苏中行政公署制定

第一章　总　则

第一条　为扩大苏中耕地面积，增加根据地农业生产，保障地权并使地尽其用，人尽其力，加强抗战力量，特订定本条例。

第二条　本条例所称荒地系指：

一、可供耕种之草地草荡。

二、可供耕种之河岸洼地。

三、久失经营之荒芜熟地。

第二章　承放办法

第三条　凡公有私有荒地，须经各县政府按照地方生产计划及地理条件勘查并确定其可垦范围以后，方得招垦，俾得集中资力人力分区分期进行。

第四条　公有荒地由政府依据地方生产计划，按照勘定范围，分期分配给适合条件之人民开垦。

第五条　私有荒地，由政府限令土地所有人定期开垦（招佃开垦或自行开垦不拘），逾期尚未开出，或故意违令拒垦者，政府得代其招垦，产权仍属原土地所有人。

第六条　承垦人具有下列条件者得按序取得承垦公有荒地及政府代行招垦私有荒地之优先权：

一、抗日军人家属及荣誉军人生活贫苦确具劳动力者。

二、政府人员家属生活贫苦确具劳动力者。

三、生活清寒之教师家属确具劳动力者。

四、参加抗日团体人员生活贫苦确具劳动力者。

五、其他一般贫苦人民确具劳动力者。

六、其他一般具有资力人力者。

第七条　开垦荒地时，如有同等条件之承垦人有争垦情事者，得按承垦人登记先后与距离垦地之近远顺序，决定其先后承垦权。

第八条　大片荒地宜于较大劳力财力集体开垦者，人民得筹集资力组织垦荒合作社，或劳动小组集体向业主承领开垦，垦荒组织须呈请政府备案，领得执照，方为合法。

第三章　权益

第九条　领垦荒地而积，得按承垦者劳动力之大小与所领荒地土质之优劣规定之。个别承垦者，每户至多不得超过 25 亩，合作社或劳动小组等集体承垦者得按社员或组员人数计算，每人至多不得超过 30 亩。

第十条　开垦公荒，承垦人有永佃权，并于垦竣后 5 年内不缴地租及其他各种公益负担。

第十一条　开垦私荒，如系业主供给资本者，承垦佃户享有 10 年以上租佃权，10 年内业主不得自行退佃。

第十二条　开垦私荒，如系承垦佃夫自备资本者，佃户享有 20 年以内之租佃权，20 年内业主不得自行退佃。

第十三条　无论公荒私荒已垦土地，业佃双方均须按照政府法令及土地收益情形，根据下列原则议定租约：

一、开垦公荒之佃户。垦竣后 5 年内不缴地租，经二年起得按土地受益情形议定正式租额。

二、私荒之承垦佃户其不备垦荒资本者，第一年内不缴地租，第二年起得按土地受益情形议定临时租额。

三、私荒之承垦佃户其自备垦荒资本者，两年内不缴地租，第三年起得按土地受益情形议定临时租额。

四、一切临时租额，不得超过一般土地租额1/2。

第十四条　关于业佃双方其他土地产权佃权，典卖抵押之转让，招佃退佃手续，与租额种子肥料，农具庄屋及其他有关业佃双方权益之议定，概依苏中区颁布之土地租佃条例规定办法办理，并依法订定租约。

第十五条　私有荒地内被他人开垦致影响所有人生活者，政府得查明酌情予以救助。

第十六条　佃户承垦之荒地，如需筑堤开河者，其圩岸沟渠涵洞水闸等工程私有荒地由业主负责完成之，公荒地由政府负责完成之，该项工程费用除由业主或政府负担一部外，其余由业佃双方按照垦地受益大小及土质优劣等情，商定负担比例。上项工程之修筑疏浚等费用亦同，如有争议得呈请政府裁理之。

第十七条　第十六条规定内之荒地主如系贫苦而经查明属实者，可不遵守该条所规定之各种负担，但政府得协商地方有产者予以全部分之资助。

第十八条　垦地中之须造屋搭舍者，其修建费公荒由政府负担，私荒由业主负担，如业主贫苦经查明属实者，得与其承垦佃户酌商分成负担之，造屋搭舍办法由地方政府根据实情具体规定之。

第四章　奖　惩

第十九条　公私荒已垦地在垦竣后5年内免征全部公粮田赋。

第二十条　承垦人如有化名蒙报转租渔利，需索陋规，或从中包揽者，一经举发，定予法办。

第五章　附　则

第二十一条　各分区须依据本条例，参照实际情形，拟定垦荒实施办法，呈请苏中行政公署核准施行。

第二十二条　如各分区、各县区已颁布垦荒法令而与本条例抵触者，应根据本条例予以修改。

第二十三条　本条例之解释修正权，属于苏中行政公署。

第二十四条　本条例自公布之日起施行。

选自《苏中抗日根据地》，中共党史资料出版社1990年4月版，第354～357页。中共江苏省委党史工作委员会、江苏省档案馆合编。原注：“原载1944年11月刊印的《苏中行政公署法令汇编》”。

29. 苏中区土地租佃条例

1944年苏中行政公署制定

第一章　总　则

第一条　为调整本区业佃关系，增加根据地农业生产，团结各阶层人士，加强抗日民主建设力量，依据中国国民党第二次代表大会二五减租办法的决议、国民党抗战建国纲领和中国共产党关于抗日根据地土地政策的决定，特订定本条例。

第二条　凡本区土地租佃问题都依照本条例规定办理，以前本署及各级政府颁布有关租佃问题的法令与本条例有抵触者，应照本条例办理。

第二章　减　租

第三条　公私土地的租佃，除本条例另有规定者外，一律实行二五减租。

第四条　本区减租以民国二十六年度实交租额为标准，实行二五减租，打七五折交租，如有已照二十九年度标准减租换约者，经业佃双方同意不应再有变动。

第五条　有下列情形之一者，减租标准得斟酌实际情形改为二成，或一成五，或一成减租（即打八折或八五折或九折交租）：

一、业主为贫苦之抗属者。

二、业主为贫苦之鳏寡孤独者。

三、业主为贫苦之小学教师或自由职业者。

四、无劳动力之中小地主因减租而使生活不易维持者。

五、业主私有土地不足 20 亩，且无其他生产足以维持生活者。

第六条　凡照前条情形减租者，须经农抗会调查属实，由业佃双方协议订约，如有争论，可由农抗会调解，不服调解时，得呈请当地政府仲裁之。

第七条　采用银租制之租佃土地，因货币跌价，或物价高涨，业佃有一方认为不合理时，得提出商议，酌量增加银租或变更租制：

一、斟酌粮食正产收获物的价格，或酌量增加银租，或将一部或全部之银租改为物租制。

二、银租改为物租，最多不得超过全年正产收获量二成（20%），如增加银租时，亦不得超过正产量实物折价的二成。

三、按照本条规定，换立新约，证明减租后租额者不再减租。

第八条　减租后实交租额，不得超过全年正产收获量 375‰，其原来租额低于 375‰者，不得增加。

由业主全部供给种子、肥料、工具者，得由双方会同农抗会共同议定应交租额。

第九条　减租须就应交正租额照减，佃农不得将押租折成租额加进正租内同减，业主亦不得以退押租为理由向佃户加租。

第十条　实行减租后，双方应按照新约之规定，实行交租收租，不得抗不减租或抗不交租。

第十一条　假减租之业主，不论使用何种方法，使佃户受到损失者，应受下列之处罚：

一、全部或一部假减租之业主，应按照假减数目，受加倍的处罚，一半交与佃户，一半送交政府。

二、业主减租以后，用其他方法，加重剥削，使佃户应得的利益减少，以及用无偿劳役剥削佃农者，应照佃户所受之损失，加倍处罚，一半给佃户，一半交政府。

第十二条　业主不依法减租者，佃户可以自动扣下应减部分，并报告政府照假减租办法处罚之。

第十三条　凡因假减租处罚而解交政府之粮食或现金等，由政府扩充优抗基金，或举办地方公益事项，决定权属于县政府，区乡政府不得擅自动用。

第十四条　业主于当地抗日民主政府建立以后，未曾遵照二五减租法令实行减租者，佃户可照历年应减的租数，进行倒租，但如当地环境特殊，或业主经济确系困难者，得由农抗会按实际情形，拟定办法，呈请政府处理之。

第十五条　业主暗中勾结敌伪，或利用敌伪势力压迫佃户，企图不减租者，除照本条例规定处理外，并视情节轻重，依照惩治汉奸紧急治罪法论处。

第十六条　实行减租后，各业主故意抗不收租者，佃户可将应交租额交给政府，由政府通知业主限期具领，其因搬运蚀耗，或其他意外所生之损失，由业主负担，如逾期不领，认为自愿放弃，即行入库，或扩充优抗基金。

第三章　交　租

第十七条　公私租佃土地，在减租后，已经换立新约者，佃户应照新约交租，不得无故抗不交租。

第十八条　每年各季交租时期，一律在正产物收获后履行。

第十九条　业主不得向佃户预收地租或押租及类似性的押租，但在本条例颁布前，已有押租者，得暂行保留，以后不得增加，并须注明缴押租之年月日，业主如中途或租期届满退还押租时，应顾及双方实际生活，按照交押租时之粮价或田价比例折价退还。

第二十条　因天灾人祸遭受荒歉时，佃户应交地租，得根据下列标准，酌量减免之：

一、收成不足二成者，全部免交。

二、收成在二成以上，五成以下，按成议减，五成以上者照交。

三、业主与佃户平均负担肥料种子者、不论看收或分收，收成在二成以上时，得仍照减租后习惯分租。

第二十一条　在苏中抗日民主政府建立之后，实行二五减租以前，佃户所欠旧租，一律免交，但业主确系贫苦而佃户有力缴纳者，得根据实际情形全部照交，或酌交一部分，如业佃双方均系贫苦者，在减免发生争论时，得由农抗会进行调解、或呈请政府处理之。

第二十二条　由下列原因之一造成欠租者，仍须照交：

一、因交通阻碍，业主不能收租而佃户不能按期交租者。

二、佃户无故不交者。

三、因诉讼拖延而其过失在佃方者。

第二十三条　交租斗秤以当地通用斗秤为标准，不得使用大斗大秤收租。

第二十四条　业主居住不在根据地内，并无破坏根据地之行为者，其佃户交租办法如下：

一、业主在根据地内有代理人，佃户可向代理人照交，但不得将粮食运出根据地或资敌。

二、业主无代理人者，佃户交租可请政府暂行保管，由政府通知该业主限期来领，所有损失费用，应由业主负担。

第二十五条　减租后业佃双方缴纳粮赋办法，应遵照苏中区征收粮赋条例办理。

第四章　租　约

第二十六条　租佃土地，业佃双方必须订立租约，在订约后，双方应共同遵守，但有违背本条例之规定者，一概无效。

第二十七条　减租后必须重订新约，旧约一律作废。

第二十八条　租约期限，应由双方议定，但仍须照顾佃户对生产上的安定性，租约期限至少在5年以上。

第二十九条　业主因家庭贫苦或其他特殊原因，而暂时出外谋生者，其租期得经双方同意，由农抗会长与乡长为法定中人，依照习惯订立租约。

第三十条　佃户对所耕种的土地，如业主出卖出典时，得以同样的条件，有优先承买承典之权。

第三十一条　业主不得因出卖出典，转让或出租由地而妨害佃户之利益：

一、有永佃权者，不妨害永佃权之利益。

二、租期未满者，佃户仍有继续耕种之权，非原租约期满后，不得收回自耕，或另租他人。

第三十二条　业主确系贫苦，因特别紧急事故必须出卖，佃户无力承购而买主须自行耕种者，由农抗会适当调解，或呈请政府处理之。

第三十三条　订立新约时，原有永佃权者，应予保留，其无永佃权者，不得强迫规定。

第三十四条　无永佃权而期限已满，业主退佃时，应顾及佃户之生活，并须在收获前3个月内通知，如佃户因退田而不能维持生活者，得由农抗会合理调处，延长租期或退田一部分。

第三十五条　业主如因租期届满后收回自耕，而将其他自耕田出租给他人耕种时，则被撤佃之佃户有优先租种权，其出租条例［件］不得高于原来之标准。

第三十六条　业主因减租而中途收田退佃者，其退佃为无效。除原佃有继续耕种之权外，其所受之损失，应由业主赔偿。

第三十七条　业主因减租撤佃收田，并以出租给抗属或更贫苦农民作对抗佃户之要求者，如业主有自耕田者应划一部或全部给原佃户种；如业主无其他自耕由者，应赔偿原佃因退佃而所受之损失。

第三十八条　业主不得因减租而悔约，或改变有不得于佃户之租田条件。

第三十九条　减租后对无契约出租之土地，不得借故收回，或转租他人，应与原耕种人补订契约。

第四十条　减租后如业方欲改变租约，必须得佃方之同意，会同农抗会共同订立新约。

第四十一条　佃户有下列情形之一者，业主可以收田：

一、佃户不愿种者，但佃户应在种前一月通告业主。

二、佃户无故不耕，达一年以上者。

三、佃户力能交租，而故意抗不交租在一年以上者。

四、佃户死亡而无继承人者。

五、佃户投敌附逆经政府批准收田者。

第四十二条　无永佃权之佃户，将土地转租谋利者，业主得收回或直接出租于现承种人。

第四十三条　业主因破产失业，或由沦陷区失业来根据地而别无生计者，得于不妨害佃户生活情形下收回自耕，如有争执，可请农抗会调处，或申请政府批准收回一部或全部自耕。

第四十四条　减租前业主对佃户及耕种方面的负担，如修理房屋，油漆水车，与肥料种子之供给等，减租后一律照旧，不得借故拖延或变更，如有违背，佃户所受损失应由业主负责赔偿。

第四十五条　凡公地学田政府代管土地出租时，无论过去租约如何规定，在佃户同意的条件下，一律改为定租制。

第四十六条　租约之式样，由各县政府统一制发，其内容大体须具备下列各项：

一、业佃双方之姓名。

二、承租土地之亩数，座（坐）落四至及所附之庄屋行产。

三、应交租额与交租方法。

四、租期定期或不定期。

五、其他地方习惯上应注明之事项。

六、法定中证人为乡长乡农抗会长。

第四十七条　预租制（预先交纳地租）、跑租制（如上季给甲种，下季给乙种，往往视租额之高低一年或一季即更换佃户而且预付地租等情形）一律禁止。

第四十八条　业主对佃户不得使用无偿劳役，如雇用时，须照雇工条例办理。

第四十九条　土地租佃之中证人，禁止需索酒席使费中资等一切陋规恶习，如以前佃户已交酒席中资使费者，业主应按照交费时粮价比例折算退还。

第五章　附　则

第五十条　本条例之解释权及修正权属于本署。

第五十一条　各行政区各县得依据本条例规定，根据当地实际情形订定实施细则，以前已颁布之实施细则应依本条例修正，呈请核准施行。

第五十二条　自本条例颁布之日起，前民国三十一年度所颁布之苏中土地租佃条例及其他有关租田法令，应即废止。

第五十三条　本条例自公布之日起实行。

选自《苏中抗日根据地》，中共党史资料出版社 1990 年 4 月版，第 358～364 页。中共江苏省委党史工作委员会、江苏省档案馆合编。原注：“原载 1944 年 11 月刊印的《苏中行政公署法令汇编》”。

30. 淮北苏皖边区行政公署关于土地复查问题的训令

1944 年 5 月 28 日

土地复查是民主政府今年夏季工作的中心一环，它关系全边区几百万人民的地权、产权、粮赋负担与生产前途，是一件重大复杂繁重的大事，我们必须集中力量才能完成此重大任务。为此，本署特详细指示如下：

一、为什么要实行土地复查

我边区自实行减租减息，取消苛杂税，增加工资等政策以后，人民生活已逐渐改善，生产情绪日益提高，社会生产因之也逐渐发展。但目前还有三件事情阻碍着生产力更进一步向前发展。这三件事情是什么呢？

第一，是土地纠纷。有许多土地尤其是湖地与滩地，由于过去旧政权的黑暗专制与乡间豪强相勾结，致有许多公地、私地、公滩、私滩被豪强霸占，产权被人剥夺，甚至农民自己垦出之荒地，被当时有势力者向官厅冒领圈为己有，而无可奈何（如半城刘洼农民与泗城姚某之土地诉讼）。其承领荒地之契约，往往四至不明，任意扩大，有说湖心为界者，有说一望之地者，更有所谓水影地者。这种种荒谬名称，就是过去豪强勾结官府兼并土地的铁证。因此就造成了今天湖地、河地及滩地所有权之极端紊乱与民间土地之重重纠纷。同时因为产权未定，纠纷未清，有地者不愿垦荒，无地者无法经营，对熟地更不愿加以施肥，这对目前农业生产之发展阻碍殊大。此其一。

第二，是产权未定。除因上述纠纷影响产权外，还有不少地区过去土匪为患，契约被毁，亦有年代久远契约遗失，地界混淆，因而彼此争执，产权不清。更有歹人乘机侵犯，敲诈勒索，此种结果，更妨碍私人生产，影响生产之发展前途。此其二。

第三，是负担不均。在旧政权时代，人民有粮无田，有田无粮，粮多田少，田少粮多，以及牛头捐、户口捐、壮丁捐等等捐税负担，极不公平。因捐税繁重而倾家荡产者不知凡几，同时因人民破产更影响生产力之日益衰落。自从民主政权建立以来，废除苛捐杂税，实行合理负担，旧时积弊早已清除，人民负担大为减轻，经过土地复查区域，田赋负担尤属公平合理，但公粮征收办法，则尚不尽妥善。检查淮北公粮征收，标准系按每季每人实际收获量计算，此种办法本属合理，但却产生了三种弊端：（一）每季征收时，估计收获量未能尽符实际，有的估计过多，有的估计过少，有的因贪图小利瞒报舞弊，而有的又因人事关系被人多报诬害；（二）每季征收时，政府须动员几千个人参加征收工作，时间延长数月之久，于人力财力耗费殊属浩大；（三）因为生产发展，人民公粮负担年年随收获量之增加而加大。此三种弊端，对人民生产积极性与边区生产发展，是有很大妨碍的。此其三。

上述三点就是目前边区农业生产发展过程中的新障碍，如何克服这三个障碍，主要办法是要进行土地复查，完成了土地复查：（一）可以解决纠纷，清查土地积弊；（二）可以确定人民产权，鼓励人民安心生产；（三）可以固定粮赋负担，避免无谓顾虑。这样边区农业生产便可以大大发展。同时有了精确的土地调查与户口统计，对将来政府财政收支与社会经济建设计划，也有了实际根据，而不致犯主观主义。这就是行署所以下决心实行土地复查的主要原因。

二、土地复查的任务与方针

根据上述理由就决定土地复查的基本任务。

第一，是解决土地纠纷，清除土地积弊。一切过去被豪强霸占的公地、私地、公滩、私滩，应在土地复查中发动群众彻底清除。私滩、私地归还原主，公滩、公地由公家统一筹划，廉价放领给无地及地少之人民承领（其自动报告退出者亦得承领一部分，隐瞒不报者查出除收回赃地外，应受一定处分）。其契约四至不明者，应重新规定四至，进行清丈，保证其应得产权。一切假公济私、词句含糊，借词侵占之土地，须一律清查退出，民主政府没有任何理由承认豪强兼并土地之所有权。在此次土地复查中，务使各人土地界限清楚，头绪明白，各安生业，再无纠纷。

第二，清查所有土地，确定人民产权。把全边区所有土地，逐户逐丘重新清丈审查，验明契约证照，局收油单有无讹错，是否管用，查清弓口四至，土地来历是否合法正当。一切来历清楚，产权合法者，发给营业执照。契约确系丧失，经一定手续证明者，准予重立新契，以确定各人产权。其来历不明非法取得之土地，则抽出其非法不明部分，其合法部分仍予保证其产权，使各能安心经营，发展生产。

第三，是改进粮赋征收，固定人民负担。在此次土地复查中，查清全边区人口，户数、地亩、土质等级，确定其收获量，编造串册。自此以后，各人每年公粮田赋，即根据此确定之收获量，按照税率缴纳粮赋，每年如此，丰年不加，荒年不减（十分荒年按一定□□照减）。如此人民负担固定，无被人挟嫌加税之虑，政府财粮收入也有一定依据，无瞒报短收之弊，更无须每年动员几千人突击征收，劳民伤财，这是一举两得的事情。

三、怎样进行土地复查

（一）宣传动员

1. 召开县、区、乡、村各级组织的以及群众的动员会议，传达布置工作，详细具体地说明土地复查的意义和目的，任务和方针，方式和方法，从事一般动员。然后分别召开小的座谈会、讨论会，深入研究。

2. 在动员宣传时，要详细、具体、通俗、明瞭、根据不同对象，采取不同的方法，务使听者能懂。最好以本乡本村的事实说明，通过民间艺人，民间的谚语、小调、歌谣扩大宣传。反复动员，反复宣传，一直到完成任务为止。

3、宣传动员时，要紧紧掌握土地复查的方针，不能偏废（不因强调一方面而忽略另一方面），要预防谣言的发生，及时解释，不要陷于被动。

（二）组织领导

1. 组织各级查委会，要慎重选择，不要让一个坏人参加，尤其乡村两级更加重要。在组织查报队时，要注意到各个工作人员的政治质量，起码条件要能够为群众服务。

2. 要动员广大群众参加复查（包括工农与知识分子、公正人士在内），把土地复查工作变为一个巨大的群众运动。没有成千成万的群众参加，要想消除各色各样的土地积弊，解决曲折复杂的土地纠纷，查丈几百万亩的土地，是不可能的。因此，各级领导干部的主要责任，在于组织领导群众进行复查，并在各种实际斗争中发现积极分子，通过积极分子来领导群众，使领导与群众相结合，并在此次复查中，创造一批新的力量，作为今后改造政权的基础。

3. 在领导进行复查时，要防止两种偏向：一种是单纯强调了解土质收获量，查登地亩等单纯技术观点，而放松发动群众清理土地纠纷的工作，结果使群众情绪低落，甚至与政府对立，另一种是单纯着重清理土地积弊，解决土地纠纷，而放松了解土质收获量，查登地亩，以及各项固定产权之正式法律手续，结果影响确定产权固定负担的进行。这两种偏向都是有害的，必须防止和纠正。一般说，在沙岗地，土地纠纷少的地方，应该强调审查和确定产权，推动群众的自量呈报运动；在湖滩地，土地纠纷多的地方，应该清除土地积弊，解决土地纠纷，开展反贪污反霸占的群众运动。总之，应当在解决群众土地产权的运动中去了解地亩户数，了解土质收获量，固定负担。

（三）解决土地纠纷

1. 发动群众检举一切徇私舞弊、非法取得土地的不良分子，并给检举者以适当的奖励，以使彻底揭发各种积弊。

2. 解决各种土地纠纷，首先由群众团体和各级查委会调解，不服调解者，可依法起诉，由司法机关处理。

3. 一般农民间的琐碎的细小的土地纠纷，应加以调解（如地边、场边、沟沿、茔地、宅基等），采取大事化小，小事化无的方针解决。

4. 豪强霸占倚势欺人侵占他人土地者，允许群众说理，政府并得主张公道，予以协助。

5. 处理土地纠纷之时限，滩地从原领时起，一般土地从民国元年起。时间太长，无从证明的不必过于深究。

（四）查登工作

1. 说服动员群众各人丈量各人的土地，进行呈报，开展自量呈报运动。其中遭遇的困难，可由群众自行解决，或由政府在技术上协助。一般在丈量中会碰到几种困难：第一是大家一齐量，弓子不够用，这可以绳子、芦柴代用（和弓子比好）。而绳子天晴天阴长短不一，还是用芦柴好，第二是技术人员少，会算会写的少，老百姓解决的办法，是用绳结圪垯，记回来找人算。第三是不会写证明书，找四邻困难，这可以找附近小学教师或查报队代写。

2. 反对瞒报，克服群众中的“三怕”：一怕报实了出粮多，二怕报不实受处罚，三怕补契出钱多。要用事实反复说明，使他放心，对不同情形的瞒报者，应采取不同方法处理。一般应采取启发、动员、劝说方式，使他们自动实报。对那些顽强恶霸固执隐瞒，可采取舆论制裁，一直到群众的说理，最后不行时由政府依法处理。并实行抽查丈量，好的给予奖励，坏的给予处罚，但要防止挟嫌报复行为，使大家不敢瞒，不愿瞒，不能瞒。

3. 了解土质收获量，划分等级。各级负责同志要亲自下手，召集乡村干部分别研究各种土质。经过初步了解，要选择各种不同的土质亲自检验一遍，然后在乡村干部会上统一意见，划分等级，交村民大会通过。在确定等级时，一乡要统一，与其他乡、他区、他县相邻的土地，要保持等级的一致。

4. 查报登记完竣后，召开村民大会实行公告，使所有群众了解本乡本村的土地查报情形，并当场举行讨论，更正错误，随时检举呈报不实和一切瞒报人员。在公告时，除书写张贴外，要由查报队向群众详细讲一遍。

5. 登记统计办法从略，参看土地复查办法实施细则。

（五）进行步骤

五月一日至六月一日成立县、区、乡、村各级土地复查委员会，组成查报队，传达布置工作，训练技术人员，实验完毕一个乡。村民大会开完，查报开始。

六月一日至六月二十三日通过夏收工作进行大规模复查的各种准备，以便麦收后迅速开始。

六月二十五日至八月十五日大量开展土地复查运动，完成全部复查工作，进行总结，并通过土地复查完成夏季征收的准备工作。

八月十五日至八月底完成夏季征收、总结、入仓，各县政府接得指示后，要详细讨论，认真执行，号召所有公务人员以身作则做模范，影响群众，推动群众，组织领导群众进行复查，保证任务的顺利完成。“土地复查成功的关键，在于把土地复查变成群众自己的事情，使他成为广大群众的土地复查运动”。在土地复查运动中，要联系贯彻改善民生，协助开（发）展群众团体，发展及巩固民兵，改造政权，提拔干部等工作。

希各级政府切实执行为要！

选自《中国新民主主义革命时期根据地法制文献选编》第四卷，中国社会科学出版社1984年版，第398～404页。未注明出处。

31. 淮海行政公署关于举行全地区土地复查的指示

1944年12月10日

兹决定于本年十二月十五日至三十四年二月底止二个月期间举行全地区土地复查，其基本原则仍按前颁淮海土地呈报办法及淮海区田亩清查纲要办理，至于有关此次复查具体事项特分别指示如下：

一、复查要旨：三十二年底曾举行全地区田亩清查历时数月，虽查出近九十余万亩土地占全数十分之二，在今年农赋的增加上有显著的成绩并为今年施行新征粮条例做好准备，但仍有如下缺点：第一，有许多地区清查的不够确实，隐报、谎报的相当多。第二，各县的边区或接近边区的许多乡及当时未收复的边区，均未举行清查以致不能实行条例，在同一民主政权之下负担仍属不等。第三，过去均着重于田亩数字之清点。对土质的评定未能核实时有高低。以致今年施行新条例所收效甚少。第四，对于契约登记许多县份未做，虽然土地清查一次而土地纠纷并未因此减少。第五，人口调查皆不如过去，大半侧重于务［业］主粮赋之计算，至各佃户及其他无职业者，皆不在内。根据地今天尚无明确之人口政策之施行、财政之筹划均不方便，这主要由于过去对清查土地的政治意义，了解注意不够，仅单纯从财政着眼上，以为清查出黑地就达到目的了。此次复查，第一是要彻底的使全地区有田的人在粮赋的负担上，绝对合理，不能因为隐报、谎报而取巧或等级过高过低而担负不均。第二要使产权明确彻底肃清历年的土地纠纷。第三要使全区的人口有一个正确的统计。

因此，这次的复查意义很大。首先要从政治上解释宣传，让群众自觉的起来参加这个工作，不能单纯的去依靠行政组织力量。其次，要接受去年清查田亩经验加以归纳总结，并且更多的创造些新的办法。再次要求已经清查的着重于评定土质或着重于复查一次（要看去年的情形来决定），未查的完全举行查清严格的公平的评定土质，实行全部契约登记，并调查全地区人口，调查对施行新条例的地区应从复查田亩中研究该条例，吸收各阶层意见与该县环境联系起来实行综合研究，提出具体意见，在合理负担与保证供给上能更臻完善。

二、工作组织：这次复查田亩的组织，要使行政领导与群众动员密切接合，过去有些县里仅单纯的运用行政力量，群众动员结果不能发现更多问题，而且效率不大，假如仅发动群众自己来做，有时会破坏政策，使□□□办法组织土地复查委员会在乡委员会之下可另按村编制许多复查组提出骨干、运用群众会议方式进行酝酿讨论，登记检举，插牌清丈，乡复查委员会除一面集中领导外，一面抽丈、收牌、核验。

这次必须着重提出的：（一）过去各区领导人，虽然指定专人负责，有许多并未负责，由于各乡自己做或是经常调动，并弄得不接头，因此，这次各区领导人还必须慎重考虑，一经决定，在此期间尽量避免经常调动，并赋予专职，指定完成任务。（二）各县临时雇员应尽量减少，所需工作人员最好均由各县机关抽调在职干部担任。动员小学教师、中学生参加。第一类县最多仅能雇用五十人；第二类第三类县仅能雇用三十人，每人供给口粮菜金，按一般工作人员规定外加菜金五元，其他概不供应。对于此类人员之雇用，必须注意政治质量，最好统经乡级委员会审查报经区委会决定。（三）要经常开会，检查工作总结经验及［不能］将工作布置下去，坐等总结，使下面的同志无从着手，困难重重不能解决。（四）要运用领导与群众相结合方法，县区乡领导复查的同志，最好先选择一处实验研究，搜集经验，再将这种经验指导各乡工作，这样可使领导格外踏实。

三、步骤方法：这次举行土地复查，应首先使县区乡干部认识这个工作在政治上的意义，与根据地的利益联系起来，大家才有信心。因此，要召开一个县区乡干部大的动员会议，各县负责同志亲自主持，在这个会上要总结上次清查田亩之经验教训，研究这次复查意义，要求步骤及方法以及竞赛奖励办法，并决定那（哪）些区乡抽查，着重评定土质，那（哪）些区乡完全重新复查。其次即成立区复查委员会，根据县的布置规定作全区的布置（具体的），并指定人帮助各乡成立乡复查委员会编制复查组，然后以充分时间开会进行宣传动员，找积极分子实行酝酿，时机成熟后，即举行陈报，要在会议上报，不要私自报，并要田地所在地四邻保证确实，报后即要各户自己插牌子，一面根据各户报的出牌，核对契约，开会鼓动密报检举再行清丈，先划丘，丈大的框子再丈小田（小田合大框数不错即予免丈），此后即报经乡委员会收牌子，一面与陈报册子核验，遇有必要时得举行复丈，土质即根据陈报等级于清丈时实地评定，收牌子时再行核定。

在这次复查的步骤与方法上有几个环节要注意。第一，呈报等级一定要尽力在会议上进行。众目昭彰，即免隐报、谎报又免徇私舞弊。第二，要注意每户均要实行契约登记。以契约与呈报数字核对。第三，要着重田亩四邻保证呈报数字是否确实，四邻最为熟悉，如四邻互相包庇者，应受科罚。四邻应分担二分之一。第四，要出牌奖励检举。第五，要实行普遍收牌子，举行复验。这五个环节若忽略一个即予投机取巧。

此外，要准备好几件事：第一弓尺及绳子要事先准备好，不要临时换，致群众误会。第二要组织会写字的人代写牌子，用劈些粗树枝即可，不要太讲究，难予做到。第三插牌子的办法要讲清楚。第四什么时候清丈要给庄信号。

四、关于跨境田，上次各县清丈均感困难，这次决定如□□□□□跨区田由原业主（或委托在佃户代表）至田亩所在乡（一）报取得该乡证明加入业主所在乡田亩□□□按人口计算，缴纳公粮田赋。（二）县跨田如上陈报田业主所在县计算公粮等级征收率分县纳缴。（三）乡区县需□□□□应由行政上行丈移交业主所在县区乡以免征税。

□□□过去大半侧重于清查田亩数目，对于土质等简直不确实，首先由于土地等级分的简单，其次是□□□□在各□□并不统一，同名称优劣悬殊。再次对于收获量之评定减少一定之标准或多或少，甚至任意增减，尤其评定方式大半皆为少数人之决定而不是民主之讨论。因此使新征粮条例未能达到一致之效果。至于条例本身相当完善，今后是否将其合理负担精神体现于全地区，要在土质之评定，故此次评定土质为复查工作之核心。至于等级原少，但可以按［原］则上仍依照上年颁布的土地等级评定细则所规定的收获量不可减照实际情形将土质种类增多或每种土质再区分上中下三种皆可，此其一。收获量应以三十一年、三十二年、三十三年三年平均数为标准此其二。土质评定应经过民主讨论不应由少数人决定，业主不同意时或清查委员会不同意均可提交上级重新核验此其三。

五、契约登记：这次复查要将全部契约实行登记与陈报数核对，原为红契，白契或无契，契上数字是否相符均应在陈报表上注明，未经验契之陈报表将来认为无效，举行契约登记要解释几件事：（一）契约登记，政府是准备在清查确实之后，发土地执业证，除几元纸张费外均不收税，原契约亦不收回。不过今后在法律上仅以土地登记执业证为凭。（二）整理土地契约是彻底肃清土地纠纷，自土地执业证在清查确实之后，始行颁发，并不同时办理（土地执业证办法另计）。

六、人口调查：此次复查田亩，附带举行全地区人口调查。关于人口调查工作之准备及筹划事项由各县民政科长参与负责主持。第一，调查人口应属全面的按行政组织区乡镇村或保甲进行，乡集镇市，可单独组织人口调查委员会负责。第二，雇工属淮海区籍贯者，计算在内，原户口之内并非淮海区籍贯者计算在雇主户口内，并在备注栏内注明。第三，出征军人在职公务人员以及短期旅行在外，者均应计算在内，原户口内并在备注栏内说明。第四，男女性别是□□证明。第五，年龄应分开，十岁以下为儿童，十一岁至十七岁为青年，十八岁至四十五岁为壮年，四十五岁以上为老年。第六，户口职业应分别清楚，计分地主、富农、□□、工人、自由职业者五项，以全户生活条件为□□□□调查之后，各乡应自行分别统计，送区汇集转□收□统计呈报本署。

七、科员［罚］标准仍按前颁布淮海区清查田亩纲要规定办理，复查地区自动补报者，补缴今年和去年粮赋，免于科陈处隐报、谎报□□经检举者，除补缴二年粮赋并按章科罚□□清查之区自动补报者，补缴今年一年粮赋免于科罚……者除补缴一年粮赋外并按章科罚田□田□□，同包庇者，负担科罚数二分之一。

选自《华中抗日根据地财政经济史料选编》第三卷，档案出版社1986年版，第271～275页。江苏省财政厅、江苏省档案馆、财政经济史编写组合编。

32. 淮北苏皖边区减退租补充办法

1945年6月

一、自抗日民主政权成立和减租法令公布后，一切未减租或明减暗不减及减租未彻底者，一律照减租法令退租。

二、减退包租按下列规定处理。

（一）按原租额二五减，未减者退租。

（二）地主因减租增加包租额者（不论先增后减或先减后增都是一样），除将增力部分退还佃户外，仍照原租额二五减租比率计算，退回应减之租。

（三）包租地应查实依实地交租，凡属虚地，依退租办法处理。

（四）原包租额过高，应行降低，地主所得最高不得超过土地收获量百分之三十五。凡超过此标准者，应依此标准重新规定租约，不足者不再增减。

（五）房租宅基不在此限。

三、游击区可实行让租，成数由各县根据具体情况规定。凡游击区已成为根据地，应即依法减租，原来实行让租地区，未让之租应按过去让租成数实行退租。

四、凡缺乏劳动力之抗烈属和鳏寡孤独，家庭境况尚不及中农生活者，不论过去已否减租，均不追究，今后可说服佃户少减或不减。

五、花田、烟叶田，实行主□［二］佃八分租，或按当地一般收获量改交粮租。

六、自民国三十三年秋季起柴草随租分者，应随租减。三十三年秋前应退而未退之柴草免退，已退者亦不再还。从今年夏季起原随租分草者，即随租减草，未随租减草者，即随租退草，原不分草者仍不分草。

七、自减租法令公布后应由地主负担之公粮、公草、田赋、河工、路工等粮款，而由佃户代出者，应全部归还佃户，加利二成。

八、对粪①照旧例，原来对粪还对粪，在减租后如有地主应对粪而未对粪者，得按原对粪成数偿还佃户。

九、种子照旧例，原来对种还对种，原来不对还不对，但应出种子之一方，在播种时如不出种子，得依照本年底该项种子最高价格赔偿对方。

十、在三十四年七月十五日前关于查减租问题，依下列规定处理：

（一）自动减租者，免予追究。

（二）少数代佃之人情租，经查出后如依法减退者，免予处分。

---

① 本项几个“对粪”原文如此。疑为“对分”之误。

（三）凡以威胁利诱手段不执行减租法令者，经查出后除依法减退外，并予以三日至一月拘役处分。

十一、在三十四年七月十五日后之查减租问题，依下列规定处理：

（一）凡以威胁利诱手段破坏减租法令者，除依法进行减退租外，其刑事部分交司法机关依法惩处。

（二）除前条规定外，一般未进行减退租者，以诈欺取财论罪，处以半年以上一年以下徒刑。

（三）公务人员犯前两项之罪者，得按情节轻重加重其刑。

（四）凡佃户无故不缴租者，按其情节轻重给以刑事处分。

十二、凡地主不遵守调整租佃关系办法，非法无理抽地者，按下列情形处理：

（一）地主自耕者，交出一部或全部仍归原佃户耕种。

（二）地主将抽回之地转佃给其他佃户者，如新佃户比原佃户富者，应退还一部或全部归原佃户耕种。如新佃户很穷，原佃户能维持生活，而地主亦无其他土地出租者，不变。

（三）对地主非法抽地之所为，给以严重批评，此后如再发现类此情形，依法惩处。

十三、减退租后，租佃双方应根据淮北土地租佃条例及本办法重新订立契约，原来规定租期者可延长五年以上，原来未规定租期者照旧，新契约一经订立，旧契约即应交出作废。

十四、本办法自公布之日起有效。

选自《中国新民主主义革命时期根据地法制文献选编》第四卷，中国社会科学出版社1984年版，第404～407页。原注：“选自1945年6月24日《拂晓报》”。

33. 浙东行政区路西县政府通令
——关于减租交租减利增资及保障佃权办法

1945年7月6日

事由：关于减租交租减利增资及保障佃权办法。

为了改善人民生活，提高群众生产情绪，加强各阶层团结，坚持抗战准备反攻，争取最后胜利，本府遵照浙东行政公署颁布之施政纲领，并根据本地区实际情形，特规定减租缴租减利增资及保障佃权办法如后：

甲、减租办法：

1. 原为对分田，一律改为三股分（佃二，主一）。

2. 原为上租田，应按本年度议定租额，并照各地区成规计算，原租额再减百分之二五缴租。

3. 为提高生产起见，分租田得改为上租田，仍照原租额。

4. 经过减租地区之租额，已符合二五减租之原则，仍照原租额缴纳。

5. 如业主为抗属，或鳏寡孤独，并无生产者，得按实际情形，酌量减少。

6. 小租田租额，按照原定租额，最（再）减百分之二五。

7. 各区租额，经政府，农抗会，佃业双方及士绅会议议定公布施行。

8. 预租一律取销（消），凡缴租谷，均以满收满缴，歉收歉缴，不收不缴为原则。

9. 交租时须以通行公斗公斛公秤为标准，严格禁用非法之大斗大斛大秤，并取销（消）一切陋规（如送礼酒等）。

乙、减租谷办法：

1. 借谷还谷，一律加二还新。

2. 借钱以本还利谷，或借钱还利谷均须按照当时当地市价，将本折谷计算，加二折还。

3. 凡因放利谷所订立之不合理契约，政府概不予以合法保障。

丙、增资办法：

1. 长工工资，一律以原定工资加二成。

2. 短工工资，(一）忙工，以十斤——二十斤计算。

(二）闲工，以五斤——十斤计算。〈燥谷〉

3. 手工业工人工资，一律以实物计算，按各业性质分别规定每天所得工资以养活一个半至二人。

4. 各业工资，均须现做现付现给。

丁、保障田（佃）权办法：

1. 业主将田抽回转租与人者，不得抽田。

2. 业主不抽田可以生活，佃户抽田不能生活者不能抽田。

3. 假田假卖者不能抽田。

戊、附则：

1. 经二五减租后之租额，即为业主应得之权益，政府当予以合法保障。

2. 本年度起不论田业双方及主雇双方均得依照此办法执行，如有明减暗不减及明增暗不增者，均以违反法令论处。

3. 各地区如发生与本办法相抵触，在实际难以执行时，须呈报本府请示办理。

4. 关于减利办法另订之。

右列规定，仰各该区署，各该乡公所，切实遵照执行为要。

此令

县　长：寿

副县长：陈

选自《浙江革命历史档案选编》，浙江人民出版社 1985 年 4 月版，第 542～544 页。杭州大学历史系、浙江省档案馆合编。

34. 浙东行政区减租交租及处理其他佃业关系暂行办法

1945年7月18日

浙东行政公署令

民字第六十二号

民国三十四年七月十八日

兹制定“浙东行政区减租交租及处理其他佃业关系暂行办法”公布施行，前浙东敌后临时行政委员会颁布之“浙东敌后临时行政委员会处理三北地区二五减租及其他佃业关系暂行办法”即予废止。

此令

（附浙东行政区减租交租及处理其他佃业关系暂行办法一份）

主　任　连柏生

副主任　吴山民

浙东行政区减租交租及处理其他佃业关系暂行办法

第一章　总　则

第一条　为提高农民抗战热忱，改善农民生活，发展农业生产，同时，合理照顾业佃双方利益，增强抗战的战斗力量，特根据中国共产党中央关于抗日根据地土地政策决定及其附件、浙东行政区施政纲领、浙东敌后各界临时代表大会决议案、以及抗战期间浙东地区佃业关系之实际情形制定本办法。

第二条　本办法除森林、畜牧等地外，一般农作土地皆适用之。

第三条　处理减租交租及其他佃业关系时，如为一方涉及荣誉军人、抗日军人家属及贫困孤寡、贫困佃农、贫困业主者得酌量变通办理，以适当照顾其权益与生活。

第四条　任何团体或个人如有违反本办法，意图破坏，对于农民施行压迫、欺诈，假借减租从中渔利，或明减暗不减，及煽惑农民怠租抗租者，均按情节轻重予以惩处。

第五条　各行政分区及各县在本办法范围内或在不违背本办法之精神原则下，得依据当地实际情形制定更具体之施行细则，呈请行政公署核准施行。

第二章　减　租

第六条　凡公私租佃之土地不论定租制分租制议租制等均须实行二五减租。

一、未实行减租者应按原交租额减低百分之二十五。

二、虽已实行减租，但不及百分之二十五者，仍应按未减租前之交租额，减至百分之二十五。

三、已实行减租且超过百分之二十五者依其约定。

四、未减租之游击区及敌占区减租可按实际情形另订办法。

第七条　减租后交租额之最高数量不得超过土地正产量千分之三百七十五，最低也不得低过于千分之二百，副产一律归佃农。如遇特殊情形者，由各县政府按实际情形处理之。

一、稻田一亩之全年正产量，按各地土质及习惯者实际情形以三百斤至四百斤谷为最高标准，超出此数皆归佃农所有。

二、若因年成荒歉时得依照歉收比例减低交租率或免租。

第八条　习惯上系看花议租者依其习惯，如其实际租率低于千分之三百七十五者，应按其实际租率改定办法。

一、各乡之评议会以佃业代表各四人至五人，乡镇公所、乡农会代表各一人组成之，并以乡镇公所代表为当然主席，会议时应请由上级政府派员列席指导，区农会得派代表列席。评议会如系联乡组织者，与会代表之比例类推，其主席则由各乡代表互推之。

二、评议会应以民主方式讨论，佃业双方对于议租争执不下时由区署裁定之，如仍不暇（服），得向县政府请求重［仲］裁。

三、议租应分畈分段分级。

四、田地之交租额应依田地所在地之乡镇议定。

五、如双方自愿按减租后之租率将议租改为定租时，得改定租制。

第九条　计到实抱等死［地］租应按第六条第七条之规定办理，惟遇歉荒，得由双方协议减免地租，如有争议由政府调处之。

第十条　小租如无永佃权或从中渔利者，应予禁止，但如以代价而获有永佃权之小租，得暂保持其习惯，惟大小业两者共同收租量须依第七条规定，如遇特殊情况得酌量变通办理。

第十一条　预租制应予禁止，如因故不能废止者应按第七条规定扣除利息及业方应负之粮赋交租，其跑租部分应予取消，其佃权按第二十三条之规定办理。

第十二条　海田海地等特殊土地之租额依照习惯办理。

第十三条　业主应依本办法所定之减租额收租，不得多收或法外增租，禁止租鸡、租力、租脚及无偿劳动等不正当需索。

第三章　交　租

第十四条　佃农应依本办法所定之租额交租不得短少，并禁止有和水掺秕等不正当行为。其有力交租而故意不交者，业主得请求政府依法办理。

第十五条　交租期及交租各物依当地习惯办理。除第十一条规定之情形外禁止预收地租或收取押租。

第十六条　交租用之衡量器一律通用市秤、市斛，旧衡量器改新衡量器时，不得另行增加。

第十七条　佃农如因收获减少而确系极贫或遇意外无力交清地租时，得与业主协商分期缓期交纳之，业主对欠租不得作债行息。

第十八条　民国三十二年以前之欠租应予免交。

第十九条　减租后抗日军政公粮由业佃双方负担，土地税（田赋）由土地所有人负担之（依照粮赋并征办法办理）。

第四章　租佃契约及佃权

第二十条　租佃土地应按本办法之规定订定租佃契约共同遵守，该项契约应觅具见证人，并经当地乡镇公所农会证明之（不得收手续费）。

在本办法颁布前所订定之租佃契约有与本办法相抵触者，应依本办法之规定办理。

在本办法颁布后所订立之契约，与本办法抵触者无效。

第二十一条　对于年租制之田地，为使佃农安心生产提倡长期租约（如规定五年以上之租期）。

第二十二条　在租佃契约下（上）或习惯上，有永佃权者应保留之，无永佃权者不得强制规定。

第二十三条　无永佃权之田地非因下列事情之一时，业主不得借故撤佃：

一、租佃契约期满后，而不愿续租者；

二、佃农非因不可抗力无故一年不为耕种，而又不交地租者；

三、佃农将田地转租从中渔利者；

四、减租后佃农力能交租而故意不交者；

五、佃农死亡无继承人者；

六、佃农自愿抛弃其佃权经签字证明者；

七、业主确因贫困，非收回自耕而无法谋生者。

第二十四条　业主依第二十三条第三项规定撤佃时，应照顾第二佃农之经济状况，第二佃农确系贫困者，仅能收回第一佃农本人之佃权。

第二十五条　业主依照第二十三条第七项规定撤佃时，应适当顾及佃农之生活或仅撤佃一部，如有争议由农会或政府调处之。

第二十六条　业主依本办法第二十三条撤回之田地，业主有自由处置之权……包括出租、转让、出典、出卖、自耕及雇人耕种等。

第二十七条　业主依据本办法撤佃时，应于收益季节后，次期作业前为之，并须于一年以前通知佃户。

第二十八条　田地因买卖典押而转移其所有权时，新业主非依本办法之规定，不得任意撤佃。

第二十九条　业主将田地出典出卖时，原佃农以同样条件有承典承买之优先权。

第三十条　业主撤佃自耕一年后重行出租时，原佃农除有抗租等不正当情事外以同样条件有承租优先权。自收回自耕之日起未满一年，而即出租者，原佃农得以原条件承佃。

第三十一条　禁止藉口自耕收回土地暗行出租，或使其荒芜，以及假典假卖之行为。

第三十二条　私荒不论生荒熟荒须先促业主开垦，如业主无力开垦任其荒芜时，政府得招人开垦或经政府登记许可之承垦人得为开垦，熟荒至少一年，生荒至少三年不交租。土地所有权仍归原主，承垦人有永佃权。

第三十三条　佃业双方发生纠纷时，应由田地所有地之乡镇公所农会会同调解，如调解不成得请求区署或佃业仲裁组织处理之。

第五章　附　则

第三十四条　本办法经浙东行政公署委员会议决通过①，由浙东行政公署公布施行。

选自《浙江革命历史档案选编》，浙江人民出版社1985年4月版，第546～551页。杭州大学历史系、浙江省档案馆合编。原注："原载1945年7月23日《新浙东报》"。

35. 淮海区东台县农抗会对新解放区减租工作几个具体问题处理的意见

1945年11月

为了响应中共东台县委的号召，把新解放区群众组织起来；我们应该抓紧秋收时机，通过改善民生的减租运动，把广大农民发动起来，以建立我们新解放区的工作基础。

新解放区主佃关系是很复杂的，在进行减租工作时，我们必须要深入调查，发现和研究新的问题，对每一个对象应根据其不同要求，予以适当解决，而不是千篇一律"二五"一减就了事。

某些地区如已分场或改了租，可重行处理，要打破过去夏收，秋收，减租中过了时候就丢在一边的坏作风，今年减租应不是气节性的，而是连续下去，直到彻底减了租为止。

现在据我们城郊工作组调查所得的已发现的几个问题，参照政府的条例法令，提出了一些处理办法，给各地同志作为参考：

一　过高减额的处理

一、原定减额就很大的，可根据原来土质和历年平均产量重订租额，以不超过千分之"三七五"为原则。

二、沦陷后地主逐年来增加的租子，应照民国二十九年夏季租额为标准，作"二五"减。

二　银租改粮租

在沦陷期内，由地主自动改银租为粮租，如其租额超过正产量收获量百分之二十者，可重订租额。

三　押　租

一、期满退佃时，地主所收押金应以当年市价折算退还佃户，在沦陷期内地主把田收回，但押金未全退或少退者，可照此原则重新处理。

二、如过去上过押租，沦陷后被地主无理吞吃，又上新押租者，新押租应折当时粮价退还佃户，老押租仍有效。可填上租约，待将来佃户不种时，按当年地价折算退还佃户。

四　倒　租

一、从未减过的地区，一般的不倒租。

二、过去曾减过租的地区，发现有假减租者，可倒租，但以倒一熟为原则。

---

① 原件此处印重，故删除。

三、已倒过租的地区，后因敌伪势力侵入，地主即乘机仗敌伪之势威逼佃户反倒租者，应全数再倒回其反倒租部份（分）。

五　退　租

一、在沦陷期内，地主强迫把田收回，现在如佃户仍想种此田者，原则应复佃，其租额可依照不超过正产收获量千分之三七五重订租约。

二、如原地主已把田转租与人或出买与已有新佃户，而该佃户生活也很贫苦时，应由原地主及承买人负责找田老佃户种。

六　歉收交租

一、今春各地歉收，地主仍强迫佃户交足租额，以致佃户纷纷高利借贷交租，其苦难言，现在应该按照荒歉交租办法，重行算还给佃户。

二、今春以前，荒歉年成，已交租粮，不再退还，但如因往年荒歉，无力支付，以致陈租未清者，可斟酌双方经济状况，清还一部或分期还清或免还。

七　加　租

在沦陷时，地主无理压迫佃户，逐年加租者，此项加租额应依法取消，然后减租。但如佃户因而负债很重者，地主应退还其所加租之一部给佃户。

八　订租约

过去佃户种田，地主不同他订租约，以便随时收回，给佃户威胁很大，不能安心生产，现在应正式订立租约，租期至少五年。如是开垦田，佃户花本钱很大的，至少订为十年（如有永佃权者照旧）。

九　赎　田

一、如对方勾结敌伪，强行把田买去的，可申请政府照价赎回。

二、如对方重行盘利，逼使农民低价出售的，可申请政府要求回赎（指沦陷期内）。

三、手续未清的，可依照法令和地方习俗，申请政府赎回。

十　勾结敌伪

在沦陷期内，地主曾勾结敌伪压迫佃户，致佃户财产或身体受损失者，可向政府起诉，依法处理，但农抗会不应随意处罚地主。

以上十点，不过是新解放区减租工作的一部份（分）；各地如有新的意见，希望提出以作研究。

选自《华中抗日根据地财政经济史料选编》第四卷，档案出版社1986年版，第614～617页，原注：“按1945年11月淮海地委资料室编《新解放区工作经验》刊印”。

36. 浙东行政区金萧支队诸暨办事处三十四年度减租减息暂行办法

1945年

第一章　总　则

第一条　本处为改善农民生活，提高其抗日积极性及团结各阶层人士抗日起见，特根据浙东施政纲领与本地区实际情况，订定了减租减息暂行办法。所有三十四年度减租减息，按照此办法办理之。

第二章　减　租

第二条　除部分贫穷的鳏寡孤独及抗属之田产外，不论公私田产须一律彻底实行二五减租，副产一律归佃。

第三条　业主应做到自动减租，佃户应做到自动缴租，农会应扩大宣传并保证佃农缴租。

第四条　敌占区及其附近地区的减租，应酌量情况，减百分之十五到百分之二十，甚至百分之二十五不等。

第五条　本地区土地有一卖田二卖田之别，故缴租办法，亦有不同，现规定一卖田以全年总收获量缴百分之三七点五，即每百斤缴三十七斤半，二卖田以全年总收获量缴百分之十八点七五，即每百斤缴十八斤十二两。

第三章　缴　租

第六条　为了免除流弊，如讲交情、明减暗不减等，故取消落田分稻，一律实行议租与集体缴租。

第七条　集体缴租原则上以保为单位，由保评租会通知缴租日期，乡评租会派员监督执行。

第四章　评租会

第八条　乡组织乡评租会，保组织保评租会，均由五人组成（乡保机构一人、农会一人，业主一人、佃农一人，另一人由区署或办事处指定之）。

第九条　乡保评租会之任务：一、以客观公正之立场，评估田亩之全年收获量，二、执行减租暂行办法，处理一切减租缴租问题，三、解决佃业双方纠纷，四、处理减息缴息诸问题。

第五章　预租与转租

第十条　三十四年度预租一律取消，即已订有租约者亦作为无效。学田预租是否取消，可按照实际情况（以不妨碍教育为原则）决定之。

第十一条　二卖田转租，其减租办法同一卖田。一卖田转租系从中取利，应予取缔。

第六章　减　息

第十二条　现行各种高利贷如清谷、利谷、抛盘、谷利等等，均系重利盘剥，三十四年度应一律禁止。

第十三条　今年上半年所借各种高利贷，均不得超过每百斤还利二十一斤之标准偿还本利，即借一百斤还一百二十一斤，如借钱的，可折为借钱时之谷价折谷，再以上述标准归还本利。

第十四条　一切高利贷借贷时之契约，均作废，不能作为起诉之根据。

第七章　惩　奖

第十五条　凡非水旱虫灾，因怠惰而致荒芜歉收者，应适当议赔，以示惩处。如耕种努力而收获量超出正常数量者即将正常收获量加一成除外，所余全部奖给佃农，以示鼓励。

第十六条　如有明减暗不减等情，一经查出，业主则将其全部租谷充公，佃户则撤田处分。高利贷如有明减暗不减等情者，亦予惩处，可按情节轻重决定处分办法。

第十七条　奖惩具体办法由本处另订颁布施行。一切奖惩事宜，由各区区署及本处处理之。

第八章　附　则

第十八条　本暂行办法经金萧支队支队部核准，自公布之日起施行。本暂行办法适用于本地区，其他地区可作参考。

选自《浙江革命历史档案选编》，浙江人民出版社 1985 年 4 月版，第 559～561 页。杭州大学历史系、浙江省档案馆合编。

37. 浙东行政区金义浦地区租佃减租暂行办法

1945 年

一、本地区为调整租田（佃）关系，藉以发展农业生产计，特订定本办法。

二、依照本地实际情形与习惯，规定租佃土地分下列二种：

1. 永佃土地：包括有绝顶绝退凭证，及绝卖留种与垦荒之土地。

2. 租赁土地：包括非永佃土地，而为有期或无期之租种土地。

土地之租佃，未定有租种期限，继续租种满十年以上者，虽无永佃土地之各项条件，在抗战时期内应暂作为永佃土地，但承租人不得转租或转让于他人。

三、非有下列各条件之一时，业主不得撤佃：

1. 永佃土地及租赁土地，其承租人非因不可抗力，无故继续一年不为耕作，而有不缴地租者。

2. 永佃土地及租赁土地，自本办法颁布施行后，其承租人积欠地租达一年之总额，经业主之催告，仍不缴纳者。

3. 租赁土地定有租种期限，已经期满者。

4. 租赁土地，虽未定有期限，业主因维持自身生活，确系收回自耕与雇人耕作或典卖者。

5. 租赁土地，租赁人将土地转租从中渔利者。

6. 租赁土地，承租人死亡而无继承者。

在抗战期内，租赁土地，租种期满者，承租人确系生活困难得要求延长或留种一部，但业主有本条四款情［形］者，不在此限。

四、业主典卖土地于他人时，于（其）土地之承租人，依同一价格有承典承卖［买］之优先权。

五、永佃土地及租佃土地，其产权转移时，新业主非依第三条各款之规定，不得撤佃。

六、业主收回土地，定有收某项农作物，收获后为退种期者，应预（于）该项作物收获前通知之，其有第三条一、二、四、五四款情形，而为撤佃之行为，应于预定撤佃期三个月前通知之。

七、永佃土地承租人，依习惯将土地转租他人，其收回条件照第三条各款及第六条规定办理。

八、业主收回土地，未满一年后，仍将土地出租时，原承租人有承［租］优先权，但有第三条一、二、五各款情形者，不在此限。

九、无论永佃土地及租赁土地之地租，一律依照未减租前之租额减去百分之二五。

十、永佃土地承租人，将土地转租他人，其所收地租（即是小租业主所收地租为大租）应依照未减租前之租额减去百分之二五。

十一、租赁土地新订租约，其租额以正产收获量千分之三七五为标准。在无分租习惯之地区，暂以土地面积计算，如以谷物交纳定每斗（四分之一亩）至多谷四十五市斤，其多寡依照水利土质之优劣及亩分宽狭各项条件酌定之。

十二、谷物交付地租，一律用现行市秤。预有约定者，依其约定，但约定称（秤）一百市斤，不得超过市斤一百十五斤。

十三、押租金一律禁止。以前业已实行者，准暂存在，但每年交租时，得扣除该项押租金一年之利润，平利一分，以租佃关系成立时之谷价计算。

十四、预租以废止为原则。但在抗战期内，核产及业主确系生计贫困者，得以暂参照习惯办理。

十五、地租一律于秋收后白露前交付，减定租额不得短少。如有能力交租，而故意不交者，得请求政府代为追缴。

十六、遇荒歉年份，应交地租，得减除一部或全部。其减除多寡，由业主与承租人，双方邀请政府或群众团体派员协议定之。

十七、抗战后，币价变换不一，原以货币缴租者，业主得要求改变实物，以抗战前民国二十五年货币租额为标准。每石（二亩五分）租额五元及五元以下者，每元改谷三十斤；每石租额超过五元者，其超过之数，每元改谷二十斤，每石租额超过十元者，其超过之数，每元改谷十斤。但总额不得超过正户收获量千分［之］三七五。

十八、货币地租之交付期，颇不一定，改缴实物后，一律规定于当年秋收后白露前交付，不再减租。

十九、本办法所规定，系指农田范围而言，其山林地作之租佃，另订办法。

二十、本办法颁布［后］，所有依照前农抗会订颁办法办理，已成事实之减交租，及租佃关系，与本办法有抵触时，应不追溯。

二十一、本办法颁布后，所有以前本处关于土地租佃各项宣言章则，一律废止。

二十二、本办法解释及修正之权，属于金义浦自卫委员会办事处。

二十三、本办法经金义浦自卫委员会办事处颁发施行。

选自《浙江革命历史档案选编》，浙江人民出版社 1985 年 4 月版，第 567～569 页。杭州大学历史系、浙江省档案馆合编。

38. 浙东行政区金义浦地区减息增资暂行办法

1945 年

甲、减息

一、关于借贷

1. 借实物还实物并以实物付利者，其利率不得超过二分五厘，即借一百市斤，还本利一百二十五市斤。

2. 借款还款，并以什物付利者，应按照出借时谷价将本折谷后计算利息，其利率不得超过二分。

3. 在抗战前成立之借贷关系，如付息不满原本一倍者，停利还本，已满二倍者，本利停付。

4. 因纸币跌价，债务人用纸币还债，而生之争议，应斟酌双方生活情况适当调处。

5. 一切高利贷之契约，应一律作废。

二、关于顶典

1. 土地房屋之顶典价，其回赎时，应将照立约时之谷价，折谷支付之。

2. 前项规定，应斟酌双方生活情形及顶典价之高低，以六折至三折计算，但有别情者例外。

三、关于租赁

1. 土地押金全退还时，应将当时谷价，折谷支付之。

2. 房屋押租金退回时，应依照本办法甲项第一条第三款之规定办理。

3. 房屋赁金应依照立约时谷价，改谷六折至八折计算。

乙、增资

一、雇农工资

1. 长工：一律照原定工资增加二成。

2. 忙工：每工米六市斤至十市斤。

3. 闲工：每工米四市斤至六市斤。

二、手艺工人工资

1. 木匠：每工米五市斤至七市斤。

2. 石匠：每工米七市斤至九市斤。

3. 箍桶匠：每工米七市斤［至］九市斤。

4. 泥水匠：每工米五市斤至七市斤。

5. 裁缝匠：每工米三市斤至五市斤。

6. 篾匠：每工米三市斤至五市斤。

三、其他未有规定工人工资，每工报酬一律以养活一人至三人为标准，如有超出以上标准的应依其习惯。

丙、附则

一、自本办法颁行后，减息如有明减暗不减，增资如有明增暗不增，均应予以惩处。

二、本办法由金义浦自卫委员会办事处颁发执行。

选自《浙江革命历史档案选编》，浙江人民出版社 1985 年 4 月版，第 570～571 页。杭州大学历史系、浙江省档案馆合编。

39. 苏皖边区土地租佃条例

1946 年 5 月公布

第一章 总 则

第一条 根据和平建国纲领和本边区施政纲领，为调整租佃关系，改善民生，发展农业生产，特制定本条例。

第二条 本条例适用于边区境内一切土地租佃关系。

第三条 本条例颁布后，一切有关租佃法令与此条例相抵触者，均按本条例之规定处理。

第二章 减 租

第四条 出租人应依本条例所订减租额收租，不得多收或法外增加租额。

第五条 分租（亦称活租，即按土地正产物收获量由双方按成分配）：

一、按未减租前原租额对半分者，改为三五、六五分（如分一石，业分三斗五升，佃分六斗五升）；四六分者，改为三七分；三七分者，改为二五，七五分；原租额不到三七分者，根据二五减租酌减。

二、已实行减为三七分租地区（如淮南、淮宝）等，不再变更。

三、各地土地副产物，属于牛草归佃户，属于烧草三七分，烧草原来归佃者照旧。如业佃双方发生争执时，由当地政府、农会本此原则，依据当地情况处理之。

四、种子肥料仍照旧例，如出租人应出之种子，自减租故意不出时，得于分场时预先扣除，由佃户保管。

五、出租人应出之农具，不得因减租而抽回、少出或不出。

第六条 包租（亦称死租，即按土地面积所定之租额）：

一、按照民国二十六年实交租额，实行二五减租。减租后，出租人所得不超过土地正产物收获量百分之三十五，不到百分之三十五者，亦不得再行增加。

二、抗战时由钱租改为粮租不超过土地正产物收获量百分之二十者，不得再行变更。

三、收成不足三成者，全部免交，三成以上八成以下者，按成议交，八成以上者照交。

第七条 实行减租后，新成立的租佃关系，其租额一般的不得超过本条所规定之减租标准。

第八条 贫苦之抗烈属与贫苦之鳏寡孤独，因丧失劳动力，出租少量之土地为生活者，可以斟酌业佃双方实际情况少减或不减。

第九条　公田、学田依照本条例规定减租。

第三章　退　租

第十条　自民主政府建立后，政令能推行之地区，出租人不遵守政府法令减租或明减暗不减者，一律自该地区民主政府成立法令公布之日起还租，如屡次顽抗不减，或减后威逼租户退还者，除如数还租外，并以诈欺取财论处。

第十一条　原有押租金（亦称押板上庄钱等）未退还者，一律退还，其押租以当时之地价折算为标准。遇有特殊情形，有所争议时，可由当地政府协同农会调处之。

第十二条　解放而又沦陷的地区，沦陷在一年之内未减租者，一律退租，沦陷在一年以上未减租，沦陷期间出租人因遭受重大损失，生活实在困难者，可以少退或不退，但应由出租人负责交纳而转嫁在佃户身上各种负担要酌情照数退还。

第四章　交　租

第十三条　承租人应依本条例减租额交租，力能交租而故意不交者，出租人有依法向政府诉追之权。

第十四条　地租一律在收获季节终了后交纳，禁止预收地租之一部或全部与收取押租。

第十五条　承租人因收获减少或遭受意外无力交租时，得与出租人协商缓期交纳（但不能作价行息），或酌量减免，但出租人不能因缓交作价行息。

第十六条　依约交纳租物，应按照当地习惯，使用地方适用之斗秤，禁止大斗大秤收，小斗小秤交。

第十七条　废除一切陋规，除正租外，出租人不得索取任何额外报酬和无代价之劳动。

第十八条　虚田查实，实地交租，租地内凡不属于生产的土地，承租人不负交租责任，但屋基地得依习惯。

第十九条　民主政府成立前所欠地租，一律免交。

第二十条　租地坐落解放区，出租人居沦陷区，因致收交租物困难，所欠之租得酌情减免，但出租人附敌者全部免交。

第二十一条　承佃开垦公私生荒，三年不交租，期满后按照具体情形议定租额，承佃开垦公私熟荒，三年内得根据实际情况酌量减交或免交。

第五章　租佃契约及保障佃权

第二十二条　租佃双方要依本条例订立契约，原订契约与本条例不符者无效，应退回旧约，重订新约，期限至少五年，但有永佃权者，仍保留永佃权。

第二十三条　出租人不得任意收回土地，但有下列情形之一者，可以收回一部或全部。

一、契约期满，出租人收回土地确系自耕者，

二、承租人无故抛荒土地在一年以上，而又不交地租者，

三、减租后佃户力能交租而故意不交者，

四、承租人死亡无继承人者。

第二十四条　契约期满，出租人收回土地时，须于一年前通知佃户，不通知时，原契

约继续有效。

第二十五条　契约期满，承租人确系贫困无法生活者，由农会协同地方政府，召集双方加以调剂，得延长租期或留佃一部。

第二十六条　禁止借口自耕，收回土地，暗行出租或任其荒芜，以及假典假卖之行为，出租人因非法手段收回土地，承租人得要求因抽地所受损失之赔偿，并得依法复田。

第二十七条　契约期满，出租人仍将土地出租时，原佃户有继续承租权，出租人典卖其土地于他人时，原承租人依同一价格有承典承买之优先权。

第二十八条　契约未满，出租人典卖其土地于他人时，原佃权继续有效，但该承典承卖人生活困难必须自耕，原承租人放弃佃权亦无法生活者，由地方政府、农会协同加以调剂，得退佃一部分。

第二十九条　出租人典卖其土地时，须于秋收后春耕前时期为之，并须至迟于立春前一个月通知承租人。

第三十条　承租人在租地上进行耕地改良，出租人不得加以反对，在耕地改良有效期间，出租人不得收回其土地。

第三十一条　出租人投资进行土地改良致使土地产量提高时，包租地按土地增产情形，由农会与双方协议，酌量增加地租。

第三十二条　承租人不得将土地转租给他人从中图利。

第六章　附　则

第三十三条　本条例由边区临时参议会通过，交由边区政府公布施行，修改手续亦同。

第三十四条　本条例自公布之日起施行。

选自《中国新民主主义革命时期根据地法制文献选编》第四卷，中国社会科学出版社第1984年版，第536～541页，原注：“选自1946年5月31日《新华日报》华中版”。

40. 华中分局关于在减租减息清算中解决土地问题办法的指示

1946年6月9日

在今年减租减息清算中解决土地问题，达到耕者有其田，以便大大发展解放区农业生产，打下工业化基础，提高农民的革命积极性，争取自卫战胜利，争取和平民主之彻底实现与巩固，这是我党目前一切工作的中心关键。但这是一个新问题，是一个复杂的斗争，各地党需要在实际斗争中发扬群众的积极性、创造性。根据各地具体情况创造许多新办法，才能把这个问题搞好，兹特根据各地区新老经验，对解决土地问题的具体办法，提出下列意见作为各地参考：

一、此次解决土地问题要达到什么目的?

（一）要使农民及其他劳动人民普遍得到土地。

（二）要使分得土地者得到年收租粮的全部或一部；因此今年分得地主土地的农民应

使他收到地主应得的租粮，但须除开原佃农已种秋粮之种子肥料及一定工资，以免原佃吃亏。

（三）在清算中要免除农民所欠地主高利贷者的债务。

（四）在清算中要使农民从地主手中得到适当的农具、房屋、牲口等，但应保留一部分给地主，以便他自己耕种。

二、哪些人土地可以清算出来？

（一）所有大中小地主除留开他全家应得的土地外，全部应清算出来。

（二）所以祠堂庙宇之土地，原则上一律清算出来给大家分配，但在农民要求保留条件下可留部分作为香火田。

（三）所有公田学田，也一律清算出来，如在群众要求保留下，亦可留一部分作为公学田。

（四）教会土地一律清算发配，但应向教民解释，亦使教民同样得到土地。

（五）各地屯垦公司土地及湖边沙田草滩一概在清算之列。

（六）中农所有土地不应算出分配，已分配者应退还或赔偿，中农土地不够者应补足他。

（七）富农（指老富农）出租及承租土地，应算出来分配，其自耕土地原则上不清算，但自耕土地特别多，群众坚决要求清算者可算出一部分。但要保证富农生活不亚于中农，如自耕土地不够也应补足之。

三、计算与分配土地的范围：

（一）应以行政村或计划乡为计算范围，不应以区或几个乡为范围来平均计算，以免田多之村与田少之村发生地方斗争，反为地主所利用。其各村农民自愿联合分配或调整者例补。

（二）在一个村内计算土地应按照该村民所耕之土地来统筹分配，不应照该村地主所有之土地来计算，也不应照该村界内所在之土地来计算，各村农民所耕土地不只限于一村，有在本村者亦有在别村者，村内之土地也有为别村农民所耕种者，这需要将各村土地归还原耕之村去分配，其各村自愿将土地交换者例外。

四、土地分配给哪些人？

（一）首先分配给无地及地少之雇农贫农中农及其家属，不分男女老少每人一份。以满足农民的土地要求。

（二）乡村或城市归来之失业工人及城市贫民，也应按人口平分，流氓亦应分给土地。

（三）革命战士本人及抗属、烈属、荣誉军人、复员军人、年老退伍军人及其家属，应按人口各得一份，且须得到较好之土地，各村应对此特别照顾。外地退伍军人在贫苦的军政干部家属及无家可归之外来抗属亦应分别安插各乡给予分地。

（四）地主及其家属亦应照农民一样留得同等数量之土地，以便维持其生活，其经营工商业之地主及资本家家资富有不靠土地为生者，不必分地。至于地主家在城市地在乡村者，则由县区调处委员会按照其应得土地指定由哪一个乡村留地给他，不要到处留地。

（五）缺乏劳动力的在职干部及鳏寡孤独人家，在分地中予以适当照顾，如分地较近较完整等。

（六）逃亡地主亦应留出应得土地，限期（半年或一年）令其归来耕种，以免在外无处谋生，成为坚决反革命分子，在他未归来以前土地交别人代管。

（七）顽方军政人员家属同样应分予土地，以便争取；在顽方当兵之战士，其本人亦应分得土地，以便瓦解顽军。

（八）各乡村看土地多少，在群众同意之下，可留出二、三人三、五人或七、八人之土地交人耕种，所收租粮作为该乡公款，以后退伍军人或外地抗属无家可归者介绍来各乡安插时，即以此公田分给他。

（九）为人民所痛恨之汉奸豪绅恶霸反动分子，本人可以不分地或少分，其家属不反动者则同样分地。

（十）总而言之，在此次解决土地问题分配斗争果实中，应尽可能使最大多数人民得到土地，而且力求公平，不分男女老少一律平分，不怕平均主义。在解决土地问题中平均主义是革命的，只要不侵犯中农利益，不过分打击富农，此次分过后不要再分，便不会犯错误。但应注意不要使农民所得土地少于未分配以前，要保证农民得到应有土地，如土地过少之乡村，则四、五、六、七各种人可以分少土地。

五、应采取什么方式取得土地?

在内战时期我们是以没收土地方式解决土地问题，而且地主不分田地，富农分坏田，今天不采取这种方式，而采取下列各种不同的方式：

（一）对罪大恶极之汉奸采取没收方式，其本人不分地，家属无罪者可分得土地。

（二）在退租退息中，地主无钱可退者，令其将地作价抵还。

（三）用清算旧账方式是最普遍最适当的办法，在清算后留给他应得土地，多余者拿出来分配。这个算旧账一般是算伪款、算贪污、算侵吞、算霸占、算敲诈、算高利、滚利、算额外剥削等。

（四）如地主愿自动开明献出土地者，应加以赞助表扬，不要再与斗争，但其土地需交调处委员会统筹分配，不得私相接受。

上述五种方式，可根据具体对象，灵活运用，目的在使农民得到土地，但所算出之土地，应由各乡调处委员会或斗争果实处理委员会统筹分配，不能只由参加斗争的少数人支配，以免分配不均。其已经过清算分配之土地，一般不再动，但分得过多者可说服他退出一部分，但不可强制。

六、处理土地问题的几个步骤：

第一步调查统计，查明各村所耕土地多少，全村应分配土地的人口多少，平均每人可得多少。

第二步斗争清算，根据斗争对象决定斗争方式，应清算的，应没收的，应退还的，应献田的，分别进行，然后根据每人平均应得土地留出地主应有份地外，将多余土地概交调处委员会支配，其地主无多余土地者，则不必清算。

第三步分配处理，即由村调处委员会将清算出来之土地，按应分地之人口公平分配，不仅多少平均，而且要肥瘦平均，远近适当，此分配计划由调处委员会拟定后交村民代表会商讨通过，力求其平。分配方法则照各户现有土地抽多补少，抽肥补瘦，不要通过拆散来分。

第四步复查出榜，有调委会将各户分配土地之数量、地址抄到清单贴榜公布，让村民提意见，如有不公平或遗漏之处，准人民提出，调委会再加调整，作最后决定。

第五步确定产权，土地分配清楚，然后再令地主写卖契给分得土地之农民，以后政府再发给营业执照（不收契税），保证分得土地者完全所有权，以后各人所分土地由各人自由处理，出卖、典当、出租、赠送，概由各人自己处理，别人不得干涉，并宣布此次田分定后，所得土地，日后各营各业，生者不再分，死者不抽回，女子分田由女子自由处理，如女子改嫁时父母不得霸占其土地，最后则召开庆祝胜利大会总结经验，教育群众，并鼓励大家努力生产、互相合作、勤劳节俭、兴家立业、发财致富、丰衣足食，走吴满有方向，大家变成吴满有，但应武装自卫把民兵办好，政权改造，拥军优抗，肃清特务，以保护既得土地。

选自手抄本，未注明出处。

41. 华中行政办事处关于颁发土地执照的通令

1948年8月9日

为使农民安心生产，劳动兴家，凡完成土改之乡村，一律由当地县政府按户发给土地执照，确定产权。兹规定颁发土地执照之各项要点如下：

一、凡业经制发土地执照之乡村，各户所分得之土地，不得再行更动，业户（主）所有土地及其劳动成果政府予以法律之保障。嗣后自种、出租、典让、转卖悉听业主自便，非经法律手续任何人不得干涉。

二、土地执照中关于田地面积之计算，可暂按各地惯用之标准，但须力求以县为单位统一之。其中土地等级一项暂不填写，俟以后调整负担时颁布统一等级，经群众民主评议，政府核准后补填之。但不论今后土地等级有无变动，凡已确定之产权，好田不再抽出，坏田不再补进，一律不再变动。

三、颁发土地执照，其手续由各乡村填写“土地执照申请书”呈送区政府核准后，由区政府填发土地执照，并誊写田亩清册妥为保存，以作今后征收农业税及处理土地纠纷之依据。业主如发现土地执照填写有讹误者，得申请更正，经乡政府证明向区政府更换执照。

四、颁发土地执照，一律免征契税，除由各专署统一定价，统一收回纸张、印刷、缮写费用外，不得附收任何其他费用。

五、颁发土地执照后，如发生嫁女、招婿、分家、继承、赠与、转让、典押、买卖推拊等情事，而致土地产权发生异动者，得向政府申请办理推收过户手续。凡推出地产之业主，由政府于原发土地执照上备注格内注销其产权，并解除其推出田地之农业税负担；凡合法增加地产之业主，一律由政府另行补发新土地执照，追认其地产所有权，并同样予以法律保护。关于推收过户之手续由本处另订之。

六、附发土地执照式样及“土地执照填写须知”、“土地执照申请书”及“田亩清册”式样交各专署、县府使用，其中如有于实际情况未尽符合，得经本处批准作某些必要的修改与补充。

选自《中国新民主主义革命时期根据地法制文献选编》第四卷，中国社会科学出版社第1984年版，第513～514页。

42. 华中消灭荒地暂行办法草案

1948年10月30日

第一条　为消灭荒地（以下皆称灭荒），发展农业生产，改善人民生活，支持革命战争，特制订《华中消灭荒地暂行办法》（以下简称本办法）。

第二条　凡荒地从未开垦者，称为生荒，熟地在一九四六年“五四”土改后抛荒者，称为熟荒，“五四”土改前抛荒者，亦称生荒。

第三条　凡公地、绝户地或土改中依法没收而尚未分配之土地，无人耕种因而抛荒者，应由当地乡政府会同农会尽先分给缺少土地之农民耕种。其一时难于分配者，应暂行招人承种，承种期可按照土质状况，酌定为一年、二年或三年。承种期间，在此项土地上之收入归承种人所有，但地权属于政府，承种人除照章缴纳公粮外，不需交租。在承种期未满前，如需抽调此项承种土地，须取得承种人同意，并须津贴其适当之工本，否则应约承种至期满后交出之。

第四条　凡逃亡户、外出户之土地，无人照管而抛荒者，应由当地乡政府动员其亲属代管、代种或由乡政府代管、招人承种，承种期可按照土质状况，酌定为一年、二年或三年，期满后，如原主尚未回归，仍由承种人继续耕种。承种期间，在此项土地上之收入归承种人所有；在承种期未满前，如原主回归且生活确系困难者，得由乡政府会同农会双方协议，依据下列两项办法办理之；

（一）自原主回归之季起，由承种人交纳原主一部分租谷，如回归时正当收获季节终了，得由承种人预付原主下一季一部分租谷，原主不得补收回归前任何一季地租。

（二）如原主要求收回自种，经商得承种人同意，得交还原主一部至全部承种土地。如承种人不愿交还者，则仍应依约耕种至期满后交还之。

第五条　革命军人、革命职员与革命烈士家属及荣誉军人之土地抛荒者，有劳动力应自种灭荒；缺劳动力者，当地乡政府或行政村村长、行政小组长应根据其缺少劳动力之多少，组织代耕、助耕或协助其雇工耕种。其自愿出租者，应协助其招租。

第六条　鳏、寡、孤、独、老、弱、残废之土地抛荒者，由乡政府或村长、组长负责动员其亲邻助耕，或协助其雇工耕种或招租。

第七条　地主自种之土地抛荒者，限令转向劳动，自行耕种灭荒，其劳动力不足者，允许其雇工耕种或出租。

第八条　远田、薄田抛荒者，如田主无力耕种，允许其出租，或取得田主同意在不变动其地权条件下，招人承种。在此项承种土地上之收入归承种人所有，承种人除照章缴纳公粮外，不需交租。

第九条　上列各条中出租之土地，其租额以不超过二五减租时（百分之三十七点五）之标准为原则，特殊情形者例外，由有关双方自行协订之。

第十条　上列各条中耕种之熟荒，不论自种、承种或租种，均得按田亩等级或常年产量，分别减征或免征公粮公草。其减免办法如下：

（一）甲等田与乙等田，或常年产量在三百市斤以上者，第一季减半征收，第二季起照征。

（二）丙等田与丁等田，或常年产量在一百五十市斤至三百市斤者，第一季免征，第二季征半，第三季起照征。

（三）戊等田以下或常年产量在一百五十市斤以下者，第一年免征，第二年征半，第三年起照征。

第十一条　凡开垦或耕种生荒者，其开垦或耕种部分，得自收获之一季起，按照田亩常年产量，分别免征一年至五年之公粮公草，其免征办法如下：

（一）常年产量在三百市斤以上者，免征一年。

（二）常年产量在一百五十市斤至三百市斤者，免征三年。

（三）常年产量在一百五十市斤以下者，免征五年。

上列各条中灭荒部分如系生荒，其免征办法亦同。以上田亩之常年产量难以确定者，按邻近同类熟田之常年产量比较规定之。

第十二条　凡耕种生熟荒地，如因土质或水利等条件恶劣，其全年产量每亩在九十市斤以下者，虽按照前项第十条或第十一条规定超过减免期，仍得经县以上政府核准，继续减免此项土地上之公粮等负担。但一般耕种之生熟荒田超过减免期，均须遵章缴纳公粮公草，自种者自交，承种者如需交租，则扣除田主应交之部分抵租。

第十三条　凡耕种生熟荒地，如因加工，因施肥或改造土质而增加产量者，其增加部分归耕种者所有，政府征粮仍照常年产量计算，概不提高此项田亩之等级；耕种人如需交租，其租额亦不得因产量提高而增加。

第十四条　凡耕种无主之生荒，除政府保留地权与代管之土地外，地权应即为耕者所有，在结束土改，调整土地中，亦不得抽调。

第十五条　凡耕种无主或无人管理之生熟荒地，须向当地乡以上政府呈报，经核准承种，方得受到法律保障及享受减免公粮等负担之待遇；同一土地有二人以上同时报领承种者，由该管辖区域政府会同农会合理调处之。

第十六条　自本办法公布后，凡耕种之土地，并非因不可抗拒之原由而抛荒或减产者，公粮公草仍照原田亩等级全部照征。

第十七条　一九四八年各季消灭之生荒及一九四八年秋季消灭之熟荒，凡适用本办法前列任何一条者，均予追认。一九四八年春夏两季消灭之生荒，秋征中在此项土地上所征收之公粮公草应予退还，并自一九四九年起，按前项第十一条办法继续免征。一九四八年春夏两季消灭之熟荒，秋季公粮公草在此项土地上全部征收者，得退还其所征之半数，或在一九四九年夏征中照数扣算之；如此项公地产量过低，交纳秋季公粮公草后致再生产发生困难者，应将秋征公粮公草全部退还，并得引用前项第十条及第十二条办法继续减免以后之公粮等负担。

第十八条　凡荒地较多地区，县、区两级得组织灭荒委员会，共同领导灭荒。乡村组织查荒灭荒队或查荒灭荒小组，负责查荒灭荒。在灭荒工作中有显著成绩者，得视其成绩大小，分别褒奖、记功或晋级，在灭荒工作中工作不力，灭荒无成绩者，应按级查究责任，视其责任之轻重，分别予以记过、降级或撤职之处分。

第十九条　本办法自公布之日起施行，凡以前华中各地公布之灭荒条例或类似办法与本办法有抵触者，均应作废，各专署必要时得制定实施细则，呈送华中行政办事处核准后施行。

第二十条　本办法解释权属华中行政办事处，如有未尽事宜，以命令修正之。

选自《中国新民主主义革命时期根据地法制文献选编》第四卷，中国社会科学出版社1984年版，第514～519页。

43. 豫皖苏区行政公署布告——颁布新区停止土改实行减租减息条例

1948年10月

查土地改革，是我民主政府与人民解放军的基本政策，其目的在取消封建剥削与豪强压迫制度，实现耕者有其田，使劳动农民大家有田耕、有饭吃、有衣穿、有钱用，因而大大提高农村生产力与农民购买力，使工业、手工业、商业得以大大发展，市场得以繁荣，文化教育事业得以振兴，失业人民得以工作，游手好闲失业游民得以改造，盗匪得以绝迹，社会秩序得以安定。地主在土改之后也可分得与农民同等之一份土地，因为土地改革是废除封建剥削的土地制度，消灭依靠这种制度不劳而获的寄生的地主阶级，而不是在肉体上消灭地主个人，并要改造地主个人为自食其力的劳动人民或经营工商业，使之由无用之人变成有用之人。所以这种土地改革政策，不仅为了解放农民，而且也是为了各阶层人民之繁荣发展，为了整个国家之富强、独立、民主、自由，以摆脱外国帝国主义之侵略及国内之封建势力之长期黑暗统治，这正是全中国四万万五千万人民最基本的要求。人民解放军与民主政府将尽一切努力，排除各种障碍坚决使之实现。

惟要实现土地改革，应在土改前完成准备工作。这必须是广大农民群众在政治上有高度的阶级觉悟与革命胜利的自信心，在组织上有自己的农民协会与大公无私的农民领袖作为领导。我豫皖苏区一部地区，远在抗日时期已获得解放，建立民主政权，实行减租减息、反奸清算、分配土地。但绝大部分地区系自去年人民解放军进军以来解放的新区，一部分农民也起来分地，分浮财，改善了自己的生活，提高了农民反美反蒋，支援解放军作战的积极性。终因大部农民觉悟尚未提高，自信心尚未确立，农民协会尚未普遍建立，大公无私的农民领袖也未普遍产生，即为满足农民的迫切需要进行了分配土地，虽有少数村庄做得较好，农民得到了利益，而大部分农民仍未起来，有些地区则只有少数积极分子在进行，甚至个别村庄反为流氓、地痞、投机分子所把持，广大群众还是徘徊观望，因而产生强迫命令、包办代替、贪污腐化，甚至乱斗、乱打、乱没收等严重现象。这种违反土地政策的行为，不仅不能发展农村生产，反而破坏了农村经济，对整个社会更无好处。

本署有鉴于此，特决定在一切未进行土改地区，从今以后停止土改，改为减租减息政策，既进行土改地区，则进行调整土地，使地主与农民都能安居乐业，从事生产，以便经过相当时期的准备，农民有了觉悟，有了组织，有了领导，再来实行土改，完成新民主主义革命任务，以达到富国利民之目的。兹制定减租减息及调整土地条例公布之，仰各阶层人民一体遵行。

此布

选自《中国新民主主义革命时期根据地法制文献选编》第四卷，中国社会科学出版社第 1984 年版，第 528～530 页。原注：“选自 1948 年 10 月 18 日《雪枫报》”。

44. 豫皖苏区减租减息及调整土地条例

1948 年 10 月公布

第一章 总 则

第一条 为停止新区土地改革，实行减租减息，保护农民既得利益，调整土地关系，使农民与地主各能安居乐业，发展生产，以便各阶层人民团结一致，战胜蒋匪，建设与巩固豫皖苏人民民主解放区，特制定本条例。

第二章 减 租

第二条 自本年夏季起，所有私人出租土地及一切公田、学田、祠堂、庙宇、教会之土地，一概按本条例实行减租，违者依法惩处。新解放地区，则自民主政权建立季节起实行减租。

第三条 减租率规定如下：

一、课租地（又名包租、定租、死租），一律按原租额减去二成五，即原来应交租粮一石者，减去二斗半交纳。

二、分种地（又名活租、分租、分收）：

甲、原倒四六分者（地主分六、农民分四），改为正四六分（地主分四、农民分六）。

乙、原对半分者，改为三五、六五分（地主分三五、农民分六五）。

丙、原四六分者（地主分四、农民分六），改为三七分（地主分三，农民分七）。

丁、其土质太坏，原三七分者（地主分三，农民分七），改为二八分（地主分二、农民分八）。

三、拉鞭地（又名拨种地，即土地、种子、肥料、牲畜、农具概由地主供应，农民只出劳动力者）：

甲、原倒三七分者（地主分七，农民分三），改为四五、五五分（地主分五五，农民分四五）。

乙、原倒二八分者（地主分八、农民分二），改为三五、六五分（地主分六五，农民分三五）。

第四条　各地地租如有特殊情形，得由各县政府酌情改变，具体规定；但以照原租额减去二成五为度。

第五条　凡租地之一切副产物，原归农民者照旧不变，原由农民与地主夥（伙）分者，则按以前夥（伙）分数目随粮照减，原全归地主者，随粮按成分配。

第六条　佃户除交租外，其余一切额外剥削和封建陋规，如请客、送礼及无代价的为地主做工等，一概取消。

第七条　所有押租，押金制度，一律取消。以前已交之押租、押金，一律归还农民，并应按交纳时物价折算。

第八条　所有租粮均按收获季节交纳，不准提前收租（如夏季即收秋季租粮）。

第九条　实行减租之后，政府确保地主土地所有权，佃户应依法交租。除因不可抗拒之灾害（战争、水灾、旱灾、风灾、虫灾等）而致歉收者，应酌情减免租粮外，不得无故拖欠，地主亦不得借故退佃。应由主佃双方重订较长期（如五年或五年以上）租约，俾农民安心发展生产。在契约有效期间，地主不得借故退佃转租。契约期满后，地主招人承租或出卖、出典时，原佃户有承租、承典、承买之优先权。如地主及旧式富农为生活计，须收回土地自耕或雇人耕种者，亦应照顾原佃户生活，只退回一部，并延长其余佃期或减少租额。

第十条　去年秋季以前之欠租，一律免交。新解放地区则免交民主政权建立以前之一切欠租。

第十一条　在实行减租之后，政府与农民协会可根据双方自愿原则，调整佃权，使耕地太少之贫苦农民增加一部分耕地，借以维生。

第十二条　城市工人、小商贩、贫苦的自由职业者、革命军人家属及老弱孤寡，因缺乏劳动力而出租的少量土地（不超过当地中农所有土地平均数），由政府及农民协会协议后，得酌情少减或不减。

第三章　减息清债

第十三条　自本条例颁布日起，以前工、农、贫民向地主、旧式富农及高利贷者所借旧债，一律按月利分半计算清偿（即每元每月利息一分半，粮食每担每月利息一升半）。

第十四条　工、农、贫民所欠地主、旧式富农及高利贷者之旧债，利倍本者（即借本一百元，已还利达一百元者），停息还本，利二倍于本者（即借本一百元，已还利达二百元者），本息停付，收回押地。但民主政府成立前已成立买卖关系者不动。

第十五条　农民与农民（包括贫农、中农、富裕中农在内）间债务，由农民自行处理。

第十六条　凡货物买卖及工商业往来欠账，由人民自行处理，概不在减息清偿之列。

第十七条　其以农产物先订价之买卖贷款，如放青苗等，实质也是高利贷，其先定之价无效，应照交货时市价扣算，另行分半补息。

第十八条　今后借贷利息，由借贷双方自由约定，政府不规定利率，使人民能自由借贷济急。

第四章　关于特殊土地问题之处理

第十九条　凡真正反革命罪魁，由专员公署以上政府机关依法判处，其本人之土地应予没收者，可分配给无地少地农民所有。其家属未参加其罪恶活动者，应保留各人应得之土地。

第二十条　凡逃亡地主及旧式富农之土地，应由其亲朋代管，依法减租；无人承管者，可由政府代管，原佃户依法减租后向政府交租。由政府扣除其应交公粮负担外，其余部分由政府代管，候地主及旧式富农归家后，连同其土地一并发还之。

第二十一条　族地、社地、公地、学田，应由本族、本社、本姓、本村、本地区人员组织管理委员会管理，其收入除应交负担外，须经公议，充作公益事业之用。

第二十二条　宗教、教堂土地均不变动，如无人经管时，可按逃亡地主土地处理办法处理之。

第二十三条　凡地主及旧式富农乘灾荒之危，贱价强买典当农民之土地，得由农民请求政府查明后，按原价赎回。

第二十四条　凡豪绅恶霸恃强霸占农民之土地，经农民告发，农民协会证明，政府调查属实者，得由农民无代价收回。

第五章　关于已分配土地与浮财之处理

第二十五条　凡地主及旧式富农已被分配之土地，一律归分得地之农民所有，地主及旧式富农不得倒算，倒算者应受处罚。但应保证地主及旧式富农分得及留得与农民同等之土地，不足者，设法补足之。

第二十六条　农民已分得土地后，如农民与原业之地主及旧式富农确系双方自愿改为租佃关系者，经双方向政府登记后，得改变之。

第二十七条　农民间分地不公者，由农民协会加以适当调整，使各人所分土地公平合理。但一般不要重分，以免妨碍生产。

第二十八条　凡地主及旧式富农已被分配之浮财，不准倒算。倒算者，处罚。

第二十九条　凡农民（包括中农、富裕中农、佃富农在内）土地财产被错分者，应劝分得户自动退还。无法偿还时，另行设法弥补之。

第三十条　凡没收工商业者及地主、富农之工商业，应设法退还或另行设法弥补之。

第六章　附　则

第三十一条　农民协会为办理减租减息、调整土地事宜的合法机关，农村中的一切地租、高利贷、债息及土地调整等问题，均由政府会同农民协会办理之，但最后决定权属于政府。

第三十二条　本条例修改权属豫皖苏行政公署。

第三十三条　本条例自公布日起施行。

选自《中国新民主主义革命时期根据地法制文献选编》第四卷，中国社会科学出版社1984年版，第530～535页。原注：“选自1948年10月18日《雪枫报》”。

45. 中国人民解放军闽粤赣边纵队闽西南临时联合司令部政治部布告——公布减租减息条例

1949 年 7 月

本军为适应目前形势的需要，团结各阶层人民和改善农民生活，发展农业生产，争取人民解放战争迅速胜利，特制定减租减息条例，分列于后：

减租减息条例

一、凡公私土地（包括地主、富农、宗祠、学校、庙寺、教堂等）之地租，一律实行二五减租。

二、减租办法规定为对分租（地主、佃户各半）二五减，即实行减租以后，其租额不得超过耕地正产物收获总量的千分之三百七十五；原租额超过对分者（例如主六佃四），应降为对分再二五减，原租额低于对分者，不得借此提高，并可少减或免减。

三、凡过去已实行减四还六，减七还三，减八还二及停租者，一律不得倒算。过去已贴减租布告之地区，而未实行减租者，一律二五退租，今后之租息按照本条例办理。

四、凡遇灾荒，物产完全失收者免租，歉收者及原有习例评成者，先评年情，然后二五减租。

五、除正租外，小冬所收及其他副产物，概为佃户所有。

六、废除一切付租（如田信鸡、田信米，饭飧等）、有租（粪尾租等）及禁止预收地租和其他一切劳力财物的额外剥削。

七、民国三十七年以前积欠的老租，一律免交。

八、凡城市工人、独立劳动者、贫苦自由职业者、知识分子、贫苦的革命军人家属及鳏、寡、孤、独、残废等，因缺乏劳动力而出租少量土地，不超过当地中农占有土地的平均数，可由政府及农会协同主佃双方商议，酌量少减或免减。

九、保护佃权，不许吊佃。但地主因生活困难，必须收回土地自耕，经政府及农会查明属实，酌量主佃双方生活情形，可延期收回或先行收回一部分。

十、减租后因敌人侵扰，而佃户被地主强迫退租谷者，应向地主索还。

十一、凡旧债交息已达原本一倍者（即一本一利），还本停息，已达原本二倍者（即一本二利），本息俱停。计算办法以折合当时当地之米价为准。

十二、凡本年六月以前所发生的借债，一律折定实物以年利二分计算。

十三、凡以农产物先行定价之买卖贷款（如放青苗等），先行之定价无效，应照当时市价折合实物，按年息二分付息。

十四、凡农民之间（指贫农与中农间，包括富裕中农在内）的租佃关系与借贷关系，应本团结互助的原则，由双方协议，经过政府或农会处理。

十五、三十七年十一月一日在控制区与半控制区已颁布之借贷条例仍然有效，今后借贷利息由双方本团结互助原则自由约定，政府不加规定限制。

十六、凡借贷买卖及工商往来账目不在此例。

本条例自公布之日起施行，仰我全体人民切实遵行，如有借故违抗或阳奉阴违，明减暗不减，一经察觉，严惩不贷。切切此布。

选自《中国新民主主义革命时期根据地法制文献选编》第四卷，中国社会科学出版社1984年版，第541～543页。

46. 华东新区农村减租暂行条例（草案）

1949年9月15日公布

第一章　总　则

第一条　在群众条件尚未成熟，土地改革准备工作尚未完备的情况下，为减轻封建剥削，初步改善农民生活，恢复与发展农业生产起见，特依据中国人民革命军事委员会一九四九年四月二十五日颁布约法八章之规定，制定本条例。

第二章　减　租

第二条　凡地主、旧式富农及一切机关、学校、祠堂、庙宇、教会等所出租之土地，其租额应按照原租额减低百分之二十五至三十，不论钱租制、物租制、活租制、定租制均适用之。各地政府得依据此原则及当地具体情况，规定实施办法。

第三条　凡租地副产物，原为全归农民者，仍按照旧，原为业佃分益者，业主所得按原额减低二成半至三成，原为全归业主者，随粮按成分配。

第四条　凡出租土地者，均不得预收地租或地租以外的任何变相剥削。

第五条　解放以前农民对地主富农的欠租，一律免交。但对非地主富农的欠租，应酌量交还。

第六条　无论任何租佃形式，如因不可抗拒的灾害而至歉收，或全部被毁时，应酌情减交或免交地租。

第七条　凡属工人、手工业者、贫苦自由职业者、贫苦革命军人家属与鳏、寡、孤、独、残废等，因缺乏劳动力而出租全部或一部分土地，不超过当地一般中农所有土地的平均数者，可由政府及农会协议，酌情少减或不减。

第八条　在减租以后，应确实保障佃权。凡契约及习惯上有永佃权者，仍继续有效，无永佃权者，地主不得收回土地转租、出典或出卖，因生活困难而需收回土地自耕者，亦应由业佃双方协议，照顾原佃生活，经农民协会及当地区以上人民政府批准后，始得退佃一部。

第九条　公粮公款，应依照合理负担原则，按业佃收益情况，由双方分担。土地税由土地所有者负担之。

第三章　债　务

第十条　凡战争罪犯及罪大恶极的恶霸份（分）子，其债权一律废除。

第十一条　过去农民向地主及旧式富农所借的债务，如属高利贷性质者，一律停利还本；低息债务，仍照常还本付息。

第十二条　地主富农在工商业中的债权、债务，由债权人与债务人自行处理，不在停息之列。

第十三条　今后借贷利息由双方自由议定，并须有借有还。如因天灾人祸及其他不可抗拒的原因，债务人无力履行债约时，得请求政府酌情处理之。

第四章　若干特殊问题之处理

第十四条　凡战争罪犯及反革命首要份（分）子，应由县人民政府呈请省人民政府依法判决，没收其土地，并分配给无地少地农民和复员革命军人及贫苦烈属军属所有，其家属未参加反革命活动者，应保留其足够维持生活的一部分土地。

第十五条　凡豪绅恶霸恃强霸占农民的土地及财产，经农民告发，农会证明、政府调查属实者，得由农民无代价收回。

第十六条　凡逃亡地主及旧式富农的土地，无人承管者，由政府代管，除扣除其应交负担及减租部分外，待原主回家时，将其土地及应得地租酌量发还之。

第十七条　凡游击区已经实行减租而地主或旧式富农强迫倒租者，由农民提出控告，经农会证明、政府查明属实者，应按该地主或旧式富农的经济条件，酌量退还农民，但应使该地主或旧式富农得维持其生活。

第十八条　族地、社地、公地、学产应由本族、本社、本地有关人员组织管理委员会管理之，其收入除依法缴负担外，应经贷议充作公益事业之用。

第十九条　宗教土地均不变动，如无人经管时，可按逃亡地主之土地处理办法实施之。

第二十条　凡公荒及无主荒地，由政府分配给无地、少地农民耕种，并归其所有，在一定期限内免除其税收。

第五章　附　则

第二十一条　本条例适用于新区农村，不适用于老区与城市。

第二十二条　本条例自公布之日施行之。

选自《中国新民主主义革命时期根据地法制文献选编》第四卷，中国社会科学出版社1984年版，第500～503页。原注："选自《山东政报》第四期，1949年11月15日"。

十、劳动法规

1. 淮海区重订改善雇工待遇条例

1942 年 5 月 22 日

第一条　为改善雇工生活，提高生产效能加强抗战力量，特订定本条例。

第二条　自本条例公布之后，三十年淮海区改善雇工待遇暂行办法废止之。

第三条　雇农手工业工人及其他苦力雇工，均依照其劳动能力及地方习惯，依下列最低标准支给工资。

一、大领或同于大领之工人，以能赡养成人家属一个半人至二个人为准。

二、二领或同于二领之工人，以能赡养成人家属一个至一个半人为准。

三、三领或同于三领之工人，以能赡养成人家属半个至一个人为准。

四、小伙计、学徒、女丫头，以能略补贴家用为原则。

五、家庭女工之工资支给标准，同于三领。

第四条　为避免货币跌价，影响雇工实际工资收入计，支付工资一律以粮食为准。如雇主雇工双方同意支给货币时，得随时以给付工资时之粮价折算。

第五条　工资支付时间，按月或按一年二季、一年三季，照各地旧例。

第六条　雇工除工资外，如依各地旧例，于麦季或年底，另由雇主发给衣服日用品者，从其旧例，如并无旧例，经雇主雇工双方协议决定发者，从其决定。

第七条　手工业工人于每年年终有分红之旧例者，从其旧例，无旧例，经雇主雇工双方协议决定分红者，从其决定，如并定分红之多少，依照雇主营业盈余之多寡定之。

第八条　短工、月工、雇工之工资，依当时劳动力之需要，及依本条例第三条规定之比例，由劳资双方协议订定。短工、月工、雇工之工资以食粮为支给之标准，经劳资双方同意支给货币者，依本条例第四条之规定折算之。

第九条　专门技术工人之工资，以其技术标准定之。

第十条　雇工在工作时间内参加各种集会，每月不超过两天者，雇主不得扣发工资。

第十一条　雇工因病休假，在一个月以内者，雇主应照付工资，如在一个月以外，雇主得另雇他人，但须酌发救济费。

第十二条　雇主不得无故任意解雇，雇工不得任意怠工或辞雇。

第十三条　雇工雇主双方因工资、分红、解雇、辞雇等发生争议时，得申请当地区乡政府评议决定之。

第十四条　本条例经淮海区参议会通过，交由行政公署公布施行，如有未尽事宜，由淮海区参议会修正之。

第十五条　本条例自公布之日起施行。

选自《华中抗日根据地财政经济史料选编》第一卷，档案出版社 1984 年 7 月版，第 383～384 页。江苏省财政厅、江苏省档案馆、财政经济史编写组合编。原注："按淮海区行政公署《减租增资法规》刊印"。

2. 苏中区改善农业雇工生活暂行条例草案

1944 年 7 月 10 日①苏中行政公署公布

第一章　总　则

第一条　为增加根据地农业生产，改善农业雇工生活，提高劳动热忱，团结雇主与雇工间的关系，以加强抗战力量，特订本条例。

第二条　凡雇工的工资、工作时间和一切生活上的待遇，都照本条例的规定办理，如本条例没有规定的，应照习惯。

第三条　本条例仅限于农村雇工生活的改善，其他技术工人，市镇工人生活之改善，可根据各种工人的实际生活，参酌本条例办理。

第二章　工　资

第四条　农村雇工的工资，一律以粮食计算，或以当时当地市价折合现金计算。

第五条　工资大小，可由雇主雇工双方会同工抗会共同议定，订立契约，但不得低于本条例的规定。如原来的工资高于本条例者，不得减低，低于本条例规定者，应加至本条

① 此乃《苏中报》公布时间。

例所定之标准。

第六条　已经议定的工资，如有一方认为劳动效能增加时，可由双方同工抗会重行议定工资。

第七条　雇主除应供给雇工食宿外，其余的待遇照旧，不得因增加工资而随意变更。

第八条　长工的工资，应照下列规定作标准：

一、能做重工的（耕田耙地推车等）大长工，除他本人在雇工家食宿以外，他的工资最低要能养活一个人到一个半人（不应单以口粮计算，包括生活必需资料和必须（需）品）。

二、不能做重工的中等长工，除他本人在雇主家食宿以外，他的工资最低要能养活半个人到一个人。

三、能做重工的女工，她的工资与男大长工的工资相同，不能做重工的女工，其工资与中等男长工同。

四、童工在16岁以下的，除他本人在雇主家食宿以外，他的工资照当地的习惯，或由工抗会评定之。

第九条　短工的工资，应照下列规定作标准：

一、能做重工的大工，在忙时，除照例供吃以外，每天的工资最低要能养活两个人。

二、不能做重工的中等工人，除照例供给他吃以外，每天的工资最低要能养活一个半人。

三、女工能做重工的，工资与男大短工同；不能做重工的，与中等男短工同。

四、童工的工资，依照工作效能或按当地的旧例评定。

五、闲时的工资，最少要在忙时工资的半数以上。

六、脚工的工资，照短工工资计算。

第十条　给工资的时间，可依照约定或旧例，但日工的工资要按日发给。

第十一条　多年的长工，应当根据主雇双方的生活情形，照下例规定增加工资：

一、过了3年不足5年的，原则上照原工资增加半成。

二、过了5年不足10年的，原则上照原工资增加一成。

三、过了10年不足15年的，原则上照原工资增加一成半。

四、15年以上的，原则上照原工资增加二成。

上项规定，自上工的第一年起计算。

第三章　休息和医药

第十二条　长工每月应有两天的休息，息工时雇主不能扣除工资，但在农忙时没有特别的事情不应休息，其应休息的天数，等忙时过，再补。

第十三条　长工害病经过医生证明要休养的，雇主要给他休养。病期在一个月以上的，其医药费与工资，要依当地的规矩，由双方和工抗会商议办理。如果是花柳病，雇主不必补助其医药费。

第十四条　雇工因做工受伤，除工资照发外，医药费由雇主完全负责。

第十五条　女工在生产后应该休息一个月，工资照发，在生产前一个月，不能给他做有碍生育及健康的工作。

第十六条　童工与女工，不能给他们做有碍身体健康的工作。

第十七条　在一个雇主家做了15年以上的长工，解约时如体力未衰老的，应当给他个人3年生活费，已衰老的，应给他养老费；但雇主经济确系困难者，得由工抗会斟酌双方实际情形评定之。

第十八条　在一个雇主家做了15年以上的长工，年龄在50岁以上，而体质衰老的，其养老办法应照下列规定：

一、老长工没家的或是家里无法生活的，雇主应供给他生活到老死为止，死后衣棺埋葬的费用均归雇主负担。

二、长工在雇主家养老时，雇主应给以必需之零用费，数目大小应经工抗会同意。

三、在雇主家养老的长工，如不妨碍他健康时，尽可能帮助雇主照料家务或做些轻微工作。

四、老长工自愿回家养老的，除发给他3年养老费外，在死时衣棺费亦由雇主负担，在解雇时应提出保证或提交工抗会保管。

五、雇主应付给雇工的养老费、衣棺费，如一次付不出时可以分期付给。

第四章　雇主和雇工的双方利益

第十九条　雇工有参加工抗会和抗日团体活动的权利，雇主不得干涉。但雇工参加抗日活动时，尽可能争取在休息日内进行。

第二十条　雇工有参加抗日军队的自由，雇主不能阻拦。在合同没有期满时雇工参军，雇主应给他些解雇金作为安家费，数目多少可依具体情形，由工抗会协同双方共同决议。

第二十一条　雇工与雇主的合同，由双主自愿订立，由乡长与工抗会长为合法的中人。在合同期限内，双方不得自由解雇，如因特殊情形需要解雇者，雇主应照顾雇工生活，雇工应照顾雇主利益，按实际情形，会同工抗会给受损失的一方以退雇金或补偿。

第二十二条　增加工资以后，雇主不能违背合同上规定，而加重雇工的工作或减少原有的待遇，如有故意违犯者，雇工可向政府报告，由政府处理。

第二十三条　在解约后雇主仍需雇工时，原来的雇工有优先受雇权，但因重大过失经工抗会同意者，不在此例。

第二十四条　禁止雇主打骂虐待雇工及私下处罚或克扣工资行为。

第二十五条　雇主与雇工，均应遵守本条例的规定，倘有一方故意违犯致使另一方受损失者，由工抗会根据事实，呈请政府议处。

第二十六条　雇工应爱惜雇主家的生产工具，但非故意损坏者，则雇工不负赔偿之责。

第五章　附　则

第二十七条　本条例公布后，各专员公署县政府可根据本条例的精神和原则，依照当地实际情形，订定实施细则，呈请核准后执行。

第二十八条　本条例上所规定工抗会应做的事，在没有工抗会的地方，可由农抗会担任。

第二十九条　在本条例公布前已付工资者，可照本条例的标准，按付工资时粮价折算，应补发者补发之。

第三十条　本条例之解释权属于本署。

第三十一条　本条例如有未尽事宜，可由本署用命令修改之。

第三十二条　本条例自公布之日起施行。

选自《苏中抗日根据地》，中共党史资料出版社 1990 年 4 月版，第 365～369 页。中共江苏省委党史工作委员会、江苏省档案馆合编。原注：“原载 1944 年 11 月刊印的《苏中行政公署法令汇编》”。简称“苏中根据地版”。

互校版本：《中国新民主主义革命时期根据地法制文献选编》第四卷，中国社会科学出版社 1984 年版，第 694～700 页。原注：“选自 1944 年 7 月 10 日《苏中报》”。

3. 盐阜区改善工人生活条例

1945 年

第一章　总　则

第一条　为改善工人生活，提高生产，促进劳资团结，以增强抗战力量起见，特根据抗战建国纲领改善民主之原则及本区实际情形订定本条例。

第二条　凡本区雇主与雇工及劳资双方间之关系均依本条例处理之。

第二章　工　资

第三条　各业职工之工资在目前物价高涨之情形下应尽可能改订粮食工资或抗票与粮食各一部份（分）。

第四条　农业雇工工资规定如下：

（一）长工：大伙计（能耕耘，收割，播种，栽秧，打场者）按各县原定工资予以增加每年工资合粮食七百斤以上。二伙计每年工资合粮食五百斤至七百斤。三伙计每年工资合粮食三百斤至五百斤（原规定有山芋干者得酌量折减）。

（二）童工：即十五岁以下儿童仅能做放牛煮饭，锄草等轻便工作者，除由雇主供膳外，每年应酌给粮食一百斤至二百五十斤。

（三）短工：各县按原定工资自行酌量增加。

第五条　厂坊工人各业散工及商店店员等之工资，除维持其本人生活外以维持其成年家属一人之生活为最低限度，其详细规定由当地政府召集各业劳资双方代表根据上项原则共同商定之。

第六条　各业学徒第一年酌给零用费，第二年应照普通工人工资三分之一算给工资，第三年算给二分之一，第四年起，享受一般待遇（原来即优于此规定者不得降低，应根据此原则，斟酌增加之）。

第七条　付工资时间规定于每年上工时及夏秋两收后及满工时分期付清。

第三章　待　遇

第八条　雇工及各业职工原来规定每年由老板发给小褂裤一套及毛巾，斗笠，鞋袜等物者应保留之，原来无此规定者由工救会与业主双方商讨处理之。

第九条　各业职工习例规定于旧历年底由资方多给一个月工资或另订有其他分红办法者应保留之，无规定者由工救会与业主双方商讨处理之。

第十条　雇工及各业职工因工作致病老板应补助其医药费工资照给，但超过一个月以上者工人应找替工，老板供膳，工人代出工资，双方同意亦可解雇，但须给以必要之补助费。

第十一条　工人因执行业务而致残废或死亡者老板须给予抚恤金。

第十二条　严格禁止打骂学徒及童工。

第四章　工作时间

第十三条　农业雇工每日工作时间仍照旧例，但必须以保持足够之睡眠时间为原则，以维持雇工健康。

第十四条　各业职工每日劳动时间以不超过十小时至十二小时为原则。

第十五条　经政府规定休假之纪念节日或惯例休假者（如年节等）应一律休假，工资照给。

第五章　劳资关系的保证

第十六条　工人有组织工会参加各种抗日活动之自由，老板不得干涉或歧视。但工人亦不得藉口此种活动而怠工，凡因此旷工一日以内工资照给，连续一日以外者不给工资。

第十七条　工人在工作时间应爱护老板之生产工具及原料与遵守劳动纪律，不得无故糟蹋浪费与怠工。

第十八条　劳资双方有根据本条例订立契约之自由，在契约期间老板不得无故或藉故辞退工人，工人亦不得无故辞工。

第十九条　商店厂坊因故不得已而须停业者，须呈报商会转呈县府核准，在未核准前不得辞退工人，已停业之资方如复业者其原有职工有工作优先权。

第二十条　雇主与雇工及劳资间之纠纷，由当地调解委员会或劳资仲裁委员会调处之，如有不服者，双方均有权向政府提出控诉。

第六章　附　则

第二十一条　本条例自公布之日实行，如有未尽善事宜，得由本署明令修正之。

选自《华中抗日根据地财政经济史料选编》第四卷，档案出版社1986年版，第538～540页。原注：“按1945年苏北出版社《中国共产党土地政策》刊印”。

4. 华中区主雇合同式样（二件）

1945 年

原掘马北区雇工合同凭字雇主收执联

掘马北区雇工合同凭字工字第　64　号

立雇工凭字人周云彪今雇到×××

名下代做长工，凭得工抗及保证人双方议定订期壹年×月，每年工资春季大麦老秤壹百斤，秋季稻子壹百斤，棉衣单衣各一套，医药费由雇主津贴，雇工或辞退均有自由，但须双方同意经工抗之讨论审查。除上项议订外，在订约期间内保证：

一、遵守约定不无故辞退。

二、工作勤劳不无故怠工。

三、生活节俭不嫖不赌。

四、对老板和平相处患难相扶。

今欲有凭立此凭字为证

中华民国三十三年五月卅一日立

附：春季工资于二月廿五日付清

秋季工资于七月廿七日付清

如无麦收得以麦照原斤代算

雇工凭字人　周云彪　十

保证人　陈永富　十

工抗代表　徐　大　十

如皋县第二区区署主雇合同

工字第号

立主雇合同，雇主×××今雇到×××

君为本人家内劳作，当经双方同意，并得法定见证人共同议定：

第一，每年工资粮老石×石×斗×升外，加土布二匹，并酌给医药费用。

第二，主雇双方应互相团结，雇主不得虐待雇工，雇工亦应爱护雇主。

第三，雇工应努力生产，不得消极怠工，妨碍生产，并应爱护劳动工具，不得任意毁坏。

第四，雇工有参加开会和抗日之自由，雇主不得阻其参加工（农）抗会之组织。

第五，雇工有享受教育之权利，例如参加民众学校，每天读书二小时等。

第六，雇工如有疾病，雇主应准其休养，在休养期间，雇主不得扣减工资。

第七，雇主对雇工不得无故解雇，如欲解雇，必须经工（农）抗会之同意，并须预先一年通知。

第八，雇工如欲辞退亦须于三个月前通知雇主，不得妨碍生产。

除由区署截留存根备查外，立此合同主雇各执一纸，本联交雇工存执为证

中华民国　年　　月　　日

立合同人雇主

法定见证人（乡长）　　中　证

法定见证人（工农抗会长）　　中　证

选自《华中抗日根据地财政经济史料选编》第四卷，档案出版社 1986 年版，第 371～372 页。

5. 华中解放区第一次工人代表大会关于公营工厂职工会工作决议

1946 年 3 月

一、关于工资问题的决议

过去各地公营工厂，都实行供给制度，现在要和行政与工厂方面商量，改变为工资制度。实行工资制，不但工人生活安定，提高劳动情绪，厂方也减少不必要的开支，节省人力物力，发展生产，这是工厂走上企业化必要的步骤。

（一）评定工资应根据不同性质之职工订出各部门（如军工、印刷、纺织）统一技术标准，确定统一的技术等级，并根据以下不同种类之职工，订立不同之工资标准：

第一类：重工业技术工人（包括军工、机器等已过学习期间之技术工人）。

第二类：轻工业技术工人（包括印刷、造纸、纺织、油米、被服、化学、皮革等已过学习期间之技术工）。

第三类：轻便简易技术工人（如印刷之检票、检号、军工之装配的一部分、纺织之摇纱等类工作比较轻便、技术比较简单之工人）。

第四类：粗工（不会掌握机器而出力较大之工人）。

第五类：学习工（即学徒或练习生）。

第一类技工的最高工资连自己在内以维持四个人生活为原则，最低工资则至少须能连自己维持两个人之生活。

第二类技工的最高工资应较第一类最高工资至少减一个人之生活费，最低工资则同样最少能连自己维持二个人的生活。

第三类、第四类工人之最低工资至少连自己维持一个半人之生活。

第五类学习工学习期限不规定，到技术完全如工人时即以工人待遇。在学习期间以能维持个人生活为原则，厂方并须视其技术之进步而适当增加其津贴，但其最高津贴不能超过同性质技工最低工资之三分之二。

职工本人伙食由厂方供给者应在工资中扣除伙食费。

（二）女工与男工做同样工作而效率相同的应给同样工资，女工工资拿最低工资时应另加卫生费每月大米五斤。

（三）以上工资订定后应订定一定之生产任务，超过任务之数量质量以及原料节约都应订定提成分红、累进奖励或按质分等之办法以鼓励职工生产热忱，使工资趋于合理化。

（四）在工厂企业化以后，成本与生产品能定出详细确实价格者，可根据公私两利的原则提出部分利润实行全面分红制，其数额不得低于全部纯盈利之百分之十。

（五）评定工资高低应根据如下原则：

甲、主要为技术之高低及熟练程度以及劳动强弱为主要标准。

乙、其次为任务之大小、工龄长短、生产积极性、公私兼顾之精神及技术进步之快慢为标准。

（六）各部门之专门技术、稀有技术如工程师、化学师、雕刻师等以及各种职员之待遇其工资标准可另订，但须得公营工厂总工会之同意。

本决议是根据今天公营工厂从机关化转入企业化的过程时期实际情况订定的，待工厂企业化以后当另行订定。

二、关于加强职工政治文化教育、提高技术能力、培养工人干部的决议

（一）改变过去部队教育方法，采取职工自愿原则，由工会宣教委员领导组织各种政治文化、技术等研究组织，如识字班、时事座谈会、技术研究组等，根据不同兴趣、不同水准、不同工作时间进行学习，并防止散漫自流与无计划现象。

（二）健全各级工会宣教部门，与各宣教机关取得密切的联系，各级工会宣教部门应有一定时间之教育计划并定期向上级工会作报告。

（三）请总工会筹办对工人有专门指导性的综合定期刊物，并经常供给各地工会的时事、政治、文化各种教材。

（四）各工厂应举办最低限度之职工文娱体育设备，各工会应健全文娱体育组织吸收广大职工群众参加。

（五）学习文娱经费，由厂方根据工资津贴总额补助百分之一给工会。

（六）各地工联会应尽可能举办工人政治文化技术之训练班、轮训班以培养工人干部，各厂如条件许可并在不妨碍生产任务的原则下，也可举办小型轮训班，上级工会须给以适当帮助。

三、关于创办职工合作社的决议

为保证在实行工资制以后职工对衣服用品不致发生恐慌，防止有钱随便浪费，以及积聚职工劳动报酬进行生产，保障不时之需，与进一步改善职工生活，我们特作以下决议：

（一）各工会福利部根据具体条件，吸收职工资金，组织消费运输或生产合作社，以保障职工生活上必需品之供给。合作社得成立储蓄部与信用借贷部，以周转职工资金，并随时解决职工困难。

（二）边区分区之总工联或公营工厂联合会，得组织合作联社，作为调节指导各工厂合作社之机关，并统一举办大规模的贸易或生产事业。

（三）号召并鼓励各厂工人，在每月工资中除去生活上必须用费外，尽量将资金投入合作社内，各工会可民主讨论具体办法实行。至于各工会合作社之组织办法，亦由各工会民主拟定报告总工会。

（四）合作社的干部必须民生选举，以群众中有威望之职工负重要责任。

（五）厂方应尽可能的给各工会合作社以财力物力以至人力上的帮助。

四、关于健全公营工厂职工会组织之决议

（一）明确职工会的工作方针：

甲、应明确认识职工会是职工自己的独立的群众团体，职公会干部要站在职工立场上为工人服务，保护职工的经济利益、政治权利、社会地位，为工人阶级目前与永久的利益奋斗，以工人的要求、情绪、生活、呼声为职工会工作的根据，纠正过去职工会成为行政的附属组织俱乐部组织，以及任何不民主的站在工人头上的单纯行政路线、忽视工人具体利益、脱离群众的现象。

乙、职工会应认识我们的工厂是为人民大众工人阶级服务的工厂，工厂的发展也就是我们职工力量的发展，工人的利益与我们职工的利益基本上是一致的，因此职工会须教育工人确立公私两利、公私兼顾，反对雇佣观念与单纯经济观点。职工会在保护职工利益的立场上来保证完成革命生产任务，爱护革命工厂。

（二）转变职工会的工作作风：

甲、职工会应培养与锻炼独立自主、依靠群众解决问题的工作作风，纠正过去事事依赖行政成为行政上附属品，还要与行政上求得互学互谅互助，克服与行政对立的现象。

乙、职工会应与全体职工在一起，时时刻刻主动的为职工同志兴利除弊，纠正过去漠视职工利益的官僚主义。了解我们是为职工服务，而不是个人风头、少数人权威，更不是利用群众造成自己地位，应该坚决反对并坚决与职工会内个人主义、英雄主义这种思想斗争。

丙、职工会工作做好，只有依靠群众的自觉自愿自动。反对过去站在群众头上发号施令、不民主、拉蛮、强迫命令的不良现象；同时要了解只有一切走群众路线，一切通过群众，一切相信群众，一切依靠群众，职工会才能成为职工自己的，并且是最有威信的组织，任何恩赐、包办，其结果只会“吃力不讨好”。

丁、把对厂方负责与对群众负责统一起来，如厂方任务与群众要求矛盾时，职工会应站在职工利益的立场上向上级提意见，或向职工群众耐心启发，说服教育，取得思想认识的一致，纠正过去性急暴躁、唯行政之命是从的现象。

戊、职工会干部应深入群众，与群众生活打成一片，了解他们的生活、情绪、要求等，加强和培养我们的群众观念，时时刻刻了解自己是群众中一员，以群众面目出现，反对任何自满傲慢等等脱离群众现象。

（三）健全工会领导机构

甲、各不同性质之工厂应建立自上而下独立系统的职工会组织，如印刷业工会、军工业工会、纺织业工会等。

乙、为了更进一步的团结工人力量，各工厂职工会应参加各地区的工会联合会。

丙、各级职工会的领导机关应完全民主选举产生，并应尽量吸收各种群众参加领导机构，行政对职工会内部生活不得干涉。

丁、各级工会执委会如因工厂会员人数过多，职工会工作繁忙，或被选为上级工会负重要工作时，可依工作繁忙情形，与厂方协商推定适当人员，专门进行职工会工作，其工资由厂方照旧付给并保留其职务。

戊、职工会之福利、宣教部门人员，应特别加强。

己、加强职工会小组生活，职工会员应以部门、工作时间编为小组，至少每半月举行

会议一次。执委应亲自参加。会员提出要求，小组应提出具体意见，以使职工小组成为解决日常生活、保证工会工作、反映意见、沟通上下关系最有效的组织。

（四）加强职工会经常工作：

甲、首先是谋工人生活之改善。根据公私两利原则，讨论生产任务，组织职工保证，订生产计划发动比赛，总结生产工作；另一方面代表工人与厂方协议更好的照顾工人，并帮助工厂管理工厂生产各方面之改进，调解工人与厂方及工人与工人之间的纠纷。

乙、定期订定工作计划，确定中心工作，并须定期向会员作工作报告，向上级作书面汇报。

丙、加强福利工作，办理合作社、储蓄借贷所，随时解决群众生活上困难，改善伙食，照顾病号，办托儿所、职工子弟教育，帮助职工解决家庭困难，及其他一切劳动保险与社会保险工作。

丁、有计划领导职工进行各种政治、文化、技术学习，组织各种研究组、训练班，组织职工通讯，出墙报、快报及各种民主活动，培养干部，筹办各种文娱体育设备，组织各种职工文娱、体育、卫生组织，以活跃职工生活，调剂职工生产情绪。

戊、组织职工参加地方各种政治活动与社会活动。

已、健全职工各种生活制度与会议制度。

五、关于今后工会工作步骤之决议

（一）凡未成立职工会之工厂，边区、分区总工会方面应派员着手帮助建立工会，然后逐步成立各地区之工厂职工联合会，与本部门自上而下的工会独立系统。目前应即成立军工业职工总会、纺纱业职工总会等组织，边区并成立公营工厂职工联合总会筹备会。

（二）评资工作应作为今天各公营工厂工会重要工作中心之一，在评资中整理工会，健全各部门组织。

（三）在已订定工资之工厂，工会应与厂方订定集体合同，并组织工人进行对合同之讨论。

（四）在以上工作大体已完成之工厂，应进行工会整理工作，根据大会报告、检讨和决议，进行深入检讨与工作检查，对工会干部进行教育，然后依实际情况进行改造或整顿。

（五）在完成以上工作过程中，应同时配合生产工作，在完成以上工作后，工会应集中全力开展生产运动，培养创造劳模，加紧职工福利工作与教育工作，使工会成为工人中最有威信之组织，我们的工厂成为和平建设中的堡垒。

选自《中国工会历史文献》(5)，工人出版社1959年版，第94～101页。

6. 华中解放区第一次工人代表大会关于作坊手艺工人工作决议

1946年3月

一、评定工资改善待遇

新解放城市为作坊手艺工人，都要合理评定工资、改善待遇，才能改善工人生活，提高工人劳动热忱，增加生产，劳资双方都有利益。

（一）有固定雇主的作坊手艺工人，在评定工资和改善待遇时，一方面要照顾到职工生活的改善，一方面还要照顾资方有一定利益。抗战前、解放前的工资要研究，各行各业原来工资要比较研究调查确实，再根据工人技术高低、劳动的强弱和担任工作的轻重适当评定。

（二）各式各样工资的评定。按时给资的（年工、月工、季工）最好改成粮食工资；按件给资的，用水涨船高办法，也可以用粮食付工资；原来工资用分成付给的（如做一个活劳资四六分）适当的加成；按粮给钱的，要按一个月平均粮食价格支付，免致双方争论。

（三）原来待遇一般的仍照旧规，封建压迫与额外的剥削一概取消。

（四）评定工资，采取劳资协议方式，协议后提倡订立合同（书面或口头），以后劳资双方，依据合同执行。

（五）评定工资后，为了更好的增加工人生产情绪，提倡累进工资制（即超过平常工作任务累进加资）、利息提红及其他奖励等劳资两利的增产办法。

（六）无固定雇主的手艺工人，主要是取消中间剥削，组织他们剩余的劳动力进行生产。在同一地区、同一行业、同一技术，工价可以统一评定，最好也改为实物工资；评定时要照顾工人生活，也要照顾一般雇主的生活和需要情形。工资不宜过高，不然会影响到生意的清淡，反而对工人不利。做零活的工人工资（如补锅、补碗），或论件的给资的（如上鞋皮匠），工资不必由工会统一规定。

二、救济失业合作生产

华中解放区各地工业，几年来遭受敌伪和国民党的破坏，因战争的影响，如原料缺乏，又受季节性的关系，有将作坊关闭向商业发展，特别在新解放城市失业工人很多，救济失业合作生产是今后很重要的工作。

（一）在评资后，要号召工人储蓄，防止浪费。集资开办合作社，既使工人储蓄生利，又可安插失业工人。无固定雇主的工人积资开办合作社，解决剩余劳动力。但工人开办的合作社，要注意与工人原有技术工具联系起来，由小而大，由一行到数行，并须在合作社中切实执行公私两利的生产政策，要使出资本的工人与出劳力的工人双方都有利益，这是最重要的原则。

（二）有些不适合社会需要的工业工人（如香业工人），要帮助转变其他行业；有些一时不需要的工业工人（如矿工），一方面转业，一方面进行登记，需要时介绍做工。

（三）互相介绍工作，互助互济。各工会要与作坊工厂联系密切，经常负责介绍工人工作，工人互相介绍工作并在工人中提倡互助互济，发扬工人阶级友爱的精神，一人失业，大家帮忙。

（四）有些东方因评资无故辞退工人，工会应协助复工。

（五）请政府给与工人贷款生产，并对新解放区贫苦受灾工人给予适当救济。

三、改善学徒待遇，组织学徒

各行各业的学徒，多是青年职工，要提高他们的学习情绪和生产热忱，要切实改善生活待遇，同时还要顾到东家和师傅的利益。

（一）学徒学习时间，由各地、各行业按地方习惯和实标需要规定，要使学徒真能学到一定的本领，但不能额外拖延时间（如送师、谢师等）。在规定的时间内，学徒学到一定技术，生产积极的，可由工会与东家或师傅商量提早满师，但要顾到东家和师傅利益。

（二）废除打骂和额外剥削，废除打骂制度，不要给学徒做额外的劳役，取消陋规如请师谢师等。

（三）改善学徒待遇，适当改善其生活，并按季按月发给一定的零用费，并按学习时间增加，其他一切待遇照旧规。

（四）组织学徒。学徒是青年职工，除参加各地各行业工会外，并单独组织小组。

四、加强工人教育

（一）新解放区工人，过去在敌伪重重压迫下，及忙于生活，没有受教育的机会，以致政治认识及觉悟很差，我们在发动工人参加反奸及增资斗争中，用会议方式，总归经验教育工人，启发工人政治觉悟。

（二）对已进入巩固阶段的工会，工人生活已初步改善，对学习要求很高，我们应抓紧这种要求，有组织的进行时事及文化教育，发扬团结互助精神，克服行会观念及经济观点，提高其觉悟程度。在方式上，对工会干部办短期训练班，或会议形式为主；对工人以市镇为单位，开办工人学校进行教育。

（三）工人学校校长由工会会长兼任。根据各行业性质及空闲时间，进行轮流上课，并可在工人学校中讨论与解决工人问题。教材可按各地具体情况自编，教员可由工会干部担任，必要时可请当地党政负责同志上课。学校中的文娱活动，应根据工人要求进行（如排演地方戏、杠石锁、石担、练武等）。工人入学，应以自愿为原则，学校中各种制度，由学生民主讨论订定与执行，定期考试，奖励成绩优良的。经费由工会津贴及在学生中劝募解决。

五、组织工人武装

（一）已建立工会而未建立武装的地区，要赶快动员工人自愿自觉参加工人武装，按行业建立工人纠察队或自卫队。已建立工人武装的工会，应加强领导，如在干部中有流氓成份（分）或违法行为，引起工人不满的，应在队员中民主讨论改选。

（二）工人纠察队主要任务是维持地方治安及巩固民主秩序，但在执行任务时，应不妨碍工人生产。

（三）武装领导除由工会武装部领导外，并受当地武委会统一指挥。工人纠察队的枪支、弹药等经费也由武委会统筹，如武委会未成立，可由政府及工会商会三方面代表共同筹划。

选自《中国工会历史文献》(5)，工人出版社1959年版，第101～105页。

7. 华中解放区第一次工人代表大会关于农村雇工工会工作决议

1946年3月

各地区农村雇工，几年来由于生活的改善，政治认识的提高，许多雇工买田置地，有些进行商业生产，生活上升，有的自动参军，加之农村各阶层普遍的参加生产、减少雇工，因此形成目前农村中雇工减少和雇工的流动性。另一方面，由于雇主借故解雇，反抗强资，及部分地区未能很好执行自相契约的原则，也影响雇主少雇雇工。现正是春耕农忙工人上工之时，原来雇工应帮助评资立约，并应积极组织雇工上工，评定工资实行自由契约，以发展农村生产。

一、组织工人上工，实行契约自由

不论新老解放区，各工会均应配合农会在春耕生产中积极组织工人上工，宣布自由契约。双方自愿议订工资，经过工会订立合同，以后依合同实行，如要改变，也须要经双方同意，以打破雇主顾虑，打破雇主鸡蛋敲锣一声响的想法。对无理解雇的雇主，予以纠正帮助复工。合同以口头的或书面的均可。

二、评定工资与待遇

原来雇工要将工资评定，新工人上工，亦须在上工时将工资评定，使雇主雇工均能安心生产。在评定工资时一方面要照顾工人生活，一方面又要照顾雇主雇人耕种比出租土地有利原则，并根据雇工技术高低、做活的轻重来评定，一般的大领除自己外最少要养活一个半人，二领能养活一个人，三领能养活半个人，童工（如小放牛）视能力高低付给津贴或工资。并以各地区土地收获量大小，及抗战前解放前工资标准做参考，评定工资主要是主雇双方协议。工资订立不要一般化，照顾当地及主雇双方具体情况，工资支付，分上工、夏收、秋收三季付清。

雇工之衣服零用东西及其他待遇，按照过去各地老例执行。雇工因病或因事不能干活的，也照各地情况，由工会与劳资双方协商。上下工时间按各地方农村季节情况和各地原有规定办理。

三、加强劳资团结，努力生产

评资后双方切实执行契约，雇主不得虐待雇工，加重额外劳力负担（有特殊情形在外），不得少付工资；雇工亦应遵守劳动纪律、爱护农具及（没有）其他影响生产情形。

为了鼓励雇工生产情绪，各地工会在订定合同时，鼓励双方采用土地收成超过一般年成时实行提成等奖励办法，使主雇双方均有利益。

四、储蓄生产，救济失业

按自愿原则鼓励雇工储蓄，到下工时可付出进行生产或与作坊手艺工人合作开办合作社生产，工会并应经常调剂各地劳动力，实在雇不出去的工人应帮助他转业。

五、发展组织整理组织

农村工人因本身有特殊要求，也有与农民共同要求，因此农村雇工，除单独成立雇工会外，并可参加农会组织，以加强工农团结。在老解放区各地工会在上工评资中整理组织，并发展组织；在新解放区发动雇工参加各种减租反奸斗争，进行发展组织，在初期，可编为雇工小组参加农会，到一定时候则分开组织雇工会，长工与短工应分别组织便于领导。为克服雇工的流动性，雇工会干部最好选本地方的雇工担任。

选自《中国工会历史文献》（5），工人出版社1959年版，第105～107页。

8. 华中解放区第一次工人代表大会关于码头运输工会工作决议

1946 年 8 月

码头运输工人在我华中各解放区数目是很大的，码头运输工作关系到整个工商业的发展。过去码头运输工人多有行会组织，少数人把持码头，剥削大多数工人，造成工人与工人之间拉拢客商争抢码头，阻碍了工商业的发展，因此进行码头工作取消中间剥削；统一组织与加强工人团结，调剂劳动力，克服工人中行会思想与经济主义，是各码头工会很重要的任务。

一、统一组织，加强团结

（一）在一个城市或集镇、或一个交通要道地方，各码头应该统一组织一个码头工会。在统一的码头工会下，每一个码头设立分会，分会按工人生产情形划编小组（赵划子、搬运夫、小车夫等）。

（二）为加强各码头工人的团结，在一个集镇上的各码头工人，城市或集镇码头工会按照各码头生意的好坏，经常调剂劳动力。各分区、各县也尽量了解各地码头生意好坏，给各码头工人以适当的调剂。

（三）码头工会对外来工人农民参加做活的，不能歧视，应该尽量容纳他们参加，特别照顾贫苦工人农民，但还要注意到码头上一定的容量，不然变为粥少僧多。

二、评定工资

（一）码头工会的工资评定，要照顾工人生活，又要照顾整个工商业的发展，并按照码头各种性质、不同工人的劳动情形来规定各种工人总的工资标准。

（二）码头工资议订后，可按当时粮价付钱资，并实行水涨船高办法。

（三）评定工资要经各种工人讨论商订，并经过工人和运商代表及贸易机关代表协议，在每一次因物价影响要改变工资时，都要经过这一手续。

（四）评定工资后，雇主照价付工资（自己搬运的不得收费），码头工会应宣布劳动纪律，如不多收价，爱护物件，并积极整修码头，便利旅商。

三、取消额外剥削

（一）所有码头工人要一律参加生产运动。

（二）取消吃双份子、吃空名子、抽头子等剥削。

码头上如需一定脱离生产或半脱离生产人员，应经工人讨论其生活费，由工会统筹，或实行提分（份）子，按照他过去工作规定付给。

四、调剂劳动力组织生产

（一）各码头工会要号召工人节约储蓄，但以工人自愿为原则，如工人同意，可在工资中提成储蓄。

（二）工会将积蓄资金办理合作社，视地方生产及季节情形；组织剩余劳动力进行生产，其具体实行办法，由各工会与工人讨论自订。并组织工人学习其他生产技术，以防止失业现象。

五、加强码头工人教育

（与作坊手艺工会同，从略。）

选自《中国工会历史文献》(5)，工人出版社1959年版，第107～109页。原注："录自'华中解放区第一次工农青妇民兵代表会议文献'"。

9. 苏皖边区保护工厂劳动暂行条例

1946年5月

第一章　总　则

第一条　为改善工人生活，加强劳动热情，团结劳资双方提高生产效率，特根据和平建国纲领与本边区具体情形订立本条例。

第二条　凡本边区劳资双方有关一切事情，都照本条例办理。

第三条　本条例所说工厂，是指工人、学徒、职工三十人以上的工厂。

第二章　工作时间

第四条　每[个]工人每天做工八小时至十小时，最高的不得超过十小时，每周最高工作时间不得超过六十小时。

第五条　厂方如作（做）工过忙，要工人在规定工作时间以外再做工，每做七小时算一个工，但连续七天以上先要得到工会同意。

第六条　白天夜晚都开工的工厂要把日夜班分开来，一星期最少要换一回班。

第七条　做夜班的时间以七小时为原则，最多不超过八小时。

第八条　童工和怀孕的女工或带小孩要喂奶的女工，不能做夜工，也不能在规定时间以外再做工。

第三章　放假休息

第九条　每星期放假一天，如生产需要，在工人同意下，星期继续做工应发两天工资。

第十条　阳历年放假二天，阴历年放假三天。"二七"、"五一"、"七七"、"双十"等纪念日和政府另外临时指定放假日子，都要放假。

第十一条　工人在工厂做工三年以上不满六年的，要有十天休假，六年以上的要有二十天的休假。

第四章　工　资

第十二条　规定工资由工会与厂方根据当时当地生活情形，及工人技术高低、劳动强弱及工作效率等情形，协议订定之。

第十三条　在物价没有稳定以前，工资最好用实物数量规定。

第十四条　要规定发工资的日子，一个月顶少要发两回。

第十五条　如工厂因原料缺乏而停工，工钱照发，但厂方可分配工人适当的工作。

第十六条　所有放假及规定特别休假日期工资照发，放假和特别休假中期如要工人做工，要加付工钱并经工会同意。

第十七条　不论男女，凡从十二到十六岁的都算童工，童工只能做轻便工作。

第十八条　太劳苦的有碍健康和有危险性［的］工作，都不叫童工、女工去做。

第五章　订合同互相保证

第十九条　厂方和工人（或代表工人的工会）双方，要根据本条例订立合同，互相保证信用。

第二十条　合同没有满期以前，双方都要遵守合同规定。

第二十一条　厂方不能无故辞退工人，工人要脱离工厂必须在十天前通知厂方。

第二十二条　凡是发生下面情形，不管合同满不满期，厂方可辞退工人；但要在半个月以前得到工会同意；

一、工厂准备歇业或者一部分歇业的时候；

二、工厂发生了意外的事件，要停工一个月以上才能开工的时候，

三、发现工人不能担任他所做的工作的时候。

第二十三条　如果工人经常违反厂规而有具体事实证明的，或者一个月里有六天无故不做工的，厂方可开除他，但须事先征求工会意见。

第二十四条　如厂方发生下面情形，经提出抗议而不能解决者，工人有权脱离工厂并得要求赔偿损失：

一、厂方违反了合同上的规定，或者违反本条例重要规定的时候；

二、厂方故意不照规定的日期发工钱；

三、工厂虐待工人。

第六章　改善工人生活

第二十五条　工厂应尽量有清洁卫生、安全、娱乐等设备。

第二十六条　厂方要帮助工人学习，每天正式劳动时间之外要有一小时到两小时的学习时间。学习上用的笔墨纸张、教育用具，由厂方酌量补助，但最高数字不得超过纯利的千分之一，最少不得低于万分之五。

第二十七条　厂方要根据各种不同的工作性质，发给各种工作上必要的物品（如围裙、毛巾、肥皂等），数量由厂方与工会协商办理。

第二十八条　女工在生小孩前后共计一个半月（即产前半个月，产后一个月）内停止工作，工钱照发。

第二十九条　如工人在工作中受了伤，不能做工，厂方除负责医治外，应当照旧发给工钱，发到他病好能做工为止。

第三十条　厂方对于做工而受伤残废的工人，应要他改做别的轻便工作，工钱仍要照原来规定的发给。如受重伤的，完全不能做工的残废工人，厂方要发给他一年到三年的工钱。因受伤而死的，厂方除负责埋葬外，并根据工作历史长短发给他家属抚恤金。

第三十一条　工人为了重要的婚丧喜事（如父母，妻子死亡，自己结婚）请假，工钱照发，顶多不得超过十天。

第三十二条　凡工厂解雇工人或遣散工人时，顶少要发一个月的工钱算解工费。

第三十三条　工厂每年盈余除提出股息外，顶少要根据纯利提出百分之五，分配给工

人与工厂职员做（作）奖金，或者算做（作）红利；奖金只以奖给工作积极、能节省原料、降低成本、有新的创造的工人、技师、职员为限。

第七章　劳动纪律

第三十四条　工人在工厂做工，要切切实实完成规定任务。

第三十五条　工人在工厂做工，要自觉地爱护机器工具，节约生产材料。

第三十六条　工人在工厂做工，要遵守工厂规矩，服从指挥，服从分配。

第三十七条　工人在工厂做工，不许无故不到或者早退迟到。

第八章　学　徒

第三十八条　学徒时间根据双方议定的为限，不许借故延长，最高学习时间，不得超过×年。

第三十九条　如学徒工作努力，学习用心，进步快的，要缩短学习时间，提高待遇。

第四十条　厂方不许叫学徒去做和业务无关的事情。

第四十一条　厂方对学徒应该供给最低的生活费和学习费，最低标准不得少过普通工人的百分之五十。

第四十二条　学徒期间除工钱外，别的待遇都同普通工人一样。

第九章　附　则

第四十三条　厂方对特别努力工作之工人，以及一切有新的创造因而降低了成本，节省了原料的工人，必须给以奖励。

第四十四条　各业工会不得提出本条例规定以外的额外要求。

第四十五条　过去各工厂所订合同，如有和本条例冲突的，都要立即修改纠正。

第四十六条　过去工厂所订待遇，如有比本条例更高的，仍照旧不动。

第四十七条　本条例经过边区临时参议会通过，边区政府颁布实行。如要修改，须要经过同样的手续。

选自《中国新民主主义革命时期根据地法制文献选编》第四卷，中国社会科学出版社1984年版，第763～769页。原注：“选自1946年5月21日《新华日报》”。

十一、婚姻继承

1. 淮海区婚姻暂行条例

×年×月[①]

第一章 总 则

第一条 本条例依据男女平等、婚姻自由、一夫一妻制之原则制定之。

第二条 重婚、早婚、抢婚、纳妾、童养媳、买卖婚姻等陋习，一律禁止。

第二章 订婚

第三条 婚约应由男女当事人自行订定，无论何人不得强迫或代订。

第四条 男未满十七岁，女未满十五岁者不得订婚。

第五条 男女于未成年以前，由家长代订之婚约，于成年后，如不同意时，得声请撤销之。

第六条 订婚时男女双方均不得索取金钱或其他财物，但纯系纪念性质之物品不在此限。

第七条 订婚后如发生解约，对于纪念性质之物品，不得请求返还。

第八条 订婚须有婚约及证人方为有效。

第九条 婚约不得强迫履行。

---

① 原件无制定年月，推断为抗日战争时期。

第三章　结　婚

第十条　男未满十八岁，女未满十六岁不得结婚。

第十一条　结婚应有公开仪式及二人以上之证明。

第十二条　因通奸判决离婚者，适用民法第九百八十六条之规定。

第十三条　孀妇有再嫁与否之自由，无论何人不得干涉，或借以索取财物。

第四章　离　婚

第十四条　夫妻协议离婚者，应以书面为之，并须有二人以上之证明。

第十五条　夫妻之一方有下列情形之一者，他方得请求离婚。

一、充当汉奸者。

二、违反抗战民主利益，政治思想严重对立，不能维持夫妻关系者。

三、重婚者。

四、与人通奸者。

五、受他方不堪同居之虐待，或在恶意遗弃中者。

六、有重大不治之精神病者或不治之恶疾者。

七、夫妻感情确实破裂，经调解无和谐之望者。

八、吸食鸦片毒品屡劝不改者。

九、判处三年以上之徒刑，或因犯不名誉之罪被处徒刑。

十、生死不明已逾三年者。

十一、不能人道者。

第十六条　夫妻之一方因判决离婚而受损害者，得向有过失之他方请求赔偿。

第十七条　妆奁为妻之特有财产，离婚时准其取回。

第十八条　男女一方因判决离婚如陷于生活困难，他方虽无过失，亦应酌给相当之赡养费，但确无能力支付者不在此限。

第五章　子　女

第十九条　离婚后关于子女之监护，由双方约定之，不能约定者，得声请司法机关裁定之。

第二十条　女子再嫁，所携来之未成年子女，新夫有共同抚养之义务。

第二十一条　严禁杀害非婚生子女，违者以杀人罪论处。非婚生子女得经其生父认领，或经其生母提出证明者，要求其生父认领负担抚养之义务。非婚生子女之法律上地位，与婚生子女同。

第六章　附　则

第二十二条　抗日军人解除婚约及离婚，依抗日军人配偶及婚约保障条例处理。

第二十三条　凡在本条例施行前，因婚姻涉讼尚未判决者，均依本条例处理之。订婚之女方曾接受男方之财礼者，如女方要求解除婚约，应将财礼返还，无力返还者，得按普通债务关系处理之，不得因此妨碍婚约之解除。

第二十四条　民法亲属编与本条例规定不相抵触者，仍适用之。

第二十五条　本条例经淮海区参议会通过交由行政公署公布施行，其修正手续亦同。

第二十六条　本条例自公布之日起施行。

选自《中国新民主主义革命时期根据地法制文献选编》第四卷，中国社会科学出版社1984年版，第868～871页。原注：“选自淮海区专员公署《淮海区单行法规（草案）》”。

2. 修正淮海区抗日军人配偶及婚约保障条例

×年×月①

第一条　为使抗日军人安心抗战，及兼顾妇女权利起见，特订定本条例。

第二条　抗日军人，指现在抗日部队、军事机关或军事学校服务之指挥员、战斗员，政治人员、供给人员、卫生人员、教员、学员及其他军事服务人员而言。

第三条　配偶，指已结婚之妻。

第四条　婚约，指入伍前已订定之婚约，虽其婚约不合于淮海区婚姻暂行条例第三条、第四条之规定，亦为有效。

第五条　抗日军人配偶之离婚或婚约之解除，依下列条例行之：

一、经抗日军人本人同意者。

二、确实证明抗日军人在外有重婚行为者。

三、经部队或其他方法证明确已牺牲者。

四、在抗战中三年无音信者。

五、擅离部队在半年以上未归队者。

前项第五款之规定，在诉讼期中能归队者不适用之。

第六条　无前条所列条件之一者，其配偶不得离婚，其婚约不得解除。

第七条　无第五条所列条件之一，其配偶另嫁者，另嫁婚姻无效。娶抗日军人配偶者，处三年以下有期徒刑。

第八条　无第五条所列条件之一，自行解除婚约者，其解除无效。

第九条　娶抗日军人有婚约之未婚妻者，其婚姻无效，并处二年以下有期徒刑。

第十条　对于第七条、第九条非法婚姻，从中说和或主持者，处一年以下有期徒刑。

第十一条　与抗日军人配偶或有婚约之未婚妻通奸，或和诱略诱其脱离家庭者，各依普通刑法加重处刑（附注）。

第十二条　抗日军人不在家乡，其诉讼行为，除抗日军人本人得委托其亲族代理外，其直系尊亲属或兄弟，或部队政治部派员，或区村优抗委员会，均得代表进行之。

第十三条　入伍后所订之婚约，不合于淮海区婚姻暂行条例第三条、第四条之规定者，不受本条例之保障。

第十四条　本条例公布前如已有第七条、第九条之犯罪行为，须告诉乃论，其诉讼依本条例减轻处理之。

---

①　原件无制定年月，推断为抗日战争时期。

第十五条　配偶双方或婚约双方同为抗日军人时，或一方为抗日军人，他方为政府工作人员时，其互相间之婚姻事件，准用淮海区婚姻暂行条例处理之。

第十六条　非抗日军人不得援用本条例。

第十七条　公布后，前颁布《淮海区抗日军人配偶及婚约保障条例》废止之。

第十八条　本条例施行前，关于抗日军人婚姻案件审理未结者，自施行日起，适用本条例之规定。

第十九条　本条例经淮海区参议会通过交由行政公署公布施行，其修正手续亦同。

第二十条　本条例自公布之日起施行。

（原附注）刑法第二百三十九条　有配偶而与人通奸者，处一年以下有期徒刑，其相奸者亦同。第二百四十条：和诱未满十八岁之男女脱离家庭或其他有监督权之人者，处三年以下有期徒刑，和诱有配偶之人脱离家庭者亦同。

选自《中国新民主主义革命时期根据地法制文献选编》第四卷，中国社会科学出版社 1984 年版，第 871～874 页。原注："选自淮海区专员公署《淮海区单行法规（草案）》"。

3. 华中行政办事处指令——关于孀妇带产改嫁问题

1948 年 12 月 27 日

令五专署并告各专署、市府、县府：

十二月二日呈一件为关于孀妇带产改嫁请解释由：

呈悉。孀妇是可以改嫁的，假使她离开前夫家庭，可以带走属于她私有的全部财产。

但在执行中是要碰到困难的。如夫妇子女财产很难具体精确分开，土改后有些地区未发土地执照，产权未做最后决定，财产中的土地不能象（像）动产一样可以搬走，带到夫家去后不能保证本人独立管理使用和收益，……但任何困难都不能妨害男女平等与保障私人合法权益的基本原则。

（一）孀妇本人私有的财产，除另有约定者外，一般依习惯和实际情况来区别应否属于本人。如本人衣着，陪嫁的妆具，本人从事独立劳动的副业生产收入，土改中分给其全家土地的每人平均数……都应列为孀嫁的本人的私有财产。

（二）土改后无论发给土地执照与否，其产权已经宣布最后确定者，按该户田亩每人平均数分给孀妇本人一份，听其自由处分。如尚未确定者，如新夫家乡亦未确定，可由政府转移其户籍到新夫家重分，同时在其原夫家于最后确定产权时减去一人应得的土地。如新夫家已确定者，得由孀妇向原管区乡政府声请保留其产权，待确定后再分析带走（这期间是不长的，可向孀妇说服解释）。

（三）孀妇改嫁后，如离原夫家不远，仍可继续耕种其原分得之土地。如距离太远不便耕种施肥者，可听其出卖、互换或合法的出租，不准有抛荒减产及侵权等行为。

（四）孀妇财产带往新夫家后，应根据本人意旨处理其财产，提倡建立和睦共同生产的家庭。但要互相尊重各人的人格和财产权，保障其不受侵犯。

选自《中国新民主主义革命时期根据地法制文献选编》第四卷，中国社会科学出版社1984年版，第883～884页。

4. 华中行政办事处、苏北支前司令部关于切实保障革命军人婚姻的通令

1949年4月5日

查革命军人，矢忠人民，转战各地，备著（着）辛劳，其合法婚姻理应予以切实保障，乃最近据各部队反映，发现有少数地方坏蛋及落后干部竟擅自勾诱革命军人妻室非法结合，不但有丧革命道德，抑且触犯民主法令，若不严加制止，势必影响部队干部、战士的作战情绪，造成对革命的损失。为切实保障革命军人婚姻不受侵犯起见，特决定：凡系革命军人妻室，不论已婚或未婚，在未得其丈夫本人同意正式宣布离婚或解除婚约前，任何人均不得与其非法结合；过去造成既成事实者，在法律上一概无效，并须追究责任，如有故违，当事人男造方面应科以刑事处分，干部中如有违犯者，更须从严加倍论处。各级政府遇有此等情事发生，应立即由县、区政府迅速处理，群众亦得检举，不受亲自起诉之限制，仰各遵照执行，并饬属一体凛遵为要！

《中国新民主主义革命时期根据地法制文献选编》第四卷，中国社会科学出版社1984年版，第885页。

5. 皖北人民行政公署关于量刑标准及几个具体问题的指示（节录婚姻问题）

1949年7月23日

甲、乙、（略，见刑事部分）

丙、婚姻问题的处理：

1. 婚姻之缔结，须以男女双方自愿自主为原则，如果违反这一原则的规定得予批准解约或离婚。

2. 但过去所缔结的婚姻，绝大部份（分）并非出于男女当事人的自愿自主，这是由于中国半封建社会所造成的后果，如果一律否认其效力，将造成社会婚姻制度的极大紊乱，故结婚后的离婚，还须受一定条件的限制（婚约的解除无条件限制）。凡具有下列条件之一者，得提起离婚：

（一）夫妻之一方与他人通奸者。

（二）夫妻之一方有重大不治之病症，或其他恶疾者（如麻疯（风）、花柳、严重的神经病等）。

（三）夫妻之一方，遗弃他方者。

（四）夫妻之一方有反革命行为或犯不名誉之罪经判处三年以上有期徒刑者。

（五）夫妻之一方虐待他方致使不堪同居者。

（六）夫妻之一方，不能人道者（如石女阳痿等）。

（七）夫妻感情确实破裂无法恢复者。

（八）重婚。

3. 办理离婚案件必须先尽劝导说服之责，能使重归于好，为最恰当，万一无法挽回，有一方坚决要求离异，为免除双方精神上痛苦与维持家庭的和平，在不得已的情况下，还是以批准离婚为有利的，则可判决离婚。

4. 离婚后，如有一方因离婚发生生活困难，得视对方的经济状况如何斟酌实际情形，判令负抚其一定的生活费，并分给其应得的财产，但如一方不能独自谋生，（如疯子呆子）除予社会救济外得令有能力之一方，负其终身抚养之义务。

上指示各项，希各级司法人员在办理案件中，根据具体情况，进行研究，随时汇报，予以补充或修正。

选自《中国新民主主义革命时期法制建设资料选编》第三册，西南政法学院函授部1982年编印，第53～54页。原注：“选自南京市人民法院《司法工作参考资料汇编》第二册”。

十二、刑事法规

1. 津浦路西联防办事处颁布匪伪自新暂行条例

1942年5月津浦路西联防临时参议会第一届第二次大会通过

第一条　兹本珍惜国力加强抗战［不］咎［既往给］予自新之旨，特根据国民政府汉奸自首条例，并参酌本区特殊情况制定本条例。

第二条　凡属路西之民众，在本条例颁布之日以前，曾参加伪军伪组织或武装股匪而现已悔罪回乡脱离该部，或今后悔罪回乡脱离该部者，均适用本条例。

第三条　凡脱离回乡之匪伪，不论官兵，不限长幼，果能痛悔前非，是愿改过自新者，均得依本条例申请自新。

第四条　办理自新机关，在全区为联防办事处及保安处，在各县为县政府或保安分处。但申请自新人除向办理自新机关直接申请外，并得向该地区政府提出申请。

第五条　申请后自新人应亲至办理自新机关办理下列手续：

一、报告参加匪伪经过及脱离回乡情由。

二、填具自新书。

三、觅具二人以上之保证人在自新书上签名盖章负责保证。

四、领取自新证。

第六条　持有自新证之自新人，在不再重犯且亦无其他刑事处分时，得享一般公民权利。

第七条　自新人于办理自新手续后重犯者，自新证取消，并加等处罚，其保证人受连坐处分。

第八条　自新人携有武器者。应将全部武器呈缴办理自新机关，其因生活困难者，政府得给价收买，其因家资富有地处边区需备武器自卫者，经政府批准得发还一件或数件，照自卫武器登记。

第九条　自新人携有武器而匿不呈缴者，查明后撤销自新证，没收武器并以私藏军火论罪。

第十条　自新人携有敌伪匪各项文件呈缴者，政府得给予现金或其他奖励品。

第十一条　办理自新限期规定如下：

一、在本条例颁布以前，参加匪伪，而于本条例以前脱离回乡者，其办理自新期限、自本条例颁布之日起，至民国三十一年十二月三十一日截止。

二、在本条例颁布以前，参加匪伪而于本条例颁布以后脱离回乡者，其办自新手续，限于脱离回乡后，半个月以内履行之。

第十二条　凡已脱离回乡之匪伪，逾规定自新期限，而未向政府申请并办理自新者，一经查（察）觉即予处分。

第十三条　凡已脱离回乡之匪伪，不论在办理自新期中，或于逾期以后，不向政府自新而与匪伪暗相勾结或受匪伪指示阴谋危害政府，或侵扰民众者，概处重刑决无宽贷。

第十四条　凡收容第十二、十三两条所指之人犯，或知情不报者，不论其该犯之家属或亲友均受连坐处分。

第十五条　乡级以下行政人员，具所管区域有第十二、十三两条所指之人犯，而知情不报者，加等处罚。不知情者受失察处分。

第十六条　本条例之解释权属于路西联防办事处。

第十七条　本条例经津浦路西临时联防参议会通过后交路西办事处公布施行之。

选自《淮南抗日根据地》，中共党史资料出版社 1987 年 10 月版，第 220～221 页。《淮南抗日根据地》编审委员会编。原注：“津浦路西临时参议会第一届第二次大会《大会专刊》1942 年 5 月”。

2. 盐阜区战时公约
——三师师部、军区司令部、行政公署布告

1942 年 5 月 25 日

查目前已届夏收期间，兹为预防敌伪扫荡大举抢粮起见，特号召我各地驻军，各级政府，地方部队，群众团体及全区人民严为戒备，加紧反扫荡准备工作，军政民同心协力武装保卫夏收，并规定战时公约如下：

第一条　不许为敌伪汉奸带路。

第二条　不许为敌伪汉奸探送军情。

第三条　不许向敌伪汉奸密告我方军政机关工作人员及存放公物所在地。

第四条　不许以粮食枪械弹药送给敌人。

第五条　不许乘机抢劫捣乱社会秩序。

第六条　不许阴谋暴动为敌内应。

第七条　不许散播谣言动摇民心。

第八条　不许拖枪逃跑组织叛变。

第九条　不许诱胁他人向敌投降及为敌服务。

凡违犯上列各条之一者一律按国民政府惩治汉奸条例判处死刑，其在紧急情形下果属证据确凿者，各级军政民机关团体并得采取紧急处置。

第十条　无论何时何地发现敌情应向我军政机关据实报告。

第十一条　帮助抗日军队运输担架带路探送消息。

第十二条　掩护与收容我方伤病人员及公用器物。

第十三条　对我军政机关之驻地番号内部情形及一切行动应严格保守秘密迷惑敌人。

第十四条　捉拿敌探汉奸土匪严查生客行人，有形迹可疑者即行扣押解送附近军政机关处理。

第十五条　努力破路塞河协助主力部队打游击。

上列各条为战时人民应尽义务，其有特殊功绩者，政府当予以精神上物质上之奖励。

选自《华中抗日根据地财政经济史料选编》第一卷，档案出版社 1984 年 7 月版，第 385～386 页。江苏省财政厅、江苏省档案馆、财政经济史编写组合编。原注：“按 1944 年版《盐阜区财经法令汇编》刊印”。

3. 苏中区惩治贪污暂行条例

1944 年苏中行政公署制定

第一条　为建立廉洁政治彻底澄清贪污，特订定本条例。

第二条　凡公务人员贪污者悉依本条例办理之，虽非公务人员，但因办理社会公益事务，而从中渔利者亦适用本条例。

第三条　凡人民或地方团体对公务人员之贪污得向各级政府检举告发。

第四条　各机关主管人员对所属职员，须严加监督检查，觉有贪污事情时，应随时提出惩治或报请上级处理不得徇情包庇。

第五条　各机关主管人员对所属职员如因监督不周致使有贪污行为者，除贪污人员依法惩治外，其主管人应受失察处分。如有意纵容并得按情节轻重分别惩处，其在本机关之人员有知情不报者亦得酌情受连带处分。

第六条　公务员贪污有下列各款情形之一者，处死刑或徒刑：

一、盗卖公有财物者（包括公粮公草税票军火等一切公有财物）。

二、侵占或窃取公有财物者。

三、拐带公有财物潜逃者。

四、收受贿赂者。

五、建筑军用工事或购办公用物而从中舞弊者。

六、擅自提取或截留公款及以军用舟车马匹装运违禁和漏税物品者。

七、意图营利私自动用公款者。

八、借势或借端勒索勒征强募财物者。

九、意在图利扰乱金融或违背法令收募捐款者。

十、收募款项征用土地民伕财物从中舞弊者。

十一、侵占或窃取社会公益团体财物者。

前列各款未遂犯得视情节之轻重警告或处罚。

犯本条各款之罪贪污财物在价值抗币1 000元以上者处死刑。

第七条　犯前条所列各款之罪能及时悔悟诚恳坦白者得减轻其刑。

第八条　犯第六条所列各款之罪，其所得之赃款赃物，除属于公有者，应予退缴外，得依其情形分别予以没收或发还受害人。

第九条　拐带财物潜逃者，在本犯未缉获前得视实际情形呈请政府查封或没收其私有财产赔偿之。

第十条　公务员贪污由第一审司法机关审理，区长以上干部其第一审管辖权属于第二审法院，审讯程序照苏中区处理诉讼暂行办法各规定。

第十一条　本条例所未规定者，得适用刑法及其他有关法令办理之。

第十二条　本条例自公布之日起施行。

选自《苏中抗日根据地》，中共党史资料出版社1990年4月版，第352～353页。中共江苏省委党史工作委员会、江苏省档案馆合编。原注："原载1944年11月刊印的《苏中行政公署法令汇编》"。

互校版本：选自《华中抗日根据地财政经济史料选编》第三卷，档案出版社1986年版，第304～305页。江苏省档案馆、财政经济史编写组合编。原注："按1944年11月《苏中行政公署法令汇编》刊印"。

4. 苏中区禁烟禁毒治罪暂行条例

1944年

第一条　为增强国家抗敌元气，粉碎敌寇毒化阴谋，特根据敌后实际情形，订定苏中禁烟禁毒治罪暂行条例（以下简称本条例）。

第二条　本条例所称烟者，指鸦片、罂粟及罂粟种子，所称毒者，指吗啡、高根、海洛因及其化合物配合而成之各色毒丸、咖啡精、奶糖精、鸡那素等，经查明系制造毒品之用者，以毒品论。

第三条　凡各分区县禁烟禁毒案件，悉依本条例判处之。

第四条　为便利推行禁烟并易收效果起见，各县区乡得组织各级禁烟禁毒委员会，办理宣传教育调查登记劝诫调验等事宜。

第五条　凡人民对吸贩烟毒者，有向该管政府或禁烟禁毒委员会检举之权。

第六条　凡人民发觉有烟毒品者，得将该犯连同烟毒品拘送该管乡镇政府转解上级政府核办。

第七条　凡吸食烟毒者，须一律向该管乡镇政府，或禁烟禁毒委员会申请登记遵限戒绝。

第八条　凡贩运烟毒品或以馆舍供人吸食意图营利者，须一律向该管乡镇政府或禁烟禁毒委员会自首填具切结，得减轻或免除其刑。

第九条　有下列情形之一者处死刑：

一、受敌伪指使潜来推行其毒化政策者；

二、制造或运输毒品者；

三、贩卖毒品检有证据者；

四、贩运鸦片五百两以上者；

五、设立处所经常供人吸食或注射毒品者；

六、戒绝而复吸有两次以上者；

七、公务员收受贿赂包庇吸贩烟毒者。

第十条　有下列情形之一者，处以一年以上，七年以下之有期徒刑，得并科抗币五千元以下之罚金：

一、受人愚惑致犯前条第二款第三款第四款之罪且属初犯者；

二、在举办登记后地区续有吸食烟毒者；

三、数经传谕抗不投戒者；

四、庇护或隐报之各级公务员。

第十一条　意图制造鸦片而栽种罂粟者，处死刑，无期徒刑或十年以上有期徒刑。

第十二条　贩运鸦片者除悉数没收外，其数量在十两以下者处六个月以下有期徒刑，十两至五十两者处六个月以上一年以下有期徒刑；五十两至一百两者处一年以上二年以下有期徒刑；一百两至三百两者处二年以上三年以下有期徒刑；三百两至五百两者，处三年以上五年以下有期徒刑。以上徒刑得并科抗币五千元以下罚金。

第十三条　开设烟馆，以鸦片及烟具供人吸食者，处六个月以上一年以下有期徒刑，得并科抗币三千元以下罚金。

第十四条　在未举办登记地区吸鸦片烟者，处六个月以上一年以下有期徒刑，得科抗币一千元以下罚金，有瘾者交医勒戒，戒绝后再犯者，处一年以上三年以下有期徒刑，并科抗币三千元以下罚金。

第十五条　公务员，民群团体负责人，学校教员犯本条例之罪者，依各该条款加重本刑二分之一处罚。

第十六条　犯本条例第六条第七条之罪，能供出烟毒品之来源，因而破获者，得减轻或免除其刑。

第十七条　栽赃诬陷或捏造证据诬告他人犯本条例各条之罪者处以各该条之刑。

证人鉴定人意图陷害本条例各条犯罪嫌疑之被告而为虚伪之陈述或报告者亦同。

犯前二项之罪，于该案件裁判确定前自白者，得减轻或免除其刑。

第十八条　犯本条例各条之罪受六月以上有期徒刑之宣告者，剥夺公民权一年以上十年以下。

第十九条　本条例各条之有期徒刑，得依法易科罚金，或实施劳动教育。

第二十条　经政府核准给医药用之烟毒品，不适用本条例。

第二十一条　犯本条例各条之罪者，由各县司法科审判，但被判一年以上之徒刑者，非检卷呈奉分区以上苏中高等法院核准后不得执行；判处死刑者，非检准呈经苏中高等法院转请苏中行政公署，不得执行。

第二十二条　犯本条例各条之罪者，经判决宣告后，如有不服应于十日内向上级审理机关提起上诉。

第二十三条　自本条例颁布后，各分区根据各该分区实际情形，订定实施办法，呈奉苏中行政公署核准备案施行。

第二十四条　本条例尚未规定者，得依其他法令之规定。

第二十五条　本条例自公布日起施行，如有未尽善处，得随时以命令修改之。

选自《华中抗日根据地财政经济史料选编》第三卷，档案出版社1986年版，第297～299页。江苏省财政厅、江苏省档案馆、财政经济史编写组合编。原注：“按1944年11月《苏中行政公署法令汇编》刊印”。

5. 苏中行政公署苏中军区司令部联合公布处理汉奸军事间谍办法

1944年2月8日

为反对敌人第二期“清乡”，保卫抗日军民之生命财产，兹特公布对汉奸现行犯处理办法及危害抗日军民之军事间谍犯处理办法，通令于后：

一、凡战斗行动间或战斗行动前，“清剿”、“清乡”时或游击区域，有下列行为者，系直接危害之军事间谍犯：

（一）直接勾引敌伪袭击我机关、部队者。

（二）带领敌伪扫荡或挖掘公私资财者。

（三）以金钱、女色及其他手段组织内奸破坏以利敌伪者。

（四）立谋组织暴动，配合敌伪军事行动者。

（五）在紧急情况时，造谣惑众或扰乱治安者。

（六）给敌人指认抗日干部与公务人员，或向敌伪指报我部队，群众转移地点及公私财物，致遭损害者。

（七）组织暗杀团体，用各种方法暗杀我抗日军民及干部者。

（八）放火焚烧粮食、资财、房屋者。

（九）勾通敌伪组织、情报机关者。

（十）向敌伪密告抗日军民及干部，致遭杀害者。

二、凡直接危害之军事间谍犯得处以死刑，但须经县级以上机关批准始得执行，区公所无权决定。

三、“清乡”时期及战时之汉奸现行犯，如有武装拒捕情形，或随同敌伪行动而无法逮捕时，无论军民人等均得格杀之。但该汉奸现行犯如未构成武装拒捕者，不得执行格杀。

四、在坦白运动中，凡供认过去任何犯罪行为而觉悟者，不得误行曲解或援引此令之规定擅行处理。

五、本命令如与过去本署法令有抵触时，以后均依本命令办理之。本命令自公布之日起施行。

选自《中国新民主主义革命时期根据地法制文献选编》第三卷，中国社会科学出版社1981年版，第177～178页，原注：“选自1944年2月18日《苏中报》”。

6. 苏中区惩治伪化诉讼暂行条例

1944年9月公布施行

第一条　为防止人民勾结敌伪势力，冒用诉讼方式，窃取非法权益，特订定本条例。

第二条　凡敌伪对人民权益之非法措置及伪政府伪法院之判决，一律无效，政府得根据具体情形恢复其原状。

第三条　诉讼案件之原被告及系争标的，在敌伪据点以内，除按照苏中处理诉讼案件暂行办法执行外，其形势有执行之可能时，政府得随时执行。

人民藉敌伪判决，在根据地内妄自执行者无效。

第四条　凡根据地人民向敌伪政权、部队进行告诉者，处一年以下有期徒刑，或抗币五百元以下之罚金。

犯本条罪行，致他人受损失者，负赔偿责任。

第五条　犯前条罪行，致他人身体遭受伤害者，处五年以下有期徒刑，因而致死者，处死刑。

被害人及其家属，得请求损害赔偿。

第六条　在抗日民主政府诉讼失败后，为报复而犯第四、第五条之罪行者，加重本罪二分之一。

非因故意犯第四条之罪行，向抗日民主政府自白并申请合法之审判者，得免除其刑；犯第五条之罪行，得酌量减轻。

第七条　教唆或主使他人向敌伪政权、部队进行告诉者，按照情节轻重，照第四、第五条处罚。

第八条　意图渔利，犯第七条之罪行者，处七年以下一年以上有期徒刑。

第九条　违犯本条例所规定之罪行者，人民有告发之义务，各级政府得不待告发以职权进行侦查起诉。

第十条　犯本条例第四、第五条之罪行者，除处罚外，其系争权益，政府仍应按照法令，作公平合理之裁判。

第十一条　本条例由本署颁布施行，如有未尽善处，得以命令修正之。

选自《中国新民主主义革命时期根据地法制文献选编》第三卷，中国社会科学出版社1981年版，第490～491页。原注："选自1944年9月28日《苏中报》"。

7. 淮海区惩治盗匪暂行条例

×年×月[①]

第一条　凡有下列行为之一者，处死刑：

一、虏人勒赎者。

二、意图诈财而留恐吓信，致人受损害者。

三、意图扰害公安而制造、收藏或携带爆炸物品者。

四、聚众掠夺机关之武器、弹药、钱粮及其他军需品者。

五、煽惑人心、扰害公安而起暴动者。

六、溃兵游勇结伙抢劫，或扰害公安者。

七、聚众持械、保护走私并开枪拒捕者。

八、聚众抢劫而执持枪械者。

九、持械劫囚者。

十、囚人聚众以强暴胁迫脱逃之首魁及教唆者。

十一、行劫而故意杀人，或伤人致死，或致笃疾，或伤害二人以上者。

十二、于盗所强奸妇女者。

十三、放火烧毁他人所有物，当（有）下列［情形］之一者：

1. 在村镇及其他人烟稠密处所之建筑物。

2. 储藏弹药或军需品之仓库、工场及其他建筑物。

3. 多众执业或止宿之兵营、学校、病院、监狱及其他建筑物。

4. 现在多数集合之场所，及其他建筑物。

第二条　有下列情形之一者，得减处七年以上有期徒刑：

一、犯前条第一款之罪，未得赃、未加害而释回被虏人者。

二、犯前条各款之罪，因意外障碍而未遂者。

三、犯罪的情形确有可原者。

第三条　犯第一条之罪而自新者，得免除其刑（自新手续另订之）。

第四条　犯罪未被发觉而自首者，得减轻或免除其刑。

第五条　在侦查审判中自白而有改悔表现者，得减轻其刑。

---

① 原件无制定年月，推定为抗日战争时期。

第六条　兼理司法之县政府，依本条例判处死刑之案件，应附具全卷，报由淮海区法院复核批准执行。

第七条　凡在戒严区域内，犯第一条各款之罪者，依戒严条例办理之（戒严条例另订之）。

第八条　除本条例规定外，刑法及其他特别法仍适用之。

第九条　本条例经淮海区参议会通过，交由行政公署公布施行，其修正手续亦同。

第十条　本条例自公布日起施行。

选自《中国新民主主义革命时期根据地法制文献选编》第三卷，中国社会科学出版社1981年版，第210～211页。原注："选自淮海区专员公署《淮海区单行法规（草案）》"。

8. 修正淮海区惩治贪污暂行条例

×年×月①

第一条　本地区所属机关部队及公营企业之人员触犯本条例规定之罪者，悉依本条例处断之。

第二条　有下列行为之一者，以贪污论罪：

一、克扣或截留应行发给或交纳之财物者。

二、买卖公用品从中舞弊者。

三、盗窃或侵吞公家财物者。

四、强占、强征、强募财物者。

五、意在图利，贩运违禁或漏税物品者。

六、挪移公款，作为私人营利者。

七、违法收募税捐者。

八、伪造或虚报收支帐（账）目者。

九、勒索敲诈，招摇撞骗，收受贿赂者。

十、为私利浪费公用财物者。

第三条　犯前条各款之罪者，以其数目多少及发生影响之大小，依下列规定惩处之：

一、贪污财物在抗币一千元（抗币一元合法币五十元）以上者，处死刑或七年以上之有期徒刑。

二、贪污财物在抗币一千元以下五百元以上者，处十年以下五年以上之有期徒刑。

三、贪污财物在抗币五百元以下三百元以上者，处五年以下一年以上之有期徒刑。

四、贪污财物在抗币三百元以下者，处三年以下之有期徒刑。

第四条　贪污之未遂犯减处之。

第五条　犯本条例之罪，除依第三条处断外，应追赔贪污所得之财物或相等代价。

---

① 原件无制定年月，推断为抗日战争时期。

第六条　犯本条例之罪于发觉前自首，并缴出所贪污之财物或代价者，得减免其刑。

第七条　在侦查审判中自白者，得减轻其刑。

第八条　本条例未规定者依照刑法之规定。

第九条　本条例公布后，前颁淮海区惩治贪污条例废止之。

第十条　本条例施行前，审理未结之贪污案件，自施行之日起依本条例处断之。

第十一条　本条例经淮海区参议会通过，交由行政公署公布施行，其修正手续亦同。

第十二条　本条例自公布日起施行。

选自《中国新民主主义革命时期根据地法制文献选编》第三卷，中国社会科学出版社1981年版，第212～213页。原注“选自《淮海区单行法规（草案）》”。

9. 淮海区公务人员非法拘押惩处暂行条例（草案）

×年×月①

第一条　为加强保障人权，实行法治，严整行政纪律，特制定本条例。

第二条　除合于淮海区审理司法案件暂行办法第十条第一项（附注一）规定之人犯，非有县政府或法院签发之拘票不得擅行拘捕，否则即以非法拘捕论处，拘票使用办法另定之。

附注一：

淮海区审理司法案件暂行办法第十条第一项：

一、汉奸、敌探、逃兵。

二、犯罪确有实据，现在通缉或逃亡中者。

三、犯命盗案件有重大嫌疑，而有逃亡之虞者。

四、刑事诉讼法第八十八条规定之现行犯（附注二）。

附注二：

现行犯不问何人得不用拘票迳（径）行逮捕之。

有下列情形之一者，以现行犯论。

一、被追呼为犯罪人者。

二、因持有凶器、赃物或其他物件，或于身体、衣服等处露有犯罪痕迹，显可疑为犯罪人者。

第三条　村（镇）公所拘捕人犯应于二十四小时内，区署拘捕人犯应于四十八小时内，解送上级机关，逾时不解者，即以非法羁押论处。

第四条　县政府羁押人犯，在侦查中不得逾两月，在审判中不得逾一月，有延长羁押之必要者，应于未届期满前呈请法院核准，否则仍以非法羁押论。

第五条　民事被告人不合于管收民事被告人规则第三条第一项（附注三）之规定者，

① 原件无制定年月，可推断为抗日战争时期。

不得管收。

附注三：

管收民事被告人规则第三条第一项。

民事被告人有下列情形之一者，应提出担保，其无相当保证人或保证金者，得管收之。

一、有逃匿之虞者。

二、有犯刑事之嫌疑者。

三、具有前二款原因之一，而原保证人死亡或声明退保，不能另有其他保证者。

四、判决确定，显有履行义务之可能，而不遵判履行者。

第六条　村公所对于任何事件无直接处罚之权。

区署除对于违警事件外，无其他处罚之权（违警罚法另定之）。

第七条　拘捕或羁押中扣押人犯之物件，应随时发给收据。如人犯解送上级时，并应将扣押之物件一并解送之，不得隐匿不报或擅自截留。

第八条　羁押中之人犯，非有暴动，逃亡或自杀之虞者，不得束缚其身体。

第九条　上级公务员对于所属下级公务员非法拘捕人犯，有监督检举之责。

第十条　执行拘捕时，除因人犯拒捕而为必要之措置外，不得侵害人犯之身体。羁押与审判时，并不得对人犯施以拷打、凌辱或其他虐待之行为。

第十一条　公务人员犯本条例之规定者，应由任免机关惩戒之，如情节重大并得送由司法机关处以拘役或一年以下之有期徒刑。

第十二条　前条之惩戒，依下列方法为之：

一、告诫；

二、申斥；

三、记过；

四、停职；

五、撤职。

第十三条　公务人员对于拘押之人犯，犯其他之罪者，依据刑法及其他特别法规定处罚之。

第十四条　公务人员非法扣押人犯时，被害人或其家属有控诉之权。

第十五条　其他法令与本条例不相抵触者，仍适用之。

第十六条　本条例经淮海区参议会通过，交由行政公署公布施行。其修正手续亦同。

第十七条　本条例自公布之日起施行。

选自《中国新民主主义革命时期根据地法制文献选编》第三卷，中国社会科学出版社 1981 年版，第 485～488 页。原注："选自淮海区专员公署《淮海区单行法规（草案）》"。

10. 苏北区禁烟禁毒暂行办法

×年×月[①]

第一条　为根绝烟毒流害，保护人民健康，厉行禁烟禁毒特制定本办法。

第二条　本办法所称烟毒，系指鸦片、吗啡、海洛英及其他各种化合物配成之毒品。

第三条　严禁种植鸦片烟苗（罂粟），违者烟苗铲除并处罚之。

第四条　禁止私存鸦片烟土、吗啡、海洛英及其他毒品，违者烟毒品没收并处罚之。

在本办法施行前，村民私种所留存之烟土，应在一个月以内向当地政府进行登记封存，由政府根据其具体情况酌予给价收购，如逾期不交，经检举查获者，依前项之规定处理之。

第五条　严禁烟毒之制造、买卖及贩运，违者烟毒品及制造烟毒之器械用具没收，并严行惩罚之。

在本办法施行前，从事前项违法营业者，应立即停止该项营业，并向当地政府或公安机关报告登记，交出所存烟毒及制造烟毒之器械用具并具结永远不再作此种违法营业，政府可予从宽处理。其不自行报告登记，经检举查出者，依前项规定处理之。

第六条　严禁烟毒之吸食及注射，违者烟毒及吸食注射烟毒之器械用具没收，并分别处罚之。

在本办法施行前，染有烟毒嗜好者，统限于三个月内向当地区政府或公安机关报告登记，并具结限期戒除（戒除期限，由当地政府视染烟毒嗜好者之年龄、身体及嗜烟嗜毒程度分别确定之）。其不依限自行报告登记或不依限戒除，经检举查获者，依前项之规定处理之。

第七条　严禁烟毒入口，违者烟毒没收，并严行惩办之。

第八条　禁烟禁毒工作之执行，由各级政府领导，并着重宣传教育，动员群众协助办理，公安机关负责检查，其烟毒较重之县市，得设立戒烟所，办理戒烟事宜。

第九条　在科学上，医药上所须之麻醉药品之原料及其成品之制造销售，均由分区以上之卫生机关化验核准配售。

第十条　本办法如有未尽事宜，由苏北行政公署修正之。

第十一条　本办法自公布之日施行。

选自《中国新民主主义革命时期根据地法制文献选编》第三卷，中国社会科学出版社1981年版，第233～235页。

---

① 原件无制定年月，可推断为抗日战争时期。

11. 苏中行政公署
新四军苏中军区政治部调查叛国汉奸罪行暂行条例

1945年7月公布

一、凡伪军伪警军官，伪政权、伪特务机关、伪党务机关官员，及在敌军机关服务之华籍官员，均在调查之例。

二、调查目的，为搜集证据，便于在战争期中及战争结束之后，对叛国汉奸分子进行逮捕与准确完成审判。

三、调查项目如次：

（一）姓名、别号、性别、年龄、籍贯、家庭住址及家庭状况。

（二）曾任与现任之伪职名目与官级。

（三）附敌与投敌经过情形。

（四）罪行恶迹：

1. 率领军队叛国投敌情形。

2. 组织伪军伪警情形。

3. 建立伪政权情形。

4. 组织伪化情形。

5. 主持与计划“扫荡”与“清乡”情形。

6. 指挥军队“扫荡”与“清乡”情形。

7. 组织特务机关，主持特务活动情形。

8. 烧杀奸淫、敲诈勒索情形。

9. 残杀陷害抗日分子情形。

10. 组织及主持汉奸团体破坏抗日情形。

11. 甘心附敌，破坏抗日根据地金融，垄断与搜刮物资情形。

12. 勾结与配合敌寇向抗日根据地进攻及设立据点情形。

13. 发表何种反共、反新四军、反人民危害抗日的言论著作。

14. 其他死心塌地效忠敌寇、叛国扰民、破坏抗日、反共、反新四军及反人民等情形。

（五）叛国投敌后所得之财产数量及财产所在地。

四、调查时应根据前条各项，搜集具体材料及人证、物证，对所有材料应注明时间、地点等，不得虚构。

五、由对敌工作部门及政治机关统一计划，分工进行调查，作为经常专门工作之一，按期汇集材料，报告上级机关备查。

六、根据地党政军民机关团体及沦陷区居民，均有根据本条例进行调查之责，并须将调查所得材料，送交主办此项调查之机关部门，其有显著成绩者，由主办之机关部门予以奖励。

七、必要时，得以军队团以上各级政治机关或县以上各级政府将调查所得之叛国汉奸的罪行恶迹，予以公布，或送交其本人，其本人对调查材料认为有不符事实之处，得加以辨正，要求修改。

八、凡犯有前述罪行之一项或数项者，如愿悔罪自新，戴罪图功，得自行将所犯罪行前来坦白陈述，要求根据其功绩之大小，酌量减免所应得之惩处。

九、必要时，对罪大恶极之叛国汉奸，得根据调查材料，由县团以上各级政府部队召集军民代表会议，组织临时法庭，进行缺席预审，宣布罪状预判罪刑。

十、调查材料应秘密保存，未经批准，不得随便披露宣布。

十一、本条例有未尽事宜，由本署、部修改之。

十二、本条例自公布之日起施行。

选自《中国新民主主义革命时期根据地法制文献选编》第三卷，中国社会科学出版社1981年版，第178～180页。原注："选自1945年7月15日《苏中报》"。

12. 苏中区伪政权伪组织人员悔过自新暂行办法

1945年7月公布

一、凡本行政区所辖范围内各敌占据点之伪政权官吏职员、伪政治机关、特务机关、党务机关人员，及在敌军机关任职（如翻译、特工、情报员等）之华籍人员，均得依照本条例向本行政区所辖区以上各级政府履行悔过自新手续。

二、悔过自新人员须亲自到本行政区所辖区以上各级政府，缮具悔过书，请求县以上机关批准。如有特殊原因，不能亲自前来履行手续，但具有可靠人事保证，可将悔过书送至政府机关，请求审查批准。

三、悔过自新人员，在履行悔过自新手续，经政府核准后，皆须脱离其原有伪职，并不得再任其他伪职。如有特殊原因，无法立即脱离伪职者，允许先行秘密悔过自新，但须接受政府所分配之秘密抗日工作与任务。

四、经审查批准之秘密悔过自新人员，得请求审查批准机关发给秘密抗日人员保证书，并为其绝对保守秘密。

五、凡悔过自新人员，一律不加杀害，不咎既往并保证其生命财产之安全。

六、悔过自新以后，确能遵守政府法令，有正当职业者，可恢复其公民权。

七、悔过自新者，如有不良嗜好，予以相当时间，逐渐戒除之，已重婚者不加干涉。

八、携带武器及敌伪重要文件前来悔过自新者，或杀伤敌伪官兵重要汉奸分子，或擒获敌伪官兵及重要汉奸分子交与政府者，按照其武器种类及功绩大小，概予以现金重赏及公开表扬。

九、悔过自新后，愿在本行政区任职服务者，按照其知识技能，分配其适当工作与职务，愿自谋其他正当职业者，可酌量情形予以协助。

十、悔过自新后，愿返回乡里者，按照其路程远近，酌发川资，并发给通行证，或予以护送。

十一、秘密悔过自新人员，一经公开悔过自新后，凡与前列各项情形相同者，一律按照前列各项办法处理之。

十二、凡伪组织人员或在敌军机关任职之华籍人员，未向本署所辖各级政府悔过自新者，一律以叛国汉奸论罪，各级政府得随时举行缺席预审，预判罪刑，相机加以逮捕，交付法庭审判，严加惩治，不予宽容。

十三、本条例自公布之日起施行。

十四、本条例有未尽事宜，得由本署修改之。

选自《中国新民主主义革命时期根据地法制文献选编》第三卷，中国社会科学出版社1981年版，第181～182页，原注："选自1945年7月15日《苏中报》"。

13. 浙东行政区调查惩治汉奸办法

1945年8月19日

一、日寇已无条件投降，我军完全收复一切失地的时间已到。对于罪大恶极、祸国殃民、破坏抗战、死心助敌的汉奸，急需根据波茨坦盟国宣言，加以严惩。凡我解放区及沦陷区人民，从即日起均有权利与义务，采取一切可能与有效办法，立即加紧进行详细调查此项汉奸之姓名、籍贯、出身、历史，及在各地之动产和不动产，并其死心助敌、祸国殃民、破坏抗战的一切罪状，详细登记，以便在该地收复时，即行提供政府或人民法庭，实行惩处。

二、凡调查报告此等罪犯有功绩者，得即予适当之精神上、物质上奖励，其具体办法另订之。同时对该调查人姓名，当为其保守秘密，并保护其安全。

三、为有效进行上项调查，各地军政机关，应立即联合当地人民团体，组织调查叛国罪犯委员会，主持一切有关调查事宜。

四、各地调查叛国罪犯委员会，得设人民法庭，接受人民控诉，根据犯罪情形，举行预审，对罪大恶极未经获案之汉奸，并可举行缺席判决，处以罪行。但人民法庭所为之判决，须呈报本区最高军政机关，经批准后方可执行。

五、凡依前条缺席判决之叛国罪犯，得由人民法庭呈请上级军政机关通缉之。

六、凡在我解放区抗日军包围下的一切敌军与伪军伪组织，必须向本军投降，不得向其他军队投降。凡直到今天，仍与敌人合作，不向本军诚意反正，不接受本军通牒，不协同本军解除敌军武装者，一律以汉奸论罪，按照本办法处理之。

七、当此敌寇宣布投降而尚未完全放下武器的最后期间，本区仍给伪军伪组织人员以实行自新之最后机会，以示宽大为怀与人为善之意。其办法另订之。

八、本办法如有未尽事宜，由浙东行政公署纵队政治部，以命令修正之。

九、本办法自公布之日施行。

浙东行政公署
新四军浙东纵队政治部
八月十九日公布

选自《浙江革命历史档案选编》，浙江人民出版社1985年4月版，第595～596页。杭州大学历史系、浙江省档案馆合编。原注："原载1945年8月25日《新浙东报》"。

14. 苏中区惩治战争罪犯及汉奸暂行条例

1945年9月25日公布施行

第一条　为整饬民族纲纪，保障民族解放战争的彻底胜利，予战争罪犯及汉奸以应有的惩罚，特订定本条例。

第二条　有下列各项行为之一者，处死刑、无期徒刑或十年以上有期徒刑，褫夺公权终身：

一、在战争期间，自始至终效忠于日本军国主义，罪大恶极，为人民所痛恨者。

二、日军军部、特务机关、联络部、宪兵队之主官或主谋者。

三、于日本宣布投降后，组织拒降，坚决抵抗或残杀人民者。

四、残杀虐待战争俘虏者。

五、伪军警、伪政权、伪组织之主官或主谋，并积极破坏民族解放事业者。

六、组织叛变投降敌人者。

七、主谋主使破坏我方之军事、政治、经济及文化建设事业，因而发生损害者。

八、组织各种社团为敌效劳，积极破坏民族解放事业者。

九、偷窃国家军政秘密，供给敌人，破坏抗日战争之主谋主使者。

十、为敌掠夺资财粮食，捕捉壮丁之主谋主使者。

十一、制造惨案，屠杀人民者。

十二、倚恃敌伪，在解放区或敌占区蹂躏人民，绑架烧杀，罪大恶极，为人民所痛恨者。

第三条　有下列行为之一者，处一年以上十年以下有期徒刑，褫夺公权期间与刑期同：

一、第二条所列各项之从犯或未遂犯。

二、包庇、隐匿、纵容第二条所举之罪犯者。

三、除第二条各项所举以外之通敌或帮助敌人破坏抗战之汉奸罪犯。

第四条　凡第二条所列罪犯之财产全部没收之；第三条所举罪犯之财产，除应将其犯罪期间所掠夺敲诈之财物全部没收外，其余财产，按犯罪之轻重，没收其一部或不予没收。上列罪犯之财产没收后，如其父母妻子确不能维持生活者，酌予救济。其掠夺、敲诈、强占人民之财务，强占人民之财物，应分别情形酌予发还原主。

第五条　凡上列各条所举之罪犯，由各级（苏中区、分区、县）政府、参议会、军政机关、群众团体，各推派代表一人至三人，并聘请地方有威望人士二人至四人，共同组织各级惩治战争罪犯及汉奸委员会处理审判之，以各级政府行政首长为主任委员，其内部组织由各级惩治战争罪犯及汉奸委员会自订之。

第六条　凡本区所属人民团体或人民，对一切战争罪犯及汉奸，均有搜集其犯罪事实及证据向各级军政机关或惩治战争罪犯及汉奸委员会检举控诉之权。

第七条　罪大恶极之汉奸罪犯，为多数人民所痛恨者，得由各级惩治战争罪犯及汉奸委员会，于其犯罪地点召开群众公审大会，组织人民法庭公审，准许人民有组织地出席检举控诉，并推派代表参加陪审。

第八条　各级惩治战争罪犯及汉奸委员会判处死刑之案件，必须呈请上级政府核准后，方得执行。判处徒刑之案件亦须呈核。

第九条　凡依本条例所处判之案件，无上诉权。但上级政府或惩治战争罪犯及汉奸委员会认为有提审必要者，得命令解送上级审判或复审。

第十条　凡本条例如与新四军政治部所颁条例有抵触者，适用军政治部之条例，如与本区其他条例有抵触者，适用本条例。

第十一条　本条例由苏中行政公署公布，自公布之日起施行之。

第十二条　本条例之修正权及解释权属苏中行政委员会。

选自《中国新民主主义革命时期根据地法制文献选编》第三卷，中国社会科学出版社1981年版，第235～238页。原注：“选自1945年9月24日《苏中报》”。

15. 苏中区汉奸自首自新暂行条例

1945年9月25日公布施行

第一条　本宽大精神，予汉奸以最后悔悟自新之路，特制定本条例。

第二条　凡《苏中区惩治战争罪犯及汉奸暂行条例》第二条所举犯罪情节较轻者，及第三条之汉奸罪犯诚心悔悟并具有下列情形之一者，得酌减其刑或缓刑，或免除其刑：

一、当我军开始进攻时能自动缴械投降，并献出其全部军用物资者。

二、不积极执行上级抵抗我军命令，便利我军进攻而投降就俘者。

三、献出敌方机密情报，确有利于民族解放事业者。

四、在未经发觉逮捕前，即自动向我军我政府投案自首，并能检举其他汉奸罪犯，报告隐藏之敌伪武器及资财者。

五、自动报告其所知之全部敌伪情形，并彻底坦白其罪过者。

第三条　判处徒刑之汉奸罪犯，已执行刑期二分之一，确系改悔有据者，得减刑或保释之。

第四条　凡自首自新之汉奸财产应按实际情形没收一部或不予没收。

第五条　本条例由行政公署公布，并自公布之日起施行之。

第六条　本条例之解释修正权属于苏中行政委员会。

选自《中国新民主主义革命时期根据地法制文献选编》第三卷，中国社会出版社1981年版，第238～239页，原注：“选自1945年9月27日《苏中报》”。

16. 苏皖边区惩治叛国罪犯（汉奸）暂行条例

1945年12月29日公布实施

第一章　总　则

第一条　为发扬民族正气，整饬国家纲纪，彻底肃清敌伪残余势力，完成抗战事业，奠定建国基石，对于叛国罪犯亟应严加惩治，特制定本条例。

第二条　凡投敌、通敌、助敌及进行一切有利于敌人之行为，而危害国家民族利益者，为叛国罪犯。

第三条　前条罪犯，得按其罪恶轻重，分别首要、胁从，予以处理。

第二章　惩　罚

第四条　有下列行为之一者，处死刑、无期徒刑或五年以上有期徒刑：

一、为首组织武装，协助敌寇抗拒我抗日军队者。

二、为敌伪执役，主持屠杀我人民者。

三、充任伪军警、伪政权、伪组织之主官，并积极破坏民族解放事业者。

四、为敌捕捉壮丁、招募军队及劳工而造成民族巨大损失之主谋主动者。

五、勾引抗日军民拖枪逃跑或组织叛乱者。

六、组织破坏我方之军事、政治、经济、文化、交通设备及有国防价值之建筑物，发生重大损害者。

七、主谋主使组织各种团体，积极为敌效劳，破坏民族解放事业者。

八、偷窃或泄漏（露）我方军政秘密，破坏抗日战争之主谋主使者。

九、为首掠夺军用资材，供给敌人者。

十、在战争混乱期间，为首乘机抢劫烧杀而扰乱社会治安者。

十一、向敌伪告密，破坏我抗日地下组织者。

十二、利用敌伪势力，主持囤积居奇，操纵市场，致陷民众生活于困难者。

十三、自动以枪械弹药等大量粮草财物资敌者。

十四、于日本宣布投降后，组织拒降，坚决抵抗或残杀人民者。

十五、利用敌伪势力强奸妇女者。

十六、残杀或严重虐待我方或盟方被俘人员者。

十七、已自新而重新投敌者。

十八、与敌伪勾结，伪造抗币票券，扰乱金融者。

第五条　前条各款之从犯、预备犯及未遂犯，处一年以上十年以下有期徒刑。

第六条　包庇、隐匿或纵容第四条之罪犯者，得处三年以上十年以下有期徒刑。

第七条　包庇、隐匿或纵容第五条之罪犯者，处三年以下有期徒刑。

第八条　被胁从而犯第四条之罪者，得减轻或免除其刑。

第九条　因犯本章各罪所得或供犯罪所用之物，不问属于犯人与否，均没收之。

第十条　犯本章各罪，得褫夺公权。

第三章　自　新

第十一条　犯本条例之罪，在未经检发前，具有痛改前非之决心；向我公安机关投案自首者，准予自新，但犯罪情节重大，须有下列条件之一者，得免其刑：

一、检举其他叛国罪犯，经判决确实，或贡献重要证据确有价值者。

二、揭发叛国罪犯或间谍之阴谋策划，确实有据者。

三、献出敌方机密，确有利于人民解放事业者。

四、携带军械资财来献者。

五、自动交出敲诈勒索所置之财富者。

六、前列各款以外之自首，事实确有利于人民解放事业者。

第十二条　在日本投降前已自新，并发有证件者，得减轻或免除其刑。

第十三条　自新人犯对其所犯罪行，未坦白彻底者，其隐瞒部分，仍得以第二章规定酌情处断。

第十四条　判处徒刑之叛国罪犯，在刑期执行二分之一以上，确实改悔有据者，得假释之。

第四章　搜索与逮捕

第十五条　叛国罪犯之搜索与逮捕，由公安或司法机关执行之。

第十六条　乡镇政府机关非受上级命令，不得对于叛国罪犯进行搜索与逮捕，但有逃亡之虞者，不在此限。

第十七条　叛国罪犯逃亡或隐匿者，得通缉之。

第十八条　现行犯及被通缉者，不问何人得进行逮捕之。

第五章　审　判

第十九条　凡审理叛国罪犯，由各级惩治叛国罪犯委员会组织特别法庭审理之。

各级委员会向同级政府负责。

第二十条　惩治叛国罪犯委员会由行政、司法、公安、参议会、群众团体各推代表组成，其组织章则另订之。

第二十一条　审理叛国罪犯，必要时，得由惩治叛国罪犯委员会组织人民法庭，举行公审。

第二十二条　审理叛国罪犯，由下列规定管辖之：

一、团级以上之伪军官、佐、属，或伪县级以上之伪行政官员及其他同级伪组织之罪犯，由本边区或授权所在地行政区特别法庭审判之。

二、营级以下之伪军官、佐，属，或伪区级以下之行政官员、吏役、警士，及其他同级伪组织之罪犯，由县特别法庭审理之。

第二十三条　特别法庭或人民法庭，依本条例判决死刑、无期徒刑或十年以上有期徒刑之案件，被告得于判决送达后五日内，提起申诉。

被告对于前项所处之罪刑，逾期不申诉者，行政区以下之特别法庭或人民法庭须呈请复判。申请复判之呈请，均以一次为限。

第二十四条　各级特别法庭或人民法庭所为死刑之判决，须递呈边区政府或经边区政府授权之专员公署核准后，方准执行。

前项授权之规定，以边区政府命令定之。

第二十五条　犯本条例之罪，于审讯中自白者得减轻处刑。

第二十六条　人民对于叛国罪犯，均得告发或秘密检举，经审讯确实者，酌予奖励。如虚构事实，挟嫌诬告，应依刑法诬告罪论处。

第二十七条　被害人及群众团体得依民事诉讼程序，对于叛国罪犯可进行清算，要求赔偿损失。

前项之民事诉讼，必要时，得移转司法机关办理。

第六章　财产之处置

第二十八条　犯本条例之罪，得判决没收财产之全部或一部，但在调查及审讯期中，得先行全部查封。前项没收之财产，须酌留其家属生活费。

第二十九条　凡叛国罪犯掠夺人民之财物与人民所订之收买、代管、租借、抵押之财物，其契约一律无效，并酌情予以没收，发还原受害人。

第三十条　自新者在犯罪期间，其本人私有财物，应按其犯罪情节轻重，没收一部或免予没收。

第三十一条　没收之汉奸财产，作为救济抗属、灾民、难民、失业工人及贫苦人民之用。

第三十二条　凡属自动投诚，及在叛国期间尚秘密帮助抗战工作确有证据者，其私有财产不得没收。

第三十三条　凡叛国罪犯之财产，除酌留生活外，如自己或家属有隐匿不报者，一经查出，应将其所隐匿部分全部没收，并得按其情节减留其生活费。

第三十四条　凡明知叛国罪犯之财产而侵占隐匿者，除将其所隐匿之财产追缴外，并处以侵占公物罪。受叛国罪犯之委托，代为隐匿者亦同。

第三十五条　凡逃匿之叛国罪犯，得预为没收其财产之全部。没收之财产，由各级惩治叛国罪犯委员会提交各该同级政府处置之。

第七章　附　则

第三十六条　刑法刑诉之规定，与本条例不相抵触者，适用之。

第三十七条　原各行政公署、各专员公署所公布之有关惩治汉奸之单行法令宣告作废，今后惩治汉奸，概依本条例之规定。

第三十八条　本条例如有未尽事宜，得由苏皖边区政府命令修改之。

第三十九条　本条例由苏皖边区政府公布施行。

选自《中国新民主主义革命时期根据地法制文献选编》第三卷，中国社会科学出版社1981年版，第214～220页。原注："选自1945年12月30日《新华日报》"。

17. 苏皖边区第一行政区惩治汉奸施行条例

1946年3月公布

第一条　本行政区处于长期对敌伪反“清乡”、反“清剿”、反“扫荡”残酷斗争之前哨，军民损失，至为惨重。为贯彻苏皖边区政府颁布之惩治叛国罪犯（汉奸）暂行条例第一条精神，经呈准苏皖边区政府．特制定本条例。

第二条　凡投敌、通敌、助敌及进行一切有利于敌人之行为而危害国家民族利益者，为叛国罪犯。

第三条　有下列行为之一者，处死刑、无期徒刑或五年以上有期徒刑。

一、组织武装，协助敌寇，抗拒我抗日军队者。

二、为敌执役，主持或实施屠杀我人民者。

三、充任伪军警、伪政权、伪组织之人员，并积极破坏我民族解放事业者。

四、为敌伪捕捉壮丁，招募军队及劳工而造成民族损失者。

五、组织叛变或拖枪逃跑者。

六、组织破坏我方之军事、政治、经济、文化、交通设备，或有国防价值之建筑物，发生重大损害者。

七、组织各种团体，积极为敌效劳，破坏民族解放事业者。

八、偷窃或泄漏（露）我方军政秘密，破坏抗日战争者。

九、掠夺军用资财，供给敌人者。

十、协助敌伪放火抢劫，掳人勒赎，危害人民者。

十一、向敌伪告密，破坏我抗日地下组织或捕捉我抗日工作人员，发生损害者。

十二、利用敌伪势力，主持囤积居奇，操纵市场，致陷民众生活于困难者。

十三、以枪械弹药或粮草财物供给敌人，罪大恶极者。

十四、日本宣布投降后，组织拒降，坚决抵抗或残杀人民者。

十五、利用敌伪势力，强占或强奸妇女者。

十六、残杀或严重虐待我方或盟方被俘人员者。

十七、已自新而重新投敌者。

十八、与敌伪勾结，伪造抗币票券，扰乱金融者。

犯本条两款以上之罪，须合并处有期刑者，不得超过二十年。

犯本条之罪，其情节轻微，显可原谅者，得减处一年以上五年以下有期徒刑。

第四条　前条各款之从犯、预备犯及未遂犯，处一年以上十年以下有期徒刑。

第五条　包庇、隐匿或纵容第三条之罪犯者，处七年以下一年以上有期徒刑。

第六条　包庇、隐匿或纵容第四条之罪犯者，处三年以下有期徒刑。

第七条　负责看管第三条、第四条罪犯之人员，有故意纵逃行为者，处死刑。

第八条　因犯本章之罪，所得或供犯罪所用之物，不问属于犯人与否，均没收之。

第九条　犯本条例之罪，得褫夺公权一年以上十年以下，处无期徒刑或死刑者，褫夺公权终身。

第十条　犯本条例之罪，在未经检发前，具有痛改前非之决心，向我公安机关投案自首者，得准予自新，但犯罪情节重大，须有下列条件之一，得减免其刑：

一、检举其他叛国罪犯，经判决确定，或贡献重要证据，确有价值者。

二、揭发叛国罪犯或间谍之阴谋策划，确实有据者。

三、献出敌方机密，确有利于人民解放事业者。

四、携带军械资财来献者。

五、自动交出敲诈勒索所置之财富者。

六、前列各款以外之自首，确有利于人民解放事业者。

第十一条　凡犯罪情节轻微，得根据当地群众公意，处以六个月以下之监管、拘禁、苦役，并得将其财产之一部抵偿群众损失，或公开向人民赔罪、悔过自新，及褫夺公权一年以下。

第十二条　在日本投降前已自新，确有证明者，得减免其刑。

第十三条　自新人犯自新后，又犯罪者，除新犯之罪惩处外，得将原罪合并处罚。

第十四条　自新人犯对其所犯罪行未坦白彻底者，以未自新论。

第十五条　叛国罪犯逃亡或隐匿者，得通缉之。

第十六条　叛国罪犯之搜索与逮捕，由公安或司法机关执行之，但有逃亡之虞者，区乡政府亦得进行逮捕。

第十七条　叛国罪犯持枪拒捕者，得当场格毙，拒抗者得拘束其身体。

第十八条　审理叛国罪犯，由各级惩治叛国罪犯委员会组织特别法庭审理之，各级委员会向同级政府负责。

第十九条　惩治叛国罪犯委员会，由行政、司法、公安、参议会、群众团体各推代表组成，其组织章程另订之。

第二十条　审理叛国罪犯，必要时，得由惩治叛国罪犯委员会组织人民法庭，举行公审。

第二十一条　各级特别法庭或人民法庭审理叛国罪犯，依本条例所为死刑、无期徒刑及一年以上有期徒刑之判决，须经本行政区法院或授权所在地县政府之核准，方得执行。

第二十二条　各级特别法庭或人民法庭，依本条例第十一条所为之判决，得直接执行，事后须呈报上级政府备查，如上级政府认为有不当处，得发交当地人民重审或提审。

第二十三条　人民对于叛国罪，均得告发和秘密检举，经审讯确实者酌予奖励。

第二十四条　被害人及群众团体，对于叛国罪犯可进行清算，要求赔偿损失。

前项之清算及赔偿，必要时得移送政府办理。

第二十五条　已判决或自新之叛国罪犯，其处置显失公平，经人民控诉者，得发交人民公审，重为判决。

第二十六条　执行徒刑之叛国罪犯在执行期中，确实改悔有据，无期徒刑执行已满十年，有期徒刑执行已满二分之一，得假释之。

第二十七条　犯本条例之罪，得判决没收其财产全部或一部，但在调查及审讯期中，得先行全部查封，前项没收之财产须酌留其家属生活费。

第二十八条　凡叛国罪犯掠夺人民之财物，应予没收，经审查确实为其原物者，得迳（径）予发还被害人。

第二十九条　凡叛国罪犯利用敌伪势力，与人民所订之收买、代管、租借、抵押一切动产、不动产之一切契约，一律无效。各级政府得视其实际情节，分别交由被害人领赎。

第三十条　自新者在犯罪期间，其本人私有财产，应按其犯罪情节轻重，没收一部或免予没收。

第三十一条　凡属自动反正及在叛国期间，尚秘密帮助抗战工作确有证据者，其投敌前之私有财产不得没收。

第三十二条　凡叛国罪犯之财产除酌留生活外，如自己或家属有隐匿不报者，一经查出，应将其所隐匿之部分全部没收，并得按其情节减留生活费用。

第三十三条　凡明知叛国罪犯之财产而侵占隐匿者，除将其所隐匿之财产追缴外，并处以侵占公物罪，受叛国罪犯之委托代为隐匿者亦同。

第三十四条　人民对于叛国罪犯所隐匿之财产，得检举之，并予提成奖励。

第三十五条　为叛国罪犯隐匿财产之人，在未经揭发前，自动交出者，免除其刑。

第三十六条　凡逃匿之叛国罪犯，得预为没收其财产全部。没收之财产，由各级惩治叛国罪犯委员会提交各该同级政府处置之。

第三十七条　没收叛国罪犯之财产，作为当地救灾、优抗及从事生产之用。前项逆产得由区级政府会同当地群众团体，当众公平处分之，并呈报本署备查。

第三十八条　本条例自公布日起施行。

选自《中国新民主主义革命时期根据地法制文献选编》第三卷，中国社会科学出版社1981年版，第222～228页。原注：“选自1946年3月17日《江海导报》”。

18. 苏皖边区危害解放区紧急治罪暂行条例

1946年6月公布施行

第一条　为保卫解放区，镇压反动派特务暴动之破坏与捣乱，特制定本条例。

第二条　凡手持武器，爆炸物、毒药或放火危害前方战斗或后方治安者，处死刑。

第三条　凡手持武器、爆炸物、毒药或放火危害本边区党政军民生命者，处死刑。

第四条　对于第二、三两条之罪犯，本边区各机关、团体或人民均得随时随地予以逮捕，但必须立时转送就近政府或军队，依法处理。

第五条　对于第二、三两条之罪犯，在情况紧急时，所在地之县区政府得立时予以处置，但有错杀时，主持人应负杀人责任。

第六条　前条所称紧急情况，系指随时可能发生战事的边沿地带或已经宣布戒严区域，对于案犯之解送、羁押已不能依照通常司法手续办理而言。

第七条　县区政府对罪犯之紧急处置，应立时呈报上级政府并转报边区政府审核备案。

第八条　非系前条紧急时，对犯本条例之罪者，仍依照通常手续办理。

第九条　本条例由苏皖边区临时参议会通过，边区政府公布施行，其修正手续亦同。

选自《中国新民主主义革命时期根据地法制文献选编》第三卷，中国社会科学出版社1981年版，第220～221页。原注："选自1946年6月14日《新华日报》华中版"。

19. 苏皖边区第一行政区破坏解放区革命秩序治罪办法

1947年1月

第一条　为保卫解放区人民利益，巩固革命秩序，防止反动破坏，特订定本办法。

第二条　有下列情形之一者，处死刑或无期徒刑，并得没收其财产之全部或一部：

一、破坏地方民主政府、人民武装或群众团体者。

二、推行反动政令，组织反动政权或反动武装者。

三、在解放区公开或秘密组织反动团体，阴谋策动破坏者。

四、主动参加反动军政团体，积极破坏解放区，危害人民利益者。

五、煽惑或胁迫群众组织暴动者。

六、胁诱解放区工作人员叛变自首者。

七、组织烧杀或暗害，危及解放区人民及军政人员生命财产与健康者。

八、抢掠或毁坏公款、公粮、公共物资及公共建设者。

九、主动为反动武装带路或指认，目的在危害解放区者。

十、潜伏或混入解放区刺探军情政情，或有计划泄露军政秘密者。

十一、私藏军火，目的在策应反动者。

十二、有计划制造或散播谣言，煽乱社会秩序者。

十三、扰乱金融者。

十四、倚仗反动势力，破坏土地改革及人民既得合法权益者。

第三条　有下列情形之一者，处十年以下有期徒刑：

一、第二条所列各款之胁从者。

二、帮助第二条各款之犯人逃脱者。

三、掩护反动份（分）子密不报告者。

四、其他有便利反动份（分）子活动之行为者。

第四条　重犯或曾经附敌附逆及判处徒刑，而又犯以上两条各款之一者处死刑，并得没收其财产之全部或一部。

第五条　犯第二条、第三条、第四条各款及时觉悟自动出首，或在破获后彻底坦白因而破获全案或防止更大破坏事件发生者，得酌予减刑或免刑。

第六条　本办法所指案犯，任何机关、部队或团体成员均有逮捕权，拒捕者得当场格杀。案件之执行，依据情况变化，得临时授权县区政府处理之。

第七条　凡挟仇报复或处理失当，应根据其当时之动机及产生之影响，追究杀人罪责。

选自《中国新民主主义革命时期根据地法制文献选编》第三卷，中国社会科学出版社1981年版，第228页～230页。原注："选自1947年1月4日《江海导报》356号"。

20. 皖北人民行政公署关于量刑标准及几个具体问题的指示

1949年7月

据滁县行政区专员公署呈请解释量刑根据及其它一些具体案件的处理标准，经交皖北人民法院研讨后，特作如下指示：

一、关于刑事案件的量刑标准问题

在旧的反动刑法已经废除，新的民主法令尚未统一制订颁行的过渡期间，刑事案件的量刑标准，可依据下列原则酌定被告的刑罚。

甲、判处重刑（死刑或长期的徒刑）的标准。量刑之轻重，应以犯罪者危害新民主主义国家、社会、及人民利益的行为严重与否而定。其依据是应该紧紧的掌握我们的政策原则，这个原则就是"打击少数争取多数"。因此，判处重刑的标准：第一，其犯罪主体，须为罪大恶极的首要份（分）子；第二，对国家、社会、与人民的利益危害程度甚大；第三，其所犯罪行，为广大群众所痛恨。这三个标准是密切联系不可分的，在于精细的分析案情，弄清事实后，切实掌握客观情况，依据首恶必办，胁从从宽的精神，分别情节大小，谨慎而稳当的衡量定刑，否则就会犯或"左"或右的枉纵错误。来文所称"土匪或惯匪主使或同谋杀死人命一人至三人"这种罪行，不能不谓重大，其侵害国家、社会、人民的利益，亦不能不谓严重。如果是首要份（分）子、或非首要份（分）子但是主动者，则为了争取群众大多数，保护社会秩序，以收杀一儆百之效，可予判处死刑。但必须善于分清主从关系，只有主犯，才能从严惩处，倘其犯罪为被动或者是胁从份（分）子，则应依"从宽"的原则，判以徒刑，其刑期之长短，亦须视其所犯罪行大小而定，不能一概而论。

乙、一般的量刑标准。一般量刑标准，提出以下几点：第一，犯罪的动机；第二，犯罪的手段；第三，犯罪的主客观原因；第四，犯人的出身成份（分），平日品性，以及犯罪后的态度表示；第五，主动或被动以及危害程度大小。量刑轻重，必须综合分析这些条件，才能得出恰如其分的处分，否则就会产生畸重畸轻之弊。至于所称"因通奸杀死本夫，奸夫奸妇主动或被动，直接或间接杀害"。如为主动的直接的实施者，即应重办；如为被动或间接的，则应从轻处刑。又"亲夫当场捉获奸夫奸妇，因在气忿中，将奸夫奸妇一并杀死或杀死一人，而于杀后，又自行投案"。从杀人的动机说，是激于义愤，但其犯意又是起于仓促之间的，与那些处心积虑的杀人，应该有所区别；从其犯罪后的态度说，则是深知错误，与那些犯罪后逃避法律责任的，亦截然不同。对于这种犯罪的处刑，就应该从轻。又如所举“因土地财产被侵占，或被敲诈，被陷害，或互相争夺权势，或先有人命仇隙，弱者在气愤中杀死强者，或强者为铲草除根，湮灭证据，杀死弱者”。这种情形，我们意见，对于强者的犯罪行为，应该从重处办；弱者的行为，则应从轻。这也是因为犯罪的动机不同，与犯罪产生的原因环境有别，量刑才有所轩轾。总之，同一犯罪行为往往因其情节之不同，对象之有差别，处刑就须有轻重，全在司法人员能深刻的领会与掌握政策原则，权衡得失，具体而灵活的运用，不可丝毫粗枝大叶或机械执行。

二、易科罚金及徒刑之执行折抵问题

甲、易科罚金及其折抵标准。被告经判处徒刑后，可否易科罚金，须视案情大小与案件性质如何酌定，不能一概而论，也不是不准易科罚金（易科罚金与判处罚金不同）。如果犯罪者所判的徒刑，以在监狱执行，给予教育改造为宜的，虽其刑期较短，亦不宜易科罚金。如盗匪小偷之类，因为这种犯罪，是直接侵害国家社会与人民法益的，必须剥夺其自由，在监狱中施行严格的教育，使其对错误有正确的认识，才能真正的达到改造目的。倘使易科罚金，不仅没有改过向善的机会，而且易遭受群众的反对，失去法律制裁的效用。反之，如果犯罪的情节较轻，又因种种特殊原因（如有特殊职业），所判徒刑以不在监狱执行为适宜，易科罚金即能收到教育改造之效的，则予易科罚金。但须注意不要为有钱阶级所玩弄。其折抵标准暂定为判一年以下有期徒刑的，得在人民币一百元至五百元的限度内，斟酌被告的经济状况，定其折抵一日之数。

乙、徒刑起算日期与判决确定前羁押日数的折抵标准。徒刑之执行，从判决确定之翌日计算（过上诉期与申明不上诉或最后判决，即为判决确定）。裁判确定前羁押日数，以一日抵徒刑一日（判决书上必须载明）。

丙、徒刑改罚苦工的折抵。凡判处徒刑的案犯，在执行期间，本应均须进行劳动改造。但由于目前的看守所设备，尚不甚好，劳动场所，亦无条件设置，某些短期徒刑的案犯，经常监禁，并非善策。为了加强教育改造，得视其所犯罪行之大小，斟酌改罚在外从事苦工的劳动，其折抵标准暂定为做苦工一日折抵徒刑一日。

三、几个具体案件处理的解答

甲、通奸与强奸如何裁判问题。通奸（即和奸）与强奸的主要分别，是犯罪手段的不同。通奸是男女双方出于合意的行为；而强奸则是男方用强暴胁迫的手段，女方完全处于被迫状态，无法抗拒，任听其奸淫的行为。前者男女双方，如均为有配偶之人，则为共同被告，同受法律制裁，其处刑最高限度，不得超过一年（罚金，苦工，拘役均可）；后者女方是被害人，其情节较通奸为严重，对男方的处刑，最低限度须在二年以上，甚至于处以极刑（如强奸致被害人于死）。

乙、因家庭口角争吵，或因虐待，一时气愤自杀的处理。这种行为，并非出于故意，但不能免却过失责任。前者（口角争吵）是旧社会家庭所习见的事实，往往因一方的狭隘，而气愤自杀，这原非与之争吵者意料所及，应予从轻处刑，其刑期最高不得超过一年；后者（虐待）的虐待行为，是被虐待者，不堪受其凌辱压迫的痛苦，因而自杀，与一时口角争吵，应该有所区别，对虐待者的处刑，应较前者为重，可依实际情况在三年以下的限度内，定其刑期。

丙、婚姻问题的处理（略）

选自《中国新民主主义革命时期法制建设资料选编》第二册，西南政法学院函授部 1982 年编印，第 244～248 页。原注："摘选自南京市人民法院《司法工作参考资料汇编》"。

21. 苏北区奖励节约惩治贪污暂行条例

1949 年 9 月 1 日颁布，同年 11 月 14 日修正第七条第六项全文

第一章 总 则

第一条 为厉行生产节约，养成各级公务人员之廉洁朴素作风，杜绝贪污，整饬纪律，特订定本条例。

第二条 苏北地区节约之奖励，贪污之惩治，概依本条例办理。

第二章 奖励节约

第三条 奖励节约，按下列规定予以奖励：

1. 军工、西药、电料、被服、交通、印刷等部门，使用器材注意节约并有显著成绩者，除予表扬外，并给予相当之物质奖励。

2. 各部门仓库保管物资，不受损失，不致糜烂，有显著成绩者，除予表扬外，并给予相当之物质奖励。

3. 注意一般公物节约，且有显著成绩，为群众公认者，得通报或登报表扬，如能起带头作用推动全体节约者，得给予个人节约模范称号，并给予相当物质奖励。

4. 整个机关能节约粮食缴公，并尽量节省各项开支，有显著成绩者，予以通报或登报表扬，如果能起带头作用，推动其他机关节约者，得给予集体节约模范之称号，并酌给予相当的物质奖励。

5. 公营企业节约原料，减少消耗，有利生产者，得予开会登报表扬，成绩优异者，得给予模范之称号。

第四条 凡节约物品，不愿领取奖金者，应予表扬。

第五条 以上规定之物质奖励及精神表扬，均应经民主评议，呈报上级机关审查公布。

第三章 惩治贪污

第六条 凡利用职权贪污受贿，盗卖吞没，浮报冒领，克扣截留，或挪用公粮、公款、物资或盗用战争缴获物资等一切舞弊行为，概以贪污论罪。

第七条 贪污行为经检查属实者，除勒令赔偿外，依下列各款治罪：

1. 贪污杂粮一百斤以下，或同等价值之物资及现金者，予以批评、警告或记过处分。

2. 贪污杂粮一百斤以上五百斤以下，或同等价值之物资及现金者，予以降级使用或撤职处分。

3. 贪污杂粮五百斤以上两千斤以下，或同等价值之物资及现金者，处一年以上三年

以下有期徒刑。

4．贪污杂粮二千斤以上四千斤以下，或同等价值之物资及现金者，处三年以上五年以下有期徒刑。

5．贪污杂粮四千斤以上五千斤以下，或同等价值之物资及现金者，处五年以上七年以下有期徒刑。

6．贪污杂粮五千斤以上，或同等价值之物资及现金者，处死刑或十年以上有期徒刑。

第八条　严重破坏经济制度，或任意浪费公款公物，或因职务上疏忽，致使公款公物遭受损失者，得按情节之轻重，分别予以批评、警告、撤职处分。

第九条　教唆贪污者，以主犯治罪；帮助贪污者，以从犯论罪；集体贪弱者，以其行政负责人为主犯，其余得按情节轻重，分别治罪。

第十条　贪污行为除依上开规定治罪外，须追缴其贪污所得，补偿群众或政府损失。

第四章　执　行

第十一条　本条例第三章执行权，属于各级司法机关，被告不服得上诉于原审判机关之上级司法机关，二审判决后，即为确定，不得再行上诉。

第十二条　判处徒刑得易服强制劳役，其办法另订之。

第十三条　依本条例判处死刑者，须经苏北行政公署核准后，始得执行。

第十四条　批评、警告、记过、撤职，均系行政处分，须呈报上一级之领导机关核准后，始得执行。

第十五条　本条例公布后三个月内坦白反省，并决心改正者，除酌情追缴贪污财物外，得减免其处分，坦白后又重犯者，应从重处刑。

第十六条　依本条例治罪之贪污人犯，在徒刑执行期间，得视其觉悟程度、进步表现，经专署以上政府之批准，减免其刑。

第五章　附　则

第十七条　本条例由苏北行政公署公布施行，如有未尽事宜得随时修正之。

选自《中国新民主主义革命时期根据地法制文献选编》第三卷，中国社会科学出版社1981年版，第230～233页。

十三、公安法规

1. 淮海分区戒严条例

1945年8月

第一条　为适应新解放区环境，实施军事管制，维持社会秩序，确保集体安全起见，特制定本条例。

第二条　本分区抗日部队进入敌伪侵占之城乡，市镇及要塞后，应即由该管军政机关规定区域，依本条例施行戒严，并宣告之。

第三条　宣告戒严之军政机关□□将戒严□□情形及一切处置，迅速呈报上级查核。

第四条　戒严区域内，军政机关有执行下列事项之权：

一、设置俘虏及日本居留民收容所，实施军事管制。

二、登记并逮捕战争罪犯及卖国奸贼。

三、控制一切机关、仓库、工厂、矿坑、学校、兵营及要塞，严禁自由出入。

四、控制一切船舶、火车、汽车、水陆码头，必要时得停止其交通，并得遮断主要道路及航线。

五、控制一切邮政、电话、电报、无线电机关，实施严格检查，必要时得扣留或没收之。

六、控制一切盐坨、银行及其仓库，派兵驻守，严行保护。

七、严防反动破坏分子及残留敌探汉奸进行活动，如有发现，应予严厉制裁。

八、通告居民不得藏匿未经办理自新手续之敌伪份子及其武器、物资，如有发现，应予严惩。

九、指挥居民中原有之秘密抗日武装组织，并点验其人数及武器。

十、对于一切建筑物、船舶、车辆及情形可疑之住宅，得施行检查。

十一、必要时，得停止居民之集会结社。

十二、管制粮食、煤炭，严禁奸商囤积操纵。

第五条　在戒严期间，有下列情形之一者，均以汉奸论罪：

一、制造谣言，煽动民心，破坏社会秩序者。

二、诱惑军队人员，破坏军事建设、军需及交通者。

三、服务敌方或以物资资敌者。

四、隐匿敌方人员及敌物资不报者。

五、进行秘密组织与秘密活动者。

第六条　宣告戒严之军政机关，对于叛国汉奸之罪犯，应送交淮海分区人民法庭审判，对于其他罪犯，仍应送交所在地司法机关审判。

罪犯于捕获后，查有实据，而无法送交人民法庭或司法机关审判时，得由宣告戒严之军政机关团长或县长以上进行审理，依法紧急处置，并呈报上级备案。

第七条　戒严期间紧急判处徒刑案件，解严后，虽逾上诉期间，仍得上诉。

第八条　戒严期间紧急判处死刑案件，经发觉违法时，除主管官应负刑事责任外，其家属并得请求冤狱赔偿。

第九条　无论何人，严禁在外招摇，藉端敛财，其有挟嫌报复，陷人于罪者，应依法惩处。

第十条　戒严之情况终止时，应即宣告解严，自解严之日起，一切回复原状。

第十一条　本条例由淮海军分区司令部、淮海分区专员公署制定颁布施行。

第十二条　本条例之施行日期，以命令定之。

选自《中国新民主主义革命时期根据地法制献选编》第三卷，中国社会科学出版社1981年版，第279～281页。

2. 苏北行政公署关于县市公安机关与司法机关处理刑事案件权职的规定

1949年6月8日

近据反映，各县市司法机关与公安机关对于处理刑事案件由于权职不甚清楚，难免发生分歧的意见，致影响工作的进行，为明确职责，特作如下规定：

关于汉奸特务及内战罪犯等及其他带有政治性案件，其侦查的责任应属于公安机关。侦查的主要任务是，搜集罪犯的犯罪事实及证据，如发现某人犯罪或确系有犯罪嫌疑，即可加以侦查追究，并向司法机关提起公诉。假如侦查的结果，嫌疑不足或其行为不成立犯罪等，纵系犯罪而以不起诉为适当时，则公安机关均有权释放，不予起诉，司法方面，不能干涉。

前述案件经公安机关向司法机关起诉后，司法机关即有权责审判该案，对于被告的犯罪事实和证据加以审理研究，看被告是否犯罪，所犯何罪，应该科什么刑，然后加以裁判、宣示。公安机关在司法机关审理过程中，既可追诉，并可提出意见，但司法方面采纳与否，对于被告认定犯罪或无罪，科刑或重或轻，公安机关不能干涉，如有不同意见，可以提出上诉。

公安方面职在追诉犯罪，故对有犯罪嫌疑者，不一定证据确凿即可起诉，而司法方面责在论罪科刑，若被告仅有嫌疑没有积极的证据可以证明被告确系犯罪时，即不能论罪科刑。至于普通刑事案件（除违警罚法外），公安机关知有犯罪嫌疑时，亦有权责为紧急与必要的措施后移交司法机关处理。

选自《中国新民主主义革命时期根据地法制文献选编》第三卷，中国社会科学出版社1981年版，第578～579页。

3. 苏北行政公署训令——关于公安局与法院工作关系的补充办法①

1949年9月28日

查县市公安局与同级法院工作关系及权责范围前经本署规定，并以法字第三十四号令行在案。近查执行以来，尚有不够负责，界限不清之处，以致文卷往返转折，影响案件迅速处理。兹为进一步明确界限，分清权责，纠正上开偏向起见，特再规定补充办法如下：

一、关于公诉

甲、关于伪匪奸细、特务、盗匪犯等案件经公安机关侦查后，认为必须送交司法机关审判者，应制作公诉书连同人犯、案卷及有关之证件、赃物、违禁等物，一并移送同级司法机关进行初审。

乙、一般盗匪或政治性案件得由县公安局直接侦查，须提起公诉者，送县市人民法院审判；如重大案件须经行政区公安局直接侦查并提起公诉者，送行政区人民法院审判，特殊重大案件须由苏北公安处直接审（侦）查并提起公诉者，送苏北人民法院审判。

丙、公诉书内容包括：（1）被告简历；（2）案由；（3）犯罪事实；（4）证据；（5）起诉理由；（6）处理意见；（7）起诉日期；（8）起诉机关负责人。

丁、公诉注意事项：

1. 案卷内所附调查材料，应注明调查人服务机关、职别、姓名，并须盖章以示负责。

2. 侦查审讯中，如有被害人及家属证人者，应传唤到庭，将其陈述记入笔录，必要时并须（需）与被告对质。

---

① 副标题系编者所加。

3. 对调查材料应加以分析，辨别是非、真假、来源，于公诉书起诉理由栏内说明之。

二、监所警卫武装与公安局、法院的关系

甲、监所警卫武装的建制领导、军事及政治教育、供给关系等属于公安局，看守业务上的监督指挥属于监狱。

乙、看守所的行政领导属公安局，但对司法案件看守业务上的教育指挥属于同级法院，看守所长对司法案件的管教情况，应定期向法院回（汇）报。

三、违警案件与刑事案件处理权限问题

甲、违警案件由当地公安机关处理，如认为情节较重有处刑之必要者，应移转司法机关办理。

乙、轻微刑事案件互扭到公安局者，得随时加以调处，如调解不成应即转送法院处理。

以上三项仰即连同前颁规定切实执行，并联系实际工作进行一次检查，订出今后具体执行办法，以求贯彻并改进工作为要。

选自《中国新民主主义革命时期根据地法制文献选编》第三卷，中国社会科学出版社1981年版，第580～582页。

十四、司法审判及狱政

1. 淮海区司法公安案犯统一管教暂行办法

×年×月①

第一条　为改善案犯待遇，进行教育，特制定本办法。

第二条　所有案犯一律由看守所负责看管之。

第三条　看守所依案犯性质，由司法、公安两部门领导之。

第四条　看守所应选择适当之处所及房屋，并排除妨碍看守及便于案犯脱逃之事物。

第五条　案犯入所时，由看守所长检查，所有携带钱物，一律送交上级暂为保存。

第六条　看守所长应秉承上级之命令，分别编组看管之。女犯有三人以上者，得另行看押之。

第七条　看守人员对案犯不得施行侮辱打骂。

第八条　案犯如有疾病，应予隔离，并随时呈报上级加以诊治。

第九条　案犯于夏秋热季，准予沐浴及随时洗涤衣服。

第十条　案房内春冬一概铺草，夏秋改换芦席。铺草应按月换新，铺席应随时曝晒洗刷。

---

①　原件无制定年月，可推断为抗日战争时期。

第十一条　案房内于夜间设大小便桶各一，拂晓以前黄昏以后，不准案犯外出。

第十二条　暑季应规定时间，使案犯出室纳凉。

第十三条　案犯每月剪发一次。

第十四条　案犯家属请求接见或送给衣服食物时，均须经过上级批准，并应加以检查。

第十五条　案犯不准互相谈话、吸烟及日间睡眠。

第十六条　为加强案犯教育，应按时派人或指定识字犯人进行读报，并组织文化及时事之讨论。

第十七条　主管机关每周应派员到所，召集案犯及看守人员开会，检查犯人生活及看管情形。

第十八条　所内案犯及看守人员，对于本办法各节，故不遵守者，所长应随时报告上级，予以惩处。

第十九条　本办法经淮海区参议会通过，交由行政公署公布施行之。修正手续亦同。

第二十条　本办法公布之日起施行。

选自《中国新民主主义革命时期根据地法制文献选编》第三卷，中国社会科学出版社1981年版，第480～482页。原注："选自淮海区专员公署《淮海区单行法规（草案）》"。

2. 苏中区第二行政区诉讼暂行条例

1943年9月1日公布，1943年9月15日施行

第一章　总　则

第一条　苏中第二行政区（以下简称本行政区）法院为保障根据地人民之人权财权，适应敌后情况，确定诉讼办法免除人民讼累，特订定苏中第二行政区诉讼暂行条例（以下简称本条例）。

第二条　本行政区人民诉讼及司法机关对案件之处理，悉依本条例行之。

第三条　司法案件之处理以抗战建国纲领为最高准绳，国民政府所颁布之法令，除与因适应战时环境及地方实际情形由专署以上抗日政府颁有单行法相抵触者外，一律适用。

第四条　抗日民主政府建立前，除政治案件外，一切判决概为有效，但依民事诉讼法第四百九十六条第三项得提起再审之诉者，不在此限。

第二章　管　辖

第五条　本行政区审级制度暂定二级二审制，兼理司法县政府为第一审，法院为第二审。

第六条　关于军事案件，由军法机关审理之，汉奸政治犯案件由公安机关侦讯，司法机关审判之。

前项以外案件，悉由司法机关审理之。

第七条　军人因民事诉讼或犯普通刑罪者，悉由司法机关审理之。

第八条　公务人员犯渎职罪者，得移转管辖。

第九条　区乡政府及区乡调解委员会无审判权，下列各项事件不得受理：

一、关系禁治产事件与死亡事件之宣告或撤销。

二、刑事案件，但轻微者不在此限。

第三章　人犯之拘捕

第十条　拘捕人犯非依法律不得为之。

第十一条　下列各款人犯不论何人得迳（径）行逮捕：

一、敌探、汉奸、逃兵及其他现行犯。

二、犯罪确有实据，现在通缉或逃亡中者。

三、犯命盗案件，有重大嫌疑而有逃亡之虞者。

第十二条　民众或民众团体逮捕前条人犯，应于二十四小时以内解交主管区署或有审判权之司法机关。

区署拘禁人犯，不得超过四十八小时，应即解送主管县政府。

第十三条　部队逮捕第十一条各款人犯，应即解送所在地审判机关。

第十四条　逮捕人犯不得施以侮辱、殴打等情事，但公然拒捕或有脱逃之虞者，得予以必要之拘束。

第十五条　拘捕人犯在特殊情形下不能按时解送者，应将事实及不能按时解送之原因，详报该管县政府核办。

第四章　起诉与审判

第十六条　起诉应以书状为之。

当事人不能制作书状时，得本其口述代撰书状，或由司法书记制作笔录，由当事人盖章或捺指印。

第十七条　书状应表明下列各款事项，向受诉机关提出之：

一、具状人姓名、性别、年龄、住所、职业。

二、诉讼标的及其估价。

三、应受判决事项之声明及陈述。

四、供证明用之证件。

五、提出人证之姓名、住所。

六、附属文件及其件数。

七、撰状人姓名、年龄、住所、职业。

八、呈递机关。

九、年、月、日。

第十八条　书状不合前条各项规定者，受诉机关应即命其补正。

第十九条　民事案件当事人应向受诉机关随缴诉费（另表并附说明）。

第二十条　受理民事案件应迳（径）行传讯并随时答辩。

第二十一条　当事人同时提出相关之民刑事诉讼者，司法机关得同时并案审判。

第二十二条　各级司法机关审理案件时，当事人得先期依法呈准延请代理人、辩护人或辅佐人。

第二十三条　各级司法机关审理一律禁用体刑，重证据不重口供。

第二十四条　刑分主刑及从刑，为适应抗战环境规定种类如下：

主刑：

一、死刑——一律执行枪毙

二、有期徒刑

三、拘役

四、罚金——依照刑法分则各条规定，参照犯人之资力、现时通用之币值酌科之。

从刑：

一、没收。

二、褫夺公权。

第二十五条　刑事案件终结后，各级司法机关得将刑事犯责付管束。

第二十六条　受有期徒刑或拘役之宣告，因抗战环境及被告身体、职业、家庭关系，执行显有困难或以不执行为当者，得以抗币一元以上三元以下折算一日，易科罚金。

第二十七条　罚金或易科罚金于裁判确定后一个月内完纳，期满而不完纳者，强制执行，无力完纳者，以抗币一元以上三元以下折算一日，易服劳役。

第二十八条　第一审判处死刑之案件，应将全案卷宗证物申送第二审司法机关核准后方能执行。

第二十九条　第二审对前条申送复核之案件，认为有疑义时，得提审，派员莅审或令原审机关更审报核。

第三十条　民事案件应以最大限度试行和解，和解成立者，应制作笔录并为送达。

第三十一条　县司法机关所收之诉讼费、罚金及没收犯人之财产，应于每月月终造列清册汇报法院。

第三十二条　各级司法收入应分别解入金库。

第三十三条　各级司法人员处理案件故意违反本条例或其他法令之规定者，应分别情形负民事或刑事上之责任。

第五章　上诉与抗告

第三十四条　对于第一审所为之民刑事判决不服者，一律得于法定期间内上诉于第二审法院。

第三十五条　对于第一审所为之批示、庭谕或裁定不服者，得抗告于第二审法院。

第三十六条　上诉或抗告应以书状向原审司法机关为之。

第三十七条　上诉书状应表明下列各款事项：

一、当事人及代理人。

二、第一审判决及对于该判决上诉之陈述。

三、对于第一审判决不服之程度及应如何废案或变更之声明。

四、关系新事实及证据，并其他准备言词辩论之事项。

第三十八条　上诉书状不具备前条各款规定者，原审司法机关应定期令当事人补正，逾期不补正者，以裁定驳回之。

第六章　巡回审判

第三十九条　兼理司法县政府得组织巡回法庭至区乡处理司法案件。

第四十条　巡回法庭审理案件，得聘请当地民众团体代表及公正人士陪审。

第四十一条　陪审人对审理案件得发表意见，但不得干涉法庭之判决。

前项陪审人发表之意见应记入笔录。

第四十二条　巡回法庭得通知所在地之军事及行政机关予以协助，倘有阻碍案件之进行及协助不力者，应报由其主管机关予以惩处。

第四十三条　巡回法庭对被告之羁押，得解送就近军政机关执行之。

第七章　看守所

第四十四条　各级司法机关得设看守所拘禁人犯。

第四十五条　看守所对犯人应施以感化教育，不得有索诈陋规及侮辱、打骂等情事。

第四十六条　人犯伙食与普通工作人员同。

第四十七条　犯人在看守期间无须支付任何费用，但因民事案件被管收者，应支付伙食费。

第四十八条　看守所设执法员一班，直接受看守所长指挥，执行看守及拘捕之任务。

第八章　附　则

第四十九条　本条例未规定之诉讼手续，仍依照国民政府公布之民刑事诉讼法规定办理之。

第五十条　本条例之解释权属于苏中第二行政区法院。

第五十一条　本条例如有未尽事宜，得由苏中第二行政区法院以命令修正之。

第五十二条　本条例由苏中第二行政区法院呈准苏中行政公署司法处颁布施行。

选自《中国新民主主义革命时期根据地法制文献选编》第三卷，中国社会科学出版社1981年版，第506～513页。原注：“选自1943年9月16日《滨海报》”。

3. 苏中区第二行政区征收诉讼费用暂行办法

1943年9月1日公布，1943年9月15日施行

第一条　本行政区各级司法机关关于征收讼费事宜，悉依本办法办理之。

第二条　第一审讼费征收数额依下列各款行之：

诉讼标的价额或金额	讼费征收数
一、三百元	五元
二、三百元至四百元	七元
三、四百元至五百元	九元
四、五百元至六百元	十一元
五、六百元至七百元	十三元
六、七百元至八百元	十五元

七、八百元至九百元　　十七元
八、九百元至一千元　　十九元
九、一千元至二千元　　二十二元
十、二千元至三千元　　二十五元
十一、三千元至四千元　二十八元
十二、四千元至六千元　三十四元
十三、六千元至八千元　四十元
十四、八千元至一万元　四十六元
十五、万元以上每千元加征三元，不满千元者亦按千元计

第三条　第二审征收诉讼费用数额照第一审加二成。

第四条　民事非因财产权起诉者，一律依五百元未满征收之。

第五条　诉讼标的不满三百元者，免征诉讼费用。

第六条　本诉与反诉标的相同者，反诉不另征收诉讼费。

第七条　民事再审之诉照征诉讼费。

第八条　民事案件发还更审后再行上诉者，免征诉讼费。

第九条　各项声请、声明，不分审级，一律征收诉讼费二元，但声请诉讼救助者免征。

第十条　执行、送达、缮状等费一律免征。

第十一条　征收诉讼费用均以盖印收据为凭，倘承办人不给收据或额外收费，缴费人可拒绝支付，并指名控告。

第十二条　当事人无力缴纳诉讼费用声请诉讼救助，经裁定核准者，得暂缓缴纳或特予免征。

第十三条　诉讼标的计算及征收诉讼费用，一律以江淮银行发行之抗币为标准。

第十四条　本办法如有未尽事宜，得由苏中第二行政区法院随时以命令修正之。

第十五条　本办法由苏中第二行政区法院呈准苏中行政公署司法处颁布施行。

选自《中国新民主主义革命时期根据地法制文献选编》第三卷，中国社会科学出版社1981年版，第513～515页。原注：“选自1943年9月16日《滨海报》”。

4. 苏中区处理诉讼案件暂行办法

1944年10月公布施行

第一章　总　则

第一条　凡苏中区人民诉讼案件，均依照本法处理。

第二条　本办法颁布后，凡未经判决确定之诉讼案件，均依照本办法处理。

第三条　处理诉讼案件之裁判根据，应以抗战建国纲领及抗日民主政府各种政策法令为最高原则。

第四条　处理诉讼案件，应照顾抗日各阶层人民之利益为基础，对于民事案件，以调解为主，审判为辅；对于刑事被告，以教育改造为主。

第五条　旧政府为镇压革命所为之判决，一律无效。普通民刑案件之判决，原则上继续有效，但确系冤屈之判决，经有证明者，得声请更审。

第六条　利用敌伪势力窃取权益者，一律无效，并得依惩治伪化诉讼条例惩处。

第七条　人民之法益被侵害时，得提起诉讼，但因年龄知识之关系不能进行诉讼者，得聘请代理人，或由政府指定代理人，进行诉讼。

第八条　各级政府受理诉讼案件，不得收取诉讼费用。

第二章　管　辖

第九条　各县县政府为第一审，专署法院为第二审，苏中高级法院为第三审，分区未设法院者，以专员公署司法科为第二审。

第十条　军事案件归军法机关审理，汉奸、特务按照紧急治罪法组织特种法庭审理，其他案件一律均归司法机关审理。

第十一条　军人犯有普通罪刑（行），及军民间因私人纠纷发生诉讼者，应归司法机关审理。

第十二条　关于财产权诉讼案件，归财产权所在地司法机关管理，其他案件，由被告住所、事务所所在地司法机关受理；刑事由被告犯罪所在地司法机关受理。此外，双方合意及上级指定之法院，亦有权管理。

第十三条　公务人员利用职权犯贪污，违法舞弊、营私等罪行者，由上级法院指定或派遣人员于第一审司法机关审理。

第十四条　区政府对民事及轻微刑事案件有仲裁权，县政府于必要时得授权乡调解委员会仲裁案件，仲裁后如仍有不服，得迳（径）行起诉，但重大刑事案件不得调解。

第三章　起　诉

第十五条　人民为维护权益，得向司法机关起诉。

第十六条　区级以上政府及公安机关为维护社会秩序、群众利益，得代表国家执行检察权，对刑事被告提起公诉。

人民对前项被告，有告发权。

第十七条　起诉不以书状为要件，人民得就诉讼内容口头告诉，由司法机关记录存卷，进行审理。

区乡政府人员及乡学教师有代人民缮录口头告诉记录（由政府统一印发）及书状之义务，不得收受任何酬劳。

第十八条　口头告诉记录及起诉书状应具备下列各项：

（一）原被告及证人、关系人姓名、年龄、性别、籍贯、住址、职业。

（二）事实与理由。

（三）请求目的。

（四）证人与物证。

（五）曾否调解或调解之结果。

（六）受理机关。

（七）起诉年月日。

（八）告诉人签名盖章或捺指印（左手二拇指）。

（九）代写人或记录人签名盖章。

第十九条　受理机关接受书状或记录时，对第十七条规定各项有欠缺时，应随时通知补正，不得拒不受理。

第二十条　投递书状除由具状人直接送到受理机关外，得由区乡政府代转。

第四章　传达与拘提

第二十一条　传唤原被告、证人及关系人应用传票，但就地审讯时，得用口头通知。

第二十二条　传票应在开庭前送达，并计算被传人足够之在途期间。

被传人于接收传票时，应在送达证上签名盖章或捺指印，并注明收到之日期。

第二十三条　送达除由专人执行外，并得委托区乡政府通讯员代为送达。

送达人于送达时，不得收受任何费用。

第二十四条　送达应于被送达人之住所、事务所或指定地点行之。

被送达人在根据地区无法送达者，得用公示送达。

被送达人拒绝送达者，得用留置送达。

第二十五条　刑事被告案情重大，有逃亡之虞者，或被传两次无故不到庭者，司法机关得命令拘提。

拘提被告时，应提示拘提证书。

第二十六条　现行犯人人得迳（径）行逮捕之。犯罪在实施中或实施后即时发觉者，为现行犯。

经政府通缉之人犯，以现行犯论。

汉奸、敌探及携械潜逃之武装人员，以现行犯论。

第二十七条　对于刑事被告之身体、物件及住宅或其他处所，于必要时得搜索之。

对于第三人之身体、物件及住宅或其他处所，以有相当理由可信为被告或应扣押之物存在时为限，得搜索之。

第二十八条　搜查应提示搜索票，实施搜索时，应作搜查笔录。

搜查应保守秘密，注意被搜索人之名誉。

对于妇女身体之搜索，应由妇女为之。

第二十九条　司法机关对于被告所持有犯罪之用品及赃物，得命令扣押，缮具收条，交被告收存。

在未经判决没收以前，除危险物品得迳（径）行没收或销毁外，不得掉换毁弃。

赃物如经原主认领，确有证明者，得准予给领。

第三十条　乡（镇）政府不得羁押人犯，区政府羁押人犯，不得超过二十四小时。遇有特殊情形，经呈请上级核准，或有正当理由者得延长之。

第三十一条　羁押及拘提人犯应尊重其人格，不得施以侮辱，但有暴行、逃亡及自杀之虞者，得束缚其身体。

第三十二条　被告逃亡或藏匿者，得通缉之。

通缉被告应用通缉书，通缉书应注明被告姓名、性别、年龄、籍贯及特征、案由与通缉理由，及应解送之处所。

第五章 证 据

第三十三条 原被告主张有利于己之事实，就其事实，有举证之责任。

审判人员及陪审人员对于案情及证据，应直接、间接、公开或秘密进行周密之调查研究。

第三十四条 人民对于他人之诉讼有到场作证、忠实陈述之义务。证人经合法之传唤，无正当理由不到场者，得处以抗币五十元以下之罚金，两次以上不到者，并得拘提之，其拘提办法适用本法第二十四条之规定。

第三十五条 证人于陈述前或陈述后，应具结表示负责；如有虚伪之陈述，无论具结与否，按照伪证罪处理。

第三十六条 审判人员因调查证据及犯罪情形，得对诉讼系争标的及犯罪地点，实施勘验。

实施勘验应作勘验笔录，于必要时，并应附具图画或照片说明。

第三十七条 勘验得为下列处分：

一、履勘犯所或其他与案情有关系之处所。

二、检查身体。

三、检验尸体。

四、解剖尸体。

五、检查与案情有关系之物件。

六、其他必要之处分。

第三十八条 对于民事系争标的之勘验，原被告及关系人应提出有关之书证。

第三十九条 实施勘验时，得命证人及鉴定人到场。

第四十条 对于文书、物证及原被告或关系人之身体疾病，于必要时，审判人员得聘请或指定专门人材（才）实施鉴定。

实施鉴定，应作鉴定书，由鉴定人以口头及书面报告。

第四十一条 鉴定人因鉴定所需必要费用，得请求法院核准发给。

鉴定人如故意歪曲事实，作虚伪之陈述者，按照伪证罪处罪，审判人员得以职权撤销其鉴定。

第六章 审 判

第四十二条 诉讼案件之审判，根据实际环境，斟酌案情，得采用下列各种方式，公开进行：

一、机关审判。

二、就地审判。

三、巡回审判。

四、人民陪审。

五、人民公审。

第四十三条 审判人员应于诉讼案件发生或有关之处所，实施就地审判。但案情轻微，事实明晰者，得于机关内传集原被告、关系人进行机关审判，或就区域内划分期日，实施巡回审判。

第四十四条　审判实行人民陪审制度，聘请陪审员二人至六人，参加审讯，陪审员就下列各项人员中聘请之：

一、各抗会代表，民兵队长，抗属代表（因具体案件聘请各有关团体代表）。

二、参议员或参政员。

三、乡学或区学教师。

四、民选之乡长及乡政府委员。

第四十五条　陪审员有帮助调查案情证据，向审判员提供意见之责任，审讯时参加陪审。

案件进行至可判决时，审判人员应召集审判会议，征取陪审员意见，以为判决之基础。有不同意见时，应记明笔录，得先迳（径）行判决；如多数陪审员反对审判员之主张时，应暂行停止判决，呈请上级决定之。

陪审人员于所陪审案件之笔录，应签名盖章。

第四十六条　陪审员于审讯时，非经审判员之允许不得随意发言，如对被审讯人供言有问题时，得提请审判人员注意之。

陪审员关于审判会议之内容，应绝对保守秘密。

第四十七条　原被告于审讯时，得呈准延聘代理人或辩护人出庭，但必要时，审判员得命令原被告本人到庭。

第四十八条　审判员审理案件，以真实发现为判决之论据，不得用刑讯逼供；对供词之采纳，应辨明真伪，分别取舍之。

第四十九条　在诉讼进行中，除重大刑事案件外，审判员得于审判中试行和解，得原被告同意，制成和解笔录，如原被告自愿和解者，得撤销诉讼。

第五十条　审判员于审讯中，应给予充分时间，由原被告作言词辩论，被告有最后之陈述权。

第五十一条　诉讼达于可为裁判之程度者，司法机关应为判决。民刑事诉讼有牵连关系者，得合并判决，或分别判决。

第五十二条　民事案件原被告之一方，于审讯日期无正当理由不到场者，得以一方之请求，由其一造辩论而为判决。

第五十三条　民事被告住所不明，经公示送达，按照五十一条之规定而为判决者，以后如确有正当理由可资证明时，得请求重新更审。

第五十四条　刑事被告罪证确实者，应作处刑之判决。确属无罪者，应作无罪之判决。但案情轻微，以不处刑为适当者，得作免除其刑之判决，并得予以警告。

第五十五条　判决应制作判决书，记载原被告姓名，判决主文，及所根据之事实与理由，暨司法机关审判人员，陪审人员，判决日期。

判决书应制作正本，分别送达原被告收执。

第五十六条　审判员应将判决内容公开宣布，其对法令政策有教育意义者，并得召集群众大会，解释说明之。

第五十七条　重大案件与大多数人民有切身关系者，得举行人民公审，由人民执行诉权及陪审权。在审讯中，审判员应征询在场人民对案情之意见。

人民公审之审判权仍由审判员负主要责任，但应采纳人民之意见。

人民公审应当场宣判，如遇审判人员之意见与人民多数之意见不一致时，应记明笔录，呈请上级决定之。

第五十八条　诉讼案件经审判后，超过判决书注明上诉期间，原被告未曾声明上诉，及原被告于宣判时当场声明抛弃上诉者，即为判决确定。

第七章　上　诉

第五十九条　原被告对于各县县政府所为第一审判决，不能甘服者，在上诉期间以内，得向第二审法院上诉；对于各行政区专员公署所为二审判决，不能甘服者，得向苏中高等法院上诉。苏中高等法院所为第三审判决，为终审判决，不得上诉。

第六十条　诉讼案件之上诉，除原被告得于宣判时口头声明，记明笔录外，民事案件之上诉期间，为收到判决书正本二十日以内，刑事案件为收到判决书正本十日以内。

第六十一条　上诉书状准用第十七条、第十八条关于口头起诉之规定；上诉书状应递由原为判决之司法机关转陈上诉法院。

第六十二条　上诉书状及口头记录应载明下列各项：

一、上诉人被上诉人之姓名、年龄、籍贯、职业、住址。

二、对原判决不服之理由。

三、对上诉法院请求目的。

四、上诉年月日。

第六十三条　原为判决之司法机关，收到上诉人所递上诉书状、口头上诉记录，或当场声明上诉之笔录时，应即检同全卷，申送上诉法院。

提起上诉如逾期间或系对于不得上诉之判决而上诉者，原为判决之司法机关，应以裁定驳回之。

第六十四条　高等法院在抗战期间，因地区特殊环境，得授权第二审法院为终审判决。

第六十五条　上诉法院对于上诉案件经审讯之结果，认为无理由时，应以判决驳回之。如认为有理由时，应废弃或撤销原判，更为判决。

第三审法院对于上诉案件，遇必要时得发回原审法院更审之。

第六十六条　上诉案件之送达、拘提、证据、审讯，得运用本办法第四、五、六各章之规定。

第八章　执　行

第六十七条　诉讼案件于判决确定后，开始执行。

民事案件对于系争标的有变更现状及难于执行之虞者，得根据一方之声请，为假扣押、假处分及假执行之裁定。

第六十八条　民事诉讼案件之执行，由司法机关命令乡（镇）政府执行之。执行完毕后，应将经过情形，详报备查。

第六十九条　民事案件假执行、假处分、假扣押声请之一方，应于声请时提供担保，其被声请之一方，得提供担保，声请撤销之。

第七十条　关于假执行、假处分、假扣押之裁定，如有不服，得于接到裁定后七日内向上诉法院抗告。其投递书状之手续，准用关于上诉之规定。

上诉法院对于抗告案件，认为抗告无理由者，以裁定驳回之；认为有理由者，得废弃原裁定，更为裁定。

第七十一条　民事执行案件之债务人不居住根据地内，如系争标的物在根据地内者，得不待其亲到，迳（径）行交由债权人所有；如另有财产在根据地内，得以同等价值之财产，拍卖或转移，交予债权人，以为抵偿，如无财产足资执行者，俟收复据点或债务人亲来履行开始执行，其因迟延所生之损失，由债务人负责。

第七十二条　民事执行案件之债权人不居住根据地内，债务人无法履行判决者，得将标的物提交政府，用公示通知收领，如逾期六个月，移充优抗基金，并由司法机关发给证明，证明契约已经履行，原契约失效。

第七十三条　刑事案件判处死刑者，应呈请上级核准后执行。

刑事案件死刑之执行，一律用枪决。

刑事被告执行死刑时，如有遗嘱，应记明笔录，转告其家属。

第七十四条　刑事案件判处有期徒刑者，其执行办法，指定地区，实施生产劳动教育。司法机关得（指）定区乡政府执行之。

第七十五条　刑事案件判处有期徒刑二年以下者，得易科罚金，以抗币一元至二元折算一日。

第七十六条　刑事案件判处罚金或并科罚金而无力缴纳者，得以服役一日折算抗币一元至二元。

第七十七条　刑事案件判处有期徒刑者，如系初犯，可资教诲，司法机关得以职权宣告缓刑，自一年以上十年以下，在缓刑期内，不再犯罪，得免除其刑，如再犯罪，应合并执行。

第七十八条　判处有期徒刑之被告，在执行期间，逾六个月，确能改悔者，经执行机关之呈请，司法机关得假释之。

假释之被告，如再犯罪，应将未执行之刑期，合并执行。

第七十九条　司法机关对假释及缓刑之被告，得指定区乡政府，群众团体及被告之亲属，于一定期间内管束之。

第八十条　违禁物品，犯罪所用之物，或犯罪所得之物，没收之。

危险物品、毒品应予没收后销毁，或分别妥交军工医务机关处置之。

赃物有被害人认领时，应予发还。

第八十一条　刑事案件判处死刑者，宣告褫夺公权终身。

刑事案件判处有期徒刑者，因其犯罪之性质，得宣告褫夺公权一年以上十年以下。

被告于褫夺公权期间届满时，得呈请政府宣告复权，其在褫夺公权期内，确经改造，对社会有所贡献者，政府得以职权提前宣告其复权。

第八十二条　罚金及没收物品，除另有规定者外，一律归库。

第八十三条　通缉在逃亡刑事被告，负有赔偿责任者，司法机关得查封其财产，迳（径）交被害人，以资抵偿。

第九章　附　则

第八十四条　本办法由本署订定之，自公布之日实行。

第八十五条　本办法施行后，各法院、专署及各县政府以前颁布之诉讼办法，一律作废，以后不得再颁布单行诉讼法规。

第八十六条　本办法如有未尽善处，由本署命令修正之。

选自《中国新民主主义革命时期根据地法制文献选编》第三卷，中国社会科学出版社1981年版，第492～505页。原注："选自1944年10月19日《苏中报》"。

5. 苏中区人民纠纷调解暂行办法

1945年5月

第一条　为使苏中区人民纠纷本新民主主义互助互让团结抗战之精神，求合理之解决，特订定本办法。

第二条　人民民事纠纷，非经调解手续，不得起诉。

民事诉讼在审讯中，如经双方合意申请，或事实上以调解为宜者，审判员得以案件移转调解机关，进行调解，但每一案件之移转调解，只以一次为限。

第三条　刑事重大案件，原则上不得调解，但系下列轻微刑事纠葛，经申请时，得进行调解：

一、诱奸串逃案件；

二、阻耕强收妨害水利案件；

三、轻微伤害案件；

四、坐闹索诈案件；

五、毁坏强占案件；

六、其他纠纷事件。

第四条　调解机关，区政府设调解股长或助理主持，并领导区乡调解委员会。

第五条　区乡调解委员会委员由区政府就下列人员聘任之：

一、乡长或民政委员；

二、乡农抗或工抗会长；

三、民兵队长；

四、妇抗代表；

五、区学乡学教师；

六、参政员或参议员；

七、公正士绅。

第六条　乡调解委员会由调解委员三人至五人组织之。

乡调解委员会以每乡设立为原则，但因环境及地区关系，得两乡或两乡以上合并组成。

区调解委员会遇必要时，临时组织之。

第七条　乡调解委员会由委员中互推主任委员及记录各一人，进行日常工作。

第八条　区政府调解股长或助理，应经常参加各乡调解委员会进行调解，遇有案件非乡调解委员会所能解决者，得就有关各乡调解委员中，聘请五人至七人组织临时调解委员会进行调解。

第九条　调解案件应于调解委员会开会时进行，调解委员不得单独私自进行，但受调委会之委托进行个别说服者，不在此限。

第十条　人民发生纠葛时，口头向调委会申请后，调委会应即确定日期，通知双方，进行调解。

进行调解之日期，申请人无故不到者，视为撤销，对造人无故不到者，视为调解不成立。

抗属与他人发生纠葛事件，应依照优待抗属原则尽先调解。

第十一条　调解纠纷须合情合理，经双方自愿同意，和解方得成立，如一方有异议时，仍不能认为成立。

第十二条　调解成立时，应制成调解笔录，详载调解内容，分缮两份，交双方收执，其效力与司法判决同。

调解不成立时，应制作调解不成立证明书，发给申请人，以便依法进行诉讼。

第十三条　调解成立后，双方均须遵照调解内容，自动履行，如有违背时，得根据一方之声请，由政府强制执行。

第十四条　调解委员会如有偏颇或作不正当期约要求者，政府得撤销其聘任，并视情节之轻重，予以处分。

第十五条　区调解委员会对案情有详细之调查研究，在兼顾双方利益之原则下，以仲裁为宜者，在区长主持会议时有仲裁权，乡调解委员会经区政府授权时，亦有仲裁权。

仲裁案件应制作仲裁书，当事人如有不服仲裁者，应于接收仲裁书后十五日内向司法机关起诉。

第十六条　调解纠纷不得收取任何费用，调解委员不得因调解纠纷，在事前事后接受礼物或请酒等酬谢。

第十七条　各级调解委员为义务职，开会必要时招待伙食。但每月最多不得超过两次以上。

各级调解委员会之办公费用，由各该级政府用生产节约办法解决。

第十八条　本办法由本署颁布实行后，各行政区专署、各县政府所颁布关于调解委员会各种法令章程，一律废止。

第十九条　本办法自公布之日起施行。如有未尽善处，由本署以命令修正之。

选自《中国新民主主义革命时期根据地法制文献选编》第三卷，中国社会科学出版社1981年版，第664～667页。原注：“选自1945年5月24日《苏中报》”。

6. 修正淮海区审理司法案件暂行办法

×年×月①

第一章 总 则

第一条 凡本区法院及兼理司法之县政府审理司法案件，除另有规定外，概依本办法处理之。

第二条 司法案件之审理，应以抗战建国纲领为最高原则，对于国民政府所颁布之法令，除因战时环境及地方实际情形由行政公署另颁有单行法规施行外，一律适用。

第三条 抗战以前案件，除政治案件外，一切判决仍为有效。

第四条 审理诉讼案件，应以照顾抗日各阶层人民之利益为基础，对于民事案件，以调解为主，审判为辅；对于刑事被告，以教育改造为主。

第二章 管 辖

第五条 本区司法机关之组织，暂定为二级二审制，县政府兼理司法为第一级审判机关，行政公署设法院为第二级审判机关，其依民刑事诉讼法得上诉于第三审之案件，暂以第二审为终审。

第六条 关于军事犯案件，由军法机关审理之；关于政治犯案件，由公安机关预审之。

第七条 区署、村（镇）公所及群众团体对于诉讼案件无审判之权。

第八条 检察官之职权，由法院检察官行使之；在未设检察官之前，由公安总局代理行之。

第三章 人犯之拘束

第九条 拘捕人犯非依法律不得为之。

第十条

一、下列人犯，不论何人得不用拘票迳（径）行逮捕。

（一）汉奸、敌探、逃兵。

（二）犯罪确有实据，现在通缉或逃亡中者。

（三）犯命盗案件有重大嫌疑而有逃亡之虞者。

（四）刑事诉讼法第八十八条规定之现行犯。

（附：刑事诉讼法第八十八条：现行犯不问何人得迳（径）行逮捕之。犯罪在实施中或实施后即时发觉者，为现行犯。

有下列情形之一者，以现行犯论！

（一）被追呼为犯罪人者。

（二）因持有凶器、赃物或其他物件，或于身体、衣服等处露有犯罪痕迹，显可疑为犯罪人者。）

---

① 原件未注明制定年月，可推断为抗日战争时期。

二、民众或群众团体逮捕前项人犯，应即解送主管村（镇）公所或区署。

三、部队逮捕前项人犯，除军事犯外，应即解送该地主管审判机关。

第十一条　区、村（镇）长在其管辖区域内，对于前条所举之犯罪者，应不待上级命令迳（径）行逮捕。

羁押人犯除因特别情形接受上级允准者外，村（镇）公所应在二十四小时内，区署应在四十八小时内，移送该管司法机关处理。但上级命其移送者，仍应即时移送。

第十二条　凡羁押之人犯，在特殊区域不能解送的，须将事实及不能解送之原因，详报该管司法机关备核。

第十三条　除第十条列举之人犯外，民兵及群众团体无逮捕及羁留人犯之权。

第四章　起诉及审判

第十四条　起诉应以书面向主管司法机关为之，但当事人不能自作书面时，得命口述，制成笔录，或代撰书状，命当事人按指印为凭。

第十五条　案理案件，于开终结庭时，当事人得先期呈准该管司法机关延请代理人或辩护人出庭。

第十六条　各级司法机关得以批示代裁定、庭谕代判决，并为送达。

第十七条　婚姻之诉当事人之一造受合法传唤而无故不到场者，得依到场当事人之一造辩论而为判决。

第十八条　为适应抗战环境，除从刑仍依刑法规定外，特规定主刑之种类如下：

一、死刑。

二、有期徒刑：刑期最高不得超过十年。

三、罚金：依据刑法分则各本条之规定，参照犯令、资力，及当时通用之币值酌科之。

四、拘役：二月以下，一日以上。

五、管束：一年以下，一日以上。

第十九条　受有期徒刑或拘役之宣告，因抗战环境及被告身体、职业或家庭之关系，执行显有困难者，得以抗币（一元折合法币五十元）一元以上，五元以下折算一日，易科罚金。

罚金应于判决确定后一月内缴纳之。

第二十条　第一审司法机关判决死刑之案件，虽经确定，仍须将全案卷宗、证据、物件，呈送第二审司法机关，核准后方得执行。

第二十一条　第二审司法机关对于第一审司法机关呈送复核之死刑案件，认为有疑义时，得提审、派员莅审，或令原审机关更审报核。

第二十二条　兼理司法县政府所收司法罚金及没收犯人之财物，应于每月月终，分别造列清册，汇报法院及行署财粮处。

第二十三条　各级司法工作人员处理案件，违反本办法或其他法令之规定，应分别情形负刑事上、民事上之责任。

第五章　上诉及抗告

第二十四条　对于县政府所为第一审之判决不服者，得依法上诉于淮海区法院。

第二十五条　对县政府所为第一审之裁定不服从者，得依法抗告于淮海区法院。

第二十六条　上诉或抗告，均应以书面或口诉叙述理由，向原审司法机关为之。

第六章　巡回审判及陪审

第二十七条　各级司法机关得按时组织巡回法庭，就近审理民刑诉讼，巡回审判办法另订之。

第二十八条　各级司法机关于审理案件时，得采用陪审制度，陪审办法另订之。

第七章　看守所与监狱

第二十九条　各级司法机关应设看守所，看守临时羁押之人犯，淮海区法院设战时监狱，执行已决之徒刑案犯。

第三十条　受徒刑或拘役宣告之人犯，在执行中，应服公役。战时监狱，对于徒刑案犯，应施以教育，授以工艺，使其劳动生产，看守所及监狱之守卫事宜，应由警卫部队担任之。

第八章　法　警

第三十一条　各级司法机关应设法警若干人，负拘传、宣示、执行，送达等之责。

第九章　执　行

第三十二条　徒刑除送战时监狱执行外，余由判决确定机关执行之。民事案件应由判决确定之机关执行，但下级机关奉上级机关命代执行者，不在此限。

第三十三条　执行死刑，一律用枪决。受刑人如有遗嘱，应记明笔录，转告其家属。

第三十四条　通缉在逃之刑事被告，负有民事上之赔偿责任者，司法机关得查封或变卖其财产，以相当价值交被害人，以资抵偿。

第十章　关于新解放区案件

第三十五条　解放前，伪政府所为之裁判，一律无效。

第三十六条　利用敌伪权势，胁迫诈取他人之所有物，应返还之。

第三十七条　利用敌伪权势所订立之契约无效。如因此兼并他人之土地，或侵夺他人财物者应返还之。

第三十八条　凡当事人双方自由公平订立之契约，与我法令并不违背者，仍为有效。

第三十九条　依据伪政府之法令有交付之义务而为财物之交付者，无论因公因私，除尚有存在者外，不得请求返还，但尚未履行者，得停止履行。

第四十条　利用敌伪权势而为之婚姻行为，得于解放后一年内声请撤销之。

第四十一条　利用敌伪权势犯刑事之罪者，仍应依法负刑事之责，但经准予自新者得减免其刑。

第十一章　附　则

第四十二条　本办法公布后，前颁淮海区审理司法案件暂行办法废止之。

第四十三条　本办法经淮海区参议会通过，交由行政公署公布施行。其修正手续亦同。

第四十四条　本办法自公布之日起施行。

选自《中国新民主主义革命时期根据地法制文献选编》第三卷，中国社会科学出版社1981年版，第467～473页。原注："选自淮海区专员公署《淮海区单行法规（草案）》"。

7. 淮海区人民代表陪审条例（草案）

×年×月①

第一条　为发扬民主精神，使案情易于了解，判处得以适当，特制定本条例。

第二条　凡审理民刑诉讼案件，均可使人民代表参加陪审。

第三条　法院、县政府于审理案件时，淮海区参议会、县参议会及县群众团体均可推派代表一人至三人参加陪审。法院、县政府于进行巡回审判时，就其发生案件之区域内群众团体及地方公正人士中，各聘任一人至三人参加陪审。

第四条　参与陪审之代表应具备下列条件：

一、负有地方信誉者。

二、在抗日民主政府建立后未受刑事处分之宣告者。

三、在出席陪审之法院或县政府无与人民发生刑事诉讼未结者。

四、与当事人及案情无关者。

第五条　人民代表经推选聘定后，由法院或县政府通知出席陪审者，即当参与陪审。

第六条　审判案件非一庭所能终结者，于继续审讯时，其陪审代表由第一次出席之人担任。

第七条　诉讼程序上之进行，由主审人指挥之。

第八条　当事人、证人之讯问，由主审人行之。陪审代表对案情有疑义时，得声请主审人为必要之发问。

第九条　凡案件已经审理终结者，参与陪审代表应于退庭后，立即会议评论，提供意见，交由主审人参酌裁判。但对于裁判之确定无拘束力。

第十条　陪审代表应于审讯笔录上签名盖章，以明责任。

第十一条　陪审代表对于陪审之案件，有保守秘密之义务。

第十二条　陪审代表就其陪审之案件，不得为当事人事先机谋，事后夤缘请托。

第十三条　陪审代表就其陪审之案件，如有要求期约收受贿赂者，依法惩处。

第十四条　本条例经淮海区参议会通过，交由行政公署公布施行。其修正手续亦同。

第十五条　本条例自公布之日起施行。

选自《中国新民主主义革命时期根据地法制文献选编》第三卷，中国社会科学出版社1981年版，第474～475页。原注："选自淮海区专员公署《淮海区单行法规（草案）》"。

---

① 原件未注明制定年月，可推断为抗日战争时期。

8. 淮海区巡回审判实施办法

×年×月[①]

第一条　本办法依据修正淮海区审理司法案件暂行办法第二十七条之规定制定之。

第二条　各县政府应于每月终了时，将稽延未结及未能解审之案，列表呈报法院，以备查核。

第三条　法院认为某县积案较多，有组织巡回法庭之必要时，得指派推事一人，随带书记官一人，法警二人前往审理之。

第四条　县政府于巡回审判推事到达时，应将稽延未结及未能解审之案件，检齐卷宗，移付巡回审判推事办理。但本月的新收未结之案件，仍由承审室自行处理。

第五条　巡回审判推事在各县审理民刑案件，得独任为之，如认为有合议之必要时，应召集县长，承审员或公安局长参与审判。

第六条　诉讼当事人对于法院巡回法庭所为之判决不服者，仍得向法院提起上诉。但曾任巡回法庭原审之推事，不得再行审理。

第七条　巡回审判推事对外行文及制作判决书，以淮海区法院巡回法庭及巡回审判推事名义行之。

第八条　巡回审判推事于工作完竣离县时，应将理结之案件，具报法院备查，并附送裁判书。

前项理结案件之卷宗，由原县保存。

第九条　巡回审判推事每到一县，除审理案件外，并有检查该县司法工作之责。

第十条　各县县长认为某一地区诉讼案件较多，必须就近审讯，以便深入了解迅速处理时，得指派承审员、书记员前往该区组织巡回法庭。

第十一条　县政府巡回法庭，以承审员为主审人，陪审人员之设置，适用淮海区人民代表陪审暂行条例之规定。

第十二条　诉讼当事人对于县政府巡回法庭所为之判决不服者，得上诉于淮海区法院。

第十三条　县政府巡回法庭对外行文及制作判决书，以县长名义行之，承审员付署。

第十四条　巡回法庭之执达事项，由所在地政府负责办理。

第十五条　本办法由淮海区行政公署制定颁布施行。其修正亦同。

第十六条　本办法自公布之日起施行。

选自《中国新民主主义革命时期根据地法制文献选编》第三卷，中国社会科学出版社1981年版，第476～477页。原注："选自淮海区专员公署《淮海区单行法规（草案）》"。

---

① 原件未注明制定年月，可推断为抗日战争时期。

9. 淮海区徒刑案犯执行暂行办法

×年×月①

第一章 总 则

第一条 为适应战时环境，便于管理教育已决案犯，特制定本办法。

第二条 徒刑案犯，在执行期间，一律不得行使公民权利。

第三条 徒刑案犯，在执行期间，如再犯他罪，应即送交司法机关处理，与前科之刑合并执行。

第二章 交付执行

第四条 各级司法机关判处徒刑案犯，刑期在二年以下及二年以上中之有恶性传染病者，应易服公役，并取具妥保，发交该管村公所执行。

各级司法机关于发交前项案犯时，应将案犯姓名、住址、犯罪事由、刑期及在执行中必须注意之事项，知照该管村公所。

第五条 村公所于接受前条之委托后，应将案犯编号登记以凭差遣。

第六条 村公所遇有后方特定勤务，及奉命差遣时，应尽先拨用服公役之案犯。

第七条 村公所在同一日间，遇有案犯人数超过应支伕役人数之情形时，即采用轮流服役制度，依次调遣之。

第八条 村公所对于服公役案犯之言行，有检查督促之责，并得干涉案犯之迁徙或远行。

第九条 案犯刑期已满时，村公所应向发交该犯之司法机关，具报备查。

第十条 案犯刑期已满，虽计算服公役之日尚未足，亦视为执行完毕。

第三章 送监执行

第十一条 各级司法机关判决徒刑之案犯，刑期在二年以上而无恶性传染病者，应取具妥保，送交战时监狱执行。

由法院判决确定者，移送公安总局转交战时监狱检收。

由各该县政府判决确定者，应先解送法院，再依前项手续办理之。

第十二条 刑期中之案犯，衣服行李一律自备，饮食由监供给，如有疾病，除由监延医诊治外，并得准保出外就医。

第十三条 在监案犯，每三个月得请假一次，其手续另行规定之。

第十四条 案犯家属接见，须有该管村长之介绍信，并经典狱长许可，方准接谈，但概不招待接见人之膳宿。

第十五条 案犯管理教育办法另定之。

第十六条 刑期中之案犯，于学习、劳动，生产各方面表现优良，而有悛悔实据者，得由典狱长报告上级提前释放。

---

① 原件未注明制定年月，可推断为抗日战争时期。

第十七条　案犯在监执行期满，由典狱长报告上级，批准释放。

第四章　附　则

第十八条　本办法由淮海区参议会通过，交由行政公署公布施行。其修正手续亦同。

第十九条　本办法自公布之日起施行。

选自《中国新民主主义革命时期根据地法制文献选编》第三卷，中国社会科学出版社1981年版，第478～480页。原注：“选自淮海区专员公署《淮海区单行法规（草案）》”。

10. 淮海区拘票使用办法

×年×月[①]

第一条　刑事被告罪嫌重大，而有下列情形之一者，得使用拘票拘提之：

一、无一定住所者；

二、有逃亡之虞者；

三、有湮灭、伪造、变造证据或勾串共犯或证人之虞者；

四、所犯为死刑，或最轻本刑五年以上有期徒刑之罪者；

五、经合法传唤，无正当理由不到者。

第二条　民事被告有下列情形之一者，得使用拘票拘提之：

一、经传唤不于日期到场，亦不声明理由或其理由不正当者；

二、非本人到场，本案虽经终结而不能收终结之效者；

三、证人因连传不到被处罚，仍不遵传到场者。

婚姻案件之当事人，不适用前项第一款之规定。

第三条　签发拘票之权，在法院属于院长，侦查中由检察官付署，审判中由受命推事付署。在兼理司法之县政府属于县长，关于司法案件由承审员付署，关于公安案件由公安局长付署。

第四条　拘票应记载下列事项：

一、被告之姓名、年龄、性别，住址或其他足资辨别之特征；

二、被告犯罪之行为；

三、拘提之理由；

四、应解送之处所；

五、发票之机关；

六、发票之年月日。

第五条　拘票由发票机关指挥所属政府或警队执行之，必要时得作拘票数通，分交所属，各别执行。

第六条　执行拘提，应以拘票示被告。

① 原件未注明制定年月，可推断为抗日战争时期。

第七条　依法执行提票之公务员，遇有急迫情形，得于管辖区域外执行拘提，或请求该地之行政机关执行之。

第八条　执行拘捕后，应于拘票记载执行之处所及年月日，连同被告一并解交发票机关。如被告逃亡或藏匿，因而无法执行者，应缮具简明报告书，并粘附原拘票，呈缴发票机关备查。

第九条　被告为现役军人时，执行拘提之公务员，应以拘票知照所隶属之长官协助执行。

第十条　区村政府对本法第一条所规定之刑事犯，认为有拘捕之必要时，得呈请县政府签发拘票，依法执行。

但如系现行犯，得不用拘票迳（径）行逮捕。

第十一条　本办法由淮海区行政公署制定公布施行，如有未尽事宜得以命令随时修正之。

第十二条　本办法自公布之日起施行。

选自《中国新民主主义革命时期根据地法制文献选编》第三卷，中国社会科学出版社1981年版，第482～484页。原注："选自淮海区专员公署《淮海区单行法规（草案）》"。

11. 淮海区审理敌伪区人民诉讼案件暂行办法

×年×月①

第一条　凡敌伪区人民无论一造或两造在本地区司法机关诉讼者，均适用本办法。

第二条　诉讼当事人一造或两造，住在敌伪区，而系争标的物在本地区者，其诉讼应于本地区司法机关为之。

第三条　诉讼当事人一造或两造，住在本地区，而系争标的物在敌伪区者，其诉讼仍应于本地区司法机关为之。

第四条　诉讼当事人一造或两造，虽住在敌伪区，但传票确已送达在三次以上而仍不到庭，得为缺席裁判。

前项裁决如不能即时执行时，俟该地区解放后执行之。

第五条　诉讼当事人及系争标的物均在敌伪区，而合意在本地区进行诉讼者，应遵守本地区司法机关之裁判。

前项裁判，依前条第二项之规定办理。

第六条　诉讼当事人之一造，住在敌伪区确系无法传唤者，得以裁定中止其诉讼。

中止期间，不受时效之限制，俟该地区解放后再行回复原状。

前二项之规定，对于婚姻或继承之诉不适用之。

第七条　本地区调解委员会规程，对于敌占区人民亦适用之。

---

① 原件未注明制定年月，可推断为抗日战争时期。

第八条　敌伪区人民刑事诉讼，如向本地区司法机关进行时，应受理之。

第九条　敌伪区人民因假藉敌伪权势而订立之一切契约，蒙受损害之一方，得向本地区司法机关诉请撤销。

前项裁判如不能即时执行，适用第四条第二项之规定。

第十条　敌伪区人民因对敌斗争（包括秘密、公开两种）而有功绩者，为刑事被告时，如能提出证明文件或证明人，经审查属实后，得酌量情形减免其刑。

第十一条　敌伪区人民受刑事处分宣告后，如其家属对于抗敌工作有特殊贡献，经证明属实者，得停止执行。

前项停止执行之敌占区人民，如本人积极抗战者得减免其刑。

第十二条　其他法令与本条例不相抵触者，一律适用。

第十三条　本条例经淮海区参议会通过，交由行政公署公布施行。其修正手续亦同。

第十四条　本条例自公布之日起施行。

选自《中国新民主主义革命时期根据地法制文献选编》第三卷，中国社会科学出版社1981年版，第488～490页。原注："选自淮海区专员公署《淮海区单行法规（草案）》"。

12. 重订淮海区调解委员会规程

×年×月

第一条　为发扬民主、加强团结、减少诉讼、杜息争端，特制定本规程。

第二条　各区建立调解委员会，由区署就区内村级干部，各项英雄、模范工作者，群众团体代表，公正士绅，及小学教师中聘任调解五十至七十人组织之。但每村至少须有三人以上受聘参加。

第三条　调解委员会以本区区长为主任委员，遇有人民声请获上级发交调处事件时，主任委员应就委员中指定七人至九人为该事件之调解人。主任委员须参加主持，或委托代表参加主持。被指定之调解委员，如与当事人有利害关系者，得声请回避，由主任委员另行指定，当事人亦得声明理由请示主任委员另行指定。调解委员须三分之二以上出席，方得开评议会，取决于多数，意见相等时，由主任委员或其受委托之代表决定之。

第四条　调解委员为义务职，不得收任何酬报调解费。

第五条　调解之事项如下：

（一）一般民事事件；

（二）轻微刑事及告诉乃论事件；

（三）主佃及劳资纠纷事件。

第六条　调解事件应自接受声请调解之日起十日内调解终结，必要时得延长至二十日。

第七条　已调解成立者，应制作和约发给双方当事人。

前项和约应记明下列事项：

（一）双方当事人姓名、年龄、住址；

（二）调解之事实；

（三）调解之结果；

（四）参加调解之委员（签名盖章）；

（五）和约成立之年月日及地点。

第八条　调解成立与判决确定有同等之效力。

第九条　调解未成立者，应制作通知书发给双方当事人，以便依法起诉。前项通知书应记明双方争执之焦点，及调解不成立之原因。

第十条　人民起诉须呈验调解未成立之通知书，否则，不予受理。

第十一条　每月月终，调解委员会应将调解成立及未成立之事件分别汇报县政府备查。

第十二条　本规程公布后，前颁区、乡（镇）调解委员会组织规程废止之。

第十三条　本规程由淮海区行政公署公布施行，如有未尽事宜，得以命令随时修正之。

第十四条　本规程自公布之日起施行。

选自《民事诉讼法参考资料》第一辑，法律出版社 1981 年版，第 309～310 页。原注：“据淮海区专员公署印《淮海区单行法规》（草案）”。

13. 苏皖边区第二行政区人民法庭组织办法

1947 年 12 月 24 日公布施行

第一条　为了贯彻土地改革，彻底平分土地，消灭封建势力，实现农民翻身，必须充分放手发动群众，保证一切权力归农会。现在，根据《中国土地法大纲》第十三条的规定，以及本分区实际状况，订定本办法。

第二条　在土地改革复查期间，各级农联会有权根据人民意见，领导组织人民法庭，审判与惩办一切封建恶霸、反动地主以及所有违抗或破坏土地改革复查的罪犯。

第三条　各级人民法庭是临时组织。为了防止封建势力与匪特混入操纵破坏起见，规定其成立手续、组织成份（分）与其产生办法如下：

一、各级人民法庭的成立，必须事前报告上级农联会批准，并派代表参加，同时请同级政府派代表参加。

二、各级人民法庭的组织，由委员七人至九人组织人民法庭委员会，同级政府代表为当然委员。在委员会中，雇贫农代表应占三分之二，一般农联会会员应占三分之一，农联会会长为主任委员。

三、各级人民法庭委员，由各级农民大会或代表大会选举，并须由上级农联会或其所派代表审查与批准。

四、各级人民法庭可以根据工作需要，选举或聘请文书一人至二人，在人民法庭委员会领导下，负责抄写、记录、保管宗卷材料等事宜。

五、乡村人民法庭须经过群众审查与改组之农联会，才有权力召集。经过群众审查与改组之政府，就有权力派代表参加。原有农联会与政府，无此权力。当地农联会与政府，未经群众审查与改组过，则由县区农联会派人，直接召集雇贫农大会与农民大会或代表大会，选举人民法庭委员，组织人民法庭，并请上级政府派代表参加。

第四条　各级人民法庭有权根据大多数人民意见，并经过人民法庭委员会讨论，三分之二的委员同意，作出判决，并执行之。

判决与执行情形，必须呈报上级农联会备案。

第五条　各级人民法庭判决罪犯之死刑，须呈请区以上农联会批准后方得执行。

第六条　上级农联会及其所召集与组织的人民法庭，有最后决定权，更改与否决［下］一级人民法庭的判决。

第七条　各级人民法庭主要的职权是审判与惩办封建恶霸、反动地主及违反与破坏土地改革复查的罪犯。如果处理雇贫中农的案件，必须通过区以上农联会审查与批准。如果处理干部的案件，必须通过区至县以上农联会审查与批准。

第八条　各级农联会处理重大战争罪犯与特务案件，必须通过县以上农联会的审查与批准，政府及其公安部门必须负责指导与协助。

第九条　各级人民法庭必须绝对保证贫雇农的领导权与广大农民充分发扬民主精神，发表意见。封建地主、反动富农、封建爪牙、顽匪分子，一概不得参加会议与发表意见。如发现混入操纵破坏情事，定予严厉惩办。

第十条　本办法自十二月二十四日公布施行。如有未尽事宜，本署得以命令修改之。

选自《中国新民主主义革命时期根据地法制文献选编》第三卷，中国社会科学出版社1981年版，第582～584页。原注：“选自1947年12月27日《人民报》”。

14. 苏皖边区第六行政区人民法庭组织条例

1948年2月23日公布施行

第一条　为贯彻土地改革，坚决摧毁封建统治，彻底消灭地主阶级，确保人民民主权利，特依据《中国土地法大纲》第十三条之规定，制定本条例。

第二条　人民法庭是人民保卫翻身利益，镇压及处理一切违抗破坏土地改革，及侵犯人民民主权利案件的权力组织。

第三条　本行政区内暂决定县建立人民法庭审判委员会，及按区设县人民法庭审委会分会，乡设审讯检查组（但不是一级审判组织）。在必要时，经人民大会决议，经人民法庭县分会批准派人参加，可组织乡临时人民法庭。

第四条　各级人民法庭或组，由同级人民大会或代表会（委员会）选举，经过上一级政府委任与批准成立之，其办法：

甲、县人民法庭审判委员会，设委员七人，由县人民大会或代表会选举六人，并由专署委派一人，组织审判委员会，互推主席一人，审判员二人，检查员二人，书记员二人，分任各项职务。

乙、区人民法庭分会，设委员五人，由区人民大会或代表会选举四人，并由县府委派一人，组织审判委员分会，互推主席一人，审判员一人，检查员二人，书记员一人，分任各项职务。

丙、乡审检组五人至七人，由乡人民大会或代表会选举，互推组长一人，检查员、调解员、记录员各二人，分任各项职务。

第五条　人民法庭或小组，除受同级人民大会或代表会监督外，并受上一级政府及人民法庭之直接领导。

第六条　县及县分会人民法庭组织成员，雇贫农要占二分之一以上，乡审检组雇贫农要占三分之二以上，组长应以雇贫农充任。

第七条　人民法庭审判委员任期暂定为半年，但有不称职或舞弊时，人民大会得即时罢免或改选之。

第八条　人民法庭依据《土地法大纲》，秉承农民之意旨，得处理并判处下列案件：

甲、一切违抗或破坏土地改革法之案件，如造谣生事，阴谋犯罪行为。

乙、一切破坏或妨碍土地改革秩序，如隐藏分散、私自接受、任意宰杀牲畜，砍伐林木，破坏农具财产、水利建筑物、农作物或其他物品等行为，与妨碍农民接收、登记、清理及保管一切转移的土地及财产，妨碍土地及财产分配等。

丙、一切浪费、侵吞、贪污、偷窃、强占、私自赠送，以及贩卖农民斗争所得果实等行为。

第九条　人民法庭之审判委员会，采会审合议制，可根据犯罪轻重，审讯后多数讨论通过，有权判决当众坦白、赔偿、罚款、劳役、褫夺公民权之有期或无期监禁、死刑，或者宣判无罪。

第十条　凡经人民法庭判决案件，须经各级政府执行，其范围如下：

甲、判处劳役之人犯，得交区以上政府监督执行，或交由乡村罚劳役，但不得给罪犯以肉体上虐待。

乙、判处监禁之人犯，应解送县监狱执行。

丙、判处死刑之人犯，应依其犯罪性质，分别经过县以上政府批准执行。

第十一条　乡审检组职权范围如下：

甲、接受群众控诉，转呈上级审判委员会。

乙、收集罪犯之犯罪事实、人证物证，代表人民提起公诉。

丙、有权逮捕现行犯，无审判权，在上级授权之下，可组织临时人民法庭或公审大会。

丁、一般民事纠纷可进行调解。

第十二条　人民法庭对在职干部或工作人员逮捕或判处，其权限规定如下：

甲、村干须经区政府批准。

乙、乡干须经县政府批准。

丙、区以上干部，须经专署批准。

第十三条　人民法庭有权检举、弹劾任何工作人员与干部。

第十四条　人民法庭检举出政治犯时，应交公安机关协同处理。

第十五条　现役军人有违反土地改革法令之行为，得经其所属之主管机关派代表出席旁听，由人民法庭判处。

第十六条　人民法庭严禁使用肉刑。

第十七条　人民法庭判决不公，或违反群众意见时，乡以上之农会，可代表人民向上起诉，要求复判，或重换主审官审理。

第十八条　本区审判程序暂定为两级两审制（县政府、专员公署），原被告双方有一方不服判决，可于一星期内提起上诉，要求复审。属于土改案件者，其最后上诉一级为县政府，属于政治案件者，其最后上诉一级为专署。

第十九条　人民法庭办事细则另定之。

第二十条　本条例自公布之日施行，如有未尽事宜，由本署修改之。

选自《中国新民主主义革命时期根据地法制文献选编》第三卷，中国社会科学出版社1981年版，第584～588页，原注："选自1948年2月25日《淮海报》第1418期"。

15. 苏皖边区第六行政区人民法庭办事细则

1948年2月23日公布施行

一、人民法庭办理案件，除接受群众意见外，应依本细则之规定。

二、人民法庭各审判委员之分工职掌如下：

甲、审判委员会主席负审判全责。

乙、检查员负责接收人民控告，到群众中收集被告之犯罪事实（必要时可召开被告所在村群众控诉会），人证物证，起草控诉书，代表人民要求对被告处刑。此项控诉书，须经农民群众修改审查通过，然后递交人民法庭，并在开庭时，口头代表群众起诉。

丙、审判员根据起诉书，审讯被告，并审查人证物证，允许被告或其代表声辩与提出反证，加以研究，收集材料，征求群众意见，然后提出判罪意见。如罪状不能成立，要再到群众中收集材料，弄明事实，由审判委员会商讨最后判决。

丁、书记员负责记录，缮写判决书，及整理案件记录材料卷宗。

三、人民法庭如检举出政治案件时，应随时通知公安机关，协同侦查处理。

四、人民法庭开庭审理重大案件之先，应决定开庭日期、地点，发出通知（但一般不拘固定形式，在群众斗争大会时，亦可将群众斗争会变为群众公审大会）。开庭时，正面设审判席，两边设检查席、书记席，由群众团体选举代表参加陪审，人民可自由旁听，经审判员允许，旁听皆可发表意见。

五、人民法庭进行判决时，应先与有关群众商量，征求群众意见，群众如有疑问，应向其解释清楚。如群众反对，有新的材料且群众意见正确时．就应接受群众意见，审判委员会应将原判修改，重新开庭宣判。如果群众意见不正确，也应向群众解释清楚，再宣判。

六、判处死刑案犯，应一律用枪决，由人民法庭执行。判决徒刑案犯，最好大部交村乡罚劳役，或由政府集中使其劳动。这样，既可调剂农村劳力，并可减少政府管理上之困难。

七、人民法庭审判案犯时，宜采取群众路线，着重调查研究，收集人证物证，不专注意被告口供，严禁逼供讯。

八、人民法庭判决没收财产时，应通知当地政府及农会，协同进行清查、点收与处理。

九、人民法庭应备有办理案犯登记簿，专载被告姓名、性别、年龄、籍贯、住址、成份（分）、职业等项与犯罪事实，及裁判决定，并依案件性质，按下列三种，分别登记，以便考查。

甲、群众斗争对象案件登记簿。

乙、政治案件登记簿。

丙、干部及其他案件登记簿。

十、案犯判决后，应作判决书，缮写公布，并通知其本人，判决书的内容，除被告姓名、履历外，应说明三点：

甲、犯罪事实。

乙、裁判理由。

丙、判处刑罚。

十一、判决犯人除主刑外（如死刑、徒刑），尚有从刑时（如褫夺公权、没收财产），应一一注明于判决书内。

十二、本细则自公布之日施行，如有未尽事宜，由本署修改之。

选自《中国新民主主义革命时期根据地法制文献选编》第三卷，中国社会科学出版社1981年版，第588～590页，原注："选自1948年2月25日《淮海报》第1418期"。

16. 皖北人民法院书记员与审判委员工作细则

1949年9月6日

（一）书记员工作

一、收发工作

甲、收文：（包括各种书状）

（1）一切公文文件由其他机关或个人或邮局送到收发后，首先须将原文与附件（人犯、赃证物及其他），查点清楚，掣给收条，如数字不符，应进行查追，或拒绝收受。

（2）凡亲启机密等文件，收发室不得拆封，必须交由正副院长拆阅，然后分别交办或交收发列入收文之内。

（3）一切来文，收发均须摘由，除记载收文簿外，并在原文封面上或空白处填入，如原文已有事由者，无须重摘。

（4）收文须按次编号，并在原文上填写收文日期及号数（即填入收文簿的号数），如有附件，即在附件栏内注明。

（5）文件登簿完毕后，除紧要文件随到随送外，平常文件分上下午汇送秘书室书记员收受，收件人应逐件点清，加章后交还收文簿，亲启机密文件，由收件人盖章，以备查考。

乙、发文：

（1）发出文件，收发室须将原文与缮本附件等查点清楚，收下后盖章。

（2）发文须按发文簿的号数，登载文别（呈、函、指令、训令、判决、裁定、指示、通令）等案由附件后，应在原稿和缮本上，同样填入日期与号数，封缄发出，原稿退还原承办人附卷。

（3）发文须在信封和包裹上注明内装文别件数及附件等，以便收文机关查验。

（4）凡本埠文件，于登入发文簿后，再登入送文簿，交由通讯员直接送达（传票同）其收文机关或个人须在收文簿上签名或盖章，证明收到，邮寄文件亦同。

二、分案工作

分案书记员，接到各种案件后，应作如下处理：

（1）所收属于新案者，应按其类别（分民初、刑初、民上、刑上、覆判、饬查等），分别登载分案簿（内填写案由、月、日、号码等项）。

（2）所收属于旧案者，则登载收文簿（案由、月、日、号码等项）。

（3）前项分案簿及收文簿（连同文件），呈送院长核阅处理后，分别转各审判委员或书记员（案件交审判委员，文件交书记员）办理。

（4）各承办员收到案件或文件后，应在分案簿及收文簿上盖章。

（5）分案书记员每周应检查各承办员办案进行程度填载分案簿。

三、记录工作

（1）记录书记员拟办之稿件，须先送审判委员核阅盖章转送秘书核阅后汇送正副院长判行（以行署名义者，转送行署秘书处或主任核阅）。

（2）书记员在开庭前，应先将笔录纸、笔、墨及卷宗准备好，以便随同审判员出庭。

（3）审判时须详细记录，不得遗漏，若言语不通或当事人陈述不明，可请审判委员复问，文字修改增减，不得变更原意，并应于修改增减文字上加盖私章，以示负责，审讯完毕后，应向被讯人朗读笔录（如被讯人识字者可令其自阅），如有要求更正者，应即代为更正，但更正文字上，须加盖私章。

（4）笔录经当庭宣读无讹时，应即命被讯问人盖章或划押或捺指印。

（5）笔录结尾处，除载明审讯地点、年、月、日外，并应在审判委员后面署名盖章。

（6）审判时，书记员不得直接向被讯人发问或接答。

（7）书记员遇有庭期时，应先告知法警（通讯员）于被讯人来时，事先报到，以便准备，而免遗漏。

（8）书记员在开庭前应阅卷宗并案情内容与审判委员研讨，以便记录。

（9）书记员接到有关所办文件，应立即附卷，送交审判委员核阅，以免疏失。

（10）书记员应备待办、已办、送核三种卷宗，将案件分别附入，以便检阅或送核。

（11）书记员对审判委员所办之文稿，应缮写清楚，交与校对，俟校对完毕再送监印盖印转交收发，原稿应即附卷。

（12）传票或文件之收条，收到后应附入卷内。

（13）书记员对于裁判文件送达，应注意其期限。如裁判文件的送达证缴回，已逾上诉或抗告期间者，案已确定，书记员应整订卷宗归档，但须执行者应立即交审判委员执行。如系上诉抗告之案件，应立即检卷呈送上级法院办理，如系下级法院执行之案件，应立即检卷发到下级法院处理，以上如有人犯，须一并解送。

（14）已终结确定之案件，如有应发送之证物（如契约等），应立即发还。

（15）凡呈送上诉或令发下级执行等案件，必须留存底稿，以备参考。

四、管卷工作

甲、卷宗整理：

（1）记录书记员就其承办之案卷，在未归档前由其负责保存，并进行初步整理。

（2）整卷须将文件纸张大小予以剪裁补贴与卷宗壳面一样整齐，但不得损坏字迹，或将字迹订入卷根内。

（3）整卷须按收文日期及原稿发文日期先后顺次编订（用纸捻装订），不得零乱。

（4）全案终结后，即交管卷员登入档案簿归档，卷面下须加目录，卷底封齐盖章，卷内文件，每页编号盖章，其有附件者须在目录备考栏内注明。

（5）证物须备证物封套，注明内装文件。

（6）凡卷宗发交下级法院，或移送其他机关者须将送卷底稿另订卷根保存。

（7）案件终结后，卷宗即须点交管卷室保存。

乙、档案保管

（1）档案保管员，应检查送来之档卷是否判决确定或执行完毕，如判决未确定或执行未完毕者，应拒绝归档。

（2）收到应归档之案卷，须按其类别登载归档簿（填写案由、月、日、及号数）负责装订完整，并在归档案卷末尾，附贴归档纸签（内载明归档之年、月、日、号数），按其类别，归入卷柜。

（3）调阅档卷时，调阅人应将该案类别、案由、填写调条交档案保管人收取。

（4）档案保管员应照调据就档案簿查明交调卷人，并将调卷收据，存归档簿备考。

（5）调卷归还后，管卷员应将所存调据交还，并将卷宗放置原处。

五、校对工作

（1）校对员校对文稿时，首先要看原稿，有无首长判行，否则拒绝校对（如法院文稿应有正副院长判行，行署文稿应有主任判行）。

（2）校对时应将原稿与正本分开校对，逐字逐句，校对清楚，如有错误或掉字，应予更正添减后，加盖校对章。

（3）如错误太多及漏字太多或格式不合、字迹过于潦草者，发回原缮写人重行缮写。

（4）校对时遇有疑问，应即向拟稿人询明。

（5）油印应在蜡纸写好后校对，然后付印。

（6）校对完毕时，应于文尾加盖校对章。

六、监印工作

（1）监印员按文件性质分别加盖大印、长戳、或小官章（如正式对外行文加盖大印，便条便函加盖长戳或小官章等）。

（2）监印时应连原稿一同盖印。

（3）原稿如未经首长判行或缮本未经校对，不予盖印。

（4）盖印方式：（一）上行、平行应盖正印；（二）骑缝印，上行平行用正印，下行用斜印；（三）盖印须端正不得偏斜或马虎。

（5）单据或联单，须盖在号码处。

（6）年、月、日、或号码，须先填后盖，不得先盖空白。

（7）盖印后，应付盖监印章及本人姓名于文尾。

七、撰状工作

（1）撰状格式应载明事项：（一）当事人姓名、年龄、籍贯、住址、职业、成份（分）、出身。（二）案由。（三）事实经过。（四）理由及证据。（五）请求目的。（六）当事人签名及年、月、日。

（2）撰状一律用成文纸（或印制的状纸），由当事人自备，如贫穷无力购买者，得由法院供给纸张或口头报告作成笔录。

（3）内容应据当事人原意撰写，不得扩大或缩小，撰毕后，应对当事人宣读，如有错误，即行更正。

（4）撰状员不得受当事人任何馈赠。

（5）撰状员撰状时：（一）应了解案情提供审判参考；（二）适当宣传新民主主义政策；（三）必要时进行说服与劝解。

八、赃证物保管

（1）赃证物保管员（可由书记员或会计兼代）接到赃证物时（由收发送交），应详细检查赃证物成份（分）有无真伪与数量有无缺少，如发现不真实之赃证物或缺少，应向上级报告或拒绝收受。

（2）保管赃证物时，应将所有赃证物，登记赃证物簿（内注明月、日、案由、名称、件数）。

（3）每件赃证物上，应贴赃证物名称和案由。

（4）每种案件所属赃证物应置一处。

（5）赃证物保管员，每周应检查赃证物一次，如有缺少或变化应随时报告院长或承办该案负责人。

（6）赃证物应保持原状，不得更动（如刀上之血、鸦片、红丸等）。

（二）审判委员工作

一、初审案件

审判委员收到新案后，须详细核阅，作如下之处理：

（1）批答当事人（即批示）。

（2）定期传讯，或令下级机关（以行署名义或法院名义）或函同级机关，其他团体进行调查（为求迅速起见，可用签稿并送办法）。

（3）审判委员批办后，应即送秘书室统一核阅，再由秘书室汇送正副院长核阅判行（传讯备查等批办，不须送院长判行）。

(4) 案件如定期传讯，承办人应指定庭期，填具通知，并将庭期记载于庭期簿（定庭期须顾及当事人路途远近）。通知填好后，连同原批根送监印用印，交秘书室转收发分交通讯员送达或邮寄，如系委托下级机关代送，须另附函件。

(5) 开庭前，审判委员应详阅卷宗准备审讯要点，以免疏漏，如案情较大者，可先与秘书或正副院长商量进行。

(6) 审判时，须注意掌握政策与案情要点。不得草率或马虎了事。

(7) 审讯时，审判委员、书记员与法警均须保持一定的严肃态度（不等于严厉），不得衣冠不整正，随便倾斜，或吸烟等，并注意指挥与维持法庭秩序。

(8) 审判终了时，审判委员应在点名单上，向当事人宣布讯问结果（如候传候判收押被告等），并于笔录后签名。

(9) 案内如有赃物或证据，审判委员应详细点交书记员妥存。

(10) 案内有在押人犯，讯问前应开提票，交法警（通讯员）往看守所提传，讯问后如有羁押之必要，应开押票着法警（通讯员）解往看守所收押，取得回据，交书记员附卷。无论提票押票，审判委员均须亲自签名盖章。

(11) 庭谕须送核，如须续传者，应再定期续传（续传不送核），如已达于裁判程度者，应即准备提纲，由院长定期召开审判会议，讨论确定原则，于三日内作成判决送核缮发。

二、复核

(1) 复判案件，各承办人员于详阅卷宗后，应即召开本庭全体人员会议（由主审委员召集）进行研讨，制成简要提纲，提请审判会议讨论，确定原则，于三日内作成判决，送核缮发。

(2) 复判案件，如须调查或补充证据或提审者，则仍归原承办人办理（办理细则与初审同）。

(3) 死刑案件之判决，须送行署主任核行。

三、上诉

审判委员于接得上诉状或原审卷宗后，应详细核阅，作如下之处理：

(1) 进行批答或调卷。

(2) 卷宗送到后，应即定期传审（程序与初审同）。

(3) 如有须调查事项者，应即分别函令下级司法机关或行政机关或团体调查。

四、饬查

审判委员接得诉状或卷宗后，应详细核阅，作如下之处理：

(1) 审判委员亲自调查。

(2) 通知或令同级或下级机关或团体详细调查具报。

(3) 移转或指定下级司法机关查办或受理。

选自《民事诉讼法参考资料》第一辑，法律出版社 1981 年版，第 274～281 页。原注："据安徽省皖南区人民法院一九五〇年九月编印《司法工作参考资料汇编》"。

17. 苏北行政公署指令
——为民刑案件上诉手续等由①

1949 年 9 月 28 日

令盐城专署并告各专署、各县市政府

九月十六日呈一件为请示民刑案件上诉手续等由

呈悉：关于民刑案件上诉手续、上诉至三审是否应加限制及徒刑易科罚金等三问题，兹规定如下：

一、民刑案件上诉手续　民事诉讼当事人或刑事被告于接到判决正本后，如有不服，得在法定上诉期间向原审法院提起上诉理由，声请检卷申送管辖之上级法院，更为审判。原审法院审查如发现有违反法律程式及其他缺陷时，应令其补正。如上诉已过期，而又显无理由者，应以裁定驳回之。如上诉当事人未依上开手续而将上诉状呈寄上诉机关时，则由该受理上诉机关向原审机关调卷审理。

二、上诉三审除以二审为初审之案件外，下列案件不得上诉于第三审：

1. 债务纠纷之金额或价格不满人民币五十万元者；

2. 土地争执中之涉及经界水道纠纷者；

3. 关于婚姻事件（如解约、离婚……）；

4. 继承中请求分割遗产之纠纷；

5. 刑事案件中宣告一年以下之徒刑或拘役、罚金案件。

三、徒刑易科罚金之办法决定仍暂不施行，因苏北地区农业比重大，工商业比重小，而且经过十年以上之战争摧残，生产力与人民生活普遍降低，对轻微刑事被告如果采用徒刑易科罚金办法则大都无力负担，即使勉强为之亦于生产不利。如果为了照顾被告家庭与生产困难，不执行徒刑无大影响者，可用宣告缓刑或提前开释的办法以资补救。至对个别刑事被告认为以罚金为当者，则可宣告专科或并科罚金。

以上三项仰即遵行为要！

选自《中国新民主主义革命时期根据地法制文献选编》第三卷，中国社会科学出版社 1981 年版，第 579～580 页。

① 副标题系编者所加。

本卷参考文献

《华中抗日根据地财政经济史料选编》第一、二、三、四卷，江协省财政厅、江苏省档案馆、财政经济史编写组合编，档案出版社 1984—1986 年出版，北京。

《淮南抗日根据地财经史》，安徽财政厅编，主编龚意农、副主编杨联，安徽人民出版社 1991 年 8 月出版，合肥。

《淮南抗日根据地》，《淮南抗日根据地》编审委员会编，中共党史资料出版社 1987 年版，北京。

《苏中抗日根据地》，中共江苏省委党史工作委员会、江苏省档案馆编，中共党史资料出版社 1989 年版，北京。

《苏南抗日根据地》，中共江苏省委党史工作委员会、江苏省档案馆编，中共党史资料出版社 1987 年版，北京。

《浙东抗日根据地》，浙江省党史资料征集研究委员会、浙江省档案馆编，中共党史资料出版社 1987 年版，北京。

《浙江革命历史档案选编》，杭州大学历史系、浙江省档案馆合编，浙江人民出版社 1985 年版，杭州。

《中国新民主主义革命时期根据地法制文献选编》第一、二、三、四卷，中国社会科学院法学研究所韩延龙、常兆儒编，中国社会科学出版社 1981—1984 年出版，北京。

图书在版编目(CIP)数据

革命根据地法律文献选辑. 第三辑/张希坡编著. —北京：中国人民大学出版社，2018.12
ISBN 978-7-300-26572-8

Ⅰ.①革… Ⅱ.①张… Ⅲ.①革命根据地-法律-文献-汇编-中国 Ⅳ.①D929.6

中国版本图书馆 CIP 数据核字（2018）第 302053 号

革命根据地法律文献选辑（第三辑）
抗日战争—解放战争时期老解放区的法律文献（1937—1949）
张希坡　编著
Geming Genjudi Falü Wenxian Xuanji

出版发行	中国人民大学出版社		
社　　址	北京中关村大街 31 号	**邮政编码**	100080
电　　话	010－62511242（总编室）		010－62511770（质管部）
	010－82501766（邮购部）		010－62514148（门市部）
	010－62515195（发行公司）		010－62515275（盗版举报）
网　　址	http://www.crup.com.cn		
	http://www.ttrnet.com(人大教研网)		
经　　销	新华书店		
印　　刷	涿州市星河印刷有限公司		
规　　格	185 mm×260 mm　16 开本	**版　　次**	2018 年 12 月第 1 版
印　　张	346 插页 30	**印　　次**	2018 年 12 月第 1 次印刷
字　　数	8 136 000	**定　　价**	1980.00 元